Stephan Heilen

Hadriani genitura – Die astrologischen Fragmente
des Antigonos von Nikaia

TEXTE UND KOMMENTARE

Eine altertumswissenschaftliche Reihe

Herausgegeben von

Michael Dewar, Adolf Köhnken,
Karla Pollmann, Ruth Scodel

Band 43

De Gruyter

Hadriani genitura –
Die astrologischen Fragmente
des Antigonos von Nikaia

Band 2:
Kommentar

von

Stephan Heilen

De Gruyter

ISBN 978-3-11-028847-6
e-ISBN (PDF) 978-3-11-028873-5
e-ISBN (EPUB) 978-3-11-038874-9
ISSN 0563-3087

Library of Congress Cataloging-in-Publication Data

A CIP catalog record for this book has been applied for at the Library of Congress.

Bibliografische Information der Deutschen Nationalbibliothek

Die Deutsche Nationalbibliothek verzeichnet diese Publikation in der Deutschen
Nationalbibliografie; detaillierte bibliografische Daten sind im Internet
über http://dnb.dnb.de abrufbar.

Druck und Bindung: Hubert & Co. GmbH und Co. KG, Göttingen
∞ Gedruckt auf säurefreiem Papier

Printed in Germany

www.degruyter.com

Kommentar

In der Regel geht eine 'Gesamtbesprechung' der jeweiligen Textpartie dem lemmatisierten 'Stellenkommentar' voraus (zur Orientierung siehe die Kopfzeilen). Verweise auf andere Stellen innerhalb der Hauptquelle Heph. 2,18,21–76 (**F1–F6**) werden mit Angabe der jeweiligen Fragment- und Paragraphenzahl gegeben, also z.B. 'F2 § 55' (= Heph. 2,18,55), bei Verweisen innerhalb desselben Fragments mit der bloßen Paragraphenzahl, und zwar stets im Wortlaut der jeweils linken Textspalte der jeweils linken Seite der Edition oben S. 130–180. Im Übrigen wird auf '**T1–T5**' und '**F7–F8**' verwiesen. Datierbare antike Horoskope werden entsprechend dem Katalog oben S. 204 mit einem auf dem Datum basierenden Kurznamen zitiert, z.B. Hor. gr. 76.I.24 (= **F1** = Hadrian).

T1

Dieser Versuch, einen historischen Überblick über die Entwicklung des astrologischen Schrifttums zu bieten, stammt aus dem Proömium (Kap. 2) der Schrift des Johannes Lydos (490 – ca. 560 n.Chr.) Περὶ διοσημει- ῶν (*De ostentis*), einer in den letzten Lebensjahren des Lydos entstandenen und vielleicht nicht endgültig redigierten Abhandlung über Vorzeichen aller Art, die aus astrologischen Werken und verwandtem Schrifttum kompiliert ist.[524] Behandelt werden vor allem Sonnen- und Mondfinsternisse, Kometen, Donner- und Blitzzeichen, Erdbeben und die astrologische Ethnographie. Während **T1** allgemein konzipiert ist, bietet **T2** (vom Anonymos des Jahres 379 n.Chr., s.u. S. 505) einen Überblick über die Geschichte eines astrologischen Spezialgebiets, der Fixsternprognos-

---

[524] Zu Lydos u. seinem Werk s. Klotz 1927. Gundel – Gundel 1966, 257f. 293f. 355 (Index s.v. *Lydos*). Carney 1970. Wood 1981. Maas 1992. Tinnefeld 1999. Turfa 2006. Macías Villalobos 2010. Den hohen Quellenwert der Schrift *De ostentis* für Astrologisches betonen Gundel – Gundel 1966, 294, u. Maas 1992, 107. Zum nicht immer fehlerfreien Umgang des Lydos mit seinen Quellen s. Klotz 1927, 2215f. Gegen eine allzu arrogante und verächtliche Herabsetzung des Byzantiners (bes. in den *praefationes* von C.B. Hase bei Bekker 1837 sowie von C. Wachsmuth 1863) s. Wood 1981, 122 mit Anm. 60. Von *De ostentis* gibt es eine lateinische Übersetzung (Bekker 1837), eine italienische (Domenici – Maderna 2007) und eine englische (Bandy 2013a).

tik. So unvollkommen beide Texte (vor allem **T1**) aus moderner Sicht auch sein mögen, bilden sie doch zwei der wenigen antiken Ansätze zu einer Darstellung der Geschichte und Entwicklung astrologischer Lehren und Literatur im Altertum.[525]

Dieses Testimonium stellt den Kommentator sogleich zu Beginn vor die Aufgabe, eine inhaltlich und textkritisch schwierige Stelle, zu der fast gar keine Sekundärliteratur existiert, zu erschließen. Das wird nicht möglich sein, ohne zum Teil etwas weiter auszuholen, um die Interpretation angemessen zu begründen.

T1 ist in der Lydos-Edition von Wachsmuth und im ersten Band des CCAG zugänglich.[526] Der Anfang des Werkes ist nur durch eine einzige Handschrift, den Codex Caseolinus[527] (Paris. suppl. gr. 257, saec. IX), überliefert. Dessen erste Blätter wurden so stark durch Feuchtigkeit in Mitleidenschaft gezogen,[528] dass zahlreiche verblichene Buchstaben, die Wachsmuth in der Nachfolge Hases (1823) durch eckige Klammern [ ] kenntlich macht, nur *per coniecturam* wiederhergestellt werden können.[529] Diese eckigen Klammern werden hier trotz formaler Bedenken beibehalten,[530] die Konjekturen Hases nur in den Fällen, die nicht überzeugen, diskutiert.[531]

---

[525] Vgl. Gundel – Gundel 1966, 4: "Eine Geschichte der Astrologie ist im Altertum nicht geschrieben worden."

[526] Wachsmuth 1897, 6, reproduziert durch F. Cumont im CCAG I (1898), 81.

[527] Nach dem früheren Besitzer Graf Gabriel Auguste de Choiseul-Gouffier, dem französischen Gesandten an der Hohen Pforte (Wachsmuth 1897, p. IX).

[528] Vgl. Wachsmuth 1897, p. X: "decem priora folia misere sunt lacera madoreque vini et vetustate adeo affecta, ut Villoisoni (proleg. ad Iliad. p. XLVI) in cella vinaria potius quam in bibliotheca codex asservatus esse videretur." Jean Baptiste Gaspard d'Ansse de Villoison (1753–1805), der 1788 die Homerscholien des Codex Venetus A edierte, hatte die Lydos-Handschrift um 1785 in einer privaten Bibliothek nahe Konstantinopel entdeckt, studiert und den späteren Besitzer Graf de Choiseul-Gouffier (s. vorige Anm.) auf sie aufmerksam gemacht (Wachsmuth 1897, pp. IX–X).

[529] Vgl. C.B. Hase, praef. in libr. de ost. p. IX (ed. 1823, = p. LV ed. Bekk. 1837): "unusquisque supplementa mea, ubique fere in textu uncinis [ ] indicata, ad iudicium proprium poterit revocare."

[530] Es besteht zwar die Möglichkeit einer Verwechslung mit den in der hiesigen Neuedition von **F1–F6** durch [ ] kenntlich gemachten Athetesen; andererseits würde die Ersetzung von [ ] durch ⟨ ⟩ bei den Zitaten aus Wachsmuth und Hase, wo [ ] begegnet, Verwirrung stiften. Eine einheitliche formale Gestaltung ist in dieser Arbeit zu den Antigonos-Fragmenten auch deshalb unmöglich, weil sie zuweilen Papyri zitiert, die ebenfalls Textlücken, die durch Materialschäden bzw. -verlust bedingt sind, durch [ ] kennzeichnen (Leidener Klammer-System; dem entspricht der Usus von Hase und Wachsmuth).

[531] Schon Wachsmuth schloss sich den Konjekturen Hases bis auf ἔτι καὶ Δαψὸς ὁ Θηβ[αῖος . . . . καὶ] Πολλῆς an, was er mit Verweis auf Hephaistion und andere

Obwohl Johannes Lydos kaum mehr als eine Handvoll Autoren zu nennen weiß und eine klare Differenzierung nach Teilgebieten der Vorzeichendeutung fehlt,[532] ist sein Zeugnis für uns nicht wertlos. Allerdings lässt sich mehr für die Eigenart des von Antigonos verfassten Werks als für seine Datierung gewinnen. Was die Datierung betrifft, ordnet Lydos den Antigonos nach 'Zoroaster' und 'Petosiris', aber vor einer durch Ptolemaios und spätere Autoren charakterisierten Gruppe ein. Die Datierung nach 'Petosiris' ist evident richtig, da Antigonos um 150 n.Chr. schrieb und klar in der Tradition des knapp drei Jahrhunderte älteren Werks von 'Nechepsos und Petosiris' steht.[533] Problematisch sind hingegen die Äußerungen des Lydos über die Autoren, die nach Antigonos schrieben. Er erwähnt hier fünf Schriftsteller, von denen wir den zuerst genannten Heliodor sicher in die Spätantike (ca. 500 n.Chr.) datieren können.[534] Asklation muss jedoch, wenn er mit dem von Val. 9,1,6 erwähnten Astrologen identisch ist, spätestens um die Mitte des 2. Jh. n.Chr. gelebt haben; wahrscheinlich gehört er sogar ans Ende des 1. Jh. in die Zeit

---

Quellen zu ἔτι καὶ Ὠδαψὸς ὁ Θηβ[αῖος καὶ ὁ Αἰγιεὺς] Πολλῆς verbesserte. Leider verzichtete Hase selbst darauf, seine Entscheidungen zu begründen; cf. praef. in libr. de ost. p. XI (ed. 1823, = p. LVI ed. Bekk. 1837): "ibique praecipue, hoc est in prioribus 20 capitibus libri De ostentis, intellexi quantopere opus esset notis ad stabiliendas defendendas explicandas lectiones. nullus enim locus est in hac libelli parte, quo in loco ambigi de vocabulo possit, quin eundem tractarim compluriens, nec sine conficiente causa statuerim. sed et explanare eiusmodi causas infinitum fuisset neque huius temporis; et pugnaciter defendere coniecturas aliis displicentes, ut fortasse possim si velim, certe non velim etiamsi possim, cum contentiones eiusmodi tam a moribus meis quam ab hoc instituto sint alienissimae." – Einen partiellen Ersatz für die fehlenden Erklärungen bietet Hases Übersetzung von **T1** (bei Bekker 1837, p. 274): "Appositum autem esse arbitror, si quis de rebus eiusmodi scribere velit, primum a quo earum cognitio coeperit dicere, undeque sit subsidia nacta, quoque pacto eatenus processerit ut vel ipsos, si hoc fas est dictu, Aegyptios superemus. ex his enim, post Zoroastrem ingentem, Petosiris locos singulares permiscens generatim dictis, multa iuxta illum conatur docere: sed tamen non quemvis unum ea docet, sed solos suos, horumque illos potius qui sint ad contemplationem habiliores. post hunc Antigonus divisit quidem et distinxit disciplinam, sed ad crebra astronomica lineamenta conversus inexplicabilem molestiam omnique obscuritate refertam in scriptionem introduxit suam. quae Aristoteles prodidit, admodum cognita sunt. Heliodorus autem et Ascletario, Dapsus Thebanus .... et Polles Aegiensis, quique hos aetate antecessit divinus Ptolemaeus, antiquam a scientia prorsus dispellere caliginem non potuerunt, quamvis id quoque efficere oppido conati."

[532] Vgl. bes. die von der Suda s.v. Πόλλης Αἰγιεύς, π 1898, p. IV 159,17–23 Adler genannten Titel des Polles von Aigai, ferner die hier nicht zitierten Ausführungen über die italischen Vertreter der Kunst bei Lyd. ost. 2 a.E. – 3, pp. 7,1–8,27 Wachsmuth.

[533] S.o. S. 39, Punkt a. – Was 'Zoroaster' betrifft, s.u. S. 487 zu μετὰ Ζωροάστρην κτλ.

[534] S.u. S. 502 zu Ἡλιόδωρος.

Domitians.[535] Von Odapsos können wir nur sagen, dass er irgendwann vor Hephaistion (Anf. d. 5. Jh.s) schrieb, für Polles ist die Erwähnung bei Lydos selbst der *terminus ante quem*. An letzter Stelle findet Ptolemaios Erwähnung, und zwar mit dem Zusatz, er habe 'vor ihnen' (πρὸ αὐτῶν) gelebt. Die explizite Durchbrechung der insgesamt chronologischen Ordnung dient offenbar der Hervorhebung des 'ganz und gar göttlichen' Gelehrten (ὁ θειότατος ... Πτολεμαῖος), der so die Reihe der griechischen Autoren krönend abschließt, ehe Lydos sich den italischen Vertretern der Weissagekunst (Tages, Tarchon, Tarquitius etc.) zuwendet.[536] Anscheinend gilt die mit πρὸ αὐτῶν ausgedrückte zeitliche Relation nur innerhalb desselben Satzes und betrifft nicht den zuvor besprochenen Antigonos. Lydos betrachtet die mit Heliodor eröffnete Autorenreihe als eine auf Antigonos folgende Gruppe, deren gemeinsames Charakteristikum darin besteht, dass ihre Mitglieder nicht vollständig in der Lage gewesen seien, 'die alte Undeutlichkeit' (τὴν παλαιὰν ἀσάφειαν), zu der Antigonos trotz seiner Verdienste beigetragen habe, zu beseitigen. Lydos scheint sich den Antigonos also vor Ptolemaios oder spätestens als dessen Zeitgenossen zu denken. Leider ist aus diesem Testimonium nichts Verlässliches für die absolute und (bzgl. Ptolemaios) relative Datierung des Antigonos zu gewinnen, da Lydos in einem Atemzug weit auseinanderliegende Autoren nennt, die zum Teil sogar vor Ptolemaios gelebt zu haben scheinen (Asklation). Die chronologische Ordnung könnte ihre Richtigkeit haben, falls πρὸ αὐτῶν sich nur auf die beiden zuletzt Genannten, Odapsos und Polles, bezieht; aber selbst das ist ungewiss.[537]

Wenden wir uns nun der historischen Bedeutung des Antigonos zu. Lydos bespricht sein literarisches Werk als einen Markstein in der Geschichte der Astrologie, und zwar unter zwei Gesichtspunkten: Antigonos habe das tradierte Lehrgut systematisiert und in erheblichem Umfang mit astronomischen Elementen angereichert. Wenngleich beide Neuerungen eine Verwissenschaftlichung und 'Gräzisierung' der mystisch verbrämten und wenigstens teilweise poetisch eingekleideten Astrologie von 'Nechepsos und Petosiris' bedeuten, vermag Lydos nur die erste der beiden Innovationen zu loben, kein Wunder, da er von Astronomie im engeren

---

[535] S.u. S. 503 zu Ἀσκλατίων.

[536] Mehr zur Ptolemaios-Verehrung des Lydos unten S. 504 zu ὁ θειότατος κτλ.

[537] Vgl. Kroll 1937a, 1882f.: "In jedem Falle ist mit der Möglichkeit zu rechnen, daß O(dapsos) noch ins 2. Jhdt. v.Chr. gehört." Vgl. ferner die problematische Stelle Lyd. ost. 8 p. 17,12 W. τὰ εἰρημένα τοῖς ἀρχαίοις μετὰ Πόλλητα (μεταπολλητα [*sic*] cod. Caseol.), die eine ziemlich frühe Datierung des Polles nahelegt (sofern dort derselbe Autor wie hier gemeint ist).

Sinne nichts versteht. Es ist zwar die Möglichkeit zu erwägen, dass Lydos hier nicht aus eigener Textkenntnis heraus urteilt, sondern das Urteil eines Vorgängers wiedergibt; doch scheint die Anspielung auf die *obscuritas* des Aristoteles den noch frischen Eindruck eigener, 'unsäglich mühseliger' Lektüre (vgl. ἀμύθητον ὄχλον) zu spiegeln.[538]

Inhaltlich können wir das erste dem Antigonos zugesprochene Verdienst, wodurch Lydos ihm in der Geschichte der Astrologie eine ähnliche Stellung zuweist, wie Aristoteles sie in der Geschichte der Philosophie einnimmt, nicht überprüfen.[539] Es ist jedoch in den drei durch Hephaistion überlieferten Horoskopen des Antigonos eine sorgfältige Gliederung des Stoffs erkennbar,[540] und so ist es glaubhaft, dass das Gesamtwerk ähnlich klar strukturiert war. Umfangreiche astronomische Erläuterungen und Diagramme, auf die Lydos an zweiter Stelle missbilligend hinweist, dürften wohl auf einen dieser Dinge gar nicht oder nur wenig kundigen Leser den Eindruck mangelnder Klarheit und Verständlichkeit machen. Das passt gut zu dem Bild des Antigonos als eines astronomisch überdurchschnittlich ambitionierten Astrologen, welches **F7** vermittelt.[541] Die Bemerkung des Lydos (πρὸς δὲ τὸ πυκνὸν – συγκατέθετο) ist ein Indiz dafür, dass wir es bei seinem Antigonos wirklich mit demselben wie in **F7** zu tun haben und beide wiederum mit dem in den übrigen Testimonien und Fragmenten erwähnten Ἀντίγονος identisch sind. Offenbar war dieser Autor, dessen geographische Herkunft nur Heph. 2,18,21 erwähnt (Ἀντίγονος ὁ Νικαεύς),[542] so bedeutend und bekannt, dass die bloße Namensnennung zur Identifizierung genügte.

πόθεν τε ἡ τῶν τοιούτων κατάληψις ἤρξ[ατο: Es ist nicht ganz klar, ob Lydos mit seiner Frage nach dem Ursprung des Verstehens der Vorzeichen eine Person (den πρῶτος εὑρετής) oder deren geographische Herkunft oder eine bestimmte Art von Vorzeichen meint, z.B. die Verfinsterungen der eindrucksvollsten Himmelskörper, der Sonne und des Mondes, die er in der Ankündigung seiner Einzelthemen an erster Stelle nennt (ost. 4 p. 9,1–3 W.) und nach dem Proömium tatsächlich zuerst behandelt (ost. 9). Da Lydos dort anmerkt, Finsternisprognosen seien bei

---

[538] Mehr dazu unten S. 498 zu τὰ γὰρ Ἀριστοτέλει κτλ.
[539] Lydos selbst hatte in Konstantinopel Philosophie studiert.
[540] Vgl. die Analysen zu **F1–F3** (ab S. 535).
[541] Mehr dazu im Kommentar ab S. 1358.
[542] Dagegen Heph. 2,1,8 (**T3**) und alle übrigen Zeugen einfach Ἀντίγονος.

den Griechen seit Thales angestellt worden,[543] ist nicht auszuschließen, dass alle oben erwogenen Gesichtspunkte für die richtige Interpretation eine Rolle spielen.

καὶ ὅθεν ἔσχε τὰς ἀφορμάς: ebenfalls nicht ganz klar, sowohl bezüglich der Wortbedeutung von ἀφορμαί ('Ursprung' oder – so Hase – 'Hilfsmittel/Resourcen'?)[544] als auch bezüglich der Abgrenzung von πό-θεν – ἤρξατο, sofern eine solche intendiert ist. Hase 1823 übersetzt insgesamt "a quo earum cognitio coepit dicere, undeque sit subsidia nacta".[545] Vielleicht sollte man aber doch die Bedeutung 'Ursprung' oder speziell 'Entwicklungsimpuls' vorziehen. In *De ostentis* begegnet ἀφορμή nur hier, in *De mensibus* ebenfalls einmal (von den Nilquellen),[546] in *De magistratibus* viermal in verschiedenen Bedeutungen.[547] Die frühesten Similien der hiesigen Stelle stammen aus nosologischem Kontext und bezeichnen den Ursprung eines Krankheitsverlaufs.[548] Mit Bezug auf die Entwicklung einer Wissenschaft oder Lehre ist mir nur eine einzige Parallele bekannt, die das Lydos zeitlich nahestehende *Chronicon paschale* (ca. 630 n.Chr.) bietet: Dort wird Kerdon als Archeget der markionischen Häresie bezeichnet und in die Nachfolge des Simon Magus gestellt, der gemäß der Ketzerhistorie der Vater und Anfang aller Irrlehren ist.[549]

---

[543] Lyd. ost. 9 p. 18,5–8 W. προγνωσθῆναι δὲ τοῦτο λέγεται παρὰ μὲν Ἕλλησι πρὸς Θαλοῦ τοῦ Μιλησίου κτλ. (mit doppelter Datierung nach Olympiaden und *ab urbe condita*). Lydos unterscheidet nicht gebührend nach astronomischen Prognosen *von* und astrologischen Prognosen *aus* Finsternissen.

[544] Cf. LSJ s.v. ἀφορμή I.2–3.

[545] Volles Zitat oben in Anm. 531. Dachte Hase bei "subsidia" vielleicht an astronomische Techniken? – Bandy 2013a, 53, übersetzt: "from what source".

[546] Lyd. mens. 4,107 p. 147,19–20 W.

[547] Lyd. mag. 3,6 p. 138,17 B. ("opportunities"; item Bandy 2013b, 213). 3,53 p. 212,30 B. ("pretext"; item Bandy 2013b, 292). 3,58 p. 224,3 B. ("opportunity"; Bandy 2013b, 299: "occasion"). 3,66 p. 236,20 B. ("reason"; Bandy 2013b, 299: "pretext").

[548] Hippocr. epid. 2,1,11 p. V 82 L. Τὰς ἀφορμάς, ὁπόθεν ἤρξατο κάμνειν, σκεπτέον (vgl. ebd. 6,3,20 p. V 302 L.). In einem Vergleich von Arzt und Staatsmann bei Pol. hist. 3,7,5 sind ἀφορμαί und αἰτίαι synonym: τί γὰρ ὄφελος ἰατροῦ κάμνουσιν ἀγνοοῦντος τὰς αἰτίας τῶν περὶ τὰ σώματα διαθέσεων; τί δ' ἀνδρὸς πραγματικοῦ μὴ δυναμένου συλλογίζεσθαι πῶς καὶ διὰ τί καὶ πόθεν ἕκαστα τῶν πραγμάτων τὰς ἀφορμὰς εἴληφεν; Vgl. ferner τὰς ἀφορμὰς εἴληφεν/ἔσχε in verschiedenen Bedeutungen bei Plut. adv. Col. p. 1121C. Diod. 19,6,1. Strab. geogr. 16,2,10 und Späteren.

[549] Chron. pasch. Ol. 229 p. I 477,18–478,4 D. Κέρδων τῆς κατὰ Μαρκίωνα πλάνης ἀρχηγὸς ... ὡς ἀπὸ τῶν κατὰ Σίμωνα τὸν μάγον ἔχων τὰς ἀφορμάς.

μετά] Ζωροάστρην τὸν πολὺν Πετόσιρις: Gemeint sind in beiden Fällen Pseudepigrapha unter den Namen ehrwürdiger Propheten und Weisen. Auf die astrologischen Schriften des 'Zoroaster' wird gleich noch genauer einzugehen sein; zu 'Nechepsos und Petosiris' s.o. S. 39 (Punkt a) und s.u. S. 539 zu **F1** § 21 Πετόσιριν καὶ Νεχεψὼ. Vordringlich ist hier die Klärung des zeitlichen Verhältnisses von 'Zoroaster' und 'Petosiris'. Dabei ist zwischen wahrer und vermeintlicher Chronologie zu unterscheiden. Der historische iranische Religionsstifter lebte zwischen dem Ende des siebten und der Mitte des sechsten Jahrhunderts v.Chr., nach Gnoli vermutlich 618–541 v.Chr.[550] Die unter griechisch-römischen Autoren seit Xanthos dem Lyder (5. Jh. v.Chr.) fassbare Datierung Zoroasters 6000 Jahre vor Xerxes oder Platon beziehungsweise 5000 Jahre vor dem Fall Trojas basiert auf einem Missverständnis der Nachricht vom iranischen, 12.000 Sonnenjahre umfassenden Weltjahr.[551] Diese groteske Verzerrung der historischen Realität[552] erklärt, warum 'Zoroaster' nach Lydos dem 'Petosiris' vorausgeht, den sich die Leser antiker astrologischer Texte irgendwann im ersten Jahrtausend v.Chr. vorgestellt haben dürften.[553] Nicht nur die Vorstellung, Zoroaster habe in einer sehr fernen

---

[550] Gnoli 2000, 9. Eine Skizze der Forschungsgeschichte zur Datierung Zoroasters bietet Gnoli ebd. 5–8. Die antike Tradition, wonach Zoroaster 258 Jahre vor Alexander lebte, ist als historisch verlässlich anzuerkennen (ebd. 8f. u. 131–183). Zum Synchronismus Zoroaster – Pythagoras ebd. 95–129.

[551] Diog. Laert. 1,2 (= FGrHist 765 F 32 = Hermod. frg. 6 Isnardi Parente): Ἀπὸ δὲ τῶν Μάγων, ὧν ἄρξαι Ζωροάστρην τὸν Πέρσην, Ἑρμόδωρος μὲν ὁ Πλατωνικὸς ἐν τῷ Περὶ μαθημάτων φησὶν εἰς τὴν Τροίας ἅλωσιν ἔτη γεγονέναι πεντακισχίλια (Ξάνθος δὲ ὁ Λυδὸς εἰς τὴν Ξέρξου διάβασιν ἀπὸ τοῦ Ζωροάστρου ἑξακισχίλιά φησι), καὶ μετ' αὐτὸν γεγονέναι πολλούς τινας Μάγους κατὰ διαδοχήν, Ὀστάνας καὶ Ἀστραμψύχους καὶ Γωβρύας καὶ Παζάτας, μέχρι τῆς τῶν Περσῶν ὑπ' Ἀλεξάνδρου καταλύσεως. Vgl. Plin. nat. 30,3–4 (nat. 30,3 = Arist. frg. 34 Rose = Eudox. frg. 342 Lasserre): *Eudoxus ... Zoroastren hunc sex milibus annorum ante Platonis mortem fuisse prodidit; sic et Aristoteles. Hermippus, qui de tota ea arte diligentissime scripsit et viciens C milia versuum a Zoroastre condita indicibus quoque voluminum eius positis explanavit, praeceptorem, a quo institutum diceret, tradidit Agonacen, ipsum vero quinque milibus annorum ante Troianum bellum fuisse. mirum hoc in primis, durasse memoriam artemque tam longo aevo, ⟨non⟩ commentariis intercedentibus, praeterea nec claris nec continuis successionibus custoditam.* Eine vollständige Besprechung aller Quellen und des in ihnen perpetuierten Missverständnisses bietet Gnoli 2000, 43–94.

[552] Vgl. die Verwunderung des Plinius am Ende des soeben zitierten Textes (Anm. 551).

[553] Zu potentiellen historischen Bezugspersonen für die Pseudonyme 'Nechepsos' und 'Petosiris' s.u. Komm. zu **F1** § 21 Πετόσιριν καὶ Νεχεψὼ, bes. S. 541 bei Anm. 806, S. 544 bei Anm. 822 und S. 544 bei Anm. 827. Das ihnen zugeschriebene Werk entstand im 2. Jh. v.Chr.

Vergangenheit gelebt, sondern auch seine von Lydos betonte Priorität gegenüber den 'Ägyptern' ist schon früh belegbar: Aristoteles soll gesagt haben, die Magoi seien älter als die Ägypter.[554] In späten Schriften finden wir dann Versuche zur Etablierung einer historischen Chronologie mit der expliziten Behauptung, Zoroaster sei unter allen Astrologen der erste gewesen.[555]

Wenngleich die dualistische Religion des Zoroaster in Wahrheit keinen astrologischen Einfluss der Sterne auf die Erde lehrte,[556] wurde die Stilisierung des iranischen Propheten zu einer Autorität auf diesem Gebiet dadurch begünstigt, dass schon früh die in seiner Nachfolge stehenden Magoi[557] mit den Chaldäern als Vertretern des mesopotamischen Sternenkults verwechselt wurden. In diesem Zusammenhang verdient auch die durch Diogenes Laertios für Hermodoros und D(e)inon (Ende 4. Jh. v.Chr.) bezeugte etymologische Erklärung des Namens Ζωροάστρης als ἀστροθύτης, 'Sternenverehrer', Beachtung.[558] Gnoli konstatiert: "the distinction between Magi and Chaldaeans [...] must already have been extremely slight to the Greeks in the first half of the 4th century".[559] Insgesamt ist das Problem der Verwirrung zwischen Magoi und Chaldäern zu komplex, als dass es hier erörtert werden könnte. Es genügt festzustellen, dass die beiden Gruppen in griechischen Quellen nicht immer verwechselt wurden, dass jedoch die von Messina, Molé und anderen postulierte lineare Entwicklung von einer anfänglichen Differenzierung zwischen Magoi, die sich als Nachfolger Zoroasters allein dem Götterkult

---

[554] Diog. Laert. 1,8 (Arist. frg. 6 Rose): Ἀριστοτέλης δὲ ἐν πρώτῳ Περὶ φιλοσοφίας καὶ πρεσβυτέρους εἶναι [sc. τοὺς μάγους] τῶν Αἰγυπτίων.

[555] So Kosmas von Jerusalem (743 n.Chr. Bischof von Maiouma bei Gaza) in CCAG VIII 3 (1912), p. 120,1–2 = Bidez – Cumont 1938, pp. II 271,1–272,1 (frg. 8b): πρῶτος μὲν οὖν Ζαραθρούστης [sic] περὶ τούτου [sc. τοῦ ζωοφόρου κύκλου] διεσκέψατο κτλ.

[556] Überhaupt "fehlen alle Anhaltspunkte dafür, daß in vorhellenistischer Zeit iranische astralreligiöse Vorstellungen zu irgendwelchen frühastrologischen Regeln und den Techniken einer systematischen astralen Divination zusammengefaßt worden sind" (Gundel – Gundel 1966, 60).

[557] Vgl. Diog. Laert. 1,8 τῶν Μάγων, ὧν ἄρξαι Ζωροάστρην τὸν Πέρσην (volles Zitat oben in Anm. 551).

[558] Diog. Laert. 1,8 ὃς [sc. Δείνων, FGrHist 690 F 5] καὶ μεθερμηνευόμενόν φησι τὸν Ζωροάστρην ἀστροθύτην εἶναι· φησὶ δὲ τοῦτο καὶ ὁ Ἑρμόδωρος. Vgl. Bidez – Cumont 1938, II 67,23–26 (frg. D2) und den Kommentar ebd. I 6⁵, vor allem aber Isnardi Parente 1995, 272f., die zeigt, dass der Platon-Schüler Hermodoros wohl vor D(e)inon zu datieren ist und die phantastische Etymologie des Namens Ζωροάστρης folglich ein Produkt der Akademie ist.

[559] Gnoli 2000, 96, mit Verweis auf Kingsley 1995 und Isnardi Parente 1995, 272f.

widmeten,[560] und Chaldäern, die als Astrologen, Zauberer und Wahrsager tätig gewesen seien, hin zur späteren Verwechslung beider Gruppen zu simpel ist.[561] Nach Gnoli zeigten die Magoi, die als Nachfolger Zoroasters weder institutionell organisiert noch doktrinär exakt festgelegt gewesen seien, eine deutliche Neigung zu Eklektizismus und Synkretismus, die wohl nach der persischen Eroberung Babyloniens 539 v.Chr. auf fruchtbaren Boden gefallen sei; ohne Zweifel seien die Magoi die Hauptvermittler des irano-mesopotamischen Synkretismus unter den Griechen gewesen, so dass man sagen dürfe: "The 'Hellenized' Magi were preceded by the 'Chaldaeized' Magi".[562]

Nachdem die Bezeichnungen μάγοι und ἀστρολόγοι austauschbar geworden waren, konnte man sogar die Schüler von 'Nechepsos und Petosiris' – in scheinbarem Widerspruch zu der von Lydos etablierten Chronologie – als Magier bezeichnen. Das zeigt der aus Suetons *De regibus* epitomierte Vers des Paulinus von Nola: *quique magos docuit mysteria uana Nechepsos*.[563] Die bekannteste Erwähnung sternkundiger Magoi bietet das Matthäus-Evangelium in der Weihnachtsgeschichte,[564] jene Stelle, die den Kirchenvätern in ihrem Kampf gegen die Astrologie große Schwierigkeiten bereitet hat.[565]

Als Ergebnis des Einflusses orientalischer Religionen und Kulturen und der Umdeutung der Magoi kam es auch zur Mythisierung ihres Archegeten, des Zoroaster. Diese Mythisierung machte im Hellenismus

---

[560] In diesem Sinne m.W. erstmals Plat. Alc. I 122a1–2 ὧν ὁ μὲν μαγείαν τε διδάσκει τὴν Ζωροάστρου τοῦ Ὡρομάζου – ἔστι δὲ τοῦτο θεῶν θεραπεία – κτλ. (dazu vgl. De Jong 1997, 448, u. Carastro 2006, 209–214). Ich folge LSJ s.v. μαγεία I ad loc. "theology of the magicians" und widerspreche Denyer 2001, 180, der hier μαγεία i.S.v. 'Zauberei' versteht (Denyer irrt ebd. auch in der Datierung des Zoroaster; vgl. insgesamt die kritische Rez. von Joyal 2003). Siehe ferner die Aristoteles (oder Antisthenes?) und D(e)inon zugeschriebene Nachricht, ursprünglich hätten die Magier die Zauberei nicht gekannt (Diog. Laert. 1,8 = Arist. frg. 36 Rose = FGrHist 690 F 5): τὴν δὲ γοητικὴν μαγείαν οὐδ᾽ ἔγνωσαν, φησὶν Ἀριστοτέλης ἐν τῷ Μαγικῷ καὶ Δείνων ἐν τῇ πέμπτῃ τῶν Ἱστοριῶν (cf. Suda s.v. Ἀντισθένης, α 2723, p. I 243,21–24 Adler).

[561] So Gnoli 2000, 97, mit umfangreichen Verweisen auf obsolete und aktuelle Forschungsliteratur.

[562] Gnoli 2000, 97, mit Anspielung auf 'Les mages hellénisés' (Bidez – Cumont 1938).

[563] Paul. Nol. carm. 3,8 (= Nech. et Pet. test. 5, s.o. S. 40).

[564] Mt. 2,1–12, bes. 2,1–2: Τοῦ δὲ Ἰησοῦ γεννηθέντος ... ἰδοὺ μάγοι ἀπὸ ἀνατολῶν παρεγένοντο εἰς Ἱεροσόλυμα λέγοντες· 'ποῦ ἐστιν ὁ τεχθεὶς βασιλεὺς τῶν Ἰουδαίων; εἴδομεν γὰρ αὐτοῦ τὸν ἀστέρα ἐν τῇ ἀνατολῇ καὶ ἤλθομεν προσκυνῆσαι αὐτῷ.'

[565] Siehe Riedinger 1956, 130–146, bes. 142–146, Gundel – Gundel 1966, 200, Tester 1987, 111f., und Barthel – van Kooten (demnächst), darin bes. Heilen (demnächst C).

immer raschere Fortschritte: Der iranische Prophet "verwandelte sich in den Lehrer des Pythagoras, in den Urheber der Chaldäischen Orakel, in den Großmeister aller orientalischen Magier, Sterndeuter, Alchimisten und Schwarzkünstler."[566] Im Rahmen dieser Entwicklung wurden viele griechische Pseudepigrapha unter dem Namen Zoroasters verfasst. Das umfangreiche Material haben Bidez – Cumont 1938, II 7–263, gesammelt; die speziell astrologischen Schriften besprechen Gundel – Gundel 1966, 60–66.[567] Zu ergänzen ist m.W. nur ein Text, den wir den 1945 entdeckten, aber erst Jahrzehnte später publizierten Handschriften der Bibliothek von Nag Hammadi verdanken: Das darin enthaltene Apokryphon Johannis zitiert ein 'Buch des Zoroaster', bei dem es sich nach Quack um einen astrologischen Traktat handelte.[568] Die Datierung der ps.-zoroastrischen Schriften ist im Einzelnen umstritten, als sicher gilt aber, dass die frühesten unter ihnen im 3. Jh. v.Chr. vorhanden waren.[569]

Lydos erwähnt Zoroaster noch einmal in *De mensibus* im Kontext der astrologischen Planetenwoche.[570] Zusammen mit Petosiris findet Zoroaster, abgesehen von Lyd. ost. 2 (**T1**), noch zwei weitere Male in der griechisch-römischen Literatur Erwähnung: zum einen in einer Kritik zahlreicher Autoren bei Hippolytos,[571] zum anderen als Gewährsmann der sog. 'Petosirisregel'[572] bei Proklos.[573] Zu der chronologischen Relation von

---

[566] Hinz 1972, 774, mit Verweis auf Duchesne-Guillemin 1958, 4.

[567] Zu den astromagischen Schriften s. außerdem Gundel 1968, 75. Speziell zu der ps.-zoroastrischen Astrologie, die ab dem 3. Jh. n.Chr. im mesopotamischen Ḥarrān (lat. *Carrhae*) betrieben wurde, s. Pingree 2002, 11f.

[568] Quack 1995, 120–122, mit Verweis (ebd. 97) auf NHC II 19,8–10 u. IV 29,16–18; vgl. Waldstein – Wisse 1995, 111: "But if you wish to know them, it is written in the book of Zoroaster" (ⲡϫⲱⲱⲙⲉ ⲛ̄ⲍⲱⲣⲟⲁⲥⲧⲣⲟⲥ).

[569] Gundel – Gundel 1966, 62.

[570] Lyd. mens. 2,4 p. 21,1–3 Wünsch: ὅτι οἱ περὶ Ζωροάστρην καὶ Ὑστάσπην Χαλδαῖοι καὶ Αἰγύπτιοι ἀπὸ τοῦ ἀριθμοῦ τῶν πλανήτων ἐν ἑβδομάδι τὰς ἡμέρας ἀνέλαβον ('dass die chaldäischen und ägyptischen Anhänger von Zoroaster und Hystaspes von der Zahl der Planeten die siebentägige Woche übernahmen'). Vgl. hierzu Boyce – Grenet 1991, 539.

[571] Hippol. ref. haer. 5,14,8 p. 180,41–44 Marcovich (= Ps.-Zor. frg. D13 Bidez-Cumont = Nech. et Pet. frg. +3 Heilen): δύναμις ⟨πυρὸς⟩ δεξι(ά)· ἐξουσιάζει καρπῶν. τοῦτον ἡ ἀγνωσία ἐκάλεσε Μῆνα· οὗ κατ' εἰκόνα ἐγένοντο Βουμέγας, Ὀστάνης, Ἑρμῆς Τρισμέγιστος, Κουρίτη(ς), Πετόσιρις, Ζωδάριον, Βηρωσός, Ἀστράμψουχος, Ζωρόαστρις.

[572] Mehr dazu unten S. 512 (bei Anm. 675) zu **T3**.

[573] Procl. comm. in Plat. rem publ. p. II 59,3–6 Kroll (= Ps.-Zor. frg. O 15a,1–4 Bidez-Cumont = Nech. et Pet. frg. 14,1–4): οἱ δὲ περὶ Πετόσειριν Αἰγύπτιοι καὶ Ζωροάστρης διατείνονται, καὶ Πτολεμαῖος ἀρέσκεται, τὴν μὲν σπορίμην ὥραν γίνεσθαι σελήνης τόπον ἐν ταῖς ἀποκυήσεσιν, τὴν δὲ σπορίμην σελήνην ὥραν τῆς ἐκ-

Petosiris und Zoroaster machen die beiden zuletzt genannten Quellen keine Angabe. Ob man aus dem singulären Zeugnis des Lydos, speziell aus den Worten πολλὰ μὲν κατ' αὐτὸν (sc. Ζωροάστρην) παραδοῦναι βιάζεται, mit Kroll auf die Abhängigkeit des 'Petosiris' von persisch-chaldäischen Astrologumena schließen darf, ist zweifelhaft.[574] Reine Spekulation wäre es ferner, in Ζωροάστρην τὸν πολύν einen Rest der Originaliamben von 'Nechepsos und Petosiris' zu vermuten.[575]

Ζωροάστρην τὸν πολὺν: Mit dem Epitheton ὁ πολύς schmückt Lydos auch Eudoxos, Moses, Cicero, Trajan und andere. Für Zoroaster ist dies der einzige Beleg in der griechischen Literatur.[576]

Πετόσιρις ... παραδοῦναι βιάζεται, οὐ πᾶσι δὲ παραδίδωσι: Was die Formulierung betrifft, vgl. den Rekurs auf die Πετοσιριακαὶ παραδόσεις bei Lyd. ost. 9c p. 24,5–7 W. (= Nech. et Pet. frg. 8,1–2). Siehe auch Thras. epit. CCAG VIII 3 (1912), p. 100,19–20 (= Thras. T 27 Tarrant = Rhet. 6,57,14 = Nech. et Pet. frg. +1) κατὰ τὴν Πετοσίρεως καὶ Νεχεψώ ... παράδοσιν und P. Paris 19bis (= Hor. gr. 137.XII.4), col. I,2–4 (= Nech. et Pet. test. 6) ὡς παρεδόθη ἡμῖν ἀπὸ σοφῶν ἀρχαίων τουτέστιν Χαλδαϊκῶν καὶ Πετόσιρις μάλιστα δὲ καὶ ὁ βασιλεὺς Νεχεύς.[577]

τέξεως. Vgl. Frommhold 2004, 81–83, darin 81 die Übersetzung: "Die Ägypter aber um Petosiris und Zoroaster behaupten mit Bestimmtheit – und Ptolemaios hat Gefallen daran – dass der Aszendent der Empfängnis zum Ort des Mondes bei den Geburten wird, der Empfängnismond aber zum Aszendenten der Geburt". Wahrscheinlich schöpft Proklos aus den ps.-zoroastrischen Büchern Περὶ φύσεως (so Bidez – Cumont 1938, II 162f., u. Frommhold 2004, 83), die ihm nach seinem expliziten Zeugnis an früherer Stelle (in Plat. remp. p. II 109,13–14 Kroll) vorlagen.

[574] Vgl. Kroll 1935, 2165,63–66 zu T1: "Es liegt also eine gewisse Wahrheit darin, wenn Lyd. de ost. 6,13 den Petosiris zu einem Nachfolger Zoroasters macht." Dieses Urteil übernahmen Bidez – Cumont 1938, II 207[1] (vgl. ebd. I 134); Kritik bei Gundel – Gundel 1966, 32[13].

[575] Mehr dazu unten S. 559 bei Anm. 905.

[576] Vgl. Lyd. ost. 70 p. 157,20 W. Εὔδοξός τε ὁ πολύς. mens. 4,154 p. 172,15 W. Μωυσῆς ὁ πολύς. mens. frg. 1 p. 178,13 W. Ἱππόλυτον τὸν πολύν. mag. 1,13 p. 24,28 B. (= 18,15 W.) Κικέρων γὰρ ὁ πολύς. mag. 2,26 p. 122,6 B. (= 81,7–8 W.) Πέτρος οὗτος ὁ πολύς. mag. 2,28 p. 126,3 B. (= 83,13 W.) Τραϊανὸς ὁ πολύς. mag. 3,20 p. 166,4 B. (= 108,24 W.) Σέργιός τε ὁ πολύς. mag. 3,28 p. 176,26 B. (= 116,12–13 W.) ὁ πολὺς Ἀναστάσιος. Siehe auch Lyd. mag. 3,33 p. 184,21–22 B. (= 121,21–122,1 W.) Κωνσταντῖνος πολὺς ὢν ἔν τε παιδεύσει λόγων καὶ συνασκήσει ὅπλων.

[577] Mehr dazu unten S. 548 in Anm. 850.

τοῖς εἰδικοῖς τὰ [καθολικὰ συμμί]ξας: so Bidez – Cumont 1938, II 207,[578] nachdem zuvor Hase 1823 (gefolgt von Wachsmuth 1897) τὰ [ἐν γένει διαπλέ]ξας suppliert[579] und Kroll 1935, 2160,36 dies zu τὰ [γενικὰ συμμί]ξας geändert hatte. Für die Konjektur Krolls spricht, dass die üblichste philosophische Begriffsopposition γενικός – εἰδικός ('allgemein' – 'spezifisch') ist,[580] neben die in astrologischem Kontext die Begriffsopposition καθολικός – γενεθλιαλογικός ('universell' – 'individuell') tritt. Dass in astrologischem Kontext beide Begriffspaare im Wesentlichen dasselbe bedeuten und so γενικός und καθολικός beziehungsweise εἰδικός und γενεθλιαλογικός austauschbar werden, zeigt der von Lydos so hochgeschätzte Ptolemaios in einer grundlegenden Klarstellung zu Beginn seines zweiten, der Universalastrologie gewidmeten Buches (Ptol. apotel. 2,1,2): εἰς δύο τοίνυν τὰ μέγιστα καὶ κυριώτατα μέρη διαιρουμένου τοῦ δι᾽ ἀστρονομίας προγνωστικοῦ, καὶ πρώτου μὲν ὄντος καὶ γενικωτέρου τοῦ καθ᾽ ὅλα ἔθνη καὶ χώρας ἢ πόλεις λαμβανομένου (ὃ καλεῖται καθολικόν), δευτέρου δὲ καὶ εἰδικωτέρου τοῦ καθ᾽ ἕνα ἕκαστον τῶν ἀνθρώπων (ὅπερ καλεῖται γενεθλιαλογικόν), προσήκειν ἡγούμεθα περὶ τοῦ καθολικοῦ πρῶτον ποιήσασθαι τὸν λόγον κτλ.[581] Im Übrigen gibt es auch in philosophischem Kontext ohne astrologischen Bezug Belege für die 'vermischte' (genauer: nichtaristotelische) Opposition καθολικός – εἰδικός.[582] Die textkritische Entscheidung an der hiesigen Stelle sollte auch die Größe der zu füllenden Lücke in Rechnung stellen. Unter diesem Gesichtspunkt kommt der von Hase supplierten Buchstabenzahl die von Bidez und Cumont vorgeschla-

---

[578] Vgl. ebd. Anm. 1: "Wachsmuth [*immo Hase*] avait suppléé τὰ [ἐν γένει διαπλέ]ξας; il faut rétablir plutôt le terme technique et suppléer τὰ [καθολικὰ συμμί]ξας".
[579] Wahrscheinlich mit Blick auf den Schlussteil desselben Kapitels (Lyd. ost. 2 p. 7,8–10) ὥστε ἐκ τῶν πᾶσι τούτοις εἰρημέ[νων γλαφυρᾶν] τινα διαπλέξαι τοῦ πράγματος ἁρμονίαν (dies ist der einzige Beleg für διαπλέκω bei Lydos).
[580] Beispiele bei LSJ s.v. εἰδικός I u. LSJ Suppl. 1996 s.v. γενικός. Dieselbe Opposition begegnet auch mit der Orthographie ἰδικός (wie hier im cod. Caseol.); vgl. z.B. Alex. Aphr. comm. in Arist. top. p. 420,4 Wallies Διδάξας ὁ Ἀριστοτέλης περὶ τῶν γενικῶν καὶ ἰδικῶν προβλημάτων. ibid. p. 422,23 ἐν τοῖς γενικοῖς καὶ ἰδικοῖς προβλήμασι.
[581] Vgl. Robbins 1940, 117–119: "Since, then, prognostication by astronomical means is divided into two great and principal parts, and since the first and more universal is that which relates to whole races, countries, and cities, which is called general, and the second and more specific is that which relates to individual men, which is called genethlialogical, we believe it fitting to treat first of the general division, …".
[582] Beispiele von Sextus Empiricus und späteren Autoren bei LSJ s.v. καθολικός I.

gene Lösung etwas näher als die Krolls.[583] Falls Lydos wirklich τοῖς εἰδικοῖς τὰ [καθολικὰ συμμί]ξας schrieb, ist καθολικὰ vielleicht durch
den T1 unmittelbar vorausgehenden Hinweis auf ein eindeutig universal-
astrologisches Ereignis motiviert: Lydos sagt dort, er habe sich nach an-
fänglicher Skepsis durch eine Kometenerscheinung vom Typ ἱππεύς, auf
die der persische Vormarsch bis zum Orontes (540 n.Chr.) gefolgt sei,
von der Wahrheit der Vorzeichendeutung überzeugen lassen (ost. 1 pp.
5,20–6,8). Das Beispiel gehört eindeutig zum μέρος καθολικόν der
Astrologie (s.o. Ptol. apotel. 2,1,2), und seine Details sind ganz nach der
Art jener Kometenomina, die wir aus Nech. et Pet. frg. 6. 9. 10. 11. +32
kennen. Obendrein beruft Lydos sich in den T1 vorausgehenden Zeilen
zweimal explizit auf die 'Alten' (οἱ ἀρχαῖοι, pp. 5,23 u. 6,7); der Zusammenhang mit der hier fraglichen Aussage über 'Petosiris' könnte kaum
enger sein. Insgesamt überwiegen also die Argumente für die Konjektur
τοῖς εἰδικοῖς τὰ [καθολικὰ συμμί]ξας. Wenn man sie akzeptiert, ist der
Sinn, dass 'Petosiris' Universal- und Individualastrologie nicht systematisch trennte. Dass Lydos εἰδικοῖς und nicht γενεθλιαλογικοῖς schrieb,
liegt vielleicht an der umständlichen Länge des exakten astrologischen
Oppositionsbegriffs zu καθολικὰ. Eine ähnlich unscharfe Begriffsopposition wie εἰδικός – καθολικός folgt wenige Zeilen später mit ἀσαφής –
γνώριμος. Was die unsystematische Natur der frühen Astrologumena betrifft, siehe bes. Gundel – Gundel 1966, 11, zu den Werken des 'Hermes
Trismegistos'.

Der Name des Hermes führt jedoch zu einer bisher nicht genannten
alternativen Konjektur, die Kroll 1937c, c. 1165,32–35, mit Bezug auf
ἰδικοῖς, die Lesart des *codex unicus*, vorgeschlagen hat: "Hier kann ἰδικοῖς im Sinne von ἰδίοις richtig und gesagt sein, daß P[etosiris] seine
Lehren mit anderen vermischte, also z.B. τὰ ⟨Ἑρμοῦ συμμί⟩ξας."[584] Dieser Vorschlag verdient Beachtung, zumal eine TLG-Suche ergibt, dass in
allen drei Werken des Lydos kein weiterer Fall von εἰδικ- vorkommt, jedoch zwei weitere von ἰδικ-, und zwar im Sinne von 'eigen' beziehungsweise in der Junktur ἰδικὸς ἀριθμός für 'Primzahl'.[585] Da allerdings die

---

[583] Im Falle von γενικὰ συμμίξας bzw. καθολικὰ συμμίξας ist nicht mit Abbreviaturen zu rechnen.

[584] Vgl. LSJ s.v. ἰδικός 2 mit Verweis auf Anth. Pal. 5,106,4 (Diotimos von Milet) u. Ps.-Maneth. 5[6],122.

[585] Lyd. mag. 3,48 p. 137,21–23 W. = p. 208,2–3 B. = p. II 102 D.-S. (über Kaiser Anastasios): δεῖ γὰρ καὶ τῶν ἰδικῶν τἀνδρὸς ἀρετῶν μίαν ἐναποθέσθαι τῷ λόγῳ ("I ought to include in my account one of the man's private merits, too", Bandy 1983, 209).

Buchstabenfolge von Ἑρμοῦ zu kurz ist, um die Lücke zu füllen, und unmittelbar zuvor Zoroaster genannt wurde, ist zu erwägen, ob die verbli-
chenen Buchstaben als τὰ [ἐκείνου συμμί]ξας wiederherzustellen sind.
Der Sinn wäre dann: 'Denn von diesen hat ja, nach dem großen Zoroaster, Petosiris die eigenen Lehrinhalte mit denen jenes (Mannes) vermischt und sich größte Mühe gegeben, vieles gemäß jenem zu tradieren.'
    Eine sichere und endgültige textkritische Entscheidung ist auf der
Grundlage der soeben dargelegten Argumente nicht möglich. Ob eine
Autopsie des Codex Caseolinus, die im Rahmen dieser Arbeit nicht stattfand, lohnend wäre, ist ungewiss, da Bandy einerseits mitteilt, dass er
einen Teil der von den älteren Herausgebern des Werks *De magistratibus*
aufgegebenen Lesarten durch Autopsie jenes Codex mit der Wood-Lam-
pe verifizieren konnte,[586] andererseits aber an der hiesigen Stelle von *De
ostentis* weiter Wachsmuth folgt.

κατ᾽ αὐτὸν: s.o. S. 491.

οὐ πᾶ[σι δὲ παρα]δίδωσι ταῦτα, μόνοις δὲ τοῖς καθ᾽ αὐτόν: nach
Kroll 1935, 2161 ad loc., "eine (natürlich fiktive) Geheimhaltung". Zum
esoterischen Charakter der hellenistischen Astrologie, besonders in ihrer
frühen Phase, vgl. Cumont 1937, 153f., mit Belegen. Der frühe Astrologe
Kritodemos band seine Leser nach Val. 3,9,4 (= Critod. test. 4 Peter)
durch schauerliche Eide; ganz ähnlich Valens selbst (Val. 4,11,11–13,
vgl. ebd. 7,1 u. 7,6,230–234). Siehe auch Firm. math. 7,1 u. 8,33. Es verdient genauere Prüfung, ob der esoterische Charakter der frühen hellenistischen Astrologie mesopotamischen Vorbildern folgt. Jedenfalls werden
in den Kolophonen erhaltener Keilschrifttafeln Texte aus den Bereichen
der Weissagung, Magie, Medizin und Astronomie oft als 'geheimes' und
'exklusives' Gelehrtenwissen, das denen, 'die nicht wissen', vorenthalten
werden müsse, von anderen Wissensbereichen abgegrenzt.[587]

στοχασμούς: vgl. Plat. Phileb. 55e–56a und im Bereich der astrologischen Literatur den Bogenschützenvergleich bei Ptol. apotel. 3,2,6 (τὰς
... τῶν ἀστέρων πρὸς ἕκαστα ποιητικὰς δυνάμεις ... κατὰ τὸν φυσι-

---

mens. 2,8 p. 25,19–21 W. καὶ τῶν περιττῶν ἀριθμῶν ἀρχὴ ἡ τριάς, ὅθεν καὶ ἰδικὸς
ἀριθμὸς ὁ τρία καλεῖται, μερισμὸν ἢ διαίρεσιν οὐκ ἐπιδεχόμενος.
[586] Bandy 1983, p. lii (n.b.: Bandy spricht dort von "Wood's infra-red lamp", doch es ist
eine UV-Lampe).
[587] Ausführlich dazu Rochberg 2004, 212–219. – Bandy 2013a, 53, übersetzt καθ᾽ αὐτόν falsch mit "his own contemporaries".

κὸν στοχασμὸν ἐκθησόμεθα ... καθάπερ σκοπὸν οὗ δεῖ καταστο
χάζεσθαι ... ὥσπερ ἀφέσεις βελῶν ... ὥσπερ εὐστόχῳ τοξότῃ ...). Bei
den πρὸς στοχασμοὺς ἐπιτηδειότεροι (zu diesem Ausdruck gibt es
keine exakte Parallele) denkt Lydos vielleicht an die εὔστοχοι τοξόται
des Ptolemaios. Siehe auch Ptol. apotel. 3,6,2 τὸν στοχασμὸν ποιούμε
νοι und 1,2,20 ἐστοχασμένως, ferner den Kommentar unten zu **F5 § 70**
καταστοχαστέον sowie auch Komorowska 2009 und Greenbaum 2010.

δι[έκριν]ε μὲν καὶ διήρθρωσε τὴν παράδοσιν: Falls die Ergänzung
Hases stimmt, könnte sich δι[έκριν]ε auf die elementare Trennung in
Universalastrologie und Genethlialogie beziehen, διήρθρωσε hingegen
auf die Ordnung des Stoffs innerhalb eines jeden dieser zwei Bereiche zu
Kapiteln, z.B. innerhalb der Universalastrologie zu Kapiteln wie 'Kometenlehre' und 'astrologische Geographie', innerhalb der Genethlialogie zu
Kapiteln wie 'Lebenslänge' und 'Familienbande'. Gundel – Gundel 1966,
209, schreiben, dass Ptolemaios seine Ἀποτελεσματικά, in denen die
Universalastrologie Buch II und die Genethlialogie Buch III–IV einnimmt, "nach älterem Vorbild" gliedert. Sie meinen damit wohl, dass frühere Autoren bereits die *begriffliche* Trennung zwischen dem μέρος κα
θολικόν und dem μέρος γενεθλιαλογικόν der Astrologie[588] vornahmen,
denn wir kennen keine Vorläufer des Ptolemaios, die den Stoff entsprechend in getrennten Büchern *disponierten*.[589] Vielleicht war Antigonos
der erste, der in einem astrologischen Handbuch die strenge Trennung
beider Sachbereiche vollzog. Die Aussage des Lydos ist aber zu unpräzise, als dass sie ein klares Urteil (oder gar die Einreihung des Ptolemaios
in eine von Antigonos begründete Tradition stofflicher Disposition) erlauben würde. Spätantike Autoren vermitteln den Eindruck, dass die Verben διακρίνειν und διαρθροῦν, die bei Lydos nur hier gemeinsam vorkommen, synonym gebraucht werden konnten.[590]

---

[588] Vgl. das Zitat von Ptol. apotel. 2,1,2 oben S. 492.

[589] Manilius trennt seine Bücher nicht streng nach Universellem und Individuellem;
Dorotheos und der Kern des ps.-manethonischen Werks (Ps.-Maneth. 2[1]. 3[2]. 6[3])
behandeln die Universalastrologie nicht. Aus Antig. **F5 § 72** ἐν τῇ καθολικῇ darf man
nicht schließen, dass das ganze Werk von 'Nechepsos und Petosiris' nach Universalund Individualastrologie getrennt war; das würde ja auch dem Sinn der hiesigen Stelle
widersprechen.

[590] Vgl. z.B. Damasc. (saec. V) dub. et sol. 116 p. III 128,14–15 Westerink-Combès
(= p. I 297,13–14 Ruelle) καὶ ἐπὶ ταύτῃ ζῷον ἡ αἴσθησις ἤδη διακρίνασα καὶ διαρ
θρώσασα τὴν ζωὴν εἰς οἰκεῖον ὅρον; älter: Galen. de motu musc. p. IV 377,2–6 K.
τῶν γ' οὖν τὴν γλῶτταν κινούντων μυῶν οὐδενὶ τένων φύεται, οὐδὲ γὰρ ἐδεῖτο
κινεῖν οὐδὲν ὀστοῦν ἡ γλῶττα, μέλλουσά γε καὶ φωνὴν διαρθρώσειν καὶ χυμοὺς

πρὸς δὲ τὸ πυκνὸν [τῶν ἐν τῇ ἀστρ]ονομίᾳ γραμμῶν ἀποκλίνας:
Die hier implizierte Vorstellung des 'vom Wege Abkommens' beziehungsweise des Verlassens eines bisher verfolgten Weges hat zur Zeit des Lydos bereits eine tausendjährige Tradition.[591] Mit τὸ πυκνὸν [τῶν ἐν τῇ ἀστρ]ονομίᾳ γραμμῶν[592] könnte die für den Nicht-Astronomen verwirrende Komplexität der aus Einzellinien zusammengesetzter Figuren und 'Diagramme' (διὰ γραμμῶν) gemeint sein.[593] Als Alternative zu einer solchen räumlichen Deutung von τὸ πυκνὸν (vgl. LSJ s.v. πυκνός I–II.1) ist aber auch denkbar, dass Lydos den häufigen (LSJ ibid. II.2), exzessiven (LSJ ibid. IV) oder scharfsinnigen (LSJ ibid. V) Rekurs auf geometrische Methoden meint.[594] Wahrscheinlicher ist die zuerst genannte räumliche Deutung, zumal der einzige weitere Beleg für τὸ πυκνόν bei Lydos wenig später folgt und sich ebenfalls in räumlicher Bedeutung auf den dichten Dunst eines wolkenverhangenen Himmels bezieht (ost. 9b τὸ πυκνὸν καὶ ἀχλυῶδες).

Es ist gut denkbar (aber natürlich unbeweisbar), dass Lydos sich hier auf Erläuterungen des Antigonos zur geometrischen Herleitung der Aufgangszeiten der Tierkreiszeichen im Gegensatz zu älteren numerischen Verfahren bezieht. Jedenfalls sind in diesem Kontext Ausdrücke wie διὰ γραμμῶν und γραμμικῶς *termini technici*, und die Verschiedenheit zwischen geometrischen und numerischen Methoden galt als ebenso erheblich wie folgenreich, insbesondere für die astrologische Berechnung der Lebenszeit. Vgl. Val. 9,12,4 ἐάσω μὲν γὰρ λέγειν καὶ περὶ τῶν τοὺς ἀναφορικοὺς συμπεπηχότων ὅσην διαφορὰν κέκτηνται γραμμικήν τε καὶ ἀριθμητικὴν Ἡλίου τε καὶ Σελήνης κανονοποιοὶ [-οὶ *coni. Pingree*, -ίαι *cod., Kroll*] καὶ τῶν λοιπῶν ἀστέρων. Porph. isag. 41 p. 212,10–19 ὅλως γὰρ δύο ταῦτα ἀναγκαιότατα ὄντα εἰς τὴν εὕρεσιν τῶν τῆς ζωῆς χρόνων, ἥτε τῶν ὁρίων τοῖς ε̄ πλανωμένοις διανέμησις ἥτε τῶν ἀναφορικῶν χρόνων τῶν ζῳδίων, διαπεφώνηται παρά τε

διακρίνειν (die Stimme artikulieren und Säfte scheiden) καὶ τῇ μασσήσει τε καὶ τῇ καταπόσει συνεργήσειν.

[591] Vgl. z.B. Soph. O.R. 1192 δόξαντ' ἀποκλῖναι. Xen. an. 2,2,16 οὐ μέντοι οὐδὲ ἀπέκλινε. Dio Chrys. or. 68,7 νῦν μὲν ὀρθῆς πλεούσης τῆς νεώς, [...] νῦν δὲ ἀποκλινούσης; tadelnd z.B. bei Plat. resp. 309e ἀποκλινεῖ [...] πρὸς θηριώδη τινὰ φύσιν.

[592] Zu τὸ πυκνὸν + gen. pl. vgl. z.B. Herodian. gramm. p. 397,4–5 Lentz τὸ πυκνὸν τῶν πάλαι ᾠκισμένων οἰκιῶν und andere Similien.

[593] Weniger wahrscheinlich: die dichte Folge *vieler* illustrierender Zeichnungen.

[594] Vgl. Jones 1986, 380, zu Papp. coll. 7,1 ἐν γραμμαῖς δύναμιν: "the expressions διὰ τῶν γραμμῶν and ἐν γραμμαῖς often mean 'by geometrical methods', for example throughout Ptolemy's *Almagest*."

τοῖς ἀρχαίοις καὶ τοῖς νεωτέροις. καὶ γὰρ Ἀπολλινάριος ἐν τῇ τῶν
ὁρίων διατάξει διαφωνεῖ πρὸς Πτολεμαῖον καὶ ἀμφότεροι πρὸς
Θράσυλλον καὶ Πετόσιριν καὶ τοὺς ἄλλους τῶν πρεσβυτέρων. καὶ
περὶ τὰς ἀναφορὰς δὲ τῶν ζῳδίων ἐστὶν ἐν αὐτοῖς διαφωνία, ἣν δοκοῦσιν οἱ νεώτεροι ἠκριβωκέναι διὰ τῶν γραμμικῶν ἐφόδων.[595] Siehe ferner Ptol. apotel. 1,21,7 διὰ τῶν γραμμῶν und Heph. 2,11,75 γραμμικῶς.

In **T1** wird also, gleich welche geometrischen Themen Antigonos
traktiert und durch Diagramme illustriert hat, und ungeachtet der Frage,
ob er dies rein theoretisch tat oder auch in der astrologischen Praxis
umsetzte, eine Weiterentwicklung gegenüber 'Nechepsos und Petosiris'
erkennbar, die sich noch (ebenso wie Hypsikles, s.u. S. 620 u. 1361) stark
an der Astronomie des seleukidischen Mesopotamiens orientiert hatten.
Die geometrische Methode der griechischen Astronomie[596] ist der rein
numerisch konzipierten babylonischen Astronomie fremd.[597] Zur vielfältigen Verwendung von Diagrammen in den Schriften antiker Astronomen
s. Neugebauer 1975, 751–755 (Kritik bei Aujac 1979, 38) und jetzt den
Forschungsüberblick von Sidoli 2014, 30f. u. 35, der zeigt, dass die Diagramme antiker mathematischer und astronomischer Texte, die für uns ja
größtenteils durch mittelalterliche Handschriften, also nur indirekt, fassbar sind, seit dem Ende der 90er Jahre viel stärker als zuvor das Interesse
der Forschung gefunden haben, und zwar unter verschiedenen Gesichtspunkten: als materielle Objekte, als Texte und auch (besonders bezüglich
der *Elemente* Euklids) als Gegenstände philosophischer und logischer
Untersuchungen diagrammgestützten Denkens.[598] Die antiken Astrologen
scheinen Diagramme erheblich seltener verwandt zu haben,[599] teils (ver-

---

[595] Engl. Übers.: Holden 2009a, 31.

[596] Sie ist so charakteristisch, dass der Begriff γραμμαί ('Linien') sogar antonomastisch
die Astronomie selbst bezeichnen kann, wie ein Epigramm des Leonidas von Alexandria
lehrt (Anth. Pal. 9,344).

[597] Zu den Linien vgl. z.B. Theo Sm. p. 177,18–20 φέροντες οἱ μὲν ἀριθμητικάς τινας, ὥσπερ Χαλδαῖοι, μεθόδους, οἱ δὲ καὶ γραμμικάς, ὥσπερ Αἰγύπτιοι. Hipparch
hatte in einem (verlorenen) Werk beschrieben, wie man aus Beobachtungsdaten (Polab-
ständen, Deklinationen, Rektaszensionen, Mitkulminationen) ekliptikale Fixsterndaten
herleitet, und zwar διὰ τῶν γραμμῶν (Hipparch. 2,2,28 p. 150,15), "d.h. durch geometrische und rechnerische Behandlung an Figuren" (Vogt 1925, 30).

[598] Eine gründliche Untersuchung der handschriftlichen Tradition der Diagramme der
ptolemäischen *Syntaxis* ist allerdings weiterhin ein Desiderat (so A. Jones per Mail am
18.07.2009).

[599] Zu einem unvollkommenen Beispiel s.u. S. 581, Anm. 1007. Außerhalb des mathe-
matisch-astronomischen Bereichs verdienen die Erdkarten griechischer Geographen, die

mutlich) aufgrund mangelnder mathematischer Kompetenz,[600] teils aus literarisch-konzeptionellen Gründen: Der von Lydos so verehrte Ptolemaios hat sie in den *Apotelesmatika* absolut gemieden. Im Übrigen ist erneut auf die Ambivalenz des Begriffs ἀστρονομία hinzuweisen, der sowohl 'Astronomie' als auch 'Astrologie' bedeuten kann.[601]

ἀμύθητον ὄχλον [καὶ ἀσαφείας πάσης ἀ]νάμεστον τῇ γραφῇ συγκατέθετο: Für die von Hase vorgenommene Ergänzung spricht τὴν παλαιὰν ἀσάφειαν τοῦ πράγματος am Ende von **T1**. Siehe ferner (speziell zu der Junktur ἀσαφείας πάσης) Similien wie z.B. Plat. epist. 7 p. 343c4–5 ἀπορίας τε καὶ ἀσαφείας ἐμπίμπλησι πάσης ὡς ἔπος εἰπεῖν πάντ' ἄνδρα. Plut. sept. sap. conv. 1 ὁ χρόνος ... πολὺ σκότος ἐπάξει τοῖς πράγμασι καὶ πᾶσαν ἀσάφειαν. Orig. c. Cels. 4,47 ὁ Κέλσος ... μετὰ πάσης ἀσαφείας ὑπομιμνήσκεται τῶν ὀνειράτων κτλ. – Während τῇ γραφῇ συγκατέθετο hier wörtlich gemeint ist ('mit ... niederlegen'), haben die beiden einzigen mir bekannten Parallelen den übertragenen Sinn 'mit ... übereinstimmen'.[602]

τὰ γὰρ Ἀριστοτέλει εἰρημένα γνωριμώτατα: Wachsmuth nahm an, dass Lydos den Aristoteles hier als Astrologen in den historischen Überblick aufnehmen wolle.[603] Dagegen spricht aber dreierlei: die Partikel γάρ, die Chronologie und die Gattungszugehörigkeit des Aristoteles. Was den zuletzt genannten Punkt betrifft, nimmt Lydos in *De ostentis* zwar auf eine aristotelische Schrift, die *Meteorologie*, Bezug, doch nur ganz selten und nur zur Erläuterung physikalischer Phänomene.[604] Für die

---

architektonischen Zeichnungen Vitruvs in *De architectura*, die 700 Porträtbilder Varros in den *Imagines* und andere Formen der Illustration Erwähnung.

[600] Nach Theon waren die meisten Astrologen kaum in der Lage, mathematische Multiplikationen und Divisionen zu verstehen (Theo Alex. comm. min. 1 p. 199,4–7 Tihon; frz. Übers. ebd. 301).

[601] Vgl. Hübner 1989a und Hübner 2001e, 835, sowie oben S. 15.

[602] Didym. caec. (saec. IV) comm. in Ps. 96,8 p. II 209,4–5 Mühlenberg δυνατὸν δὲ καὶ πάσας τὰς συγκατατιθεμένας τῇ θείᾳ γραφῇ Ἰουδαίᾳ καλουμένη θυγατέρας αὐτῆς φάναι. Cosm. Indic. (saec. VI) top. Christ. 10,61,1 δεικνύοντες καὶ τοῦτον ... συγκατατιθέμενον τῇ ἡμετέρᾳ γραφῇ ("pour montrer que lui aussi ... se met d'accord avec notre ouvrage", Wolska-Conus 1968–1973, III 304).

[603] Wachsmuth 1897, XXI: "Scriptores astrologos Graecos Lydus in capite secundo enumerat hosce: Zoroastrem, Petosirin, Antigonum, Aristotelem, Heliodorum" etc.

[604] Lyd. ost. 10b pp. 32,15 et 33,5 W. Vgl. auch den Hinweis auf *De generatione et corruptione* in Kap. 16a p. 46,18 W. und Wachsmuths *Prolegomena* p. XXI: "Aristotelis meteorologica raro [...] sequitur."

divinatorische Seite der Vorzeichenbehandlung ist Aristoteles, im Gegensatz zu allen anderen in Lyd. ost. 2 zitierten Autoren, irrelevant.[605] Durch die Erwähnung des Aristoteles als Astrologen litte ferner die von Lydos insgesamt erstrebte chronologische Ordnung[606] und die innere Logik seiner Klage über 'die alte Undeutlichkeit' (τὴν παλαιὰν ἀσάφειαν), die doch konterkariert würde durch das Eingeständnis, dass ein sehr früher Fachschriftsteller leicht Verständliches (εἰρημένα γνωριμώτατα) zur Weissagung hinterlassen habe. Wenn das letzte Argument richtig ist, wird auch das γάρ problematisch; kein Wunder, dass Hase es in seiner Übersetzung übergeht.[607] Inakzeptabel ist nach dem Gesagten auch die Paraphrase der vorliegenden Stelle durch Wood 1981, 96: "Antigonus' analytical work later was too obscure; what he took from Aristotle is clearest" (mit Anm.: "Aristotle was Antigonus' source and not used directly in *De ostentis*").

Die richtige Interpretation hängt davon ab, wie man γνωριμώτατα versteht, als (a) 'bestens bekannt' oder (b) 'sehr leicht verständlich'. Wenn Lydos das Wort in seinem geläufigsten Sinne (a) gebraucht und meint 'Denn was Aristoteles gesagt hat, ist bestens bekannt', ergibt dies im Kontext nur Sinn, wenn der direkte Übergang von Petosiris zu Antigonos (μετ᾽ ἐκεῖνον) entschuldigt werden soll. Das überzeugt aber nicht, da Aristoteles kein Astrologe ist.[608]

---

[605] Es gibt zwar in der Masse der gesamten antiken astrologischen Literatur vereinzelt Zuschreibungen von Zodiakallunaren an Aristoteles und auch andere astrologische Pseudepigrapha unter seinem Namen (s. Gundel – Gundel 1966, 73f. u. 268). Insgesamt wäre es aber – auch aus der Sicht antiker Fachschriftsteller – absurd, Aristoteles als Astrologen zu bezeichnen und in einem so knappen Überblick der Astrologiegeschichte zu erwähnen. Dass Lydos hier wirklich an die Astrologie denkt und nicht eine weitgefasste Vorzeichendeutung inklusive der Meteorologie meint, die die Miterwähnung des Aristoteles als Fachschriftsteller rechtfertigen würde, beweist neben dem Umstand, dass sich alle anderen Autorennamen in **T1** wirklich auf astrologische Schriften beziehen, auch das bereits früher zu der vor **T1** erwähnten Kometenerscheinung Gesagte (s.o. zu τοῖς εἰδικοῖς τὰ [καθολικὰ συμμί]ξας).

[606] Ganz verfehlt ist die Lösung von Köpke 1862, 32, der die hiesige Stelle so deutete, dass Antigonos vor Aristoteles lebte ("ex eo quod apud Ioannem ante Aristotelem nominatur conligere licet, hunc Antigonum Aristotele esse antiquiorem").

[607] Hase bei Bekker 1837: "quae Aristoteles prodidit, admodum cognita sunt." (volles Zitat oben in Anm. 531). – Bandy 2013a, 55, übersetzt: "The statements of Aristoteles are surely very clear."

[608] Ebenfalls nicht plausibel wäre es, die Bedeutung (a) auf ein aristotelisches Postulat, man solle klar und verständlich schreiben, zu beziehen. Aristoteles sagt zwar dergleichen, aber m.W. nur in für Fachschriftsteller irrelevantem Kontext (Arist. poet. 22

Wahrscheinlicher ist, dass Lydos mit γνωριμώτατα im Sinne (b) auf die unmittelbar zuvor wortreich beschriebene *Unklarheit* des Antigonos Bezug nimmt. ἀσάφεια ist *terminus technicus* der Kommentarliteratur und gibt Lydos anscheinend das Stichwort für einen Vergleich mit Aristoteles, dessen ἀσάφεια (bzw. lat. *obscuritas*) in der Spätantike ein weitverbreiteter Topos war.[609] Exemplarisch sei auf die Standardfrage verwiesen, die alle fünf neuplatonischen Kommentatoren der *Kategorien* aufwerfen und zu beantworten suchen: 'Warum hat Aristoteles sich so unklar ausgedrückt?'[610] Zuweilen wurde die ἀσάφεια sogar als Echtheitskriterium herangezogen. Olympiodor etwa erwähnt, dass manche Kenner das erste Buch der *Meteorologie* für unecht hielten, weil es klar verständlich sei.[611] Alle diese Kommentatoren stehen dem Lydos nicht nur zeitlich sehr nahe, sondern zugleich inmitten einer Tradition, die sich in der griechischen Literatur über ein Jahrtausend hinweg verfolgen lässt. Mansfeld hat gezeigt, dass schon Galen die *obscuritas* des Aristoteles wie eine wohlbekannte Tatsache erwähnt;[612] etwa zeitgleich mit Galen formu-

---

p. 1458a,18ff. λέξεως δὲ ἀρετὴ σαφῆ ... εἶναι κτλ.), und schon der Plural τὰ εἰρημένα zeigt, dass Lydos nicht ein einzelnes *dictum* meint.

[609] Gemeint sind natürlich nur die esoterischen Schriften; die exoterischen waren längst nicht mehr Gegenstand der Lehre und Kommentierung.

[610] Vgl. Ammon. in Cat. p. 1,10 Busse (CAG IV,4) διὰ τί φαίνεται ὁ φιλόσοφος ἀσάφειαν ἐπιτηδεύσας (Antwort ebd. 7,7–14). Philop. in Cat. p. 1,12–13 Busse (CAG XIII,1) διὰ τὶ τὴν ἀσάφειαν ἐπετήδευσεν (Antwort ebd. 6,22–28). Simplic. in Cat. p. 3,26 Kalbfleisch (CAG VIII) διὰ τὶ τὴν ἀσάφειαν ἐπετήδευσεν ὁ φιλόσοφος (Antwort ebd. 7,1–22). Olympiod. proleg. p. 1,22 Busse (CAG XII,1) τίνος χάριν ἀσάφειαν ἐπετήδευσεν ὁ φιλόσοφος (Antwort ebd. 11,21–12,17). David (Elias) in Cat. p. 107,20 Busse (CAG XVIII,1) διὰ τὶ ἀσάφειαν ἐπετήδευσεν (Antwort ebd. 124,25–127,2). Vgl. hierzu Hadot 1990, 113–122 (u. 228–229 s.v. ἀσάφεια). – In der lateinischen Spätantike sind die Bemerkungen über die *obscuritas* des Aristoteles noch zahlreicher; man denke allein an die Klagen des Boethius in *De interpretatione*.

[611] Olympiod. in Meteor. p. 4,16–18 Stüve (CAG XII,2) τινὲς νοθείαν τοῦ πρώτου βιβλίου κατεψηφίσαντο, πρῶτον μὲν ἐκ τοῦ παραβῆναι αὐτὸν τὸν Ἀριστοτέλην καὶ σαφήνειαν ἐπιτηδεύσαι.

[612] Mansfeld 1994, 24f. Vgl. weiter Mansfeld 1994, 23[34] (mit viel Lit.), sowie ebd. 25f. u. 148–176 (= Kap. V); weitere relevante Stellen erschließt der Index ebd. 241f. s.vv. 'ἀσαφεῖα' [corr. ἀσάφεια] u. 'clarification'. In einer Folgestudie weitet Mansfeld das Feld der hierher gehörenden Beobachtungen noch einmal erheblich aus, indem er die im weitesten Sinne mathematischen Autoren (und damit auch den Bereich der Astrologumena) untersucht (siehe Mansfeld 1998, 172 s.v. 'clarification' mit Hinweisen auf Apollonios von Perge, Eutokios [vgl. Decorps-Foulquier 1998], Galen, Heron von Alexandria, Nikomachos von Gerasa, Pappos, Philoponos, Ptolemaios und Theon von Alexandria).

liert der Neuplatoniker Attikos den bekannten Tintenfischvergleich.[613] Der Topos der aristotelischen ἀσάφεια/*obscuritas* bleibt bis weit in die byzantinische Spätzeit lebendig.[614]

Vor diesem Hintergrund erhält der fragliche Einwurf den befriedigenden Sinn: 'Denn was Aristoteles gesagt hat, ist (dagegen) sehr leicht verständlich'. Diese Interpretation impliziert neben einer adversativen Nuance der Partikel γάρ die seltenere, aber ausreichend belegte Bedeutung von γνώριμος, 'verstehbar'.[615] Die bei Lydos vorliegende Opposition von ἀσαφής und γνώριμος (ἀσαφείας πάσης ἀνάμεστον – γνωριμώτατα) begegnet in ähnlicher Form bei Arist. gen. anim. 2,7 p. 747a,26–27 λέγων ὁ μὲν [sc. Ἐμπεδοκλῆς] οὐ σαφῶς, Δημόκριτος δὲ γνωρίμως μᾶλλον.[616]

---

[613] Attic. ap. Euseb. praep. ev. 15,9,13 = frg. 7 Des Places: Τίς μὲν οὖν τὴν οὐσίαν καὶ τὴν φύσιν ὁ νοῦς, ὅθεν ὢν καὶ πόθεν ἐπεισκρινόμενος τοῖς ἀνθρώποις καὶ ποῦ πάλιν ἀπαλλαττόμενος, αὐτὸς ἂν εἰδείη [sc. Ἀριστοτέλης], εἴ γέ τι συνίησιν ὧν λέγει περὶ τοῦ νοῦ καὶ μὴ τὸ ἄπορον τοῦ πράγματος τῷ ἀσαφεῖ (!) τοῦ λόγου περιστέλλων ἐξίσταται τὸν ἔλεγχον, ὥσπερ αἱ σηπίαι (!) τὸ δυσθήρευτον ἐκ τοῦ σκοτεινοῦ ποριζόμενος ("Maintenant, quelles sont l'essence et la nature de l'intellect, d'où vient-il, comment entre-t-il dans l'homme et où doit-il retourner ensuite? C'est lui [sc. *Arist.*] qui le saurait, si toutefois il comprend quelque chose à ce qu'il dit de l'intellect et n'enveloppe pas l'impossibilité de la chose dans l'obscurité du langage pour se dérober à la controverse, comme la seiche déjoue la prise en lançant une encre noire"; Des Places 1977, 64). Attikos hat den Tintenfischvergleich vielleicht von Numenios entlehnt (Num. ap. Euseb. praep. 14,6,6 = frg. 25,81), der ihn allerdings nicht auf Aristoteles, sondern auf Arkesilaos anwendet. Vgl. Des Places 1977, 19.

[614] Vgl. z.B. das Epigramm auf Eustratios, den Metropoliten von Nikaia (um 1100 n.Chr.), genauer gesagt auf seinen Kommentar zu den *Analytica posteria* (App. Anthol. III 212, p. 326 Cougny): Εὐστρατίοιο πόνος τάδε πρωτοέδροιο Νικαίης | κρύψιν Ἀριστοτέλους ἀσαφείης ἐξανελίσσων, | τὴν τεκτήνατο κεῖνος Ἀναλυτικῶν ἐνὶ λοίσθῳ κτλ. (Übers. v. Cougny: "Eustratii labor istaec sunt praesulis Nicaeae | occultationem Aristotelis ex obscuritate evolvens | quam machinatus est ille Analyticorum in posteriore ...").

[615] Vgl. z.B. Isaeus or. 11,32 ἁπλᾶ γὰρ τὰ δίκαια παντάπασίν ἐστι καὶ γνώριμα μαθεῖν. Polyb. 18,23,2 ἡ δὲ παράκλησις ἦν αὐτοῦ βραχεῖα μέν, ἐμφαντικὴ δὲ καὶ γνώριμος τοῖς ἀκούουσιν. Antiphan. frg. 55,6 Kassel-Austin (PCG) εἰ μὴ γνωρίμως μοι πάνυ φράσεις κρεῶν χύτραν. Eur. El. 946 γνωρίμως δ' αἰνίξομαι. Demosth. or. 24,68 δεῖν τὸν ὀρθῶς ἔχοντα νόμον ... ἁπλῶς καὶ πᾶσι γνωρίμως γεγράφθαι.

[616] Siehe auch Arist. phys. 1,1 p. 184a,16–21, wo mehrmals σαφής und γνώριμος synonym verwendet werden. – Vgl. außerdem Lydos selbst im nächsten Kapitel (ost. 3 p. 8,17–22), wo die fließende Grenze zwischen den Bedeutungen 'bekannt' und 'verstehbar' für γνώριμος deutlich ist: βι[βλίον] ἐκ τῶν εἰρημένων συνέγραψεν, ἐν ᾧ πυνθάνεται μὲν ὁ Τάρχων τῇ τῶν Ἰταλῶν ταύτῃ τῇ συνήθει φωνῇ, ἀποκρίνεται δὲ ὁ Τάγης γράμμασιν ἀρχαίοις τε καὶ οὐ σφόδρα γνωρίμοις ἡμῖν γε ἐμμένων τῶν ἀποκρίσεων ("e pronuntiatis librum conscripsit, in quo interrogat Tarchon Italo nostro

Abschließend ist eine geringfügige Textänderung zu erwägen. Der
Codex Caseolinus ist nicht nur materiell beschädigt (s. Anm. 528), sondern bietet auch, wie der Apparat von Wachsmuth lehrt, zahlreiche
falsche Lesarten. Ist hier vielleicht γνωριμώτατα aus γνωριμώτερα verschrieben? Exakte Parallelen für die Verschreibung des Komparativs zum
Superlativ weiß ich aus Lydos nicht anzuführen,[617] doch vgl. Heph.
3,7,10 und dazu unten S. 1303, Anm. 3378.

Ἡλιόδωρος: Der Neuplatoniker Heliodor, dessen Datierung um 500 n.
Chr. durch mehrere astronomische Beobachtungen gesichert ist, die er
498–509 n.Chr. in Alexandria anstellte,[618] verfasste einen Kommentar
zum astrologischen Handbuch des Paulos Alexandrinos (378 n.Chr.).[619]
Diesen (verlorenen) Kommentar benutzte Olympiodor, der im Sommer
564 n.Chr. – als Lydos wahrscheinlich nicht mehr lebte – in Alexandria
eine Vorlesung über die Εἰσαγωγικά des Paulos hielt. Aus Olympiodors
auf Heliodor basierendem Vorlesungsmanuskript ging ein neuer (erhaltener) Paulos-Kommentar hervor (ed. Boer 1962), der in der handschriftlichen Überlieferung fälschlich dem Heliodor zugeschrieben wird. Diese
Attribution ist chronologisch unmöglich, da, wie Pingree (bei Boer 1962,
150a) gezeigt hat, drei Beispielhoroskope des Kommentars auf Mai bis
August 564 n.Chr. datiert werden können.[620] Dass der Autor des erhaltenen Werks in Wahrheit Olympiodor sei, schlugen unabhängig voneinander Warnon 1967 und Westerink 1971 vor.[621] Diese Attribution ist inzwischen allgemein anerkannt.[622]

---

vulgari sermone, respondet Tages, literas vetustas neque ita nobis cognitas retinens in
responsis", Hase bei Bekker 1937, 276).

[617] Vielleicht würde eine systematische Untersuchung aller *variae lectiones* des Codex
Caseolinus, der das Gesamtwerk des Lydos (*ost., mens., mag.*) überliefert, solche Belege
zu Tage fördern.

[618] Siehe Pingree 1994, 83f., u. Pingree 2001a, 11.

[619] Bezza 1993, 15. Pingree 1994, 83. – Bei den auf 378 n.Chr. datierten Εἰσαγωγικά
des Paulos Alexandrinos (ed. Boer 1958) handelt es sich dem Proömium zufolge bereits
um eine zweite (revidierte) Fassung. Lit. zu Paulos: Gundel – Gundel 1966, 236–239.
Pingree 1978a, II 437f. Bezza 1993. Hübner 2000b. Greenbaum 2001. Bezza 2005. A.
Jones in Keyser – Irby-Massie 2008, 630. Pérez Jiménez 2011d, bes. 309–313. Holden
2012.

[620] S.o. S. 311 zu Hor. gr. 564.V.30[(?)]. Hor. gr. 564.VII.1. Hor. gr. 564.VIII.5[(?)].

[621] Vgl. die Nachbemerkung von Westerink 1971, 21.

[622] Vgl. Pingree 1973a, 221[6]. Pingree 1994, 86. Pingree 1989, 232. Hunger 1978, II 233.
235; s. auch Pingree 2001a, 9, mit Anm. 42. Die überlieferte Revision des Olympiodor-
textes entstand in der Schule des Johannes Abramios (Pingree 2001a, 11[56]). D. Pingree
hatte eine neue Edition vorbereitet, die auch die Struktur und den ursprünglichen Inhalt

Ἀσκλατίων: der ägyptische Astrologe Asklation wird sonst noch von Val. 9,1,6 p. 316,20 P. (ἀσκλαπίων cod., corr. Kroll) sowie vom Anon. a. 379 p. 205,1 erwähnt. Hases Konjektur Ἀσκλεταρίων (gestützt auf Suet. Dom. 15,3 *Ascletarionis mathematici*) an der hiesigen Lydos-Stelle ist damit erledigt. Vielmehr ist wahrscheinlich die Sueton-Stelle zu *Asclationis mathematici* zu emendieren, wie Cumont mit Verweis auf weitere Verschreibungen des Namens bei Malalas, im *Chronicon Paschale* und in byzantinischen Exzerpten mehrmals (bisher vergeblich) gefordert hat.[623] – Einen nicht näher datierbaren Hippokrateskommentator Asklation, über dessen potentielle Identität mit dem Astrologen nichts bekannt ist,[624] erwähnt Erotian. s.v. ἄμβην (p. 23,10 Nachmanson).[625]

Ὠδαψὸς ὁ Θηβ[αῖος]: Zu dem Priester Odapsos aus dem oberägyptischen Theben s. Boll 1922b (1950), 343[5]. Kroll 1937a. Gundel – Gundel 1966, 38 u. 244. De Callataÿ 1999–2000, 58. Nach Hephaistion gehörte Odapsos zu den Autoren, die über astrologische Geographie[626] geschrieben haben (Heph. apotel. 1,1,65. 1,1,123. 1,1,163. 1,1,221).[627] Siehe auch Rhet. 6,53,37 (= CCAG VIII 3, 1912, p. 92,8–9): ὁ Ὑστάσπης [CCAG: Ὕσταψις] Ὠδαψὸς ἱερεὺς λεγόμενος κοσμικὰ συνέταξεν ἀποτελέσματα κτλ.[628]

---

der Vorlesung des Olympiodor herausarbeiten sollte (vgl. Pingree 1989, 232[31]). Es bleibt zu prüfen, ob eine Veröffentlichung dieser Olympiodor-Ausgabe aus dem Nachlass des verstorbenen Gelehrten praktikabel und sinnvoll ist.

[623] Cumont CCAG V 1 (1904), p. 205[1], wiederholt im CCAG VIII 4 (1921), adn. ad p. 101,3. Siehe auch Gundel – Gundel 1966, 158. Nicht nur die Sueton-Edition von M. Ihm, sondern auch die neuere von H. Martinet ([1]1991, [2]1997) bleibt bei *Ascletarionis* (Martinet [2]1997, 1185, ohne Komm. z.St.).

[624] Zur in der Antike nicht seltenen Personalunion von Arzt und Astrologe s.o. S. 29 nach Anm. 127.

[625] Vgl. auch Nachmanson 1917, 168[1].

[626] Zu dieser Lehre, die die Tierkreiszeichen einzelnen Ländern zuordnet, wird Heilen (demnächst C) die bisher vollständigste Zusammenstellung und Analyse antiker Zeugnisse bieten. Eine monographische Untersuchung derselben bleibt ein Desiderat.

[627] Alle vier Stellen wurden exzerpiert von Val. app. 3,19.33.42.51 und von Anecd. IV ap. Ludwich 1877 pp. 114,24–115,3. 116,14–19. 117,11–21. 118,25–119,3.

[628] Das Wort Ὑστάσπης bzw. Ὕσταψις ist wahrscheinlich zu tilgen. Außer Cumonts Anmerkung Nr. 2 im CCAG (a.a.O., S. 92) siehe ebd. S. 201 (add. et corr.): "Ὕσταψις delendum esse videtur F.C." und den Kommentar von Bidez – Cumont 1938, II 376f., zu Ps.-Hystasp. frg. 19, wo Cumont erwägt, die Tilgung des Ὕσταψις zurückzunehmen oder Ὑστάσπου Ὠδαψὸς zu lesen. Er druckt schließlich (wie ursprünglich im CCAG) Ὕσταψις Ὠδαψὸς, erklärt aber ebd. I 223, frg. 19 stelle den Herausgeber vor die Wahl zwischen dem Perser Hystaspes und dem Ägypter Odapsos, eine Wahl, die angesichts

ὁ Αἰγιεύς] **Πολλῆς**: vgl. Lyd. ost. 8 p. 17,12 τὰ εἰρημένα τοῖς ἀρχαίοις μετὰ Πόλλητα (μεταπολλητα [*sic*] cod. Caseol.).). Diesem von Lydos zweimal erwähnten Polles werden von der Suda zahlreiche Schriften zur Weissagung zugeschrieben.[629] Die Suda ist unsere einzige Quelle für Polles' angebliche Herkunft aus dem kleinasiatischen Aigai.[630] Vielleicht handelt es sich bei Polles nur um eine erfundene Person in Anlehnung an den mythischen Seher Polles.[631] Vgl. Scherling 1952 u. Gundel – Gundel 1966, 254.

ὁ θειότατος πρὸ αὐτῶν **Πτολεμαῖος**: Zur Verehrung des Ptolemaios durch Johannes Lydos vgl. Maas 1992, 105–113, Kap. 8: "*De Ostentis*: Portents and the Enemies of Ptolemy". Dieser Titel bezieht sich auf die Schlussworte des Proömiums, cap. 8 p. 17,14–16 W.: τοσαῦτα μὲν οὖν πρὸς τοὺς ταῖς διοσημείαις ἐνισταμένους καὶ Πτολεμαίῳ τολμῶντας ἀντιλέγειν ἐκ πολλῶν ὀλίγα λελέχθω. Ungeachtet der Parteinahme für Ptolemaios hatte Johannes Lydos dessen astronomische und astrologische Lehren nur in begrenztem Umfang verstanden (Maas ebd. 105). Wichtig waren ihm aber nicht die Details dieser Lehren, sondern, wie Maas (110–113) zeigt, die Verteidigung des ptolemäischen (und letztlich des aristotelischen) Weltbildes gegen die nestorianische Kosmologie.[632] Johannes Lydos zitiert in allen drei erhaltenen Werken (*ost., mens., mag.*) sowohl Ptolemaios als auch Aristoteles. Den zuletzt Genannten bezeichnet Carney 1970, 523, als "L.s Liebe seit seinen Universitätstagen".

Als θειότατος bezeichnen den Ptolemaios auch Olymp. 23 p. 76,4 u. Marc. peripl. 1,1 u. 2,2 (GGM I, pp. 516,16–17 u. 542,24–25, beide Male von der *Geographie*, im ersten Fall θειοτάτου καὶ σοφωτάτου Πτ.), als θεῖος Serap. CCAG VIII 4 (1921), p. 229,27.[633] Heph. 1,3,1. 1,20,1. 2,2,8. 2,2,42. Rhet. 6,52,5 = Eutoc. astr. epit. CCAG I (1898), p. 171,9–10 (Hor. gr. 497.X.28).

---

des Fehlens anderer astrologischer Fragmente des Hystaspes wahrscheinlich zugunsten des Odapsos zu entscheiden sei. – Nach Pingree 2001a, 12f. u. 21, bietet Paris. gr. 2425 als Kapitel 6,54–63 (*adde* 6,⟨53⟩) wertvolles Material für die Geschichte der Astrologie, das vermutlich nicht von Rhetorios stammt (Rhet. = cod. Paris. gr. 2425, capp. 5,1–6,52), sondern vielleicht von Stephanus dem Philosophen.

[629] Suda s.v. Πόλλης Αἰγιεύς, π 1898, p. IV 159,17–23 Adler.

[630] Ibid. p. IV 159,17–18 A.: ἀπὸ Αἰγῶν τῆς Ἀσίας· κεῖται δὲ πλησίον Μαγνησίας καὶ Σμύρνης.

[631] Cf. Suda s.v. Πόλλης, π 1897, p. IV 159,14–16 A.

[632] Ein Beispiel dafür ist die um die Mitte des 6. Jh. n.Chr. verfasste *Christliche Topographie* des Kosmas Indikopleustes, die Johannes Lydos aber nicht kannte.

[633] Vermutlich ist dies der Zusatz eines spätantiken Kompilators zum Serapiontext.

οὐ μέχρι παντὸς ἰσχ[υσ]αν τὴν παλαιὰν ἀσάφειαν τοῦ πράγματος ἐκβαλεῖν: Lydos meint die älteren, zu mystischer Verbrämung neigenden Autoren wie 'Petosiris'. Dass deren 'Unklarheit' trotz der Bemühungen des Ptolemaios und anderer fortdauerte, zeigt z.B. Porphyrios, der
im 3. Jh. am Beginn seiner Einleitung zu den ptolemäischen Ἀποτελεσματικά die Absicht erklärt, deren schwierige Terminologie 'um der
Klarheit willen' (σαφηνείας ἕνεκεν) zu erläutern.[634]

T2

Das Testimonium stammt aus den Fragmenten des Astrologen vom Jahr
379 n.Chr.,[635] die Cumont im CCAG V 1 (1904), pp. 194–212, aus dem
cod. Angel. gr. 29,[636] ff. 136ᵛ–145ᵛ (**T2**: 142ʳ⁻ᵛ), unter Hinzuziehung des
cod. Ambros. B 38 sup.[637] ediert hat.[638] Die Identität des Autors und der
Titel seines Werkes sind unbekannt.[639] Aus den Fragmenten erfahren wir,
dass er aus Ägypten stammte, aber in Rom schrieb (p. 204,8.18). Es ist
gut möglich, dass wir die Überlieferung der drei erhaltenen Kapitel Julian
von Laodikeia (um 500 n.Chr.) verdanken.[640] Unsere direkte Quelle ist

---

[634] Porph. isag. 1 p. 190,5–10: ἐπειδὴ τὰ περὶ τῆς συγκρατικῆς θεωρίας τῶν οὐρανίων σωμάτων καὶ τὰ ἐξ αὐτῆς τετηρημένα τῶν ἀποτελεσμάτων εἴδη ὁλοσχερῶς ὁ
Πτολεμαῖος διείληφε συνεσκιασμένην μέντοι καὶ ἀσυμφανῆ τῇ παλαιᾷ τῶν ὀνομάτων χρήσει τὴν φράσιν ἐκθέμενος, ἀναγκαῖον ᾠήθην προδιαστεῖλαι τὰ εἰς τὴν
κατάληψιν αὐτῆς συντείνοντα σαφηνείας ἕνεκεν (vgl. dazu Mansfeld 1994, 204, u.
Mansfeld 1998, 81).

[635] Zur Datierung s.u. S. 511 zu τὰς νῦν αὐτῶν οὔσας ἐποχάς.

[636] Beschrieben im CCAG V 1 (1904), pp. 4–57.

[637] Beschrieben im CCAG III (1901), p. 6. Zur Begründung s. Cumont in der Einleitung,
CCAG V 1 (1904), p. 196.

[638] Ebd. 194f. zu Person und Werk. Weitere Literatur zum Anon. a. 379: Boll 1909c,
2419. Boll 1916, 71–82 (u. ebd. 162 Index s.v.). Boll 1917a, 5 (= Boll 1950, 119). Gundel – Gundel 1966, 239–241. Feraboli 1993. Bezza 1995, 453–473 (ital. Übers. mit
Anm.). Holden 1996, 79 (Übers. von Anon. a. 379 pp. 196,3–197,5). A. Jones in Keyser
– Irby-Massie 2008, 174f. Siehe auch die folgenden Anmerkungen.

[639] Nach Cumont CCAG V 1 (1904), 194, u. Cumont 1918/19, 46, ist der Anonymos des
Jahres 379 vielleicht mit Paulos Alexandrinos, der die zweite Auflage seines Handbuchs
378 n.Chr. veröffentlichte, identisch.

[640] Cumont – Stroobant 1903, 572. Zu Julian von Laodikea s. bes. Pingree 1978a, II 435,
ferner auch Boll 1899, 94³. Boll 1903a, 550 (Index s.v.). Neugebauer – van Hoesen
1959, 189. Gundel – Gundel 1966, 248f. Hübner 1999a. Pingree 2001a, 11. Pingree
2006a, 20.

das spätbyzantinische Kompendium des 'Palchos' (s.o. S. 99), in dem die 379 n.Chr. verfassten Fragmente die Kapitel 135 bis 137 bilden.

Das erste, längste und wichtigste der drei erhaltenen Kapitel handelt von den hellen Fixsternen (Ἀποτελέσματα τῆς τῶν ἀπλανῶν ἀστέρων ἐποχῆς).[641] **T2** gehört zum Schlussteil dieses Kapitels, in dem der Anonymos eine Geschichte der für seinen speziellen Zweig der Astrologie einschlägigen Literatur von den 'Babyloniern und Chaldäern' über die 'Ägypter' bis zu den Griechen, und zwar bis zum 'ganz und gar göttlichen Ptolemaios',[642] dessen Lehre er selbst folgt, versucht.[643] Diese Passage ist im Urteil der Gundels zunächst deshalb bemerkenswert, weil sie für ein Teilgebiet der Astrologie eine "nach beinahe historischen Gesichtspunkten" angelegte Literaturübersicht bietet, dann aber auch wertvoll durch die Sachangaben an sich.[644] Im Vergleich mit Lydos (**T1**) beweist der hiesige Autor profundere fachliterarische Kenntnisse.

Unter den Griechen hat der Anonymos in seinem historischen Abriss vor der hier zitierten Stelle (**T2**) sieben Astronomen erwähnt,[645] deren Namen und Daten – bis auf einen gewissen Apollinarios[646] – zweifellos aus den *Phaseis* des Ptolemaios exzerpiert sind.[647] Danach wendet der Anonymos sich den Astrologen zu, über die er das hier als **T2** Zitierte zu sagen hat. Der Wechsel ist kenntlich gemacht durch die Feststellung, dass die Fixsterne, wenn sie durch ihre Aufgänge und die übrigen Phasen die Beschaffenheit der Lüfte in einem gewissen Grade verändern können, um so stärker auch auf uns Menschen einwirken und gewaltige Glücks- und Unglücksfälle verursachen können.[648]

---

[641] Eigentlich: 'Wirkungen der Fixsternposition'.

[642] Zitiert in Anm. 643. Vgl. die Ptolemaios-Verehrung des Lydos (s.o. S. 504 zu ὁ θειότατος κτλ.).

[643] Anon. a. 379 pp. 204,9–206,2; s. bes. 204,9–13: Ἡμεῖς μὲν οὖν τῇ τοῦ θειοτάτου Πτολεμαίου διδασκαλίᾳ ἀκολουθήσαντες ἐτολμήσαμεν ἀπογράφεσθαι μὲν περὶ τῆς ἐνεργείας καὶ τῆς ποιότητος τῶν λ' λαμπρῶν ἀστέρων· ἵνα δὲ μνησθῶμεν καὶ τῶν πρὸ αὐτοῦ γραψάντων περὶ τῆς τῶν ἀπλανῶν ἀστέρων ⟨φάσεως⟩ καὶ περὶ τῆς τῶν παρανατελλόντων δυνάμεως ταῦτα παρεκτιθέμεθα· κτλ. Der Schluss dieses Kapitels wurde bereits früher von F. Cumont im CCAG I (1898), pp. 80–81, und noch früher von demselben in Cumont 1897, 8–9, herausgegeben. Eine vollständige Wiedergabe und Kommentierung der 34 CCAG-Zeilen (1904) würde hier zu weit führen.

[644] Gundel – Gundel 1966, 241.

[645] Meton, Apollinarios, Euktemon, Dositheos, Kallippos, Philippos, Hipparch.

[646] Zu diesem s.u. Anm. 1162.

[647] Ptol. phas. 2 pp. 66,23–67,21 H. – Aus derselben Quelle stammt übrigens wohl auch die Anregung dazu, im Epilog eine Liste der Vorgänger zu bieten.

[648] Anon. a. 379 p. 205,10–14: εἰ οὖν τὰς τῶν ἀέρων κράσεις ποσῶς τρέπουσιν ἀνατολὰς ποιούμενοι καὶ τὰς ἄλλας φάσεις, μειζόνως ἄρα καὶ εἰς ἡμᾶς ἐνεργεῖν

Dass Antigonos von Nikaia die Wirkungen heller Fixsterne literarisch behandelt hat, bestätigen die Hephaistionexzerpte (**F1** § 28 u. bes. **F5** §§ 68–70).[649] Es besteht daher kein Grund, die Identität des hier genannten Antigonos mit dem Verfasser des Hadrianhoroskops zu bezweifeln. Da der Anonymos vom Jahre 379 seinen Überblick ausdrücklich auf Ptolemaios und dessen Vorgänger beschränkt,[650] ergibt sich ein *terminus ante quem* für die Datierung des Antigonos, der aber nicht allzu genau genommen werden darf, wie die Nennung des Valens beweist, der um 175 n.Chr. schrieb und somit etwa eine Generation jünger als Ptolemaios war.[651] Zusammengenommen sind **T1** und **T2** Indizien dafür, dass Antigonos etwa um die Zeit des Ptolemaios, und zwar ein wenig früher, zu datieren ist.

Ἀντίοχος: Antiochos von Athen. Zu Leben und Werk s.o. Anm. 98, zur Fixsternprognostik des Antiochos s.u. S. 1294.

Βάλης: Vettius Valens aus Antiochia (s.o. Anm. 277). Während die Handschriften seiner *Anthologien* die Namensform entsprechend dem halbvokalischen Lautwert des lateinischen Anfangsbuchstabens mit ου- bieten (Οὐεττίου Οὐάλεντος κτλ.), entspricht die griechische Transliteration durch β dem lateinischen Lautwert des Konsonanten. Vgl. z.B. die Schreibungen Βάρρωνα und Βάρρων für *Varronem* und *Varro* bei Plut. Rom. 12,3–4.

Ἡραῖσκος: Ein astrologischer Autor dieses Namens ist nicht bekannt.[652]

ἔγκειται: so Cumont im Text; im Apparat notiert er nur: "ἐγκεῖνται M". Vielleicht übersah Cerocchio Romano, auf dessen Transkription des cod. Angel. 29 Cumont sich im Falle des ersten Kapitels stützte,[653] dass **A** ἔγκεινται bietet.

δύνανται καὶ μεγάλας εὐτυχίας καὶ ἐναντιώσεις παρέχεσθαι, ἐνίοτε καὶ θανάτους κατὰ τὰς τῶν ἀφετῶν κολλήσεις.

[649] Der Kommentar zu **F5** §§ 68–70 wird z.T. auf **T2** eingehen; s. S. 1293–1298, bes. Anm. 3325 u. 3350.

[650] Vgl. das Zitat in Anm. 643 (bes. τῶν πρὸ αὐτοῦ γραψάντων).

[651] Das späteste von Valens gebotene Horoskop stammt aus dem Jahre 173 n.Chr. (Val. 7,4,11–15 = Hor. gr. 173.II.3). Vgl. Pingree 1986, p. V u. p. XX (Nr. 121).

[652] Vgl. Gundel – Gundel 1966, 254. Der spätantike Neuplatoniker Heraiskos (s. Praechter 1912 und Tardieu 1998) unter Kaiser Zenon (474–491 n.Chr.) kann aus chronologischen Gründen nicht gemeint sein.

[653] Vgl. CCAG V 1 (1904), p. 195.

Σεραπίων: Die Datierung dieses Astrologen ist umstritten; genannt werden Daten vom 2. Jh. v.Chr. bis zum 4. Jh. n.Chr. Dabei wird oft übersehen, dass mehrere verschiedene Serapiones zu unterscheiden sind, was angesichts der Namensbildung von Sarapis/Serapis (vgl. Anubion zu Anubis etc.) nicht verwundert.[654] Denningmann 2009 hat erstmals das gesamte relevante Material gesammelt und untersucht. Sie datiert den frühesten, hier gemeinten Serapion ins späte zweite oder frühe erste Jh. v. Chr.[655] Eine kommentierte Neuedition der in den Appendices des CCAG verstreuten Fragmente dieses Serapion ist als Desiderat zu vermerken.

Πτολεμαῖος: Zu Ptolemaios s.o. Anm. 278. Der Anonymos bezieht sich hier auf Ptol. apotel. 1,9.

ἀπετέλεσε: Entgegen der üblichen technischen Bedeutung von ἀποτελεῖν ('bewirken', 'hervorbringen'; s.u. zu **F1** § 31 ἀπετελέσθη) hier in der späten Bedeutung 'Sternenwirkungen beschreiben': vgl. weitere Stellen bei demselben Autor (z.B. Anon. a. 379 p. 204,18)[656] sowie Rhet. 6,52,2 = Eutoc. astr. epit. CCAG I (1898), p. 170,4 (Hor. gr. 497.X.28) πρὸς ὑπόμνησιν τοῦ ἀποτελοῦντος ἀνδρός. Rhet. epit. 4,12 CCAG VIII 1 (1929), p. 222,29–31 ἰστέον δὲ ὅτι εἰ μέλλει τις κατὰ Πτολεμαῖον ἀποτελεῖν, ἐκ τῶν Πτολεμαίου ὁρίων καὶ μεθόδων καὶ τοῦ κλήρου τῆς Τύχης δεῖ ἀποτελεῖν. Ps.-Ptol. cent. 17 ὅτε ἀποτελεῖς περὶ ζωῆς γέροντος, μὴ πρότερον ἀποτελέσῃς, πρὶν ἂν κτλ. u. ebd. 63 ἰδέ ... καὶ ... ἀποτέλεσον u. ebd. 93 μὴ πρότερον ἀποτελέσῃς κτλ. Korrekt ist daher an der hiesigen Stelle die Übersetzung von Bezza 1995, 466: "E Serapione, e Tolemeo che venne dopo di lui, composero giudizi sulle stelle." Zum Singular ἀπετέλεσε vgl. ebd. (Anon. a. 379) p. 204,17 συνέγραψε δὲ καὶ περὶ αὐτῶν ὁ Βηρωσὸς καὶ οἱ ἐφεξῆς.

---

[654] Vielleicht handelt es sich also gar nicht in allen Fällen um echte Personennamen, sondern um Pseudonyme.

[655] Denningmann 2009, 171f. (vgl. Denningmann 2005, 12 u. 502). – Bisherige Literatur zu Serapion: F. Cumont, CCAG VIII 4 (1921), p. 225. Honigmann 1929, *passim* (s. Index S. 241 s.v.). Gundel – Gundel 1966, 113f. Pingree 1968b, 278. Pingree 1978a, II 440f. Bohleke 1996, 16 mit Anm. 30. Hübner 2001f. Hübner 2001g. Hübner 2003b, 27f. – Im *Liber Aristotelis* des Hugo von Santalla (prol. 10) begegnet Serapion als Saraphies, vgl. Pingree 1989, 228 u. 233, u. Burnett – Pingree 1997, 3.

[656] Bei LSJ s.v. ἀποτελέω I.4.c ist der früheste Beleg für die hier vorliegende Bedeutung, der aus dem *Centiloquium* stammt, durch den Anon. a. 379 zu ersetzen.

οὐδεὶς ὧν προεῖπον ἀνδρῶν μετήγαγεν: Die präzessionsbedingt notwendige Aktualisierung der Fixsternlängen finden wir jedoch in späteren Werken, z.B. bei Rhet. 5,62, wo die ptolemäischen Längen um 3° 26′ (für das Jahr 480 n.Chr.) korrigiert sind, und bei Rhet. 5,58, wo sie um 3° 40′ (für das Jahr 505 n.Chr.) korrigiert sind (Pingree 2001a, 7).

ἐκ τοῦ ἀστρονομουμένου: vgl. die Worte der Einleitung (Anon. a. 379 p. 197,22–25): ἡμεῖς δὲ ... μετηγάγομεν ἐκ τοῦ ἀστρονομουμένου ὅσα χρήσιμα ἐξέθετο ὁ Πτολεμαῖος τῇ ἀστρονομικῇ τέχνῃ. Abgesehen von diesen beiden Stellen gibt es in der griechischen Literatur keine Belege für den Ausdruck ἐκ τοῦ ἀστρονομουμένου. Nach Boll 1916, 72, bezieht sich der Anonymos an beiden Stellen auf eine angeblich durch Pappos (ca. 320 n.Chr.) bekannte Sammlung astronomischer Einführungstraktate, den Μικρὸς ἀστρονομούμενος (sc. τόπος, ~ 'Kleine Astronomie', im Gegensatz zur 'Großen' bzw. 'Größten Astronomie' des Ptolemaios).[657] Diese Sammlung soll kleine Schriften von Autolykos, Euklid, Theodosios, Aristarch, Hypsikles und Menelaos enthalten haben.[658] Nach Boll muss es sich bei der ptolemäischen Schrift, die in den Μικρὸς ἀστρονομούμενος aufgenommen wurde und dem Anon. a. 379 als Quelle für die ekliptikalen Längen der hellen Fixsterne diente, um das heute verlorene erste Buch der Φάσεις gehandelt haben (das zu den oben genannten Schriften zu ergänzen sei).[659] Die gegenteilige Position bezog Neugebauer 1975, 768f., der die Frage unter Heranziehung aller relevanten Quellen[660] diskutierte und es für höchst unwahrscheinlich hält, dass die angeblich erstmals von Voß im 17. Jh. postulierte 'Kleine Astronomie'[661] jemals wirklich als konkrete Sammlung mit festem Titel und Textumfang existiert habe. Er urteilt (ebd. 769): "To me it seems extremely doubtful that there ever existed a definite collection of treatises known as 'Little Astronomy'."[662] Zu Bolls Deutung des Anon. a. 379

---

[657] Vgl. arab. *Almagest* aus griech. ἡ μεγίστη. Die entscheidende Information stammt nicht von Pappos selbst, sondern ist ein Scholion zum Beginn des 6. Buches (Papp. coll. 6 p. II 474,3 Πολλοὶ τῶν τὸν ἀστρονομούμενον τόπον διδασκόντων κτλ.), das sagt (474,2): Περιέχει δὲ ἀποριῶν λύσεις τῶν ἐν τῷ μικρῷ ἀστρονομουμένῳ.

[658] Ausführlicher dazu Heath 1913, 317.

[659] Siehe Boll 1916, 72, mit dem Argument: "aus dem zweiten Buch schreibt der Anonymus (S. 205,5 ff.) wörtlich den Schlußpassus über die älteren astronomischen Beobachter in Griechenland ab."

[660] Gesammelt von Pingree 1968c, 15f. (der Anon. a. 379 ist nicht darunter).

[661] G.J. Vossius (1577–1649), De quattuor artibus popularibus, de philologia et scientiis mathematicis (1650), XXXIII, § 18, p. 163 (zit. nach Fabricius bei Hultsch II 475[1]).

[662] Ähnlich Pingree 1968c, 15: "it seems to have been an ever-growing corpus".

merkt er an (ebd. 769[16]): "Boll [...] adds the 'Phaseis' to the well-known 'Collection'. In fact, however, the word μιϰϱός is not in the text, being Boll's own arbitrary addition." Während Neugebauers zuletzt zitierter Einwand berechtigt ist, gilt er seither als der einzige Gelehrte, der die Existenz dieser konkreten Sammlung hohen Alters leugnet.[663] Eine den aktuellen Wissensstand wiedergebende Zusammenfassung des Wenigen, was wir über die sogenannte 'Kleine Astronomie' wissen, bietet Czinczenheim 2000, 8 u. 18–35.[664] Danach existierte die Sammlung in der uns bekannten Form schon im frühen 9. Jh. (das ist das Datum der ältesten griechischen Handschrift, cod. Vat. graec. 204).[665] Aus noch früheren Zeiten sind uns allerdings nur "regroupements partiels de ces traités, ou des témoignages imprécis, peut-être erronés" verfügbar (ebd. 19). Die Entstehung der Sammlung ist erst nach dem 4. Jh. n.Chr. denkbar; das heißt implizit: nach der Tätigkeit des Anonymos des Jahres 378.[666] Zu dem eingangs zitierten, von Boll aus dem Beginn des 6. Buchs des Pappos gewonnenen Argument vgl. Jones 1986, 378: "The title of Book 6 [s.o. Anm. 657] names the μιϰϱὸς ἀστϱονομούμενος τόπος⟨,⟩ however, I believe this is a solecism on the part of the *Collection*'s [sc. Byzantine] editor, conflating two different things: the ἀστϱονομούμενος τόπος, which was the whole field of mathematical astronomy, and the μιϰϱὸς ἀστϱόνομος [*sic*], a specific collection or curriculum of elementary treatises."[667] Das, was Jones als "title" bezeichnet, ist genau genommen "une scholie qu'il est impossible de dater";[668] man darf also weder die Existenz der später kanonisch gewordenen Sammlung noch die Bezeichnung als μιϰϱὸς ἀστϱόνομος für die Zeit des Pappos (4. Jh.) voraussetzen.[669]

Aus dem bisher Gesagten ergibt sich, dass Bezza (ob in Kenntnis oder Unkenntnis der soeben referierten Forschungsentwicklung, ist nicht klar) Anon. a. 379 pp. 197,22–25. 205,14–18 zu Recht so übersetzt: "abbiamo

---

[663] So Czinczenheim 2000, 18[73].

[664] Vgl. Sidoli 2014, 27: "Czinczenheim [2000] gives us a good sense for the overall manuscript tradition of the so-called *Little Astronomy*."

[665] Czinczenheim 2000, 19. Allerdings waren die Σφαιϱιϰά des Menelaos mit Sicherheit niemals Teil der 'Kleinen Astronomie' (ebd. 25).

[666] Czinczenheim 2000, 26: "La date de constitution du recueil reste donc inconnue: le *terminus a quo* [...] ne peut être qu'après le IVe siècle de notre ère", u. ebd. 27: "Une date parfois suggérée, le IIIe siècle de notre ère, est alors exlue."

[667] Zustimmend Mansfeld 1998, 20 (nach Diskussion ebd. 16–20).

[668] Czinczenheim 2000, 20.

[669] Zur Entstehung des Titels der Sammlung vgl. Czinczenheim 2000, 20 u. 26.

preso dalla dottrina astronomica[670] quanto di utile ha esposto Tolemeo in questa scienza", und: "tuttavia nessuno di quanti abbiamo nominato dedusse astronomicamente i luoghi che esse occupano attualmente".[671]

τὰς νῦν αὐτῶν οὖσας ἐποχάς: Dass es dem Anonymos nicht allgemein um die Wirkungen der Fixsterne geht, sondern um ihre Wirkungen in Abhängigkeit von der ekliptikalen Länge, die sich über große Zeiträume hinweg aufgrund der Präzession der Äquinoktien ändert, wird bereits durch die Kapitelüberschrift deutlich (Ἀποτελέσματα τῆς τῶν ἀπλανῶν ἀστέρων ἐποχῆς, s.o. Anm. 641). Der Anonymos beruft sich (p. 198,3–8) ausdrücklich auf die ptolemäische Präzessionskonstante von 1° in 100 Jahren und erklärt, er wolle die für das Konsulat des Olybrius und des Ausonius (379 n.Chr.), unter dem er schreibe, gültigen Fixsternlängen nennen. Im Folgenden erhöht er die ptolemäischen, minutengenauen Fixsternlängen um jeweils 2° bis 3° auf gradgenaue Werte.

τὸ ποιητικὸν: Die Adjektive ποιητικός und δραστικός werden in Diskussionen von Kausalverhältnissen durch kaiserzeitliche Philosophen wie Galen und Sextus Empiricus oft synonym verwendet, und dasselbe gilt für zeitgenössische Astrologen. Zuweilen ist jedoch zwischen beiden zu differenzieren, wie Sanders 2009 am Beispiel von Philodemos, *De ira* 50,8 zeigt.

T3

Den Text von Heph. 2,1,8 (**T3**) überliefern die codd. **P** (Paris. gr. 2417, f. 64ᵛ) und **A** (Paris. gr. 2841, f. 59ᵛ). Dem textkritischen Apparat der Edition Pingrees (1973–1974, p. I 83,2–4) ist nichts hinzuzufügen, wie die Überprüfung der Handschriften ergab. Keine der vier Epitomai tritt hinzu.

 T3 gehört thematisch zur antiken Konzeptionsastrologie. Da Frommhold dieses Gebiet gründlich untersucht hat, genügt es hier, die Ergebnisse ihrer Dissertation zusammenzufassen.[672] Dass die Ursprünge der Empfängnisastrologie in die frühe Entwicklungsphase der Individualastro-

---

[670] Vgl. Jones an der soeben zitierten Stelle (1986, 378): "the whole field of mathematical astronomy".

[671] Bezza 1995, 457 u. 466.

[672] Siehe Frommhold 2004, bes. 239–242.

logie fallen, beweist eine doppelseitig beschriftete Keilschrifttafel (BM 33667), die zwei Konstellationen bietet, welche in der Forschung auf die Empfängnis und die Geburt ein und derselben 258 v.Chr. geborenen Person gedeutet werden.[673] Außerdem berichtet Vitr. 9,6,2 (= FGrHist 680 T 5a = BNJ 680 T 5a) von einem Nachfolger des Berossos, der Anleitungen zur Konzeptionshoroskopie hinterlassen habe.[674] Offenbar betrachtete man den Zeitpunkt der Empfängnis, nicht den der Geburt, als den eigentlichen Beginn des menschlichen Lebens und bemühte sich daher, die Einflüsse der Empfängniskonstellation auf das soeben gezeugte Leben zu ergründen. Dieses Interesse lässt sich durch die gesamte Antike bis in die mittelalterliche und neuzeitliche Astrologie hinein verfolgen. Da freilich der Empfängniszeitpunkt nicht empirisch feststellbar war, entwickelte man verschiedene Methoden, die ausnahmslos eine Rückberechnung vom Moment der Geburt vorsehen. Vier solcher Methoden sind heute noch fassbar. Die bekannteste wird in den Quellen 'Petosiris' zugeschrieben und daher in der Forschung als 'Petosirisregel' bezeichnet.[675] Ihr zufolge entspricht die Position des Empfängnismondes der des Geburtsaszendenten und umgekehrt die des Empfängnisaszendenten der des Geburtsmondes.

In der erhaltenen astrologischen Fachprosa wird die Empfängnishoroskopie seit dem 2. Jh. n.Chr. diskutiert und durchaus verschieden beurteilt. Die einzige rundweg ablehnende Position bezieht Antigonos von Nikaia, was ihn in die Nähe nicht-astrologischer Kritiker der Empfängnisastrologie wie Philon, Favorinus von Arelate und Sextus Empiricus rückt. Ptolemaios urteilt mit geschickter Differenzierung: Prinzipiell hält er den Empfängnishimmel für astrologisch ausschlaggebend, erkennt aber die praktischen Probleme der Empfängnishoroskopie an und löst das Dilemma, indem er durch geschickte Argumentation plausibel macht, dass Geburts- und Empfängniskonstellation in einem engen Zusammenhang stehen und es somit genüge, das Geburtshoroskop, in dem das Empfängnishoroskop sich gleichsam spiegele, analog zu interpretieren.[676] Am wenigsten zögerlich verfahren Vettius Valens, Antiochos von Athen, Porphyrios, Hephaistion und Rhetorios, deren Handbüchern wir die bekann-

---

[673] S.o. S. 208 zu 'Hor.' bab. –257.III.17 (Empfängnis) u. 'Hor.' bab. –257.XII.15 (Geburt).

[674] Siehe Frommhold 2004, 2–4.

[675] Vgl. Nech. et Pet. frg. 14. 14a. 14b. 14c (cf. frg. +15); mehr dazu oben S. 49, Punkt 5. – Die 'Petosiris-Regel' untersucht Frommhold 2004, 70–172.

[676] Zu Ptol. apotel. 3,2,1–4.7 u. 3,7,1 vgl. Frommhold 2004, 10–26.

ten Methoden und Regeln zur Ermittlung der Empfängniskonstellation verdanken.

Im Gegensatz zum reich dokumentierten theoretischen Interesse griechisch-römischer Astrologen an der Empfängnishoroskopie sind, was oft übersehen wird, keinerlei 'echte' Empfängnishoroskope aus der Praxis überliefert. Nur drei Sonderfälle verdienen Erwähnung: Valens und Hephaistion berechnen zur Veranschaulichung der 'Petosirisregel' ihre eigenen Empfängnishoroskope (Hor. gr. 119.V.13 u. Hor. gr. 380.II.22), und Plutarch überliefert das fiktive Empfängnishoroskop des Romulus (Hor. lat. –771.VI.24), welches Ciceros Zeitgenosse Tarutius von Firmum für Varro berechnet haben soll.[677]

Nun zum unmittelbaren Kontext von **T3**. Hephaistion beschließt mit dieser Aussage im Kapitel über Zeugung und Geburt (Heph. 2,1 Περὶ σπορᾶς καὶ ἐκτροπῆς) einen doxographischen Absatz (2,1,2–8), der über verschiedene Methoden zur Bestimmung des Verhältnisses zwischen Geburtshoroskop und Konzeptionshoroskop informiert. Zuerst bespricht Hephaistion in diesem Absatz die 'Petosirisregel' (2,1,2),[678] danach ein anonymes Verfahren (2,1,3)[679] und an dritter Stelle die Methode des Antiochos von Athen (2,1,4–6).[680] In 2,1,7 erklärt Hephaistion, sein Referat der divergierenden Methoden diene der Übung und dem Zweck, das allen Gemeinsame herauszufinden (ἐξεθέμεθα δὲ αὐτὰς [sc. τὰς μεθόδους] γυμνασίας χάριν καὶ ὑπὲρ τοῦ ἐκ πολλῶν τὸ αὐτὸ σύμφωνον εὑρεῖν). Unmittelbar danach folgt als Schlusssatz des Überblicks der Hinweis auf Antigonos (2,1,8 = **T3**).[681] Er dient dem Hephaistion als ne-

---

[677] Siehe Frommhold 2004, 236, und Heilen 2007, 50f. (sowie den Katalog S. 326). Zu der Frage, ob die Empfängnishoroskopie für die Wahl des Steinbocks als Sternzeichen des Augustus eine Rolle spielt, s. Frommhold 2004, 237f. u. 242, sowie Terio 2006. Vielleicht darf man außerdem noch den in der vierten pseudo-quintilianischen Deklamation (s. Stramaglia 2013) konstruierten, von Frommhold nicht untersuchten Fall hinzunehmen.

[678] Zu Heph. 2,1,2 s. Frommhold 2004, 74f.

[679] Dazu Frommhold 2004, 184–190.

[680] Dazu Frommhold 2004, 173–183.

[681] Dazu Frommhold 2004, 26f. – Die von Engelbrecht 1887 geforderte Namensänderung von Ἀντίγονος zu Ἀντίοχος wurde von Pingree 1973–1974 zu Recht nicht beachtet. Engelbrecht zitiert (S. 36f.) Heph. 2,1,5–8 und folgert daraus ohne weiteres (37): "Es ist offenbar, dass an beiden Stellen der gleiche Name gesetzt werden muss, und es ist nur die Frage, ob Ἀντίοχος oder Ἀντίγονος der richtige Name sei." Da ihm vor dem Erscheinen des ersten CCAG-Bandes (1898) ein Astrologe namens Antiochos aus anderen Quellen bekannt war, ein Antigonos hingegen nicht, entschied er sich für Antiochos (zumal dessen Nennung durch den Zusatz ὁ Ἀθηναῖος präzisiert sei). Kritik an Engelbrecht schon bei Kroll 1898b, 741.

gativer Hintergrund, vor dem sein eigenes Engagement um so lobenswerter erscheint: Anders als Antigonos, der auf eine genaue Prüfung offenbar verzichtet habe und daher Rückschlüsse aus dem Geburtshoroskop auf das Empfängnishoroskop vorschnell in Bausch und Bogen verwerfe, hält Hephaistion es im Interesse der Wahrheitsfindung für förderlich, verschiedene Methoden zu diesem Thema vorzustellen (2,1,2–6) und anschließend in eine ausführliche Untersuchung einzutreten (2,1,9–38). In Wahrheit verhält es sich, was Antigonos betrifft, wohl eher so, dass er angesichts der Autorität von 'Nechepsos und Petosiris', denen er insgesamt folgt, auch die Methoden der Empfängnishoroskopie untersucht und erprobt hat, der empirische Befund aber ernüchternd ausfiel. Vielleicht hatte er auch Vorbehalte aus ärztlicher, speziell embryologischer Sicht.[682] Seine durch Hephaistion bezeugte ablehnende Haltung findet insofern eine indirekte Bestätigung in den erhaltenen Horoskopen, als **F1–F3** zu den Empfängniskonstellationen der Nativen völlig schweigen.

φαίνεται μὴ ἐσκεμμένος τὴν περὶ τούτων ἀκρίβειαν: missverstanden von Gundel – Gundel 1966, 222 ("Hephaistion [...] rügt seine mangelnde Akribie"). ἀκρίβεια bezieht sich nicht auf die Genauigkeit des Antigonos, sondern auf die der Methoden zur Berechnung des Empfängnishoroskops. Vgl. zwei ähnliche Formulierungen, zum einen bei Rhet. 6,53,35 (= CCAG VIII 3, 1912, p. 92,3–4):[683] τῆς ἀκριβείας οὐχ ὑπὸ πάντων ὁμοφώνως οὔτε εὑρισκομένης οὔτε παραδιδομένης ('weil der genaue Sachverhalt weder von allen einhellig gefunden noch auch von allen einhellig überliefert wurde'), zum anderen die medizinische Notiz bei Marcell. de puls. p. 459 ll. 115–118 Schöne: πολλῶν καὶ ποικίλων γινομένων πταισμάτων διὰ τὴν ἀπειρίαν τῶν μὴ δυναμένων σημειοῦσθαι διὰ τῆς ἐπαφῆς τὴν προσοῦσαν τοῖς σφυγμοῖς ἀκρίβειαν οὐκ ἀνεξέταστον οὐδὲ τοῦτο τὸ σκέμμα[684] παρελίπομεν ('da es zu vielen verschiedenen Fehlern kommt durch die mangelnde Erfahrung derer, die nicht durch Berührung die präzisen diagnostischen Merkmale, die der Pulsschlag liefert, erkennen können, haben wir auch dieses Problem nicht ungeprüft beiseite gelassen').

---

[682] Siehe oben S. 27, Punkt b.

[683] Mehr zu Rhet. 6,53 oben in Anm. 628.

[684] Zur Verbesserung von ἐσκεμμένοι (pars codd.) zu σκέμμα s. ebd. S. 471 (Nachträge aus dem cod. Bonon. 3632). Dem Ausdruck τὸ σκέμμα παρελίπομεν entspricht bei Antigonos μὴ ἐσκεμμένος.

πάντῃ ἀποδοκιμάζει: Unter den astrologischen Texten vgl. Ptol. apotel. 1,2,20 ὥσπερ οὐδὲ τὴν κυβερνητικὴν διὰ τὸ πολλάκις πταίειν ἀποδοκιμάζομεν ('wie wir ja auch die Kunst des Steuermanns nicht, nur weil sie oft fehlgeht, [insgesamt] verwerfen'). Siehe ferner Val. 7,6,9 (= Nech. et Pet. frg. 21,37–38) ἀποδοκιμάζομεν τὴν γένεσιν ('fällen wir ein negatives Urteil über die Nativität') und Antioch. epit. 1,26 (ex isag. 1), CCAG VIII 3 (1912), p. 117,30 ἀποδοκιμάζει δέ τινων περὶ ταῦτα διασκέψεις ('er [sc. Antiochos] verwirft aber die Betrachtungen gewisser Autoren zu diesem Thema [sc. des Glücksloses]'). Die dem negativen Urteil vorausgehende Prüfung (Dokimasie) ist im Wortgebrauch des Hephaistion an dieser Stelle (**T3**) verblasst, wie die Worte μὴ ἐσκεμμένος zeigen.

T4

Dieses Testimonium ist Teil des anonymen Katarchenhoroskops für den 5. September 487 n.Chr. (Hor. gr. 487.IX.5), das bereits als Nr. 1 der oben (S. 101) vorgestellten Sammlung Erwähnung fand. Es ist somit gut möglich, dass es von demselben Astrologen stammt, der einige sehr ähnliche Horoskope im Dienst des Kaisers Zenon schrieb.[685] Der Text ist in zwei Handschriften mit zahlreichen Varianten im Detail überliefert.[686] Die maßgebliche Besprechung bieten Neugebauer – van Hoesen 1959, 149f. (L 487), deren Analyse der astronomischen Daten das im Text gebotene Datum (05.09.487) bestätigt. Eine befriedigende Edition von Hor. gr. 487.IX.5 fehlt bisher.[687]

---

[685] So Pingree 1976b, 150; ausführlicher hierzu im Katalog zu Hor. gr. 475.I.12. Zenon war Kaiser von Nov. 474 – Jan. 475 u. Aug. 476 – Apr. 491.

[686] Cod. Angel. gr. 29, f. 126ʳ, cap. 87, ed. F. Cumont, CCAG I (1898), pp. 106–107 (**T4** = p. 107,2–14); cod. Vindob. phil. gr. 108, f. 299ʳ⁻ᵛ, cap. 164, pars I, ed. W. Kroll, CCAG VI (1903), pp. 63–64 (**T4** = p. 64,12–24).

[687] Ein Beispiel für die Defizite der bisherigen Editionen: Weder Cumont noch Kroll kommentieren das von beiden Handschriften einhellig überlieferte Δία μοιρικῶς ὡρονομοῦντα (CCAG I, 1898, p. 106,8–9; CCAG VI, 1903, p. 64,1), worüber Neugebauer – van Hoesen 1959, 149⁶, zu Recht sagen: "Since Jupiter is about 6° distant from H the meaning of this term is not clear" (6° ist wohl Druckfehler für 7°, denn ASC = 0° 41′ ♎, ♃ = 7° 55′ ♎). Ich schlage die Konjektur Δία ⟨σχεδὸν⟩ μοιρικῶς ὡρονομοῦντα vor: Im ersten Teil dieses Textes werden alle positiven Elemente aufgezählt, die den Astrologen anfangs zu einer günstigen Deutung bewogen hatten (von der er später Abstand nahm). Bei diesen positiven Daten wollte der Autor betonen, dass der Wohltäter Jupiter dem so

In diesem Horoskop geht es um die Ankunft eines (an Zenon adressierten?) Briefes, den der spätantike Astrologe aus dem Sternenstand des Übergabemoments als glückliche Botschaft gedeutet hatte.[688] Als nach der Öffnung klar wurde, dass der Inhalt betrüblich war, führte eine genauere Analyse derselben Konstellation auf die weniger evidenten Zeichen großen Übels, die sie barg.[689] Die astronomischen Daten des Textes lauten: ☉ 10° ♍, ☾ 4° ♎, ♄ ⟨1⟩5° 56′ ♐,[690] ♃ 7° 55′ ♎, ♂ 8° ♑, ♀ 8° ♌, ☿ 25° ♍, ASC 0° 41′ ♎,[691] MC 0° 41′ ♋, ⊕ 25° ♎, ☊ 2° 24′ ♏.
Sie ergeben das folgende Diagramm (⠿ = Bereich der durch Saturn- und Mars-Quadraturen bewirkten Einschließung von ☿, ASC, ☾ und ♃):[692]

---

wichtigen Aszendenten sehr nahe steht, beinahe (!) gradgenau. Zur Modifizierung durch σχεδόν vgl. in demselben Text wenige Zeilen später die in **T4** zitierten Worte πάντες σχεδὸν οἱ ἀστέρες (CCAG I, 1898, p. 107,12; CCAG VI, 1903, p. 64,22).

[688] Vgl. z.B. Kap. 72 des 'Palchos', das im cod. Angel. gr. 29 dem Katarchenhoroskop für 487 n.Chr. (f. 126ʳ) nur wenige Seiten vorausgeht (f. 116ʳ). Es enthält einen Auszug aus Ps.-Zor. apotel. (= frg. O 79 Bidez – Cumont) mit dem Titel Περὶ ἐπιστολῆς ἀναδόσεως, worin erklärt wird, wie man den Inhalt eines Briefes nach dem Erhalt ermittelt, ohne ihn zu öffnen. Vgl. Pingree 2004, 550f.

[689] Vgl. CCAG VI (1903), p. 64,6–8: εἶπον ... καλὴν ἔχειν φάσιν τὰ γράμματα, ἃ δὴ τὸ ἐναντίον περιεῖχον (= CCAG I, 1898, p. 106,14–15, wo aber τὰ ἐναντία), und CCAG VI (1903), p. 63,3–4: γράμματα λυπηρὰ ἔχοντα πάντα παρὰ πρόθεσιν τοῦ δεξαμένου (= CCAG I, 1898, p. 106,5–6).

[690] Emendiert durch Neugebauer – van Hoesen 1959, 150, mit Verweis auf die wahre Saturnposition von 18° ♐ (Überprüfung mit *Galiastro* ergibt sogar 19° 26′ ♐). Siehe außerdem die im Folgenden noch zu besprechenden Angaben des Antigonos zur ἐμπερίσχεσις von ☿, ASC, ☾ und ♃; die Sonne müsste dort ebenfalls erwähnt sein, wenn der Geviertschein des Saturn auf 5° 56′ fiele. – Ein ähnlicher Fehler begegnet in einem anderen Horoskop desselben Anonymos, das uns ebenfalls durch den cod. Vindob. phil. gr. 108 (**U**) erhalten ist (s.o. S. 101, Nr. 3, für 483 n.Chr.): Ἐπιφὶ ⟨ι⟩δ′ (CCAG VI, 1903, p. 65,23).

[691] So der cod. Vindob. phil. gr. 108 (**U**), f. 299ʳ. Dagegen bietet der cod. Angel. gr. 29, f. 126ʳ, den ASC-Wert 1° ♎ (wahrscheinlich eine Fehldeutung des μ in μα′ [= 41] als Abbreviatur für μοίρα). Derselbe Fehler begegnet im Angel. gr. 29 auch bzgl. des folgenden MC-Wertes.

[692] Die zweite im Text erwähnte ἐμπερίσχεσις, von der allein die Venus betroffen ist, wird im hiesigen Diagramm um der Übersichtlichkeit willen nicht vermerkt.

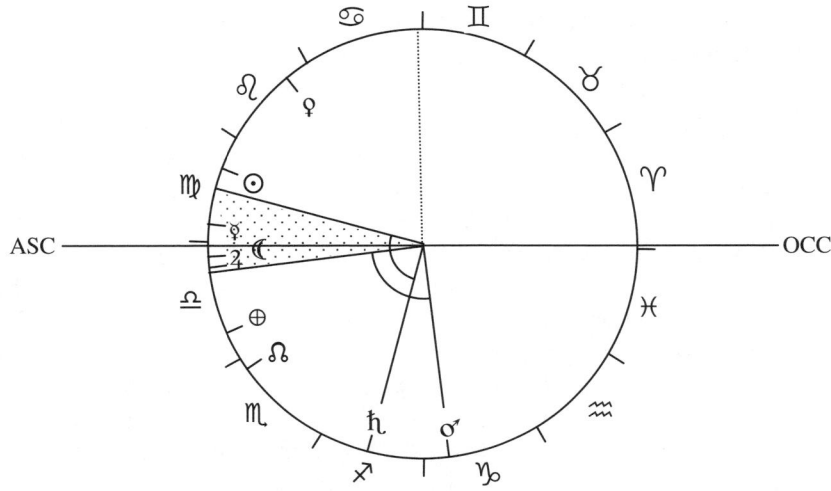

Diagr. 3: Hor. gr. 487.IX.5

Im ersten Teil des als **T4** zitierten Textes weist der Verfasser darauf hin, dass Mars (8° ♑) und Saturn (⟨1⟩5° 56′ ♐) durch die von ihnen nach rechts, d.h. in Richtung der Tagesrotation, auf 8° ♎ und 15° 56′ ♍ geworfenen Geviertscheine Merkur, den Aszendenten, den Mond und Jupiter, die alle vier zwischen diesen Punkten liegen, einschließen. Seine Berufung auf die Lehre des Antigonos impliziert, dass dieser Einschließungen (ἐμπερισχέσεις)[693] genauer besprochen hatte, unter anderem solche, die nicht durch körperliche Anwesenheit (σωματικῶς), sondern durch Aspekte (ἀνὰ σχῆμα) zustandekommen. Tatsächlich scheinen die wenigen bei Heph. 2,18,21–76 geretteten Exzerpte ein besonderes Interesse des Antigonos an Einschließungen zu belegen: Im Hadrianhoroskop (**F1** § 34 u. § 49) wird sowohl die direkte Einschließung[694] (an beiden Stellen) als auch die indirekte (§ 49 ἀνὰ σχῆμα, konkret: *per oppositionem*) diskutiert. Die einschließenden Planeten sind jeweils die Übeltäter Mars und Saturn. **T4** belegt, dass Antigonos außerhalb unserer Fragmente eine weitere Form der Einschließung diskutiert hat, die durch Geviertschein (sehr wahrscheinlich ebenfalls durch die Übeltäter Mars und Saturn, so wie hier im Text des spätantiken Anonymos). Das Spektrum der nega-

---

[693] Ausführlicher dazu im Kommentar zu **F1** § 34 ἐμπεριέχεσθαι.

[694] Den dem Ausdruck ἀνὰ σχῆμα entgegengesetzten Begriff σωματικῶς benutzt Antigonos an den erhaltenen Stellen nicht.

tiven Möglichkeiten ist durch diese drei Fälle im Prinzip abgedeckt.[695]
Wahrscheinlich hatte Antigonos der ἐμπερίσχεσις-Lehre ein eigenes
theoretisches Kapitel gewidmet (so wie Heph. 1,15), dem dieser erste
Antigonos-Verweis in **T4** gilt.

Im Anschluss an εὗρον δὲ – ὁ Ἀντίγονος folgt Text im Umfang von
ca. sieben Druckzeilen, in denen der Anonymos unter anderem zeigt, dass
noch ein weiterer Planet von Mars und Saturn eingeschlossen wurde,
nämlich Venus, der als Herrin des Aszendenten besondere Bedeutung zukommt.[696] Ihre Einschließung wird durch eine Kombination der beiden
oben genannten indirekten Formen bewirkt: Mars im Steinbock bildet
eine Opposition zum Krebs, und Saturn im Schützen bildet einen Geviertschein zur Jungfrau; die Venus im Löwen ist so durch die beiden benachbarten Tierkreiszeichen eingeschlossen.[697] Nachdem er dies gezeigt hat,
fasst der anonyme Autor das Gesagte mit den nun wieder für Antigonos
relevanten Worten εὑρέθησαν οὖν – τοῦ τρίτου βιβλίου zusammen.
Dabei spricht er von *beinahe* allen Planeten, wohl deshalb, weil nach seinem Urteil die Sonne, nicht auf die eine oder andere Weise von Mars und
Saturn eingeschlossen wird.[698] Die Worte τούτου τοῦ σχήματος μέμνηται Ἀντίγονος ἐν τῇ ϛ' γενέσει τοῦ γ' βιβλίου sind nicht ganz klar:
Sie bedeuten entweder, dass Antigonos im sechsten Horoskop seines dritten Buches die Einschließung *beinahe aller* übrigen Planeten durch die
Übeltäter Mars und Saturn erwähnte, oder aber, dass er dort den Extremfall einer Einschließung *aller* übrigen Planeten durch Mars und Saturn
besprach, der im hiesigen Katarchenhoroskop (487 n.Chr.) nur *beinahe*
erfüllt ist. Die zweite Deutung ist sprachlich und psychologisch vorzuzie-

---

[695] Opposition und Geviertschein sind die beiden als negativ geltenden Aspekte. Zu
positiven Einschließungen s.u. im Kommentar zu **F1** § 34 ἐμπεριέχεσθαι.

[696] Der Anonymos nennt sie τὴν Ἀφροδίτην κυρίαν [τουτέστιν] τοῦ ὡροσκόπου
(CCAG VI, 1903, p. 64,1–2), da die Waage, in die hier der Aszendent fällt, das astro-
logische Taghaus der Venus ist (s.u. S. 737, Tab. 19). Venus ist damit wohl zugleich die
Hausherrin der gesamten Nativität. Dazu s.u. S. 1074 bei Anm. 2728.

[697] Ἄρης μὲν γὰρ διεμέτρει τὸν Καρκίνον καὶ Κρόνος ἐτετραγώνιζε τὴν Παρθέ-
νον (cod. Angel., CCAG I, 1898, p. 107,10–11; im cod. Vindob., CCAG VI, 1903, p.
64,20–21, ist die erste Hälfte des zitierten Textes verdorben). Eine ähnliche Einschließung bespricht Heph. 1,15,1–2.

[698] Sie findet jedenfalls als einziger 'Planet' keine Erwähnung bezüglich der Einschließung. Anscheinend beurteilt der Autor die Venus nach der Regel, die in dem Beispiel
bei Porph. isag. 14 (wiederholt von Heph. 1,15,1–2) Anwendung findet, mit dem Unterschied, dass hier nicht ein, sondern zwei Planeten zur Erklärung herangezogen werden
(die Entsprechung wäre perfekt, wenn hier ohne Erwähnung des Saturn allein von Trigon und Opposition des Mars die Rede wäre).

hen: Die Einschließung *beinahe aller* übrigen Planeten beschreibt einen Sachverhalt, der zu unpräzise für eine Bezugnahme durch das Pronomen τοῦτο erscheint, und nur der besonders selten eintretende Extremfall einer Einschließung *aller* übrigen Planeten lässt den mit genauer Stellenangabe versehenen Verweis auf früheres Schrifttum des Antigonos sinnvoll erscheinen.

Wahrscheinlich ist die zitierte sechste Nativität des dritten Buches des Antigonos das Hadrianhoroskop. In ihm werden alle fünf übrigen Planeten durch Mars und Saturn eingeschlossen, und Antigonos bespricht diese Einschließung ausführlich (**F1** § 34 u. § 49).[699] Es fällt auch auf, dass in beiden Horoskopen eine um den Aszendenten konzentrierte Einschließung vorliegt und die relativen Positionen von Saturn,[700] Merkur, Aszendent, Mond, Jupiter und Mars so gut wie identisch sind. Das verleiht den Konstellationen große Ähnlichkeit.[701] Es ist unwahrscheinlich, dass Antigonos ein zum Vergleich noch geeigneteres Horoskop geboten hat.[702] Und gewiss enthielt sein Handbuch kein Horoskop, das elaborierter und mit Blick auf den kaiserlichen Rang des Nativen denkwürdiger gewesen wäre. Dass übrigens Hephaistion (2,18,53 u. 2,18,63) die exzerpierten Horoskope als 'erstes' (πρώτη), 'zweites' (δευτέρα) und 'drittes' (τρίτη) zitiert, widerspricht nicht dem hiesigen Identifikationsversuch. Hephaistion bezieht sich ja nicht auf die Buch- und Horoskopzählung des Antigonos, sondern nummeriert seine eigenen Exzerpte aus jenem älteren Werk.

Nach dem hier als **T4** präsentierten Text beschließt der Anonymos seine Analyse des Katarchenhoroskops für 487 n.Chr. mit dem Satz:[703] εἰ δὲ καὶ τὸ κατ᾿ εἶδος ζητεῖς, ὅρα τὸν Ἑρμῆν βλαπτόμενον ὑπὸ Κρόνου καὶ ἐν τῷ ιβ΄ τόπῳ κείμενον. Die einzige bisher veröffentlichte Deutung der Stelle lautet: "If you investigate the figure you see Mercury (in ♍) injured by Saturn (in ♐) and also located in the 12th locus."[704] Das ist falsch. Gemeint ist vielmehr: 'Und wenn Du auch noch die spezi-

---

[699] Antigonos geht dort allerdings nur auf die Einschließung der Luminare ein, was durch die Erklärungsabsicht, die er im Kontext verfolgt, bedingt ist.

[700] Hier ἀνὰ σχῆμα, bei Hadrian σωματικῶς; dasselbe gilt für Mars.

[701] Vgl. Diagr. 3 oben S. 517 mit Diagr. 5 u. 17 unten S. 587 u. 881.

[702] Diese Hypothese wäre notwendig, um den Bezug auf das Hadrianhoroskop zu bestreiten.

[703] Das Zitat folgt dem Wortlaut des cod. Vindob. phil. gr. 108 (CCAG VI, 1903, p. 64,24–25). Der cod. Angel. gr. 29 formuliert dasselbe etwas knapper (CCAG I, 1898, p. 107,14–15).

[704] Neugebauer – van Hoesen 1959, 149.

fische Ausprägung suchst, schaue auf Merkur, der von Saturn geschädigt wird und sich obendrein im 12. Ort befindet.'[705] Der Autor will hier, nachdem er zuvor die Einschließung fast aller Planeten durch Mars und Saturn als ernstes, aber noch unspezifisches Übel aufgezeigt hat, zuletzt den Bezug zum Anlass der Katarche, d.h. zur Ankunft eines Briefes, herstellen. Merkur ist der Gott der Schriftkünste[706] und der Bote *par excellence*.[707] Als einziger Planetengott in diesem Horoskop ist er nicht nur von der Einschließung betroffen, sondern steht obendrein im unheilvollen 12. Ort.[708]

T5

Der Text ist Teil eines aus dem Werk des Rhetorios[709] exzerpierten Kapitels 'Über die Einteilungen der Lebensabschnitte' (Περὶ χρόνων διαιρέσεων, Rhet. epit. 4,21),[710] das F. Cumont im CCAG VIII 1 (1929), pp. 241–242, aus zwei Handschriften ediert hat.[711] Aus derselben Epitome stammt **F8** (s.u. S. 1370).

---

[705] Zu τὸ κατ᾽ εἶδος vgl. z.B. (ebenfalls in astrologischem Kontext) Ptol. apotel. 4,4,9: Καὶ τῶν ζῳδίων δὲ ἐν οἷς ἂν ὦσιν οἱ τὸ πράττειν παρέχοντες αἱ κατ᾽ εἶδος ἰδιοτροπίαι συμβάλλονταί τι πρὸς τὸ ποικίλον τῶν πράξεων ("Likewise the specific natures of the signs in which are the rulers of action contribute to the variety of the action", Robbins 1940, 389).

[706] In dem wohl vom selben Autor verfassten Katarchenhoroskop Hor. gr. 478.VIII.29, das im cod. Vindob. phil. gr. 108 (**U**) unmittelbar auf das hiesige folgt (s.o. S. 101), wird durch Merkureinfluss erklärt, warum ein gewisser Dieb u.a. γραμματισμένος gewesen sei (CCAG VI, 1903, p. 65,8).

[707] Zur astrologischen Bedeutung Merkurs für den Briefverkehr s. Pérez Jiménez 1999b, 109f., mit Verweis auf Heph. 3,27 und Anon. de plan. CCAG II (1900), p. 178,15 (= Val. app. 1,205) αἴτιος ... ἐπιστολῶν.

[708] Der 12. Ort ist der am negativsten konnotierte der ganzen Dodekatropos. Mehr dazu im Komm. zu **F1** § 35 καὶ ἐν τῷ ιβ′ τυγχάνειν ἀμφοτέρους (und grundlegend zur Dodekatropos unten S. 689–698). Die einschlägigen Lehrtexte zu Merkur im 12. Ort sind Firm. math. 3,7,24–27. Paul. Alex. 24 p. 72,12–15. Olymp. 23 p. 75,16–22. Rhet. 5,57,43–46 (= CCAG VIII 4, 1921, p. 131,1–14). Wenngleich alle diese Texte Aussagen zum Thema Lesen und Schreiben enthalten, findet sich darunter nichts, was konkret für das hiesige, sehr spezielle Thema des Briefverkehrs relevant wäre, kein Wunder, da sich alle genannten Texte auf Genethlialogie, nicht auf Katarchenhoroskopie, beziehen. Hübner 2003 geht in seiner Studie zur Katarchenhoroskopie nicht auf Hor. gr. 487.IX.5 ein.

[709] Zu Rhetorios s.o. Anm. 100.

[710] Vgl. Pingree 1977a, 218. Pingree 2001a, 11.

[711] Die Hss. sind cod. Paris. gr. 2506, cap. 21 (κα′), f. 21ᵛ (cf. CCAG VIII 1, 1929, p. 76), und cod. Marc. 335, cap. 112 (ριβ′), f. 111 (cf. A. Olivieri, CCAG II, 1900, p. 44).

Die Lehre von der Einteilung der Lebensabschnitte des Nativen, die nach astrologischer Auffassung durch wechselnde astrale Einflüsse geprägt sind, gehört ebenso wie diejenige vom 3., 7. und 40. Tag des Mondes (s.u. zu **F1** §§ 50–51) zum Bereich der 'kontinuierlichen Horoskopie'.[712] Schon 'Nechepsos und Petosiris' lehrten die Einteilung der Lebensabschnitte.[713] Unter den Zeitgenossen des Antigonos verdient besonders Valens Erwähnung, der in seinen *Anthologien* immer wieder auf dieses Thema zurückkommt. Ein großer Teil seiner Horoskope illustriert die verschiedenen zu den Lebensabschnitten existierenden Einzellehren. Auch Ptolemaios hat dieses Thema behandelt (Ptol. apotel. 4,10 Περὶ χρόνων διαιρέσεως),[714] methodisch freilich ganz anders als Valens. Ein besonders interessanter Fall unter den Originalhoroskopen ist P. Lond. I 98 (Hor. gr. 95.IV.13), der eine umfangreiche Diskussion der einzelnen zukünftigen Lebensabschnitte des Nativen bietet.

T5 zeigt, dass Antigonos dazu anleitete, die Ausgangskonstellation der Geburt (γένεσις) in Schritten von jeweils einem Jahr 'weiterzudrehen', um aus den jeweils resultierenden neuen Planetenständen (ἀντιγενέσεις)[715] Prognosen über die Einzeljahre des individuellen Lebensweges zu gewinnen. Wie diese Progressionstechnik im Einzelnen funktionierte, vor allem nach welchen Regeln die durch die *revolutio nativitatis* erzielten ἀντιγενέσεις mit der Ausgangskonstellation in Relation gesetzt werden sollten, wissen wir nicht.

Von zentraler Bedeutung für die astrologischen Lehren von den Lebensabschnitten ist der *terminus technicus* der ἐπέμβασις (lat. *ingressus*), der in **T5** auch dem Antigonos zugeschrieben wird. Er bezeichnet das Hineintreten eines Planeten in ein Tierkreiszeichen oder einen Ort der Dodekatropos während der 'Weiterdrehung' (Progression) der Ausgangskonstellation.[716] Das doppelte Präfix zeigt, wie das Hineintreten des

---

[712] Vgl. Pingree 2001a, 4, demzufolge die Technik der "continuous horoscopy" um die Mitte des 1. Jh. n.Chr. (Balbillus) entwickelt war.

[713] Vgl. Nech. et Pet. frg. 20. 21. +9; mehr dazu oben S. 49, Punkt 5.

[714] Die Authentizität dieses Schlusskapitels wurde zu Unrecht in Frage gestellt, vgl. Hübner 1998a, praef. p. XXXIX. – Ptol. apotel. 4,10 wird *in extenso* zitiert von Heph. 2,26.

[715] Der Begriff ἀντιγένεσις ist erstmals für Serapion belegt (CCAG VIII 4, 1921, p. 231,11), dann viermal für Dorotheos (Dor. pp. 372,19.24.30. 373,22) und schließlich siebenmal bei Valens (Val. 1,4,47. 2,30,39. 4,11,40.55.66. 5,3,3[2x]). Die Dorotheosparaphrasen kennen daneben den sinngleichen Begriff ἀντιγέννησις (Dor. p. 371,5. 372,16–17). Vgl. den von F. Boll im CCAG V 1 (1904), pp. 239–240, edierten Text *De antigennesi*. Obsolet: Bouché-Leclercq 1899, 506².

[716] Vgl. Val. 6,5.

jeweiligen Planeten 'in' einen Himmelsabschnitt zugleich als sein Schreiten 'auf' demselben (wie auf einem Teppich, den der Hintergrund der
Fixsterne bildet) verstanden wurde. Schon 'Nechepsos und Petosiris' verwendeten diesen *terminus technicus*: vgl. Val. 7,6,211–215 (7,6,211–214
= Nech. et Pet. frg. 21,255–275) mit drei Belegen für ἐπέμβασις und
einem für ἐπεμβαίνειν.[717] In demselben Fragment s. ferner Val. 7,6,126
ἐπεμβάσεων (frg. 21,172). Im weiteren, nicht-technischen Sinne ist das
Verb ἐπεμβαίνειν auch durch das iambische Exzerpt τροπαῖς ἐπεμβαί-
νοντες bei Val. 6,1,10 für 'Nechepsos und Petosiris' belegt.[718]

F1–F3

Die Fragmente **F1–F3** gehören zur Textsorte antiker Horoskope, von
denen insgesamt 353 Exemplare (345 griechische, 8 lateinische) erhalten
sind.[719] Diese Zahlen verstehen sich unter Ausschluss der byzantinischen
Zeit.[720] Als Horoskope werden hier alle diejenigen Texte gezählt, die die
ekliptikalen Längen der Luminare, der fünf Planeten und des Aszendenten für einen bestimmten Zeitpunkt dem Anspruch des jeweiligen Verfassers nach vollständig (gegebenenfalls mit überlieferungsbedingten
Textbeschädigungen) überliefern.[721] Zu diesen Kerndaten können, müssen aber nicht weitere astronomische, kalendarische, geographische und
andere Daten oder auch Interpretationen und Prognosen hinzutreten. Die
meisten der unter die obige Definition fallenden Texte sind astronomisch
datierbar, die übrigen teils durch kalendarische Angaben, teils durch den
paläographischen Befund. Der hier folgende Überblick zitiert Einzelhoro-
skope nach ihren Nummern, zu denen der Katalog (s.o. ab S. 213) vollständige Quellenangaben und weitere Informationen bietet.

---

[717] Rekonstruktionsversuch der Originaliamben durch Riess 1891–1893, 374, zu frg.
21,255; s. bes. Vers 6*. Vgl. Heilen 2011, 80.

[718] Vgl. Riess 1891–1893, 333, zu Nech. et Pet. frg. 1 sowie Heilen 2011, 53.

[719] Heilen (demnächst D) bietet einen etwas anders akzentuierten und detailreicheren
analytischen Überblick, als es hier auf den folgenden Seiten möglich ist.

[720] Als chronologische Grenze dient hier die arabische Eroberung Ägyptens im Jahre
641 n.Chr.

[721] Es sind keine Fälle erweisbar, in denen solche Datensätze ohne Bezug zur Astrologie
registriert wurden. Ein poetischer Sonderfall, in dem der Autor mit Absicht nur die Längen von Saturn und Jupiter erwähnt, damit aber doch eine Datierung erlaubt, ist Hor. gr.
361.XI.3.

Die erhaltenen griechischen und lateinischen Horoskope lassen sich in zwei Gruppen scheiden, Originaldokumente und literarisch überlieferte Horoskope.[722]

Die 169 Originalhoroskope (168 gr., 1 lat.) sind größtenteils auf Papyrus überliefert,[723] in einigen Fällen aber auch auf Holz,[724] Ostraka,[725] Pergament,[726] Gemmen,[727] Sargdeckeln[728] oder goldenen Siegelringen.[729] Die geographische Herkunft ist fast ausnahmslos Ägypten. Allerdings besitzen wir auch einige Horoskop-Graffiti aus dem mesopotamischen Dura Europos[730] sowie ein singuläres Monument aus Ostanatolien, das sogenannte 'Löwenhoroskop' von Kommagene.[731]

Die 184 erhaltenen literarisch überlieferten Horoskope (177 gr., 7 lat.) verdanken wir zum größten Teil Vettius Valens, der sein astrologisches Lehrbuch mit 121 Beispielen illustriert hat.[732] Nur 21 literarische Horoskope für Daten vor 200 n.Chr. stammen nicht von ihm (8 gr., 4 lat., 9 gr. in arab. Übers.): Dies sind, abgesehen von **F1–F3** des Antigonos und in chronologischer Ordnung der Verfasser, drei Horoskope des Tarutius von Firmum, neun des Dorotheos, zwei des Balbillos sowie je eines von Ps.-Manethon, Aelius Aristides, Firmicus Maternus und einer anonymen Quelle.[733]

Insgesamt ergibt sich die durch das folgende Diagramm veranschaulichte chronologische Verteilung. Darin fehlt ein extrem früher 'Ausrei-

---

[722] Diese Terminologie stammt von Neugebauer – van Hoesen 1959.

[723] Die Papyrushoroskope betreffen Geburtsdaten von 10 v.Chr. bis 508 n.Chr.

[724] Hor. gr. 373.V.16. Hor. gr. 388.VI.4. Hor. gr. 392.VII.10–11[(?)].

[725] Hor. gr. 207.II.20. Hor. gr. 328; daneben gibt es zahlreiche demotische Horoskope auf Ostraka (s. Katalog S. 316).

[726] Hor. gr. 326.II.8.

[727] [Hor. lat. –37.I.17[(?)]]. Hor. lat. 195.IX.11. Hor. gr. 215.VI.23.

[728] Nur ein demotischer Beleg: Hor. dem. 93.X.

[729] Hor. gr. 327.VIII.17.

[730] Hor. gr. 176.VII.3–5. Hor. gr. 219.I.9. Hor. gr. 200–300[(?)]a. Ein weiterer Graffito stammt aus dem mittelägyptischen Abydos: Hor. gr. 353.IX.21–22.

[731] Es handelt sich um ein Steinrelief, welches Teil der monumentalen Grabanlage ist, die Antiochos I. auf dem Gipfel des Nemrud Daǧı errichten ließ. Zur ungewissen Deutung und Datierung des 'Löwenhoroskops' s. Heilen 2005d.

[732] Zu den nicht authentischen Horoskopen Nr. 122–123 s.o. Anm. 158.

[733] Tarutius: Hor. lat. –771.VI.24. Hor. lat. –770.III.24. Hor. lat. –753.X.4; Dorotheos: Hor. gr. –6.III.29. Hor. gr. 12.X.31. Hor. gr. 13.I.26. Hor. gr. 14.XI.25. Hor. gr. 22.III.30. Hor. gr. 29.V.2. Hor. gr. 36.IV.2. Hor. gr. 43.VIII.2. Hor. gr. 44.X.2; Balbillos: Hor. gr. –71.I.21 u. Hor. gr. –42.XII.27; Ps.-Manethon: Hor. gr. 80.V.27–28; Aelius Aristides: Hor. gr. 117.XI.26; Firmicus Maternus: Hor. lat. –138.V.22–23[(?)]; anonyme Quelle: Hor. gr. –329.IV.16.

ßer', Hor. gr. –329.IV.16, da seine Aufnahme in die Graphik die Legende unlesbar klein gemacht hätte. Entscheidend für die Zuordnung der Horoskope zu den je 50 Jahre umfassenden Zeitabschnitten ist das jeweilige Datum der astronomischen Konstellation, nicht das in der Regel unbekannte Datum der Niederschrift. Es versteht sich von selbst, dass der Befund überlieferungsabhängig ist und kein exaktes Bild davon bietet, wie die Gesamtproduktion originaler und literarischer Horoskope verlief.[734]

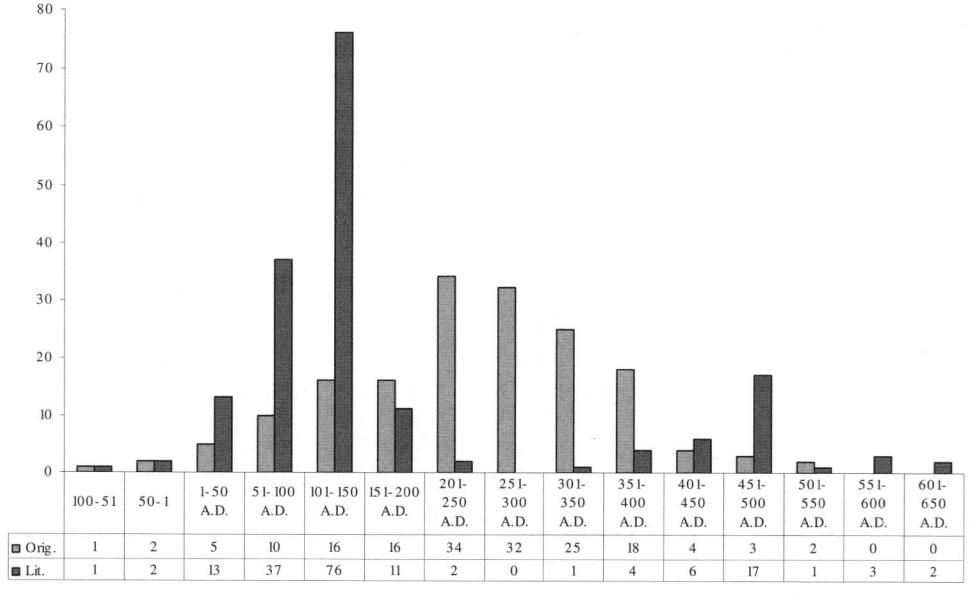

	100-51	50-1	1-50 A.D.	51-100 A.D.	101-150 A.D.	151-200 A.D.	201-250 A.D.	251-300 A.D.	301-350 A.D.	351-400 A.D.	401-450 A.D.	451-500 A.D.	501-550 A.D.	551-600 A.D.	601-650 A.D.
Orig.	1	2	5	10	16	16	34	32	25	18	4	3	2	0	0
Lit.	1	2	13	37	76	11	2	0	1	4	6	17	1	3	2

Diagr. 4: Chronologische Verteilung der griechischen Horoskope
(Originaldokumente: helle Balken, literarische Horoskope: dunkle Balken)

Zum Vergleich hier nun ein knapper Blick auf babylonische und demotische Exemplare: Wir kennen heute 30 Keilschrifthoroskope für Daten von 410–69 v.Chr., die korrekter als Geburtsomina zu bezeichnen sind, da sie dem Aszendenten (ώροσκόπος) noch keine Beachtung schenken.[735] Aus Ägypten besitzen wir 51 Horoskope für Daten von 38 v.Chr.

---

[734] Geburtsnotizen ohne astronomische oder astrologische Angaben werden hier nicht erfasst.
[735] S. Katalog ab S. 207. Der in Keilschrifttexten bisher nicht nachgewiesene Aszendent (Rochberg 2010, 16) wurde später so wichtig, dass er ab ca. 300 n.Chr. in griechischen Originalhoroskopen die Reihe der astronomischen Daten zu eröffnen pflegt und dass

– 196 n.Chr. (plus vier nicht datierbare).[736] Am geringsten ist, wie bereits deutlich wurde, die Zahl der lateinischen Horoskope (8).[737] Nicht erfasst sind in den hiesigen Zahlenangaben die fingierten Idealhoroskope berühmter Personen aus Geschichte und Mythos, die Firmicus Maternus für Ödipus, Paris, Demosthenes, Homer, Platon, Pindar, Archilochos, Archimedes und Thersites bietet.[738]

Die erhaltenen griechischen Horoskope sind größtenteils Geburtshoroskope für Individuen. Aus der Spätantike besitzen wir auch einige Katarchenhoroskope, die die Wahl des richtigen Zeitpunkts für ein Unternehmen (καταρχή) ermitteln, z.B. für die Krönung von Herrschern oder für Stadtgründungen.[739] Konzeptionshoroskope, die Gegenstand der Theorie waren, sind in der Praxis nicht nachweisbar; allerdings errechnen Valens und Hephaistion exemplarisch ihre eigenen Empfängnishoroskope beziehungsweise -daten.[740]

---

schließlich in der Neuzeit die synekdochische Bezeichnung der ganzen Geburtskonstellation als 'Horoskop' geprägt wurde.

[736] S. Katalog ab S. 316.

[737] S. Katalog ab S. 326.

[738] Firm. math. 6,30,1.11–12.22–26. 6,31,37. Für Pindar und Archilochos bietet Firmicus dieselbe Konstellation, was nicht chronologisch, sondern typologisch zu verstehen ist. Zu allen acht genannten Horoskopen, insbesondere zu dem des Ödipus, vgl. Heilen 2010c, 131f. u. 178; zu dem des Demosthenes s. Pérez Jiménez 2011a u. Pérez Jiménez 2011c, 485 u. 523, zu dem Homers s. Greenbaum 2009, 62 (mit Diagramm). – Fingiert sind außerdem das im ptolemäischen Ägypten konzipierte *thema mundi* (dazu s.u. S. 632, Punkt f) sowie einige weniger bedeutende Horoskope wie das des römischen Bürgerkriegs (Lucan. 1,649–665 [dem Nigidius Figulus zugeschrieben]; dazu Getty 1941. Getty 1960. Hannah 1996. Lewis 1998. Barrenechea 2004, 314f. Wiener 2006, 156f.), das der Großen Flut (Nonn. Dion. 6,229–251, cf. Stegemann 1930, 88–94) und das der Persephone (Nonn. Dion. 6,74–102, cf. Stegemann 1930, 94–100). Um reine Tierkreisastrologie ohne Planeten handelt es sich im sog. Horoskop der Christen (Zeno 1,38 L., cf. Hübner 1975). Ebenfalls kein Horoskop ist das des Properz, das Keyser 1992 in Prop. 4,1,83–86 gefunden zu haben glaubte (dazu s. Butrica 1993. Hübner 2002c. Hübner 2008c, 348f.).

[739] Obwohl es zahlreiche Stadtgründungshoroskope gegeben haben muss, sind nur drei erhalten, die zudem wahrscheinlich (im Falle Roms sicher) spätere Rückberechnungen sind: Hor. lat. –753.X.4 (Rom, s.o. S. 327). Hor. gr. –329.IV.16 (Alexandria, s.o. S. 213). Hor. gr. 330.V.11 (Konstantinopel, s.o. S. 292). Hinzu kommen astronomisch nicht datierbare, fiktive Konstellationen der Stadtgründungen von Antiochia, Caesarea, Gaza und Neapel im cod. Leid. B. P. Gr. 78 (saec. IX), f. 2ᵛ, die St. Weinstock mit der Hilfe von O. Neugebauer im CCAG IX 2 (1953), pp. 176–179, ediert hat. Siehe dazu Pingree 1977b, 305. Gundel – Kehl 1994, 611. Pérez Jiménez 2004, 195. Unter den nachantiken Stadtgründungshoroskopen verdient das von Bagdad (Hor. arab. 762.VII.30, s.o. S. 331) besondere Beachtung.

[740] Hor. gr. 119.V.13. Hor. gr. 380.II.22.

Die erhaltenen Originalhoroskope (Papyri) bieten in der Regel keine Zukunftsprognosen,[741] sondern nur sehr knappe, mehr oder weniger vollständige Aufzählungen der Positionen von Sonne, Mond, Planeten, Aszendent, Himmelsmitte, Glückslos, und so fort, zuweilen ergänzt um Angaben zu hellen Fixsternen, zum kalendarischen Datum und zum Namen des Nativen. Der *terminus technicus* für 'Horoskop' ist daher διάθεμα τῆς γενέσεως, 'Anordnung der Geburtssterne', oft verkürzt zu θέμα (wie in der Bezeichnung *thema mundi*) oder γένεσις. In seltenen Fällen sind die Daten zusätzlich durch ein kreisförmiges Diagramm illustriert, das den πίναξ des Astrologen graphisch nachbildet.[742] Um die im Horoskop enthaltene Datensammlung auszuwerten und eine Zukunftsprognose zu erstellen, musste man astrologische Handbücher oder Kenner derselben konsultieren. Diese Trennung zwischen Datenblock und Prognose wurzelt in der Syntax mesopotamischer Omina, die schon in der gegen Ende des 2. Jahrtausends v.Chr. vollständig vorliegenden Sammlung *Enūma Anu Enlil* ausgebildet ist. Man spricht bezüglich der dortigen Kasuistik von Protasis und Apodosis, denn die Omina folgen dem Konditionalschema: *wenn x der Fall ist, wird y eintreten.* Ein griechisches Originalhoroskop bildet also gewissermaßen den Bedingungssatz oder genauer gesagt eine Zusammenstellung von mehreren προτάσεις, zu denen einschlägige Handbücher die ἀποδόσεις bieten.[743]

---

[741] Ausnahmen: Hor. gr. –3.X.2. Hor. gr. 95.IV.13. Hor. gr. 138–161. Hor. gr. 345.VI.27. Hor. gr. 350–450.

[742] Hor. gr. 15–22; s. ferner S. 581 (Punkt c) sowie den Katalog zu Hor. gr. 905.IX.3 (speziell zu cod. Paris. gr. 2244, f. 279^v). Zum πίναξ s.u. S. 578.

[743] Zum syntaktischen Vergleich mit Protasis und Apodosis s. Rochberg-Halton 1988a, 52. Rochberg-Halton 1989, 109f. Pingree 1997a, 11f. Yamamoto – Burnett 2000, I xi. Die Geburtsomina vom Typ 'wenn ein Kind beim Aufgang des Jupiter geboren wird, dann ...' treten etwa gleichzeitig mit den ältesten babylonischen 'Horoskopen' (Ende 5. Jh. v.Chr.) in Erscheinung. Rochberg-Halton 1989, 109f., nennt verschiedene Serien, darunter auch physiognomische Omina. Im Gegensatz zu diesen Produkten der Seleukidenzeit (*sensu lato*), die Individuen betreffen, geht es in der älteren Omenserie *Enūma Anu Enlil* um öffentliche Angelegenheiten (König und Staat). Man nahm an – in späteren Texten wird das ausdrücklich gesagt – , dass durch dasselbe Zeichen stets auch dieselben Folgen angekündigt werden (Hunger 1987, 31). Mit den babylonischen Sammlungen von Bedingungssätzen für Nativitätsomina lässt sich im griechisch-römischen Bereich das Handbuch des Firmicus Maternus entfernt vergleichen. Ein Beispiel für die Deutung der nackten astronomischen Daten mit Hilfe astrologischer Nachschlagewerke bietet Hist. Aug. Gord. 20,2: *ostendisse constellationem mathematicum ferunt et de libris veteribus dictasse, ita ut probaret se vera dixisse.*

Etwa zwei Dutzend Originalhoroskope sind umfangreicher als die übrigen; man spricht von Luxushoroskopen.[744] Auch sie bieten in der Regel keine Prognosen, sondern astronomisch und literarisch elaborierte Vordersätze (προτάσεις) im zuvor erläuterten Sinn.[745] Eine der sehr seltenen Ausnahmen (5 von 169 Fällen), wo auch die Zukunft thematisiert und vorhergesagt wird, gestaltet diese Prognose sehr ausführlich (P. Lond. I 98 = Hor. gr. 95.IV.13).[746]

Im Gegensatz zu den Originaldokumenten sind literarisch überlieferte Horoskope fast immer retrospektiv formuliert. Ausnahmen sind ein Horoskop des Valens (Hor. gr. 142.III.25), das nach umfangreichen retrospektiven Angaben mit einem Ausblick auf die Zukunft endet, sowie alle neun indirekt erhaltenen Horoskope des Dorotheos, die jeweils eine oder mehrere Zukunftsprognosen bieten, ohne jedoch den Leser darüber zu informieren, ob sich diese Prognosen bewahrheitet haben.[747] Auch die große Mehrzahl der retrospektiv formulierten fachliterarischen Horoskope enthält fast immer eine Interpretation der astronomischen Daten, die allerdings meist auf einen bestimmten Gesichtspunkt beschränkt ist. Fachliterarische Horoskope entstammen Sammlungen von Fallstudien, aus denen der astrologische Autor je nach Bedarf zitiert. Einen Extremfall bietet Valens mit dem Horoskop für den 8. Februar 120 n.Chr., auf das er nicht weniger als 21mal rekurriert, um verschiedene Lehrinhalte zu illustrieren.[748] Anscheinend handelt es sich um seine eigene Geburtskonstel-

---

[744] Siehe die Liste der elf "oroscopi elaborati" bei Baccani 1992, 45f., sowie ergänzend zwölf "Deluxe horoscopes" aus Oxyrhynchos bei Jones 1999a.

[745] So verfasste zum Beispiel der Autor des P. Lond. I 130 auf zehn Kolumnen ein Horoskop für das Jahr 81 n.Chr. (Hor. gr. 81.III.31), das er mit einer würdevollen Einleitung über die 'Alten Ägypter' als Archegeten seiner Kunst eröffnet. Es folgt eine detailreiche Exposition der astronomischen Daten; den Schluss bildet der Glückwunsch ἀγαθῇ τύχῃ.

[746] Nach einer 80 Zeilen umfassenden Protasis beginnt der Autor auf der Grundlage der bis dahin exponierten Daten eine umfangreiche Diskussion der zukünftigen Lebensabschnitte des Nativen, die übrigens nach dem ersten größeren Absatz vom Griechischen ins Altkoptische wechselt und so bis zum Ende fortgeführt wird.

[747] Hor. gr. –6.III.29. Hor. gr. 12.X.31. Hor. gr. 13.I.26. Hor. gr. 14.XI.25. Hor. gr. 22.III.30. Hor. gr. 29.V.2. Hor. gr. 36.IV.2. Hor. gr. 43.VIII.2. Hor. gr. 44.X.2. Es ist ungewiss, ob Dorotheos echte Prognosen, die er zu früheren Zeitpunkten gestellt hatte, später mehr oder weniger unverändert in sein literarisches Werk übernahm oder ob er zumindest einen Teil der erhaltenen Prognosen (bes. die der frühesten Horoskope) in Kenntnis späterer Details der jeweiligen Lebensläufe verfasste, dabei jedoch die für echte Konsultationen typische prospektive Haltung einnahm.

[748] Z.B. zur Berechnung des Aszendenten (Val. 1,4,2.5–6.12–14), des vorausgehenden Vollmonds (1,8,12–18), des Wochentages (1,9,6–11), des Jahresherrschers (1,10,1–7),

lation. Während also die Originalhoroskope in der Regel keine Prognose
zum noch offenen Lebensverlauf des Nativen enthalten, schauen die Autoren literarischer Horoskope in der Regel auf eine abgeschlossene *Vita*
zurück und machen den kausalen Zusammenhang einzelner Lebensereignisse mit der Geburtskonstellation deutlich.

Ein weiteres Charakteristikum literarischer Horoskope ist ihre anonyme Präsentation.[749] Antigonos' Zeitgenosse Valens bietet seine 121
exempla durchweg ohne Identifikation der Nativen. Das gilt, wie eben
gesagt, sogar für sein eigenes Horoskop. Ähnlich verfährt Hephaistion,
der sein eigenes Horoskop (Hor. gr. 380.XI.26) dreimal zur Illustration
heranzieht,[750] die Identität aber nur an der zweiten Stelle enthüllt (Heph.
2,2,22 ἐγὼ ἐτέχθην). Es gibt nur extrem wenige, besonders motivierte
Ausnahmen von der Regel, dass literarische Horoskope anonym präsentiert werden.[751] Allerdings äußern sich die Verfasser literarischer Horoskope nie grundsätzlich zu der Frage, *warum* sie diese anonym präsentieren. Wahrscheinlich wirken zwei Motive zusammen: (a) das Bemühen
um wissenschaftliche Objektivität und (b) die Vermeidung von Sanktio-
nen.

Zu (a): Für ein naturwissenschaftliches, empirisch konzipiertes Handbuch – so verstanden Astrologen wie Antigonos, Valens und andere ihre
literarische Produktion – ist es wichtig, dass der Lehrstoff durch geeignete Fallstudien optimal illustriert wird. Die Identität der Nativen ist
dabei irrelevant.[752] Man vergleiche die Traumbeispiele von Antigonos'
Zeitgenossen Artemidor von Daldis, die ebenfalls durchweg anonym formuliert sind; sie beginnen in über 100 Fällen mit der stereotypen Ein-

---

der Mondknoten (1,15,4–9), der Schwangerschaftsdauer (1,21,17–26), des dazugehörigen Konzeptionshoroskops (3,10,4), usw. Vollständige Quellenliste: s. Katalog S. 254
zu Hor. gr. 120.II.8.

[749] Anders die Originalhoroskope auf Papyrus, in denen die namentliche Nennung der
(historisch unbekannten) Nativen keine Seltenheit ist (vgl. Baccani 1992, 40). Dazu
passt, dass Papyrushoroskope meist explizit datiert sind; bei Antigonos und in den meisten anderen literarischen Horoskopen fehlen entsprechende Angaben.

[750] Heph. 2,1,32–34. 2,2,22–26. 2,11,6–7.9–15.

[751] Im Falle des Proklos (Hor. gr. 412.II.7) ist es die biographische Intention des
Marinos, im Falle des Ps.-Manethon (Hor. gr. 80.V.27–28), des Aelius Aristides (Hor.
gr. 117.XI.26) und des Hephaistion (Hor. gr. 380.XI.26) sind es autobiographische Motive. Zum Sonderfall der fingierten Idealhoroskope berühmter Personen aus Geschichte
und Mythos in der *Mathesis* des Firmicus s.o. Anm. 738; s. auch unten Anm. 757.

[752] Hier wird einer der profunden Unterschiede zwischen dem antiken Verständnis von
Astrologie und Magie deutlich, denn in der Magie ist der wahre Name von größter Bedeutung.

leitung ἔδοξέ τις κτλ. (vgl. hier **F1** § 22 ἐγένετό τις).[753] Biographische Daten wie Alter, Geschlecht, Geburtsort u.ä. bieten die genannten Fachschriftsteller nur in dem Umfang, wie sie zum Verständnis des Lehrinhalts notwendig sind. Diese Methode ist mit derjenigen moderner klinischer Studien vergleichbar, deren Probanden bei der Auswertung der gesammelten Daten ebenfalls nicht individuell benannt, sondern nach erkenntnisleitenden Kategorien beschrieben werden.

Zu (b): Seit 139 v.Chr. hatte es wiederholt Verbote der Astrologie und Ausweisungen der Astrologen aus Rom gegeben. Seit dem Edikt des Augustus vom Jahre 11 n.Chr. standen Prognosen der Todeszeit und der Todesart beliebiger Personen unter Todesstrafe. Im Falle des Kaisers war überhaupt jede Untersuchung seines Horoskops streng verboten und wurde nach den Majestätsgesetzen geahndet.[754] Ob dies Auswirkungen auf die astrologische Beschäftigung mit Verstorbenen wie Hadrian hatte, ist nicht sicher.[755] In welchem Unfang ferner die bis zum Ende der Antike gültigen Gesetze Anwendung fanden, hing nicht zuletzt von der Einstellung des amtierenden Kaisers zur Astrologie ab. Besonders interessant ist unter dem Gesichtspunkt der juristischen Restriktionen das Horoskop des Ceionius Rufius Albinus (Firm. math. 2,29,10–20, = Hor. lat. 303.III.14). Es ist, wie üblich, anonym formuliert (2,29,10 *is in cuius genitura Sol fuit in Piscibus etc.*), aber am Ende lässt Firmicus durchblicken, dass er selbst und sein Adressat genau wissen, um wen es sich handelt (2,29,20 *cuius haec genitura sit, Lolliane decus nostrum, optime nosti*). Zur Zeit der Abfassung der *Mathesis* – sie wurde 334/337 n.Chr. fertiggestellt[756] – muss der 303 n.Chr. geborene Albinus noch am Leben gewesen sein. Das setzt der ganze Tenor der Stelle voraus, und das passt auch zu den letzten historischen Nachrichten, die wir über den Nativen haben (Konsul 335

---

[753] Siehe auch oben Anm. 162.

[754] Vgl. Cramer 1954, 248–281, u. Gundel 176–179. Siehe auch den Verhaltenskodex für Astrologen bei Firm. math. 2,30,4–7: *cave ne quando de statu reipublicae vel de vita Romani imperatoris aliquid interroganti respondeas etc.* (dazu s. Martínez Gázquez 2002, 168–171). Die astrologiefeindliche Gesetzgebung des Römischen Reichs ist ein Hauptgrund dafür, dass die sogenannte 'historische Astrologie' als neuer Zweig der Sterndeutung erst im sassanidischen Iran entwickelt wurde.

[755] Cramer 1954, 164 (zu **F1**), geht davon aus: "His [*i.e.* Hadrian's] name [...] was prudently withheld."

[756] E. Gee in Keyser – Irby-Massie 2008, 328f. Ergänzend zu der von Gee angeführten Sekundärliteratur s. zu Firmicus Maternus auch Thorndike 1923–1958, I 525–538. Stegemann 1943. Brooten 1996, 132–137. Gundel – Gundel 1966, 227–234. Pingree 1978a, II 428. Holden 1996, 63–75. Martínez Gázquez 2002.

n.Chr., *praefectus urbi Romae* 30.12.335–10.03.337 n.Chr.).[757]

Es ist also nicht ungewöhnlich, dass die drei erhaltenen Horoskope des Antigonos (**F1–F3**) ebenso wie die meisten anderen literarischen Horoskope anonym formuliert sind. Dabei ist nicht auszuschließen, dass – ähnlich wie bei Firmicus und Lollianus – zeitgenössische Leser des Antigonos verstanden, welche historischen Individuen im Falle von Kaisern und anderen herausragenden Personen gemeint waren. Das nötige Hintergrundwissen ging freilich im Laufe der Zeit verloren, wie Hephaistion beweist, der zu Beginn des 5. Jh. n.Chr. nicht mehr versteht, welchen Individuen die von ihm tradierten Texte gelten. Erst in der Forschung des 20. Jahrhunderts wurden die antiken Beispielhoroskope zum Gegenstand eines breiten historischen Interesses. Dabei profitiert die retrospektive Identifikation der Nativen von der Vereinfachung astronomischer Rückberechnungen durch moderne Computer-Software. Während noch Cramer 1954, 164, glaubte, das Hadrianhoroskop sei das einzige erhaltene Kaiserhoroskop der Antike, ist heute klar, dass die Horoskope mehrerer Kaiser sowie diverser Regenten, Prinzen, Usurpatoren und sonstiger Inhaber hoher Staatsämter ganz oder teilweise überliefert sind. Es folgt eine aktualisierte Übersicht, die auch die wenigen spätantiken Texte umfasst, welche explizite Identifkationen bieten (in chronologischer Ordnung; 'A' = anonyme Präsentation des Nativen):[758]

A	Hor. lat. –138.V.22–23[(?)]	Nativität Sullas (?)
A	Hor. gr. 37.XII.15	Nativität Neros
A	Hor. gr. 50.X.24	Nativität Domitians (?)
A	Hor. gr. 76.I.24	Nativität Hadrians (**F1**)
A	Hor. gr. 113.IV.5–6	Nativität des Pedanius Fuscus (Großneffe Hadrians, **F3**)
A	Hor. gr. 122.VI.12	Nativität des C. Avidius Cassius (?)[759]
A	Hor. gr. 145.IV.11	Nativität des Septimius Severus (?)
A	Hor. lat. 303.III.14	Nativität des Ceionius Rufius Albinus[760]

---

[757] Vgl. Barnes 1975a, 42. – Unter den fingierten Idealhoroskopen berühmter Personen aus Geschichte und Mythos (s.o. Anm. 738) ist die jüngste historische Person der zur Zeit des Firmicus seit mehr als 500 Jahren verstorbene Naturwissenschaftler Archimedes.

[758] Quellenangaben und Forschungsliteratur zu den genannten Horoskopen, speziell zu ihrer Identifizierung, bietet der Katalog ab S. 204.

[759] Usurpator des Jahres 175 n.Chr.

[760] Konsul des Jahres 335 n.Chr.

	Hor. gr. 419.VII.2	Nativität Valentinians III.
A	Hor. gr. 440.IX.29	Nativität des Pamprepios von Panopolis
A	Hor. gr. 463.IV.25	Nativität des Sohns von Kaiser Leo I.
A	Hor. gr. 475.I.12	Krönungshoroskop des Basiliskos[761]
A	Hor. gr. 483.IV.9	Designierung des Ostgotenkönigs Theoderich d.Gr. zum Konsul des Jahres 484 n.Chr.
	Hor. gr. 484.VII.18	Krönungshoroskop des Usurpators Leontios
	Hor. gr. 486.III.17	Amtsantritt des Präfekten Theodoros in Alexandria

Diese Liste bedarf einiger ergänzender Bemerkungen: Deutung und Datierung des berühmten Löwenreliefs auf dem Nemrud Dağı, das oft (ohne ausreichende Gewissheit) als Krönungshoroskop des Antiochos I. von Kommagene bezeichnet wird, sind umstritten.[762] Ammianus Marcellinus überliefert eine astrologische Todesprognose für Kaiser Constantius II. (Hor. gr. 361.XI.3), die angeblich ein Traumgesicht dem Kaiser Julian bei Wien verkündet hatte. Siehe ferner Hor. gr. 22.III.30 (möglicherweise ein Königshoroskop) sowie das Fragment des Kommentars zu einem Königshoroskop (weder datierbar noch identifizierbar) im cod. Paris. gr. 2244, f. 297.[763] Erwähnung verdienen auch 20 Horoskope persischer Könige der Sassanidenzeit.[764] Aus byzantinischer Zeit ist als einziges kaiserliches Geburtshoroskop die anonym formulierte Nativität Konstantins VII. Porphyrogennetos erhalten (Hor. gr. 905.IX.3); außerdem besitzen wir die namentlich identifizierten Krönungshoroskope der Kaiser Alexios I. Komnenos (Hor. gr. 1081.IV.1), Manuel I. Komnenos (Hor. gr. 1143.III.31) und Manuel II. Palaiologos (Hor. gr. 1373.IX.25).

Außerhalb der politischen Sphäre sind nur wenige Horoskope namhafter Individuen der griechisch-römischen Antike erhalten. Diese Fälle

---

[761] Oströmischer Kaiser Jan. 475 – Aug. 476. Erhalten ist nur eine arabische Übersetzung des verlorenen griechischen Originaltextes.

[762] Als Datierung sind die Jahre 62 v.Chr. und 109 v.Chr. umstritten, als Deutung werden neben der Krönung auch die Konzeption, die Geburt und die Apotheose des Antiochos diskutiert. Siehe insgesamt Heilen 2005d.

[763] Text: CCAG VIII 3 (1912), p. 131,1–11; cf. Cumont 1918/19, 50[1].

[764] Dazu s. Pingree 1962, 495–501. Diese Horoskope, deren Daten von 222 bis 632 n.Chr. reichen, wurden in post-sassanidischer Zeit (so Pingree 1962, 497) für das jeweilige Frühjahrsäquinoktium des ersten Regierungsjahres berechnet. Im Falle des Sassanidenkönigs Khosro Anōsharwān ist außerdem das Krönungshoroskop erhalten (Hor. arab. 531.VIII.18).

sind (auto)biographisch motiviert ('A' = anonyme Präsentation des Nativen):

	Hor. gr. 80.V.27–28	Nativität des Astrologen Ps.-Manethon
	Hor. gr. 117.XI.26	Nativität des Rhetors Aelius Aristides
A	Hor. gr. 120.II.8	Nativität des Astrologen Vettius Valens
	Hor. gr. 380.XI.26	Nativität des Hephaistion von Theben
	Hor. gr. 412.II.7	Nativität des Philosophen Proklos

Außerdem besitzen wir möglicherweise einen Auszug des Geburtshoroskops des Philosophen Porphyrios (Hor. gr. 234.X.5).

Ein weiteres Charakteristikum literarischer Horoskope ist, dass zuweilen zwei oder mehr Horoskope zusammengehöriger Personen miteinander verglichen werden. Die insgesamt fünf bekannten Fälle[765] stammen aus den *Anthologien* des Valens, der eine solche vergleichende Analyse σύγκρισις nennt.[766] Das komplexeste Beispiel betrifft die Geburtskonstellationen von sechs Personen (darunter Valens selbst), die beinahe gemeinsam in einem Seesturm des Frühjahrs 154 n.Chr. zugrunde gegangen wären.[767] Es handelt sich dabei um apologetische Horoskopie mit dem Ziel des Nachweises, dass auch Katastrophen wie Kriege, Feuersbrünste und Schiffbrüche, die vielen Menschen zugleich zum Verhängnis werden, in den einzelnen Nativitäten aller Betroffenen präfiguriert sind.[768] Martin hat (ohne Rekurs auf Valens oder den σύγκρισις-Begriff) vermutet, dass auch **F1–F3** des Antigonos eine Gruppe zusammengehöriger Horoskope bilden.[769] Um eine σύγκρισις handelt es sich aber sicher nicht, da Antigonos die drei Horoskope, soweit aus den Exzerpten des Hephaistion erkennbar, nicht inhaltlich miteinander in Beziehung gesetzt hat.[770] Außer-

---

[765] Nr. 1: Val. 5,6,87–91 (Horr. grr. 107.V.8 u. 135.X.27); Nr. 2: Val. 7,3,9–17 (Horr. grr. 120.XII.8 u. 114.IX.24); Nr. 3: Val. 7,6,45–57 (Horr. grr. 108.XI.6 u. 110.XII.15); Nr. 4: Val.7,6,27–44 (Horr. grr. 124.VII.29 u. 134.VI.23); Nr. 5: s.u. Anm. 767.

[766] Z.B. Val. 5,6,91 u. 7,3,17. Der Begriff σύγκρισις erinnert vor allem an die Parallelbiographien Plutarchs; zur dortigen Bedeutung von 'Synkrisis' s. Erbse 1956 und Beck 2002 (mit weiterer Lit.).

[767] Val. 7,6,127–160 (Horr. grr. 114.VII.26. 118.XI.26. 120.II.8. 122.I.30. 127.VII.18. 133.IV.24).

[768] Vgl. Val. 7,6,127. Valens reagiert damit implizit auf Einwände gegen die Gültigkeit der Astrologie wie das Cannae-Argument bei Cic. div. 2,97, das wohl auf Karneades zurückgeht (Barigazzi 1966, 148).

[769] Martin 1982, 294–298 ("Un ensemble familial").

[770] Ausführlicher Nachweis in Heilen 2005a, 54–57; ebd. auch zu den Indizien dafür, dass Antigonos zum eigenen Gebrauch oder für eine andere Schrift – jedenfalls nicht für

dem ist, wie *suo loco* gezeigt werden wird, eine für Martins Argumentation unerlässliche Annahme, nämlich dass der Native von **F2** Iulius Servianus sei, wahrscheinlich falsch.

Was den Umfang literarischer Horoskope betrifft, ist eine ähnlich große Schwankungsbreite wie bei den Originaldokumenten festzustellen. Viele der von Valens zur Illustration gebotenen Texte umfassen nur wenige Druckzeilen. Das andere Extrem sind komplex aufgebaute Fallstudien, unter denen das Hadrianhoroskop des Antigonos (**F1**) den ersten Platz einnimmt. Es ist überhaupt das längste der 353 erhaltenen antiken Horoskope. Nur wenige Texte kommen ihm umfangmäßig und hinsichtlich des Spektrums traktierter Einzellehren nahe, so etwa das Geburtshoroskop des Pamprepios von Panopolis (Hor. gr. 440.IX.29) und das große, vielleicht autobiographisch zu erklärende Lehrhoroskop des Eutokios von Askalon (Hor. gr. 497.X.28). Nachantike Sonderfälle, die den Umfang des Hadrianhoroskops erstmals überschreiten, sind das von Ps.-Stephanus Alexandrinus[771] verfasste Horoskop des Islam (Hor. gr. 621.IX.1) sowie das noch spätere, von einem gewissen Aleim, Sohn des Juden Isaak, als Lehrbeispiel verfasste Horoskop für einen 858 n.Chr. geborenen Anonymos (Hor. gr. 858.IX.30).[772]

Zuletzt ist darauf hinzuweisen, dass die meisten griechisch-römischen Horoskope – darunter auch **F1–F3** des Antigonos – keine Hinweise auf kosmische Ereignisse von universalastrologischer Relevanz wie Finsternisse oder Kometenerscheinungen enthalten. Da aber zumindest Finsternisse in den babylonischen Nativitätsomina (s. Katalog ab S. 207) oft Erwähnung finden, sofern sie nicht mehr als ca. sechs Monate vor oder nach dem Geburtsdatum stattfanden,[773] ist zu prüfen, ob in zeitlicher Nähe zu den Geburtsdaten von **F1–F3** Finsternisse stattfanden oder Kometen beobachtet wurden. Dies gilt insbesondere mit Blick auf **F1** (Hadrian), da

---

das von Hephaistion zitierte Handbuch – eine σύγκρισις der Horoskope von Hadrian und Pedanius Fuscus angestellt hatte.

[771] Zu diesem s.o. S. 312 (zu Hor. gr. 621.IX.1).

[772] In der Renaissance gipfelt diese Entwicklung in dem autobiographischen Horoskop Girolamo Cardanos, das als Nr. VIII seines *Liber duodecim geniturarum* nicht weniger als 50 Folio-Druckspalten umfasst (Cardanus 1578b, pp. 517–541).

[773] Siehe Rochberg 1998, 40–42 u. 44f. Zum Beispiel erwähnt 'Hor.' bab. –219.X.21 die Mondfinsternis von –218.III.20 (d.h. 5 Monate später), 'Hor.' bab. –114.VI.30 diejenige von –113.I.29 (d.h. 7 Monate später). Sonnenfinsternisse finden nur im Abstand von maximal zwei Monaten Erwähnung. Kometen haben in den erhaltenen babylonischen 'Horoskopen' keine Spuren hinterlassen (n.b.: die Daten bekannter Kometenerscheinungen korrelieren nicht mit den Geburtsdaten der relativ wenigen babylonischen 'Horoskope').

gerade die Schicksale von Königen nach 'Nechepsos und Petosiris' durch universalastrologische Ereignisse wie Finsternisse und Kometen beeinflusst werden.[774] Man vergleiche das spätantike Katarchenhoroskop Hor. gr. 486.III.17 über den Amtsantritt des Präfekten Theodoros in Alexandria, dessen politisches Scheitern unter anderem durch die chronologische Nähe mehrerer Finsternisse begründet wird.[775]

Die Prüfung ergibt, dass um die Geburtsdaten von **F1–F3** keine aus dem Mittelmeerraum beobachtbaren Sonnen- oder Mondfinsternisse stattgefunden haben.[776] Was Kometenerscheinungen betrifft, können wir uns nicht auf astronomische Rückberechnungen verlassen, sondern sind auf antike Berichte angewiesen. Die maßgebliche Untersuchung hierzu bietet Ramsey 2006, der erstmals alle bekannten Quellen (griechisch-römisch, babylonisch, chinesisch, koreanisch) für die Zeit von 500 v.Chr. bis 400 n.Chr. vergleichend auswertet. Aus Ramseys Katalog erhellt, dass für die Jahre 40 n.Chr. (**F2**) und 113 n.Chr. (**F3**) keine relevanten Berichte existieren. Nur für 76 n.Chr. (**F1**) ist auf eine Kometenerscheinung hinzuweisen, die Plinius erwähnt.[777] Sie wird durch eine chinesische Quelle bestätigt, die zugleich eine Datierung und Lokalisierung erlaubt: Der Komet wurde zum ersten Mal am 7. Oktober 76 n.Chr. in der Gegend der Sternbilder Hercules-Aquila-Ophiuchus gesichtet, maß zwei Bogengrad und wanderte innerhalb von 40 Tagen bis 3° Steinbock (= letzte Observation). Da das Ereignis mehr als acht Monate nach der Geburt Hadrians (24.01.76) stattfand, ist es wenig verwunderlich, dass Antigonos davon schweigt. Außerdem ist ungewiss, ob es ihm bekannt war und ob es sich zur Integration in seine astrologische Analyse geeignet hätte.

---

[774] Vgl. Nech. et Pet. frg. 6. 7. 9. 10. 11. +32 (s.o. S. 47).

[775] Den Text bieten Pingree 1976b, 148,6–7 (älter: CCAG I, 1898, p. 101,4–6); vgl. Neugebauer – van Hoesen 1959, 148[9]: "[...] there occurred within two months from the Katarche the total solar eclipse of 486 May 19, visible in Alexandria, framed by two lunar eclipses (485 December 7 and 487 April 23)". – Einen weiteren Reflex der genannten babylonischen Praxis scheint P. Oxy. astron. 4281 (Hor. gr. 100–200a) zu bieten; dazu s. Jones 1999a, I 288: "The eclipse mentioned in line 1 may have been an event that took place within a month of the date of nativity."

[776] Vgl. von Oppolzer 1887, Karte 60.62.64. Ginzel 1899, 110f. 200–205. Boll 1909a, 2360f. Schove – Fletcher 1984, 251–253. Meeus – Mucke 1992, 55–57 (= [1]1979, 110–114). Mucke – Meeus 1992, 370–373. Siehe auch Thomann 1999. – F. Richard Stephenson (Univ. of Durham, UK, cf. Stephenson – Walker 1985 u. Stephenson 1997) wird demnächst einen revidierten Katalog aller Sonnen- und Mondfinsternisse der griechisch-römischen Welt publizieren (vorläufig siehe Boll 1909a, 2352–2364).

[777] Plin. nat. 2,89; dazu Ramsey 2006, 160f., Obj. 38 (cf. Gundel 1921, 1187). Siehe ferner Kronk 1999, 36 (Nr. 76).

F1

Zum Kontext dieses Exzerpts (Heph. 2,18,21–52) s.o. S. 62–64. Eine auf ca. 10% des hiesigen Umfangs komprimierte englische Zusammenfassung des Kommentars zu **F1** sowie auch eine im anthropologischen Sinne 'emische' Übersetzung von **F1** ins Englische bietet Heilen (demnächst A).

§ 21

Dieser Paragraph enthält die Überleitung des Hephaistion vom vorausgehenden Dorotheos-Referat (2,18,9–20) zum Hadrianhoroskop des Antigonos von Nikaia (2,18,22–52). Er bildet zugleich Nech. et Pet. test. +4.

Φέρε δὴ καὶ ἐνταῦθα προσθῶμεν τὸν τρόπον: vgl. Heph. 2,11,76 Φέρε καὶ ἡμεῖς προσθήσωμεν τῷ μέρει τούτῳ u. Radici Colace 1995, 340 (= Radici Colace 1997, 19). Außerhalb des Hephaistion-Textes vgl. z.B. Clem. Alex. protr. 3,42,1 Φέρε δὴ οὖν καὶ τοῦτο προσθῶμεν, ὡς κτλ. und Strab. 1,1,16 φέρε δὴ τῇ τοσαύτῃ πολυμαθείᾳ προσθῶμεν τὴν ἐπίγειον ἱστορίαν.

Das nur von Ep.[4] überlieferte οὖν (nach δή) ist vielleicht echt, aber nicht notwendig. Während φέρε δή + Konj. Aor. seit der griechischen Klassik oft begegnet, kennt der TLG für φέρε δὴ οὖν + Konj. Aor. nur die oben zitierte Stelle bei Clem. Alex. und danach ein Dutzend Belege aus dem 4. Jh. n.Chr. (Euseb., Joh. Chrysost., Kyrill.; keine Belege des 5. Jh.). Falls οὖν hier eine Zugabe des Epitomators ist, vgl. den ähnlichen Fall in **F2** § 56 ὁ (+ οὖν Ep.[4]) οὕτως ἔχων τοὺς ἀστέρας sowie **F2** § 54 u. **F3** § 63 οἰκοδεσποτήσει (+ ἐνταῦθα Ep.[4]). Die Textkonstitution folgt in Fällen dieser Art **P**.

ἄλλοι: so Ep.[4], καὶ ἄλλοι **P**. Der Codex Parisinus bietet oft abundantes καί, wie der Vergleich mit Ep.[4] und Exc.[2] sowie die Analyse des Inhalts zeigt. Siehe unten zu § 38 οὐ μὴν. § 40 ἡ Σελήνη, § 42 πλείοσι, **F2** § 57 ἐν Κριῷ u. τὴν Ἀφροδίτην sowie zu **F3** § 66a τὸ δὲ καί. Im Übrigen Hephaistiontext vgl. die zahlreichen von Pingree vermerkten Stellen.[778]

---

[778] Pingree 1973–1974, vol. I, app. crit. ad pp. 3,27. 20,20. 23,26. 26,21. 30,4. 52,2. 71,3. 95,26. 105,2. 144,15. 146,7. 180,21. 183.17. 184,2. 205,29. 244,12. 247,1. 250,1. 259,28. 269,3. 274,17. Vgl. weiter Balb. astrol. exc., CCAG VIII 4 (1921), p. 236,21

Kroll und Cumont nahmen in Unkenntnis von Ep.[4] an, das hiesige καὶ vor ἄλλοι sei echt und korrespondiere mit einem vor οἱ περὶ zu ergänzenden καὶ.[779] In einem Fall geht abundantes καί sogar auf den Archetyp von Heph. 2,18 zurück: s.u. zu § 43 [καὶ].

ἐπισκέπτονται τὰς γενέσεις: vgl. **F3** § 62 οὕτως μὲν οὖν χρὴ σκέψασθαι τὰς διδομένας γενέσεις. **F4** § 67 ἑτέρων γενέσεων μνημονεύσας τοιούτῳ τρόπῳ σκέπτεται, ferner: **F1** § 28 δεῖ σκοπεῖν. § 32 δεῖ δὲ σκοπεῖν. § 50 δεῖ ... σκοπεῖν. **F6** § 75 σκοπητέον. Das Substantiv ἐπίσκεψις ist m.W. erstmals astrologisch belegt in P. Lond. I 130 (Hor. gr. 81.III.31), Z. 23. Es begegnet auch in Werktiteln, z.B. bei Julian von Laodikea (Ἐπίσκεψις ἀστρονομική).[780]

τὰς γενέσεις: Die in der Antike üblichen Bezeichnungen einer Nativität sind θέμα τῆς γενέσεως bzw. διάθεμα τῆς γενέσεως (lat. *constellatio*),[781] häufig verkürzt zu θέμα, διάθεμα[782] oder γένεσις (lat. *genitura*, seltener – bei Firmicus nie – *genesis*),[783] aber niemals ὡροσκόπος. Die moderne, synekdochische Bezeichnung 'Horoskop' beruht auf einer Ausweitung des ursprünglich für den Aszendenten als wichtigstes Element der astronomischen Geburtsdaten reservierten Terminus auf das Ganze. Der geläufigste Terminus in der durch die Originalhoroskope dokumentierten Praxis ist γένεσις.[784] Nach einer Anfangsphase, in der die explizite Angabe der Textgattung in den Papyri noch unüblich war, findet sich der erste sichere Beleg für γένεσις in P. Med. inv. 163, einer Geburtsnotiz für den 02.03.78 n.Chr.; im 2. Jh. n.Chr. nimmt die Frequenz in den

---

(Hor. gr. –42.XII.27), wo Cumont zu Recht das καί der Hss. tilgt (abzulehnen die neue Textkonstitution Pingrees bei Rhet. 6,8,11), sowie Val. 7,3,27. 7,6,159. Anon. a. 379 p. 204,1. u.ö.

[779] CCAG VI (1903), p. 67,5 app. crit.: "nempe ⟨καὶ⟩ οἱ περὶ". Aber schon Krolls Schüler Darmstadt zitiert die Stelle nach dem Erscheinen der epitomierten Version im CCAG VIII,2 (1911), p. 82,32, ohne καί (Darmstadt 1916b, 185).

[780] Mehr dazu bei Pingree 1978a, II 435.

[781] Z.B. Hist. Aug. Ael. 4,5 (die des L. Ceionius Commodus). Kurze Wortuntersuchung zu *constellatio* bei Syme 1976, 306 (= Syme 1983, 94). Siehe auch Le Bœuffle 1987, 102 (Nr. 316) s.v. *constellatio*.

[782] In der Antigonos-Überlieferung nur zwei unechte Belege: **F1** § [22add.] ἐν τῷδε τῷ διαθέματι (s.o. S. 133) und **F1** § 33b cod. P τοῦ προκειμένου διαθέματος (s.o. app. crit. ad p. 142,3)

[783] Siehe ThLL s.v. *genitura* II A u. s.v. *genesis* I, ferner Le Bœuffle 1987, 143 (Nr. 561) s.v. *genitura*.

[784] Baccani 1992, 114.

Papyri dann zu.[785] Literarisch ist der astrologische *terminus technicus* γένεσις anscheinend schon für 'Nechepsos und Petosiris' belegbar, wie das
Nechepsos-Zitat bei Val. 7,6,211 = Nech. et Pet. frg. 21,256[786] und das
Petosiris-Zitat bei Val. 2,41,3 = Nech. et Pet. frg. 24,4[787] zeigen. Auch in
die nicht-astrologische Literatur hält die Metonymie schnell Einzug, so
z.B. in das Spottepigramm des Lukillios (ca. 60 n.Chr. in Rom) auf den
Astrologen Aulos (Anth. Pal. 11,164,1–2 = Nech. et Pet. test. 3,1–2):
αὐτὸς ἑαυτοῦ | τὴν γένεσιν διαθείς.[788] In den Antigonosfragmenten
bei Heph. 2,18,21–76 wird die Nativität Hadrians zweimal als ἡ προκει-
μένη γένεσις bezeichnet (**F1** §§ 40 u. 50, vgl. **F2** § 53) und findet der
Begriff auch auf die beiden folgenden Nativitäten (**F2** § 54 u. **F2** § 63)
sowie allgemein (**F4** § 67. **F5** § 73. **F6** § 76) Anwendung.

Die frühesten sicheren Belege für den Begriff διάθεμα sind zugleich
die beiden einzigen in den erhaltenen Papyrushoroskopen: P. Lond. I 130,
erstellt für den 31.03.81 n.Chr., und P. Berol. 21140, erstellt für den 13.
oder 14.12.102 n.Chr. (hier in der Junktur διάθεμα γενέσεως, ll. 1–2).[789]
Literarisch ist διάθεμα erst bei Valens sicher belegt,[790] später dann wieder bei Paulos Alexandrinos und Hephaistion.[791] Ptolemaios verwendet
ausschließlich διάθεσις.[792] In der Überlieferung der Antigonosfragmente
begegnet διάθεμα ein einziges Mal (**F1** § 33b cod. **P** τοῦ προκειμένου
διαθέματος), doch handelt es sich sehr wahrscheinlich um eine spätere
Glosse. Das zu διάθεμα und διάθεσις gehörende Verb διατίθημι wird
in demselben technischen Sinn verwendet; vgl. exemplarisch das obige
Lukillios-Zitat aus Anth. Pal. 11,164,1–2.

Gebräuchlicher als das Kompositum διάθεμα war das Simplex θέμα,
für das zwar die Papyri keine Belege bieten,[793] dessen schnelle Verbreitung aber, selbst in die lateinische Literatur und deren nicht-astrologische
Werke, Sueton beweist: *tantam mox fiduciam fati Augustus habuit, ut*

---

[785] Baccani 1992, 96 u. 109.
[786] Rekonstruktionsversuch der von Usener erkannten Originaliamben durch Riess
1891–1893, 374 (Val. 7,6,211 πῶς τέτακται πρὸς τὰ τῆς γενέσεως πράγματα aus
orig. ὅπως τέτακται πρὸς γενέσεως πράγματα).
[787] Zur Rekonstruktion dieses Originalverses s.u. S. 1058.
[788] Vollständig zitiert in Anm. 2453.
[789] Vgl. Baccani 1992, 112 u. 114f.
[790] Val. 2,17,94–95. 2,36,5. 2,38,27. 7,3,51.
[791] Paul. Alex. 2 p. 3,8. Heph. 3 praef. 3 u. 3,17,1.
[792] Siehe bes. Ptol. apotel. 3,14,12–38 mit vielen Belegen.
[793] So urteilt Baccani 1992, 115 (auch die Indices von Jones 1999a bieten keine Belege).

thema suum vulgaverit (Suet. Aug. 94,12).[794] Aufgrund seiner Eignung für den daktylischen Hexameter finden wir θέμα auch schon früh in der griechischen Lehrdichtung, z.B. Ps.-Maneth. 1[5],278 νυκτερινοῦ θέματος und 1[5],283 ἡμερινοῦ θέματος. Auch Antigonos verwendet θέμα mehrmals (**F1** § 32 τοῦ προκειμένου θέματος. § 40 ἐπὶ παντὸς θέματος. **F2** § 58 τὸ θέμα).

Das Diminutiv θεμάτιον kam anscheinend erst spät in Gebrauch. Den frühesten sicher datierbaren Beleg bietet im 6. Jh. n.Chr. Olymp. 24 p. 80,14. Später finden wir es dann z.B. in den Epitomai des Hephaistiontextes, bei Johannes Kamateros[795] und in der byzantinischen Übersetzung von Abū Maʿšar sowie – ebenfalls im Sinne von 'Horoskop' – bei Zonaras und Nikephoros Gregoras.[796]

In der Antigonosüberlieferung begegnet θεμάτιον dreimal, doch keiner dieser Fälle ist für das Vokabular des Autors aussagekräftig. Es handelt sich zum einen um einen Zusatz zu § 23 des Hadrianhoroskops (Exc.[1], § 23 περὶ οὗ καὶ τὸ διαγραφὲν θεμάτιον), der in **P** und Ep.[4] fehlt und sicher unecht ist (s.o. S. 117), zum anderen um zwei Stellen in einer Kopie von Heph. epit. 4,26,43–52 auf f. 106[r–v] des Paris. gr. 2419 (cod. **m**), zuerst in der Überschrift (θεμάτιον τοῦ ἀντιγώνου τοῦ νικαεὺς κτλ.) und dann in der Abschrift selbst als Variante zu epit. 4,26,48 θέμα.[797] Dass LSJ s.v. θεμάτιον "Antig. Nic. ap. Heph. Astr. 2.18" vermerken, noch dazu als einzigen Beleg, ist folglich unhaltbar und sollte bei der nächsten Revision des Supplements berichtigt werden.

Es ist zu beachten, dass θέμα, διάθεμα und θεμάτιον eigentlich nur 'die Anordnung der Himmelskörper zu einem bestimmten Zeitpunkt' bedeuten (cf. Sext. Emp. adv. math. 5,53 ὁ συσχηματισμὸς τῶν ἄλλων ἀστέρων, ὅπερ διάθεμα καλοῦσι) und somit – im Gegensatz zu γένεσις – nicht implizieren, dass es sich um ein Geburtshoroskop handelt.

---

[794] Siehe ferner Le Bœuffle 1987, 259 (Nr. 1214) s.v. *thema*. – Jüngster Kommentar zu Suet. Aug. 94,12: Louis 2010, 545–549 (leider ohne Kenntnis von Terio 2006). Ein neuer Kommentar zur Augustusvita von David Wardle ist in Vorbereitung.

[795] Er schrieb im 12. Jh. zwei astrologische Gedichte (Kam. isag. u. Kam. zod.); s. Miller 1877. Weigl 1902. Weigl 1907–1908. Pingree 1978a, II 433f. Feraboli 2011.

[796] Heph. epit. 2,3,19,22 u. 4,91,3. Kam. isag. 1250 u. 2317. Album. rev. nat. 1,3 p. 11,12 u. 2,6 p. 57,6. Zon. epit. hist. 13,3 p. III 180,21 Dindorf (ein Städtehoroskop). ibid. 13,6 p. III 192,31 D. (ein Geburtshoroskop). Niceph. Greg. hist. Byz. 8,5 p. 305,19 Schopen. – Mit Verwunderung liest man θεμάτιον in einem alten iatromathematischen Traktat (Ps.-Herm. iatr. p. 431,18 Ideler). Es handelt sich aber offenbar um eine Verschreibung aus θέμα τι, wie die Parallelversion p. 388,19 Ideler zeigt.

[797] Mehr dazu oben S. 88 bei Anm. 389 sowie in der Liste der Sonderlesarten ebd. am Ende.

θέμα und dessen Derivate können also auch Katarchen- und Konzeptionshoroskope bezeichnen.

In metonymischer Verwendung bezeichnet γένεσις nicht nur die Geburtskonstellation, sondern auch den Nativen selbst, z.B. Val. 2,22,27 (Hor. gr. 82.VII.9) καὶ αὕτη ἡ γένεσις λαμπρὰ καὶ ἐπίσημος γέγονεν, Val. 3,7,20 (Hor. gr. 114.V.13) ἔζησεν ἡ γένεσις ἔτη κ̅η̅ μῆνας θ̅ oder Rhet. epit. 4,16 (CCAG VIII 1, 1929, p. 239,4) διά τινων γενέσεων προτελευτησάντων. Das wird leicht übersehen, z.B. in der Übersetzung von Val. 5,6,123 durch Schönberger – Knobloch 2004, 223. Auch θέμα findet, wenngleich selten, metonymisch Verwendung (z.B. **F2** § 58).[798]

Πετόσιριν καὶ Νεχεψὼ: Unter dem alte Weisheit vortäuschenden Pseudonym eines Weisen Petosiris und eines Königs Nechepsos entstand im ptolemäischen Ägypten im Rahmen der pseudepigraphischen hermetischen Literaturproduktion in griechischer Sprache das erste große und in der Folgezeit stark rezipierte Kompendium der Astrologie.[799] Da Hephaistion den Antigonos hier explizit in diese Tradition stellt, ist ein ausführlicher Kommentar erforderlich. Dieser widmet sich den bisher vorgebrachten Deutungen der Pseudonyme (auf eine Skizze der Forschungsgeschichte bis 2010 folgt ab S. 549 eine Zusammenfassung der jüngsten Erkenntnisse von Ryholt 2011), der Datierung des pseudepigraphischen Werks (S. 554), der Zahl und ethnischen Zugehörigkeit seiner wahren Autoren (S. 555), seinen Quellen, seinem Titel und dem Umfang des Werks (S. 557), seinen metrischen und mystischen Charakteristika (S. 559) sowie schließlich seiner Bedeutung für die Wissenschaftsgeschichte (S. 562).

---

[798] Die metonymische Wortbedeutung fehlt jeweils bei LSJ + Suppl. 1996 s.v. γένεσις II.2 u. s.v. θέμα I.5.

[799] Zu 'Nechepsos und Petosiris' siehe primär Pingree 1974b und ergänzend die folgende Literatur: Riess 1890. Riess 1891–1893. Boll 1894, 236–238. Bouché-Leclercq 1899, 563f. (u. 646, Index s.v.). Boll 1903a, bes. 372–378 (u. 551, Index s.v.). Reitzenstein 1904, 3–7. 12¹. Cumont 1909a, 263. 266–268. Darmstadt 1916a. Darmstadt 1916b. Kroll 1935. Kroll 1937c. Eisler 1946, 128. Gundel – Gundel 1966, 27–36. Fraser 1972, I 436f. II 630–633 u.ö. (cf. III 53 u. 110, Indices s.v.). Boer 1975a. Boer 1975b. Krauss 1981. Krauss 1982. Nakaten 1982. Redford 1982. Fowden 1986, 2. 3¹¹. 68. 93⁷⁹. 163f. Tester 1987, 22f. Rochberg-Halton 1988c, 11f. Depuydt 1994, 5f. Keyser 1994a, bes. 641–647. Bohleke 1996, 18f. mit Anm. 43. Pingree 1997a, 25f. Hübner 2000c. Fournet 2000. Irby-Massie – Keyser 2002, 88–90. Heilen 2003, 91 u. 94. Moyer 2003, 42–46. 52. 56. Komorowska 2004, 160–169. Fuentes González 2005. Greenbaum – Ross 2010, bes. 176f. Heilen 2011. Moyer 2011, 228–248 (et passim). Ryholt 2011. Ryholt 2012, 131–141.

Eine methodische Vorbemerkung erfordert der Umstand, dass in der philologischen Tradition bisher die Namensform 'Nechepso' üblich war, die korrekte Namensform jedoch, wie sich jüngst herausgestellt hat, 'Nechepsos' lautet (s.u. S. 549–551). Daher ist in dem folgenden forschungsgeschichtlichen Überblick (bis S. 549) generell von 'Nechepsos' die Rede, jedoch von 'Nechepso (sic)', wenn eine Namensdeutung genau dieser Form (ohne -s) referiert wird.

Zuerst zur Deutung des von Antigonos an erster Stelle genannten Pseudonyms Πετόσιρις. Es ist vorauszuschicken, dass dieser ägyptische Name 'Geschenk des Osiris' bedeutet und schon zur Zeit der griechischen Klassik in Ägypten weit verbreitet war, ähnlich wie der Name Apollodoros ('Geschenk des Apoll') in Griechenland.[800] Abgesehen von zahlreichen Belegen in den Papyri[801] erwähnte ihn bereits Aristophanes in den *Danaiden*.[802] In der Spätantike nannte Heliodor eine Romanfigur seiner *Aithiopiaka* 'Petosiris'; es handelt sich dabei um einen ägyptischen Priester in Memphis, der sein Amt zu Unrecht innehat.[803] Wie in Ὄσιρις ist auch in Πετόσιρις die vorletzte Silbe lang.[804]

Nachdem Gustave Lefebvre in den Jahren 1919–1920 bei Eschmunên in Oberägypten (dem antiken Hermopolis) das Grab einer Priesterfamilie ausgegraben hatte, welches in frühptolemäischer Zeit eines ihrer Mitglieder, der Hohepriester Petosiris, hatte anlegen lassen,[805] erwog Spiegelberg 1922, diesen gegen Ende des 4. Jh. v.Chr. verstorbenen Priester des

---

[800] Vgl. Ranke 1935–1977, I 123 u. II 243.

[801] Siehe z.B. UPZ II 305 s.v. Πετοσῖρις (sic). In koptischen Texten lautet der Name ⲡⲁⲧⲟⲩⲥⲓⲣⲉ.

[802] Aristoph. frg. 267 Kassel-Austin (PCG) ap. Athen. 3, 114c p. I 262,9 Kaibel: καὶ τὸν κυλλᾶστιν φθέγγου καὶ τὸν Πετόσιριν (= Nech. et Pet. test. 2).

[803] Heliod. Aeth. 1,33 u. 7,2–8, rezipiert von Phot. bibl. cod. 73 p. 51a10.15.22 Bekker (= p. I 150,10.15.22 Henry). Noch im 12. Jh. registriert das Etymologicum Symeonis 'Πετόσιρις' als einen verbreiteten Personennamen; cf. Sym. etym. s.v. Βούσιρις, β 82/86, p. II 484,23–25 Lasserre-Livadaras: Σίρις ὄνομα πόλεως Φοινίκων, κίσιρις εἶδος ὀρνέου, Τίρις ὄνομα κύριον, ‹Πετόσιρις καὶ αὐτὸ κύριον,› Ὄσιρις ὁ Διόνυσος παρ᾽ Αἰγυπτίοις, κτλ.

[804] Vgl. die hexametrischen Testimonien bei Aristoph. frg. 267 (wie Anm. 802). Lucill. in Anth. Pal. 11,164,5 αἰσχυνθεὶς Πετόσιριν ἀπήγξατο (= Nech. et Pet. test. 3,5). Iuv. 6,580–581 *capiendo nulla videtur | aptior hora cibo nisi quam dederit Petosiris* (= test. 4). Ps.-Maneth. 1[5],11–12 ὄφρα κεν, ὅσσαπερ αὐτὸς ἐπιτροχάδην Πετόσιρις | εἴρηκεν (= test. 8,3–4). ibid. 5[6],10 ἢ μοῦνος Πετόσιρις, ἐμοὶ πολὺ φίλτατος ἀνήρ (= test. 9,7). – An der zitierten Aristophanes-Stelle ist handschriftlich Πετόσειριν überliefert; vgl. die Schreibung Πετόσειριν bei Procl. comm. in Plat. rem publ. p. II 59,3 Kroll (= Nech. et Pet. frg. 14,1).

[805] Publiziert in: Lefebvre 1923–1924.

Thot mit dem literarischen Petosiris der griechischen Astrologentexte zu identifizieren. Diesem Gedanke war für die folgenden Jahrzehnte eine nicht unbedeutende Wirkung beschieden, da der bei Hermopolis bestattete Petosiris nicht ein beliebiger Priester war. Vielmehr hatte er nach der zweiten persischen Eroberung Ägyptens (341–332 v.Chr.)[806] in dem vornehmsten Kultzentrum des Thot[807] den Kult dieses Gottes erneuert und seine Tempel, die beschädigt oder zerstört waren, wiedererrichtet.[808] So verwundert es nicht, dass er eine außergewöhnliche Berühmtheit genoss und sein Grab schon bald eine Pilgerstätte wurde.[809] Als Gegenleistung für Opfer und Gebete hofften die Pilger, dass der gottgleich Geehrte für sie bei den Göttern der Unterwelt Fürsprache einlegen und ihnen so Gesundheit, Ansehen und überhaupt Wohltaten verschaffen werde.[810] Die Verehrung des Petosiris-Grabes dauerte nach Lefebvre wahrscheinlich noch bis ins 2. Jh. v.Chr.; gegen Ende der Ptolemäerzeit kam es dann zum Niedergang.[811] Es wäre also chronologisch denkbar, dass der im 3. u. 2. Jh. v.Chr. noch blühende Kult um das Grab des Petosiris um 150 v.Chr. einen unbekannten Gelehrten inspirierte, jenem berühmten Priester desjenigen Gottes, den die Astrologen als ihren Schutzherrn verehren (Thot = Hermes = Merkur), astrologische Lehren auf dem Gebiet der erst jüngst entwickelten Individualhoroskopie zuzuschreiben, die es zu seinen historischen Lebzeiten im 4. Jh. v.Chr. *de facto* noch nicht gegeben hat-

---

[806] Diese Jahre werden in den Inschriften des Grabes als unmittelbar vorausgehende Periode der Unordnung und Zerstörung dargestellt. Siehe die Übersetzung von Inschrift Nr. 81 bei Lichtheim 1973–1980, III 45–49.

[807] So Lichtheim 1973–1980, III 44: "Hermopolis Magna […] was the foremost cult center of Thoth".

[808] Siehe den Tatenbericht in Inschrift Nr. 81 (wie Anm. 806).

[809] Siehe Lefebvre 1923–1924, I 21 ("Aussitôt après la mort de Petosiris, le tombeau devint un lieu de pèlerinage ou de curiosité, surtout pour les Grecs qui parcouraient alors le pays") u. Suys 1927, 13 ("Au IIIe siècle avant notre ère, la pieuse coutume existait de se rendre en pélerinage à la cité des morts. Les chapelles funéraires y étaient nombreuses. Mais la foule des pèlerins n'hésitait pas à démêler dans le dédale des constructions le chemin qui mène à la tombe du prêtre Petosiris"). Siehe auch Daumas 1960.

[810] Vgl. Suys 1927, 15 u. 17, mit Verweis auf die entsprechenden Inschriften. Zu den gottgleichen Ehrungen ebd. 18.

[811] In römischer Zeit wurde das Heiligtum geplündert, die Sarkophage aufgebrochen, die Mumien hinausgezerrt und der Ort zu einer Grabstätte für jedermann profaniert. Bald stapelten sich die einbalsamierten Leichen zahlloser Verstorbenen nicht nur in der Gruft, der Kapelle und dem Pronaos, sondern auch in zusätzlichen Räumen, die außen an das Gebäude angefügt wurden. So wurde das eigentliche Heiligtum in einem bis in die byzantinische Zeit dauernden Prozess buchstäblich verschüttet, was seine Konservierung bis zur Wiederentdeckung um 1860 ermöglichte. Siehe Lefebvre 1923–1924, I 25, u. bes. Suys 1927, 19f.

te.[812] Die Attribution eines in griechischer Sprache verfassten Werks an den historischen Thot-Priester wurde möglicherweise auch dadurch begünstigt, dass die architektonische und künstlerische Anlage des Grabheiligtums starke hellenistische Einflüsse aufweist.[813] Den Wendepunkt in der Popularität der Identifizierung des Astrologen Petosiris mit dem historischen Thot-Priester von Hermopolis brachte jedoch im Jahre 1969 das ablehnende Urteil von Neugebauer und Parker, die den zuvor gerne übersehenen Umstand betonten, dass das von Lefebvre freigelegte Grab an sich keinerlei Bezüge zur Astrologie aufweise.[814] Plausibler sei es, wenn überhaupt, den Astrologen Petosiris mit einem anderen historischen Priester dieses Namens zu identifizieren, dessen Familiengrab (ca. 150 v.Chr.) bei Aṭfiḥ (Aphroditopolis) in Oberägypten gefunden wurde und mit zwei astronomischen Deckenbildern geschmückt war (heute völlig zerstört); die Indizien seien aber auch in diesem Fall viel zu schwach, um eine Identifizierung zu rechtfertigen.[815] Seither gilt es als sehr wahrscheinlich, dass der literarische Astrologe Petosiris mit keinem der beiden historischen Priester etwas zu tun hat.[816]

Nur drei Jahre vor dem Erscheinen von Neugebauers und Parkers Publikation identifizierten die Gundels in ihrer Geschichte der astrologi-

---

[812] Ähnlich urteilt Kroll 1935, 2165. – Auch der Umstand, dass der historische Petosiris sich auf der großen biographischen Inschrift Nr. 81 mehrmals als Propheten bezeichnet, darf nicht als Anknüpfungspunkt für die Zuschreibung divinatorischer Künste gewertet werden. Die Inschriften sind in englischer Übersetzung zugänglich bei Lichtheim 1973–1980, III 44–54. Siehe hier speziell den Anfang von Nr. 81 (S. 45): "the prophet of the Ogdoad [*scil.* "the eight primeval gods whose cult had originated at Hermopolis", Lichtheim ibid. 49[4]] … the second prophet of Khnum-Re … and of Hator … the prophet of Amen-Re and of the gods of those places".

[813] Vgl. Picard 1931, 224–227, bes. 225 ("assez hellénistique"). Lichtheim 1973–1980, III 49[7]: "The Greek elements in the decoration make it certain that the tomb was built after Alexander's conquest of Egypt."

[814] Ihre Intention ist es, "to set aright a presently assumed 'fact' that the tomb of a Petosiris near Hermopolis is none other than that of one of the two mysterious authors of the astrological writings which go under the name of Nechepsos and Petosiris" (Neugebauer – Parker 1960–1969, III 216).

[815] So Neugebauer – Parker 1960–1969, III 216. Zu dem Grab in Aṭfiḥ vgl. Daressy 1902. Neugebauer – Parker 1960–1969, III 64–67. Depuydt 1994, 6. – Zu unterscheiden von dem Petosirisgrab in Aṭfiḥ ist das hier irrelevante Grab eines anderen, viel späteren Individuums namens Petosiris aus römischer Zeit (sehr wahrscheinlich nach dem 1. Jh. n.Chr.), unter dessen gut erhaltenen Malereien auch zodiakale Deckengemälde sind; mehr dazu bei Osing et al. 1982, 71 (Datierung, von J. Osing) und 96–101 (Beschreibung der Deckengemälde von O. Neugebauer, J. Osing, R.A. Parker u. D. Pingree; dazu s. Taf. 36–44).

[816] So m.W. zuletzt Ryholt 2011, 70.

schen Literatur, ohne diesen Schritt zu rechtfertigen, Petosiris mit Petese, einem Magier und Priester des Re in Heliopolis, der nach P. Rylands 63, wo er in der griechischen Namensform Peteesis erscheint, den Philosophen Platon über die Zuordnung der Vokale zu den Planeten, der Organe zu den Planeten und der Körperteile zu den Tierkreiszeichen belehrt haben soll.[817] Für diese Identifizierung sah Quack 2002, bes. 80, keine ausreichenden Gründe. Vielmehr lägen im Falle von Petosiris und Petese anscheinend zwei streng zu trennende, aber vergleichbare Entwicklungen vor: Die literarische Gestalt des magisch versierten Priesters Petese in Heliopolis gehe, wie eine 1999 veröffentlichte demotische Erzählung im P. Carlsberg 165 zeige, mindestens auf das 4. Jh. v.Chr. zurück, vielleicht sogar auf noch frühere Zeiten.[818] Am Beginn der Tradition könnte durchaus eine reale, historische Person gestanden haben.[819] In ptolemäischer Zeit sei der Ägypter Petese dann in der griechischen Namensform Peteesis zum Lehrmeister des angeblich nach Heliopolis gereisten Philosophen Platon stilisiert worden.[820] Außerdem sei der Ägypter Petese wahrscheinlich die Bezugsperson gewisser – ebenfalls in griechischer Sprache überlieferter – mineralogischer und alchemistischer Pseudepigrapha aus ptolemäischer oder frührömischer Zeit, deren angebliche Verfassernamen Peteesios beziehungsweise Petasios im Vergleich mit Peteesis (s.o. zum P. Rylands 63) leicht unterschiedliche Vokalisationsformen des ägyptischen Namens Petese darstellten.[821]

Bis zur Wende vom 20. zum 21. Jh. hatte also die Suche nach historischen Bezugspersonen oder literarischen Vorläufern des Astrologen Petosiris keine plausiblen Ergebnisse erzielt. Auf eine ganz andere, möglicherweise lohnende Spur wiesen schließlich Greenbaum und Ross (2010, 176f.) hin, die zeigten, dass wenigstens ein ägyptisches Individuum mit Namen Petosiris ungefähr zur Regierungszeit Nechos II. (610–595 v. Chr.), dessen Relevanz für die Deutung des Pseudonyms Nechepsos im Folgenden noch deutlich werden wird, in Assyrien weilte. In den Verwaltungsaufzeichnungen von Niniveh, die bis zur Zerstörung der Stadt 612

---

[817] Gundel – Gundel 1966, 81 (vermutlich inspiriert durch Kroll 1937b, der allerdings Peteesis nicht für identisch mit Petosiris hält, sondern in dem zuletzt Genannten das literarische Vorbild für die Erfindung des zuerst Genannten vermutet).

[818] Quack 2002, 77f. Bereits ein abnormal-hieratischer Papyrus des 8./7. Jh. v.Chr. bietet einen Text, der von Petese aus Heliopolis handelt; dieser Petese übt allerdings keine magischen Handlungen aus.

[819] Quack 2002, 92 mit Anm. 71. Siehe auch ebd. 91 (vorletzter Absatz).

[820] Quack 2002, 79f. u. 92.

[821] Ausführliche Diskussion des Attributionsproblems bei Quack 2002, 80–92; speziell zu den Namensformen ebd. 87f.

v.Chr. gesammelt wurden, kommt der fragliche Name wenigstens einmal vor, und zwar in der Schreibung ^{m}*pu-ṭi-ši-ri* LÚ.*mu-ṣur-a-a* ('Puṭiširi, Ägypter').[822] Es geht dort um Personal des Tempels, zu dem übrigens auch – einer anderen Liste zufolge – drei ägyptische Gelehrte und drei ägyptische Schreiber gehören.[823] Der Schreiber dieser zweiten Liste erwähnt die ägyptischen Gelehrten zusammen mit assyrischen Astrologen, Exorzisten und Wahrsagern. Auch Tafeln der Omenserie *Enūma Anu Enlil* und andere Divinationstexte finden im Rahmen dieser Inventarisierung Erwähnung.[824] Zwar nennt die zuerst genannte Tafel weder die genaue Tätigkeit des Petosiris in Niniveh noch enthält sie irgendwelche genealogischen oder geographischen Hinweise auf seine Herkunft, und sie wurde in einer Stadt geschrieben, die zwei Jahre vor dem Regierungsantritt Nechos II. zerstört wurde. Dennoch verdient angesichts der Erwähnung jenes Petosiris in Niniveh, einem Zentrum astrologischer Studien, sowie auch angesichts seiner chronologischen Nähe zur Regierung Nechos II. die Möglichkeit, dass er als historisches Individuum und legendärer Namensgeber hinter dem Petosiris der griechischen *Astrologumena* stehen könnte, Beachtung. Allerdings betonen Greenbaum und Ross zu Recht, dass es unwahrscheinlich ist, dass jener historische Petosiris auf inhaltlicher Ebene irgendetwas mit der vom literarischen Petosiris gelehrten Individualastrologie zu tun haben könnte, da ja die frühesten erhaltenen babylonischen Nativitätsomina aus dem späten 5. Jh. v.Chr. stammen (s. 'Hor.' bab. –409.I.12/13).[825]

Nun zu Νεχεψώ(ς).[826] Als historische Bezugsperson für den astrologisch versierten König der griechischen Literatur bot sich vor allem der ägyptische König Νεχεψώς an, der nach Manethon[827] im 7. Jh. v.Chr. als zweiter König der 26. Dynastie sechs Jahre lang in Saïs (im Delta) regiert haben soll.[828] Dieser Name konnte jedoch im 19. und 20. Jh. nicht in

---

[822] Greenbaum – Ross 2010, 176, mit Verweis auf Fales – Postgate 1992, 10 ("List of Officials at Court", Rückseite, I 20).

[823] Greenbaum – Ross 2010, 176, mit Verweis auf Fales – Postgate 1992, 4f. ("List of Experts at Court", Rückseite, I 12 – II 7; ebd. werden die individuellen Namen genannt).

[824] Greenbaum – Ross 2010, 176, mit Verweis auf Fales – Postgate 1992, 62–64 (49. "Inventory of Tablets and Writing Boards").

[825] Greenbaum – Ross 2010, 177.

[826] Beide Formen des Nominativs sind belegt. Ausführlicher dazu unten S. 1325 zu **F5** § 72 Νεχεψώς.

[827] Der Historiker, nicht der Astrologe Ps.-Manethon (zu diesem s.o. Anm. 276).

[828] Maneth. ap. Syncell. ecl. p. 84,13 (sec. Afric.) et p. 85,19 (sec. Euseb.) Mosshammer (= frg. 68–69 Waddell = FGrHist 609 F 2–3c pp. 48–49,18–20 u. F 28 p. 111,17). Nach

ägyptischen Texten belegt werden und bereitete daher (ganz unabhängig von unserer astrologiehistorischen Fragestellung) Probleme beim Bemühen um eine Klärung der saïtischen Herrscherchronologie. Als einzigen potentiellen Anhaltspunkt fanden Ägyptologen das zerbrochene Gegengewicht eines Halsschmucks (*menat*),[829] auf dem ein einziges Wort zu lesen war, das Wiedemann (1886, 64, u. 1888, 67) als *Ne-ba-ka-u* las und auf Necho I. bezog, während Flinders Petrie (1905, 318, offenbar ohne Autopsie) urteilte, dass "Ne·ba·kau found on a *menat* may well be a form of Ne·kau·ba" und die zuletzt genannte Form auf Νεχεψώς, den manethonischen Vorgänger Nechos I., bezog.[830] Flinders Petries Deutung hat in der Forschung trotz erheblicher Schwächen wiederholt Zustimmung gefunden.[831] Nach Bohleke ist allerdings schwer zu erkennen, warum dieser historisch wenig bedeutende Lokalregent, über den man ansonsten nichts wisse, Jahrhunderte nach seinem Tod als astrologisches Pseudonym gewählt worden sei.[832] Hinzu kommt, dass kein Herrscher der frühen 26. Dynastie Astrologe gewesen sein kann, da Spuren babylonischer Kultur in Ägypten erstmals in achämenidischer Zeit (ab 525 v.Chr.) nachweisbar sind.[833] Damals übernahmen die Ägypter auch astrologisches Gut der Babylonier, wie der berühmte Wiener Omen-Papyrus zeigt.[834] Es handelt sich um einen demotischen Papyrus des späten 2. Jh. n.Chr. aus Soknopaiou Nesos, über den Pingree sagt: "The first part of this text, on eclipse

---

Africanus bot Manethon Νεχεψώς als zweiten, nach Eusebius als dritten König der 26. Dynastie.

[829] Eine *menat* ist ein mit Kulthandlungen assoziiertes Musikinistrument. Die Herkunft und Datierung der hier relevanten, aus emailliertem Ton gefertigten *menat* sind ebenso wie ihr aktueller Verbleib ungewiss. Als Text bietet sie nichts als den Königsnamen. Mehr zur Geschichte ihrer Deutung bei Ryholt 2011, 65.

[830] Ausführlicher zu diesem Teil der Forschungsgeschichte Ryholt 2011, 65. – Zu Nekau-ba siehe Schneider 1996, 271f. von Beckerath 1999, 212f. Kahl 2002, 37f.

[831] Vgl. von Zeissl 1944, 56. Kitchen 1986, 146 (§ 117). Bohleke 1996, 18[43]. Zu den Schwächen von Flinders Petries Deutung s. Ryholt 2011, 65.

[832] Bohleke 1996, 18[43] (der Autor spricht von "the obscure kinglet Nechepso").

[833] Vgl. Pettinato in Adorno et al. 2001, 70.

[834] P. Wien D 6278 – D 6289, D 6698, D 10111; das Hauptfragment ist D 6286 (Parker 1959, 2). Zum Wiener Omen-Papyrus siehe neben Parker 1959 auch Pingree 1968b, 277. Jones 1994, 47[55]. Bohleke 1996, 27f. Depauw 1997, 107. Pingree 1997a, 19. Hunger – Pingree 1999, 31. Ryholt 2011, 62 (s.u. S. 550, Punkt 2). Zu einem anderen demotischen Astrologenpapyrus (P. Carlsberg 66 / P. Lille), der wohl im 2. Jh. n.Chr. niedergeschrieben wurde, inhaltlich aber mindestens in ptolemäische Zeit oder noch weiter zurückreicht, siehe Chauveau 1992, bes. 104f. Dieser Text enthält Lebensprognosen für Nativitäten unter den verschiedenen Dekanen.

omens, is clearly datable to the Achaemenid period,[835] and contains not only omens paralleled by those in the Sin and Šamaš [= *Mond u. Sonne*] sections of Enūma Anu Enlil, though modified for application to Egyptian society, but a discussion, apparently, of the Babylonian 18-year eclipse cycle."[836] Das Fehlen jeglicher astrologischer Papyri vor der ptolemäischen Zeit bestätigt die These von der späthellenistischen und relativ jungen Entstehung der systematischen Astrologie, wie sie uns in den Werken griechischer Autoren entgegentritt.[837] Speziell die Individualhoroskopie (Genethlialogie) ist nach heutigem Wissensstand eine synkretistische Erfindung des 2. Jh. v.Chr. auf ägyptischem Boden.[838]

Daher erwogen schon die Gundels zur Erklärung des Pseudonyms 'Nechepso' (*sic*), Ägypter hätten vielleicht den Namen dieses "Pharao im Umkreis der assyrischen Herrschaft in Ägypten (d.h. um 670 bis um 660) bevorzugt, um damit ihre Meinung von der älteren ägyptischen 'Weisheit' den seit dem 7. Jh. zweifellos in stärkerem Maße eindringenden mesopotamischen Anschauungen gegenüber zu unterstreichen."[839] Diese Erklärung ist aber (wie auch eine spätere von Bohleke)[840] unbefriedigend, weil sie keinen spezifischen Grund für die Wahl gerade des Nekau-ba/ Νεχεψώ(ς) erkennen lässt.

Eine unter dem zuletzt genannten Gesichtspunkt attraktivere Deutung bot Ray (1974): "it looks as if Nekau-ba, written with the hieroglyph for ram,[841] has been interpreted at some stage as N(y)-kȝw pȝ sr 'Necho the

---

[835] Vgl. Depauw 1997, 107: "the original must go back to the sixth century BC, probably soon after the Persian conquest, and the essentially Babylonian treatise will probably have had a very significant influence on Greek 'science'." So schon Parker 1959, 1: "it is to be dated in composition to the sixth century B.C., perhaps even just subsequent to the Persian conquest."

[836] Pingree 1982a, 618f.; als Paraphrase wiederholt von Pettinato in Adorno et al. 2001, 70.

[837] So Baccani 1992, 37.

[838] Pingree 2001a, 4, datiert sie noch vorsichtiger auf die Zeit um 100 v.Chr.

[839] Gundel – Gundel 1966, 29.

[840] Bohleke 1996, 18[43]: "Considering ⟨the fact that⟩ the hero⟨e⟩s of Demotic tales and hellenistic romances, such as Pedubast, Inaros, Pemu, Pedikhons, and Sesonchosis [...] were Libyan kings or princes, it becomes apparent that these dynasts were looked back upon as hero⟨e⟩s of a golden age, much as 'knights in shining armor' are treated in our own 'once upon a time' fairy tales."

[841] I.e. (für technische Hilfe danke ich Dr. E.-M. Engel, Münster).

Ram'. This may well appear in Greek as Νεχεψώ or *Νεχεψοῦ."[842] Das rücke ihn, vor allem wenn man Kitchens Datierung des Nekau-ba auf 688–672 v.Chr. folge,[843] in chronologischer, geographischer, historischer und mythengeschichtlicher Hinsicht in die Nähe des berühmten Bokchoris (ca. 720–715 v.Chr.): Dieser herrschte nur wenig früher ebenfalls in Saïs, war ebenfalls historisch wenig bedeutend und blieb der Nachwelt nicht aufgrund politischer oder strategischer Leistungen in Erinnerung, sondern deshalb, weil während seiner Regierungszeit das berühmte, mit prophetischer Gabe ausgestattete 'Lamm des Bokchoris' gesprochen haben soll (Βόχχωρις Σαΐτης ... ἐφ' οὗ ἀρνίον ἐφθέγξατο).[844] "Now from lamb to ram is not a great step [...], but it would obviously be rash to identify our prophetic lamb with Pharaoh Nechepso. The safer conclusion would be that a consistent tradition survived into Greek times connecting the early Saïte princelings and the oracles of sacred rams, a tradition which produced both the legends of Bocchoris, and the reputation of Nechepso as a just king concerned with prophecy, upon whom works of astrology could be fathered."[845] Ray bietet ferner die folgende Vermutung, warum die Bokchoris und Nekau-ba betreffenden Traditionen überlebten: In die 25. Dynastie falle die Erfindung des Demotischen, das wohl im Delta – konkret: in Saïs – seinen Ursprung habe; die nach 640 v.Chr. wachsende Macht der saïtischen Dynastie dürfte – so Ray weiter – dazu beigetragen haben, in der neuen Schrift abgefasste Texte über die frühen Könige dieser Dynastie nach Memphis und schließlich in ganz Ägypten verbreitet zu haben; möglicherweise habe zu diesen frühen Schriften irgendein dem Nekau-ba zugeschriebener nicht-astrologischer Omentext gehört, der nach der Entstehung der hellenistischen Sterndeutung einen Dichter des 2. Jh. v.Chr. dazu inspirierte, sein astrologisches Werk gerade jenem alten König Nekau-ba/Νεχεψώ(ς) zuzuschreiben.[846]

Auf diese Theorie, deren Unsicherheiten Ray nicht verschweigt, hat Krauss mit einer alternativen etymologischen Erklärung reagiert, welche die den bisher vorgestellten Deutungen eigene Konzentration auf das frühe 7. Jh. v.Chr. zugunsten der Regierungszeit Nechos II. (610–595 v.

---

[842] Ray 1974, 255.

[843] Kitchen 1986, 146f. (§§ 117f.), ändert die überlieferte Zahl der Regierungsjahre von 6 zu ⟨1⟩6. Vgl. ebd. 468 (Tab. 4) u. 589 (Tab. *4).

[844] Maneth. ap. Syncell. ecl. p. 82,27 (sec. Afric.) et p. 84,2 (sec. Euseb.) Mosshammer (= frg. 64–65 Waddell = FGrHist 609 F 2–3c pp. 46–47,19–21 u. F 28 p. 111,9).

[845] Ray 1974, 255.

[846] Ray 1974, 256.

Chr.)[847] aufgab, eine – zumindest chronologisch – richtige Entscheidung, wie sich noch zeigen wird. Nach dem Urteil von Krauss kann Nechepso (*sic*) *N-kȝw pȝ (n)swt* 'Necho der König' bedeuten und "als eine in hellenistischer Zeit geprägte und in die nachmanethonische Königsliste aufgenommene (dort redaktorisch auch zu einem Königsnamen verselbstständigte) Bezeichnung für Necho II. als fingierten astrologischen Autor aufgefaßt werden".[848] Formal entspricht diese Namensdeutung der von Ray vorgenommenen Zerlegung (jeweils 'Necho' + substantivisches Epitheton). Krauss verweist zur Begründung seiner gründlich dokumentierten These unter anderem auf den astrologiegeschichtlich wichtigen Papyrus P. Paris 19bis (= Hor. gr. 137.XII.4), col. I,2–6 (= Nech. et Pet. test. 6): σκεψάμενος ἀπὸ πολλῶν βίβλων ὡς παρεδόθη ἡμῖν ἀπὸ σοφῶν ἀρχαίων τουτέστιν Χαλδαϊκῶν καὶ Πετόσιρις μάλιστα δὲ καὶ ὁ βασιλεὺς Νεχεὺς[849] ὥσπερ καὶ αὐτοὶ συνέδρευσαν ἀπὸ τοῦ κυρίου ἡμῶν Ἑρμοῦ καὶ Ἀσκληπιοῦ ὅ⟨ς⟩ ἐστιν Ἰμούθου υἱὸς Ἡφαίστου:[850] Dort sei mit Νεχεύς der Astrologe Nechepso (*sic*) gemeint (das ist bis auf das fehlende -s zweifellos richtig) und man könne Necheus als gräzisierte Form von Necho/Nechao auffassen.[851] Der Ausdruck ὁ βασιλεὺς Νεχεύς

---

[847] Zu diesem s. Schneider 1996, 259–261, u. von Beckerath 1999, 214f.

[848] So Krauss 1982, 368, mit Verweis auf Krauss 1978 u. Krauss 1981, 51.

[849] Von Riess, der einer Konjektur Useners folgt, geändert zu Νεχεψώ (s. Riess 1891–1893, 331, app. crit. ad test. 6,3). Nach Quack 2002, 90, ist Νεχεύς hier aber "auf jeden Fall ursprünglich und korrekt".

[850] Neugebauer – van Hoesen 1959, 42, bieten die folgende, m.W. jüngste Transkription und Übersetzung: "σκεψαμενος απο πολλων βιβλων ως παρεδοθη | ημειν απο σοφων αρχαιων τουτεστιν χαλδαικων | και [π]ετοσιρις μαλιστα δε και ο βασιλευς νε-

χευς | ωσπερ και αυτοι συν^η δρευσαν απο του κυριου ημων | ερμου και ασκληπιου ο εστιν ιμουθου υιος ηφηστου | ... After examination of many books as it has been handed down to us from ancient wise men, that is the Chaldeans, and Petosiris and especially also King Necheus just as they themselves took counsel from our lord Hermes and Asclepius, that is Imouthes, son of Hephaestus." Mit 'Hermes' und 'Asklepios' sind nach dem Kommentar von Quack 2002, 90, zur Stelle die ägyptischen Götter Thot und Imhotep der Große, Sohn des Ptah, gemeint; anders deutet den Namen 'Hermes' Ryholt 2011, 71 (s.u. S. 553). – Der einzige andere griechische Papyrus, der Nechepsos erwähnt, ist P. Bingen 13 (saec. II/III^in, ed. Fournet 2000, = Nech. et Pet. frg. +19); darin Zeile 3 der Genetiv Νεχεψοῦς.

[851] Krauss 1981, 50, mit Verweis (in Anm. 15) auf griechische Wiedergaben des ägyptischen Namens Necho als Νεχαύς und Νεχαώς. – Ergänzend ist darauf hinzuweisen, dass der Verfasser des Papyrus, wie die grammatischen Fehler zeigen (Kasusfehler, Präpositionsfehler ἀπό/ὑπό, Bruch der Konstruktion etc.; siehe bes. Z. 11 des Pap.) aus indigen ägyptischem Milieu stammte und nur mangelhaft hellenisiert war. Vielleicht hat außerdem die Endung von βασιλεύς die darauf folgende Form Νεχεύς beeinflusst.

wäre also nicht, so wie Νεχεψώς, eine phonetische Entsprechung des ägyptischen Namens, sondern eine inhaltliche Übersetzung seiner Bestandteile (in umgekehrter Reihenfolge) ins Griechische. Zugunsten dieser Deutung spricht, dass in der durch Eusebius tradierten Version der manethonischen Königsliste der historisch gesicherte Pharao Necho II. den Nebennamen *Nechepsos* trägt[852] und es durchaus sein könnte, dass dieser Nebenname durch Überlieferungsfehler zu einem eigenen, Necho I. vorausgehenden Königsnamen entstellt wurde, den es in der ursprünglichen Liste Manethons gar nicht gab.[853]

In den letzten Jahren hat nun die Entdeckung mehrerer zuvor unbekannter demotischer Texte erhebliche Fortschritte bei der Deutung des Namens Nechepsos erlaubt. Sie zeigen, dass die ihm und Petosiris zugeschriebenen, nur fragmentarisch erhaltenen griechischen Texte ihren Ursprung in einer ägyptischen Tradition haben.[854] Kim Ryholts Entdeckungen und Forschungsergebnisse, zu denen Günter Vittmann zwei Beiträge gemacht hat, sollen hier knapp zusammengefasst werden.[855] Danach besitzen wir nun erstmals ägyptische Quellen, die explizit den Namen Nechepsos (*sic*) erwähnen. Fasst man sichere und wahrscheinliche Zeugnisse zusammen, so sind es insgesamt sieben: sechs Papyri und die bereits erwähnte *menat*.[856] Die sechs Papyri gehören zu vier verschiedenen demotischen Texten. Diese sind:[857]

(1) die Einleitung eines in zwei unveröffentlichten demotischen Papyri der Tempelbibliothek von Tebtunis (P. CtYBR 422 *verso* and P. Lund 2058 *verso*, beide 1./2. Jh. n.Chr.)[858] erhaltenen astrologischen Handbuchs, das berichtet, wie ein Steinblock aus einer Wand fiel und

---

[852] Cf. Hieron. chron. Ol. 41, p. 97b,22–24 Helm (GCS 47): *Nechao secundus, qui et Nechepsos* (= FGrHist 609 F 3c p. 49,25–26). Chron. pasch. Ol. 38 p. I 225,11 D. Νεχαὼ τῷ καὶ Νεχεψώ. Siehe hierzu Krauss 1981, 56[13].

[853] So Krauss 1981, 50. Diese Möglichkeit sieht in Anlehnung an Krauss 1981 u. Krauss 1982 auch von Beckerath 1999, 212[6]. Er verwirft den fraglichen, Necho I. und Necho II. vorausgehenden König Nechepsos der manethonischen Königsliste aber nicht, sondern zählt "Nechepsōs von Sais" als Nr. 'e' der Dynastie '25a' (Lokalkönige im Delta; ebenso Kahl 2002, 32).

[854] Vgl. den ähnlichen Fall des Traums des Nektanebos, der bis vor kurzem nur in einer griechischen Version bekannt war. Zu einem kürzlich entdeckten demotischen Fragment desselben Traums s. Ryholt 1998 und (ausführlicher) Ryholt 2002.

[855] Ich bin Kim Ryholt zu großem Dank verpflichtet, da er mir seinen Aufsatz (Ryholt 2011) schon vor der Drucklegung zur Verfügung stellte und mir so die aktualisierte Darstellung in Heilen 2011, 25–27, ermöglichte.

[856] S.o. S. 545, Anm. 829.

[857] Ich zitiere die folgenden Daten nach Ryholt 2011, 62f.

[858] Edition durch J. Quack u. K. Ryholt in Vorbereitung (Ryholt 2011, 62[4]).

einen Papyrus zum Vorschein kommen ließ:[859] Nur der Weise Petesis
kann den Text entziffern, der sich als ein astrologischer Traktat erweist,
der von keinem geringeren als 'Imhotep dem Großen, Sohn des Ptah'
verfasst wurde; Petesis überreicht diesen Text daraufhin dem König
Nechepsos;

(2) der oben (S. 545 mit Anm. 834) bereits genannte Text über
Finsternisomina im P. Wien D 6286, bei dem es sich um die Kopie eines
verlorenen Originals handelt, das gemeinhin ins 6. Jh. v.Chr., bald nach
der persischen Eroberung Ägyptens, datiert wird; ein in diesem Papyrus
(Text A, IV.10) nebenbei erwähnter, stark beschädigter Königsname war
bisher als 'Dareios' wiederhergestellt worden, aber nach Ryholt und
Vittmann ist vielmehr 'Nechepsos' zu lesen, was gut zu dem Umstand
passt, dass der besagte König anscheinend als Quelle eines Teils der im
Omentext gebotenen Informationen Erwähnung findet;[860]

(3) ein magisches Handbuch (P. Mag. LL, 2./3. Jh. n.Chr.), in dem ein
Ehre und Ruhm bewirkender Zauber einem König zugeschrieben wird,
dessen stark beschädigter Name (von ihm ist nur das auslautende -*š*
erhalten) früher zu 'Dareios' ergänzt wurde, während Ryholt (2011, 62)
'Nechepsos' vermutet;

(4) die sogenannte *Neue Demotische Erzählung*,[861] von der zwei
Papyri erhalten sind: P. Berlin 13588 aus Abusir el-Melek (1. Jh. v.Chr.)
und P. Carlsberg 710 *recto* aus Tebtunis (1./2. Jh. n.Chr.).[862] Der zuletzt
genannte hat den Vorzug, dass er den am besten erhaltenen Beleg für den
vollen demotischen Namen von 'Pharaoh Nechepsos' (*sic*) enthält, nämlich *pr-ꜥꜣ Nꜣw-kꜣw pꜣ šš*,[863] während der zuerst genannte deshalb wichtig
ist, weil er den Vorgänger des regierenden Pharaoh als 'Psammetichos'
benennt und dessen Tod mit einer Finsternis assoziiert.

Das Wort *šš* in *Nꜣw-kꜣw pꜣ šš* ist im soeben erwähnten P. Carlsberg
710 nach Ryholt mit dem Tierdeterminativ geschrieben, so dass es 'die
Kuhantilope' bedeute. Dieser überraschende Befund lasse sich aber als
falsche Etymologie für das homonyme, in griechisch-römischer Zeit
jedoch bereits ausgestorbene Wort 'weise' erklären. Insgesamt bedeute

---

[859] Zu fiktiven Bücherfunden dieser Art s. die auf einer sehr reichen Materialsammlung
basierende Studie von Speyer 1970.

[860] So Ryholt 2011, 62.

[861] Zu ihrem Inhalt s. Ryholt 2011, 63.

[862] Edition: Ryholt 2012, 131–141 ("A Story Featuring King Nechepsos (P. Carlsberg
710 recto)").

[863] So Ryholt 2011, 64; vgl. Ryholt 2012, 132 u. 136.

der Königsname *Nȝw-kȝw pȝ šš* also 'Necho der Weise'.[864] Von den in der griechischen handschriftlichen Tradition miteinander konkurrierenden Schreibungen Νεχεψῶς und Νεχεψώ sei die zuerst genannte rezeptionsgeschichtlich richtig.[865] Aufgrund dieser Erkenntnis und des noch zu erläuternden Umstandes, dass auch aus gräzistischer Sicht mehrere Argumente dafür sprechen, dass die ursprüngliche griechische Namensform Νεχεψῶς war, bezeichne ich den König in Abkehr von der bisherigen philologischen Tradition als 'Nechepsos'.[866]

Für die historische Identifizierung und Datierung 'Nechos des Weisen' ist die soeben unter Punkt (4) genannte *Neue Demotische Erzählung* entscheidend. Der darin erwähnte Tod eines Königs Psammetichos ist *terminus post quem* für 'Necho den Weisen', der mit dem historisch gesicherten Necho II. (610–595 v.Chr.) identisch sein muss.[867] Die durch Eusebius tradierte Version (s.o. Anm. 852) ist richtig, während die Nennung eines Nechepsos vor Necho I. durch Manethon (s.o. Anm. 828), wie schon Krauss vermutet hatte, falsch ist.[868] Als Datum der Thronbesteigung Nechos II., die bisher irgendwann zwischen Januar und November 610 v.Chr. datiert wurde,[869] ergibt sich aus der *Neuen Demotischen Erzählung* mit einiger Wahrscheinlichkeit der 22. Juni 610 v.Chr.[870] Die plausibelste Identifizierung der im Text erwähnten und mit dem Tod eines Königs Psammetichos assoziierten Finsternis ist nach Ryholt nicht, wie in älterer Forschungsliteratur angenommen, die Sonnenfinsternis vom 30. September 610 v.Chr.,[871] sondern die Mondfinsternis vom 22. März 610 v.Chr. In jedem Fall müsse der in der *Erzählung* erwähnte

---

[864] So Ryholt 2011, 64. Ergänzend ist anzumerken, dass diese Deutung des Namens erstmals von Eisler 1946, 128, vorgeschlagen wurde (natürlich noch ohne Kenntnis der neuen demotischen Texte): "King Neche p so – i.e., Necho the Wise [...]." Zum Wert von Eislers Buch s. das positive Urteil von Pérez Jiménez 2001, 143.

[865] Ryholt 2011, 65f.

[866] Mehr dazu unten S. 1325 zu **F5** § 72 Νεχεψῶς.

[867] Ryholt transliteriert den ägyptischen (d.h. ohne Vokale tradierten) Namen einmal zur Verdeutlichung als "Nechepsōs (Necho Psōs)" (Ryholt 2011, 67). Damit hat sich die Theorie von Krauss (s.o. S. 548) bezüglich der historischen Identifizierung des gemeinten Herrschers (nicht jedoch bezüglich der etymologischen Deutung seines Namens) bestätigt.

[868] So Ryholt 2011, 66f.

[869] Siehe Ryholt 2011, 68, mit Verweis auf Depuydt 2006, 274.

[870] Ryholt 2011, 68 u. 72.

[871] Siehe Hornung 1966 mit Angabe älterer Literatur. Ryholt vorausgehende (m.E. jedoch methodisch unberechtigte) Zweifel an der Verlässlichkeit der Deutung und Datierung der Finsternis durch Hornung 1966 bei Depuydt 1995, 53[50].

verstorbene König Psammetichos I. sein, der 664–610 v.Chr. regierte.[872]

Den Grund für die spätere Attribution astrologischer Texte an Necho II. sieht Ryholt (2011, 69) plausibel darin, dass die Thronbesteigung Nechos II. mit dem seltenen und ominösen Ereignis einer Finsternis beim Tod seines Vorgängers Psammetichos I. verknüpft war. Ergänzend ist zu betonen, dass gerade universalastrologische Finsternisprognosen zu den ältesten in griechischer Sprache erhaltenen Fragmenten zählen (Nech. et Pet. frg. 6. 7. 8).[873]

Als Grund für den Namenszusatz 'der Weise' vermutet Ryholt, dass Necho II. so von Necho I., der seinerseits als Necho Merneith ('Necho geliebt von Neith') bezeichnet wurde, unterschieden wurde und die Wahl seines namensgebenden Charakteristikums (Weisheit) vielleicht mit seiner Entsendung einer Expedition zur Umseglung Afrikas und anderen Taten zu tun haben könnte.[874]

Der Neufund des oben (S. 549, Punkt 1) erwähnten astrologischen Handbuchs, in dessen Einleitung der Weise Petesis den von ihm entdeckten astrologischen Traktat dem König Nechepsos überreicht, macht es in Kombination mit philologischen Argumenten wahrscheinlich, dass der aus der griechischen Tradition bekannte Name Petosiris ursprünglich Petesis lautete und alle astrologischen Bezugnahmen auf Petosiris aus der Petesis betreffenden Tradition erwuchsen.[875] Am Anfang der ägypto-grie-

---

[872] Ryholt 2011, 68 u. 72. Siehe Ryholts Argumente (ebd. 69) gegen Zweifel von Krauss an der historischen Natur der in der *Neuen Demotischen Erzählung* erwähnten Finsternis.

[873] Mehr dazu oben S. 42 u. 48 sowie unten S. 555.

[874] Ryholt 2011, 69f. Zu der angeblich von Necho II. veranlassten, in ihrer Historizität umstrittenen Umsegelung Afrikas durch phönizische Seeleute (Hdt. 4,42) s. Heilen 2000, 40 (weitere Lit. ebd. in Anm. 39). Zu Nechos ungewöhnlichen Taten gehörte ferner der Versuch eines Kanalbaus über 1000 Stadien (= mind. 179 km) vom Nil zum Roten Meer (Hdt. 2,158; in Wahrheit betrug die Distanz etwa 115 km; der Kanal wurde von Dareios I. 497 v.Chr. vollendet; s. Lloyd 1989, 375f.). Necho II. hatte außerdem griechische Söldner in Dienst genommen und soll dem Apollon ein Weihgeschenk gestiftet haben. Die Darstellung Herodots erweckt den Eindruck, dass Necho II. das Apollon-Orakel von Didyma konsultiert habe, was einen wenn auch sehr dürftigen Bezug zur Divination herstellen würde (vgl. Hdt. 2,158–159 Νεκῶς μέν νυν μεταξὺ ὀρύσσων ἐπαύσατο μαντηίου ἐμποδίου γενομένου [...] ἀνέθηκε τῷ Ἀπόλλωνι πέμψας ἐς Βραγχίδας τὰς Μιλησίων). Diese Konsultation des Apollon-Orakels ist aber nach Crahay 1956, 329, "une fiction *ex eventu*". Mir sind im Übrigen keine Indizien dafür bekannt, dass irgendein griechischer Leser richtig erkannt oder auch nur erwogen hätte, dass der Name des Astrologen Nechepsos etwas mit dem durch Herodot bekannten König Necho II. zu tun haben könnte.

[875] Vgl. Ryholt 2011, 70: "the names Petesis and Petosiris are very similar in the demotic script. The only sign that separates the two names is, in fact, the divine determina-

chischen Tradition steht also anscheinend ein Paar 'Petesis und Necho der Weise' (in dieser Reihenfolge der Namen). Wenn man mit dem hiesigen Verfasser Ryholts Erklärung für überzeugend hält, folgt daraus wohl implizit, dass die oben (S. 544) angeführten Belege für einen Ägypter Petosiris in Niniveh kurz vor dem Ende des 7. Jh. v.Chr. für die Deutung des literarischen Pseudonyms irrelevant sind.

Was zuletzt die göttliche Unterweisung angeht, die nach dem oben (S. 548) zitierten P. Paris 19bis Petosiris und Necheus (= Nechepsos) von 'Hermes und Asklepios, der Imouthes Sohn des Hephaistos [= äg. Imhotep Sohn des Ptah] ist' erhalten (ἀπὸ τοῦ κυρίου ἡμῶν Ἑρμοῦ καὶ Ἀσκληπιοῦ ὅ⟨ς⟩ ἐστιν Ἰμούθου υἱὸς Ἡφαίστου), kommt Ryholt mit Verweis auf den oben (S. 549) unter Punkt 1 vorgestellten demotischen Text, demzufolge Petesis ein von 'Imhotep dem Großen, Sohn des Ptah' verfasstes Handbuch entziffert, sowie auf ein aus Clem. Alex. strom. 1,21,134,1 und Cyrill. contra Iul. 6,812 gewonnenes Argument zu der Überzeugung, dass mit 'Hermes' nicht, wie bisher angenommen, der ägyptische Gott Thot gemeint sei, sondern der vergöttlichte Amenhotep Sohn des Hapu.[876]

Die Wahl der Pseudonyme Nechepsos und Petosiris verleiht dem in ptolemäischer Zeit entstandenen astrologischen Werk das Prestige altehrwürdiger Pharaonen und Priester,[877] die bereits durch eine indigen ägyptische literarische Tradition als mit der Astrologie vertraut galten (s.o. S. 549, Punkt 1). Es ist allerdings zu betonen, dass Petosiris in keiner einzigen griechisch-römischen Quelle explizit als Priester bezeichnet wird, auch wenn er in der Forschungsliteratur zuweilen als solcher bezeichnet wurde.[878] Andererseits sprechen mehrere Argumente dafür, dass die literarische Figur nicht nur als Weiser, sondern konkret als Priester konzipiert war. Dafür spricht seine Identifizierung mit dem Magier und Priester Petese (s.o. S. 543 u. 552[874]) sowie auch Manil. 1,41 *regalis animos* u. 1,47 *delectique sacerdotes*, womit wohl 'Nechepsos und Petosiris' ge-

---

tive. Since this sign may be added to the name of a deified individual [...], the name of the sage Petesis would become indistinguishable from that of Petosiris. Indeed, unless compelled to do otherwise by specific circumstances, the name Petesis with the divine determinative would certainly be read Petosiris even by modern scholars." Die aufgrund der Neufunde aus Tebtunis plausible Identifikation von Petesis/Petese mit Petosiris zeigt also, dass die seinerzeit lobenswert vorsichtige Zurückhaltung von Quack 2002 (s.o. S. 543) dem Befund nicht gerecht wurde.

[876] Ryholt 2011, 71.

[877] Vgl. Boll in Boll et al. 1966, 23f. Barton 1994a, 26. Bohleke 1996, 18[43]. Kritische Anmerkungen zu dieser Deutung bei Gundel – Gundel 1966, 28[1].

[878] Z.B. von Kroll 1937c, 1165,6.

meint sind.[879] Beide Personengruppen, Pharaonen und Priester, stehen der Götterwelt nahe. Daher lesen wir z.B. bei Firmicus: *illi divini viri atque omni admiratione digni Petosiris ⟨et⟩ Nechepso*, und: *divini illi viri et sanctissimae religionis antistites, Petosiris et Nechepso, quorum ⟨alter *****⟩*,[880] *alter tenuit imperii gubernacula.*[881] Ein weiterer potentieller Grund für die Wahl des Autorenpaars 'Nechepsos und Petosiris', der bisher keine Beachtung fand, ist die Nachahmung astrologischer Berichte der Priesterschaft an die assyrischen Könige, eine Praxis, die in Mesopotamien gerade für das 7. Jh. v.Chr. reich dokumentiert ist[882] und durch Individuen wie den genannten Petosiris in Niniveh (s.o. S. 544) nach ihrer Rückkehr in die ägyptische Heimat dort bekannt geworden sein könnte. Es sei ferner auf gewisse in ähnlicher Weise instrumentalisierte Paare von legendären Königen und Priestern hingewiesen, z.B. auf die Pseudepigrapha unter dem Namen von Hystaspes und Zoroaster, deren Verfasser sich auf die Autorität des altiranischen Königs und des von ihm protegierten Religionsstifters beriefen.[883]

Zur Datierung: Nachdem anfangs erheblich divergierende Abfassungszeiten des 'Nechepsos und Petosiris' zugeschriebenen, fragmentarisch erhaltenen griechischen Werks innerhalb des ersten Jahrhunderts vor und nach Christus vermutet worden waren,[884] erscheint heute trotz erheblicher Unsicherheiten eine Datierung in die zweite Hälfte des 2. Jh. v.Chr. am wahrscheinlichsten. Das im Prinzip noch heute gültige Urteil hat bereits Kroll formuliert: um 150 v.Chr. mit Spielraum nach unten.[885] Diese Datierung basiert auf einem *terminus post quem* um 170 v.Chr., der sich aus der Benutzung des hypsikleischen *Anaphorikos* für die Aufgangszeiten der Tierkreiszeichen im Klima von Alexandria gewinnen

---

[879] So urteilt Hübner 1999d, 819; ebenso – aber mit Beschränkung auf Nechepsos – bereits Kroll 1901, 571[2], u. Kroll 1935, 2165.

[880] Addidit Skutsch.

[881] Firm. math. 3 prooem. 4 (= Nech. et Pet. frg. 25,2–3) u. Firm. math. 8,5,1 (= Nech. et Pet. frg. 26,4–6).

[882] Siehe Hunger 1992.

[883] Allerdings schreiben unsere Quellen dem Hystaspes, abgesehen von einem Traktat über die Planetenwoche, keine speziell astrologischen Schriften zu; stattdessen ist der Ps.-Hystaspes Autor der Apokalypse im Buch Henoch. Ebenso wie der Ps.-Nechepsos wird der Ps.-Hystaspes von späteren Schriftstellern immer wieder als 'der König' (ὁ βασιλεύς) bezeichnet. Vgl. Bidez – Cumont 1938, I 215–223. Zu Ps.-Zoroaster s.o. Komm. zu **T1**. Siehe ferner Reitzenstein 1904, 123.

[884] Riess 1891–1893, 329: ca. 80–60 v.Chr.; Boll 1894, 236–238: ca. 1. Jh. n.Chr.; Bouché-Leclercq 1899, XI: "au temps de Sylla (Riess) ou de Tibère (Boll)" (vgl. ebd. 564).

[885] Kroll 1901, 577, u. Kroll 1935, 2164.

lässt,[886] sowie auf einem *terminus ante quem* um 100 v.Chr., der sich aus
den historischen und geographischen Verhältnissen gewinnen lässt, die
das wichtige Fragment Nr. 6 bei Heph. 1,21 spiegelt. Eine von Hephaistion unabhängige und vollständigere Parallelüberlieferung derselben
Passage durch den Anon. CCAG VII (1908), pp. 129–151 (= frg. +32),
enthält den bei Hephaistion fehlenden Zusatz Ἕλληνες πρὸς ἀλλήλους
πολεμήσουσι (p. 149,4–5), eine Prognose, die Boll nach 146 v.Chr., d.h.
nach dem Ende der politischen Freiheit Griechenlands, für undenkbar
hielt.[887] Man sollte die zitierten Worte aber eher als chronologisches Indiz statt als sicheren *terminus ante quem* werten.

Über die Zahl und die ethnische Zugehörigkeit der wahren Autoren,
die sich hinter dem Pseudonym 'Nechepsos und Petosiris' verbergen, ist
nichts bekannt. Wahrscheinlich handelt es sich um einen einzigen Verfasser.[888] Dass er ein griechischer Gelehrter (in Alexandria?) gewesen sein
könnte, legen zwei gewichtige Umstände nahe: Zum einen war das fragmentarisch erhaltene Werk in griechischer Sprache abgefasst (und wenigstens teilweise in iambischen Trimetern; dazu gleich mehr), zum anderen basierte es neben wichtigen Anleihen an babylonische Astralomina,
die in achämenidischer Zeit nach Ägypten gelangt waren,[889] auf Elementen griechischer Physik, Mathematik und Astronomie wie z.B. der sogenannten 'pythagoreischen' Planetenordnung (ἑπτάζωνος),[890] die Plin.
nat. 2,88 (über die Größe der Planetenbahnen, = Nech. et Pet. frg. 2) impliziert und Thrasyllos ausdrücklich bezeugt.[891] Der indigen ägyptische
Einfluss auf unseren Autor darf allerdings angesichts der oben erläuterten
demotischen Literaturtradition zu 'Nechepsos und Petosiris' nicht unter-

---

[886] Vgl. Val. 3,13,6 ὁ γὰρ βασιλεὺς τοῦ α′ κλίματος μόνου τὰς ἀναφορὰς ἐδήλωσεν
(= Nech. et Pet. frg. 5) und dazu Kroll 1901, 576f.
[887] Boll CCAG VII (1908), p. 130: "quod nullo modo post bellum Mithridaticum, vix ac
ne vix quidem post a. 146 a. Chr. n. vaticinari quis poterat."
[888] Siehe die Begründung von Kroll 1901, 577 (vgl. Kroll 1935, 2163). Auch Pingree
1974b, 547, geht von einem einzigen Verfasser aus. – Entfernt vergleichbar ist das
fiktive Autorenkollektiv der *Historia Augusta*, die vorgibt, von nicht weniger als sechs
verschiedenen Autoren zu stammen, in Wahrheit aber von einem einzigen Anonymos
verfasst wurde (so z.B. Syme 1976, 306–309 [= Syme 1983, 94–97] u. Birley 2000,
132[1]). Allerdings gibt dieser spätantike lateinische Text niemals vor, aus einer Zusam-
menarbeit der Autoren hervorzugehen (das betont Syme 1986, 4 = RP VI 159).
[889] S.o. S. 545 bei Anm. 834.
[890] Mehr dazu unten S. 590 bei Anm. 1049.
[891] Zitiert in Anm. 1051. – Siehe ferner Heph. 1,23 = Nech. et Pet. frg. 12 und dazu
Pingree 1974b, 548: "This passage presupposes both Aristotelian physical theories and a
planetary system based on epicycles, eccentrics, or both" (allerdings sei unsicher, ob
dieser Text authentisch sei und wirklich auf das 2. Jh. v.Chr. zurückgehe).

schätzt werden. Außerdem betont Cumont in seiner Studie *L'Égypte des astrologues* die frappierende Unkenntis der Astrologen (generell) hinsichtlich der Institutionen einer griechischen Polis, während andererseits priesterliche Ränge in auffälliger Differenzierung Erwähnung finden.[892] Er schließt daraus, dass die ersten Astrologen hellenisierte Mitglieder des ägyptischen Klerus waren und in einheimischen Tempeln außerhalb Alexandrias lebten.[893] Über diese ersten Astrologen wissen wir leider so gut wie nichts; 'Nechepsos' scheint selbst auf sie verwiesen zu haben.[894] Unter den ihm und 'Petosiris' zugeschriebenen Fragmenten sind der Zusammenhang mit Hermes-Thot (Firm. math. 3,1,1 = frg. 25,11) sowie die Beachtung der Dekane (Firm. math. 4,22 = frg. 13 u. 28) und des heliakischen Aufgangs des Sirius (Heph. 1,23 = frg. 12) typische Elemente ägyptischer Kultur. Ein Teil der soeben erwähnten Siriusomina (frg. 12) scheint sogar konkret auf eine ägyptische Vorlage zurückzugehen.[895] Wahrscheinlich ist darüber hinaus die Dodekatropos (frg. +16) indigen ägyptischen Ursprungs (s.u. S. 694–696). Auf die geographische Breite von Alexandria als Ort der Abfassung des Werks verweist ferner die ausschließliche Nutzung der Aufgangszeiten des ersten Klimas durch 'Nechepsos' (frg. 5, s.o. Anm. 886). Koenen 2002, 170f., betont in einem vergleichbaren Fall, dem der ungewissen ethnischen Zugehörigkeit des Autors des sogenannten 'Töpferorakels': "Seit dem 2. Jh. v. Chr. wird es

---

[892] Cumont 1937, 71–74.

[893] Cumont 1937, 74; siehe auch ebd. 134f.

[894] Siehe Val. 9,12,9 = Nech. et Pet. frg. +14 (zit. in Anm. 907). Der Kontext (Finsternistabellen) ist astronomisch, besitzt aber eine erhebliche astrologische Relevanz (vgl. Heph. 1,21–22 = Nech. et Pet. frg. 6–7).

[895] Heph. 1,23,19–24 (= Nech. et Pet. frg. 12,86–163) enthält systematische Omina zu den Stellungen der fünf echten Planeten in den zwölf Tierkreiszeichen beim Aufgang des Sirius (zu Saturn bis Mars vollständig, zu Venus und Merkur nur noch Exzerpte). Dazu gibt es inhaltliche Parallelen im P. Oxy. astron. 4471 (saec. II[ex]/III[in], ed. Jones 1998, 130–133) und in dem demotischen P. Cairo 31222 (röm. Zeit, ed. Hughes 1951, stammt nach J. F. Quack bei von Lieven 1999, 103[158], möglicherweise aus Tebtunis). Vor allem P. Oxy. astron. 4471, Z. 16–22, stimmt beinahe wörtlich mit P. Cairo 31222, Z. 9–10 überein (ein Omen zu Mars in den Zwillingen). Weniger eng, aber klar erkennbar ist die inhaltliche Parallele zwischen Heph. 2,23,22 a.E. und den beiden genannten Papyri (die Parallele zwischen P. Cairo 31222 u. Heph. 2,23,22 hat schon Hughes 1951, 263[45], erkannt). Wahrscheinlich wurden diese Siriusomina ursprünglich in ägyptischer Sprache im 2. Jh.v.Chr. abgefasst und später ins Griechische übersetzt (s. Jones 1998, 131f., aufgrund von textimmanenten Anspielungen auf historische Ereignisse um 150 v.Chr.). Nach von Lieven 1999, 103[161], könnte es sich, falls es eine ägyptische Version des Werks von 'Nechepsos und Petosiris' gegeben haben sollte, bei P. Cairo 31222 um ein Fragment davon handeln.

immer schwieriger, zwischen Griechen und Ägyptern zu unterscheiden. Schon im 3. Jahrhundert lernten viele Ägypter Griechisch [...]. Man lernte Griechisch vor allem an Homer."[896]

Unsere Quellen für das 'Nechepsos und Petosiris' zugeschriebene Œuvre sind vor allem fachliterarische Texte des 2.–6. Jh. n.Chr., allen voran Valens, Firmicus, und Hephaistion. Die Testimonien und Fragmente hat Riess 1891–1893 gesammelt, wozu zahlreiche Texte zu ergänzen sind (s.o. Liste S. 40–47). Bei einem Teil der fragmentarisch bekannten Texte handelt es sich wohl um spätere Machwerke, die von Nachahmern verfasst wurden, um an dem 'Nechepsos und Petosiris' umgebenden Ruhm teilzuhaben. Aber schon das ursprüngliche Œuvre, das wir einem Gelehrten des 2. Jh. v.Chr. zuschreiben, bestand möglicherweise aus mehreren Einzelwerken oder Einzelteilen. Die Suda legt nahe, dass der Gesamttitel Ἀστρολογούμενα gelautet haben könnte;[897] danach jedenfalls benannten die Gundels ihre Geschichte der astrologischen Literatur (1966). Hinweise auf eine eigene (Teil-)Schrift des Petosiris mit dem Titel *Definitionen* ("Ὅροι) bietet Val. 2,3,3 u. 9,2,7 (= frg. +5b u. +12a); siehe auch Val. 8,5,20 (= test. +1). Nachdem schon lange Zeugnisse für ein 13. und 14. Buch bekannt waren,[898] lieferte vor einigen Jahren das erste bekannte Papyrusfragment ein astralmagisches Rezept aus dem 15. Buch.[899] Explizite Hinweise auf die Existenz der Bücher 1–12 fehlen. Das kann ein überlieferungsbedingter Zufall sein. Rein theoretisch ist es aber auch denkbar, dass das angeblich von Petesis (~ Petosiris) entdeckte Werk des Imhotep (s.o. S. 550) aus zwölf Büchern entsprechend den zwölf Tierkreiszeichen bestanden haben soll. Falls dem so wäre, könnte

---

[896] Koenen fährt fort (ebd. 170–172), die fortschreitende Verschmelzung griechischer und indigen ägyptischer Kultur während dieser Phase zu beschreiben. Zum Töpferorakel s. Zauzich 1986. Zu Homer als dem griechischen Schulautor, der im ptolemäischen und römischen Ägypten "far more widely read than any other author" war, soweit die erhaltenen, von Schülern geschriebenen Papyri ein Urteil erlauben, s. Morgan 1997, 739.

[897] Suda s.v. Πετόσιρις, π 1399, p. IV 117,5–6 Adler = Nech. et Pet. test. 1,3. Zur Wortbildung vgl. Jones 1986, 379, mit Verweis auf ähnliche Titel wie z.B. Γεωμετρούμενα und Στερεομετρούμενα (Heron) oder Θεολογούμενα (Asklepiades von Mendes, Nikomachos, Iamblich).

[898] Das 13. Buch erwähnt Val. 2,3,1 (= Nech. et Pet. frg. +5a). 3,11,2 (= frg. 19). 9,1,2 (= frg. +11). 9,2,8 (= frg. +12b), das 14. Buch zitiert Galen. de simpl. med. temp. ac fac. 10,2,19 p. XII 207,5–8 Kühn (~ Aët. iatr. 2,18 p. I 162,21–23 Olivieri [CMG 8,1] s.v. Ἴασπις λίθος) = Nech. et Pet. frg. 29.

[899] P. Bingen 13 (saec. II/III^in), ed. Fournet 2000 (= Nech. et Pet. frg. +19). Neben diesem einzigen Fragment auf Papyrus gibt es auch ein einziges Testimonium auf Papyrus, P. Paris 19bis (Nech. et Pet. test. 6).

das 13. Buch die Fortsetzung des Nechepsos und damit das erste wirklich von unserem griechischen Anonymos verfasste Buch sein.[900]

Alle Zitate des 13. Buches (über das Glückslos) sowie auch des 14. (Iatromathematik) und 15. Buches (ἀποτϱοπιασμοί) betreffen den König Nechepsos; er muss als deren Autor präsentiert worden sein. Anscheinend kommunizierten die beiden vorgeblichen Autoren miteinander, vielleicht indem sie einzelne Bücher aneinander richteten: Dafür sprechen Stellen wie Val. 3,7,1 ὃν[901] καὶ ὁ βασιλεὺς Πετοσίϱει ἐδήλωσε μυστικῶς (= frg. 18,3–4), und zuweilen vertraten sie wohl divergierende Auffassungen: vgl. Val. 8,5,19–20 (= test. +1) οἱ οὖν ἐντυγχάνοντες ταῖς ὑφ' ἡμῶν συντεταγμέναις βίβλοις πάσας αἱϱέσεις διελεγχούσαις μὴ λεγέτωσαν· αὕτη μέν ἐστι τοῦ βασιλέως, ἑτέϱα δὲ Πετοσίϱεως, ἄλλη δὲ Κϱιτοδήμου καὶ τῶν λοιπῶν κτλ. Im Einzelnen entzieht sich aber der Aufbau des Werks beziehungsweise des Corpus unserer Kenntnis.[902] Nur soviel lässt sich sagen: Es ist ganz ungewiss, ob das 15. Buch sowie die arithmologischen Fragmente (frg. 37–42) authentisch sind. Fournet, der Editor des oben genannten astralmagischen Papyrus, erwägt mit Verweis auf die heterogenen Teile des 'Nechepsos und Petosiris' zugeschriebenen Corpus einen längeren Entstehungszeitraum und die abschließende Zusammenfassung (2. Jh. n.Chr.?) in einer mindestens 15 Bücher umfassenden Gesamtedition.[903] Wenngleich keine ausreichenden Indizien für die Annahme einer solchen Gesamtedition vorliegen, ist doch unbestreitbar, dass "die Fabrikation von Schriften auf die Namen Nechepso und

---

[900] Zugunsten dieser Hypothese vgl. Val. 3,11,2 (= frg. 19), der sagt, Nechepso habe im 13. Buch nach der Einleitung und den Anordnungen der Tierkreiszeichen das Glückslos behandelt (ἐν γὰϱ τῇ ιγ′ βίβλῳ ὁ βασιλεὺς μετὰ τὸ πϱοοίμιον καὶ τὰς τῶν ζῳδίων διατάξεις κλῆϱον τύχης ἐπιφέϱει ἀπὸ Ἡλίου καὶ Σελήνης καὶ ὡϱοσκόπου). Dabei habe sich die Behandlung des Glücksloses noch immer nahe dem Anfang des 13. Buchs befunden (Val. 2,3,1 ἐναϱχόμενος ἐν τῇ ιγ′ βίβλῳ u. 9,2,8 ἐν τῇ ἀϱχῇ τῆς ⟨ιγ′⟩ βίβλου, = frgg. +5a u. +12b). Es ist schwer vorstellbar, dass ein so elementares Thema wie die Anordnung der Tierkreiszeichen, noch dazu in offenbar sehr knapper Behandlung, irgendwo anders als zu Beginn des ersten Buches ein und desselben Autors gestanden haben könnte.

[901] Scil. ἕτεϱος τϱόπος ἀϱίθμιος ἁϱμόζων εἰς τὸν πεϱὶ ζωῆς χϱόνων (λόγον), eine andere rein numerische Methode zur Analyse der Lebensabschnitte.

[902] Mit Vorsicht sind die Vermutungen und Spekulationen von Riess 1890, 8–29, zu lesen.

[903] Fournet 2000, 64[10]. 65. 71; zustimmend ("sans doute" [!]) Fuentes González 2005, 608.

Petosiris [...] immer weiter gegangen" ist.[904] Die bis heute divergierenden Aussagen zur Datierung von 'Nechepsos und Petosiris' sind zumindest teilweise durch die Beachtung beziehungsweise Nichtbeachtung späterer Zusätze bedingt.

Diejenigen Bücher des Corpus, die den authentischen Kern bildeten und die wir im Vertrauen auf die Suda bis auf weiteres als die *Astrologumena* bezeichnen werden, müssen ganz oder teilweise metrisch gebunden gewesen sein.[905] Reste iambischer Trimeter enthalten die Fragmente 1, 19, 21 und 24 (s.o. S. 41)[906] sowie einige Riess noch unbekannte Exzerpte.[907] Außerdem verdienen eineinhalb Elegiamben des 'Nechepsos' in iatromathematischem Kontext Erwähnung, die Aëtios überliefert: χαῖρε θάλασσα ᾿Αράβων φέρουσα πημάτων ἄκος | εὕρεμα τηκόλιθον.[908] Aëtios bezeichnet Nechepsos an anderer Stelle explizit als Dichter (ὁ ποιητὴς γράψας βίβλους Νεχεψώς).[909] Angesichts des metrischen (oder wenigstens prosimetrischen) Charakters und der oben (S. 555) erwähnten Elemente griechischer Physik, Mathematik und Astronomie nimmt Ray wohl zu Unrecht an, die von Riess edierten Fragmente seien griechische Übersetzungen aus dem Ägyptischen.[910]

Entsprechend dem mystisch-poetischen Charakter der frühen hellenistischen Astrologentexte[911] waren die Lehren von 'Nechepsos und Petosiris' in vielem dunkel und schwer verständlich formuliert. Davon legen die späteren Autoren vielfach Zeugnis ab.[912] Dieser halb mystische Cha-

---

[904] So bereits Kroll 1901, 572², der ebd. 570² von "späten Fabrikaten" spricht. Ähnlich äußerte sich Bouché-Leclercq 1899, 519, bezüglich der von Riess als frg. 37–40 erfassten Briefe des Petosiris an Nechepsos.

[905] Dazu bereits Riess 1890, 14f.

[906] Versuche einer Rekonstruktion der Verse bieten Usener und Riess bei Riess 1891–1893, 333.364.373f.376 (n.b.: nach Kroll 1935, 2166,8–9 "ist Usener (bei Riess) in der Aufspürung von Versen zu weit gegangen"). – Gundel – Gundel 1966, 30, sprechen zu Unrecht von "Spuren epischer Diktion".

[907] Aktuell und ausführlich zu den metrischen Fragmenten: Heilen 2011.

[908] Aët. iatr. 2,19 p. I 163,6–10 Olivieri (CMG 8,1) s.v. Τηκόλιθος ἢ Συριακὸς λίθος = Nech. et Pet. frg. 31,4–5.

[909] Aët. iatr. 2,47 p. 170,12 Olivieri (CMG 8,1) s.v. ᾿Αρμενιακὸν τὸ τῶν ζωγράφων = Nech. et Pet. frg. 32,1–2 (n.b.: die Worte ποιητὴς γράψας βίβλους fehlen in einem Teil der Hss. und bei Riess).

[910] Ray 1974, 255.

[911] Dazu Cumont 1937, 156.

[912] Val. 2,41,2 μυστικῶς ἀποκέκρυφε λέγων [sc. Πετόσιρις] (= frg. 24,2). Val. 3,7,1 ὃν καὶ ὁ βασιλεὺς Πετόσιρει ἐδήλωσε μυστικῶς (= frg. 18,3–4). Val. 3,11,2 ἐν γὰρ τῇ ιγ′ βίβλῳ ὁ βασιλεὺς μετὰ τὸ προοίμιον καὶ τὰς τῶν ζωδίων διατάξεις κλῆρον τύχης ἐπιφέρει ἀπὸ Ἡλίου καὶ Σελήνης καὶ ὡροσκόπου, ὃν μέγιστον περιποιεῖ

rakter der *Astrologumena* ist im Rahmen zweier in der Antike konkurrierender Erklärungsmodelle der Astrologie zu sehen: einerseits die angeblich bis zu einer halben Million Jahre zurückreichende empirische Forschung der Babylonier,[913] andererseits die Stilisierung der neuägyptischen Astrologie als göttliche Offenbarungsweisheit. An 'Nechepsos und Petosiris' wird nicht Empirie gerühmt, sondern Visionen und Weisheit. Wohlbekannt ist die von Val. 6,1,9 überlieferte nächtliche Vision des Nechepsos (= frg. 1).[914] Zur Weisheit beider Männer vgl. Stellen wie P. Paris 19bis (= Hor. gr. 137.XII.4), col. I, 3 ἀπὸ σοφῶν ἀρχαίων (= test. 6,1–2) u. Heph. 1,23,1 οἱ παλαιγενεῖς σοφοὶ Αἰγύπτιοι (= frg. 12,1– 2). Ganz besonders wird die Weisheit des Petosiris gepriesen: vgl. z.B. Ps.-Maneth. 5[6],9–10 οὐ γάρ τις τοίης σοφίης ἔτ' ἐμήσατο κῦδος, ǀ ἢ μοῦνος Πετόσιρις, ἐμοὶ πολὺ φίλτατος ἀνήρ (= test. 9,6–7) und weitere Belege bis in die byzantinische Zeit.[915] So ist es nicht verwunderlich,

---

καὶ ἐν ὅλῃ τῇ βίβλῳ μνημονεύει καὶ κύριον κρίνει τόπον, περὶ οὗ καὶ αἴνιγμα τέθεικε τὸ ἔμπαλιν καὶ ἀνάπαλιν (= frg. 19,1–6). Val. 8,6,14 ... πρόδηλον ἡμῖν γέγονε καὶ ἐκ τοῦ μυστικῶς εἰρηκέναι τὸν συγγραφέα· κτλ. (= frg. +10). Val. 9,11,2 καθάπερ ὁ Πετόσιρις τῷ βασιλεῖ περὶ πολλῶν μυστικῶς ἐκτίθεται (test. +2). Firm. math. 4,22,1 *doctrinae istius veneranda secreta, quae divini veteres cum maxima trepidatione dixerunt et quae involuta obscuritatis ambagibus reliquerunt ob hoc, ne publicata divina scientia ad profanorum hominum notitiam perveniret* (= frg. 13,1–5). Firm. math. 4,22,20 *sed et magnus ille Petosiris hanc partem leviter attigit, non quod eam nesciret (ad omnia enim secreta divinitatis accessit), sed cum docere nollet, ne inmortalem operis sui relinqueret disciplinam* (= frg. 13,60–64). Firm. math. 8,2,1 *nam et istum tractatum Petosiris sicut mihi videtur invido voluit stridore celare* (= frg. 16,3–5 Riess, ubi *livore* pro *stridore*). Paul. Nol. carm. 3,8 *quique magos docuit mysteria uana Nechepsos* (= Nech. et Pet. test. 5). – Ps.-Maneth. 1[5],11–12 legt nahe, dass die Dunkelheit des Petosiris zumindest teilweise durch allzu knappe und eilige Diktion verursacht war: ὄφρα κεν, ὅσσαπερ αὐτὸς ἐπιτροχάδην (!) Πετόσιρις ǀ εἴρηκεν, τάδε πάντα μάλ' ἀτρεκέως καταλέξω (= test. 8).

[913] Vgl. Plin. nat. 7,193 *Epigenes apud Babylonios DCCXX annorum observationes siderum coctilibus laterculis inscriptas docet, gravis auctor in primis; qui minimum, Berosus et Critodemus, CCCCXC. ex quo apparet aeternus litterarum usus.*

[914] Siehe den Kommentar bei Heilen 2011, 37–56.

[915] Z.B. Suda s.v. Πετόσιρις, π 1399, p. IV 117,4 Adler: Αἰγύπτιος, φιλόσοφος (= test. 1,1). Falls eine Konjektur von Gautier zutrifft, nennt Michael Italikos (saec. XII) den Petosiris einen philosophischer Schüler des Knuphis: Mich. Ital. epist. 19 p. 162,14– 15 Gautier ὅσα Κνοῦφις ... παρέδωκε καὶ ὁ τούτου μαθητὴς ἐφιλοσόφησεν Πετόσιρις (= test. 11,2–3, ubi Ὄσιρις leg. Riess cum cod., Πετόσιρις emend. Gautier; zum Echtheitsproblem s.o. Anm. 190). – Die Weisheit unseres Astrologen Petosiris ist ein Charakteristikum, das er mit dem in ptolemäischer Zeit herrschenden Bild des historischen Thot-Priesters Petosiris (s.o. S. 540) gemeinsam hat. Vgl. die Invokation, die ein Unbekannter in der Mitte des 3. Jh. v.Chr. in Form eines am Ende unvollkommenen

dass er bisweilen als alleiniger Autor erscheint[916] oder zumindest, so wie hier in **F1** § 21 (= test. +4) und in mehreren anderen Texten, an erster Stelle genannt wird.[917] Man darf sich fragen, ob nicht vielleicht in der bisherigen Forschung der königliche Rang des Nechepsos zuviel Beachtung gefunden hat und es sinnvoll wäre, die in der Sekundärliteratur übliche Reihenfolge der Pseudonyme zu 'Petosiris und Nechepsos' umzustellen. Einen Ansatz dazu machte Pingree 1974b, der das für beide Autoritäten relevante Material im *Dictionary of Scientific Biography* unter dem Lemma 'Petosiris' besprach (ein Lemma 'Nechepso' oder 'Nechepsos' fehlt). Trotzdem wird in der hier vorgelegten Arbeit – teils aufgrund der sehr fragmentarischen Überlieferung, die eine verlässliche

---

iambischen Distichons an dem Petosiris-Grab in Hermopolis hinterließ: Πετόσειριν αὐδῶ τὸ(ν) κατὰ χθονὸς νέκυν, ǀ νῦν δ᾽ ἐν θεοῖσι κείμενον· μετὰ σοφῶν σοφός. Die Inschrift ist abgebildet, ediert und übersetzt von Lefebvre 1923–1924, I 24 ("J'invoque Petosiris dont le cadavre est sous terre, mais dont l'âme réside au séjour des dieux: sage, il est réuni à des sages"). Sie befindet sich auf einer der Säulen an der Ostseite der Fassade des Grabheiligtums. Anders als z.B. die Inschriften des Pronaos handelt es sich nicht, wie man oft fälschlich liest, um einen Graffito, sondern um einen mit schwarzem Pinselstrich gemalten Schriftzug, der paläographisch in die Mitte des 3. Jh. v.Chr. zu datieren ist (Lefebvre 1923–1924, I 22). Kroll 1935, 2165,2–3, liest am Ende κείμενον μετὰ σοφῶν σοφό(ν). Der Nominativ ist aber dadurch gesichert, dass eine unmittelbar folgende, später verfasste und scherzhaft gemeinte Inschrift den Zahlwert des Distichons als 8373 Drachmen errechnet, was bei der Lesung σοφός stimmt, nicht aber im Falle von σοφόν (s. Lefebvre 1923–1924, I 25). Auf diese isopsephische Inschrift beziehen sich anscheinend Gundel – Gundel 1966, 31, wenn sie urteilen: "Spätere Griechen haben in diesem Petosiris [*sc.* dem historischen Priester] den berühmten Mystiker und Astrologen gesehen, worauf auch verschiedene Graffiti deuten, in denen seine Onomanteia und seine Isopsephien verherrlicht wurden." Das ist ein Missverständnis; treffender bemerkte Suys 1927, 14: "Ils [*sc.* les vers pieux] eurent pour effet d'égayer un pèlerin moins pénétré, qui se mit en devoir de les apprécier à l'américaine".
[916] Vgl. Lyd. ost. 2 p. 6,14 Wachsmuth (= test. 10,5 = hier **T1**) sowie Riess 1890, 27f. Zu seinen *Definitionen* (Ὅροι) s.o. S. 557. Es ließen sich mehrere weitere Stellen nennen, die aber anders als die bisher genannten spezielle Einzellehren betreffen, die teils sicher, teils vielleicht dem Petosiris zugeschrieben waren und so die alleinige Nennung desselben erklären. Das gilt für Iuv. 6,580f. (= test. 4, Katarchenhoroskopie) sowie Heph. 2,1,2 οἱ δὲ παλαιοὶ Αἰγύπτιοι οἱ περὶ Πετόσιριν (= frg. 14b,1–2) u. 3,10,5 λέγουσι δὲ οἱ περὶ Πετόσιριν (= frg. 14c,1, beide Stellen im Kontext der sogenannten Petosiris-Regel [s.o. S. 511 zu **T3**]). Siehe ferner Heph. 2,22,8 ταῦτα μὲν ὁ Πτολεμαῖος ἐκ τῶν Πετοσίριδος ἐκτίθεται (= frg. +4, zum Thema Kinder).
[917] Vgl. P. Paris 19bis (= Hor. gr. 137.XII.4), col. I,4 Πετόσιρις ... καὶ ὁ βασιλεὺς Νεχεύς (= test. 6,2–3; vollständig zitiert oben S. 548 bei Anm. 849) u. Anon. a. 379 p. 204,21 (= frg. +21), ferner die oben S. 554 zitierten Stellen Firm. math. 3 prooem. 4 (= Nech. et Pet. frg. 25,2–3) u. Firm. math. 8,5,1 (= Nech. et Pet. frg. 26,4–6); umgekehrt: Heph. 2,11,25 τοὺς ἀρχαίους περὶ Νεχεψὼ καὶ Πετόσιριν (= frg. +3).

Bewertung der Priorität des Petosiris unmöglich macht, teil auch, um Verwirrung zu vermeiden – die durch Riess 1890 und Riess 1891–1893 begründete und von den meisten Autoren übernommene Bezeichnung 'Nechepso und Petosiris' unter Hinzufügung des -s zum Namen des Königs fortgeführt.

Die wissenschaftshistorische Bedeutung von 'Nechepsos und Petosiris' sieht Pingree 1974b, 548, in "their illumination of – although in a very fragmentary form – two important processes of Ptolemaic science: the development of the astral omens that the Egyptians of the Achemenid period had derived from Mesopotamia, and the invention of a new science of astrology based on Greek astronomy and physics in conjunction with Hellenistic mysticism and Egypto-Babylonian divination from astral omens." In dieser Einschätzung spielt die indigen ägyptische Komponente gegenüber den mesopotamischen und griechischen Komponenten eine vergleichsweise geringe Rolle, die angesichts der sich verdichtenden Indizien dafür, dass die zentrale astrologische Lehre der Dodekatropos ägyptischen Ursprungs ist (s.o. S. 694–696), ein wenig aufgewertet werden sollte.[918]

Eine aktualisierte Liste der 'Nechepsos und Petosiris' zugeschriebenen Fragmente sowie eine Gliederung nach Themenkreisen und Einzellehren, die sich aus diesen Fragmenten gewinnen lassen, wurde bereits oben (S. 40–47) anlässlich der Quellen des Antigonos von Nikaia geboten.

§§ 22–52

Das Horoskop des Kaisers Hadrian.[919] Anscheinend ist diese Identifizierung das Verdienst von Wilhelm Kroll (1903) und basiert auf den biographischen Angaben im Text.[920] Krolls Identifizierung wurde später durch Otto Neugebauers Einsicht bestätigt, dass die astronomischen Daten in

---

[918] Zur Aufwertung der Bedeutung der ägyptischen Astronomie und Astrologie überhaupt s. auch Quack (demnächst B).

[919] Zu Hadrian s. von Rohden 1893. Stein 1933 (PIR² A 184). Caballos Rufino 1990, 40–44 (Nr. 7). Kienast 1996, 128–131. Birley 1997. – Hadrian wird an keiner Stelle der erhaltenen griechisch-römischen Astrologentexte erwähnt (mit Ausnahme der Datierungen fremder Horoskope in seine Regierungszeit bzw. kalendarischer Rechenbeispiele: vgl. bes. Pingree 1986, 457 s.v. Ἀδριανός).

[920] Siehe CCAG VI (1903), p. 67, u. vgl. Cumont im CCAG VIII 2 (1911), p. 83¹.

§ 22 auf das historisch überlieferte kalendarische Datum der Geburt Hadrians zutreffen.[921]

Der Text des Horoskops zerfällt in drei Teile von sehr unterschiedlicher Länge: zuerst die astronomischen Daten (§ 22, διάθεμα), dann eine knappe Lebensbeschreibung (§§ 23–24, βίος) und schließlich ein langer astrologischer Kommentar (§§ 25–52, ἐπεξεργασία), der den Kausalnexus der beiden vorausgehenden Teile, d.h. zwischen den astronomischen und den biographischen Daten, erläutert. Erst aus der Spätantike sind vereinzelt Horoskope bezeugt, die dem hiesigen in Umfang und Aufbau vergleichbar sind, so etwa das von Rhetorios überlieferte (wahrscheinlich vom Astrologen Zenons verfasste) Horoskop des Grammatikers Pamprepios von Panopolis (Hor. gr. 440.IX.29), wo allerdings die Kurzbiographie den astronomischen Daten vorausgeht.[922] Auch das Horoskop des Ceionius Rufius Albinus (Hor. lat. 303.III.14) wird durch eine Liste der astronomischen Daten plus Kurzbiographie eröffnet, ehe die Diskussion und Kommentierung beginnt. Erwähnung verdient hier auch der Aufbau einiger Traumberichte des dem Antigonos chronologisch nahestehenden Artemidor von Daldis. Die kommentierenden Teile so strukturierter Lehrtexte zitieren nicht selten aus älteren Autoren.

---

[921] Vgl. Cramer 1954, 165[140], zur Datierung des Horoskops auf den 24. Januar 76 n.Chr.: "Recently computed by O. Neugebauer. Earlier A. Farnsworth had arrived at almost the same result in an independent computation. The author gratefully acknowledges their assistance in this matter." Neugebauer hat seine Berechnungen also offenbar zwischen 1939 (seiner Ankunft in den USA) und 1954 (dem Erscheinungsjahr von Cramers Buch) angestellt und einige Jahre später in Neugebauer – van Hoesen 1959, 90f., publiziert. Frederick Henry Cramer wurde am 2.3.1906 in Berlin geboren und starb am 4.9.1954 in Monaco als Teilnehmer der Ralley Monte-Carlo bei einem Automobilunfall (Quelle: Frederick H. Cramer Papers, Mount Holyoke College, Archives and Special Collections, South Hadley, Massachusetts, http://asteria.fivecolleges.edu/findaids/mountholyoke/mshm153.html). Seit 1938 war er Associate Professor of History in Holyoke College. Seine oben zitierte Anmerkung bezieht sich auf die über viele Jahre an demselben College tätige Astronomin Alice H. Farnsworth (1893–1960, s. Lankford 1997, 311). Anscheinend hatte Cramer sowohl seine Kollegin in Holyoke College als auch Neugebauer in Providence um Hilfe gebeten. Sehr wahrscheinlich kommt also Cramer das Verdienst zu, die astronomische Verifizierung von Krolls historisch-philologischer Identifizierung des Nativen initiiert zu haben.

[922] Ebenso z.B. in Hor. gr. 486.III.17.

Sterndeutung				Traumdeutung	
	Heph. 2,18,22–52 (Hadrian)	Rhet. 5,113–117 (Pamprepios von Panopolis)	Firm. math. 2,29,10–20 (Ceionius Rufius Albinus)		Artem. onir. 1,4 pp. 13,11–14,8 Pack[923]
I: astronomische Daten	2,18,22	5,113,5	2,29,10a	I: Traum (ὄναρ)	p. 13,11–17
II: biographische Daten	2,18,23–24	5,113,1–4	2,29,10b	II: Erfüllung (ἀποτέλεσμα)[924]	p. 13,17–20
III: Kommentar: Kausalnexus von I u. II	2,18,25–52	5,113,6–117[925]	2,29,11–20	III: Kommentar: Relation von I u. II	pp. 13,20–14,7[926]

Tab. 3: Strukturvergleich umfangreicher Horoskope und Traumberichte

---

[923] Über einen Mann, der träumte, ein anderer Mann besiege den Charon im Brettspiel; da er selbst es mit dem Sieger gehalten hatte, verfolgte der wütende Charon ihn in die Herberge 'Zum Kamel'; usw.

[924] Den oneirokritischen *terminus technicus* (s.o. Anm. 162) verwendet Artemidor ebenda p. 13,18. Als Alternative zu ἀποτέλεσμα begegnet auch ἀπόβασις (Artem. onir. 5 prol. p. 301,16–17). Zu ἀποτέλεσμα als astrologischem *terminus technicus* s.u. zu § 31 ἀπετελέσθη.

[925] Darin zwei Dichterzitate, das eine sicher von Dorotheos (Rhet. 5,115,2–3 = Dor. p. 368,9–23 = Dor. frg. 58d St.; cf. Dor. arab. 2,15,28), das andere (Rhet. 5,113,9) nach Cumont (CCAG VIII 4, 1921, p. 222,11) ebenfalls, doch s. die Bedenken von Pingree 1976b, 145,22 app. crit.

[926] Darin befindet sich ein Dichterzitat aus den Liebesgedichten des Euenos von Paros (dazu White 1975, 68[18]); vgl. die vorige Anm. – Zum Schema Traum–Erfüllung–Begründung vgl. auch Artem. onir. 5,78, wo die Elemente des Traums (p. 320,12–19) und die der Erfüllung (pp. 320,19–321,1) sehr genau paarweise miteinander verglichen werden (p. 321,1–6).

Im Einzelnen gliedert sich der Text des Hadrianhoroskops wie folgt:

I § 22: astronomische Daten
II §§ 23–24: knappe Lebensbeschreibung
III §§ 25–52: astrologischer Kommentar
     25: Einleitung
     26–28: Kaisertum
     29–38: körperliche und seelische Qualitäten
        29: körperliche Qualitäten
        30–38: seelische Qualitäten
            30–31: geistig-intellektuelle Qualitäten
            32–33a: berufliche Qualitäten
            33b: speziell kaiserliche Qualitäten
            34–35: Widersacher und deren Überwindung
            36–37: Ehrungen und Wohltätigkeit
            38: Rückkehr zu §§ 30–31
     39–48 Familie
        39–40: Ehe
        41–45: Geschwister
        46: Kinder
        47: Familienkonflikte
        48: Adoption
     49–51: Todesursache
     52: Todeszeitpunkt

Weiterführende Details zur Gliederung des Hadrianhoroskops bietet die Gesamtbesprechung von §§ 23–24 (s.u. S. 656–660).

§ 22

Das Horoskop wird eröffnet durch eine Exposition der astronomischen Daten (Diagramm: s.u. S. 587). Genauso verfährt Antigonos auch in der zweiten und dritten Nativität (**F2** §§ 54–55 u. **F3** §§ 63–64). Es handelt sich hierbei um den in der Genese individueller Horoskope ältesten und – zumindest in der schriftlichen Fixierung – ursprünglich einzigen Teil, wie die erhaltenen babylonischen 'Horoskope'[927] zeigen. Auch die meisten der auf Papyrus, Ostraka oder anderen Materialien gefundenen griechi-

---

[927] 30 Keilschrifttexte für Daten von 410–69 v.Chr.; s.o. S. 207 (Katalog).

schen und demotischen Originalhoroskope [928] bieten nur eine knappe Zusammenstellung der astronomischen Daten. Anders verhält es sich mit den literarischen griechischen Horoskopen, die oft (so wie hier **F1–F3**) zusätzlich zu den astronomischen Daten biographische Informationen bieten und den Kausalzusammenhang dieser heterogenen Daten retrospektiv zu erweisen suchen. – Die weiteren Vorbemerkungen zum lemmatisierten Stellenkommentar zu § 22 (ab S. 635) gliedern sich wie folgt:

a) Tierkreis (S. 566)
b) Planeten (S. 569)
c) Diagramme (S. 581)
d) Symbole (S. 583)
e) Die astronomischen Daten Hadrians (S. 587)
    1. Umfang der Daten (S. 588)
    2. Ordnung der Daten (S. 589)
    3. Korrektheit der Daten (S. 593)
        α) Besprechung des gesamten Datenblocks (S. 593)
        β) Venus (S. 608)
        γ) Aszendent (S. 609)
        δ) Sonne (S. 612)
        ε) Saturn (S. 613)
        ϛ) Der MC-Wert (S. 615)
        ζ) Zusammenfassung (S. 631)
f) Vergleich mit dem *thema mundi* (S. 632)

a) Tierkreis

Während die Kulturgeschichte der sichtbaren Sternbilder im Altertum weit zurückreicht,[929] sind die von den sichtbaren Konstellationen abstrahierten Tierkreiszeichen relativ jung. Dieser mathematische Tierkreis mit 12 Zeichen à 30°, der die Grundlage ekliptikaler Längenangaben (wie hier in § 22) bildet, ist erstmals in babylonischen Keilschrifttexten des späten 5. Jh. v.Chr. belegt.[930] In Griechenland wurde die babylonische

---

[928] S.o. S. 213 u. S. 316 (Katalog).

[929] Vgl. Hübner 2001h.

[930] Nach den jüngsten Studien von J. P. Britton kann die Einführung des mathematisch gleichförmigen Tierkreises auf der Grundlage vielfältiger Beweismittel auf die Zeit zwischen 409 und 398 v.Chr. eingegrenzt werden; s. Britton 2010, 647f.: "We thus have converging evidence from reports of planetary positions, zodiacal nomenclature and

360°-Teilung des Tierkreises wahrscheinlich erst im 3. Jh. v.Chr. übernommen.[931] Sicher belegt ist der 360°-Tierkreis in Griechenland erst im
2. Jh. v.Chr. (Rochberg 2010, 12f.). Zu den Eigenschaften der Tierkreiszeichen in der griechisch-römischen Antike siehe Hübner 1982.[932] Ihre
kanonischen Namen sind: Κριός, Ταῦρος, Δίδυμοι, Καρκίνος, Λέων,
Παρθένος, Ζυγός, Σκορπίος, Τοξότης, Αἰγόκερως, Ὑδροχόος, Ἰχθύες
(lat. *Aries, Taurus, Gemini, Cancer, Leo, Virgo, Libra, Scorpius/Scorpio,
Sagittarius, Capricornus, Aquarius, Pisces*).[933]

Was antike Illustrationen betrifft, ist das älteste bekannte Tierkreis-
monument in Ägypten, dem Ursprungsland der hellenistischen Astrolo-

---

orthography, and the A2 longitude scheme in BM 36822 that the zodiac was introduced
between −408 and −397" (vgl. ebd. 645). Brittons Datierung wird akzeptiert von Jones –
Steele 2011, par. 1 mit Anm. 4. Siehe ferner die etwas älteren Datierungen von Rochberg 1998, 30 (ca. 475 v.Chr.). Hunger 2002, 555 ("um 500 v.Chr.", nach Neugebauer
1975, 593). Rochberg 2004, 130 (ca. 475 v.Chr.). Hunger 2014. Zur mesopotamischen
Astronomie und Astrologie im Allgemeinen vgl. Hunger – Pingree 1999, Brown 2000
und die wichtige Aufsatzsammlung von Galter 1993 (mit reicher Bibliographie auf S.
407–445). – Nach Pettinato existierte der abstrakte Tierkreis mit allen zwölf in späterer
Zeit kanonischen Bildern vom Widder bis zu den Fischen bereits um 600 v.Chr., wie
durch einen neuen Keilschriftfund aus Sippar deutlich sei (Pettinato 1995, 128, vgl. ebd.
122; wiederholt von Pettinato in Adorno et al. 2001, 68; auf ein Schreiben des Verfassers mit Bitte um Details reagierte Pettinato nicht). Siehe auch van der Waerden 1988,
24, der mit Verweis auf eine eigene Keilschriftuntersuchung von 1968 die Überzeugung
vertritt, schon zur Zeit des persischen Königs Darius (521–486 v.Chr.) habe es Ortsbe-
stimmungen mit zodiakalen Grad- und Minutenangaben gegeben. Zum Ursprung des
Tierkreises siehe jetzt bes. Brack-Bernsen – Hunger 1999 mit Datierung des mathematischen Tierkreises "shortly before 400 B.C." (S. 280) und der beachtenswerten neuen
These, der babylonische Tierkreis sei aus der Messung von Bogensegmenten am östlichen Horizont hervorgegangen (ebenso Brack-Bernsen 2000). Panchenko 1999 vertritt
entgegen der *communis opinio* die Auffassung, Oinopides von Chios habe den Tierkreis
entdeckt und die Babylonier hätten ihn von den Griechen übernommen. Das ist aber,
wenn überhaupt, nur im Sinne einer engen Definition – eines gegen den Äquator ge-
neigten Großkreises der Himmelskugel – akzeptabel, denn die Babylonier hatten, soweit
wir wissen, keine geometrischen Modelle (Neugebauer 1975, 3; siehe auch Theo Sm. p.
177,18–20 φέροντες οἱ μὲν ἀριθμητικάς τινας, ὥσπερ Χαλδαῖοι, μεθόδους, οἱ δὲ
καὶ γραμμικάς, ὥσπερ Αἰγύπτιοι; zu Einzelheiten vgl. die Kritik an Panchenko durch
Brack-Bernsen 2000).

[931] So Pingree 1998, 133, mit Verweis auf Neugebauer 1975, 590.

[932] Eine vergleichbare Untersuchung der astrologischen Wirkungen der Tierkreiszeichen
fehlt bisher. Ergänzend zu Hübner s. Bezza 1998, der auch nachantikes Material (arabisch und lateinisch) bietet, und Lib. curios. 1,2 (ed. Rapoport – Savage-Smith 2014).

[933] Vgl. die mittellateinischen, bei Johannes de Sacrobosco (*Tractatus de sphaera*, cap.
II, p. 88 Thorndike) überlieferten anonymen Merkverse: *Sunt Aries Taurus Gemini Can-
cer Leo Virgo | Libraque Scorpius Arcitenens Caper Amphora Pisces* (= Walther 1959,
Nr. 18806). Vergleichbare griechische Merkverse sind nicht bekannt.

gie, der Zodiak der auf ca. 200 v.Chr. datierten Tempeldecke von Esna A (heute zerstört).[934] Umfangreiches weiteres Material zu Darstellungen des Tierkreises im Altertum bietet Gundel 1992. Zu ergänzen ist ein 1997/98 publizierter Fund, bei dem es sich um den bisher einzigen komplett erhaltenen antiken Himmelsglobus handelt. Dieser wurde ca. 150–200 n.Chr. gefertigt und weist die kanonische Zahl von 48 Sternbildern auf (inklusive der 12 Tierkreisbilder).[935]

Parallel zum babylonisch-hellenistischen Tierkreis, der auch menschliche Bilder umfasst,[936] findet sich bei Teukros unter ägyptischem Einfluss und als Teil seiner *Sphaera Barbarica* ein tatsächlich nur aus Tieren bestehender Zwölferkreis, die δωδεκάωρος (mit Beginn beim Widder: Kater – Hund – Schlange – Käfer – Esel – Löwe – Bock – Stier – Sperber – Affe – Ibis – Krokodil).[937] Dieser von Antigonos und den meisten anderen griechischen Astrologen ignorierte 'Zwölfstundenkreis' lässt sich nach Hübner am besten als Metastasen des Sonnengottes in den zwölf Doppelstunden erklären.[938] Auf ihn geht der seit dem 1. Jh. n.Chr. bezeugte ostasiatische Tierkreis zurück.[939]

---

[934] Vgl. Neugebauer – Parker 1960–1969, III 204, u. Behlmer 1986, 12[15].

[935] Vgl. Künzl 1997/98. Künzl 1998. Künzl 2000. – Der bekanntere Atlas Farnese aus augusteischer Zeit ist unvollständig.

[936] Mehr dazu unten im Kommentar zu § 29 ἐν ἀνθρωποειδεῖ καὶ ἀρρενικῷ εἶναι ζῳδίῳ.

[937] Vgl. bes. Hübner 1990, außerdem Boll 1903a, 295–346. R. Böker in Gundel – Böker 1972, 507–509. Hübner 2001h, 968. Hübner 2002f, 557f. – Der in den Quellen als 'Teukros von Babylon' bezeichnete Astrologe stammt nach Pingree 1978a, II 442f., Quack 1995, 121, u. Hübner 2010, I 17, wohl aus dem ägyptischen Babylon (heute: Alt-Kairo; obsolete Gegenstimme: Neugebauer 1957, 189). Er muss spätestens im 1. Jh. v.Chr. gelebt haben, denn *terminus ante quem* sind die *Astronomica* des Manilius (Hübner 2010, I 17). Nach Firm. math. 8,5,1 = Nech. et Pet. frg. 26 kannten 'Nechepsos und Petosiris' die *Sphaera Barbarica* nicht, was ebenfalls für das 1. Jh. v.Chr. (nicht früher) spricht. Weitere Lit. zu Teukros: Boll 1903a, 9f. u. *passim* (s. ebd. Index p. 553). Cumont 1909a, 264f. Gundel 1936a, 140f. 280f. Gundel – Gundel 1966, 112f. van der Waerden 1978, 376 u. 381–383. van der Waerden 1980, 127. Pingree 1982b, 621. Feraboli 1989, bes. 213f. Hübner 1993. Hübner 1994. Hübner 1995a, I 14 u. 92–107. Holden 1996, 31f. Hübner 2001h, 967f. Hübner 2002d. Heilen 2003, 97 u. 102f. Pingree 2004, 549. Hübner 2005c, 188. Hübner 2010, I 16–20. Siehe ferner al-Nad. Fihr. 7,2 p. 643 Dodge.

[938] Hübner 1990, 75f. u. Hübner 2002f, 557.

[939] Vgl. Boll 1912a.

b) Planeten

Einer ausführlicheren Erläuterung bedarf die Nomenklatur der insgesamt sieben der Antike bekannten Wandelsterne, die in den Texten zuweilen (nicht jedoch bei Antigonos) explizit als 'sieben Planeten' oder 'sieben Götter' bezeichnet werden.[940] Ihre Einzelnamen lauten in den Antigonosfragmenten stets Ἥλιος, Σελήνη, Κρόνος, Ζεύς, Ἄρης, Ἀφροδίτη und Ἑρμῆς. Für die fünf echten Planeten[941] Saturn, Jupiter, Mars, Venus und Merkur gab es daneben die der physischen Erscheinung und Farbwirkung Rechnung tragenden Bezeichnungen Φαίνων, Φαέθων, Πυρόεις (zuweilen auch Πυροειδής), Φωσφόρος und Στίλβων, die bei Antigonos nicht belegt sind.

Ursprünglich hatten die Griechen nur den sehr auffälligen Morgen- und Abendstern besonders bezeichnet (vgl. Hom. Il. Ψ 226 ἑωσφόρος, Il. X 318 ἕσπερος), die Identität der beiden aber noch nicht erkannt.[942] Als sie später von den Babyloniern lernten, die fünf Planeten von den Fixsternen zu unterscheiden, folgten sie ihren Lehrmeistern darin, jeden Planeten einer Gottheit zu weihen.[943] Der Vergleich mit dem griechischen Pantheon führte zu folgenden Übertragungen: Ninurta (Ninib) = Kronos,[944] Marduk = Zeus, Nergal = Ares,[945] Ištar = Aphrodite, Nabû = Merkur.[946] Urheber dieser Assimilation waren wahrscheinlich die Pythagoreer; bei Philolaos können wir sie erstmals fassen.[947] Im 4. Jh. v.Chr. hat sich dann die folgende Nomenklatur etabliert: ὁ ἀστὴρ τοῦ Κρόνου, ὁ ἀστὴρ τοῦ Διός, und so fort. Ihrer bedienten sich Eudoxos, Aristoteles, Kallippos und wahrscheinlich auch Theophrast.[948] Die zugrunde liegende Auffassung, dass der Himmelskörper diesem oder jenem Gott heilig sei, ist in Plat. Tim. 38d τὸν ἱερὸν Ἑρμοῦ λεγόμενον (sc. ἀστέρα) erstmals

---

[940] Vgl. den Komm. zu § 37 τῶν ε͞ πλανωμένων (und ergänzend den zu § 26 ἀστέρων).

[941] Im Gegensatz zu den 'Luminaren' Sonne und Mond.

[942] Vgl. Roscher 1902–1909, 2521. Cumont 1935a, 6¹.

[943] Die Divinisierung der Sterne entspricht ältester mesopotamischer Praxis. Schon das sumerische Piktogramm für "Stern" (✳, ca. 3000 v.Chr.) bedeutet zugleich "Himmel" und "Gott" (Pichot 1991 in der dt. Übers. 2000, p. 40).

[944] Vgl. Streck 2001, 518.

[945] Vgl. Wiggermann 1999, 222f.

[946] Vgl. Pomponio 1998, 24.

[947] Vgl. Boll 1908, 119 (= Boll 1950, 19f.), der u.a. auf die Assoziation des Zeus mit der Zwölfzahl und dem Zwölfeck hinweist (cf. 44 A 14 DK), was nur durch die zwölfjährige Umlaufzeit des Planeten Jupiter erklärbar ist. Siehe auch Cumont 1935a, 8f., u. Hübner 1980.

[948] Vgl. Cumont 1935a, 12f.

explizit fassbar. Sehr wichtig ist die Besprechung bei [Plat.] epin. 986e–
987c (bes. 987a οὐκ ὀνόματα ἔσχηκεν ... ἀλλὰ γὰρ ἐπωνυμίαν εἰλή-
φασιν θεῶν).

Der religiöse Charakter dieser Nomenklatur barg jedoch ein doppeltes
Problem: Zum einen entsprechen die semitischen Götter den griechischen
bezüglich ihrer Funktionsbereiche, Mythen und Genealogie nur sehr unvollkommen,[949] was zu alternativen Assoziationen einlädt; zum anderen
repräsentiert das traditionelle griechische Pantheon nur einen Teil der religiösen Vielfalt der hellenistischen Welt, besonders des synkretistischen
Zentrums Alexandria. Aus dem zuerst genannten Grund teilen die babylonischen Astronomen der Seleukidenzeit oder ihre griechischen Schüler
– von diesen Gruppen nimmt der 'chaldäische' Zweig der griechischen
Astrologie seinen Ausgang – die Planeten wie folgt zu: Saturn dem Helios (nicht Kronos), Mars dem Herakles (nicht Ares),[950] Venus der Hera
(nicht Aphrodite) und Merkur dem Apollon (nicht Hermes); nur Jupiter
galt den 'Chaldäern' ebenso wie der pythagoreischen Tradition als Stern
des Zeus.[951] Der zweite Grund ist besonders für die hellenisierten Ägypter relevant: Diese übernahmen zwar die 'chaldäische' Assoziation der
Planeten Mars und Merkur mit Herakles und Apollon, in denen sie wohl
Chons und Horus sahen,[952] zogen aber im Falle Saturns die Identifikation
des chaldäischen Planetengottes Ninurta mit der ägyptischen Göttin Bastet (= griech. Nemesis) vor[953] und assoziierten Marduk und Ištar mit Osiris und Isis.[954]

Wahrscheinlich waren es alexandrinische Astronomen, die der verwirrenden Vielfalt dieser religiösen Nomenklaturen[955] mit der Einführung

---

[949] Cumont 1935a, 14.

[950] Bei Gundel – Gundel 1950, 2033,6, korr. "Hermes" zu "Ares".

[951] Vgl. Cumont 1935a, 14–16. Die 'chaldäische' Tradition ist im sogenannten 'Löwenhoroskop' des Antiochos I. von Kommagene auf dem Nemrud Daği (1. Jh. v.Chr.) belegt; vgl. Cumont ebd. 14[3] (mit obsoleter Datierung), 15[2] u. 16[8].

[952] Vgl. Roscher 1902–1909, 2527, Anm. † (*ubi* "Chunsu", "Horos"), sowie Brunner
1975 und Schenkel 1980, 23[64].

[953] Vgl. Roscher 1902–1909, 2527, Anm. † (*ubi* "Bast"), und den Zusatz Bolls ebd.
2533, Anm. ††, aus der katzenköpfigen Ikonographie der Göttin Bast⟨et⟩ erkläre es sich,
dass (u.a.) die Katzen als Tiere des Saturn gelten. Mehr zu der ägyptischen Katzengöttin
Bastet bei Otto 1975, bes. 629. Vgl. auch den Saturn zugeordneten κλῆρος Νεμέσεως
(Paul. Alex. 23 p. 49,8–10; ausführlicher hierzu im Text S. 815 bei Anm. 1946).

[954] Vgl. Cumont 1935a, 17. Noch anders soll der Historiker Manethon die Planeten
benannt haben (vgl. ebd. 25). Vgl. insg. die Übersicht bei Gundel – Gundel 1950, 2027f.

[955] Vielleicht ist dies der Grund, warum Arat in seinem kurzen Planetenabschnitt (vv.
454–461) keine Namen nennt (vgl. Gundel – Gundel 1950, 2030).

einer für alle Seiten akzeptablen Benennung nach physischen Kriterien begegneten.[956] Die Bildung der Reihe Φαίνων – Στίλβων bot sich um so mehr an, als auch die babylonische Astronomie solche physischen Appellativa als Vorbilder bot.[957] Urheber und Zeitpunkt der Neuerung sind nicht genau zu eruieren:[958] *terminus post quem* ist Aristoteles, *De caelo* 2,8 p. 290a,18–20,[959] *terminus ante quem* ist eine von Ptol. synt. 9,10 p. II 288,9–14 H. referierte Merkurbeobachtung des alexandrinischen Astronomen Dionysios, die auf den 14./15. Nov. 265 v.Chr. datiert ist.[960] Anscheinend war die Reihe Φαίνων – Στίλβων also schon in der ersten Hälfte des 3. Jh. v.Chr. am alexandrinischen Observatorium heimisch, und es gibt Indizien dafür, dass sie auch außerhalb Ägyptens schon bald in wissenschaftlichen Kreisen verbreitet war.[961]

In der Folgezeit erfreute sie sich bei Gelehrten immer größerer Beliebtheit, wurde aber schon bald – spätestens seit dem 2. Jh. v.Chr. – vielfach mit der älteren religiösen Nomenklatur kombiniert: Φαίνων ὁ τοῦ Κρόνου ἀστήρ, Φαέθων ὁ τοῦ Διὸς ἀστήρ, etc. Diese Diktion pflegten Ps.-Eudoxos,[962] Geminus, fast sicher auch Poseidonios und dann viele andere: Adrast, Plutarch, Aetios, Ps.-Aristoteles Περὶ κόσμου, und

---

[956] Vgl. Cumont 1935a, 18f.

[957] Zum babylonischen Vorbild dieser Neuschöpfung vgl. Cumont 1935a, 19f. u. 22. Möglicherweise wurde den Griechen die babylonische Nomenklatur durch ägyptische Vermittlung bekannt; vgl. Gundel – Gundel 1950, 2025 u. 2031. Die konträre Auffassung von Roscher 1902–1909, bes. 2525, die Reihe Φαίνων – Στίλβων sei "echtgriechisch" und die Benennungen nach Göttern erst später nach babylonischem Vorbild hinzugekommen (dieselbe Chronologie vertritt z.B. Bouché-Leclercq 1899, 66[1]), ist obsolet: Im Sinne Cumonts vgl. Gundel – Gundel 1950, 2029, u. Toomer 1998, 450[59].

[958] Cumont 1935a, 23f., erwägt vor allem Berossos und Epigenes von Byzanz; der zuletzt genannte ist aber wohl nicht ins 3. Jh. v.Chr. (ebd. 24) zu datieren, sondern ins zweite (vgl. Hübner 1997d), und kommt daher vermutlich nicht als Urheber in Betracht.

[959] Vgl. Boll bei Roscher 1902–1909, 2522, Anm. *, u. Cumont 1935a, 13.

[960] 18./19. Thot des 484. Jahres der Ära Nabonassars; Umrechnung nach Toomer 1998, 464. Eine spätere Merkurbeobachtung des Dionysos vom 11./12. Febr. 262 v.Chr. (vgl. Toomer 1998, 450) referiert Ptol. synt. 9,7 p. II 264,19 H.; beide Stellen bieten Στίλβων. Vgl. Gundel – Gundel 1950, 2030, wo versehentlich beide Male von Mars die Rede ist; richtig hingegen Jones 1999a, I 285 zu P. Oxy. astron. 4277 (Hor. gr. 150–250b), fr. 1, col. I,2. Zu dem Astronomen Dionysios vgl. Hübner 1997c.

[961] Vgl. Cumont 1935a, 24f., zu Archimedes.

[962] Vgl. Ps. Eudox. ars astr., col. V (Blass 1887, 16, = Ndr. S. 92). Der in Prosa verfasste Papyrus stammt von ca. 190 v.Chr., das verlorene, in Versen verfasste Original jedoch von ca. 300 v.Chr. (so Neugebauer 1975, 687). Maßgebliche Besprechung: Neugebauer 1975, 686–689. Siehe ferner Tannery 1893, 283–294 (frz. Übers.). Jones 1999c, 267. Evans 2004, 32–34.

so fort, bei den Lateinern – in der Nachfolge des Poseidonios – Cicero.[963]
Nur selten werden die Götterattribute strikt gemieden und allein die
astronomisch-wissenschaftlichen Appellativa benutzt (so etwa bei Philon). Schließlich gewinnt die mythisch-religiöse Benennung wieder die
Oberhand und verdrängt die wissenschaftlichen Namen, selbst auf deren
Ursprungsgebiet: Als letzter astronomischer Autor in griechischer Sprache benutzt Theon von Smyrna (*aetas Hadriani*) die Reihe Φαίνων –
Στίλβων nahezu regelmäßig, z.T. in Kombination mit den Götterepony-
mien. Danach fristen die von den Astronomen etablierten Namen nur
noch ein bescheidenes Dasein, zumeist in der astrologischen Dichtung,
wo sie als metrische und stilistische Varianten genutzt wurden (Dorotheos, Anubion, Ps.-Manethon, Maximos, Nonnos etc.), sowie in Handbüchern und Kommentaren zu älteren Autoren, die sonst nicht verständlich
gewesen wären.[964] Während die Reihe Φαίνων – Στίλβων so seit der
Mitte des 2. Jh. n.Chr. bei den griechischen Astronomen und Astrologen
außer Gebrauch kommt (Ptolemaios bietet keinen einzigen Beleg),[965] finden sie ein Nachleben von zweifelhaftem Glanz in der lateinischen Spätantike, die nun in lateinischer Umschrift – *Phaenon, Phaethon* etc. –
übernimmt, was die klassische Latinität sowohl zu übernehmen als auch
zu übersetzen verschmäht hatte.[966] Ungeachtet solcher Raritätenjagd von
Seiten später Kompilatoren und ebenso unberührt vom Widerstand der
christlichen Theologen obsiegte schließlich endgültig die Reihe Κρόνος –
Ἑρμῆς beziehungsweise *Saturnus – Mercurius*.

Als sich im 3. u. 2. Jh. v.Chr. die sogenannte 'neuägyptische' Astrologie (Hauptvertreter 'Nechepsos und Petosiris'), die die griechische Tradition maßgeblich bestimmt, bildete, standen also beide Nomenklaturen
zur Verfügung. Die Astrologen am Nil scheinen aber, soweit über ihre
größtenteils verlorene literarische Produktion vor der Zeitenwende überhaupt ein Urteil möglich ist, die neue, physisch-rationale Terminologie
der Astronomen von Anfang an verschmäht und statt dessen die älteren
Götternamen bevorzugt zu haben.[967] Der Grund liegt auf der Hand: Da
die prätendierte Wirkung der Planeten auf die Erde vom mythisch-reli-

---

[963] Vgl. Cumont 1935a, 26–32, mit Belegen.
[964] Vgl. Cumont 1935a, 37–39.
[965] Auf seltene Ausnahmen in der griechischen Spätantike verweist Cumont 1935a, 41[1].
[966] Vgl. Cumont 1935a, 34 u. 39–42.
[967] Eine Ausnahme sind die frühen iatromathematischen *Prognostica de decubitu* (Ps.-
Galen [wohl = Imbrasios von Ephesos, s.u. Anm. 3386], vol. XIX, pp. 529–573 Kühn),
die die Reihe Φαίνων – Στίλβων bieten (vgl. Cumont 1935a, 27; Φωσφόρος ist in
diesem Text stets ersetzt durch Ἕσπερος).

giös verbürgten Charakter der Gottheiten, die als auf diesen Himmelskörpern wohnend gedacht wurden, abhängt, ist die Divinisierung der
Planeten auch für eine sich wissenschaftlich gerierende Vorhersagekunst
unverzichtbar.[968] So sprachen etwa, wie es scheint, 'Nechepsos und Petosiris' von ὁ τοῦ Κρόνου, ὁ τοῦ Διός, etc., wie aus Val. 7,6,10–20 (nach
Val. 7,6,21 ein wörtliches Nechepsos-Zitat) erhellt.[969] Dieselben Bezeichnungen bietet auch ein Papyrus des 2. Jh. v.Chr. mit meteorologischen
Prognosen.[970]

Zugleich bahnt sich aber während dieser Frühzeit der hellenistischen
Sterndeutung ein bedeutsamer Wandel an, denn man geht nun zunehmend dazu über, die Rede von ὁ τοῦ Κρόνου (ἀστήρ) etc. zu (ὁ) Κρόνος
etc. zu verkürzen. Während der Wandel sprachlich gering ist, impliziert
er auf philosophisch-religiöser Ebene die Aufgabe der alten platonischen
Auffassung, wonach die Planeten materielle Attribute transzendenter,
idealer Wesenheiten sind. Der sichtbare Himmelskörper und der Planetengott sind nun eins, Teil eines materialistisch-pantheistischen Univer-
sums, und die der neuen Nomenklatur immanente Astrolatrie wird schon
bald von Philon und anderen – freilich erfolglos – kritisiert.[971]

Ob die beschriebene Neuerung von den Astrologen ausging oder
diese nur Rezipienten eines generellen Umdenkens waren, ist angesichts
des desolaten Überlieferungszustandes der hellenistischen Literatur nicht
sicher festzustellen. Das früheste Werk, das regelmäßig die Kurzformen

---

[968] Diese *a priori* notwendige Entscheidung wurde vermutlich durch den Umstand begünstigt, dass die Götternamen der Planeten wahrscheinlich auch während der Blüte der
alexandrinischen Wissenschaft außerhalb der Philosophenschulen und Forschungsstät-
ten immer die verbreitetste Ausdrucksweise geblieben sind (vgl. Cumont 1935a, 33). –
Vielleicht tritt als sekundäres Motiv hinzu, dass manche Autoren des konkurrierenden
Zweigs der 'chaldäischen' Astrologie die Reihe Φαίνων – Στίλβων verwendeten (wohl
als direkte Fortsetzung der entsprechenden babylonischen Nomenklatur, nicht über den
Umweg der alexandrinischen Astronomie). Vgl. Cumont 1935a, 21. Bidez – Cumont
1938, 136–139. Boyce – Grenet 1991, 535f. zu den ps.-zoroastrischen *Apotelesmatika*.
Vgl. auch die mythische, nicht physische Deutung bei Val. 6,3,5 ἔνθεν καὶ Βαβυλώνιοι
Φαίνοντα αὐτὸν προσηγόρευσαν, ἐπεὶ πάντα τῷ χρόνῳ φανερὰ γίνεται.

[969] Vgl. darin bes. Val. 7,6,12 (Nech. et Pet. frg. 21,54) ὁ τοῦ Διός. Val. 7,6,15.17 (frg.
21,72.80) τὸν τοῦ Κρόνου. Val. 7,6,17 (frg. 21,78) τὸν τοῦ Ἄρεως. Val. 7,6,18 (frg.
21,83) ὁ τοῦ Κρόνου.

[970] Vgl. Wessely 1900, 2 (frg. 1, coll. 3.7.12.16).

[971] Vgl. Cumont 1935a, 35f. Beachtenswert ist der späte 'homerische' Hymnos auf Ares,
ein Gebet an den Planetengott, wie die Verse 6–7 zeigen: πυραυγέα κύκλον ἑλίσσων |
αἰθέρος ἑπταπόροις ἐνὶ τείρεσιν κτλ. (vgl. Pfeiffer 1916, 105). Der Verfasser ist
wohl Proklos: vgl. West 1970 u. Càssola 1992, 297–299. Vgl. auch das Gebet an die
Planetengötter bei Firm. math. 1,10,14–15.

Κρόνος, Ζεύς, Ἄρης etc. verwendet, ist ein astrologisches Handbuch, von dem P. Mich. III 149 Fragmente überliefert.[972] Das Zeugnis der durch Valens und Hephaistion tradierten Fragmente aus 'Nechepsos und Petosiris' ist uneinheitlich,[973] die byzantinischen Exzerpte aus frühen Autoren wie Serapion, Kritodemos, Thrasyllos und Balbillos sind terminologisch unzuverlässig.[974] Ergiebig sind hingegen die Originalhoroskope: In den Papyri ist die 'vereinfachte' Diktion von Anfang an Standard, schon die zwei frühesten erhaltenen Exemplare (Ende 1. Jh. v.Chr.) belegen ihn.[975] Nur in besonders elaborierten Papyrushoroskopen begegnet im Einleitungsteil die kombinierte Diktion vom Typ Φαίνων ὁ τοῦ Κρόνου (ἀστήρ) etc., die im weiteren Verlauf dieser Texte aber den üblichen Kurznamen weicht. Es handelt sich also nur um gelehrte Ornamente.[976]

---

[972] Dieser hochinteressante, von Robbins 1936 edierte astrologische Papyrus unbekannter Herkunft ist paläographisch dem 2. Jh. n.Chr. zuzuordnen, basiert aber auf älterem Material, wovon vieles aus anderen Quellen nicht bekannt ist. Der Verfasser hat Quellen von sehr verschiedenem Niveau ohne tieferes Verständnis exzerpiert, darunter z.T. auch astronomisches Material. Neugebauer 1972 sieht enge Parallelen mit Plinius, was auf eine gemeinsame frühere Quelle deute, vielleicht aus der Zeit vor Apollonius. Weitere Lit.: Aaboe 1963. Neugebauer – van Hoesen 1964, 60, Nr. 118 (mit verbesserten Lesungen). Neugebauer 1975, 805–808.

[973] Vgl. Cumont 1935a, 33¹.

[974] Vgl. CCAG VIII 3 (1912), pp. 99–104, u. CCAG VIII 4 (1921), pp. 227. 235–138.

[975] Vgl. BGU III 957 = Hor. gr. –9.VIII.14 u. P. Oxy. IV 804 = Hor. gr. –3.X.2; s. ferner den Kommentar von Baccani 1992, 43 (bes. Anm. 4), zu dem Ausdruck ἑπτὰ θεοί in P. Par. 19bis (Hor. gr. 137.XII.4, Version c), col. I,1 u. P. Lond. I 130 (Hor. gr. 81.III.31), col. I,7–8.

[976] Vgl. P. Oxy. II 307 (Hor. gr. 46.I.3), Z. 6.8.10f.13.16 (stets ohne ἀστήρ). P. Lond. I 130 (Hor. gr. 81.III.31), Z. 96f.108f.126f.138f.157f. (stets mit ἀστήρ). P. Lond. I 98 (Hor. gr. 95.IV.13), Z. 30.36.42.48.53 (stets ohne ἀστήρ, bei Mars Z. 42 verkürzter Ausdruck mit Umkehrung der Reihenfolge: αρης πυροῖς). P. Paris 19bis (Hor. gr. 137.XII.4), col. II,1 Φαίνων (die folgenden Wörter und die Planetennotate zu Jupiter bis Merkur sind verloren). P. Oxy. astron. 4277 (Hor. gr. 150–250b), fr. 1, col. I,2 Στίλβων ὁ τοῦ Ἑρμοῦ ἀστήρ (die Daten zu Saturn bis Venus sind verloren). P. Ryl. 524 (Hor. gr. 200–300⁽⁷⁾b), Z. 16–17 Ἀφροδείτη φωσφόρος u. 26–27 Ἑρμῆς στίλβων (übrige Namen zerstört). P. Oxy. astron. 4283 (Hor. gr. 250–350b), fr. 1, Z. 4 Πυρόεις ὁ τοῦ Ἄρεος ἀστήρ u. fr. 2, Z. 1 Στίλβων ὁ τοῦ Ἑρμοῦ ἀστήρ (beide Zeilen z.T. ergänzt). – Ein Sonderfall ist der Horoskop-Graffito Hor. gr. 176.VII.3–5 aus Dura Europos, der (mit abgekürzten Endungen) die vollständige Reihe Φαίνων – Στίλβων bietet. Es handelt sich nicht um ein Luxushoroskop, sondern um ein Produkt des unter parthischer Herrschaft kulturell isolierten unteren Euphrattals, in dem ältere hellenistische Traditionen bis zum Ende des 2. Jh. n.Chr. fortlebten (vgl. Cumont 1935a, 22). Der siebenfache Horoskop-Graffito Hor. gr. 219.I.9, ebenfalls aus Dura Europos, bietet ein halbes Jahrhundert später die Kurzformen Κρόνος, Ζεύς, etc.

Die Astronomen übernahmen schließlich die bei den Astrologen (z.B. Vettius Valens) bereits zum Standard gewordene verkürzte Ausdrucksweise. Nur Ptolemaios rekurriert noch regelmäßig (besonders in den astronomischen Schriften) auf die Nomenklatur ὁ τοῦ Κρόνου (ἀστήρ) etc., vielleicht in Nachahmung des aristotelischen Usus. Die Kurzformen (ὁ) Κρόνος, (ὁ) Ζεύς etc. benutzt er überhaupt nur in den *Apotelesmatika*, und auch dort nur verhältnismäßig selten.

Die verkürzte Benennung wurde durch die allegorische Mytheninterpretation der Stoiker begünstigt und seit der augusteischen Zeit durch die Ausbreitung der astrologischen Planetenwoche bis in die letzten Winkel des römischen Reiches getragen.[977] In der lateinischen Literatur halten beide Ausdrucksweisen gegen Ende der Republik Einzug, die verkürzte sogar früher, als sie sich im Griechischen sicher belegen lässt. So finden wir neben *stella* beziehungsweise *sidus Saturni, Iovis, Martis, Veneris, Mercurii* (vgl. Cic. nat. deor. 2,52–53.119)[978] gleichzeitig, wenngleich anfangs seltener, Kurzformen wie *Mars* (Cic. nat. deor. 2,119), *Mercurius* (Cic. Tim. 29) und *Venus* (zuerst bei Manil. 1,808). Dass dabei oft nicht astrologische Auffassung vorliegt, sondern nur die Bequemlichkeit obsiegt, versteht sich von selbst.

Kommen wir nun zu Antigonos. Für die Epiklesen Φαίνων – Στίλβων bietet er, wie zu erwarten, keine Belege. Die Planeten sind durchweg nach der mythisch-religiösen Nomenklatur benannt. Während unter den insgesamt 83 Fällen in Heph. 2,18,22–76 (= **F1–F6**), von denen 17 auf Κρόνος entfallen, 16 auf Ζεύς, 18 auf ῎Αρης, 17 auf ᾿Αφροδίτη und 15 auf ῾Ερμῆς, die Kurzformen dominieren, findet vereinzelt, ähnlich wie in den *Apotelesmatika* des Ptolemaios, die ältere Diktion Anwendung: vgl. **F1** §§ 33b u. 48 ὁ τοῦ Διός, § 36 τὸν τοῦ Διὸς ἀστέρα, §§ 41 u. 45 τῷ τοῦ Διός, **F3** § 64 ὁ τοῦ ῎Αρεως ἀστήρ, § 66a τὸν τοῦ ῾Ερμοῦ καὶ Κρόνου, **F4** § 67 ὁ δὲ τοῦ ῎Αρεως. Von den acht Ausnahmen (= ca. 10%) betreffen also fünf Ζεύς, zwei ῎Αρης, eine ῾Ερμῆς und Κρόνος. Von ᾿Αφροδίτη ist ausnahmslos in der Kurzform die Rede.[979]

---

[977] Vgl. ἡμέρα Κρόνου, ἡμέρα Διός, etc., lat. *dies Saturni* (so schon Tib. 1,3,18), *dies Iovis*, etc. Zur Genese der Planetenwoche vgl. Zerubavel 1985, 5–26 ('The Origins of the Seven-Day Week').

[978] Weitere Belege bei Cumont 1935a, 35[1].

[979] Vgl. Aelius Aristides, der bei der Vorstellung seines Horoskops (Hor. gr. 117.XI.26) Jupiter zweimal als ὁ τοῦ Διὸς ἀστήρ bezeichnet, Merkur hingegen einfach als ῾Ερμῆς (Ael. Arist. or. 50,58 [sacr. serm. 4,58] p. II 440,21–28 Keil; die übrigen Planeten finden dort keine Erwähnung).

Dieser Befund erlaubt im Vergleich mit den umfangreichen Ptole-
maiosexzerpten des Hephaistion, die eine Kontrolle des Originals gestatten, Rückschlüsse auf den Umgang unseres Kompilators mit dem Antigonostext und auf die Exaktheit seiner Transkription. Da der Unterschied
zwischen den Kurzformen Κρόνος, Ζεύς etc. und der Reihe ὁ τοῦ Κρόνου (ἀστήρ), ὁ τοῦ Διὸς (ἀστήρ) etc. scheinbar belanglos ist, darf man
sich ein besonders deutliches Bild von der Detailtreue des Hephaistion
erhoffen, der selbst wahrscheinlich die Kurzformen Κρόνος, Ζεύς etc. zu
verwenden pflegte.[980]

Aus Gründen der Arbeitsökonomie beschränken wir die folgende
Analyse auf den Fall des Ζεύς, von dem wir ein besonders deutliches Ergebnis erwarten dürfen, da er in dem Antigonosexzerpt (Heph. 2,18,22–
76) ja, wie gesagt, am häufigsten von allen Planetengöttern in der älteren
Appellation ὁ τοῦ Διὸς (ἀστήρ) vorkommt. Zur Identifikation der Ptole-
maiosexzerpte Hephaistions folgen wir dem Apparat Pingrees (1973).[981]
In diesen Passagen, die ziemlich gleichmäßig über Heph. 1,1–2,26 ver-
teilt sind,[982] finden sich insgesamt 77 Ζεύς-Erwähnungen,[983] die unseren
Autor, zumindest was die Planetenbenennungen angeht, als ziemlich ver-
lässlichen Bewahrer des Originals erkennen lassen. Das Ergebnis der
Analyse gliedert sich wie folgt: 36mal übernimmt Hephaistion die ältere
Form ὁ τοῦ Διός.[984] An 17 Stellen, wo Ptolemaios die Kurzform (ὁ) Ζεύς
bietet, übernimmt Hephaistion auch diese exakt.[985] Aus der ὅρια-Tabelle
Ptol. apotel. 1,21,28–29, die schon Ptolemaios gewiss nicht mit den
umständlichen Appellationen, sondern mit den Kurzformen oder (so alle
Hss.) mit Symbolen beschriftet hatte, zitiert Hephaistion legitimerweise

---

[980] Vgl. die oben umrissene Entwicklung der Spätantike. Der Usus des Hephaistion lässt
sich nicht sicher fassen, da er auf Schritt und Tritt ältere Quellen kompiliert und darüber
nur sporadisch Rechenschaft ablegt. Aus seinem eigenen Horoskop, das er dreimal bespricht (Heph. 2,1,32–34. 2,2,23–27. 2,11,7; = Hor. gr. 380.XI.26), erwähnt er leider nur
die Positionen von Sonne und Mond. Somit helfen die einzigen sicher authentischen
Passagen nicht weiter.

[981] Die Epitomai (Pingree 1973–1974, vol. II) wurden nicht einbezogen.

[982] Der übrige Hephaistiontext (2,27–3,47), der zwei Fünftel des Gesamtumfangs ausmacht, enthält keine Ptolemaiosexzerpte.

[983] Ausgeschlossen sind hier bereits solche Textstellen, die vom Editor wegen Blattverlust oder *lacunae* im Paris. gr. 2417 (**P**) aus Ptolemaios selbst suppliert wurden (cf. pp.
138,10.27. 151,26.30. 152,12. 182,24 P.).

[984] Cf. pp. 33,16.29. 34,4.11.14.15.29.32. 35,11. 36,7.12.18. 48,19. 49,23. 98,20. 99,19.
107,28. 139,19. 141,14. 148,15. 149,12. 153,18. 154,9.14. 169,4.10.18. 170,2.10.19.
175,2. 176,17.20. 186,27. 188,3. 192,22 P.

[985] Cf. pp. 73,25. 106,16.19. 107,16. 128,9. 129,4. 173,14.18. 174,2. 176,6.8. 178,21.
182,18.23.25. 185,9. 195,16 P.

unter Verwendung der Kurzformen (12x).[986] Diesen 65 (36 + 17 + 12) Fällen exakter Wiedergabe stehen 12 Fälle gegenüber, in denen Hephaistion ὁ τοῦ Διός zu (ὁ) Ζεύς verkürzt. Dabei ist stets ein besonderer Grund erkennbar: Die ganz kurzen Paragraphen Heph. 1,2.6.9.10.12 (zusammen ca. 7 Teubnerzeilen), die je einen Ζεύς-Beleg liefern,[987] resümieren ohne Quellenangabe Ptol. apotel. 1,4,5. 1,5,1–2. 1,6,1. 1,7,1 (zusammen ca. 40 Teubnerzeilen), hier liegt also eigentlich kein mit dem Antigonosexzerpt vergleichbarer Fall vor. Ein weiterer Sonderfall ist Heph. 1,3–5 = Ptol. apotel. 1,9: Ptolemaios listet dort die Planetenqualitäten aller wichtigen Fixsterne auf. Nach Dutzenden von exakten Übernahmen der ptolemäischen umständlichen Formen in diesem Kapitel erlaubt Hephaistion sich in 5 der insgesamt 21 relevanten Fälle, das stereotype τῷ τοῦ Διός zu Διί zu verkürzen.[988] In den verbleibenden drei Fällen ist jeweils τοῦ τοῦ Διός zu τοῦ Διός verkürzt, eine bewusste oder unbewusste Haplographie, für die sowohl Hephaistion als auch ein früher Kopist verantwortlich sein kann.[989] Hephaistion reproduziert sogar Schwankungen in der Diktion des Ptolemaios, die angesichts des oben dargelegten Antigonosbefundes von besonderem Interesse sind, auf penible Weise. Das zeigt Kapitel 2,9, welches Hephaistion ohne erneute Nennung seiner Quelle aus Ptol. apotel. 3,9 übernimmt. Das Original erwähnt dort in geringem Abstand zweimal die Planetengötter Ζεύς, Ἀφροδίτη und Ἑρμῆς, benutzt aber an der ersten Stelle (3,9,2) die drei Kurzformen, an der zweiten (3,9,4) die drei älteren Genetivkomposita. Hephaistion übernimmt diese Benennungen ohne Änderung (2,9,4–5). Es verdient, betont zu werden, dass Hephaistion in keinem einzigen Fall eine Kurzform des Originals zu dem Typ ὁ τοῦ Διός ändert.

Der übrige, nicht auf Ptolemaios fußende Hephaistiontext liefert, soweit er nicht wegen Blattverlust oder *lacunae* im Paris. gr. 2417 (**P**) aus den Epitomai suppliert werden muss,[990] weitere 108 Ζεύς-Belege, davon 101mal die Kurzform (ὁ) Ζεύς[991] und 7mal den Typ ὁ τοῦ Διός.[992]

---

[986] Cf. pp. 5,5. 7,10. 9,9. 11,11. 13,17. 15,18. 17,23. 20,1. 22,20. 25,8. 27,11. 29,17 P.

[987] Cf. pp. 31,14.18.21. 32,4 P.

[988] Cf. pp. 34,22.26. 35,14.18.23 P.

[989] Cf. pp. 154,16. 176,27. 189,3 P.

[990] Cf. pp. 219,14.17. 287,21 (bis). 302,20. 304,4.5. 306,15. 308,23. 310,9. 313,2. 315,19.21. 317,4. 320,1.3. 331,23. 332,5.18.27.36 P.

[991] Es handelt sich zum Teil um Dorotheosparaphrasen (cf. ex. gr. pp. 177,7.16. 178,1.8.11. 180,9. 199,10.16 P.), vereinzelt auch um Exzerpte aus 'Nechepsos und Petosiris' und Porphyrios (cf. pp. 69,14. 70,24. 72,22 P. = Nech. et Pet. frg. 12 sowie p. 75,18 P. = Nech. et Pet. frg. 10 [die Authentizität beider Fragmente ist zweifelhaft, s. Pingree 1974b, 548]; p. 41,7 P. [2x] = Porph. isag. 29 p. 204,23–24).

Wir dürfen also mit einiger Wahrscheinlichkeit davon ausgehen, dass die Planetenbenennungen in Heph. 2,18,22–76 dem Wortlaut des Antigonos entsprechen. Vielleicht wollte dieser den traditionellen Göttervater und Himmelsherrscher im Horoskop Hadrians, des irdischen Herrschers, hervorheben, indem er ihn dort – und nur dort – nicht durchweg mit den Kurzformen benannte.

Da Hephaistion die originale Nomenklatur des Antigonos bewahrt zu haben scheint, stellt sich die Frage, wie getreu diese in der deutschen Übersetzung wiedergegeben werden kann. Drei Probleme sind zu erwägen: a) ob die griechische Unterscheidung in Kurzformen vom Typ Ζεύς und Eponymien vom Typ ὁ τοῦ Διός imitiert werden sollte, b) ob die griechischen Götternamen oder ihre lateinischen Entsprechungen den Vorzug verdienen, c) ob und wie dem gravierenden Umstand Rechnung getragen werden kann, dass das Geschlecht der Luminare im Deutschen (*die* Sonne, *der* Mond) konträr zu der griechisch-römischen Auffassung ist. Nach der Ansicht des hiesigen Verfassers wäre eine extrem wörtliche Wiedergabe vor dem Hintergrund einer in der Astronomie und Astrologie der Neuzeit fest etablierten lateinischen Nomenklatur artifiziell.[993] Die Übersetzung bedient sich daher durchweg der im Deutschen üblichen Benennungen: (die) Sonne, (der) Mond, Saturn, Jupiter, Mars, Venus, Merkur. Textstellen, deren astrologischer Sinn dadurch verdunkelt werden könnte, klärt der Kommentar.

Neben der schriftlichen Darlegung der Planetenpositionen gab es eine nur spärlich dokumentierte, im Bereich der persönlichen Konsultation aber vermutlich weit verbreitete Gepflogenheit, verschiedene Halbedelsteine oder Metalle als Stellvertreter der Planeten und des Aszendenten auf eine kreisförmige Scheibe (πίναξ) zu legen und so einen bestimmten Sternenstand zu illustrieren. Zeugnisse dafür sind P. Wash. Univ. inv. 181 u. 221 (saec. II/III)[994] sowie Ps.-Kall. Hist. Alex. Magn. 1,4,5 in der bekannten Szene, wo der Ägypter Nektanebos den besten Zeitpunkt für

---

[992] Cf. pp. 21,14. 25,17. 203,30. 206,5. 233,11 (= Dor. fr. 73a St.). 242,21. 256,19 P. – Eine stichprobenhafte Prüfung der ca. 300 die übrigen Planeten betreffenden Appellationen bestätigt das im Falle von Ζεύς gewonnene Ergebnis.

[993] Anders könnte man urteilen, wenn – anders als hier – eine speziell emische (s.o. S. 7) Übersetzungsmethode (z.B. für ein breiteres Lesepublikum ohne klassisch-philologische Vorbildung) angestrebt wird. Dafür siehe Heilen (demnächst A).

[994] Vgl. Packman 1988 sowie die Konjekturen von West 1989, 32. Siehe ferner Betz 1992, I 312.

die Niederkunft der Olympias ermittelt.[995] Nur sehr wenige πίνακες dieser Art sind aus der Antike erhalten; darunter verdienen die 1967 gefundenen Tafeln aus Grand (Vogesen) besondere Beachtung.[996] Wahrscheinlich hat Plutarch diesen Usus im Sinn, wenn er die Astrologie nach dem zentralen Utensil nicht-schriftlicher Konsultation als ἡ περὶ τὸν πίνακα μέθοδος bezeichnet.[997] Der handliche πίναξ ist dabei ein Abbild des mit demselben Terminus bezeichneten Himmelsrunds, entsprechend der geläufigen Analogie von Mikrokosmos und Makrokosmos.[998] In demselben

---

[995] Der Washingtoner Papyrus empfiehlt Planetenmarker aus Gold für die Sonne (χρύσεος), aus Silber für den Mond (ἀργύρεος), aus einem schwarzen Stein – Obsidian? – für Saturn (ἐκ λίθου ὀψιανοῦ), aus apfelrotem Onyx für Mars (ἐκ μηλοβαφοῦς σαρδόνυχος), aus goldgeädertem Lapislazuli für Venus (σαππιρίνη περίχρυσος ῥαντιστή), aus Türkis für Merkur (καλλάινος) und aus einem weißblauen, leicht kristallartigen Stein für Jupiter (ἀερίνου λίθου ὑποκρυστάλλου; vgl. Text, Übers. u. Komm. bei Packman 1988, 92–94). Das Material des Aszendentenmarkers ist nicht mehr lesbar; das Adjektiv πυξίνη bezieht sich wohl auf die hölzerne Scheibe. – Pseudo-Kallisthenes a.a.O. nennt, dem königlichen Ambiente entsprechend, besonders kostbare Materialien: eine Scheibe aus Elfenbein, Ebenholz, Gold und Silber (vgl. Hom. Od. 4,73 u. Val. 7,1,3), dazu Planetenmarker aus Kristall (Sonne), Stahl (Mond), Hämatit (Mars), Smaragd (Merkur), Ätherit (Jupiter), Lapislazuli (Venus), Ophites (Saturn) und weißem Marmor (ASC). Siehe auch Ps.-Kall. Hist. Alex. Magn. 1,14,2, wo Nektanebos, als Alexander bereits herangewachsen ist (1,14,1), erneut seinen Pinax hervorholt, um eine Frage der Olympias zu beantworten; diese Szene führt zum Tod des Nektanebos. (Diesen beiden Stellen aus der *Recensio α sive vetusta* entspricht Rez. β 1,4 p. 6,8.13 Bergson πινακίδιον ... πίνακος u. ebd. 1,14 p. 20,11 πίνακα; weitere Belege in den übrigen Rezensionen des Textes). – Noch anders ist die Zuordnung von Planeten und Steinen im ersten astrologischen Lapidar im Steinbuch des Damigeron und Evax; dazu Quack 2001, 339–341. – Zu den von griechisch-römischen Gemmenschneidern benutzten Materialien s. Richter 1968, 8–13 (mit farbigen Abbildungen und Legende ibid. 10f.) u. Spier 1992, 5–10 (mit sehr guten Abb. S. 7–10); s. auch Michel 2001.

[996] Gesamtpublikation: Abry 1993a (Sammelband); darin zur Funktion der Tafeln bes. Gury 1993, 131 (Vergleich mit der Nektanebos-Szene und Verweis auf ähnliche Funde), und Abry 1993c, 156. Siehe auch Künzl 2005, 14f. (mit Abbildungen). – Siehe ferner die von Nenna 2003 publizierte Glasscheibe aus Douch (Oase Kharga), bei der es sich wahrscheinlich ebenfalls um einen Pinax handelt. Leider sind nur Fragmente des äußeren Kreises der Bemalung erhalten, auf dem die Dekane dargestellt sind. Der Durchmesser der vermutlich ins 3. oder 4. Jh. n.Chr. zu datierenden Scheibe betrug 17 cm (Nenna 2003, 365). Ein weiterer Neufund sind die Fragmente des aus Elfenbein gefertigten Tierkreisrings von Nakovana (Kroatien), die die Autoren der Erstpublikation als Reste eines astrologischen Pinax deuten und sehr früh datieren: Als *terminus ante quem* geben sie das Jahr 35 v.Chr. an, vermuten aber, dass das Objekt ins späte 2. Jh. v.Chr. zu datieren ist (Forenbaher – Jones 2011, 425 u. 433, ebenso Forenbaher – Jones 2013, 7 u. 20).

[997] Plut. Rom. 12,3; vgl. Packman 1988, 87.

[998] Vgl. z.B. den Titel des astrologischen Werks des Thrasyllos: Πίναξ πρὸς Ἱεροκλέα (cf. CCAG VIII 3, 1912, pp. 99–101). Eine Mittelstellung zwischen dem handlichen

Sinne lautet der Titel des langen Rhetorios-Kapitels über die Wirkungen der 12 Orte der Dodekatropos (Rhet. 5,57 = CCAG VIII 4, 1921, pp. 126–174) Ἀποτελέσματα τοῦ πίνακος. Der astrologische *terminus technicus* πίναξ begegnet in Texten aus dem römischen Ägypten auch in transliterierter demotischer Form.[999] Soweit wir wissen, waren auf den Himmelsscheiben oft nicht nur die Tierkreiszeichen vermerkt, sondern auch die ägyptischen Dekane, die Zeichen der Dodekaoros und die Planetenbezirke.[1000] Erwähnung verdient im Kontext dieser πίνακες auch die runde Tierkreisplatte der *Cena Trimalchionis* (Petron. 35), auf deren zwölf Segmenten nicht Planetenmarker, sondern Speisen liegen.[1001] Vgl. weiter Val. 6,2,20–22, wo ein Spiel mit weißen und schwarzen Spielsteinen als Bild des Lebens besprochen wird.

πίναξ des Astrologen und dem großen wahren Himmelsrund ist das Himmelsgemälde im Winterbad von Gaza, das Johannes von Gaza beschreibt (Ἔκφρασις τοῦ κοσμικοῦ πίνακος τοῦ ὄντος ἐν τῷ χειμερίῳ λουτρῷ, ed. Friedländer 1912).

[999] Z.B. P. Dem. Mag. (= P. London-Leiden), col. IV, l. 21; dazu siehe Griffith – Thompson 1904, 43. Merkelbach – Totti 1991, 77–82 (bes. 80). Dieleman 2005, 123–126 u. 313–314 (mit Abb. ebd. 124, fig. 4.2). Dieser Papyrus enthält eine Vorschrift für ein Ritual "which claims to make a god appear in a dream, who will answer any question the practitioner poses" (Dieleman 2005, 123). Teil dieses Rituals ist es, einen πίναξ (Z. 21) auf einen Stapel Ziegel zu legen und auf den πίναξ sowohl die Planetenmarker als auch einen Papyruszettel, auf dem die Frage notiert ist, zu legen. Der Text, der die demotische Übersetzung einer griechischen Quelle ist, transliteriert das Wort πίναξ als *pyngs / pynʿks*. Der Hinweis des Textes auf die Planetenmarker ('Sterne') zeigt, dass der genannte πίναξ das typische Utensil der Astrologen ist. Dieleman 2005, 123 u. 313, und Aufrère 2000, 109[75], missverstehen die Bedeutung (wegen LSJ s.v. πίναξ).

[1000] Vgl. z.B. die Tafeln von Grand (Abry 1993a) und die Marmorplatte Daressys (Abb. bei Daressy 1916, Taf. 2, u. Gundel 1992, 226f., Nr. 62). Vgl. ferner Sext. Emp. adv. math. 5,37, der mitteilt, unter den Astrologen herrsche Uneinigkeit über die genaue Verteilung der Planetenbezirke, was auch bei der Gestaltung ihrer πίνακες zu erheblichen Diskrepanzen führe: περὶ ὧν [sc. ὁρίων] οὐχ ἡ τυχοῦσα παρ᾽ αὐτοῖς ἐστι καὶ κατὰ τοὺς πίνακας διαφωνία.

[1001] Vgl. bes. Petron. 35,2 *rotundum enim repositorium duodecim habebat signa in orbe disposita, super quae proprium convenientemque materiae structor imposuerat cibum: super Arietem cicer Arietinum, etc.* Vgl. hierzu Salza Prina Ricotti 1982–1984, 246, wonach archäologische Untersuchungen des Tischgeschirrs und ähnlicher Gegenstände zeigen, dass man bei Petron in der Regel davon ausgehen darf, dass es sich um übertriebene oder ins Lächerliche gezogene Beschreibungen realer Gegenstände handelt. Zodiakale Essplatten müssen existiert haben, da Petron nicht zu Erfindungen neigt und ein Parallelfall durch ein Fragment des Komödiendichters Alexis bei Athenaios überliefert ist (Salza Prina Ricotti 1982–1984, 247–249). Zur Zodiakalplatte des Trimalchio s. auch Hübner 2003c, 89–91, mit weiterer Literatur.

c) Diagramme

Von der soeben erläuterten Methode, den Stand der Sterne mit Hilfe einer echten Tierkreisscheibe (πίναξ) zu veranschaulichen, ist der Übergang zur schriftlichen Illustration durch kreisförmige Diagramme fließend. Die Kreisform des Diagramms ist durch antike Papyrushoroskope wie P. Oxy. II 235 (Hor. gr. 15–22)[1002] nachgewiesen. Vgl. auch die Horoskop-Graffiti aus Dura Europos (Hor. gr. 176.VII.3–5. Hor. gr. 219.I.9. Hor. gr. 200–300[(?)]a), die alle kreisförmig gezeichnet sind und eine Vierteilung durch Horizont- und Meridianlinie aufweisen.[1003] Etwas anders konzipiert ist der spätantike Horoskop-Graffito aus dem Tempel des Sethos I. in Abydos (Hor. gr. 353.IX.21–22).[1004] Nachdem im arabischen und lateinischen Mittelalter – möglicherweise unter fernöstlichem Einfluss[1005] – quadratische Diagramme die antike Kreisform verdrängt haben, ist sie in der Gegenwart wieder die übliche Form der astrologischen Illustration.[1006]

Die Handschriften der Antigonos-Überlieferung bieten mehrere Diagramme (s. die folgende Tabelle), die vermutlich allesamt byzantinische Zugaben sind. Wir wissen zwar durch **T1** allgemein, dass Antigonos seinen Text durch astronomische Diagramme illustriert hat, und besitzen, was speziell Horoskop-Diagramme betrifft, Nachrichten über deren Einbindung in die Lehrbücher anderer Autoren.[1007] Dass aber die hier fragli-

---

[1002] Abbildung bei Neugebauer – van Hoesen 1959, 18.

[1003] Im Falle des siebenfach ausgeführten Graffito Hor. gr. 219.I.9 gilt dies für die Diagramme der Versionen (a) bis (e) bei Neugebauer – van Hoesen 1959, 54–56. Vgl. die Abbildung bei Gagé 1954, 153 (dieser Beitrag ist im Übrigen mit größter Vorsicht zu lesen, vgl. Neugebauer – van Hoesen 1959, 54[10]).

[1004] Abb. bei Pedrizet – Lefebvre 1919, 116. Es handelt sich um ein kreisförmiges Diagramm mit zwölf äqualen Sektoren, die mit den Namen der Tierkreiszeichen beschriftet sind. Das Diagramm ist nicht nach dem Horizont ausgerichtet, sondern so, dass der Widder (= κεφαλὴ κόσμου, cf. Heph. 1,1,3) oben ist. Der als Aszendent gekennzeichnete Steinbock befindet sich im rechten unteren Quadranten.

[1005] Diese These vertritt Thomann 2008 (s. bes. ebd. 113 die Abb. eines chinesischen Diagramms). Falsch ist jedenfalls Brand 2000, 65, der die viereckigen Diagramme auf die Griechen zurückführt.

[1006] Zu den verschiedenen Formen astrologischer Diagramme vgl. Bouché-Leclercq 1899, 281 u. 285. Stegemann 1931/32, 358. Neugebauer – van Hoesen 1959, 163 (u. ebd. 156 mit Abb. des Diagramms zu Hor. gr. 497.X.28 aus dem cod. Laur. 28,34). North 1986, 2.

[1007] So soll Thrasyllos in seinem 'Pinax' ein Diagramm des *thema mundi* gezeichnet und dann besprochen haben; vgl. CCAG VIII 3 (1912), p. 100,27–30 (zitiert und übersetzt unten S. 633 bei Anm. 1221). Zu Diagrammen in astronomischen Schriften s.o. S. 497.

chen Diagramme nicht auf Antigonos zurückgehen, machen zahlreiche Indizien wahrscheinlich: das Fehlen jeglicher Textverweise auf die Diagramme, ihre uneinheitliche Überlieferung, die unterschiedliche Detailfülle, zum Teil auch anachronistische Elemente und Rechenfehler. Alle Diagramme sind, der nachantiken Entstehungszeit der Handschriften entsprechend, quadratisch.

Hss.	**F1** § 22	**F2** §§ 54–55	**F3** §§ 63–64
P		● (von 2. Hand)	
IJK (Ep.[4])		●	
M (Ep.[4])	●	●	
U (Exc.[1])	●		
m (Exc.[1])	(war geplant)		
C (Exc.[2])		●	●

Tab. 4: Handschriftliche Diagramme der Textüberlieferung von **F1–F3**
(● = Diagr. vorhanden, ▓▓ = die Hs. überliefert das Frg. nicht)

Im Diagramm des cod. **U** (Exc.[1]) zu § 22 ist die Dodekatropos anscheinend gemäß dem nach Porphyrios benannten System abgeteilt. Die Orte sind wie folgt bemessen:

I 37°, II 39°, III 37°   IV 23°, V 22°, VI 22°
VII 37°, VIII 39°, IX 37°   X 23°, XI 22°, XII 22°.

Die Gradsummen der Quadranten entsprechen den sich aus ASC = 1° ♒ und MC = 24° (sic **Um**) ♏ ergebenden Bogensegmenten (je 113° bzw. 67°). Der bei äqualer ganzzahliger Drittelung jedes Einzelquadranten verbleibende Rest (je 2° bzw. 1°) ist sinnvollerweise demjenigen der drei Orte eines Quadranten zugewiesen, den das Tierkreiszeichen mit der schnellsten Aufgangszeit einnimmt. Die in **U** erhaltene Kopie ist gegenüber dem verlorenen Original von Exc.[1] (χ, s. Stemma S. 120) unvollständig: Im 2. Ort ist nach ♓ ⟨η⟩ zu ergänzen (vgl. ♍), im 12. Ort nach ♑ ⟨θ⟩ (vgl. ♋).

d) Symbole

Bis vor wenigen Jahren waren die einzigen bekannten Planeten- beziehungsweise Tierkreissymbole griechischer Originalhoroskope die der Sonne (☉) und des Mondes (☽) in dem Zauberpapyrus P. Warren 21 (3. Jh. n.Chr.)[1008] sowie ein Halbmond (☽) in dem Horoskop-Graffito Hor. gr. 219.I.9 aus Dura-Europos. Dieser Befund galt nach Baccani auch unter Einbeziehung aller übrigen bisher edierten griechischen Papyri astrologischen und astronomischen Inhalts.[1009] Unbekannt war der Autorin wohl Packman 1988, 93, zu Z. 4–5 des P. Wash. Univ. inv. 181 (saec. II/III; vgl. ebd. Abb. IIIa), wo diese beiden Symbole ebenfalls vorkommen. Für die fünf echten Planeten galt, dass in griechischen Papyri keine Symbole überliefert seien.[1010] Solche Symbole kannte man nur aus byzantinischen Handschriften, wo sie zum Teil erheblich von den heute üblichen Symbolen abweichen. Da sich allerdings schon die Araber über den Sinn der Planetensymbole Gedanken gemacht hatten, war klar, dass sie mindestens auf die griechische Spätantike zurückgehen müssen.[1011]

Im Jahre 1999 sind nun die ersten antiken Zeugnisse (Horoskope) für die in byzantinischen Handschriften üblichen Abkürzungen und Symbole der Planeten bekannt geworden. Diese sind P. Oxy. astron. 4272 (Hor. gr. 370.VI.16), P. Oxy. astron. 4274 (Hor. gr. 480.X.24–25 u. Hor. gr.

[1008] P. Warren 21, *verso*, col. I,52–75 (= Hor. gr. 217.V.12–13. Hor. gr. 219.II.1. Hor. gr. 219.II.12. Hor. gr. 244.VII.2). Vgl. auch die Mondsymbole ebd. col. II,98 inmitten magischer Wörter. Die Erstpublikation des P. Warren 21 bot Hunt 1932, zur zweiten Auflage mit erweitertem und aktualisiertem Kommentar s. David et al. 1941, 52–64. Für die genannten Horoskope ist die Besprechung durch Neugebauer – van Hoesen 1959, 53 u. 56f., maßgeblich.

[1009] Baccani 1992, 158[1]; s. auch Neugebauer 1975, 789. In den byzantinischen Handschriften ist für die Sonne der genannte Kreis mit Strahlenkomplex (☉) üblich (vgl. Salmasius 1689, II 873bE: "pro sole solis orbem, vel clypeum effinxerunt cum radio inde exeunte, & in acumen desinente, ut distingueretur ab orbe lunæ plenæ"). Das moderne Sonnensymbol ⊙ begegnet erstmals in Renaissancedrucken (Neugebauer – van Hoesen 1959, 163[10]). Nach Gundel – Gundel 1950, 2034, finden sich die modernen Zeichen ⊙ und ☽ in ähnlichen Formen bereits in ägyptischen Dokumenten. Vgl. das Zeugnis bei Clem. Alex. strom. 5,4,20,4 ἥλιον γοῦν γράψαι βουλόμενοι [sc. οἱ Αἰγύπτιοι] κύκλον ποιοῦσι, σελήνην δὲ σχῆμα μηνοειδὲς κτλ. Vgl. auch die antike Ikonographie von Sonne und Mond in Mithrasheiligtümern, wo man die Sonne an den Lichtstrahlen um das Haupt und den Mond an seiner Sichel erkennt (Ulansey 1998, 20).

[1010] Vgl. Neugebauer – van Hoesen 1959, 163, u. Baccani 1992, 158[1].

[1011] Vgl. Gundel 1933a, 95. – Aus ägyptischen Hieroglyphentexten ist für die griechisch-römische Tradition der Planetensymbole nichts zu gewinnen; vgl. Neugebauer – Parker 1960–1969, III, Abb. 58–64.

503.VI.14) und P. Oxy. astron. 4275 (Hor. gr. 508.II.2).[1012] Zu Planeten-
symbolen für Saturn und Mars (♄, ♂) in einem demotischen Astrologen-
text siehe Chauveau 1992, 104, zu P. Carlsberg 66 / P. Lille (ca. 2. Jh.
n.Chr.), col. 6 (ohne Kommentar zu den Symbolen).

In der wissenschaftlichen Diskussion ist eine Entwicklung von der
Deutung aller Tierkreis- und Planetensymbole als Piktogramme (so Scaliger, 1540–1609)[1013] über eine Trennung in zodiakale Piktogramme und
planetare Buchstabenabkürzungen (so Salmasius, 1588–1653)[1014] hin zu
W. Gundel (1880–1945) festzustellen, der 1933 mit zeitbedingter Polemik gegen Astrologen und Okkultisten[1015] die Planeten- und Tierkreissymbole nicht ausschließlich, aber allzu oft als Abkürzungen griechischer
Eigennamen zu deuten versuchte.[1016] In Wahrheit haben wir es wohl mit
einer bunten Mischung verschiedenartiger Symbole zu tun, die sich wie
folgt skizzieren lässt:

Im Falle der Planeten sind die Zeichen für Saturn und Jupiter anscheinend als kursive Abkürzungen zu erklären, ♄ aus κ bzw. κς = κ(ρόνο)ς
und ♃ aus ζ bzw. ζς = ζ(εύ)ς. Diese Genese ist um so deutlicher, wenn
man die Symbole nicht in ihrer heute üblichen Form, sondern in ihrer
handschriftlichen Erscheinung prüft.[1017] Ähnliches gilt für das Zeichen
des Mars, das nicht so schwierig zu deuten ist, wie die Gundels glauben
machen.[1018] Wie schon Salmasius[1019] richtig sah, bieten die Handschriften
θς, wohinter sich wohl das abgekürzte Ares-Epitheton θ(οῦρο)ς verbirgt,

---

[1012] Vgl. Jones 1999a, I 62f., und die Apparate ebd. II 412.414.416.

[1013] Vgl. Scaliger 1655 (¹1600), 459: ♈ = *caput arietinum*, ♉ = *caput bubulum*, ♊ =
duo corpuscula consertis brachiolis & crusculis, ♋ = *chelæ cancelli*, ♌ = *cauda leo-
nina*, ♍ = *ala Virginis*, ♎ = *librile cum trutina*, ♏ = *Scorpio cauda erecta*, ♐ = *sagitta
arcui applicata*, ♑ = *cauda Capricorni convoluta*, ♒ = *fusio aquæ, in qua volutari Pisces Manilius putat*, ♓ = *pisces duo adversi oppositis dossellis cum vinculo*; zu den Planeten (ebd. 460): *falx Saturni, fulmen Iovis, hasta Martis cum clipeo, speculum Veneris,
caduceum Mercurii*.

[1014] Bzgl. der Tierkreiszeichen übernahm Salmasius 1689, II 872b–873b, die soeben
(Anm. 1013) zitierte Deutung Scaligers, versuchte aber, das schwierige Symbol der
Jungfrau als Füllhorn zu deuten.

[1015] Diesen hatte nach dem ersten Weltkrieg die existentielle Verunsicherung und der
Zusammenbruch der alten Weltanschauungen eine Blütezeit beschert. Vgl. Stegemann
1931/32, 389.

[1016] So bereits vor ihm Wessely 1900, 12², bezüglich der Planetensymbole.

[1017] Vgl. die Kommentare zu § 22 μοίρα η′ und zu § 48 ἐν Κρόνου ζωδίῳ: Zwischen κ,
η und ♄ kommt es leicht zu Verwechslungen.

[1018] Vgl. Gundel – Gundel 1950, 2035.

[1019] Salmasius 1689, II 872bA–B u. 874aA.

das z.B. Dorotheos oft verwendet.[1020] Im Falle der Venus konkurriert die
analoge Erklärung, d.h. ♀ aus φ(ωσφόρος), mit der Annahme, es handele
sich um ein Piktogramm des Venus-Attributs, des Spiegels. Die zuletzt
genannte Deutung ist überzeugender, da die formale Übereinstimmung
des Symbols mit vielen archäologischen Funden schlagend ist[1021] und
Venus in astrologischen Texten nur ganz selten φωσφόρος genannt
wird.[1022] Zweifelsfrei ist die Herleitung im Falle Merkurs, denn antike
Zauberpapyri bezeugen, dass sein Symbol ☿ aus dem Schlangenstab, dem
caduceus, entstanden ist.[1023]

Im Falle der Tierkreiszeichen, für die bisher keine Symbole in griechischen Papyri bekannt sind, beweisen demotische Dokumente, dass die
konventionellen Symbole zumindest teilweise schon vor der Zeitenwende
existierten und auf ägyptische Hieroglyphen zurückgehen, so etwa im
Fall der Waage (♎),[1024] des Schützen (♐) und des Wassermanns (♒).[1025]
Eine erhebliche Bereicherung des Quellenmaterials verdanken wir dem
Archiv von Narmuthis (heute: Medinet Madi), in dem mehr als 1500 griechische, demotische und bilingue Ostraka des späten zweiten und frühen
dritten Jahrhunderts gefunden wurden.[1026] Es wird seit 1983 publiziert[1027]
und beweist, dass die Zodiakalsymbole in indigen ägyptischem Umfeld

---

[1020] Dor. frg. 8,4.11.12.38.40 Stegemann = Heph. 1,1,9.47.66.202.222; cf. Pingree
1976a, pp. 429–430, App. II B. – In diesem Punkt hätte H.G. Gundel seinem Vater
(Gundel 1933a, 95) folgen sollen.

[1021] Vgl. z.B. den reichen Abbildungsteil bei Gerhard 1884–1897; s. auch Zimmer 1995.

[1022] Vgl. Dor. app. 3a,9. Ps.-Maneth. 6[3],24. 4,55.207. Max. 317. Zu φωσφόρος s.o. S.
569.

[1023] Deutliche ikonographische Indizien bieten ferner antike Darstellungen wie z.B. das
Spiegelbild bei Gerhard 1884–1897, Taf. 8, Nr. 3. Zum *caduceus* siehe ferner Macr. sat.
1,19,16–18 und dazu Bezza 1995, 972f., sowie Greenbaum 2009, 210f. u. 248–251.

[1024] Dieses Tierkreiszeichen wird im Demotischen als 'der Horizont' bezeichnet; die
Hieroglyphe zeigt die auf- bzw. untergehende Sonne. Vgl. Spiegelberg 1910, 147. Neugebauer 1943, 122f. (bes. wichtig, vgl. Bohleke 1996, 23[66]). Neugebauer – Parker 1960–
1969, III 207 u. 210. Hoffmann 2000, 121. Hoffmann 2004–2005, 51[47]. Alle übrigen demotischen Namen der Tierkreiszeichen sind Übersetzungen der griechischen.

[1025] Die Hieroglyphe besteht aus drei (nicht zwei) übereinanderliegenden Wellenlinien.
Zusammenstellungen der demotischen Symbole für Tierkreiszeichen und/oder Planeten
bieten Spiegelberg 1910, Taf. IV. Neugebauer 1942, 245–247. Parker 1984, 143. von
Lieven 1999, 125f. Schon das früheste demotische Originalhoroskop (O. dem. Ashmole-
an 633 = Hor. dem. –37.V.4) notiert die Namen der Planeten und Tierkreiszeichen als
Symbole; darunter sind auch die genannten für Waage, Schütze und Wassermann. Vgl.
Neugebauer – Parker 1968, 231 u. Taf. XXXVI,2, sowie Bohleke 1996, 21 u. 23.

[1026] Zur Fund- und Forschungsgeschichte (inkl. der Neufunde) s. Gallo 1997, XXXI–
XL.

[1027] Vgl. Bresciani et al. 1983.

ziemlich weit verbreitet waren. Parker und Baccani gaben bereits erste Einblicke in die relevanten Funde.[1028] Die Tierkreissymbole der demotischen Horoskope jenes Archivs hat später Ross untersucht.[1029] In ihnen entsprechen die demotischen Symbole der Waage, des Schützen und des Wassermanns den oben genannten Hieroglyphen; die übrigen neun Symbole weichen stark von den heute geläufigen Formen ab, was vielleicht mit der insgesamt singulären und sehr ungewöhnlichen Paläographie der Ostraka von Medinet Madi zu tun haben könnte.[1030]

Einige andere Tierkreissymbole (außer ♎, ♐, ♒, s.o.) sind vermutlich so, wie Gundel 1933a, 98, argumentiert, aus griechischen Abkürzungen entstanden. Eine besondere Bewandtnis hat es mit dem Symbol des Krebses (♋): Dahinter stecken nicht die Scheren,[1031] sondern, wie schon Salmasius erkannte,[1032] die in astronomischen, astrologischen und alchimistischen Handschriften üblichen Zeichen für Tag und Nacht (6 = Tag, 9 = Nacht,[1033] daher ♋ als Symbol des längsten Tages, der über die Nacht dominiert).[1034]

Ob ferner das in mittelalterlichen (auch arabischen) Handschriften gebräuchliche Symbol ⊕ für das Glückslos (κλῆρος τύχης) wirklich, wie Bouché-Leclercq annahm,[1035] aus einer Hieroglyphe, nämlich der der Zeit, hervorgegangen ist, bedarf noch genauerer Prüfung. In den griechischen Papyrushoroskopen ist es nach bisherigem Kenntnisstand nur ein einziges Mal in P. Oxy. XXXVI 2790 belegt.[1036]

Schließlich verdienen noch zwei Monogramme Erwähnung. Das eine ist aus den Buchstaben ω und ϱ gebildet und bezeichnet in griechischen Papyrushoroskopen sowohl den Aszendenten (ὡροσκόπος) als auch die

---

[1028] Vgl. Parker 1984. Baccani 1989a. Baccani 1995.

[1029] Ross 2006a, 40–44, und Ross 2006b, 152–155.

[1030] So Ross 2006a, 40, und Ross 2006b, 152f. (mit Verweis auf Gallo 1997, LIV).

[1031] Vgl. Scaliger 1655, 459: "chelae cancelli". Diese Deutung ist ikonographisch wenig überzeugend und wäre auch deshalb keine glückliche Wahl, weil gerade die Scheren abgetrennt und als Sternbild der Waage verselbstständigt wurden.

[1032] Salmasius 1689, II 873bA.

[1033] Nicht zu verwechseln mit den arabischen Ziffern 6 u. 9.

[1034] Vgl. Gundel 1933a, 98, u. die Abb. des cod. Laur. 28,14 (hier: cod. **J**), f. 309^{r–v}, im CCAG IV (1903) a.E. Was handschriftliche Zeugnisse betrifft, s. auch Evans 1998, 104, der die Formen der Tierkreissymbole in vier astronomischen und astrologischen Hss. des 15.–16. Jh. tabellarisch und ohne Anspruch auf vollständige Erfassung der Formenvielfalt wiedergibt (Quelle: Paris. graec. 2385. 2419. 2493, Paris. lat. 7432).

[1035] Bouché-Leclercq 1899, 288[1], gefolgt von Baccani 1992, 158[1].

[1036] Dieser Papyrus (Baccani Nr. 15) überliefert Hor. gr. 255.VII.22 u. Hor. gr. 257.IX.5.

Stunde (ὥρα).[1037] In byzantinischen Handschriften ist es oft mit einem tiefgestellten ϰ oder π (d.h. mit weiteren Buchstaben des Wortes ὡρο-σκόπος) kombiniert.[1038] Das andere ist aus μ und ϱ kombiniert und steht für μεσουράνημα. In der hiesigen Edition wurden diese Monogramme und ebenso das handschriftliche Symbol der Sonne (⊙, s.o. S. 583) bei der Wiedergabe handschriftlicher Diagramme zum leichteren Verständnis wie folgt geändert:

ⓦ bzw. ⓦ zu ὥρ. (ὡροσκόπος), ⋌⋏ zu μεσ. (μεσουράνημα), ⊙ zu ⊙.
ₖ   π

e) Die astronomischen Daten Hadrians

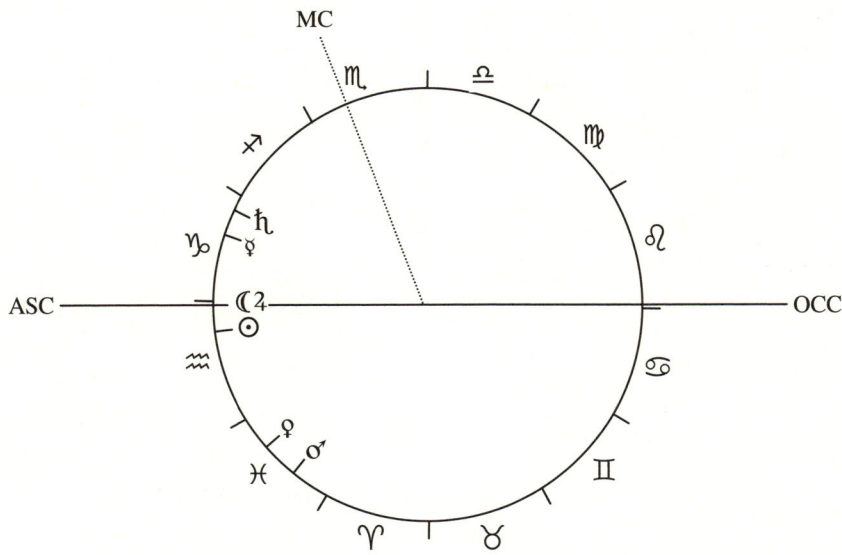

Diagr. 5: Hor. gr. 76.I.24 (**F1**)

[1037] Hierzu vgl. neben Neugebauer – van Hoesen 1959, 163, bes. Baccani 1992, 107 u. 130, sowie unten S. 687.
[1038] Vgl. z.B. die Abb. des cod. Laur. 28,34, f. 132ᵛ, im CCAG I (1898) a.E., vorletzte Zeile.

1. Umfang der Daten

Antigonos macht in § 22 gradgenaue Angaben zu den Positionen der Luminare und Planeten, des Aszendenten (ASC) und der oberen Kulmination (MC). Sie sind im obigen Diagramm veranschaulicht. Die meisten griechischen Horoskope machen nur zeichengenaue Angaben,[1039] so wie es in den drei erhaltenen Horoskopen des Antigonos beim letzten der Fall ist (**F3**).[1040] Den Umfang der expliziten astronomischen Positionsangaben des Antigonos verdeutlicht die folgende Tabelle:[1041]

Positionsangaben zu		**F1** § 22	**F2** §§ 54–55	**F3** §§ 63–64
Sonne		●	●	●
Mond		●	●	●
Saturn		●	●	●
Jupiter		●	●	●
Mars		●	●	●
Venus		●	●	●
Merkur		●	●	●
ASC		●	●	●
OCC			●	
MC		●	●	
IMC			●	
Glückslos				●
letzter Neumond			● (§ 56)	
3., 7., 40. Tag	des Mondes	● (§ 50)	●	●
	anderer Planeten	● (§ 50)		

Tab. 5: Umfang der astronomischen Daten in **F1–F3**

[1039] Vgl. Neugebauer – van Hoesen 1959, 163.

[1040] Diese Varianz in der Praxis ein und desselben Astrologen ist auch bei Valens und anderen Autoren zu beobachten (vgl. z.B. de Jong – Worp 2001, 204 mit Anm. 5, zu dem anonymen Autor des 4. Jh. n.Chr. aus Kellis). Minutengenaue Positionsangaben, die Antigonos an keiner Stelle macht, sind sehr selten und finden sich zumeist in Texten der ausgehenden Antike.

[1041] Antigonos geht in keinem der erhaltenen Horoskope auf die drakonitischen Mondknoten ein, die zu den Planeten gerechnet wurden (Hübner 2000a, 1074) und bei anderen Astrologen z.T. Berücksichtigung fanden. Im Hadrianhoroskop liegt der aufsteigende Mondknoten bei 16° 41′ ♐, in **F2** bei 19° 11′ ♏, in **F3** bei 17° 11′ ♐. Der absteigende Mondknoten liegt jeweils diametral gegenüber.

Über die Positionsangaben hinaus bieten alle drei Horoskope (**F1–F3**) weitere astronomische Daten verschiedenen Umfangs (Phasen, Stillstände, etc.). In **F1** werden diese nicht vorausgeschickt (§ 22), sondern im dritten Teil des Horoskops (§§ 25–52) bei Bedarf suppliert. In **F2–F3** finden wir sie bereits im eröffnenden Datenblock. Der Umfang der astronomischen Informationen ist, wie **F2** beweist, unabhängig von der sozialen Stellung des Nativen.

2. Ordnung der Daten

Was die schriftliche Aufzählung der Planetenpositionen betrifft, lassen die griechischen Horoskope trotz mancher Abweichungen im Einzelfall eine standardisierte Reihenfolge erkennen: Sonne – Mond – Saturn – Jupiter – Mars – Venus – Merkur – Aszendent (☉ ☾ ♄ ♃ ♂ ♀ ☿ ASC).[1042] Diese Reihenfolge wird besonders in den literarischen Horoskopen weitgehend eingehalten.[1043]

Einem anderen Standard folgen die babylonischen 'Horoskope': Sonne – Mond (bzw. Mond – Sonne) – Jupiter – Venus – Merkur – Saturn – Mars. Diese Reihenfolge entspricht dem in astronomischen und astrologischen Keilschrifttexten der Seleukidenzeit üblichen Arrangement (♃ ♀ ☿ ♄ ♂).[1044] Sie liegt möglicherweise auch dem 'Löwenhoroskop' des Antiochos I. von Kommagene zugrunde, welches die drei im Löwen stehen-

---

[1042] Vgl. Neugebauer – van Hoesen 1959, 164. Jones 1999a, I 250. – Zu den folgenden Erläuterungen über die Planetenordnungen vgl. insgesamt Bouché-Leclercq 1899, 104–110. Boll 1912b, 2561–2570. Gundel – Gundel 1950, 2100f. Neugebauer 1975, 690–693.

[1043] Das gilt auch für das elaborierte lateinische Horoskop des Ceionius Rufius Albinus (Hor. lat. 303.III.14) bei Firm. math. 2,29,10–20 (darin 2,29,10). Vgl. dieselbe Reihenfolge im Gebet an die Planetengötter bei Firm. math. 1,10,14–15.

[1044] Vgl. Rochberg-Halton 1988b, 326. Rochberg-Halton 1989, 106. Neugebauer – van Hoesen 1959, 164. Hunger 2005, 591. Ferner gab es eine ältere neubabylonische Planetenfolge, die sich von der seleukidischen (♃ ♀ ☿ ♄ ♂) durch die Vertauschung der Positionen Merkurs und Saturns unterscheidet (♃ ♀ ♄ ☿ ♂). Vgl. Boll 1912b, 2561 (*sub* VI.A.b). Boll 1914b (umfassende Aufdeckung der astrologischen Implikationen). Tester 1987, 166f. Rochberg-Halton 1988b, 323 u. 328. Zu allen babylonischen Reihenfolgen s. ferner Hunger – Pingree 1999, 145f. – Wiederum verschieden ist die Reihenfolge bei Ps.-Zor. apotel. frg. O 79–80 Bidez – Cumont (= 'Palch.' cap. 82 Περὶ ἐπιστολῆς ἀναδόσεως u. 'Palch.' cap. 83 Περὶ πλοίων ἀναγωγῆς): ♄ ♂ ☿ ♃ ♀ (O 79) bzw. ♄ ♂ ♃ ♀ ☿ (O 80); vgl. dazu Bidez – Cumont 1938, II 219.

den Planeten in der Reihenfolge ♃ ☿ ♂ (vom Kopf zum Schwanz) bietet.[1045]

Während die Babylonier sich also bei der Aufzählung der fünf echten Planeten an deren astrologischer Qualität orientierten, indem sie die 'Wohltäter' voranstellten und die 'Übeltäter' zuletzt nannten,[1046] richteten sich die griechischen Astrologen nach der nachplatonischen,[1047] in der griechischen Astronomie allgemein üblichen Planetenordnung, die auf den siderischen Umlaufzeiten basiert: Saturn – Jupiter – Mars – Sonne – Venus – Merkur – Mond.[1048] Diese sogenannte 'pythagoreische' Planetenordnung ist seit dem 2. Jh. v.Chr. sicher belegt[1049] und wird in den Texten bisweilen als die ἑπτάζωνος bezeichnet.[1050] In der griechischen Astrologie ist sie von Anfang an Standard: Thrasyllos z.B. hat sie in seinem *Pinax* für 'Nechepsos und Petosiris' bezeugt;[1051] zur Bestätigung siehe Plin. nat. 2,88 (= Nech. et Pet. fr. 2). Eine astrologisch motivierte Konzession machten die griechischen Astrologen allerdings insofern, als sie Sonne und Mond aufgrund deren überragender apotelesmatischer Kraft voranstellten; daher insgesamt die eingangs genannte Reihenfolge: ☉ ☾ ♄ ♃ ♂ ♀ ☿ ASC. Dass diese Planetenreihe, auf der übrigens auch das astrologische System der Häuser und damit das *thema mundi* basiert,[1052] im Bereich der griechisch-römischen Sterndeutung 'klassischen' Charakter hatte, zeigt ihre Verwendung gerade dann, wenn besonderer

---

[1045] Vgl. Neugebauer – van Hoesen 1959, 14, u. Heilen 2005d, 147[16].

[1046] S.u. zu **F1** § 34 τῶν δύο κακοποιῶν.

[1047] Die platonische Ordnung (ebenso Eudoxos, Aristoteles, u.a.): ☾ ☉ ♀ ☿ ♂ ♃ ♄.

[1048] Im geozentrischen Weltbild nimmt die Sonne die 'wahre' Stelle der Erde ein und wird der Mond als Planet gerechnet.

[1049] Frühere Belege bei Archimedes u.a. sind umstritten. Vgl. Boll 1912b, 2567, u. Burkert 1962, 278–301.

[1050] Vgl. Hübner 2001a, 16.

[1051] Thras. epit. CCAG VIII 3 (1912), p. 100,19–20 (= Thras. T 27 Tarrant = Rhet. 6,57,14 = Nech. et Pet. frg. +1): διαλαμβάνει δὲ καὶ περὶ τῆς ἑπταζώνου κατὰ τὴν Πετοσίρεως καὶ Νεχεψώ, ὡς αὐτός φησιν, παράδοσιν. Vgl. Kroll 1935, 2161,51–59 u. 2166,44–45. – Dass die auf ägyptischem Boden sich entwickelnde hellenistische Astrologie die Planetenordnung der griechischen Astronomen übernahm, hängt auch damit zusammen, dass es eine spezielle ägyptische Planetenordnung anscheinend nie gegeben hat (vgl. Gundel – Gundel 1950, 2026; in Gräbern und Tempeln der 19. u. 20. Dynastie ist allerdings die Reihe ♃ ♄ ♂ ☿ ♀ belegt: dazu Boll 1912b, 2564, u. von Beckerath 1975a, 511) und die babylonische Planetenordnung in Ägypten nie Fuß gefasst hat (vgl. Neugebauer – Parker 1960–1969, III 203: "The Babylonian order [...] has not been found on Egyptian monuments"; mit Hinweis in Anm. 4, das gelte auch für die griechische Reihe der Wochentagsherrscher).

[1052] S.u. zu **F1** § 27 ἐν τῷ ἰδίῳ οἴκῳ sowie S. 632 (Punkt f).

Aufwand betrieben wurde, z.B. in den elaborierten Horoskopen Hor. gr. 81.III.31. Hor. gr. 95.IV.13. Hor. gr. 137.XII.4 sowie auf dem goldenen Siegelring mit Hor. gr. 327.VIII.17.

Erst ab der Mitte des 2. Jh. n.Chr. tritt in Horoskopen immer öfter der Aszendent an die erste Stelle (ASC ☉ ☾ ♄ ♃ ♂ ♀ ☿).[1053] Dies ist ein signifikanter Schritt in der Entwicklung von den babylonischen Nativitätsomina,[1054] deren Verfassern der Aszendent als astrologischer Parameter noch gar kein Begriff war, hin zur neuzeitlichen Bezeichnung der gesamten Geburtskonstellation nach dem Aszendenten (gr. ὡροσκόπος) als 'Horoskop'.

Schließlich verdient noch eine dritte, in den griechischen Papyri nicht selten belegte Ordnung der Planetenpositionen Erwähnung: die zodiakale, entsprechend der Reihenfolge der Tierkreiszeichen. Sie ist nach Pintaudi – Neugebauer 1982, 260[1], erstmals in P. Laur. III 509 (Hor. gr. 78.IX/X) belegt. Inzwischen hat aber Baccani 1989b, 100, gezeigt, dass dieser Primat dem nur wenig älteren P. Colon. inv. 930 (Hor. gr. 73.XI.11) zukommt.[1055]

Abweichungen von den genannten Ordnungen sind in der Regel dadurch bedingt, dass zwei oder mehr Planeten in ein und demselben Tierkreiszeichen stehen und es sich anbietet, bei der Erwähnung des ersten von ihnen die übrigen gleich mitzunennen.[1056] Dies gilt insbesondere bei den üblichen, nur zeichengenauen Positionsangaben (ζῳδιακῶς). Nur selten bieten die Papyri nachlässig zusammengestellte Planetendaten, die keine der beschriebenen Ordnungen respektieren.[1057]

[1053] Baccani 1992, 152. Vgl. z.B. die von de Jong – Worp 1995 u. 2001 edierten sechs Originalhoroskope des 4. Jh. n.Chr., die stets den Aszendenten zuerst bieten (de Jong – Worp 2001, 212: "this is consistent with common practice in the 4th century A.D."). – Als Variante findet man auch die Angabe von Luminaren plus Aszendent am Ende der Aufzählung, belegt für 171–277 n.Chr. (Baccani 1992, 172, nach Neugebauer – van Hoesen 1959, 164).

[1054] 30 Keilschrifttexte für Daten von 410–69 v.Chr.; s.o. S. 207 (Katalog).

[1055] Siehe auch Baccani 1992, 40[3], u. ebd. 102 zu P. Colon. inv. 930. – Unter den literarischen Horoskopen vgl. z.B. Val. 6,6,12 (Hor. gr. 132.II.7), wo die Reihenfolge ☾ ♀ ♃ ♄ ASC ♂ ☉ ☿ einer Ordnung nach wachsender zodiakaler Länge entspricht und auch explizit mit den Worten οὕτως γὰρ διέκειντο ἐφεξῆς begründet wird.

[1056] Vgl. Neugebauer – van Hoesen 1959, 163f.

[1057] Vgl. den winzigen Papyrusfetzen P. Fouad 6 (Hor. gr. 125.II.19): ♄ + ASC, ☉ + ♃, ♂, ♀, ☾, ☿, sowie P. Harris 52 (Hor. gr. 171.IV.18): ♄, ♃, ☉ + ☿, ☾ + ♀, ASC (♂ fehlt). Selbst in diesen Fällen sind Reste eines Ordnungsprinzips – das der ἑπτάζωνος – erkennbar.

Antigonos benutzt, wie bei einem erklärten (Heph. 2,18,21) Nachfolger von 'Nechepsos und Petosiris' nicht anders zu erwarten, die Planetenreihe der ἑπτάζωνος und schließt sich der zeitgenössischen Tendenz, den Aszendenten *primo loco* zu nennen, nicht an. Allerdings bietet in seinen der Datenexposition gewidmeten Paragraphen (**F1** § 22. **F2** §§ 54–55. **F3** §§ 63–64) nur das zweite Horoskop die exakte Standardreihe ☉ ☾ ♄ ♃ ♂ ♀ ☿ ASC. Auf die Möglichkeit, dort (**F2** § 54) Mars, Venus und Merkur gleich nach der in demselben Tierkreiszeichen stehenden Sonne zu nennen,[1058] verzichtet Antigonos. In **F3** § 63 fallen vier Positionen in den Widder und zwei in die Fische; diesmal entscheidet sich Antigonos für Zusammenfassungen der im vorigen Absatz beschriebenen Art: Sonne und Aszendent (beide im Widder), Mond (im Stier), Saturn und Merkur (beide im Widder), Jupiter und Venus (beide in den Fischen), Mars (im Wassermann). Auch diesmal hätte Antigonos zwei Planeten, Saturn und Merkur, zusammen mit der Sonne nennen können, unterlässt das aber erneut. Nur den Aszendenten zieht er gegenüber der Standardreihenfolge vor, vermutlich wegen seiner astrologischen Bedeutung und/oder seines immateriellen Sondercharakters neben den echten Himmelskörpern.

Betrachten wir nun das Hadrianhoroskop (**F1** § 22). Die Aufzählung der Planeten beginnt, wie üblich, mit den Luminaren, an die sich die Erwähnung Jupiters und des Aszendenten anschließt, da beide Positionen gradgenau mit der des Mondes übereinstimmen (die beiden Daten sind entsprechend der Standardordnung vorgezogen, d.h. ♃ vor ASC). Nach dieser Abweichung, die dem Befund in **F3** § 63 ähnelt, eröffnet die Nennung Saturns die übliche Sequenz der kleinen Planeten, die aber, da Merkur zusammen mit Saturn in demselben Zeichen steht, sogleich durch eine weitere Antizipation unterbrochen wird. Danach, als nur noch Mars und Venus zu nennen sind, die beide in den Fischen stehen, nimmt die Aufzählung eine überraschende Wendung: Antigonos nennt Venus *vor* Mars. Um einen Überlieferungsfehler scheint es sich nicht zu handeln. Vielmehr gewinnt man den Eindruck, als zähle Antigonos die Gruppe der kleinen Planeten, zumindest die vier, die von ihnen noch übrig sind, in der Reihenfolge auf, wie sie im Hadrianhoroskop von oberhalb des östlichen Horizonts nach unterhalb angeordnet sind. Die Aufzählung orien-

---

[1058] Genau dies tut z.B. Val. 2,22,13 (Hor. gr. 85.II.5). Vgl. P. Oxy. astron. 4239 (Hor. gr. 130.I.14), dessen Autor zodiakal zusammenfassend Mars und Merkur sogleich nach der Sonne nennt und Jupiter sogleich nach dem Mond (danach weiter gemäß der ἑπτάζωνος; cf. Jones 1999a, I 253 ad loc.).

tiert sich vielleicht an einem Diagramm, den stetig fortschreitenden Blick des Betrachters nachahmend. Falls diese Beobachtung zutrifft und es sich nicht bloß um einen Zufall[1059] handelt, ist anzumerken, dass an die Stelle des üblichen *descensus* (♄ ♃ ♂ ♀ ☿), der der absoluten kosmischen Ordnung der Planeten folgt (vgl. Hübner 2002a), ein anderer getreten ist, der auf den relativen Positionen der Planeten zum Horizont basiert.

An letzter Stelle nennt Antigonos die obere Kulmination (MC). Sie findet auch in **F2** § 54 Erwähnung, nicht aber in **F3**. Nur relativ wenige Horoskope bis zum Ende des 2. Jh. n.Chr. nennen das MC oder gar (so wie **F2**) alle vier Kentra.[1060]

3. Korrektheit der Daten

α) Besprechung des gesamten Datenblocks

Die Rückberechnung der von Antigonos ohne Datumsangabe präsentierten Planetenpositionen führt auf Mittwoch, den 24. Januar 76 n.Chr.[1061] Das ist der literarisch und epigraphisch gesicherte Geburtstag des Kaisers Hadrian.[1062] Es ist zu beachten, dass die ekliptikalen Längen des Antigonos siderisch definiert sind, die der modernen Rückberechnung tropisch.[1063] Da der Geburtsort Hadrians in der Forschung umstritten ist (Italica oder Rom) und ein bestimmter Tierkreisgrad (hier 1° ♒) an diesen Orten nicht zu demselben Zeitpunkt aszendiert, ergeben sich zwei geringfügig verschiedene Konstellationen, zwischen denen im weiteren Verlauf der hiesigen Untersuchung – wenn möglich – eine Entscheidung zu treffen sein wird.[1064] In der folgenden Tabelle (Nr. 6a) sind den mit *Galiastro 4.3* errechneten exakten Planetenlängen für beide Orte die Angaben von Neugebauer – van Hoesen 1959, 91 (hier: NH), zur Seite gestellt. Die rechte Spalte bietet die Differenz zwischen den siderischen

---

[1059] Vgl. P. Oxy. astron. 4248 (Hor. gr. 229.V.17), dessen Autor insgesamt der Reihe ♄ ♃ ♂ ♀ ☿ folgt; nur die Venus wird aufgrund eines Überwechselns in die zodiakale Ordnung 'zu früh' notiert (vgl. Jones 1999a, I 261 u. II 386f.).

[1060] Ausführlicher hierzu Neugebauer – van Hoesen 1959, 164.

[1061] Berechnung des Wochentages mit *Calendrical Calculations*; auf dasselbe Ergebnis führt *Kairos 3.2* (zu beiden s.o. S. 479).

[1062] Siehe das Material bei Herz 1978, 1171[246] (n.b.: CIL XII 169 = ILN [Chastagnol 1992] Antibes Nr. 2, pp. 40–42; ergänze ferner CIL I^2 p. 256).

[1063] Mehr dazu unten S. 596 (nach Anm. 1074).

[1064] S.u. S. 615 zum MC-Wert.

Daten des Antigonos und den tropischen Daten der modernen Rückberechnungen. Alle Planeten waren am 24.01.76 n.Chr. rechtläufig.

<table>
<tr><th rowspan="2"></th><th rowspan="2">Text (siderisch)</th><th colspan="2">Galiastro 4.3 (tropisch)</th><th rowspan="2">NH (tropisch)</th><th colspan="2">Differenz (ca.)</th></tr>
<tr><th>Italica (37° 26′ N, 6° 02′ W)</th><th>Rom (41° 54′ N, 12° 29′ O)</th><th>Italica</th><th>Rom</th></tr>
<tr><td>⊙</td><td>8° ♒</td><td>2° 45′ ♒</td><td>2° 42′ ♒</td><td>3° ♒</td><td colspan="2">+5¼°</td></tr>
<tr><td>☾</td><td rowspan="3">1° ♒</td><td>28° 06′ ♑</td><td>27° 26′ ♑</td><td>28° ♑</td><td>+3°</td><td>+3½°</td></tr>
<tr><td>♃</td><td>26° 34′ ♑</td><td>26° 33′ ♑</td><td>27° ♑</td><td colspan="2">+4½°</td></tr>
<tr><td>ASC</td><td>1° 00′ ♒ (07:14:00 Uhr Ortszeit)</td><td>1° 00′ ♒ (07:25:46 Uhr Ortszeit)</td><td>“about 6 A.M.”[1065]</td><td colspan="2"></td></tr>
<tr><td>♄</td><td>5° ♑</td><td>29° 58′ ♐</td><td>29° 57′ ♐</td><td>0° ♑</td><td colspan="2">+5°</td></tr>
<tr><td>☿</td><td>12° ♑</td><td>6° 59′ ♑</td><td>6° 56′ ♑</td><td>7° ♑</td><td colspan="2">+5°</td></tr>
<tr><td>♀</td><td>12° ♓</td><td>14° 06′ ♓</td><td>14° 03′ ♓</td><td>15° ♓</td><td colspan="2">–2°</td></tr>
<tr><td>♂</td><td>22° ♓</td><td>19° 16′ ♓</td><td>19° 14′ ♓</td><td>19° ♓</td><td colspan="2">+2¾°</td></tr>
<tr><td>MC</td><td>22° ♏</td><td>22° 03′ ♏</td><td>24° 54′ ♏</td><td>21° 23′ ♏[1066]</td><td>0°</td><td>–3°</td></tr>
</table>

Tab. 6a: Astronomische Daten in **F1**

Die Tabelle ist – ebenso wie ihr Vorbild bei Neugebauer – van Hoesen 1959, 91 – unpräzise insofern, als sie ein und dieselbe Notation für ungleiche Daten, nämlich ekliptikale Bogensegmente (antik) und Einzelpunkte (modern), verwendet. Wenn etwa der Text unter Verwendung von Ordinalzahlen angibt, die Sonne stehe auf dem achten Grad des Wassermanns, heißt das bei Umwandlung in moderne Notation, dass ihre Position irgendwo innerhalb des Bogens von 7° ♒ bis 8° ♒ liegt. Neugebauer und van Hoesen schreiben dafür einfach “♒ 8”. In derselben Weise notieren sie die von ihnen errechneten wahren Positionen, die jedoch punktuell zu verstehen sind – das entspricht moderner Gepflogenheit und ist durch ihre Positionsangabe “♑ 0” für Saturn evident. 0° ♑ ist die Grenze zwischen dem Schützen und dem Steinbock. Die Null, unsere ‘Ziffer’

[1065] Ein Lapsus für “about 7 A.M.”?

[1066] Berechnet mit Hilfe der theonischen Tafeln für das Klima von Rhodos.

schlechthin,[1067] gibt es für Antigonos und seine griechisch-römischen Zeitgenossen noch nicht,[1068] es sei denn als Leerstelle in Sexagesimalbrüchen,[1069] und folglich auch keinen Nullgrad. Für Antigonos folgt auf den 30. Grad des Schützen der 1. Grad des Steinbocks. Das geschilderte Problem wird für gewöhnlich vernachlässigt,[1070] zu Recht, denn die antiken astronomischen Daten sind in der Regel nicht so präzise, als dass Ungenauigkeiten von maximal einem Bogengrad bei der Rückberechnung ins Gewicht fielen. Es bedarf aber zumindest der Erwähnung, im vorliegenden Fall gerade deshalb, weil nicht weniger als drei Positionen (ASC, ☾, ♃) nach Antigonos ἐπὶ τῆς πρώτης μοίρας des Wassermanns liegen. Das *kann* heißen: auf 0° ♒.[1071] In diesem Fall würde der Horizont den Tierkreis exakt in zweimal sechs ganze Tierkreiszeichen teilen, und zwar so, dass alle Taghäuser der Planeten über dem Horizont stehen und alle Nachthäuser darunter.[1072] Der hierfür entscheidende Parameter (ASC) ist aber nicht rechnerisch überprüfbar.[1073]

Die in der rechten Spalte der Tabelle notierten Abweichungen von ca. +4° bis +5° zwischen antiken siderischen Daten und moderner tropischer Rückberechnung, auch und gerade im Falle der Sonne und der äußeren Planeten, deren exakte Position viel leichter als die der inneren Planeten und des Mondes zu bestimmen ist, sind typisch für Horoskope des 1. und 2. Jh. n.Chr. Neugebauer hat das anhand der von Valens überlieferten

---

[1067] 'Ziffer' < arab. ṣifr 'Null', vgl. frz. *zéro* u. engl. *zero* aus ital. *zero*, das aus *zefiro* gekürzt ist (nach Kluge – Seebold 1999, 910 s.v. *Ziffer*; ebd.: "*Ziffer* ist zunächst 'die Ziffer Null'"). Siehe auch Kunitzsch 2005, 10, mit weiterer Literatur.

[1068] Vgl. Ifrah 1986, 468–475 u. 550, sowie Pichot 1991 in der dt. Übers. 2000, p. 57.

[1069] In Werten wie z.B. 5° 0′ 40″. Das Zeichen ist ο̄ (mit Varianten). Vgl. Jones 1999a, I 9 u. 61f. Jones 1999b, 84[16]. Pingree 2003a, 138. Hoffmann 2004–2005, 51. Siehe ferner Neugebauer 1941 und vgl. unten Anm. 3588.

[1070] So die Praxis von Neugebauer – van Hoesen 1959, Baccani 1992, Jones 1999a, und anderen.

[1071] Neugebauer 1969a, 362, weist anlässlich der Horoskopgemme Hor. gr. 215.VI.23 mit der Positionsangabe μοῖρα α für die Sonne darauf hin, μοῖρα α könne sowohl 1° als auch 0° bedeuten, "preferably the latter". In Anm. 3 (ebd.) verweist er auf Vogt 1925, 27f., der gezeigt habe, dass für Hipparch im Aratkommentar α den Beginn des ersten Grades bedeute. Vgl. auch Neugebauer 1975, 279, zu demselben Problem. Für πρώτη μοῖρα im Sinne von 0° vgl. ferner Thras. epit. CCAG VIII 3 (1912), p. 99,6–7 (= Thras. T 27 Tarrant = Rhet. 6,57,2): ὅτι αἱ τροπαὶ γίνονται οὐ περὶ πρώτην μοῖραν τοῦ ζῳδίου [...] ἀλλὰ περὶ η′.

[1072] S.u. S. 634 bei Anm. 1224 und den Kommentar zu **F1** § 27 ἐν τῷ ἰδίῳ οἴκῳ.

[1073] Das wäre nur möglich, wenn er mit einer exakten Zeit- und Ortsangabe auf der Grundlage präziser moderner Messinstrumente verbunden wäre.

Horoskope analysiert und erklärt.[1074] Während moderne Berechnungen
auf sogenannten 'tropischen' Längen basieren, deren Ausgangspunkt der
abstrakte Frühlingspunkt ist (0° ♈ ist die aufsteigende Schnittstelle der
Ekliptik mit dem Himmelsäquator), beziehen sich die Längenangaben der
griechischen Astrologen bis ca. 400 n.Chr. hinein auf einen Ausgangspunkt, der Teil des sichtbaren Tierkreises ist. Sie werden daher als 'siderische' Längen bezeichnet. Im 1. Jh. n.Chr., in das die Geburt Hadrians
fällt, setzen sie einen Ausgangspunkt bei ca. 25° ♓ (tropisch) voraus, von
dem aus 12 Zeichen à 30° gerechnet wurden.[1075] Die in diesem Jahrhundert geringe Diskrepanz zwischen siderischen und tropischen Längen
schwindet aufgrund der durch Hipparch im 2. Jh. v.Chr. entdeckten Präzession der Äquinoktien bis ca. 400 n.Chr. gegen Null, wächst dann jedoch im Laufe von ca. 12.000 Jahren bis auf 180° an, ehe sie danach
ebenso langsam wieder schrumpft. Zum besseren Verständnis der astrologischen Probleme, die dieses Phänomen aufwirft, und des Umstandes,
dass die Astrologen es bis weit ins 4. Jh. n.Chr. hinein ablehnten, die notwendigen Konsequenzen zu ziehen,[1076] erscheint eine etwas ausführlichere Erklärung sinnvoll.

Die Eigenschaften der Tierkreiszeichen hängen *per definitionem* untrennbar mit den Jahreszeiten, also letztlich mit dem Frühlingspunkt,
zusammen. Und schon ziemlich früh war den astronomisch kundigen
Astrologen, zu denen wir wohl auch Antigonos zählen dürfen (vgl. bes.

[1074] Neugebauer – van Hoesen 1959, 179–182. Siehe bes. die Graphik Nr. 33 ebd. S. 182
und vgl. Neugebauer – Parker 1960–1969, III 95: "the longitudes are reckoned side-
really with a correction of about −4° for the period in question" (gemeint ist 93 n.Chr.,
das Geburtsjahr des Priesters Heter, = Hor. dem. 93.X). Siehe ergänzend Kollerstrom
2001 u. Jones 2010b, 17.

[1075] In einigen demotischen Horoskopen scheint umgekehrt ein Ausgangspunkt um 5°
♈ vorausgesetzt zu sein, so dass die in jenen Texten genannten Längen *unter* den durch
moderne Berechnung ermittelten liegen: Vgl. Neugebauer – Parker 1968, 234, zu O.
dem. Ashmolean 633 = Hor. dem. −37.V.4 ("longitudes were reckoned from a point
near ♈ 5") und siehe zur Bestätigung auch die Relation zwischen Textangaben und
errechneten Werten in der Tabelle bei Neugebauer 1943, 120, für vier spätere demotische Horoskope, die für Daten der Jahre 13–35 n.Chr. erstellt wurden (Hor. dem.
13.IX.13. Hor. dem. 17.IX.26. Hor. dem. 18.II.25. Hor. dem. 35.VII.7; s.o. S. 316).

[1076] Vgl. Jones 2010b, 19: "the horoscopes from before the middle of the fourth century
are consistently sidereal". Tropische (konkret: ptolemäische) Längen sind bei den Astrologen erst im 5. Jh. n.Chr. plötzlich – und dann ausnahmslos – die Regel, vgl. Neugebauer 1975, 293[8], u. bes. Jones 2010b, 38–40, der auch sehr plausible Vermutungen dazu äußert, was den späten, aber so gut wie geschlossenen Wechsel der Astrologen von
ihrer früheren zu ihrer späteren Praxis motiviert haben könnte. – Die Inder gaben den
siderisch definierten Tierkreis überhaupt nicht auf, vgl. Burnett – Pingree 1997, 128.

T1 u. **F7**), klar, dass der Frühlingspunkt nicht mit dem Anfang des sichtbaren Sternbilds Widder übereinstimmt, sondern – wenn auch nur sehr langsam – wandert. Wenn sie von dieser Präzessionsbewegung und ihren mathematischen Eigenschaften eine richtig Vorstellung gehabt hätten, wäre ihnen klar gewesen, dass nach ca. 12.000 Jahren in der Hitze des Hochsommers, die traditionell mit Krebs und Löwe assoziiert ist, die Sonne durch die sichtbaren Sternbilder des Steinbocks und Wassermanns wandern wird, die traditionell mit Kälte und Winter assoziiert sind. Ein Festhalten an dem siderischen Tierkreis würde also, wenn man weit genug vorausdenkt, absurde Konsequenzen nach sich ziehen.

Dass sie dennoch Planetenlängen siderisch, nicht tropisch notierten, liegt anscheinend (neben sekundären Gründen wie der möglicherweise mangelhaften Verfügbarkeit tropischer Planetentafeln, der damals noch geringen Differenz zwischen beiden Referenzsystemen sowie dem Umstand, dass diese Differenz vorerst sogar gegen Null schwand)[1077] primär daran, dass sie eine unrichtige Vorstellung vom Wesen der Präzession der Äquinoktien hatten. Sie nahmen nämlich an, der Frühlingspunkt vollführe um den Anfangspunkt des am Himmel sichtbaren Sternbilds Widder eine Pendelbewegung, deren maximaler Ausschlag 8° betrage; mit anderen Worten: er oszilliere zwischen 8° ♈ und 22° ♓ (siderisch). Die Konsequenz dieser Vorstellung liegt auf der Hand: Wenn der mobile Frühlingspunkt von einem Fixpunkt am Himmel immer wieder in engen Grenzen erst 'wegpendelt' und dann zu ihm 'zurückfällt', genügt dieser Fixpunkt auch über große Zeiträume hinweg als Bezugspunkt aller Längenangaben, vor allem dann, wenn man sich für Horoskope (wie es bis zum Ende des 2. Jh. n.Chr. der Normalfall war) auf zeichengenaue Planetenpositionen beschränkte und Fehler im Bereich einiger weniger Bogengrade zu tolerieren bereit war.

Diese in der modernen Forschung als 'Trepidationstheorie' bezeichnete Lehre schreibt unsere einzige antike Quelle, Theo Alexandrinus in seinem 'Kleinen Kommentar' zu den *Handlichen Tafeln* des Ptolemaios, den 'alten Astrologen' zu und erwähnt dort ebenfalls, das Jahr 158 v.Chr. habe als Epochenjahr gegolten, in dem die Trepidation ihr letztes Maximum bei 8° Widder erreicht habe.[1078] Den zuletzt genannten Punkt

---

[1077] Siehe den vorigen Absatz.

[1078] Vgl. Theo Alex. comm. min. 12, pp. 236–237 Tihon, bes. 236,4–6: ἐπεὶ δὲ καὶ κατά τινας δόξας βούλονται οἱ παλαιοὶ τῶν ἀποτελεσματικῶν τὰ τροπικὰ σημεῖα ἀπό τινος ἀρχῆς χρόνου εἰς τὰ ἑπόμενα μετακινεῖσθαι μοίρας η̄, καὶ πάλιν τὰς αὐτὰς ὑποστρέφειν, κτλ. (der wenige Zeilen später folgende Verweis auf das Jahr 158

formuliert Theon so, die 'alten Astrologen' seien davon ausgegangen, die Pendelbewegung habe 128 Jahre vor dem Beginn der Ära Augustus[1079] bei 8° ♈ (siderisch) ihr letztes Extrem erreicht; seitdem bewege der Frühlingspunkt sich mit einer Geschwindigkeit von 1° in 80 Jahren wieder auf den Anfang des siderisch definierten Tierkreises zu.[1080]

Neugebauer 1975, 298, glaubte, die Trepidationstheorie auf Hipparch selbst, den Entdecker der Präzession, zurückführen zu können. Dieses Urteil gilt aber heute als überholt, auch wenn ein erst jüngst publizierter wichtiger Papyrusfund aus der Sammlung des *Institut Français d'Archéologie Orientale* in Kairo (P. Fouad inv. 267 A) von einer Observation des Sommersolstitiums des 26. Juni 158 v.Chr. durch Hipparch berichtet (ohne Erwähnung der Trepidation).[1081] Wir können nur soviel sagen, dass die Trepidationstheorie irgendwann zwischen Hipparch und Theon entstanden sein muss und dass ihr Erfinder sehr wahrscheinlich – wenngleich aus bisher unbekannten Gründen – die soeben erwähnte Observation Hipparchs als Epochendatum wählte, denn eine zufällige chronologische Koinzidenz beider Daten im Jahre 158 v.Chr. erscheint kaum vorstellbar.

Aus den im vorletzten Absatz zitierten Angaben Theons ergibt sich eine Formel zur Konversions tropischer, aus den *Handlichen Tafeln* des Ptolemaios gewonnener Planetenlängen in das alte siderische Referenzschema der Astrologen, die das Verhältnis zwischen siderischer Länge λ_S und tropischer Länge λ_t für das Jahr x der Ära Augustus wie folgt ausdrückt:[1082]

$$\lambda_S = \lambda_t + 8° - \left(\frac{x+128}{80}\right)°$$

---

n.Chr. wird unten in Anm. 1080 zitiert; eine vollständige englische Übersetzung des ganzen Kapitels bietet Jones 2010b, 11).

[1079] Jahr 1 der Ära Augustus entspricht dem Jahr 30/29 v.Chr. im alexandrinischen Kalender, vgl. Jones 1999a, I 312. Siehe ferner Neugebauer – van Hoesen 1959, 166 mit Anm. 24. Samuel 1972, 247. Neugebauer 1975, 826. Der Beginn des 128. alexandrinischen Jahres vor dem Beginn der Ära Augustus (d.h. vor dem 30. August 30 v.Chr.) fällt auf den 29. August 158 v.Chr. (Quelle: *Kairos 3.2*; s.o. S. 479).

[1080] Vgl. Theo Alex. comm. min. 12 p. 236,11–13: λαμβάνοντες γὰρ τὰ πρὸ τῆς ἀρχῆς τῆς Αὐγούστου βασιλείας ἔτη ϙκη̄ ὡς τότε τῆς μεγίστης μεταβάσεως τῶν η̄ μοιρῶν γεγενημένης καὶ ἀρχὴν λαμβανόντων [sc. τῶν τροπικῶν σημείων] ὑποστρέφειν, κτλ.

[1081] Edition, Übersetzung und Kommentar: Fournet – Tihon 2014 (s. auch Tihon 2010 u. Jones 2010b, 29 u. 36f.).

[1082] Vgl. Jones 1999a, I 343.

Wenden wir die Formel versuchsweise auf das Hadrianhoroskop an, so ergibt sich für den 24. Januar 76 n.Chr., der in das 105. Jahr der Ära Augustus fällt,[1083]

$$\lambda_S = \lambda_t + 8° - \left(\frac{105 + 128}{80}\right)° = \lambda_t + 8° - \left(\frac{233}{80}\right)° = \lambda_t + 5° \, 5' \, 15''$$

Die theonische Formel bezieht sich allerdings, wie gesagt, auf tropische Längen, die nach Ptolemaios berechnet wurden und somit auf einem etwas längeren tropischen Jahr basieren, als es moderne Rechenverfahren zugrunde legen.[1084] Zur Umrechnung moderner tropischer Längen (λ_m), wie sie *Galiastro 4.3* liefert, in die entsprechenden Werte des antiken siderischen Referenzschemas (λ_S) empfiehlt Jones die Näherungsformel[1085]

$$\lambda_S = \lambda_m + 6° \, 15' - \frac{x}{60}°.$$

Für Januar 76 n.Chr. gilt also: $\lambda_S = \lambda_m + 6° \, 15' - 105' = \lambda_m + 4° \, 30'$.[1086] Unter Berücksichtigung dieser methodisch (siderisch *versus* tropisch) bedingten Differenz von ca. +4° 30' kommen die Daten des Antigonos den wahren Planetenpositionen insgesamt sehr nahe. Dies wird deutlich, wenn man von den Daten der rechten Spalte in Tab. 6a (S. 594) 4° 30' subtrahiert: Was bleibt, sind die absoluten Fehler der von Antigonos gebotenen Daten gegenüber moderner Rückberechnung. Diese absoluten

---

[1083] 24. Januar 76 n.Chr. = Augustus 105, Tybi 28 (denn 76 n.Chr. ist ein julianisches Schaltjahr). Vgl. Jones 1999a, I 315f.; s. auch ebd. I 13. Die Software *Kairos 3.2* (s.o. S. 479) bestätigt die hier genannte kalendarische Entsprechung.

[1084] Ptolemaios: 365;14,48 Tage; modern: 365;14,32 Tage; vgl. Jones 1999a, I 343.

[1085] Vgl. Jones 1999a, I 343, der diese Formel in seiner Edition der astronomischen Papyri aus Oxyrhynchos auch selbst benutzt (vgl. ebd. I 249).

[1086] Die Konstante 6° 15' ist aus der theonischen Formel abgeleitet. Der zu subtrahierende Bruch, der dem Präzessionswert Rechnung trägt, setzt ein siderisches Jahr von ca. 365;15,35 Tagen voraus, was der üblichen siderischen Jahreslänge in babylonischen und griechischen Tafeln (Ausnahme: Ptolemaios, s.o. Anm. 1084) entspricht (vgl. Jones 1999a, I 343). Um dem wahren Präzessionswert Rechnung zu tragen, müsste man, wie A. Jones mit Brief vom 07.07.2003 bestätigt, als Nenner 72 statt des zum hexagesimalen Rechnen sehr bequemen Wertes 60 wählen, da der Frühlingspunkt in ca. 72 Jahren ein Bogengrad durchwandert. Die Rechnung führte dann auf $\lambda_S = \lambda_m + 6° \, 15' - 105/72° \approx \lambda_m + 4° \, 45'$. Da die antiken Angaben über Planetenlängen aber nicht durch direkte Observation, sondern durch Berechnung zustandekamen, ist die in den antiken Berechnungen implizite siderische Jahreslänge entscheidend.

Fehler bewegen sich bis auf den Venus-Wert, mit dem es eine besondere, anscheinend intentionelle Bewandtnis hat (s.u. S. 608), im Bereich von Null bis maximal zwei Bogengrad und machen, wenn man die mathematischen Beträge aller absoluten Fehler der sieben Längenangaben des Antigonos zu den Luminaren und Planeten addiert, in der Summe nur ca. 11°, unter Ausschluss des Betrags des irreführenden Venusfehlers (6° 30′) sogar nur ca. 4° 30′.

Die Bedeutung dieser Zahlen wird deutlich, wenn man sie mit den relativ wenigen Horoskopen für Daten vor 200 n.Chr., die gradgenaue Positionsangaben bieten und somit vergleichbar sind, in Relation setzt. Ein solcher Fall ist P. Lond. I 130 (Hor. gr. 81.III.31). Der Astrologe Titus Pitenius erstellte dieses Luxushoroskop für eine Nativität, die der Hadrians chronologisch sehr nahesteht (Differenz: 5 Jahre). Obwohl er den Eindruck äußerster Präzision zu vermitteln sucht,[1087] sind seine Daten, wie die Analyse in Appendix II (S. 1378, Tab. 42) zeigt, ungenauer als die des Antigonos. Zu erwarten wäre eine Differenz zwischen siderischen Textdaten und moderner tropischer Rückberechnung der Planetenlängen von je ca. + 4½°; die Abweichungen der tatsächlichen Einzeldifferenzen von diesem zu erwartenden Wert (d.h. die absoluten Fehler) summieren sich bei Titus Pitenius auf einen Betrag von mehr als 15°. Noch viel besser schneidet Antigonos gegenüber dem Autor des zeitlich ebenfalls noch vergleichbaren P. Lond. I 98 (Hor. gr. 95.IV.13) ab, bei dem es sich ebenfalls um ein anspruchsvolles, sehr elaboriertes Horoskop handelt: Die Abweichungen von der zu erwartenden siderisch-tropischen Differenz (für April 95 n.Chr. = ca. + 4° 11′) summieren sich dort auf den stattlichen Betrag von ca. 68° (vgl. Appendix II, S. 1379, Tab. 43).

Aufschlussreich sind aber nicht allein solche summarischen Qualitätsvergleiche mit anderen elaborierten Horoskopen für chronologisch nahe Daten, sondern auch Vergleiche mit den Planetenpositionen, die antike Planetentafeln für den 24. Januar 76 n.Chr. bieten. Es gibt zwei erhaltene antike Quellen dieser Art, die einen Vergleich erlauben: zum einen die handschriftlich überlieferten Tafeln des Ptolemaios, zum anderen die einen glücklichen archäologischen Fund des 19. Jahrhunderts fragmentarisch erhaltenen Stobart-Tafeln.

Im Falle des Ptolemaios ist genau genommen zwischen der *Syntaxis* und den *Handlichen Tafeln* zu unterscheiden, auch wenn diese beiden

---

[1087] Mondposition auf 1/1000° genau: Z. 77–80 μοίρας ἔτρεχε δεκατρεῖς καὶ ἔτι μέρος χιλιοστὸν μοίρης, Saturn sogar auf 1/21600° genau: Z. 111–115 μοίρας ἓξ καὶ ἔτι λεπτὰ τρίτα δέκα ἃ δὴ μέρος μοίρης ἐστὶ δισμυροχιλεξακοσιοστόν, vgl. ebd. Z. 16–18 ψηφίσας ἀκριβῶς.

Werke beinahe identische tropische Werte liefern (in der antiken Praxis wurden in der Regel die leichter anwendbaren *Handlichen Tafeln* benutzt). Dass Ptolemaios hier überhaupt Berücksichtigung findet, mag dem Leser übertrieben erscheinen, da die frühesten Spuren der Rezeption der ptolemäischen Astronomie aus dem frühen 3. Jh. n.Chr. datieren. Aber immerhin ist Ptolemaios ein Zeitgenosse des Antigonos und – diese Einsicht ist relativ jung – keine absolut singuläre, von der gesamten Schar zeitgenössischer Astronomen und Astrologen abweichende wissenschaftliche Erscheinung, denn in den letzten Jahrzehnten ist deutlich geworden, dass im 2. Jh. n.Chr. auch einige ptolemaios-ähnliche Planetentheorien existierten.[1088] Bei der Berechnung der ptolemäischen Planetenpositionen wäre es ein Anachronismus, modernes Wissen über die geographischen Längen der Städte Italica und Rom zugrundezulegen; vielmehr müssen wir die jeweiligen Längendistanzen Italicas und Roms vom Nullmeridian des Ptolemaios, der durch Alexandria verläuft, nach seinen eigenen geographischen Angaben bestimmen, die die relative Größe des Mittelmeerraums im Verhältnis zur Erdkugel überschätzen.[1089] Auf dieser Grundlage bieten die *Handlichen Tafeln* (HT) für den Morgen des 24.01.76 n.Chr.

[1088] Den jüngsten Beleg bietet der bereits erwähnte P. Fouad inv. 267 A (s.o. S. 598).

[1089] In seiner *Geographie* bietet Ptolemaios die folgenden Koordinaten: Italica 7° O / 38° N (geogr. 2,4,13), Rom 36° 40′ O / 41° 40′ N (ebd. 3,1,61), Alexandria 60° 30′ O / 31° N (ebd. 4,5,9; die Länge 60° 30′ O erneut ebd. 7,5,14). Vgl. die Europakarten Nr. 2 (für Italica) und 6 (für Rom) bei Stückelberger – Graßhoff 2006–2009, II 780f. u. 798f., sowie die Afrikakarte Nr. 3 (für Alex.) ebd. II 832f. Als Längendifferenz Italica – Alexandria ergibt sich aus den zitierten Werten der *Geographie* also 60° 30′ – 7° = 53° 30′, was die tatsächliche Distanz (35° 56′) erheblich überschätzt und einen Zeitfehler von 17° 34′ = 1h 10m 16s impliziert (das macht bei der Mondposition knapp 1° aus). Schon Marinos von Tyros hat als Vorgänger des Ptolemaios etwa dieselbe Vorstellung von der Breite der Oikumene und speziell ihrem westlichen Teil gehabt. Berggren – Jones 2000, 153f., Appendix D, bieten auf der Grundlage von Ptol. geogr. 1,12 eine nützliche Tabelle ausgewählter Längendistanzen nach Ptolemaios und Marinos mit dem Ergebnis (ebd. 154): "The comparison shows that Ptolemy adhered quite closely in his own map to Marinos' quantitative data for the Mediterranean." Tatsächlich lokalisieren sowohl Marinos als auch Ptolemaios die Meerenge von Gibraltar 7° östlich der Inseln der Seligen (Italica kommt in der Tabelle nicht vor). – Als Distanz Roms von Alexandria ergibt sich aus den zuvor zitierten ptolemäischen Werten 60° 30′ – 36° 40′ = 23° 50′. Ptolemaios äußert sich zu dieser Distanz auch explizit in geogr. 8,8,3, wo er sie als 1⅝ Stunden beziffert, was 22° 37′ 30″ entspricht, und schon früher einmal implizit in synt. 7,3 p. II 31,8 H., wo er sie auf 1⅓ Stunden beziffert, was 20° entspricht (der zuletzt genannte Wert geht auf Eratosthenes zurück; s. Berggren – Jones 2000, 20, mit Verweis auf Schnabel 1930, 219). Alle diese Werte sind zu hoch; der zuletzt genannte kommt der wahren Längendistanz Rom – Alexandria, die 17° 25′ beträgt, am nächsten. Ich danke A. Jones für wertvollen Rat (mündlich und schriftlich, Juni 2015).

die folgenden, mit *Deviations 11* errechneten tropischen Werte (jeweils rechts daneben das siderische Äquivalent nach Addition von 5° 4′ gemäß der oben S. 599 zitierten theonischen Formel):[1090]

	Italica (53° 30′ W von Alexandria nach Ptol. geogr. 2,4,13 / 4,5,9)		Rom (23° 50′ W von Alexandria nach Ptol. geogr. 3,1,61 / 4,5,9)	
	Ptol., HT:	sid. Äquiv.:	Ptol., HT:	sid. Äquiv.:
☉	2° 23′ ♒	7° 28′ ♒	2° 18′ ♒	7° 23′ ♒
☾	28° 40′ ♑	3° 45′ ♒	27° 34′ ♑	2° 39′ ♒
♃	25° 32′ ♑	0° 37′ ♒	25° 31′ ♑	0° 36′ ♒
♄	29° 19′ ♐	4° 24′ ♑	29° 19′ ♐	4° 24′ ♑
☿	4° 31′ ♑	9° 36′ ♑	4° 25′ ♑	9° 30′ ♑
♀	13° 40′ ♓	18° 45′ ♓	13° 34′ ♓	18° 39′ ♓
♂	18° 33′ ♓	23° 38′ ♓	18° 30′ ♓	23° 35′ ♓

Tab. 6b: Planetenpositionen am 24.01.76 n.Chr.
nach den *Handlichen Tafeln* des Ptolemaios

Wenn wir nun sowohl die Daten des Antigonos (Tab. 6a) als auch die des Ptolemaios (Tab. 6b) mit den in Tab. 6a genannten Ergebnissen moderner tropischer Rückberechnung vergleichen, ergeben sich die folgenden absoluten Fehler:[1091]

[1090] Der dort errechnete Wert 5° 5′ 15″ wurde hier auf 5° 5′ gerundet. Es wurden dieselben Ortszeiten wie in Tab. 6a (s.o. 594) zugrundegelegt, also 7:14 Uhr für Italica und 7:25 Uhr für Rom. Für Ptolemaios, der Stunden stets vom Mittag an zählt, nicht von Mitternacht, bedeutet das: 19 Stunden und 14 bzw. 25 Minuten nach dem Mittag des 23. Januar 76 n.Chr. Um den Vergleich mit Tab. 6a zu erleichtern, ist die Reihenfolge der Daten gleich; sie entspricht in beiden Tabellen dem Text des Antigonos. – Eine Berechnung auf der Grundlage der *Syntaxis* führt auf fast identische Planetenlängen, die der interessierte Leser leicht mit dem *Almagest Ephemeris Calculator* von R. van Gent online ermitteln kann (s.o. S. 479), indem er im dortigen Datenblocks ("Calendar date module") als julianisches Datum den 24. Januar 76 n.Chr. und als Ortszeit in Alexandria 20h 45m eingibt (d.h. 19h 25m nach dem Mittag des 23. Januar plus 1h 20m für die Längendifferenz zwischen Alexandria und Rom gemäß Ptol. synt. 7,3 p. II 31,8 H.; s.o. Anm. 1089 a.E.). Die gesuchten Daten werden in den dort folgenden Einzelmodulen jeweils als "Geocentric longitude (λ)" ausgewiesen.

[1091] Beispiel: Nach Antigonos stand die Sonne auf 8° ♒ (sid.), in Wahrheit stand sie in Italica auf 2° 45′ ♒ (trop.), macht einen relativen Fehler von ca. +5¼° und (nach Subtraktion von 4½° zwecks Konversion in ein tropisches Referenzschema) einen absoluten Fehler von ca. +¾°. *Nota bene*: Antigonos sagt nicht 'auf 8° ♒', sondern 'im 8. Grad

	Italica		Rom	
	Antigonos	Ptolemaios	Antigonos	Ptolemaios
☉	ca. +¾°	−22′	ca. +¾°	−24′
☾	ca. −1½°	+34′	ca. −1°	+8′
♃	ca. 0°	−1° 02′	ca. 0°	−1° 02′
♄	ca. +½°	−39′	ca. +½°	−38′
☿	ca. +½°	−2° 28′	ca. +½°	−2° 31′
♀	ca. −6½°	−26′	ca. −6½°	−29′
♂	ca. −1¾°	−43′	ca. −1¾°	−44′
Summe der Beträge	ca. 11½°	6° 14′	ca. 11°	5° 56′

Tab. 6c: Absolute Fehler der Daten des Antigonos und des Ptolemaios
für den 24.01.76 n.Chr.

Wie zu erwarten, erweisen sich die ptolemäischen Daten insgesamt als
besser, allerdings nicht als sehr viel besser, wenn man die Bedeutung des
schwer ins Gewicht fallenden (da viel zu niedrigen) Venuswerts des Antigonos gebührend relativiert (s.u. S. 608). Beachtung verdient vor allem,
dass die Längenangabe des Antigonos zu Merkur deutlich besser ist als
die des Ptolemaios. Da Merkur nur nahe seinen Elongationen beobachtet
werden kann, hatten antike Astronomen es extrem schwer, seine Bewegungen mathematisch zu beschreiben, und selbst die ptolemäische Merkurtheorie ist notorisch ungenau (mit Fehlern bis zu 10°).[1092] Der beein-
druckend gute, in allen drei Überlieferungssträngen (**P**, Ep.[4] u. Exc.[1])
identische Merkurwert des Antigonos muss aber nicht auf einer besonders guten Merkurtheorie beruhen, sondern kann ein Glückstreffer sein.
Dafür spricht die erheblich geringere Qualität seines Merkurwerts in **F2**
(s.u. S. 1044, Tab. 28a) sowie ein vergleichbarer Fall in einem dem Balbillos zugeschriebenen Horoskop (Hor. gr. −42.XII.27): Dort ist die überlieferte Merkurposition 17° ♐ (sid.), während moderne Rückberechnung

---

♒'; falls er sich die Sonne nahe 7° 15′ ♒ in punktueller (= ptolemäischer und moderner) Notation vorstellte, tendiert der Fehler gegen Null. Wegen der ein Grad Spielraum
implizierenden Angaben des Antigonos sind in seinem Fall alle Fehler mit 'ca.' notiert.
Bei Ptolemaios beträgt der absolute Fehler 2° 20′ − 2° 45′ = −25′. Seine Sonnenlänge ist
also ein wenig zu niedrig.
[1092] Vgl. das Diagramm bei Gingerich 1980, 262, das Fehler bis zu +7° bzw. −10° vermerkt. Die ptolemäischen Theorien der übrigen Planeten weisen i.d.R. Fehler von nicht
mehr als einem Bogengrad auf.

auf 9° 25′ ♐ (trop.) führt;[1093] die Konversion des zuletzt genannten Wertes durch Addition von 6° 28′ (gemäß der Näherungsformel von Jones, s.o. S. 599 mit Anm. 1085) führt auf 15° 53′ ♐, was dem tradierten Textwert sehr nahe kommt. Dieser Fall ist besonders signifikant, weil Balbillos ca. ein Jahrhundert vor Antigonos lebte, das Datum seiner Konstellation sogar ca. zwei Jahrhunderte vor Antigonos liegt und Merkur sich in beiden Horoskopen in der gleichen Relation zur Sonne befand (er hat kurz zuvor seinen zweiten Stillstand erreicht und bewegt sich nun von seiner Elongation wieder auf die Sonne zu).

Tabelle 6c zeigt somit auch, dass Antigonos sicher *nicht* ptolemäische Daten benutzt und unter Nutzung der theonischen Formel in ein siderisches Referenzschema überführt hat. Der Gedanke, dass er so vorgegangen sein könnte, wäre zwar *a priori* eine unwahrscheinliche Annahme, zum einen, da der früheste nachweisbare Fall dieser Art ein Horoskop für das Jahr 327 n.Chr. ist (Hor. gr. 327.VIII.17), zum anderen, da ganz ungewiss ist, wievielen Astronomen und Astrologen des 2. u. 3. Jh. n.Chr. überhaupt das klar war, was für uns selbstverständlich erscheint, dass nämlich Planetentheorien, die geometrisch (d.h. mit Exzentern und Epizykeln) konzipiert sind und der Präzession der Äquinoktien Rechnung tragen, älteren Planetentheorien überlegen sind.[1094] Dennoch war es wichtig, diesen rein theoretisch denkbaren Fall zu prüfen, weil es 16 fragmentarisch erhaltene Papyrusalmanache für jeweils ein oder mehrere Jahre gibt, die nachweislich in einem ersten Schritt nach Ptolemaios berechnet und dann unter Nutzung der theonischen Formel siderisch konvertiert wurden.[1095] Das früheste von solchen Fragmenten abgedeckte Jahr ist 217/8 n.Chr., was uns bis auf wenige Jahrzehnte an die Zeit des Antigonos heranführt. Dieser ist aber, wie Tab. 6c beweist, keiner jener chronologisch schwer fassbaren 'alten Astrologen', auf die sich Theon bezieht. Die Gewissheit, dass Antigonos nicht astronomische Daten des Ptolemaios benutzt hat, wird durch die Analyse von **F2** bestätigt (s.u. S. 1046) und passt dazu, dass er anscheinend auch keine astrologischen Anleihen an Ptolemaios gemacht hat (s.o. S. 58).

[1093] Balb. astrol. exc. ap. Rhet. 6,8,8, ältere Edition: CCAG VIII 4 (1921), p. 236,14. Der tropische Wert 9° 25′ ♐ ergibt sich bei Berechnung für Rom. Der Text nennt den Geburtsort des Nativen zwar nicht, aber die Merkurlänge würde sich für andere Orte des Mittelmeerraums nur um wenige Bogenminuten ändern.

[1094] Siehe hierzu die wichtigen Ausführungen von Jones 2010b, 38f., bes. sein Zitat von Procl. comm. in Plat. Tim. p. III 325–326 Diehl (in engl. Übers.).

[1095] Siehe dazu Jones 2010b, 30f. Von den 16 Papyri stammen 15 aus Oxyrhynchos.

Die zweite zu vergleichende Quelle sind, wie gesagt, die Stobart-Tafeln. Es handelt sich dabei um die von dem englischen Geistlichen Henry Stobart 1854/55 in Oberägypten (Theben) entdeckten demotischen Planetentafeln,[1096] die 140 n.Chr. oder später angefertigt wurden. Ihre Fragmente registrieren für die Jahre 70–78, 104–119 u. 125–133 n.Chr. die Eintrittsdaten der fünf echten Planeten in die Tierkreiszeichen, geordnet nach der ἑπτάζωνος (i.e. ♄ – ♃ – ♂ – ♀ – ☿) und datiert nach dem alexandrinischen Kalender. Bisher sind zwei Dutzend solcher "sign-entry almanacs" bekannt,[1097] unter denen die Stobart-Tafeln den weitaus größten Zeitraum abdecken und als einzige für die Daten der erhaltenen Antigonos-Horoskope relevant sind.[1098] Die in allen drei Fällen gleiche Planetenordnung (s.o.) zeigt griechischen Einfluss; babylonischen Ursprungs

---

[1096] Zu den historischen Umständen dieser Entdeckung s. Jones 1994, 25f.

[1097] Vgl. Jones 1999a, I 42–44 mit Tab. 10. Darunter ist ein weiteres demotisches Dokument, P. Berol. 8279 (für die Jahre 17 v.Chr. bis 12 n.Chr.; Literatur dazu nennt Jones 1999a, I 302; eine Ergänzung zu col. 28 durch P. Berlin 23547 publizierte Hoffmann 1999). Den frühesten Zeitraum deckt Tab. Amst. inv. 1 ab (für die Jahre 26–24 v.Chr.; Literatur dazu bei Jones 1999a, I 301).

[1098] Vgl. die kommentierte Edition der Stobart-Tafeln (heute im Free Public Museum of Liverpool) bei Neugebauer 1942, 220–228 mit Taf. 23–26, sowie (danach wird zitiert) Neugebauer – Parker 1960–1969, III 232–235 mit Taf. 74–78, wo der Rechnung nach Kaiserjahren im alexandrinischen Kalender die entsprechenden julianischen Daten beigegeben sind (die Umrechnung ist mit Hilfe von Jones 1999a, 316f., leicht nachvollziehbar). Siehe auch Bohleke 1996, 25. Das Verhältnis der Stobart-Tafeln zu den von Ptolemaios kritisierten 'ewigen Tafeln' (cf. Ptol. synt. 9,2 p. II 211,5–6 H. ὅσοι διὰ τῆς καλουμένης αἰωνίου κανονοποιίας τὴν ὁμαλὴν καὶ ἐγκύκλιον κίνησιν ἠθέλησαν ἐνδείξασθαι) und die Art, wie sie berechnet wurden, untersuchten Neugebauer – Parker 1960–1969, III 235–240, ohne sicheres Ergebnis. Jedenfalls scheint festzustehen, dass Verzeichnisse wie die Stobart-Tafeln auf Berechnung und nicht auf direkter Observation beruhen (ebd. 236). Dieses Urteil ist zur Gewissheit geworden, als es van der Waerden 1972 gelang, das zugrunde liegende Rechenverfahren exakt nachzuweisen: Die Mars, Venus und Jupiter betreffenden Daten der Stobart-Tafeln wurden nach Theorien berechnet, in denen die Geschwindigkeit streckenweise konstant ist und sich in gewissen Sprungpunkten plötzlich ändert (s. bes. S. 70f. u. 90); sehr wahrscheinlich beruhen auch die anderen Planetendaten dieser Tafeln auf Kombinationen linearer Funktionen (ebd. 75). – Neben das Zeugnis der Stobart-Tafeln tritt der griechische P. Tebt. II 274, ein sogenannter Monatsalmanach (vgl. Jones 1999a, I 44f. mit Tab. 11) mit sehr bruchstückhaften Daten für die Jahre 106 bis 115 n.Chr. Der für das Pedanius-Horoskop (**F3** §§ 62–66) relevante Teil (April 113 n.Chr.) ist zerstört. Zu den sehr geringen Abweichungen zwischen den astronomischen Daten des P. Tebt. II 274 und dem vergleichbaren Teil der Stobart-Tafeln s. Neugebauer 1942, 242 (ebd. 241 die maßgebliche Edition). Auch die übrigen bekannten Papyri mit Planetentafeln (Ephemeriden, 5-Tage-Almanache etc.), die Jones 1999a, I 35–47, zusammenstellt, bieten keine zum Vergleich mit den Daten der Antigonos-Horoskope geeigneten Informationen.

ist dagegen die Praxis, die Eintrittsdaten der Planeten in die Tierkreiszeichen in astronomischen Tagebüchern festzuhalten.[1099] Die Stobart-Tafeln weisen ebenso wie die Horoskope des Antigonos eine systematische Längendifferenz gegenüber tropisch definierten Tierkreispositionen auf, sind also ebenfalls siderisch definiert.

Die Saturn und Jupiter betreffenden Daten zum Jahre 76 n.Chr. sind in den Stobart-Tafeln verloren,[1100] die Angaben zu Mars, Venus und Merkur aber noch lesbar.[1101] Mars steht angeblich vom 23. Dezember 75 n.Chr. bis zum 2. Februar 76 n.Chr. in den Fischen. Setzt man die Differenz dieser Daten (= 41 Tage) zu den 30 Tierkreisgraden der Fische in Relation, so fällt der Morgen des 24. Januar 76 n.Chr. (Differenz = 32 Tage) auf ca. 23° Fische (32/41 x 30 ≈ 23,4 = 23° 24′ ♓). Venus steht nach den Stobart-Tafeln vom 11. Januar bis zum 5. Februar 76 n.Chr. in den Fischen; die entsprechende lineare Interpolation führt auf 13/25 x 30 ≈ 15,6 = 15° 36′ ♓.[1102] Zu Merkur notiert die zitierte Quelle nur, er trete nach Abschluss einer Retrogradation, die ihn aus dem Steinbock zurück in den Schützen geführt habe,[1103] am 13. Januar 76 n.Chr. erneut in den Steinbock ein; als nächstes Datum wird sein Erreichen des Stiers am 2. April desselben Jahres vermerkt. Der Kopist versäumte also, die Eintritte Merkurs in den Wassermann, die Fische und den Widder aus seiner Vorlage zu transkribieren.[1104] Unter Berücksichtigung des Umstandes,

---

[1099] Vgl. Toomer 1988, 358.

[1100] Die Beschichtung der hölzernen Oberfläche – und mit ihr die Schrift – hat sich an dieser Stelle fast vollständig abgelöst. In der Rekonstruktion Neugebauers besagt Tafel A *verso*, col. II, Z. 25–30, dass Saturn seit dem 15. Dezember 75 n.Chr. im Steinbock steht und Jupiter am 26. Januar 76 n.Chr. vom Steinbock in den Wassermann übertritt. Es handelt sich dabei jedoch nur um "plausible suggestions" (Neugebauer – Parker 1960–1969, III 228). Vgl. auch Neugebauer 1942, 233f.

[1101] Zu allen im Folgenden zitierten Werten vgl. Tafel A *verso*, coll. II–III des Originals, abgebildet und transkribiert bei Neugebauer 1942, Taf. 23 u. S. 222, sowie Neugebauer – Parker 1960–1969, III Taf. 74 u. 75.

[1102] Die hier vorgenommene lineare Interpolation wird dem astronomischen Charakter der Stobart-Tafeln insofern gerecht, als sie auf linearen Funktionen der Zeit beruhen, die zwischen gewissen Springpunkten durch andere lineare Funktionen der Zeit abgelöst werden. Im Falle von Mars, Venus und Jupiter ist dies bewiesen, im Falle der übrigen Planeten sehr wahrscheinlich (s.o. Anm. 1098 zu van der Waerden 1972). Innerhalb der hier besprochenen Zeitintervalle liegen keine der erwähnten Springpunkte, man darf also linear interpolieren.

[1103] Wiedereintritt in den Schützen nach Tafel A *verso*, col. III, Z. 26, am 31. Dezember 75 n.Chr.

[1104] Vgl. Neugebauer – Parker 1960–1969, III 233, zu A *verso*, col. III, Z. 27–28.

dass Merkur während des fraglichen Zeitraums rechtläufig war,[1105] ließe sich ein Progress von 1° 30′ pro Tag linear interpolieren,[1106] was für den 24. Januar auf 11 x 1° 30′ = 16° 30′ führen würde. In Wahrheit liegt freilich die Geschwindigkeit nach einem Stillstand zuerst unter dem Durchschnittswert und wächst dann nach und nach über ihn hinaus. Dass der Verfasser der Vorlage der Stobart-Tafeln dies wusste, ist *per se* anzunehmen und aufgrund seiner übrigen Daten für Rechtläufigkeitsstrecken Merkurs evident.[1107] Es lässt sich sogar zeigen, dass er im ersten Monat nach Beendigung der Retrogradation eine Tagesbewegung Merkurs von nur knapp über 1°/Tag annimmt.[1108] Das führt für den 24.01.76 n.Chr. auf ca. 11–12° ♑.

Da die Stobart-Tafeln, wie schon erwähnt, die Luminare nicht berücksichtigen und die Jupiter- und Saturndaten zum Jahre 76 n.Chr. aufgrund von materieller Beschädigung fehlen (s.o. Anm. 1100), ergibt sich die folgende Tabelle:

	Wahre tropische Position[1109]	Zu erwartende siderische Position (+ ca. 4° 30′)[1110]	Stobart-Tafeln (linear interpoliert)	Antigonos
☿	6° 56′ ♑	ca. 11° 26′ ♑	11° 22′ ♑	12° ♑
♀	14° 03′ ♓	ca. 18° 33′ ♓	15° 36′ ♓	12° ♓
♂	19° 14′ ♓	ca. 23° 44′ ♓	23° 24′ ♓	22° ♓

Tab. 7: Die Merkur-, Venus- und Marsdaten in **F1**

[1105] Dass der Verfasser der Stobart-Tafeln dies wusste, ergibt sich aus dem zitierten Notat zur Retrogradation um den Jahreswechsel. Merkur war *de facto* vom Nachmittag des 6. Januar bis zum Abend des 10. April 76 n.Chr. rechtläufig (Quelle: *Galiastro 4.3*).

[1106] 120° (♑, ♒, ♓, ♈) in 80 Tagen (13.01.–02.04.76 n.Chr.; n.b.: 76 n.Chr. ist ein Schaltjahr).

[1107] Vgl. z.B. den Sommer desselben Jahres (76 n.Chr., Tafel A *verso*, coll. III–V), als Merkur den Stobart-Tafeln zufolge nach einer Rückläufigkeit (Stillstand im Löwen) die Jungfrau in 22, die Waage in 19 und den Skorpion in 20 Tagen durchläuft, oder – noch deutlicher – den Herbst 105 n.Chr. (Tafel C₁ *recto*, col. II), als Merkur nach einer Rückläufigkeit (Stillstand in der Waage) den Skorpion in 26, den Schützen in 17 und den Steinbock in 18 Tagen durchläuft.

[1108] Besonders aufschlussreich sind die Daten zum Sommer 71 n.Chr. (Tafel A *recto*, col. I–II): Nach einem nur zwei Tage dauernden Wiedereintritt in den Krebs (5.–7. August, der vom antiken Redaktor angenommene Moment des Stillstandes ist also fast exakt zu fassen) durchquert Merkur den Löwen in 29 Tagen (das ergibt ein Mittel von 1° 02′ pro Tag), die Jungfrau und die Waage in jeweils 19 Tagen.

[1109] Daten gemäß der Tabelle oben S. 594 für ASC = 1° ♒ in Rom.

[1110] S.o. S. 599 bei Anm. 1086.

Insgesamt zeigen die Stobart-Tafeln, dass ein antiker Astrologe, sofern er ebendiese oder ähnlich konzipierte Planetentafeln benutzte, für Merkur und Mars am 24.01.76 n.Chr. ungefähr die gleichen Werte wie Antigonos finden konnte (zur Venus s.u.).[1111] Der auffällig gute Merkurwert erweist sich also auch in dieser Hinsicht als weniger überraschend, als man *prima vista* meinen könnte.

β) Venus

Im Falle von Venus bestärkt die Auswertung der Stobart-Tafeln unsere Verwunderung über den erheblich zu niedrigen Wert des Antigonos, der um ca. 3½° unter dem seinerseits schon um ca. 3° zu niedrigen demotischen Wert liegt.[1112] In den Horoskopen des 1. u. 2. Jh. v.Chr. finden wir zwar wiederholt z.T. erhebliche Venusfehler,[1113] aber mit Blick auf die ansonsten homogene und relativ hohe Qualität der astronomischen Daten in **F1** ist der Venusfehler extrem und erlaubt den Verdacht, dass Antigonos diesen Wert ein wenig 'frisiert' hat. Falls dem so sein sollte, ist sein Motiv leicht erkennbar: Die hypothetische Reduktion der siderischen Venus-Länge um einige Grade auf 12° ♓ bewirkt, dass die Planetengöttin gerade noch in ihrem eigenen Gradbezirk steht, der sich von 0° bis 12° ♓ erstreckt,[1114] und zugleich einen perfekten Sextilschein zu Merkur bildet.[1115] Falls Antigonos hier wirklich nachgeholfen haben sollte, verdie-

---

[1111] Zu demselben Ergebnis führt ein weiterer Vergleich, der im Falle des Pedanius-Horoskops für alle fünf echten Planeten möglich ist und *suo loco* angestellt werden wird. Siehe unten in der Gesamtbesprechung von **F3** §§ 63–64.

[1112] Dass der linear interpolierte Wert von ca. 15° 36′ ♓ nicht ganz unzuverlässig ist, zeigt auch folgende Beobachtung: Nach den Stobart-Tafeln tritt die Venus am 11. Januar 76 n.Chr. in die Fische und am 5. Februar in den Widder ein. In Wahrheit stand sie an diesen Tagen auf 28° 54′ ♒ bzw. 28° 06′ ♓ (jeweils mittags nach *Galiastro 4.3*, d.h. tropisch) = ca. 3–4° ♓ bzw. 2–3° ♈ in siderischer Notation. Auch hier ging der Redaktor der Stobart-Tafeln also von etwa drei Grad zu niedrigen Werten aus. Stellt man dieselbe Analyse für Mars an, so findet man an den in den Stobart-Tafeln genannten Ein- u. Austrittsdaten für die Fische (23.12.75 u. 02.02.76 n.Chr.) wahre tropische Positionen von 26° 01′ ♒ u. 25° 50′ ♓, was ca. 1° ♓ u. 1° ♈ in siderischer Notation entspricht, mithin fast genau zutrifft.

[1113] Im P. Lond. I 98 (Hor. gr. 95.IV.13) beträgt dieser Fehler sogar 17°; s.u. Appendix II, S. 1379, Tab. 43.

[1114] S.o. S. 719, Tab. 17b.

[1115] Dieser Aspekt wird im erhaltenen Text nicht explizit erwähnt. – Die Wirkung eines 'guten' Planeten, der in einem günstigen Aspekt (Sextil bzw. Trigon) seinen Einfluss

nen vielleicht auch weniger auffällige Kleinigkeiten Beachtung: Seine etwas zu niedrige Mondlänge ergibt eine gradgenaue Konjunktion mit Jupiter, was Antigonos explizit der astrologischen Deutung der Kaiserwürde nutzbar macht,[1116] und die etwas zu niedrige Marslänge (22° ♓) bewirkt einen perfekten Gedrittschein zum MC (22° ♏). In keinem dieser Punkte[1117] ist eine Manipulation der Daten beweisbar, ebensowenig wie im Falle der etwas zu niedrigen, wahrscheinlich mit Absicht auf genau 7 Tage gedrückten Zeitangabe in dem Jupiternotat **F1** § 26 μέλλοντι καὶ αὐτῷ ἑῷαν φάσιν ποιήσασθαι μετὰ ζ̄ ἡμέρας.[1118] Den Verdacht zu formulieren erscheint aber in all diesen Fällen, vor allem in dem der Venuslänge, berechtigt angesichts einer ebenso eindeutigen wie schwerwiegenden Stilisierung, die Antigonos bezüglich des Aszendenten vornahm.

γ) Aszendent

Es wurde bereits darauf hingewiesen, dass der 24. Januar 76 n.Chr. der literarisch und epigraphisch gesicherte Geburtstag des Kaisers Hadrian ist.[1119] Über die Tageszeit seiner Geburt schweigen jedoch die erhaltenen Quellen. Innerhalb eines νυχθήμερον bzw. 24-Stunden-Tages durchlaufen alle 360° des Tierkreises den Aszendenten mit der relativ hohen Durchschnittsgeschwindigkeit von 1°/4min, die Grade des Wassermanns sogar noch schneller.[1120] Selbst wenn dem Antigonos eine Quelle für die Geburtszeit des Kaisers vorgelegen haben sollte, ist auszuschließen, dass die Angabe jener Quelle so präzise (auf ca. drei Minuten genau) formuliert war. Nimmt man hinzu, dass die kardinale Position eines oder beider Luminare astrologische Grundbedingung königlicher Horoskope ist,[1121] so wird deutlich, dass Antigonos den Wert 1° ♒ als perfekten Aufgangsgrad einer Kaisergeburt am 24. Januar 76 n.Chr. selbst gewählt haben muss. Nur bei dieser Wahl stehen Mond und Jupiter gradgenau im wich-

---

ausübt, gilt als besonders positiv. Vgl. den Kommentar zu **F1** § 32 εἰ καλῶς κεῖται καὶ ὁρᾷ τὸν τόπον.

[1116] Vgl. § 26 συνάπτουσαν μοιρικῶς τῷ τε ὡροσκόπῳ καὶ τῷ Διί.

[1117] Siehe ferner den Kommentar zu den Positionen von Saturn und Venus in **F2** § 54, die seltsam perfekt mit den Erhöhungen dieser Planeten übereinstimmen (s. bes. ebd. zu περὶ μοίρας κ̄).

[1118] Siehe den Kommentar zur Stelle.

[1119] S.o. S. 593 bei Anm. 1062.

[1120] Siehe die Tabelle der Aufgangszeiten bei Neugebauer 1975, 732 (= hier S. 624).

[1121] Siehe Ptol. apotel. 4,3 und die Gesamtbesprechung von **F1** §§ 26–28 (S. 679–685).

tigsten der vier Kentra (ASC), Mars und Venus in Epanaphora (2. Ort) und Saturn und Merkur im 12. Ort, alles fundamental wichtige Daten, auf denen Antigonos seine astrologische Interpretation aufbaut[1122] und ohne die das kohärente Gebäude dieser Schicksalsdeutung in sich zusammenbräche.

Außer den von Antigonos explizit genannten Vorzügen, die 1° ♒ als Aszendent bietet, verdienen noch weitere Erwähnung. Der erste Grad des Wassermanns galt nämlich im Gegensatz zum unmittelbar vorausgehenden schlimmen Ende des Steinbocks als besonders günstiger Aszendent. Vgl. Manil. 4,568–570 (zu 30° ♑) und danach 4,571–572 (zu 1° ♒): *quod si quem sanctumque velis castumque probumque | hic tibi nascetur cum primus Aquarius exit.*[1123] Neben dieser frühen, rein zodiakalen Prognose verdient im Rahmen der Planetenastrologie Firm. math. 8,29,1 Erwähnung: *In I. parte Aquarii quicumque habuerit horoscopum, si Iuppiter et Saturnus simul fuerint inventi [...] et si Luna bene fuerit collocata, erit rex magnus gloriosus polychronius, omnium terrarum possidens circulum. Sed maxima illi potentia processu temporis decernetur. Sed is in aqua morietur.* Bis auf die Position des Saturn im Aszendenten sind die von Firmicus formulierten Bedingungen bei Hadrian gegeben, die Prognose würde also nach Abzug der durch Saturn bewirkten Langlebigkeit und des späten Zeitpunkts der vollen Machtentfaltung gut zu einem Herrscher wie Hadrian passen. Es ist möglich, dass Antigonos die zitierten und ähnliche Lehren[1124] durch die Quellen des Manilius und des Firmicus kannte, seine Argumentation aber nicht durch Rekurs auf alle verfügbaren Vorzüge des ersten Wassermanngrads überfrachten wollte.

[1122] Siehe **F1** § 26 und *passim*.

[1123] Vgl. dazu Hübner 1982, 603, ferner Bouché-Leclercq 1899, 147[1]. Boll et al. 1966, 153. Hübner 2002f, 558 ("Eine ungünstige Wirkung wurde bes. in den letzten Graden der T[ierkreis]-Z[eichen] angenommen"; vgl. Heph. 3,1,7 ~ Dor. arab. 5,5,8 sowie Porph. frg. 271,83–85 Smith). – Leider weist der Maniliustext bei der Behandlung der zodiakalen *partes damnandae* (4,408–501) nach Vers 489 gerade dort eine Lücke auf, wo das Ende des Steinbocks und der Anfang des Wassermanns zusammentreffen. Ich danke W. Hübner für den brieflichen Hinweis, dass Bentleys Umstellung des umgebastelten Verses 2,232 an diese Stelle, wodurch 1° ♒ zu einer *pars damnanda* würde, sicher nicht falsch ist.

[1124] Vgl. weiter eine frühe Lehre aus dem Bereich der Katarchenhoroskopie, die aber nicht auf genau 1° ♒ begrenzt ist: Nach Dor. p. 418,12–14 = Heph. 3,47,49 (~ Dor. arab. 5,36,71–72) zeigt der Mond oder der Azendent in den ersten Graden des Wassermanns an, dass der Herr seines entlaufenen Sklaven wieder habhaft werde (in den übrigen Graden das Gegenteil).

Wenngleich das der Wahl von ASC = 1° ♒ immanente Perfektions-streben des Antigonos unleugbar ist, sollte man nicht von einer Manipu-lation im negativen Sinne oder gar von einer Täuschungsabsicht spre-chen. Im Rahmen eines unendlichen Kausalnexus glaubten die Astrolo-gen, nicht nur von den Ursachen auf die Folgen, sondern auch umgekehrt von den Folgen auf die Ursachen schließen zu dürfen. Sie hielten es da-her für legitim, aus dem Leben eines Nativen auf Details seiner Geburts-konstellation oder sogar insgesamt auf dieselbe zurückzuschließen.[1125] Falls Antigonos die Geburtszeit Hadrians nicht wusste oder verfügbare Informationen für unzuverlässig hielt, war es das Nächstliegende, das Horoskop durch Wahl eines Aszendenten, der dem Leben des Nativen gerecht wird, zu rektifizieren.

Es ist außerdem nicht unmöglich, dass Hadrian in seiner Autobiogra-phie, sofern diese, wie hier angenommen, die Hauptquelle des Antigonos war, im Rahmen einer *imitatio Augusti principis* zu Recht oder Unrecht behauptet hat, er sei kurz vor Sonnenaufgang geboren worden (vgl. Suet. Aug. 5,1 *paulo ante solis exortum*). In diesem Fall läge für einen über-zeugten Astrologen wohl nichts näher, als die Zeitangabe im Sinne von ASC = 1° ♒ (= ca. 12 min. vor Sonnenaufgang) zu präzisieren.

Ein mit dem astrologisch idealen Aszendenten des Hadrianhoroskops vergleichbarer Fall ist der des Aelius Aristides, in dessen Horoskop[1126] ebenfalls die günstigste Minute des Tages als angeblicher Geburtszeit-punkt gewählt ist, nämlich der Moment, als Jupiter exakt in der Himmels-mitte stand und Merkur exakt im Aszendenten.[1127] Da es sich hierbei um ein autobiographisches Horoskop handelt, ist nicht auszuschließen, dass die Geburtszeit wider besseres Wissen des Aelius Aristides geschönt bzw. 'frisiert' wurde. Wir dürfen dergleichen aber nicht ohne handfeste Indizien unterstellen.

Es bleibt festzuhalten, dass Horoskope wie das des Kaisers Hadrian und das des Aelius Aristides die Wahl eines idealen Aufgangsgrades er-kennen lassen und somit nicht dazu geeignet sind, aus den jeweiligen

---

[1125] Schon Ciceros Zeitgenosse Tarutius soll für Varro im Sinne dieses Kausalverhält-nisses aus dem Leben und den Taten des Romulus das Horoskop des Stadtgründers auf Tag und Stunde genau errechnet haben (Plut. Rom. 12,5). Genaueres dazu bei Heilen 2007, 49f.

[1126] Ael. Arist. or. 50,58 (sacr. serm. 4,58) p. II 440,10–28 Keil (Hor. gr. 117.XI.26).

[1127] Ebd. p. II 440,24f. K.: σχίζειν γὰρ αὐτὸν [sc. τὸν τοῦ Διὸς ἀστέρα] μέσου τοῦ οὐρανοῦ μέσην τὴν μοῖραν ἡνίκα ἐγιγνόμην. Ausführlicher dazu Heilen 2006a. – Vgl. weiter Bouché-Leclercq 1899, 283[2], zu Hor. gr. 137.XII.4, Merkur sei absichtlich gradgenau auf dem Aszendenten platziert worden (ablehnend Neugebauer – van Hoesen 1959, 41[3]).

ASC-Werten die historisch wahren Geburtszeitpunkte zu errechnen.[1128]

δ) Sonne

Wir kommen abschließend zu drei Positionsangaben des Antigonos, die
nicht einhellig überliefert sind: die der Sonne, des Saturn und der oberen
Kulmination (MC).

Als Länge der Sonne überliefern **P** und ein Zeuge von Ep.⁴ (**K**) 8° ♒,
die übrigen Zeugen von Ep.⁴ (**IJM**) 20° ♒. Während der Wert 8° ♒
astronomisch (innerhalb des siderischen Referenzschemas) überzeugt, ist
der Wert 20° ♒ so stark überhöht, dass er unmöglich von Antigonos oder
einem anderen antiken Astrologen stammen kann. Er ist paläographisch
zu erklären, ebenso wie ein ähnlicher Fall in der Überlieferung des späteren der beiden erhaltenen Horoskope des Astrologen Balbillus (Hor. gr. –
42.XII.27): Dort ist die Jupiterposition 20° ♓ ('Ιχθύσι Ζεὺς κ′) eine
Verschreibung aus 8° ♓ (η′).[1129] Neugebauer – van Hoesen 1959, 78, bemerken zur Genese dieses Fehlers richtig: "κ and η are often indistinguishable in manuscripts of the Byzantine period."[1130]

Die gradgenaue Positionsangabe der Sonne und des Mondes ist möglich, da der scheinbare Durchmesser beider Luminare jeweils ca. ½° beträgt.[1131]

[1128] Nebenbei sei angemerkt, dass aus der Antike noch eine andere Art der Manipulation
des Aszendenten, nämlich *ante genituram*, bekannt ist. Da die Aufgangszeit zweier
aufeinanderfolgender Tierkreisgrade nur um wenige Minuten differiert, erschien ein
Hinauszögern der Geburt in Notfällen (wenn etwa der Aszendent auf 30° ♑ zu fallen
drohte) als empfehlenswert. Das bekannteste Beispiel dieser Art von 'astrologischer
Geburtenplanung' ist die fiktive Szene bei Ps.-Kall. Hist. Alex. Magn. 1,12, wo Nektanebos die Olympias dazu anhält, ihre Wehen noch hinauszuzögern, bis die Konstellation
für die Geburt eines Weltherrschers günstig sei. Vgl. dazu Boll 1922b (1950), 351–356
(= Boll 1922c, 18–22) sowie oben S. 579 bei Anm. 995.

[1129] Balb. astrol. exc. ap. Rhet. 6,8,8, ältere (fehlerhafte) Edition: CCAG VIII 4 (1921),
p. 236,11. Siehe das Diagramm unten S. 1015.

[1130] Vgl. auch die Liste der "standard letter confusions" bei West 1973, 25.

[1131] Vgl. Neugebauer 1975, 657–659. In astrologischen Texten wird der Sonne und dem
Mond z.T. unpräzise ein Durchmesser von einem (ganzen) Grad zugesprochen; vgl.
Thras. epit. CCAG VIII 3 (1912), pp. 99,7–8 (= Thras. T 27 Tarrant = Rhet. 6,57,2).

ε) Saturn

Als Länge Saturns überliefert **P** 10° ♑, Ep.[4] 5° ♑ und Exc.[1] 16° ♑. Den zuletzt genannten Wert (16° ♑) übernahmen Stegemann und Cramer,[1132] dem Wert der Epitome (5° ♑) folgte Neugebauer.[1133] Pingree edierte den Haupttext und die Epitome getrennt mit den jeweils verschiedenen Werten 10° ♑ und 5° ♑.[1134] Der richtige Wert muss 5° ♑ (siderisch) sein, da Saturn *re vera* fast genau auf 0° ♑ (tropisch) stand.[1135] Die beiden anderen überlieferten Werte implizieren so große absolute Fehler (ca. 5° 30′ bzw. ca. 11° 30′),[1136] dass undenkbar ist, sie könnten einem Astrologen zur Zeit des Antigonos bei der Ausarbeitung eines so wichtigen Horoskops im Falle des sehr langsam wandernden und leicht zu lokalisierenden Saturn unterlaufen sein. Speziell gegen den höchsten überlieferten Wert (16° ♑) spricht ferner, dass Merkur (12° ♑) dann im Widerspruch zum Text nicht mehr innerhalb der Einschließung durch Saturn und Mars läge.[1137]

Der richtige Wert 5° ♑ überlebte offenbar nur in **β** (s. Stemma oben S. 120), während sich in **γ**, wie **P** und Exc.[1] zeigen, bereits eine Verderbnis eingeschlichen hatte. Möglicherweise ist das Zahlzeichen Iota in μοίρᾳ ι′ (**P**) und μοίρᾳ ιϛ′ (Exc.[1]) aus falscher Abtrennung des Iota subscriptum von μοίρᾳ entstanden. Zu weiteren Fällen, wo nur Ep.[4] gegen die übrigen Überlieferungsstränge das Richtige bewahrt, vgl. etwa **F2** § 56 u. **F3** § 65, wo die wichtigen Worte ἐν τῷ αὐτῷ γεγενῆσθαι ζῳδίῳ und περὶ τὸ κε′ ἔτος ἐσφάλη καὶ ἐν κατηγορίᾳ πρὸς τὸν βασιλέα γενόμενος (Ep.[4]) in **P** und Exc.[2] fehlen, sowie auch die Analyse der die Gradbezirke betreffenden numerischen Daten in Heilen 2010a, 61.

Der vorliegende Fall führt auf ein grundsätzliches Problem. Philologen vertrauen bisweilen allzu unkritisch den Handschriften, selbst wenn der Sachverhalt durch Beweise, die außerhalb des streng philologischen Kompetenzbereiches liegen, evident ist. Diese Tendenz ist vor allem dann zu beobachten, wenn es gilt, eine vom antiken Autor verwendete mathematisch-naturwissenschaftliche Technik zu analysieren oder das Ergebnis einer bereits von Kundigeren vorgelegten Analyse dieser Art

---

[1132] Stegemann 1931/32, 370. Cramer 1954, 165 ("in the 16th (or 5th) degree").

[1133] Neugebauer – van Hoesen 1959, 90f.

[1134] Pingree 1973–1974, I 158,4 u. II 223,25 (ohne Angaben im textkritischen Apparat).

[1135] Siehe Tab. 6a (S. 594). Zur Differenz von ca. 4° 30′ zwischen siderischen und tropischen Längen s.o. S. 599 (bei Anm. 1086).

[1136] **P**: 10° ♑ sid. ∼ 5° 30′ ♑ trop.; Exc.[1]: 16° ♑ sid. ∼ 11° 30′ ♑ trop.

[1137] S.u. zu § 34 ἐμπεριέχεσθαι.

gebührend zu berücksichtigen. Es sei gestattet, dies kurz am Umgang von
Saffrey – Segonds 2001 mit dem Aufsatz von Jones 1999b zum Horoskop des Proklos (Marin. vit. Procl. 35 = Hor. gr. 412.II.7) zu illustrieren.
Schon Fabricius hatte 1703 richtig das überlieferte Sonnenzeichen von
♈ zu ♒ und die Venusposition von ♓ 23° zu ♓ 0° 23′ emendiert.[1138]
Aber noch in jüngsten Jahren zögerte man, diese Fehler als überliefe-
rungsbedingte Korruptelen zu erklären, da Neugebauer geurteilt hatte, das
ganze Horoskop sei wenig sorgfältig berechnet,[1139] und die Fehler somit
schon dem Verfasser selbst unterlaufen sein könnten. Nun hat aber Jones
nachgewiesen, dass Neugebauers Urteil auf einer fehlerhaften Gleichung
in seiner Wiedergabe der ptolemäischen Regeln zur Berechnung der Planetenlängen beruht[1140] und die korrekte Anwendung der ptolemäischen
Tafeln bei allen Werten bis auf Sonne und Mond zu Werten führt, die von
den minutengenauen Angaben der Handschriften um maximal zwei Bogenminuten abweichen, ein minimaler Fehler, der aus der Rundung arithmetischer Zwischenergebnisse resultiert (auch Fabricius' Korrektur der
Venus-Position findet so ihre Bestätigung, denn die wahre Position betrug 0° 21′ ♓). Insgesamt beweist Jones schlagend, dass der Verfasser des
Proklos-Horoskops die ptolemäischen Tafeln im Falle der fünf echten
Planeten, des aufsteigenden Mondknotens und der vorausgegangenen
Konjunktion der Luminare mit tadelloser technischer Kompetenz angewandt hat und folglich die Daten für Sonne und Mond hoffnungslos verdorben sind (Jones 1999b, 86f.). Dass Saffrey – Segonds 2001 dennoch
die überlieferten Positionen von Sonne, Mond und Venus im Haupttext
drucken, ohne wenigstens im textkritischen Apparat oder in den Anmerkungen die Verlässlichkeit der Überlieferung in Frage zu stellen, ist sehr
zu bedauern. Nur in der dem Horoskop und seiner Forschungsgeschichte
gewidmeten Appendix (ebd. 185–201) gehen sie (199f.) kurz auf das Problem ein und rechtfertigen ihr Festhalten an der Überlieferung gegen
Jones 1999b damit, eine befriedigende paläographische Erklärung der
Verschreibungen sei nicht ersichtlich. Hier wird deutlich, dass die beiden
Herausgeber die Beweiskraft der von Jones vorgebrachten Argumente
und die bahnbrechende Bedeutung seiner Analyse nicht verstanden haben. Denn andere Ergänzungen, deren Notwendigkeit ihnen einleuchtet,
nehmen sie durchaus vor, z.B. die des Merkursymbols (so schon Fabrici-

---

[1138] Vgl. Jones 1999b, 84. Platzhalter im Sinne der modernen Null sind auch anderswo
des Öfteren ausgefallen.
[1139] Neugebauer 1975, 1033f.
[1140] Jones 1999b, 85, zu Neugebauer 1975, 1003 (Gleichung 4): Statt $k_7 \geq 0$ lies $k_7 \leq 0$.

us) vor der zugehörigen Positionsangabe. Ebenso hätten sie statt ☉ Κριῷ, μοίρα ιϛ' κϛ'. ☾ Διδύμοις, μοίρα ιζ' κθ'. ... ♀ Ἰχθύσι, μοίρα κγ' drucken sollen: ☉ Ὑδροχόῳ, μοίρα †ιϛ' κϛ' †. ☾ Διδύμοις, μοίρα †ιζ' κθ' †. ... ♀ Ἰχθύσι μοίρα ⟨0'⟩ κγ' (dass sich der unbekannte Verfasser die Sonne im Wassermann dachte, ist schon durch die Notiz zur προγενομένη σύνοδος am Ende von Marin. vit. Procl. 35 absolut sicher). Sie handeln ferner – zum Glück – inkonsequent, indem sie ein wichtiges Resultat jener Beweisführung anerkennen, dass nämlich das Geburtsdatum des Proklos vom 8. auf den 7. Februar 412 zu korrigieren ist.[1141] Es wäre wünschenswert, dass Herausgeber in vergleichbaren Fällen uneingeschränkt die Konsequenzen aus verlässlichen Vorarbeiten ziehen beziehungsweise in Ermangelung derselben einen kompetenten Helfer zu gewinnen suchen, der die editorische Verantwortung für die fragliche Textstelle übernimmt (vgl. die Kooperation von Boer 1958 u. Boer 1962 mit O. Neugebauer u. D. Pingree).

ς) Der MC-Wert

Als obere Kulmination (MC) des Hadrianhoroskops nennt **P** 22° ♏, Exc.[1] hingegen 24° ♏.[1142] Die Handschriften von Ep.[4] (**IJKM**) bestätigen die Gradzahl 22 (κβ'), bieten aber fälschlich ταύρου (nur **M** ergänzt *in margine* die richtige Lesart σκορπίου).[1143] Zu prüfen ist die Alternative 22° ♏ / 24° ♏.

Das MC hängt von zwei Parametern ab: von der geographischen Breite des Ortes und von den Aufgangszeiten der Tierkreiszeichen. Im Falle Hadrians bieten die Quellen einander widersprechende Informationen zum Geburtsort des Kaisers, entweder Rom oder Italica. Für Rom spricht als einziger Beleg Hist. Aug. Hadr. 1,3 *natus est Romae VIIII kl. Feb. Vespasiano septies et Tito quinquies consulibus*, für Italica in Südspanien,[1144] die Heimat von Hadrians Vater, knapp zwei Dutzend antiker und

---

[1141] Saffrey – Segonds 2001, 173[3]. 200.

[1142] So **m** im Text (das vorgesehene Diagramm wurde vom Schreiber nicht ausgeführt) und **U** im beigefügten Diagramm (die Gradangabe fehlt bei **U** im Text).

[1143] Anscheinend nannte also schon **β** (s. Stemma S. 120) fälschlich den Stier; die Verbesserung in **M** beruht sicher nicht auf einer unverdorbenen Handschrift, sondern ist die Emendation eines astronomisch Kundigen. Zu der in Handschriften häufigen Verwechslung der Symbole für Stier und Skorpion vgl. Neugebauer – van Hoesen 1959, 76 mit Anm. 4.

[1144] Heute Santiponce (Eck 1997, 111), nahe Sevilla.

mittelalterlicher Quellen, die jüngst Canto erstmals vollständig gesammelt hat.[1145] Besondere Erwähnung verdienen darunter das vieldiskutierte
ad patriam redit (Hist. Aug. Hadr. 2,1) bezüglich Hadrians Besuch von
Italica im Jahre 90 n.Chr. sowie Eutr. 8,6,1 *natus et ipse* [sc. *Hadrianus,
ut antea Traianus*] *Italicae in Hispania* (~ Hieron. chron. Ol. 224, p.
197,11 Helm [GCS 47] *Hadrianus Italicae in Hispania natus*).

Aus Gründen, die im Folgenden noch deutlich werden, ist es sinnvoll,
die Entwicklung der Forschungsmeinungen hier knapp zu skizzieren. Seit
dem 16. Jh. überwogen in der europäischen Forschungsliteratur die Stimmen zugunsten Roms, von denen Canto eine umfangreiche Auswahl
(überwiegend aus dem späten 19. Jh.) zitiert.[1146] Eine Ausnahme bildeten
die spanischen Historiker, deren Mehrheit aus verständlichen Gründen
Italica vorzog.[1147] Um die Wende vom 19. zum 20. Jh. erstarkte die Frak-
tion der Befürworter von Italica ganz erheblich dank dem gewichtigen
Urteil deutscher Historiker wie Plew, von Rohden, Kornemann und
Weber.[1148] Der zuletzt genannte beeinflusste durch sein Eintreten für die
hispanische Abkunft der 'wichtigen' Kaiser des 2. Jh. n.Chr. in seinem
Beitrag zur *Cambridge Ancient History* auch die angelsächsische Forschung zugunsten Italicas.[1149] Nachdem sich somit die Waage der Forschungsmeinungen in der ersten Hälfte des 20. Jh.s zugunsten von Italica
geneigt hatte, setzte sich Syme mit dem Hauptargument, dass scharf zwischen der *origo* beziehungsweise *patria* einer Familie und dem eher zu-
fälligen Geburtsort einer Person zu unterscheiden sei, für die sehr präzise,
oben zitierte Angabe in Hist. Aug. Hadr. 1,3 ein.[1150] Er hat damit im Wesentlichen einen Umschwung der Forschungsmeinung zugunsten Roms
bewirkt.[1151] Die Zustimmung zu der von Syme vorgebrachten These ist

---

[1145] Canto 2004, 381–390 (16 antike und 7 mittelalterliche Quellen, deren Wert im Einzelnen zu diskutieren hier ebensowenig Platz ist wie für die im Anschluss von Canto als
zusätzliche Argumente gebotenen Texte Nr. 24–31).

[1146] Canto 2004, 374f. (der Forschungsbericht reicht ebd. bis S. 380).

[1147] Canto 2004, 375.

[1148] Plew 1890, *passim*. von Rohden 1893, 496f. Kornemann 1905, 7–11. Weber 1907,
14.

[1149] Siehe Weber 1936, bes. 297f. Für Italica hatte sich in der angelsächsischen Forschung bereits Henderson 1923, 10, ausgesprochen. Siehe ferner Cramer 1954, 163[121b]
("Hadrian [...] surely was born in southern Spain", u. ebd. Anm. 122: "the birth was
erroneously assigned to Rome instead of Italica, the actual birth-place of Hadrian").

[1150] Syme 1964, bes. 142 (= RP II 617), wiederholt in Syme 1965, 246 (= RP VI 106).
Syme 1985b, 351 (= RP V 554). Syme 1986, 10f. (= RP VI 165f.).

[1151] Siehe bes. Nierhaus 1966, 153–155, mit wichtigen Ergänzungen zu den von Syme
vorgebrachten Argumenten. Jüngere Stimmen für Rom: Barnes 1976, 77[8]. Caballos

jedoch nicht ungeteilt,[1152] und jüngst hat sich die bereits genannte spanische Historikerin Canto mit einem umfangreichen Beitrag erneut – aus ihrer Sicht definitiv – für Italica ausgesprochen.[1153] Da Canto dem Hadrianhoroskop des Antigonos besonderes, ja geradezu entscheidendes Gewicht beimisst,[1154] ist die folgende Untersuchung nicht nur für die astrologische Interpretation wichtig, sondern darüber hinaus für die althistorische Forschung von Interesse.

Astronomisch macht es einen erheblichen Unterschied, ob man ein Horoskop für Rom oder für Italica berechnet, da die Entfernung zwischen dem Aszendenten und der oberen Kulmination in Zodiakalgraden je nach geographischer Breite schwankt. Nun liegt Rom (41° 54′ N) weit nördlicher als Italica (37° 26′ N). Dass eine solche Breitendifferenz – umgerechnet fast 500 km – einen erheblichen Unterschied bezüglich des sichtbaren Himmels ausmacht, war den antiken Astronomen wohlbekannt. Geminos etwa schreibt in seiner *Einführung in die Astronomie* (1. Jh. v.Chr.),[1155] der Horizont verändere sich bis zu einem Umkreise von ungefähr 400 Stadien (ca. 70 km) nicht merklich, so dass der sichtbare Himmel insgesamt derselbe bleibe.[1156] Wenn in Rom beziehungsweise Italica der erste Grad des Wassermanns aufgeht (das geschieht in Italica wegen der erheblichen Längendifferenz später als in Rom), fällt in Rom das MC auf 24° 54′ ♏, in Italica hingegen auf 22° 03′ ♏, was sehr gut zur Angabe des Antigonos (22° ♏, s. § 22) zu passen scheint. Wichtig ist es jedoch nicht, die wahre Himmelsmitte mit Hilfe moderner Mittel zu berechnen, sondern die Berechnung des Antigonos nachzuvollziehen und so zu verstehen, welche geographische Breite er zugrunde legte.

Unter diesem Gesichtspunkt ist Neugebauer, dem Canto und viele andere Altertumswissenschaftler blind vertrauen, bei der Diskussion des

---

Rufino 1990, 41. Callu 1992, 18[7]. Chastagnol 1994, 4 u. 18[1]. Birley 1997, 10. 13f. 19f. Eck 1998, 59. Festy 1999, 107[1]. Opper 2008, 34.

[1152] Für Italica spricht sich Kienast 1996, 128, aus (mit Verweis auf nur zwei der antiken Quellen; keine der beiden nennt Italica), ebenso Sallmann 1997, 58, und Veh 1990, 59. Schmid 2005, Taf. 8, spricht ungenau von Sevilla.

[1153] Ebenso bereits Canto 1991, 297 (sehr knapp), u. Canto 2002.

[1154] Canto 2004, 381, bezeichnet das von Antigonos verfasste Horoskop als "la [*sc.* fuente] más definitiva"; ebd. 387: "una fuente antigua irrebatible", ebd. 388: "este documento [...] empíricamente inapelable".

[1155] Geminos schrieb die *Isagoge* zwischen ca. 90 u. 25 v.Chr., vgl. Jones 1999c, bes. 266. Überholt ist die Datierung ins 1. Jh. n.Chr. bei Neugebauer 1975, 580 ("around 50 A.D."). Vgl. Bowen – Todd 2004, 4 ("first cent. B.C.").

[1156] Gem. 5,58 (ὥστε καὶ τὰ μεγέθη τῶν ἡμερῶν καὶ τὸ κλίμα καὶ πάντα τὰ φαινόμενα τὰ αὐτὰ διαμένειν), vgl. ebd. 16,17.

Hadrian-Horoskops ein bisher unbeachtetes Versäumnis unterlaufen. In Unkenntnis der Argumente Symes, die erst fünf Jahre später erschienen, stützte sich der Astronomiehistoriker auf die zu seiner Zeit dominierende Forschungsmeinung, Hadrian sei in Italica geboren,[1157] und berechnete das MC für Italica mit Hilfe der theonischen Tafeln für das Klima von Rhodos auf 21° 23′ ♏.[1158] Diese Berechnung, die die antiken Nachrichten, Hadrian sei in Italica geboren, durch ein astronomisches Argument zu bestätigen scheint, wird seit nunmehr einem halben Jahrhundert unkritisch rezipiert.[1159] Im Folgenden wird gezeigt, dass die Stellungnahme Neugebauers erhebliche Probleme birgt und umgekehrt gute (wenngleich nicht zwingende) Gründe dafür sprechen, den MC-Wert des Antigonos als das Ergebnis einer für Rom angestellten Berechnung zu interpretieren.

Aus der Zeit des Antigonos und noch weit darüber hinaus (bis zum Ende des 3. Jh. n.Chr.) sind keine Horoskope bekannt, in denen das MC oder irgendwelche anderen Daten, die die Aufgangszeiten der Tierkreiszeichen betreffen, trigonometrisch berechnet wurden. Bezüglich mathematisch fortschrittlicher trigonometrischer Verfahren, wie Ptolemaios sie in seiner *Syntaxis* und seinen *Handlichen Tafeln* (auf denen die im vorigen Absatz erwähnten, von Neugebauer benutzten theonischen Tafeln basieren)[1160] benutzte, ist zwischen theoretischer Kenntnis und praktischer Anwendung zu scheiden. Theoretisch waren trigonometrische Verfahren bereits im 2. Jh. n.Chr. in nicht näher bestimmbarem Umfang bekannt, nicht durch Ptolemaios, dessen früheste nachweisbare Rezeption ins 3. Jh. n.Chr. fällt,[1161] sondern durch Autoren wie den von Valens, Porphyri-

---

[1157] Siehe oben S. 616 und Neugebauer – van Hoesen 1959, 91[19]: "Hadrian was born in Halica [*corrige* Italica] (southern Spain, near Seville, latitude about 37;30)" (ohne Quellenangabe; für Neugebauer als in den USA lebenden Österreicher [s. Swerdlow 1993 u. Keyser 1994b] kommen ebensogut deutschsprachige wie englischsprachige Quellen in Frage).

[1158] Neugebauer – van Hoesen 1959, 91. Zum Begriff 'Klima' siehe den nächsten Absatz.

[1159] Sie wurde schon vor dem Erscheinen der *Greek Horoscopes* (Neugebauer – van Hoesen 1959) *per litteras* übernommen von Cramer 1954, 163[121b]. Auf die beiden genannten Werke stützen sich viele spätere Autoren, darunter Canto 2004.

[1160] Tihon 1985 hat gezeigt, dass Theon die *Handlichen Tafeln* des Ptolemaios entgegen einer weitverbreiteten Annahme nicht modifiziert hat; s. bes. Tihon 1985, 108 u. 119 (anerkannt von Jones 1999b, 84[18]). Im 6. Jh. n.Chr. entstand ferner eine lateinische Übersetzung von Ptolemaios' und Theons *Handlichen Tafeln*, das *Preceptum Canonis Ptolomei*, wovon D. Pingree eine Edition für das *Corpus des astronomes byzantins* vorbereitet hat (vgl. Burnett – Pingree 1997, 1[1]), die nie erschien.

[1161] Es gibt nach Toomer 1998, 2[2], überhaupt keine Zeugnisse für die Benutzung der *Syntaxis* (die frühestens 150 n.Chr. zu datieren ist, vgl. ebd. 1) im 2. Jh. n.Chr.

os und Paulos Alexandrinos zitierten Apollinarios, der wohl bereits im frühen 2. Jh. n.Chr. (jedenfalls vor Valens) forderte, astrologisch relevante Berechnungen der Aufgangszeiten 'geometrisch' (d.h. trigonometrisch) durchzuführen.[1162] Die erhaltenen Zeugnisse vermitteln jedoch den Eindruck, dass die Astrologen des 2. Jh. n.Chr., selbst diejenigen, die gewisse Kenntnisse bezüglich der neuen trigonometrischen Methoden besaßen, es in der Praxis so hielten wie Valens, der in seinen vielen Beispielhoroskopen stets das astronomisch gröbere System der sogenannten 'Sieben Klimata' benutzt, ein auf arithmetischen Reihen basierendes Näherungsverfahren zur Bestimmung der Aufgangszeiten,[1163] das babylonischen Ursprungs ist und hier keiner ausführlichen Darstellung bedarf, da es von kompetenter Seite untersucht und erläutert wurde.[1164] Dass Valens sich dabei der erheblichen Differenz zwischen numerisch und geometrisch berechneten Aufgangszeiten durchaus bewusst ist, zeigt seine im Kommentar zu **T1** zitierte Aussage (Val. 9,12,4, s.o. S. 496). Ebenda wurde auch schon erwähnt, dass sich die geometrischen, Diagramme enthaltenden Ausführungen des Antigonos, deren Unklarheit Johannes Lydos tadelt, auf die Berechnung der Aufgangszeiten der Tierkreiszeichen beziehen könnten. Es ist also, auch wenn keinerlei konkrete Beweise vorliegen, denkbar, dass Antigonos die jüngeren trigonometrischen Verfahren mehr oder weniger gut kannte. Da er aber nach **F1** § 21 erklärtermaßen in der Nachfolge von 'Nechepsos und Petosiris' steht und sich diese konservative Orientierung in vielen Details seiner erhaltenen Horoskope bestätigt, muss gefragt werden, zu welchen Ergebnissen denn die Anwendung traditioneller numerischer Verfahren, wie jene 'Alten' und – soweit wir wissen – auch alle Astrologen bis ins 4. Jh. n.Chr. sie praktizierten, führen würde.[1165]

[1162] Siehe Val. Porph. isag. 41 p. 212,10–19. Paul. Alex. 1 pp. 1,13–2,2. Gundel – Gundel 1966, 159. Jones 1990, 14f. Holden 2012, 1[2].

[1163] Die Länge der Aufgangszeiten ändert sich nicht linear, lässt sich also mit einer arithmetischen Reihe nicht exakt beschreiben. Vgl. z.B. die linearen Werte des Hypsikles (Hyps. ll. 104–110 De Falco) für Alexandria (1. Klima) mit den entsprechenden trigonometrischen Werten des Ptolemaios (Ptol. synt. 2,8): ♈ u. ♓: H(ypsikles) 21° 40′, P(tolemaios) 20° 53′; ♉ u. ♒: H. 25°, P. 24° 12′; ♊ u. ♑: H. 28° 20′, P. 29° 55′; ♋ u. ♐: H. 31° 40′, P. 34° 37′; ♌ u. ♏: H. 35°, P. 35° 36′; ♍ u. ♎: H. 38° 20′, P. 34° 47′; gesamt (H. = P.): 180°.

[1164] Siehe Neugebauer 1975, 725–736.

[1165] Noch Paulos Alexandrinos nennt im Jahre 378 n.Chr. als einen Hauptgrund dafür, dass er sein astrologisches Handbuch in einer überarbeiteten zweiten Auflage präsentiert, dass er nun anstelle der von den 'Ägyptern' tradierten Aufgangszeiten den bisher

Von großem Wert für die Rekonstruktion der Methode, nach der diese Astrologen zu einem gegebenen Aufgangsgrad die obere Kulmination berechneten, ist das Zeugnis des Paulos Alexandrinos. In seinem Kapitel über die Himmelsmitte[1166] lehrt er, die zodiakale Länge des MC errechne sich wie folgt: Man addiere die für das jeweilige Klima gültigen Aufgangszeiten vom Beginn des Widders bis zum Aszendenten und trage das Ergebnis vom Beginn des Steinbocks in Richtung des Tierkreises ab, und zwar dreißig Grad pro Zeichen; wo man auskomme, dort sei die Position des MC.[1167] Als Beispiel wählt Paulos 15° ♌ als Aszendent im 1. Klima: Die Aufgangszeit des Bogens 0° ♈ – 15° ♌ sei dort, gemessen in Rektaszensionalgraden (RA), 21° 40′ RA + 25° RA + 28° 20′ RA + 31° 40′ RA + 17° 30′ RA = 124° 10′ RA, folglich liege das MC 124° 10′ von 0° ♑ entfernt auf 4° 10′ ♉.[1168]

Da vieles dafür spricht, dass Antigonos dieselbe Methode benutzt haben könnte, sind einige weitere Bemerkungen angebracht. Obwohl Paulos Alexandrinos im späten 4. Jh. n.Chr. schrieb und frühere Zeugnisse fehlen, muss seine Methode zur Berechnung des MC, über deren Urheber er nichts sagt, sehr viel älter sein. Neugebauer datiert sie "etwa auf die Zeit des Hypsikles".[1169] Von Hypsikles selbst (ca. 175 v.Chr.) scheint sie aber nicht zu stammen, schon deshalb nicht, weil sie, wie das Beispiel des Paulos lehrt, die arithmetische Progression der Aufgangszeiten auf ganze Tierkreiszeichen beschränkt, während der Verfasser des *Anaphorikos*, der Realität erheblich näher kommend, lehrte, dass sie stetig von Grad zu Grad fortschreite. Genauso, wie die Aufgangszeiten benachbarter Tierkreiszeichen sich nach Hypsikles im 1. Klima um jeweils 3° 20′ RA unterscheiden, unterscheidet sich nach ihm auch die Aufgangszeit be-

---

vernachlässigten ptolemäischen Aufgangszeiten mehr Geltung verschaffen wolle (Paul. Alex. 1; vgl. dazu Bouché-Leclercq 1899, 263).

[1166] Paul. Alex. 30 pp. 81–82 Boer (ebd. pp. 140–145 astronomisch kommentiert von O. Neugebauer). Siehe auch Neugebauer 1975, 720.

[1167] Paul. Alex. 30 p. 81,7–12: τὴν χρονικὴν ἀναφορὰν τῶν ζῳδίων ἐφ᾽ ἑκάστου κλίματος ἀπὸ Κριοῦ ἕως τῆς τοῦ ὡροσκόπου μοίρας ἀριθμήσας, διέκβαλλε τὸν συναχθέντα ἀριθμὸν ἀπὸ τοῦ Αἰγοκέρωτος διδοὺς ἑκάστῳ ζῳδίῳ μοίρας λ̄, καὶ ὅπου δ᾽ ἂν καταλήξῃ ὁ κατ᾽ ἔλλειψιν ἀριθμός, ἐκεῖ ἔσται ἡ μεσουρανοῦσα μοῖρα.

[1168] Paulos spricht nicht von Null Grad eines Zeichens; diese Diktion ist hier zur Verdeutlichung hinzugefügt. S.o. Anm. 1067.

[1169] Neugebauer bei Boer 1958, 141. Zum wissenschaftshistorischen Wert von Paul. Alex. 30 s. Neugebauer ebd. 145: "Der Paulus-Text ist von großem Interesse, da er uns erstmalig die Berechnung H → M [*i.e.* ASC → MC] mit Hilfe der arithmetischen Methoden lehrt".

nachbarter Einzelgrade um einen entsprechend kleineren Betrag.[1170] Auf das Beispiel des Paulos angewendet bedeutet dies: Die erste Hälfte des Löwen (0°–15° ♌) geht schneller auf als die zweite (15°–30° ♌), und Hypsikles hätte es zu Recht als eine unzulässige Simplifizierung angesehen, einfach die Gesamtaufgangszeit des Löwen (im 1. Klima 35° RA) auf 17° 30′ RA zu halbieren. Der so entstehende Rechenfehler ist allerdings nicht sehr groß (nach Hypsikles geht der Bogen 0°–15° ♌ in 17° 5′ RA auf).[1171]

Das Verfahren des Paulos impliziert ferner einen zweiten Fehler, auf den Neugebauer hingewiesen hat:[1172] Wenn ϱ (ASC) die Aufgangszeit des Tierkreisbogens 0° ♈ – ASC für *sphaera obliqua* (hier: Alexandria) ist und λ (MC) die zodiakale Länge der dazugehörigen Himmelsmitte, dann gilt nach Paulos

$$\lambda \, (MC) = \varrho \, (ASC) - 90$$

Nun hat aber bereits Ptolemaios[1173] gesehen, dass das Ergebnis einer solchen Rechnung in Wahrheit die Aufgangszeit für *sphaera recta* (α) bestimmt, und zwar exakt richtig:

$$\alpha \, (MC) = \varrho \, (ASC) - 90$$

Neugebauer fasst zusammen: "Das heißt soviel als annehmen, daß für sphaera recta Aufgangszeit = Länge ist (oder Rectascension = Länge oder auch Aequator = Ekliptik). [...] Aber der Fehler ist nicht groß, wie aus Synt. II 8 abgelesen werden kann, und sogar = 0 für λ = 0, 90, 180, 270."[1174]

Wenden wir nun probeweise das in zweierlei Hinsicht nicht ganz korrekte, aber bestechend einfache Verfahren des Paulos Alexandrinos auf das Hadrianhoroskop an, so erhalten wir für ASC = 1° ♒ und die

---

[1170] S.u. S. 1362 nach Anm. 3587.

[1171] Rechnerischer Nachweis im Kommentar zu **F7** (S. 1363).

[1172] Neugebauer bei Boer 1958, 140.

[1173] Ptol. synt. 2,9 p. I 144,14–21 H.

[1174] Neugebauer bei Boer 1958, 140. Zur Verdeutlichung: Die einzelnen Tierkreisgrade durchlaufen die obere Kulmination mit nahezu konstanter Geschwindigkeit, aber nicht absolut regelmäßig. Letzteres wäre dann der Fall, wenn der Tierkreis nicht gegen den Himmelsäquator geneigt wäre (Ekliptikschiefe = 23½°). Im Vergleich zu den Differenzen der Auf- und Untergangszeiten der Tierkreiszeichen sind die Schwankungen im Transit der Zodiakalgrade durch die Himmelsmitte so gering, weil sie von der geographischen Breite unabhängig sind.

Varianten *a* und *b* des babylonischen Systems A[1175] die folgenden MC-Werte (Differenz = je 52′ 40″):[1176]

(Norden)

Klima		πόλεις ἐπίσημοι (Auswahl)	MC
VII	b		25° 34′ 40″ ♏
	a		24° 42′ ♏
VI	b		23° 49′ 20″ ♏
	a		22° 56′ 40″ ♏
V	b	Rom	22° 04′ ♏
	a		21° 11′ 20″ ♏
IV	b		20° 18′ 40″ ♏
	a		19° 26′ ♏

[1175] Siehe Tab. 9 auf S. 624. Das babylonische System B, welches in der Progression der Aufgangszeiten einen Sprung zwischen den ζῴδια ὀλιγοανάφορα und den ζῴδια βραδυανάφορα annimmt, wurde von griechischen Astronomen und Astrologen nur sehr selten benutzt. Zum Verständnis der folgenden Tabelle Nr. 8 ist anzumerken, dass die antiken Astrologen in der Regel von sieben Klimata ausgehen, die aber je nach Wahl der Ausgangsbreite (in antiker Definition: der Relation des längsten und kürzesten Tages im ersten Klima) innerhalb des babylonischen Systems A, das für uns allein relevant ist, zwei verschiedene Serien von je sieben Klimata ergeben (Ia, IIa, IIIa etc. bzw. Ib, IIb, IIIb etc.), die wie ein Reißverschluss ineinandergreifen. Die einzelnen Klimata wurden nach bedeutenden Städten (πόλεις ἐπίσημοι) benannt, dazu s. Honigmann 1929. Im Laufe der Zeit wurden anscheinend auch selektiv sieben einzelne Klimata aus beiden Serien (System Aa u. Ab) zu einer neuen Mischserie kombiniert, um die verfügbaren numerisch starren Raster möglichst exakt den bedeutendsten Örtlichkeiten und Breiten der antiken Mittelmeerwelt anzupassen. Ein solches System überliefert Plin. nat. 6,211–219 (cf. Firm. math. 2,11). Darin entspricht das erste, nach Alexandria benannte Klima mathematisch Nr. Ia der Tabelle 9 unten S. 624, das zweite ('Babylon') Nr. IIb, das dritte ('Rhodos') Nr. IIIa, das vierte ('Athen') Nr. IIIb, das fünfte ('Hellespont') fällt genau zwischen IVb u. Va, das sechste ('Rom') entspricht Vb, das siebte ('Ancona') VIIa. Entscheidend für die hiesige Untersuchung sind nicht die von den antiken Astrologen verwendeten Ordnungszahlen, sondern die darin implizite Relation von längstem und kürzestem Tag, die der geographischen Breite entspricht.

[1176] Der Halbbogen 0° ♈ – 0° ♎ entspricht für alle Klimata gleichermaßen 180° RA, zu denen für die hiesige Berechnung die jeweiligen Aufgangszeiten (s. Tab. 9, S. 624) von ♎, ♏, ♐ u. ♑ sowie ein Dreißigstel der Aufgangszeit des Wassermanns addiert wurden. Beispiel (Klima Ia): 180° + 38° 20′ + 35° + 31° 40′ + 28° 20′ + (1/30 x 25°) = 314° 10′. Folglich liegt das MC 314° 10′ von 0° ♑ entfernt, d.h. auf 14° 10′ ♏.

III	b	Athen	18° 33′ 20″ ♏
	a	Rhodos	17° 40′ 40″ ♏
II	b	Babylon	16° 48′ ♏
	a		15° 55′ 20″ ♏
I	b		15° 02′ 40″ ♏
	a	Alexandria	14° 10′ ♏

(Süden)

Tab. 8: MC-Werte für Hor. gr. 76.I.24 (**F1**) in den sieben Klimata
nach dem Verfahren des Paulos Alexandrinos

Dem ganzzahligen Wert des Antigonos (22° ♏ nach **P** u. Ep.[4]) kommt
der Wert für Klima Vb am nächsten. Genau dieses Klima ist nach Plinius
und Ptolemaios[1177] das richtige für Rom.[1178] Der von Exc.[1] überlieferte
Wert 24° ♏, der auch hinsichtlich der stemmatischen Verhältnisse (s.o.
S. 120) wenig Vertrauen verdient, erweist sich als geographisch sinnlos,
da er auf eine erheblich nördlichere Breite als die Roms führen würde.

[1177] Plin. nat. 6,217 (in der Nachfolge des Nigidius Figulus) und bes. Ptol. geogr. 8,8,3
τῶν μὲν οὖν ἐν τῇ Ἰταλίᾳ διασημοτέρων πόλεων τὸ μὲν βασίλειον ἡ Ῥώμη τὴν μεγίστην ἡμέραν ἔχει ὡρῶν ἰσημερινῶν ιε ιβ′ καὶ διέστηκεν Ἀλεξανδρείας πρὸς
δύσεις ὥρα ᾱ Λη′ ("Die Kaiserliche Residenzstadt Roma/Rom hat eine längsten Tag
von 15 1/12 Äquinoktialstunden. Die Entfernung von Alexandria in Richtung Westen
beträgt 1 5/8 h." (Stückelberger – Graßhoff 2006–2009, II 796f.; statt διασημοτέρων
πόλεων las Nobbe 1843–1845, II 205,7 ἐπισήμων πόλεων).
[1178] Darauf weist auch Neugebauer 1975, 729[15], hin. Klima Vb (Rom) liegt ferner der
Berechnung der maximalen Lebenszeit für in Italien Geborene bei Plin. nat. 7,160 (=
Nech. et Pet. frg. 17) zugrunde, wo es heißt: *ea ratio, quam Petosiris ac Necepsos tradidere (tetartemorion appellant a trium signorum portione), qua posse in Italiae tractu
CXXIIII annos vitae contingere apparet.* Denn die Summe der Aufgangszeiten der
neunzig (Tetartemorion!) am langsamsten aufgehenden Tierkreisgrade (15° ♌ – 15° ♏)
beträgt im Klima Vb (System A) ½ x 38° RA (♌) + 43° 20′ RA (♍) + 43° 20′ RA (♎)
+ ½ x 38° RA (♏) = 124° 40′ RA. Der fraktionale Rest (40′ = 8 Monate) ist in der
Angabe des Plinius – wie so oft bei fraktionalen Resten – vernachlässigt. Dass den von
Plinius gebotenen Wert Klima Vb und kein anderes zugrunde liegt, zeigen die nach
derselben Rechenmethode ermittelten Maximalwerte der Klima Vb umschließenden Klimata Va u. VIa: 123° 13′ 20″ RA (Va) u. 126° 6′ 40″ RA (VIa). Zu der hier skizzierten
Berechnung, die Plin. nat. 7,160 und ebenso Cens. 17,4 ('mehr als 120 Jahre') sowie
deren gemeinsamer Quelle, dem 6. Buch von Varros *Disciplinarum libri*, zugrunde liegt,
vgl. Honigmann 1936, 307–312, bes. 308f., u. Neugebauer 1975, 721.

Table 3

Clima	I Alex.	I b	II a	II Bab.	III a	III b	IV a	IV b	V a	V b	VI a	VI b	VII a	VII b
M	3,30°	3,32	3,34	3,36	3,38	3,40	3,42	3,44	3,46	3,48	3,50	3,52	3,54	3,56
m	2,30	2,28	2,26	2,24	2,22	2,20	2,18	2,16	2,14	2,12	2,10	2,8	2,6	2,4
M:m	7:5	53:37	107:73	3:2	109:71	11:7	37:23	28:17	113:67	19:11	23:13	29:16	13:7	59:31
A ρ₁	21;40°	21; 6,40	20;33,20	20	19;26,40	18;53,20	18;20	17;46,40	17;13,20	16;40	16; 6,40	15;33,20	15	14;26,40
ρ₂	25	24;40	24;20	24	23;40	23;20	23	22;40	22;20	22	21;40	21;20	21	20;40
ρ₃	28;20	28;13,20	28; 6,40	28	27;53,20	27;46,40	27;40	27;33,20	27;26,40	27;20	27;13,20	27; 6,40	27	26;53,20
ρ₄	31;40	31;46,40	31;53,20	32	32; 6,40	32;13,20	32;20	32;26,40	32;33,20	32;40	32;46,40	32;53,20	33	33; 6,40
ρ₅	35	35;20	35;40	36	36;20	36;40	37	37;20	37;40	38	38;20	38;40	39	39;20
ρ₆	38;20	38;53,20	39;26,40	40	40;33,20	41; 6,40	41;40	42;13,20	42;46,40	43;20	43;53,20	44;26,40	45	45;33,20
d	3;20	3,33,20	3;46,40	4	4;13,20	4;26,40	4;40	4;53,20	5; 6,40	5;20	5;33,20	5;46,40	6	6;13,20
B ρ₁	22;30	22	21;30	21	20;30	20	19;30	19	18;30	18	17;30	17	16;30	16
ρ₂	25	24;40	24;20	24	23;40	23;20	23	22;40	22;20	22	21;40	21;20	21	20;40
ρ₃	27;30	27;20	27;10	27	26;50	26;40	26;30	26;20	26;10	26	25;50	25;40	25;30	25;20
ρ₄	32;30	32;40	32;50	33	33;10	33;20	33;30	33;40	33;50	34	34;10	34;20	34;30	34;40
ρ₅	35	35;20	35;40	36	36;20	36;40	37	37;20	37;40	38	38;20	38;40	39	39;20
ρ₆	37;30	38	38;20	39	39;30	40	40;30	41	41;30	42	42;30	43	43;30	44
d	2;30	2;40	2;50	3	3;10	3;20	3;30	3;40	3;50	4	4;10	4;20	4;30	4;40

Tab. 9: Die Aufgangszeiten in den sieben Klimata nach den babylonischen Systemen A und B (Quelle: Neugebauer 1975, 732; reproduziert mit freundlicher Genehmigung des Springer-Verlags)

Angesichts der bemerkenswerten, von Neugebauer jedoch offenbar nicht zur Kenntnis genommenen Entsprechung des MC-Werts 22° ♏ mit der Breite von Rom ist nun auch **F2** zu prüfen. Denn auch dort bietet Antigonos den Aszendenten gradgenau (§ 54: ASC = 24° ♋). Daraus ergeben sich für die verschiedenen Klimata die folgenden MC-Werte (Differenz = je 54′ 40″):[1179]

(Norden)

Klima		πόλεις ἐπίσημοι (Auswahl)	MC
VII	b		28° 29′ 20″ ♓
	a		29° 24′ ♓
VI	b		0° 18′ 40″ ♈
	a		1° 13′ 20″ ♈
V	b	Rom	2° 8′ ♈
	a		3° 2′ 40″ ♈
IV	b		3° 57′ 20″ ♈
	a		4° 52′ ♈
III	b	Athen	5° 46′ 40″ ♈
	a	Rhodos	6° 41′ 20″ ♈
II	b	Babylon	7° 36′ ♈
	a		8° 30′ 40″ ♈
I	b		9° 25′ 20″ ♈
	a	Alexandria	10° 20′ ♈

(Süden)

Tab. 10: MC-Werte für Hor. gr. 40.IV.5 (**F2**) in den sieben Klimata nach dem Verfahren des Paulos Alexandrinos

Die Handschrift **P** macht keine Angabe über das MC, doch nach Ep.[4] und Exc.[2] fällt es auf 10° ♈, und der Kommentar zu **F2** § 54 τὸ δὲ δῦνον – Ζυγοῦ ι′ wird zeigen, dass diese Angabe Teil des Originaltextes ist. Nun entspricht 10° ♈, wenn man mit Antigonos auf minutengenaue Angaben

---

[1179] Auf den Wert für Klima Ia führt die Rechnung 75° [das ist der Bogen 0° ♈ – 0° ♋] + (24/30 x 31° 40′) – 90°.

verzichtet, exakt dem obigen Ergebnis für das Klima von Alexandria (Ia). Das ist Neugebauer, obwohl er den MC-Wert 10° ♈ unter erneuter Nutzung der theonischen Tafeln als exakt zur geographischen Breite von Südspanien passend bewertet,[1180] nicht verborgen geblieben; er merkt an: "It must be admitted that the procedure of Paulus Alexandrinus [...] leads, for Alexandria and System A, to M = ♈ 10;20. No such agreement is found, however, for No. L 76."[1181] Der Schlusssatz ist, wie gezeigt, sachlich falsch und zeigt, dass Neugebauer angesichts der vermeintlich sicheren historischen Information, Hadrian sei in Italica geboren, gar nicht versucht hat, das MC zu ASC 1° ♒ für Rom (Klima Vb) zu berechnen, sondern sich auf Südspanien (Klima IIIa) und das Standardklima (Ia) beschränkt hat.

Zum Begriff 'Standardklima' ist anzumerken, dass den Quellen zufolge Nechepsos (und Petosiris?) überhaupt nur die Aufgangszeiten des Klimas von Alexandria behandelt habe.[1182] Spätere Astrologen reagierten auf den Umstand, dass ihre Leserschaft beziehungsweise Klientel keineswegs mehr auf Ägypten beschränkt war, indem sie zumindest theoretisch allen sieben Klimata des Mittelmeerraums Beachtung schenkten.[1183] Dennoch dominierte in der Praxis weiterhin, besonders in Zweifelsfällen, das Klima von Alexandria. Valens erklärt sogar mehrmals explizit, ein Nativer sei in einem der nördlicheren Klimata geboren, berechnet das Horoskop dann aber doch mit den Aufgangszeiten von Alexandria (Ia) oder Babylon (IIb).[1184] Es wäre also nicht verwunderlich, wenn Antigonos sich im Falle eines Kaiserhoroskops (**F1**) die Mühe gemacht hätte, das MC möglichst genau zu berechnen, im Falle weniger glanzvoller und weniger ausführlich diskutierter Nativitäten dagegen das Standardklima (Ia) gewählt hätte, sei es aus Bequemlichkeit oder aus Mangel an Infor-

---

[1180] Neugebauer – van Hoesen 1959, 80: "the relationship between the rising (H) and the culminating degree (M) in No. L 40 as well as in No. L 76 agrees exactly with the geographical latitude of southern Spain."

[1181] Neugebauer – van Hoesen 1959, 80[16].

[1182] Val. 3,13,6 (= Nech. et Pet. frg. 5): ὁ γὰρ βασιλεὺς τοῦ α' κλίματος μόνου τὰς ἀναφορὰς ἐδήλωσεν.

[1183] Nach Neugebauer – van Hoesen 1959, 182f., nennt Valens, dem wir die meisten antiken Horoskope verdanken, in 53 Fällen das Klima, in dem die Geburt stattfand. Darunter sind am häufigsten das Klima von Alexandria (11), das von Babylon (17) und das von Rom (15) vertreten.

[1184] Vgl. Neugebauer – van Hoesen 1959, 184. Es finden sich allerdings auch umgekehrt Belege für eine sehr genaue Beachtung der Klimata. So referiert Valens die Horoskope zweier Brüder und weist ausdrücklich darauf hin, dass sie in verschiedenen Klimata geboren wurden (Hor. gr. 114.IX.24 u. Hor. gr. 120.XII.8, respektive 3. u. 2. Klima).

mationen über den Geburtsort des Nativen. Der Geburtsort des Nativen in
F2 ist somit ungewiss, und wir stehen, da das einzige noch verbliebene
Horoskop des Antigonos (**F3**) keinen überprüfbaren MC-Wert nennt, vor
einem Dilemma: Die älteren numerischen und die jüngeren trigonometrischen Verfahren sind mathematisch gleichermaßen geeignet, die MC-
Werte in **F1** und **F2** zu erklären, führen jedoch auf verschiedene geographische Breiten der jeweiligen Geburtsorte, von denen keine als historisch unmöglich eliminiert werden kann. Da wir also die Frage, welche
Methode Antigonos anzuwenden pflegte, nicht mit mathematischer Gewissheit entscheiden können, müssen wir alle relevanten Indizien aus den
Fragmenten des Antigonos und den erhaltenen Horoskopen seiner Zeitgenossen zusammentragen, um wenigstens eine wahrscheinliche Antwort
zu geben.

Von den übrigen Astrologen bis zur Zeit des Antigonos und sogar
noch weit darüber hinaus (bis zum Ende des 3. Jh. n.Chr.) gibt es nur
zwei Horoskope, die gradgenaue ASC- und MC-Werte bieten und so
einen Methodenvergleich erlauben. Das eine stammt von Balbillos (Hor.
gr. –42.XII.27) und ist anscheinend nach dem von Paulos beschriebenen
Verfahren berechnet.[1185] Das andere ist P. Lond. I 98 (Hor. gr. 95.IV.13),
ein für den Vergleich mit **F2** wertvolles Originalhoroskop. Es bietet (col.
III, Z. 61) als Aszendenten 25° ♋, d.h. einen um nur 1° höheren Wert als
F2 (24° ♋). Als MC zu 25° ♋ errechnet der Verfasser des Londoner
Papyrus 10° 30′ ♈ (col. III, Z. 66: κριωι μοιρων $\overline{\iota}$ λεπτων $\overline{\lambda}$). Das wäre
nach moderner Berechnung fast exakt richtig für Italica, denn *Galiastro
4.3* bietet am 13.04.95 n.Chr. in Italica zu ASC 25° ♋ das MC 10° 26′
♈. Wenn man die oben kritisierte Methode Neugebauers von **F1** und **F2**
auf P. Lond. I 98 übertrüge, könnte man es für wahrscheinlich erklären,
dass der Native auf der Breite von Rhodos oder Italica geboren wurde.
Das ist aber praktisch unmöglich, nicht nur, weil es sich um einen in
Ägypten gefundenen Papyrus handelt, sondern weil der Verfasser an-

---

[1185] Im Falle von Hor. gr. –42.XII.27 (Balb. astrol. exc. ap. Rhet. 6,8,8–11, ältere Edition: CCAG VIII 4, 1921, p. 236,8–23) überzeugt die Argumentation von Neugebauer –
van Hoesen 1959, 78, zum MC-Wert nicht. Neugebauer sagt zwar zu Recht, zu ASC =
9° ♑ erwarte man für Alexandria ca. MC = 26° 30′ ♎, und nicht (so die Paradosis) 3°
♎, schließt daraus aber, das MC sei nicht vom Aszendenten aus gerechnet, sondern vom
Glückslos. Viel wahrscheinlicher ist, dass der MC-Wert ursprünglich ⟨2⟩3° ♎ lautete,
denn die Methode des Paulos Alexandrinos führt auf ⟨2⟩3° 30′ ♎ (Unterdrückung fraktionaler Reste – hier 30′ – ist nichts Ungewöhnliches). Nachweis: Der Bogen von 0° ♈
bis 9° ♑ entspricht im Klima von Alexandria (Ia) 293° 30′ RA (285° für die ganzen
Tierkreiszeichen ♈ bis ♐ plus 9/30 x 28° 20′ RA = 8° 30′ RA für den Restbogen 0°–9°
♑); trägt man das von 0° ♑ ab, erhält man 23° 30′ ♎.

scheinend der indigenen Bevölkerung angehörte – sein Griechisch ist ziemlich fehlerhaft, und nach der Datenexposition dieses Horoskops ist die Prognose zu den Lebensabschnitten des Nativen fast vollständig auf Altkoptisch verfasst. Das Horoskop muss also für Unterägypten berechnet sein. Neugebauer selbst sah, dass im Falle von Hor. gr. 95.IV.13 die Berechnung mit den Tafeln der ptolemäischen *Syntaxis* (2,8) für die Breite von Alexandria auf 14° 10′ ♈ führt, mit der Methode des Paulos Alexandrinos dagegen auf 11° 23′ 20″ ♈, "a somewhat better agreement with the text".[1186] Anders als im Falle von **F1** und **F2** ist die Übereinstimmung hier aber nicht perfekt; vielleicht ist dem Verfasser ein Rundungsfehler unterlaufen. Von Valens, der wohl etwas später als Antigonos zu datieren ist, gibt es drei vergleichbare Horoskope, die leider keinen klaren Befund bieten.[1187] Ebenso unklar ist, wie das MC der dreifach überlieferten Nativität des Anubion (Hor. gr. 137.XII.4) berechnet wurde.[1188]

Was die Fragmente des Antigonos selbst betrifft, verdienen die folgenden Argumente Beachtung:

1. In **F3**, das keinen überprüfbaren MC-Wert nennt, verweist Antigonos zur Begründung des Todeszeitpunkts des Nativen, der mit 25 Jahren starb, auf die 25° RA betragenden Aufgangszeiten des Stiers und des Wassermanns im Klima Ia des babylonischen Systems A (§ 66c).[1189] Dieser Rekurs auf 'alte' numerisch hergeleitete Daten wäre inkonsequent, wenn Antigonos die MC-Werte in **F1** und **F2** nach 'neuen' geometrischen Verfahren berechnet hätte. Der genannte Rekurs in **F3** bestätigt außerdem, da Pedanius Fuscus sehr wahrscheinlich nicht in Ägypten geboren wurde, dass auch **F2**, wie oben gezeigt, nach dem Standardklima gerechnet und somit, was den Geburtsort des anonymen Nativen betrifft, nichtssagend sein könnte.

2. In **F5** rekurriert Antigonos auf ein offenbar altes System zur Prognostik aus hellen Fixsternen. Die sechs genannten Fixsternlängen sind, wie der Kommentar zur Stelle durch unabhängige Parallelen bei Firmicus Maternus und Abū Ma'šar zeigen wird, offenbar fehlerfrei überliefert,

---

[1186] Neugebauer – van Hoesen 1959, 35.

[1187] Siehe Neugebauer – van Hoesen 1959, 89[53]. 90[1]. 105[3] zu Hor. gr. 50–100 (Val. 3,10,13–16). Hor. gr. 75.VII.19 (Val. 3,5,6–10. 3,11,14–16. 4,8,1–23. 8,8,14–26) und Hor. gr. 110.III.15 (Val. 1,18,33–52 u. 3,5,11–15).

[1188] Dazu Neugebauer – van Hoesen 1959, 41, mit Anm. 2. Der Native Anubion ist nicht mit dem griechischen Lehrdichter (s.u. S. 1344, Anm. 3537) identisch.

[1189] Die ptolemäische Aufgangszeit des Stiers beträgt auf der Breite von Alexandria 24° 12′ RA. Vgl. Ptol. synt. 2,8 p. I 136 H. Die dortige Tabelle bietet den genannten Wert implizit als Differenz der Aufgangszeiten der Bögen 0°–30° ♈ (20° 53′ RA) und 0° ♈ – 30° ♉ (45° 5′ RA). Er wird explizit zitiert von Porph. isag. 41 p. 212,3.

implizieren jedoch gravierende Fehler gegenüber den wahren tropischen Längen im 2. Jh. n.Chr.[1190] Auch dieser Rekurs auf obsolete, siderisch definierte Fixsternlängen wäre inkonsequent.

3. Es wurde oben (S. 603f.) zweierlei gezeigt, zum einen, dass Antigonos in **F1** und **F2** sicher nicht ptolemäische Planetenlängen errechnet und danach mit der theonischen Formel in ein siderisches Referenzschema konvertiert hat,[1191] und zum anderen, dass seine Planetenlängen, auch wenn sie insgesamt ziemlich gut sind, deutlich hinter der Qualität ptolemäischer Daten zurückstehen. Er hat also zur Ermittlung der Planetenpositionen auch keine ptolemaios-ähnlichen Tafeln benutzt. Daher wäre es überraschend, wenn er für die Aufgangszeiten Verfahren von ptolemäischer Qualität benutzt hätte.

4. Selbst wenn Antigonos geometrische Verfahren zur Bestimmung der Aufgangszeiten gekannt und theoretisch besprochen haben sollte, was ja aufgrund von **T1** möglich erscheint, heißt das nicht automatisch, dass er sie in der Praxis auch anwandte. Eine theoretische Behandlung geometrisch konzipierter Aufgangszeiten könnte aus einer kritischen Perspektive erfolgt sein, zum Beispiel weil sie bei der Berechnung der Lebenszeit auf ganz andere Ergebnisse als die numerisch hergeleiteten Aufgangszeiten führen, deren Berechtigung vermutlich viele Astrologen durch historische Beispielhoroskope namhafter Personen als erwiesen ansahen.[1192] Selbst wenn Antigonos die neuen Methoden gelobt haben sollte, muss er sie keineswegs in Beispielhoroskopen, die in Anlehnung an die traditionellen Methoden von 'Nechepsos und Petosiris' verfasst waren (vgl. § 21), zur Anwendung gebracht haben. Das zeigt **F7**, wo dem Antigonos zeitgenaue Aspektrechnung zugeschrieben wird, offenbar eine rein theoretische Forderung oder Erwägung unseres Autors, die in den erhaltenen Horoskopen, deren Aspekte gradgenau (und damit traditionell) gerechnet sind, eindeutig keine Anwendung fand.[1193]

Insgesamt wäre es also widersinnig, zwei Horoskope des in allen übrigen Punkten ganz konservativ agierenden Antigonos von Nikaia zu den mit Abstand frühesten antiken Belegen für trigonometrische Bestimmung des MC in der astrologischen Praxis zu machen. Wahrscheinlich ist vielmehr, dass Antigonos die Himmelsmitte in **F1** und **F2** nach der älteren, auf arithmetischen Reihen basierenden Methode des Paulos Alexandrinos berechnete. Neugebauers Lokalisierung dieser beiden Nativitäten

---

[1190] S.u. S. 1258–1287, bes. 1259 u. 1267.

[1191] Der früheste nachweisbare Fall dieser Art ist, wie gesagt, Hor. gr. 327.VIII.17.

[1192] Vgl. z.B. oben S. 33 zu den παραδειγματικαὶ γενέσεις (Ptol. apotel. 1,21,18).

[1193] Mehr dazu in der Vorbemerkung des Kommentars zu **F7**.

im dritten Klima[1194] ist folglich nicht mathematisch widerlegbar, aber
wahrscheinlich anachronistisch.[1195] Dies bedeutet weiter, dass Neugebauers und van Hoesens Vermutung, der Native von **F2** gehöre vielleicht zur
Familie Hadrians,[1196] wenig plausibel ist. Sein Geburtsort ist, wie bereits
gesagt, ungewiss. Was Hadrian selbst betrifft, liefert die korrekte Auswertung seines Horoskops (**F1**) einen wichtigen Beitrag zu der jüngst von
Canto[1197] neu entfachten Diskussion um den Geburtsort des Kaisers:
Antigonos von Nikaia, die älteste Quelle zu dieser Frage, impliziert nicht,
wie man bisher aufgrund des Kommentars von Neugebauer glaubte und
wie besonders Canto hervorhebt, ein verlässliches astronomisches Argument für Italica, sondern ist zweideutig und spricht unter Berücksichtigung aller übrigen oben genannten Aspekte eher für Rom. Endgültige
historische Beweiskraft hat die Auswertung des MC-Werts eines Horoskops natürlich ohnehin keine, denn selbst wenn das Ergebnis mathematisch eindeutig wäre, würde es nur zeigen, von welcher geographischen
Breite der Astrologe ausgegangen ist. Dabei könnte er sich rein theoretisch geirrt haben, so wie es *de facto* im bereits zitierten Horoskop des
Proklos geschah (Marin. vit. Procl. 35 = Hor. gr. 412.II.7), dessen Verfasser[1198] ein astronomisch versierter Fachmann war, aber als Breite des Geburtsortes fälschlich die von Rhodos (36° N) zugrunde legte.[1199] Selbst
wenn sich Antigonos, wie hier vermutet, auf die Autobiographie Hadrians stützte,[1200] bliebe die theoretische Möglichkeit, dass Hadrian darin –
aus welchen Gründen auch immer – bezüglich seines Geburtsortes nicht
die Wahrheit sagte. Letzte Gewissheit ist also sowohl aus prinzipiellen
Gründen als auch aufgrund der Ambiguität der konkreten Daten in **F1**,
die je nach rechnerischer Methode auf Rom oder auf Italica hinweisen,
nicht möglich. Dennoch ist festzuhalten, dass die hier durchgeführte Analyse die durch Syme (1964) inaugurierte Tendenz der historischen Forschung bestärkt und die diesem Trend entgegengesetzte Argumentation

---

[1194] Zu **F2** siehe Neugebauer – van Hoesen 1959, 80: "the clima of Rhodes".

[1195] Dies ist bei der auf Neugebauer fußenden mathematischen Analyse von **F2** durch
North 1986, 71, zu bedenken. **F1** und **F3** hat North nicht untersucht; seine Studie ist
zum Verständnis *späterer* Häuser-Systeme wertvoll.

[1196] Vgl. Neugebauer – van Hoesen 1959, 80: "One might therefore conjecture that the
subject of L 40 was also a member of Hadrian's family, e.g., his father."

[1197] Canto 2004 (s.o. Anm. 1154).

[1198] Das Horoskop stammt nicht von Marinos, sondern von einem unbekannten Astrologen, der es vielleicht in der Jugendzeit des Proklos in Xanthos (Lykien) erstellte (Jones
1999b, 88).

[1199] Jones 1999b, 84.

[1200] Siehe Heilen 2005a und oben S. 52–56, bes. S. 55f. (Punkt 3).

von Canto (2004), deren Plädoyer für Italica primär auf Neugebauers Deutung des Hadrianhoroskops beruht, schwächt.[1201]

ζ) Zusammenfassung

Die astronomischen Daten des Hadrianhoroskops, speziell die numerischen Werte, sind insgesamt korrekt überliefert. Es gibt keinen Grund zu bezweifeln, dass die einhellig bezeugten Daten (d.h. diejenigen zu Mond, Jupiter, Mars, Venus, Merkur, ASC) auf Antigonos zurückgehen. Unter den *variae lectiones* der übrigen Daten (Sonne, Saturn, MC) ist jeweils genau eine, die überzeugt. Dieser Befund wird durch die Analyse der anderen Fragmente, die wir Hephaistion verdanken (**F2–F6**), bestätigt.[1202]

Die Daten beschreiben innerhalb ihres siderisch definierten Referenzsystems ziemlich zutreffend die wahre Konstellation des 24.01.76 n.Chr. Während die Wahl des Referenzsystems für die astronomische Korrektheit der Daten gleichgültig ist, sind ihre Auswirkungen auf die astrologische Interpretation erheblich.[1203] Der folgende Kommentar wird daher stets die siderischen Daten des Antigonos voraussetzen, um dem Textsinn gerecht zu werden.[1204]

Es gibt schwerwiegende Argumente dafür, dass der MC-Wert für die geographische Breite von Rom berechnet wurde und Antigonos somit Rom als Geburtsort Hadrians voraussetzte. Die Alternative, dass der MC-Wert für Italica berechnet wurde, kann aber nicht mit Sicherheit ausgeschlossen werden.[1205]

[1201] Auf weitere Schwächen des Beitrags von Canto 2004 einzugehen, ist hier nicht der geeignete Ort.

[1202] Siehe die Gesamtbesprechungen der beiden anderen Horoskope (**F2** u. **F3**) sowie die von **F5** (Fixsternlängen) und **F6** (Dekanzahlen).

[1203] Bei Hadrian stehen z.B. Mond und Jupiter nach Antigonos (siderisch) schon im Wassermann, nach tropischer Messung aber noch im Steinbock (s.o. S. 594, Tab. 6a).

[1204] Das ist auch deshalb wichtig, weil Antigonos vielleicht mit Absicht geringe Manipulationen bezüglich der aus seiner Sicht wahren Planetenpositionen vornahm (s.o. S. 608).

[1205] Das in meiner knappen Vorabpublikation (Heilen 2006b) gefällte Urteil, **F1** könne definitiv nicht für Italica berechnet sein, basierte in Unkenntnis ptolemaios-ähnlicher Entwicklungen im 2. Jh. n.Chr. auf der Überzeugung, trigonometrische Verfahren seien vor dem Beginn der Ptolemaiosrezeption im 3. Jh. n.Chr. mit Sicherheit auszuschließen. Mein damaliges Urteil muss also im hier formulierten Sinn abgemildert werden. Die damalige Feststellung, Cantos Argumentation impliziere einen Zirkelschluss, bleibt gültig, da sie Neugebauers althistorisch verbürgte Prämisse (Hadrian sei in Italica geboren) aus seinen astronomischen Folgerungen zu beweisen versucht.

f) Vergleich mit dem thema mundi

Den Abschluss möge ein knapper Vergleich der Konstellation Hadrians mit dem sog. 'ägyptischen' (in Wahrheit griechischen)[1206] Horoskop der Welt[1207] bilden (κόσμου γένεσις,[1208] lat. *mundi natalis,*[1209] *genitura mundi,*[1210] *thema mundi*[1211]):

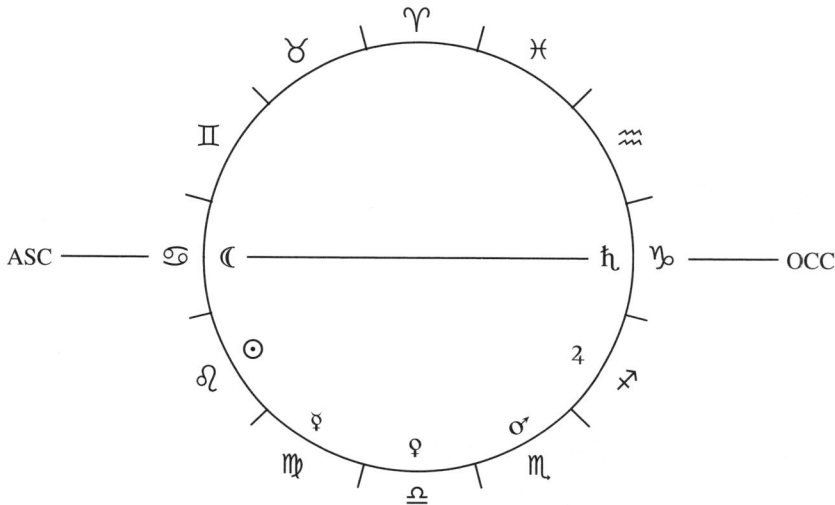

Diagr. 6: Das 'ägyptische' Welthoroskop (*thema mundi*)

Antigonos erwähnt es in den Fragmenten nicht, hat es aber sicher gekannt, da schon 'Nechepsos und Petosiris', denen er nach § 21 nahesteht, das *thema mundi* gelehrt haben.[1212] Die wichtigsten Belege bieten Thra-

---

[1206] Das beweist die ihm zugrunde liegende Planetenordnung; vgl. Bouché-Leclercq 1899, 186².

[1207] Dazu s. Bouché-Leclercq 1899, 185–187 (mit Abb.; vgl. ebd. 261). Gundel – Kehl 1994, 611. Bezza 1999. Komorowska 2004, 163.

[1208] Paul. Alex. 37 p. 98,4 (tit.).

[1209] Macr. somn. 1,21,23.

[1210] Macr. somn. 1,21,27. Firm. math. 3 prooem. 4 u. 3,1,1.

[1211] Firm. math. 3,1,1.

[1212] Bouché-Leclercq 1899, 185², erwägt, das *thema mundi* stamme vielleicht nicht wirklich von 'Nechepsos und Petosiris', sondern von Nachfolgern in deren Tradition. Es ist aber umgekehrt wahrscheinlich, dass 'Nechepsos und Petosiris' ihrerseits, wie Firm. math. 3,1,1 wohl zu Recht behauptet, aus einer noch älteren hermetischen Quelle schöpften (so Pingree 1974b, 549³¹).

syllos,[1213] Valens,[1214] Firmicus,[1215] Macrobius[1216] und Paulos Alexandrinos (?)[1217]; nur Ptolemaios hütet sich, auf das *thema mundi* zu rekurrieren, weil er mit den Peripatetikern negiert, dass die Welt einen Anfang gehabt habe.[1218]

Dass ein Vergleich von Individual- und Welthoroskop im Prinzip statthaft ist, legt schon die stoisch-astrologische Korrelation von Mikrokosmos und Makrokosmos nahe. Außerdem sollen 'Nechepsos und Petosiris' diese Art des Vergleichs ausdrücklich gefordert haben: *secundum hanc itaque genituram* [...] *etiam hominum volunt fata disponi,* [...] *prorsus ut nihil ab ista mundi genitura in singulis hominum genituris alienum esse videatur.* [...] *haec omnia, quae diximus, etiam in hominum genituris volunt observari debere et putant se fatum hominis invenire non posse, nisi istae radiationes sagaci fuerint inquisitione collectae.*[1219] Dementsprechend setzte auch Thrasyllos, der Hofastrologe des Tiberius, Welt- und Individualhoroskop miteinander in Beziehung. In der Zusammenfassung seines *Pinax* heißt es:[1220] ὡς ἐν προσθήκης[1221] δὲ μέρει διαλαμβάνει [scil. Θράσ.] περὶ τῆς κόσμου γενέσεως καὶ τὸ θεμάτιον διαγράψας τῷ λόγῳ παραινεῖ πρὸς τὸν κανόνα τῆς τοῦ κόσμου γενέσεως καὶ τὴν καθ᾽ ἕκαστον τῶν ἀνθρώπων γένεσιν ἐπισκο-

---

[1213] Meines Wissens der früheste sichere Beleg; Text und Übersetzung unten S. 633 bei Anm. 1220.

[1214] Val. 1,2,1.37.51.57. 4,12,14 (ohne explizite Nennung oder Beschreibung). Da Valens auf jedwede Sacherklärung verzichtet, muss das *thema mundi* für seine Zeitgenossen zum astrologischen Grundwissen gehört haben.

[1215] Firm. math. 3,1,1 (= Nech. et Pet. frg. 25).

[1216] Macr. somn. 1,21,23–27.

[1217] Paul. Alex. 37 pp. 98,4–100,3 (siehe die Zweifel von E. Boer ebd. 98 im Apparat).

[1218] Bouché-Leclercq 1899, 188.

[1219] Firm. math. 3,1,2.7 = Nech. et Pet. frg. 25,17–23.59–62. Dazu passt das dem Antiochos von Athen zugeschriebene (von Riess nicht erfasste) Zeugnis, die 'Alten' hätten gelehrt, dass die Position aller sieben Planeten in den eigenen Häusern eine θεοῦ γένεσις bewirke: siehe Antioch. epit. s.n.,1 (ex isag. 2 [s. Anm. 234]), CCAG VIII 3 (1912), pp. 118,29–119,10 (= Nech. et Pet. frg. +17); darin als eines von zwei Beispielen das 'ägyptische' *thema mundi* (p. 119,1–4) und der Zusatz (p. 119,7–10), je ähnlicher eine Geburtskonstellation dem Idealfall komme, desto glücklicher und gottähnlicher werde der Native sein.

[1220] Thras. epit. CCAG VIII 3 (1912), p. 100,27–30 (= Thras. T 27 Tarrant = Rhet. 6,57,19). Zum astrologischen Werk des Thrasyllos s. Gundel – Gundel 1966, 148–151. Pingree 1978a, II 444. Holden 1996, 25–28. Tarrant 1993, bes. 7–11 u. 242–246 (T 24–28). H. Tarrant in Keyser – Irby-Massie 2008, 806f.

[1221] προσθήκης *conieci,* παραθήκης *cod.*

πεῖσθαι.[1222]

Im Falle Hadrians ist der Vergleich besonders reizvoll, da er nicht irgendein Mensch, sondern der Beherrscher des Römischen Welt-Reiches ist. Die Entsprechungen zwischen dem Hadrianhoroskop und dem *thema mundi* sind allerdings gering. Identisch sind nur die Mondposition im Aszendenten (nicht aber der Tierkreisgrad) und die Saturnposition im Steinbock. Die Uhrzeit der Weltgeburt, die Paul. Alex. 37 p. 99,10 der Sonnenposition entsprechend als die elfte Nachtstunde angibt (ὥρᾳ ια′ νυκτερινῇ), ähnelt derjenigen der Geburt Hadrians (in der 12. Nachtstunde, da die Sonne 7 Grad vor dem Aufgang ist). Beachtung verdient, dass die durch den Horizont bewirkte Teilung des Kosmos in eine sichtbare obere Hälfte[1223] und eine unsichtbare untere Hälfte im Horoskop Hadrians mit der aus dem *thema mundi* abgeleiteten Teilung des Tierkreises in die Tag- und Nachthäuser der Planeten übereinstimmt.[1224]

Neben dem 'ägyptischen' *thema mundi* gibt es eine zweite, ganz anders konzipierte Version des Welthoroskops.[1225] Sie bietet die Planeten in den Tierkreiszeichen ihrer Erhöhung,[1226] wobei die Sonne in der oberen Kulmination steht (s.u. Diagr. 7). Cumont hielt sie fälschlich für babylonisch, da die byzantinische Beschreibung, auf die er sich stützte, sie den 'Chaldäern' zuschreibt.[1227] Diese Fehldeutung wird leider immer noch oft wiederholt.[1228] In Wahrheit handelt es sich um ein mittelpersisches ('zoroastrisches') Welthoroskop, das wahrscheinlich im 6. Jh. n.Chr. entstand und auf einen um einige Elemente ärmeren indischen Vorläufer

---

[1222] 'Und gleichsam nebenbei geht er auf die Geburt der Welt ein, zeichnet das Diagramm und fordert dann in der Besprechung dazu auf, nach dem Vorbild des Welthoroskops auch das Horoskop jedes einzelnen Menschen zu untersuchen'.

[1223] Vgl. Heph. 2,2,25 τὸ ὑπὲρ γῆν ἡμισφαίριον.

[1224] Zum Problem der Deutung von § 22 ἐπὶ τῆς πρώτης μοίρας (ASC-Wert) s.o. S. 595 bei Anm. 1071, zum System der astrologischen Häuser s.u. den Kommentar zu **F1** § 27 ἐν τῷ ἰδίῳ οἴκῳ.

[1225] Vgl. Bouché-Leclercq 1899, 191f. (notwendige Korrekturen dazu im Folgenden), u. Zinner 1943, 100 (mit Diagr.).

[1226] Zu den Erhöhungen s.u. zu § 26 ἐν ἰδίῳ ὑψώματι, bes. S. 715, Tab. 15.

[1227] Θεμέλιος τῆς ἀστρονομικῆς τέχνης κατὰ τοὺς Χαλδαίους δόξα, ed. J. Bidez, CCAG V 2 (1906), pp. 131–137.

[1228] Z.B. Becker 1981, 274f. Ganz verfehlt ist Gettings 1990, 249f. s.v. 'hypsomata', die hellenistischen Erhöhungen entsprächen einem babylonischen Horoskop für den 4. April 786 v.Chr. Vgl. auch Zinner 1943, der das vermeintlich babylonische Welthoroskop gar auf den Anfang des 1. Jahrtausends v.Chr. datiert (S. 101, wegen der Sonnenerhöhung auf 19° Widder; wiederholt von Zinner 1953, 61–63). Vgl. weiter Strobel 1987, 1119f. (u. ebd. 1160).

zurückgeht, der in Sphujidhvajas *Yavanajātaka* belegt ist.[1229] Dem Antigonos dürfte wohl die auf den Erhöhungen basierende Version des Welthoroskops fremd gewesen sein.[1230]

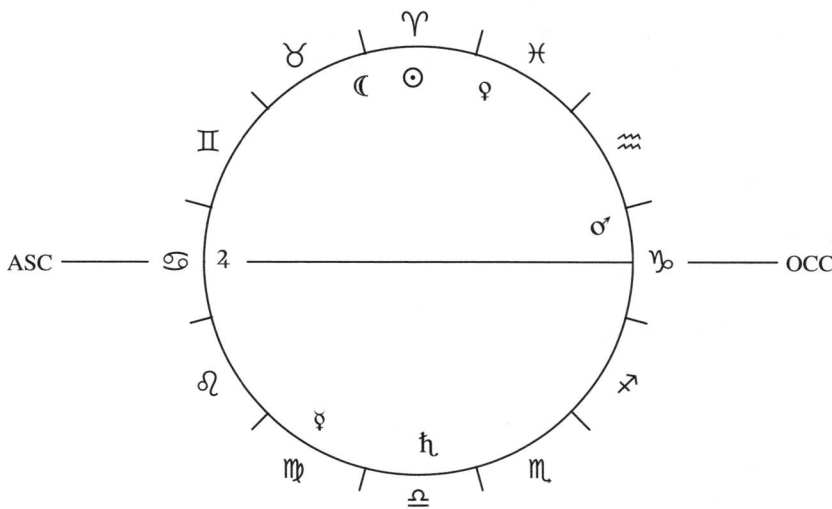

Diagr. 7: Das 'zoroastrische' Welthoroskop.

ἐγένετο, φησί, τις ἔχων: so P u. Exc.[1]; ἐγένετό τις, φησίν, ἔχων Ep.[4] Die Position des Enklitikons nach der Parenthese ist durch das folgende, eng mit τις verbundene Partizip gerechtfertigt. Die beste mir bekannte Parallele bietet Philoponos: εἰ ἀπορήσει, φησί, τις λέγων·

[1229] Pingree 1997a, 39f. Zu der (*pace* Pingree) sehr ungewissen Datierung Sphujidhvajas s.o. Anm. 71.

[1230] Es verdient allerdings Beachtung, dass sich anscheinend schon 'Nechepsos und Petosiris' zu Geburten geäußert haben, bei denen alle Planeten in ihren Erhöhungen stehen. Sie taten dies aber, soweit erkennbar, ohne Bezug auf ein Welthoroskop. Nach Antioch. epit. s.n.,1 (ex isag. 2), CCAG VIII 3 (1912), pp. 118,29–119,10 (= Nech. et Pet. frg. +17), bes. 119,10–12, sollen sie gelehrt haben, eine Konstellation mit beiden Luminaren und allen fünf Planeten in den eigenen Erhöhungen bewirke eine glänzende Geburt (λαμπρὰν γένεσιν), stehe aber einer mit beiden Luminaren und allen fünf Planeten in den eigenen Häusern nach. Diese Information ist um so glaubwürdiger, als 'Nechepsos und Petosiris' eine dritte, analoge Lehre mit 'vollen Graden' (*plenae partes*) anstelle der Erhöhungen oder Häuser vertreten haben sollen; siehe Firm. math. 4,22,4 (= Nech. et Pet. frg. 13,19–22), darin *erit quasi deus* (vgl. Anm. 1219 zur θεοῦ γένεσις).

κτλ.[1231] Zu ähnlichen Fällen, wo Ep.⁴ Einzelwörter später bietet als **P**, vgl. § 26 μοιρικῶς. § 26 ἑῷαν φάσιν ποιήσασθαι. § 27 ὧν. § 28 ἔμελλε. § 33b ὧν *prius*. § 36 ἔσχεν. § 37 οἰκείως. § 37 τυχόντες. § 40 τινί *prius*. **F5** § 68 Λέοντος. In den ersten beiden Fällen (§ 26) sowie dem vierten (§ 28) bestätigt Exc.¹ erneut die Wortfolge in **P** (siehe auch den Stellenkommentar zu § 26 μοιρικῶς), in den übrigen ist ein Vergleich mit Exc.¹ beziehungsweise Exc.² nicht möglich.

ἐγένετο: Antigonos diskutiert grundsätzlich nur die Geburt, nicht die Zeugung des Individuums; s.o. S. 511 zu **T3**.

φησί: Dass Hephaistion in den langen Exzerpten aus Antigonos nicht selbst spricht, sondern fremde Ausführungen referiert, macht er durch regelmäßige Hinweise deutlich: vgl. **F2** § 54. **F3** §§ 62.63. **F4** § 67. **F5** §§ 68.70.72 φησί(ν), **F5** § 71. **F6** § 74 λέγει, **F2** § 53. **F3** § 62 μνημονεύει οὕτως. Siehe auch Radici Colace 1995, 342 (= Radici Colace 1997, 20).

τις: Da in astrologischen Handbüchern die Aufnahme anonymisierter und retrospektiv formulierter Horoskope der Normalfall war, dürfen wir davon ausgehen, dass schon Antigonos den Namen Hadrians und ebenso die Namen aller übrigen Individuen unterdrückte. Mehr dazu oben S. 528–532 im Kommentar zu **F1–F3**.

Ὑδροχόου: In der Überlieferung griechischer Horoskope begegnet neben Ὑδροχόος auch oft die Form Ὑδρηχόος, die keineswegs, wie Baccani 1992, 119, angibt, ausschließlich durch Papyri bezeugt ist, sondern auch in den Handschriften der klassischen Astrologen vorkommt. Vgl. z.B. Hübner 1998a im textkritischen Apparat zu Ptol. apotel. 1,9,12 sowie Heilen 2004b, 667. In der Überlieferung des Antigonos ist die Form Ὑδρηχόος nicht belegt.

μοίρᾳ η′: Zur Sonnenposition auf 8° ♒ ist neben der bereits geführten astronomischen Diskussion (s.o. S. 612, Punkt δ) zu bemerken, dass die Sonne so ihrem eigenen astrologischen Haus (dem Löwen) diametral gegenübersteht. Dieser von Antigonos nicht erwähnte Umstand bedeutet aus der Sicht späterer (!) Sterndeuter eine Schwächung. Vgl. Hugo von Santalla (12. Jh.) im Kapitel 2,8 (*De corrupcione stellarum*): *Alwabil rursum vel casus dicitur quociens stella quelibet domum propriam ex*

[1231] Philop. comm. in Arist. phys. 8,5 p. 258a,27 (CAG 17, p. 836,28 Vitelli).

opposito respicit, ut si moretur Sol in Aquario etc. (Hug. Sant. lib. Arist. 2,8,1; vgl. Burnett – Pingree 1997, 131f., ad loc.).

Außerdem fällt das Glückslos Hadrians gradgenau mit der Sonnenposition zusammen. Eine Vermutung dazu, warum Antigonos diesen Umstand mit Schweigen übergeht, bietet der Kommentar zu **F3** § 63 ὁ κλῆ-ρος τῆς Τύχης εἰς Ταῦρον πίπτει (S. 1180).

τὴν δὲ Σελήνην καὶ τὸν Δία καὶ τὸν ὡροσκόπον ἅμα τοὺς γ̄ ἐπὶ τῆς πρώτης μοίρας τοῦ αὐτοῦ ζῳδίου: vgl. die ähnliche Konstellation im etwa zeitgleichen Horoskop des Dichters Ps.-Manethon (Hor. gr. 80.V.27–28), wo aber Saturn statt Jupiter im ASC steht: Ὑδροχόῳ δὲ Σεληναίη Φαίνων τε καὶ ὥρη (Ps.-Maneth. 6[3],747).

τὸν ὡροσκόπον: Dieser zentrale Begriff begegnet auch in §§ 26[2x].29. 33b.52. **F2** § 54. **F3** §§ 63.66a. **F6** § 75; vgl. ferner die Belege für das dazugehörige Adjektiv (§ 37 τὸ ὡροσκοπικόν) und das Verbum, das bei Antigonos nur als Partizip vorkommt (§ 45 ὡροσκοπῶν. § 46. **F2** § 56 τὸ ὡροσκοποῦν). Als *terminus technicus* bezeichnet ὁ ὡροσκόπος den bei der Geburt aufgehenden Grad des Tierkreises, d.h. die je nach geographischer Breite und Jahreszeit variierende Schnittstelle der Ekliptik mit dem östlichen Horizont. Während diese technische Bedeutung des Begriffs seit langem klar ist,[1232] fehlte lange eine Untersuchung bezüglich seiner kulturellen und sprachlichen Genese. Diesem Mangel haben nach wichtigen Vorarbeiten von Neugebauer und Parker (1960–1969) nun Greenbaum und Ross (2010) in exzellenter Kenntnis der relevanten ägyptischen und griechischen Quellen und in kritischer Auseinandersetzung mit Pingree abgeholfen.[1233] Insgesamt ist nun Folgendes deutlich:

Der Begriff ὁ ὡροσκόπος (wörtlich: 'der die Stunde Schauende') hat seinen Ursprung in der sehr alten, indigen ägyptischen Praxis nächtlicher

---

[1232] Vgl. z.B. Bouché-Leclercq 1899, 641, Index s.v. 'horoscope'. Le Bœuffle 1987, 149f. Gundel – Kehl 1994, 599f.

[1233] Die wichtigsten ihrer Untersuchung zugrunde liegenden Texte sind (in grober chronologischer Ordnung) das 'Buch der Höhlen' und das 'Nutbuch' (beide frühes 13. Jh. v.Chr.), mehrere auf Ostraka erhaltene demotische Horoskope (Hor. dem. –37.V.4. Hor. dem. 13.IX.13. Hor. dem. 17.IX.26. Hor. dem. 18.II.25. Hor. dem. 35.VII.7), zwei griechische Horoskope (P. Oxy. II 235 = Hor. gr. 15–22 u. P. Lond. I 98 = Hor. gr. 95.IV.13), Antig. Nic. **F6**, Galen. de simpl. med. temp. ac fac. 7 prooem. pp. XI 797,9–10 u. 798,5–6 K., Porph. epist. ad Aneb. 2,12b pp. 23,7–24,6 Sodano ap. Euseb. praep. evang. 3,4,1 (= Chaer. frg. 5 van der Horst), Porph. frg. 271,41–48.55–57 Smith (Περὶ τοῦ ἐφ' ἡμῖν), Ps.-Apul. Ascl. 19 p. 58,5–8 Moreschini, Corp. Herm. 16,13.15 pp. II 236,4–10.18–22 Nock-Festugière, PGM XIII, 708–714.

Zeitmessung mittels der Beobachtung der am Horizont aufgehenden beziehungsweise die obere Kulmination durchlaufenden Dekane. Dabei sind verschiedene aus je 36 Dekanen bestehende Familien zu unterscheiden, die in zwei Gruppen zerfallen, die sogenannten "rising-decans" und die "transit-decans".[1234] Vermutlich im 3. Jh. v.Chr. wurden im ptolemäischen Ägypten der babylonische Tierkreis mit seinen zwölf Zeichen à 30° und das System der 36 Dekane in der Weise kombiniert und synchronisiert, dass jedes Tierkreiszeichen in drei Dekane à 10° unterteilt wurde.[1235] Die Angabe des bei der Geburt eines Kindes aufgehenden Dekans gab diesem Ereignis eine individuelle chronologische Signatur, für die es bekanntlich in der babylonischen Sternkunde kein Äquivalent gibt. Es dauerte nicht lange, bis die Beachtung des aufgehenden Dekans durch Beschränkung auf den aufgehenden Einzelgrad des Tierkreises noch weiter präzisiert wurde. Da für die ägyptischen Dekane auf Griechisch sowohl die mathematisch motivierte Bezeichnung δεκανός (wegen seines 10°-Bogens) als auch die funktionale Bezeichnung ὡροσκόπος (zum Zweck der Zeitmessung) existierten, blieb der erste notwendigerweise an die Dekane gebunden, während der zweite, der ja bezüglich der Ausdehnung des Tierkreissegments semantisch indifferent ist, im Laufe der Entwicklung auf den bei der Geburt aszendierenden Einzelgrad überging.[1236] Während die ägyptische Beobachtung von aufgehenden Dekanen der kulturelle Vorläufer der Beobachtung des Aszendenten ist, stellt die ebenfalls indigen ägyptische, technisch schwierigere[1237] Beobachtung der kulminierenden Dekane den kulturellen Vorläufer der Beachtung der Himmelsmitte (MC) als des zweitwichtigsten Kardinalpunkts der hellenistischen Astrologie dar.[1238] Da Greenbaum und Ross zeigen, dass mehrere Elemente der sogenannten 'hellenistischen' Astrologie – nicht nur die von jeher als indigen ägyptisch bekannten Dekane, sondern auch die Orte der Dodekatropos und die Kardinalpunkte – klare ägyptische Vorläufer haben, die bisher nicht die gebührende Beachtung gefunden haben, muss der indigen ägyptische Beitrag zur Entstehung und Entwicklung der Astrologie neben den altbekannten mesopotamischen und griechischen

---

[1234] Dies ist die Terminologie von Neugebauer – Parker 1960–1969, I 113–115.

[1235] Greenbaum – Ross 2010, 156.

[1236] Greenbaum – Ross 2010, 160.

[1237] Da für kulminierende Dekane kein natürlicher Referenzpunkt (vergleichbar dem Horizont bei den aufgehenden Dekanen) existiert. Andererseits wird die Beobachtung kulminierender Dekane weniger leicht durch Staub, Dunst oder Wolken behindert.

[1238] Greenbaum – Ross 2010, 155.

Beiträgen höher veranschlagt werden, als dies bisher geschehen ist.[1239]

Aus sprachwissenschaftlicher Perspektive ist zu fragen, ob das formal aktive Compositum ὡροσκόπος auch passive Bedeutung haben kann, also einerseits aktiv '(der Mensch, der) die Stunde schaut',[1240] andererseits passiv '(das Mittel, mit dessen Hilfe) die Stunde geschaut wird'. Schwankungen zwischen aktiver und passiver Bedeutung deverbaler Substantive sind zumindest aus modernen Sprachen wie Deutsch und Englisch vertraut.[1241] Im vorliegenden Fall sind natürlich primär die zahlreichen griechischen Composita auf -σκόπος[1242] zu prüfen. Die meisten von ihnen

---

[1239] Greenbaum – Ross 2010, 175f. Etwas zu einseitig ist allerdings der zweite Teil des folgenden Satzes formuliert (ebd.): "Several elements of 'Hellenistic' astrology – decans, τόποι, cardines – have clear Egyptian antecedents, and the development of 'Hellenistic' astrology may be explained as a fusion of Babylonian natal astrology with Egyptian techniques." Schließlich haben wir es mit einem Amalgam von drei – nicht nur zwei – Kulturen zu tun. Der substantielle griechische Beitrag darf nicht im Zuge der berechtigten Aufwertung des ägyptischen Beitrags außer Acht gelassen werden.

[1240] Vgl. die als ὡροσκόποι bezeichneten Priester, die Clem. Alex. strom. 6,4,35,4 in der Beschreibung einer Prozession erwähnt: Μετὰ δὲ τὸν ᾠδὸν ὁ ὡροσκόπος, ὡρολόγιόν τε μετὰ χεῖρα καὶ φοίνικα ἀστρολογίας ἔχων σύμβολα, πρόεισιν. τούτου τὰ ἀστρολογούμενα τῶν Ἑρμοῦ βιβλίων τέσσαρα ὄντα τὸν ἀριθμὸν ἀεὶ διὰ στόματος ἔχειν χρή, ὧν τὸ μέν ἐστι περὶ τοῦ διακόσμου τῶν ἀπλανῶν φαινομένων ἄστρων, τὸ δὲ περὶ τῆς τάξεως τοῦ ἡλίου καὶ τῆς σελήνης καὶ περὶ τῶν πέντε πλανωμένων, τὸ δὲ περὶ τῶν συνόδων καὶ φωτισμῶν ἡλίου καὶ σελήνης, τὸ δὲ λοιπὸν περὶ τῶν ἀνατολῶν. Der Priester trägt also vier Bücher astronomischen Inhalts aus der großen Zahl der hermetischen Schriften mit sich. Vgl. weiter Baccani 1992, 52f., u. Cumont 1937, 124, die darauf hinweisen, dass es sich bei den ὡροσκόποι (bzw. ὡρολόγοι, cf. Porph. abst. 4,8) vermutlich nicht um eine spezielle Kategorie innerhalb der Organisation der ägyptischen Priesterschaft handelt. Die Wortbedeutung 'ägyptischer, für astronomische Aufgaben zuständiger Priester' fehlt bei LSJ + Suppl. 1996. Umgekehrt ist die von LSJ s.v. ὡροσκόπος II.1 als einziger Beleg für eine aktive Wortbedeutung erwähnte Galenstelle falsch registriert, da dort nicht "caster of nativities, astrologer" gemeint ist, sondern 'Dekan' (so richtig übersetzt von Greenbaum – Ross 2010, 162). Zu Klemens von Alexandrien s. Calderón Dorda 2011b.

[1241] Man vergleiche z.B. im Deutschen Wortbildungen mit instrumentaler Funktion wie 'Fernseher' (das, womit ferngesehen wird) und 'Schraubendreher' (*vulgo* 'Schraubenzieher') (das, womit Schrauben gedreht bzw. gezogen werden), wobei 'Fernseher' durch die Kombination von instrumenteller Funktion und visuellem Bezug der Semantik von ὡροσκόπος besonders ähnlich ist. Im Englischen vgl. die aktive und passive Bedeutung von 'reader' (der Leser, aber auch eine Sammlung von Texten, die gelesen werden soll) oder 'keeper' (ein Wächter, aber auch – in der Redewendung *to be a good keeper* – ein großer Fisch, der beim Angeln aufbewahrt statt ins Wasser zurückgeworfen zu werden verdient). Die englischen Beispiele verdanke ich mündlichen Mitteilungen von W. Hübner und D. Greenbaum.

[1242] ἀλαο-, ἀλφιτο-, ἀνθωρο-, ἀργυρο-, ἀστερο-, βαλαντιο-, βατιδο-, βιοτο-, βοο-, βουβωνια-, βροτο-, δικα-, ἐμπυρο-, ἐρημο-, εὐθυ-, ἡλιο-, ἡμερο-, ἡπατο-, θεμι-,

haben ausschließlich aktive Bedeutung. Aber es gibt auch zwei, die eine passive Deutung rechtfertigen könnten: zum einen ἀνθωροσκόπος,[1243] wenngleich dieser Begriff als offensichtliche Sekundärbildung zu ὡροσκόπος nur auf das zu klärende Problem zurückverweist, außerdem μηλοσκόπος, das im 'homerischen' (re vera spät zu datierenden) Panhymnos in der Junktur μηλοσκόπος κορυφή den Hügel bezeichnet, von dem aus Schafe beobachtet werden können.[1244] Die formale Ähnlichkeit des zuletzt genannten Compositums mit ὡροσκόπος ist eng, da der Hügel als Werkzeug zum Erblicken der Schafe dient wie der aszendierende Teil des Tierkreises als Werkzeug zum Erblicken der Uhrzeit. Andererseits ist aufgrund des poetischen Kontexts und der insgesamt exzentrischen Sprache dieses Hymnos Vorsicht geboten: In einem auf Papyrus überlieferten bukolischen Gedicht hellenistischer Zeit begegnet μηλοσκόπε als Anrede an Pan in der eigentlich zu erwartenden aktiven Bedeutung 'Schafe hütend', 'nach den Schafen sehend'.[1245] Vielleicht hat der Dichter des homerischen Hymnos also die normale aktive Bedeutung vom Gott Pan, der an der zitierten Stelle den Hügel erklimmt, poetisch auf den Hügel selbst übertragen. Ein Sonderfall ist τηλεσκόπος vs. τηλέσκοπος: Die paroxytone Form ist aktiv, die proparoxytone passiv.[1246] Allerdings weist LSJ s.v. τηλεσκόπος II darauf hin, dass die paroxytone Form in passiver Bedeutung bei Max. 436 und Mus. 237 vorkommt. Die erste dieser beiden Stellen im astrologischen Lehrgedicht des Maximos[1247] scheint auf den ersten Blick besonders beachtenswert zu sein, da dort Saturn als τηλεσκόπος ἀστήρ bezeichnet wird. Gemeint ist aber wohl entgegen der

---

θηρο-, θυννο-, θυο-, ἱερο-, ἱππο-, λιμενο-, λιτρο-, μετεωρο-, μετωπο-, μηλο-, μορφο-, μωμο-, οἰωνο-, ὀρνεο-, ὀρνιθο-, οὐρανο-, σημειο-, συκο-, τερα-, τερατο-, τηλε-, ὑδρο-, ὑλη-, ὑλο-, χειροσκόπος (alle Funde nach Kretschmer et al. 1977, 460f.; die dortige alphabetische Ordnung nach den Endbuchstaben wurde hier zur Ordnung nach Anfangsbuchstaben geändert).

[1243] Eigentlich ist dies der Untergangspunkt. Belegt ist aber nur die metonymische Verwendung im Sinne des ganzen 7. Ortes bei Paul. Alex. 24 p. 59,9. Olymp. 23 pp. 63,2. 67,25. Theoph. exc. CCAG XI 1 (1932), cap. 48, p. 265,7. Außerdem gibt es, beginnend mit Ptol. apotel. 4,9,10.13 u. Val. 3,2,4, einige wenige Belege für das Verb ἀνθωροσκοπεῖν.

[1244] Hymn. Hom. 19,11 ἀκροτάτην κορυφὴν μηλοσκόπον εἰσαναβαίνων.

[1245] P. Vindob. 29801 recto, Z. 11; ed. Page 1941, 502 (carm. 123, v. 5), bzw. Heitsch 1963, 58 (carm. 17, v. 5). Vgl. LSJ Suppl. 1996 s.v. μηλοσκόπος.

[1246] Z.B. Hes. Theog. 566 u. 569 vom 'weithin sichtbaren Glanz des prometheischen Feuers'.

[1247] Zu diesem Autor s. Pingree 1978a, II 436, und ergänzend Radici Colace 1986. Boehm 2011. Radici Colace 2011. Zito 2013.

Auffassung von LSJ nicht, dass Saturn aus der Ferne von Menschen gesehen wird, sondern selbst als fernster Planetengott auf die Erde schaut, denn im Kontext wird seine astrologische Einwirkung auf bestimmte Diebe beschrieben, die anderes zu tun haben, als die Sterne zu betrachten. Und die Musaios-Stelle, an der die Lampe der Hero als für Leander bestimmter τηλεσκόπος ἀγγελιώτης bezeichnet wird, ist ebenfalls von zweifelhafter Beweiskraft: Bo 1966, 86, s.v. τηλεσκόπος versteht das Compositum dort als "procul speculans", ebenso Färber 1961, 21 ("der fernblickenden Botin"). Es könnte also, wie schon bei μηλοσκόπος erwogen, eine poetische Personifizierung des leblosen Gegenstandes vorliegen.

Da also eine passive Verwendung von ὡροσκόπος zweifelhaft ist, bleibt zu prüfen, ob der Begriff nicht doch die Vorstellung eines aktiven Hinblickens implizieren könnte. Dafür sprechen einige Argumente. Obwohl der aszendierende Tierkreisgrad ein abstraktes und damit lebloses Bogensegment ist, rührt seine Bezeichnung, wie bereits gesagt, von den 36 Dekanen her, die als ὡροσκόποι bezeichnet wurden. Diese sind teils anthropomorphe, teils theriomorphe Gottheiten, die bei ihrem Aufgang ihre Blicke auf das Neugeborene richten und darauf einwirken können.[1248] Wir hätten es also mit einer reziproken Verbalhandlung zu tun, wobei sowohl der Mensch (speziell der für die Stundenmessung zuständige Priester, s.o. Anm. 1240) auf den Dekangott blickt als auch umgekehrt der Dekangott auf den Menschen (speziell auf das neugeborene Kind). Zumindest im astrologischen Bereich wäre also das eigentliche Objekt der Verbalhandlung des vom Dekan ausgehenden Sehens nicht die Stunde, sondern der Mensch, allerdings nicht irgendwann, sondern in der das Leben prägenden Geburtsstunde.[1249] Diese Vorstellung wäre dann vom Dekangott auf den aszendierenden Einzelgrad übertragen worden. In einem singulären Fall ist diese Vorstellung auch konkret belegt: Antiochos soll in passiver Formulierung von Menschen gesprochen haben, die

---

[1248] Vgl. z.B. **F6** § 75, wo es mehrmals von den Dekanen heißt, dass sie 'wirken' (χρηματίζειν). Vgl. weiter Heph. 1,1, wo zu jedem der zwölf Tierkreiszeichen die individuellen Namen seiner drei Dekane erwähnt werden und dann die jeweiligen Eigenschaften derjenigen Menschen beschrieben werden, die beim Aufgang dieses oder jenes Dekans geboren werden (allerdings ohne die explizite Behauptung einer Einwirkung auf den Nativen). In den ersten drei Fällen (Heph. 1,1,13.32.51) wird das Aufgehen des Dekans als ὡροσκοπεῖν bezeichnet.

[1249] Es wäre ohnehin schwer vorstellbar, wie der Dekangott die immaterielle Stunde schauen könnte. Selbst beim zuvor genannten Priester ist das Schauen der Stunde nur metonymisch möglich, indem der astrale Dekan als sichtbares Zeichen der Stunde fungiert. Der Dekangott selbst hingegen kann die Stunde in keiner Weise schauen.

in der Stunde ihrer Geburt vom aszendierenden Tierkreisgrad angeschaut werden.[1250] In ähnlicher Weise spricht Ps.-Maneth. 4,572 – interessanterweise unter Verwendung eines mit -σκόπος gebildeten ἅπαξ λεγόμενον – von dem das (neugeborene) Leben schauenden Aszendenten (ὥρην Ἡλίου βιοτοσκόπον αὐγάζοντος).[1251] Von einer mit diesem Hinschauen verbundenen Einwirkung spricht klar Gregor von Nyssa, der in *Contra fatum* 52 (in Abwandlung des antiastrologischen, wahrscheinlich auf Karneades zurückgehenden Cannae-Arguments)[1252] rhetorisch fragt, ob etwa bei allen Opfern eines großen Erdbebens der Krebs aszendierte und ihnen dasselbe Schicksal auferlegte: ἆρα πᾶσιν ἐκείνοις μία τῶν ἄστρων σύνοδος τὰς ὠδῖνας τῶν γενέσεων ἔλυσε καὶ πᾶσιν ὁ Καρκίνος ὡροσκοπῶν τὴν μοῖραν ἐπέβαλε;[1253]

Wenn die hier angestellte Überlegung richtig ist, könnte in dem astrologischen *terminus technicus* ὡροσκόπος also eine zumindest im Deutschen geläufige Art von Compositum vorliegen, die unter Verzicht auf das selbstverständliche Objekt der Verbalhandlung eine präzisierende Zeitbestimmung aufnimmt.[1254] Es möge für den Augenblick genügen, hier weiteren Forschungsbedarf, idealerweise durch einen Sprachwissenschaftler, aufzuzeigen. Möglicherweise wird sich dabei herausstellen, dass beide hier erwogenen Formen semantischer Unschärfe, sowohl eine Genusindifferenz bezüglich Aktiv und Passiv (s.o. Anm. 1241), die besser zur Bezeichnung der Dekangötter als ὡροσκόποι im rein chronolo-

---

[1250] Vgl. Antioch. epit. 3b,20 (ex thes.), CCAG VII (1908), p. 113,15–17: τόποι δὲ μαλακοί εἰσιν αἱ τελευταῖαι μοῖραι Κριοῦ, Λέοντος, Τοξότου· οἱ ὡροσκοπηθέντες ταύταις μοίραις μαλακόσωμοι γίνονται καὶ κιναιδίζοντες τοῖς τρόποις. Ebenso Rhet. 5,67,3 (= CCAG VIII 4, 1921, pp. 195,21–196,2): καὶ τόποι δὲ [δὲ Pingree, om. Cumont] μαλακοποιοί εἰσιν αἱ τελευταῖαι μοῖραι Κριοῦ, Λέοντος, Τοξότου· οἱ [οἱ P., οἱ οὖν C.] ὡροσκοπηθέντες ταύταις ταῖς μοίραις μαλακόσωμοι γίνονται ἢ κιναιδίζοντες τοῖς ἤθεσιν.

[1251] Vgl. Lopilato 1998, 260: "while the Sun lights up the life-viewing ascendant"; weniger treffend (da ὥρην m.E. nicht temporal, sondern räumlich gemeint ist) Koechly 1851, 85: "horam Sole vitae-inspectantem collustrante"; eindeutig falsch LSJ s.v. βιοτοσκόπος: "of or for casting a nativity" (nichts dazu im Suppl. 1996).

[1252] Vgl. Cic. div. 2,97 u. Pease 1920–1923 ad loc., der weitere Parallelen zitiert, worunter Sext. Emp. adv. math. 5,91–92 die wichtigste ist, da dieser in ähnlicher Weise fragt, ob etwa alle bei Marathon getöteten Perser den Schützen im Aszendenten hatten oder alle auf der Rückkehr von Troja ertrunkenen Griechen den Wassermann. Zum astrologischen Gegenargument s. Ptol. apotel. 1,3,7.

[1253] Vgl. Val. 1,2,33, der den ersten Teil des Krebses als σεισμοποιός bezeichnet.

[1254] Vgl. z.B. 'Tagespfleger', 'Abendunterhaltung', oder bei nicht-transitiven Verben wie 'helfen': 'Krisenhelfer'. In all diesen Fällen sind natürlich Menschen die Objekte, die gepflegt oder unterhalten werden bzw. denen geholfen wird.

gischen Kontext passt, als auch eine Implizierung des eigentlich gemeinten Objekts Mensch (s.o. Anm. 1254), die besser zum astrologischen Kontext passt, nebeneinander existieren.

Als Synonyme des *terminus technicus* ὡροσκόπος (lat. *horoscopus*) begegnen auch, ohne selbst *termini technici* zu sein, die Begriffe ὡρονό-μος[1255] und – Ersatz der Nominalkomposition durch Polysemie – ὥρα (lat. *hora*),[1256] ferner auch ἀνατολή (lat. *ortus*), βάσις (lat. *fundamentum*), γενέθλη, ζωή, οἴαξ, *genesis* u.ä.[1257] Die moderne lateinische Bezeichnung 'Aszendent' hat als substantiviertes Partizip in der lateinischen Fachprosa noch kein Vorbild, und die synekdochische Bezeichnung des gesamten Sternstandes zu einem bestimmten Zeitpunkt als 'Horoskop' ist in der Antike nur selten belegt.[1258]

Der Aszendent ist der wichtigste der vier Kardinalpunkte (κέντρα, lat. *cardines*), d.h. der Schnittstellen der Ekliptik mit dem Horizont und dem Ortsmeridian. Die übrigen drei sind die dem Aszendenten in ihrer astrologischen Bedeutung nur wenig nachstehende (nach Ptolemaios sogar vorzuziehende) Himmelsmitte beziehungsweise obere Kulmination (μεσουράνημα, lat. *medium caelum*, abgekürzt: MC)[1259] sowie die in ihrer Bedeutung weit hinter ASC und MC zurückstehenden Kardinalpunkte am westlichen Horizont (δύσις bzw. δῦνον, lat. *occasus*, Abk. OCC) und in der unteren Kulmination (ὑπόγειον μεσουράνημα, ὑπόγειον, ἀντι-μεσουράνημα, lat. *imum caelum*, Abk. IMC).

Die zentrale Bedeutung des Aszendenten für das menschliche Leben wird zuweilen durch die Bezeichnung als 'Wurzel' oder 'Steuerruder' betont: Zu der ersten Metapher vgl. Anon. comm. in Ptol. apotel. 3,3 p. 90 Wolf πρώτη ἀρχὴ πάντων καὶ ῥίζα ὁ ὡροσκόπος, zu der zweiten, häufiger belegten, vgl. Thras. epit. CCAG VIII 3 (1912), p. 101,18 (= Thras. T 27 Tarrant = Rhet. 6,57,25): τὸν μὲν ὡροσκόπον οἴακα καὶ τύχης καὶ ψυχῆς καὶ τρόπου ζωῆς δηλωτικὸν ἀποφαίνων. Antioch. epit. 1,24 (ex isag. 1), CCAG VIII 3 (1912) p. 117,1–2 ὁ ὡροσκόπος καὶ οἴαξ τοῦ βίου καὶ τῆς ζωῆς εἴσοδος κτλ. Val. 4,12,1 ἀρχὴ δὲ ἔστω ἀπὸ τοῦ ὡροσκόπου ὅς ἐστι ζωή, οἴαξ, σῶμα, πνεῦμα. Paul. Alex. 24 p. 54,1–2 ζωῆς γὰρ καὶ πνεύματος ὁ ὡροσκόπος δοτὴρ καθέστηκεν,

---

[1255] Z.B. Anub. ap. Heph. 2,2,11.12 (= Anub. F2,1.8 Obbink). Vgl. Schubert 2009, 410.

[1256] Vgl. Hübner 2001i, 231. – Mehr zum Verhältnis von ὥρα und ὡροσκόπος unten S. 687.

[1257] Vgl. Hübner 2001i, bes. 227 (mit Belegen).

[1258] Hübner 2001i, 220f.

[1259] Das MC ist begrifflich verschieden vom Zenit; s.u. S. 785. Zur Konkurrenz zwischen ASC und MC s. Bouché-Leclercq 1899, 271.

ὅθεν οἴαξ καλεῖται. Rhet. 5,57,50 οἴαξ δὲ καλεῖται καὶ πρῶτος τόπος. Lib. Herm. 26,1 *qui etiam vitae temo vocatur*. Siehe auch elaborierte
Horoskope wie P. Lond. I 130 (Hor. gr. 81.III.31), Z. 165f. ὁ δ' οἴαξ τῶν
ὅλων ὡροσκόπος und die ähnliche Formulierung im P. Berol. 21347
(saec. II),[1260] Z. 1–2 des erhaltenen Fragments: οἴαξ πάσης γενέσεως
ἀναφορά, besonders aber P. Oxy. astron. 4277 (Hor. gr. 150–250b), frg.
1, col. I,17–18 οἴαξ ὁ καλούμενος ὡροσκόπος [...] κυβερνήτης:[1261] Die
nautische Metapher des 'Steuerruders' wird hier durch die Verschiebung
des Gewichts auf den 'Steuermann' in singulärer Weise weiterentwickelt,
so dass statt des unbelebten Ruders dessen lebendiger Führer in den
Vordergrund tritt. Vielleicht darf dies als intendierte Parallele zu den in
diesem faszinierenden Papyrus unmittelbar vorausgehenden Planeten-
notaten gedeutet werden, die jeweils ein ähnliches Paar implizieren, den
unbeseelten, rein materiellen Himmelskörper und den darauf wohnenden
Planetengott (im platonischen Sinne).[1262] Der Aszendent – und ebenso die
übrigen Kardinalpunkte sowie die Lose – wird in diesem Papyrushoroskop übrigens auch darin auf singuläre Weise den Planeten ange-
glichen, dass in allen Fällen mit derselben Formel εὑρέθη τὴν κατὰ
μῆκος κείνησιν ποιούμενος ἐν ζῳδίῳ κτλ. von 'Längenbewegung' die
Rede ist.[1263] In diesem Zusammenhang ist an die oben beschriebene
Scheibe (πίναξ) der Astrologen zu erinnern, auf die acht Halbedelsteine
o.ä. als Symbole der Planeten und des Aszendenten aufgelegt wurden:
Das zeigt nicht nur die Vorrangstellung des Aszendenten gegenüber den
anderen Kentra, sondern auch den wahrscheinlichen Ausgangspunkt für
die Auffassung des Aszendenten als eines Himmels-Körpers.[1264]

[1260] Ed. Brashear 1995, 233–235, Nr. 8. Brashear hat den Text nicht als Horoskop
erkannt ("Astrological Text: Zodiac?") und unzureichend ergänzt/kommentiert.

[1261] Mehrere Wörter vor und nach κυβερνήτης sind nicht mehr rekonstruierbar, die
logische Identität von οἴαξ und κυβερνήτης steht aber außer Frage.

[1262] Jedenfalls beginnt das einzige erhaltene Planetennotat dieses Papyrus mit der pla-
tonisch gefärbten Formel Στίλβων ὁ τοῦ Ἑρμοῦ ἀστήρ (P. Oxy. astron. 4277, fr. 1, col.
I,2); vgl. Plat. Tim. 38d τὸν ἱερὸν Ἑρμοῦ λεγόμενον (sc. ἀστέρα) und dazu oben
S. 569.

[1263] Vgl. fr. 1, col. I,3–4 (Merkur). I,19–20 (ASC). I,28–29 (OCC). I,36–37 (MC). col.
II,4–5 (IMC). II,14–15 (κλῆρος τύχης). II,25–26 (κλῆρος δαίμονος). II,34–35 (κλῆρος
ἔρωτος). col. III,9 (κλῆρος ἀνάγκης). Siehe dazu den Kommentar von Jones 1999a, I
286, zu fr. 1, col. I,19–20.

[1264] Vgl. oben S. 579 bei Anm. 995. Vgl. weiter die Auffassung der drakonitischen
Mondknoten als Himmelskörper (dazu Hübner 1982, 294f., Nr. 7.35). Mit der nauti-
schen Metapher des Aszendenten als Steuerruder oder Steuermann vgl. schließlich noch
Mart. Cap. 2,183 über das Weltschiff, das unter dem Kommando der sieben Planeten

ἅμα τοὺς γ̄: Die Ergänzung des in **P** fehlenden ἅμα nach Ep.[4] erscheint sinnvoll, bleibt jedoch unsicher. Vergleichbare Fälle liegen im Hephaistiontext nicht vor. Siehe jedoch den eindeutigen Ausfall von ἅμα im Krönungshoroskop des Leontios (Hor. gr. 484.VII.18, zitiert unten S. 734 bei Anm. 1643).

ἐπὶ τῆς πρώτης μοίρας: Zur Position des Aszendenten (1° ♒) s.o. S. 609 (Punkt γ).

τοῦ αὐτοῦ ζῳδίου: Die übliche Bezeichnung des Tierkreiszeichens ist gr. ζῴδιον (lat. *signum*).[1265] Der wissenschaftliche Gegenbegriff zu ζῴδιον ('kleines Lebewesen') und dessen religiös-vitalistischen[1266] Konnotationen ist das nüchtern-mathematische δωδεκατημόριον ('Zwölftel'),[1267] das Antigonos aber in den erhaltenen Fragmenten nirgends bietet. Seine zahlreichen Belege für ζῴδιον liegen auf einer Linie mit seiner konstanten Verwendung der religiösen Planetenepiklesen Κρόνος, Ζεύς, Ἄρης etc. anstelle von Φαίνων, Φαέθων, Πυρόεις etc. (s.o. S. 569). Ausführlicher zum Tierkreis oben S. 566.

[Ὑδροχόου]: sehr wahrscheinlich eine Glosse, die in den Text eingedrungen ist. Ep.[4] bietet an derselben Stelle ἤγουν τοῦ Ὑδροχόου, Exc.[1] nichts. Es gibt m.W. keine Parallelen für die von **P** überlieferte Konstruktion, d.h. für das Wiederaufgreifen eines zuvor genannten Tierkreiszeichens durch τὸ αὐτὸ ζῴδιον (in beliebigem Kasus) mit darauf folgender erneuter Nennung des Namens. Vgl. jedoch entgegengesetzte Fälle, die für die hiesige Athetese sprechen, wie die Beispielkonstellation bei Paul. Alex. 17 p. 38,3–4: Σελήνη ἐπὶ Ζυγοῦ μοίρᾳ ιγ′, ὁ δὲ τοῦ Ἄρεως μοίρᾳ ϛ′, τοῦ Διὸς ὄντος ἐπὶ τοῦ αὐτοῦ ζῴδιου μοίρᾳ κ′. Da **P** und Ep.[4] den für das Verständnis nicht notwendigen Zusatz beide (in verschiedener Formulierung) bieten, geht er vielleicht auf denselben Unbekannten

---

stehe und außerdem von einzelnen Tieren der Dodekaoros (wie von Matrosen) besetzt sei: am Vorderteil die Katze, am Mast der Löwe, am Hinterdeck (Steuermann) das Krokodil. Dazu siehe Boll 1912a = Boll 1950, 101 mit Anm. 2, und Hübner 2003b, 70.

[1265] Vgl. Le Bœuffle 1987, 238–242 (Nr. 1130) s.v. *signifer*, bes. 241f., sowie Dorothée 2006, 187–196. Neben *signum* findet man singulär *sigillum*, cf. Hübner 2002f, 554.

[1266] Der Begriff 'vitalistisch' ist hier unvollkommen, aber m.E. besser als Alternativen wie 'animistisch' oder 'hylozoistisch'. Man könnte die Prägung eines nicht durch philosophische oder anthropologische Kontexte belasteten Neologismus 'astrozoistisch' erwägen.

[1267] Siehe Hübner 2005b, 192f.

zurück, der zu **F6** § 75 eine Marginalie notiert haben muss, die schon früh in den Text eindrang (s.u. zu **F6** § 75 [ὃ γίνεται ὑπόγειον μεσου-ράνημα]). Siehe ferner die Athetese Cumonts beim Anon. a. 379 p. 196,6 (zitiert unten S. 1299).

Ep.[4] leitet mit ἤγουν noch zwei weitere verdeutlichende Zusätze ein, die in **P** allerdings keine Entsprechung haben: vgl. § 32 ταῖς ἰδίαις μοί-ραις mit epit. 4,26,22 ταῖς ἰδίαις μοίραις ἤγουν τοῖς ὁρίοις und § 49 τοῦ δυτικοῦ mit epit. 4,26,39 τοῦ δυτικοῦ ἤγουν τοῦ Κρόνου. Im ersten dieser beiden Fälle bestätigt Exc.[1] die knappe Lesart des Codex **P**, im zweiten ist der Vergleich unmöglich, da die Stelle in die Lücke zwi-schen Exc.[1] und Exc.[2] fällt. Weitere Glossen in Ep.[4] sind wahrscheinlich epit. 4,26,46 τὴν μὲν Σελήνην ἐν Διδύμοις, τὸν δὲ Δία ἐν Ὑδροχόῳ. epit. 4,26,54 (nach τῶν τριῶν) Ἑρμοῦ, Ἀφροδίτης, Διός. epit. 4,26,56 ὑπό τε τοῦ Ἑρμοῦ καὶ τοῦ Διός (εἴρηται γὰρ περὶ τούτου).[1268]

Αἰγόκερω: Pingree liest Αἰγοκέρωτος, aber **P** bietet ♑-ω (ebenso **U** in Exc.[1]), alle übrigen Handschriften ♑ ohne Bezeichnung der Endung. An den anderen beiden Stellen, wo der Steinbock erwähnt wird (epit. 4,26,40 u. 4,26,44), fällt **P** als Zeuge des Haupttextes aus; die übrigen Hand-schriften bieten durchweg das nackte Symbol (♑). Daher wurden auch in diesen beiden Fällen Pingrees Lesungen Αἰγοκέρωτος und Αἰγοκέρωτι zur attischen Deklination geändert. Vgl. auch die Papyrushoroskope, die stets die ungekürzten attischen Formen bieten.[1269]

μοίρα ε′: zur Saturnposition siehe die Diskussion auf S. 613 (Punkt ε).

τὸν δὲ Ἑρμῆν μετ᾽ αὐτοῦ μοίρα ιβ′: Wenn Merkur 26° von der Sonne entfernt steht (12° ♑ – 8° ♒), bedeutet dies, dass Antigonos ihn sich in oder nahe seiner größten Elongation dachte.[1270] Tatsächlich hatte Merkur

---

[1268] Mit ἤγουν eingeleitete Glossen, die in andere Astrologentexte eingedrungen sind: z.B. CCAG VII (1908), 111,7–8; ohne ἤγουν: z.B. Anon. a. 379 p. 196,6 αὐτῆς [τῆς Σελήνης].

[1269] Z.B. P. Oxy. II 307 (Hor. gr. 46.I.3), l. 14. P. Paris 19 (Hor. gr. 137.XII.4), l. 16 (= P. Lond. I 110, l. 16). P. Princeton II 75 (Hor. gr. 138–161), l. 4. P. Oslo III 164 (Hor. gr. 177.II.12), l. 4. P. Mich. inv. 6329 (Hor. gr. 182.II.20–22), ll. 1.7. P. Warren 21 (Hor. gr. 219.II.12), verso, col. I,65. P. Oxy. III 585 (Hor. gr. 220.II.17–18), l. 7. P. Oxy. XII 1563 (Hor. gr. 258.IX.26), l. 9 (usw.).

[1270] Diese beträgt nach antiker Faustregel ca. 22° (vgl. Gundel – Gundel 1950, 2133). Genauer hierzu Neugebauer 1975, 804f., der auch auf singuläre Belege für höhere Werte (25° oder sogar 28°) verweist.

aber knapp drei Wochen zuvor seinen zweiten scheinbaren Stillstand gehabt und war seitdem wieder rechtläufig. Aus astrologischer Sicht ist seine Wirkung hier besonders stark, da er beinahe seine maximale Distanz von der Sonne hat, die ihn zu den meisten Zeiten 'verbrennt' (s.u. zu § 39 ὑπὸ τὰς αὐγὰς τοῦ Ἡλίου φερομένην). Solche ungünstigen Fälle liegen bezüglich des Merkur in **F2** u. **F3** vor (siehe **F2** § 54 τῶν τριῶν ἔτι ὑπὸ δύσιν ὄντων u. **F3** § 63 Ἑρμῆν ... ἐπὶ ἑῴας δύσεως).[1271]

μετ' αὐτοῦ: Die Gemeinschaft betrifft nur das Tierkreiszeichen, nicht den Bogengrad (ebenso im Folgenden bei μετ' αὐτῆς); umgekehrter Fall: s.u. zu **F2** § 54 ὡσαύτως.

τὴν δὲ Ἀφροδίτην Ἰχθύων μοίρα ιβ′: Obwohl diese Information im Text beider Hss. von Exc.[1] (**Um**) fehlt, erscheint sie im Diagramm von U.

μοίρα κβ′: Zur Position des MC siehe die Diskussion auf S. 615 (Punkt ς).

§ [22add.]

Exc.[1] bietet nach § 22 eine Berechnung der Lebenserwartung des Nativen, die den anderen Überlieferungssträngen (**P**, Ep.[4]) unbekannt ist. Der Text wurde in der Forschung meist ohne Echtheitsdiskussion akzeptiert und übersetzt.[1272] Martin und Birley formulieren sogar Vermutungen von historischer Relevanz: die fragliche Textpassage dürfe vielleicht als einziges erhaltenes Indiz dafür angesehen werden, dass Pedanius Fuscus im November 137 n.Chr. einen Staatsstreich versuchte.[1273] All dies ist ge-

---

[1271] Die maximale Elongation des Merkur kann allerdings auch negativ gedeutet werden. Der Verfasser des Krönungshoroskops des Leontios (Hor. gr. 484.VII.18) sagt, sie bewirke gewaltsamen Tod ('Palch.' cap. 88, Z. 11–12 Pingree 1976b p. 140: τὴν γὰρ μεγίστην ἀπόστασιν ἀπεῖχε τοῦ Ἡλίου, ὃ καὶ βιαιοθάνατον ἀποτελεῖ). Die Elongation Merkurs beträgt dort nach den Textangaben 23°, *re vera* knapp 26°.

[1272] Zum Beispiel von Stegemann 1931/32, 370f. (ohne Übers.). Cramer 1954, 165. Neugebauer – van Hoesen 1959, 90 (sie bieten die Übers. in Klammern und verweisen in Anm. 5 auf einen Teil der textimmanenten Probleme; ebd. in Anm. 7 korrigiere "V" zu "P"). Gagé 1968, 229. Barton 1994b, 77. Bezza 1995, 896.

[1273] Martin 1982, 302: "ce fut peut-être le moment choisi par Pedanius Fuscus pour essayer de reprendre place, d'une façon que nous ne connaissons pas, dans les successeurs possibles"; Birley 1997, 291: "Perhaps this was when Fuscus attempted a *coup*" (vgl. ebd. 355[26]). Siehe auch Fündling 2006, 1010.

genstandslos, da der Text nicht original ist.[1274] Gegen die Echtheit sprechen die folgenden Argumente:

1. Der Einschub fehlt in **P** und Ep.[4]

2. Er unterbricht die klare Gliederung des Textes, in der astrologische
Einzelheiten erst nach Mitteilung der astronomischen Daten (§ 22) und
der wichtigsten Lebensereignisse (§§ 23–24) diskutiert werden.[1275] Dieselbe klare Gliederung bietet das dritte von Hephaistion aus Antigonos
exzerpierte Horoskop (**F3**); das zweite (**F2**) hat keinen Absatz über Lebensereignisse.

3. Der Einschub widerspricht der Methode zur Bestimmung der Lebenserwartung in § 52, welche nicht nur an sinnvollerer Stelle – d.h. am
Ende des den astrologischen Erläuterungen vorbehaltenen dritten Teils
(§§ 25–52) – platziert ist, sondern auch die übliche Methode des Antigonos gewesen zu sein scheint: In den drei erhaltenen Horoskopen wird die
Lebenszeit des Nativen immer mit Hilfe der Aufgangszeiten des Tierkreises errechnet, mithin auf spekulative Weise von einem Naturphänomen
abhängig gemacht, das astronomisch verifizierbar ist; § [22add.] hingegen macht die Lebenszeit von den τέλεια ἔτη der Planeten (s.u. S. 649,
Tab. 11) und damit von der Lehre der Gradbezirke abhängig, die ein Produkt reiner astrologischer Spekulation ist und in ihrer traditionellen
Definition – das ist das 'ägyptische' System der ὅρια, das einzige in der
Praxis nachweisbare – jede rational nachvollziehbare Ordnung vermissen
lässt.[1276]

4. Der Einschub bietet eine astrologische Absonderlichkeit bezüglich
der τέλεια ἔτη Saturns. Es geht dabei um eine bereits für 'Nechepsos
und Petosiris' bezeugte,[1277] in den Antigonos-Fragmenten nicht belegte
Lehre, nach der die einem Menschen gegebene Lebensspanne von einem
bestimmten Planeten der Geburtskonstellation abhängt. Dieser Planet
vermag ein ihm eigenes Höchstmaß an Lebensjahren zu verleihen, wenn
er im Horoskop besonders günstig steht. Andernfalls wird die Lebens-

---

[1274] Ob bereits Pingree, der diese Passage als Editor übergeht, derselben Auffassung war,
ist ungewiss: Pingree edierte in Bd. I erklärtermaßen den Text, den cod. **P** von Heph.
2,18 bietet (s.o. S. 69 nach Anm. 336).

[1275] Siehe den Kommentar zu § 25 ἐπεξεργάζεται.

[1276] S.u. S. 719. – Dass Antigonos die Prognose der Lebensdauer aus den Aufgangszeiten der Tierkreiszeichen stellt, passt auch zu dem Bild, das **T1** vermittelt (vgl. bes.
πρὸς τὸ πυκνὸν τῶν ἐν τῇ ἀστρονομίᾳ γραμμῶν ἀποκλίνας), und im Besonderen zu
F7, wonach Antigonos die Berechnung der Aspekte nach Aufgangszeiten favorisierte.

[1277] Vgl. Val. 3,7,7–10 τὰ μέγιστα αὐτοῦ ἔτη μεριεῖ ... τὰ ἐλάχιστα ἔτη μεριεῖ ... οἱ
τῆς ζωῆς χρόνοι τέλειοι ἔσονται ... τὰ μέσα μεριεῖ (= Nech. et Pet. frg.
18,22.26.31.32). Valens nennt dort allerdings keine konkreten Zahlen.

spanne geringer ausfallen, im ungünstigsten Fall nur einem Minimalwert entsprechen. Insgesamt gelten die folgenden, kanonischen Werte:[1278]

Planet	Maximum / τέλεια ἔτη	Mittel / μέσα ἔτη	Minimum / ἐλάχιστα ἔτη
♄	57 Jahre	43 Jahre	30 Jahre
♃	79 J.	45 J.	12 J.
♂	66 J.	40 J.	15 J.
♀	82 J.	45 J.	8 J.
☿	76 J.	48 J.	20 J.
☉	120 J.	69 J.	19 J.
☽	108 J.	66 J.	25 J.

Tab. 11: Die astrologischen Planetenjahre

Den Kern dieses Systems bilden die Maximalwerte der echten Planeten (♄, ♃, ♂, ♀, ☿), deren Ursprung nicht in natürlichen Gegebenheiten wie der astronomischen Umlaufzeit oder Ähnlichem liegt. Vielmehr bilden die Maximalwerte jeweils die Summe aller einem bestimmten Planeten im System der 'ägyptischen' ὅρια[1279] zugewiesenen Zodiakalgrade. Die Festlegung der Mittel- und Minimalwerte sowie die Einbeziehung der Luminare ist sekundär.[1280] Abweichend von diesem System bietet § [22add.] für Saturn den singulären, meines Wissens jeglicher Parallele entbehrenden Maximalwert von 56 statt 57 Jahren.[1281] Eine Verschreibung liegt nicht vor, wie das Resultat der folgenden Addition beweist (ὡς εἶναι τὰ ὅλα ἔτη ξδ′). Der Wert von 56 Jahren setzt ein ὅρια-System voraus, in dem die Summe der Saturnbezirke 56 Grad beträgt.[1282] In den fünf bekannten ὅρια-Systemen, von denen ohnehin nur das der 'Ägypter'

[1278] Vgl. Bouché-Leclercq 1899, 410, sowie Ptol. apotel. 1,21,11.30. Val. 3,13,4 (Κρόνου τὰ τέλεια ἔτη ν̄ζ̄) u. 7,5,28–35 (dort Venus falsch 84 statt 82, Saturn fehlt). Firm. math. 2,25,3–9 (z.T. ungenau). Paul. Alex. 3 pp. 13–14. Olymp. 40 p. 143,8–10. Rhet. 5,49 (dazu s. Burnett – Pingree 1997, 143).

[1279] S.u. zu § 26 ἐν ἰδίαις μοίραις, bes. S. 719, Tab. 17a, u. S. 719, Tab. 17b.

[1280] Vgl. insgesamt Bouché-Leclercq 1899, 212. 407–410. 493.

[1281] Erstmals beanstandet von Kroll und Cumont, CCAG VI (1903), p. 68,5 app. crit. ("annos LVII ponere debebat").

[1282] Denn die Regel ist, ὅτι ἕκαστος τῶν ἀστέρων οἰκοδεσποτήσας τοσαῦτα ἔτη παρέξει ὅση καὶ ἡ π[ρ]οσότης ἐστὶ τῶν ὁρίων (Anon. comm. in Ptol. apotel. 1,21,1 p. 42 Wolf). Dass auch Antigonos sich dieses Zusammenhangs bewusst war, ist sehr wahrscheinlich, in den wenigen erhaltenen Fragmenten aber nicht nachweisbar.

Anwendung fand, sind die Gradsummen Saturns aber 57 ('Ägypter' und Ptolemaios), 78 bzw. 66 ('Chaldäer' für Tag- bzw. Nachtgeburten), 48 (Valens) und 60 (Kritodemos).[1283] Der klassische Saturnwert von 57 Jahren galt auch bei den Arabern und Byzantinern unverändert.[1284] Erfolglos wäre auch der Versuch, den hiesigen singulären Saturnwert von 56 Jahren mit Verweis auf die sogenannten *Goal-Year-Texts* zu erklären.[1285] Es ist also in hohem Maße unwahrscheinlich, dass Antigonos, der nach Heph. 2,18,21 insgesamt in der Nachfolge von 'Nechepsos und Petosiris' stand und nachweislich deren System, d.h. das der 'ägyptischen' ὅρια, benutzte,[1286] der Urheber dieser Berechnung ist.

5. Der Zusatz ist als eine in den Text eingedrungene Marginalie erklärbar. Zur Verdeutlichung hier nun ein Blick auf die Konstellation des im Text genannten Zeitpunkts, 61 Jahre und 10 Monate nach Hadrians Geburt: Am 24.11.137 n.Chr. (Diagr. 8, links) wird Saturn auf 26° 23′ ♑ (tropisch) stehen, also (+ ca. 4°) auf ca. 1° ♒ nach siderischer Definition. Ganz nahe bei Saturn – aber noch im Steinbock – steht Mars.[1287] Venus wirft einen hilfreichen Aspekt (Sextil) aus dem Schützen,[1288] ebenso Jupiter aus dem Widder. Der Mond erreicht 1° ♒ erst zehn Tage später, am 4.12.137 n.Chr. (Diagr. 8, rechts). Zu diesem Zeitpunkt hat auch Mars den Steinbock erreicht.[1289]

[1283] S.u. zu § 26 ἐν ἰδίαις μοίραις.

[1284] Vgl. z.B. al-Bīr. elem. astrol. capp. 436f., p. 255 Wright (= 61T bei Bezza 1992, 71, mit Komm. 61N ebd. 153f.) und Lib. curios. 1,8 (saec. XI) p. 385 Rapoport – Savage-Smith.

[1285] Es handelt sich dabei um rein astronomische (!) Keilschrifttexte, deren sogenannte 'vollständige Perioden' der einzelnen Planeten zuweilen von griechischen Astrologen benutzt oder dem oben erwähnten 'ägyptischen' System der ὅρια gegenübergestellt wurden (ungeachtet der profunden Verschiedenheit beider Systeme). Diese *Goal-Year-Texts* weisen Saturn eine 'vollständige Periode' von 59 Jahren zu. Siehe Neugebauer 1975, 151. 554f. 605f. (an der letzten Stelle auch zur Astrologie), ferner Toomer 1988, 358. Jones 1999a, I 44.

[1286] Siehe den Nachweis im Kommentar zu § 26 ἐν ἰδίαις μοίραις.

[1287] Tropische Position: 24° 33′ ♑, = ca. 29° ♑ siderisch.

[1288] Tropische Position: 29° 02′ ♏, = ca. 3° ♐ siderisch.

[1289] Tropische Position: 2° 01′ ♒, = ca. 6° ♒ siderisch.

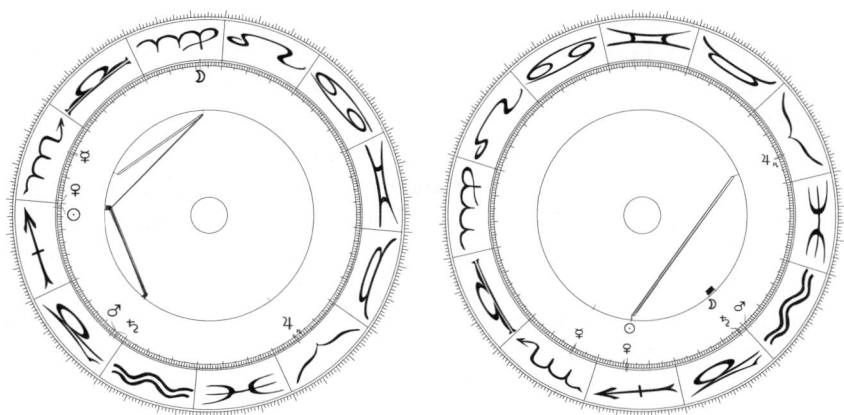

Diagr. 8: Planetenstände am 24.11.137 n.Chr. (links) u. 4.12.137 n.Chr. (rechts)

Wenn § [22add.] von Antigonos stammte, sollte man erwarten, dass er die gesamte Konstellation kennt und den günstigen Sextilschein des Wohltäters Jupiter (der doch bei der Geburt gradgenau zusammen mit dem Mond im Aszendenten gestanden und segensreich gewirkt hatte, vgl. §§ 33b.36.48) ebenso wie den Sextilschein der Venus erwähnt.[1290] Ferner dürfte man erwarten, dass Antigonos die bedrohliche Präsenz des Übeltäters Mars berücksichtigt. Was aber, wenn der Urheber der Berechnung viele Jahrhunderte später schrieb und gar nicht wusste, für welches Datum das Horoskop gestellt war, wenn er also den Sternenstand im 62. Lebensjahr des ihm unbekannten Nativen nur durch eine Überschlagrechnung aus den in § 22 gebotenen Daten schätzte? Der folgende Hergang ist denkbar: Ein byzantinischer[1291] Leser sah, dass der Todeszeitpunkt des Nativen (§ 23 περὶ δὲ $\overline{\xi\gamma}$ ἔτη γενόμενος ἐτελεύτησεν) ungefähr mit dem dritten Erreichen des Geburtsaszendenten (1° ♒) durch Saturn zusammenfällt, der den Tierkreis in ca. 30 Jahren durchläuft.[1292] Eine Periode von 30 Jahren entspricht einer mittleren Bewegung von 1° pro

---

[1290] Zur rettenden Wirkung der Aspekte durch Venus bzw. Jupiter vgl. z.B. Ptol. apotel. 3,11,13.
[1291] Frühestens 6. Jh. n.Chr. (zu der Zeit entstanden die übrigen Horoskope der Sammlung, in der das Exzerpt überliefert ist), vermutlich noch viel später.
[1292] Zu diesem runden Merkwert vgl. Eudox. F 124 (Περὶ ταχῶν) p. 71,18–19 Lasserre sowie unten Anm. 1295. Zu der korrigierten Lesart εἰς τὴν συναφὴν s.u. Komm. zu § [22add.] φθάνει – Κρόνου.

Monat. Saturn legt also die nach zwei vollen Umläufen (720° = 60 Jahre)
noch übrigen Bogengrade von der Geburtsposition bis zum Geburtsaszendenten (1° ♒) in ebensovielen Monaten zurück. Nun gibt es zwei
Möglichkeiten. Die wahrscheinlichere ist, dass der Autor von § [22add.]
entsprechend dem Zeugnis des cod. U von einem weiteren Jahr und zehn
Monaten sprach. Wenn das stimmt, ging er anscheinend von der Saturnposition auf 10° ♑ aus, die auch P bietet:[1293] 10° ♑ bis 1° ♒ macht bei
Inklusivzählung[1294] 22 Monate. Die Sonne wird zu derselben Zeit 61
volle Umläufe plus 10 Zeichen weiter stehen als im Geburtshoroskop,
d.h. im Schützen, und da die Venus sich nie weit von der Sonne entfernt,
könnte der unbekannte Autor kurzerhand davon ausgegangen sein, dass
sie ebenfalls im Schützen stehe. Den Jupiter dürfte er wohl in den Fischen vermutet haben (darauf führt eine Überschlagsrechnung mit einer
Periode von 12 Jahren), was gut zu der fehlenden Erwähnung passt. Dass
Mars keine Beachtung findet, leuchtet ebenfalls ein: Seine notorisch
schwer zu berechnende Bewegung ist für Näherungsverfahren ungeeignet.[1295] Falls die hier formulierte Annahme zutrifft, muss von dem adnotierten Exemplar des byzantinischen Anonymos eine Abschrift entstanden sein, und zwar als Werk eines wenig kompetenten Schreibers, der die
Marginalie in den Text aufnahm und sich mehrere Verschreibungen zu-
schulden kommen ließ: Das Symbol für 'Konjunktion' entstellte er zu
'Quadratur', das für 'Schütze' zu 'zwei', die Saturnposition von 10° ♑
zu dem absurd überhöhten Wert 16° ♑,[1296] und wahrscheinlich ist derselbe Schreiber auch für die Verschreibung der MC-Position von 22° ♏
zu 24° ♏ verantwortlich. Von dieser (heute verlorenen) Abschrift hängen
die Handschriften U und m ab. – Weniger wahrscheinlich ist, dass der
Autor von § [22add.] entsprechend dem Zeugnis des cod. m von einem
weiteren Jahr und drei Monaten sprach. Dann wäre die Verschreibung der
Saturnposition zu 16° ♑ bereits vor der Abfassung der Marginalie eingetreten und der Anonymos hätte wie folgt gerechnet: 16° ♑ bis 1° ♒
macht (bei Exklusivzählung, die eigentlich unüblich ist) 15° bzw. 15 Monate = 1 Jahr und 3 Monate. Die Sonne (und in ihrer Nähe die Venus)
hätte dann im Stier gestanden, d.h. in Quadratur zum Wassermann. Paläo-

---

[1293] Exc.[1] und P stimmen mehrmals gegen Ep.[4] überein; s.o. S. 107 bei Anm. 457.
[1294] Das ist die übliche antike Zählweise; vgl. Richardson 2004, 11f.
[1295] Vgl. Cleom. 1,2 p. 12,22–26 Todd: ὁ τοῦ Κρόνου ἀστὴρ τριακονταετεῖ χρόνῳ
τὸν οἰκεῖον κύκλον ἀπαρτίζων [...] ὁ τοῦ Διὸς [...] δωδεκαετίᾳ τὸν οἰκεῖον ἀμεί-
βων κύκλον [...] ὁ τοῦ Ἄρεως ἀτακτοτέραν μὲν τὴν κίνησιν ἔχων κτλ.
[1296] Dazu s.o. S. 613 zu Punkt ε.

graphisch ist aber eine Verschreibung von $\overline{\iota}$ zu $\overline{\gamma}$ wahrscheinlicher,[1297] die Lesart ἐν τῷ β' ist nur als Verschreibung aus dem Schütze-Symbol nachvollziehbar, und der Sextilschein ist günstiger als die Quadratur.[1298] – Ganz gleich, welchen der zwei Rechenwege man vorzieht, der Verfasser des Zusatzes nahm anscheinend die Information über die Lebensspanne am Ende von § 23 zum Anlass, lange bevor er auf Antigonos' Ausführungen in § 52 stieß, eigene Berechnungen anzustellen, um die biographischen Daten astrologisch nachzuvollziehen.

ἐν τῷδε τῷ διαθέματι: s.o. zu § 21 τὰς γενέσεις (S. 536 bei Anm. 781).

ὁ οἰκοδεσπότης τῆς Σελήνης Κρόνος: Der Wassermann, in dem der Geburtsmond Hadrians steht, ist das Nachthaus Saturns.[1299] Schon Petosiris soll den οἰκοδεσπότης τῆς Σελήνης in seinen Unterweisungen behandelt haben.[1300] Vermutlich untersucht der unbekannte Verfasser von § [22add.] den Hausherrn des Mondzeichens, weil er diesen zugleich für den Hausherrn der gesamten Nativität hält.[1301]

[1297] Dazu s.u., Komm. zu § [22add.] μετὰ δὲ ἔτος ξα' μῆνας ῑ.

[1298] Außerdem stand die Venus Ende April 137 n.Chr. gar nicht im Stier, sondern nahe ihrer maximalen Elongation in der Mitte der Fische, d.h. ohne Aspekt zum Wassermann. Im Rahmen der hier angenommenen Überschlagsrechnung hätte man das freilich nicht wissen können.

[1299] S.u. zu § 27 ἐν τῷ ἰδίῳ οἴκῳ.

[1300] Er wird sechsmal erwähnt in dem Petosiris-Exzerpt des Julian von Laodikea zur Katarchenhoroskopie, das W. Kroll, A. Olivieri u. R. Wuensch im CCAG I (1898), p. 138,1–21, aus mehreren Hss. ediert haben (= Nech. et Pet. frg. +23; der Verweis auf Riess im textkr. App. des CCAG I zu p. 138,2, ist nichtig). Pingree 1974b, 548 (bei Anm. 33), hält es für authentisch. Das Julian zugeschriebene Exzerpt stimmt inhaltlich im Wesentlichen überein mit einem weiteren, Riess ebenfalls unbekannten Exzpert aus Petosiris, das Theoph. exc. CCAG XI 1 (1932), cap. 22 (Περὶ καταρχῆς), p. 223,18–27, bietet (= Nech. et Pet. frg. +27). Vielleicht schöpft Theophilos aus Julian, denn beide Exzerpte sind inhaltlich gleich strukturiert. Dann müsste freilich dem Theophilos noch ein vollständigerer Julian-Text vorgelegen haben, als ihn das Exzerpt im CCAG I (s.o.) bewahrt. Im Petosiris-Exzerpt des Theophilos ist zweimal vom οἰκοκράτωρ τῆς Σελήνης die Rede (p. 223,18.21), außerdem zweimal vom οἰκοδεσπότης τοῦ Ἡλίου (p. 223,19.27). Ferner enthält das Petosiris-Exzerpt des Theophilos Spuren poetischer Diktion wie p. 223,21 Φωσφόρος für die Sonne (diese Bedeutung fehlt bei LSJ u. LSJ 1996) und p. 223,22 τὸ ζητούμενον (vgl. Val. 9,2,7 = frg. +12a und dazu Heilen 2011, 57f.).

[1301] Zum οἰκοδεσπότης τῆς γενέσεως s.u., Komm. zu **F2** § 54 οἰκοδεσποτήσει – ὁ Ἄρης.

ἐν ἰδίῳ οἴκῳ τυχὼν δίδωσιν τὰ τέλεια αὐτοῦ ἔτη ζωῆς νϛ: Saturn steht im Steinbock, seinem Taghaus.[1302] Deshalb verleiht er das ihm mögliche Maximum an Lebensjahren. Vgl. z.B. Paul. Alex. 3 p. 14,19–20 (zu den Maximalwerten): τούτων δὲ τῶν ἐτῶν δοτῆρες γίνονται, ὅταν ἐπὶ γενέσεως καλῶς καὶ οἰκείως κεχρηματικότες τὸν περὶ οἰκοδεσποτείας λόγον κληρώσωνται. Die Formulierung τὰ τέλεια αὐτοῦ ἔτη ζωῆς entspricht der üblichen Diktion; vgl. z.B. Paul. Alex. ebd. (cap. 3) p. 13,7.21 τὰ τέλεια τῆς ζωῆς ἔτη.

μαρτυρεῖ: μαρτυρία (ἐπιμαρτυρία, συμμαρτυρία) und σχῆμα (σχηματισμός, vereinzelt auch σχηματογραφία)[1303] sind synonyme Begriffe für den astrologischen Aspekt, μαρτυρεῖν (ἐπιμαρτυρεῖν, συμμαρτυρεῖν) und σχηματίζειν die dazugehörigen Verben. Vgl. § 40 ἐπιμαρτυροῦσιν und συμμαρτυρούντων. § 49 ἀνὰ σχῆμα. **F2** § 59 ἐν τριγωνικῷ σχήματι. **F3** § 66a διὰ τὸ αὐτὸ σχῆμα. Siehe auch **F7** συσχηματισμῶν.

Diese Terminologie geht auf 'Nechepsos und Petosiris' zurück: Das zeigen Nech. et Pet. frg. 21,47.58.80.92.261 bei Val. 7,6,10.12.17.20.212 mit insgesamt fünf Belegen für μαρτυρεῖν, ἐπιμαρτυρεῖν, συνεπιμαρτυρεῖν und προσμαρτυρεῖν[1304] sowie Heph. 1,23,13.16 (= Nech. et Pet. frg. 12) mit vier weiteren Belegen für μαρτυρεῖν.[1305] Einmal begegnet μαρτυρεῖν außerdem in dem eben (s.o. Anm. 1300) erwähnten Petosiris-Exzerpt bei Iul. Laod. CCAG I (1898), p. 138,20 (Nech. et Pet. frg. +23).

Sacherläuterungen zu den der antiken Astrologie geläufigen Aspekten bietet der Kommentar zu § 32 ὁρᾷ.

ἕτερα ἔτη η̄: der Minimalwert der Venus (s.o. S. 649, Tab. 11), auf den auch Valens in seinen Horoskopen oft rekurriert.[1306] Er hat seinen Ur-

---

[1302] S.u. zu § 27 ἐν τῷ ἰδίῳ οἴκῳ.

[1303] Z.B. Paul. Alex. 24 p. 54,9.

[1304] Val. 7,6,10–20 u. 7,6,209–215 sind nach Val. 7,6,21 u. 7,6,208 wörtliche Zitate aus 'Nechepsos' (dazu bereits Riess 1890, 15). An der zuletzt genannten Belegstelle (Val. 7,6,212 προσμαρτυρούντων) sind noch die Originaliamben erkennbar (Rekonstruktionsversuch bei Riess 1891–1893, 374).

[1305] Es ist aber nicht sicher, ob Heph. 1,23 wirklich auf das 2. Jh. v.Chr. zurückgeht; vgl. Pingree 1974b, 548.

[1306] Vgl. z.B. Val. 7,6,30–33. 7,6,71. 7,6,138. 7,6,143 (= Hor. gr. 124.VII.29. 129.I.16. 120.II.8 [4. Version]. 118.XI.26 [3. Version]) sowie die Anmerkungen zu weiteren Horoskopen bei Neugebauer – van Hoesen 1959, 117[2]. 119[1]. 123[1]. 125[3]. 127[5]. 128[1]. u.ö.

sprung in der astronomischen 'synodischen Periode' der Venus.[1307] Einen
der hier angestellten Berechnung ganz ähnlichen Fall bietet das von Bezza edierte Horoskop, welches ein gewisser Aleim Sohn des Juden Isaak
für einen am 30.09.858 n.Chr. geborenen Anonymos erstellte.[1308] Es handelt sich dabei um eine sehr ausführliche Interpretation, in deren Kapitel
VIa (Περὶ τῶν χρόνων τῆς ζωῆς) dargelegt wird, dass die Lebenserwartung des Nativen von Merkur abhänge und dieser aufgrund seiner günstigen Stellung fast sein Maximum von 76 Lebensjahren verleihe. Da ferner
Venus in Konjunktion mit Merkur stehe, müsse man noch deren Minimalwert von 8 Jahren addieren, so dass die Lebenserwartung des Nativen
insgesamt ca. 84 Jahre betrage.[1309]

μετὰ δὲ ἔτος ξα′ μῆνας ῑ: cod. **U** nennt zehn Monate, **m** nur drei. Angesichts der ähnlichen Schreibung des ῑ beziehungsweise γ̄ in den Handschriften (ῑ̄ **U**, γ̄ **m**) ist eine Verschreibung leicht denkbar. Anscheinend
fand sie ausgehend von ῑ (das bot wohl schon die Vorlage von **U** und **m**)
zu γ̄ statt, nicht umgekehrt.[1310]

**φθάνει ἡ μοῖρα τοῦ ὡροσκόπου καὶ ἡ Σελήνη εἰς τὴν συναφὴν
τοῦ Κρόνου**: Die Paradosis (εἰς τὸ τετράγωνον τοῦ Κρόνου) ist, wie
schon Neugebauer – van Hoesen 1959, 90[5], anmerkten, "obviously wrong
since 61 years is only slightly more than two periods of Saturn". Der
Fehler beruht auf einer Fehldeutung der Aspektsymbole. Eine ähnliche
Verschreibung begegnet bei **F2** § 57 ἐκ διαμέτρου (in Ep.[4]). Nicht nur
die Opposition und der Geviertschein eines Übeltäters (Mars oder Saturn)
ist schädlich, sondern auch die Konjunktion mit ihm, besonders dann,

---

[1307] Vgl. Neugebauer 1975, 151. 784. 796.

[1308] Etwa aus derselben Zeit dürfte § [22add.] des Hadrianhoroskops stammen.

[1309] Hor. gr. 858.IX.30, cap. VIa (Bezza 2001, 310): καὶ διὰ τοῦτο παρέχει [scil. ὁ
Ἑρμῆς] ζωὴν σχεδὸν ἴσην τοῖς μεγίστοις αὐτοῦ ἔτεσιν ἤτοι ο̄ς̄· προστιθεμένων
τούτοις καὶ τῶν τῆς ἐλαχίστων [sic] τῆς Ἀφροδίτης ὡς συνοδευούσης αὐτῷ ἤτοι
ἐτῶν η̄ , καὶ δηλοῦται ἐκ τῶν τοιούτων ὡς ὁ χρόνος τῆς ζωῆς τοῦ γεννηθέντος
ἔσται ἐτῶν π̄δ̄ ἔγγιστα. In diesem unsicher überlieferten und unbefriedigend konstituierten Textstück ist ἐλαχίστων eine Konjektur von Bezza. Die Handschriften bieten
eine *lacuna* bzw. δύσεως. Obwohl ἐλαχίστων inhaltlich das Richtige trifft, glaube ich
eher, dass δύσεως aus δόσεως verschrieben wurde. Vielleicht lautete der Text: προστι-
θεμένης τούτοις καὶ τῆς δόσεως τῆς Ἀφροδίτης ὡς συνοδευούσης αὐτῷ ἤτοι ἐτῶν
η̄, [καὶ] δηλοῦται κτλ. Vgl. z.B. Paul. Alex. 3 p. 14,19 ἐτῶν δοτῆρες oder Ptol. apotel.
4,6,6 τῷ τὴν δόσιν πεποιημένῳ τῶν ἀστέρων.

[1310] Vgl. oben S. 653.

wenn der Übeltäter der entgegengesetzen αἵρεσις angehört.[1311] Das ist hier der Fall: Der Mond gehört zur Nacht, Saturn zum Tag.

ὅπερ καὶ οὐκ ἀναιρεῖ διὰ τὸ μαρτυρεῖν αὐτῷ τὴν Ἀφροδίτην ἐν τῷ Τοξότῃ: Die Hss. bieten ἐν τῷ β′ (**U**, exakte Schreibung: ἐν τω ℭ ′) und ἐν τὸc (**m**). Beides ist vermutlich als Verschreibung aus ἐν τῷ ♐′ entstanden. Zur astronomischen Begründung s.o. S. 650 bei Anm. 1288 u. S. 652 nach Anm. 1293, zur Verschreibung des Symbols den ähnlichen Fall in § 26 a.E., wo **U** τῷ ϭ̄ (= τῷ β′) bietet statt richtig τῇ ℭ (= τῇ Σελήνῃ), sowie weitere Parallelen.[1312] Siehe außerdem den Kommentar zum vorigen Lemma. Der Ansatz von Neugebauer – van Hoesen 1959, 90, ἐν τῷ β′ sc. χρόνῳ ('zu dem zweiten Zeitpunkt') oder ähnlich zu verstehen, überzeugt nicht, sowohl wegen des Fehlens sprachlicher Parallelen als auch deshalb, weil man ⟨καὶ⟩ ἐν τῷ β′ erwarten würde. Die hiesige Konjektur ἐν τῷ ♐′ zieht die Konsequenz aus der Beobachtung von Neugebauer – van Hoesen 1959, 90[6].

§§ 23–24

Die Paragraphen 23–24 bilden den zweiten der drei Teile, in die sich das Hadrianhoroskop gliedert. Nach der Exposition der astronomischen Daten (§ 22) folgt hier eine kurze Übersicht der wichtigsten Lebensdaten, die im Folgenden (§§ 25–52) eingehend astrologisch erklärt werden.[1313] Die folgende Tabelle verzeichnet in der linken der beiden mit 'Text' überschriebenen Spalten die Elemente der 'Lebensbeschreibung' in ihrer durch den Text (§§ 23–24) vorgegebenen Reihenfolge, analysiert in der mit 'Thema' überschriebenen Spalte den Aufbau dieser Beschreibung und verweist in der äußersten rechten Spalte auf die jeweils entsprechende astrologische Erklärung:

[1311] Vgl. Bouché-Leclercq 1899, 309, sowie die Sacherklärung unten zu § 26 τῆς αἱρέσεως.

[1312] Z.B. in Hor. gr. 478.VIII.29, wo nach W. Kroll u. F. Cumont, CCAG VI (1903), p. 64,27 app. crit., das Planetensymbol des Wochentages zu β′ bzw. δ^η verschrieben wurde. Der 29. August 478 n.Chr. war ein Dienstag, also Tag des Mars. Unzutreffend ist die Interpretation von Neugebauer – van Hoesen 1959, 143, ad loc.

[1313] Ausführlicher zur Gliederung des Textes oben S. 563–565.

Thema			Text	
			Teil II (βίος)	Teil III (ἐπεξεργασία)
das Kaisertum		Adoption	§ 23 ὁ τοιοῦτος υἱοθετηθεὶς ὑπό τινος αὐτοκράτορος συγγενοῦς	§ 48 τίς δ᾿ ἡ αἰτία τοῦ τὸν τοιοῦτον υἱοποιηθῆναι; ὁ τοῦ Διὸς ὁμόκεντρος τῇ Σελήνῃ φανεὶς ἐν Κρόνου ζῳδίῳ.
		Erhebung zum Kaiser	§ 23 αὐτὸς περὶ τὸ μβ᾿ ἔτος ὁμοίως αὐτοκράτωρ ἐγένετο	§ 26 γέγονε δὴ αὐτοκράτωρ οὗτος διὰ ...
der Native an sich	a) Körper und Äußeres			§ 29 εὐμεγέθης δὲ καὶ ἀνδρεῖος καὶ εὔχαρις ἐγένετο διὰ τὸ ...
	b) Geist und Inneres	Bildung	§ 23 ἦν δὲ φρόνιμος καὶ πεπαιδευμένος	§ 30 φρόνιμος δὲ καὶ πεπαιδευμένος καὶ βαθὺς ὑπῆρχε διὰ τὸ ...
		Erhabenheit und Energie		§ 33b τὸ δὲ δοξαστικὸν καὶ μεγαλόφρον καὶ δωρητικὸν καὶ ἀνυστικὸν ...
der Native im sozialen Umfeld	a) Staat	Widersacher		§ 34 ἡ δὲ αἰτία τοῦ πολλοὺς ἀντιδίκους καὶ ἐπιβούλους ἐσχηκέναι ἐγένετο ἐκ τοῦ ...
		deren Überwindung		§ 35 τὸ δὲ περιγενέσθαι τῶν ἐχθρῶν τῶν τοιούτων συνέβη μάλιστα διὰ ...
		Ehrungen	§ 23 ὡς θεὸς ἐτιμήθη ναοῖς καὶ τεμένεσιν	§ 36 τὸ δὲ τιμᾶσθαι αὐτὸν καὶ προσκυνεῖσθαι παρὰ πάντων συνέβη διὰ τὸ ...
		Wohltaten		§ 36 καὶ τὸ εὐεργετικὸν δὲ ἔσχεν διὰ ...

			§ 23 γυναικὶ μιᾷ συζευχθεὶς ἀπὸ παρθενίας	§ 39 τὸν δὲ τοιοῦτον συνέβη μιᾷ γυναικὶ συζευχθῆναι ἀπὸ παρθενίας οὐ διὰ τὴν Ἀφροδίτην ἐν- ταῦθα, ἀλλὰ διὰ ...
	b) Fa- milie	Ehefrau		
		Kinder	§ 23 ἐγένετο ἄτε- κνος	§ 46 τὸ μὲν οὖν ἄτε- κνον τοῦτον γεγε- νῆσθαι ἡ τοῦ Ἡλίου περὶ τὸ ὡροσκοποῦν στάσις ἀπετέλεσεν.
		Geschwister	§ 23 καὶ ἀδελφὴν μίαν ἔσχεν	§ 41 καὶ ὁ τῆς μονα- δελφίας τρόπος τῷ οὕτω γεννωμένῳ κατὰ τὸ ὅμοιον ἐκ τῆς συναφῆς τῆς Σελήνης ἀποδειχθή- σεται.
		Familien- zwist	§ 23 ἐν ὑπονοίᾳ δὲ καὶ στάσει ἐγένε- το πρὸς τοὺς ἰδίους	§ 47 διὰ τί δὲ ἐν προσκρούσει γέγο- νε πρὸς τοὺς συγ- γενεῖς; διὰ τὴν τοῦ Ἑρμοῦ μετὰ Κρόνου στάσιν.
Lebensende		Todeszeit	§ 24 περὶ δὲ $\overline{\xi\gamma}$ ἔτη γενόμενος ἐτελεύ- τησεν	§ 52 Πόσους δ᾽ ὁ τοιοῦτος πληρώσας ζωτικοὺς χρόνους τελευτήσει; γνώσῃ δ᾽ ἐκ τῆς Σελήνης· ...
		Todesart	§ 24 ὑδρωπικῇ δυσ- πνοίᾳ περιπεσών	§ 49 πόθεν δὲ αὐτῷ τὸ αἴτιον ἐγίνετο τοῦ ὕδρωπος καὶ ⟨τῆς⟩ δυσπνοίας καὶ τοῦ θανάτῳ κακῷ μεταστῆναι τοῦ βίου; διότι ...

Tab. 12: Thematische Entsprechungen
zwischen βίος (§§ 23–24) und ἐπεξεργασία (§§ 25–52) in **F1**

Es fällt auf, dass nur drei Erläuterungen im Kommentar des Antigonos (ἐπεξεργασία) an einer von der 'Kurzvita' (βίος) abweichenden Posi- tion stehen: § 48 (Adoption), § 46 (Kinderlosigkeit) und § 52 (Todeszeit).

Der erste der beiden Fälle ist leicht erklärbar: Das Kaisertum ist mit so großem Abstand die wichtigste Information, dass sie zuerst diskutiert wird und ihre Voraussetzung, die Adoption, später mit wenigen Worten in einem geeigneten Kontext nachgereicht werden kann. Denn § 48 bespricht die Adoption als eine Sonderform der Familienbande am Ende des Themenkreises 'Familie' (§§ 39–47: Ehe, Geschwister, Kinder, Familienkonflikte) und hängt speziell mit dem unmittelbar vorausgehenden § 47 dadurch zusammen, dass beide (§§ 47–48) implizit auf die mythischen genealogischen Verhältnisse zwischen Kronos/Saturn (Großvater), Zeus/Jupiter (Vater) und Hermes/Merkur (Sohn) rekurrieren.[1314]

In dem zweiten, § 46 betreffenden Sonderfall, ist der Grund wohl rein astrologisch: Innerhalb der die Familienbande betreffenden Besprechung (§§ 39–48) wird die Erklärung der Geschwisterzahl (§§ 41–45) der der Kinderlosigkeit (§ 46) vorgezogen, weil die Ursache wie im zuvor besprochenen Punkt (Ehe, §§ 39–40) beim Mond liegt. Antigonos macht das selbst durch die Worte κατὰ τὸ ὅμοιον ἐκ τῆς συναφῆς τῆς Σελήνης ἀποδειχθήσεται (§ 41) deutlich. Danach wenden sich seine Erklärungen dem Wirken des anderen Luminars, der Sonne, zu (§ 46).

Im dritten Fall ist der Grund für die Umkehrung der Reihenfolge von Todeszeit und Todesursache evident: Während § 24 die biographisch wichtigere Todeszeit zuerst genannt und die Todesursache innerhalb desselben kurzen Satzes als *participium coniunctum* angeschlossen hatte, erfordert die eingehende Kommentierung im Teil III des Textes eine Trennung der beiden Themen, gleichsam einen Übergang von der Hypotaxe zur Parataxe. Aus chronologischen Gründen hat dann die Todesursache (§§ 49–51) die Priorität vor dem Todeszeitpunkt (§ 52), mit dessen Besprechung das Horoskop schließt. Insgesamt sind die Daten der Teile II und III also parallel geordnet. Vereinzelte Abweichungen in III von der Reihenfolge in II dienen, wie gezeigt, der Ökonomie der astrologischen Argumentation und ändern nichts an dem offensichtlichen Sachverhalt, dass Antigonos in III der in II vorgegebenen Gliederung des Stoffs folgt.

Auffällig ist dabei, dass fünf Punkte (§§ 29.33b.34.35.36[a.E.]) erklärt werden, die im überlieferten Text von §§ 23–24 keine Entsprechung haben. Doch sind die Erklärungen zumindest teilweise so formuliert, als solle auf bereits Gesagtes zurückgegriffen werden. So scheinen z.B. die direkten Artikel in § 33b τὸ δὲ δοξαστικὸν κτλ. eine frühere Erwähnung vorauszusetzen, ähnlich wie sich z.B. § 46 τὸ μὲν οὖν ἄτεκνον τοῦτον γεγενῆσθαι κτλ. tatsächlich auf früher Gesagtes bezieht (§ 23

[1314] Vgl. den Kommentar zu § 47 διὰ τὴν τοῦ Ἑρμοῦ μετὰ Κρόνου στάσιν.

ἐγένετο ἄτεκνος). Man könnte dem zwar mit Verweis auf biographische
Texte widersprechen, z.B. Cass. Dio 69,5,1 ἠτιῶντο μὲν δὴ ταῦτά τε
αὐτοῦ [sc. Ἀδριανοῦ] καὶ τὸ πάνυ ἀκριβὲς τό τε περίεργον καὶ τὸ
πολύπραγμον,[1315] wo ebenfalls kein Satz wie z.B. ἦν μὲν πάνυ ἀκριβὴς
καὶ περίεργος καὶ πολυπράγμων vorausgeht. Die Sachverhalte sind jedoch insofern verschieden, als Cassius Dio erklärtermaßen über Hadrian
schreibt und sein Publikum über ein zur historischen Allgemeinbildung
gehöriges Vorwissen verfügt, das den direkten Artikel in τὸ πάνυ ἀκριβὲς κτλ. rechtfertigt. Antigonos hingegen analysiert das Horoskop eines
anonymen Herrschers, über den wir nichts wissen außer dem, was Antigonos in §§ 23–24 mitteilt. Falls man auf die Annahme von Textausfällen
in § 23 verzichten will,[1316] muss man dem Autor eine kleine Nachlässig-
keit unterstellen, dass er nämlich Sätze wie § 33b τὸ δὲ δοξαστικὸν κτλ.
mit Rekurs auf sein persönliches Vorwissen formuliert hat, ohne zu berücksichtigen, dass seine Leser dieses Vorwissen nicht teilen. Ein Indiz
dafür, dass Antigonos wirklich so verfuhr, bietet **F3** § 66a, wo die Erklärung der genauen Todesart des Pedanius Fuscus (τὸ δὲ καὶ αὐτὸν κατακοπῆναι) nicht auf ein vorheriges κατεκόπη o.ä. zurückgreift, sondern
lose an die Information anknüpft, dass der potentielle Thronfolger überhaupt beseitigt wurde (**F3** § 65 ἀνῃρέθη). Für zeitgenössische Leser, die
trotz der anonymen Präsentation aller Horoskope erkennen, um welche
historischen Personen es sich handelt, entfallen die aufgezeigten Anstöße.

§ 23

υἱοθετηθεὶς ὑπό τινος αὐτοκράτορος συγγενοῦς: Gemeint ist Trajan (53–117 n.Chr., Kaiser seit 98 n.Chr., PIR[1] V 575).[1317] Dieser war
dadurch mit Hadrian verwandt, dass Hadrians Großvater eine Tante Trajans[1318] geheiratet hatte.[1319] Der *dies adoptionis* war der 9. August 117
n.Chr.[1320] Allerdings ist die Historizität der Adoption seit dem Altertum

---

[1315] "Andere Vorwürfe gegen ihn galten seiner Übergenauigkeit, seiner Neugier und
seinem ungehemmten Tätigkeitsdrang" (Veh 1985–1987, V 227).

[1316] Als Indizien für Textausfälle in § 23 könnte man auch die Störungen werten, die die
Überlieferung in **P** und Ep.[4] in verschiedener Ausprägung aufweist.

[1317] Siehe ferner Caballos Rufino 1990, 314f., Nr. 168. Kienast 1996, 122–127.

[1318] Raepsaet-Charlier 1987, 643f. (FOS 821).

[1319] Siehe Raepsaet-Charlier 1987, *stemma* IX. Birley 1997, 308.

[1320] Stein 1933 (PIR[2] A 184), 29 u. Kienast 1996, 128, beide mit Verweis auf Hist. Aug.
Hadr. 4,6.

umstritten. Cassius Dio eröffnet das der Regierung Hadrians gewidmete Buch mit den Worten: Ἁδριανὸς δὲ ὑπὸ μὲν Τραϊανοῦ οὐκ ἐσεποι-ήθη,[1321] und anscheinend kursierte schon bald nach Trajans Tod das Gerücht von der 'Adoptionskomödie',[1322] die Plotina am Lager des bereits verstorbenen Trajan zugunsten Hadrians inszeniert habe.[1323] Die moderne Forschung hat sich den antiken Zweifeln an der Authentizität der Adoption Hadrians vielfach angeschlossen,[1324] wohl zu Unrecht, da wir es anscheinend mit einem Produkt der hadrianfeindlichen Geschichtsschreibung und überdies mit einem literarischen Topos zu tun haben.[1325] Außerdem betont Bennet, Trajan habe zwar keine expliziten Instruktionen erlassen und sei vom Tod überrascht worden, habe aber die Nachfolge Hadrians durch Eheschließung, Übertragung wichtiger Kommandos etc. von langer Hand vorbereitet.[1326] Letzte Gewissheit darüber, was im August 117 n.Chr. in Selinunt geschah, werden wir freilich wohl nie erlan-

---

[1321] Cass. Dio 69,1,1; cf. Millar 1964, 63: "an unusually bold and polemical sentence".

[1322] So Merten 1977, 255, mit Bezug auf Hist. Aug. Hadr. 4,10.

[1323] Vgl. Hist. Aug. Hadr. 4,10 *nec desunt qui factione Plotinae mortuo iam Traiano Hadrianum in adoptionem adscitum esse prodiderint, supposito qui pro Traiano fessa voce loquebatur*. Siehe auch Cass. Dio 69,10,3[1] τὴν Πλωτῖναν ἀποθανοῦσαν, δι' ἧς ἔτυχε τῆς ἀρχῆς ἐρῶσης αὐτοῦ, διαφερόντως ἐτίμησεν. Aur. Vict. Caes. 13,12–13 *ascito prius ad imperium Hadriano civi propinquoque [...]. quamquam alii Plotinae, Traiani coniugis, favore imperium assecutum putent, quae viri testamento heredem regni instituerat simulaverat*. Eutr. 8,6,1 *defuncto Traiano Aelius Hadrianus creatus est princeps, sine aliqua quidem voluntate Traiani, sed operam dante Plotina, Traiani uxore; nam eum Traianus [...] vivus noluerat adoptare*. Siehe ferner Premerstein 1908, 76 (zit. in Anm. 1904).

[1324] Literaturangaben bei Caballos Rufino 1990, 43[11]; zweifelnd auch Dufraigne 1975, 105[25]. Kienast 1996, 128. Groß-Albenhausen – Fuhrmann 1997, 207. Siehe bes. Hellegouarc'h 1999, 210[2] zu Eutr. 8,6,1: "Trajan [...] n'avait pas désigné d'héritier [...] en dissimulant [*sc*. Plotina] plusieurs jours la mort de l'empereur".

[1325] Vgl. Merten 1977, 259, zum *ambitus uxoris* bzw. *favor Plotinae*. Dieselbe urteilt insgesamt (ebd. 253): "Daß die Adoption selbst rechtsgültig war, ist nicht zu bestreiten". Auch Stein 1933 (PIR[2] A 184), 30, weist die These der Fälschung zurück. Keine Zweifel an der Adoption bei Cramer 1954, 170, der die Frage ausführlich diskutiert.

[1326] Bennet 1997, 202f. (vgl. ebd. 210). Ähnlich bereits Syme 1963, 233–235 u. 240f.; vgl. Syme 1985b, 356 (= RP V 558), über Hadrian: "long in the equivocal position of an undeclared crown prince". Nach Temporini 1978, 150f., entsprach die Machtübernahme Hadrians durchaus Trajans Plänen (s. bes. ebd. 151–159 den Exkurs "Plotina und der Regierungswechsel von 117 in der neueren Forschung"; mit Übersicht der vorausgegangenen Forschungsliteratur). Siehe auch Eck 1997, 124: "Wer Zeichen zu lesen verstand, konnte sehen, wer der nächste Herrscher sein würde"; sinngleich Müller 1995, 247: "konnte aufgrund seiner Laufbahn [...] frühzeitig als Nachfolger des kinderlosen Kaisers gelten". Siehe auch Hist. Aug. Hadr. 3,7 u. 4,4.

gen.[1327]

Es wird oft übersehen, dass in dieser vieldiskutierten Frage Antigonos von Nikaia unsere früheste Quelle ist[1328] und die Adoption hier in § 23 eindeutig als Tatsache behandelt wird (ebenso in § 48). Leider darf **F1** ebensowenig wie der antike Klatsch vom *favor Plotinae* und der 'Adoptionskomödie' als historisches Beweismittel gewertet werden, denn wenn Antigonos sich auf die Autobiographie Hadrians stützte,[1329] haben wir es auch hier nicht mit einer unparteiischen, verlässlichen Quelle zu tun, sondern mit dem indirekten Produkt einer kaiserlichen Selbstlegitimation.

υἱοθετηθείς: einer der frühesten Belege für diese ab dem 2. Jh. n.Chr. belegte Terminologie. Der *terminus technicus* für die Adoption ist klassisch ποίησις, nachklassisch (und speziell im römischen Ägypten) θέσις.[1330] Die zweite Erwähnung der Adoption in § 48 υἱοποιηθῆναι folgt also dem klassischen Gebrauch (das Verb υἱοποιεῖσθαι findet sich erstmals bei Polyb. 36,16,5).

συγγενοῦς: vgl. Cass. Dio 69,1,1 γένους θ' οἱ [sc. Τραϊανῷ] ἐκοινώνει [sc. Ἀδριανός].

αὐτὸς περὶ τὸ μβ′ ἔτος ὁμοίως αὐτοκράτωρ ἐγένετο: Hadrian wurde am 11. August 117 in Antiochia zum Kaiser erhoben,[1331] d.h. im Alter von 41½ Jahren. Statt diesem aus **P** und Ep.[4] zu gewinnenden Text bietet Exc.[1] einen ganz anderen Sinn. Die divergierende Passage lautet in den einzelnen Überlieferungssträngen:

P: αὐτὸς περὶ μοίρας β′ ἔτος ὁμοίως
Ep.[4]:   αὐτὸς δ' ὁμοίως περὶ τὸ μβ′ ἔτος
Exc.[1]:   αὐτῷ παραμείνας ἔτη β̄

[1327] Vgl. Zahrnt 1997, 125f.: "doch wird wohl nie eindeutig geklärt werden können, ob diese Adoption tatsächlich erfolgt [...] war". Bollansée 1994, 291: "the full facts [...] will probably remain an *arcanum imperii* forever". – Literarisch gestaltet wurde der Tod Trajans durch François Fontaine, Mourir à Sélinonte, Paris 1984.

[1328] Antigonos fehlt auch im jüngsten Forschungsüberblick zur Adoption Hadrians bei Mortensen 2004, 27–55, speziell in der Quellenliste ebd. 30f.

[1329] Mehr zu dieser Vermutung oben S. 52–56, bes. S. 55f. (Punkt 3).

[1330] Vgl. Wenger 1950, 100, u. Taubenschlag 1955, 133f.

[1331] Vgl. Hist. Aug. Hadr. 4,6–7. Kienast 1996, 128. Birley 1997, 77.

Die Information über einen zweijährigen Aufenthalt Hadrians an der Seite Trajans (Exc.[1]) wurde von Stein akzeptiert[1332] (ähnlich Kroll und Cumont, die aber erwogen, den Zahlwert von 2 zu 20 zu korrigieren).[1333] Gegen die Echtheit spricht, dass **P** und Exc.[1], wie bereits anhand anderer Indizien gezeigt wurde, beide auf γ (oder φ?) zurückgehen.[1334] Da **P** hier im Wesentlichen mit Ep.[4] übereinstimmt, ist die gemeinsame, das Lebensalter betreffende Lesart wahrscheinlich die ursprüngliche und die Lesart von Exc.[1] eine Verderbnis. Ihre Entstehung lässt sich noch ungefähr nachvollziehen: Es fällt auf, dass **P** und Exc.[1] beide den Artikel τὸ nicht überliefern und anstelle des μ von μβ′ ein ganzes Wort bieten (μοίρας **P**, -μείνας Exc.[1]). Diese Wörter unterscheiden sich unter Berücksichtigung des Itazismus nur durch einen einzigen Konsonanten. Wahrscheinlich bot also γ (oder φ?) einen Text, in dem der Artikel fehlte und das μ zu einem ganzen Wort entstellt war. Alle übrigen Abweichungen in Exc.[1] lassen sich als Bagatellfehler oder missglückte Schreiberkonjekturen (von χ?) erklären: Änderung von περὶ zu παρα-,[1335] Kasusangleichung von αὐτὸς an παραμείνας, Inversion von β′ ἔτος (mit Änderung des Numerus zu ἔτη), Omission des ὁμοίως.

Vielleicht war der Artikel vor μβ′ in der gesamten Überlieferung ausgefallen (vgl. **F3** § 66c περὶ ⟨τὸ⟩ κε′ ἔτος) und wurde erst vom Redaktor der vierten Epitome wiederhergestellt.

Inhaltlich spricht für die aus **P** und Ep.[4] rekonstruierte Lesart, dass das 42. Lebensjahr mit den historischen Fakten im Einklang steht[1336] und ein klimakterisches, d.h. astrologisch relevantes Jahr ist. Auch das wenige Zeilen später erwähnte Todesjahr, das 63ste (§ 24), ist ein klimakterisches (das kritische Jahr *par excellence*!), und am Ende des Hadrianhoroskops erwähnt Antigonos die Stufenjahre explizit (§ 52 κλιμακτῆρας ποιεῖ).[1337]

Während also Zweifel an den Worten περὶ τὸ μβ′ ἔτος unberechtigt sind, bleibt zu erwägen, ob der Originaltext vielleicht einen komplexeren Ausdruck bot, der *beide* Informationen enthielt (z.B. καὶ αὐτῷ παραμεί-

---

[1332] Stein 1933 (PIR^2 A 184), 30: "adoptatus est duo annos apud Traianum versatus" (mit grammatischem Beziehungsfehler gegenüber dem griechischen Wortlaut im CCAG VI, 1903, p. 68,10–11).

[1333] Kroll und Cumont, CCAG VI (1903), p. 68,11 app. crit.: "numerus corruptus vid., fort. κ′ (98–117 p. C. n.)".

[1334] S.o. S. 107 bei Anm. 457 sowie das Stemma auf S. 120.

[1335] Zu vergleichbaren Fällen s. den Komm. zu § 34 παρέχοντα.

[1336] Das betonte schon F. Cumont, CCAG VIII 2 (1911), 83^1.

[1337] Mehr zu den Stufenjahren im dortigen Kommentar.

νας ἔτη β̄ αὐτὸς ὁμοίως περὶ τὸ μβ′ ἔτος αὐτοκράτωρ ἐγένετο) und in den verschiedenen Überlieferungssträngen jeweils verschiedene 'Haplographien' erlitt. Gegen diese komplizierte Hypothese spricht aber neben dem stemmatischen Argument (s.o.), dass die historische Interpretation schwierig ist. Man müsste an den Partherfeldzug denken, den Hadrian nach seinem Athener Archontat im Stabe Trajans bis zu dessen Tod mitmachte. Ein innerer Zusammenhang mit Hadrians Nachfolge in der Kaiserwürde wäre also gegeben,[1338] aber der Partherfeldzug dauerte nicht zwei, sondern dreieinhalb Jahre,[1339] und wir wissen nicht, ab wann Hadrian daran teilnahm.[1340] Hinzu kommt, dass die folgende astrologische Interpretation des Antigonos in keiner Weise auf αὐτῷ παραμείνας ἔτη β′ Bezug nimmt. Insgesamt ist also nur die **P** und Ep.[4] folgende Textkonstitution plausibel.

ἦν δὲ: so Ep.[4]; die übrigen Lesarten (καὶ **P**, καὶ αὐτὸς Exc.[1]) sind syntaktisch unmöglich.[1341] Falls hier ein Äquivalent zu § 29 εὐμεγέθης καὶ ἀνδρεῖος καὶ εὔχαρις ausgefallen sein sollte, könnte ἦν δὲ (Ep.[4]) das Ergebnis eines geschickteren Versuchs als in **P** und Exc.[1] sein, die *lacuna* zu füllen. Gegen die Annahme eines Textverlusts siehe jedoch oben S. 660.

φρόνιμος καὶ πεπαιδευμένος: Hadrians geistige Vielseitigkeit und Kultiviertheit, bes. sein Philhellenentum, sind wohlbekannt. Vgl. das umfangreiche antike Material bei von Rohden 1893, 519, sowie zur Intellektualität Syme 1965 (z.T. provokativ)[1342] und zum Philhellenentum Bardon 1968, 393–447. Syme 1985b. Stertz 1993. Fein 1994, 30–32. 48. 76f. 282. 289. 335f. Wichtige Ansätze zu einer differenzierten Deutung von

---

[1338] Vgl. Birley 1997, 75.

[1339] Ende 113 bis Juli 117; s. Birley 1997, 66–76.

[1340] So Zahrnt 1997, 125.

[1341] Da **P** vor καὶ φρόνιμος κτλ. nicht interpungiert (anders als etwa vor καὶ γυναικὶ wenige Zeilen später), ist außerdem zu betonen, dass φρόνιμος καὶ πεπαιδευμένος inhaltlich nicht mit ὁμοίως αὐτοκράτωρ ἐγένετο verknüpft werden darf, denn Trajan und Hadrian waren *in puncto* παιδεία sehr verschieden. Vgl. Bardon 1968, 393: "L'attitude d'Hadrien est en réaction brutale contre celle de Trajan. L'acquisition d'une culture a été une des formes essentielles de son activité. Tandis que son prédécesseur n'était qu'un soldat et un homme politique, Hadrien fait figure d'homme de Lettres."

[1342] Vgl. Syme 1965, 253 (= RP VI 114): "pour provoquer une discussion".

Hadrians Philhellenentum bietet Fehr 2004.[1343]

Möglicherweise schwingt in πεπαιδευμένος ein Hinweis auf ideales Königtum mit.[1344] Nach Cass. Dio 69,20,4 zählte Hadrian zu den Qualitäten, die Antoninus Pius als Nachfolger geeignet erschienen ließen, dass er φρόνιμος sei. Die Begriffe φρόνιμος und πεπαιδευμένος finden sich erstmals bei Aristoteles in einem losen Zusammenhang;[1345] danach begegnet die Kombination erst wieder in der Kaiserzeit bei Chariton,[1346] Celsus (zit. von Origenes)[1347] und schließlich Athanasios,[1348] bleibt jedoch eine Seltenheit.

Zur astrologischen Deutung s.u. zu § 30 φρόνιμος δὲ καὶ πεπαιδευμένος καὶ βαθὺς ὑπῆρχε κτλ. Jene Stelle erlaubt die Frage, ob hier (§ 23) vielleicht καὶ βαθύς ausgefallen ist. Man beachte, dass auch in dem bei Pingree 1973–1974, Bd. 1, nur wenige Druckseiten vorausgehenden Exzerpt von Ptol. apotel. 4,3,1–4 bei Heph. 2,18,2–7 ein Element einer mehrgliedrigen Aufzählung fehlt, nämlich ἢ ἱερατικοῖς (Ptol. apotel. 4,3,3, ~ Heph. 2,18,5). Insgesamt fehlen aber ausreichende Indizien, um eine Ergänzung hier in § 23 zu rechtfertigen.

καὶ ὡς θεὸς ἐτιμήθη ναοῖς καὶ τεμένεσιν: in Exc.[1] verschrieben zu ὥστε καὶ ἐτιμήθη ναοῖς καὶ τεμένεσι, in Ep.[4] ganz ausgefallen. Das Verhältnis von Kaiser und Gott hat Price 1984 in seiner knappen, aber vortrefflichen Studie *Gods and Emperors* untersucht, worauf die erheblich mehr Material einbeziehende Monographie von Clauss 1999 (*Kaiser und Gott*) aufbaut. Price hat gezeigt, dass im Kontext des Kaiserkultes

---

[1343] Viele scheinbar rein griechische Elemente der hadrianischen Bildsymbolik – z.B. der sogenannte Philosophenbart – seien absichtlich so gestaltet, dass sie zugleich eine Interpretation im Sinne traditioneller altrömischer Werte erlaubten.

[1344] Vgl. Whitmarsh 2001, 213 (über Dio Chrysostomos): "Indeed, there is an extent to which the *Kingships* seem to suggest that the best ruler *is*, precisely, the ideal Greek *pepaideumenos*. This has been argued most forcibly by Höistad, who claims that Dio reflects accurately earlier Cynic views concerning the nature of power: in Dio, just as in Antisthenes (as reported in Xenophon's *Symposium*, at least), 'the terminology applied to ὁ πεπαιδευμένος is the same as that applied to the basileus [= Höistad 1948, 194]'."

[1345] Arist. rhet. 2,6 p. 1384a,31–33 φροντίζουσι δ' ὡς ἀληθευόντων τῶν φρονίμων, τοιοῦτοι δ' οἵ τε πρεσβύτεροι καὶ οἱ πεπαιδευμένοι.

[1346] Char. 5,5,1 φρόνιμος ἀνὴρ καὶ πεπαιδευμένος.

[1347] Cels. Ἀληθὴς λόγος 3,44 p. 94 Bader μηδεὶς προσίτω πεπαιδευμένος, μηδεὶς σοφός, μηδεὶς φρόνιμος = Orig. c. Cels. 3,44 p. 104 Borret (SC 136) = Orig. philoc. 18,15.

[1348] Athan. synops. script. sacr. MPG 28, 348B: Ποικίλως δ' ἂν ἐκλήθη ὁ Σολομών· σοφὸς μὲν, ὅτι σοφίας μετέσχε· φρόνιμος δὲ, ὅτι φρόνησις ἀληθείας ἦν ἐν αὐτῷ· πεπαιδευμένος δὲ, ὅτι τὴν ἀληθινὴν παιδείαν παρὰ Κυρίου εἶχεν.

griech. θεός von lat. *divus* grundverschieden ist (und erst recht vom christlichen Gottesverständnis). Während der Princeps in Rom zu Lebzeiten nicht als *deus* galt und erst nach seinem Tod auf dem Wege einer standardisierten Prozedur mit klaren Kriterien zum *divus* erhoben werden konnte, gab es in der griechischsprachigen Welt weder eindeutige Kriterien noch eine institutionelle Kontrolle für die Bezeichnung θεός.[1349] Seit Alexander d.Gr. war hier die Bezeichnung hellenistischer Könige und römischer Kaiser als θεός keine Seltenheit. Bereits im ersten Jahrhundert des Prinzipats sind für fast alle Herrscher zu ihren Lebzeiten griechische Kulte (Priester oder Tempel) belegt, die den Tod des jeweiligen Kaisers oft nicht überdauerten, ungeachtet seiner Erhebung zum *divus* in Rom.[1350] Dass der sterbliche, aber noch lebende Kaiser nicht einfach identisch mit einem der unsterblichen Götter ist, zeigt der im Kaiserkult wichtige Begriff der ἰσόθεοι τιμαί, der zum Verständnis der von Antigonos gewählten Formulierung ὡς θεὸς ἐτιμήθη wichtig ist.[1351] Sowohl Price als auch Clauss zitieren die durch einen Papyrus des 2. Jh. n.Chr. überlieferte, für den griechischen Kaiserkult zentrale Maxime: [τ]ί θεός; τ[ὸ] κρατοῦν. τί βασιλεύ[ς; ἰσ]όθεος ('Was ist ein Gott? Das Herrschen. Was ist ein König? Gottgleich.').[1352]

Die geläufigste Verbindung eines römischen Kaisers mit einer speziellen Gottheit betraf Zeus.[1353] Dass unter den Belegen für diese Assoziation des irdischen Herrschers mit dem olympischen Herrscher Hadrian den ersten Platz einnimmt, hängt mit seiner Rolle als Vollender des Zeustempels in Athen zusammen.[1354] Vgl. Hist. Aug. Hadr. 13,6 *ad orientem profectus per Athenas iter fecit atque opera, quae apud Athenienses coeperat, dedicavit, ut Iovis Olympii aedem et aram sibi, eodemque modo per Asiam iter faciens templa sui nominis consecravit.*[1355] Siehe auch Cass. Dio 69,16,1–2 über die Statuen Hadrians im Athener Olympieion und die Genehmigung an die Griechen, ihm zu Ehren das Panhellenion zu erbauen: Ἁδριανὸς δὲ τό τε Ὀλύμπιον τὸ ἐν ταῖς Ἀθήναις, ἐν ᾧ καὶ

[1349] Price 1984, 80–83.

[1350] Price 1984, 85.

[1351] Vgl. Price 1984, 88f. Price spricht ebd. 94 von der Ambivalenz des Kaiserkults, die darin liege, dass der Kaiser über den gewöhnlichen Sterblichen stehe, aber den echten Göttern nicht völlig gleich sei.

[1352] Publiziert von Bilabel 1925, 339; zitiert von Price 1984, 95, u. Clauss 1999, 5f.

[1353] Auch in der Dichtung; so nennt z.B. bereits Apollonidas den noch auf Rhodos weilenden Tiberius Ζῆνα τὸν ἐσσόμενον (AP 9,287,6).

[1354] Vgl. Price 1984, 86, u. Clauss 1999, 142.

[1355] Vgl. dazu Callu 1992, 110[128]. Zahrnt 1997, 130. Fündling 2006, 648–653.

αὐτὸς ἵδρυται, ἐξεποίησε [...]. τόν τε σηκὸν τὸν ἑαυτοῦ, τὸ Παν-
ελλήνιον ὠνομασμένον, οἰκοδομήσασθαι τοῖς Ἕλλησιν ἐπέτρεψε
κτλ.[1356] Weitere Belege für den Kaiserkult zu Lebzeiten Hadrians bieten
Pekáry 1985, 63f., und Clauss 1999, 139–143 u. 513f.; sie stammen nicht
nur aus den östlichen Provinzen des Imperiums, sondern auch aus Nord-
afrika und Britannien. Clauss weist auch darauf hin, dass unter Hadrian
die Sitte des Heers, "in den Lagern Statuen oder Altäre für den Herrscher
zu errichten, zwar nicht ihren Anfang nahm, aber zur Gepflogenheit wurde."[1357] Insgesamt zählt Kuhlmann in seiner Untersuchung der Religions-
politik Hadrians, speziell des Kaiserkultes, die "Identifikation Zeus-Herr-
scher" zu den "von Hadrian initiierten neuen Entwicklungen".[1358]

Die Gottähnlichkeit des Königs beziehungsweise Kaisers ist der griechischen Astrologie von Anfang an vertraut. Wesentlichen Anteil daran
hat die Entstehung der griechischen Astrologie im Ägypten der Ptolemäer, die als Nachfolger der Pharaonen deren göttlichen Charakter geerbt
hatten. Ebenso wie viele andere astrologische Elemente, die durch die
Gegebenheiten des hellenistischen Ägyptens geprägt sind, überdauerte
auch dieses das Ende der ptolemäischen Herrschaft um Jahrhunderte und
lebte in den Regelwerken und Prognosen der Astrologen fort. Dabei
entkleiden die göttlichen Züge den Nativen in der Regel nicht seiner
menschlichen Natur. In sehr günstigen Prognosen stehen Könige und
Kaiser meist an der Schwelle zwischen Menschen- und Götterwelt.[1359]
Zuweilen ist aber auch uneingeschränkt von Göttern die Rede: So definiert z.B. Antiochos von Athen mit Rekurs auf die 'Alten' Bedingungen,
unter denen ein Gott geboren wird.[1360]

Im Falle Hadrians wird Antigonos die gottgleichen Ehrungen mit Rekurs auf die kardinale Position des Zeus/Jupiter erklären (§ 36), was sehr
gut zur historischen Assoziation Hadrians mit Zeus passt (s.o.). Es ist allerdings an die anonyme Form der Besprechung zu erinnern (die meisten

---

[1356] Details zu den Statuen Hadrians im Olympieion bei Paus. 1,18,6; siehe ferner Paus.
1,3,2 sowie auch Benjamin 1963.

[1357] Clauss 1999, 143.

[1358] Kuhlmann 2002, 95.

[1359] Vgl. z.B. Ps.-Maneth. 1[5],280 γεννῶσιν [sc. ☉ et ☽] βασιλῆα θεὸν βρότον ἀν-
θρώποισι. Firm. math. 3,3,8 *is qui sic eum* [sc. *Iovem*] *habuerit, regali erit semper po-*
testate perspicuus et sententiae eius sic erunt, tamquam ab eo cunctis hominibus divina
documenta proferantur. Lib. Herm. 26,34 *Sol in ascendente in signo masculino et Luna*
in medio caeli gradatim in nocturna natiuitate locis in quibus gaudent, sine aspectu Sa-
turni uel Martis, ex claris parentibus natum ostendunt et ipsum regem, deum existentem
hominem humanitatis participem. Weiteres Material bei Cumont 1937, 26[2].

[1360] Zu dieser θεοῦ γένεσις s.o. Anm. 1219.

spätantiken Leser dürften die historischen Bezüge nicht mehr verstanden haben) und ebenso an die Stilisierung, die in der Festlegung des Aszendenten auf 1° ♒ (und damit auf die Position Jupiters) liegt.[1361]

Bemerkenswert ist das Fehlen jeglicher Hinweise auf die Verhasstheit, die Hadrian sich am Lebensende allgemein zugezogen haben soll.[1362] Zu Hadrians Widersachern in früheren Jahren siehe §§ 34–35 und den Kommentar zur Stelle.

γυναιχὶ μιᾷ συζευχθεὶς ἀπὸ παρθενίας: Gemeint ist Vibia Sabina (PIR[1] V 414),[1363] eine Großnichte Trajans. Nach Hahn wurde Sabina spätestens um 85 n.Chr. geboren und starb ca. Ende 137 / Anfang 138 n.Chr.,[1364] jedenfalls vor Hadrians eigenem Tod (10. Juli 138 n.Chr.).[1365] Zur Zeit der Eheschließung (100 n.Chr.)[1366] war Sabina ca. 15 Jahre alt (daher ἀπὸ παρθενίας), Hadrian 24 Jahre. Zu Sabinas Ehrungen im griechischen Osten s. Hahn 1994, 274–301. Die Ehe war nicht glücklich.

Es fällt auf, dass im Horoskop Hadrians jeder Hinweis auf die homoerotischen Neigungen des Kaisers, speziell auf sein Verhältnis zu dem bithynischen Jüngling Antinoos,[1367] fehlt. Dieser Verzicht ist beachtenswert, da (1) in der antiken Astrologie sexuelle Neigungen in den verschiedensten Ausprägungen breiten Raum einnehmen,[1368] da (2) auch Antigonos in den beiden anderen erhaltenen Horoskopen, die in seinem Handbuch unmittelbar auf **F1** folgten, auf die erotischen Neigungen der Nativen eingeht (**F2** § 57 u. **F3** § 66b), und da (3) im Falle Hadrians die Position Jupiters im Wassermann astrologische Erklärungsmöglichkeiten für das Verhältnis zu Antinoos geboten hätte.[1369] Zur mythischen Assoziation des Wassermanns mit Ganymed, dem Geliebten des himmlischen Herrschers, vgl. Hyg. astr. 2,29 *Aquarius. Hunc complures Ganymedem*

[1361] Dazu s.o. S. 609 (Punkt γ).

[1362] Vgl. Hist. Aug. Hadr. 25,7. 27,1–2 (u. Fündling 2006 ad loc.). Cass. Dio 69,23,2. Baldwin 1983, 546. Birley 1997, 300. Clauss 1999, 143f.

[1363] Vgl. Raepsaet-Charlier 1987, 624f. (FOS 802) u. Kienast 1996, 132f.

[1364] Hahn 1994, 273f.

[1365] Birley 1997, 294.

[1366] Birley 1997, 42.

[1367] Siehe Cass. Dio 69,11,2–4 u. Hist. Aug. Hadr. 14,5–6 (mit Fündling 2006 ad loc.), ferner Birley 2 u. 42.

[1368] Siehe Cumont 1937, 177–184.

[1369] Le Bœuffle 1999, 281, schreibt zu Unrecht, Antigonos habe diese Erklärung wirklich genutzt: "L'astrologue en déduisait qu'Hadrien avait vocation de bâtisseur (notamment du Panthéon rénové), de voyageur et d'amant d'Antinoüs, nouveau Ganymède." Von allen drei Punkten, die Le Bœuffle hier anführt, sagt der Text kein Wort.

esse dixerunt, quem Iuppiter propter pulchritudinem corporis ereptum parentibus deorum ministrum fecisse existimatur und weitere Belege.[1370] P. Lond. I 130 (Hor. gr. 81.III.31) erwähnt einen speziellen Einzelstern 'Ganymedes' am Gewand des Wassermanns (Z. 132–137): ἀστέρα τὸν ἐν τῇ χλαμύδι [sc. Ὑδροχόου] καλούμενον Γανυμήδην ὁμωνύμως τῷ ὅλῳ εἰδώλῳ.[1371] Zur astrologischen Wirkung Jupiters im Kontext homoerotischer Neigung vgl. P. Mich. III 149, col. VI,22–26 mit Hinweis auf den Ganymedmythos: οἱ οὖν ἐπέραστοι καὶ εἰς χρῆσιν εὔθετοι διὰ τοῦ Διὸς εἰς τοῦτο ἄγονται· δύναται τοῦτο Γανυμήδης μυθικῶς προσπαίζειν τῇ φύσει ὁμοδρομοῦσιν.[1372] Ob der Verzicht des Antigonos durch Unkenntnis, didaktische Erwägungen oder Inhalt und Tendenz seiner Quelle (Hadrians Autobiographie?) zu erklären ist, bleibt unklar.

Für die von **P** überlieferte Wortfolge γυναικὶ μιᾷ (Ep.[4]: μιᾷ γυναικί) spricht die Parallele in Exc.[1] (sofern nicht bereits die gemeinsame Vorlage **γ** fehlerhaft war) sowie das unmittelbar folgende, einhellig überlieferte ἀδελφὴν μίαν.

ἐγένετο ἄτεκνος: vgl. das Wort Hadrians bei Cass. Dio 69,20,2: ἐμοί, ὦ ἄνδρες φίλοι, γόνον μὲν οὐκ ἔδωκεν ἡ φύσις ποιήσασθαι.

ἀδελφὴν μίαν ἔσχεν: Gemeint ist (Aelia) Domitia Paulina (PIR² D 186).[1373] Sie starb 130 n.Chr.[1374] Nach den *Hermeneumata* des Ps.-Dosi-

---

[1370] Auf einer unter Antoninus Pius geprägten Münze ist der Wassermann als Ganymed dargestellt (Gagé 1968, 50). Aus der Zeit nach Antigonos vgl. Ampel. 2,11 *Aquarius, qui putatur esse Ganymedes* und Serv. auct. Verg. georg. 3,304 *aquarium autem multi Ganymedem volunt*. Siehe ferner Bouché-Leclercq 1899, 146 mit Anm. 3, u. Le Bœuffle 1977, 218.

[1371] Dazu Boll 1903a, 389, u. Hübner 2001h, 969.

[1372] Robbins 1936, 110, übersetzt: "hence beloved boys and those who are well adapted for the practice are led to these courses through the influence of Jupiter; Ganymede serves to express this in mythology for those whose courses are natural". Siehe auch Cumont 1937, 181³ a.E. – In panegyrischer Absicht erfand man außerdem, vergleichbar der *Locke der Berenike* (Konon), dem *Caesaris thronos* unter Augustus (Plin. nat. 2,178) und dem *Ptolemaios* (= Canopus [α Car], Mart. Cap. 8,838), nahe dem Adler ein kleines Sternbild *Antinoos* für den im Nil ertrunkenen 'Liebling' Hadrians, das Ptol. synt. 7,5 p. II 74,9 H. bezeugt. Daher steckt wohl ein wahrer Kern in der Hadrian betreffenden Anekdote bei Cass. Dio 69,11,4: καὶ τέλος ἀστέρα τινὰ αὐτός τε ὁρᾶν ὡς καὶ τοῦ Ἀντινόου ὄντα ἔλεγε, καὶ τῶν συνόντων οἱ μυθολογούντων ἡδέως ἤκουεν ἔκ τε τῆς ψυχῆς τοῦ Ἀντινόου ὄντως τὸν ἀστέρα γεγενῆσθαι καὶ τότε πρῶτον ἀναπεφηνέναι (cf. Toomer 1998, 357¹⁶⁰).

[1373] Vgl. Raepsaet-Charlier 1987, 35–37 (FOS 12).

theus hatte Hadrian mindestens zwei Schwestern (μετὰ τῶν ἀδελφῶν μου – *cum sororibus meis*),[1375] und Syme hält die Existenz einer zweiten Schwester zumindest für möglich.[1376] Gegen diese von der übrigen historischen Forschung überwiegend verworfene Angabe spricht Hist. Aug. Hadr. 1,2. 2,6. 15,8. Das früheste Zeugnis gegen die Existenz einer zweiten Schwester bietet jedoch die hiesige Stelle des Antigonos.[1377] Michelotto urteilt, pseudo-hadrianische Schriften wie der von Ps.-Dositheus zitierte Brief müssten zumindest einen Kern historisch wahrer Angaben enthalten,[1378] und sieht deshalb mit Bezug auf die Aussage des Antigonos (ἀδελφὴν μίαν ἔσχεν) eine "aporia per il momento non risolvibile".[1379] Da aber Antigonos Hadrian zeitlich näher steht, keine Fehler in seinen übrigen historischen Angaben aufweist, die korrekte Geschwisterzahl durch eine ausführliche Begründung (§§ 41–42) untermauert (während Ps.-Dositheus nur *en passant*, ohne Zahlenangabe und ohne weitere Erklärungen, von 'Schwestern' spricht) und die übrigen Quellen seine Angabe *ex silentio* bestätigen, indem sie ausschließlich von Domitia Paulina sprechen, darf die Frage wohl zugunsten der Einzahl als erledigt gelten. Das gilt umso mehr, falls die hiesige Vermutung, Antigonos stütze sich auf die Autobiographie Hadrians, zutrifft[1380] (es sei denn, man unterstellte, dass darin Hadrian selbst eine zweite Schwester aus irgendwelchen Gründen verschwieg).

Hadrian handelte sich vielfältigen Tadel ein, indem er seine Schwester nach ihrem Tod nicht ehren ließ.[1381] Dabei verdient hier mit Blick auf **F3**, das Horoskop des Pedanius Fuscus, die Vermutung Beachtung, dass das 'Versäumnis' Hadrians vielleicht pragmatisch motiviert war und dem Zweck diente, Pedanius nicht zum Enkel einer *diva* zu machen.[1382]

[1374] PIR² D 186: "anno fere 130". Grimm 1990: "130 n.Chr.". Birley 1997, 280: "in 130".

[1375] Ps.-Dosith. herm. Leid. 3,1,14 p. 76 ll. 1933.1942–43 Flammini = p. III 37,44–45 Goetz (CGL).

[1376] Syme 1985a, 49: "there might be another sister" (= RP V 529). Auf den ps.-dositheanischen Passus verweist auch Eck 1978, 284[16].

[1377] Übersehen von Birley 1997, 309.

[1378] Michelotto 1987, 159[73]; vgl. ebd. 175f.

[1379] Michelotto 1987, 160[75].

[1380] S.o. S. 52–56, bes. S. 55f. (Punkt 3).

[1381] Vgl. Cass. Dio 69,11,4 διὰ ταῦτά τε οὖν ἐσκώπτετο, καὶ ὅτι Παυλίνῃ τῇ ἀδελφῇ ἀποθανούσῃ παραχρῆμα μὲν οὐδεμίαν τιμὴν ἔνειμεν.

[1382] Vgl. Temporini 1978, 4f., zur bedeutenden Rolle der Frauen des Kaiserhauses in der dynastischen Politik: "denn die Ehe mit einer Angehörigen der *domus Augusta*, vor allem einer Kaisertochter, konnte einen Mann dem Throne erheblich näher bringen. [...]

Hadrians Verzicht auf Ehrungen seiner Schwester zeigt nach Michelotto, dass der Kaiser nie wirklich daran gedacht hat, Servianus oder einen von dessen Nachkommen zu seinem Nachfolger zu machen.[1383]

ὑπονοίᾳ: so Ep.[4], dagegen **P** und Exc.[1] ἀπονοίᾳ. **P** bietet mehrmals Verschreibungen von ἀπὸ zu ὑπὸ und umgekehrt. Der erste Fall ist seltener,[1384] der zweite (von ὑπὸ zu ἀπὸ) häufiger.[1385] Falls ἀπονοίᾳ hier die *falsa lectio* ist, muss sie – sofern man nicht eine zufällige Parallelverderbnis in **P** und Exc.[1] annehmen will – bereits in γ, deren Vorlage, gestanden haben.[1386]

Entscheidend für die Wahl zwischen ὑπονοίᾳ und ἀπονοίᾳ sind sprachliche und interpretatorische Argumente. Gegen die Lesart ἀπονοίᾳ, die Martin zu Unrecht für 'perfekt passend' hält,[1387] spricht, dass die übliche Wortbedeutung (vgl. LSJ s.v. ἀπόνοια: "loss of all sense, desperation, madness") hier nicht mit dem Kontext harmoniert, der Hadrian fast ausnahmslos positiv charakterisiert,[1388] und dass die Hinrichtung des Pedanius Fuscus, auf die hier primär angespielt wird (s.u. zu πρὸς τοὺς ἰδίους), in **F3** nicht als Akt von Verrücktheit, sondern als Konsequenz der Tatsache gedeutet wird, dass Pedanius κακόβουλος wurde (so gleich zweimal in **F3** §§ 65 u. 66a; s. ferner **F3** § 62, wo es heißt, Pedanius habe

---

Hier liegt auch der Grund dafür, daß Hadrian – was die antiken und die modernen Historiker nicht zu erklären wussten, – seiner Schwester Domitia Paulina [...] keine Auszeichnung hat zuteil werden lassen [...]"; ähnlich (ohne Bezug auf Domitia Paulina) Temporini 1997, 139: "Frauen des Kaiserhauses waren zu Lebzeiten wie nach ihrem Tode Instrumente dynastischer Politik. Sie wurden ihrer Rolle entsprechend geehrt." Nach Grimm 1990, 39–44, wurde Domitia Paulina in Ägypten als Isis göttlich geehrt (aber eben nicht in Rom!).

[1383] Michelotto 1987, 161[75] a.E. u. 177–179 mit Verweis auf Cass. Dio 69,11,4 (s.o. Anm. 1381) sowie darauf, dass epigraphische Zeugnisse für die Schwester fast völlig fehlen und sie überhaupt keine Spuren in der Münzprägung hinterlassen hat (ebd. 177).

[1384] Vgl. den textkritischen Apparat bei Pingree 1973–1974, p. I 155,19; ἀπὸ ist dort gesichert durch Ptol. apotel. 4,3,3.

[1385] Vgl. ebd. pp. I 177,23. 188,20. 326,22. Ferner ist mindestens ein weiterer Fall zu nennen, wie die hiesige Neukollation ergab (s.o. S. 166, App. zu **F2** § 57 ὑπὸ Κρόνου).

[1386] Zu Fehlern in γ s.o. S. 107 bei Anm. 457. Die Verschreibung könnte durch die vorausgehenden Worte ἀπὸ παρθενίας ἐγένετο begünstigt worden sein.

[1387] Martin 1982, 297: "cette notation correspond parfaitement à l'état d'esprit d'Hadrien dans les tout derniers temps de sa vie [...]" (mit Verweis auf Hist. Aug. Hadr. 24,8 *Hadrianus autem ultimo vitae taedio iam adfectus*). Martin ignoriert, dass die *Historia Augusta* den Gemütszustand Hadrians explizit auf seine schwere Krankheit bezieht (vgl. ebd. 24,9), nicht auf die Angehörigen (vgl. hier πρὸς τοὺς ἰδίους).

[1388] Ausnahme: § 38 a.E.

sein Ende selbst verschuldet). Die Sonderbedeutung *rebellion*, die LSJ und DGE der hiesigen Stelle zuschreiben,[1389] ist zu streichen. Sie wäre nicht nur singulär, sondern überzeugt auch deshalb nicht, weil ein Kaiser, als welcher der Native soeben (§ 23) bezeichnet worden war, schwerlich Täter, sondern eigentlich nur Opfer einer Rebellion sein kann.[1390]

Für ὑπονοίᾳ spricht hingegen, dass Argwohn eine natürliche Reaktion des Kaisers auf die in **F3** § 65 berichtete Denunziation des Pedanius ist. Zu ὑπονοίᾳ passt auch die folgende Präposition πρός sprachlich besser als zu ἀπονοίᾳ. In § 47 wird die hiesige Stelle wieder aufgegriffen; der dortige Begriff πρόσκρουσις (wörtl. 'Anstoß', dann auch 'Misshelligkeit', 'Zwist') steht semantisch ὑπόνοια näher als dem sehr starken Begriff ἀπόνοια. Außerdem ergeben sich aus der dortigen astrologischen Begründung keine Indizien dafür, dass hier (§ 23) eine Raserei oder ein sinnloses Wüten des Kaisers gegen seine Angehörigen gemeint wäre.

Hinzu kommt, dass es m.W. (TLG) keinerlei griechische Belege für ἐν ἀπονοίᾳ γίγνομαι gibt. Anders steht es mit ἐν ὑπονοίᾳ γίγνομαι. Dabei ist ein aktiver Sinn ('ich schöpfe Verdacht') von einem passiven ('ich gerate in Verdacht') zu unterscheiden. Für den hier erforderlichen aktiven Sinn[1391] bietet Plutarch die früheste und inhaltlich beste Parallele (Plut. de frat. am. 490D): ἐν δὲ μέμψεσι καὶ ὀργαῖς καὶ ὑπονοίαις πρὸς ἀδελφοὺς γενόμενοι χαίρομεν κτλ.[1392] Zahlreicher – aber durchweg spätantik – sind die Belege für den passiven Sinn: z.B. Epiph. haer. 69,69,7 p. III 217,26–27 Holl (GCS 37): ⟨ὅπως⟩ μὴ ἐν ὑπονοίᾳ τινὶ γένηταί ⟨τις⟩ τῶν αὐτοῦ δούλων καὶ τῆς ἐλπίδος ἐκπέσοι ὁ τοιοῦτος.[1393] Sozom. hist. eccl. 6,26,6 τὸν δὲ φῆσαι μὴ αἱρεῖσθαι λοιπὸν

[1389] LSJ s.v. ἀπόνοια 3, gefolgt von DGE s.v. ἀπόνοια 4.

[1390] Unzulässig ist die Übersetzung, die Caballos Rufino 1990, 42, für den von Pingree konstituierten Text (ἐν ἀπονοίᾳ δὲ κτλ.) bietet: "y estuvo en disparidad de criterios y discordias con los suyos".

[1391] Einen vergleichbaren Ausdruck passiven Sinns bietet Antigonos in **F3** § 65 ἐν κατηγορίᾳ πρὸς τὸν βασιλέα γενόμενος.

[1392] Vgl. Postiglione 1991, 99: "quando abbiamo motivi di biasimo, di ira o di sospetto contro i nostri fratelli, godiamo" etc. – Siehe ferner Epiph. haer. 78,11,5 p. III 462,22 Holl (GCS 37): ἵνα μή τις ἐν ὑπονοίᾳ γένηται περὶ αὐτῆς σαρκικῶν πραγμάτων (vgl. Williams 1987–1994, II 609: "so that no one would suspect carnal behavior of her"). – Vgl. weiter den aktiven Sinn in ähnlichen Verbindungen wie z.B. Dor. p. 416,34–35 (= Heph. 3,47,29) ὁ φυγὼν ἐν μετανοίᾳ γενόμενος ἑκουσίως πρὸς τὸν δεσπότην ὑποστρέψει. Außerdem gibt es seit dem 1. Jh. v.Chr. Belege für ἐν ἀγνοίᾳ γενόμενος, später auch für ἐν περινοίᾳ γενόμενος, etc.

[1393] Vgl. Williams 1987–1994, II 387: "that ⟨no one⟩ suspects his servants and is deprived of his hope".

τοῖς ἐν ὑπονοίᾳ αὐτῷ γενομένοις συνεῖναι.[1394] ibid. 6,39,2 ἐν ὑπονοίᾳ πολλῇ καὶ μίσει παρὰ τῷ δήμῳ ἐγένετο.[1395] Die zuletzt angeführte Stelle verdient auch wegen der Junktur ἐν ὑπονοίᾳ ... καὶ μίσει Beachtung: Anscheinend intendieren sowohl Sozomenos als auch Antigonos
eine Steigerung; ἐν ὑπονοίᾳ δὲ καὶ στάσει also etwa: 'zuerst Argwohn
und dann offener Streit'. Vgl. auch Lyd. ost. 13 p. 40,17–18 W.: ὡς ἐξ
ὑπονοίας κατ' ἀλλήλων ἐξενεχθῆναι εἰς φανερὸν πόλεμον (= Nech.
et Pet. frg. 9,84–85).[1396]

στάσει: familiäre Zwietracht, Streit. Vgl. exemplarisch die Definition
bei Plat. resp. 470B und konkrete Beispiele wie Herod. 4,160,1 Ἀρκε-
σίλεως [...] βασιλεύσας πρῶτα τοῖσι ἑωυτοῦ ἀδελφεοῖσι ἐστασίασε.

πρὸς τοὺς ἰδίους: Hadrian hatte gegen Ende seines Lebens nur noch
wenige lebende Angehörige, die für eine Identifizierung in Frage kommen. Seine Frau Vibia Sabina war kurz zuvor gestorben,[1397] eigene Kinder hatte er nicht, sein Vater war schon 85 n.Chr. (oder Januar 86 n.Chr.)
gestorben,[1398] seine Schwester Domitia Paulina ca. 130 n.Chr., deren
Tochter und Schwiegersohn, soweit erkennbar, ebenfalls. Gemeint sind
daher Cn. (oder L.) Pedanius Fuscus Salinator (PIR² P 198), der Großneffe Hadrians, den der Kaiser 138 n.Chr. kurz vor seinem eigenen Tode
hinrichten ließ, sowie L. Iulius Ursus Servianus (PIR² I 631), Hadrians
Schwager, der bereits hochbetagt war, als Hadrian ihn als angeblichen
Mitverschwörer des Pedanius zum Selbstmord zwang.[1399] Das Horoskop
des Pedanius untersucht Antigonos in **F3** (alles weitere zu seiner Person
und den gegen ihn erhobenen Vorwürfen im dortigen Kommentar, s.u. ab
S. 1134); ob Servianus der Native von **F2** ist, wird in der ausführlichen
Gesamtbesprechung jenes Fragments diskutiert. Dafür, dass mit πρὸς

[1394] Hansen 2004, 763: "Eunomios jedoch habe eingewendet, er wolle nicht länger mit
Leuten zusammensein, die ihm verdächtig geworden seien".
[1395] Hansen 2004, 831: "geriet er bei der Bevölkerung in starken Argwohn und Miß-
gunst". Siehe ferner Olympiod. in Arist. cat. 2 p. 1a,16 (CAG XII 1, p. 41,13–14 Busse):
ἀλλ' αὐτὸς [sc. ὁ Ἀριστοτέλης] τοῦτο εὐλαβήθη, ὡς εἴρηται, ἵνα μὴ ἐν ὑπονοίᾳ
γένηται ὅτι κτλ.
[1396] Die Authentizität dieses Fragments ist unsicher, s. Pingree 1974b, 548.
[1397] S.o. S. 668.
[1398] Vgl. Hist. Aug. Hadr. 1,4 u. Caballos Rufino 1990, 44.
[1399] Caballos Rufino 1990, 42, nennt als mögliche Identifikationen für πρὸς τοὺς ἰδίους
neben Pedanius und Servianus auch Iulia, die Tochter des Servianus (Mutter des Pedanius), und ihren Ehemann, die aber beide wohl längst tot waren (s.u. Komm. zu **F3** § 65
ἐνδοξότατος μέν, βιαιοθανατήσας δέ).

τοὺς ἰδίους vor allem Pedanius und nur sekundär Servianus gemeint ist, spricht das zur astrologischen Deutung herangezogene genealogische Verhältnis von Hermes/Merkur und Kronos/Saturn (s.u. zu § 47 διὰ τὴν τοῦ Ἑρμοῦ μετὰ Κρόνου στάσιν). Das Thema 'Familienkonflikte' schließt sich nahtlos an die unmittelbar vorausgehende Erwähnung von Hadrians Schwester Domitia Paulina an, da sie die Gattin des Servianus und die Großmutter des Pedanius Fuscus war.

Sprachlich ist anzumerken, dass der TLG keine Parallelen für στά-σις/στάσεις/στασιάζω πρὸς τοὺς ἰδίους kennt, bei Substitution von οἰκείους für ἰδίους jedoch die folgenden: Artem. onir. 1,27 p. 36,2–3 Pack στάσεις πρὸς τοὺς οἰκείους. ibid. 1,33 p. 42,18–19 P. πρὸς τοὺς οἰκείους ... στάσιν. ibid. 1,66 p. 72,6–7 P. στασιάσαι σημαίνει πρὸς τοὺς οἰκείους. Vgl. noch Ps.-Herm. iatr. 2,15 p. 389,20 Ideler πρὸς τοὺς ἰδίους ὀργιζόμενοι[1400] sowie das z.T. auch sprachlich vergleichbare astrologische Material zum Thema 'Familienkonflikte' unten S. 869 (zu § 47).

§ 24

περὶ δὲ ξ̅γ̅ ἔτη γενόμενος ἐτελεύτησεν ὑδρωπικῇ δυσπνοίᾳ πε-ριπεσών: Hadrian starb am 10. Juli 138 n.Chr. in der Nähe von Baiae; vgl. Hist. Aug. Hadr. 25,6. Hist. Aug. Pius 5,1. Aur. Vict. Caes. 14,12. Stein 1933 (PIR² A 184), 30. Kienast 1996, 129. Birley 1997, 300. Sein Tod erfolgte somit im Alter von 62½ Jahren. Vgl. Cass. Dio 69,23,1 ἔζη-σε δὲ ἔτη μὲν δύο καὶ ἑξήκοντα μῆνας δὲ πέντε καὶ ἡμέρας ἐν-νεακαίδεκα (Tageszahl unpräzise). Hist. Aug. Hadr. 25,11 *vixit annis LX[X]II, mensibus V, diebus XVII*. Weniger genau sind die Angaben bei Ps.-Aur. Vict. epit. 14,12 *vixit annos sexaginta duos*. Eutr. 8,7,3 *obiit ... maior sexagenario*. Aur. Vict. Caes. 14,12 *interiit ... senecta uiridiore*.

Die Todesursache dürfte Antigonos besonders interessiert haben, falls er, wie hier angenommen, identisch mit dem Arzt Antigonos von Nikaia war (dazu s.o. S. 27–31). Den modernen Versuchen, im Falle Hadrians eine retrospektive Diagnose zu stellen, war wenig Erfolg beschieden. Caballos Rufino erwägt in seinem Kommentar zu § 24 des Hadrianhoro-skops unter Berücksichtigung der aus anderen Quellen (Hist. Aug. Hadr. 23,1.7. Cass. Dio 69,20,1. Ps.-Aur. Vict. epit. 14,12) bekannten Sym-

---

[1400] Eine kombinierte Mars-Sonne-Wirkung; siehe auch die Parallelüberlieferung ebd. p. 432,20: πρὸς τοὺς οἰκείους ὀργιζόμενοι.

ptome an erster Stelle Herzinsuffizienz der rechten Kammer in Verbindung mit einem Lungenödem, was asthmatische Symptome hervorrufe, an zweiter Stelle eine chronische Bronchitis mit sekundärer Herzinsuffizienz und 'Wassersucht'.[1401] Anscheinend unbekannt sind Caballos Rufino die Arbeiten von Kanngiesser (1911) und Petrakis (1980), die ihrerseits beide den Text des Antigonos von Nikaia nicht kennen. Kanngiesser diagnostiziert "eine mit Vitium cordis gepaarte chronische Nephritis",[1402] während Petrakis eine physiognomische Erklärung bietet: Die diagonalen Falten der Ohrläppchen auf Hadrians Portraitbüsten stünden nach Erkenntnissen der neueren medizinischen Forschung in einer statistisch signifikanten Relation mit "occlusion of the coronary arteries".[1403] Petrakis ordnet Hadrian aufgrund der Charakterisierungen durch antike Historiker dem sogenannten 'Typ-A-Verhalten' zu, das die folgenden Charakteristika aufweise: "competitive, achievement-oriented, involved in multiple activities with deadlines, impatient with slowness in others, like to set a rapid work pace, and tend to be hostile and aggressive". Er resümiert: "Classical writings suggest that the Roman emperor Hadrian died from congestive heart failure resulting from hypertension and coronary atherosclerosis. This diagnosis is supported by the identification of bilateral diagonal ear creases on sculptures of several busts of Hadrian as well as literary evidence of behavior pattern A."[1404] Diese Erklärung wurde von der historischen Forschung vorschnell akzeptiert.[1405] Sie ist jedoch aus medizinischer Sicht nicht überzeugend.[1406] Grundsätzlich zur retrospektiven

---

[1401] Caballos Rufino 1986, 122: "aunque en todos los procesos terminales se produce una sintomología muy generalizada que dificulta el diagnóstico, se pueden apuntar dos enfermedades como posibles causantes de su muerte: en primer lugar la insuficiencia cardíaca del ventrículo derecho asociada con edema de pulmón, que produce síntomas de tipo asmático; y, en segundo lugar, una bronquitis crónica con insuficiencia cardíaca secundaria e hidropesía" (ebenso Caballos Rufino 1990, 42; in beiden Fällen ohne Verweis auf eine medizinische Autorität).

[1402] Kanngiesser 1911, 585.

[1403] Petrakis 1980, 88–90; zu den Porträtbüsten s. Abb. 1–2 ebd. S. 89.

[1404] Petrakis 1980, 87 (*abstract*). Der Autor betont (ebd. 90), Gewissheit sei bei einer solchen Diagnose nicht möglich.

[1405] Vgl. Birley 1997, 302: "The symptoms […] allow an easy diagnosis: […]"; mit Verweis (ebd. 357[6]) auf Petrakis.

[1406] So Prof. Dr. Pablo Santamaria (Münster, Anatomie) mit Brief vom 7.11.2004. Ich danke Professor Santamaria für seine gründliche Prüfung der von Petrakis vorgelegten Argumente. Aus seiner umfangreichen Stellungnahme seien nur die Kernpunkte zitiert: Die von Petrakis erwähnten Symptome seien a) Nasenblutungen, b) Ödeme, c) das Vorhandensein eines gewissen Merkmals an der Ohrmuschel, d) charakterliche Eigenschaften sowie e) starkes menschliches Leiden vor dem Tod mit Suizidgedanken

Diagnose (Retrodiagnose, Paläodiagnose) vgl. Graumann (2000), der ihre Grenzen am Beispiel der Krankengeschichten in den Epidemienbüchern des *Corpus Hippocraticum* deutlich macht.[1407]

Von den bisher besprochenen modernen Versuchen, unter Nutzung aller antiken Quellen eine retrospektive Diagnose der historischen Todesursache Hadrians zu stellen, ist die Einzeldiagnose des Antigonos und vor allem seine astrologische Begründung zu unterscheiden. Siehe dazu den Kommentar zu §§ 49–52 (bes. zu § 49).

ἐτελεύτησεν: so Ep.[4], τελευτᾷ **P** und Exc.[1]. Der Aorist ist mit Blick auf die übrige Tempuswahl in §§ 23–24 und auch mit Blick auf **F3** § 65 ἀνῃρέθη vorzuziehen. Anscheinend hatte bereits φ (s. Stemma S. 120) den Aorist zum Präsens geändert. – Zur Wortwahl vgl. § 52 τελευτήσει (zweimal). Dagegen bieten die Antigonosfragmente keine Belege für

---

bzw. -wünschen. Der Zusammenhang dieser Symptome sei jedoch mehr als fraglich, die Überlegungen des Autors ungenügend stichhaltig und manchmal widersprüchlich. Petrakis' Folgerung führe zum Tode durch Arteriosklerose der Herzgefäße (*vulgo* Herzinfarkt). Das physiognomische Argument (c) hält Santamaria für überzogen und abwegig. Zu den übrigen schreibt er: zu a): "Die Häufigkeit der Nasenblutungen könnte, muss aber nicht, eine Folge der Hypertension sein. Und die Hypertension ist einer der multiplen möglichen Faktoren, die zur Arteriosklerose führen, aber nicht stets mit Sicherheit, und auch nicht als einziger. Teleangiektasie als Todesursache ist höchst unwahrscheinlich"; zu b): "Die Ödeme haben keinen Zusammenhang mit einem möglichen Herzinfarkt. Ihr Ursprung kann sehr unterschiedlich sein, je nach Verteilung innerhalb des Körpers. Sie können auf Proteinmangel (bei Hadrian kaum anzunehmen), auf eine Nierenerkrankung [*s.o. S. 675 bei Anm. 1402*] oder auf eine globale Herzinsuffizienz zurückzuführen sein. Die Herzinsuffizienz wird meistens durch ein *Vitium* (so wird häufig ein Klappenfehler bezeichnet) verursacht. Solche *Vitia* haben aber nichts mit Arteriosklerose zu tun, sondern sind meistens die Folge einer rheumatischen Erkrankung während der Jugendzeit"; zu d): "Die Beschreibung charakterlicher Merkmale könnte als ein realistischer Faktor [*scil.* für Herzinfarkt] angesehen werden, ist aber viel zu vage."; zu e): "Das grausame Leiden durch die Krankheit und der Wunsch nach dem baldigen Tode unterstützen nicht die Theorie des Herzinfarktes, sondern lassen ihn fast ausschließen. Denn der Tod durch Herzinfarkt erfolgt rasch innerhalb weniger Minuten, und die Krankheit ist nie chronisch. Vielmehr könnte man dahinter eine tumorale, dahinsiechende Erkrankung vermuten, die durch quälende Schmerzen und absolute Hoffnungslosigkeit begleitet würde. Der Tod aufgrund tumoraler Krankheiten wird meistens begleitet von extremer Kachexie." – Zu dem letzten Punkt vgl. die (nicht näher begründete) Aussage von Veh 1990, 62, Hadrian sei nach langwierigem Krebsleiden gestorben.

[1407] Graumann 2000, bes. 67f. u. 161f. (umfangreiche weiterführende Literatur ebd. 163–184).

(ἀπο)θνῄσκειν.[1408] Die Bevorzugung des nüchtern-abstrakten τελευτᾶν gegenüber ἀποθνῄσκειν entspricht dem generellen Usus der griechischen Astrologen. Vor allem die Todesprognose τελευτήσει begegnet bei ihnen viel häufiger als ἀποθανεῖται, wofür dem TLG mit Ausnahme von zehn Stellen bei Valens keine antiken astrologischen Belege bekannt sind. Besonders hoch ist die Frequenz von τελευτήσει in iatromathematischem Kontext. Vgl. z.B. die ps.-galenischen *Prognostica de decubitu* (pp. XIX 529–573 Kühn) und die ps.-hermetischen Ἰατρομαθηματικά (pp. 387–396 Ideler, vgl. ebd. 430–440). Dagegen lautet das Exitus-Notat in den 42 Krankengeschichten der echt hippokratischen Epidemienbücher I und III stets ἀπέθανε.[1409] – Was 'Nechepsos und Petosiris' betrifft, verdient Val. 6,1,11 ἀρχὴ καὶ [τὸ] τέλος τῶν γενομένων Erwähnung, wohinter Riess aufgrund des Kontextes zu Recht ein iambisches Original ἀρχή τε καὶ τέλος γεννωμένων (aus dem Proömium der Ἀστρολογούμενα) vermutet.[1410]

περιπεσών: Das in **P** ausgefallene Präfix ist nach Ep.[4] und Exc.[1] zu ergänzen. Ein umgekehrter Fall liegt in § 40 vor, wo **P** richtig περιποιεῖ überliefert, Ep.[4] dagegen ποιεῖ. Das Kompositum ist in der antiken Astrologie seit 'Nechepsos und Petosiris' belegt: vgl. Heph. 1,21,31 νόσοις περιπεσεῖσθαι χαλεπαῖς (= Nech. et Pet. frg. 6,223–224) und die von Hephaistion unabhängige Parallelüberlieferung derselben aus dem 2. Jh. v.Chr. stammenden Textstelle durch den Anon. CCAG VII (1908), p. 146a,6 (frg. +32) νόσοις χαλεπαῖς περιπεσοῦνται. In antiken Horoskopen begegnet das Kompositum häufig, speziell bei Antigonos' Zeitgenossen Valens: Val. 7,3,41 (Hor. gr. 74.XI.26) θορύβοις ὀχλικοῖς καὶ ταραχαῖς περιπεσὼν ἀτέλεστον τὴν ἀρχὴν ἐκτήσατο, ἐπωδύνοις νόσοις καὶ θανάτῳ προληφθείς. Val. 4,8,18 (Hor. gr. 75.VII.19) χρεω-

---

[1408] Epit. 4,26,55 βιαίως ... θανόντων ist freie Wiedergabe von βιαιοθανατησάντων (**P**), wie Exc.[2] zeigt. Die einzige mir bekannte astrologische Parallele zu βιαίως ... θανόντων ist Dor. p. 356,12 θνήσκουσι βιαίως.

[1409] Vgl. Lichtenthaeler 1994, 57. Mehr zu den koischen Krankenberichten oben S. 34 bei Anm. 163.

[1410] Vgl. Riess 1891–1893, 333, zu Nech. et Pet. frg. 1. Im Übrigen ergibt die Überlieferung von 'Nechepsos und Petosiris' keinen klaren Befund. Zwar bietet Heph. 1,21,14 (frg. 6,72) τὸν δυναστεύοντα Ἀσίας μετ᾽ ἐνιαυτὸν τελευτήσειν ὡρίσαντο, aber die unabhängige Parallelüberlieferung durch den Anon. CCAG VII (1908), p. 133a,27 liest an derselben Stelle ἀποθανεῖται. Siehe auch Heph. 1,23 (= frg. 12): Neben Heph. 1,23,21 βασιλέως τελευτήν und 1,23,22 σημαίνει τελευτήσειν (= frg. 12,128.146) bietet dieses Kapitel mehrere Belege für θάνατος.

στίαις περιπεσών. Val. 7,6,74.84 (Hor. gr. 102.XII.14) ἡγεμονικῇ
ἔχθρᾳ περιπεσών ... καὶ νόσοις περιέπεσεν. Val. 5,6,72 (Hor. gr.
120.II.8) τομαῖς τε καὶ αἱμαγμοῖς περιέπεσεν. Val. 7,6,159–160 (Hor.
gr. 114.VII.26. 118.XI.26. 120.II.8. 122.I.30. 127.VII.18. 133.IV.24) οὗτοι οἱ ϛ ἄνθρωποι ... βίᾳ ἀνέμου περιπεσόντες ... καὶ ἑτέροις δὲ κινδύνοις περιέπεσον. Val. 7,3,31 (Hor. gr. 117.VI.30) κατηγορίᾳ περιπεσών. Val. 7,6,93–97 (Hor. gr. 158.VIII.14) σπασμοῖς περιέπεσεν ...
ἐξανθήμασι καὶ ἐκζέμασι περιέπεσεν. Siehe auch Sext. Emp. adv.
math. 5,90 τοῖς αὐτοῖς ἀποτελέσμασιν ἐν τῷ βίῳ περιπίπτουσι und
ebd. 5,91 τῷ ὁμοίῳ τέλει περιπεπτωκότας.

§§ 25–52

Den dritten Teil des Hadrianhoroskops (§§ 25–52) bildet die astrologische Diskussion (ἐπεξεργασία; s.u.), die die astronomischen Daten (§
22) zu den biographischen (§§ 23–24) in Beziehung setzt. Dieser letzte
und umfangreichste Teil wird in einem anderen Fall, dem spätantiken
Horoskop, das der Astrologe Zenons für den Sohn Leos I. stellte (Hor. gr.
463.IV.25), als ἀπόδειξις bezeichnet.[1411]

§ 25

Διὰ τί δὲ ἐν τούτοις ἐγένετο: Die nur in Ep.[4] folgenden Worte τὰ
περὶ αὐτὸν sind vielleicht echt und in **γ**, der Vorlage von **P** und Exc.[1],
ausgefallen.

ἐπεξεργάζεται: 'lässt sich wie folgt herausarbeiten', 'zeigt die folgende eingehende Untersuchung/Diskussion/Analyse'. Dasselbe Verb findet
sich bei Ptol. apotel. 3,5,10 ὑπὲρ ὧν εὐκαιρότερον ἐν τοῖς περὶ αὐτῆς
τῆς γενέσεως ἐπεξεργαζόμεθα (~ Heph. 2,4,16). Neben dieser einzigen
mir bekannten Parallele in astrologischem Kontext vgl. weitere Belege
aus der wissenschaftlichen Literatur des 2. Jh. n.Chr.: Ptol. synt. 1,1 p. I
8,15–16 H. ταῦτα δὲ κατὰ δύναμιν ἐπεξεργαζόμενοι. ibid. 2,6,26 p. I
113,19–21 H. διὰ τὸ μὴ ὁμοίως ἡμῖν ἐπὶ τῶν ἔτι βορειοτέρων προσ-

---

[1411] Pingree 1976b, p. 147,8.

ἥκειν ἐπεξεργάζεσθαι.[1412] Apoll. Dysk. synt. 1,136 p. I 140 Lallot ἐπ-
εξεργάσασθαί τε τὴν αἰτίαν. ibid. 2,59 p. I 164 L. εἰ μὴ τὰ τοιαῦτά
τις ἐπεξεργάζοιτο. ibid. 2,69 p. I 167 L. ἐκεῖνο γάρ ἐστιν ἐπεξεργά-
σασθαι ἀναγκαῖον.[1413] Siehe ferner die Belege bei LSJ s.vv. ἐπεξεργάζομαι 4 ("investigate"), ἐπεξεργασία ("investigation"), sowie ἐξερ-
γασία II ("treatment, discussion"), und Lampe s.vv. ἐπεξεργάζομαι 4
("investigate fully"), ἐπεξεργασία 1 ("working out, fuller treatment, ela-
boration"). Es spricht aber nichts dagegen, dass der Terminus zum originalen Wortlaut des Antigonos gehörte.

§§ 26–28

Antigonos beginnt seine astrologische Begründung der biographischen
Daten (§§ 23–24) sogleich mit dem bedeutendsten Einzelpunkt, der
Kaiserwürde Hadrians. Diese gehört zum übergreifenden astrologischen
Thema der τύχη ἀξιωματική, die den sozialen Status und die Würden-
stellungen eines Nativen betrifft.[1414] Sie gibt dem Kapitel Heph. 2,18,
dem wir die Horoskope des Antigonos verdanken, seinen Namen.

Zweifellos boten bereits 'Nechepsos und Petosiris' Lehren zu diesem
zentralen Thema, wenngleich explizite Zeugnisse fehlen.[1415] Unter den
späteren Autoren sind die folgenden Passagen zu vergleichen: Ptol. apotel. 4,3 (4,3,1–4 ~ Heph. 2,18,2–7). Val. 2,23,2 (~ Val. app. 11,93). Antioch. epit. 2,53 (ex thes.), CCAG I (1898), p. 164,16–21 (= Rhet. 5,53).
Rhet. epit. 4,28, CCAG II (1900), p. 192,10–16. Ps.-Maneth. 1[5],26–
28.277–280. Firm. math. 7,22,1. Kam. zod. 681–683.

Denningmann 2005, 306–320, hat in ihrer Analyse astrologischer
Prognosen zum sozialen Status des Nativen gezeigt, dass Ptolemaios,
Valens, Antiochos/Rhetorios und Firmicus darin übereinstimmen, dass
sie die mundane Stellung der Luminare für ausschlaggebend halten (sie
sollen in den Kardinalpunkten – möglichst ASC u. MC – stehen) und die
Lehre der 'Speerträgerschaft' (δορυφορία) modifizierend hinzutreten

---

[1412] In der Übers. von Toomer 1998, 37: "will be discussed at length, to the best of our
ability", und (ebd. 88): "for the points even further north there is not the same need for
detail".
[1413] Lallot übersetzt (a.a.O.): "donner ... une explication approfondie"; "si on ne soumet
pas ce genre [de phrase] à une étude approfondie"; "ce qu'il est nécessaire d'examiner
de manière approfondie".
[1414] Dazu Bouché-Leclercq 1899, 436–442.
[1415] Vgl. oben S. 49, Punkt 5.

lassen.[1416] Mir scheint, dass es hier eine feste Tradition gab, die von 'Nechepsos und Petosiris' ihren Ausgang nahm.[1417] Dafür spricht vor allem, dass Ptol. apotel. 4,3 eng mit der Lehre des Antigonos übereinstimmt, wie der folgende Vergleich zeigen wird.[1418] Dabei ist sogleich anzumerken, dass angesichts des Gesamtverhältnisses der jeweils von Ptolemaios und Antigonos vertretenen Lehren die weitgehende Übereinstimmung im hier relevanten Punkt nicht durch Abhängigkeit des einen Autors von dem anderen zu erklären ist, sondern dadurch, dass die beiden Zeitgenossen unabhängig voneinander in derselben Tradition stehen.[1419] Da Antigonos ein konkretes Horoskop, das Hadrians, nach einer durch die individuelle Vita bedingten Ordnung bespricht,[1420] sind seine Aussagen zur τύχη ἀξιωματική in **F1** über mehrere Paragraphen verstreut (§§ 26–28.32–33.36). Es bietet sich daher an, die systematische Darstellung des Ptolemaios zum Ausgangspunkt des Vergleichs zu nehmen. Da dieser in Kapitel 4,3 in Form eines sozialen *descensus* königliche Würden zuerst behandelt und dann über Generäle, Priester und zivile Führungspositionen zu niederen Würden und schließlich bis zu den τέλεον ταπεινοὶ καὶ κακοδαίμονες (4,3,4), völlig elenden Menschen, hinabsteigt, genügt es hier, den Anfang seiner Darlegung zu betrachten (Ptol. apotel. 4,3,1–2):

(1) Τὰ δὲ τῆς ἀξίας καὶ τῆς τοιαύτης εὐδαιμονίας δεήσει σκοπεῖν ἀπό τε τῆς τῶν φώτων διαθέσεως καὶ τῆς τῶν δορυφορούντων ἀστέρων οἰκειώσεως αὐτοῖς· ἐν ἀρρενικοῖς μὲν γὰρ ζῳδίοις ὄντων ἀμφοτέρων τῶν φώτων καὶ ἐπικέν-

Würde und Glück dieser Art[1421] wird man aus der Position der Luminare und der Affinität der sie als Speerträger begleitenden Planeten mit ihnen bestimmen: Wenn sich nämlich beide Luminare in männlichen Tierkreiszeichen[1422] befinden und entweder wiederum beide oder auch nur

---

[1416] Ausführlich zur 'Speerträgerschaft' unten S. 707 zu § 26 δορυφορούντων. Die genannten Verse des Ps.-Manethon und des Kamateros (zit. bei Denningmann 2005, 308[690]) sprechen nur von der kardinalen Position der Luminare (ohne Doryphorie) und von Königsgeburten, haben also keinen systematischen Lehrcharakter.

[1417] Vgl. Denningmann 2005, 353. 362f. 376f. 383f.

[1418] Denningmann verzichtet mit Rücksicht auf die Struktur ihrer Untersuchung auf einen detaillierten Vergleich dieser Art.

[1419] Vgl. oben S. 57–60.

[1420] S.o. S. 656–660 zu §§ 23–24.

[1421] Im Gegensatz zu materiellen Glücksgütern (Ptol. apotel. 4,2).

[1422] ♈, ♊, ♌, ♎, ♐, ♒; vgl. Ptol. apotel. 1,13,1–2 u. s.u. zu § 29 ἐν ἀνθρωποειδεῖ καὶ ἀρρενικῷ εἶναι ζῳδίῳ (Punkt b).

τρων ἤτοι ἀμφοτέρων πάλιν ἢ καὶ τοῦ ἑτέρου, μάλιστα δὲ τοῦ τῆς αἱρέσεως, καὶ δορυφορουμένων ὑπὸ τῶν πέντε πλανωμένων (ἡλίου μὲν ὑπὸ ἑῴων, σελήνη⟨ς⟩ δὲ ὑπὸ ἑσπερίων), οἱ γεννώμενοι βασιλεῖς ἔσονται. (2) καὶ ἐὰν μὲν οἱ δορυφοροῦντες ἀστέρες ἤτοι ἐπίκεντροι καὶ αὐτοὶ ὦσιν ἢ πρὸς τὸ ὑπὲρ γῆν κέντρον συσχηματίζωνται, μεγάλοι καὶ δυναμικοὶ καὶ κοσμοκράτορες διατελοῦσι, καὶ ἔτι μᾶλλον εὐδαίμονες, ἐὰν οἱ δορυφοροῦντες δεξιοὶ τοῖς ὑπὲρ γῆν κέντροις συσχηματίζωνται.

eines von beiden kardinal steht,[1423] am besten das Luminar der Partei,[1424] und sie von den fünf Planeten als Speerträgern begleitet werden – die Sonne morgendlich, der Mond abendlich[1425] – , werden die Geborenen Könige sein. (2) Und wenn die Speerträgersterne entweder auch selbst kardinal stehen oder einen Aspekt zum Kardinalpunkt über der Erde (MC) bilden,[1426] werden sie (die Geborenen) ihr Leben hindurch groß und mächtig und Weltherrscher[1427] sein und noch glücklicher, falls die Speerträger rechte Aspekte zu den Kardinalpunkten[1428] über der Erde bilden.

Im Folgenden ist zu prüfen, inwieweit die ptolemäischen Kriterien durch die von Antigonos gebotene Konstellation Hadrians erfüllt sind und inwieweit sie sich mit den von Antigonos in **F1** genannten Kriterien der τύχη ἀξιωματική decken. Dazu dient die synoptische Darstellung auf der folgenden Doppelseite (Tab. 13).

[1423] D.h. im I., IV., VII. oder X. Ort. Siehe das Diagramm unten S. 694.

[1424] Bei Tag die Sonne, bei Nacht der Mond; s.u. zu § 26 τῆς αἱρέσεως.

[1425] Morgendlich = vor dem Luminar aufgehend = östlich = rechts, abendlich = nach dem Luminar aufgehend = westlich = links. Vgl. den Komm. zu § 27 ἐπὶ ἑῴας ἀνατολῆς. Siehe ferner Anm. 1432 u. S. 981.

[1426] Die Himmelsmitte steht für Auszeichnungen, Ehren und ganz allgemein für Erfolg im Leben.

[1427] Ptolemaios meint mit κοσμοκράτορες römische Kaiser. Vgl. den Komm. zu § 27 κοσμοκράτωρ, bes. S. 736 bei Anm. 1649.

[1428] Plural, da das MC verschiedener Horoskope gemeint ist. Zu 'rechts' und 'links' s.o. Anm. 1425.

Kriterien des Ptolemaios (apotel. 4,3,1–2)	Sachprüfung bzgl. Hadrian (**F1** § 22): Die Bedingung ist ...	Explizite Entsprechungen der ptolemäischen Kriterien bei Antigonos (**F1** §§ 26–52)	
		konkret zu Hadrian	allgemeingültig
(a) ἐν ἀρρενικοῖς μὲν γὰρ ζῳδίοις ὄντων ἀμφοτέρων τῶν φώτων	... erfüllt, da beide Luminare in einem männlichen Tierkreiszeichen (Wassermann) stehen	§ 26 διὰ τὰ δύο φῶτα τὰ ὄντα ἐπὶ τοῦ ὡροσκόπου καὶ μάλιστα διὰ τὴν Σελήνην οὖσαν τῆς αἱρέσεως καὶ συνάπτουσαν μοιρικῶς τῷ ὡροσκόπῳ.	§ 37 πάντοτε γὰρ ὁ Ἥλιος ἢ ἡ Σελήνη ἢ καὶ ἀμφότεροι μάλιστα περὶ τὰ πρακτικὰ κέντρα τυχόντες (τουτέστι τὸ ὡροσκοπικὸν ἢ τὸ μεσουράνημα) καὶ κατὰ τρόπον ὑπὸ πάντων τῶν ἀστέρων δορυφορούμενοι ποιοῦσι τοὺς ἐπὶ τῆς τοιαύτης καταστάσεως γεννωμένους βασιλεῖς παμπόλλων ἐθνῶν κρατοῦντας.
(b) καὶ ἐπικέντρων ἤτοι ἀμφοτέρων πάλιν ἢ καὶ τοῦ ἑτέρου, μάλιστα δὲ τοῦ τῆς αἱρέσεως	... in vollkommener Weise erfüllt, da beide Luminare in einem kardinalen Ort (dem bestmöglichen) stehen, der Mond als Luminar der Partei sogar gradgenau auf dem Kentron (ASC)		
(c) καὶ δορυφορουμένων ὑπὸ τῶν πέντε πλανωμένων (ἡλίου μὲν ὑπὸ ἑῴων, σελήνη⟨ς⟩ δὲ ὑπὸ ἑσπερίων)	... erfüllt, da im Sinne der Tagesrotation Venus und Mars dem Mond folgen, während Merkur, Jupiter und Saturn der Sonne vorauseilen[1429]	§ 26 καὶ αὐτῶν τῶν δορυφορούντων αὐτὴν ἀστέρων ... ἐπαναφερομένων τῇ Σελήνῃ. § 27 προσέτι δὲ καὶ ὁ κοσμοκράτωρ Ἥλιος ἐδορυφόρει αὐτὴν ὢν ἐν ταῖς ἑξῆς αὐτῆς μοίραις καὶ αὐτὸς δορυφορούμενος παρά τε τοῦ Κρόνου ... καὶ Ἑρμοῦ, ἀμφοτέρων ὄντων ἐπὶ ἑῴας ἀνατολῆς. § 33b ὁ τοῦ Διὸς ... δορυφορῶν τὸν Ἥλιον	

[1429] Mehr dazu im Kommentar zu § 26 δορυφορούντων. Mit Ptol. ὑπὸ ἑῴων vgl. Antig. § 27 ἐπὶ ἑῴας ἀνατολῆς; mit Ptol. ὑπὸ ἑσπερίων vgl. Antig. § 26 ἐπαναφερομένων τῇ Σελήνῃ u. § 27 ὢν ἐν ταῖς ἑξῆς αὐτῆς μοίραις.

(d) καὶ ἐὰν μὲν οἱ δορυφοροῦντες ἀστέρες ἤτοι ἐπίκεντροι καὶ αὐτοὶ ὦσιν ἢ πρὸς τὸ ὑπὲρ γῆν κέντρον συσχηματίζωνται	... hinsichtlich beider Teile der Alternative erfüllt, im ersten Teil durch Jupiter, der im 1. Ort steht (sogar gradgenau im ASC), im zweiten Teil, der wohl nur günstige Aspekte betrifft (Trigone bzw. Sextile),[1430] durch alle übrigen vier Planeten, deren Aspekte zum MC in drei Fällen zeichengenau sind, in einem Fall (Mars) gradgenau	zu Jupiter: § 33b ὁ τοῦ Διὸς ... ὢν ἐν τῷ ὡροσκόπῳ καὶ δορυφορῶν τὸν Ἥλιον. § 36 διὰ τὸ τὸν τοῦ Διὸς ἀστέρα ἐπίκεντρον ὄντα δορυφορεῖν τὸν Ἥλιον (siehe auch § 26 συνάπτουσαν μοιρικῶς τῷ τε ὡροσκόπῳ καὶ τῷ Διί. § 48 ὁ τοῦ Διὸς ὁμόκεντρος τῇ Σελήνῃ); zu Mars: § 32 ὁ κύριος τοῦ Σκορπίου Ἄρης ... ὁρῶν τὸν κατὰ κορυφὴν τόπον	§ 36 ὁ γὰρ [sc. Ζεὺς] ἀεὶ οὕτως δορυφορῶν τὸν Ἥλιον ἢ τὴν Σελήνην ποιεῖ ὑπὸ τῶν ὁμοτίμων ἢ καὶ κρειττόνων δοξάζεσθαι καὶ δορυφορεῖσθαι καὶ προσκυνεῖσθαι
(e) ἐὰν οἱ δορυφοροῦντες δεξιοὶ τοῖς ὑπὲρ γῆν κέντροις συσχηματίζωνται	... erfüllt, da alle genannten Aspekte rechte Aspekte sind		

Tab. 13: Kriterien der τύχη ἀξιωματική in **F1**
im Vergleich mit Ptol. apotel. 4,3,1–2

Da die Konstellation Hadrians die ptolemäischen Kriterien (a)–(c) erfüllt, handelt es sich im Sinne des Ptolemaios um ein königliches Horoskop (4,3,1 βασιλεῖς), durch die Erfüllung der Kriterien (d)–(e) sogar um ein ganz vortreffliches, kaiserliches (4,3,2 κοσμοκράτορες). Antigonos rekurriert zur Erklärung der Kaiserwürde, wie die dritte Spalte belegt, auf alle von Ptolemaios geforderten Details bis auf drei:

1. Zu (a): Antigonos erwähnt nicht explizit die Stellung beider Luminare in einem männlichen Zeichen, holt dies jedoch wenig später in anderem Kontext nach (§ 29).

[1430] Denn die im ersten Teil genannten Kentra bilden fast immer zeichengenaue Aspekte zum MC (Quadratur oder Opposition). Vgl. den Komm. zu § 32 ὁρᾷ, bes. Anm. 1852.

2. Zu (d): Antigonos beschränkt sich, was den zweiten Teil der ptolemäischen Alternative betrifft, auf den Herrn des MC (Mars), lässt somit Venus, Merkur und Saturn unerwähnt.

3. Zu (e): Er betont nicht, dass der Aspekt des Mars zum MC ein rechter ist (aus § 50 geht hervor, dass ihm die Unterscheidung in rechte und linke Aspekte vertraut ist).

Während also ein Teil der ptolemäischen Kriterien bei Antigonos nicht oder nur implizit berücksichtigt ist, geht Antigonos unter anderen Gesichtspunkten über die Forderungen des Ptolemaios hinaus, indem er auch die Planetenwürden (Erhöhung, Domizil, Trigon, Gradbezirke; §§ 26–27), die Progression der Daten (Jupiter am 7. Tag, § 26) und helle Fixsterne (§ 28) – all dies sind alte Grundelemente astrologischer Prognostik[1431] – in die Untersuchung der Kaiserwürde einbezieht. Das Endresultat ist nach beiden Astrologen gleich, doch stellt Antigonos insgesamt eine detailreichere Analyse der Kaiserwürde an. Die oben dargelegten, nur von jeweils einem der beiden Autoren gewürdigten Elemente schließen einander nicht aus, sondern verhalten sich zueinander komplementär.

Sehr wahrscheinlich entsprechen die expliziten Übereinstimmungen zwischen Ptolemaios und Antigonos der Lehre von 'Nechepsos und Petosiris' zur τύχη ἀξιωματική. Darauf deutet auch die enge Entsprechung zwischen den beiden Kernsätzen des Ptolemaios (4,3,1 = Punkt a, b u. c) und des Antigonos (§ 37) hin. Vielleicht waren außerdem auch die nur von Antigonos genannten Kriterien Teil jener Lehre. Dieser Überschuss auf Seiten des Antigonos bestärkt die schon aus anderen Einzellehren sowie aus Heph. 2,18,21 gewonnene und hier eingangs (S. 680) formulierte Überzeugung, dass Antigonos nicht von Ptolemaios abhängt, sondern beide unabhängig voneinander aus 'Nechepsos und Petosiris' schöpfen.[1432]

[1431] Siehe die Kommentare zu § 26 ἐν ἰδίῳ ὑψώματι, zu §§ 50–51 (Lehre vom 3., 7. und 40. Tag) und zu **F5**.

[1432] Ein weiteres Indiz dafür: Denningmann 2005, 308f. diskutiert die Frage, ob die Parenthese Ptol. apotel. 4,3,1 ἡλίου μὲν ὑπὸ ἑῴων, σελήνη⟨ς⟩ δὲ ὑπὸ ἑσπερίων explikativ oder spezifizierend gemeint sei. Sie kommt mit Verweis auf Ptol. apotel. 3,5,2 μάλιστα ὅταν τὸν μὲν ἥλιον ἑῷοι δορυφορῶσιν ἀστέρες, τὴν δὲ σελήνην ἑσπέριοι (vgl. Denningmann ebd. 294f.) zu dem Ergebnis, dass beide Stellen spezifizierend gemeint sind: Unter verschiedenen nach Ptolemaios möglichen Formen der Doryphorie ist diejenige, bei der die Speerträger der Sonne vorausgehen und dem Mond folgen, die beste. Diese beste Form entspricht der ältesten und ursprünglich einzigen Definition der Doryphorie, die offenbar für Antigonos maßgeblich ist, da sie in allen drei erhaltenen Horoskopen (**F1–F3**) vorliegt. Hier ist also, wie es scheint, eine leichte Divergenz zwischen Ptolemaios und dem der Tradition strenger verpflichteten Antigonos erkennbar.

Diese traditionelle Lehre zur τύχη ἀξιωματική, die im Hadrianhoroskop eine perfekte Illustration findet, ist in ihrer astrologischen, auf der
Entsprechung von Mikro- und Makrokosmos basierenden Symbolik
leicht nachvollziehbar. Dies gilt insbesondere für ihre höchste Stufe. So
wie Könige (bzw. Kaiser) unter den Menschen selten sind, kommt es aus
astronomischen Gründen nur selten zu Konstellationen, die alle oben genannten Bedingungen erfüllen.[1433] Ein König ist der bedeutendste Mann
seines Volkes in der mächtigsten Stellung; dementsprechend müssen sich
die bedeutendsten Himmelskörper, die Luminare, entweder beide oder
zumindest das während der Geburt dominierende (bei Tag die Sonne, bei
Nacht der Mond) in einem der vier energiereichsten Orte des Horoskops
befinden, und zwar in einem 'männlichen' Zeichen. Außerdem hat ein
König ein Gefolge, das ihn schützt, stärkt und berät: Ebenso müssen die
Planeten das kardinal positionierte Luminar als 'Speerträger' in der richtigen Anordnung begleiten. Schließlich ist ein König, dem starke Untertanen dienen, erhabener als einer, der sich auf schwache stützt. Daher ist
das Königshoroskop nur dann vollkommen, wenn die 'Speerträger' ihrerseits stark positioniert sind (Planetenwürden).[1434] Im Anschluss an die
höchste, königliche Stufe, für die alle Kriterien erfüllt sein müssen, ergibt
sich für alle übrigen Konstellationen, je nachdem, wieviele Kriterien sie
in welcher Kombination erfüllen, eine reiche Differenzierung der astrologischen Prognosen und Dignitäten, entsprechend der realen Vielfalt
gesellschaftlicher, politischer und militärischer Ränge.

In der Gesamtkonzeption dieser Lehre, vor allem aber im Rekurs auf
die kardinale Stellung der Luminare und auf die Doryphorie, wird der
astrologische Mechanismus der Projektion und Reflexion soziomorpher
Modelle, den Denningmann ausgiebig untersucht hat, besonders deutlich.
Zuerst werden irdische Herrscher und ihre Statussymbole, die Speerträger, auf den Himmel projiziert, wo sie in Sonne und Mond sowie den
Planeten, die als 'Speerträger' der Luminare fungieren, ihre Entsprechung
finden; wenn dann ein Mensch geboren wird, in dessen Geburtskonstellation die Luminare stark positioniert sind und außerdem von 'Speerträgern' begleitet werden, bezieht man jenes himmlische Abbild der
menschlichen Verhältnisse auf die Erde zurück und prognostiziert, dass
der Geborene im Leben eine hohe soziale Stellung einnehmen werde.[1435]

[1433] Vgl. Bouché-Leclercq 1899, 438: "Aussi exige-t-il [*scil.* Ptolémée] du thème de géniture des futurs monarques des conditions à peu près irréalisables."
[1434] Vgl. Denningmann 2005, 379.
[1435] Vgl. Denningmann 2005, 317, und s.u. zu § 26 δορυφορούντων (dort auch zum persischen Ursprung der Speerträger-Metaphorik).

§ 26

τὰ δύο φῶτα: = §§ 29.34.49. Gemeint sind – entgegen diversen Missverständnissen in der Sekundärliteratur (s.o. S. 2) – die 'Luminare', d.h.
Sonne und Mond. Die früheste und zugleich deutlichste astrologische
Parallele bietet Dorotheos: δέρκεο δ' Ἥλιόν τε μέγαν κραιπνήν τε
Σελήνην Ι ἠδ' οἴκων βασιλῆας ἐν οἷς δύο φῶτα βέβηκεν.[1436] Vgl. auch
Ps.-Maneth. 3[2],383f. εἰ δ' ἐπὶ θηλυτέρῃ γενέθλῃ δύο φῶτα φανείη Ι
ἄρσεσιν ἐν ζῴοις κτλ. und ebd. 3[2],410 ὁππότε δ' ἂν κέντρων ἐκτὸς
δύο φῶτ' ἀποκλινθῇ κτλ.[1437] In der Prosa ist τὰ δύο φῶτα *terminus
technicus*;[1438] vgl. z.B. Ptol. apotel. 1,18,2 τοῖς δύο φωσὶν. ibid. 3,8,1 τὰ
δύο φῶτα (= Heph. 2,8,1). Val. 4,27,7 τῶν δύο φώτων; im Lateinischen
vgl. z.B. Firm. math. 3,1,2 *lumina sunt autem Sol et Luna* (= Nech. et Pet.
frg. 25,25). – Siehe ferner unten zu § 43 τοῖς φωστῆρσι.

ἐπὶ τοῦ ὡροσκόπου: Der *terminus technicus* ὡροσκόπος bezeichnet
hier, anders als in § 22, nicht den aszendierenden Grad des Tierkreises,
sondern den ersten Ort der Dodekatropos. Der folgende Stellenkommentar bietet zuerst eine textkritische Diskussion des Lemmas, danach Erläuterungen zum Wesen (S. 689) und Ursprung (S. 694) der Dodekatropos,
einen Überblick über astrologische Lehren zu den Wirkungen der Luminare und Planeten in den zwölf Orten der Dodekatropos (S. 697), einen
tabellarischen Überblick über alle in den Antigonosfragmenten vorliegenden Rekurse auf die Dodekatropos (S. 699) sowie schließlich einen Vergleich der Deutung des hier in § 26 vorliegenden Befundes durch Antigonos mit den einschlägigen Lehren anderer Astrologen (S. 699).

Ep.[4] und Exc.[1] bieten die Lesart ἐπὶ τοῦ ὡροσκόπου, **P** die Variante
ἐπὶ τῆς ὥρας. Diese Diskrepanz der Handschriften wiederholt sich wenige Zeilen später (τῷ τε ὡροσκόπῳ Ep.[4] und Exc.[1], τῇ τε ὥρᾳ **P**). An
allen übrigen relevanten Stellen der Hephaistion-Exzerpte überliefern alle
Handschriften einhellig Formen von ὡροσκόπος (**F1** §§ 22.29.33b.52.
F2 § 54. **F3** §§ 63.66a. **F6** § 75).[1439] Zu Verwechslungen der Termini

---

[1436] Dor. p. 386,9–10 (frg. 66a St.), überliefert als Teil des Krönungshoroskops des
Usurpators Leontios (Hor. gr. 484.VII.18, s.o. S. 307).
[1437] Siehe dazu die Appendix unten S. 1385.
[1438] Vgl. C. Orlando in Orlando – Torre 1991, 295: "La forma plurale del sostantivo pre-
ceduta dall'articolo è [...] espressione verbale tecnica designante le due principali fonti
di luce" (weiterführende Literatur ebd. in Anm. 13).
[1439] In **F6** § 75 bietet Ep.[4] statt ὡροσκόπου die Variante ὡροσκοπῶν, außerdem in **F1** §
46 statt τὸ ὡροσκοποῦν die Variante τὸν ὡροσκόπον.

ὡροσκόπος und ὥρα kommt es leicht, weil sie oft synonym gebraucht wurden (eigentlich bezeichnet ὥρα die Stunde der Geburt, ὡροσκόπος hingegen den in dieser Stunde aufgehenden Teil des Tierkreises)[1440] und weil den Kopisten für beide dasselbe Monogramm zur Verfügung stand.[1441] Beide Begriffe sind zur Zeit des Antigonos längst Teil des astrologischen Fachvokabulars. Schon Manilius (um 14 n.Chr.)[1442] verwendet den eigentlichen *terminus technicus* für 'Aszendent', ὡροσκόπος, mehrmals in der transliterierten Form *horoscopos*,[1443] was um so bemerkenswerter ist, als ὡροσκόπος in der gesamten griechischen astrologischen Lehrdichtung aus metrischen Gründen so gut wie überhaupt nicht verwendet wird.[1444] Die konkurrierende, vorwiegend poetische Bezeichnung des Aszendenten als ὥρα[1445] ist offenbar alt. Als Indiz dafür verweist Hübner auf die Präsentation des 'ägyptischen' *thema mundi* bei Firm. math. 3,1,1 (*horam in Cancri parte XV*).[1446] Die frühesten sicher datierbaren Belege stammen aus dem 1. Jh. n.Chr.; wir verdanken sie einigen durch Hephaistion überlieferten Originalversen des Dorotheos.[1447] In der griechischen Prosa begegnet ὥρα in der Bedeutung 'Aszendent' seltener: Hübner kennt einen Beleg bei Ptolemaios[1448] und einige weitere bei Hephaistion, darunter einen, der vielleicht als weiteres Indiz (neben Firm. math. 3,1,1) dafür gewertet werden darf, dass schon 'Nechepsos

---

[1440] Ausführlich hierzu oben im Komm. zu § 22 τὸν ὡροσκόπον.

[1441] S.o. S. 587 bei Anm. 1037.

[1442] Zum Leben und zum unvollendeten Werk des Manilius s. die aktuelle Darstellung von Hübner 2010, I 1–6, und ergänzend Hübner 1982 und Hübner 1984. *Terminus post quem* ist die Varusschlacht 9 n.Chr. (Hübner 2010, I 4, mit Verweis auf Manil. 1,899f.).

[1443] Vgl. bes. Manil. 2,829–830 *hinc inter Graias horoscopos editur urbes,* | *nec capit externum proprio quia nomine gaudet.*

[1444] Siehe Hübner 2001i, 219 u. 234–236.

[1445] Dazu bereits Bouché-Leclercq 1899, 258[1] u. 474[3], sowie ausführlicher Garnett 1899.

[1446] Hübner 2001i, 232.

[1447] Vgl. Dor. p. 419,1–5 = Heph. 3,33,6–8 (= Dor. frg. 114 St.) καθ' Ὑδροχόου δὲ βεβῶσης | ὥρης ἢ Μήνης ἀνεμώλια πάντα τελέσσεις. | ... | Ζεὺς δὲ καὶ Ἀφρογενὴς ⟨ὥρῃ⟩ Μήνη τε παρέστων κτλ. Dor. p. 407,8 = Heph. 3,38,33 (= Dor. frg. 112a St.) ὥρης καὶ δύσιος. Die enge semantische Verwandtschaft von ὡροσκόπος und ὥρα zeigt Dor. p. 391,11 = Heph. 3,9,1 (= Dor. frg. 86a St.) ἄνδρα μὲν Ἥλιον καὶ ἀνερχόμενον σκοπὸν ὥρης; siehe ferner Dor. p. 402,34 = Heph. 3,40,18 (= Dor. frg. 113a St.) καὶ δ' ὥρην φράζοιο τίνες τ' ἐπιμάρτυροι αὐτῇ | κείνην ἥ ῥ' ἐφύτευσε καὶ ἤγαγεν ἀνέρ' ἐς ἦμαρ. – LSJ s.v. ὥρα A.III nennen zu Unrecht als früheste Belege einige Stellen bei Ps.-Manethon (ohne Korrektur im Suppl. 1996).

[1448] Ptol. apotel. 4,6,6 = Heph. 2,22,6 (cf. Hübner 1998a, 322, app. sim.).

und Petosiris' ὥρα im Sinne von ὡροσκόπος verwendeten.[1449] Seit der
Mitte des 3. Jh. n.Chr. ist ὥρα auch in griechischen Originalhoroskopen
in diesem Sinne (= ASC) belegt.[1450] Im Lateinischen beginnen die Belege
für *hora* = ASC mit Firmicus.[1451] Zu einem ungewissen Zeitpunkt übernahm Sphujidhvaja den Terminus ὥρα in sein astrologisches Gedicht
Yavanajātaka, worin er den Aszendenten regelmäßig als *horā* bezeichnet.[1452]

Insgesamt spricht also der Wortgebrauch der griechischen Fachprosa
im Allgemeinen und der der Antigonosfragmente im Besonderen für die
von Ep.[4] und Exc.[1] überlieferte Lesart ἐπὶ τοῦ ὡροσκόπου. Weitere
Argumente in diesem Sinne sind der stemmatische Befund[1453] sowie der
Umstand, dass hier (§ 26) gerade nicht die *temporale* Grundbedeutung
von ὥρα, sondern die *räumliche* Bedeutung von ὡροσκόπος als Bogensegment des Tierkreises wichtig ist. Antigonos spricht hier nämlich, wie
die Positionen der Luminare (τὰ δύο φῶτα) auf 1° ♒ (Mond) und 8° ♒
(Sonne) beweisen, synekdochisch vom 'Aszendenten' im Sinne des
ganzen ersten Ortes der Dodekatropos (mehr dazu im nächsten Absatz),
nicht im Sinne von exakt 1° ♒. Die Bezeichnung räumlich ausgedehnter
Orte (I, X, VII, IV)[1454] mit denselben Termini, die streng genommen den
in ihnen liegenden kardinalen *Punkten* (ASC, MC, OCC, IMC) vorbehalten sind,[1455] war in der Astrologie schon lange vor der Zeit des Antigonos
üblich.[1456] Aus der Zeit des Antigonos bietet z.B. Valens zahlreiche Belege,[1457] und auch Antigonos selbst schwankt nachweislich zwischen enge-

---

[1449] Vgl. Hübner 2001i, 232, zu Heph. 2,11,25 (= Nech. et Pet. frg. +3), wo mit Verweis
auf τοὺς ἀρχαίους περὶ Νεχεψὼ καὶ Πετόσιριν eine Zutat gegenüber Ptol. apotel.
3,11,6 vorliegt.

[1450] Vgl. Baccani 1992, 130, mit Verweis auf P. Worp (Hor. gr. 243.I.22–23), Z. 2. Unter den Baccani noch unbekannten Papyrushoroskopen bei Jones 1999a ist der früheste
Beleg für ὥρα im Sinne von ὡροσκόπος P. Oxy. astron. 4254 (Hor. gr. 254.X), Z. 5.

[1451] Auch dort schwanken die Hss. in einigen Fällen zwischen *hora* und *horoscopus*: vgl.
Firm. math. 5,6,6. 6,30,22. 7,2,1 und Gundel, ThLL VI 3, c. 2963,20–29.

[1452] Vgl. Pingree 1978a, II 218. Zur ungewissen Datierung Sphujidhvajas s.o. Anm. 71.

[1453] S.o. S. 120: γ, wovon **P** und Exc.[1] abhängen, scheint noch ἐπὶ τοῦ ὡροσκόπου geboten zu haben.

[1454] Siehe das Diagramm unten S. 694.

[1455] Zur Hierarchie dieser Punkte und Orte s.o. zu § 22 τὸν ὡροσκόπον, bes. S. 643.

[1456] Vgl. z.B. Manil. 3,590 *primo sub cardine* und dazu Hübner 2001i, 222, ferner Liuzzi
1991–1997, III 134 zu Manil. 3,537.

[1457] Z.B. Val. 2,28,2 ἄρξουσι δὲ τοῦ πρώτου χρόνου [sc. ζωῆς] κυριεύειν οἱ ἐπόντες
πρώτῳ λόγῳ τῷ ὡροσκόπῳ [= 1. Ort], ἔπειτα οἱ ἐν τῷ μεσουρανήματι [= 10. Ort] ἢ
ἐν τῷ δύνοντι [= 7. Ort] ἢ ἐν τῷ ὑπογείῳ [= 4. Ort], ἐὰν δὲ οἱ τόποι οὗτοι τύχωσι

rem und weiterem Verständnis der Begriffe ὡροσκόπος und μεσουράνη-μα sowie auch der dazugehörigen Verben ὡροσκοπεῖν und μεσουρα-νεῖν. Für die weitere Auffassung im Sinne eines Ortes vgl. § 45 ὁ Ἥλιος ὡροσκοπῶν (ASC = 1° ♒, ☉ 8° ♒), gleich darauf jedoch ist wieder der Aszendent als Einzelgrad und exakter Kardinalpunkt gemeint (§ 46): ἡ τοῦ Ἡλίου περὶ τὸ ὡροσκοποῦν (scil. κέντρον) στάσις. Mit der hie-sigen Formulierung (§ 26) vgl. bes. § 29 τὸ ⟨τὸν Δία καὶ⟩ τὰ δύο φῶτα κεκεντρῶσθαι μάλιστα ἐπὶ τοῦ ὡροσκόπου. Eine wichtige Parallele ist ferner das folgende Horoskop (**F2**), in dem vier Planeten im Widder stehen, und zwar teils vor, teils hinter dem exakten Kulminationsgrad (Venus 5° ♈, Merkur 6° ♈, MC 10°, Mars 15° ♈, Sonne 19° ♈; s.u. S. 1043, Diagr. 24). Antigonos spricht dort (§ 56) von Merkur und Mars ἐπὶ τοῦ μεσουρανήματος (MC = 10° ♈!) und rekurriert sogleich da-nach sogar auf die Position aller vier genannten Planeten ἐν τῷ μεσουρα-νήματι, d.h. im 10. Ort (= Widder).[1458] Vergleichbare Fälle, in denen zwei oder mehr Planeten auf verschiedenen Einzelgraden als ἐπὶ τῆς ὥρας bezeichnet würden, so dass unzweifelhaft der ganze erste Ort ge-meint wäre, sind mir aus der griechischen Astrologie nicht bekannt. Es gibt überhaupt nur fünf Belege für ἐπὶ τῆς ὥρας, die – ebenso wie der hiesige Zweifelsfall (§ 26) – alle von Hephaistion stammen.[1459] Der Ausdruck ἐπὶ τοῦ ὡροσκόπου ist bei verschiedenen Autoren insgesamt um ein mehrfaches häufiger belegt und wohl auch hier die ursprüngliche Lesart.

Nun zur Dodekatropos selbst. Sie ist jenes "sphärische Koordinaten-system",[1460] das als ein imaginäres festes Raster das Gesichtsfeld des nach Süden blickenden Beobachters in zwölf Segmente teilt, die die Tier-kreiszeichen und mit ihnen die Planeten im Laufe der scheinbaren tägli-chen Rotation des Himmels durchlaufen. Diese für die antike Astrologie immens wichtige und bis in die Neuzeit fortwirkende Einteilung des Ho-roskops in zwölf 'Orte' (τόποι, lat. *loci*) nimmt vom östlichen Horizont ihren Ausgang und verläuft, wie das unten folgende Diagramm zeigt, gegen den Uhrzeigersinn.[1461] Die zwölf 'Orte' werden auf verschiedene

κενοί [!], οἱ ἐπὶ τῶν ἐπαναφορῶν [= 2., 5., 8., 11. Ort]· τούτων δὲ κενῶν τυχόντων οἱ ἐν τοῖς ἀποκλίμασι [= 3., 6., 9., 12. Ort] κτλ.

[1458] Zur Ineinssetzung der 12 Orte mit je einem ganzen Tierkreiszeichen s.u. S. 691.

[1459] Heph. 2,1,29. 2,4,29. 2,10,15. 2,11,20. 3,4,23.

[1460] Hübner 1995b, 6.

[1461] Zu den Einzelheiten s. Bouché-Leclercq 1899, 280–288, wo aber (280, fig. 31) δωδεκάτοπος zu δωδεκάτροπος zu ändern ist. Zu der richtigen Namensform, die – in scheinbarem Widerspruch zu den zwölf das System konstituierenden τόποι – 'δωδεκά-

Lebensbereiche des Individualschicksals bezogen[1462] und gelten als verschieden energiereich.[1463]

Aufgrund sphärengeometrischer Probleme, deren Erläuterung hier zu
weit führen würde, haben die Astrologen seit der Antike bis in die Neuzeit zahlreiche verschiedene Methoden zur exakten Einteilung der 'Orte'
ersonnen. So liegen z.B. im 'ägyptischen' *thema mundi*[1464] die Kardinalpunkte genau in der Mitte des 1., 4., 7. und 10. Ortes.[1465] Ptolemaios ließ
den ersten Ort 5° über dem Aszendenten beginnen und 25° unter den Horizont hinabreichen.[1466] Ein anderer, zu Unrecht mit Porphyrios identifizierter Autor sah, dass diese Methode, die analog auf die übrigen κέντρα
(4., 7., 10. Ort) anzuwenden ist, immer dann einer Korrektur bedarf,
wenn ASC und MC nicht genau 90° voneinander entfernt sind:[1467] Dann
müsse jeder der vier unterschiedlich großen Quadranten (ASC–MC, MC–
OCC, OCC–IMC, IMC–ASC) zusätzlich entsprechend seiner Größe
gleichmäßig gedrittelt werden.[1468] Die Drittelung der Quadranten hatte
bereits – allerdings ohne die ptolemäische 5°-Regel (s.o.) – ein ansonsten
unbekannten Astrologen Orion gefordert, den Val. 3,2 zitiert.[1469]

τρόπος' lautet, s. Hübner 1995b, 5³, mit Verweis auf die maßgeblichen Besprechungen
des Problems durch A.E. Housman. Die Dodekatropos ist mit der zwölfteiligen Rosette
eines nach Süden gerichteten Kirchenfensters vergleichbar, durch deren Segmente ein
Beobachter, dessen Augenhöhe dem Zentrum der Rosette entspricht, bei Tag die Sonne
und bei Nacht die Planeten wandern sieht.

[1462] Aus dem Mittelalter stammen die folgenden beiden Merkverse zur Bedeutung der
zwölf Orte: *Vita lucrum fratres genitor nati valetudo / uxor mors pietas regnum bene-*
factaque carcer. (Stegemann 1931/32, 356; Knappich 1967, 61). Details zu einzelnen
Orten werden im Folgenden je nach Bedarf erläutert (s. z.B. den Komm. zu § 35 καὶ ἐν
τῷ ιβ′ τυγχάνειν ἀμφοτέρους). Speziell zum 9. Ort s. Pérez Jiménez 2013.

[1463] Zur Differenzierung der zwölf Orte in κέντρα (I, IV, VII, X), ἐπαναφοραί (II, V,
VIII, XI) und ἀποκλίματα (III, VI, IX, XII) s.u. zu § 26 ἐπαναφερομένων τῇ Σελήνῃ.
Zur Energie der einzelnen Orte s.u. zu § 33a ἀχρηματίστων ... χρηματιστικῶν.

[1464] S.o. S. 632 (Punkt f).

[1465] Firm. math. 3,1,1 = Nech. et Pet. frg. 25,16–17 (ASC des *thema mundi* = 15° ♋;
s.o. S. 632, Diagr. 6). Darauf bezieht sich wahrscheinlich der Anon. comm. in Ptol.
apotel. 3,11,3 pp. 109–110 Wolf, der über Ptolemaios sagt: οὐ γὰρ ἕπεται τῇ τῶν Αἰγυπτίων δόξῃ, ὅτι χρὴ ιε̄ μοίρας καὶ προαναενεχθείσας ⟨καὶ⟩ ἐπαναφερομένας λαβεῖν [-σας ⟨καὶ⟩ Bouché-Leclercq 1899, 270¹, -σαν ed. Bas.].

[1466] Ptol. apotel. 3,11,3. Zu Ptolemaios und zur vorher genannten *Aegyptia ratio* s.
Bouché-Leclercq 1899, 269f., bes. 270¹.

[1467] D.h. wenn nicht 0° Widder aszendiert.

[1468] Siehe Ps.-Porph. isag. 52 p. 226,5–18 = Antioch. epit. 2,46 (ex thes.), CCAG I
(1898), p. 160,5–10 = Rhet. 5,46 (vgl. Burnett – Pingree 1997, 127).

[1469] Für den Astrologen Orion, der vermutlich im 1. Jh. v.Chr. oder im 1. Jh. n.Chr.
lebte, ist Val. 3,2 das einzige Zeugnis. Vielleicht ist er mit dem von Achill. isag. 19,11

Über diesen wenigen, sehr speziellen Lehraussagen haben viele Astrologiehistoriker aus den Augen verloren, was die bei weitem üblichste Methode zur Einteilung der Dodekatropos war: die Ineinssetzung von 'Ort' (τόπος) und 'Zeichen' (ζῴδιον). Diese Methode ist vom Beginn der griechischen Astrologie bis mindestens zum Ende des 2. Jh. n.Chr. die Regel, findet aber weder bei Bouché-Leclercq noch in der einschlägigen Monographie von North 1986 Erwähnung.[1470] Sie lässt sich bei zahlreichen Astrologen dadurch belegen, dass sie entweder einen bestimmten Ort der Dodekatropos explizit als ζῴδιον bezeichnen oder den *terminus technicus* χρηματίζειν, der durch seinen Bezug auf die Dodekatropos definiert ist,[1471] auf die Tierkreiszeichen anwenden. Die Belege stammen von 'Nechepsos und Petosiris',[1472] Timaios,[1473] Serapion,[1474] Manilius,[1475] Thrasyllos,[1476] Balbillos,[1477] Dorotheos,[1478] Imbrasios von Ephe-

---

Di Maria (= isag. 19 p. 47,14 Maass) erwähnten Astronomen Orion identisch, der über Sonnenfinsternisse geschrieben haben soll (dazu Jones 1990, 17). Vielleicht ist außerdem mit ὁ Ὠρίων ἐν τῷ βιβλίῳ (Val. 3,2,20) nicht 'Orion in seinem Büchlein' gemeint (so Gundel – Gundel 1966, 164), sondern ein Zahlbuchstabe – z.B. ⟨γ′⟩ – vor βιβλίῳ ausgefallen (vgl. die *lacunae* in den unmittelbar vorausgehenden Zeilen bei Val. 3,2,16–19).

[1470] Norths Interesse gilt allerdings primär mittelalterlichen und frühneuzeitlichen Systemen zur Berechnung der 12 Orte.

[1471] Mehr dazu im Kommentar zu § 33a ἀχρηματίστων ... χρηματιστικῶν.

[1472] Für diese frühen Autoritäten bezeugt Val. 3,7,10.11 (= Nech. et Pet. frg. 18,30.34) die Junktur χρηματιστικὰ ζῴδια (die auch Valens selbst oft gebraucht); siehe ferner Val. 5,4,2 ἐν τοῖς χρηματίζουσι ζῳδίοις (= Nech. et Pet. frg. 20,4–5).

[1473] Vgl. Antioch. epit. 1,18 (ex isag. 1), CCAG VIII 3 (1912) p. 116,3–8 (s. dazu Anm. 1866 a.E.): Ὅτι χρηματίζειν φησὶν κατὰ Τίμαιον ζῴδια ζʹ κτλ. (vollständig zitiert unten S. 794 bei Anm. 1872), sinngleich: Porph. isag. 36 p. 209,18–24 (zit. S. 794). Der Astrologe Timaios Praxidikos (der zweite Namensteil ist mit Unsicherheiten behaftet, s. Kroll 1898a, 133) ist nach Hübner 2003a, 28, aufgrund seiner Erwähnung durch Plinius den Älteren "einigermaßen sicher ins erste Jh. v.Chr." zu datieren. Noch früher (in die Zeit Hipparchs) datierten ihn Gundel – Gundel 1966, 110–112. Erhalten sind von Timaios einige Exzerpte und doxographische Nachrichten. Siehe auch Hübner 2002g.

[1474] Serap. CCAG VIII 4 (1921) p. 226,21 ἀγαθοποιὰ ζῴδιά εἰσιν ὁ ὡροσκόπος, τὸ μεσουράνημα κτλ.

[1475] Siehe Manil. 3,603f. u. 608 und dazu Hübner 2001i, 222.

[1476] Vgl. die Zusammenfassung seines 'Pinax' im CCAG VIII 3 (1912), pp. 99–101 (= Thras. T 27 Tarrant = Rhet. 6,57), darin bes. p. 100,30–34 (= Rhet. 6,57,20) λέγει δὲ καὶ περὶ τῶν κέντρων ὡς ὁ ὡροσκόπος καὶ ἀναφορὰ καὶ ἀνατέλλον καὶ χρηματίζον ζῴδιον λέγεται κτλ. u. p. 101,28–29 (= Rhet. 6,57,34) τὸ δὲ ιαʹ ἐν τῷ διαθέματι ζῴδιον ἀγαθὸν ἐκάλει δαίμονα. Mit Bezug auf die zuletzt zitierte Stelle spricht Hübner 2005b, 197f., ungenau von "der Verwechslung [besser: Ineinssetzung] der zwölf ζῴδια, den festen Tierkreiszeichen am Himmel, und den zwölf τόποι, den Sektoren des Beobachtungsfeldes".

sos,[1479] Antigonos von Nikaia (dazu gleich mehr), Valens[1480] (obwohl er anderswo eine gradgenaue Ortsberechnung fordert und sagt, die Ineinssetzung von Ort und Zeichen sei unangemessen und selten),[1481] den Autor des Michigan-Papyrus,[1482] Antiochos von Athen,[1483] Sextus Empiricus[1484] und so weiter. Selbst Ptolemaios bietet vereinzelte Belege für die Ineinssetzung von 'Ort' (τόπος) und 'Zeichen' (ζώδιον),[1485] und auch bei erheblich späteren Autoren begegnet sie noch, so etwa bei Paulos Alexandrinos[1486] sowie in dem detailreichsten antiken Kapitel über die Bedeutung der Planeten in den zwölf Orten, das Rhetorios aus älteren, z.T. erhaltenen Quellen kompilierte.[1487] Die Gleichsetzung von τόπος und ζώδιον begegnet implizit auch in den von Neugebauer 1943 als Nr. 1–4 ver-

---

[1477] Balb. astrol. exc. ap. Rhet. 6,8,8–14 (ältere Edition: CCAG VIII 4, 1921, pp. 236,8–237,10) = Hor. gr. –42.XII.27 u. Hor. gr. –71.I.21; zur Gleichsetzung der Zeichen und Orte in diesen Horoskopen s. Neugebauer – van Hoesen 1959, 76 (links).

[1478] Vgl. z.B. Dor. p. 342,17 (= Heph. 2,21,33 = Dor. frg. 40a St. ~ Dor. arab. 2,1,16), wo das 7. Zeichen (τὸ ζ′ ζώδιον) vom Aszendenten als 7. Ort der Dodekatropos besprochen wird. Siehe auch Holden 1996, 33.

[1479] Siehe das von Cumont 1935b, 126,14–127,16 edierte Fragment: ἔτι δὲ καὶ ζώδια ἀγαθοποιὰ μὲν ἕξ· ὡροσκόπος μεσουράνημα ια′ ε′ γ′ θ′· κακοποιὰ δὲ ἕξ· ιβ′ η′ ὑπόγειον ⟨β′ ϛ′ ζ′⟩. Zu Imbrasios von Ephesos s.u. Anm. 3386.

[1480] Z.B. Val. 4,11,49 χρηματιστικὰ μὲν οὖν καὶ ἐνεργητικὰ ζώδιά ἐστιν ὡροσκόπος, μεσουράνημα, κτλ. 4,12,8 τὸ δὲ β′ ζώδιον τὸ ἀπὸ ὡροσκόπου κτλ. 9,3,13 τὸ ζ′ γαμοστόλος τῆς γενέσεως ... τόπος. Siehe ferner Valens' zahlreiche beiläufige Erwähnungen der χρηματιστικὰ ζώδια im Sinne von χρηματιστικοὶ τόποι.

[1481] Val. 9,3,21–25: πρὸ πάντων δὲ τοὺς τόπους μοιρικῶς δεῖ λογίζεσθαι ... εἰ δέ τις πλατικῶς καθ᾽ ἕκαστον ζώδιον ἕνα τόπον λογίζοιτο (ὅπερ ἐστὶ σπάνιον), ἐν συνοχαῖς καὶ ὕβρεσι γίνονται ἢ πραγμάτων περιπλοκαῖς. Siehe ferner Valens' eigene Meinung zu Orion in Val. 3,2 (s.o. S. 690 bei Anm. 1469).

[1482] P. Mich. III 149 (2. Jh. n.Chr.), col. IX,17: τὸ δὲ ζ′ θανάτου ζώδιον, τὸ δὲ η′ ἀργόν.

[1483] Antioch. epit. 1,24 (ex isag. 1), CCAG VIII 3 (1912), pp. 116,32–117,20, bes. 117,11–12: τὸ δὲ η′ ἐπικατάδυσιν καὶ ἀργὸν καλεῖσθαι ζώδιον.

[1484] Sextus Empiricus bezeichnet die Orte und speziell die Kentra durchweg als ζώδια; siehe bes. Sext. Emp. adv. math. 5,12ff. und vgl. Heilen 2004b, 667.

[1485] Z.B. Ptol. apotel. 3,13,1 τὸ προδῦνον sc. ζώδιον (gemeint ist der 6. Ort).

[1486] Siehe die konstante Ineinssetzung der Begriffe in dem langen Dodekatropos-Kapitel bei Paul. Alex. 24 pp. 53,22–72,15 sowie weitere Belege, z.B. Paul. Alex. 25 pp. 73,24–74,1 ἐν τοῖς ἀγαθοδαιμονοῦσι ζῳδίοις (d.h. im jeweils 11. Ort verschiedener Nativitäten).

[1487] Rhet. 5,57, ed. Cumont, CCAG VIII 4 (1921), pp. 126–174 (s. auch die Besprechung ebd. S. 116–118). Zu diesem fälschlich dem Hermes zugeschriebenen Traktat siehe Pingree 1978a, II 431. In diesem Kapitel siehe exemplarisch Rhet. 5,57,346 (= CCAG VIII,4, 1921, p. 161,3–4) über den 8. Ort der Dodekatropos: ἔστι δὲ ζώδιον ἀπόστροφον τοῦ ὡροσκόπου.

öffentlichten demotischen Ostraka (für Daten der Jahre 13–35 n.Chr.)[1488] und findet sich sogar noch bei arabischen Autoren wie z.B. in der astrologischen Weltgeschichte des Māšāʾallāh.[1489]

Angesichts so zahlreicher Belege ist es nicht verwunderlich, dass Antigonos ebenfalls 'Ort' (τόπος) und 'Zeichen' (ζῴδιον) in eins setzt. Er nimmt in den erhaltenen Fragmenten zwar nicht explizit dazu Stellung (was man als Indiz für die Selbstverständlichkeit dieser Methode werten kann), liefert aber die bereits oben (S. 688) zitierten, in **F1** §§ 29.45. **F2** § 56 enthaltenen indirekten Beweise. Da die Ineinssetzung von 'Ort' (τόπος) und 'Zeichen' (ζῴδιον) die beiden *termini technici* innerhalb einer Nativität austauschbar macht, heißt es in **F2** § 60: ζῳδίοις ἢ τόποις. Die Begriffe unterscheiden sich nur durch die Perspektive: τόπος bezeichnet einen Himmelsabschnitt als Teil des Gesichtsfeldes des irdischen Beobachters, ζῴδιον bezeichnet denselben Himmelsabschnitt ohne Bezug auf den irdischen Beobachter als Teil des Tierkreises. Der Vorzug dieser Methode ist ihre Simplizität. Kein Horoskop für Daten vor 200 n.Chr. setzt die Orte nachweislich *nicht* mit den Tierkreiszeichen in eins. Die übliche Einteilung der 12 Orte ist also nicht nur eine äquale[1490] in dem Sinne, dass jeder Ort 30° umfasst (vgl. die englische Bezeichnung 'equal house system'), sondern eine äqual-identische in dem Sinne, dass die 30° eines jeden Ortes mit den 30° eines Tierkreiszeichens übereinstimmen. Holden hat dafür die Bezeichnung "Sign-House system" geprägt,[1491] die nur insofern verbesserungswürdig ist, als aus astrologiehistorischer Sicht "Sign-Place system" ('Zeichen-Ort-System') treffender wäre.[1492]

[1488] S.o. S. 316 zu Hor. dem. 13.IX.13. Hor. dem. 17.IX.26. Hor. dem. 18.II.25. Hor. dem. 35.VII.7 sowie den Kommentar von Neugebauer 1943, 118.

[1489] Vgl. North 1986, 7: "in his own astrological world history he worked to the rough principle of one house per zodiacal sign". – Māšāʾallāh ibn Atharī war ein persischer Jude aus Basra (gest. ca. 815 n.Chr.). Nach Pingree 2006b, 231, ist sein persischer Name Yazdān Khwāst, sein jüdischer Manasse. Er ist einer der bedeutendsten Astrologen, die zwar arabisch schrieben, aber aus mittelpersischen Quellen schöpften (Yamamoto – Burnett 2000, I 581). Sein Originalwerk ist größtenteils verloren, kann aber weitgehend erschlossen werden aus den zahlreichen lateinischen, griechischen und hebräischen Übersetzungen. Weitere Lit.: Kennedy – Pingree 1971. Pingree 1974a. Pingree 1976c, 149–151. Sezgin 1979, 102–108. Pingree 1989, 228–237. Pingree 1990, 294. Pingree 1997b. Pingree 1999. Siehe auch al-Nad. Fihr. 7,2 pp. 650–651 Dodge.

[1490] Vgl. z.B. Knappich 1930, 270: "die damals herrschende aequale Häusermanier" (mit Bezug auf die Zeit von Nechepsos-Petosiris bis zu Porphyrios).

[1491] Vgl. Holden 1982 (= Holden 1994) sowie Holden 1996, 13^{12}.15.18.90. Zur Sache vgl. auch Hand 2000 und Hand 2007.

[1492] Sinngleich, aber etwas unhandlicher, der m.W. erstmals von Greenbaum 2009, 261^6, gebrauchte Begriff 'one place/one sign system'. – Die in der modernen Astrologie ge-

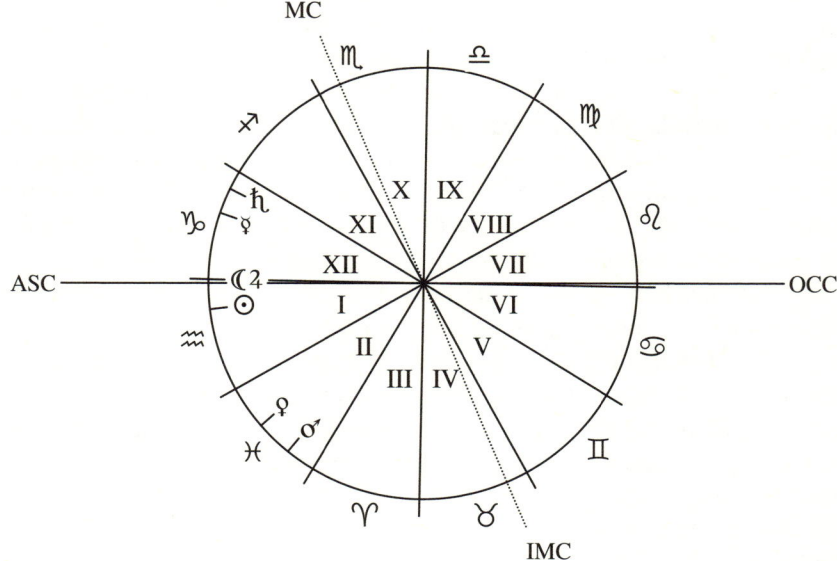

Diagr. 9: Die 12 Orte im Horoskop Hadrians

Was den Ursprung der Dodekatropos betrifft, haben sich jüngst die Indizien dafür verdichtet, dass sie nicht das Produkt einer griechischen, sondern einer indigen ägyptischen Entwicklung ist.[1493] Aus dem mesopotamischen Bereich hingegen fehlen bisher jegliche Indizien für eine Existenz der Dodekatropos, die mitsamt der dazugehörigen Terminologie der 12 Orte im Demotischen, Griechischen und Lateinischen in weitgehend sinngleicher Form belegt ist.[1494] Von Lieven skizziert die Entwicklung der Dodekatroposlehre hypothetisch so, dass bereits im Alten Reich die Schnittpunkte der Ekliptik mit dem Horizont und dem Ortsmeridian (d.h.

---

läufige Bezeichnung der zwölf Orte der Dodekatropos als 'Häuser' bzw. 'Mundanhäuser' sollte in astrologiehistorischen Arbeiten strikt gemieden werden, einerseits, weil sie der antiken Terminologie (τόποι, *loci*) widerspricht, zum anderen, um nicht Verwechslungen mit den Häusern (οἶκοι, *domus*) der Planeten zu begünstigen (s.u. zu § 27 ἐν τῷ ἰδίῳ οἴκῳ).

[1493] Siehe von Lieven 2007, 146f. Greenbaum – Ross 2010, 167–175. Quack (demnächst A), Kap. 2.3.5.

[1494] Zur Terminologie der 12 Orte in demotischen Horoskopen s. die tabellarische Synopse bei von Lieven 1999, 123f.

ASC, OCC, MC, IMC) als bedeutsam wahrgenommen wurden,[1495] dass damals jedoch vermutlich noch keine Prognosen mit diesen κέντρα verbunden waren und sich erst viel später daraus das bekannte zwölfteilige System entwickelte. Wichtige Indizien für die Vorgeschichte der astrologischen Dodekatropos liefert der *Grundriss des Laufes der Sterne* (das sog. *Nutbuch*), "which must have been one of the most important works on Egyptian astronomy, if the number of preserved copies over the millennia is anything to go by".[1496] Die älteste monumentale Quelle dieses religiös-astronomischen Textes stammt aus dem Osireion von Abydos und damit aus der Zeit von Sethos I. (um 1300 v.Chr.), aber der Text selbst ist bereits um 1850 v.Chr. zu datieren.[1497] Die meisten, z.T. um einen Kommentar erweiterten Zeugnisse dieses Textes sind Papyri der Tempelbibliothek von Tebtunis (2. Jh. n.Chr.). In dem Kommentar werden die Kardinalpunkte besprochen (darunter der 7. und 10. Ort mit den dafür üblichen Fachtermini der demotischen Astrologie), nicht jedoch die übrigen Orte der Dodekatropos. "Was im Nutbuch fehlt, sind lediglich die mit der Dodekatropos verknüpften Wertungen der einzelnen Himmelsegmente [*sc. des 1., 4., 7. u. 10 Ortes*], die in der Astrologie für Prognosen benutzt werden."[1498] Leider ist gerade der für unsere Fragestellung entscheidende Kommentar nur durch P. Carlsberg 1 u. 1a (beide 2. Jh. n.Chr.) tradiert, die Zeit seiner Abfassung jedoch aufgrund seiner mitteldemotischen Sprachform bereits im 4. Jh. v.Chr. anzusetzen.[1499] Beachtung verdient ferner, dass es für den 10. Ort eine Bezeichnung *pr nčr.t* ('Haus der Göttin') gibt, die wegen des altertümlichen *pr* statt des üblichen demotischen *ʿwi* ('Haus') ein Indiz für eine vordemotische, d.h. vor das 7. Jh. v.Chr. zurückreichende Tradition sei.[1500]

[1495] Bezeichnungen für den 4. und 10. Ort gibt es in im weitesten Sinne religiös-astronomischem Zusammenhang bereits in den Pyramidentexten des 3. Jts. v. Chr. und den Sargtexten des 2. Jts. v.Chr., freilich ohne astrologische Prognosen (A. von Lieven, Mail vom 8.8.2014; vgl. von Lieven 1999, 124[257]).

[1496] von Lieven 2010, 149.

[1497] von Lieven 2010, 139. Zur Präzisierung: Um 1850 v.Chr. wurde die astronomische Datenliste in einen noch älteren Basistext eingefügt, den von Lieven aus sprachhistorischen Gründen ins Alte Reich (d.h. ins 3. Jts. v.Chr.) datiert.

[1498] von Lieven 2007, 146f.

[1499] von Lieven 2007, 69f. (Datierung der beiden Papyri). von Lieven 2010, 145 (Sprachstufe des in ihnen enthaltenen Kommentars).

[1500] von Lieven 1999, 101 u. 124[259] (vgl. von Lieven 2007, 147). Ich danke A. von Lieven für ihre hilfsbereite Erläuterung der Zusammenhänge (Mails vom 8.8.2014 u. 17.9.2014).

Auf zwei im Vergleich zu dem soeben genannten Kommentar noch erheblich ältere, bis ins 2. Jts. v.Chr. zurückführende Texte, deren Relevanz für die Entwicklung der Dodekatropos aber unsicher ist, verweisen Greenbaum und Ross (2010, 168–170).[1501]

Insgesamt ist zu betonen, dass verschiedene Indizien für eine indigen ägyptische Entstehung der Dodekatropos bereits mehrere Jahrhunderte vor der Zeitenwende existieren, die frühesten konkreten ägyptischen Belege für das vollständig entwickelte System der zwölf Orte der Dodekatropos inklusive astrologischer Prognostik aber erst in einem archäologischen Zeugnis des 1. Jh. n.Chr., Hor. dem. 18.II.25 (s.o. S. 316), vorliegen.[1502]

Im griechisch-römischen Bereich ist das früheste sicher datierbare Zeugnis (Manil. 2,856–970) etwa gleichzeitig mit dem soeben zitierten demotischen Ostrakon entstanden, bildet jedoch bereits eine erheblich veränderte und nur durch Manilius bekannte Variante der traditionellen hellenistischen Dodekatropos.[1503] Dieses traditionelle System, das allerdings ebenfalls von Autor zu Autor geringe Varianten im Detail erkennen lässt,[1504] ist – zumindest doxographisch – in einem sehr knapp formulierten Zeugnis bereits für 'den König' (d.h. Nechepsos) belegt.[1505] Die nächstfolgenden, erheblich detailreicheren Zeugnisse betreffen Thrasyllos, der nicht nur eigene Ausführungen zur Dodekatropos machte, son-

---

[1501] Sie argumentieren dafür, dass schon dem sog. *Pfortenbuch* (um 1300 v.Chr.), das die nächtliche Unterweltsfahrt des Sonnengottes Re vom westlichen zum östlichen Horizont beschreibt, eine Konzeption der unteren Hemisphäre des Kosmos als Sequenz von sechs gleich großen Segmenten, die jeweils zwei saisonalen Stunden entsprechen, eigen sei. Und das sog. *Höhlenbuch* (ebenfalls ca. 1300 v.Chr.) beschreibe die Unterweltsreise des Sonnengottes durch sechs Höhlen. Auch wenn die Ausdehnung dieser Höhlen im Text nicht bestimmt werde, ähnele die Gesamtvorstellung doch als räumliche Einteilung der unter dem Horizont befindlichen Hemisphäre den ersten sechs Orten der Dodekatropos. A. von Lieven hält die Argumentation von Greenbaum und Ross für zu spekulativ (Mail vom 8.8.2014).

[1502] Greenbaum – Ross 2010, 170 u. 173. Dieses Horoskop assoziiert die Orte II bis XII mit den folgenden Bereichen astrologischer Prognostik: II Leben, III Bruder, IV Vater, V Kind, VI (?), VII Schicksal, VIII Tod, IX Gott, X Göttin, XI Psais (Schicksalsgott Shai), XII böser Geist.

[1503] Siehe Hübner 1995b, bes. 82 (mit einem Argument dafür, dass Manilius seine Variante nicht selbst erfunden, sondern von einem älteren, heute verlorenen Gewährsmann übernommen habe).

[1504] Diese betreffen in der Regel Details der den einzelnen Orten zugeordneten Lebensbereiche. Eine systematische Untersuchung hierzu ist ein Desiderat der Forschung.

[1505] Antioch. epit. 1,19 (ex isag. 1), CCAG VIII 3 (1912) p. 116,11–12 (= Nech. et Pet. frg. +16): κατὰ δὲ τὸν βασιλέα χρηματίζειν λέγονται τὰ δ' κέντρα καὶ αἱ τούτων ἐπαναφοραί.

dern auch die in einem älteren pseudepigraphischen Text des 'Hermes Trismegistos' enthaltenen Ausführungen zur Dodekatropos referierte, und Dorotheos, worauf ab dem 2. Jh. n.Chr. zahlreiche weitere Quellen bis in die byzantinische Zeit folgen.[1506] Die frühesten griechischen Horoskope, in denen die Dodekatropos in praktischer Anwendung begegnet, sind Hor. gr. −71.I.21 und Hor. gr. −42.XII.27 des Balbillos.[1507]

Eine von den genannten Zeugnissen für die räumliche Konzeption der Dodekatropos und für die Benennung ihrer zwölf Orte zu scheidende Textsorte sind systematische Unterweisungen zu den Wirkungen der Luminare und Planeten in den zwölf Orten der Dodekatropos. Diese bieten Dor. p. 361–367 (cf. Dor. arab. 2,21–27, beide Male nur 1., 4., 7., 10. Ort).[1508] Ps.-Maneth. 3[2],8–130 (nur 1., 4., 7., 10. Ort).[1509] Val. 2,4–15.[1510] Antioch. (?)[1511] carm. de plan. CCAG I (1898), pp. 108–113 (Fragment, nur 1.–5. Ort erhalten).[1512] P. Oxy. inv. 73/118a[1513] (darin ca.

[1506] Thras. epit. CCAG VIII 3 (1912), pp. 100,30–101,9 u. 101,16–29 (= Thras. T 27 Tarrant = Rhet. 6,57,20–22.25–34) u. Dor. arab. 1,5 ~ Heph. 1,12. Zu den späteren Autoren s. die Stellenliste bei Hübner 1995b, 6[8], in der allerdings die in der vorigen Anmerkung zitierte Antiochos-Stelle fehlt. – Das Argument von von Lieven 2007, 147, dass die griechischen Quellen die Dodekatropos auf ägyptische Autoritäten (s.o. zu Nechepsos und Hermes Trismegistos) zurückführen, verdient Beachtung, ist aber für sich allein genommen nicht verlässlich, wie z.B. die Entdeckung, dass das 'ägyptische' System der Gradbezirke in Wahrheit babylonischen Ursprungs ist, zeigt (s.o. S. 725).

[1507] Die handschriftliche Überlieferung bietet in beiden Fällen die astronomischen Daten in der Reihenfolge der zwölf Orte und Balbillos beachtete bei seiner Festlegung des ἀφέτης der Primärdirektion (dazu s.u. S. 992) von Hor. gr. −71.I.21 die κέντρα und ἐπαναφοραί (CCAG VIII 4, 1921, p. 237,4–5 = Rhet. 6,8,13).

[1508] Ordnung: primär ☾ ☉ ♄ ♃ ♂ ♀ ☿, sekundär I – X – VII – IV.

[1509] Ordnung: primär ♄ ♃ ♂ ♀ ☿ ☉ ☾, sekundär I – X – VII – IV (mit Ausnahmen).

[1510] Ordnung: primär I – XII – XI – X etc. bis II, sekundär: zu Beginn im 1. Ort ♄ ♃ ♂ ♀ ☿ ☉ ☾, am Ende im 2. Ort ♄ ♃ ♂ ☉ ♀ ☿ ☾, dazwischen z.T. sehr unvollständige und ungeordnete Angaben. – Vgl. Val. 4,12,2–16, wo allerdings der spezielle Kontext der Primärdirektionen (hier: παράδοσις ἐνιαυτοῦ) zu beachten ist.

[1511] Der *codex unicus* behauptet, es handle sich um ein Werk des Antiochos. Diese Attribution wurde teils akzeptiert, teils verworfen. Eine Zusammenstellung der Forschungsmeinungen bietet Pérez Jiménez 2011b, 181 (ebd. Anm. 5 ergänze Pingree 1978a, II 299), der sich selbst des Urteils enthält (181 u. 190) und eine neue Edition des Fragments ankündigt (182).

[1512] Ordnung: primär I – XII, sekundär ☾ ☉ ♄ ♃ ♂ ♀ ☿ (mit vereinzelten Abweichungen, die vielleicht durch den schlechten Überlieferungszustand des Textes verursacht sind).

[1513] Eine kommentierte Edition dieses vermutlich in das frühe 4. Jh. n.Chr. zu datierenden Papyrus ist in Vorbereitung durch Alexander Jones und den Verfasser (s.o. S. 8, Anm. 38).

20 Zeilen zu Venus im 10. Ort). Firm. math. 3,2–13.[1514] Paul. Alex. 24.[1515] Olymp. 23.[1516] Rhet. 5,57.[1517] Lib. Herm. 26 (nur 1. Ort).[1518] Kam. isag. 2767–2952 (nur Sonne im 1. Ort).[1519] Eine vergleichende Struktur- und Quellenanalyse dieser Texte, bei der auch demotische Parallelen (bes. P. Berlin 8345)[1520] Berücksichtigung finden sollten, ist ein Desiderat der Forschung.[1521] Sie werden im Folgenden bei allen relevanten Aussagen des Antigonos zum Vergleich herangezogen. Die folgende Tabelle (Nr. 14) bietet eine Übersicht aller relevanten Stellen. Darin sind Fälle, wo der Text nicht von einem τόπος, sondern von einem ζῴδιον spricht, mit '(z.)' gekennzeichnet, Fälle, wo der Text nicht von einem bestimmten Ort, sondern von der Position in einem der vier kardinalen Orte (I, IV, VII, X) spricht, mit '(k.)', und eine Einzelstelle (**F3** § 66b), wo der Bezug auf die Dodekatropos nur implizit vorliegt, mit '(i.)':

[1514] Ordnung: primär ♄ ♃ ♂ ☉ ♀ ☿ ☾, sekundär I – XII. Der Merkur-Teil ist überproportional umfangreich, da Merkur nicht nur in 3,7 – so wie zuvor die übrigen Planeten – *per se* behandelt wird, sondern danach auch noch seine Aspekte mit jedem der zuvor behandelten Planeten (3,8–12, Ordnung: ☉ ♄ ♃ ♂ ♀).

[1515] Ordnung: primär I – XII, sekundär ☉ ☾ ♄ ♃ ♂ ♀ ☿ (vollständig nur im 10. u. 11. Ort, in den übrigen z.T. Umstellungen, z.T. auch erhebliche Auslassungen).

[1516] Ordnung: s. vorige Anm.

[1517] Ordnung: primär XII – I – II etc. bis XI, sekundär jeweils ein Block vermischter Angaben (u.a. zu Planeten, Losen, Mondknoten) und dann ♄ ♃ ♂ ☉ ♀ ☿ ☾. Pingree 1978a, II 427, datiert Rhet. 5,57 auf "probably ... first century A.D."

[1518] Ordnung: primär I – XII (vermutlich), sekundär ☉ ☾ ♄ (im Zuge der Behandlung Saturns im 1. Ort bricht der offenbar fragmentarische Text am Ende eines Absatzes ab). Bzgl. der Datierung des *Liber Hermetis* nach Rhetorios folge ich Pingree. Dieser urteilt (1978, II 431f.), die verlorene griechische Vorlage sei eine nach Rhetorios geschaffene Kompilation z.T. erheblich früherer Quellen und die lateinische Übersetzung sei aufgrund arabischer Einflüsse frühestens in das 12. Jh. zu datieren; vgl. Pingree 1977a, 219: "which [*die griech. Version*] was probably put together in the ninth or tenth century and translated into Latin in the thirteenth" (diese Datierung wiederholt Pingree 1986, XV; kommentarlos zit. von Feraboli 1994, XXI).

[1519] Geht auch auf die Wirkungen vieler verschiedener Konjunktionen und Aspekte der Sonne im 1. Ort mit anderen Planeten ein.

[1520] Die erhaltenen Reste des P. Berlin 8345 spezifizieren die Wirkungen von Venus und Merkur in den Orten I – XII. Dabei fehlen aufgrund von Materialverlust bei Venus die Orte V und X sowie bei Merkur die Orte II und VIII–XII. Siehe Hughes 1986 (Transliteration mit engl. Übers. u. Komm.).

[1521] Erste Beobachtungen dazu bietet der Komm. zu **F3** § 66b (S. 1239).

Ort	Sonne	Mond	Saturn	Jupiter	Mars	Venus	Merkur
I	**F1** §§ 26. 29. 37 (k.). 45. 46. **F3** § 66a	**F1** §§ 26. 29. 37 (k.)		**F1** §§ 29. 33b. 36 (k.)			
II					**F1** § 26	**F1** § 26	
III – IX							
X	**F2** § 56. 58				**F2** § 56 (2x)	**F2** § 56	**F2** § 56 (2x)
XI				**F3** § 66a. 66b			
XII			**F1** §§ 30 (z.). 35. 38	**F3** § 66b (i.)		**F3** § 66b (i.)	**F1** §§ 30 (z.). 35. 38

Tab. 14: Aussagen in **F1–F3** zu den Wirkungen der Luminare
und Planeten in den Orten der Dodekatropos

Zusätzlich zu den hier genannten Fällen verweist Antigonos einmal auf die Position des vorausgehenden Neumondes im 10. Ort (**F2** § 56, dort erneut ζῴδιον statt τόπος).

Zu der in § 26 gebotenen Argumentation des Antigonos, das Kaisertum Hadrians sei durch die Stellung beider Luminare in Verbindung mit Jupiter im 1. Ort verursacht, gibt es einige beachtenswerte Parallelen in den oben genannten einschlägigen Lehrtexten. Bei der Auswahl wurde, da Antigonos im selben Satz die Bedeutung der Partei (s.u. zu τῆς αἱρέσεως) betont, Nachtregeln der Vorzug gegeben. In **F1** liegt jedoch ein Grenzfall vor, da Hadrians Geburtssonne nicht in einem der tief unter dem Horizont befindlichen Orte steht, sondern im ersten und dort nur wenige Bogengrad unter dem Horizont, was möglicherweise die nachteilige Stellung der astrologisch zum Tag gehörenden Planeten (Sonne, Jupiter, Saturn; s.u. S. 702) in diesem Horoskop abmildert. Die folgenden drei chronologisch geordneten Lehrsätze prognostizieren alle mit Ausnahme des ersten Könige (der erste spricht immerhin von λαμπροί):

– Dorotheos lehrt, wenn der Mond im 1. oder 10. Ort einer Taggeburt stehe, behindere er die Karrieren; wenn er jedoch bei Nacht im 1. oder 10. Ort oder auch in den auf diese folgenden Orten (d.h. im 2. oder 11.) stehe, zeige er ruhmvolle und wohlbekannte Menschen an (Dor. p. 361, 16–17 u. 23–24): ἡ Σελήνη ὡροσκοποῦσα ἢ μεσουρανοῦσα ἐπὶ γενέσεως ἡμερινῆς τὰς προκοπὰς ἐμποδίζει [...]. ἐν δὲ νυκτὶ ὡροσκοποῦσα ἢ μεσουρανοῦσα ἢ τούτοις ἐπαναφερομένη λαμπροὺς καὶ πολυγνώστους σημαίνει.

– Valens prognostiziert für die (so verstehe ich den Text)[1522] gradgenaue Position eines jeden der beiden Luminare im Aszendenten Glück, vor allem dann, wenn Jupiter das Luminar der Partei begleite, was im Falle des Mondes große Könige bewirke (Val. 2,4,6–7): Ἥλιος κληρωσάμενος τὴν ὥραν [...], ὡροσκοπήσας, ἐὰν συμπαρῇ καὶ ὁ τοῦ Διὸς [...], ὁ γεννώμενος εὐτυχὴς ἔσται. [...] Σελήνη κληρωσαμένη τὴν ὥραν [...], ⟨ὡροσκοπήσασα⟩, μεγάλους ποιεῖ [...]. ἐὰν δὲ καὶ ὁ τοῦ Διὸς συμπαρῇ [...], βασιλεῖς μεγάλοι (!) γενήσονται. Vgl. ebd. 2,4,2 Ζεὺς τὴν ὥραν ⟨λαχὼν⟩ ἢ τὸν κλῆρον, ὡροσκοπήσας, εὐτυχεῖς ἄγαν

[1522] Valens differenziert in Kapitel 2,4 bei jedem einzelnen Planetennotat zwischen λαχεῖν (bzw. κληρώσασθαι) τὴν ὥραν und ὡροσκοπῆσαι. Für diese Differenzierung gibt es außerhalb von Val. 2,4 keine Parallelen. Anscheinend will Valens mit dem ersten Ausdruck die Stellung im 1. Ort und mit dem zweiten die gradgenaue Position im aszendierenden Tierkreisgrad bezeichnen. Dafür sprechen grammatische, stilistische und statistische Gründe: Grammatisch verdient die regelmäßige Wahl des ingressiven Aorists Beachtung. Vgl. Val. 3,1, wo in einem anderen Lehrkontext (Wahl des ἐπικρατήτωρ τῆς γενέσεως) bis 3,1,25 Stellungen der Luminare in kardinalen Orten erwogen werden, wobei die Konditionalsätze keine Aoristformen, sondern nur Präsensformen von ὡροσκοπεῖν, μεσουρανεῖν und δύνειν enthalten (z.B. 3,1,7 ἐὰν ὁ Ἥλιος ὡροσκοπῇ, 3,1,11 τῆς Σελήνης ὡροσκοπούσης, usw.); danach folgen Sonderfälle, in denen die Sonne durch Stellung in ihrer Erniedrigung (♎) bzw. der Mond durch Stellung 'unter den Strahlen der Sonne' geschwächt sind; unter diesen Umständen, so Valens, komme das jeweilige Luminar, auch wenn es im 1. Ort stehe, nicht für die Wahl als ἐπικρατήτωρ in Frage, es sei denn εἰ μὴ μοιρικῶς ὡροσκοπῶν (!) τύχῃ (3,1,26 *de Sole, cf.* 3,1,27 *de Luna*: ἐκτὸς εἰ μὴ καὶ αὐτὴ μοιρικῶς ὡροσκοπήσει). Dieselbe Beachtung der Tempora liegt anscheinend Antigonos' Wahl des statischen Präsens in § 45 ὁ Ἥλιος ὡροσκοπῶν zugrunde, wo ja tatsächlich gerade *nicht* der Moment des Sonnenaufgangs gemeint ist. – Stilistisch verdient Beachtung, dass die Diktion bei anderer Deutung des Textes tautologisch wäre. Statistisch ist zu bedenken, dass einige der Prognosen in Val. 2,4 wie z.B. Königsherrschaft offensichtlich sehr selten in der dem Leser bekannten Realität eintreten. Also dürfen, um dem Lehrsatz nicht seine astrologische Plausibilität zu nehmen, die astronomischen Bedingungen ebenfalls nur selten erfüllt sein, was aber bei zeichengenauer Deutung von ὡροσκοπῆσαι nicht gegeben ist, da die Bedingung dann ja durchschnittlich in jedem zwölften Fall, also viel zu häufig, erfüllt wäre.

ἀπὸ νεότητος ἀποτελεῖ.

– Rhetorios billigt dem Mond nur dann, wenn er im 1. Ort in Konjunktion mit einem weiteren Planeten (m.E. Jupiter, s.u.) tritt, die Erschaffung von Königen zu, lässt aber auch diese Prognose nur dann gelten, wenn keiner der 'Übeltäter' den Mond beeinträchtigt, genauer gesagt, wenn weder Mars im gegenüberliegenden 7. Ort steht noch Saturn durch körperliche Anwesenheit oder durch einen Aspektwurf den Mond in Mitleidenschaft zieht. Alle von Rhetorios geforderten Bedingungen sind erfüllt. Sein Text lautet (Rhet. 5,57,101–102 = CCAG VIII 4, 1921, p. 138,3–8): Σελήνη τῆς αἱρέσεως τυχοῦσα ἐπὶ τοῦ ὡροσκοποῦντος ζῳδίου, μηδενὶ τὴν συναφὴν ποιουμένη, οὐκ ἀγαθὴ κριθήσεται. ὁμόκεντρος δὲ ⟨Διὶ ἐπὶ⟩[1523] τοῦ ὡροσκοποῦντος τυχοῦσα ἀρχικούς, ἡγεμόνας, μεγιστᾶνας, βασιλεῖς (!) γεννήσει, τοῦ Ἄρεως τῶν ἐναντίων αὐτῇ τόπων μὴ μετέχοντος μηδὲ τοῦ Κρόνου αὐτῇ συμπαρόντος, μήτε κατὰ διάμετρον μήτε κατὰ τετράγωνον αὐτῇ στάσιν ἔχοντος.[1524]

[1523] Διὶ ist meine Ergänzung, ἐπὶ hat bereits Pingree ergänzt. Die Parallele bei Firm. math. 3,13,1 ist leider – vielleicht überlieferungsbedingt – so stark verkürzt, dass sie weder zur Bestätigung der Konjektur dienen kann noch überhaupt eine zitierwürdige Auskunft über die Mondwirkung bei Nacht im 1. Ort bietet. Dass jedenfalls bei Rhetorios die konjekturale Ergänzung eines Planetennamens im Dativ notwendig ist, ergibt sich aus der Wortbedeutung und Konstruktion von ὁμόκεντρος und wird dadurch bestätigt, dass in demselben Rhetorioskapitel einige weitere Planetennamen ausgefallen sind, die aber in der Parallelversion des Firmicus noch erhalten sind. Vgl. ebd. 5,57,91 (= CCAG VIII 4, 1921, p. 136,9–10) Ἥλιος ἐπὶ τοῦ ὡροσκοποῦντος ζῳδίου ⟨Κρόνῳ⟩ [cf. Firm. math. 3,5,2] ὁμόκεντρος τυχὼν βασιλεῖς ἢ ἡγεμόνας γεννήσει sowie auch 5,57,106 (= CCAG p. 138,20–22) ἐπὶ γὰρ τοῦ ὡροσκοποῦντος ζῳδίου ἡμέρας μὲν ⟨Ἄρει καὶ Κρόνῳ⟩ [cf. Firm. math. 3,13,2; an potius ⟨κακοῖς⟩?] ὁμόκεντρος τυχοῦσα [sc. Σελήνη] κυβερνήτας ἢ πειρατὰς ἢ δυσβάτων τόπων ἡγεμόνας γεννήσει. Umgekehrt erlaubt die zuletzt zitierte Rhetoriosstelle eine Emendation bei Firm. math. 3,13,2, wo es angesichts von ἡγεμόνας doch wohl *duces* statt *iudices* heißen muss (unwahrscheinlich: *indices*, zumal diese Vokabel bei Firmicus überhaupt nicht belegt ist).

[1524] Conieci, τυγχάνοντος codd. Cumont Pingree. – Abschließend noch ein Hinweis auf Kamateros: Dieser vereint in einer Prognose, die sich auf die Präsenz beider Luminare im 1. Ort und in einem männlichen Zeichen bezieht, gleich mehrere für das Hadrianhoroskop relevante Details, wobei aber leider die Protasis lückenhaft (v. 2941) überliefert ist und, soweit erkennbar, nicht genau zu der Situation in **F1** passt. Die ohne Korruptelen überlieferte Apodosis seiner politischen Verse lautet (Kam. isag. 2944–2949): πατρὸς ἐνδόξου νόησον ⋮ ταῦτα τὸν γεννηθέντα, ⋮ ὁ δὲ τεχθεὶς ἐπίσημος ⋮ βασιλεύς, αὐτοκράτωρ (cf **F1** § 26), ⋮ δυνάστης ὑπὲρ δύναμιν ⋮ ὀξύς τε καὶ ἀνδρεῖος ⋮ ἢ στρατηγὸς δυνάμενος ⋮ ὑποτάξαι τὰς χώρας, ⋮ ἀνδρεῖος (cf. **F1** § 29), μέγας, ἔμπρακτος ⋮ καὶ φοβερὸς ἐν πᾶσιν, ⋮ παράβολος, νικητικὸς [cf. **F1** § 33b ἀνυστικὸν], ⋮ κελεύων ἐν δυνάμει, ⋮ κτλ.

Wir werden gleich sehen, dass ergänzend einige sehr vorteilhafte
Lehrsätze über die alleinige Wirkung Jupiters im 1. Ort Beachtung verdienen (s.u. Komm. zu § 26 καὶ τῷ Διί), und wir werden später anlässlich von **F3** sehen, dass vorteilhafte Prognosen bezüglich der Sonne im 1.
Ort eigentlich nur für Taggeburten gelten.[1525] Insgesamt wird dadurch
deutlich, dass nach den unter antiken Astrologen allgemein anerkannten
Lehren eigentlich nur der Mond und Jupiter das Kaisertum Hadrians
bewirkt haben können. Der Umstand, dass Antigonos der Sonne eine zumindest sekundäre Rolle in dieser multikausalen Wirkung zubilligt, hat
wahrscheinlich damit zu tun, dass es sich, wie oben bereits gesagt, um
einen Grenzfall handelt, da Hadrians Geburtssonne nur 7° unter dem
Horizont steht und der Tag somit ca. 20 Minuten nach Hadrians Geburt
beginnen wird.

τῆς αἱρέσεως: Die maßgebliche Besprechung dieses *terminus technicus*
bietet Denningmann 2005, 164–182.[1526] Denningmann untersucht nicht
nur die relevanten Zeugnisse, sondern sie zeigt auch (179–182), dass der
von Cumont im Jahre 1909 mit Gewissheit formulierte und seither oft
wiederholte Satz, die αἵρεσις-Lehre sei ägyptischen Ursprungs,[1527] nicht
haltbar ist. Vielmehr gibt es gewichtige Indizien für den babylonischen
Ursprung dieser Lehre. Hier genügt es, die wichtigsten Daten zusammenzufassen. Die antike Astrologie unterscheidet zwei 'Parteien' (so übersetzt Denningmann αἱρέσεις = lat. *sectae*) von Planeten, diejenige der
Nacht (Mond, Venus und Mars: νυκτερινὴ αἵρεσις) und diejenige des
Tages (Sonne, Jupiter und Saturn: ἡμερινὴ αἵρεσις). Merkur ist, wie so
oft in der antiken Astrologie, ambivalent: Als Morgenstern (so hier in **F1**)
wird er dem Tag zugeordnet, als Abendstern der Nacht. Die frühesten Belege für die αἵρεσις-Lehre betreffen Thrasyllos und den wahrscheinlich
noch älteren Imbrasios von Ephesos.[1528] Da bereits Teukros von Babylon
(spätestens 1. Jh. v.Chr.) zwischen Tag- und Nachtkonstellationen unter-

---

[1525] S.u. Komm. zu **F3** § 66a διὰ τὸ τὸν Ἥλιον ἐν τῷ ὡροσκόπῳ εἶναι (s.u. bes. Anm.
3020). Während dort Ps.-Maneth. 3[2],106–111 über die Sonne im 1. Ort eine wichtige
Rolle spielen wird, behandelt derselbe Dichter den Mond im 1. Ort extrem knapp (ebd.
3[2],120f.) und trägt dabei nichts Brauchbares zur Besprechung von **F1** § 26 bei.
[1526] Zur Weiterentwicklung vom Griechischen ins Arabische s. Bezza 2007.
[1527] Cumont 1909b, 22 (= 1913, 468).
[1528] Vgl. die Zusammenfassung des thrasylleischen 'Pinax' im CCAG VIII 3 (1912), p.
100,22–24 (= Thras. T 27 Tarrant = Rhet. 6,57,16) und das von Cumont 1935b, 125,1–
15 edierte Fragment des Imbrasios von Ephesos.

scheidet, ist die Lehre vermutlich noch älter.[1529] Wichtige spätere Ausführungen zur αἵρεσις-Lehre bieten Ps. Cens. (*re vera* Varro)[1530] frg.
3,10. Ptol. apotel. 1,7. Val. 2,1,1.3.6. Antioch. epit. 1,1 (ex isag. 1),
CCAG VIII 3 (1912) p. 112,8–13. P. Mich. III 149, col. VIII,16–19.
Firm. math. 2,7,2. Paul. Alex. 6. Rhet. 5,2,1[1531]. In den griechischen
Papyrushoroskopen wird nach Baccani 1992, 85, fast immer angegeben,
ob es sich um eine Tag- oder Nachtgeburt handelt.[1532] Antigonos scheint
die explizite Angabe in allen drei Horoskopen unterlassen zu haben (zu
Ep.[4] s.u.).

Da hier (**F1**) die Sonne noch 7° unter dem Horizont steht, handelt es
sich um ein Nachthoroskop. In diesem Sinne gehört das Horoskop als
ganzes zu derselben Partei wie der Mond. Der Sinn dieser Stelle ist unzweifelhaft. Da sie dennoch zu Verwirrung führte,[1533] vgl. Ep.[4] διὰ τὴν
Σελήνην οὖσαν τῆς αὐτῆς αἱρέσεως τῇ γενέσει (νυκτερινὴ γὰρ ἡ γένεσις), wobei es sich ebenso um einen verdeutlichenden Zusatz des Johannes Abramios (Ep.[4]) wie um ein Stück in γ verlorenen Originaltextes
handeln kann.

συνάπτουσαν μοιρικῶς: Je exakter eine Konjunktion, desto stärker ihre astrologische Wirkung. Vgl. oben zu § [22add.] μαρτυρεῖ und unten
zu § 28 τὴν συναφήν. Auf die Mond-Jupiter-Konjunktion im Horoskop
Hadrians verweist Antigonos noch zwei weitere Male (§§ 41 u. 45). –
Ep.[4] bietet μοιρικῶς nicht vor, sondern nach τῷ τε ὡροσκόπῳ. Dagegen
spricht aber der Sinn (μοιρικῶς modifiziert *beide* folgenden Elemente
und hat nach συνάπτουσαν die denkbar günstigste Stellung) und das
Zeugnis von Exc.[1]; außerdem s.o. zu § 22 φησί.

καὶ τῷ Διί: Jupiter auf gradgenauer Position im Aszendenten begünstigt
schon für sich allein genommen die Geburt von ruhmreichen Staatslen-
kern: *si Iuppiter in primo cardine partiliter id est in parte horoscopi
fuerit constitutus, [...] faciet nobiles gloriosos magnis semper praepositos*

[1529] Siehe Denningmann 2005, 165.
[1530] Siehe Crişan (demnächst). Vgl. ferner Leo 1889, 282[1], zu einem anderen Teil des
Fragmentum Censorini (Ps. Cens. frg. 13–15): "das metrische Kapitel [...] scheint ganz
aus Varro zu stammen, aus dem es etwa zur Zeit des Censorinus exzerpiert sein kann".
[1531] Dazu Burnett – Pingree 1997, 133.
[1532] Dasselbe ist nach Winkler 2009, 370, in den demotischen Papyrushoroskopen aus
Tebtunis Usus.
[1533] Neugebauer – van Hoesen 1959, 90[10]: "Meaning not clear".

civitatibus (Firm. math. 3,3,1).[1534] Streng genommen gilt dies allerdings nur für Taggeburten (vgl. ebd. 3,3,2). Ohne auf diese Differenzierung einzugehen, lehrt Ps.-Maneth. 3[2],32–35: Ζεὺς δ' ὥρην ἐφέπων ἐρικυδέας ἄνδρας ἔθηκεν | ἐν δήμοις, πάτρῃσί τ' ἐνὶ σφετέρῃσιν ἀγητούς, | πρὸς δ' ἔτι καὶ πρήξει μεγαλαυχέας, ἐν βιότῳ τε | ἀφνειούς, βασιλεῦσι φίλους, μάλα τιμήεντας. Vgl. auch Dor. arab. 2,24,1: "If Jupiter is in the ascendent, he will possess a good marriage and children and brothers and reputation, especially in a diurnal nativity". Die erhaltene griechische Dorotheosparaphrase derselben Stelle scheint einen Textausfall erlitten zu haben, bestätigt aber zweifelsfrei, dass bei Nachtgeburten die beschriebenen Wirkungen prinzipiell nicht aufgehoben, sondern nur gemindert werden. Der Text lautet inklusive einer mir erforderlich erscheinenden diagnostischen Konjektur (Dor. p. 363,7–9): ὁ Ζεὺς ὡροσκοπῶν ἐν ζῳδίῳ θηλυκῷ εὐγάμους, εὐτέκνους, φιλαδέλφους, ⟨ἐν δὲ ζῳδίῳ ἀρρενικῷ φιλοφίλους⟩, ἐναρέτους, ἐπιτρόπους ἢ ἄρχοντας ποιεῖ, καὶ μάλιστα ἡμέρας· νυκτὸς γὰρ ἐλαττοῖ τὰ εἰρημένα.[1535]

Ähnliches gilt, wenn obendrein, so wie hier, der Mond gradgenau hinzutritt: *si Luna cum Iove fuerit partiliter in horoscopo constituta,* [...] *erunt sane clari nobiles et potentes* (Firm. math. 4,24,5). Die glückbringende astrologische Wirkung der Wohltäter in Konjunktion mit dem Mond erwähnt, wenngleich in sehr allgemeiner Formulierung, schon Cic. div. 1,85 (zit. in Anm. 1926); sie muss also sehr alt sein.

Die zitierten Jupiterwirkungen lassen sich in verschiedenen Nuancen durch das Mittelalter bis in die Neuzeit hinein reich belegen. So steht z.B. im Einweihungshoroskop der kaiserlichen Residenzstadt Konstantinopel (Hor. gr. 330.V.11), das Demophilos um 990 n.Chr. verfasste, Jupiter im aszendierenden Tierkreisgrad (und in nächster Nähe auch Venus),[1536] und Girolamo Cardano (1501–1576) interpretiert Jupiter im Aszendenten des Christushoroskops als Zeichen für Adel und Gerechtigkeit.[1537]

[1534] Grundlegende Informationen zu den Wirkungen der Luminare und Planeten in den zwölf Orten der Dodekatropos bietet der Komm. zu **F1** § 26 ἐπὶ τοῦ ὡροσκόπου (ab S. 697).

[1535] Zur Begründung der Konjektur: Die Wirkung ἐπιτρόπους ἢ ἄρχοντας war ursprünglich offensichtlich nicht als die eines weiblichen Zeichens intendiert. Zu meinem Ergänzungsversuch vgl. Val. 1,2,55–56 Τοξότης οἶκος Διός, ἀρρενικόν, [...]. οἱ δὲ γεννώμενοι [...] φιλάδελφοι, φιλόφιλοι, κτλ. Der Textausfall wäre dann durch (sensu lato) *saut du même au même* verursacht worden.

[1536] Vgl. Pingree 1977b, 306.

[1537] Dazu Whitfield 2001, 160. – Zur Relevanz der Konjunktion von Mond und Jupiter für Könige vgl. auch Pellegrino Prisciani, den Hofastrologen von Ferrara: Dieser mahnte die stolze Leonora von Aragón, die sich weigerte zu beten, sie möge dem Beispiel der

μέλλοντι καὶ αὐτῷ ἑῷαν φάσιν ποιήσασθαι μετὰ ζ ἡμέρας: καί
hier steigernd, 'noch dazu', 'obendrein' (vgl. § 28 ὅτι καί). Vgl. die Formulierung bei Rhet. 6,52,32 (Hor. gr. 497.X.28) über Merkur: μέλλων
ποιεῖσθαι τὴν ἑσπερίαν ἀνατολὴν μετὰ ἡμέρας δ̄.

Antigonos bezieht sich hier auf den heliakischen Aufgang (ἑῷα ἀνατολή oder auch ἑῷα φάσις) des Jupiter, d.h. das Datum, an welchem
dieser Planet erstmals morgens vor Sonnenaufgang wieder sichtbar sein
wird. Grundsätzlich zum heliakischen Aufgang unten S. 741 im Kommentar zu § 27 ἐπὶ ἑῷας ἀνατολῆς (Punkt 2).

Da Jupiter im Hadrianhoroskop nach Auskunft des Antigonos nur 7°
von der Sonne entfernt steht (§ 22), wird er durch deren grelles Licht
überstrahlt und befindet sich in seiner mehrere Wochen dauernden Phase
der Unsichtbarkeit. Die Sonne hat Jupiter bereits 'überholt', und mit jedem weiteren Tag wächst die Distanz der beiden Himmelskörper aufgrund der viel schnelleren Bewegung der Sonne durch den Tierkreis um
ca. einen weiteren Grad. Nach Ptol. synt. 13,7 p. II 593,9 H. wird Jupiter
in einer Entfernung von 12¾° erstmals wieder als Morgenstern vor Sonnenaufgang sichtbar sein und seine φάσις ('Erscheinung') haben.[1538] Für
die übrigen Planeten gelten je nach Helligkeit andere Werte. In der Astrologie jedoch wurde allgemein mit einem *arcus visionis*[1539] von 15° für
das Heraustreten jedes der fünf echten Planeten aus dem Glanz der Sonne
gerechnet. Dabei handelt es sich um einen Traditionswert, der viel älter
ist als die präzisen, nach einzelnen Planeten differenzierten Angaben des
Ptolemaios. Schon die babylonische Astronomie kannte die Faustregel,
dass ein Ekliptikbogen von der Länge eines Tierkreiszeichens (30° i.S.v.
$\lambda_\odot \pm 15°$), durch die Sonne unsichtbar gemacht werde.[1540] Diesen Richt-
wert übernahmen die griechischen Astronomen (erstmals belegt bei Autolykos von Pitane, ca. 300 v.Chr.) und in ihrem Gefolge die Astrologen,
unter denen der 15°-Wert erstmals bei Serapion – d.h. schon sehr früh –
belegt ist.[1541]

Der aufmerksame Leser wird mit Verwunderung feststellen, dass Antigonos von nur sieben Tagen bis zum heliakischen Aufgang des Jupiter

---

'Könige von Griechenland' folgen, die zu beten gepflegt hätten, wenn der Mond in
Konjunktion mit Jupiter gestanden habe (Grafton 1999, 22).

[1538] Zu diesem *terminus technicus* vgl. C. Orlando in Orlando – Torre 1991, 301 mit
Anm. 23.

[1539] Zum Begriff vgl. Neugebauer 1975, 234[1].

[1540] Neugebauer 1975, 829.

[1541] Zu Details und weiteren Belegen s. Neugebauer 1975, 760f. u. 829. Siehe jetzt auch
Denningmann 2005, 38[121] (mit weiterer Lit.).

spricht. Da die Sonne mit ca. 1°/Tag durch den Tierkreis wandert und Jupiter im Durchschnitt 1/12 Grad pro Tag zurücklegt, macht schon eine Überschlagrechnung klar, dass im Falle Hadrians die Distanz zwischen der Sonne und dem ihr folgenden Jupiter, die bei der Geburt angeblich 7° betrug, sieben Tage später kaum mehr als 13° oder 14° betragen kann. In Wahrheit wuchs die Distanz in diesem Zeitraum sogar nur um 5° 22′.[1542] Warum sagt Antigonos also nicht 'nach acht Tagen' oder 'nach neun Tagen'? Die Antwort ist nicht etwa in einer Verderbnis des Zahlwerts (ζ ἡμέρας) zu suchen, sondern liegt darin, dass es ihm gerade auf den astrologisch signifikanten *siebten* Tag ankommt. Er fordert ja in § 51 ausdrücklich dazu auf, nicht nur die Position des Mondes, sondern auch die der übrigen Planeten am 3., 7. und 40. Tag nach der Geburt zu untersuchen.[1543] Man vergleiche seine Aussage zum heliakischen Aufgang des Saturn drei Tage nach der Geburt des Pedanius Fuscus (**F3** § 63 μετὰ ἡμέρας τρεῖς ἐπὶ ἑῴας ἀνατολῆς τὴν φάσιν ποιούμενον), die durch dieselbe Lehre ihre Erklärung findet. Während dort allerdings, wie der Kommentar zur Stelle zeigt, die Tageszahl (τρεῖς) astronomisch einleuchtet, haben wir es im hiesigen Fall wahrscheinlich mit einer leichten Stilisierung bzw. Schönung im Interesse der astrologischen Perfektion zu tun. Auch andere Astrologen knüpfen im Sinne der Lehre vom 3., 7. und 40. Tag glückbringende Prognosen an den heliakischen Aufgang eines Planeten am siebten Tag.[1544]

Im Kommentar zu §§ 50–51 wird zu zeigen sein, dass die Lehre vom 3., 7. und 40. Tag eine Differenzierung nach Lebensaltern impliziert: Der der Geburt nächste der drei Termine, d.h. der 3. Tag, ist auf einen relativ frühen Lebensabschnitt zu beziehen, der 7. Tag auf die Lebensmitte, der 40. Tag auf das Lebensende. So gesehen passt es hier vortrefflich, den 7. Tag des olympischen Herrschers Jupiter auf die Erhebung Hadrians zum irdischen Herrscher etwa in der Mitte seines Lebens (im 42. Jahr) zu beziehen.

[1542] Jupiter war vom 24.–31. Januar 76 n.Chr. rechtläufig und bewegte sich um 1° 40′ vorwärts, die Sonne hingegen um 7° 02′. Die Distanz Sonne-Jupiter wuchs also um 5° 22′. Da Antigonos aus seinen Tabellen leicht ersehen konnte, dass Jupiter rechtläufig war, muss er gewusst haben, dass die fragliche Distanz nach sieben Tagen nur maximal 13°–14° betragen konnte.

[1543] Mehr dazu im Kommentar zu §§ 50–51.

[1544] Vgl. das unten im Kommentar zu §§ 50–51 gesammelte Material, bes. S. 913 unmittelbar vor und nach Anm. 2206 sowie auch S. 921 bei Anm. 2229 und S. 923 bei Anm. 2234.

ἑῷαν – ἡμέρας: Zur abweichenden Wortfolge in Ep.[4] s.o. zu § 22 φησί.

δορυφορούντων: Die astrologische Lehre von der δορυφορία ('Speerträgerschaft'), auf die Antigonos in allen drei Horoskopen rekurriert,[1545] hat Denningmann 2005 als einen besonders interessanten Fall von soziomorpher Metaphorik in der antiken Planetenastrologie monographisch untersucht. Es genügt hier, die Ergebnisse dieser mustergültigen Studie zusammenzufassen.[1546] Als Vorbild der planetaren δορυφορία diente nicht der byzantinische Hof,[1547] sondern der persische, wo die Speerträger (δορυφόροι) bei der Repräsentation des Großkönigs eine bedeutende Rolle spielten.[1548] Die Griechen übernahmen die Vorstellung und projizierten die Rolle der irdischen Speerträger, die den König umringen, auf die Planeten. Doch nicht immer, wenn von den Planeten als 'Speerträgern' der Sonne die Rede ist, liegt eine astrologische Auffassung zugrunde. Dies hat besonders im Falle von Philon und Proklos, deren Konzept der planetaren Doryphorie philosophisch-theologisch, nicht astrologisch gemeint ist, zu Missverständnissen geführt. Das von Philon und Proklos verwendete Konzept der Doryphorie stellt auch nicht, wie manche annahmen, eine Modifikation astrologischer Lehren dar, sondern erwächst aus einer philosophischen Tradition, die von Platon ausgeht.[1549]

Die astrologische Übertragung des Begriffs 'Speerträger' auf die Planeten ist seit Serapion (2. oder 1. Jh. v.Chr.) belegt.[1550] Nach Serapion gehen die Speerträger der Sonne voran, während sie dem Mond folgen. Dies ist nicht nur die früheste bezeugte astrologische Form der δορυφορία, sondern auch die am weitesten verbreitete. Serapion soll aus 'Nechepsos und Petosiris' geschöpft haben, und da Antigonos, dessen Astrologie insgesamt in derselben Tradition steht (§ 21), in jedem der drei erhaltenen Horoskope die Doryphorie im Sinne des Serapion anwendet, ist es sehr wahrscheinlich, dass wir es hier tatsächlich mit der von 'Nechepsos und Petosiris' gelehrten Doryphorie zu tun haben.

In der bei Serapion und Antigonos vorliegenden Form ist die Lehre der Doryphorie denkbar einfach: Es kommt nur darauf an, dass die δορυ-

---

[1545] Außer der hiesigen Stelle vgl. §§ 27[2x].30.33b.34.36[3x].37[2x].38. **F2** § 58[2x]. **F3** § 66a.

[1546] Das folgende z.T. wörtlich nach Denningmann 2005, 381–385.

[1547] So zu Unrecht Bouché-Leclercq 1899, 252.

[1548] Denningmann 2005, 24–26 u. 381.

[1549] Denningmann 2005, 123–163, bes. 160–163.

[1550] Serap. CCAG VIII 4 (1921), p. 227,8–10. Siehe dazu Denningmann 2005, 48–62 (Rekonstruktion des Textes und inhaltliche Analyse).

φόροι beziehungsweise die δορυφοροῦντες ἀστέρες im Sinne der Tagesrotation der Sonne vorangehen und dem Mond folgen. Es werden keine Bedingungen an die zodiakale oder mundane[1551] Position der speertragenden Planeten formuliert; nur sollen sie von dem Luminar, das sie begleiten, nicht weiter als eine maximale Distanz entfernt stehen. Antigonos nennt in **F2** § 54 eine Grenze von 90° als maximale Distanz zur Sonne, zum Mond äußert er sich in den erhaltenen Fragmenten nicht. Die 90°-Grenze für die Sonne, die vielleicht ebenso für den Mond gilt,[1552] ist ohne Parallelen in anderen Texten. Paulos Alexandrinos terminiert die Doryphorie bei 120° (Sonne) beziehungsweise 60° (Mond),[1553] arabische und jüdische Quellen sprechen von 60°.[1554]

Dass die Speerträger der Sonne in einem begrenzten Abstand vorausgehen und dem Mond in einem ebenfalls begrenzten Abstand folgen müssen, hat wahrscheinlich in realen Sichtbarkeitsverhältnissen und babylonischen Geflogenheiten seinen Ursprung, denn in keilschriftlichen Omentexten werden (a) der Sonnenaufgang und (b) die erste Sichtbarkeit des Mondes nach seiner Phase der Unsichtbarkeit als Ankunft des Königs mythisch ausgedeutet.[1555] Im Fall (a) sind Planeten, die der Sonne in der Tagesrotation vorausgehen, kurz vor dem Aufgang der Sonne über dem östlichen Horizont sichtbar, gleichsam als Vorboten (während eventuelle der Sonne folgende Planeten nach dem Aufgang des Luminars im gleißenden Tageslicht unsichtbar sind); im Fall (b) ist die Sichel des neuen Mondes kurz nach Sonnenuntergang am westlichen Horizont sichtbar, und falls Planeten der Mondsichel folgen, auch diese (die der Sonne vorausgehenden Planeten hingegen sind bereits untergegangen und somit unsichtbar).

Den speziellen Fall der Doryphorie im Hadrianhoroskop hat Denningmann 2005, 337–343, untersucht. Ihre wichtigsten Ergebnisse sind: a) Antigonos folgt (ebenso wie in **F2** u. **F3**) der ältesten fassbaren Definition (Serapion); b) die Sichtbarkeitsphasen gelten ihm nicht als ein für die Doryphorie relevantes Kriterium; c) Venus, Mars und die Sonne fol-

---

[1551] D.h. mit Bezug auf den Horizont und die Kardinalpunkte.

[1552] Die größte Mond-Distanz, bei der Antigonos in den konkreten Fällen noch von Doryphorie spricht, beträgt 51° (Mars-Mond in **F1** § 26). **F1–F3** bieten keine Planetenpositionen, die gegen die Annahme einer Doryphorie bzgl. des Mondes bis max. 90° sprechen.

[1553] Paul. Alex. 14 p. 30,14–19 (zit. in Anm. 2852); vgl. Denningmann 2005, 67f. 176. 348.

[1554] Mehr dazu bei Denningmann 2005, 322f. 348.

[1555] Denningmann 2005, 384; vgl. ebd. 61f.

gen in der hier vorliegenden Konstellation als Speerträger dem Mond, wobei die Sonne ihrerseits drei Speerträger hat (Saturn, Merkur und Jupiter), die ihr vorausgehen; d) obwohl der Mond ebenfalls der Sonne vorausgeht, wird er nicht als Speerträger bezeichnet, wohl deshalb, weil er das Luminar der Partei (**F1** = Nachthoroskop) ist;[1556] e) die fünf speertragenden Planeten sind den Luminaren im Sinne der αἵϱεσις-Lehre perfekt zugeordnet,[1557] da die astrologisch zum Tag gehörenden Planeten (Jupiter, Saturn und hier – da er Morgenstern ist – auch Merkur) der Sonne vorausgehen und die zur Nacht gehörenden (Venus und Mars) dem Mond folgen (diesen Idealfall fordert die Lehre der Doryphorie aber nicht ausdrücklich, in **F2** u. **F3** ist er auch *de facto* nicht gegeben); f) letztlich eskortieren in **F1** also alle Planeten den Mond, teils direkt (Sonne, Venus, Mars), teils indirekt (Saturn, Jupiter, Merkur), entsprechend dem folgenden Schema:[1558]

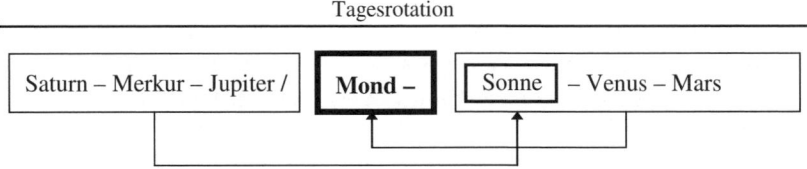

Diagr. 10: Die Doryphorie im Horoskop Hadrians

Was die astrologische Deutung betrifft, wendet Antigonos die Lehre von der Doryphorie in allen drei erhaltenen Horoskopen an, um Aussagen über den sozialen Status des Nativen zu begründen. Nach Denningmann[1559] wird hier das Prinzip der Projektion und Reflexion soziomorpher Modelle besonders deutlich: In einem ersten Schritt werden die Luminare als Abbild des irdischen Königs und die fünf Planeten als Abbilder der irdischen Speerträger des Königs gedeutet. In einem zweiten Schritt werden Rückschlüsse auf die Erde gezogen, und zwar in dem Sinne, dass die Luminare diejenigen sind, die irdischen Herrschern die Macht verleihen (cf. § 34 τὰ δύο φῶτα τὰ τὴν δύναμιν παρέχοντα), sofern sie in einer Geburtskonstellation mit Bezug auf die Kardinalpunkte

---

[1556] S.o. zu § 26 τῆς αἱϱέσεως.

[1557] Zum Zusammenhang zwischen αἵϱεσις und δοϱυφοϱία s. Denningmann 2005, 164–182 u. 382, über P. Mich. III 149 und Paul. Alex. 6.

[1558] Der Mond steht in Wahrheit nicht genau in der Mitte der sieben Planeten, da Jupiter nach § 22 gradgenau bei ihm steht; deshalb der Schrägstrich nach Jupiter (ebenso Denningmann 2005, 340, Abb. 34).

[1559] Denningmann 2005, 353.

und die Qualitäten der Tierkreiszeichen stark gestellt sind und viele Planeten als 'Speerträger' haben. Der genaue Umfang von Macht und sozialem Status des Nativen wird daran geknüpft, wie vollkommen die astronomische Konstellation die genannten astrologischen Bedingungen erfüllt. Das Horoskop des Kaisers Hadrian stellt ein mustergültiges Beispiel für die Lehre der Doryphorie dar. Das Prinzip der Reflexion des soziomorphen Modells bringt Antigonos am deutlichsten in § 36 zum Ausdruck.[1560]

Auf den Befund in **F2** und **F3** wird später im Detail einzugehen sein (s.u. zu **F2** § 58 δορυφορούμενος u. **F3** § 66a δορυφορεῖσθαι). Von anderen Autoren sind nur sehr wenige praktische Anwendungen der Lehre von der Doryphorie erhalten; vgl. Val. 2,27,8–12 (= Hor. gr. 101.III.5)[1561] und Hor. gr. 905.IX.3 (Const. VII Porph.) cap. 1 u. 9.[1562]

Zuletzt ist darauf hinzuweisen, dass Bouché-Leclercq seine Darstellung der Doryphorie (1899, 252–254) in Unkenntnis wichtiger Quellen, die erst später publiziert wurden, auf drei durch Porphyrios überlieferte Definitionen stützte. Diese Definitionen hat man in der Folgezeit oft zu Unrecht als maßgeblich für die antike Lehre von der Doryphorie betrachtet. Denningmann hat gezeigt, dass die Definitionen des Porphyrios, die von Hephaistion exzerpiert wurden und letztlich auf Antiochos von Athen zurückgehen,[1563] nichts als komplizierte Sonderlehren sind,[1564] die – ebenso wie andere astrologische Sonderlehren – der Experimentierfreudigkeit eines einzelnen Astrologen entspringen.[1565] In der Praxis der griechisch-römischen Astrologen haben diese Sonderlehren keine Spuren hinterlassen.

[1560] S.u. zu § 36 ὁ γὰρ ἀεὶ – προσκυνεῖσθαι.

[1561] Darin zur Doryphorie als Grund der machtvollen Stellung des Nativen (Val. 2,27,9): ὁ τοιοῦτος ἔνδοξος, ἐξουσιαστικός. ἐδορυφορήθη γὰρ ὁ Ἥλιος ὑπὸ τῶν ἀγαθο-ποιῶν κτλ.

[1562] Dazu Denningmann 2005, 329–332 u. 353–360 (s. auch ebd. 360–362 zu Hor. gr. 1345.II.5, dem anonymen Horoskop eines vornehmen venezianischen Gesandten).

[1563] Porph. isag. 29 pp. 204,18–205,29 (~ Heph. 1,17 ~ Antioch. epit. 1,17 [ex isag.], CCAG VIII 3, 1912, pp. 115,10–116,2).

[1564] Daher auch der Unmut Bouché-Leclercqs a.a.O. ("c'est le gâchis complet", "il faut renoncer à s'orienter dans ce fatras", "un chaos inintelligible" etc.).

[1565] Neben der δορυφορία sind Sonderlehren des Antiochos von Athen auch mit mehr oder weniger großer Wahrscheinlichkeit bezüglich der folgenden Fachbegriffe bzw. Begriffspaare erkennbar: ἀκτινοβολία, καθυπερτέρησις und ἑπόμενος / προηγούμε-νος (s.u. S. 1220–1226), ἐμπερίσχεσις und περίσχεσις (s.u. S. 807), οἰκοδεσπότης τῆς γενέσεως, συνοικοδεσπότης τῆς γενέσεως und κύριος τῆς γενέσεως (s.u. S. 1074f.), σύνοδος (s.u. Anm. 1735).

αὐτήν: so Ep.[4]; dagegen bietet **P** αὐτῶν (übernommen von Pingree, ohne Angaben im Apparat) und Exc.[1] αὐτά. Die Lesarten in **P** und Exc.[1] verweisen auf einen Fehler in γ (s. Stemma S. 120). Der Gedankengang des Antigonos ist klar geordnet und fasst erst mit § 27 die Speerträger der Sonne ins Auge, die ihrerseits als Speerträger des Mondes fungiert. Es muss daher αὐτήν (sc. Σελήνην) heißen. Die Lesart αὐτῶν ist nicht nur inhaltlich, sondern auch grammatisch unmöglich.[1566]

ἀστέρων: 'Sterne'.[1567] Das semantische Spektrum von ἀστήρ ist weit und damit an vielen Textstellen interpretationsbedürftig, denn dieser schon bei den vorsokratischen Naturphilosophen geläufige Oberbegriff für alle Himmelskörper kann sowohl die Fixsterne als auch die sieben Wandelsterne bezeichnen, darüber hinaus auch Kometen, Sternschnuppen und Meteore.[1568] Im Falle der Wandelsterne können entweder nur die fünf echten Planeten Saturn, Jupiter, Mars, Venus und Merkur oder auch zusätzlich zu diesen fünf die beiden Luminare gemeint sein, nicht jedoch die Luminare allein (s.o. zu § 26 τὰ δύο φῶτα). Häufig, aber nicht immer, wird das Gemeinte durch Attribute verdeutlicht. Die geläufigsten Junkturen in astronomischen und astrologischen Texten sind zur Bezeichnung der Fixsterne οἱ ἀπλανεῖς ἀστέρες (s. **F5** § 70) oder kurz οἱ ἀπλανεῖς (s. **F1** § 28 [2x] u. **F5** § 68), zur Bezeichnung der 'Wandelsterne' οἱ πλανώμενοι ἀστέρες (s. **F1** § 28 u. **F5** § 68) oder kurz οἱ πλανώμενοι (s. **F1** § 37). Bei anderen Autoren heißen die zuletzt genannten auch οἱ πλάνητες oder οἱ πλανῆται, im Lateinischen *errantia sidera, errantes stellae, planetae*.[1569] Die für die Universalastrologie bedeutenden Kometen heißen κομῆται (ἀστέρες), die demselben Teilgebiet der Astrologie zuzurechnenden, aber nur extrem selten Erwähnung findenden[1570] Stern-

---

[1566] Deshalb hätte Pingree, wenngleich es nicht seine Absicht war, den Text des Antigonos zu konstituieren, sondern den jedes einzelnen Überlieferungsstrangs der Hephaistiontradition, zumindest hier unbedingt der richtigen Lesart von Ep.[4] folgen müssen, so wie er es im unmittelbaren Kontext auch mehrmals tut.

[1567] Zur etymologischen Verwandtschaft des griechischen und des deutschen Begriffs s. Kluge – Seebold 1999, 794, s.v. 'Stern¹', u. vgl. Beekes 2010, 156f., s.v. ἀστήρ, u. De Vaan 2008, 585, s.v. *stēlla*.

[1568] Die Differenzierung bei LSJ + Suppl. 1996 s.v. ἀστήρ I.1 ist völlig unzureichend, diejenige des DGE s.v. ἀστήρ I.1 etwas besser. Boll 1917b betont zu Recht, dass mit ἀστήρ immer ein einzelnes Objekt gemeint ist, also z.B. nie ein aus mehreren Fixsternen bestehendes Sternbild.

[1569] Vgl. Le Bœuffle 1987, 131f. (Nr. 488) s.v. *errantes* u. 216f. (Nr. 965) s.v. *planetes*.

[1570] Siehe jedoch Heph. 1,22,14 (= Nech. et Pet. frg. 7,31–32) ἐὰν δὲ ἐν τοῖς Ἰχθύσι κομήτης γένηται καὶ ἄλλος τις ἱερὸς ἀστὴρ ὀφθῇ ἐκ τῶν δρόμων κτλ. und die glei-

schnuppen und Meteore διατρέχοντες (ἀστέρες) oder ᾄττοντες bzw. διᾴττοντες (ἀστέρες).

Wenn in genethlialogischen Texten die Attribute ἀπλανής beziehungsweise πλανώμενος fehlen, ist in der Regel leicht aus dem Kontext ersichtlich, welche der beiden Kategorien von Himmelskörpern (ἀστέρες) gemeint ist. Schwieriger kann jedoch die Binnendifferenzierung im Falle der Wandelsterne sein, denn mal sind nur die fünf echten Planeten gemeint, mal die fünf Planeten und die beiden Luminare. Belege aus den Antigonosfragmenten mögen genügen: So bedeutet **F1** § 37 πάντων τῶν ἀστέρων eindeutig 'alle echten Planeten' unter Ausschluss der Luminare (sinngleich: **F5** § 68 τῶν πλανωμένων ἀστέρων); ebenso eindeutig sind jedoch in **F2** § 56 mit τοὺς ἀστέρας alle sieben Wandelsterne gemeint, und dasselbe gilt wohl auch für **F2** § 60 τῶν ἀστέρων ... πάντων. Nicht alle sieben Wandelsterne, sondern aus Planeten und Luminaren gemischte Gruppen bezeichnen ferner **F2** § 56 τοὺς δ̅ ἀστέρας (Sonne, Mars, Venus, Merkur) und **T4** πάντες σχεδὸν οἱ ἀστέρες (Mond, Jupiter, Merkur).[1571] Nicht eindeutig klar ist der Sinn von **F2** § 57 πάντας αὐτοὺς τοὺς ἀστέρας (s. Komm. z.St.). Siehe auch unten zu § 37 τῶν ε̅ πλανωμένων.

οἰκείως εὑρεθέντων: οἰκείως bezeichnet die verschiedenen Formen von Affinität, die sich aus den Positionen der Planeten im Verhältnis zu den Tierkreiszeichen oder zueinander – z.B. durch Aspekte – ergeben.[1572] Hier bezieht sich οἰκείως auf die Planetenwürden (s. nächstes Lemma). Vgl. z.B. Val. 2,27,4 (Hor. gr. 86.VIII.11), wo ebenfalls eine hohe Würdenstellung begründet wird: ὁ τοιοῦτος ἡγεμονικός, ζωῆς καὶ θανάτου κύριος· οἰκείως γὰρ οἱ ἀστέρες εὑρέθησαν.[1573] Dem Sinn nach eng verwandt mit οἰκείως εὑρεθῆναι ist καλῶς κεῖσθαι; mehr dazu im Kommentar zu § 32 εἰ καλῶς κεῖται καὶ ὁρᾷ τὸν τόπον. Bei Antigonos vgl. ferner § 43 οἰκείως συμπαρατύχωσιν ... ἀνοικείως ... συμπαρα-

---

che Stelle im Wortlaut von Heph. epit. 4,19,13 ἐὰν δὲ ἐν τοῖς Ἰχθύσι κομήτης γένηται ἢ ἄλλος τις ἱερὸς ἀστὴρ ὀφθῇ ἐκ τῶν διαττόντων κτλ.

[1571] Siehe das Diagramm zu Hor. gr. 487.IX.5 oben S. 517.

[1572] Dasselbe gilt für die Substantive οἰκείωσις und συνοικείωσις. Zu συνοικείωσις und verwandten *termini technici* vgl. R. Torre in Orlando – Torre 1991, 304, Abb. IV.

[1573] Neugebauer – van Hoesen 1959, 94[2] ad loc., finden die Aussage des Valens unklar. Aber dieser bezieht sich wohl auf die Positionen der beiden Rang und Ehren symbolisierenden Planeten Sonne und Jupiter in ihren eigenen Häusern (♌, ♐; darüber hinaus steht die Sonne im Aszendenten). – Zu οἰκείως s. ferner Bouché-Leclercq 1899, 391 u. 421[5] a.E.

τύχωσιν (im Sinne der Planetenwürden) sowie § 37 δορυφορεῖσθαι οἰ-κείως (in anderem Sinne: s. Komm. z.St.).

Positionsangaben werden in antiken Horoskopen häufig mit εὑρί-σκειν formuliert. Das 'Finden' bezieht sich nicht auf direkte astronomi-sche Observation, die zur Stellung von Horoskopen unüblich war, son-dern auf die Konsultation der Planetentafeln (κανόνες).[1574] Vgl. **F1** § 50 εὑρίσκεται. § 52 εὑρεθεῖσα. **F5** § 73 εὑρήσεις. Beispiele aus Original-horoskopen: P. Oxy. II 307 (Hor. gr. 46.I.3), Z. 1 u. 4 εὑρίσκομεν. P. Lond. I 98 (Hor. gr. 95.IV.13), Z. 30.36.42.48.53 εὑρίσκομεν. P. Paris 19bis (Hor. gr. 137.XII.4), col. I,12 εὑρέθη. P. Princeton II 75 (Hor. gr. 138–161), Z. 2.4.6.8 εὑρέθη. P. Oxy. astron. 4276 (Hor. gr. 150–250a), col. II,6 εὑρέθη. P. Oxy. astron. 4284 (Hor. gr. 250–300a), Z. 9 εὑρέθη. P. Oxy. astron. 4283 (Hor. gr. 250–350b), fr. 2, Z. 3 εὑρέθη.

Die Verwendung von Planetentafeln zur Berechnung von Horoskopen war in der Antike nicht etwa eine Zweckentfremdung wissenschaftlicher Hilfsmittel, sondern der Hauptgrund, warum solche Tafeln erstellt und vervielfältigt wurden.[1575]

ἐν ἰδίῳ ὑψώματι: Die 'Erhöhung' (ὕψωμα, singulär auch θρόνος;[1576] lat. *altitudo, exaltatio*)[1577] eines Planeten ist eine der fünf Planetenwür-den, die die griechisch-römischen Astrologen zu untersuchen pflegten.[1578] Die übrigen vier sind die 'Häuser' (οἶκοι, s.u. zu § 27 ἐν τῷ ἰδίῳ οἴκῳ), die 'Dreiecke' (τρίγωνα, s.u. zu § 26 ἐν ἰδίῳ τριγώνῳ), die 'Gradbe-

---

[1574] Vgl. z.B. Heph. 2,2,4 ἐν τῷ ζῳδίῳ τῷ εὑρεθέντι διὰ τῶν κανόνων (ähnlich Heph. 2,11,40 u. Val. 9,18,2). – Zu antiken Planetentafeln siehe exemplarisch oben S. 600 bei Anm. 1096 (Stobart-Tafeln). – Zur Bedeutungslosigkeit der Observation in der antiken astrologischen Praxis (trotz rhetorischer Beibehaltung des Anspruchs mancher Quellen, man stütze sich auf Observation) s. Lehoux 2004, bes. 240–243.

[1575] Vgl. Jones 1999a, I 5: "In contrast to the modern conception of Greek astronomy as a theoretical enterprise, the papyri portray a science that was overwhelmingly directed towards prediction. [...] The great majority, however, of the astronomical papyri [*from Oxyrhynchus*] were part of the equipment of practical astrology." Siehe auch Bohleke 1996, 26[84]: "Whereas contemporary scholarship has sometimes tiptoed around pseudo-science latching onto texts which can be studied in a modern scientific context, I doubt very much that the Greek Imperial world, especially in the first two centuries AD, would have undertaken astronomical pursuits without exploiting the opportunity to seek out astrological meaning."

[1576] P. Mich. III 149, col. XVI,23–35 (neun Belege, davon einige beschädigt).

[1577] Vgl. Le Bœuffle 1987, 40 (Nr. 62c) s.v. *altitudo* u. ebd. 133 (Nr. 494) s.v. *exaltari, exaltatio*.

[1578] Die grundlegende Darstellung der Lehre bietet Bouché-Leclercq 1899, 192–199. Siehe auch Gundel – Gundel 1950, 2124f.

zirke' (ὅϱια, s.u. zu § 26 ἐν ἰδίαις μοίραις) sowie – deutlich seltener – die Dekane (s.u. zu **F6** § 75 τοὺς δεκανοὺς). Eine allgemein anerkannte Hierarchie dieser Planetenwürden, unter denen die der Häuser vielleicht die älteste ist, gab es nicht.[1579] Die griechische ὑψώματα-Lehre ist eines der wenigen Elemente der hellenistischen Astrologie, die nachweislich auf babylonische Ursprünge zurückgehen.[1580]

Im Tierkreisgrad seiner Erhöhung erlangt ein Planetengott nach astrologischer Doktrin seine höchste Macht; im diametral gegenüberliegenden Tierkreisgrad erleidet er seine 'Erniedrigung' (ταπείνωμα, zuweilen

---

[1579] Siehe Bouché-Leclercq 1899, 237–240. Beachtung verdient die interessante nachantike Abstufung ihrer *fortitudines* bei Alcab. introd. 1,22–23 pp. 239–240 Burnett (= lat.; arab./engl.: ibid. pp. 32–33), die auf Vergleichen mit dem politischen und sozialen Bereich des menschlichen Lebens basiert. Danach kommt der höchste Wert (V) dem 'Haus' zu (*domus: similis viro in domo atque in dominatione sua*), der zweithöchste (IV) der 'Erhöhung' (*exaltatio: similis viro in regno suo atque gloria*), die nächsten beiden dem 'Dreieck' (III, *triplicitas: sicut vir in honore suo et inter auxiliatores suos atque ministros*) und dem 'Gradbezirk' (II, *terminus: sicut vir inter parentes suos et cognatos atque gentes*), deren umgekehrte Gewichtung (II – III) Alcabitius ebenfalls erwägt. Der geringste Wert (I) kommt dem Dekan zu (*facies: sicut vir in magisterio suo*). Andere Abstufungen der Planetenwürden in den Werken arabischer Autoren zitiert Pingree 1978a, II 229. Eine antike Abstufung bietet Firm. math. 8,32,2 (1. Erhöhung, 2. Gradbezirk, 3. Häuser).

[1580] Im *Enūma Anu Enlil* und in spätbabylonischen Astrologentexten entspricht dem griechischen ὕψωμα das *bīt niṣirti* ('Haus' bzw. 'Platz des Geheimnisses'), das aber – wie anscheinend alle so zurückführbaren Elemente – in Sinn und Verwendung vom griechischen Gebrauch verschieden ist (vgl. Rochberg-Halton 1988a, 51 u. 53–57; s. ferner Neugebauer – Parker 1960–1969, III 203 u. 216 sowie Hunger – Pingree 1999, 28). Außerdem ist das *bīt niṣirti* nur zeichengenau definiert, da seine Ursprünge vor der Erfindung des 360°-Tierkreises liegen (Rochberg-Halton 1988a, 57; bildliche Darstellungen auf seleukidischen Keilschrifttafeln aus Uruk bei Weidner 1967, Tafel 1–2. 5–6. 9–10, vgl. den Komm. ebd. S. 8–10). Zu weiteren babylonischen Elementen in der griechischen Astrologie s.u. S. 724–726 (Planetenbezirke), Anm. 1847 (Gedrittschein), Anm. 1931 (Planeten als Wohltäter bzw. Übeltäter) u. die Dodekatemoria-Lehre (dazu Neugebauer – Sachs 1952/53. Rochberg-Halton 1988a, 51 u. 57–60. Baccani 1992, 95. Hunger – Pingree 1999, 29f.), ferner die Besprechung bei Pingree 1997a, 27f. Insgesamt gilt das Verdikt von Rochberg-Halton 1988a, 61f: "The claim often made since the Hellenistic period for the Babylonian origin of astrology is admissible, but with important qualifications. This claim can be supported in the most general way for the original impetus for prognostication on the basis of astronomical phenomena, but cuneiform evidence confirms the transmission of only a very few 'doctrines' of Babylonian celestial omen astrology to the Greeks. [...] The differences between the perception and understanding of celestial phenomena between the two cultures cannot be overestimated." Vgl. Rochberg-Halton 1988c, 17.

auch κοίλωμα[1581] oder φυλακή ['Gefängnis'][1582]; lat. *deiectio, humilitas*:[1583]

	babyl. *bīt niṣirti*	ὕψωμα	ταπείνωμα
Sonne	♈	♈ 19°	♎ 19°
Mond	♉	♉ 3°	♏ 3°
Saturn	♎	♎ 21°	♈ 21°
Jupiter	♋	♋ 15°	♑ 15°
Mars	♑	♑ 28°	♋ 28°
Venus	♓/♌	♓ 27°	♍ 27°
Merkur	♍	♍ 15°	♓ 15°

Tab. 15: Astrologische Erhöhungen und Erniedrigungen

Zu den in der Tabelle notierten Werten vgl. die bei Heph. 1,8,1–2 überlieferten Merkverse des Dorotheos (= Dor. frg. 7 St. = Dor. pp. 323,21–324,5 P., cf. Dor. arab. 1,2,1–2) sowie P. Mich. III 149, col. XVI,23–35. Val. 3,4,3–4. Sext. Emp. adv. math. 5,35–36 u. Firm. math. 2,3,5. Die Lehre ist auch belegt bei dem wohl ziemlich früh zu datierenden Imbrasios von Ephesos; vgl. das von Cumont 1935b, 125,15–126,35 edierte Fragment.

Die Termini ὕψωμα und ταπείνωμα finden auch in der antiken Astronomie Verwendung, sind dort aber anders definiert. Entweder bezeichnen sie die nördliche (ὕψος, ὑψηλότης, ὕψωμα) beziehungsweise südliche (ταπείνωμα) Breite der Planeten bezüglich des Himmelsäquators (im Falle der Sonne) oder der Ekliptik (im Falle der übrigen Planeten) oder sie bezeichnen in dem durch Ptolemaios perfektionierten kinematischen Modell der kombinierten Exzenter- und Epizykeltheorie das Apogäum (ὕψος, ὕψωμα) und das Perigäum (βάθος, ταπείνωμα) der Planetenbahnen.[1584] Je nach Kontext hat das Begriffspaar ὕψωμα – ταπείνωμα in der

---

[1581] Vgl. Paul. Alex. 2 pp. 4,8. 5,7. 6,11.19. 7,12. P. Oxy. LXV 4477 (nach 430 n.Chr.), Z. 2–8 (Jones 1998, 146–151). Rhet. exc. ex Teucro CCAG VII (1908), p. 195,1. Kam. isag. 167.520.654.

[1582] P. Mich. III 149, col. XVI,23–35 (neun Belege, davon einige beschädigt).

[1583] Vgl. Le Bœuffle 1987, 118 (Nr. 396) s.v. *deicere, deiectio* u. ebd. 151 (Nr. 612) s.v. *humilitas*.

[1584] Vgl. z.B. Theo Sm. p. 179,11 ὕψος τε καὶ βάθος u. Cleom. 2,5 l. 133 Todd (p. 206,10 Z.) ὑψώματα καὶ ταπεινώματα.

antiken Sternkunde also drei ganz verschiedene technische Bedeutungen, zwei im modernen Sinne astronomische und eine astrologische.[1585]

Obwohl die astrologische Erhöhung beziehungsweise Erniedrigung innerhalb eines Zeichens im Prinzip gradgenau festgelegt ist, wird sie in Theorie und Praxis nicht selten *sensu latiore*, d.h. nur zeichengenau (ζω-διακῶς) gewertet. Im Bereich der Theorie vgl. Ptol. apotel. 1,20.[1586] In den Originalhoroskopen wird die astrologische Erhöhung beziehungsweise Erniedrigung relativ selten notiert. Baccani 1992, 91, kennt nur vier solche Papyri, P. Oxy. XXXI 2555 (Hor. gr. 46.V.13), P. Lond. I 130 (Hor. gr. 81.III.31), P. Lond. I 98 (Hor. gr. 95.IV.13) und P. Paris 19 = P. Lond. I 110 (Hor. gr. 137.XII.4). Hierzu sind drei später publizierte, nicht exakt datierbare Oxyrhynchos-Papyri[1587] sowie auch der noch unpublizierte P. Berlin 9825 (Hor. gr. 319.XI.18–19) zu ergänzen. Eine Musterung aller genannten Texte ergibt, dass die Angaben zu ὑψώματα und ταπεινώματα, soweit nicht Materialschäden die Überprüfung unmöglich machen, ausnahmslos zeichengenau, nicht gradgenau gemeint sind.[1588] Unter den literarischen Horoskopen vgl. z.B. Dor. arab. 1,24,7–8 (Hor. gr. 22.III.30), worin es heißt, Sonne und Jupiter befänden sich beide in ihren Erhöhungen. Das beigefügte Diagramm gibt die Planetenpositionen nur zeichenweise (♈ u. ♋); moderne Berechnung führt auf 7° 9′ ♈ für die Sonne und 8° 25′ ♋ für Jupiter.[1589] Besonders im Falle der Sonne ist die Abweichung von der astrologischen Erhöhung (♈ 19°) so eindeutig und auch für einen antiken Astrologen so leicht feststellbar, dass die Textangabe nur *sensu latiore* gemeint sein kann.

Auch Antigonos wertet diese Planetenwürde *sensu latiore*, indem er das ganze Zeichen und nicht nur den speziellen Grad gelten lässt (Venus steht nach § 22 auf 12° ♓, d.h. 15° von ihrer exakten Erhöhung entfernt). An einer einzigen weiteren Stelle in den Antigonosexzerpten ist von der Erhöhung eines Himmelskörpers die Rede, nämlich am Beginn von **F2** § 58 bezüglich der Sonne (ἐπὶ τοῦ ἰδίου ὑψώματος ὤν), die dort auf ca. 19° ♈ (§ 54) und damit exakt im Grad ihrer Erhöhung steht. – Zur

---

[1585] Vgl. Bouché-Leclercq 1899, 193f. Ähnlich polyvalent sind die Begriffe ἑῷα ἀνατο-λή, ἑῷα δύσις, ἑσπερία ἀνατολή, ἑσπερία δύσις; s.u. zu § 27 ἐπὶ ἑῷας ἀνατολῆς.

[1586] Zu den Motiven des Ptolemaios siehe Bouché-Leclercq 1899, 196.

[1587] P. Oxy. astron. 4277 (Hor. gr. 150–250b), fr. 1, col. I,9–10. II,18–19. P. Oxy. astron. 4283 (Hor. gr. 250–350b), fr. 1, Z. 8. fr. 2, Z. 6–7. P. Oxy. astron. 4286 (Hor. gr. 400–500a), 7–9. Siehe Jones 1999a, II 459, Index VIIIe s.vv. ταπείνωμα u. ὕψωμα (korrigiere "4282" zu '4283').

[1588] Vgl. Bouché-Leclercq 1899, 196[2] a.E.

[1589] Quelle: *Galiastro 4.3*; weniger präzise Pingree 1976a, IX, nach Tuckerman 1964.

Begründung für Venus' Erhöhung in den Fischen, die Antigonos hier erwähnt, s. Ptol. apotel. 1,20,6.

Zu Konstellationen, in denen beide Luminare und alle fünf Planeten in den eigenen Erhöhungen stehen, s.o. S. 634 bei Anm. 1226.

⟨καὶ ἐν ἰδίαις μοίραις⟩: zur Begründung der Konjektur s.u. im Komm. zu § 26 ἐν ἰδίαις μοίραις (S. 727–731).

ἐν ἰδίῳ τριγώνῳ: Die Astrologen teilen die zwölf Tierkreiszeichen in vier Dreiecke auf (τρίγωνα, lat. *trigona, triangula, triplicitates*),[1590] die sie als männlich oder weiblich klassifizieren, mit den vier Elementen assoziieren und außerdem (darum geht es hier) der Herrschaft bestimmter Planetengötter unterstellen.[1591] Die Herrscher über ein jedes Dreieck (τριγωνοκράτορες) sind mindestens zwei, einer für den Tag und einer für die Nacht:

Dreieck	Element	Geschlecht	Tagherrscher	Nachtherrscher
1. ♈, ♌, ♐	Feuer	m	Sonne	Jupiter
2. ♉, ♍, ♑	Erde	w	Venus	Mond
3. ♊, ♎, ♒	Luft	m	Saturn	Merkur
4. ♋, ♏, ♓	Wasser	w	Venus	Mars

Tab. 16: Astrologische Trigonokratoren

Zur hiesigen Verteilung der Tag- und Nachtherrscher vgl. die bei Heph. 1,6 überlieferten Merkverse des Dorotheos (= Dor. frg. 5 St. = Dor. p. 323,2–14; cf. Dor. arab. 1,1,2–3) sowie Rhet. exc. ex Teucro, CCAG VII (1908) pp. 194–213.[1592] Ptol. apotel. 1,19. Val. 2,1. Antioch. epit. 2,9 (ex thes.), CCAG I (1898), p. 149,10–24 (= Rhet. 5,9). Paul. Alex. 2 p. 9,12–17. Olymp. 34 p. 107,18–108,5. Meist wird neben dem Tagherrscher und dem Nachtherrscher noch ein dritter Planet genannt, der während des ganzen νυχθήμερον als Mitregent fungiert. Die Gesamtzahl der Trigonokratoren entspricht so der der Tierkreiszeichen eines Trigons. Allerdings sind die Autoren bezüglich der Identifikation des jeweils dritten Herrschers uneins; Paulos Alexandrinos und Olympiodor erwähnen ihn gar

---

[1590] Vgl. Le Bœuffle 1987, 262f. (Nr. 1244) s.v. *trigonum*.

[1591] Die grundlegende Darstellung der Lehre bietet Bouché-Leclercq 1899, 199–206; siehe auch Gundel – Gundel 1950, 2125f.

[1592] Darin zum Widder: p. 195,1–2; zum Stier: p. 196,24–25; usw.

nicht. Zu den Einzelheiten und den Motiven der divergierenden System-
bildungen vgl. Bouché-Leclercq 1899, 199–206.

Was den verbindlichen Kern der Trigonokratorenlehre, d.h. die Zuweisung je eines Tag- und Nachtherrschers, betrifft, ist anzumerken, dass
Ptolemaios, der ja oft eigene Wege beschreitet, in einem Punkt von dem
obigen Schema abweicht: Dem vierten Trigon (♋, ♏, ♓) weist er, da
sechs der insgesamt sieben Planeten schon als Herrscher der ersten drei
Trigone definiert sind und er Doppelungen vermeiden will, den allein
noch übrigen Mars sowohl als Tag- als auch als Nachtherrscher zu; dem
Mars 'assistieren' bei Tag die Venus und bei Nacht der Mond (Ptol.
apotel. 1,19,7–8). Die Gesamtzahl von drei Trigonokratoren bleibt so
gewahrt. Sehr wahrscheinlich kannte Antigonos diese Sonderlehre nicht,
sondern folgte der traditionellen Zuteilung von Tag- und Nachtherrschern
gemäß der obigen Tabelle. Die Aussage des Textes (ἐν ἰδίῳ τριγώνῳ) ist
nach der Lehre aller zitierten Autoren zutreffend.

Unter den Originalhoroskopen auf Papyrus sind mir sechs mit Trigon-
Angaben bekannt: P. Lond. I 130 (Hor. gr. 81.III.31), Z. 131.170.179. P.
Paris 19bis (Hor. gr. 137.XII.4), col. I,14. P. Oxy. astron. 4277 (Hor. gr.
150–250b), fr. 1, col. I,8.23.32.39. II,7.28. P. Ryl. 524 (Hor. gr. 200–
300$^{(?)}$b), 2.10.22–23. P. Oxy. astron. 4283 (Hor. gr. 250–350b), fr. 1, Z.
2.9. fr. 2, Z. 7. P. Berlin 9825 (Hor. gr. 319.XI.18–19).

ἐν ἰδίαις μοίραις: ebenso in § 32. Die Lehre von den Gradbezirken
(ὅρια, lat. *fines* oder *termini*)[1593] definiert eine weitere Planetenwürde.
Der folgende Kommentar gliedert sich in eine grundsätzliche Charakterisierung dieser Lehre (S. 718), einen Überblick über alle bekannten antiken Systeme von Planetenbezirken (S. 719–726), einen Nachweis, dass
Antigonos dem traditionellen, 'den Ägyptern' zugeschriebenen System
folgte (S. 726–727), und eine Argumentation zugunsten der Annahme,
dass in seinem überlieferten Text des hier kommentierten Paragraphen
ein Bezirksnotat zur Venusposition (12° ♓) ausgefallen ist (S. 727–731).

Die Lehre von den Planetenbezirken zerlegt die Tierkreiszeichen in
verschieden große Abschnitte, die jeder einem Planeten gehören und
unter seinem besonderen Einfluss stehen.[1594] Diese Lehre hat Ähnlichkeit
mit der 'Häuser'-Lehre (s.u. zu § 27 ἐν τῷ ἰδίῳ οἴκῳ), von welcher man
zum Vergleich sagen kann, dass sie den Planeten besonders große 'Grad-

---

[1593] Vgl. Le Bœuffle 1987, 123f. (Nr. 447) s.v. *domicilium* (a.E.).
[1594] Die grundlegende Darstellung der Lehre bietet Bouché-Leclercq 1899, 206–215.
Siehe auch Gundel – Gundel 1950, 2125–2128. Pingree 1978a, II 211–215. Houlding
2007. Heilen 2010a.

bezirke' zuweist, die je ein ganzes Tierkreiszeichen umfassen. Anders als die 'Häuser'-Lehre ermangelt die ὅρια-Lehre aber, zumindest in ihrer traditionellen, 'den Ägyptern' zugeschriebenen Form, einer rational nachvollziehbaren Ordnung. In ihr sind den fünf echten Planeten Bezirke von stark schwankender Ausdehnung (zwischen zwei und zwölf Bogengrad) zugeordnet, die sich auf zweierlei Weise darstellen lassen:

♈	♃ 6	♀ 6	☿ 8	♂ 5	♄ 5
♉	♀ 8	☿ 6	♃ 8	♄ 5	♂ 3
♊	☿ 6	♃ 6	♀ 5	♂ 7	♄ 6
♋	♂ 7	♀ 6	☿ 6	♃ 7	♄ 4
♌	♃ 6	♀ 5	♄ 7	☿ 6	♂ 6
♍	☿ 7	♀ 10	♃ 4	♂ 7	♄ 2
♎	♄ 6	☿ 8	♃ 7	♀ 7	♂ 2
♏	♂ 7	♀ 4	☿ 8	♃ 5	♄ 6
♐	♃ 12	♀ 5	☿ 4	♄ 5	♂ 4
♑	☿ 7	♃ 7	♀ 8	♄ 4	♂ 4
♒	☿ 7	♀ 6	♃ 7	♂ 5	♄ 5
♓	♀ 12	♃ 4	☿ 3	♂ 9	♄ 2

Tab. 17a: Die 'ägyptischen' Gradbezirke (Umfang)

♈	♃ 0°–6°	♀ 6°–12°	☿ 12°–20°	♂ 20°–25°	♄ 25°–30°
♉	♀ 0°–8°	☿ 8°–14°	♃ 14°–22°	♄ 22°–27°	♂ 27°–30°
♊	☿ 0°–6°	♃ 6°–12°	♀ 12°–17°	♂ 17°–24°	♄ 24°–30°
♋	♂ 0°–7°	♀ 7°–13°	☿ 13°–19°	♃ 19°–26°	♄ 26°–30°
♌	♃ 0°–6°	♀ 6°–11°	♄ 11°–18°	☿ 18°–24°	♂ 24°–30°
♍	☿ 0°–7°	♀ 7°–17°	♃ 17°–21°	♂ 21°–28°	♄ 28°–30°
♎	♄ 0°–6°	☿ 6°–14°	♃ 14°–21°	♀ 21°–28°	♂ 28°–30°
♏	♂ 0°–7°	♀ 7°–11°	☿ 11°–19°	♃ 19°–24°	♄ 24°–30°
♐	♃ 0°–12°	♀ 12°–17°	☿ 17°–21°	♄ 21°–26°	♂ 26°–30°
♑	☿ 0°–7°	♃ 7°–14°	♀ 14°–22°	♄ 22°–26°	♂ 26°–30°
♒	☿ 0°–7°	♀ 7°–13°	♃ 13°–20°	♂ 20°–25°	♄ 25°–30°
♓	♀ 0°–12°	♃ 12°–16°	☿ 16°–19°	♂ 19°–28°	♄ 28°–30°

Tab. 17b: Die 'ägyptischen' Gradbezirke (Anfangs- und Endpunkte)

Tabelle 17a folgt der in antiken Texten üblichen Art der Präsentation der Gradbezirke. Sie ist so zu lesen, dass die ersten sechs Grade des Widders Jupiter gehören, die nächsten sechs der Venus, die nächsten acht Merkur, usw. Ihre Daten lassen sich also auch auf die in Tabelle 17b gewählte Weise präsentieren, wenn man präzise Angaben der Bogensegmente in moderner (d.h. punktgenauer) Notation der Bezirksgrenzen bevorzugt.

Der Mangel an Ordnung und Systematik, sowohl bezüglich der Verteilung auf die Zeichen als auch bezüglich der Gradsummen eines jeden Planeten (diese Summen entsprechen den maximalen Lebensspannen, die die Planeten zuteilen),[1595] hat seit der Antike das Befremden derjenigen ausgelöst, die die 'innere Logik' der ὅρια-Lehre zu begreifen suchten.[1596] Indes sind die Zahlen der obigen Tabelle durch die bei Hephaistion überlieferten Merkverse des Dorotheos zweifelsfrei gesichert.[1597] Man wird diesem rätselhaften System wohl nur gerecht, wenn man bedenkt, dass es auf 'Nechepsos und Petosiris' zurückgeht[1598] und mit Absicht mystisch

---

[1595] Vgl. die Tabelle der τέλεια ἔτη oben S. 649 und den Komm. zu **F1** § [22add.] ἐν ἰδίῳ οἴκῳ τυχὼν δίδωσιν τὰ τέλεια αὐτοῦ ἔτη ζωῆς $\overline{νϛ}$.

[1596] Vgl. exemplarisch Ptol. apotel. 1,21,1 ὁ μὲν οὖν Αἰγυπτιακὸς [sc. τρόπος] ὁ τῶν κοινῶς φερομένων ὁρίων οὐ πάνυ τι σῴζει τὴν ἀκολουθίαν οὔτε τῆς τάξεως οὔτε τῆς καθ᾽ ἕκαστον ποσότητος. Siehe ferner Bouché-Leclercq 1899, 199: "l'incompréhensible [...] atteint sa pleine floraison dans le système des ὅρια".

[1597] Vgl. Heph. 1,1,9.28.47.66.86.105.124.144.164.183.202.222 = Dor. frg. 8 St. = Dor. app. II B pp. 429–430 P. Die 'ägyptischen' ὅρια überliefern ferner Rhet. exc. ex Teucr. CCAG VII (1908), pp. 194–213 (= Boll 1903a, 16–21; die Teukros-Attribution ist unsicher, s. Pingree 1977a, 220). Val. 1,3 u. Val. add. 6 (p. 358 Pingree 1986, beide Stellen sind partiell korrupt). Paul. Alex. 3 p. 12. Firm. math. 2,6. Lib. Herm. 25. Georg. Antioch. (saec. XI), CCAG XII (1936), pp. 217,26–218,9. Kam. zod. 96–132.

[1598] Und darüber hinaus sehr wahrscheinlich auf ein noch älteres, aber etwas anders konzipiertes babylonisches Vorbild (s.u. S. 724–726). – Nach Porph. isag. 41 p. 212,14–17 (= Nech. et Pet. frg. 3) vertrat Apollinarios (s.o. Anm. 1162) ein ὅρια-System, das sowohl von dem des Ptolemaios verschieden war als auch von dem 'des Thrasyllos und des Petosiris und der übrigen älteren Astrologen' (καὶ γὰρ Ἀπολλινάριος ἐν τῇ τῶν ὁρίων διατάξει διαφωνεῖ πρὸς Πτολεμαῖον καὶ ἀμφότεροι πρὸς Θράσυλλον καὶ Πετόσιριν καὶ τοὺς ἄλλους τῶν πρεσβυτέρων). Das hier zuletzt genannte System schreibt Porphyrios praktisch allen Astrologen außer Apollinarios und Ptolemaios zu. Es muss also mit dem 'ägyptischen', das als einziges nachweislich breite Anwendung fand (s.u. S. 726 bei Anm. 1621), identisch sein. Porphyrios' Nennung des Petosiris berechtigt dazu, die ohnehin naheliegende Identifizierung der 'Ägypter' mit 'Nechepsos und Petosiris' endgültig vorzunehmen. Wir folgen daher, was die Zuweisung des 'ägyptischen' ὅρια-Systems an 'Nechepsos und Petosiris' betrifft, dem apodiktischen Urteil von Bouché-Leclercq 1899, 207 ("sans doute"). Ebenso urteilen Boll 1914b, 342. Darmstadt 1916b, 183 ("dubium non est, quin etiam Nech.-Petosiris eo [sc. ordine Aegyptiorum] usus sit"). Kroll 1935, 2161,43–45. Bohleke 1996, 36 ("no doubt"); vorsichtiger

verbrämt war. Gerade in seiner Eigenart, vermeintliches Offenbarungs-
wissen zu tradieren, liegt die Faszination, die es über alle rationale Kritik
triumphieren ließ und ihm von Jahrhundert zu Jahrhundert neue Adepten
bescherte.[1599]
Diese Feststellung ist um so wichtiger angesichts mehrerer konkurrierender ὅρια-Systeme, die im Laufe der Zeit entworfen wurden und alle
eine rational nachvollziehbare Struktur aufweisen. Unsere wichtigste
Quelle hierfür ist Ptolemaios (apotel. 1,21), der insgesamt drei Systeme
präsentiert: zuerst das traditionelle gemäß 'den Ägyptern' (Tabelle: ebd.
1,21,9–10), dann ein zweites gemäß 'den Chaldäern' (Tab. ebd. 1,21,11)
und schließlich, da beide ihn nicht befriedigen, eine wahrscheinlich von
ihm selbst ersonnene Variante, der er durch die Behauptung, er habe sie
in einer uralten Handschrift entdeckt (ebd. 1,21,20 ἀντιγράφῳ παλαιῷ
καὶ τὰ πολλὰ διεφθαρμένῳ), Autorität verleihen will (Tab. ebd. 1,21,
28–29).[1600] Diesen dreien ist gemeinsam, dass die ὅρια unter Ausschluss
der Luminare auf die fünf echten Planeten verteilt sind. Ein viertes
System, das Val. 3,6 vorstellt, weist auch der Sonne und dem Mond
Gradbezirke zu.[1601] Anscheinend hat Valens es selbst entworfen. In der
Forschungsliteratur wird es in wenig glücklicher Fortführung einer von
Bouché-Leclercq geprägten Bezeichnung als das System der ἑπτάζωνος
bezeichnet.[1602]

Pingree 1978a, II 214 ("probably"); allzu zögerlich Riess 1891–1893, 334 zu frg. 3
("fortasse").

[1599] Tester 1987, 76, versucht nachzuweisen, dass das System auf den Aufgangszeiten
(bab. Syst. Ba gemäß Neugebauer 1975, 732; s.o. S. 624) beruht. Rechnet man nach, so
ergeben sich die folgenden ὅρια-Summen (in Klammern die als Prüfstein dienenden
τέλεια ἔτη der Planeten, vgl. Anm. 1595): ♄ 57,75 (57), ♃ 61,83 (79), ♂ 65,92 (66), ♀
74,08 (82), ☿ 78,17 (76). Im Falle der Übeltäter (♄, ♂) ist die Übereinstimmung verblüffend gut, bei Merkur unvollkommen. Im Falle der Wohltäter (♃, ♀) liegt eine starke
Abweichung vor, die Tester konstatiert, ohne über die Gründe zu spekulieren. Zur Aufhellung der ὅρια-Verteilung auf die einzelnen Tierkreiszeichen trägt Testers Ansatz gar
nichts bei, auch nicht zu den ὅρια-Summen der Luminare. Übereilt ist daher die unein-
geschränkte Zustimmung bei Bohleke 1996, 36.

[1600] Zu den ptolemäischen ὅρια und ihrer Rezeption s. Houlding 2007 u. Heilen 2010a.

[1601] Bohleke 1996, 38[137], verweist irrtümlich auf Val. 4,26. Wenn Pingree 1978a, II 213
"Valens (3,9)" zitiert, so meint er die damals noch gültige Edition (Kroll 1908).

[1602] Vgl. Bouché-Leclercq 1899, 213: "C'est le système «suivant l'heptazone»". Valens
verwirft aber an der zitierten Stelle (3,6,1) ein System (das der 'Chaldäer', cf. Pingree
1978a, II 214), das die ὅρια so ordnete, um selbst ein subtileres Ordnungsprinzip vorzustellen: ἐμοὶ δ' οὐκ ἔδοξεν ὥς τινες κατὰ τὴν ἑπτάζωνον τὰ ὅρια ὑπέθεντο οἷον η̅,
ζ̅, ϛ̅, ε̅, δ̅ (καὶ οὐδ' οὕτως συμφωνεῖ), ἀλλὰ ἀπὸ τῶν οἴκων καὶ τῶν ὑψωμάτων καὶ

Außerdem sind mindestens drei weitere, wahrscheinlich sogar vier Bouché-Leclercq noch unbekannte griechische Systeme zu nennen. Das erste geht auf den frühen Astrologen Kritodemos zurück und berücksichtigt neben den echten Planeten auch die Sonne, nicht aber den Mond. Dieses System lässt sich, wie Pingree 1978a, II 212f., zeigt, aus dem κανόνιον am Ende von Val. 8,9 rekonstruieren und hat in einem Beispielhoroskop des Kritodemos (Hor. gr. 2.X.7), das Val. 8,9,5–22 = Val. 3,[6,5–22] = Critod. frg. 15 Peter überliefert, seine einzige bekannte Anwendung gefunden.[1603] Dem Kritodemos wird ferner eine erweiterte Fassung des grundlegenden 'ägyptischen' Systems zugeschrieben, in der unter Beibehaltung der ägyptischen Bezirksgrenzen auch Namen und apotelesmatische Eigenschaften der Planetenbezirke spezifiziert sind.[1604] Ein ganz anders konzipiertes System, das auf den Epizykeln der Planeten basiert, überliefert der Exzerptor, der im 2. Jh. n.Chr. den P. Mich. III 149 verfasst hat. Der unbekannte Urheber dieses Systems weist sowohl den Luminaren als auch den fünf echten Planeten Bezirke zu.[1605] Ein weiteres griechisches Siebenersystem (Luminare und Planeten) lässt sich möglicherweise aus arabischen Quellen rekonstruieren, deren verderbte Namensformen die Identifizierung mit dem auch sonst bekannten, aber nicht sicher datierbaren Astrologen Erasistratos nahelegen.[1606]

τῶν τριγώνων). Den Fehler Bouché-Leclercqs besprechen auch Jones – Steele 2011, Anm. 14.

[1603] Die Besprechung durch Neugebauer – van Hoesen 1959, 82f., geht in Unkenntnis des auf Kritodemos zurückgehenden Systems davon aus, dieses Horoskop verwende die von Valens selbst (Val. 3,6) ersonnene ὅρια-Einteilung. Das führt zu einer ganzen Reihe vermeintlicher Fehler in Hor. gr. 2.X.7. Zur Richtigstellung siehe Pingree 1978a, II 211–215, der die bisher genannten fünf griechischen Systeme erstmals vollständig darstellt und ihre Systematik erläutert (ebd. 211 auch zum indischen System in Sphujidhvajas *Yavanajātaka*). Als Folge der fehlerhaften Analyse von Hor. gr. 2.X.7 durch Neugebauer – van Hoesen 1959, 82f., versuchten de Jong – Worp 1995, 239, nun auch ein weiteres Horoskop (Hor. gr. 373.V.16) aus Kellis (Ismant al-Gharab) = P. Kell. I Gr. 84 (cf. Worp 1995, 210–213), auf das ὅρια-System des Vettius Valens zurückzuführen; dagegen s. Heilen 2004a, 132f. Dass neben der ὅρια-Analyse auch Neugebauers Datierung von Hor. gr. 2.X.7 auf das Jahr 61 n.Chr. falsch ist, zeigt Peter 2001, 148f., zu Critod. frg. 15.

[1604] CCAG VIII 1 (1929), pp. 257,21–261,2 = Critod. frg. 10 Peter; cf. Peter 2001, 67–72 (TÜ) u. 137–142 (K). Nach Pingree 1978a, II 215 "wrongly ascribed to Critodemus". Maßgebliche Neuedition des Kritodemosexzerpts: Hübner 1995a, I 193–203. Siehe ferner Hübner 1994, 52.

[1605] P. Mich. III 149, coll. VII,27-VIII,15; Kommentar bei Robbins 1936, 98f.

[1606] Siehe die Argumente von Wright 1934, 265[3], und den Erasistratos-Artikel von Keyser in Keyser – Irby-Massie 2008, 294 (mit Datierung auf "200–300 CE?"). Weniger wahrscheinlich ist Bolls Versuch einer Identifizierung mit Adrastus (Boll 1894, 160, zit.

Außerhalb der griechischen Literatur sind noch mehrere weitere antike Systeme von Planetenbezirken belegt, die Bouché-Leclercq ebenfalls unbekannt waren. Es handelt sich dabei um babylonische, demotische und indische Funde, die alle nur den fünf echten Planeten Bezirke zuteilen. Diese werden im Folgenden nicht entsprechend der ungewissen Chronologie ihrer Entstehungsdaten, sondern in der Reihenfolge ihrer Entdeckung behandelt, was zugleich erlauben wird, den Überblick mit dem jüngsten und wichtigsten Fund zu beenden.

Sphujidhvaja bietet in seinem Werk über die griechische Horoskopie (*Yavanajātaka*) ein System von Planetenbezirken (triṃśāṃśas), das von allen bekannten griechischen Systemen verschieden ist.[1607]

Bei P. CtYBR inv. 1132(B) der Beinecke Rare Book and Manuscript Library, Yale University, handelt es sich um eine demotische Tabelle auf einem Papyrus aus Tebtunis (?),[1608] die nach Bohleke eine zu mnemonischen Zwecken ersonnene Kombination des 'ägyptischen' Systems mit dem des Kritodemos darstellt[1609] und beweist, dass auch in einem indigen ägyptischen Milieu die astrologische Lehre von den Gradbezirken gepflegt wurde (ohne dass hieraus Schlüsse auf ihren Ursprung gezogen werden könnten).[1610]

---

von Bezza 1990, 338), die den Ursprung des fraglichen Systems aber ebenfalls im griechischen Bereich sucht. Abū Maʿšar nennt den Autor in seiner Großen Einführung *Astratū* (Album. intr. mai. 5,8,2), was die byzantinische Übersetzung (um 1000 n.Chr.) als Στράτων wiedergibt (Album. myst. 3,15,1). Ein Astrologe Straton ist jedoch ansonsten nicht bekannt. Ich danke Charles Burnett und Keiji Yamamoto für die Erlaubnis, aus ihrer noch unveröffentlichten Edition dieser Texte zu zitieren. In den lat. Übersetzungen ist der Name vollends entstellt: Hermann von Carinthia liest zweimal *Aristotua* (Lemay 1995–1996, VIII 83), Gerhard von Cremona *Arsthoathol* u. *Arsthotho* (ebd. V 196); vgl. dazu Juste 2013, 163. – Den Namen 'Erasistratos' deutet Pingree 1978a, II 427f., als fehlerhafte arabische Transliteration von 'Aristarchos'.

[1607] Vgl. Pingree 1978a, II 211 (mit Tabelle). Zu Sphujidhvaja s.o. Anm. 71.

[1608] Vgl. die Erstedition von Depuydt 1994 und die Ergänzungen durch Bohleke 1996, bes. 34–46. Depuydt, der den Text aus paläographischen Gründen "to the Roman period" datiert (1994, 1), spricht unrichtig von P. CtYBR inv. 1132(A), Bohleke hingegen richtig von P. CtYBR inv. 1132(B), da die demotische ὅρια-Tabelle die Rückseite des Papyrus bedeckt (vgl. Bohleke 1996, 34[124]), hingegen ein griechischer Text die Vorderseite. Winkler 2009, 362, hält die Herkunft dieses Papyrus aus Tebtunis im Gegensatz zu Bohleke und Depuydt für sicher ("P. CtYBR inv. 1132, which with all certainty originates from the Tebtunis Temple Library"). Die Daten des P. CtYBR inv. 1132 sind im Falle der letzten vier Tierkreiszeichen (♐, ♑, ♒, ♓) zerstört. Vgl. den Rekonstruktionsversuch bei Bohleke 1996, 41 u. 45.

[1609] Vgl. Bohleke 1996, 11 u. 45f.

[1610] Vgl. Depuydt 1994, 6, u. Bohleke 1996, 35, Anm. 125 a.E.

Kürzlich wurden zwei weitere demotische Papyri aus römischer Zeit entdeckt, die – diesmal sicher – aus der Tempelbibliothek von Tebtunis stammen.[1611] Es handelt sich um P. Carlsberg 81 und P. Carlsberg 89, die anscheinend beide von ein und demselben Schreiber verfasst wurden. Sie enthalten Fragmente einer nicht tabellarisch, sondern als Fließtext gebotenen Liste der Planetenbezirke, die – anders als der zuvor besprochene P. CtYBR inv. 1132(B) – eine Variante des 'ägyptischen Systems' darstellt.[1612] Die Fragmente machen mehr oder weniger vollständige Angaben zu allen zwölf Tierkreiszeichen. Diese Angaben weichen teilweise bezüglich der Ausdehnung der Planetenbezirke, teilweise bezüglich ihrer planetaren Regentschaft von der durch Dorotheos gesicherten Version des 'ägyptischen Systems' ab. Ob es sich um eine "genuine alternative version of the Egyptian system" handelt, wie Jones – Steele 2011, par. 39, anzunehmen geneigt sind, oder nur um Kopierfehler, ist ungewiss, ebenso wie die Frage, ob der Schreiber überhaupt aus einer indigen ägyptischen Tradition schöpfte oder aus einer griechischen. Die zuletzt genannte Möglichkeit darf angesichts der Tatsache, dass die beiden Papyri wahrscheinlich aus dem 2. Jh. n.Chr. stammen, nicht voreilig ausgeschlossen werden.

Die bedeutendste und jüngste Entdeckung der letzten Jahrzehnte sind die Fragmente einer Keilschrifttafel des *British Museum*, die erstmals beweisen, dass die Lehre von den Planetenbezirken in Mesopotamien bekannt war und wahrscheinlich auch dort entstanden ist. Die Tafel bietet eine Kompilation heterogener astrologischer Materialien, die unter anderem Krankheitsomina, astrologische Geographie und die Vorhersagen von Marktpreisen und Flusspegeln umfasst. Den die Planetenbezirke umfassenden Teil dieser Kompilation haben Jones und Steele 2011, soweit er damals bekannt war, aus den Fragmenten BM 36628+36817+37197 und BM 36326 publiziert. Inzwischen gelang Steele die Identifizierung weiterer Fragmente derselben Tafel, darunter auch wichtige weitere Bruchstücke zu den Planetenbezirken. Insgesamt ist allerdings weiterhin weniger als die Hälfte der ursprünglich ca. 22x24 cm großen Keilschrifttafel erhalten. Steeles verbesserte Edition und Kommentierung der Fragmente der gesamten Kompilation wird demnächst erscheinen. Es ist so

---

[1611] Einen Überblick über die ca. vierzig bisher identifizierten (zumeist unveröffentlichten) astrologischen Papyri der Tempelbibliothek von Tebtunis, die fast alle aus dem 1. u. 2. Jh. n.Chr. stammen, bietet Winkler 2009.

[1612] Vgl. Frank-Jørgensen 2005, 73–78. Winkler 2009, 367. Jones – Steele 2011, par. 38 (mit Anm. 33). Winkler 2011. In P. Carlsberg 81 sind nur einige wenige Spuren der Zahlwerte erhalten.

gut wie sicher, dass die Keilschrifttafel aus Babylon stammt, und gut
möglich, dass sie von einem einzigen Schreiber verfasst wurde. Ihre Datierung ist unsicher. Der die Planetenbezirke traktierende Teil, auf den
wir uns nun konzentrieren werden, muss zwischen der Einführung des
mathematischen Tierkreises um 400 v.Chr. und dem Ende der Keil-
schriftnutzung um die Zeitenwende entstanden sein. Paläographische
Indizien sprechen für das 4. oder 3. Jh. v.Chr.[1613] Dieser Teil der Kompilation bietet stereotyp aufeinanderfolgende Textzeilen gemäß der Syntax
'von x bis y gehört z', wobei x und y Zahlen zwischen 1 und 30 sind und z
der Name des Planetenherrschers. Erst nach dem Erscheinen von Jones –
Steele 2011 wurde durch den ergänzenden Fund des Fragments BM
36303, das mit BM 36326 eine Einheit bildet, deutlich, dass die Bezirke
in der babylonischen Version nicht, wie in der hellenistischen Astrologie,
Abschnitte der Tierkreiszeichen sind, sondern Abschnitte der Monate.
Die Zahlen bezeichnen also nicht Bogengrade, sondern Kalendertage des
schematischen oder idealen Kalenders von zwölf Monaten à dreißig
Tagen, nach dessen Vorbild der Tierkreis konzipiert wurde.[1614] Erhalten
sind von diesen Daten unter Verlust der meisten Zeilenanfänge (teils
exklusive, teils inklusive des Wertes y) die Bezirke vom 21. Grad der
Fische bis zum Anfang des Skorpions. Insgesamt decken die Daten also
etwas mehr als die Hälfte des Tierkreises ab. Sie weisen weitgehende
Übereinstimmungen mit dem sogenannten 'ägyptischen System' auf, von
dem sie sich jedoch durch zwei Vertauschungen aufeinanderfolgender
Planetenherrscher und vor allem durch mehrere Abweichungen in der
Ausdehnung der einzelnen Planetenbezirke unterscheiden.[1615] Diese Varianten gegenüber dem 'ägyptischen System' stimmen mit keinem anderen
bekannten System überein.[1616] Jones und Steele urteilen überzeugend, es
sei zwar chronologisch denkbar, aber extrem unwahrscheinlich, dass die
neu entdeckte keilschriftliche Variante des 'ägyptischen Systems' aus
Ägypten nach Mesopotamien übernommen wurde; vielmehr habe die
Übernahme so gut wie sicher – und zwar schriftlich – in der entgegen-

---

[1613] So Steele (demnächst); etwas anders (5./4. Jh. v.Chr.) Jones – Steele 2011, par. 1.

[1614] So Steele (demnächst) mit Verweis auf Steele 2007. Möglicherweise liegt in der
babylonischen Assoziation der Planetenbezirke mit Monatstagen der Grund dafür, dass
noch in bestimmten demotischen Papyri wie dem P. Carlsberg 71 ein Terminus Verwendung findet, der eigentlich nicht 'Grad' bedeutet, sondern 'Monatstag' (so Winkler
2009, 368[38], mit Verweis auf eine persönliche Mitteilung durch J. F. Quack).

[1615] Zu Einzelheiten s. Jones – Steele 2011, par. 49, und vor allem die tabellarische
Übersicht bei Steele (demnächst).

[1616] Jones – Steele 2011, par. 50.

gesetzten Richtung stattgefunden und die Diskrepanzen der beiden Systeme seien als "result of changes introduced after the transmission" zu erklären.[1617] Ohne ergänzende Keilschriftfunde wird leider vorerst unklar bleiben, ob die Bezirkssummen der einzelnen Planeten in dem babylonischen System denen des 'ägyptischen Systems' entsprachen und wann diese Summen wo mit der spätestens seit 'Nechepsos und Petosiris' belegten Lehre von den höchsten Lebensspannen verknüpft wurden.[1618] Die Herausgeber urteilen abschließend: "[...] the most interesting outcome of the discovery of the Babylonian lists of Terms is the realization that the Babylonian origin of the Egyptian scheme could have been forgotten or suppressed in the Greek tradition, and moreover that it came to be strongly associated with 'Egyptian' sages of old, in contrast to an allegedly 'Chaldean' system[1619] that, up to the present, has not turned up in cuneiform sources."[1620]

Von allen zwölf hier erstmals zusammengestellten Systemen wird in der griechischen Praxis nur das sogenannte 'ägyptische', das oben zuerst vorgestellt wurde, befolgt.[1621] Das bestätigen die fachliterarisch überlieferten Horoskope ebenso wie die Papyri. Baccani 1992, 91, nennt sieben Originalhoroskope mit ὅρια-Angaben, davon viele für Geburtsdaten des 1. u. 2. Jh. n.Chr.: P. Oxy. II 307 (Hor. gr. 46.I.3) u. P. Oxy. XXXI 2555 (Hor. gr. 46.V.13), P. Lond. I 130 (Hor. gr. 81.III.31), P. Lond. I 98 (Hor. gr. 95.IV.13), P. Paris 19 (Hor. gr. 137.XII.4) = P. Lond. I 110,[1622] P. Princeton II 75 (Hor. gr. 138–161) und PSI I 23,a (Hor. gr. 338.XII.24). Hierzu sind zwölf später publizierte Papyri aus Oxyrhynchos für Daten ab 63 n.Chr.[1623] sowie auch der noch unpublizierte P. Berlin 9825 (Hor. gr. 319.XI.18–19) zu ergänzen.

Von den erhaltenen Horoskopen des Antigonos bieten das erste und zweite ὅρια-Angaben: das erste nur zu Mars (an der hiesigen Stelle), das zweite zu beiden Luminaren und allen fünf Planeten (**F2** § 54). Die Synopse auf der folgenden Doppelseite (Tab. 18) beweist, dass auch Antigo-

---

[1617] Jones – Steele 2011, par. 54–56; in demselben Sinn urteilt Steele (demnächst).

[1618] Jones – Steele 2011, par. 56; s.o. Anm. 1277 und die Tabelle auf S. 649.

[1619] S.o. S. 721 zu dem ausschließlich von Ptol. apotel. 1,21,11 erwähnten 'chaldäischen' System.

[1620] Jones – Steele 2011, par. 57.

[1621] Vgl. Jones 1999a, I 11. Aus demotischen Quellen sind nur die oben (S. 724) genannten systematischen Darstellungen der Bezirke, aber keine praktischen Anwendungen bekannt.

[1622] Baccani 1992, 91[2], nennt außerdem P. Paris 19bis; diese dritte Version von Hor. gr. 137.XII.4 erwähnt jedoch in den erhaltenen Teilen keine ὅρια.

[1623] Siehe Jones 1999a, II 459, Index VIIIe s.v. ὅριον.

nos dem traditionellen 'ägyptischen' System folgt. Um im Rahmen dieser Synopse nicht verschieden definierte Daten miteinander zu vergleichen, sind in ihr alle Daten punktuell definiert. Das bedeutet, dass in ihr ausnahmsweise auch die als Ordinalzahlen gebotenen Planetenpositionen des Antigonos (z.B. dass die Sonne im achten Grad des Wassermanns stehe, vgl. § 22) zur Verdeutlichung des Sinns als ein Bogensegment mit der Ausdehnung von einem Bogengrad vermerkt werden (im soeben gewählten Beispiel also Sonne auf 7°–8° ♒).[1624] Die Grenzen der Planetenbezirke der verschiedenen Systeme sind, wie schon oben in Tab. 17b (S. 719) und auch sonst überall in der vorliegenden Arbeit, punktuell angegeben. Diese vom Usus mancher Forscher (z.B. Pingree 1978a, II 211–215) abweichende Entscheidung dient nicht nur der Vermeidung von Missverständnissen auf Seiten moderner Leser, sondern ist in Tab. 18 notwendig, weil eines der in ihr erfassten Systeme, das des P. Mich. III 149, Bezirksangaben macht, die durch das Hinzutreten fraktionaler Reste (Bogenminuten) bereits im antiken Original punktuell definiert sind.

Aus der Synopse geht eindeutig hervor, dass die ὅρια-Angaben des Antigonos auf dem 'ägyptischen' System basieren. Im Hadrianhoroskop nennt er die Gradbezirke anscheinend nur, wenn der Planetengott sich in ihnen aufhält und seine Position so gestärkt ist. Verwunderlich ist allerdings das Schweigen des Textes darüber, dass nicht nur Mars, sondern auch Venus in ihren eigenen Graden steht, zumal der hiesige Kontext (§ 26 a.E.) doch explizit die Planetenwürden hervorhebt. Zwei verschiedene Erklärungen sind denkbar: Entweder ist die Position der Venus richtig überliefert und nach ἐν ἰδίῳ ὑψώματι der Zusatz καὶ ἐν ἰδίαις μοίραις ausgefallen oder die Gradangabe in § 22 (Ἰχθύων μοίρα ιβ′) ist verderbt. Die Diskussion dieser Erklärungsmöglichkeiten wird Inhalt des noch übrigen Kommentars zum hiesigen Lemma im Anschluss an die nun folgende Synopse sein.

[1624] Zur Differenz zwischen modernen punktuellen Längenangaben und ordinalen Gradzahlen antiker Astrologen s.o. S. 594.

Planeten-positionen (punktgenau umformuliert)	Planetenherrscher der Gradbezirke				
	griechisch				
	Anti-gonos	‘Ägypter’	‘Chaldäer’	Ptolemaios	Valens
F1 (§ 22)					
♄ 4°–5° ♑	–	Merkur 0°–7° ♑	Venus 0°–8° ♑	Venus 0°–6° ♑	Venus 4°–9° ♑
☿ 11°–12° ♑	–	Jupiter 7°–14° ♑	Merkur 8°–15° ♑	Merkur 6°–12° ♑	Merkur 9°–13° ♑
☾, ♃, ASC 0°–1° ♒	–	Merkur 0°–7° ♒	Merkur 0°–8° ♒	Saturn 0°–6° ♒	Merkur 0°–4° ♒
☉ 7°–8° ♒	–	Venus 7°–13° ♒		Merkur 6°–12° ♒	Saturn 4°–8° ♒
♀ 11°–12° ♓	–	Venus 0°–12° ♓	Jupiter 8°–15° ♓	Jupiter 8°–14° ♓	Sonne 10°–13° ♓
♂ 21°–22° ♓	Mars (§ 26)	Mars 19°–28° ♓	Merkur 21°–26° ♓	Mars 20°–26° ♓	Venus 17°–22° ♓
F2 (§ 54)					
☉ 18–19° ♈	Merkur	Merkur 12°–20° ♈	Saturn 15°–21° ♈	Merkur 14°–21° ♈	Saturn 17°–21° ♈
☾ 14°–15° ♊	Venus	Venus 12°–17° ♊	Merkur 8°–15° ♊	Venus 13°–20° ♊	Sonne 13°–16° ♊
♄ 19°–20° ♎	Jupiter (Ep.^{4})	Jupiter 14°–21° ♎	Mars 15°–21° ♎	Merkur 19°–24° ♎	Jupiter 16°–21° ♎
♃ 5°–6° ♒	Merkur	Merkur 0°–7° ♒	Saturn 0°–8° ♒	Saturn 0°–6° ♒	Saturn 4°–8° ♒
♂ 14°–15° ♈	Merkur	Merkur 12°–20° ♈	Venus 8°–15° ♈	Merkur 14°–21° ♈	Mond 13°–17° ♈
♀ 4°–5° ♈	Jupiter	Jupiter 0°–6° ♈	Jupiter 0°–8° ♈	Jupiter 0°–6° ♈	Jupiter 3°–8° ♈
☿ 5°–6° ♈					

Tab. 18: Planetenherrscher der Gradbezirke in den Horoskopen des

in den Horoskopen des Antigonos (**F1** und **F2**)					
	babylonisch		demotisch		indisch
Kritodemos	P. Mich. III 149[1625]	BM 36988 et al.[1626]	P. CtYBR inv. 1132(B)	P. Carlsberg 81 u. 89	Sphujidhvaja
Saturn 0°–5° ♑	Mars 3¼°–24° ♑	*fehlt*	*fehlt*	Merkur 0°–7° ♑	Venus 0°–5° ♑
Venus 10°–15° ♑		*fehlt*	*fehlt*	Jupiter 7°–14° ♑	Merkur 5°–12° ♑
Merkur 0°–5° ♒	Sonne 0°–2½° ♒	*fehlt*	*fehlt*	Merkur 0°–7° ♒	Mars 0°–5° ♒
Venus 5°–10° ♒	Saturn 6½°–10° ♒	*fehlt*	*fehlt*	Venus 7°–13° ♒	Saturn 5°–10° ♒
Mars 10°–15° ♓	Venus 12°–18° ♓	*fehlt*	*fehlt*	Venus 0°–12° ♓	Merkur 5°–12° ♓
Saturn 20°–25° ♓	Mond 20½°–24½° ♓	Mars 19°–28° ♓	*fehlt*	Saturn ?–27° ♓	Saturn 20°–25° ♓
Saturn 15°–20° ♈	Mars 14¼°–30° ♈	Merkur 12°–20° ♈	Mars 18°–24° ♈	*fehlt*	Merkur 18°–25° ♈
Jupiter 10°–15° ♊	Mond 14½°–18½° ♊	Venus 12°–16° ♊	Jupiter 12°–18° ♊	Venus 12°–17° ♊	Jupiter 10°–18° ♊
Saturn 15°–20° ♎	Mars 14¼°–30° ♎	Jupiter ?–21° ♎	Venus 19°–25° ♎	Jupiter 14°–20°	Merkur 18°–25° ♎
Venus 5°–10° ♒	Mond 2½°–6½° ♒	*fehlt*	*fehlt*	Merkur 0°–7° ♒	Saturn 5°–10° ♒
Merkur 10°–15° ♈	Mars 14¼°–30° ♈	Merkur 12°–20° ♈	Merkur 12°–18° ♈	*fehlt*	Jupiter 10°–18° ♈
Sonne 0°–5° ♈	Merkur 1¾°–14¼° ♈	Jupiter 0°–5° ♈	Jupiter 0°–7° ♈	Saturn 0°–6° ♈	Mars 0°–5° ♈
Venus 5°–10° ♈		Venus 5°–12° ♈			Saturn 5°–10° ♈

Antigonos (**F1** und **F2**) nach verschiedenen antiken Systemen

---

[1625] Zur Eigenart dieses Systems s.o. S. 722.
[1626] Die Reste dieser Keilschrifttafel sind: BM 36988 (frg. A) u. BM 36303+36326 (frg. B) u. BM 36628+36786+36817+37178+37197 (frg. C).

Aus dem übrigen Text des Hadrianhoroskops lassen sich keine Argumente für die exakte Position der Venus gewinnen. Deutlich ist nur, dass sie in den Fischen steht (vgl. neben § 26 ἐν ἰδίῳ ὑψώματι auch § 41 αὐτὴ δὲ ἡ Ἀφροδίτη σύν τινι ἀστέρι παρῇ). Wenden wir uns also den astronomischen Argumenten zu. Da der Text als Venusposition 12° ♓ bietet und die siderischen Tierkreispositionen des Textes in der Regel um vier bis fünf Grad über den wahren tropischen Werten des 1. Jh. n.Chr. liegen, dürfte man als wahre tropische Venusposition etwa 7–8° ♓ erwarten. Sie beträgt indes, wie Rückberechnung zeigt, 14° ♓ (s.o. S. 594, Tab. 6a). Wenngleich die antiken Positionsberechnungen im Falle der schnellen Planeten Merkur, Venus und Mars bekanntlich größere Fehler als im Falle der langsamen Planeten Jupiter und Saturn aufweisen, entsprechen die Textangaben des ersten und zweiten Horoskops, vom hier fraglichen Fall abgesehen, ungefähr den zu erwartenden Überhöhungen: Merkur (**F1**) +5°, Mars (**F1**) +3°, Venus (**F2**) +6°, Mars (**F2**) +7°.[1627] Nur im Falle des besonders flinken Merkur liegt die Textangabe in **F2** so weit über dem zu erwartenden Wert (+11°), dass ein echter Fehler von ca. 6° vorliegt, denn 25° ♓ (wahre tropische Position) + 5° (zur Umwandlung in siderische Daten) + 6° (Fehler)[1628] = 6° ♈ (Text). Wenn man einen ähnlich großen Fehler bezüglich der Venus im ersten Horoskop gestattet, aber nicht im Sinne eines Zuviel, sondern eines Zuwenig, führt das auf den dortigen Textwert, denn 14° ♓ (wahre tropische Position) + 4½° (zur Umwandlung in siderische Daten) – 6½° (Fehler)[1629] = 12° ♓ (Text). Auch andere Horoskope für Daten des 1. Jh. v.Chr. und des 1. Jh. n.Chr. bieten negative Abweichungen dieser Größenordnung bei den Venus- und Merkurpositionen, vgl. z.B. Hor. gr. –71.I.21 (Text: ☿ 12° ♒, wahre trop. Pos.: 17° ♒), Hor. gr. –42.XII.27 (Text: ♀ 11° ♑, wahre trop. Pos.: 14° ♑) und Hor. gr. 46.I.3 (Text: ☿ 30° ♐, wahre trop. Pos.: 6° ♑). Die Angabe Ἰχθύων μοίρα ιβ′ (§ 22) liegt also innerhalb einer akzeptablen Fehlergrenze und ist nicht *per se* suspekt.

Es kommt hinzu, dass eine Verschreibung von ιβ′ aus einem höheren Wert (z.B. ιθ′) paläographisch wenig plausibel ist.[1630] Zu bedenken ist ferner, dass **P** und Ep.[4] an keiner anderen Stelle *beide* einen verderbten Zahlwert bieten. Da auch der dritte Überlieferungsstrang (Exc.[1]), in dem das Venusnotat leider ausgefallen ist, durch das Diagramm des cod. **U**

[1627] Vgl. S. 594, Tab. 6a, u. S. 1044, Tab. 28a.
[1628] Vgl. S. 1047, Tab. 28c.
[1629] Vgl. S. 603, Tab. 6c.
[1630] Siehe die Liste der "standard letter confusions" bei West 1973, 25.

den Wert 12° ♓ bestätigt, müsste man annehmen, dass die hypothetische Verschreibung sehr früh stattfand, vielleicht als unachtsame Angleichung an den unmittelbar vorausgehenden Merkurwert (μοίρᾳ ιβ′) oder an die folgenden Werte für Mars und das MC (zweimal μοίρᾳ κβ′).

Während, wie gesagt, Zahlenverderbnisse der gesamten Antigonos-überlieferung nicht belegbar sind, ist es anscheinend schon früh in mehreren Fällen zu Textausfällen im Umfang von einem oder mehreren Wörtern gekommen, die alle Überlieferungsstränge betreffen.[1631] Ein Ausfall von καὶ ἐν ἰδίαις μοίραις (nach § 26 ἐν ἰδίῳ ὑψώματι) ist daher nicht undenkbar, zumal es sich um eine durch die identische Angabe zu Mars bedingte Haplographie handeln könnte. Ein ganz ähnlicher Fall liegt in **F2** § 56 nachweislich vor.[1632] Ferner gewinnt die astrologische Argumentation des Antigonos sowohl an Gewicht wie auch an Ausgewogenheit, wenn Venus ebenso wie Mars zwei verschiedene Planetenwürden genießt. Es ist darüber hinaus, wie bereits oben (S. 608) erläutert, zu erwägen, ob Antigonos, der an anderen Stellen zweifellos Daten 'frisiert' hat,[1633] eine genauere Angabe zur Venusposition besaß, diese aber um einige Grad auf 12° ♓ reduzierte, damit die Venus als gerade noch in ihrem eigenen Bezirk (0°–12° ♓) befindlich gewertet und auch unter diesem Gesichtspunkt als wirkungsmächtige Wohltäterin interpretiert werden konnte. Die oben diskutierten astronomischen Bedenken, die ja ohnehin gering sind, würden damit vollends bedeutungslos. Die Analyse der Stobart-Tafeln gibt ebenfalls Anlass zu der Vermutung, dass Antigonos den Wert für Venus ein wenig gedrückt hat.[1634] Wie dem auch sei, insgesamt erscheint die Annahme eines Ausfalls von καὶ ἐν ἰδίαις μοίραις am plausibelsten. Der Text der hiesigen Edition wird entsprechend ergänzt.

τὴν στάσιν ἔχοντος: Zu στάσις im Sinne von 'Position' vgl. § 37 τὴν τοῦ Ἡλίου καὶ τῆς Σελήνης στάσιν ἐπίκεντρον. § 46 ἡ τοῦ Ἡλίου περὶ τὸ ὡροσκοποῦν στάσις. § 47 τὴν τοῦ Ἑρμοῦ μετὰ Κρόνου στάσιν. § 49 ἐν καθύγροις ζῳδίοις τὴν στάσιν ἐσχηκότων. **F2** § 56 τὴν τοῦ Ἄρεως καὶ Ἑρμοῦ στάσιν ἐπὶ τοῦ μεσουρανήματος. § 57

[1631] Vgl. S. 122 bei Anm. 484.

[1632] Vgl. die Tabelle zur gegenseitigen Unabhängigkeit von **P**, Ep.[4], Exc.[1] und Exc.[2] oben S. 117, zu **F2** § 56 ἄδικος μὴ κατηγορούμενος· πολυχρήματος; s. auch ebd. zu § 66a αὐτοῦ γεραιόν.

[1633] S.o. S. 609, Punkt γ (zum Aszendenten), sowie bereits am Ende des vorausgehenden Kapitels (β).

[1634] Einzelheiten dazu oben in Anm. 1112.

τὴν στάσιν ἔχειν ἐν Κριῷ. § 58 ἕως ⟨τῆς⟩ τετραγώνου στάσεως. § 61 τῆς τετραγώνου αὐτοῦ στάσεως. Die Belege zeigen, dass mit στάσις sowohl die Position *in mundo*, also bezüglich der Kardinalpunkte und des Horizonts, gemeint sein kann (§§ 37.46. **F2** § 56) als auch die innerhalb des Tierkreises ohne Relation zum irdischen Beobachtungsort (§§ 26.47. 49. **F2** § 57.58.61). Vgl. Bezza 1990, 281 (Anm. 68), mit weiteren Erläuterungen und Parallelen aus anderen Astrologentexten. Niemals bezeichnet στάσις im Griechischen den scheinbaren Stillstand der Planeten; der *terminus technicus* dafür ist στηριγμός (vgl. **F3** § 63 ἐπὶ στηριγμοῦ ἑῴου).

ἀμφοτέρων ἰδιοτοπούντων: fasst die vorhergehenden Angaben über Venus und Mars zusammen. Zur Bedeutung des ausschließlich astrologisch belegten Terminus ἰδιοτοπεῖν ('in einem eigenen Ort stehen') vgl. z.B. Val. 2,22,36–39 (Hor. gr. 50.X.24, = Domitian?), in dem Jupiter in den Fischen steht, daher ebd. 2,22,37 Διὸς ἰδιοτοποῦντος.[1635] Ptolemaios verwendet das Verb nicht, doch siehe Ptol. apotel. 3,4,7, wo es heißt, die Wirkung der Planeten sei am stärksten, wenn sie sich an eigenen oder vertrauten Orten des Kosmos befänden (δραστικώτατοι μὲν γάρ εἰσιν, ὅταν κοσμικῶς μὲν ἐν ἰδίοις ἢ ἐν οἰκείοις ὦσι τόποις).[1636] Die hiesige Stelle ist somit der früheste Beleg für ἰδιοτοπεῖν. Da die Belege nach LSJ s.v. erst mit Valens beginnen, wäre die Aufnahme einer entsprechenden Ergänzung in das Supplement wünschenswert.

ἐπαναφερομένων τῇ Σελήνῃ: Da hier erstmals in den Antigonosfragmenten einer der korrelativen, sich auf die Dodekatropos[1637] beziehenden *termini technici* κέντρον, ἐπαναφορά und ἀπόκλιμα bzw. der dazugehörigen Verben begegnet, sollen sie hier alle knapp systematisch erklärt werden (zur Illustration s. S. 694, Diagr. 9).
Die vier Kardinalpunkte (s.o. S. 643) heißen κέντρα bzw. lat. *cardines*. Durch sie sind der 1., 4., 7. und 10. Ort der Dodekatropos definiert, die metonymisch ebenfalls als κέντρα bezeichnet werden. Vgl. die von Antigonos teils wörtlich (punktuell), teils metonymisch (im Sinne ganzer Orte) gebrauchten Formen von κέντρον (§§ 37.40.43.49. **F2** § 56. **F5** § 68), κεντρόω (§ 29 κεκεντρῶσθαι), ἐπίκεντρος (§§ 36 u. 37) und ὁμό-

---

[1635] Zahlreiche weitere Valens-Belege bietet Pingree 1986, 513 (Index s.v.).
[1636] Zu δραστικός und ποιητικός s.o. zu **T2** τὸ ποιητικόν.
[1637] Mehr dazu im Kommentar zu § 26 ἐπὶ τοῦ ὡροσκόπου (bes. S. 689–698).

κέντρος (§§ 33b u. 48).[1638]

Die ἐπαναφοραί sind diejenigen Orte, die in der Ordnung des Tierkreises auf die κέντρα folgen. Wenngleich die wörtliche Bedeutung des 'danach Aufgehens' nur auf den 2. Ort zutrifft, der dem eigentlichen Aufgang folgt (1. Ort = ἀναφορά), wurde der Terminus ἐπαναφορά auf den 5., 8. und 11. Ort ausgedehnt.[1639] Das Verb ἐπαναφέρω ist bei Antigonos nur hier belegt, ἐπαναφορά hingegen in § 40. **F2** §§ 66a.66b.

Die noch übrigen vier Orte (der 3., 6., 9. und 12.) heißen ἀπόκλιματα. Der Begriff ἀπόκλιμα wurde vom Durchlaufen des MC, genauer: vom 9. Ort, auf die den übrigen κέντρα folgenden Orte übertragen. Ein seltenes Synonym zu ἀπόκλιμα ist ἐπικαταφορά (s. Bouché-Leclercq 1899, 273). In den Antigonosfragmenten sind durch den Zufall der Überlieferung beide Termini nicht belegt (s. jedoch 2x ἀποκλίνω in **F4** § 67).

Diese Terminologie ist seit 'Nechepsos und Petosiris' belegt. Vgl. Nech. et Pet. frg. 21,77.95.96 bei Val. 7,6,17.20 mit insgesamt drei Belegen für ἐπαναφέρεσθαι (Val. 7,6,10–20 ist nach Val. 7,6,21 ein wörtliches Nechepsos-Zitat); ebd. auch ein Beleg für ἐπικαταφέρεσθαι (frg. 21,78 = Val. 7,6,17). Siehe auch mehrere Riess noch unbekannte Belege, nämlich Antioch. epit. 1,19 (ex isag. 1), CCAG VIII 3 (1912) p. 116,11–12 (= Nech. et Pet. frg. +16) κατὰ δὲ τὸν Βασιλέα χρηματίζειν λέγονται τὰ δ' κέντρα καὶ αἱ τούτων ἐπαναφοραί sowie die Exzerpte aus der Katarchenhoroskopie des Petosiris[1640] bei Iul. Laod. CCAG I (1898), p. 138,1–21 (= frg. +23), worin neben ἐπαναφορά (p. 138,14) auch die verwandten Termini ἀπόκλιμα (p. 138,6.13) und ἀποκλίνειν (p. 138,9) begegnen, sowie bei Theoph. exc. CCAG XI 1 (1932), cap. 22, p. 223,18–27 (frg. +27), wo ebenfalls von den ἐπαναφοραί die Rede ist (p. 223,22).[1641] Als Variante zu ἀπόκλιμα bezeugt Val. 3,7,7 = Nech. et Pet. frg. 18,24 den Begriff ἀπόκλισις.

[1638] Wenn man, wie es in der Antike üblich war, die Orte der Dodekatropos mit Tierkreiszeichen in eins setzt, kann das MC nicht nur in den 10. Ort fallen, sondern auch in den 9. und 11. (und ebenso das IMC in den 3. und 5.). Obwohl die antiken Astrologen sich dessen bewusst waren (vgl. Firm. math. 2,15,4 u. Paul. Alex. 30 p. 82,7–10), hielten sie aufgrund der praktischen Vorteile an der Gleichsetzung von Orten und Zeichen fest.

[1639] Mehr zu ἀναφορά und ἐπαναφορά im Kommentar zu § 43 ἐπὶ τῶν κέντρων ἢ καὶ ἐπὶ τῶν ἐπαναφορῶν.

[1640] Mehr dazu in Anm. 1300.

[1641] Erwähnung verdient ferner Antioch. epit. s.n.,3 (ex isag. 2 [s. Anm. 234]), CCAG VIII 3 (1912), p. 119,22–33 (p. 119,25–29 = Nech. et Pet. frg. +18), woraus aber nicht eindeutig erkennbar ist, ob die letzten Zeilen, besonders die Untersuchung der κέντρα

An der hiesigen Stelle ist also gemeint, dass sich Venus und Mars im 2. Ort befinden, der auf den im 1. Ort aszendierenden Mond folgt. Antigonos betont diesen Umstand, weil die Position in einem kardinalen Ort sowie auch die in Epanaphora die Wirkkraft eines Planeten verstärkt (ausführlicher hierzu im Komm. zu § 33a ἀχρηματίστων ... χρηματι-στικῶν), besonders wenn es sich bei dem kardinalen Ort um den ersten oder zehnten handelt (vgl. die Erklärung des Antigonos in § 37 zu τὰ πρακτικὰ κέντρα).

Die einschlägigen Kapitel zur Wirkung der Planeten in den 12 Orten bieten einige Aussagen zu Mars beziehungsweise Venus im 2. Ort, die sich konkret auf Hadrians Kaisertum beziehen lassen. Dor. p. 365,3–5 notiert: ἡ Ἀφροδίτη ὡροσκοποῦσα ἢ ἐπαναφερομένη τῷ ὡροσκόπῳ ἀνατολικὴ [1642] πολυγυναίους, γνωστούς, βασιλεῖς (!), εὐμόρφους (cf. § 29), λογίους, ἐνδόξους (cf. § 33b), ἀγαθούς, θεοσεβεῖς [sc. ποιεῖ, cf. ex. gr. ibid. p. 363,8], καὶ τῇ πόλει γνωστοὶ ἔσονται.

Abgesehen von dieser allgemeingültigen Aussage findet sich eine konkrete, dem von Antigonos in § 26 Gesagten ähnliche Interpretation im Krönungshoroskop des Usurpators Leontios (Hor. gr. 484.VII.18). Dessen Astrologen hatten die gemeinsame Stellung von Sonne, Jupiter und Mars im aszendierenden Tierkreiszeichen (Krebs) sowie die Position des Merkur in Epanaphora (Löwe) als Vorzeichen glücklicher Herrschaft gedeutet, wie der spätere, Leontios feindlich gesonnene Besprecher derselben Konstellation mitteilt: πολὺ ἐφάντασε τοὺς τὴν καταρχὴν δεδω-κότας ἡ τοῦ Ἡλίου καὶ τοῦ Διὸς καὶ τοῦ Ἄρεως ὡροσκοπία καὶ ⟨ἡ⟩ ἐπαναφορὰ τοῦ Ἑρμοῦ κτλ. (Pingree 1976b, p. 140,8–9; vgl. ebd. Z. 15–16: τὸ τὸν Ἥλιον καὶ τὸν ὡροσκόπον καὶ τὸν Δία ⟨ἅμα⟩[1643] τετυ-χηκέναι). Jener Anonymos setzt ebenso wie Antigonos die Tierkreiszei-chen und die Orte der Dodekatropos in eins.

§ 27

ὁ κοσμοκράτωρ Ἥλιος: so **P** (κοσμοκράτωρ fehlt in Ep.[4], doch siehe Exc.[1]). Die Auffassung der Sonne als oberster Lenker und Herrscher der

---

und ἀποκλίματα und ἐπαναφοραί (p. 119,30), noch der Autorität von 'Nechepso und Petosiris' folgen.

[1642] Diese Bedingung ist in **F1** erfüllt, und zwar sogar entsprechend der Partei der Venus auf der Nachtseite der Sonne.

[1643] Ergänzt von Kroll, CCAG I (1898), p. 108,4 (gefolgt von Pingree a.a.O.).

Welt ist ein Produkt des Hellenismus und in der antiken Literatur von Cicero bis zu den Neuplatonikern und den spätantiken Zaubertexten belegt. Ihren Ursprung hat die den Griechen und Römern ursprünglich fremde Sonnenverehrung in den orientalischen Kulturen und Religionen. In der Spätantike gipfelt der Sonnenkult in der Erhebung des syrischen Sonnengottes Baal zum Reichsgott durch Elagabal (218 n.Chr.) und in der Erhebung des *Sol Invictus* zum Staatsgott durch Aurelian (274 n. Chr.).[1644]

Mit dem Beiwort κοσμοκράτωρ schmückt von den erhaltenen griechischen Horoskopen nur P. Oxy. II 307 (Hor. gr. 46.I.3) die Sonne, vgl. auch P. Lond. I 130 (Hor. gr. 81.III.31), col. III, ll. 48–51: ὁ μὲν μεγιστότατος ἥλιος καὶ τῶν ὅλων δυνάστης ('die allermächtigste Sonne, Herrscherin des Alls'), und P. Paris 19bis (Hor. gr. 137.XII.4), col. I,11: θεὸν ἥλιον (beide Stellen im jeweiligen astronomischen Datenblock). Siehe ferner Val. 8,7,272 ὁ κοσμοκράτωρ Ἥλιος, die Bezeichnungen der Sonne als κράτιστος βασιλεύς (Porph. isag. 2 p. 190,25) und βασιλεὺς καὶ ἡγεμὼν τοῦ σύμπαντος κόσμου (Iul. Laod. CCAG I, 1898, pp. 135,32–136,1), den sogenannten 'Sonnenhymnos' des Kleomedes[1645] sowie umfangreiches weiteres Material aus der gesamten griechischen Literatur bei Fauth 1995, 203–262.[1646] Vereinzelt bezeichnen astrologische Texte *beide* Luminare als Weltherrscher, vgl. Val. 9,16,2 τοὺς κοσμοκράτορας ... Ἥλιόν τε καὶ Σελήνην und Paul. Alex. 3 p. 13,12–16 ὁ Ἥλιος καὶ ἡ Σελήνη ... τῶν ὅλων ἄρχουσι καὶ βασιλεῖς τῶν πάντων ὑπάρχοντες τὸ ἐξουσιαστικὸν τοῦ παντὸς κατ' ἐπικράτησιν εἰλήφασι (vgl. ebd. 6 p. 18,12–14). Den Mond allein bezeichnet PSI III 157, Z. 8 (= Anub. frg. 16,8), als Weltherrscher(in), sofern Bolls Ergänzung β[α]σιλῄίδα κοσμοκρ[ατοῦσαν das Richtige trifft.[1647] Einige spätantike (nichtastrologische) Quellen bezeichnen sogar alle sieben 'Planeten' als κοσμοκράτορες (LSJ s.v. 3).

Für die Prognose kaiserlicher Macht ist die Stellung der Sonne von besonderer Bedeutung: So wie sie das Weltall im Bereich der physischen Natur beherrscht, ist der Kaiser Weltherrscher im menschlichen Be-

---

[1644] Ich folge hier Denningmann 2005, 107–122, bes. 107.

[1645] Cleom. 2,1 ll. 357–404 Todd (pp. 154–156 Z.).

[1646] Zur Sonne als κοσμοκράτωρ siehe ferner Cumont 1913. Cumont 1940, 410. Gundel 1968, 10–12. Ulansey 1998, 95f. (= ¹1989, 107f.).

[1647] Siehe Boll 1914a, 2, mit Komm. z. St. Sichere Belege gibt es m.W. nicht für den Mond allein. Vgl. jedoch Bezeichnungen des Mondes als ἡ δὲ θεὰ καὶ σελασφόρος Σελήνη in P. Lond. I 130 (Hor. gr. 81.III.31), col. III, ll. 73–74, und in P. Oxy. astron. 4245 (Hor. gr. 218.XI.27), Z. 7.

reich.[1648] Bezeichnenderweise prognostiziert Ptolemaios im Kapitel über hohe Würden unter besonders günstigen Bedingungen κοσμοκράτορες (Ptol. apotel. 4,3,2; s.o. S. 681 bei Anm. 1427). Er meint damit zweifellos römische Kaiser, wenngleich das Epitheton in astrologischen Texten allgemein Könige bezeichnete, bevor es in den Inschriften der Kaiser auftauchte.[1649] Es ginge allerdings zu weit, aus der hiesigen Erwähnung des κοσμοκράτωρ Ἥλιος eine intentionelle, namentliche Anspielung auf den Kaiser *P. Aelius Hadrianus* herauszuhören.[1650]

ὧν: Zur abweichenden Wortfolge in Ep.[4] s.o. zu § 22 φησί.

ἐν τῷ ἰδίῳ οἴκῳ: Nach astrologischer Lehre haben die sieben Planetengötter bestimmte 'Häuser' (οἶκοι,[1651] lat. *domus, domicilia*[1652]), Tierkreiszeichen, in denen sie während ihrer Himmelswanderung bevorzugt einkehren und 'sich freuen' (χαίρειν,[1653] lat. *gaudere*).[1654] Diese 'Häu-

---

[1648] Zum Vergleich von Kaiser und Sonne bzw. Kaiserin und Mond im Allgemeinen s. Vatsend 2000, Anhang 1: 'Kaiserin und Mond' (pp. 139–141). Siehe außerdem Boll 1922a, 22 (= Boll 1950, 96): "Wenn der Triumvir Antonius [...] seine beiden Zwillingskinder von Kleopatra mit den Beinamen Helios und Selene benennt, so bestimmt er sie damit im Voraus zu den Herrschern dieser irdischen Welt, zu Kosmokratores, wie es die zwei mächtigen Gestirne im All sind."

[1649] Cumont 1937, 27; vgl. Bouché-Leclercq 1899, 437[5].

[1650] Abgesehen davon, dass Antigonos **F1** anonym formuliert hat, ist die Gleichsetzung Aelius – ἥλιος nach Gagé 1968, 217–219 u. 228, erst in 3./4. Jh. n.Chr. greifbar. Allerdings sind Spuren von Vergleichen Hadrians mit der Sonne fassbar, z.B. in jenem Epigramm der Julia Balbilla (Enkelin des Balbillos und Zofe der Kaiserin Sabina) auf dem Memnon-Koloss von Theben, worin es heißt, dass der Koloss zu tönen pflegte, wenn die Sonne ihn erwärmte; als aber Hadrian, der παμβασιλεύς, ihn schon *vor* Sonnenaufgang besuchte, habe der Koloss die Stimme zum Gruß erhoben, soweit ihm dies überhaupt möglich war: Μέμνονα πυνθανόμαν Αἰγύπτιον ἀλίω αὔγαι ‖ αἰθόμενον φώνην Θηβαΐ(κ)ω 'πυ λίθω. ‖ Ἀδρίανον δ' ἐσίδων τὸν παμβασίληα πρὶν αὔγας ‖ ἀελίω χαίρην εἶπέ (ϝ)οι ὡς δύνατο (= Bernand – Bernand 1960, Nr. 28, vv. 1–4; cf. Lindsay 1971, 312, ad loc.: "She [*sc.* Julia Balbilla] seems to say that the oracular statue accepted him [*sc.* Hadrian] as a sun before the sun rose."). In der Folge einer schweren Beschädigung (vielleicht durch das Erdbeben 27 v.Chr.) gab der Memnonkoloss in der Morgendämmerung Töne von sich, die als Begrüßung der Morgenröte durch ihren Sohn Memnon gedeutet wurden.

[1651] οἰκητήριον in P. Oxy. II 235 (Hor. gr. 15–22), Z. 14; ebenso Paul. Alex. 37 p. 100,2–3.

[1652] Vgl. Le Bœuffle 1987, 123f. (Nr. 447) s.v. *domicilium*.

[1653] Vgl. z.B. Paul. Alex. 3 p. 11,11–13.

[1654] Die grundlegende Darstellung der Lehre bietet Bouché-Leclercq 1899, 182–192. Siehe auch Gundel – Gundel 1950, 2123f.

ser' sind nicht mit den 'Orten' (τόποι) der Dodekatropos zu verwechseln (s.o. zu § 26 ἐπὶ τοῦ ὡροσκόπου, bes. S. 689–698). In babylonischen Keilschrifttexten konnte die Häuserlehre bisher nicht nachgewiesen werden.[1655]

Um die Zwölfzahl der Zeichen mit der Siebenzahl der Planetengötter in Einklang zu bringen, wurden jedem Planeten ein Taghaus sowie ein Nachthaus zugewiesen. Die Luminare hingegen haben nur je ein Haus, was sinnfällig ist, da die Sonne den Tag und der Mond die Nacht symbolisiert.

	Taghaus	Nachthaus
Mond	–	♋
Sonne	♌	–
Merkur	♍	♊
Venus	♎	♉
Mars	♏	♈
Jupiter	♐	♓
Saturn	♑	♒

Tab. 19: Tag- und Nachthäuser der Planeten

Die Häuser der Luminare sowie die Taghäuser der fünf echten oder 'kleinen' Planeten wurden astrologisch aus dem bereits erläuterten 'ägyptischen' *thema mundi* (κόσμου γένεσις)[1656] als die Tierkreiszeichen erklärt, in denen sie am Beginn der Welt gestanden hätten, gewissermaßen also als ihre Geburtshäuser. Dem Firmicus scheint dieser Zusammenhang nicht bewusst gewesen zu sein, da er keinerlei Bezüge zwischen den Kapiteln math. 2,2 *De domibus stellarum* und math. 3,1 *thema mundi* herstellt;[1657] doch siehe exemplarisch Paul. Alex. 37 (Κόσμου γένεσις) p. 100,2–3: ὅθεν καὶ οἰκητήρια αὐτῶν αὐτὰ τὰ ζῴδια κατωνόμασται. Auch Macr. somn. 1,21,25–26 sieht im *thema mundi* den Grund der Häuserzuteilung.

Im *thema mundi* stehen die Planeten in der Reihenfolge Mond – Sonne – Merkur – Venus – Mars – Jupiter – Saturn in den Tierkreiszeichen vom Krebs bis zum Steinbock (diese pythagoreisch-platonisch-

---

[1655] Vgl. Neugebauer – Parker 1960–1969, III 203, u. Rochberg-Halton 1988a, 57.
[1656] S.o. S. 632 (Punkt f).
[1657] Vgl. Bouché-Leclercq 1899, 186[3].

stoische Planetenordnung beweist im Übrigen, dass das 'ägyptische' *thema mundi* eine griechische Erfindung ist).[1658] Teilt man die noch unbe-
setzten Zeichen (♒ – ♊) den fünf echten Planeten als zweites Domizil
zu, so ergibt sich eine harmonische und achsensymmetrische Verteilung,
in der auf die Luminare eine nächtliche (beim Mond im Krebs beginnende) und eine zum Tag gehörende (bei der Sonne im Löwen beginnende)
Reihe von Planetenhäusern folgt:

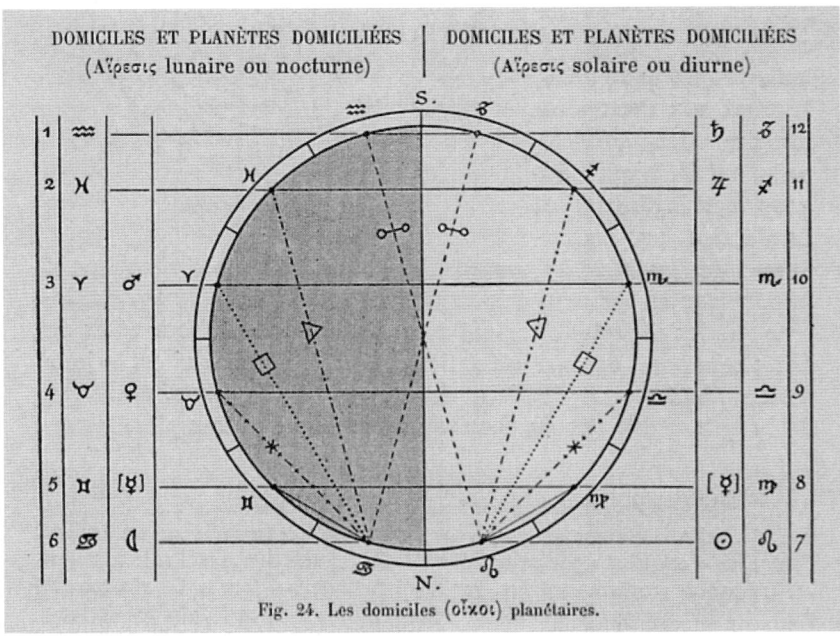

Fig. 24. Les domiciles (οἶκοι) planétaires.

Diagr. 11: Die Planetenhäuser
(Quelle: Bouché-Leclercq 1899, 188)

Das System der Planetenhäuser ist schon früh in Originalhoroskopen
belegt. Baccani nennt als die ältesten Exemplare fünf Papyri des 1. Jh.
n.Chr.: P. Oxy. II 235 (Hor. gr. 15–22), P. Oxy. II 307 (Hor. gr. 46.I.3),
P. Oxy. XXXI 2555 (Hor. gr. 46.V.13), P. Lond. I 130 (Hor. gr.
81.III.31)[1659] und P. Lond. I 98 (Hor. gr. 95.IV.13).[1660] Dazu sind zwölf

---

[1658] Vgl. Bouché-Leclercq 1899, 186[2], u. siehe Diagr. 6 oben S. 632.
[1659] Darin Z. 58f. ζῳδίῳ ˝Αρεως (♈). 80f. ζῳδίῳ Ἀφροδίτης (♉). 101 u. 145f. ζῳδίῳ
Διός (♓, cf. 178). 116 ζῳδίῳ Σελήνης (♋). 130f. ζῴδιον Κρόνου (♒). 169f. ζῴδιον
˝Αρεως (♍); keine Angabe zu Merkur.

später publizierte Papyri aus Oxyrhynchos für Daten ab 84 n.Chr.[1661] sowie auch der noch unpublizierte P. Berlin 9825 (Hor. gr. 319.XI.18–19) zu ergänzen. Im literarischen Bereich sind besonders die durch Heph. 1,7 überlieferten mnemonischen Verse des Dorotheos zu erwähnen.[1662] Da Manilius die Planetenhäuser nicht erwähnt, ist unter den lateinischen Autoren Lucan. 1,649–665[1663] das früheste unzweifelhafte Zeugnis.[1664] Mit hoher Wahrscheinlichkeit hat jedoch schon Varro das System referiert; dafür spricht Ps. Cens. (*re vera* Varro) frg. 3,10 *domus solis leo, lunae cancer, Mercuri virgo et gemini, Veneris libra et taurus, Martis scorpio et aries, Iovis sagittarius et piscis, Saturni capricornus et aquarius.* Wie verbreitet die Kenntnis des Häusersystems dann im 2. Jh. n.Chr. war, beweist eine alexandrinische Münzserie aus dem achten Regierungsjahr des Antoninus Pius (145/6 n.Chr.), deren 12 Einzelstücke jeweils ein Tierkreiszeichen mit dem zugehörigen Planetengott zeigen.[1665] Vgl. weiter Ptol. apotel. 1,18 sowie auch die ausführliche Darstellung bei Bouché-Leclercq 1899, 182–192.

Da 'Nechepsos und Petosiris' das *thema mundi*, aus dem sich die Planetenhäuser erklären, kannten,[1666] ist es *per se* wahrscheinlich, dass schon jenes pseudepigraphische Werk die Häuserlehre bot. Dazu passt die Nachricht bei Firm. math. 8,2 (= Nech. et Pet. frg. 16), dass Petosiris in seinen Unterweisungen die Hausherren der Tierkreiszeichen verwendet haben soll (darin mehrere Belege für die lateinischen Begriffe *dominus signi* und *domicilium*). Die Hausherren der Tierkreiszeichen finden außerdem mehrmals Erwähnung in den Riess noch unbekannten Petosiris-Exzerpten bei Iul. Laod. CCAG I (1898), p. 138,1–21 (frg. +23) und Theoph. exc. CCAG XI 1 (1932), cap. 22, p. 223,18–27 (frg. +27).[1667] Außerdem ist die Häuserlehre ein unverzichtbares Requisit der Suche nach dem οἰκοδεσπότης in der Version mehrerer sich auf 'Nechepsos und Petosiris' berufender Autoren,[1668] deren Lehre anscheinend auch

---

[1660] Baccani 1992, 91, mit Anm. 1.

[1661] Siehe Jones 1999a, II 459, Index VIIIe s.v. οἶκος.

[1662] Heph. 1,7: ἐκ δ᾽ ἄρα τοι τούτων μᾶλλον Κρόνος Ὑδρηχόῳ [Ὑδροχοῆϊ coni. Kroll], Ι Ζεὺς δ᾽ ἐνὶ Τοξευτῇ καὶ Σκορπίῳ ἥδεται Ἄρης, Ι Κύπρις δ᾽ ἐν Ταύρῳ γάνυται νόον, ἐν δέ νυ Κούρῃ Ι Ἑρμείας· εἷς δ᾽ ἔστι δόμος φωστῆρος ἑκάστου (= Dor. p. 323,16–19 P. = Dor. frg. 6 St.; cf. Dor. arab. 1,1,9).

[1663] Vgl. Anm. 738.

[1664] Vgl. Bouché-Leclercq 1899, 185².

[1665] Abb. bei Lehr 1971.

[1666] S.o. S. 631 bei Anm. 1212.

[1667] Zu beiden s.o. S. 653, Anm. 1300.

[1668] S.u. Komm. zu **F2** § 54 οἰκοδεσποτήσει – ὁ Ἄρης.

Antigonos folgt. Insgesamt kann also kein Zweifel daran bestehen, dass schon 'Nechepsos und Petosiris' das System der Planetenhäuser kannten und lehrten.

Antigonos verweist neben der hiesigen Stelle noch vier weitere Male auf das zu seiner Zeit längst kanonische Häusersystem: vgl. § 35 ἐν Κρόνου οἴκῳ. § 48 ἐν Κρόνου ζῳδίῳ (cf. epit. 4,26,38 ἐν ζῳδίῳ οἴκῳ ὄντι τοῦ Κρόνου). **F3** § 66a ἐν Ἄρεως οἴκῳ und § 66b ἐν οἴκῳ τοῦ Ἄρεως.

Es gibt einschlägige Kapitel verschiedener Autoren über die Wirkungen der Planeten in den einzelnen Häusern. Da diese aber, was die soeben genannten Antigonos-Stellen betrifft, erstmals zu **F3** § 66a ἐν Ἄρεως οἴκῳ relevant sind, werden sie im dortigen Stellenkommentar vorgestellt. An der hiesigen Stelle ist nur von Bedeutung, dass die Stellung Saturns in seinem eigenen Haus seine Stärke und damit seine Eignung als Speerträger intensiviert.

Zuletzt ist anzumerken, dass bei Manilius ein Versuch belegt ist, die zwölf Tierkreiszeichen mit den Zwölfgöttern zu assoziieren (Manil. 2,433–452): ♈ Minerva, ♉ Venus, ♊ Apoll, ♋ Merkur, ♌ Jupiter, ♍ Ceres, ♎ Vulkan, ♏ Mars, ♐ Diana, ♑ Vesta, ♒ Juno, ♓ Neptun.[1669] Dieses System von Schutzgöttern (*tutelae*), das abgesehen von Manilius nur durch einige Rudimente bei anderen Autoren bekannt ist,[1670] weist zwei Übereinstimmungen mit dem zuvor erläuterten, üblichen Häusersystem auf (Venus ist dem Stier zugeordnet, Mars dem Skorpion). Es konnte aber schon deshalb nicht überleben, weil es den Saturn nicht berücksichtigt. Ein weiteres Sondersystem will Firmicus kennen, der behauptet, 'die Babylonier' hätten den Planeten diejenigen Tierkreiszeichen als Häuser zugewiesen, die gemeinhin als ihre Erhöhungen gelten.[1671]

ἐπὶ ἑῴας ἀνατολῆς: Was die Auf- und Untergänge der Planeten und Fixsterne betrifft, sind in der antiken Sternkunde unterschiedliche Verwendungen derselben Begriffe zu beachten.[1672] Denningmann bietet eine ausführliche Appendix, die die antike Verwendung von ἑῷα ἀνατο-

---

[1669] Vgl. zu diesem System Boll 1903a, 472–478. Weinreich 1924–1937, 825–827. Hübner 1984, 237–242.

[1670] Details bei Hübner 1984, 238[336].

[1671] Vgl. Firm. math. 2,3,4.6 sowie Bouché-Leclercq 1899, 185[1] und 227[2].

[1672] Ähnlich polyvalent sind z.B., je nach astronomischer oder astrologischer Verwendung, die Begriffe ὕψωμα und ταπείνωμα (s.o. zu § 26 ἐν ἰδίῳ ὑψώματι). Siehe auch den Gebrauch von ὡροσκόπος und μεσουράνημα einerseits im punktuellen Sinne von ASC und MC, andererseits im Sinne des 1. und 10. Ortes der Dodekatropos (s.o. S. 689–698).

λή, ἑῷα δύσις, ἑσπερία ἀνατολή und ἑσπερία δύσις sowohl in den astronomischen als auch in den astrologischen Texten erstmals umfassend analysiert und auch die babylonischen Wurzeln der griechischen Anschauungen offenlegt.[1673] Es genügt hier, ihre Ergebnisse zusammenzufassen.[1674] Insgesamt sind drei Verwendungsweisen streng auseinanderzuhalten. Die ersten beiden sind im modernen Sinne astronomisch, die dritte astrologisch:

1) ἀνατολή und ἐπιτολή bezeichnen das Überschreiten des östlichen Horizonts (dt. 'Aufgang'), δύσις und κρύψις das Hinabsteigen unter den westlichen Horizont (dt. 'Untergang'). Wenn die Adjektive ἑῷα bzw. ἑσπερία hinzutreten, bezeichnen die Junkturen den Auf- oder Untergang eines Sterns bei Sonnenauf- bzw. Sonnenuntergang (dt. 'Morgenaufgang', 'Morgenuntergang', 'Abendaufgang', 'Abenduntergang').

2) Eine von (1) verschiedene astronomische Verwendung derselben Begriffe liegt vor, wenn ἀνατολή die erste Sichtbarkeit eines Sterns oder Planeten nach seiner Phase der Unsichtbarkeit in Sonnennähe bezeichnet beziehungsweise wenn δύσις oder κρύψις die letzte Sichtbarkeit vor der Phase der Unsichtbarkeit bezeichnen. Die Adjektive ἑῷα bzw. ἑσπερία weisen auch hier auf die Tageszeit, also auf den Stand der Sonne. Im Deutschen nennen wir diese Erscheinungen 'Morgenerst' (= 'heliakischer Aufgang'), 'Morgenletzt', 'Abenderst' und 'Abendletzt' (= 'heliakischer Untergang'). Diese Verwendung liegt – im Sinne des heliakischen Aufgangs – in § 26 (Jupiter) ἑῷαν φάσιν ποιήσασθαι μετὰ ζ̄ ἡμέρας und in **F3** § 63 (Saturn) μετὰ ἡμέρας τρεῖς ἐπὶ ἑῷας ἀνατολῆς τὴν φάσιν ποιούμενον vor. Unter den Originalhoroskopen vgl. z.B. P. Lond. I 130 (Hor. gr. 81.III.31), Z. 161–162 (Merkur) πρὸ ἑπτὰ [sc. ἡμερῶν] φάσιν πεποιημένος ('der sieben Tage zuvor sein Morgenletzt [ἑῷα δύσις] gehabt hatte'). Trotz der gravierenden Unterschiede zwischen den Verwendungen (1) und (2), die Denningmann an Beispielen verdeutlicht,[1675] ist doch beiden gemeinsam, dass sie sich auf einen ganz bestimmten *Zeitpunkt* beziehen, entweder das Über- bzw. Unterschreiten des Horizonts (1) oder die erste beziehungsweise letzte Sichtbarkeit eines Himmelskörpers in Sonnennähe (2).[1676]

[1673] Denningmann 2005, 386–474 (s. bes. S. 431. 437. 449f. 467–474). Siehe auch Denningmann 2007.
[1674] Ich folge z.T. wörtlich Denningmann 2005, 467f.
[1675] Denningmann 2005, 468.
[1676] Vgl. Denningmann 2005, 431.

3) Grundverschieden von (1) und (2) ist eine astrologische Verwendung derselben Begriffe, wobei ἀνατολή und δύσις die Phasen (im Sinne
von *Zeiträumen*) der Sichtbarkeit beziehungsweise Unsichtbarkeit eines
Planeten oder Fixsterns bezeichnen. Diese Verwendung ist sowohl für die
Substantive ἀνατολή und δύσις als auch für die Adjektive ἀνατολικός
und δυτικός sowie für die Verben ἀνατέλλειν und δύειν nachweisbar.
Ein Planet, der sich innerhalb eines Abstandes von 15° zur Sonne befindet, ist δυτικός (bzw. ὕπαυγος), unsichtbar. Dabei spielt weder seine eigene Stellung zum Horizont noch die der Sonne zum Horizont eine Rolle;
nur der Bogenabstand von der Sonne ist relevant. Ein Planet jenseits der
15°-Grenze ist ἀνατολικός, sichtbar. Geht er der Sonne im Sinne der
Tagesrotation voran, ist er morgens vor ihr sichtbar (ἑῷος ἀνατολικός),
folgt er ihr, ist er abends sichtbar (ἑσπέριος ἀνατολικός). Dass man
auch den Bereich der Unsichtbarkeit in ἑῷος und ἑσπέριος unterteilte,
geschah wohl aus Gründen der Symmetrie. Eine maximale Distanz für
die Sichtbarkeitsphase nennen erst die späten Quellen Paulos Alexandrinos und Olympiodor, nämlich 120°.[1677] Insgesamt ergeben sich die folgenden Sichtbarkeitsphasen:

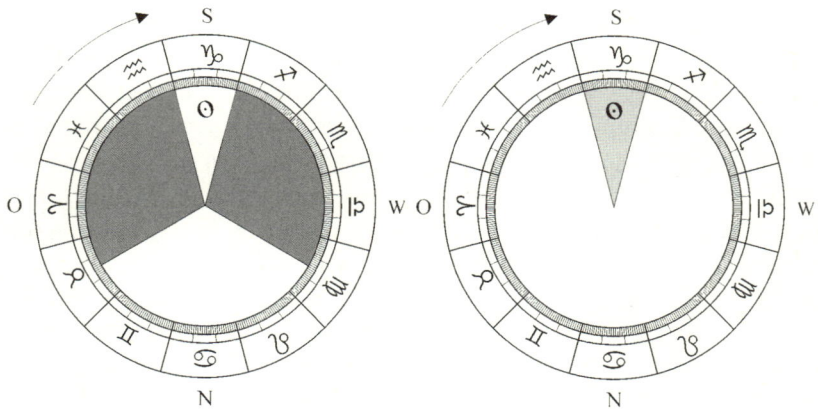

Diagr. 12: Sichtbarkeitsphasen nach astrologischer Definition:
Bereiche, in denen die Planeten ἀνατολικοί (links) bzw. δυτικοί (rechts) sind
(Quelle: Denningmann 2005, 450, Abb. 51a–b)

[1677] Zur Erklärung dieses Wertes aus den scheinbaren Stillständen der oberen Planeten s.
Denningmann 2005, 451f. u. 468.

Dieses dritte, rein astrologische Verständnis der genannten Begriffe ist wahrscheinlich dadurch zu erklären, dass antike Ephemeriden und Almanache oft zu bestimmten Tagen Sichtbarkeitsphänomene wie z.B. heliakische Aufgänge notierten. Wenngleich diese Notate natürlich nur für einen bestimmten Tag galten, wurden sie von den Astrologen anscheinend oft auch dann beachtet und in den Datenblock ihres Horoskops übernommen, wenn der Zeitpunkt, für den sie das Horoskop stellten, in die auf das notierte Sichtbarkeitsphänomen folgenden Tage fiel und zu den dazwischenliegenden Tagen kein neues Phänomen notiert war.[1678] Ganz sicher gab es Astrologen, die so bezüglich der Voll- und Neumondnotate verfuhren,[1679] wie eine Prozedur bei Valens beweist, die bei wörtlicher Auslegung die absurde Behauptung implizieren würde, dass jede Nativität entweder eine Vollmond- oder eine Neumondnativität sei.[1680] Der gleiche Erklärungsansatz macht ferner eine Reihe von sehr groben Fehlern in Angaben zu scheinbaren Stillständen der Planeten verständlich (s.u. S. 1155). Semantisch gesehen handelt es sich bei der dritten Definition von ἀνατολή also um eine Verschiebung von der dynamischen Grundbedeutung zu einer resultativ-lokativen Sonderbedeutung. Dieser Prozess ist im Griechischen keineswegs singulär. Man vergleiche etwa auf dem Gebiet der politischen Terminologie die semantische Verschiebung von φυγή 'Flucht' zu 'Exil' und konkret zu 'Ort des Exils'.[1681]

Der somit leichter nachvollziehbaren dritten Definition für ἀνατολή und δύσις ist die hiesige Stelle des Antigonos (§ 27) zuzuordnen. Für Saturn und Merkur ist die Geburtsstunde Hadrians kein astronomisch signifikanter *Zeitpunkt*, d.h. sie passieren nicht gerade den Osthorizont ('Morgenaufgang', Def. 1) und treten auch nicht gerade aus der Periode der Unsichtbarkeit heraus ('heliakischer Aufgang', Def. 2), die bereits mehrere Tage beziehungsweise Wochen zurückliegt, sondern Saturn und

---

[1678] Als Beispiele solcher Tafelwerke s. die Ephemeride P. Oxy. astron. 4181 bei Jones 1999, II 200–203, und den Almanach P. Oxy. astron. 4204 ebd. II 288–293. Siehe ferner S. 1155, Komm. zu **F3** § 63 ἐπὶ στηριγμοῦ ἑῴου.

[1679] Als Beispiel s. die Ephemeride P. Oxy. astron. 4179 bei Jones 1999, II 188–191.

[1680] Val. 3,7,3–5: Σκοπεῖν δεήσει, πότερον συνοδική ἐστιν ἡ γένεσις ἢ πανσεληνιακή. καὶ ἐὰν μὲν συνοδικὴ εὑρεθῇ, ἀριθμεῖν [...]. ἐὰν δὲ πανσεληνιακὴ ἡ γένεσις εὑρεθῇ, ἀριθμεῖν δεήσει [...].Vgl. ebd. 2,34,8–9. 3,9,13.

[1681] Vgl. LSJ s.v. φυγή I.3 "place of refuge" mit Verweis auf Diod. Sic. 17,78,2. Siehe z.B. auch Strab. 17,1,11 ἐπελθὼν δὲ Καῖσαρ τόν τε μειρακίσκον διαφθείρει καὶ καθίστησι τῆς Αἰγύπτου βασίλισσαν τὴν Κλεοπάτραν μεταπεμψάμενος ἐκ τῆς φυγῆς. Plut. Cim. 17,8 [οἱ Ἀθηναῖοι] ἐκάλουν ἐκ τῆς φυγῆς τὸν Κίμωνα. Plut. Luc. 18,2 Μιθριδάτου πέμψαντος ἐπ᾽ αὐτὰς ἐκ τῆς φυγῆς Βακχίδην εὐνοῦχον. Plut. Cat. min. 40,1 Κικέρων ἐκ τῆς φυγῆς [...] κατελθών.

Merkur befinden sich im *Zeitraum* der Sichtbarkeit (Def. 3). In demselben Sinne versteht Antigonos § 30 (Merkur und Saturn) ἐπὶ ἑῴας φάσεως, § 31 (allg.) αἱ μὲν ἑῷοι ἀνατολαὶ ... αἱ δὲ ἑσπέριοι, § 32 (allg.) ἀνατολικὸς γὰϱ ὤν und (Mars) ἑσπέϱιος (sc. ἀνατολικός), § 34 (Saturn) ἐπὶ τῆς ἑῴας ἀνατολῆς und (Mars) ἐπὶ τῆς ἑσπεϱίας (ἀνατολῆς), § 38 (Saturn und Merkur) ἐπὶ ἑῴας ἀνατολῆς, **F2** § 54 (Jupiter) ἐπ' ἀνατολῆς ἑῴας und (Mars, Venus, Merkur) ὑπὸ δύσιν ὄντων (= δυτικοί), **F3** § 63 (Merkur) ἐπὶ ἑῴας δύσεως und (Jupiter) ἐπὶ ἑῴας ἀνατολῆς und (Mars) ἐπὶ ἀνατολῆς ἑῴας. Obwohl Antigonos in allen drei erhaltenen Horoskopen intensiv von der astrologischen Terminologie der Sichtbarkeitsphasen Gebrauch macht, ist nicht erkennbar, welche maximale Distanz er als Obergrenze ansetzt. Unter den soeben genannten Stellen beträgt die größte Entfernung eines Planeten von der Sonne nach den Positionsangaben des Antigonos 73° (**F3** § 63: ☉ 19° ♈ – ♃ 6° ♒). Da keine der drei Konstellationen in **F1–F3** Planeten in einer Distanz von 73°–120° zur Sonne aufweist, ist ungewiss, ob schon Antigonos die erstmals bei Paulos Alexandrinos belegte 120°-Grenze annahm oder ob er vielleicht die 90°-Grenze vorzog, die er in **F2** § 58 für die Doryphorie nennt.

Die von Antigonos verwendete Terminologie (Sinn Nr. 3) benutzten wahrscheinlich schon 'Nechepso und Petosiris', vgl. Heph. 1,23,17 οἱ πέντε πλανώμενοι ἑῷοι ἀνατολικοὶ ὄντες = Nech. et Pet. frg. 12,79–80. Unter den Originalhoroskopen vgl. z.B. P. Lond. I 130 (Hor. gr. 81.III.31): Saturn ist ἑῷος ἀνατολικός (Z. 103f.), ebenso Venus (ἑῴα ἀνατολική, Z. 147f.), Mars sogar ἑῷος ἄγαν (Z. 137). Gemeint ist an allen drei Stellen, dass die Planeten mehr als 15° vor der Sonne aufgehen. Vgl. auch P. Oxy. astron. 4245 (Hor. gr. 218.XI.27), Z. 14 ἀνατολικός ἑῷος (Saturn), wo der heliakische Aufgang bereits mehr als eine Woche zurücklag.[1682]

Astrologisch gilt die morgendliche Sichtbarkeitsphase (ἑῴα ἀνατολή) als günstiger und findet daher, wie die obigen Fälle zeigen, wesentlich häufiger Erwähnung. Die abendliche (ἑσπεϱία ἀνατολή) ist etwas weniger günstig, aber dieser Nachteil kann, wie Antigonos in § 32 darlegt, durch eine vorteilhafte Position im Tierkreis und die Relation zu anderen Planeten und zu den Kardinalpunkten aufgewogen werden. Besonders schwach sind die Planeten, die in der Phase der Unsichtbarkeit (schlimmstenfalls in ἑσπεϱία δύσις) stehen. Vgl. Paul. Alex. 14 p.

[1682] Vgl. Jones 1999a, I 259 ad loc.

28,21–29,3 (zit. im Komm. zu § 31 ἀεὶ – πρᾶξεις).[1683] Insgesamt gilt also die folgende Hierarchie der Sichtbarkeitsphasen: ἑῴα ἀνατολή (bei Hadrian: Merkur und Saturn), ἑσπερία ἀνατολή (bei Hadrian: Mars und Venus), ἑῴα δύσις (bei Hadrian: Jupiter), ἑσπερία δύσις (bei Hadrian: kein Planet).[1684]

§ 28

Zusätzlich zu den bereits genannten Gründen für das Kaisertum Hadrians verdient nach Antigonos eine Fixsternwirkung Erwähnung. Gemeint ist α PsA ('Fomalhaut'),[1685] wie der Nachweis in der ausführlichen Gesamtanalyse zu **F5** §§ 68–70 zeigen wird.[1686] Die Relevanz jener Paragraphen für die hiesige Stelle wurde bisher übersehen.[1687] Unter Berücksichtigung der dort erzielten Ergebnisse zu dem von Antigonos benutzten System von Fixsternprognosen genügt es hier, den konkreten Einzelfall zu untersuchen und zu prüfen, inwieweit die in **F5** § 68 formulierten Bedingungen (ἡ Σελήνη ἢ καί τινες τῶν πλανωμένων ἀστέρων τυχόντες ἐπί τινος κέντρου προσθετικοὶ τῷ μήκει καὶ τῷ πλάτει μετά τινος τῶν λαμπρῶν ἀπλανῶν) hier zutreffen.

Aufgrund der Daten in § 22 ist klar, dass das zuerst genannte Kriterium (τυχόντες ἐπί τινος κέντρου) mehr als erfüllt ist: Nicht nur der Mond, sondern auch Jupiter befindet sich in kardinaler Position, und zwar in dem wichtigsten κέντρον (dem 1. Ort), und obendrein gradgenau im Aszendenten.[1688]

Auch das zuletzt genannte Kriterium (μετά τινος τῶν λαμπρῶν ἀπλανῶν) ist erfüllt: In demselben ersten Ort steht einer der sechs von

---

[1683] Dass die Planeten in ἑσπερία δύσις kraftlos sind, lehrte anscheinend schon Dorotheos (cf. Dor. arab. 1,6,6), dass sie es überhaupt innerhalb von 15° um die Sonne seien, auch Rhet. 6,6,26 (nach Burnett – Pingree 1997, 129).

[1684] Der Mond findet bei den Angaben zu den Sichtbarkeitsphasen keine Berücksichtigung; vgl. **F2** § 54 u. **F3** § 63.

[1685] Zum Namen s. Kunitzsch 1959, 164f., Nr. 101.

[1686] Siehe bes. S. 1270 nach Anm. 3211.

[1687] Daher die aporetischen Urteile von Neugebauer – van Hoesen 1959, 170f. ("a certain bright fixed star in ♒ 20°, which we could not identify", vgl. ebd. 91[20]) und Schmidt 1998, 58[145] ("It is not clear what this star is").

[1688] Zur Terminologie (κέντρον) s.o. S. 732. Auch die Sonne befindet sich im 1. Ort, ja sie steht dem von Antigonos besprochenen Fixstern sogar am nächsten. Im hiesigen Kontext ist sie aber irrelevant; vgl. die Begründung im Kommentar zu **F5** § 68 ἡ Σελήνη ἢ καί τινες τῶν πλανωμένων ἀστέρων.

Antigonos genannten hellen Fixsterne; die übrigen fünf befinden sich in
den anderen κέντρα (4., 7., 10. Ort).

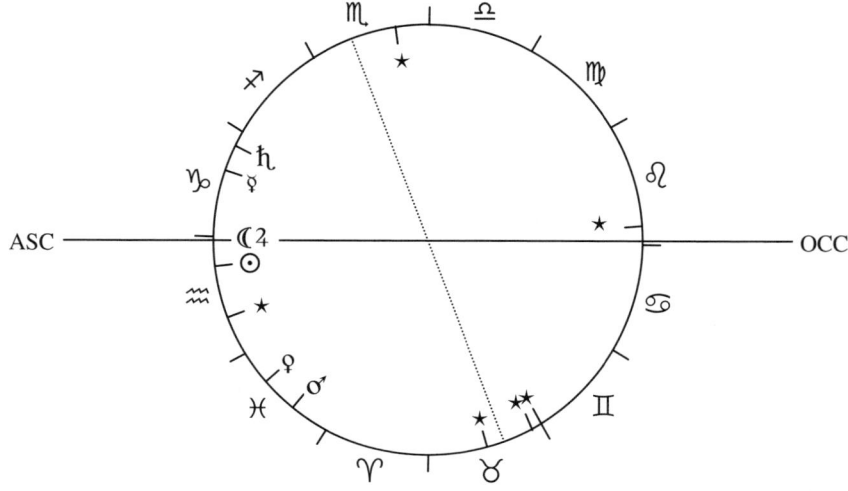

Diagr. 13: Die sechs hellen Fixsterne im Horoskop Hadrians

Da der Mond und Jupiter innerhalb des 1. Ortes um einige Grad von dem
hellen Fixstern entfernt sind, wäre das zuletzt genannte Kriterium (μετά
τινος τῶν λαμπρῶν ἀπλανῶν) nicht erfüllt, wenn die von Antigonos benutzte Regel so streng wie andere Systeme von Fixsternprognosen formuliert wäre, in denen eine gradgenaue Übereinstimmung der ekliptikalen
Länge zur Bedingung gemacht wird.[1689]

[1689] Vgl. Ps.-Porph. isag. 48 (ex Antioch.) p. 221,21 ἰσομοίρως (vollständig zitiert in
Anm. 3325). Anon. a. 379 p. 196,4 περὶ τὰς ἰσομοιρίας (vollständig zit. im Komm. zu
§ 68 φησὶ – ἐνδοξοτάτας). – Bezüglich der im Hadrianhoroskop vorliegenden Längendifferenz ist allerdings Folgendes zu bedenken: Da dem Antigonos vermutlich klar war,
dass der nach altehrwürdiger Angabe auf 20° ♒ befindliche Fixstern der im Maul des
Südlichen Fisches (α PsA) ist, dürfte er gewusst haben, dass diesem Wert in dem von
ihm selbst verwendeten siderischen Tierkreis eine Länge von ca. 12° ♒ entspricht (12°
= 7° tropische Länge [so Ptol. synt. 8,1 p. II 125,2 H. ibid. 8,1 p. II 167,17 H. zu α PsA]
+ ca. 5° Standarddifferenz [s.o. S. 599 bei Anm. 1086]). Die Distanz zwischen dem
Mond und Jupiter einerseits und dem hellen Fixstern andererseits betrüge dann nicht ca.
19 Grad, sondern nur ca. 11 Grad. Chronologisch bedeutet dies, dass der Mond bei einer
mittleren Geschwindigkeit von ca. 13°/Tag (s.o. Anm. 384) den hellen Fixstern nicht
erst ca. 36 Stunden später erreicht, sondern bereits innerhalb der auf die Geburt
Hadrians folgenden 24 Stunden.

Prüfen wir zuletzt auch noch das verbleibende (zweite) Kriterium, der mit dem Fixstern zusammentreffende Wandelstern müsse in seiner Längen- und Breitenbewegung zulegen. Im Falle des Mondes ist die Zunahme in der Länge, wie der Kommentar zu **F5** § 68 προσθετικοὶ τῷ μήκει καὶ τῷ πλάτει zeigen wird, nicht absolut, sondern relativ gemeint, also als Zunahme der scheinbaren Geschwindigkeit. Diese erreichte, wie die Rückberechnung erweist, am 24.01.76 n.Chr. ihr Maximum.[1690] Was die Breite betrifft, zeigt die Rückberechnung, dass der Mond sich in den Tagen um den 24.01.76 n.Chr. kontinuierlich von der Ekliptik nach Norden entfernte.[1691] Im Falle Jupiters, den Antigonos in § 28 nicht explizit erwähnt, ist die πρόσθεσις κατὰ μῆκος καὶ πλάτος in beiden Teilen absolut zu verstehen. Der königliche Planet erfüllte beide Bedingungen, da er rechtläufig war und (sehr langsam) in südlicher Richtung von der Ekliptik fortstrebte.[1692]

Insgesamt erfüllt der astronomische Befund also alle in **F5** § 68 formulierten Bedingungen.[1693] Allerdings treten zu diesen Bedingungen idealerweise zwei weitere hinzu, die in **F5** §§ 69–73 impliziert sind: Der Mond und der Fixstern sollen auf derselben Seite der Ekliptik stehen, und der Mond soll bezüglich seiner Lichtphase zunehmen.[1694] Das erste dieser beiden Kriterien ist hier nicht erfüllt, denn der Mond strebte, wie gesagt, nordwärts, während α PsA südlich der Ekliptik liegt, ja sogar südlich des Tierkreises.[1695] Eine echte Verbindung des Mondes mit diesem Fixstern in Länge und Breite ist also prinzipiell unmöglich, aber der Mond könnte zumindest im Sinne beider Parameter auf ihn zustreben.[1696] Wenn er dies bezüglich der Breite nicht tut, sind zwei verschiedene Fälle denkbar: Der

---

[1690] Der tägliche Längengewinn des Mondes betrug (jeweils von 07:26 Uhr bis 07:26 Uhr, Rom): 21./22. Januar: 14° 48′, 22./23. Jan.: 15° 2′, 23./24. Jan.: 15° 12′, 24./25. Jan.: 15° 4′, 25./26. Jan.: 14° 52′, usw. (Quelle: *Galiastro 4.3*).

[1691] Seine Breite betrug (jeweils 07:26 Uhr, Rom): 21.1.: –0° 31′; 22.1.: +0° 48′; 23.1.: +2° 6′; 24.1.: +3° 15′; 25.1.: +4° 11′; 26.1.: +4° 48′; 27.1.: +5° 6′. Danach sind die Werte rückläufig: 28.1.: +5° 5′; 29.1.: +4° 46′; 30.1.: +4° 12′; 31.1.: +3° 27′; 01.02.: +2° 34′; 02.02.: +1° 34′; 03.02.: +0° 32′; 04.02.: –0° 30′. Quelle auch hier: *Galiastro 4.3*. Auf teils dieselben, teils um eine Bogenminute höhere Werte führt die Rückberechnung mit *Scientific Astronomer* (s.o. Anm. 78).

[1692] Breite am 23.01.76 n.Chr. (Vortag der Geburt): –0° 39′; am 24.01.76 n.Chr.: –0° 40′; am 02.02.76 n.Chr.: –0° 41′ (Quelle: *Galiastro 4.3*).

[1693] Wir wissen freilich nicht, ob auch Antigonos alle Parameter geprüft hat, und wenn ja, mit welchem Ergebnis.

[1694] Vgl. den Kommentar zu **F5** § 68 προσθετικοὶ τῷ μήκει καὶ τῷ πλάτει sowie zu **F5** § 69 παραβάλλουσα ἡ Σελήνη ⟨τῷ μήκει⟩ καὶ τῷ πλάτει.

[1695] Nach Ptol. synt. 8,1 p. II 125,2 H. ibid. 8,1 p. II 167,17 H. auf –20° 20′.

[1696] Im Falle Jupiters ist dies, wie gesagt, der Fall.

Fixstern steht nördlich und der Mond strebt nach Süden, oder der Fixstern
steht südlich und der Mond strebt nach Norden. Vermutlich hätte Antigonos den zuletzt genannten Fall, der im Hadrianhoroskop vorliegt, für vorteilhafter gehalten, denn nach einer alten astrologischen Auffassung, die
sich von spätbabylonischen Texten über die griechisch-römische Antike
bis ins Mittelalter verfolgen lässt, gilt nördliche (astronomisch 'positive')
Breite als gut, südliche (astronomisch 'negative') Breite als schlecht.[1697]
Was die Lichtphase betrifft, war es um den Mond, der in der von Antigonos beschriebenen Konstellation nur noch 7° von der Konjunktion mit der
Sonne entfernt ist, denkbar ungünstig bestellt. Man könnte aber einwenden, dass er den hellen Fixstern (α PsA) beziehungsweise dessen ekliptikale Länge erst nach der Konjunktion mit der Sonne erreichen wird,
wenn er also wieder an Licht zunimmt. Zu diesem Zeitpunkt (ca. 24 Stunden später)[1698] nimmt andererseits die Geschwindigkeit des Mondes
schon wieder ab.[1699] Antigonos war also gut beraten, die in **F5** § 68 nicht
ausdrücklich genannten Kriterien (gleiche Seite der Ekliptik, Lichtphase)
aus der Diskussion des Hadrianhoroskops herauszuhalten.

Abgesehen davon, dass alle in **F5** § 68 formulierten Bedingungen erfüllt sind, entspricht auch die hiesige Integration der Fixsternwirkung in
den argumentativen Kontext der dortigen Prognose, die auf Königsherrschaft lautet.

ἐπισημαντέον δὲ ὅτι καὶ ... : vgl. § 44 ἐπιβλεπτέον δὲ καὶ ... und
F6 § 75 σκοπητέον δὲ καὶ ... . Die Wendung ἐπισημαντέον (δὲ) ὅτι ...
ist aristotelisch (vgl. Top. 8,6–7 p. 160a,3.10.26 u. Probl. 25,21 p. 939b,
35). Einige Dutzend weitere Belege bieten die Autoren ab dem 3. Jh.
n.Chr. Vor der Zeit des Antigonos gibt es anscheinend nur einen einzigen
weiteren Beleg bei Philod. rhet. p. II 72 Sudhaus (ohne δὲ ὅτι).

ἔμελλε: Zur abweichenden Wortfolge in Ep.[4] s.o. zu § 22 φησί.

ἀπλανῶν ... πλανωμένων: s.o. S. 711, Komm. zu **F1** § 26 ἀστέρων.

οὐ γὰρ – ἀπλανῶν: Mit der Formulierung οὐ γὰρ μόνον ... δεῖ σκοπεῖν ἀλλὰ καὶ ... vgl. § 32 δεῖ δὲ σκοπεῖν καὶ ... , § 50 οὐ μόνον δὲ δεῖ
ταῦτα σκοπεῖν, ἀλλὰ καὶ ... , **F6** § 75 σκοπητέον δὲ καὶ ... (in allen

---

[1697] Siehe das Material unten in Anm. 3373.
[1698] S.o. Anm. 1689 a.E.
[1699] S.o. Anm. 1690.

drei Fällen Eröffnungsworte eines neuen Sinnabschnitts). Synonyme Verben zu σκοπεῖν sind in der Antigonos-Überlieferung ζητεῖν (**T5**), in anderen astrologischen Texten auch ἐξετάζειν (z.B. Ptol. apotel. 1,3,4) und (sehr spät) ἐρευνᾶν (z.B. Heph. epit. 1,49,2). In Kombination begegnen die beiden zuletzt genannten Verben in byzantinischen Texten wie z.B. Ps.-Ptol. cent. 59 πρὶν ἂν σκοπήσῃς ... πρὶν ἂν ἐξετάσῃς ... πρὶν ἂν ἐρευνήσῃς) u. Anon. (saec. XI?) CCAG VIII 1 (1929), p. 253,3–5 Τὰς ἐν ταῖς καταρχαῖς ἐνιαυσίους ἐπισκέψεις τοῦτον τὸν τρόπον ἐξεταστέον· πρῶτον μὲν τοὺς ιβ΄ τόπους τῆς καταρχῆς ἐρευνητέον ὁποῖα ἀποτελέσματα ἕξουσιν κτλ.

Zum Inhalt vgl. Anon. a. 379 p. 197,12–17 οὐ μόνον γὰρ τὴν τῶν ε΄ ἀστέρων καὶ Ἡλίου καὶ Σελήνης μίξιν [μῖξιν Cumont] πρὸς ἀλλήλους δεῖ σκοπεῖν, ἀλλὰ καὶ πρὸς τοὺς τῆς αὐτῆς φύσεως κεκοινωνηκότας τῶν ἀπλανῶν κτλ. (in Anlehnung an Ptol. apotel. 2,9,4 ἐν ταῖς συγκράσεσι πάλιν οὐ μόνον τὴν πρὸς ἀλλήλους τῶν πλανωμένων μίξιν δεῖ σκοπεῖν, ἀλλὰ καὶ τὴν πρὸς τοὺς τῆς αὐτῆς φύσεως κεκοινωνηκότας ἤτοι ἀπλανεῖς ἀστέρας ἢ τόπους τοῦ ζῳδιακοῦ κτλ.). Die Planetenattribute der Fixsterne beachtet das von Antigonos benutzte System freilich nicht (s.u. S. 1295).

In Ep.[4] ist τῷ vor ἐπὶ τῆς κ΄ μοίρας sinnentstellend zu τῶν verschrieben.

τὴν συναφήν: der astrologische *terminus technicus* συναφή[1700] (cf. §§ 40[2x].41.42. 43.45; lat. *coniunctio,*[1701] *adplicatio,*[1702]) steht in engem

---

[1700] Belegt seit 'Nechepsos und Petosiris': vgl. Nech. et Pet. frg. 21,48.51.59.79.91 bei Val. 7,6,10.12.17.19 mit vier Belegen für συναφή und einem für συνάπτειν (Val. 7,6,10–20 ist nach Val. 7,6,21 ein wörtliches Nechepsos-Zitat) sowie die Riess noch unbekannten Exzerpte aus der Katarchenhoroskopie des Petosiris bei Iul. Laod. CCAG I (1898), p. 138,1–21 (frg. +23) u. Theoph. exc. CCAG XI 1 (1932), cap. 22, p. 223,18–27 (frg. +27, zu beiden s.o. Anm. 1300): Das erste bietet je zwei Belege für συναφή und ἀπόρροια und je einen Beleg für συνάπτειν und ἀπορρεῖν (p. 138,15–19), das zweite bietet je zwei Belege für συναφή und ἀπόρροια (p. 223,23–25). Siehe auch Serap. CCAG I (1898), p. 100,9–11 παρατηρεῖν δεήσει ... τὰς συναφὰς καὶ ἀπορροίας τῆς Σελήνης (vgl. ebd. 100,19–20; beides in katarchischem Kontext). Zu συναφή, συνάπτειν und verwandten *termini technici* (σύναψις, συνάφεια, συναπτικός) vgl. R. Torre in Orlando – Torre 1991, 303, Anm. 30 a.E. u. 304, Abb. IV, sowie Calderón Dorda 2001, 209 (σύναψις im Sinne der astronomischen Konjunktion belegt seit Plat. Tim. 40c). Siehe auch Renehan 1982, 129.

[1701] Z.B. Firm. math. 4,16,4 *coniunctiones defluctionesque Lunae* (ähnlich ebd. 4 prooem. 4 u. 4,25,4 [2x]).

Zusammenhang mit zwei weiteren, die in den Antigonosfragmenten nur je einmal begegnen: κόλλησις[1703] (§ 42) und ἀπόρροια[1704] (**F5** § 71; lat. *defluctio*[1705]). Die entsprechenden Verben sind συνάπτειν[1706] (vgl. §§ 26.28.40.42.45.52. **F5** § 71; lat. *se adplicare, se coniungere, iungi*,[1707] *coire*), κολλᾶσθαι[1708] (lat. *glutinari*[1709]) und ἀπορρεῖν[1710] (lat. *defluere*[1711]). Vgl. vor allem Ptol. apotel. 1,24. Paul. Alex. 17. Heph. 1,14. Rhet. 5,109–110.[1712] 'Palch.' cap. 138, CCAG VIII 1 (1929), pp. 182–186 sowie die Besprechungen von Bouché-Leclercq 1899, 245–247, Le Bœuffle 1987, 93–95 (Nr. 283) s.v. *coire* u. 118 (Nr. 394) s.v. *defluere, defluxio*, und den Kommentar von Bezza 1990, 369–411, zu Ptol. apotel. 1,24, der sehr reichhaltiges Material aus antiken, mittelalterlichen und frühneuzeitlichen Quellen auswertet. Im Folgenden werden die genannten Besprechungen zum Teil ergänzt und aktualisiert.

Im Prinzip ist die συναφή die (scheinbare) 'Berührung' zweier Himmelskörper auf derselben ekliptikalen Länge,[1713] mithin ihre Konjunktion, die ἀπόρροια dagegen die Entfernung des schnelleren der beiden

---

[1702] Cf. Chalc. transl. 40 *stellarum …choreas et alterius adplicationes ad alteram variosque gyros.*

[1703] Außer den noch folgenden Zitaten im Haupttext und in Anm. 1732 u. 1735 gibt es m.W. Belege bei Val. 6,8,7 (= Critod. frg. 13 Peter). Dor. p. 373,5 (= Heph. 2,27,5 = Dor. frg. 56a St.). Val. 6,2,5. 9,5,1. Paul. Alex. 34–35 pp. 90,19.21. 91,1.3.6.8. 92,18.20. 93,10.14. 95,14. Anon. a. 379 p. 205,14. Olymp. 38 pp. 127,13.17.25. 128,14.15. 132,8.20. Theoph. exc. CCAG XI 1 (1932), cap. 10, pp. 211,21. 212,18. Album. myst. CCAG XII (1936), p. 100,27. 'Palch.' CCAG IX 1 (1951), p. 166,19.

[1704] Belege seit 'Nechepsos und Petosiris'; s.o. Anm. 1700.

[1705] S.o. Anm. 1701.

[1706] Belege seit 'Nechepsos und Petosiris'; s.o. Anm. 1700.

[1707] Zu allen drei Verben vgl. z.B. Firm. math. 4,2.

[1708] Belege seit Antiochos von Athen; cf. Antioch. epit. 1,9 (ex isag. 1), CCAG VIII 3 (1912), p. 114,7[2x]. Belege für κολλᾶν (aktiv): Antioch. epit. 1,17 (ex isag. 1), CCAG VIII 3 (1912), p. 115,36 (s. Anm. 1732). Heph. 3,44,2 (ex Dor.). Album. rev. nat. 3,1 p. 130,5.

[1709] Einziger relevanter Beleg: Firm. math. 4,16,6 *si vero deficiens* [sc. *Luna*] *ad ipsos radios Solis accesserit et ipsi orbi eius quodammodo glutinata fuerit ⟨et⟩ ex aspectu hominum rapta non pareat etc.*

[1710] Belege seit 'Nechepsos und Petosiris' (s.o. Anm. 1700); siehe ferner Ps.-Maneth. 2[1],445.473.474. 6[3],665. 5[6],115. Ptol. apotel. 1,24,1. Val. 2,34,12 (ex Timaeo). 2,38,12.

[1711] Z.B. Firm. math. 4,9,2. 4,13,1. 4,25,1. Lib. Herm. 37,4.6.8.10.12.13.14.19.29.31.

[1712] Im Cod. Paris. gr. 2524, fol. 138 (bisher unediert; cf. Burnett – Pingree 1997, 134).

[1713] Ptol. apotel. 1,24,2 geht in diesem Kontext auch auf die ekliptikale Breite ein.

Himmelskörper von dieser Begegnung.[1714] Der Begriff ἀπόρροια ist in den meisten Fällen, aber nicht ausschließlich, vom Mond gebraucht.[1715] Während die Metapher des 'Berührens' in συναφή mit Blick auf die anthropomorphe Vorstellung der Planetengötter sinnfällig ist, wurde meines Wissens bisher nicht hinterfragt, wie die Metapher des 'Fließens' in ἀπόρροια zu erklären ist.[1716] Anleihen an drei verschiedene Kulturbereiche sind denkbar:

a) Aristoteles vergleicht in *De caelo* die Bewegung der Sterne durch den Äther mit der Bewegung eines Schiffs in dem dasselbe tragenden Wasserstrom. Die Stelle ist jedoch als potentielle Inspiration für die hier zu klärende ἀπόρροια unvollkommen, weil Aristoteles sich das Schiff – bezogen auf den Strom – unbewegt denkt, während der Mond und die übrigen Wandelsterne jeweils eigene Bewegungen entgegen dem kosmischen Umschwung des Äthers vollführen. Die Stelle lautet (Arist. cael. 2,9 p. 291a,9–13): ὅσα μὲν γὰρ αὐτὰ φέρεται, ποιεῖ ψόφον καὶ πληγήν· ὅσα δ᾽ ἐν φερομένῳ ἐνδέδεται ἢ ἐνυπάρχει, καθάπερ ἐν τῷ πλοίῳ τὰ μόρια, οὐχ οἷόν τε ψοφεῖν, οὐδ᾽ αὐτὸ τὸ πλοῖον, εἰ φέροιτο ἐν ποταμῷ.[1717]

b) Die mesopotamische Mythologie kennt die 'Wasser oberhalb des Firmaments', eine Vorstellung, die nach dem Untergang der Keilschriftliteratur (um die Zeitenwende) durch den alttestamentlichen Schöpfungs-

---

[1714] Von dieser spezifischen Bedeutung des Terminus sind die Fälle zu scheiden, in denen ἀπόρροια ganz allgemein den astrologischen Einfluss der Sterne auf die Erde bezeichnet (entsprechende Fehlübersetzungen unterliefen Mugler 1964, 49–52 s.v. ἀπόρροια, ἀπορροή a.E.). Zu ἀπόρροια in diesem allgemeineren Sinn (= Emanation) vgl. Dörrie 1965, 139f. Beispiele: Val. 4,4,2 ἡ Σελήνη ... τὴν ἀπόρροιαν εἰς ἡμᾶς πέμπουσα. Alesse 2003 geht auf beide Bedeutungen von ἀπόρροια ein und verwirft (ebd. 120) Bouché-Leclercqs Versuch (1899, 11f.), sie beide auf die empedokleische Lehre von den Ausflüssen (ἀπορροαί/ἀπόρροιαι) zurückzuführen; leider stellt weder sie selbst noch einer der ebd. 120[11] zitierten älteren Gelehrten dem etwas Konstruktives, das Fließen Erklärendes entgegen. Siehe ferner Robbins 1936, 94f., zu P. Mich. III 149, col. III,33.

[1715] Von der ἀπόρροια aller Planeten spricht Ptol. apotel. 2,13,4 συναφάς τε καὶ ἀπορροίας τῶν πλανωμένων ἀστέρων (gen. subi.), von der der Luminare ebd. 3,10,5 ἐὰν μὲν ἀπόρροιαν ἀπό τινος τῶν ἀγαθοποιῶν ἔχοντα τὰ φῶτα τυγχάνῃ. Sogar Saturn, der langsamste Planet, kann 'wegfließen', und zwar von einem Kardinalpunkt: so Val. 2,34,12 (ex Timaeo) Κρόνου ἀπὸ κέντρου ἀπορρέοντος.

[1716] Schmidt 2009, 172, bietet zwar eine semantische Untersuchung zu ἀπόρροια, geht aber auf die Metaphorik des 'Fließens' bezüglich der Planetenbewegungen nicht ein.

[1717] Der Kommentar von Jori 2009, 450–452, zu Kap. 2,9 äußert sich nicht zu dem Vergleich, ebensowenig Kouremenos 2010, der das Kap. 2,9 auf S. 71[42] u. 115 thematisiert. Zu Kouremenos 2010 vgl. die kritische Rezension von K. Bemer im BMCR 2012.06.25.

bericht (Gen 1,6–8) bis in die Neuzeit fortwirkte. Rochberg 2008 skizziert die Geschichte dieser kosmologischen Vorstellung, deren mesopotamischer Ursprung den spätantiken, mittelalterlichen und frühneuzeitlichen Bibelexegeten nicht bekannt war. [1718] Besondere Beachtung verdient das Epos *Enūma Eliš*, weil es (u.a.) die detailreichste Erzählung der Theomachie zwischen dem Schöpfergott Marduk und der Meeresgöttin Tiamat bietet. [1719] Marduk tötete Tiamat und teilte sie in zwei Hälften, von denen die obere, durch eine straff gespannte Haut zusammengehalten, den Himmel bildete. [1720] Allerdings ist die Vorstellung von 'fließenden' Fixsternen oder Planeten in Keilschrifttexten nicht belegt. [1721]

c) Näher kommen wir der gesuchten Vorstellung vielleicht im ägyptischen Weltbild, in dem die Welt vom Urwasser Nun umschlossen wird, das sich am Himmel als Weg für die Barken des Sonnengottes und anderer Planetengötter sowie als Herkunftsort des Regens manifestieren kann. [1722] Bezüglich der Sonnenbarke referiert Porphyrios (aus den Schriften des ägyptischen Priesters Chaeremon schöpfend?): Ἥλιον δὲ σημαίνουσι [sc. οἱ Αἰγύπτιοι] ποτὲ μὲν δι᾽ ἀνθρώπου ἐπιβεβηκότος πλοῖον, τοῦ πλοίου ἐπὶ κροκοδείλου κειμένου. Δηλοῖ δὲ τὸ μὲν πλοῖον τὴν ἐν ὑγρῷ κίνησιν· ὁ δὲ κροκόδειλος πότιμον ὕδωρ, ἐν ᾧ φέρεται ὁ ἥλιος. Ἐσημαίνετο τοίνυν ὁ ἥλιος δι᾽ ἀέρος ὑγροῦ καὶ γλυκέος τὴν περιπόλησιν ποιεῖσθαι. [1723] Beachtung verdient auch die in demotischen Horoskopen übliche Bezeichnung der oberen Kulmination (MC)

[1718] Rochberg 2008, 228 (mit Ankündigung einer umfangreicheren Studie ebd. Anm. 2), vgl. ebd. 239 u. 241. Vgl. Grant 1994, Kap. 14 (S. 324–370): "Are the heavens composed of hard orbs or a fluid substance?" Grant zeigt (S. 338), dass trotz der Festigkeit suggerierenden Bezeichnung als *firmamentum* in Gen. 1,6–8 die Annahme flüssiger Himmel von der Spätantike an durch das ganze Mittelalter weitgehend unangefochten dominierte und diese Ansicht erst nach dem 13. Jh. durch die Einführung der aristotelisch-ptolemäischen Kosmologie erschüttert wurde. In seiner Zusammenfassung (369f.) zitiert Grant auch populäre Vergleiche für die Bewegung eines Planeten in seinem Orbit mit "fish in the water or birds in the air".

[1719] Zu den Belegen aus *Enūma Eliš* und aus den davon abhängenden *Babyloniaka* des Berossos s. Rochberg 2008, 232. Zur Abhängigkeit des Berossos s. auch Steele 2013, 103.

[1720] Rochberg 2008, 232. Dasselbe kosmogonische Motiv ist auch in anderen nahöstlichen Mythen zu finden (ebd. 234).

[1721] Für diese Auskunft danke ich J. Steele (Mail vom 5.8.2014).

[1722] Westendorf 1986, 1211f. (zur Sonne), u. Behlmer 1986, 11 (zu den drei oberen Planeten Saturn, Jupiter und Mars).

[1723] Porph. de cult. simul. frg. 10 = Euseb. praep. evang. 3,11,48 = Chaer. frg. dub. 17D van der Horst. – Beachte ferner PGM III, 99 (Zaubergebet an Helios): στήσατε, στήσατε, κυβερνῆται τοῦ ἱεροῦ πλοίου, τὸ ἱερὸν πλοῖον κτλ.

als 'See des Himmels'.[1724] Perpetuieren also vielleicht die hellenistischen Astrologen mit ihrem Fachbegriff der ἀπόρροια eine indigen ägyptische Vorstellung von fließender Planetenbewegung? In den Fragmenten demotischer astrologischer Papyri wurden dazu zwar bisher keine Belege gefunden,[1725] aber das könnte seinen Grund in der geringen Menge der bisher entdeckten und erschlossenen Texte haben. Jedenfalls ist in der ägyptischen Kultur die Vorstellung, dass alle Himmelskörper in Barken fahren, ganz üblich, und auch für den Mond, der aufgrund seiner Geschwindigkeit am häufigsten andere Planeten überholt und auf dessen Bewegung sich die Begriffe ἀπόρροια und ἀπορρεῖν an den meisten Textstellen griechischer Astrologumena beziehen, ist das ägyptische ikonographische Motiv der Mondbarke durchaus geläufig, wenngleich (naturgemäß) seltener als das der Sonnenbarke.[1726]

Wenngleich also das mir verfügbare Material nicht ausreicht, um die Frage nach der Herkunft der Fließmetapher in ἀπόρροια zu beantworten, enthält es doch immerhin nach Ägypten weisende Indizien, die weiterer Untersuchungen bedürfen.[1727]

Wenn nur συναφή und ἀπόρροια (ohne κόλλησις) unterschieden werden, gilt ein mehr oder weniger großer Toleranzbereich (Orbis) vor und nach der exakten Konjunktion. Paul. Alex. 17 p. 37,9–21 unterscheidet in seiner Zusammenfassung früherer Lehren vier verschiedene Orben (3°, 7°, 15°, 30°), innerhalb derer die astrologische Wirkkraft von συναφή und ἀπόρροια sukzessive abnehme.[1728] Für den 3°-Orbis, dem die größte ἐνέργεια zukommt, gilt das folgende Schema (für die übrigen Orben sind die Distanzen entsprechend größer):

[1724] Neugebauer 1943, 116f.

[1725] Für diese Auskunft danke ich A. Winkler (Mail vom 5.8.2014) u. K. Ryholt (mündlich 14.8.2014).

[1726] Nichts zur Mondbarke bei Helck 1982; s. jedoch die Beschreibung zweier Pektorale mit Mondsymbolik und Barken bei Feucht-Putz 1967, 174 u. 179, Taf. XII (33) u. XIV (46), und weitere Belege im LGG I 147, col. a, Punkt E.b. Für diese Belege danke ich A. van Lieven (Mail vom 17.9.2014), die zugleich darauf hinweist, dass man vermutlich noch mehr finden würde, wenn man auch nach anderen lunaren Götternamen systematisch suchte.

[1727] Siehe auch die Besprechung von Val. 9,2,2 ἐν ποίοις μέρεσι τοῦ κόσμου ἀπερρύησαν unten in Anm. 2970.

[1728] Den 15°-Orbis erwähnt auch Anon. comm. in Ptol. apotel. 1,24,1 p. 51 Wolf.

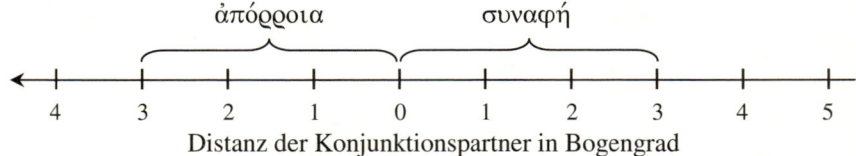

Diagr. 14: συναφή und ἀπόρροια der Planeten bei 3°-Orbis

Im Falle des schnell den Tierkreis durcheilenden Mondes (mehr dazu im nächsten Absatz) gelten z.T. erheblich größere Orben von 13° oder sogar 30°.[1729] Eine solche weite Definition von συναφή findet bei Antigonos anscheinend einmal Anwendung in § 45 ὁ Ἥλιος ... τὴν συναφὴν τῆς Σελήνης ἀποδεχόμενος (Distanz = 7°).

Eine Modifikation und Komplikation[1730] erfährt das obige Schema, wenn der Begriff der κόλλησις als etwas Drittes, von συναφή und ἀπόρροια Verschiedenes hinzutritt. Die συναφή ist dann auf die exakte Übereinstimmung der ekliptikalen Längen beschränkt,[1731] während innerhalb eines gewissen Orbis, der allerdings nicht beidseitig, sondern nur in Richtung der geringeren ekliptikalen Länge Beachtung findet, von κόλλησις die Rede ist.[1732] Dabei darf die Distanz des schnelleren Himmelskörpers zum langsameren, den er einholt, maximal 3° betragen, es sei denn, der einholende Planet ist der Mond: Da dessen Bewegung durch den Tierkreis mit ca. 13° pro Tag (i.S.v. 24 Stunden) bei weitem die schnellste ist,[1733] liegt schon ab einer Distanz von 13° κόλλησις vor.[1734] Die frühes-

---

[1729] Von 13° spricht Antioch. epit. 1,8 (ex isag. 1), CCAG VIII 3 (1912), p. 114,1–2 (vgl. Heph. 1,14,1 ἡ δὲ Σελήνη λέγεται καὶ οὖσα ἐντὸς τῶν $\overline{ιγ}$ μοιρῶν μέλλειν συνάπτειν), von 30° spricht Paul. Alex. 17 pp. 36,10–37,1 (mit einem konkreten Beispiel).

[1730] Vgl. Paul. Alex. 17 p. 36,3–4: τοῦ περὶ συναφῆς καὶ ἀπορροίας λόγου πολυτρόπου τετευχότος κτλ.

[1731] Antigonos bietet drei Belege für gradgenaue συναφή: §§ 26.41.45. Alle drei betreffen die Konjunktion des Mondes mit Jupiter.

[1732] Schon Antiochos von Athen weitet mehrmals den Blick von der συναφή zur etwas großzügiger bemessenen κόλλησις: Antioch. epit. 3a,28 (ex thes.), CCAG VIII 3 (1912), p. 106,34–35 (= Rhet. 6,61,42) ὅταν ... ἐν συναφῇ τινος αὐτῶν ἢ ἐν κολλήσει γένηται. ibid. 3a,88 p. 110,31 (= Rhet. 6,61,111) μήτε μοιρικῶς μήτε κατὰ κόλλησιν. Antioch. epit. 1,17 (ex isag. 1), CCAG VIII 3 (1912), p. 115,36 ἢ συνάπτῃ τινὶ τούτων ἢ κολλᾷ. Vgl. z.B. Val. 2,38,12 ἐὰν Ἀφροδίτη ... Κρόνῳ συνάπτῃ ἢ εἰς κόλλησιν αὐτοῦ ἔρχηται κτλ.

[1733] Vgl. Anm. 384 und exemplarisch Dor. p. 399,33 (bei Heph. 3,30,62) θοῇ ... Σελήνη (= frg. 91a St.).

[1734] Siehe die in Anm. 1735 zitierten Definitionen (nach Antiochos) sowie Heph. 1,14,1. Die anderen zuvor nach Paul. Alex. 17 p. 37,9–21 zitierten Orben (7°, 15°, 30°) finden

ten noch greifbaren Definitionen gehen auf Antiochos von Athen (Ende 2. Jh. n.Chr.) zurück, der vereinzelt auch noch einen vierten Terminus (σύνοδος) erwähnt.[1735] Diese Definitionen lassen sich wie folgt veranschaulichen:

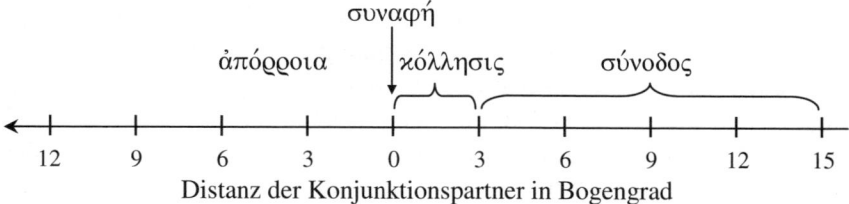

Diagr. 15: σύνοδος, κόλλησις, συναφή und ἀπόρροια
der Planeten nach Antiochos von Athen

im Kontext der κόλλησις m.W. nirgends Erwähnung. Burnett – Pingree 1997, 132, vermerken, dass nach ʿUmar ibn al-Farruḫān (*Kitāb mukhtaṣar* cap. 135) Dorotheos und Māšāʾallāh eine κόλλησις (arab. *ittiṣāl*) bis zu 12° Distanz gelten lassen. Dabei handelt es sich im Prinzip um den schon erwähnten 13°-Orbis für den Mond, abzüglich des einen Bogengrads, den die Sonne in einem Tag (νυχθήμερον) zurücklegt. Zu ʿUmar ibn al-Farruḫān s. Dodge 1970, 649–650 (al-Nad. Fihr. 7,2). Pingree 1976a. Pingree 1976e. Pingree 1977c. Sezgin 1979, 111–113. 324f. Pingree 1990, 295. Pingree 1997a, 41. Pingree 2002, 21f.

[1735] Vgl. Antioch. epit. 3a,35 (ex thes.), CCAG VIII 3 (1912), p. 107,17–20 (= Rhet. 6,61,50–51): ὅτι ἡ κόλλησις [ἤτοι συναφή, *ut glossam delevi collatis locis infra citatis*] ὅταν ἄστρον ἄστρῳ προσέρχηται τὸ τάχιον τῷ βραδυτέρῳ μὴ πλέον ἀπέχον τριῶν ⟨μοιρῶν⟩. Σελήνης δὲ κόλλησίς [ἢ συναφή, *item delevi*] ἐστιν ὅταν νυχθημέρου δρόμον ἀπέχῃ κατὰ τὴν συνοδικὴν μοῖραν. Antioch. epit. 1,9 (ex isag. 1), CCAG VIII 3 (1912), p. 114,5–11: ὡς κόλλησίς ἐστιν ὅταν ἀστὴρ ἀστέρι προσέρχηται ὁ ταχύτερος τῷ βραδυτέρῳ οὐ πλέον ἀπέχων μοιρῶν γ̅· σύνοδος δὲ ὅταν μηδέπω μὲν ᾖ κεκολλημένος, μέλλῃ δὲ κολλᾶσθαι, πλέον μὲν ἀπέχων τῶν γ̅ μοιρῶν, οὐ πλέον δὲ διιστάμενος τῶν πεντεκαίδεκα μοιρῶν [dieselbe Max.-distanz nennt Anon. comm. in Ptol. apotel. 1,24,1 p. 51 Wolf]· καὶ ὡς ἀπόρροιά ἐστιν ὅταν ἀστὴρ ἀστέρι ταχύτερος βραδυτέρῳ [conieci; βραδύτερος ταχυτέρῳ Boudreaux; βράδυ παχυτέρῳ cod.] κολλήσεως γεγενημένης ἀποχωρίσῃ τῆς συναφῆς ἢ ὅταν ἀπὸ συναφῆς τῆς κατὰ σχῆμα πλείους τῶν ἐπιβαλλουσῶν τῷ σχήματι μοιρῶν ἄρχηται μοίρας ἔχειν (d.h. ab ἢ ὅταν: oder wenn bei einer συναφή *per aspectum* der schnellere Planet mehr Grade vom langsameren entfernt ist, als der Aspekt Grade umfasst). Porph. isag. 11 p. 199,2–6 (er folgt Antioch.): κόλλησίς ἐστιν ὅταν ἀστὴρ ἀστέρι προσέρχηται ὁ ταχίων τῷ βράδιον κινουμένῳ μὴ πλεῖον ἀπέχων ἔτι μοιρῶν τριῶν. ἐπὶ δὲ τῆς Σελήνης λέγουσί τινες ἐντὸς τρισκαίδεκα μοιρῶν, τοῦτέστιν ἡμερινοῦ καὶ νυκτερινοῦ δρόμου, τὴν συναφὴν παρατηρεῖν τίνι συνάπτει.

Die Metapher der 'Verleimung' (κόλλησις) hat in der bisherigen astrologiehistorischen Forschung ebenso wie die oben untersuchte Metapher
des 'Fortfließens' (ἀπόρροια) keine Beachtung gefunden.[1736] Es könnte
sein, dass die Begriffe κόλλησις und συναφή ursprünglich synonym verwendet wurden und die in Anm. 1735 zitierten Definitionen des Antiochos aus einem Bedürfnis nach Einführung einer schärferen begrifflichen
Differenzierung oder nach Wiedergewinnung einer vermeintlich in Vergessenheit geratenen ursprünglichen Differenzierung entsprangen. Jedenfalls passen die seit Antiochos fassbaren Definitionen, die die συναφή
auf den Moment der Konjunktion beschränken, besser zum Wesen des
Berührens, das einen abrupten Übergang vom Getrenntsein zum Kontakt
impliziert, während die Metapher der κόλλησις angesichts der Konsis-
tenz frischen Leims einen eher gleitenden, flexiblen Übergang evoziert,
da ja zwei frisch verleimte Objekte (z.B. zwei Werkstücke aus Holz),
wenn man sie ein wenig auseinanderzieht, nicht sofort vollständig und
sauber getrennt sind, sondern der Leim Fäden zieht und es somit einen
transitorischen Zustand zwischen Berührung und Getrenntsein gibt.[1737]
    Für die oben geäußerte Vermutung, dass die Begriffe κόλλησις und
συναφή ursprünglich synonym verwendet wurden, spricht der Umstand,
dass wir den Terminus κόλλησις auch in der *Syntaxis* des Ptolemaios finden, in der Bedeutung einer 'astronomischen Konjunktion', "actual contact".[1738] Die Verwendung von κόλλησις in diesem rein astronomischen

---

[1736] Zahlreiche Belege für Leim-Metaphern, die alle nichts mit der Sternkunde zu tun
haben, bietet Grinda 2002, 1265f.

[1737] Die Anwendung der Handwerksmetapher der κόλλησις, 'Verleimung', auf kosmische Phänomene erinnert entfernt an das Handwerksgleichnis bei Arat. 529–533, in dem
die Metapher des Leimens (v. 530 κολλήσαιτο) auf die imaginären Großkreise des ku-
gelförmigen Kosmos angewendet wird. – Die Überlegungen zur Metapher des Leimens
erlauben die Frage, ob es nicht konsequent wäre, auch die Phase unmittelbar nach der
Konjunktion, also den Beginn der ἀπόρροια, als κόλλησις zu bezeichnen. Denn nur in
dieser Phase zieht der echte Leim Fäden. Die Quellen schweigen dazu. Siehe jedoch die
Definition des Hephaistion (1,14): συναφὴ καὶ κόλλησίς ἐστιν ὅταν ἤδη συνῶσιν
ἀλλήλοις οἱ ἀστέρες ἢ καὶ ἐντὸς τριῶν μοιρῶν μέλλωσι συνάπτειν· ἡ δὲ Σελήνη
λέγεται καὶ οὖσα ἐντὸς τῶν ῑγ̄ μοιρῶν μέλλειν συνάπτειν. ἀπορρέει δὲ ὁ ἀστὴρ
ἀπὸ τοῦ ἑτέρου ἤτοι σωματικῶς ἢ μετὰ τρεῖς μοίρας. Es ist nicht ganz klar, warum
hier zuletzt erst ab einer um 3° höheren Länge von ἀπόρροια die Rede ist. Herrscht
nach Hephaistion davor noch ein Zustand der κόλλησις? Oder beziehen sich die letzten
Worte nur auf ἀπόρροια *per aspectum*?

[1738] Ptol. synt. 8,4 p. II 186,8–9 H. πρὸς μὲν τοὺς πέντε πλανωμένους κατὰ τὰς φαι-
νομένας αὐτῶν κολλήσεις (Toomer 1998, 407: "contacts", s. ebd. Anm. 187). synt. 9,9
p. II 213,3–4 κατὰ κόλλησιν ἢ μέγαν συνεγγισμὸν ἀστέρων (Toomer 1998, 423:

Kontext zeigt, dass die Metapher alt sein muss und zur Zeit des Ptolemaios bereits überwiegend eine habituelle, ihres metaphorischen Sinns entleerte Verwendung (Katachrese) erfuhr.

Wenn die Metapher der κόλλησις nicht sekundär zu den Begriffen συναφή und ἀπόρροια hinzutrat, sondern gleich alt ist, bedeutet dies im Übrigen auch, dass ebenso für die Annäherung des schnelleren Planeten an den langsameren wie auch für sein Forteilen eine Metaphorik der Feuchtigkeit (κόλλησις) bzw. Nässe (ἀπόρροια) des Himmels existierte.

Ein weiteres Argument dafür, dass συναφή und κόλλησις ursprünglich synonym verwendet wurden, ergibt sich aus der Art und Weise, wie die Astrologen die Termini συναφή und κόλλησις von körperlichen Begegnungen (σωματικῶς, κατὰ συμπαρουσίαν) auf nicht-körperliche (ἀνὰ σχῆμα) ausdehnten. Dabei legen die Quellen den Schluss nahe, dass der bei weitem seltenere Terminus κόλλησις[1739] den ursprünglichen, rein somatischen Sinn länger bewahrte als συναφή, nämlich bis ins 1. oder 2. Jh. n.Chr. Das zeigt der früheste, Dorotheos betreffende Beleg für κόλλησις (Dor. app. 3c p. 436,10–11 = frg. 10a St.): ὁ Δωρόθεος ἐν τοῖς ἔπεσιν αὐτοῦ κόλλησιν μὲν καλεῖ τὴν κατὰ σῶμα, συναφὴν δὲ τὴν κατὰ σχῆμα οἰονδήποτε.[1740] In dem hier zuerst genannten engeren Sinne verwenden auch Antigonos und Ptolemaios (*Apotelesmatika*) den Terminus κόλλησις an der jeweils einzigen Belegstelle: vgl. § 42 εἰ δὲ [καὶ] πλείοσι τὴν συναφὴν ἐπεποίητο ἤτοι κατὰ κόλλησιν ἢ καὶ ἐπιμαρτύρησιν und die enge Parallele bei Ptol. apotel. 4,5,2 κἂν μὲν οἱ τὰς συναφὰς ἐπέχοντες τῶν ἀστέρων ἤτοι κατὰ κολλήσεις ἢ κατὰ μαρτυρίας ἀγαθοποιοὶ τυγχάνωσιν κτλ. (= Heph. 2,21,6). In demselben Sinne vgl. Antioch. epit. 1,11 (ex isag. 1), CCAG VIII 3 (1912), p. 114,17–18 ὁμορόησις[1741] λέγεται ὅταν ἐν τοῖς αὐτῶν ὁρίοις ἀστέρες ὦσιν ἢ κατὰ κόλλησιν ἢ κατὰ σχῆμα οἰονδήποτε ἀλλήλους ἐφορῶσιν. Val. app. 1,87 τὰ ἐκ τῶν σωματικῶν κολλήσεων [sc. ἀποτελέσματα] καὶ τὰ ἐκ τῶν πρὸς ἀλλήλους σχηματισμῶν. Paul. Alex. 34 p. 90,13–14 ἡ κατὰ συμπαρουσίαν ἐκ συναντήσεως γινομένη κόλλησις.[1742]

"actual contact or very close approach to a star"). Nicht vergleichbar ist κόλλησις in synt. 5,1 p. I 353,25 H.; dazu s. Toomer 1998, 218 mit Anm. 5.

[1739] Die viel höhere Zahl der Belege für συναφή als für κόλλησις bei Antigonos (s.o. S. 749 bei Anm. 1700 u. 1703) entspricht ungefähr der Gesamtrelation aller Belege bei astrologischen Autoren.

[1740] In dem zuletzt genannten weiteren Sinne vgl. z.B. Paul. Alex. 17 p. 38,7–27 (συναφή und ἀπόρροια *per aspectum* innerhalb eines 3°-Orbis).

[1741] Zu diesem Begriff vgl. Bezza 1990, 373 mit Anm. 14, u. Schmidt 2009, 188f.

[1742] Falsch übersetzt von Bezza 1993, 206, richtig: Holden 2012, 75.

Dieser ältere Gebrauch von κόλλησις im Sinne echter Konjunktion,
den wahrscheinlich bereits 'Nechepsos und Petosiris' praktiziert und vielleicht auch etabliert hatten,[1743] erfuhr aber schließlich dieselbe semantische Erweiterung, die im Falle von συναφή schon früher eingetreten war.
Die Belege für diesen Wandel beginnen mit Porph. isag. 11 pp. 198,27–
199,2: συναφὴν δὲ καὶ κόλλησιν λέγουσιν, ὅταν μοιρικῶς συνάπτω-
σι καθ᾽ οἷον δηποτοῦν σχῆμα ἢ καὶ ἐντὸς τριῶν μοιρῶν μέλλωσι
συνάπτειν. Heph. 2,4,18 τῆς κολλήσεως τῶν ποιούντων ἀστέρων
ἤτοι σωματικῶς ἢ καὶ κατὰ ἀκτῖνα. Olymp. 38 p. 128,6–8 κόλλησις
δέ ἐστι τὰ σχήματα τὰ ἐλλιπῆ τῶν κακοποιῶν ἀστέρων πρὸς τὸν
Ἥλιον κτλ., vgl. ebd. p. 132,22–24.[1744]

Hinsichtlich der relativ frühen, schon für Dorotheos belegten Bedeu-
tungserweiterung von συναφή über die echte Konjunktion hinaus (bei
gleichzeitiger relativ langer Beschränkung des Begriffs κόλλησις auf
echte Konjunktionen) erscheint die erstmals bei Antiochos greifbare Differenzierung zwischen συναφή und κόλλησις zwar hinsichtlich des metaphorischen Gehalts beider Begriffe sinnfällig, kommt jedoch anscheinend in der terminologischen Entwicklung um mindestens ein, wenn
nicht sogar mehrere Jahrhunderte zu spät. Die Folge waren Widersprüche
und Konfusion in der Gesamtverwendung beider Begriffe durch spätantike Astrologen. Ein Indiz dafür, dass die oben per Diagramm illustrierte
Differenzierung zwischen συναφή und κόλλησις (und erst recht die
noch weiter gehende, m.W. singuläre Abgrenzung von σύνοδος)[1745] nicht
nur erstmals in den Epitomai der *Isagoge* und der *Thesauroi* des Antiochos greifbar ist, sondern auch konkret von ihm ersonnen wurde, ist der
Umstand, dass demselben Autor wahrscheinlich auch andere terminologische Innovationen zuzuschreiben sind, die für Verwirrung gesorgt haben.[1746]

Für Antigonos sind die Definitionen des Antiochos jedenfalls irrelevant. Er versteht συναφή und κόλλησις ebenso wie Dorotheos und vermutlich auch frühere Autoritäten.[1747]

[1743] Falls dem so ist, waren συναφή und κόλλησις einst metrisch verschieden einsetz-
bare Metaphern im poetischen Kontext.

[1744] Jenseits der astronomisch-astrologischen Metaphorik vgl. zahlreiche patristische Belege für bildlichen Gebrauch von κολλάω bei Lampe s.v. κολλάω.

[1745] Vgl. das Zitat von Antioch. epit. 1,9 oben in Anm. 1735.

[1746] S.o. Anm. 1565.

[1747] Siehe die Zitate von Dor. app. 3c und Antig. **F1** § 42 oben S. 757.

ἐπὶ τῶν ἀπλανῶν: Die Ergänzung der in **P** und Ep.[4] fehlenden Präposition nach Exc.[1] entsprechend dem unmittelbar vorausgehenden ἐπὶ τῶν πλανωμένων ist sicher (vgl. auch **F5** § 70 a.E.).

§§ 29–38

Nach einer knappen Erörterung körperlicher und im weiteren Sinne äußerer Qualitäten (§ 29) geht Antigonos ausführlich (§§ 30–38) auf die seelische Beschaffenheit des Nativen ein. Dabei kommen geistig-intellektuelle, charakterliche und berufliche Qualitäten zur Sprache. Den 'Beruf' des Nativen (Hadrians Kaisertum) nimmt Antigonos zum Anlass, auf damit zusammenhängende Themen wie politische Widersacher und deren Überwindung (§§ 34–35) oder Ehrungen und Wohltätigkeit (§§ 36–37) einzugehen. Trotz dieser Exkurse bleibt die inhaltliche Einheit des Abschnitts zu den seelischen Qualitäten (§§ 30–38) gewahrt, da die Exkurse sinnvoll motiviert und knapp gehalten sind, und die Einheit des Abschnitts wird dadurch unterstrichen, dass sein Ende (§ 38) mit den Worten φρονίμους, πεπαιδευμένους den Anfang (§ 30 φρόνιμος δὲ καὶ πεπαιδευμένος) wieder aufgreift. Der Schlussparagraph 38 ist außerdem durch die Lehre der Doryphorie sowohl mit dem Anfang (§ 30) als auch mit den dazwischenliegenden Paragraphen (§§ 33b.34.36.37) thematisch verknüpft.

Inhaltlich ist es nicht verwunderlich, dass die körperlichen und seelischen Qualitäten, die Erwähnung finden, eines Kaisers würdig sind (bis auf § 38 a.E. δολερούς; s. Komm. zu § 38). Dabei fällt auf, dass die drei Adjektive εὐμεγέθης (§ 29), φρόνιμος (§ 30) und εὐεργετικός (§ 36), von denen die ersten beiden jeweils betont am Anfang der Sinnabschnitte 'Körper' (§ 29) und 'Seele' (§§ 30–38) stehen, nur ein einziges Mal auf engstem Raum miteinander verbunden belegt sind, und zwar bei dem byzantinischen Dichter Kamateros, der sie als Wirkung des zweiten Löwe-Dekans auf Herrscher wie Alexander den Großen bezieht.[1748] Weigl

---

[1748] Kam. isag. 692–697 (politische Verse): Ὁ δεύτερος ⟨δὲ⟩ δεκανὸς | γεννήσει Ἀλεξάνδρου | τοῦ κτίστου καὶ Μακέδονος | ὑπῆρχεν ὡροσκόπος, | ἀποτελεῖ αὐτοκράτορας | ὑποτάσσοντας πλείστους | καὶ φόρους ἀπελαύνοντας | ἐκ δυναστῶν προσώπων | καὶ πόλεις ἐπικτίζοντας | εὑρετάς τε χρυσίου, | φρονίμους, εὐεργετικούς, | ἀλλὰ καὶ εὐμεγέθεις, | εὐρυστέρνους τὰ κάλλιστα κτλ. ('Der zweite Dekan [des Löwen] aszendierte bei der Geburt Alexanders des Gründers und Makedonen; er bewirkt Kaiser, die die Massen der Völker unterwerfen und ihre Mächtigen zu Abgaben

1907–1908, 25 (ad loc.), nennt als Quelle Heph. 1,1,93–95,[1749] merkt aber zu Recht an, dass bei Hephaistion jeder Hinweis auf Alexander fehlt. Ob Kamateros in den zitierten Versen neben Hephaistion eine heute verlorene zweite Quelle benutzte[1750] oder den Alexander betreffenden Teil frei erfand, ist nicht zu entscheiden. Möglich ist auch, dass er die genannten Begriffe aus dem Horoskop des anonymen αὐτοκράτωρ entlehnte, das seine Quelle, Hephaistion, im zweiten Buch bot: eben das hiesige Hadrianhoroskop. Wie dem auch sei, die von Antigonos gewählte Beschreibung ist eines Kaisers würdig, und man könnte versucht sein, Begriffe wie ἀνδρεῖος (§ 29, cf. Ἀλέξ-ανδρος?) und προσκυνεῖσθαι (§§ 36–37, s. Komm. z.St.) sowie das vorausgegangene Stichwort κοσμοκράτωρ (§ 27) mit Alexander dem Großen zu assoziieren. Man beachte auch, dass es in der Antike Spekulationen über das Horoskop Alexanders gab, die uns leider nur trümmerhaft fassbar sind. Das wichtigste Zeugnis ist die *recensio vetusta* von Ps.-Kall. Hist. Alex. Magn. 1,12 (die Nektanebos-Szene) in der Version des schwer verdorbenen cod. Paris. gr. 1711, um dessen Emendation sich vor allem Boll und Kroll verdient gemacht haben.[1751] Soweit erkennbar, bot der Text eine (fiktive) Geburtskonstellation des Makedonen, die der (wahren) Konstellation Hadrians in dem entscheidenden Detail ähnelte, dass in beiden Fällen der Königsplanet Jupiter in kardinaler Position (Alex.: MC, Hadr.: ASC) im Wassermann steht.[1752] Es ist zu hoffen, dass die in Vorbereitung befindliche Studie von Robert H. van Gent (Utrecht) zur griechischen, syrischen und persischen Tradition dieses Alexanderhoroskops verlässlichere Aussagen erlauben wird.[1753]

---

zwingen, neue Städte gründen und Gold finden, kluge, wohltätige Männer, aber auch von stattlicher Größe, mit prächtig breiter Brust usw.').

[1749] Der Text lautet: ὁ δὲ γεννώμενος ἐπὶ τοῦ δευτέρου ἔσται δυνάστης, βασιλεύς, αὐτοκράτωρ ἀναγορευθήσεται καὶ πολλοὺς ὑποτάσσει καὶ κτίσει πόλεις, καὶ φορολογήσουσιν αὐτῷ πολλοί, καὶ θεογνωσία ἐπ᾽ αὐτῷ καὶ εὕρεσις χρυσοῦ καὶ ἔνθεος αὐτοῦ ἡ γνώμη καὶ ἰσόθεος τιμή. τὰ δὲ σημεῖα· εὐμεγέθης, εὐρύστερνος, κτλ.

[1750] Es gibt wenigstens einen bisher übersehenen Paralleltext zu Heph. 1,1, nämlich Album. myst. 1,94 (mehr dazu in Anm. 1788). Die dortige Notiz zum zweiten Löwedekan (CCAG XI 2, 1934, p. 190,24–25) hilft hier aber nicht weiter.

[1751] Boll 1922b (1950), 351–356 (= Boll 1922c, 18–22), u. Kroll 1926, 12f.; s. auch oben S. 579 bei Anm. 995 und S. 612, Anm. 1128 a.E.

[1752] Weitere Übereinstimmungen: Merkur im Steinbock (Apoklima), Mond im ASC, Syzygie der Luminare (Alex.: Vollmond, Hadr.: Neumond), etc.

[1753] Das gilt insbesondere für die wichtige Diskrepanz zwischen Boll und Kroll bzgl. der den Wassermann betreffenden Textstelle (ἐπὶ τὸν Ὑδροχόον ἰσχύων Boll, ἐπὶ τοῦ Ὑδροχόου ⟨καὶ⟩ Ἰχθύων Kroll), wo ich Kroll folge, da die syr. Version für die Fische spricht (cod. Paris. 1711: ἰσχυόν) und nur bei Lesung von Ἰχθύων die offensichtliche

Daneben ist auf Ps.-Maneth. 5[6],35–38 zu verweisen, eine nicht zum datierbaren Kern des Kompendiums gehörige Passage, wo die Geburt Alexanders durch eine Planetenkonjunktion erklärt wird.[1754] Auch das würde theoretisch eine Assoziation mit der Konjunktion von Sonne, Mond und Jupiter im Hadrianhoroskop erlauben. Fester Boden ist bei solchen Vergleichen freilich nicht zu gewinnen. Nur soviel lässt sich festhalten, dass Antigonos' Analyse des Hadrianhoroskops durch einige Elemente an die in der Antike und speziell unter römischen Kaisern verbreitete *imitatio Alexandri* erinnert,[1755] ohne dass Antigonos dem Leser diese Assoziation aufdrängt. Es ist denkbar, dass Antigonos eine von Hadrian selbst in seiner Autobiographie intendierte Stilisierung bzw. Schönung mehr oder weniger selbstständig übernommen hat.[1756]

Die Reihenfolge der Besprechung (zuerst körperliche, dann seelische Qualitäten) ist selbstverständlich und hat eine lange biographische Tradition. Schon Hadrian selbst, von dessen Autobiographie als wahrscheinlicher Quelle des Antigonos soeben die Rede war, dürfte den Stoff so gegliedert haben. Auch in astrologischen Handbüchern ist die Reihenfolge Körper – Seele die Regel, zumal sie als Entsprechung der embryonalen und frühkindlichen Entwicklung verstanden wird: vgl. Ptol. apotel. 3,12,1 τὰ τοῦ σώματος τῶν τῆς ψυχῆς προτυποῦται κατὰ φύσιν und die Reihenfolge der Kapitel Ptol. apotel. 3,12–15 (12: περὶ μορφῆς καὶ κράσεως σωματικῆς, 13: περὶ σινῶν καὶ παθῶν σωματικῶν, 14: περὶ ποιότητος ψυχῆς, 15: περὶ παθῶν ψυχικῶν).

Intention des Autors, in cap. 1,12 alle zwölf Tierkreiszeichen und alle sieben Planeten je einmal zu erwähnen, vollkommen aufgeht. – Nicht verlässlich ist Gagé 1954 (wiederaufgegriffen von Gagé 1968, 53), vor dessen Interpretation schon Neugebauer – van Hoesen 1959, 54[10], warnen.

[1754] Die Verse lauten: ἐν συνόδῳ, βασιλεῦ, μεγάλους παρέχει βασιλῆας· Ι αὐτίκα δ᾽ ἐν συνόδῳ Μακεδὼν βασιλεὺς ἐγενήθη Ι ὃν πινυταῖς πραπίδεσσιν ὁμοῦ σκήπτροις ἀνέδειξαν· Ι καὶ σὺ δέ γ᾽ ἐν συνόδῳ, ἀλλ᾽ οὐκ αὐτῇ ἐνὶ ὥρῃ. Wegen des fragmentarischen Charakters der Textstelle ist unklar, welche Planeten nach Meinung des Autors an der Konjunktion beteiligt sein müssen (etwa alle?). Vgl. Bouché-Leclercq 1899, 440[2], u. Gundel – Gundel 1966, 164. Ohne Nutzen für die hiesige Fragestellung sind Stellen wie Iul. Laod. CCAG IV (1903), p. 105,20–21 τὸ γενναῖον καὶ ἀήττητον τοῦ Μακεδόνος Ἀλεξάνδρου [sc. ἦν] ἀρεϊκόν, ἡ δὲ διὰ τὴν μέθην συμβᾶσα αὐτῷ τελευτή ἀφροδισιακόν (dazu Hübner 2005a, 29).

[1755] Dazu Tisé 2002, bes. Index s.v. εὐεργέτης, κοσμοκράτωρ, etc.

[1756] Mehr dazu oben S. 52–56, bes. S. 55f. (Punkt 3).

§ 29

εὐμεγέθης δὲ καὶ ἀνδρεῖος καὶ εὔχαρις ἐγένετο: ohne Entsprechung in § 23 (zu der Frage, ob dort ein Pendant ausgefallen ist, s.o. S. 660 und auch S. 664 zu ἦν δέ). Während εὐμεγέθης eine rein körperliche Qualität ist, reicht ἀνδρεῖος bereits in den charakterlichen Bereich hinüber, wenngleich hier wohl die von Hadrian bekannten körperlichen Fertigkeiten (ausgezeichneter Reiter, in den Waffen sehr geübt, leidenschaftlicher Jäger, etc.) im Vordergrund stehen dürften. Vgl. von Rohden 1893, 518f., mit Verweisen auf Münzen, Bildwerke und literarische Belege, darunter bes. Hist. Aug. Hadr. 26,1–3: *statura fuit procerus, forma comptus, flexo ad pectinem capillo, promissa barba* [...], *habitudine robusta. equitavit ambulavitque plurimum armisque et pilo se semper exercuit. venatus frequentisime leonem manu sua occidit etc.*[1757] Zur guten Figur und Schönheit als göttlichen Eigenschaften des römischen Kaisers vgl. Clauss 1999, 264f. Die Anmut des Kaisers (εὔχαρις) ist, sofern damit Charme und gewinnende Umgangsformen gemeint sind, wie der übliche Gebrauch von εὔχαρις nahelegt (s. LSJ s.v. u. bes. Cass. Dio 69,2,6a Ἀδριανὸς ἦν ἡδὺς μὲν ἐντυχεῖν, καὶ ἐπήνθει τις αὐτῷ χάρις[1758]), noch weniger als die Mannhaftigkeit eine körperliche Qualität. Es ist aber ungewiss, ob die Bedeutung körperlicher Schönheit (χάρις) hier gar nicht mitschwingt, und selbst wenn man die Wortbedeutung ganz auf die soziale Qualität beschränken wollte, gehörte εὔχαρις immer noch zum Bereich der 'Äußerlichkeiten', von denen die intellektuelle Substanz und der Seelengrund, worauf § 30 eingehen wird, zu trennen sind.

Angesichts der unvollkommenen inhaltlichen Kohärenz von εὐμεγέθης, ἀνδρεῖος und εὔχαρις ist es nicht verwunderlich, dass die Verbindung aller drei Adjektive ohne literarische Parallele ist. Dasselbe gilt für die paarweise möglichen Einzelkombinationen (εὐμεγέθης u. ἀνδρεῖος, εὐμεγέθης u. εὔχαρις, ἀνδρεῖος u. εὔχαρις).[1759] Dennoch besitzen sie immerhin soviel inhaltliche Kohärenz, dass eine einzige astrologische Begründung dem Antigonos angemessen scheint.

[1757] Vgl. den Kommentar von Fündling 2006. Zum Aussehen Hadrians s. auch Mortensen 2004, 286–288.

[1758] "Hadrian war liebenswürdig im Verkehr, und ein gewisser Charme war ihm eigen." (Veh 1985–1987, V 224).

[1759] Entfernt vergleichbar ist, bes. wenn man die übrige Charakterisierung Hadrians durch Antigonos hinzunimmt, Plat. resp. 487a3–5, der ideale Herrscher sei μνήμων, εὐμαθής (vgl. hier πεπαιδευμένος), μεγαλοπρεπής, εὔχαρις (!), φίλος τε καὶ συγγενὴς ἀληθείας, δικαιοσύνης, ἀνδρείας (!), σωφροσύνης.

Ähnlich schnell, wie Antigonos hier den Bereich der rein körperlichen Qualitäten verlässt, geht Menander Rhetor in seinen Empfehlungen für die Lobrede auf den Kaiser (Βασιλικὸς λόγος) nur ganz knapp auf die schöne Gestalt ein und wendet sich sogleich danach ausführlich den geistigen Qualitäten und den Tugenden des Herrschers zu.[1760]

διὰ τὸ ⟨τὸν Δία καὶ⟩ τὰ δύο φῶτα κεκεντρῶσθαι μάλιστα ἐπὶ τοῦ ὡροσκόπου: Die Ergänzung von τὸν Δία καὶ legt der Vergleich mit Ptol. apotel. 3,12 (Περὶ μορφῆς καὶ κράσεως σωματικῆς) nahe. Dieses Ptolemaios-Kapitel ist m.W. die einzige aus der Antike erhaltene systematische Behandlung der Planetenwirkungen auf den Körper des Nativen.[1761] Wahrscheinlich bewahrt Ptolemaios in diesem Kapitel die wesentlichen Züge der zu seiner Zeit traditionellen Lehren (bes. 'Nechepsos und Petosiris'). Jedenfalls pflegt Ptolemaios nur dann als Neuerer tätig zu werden, wenn ältere Lehren eine rational nachvollziehbare, naturgemäße (κατὰ φύσιν) Struktur vermissen lassen, wie z.B. im Falle der 'ägyptischen' ὅρια (Ptol. apotel. 1,21). Dafür, dass Kapitel 3,12 traditionelles Gut bewahrt, spricht zum einen, dass die dortige Lehre simpel konzipiert ist und auf elementaren Inhalten des griechischen Mythos und der griechischen Astrologie basiert, zum anderen, dass ein Kapitel des Dorotheos in Teilen bestätigend hinzutritt (dazu gleich mehr).

Ptolemaios lehrt im Wesentlichen Folgendes: a) man solle prüfen, welche Planeten sich am östlichen Horizont befinden;[1762] b) die somatische Prägung hänge von den echten Planeten (♄ ♃ ♂ ♀ ☿) ab, deren jeweilige Wirkung in einer fünfteiligen Kasuistik entsprechend den traditionellen Eigenschaften der Götter des griechischen Mythos skizziert wird;[1763] c) außerdem komme es zu einem 'Synergieeffekt' der Luminare (☉ ☾), sofern diese mit dem primär wirkenden Planeten in Konjunktion oder Aspekt stehen;[1764] d) modifizierende Wirkung komme ferner den

---

[1760] Men. rhet. p. 371,14–16 μετὰ τὴν γένεσιν ἐρεῖς τι καὶ περὶ φύσεως, οἷον ὅτι ἐξέλαμψεν ἐξ ὠδίνων εὐειδὴς τῷ κάλλει κτλ.

[1761] Leider fehlen bisher umfassende Studien zu den astrologischen Wirkungen der Planeten.

[1762] Ptol. apotel. 3,12,2 παρατηρητέον οὖν καθόλου μὲν τὸν ἀνατολικὸν ὁρίζοντα καὶ τοὺς ἐπόντας ἢ τοὺς τὴν οἰκοδεσποτείαν αὐτοῦ λαμβάνοντας τῶν πλανωμένων κτλ.

[1763] Ibid. 3,12,3–7 (dabei differenziert Ptolemaios jedesmal zwischen Position am östlichen und am westlichen Horizont).

[1764] Ibid. 3,12,8 συνεργοῦσι δὲ ἑκάστῳ τούτων [sc. ♄ ♃ ♂ ♀ ☿] συσχηματισθέντες ὁ μὲν ἥλιος ἐπὶ τὸ μεγαλοπρεπέστερον καὶ εὐεκτικώτερον, ἡ δὲ σελήνη κτλ.

Phasen der fünf Planeten und ihrer zodiakalen Position zu, wobei insbesondere die menschliche oder andersartige Gestalt des Tierkreiszeichens zu beachten sei.[1765]

Wendet man diese Lehre auf das Hadrianhoroskop an, so ist der Befund eindeutig: Jupiter im Aszendenten bestimmt die somatische Prägung, beide Luminare wirken mit, da sie mit Jupiter in Konjunktion stehen, und die menschliche Gestalt des Wassermanns prägt den Nativen zusätzlich in Richtung der idealen Proportionen des menschlichen Körpers. Da Antigonos bis auf den ersten Punkt (Jupiter-Wirkung) zu demselben Ergebnis kommt, folgt er anscheinend derselben Lehre wie Ptolemaios. Wenn das aber stimmt, ist der Verzicht auf die Nennung Jupiters inakzeptabel, denn die Luminare, die der überlieferte Text des Antigonos allein nennt, haben in der ptolemäischen (= traditionellen) Lehre nur modifizierende Funktion. Es wäre auch unbegreiflich, warum Antigonos den Jupiter nicht genannt haben sollte, obwohl doch sowohl dessen zodiakale Position zusammen mit den Luminaren als auch die durch den Mythos verbürgten Eigenschaften des Planetengottes dazu einladen. Selbst der Wortlaut, mit dem Ptolemaios die Jupiterwirkung beschreibt, deckt sich zum Teil wörtlich mit der Formulierung des Antigonos, denn Ptolemaios lehrt (apotel. 3,12,4):

ὁ δὲ τοῦ Διὸς ... ἀνατολικὸς τῇ μὲν μορφῇ ποιεῖ λευκοὺς ἐπὶ τὸ εὔχρουν καὶ μεσότριχας καὶ μεγαλοφθάλμους καὶ εὐμεγέθεις (!) καὶ ἀξιωματικούς	Jupiter im Aufgang bewirkt, was die Gestalt betrifft, Menschen, deren Haut weiß ist und schön wirkt, mit leicht gelocktem Haar,[1766] Menschen mit großen Augen, von stattlicher Größe, würdevoll.

Man vergleiche damit, was schon Dorotheos in einem Kapitel seiner Katarchenhoroskopie über die äußere Erscheinung des Diebes eines gestoh-

---

[1765] Ibid. 3,12,9–14; s. bes. 3,12,12 κατὰ μέρος δὲ τὰ μὲν ἀνθρωποειδῆ τῶν ζῳδίων ... εὔρυθμα καὶ σύμμετρα τοῖς σχήμασι τὰ σώματα κατασκευάζει, τὰ δὲ ἑτερόμορφα μετασχηματίζει πρὸς τὸ τῆς ἰδίας μορφώσεως οἰκεῖον τὰς τοῦ σώματος συμμετρίας καὶ κατά τινα λόγον ἀφομοιοῖ τὰ οἰκεῖα μέρη τοῖς ἑαυτῶν κτλ.

[1766] Robbins 1940, 309, übersetzt zu Recht "with moderately curling hair" (ohne Begründung), denn μεσόθριξ ist das Mittlere zwischen τετανόθριξ ('mit glattem Haar') und οὐλόθριξ ('mit krausem Haar'). Alle drei Begriffe begegnen bei Ptolemaios mehrmals (cf. apotel. 2,2,4. 3,12,4.5.7.10.11. 4,10,3). Die beiden Extreme findet man bezeichnenderweise auch in dem Dorotheoskapitel über Diebe, das im Folgenden zu erwähnen sein wird, für Mars (Heph. 3,45,3 τετανόθριξ) und Merkur (Heph. 3,45,5 οὐλόθριξ).

lenen Gutes lehrte (Dor. pp. 412,5–414,20 = Heph. 3,45 Περὶ τῆς ἰδέας τῶν κλεπτῶν, s. bes. Heph. 3,45,1–16 ~ Dor. arab. 5,35,86–129). Die Kasuistik des Dorotheos bietet unübersehbare Anklänge an die Worte des Ptolemaios, [1767] was angesichts des chronologischen Verhältnisses nur durch eine gemeinsame ältere Vorlage beziehungsweise Tradition zu erklären ist, und beginnt in der Paraphrase Hephaistions mit Jupiter:[1768]

Ἐὰν ὁ τοῦ Διὸς ἀστὴρ δηλοῖ τὸν κλέπτην ἔσται λευκόχροους, εὐέκτης, μεγαλόφθαλμος, μικρὰς τὰς κόρας ἔχων, οὐκ ὀξυδορκῶν, ἀγαθογνώμων, εὔσαρκος, εὐτραφής, δασυγένειος.	Wenn der Stern des Jupiter den Dieb kenntlich macht, wird dieser weißhäutig sein, von guter körperlicher Verfassung, großäugig, mit kleinen Pupillen, nicht scharf blickend, von gutem Ratschluss, [1769] ansprechend fleischig, wohlgenährt, mit dichtem Bart.

Es folgen Saturn, Mars, Venus und Merkur. Danach heißt es signifikanterweise, Sonne und Mond als Indikatoren des Diebes deuteten auf eine solche körperliche Gestalt, wie sie dem Planeten eigne, der sich ihnen zugesellt habe.[1770] Erst an allerletzter Stelle folgt eine somatische Charakteristik des sonnenähnlichen beziehungsweise mondähnlichen Diebes für den Notfall, dass kein echter Planet zur astrologischen Interpretation verfügbar ist[1771] – was hier bei Hadrian dank Jupiter eindeutig nicht der Fall ist.[1772]

[1767] Siehe dazu auch Anm. 1766.

[1768] Heph. 3,45,1; cf. Dor. arab. 5,35,86: "If the indicator of the characteristic[s] of the thief is Jupiter, then the thief will be white, fat, great in his eyes, the whites of his eyes will be smaller than what is necessary for it to be because of the measure of that eye; and their beards will be rounded [and] curly, and their natures and their gentleness will be good" (Pingree 1976a, 302f.).

[1769] Vgl. LSJ 1996 s.v. ἀγαθογνώμων: "of good opinions" (Hapax).

[1770] Heph. 3,45,6 ἐὰν δὲ ὁ Ἥλιος ἢ ἡ Σελήνη εὑρεθῇ τὸν κλέπτην δηλῶν τοιοῦτον δηλώσει αὐτὸν εἶναι κατὰ τὴν μορφὴν ὁποίῳ ἂν τῶν ἀστέρων συγκραθῶσιν.

[1771] Heph. 3,45,7 ἐὰν δὲ μηδενὶ τῶν ἀστέρων συνοικειωθῶσιν ἀλλὰ μόνοι καθ᾽ ἑαυτοὺς ὦσιν, ὁ μὲν Ἥλιος δηλοῖ τὸν κλέπτην εὐτραφῆ, πυκνὸν καὶ ἠρέμα ὕπωχρον, ἡ δὲ Σελήνη μόνη εὔκρατον, εὐόφθαλμον, εὔσαρκον, στρογγυλοπρόσωπον.

[1772] Dabei verdient Beachtung, dass weder hier noch (m.W.) in anderen astrologischen Texten auch nur eine einzige der drei Qualitäten εὐμεγέθης, ἀνδρεῖος und εὔχαρις mit Sonne oder Mond assoziiert wird. Dagegen gibt es Belege für εὐμεγέθης als Wirkung Jupiters (außer Ptol. apotel. 3,12,4 [zit. oben S. 764] vgl. Dor. p. 411,14 = Heph. 3,43,7 a.E. [n.b.: ♐ u. ♓ sind Häuser Jupiters]) und für εὔχαρις als Wirkung Jupiters zusammen mit Venus (z.B. Dor. p. 355,20 u. Ptol. apotel. 4,3,6; insgesamt symbolisiert natür-

Wenn Ptolemaios und (*cum grano salis*) Dorotheos darin übereinstimmen, dass sie sich zur Prognostik der somatischen Charakteristika auf
die echten Planeten beschränken, liegt das wohl nicht zuletzt daran, dass
der griechische Mythos und die bildende Kunst für Helios und Selene,
zumal diese nur in geringem Umfang kultisch verehrt wurden, nie ähnlich
differenzierte anthropomorphe Vorstellungen entwickelt haben wie für
die zentralen Gottheiten, nach denen die fünf echten Planeten benannt
sind.

Ergänzend seien hier noch einige verstreute, das Gesagte bestätigende
Aussagen anderer Autoren zur Position Jupiters im 1. Ort oder sogar
gradgenau im ASC angeführt:[1773] Antioch. (?) carm. de plan. CCAG I
(1898), p. 109,22 (Jupiter bei Nacht im 1. Ort): εὐσχήμονας ἄνδρας.
Firm. math. 3,3,1 *si Iuppiter in primo cardine partiliter id est in parte
horoscopi fuerit constitutus,* [...] *faciet* [...] *venustos* (gilt anscheinend nur
oder primär für Taggeburten). ibid. 3,3,2 *si vero per noctem in horoscopi
parte fuerit inventus,* [...] *facit* [...] *bene nutriri.* Paul. Alex. 24 p. 54,6–10
ἐπὰν δέ τις τῶν ἀγαθοποιῶν ἀστέρων ἢ τῶν φώτων ἢ ὁ τοῦ Ἑρμοῦ
ἀστὴρ ἐπὶ τοῦ ὡροσκόπου χρηματίσῃ, δίχα τῆς τῶν κακοποιῶν σχη-
ματογραφίας, ζώσιμον καὶ τρόφιμον τὸ γεννώμενον ἔσται καὶ ἐν
εὐτυχίᾳ τὸν βίον διατελέσει (cf. Olymp. 23 pp. 63,23–64,3).

Wahrscheinlich hat also auch Antigonos in § 29 Jupiter erwähnt. Der
Textausfall von τὸν Δία καί, zu dem es hier wohl gekommen ist,[1774] lässt
sich unter Berücksichtigung des in byzantinischer Zeit identischen Laut-
werts von ι und υ beziehungsweise αι und ε als dreifache Haplographie
erklären (τὸ/τὸν, Δία/δύο, καὶ/κεκεν-).[1775] Er fügt sich in die Gesamt-
charakteristik des Textes, der an mehreren Stellen ähnliche Textverluste
im Umfang eines oder mehrerer Wörter, meist bedingt durch Haplographie oder *saut du même au même,* aufweist.[1776]

Falls die Ergänzung von ⟨τὸν Δία καὶ⟩ richtig ist, wird auch der
Übergang von §§ 26–28 zu §§ 29–38 noch etwas glatter: In §§ 26–28 war
das Kaisertum Hadrians durch die Luminare begründet worden, zu denen
Jupiter in wichtiger Funktion hinzutrat; ergänzend hatten die übrigen Pla-

---

lich Venus die χάρις, aber Jupiter partizipiert zuweilen daran, vermutlich, weil er ebenso wie Venus als Wohltäter gilt).

[1773] Grundlegende Informationen zu den Wirkungen der Luminare und Planeten in den
zwölf Orten der Dodekatropos bietet der Komm. zu **F1** § 26 ἐπὶ τοῦ ὡροσκόπου (ab S.
697).

[1774] Anders als in § 22, wo dieselben Wörter τὸν Δία καὶ korrekt überliefert sind.

[1775] Vgl. z.B. die Einträge im textkritischen Apparat zu Exc.¹ §§ 33b–34 (oben S. 143).

[1776] Mehr dazu oben S. 122 nach Anm. 482.

neten Erwähnung gefunden. In § 29 wird die bei Hadrian kardinal positionierte Trias Sonne – Mond ⟨– Jupiter⟩ noch einmal ins Auge gefasst, diesmal jedoch Jupiter voran und die Luminare als Sekundanten. Damit ist der Wechsel zu einer Reihe von Einzelwirkungen der echten Planeten eingeleitet (Saturn und Merkur in §§ 30–31, Mars in §§ 32–33a).

μάλιστα ἐπὶ τοῦ ὡροσκόπου: Zur Hierarchie der Kardinalpunkte (ASC, MC, OCC, IMC) und der durch sie definierten kardinalen Orte (I, X, VII, IV) s.o. zu § 22 τὸν ὡροσκόπον, bes. S. 643. Zur synekdochischen Bezeichnung eines ganzen kardinalen Ortes als ὡροσκόπος, μεσουράνημα etc. s.o. zu § 26 ἐπὶ τοῦ ὡροσκόπου, bes. S. 688.

ἐν ἀνθρωποειδεῖ καὶ ἀρρενικῷ εἶναι ζῳδίῳ: Insgesamt finden in den Antigonos-Fragmenten die folgenden Eigenschaften der Tierkreiszeichen Erwähnung: (ζῴδιον) ἀνθρωποειδές (**F1** § 29. **F3** § 66a), ἀρρενικόν (**F1** §§ 29.45. **F2** § 57), ἀσελγές (**F2** § 57), δίσωμον (**F1** § 44), κάθυγρον (**F1** § 49), μελεοκοπούμενον (**F3** § 66a), πολύσπερμον (**F1** § 44), τροπικόν (**F1** § 44), χερσαῖον (**F1** § 49). Siehe die Einzelkommentare.

a) zu ἀνθρωποειδεῖ: Tierkreiszeichen von menschlicher Gestalt (ζῴδια ἀνθρωποειδῆ bzw. ἀνθρωπόμορφα) sind die Zwillinge, die Jungfrau, die Waage (weil sie von einer menschlichen Figur gehalten wird) und der Wassermann. Alle übrigen gelten als tiergestaltig (θηριώδη bzw. θηριόμορφα; daneben als eigene Kategorie oft: τετράποδα). Eine Zwischenstellung nimmt der Schütze aufgrund seines Pferdeleibs mit einem menschlichen Oberkörper ein.[1777] Die Differenzierung nach menschlichen und tierischen Zeichen[1778] ist elementar und sehr alt. Den frühesten Beleg für den gesamten Tierkreis bietet Serap. CCAG V 3 (1910), p. 97,12–15: Θηριώδη Ταῦρος, Λέων, Σκορπίος, Αἰγόκερως, ἐκ μέρους δὲ καὶ ὁ Τοξότης. Ἀνθρωποειδῆ Δίδυμοι, Παρθένος, Ζυγός, Ὑδροχόος καὶ Τοξότης ἐκ μέρους. Weitere alte Belege für die Opposition beider Gruppen: Herm. myst. CCAG VIII 1 (1929), p. 173,18–35 ἀνθρωπόμορφον/ἀνθρωποειδές – τετράπουν/θηριόμορφον/ἀλογόμορφον. Manil. 2,155f. *humanas ... species – pecudum atque ferarum.* Thras. epit. CCAG VIII 3 (1912), p. 99,4–5 (= Thras. T 27 Tarrant = Rhet. 6,57,1) ἀνθρωποειδῆ – θηριόμορφα. Dor. p. 416,8–10 ἀνθρωπόμορφα – τε-

---

[1777] Dazu Hübner 1982, 135 (Nr. 3.123.2).
[1778] Umfassend dazu Hübner 1982, 130–139 (Nr. 3.12); zur hiesigen Stelle: ebd. 134 (Nr. 3.123.13).

τϱάποδα (cf. Dor. arab. 1,27,13. 2,16,16–17). Vgl. außerdem den spätestens ins 1. Jh. n.Chr. zu datierenden Imbrasios von Ephesos in dem von Cumont 1935b, 127f., edierten Fragment (p. 127a,17–19): ἐν δὲ τοῖς ἀνθϱωποειδέσι ζῳδίοις, οἷον Διδύμοις (danach Textverlust).

Alt ist anscheinend auch die mit der Gegenüberstellung Mensch – Tier korrespondierende Unterscheidung der Zeichen in λογικά und ἄλογα. Schon Teukros soll die Jungfrau als (ζῴδιον) λογικόν und ἀνθϱωποειδές bezeichnet haben (Rhet. exc. ex Teucro, CCAG VII, 1908, p. 202,16–17), vgl. Herm. myst. CCAG VIII 1 (1929), p. 173,b21 ζῴδιον ἀλογόμοϱφον (nur durch eine der zwei Textrezensionen bezeugt) sowie Heph. 1,1,42 λογικόν, ἀνθϱωποειδές (Zwillinge). 1,1,100 λογικόν, ... ἀνθϱωποειδές (Jungfrau). 1,1,197 λογικόν, ... ἀνθϱωπόμοϱφον (Wassermann).[1779] Von hier aus ergibt sich eine potentielle Verbindungslinie zur Klugheit Hadrians (§§ 23.30 φϱόνιμος) und zur Unbesonnenheit des Pedanius (**F3** §§ 65.66a κακόβουλος), dessen Geburts-Luminare beide in tierhaften Zeichen stehen (Sonne im Widder, Mond im Stier; ebd. § 66a wird der Wassermann erneut als ἀνθϱωποειδὲς ζῴδιον bezeichnet). Antigonos rekurriert aber zur Begründung dieser Eigenschaften (φϱόνιμος – κακόβουλος), statt die Qualitäten der Tierkreiszeichen zu nutzen, in beiden Fällen auf die Position Merkurs.

b) zu ἀϱϱενικῷ: Im Tierkreis alternieren, beginnend mit dem Widder, männliche und weibliche Zeichen (m.: ♈, ♊, ♌, ♎, ♐, ♒; w.: ♉, ♋, ♍, ♏, ♑, ♓). Diese biologische Differenzierung hat ihren Grund in der pythagoreischen Bevorzugung der ungeraden, als 'männlich' klassifizierten Zahlen[1780] und ist in der Astrologie schon früh belegt: vgl. Serap. CCAG VIII 4 (1921), p. 228,12. Manil. 2,150–154. Thras. epit. CCAG VIII 3 (1912), p. 99,5 (= T 27 Tarrant = Rhet. 6,57,1) etc.[1781] Antigonos verwendet sie insgesamt dreimal bezüglich männlicher Zeichen (§§ 29 u. 45: ♒; **F2** § 57: ♈, ♊, ♎, ♒).

Da Hadrian unter einem der wenigen zugleich menschlichen und männlichen Tierkreiszeichen (♊, ♎, ♒) geboren wurde, ist sein Körper von besonders edler Gestalt. Vgl. Bouché-Leclercq 1899, 429: "Les signes humains donnent plus d'harmonie aux proportions".

[1779] Siehe weiter Hübner 1982, 138f. (Nr. 3.123.422).

[1780] Vgl. Bouché-Leclercq 1899, 154f.

[1781] Ausführlich zu dieser Lehre Hübner 1982, 152–156 (Nr. 3.31); zur hiesigen Stelle ebd. 154 (Nr. 3.313.12).

§ 30

Dieser Paragraph liefert die astrologische Begründung für die in § 23 genannten geistig-intellektuellen Qualitäten φρόνιμος καὶ πεπαιδευμένος (vgl. den historischen und textkritischen Kommentar zur Stelle). Zusätzlich ist hier von βαθύς die Rede.

Die Formulierung legt nahe, dass wir es primär mit einer Merkurwirkung zu tun haben, zu der sekundär Saturn hinzutritt. Dafür spricht nicht nur die Anknüpfung Saturns durch μετά an den zuerst genannten Merkur, sondern auch die Betonung des astronomischen Umstands, dass Merkur sich in der seltenen Phase der morgendlichen Sichtbarkeit (ἐπὶ ἑῴας φάσεως) befand,[1782] ja sogar – so könnte man ergänzen – nahe seiner maximalen Elongation.[1783] Der Primat Merkurs wird sich auch bezüglich der von Antigonos am Ende des Satzes erwähnten Doryphorie bestätigen (s.u. Komm. z.St.).

Weniger klar ist hingegen, ob Antigonos nur bezüglich Merkurs oder bezüglich beider Planeten ihre Position im 12. Ort der Dodekatropos (ἐν τῷ ιβ′ ζῳδίῳ, s.u. Komm. z.St.) betonen will. Daher sollen hier in zwei aufeinanderfolgenden Schritten zuerst die allgemeinen Wirkungen beider Planeten in beliebigen Positionen und danach ihre speziellen Wirkungen im 12. Ort untersucht werden.

Die Erklärung der geistig-intellektuellen Qualitäten Hadrians durch Merkur steht im Einklang mit den kanonischen Eigenschaften dieses Planetengottes in der griechisch-römischen Astrologie.[1784] Auf Merkur wer-

---

[1782] S.o. zu § 26 ἑῴαν φάσιν.

[1783] S.o. zu § 22 τὸν δὲ Ἑρμῆν μετ᾽ αὐτοῦ μοίρᾳ ιβ′.

[1784] Zur Bedeutung Merkurs für die Seelenqualitäten, die Vernunft und Geist betreffen, s. z.B. Ptol. apotel. 3,14,1 sowie Bouché-Leclercq 1899, 433, über die "aptitudes intellectuelles (νοερὸν – λογικὸν – διανοητικόν) qui dépendent surtout de Mercure". Vgl. ferner P. Mich. III 149, col. III,23 ἀπὸ μὲν Ἑρμοῦ τὸ νοερόν. Anon. carm. de plan. 10 p. 43 Heitsch λόγος Ἑρμῆς. Dor. app. 2f p. 434,23 (= Heph. 3,20,7 = Dor. frg. 96 St.) τὰ λογικὰ τῷ Ἑρμῇ [sc. ἐφάρμοζε]. Siehe auch Pérez Jiménez 1999b u. Pérez Jiménez 2011c, 486–490. – Eine systematische Studie zu den Eigenschaften und Wirkungen der Planetengötter fehlt bisher. Relevante Texte dafür sind (ohne Anspruch auf Vollständigkeit): Teucr. de sept. stell. exc. CCAG IX 2 (1953), p. 181,3–6. Ps. Cens. (re vera Varro) frg. 3,3–6. Dor. app. 2f p. 434,21–23 (= Heph. 3,20,7 = Dor. frg. 96 St.). Dor. arab. 2,28–33. Ps.-Maneth. 2[1],148–398. Ptol. apotel. 1,4. Val. 1,1 (sehr detailreich). Antioch. exc. (ex isag.) CCAG VII (1908), p. 127,6–26. Antioch. epit. 1,1 (ex isag. 1), CCAG VIII 3 (1912), pp. 111,5–112,13. Porph. isag. 45. Firm. math. 5,3–6. Iul. Laod. de planetarum natura ac vi, ed. W. Kroll, CCAG I (1898), pp. 134–137. 'Rhet.' (cf. Pingree 1977a, 220) de planetarum natura ac vi, ed. F. Boll, CCAG VII (1908), pp. 213–224. Lib. Herm. 32. Anon. de plan. patroc., ed. F. Boll, CCAG VII (1908), pp. 95–99.

den wir vor allem die Qualitäten φρόνιμος und πεπαιδευμένος beziehen dürfen, während βαθύς wohl eher Saturnwirkung ist. Dies zeigt das große Kapitel des Ptolemaios über die seelischen Qualitäten (Ptol. apotel. 3,14 Περὶ ποιότητος ψυχῆς), worin es heißt, Saturn bewirke βαθύφρονας, 'tief denkende Menschen'.[1785]

Wenn wir nun ergänzend die einschlägigen Kapitel antiker Astrologen zu den Wirkungen der Luminare und Planeten in den zwölf Orten der Dodekatropos[1786] berücksichtigen, finden wir nur zu Merkur Aussagen, die zu der hiesigen Argumentation des Antigonos passen. So lehrt Firm. math. 3,7,24–25: *In duodecimo loco Mercurius ab horoscopo constitutus faciet ingeniosos* [...] *faciet doctos grammaticos oratores geometras magistros* [...] *tales erunt, ut ab omnibus cordatiores esse videantur et quibus omnium doctrinarum conferantur augmenta. Sed hoc ⟨tunc⟩ facit, cum aut Iovi coniunctus fuerit aut a malivolis nulla radiatione pulsatus.* Ganz ähnlich lehrt, offenbar direkt oder indirekt aus derselben Quelle schöpfend, Rhet. 5,57,45 (= CCAG VIII 4, 1921, p. 131,8–12): ὁ δὲ τοῦ Ἑρμοῦ ἀστὴρ ἐπὶ τοῦδε τοῦ τόπου τυχὼν γραμματικούς, ῥήτορας, γεωμετρικούς [CCAG: γεωμέτρας], διδασκάλους, λόγους πιπρά-σκοντας γεννήσει ⟨ἢ⟩ διὰ λόγων [CCAG: λόγου] τῶν οἰμωζόντων [CCAG: ὁμοίων] ἀνθρώπων εὐεργέτας γινομένους, [CCAG: καὶ] πε-ρισσότερον τῶν ἄλλων φρονοῦντας. Siehe ferner Paul. Alex. 24 p. 72,12–15: Ὁ δὲ τοῦ Ἑρμοῦ τὸν τόπον τοῦτον ἐπέχων [...] ἀποτελέ-σει, ὀτὲ δὲ καὶ γραμματέας ἢ χαμαιδιδασκάλους ἢ ἑρμηνέας ἢ δικο-λόγους ποιήσει (~ Olymp. 23 p. 75,16–19).

Vielleicht ist aber auch die Stellung Saturns im 12. Ort aus der Sicht des Antigonos nicht ganz ohne Bedeutung, denn dieser Ort gehört Saturn (s.u. Anm. 1948), ein Umstand, der Saturns allgemeingültige Wirkungen (hier: βαθύφρονες, s.o.) vielleicht noch verstärkt.

Neben den allgemeinen Wirkungen Merkurs und Saturns sowie auch der speziellen Wirkung Merkurs im 12. Ort gibt es noch einen dritten

---

Anon. de plan. CCAG II (1900), pp. 159–180 (= Val. app. 1). Anon. carm. de plan. ed. Heitsch 1964, II 43f., S4. Ps.-Ptol. cent. 86. Lib. curios. 1,8 (saec. XI) ed. Rapoport – Savage-Smith 2014. Weitere spätantike Stellen nennt Pingree 1978a, II 243f. Speziell zu den Wirkungen der Planeten in den 12 Orten der Dodekatropos s.o. S. 697.

[1785] Ptol. apotel. 3,14,10 = Heph. 2,15,8. – Vgl. ferner mit Bezug auf die Melancholie Klibansky et al. 1990, 211–245 ('Saturn in der Literatur der Antike'), darin 227 (zu Ptol. apotel. 3,14,10) u. 234 (zur neuplatonisch inspirierten Verbindung Saturns mit tiefem philosophischen Denken, Mantik und Priestertum).

[1786] Grundlegende Informationen dazu im Komm. zu **F1** § 26 ἐπὶ τοῦ ὡροσκόπου (ab S. 697).

astrologischen Grund, der für die Eigenschaften φρόνιμος καὶ πεπαιδευμένος καὶ βαθύς angeführt werden könnte. Dieser stammt aus dem
Gebiet der Dekanprognostik. Die einzige Parallele der gesamten griechischen Literatur für den soeben zitierten dreigliedrigen Ausdruck stammt
von Hephaistion. Dieser beschreibt in seinem großen Einleitungskapitel
über die Eigenschaften und Wirkungen der Tierkreiszeichen an einer
Stelle, die vermutlich auf alte Quellen zurückgeht, die Wirkung des
ersten Steinbockdekans (Σμᾶτ, = 0°–10° ♑)[1787] wie folgt: ὁ γεννώμενος
ἐπὶ τοῦ πρώτου ἔσται πρωτότοκος ἢ πρωτότροφος, φρόνιμος,
βαθύς, πεπαιδευμένος, ἀγαθός, εὐπαρρησίαστος, καὶ ὑποτάσσει
τοὺς ἐχθρούς, ὑπὸ δὲ τῶν ἰδίων κινδυνεύσας σωθήσεται κτλ. (Heph.
1,1,187). Interessanterweise stehen ja nun im Hadrianhoroskop die
Planeten Merkur und Saturn tatsächlich im Steinbock, Saturn (5° ♑) in
der Mitte des ersten Dekans (Σμᾶτ) und Merkur (12° ♑) am Anfang des
zweiten (Σρώ). Hat Antigonos also dieser Dekanprognose Beachtung
geschenkt? Hat er vielleicht sogar deshalb ἐν τῷ ιβ′ ζῳδίῳ statt ἐν τῷ ιβ′
τόπῳ geschrieben, um durch eine sozusagen hybride Formulierung
sowohl auf den 12. Ort der Dodekatropos (ιβ′) als auch auf das dort
befindliche Tierkreiszeichen (ζῴδιον) Bezug zu nehmen? Zwei Gründe
sprechen gegen diese Annahme. Erstens spricht Antigonos weder hier
noch sonst irgendwo in den Horoskopen **F1** bis **F3** von den Dekanen, und
zweitens befindet sich nur Saturn im ersten Dekan des Steinbocks,
während doch Merkur, wie gesagt, die Hauptrolle in der Begründung des
Antigonos spielt. Aber wie ist die auffällige Übereinstimmung der drei
Adjektive in beiden Texten zu erklären, wenn sie voneinander unabhängig sind? Der Grund ist meines Erachtens, dass Merkur nicht nur in der
Begründung des Antigonos, sondern vermutlich auch in der Charakteristik des ersten Steinbockdekans die zentrale Rolle spielt, beide Texte also
unabhängig voneinander Standardqualitäten der von Merkur geprägten
Menschen erwähnen. Die folgende Auswertung aller Belege für πεπαιδευμένος, φρόνιμος und βαθύς in den 36 Dekanprognosen bei Heph. 1,1
macht trotz einiger Unklarheiten wahrscheinlich, dass in jenem System
die Qualitäten φρόνιμος und πεπαιδευμένος durch die Planetenwürden
Merkurs (vor allem seine Gradbezirke) bedingt sind:[1788]

[1787] Die Grenzen der Dekane und Gradbezirke werden hier und in der folgenden Liste im
Sinne moderner Notation angegeben, also punktuell, nicht entsprechend dem Usus antiker Astrologen als Ordinalzahlen ganzer Einzelgrade (s.o. S. 594 u. S. 727).

[1788] Zu den numerischen Angaben siehe die vorige Anmerkung. – Gundel 1936b, 284f.,
geht knapp auf die Dekanwirkungen in Heph. 1,1 ein, die seines Erachtens alte Quellen
(darunter Teukros von Babylon) verarbeiten, aber "kaum einen Zusammenhang mit der

– ♈ 10°–20°: φρόν. + πεπ. (Heph. 1,1,16;[1789] ♈ 12°–20° = Merkurbezirk)[1790]

– ♊ 0°–10°: πεπ. (Heph. 1,1,51;[1791] ♊ 0°–6° = Merkurbezirk)

– ♋ 20°–30°: φρόν. (Heph. 1,1,76; Grund unklar)

– ♌ 20°–30°: φρόν. + πεπ. (Heph. 1,1,96;[1792] ♌ 18°–24° = Merkurbezirk)

– ♍ 10°–20°: φρόν. (2x) + πεπ. (Heph. 1,1,112–113;[1793] ♍ 15° = Erhöhung Merkurs)

– ♏ 0°–10°: πεπ. (Heph. 1,1,148; Grund unklar)[1794]

– ♏ 10°–20°: πεπ. (Heph. 1,1,151; ♏ 11°–19° = Merkurbezirk)

– ♐ 20°–30°: πεπ. (Heph. 1,1,174; Grund unklar; ♐ 17°–21° = Merkurbezirk)

– ♑ 0°–10°: φρόν. + βαθ. + πεπ. (Heph. 1,1,187;[1795] ♑ 0°–7° = Merkurbezirk)[1796]

– ♑ 20°–30°: πεπ. (Heph. 1,1,193;[1797] Grund unklar)

– ♒ 0°–10°: πεπ. (Heph. 1,1,206;[1798] ♒ 0°–7° = Merkurbezirk)

üblichen Dekanmelothesie erkennen" lassen, so dass eine genauere Untersuchung ihm nicht lohnend erscheint. Die hiesige Analyse betritt insofern Neuland. Vielleicht ließen sich die von mir mit dem Zusatz 'Grund unklar' vermerkten Fälle durch eine Untersuchung der Eigenschaften jener alten Dekangötter aufhellen, die hinter den Dekanen des Hephaistion stehen, welche bereits "zu mathematischen und geometrischen Größen verflacht sind" (Gundel 1936b, 284; ebd. folgt ein gutes Beispiel für das Weiterwirken des Dekangottes Chnumis in der Prognose zum dritten Krebsdekan). Außerdem war Gundel anscheinend unbekannt, dass Album. myst. 1,94 (CCAG XI 2, 1934, pp. 189–192) beachtliche Parallelen zu den Dekanprognosen in Heph. 1,1 bietet, die im Folgenden, soweit sinnvoll, vermerkt werden (ein systematischer Vergleich beider Kapitel bleibt ein Desiderat der Forschung; anscheinend gehen sie auf eine gemeinsame Quelle zurück).

[1789] Ebenso Album. myst. 1,94 (s. Anm. 1788 a.E.), p. 189,7.

[1790] S.o. S. 719, Tab. 17b.

[1791] Ebenso Album. myst. 1,94 p. 190,2.

[1792] Nur πεπ. auch bei Album. myst. 1,94 p. 190,27.

[1793] Nur πεπ. auch bei Album. myst. 1,94 p. 191,1.

[1794] Vielleicht Verwechslung mit dem ersten Waagedekan, der nach Album. myst. 1,94 p. 191,9 φρόν. + πεπ. bewirkt; n.b.: ♎ 6°–14° = Merkurbezirk. Allerdings knüpft auch Album. ibid. p. 191,19 an den ersten Skorpiondekan die Wirkung φρόνιμον (ohne πεπ.).

[1795] Ähnlich Album. myst. 1,94 p. 191,31: φρόνιμον, νουνεχῆ.

[1796] Vielleicht ist die bei keinem anderen Dekan prognostizierte Qualität βαθύς dadurch zu erklären, dass Saturn der Hausherr des Steinbocks ist.

[1797] Ebenso Album. myst. 1,94 p. 192,4.

[1798] Ebenso Album. myst. 1,94 p. 192,8.

– ✶ 10°–20°: πεπ. (Heph. 1,1,229;[1799] Grund unklar)[1800]
– ✶ 20°–30°: πεπ. (Heph. 1,1,232; Grund unklar)

Es fällt auf, dass die insgesamt seltene Verbindung von φρόνιμος mit πεπαιδευμένος (ohne βαθύς)[1801] in diesem System viermal vorkommt (♈, ♌, ♍, ♑) und in jedem dieser Fälle eine Planetenwürde Merkurs vorliegt.[1802] Die auffällige lexikalische Übereinstimmung zwischen Antig. § 32 und Heph. 1,1,187 lässt sich also befriedigend durch die beiden Aussagen zugrunde liegenden Eigenschaften Merkurs erklären. Eine Abhängigkeit des Antigonos von der Dekanprognose ist nicht wahrscheinlich.

Da der Steinbockdekan Σμάτ (0°–10° ♑) nun aber schon einmal thematisiert ist, sei abschließend noch erwähnt, dass in ihn die der Geburt Hadrians vorausgehende Konjunktion der Luminare (Neumond) fiel, der die Astrologen nach alter, bis Mesopotamien zurückreichender[1803] Tradition größte Bedeutung beimessen und deren Wirkkraft Antigonos selbst – allerdings ohne von Dekanen zu sprechen – im zweiten Horoskop hervorhebt (**F2** § 56 u. 61, s. Komm. zu § 61 τὴν προγενομένην σύνοδον). Sie fand am 26.12.75 v.Chr. um ca. 05:49 Uhr (Rom) auf 3° 15′ ♑ (trop.) statt, d.h. im siderischen Referenzsystem des Antigonos auf ca. 7° 45′ ♑. Falls Antigonos die mit dem ersten Steinbockdekan verbundene Prognose kannte, hätte er sie theoretisch als einen Grund dafür nutzen können, dass Hadrian im Konflikt mit seinen Angehörigen die Oberhand behielt (vgl. § 23 ἐν ὑπονοίᾳ δὲ καὶ στάσει ἐγένετο πρὸς τοὺς ἰδίους mit Heph. 1,1,187 ὑπὸ δὲ τῶν ἰδίων κινδυνεύσας σωθήσεται). Vermutlich sah Antigonos aber (zu Recht) gar keine Gefahr, aus der Hadrian gerettet werden konnte. Wie dem auch sei, der Hauptgrund dafür, dass Antigonos die προγενομένη σύνοδος in **F2** erwähnt, in **F1** hingegen nicht, liegt wahrscheinlich darin, dass sie in **F2** in einen kardinalen Ort fällt (MC),

---

[1799] Ähnlich Album. myst. 1,94 p. 192,17–18: φρόν. + πεπ.

[1800] Wegen der Erniedrigung Merkurs auf 15° ✶? oder weil Merkur Trigonokrator ist (♊, ♎, ♒)?

[1801] Sie ist außerhalb von Heph. 1,1 und Album. myst. 1,94 beinahe ohne astrologische Parallelen (Ausnahme: Rhet. epit. 4,28, zit. im Komm. zu § 30 δορυφορεῖν τὸν ῞Ηλιον). Zu den sehr wenigen Parallelen für φρόνιμος plus πεπαιδευμένος bei nicht-astrologischen Autoren s.o. S. 665 bei Anm. 1345.

[1802] Der Zusatz βαθύς im Falle des ersten Steinbockdekans hat vielleicht damit zu tun, dass der Steinbock ein Haus Saturns ist.

[1803] Vgl. Rochberg 1998, 39: "It appears from the regular inclusion of these dates [i.e. the 'Lunar Three Data'] that the moon's position at the syzygies during the month of the birth was astrologically important."

bei Hadrian dagegen in ein Apoklima (12. Ort); vgl. den Lehrsatz in **F2** § 56 a.E.

φρόνιμος δὲ καὶ πεπαιδευμένος καὶ βαθὺς ὑπῆρχε: vgl. das soeben zu § 30 insgesamt Gesagte sowie auch § 23 u. § 38.

βαθύς: Vielleicht darf man hier an Hadrians Initiation in die Eleusinischen Mysterien[1804] oder an seinen Besuch des Magiers Pachrates denken,[1805] sofern dem Antigonos diese biographischen Details bekannt waren.

ἐπὶ ἑῴας φάσεως: sinngleich mit § 27 ἐπὶ ἑῴας ἀνατολῆς, s. den Komm. z.St. (Punkt 3).

ἐν τῷ ιβ′ ζῳδίῳ: so **P** und Exc.[1], dagegen Ep.[4] (terminologisch präziser, aber wohl nicht original) ἐν τῷ ιβ′ τόπῳ. Antigonos bezieht sich hier ebenso wie in § 35 ἐν τῷ ιβ′ und in § 38 ἐν τῷ ιβ′, wo beide Male das Bezugswort τόπῳ oder ζῳδίῳ dem Sinn nach zu ergänzen ist, nicht auf die Reihenfolge der Tierkreiszeichen (denn das 12. Zeichen wären die Fische), sondern auf die Dodekatropos (Sacherklärung: s.o. S. 689–698). Eine chronologisch geordnete Liste antiker Benennungen und Beschreibungen des 12. Ortes bietet Greenbaum 2009, 116, Tab. 3.2.

τυγχάνειν: Antigonos formuliert Positionsangaben sehr oft mit diesem Verb. Vgl. § 33a ἐὰν ... ἐπὶ τῶν χρηματιστικῶν τόπων τύχωσι. § 35 ἐν τῷ ιβ′ τυγχάνειν. § 36 οὕτως τυχόντα. § 37 περὶ τὰ πρακτικὰ κέντρα τυχόντες. § 38 ἐν τῷ ιβ′ τυχόντες. § 40 ἐπὰν ... ἐπί τινος κέντρου τύχῃ. § 43 ἐπειδὰν ... οἰκείως συμπαρατύχωσιν. ibid. ὅταν ... ἀνοικείως ... συμπαρατύχωσιν. **F2** § 56 ἐν τῷ μεσουρανήματι τυγχάνειν. ibid. ὁπόταν κατὰ κέντρον τύχῃ. **F3** § 66a ἐν Ἄρεως οἴκῳ τετυχηκέναι. **F5** § 68 τυχόντες ἐπί τινος κέντρου. § 69 ἐπὶ δὲ τῆς κζ′ μοίρας τυχοῦσα. Denselben Usus dokumentieren die Originalhoroskope beginnend mit den frühesten Exemplaren wie z.B. P. Oxy. II 235 (Hor. gr. 15–22), Z. 7. Diese stereotype Diktion hängt wohl auch mit der as-

---

[1804] Vgl. Hist. Aug. Hadr. 13,1.

[1805] Dieser soll dem Kaiser im Zusammenhang eines herbeizwingenden Zaubers ein Rauchopfer an Selene vorgeführt haben. Siehe den Großen Pariser Zauberpapyrus (Bibl. Nat. suppl. gr. 574 [4. Jh. n.Chr.], f. 27ᵛ, = PGM IV, 2446–2455) und dazu Gundel 1968, 39[94] u. 77, sowie Kuhlmann 2002, 115.

trologischen Relevanz der Τύχη zusammen; vgl. dazu Bouché-Leclercq 1891, bes. 305–307, sowie den Komm. zu **F3** § 63 ὁ κλῆρος τῆς Τύχης.

δορυφορεῖν τὸν Ἥλιον: vgl. § 38 δορυφοροῦντες τὸν Ἥλιον; Sacherklärung zur Doryphorie oben zu § 26 δορυφορούντων. Das logische Subjekt der Doryphorie ist in der hiesigen Begründung des Antigonos primär oder vielleicht sogar allein Merkur (nicht Saturn), und das logische Objekt der Doryphorie ist allein die Sonne (nicht der Mond).

Der Grund für die Betonung der Sonne an der hiesigen Stelle ist die in der antiken Astrologie omnipräsente Assoziation der Sonne mit Seele und Geist sowie des Mondes mit dem Körper. Aufgrund ihrer zentralen Stellung im Lehrgebäude der Astrologie muss diese Assoziation bereits von 'Nechepsos und Petosiris' gelehrt worden sein. Wir besitzen dafür zwar keine expliziten Beweise, wohl aber ein starkes Indiz dank Val. 9,2,2.[1806] Aus der Fülle der späteren Belege vgl. Teucr. de sept. stell. exc. CCAG IX 2 (1953), p. 181,3–4 ὁ μὲν Ἥλιος τὸν περὶ ψυχῆς λόγον σημαίνει, ἡ δὲ Σελήνη τὸν περὶ τοῦ σώματος. Val. 1,1,1 (Sonne, cf. Val. app. 1,184) u. 1,1,4 (Mond, cf. Val. app. 1,221). Ps. Cens. (re vera Varro) frg. 3,8 *hac* [sc. *Luna*] *universa gignentia crescente pubescunt, tenuescente tenuantur.* Apul. met. 11,1 *ipsa etiam corpora terra coelo marique nunc incrementis* [scil. *Lunae*] *consequenter augeri, nunc decrementis obsequenter imminui.* Galen. de dieb. decr. 3,2 p. 903,⟨5–7⟩ K. πάντα μὲν γὰρ ἃ δρᾶν πέφυκεν, ἀμυδρὰ γίνεται, μηνοειδοῦς γενομένης αὐτῆς· ἅπαντα δὲ ἰσχυρὰ πεπληρωμένης κτλ. Antioch. exc. (ex isag.), CCAG VII (1908), p. 127,17.24–26. Antioch. epit. 1,1 (ex isag. 1), CCAG VIII 3 (1912), pp. 111,18–19. 112,2–6. Porph. isag. 45 pp. 218,18–20. 219,17–21. Drac. Romul. 540f. *accipe, Sol radians, animas, tu corpora, Luna, / nutrimenta animae* (cf. Housman 1910). Ps.-Ptol. cent. 86 ὁ ἥλιος πηγή ἐστιν τῆς ζωτικῆς δυνάμεως, ἡ δὲ σελήνη τῆς φυσικῆς; allein zum Mond: P. Oxy. II 307 (Hor. gr. 46.I.3), Z. 3 (de Luna) μήτηρ τοῦ παντός. Firm. math. 4,1,1 *omnis enim substantia humani corporis ad istius pertinet numinis potestatem.* Anon. comm. in Ptol. apotel. 3,13,13 p. 140 Wolf τῇ Σελήνῃ, αὕτη γάρ, ὡς πολλάκις εἰρήκαμεν, τοῦ παντὸς σώματός ἐστι κυρία. Weitere spätantike Belege bietet Pingree 1978a, II 244. Bouché-Leclercq 1899, 288, resümiert zutreffend: "si l'influence solaire prévaut dans la vie psychique, la Lune régit de plus près la vie physique" (vgl. ebd. 521); sinngleich Boll 1922a, 22 (= Boll 1950, 96).

[1806] Dazu s.u. Anm. 2964.

Ähnliche astrologische Wirkungen wie die hier in § 30 genannte schreiben auch andere Autoren dem Merkur (nicht jedoch Saturn) zu, wenn er Speerträger der Sonne ist. Vgl. bes. Rhet. epit. 4,28 (Περὶ τῆς δορυφορίας τῶν ἀστέρων πρὸς τὰ φῶτα), der über Merkur als Speerträger der Sonne sagt (CCAG II, 1900, p. 192,8–10): ὁ δὲ τοῦ Ἑρμοῦ ἐπὶ δορυφορίας τυχὼν [sc. τοῦ Ἡλίου][1807] αὐτοκράτορας [sc. ποιεῖ, p. 192,5], ἰσολυμπίους, πεπαιδευμένους (!), φρονίμους (!), ἀγχινοῦς, μάλιστα ἑῷος ἀνατολικός. Siehe ferner Ptol. apotel. 4,3,6, der ohne Differenzierung zwischen Sonne und Mond, aber dafür im selben Kontext wie Antigonos (Περὶ τύχης ἀξιωματικῆς) bezüglich der Doryphorie der Planeten gegenüber den Luminaren schreibt: καὶ τὸ τῆς ἀξίας δὲ τῆς ἐσομένης εἶδος ἀπὸ τῆς τῶν δορυφορησάντων ἀστέρων ἰδιοτροπίας θεωρητέον, ἐπειδήπερ ... ὁ ... τοῦ Ἑρμοῦ [sc. τὴν κυρίαν τῆς δορυφορίας ἔχων] διὰ σύνεσιν (!) ἢ παιδείαν (!) καὶ ἐπιμέλειαν καὶ οἰκονομίαν τῶν πραγμάτων [sc. τὰς δυναστείας ποιεῖ].[1808]

§ 31

καὶ ἐκ νέας ἡλικίας τοιοῦτος ἀπετελέσθη: Nachdem § 30 gezeigt hat, warum der Native *überhaupt* klug und gebildet und tiefsinnig war, wird der Sachverhalt nun chronologisch präzisiert. Ganz ähnlich schreitet Antigonos mit § 37 τὸ δὲ καὶ πολλοὺς οὕτως εὐεργετεῖν vom Allgemeineren zum Spezielleren fort (s. Komm. z.St.). Diese Methode ist ein selbstverständliches Element wohlgeordneten Argumentierens. Auf dem Gebiet astrologischer Diskussionen von Individualhoroskopen vgl. die Katarche für den Einzug des Präfekten Theodoros in Alexandria (Hor. gr. 486.III.17), deren Autor vom Allgemeineren zum Spezielleren fortschreitet, indem er die biographische Information über das schnelle Scheitern

---

[1807] Zuvor hatte der Autor in dem mit Saturn beginnenden *descensus* bei jedem einzelnen Planeten explizit erwähnt, dass Speerträgerschaft bezüglich der Sonne gemeint ist (ebd. pp. 191,33–192,7). Hier bei der fünften und letzten Angabe (zu Merkur) ist der Zusatz τοῦ Ἡλίου entweder überlieferungsbedingt ausgefallen oder die erneute Wiederholung erschien dem Verfasser überflüssig.

[1808] "The kind of future honour is to be divined from the quality of the attending planets; for if ⟨Mercury⟩ governs the attendance, he brings about power ... which depends upon intelligence, education, and the care and management of affairs." (Robbins 1940, 381). Bzgl. des Saturn hingegen sprechen weder Ptolemaios noch die Rhetorios-Epitome an den zitierten Stellen von Klugheit und Bildung, sondern von anderen Eigenschaften, vor allem von materiellem Reichtum.

des Theodoros, seine Bestrafung und Ablösung (ταχέως διεδέχθη μεθ᾽ ὕβρεως καὶ ζημίας) später so kommentiert: ὃς [sc. Saturn im Apoklima] ἐποίησε τὴν καθαίρεσιν μεθ᾽ ὕβρεως. τὸ δὲ τάχιον (!) αὐτὸν διαδεχθῆναι παρεσκεύασαν ὁ ὡροσκόπος, ὁ Ἄρης δηλονότι καὶ ἡ Σελήνη ἐν τροπικοῖς ζῳδίοις καὶ ὀλιγαναφόροις ἐμπεπτωκότες.[1809]

ἀπετελέσθη: ἀποτελεῖν ist das Verbum *par excellence* zur Bezeichnung der Sternenwirkung. Es begegnet in den Antigonosfragmenten noch zweimal in der Form ἀπετέλεσεν (§ 46 u. **F2** § 58, s. Komm. z.St.) und ist schon für 'Nechepsos und Petosiris' belegt: siehe Ptol. apotel. 3,11,1 ἀποτελουμένων (= Nech. et Pet. frg. 15,3), Heph. 1,22,11 ἀποτελέσει (= frg. 7,27),[1810] mehrere Belege in Heph. 1,23 (= frg. 12)[1811] und ein wörtliches Zitat bei Val. 8,6,14 (= frg. +10). Vgl. den Titel der Handbücher des Ptolemaios und des Hephaistion, Ἀποτελεσματικά.[1812] Als Synonyme verwendet Antigonos ἀπεργάζεσθαι (**F2** § 59), ποιεῖν (§§ 31.32[2x].36.37.38.40.52. **F2** § 60. **F4** § 67[2x]. **F5** §§ 68[2x].69[3x]. 70.73) und περιποιεῖν (§ 40). Verschieden von diesen deterministisch gemeinten Synonymen ist σημαίνειν, das in den Antigonosfragmenten nur einmal in **F8** begegnet (s. Komm. z.St.).

ἀεὶ – πράξεις: Auf *immer* gültige Regeln rekurriert Antigonos in den erhaltenen Fragmenten noch fünf weitere Male, vgl. ἀεί in §§ 36.46.49. **F2** § 58. **F4** § 67. Mit Inhalt und Sprache der hiesigen Stelle vgl. bes. Paul. Alex. 14 p. 28,21–29,3: καὶ ἐπὶ μὲν ἑῴας ἀνατολῆς οἱ ἀστέρες τυγχάνοντες ἐνεργεῖς καὶ δραστικοὶ ἀπὸ νεότητος πρὸς τὰ ἴδια ἀποτελέσματα νοείσθωσαν. ἐπὶ δὲ ἑσπερίας ἀνατολῆς καὶ κατὰ τὴν τῶν χρόνων πρόβασιν ἐν τοῖς ἰδίοις ἀποτελέσμασιν ἐνεργοῦσιν. ἑῴαν δὲ κρύψιν ἢ ἑσπερίαν ποιούμενοι ... ἀδρανεῖς καὶ ἀπράκτους καὶ ἀνεπιφάντους τὰς ἀποτελέσεις ἔχουσιν.[1813]

[1809] Text nach Pingree 1976b, 148.

[1810] Frg. 7 stammt nach Pingree 1974b, 547, aus einer sehr alten Quelle, die aber vielleicht nicht mit der des Frg. 6, an der die Datierung von 'Nechepsos und Petosiris' ins 2. Jh. v.Chr. hängt, identisch sei.

[1811] Heph. 1,23,1 ἀποτελέσματα. 1,23,11 ἀποτέλεσμα. 1,23,19 ἀποτελοῦσιν. 1,23,22 ἀποτελεῖ ... ἀποτελέσει. 1,23,25 ἀποτελεσμάτων (= frg. 12,3.44.86.134.141.164).

[1812] Erst in der Spätantike finden sich auch Belege für die Bedeutung 'Sternenwirkungen beschreiben'; s.o. S. 508 zu **T2** ἀπετέλεσε.

[1813] Siehe ferner Ptol. apotel. 3,4,8: πρὸς δὲ τὸν καθόλου χρόνον τοῦ ἀποτελέσματος [sc. δεῖ σκοπεῖν], πότερον ἑῷοί εἰσιν [sc. οἱ οἰκοδεσποτήσαντες ἀστέρες] ἢ ἑσπέριοι πρός τε τὸν ἥλιον καὶ τὸν ὡροσκόπον. Vgl. auch Kap. VIIIe von Hor. gr.

αἱ μὲν ἑῷοι ἀνατολαὶ ... , αἱ δὲ ἑσπέριοι: Die Formen ἑῷοι und ἑσπέριοι sind in den drei Überlieferungssträngen (**P**, Ep.[4], Exc.[1]) einhellig bezeugt. An allen übrigen Stellen der Antigonos-Fragmente, wo ἑῷος beziehungsweise ἑσπέριος Attribute femininer Substantive sind, ist das Adjektiv als dreiendig gewertet: ἑῴα begegnet zehnmal (§ 26 ἑῴαν φάσιν, § 27 ἑῴας ἀνατολῆς, § 30 ἑῴας φάσεως, § 34 ἑῴας ἀνατολῆς, § 38 ἑῴας ἀνατολῆς, **F2** § 54 ἀνατολῆς ἑῴας, **F3** § 63 ἑῴας ἀνατολῆς ... ἑῴας δύσεως ... ἑῴας ἀνατολῆς ... ἀνατολῆς ἑῴας), ἑσπερία zweimal (§ 34 τῆς ἑσπερίας scil. ἀνατολῆς, ferner Heph. epit. 4,26,53 ἑσπερίας ἀνατολῆς). Die astrologische Fachliteratur bietet zahllose Belege für dreiendiges, aber keine Parallelen für zweiendiges ἑῷος beziehungsweise ἑσπέριος. In der übrigen Literatur begegnen die zweiendigen Formen selten: in lyrischem Kontext bei Euripides (Herc. 395 ἑσπέριον ... αὐλάν, Phoen. 169 ἑῴοις ... βολαῖς), ferner bei Dion. Hal. ant. 1,12 τῆς ἑῴου ... Ἰταλίας, aber auch in dem hiesigen Text näher stehenden Werken, d.h. dreimal bei (Ps.-?)Gem. calend. pp. 100,1. 102,8.23 Aujac (Λύρα ἑῷος δύνει, Λύρα ἑῷος ἐπιτέλλει, doch vgl. ebd. p. 103,20 Αἲξ ἑῴα δύνει. p. 107,10.12 Αἲξ ἑῴα ἐπιτέλλει) sowie einmal im *Periplus Maris Erythraei* (cap. 18, p. ⟨60⟩,25 Casson = p. 6,25 Frisk: τὴν ἑσπέριον ... θάλασσαν). Der überlieferte Wortlaut wird daher als *lectio difficilior* beibehalten.

ἐκ νεότητος ποιοῦσιν: = Val. 2,6,1 (einzige exakte Parallele); vgl. Val. 2,4,2 ἀπὸ νεότητος ἀποτελεῖ. 2,17,96 ἀπὸ νεότητος ἀποτελοῦσιν. 2,26,13 ἀπὸ νεότητος ... σημαίνουσι. Vgl. weiter Paul. Alex. 14 p. 28,22[1814] u. ebd. 17 p. 37,18 ἀπὸ νεότητος u. ebd. 24 p. 66,9 ἐπὶ τῆς νεότητος. Siehe auch Ambühl et al. 1995, 233f., zu P. Mich. Inv. 29 (saec. II/III), Text I, col. II,4 ἐπὶ νεότητος. – Zur technischen Bedeutung von ποιεῖν ('bewirken', 'hervorbringen') s.o. zu § 31 ἀπετελέσθη.

ἐπὶ προβάσεως: ebenso Exc.[1], wie aus der Verschreibung ἐπὶ παρατάσεος in **U** noch erkennbar ist; Ep.[4] bietet sinngleich προβάσης τῆς ἡλικίας. Eine exakte Parallele zu ἐπὶ προβάσεως gibt es in der griechischen Literatur nicht. Zu προβάσης τῆς ἡλικίας (Ep.[4]) gibt es eine einzige

---

858.IX.30: τὸ δὲ εἶναι τὸν Κρόνον ἑῷον δηλοῖ τὰ πλείονα συμπτώματα γενέσθαι αὐτῷ [sc. τῷ γεννηθέντι] ἐν τῷ καιρῷ τῆς νεότητος καὶ τῇ μέσῃ ἡλικίᾳ κτλ. (Bezza 2001, 317).

[1814] Wurde bereits zitiert, s.o. zu § 31 ἀεὶ – πράξεις.

Parallele bei Eutr. (Paean. transl.) 6,12 τῆς δὲ ἡλικίας προβάσης. – Ähnliche Formulierungen bieten Soran. 2,41,1 κατὰ πρόβασιν τῶν χρόνων, Paul. Alex. 14 p. 29,2 κατὰ τὴν τῶν χρόνων πρόβασιν[1815] (ebenso Paul. Alex. 24 pp. 54,20. 60,9–10. 68,12–69,1. 70,2–3. 70,8), der Anon. a. 379 p. 202,28 (Fixsternprognose) προβαίνοντας τὴν ἡλικίαν und das Horoskop des Pamprepios von Panopolis (Hor. gr. 440.IX.29), Z. 30–33 (Pingree 1976b, p. 145), wo neben προβαίνοντος χρόνου auch κατὰ πρόβασιν τῶν ἐτῶν überliefert ist. Zur Kombination von δηλοῦν und πρόβασις vgl. Ps.-Galen. progn. decub. 5 p. 543,⟨1–3⟩ K. (dort ist allerdings πρόβασις auf die Planetenbewegung bezogen): ἡ δὲ ποσότης σοι τοῦ χρόνου [sc. τῆς κατακλίσεως vel νόσου] δηλωθήσεται ἐξ αὐτῆς τῆς συναφῆς τῆς ☾ τουτέστι τῆς προβάσεως τοῦ ἀγαθοποιοῦ ἀστέρος. Überhaupt nimmt die Häufigkeit der Belege für das Substantiv πρόβασις ab dem 2. Jh. n.Chr. deutlich zu, besonders in fachliterarischen Texten. Wahrscheinlich ist also ἐπὶ προβάσεως (**P**, Exc.[1]) echt (scil. τῆς ἡλικίας, vgl. § 31 a.A.) und der Wortlaut von Ep.[4] als verdeutlichende Umformulierung zu erklären.

δηλοῦσι τὰς πράξεις: vgl. § 33a μετριότητας βίου δηλοῦσι. Siehe ferner § 40 μονογαμίας ἐστὶ δηλωτική (ubi pl.) u. § 49 πρόδηλον γενήσεται (ubi pl.). In astrologischem Kontext beginnen die Belege für das Verb δηλοῦν mit 'Nechepsos und Petosiris': vgl. die Petosiris-Exzerpte bei Iul. Laod. CCAG I (1898), p. 138,1–21 (= Nech. et Pet. frg. +23, darin zweimal δηλοῖ: p. 138,18.21), und bei Theoph. exc. CCAG XI 1 (1932), cap. 22, p. 223,18–27 (= frg. +27, darin einmal δηλοῦσι: p. 223,24; zu beiden Exzerpten s.o. Anm. 1300).

Problematisch ist die korrekte Interpretation von πράξεις. Der Terminus begegnet in den Antigonosfragmenten nur hier. Der Sinnzusammenhang von § 31 legt durch die beiden parallel formulierten Aussagen bezüglich morgendlicher und abendlicher Sichtbarkeitsphasen nahe, dass πράξεις 'Wirkungen' bedeutet (vgl. unmittelbar zuvor ἀπετελέσθη und ποιοῦσιν). Dagegen spricht aber, dass πρᾶξις beziehungsweise πράσσειν m.W. nie als Synonym von ἀποτέλεσμα ('astrologische Wirkung')[1816] beziehungsweise ἀποτελεῖν ('bewirken') belegt ist. Vielmehr bezeichnen die Astrologen stets die Taten und Berufe der Menschen als

---

[1815] Wurde bereits zitiert, s.o. zu § 31 ἀεὶ – πράξεις.

[1816] Diesen Begriff verwendet Paul. Alex. 14 p. 28,21–29,3 in fast identischem Sinnzusammenhang (zit. oben zu § 31 ἀεὶ – πράξεις).

πϱάξεις. Ein Standardkapitel astrologischer Handbücher heißt Πεϱὶ πϱάξεως ποιότητος (Ptol. apotel. 4,4; mehr dazu im folgenden Kommentar zu §§ 32–33a). Diesen Sinn haben auch alle Parallelen, wo δηλοῦν mit πϱᾶξις verbunden ist.[1817] Wenngleich es im nächsten Satz (§ 32) tatsächlich um berufliche Talente gehen wird, passt dieser Sinn hier (§ 31) noch nicht, weil es hier ja um die Begründung dreier geistiger Qualitäten ohne erkennbaren praktischen Bezug geht (φϱόνιμος, πεπαιδευμένος, βαθύς). Die πϱάξεις scheinen hier also doch, wie Schmidt m.E. richtig sah, die der Himmelskörper zu sein.[1818] Falls diese Interpretation zutrifft, liegt hier möglicherweise eine lexikalische Anleihe an die aristotelische Diktion im zweiten Buch *De Caelo* vor, wo zwar keine astrologischen Aussagen gemacht werden, den Gestirnen jedoch im Zuge einer Kritik rein materieller Vorstellungen Beseeltheit, Handeln und Leben zugesprochen werden (Arist. cael. 2,12 p. 292a,18–21): Ἀλλ' ἡμεῖς ὡς πεϱὶ σωμάτων αὐτῶν μόνον, καὶ μονάδων τάξιν μὲν ἐχόντων, ἀψύχων δὲ πάμπαν, διανοούμεθα· δεῖ δ' ὡς μετεχόντων ὑπολαμβάνειν πϱάξεως (!) καὶ ζωῆς. Aristoteles wiederholt den Begriff πϱᾶξις unmittelbar danach noch fünfmal (u.a. τὴν τῶν ἄστϱων πϱᾶξιν, p. 292b,1), was ihn umso einprägsamer macht und eine Rezeption durch spätere Autoren wie Antigonos begünstigt haben könnte.

Beachtung verdienen ferner vereinzelte Fälle von unscharfer semantischer Verwendung der Vokabel πϱᾶξις bei astrologischen Autoren, z.B. bei Dor. (paraphr.) p. 349,14–16 (= Anub. test. 8,150–152 Obbink = Par. Anub. ⟨et Dor.⟩ bei Heilen 2010c, 134–136): δοξαστικὸν μὲν τὸ σχῆμα καὶ ἐν ἡγεμόσι συστάσεις ποιοῦν, πλὴν κατά τινας χϱόνους βλάπτει ἢ ἣν ἔχει πϱᾶξιν ἐνίοτε ἐλαττοῖ ('die Konfiguration ist ruhmreich und bewirkt Allianzen unter den Führern, nur zu gewissen Zeiten schadet sie oder vermindert die ihr eigene Tätigkeit'). An dieser mit Ab-

---

[1817] Vgl. Thras. epit. CCAG VIII 3 (1912), p. 101,27–28 (= Thras. T 27 Tarrant = Rhet. 6,57,33) δηλοῦν ... πϱάξεις καὶ τιμὰς κτλ. Val. 4,25,1 δηλοῖ ... πϱάξεις und Heph. 3,5,4 μεγίστας καὶ εὐδαιμονεστάτας δηλώσει πϱάξεις sowie zahlreiche Belege für πϱάξεως δηλωτικός (Val. 1,10,8. 1,20,11. 2,17,50.55. 4,5,4). Siehe ferner Val. 4,7,10 ἐκεῖθεν τὸ πϱακτικὸν δηλωθήσεται.

[1818] Schmidt 2009, 353: "for, the morning arisings always produce something from youth, while the evening [phases] show their actions progressively." Seine frühere Übersetzung lautete (Schmidt 1998, 58): "for always the morning risers produce something from youth, while the evening risers show their activities progressively." Abzulehnen sind seine Übersetzungen für ἀνατολαί ("arisings" bzw. "risers"). Eine semantische Diskussion des Begriffs πϱᾶξις bietet Schmidt nicht, auch keinen Hinweis auf Aristoteles (s.o. a.E. des Absatzes).

sicht wörtlich übersetzten Stelle ist aus dem Kontext (Dor. p. 345–367), der zahlreiche Belege für die Vokabel πρᾶξις bietet, klar, dass stets die berufliche Tätigkeit oder das berufliche Potential des Nativen gemeint ist. Dennoch ist in der zitierten Formulierung, der Übergang von der Bedeutung 'das ihr eigene berufliche Potential' zu 'die ihr eigene Wirkung' fließend.

§§ 32–33a

Zu den seelischen Qualitäten gehören auch die beruflichen Talente. Die Astrologen sprechen von den 'Taten' (πράξεις, lat. *actus*),[1819] zu denen jemand im Leben geeignet und bestimmt ist.[1820] Wahrscheinlich gab es dazu eine Lehre von 'Nechepsos und Petosiris', die auf der Bestimmung eines Planetenherrschers über diesen Lebensbereich basierte. Dafür spricht die enge inhaltliche Verwandtschaft der Lehraussagen zu diesem Thema, die Dorotheos, Ptolemaios, Firmicus und die hiesige Antigonosstelle liefern. Die relevanten Stellen sind Dor. app. 2c p. 431,14–21 (= Heph. 2,19,5–7[1821] = Dor. frg. 38 St.; enthält einen Originalvers des Dorotheos).[1822] Ptol. apotel. 4,4. Firm. math. 4,21. Außerdem verdienen Ps.-Maneth. 6[3],339–543. 4,69–76.125–152.157–164.170–346 und Antioch. epit. 3,82–96 (ex thes., = Rhet. 5,82–96), CCAG VIII 4 (1921), pp. 207,25–218,8[1823] (darin zwei Originalverse des Anubion)[1824] sowie auch P. Oxy. inv. 73/118a (s.o. Anm. 1513) Beachtung. Die Quellen gehen überwiegend davon aus, dass nur Mars, Venus und Merkur als Herren

---

[1819] Vgl. Firm. math. 4,21 *De actibus*. Antiochos von Athen sprach neben πράξεις anscheinend auch von ἐπιτηδεύματα und τέχναι: cf. Antioch. epit. 3,82 (ex thes., = Rhet. 5,82), CCAG VIII 4 (1921), p. 207,25 Περὶ πράξεως καὶ ἐπιτηδεύματος. ibid. 3,84 (= Rhet. 5,84), p. 214,2 (= 214,7–8) τὰς τέχνας καὶ τὰ ἐπιτηδεύματα. Siehe auch Ps.-Maneth. 6[3],339f. τέχνας ... ἔργα θ'. ibid. 542 πρήξιας ἢ τέχνας.

[1820] Vgl. Bouché-Leclercq 1899, 442–447.

[1821] Cf. Heph. epit. 4,27,1–2.

[1822] Er lautet: δίζεο καὶ πρῆξιν τίς τ' ἀνέρος ἐστὶν ἑκάστου (Dor. app. 2c p. 431,15 = Heph. 2,19,5).

[1823] Davon entspricht epit. 3,85–96 der erheblich kürzeren Fassung in Antioch. epit. 3b,24 (ex thes.), CCAG VII (1908), p. 117,14–118,15 sowie der extrem kurzen Fassung in Antioch. epit. 3a,77 (ex thes.), CCAG VIII 3 (1912), p. 110,7–12 (= Rhet. 6,61,99).

[1824] Anub. frg. 7 Obbink = Anub. frg. 11 Heilen 2010c, 188 = CCAG VIII 4 (1921), p. 208,4–5 = Rhet. 5,82,2: ἐν πράξει πρῶτον ζήτει σίνος· ἐκ γὰρ ἐκείνου | οὔτε τέχνην λαμπρὰν οὔτε τύχην ἔπορε.

über die πϱάξεις in Frage kommen[1825] und für die Wahl unter diesen
dreien der 10. Ort von primärer Bedeutung ist.[1826] Ptolemaios kommt der
Argumentation des Antigonos besonders nahe. Er lehrt in seinem Kapitel
über die 'berufliche Eignung' (apotel. 4,4: Πεϱὶ πϱάξεως ποιότητος),[1827] dass der oder die zuständige(n) Planetenherrscher von der Sonne
und dem Tierkreiszeichen in der oberen Kulmination abhänge(n).[1828] Im
Folgenden präzisiert er, man solle den Planeten wählen, der der Sonne
am nächsten stehend östlich (d.h. in Richtung der Tagesrotation) aus
ihrem Glanz herausgetreten sei, und zusätzlich denjenigen, der im 10. Ort
stehe.[1829] Theoretisch könne (a) ein Planet allein beide Bedingungen
erfüllen, dann sei er allein relevant; wenn (b) nur eine der beiden Bedingungen durch einen Planeten erfüllt sei, solle man den allein nehmen;
wenn (c) beide von jeweils verschieden Planeten erfüllt seien, solle man
beide nehmen; wenn (d) keine der beiden Bedingungen erfüllt sei, solle
man den Herrn des 10. Ortes (den κύϱιος τοῦ μεσουϱανήματος)
nehmen und von ihm nur Prognosen über Gelegenheitstätigkeiten (ἐπι-
τηδεύσεις τὰς κατὰ καιϱούς) ableiten, da die so Geborenen in der Regel untätig (ἄπϱακτοι) seien und keiner Beschäftigung nachgingen.[1830]
Nach Ptolemaios wäre also im Horoskop Hadrians Merkur zu wählen, da
er ἐπὶ ἑῴας φάσεως (§ 30) der Sonne am nächsten steht und der 10. Ort
unbesetzt ist.

Antigonos äußert sich inhaltlich und terminologisch ähnlich. Auch er
fordert die Beachtung der Stellung zur Sonne (ἀνατολικός – ἑσπέϱιος)
sowie des 10. Ortes, spricht aber, da kein Planet im Ort der oberen Kulmination steht, sogleich von dessen Hausherrn (ὁ τοῦ κατὰ κοϱυφὴν
τόπου κύϱιος, vgl. Punkt d des Ptolemaios). Dass seine Wahl somit auf
Mars, den Hausherrn des Skorpions im 10. Ort, fällt, und nicht auf Mer-

---

[1825] Siehe Dor. app. 2c p. 431,18–21 (= Heph. 2,19,7). Ptol. apotel. 4,4,2. Antioch. epit.
3,82 (ex thes., = Rhet. 5,82), CCAG VIII 4 (1921), p. 208,10–11. ibid. 3,83 (= Rhet.
5,83), pp. 210,20–213,34. ibid. 3,84 (= Rhet. 5,84), p. 214,3–4. Firm. math. 4,21,1;
abweichend der Ps.-Manethon. Zur astrologischen Begründung der Beschränkung auf
diese Planeten-Trias siehe Bouché-Leclercq 1899, 443f.

[1826] Siehe Dor. app. 2c p. 431,16–18 (= Heph. 2,19,6). Ptol. apotel. 4,4,1. Antioch. epit.
3,82 (ex thes., = Rhet. 5,82), CCAG VIII 4 (1921), p. 208,14–17. Firm. math. 4,21,1.

[1827] Wörtlich: die Beschaffenheit der Tätigkeit (zu der man durch die Sterne bestimmt
ist).

[1828] Ptol. apotel. 4,4,1: ὁ δὲ τῆς πϱάξεως τὴν κυϱίαν ἔχων λαμβάνεται κατὰ τϱόπους
δύο· ἀπὸ τοῦ τε ἡλίου καὶ τοῦ μεσουϱανοῦντος ζῳδίου.

[1829] Ptol. apotel. 4,4,1: σκοπεῖν γὰϱ δεήσει τόν τε φάσιν ἑῴαν ἔγγιστα πϱὸς ἥλιον
πεποιημένον καὶ τὸν ἐπὶ τοῦ μεσουϱανήματος κτλ.

[1830] Ptol. apotel. 4,4,1–2.

kur, liegt wahrscheinlich daran, dass Merkur[1831] im sehr ungünstigen 12. Ort (Apoklima) steht.[1832] Es ist nicht beweisbar, dass das Übergehen des Merkur durch die Tradition, die Antigonos vorfand, gedeckt war. Ein Indiz dafür ist jedoch – neben der Tatsache, dass Antigonos insgesamt in alter Tradition (von 'Nechepsos und Petosiris') steht – eine von Firmicus tradierte Regel, die die Entscheidung des Antigonos rechtfertigt und mit einiger Wahrscheinlichkeit altes Lehrgut enthält (Firm. math. 4,21,1): *ille itaque decernit actus ex his tribus, qui aut ⟨in⟩ MC. fuerit aut in dextro MC. trigono fuerit aut qui in sinistro* [dies ist hier in **F1** der Fall] *aut qui in aliis cardinibus fuerit inventus.*[1833] Speziell zum 2. Ort lehrt ferner Paul. Alex. 24 p. 54,16–18: ἔσθ' ὅτε δὲ καὶ τὸν περὶ πράξεως λόγον σημαίνει διὰ τὸ σύμφωνον αὐτὸ εἶναι κατ' εὐώνυμον τρίγωνον τῷ μεσουρανοῦντι [sc. ζῳδίῳ].

Für Antigonos bleiben also nur Venus und Mars, die beide im linken Trigon zum 10. Ort stehen.[1834] Beide genießen im Hadrianhoroskop, wie der Autor schon in § 26 dargelegt hat, ihnen eigene Planetenwürden, erfüllen also die Bedingung des καλῶς κεῖσθαι (§ 32 [2x], cf. § 26 οἰκείως εὑρεθέντων). Dass Antigonos sich für Mars entscheidet, ließe sich 'technisch' dadurch rechtfertigen, dass Mars der Hausherr des Skorpions ist und darüber hinaus die im Folgenden explizit genannte Bedingung des Aspekts zum 10. Ort (καὶ ὁρᾷ τὸν τόπον)[1835] gradgenau erfüllt, Venus dagegen nur zeichengenau. Hinzu kommt wohl auch die 'strategische' Intention, einleuchtende astrologische Erklärungen für die in §§ 23–24 exponierten historischen Fakten zu liefern. Unter diesem Gesichtspunkt ist klar, dass der Kriegsgott Mars besser als die zarte Venus geeignet ist, die 'berufliche Eignung' eines Kaisers zu erklären.

[1831] Und ebenso Saturn; der gehört aber nicht zur hier relevanten Planeten-Trias (♂, ♀, ☿).

[1832] Vgl. Antioch. epit. 3,82 (ex thes., = Rhet. 5,82), CCAG VIII 4 (1921), p. 208,14–16: ἐὰν οὖν τύχωσι ὅ τε Ἑρμῆς καὶ ἡ Ἀφροδίτη καὶ ὁ Ἄρης ἀπόστροφοι [d.h. im Apoklima] τοῦ μεσουρανήματος καὶ τοῦ ὡροσκόπου, δυσπράκτους τοὺς τοιούτους ποιοῦσι.

[1833] Unmittelbar vor und nach dem kurzen Kapitel 4,21 verweist Firmicus auf alte Autoritäten: vgl. math. 4,20,3 *ab Aegyptiis androclas dictus est* sowie die drei Nech. et Pet. frg. 13 bildenden Teile von Firm. math. 4,22 (s.o. S. 42). Wieder eine andere Liste von Prioritäten für die Wahl des Planetenherrschers über die πράξεις bietet Dor. app. 2c p. 431,16–18 (= Heph. 2,19,6): 10. Ort, 4. Ort, 1. Ort, Glückslos (nichts zum 7. Ort).

[1834] Jupiter und der Mond gehören nicht zur relevanten Planeten-Trias und sind außerdem 'unter den Strahlen' der Sonne verborgen (s.u. zu § 39 ὑπὸ τὰς αὐγὰς τοῦ Ἡλίου φερομένην).

[1835] Vgl. das Firmiciszitat im vorigen Absatz.

Es bleibt freilich die Unvollkommenheit, dass Mars (ebenso wie Venus) bezüglich der Sonne nicht östlich (ἀνατολικός), sondern westlich (ἑσπέριος) steht. Hier lautert die Gefahr, dass die Prognose auf ἄπρακτος hinauslaufen könnte.[1836] Antigonos betont deshalb ausdrücklich – unter Verwendung des entgegengesetzten *terminus technicus* ἔμπρακτος – die tatkräftige, ja unbezwingbare Art, wie Hadrian sein Kaisertum verrichtete; er verdanke sie der Häufung von Planetenwürden, die Mars auf 22° Fische genieße, dem perfekten Trigon des Mars zum MC und (in § 33a impliziert) der Position des Mars in Epanaphora des wichtigsten Kentron (ASC). Das ist nicht identisch, aber im Einklang mit Ptol. apotel. 4,4,11: τὸ μὲν οὖν αὐτῶν τῶν πράξεων εἶδος διὰ τῶν τοιούτων κατὰ τὸ συγκρατικὸν εἶδος δεήσει καταστοχάζεσθαι, τὸ δὲ μέγεθος αὐτῶν ἐκ τῆς τῶν οἰκοδεσποτησάντων ἀστέρων δυνάμεως· ἀνατολικοὶ μὲν γὰρ ὄντες ἢ ἐπίκεντροι ποιοῦσι τὰς πράξεις αὐθεντικάς, δυτικοὶ δὲ ἢ ἀποκεκλικότες τῶν κέντρων ὑποτακτικάς,[1837] καὶ ὑπὸ μὲν ἀγαθοποιῶν καθυπερτερούμενοι μεγάλας καὶ ἐπιδόξους καὶ ἐπικερδεῖς καὶ ἀπταίστους καὶ ἐπαφροδίτους, ὑπὸ δὲ κακοποιῶν ταπεινὰς καὶ ἀδόξους καὶ ἀπερικτήτους καὶ ἐπισφαλεῖς. Wahrscheinlich hätte Antigonos dem Mars außer den Vorzügen, die er ausdrücklich nennt, noch zwei weitere zugebilligt, wenn es ihm darum gegangen wäre, alles und jedes bis ins Kleinste zu erläutern: die Kompräsenz der ebenfalls Planetenwürden genießenden Wohltäterin Venus im selben Tierkreiszeichen und den Umstand, dass Mars zu den Nachtplaneten gehört,[1838] die in einem nächtlichen Horoskop als besonders stark gelten. In diesem Sinne sagt Firm. math. 4,21,7: *sed generaliter si cum eo, qui actus decernit, benivola fuerit stella vel eum trigonica radiatione respexerit,*[1839] *ipsi actui gloriam famam nobilitatemque* [vgl. § 32 ἐπισή-μους] *decernit et maxima facultatum incrementa largitur.*

[1836] Vgl. z.B. Ptol. apotel. 4,4,2 ἄπρακτοι. Antioch. epit. 3,82 (ex thes., = Rhet. 5,82), CCAG VIII 4 (1921), p. 208,16 δυσπράκτους (volles Zitat in Anm. 1832).

[1837] Sowohl die beiden positiven Kriterien, die Ptolemaios nennt, als auch die beiden negativen sind im Falle des Mars bei Hadrian nicht gegeben. Die Situation ist also eine mittlere, die durch die von Antigonos genannten Planetenwürden usw. aufgewertet wird.

[1838] S.o. zu § 26 τῆς αἱρέσεως.

[1839] Vgl. καθυπερτερούμενοι im soeben zitierten Text des Ptolemaios.

§ 32

δεῖ δὲ σκοπεῖν καὶ ... : Zur Formulierung s.o. zu § 28 οὐ γὰρ – ἀπλανῶν.

τοῦ κατὰ κορυφὴν τόπου τὸν κύριον: κορυφή (sc. τοῦ κόσμου),
'Scheitel' beziehungsweise 'Gipfel' des Weltalls, ist genau genommen
der senkrecht über dem Betrachter liegende Punkt, den wir in Übernahme
arabischer Terminologie als 'Zenit' bezeichnen. Dieser astronomische
Zenit ist jedoch für die antike Astrologie ohne Bedeutung. Antigonos und
andere Astrologen verwenden den Begriff κορυφή stets *sensu latiore* zur
Bezeichnung des MC, der oberen Schnittstelle der Ekliptik mit dem
Ortsmeridian.[1840] Diese fällt nur in der Äquatorialzone der Erde mit dem
'Zenit' zusammen.[1841]

Antigonos bezeichnet die obere Kulmination des Tierkreises (MC)
vier weitere Male als κορυφή (§ 32 a.E. [2x] u. **F4** § 67 [2x]). Dieselbe
Metapher verwendeten anscheinend bereits 'Nechepsos und Petosiris',
wie Val. 7,6,219 nahelegt.[1842] Im speziellen Kontext berufsrelevanter
Prognosen (wie hier) vgl. die κορυφή-Metaphorik bei Antioch. epit. 1,24
(ex isag. 1), CCAG VIII 3 (1912), p. 117,13–15: τὸ ι′ δέ [sc. ζῴδιον], ὃ
καὶ μεσουράνημά ἐστιν, κορυφὴν μὲν βίου καλεῖσθαι, χρηματίζειν
δὲ περὶ δόξης καὶ πράξεως καὶ τέχνης κτλ.

Der Scheitel dieses Horoskops liegt im Skorpion (vgl. den Zusatz
μεσουρανεῖ μὲν Σκορπίος in Ep.[4]), dem Taghaus des Mars (τόπου =
ζῳδίου, s.o. zu § 26 ἐπὶ τοῦ ὡροσκόπου, bes. S. 691).[1843] Deshalb ist
Mars der Herr des MC bzw. des 10. Ortes.

[1840] Vgl. Bouché-Leclercq 1899, 259[1].

[1841] Das MC steht 90° minus die geographische Breite des Beobachters über dem Horizont. Der Zenit steht *per definitionem* genau 90° über dem Horizont.

[1842] Das Valens-Kapitel 7,6 überliefert das große Fragment Nr. 21. Wenngleich Riess
den Paragraphen 7,6,214 als letzten des Fragments zitiert, schöpft Valens anscheinend
auch in 7,6,215–229 noch aus 'Nechepsos und Petosiris': Das legen neben der Fortsetzung des Themas die vielen für Valens untypischen Planetenbezeichnungen nahe (ὁ τοῦ
Διός, etc., vgl. Val. 7,6,15–20, wobei es sich nach Val. 7,6,21 um ein wörtliches Zitat
handelt, sowie oben S. 573 bei Anm. 969).

[1843] Vgl. außerdem die Benennung des hellsten Sterns im Skorpion (α SCO) als 'Gegen-
Mars' ('Ἀντ-άρης; dazu Bouché-Leclercq 1899, 191[3]). Antigonos erwähnt diesen Fixstern in **F5** § 70 (Prognose u.a.: ποιεῖ ... στρατιωτικούς). Ferner gehört der Skorpion
zum Trigon des Mars (s.o. S. 717, Tab. 16). Zum Skorpion überhaupt vgl. die Monographie von Aurigemma 1976.

εἰ **καλῶς κεῖται καὶ ὁρᾷ τὸν τόπον**: Beides ist hier der Fall. Die günstige Lage des Mars in seinem eigenen Trigon (♋, ♏, ♓) und seinem eigenen Gradbezirk (19°–28° ♓) hat Antigonos bereits in § 26 betont (ἐν ἰδίῳ τριγώνῳ καὶ ἐν ἰδίαις μοίραις τὴν στάσιν ἔχοντος κτλ.), und er 'sieht' die Himmelsmitte in idealer Weise, da er sie in exaktem Gedrittschein (22° ♓ – 22° ♏ = 120°; vgl. Ep.[4] τριγωνικῶς) 'anblickt' (s.u. zu ὁρᾷ). Zur Relevanz dieses 'Aspekts' für schicksalbestimmte Kaiserwürde vgl. Ptol. apotel. 4,3,2.

Der Ausdruck καλῶς κεῖσθαι (cf. § 32 καλῶς κείμενος, das Gegenteil: § 32 κακῶς κέηται) ist sinngleich mit οἰκείως εὑρεθῆναι; mehr dazu im Kommentar zu § 26 οἰκείως εὑρεθέντων.

ὁρᾷ: Die der antiken Astrologie geläufigen 'Aspekte'[1844] sind die Opposition (διάμετρος, 180°, negativ), der Gedrittschein beziehungsweise das Trigon (τρίγωνον, 120°, positiv), der Geviertschein beziehungsweise die Quadratur (τετράγωνον, 90°, negativ) sowie die sekundär eingeführte Halbierung des Gedrittscheins, der Sextil (ἑξάγωνον, 60°, positiv, aber weniger stark). Als uneigentlicher Aspekt tritt die Konjunktion (συναφή, 0°, meist positiv[1845]) hinzu.[1846] Nur einer dieser Aspekte, das Trigon, konnte bisher auf mesopotamische Omentexte zurückgeführt werden.[1847] Der früheste sicher datierbare Beleg für die hellenistische Aspektlehre, die zweifellos schon 'Nechepsos und Petosiris' boten, ist Panaitios bei Cic. div. 2,89 (*ea triangula illi et quadrata nominant*).[1848] In den Antigo-

---

[1844] Vgl. Bouché-Leclercq 1899, 165–179. Der Autor spricht (ebd. 172) von der Theorie der Aspekte als der "création la plus admirée de l'astrologie savante et la base de tous ses calculs". Einschlägige Lehrtexte zu den Aspekten sind Gem. 2. Manil. 2,270–432. Ptol. apotel. 1,14. Antioch. epit. 1,6 (ex isag. 1), CCAG VIII 3 (1912) p. 113,23–32. Sext. Emp. adv. math. 5,39–40. Porph. isag. 8. Firm. math. 2,22. Paul. Alex. 10. Olymp. 3. Rhet. 5,15.17.20. Zahlreiche Einzelaussagen weiterer Autoritäten zitiert Bouché-Leclercq a.a.O.

[1845] Sofern nicht Übeltäter oder die Sonne beteiligt sind; siehe z.B. § 52 (vom Mond): συνάπτουσα δὲ κακοποιοῖς ... ἢ καὶ τῷ Ἡλίῳ κλιμακτῆρας ποιεῖ.

[1846] Ausführlich dazu im Kommentar zu § 28 τὴν συναφήν.

[1847] Er begegnet bereits in dem Werk *Enūma Anu Enlil* (Ende 2. Jt. v.Chr.); Sinn und Verwendung sind jedoch nicht mit dem griechischen Usus identisch (vgl. Rochberg-Halton 1988a, 51 u. 60f., u. Ross 2008b, 252. 254). Zu weiteren babylonischen Elementen in der griechischen Astrologie vgl. Anm. 1580 und die aktuelle Liste bei Jones – Steele 2011, par. 54.

[1848] So Kroll 1930, 6, der vermutet, dass die Aspektlehre auf Berossos zurückgeht und von diesem über 'Nechepsos und Petosiris' zu Panaitios gelangte. Vgl. Kroll 1935, 2165,19–24.

nos-Fragmenten begegnen alle genannten Aspekte mehrmals[1849] mit Ausnahme des Sextils, der nur in **F7** belegt ist.

Die soziomorphe Metapher des 'Ansehens' (ὁρᾶν, βλέπειν) gehört zur Standardsprache der antiken Astrologie. Auch bei Antigonos begegnet sie noch mehrmals (§ 32 a.E. ὁρῶν. § 50 ὁρᾶν. **F2** § 57 ὁρᾶσθαι, aber nie βλέπειν). Der auf sie zurückgehende moderne Terminus 'Aspekt' ist allerdings nachantik.[1850] Zu einer anderen die Aspekte betreffenden soziomorphen Metapher s.o. zu § [22add.] μαρτυρεῖ.

Allgemein gilt, dass die Wirkung 'schlechter' Planeten (♂, ♄) bei negativen Aspekten um so schlimmer wird, in positiven (wie hier der Fall) schwächer. Ein durch Julian von Laodikea überlieferter Merkvers des Dorotheos formuliert das so: σχήμασι τριπλεύροις κακοεργέες ἀμβλύνονται.[1851] Bei den 'Wohltätern' (♃, ♀) ist die Zuordnung umgekehrt.

Die antiken Astrologen ließen nicht nur vollkommene, d.h. gradgenaue Aspekte gelten, sondern erlaubten Toleranzbereiche (im engeren Sinne nur für die Konjunktion, von dieser dann auf die eigentlichen Aspekte übertragen) von 3°, 7°, 25° und 30°, wobei freilich die astrologische Wirkkraft mit wachsender Distanz abnimmt.[1852] Vielleicht darf außerdem Ps.-Porph. isag. 55 als eine nach Planeten differenzierte Liste von Toleranzbereichen gedeutet werden (☉ ± 15°, ☾ ± 12°, ♄ u. ♃ ± 9°, ♂ ± 8°, ♀ u. ☿ ± 7°).[1853] Das Alter dieses Zeugnisses ist allerdings ungewiss.[1854]

Ganz unkonventionell sind die Details zur Aspektlehre in dem Riess 1891–1893 noch unbekannten Petosiris-Exzerpt des cod. Vindob. gr. phil. 108, f. 232, cap. 49, das Kroll im CCAG VI (1903), p. 62,7-17, ediert hat (= Nech. et Pet. frg. +31). Es heißt darin, die verbreitete Annahme, Ge-

---

[1849] Opposition: § 50 u. **F2** § 57; Trigon: § 32 u. **F2** § 59; Quadratur: § 50 u. **F2** §§ 52.58.61; Konjunktion: *passim*.

[1850] Vgl. Kroll 1901, 566: "wofür in neuerer Zeit der Name Aspekt aufgekommen ist, während die Griechen σχηματισμός sagen, die Römer *radiatio*." Siehe auch Gundel – Kehl 1994, 605.

[1851] Dor. p. 326,6 = Iul. Laod. CCAG IV (1903), p. 105,13.

[1852] Vgl. Paul. Alex. 17 p. 37,9-21 (mehr dazu oben S. 753) und Bouché-Leclercq 1899, 246 (s. ferner ebd. 255 zur παραλλαγή). Zu dem größten Orbis (Toleranzbereich) von 30° bedenke man, dass die Aspekte ursprünglich nur Relationen der jeweils 30° großen Tierkreiszeichen waren und folglich jeder Planet innerhalb des einen Zeichens zu jedem Planeten innerhalb des anderen Zeichens denselben Aspekt hatte, ungeachtet der exakten Graddistanz.

[1853] Zur Deutung siehe Bouché-Leclercq 1899, 178².

[1854] S.o. S. 27 bei Anm. 112.

drittscheine seien harmonisch und stark(?)[1855] und Ursache guter Wirkungen, sei falsch; die stärksten Aspekte seien die Quadraturen, sowohl
in positiver als auch in negativer Wirkung, die Trigone hätten häufig gar
keine ausgeprägt gute oder schlechte Wirkung, usw. Man wird wohl mit
Pingree dazu neigen, die Authentizität dieser Sonderlehre zu bezweifeln.[1856] Antigonos jedenfalls, der ja erklärtermaßen (§ 21) in der Tradition von 'Nechepso und Petosiris' steht, scheint die Trigone für die stärksten und bedeutendsten Aspekte gehalten zu haben. Das legt **F7** nahe,
worin die zeitgenaue Methode der Aspektrechnung explizit an dem
gleichschenkligen Trigon (ἰσοσκελὲς τρίγωνον τῶν ἀναφορῶν τῶν ζῳδίων) illustriert wird.

ἀνατολικὸς γὰρ ὤν: Gemeint ist die astrologische Phase der Sichtbarkeit, wenn ein Planet zwischen 15° und 120° von der Sonne entfernt
steht, und zwar idealerweise die der morgendlichen Sichtbarkeit, in der
der Planet der Sonne im Aufgang vorausgeht und somit ἑῷος ἀνατολικός ist. Ausführlicher zu dieser Terminologie und zur astrologischen Bedeutung der verschiedenen Phasen oben im Kommentar zu § 27 ἐπὶ ἑῷας
ἀνατολῆς (Punkt 3 a.E.). Mars ist im Falle Hadrians nicht ἑῷος ἀνατολικός, sondern ἑσπέριος ἀνατολικός, abendlich sichtbar.

ἐπισήμους καὶ ἐμπράκτους καὶ δυσκαταγωνίστους ποιεῖ: Es
gibt in der gesamten griechischen Literatur keine Parallelen für die Kombination von δυσκαταγώνιστος mit einem der beiden anderen Adjektive.
Zur Kombination der übrigen beiden vgl. Diog. Babyl. frg. 104,1–2 (SVF
3) τοὺς ἐπισημοτάτους τῶν ἐμπράκτων ῥητόρων. – Das Adjektiv δυσκαταγώνιστος ist in der astrologischen Literatur nur zwei weitere Male
bei Valens belegt (6,2,25 u. 7,5,14). Die erste der beiden Stellen ist, was
Kroll und Pingree übersahen, zu emendieren.[1857]

[1855] Textkorruptel im griech. Original.

[1856] Vgl. Pingree 1974b, 549[33] (ohne Nennung von Gründen). Gegen die Authentizität
spricht m.E. auch Ps.-Thess. virt. herb. 1 prooem. (codd. **BH**), p. 44,1–5 Friedrich =
Nech. et Pet. frg. 36b,8–12, worin es unter Berufung auf den 'König Nechepsos' heißt,
man müsse die astralbotanisch wirksamen Kräuter dann sammeln, wenn (u.a.) die Bedingung erfüllt sei, dass der Mond im Trigon zu Sonne und ASC stehe. Kroll 1935,
2162, hielt das hier diskutierte Zeugnis der Aspektlehre für authentisch.

[1857] Bei Val. 6,2,25 heißt es: ὁπότε δὲ κακοποιὸς ἐπιδιακατέχει τὸν χρόνον, ἄπρακτος καὶ ἐπίνοσος, δυσκαταγώνιστος, ἐναντιωμάτων πλήρης, ὡς καὶ πρὸς τοῖς κακοῖς ἀδρανῆ καὶ ἄτολμον καὶ πανοῦργον τὸν πάσχοντα διακηρύσσεσθαι. Das ist
widersinnig. Statt δυσκαταγώνιστος lies δυσκαταγωνίστων und vgl. zur Bestätigung

Zu ἐμπράκτους vgl. die enge prognostische Parallele bei Val. 2,7,3 (über den 10. Ort): ὁ κύριος τοῦ τόπου τούτου καλῶς κείμενος πρακτικοὺς ποιεῖ.

κἂν ἑσπέριος δὲ εἴη: so **P**, καὶ εἰ ἑσπέριος δὲ εἴη Ep.[4], καὶ ἑσπέριος δὲ εἰ ἦ Exc.[1].[1858] Zu Verschreibungen von κἄν (so richtig **P**) zu καί (übrige Hss.) vgl. z.B. Pingrees (1973) Apparat zu p. 3,5; zu einem umgekehrten Fall, wo dieselbe Verschreibung in **P** vorliegt, siehe ebd. p. 176,9.

Zu ἑσπέριος (sc. ἀνατολικός) s.o. zu § 27 ἐπὶ ἑῴας ἀνατολῆς (Punkt 3). Grammatisch vgl. z.B. Dor. pp. 372,31–373,1 (= Heph. 2,27,3) ὅτι οἱ ἀστέρες ἰδιοθρονοῦντες χαίρουσι κἂν ὕπαυγοι εἶεν und viele weitere Parallelen.

ὥσπερ ἐπὶ τοῦ προκειμένου θέματος: vgl. § 40 ὥσπερ ἐπὶ τῆς προκειμένης γενέσεως (ebenso § 50). Zu θέματος s.o. zu § 21 τὰς γενέσεις.

ὁ κύριος – τόπον: so **P** und (von minimalen Abweichungen abgesehen) Exc.[1]; erheblich umfangreicher die Formulierung in Ep.[4]. Offenbar verfolgte der Epitomator die Absicht, das, was Antigonos als selbstverständlich ausgelassen hatte, zu verdeutlichen.

καὶ: so **P** u. Ep.[4], fehlt in Exc.[1]. Vermutlich korrespondiert καὶ ἀκάκωτος ὤν mit καὶ ὁρῶν. Denkbar ist aber auch, dass es sich um einen weiteren Fall von abundantem καί handelt (s.o. zu § 21 ἄλλοι). Dann müsste das Wort allerdings sehr früh in die Überlieferung eingedrungen sein (s. Stemma S. 120).

ἀκάκωτος: Von der κάκωσις eines Planeten sprechen die antiken Astrologen speziell dann, wenn einer der Wohltäter (Jupiter, Venus, Mond) durch Einwirkung eines der Übeltäter (Mars oder Saturn) in Mitleidenschaft gezogen wird. Diese Einwirkung kann darin bestehen, dass der Übeltäter mit dem Wohltäter zusammentrifft (Konjunktion), einen ungünstigen Aspekt zu ihm bildet, ihn belagert (s.u. zu § 34 ἐμπεριέχε-

---

Val. 7,5,14 οἱ γοῦν τοιοῦτοι ἐν τῷ βίῳ ἀθλοῦσι δυσκαταγωνίστοις καιροῖς παλαίοντες.

[1858] Kroll und Cumont drucken καὶ ἑσπέριος δέ, εἰ ἦ καλῶς κείμενος, ὥσπερ ἐπὶ τοῦ κτλ.

σθαι), Hausherr des ihn beherbergenden Tierkreiszeichens ist o.ä.[1859] Im
weiteren Sinne ist jede Schwächung, auch die eines Übeltäters, eine κάκωσις, und sie kann von anderen Planeten unabhängig sein, z.B. durch
Position in der eigenen Erniedrigung (s.o. zu § 26 ἐν ἰδίῳ ὑψώματι). Da
Mars hier nicht geschwächt ist, sondern in seinem eigenen Trigon und
seinen eigenen Graden (und außerdem in Epanaphora des Aszendenten)
steht, darf er mit vollem Recht als ἀκάκωτος gelten.

Die Terminologie geht vermutlich auf 'Nechepsos und Petosiris'
zurück. Vgl. die Belege für κάκωσις bei Heph. 1,21,2.16. 1,23,20.21 (=
Nech. et Pet. frg. 6,6.82. 12,92.118) sowie Heph. 1,23,21 κακωθήσεσθαι
(= frg. 12,116). Das Verbum begegnet ferner in dem Petosiris-Zitat bei
Val. 2,39,4 ὅταν Ζεὺς καὶ Ἀφροδίτη καὶ Ἑρμῆς μὴ κακωθῶσιν, εὐτεκνίας δηλωτικοί (= Nech. et Pet. frg. 22,1–2).

ἐν Ἰχθύσι τῷ ἰδίῳ τριγώνῳ: Zu dieser logisch nicht ganz korrekten
Apposition sind mir keine Parallelen bekannt. Ἰχθύσι könnte eine Glosse
sein, was aber nicht wahrscheinlich ist. Das Mars-Trigon umfasst ♋, ♏,
♓ (s.o. S. 717).

ταῖς ἰδίαις μοίραις: in Ep.[4] um das Glossem ἤγουν τοῖς ὁρίοις erweitert; s.o. zu § 22 [Ὑδροχόου]. Der Gradbezirk des Mars in den Fischen umfasst 19°–28° ♓; s.o. S. 719, Tab. 17b.

καὶ ὁρῶν τὸν κατὰ κορυφὴν τόπον: in Ep.[4] sachlich richtig um
τριγωνικῶς erweitert. Die Ergänzung liegt nach den vorausgehenden
positiven Kriterien nahe, ist aber wohl nicht original (vgl. **P** u. Exc.[1]).
Auch die zu Beginn von § 32 aufgestellte Regel differenziert nicht
explizit nach der Qualität des Aspektes. Dafür, dass der Epitomator hier
frei formuliert hat, spricht ferner, dass er unmittelbar zuvor τὸν κατὰ
κορυφὴν τόπον durch τὸ μεσουρανοῦν ersetzt hat (ebenfalls sachlich
richtig) und in diesem Satz überhaupt sehr frei verfährt.

κέηται: so richtig Ep.[4], in **P** und Exc.[1] zu κεῖται verschrieben (Itazismus?). Umgekehrt bietet Ep.[4] in der Apodosis statt ποιεῖ (**P** u. Exc.[1])
fälschlich ποιῇ. Bezüglich der Verschreibung von κέηται zu κεῖται vgl.
das umfangreiche, in eine dreifache Kasuistik gegliederte Satzgefüge §
40 ἐπὰν ... τύχῃ ... ποιῆται ... , ... περιποιεῖ ... , ἐὰν δὲ ... ποιῆται, ...

[1859] Siehe Bouché-Leclercq 1899, 254.

ἐστὶ ... , ἐὰν δὲ ... συνάπτῃ ... φέρηται ... παρῇ, ... ποιεῖ ... , wo **P** ebenfalls mehrmals die von Ep.[4] richtig überlieferten Konjunktive zu Indikativen verschrieben bietet, nämlich ποιεῖται statt ποιῆται (zweimal) und συνάπτει statt συνάπτῃ (Exc.[1] u. Exc.[2] fallen in § 40 als Zeugen aus). Im Übrigen bieten die Antigonosfragmente zwei weitere, von allen Textzeugen korrekt überlieferte iterative Bedingungssätze (§ 33a ἐὰν ... τύχωσι, ... δηλοῦσι; § 44 ἐὰν τύχῃ ... , ... γίγνονται ...).

§ 33

Dieser Paragraph zerfällt in zwei heterogene Teile (§ 33a ἐὰν δέ ποτε – δηλοῦσι, § 33b τὸ δὲ δοξαστικὸν – τῇ Σελήνῃ). Pingrees Paragrapheneinteilung folgt dem Codex **P**. Es ist nicht Pingrees Absicht, den Originaltext des Hephaistion – oder gar den des Antigonos – zu rekonstruieren, sondern die von **P** gebotene Version des Textes erstmals im Druck zugänglich zu machen. Im Gegensatz dazu soll hier der Text des Antigonos rekonstruiert werden. Eigentlich müsste also die Paragraphenzählung numerisch korrigiert werden. Darauf wird jedoch, wie üblich, verzichtet, um nicht unnötige Verwirrung zu schaffen. Eine sekundäre alphabetische Differenzierung durch Zusatz von 'a' und 'b' genügt. Vergleichbare Probleme wirft die Edition von **F3** § 66 u. **F5** § 72 auf.

§ 33a

Nachdem Antigonos in § 32 eine dreiteilige Kasuistik entworfen hat, die die denkbaren mehr oder weniger günstigen Stellungen des Herrn des energiereichen 10. Ortes innerhalb des Tierkreises und der Dodekatropos untersucht, wechselt er hier (§ 33a) die Perspektive und äußert sich zuletzt noch zu den Herren der energiearmen Orte. Auch diesen Punkt hätte er in einer dreifachen Kasuistik abhandeln können, beschränkt sich aber auf denjenigen Fall, der unter umgekehrten Vorzeichen dem letzten Fall in § 32 entspricht. Dort ging es zuletzt um den Herrn eines energiereichen Ortes (MC) in ungünstiger Stellung, hier nun um die Herren der energiearmen Orte in günstiger Stellung. Da im Hadrianhoroskop die energiearmen Orte (d.h. die Apoklimata, s. den folgenden Stellenkommentar zu ἀχρηματίστων ... χρηματιστικῶν) der Widder, der Krebs, die Waage und der Steinbock sind, von deren Hausherren – respektive

Mars, Mond, Venus, Saturn[1860] – einer (Mond) im vortrefflichen 1. Ort und zwei weitere (Mars, Venus) in Epanaphora desselben stehen, könnte man sich fragen, ob die Bedingung von § 33a erfüllt ist und somit die Prognose der μετριότης βίου auf Hadrian zutrifft (oder gar ob § 33a ein sinnwidriges Interpolament ist). Dieser Gedanke ist aber zu verwerfen. Antigonos meint den Extremfall, in dem die genannte Bedingung für *alle* Herren der energiearmen Orte zutrifft. Auf Hadrian träfe die Prognose also dann zu, wenn z.B. Mars, Mond, Venus und Saturn alle im 1. oder 10. Ort ständen und obendrein keinerlei Planetenwürden genössen.[1861]

ἀχρηματίστων ... χρηματιστικῶν: bezieht sich erneut auf die Dodekatropos. Oben wurde bereits deren Komposition aus 12 'Orten' erläutert, die respektive κέντρα (I, IV, VII, X), ἐπαναφοραί (II, V, VIII, XI) und ἀποκλίματα (III, VI, IX, XII) heißen.[1862] Außerdem wurde gezeigt, dass für die griechischen Astrologen bis mindestens in die Zeit des Antigonos die Ausdehnung eines jeden 'Ortes', anders als in späteren Systemen, genau der eines Tierkreiszeichens entsprach, so dass die Begriffe τόπος und ζῴδιον austauschbar waren.[1863]

Hier geht es nun um die Unterscheidung der 12 Orte in 'wirksame' und 'unwirksame'. Der griechische *terminus technicus* ist χρηματίζειν, 'wirksam sein'; dazu gehören die adjektivischen Derivate χρηματιστικός 'wirksam'[1864] und ἀχρημάτιστος 'unwirksam'.[1865] Einer Bouché-Leclercq noch unbekannten Antiochos-Epitome verdanken wir nicht nur den Beweis, dass diese Terminologie auf 'Nechepsos und Petosiris' zurückgeht, sondern zugleich die wertvolle Information, wie 'der König' die beiden Qualitäten χρηματιστικός und ἀχρημάτιστος auf die 12 Orte verteilte: κατὰ δὲ τὸν Βασιλέα χρηματίζειν λέγονται τὰ δ' κέντρα καὶ αἱ τούτων ἐπαναφοραί.[1866] Ob 'Petosiris' dem zustimmte oder

---

[1860] S.o. zu § 27 ἐν τῷ ἰδίῳ οἴκῳ.

[1861] Also z.B. Saturn im Skorpion (X), nicht im Wassermann (I), seinem eigenen Haus.

[1862] S.o. zu § 26 ἐπὶ τοῦ ὡροσκόπου (bes. S. 689–698) und zu § 26 ἐπαναφερομένων τῇ Σελήνῃ.

[1863] S.o. S. 691 und Diagr. 9 auf S. 694.

[1864] Vgl. Val. 4,11,49 χρηματιστικὰ μὲν οὖν καὶ ἐνεργητικὰ ζῴδια.

[1865] Vgl. Adrados s.v. ἀχρημάτιστος 2: "no operativo o influyente". Siehe auch Ambühl et al. 1995, 233, zu P. Mich. Inv. 29 (saec. II/III), Text I, col. II,1f.

[1866] Antioch. epit. 1,19 (ex isag. 1), CCAG VIII 3 (1912) p. 116,11–12 (= Nech. et Pet. frg. +16). Zu der Frage, ob 'Nechepsos' die Wirkkraft der κέντρα und die der ἐπαναφοραί für gleich groß hielt oder nicht, s.u. S. 796 anlässlich der Kritik des Valens an Orion.

eine abweichende Lehre vertrat, ist nicht bekannt. 'Wirksam' sind also entweder nach der einzigen alten Tradition oder zumindest nach einer von mehreren gleichberechtigten alten Traditionen alle Orte mit Ausnahme der Apoklimata. Dass Antigonos ebenso dachte, ist durch mehrere Belege evident,[1867] die Konformität seiner Methode mit den Lehren von 'Nechepsos (und Petosiris?)' also gesichert.

Es ist wichtig, dies zu betonen, weil Bouché-Leclercq den Sachverhalt in Unkenntnis sowohl der zitierten Antiochos-Epitome als auch der Antigonosfragmente anders darstellt. Indem er sich erklärtermaßen auf Val. 4,12. Sext. Emp. adv. math. 5,14–20. Paul. Alex. 24. Firm. math. 2,15–20 stützt,[1868] *re vera* jedoch allein Firm. math. 2,15–17 folgt, erläutert Bouché-Leclercq die Hierarchie der Orte dahingehend, am wichtigsten seien die kardinalen Orte I, IV, VII, X, danach kämen die durch einen günstigen Aspekt (Trigon bzw. Sextil) mit dem Aszendenten (I) verbundenen Orte III, V, IX, XI, und zuletzt, als "lieux défavorables ou inefficaces", die Orte II, VI, VIII, XII.[1869] Diese Hierarchie der zwölf Orte weicht in zweierlei Hinsicht von der des 'Nechepsos' ab: Einerseits ist die des Firmicus nicht zweistufig, sondern dreistufig konzipiert, und andererseits ist das entscheidende Kriterium nicht die chronologische Relation der Orte zu allen vier κέντρα (chronologisch bezüglich der Tagesrotation), sondern die geometrische Relation der Orte zu dem wichtigsten κέντρον (ASC bzw. 1. Ort).

Die übrigen von Bouché-Leclercq a.a.O. genannten Autoren (Val. 4,12. Sext. Emp. adv. math. 5,14–20. Paul. Alex. 24) machen keine klaren Aussagen zur Hierarchie der zwölf Orte. Sextus Empiricus steht vielleicht in der Tradition der Methode des 'Nechepsos', denn bei ihm heißt es (adv. math. 5,20): οὐ γὰρ τὴν αὐτὴν δύναμιν ἔχειν ἡγοῦνται τοὺς ἀστέρας πρὸς τὸ κακοποιεῖν ἢ μὴ ἐπί τε τῶν κέντρων θεωρουμένους καὶ ἐπὶ ταῖς ἀναφοραῖς ἢ τοῖς ἀποκλίμασιν, ἀλλ᾽ ὅπου μὲν ἐνεργεστέραν, ὅπου δὲ ἀπρακτοτέραν.

Für die Authentizität und das hohe Alter der durch die Antiochos-Epitome bezeugten Lehre von 'Nechepsos' spricht, dass sie von allen bekannten Einteilungen der Orte die einfachste ist. Vielleicht erwuchsen spätere, anders konzipierte Einteilungen gerade aus dem Bedürfnis, den geometrischen Relationen der Orte Rechnung zu tragen. In diesem Zusammenhang verdient Erwähnung, dass eine von Bouché-Leclercq erst

---

[1867] Vgl. §§ 26 a.E. (2. Ort). 40 u. 43 (beide Male zu allen κέντρα und ἐπαναφοραί). **F3** 66a u. 66b (beide Male zum 11. Ort).
[1868] So Bouché-Leclercq 1899, 281[1].
[1869] Bouché-Leclercq 1899, 281.

mehrere Seiten später, am Ende seiner Diskussion zitierte Alternativlehre,[1870] derzufolge es sieben wirksame Orte gibt, anscheinend auf den frühen Astrologen Timaios zurückgeht, der wahrscheinlich ins 1. Jh. v.Chr. zu datieren ist.[1871] Bouché-Leclercq wusste das nicht, weil der Name des Timaios in der von ihm benutzten Porphyrios-Überlieferung ausgefallen ist. Erst Boer und Weinstock (1940) haben ihn aus einer Parallelüberlieferung der von Porphyrios benutzten Quelle, d.h. des Antiochos von Athen, ergänzt. Diese Parallelüberlieferung verdanken wir erneut der oben zitierten ersten Antiochos-Epitome (aus dessen *Isagoge*). Die beiden inhaltlich übereinstimmenden Referate des verlorenen Antiochos-Textes lauten:

Antioch. epit. 1,18 p. 116,3–8[1872]

Ὅτι χρηματίζειν φησὶν κατὰ Τίμαιον ζῴδια ζ′, τά τε δ′ φημὶ κέντρα, ὡροσκοποῦν καὶ μεσουρανοῦν καὶ δῦνον καὶ ἀντιμεσουρανοῦν· δύο δὲ τοῦ ὡροσκόπου τρίγωνα καὶ τὴν ἐπαναφορὰν τοῦ μεσουρανήματος. τὰ δὲ λοιπὰ ἄχρηστα· πολλάκις δέ, ἂν τοῦ ὡροσκοποῦντος αἱ πλείους μὲν μοῖραι προανε⟨νε⟩χθῶσιν[1873], αἱ δὲ ἔσχαται ὡροσκοπῶσιν, ἔσται τότε τὸ ἐπαναφερόμενον συγχρηματίζον τῷ ὡροσκόπῳ.

Porph. isag. 36 p. 209,18–24[1874]

Περὶ χρηματιζόντων ζῳδίων

Χρηματίζει πάσῃ γενέσει ζῴδια ζ′ κατὰ ⟨Τίμαιον⟩· κέντρα μὲν δ′, τρίγωνα δὲ τοῦ ὡροσκόπου β′, πρὸς δὲ τούτοις ἡ ἐπαναφορὰ τοῦ μεσουρανήματος· τὰ δὲ λοιπὰ ἀχρημάτιστα. πολλάκις δέ, ἐὰν τοῦ ὡροσκοποῦντος ζῳδίου αἱ πλείονες μοῖραι προανενηνεγμέναι τύχωσιν, αἱ δὲ ἔσχαται ὡροσκοπῶσιν, ἔσται τὸ ἐπαναφερόμενον ζῴδιον συγχρηματίζον τῷ ὡροσκόπῳ.

[1870] Bouché-Leclercq 1899, 287 mit Anm. 2.

[1871] S.o. Anm. 1473.

[1872] Vgl. Anm. 1866. Die Stelle wird von Gundel – Gundel 1966, 30, zu Unrecht auf die Oktatropos bezogen (korrigiere: Dodekatropos).

[1873] Diese Korrektur scheint mir zwingend. Der Codex bietet προαναιχθῶσιν, was Cumont im Text zu προανεχθῶσιν ändert, anscheinend ohne die Haplographie zu bemerken.

[1874] 'Über wirksame Tierkreiszeichen. In jedem Horoskop sind nach ⟨Timaios⟩ sieben Zeichen wirksam: die vier Kardinalpunkte (I, IV, VII, X), die zwei (Zeichen) im Gedrittschein zum Aszendenten (V, IX), außerdem das der oberen Kulmination folgende (XI); die übrigen sind unwirksam. Es wird allerdings oft, wenn die meisten Grade des aszendierenden Zeichens (I) bereits aufgegangen sind und seine letzten (Grade) sich im Aufgang befinden, das danach aufgehende Zeichen (II) zusammen mit dem Aszendenten (I) wirksam sein.'

Hierzu ist Folgendes zu bemerken:

a) Anscheinend setzte Timaios (wie alle frühen Astrologen) Zeichen und Orte in eins; vgl. die Worte χρηματίζει(ν) ... ζῴδια ζʹ.

b) Bouché-Leclercq verwechselt bei der Auswertung dieser Nachricht den 11. mit dem 2. Ort, indem er von der "ἐπαναφορά de l'Horoscope (lieu II)" spricht.[1875] Nach Timaios sind die wirksamen Orte/Zeichen I, IV, V, VII, IX, X, XI, die unwirksamen II, III, VI, VIII, XII.

c) Timaios ist der früheste Autor, für den die geometrisch motivierte Klassifizierung der Orte belegt ist. Vielleicht ist er ihr Erfinder.[1876]

d) Die Lehre des Timaios rezipierte anscheinend Dorotheos. Dies legt die arabische Dorotheosparaphrase (Dor. arab. 1,5,1–5) nahe, die angibt, die zwölf Orte entsprechend der "superiority of one of them over another in power" (ebd. 1,5,1) darzustellen, sie dann aber *de facto* nicht nach ihrer Wirksamkeit, sondern entsprechend ihrer Qualität vom besten bis zum schlechtesten ordnet. Als 'gut' gelten sieben (I, X, XI, V, VII, IV, IX), als 'schlecht' die übrigen fünf (III, II, VIII, VI, XII). Die 'guten' Orte sind dieselben, die für Timaios verbürgt sind, nur in qualitativ geänderter Reihenfolge. Als den stärksten Ort bezeichnet die Paraphrase den ersten, als (hinsichtlich ihrer Wirkkraft) ebenbürtig den sechsten und zwölften. Hier liegt also eine unbefriedigende Vermischung zweier Kriterien (Qualität und Kraft) vor, und es ist bedauerlich, dass der entsprechende Passus des griechischen Originals verloren ist. Heph. 1,12 referiert die Lehre des Dorotheos sinngleich bezüglich der qualitativen Reihung (nur III u. II sind vertauscht); das Kriterium der Wirksamkeit fehlt bei ihm.[1877]

e) Die Lehre des Timaios wird in einer anderen Antiochos-Epitome (aus seinen *Thesauroi*) in stark verkürzter Form so referiert, als handele es sich um eine Ansicht des Antiochos selbst: vgl. Antioch. epit. 3a,28 (ex thes.), CCAG VIII 3 (1912), p. 106,37–38 (= Rhet. 6,61,43): ἀχρημάτιστοι δὲ τόποι εἰσὶν ὁ ϛʹ ἀπὸ τοῦ ὡροσκόπου καὶ ὁ γʹ καὶ ὁ βʹ καὶ ὁ ηʹ καὶ ὁ ιβʹ. Entweder ist hier durch die Epitomierung ein ursprünglich vorhandener Verweis auf Timaios ausgefallen oder Antiochos hat sich dessen Lehre zu eigen gemacht.

[1875] Bouché-Leclercq 1899, 287[2].

[1876] Andererseits ist nicht auszuschließen, dass der Verfasser des 'Nechepsos' und 'Petosiris' zugeschriebenen Pseudepigraphons diese Autoritäten in ihrem fingierten Gedankenaustausch verschiedene Klassifikationen lehren oder zumindest erwägen ließ.

[1877] Siehe auch Heph. epit. 4,3, wo ebenfalls nur das qualitative Kriterium Anwendung findet, die Reihenfolge der Orte jedoch (überlieferungsbedingt?) durcheinandergeraten ist.

f) Die von Bouché-Leclercq auf der Grundlage von Firm. math. 2,15–17 als der Normalfall dargestellte Klassifizierung (s.o. S. 793) könnte eine Weiterentwicklung der dem Timaios zugeschriebenen und offenbar viel rezipierten Lehre sein. Der einzige Unterschied zwischen beiden – die Ergänzung des 3. Ortes zu den wirksamen Zeichen – wäre dann durch die Absicht motiviert, das geometrische Kriterium noch stärker zu betonen und das chronologische, wonach der 3. Ort ein Apoklima ist, noch weiter zurückzudrängen.

g) Antigonos hält die Position des Mars und der Venus im 2. Ort des Hadrianhoroskops (**F1**) für wirksam und rekurriert zweimal in allgemeingültigen Lehrsätzen auf die Wirksamkeit aller ἐπαναφοραί.[1878] Letzteres ist offensichtlich unvereinbar mit der Lehre des Timaios, und selbst das von Timaios eröffnete 'Schlupfloch', durch das der 2. Ort unter bestimmten Umständen der Gruppe der wirksamen Orte zugesellt werden kann (s.o. am Ende der oben synopisch präsentierten Quellen), ist im Falle des Hadrian-Horoskops versperrt, da dort nicht die letzten Grade des aszendierenden Tierkreiszeichens aufgehen, sondern der erste.

Die Argumentation des Antigonos ist also von allen bisher untersuchten Quellen nur mit dem doxographischen Zeugnis für 'Nechepsos' vereinbar. Das steht in Einklang mit dem Gesamturteil des Hephaistion (2,18,21), Antigonos stehe in der Nachfolge von 'Nechepsos und Petosiris'.

Beachtung verdient ferner, dass der von Val. 3,2 zitierte Astrologe Orion[1879] – vielleicht in kritischer Auseinandersetzung mit 'Nechepsos' – nur die kardinalen Orte für wirksam hielt, alle übrigen hingegen für unwirksam. Valens kritisiert daran, Orion würdige die Epanaphorai nicht angemessen; naturgemäßer (φυσικώτερον) sei es, den Epanaphorai eine mittlere Energie zwischen den Kentra und den Apoklimata zuzubilligen. Man könnte dies als einen Kompromissvorschlag zwischen 'Nechepsos' und Orion interpretieren, vorausgesetzt, dass 'Nechepsos' die Wirkkraft der κέντρα und die der ἐπαναφοραί für gleich groß hielt. Wahrscheinlicher ist aber, dass schon 'Nechepsos' und in seiner Nachfolge auch Antigonos ein dreistufiges Modell im Sinn hatten, dass nämlich die κέντρα am wirksamsten seien, die ἐπαναφοραί ebenfalls wirksam, aber schwächer als die κέντρα, und die ἀποκλίματα unwirksam. Dafür sprechen mehrere Gründe:

[1878] Vgl. erneut die in Anm. 1867 zitierten §§ 26.40.43.
[1879] S.o. Anm. 1469.

a) Sowohl das oben zitierte Zeugnis der Antiochos-Epitome für 'Nechepsos' (s.o. S. 792) als auch Antigonos in §§ 40 u. 43 nennen die κέντρα stets an erster Stelle, vor den ἐπαναφοραί.

b) Keine der unter (a) genannten Stellen bezeichnet die Wirkkraft der κέντρα und ἐπαναφοραί als gleich groß.

c) Das καὶ in § 40 ἐπί τινος κέντρου τύχῃ ἢ καὶ ἐπαναφορᾶς und in § 43 ἐπὶ τῶν κέντρων ἢ καὶ ἐπὶ τῶν ἐπαναφορῶν scheint eine konzedierende, die zweitrangigen Wirkkraft der ἐπαναφοραί suggerierende Nuance zu haben.[1880]

d) Valens scheint bei seiner Kritik an Orion in Kap. 3,2 eine Parteinahme für den von ihm nicht genannten 'Nechepsos' zu intendieren, denn er beruft sich ebenda ausdrücklich auf 'die Alten', die doch gerade deshalb den 11. Ort ἀγαθοδαίμων genannt hätten, weil er die Epanaphora des MC sei (Val. 3,2,18).

Der Vollständigkeit halber sei noch eine zweite, diesmal ganz idiosynkratische Hierarchie erwähnt, die Val. 4,11,49 unter Einbeziehung von vier Losen bietet (dazu s.u. 2929): χρηματιστικὰ μὲν οὖν καὶ ἐνεργητικὰ ζῴδιά ἐστιν ὡροσκόπος, μεσουράνημα, ἀγαθὸς δαίμων, ἀγαθὴ τύχη, κλῆρος τύχης, δαίμων, ἔρως, ἀνάγκη· μέσα δὲ θεός, θεὰ καὶ τὰ λοιπὰ δύο κέντρα· μέτρια δὲ καὶ κακωτικὰ τὰ λοιπά. Lässt man die Lose beiseite, so hat man hier wieder drei Klassen, allerdings in der folgenden Gruppierung: I, X, XI, V – III, IX, VII, IV – II, VI, VIII, XII. Die letzte der drei Gruppen stimmt also mit der letzten des Firmicus überein (s.o. S. 793), ist also ebenso wie jene mit der positiven Bewertung des 2. Ortes durch Antigonos unvereinbar.

Soviel zur Klassifizierung der 12 Orte. Zu den terminologischen Belegen für χρηματίζειν (und Derivate) ergänze Nech. et Pet. frg. 21,45 χρηματίσωσιν bei Val. 7,6,10 (angeblich – so Val. 7,6,21 – ein wörtliches Zitat), zur Ineinssetzung von Ort und Zeichen außerdem die Junktur χρηματιστικὰ ζῴδια bei Val. 3,7,10.11 (= Nech. et Pet. frg. 18,30.34) sowie Val. 5,4,2 ἐν τοῖς χρηματίζουσι ζῳδίοις (= Nech. et Pet. frg. 20,4–5).

Obwohl diese Terminologie primär die Dodekatropos betrifft, fand sie von Anfang an auch auf andere astrologische Gegenstände Anwen-

---

[1880] In ähnlicher Weise scheint ἢ καί an drei Stellen (§§ 40 [2x] u. 42), wo es jeweils an die Erwähnung einer physischen Konjunktion die Erwähnung einer Verbindung durch Aspekt anschließt, eine konzedierende Nuance zu haben. Der Befund ist allerdings mit Vorsicht zu bewerten, denn in unseren Fragmenten sind Alternativen auffallend oft nicht einfach mit ἤ, sondern mit ἢ καί formuliert. Mehr dazu im Komm. zu § 37 ὁ Ἥλιος ἢ ἡ Σελήνη ἢ καὶ ἀμφότεροι.

dung. So sprachen nach dem Zeugnis des Antigonos (**F6**) die *Salmeschi-niaka* bezüglich der 36 Dekane, die ja gewissermaßen eine Feinteilung der Dodekatropos bedeuten, von χρηματίζειν (7 Belege in **F6** § 75).[1881] 'Nechepsos und Petosiris' sprachen im Rahmen der Einteilung der Lebenszeiten sogar von 'wirksamen Monaten' (vgl. Val. 5,4,1–3 [~ Val. app. 19,15–17] = Nech. et Pet. frg. 20: Περὶ μηνὸς χρηματιστικοῦ).

In den antiken Originalhoroskopen ist χρηματίζειν meines Wissens nur in einem einzigen Papyrus belegt, P. Lond. I 98 (Hor. gr. 95.IV.13), Z. 98 u. 102.

Die Adjektive χρηματιστικός und ἀχρημάτιστος begegnen nur selten so eng miteinander verbunden wie hier (§ 33): vgl. Val. 1,2,20 (bzgl. σχηματογραφία, Aspektwurf). 3,2,13–14 (bzgl. μοῖραι, 2x). 4,11,42 (bzgl. τόποι). Siehe ferner Val. 3,2,1 χρηματιζούσας μοίρας ... ἀχρηματίστους.

μετριότητας: so Ep.[4] und Exc.[1]; μεριότητα **P**. Für den Plural spricht der stemmatische Befund (s.o. S. 120) und Arist. pol. 5,11 p. 1315b,2–3 (mehr dazu am Ende dieses Lemmas).[1882] Pingree übernimmt in seiner Edition Krolls und Cumonts Konjektur μετριότητα, die auf der fehlerhaften Lesart des Codex **P** μεριότητα beruht, da es seine Absicht ist, die Textversion des Codex **P** zu edieren, nicht das Original des Hephaistion oder gar das des Antigonos. μετριότης im Singular und in astrologischem Kontext bieten Ptol. apotel. 3,5,4 u. 4,3,4 (= Heph. 2,4,5 u. 2,18,6). Val. 2,2,1. 2,22,11 (= app. 11,55 = Hor. gr. 63.V.13). app. 11,58.69; pluralische Parallelen fehlen. Die Antigonos-Fragmente bieten keine weiteren Belege für μετριότης oder μέτριος.[1883]

Zur Wortbedeutung: Die Astrologen pflegten die Menschen sowie ihre Geburten, Horoskope und Lebensschicksale, wenn nur eine grobe Unterscheidung beabsichtigt war, in drei Klassen einzuteilen: hohe (ὑψηλοί, μεγάλοι, λαμπροί, ἔνδοξοι, ἐπίσημοι u.ä.), mittlere (μέσοι) und niedrige (ταπεινοί, ἄδοξοι u.ä.). Vgl. z.B. Val. 2,41,5 τῶν ἐπισήμων

[1881] Bei Antigonos siehe außerdem noch § 46 χρηματίσας (von der Sonne im 1. Ort).

[1882] Zu einem umgekehrten Fall vgl. Val. 9,2,8 (= Nech. et Pet. frg. +12b), wo der *codex unicus* ἰσότητας bietet (übernommen von Kroll 1908), Pingree 1986 jedoch ἰσότητα druckt.

[1883] Das Adjektiv ist durch Val. 7,6,12 δόξα μέτριος = Nech. et Pet. frg. 21,55 vielleicht schon für 'Nechepsos und Petosiris' belegbar. Es handelt sich nach Val. 7,6,10 u. 7,6,21 um ein wörtliches Zitat. Zum Versuch einer Rekonstruktion der Originalverse durch H. Usener s. Riess 1891–1893, 373. Riess selbst bezweifelt allerdings die Authentizität des Wortlauts und vermutet, es handele sich um ein späteres Interpretament.

καὶ μέσων καὶ ταπεινῶν γεννῶν.[1884] Bezüglich dieser Tripartition gehören μέτριος und μετριότης für Astrologen des 2. Jh. n.Chr. in den Bereich zwischen der mittleren und der schlechten Kategorie. Ptolemaios entwirft in seinem wichtigen Kapitel Περὶ τύχης ἀξιωματικῆς (apotel. 4,3) eine sechsstufig absteigende Ordnung der Würden, worin auf der vierten Stufe (4,3,4) von μετριότης περὶ τὰς κατὰ τὸν βίον προλήψεις die Rede ist ("moderate advancement in their careers");[1885] das ist also untere Mittelklasse, wenn man so will. Man beachte aber auch eindeutig negative Konnotationen wie z.B. bei Val. 4,11,49 μέτρια δὲ καὶ κακω-τικὰ (über die schwächsten Orte der Dodekatropos, volles Zitat oben S. 797). Siehe auch ebd. 4,13,2, wo μέτριοι mit ταπεινώματα assoziiert ist.

Diese sich mehr oder weniger weit von der Mitte zum Schlechten wegneigenden Bedeutungen entsprechen einer spätantiken Tendenz zur Abwertung von μέτριος und μετριότης. Vgl. P. Oxy. I 120 (saec. IV), Z. 7–9: μετρίων γὰρ καὶ δυστυχῶν γένεσιν αἴχοντες οὐδὲ οὕτω αἱαυ-τοῖς προσαίχομεν ("We fail to realize the inferiority and wretchedness to which we are born")[1886] sowie LSJ suppl. 1996 s.v. μετριότης: "freq(uently) in a self-depreciatory sense", mit Verweis auf PSI 449,9 u. P. Beatty Panop. 1,69 [A.D. 298]). Die genannte Tendenz ist besonders in christlichen Texten fassbar: Siehe Lampe s.v. μέτριος 2 "of low degree, humble, poor" (unter den dortigen Belegen u.a. die Junktur μέτριοι καὶ ταπεινοί in Ep. Lugd. ap. Eus. hist. eccl. 5,2,3) und Lampe s.v. μετριό-της 1 ("modest ability [...], hence of the speaker 'your humble servant'") u. 2 ("humility").

Die frühesten Parallelen für den hiesigen Ausdruck μετριότης τοῦ βίου bieten Aeschin. orat. 3,218 τὴν δ᾽ ἐμὴν σιωπήν, ὦ Δημόσθενες, ἡ τοῦ βίου μετριότης παρεσκεύασεν. Demosth. orat. 25,76 οἱ μὲν εἰς τὴν τοῦ βίου μετριότητα καὶ σωφροσύνην κατέφυγον. Arist. pol. 5,11 p. 1315b,2–3 καὶ τὰς μετριότητας τοῦ βίου διώκειν, μὴ τὰς ὑπερβολάς. Die zuletzt zitierte Aristoteles-Stelle (es geht darum, wie ein Alleinherrscher mit seiner Macht umgehen soll) ist formal die einzige exakte Parallele zur hiesigen Antigonos-Stelle. Sie zeigt, dass der Plural

---

[1884] Vgl. außerdem die Namen der astrologischen Erhöhungen und Erniedrigungen (ὑψώματα und ταπεινώματα) sowie die für 'Nechepsos und Petosiris' bezeugte Drei-teilung der Jahre: Val. 3,7,7–10 τὰ μέγιστα αὐτοῦ ἔτη μεριεῖ ... τὰ ἐλάχιστα ἔτη μεριεῖ ... τὰ μέσα μεριεῖ (= Nech. et Pet. frg. 18,22.26.32).
[1885] Robbins 1940, 379.
[1886] So die Übersetzung der Herausgeber Grenfell und Hunt (1903, 187).

sich durchaus auf das Leben eines Einzelnen beziehen kann. Allerdings ist der von Aristoteles intendierte Sinn positiver als hier bei Antigonos.

δηλοῦσι: s.o. zu § 31 δηλοῦσι τὰς πράξεις.

§ 33b

τὸ δὲ δοξαστικὸν: **P** bietet γάρ, Ep.[4] u. Exc.[1] δέ. Pingree liest, seiner besonderen editorischen Absicht getreu (s.o. S. 791 zu § 33), mit **P** γάρ und interpungiert nur schwach vor τὸ γὰρ δοξαστικὸν κτλ. Antigonos setzt hier aber ohne Zweifel zu einem neuen Gedanken an; wer seinen Text rekonstruieren will, muss Ep.[4] u. Exc.[1] folgen. Gegen die Lesart γάρ in **P** spricht, dass sie einen nicht nachvollziehbaren Kausalzusammenhang schafft. Dass es sich um nichts weiter als eine Verschreibung aus δέ handelt, beweist ein Parallelfall in **F2** § 58, wo Ep.[4] und Exc.[2] richtig ὁ δὲ ῞Ηλιος lesen, **P** jedoch ὁ γὰρ ῞Ηλιος (erneut übernommen von Pingree 1973). Die Tendenz, δέ zu γάρ zu verschreiben, wird verständlich, wenn man bedenkt, dass **P** γάρ meist unter Verwendung der Abbreviatur ͞ʏδ᾿ schreibt, die einem δὲ ähnlich ist. Vielleicht fand der Schreiber diese Abbreviatur, die Verschreibungen begünstigt, schon in seiner Vorlage.

Das Adjektiv δοξαστικόν bedeutet hier wohl schwerlich "original, full of ideas" (so LSJ s.v. δοξαστικός mit Hinweis auf diese Stelle; nichts im LSJ suppl. 1996). Schmidt 2009, 354 (= 1998, 59), übersetzt "good judgement", was ebenfalls nicht überzeugt. Anscheinend hat das Adjektiv hier eine bisher übersehene Bedeutung, die sich nicht auf die Grundbedeutung von δόξα und δοξάζειν stützt, sondern auf die sekundäre Bedeutung 'rühmen', 'verherrlichen', mithin 'rühmenswert'. Dafür spricht auch, dass Antigonos etwas später in § 36, wo er ausführlicher auf die Hadrian entgegengebrachten Ehrungen eingeht, δοξάζεσθαι im Sinne von 'gerühmt werden' verwendet. Dieser Gebrauch von δοξαστικός ist auch keineswegs singulär, zumindest nicht in astrologischen Texten, wie eine Wortuntersuchung bei Antigonos' Zeitgenossen Valens zeigt: In dessen *Anthologiae* begegnet δοξαστικός siebenmal, immer in Verbindung mit Adjektiven positiver Bedeutung wie 'nützlich', 'produktiv', 'brauchbar', 'tatkräftig' u.ä. Vgl. Val. 4,13,1 δοξαστικὴ καὶ ἐπωφελής (Sinn eindeutig = 'ruhm- und nutzbringend', vgl. ebd. 4,13,8). 4,16,12 ὠφέλιμος καὶ δοξαστικὸς γενήσεται ὁ ἐνιαυτός (!). 4,23,3 δοξαστικὸν καὶ περιποιητικὸν ἀποτελεῖ τὸν χρόνον. 4,24,2 δοξαστικὸς καὶ ὠφέλιμος. addit. 4,11 πρακτικὸς δὲ καὶ περὶ πατέρα δοξαστικὸς καὶ πρὸς ὑπερέχοντας συστατικός (fast identisch ebd. 4,24). addit. 4,14 μητρὸς δοξαστικός τε καὶ τέκνων σπορὰς ποιῶν. Das Wort charakterisiert bei Valens, wie die Zitate zeigen, sowohl Menschen als auch abstrakte Begriffe (ἐνιαυτός, χρόνος). Ptolemaios benutzt das Adjektiv nicht, doch vgl. den Anon. a. 379 p. 203,19 δοξαστικὰ καὶ μεγάλα δύνανται (von der Wirkung heller Fixsterne). All dies deutet auf 'tüchtig', 'vortrefflich', 'rühmenswert'.

Weitere astrologische Bestätigungen für das zu δοξαστικός Gesagte bietet Heph. 2,31,1. 2,32,1. 2,34,1. 2,35,5.8. Siehe ferner Ps.-Pythag. CCAG XI 2 (1934), p. 136,6–7 (über Widder-Geborene): ταῖς δὲ πράξεσι δοξαστικοί, ἀνδρεῖοι, ὠμοί, παράβολοι, στρατηλάται κτλ. p. 137,30 (Waage) δοξαστικοί. p. 138,11–12 (Schütze) τῇ δὲ πράξει μεγάλοι, δοξαστικοί, μεγαλοφυεῖς, στρατιῶται. p. 138,17–18.32–33 (Steinbock u. Fische) ταῖς δὲ πράξεσι δοξαστικοί. Siehe auch noch das byzantinische Katarchenhoroskop für die Ausweisung des Bischofs von Chalkis nach Italien (1002 n.Chr.), CCAG VIII 1 (1929), p. 253,20: ὁ Ἥλιος σημαίνων τὸ δοξαστικόν. Dieser Text erlaubt einen Brückenschlag zu christlichen Texten, in denen δοξαστικός mit Bezug auf den Heiligen Geist in der Bedeutung "glorifying" belegt ist (so Lampe s.v. δοξαστικός mit Verweis auf Greg. Nyss. Maced. 22).

Antigonos erklärt das Rühmenswerte an Hadrian primär durch die Stellung Jupiters im 1. Ort (ὢν ἐν τῷ ὡροσκόπῳ). Vgl. Rhet. 5,57,88 (= CCAG VIII 4, 1921, p. 135,17–19): ὁ Ζεὺς τῆς αἱρέσεως τυχὼν (!) ἐπὶ τοῦ ὡροσκοποῦντος ζῳδίου ἐπισήμους, δοξαστικούς (!), πόλεων προηγουμένους, ἡδυβίους δὲ καὶ καλοψύχους ποιήσει.[1887] Antigonos scheint also die Partei nicht beachtet zu haben. Dafür spricht auch Antioch. (?) carm. de plan. CCAG I (1898), p. 109,19–21: Ζεύς τε κατηγάθεος πολὺ φέρτερος ὡρονομεύων | ἤματι δὴ πολὺ κρεῖσσον· ἐπὴν δ' ἄρα νυκτὶ ὁδεύσῃ, | οὐ κακὸς οὐδὲ μὲν ἐσθλός. Siehe ferner Ps.-Maneth. 3[2],32–35 (zit. im Komm. zu § 26 καὶ τῷ Διί).

Ein weiterer Grund für das Rühmenswerte an Hadrian ist nach Antigonos Jupiters Konjunktion mit dem Mond. Vgl. die sprachliche und astrologische Similie bei Dor. p. 349,13–15 (= Anub. test. 8,150–151 Obbink = Par. Anub. ⟨et Dor.⟩ bei Heilen 2010c, 134–136) τῆς δὲ Σελήνης καθυπερτερούσης τὸν Δία, δοξαστικὸν μὲν τὸ σχῆμα καὶ ἐν ἡγε-

---

[1887] Grundlegende Informationen zu den Wirkungen der Luminare und Planeten in den zwölf Orten der Dodekatropos bietet der Komm. zu **F1** § 26 ἐπὶ τοῦ ὡροσκόπου (ab S. 697).

μόσι συστάσεις ποιοῦν ('wenn der Mond nach links auf Jupiter blickt
[*und sich somit anschickt, ihn einzuholen*], ist die Konfiguration ruhmreich und bewirkt Allianzen unter den Führern').[1888]

μεγαλόφρον: Diese Jupiter-Wirkung kennen auch Ptol. apotel. 3,14,20
u. Val. 1,3,8.19 (allerdings beide ohne Bezug auf den 1. Ort). Sie wird
aber auch anderen Planeten beziehungsweise Planetenpaaren zugeschrieben: Mars: Val. 1,3,35.36; Saturn: Ptol. apotel. 2,3,26; Saturn + Jupiter:
Ptol. apotel. 2,3,34; Mars + Merkur: Ps.-Maneth. 5[6],85; Mars + Venus:
Dor. p. 346,22–23 (cf. Val. app. 1,172); Venus + Merkur: Ptol. apotel.
3,14,34.
        Was die historische Relevanz für Hadrian betrifft, vgl. Cass. Dio
69,2,4 ὁ Ἀδριανὸς ἐν ἐπιστολῇ τινι ἔγραψε τά τε ἄλλα μεγαλοφρο-
νησάμενος κτλ. Siehe auch Hist. Aug. Hadr. 12,5 über einen verrückten
Sklaven, der Hadrian mit dem Schwert anfiel, ohne dass dieser die
Fassung verloren habe; vielmehr habe er ihn den Ärzten übergeben.

δωρητικὸν: Zu dieser Jupiter-Wirkung vgl. Val. 1,1,17 ὁ δὲ τοῦ Διὸς
σημαίνει ... δωρεὰς μεγάλας (vgl. ebd. 4,21,1). Zum Adjektiv δωρητι-
κός vgl. Val. app. 1,197 δωρητικούς; ansonsten ist es m.W. ohne Parallele in astrologischen Texten. Valens bietet mehrmals δωρηματικός (z.B.
Val. 2,22,35 = Hor. gr. 95.V.14 von einer bedeutenden Person: δωρη-
ματικὸς ἐγένετο),[1889] was bei anderen astrologischen Autoren ebenfalls
ohne Parallele ist.
        Abgesehen von der hiesigen Stelle ist δωρητικός mit Bezug auf Ha-
drian nicht belegt. Siehe jedoch den historischen Kommentar unten zu §
36 τὸ εὐεργετικὸν (und im Zusammenhang damit den astrologischen
Kommentar zu § 36 διὰ τὸν Δία οὕτως τυχόντα).
        Die einschlägigen Kapitel anderer Autoren zu den Wirkungen der
Luminare und Planeten in den zwölf Orten der Dodekatropos (s.o. zu **F1**
§ 26 ἐπὶ τοῦ ὡροσκόπου ab S. 697) bieten keine Parallelen zu der hier
von Antigonos genannten Wirkung Jupiters im 1. Ort.

ἀνυστικὸν: vgl. Ptol. apotel. 3,14,22 (~ Heph. 2,15,14), der prognostiziert, Jupiter als Seelenherrscher (οἰκοδεσπότης τῆς ψυχῆς)[1890] bringe

---

[1888] Ganz ähnlich Theoph. exc. CCAG XI 1 (1932), cap. 32, p. 249,13–14: Σελήνη τὸν
Δία ἐπιδεκατεύουσα εἰς πάντα καλὴ καὶ δοξαστική, καὶ βοηθεῖ τοῖς ἡγεμόσι.
[1889] Siehe ferner Pingree 1986, 492, s.v. δωρηματικός.
[1890] Eine in den Antigonosfragmenten nicht erwähnte Funktion der Planetengötter.

unter Mitwirkung des Mars in günstiger Position vollendungsstarke (ἀνυστικούς), kämpferische (μαχίμους), unbändige (ἀνυποτάκτους), siegreiche (νικητικούς, usw.) Menschen hervor. Außerdem gelte grundsätzlich, dass die Sonne, wenn sie sich dem Seelenherrscher günstig zugeselle, die Tatkraft und Effizienz des Charakters stärke (Ptol. apotel. 3,14,38 ~ Heph. 2,15,20): συμβάλλεται δὲ καὶ ὁ ἥλιος συνοικειωθείς πως τῷ τῆς ψυχικῆς κράσεως οἰκοδεσποτήσαντι κατὰ μὲν τὸ ἔνδοξον πάλιν τῆς διαθέσεως ἐπὶ τὸ δικαιότερον καὶ ἀνυστικώτερον[1891] καὶ τιμητικώτερον καὶ σεμνότερον καὶ θεοσεβέστερον. Dieses Zitat verdient Beachtung, weil auch Antigonos hier (§ 33b) das Zusammenwirken des Jupiter mit der Sonne betont. Siehe auch die von Val. 4,17,4 beschriebene Jupiterwirkung (in Kombination mit der Sonne) ἐν τοῖς διαπρασσομένοις ἐστὶν ἀνυστικὸς καὶ εὐκατόρθωτος sowie den Anon. a. 379 p. 200,8, der aufgrund der Jupiter- und Marsnatur von α Leo, α Boo, α Aql und α Sco prognostiziert, die Stellung eines dieser Fixsterne im ASC oder MC bringe (unter anderem) ἀνυστικούς [1892] hervor. Diese Prognose, die wahrscheinlich auf Ptol. apotel. 3,14,22 (s.o.) basiert, wiederholt Rhet. 5,58,22 (= CCAG VIII 4, 1921, p. 177,19). Das Adjektiv ἀνυστικός begegnet ferner (bei Beschränkung auf astrologische Texte) bei Val. 4,17,7. 4,18,9. 4,20,2 (diese drei Stellen sind Teil von Critod. frg. 17 Peter). 5,2,27. Heph. 2,36,12.

Zwischen ἀνυστικόν und ὁ τοῦ Διὸς bietet **P** die Worte τοῦ προκειμένου διαθέματος. Wahrscheinlich handelt es sich um einen späteren Zusatz, der von einem Abschreiber oder Leser verfasst wurde, um den Bezug der vorausgehenden Worte zu verdeutlichen. Gegen die Echtheit spricht, dass der Zusatz in Ep.[4] und Exc.[1] fehlt, was um so schwerer wiegt, als der Rest dieses Satzes (mit Ausnahme des in Exc.[1] ausgefallenen ὧν) in allen drei Überlieferungssträngen wörtlich übereinstimmt. Falls die fraglichen Worte in **α** (s.o. S. 120) vorhanden gewesen wären, müsste man annehmen, dass es in Ep.[4] und Exc.[1] unabhängig voneinander zu demselben Textverlust kam. Außerdem ist διάθεμα in den Antigonos-Fragmenten ohne Parallele und im 1./2. Jh. n.Chr. überhaupt nur spärlich belegt (s.o. zu § 21 τὰς γενέσεις). Vielleicht wurde der Zusatz durch den fast unmittelbar vorausgehenden Ausdruck τοῦ προκειμένου θέματος in § 32 begünstigt.

Die einschlägigen Kapitel anderer Autoren zu den Wirkungen der Luminare und Planeten in den zwölf Orten der Dodekatropos (s.o. zu **F1**

[1891] ἀνυστι- Heph. et pars codd. Ptol., ἀνυτι- altera pars codd. Ptol.

[1892] Bezza 1995, 460, übersetzt: "che conducono a termine i loro propositi".

§ 26 ἐπὶ τοῦ ὡροσϰόπου ab S. 697) bieten keine Parallelen zu der hier von Antigonos genannten Wirkung Jupiters im 1. Ort.

ὧν ἐν τῷ ὡροσϰόπῳ: Zur abweichenden Wortfolge in Ep.[4] s.o. zu § 22 φησί.

δορυφορῶν τὸν ῞Ηλιον: Zur Sonne als Symbol von Seele und Geist s.o. S. 775.

§ 34

ἡ δὲ αἰτία τοῦ πολλοὺς ἀντιδίϰους ϰαὶ ἐπιβούλους ἐσχηϰέναι: Es wurde bisher nicht gefragt, welche Personen gemeint seien. Wahrscheinlich sind es jene vier Konsulare, die 118 n.Chr., bald nach dem Beginn der Regierungszeit Hadrians, als Verschwörer hingerichtet wurden: A. Cornelius Palma,[1893] L. Publilius Celsus,[1894] C. Avidius Nigrinus[1895] und Lusius Quietus.[1896] Vgl. die nicht ganz identischen Berichte bei Cass. Dio 69,2,5 (darin ἐπιβεβουλευϰότες) u. Hist. Aug. Hadr. 7,1–2 (darin *insidias* und der Hinweis auf viele Mitwisser),[1897] ferner Premerstein 1908, bes. 75–84 (Ergänzungen und Berichtigungen in Premerstein 1934, 38–46), Birley 1997, 87f., und die Deutungsgeschichte dieser Affäre bei Mortensen 2004, 108–115.

Wenngleich es als unglaubwürdig gilt, dass die Verschwörung, deren offizielle Version die *Historia Augusta* wiedergibt, wirklich existierte,[1898]

[1893] PIR² C 1412 (*cos. I ord.* 99 n.Chr., *cos. II ord.* 109 n.Chr.).

[1894] PIR² P 1049 (*cos. suff.* 102 n.Chr., *cos. II ord.* 113 n.Chr.).

[1895] PIR² A 1408: "consul suffectus a. inc. sub Traiano"; cf. Birley 1997, 375 (Index s.v.): "*cos.* 110".

[1896] PIR² L 439 (*cos. suff.* 117 n.Chr.).

[1897] Cass. Dio 69,2,5: ϰαὶ οἱ μὲν ἐν τῇ ἀρχῇ [sc. τῆς ᾿Αδριανοῦ ἡγεμονίας] φονευθέντες Πάλμας τε ϰαὶ Κέλσος Νιγρῖνός τε ϰαὶ Λούσιος ἦσαν, οἱ μὲν ὡς ἐν θήρᾳ δῆθεν ἐπιβεβουλευϰότες αὐτῷ, οἱ δὲ ἐφ᾿ ἑτέροις δή τισιν ἐγϰλήμασιν ("Diejenigen, welche am Anfang seiner Regierung getötet wurden, waren Palma, Celsus, Nigrinus und Lusius, und zwar die beiden ersten wegen eines auf Hadrian während einer Jagd angeblich geplanten Anschlags, die anderen wegen sonstiger Beschuldigungen"; Veh 1985–1987, V 224). Hist. Aug. Hadr. 7,1–2: *Nigrini insidias, quas ille sacrificanti Hadriano conscio sibi Lusio et multis aliis paraverat, ... evasit* [sc. *Hadrianus*]. *quare Palma Tarracenis, Celsus Bais, Nigrinus Faventiae, Lusius in itinere senatu iubente, invito Hadriano, ut ipse in vita sua dicit, occisi sunt.* Siehe auch Hist. Aug. Hadr. 9,3.

[1898] Vgl. Birley 1997, 87f. mit Anm. 32. Vgl. weiter Premerstein 1908, 80 ("das fingierte Attentat und seine Folgen"). Millar 1964, 64 ("the attempt to prove that what Dio

hatten die genannten Personen gute Gründe, Hadrian feindlich gesinnt zu sein: Für die Generäle Palma und Celsus sowie den Maurenführer Lusius Quietus, die sich als Träger der trajanischen Expansionspolitik größten Ruhm erworben hatten, musste der Beschluss Hadrians, die unter Trajan eroberten Gebiete und neu eingerichteten Provinzen (*Armenia*, *Assyria* und *Mesopotamia*)[1899] aufzugeben, inakzeptabel sein, und Nigrinus führte zum Zeitpunkt seiner Abberufung das Kommando gegen die Jazygen in Dakien, einer weiteren neuen Provinz, die ihrem Eroberer Trajan den offiziellen Beinamen *Dacicus* eingetragen hatte und von Hadrian beinahe ebenso wie die orientalischen Annexionen aufgegeben worden wäre.[1900] – In der *Historia Augusta* heißt es außerdem, Palma und Celsus seien schon lange persönliche Feinde (*inimici*) Hadrians gewesen.[1901] Dem könnte hier ἀντιδίκους im allgemeinen Sinne von 'Gegner', 'Widersacher' entsprechen.[1902] Ob darüber hinaus der spezifische, juristische Sinn von ἀν-τιδίκους eine Rolle spielt, ist ungewiss; wenn ja, sind wohl Anfechtungen der Authentizität und Rechtmäßigkeit der Adoption Hadrians gemeint,[1903] was erneut auf Personen wie Palma und Celsus führt.[1904] Vielleicht meint Antigonos mit πολλοὺς ἀντιδίκους καὶ ἐπιβούλους auch

---

[69,2,5] disbelieved was in fact the case cannot ultimately be sustained"). Syme 1985b, 361 (= RP V 562): "Not that it [*sc.* the destruction of the Four Consulars] should be ascribed to any design of Hadrian. It was rather due to haste and incompetence in the new ruler's agents at Rome"; fast wortgleich Syme 1986, 18 (= RP VI 173). Syme 1991, 191 (= RP VI 399f.).

[1899] Vgl. Eutr. 8,6,2.

[1900] Vgl. Premerstein 1908, 77: "Durch die Rückgabe der neuen Provinzen musste Männern, wie Palma, Celsus und Lusius, ihr wohlerworbener Anspruch auf militärischen Nachruhm ernstlich gefährdet, durch die für die Zukunft in Aussicht genommene Friedenspolitik auch jüngeren Kräften ihrer Partei jede Aussicht auf weitere Betätigung und Mehrung ihrer kriegerischen Lorberen [*sic*] so gut wie abgeschnitten erscheinen." Zu Nigrinus vgl. ebd. 16 u. 78 (sowie Premerstein 1934, 38–46); zur senatorischen Opposition gegen Hadrians pragmatisch motivierte Aufgabe der neuen Gebiete s. Bennet 1997, 203f. Vgl. auch Callu 1992, 95[43] zu Hist. Aug. Hadr. 4,3.

[1901] Hist. Aug. Hadr. 4,3 *in adoptionis sponsionem venit* [sc. *Hadrianus*] *Palma et Celso, inimicis semper suis et quos postea ipse insecutus est, in suspicionem adfec⟨ta⟩tae tyrannidis lapsis.* Vgl. ebd. 3,10 *ut a Sura conperit adoptandum se a Traiano esse, ab amicis Traiani contempni desiit ac neglegi.*

[1902] Vgl. LSJ s.v. ἀντίδικος. DGE s.v. ἀντίδικος 2.

[1903] Zur Adoption s.o. S. 660 zu § 23 υἱοθετηθεὶς – συγγενοῦς.

[1904] Vgl. Premerstein 1908, 76: "Gewiß waren vor allem die traianischen Generäle, von denen die beiden angesehensten, Palma und Celsus, noch zu Lebzeiten Traians der Adoption Hadrians im Wege gestanden waren (*vita H.* 4,3), unter jenen Senatoren, welche nunmehr die legale Grundlage seiner Nachfolge, die Annahme an Sohnesstatt durch den sterbenden Traian, bestritten."

Personen wie Pedanius Fuscus (und Servianus?), die in der Spätphase der Regierung Hadrians in Konflikt mit dem Herrscher gerieten. Dass aber die sog. 'vier Konsulare' (und ihre angeblichen Mitwisser) hier primär, wenn nicht sogar ausschließlich gemeint sind, legt die Formulierung in § 35 τὸ δὲ περιγενέσθαι (!) τῶν ἐχθρῶν τῶν τοιούτων nahe, die eine nicht unbedeutende Gefahr und Schwierigkeit impliziert, wie sie nur zu Beginn der Regierung Hadrians nachvollziehbar ist.

Als Quelle für die Affäre der 'vier Konsulare' kann dem Antigonos die Autobiographie Hadrians gedient haben, in der jene Ereignisse nachweislich Erwähnung fanden.[1905] Dass Hadrian dort die Schuld an den Liquidierungen von sich wies (*invito Hadriano*), schließt nicht aus, dass er die Konsulare als gefährliche Widersacher beschrieb, die er aber durch kluge Vorgehensweise überwand, so dass ihr Tod nicht nötig gewesen wäre.[1906]

Astrologisch beachtenswert ist, dass die Affäre ziemlich genau in das 42. Lebensjahr Hadrians, ein klimakterisches Jahr, fiel.[1907] Das könnte Antigonos, wenngleich er die Klimaktere hier nicht erwähnt,[1908] beachtet haben. Speziell zu solchen Krisen, die Verschwörer (ἐπίβουλοι) bewirken, vgl. Rhet. 5,57,33 (CCAG VIII 4, 1921, p. 129,18–20), wo es heißt, Saturn bei Nacht im 12. Ort – so wie hier der Fall – bewirke κινδύνους καὶ ἐπιβουλάς. Antigonos nutzt aber auch diese Möglichkeit der Begründung nicht, sondern wählt die ἐμπερίσχεσις.

ἀντιδίκους: Sie finden in Astrologentexten nur selten Erwähnung, doch s. z.B. P. Oxy. III 465, Z. 104 u. 175f.

παρέχοντα: so Ep.[4] und Exc.[1], in **P** zu περιέχοντα verschrieben (vielleicht wegen des folgenden Wortes ἐμπεριέχεσθαι). Für παρέχοντα

[1905] Vgl. frg. 4 Peter = Hist. Aug. Hadr. 7,2 (zit. oben in Anm. 1897). Zur Autobiographie Hadrians als Quelle des Antigonos s.o. S. 52–56, bes. S. 55f. (Punkt 3).

[1906] Vgl. Hist. Aug. Hadr. 5,5–6 zu drei weiteren usurpationsverdächtigen Personen gleich zu Beginn der Herrschaft, die Hadrian trotz des Rates des Attianus, sie zu eliminieren, schonte (einer wurde angeblich ohne Hadrians Befehl getötet). Was die Überwindung von Opponenten während der ersten Regierungsphase betrifft, lehnte Hadrian sich in seiner literarischen Darstellung vielleicht an vergleichbare Passagen der Autobiographie des Augustus an.

[1907] Hadrians 42. Lebensjahr reicht vom 24. Januar 117 bis zum 23 Januar 118 n.Chr. Der die Affäre abschließende Tod der Konsulare fiel in die Zeit zwischen Hadrians *dies adoptionis* (9. August 117 n.Chr, s.o. Anm. 1320) und seine Rückkehr nach Rom (9. Juli 118 n.Chr., s. Zahrnt 1997, 127).

[1908] Doch siehe unten zu § 52 κλιμακτῆρας ποιεῖ.

spricht auch wenige Zeilen zuvor (§ 33) τὸ δὲ δοξαστικὸν ... ὁ τοῦ Διὸς παρέσχεν und § 44 τὰ τὸν ἀδελφικὸν λόγον παρέχοντα, wo jeweils alle Überlieferungsstränge bezüglich des Präfixes übereinstimmen. Vgl. ferner die von Pingree 1973–1974, I 180,19 zu Heph. 2,22,13 notierte Verschreibung von παρέχοντα zu περιέχοντα in **P** (auch dort bietet Ep.⁴ das Richtige).

ἐμπεριέχεσθαι: Die astrologische Lehre der ἐμπερίσχεσις (περίσχε-σις, ἐμπεριοχή, lat. *detentio, obsidio, obsessio, inclusio*),[1909] die anscheinend schon 'Nechepsos und Petosiris' vertraten,[1910] basiert auf dem Gedanken einer Einschließung. Sie wird entweder durch einen einzigen Planeten bewirkt, der durch den Wurf zweier verschiedener Aspekte (Trigon und Opposition) ein dazwischenliegendes Tierkreiszeichen und den darin weilenden Himmelskörper einschließt,[1911] oder sie wird durch zwei Planeten bewirkt, die entweder körperlich anwesend sind (κατὰ συμπαρ-ουσίαν bzw. σωματικῶς) oder durch Aspekte wirken (κατὰ σχῆμα). Porphyrios und Hephaistion unterscheiden die beiden Formen terminologisch in περίσχεσις (Einschließung durch einen einzigen Planeten) und ἐμπερίσχεσις (durch zwei).[1912] Es ist aber ungewiss, ob diese Differenzierung, die Porphyrios selbst einschränkt, in der Praxis streng beachtet wurde.[1913] Vielleicht handelt es sich nur um eine weitere artifizielle Unterscheidung des Antiochos von Athen, dessen Epitomai allerdings nur sehr knapp auf Einschließungen eingehen und dabei nur den Begriff der ἐμπερίσχεσις (nicht die περίσχεσις) erwähnen.[1914]

Bei den Einschließungen κατὰ σχῆμα müssen nach Antiochos und Porphyrios die zwei Aspekte den betroffenen Himmelskörper links und

---

[1909] Vgl. Bouché-Leclercq 1899, 251f., wo Antioch. epit. 1,12 (ex isag. 1), CCAG VIII 3 (1912) p. 114,23–27, Rhet. 5,41 und Hug. Sant. lib. Arist. 2,6 zu ergänzen sind (dazu Burnett – Pingree 1997, 131). Siehe ferner Denningmann 2005, 192f.

[1910] S.u. Anm. 1918.

[1911] Konkretes Beispiel bei Porph. isag. 14, wiederholt von Heph. 1,15,1–2.

[1912] Porph. isag. 14–15, ebenso Heph. 1,15. In der Überleitung zur Definition der ἐμπε-ρίσχεσις (Heph. 1,15,3) ist das vom Editor nicht beanstandete καὶ zu tilgen. Die Stelle fehlt in den Epitomai.

[1913] Vgl. Porph. isag. 15 p. 200,11–12 sowie die Formulierungen bei Heph. 1,23,13 u. 3,5,7 (sofern dort der Überlieferung zu trauen ist).

[1914] Antioch. epit. 1,12 (ex isag. 1), CCAG VIII 3 (1912) p. 114,23–27. Antioch. epit. 2,41 (ex thes.), CCAG I (1898), p. 159,7–10 (= Rhet. 5,41). Zu terminologischen Innovationen des Antiochos s.o. Anm. 1565.

rechts im Abstand von nicht mehr als 7° umschließen.[1915] Auch diese Regel wurde nicht streng befolgt.[1916]

Je nach dem Charakter der beteiligten Planeten kann die Einschließung glückbringend oder unheilvoll sein. Da es sich bei den einschließenden Planeten meist um die Übeltäter Mars und Saturn (s. nächstes Lemma) handelt, überwiegt in den überlieferten Beispielen die unheilvolle, lähmende Wirkung.[1917] Der eingeschlossene Himmelskörper ist meist der Mond, kann aber auch jeder andere Planet, ein Kardinalpunkt oder gar eine Finsternis[1918] sein. Wichtig für eine wahre Einschließung ist es, dass nicht einer der noch übrigen Planeten sie auflockert und schwächt, indem er einen Aspekt zwischen die beiden einschließenden Planeten selbst oder zwischen die Punkte wirft, an denen jene durch Aspektwurf präsent sind.[1919]

Im hier vorliegenden Fall schließen die Übeltäter Mars und Saturn im Sinne der von Porphyrios gegebenen Definition nicht nur einen, sondern alle fünf übrigen 'Planeten' ein, und zwar durch körperliche Anwesenheit, was stärker als ein Aspektwurf gewertet wurde.[1920] Antigonos nennt allerdings nur die Luminare, auf die es ihm im hier analysierten Kontext speziell ankommt. Da die 'Wohltäter' Venus und Jupiter sowie der ambivalente Merkur selbst eingeschlossen und nicht in der Lage sind, einen rettenden Aspekt 'dazwischenzuwerfen', ist die Einschließung perfekt.[1921] In § 49 spricht Antigonos im Rahmen der Todesursache Hadrians erneut von der hier analysierten ἐμπερίσχεσις und fügt hinzu, dass Mars und Saturn in der Nativität Hadrians nicht nur die Luminare einschließen, sondern auch den Untergangspunkt (ἀνὰ σχῆμα: durch Aspekte). Vgl. den dortigen Kommentar und Diagr. 17 auf S. 881. Insgesamt

---

[1915] Antioch. epit. 1,12 (ex isag. 1), CCAG VIII 3 (1912) p. 114,25. Antioch. epit. 2,41 (ex thes.), CCAG I (1898), p. 159,9–10 (= Rhet. 5,41). Porph. isag. 15 p. 200,10.

[1916] Das zeigt Hor. gr. 487.IX.5; s.o. S. 515–520 zu **T4**.

[1917] Die seltenere, glückbringende Einschließung noch bei Schiller (*Wallenstein*): "Glückseliger Aspect! ..." (zit. u. komm. von Kroll 1901, 566).

[1918] So bei Heph. 1,23,13 ὑπὸ δὲ τῶν κακοποιῶν περισχεθεῖσα [sc. ἔκλειψις] = Nech. et Pet. frg. 12,57.

[1919] Der *term. techn.* ist παρεμβάλλειν τὴν ἀκτῖνα (Porph. isag. 15 p. 200,9). Vgl. Porph. isag. 16 zur μεσεμβόλησις.

[1920] Vgl. Bouché-Leclercq 1899, 177f.

[1921] Barton 1994b, 202[233], folgt dem in Exc.[1] überlieferten 16°-Wert für Saturn und urteilt bzgl. der Entscheidung von Neugebauer – van Hoesen 1959, 90f., für 5°: "it makes no real difference, as Mercury and Saturn are still [sc. ζῳδιακῶς] in conjunction". Hinsichtlich der ἐμπερίσχεσις macht die korrekte Position Saturns aber durchaus einen Unterschied (s. ferner S. 613 zu Punkt ε).

wird hier die Ambivalenz astrologischer Argumente deutlich: Mars und Saturn treten durch ἐμπερίσχεσις (§§ 34 u. 49) in ihrer kanonischen Qualität als Übeltäter in Erscheinung, andererseits wäre Hadrian nach Antigonos ohne sie nicht Kaiser geworden (vgl. §§ 26–27 zur Doryphorie). Dies lässt sich insofern noch schärfer pointieren, als die disparaten Wirkungen ein und desselben Planetengottes keineswegs immer verschiedene Lebensbereiche wie Tod (§ 49) und Kaisertum (§§ 26–27) betreffen, sondern sich zuweilen auf ein und dasselbe biographische Detail beziehen: So sind die vielen Widersacher Hadrians (§ 34) ebenso wie deren Überwindung (§ 35) Wirkungen von Mars und Saturn. Die innere Logik der Argumentation bleibt dadurch gewahrt, dass die disparaten Wirkungen durch Rekurs auf verschiedene Referenzsysteme erklärt werden: die Widersacher durch die ἐμπερίσχεσις-Lehre (§ 34), ihre Überwindung durch den Aspekt des Mars zum MC (§ 32 δυσκαταγωνίστους ποιεῖ) und vor allem durch die Qualitäten des 12. Ortes der Dodekatropos und der darin stehenden Planeten Saturn und Merkur (§§ 35.38).[1922] Hier wird deutlich, dass die Planetengötter dem Nativen nach astrologischer Auffassung nicht auf sozusagen eindimensionale Weise entweder wohl- oder übelgesonnen sind, sondern kosmische Kräfte darstellen, die sich bei ein und derselben Nativität in verschiedenen Referenzsystemen verschieden auswirken.[1923]

In den übrigen erhaltenen antiken Horoskopen wird zweimal eine ἐμπερίσχεσις hervorgehoben: die der Venus in Hor. gr. 122.XII.4 (Val. 7,3,18–22),[1924] wo die Einschließung durch Saturn in rechter und Mars in linker Quadratur (d.h. ἀνὰ σχῆμα) bewirkt wird, sowie Hor. gr. 487.IX.5, das bereits als Quelle für **T4** besprochen wurde (darin zwei verschiedene Einschließungen durch die Übeltäter, jeweils ἀνὰ σχῆμα).

Neben ἐμπεριέχω (so hier § 34 und dreimal in § 49) begegnen auch – bes. in hexametrischem Kontext – Formen von ἐμπερίσχω. Vgl. z.B. Dor. p. 324,21–24 (= Dor. frg. 19 St. = Rhet. 5,55,8): ἡ οὖν Σελήνη ἐν τοῖς πλαγίοις ζῳδίοις τυχοῦσα καὶ ὑπὸ τῶν κακοποιῶν ἐμπερισχομένη δυστοκίαν ἀποτελεῖ κτλ.

[1922] Sowohl im Guten wie im Schlechten werden die Einzelwirkungen dabei, wie Antigonos betont, durch die Sichtbarkeitsphasen verstärkt.

[1923] Wenn unser Antigonos von Nikaia mit dem gleichnamigen Arzt identisch ist (in diesem Sinne s.o. S. 27, Punkt b), dürfte ihm die beschriebene Ambivalenz ein selbstverständliches Charakteristikum von Naturkräften überhaupt gewesen sein. Man bedenke das semantische Spektrum von gr. φάρμακον und die ambivalente Kraft der Gifte und Gegengifte, mit denen ein Fachschriftsteller über ἀντίδοτοι zu tun hat.

[1924] Speziell Val. 7,3,20 ἀμφότεροι δὲ οἱ κακοποιοὶ ἐμπεριέσχον τὴν Ἀφροδίτην.

τῶν δύο κακοποιῶν: Die 'Übeltäter' unter den Planeten sind traditionell Saturn und Mars, die 'Wohltäter' Jupiter, Venus und der Mond. Sonne und Merkur haben einen Mischcharakter und richten sich in ihrer Wirkung nach den sie begleitenden Planeten. In den Antigonosfragmenten vgl. die folgenden Erwähnungen: § 43 τῶν μὲν ἀγαθοποιῶν ... τῶν δὲ κακοποιῶν ... οἱ μὲν ἀγαθοποιοὶ ... οἱ δὲ κακοποιοί. § 49 τῶν κακοποιῶν (2x). § 50 τοὺς δύο κακοποιούς. § 52 κακοποιοῖς. **F5** § 71 ἀγαθοποιοῖς. § 73 κακοποιούς. **T4** ὑπὸ τῶν δυοῖν κακοποιῶν. Die 'Übeltäter' werden auch als 'Verderbenbringer' (φθοροποιοί) bezeichnet, so bei Antigonos einmal in § 49.

Ptol. apotel. 1,5,1–2 (~ Heph. 1,2,9) führt diese Einteilung in Wohl- und Übeltäter auf die παλαιοί (= 'Nechepsos und Petosiris', s.u. zu **F6** § 76 οἱ παλαιοὶ Αἰγύπτιοι) zurück. Zur Bestätigung vgl. Heph. 1,23 = Nech. et Pet. frg. 12,[1925] worin die ἀγαθοποιοί und κακοποιοί mehrmals erwähnt werden (Heph. 1,23,12–13.16), sowie Firm. math. 8,2 = Nech. et Pet. frg. 16 mit zahlreichen Erwähnungen der *benivolae et malivolae stellae*, außerdem drei Riess noch unbekannte Zeugnisse: das wörtliche Zitat bei Val. 2,29,1 (frg. +6, darin κακοποιῶν), Ptol. apotel. 4,6 Περὶ τέκνων (das Kapitel basiert auf der Einteilung in ἀγαθοποιοί und κακοποιοί und geht nach Heph. 2,22,8 auf Petosiris zurück, ist daher Nech. et Pet. frg. +4) sowie das Petosiris-Exzerpt bei Iul. Laod. CCAG I (1898), p. 138,1–21 (= frg. +23, dazu s.o. Anm. 1300), worin dreimal von ἀγαθοποιοί und zweimal von κακοποιοί die Rede ist (p. 138,16–21).

Vgl. weiter (ohne expliziten Rekurs auf 'Nechepsos und Petosiris') Cic. div. 1,85.[1926] Ps. Cens. (*re vera* Varro) frg. 3,3–5[1927] u. 3,9. Ptol. apotel. 1,21,24–25. Sext. Emp. adv. math. 5,29. Paul. Alex. 6 p. 19,10–14. Iul. Laod. CCAG IV (1903), p. 152,1–5; s. auch Bouché-Leclercq 1899, 101. In den hermetischen Ἰατρομαθηματικά (ed. Ideler 1841) sind Saturn und Mars schlecht, Jupiter und Venus gut, die Natur der übrigen hängt von ihren Begleitern ab. Zu Sonderlehren in der griechisch-römischen Tradition sowie zu indischen Texten vgl. das reiche, von Pingree

---

[1925] Zur Authentizität, die ungewiss ist, s.o. Anm. 1305.

[1926] Die Stelle lautet: *quid* [scil. *enim habet*] *astrologus, cur stella Iovis aut Veneris coniuncta cum luna ad ortus puerorum salutaris sit, Saturni Martisve contraria?* Dies ist m.W. der früheste sicher datierbare Beleg für die Lehre von Wohl- und Übeltätern in der griechisch-römischen Literatur. Der Kontext zeigt, dass diese Lehre in Rom zu den bekanntesten der Sterndeuter gehörte.

[1927] In dem dortigen Marsnotat ist *novem fere annis* zu *duo fere annis* zu emendieren (vgl. Plin. nat. 2,34 *binis fere annis*). Wahrscheinlich entstand der Fehler durch eine Verschreibung von II zu IX.

1978a, II 241f., gesammelte Material.[1928] Dazu ist zu ergänzen, dass Saturn in einem sehr späten Text als der schlimmere der beiden Übeltäter bezeichnet wird: Album. myst. 3,14,B,4 καὶ ὁ Κρόνος κακοποιός ἐστι πλεῖον τοῦ Ἄρεως.

Schon den Babyloniern galt Mars, der Planet des Pest- und Totengottes Nergal, als Hauptunheilstifter unter den Wandelsternen.[1929] Sie bezeichneten ihn unter anderem auch als 'der feindliche Stern', 'der aufrührerische Stern', 'der böse Stern' usw.[1930] Daneben galt auch ihnen Saturn als Übeltäter, Venus und Jupiter hingegen (gelegentlich auch Merkur) als Wohltäter. Sehr wahrscheinlich ist dies, wie Rochberg-Halton 1988b gezeigt hat, der Grund für die in astronomischen und astrologischen Keilschrifttexten der Seleukidenzeit, besonders in den Horoskopen, belegte Planetenfolge Jupiter – Venus – Merkur – Saturn – Mars.[1931]

τοῦ μὲν Κρόνου ὄντος ἐπὶ τῆς ἑῴας ἀνατολῆς καὶ δορυφορίας, τοῦ δὲ Ἄρεως ἐπὶ τῆς ἑσπερίας: Zu ἐπὶ τῆς ἑῴας ἀνατολῆς und ἐπὶ τῆς ἑσπερίας (sc. ἀνατολῆς καὶ δορυφορίας) s.o. zu § 27 ἐπὶ ἑῴας ἀνατολῆς. Gemeint ist entsprechend der dort erläuterten astrologischen Verwendung (Punkt 3), dass beide Planeten sich in der Phase ihrer Sichtbarkeit befinden. Schmidt 1998, 59, ergänzt hier zu ἑσπερίας falsch δύσεως ("at its evening [setting]"); berichtigt von Denningmann 2005, 336[746], u. Schmidt 2009, 354 ("at its evening [phase]").

[1928] Vgl. ferner – in sehr weiter, religiös-philosophischer Perspektive, die auch die Astrologie berücksichtigt – Scott 1991, 76–83 (*Heavenly Powers as Morally Good or as Morally Neutral*) u. 83–103 (*Heavenly Powers as Morally Evil*).

[1929] Vgl. Boll et al. ⁵1966, 12. Zu Nergal siehe jetzt Wiggermann 1999, bes. 222f., § 7.

[1930] Vgl. Gössmann 1950, 180.

[1931] Vgl. auch Pingree 1978a, II 214. Rochberg-Halton 1989, 106. Rochberg 1998, 28. Hunger – Pingree 1999, 30f. In dem von Rochberg-Halton 1988b als Beweisstück vorgelegten Keilschrifttext TCL 6 13 sind Jupiter, Venus und Merkur als Wohltäter charakterisiert, Mars und Saturn als Übeltäter. Die Reihenfolge in TCL 6 13 (♃ ♀ ☿ ♂ ♄) weicht damit geringfügig vom "standard Seleucid arrangement" (♃ ♀ ☿ ♄ ♂) ab; hierzu Rochberg-Halton 1988b, 326. An den ca. 30 bekannten Keilschrifthoroskopen kann der Zusammenhang zwischen Planetenordnung und Planetencharakter nicht nachgewiesen werden, weil sie keine Vorhersagen bieten (ibid. 326). Zu weiteren babylonischen Elementen in der griechischen Astrologie vgl. Anm. 1580.

§ 35

τῶν ἐχθρῶν: so Ep.[4]. Pingree folgt der Lesart des cod. **P** τὸ ἐχθρόν (von
Cumont, CCAG VI, 1903, p. 69,25 unrichtig gelesen als τὸ ἔχθος). Das
Zeugnis von Exc.[1] bricht leider im unmittelbar vorausgehenden Wort
περιγενέσθαι ab. Kroll und Cumont kommentieren (a.a.O., im App.):
"Antoninus vix a senatu impetrare potuit ne memoria patris adoptivi
damnaretur". Sie verstehen also τὸ ἔχθος als Subjekt und περιγενέσθαι
absolut ('dass der Haß dieser Leute den Sieg davontrug, ... '). Denselben
Sinn ergibt τὸ ἐχθρόν (**P**). Allerdings ist τὸ ἐχθρόν, das seit Platon absolut belegt ist,[1932] mit folgendem Genetiv der Person sehr selten, begegnet
erst ab dem 4. Jh. n.Chr. und auch dann nur mit *genetivus obiectivus*
(nicht, wie hier als Parallele erforderlich, mit *genetivus subiectivus*).[1933]
Dagegen sind die Belege für περιγίγνεσθαι τῶν ἐχθρῶν schon bis zum
Ende des 2. Jh. n.Chr. zahlreich.[1934]

Zu dem sprachlichen Befund treten bestätigend die historischen Fakten. Zu Lebzeiten wurde Hadrian nicht Opfer seiner Feinde, und selbst in
der auf seinen Tod folgenden Zeit, die Kroll und Cumont wohl zu Unrecht in den Blick nehmen, traf der Senat ja gerade *nicht* die von Antoninus Pius befürchteten Beschlüsse. Am gravierendsten ist aber der von
Kroll und Cumont übersehene Umstand, dass die astrologische Begründung des Antigonos ihrer Interpretation widerspricht.[1935] Vielmehr ist,
ganz dem üblichen Wortgebrauch entsprechend, eine bedrohte Person

---

[1932] Plat. Lys. 216b3–4. 219b1–3. 220e4–5.

[1933] Vgl. Didym. caec. comm. in ps. 40,7 p. 293,23 Pap. Tura (= p. 20 Gronewald):
ἄνομον ἦν τὸ προδοῦναι τὸν Ἰησοῦν, τὸ ἐχθρὸν τοῦ διδασκάλ[ου τοῦ] τοσαῦτα
ὠφελήσαντος αὐτὸν εὑρε]θῆναι ("Boshaft war es, Jesus zu verraten, sich als Feind
dessen herauszustellen, der ihm so grossen Nutzen gebracht hatte", Gronewald 1970,
21).

[1934] Vgl. Plat. resp. 362b6–7 καὶ ἰδίᾳ καὶ δημοσίᾳ περιγίγνεσθαι καὶ πλεονεκτεῖν
τῶν ἐχθρῶν. Plat. epist. 351c τοῦ περιγενέσθαι τῶν ἐχθρῶν. Isocr. Arch. 14 περιγενέσθαι τῶν ἐχθρῶν. ibid. 51 περιγένωνται τῶν ἐχθρῶν. ibid. 85 περιγενόμενοι τῶν
ἐχθρῶν. Isocr. Euag. 44 τῶν ἐχθρῶν περιγιγνόμενος. Demosth. Phil. 1,15 περιγενώμεθα τῶν ἐχθρῶν. Demosth. exord. 21,4 περιγενώμεθα τῶν ἐχθρῶν. ibid. 35,3 περι-
γιγνόμενοι ... τῶν ἐχθρῶν. Polyb. 3,109,10 περιγενήσεται τῶν ἐχθρῶν. ibid. 6,52,7
περιγένωνται τῶν ἐχθρῶν. Artem. onir. 2,12 p. 124,1–2 Pack τῶν ... ἐχθρῶν περιγε-
νήσεσθαι. – Bei Hephaistion, dem wir **F1** verdanken, findet sich die fragliche Junktur
zwei weitere Male: Heph. 2,34,1 ἐχθρῶν περιγίγνονται. 2,36,23 ἐχθρῶν περιγίνον-
ται. Zur Verbindung von ἐχθροί und ἐπιβουλαί (cf. § 34 ἐπιβούλους) s. ferner Heph.
1,1,154 (ex Nech. et Pet., ut vid.) καὶ ἐχθρῶν ἐπιβουλῆς πειραθήσεται u. Dor.
paraphr. p. 382,23–24 Pingree (= Dor. frg. 60a St.) ἐχθρῶν ἐπιβουλάς (2x).

[1935] Siehe die beiden Kommentare unten zu § 35 διὰ τὸν Ἑρμῆν – ἀμφοτέρους.

(der Native) logisches Subjekt zu περιγενέσθαι und τῶν ἐχθρῶν von diesem Infinitiv abhängig.[1936] Dem Sinne nach ist also nach περιγενέσθαι das Pronomen αὐτόν zu ergänzen. Dessen Fehlen hat Kroll und Cumont möglicherweise irregeführt. Es fehlt bei Antigonos aber auch an anderen, ganz vergleichbaren Stellen wie § 37 τὸ δὲ καὶ πολλοὺς οὕτως εὐεργετεῖν κτλ. und **F3** § 66a τὸ δὲ κακόβουλον γεγενῆσθαι (vorhanden ist es hingegen in § 36 τὸ δὲ τιμᾶσθαι αὐτόν. **F3** § 66a τὸ δὲ καὶ αὐτὸν κατακοπῆναι. § 66c τὸ δὲ περὶ ⟨τὸ⟩ κε′ ἔτος τεθνάναι αὐτόν).

Mit der Verschreibung von τῶν ἐχθρῶν zu τὸ ἐχθρόν in **P** vgl. die unmittelbar folgende Verschreibung von τῶν τοιούτων zu τὸν τοιούτων und weitere Fälle dieser Art in **P** wie in § 22 von ἔχων (Ep.[4] u. Exc.[1]) zu ἔχον und in **F2** § 58 von ὤν (Ep.[4] u. Exc.[2]) zu ὄν. Zu umgekehrten Fällen – Verschreibung von o zu ω – vgl. den Apparat zu § 27 (ὄντως statt ὄντος), § 33b (δοξαστικῶν statt δοξαστικὸν und μεγαλόφρων statt μεγαλόφρον) sowie § 44 (τῶν ἀδελφικῶν λόγων statt τὸν ἀδελφικὸν λόγον). Das Abfallen des -v von τῶν beziehungsweise τὸν wird dadurch zwar nicht erklärt, doch sind die Schreibungen von τὸ und τὸν in den Handschriften – τὸ beziehungsweise τὸ` – leicht zu verwechseln (der Schreiber des cod. **P** schrieb τὸ ἐχθρὸ`; eindeutige Verschreibung von τὸν zu τὸ in **P** findet sich z.B. in Heph. 2,11,31 p. I 122,3 Pingree).

Eine inhaltlich entfernt vergleichbare Situation prognostizierten 'Nechepsos und Petosiris' für eine Sonnenfinsternis in der Waage: Der König von Asien werde nach neun Monaten die, welche ihm zuvor Nachstellungen bereitet haben, mit List töten: τὸν τῆς Ἀσίας βασιλέα μετὰ ἐννέα μῆνας τοὺς προεπιβουλεύσαντας αὐτῷ δολοφονῆσαι δηλοῖ (Heph. 1,21,22 = Nech. et Pet. frg. 6,126–128); vgl. die von Hephaistion unabhängige Parallelüberlieferung der Prognose durch den Anon. CCAG VII (1908), pp. 138a,6–8 (frg. +32) ὁ τῆς Ἀσίας βασιλεὺς μετὰ μῆνας η′ ἢ θ′ τοὺς ἐπιβουλεύσαντας αὐτῷ δολοφονήσει und siehe hier § 38 a.E. δολερούς.

τῶν τοιούτων: nämlich ἀντίδικοι καὶ ἐπίβουλοι (§ 34).

συνέβη: so Ep.[4], συνέβαινε **P**. Eine iterative Nuance ist nicht erkennbar, Ep.[4] also vorzuziehen. Die Überlieferung ist eindeutig im Falle der ebenso formulierten Begründungen in §§ 36.37.39 (jeweils συνέβη διὰ κτλ.). Inhaltlich anders, aber ebenfalls einhellig überliefert ist § 50 συν-

---

[1936] Vgl. die Belege in Anm. 1934.

ἔβη. Außerhalb von **F1–F6** bietet der Hephaistiontext keine Parallelen für συνέβη oder συνέβαινε, wo vergleichbare Verschreibungen in **P** vorliegen könnten.

διὰ τὸν Ἑρμῆν ἐν Κρόνου οἴκῳ ὄντα μετὰ Κρόνου: Merkur[1937] ist einer der vielseitigsten Götter sowohl der antiken Mythologie wie auch der Astrologie. Das breite Spektrum astrologischer Eigenschaften des Planetengottes Merkur geht größtenteils auf die Qualitäten zurück, die die griechischen Dichter und die religiös-philosophische Tradition diesem Gott zugesprochen hatten.[1938] An dieser Stelle steht die List und 'cleverness' des Planetengottes im Vordergrund: Merkur als schlauer Gott der Diebe und Betrüger,[1939] der seinen Sohn Autolykos das Stehlen lehrte und selbst schon als Säugling mit List Apollons Rinder entführte, Merkur als der mit Flügelschuhen hin- und hereilende, immer einen Ausweg findende Gott der Redekunst und des Denkens.[1940]

Hier steht er im Steinbock, dem Taghaus Saturns (ἐν Κρόνου οἴκῳ),[1941] der obendrein persönlich anwesend ist, nur wenige Grade von Merkur entfernt (Ep.[4] bietet statt μετὰ Κρόνου die pointiertere Formulierung μετ᾽ αὐτοῦ τοῦ Κρόνου, vielleicht zu Recht). Auch Saturn gilt als listig, aber mit anderer Nuance: Während bei Merkur die agile 'cleverness' des extrovertierten Jugendlichen im Vordergrund steht, ist es bei Saturn die zurückgezogene Verschlagenheit des melancholischen Alten. Die von Saturn geprägten Menschen beschreibt Valens als ἀποκρύπτοντας τὴν δολιότητα (1,1,7).[1942]

[1937] Bei den folgenden Ausführungen zu den mythisch begründeten Charakteristika der Planetengötter Merkur und Saturn sind stets auch deren griechische Pendants Hermes und Kronos eingeschlossen, zumal ja die Eigenschaften der Planetengötter ganz durch den griechischen Mythos geprägt sind. Es wäre jedoch verwirrend, wenn hier in Abkehr von der etablierten lateinischen Nomenklatur der Planeten mythengeschichtlich korrekt von 'Hermes' und 'Kronos' statt von 'Merkur' und 'Saturn' die Rede wäre. Auch eine umständliche Doppelbenennung vom Typ 'Hermes/Merkur' und 'Kronos/Saturn' soll vermieden werden. Vgl. die methodische Vorbemerkung oben S. 15.

[1938] So Pérez Jiménez 1999b (S. 98), die maßgebliche Untersuchung zu Merkur in der Astrologie. Siehe ferner Pérez Jiménez 2006.

[1939] Pérez Jiménez 1999b, 113. 117f. (darin auch zu Ps.-Lucian. de astrol. 20).

[1940] Die listige Seite des Merkur tritt in der Astrologie zusätzlich dadurch hervor, dass er in ihr – wie auf der Bühne – Sklavenfunktion hat; vgl. Hübner 2000a, 1077 (mit Belegen).

[1941] S.o. zu § 27 ἐν τῷ ἰδίῳ οἴκῳ.

[1942] Vgl. Klibansky et al. 1990, 222f. u. 225; ebd. 228 die Assoziation von Val. 1,1,7 ἀποκρύπτοντας τὴν δολιότητα mit den Melancholie-Prädikaten *subdoli, perfidi*. Zu

Klugheit und Verschlagenheit als kombinierte Wirkung von Merkur und Saturn in ihren hier gegebenen Positionen (beide im Steinbock, beide im 12. Ort: s. nächstes Lemma) nennt Antigonos explizit in § 38. Gewalt spielt in seiner Deutung der Methode, wie Hadrian seine Widersacher überwand, keine Rolle; dafür wäre astrologisch Mars zuständig gewesen.

Vielleicht dachte Antigonos hier (§ 35) nicht nur an die bisher genannten Eigenschaften Merkurs und Saturns, sondern außerdem an die ägyptische Tradition, die Saturn mit Nemesis, der Göttin der Vergeltung des Übermuts, identifiziert.[1943] Vgl. Achill. isag. 17,1 Di Maria (= isag. 17 p. 43,16–18 Maass) τοῦ Κρόνου ὁ ἀστὴρ λέγεται καίτοι ἀμαυρό-τατος ὢν Φαίνων κατὰ τὸ εὔφημον παρ’ Ἕλλησι, παρὰ δὲ Αἰγυπτί-οις Νεμέσεως ἀστήρ.[1944] Val. 1,1,16 ἔστι δὲ Νεμέσεως ἀστὴρ [sc. ὁ τοῦ Κρόνου].[1945] In der Lehre der sieben Lose, die Paul. Alex. 23 pp. 47,15–50,16 nach der hermetischen Schrift *Panaretos* referiert, wird der κλῆρος Νεμέσεως aus der Saturnposition errechnet, da Saturn gleich Nemesis sei.[1946] Nach Heph. 3,7,16 a.E. sind Nemesis-Statuen dann zu weihen, wenn der Mond ἐν τοῖς [sc. ζῳδίοις καὶ ὑψώμασι] τοῦ Κρόνου steht (= ♑, ♒, ♎; s.o. S. 715, Tab. 15, u. S. 737, Tab. 19).

Abschließend ist zu erwähnen, dass es einschlägige, z.T. nur frag-mentarisch erhaltene Kapitel verschiedener Autoren über die Wirkungen der Planeten in den einzelnen Tierkreishäusern gibt. Da diese aber für die hier benötigten Kombinationen (primär Merkur im Haus Saturns, sekun-där Saturn in seinem eigenen Haus) zum Teil überlieferungsbedingt aus-fallen, zum Teil irrelevante Prognosen bieten,[1947] werden sie erst später im Kommentar zu **F3** § 66a τὸ δὲ κακόβουλον – τετυχηκέναι vorge-stellt.

καὶ ἐν τῷ ιβ′ τυγχάνειν ἀμφοτέρους: vgl. §§ 30 u. 38. Der 12. Ort der Dodekatropos heißt κακὸς δαίμων (lat. *malus genius*) und gehört

---

den astrologischen Charakteristika Saturns s. auch Pérez Jiménez 1999a u. Pérez Jimé-nez 2009.

[1943] Siehe Cumont 1935a, 17[5].

[1944] Dazu Bouché-Leclercq 1899, 94[1].

[1945] Vgl. Val. app. 2,4. ‘Rhet.’ (cf. Pingree 1977a, 220) CCAG VII (1908), p. 214,17.

[1946] Paul. Alex. 23 p. 49,11–15 ἐπεὶ καὶ τῇ φύσει ... ὁ ... τοῦ Κρόνου Νέμεσις [sc. καθέστηκεν]. Vgl. Bouché-Leclercq 1899, 307. Siehe auch Olymp. cap. 21 p. 42,16. cap. 22 pp. 51,9–12. 55,3. 56,22. 60,11. Die einzige mir bekannte praktische Anwen-dung des Loses der Nemesis bietet der noch unpublizierte P. Berlin 9825 (Hor. gr. 319.XI.18–19).

[1947] Siehe konkret Dor. arab. 2,32,1. Ps.-Maneth. 2[1],191–209. Firm. math. 5,3,44–48. Lib. Herm. 32,1.

Saturn.[1948] Er steht für Feindschaften und für die Schwierigkeiten, die einem persönliche Feinde bereiten.[1949] Daraus ergibt sich das Gebiet, auf dem die soeben besprochene Listigkeit und Klugheit des Nativen primär zur Anwendung kommt und es ihm ermöglicht, sich allen Widrigkeiten zum Trotz zu behaupten.

Die Ambivalenz astrologischer Argumentation zeigt sich im Vergleich mit dem Horoskop des Ceionius Rufius Albinus (Firm. math. 2,29,10–20 = Hor. lat. 303.III.14), in dem Jupiter im 12. Ort zahllose Feinde bewirkt, die am Ende obsiegen (2,29,12): *Iuppiter vero ... in XII. loco id est in cacodaemone per antiscium constitutus plurimos et ipsi et patri eius excitavit inimicos et eos superiores esse perfecit.* Antigonos und Firmicus stützen sich also beide auf die kanonische Bedeutung des 12. Ortes (Feinde, Intrigen, etc.),[1950] aber Antigonos zieht aus den darin stehenden Planetengöttern Rückschlüsse auf die Tatsache und die näheren Umstände des *Obsiegens* des Nativen, Firmicus hingegen auf die Tatsache und die näheren Umstände seines *Unterliegens*. Das hat vermutlich damit zu tun, dass der 12. Ort Saturn gehört, während Jupiter dort fremd ist (ihm gehört der 11. Ort). Eine ähnlich differenzierte Prognostik für Saturn und Jupiter im 12. Ort finden wir z.B. bei Paul. Alex. 24 p. 70,13–16: ἐν δὲ τούτῳ τῷ τόπῳ ὁ τοῦ Κρόνου ἀστὴρ ἐπὶ ἡμερινῶν γενέσεων,[1951] ἀρσενικὸν ζῴδιον ἐπέχων,[1952] μόνος χαίρει καὶ πάντοτε τῶν ἐχθρῶν καθυπερτεροῦντας καὶ καταδυναστεύοντας ποιήσει κτλ.; ibid. p. 71,13–15: ὁ δὲ τοῦ Διὸς τὸν τόπον τοῦτον ἐπίσχων ἐχθρῶν ἐπαναστάσεις[1953] καὶ κρισιολογίας πρὸς ἐλαχίστους καὶ τῶν πατρικῶν ἐλάττωσιν ποιήσει κτλ. (ohne Hinweis auf Überwindung der Feinde).

τυγχάνειν: s.o. zu § 30 τυγχάνειν.

[1948] Vgl. Paul. Alex. 24 p. 70,11–13. Bouché-Leclercq 1899, 280. Gundel – Kehl 1994, 604. Greenbaum 2009, 99 u. 113–126.

[1949] Vgl. Bouché-Leclercq 1899, 285, und Belege wie z.B. Valens im Kapitel 4,12,1 (Περὶ τῶν ὀνομασιῶν τῶν ιβ τόπων καὶ περὶ τῆς δωδεκατρόπου): ιβ´ [sc. τόπος] ξένης, ἔχθρας, δούλων, σίνους, κινδύνων, κριτηρίων, πάθους, θανάτου, ἀσθενείας. Vgl. auch Firm. math. 2,19,13 (zum 12. Ort): *ex hoc loco inimicorum qualitas* [...] *facili nobis significatione monstratur.* [...] *est autem locus Saturni.*

[1950] Von *insidiae* der persönlichen Feinde spricht Firmicus zu Beginn des Horoskops (2,29,11 *de exilio vero eius et adsiduis insidiis*).

[1951] Die für Hadrian relevante Alternative (Nachtgeburten) erwähnt Paulos a.a.O. nicht.

[1952] Bei Hadrian gegeben: Steinbock.

[1953] Vgl. Val. 4,12,4 über Saturn oder Mars im 12. Ort: διὰ δούλους λύπην ἢ ἐχθρῶν ἐπαναστάσεις.

§ 36

προσκυνεῖσθαι: Die Proskynese ist ebenso wie die Doryphorie persischen Ursprungs.[1954] Während sie am römischen Kaiserhof keine Rolle spielte, war sie den Untertanen im Osten des Reiches ein vertrautes Attribut höchster Königswürde. Martin 1982, 296[257], urteilt richtig: "Il ne s'agit pas ici de trouver une réalité historique à ce rite sous Hadrien. Il est seulement symbolique, dans le milieu oriental où vit Antigone et où il est lu, du pouvoir impérial et de sa conception." In der hellenistischen Kultur ist das Zeremoniell der Proskynese eng mit dem Namen Alexanders des Großen verknüpft; daher intendiert Antigonos vermutlich eine Assoziation Hadrians mit Alexander. Das wäre auch astrologisch folgerichtig, da unser Autor insgesamt zeigt, dass die Geburtskonstellation Hadrians Ursache höchster königlicher Würde ist (s.o. S. 679–685 zu §§ 26–28), oder mit den Worten des Ptolemaios: Ursache eines Kosmokrators.[1955] Und die Alexanderlegende ist "le modèle même du *cosmocrator*".[1956] In astrologischem Kontext verdient auch der Kritiker Sextus Empiricus Erwähnung, der als Extreme des sozialen Spektrums Könige und Sklaven nennt und sogleich darauf als Musterbeispiel der ersten Kategorie den König *per antonomasiam*, Alexander den Großen, anführt.[1957] Zum Begriff der Proskynese bieten astrologische Texte keine nennenswerten Parallelen.

ἐπίκεντρον ὄντα: vgl. § 37 ἐπίκεντρον οὖσαν. ἐπίκεντρος bedeutet 'kardinal', sowohl im wörtlichen Sinn (gradgenaue Position exakt im ASC [so hier], MC, OCC oder IMC) als auch im weiteren Sinn (Position im I., X., VII. oder IV. Ort der Dodekatropos).[1958]

In der Fachliteratur ist diese Terminologie schon für 'Nechepsos und Petosiris' belegt. Vgl. frg. 21,65 bei Val. 7,6,14: ἀστὴρ ἐπίκεντρος ὑπάρχων (Val. 7,6,10–20 ist nach Val. 7,6,21 ein wörtliches Nechepsos-Zitat). Siehe ferner Val. 3,11,7 (frg. +9) ἐπίκεντρος sowie insgesamt vier weitere Belege in den Riess ebenfalls unbekannten Petosiris-Exzerpten

---

[1954] Vgl. Balsdon 1950, 371–382. Fears 1976, 495. Kingsley 1995, 204f.

[1955] Ptol. apotel. 4,3,2 (s.o. S. 681 bei Anm. 1427 u. S. 736 bei Anm. 1649).

[1956] Bakhouche 2002, 190.

[1957] Sext. Emp. adv. math. 5,88–89: οἱ γὰρ ἐν τῷ αὐτῷ κατ᾽ ὁλοσχέρειαν χρόνῳ γεννηθέντες οὐ τὸν αὐτὸν ἔζησαν βίον, ἀλλ᾽ οἱ μὲν λόγου χάριν ἐβασίλευσαν, οἱ δὲ ἐν πέδαις κατεγήρασαν. οὐθεὶς γοῦν Ἀλεξάνδρῳ τῷ Μακεδόνι γέγονεν ἴσος, πολλῶν κατὰ τὴν οἰκουμένην συναποτεχθέντων αὐτῷ, οὐδὲ Πλάτωνι τῷ φιλοσόφῳ.

[1958] Siehe dazu oben S. 733.

von Iul. Laod. CCAG I (1898), p. 138,6.10.11 (= frg. +23), u. Theoph.
exc. CCAG XI 1 (1932), cap. 22, p. 223,21 (= frg. +27, zu beiden s.o.
Anm. 1300). Siehe ferner Val. 3,7,13 ἔϰϰεντρος ἢ ἐπίϰεντρος (= Nech.
et Pet. frg. 18,43). Die frühesten Belege in Originalhoroskopen sind P.
Oxy. XII 1563 (Hor. gr. 258.IX.26), Z. 4, und (vom selben Verfasser) P.
Oxy. XII 1476 (Hor. gr. 260.IX.29), Z. 7.

Zur Relevanz der kardinalen Stellung Jupiters für das genannte τιμᾶσθαι ϰαὶ προσϰυνεῖσθαι παρὰ πάντων vgl. das schon oben zu § 33b
δοξαστιϰὸν Gesagte sowie ergänzend Antioch. (?) carm. de plan. CCAG
I (1898), p. 109,24–25 ἦν δ᾽ ἄρα φαιδρὸν Ὄλυμπον ἀγαλλόμενος
διοδεύσῃ, | εὐτυχέας, προύχοντας ἀεί, πατρίδος δὲ μάλιστα. Rhet.
5,57,60 (= CCAG VIII 4, 1921, p. 133,4–5) ὁ δὲ τοῦ Διός, ἐὰν
ὡροσϰοπῇ ἐϰτὸς τῶν ϰαϰοποιῶν, λαμπρούς, ἡγεμόνας, ἄρχοντας τῆς
ἰδίας πατρίδος [so **V** u. Cumont, zu Recht, wie der zuvor zitierte
poetische Text zeigt, πραγματείας **AP** u. Pingree] πάντοτε ποιεῖ.[1959]

**ὁ γὰρ ἀεὶ οὕτως δορυφορῶν τὸν Ἥλιον ἢ τὴν Σελήνην ποιεῖ ὑπὸ
τῶν ὁμοτίμων ἢ ϰαὶ ϰρειττόνων δοξάζεσθαι ϰαὶ δορυφορεῖσθαι
ϰαὶ προσϰυνεῖσθαι:** Dies ist mit Blick auf die Lehre der Doryphorie
die deutlichste Aussage der griechisch-römischen Literatur zu dem von
Denningmann 2005 analysierten Vorgang der Projektion und Reflexion
soziomorpher Modelle, besonders zu dessen zweitem Teil (Reflexion):
Immer wenn Jupiter in kardinaler Position Speerträger von Sonne oder
Mond ist, wird der Geborene selbst von Speerträgern begleitet werden.[1960] Man beachte, dass die Prätorianer (die kaiserliche Leibwache)
auf Griechisch δορυφόροι heißen. So bezeichnet sie z.B. Cass. Dio
69,18,1 u. 69,19,2 mit Bezug auf die Spätphase der Regierung Hadrians.

ὁ γὰρ: so richtig **P**; zu demonstrativem ὁ γὰρ in der Prosa vgl. Kühner-
Gerth I 586 (§ 459,1k) mit Verweisen auf Hdt. 1,172. 2,124. 2,148.

οὕτως δορυφορῶν: Das Adverb ist in Ep.[4] zu οὗτος verschrieben. Für
οὕτως spricht jedoch der Sinn (Rückbezug auf ἐπίϰεντρον ὄντα δορυφορεῖν) und die zu οὕτως δορυφορῶν parallele Formulierung οὕτως
τυχόντα am Ende des Paragraphen. Siehe ferner die Verschreibung von

---

[1959] Grundlegende Informationen zu den Wirkungen der Luminare und Planeten in den
zwölf Orten der Dodekatropos bietet der Komm. zu **F1** § 26 ἐπὶ τοῦ ὡροσϰόπου (ab S.
697).
[1960] Vgl. Denningmann 2005, 341.

οὕτως zu οὗτος am Anfang von § 37 in **K**, derjenigen Handschrift der Epitome, die von ihrem Verfasser Johannes Abramios persönlich stammt.

τὸν Ἥλιον ἢ τὴν Σελήνην: Statt ἤ (Ep.[4]) bietet **P** καί. Für ἤ spricht, dass es unmittelbar zuvor hieß, Jupiter sei Speerträger der Sonne (ohne Erwähnung des Mondes), und aus § 33b wird explizit klar, dass Antigonos Jupiter nicht zugleich als Speerträger des Mondes betrachtet (ὁ τοῦ Διὸς ... ὢν ἐν τῷ ὡροσκόπῳ καὶ δορυφορῶν τὸν Ἥλιον καὶ ὁμόκεν-τρος ὢν τῇ Σελήνῃ). Die hiesige Bedingung muss also disjunktiv sein. Verwechslungen von ἤ und καί unterliefen den byzantinischen Kopisten sehr häufig. In den Antigonosfragmenten s.u. zu § 37 ὁ Ἥλιος ἢ ἡ Σελή-νη ἢ καὶ ἀμφότεροι und zu **F2** § 56 τὸ ὡροσκοποῦν ἢ τὸ μεσουράνη-μα sowie darüber hinaus in der Hephaistionausgabe Pingrees z.B. Bd. I, pp. 48,18 (**L**). 86,23 (**A**). 235,26 (**A**). 238,25 (**A**). 259,28 (**P**); umgekehrt (Verschreibung von καί zu ἤ): s.u. zu **F2** § 59 πρός τε Κρόνον καὶ Δία sowie bei Pingree z.B. Bd. I, pp. 19,2 (**P**). 19,3 (**P**). 57,1 (**A**). 95,18 (**A**). 231,20 (**A**). 239,32 (**P**).

τὸ εὐεργετικὸν: vgl. § 37 τὸ δὲ καὶ πολλοὺς οὕτως εὐεργετεῖν so-wie § 33b τὸ ... δωρητικὸν. Antigonos charakterisiert Hadrian zu Recht als freigebig und wohltätig. Der Kaiser nahm nicht weniger als acht öf-fentliche Beschenkungen vor[1961] und pflegte so mehr als alle seine Vor-gänger das Bild des *princeps liberalis*.[1962] Eine Inschrift an dem von Ha-drian in Athen gestifteten Pantheon dokumentierte die zahlreichen Wohl-taten, die dieser Kaiser den Städten des Römischen Reiches erwiesen hatte,[1963] und es verwundert nicht, dass sich der Ehrentitel *Euergetes* für Hadrian "in einer nahezu unüberschaubaren Fülle von Inschriften nach-weisen lässt, wobei er dem kaiserlichen Namen entweder allein oder in zahlreichen Kombinationen wie beispielsweise *Kyrios kai Euergetes, So-ter kai Euergetes, Ktistes kai Euergetes, Oikistes kai Euergetes, Soter kai Euergetes kai Ktistes, Soter kai Euergetes tou Kosmou, Soter kai Euerge-*

[1961] Zu den Daten s. Kienast 1996, 130.

[1962] Zur *liberalitas principis* s. Kloft 1970.

[1963] Sie enthielt ein Verzeichnis aller Heiligtümer, die er hatte errichten oder aus-schmücken lassen, sowie der Geschenke, die er den Griechenstädten, aber auch den Barbaren, sofern diese darum baten, hatte zukommen lassen (Zahrnt 1997, 128, vgl. ebd. 131).

tes tes Oikoumenes,[1964] *Kyrios kai Euergetes tes Oikoumenes* und *Theos Euergetes* beigeordnet ist."[1965] Vgl. Hist. Aug. Hadr. 17,5 *omnes reges muneribus suis vicit* sowie ebd. 7,9–10. 15,1. 16,8. 17,11. 21,9. 22,9 und Cass. Dio 69,5,1–2 πολλοῖς πολλά, καὶ δήμοις καὶ ἰδιώταις καὶ βουλευταῖς τε καὶ ἱππεῦσι, χαρίσασθαι ... καὶ τὰς πόλεις τάς τε συμμαχίδας καὶ τὰς ὑπηκόους μεγαλοπρεπέστατα ὠφέλησε.

Wahrscheinlich hatte Hadrian selbst diese Seite seiner Regentschaft in seiner Autobiographie, die dem Antigonos als historische Quelle gedient haben dürfte, hervorgehoben. Dafür spricht der Umstand, dass die römischen *principes* den Euergetismus und die damit verbundenen Erwartungshorizonte ebenso wie die hellenistischen Monarchen als Legitimationsstrategie nutzten.[1966] Außerdem steht gerade Hadrian für eine wichtige Phase in der Entwicklung der kaiserlichen Wohltätigkeit und Freigebigkeit (*beneficentia, munificentia, liberalitas*). Nachdem schon Caesar in Anlehnung an ältere griechische Vorstellungen[1967] die *liberalitas* als Grundprinzip seiner Politik betont hatte,[1968] avancierte sie in der Folgezeit zu einer der wichtigsten Tugenden eines guten *princeps*. So hebt z.B. Plinius im Zusammenhang mit Spenden an Soldaten und Bürger lobend die *liberalitas* Trajans hervor (Plin. paneg. 25,3–4), während Sueton die mangelnde *liberalitas* des Tiberius moniert (Suet. Tib. 48,2).[1969] In der Zeit von Hadrian bis Commodus wird dann auf Münzen die Legende CONGIARIVM zunehmend durch LIBERALITAS AVG ersetzt, wobei die allegorische Figur der *Liberalitas* immer größere Bedeutung erhält: Seit Hadrian ist sie oft dargestellt als eine aufrecht stehende Frau in langem Gewand, die ein Füllhorn in der linken und ein Zählbrett in der rechten Hand hält.[1970]

[1964] Vgl. Gehrke 1998, 230: "Bezogen auf das gesamte Reich erschien nun der *princeps* [...] als Wohltäter der Menschheit." Vgl. Mortensen 2004, 68–79 ("Hadrian, ein 'Wohltäter der Menschheit'?").

[1965] Hahn 1994, 285f., mit reichen epigraphischen Belegen aus dem griechischen Osten ebd. Anm. 238–247.

[1966] So Gehrke 1998, 229f.

[1967] Vgl. z.B. Xenophon über die Freigebigkeit des Kyros (Xen. Kyr. 8,2,15–23. 8,4,32–35).

[1968] In seinem Schreiben an Oppius und Cornelius Balbus Anfang 49 v.Chr. (Cic. Att. 9,7c,1): *haec nova sit ratio vincendi ut misericordia et liberalitate nos muniamus*.

[1969] So Corbier – Schneider 1999, 143 (mit weiterführenden Literaturangaben zum Thema *liberalitas*).

[1970] So Corbier – Schneider 1999, 142. Diese allegorischen Münzbildnisse spielen auf die Verteilung von Geld an die stadtrömische Bevölkerung an. – Zur philosophischen Grundlegung der *liberalitas* als Tugend, die die *commoda* der Mitmenschen vermehrt und daher Lob verdient, s. Cic. off. 1,43.

Angesichts der Bedeutung des Euergetismus in der Prinzipatsideologie des 2. Jh. n.Chr. ist es nicht nur naheliegend, dass Antigonos mehrmals darauf eingeht, sondern auch astrologisch selbstverständlich, dass er die außergewöhnliche Wohltätigkeit Hadrians, des irdischen Herrschers, durch die bei seiner Geburt günstige Position Jupiters, des himmlischen Herrschers, erklärt.[1971]

δ' ὁμοίως: In **P** ist das Adverb ausgefallen, doch der Sinnzusammenhang macht die Ergänzung nach Ep.[4] sicher. ὁμοίως begegnet in den Antigonosfragmenten mehrmals, vgl. § 23. **F2** § 54.59. **F3** § 63. **F4** § 67 u. bes. **F5** § 69.

ἔσχεν: Zur abweichenden Wortfolge in Ep.[4] s.o. zu § 22 φησί.

διὰ τὸν Δία οὕτως τυχόντα: nämlich in kardinaler Position, im Aszendenten. Zu Jupiter als astrologischer Ursache des Euergetismus vgl. z.B. Val. 1,3,8.12, der Jupiters Gradbezirke im Tierkreis als εὐεργετικαί bezeichnet. Siehe auch oben zu § 33b δωρητικὸν. Die einschlägigen Kapitel astrologischer Autoren zu den Wirkungen der Luminare und Planeten in den zwölf Orten der Dodekatropos (s.o. zu **F1** § 26 ἐπὶ τοῦ ὡροσκόπου ab S. 697) bieten keine Parallelen für die hier von Antigonos genannte Planetenwirkung. Allerdings bieten sie relevantes Material für die implizite Prämisse des Euergetismus, d.h. für den Reichtum des kaiserlichen Wohltäters: Vgl. z.B. Antioch. (?) carm. de plan. CCAG I (1898), p. 108,6–9 (*de Luna*): νύκτωρ μὲν μέγα σῆμα κατορθοῦται βιότοιο· | πλοῦτον δ' ἐξείης δῶκεν καὶ κέρδεα πολλά, | ἠδὲ χρόνους ζωῆς πολυγηθέας· ἢν δέ μιν ἠώς | χρυσοφαὴς ἐπίδῃ, τότ' ἐναντία σήματα πέμπει ('Nachts vollbringt er[1972] ein bedeutendes Vorzeichen [der Qualität] des Lebens, und danach gibt er Reichtum und vielerlei Gewinn und viel erfreuende Lebenszeiten. Wenn aber die goldglänzende Morgenröte ihn anblickt, dann sendet er gegenteilige Vorzeichen.').[1973] Derselbe

---

[1971] § 33b τὸ δὲ ... δωρητικὸν ... ὁ τοῦ Διὸς παρέσχεν. § 36 τὸ εὐεργετικὸν δ' ὁμοίως ἔσχεν διὰ τὸν Δία οὕτως τυχόντα.

[1972] Vgl. LSJ s.v. κατορθόω III mit Verweis auf τῇ πόλει κατορθωσάμενος ἀγαθά (auf einer sardischen Inschrift des 1. Jh. v.Chr.).

[1973] Bei wörtlicher Auslegung sprechen die beiden letzten Verse natürlich zu Ungunsten Hadrians. Andererseits haben wir es bei ἢν δέ μιν ἠώς χρυσοφαὴς ἐπίδῃ offensichtlich mit einer poetischen Formulierung für ἡμέρας (als Gegensatz zu νύκτωρ im ersten Vers) zu tun. Da **F1** ein Nachtthoroskop ist, ist der positive erste Teil der Regel anzuwenden.

Dichter prognostiziert auch bei Stellung der Sonne im 1. Ort, speziell in männlichen Tierkreiszeichen (wie hier der Fall), Reichtum (ibid. p. 109,7 ἐσήμανε πλοῦτον ἔχοντας).

§ 37

Nachdem in § 36 dargelegt worden war, warum Hadrian *überhaupt* geehrt wurde und wohltätig war, erklärt § 37, warum beides im Verhältnis zu *vielen* Menschen zutraf (zur Methode des Fortschreitens vom Allgemeineren zum Spezielleren siehe den Kommentar zu § 31 καὶ ἐκ νέας ἡλικίας τοιοῦτος ἀπετελέσθη). Damit wird der schon zu Beginn von § 36 eingeflochtene Zusatz παρὰ πάντων wieder aufgegriffen und in den Mittelpunkt gerückt. Die beiden Paragraphen gehören nicht nur inhaltlich eng zusammen, sondern sind auch gleich gebaut: Vgl. τὸ δὲ ... συνέβη διὰ τὸ ... · ὁ γὰρ ἀεὶ ... ποιεῖ ... (§ 36) mit τὸ δὲ ... συνέβη διὰ τὸ ... · πάντοτε γὰρ ... ποιοῦσι ... (§ 37). Astrologisch argumentiert Antigonos in § 37, der größtmöglichen Zahl speertragender Planeten für die Luminare am Himmel (in idealer Stellung und Ordnung) entspreche die größte Menge untertäniger Völker des Herrschers auf Erden.

τὸ δὲ καὶ πολλοὺς οὕτως εὐεργετεῖν: s.o. zu § 36 τὸ εὐεργετικόν.

ἐπίκεντρον οὖσαν δορυφορεῖσθαι: Für das nur von Ep.[4] überlieferte Partizip spricht § 36 ἐπίκεντρον ὄντα δορυφορεῖν (s. Komm. z. St.); vgl. auch § 45 ἀρρενικῷ ὄντι und **F2** § 57 ἀσελγεῖ ὄντι (in allen drei Fällen **P** = Ep.[4]). Eine ähnliche Auslassung wie hier bietet **P** in **F3** § 66a (ὄντα). Siehe ferner den Kommentar zu **F5** § 68 προσθετικοὶ τῷ μήκει καὶ τῷ πλάτει am Ende.

Die kardinale Stellung beider Luminare verstärkt natürlich im Prinzip ihre Wirkungen. Allerdings sind in den einschlägigen Kapiteln astrologischer Autoren zu den Wirkungen der Luminare und Planeten in den zwölf Orten der Dodekatropos (s.o. zu **F1** § 26 ἐπὶ τοῦ ὡροσκόπου ab S. 697) keine wörtlichen Parallelen für die hier von Antigonos genannten Wirkungen (εὐεργετεῖν und προσκυνεῖσθαι) zu finden. Vgl. jedoch für προσκυνεῖσθαι die inhaltlich eng verwandte Aussage in § 26 bezüglich der Luminare im 1. Ort als Ursache der Kaiserwürde und die dort (im Komm. zu ἐπὶ τοῦ ὡροσκόπου) genannten Parallelen.

οἰκείως: Zur abweichenden Wortfolge in Ep.[4] s.o. zu § 22 φησί, zum Terminus οἰκείως im Allgemeinen s.o. zu § 26 οἰκείως εὑρεθέντων, zu seiner speziellen Bedeutung im Kontext der Doryphorie s. die Erklärung des Antigonos in §§ 26–27 sowie die enge Parallele bei Ptol. apotel. 4,3,1 δεήσει σκοπεῖν ἀπό τε τῆς τῶν φώτων διαθέσεως καὶ τῆς τῶν δορυφορούντων ἀστέρων οἰκειώσεως αὐτοῖς (zit. u. übers. oben zu §§ 26–28). In beiden Fällen betrifft die Affinität (οἰκείως/οἰκείωσις) die Stellung der Speerträger zu den Luminaren (östlich zur Sonne, westlich zum Mond). Dasselbe wie οἰκείως meint anscheinend κατὰ τρόπον im hier folgenden Satz.

τῶν ε͞ πλανωμένων: Antigonos präzisiert die Zahl der Wandelsterne nur hier. Ob er die in antiken Texten mit der Fünfzahl konkurrierende Siebenzahl (d.h. inkl. der Luminare, s.o. zu § 26 ἀστέρων) billigte, ist ungewiss. Im Rahmen des geozentrischen Weltbildes und der antiken Religion ist an der Rede von sieben Planeten bzw. Planetengöttern nichts auszusetzen. Explizite Belege für 'sieben Wanderer' sind jedoch relativ selten; siehe P. Mich. III 149, col. XIII,36 τῶν δὲ ζ' πλανητῶν. Ptol. apotel. 4,10,5 τῶν ἑπτὰ πλανωμένων (ebenso Heph. 1,2 tit.). Anon. carm. de plan. 1–2 p. 43 Heitsch ἑπτὰ πολυπλανέες κατ' Ὀλύμπιον ἀστέρες οὐδὸν | εὐλεῦνται κτλ. Jul. Laod. CCAG IV (1903), p. 106,8 ἡ ἐπίσκεψις τῶν ἑπτὰ πλανήτων, außerdem in nicht-astrologischen Texten als m.W. frühesten Beleg Chrysipp. frg. 527 SVF II 168,32–33 τὰ δὲ πλανώμενα ἑπτὰ τὸν ἀριθμὸν εἶναι. Belege für 'sieben Götter': z.B. P. Lond. I 130 (Hor. gr. 81.III.31), Z. 7–8 τῶν ἑπτὰ θεῶν. P. Paris 19bis (Hor. gr. 137.XII.4), col. I,1 ἑπτὰ θε[οι]. P. Mich. III 149, col. VII,28 τῶν ζ' θεῶν (= col. XX,7). Ps.-Maneth. 5[6],29 ἀστέρες ἑπτὰ θεοί. Explizite Belege für 'sieben Sterne' (ohne 'Götter') sind sehr selten und m.W. erstmals bei Paul. Alex. 4 (tit.) p. 15,3 οἱ ἑπτὰ ἀστέρες (= ebd. 5 [tit.] p. 18,1–2) sicher belegt. In modernen wissenschaftlichen Arbeiten zur antiken Astrologie ist zuweilen vereinfachend und sozusagen emisch (s.o. S. 7) von den 'sieben Planeten' statt von den Planeten und Luminaren die Rede. Dieser Usus wird hier im Interesse terminologischer Klarheit nach Möglichkeit gemieden.

ὁ Ἥλιος ἢ ἡ Σελήνη ἢ καὶ ἀμφότεροι: Die Artikel sind in **P**, wie so oft, ausgefallen und werden nur von Ep.[4] überliefert (dort allerdings statt ἀμφότεροι das Neutrum ἀμφότερα, sc. τὰ φῶτα). In beiden Überlieferungssträngen sind Ἥλιος und Σελήνη durch καί verknüpft, was aufgrund des folgenden ἢ καὶ ἀμφότεροι nicht richtig sein kann. Wir müssen entweder eine frühe Verschreibung von ἤ zu καί annehmen oder (so Kroll und Cumont im CCAG VI, 1903, p. 70,2, gefolgt von Pingree) das logisch unverzichtbare ἤ vor καί konjizieren. Die Entscheidung fällt schwer, zumal eine fast identische Formulierung in § 49 a.E., die sich zum Vergleich anbietet, aufgrund uneiniger Überlieferung ebenfalls problematisch ist: τὸν ῞Ηλιον ἢ τὴν (τὴν Ep.[4], καὶ **P**, s. Komm. z. St.) Σελήνην ἢ καὶ ἀμφοτέρους (jene Stelle spricht übrigens für ἀμφότεροι im hiesigen Fall). Die einzige weitere dreifache Alternative in den Antigonosfragmenten ist § 44 δίσωμα ἢ τροπικὰ ἢ καὶ πολύσπερμα (das zweite ἤ fehlt in Ep.[4]). Insgesamt scheinen die Parallelen in § 44 und § 49 zusammen mit einer früheren Verschreibung von ἤ zu καί in § 36 (cod. **P**, s.o. zu § 36 τὸν ῞Ηλιον ἢ τὴν Σελήνην) eher für die hier gewählte Verknüpfung durch ἤ als für ⟨ἢ⟩ καί zu sprechen. Es ist allerdings anzumerken, dass die Antigonosfragmente dann, wenn es um die Disjunktion von nur *zwei* Möglichkeiten geht, auffallend oft die Verknüpfung durch ἢ καί bieten, so in §§ 36, 40 (4x), 42, 43 (ἤ om. Ep.[4]), 52 (nur im ersten dieser Fälle, § 36, modifiziert das καί durch eine steigernde Funktion den Sinn und ist so besonders legitimiert). Falls Antigonos, wie hier angenommen, ursprünglich ἢ ἡ Σελήνη geschrieben hat, ist der Verlust eines der beiden unmittelbar aufeinanderfolgenden i-Laute bei byzantinischen Schreibern keine Besonderheit.[1974] Das noch übrige ἤ wurde dann vermutlich in einem zweiten Schritt zu καί verschrieben.

τυχόντες: Zur abweichenden Wortfolge in Ep.[4] s.o. zu § 22 φησί.

(τουτέστι τὸ ὡροσκοπικὸν ἢ τὸ μεσουράνημα): vgl. die epexegetische Parenthese in § 52 τουτέστι Ταύρου μοίρας α′. Ptolemaios, Valens und Hephaistion bieten sehr viele mit τουτέστι eingeleitete Erklärungen, Paulos Alexandrinos und andere Astrologen hingegen nur wenige Einzelfälle. Mit der hiesigen Erläuterung zweier κέντρα vgl. bes. Ptol. apotel. 3,13,1 τὰ τοῦ ὁρίζοντος δύο κέντρα (τουτέστι τό τε ἀνατέλλον καὶ τὸ δῦνον) sowie auch ebd. 3,4,7 μάλιστα τῶν πρώτων [sc. κέντρων]· λέγω δὲ τῶν τε κατὰ τὰς ἀναφορὰς καὶ τὰς μεσουρανήσεις.

τὸ ὡροσκοπικὸν: so **P**; τὸ ὡροσκοποῦν Ep.[4] (vielleicht zu Recht). Vgl. § 46 τὸ ὡροσκοποῦν und **F2** § 56 a.E. τὸ ὡροσκοποῦν ἢ τὸ μεσου-

---

[1974] Vgl. z.B. Rhet. 5,54,48 εὑρεθῇ ⟨ἡ⟩ (= CCAG VIII 4, 1921, p. 124,4).

ράνημα. In allen drei Fällen ist das implizite Bezugswort des Adjektivs bzw. Partizips der Fachterminus κέντρον, ebenso z.B. bei Ptol. apotel. 2,4,6 (l. 507 Hübner) u. 3,6,2 (l. 371 H.). In den Fragmenten des Antigonos begegnet das seltene Adjektiv ὡροσκοπικός nur hier. Sein Zeitgenosse Ptolemaios verwendet es zweimal (apotel. 3,6,4 u. 4,6,1, bezogen auf λόγος bzw. τόπος; zit. von Heph. 2,6,6 u. 2,23,2). Exakte Parallelen zu der von **P** überlieferten Lesart bietet Val. 7,2,5 = 7,2,11 τὸ ὡροσκοπικὸν κέντρον.[1975] Daneben erwähnt Valens aber auch oft τὸ ὡροσκοποῦν ζῴδιον (1,4,9 u.ö.). Auch Antigonos könnte zwischen dem Adjektiv und dem Partizip geschwankt haben, und der Epitomator könnte die *lectio rarior* normalisiert haben. Die Lesart in **P** sollte nicht ohne Not korrigiert werden.

κατὰ τρόπον: Es fragt sich, ob die obligate morgendliche beziehungsweise abendliche Position der Speerträger zu den Luminaren oder die nicht zwingend vorgeschriebene Idealverteilung im Sinne der αἵρεσις-Lehre, bei der Tagplaneten der Sonne vorausgehen und Nachtplaneten dem Mond folgen, gemeint ist, oder sogar beides.[1976] Denningmann neigt dazu, κατὰ τρόπον auf die αἵρεσις-Lehre zu beziehen.[1977] Es ist jedoch zu bedenken, dass ausdrücklich von der sachgerechten Speerträgerschaft *aller* Planeten die Rede ist, was bezüglich der morgendlichen beziehungsweise abendlichen Position in jedem der drei von Antigonos ins Auge gefassten Fälle (ὁ Ἥλιος ἢ ἡ Σελήνη ἢ καὶ ἀμφότεροι) möglich ist, im Sinne der αἵρεσις-Lehre aber nur im letzten, wenn die Doryphorie beide Luminare betrifft. Daher meint κατὰ τρόπον ... δορυφορούμενοι vielleicht doch dasselbe wie zuvor δορυφορεῖσθαι οἰκείως (s.o. Komm. z.St.).

πάντων τῶν ἀστέρων: alle fünf echten Planeten (hier unter Ausschluss der Luminare); s.o. zu § 26 ἀστέρων.

τοὺς ἐπὶ τῆς τοιαύτης καταστάσεως γεννωμένους: In der Antigonosüberlieferung begegnet ausschließlich das Passiv γεννᾶσθαι ('geboren werden'). Vgl. § 40 τῷ οὕτως γεννωμένῳ. § 41 τῷ οὕτω γεννωμένῳ. § 42 οἱ οὕτως γεννώμενοι (außerdem epit. 4,26,52 περὶ τοῦ γεννη-

---

[1975] Ebenso auch Paul. Alex. 27 p. 77,1.
[1976] Zu Einzelheiten vgl. den Kommentar zu § 26 δορυφορούντων (bes. S. 709 bei Anm. 1557).
[1977] Denningmann 2005, 343 (s. ebd. 316).

θέντος. epit. 4,26,55 γεννηθείς. Exc.² § 66a γεννηθῆναι). Andere astrologische Autoren bieten zahllose weitere Belege,[1978] die sich bis zu 'Nechepsos und Petosiris' zurückverfolgen lassen.[1979] Dagegen ist das Aktiv γεννᾶν *in astrologicis* vergleichsweise selten belegt und hat stets die Planetengötter oder die Tierkreiszeichen, nicht die leiblichen Eltern, zum Subjekt: so Ps.-Maneth. 1[5],28.280 γεννῶσιν ('bringen hervor', beidemal sind Sonne und Mond Subjekt). ibid. 1[5],117 γεννήσει (vom Mond). Val. 2,41,10–11 (dreimal von unbestimmten Planeten). Heph. 2,2,29 γεννᾷ (vom Stier). Nur ganz spät bei Kamateros finden sich Belege mit Bezug auf die leiblichen Mütter: Kam. isag. 1850 γεννῶσι sc. αἱ γυναῖκες. ibid. 1857 ἐν δὲ Διδύμοις κίνδυνος | μέγας τῇ γεννησάσῃ.

Der Terminus κατάστασις ist bei Antigonos nur hier belegt, wo er 'Konstellation', 'Anordnung der Himmelskörper' bedeutet. Anscheinend ist er also synonym mit διάθεμα beziehungsweise διάθεσις (s.o. zu § 21 τὰς γενέσεις). Diese Bedeutung fehlt im LSJ.[1980] Allerdings verdient eine wichtige Nuance in κατάστασις Beachtung: Anders als διάθεμα beziehungsweise διάθεσις ist dieser Begriff nie rein räumlich gemeint, sondern impliziert stets die astrologische Qualität der gemeinten astronomischen Position(en). Den fließenden Übergang von der Beschaffenheit des Geburtsmilieus zur räumlichen Stellung eines, mehrerer oder aller Himmelskörper kann man in den *Apotelesmatika* des Ptolemaios klar fassen: Mit 1,2,19 τῆς τοῦ περιέχοντος καταστάσεως (cf. 1,4,3) ist allgemein "the condition of the ambient" gemeint;[1981] in 2,9,3 ἐάν τε αὐτὸς [sc. ὁ ἀστὴρ] ἐν τῇ ἰδίᾳ ᾖ καταστάσει ist der Begriff bereits auf einen Himmelskörper bezogen, meint aber dessen astrologische Qualität;[1982] die konkrete räumliche Bedeutung tritt in 3,14,37 hinzu (oder besser: wird etymologisch reaktiviert),[1983] wo es um astronomische Positionen des Mondes auf den ekliptikalen Knoten (οἱ σύνδεσμοι) und auf den nördlichen/südlichen Wendepunkten (τὰ ἐπικάμπια) seiner Bahn geht:

[1978] Vgl. zu Ptolemaios Hübner 1998a, 375, zu Hephaistion Pingree 1973–1974, I 366 u. II 392, zu Valens Pingree 1986, 482f. (jeweils s.v. γεννάω).

[1979] Vgl. τοῖς γεννωμένοις in dem wörtlichen Petosiris-Zitat bei Val. 2,41,3 = Nech. et Pet. frg. 24. Siehe ferner oben S. 677 bei Anm. 1410 zu Val. 6,1,11.

[1980] Auch im Suppl. 1996; am nächsten kommt LSJ s.v. κατ. II.4 "position of troops in battle".

[1981] Robbins 1940, 17.

[1982] Robbins 1940, 179: "the planet itself in its own proper condition". Zur semantischen Verwandtschaft von κατάστασις und ποιότης vgl. z.B. Ptol. apotel. 2,11,6 τὰς ... τῶν ὡρῶν ποιότητας καὶ καταστάσεις.

[1983] κατάστασις < καθίστημι.

συμβάλλεται μέντοι καὶ αὐτὴ ἡ τῆς σελήνης κατάστασις, ἐπειδήπερ ἐν μὲν τοῖς ἐπικαμπίοις τυγχάνουσα (τοῦ τε νοτίου καὶ βορεί-
ου πέρατος) συνεργεῖ τοῖς ψυχικοῖς ἰδιώμασιν ἐπὶ τὸ πολυτροπώ-
τερον καὶ τὸ πολυμηχανώτερον καὶ εὐμεταβολώτερον, ἐπὶ δὲ τῶν
συνδέσμων ἐπὶ τὸ ὀξύτερον καὶ πρακτικώτερον καὶ εὐκινητότε-
ρον.[1984] Wie der Beleg zeigt, geht es Ptolemaios (ebenso wie hier in § 37
dem Antigonos) um die astronomische Position in ihrer astrologischen
Qualität. Bei der nächsten Revision des Supplements zu LSJ wäre eine
entsprechende Ergänzung wünschenswert.[1985] Übrigens kennt Valens nur
die allgemeinere Bedeutung.[1986] Falls Antigonos, wie hier angenommen,
einige Jahre vor Ptolemaios schrieb, bietet er, wie auch in anderen Fällen,
den frühesten Beleg für eine lexikalische Neuerung.[1987] Vgl. schließlich
noch das Kompositum ἀποκατάστασις im stoischen Sinne der periodi-
schen Rückkehr aller Planeten an die Positionen, die sie zu Beginn des
Kosmos innehatten.

βασιλεῖς: s.u. zu **F3** § 65 τὸν βασιλέα.

§ 38

Dieser Paragraph besitzt keinen klar erkennbaren inhaltlichen Zusammenhang mit dem unmittelbar zuvor Gesagten (§§ 36–37), wiederholt in
den ersten vier Zeilen Punkt für Punkt das, was bereits in § 30 gesagt
wurde, und enthält in der letzten Zeile, die Neues bietet, eine Vokabel,
die erst mehrere Jahrhunderte später erneut belegt ist (ἀγαθοθελής, s.u.).
Es stellt sich daher nicht nur die Frage nach der Funktion, sondern auch

---

[1984] Robbins 1940, 361: "nevertheless the condition of the moon itself also makes a certain contribution. For when the moon happens to be at the bendings of its northern and
southern limits, it helps, with respect to the character of the soul, in the direction of
greater versatility, resourcefulness, and capacity for change; at the nodes, in the direction of greater keenness, activity, and excitability." Im Folgenden geht Ptolemaios auch
auf die Phasen des Mondes ein (daher vielleicht Robbins' Präferenz für "condition" statt
"position"), aber die Mondphasen stellen im weiteren Sinne ebenfalls astronomische
Positionen (relativ zur Sonne) dar.
[1985] Z.B.: 'astronomical position with respect to its astrological quality, Ptol. apotel.
3,14,37 (moon). Antig. Nic. ap. Heph. 2,18,37 (sun, moon and planets)'.
[1986] Val. 6,2,18 τὴν τοῦ γεννωμένου τύχην τε καὶ κατάστασιν ("Schicksal und
Zustand des Geborenen", Schönberger – Knobloch 2004, 239) u. Val. app. 1,11 (von der
Luft); zu beiden vgl. LSJ s.v. κατ. II.2.
[1987] Vgl. unten zu § 38 ἀγαθοθελεῖς.

nach der Echtheit von § 38. Ist dies vielleicht ein Zusatz des Hephaistion oder eines noch späteren Lesers? Die Beurteilung wird dadurch erschwert, dass **P** und Ep.[4] den Text in verschiedenem Wortlaut überliefern. Im Folgenden wird gezeigt, dass keine ausreichenden Indizien gegen die Authentizität von § 38 vorliegen.

Mehrere potentielle, einander ergänzende Funktionen sind denkbar. Nachdem § 36 die Wirkungen der Doryphorie des Jupiter bezüglich der Sonne erklärt hat, soll § 38 vielleicht die Wirkungen der zwei noch übrigen Speerträger der Sonne, Saturn und Merkur, nachtragen.[1988] Das wäre umso plausibler, als der dazwischenliegende Paragraph 37 trotz seines Umfangs eigentlich nur eine quantitative Präzisierung zu der astrologischen Aussage in § 36 bildet und die Thematisierung der Doryphorie in § 37 andauert. Der Paragraph 38 ist freilich nur dann sinnvoll, wenn er irgendetwas Neues gegenüber § 30 bietet. Und tatsächlich ist er in zweierlei Hinsicht verschieden von dem dort bereits Gesagten. Zum einen enthält § 38 am Ende eine neue Aussage, die bezüglich Gutwilligkeit und List. Zum anderen hat sich hier die Perspektive geändert, da es in § 30 um die Erklärung einer bestimmten biographisch tradierten Charaktereigenschaft des untersuchten Individuums (Hadrian) ging, hier in § 38 hingegen, wie es scheint, um die Frage, welche Wirkungen Saturn und Merkur als Speerträger der Sonne ausüben, und zwar im Sinne von Ep.[4] (gegen **P**) ohne Bezug auf ein konkretes Individuum (mehr dazu im nächsten Absatz). § 38 würde also, wenn dem so ist, sowohl an § 36 als auch an § 37 anknüpfen: an § 36 indirekt (über § 37 hinweg) bezüglich der Speerträgerschaft im Dienste der Sonne, an § 36 direkt bezüglich der dort eingeleiteten didaktischen Verallgemeinerung (πάντοτε). Es ist daher gut möglich, dass die Aussage zu Gutwilligkeit und List nicht durch eine entsprechende Angabe der dem Antigonos vorliegenden biographischen Quelle(n) motiviert ist, sondern durch das astrologische Lehrgebäude, welches unter den gegebenen Umständen tatsächlich negative Charakteristika wie List und Verschlagenheit erlaubt (s. die Zitate unten S. 831), dass es sich also letztlich um eine der vielen didaktischen Digressionen des Antigonos handelt.[1989] Diese Annahme steht im Einklang mit der oben begründeten Vermutung, dass Antigonos sein Wissen über das

---

[1988] Ich nehme hiermit eine Anregung von Schmidt 2009, 355[148], auf, der zwar nicht Jupiter erwähnt, aber als Grund für die nunmehr dritte Erwähnung der "co-presence of Hermēs and Kronos" vermutet: "We may speculate that it is not being exploited now because of its position in the 12th or because Kronos is in its own domicile, but only insofar as these two planets are spear-bearers of Hēlios, which itself signifies the soul."

[1989] S.o. S. 53 mit Anm. 266 u. 267.

Leben Hadrians aus dessen Autobiographie geschöpft hat.[1990]

Wenig plausibel erscheint die alternative Annahme, dass § 38 ein letztes Charakteristikum des konkreten, anonym vorgestellten Kaisers mitteilen solle. Das würde denselben nicht unerheblich diskreditieren und schlecht zu seiner ansonsten durchweg positiven und kohärenten Charakterisierung passen. Denn die hiesige Formulierung erinnert eher an den δολοφρονέων ... πολύμητις Ὀδυσσεύς (Hom. Od. 18,51 = 21,274), der auf Vernichtung derer sinnt, die seine Stellung usurpieren, als an ein Kaiserlob im Sinne des Menander Rhetor auf einen, der sich historisch als Wohltäter der Menschheit gerierte.[1991] Freilich fehlte es wohl nicht an hadriankritischen oder sogar hadrianfeindlichen Quellen, denen Antigonos hier ausnahmsweise gefolgt sein könnte. Man vergleiche späte Reflexe solcher negativen Hadrianbilder wie z.B. in Hist. Aug. Hadr. 23,8 *multis aliis interfectis vel aperte vel per insidias.*[1992] Wahrscheinlicher ist eine solche Anleihe jedoch nicht. Man beachte, dass selbst dann, wenn hier eine solche Anleihe vorläge, dies nicht automatisch gegen den durch Ep.[4] überlieferten verallgemeinernden Plural spräche, denn dieser würde es dem Antigonos erlauben, eine negative Aussage über einen noch nicht lange verstorbenen und in Rom zum *divus* erhobenen Kaiser, dessen Identität seine Leser trotz der anonymen Formulierung erkennen könnten, abzumildern und durch diese Kautel die Erregung von Anstoß zu vermeiden.

Zuletzt sei noch eine weitere, bisher nicht erwähnte potentielle Funktion von § 38 erwähnt. Diese ist kompositorischer Art: Vielleicht will Antigonos am Ende seiner Untersuchung der seelischen und speziell kaiserlichen Qualitäten des Nativen durch die wörtliche Wiederholung einer zu Beginn dieser Untersuchung benutzten Formulierung der gesamten Textpassage (§§ 30–38) Geschlossenheit verleihen, ehe er sich dem nächsten großen Themenkreis zuwendet (§§ 39–48: Familie).

ἐν τῷ ιβ′ τυχόντες: sc. τόπῳ (vel ζῳδίῳ; s.o. S. 691).

[1990] S.o. S. 52–56, bes. S. 55f. (Punkt 3).

[1991] S.o. Anm. 1964.

[1992] Siehe ferner Hist. Aug. Hadr. 14,11 *simulator ⟨dissimulator⟩ ... et semper in omnibus uarius.* Ps.-Aur. Vict. epit. 14,6 *varius multiplex multiformis; ... continentiam facilitatem clementiam simulans contraque dissimulans ardorem gloriae, quo flagrabat.* Zu den profunden Gegensätzen im Wesen Hadrians, die dazu führten, dass er trotz seiner segensreichen Regierung nicht geliebt, sondern im Allgemeinen eher gefürchtet wurde, siehe von Rohden 1893, 520.

ἐπὶ ἑῴας ἀνατολῆς: wort- und sinngleich mit § 27 ἐπὶ ἑῴας ἀνατολῆς, s. den Komm. z.St. (Punkt 3).

δορυφοροῦντες τὸν ῞Ηλιον: sinngleich mit § 30 δορυφορεῖν τὸν
῞Ηλιον, s. den Komm. z.St.

φρονίμους – δολερούς: Die pluralischen Formen (Ep.[4]) sind den singularischen (**P**) vorzuziehen, da das präsentische Tempus und das Fehlen
von αὐτόν zeigen, dass es sich ebenso wie im vorigen Satz um eine
allgemeingültige Aussage handelt. Dafür spricht auch der Umstand, dass
§ 38, wenn man **P** folgte, der einzige Fall im ganzen Hadrianhoroskop
wäre, wo Antigonos ein zuvor unerwähntes Charakteristikum des Nativen
in einer so strukturierten Formulierung mitteilt, d.h. in einem Satz, der
zuerst die astronomischen Daten erwähnt und dann eine daraus resultierende Wirkung auf den Nativen. Der einzige vergleichbare Fall in den
beiden folgenden Horoskopen wäre **F2** §§ 58–59, aber **F2** ist anders aufgebaut als **F1**, und vor allem ist **F2** §§ 58–59 – im Gegensatz zu § 38
ποιοῦσι – im Aorist formuliert (ἀπετέλεσεν ... ἀπειργάσατο).[1993] Für
eine allgemeingültige Formulierung an der hiesigen Stelle sprechen auch
zahlreiche pluralische Parallen in §§ 32.37.40.52 **F2** § 60. **F5** §§ 68.
69[3x].70.73, ferner vielleicht auch der Umstand, dass hier ein Rückver-
weises vom Typ ὡς ἔφην (§ 37) fehlt. Klare Parallelen zur hiesigen
Lesart des cod. **P** finden sich in den Antigonosfragmenten nicht. Dass es
sich in **P** um eine Abweichung vom Original handelt, macht auch § 33a
wahrscheinlich, wo **P** die durch den iterativen Bedingungssatz gerechtfer-
tigte Lesart μετριότητας (Ep.[4] u. Exc.[1]) im Singular bietet. Vielleicht
trug die Formulierung φρόνιμος δὲ καὶ πεπαιδευμένος καὶ βαθὺς ὑπῆρχε in § 30 (dort konkret über den Nativen, nicht allgemein) dazu bei,
dass **P** (oder ein Vorgänger von **P**) hier den Singular wählte. Numerus-
fehler in **P** begegnen z.B. auch in Heph. 2,13,2 (σίνος Ptol., σίνη **P**).

φρονίμους, πεπαιδευμένους: s.o. zu § 30 (Einleitung).

οὐ μὴν ἀγαθοθελεῖς ἀλλὰ δολερούς: Statt οὐ μὴν (Ep[4]) bietet **P** καὶ
μᾶλλον οὐκ. Mit dem Wortlaut von **P** vgl. z.B. Arrian. hist. Ind. 20,6 καὶ
μᾶλλον οὐκ ἀνιέναι ἀλλὰ λιπαρεῖν, mit dem von Ep.[4] z.B. Arist. cat. 5
p. 3b,15–16 οὐ μὴν ἀληθές γε, ἀλλὰ μᾶλλον ποιόν τι σημαίνει. Denk-

---

[1993] Syntaktisch nicht vergleichbar sind die mit τὸ δὲ eingeleiteten Erklärungen, die
keine Entsprechung in der Kurzbiographie Hadrians (§§ 23–24) haben; dazu s.o. S. 660.

bar ist also auch, dass die ursprüngliche Formulierung wie an der zitierten Aristotelesstelle οὐ μὴν ... , ἀλλὰ μᾶλλον lautete; dann wäre das μᾶλλον des cod. **P** als Transposition zu erklären. Wenngleich der Sinn der Lesarten in **P** und Ep.[4] annähernd gleich ist, spricht für die Epitome zum einen, dass in diesem Satz auch deren pluralische Formulierung vorzuziehen ist, und zum anderen, dass das καὶ (**P**) hier als störend empfunden werden könnte, da es die Worte οὐ μὴν ἀγαθοθελεῖς ἀλλὰ δολεροὺς eher als ein unabhängiges Element an die vorausgehenden Begriffe φρονίμους, πεπαιδευμένους anreiht, während der Sinn doch vielmehr ein 'zwar ... aber' zu implizieren scheint: '... machen (Native zwar generell, wie schon in § 30 mit Bezug auf Hadrian angedeutet) klug (und) kultiviert, (dabei aber) keineswegs auf Gutes bedacht, sondern listig.' Zu mehreren eindeutigen Fällen von abundantem καὶ in **P** s.o. zu § 21 ἄλλοι.[1994] Die Partikel μήν (Ep.[4]) begegnet in unseren Fragmenten noch ein weiteres Mal (§ 40).

Die astrologische Prognose δολεροὺς ergibt sich aus der Natur der Planetengötter Merkur und Saturn und ihrer Position im 12. Ort (s.o. zu § 35 διὰ τὸν Ἑρμῆν – ἀμφοτέρους). Sie ist negativ gemeint. Vgl. Paul. Alex. 24 p. 72,12–14, wonach Merkur im 12. Ort verschiedene Arten von Übeltätern hervorbringt: ὁ δὲ τοῦ Ἑρμοῦ τὸν τόπον τοῦτον ἐπέχων κλέπτας, ἀφανιστάς, κακολόγους, κακοπράγμονας, ἐργολάβους, δολίους (!), ὑποκριτὰς ἀποτελέσει κτλ.[1995] Siehe auch Firm. math. 3,9,6, der speziell auf das Zusammenwirken von Merkur und Saturn im 12. Ort von Nachtgeburten (wie hier der Fall) eingeht: *Per noctem vero in VI. et in XII. geniturae loco Saturnus et Mercurius constituti falsarum litterarum auctores, sceleratos malitiosos malivolos veneficos facient, sed qui semper maximis malis et maximis necessitatibus implicentur.* Nach Val. 1,3,46 sind obendrein die Merkurgrade im Steinbock (0°–7° ♑), in denen Saturn bei der Geburt Hadrians stand (§ 22: 5° ♑), ψευστικαί.

Die negative Bedeutung der für treffend erachteten und pointiert ans Ende gesetzten Prognose δολεροὺς wird durch die gleichzeitige Zurückweisung von ἀγαθοθελεῖς unterstrichen und zugleich in ihrer moralisch-ethischen Dimension (die hier erstmals in **F1** anklingt) verdeutlicht. Dies ist der früheste Beleg für das Adjektiv ἀγαθοθελής. Den chronologisch

---

[1994] Hier könnte καὶ auch ursprünglich φρονίμους und πεπαιδευμένους verbunden haben. Dagegen spricht jedoch Ep.[4], wo καὶ ebenfalls fehlt.

[1995] Dazu Pérez Jiménez 1999b, 113f.: "Hermes y su planeta representen de igual modo los perfiles negativos de la comunicación, como astutos y engañosos" (mit Verweis auf zahlreiche weitere astrologische Belege). Nichtastrologische Merkurepitheta wie δόλιος, δολομήτης, δολοφραδής, *callidus* etc. sammelt Scherer 1884–1890, 2371.

nächsten bietet erst Papst Agathon im 7. Jh. Das Substantiv ἀγαθοθέλεια ist erstmals im frühen 5. Jh. bei Neilos von Ankyra belegt.[1996] Unter den übrigen ca. drei Dutzend Belegen für ἀγαθοθελής, ἀγαθοθελῶς und ἀγαθοθέλεια, die Lampe und der TLG online kennen, verdient eine wahrscheinlich aus der *Vita Isidori* des Damaskios (5./6. Jh.) stammende Begriffsdefinition Erwähnung, die die Suda s.v. ἀγαθοθέλεια überliefert.[1997] Das Adjektiv ἀγαθοθελής ist erneut in den Akten des dritten Konzils von Konstantinopel 680–681 n.Chr. belegt (2x), das Adverb ἀγαθοθελῶς erstmals in der *Vita Theophanis Confessoris* (10. Jh.). Die übrigen Belege stammen fast alle von byzantinischen Autoren des 11. bis 14. Jh. wie Anna Komnena, Theophylakt, Zonaras, Tzetzes und Georg Pachymeres. Ein einziger Beleg ist nicht datierbar; er stammt aus dem astrologischen Traktat *De mansionibus Lunae* (CCAG IX 1, 1951, p. 145,21 ἀγαθοθελές).

Die Belege für die jeweiligen Antonyme κακοθελής, κακοθελῶς und κακοθέλεια beginnen in patristischen Texten des 4. Jh. n.Chr. und sind sogleich zahlreicher. Das Adjektiv κακοθελής ist erstmals in einem Brief Kaiser Konstantins (†337) bei Athanasios (†373) als Attribut gewisser Häretiker belegt; Athanasios selbst gebraucht es in der *Vita Antonii* als Attribut des Teufels.[1998] Das Substantiv κακοθέλεια bietet erstmals Eustathios von Antiochia (gest. vor 337).[1999] Erneut treten nicht datierbare astrologische Texte hinzu, zum einen wieder *De mansionibus Lunae* (pp. 143,3. 147,25. 149,1. 150,7. 151,30. 152,25. 153,31. 156,3: stets κακοθελές), zum anderen ein sehr spätes Zodiologion (CCAG X, 1924, p. 222,24).

Insgesamt ergibt sich somit ein Intervall von ca. 150 Jahren nach Antigonos, bis die Belege für die untersuchte Wortfamilie wieder einsetzen. Die Quellen dieser spätantiken Belege (christliche Literatur und anspruchslose astrologische Texte) lassen es als durchaus möglich erscheinen, dass ἀγαθοθελής bereits im 2. Jh. n.Chr. Element der Volkssprache war und von einem astrologischen Autor aufgegriffen wurde. Es gibt so-

---

[1996] Agath. papa (ob. 681) epist. 1 ad aug. imp., MPL 87, 1166B. Nil. Ancyr. (ob. c. 430) epist. 1,298, MPG 79, 192B. Cf. Lampe s.vv. ἀγαθοθελής, ἀγαθοθέλεια.

[1997] Suda s.v. ἀγαθοθέλεια, α 116, p. I 15,19–20 Adler: ἡ τῶν ἀγαθῶν ἐκλογή. οὐκ ἀρκεῖ τοῖς πράγμασιν ἡ ἀγαθοθέλεια μόνον, ἀλλὰ δεῖ καὶ ῥώμης καὶ ἐπιστρεφείας (= Damasc. frg. 20, "sed forte Polyb." Adler, denn zuvor wird s.v. ἀγαθοεργία, α 114, explizit nach Damaskios zitiert, danach s.v. Ἀγαθοκλῆς, α 117, aus Polyb. 12,15,2–7). – Cf. CGL II 215,34: "αγαθοθελης *benivolus*".

[1998] Vgl. Lampe s.v. κακοθελής.

[1999] Vgl. Lampe s.v. κακοθέλεια.

mit keine ausreichenden sprachhistorischen Gründe, die Echtheit des frühen Belegs bei Antigonos zu bezweifeln. Unser Autor erweist sich hier, wie auch in anderen Fällen, als früher Zeuge lexikalischer Neubildungen und (vgl. § 37 κατάστασις) semantischer Innovationen.

§§ 39–48

Es folgt das Thema 'Familie', gegliedert in fünf Teilbereiche: Ehe (§§ 39–40), Geschwister (§§ 41–45), Kinder (§ 46), Familienkonflikte (§ 47), Adoption (§ 48). Davon gehören die ersten drei zu den insgesamt vier traditionellen Teilbereichen des Themas 'Familie' in der antiken Astrologie. Es fehlen die Eltern. Diesen Gegenstand thematisieren Balb. astrol. exc. ap. Rhet. 6,60,17 (= CCAG VIII 3, 1912, p. 104,20–21). Ptol. apotel. 3,5. Val. 2,31–34. Antioch. epit. 3,97–98 (ex thes., = Rhet. 5,97–98), CCAG VIII 4 (1921), pp. 218,9–220,10. Antioch. epit. 3a,78–83 (ex thes.), CCAG VIII 3 (1912), p. 110,13–20 (= Rhet. 6,61,100–105). Heph. 2,4. Hor. gr. 905.IX.3 (Const. VII Porph.) cap. 1 p. 222 Pingree 1973a.[2000]

Antigonos erwähnt die Eltern eines Nativen einmal (ganz knapp) im Falle des Pedanius Fuscus (**F3** § 65); um sie geht es außerdem in **F8**. Die in **F8** skizzierte Lehre lässt es – bei aller obligaten Zurückhaltung des Urteils – als möglich erscheinen, dass Antigonos die Eltern Hadrians deshalb nicht besprach, weil keine der beiden pränatalen Syzygien (♋, ♑)[2001] in ein von Jupiter (♐, ♓), Mars (♏, ♈) oder der Sonne (♌) regiertes Tierkreiszeichen fiel.[2002]

Auffällig ist die Trennung von Ehe (§§ 39–40) und Kindern (§ 46). Diese Themen folgen üblicherweise direkt aufeinander. Das von Antigonos dazwischen eingeschobene Thema 'Geschwister' wird von anderen in der Regel im Anschluss an das hier fehlende Thema 'Eltern' behandelt. Vgl. die Kapitelfolge bei Ptolemaios: Eltern (3,5), Geschwister (3,6), Ehe (4,5), Kinder (4,6); analog dazu Hephaistion: Eltern (2,4–5), Geschwister (2,6), Ehe (2,21), Kinder (2,22); etwas anders Valens: Eltern (2,31–34), Ehe (2,38), Kinder (2,39), Geschwister (2,40). Anscheinend bietet Antigonos, der hier keine systematische Darstellung beabsichtigt, sondern ei-

---

[2000] Siehe weitere von Hübner 1998a, 180, zu Ptol. apotel. 3,5 genannten Similien sowie auch Bouché-Leclercq 1899, 648, s.v. 'Parents'.
[2001] S.u. S. 1371 bei Anm. 3620 u. 3621.
[2002] Denkbar ist auch, dass dem Antigonos die Schicksale der Eltern Hadrians nicht glänzend genug erschienen, um Erwähnung zu finden.

nen konkreten Fall untersucht, die Erklärung der Geschwisterzahl vor der
der Kinderlosigkeit, weil die Ursache der Geschwisterzahl ebenso wie im
davor besprochenen Punkt (§§ 39–40 zur Ehe) beim Mond liegt (s. § 41
κατὰ τὸ ὅμοιον). Danach wendet er sich dem Wirken des anderen Luminars, der Sonne, zu (§ 46). An letzter Stelle folgen zwei Erklärungen
zum Wirken der fünf echten Planeten (§§ 47–48), die untereinander auch
dadurch verknüpft sind, dass sie beide auf den genealogischen Verhältnissen der Planetengötter basieren.

Was den Umfang der einzelnen Besprechungen betrifft, weicht Antigonos im Hadrianhoroskop stark von den systematischen Darstellungen
anderer Autoren ab. Ptolemaios etwa behandelt in den genannten Kapiteln (3,5–6. 4,5–6) am ausführlichsten Ehe und andere Partnerschaften
(158 Teubnerzeilen bei Hübner 1998a), gefolgt von den Themen 'Eltern'
(118 Z.), 'Kinder' (49 Z.) und 'Geschwister' (39 Z.). Dieselbe Gewichtung findet sich bei Valens (2,31–34.38–40, ed. Pingree 1986): Ehe und
andere Partnerschaften (242 Z.), Eltern (153 Z.), Kinder (26 Z.), Geschwister (16 Z.). Antigonos hingegen bespricht die Familienbande Hadrians in folgendem Umfang (Zeilenangaben beziehen sich auf die hiesige Edition): Geschwister (42 Z.), Ehe (26 Z.), Kinder (5 Z.), Familienkonflikte (3 Z.), Adoption (3 Z.); die Eltern fehlen. Er behandelt also das
Thema, das Ptolemaios, Valens und andere am knappsten erläutern, am
ausführlichsten. Der Grund ist wahrscheinlich, dass sich die Konstellation
des Hadrianhoroskops besonders gut zur Illustrierung der traditionellen
astrologischen Lehren zur Geschwisterzahl eignet,[2003] und nicht etwa, wie
Martin mit unangemessener Gewissheit urteilt, um die historische Rolle
der Domitia Paulina, speziell als Großmutter des Pedanius Fuscus (**F3**),
zu unterstreichen.[2004] Ebenso unhaltbar ist die Überzeugung Martins, Antigonos reagiere mit seinen verhältnismäßig umfangreichen Aussagen zur
Ehe Hadrians auf eine unter den Zeitgenossen verbreitete Frage, warum
der Kaiser seine unfruchtbare Frau Sabina nicht verstoßen und an ihrer
Stelle eine andere gewählt habe, die ihm einen Sohn und Nachfolger
schenken könne.[2005] Dagegen spricht zum einen, dass das Thema 'Ehe',
das im Hadrianhoroskop umfangmäßig ja nur die zweite Stelle einnimmt,
bei zeitgenössischen Astrologen, wie gezeigt, sogar das am ausführlichsten traktierte ist. Zum anderen erlaubt die Konstellation Hadrians, auf

---

[2003] Mehr dazu im Kommentar zu § 44 τὰ τὸν ἀδελφικὸν λόγον παρέχοντα.

[2004] Martin 1982, 297: "ces longs commentaires sont évidemment [! s.o. Anm. 294]
chargés de mettre en valeur le rôle joué par la sœur d'Hadrien" (etc.).

[2005] Martin 1982, 297: "cette insistance ne doit pas être negligée: elle répond certaine-
ment [! s.o. Anm. 294] à une question que beaucoup de personnes s'étaient posée [...]".

die Eheprognostik von 'Nechepsos und Petosiris' zu rekurrieren (s.u. zu §§ 39–40). Außerdem ist daran zu erinnern, dass wir es formal mit einem anonymen Beispielhoroskop zu tun haben, in dem von keiner der historischen Personen namentlich die Rede ist und das auch keine expliziten Bezüge zu den beiden folgenden Horoskopen (**F2–F3**), mit denen Martin argumentiert, herstellt.[2006]

Insgesamt beschränkt sich Antigonos in §§ 39–48 zum Nachweis der astrologischen Kausalität auf die Eigenschaften der Tierkreiszeichen sowie die Aspekte der Planeten und ihre relativen Positionen zu den Kentra. Keine Erwähnung finden der 3., 4., 5. und 7. Ort der Dodekatropos, die den vier traditionellen Teilbereichen des Themas 'Familie' gewidmet sind und wahrscheinlich schon von 'Petosiris' benutzt wurden:[2007]

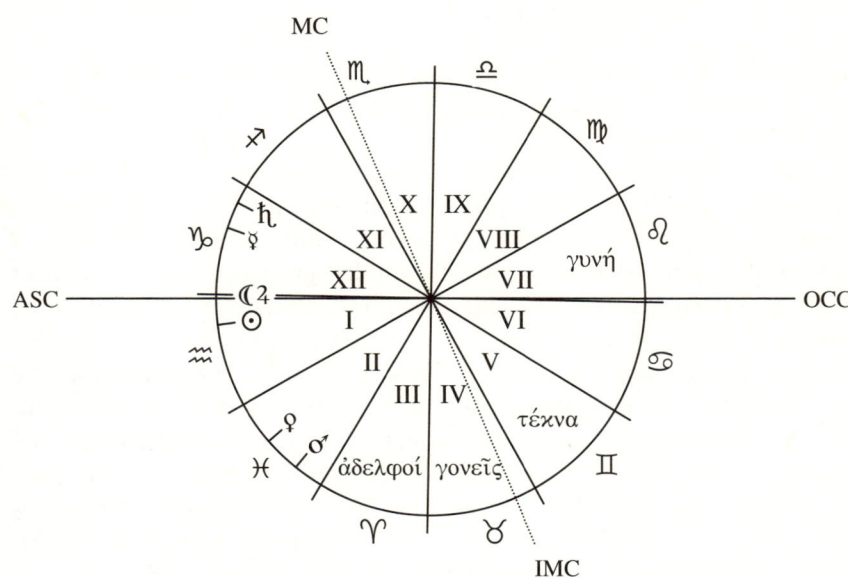

Diagr. 16: Traditionelle Familienprognostik aus den
Orten der Dodekatropos am Beispiel von **F1**
(von Antigonos nicht benutzt)

[2006] Mehr zur Frage des inneren Zusammenhangs der drei Horoskope bei Heilen 2005a.
[2007] Das lässt z.B. die Erwähnung des dritten Ortes bei Val. 2,40,4 vermuten (τῷ τρίτῳ τόπῳ τοῦ ὡροσκόπου, ὅς ἐστι περὶ ἀδελφῶν, κτλ.). Mehr zur Herkunft dieser Stelle unten S. 853 im Komm. zu § 43 οἱ μὲν ἀγαθοποιοὶ – οἰκείως συμπαρατύχωσιν.

Antigonos' Verzicht auf die Erwähnung der Dodekatropos in §§ 39–48 wird zumindest teilweise daran liegen, dass bei Hadrian keiner der Planeten in einem dieser vier Orte steht.[2008] Ebensowenig nutzt Antigonos in §§ 39–48 das System der Lose (κλῆροι)[2009] oder die besonders von Dorotheos geschätzten Trigonokratoren. In allen drei Punkten ähnelt dieser Verzicht der Methode des Ptolemaios.

§§ 39–40

Die Untersuchung der Familienbande beginnt mit dem Thema 'Ehe'. Vgl. dazu Dor. arab. 2,1–7 (= Dor. frg. 39a u. 40a-b St.). 5,16 (~ Heph. 3,9,1–29 = Dor. frg. 86a St.). Ps.-Maneth. 1[5],18–33.42–49. 2[1],177–190. 426–430. 3[2],147–157. 6[3],113–223. Val. 2,38. Firm. math. 6,32,27–32. 7,12–14.16–19. Paul. Alex. 23 p. 52,24–53,5. Max. ap. Anon. epist. in Anecd. Oxon. III p. 185,32–186,31. Lib. Herm. 17–18. Hor. gr. 905.IX.3 (Const. VII Porph.) cap. 13 p. 227 Pingree 1973a. Bouché-Leclercq 1899, 447–449.

Antigonos setzt in § 39 zur Erklärung zweier Dinge an: (a) Ehe mit *einer* Frau, (b) Ehe mit einer *jungen* Frau. Davon wird nur (a) wirklich begründet (§§ 39–40), und zwar durch eine Lehre, die der des Ptolemaios (apotel. 4,5) sehr ähnlich ist. Wahrscheinlich greifen beide voneinander unabhängig auf 'Nechepsos und Petosiris' zurück. Zwar bietet Riess 1891–1893 keine Fragmente dieser Archegeten der griechischen Astrologie zum Thema 'Ehe', doch schon Kroll 1901, 569[2], erkannte, dass ihre Eheprognostik wahrscheinlich noch in Ptol. apotel. 4,5 (Περὶ συναρμογῶν) greifbar ist, da das folgende Kapitel Ptol. apotel. 4,6 (Περὶ τέκνων) nach dem Zeugnis von Heph. 2,22,8 auf Petosiris zurückgeht (ich zähle es daher als Nech. et Pet. frg. +4). Im Falle des Antigonos ist an das Zeugnis von Heph. 2,18,21 und 2,18,53 zu erinnern, wonach das Hadrianhoroskop insgesamt auf den Lehren von 'Nechepsos und Petosiris' basiert.

Dass Antigonos und Ptolemaios hier im Wesentlichen dasselbe lehren, ist nicht auf den ersten Blick erkennbar, wird aber deutlich, wenn man aus der systematischen Besprechung des Ptolemaios, die auf alle denkbaren Verbindungen von Männern und Frauen eingeht, die Teile her-

---

[2008] Dass Antigonos die Dodekatropos nicht grundsätzlich ablehnt, zeigen seine zahlreichen Rekurse auf dieselbe (s.o. S. 699, Tab. 14).

[2009] Doch s. **F3** § 63 zum Glückslos (κλῆρος τῆς Τύχης) des Pedanius Fuscus.

vorhebt, die für den konkreten Fall Hadrians relevant sind und daher auch bei Antigonos Erwähnung finden.

Unter den sieben antiken Planetengöttern gelten den Astrologen nur zwei als weiblich, Venus und der Mond. Von diesen beiden symbolisiert Venus die erotisch und sexuell anziehende Frau. Kein Wunder also, dass Venus in der Eheprognostik für Männer bei vielen Autoren eine dominante Rolle spielt; vgl. z.B. Val. 2,38,57 ἔσται οὖν ἡ μὲν Ἀφροδίτη τῶν ἀνδρῶν γαμοστόλος, ὁ δὲ Ἄρης τῶν γυναικῶν καθολικῶς und Firm. math. 6,32,32 *meminisse autem debes quod generaliter uxorem Venus, maritum Mars semper ostendit.* Dass schon 'Nechepsos und Petosiris' der Venus eine wichtige Rolle in der Eheprognostik für Männer einräumten, zeigt die Dorotheosparaphrase bei Heph. 2,21,26–37 (= Dor. frg. 39a u. 40a St.), in der explizit 'Nechepsos' als Quelle des Dorotheos genannt wird (Heph. 2,21,26 = Nech. et Pet. frg. +22).

Aber auch dem Mond als dem zweiten der beiden weiblichen Planetengötter scheint die astrologische Eheprognostik für Männer traditionell eine Rolle zugewiesen zu haben, jedenfalls dann, wenn zwischen verschiedenen Formen der Partnerschaft von Mann und Frau differenziert werden sollte. Das erste ausdrückliche Zeugnis bietet Ptolemaios. Er unterscheidet die gesetzlich institutionalisierte Ehe (apotel. 4,5,1: αἱ κατὰ νόμους ἀνδρὸς καὶ γυναικὸς συμβιώσεις), in der der Mond die Frau symbolisiere, von allen anderen Formen heterosexueller Partnerschaft inklusive Ehebruch, Inszest etc. (4,5,9: τὰς δὲ κατ' ἄλλον οἰονδήποτε τρόπον γινομένας συναρμογάς), in denen Venus die Frau symbolisiere.[2010] Diese Differenzierung impliziert auch die Argumentation des Antigonos, wie § 39 οὐ διὰ τὴν Ἀφροδίτην ἐνταῦθα, ἀλλὰ διὰ τὴν Σελήνην zeigt: Da es im Falle Hadrians nicht um irgendeine Liebschaft, sondern um eine vor dem Gesetz vollgültige Ehe geht, spielt der Mond in der astrologischen Kausalität die erste Rolle.

Von den 20 Paragraphen des Kapitels Ptol. apotel. 4,5 sind für uns also nur diejenigen relevant, in denen es um *Ehen* von *Männern* geht, d.h. die ersten drei (apotel. 4,5,1–3). Mit ihnen ist die von Antigonos in § 40 formulierte allgemeine Regel zu vergleichen (καθολικῶς δέ σοι νοείσθω ἐπὶ παντὸς θέματος κτλ.), die unser Autor freilich nicht im absoluten Sinne als für *alle* Nativitäten gültig versteht, sondern nur als allge-

---

[2010] Bei der Untersuchung weiblicher Nativitäten symbolisiert entsprechend die Sonne den legitimen Ehemann (apotel. 4,5,4), Mars, Jupiter und Saturn die verschiedenen Typen nichtehelicher sexueller Partner (apotel. 4,5,18–20). Siehe auch Bouché-Leclercq 1899, 449f.

meingültig für alle mit Hadrian vergleichbaren Fälle, d.h. für alle *Ehen*
von *männlichen* Nativen. Dass es ausschließlich um Ehen und keine anderen Partnerschaften geht, zeigen die Apotelesmata in allen drei Teilen
der in § 40 entworfenen Kasuistik: πολλοὺς τοὺς γάμους περιποιεῖ ...
μονογαμίας ἐστὶ δηλωτική ... μονογάμους ποιεῖ. Dem § 40 entsprechen zwei Sätze des Ptolemaios in apotel. 4,5,1–2: πρῶτον μὲν γὰρ ἐν
τοῖς ἀπηλιωτικοῖς τυχοῦσα τεταρτημορίοις νεογάμους ποιεῖ τοὺς
ἄνδρας ἢ νεωτέραις παρ' ἡλικίαν συμβάλλοντας, ἐν δὲ τοῖς λιβικοῖς
βραδυγάμους ἢ πρεσβυτέραις συνιόντας, εἰ δὲ ὑπὸ τὰς αὐγὰς εἴη
καὶ τῷ τοῦ Κρόνου συσχηματιζομένη, τέλεον ἀγάμους. ἔπειτα ἐὰν
μὲν ἐν μονοειδεῖ ζῳδίῳ ἢ καὶ ἑνὶ τῶν ἀστέρων συνάπτουσα τύχῃ,
μονογάμους ἀποτελεῖ, ἐὰν δὲ ἐν δισώμῳ ἢ καὶ πολυμόρφῳ ἢ καὶ
πλείοσιν ἐν τῷ αὐτῷ ζῳδίῳ τὴν συναφὴν ἐπέχουσα, πολυγάμους.
Die Reihenfolge, in der die beiden Autoren die möglichen Fälle besprechen, ist – bedingt durch den Kontext – verschieden, und Antigonos übergeht den Extremfall lebenslanger Ehelosigkeit. Ordnet man die relevanten Worte des Ptolemaios nach der von Antigonos gewählten Reihenfolge, so ergibt sich die in Tab. 20 veranschaulichte Abstufung. Dabei fällt –
abgesehen von weniger wichtigen Unterschieden, bezüglich derer sich
die beiden Versionen eher ergänzen als widersprechen (nur Ptolemaios
erwähnt hier die Eigenschaften der Tierkreiszeichen,[2011] nur Antigonos
die Orte der Dodekatropos) – zweierlei auf: Zum einen genügt dem Ptolemaios überall, wo Antigonos die Venus als Mitwirkerin neben dem Mond
erwähnt, die Mitwirkung beliebiger Planeten (man wüsste gerne, welche
Version die ältere ist: die des Antigonos? Dann hätte wohl Ptolemaios
rationalisierend in die Tradition eingegriffen). Zum anderen erweist sich
der von Antigonos an dritter Stelle skizzierte Sonderfall von monogamer
Prägung, der zur Erklärung der Vita Hadrians nötig ist, als abgemilderte
Form der von Ptolemaios zuletzt genannten Bedingungen für totale Ehelosigkeit, abgemildert insofern, als die negative Mitwirkung des Saturn
entfällt und der Lauf des Mondes 'unter den Strahlen' der Sonne noch
einmal nach Annäherung an die Konjunktion und exakter Konjunktion
beziehungsweise Opposition unterschieden wird. Antigonos würde also
vermutlich lehren, dass nur zum Zeitpunkt der Mondphase selbst und
beim Hinzutreten des Übeltäters Saturn (was bei Hadrian beides nicht

---

[2011] Doch s. bei Antigonos z.B. § 44 δίσωμα ἢ τροπικὰ ἢ καὶ πολύσπερμα und den
Kommentar zur Stelle.

gegeben ist)[2012] alle Aussichten auf eine Ehe zunichte gemacht werden. Der von ihm beschriebene Sonderfall ist hinsichtlich der astronomischen Bedingungen sowohl mit den vorausgehenden Fällen als auch mit dem von Ptolemaios beschriebenen Fall der Ehelosigkeit verknüpft. Falls es sich um eine Innovation des Antigonos zu dem Zweck, das Hadrianhoroskop zu erklären, handeln sollte, ist sie gut in die Tradition eingebettet.

Ehen	Ptolemaios	Antigonos
viele	ἐὰν δὲ ἐν δισώμῳ ἦ καὶ πολυμόρφῳ ἦ καὶ πλείοσιν ἐν τῷ αὐτῷ ζῳδίῳ τὴν συναφὴν ἐπέχουσα, **πολυγάμους**	ἐπὰν ἡ Ἀφροδίτη ἐπί τινος κέντρου τύχῃ ἦ καὶ ἐπαναφορᾶς, ἡ δὲ Σελήνη πρὸς τὴν Ἀφροδίτην συναφὴν ποιῆται καὶ ἑτέροις ἄστρασι συμπαρατετυχηκόσι τῇ Ἀφροδίτῃ ἦ καὶ ἐπιμαρτυροῦσιν αὐτῇ, **πολλοὺς** τοὺς **γάμους** ποιεῖ τῷ οὕτω γεννωμένῳ
eine	ἐὰν μὲν ἐν μονοειδεῖ ζῳδίῳ ἦ καὶ ἑνὶ τῶν ἀστέρων συνάπτουσα τύχῃ, **μονογάμους** ἀποτελεῖ	ἐὰν δὲ μόνη ἡ Σελήνη τῇ Ἀφροδίτῃ τὴν συναφὴν ποιῆται, **μονογαμίας** ἐστὶ δηλωτική
		ἐὰν δὲ ἡ Σελήνη μήτε τῇ Ἀφροδίτῃ συνάπτῃ μήτε μὴν τῶν συνόντων αὐτῇ τινι ἦ καὶ συμμαρτυρούντων, ἐπὶ φάσιν δὲ φέρηται συνοδικὴν ἦ καὶ πανσεληνιακήν, αὐτὴ δὲ ἡ Ἀφροδίτη σὺν ἀστέρι τινὶ παρῇ, καὶ οὕτως **μονογάμους** ποιεῖ
keine	εἰ δὲ ὑπὸ τὰς αὐγὰς εἴη καὶ τῷ τοῦ Κρόνου συσχηματιζομένη, τέλεον **ἀγάμους**	

Tab. 20: Eheprognostik für männliche Native
bei Antig. § 40 und Ptol. apotel. 4,5,1–3

[2012] Bis zur Konjunktion fehlen 7° (vgl. jedoch die großzügige Bewertung eines ähnlichen Falls in Hor. gr. 487.IX.5; s.o. Anm. 687), und benachbarte Zeichen (hier ♑ u. ♒) sind aspektlos.

Neben der bisher besprochenen und im Wesentlichen gleichen Lehre, die Antigonos, Ptolemaios und wohl auch 'Nechepsos und Petosiris' vertraten, gibt es durchaus abweichende Methoden. Dorotheos z.B. hat anscheinend gelehrt, der männliche Native werde insgesamt so viele Frauen ehelichen, wie Planeten auf dem Zodiakalbogen zwischen MC und Venus stehen (Dor. arab. 2,5,1). Wieder eine andere Regel referiert (missbilligend) Firm. math. 7,16.

Nun zu dem anderen Punkt (b), den Antigonos sich in § 39 zu erklären anschickt: die Ehe mit einer *jungen* Frau. Sofern kein Textausfall nach § 40 vorliegt, scheint Antigonos diesen Punkt nach der ausführlichen Erklärung zu (a) vergessen oder für weniger wichtig gehalten zu haben. Es wäre aber wohl möglich gewesen, auch ihn in Anlehnung an 'Nechepsos und Petosiris' zu erklären. Ptolemaios lehrt innerhalb der soeben zitierten Passage, ein Mann werde in jungen Jahren oder mit einer jüngeren Frau die Ehe eingehen, wenn der Mond in einem der östlichen Quadranten des Horoskops stehe, in späteren Jahren oder mit einer älteren Frau, wenn der Mond in einem der westlichen Quadranten stehe.[2013] Als östliche Quadranten definiert er die Tierkreiszeichen, in die Voll- und Neumond der Nativität fallen, plus die beiden jeweils folgenden.[2014] Das ergibt im Falle Hadrians die folgende Vierteilung: Q1 (östl.): ♒ –♓–♈, Q2 (westl.): ♉–♊–♋, Q3 (östl.): ♌–♍–♎, Q4 (westl.): ♏–♐–♑. Hadrians Geburtsmond steht in einem östlichen Quadranten, was wohl zur Erklärung von § 39 ἀπὸ παρθενίας ausgereicht hätte.

Soviel zu (a) und (b). Die vielen anderen in der antiken Astrologie mit dem Thema 'Ehe' verbundenen Details[2015] wie z.B. die Dauer und Qualität der Verbindung, die materiellen Vor- und Nachteile (Mitgift etc.) sowie die Prognose des zuerst versterbenden Partners werden im Folgenden außer Acht gelassen, da auch Antigonos sie weder hier (**F1**) noch in den übrigen Fragmenten erwähnt.

[2013] Ptol. apotel. 4,5,1 (s.o. vor der synoptischen Tabelle Nr. 20).

[2014] Ptol. apotel. 4,5,6: λέγομεν δὲ νῦν ἀπηλιωτικὰ τεταρτημόρια ἐπὶ μὲν τοῦ ἡλίου τὰ προηγούμενα τοῦ τε ἀνατέλλοντος σημείου τοῦ ζῳδιακοῦ καὶ τοῦ δύνοντος, ἐπὶ δὲ τῆς σελήνης τὰ ἀπὸ συνόδου καὶ πανσελήνου μέχρι τῶν διχοτόμων, λιβυκὰ δὲ τὰ τοῖς εἰρημένοις ἀντικείμενα.

[2015] Mehr dazu in der eingangs (S. 836) zitierten antiken Literatur.

§ 39

τὸν δὲ τοιοῦτον: bezieht sich nicht auf die vorausgehenden Adjektive (§ 38 a.E.), sondern auf die in § 22 exponierten astronomischen Daten. Vgl. § 23 ὁ τοιοῦτος. § 48 τὸν τοιοῦτον. § 52 ὁ τοιοῦτος. **F3** § 65 ὁ τοιοῦτος. § 66b ὁ τοιοῦτος.

ἀπὸ παρθενίας: s.o. die Gesamtbesprechung von §§ 39–40 (a.E.).

οὐ διὰ τὴν Ἀφροδίτην ἐνταῦθα, ἀλλὰ διὰ τὴν Σελήνην: da es um eine Ehe geht, nicht um irgendeine Liebschaft (s.o., Gesamtbesprechung von §§ 39–40). Das Wort ἐνταῦθα fehlt in Ep.[4]; zum umgekehrten Fall siehe **F2** § 54 u. **F3** § 63. An allen drei Stellen ist der Sinn 'in diesem Fall' (vgl. Ptol. apotel. 1,2,17.20. 2,11,2. 3,5,11. 3,6,1.4. 3,9,3[2x]. 3,13,1), oder konkret: 'in der vorliegenden Nativität', so wie § 32 ὥσπερ ἐπὶ τοῦ προκειμένου θέματος und §§ 40 u. 50 ὥσπερ ἐπὶ τῆς προκειμένης γενέσεως. Parallelen in anderen griechischen Horoskopen gibt es m.W. nicht.

ὑπὸ τὰς αὐγὰς τοῦ Ἡλίου φερομένην: Das *participium coniunctum* hat keine kausale Nebenbedeutung, sondern entspricht einem Relativsatz und bereitet den § 40 a.E. konstruierten Sonderfall vor, in dem es durch ἐπὶ φάσιν δὲ φέρηται συνοδικήν wiederaufgegriffen wird. Zur Verbindung beider Ausdrücke vgl. das im nächsten Absatz folgende Zitat von Porph. isag. 2 p. 193,6–7.

Befindet sich ein Planet innerhalb seiner Unsichtbarkeitsphase nahe der Sonne, so steht er 'unter deren Strahlen'.[2016] Das gilt in fast jeder Hinsicht als negativ, weil es ein Verblassen und Verbranntwerden impliziert. Zum Ausdruck ὑπὸ τὰς αὐγὰς φερομένην gibt es m.W. nur eine einzige Parallele bei Porph. isag. 2 p. 193,6–7 πληρώσασα δὲ ταῦτα τὰ σχήματα ὑπὸ τὰς αὐγὰς φέρεται τοῦ Ἡλίου ἐπὶ τὴν καλουμένην σύνοδον, doch vgl. ὑπὸ τὰς αὐγὰς εἶναι, τυχεῖν, τελεῖν, δύνειν, πίπτειν u.ä. bei Dor. pp. 342,14. 393,6.9. 406,31. 408,18. 414,15. 416,4. Ptol. apotel. 2,7,4. 3,11,15. 4,5,1.19. Val. 2,9,4. 2,9,5. 2,15,9. 2,32,6.

[2016] Vgl. Bouché-Leclercq 1899, 112. Derselbe nennt (ebd. 305[3]) eine Distanz von max. 15°, was dem durchschnittlichen Orbis der δύσις entspricht (s.o. zu § 26 μέλλοντι – ἡμέρας). Einen expliziten Beleg für diese Gradzahl in Verbindung mit der Vorstellung des 'Unter den Strahlen'-Seins bietet Olymp. 9 p. 12,15–23 (zitiert und kommentiert bei Denningmann 2005, 448f., Text 130).

2,38,34. 2,38,39.50. 3,1,27. Antioch. epit. 1,14 (ex isag. 1), CCAG VIII 3 (1912), p. 114,35. Porph. isag. 25 p. 203,19. 45 p. 219,12 und öfter.[2017] Der Ausdruck ὑπὸ τὰς αὐγὰς φέρεσθαι bezeichnet hier (§ 39), wie der geringe Winkelabstand zur Sonne (7°) und die Mehrzahl der zitierten Parallelen beweisen, das 'wo', nicht das 'wohin' der Mondbewegung.[2018]

Vgl. **F2** § 56 ἀμφοτέρων [i.e. ♂ ☿] ὄντων ὑπαύγων (ubi pl.). Zur Identität von ὑπὸ τὰς αὐγὰς und ὕπαυγος vgl. Antioch. epit. 3a,45 (ex thes.), CCAG VIII 3 (1912), p. 108,1–2 (= Rhet. 6,61,61): ὕπαυγοι δὲ λέγονται, ἐπειδὰν ὑπὸ τὰς αὐγὰς τοῦ Ἡλίου τύχωσιν ἐπὶ τὸ [Rhet.: τὰ] πρόσω ἢ ὀπίσω. Beide Ausdrücke sind ferner sinngleich mit ὑπὸ δύσιν (vgl. **F2** § 54) und mit dem Adjektiv δυτικός.

Planeten, die sich sogar in exakter (gradgenauer) Konjunktion mit der Sonne befinden, bezeichnen die Astrologen spätestens seit Antiochos von Athen als 'im Herzen der Sonne' stehend; der Terminus geht aber anscheinend nicht auf 'Nechepsos und Petosiris' zurück.[2019]

Im vorliegenden Fall eilt der Mond 'unter den Strahlen der Sonne' in schneller Bewegung auf die Sonne selbst zu (exakte Konjunktion: ca. 14 Stunden später) und hat die Grenze der Unsichtbarkeit (15°, s.o. Anm. 2016) bereits am Abend des Vortages passiert. Inwiefern er damit Monogamie verursacht, erklärt Antigonos am Ende der nun folgenden Kasuistik (§ 40). Mit seiner Begründung vgl. speziell Ptol. apotel. 4,5,1 εἰ δὲ ὑπὸ τὰς αὐγὰς εἴη [sc. Σελήνη] καὶ τῷ τοῦ Κρόνου συσχηματιζομένη,[2020] τέλεον ἀγάμους und Val. 2,38,34 Σελήνη δεδυκυῖα ὑπὸ τὰς αὐγὰς οὐκ ἀγαθὴ εἰς γάμον.

[2017] Nur ein einziges Mal belegt ist in diesem Sinn (sehr spät) ὑπό + gen. bei 'Palch.' cap. 120, CCAG VIII 1 (1929), p. 250,21–22: κεκρυμμένα ὑπὸ τῶν αὐγῶν [var. l. τὰς αὐγὰς] τοῦ Ἡλίου. Vgl. ferner dichterisch Ps.-Maneth. 4,153f. ὅτ' ἂν αὐγῶν Ἡελίοιο | νέρθε φανῇ.

[2018] Ungewiss ist leider der exakte Sinn der zitierten Stelle Porph. isag. 2 p. 193,6–7.

[2019] Vgl. Antioch. epit. 3a,2 (ex thes.), CCAG VIII 3 (1912), p. 105,14–18 (= Rhet. 6,61,7): [...] καὶ τίνες ἀστέρες ἐγκάρδιοι λέγονται, οἷον ὅτι οἱ συνοδεύοντες ἰσομοίρως [i.e. ἐγκάρδιοι] τῷ Ἡλίῳ ἢ περὶ μοίρας ἢ παρὰ μοίρας, ὃ τῶν ἀρχαίων μὲν οὐδενὶ εἰς μνήμην ἦλθεν, Πτολεμαῖος δὲ συνοδικὴν εἰπὼν τὴν φάσιν τὴν ἐνέργειαν αὐτῆς οὐκ εἶπεν. Zu dem Terminus ἐγκάρδιος vgl. auch Burnett – Pingree 1997, 127, mit Verweis auf Rhet. 5,1,11. Dem griechischen ἐγκάρδιος entspricht arabisch *cazimi*.

[2020] Diese zweite der beiden negativ konnotierten Bedingungen ist im Falle Hadrians nicht erfüllt.

§ 40

In der Eheprognostik für männliche Native unterscheidet Antigonos zur Ermittlung von Polygamie (im Sinne mehrerer aufeinanderfolgender Ehen) und Monogamie drei Fälle, in denen es jeweils auf das Verhältnis des Mondes zur Venus ankommt.[2021] Im Horoskop einer Frau wäre umgekehrt die Sonne Symbol des oder der Ehemänner und eine ähnliche mehrteilige Prognostik erforderlich.[2022] Hier in § 40 ist der komplex formulierte, auf nicht weniger als vier Bedingungen basierende dritte Fall für die Erklärung entscheidend. Wir haben es also mit einem Sonderfall zu tun, ähnlich wie bereits (in weniger auffälliger Form) in § 32. Eine weitere tripartite Kasuistik begegnet in **F5** §§ 68–73, die aber insofern anders aufgebaut ist, als sie das gesamte Spektrum der Möglichkeiten abdeckt (glanzvolle Geburten – ein gewisser Glanz – völlig unbedeutende Geburten). Im Vergleich damit fehlt hier der letzte Teil (§ 40: Typ 1–2–2a, **F5** §§ 68–73: Typ 1–2–3).[2023]

καθολικῶς δέ σοι νοείσθω ἐπὶ παντὸς θέματος: leitet nicht eine allgemeingültige Regel für alle Nativitäten ein, sondern eine für alle *Ehen* von *männlichen* Nativen (s.o. die Gesamtbesprechung von §§ 39–40).

Mit καθολικῶς δέ σοι νοείσθω vgl. § 43 νοείσθω οὖν σοι καὶ τοῦτο. In beiden Fällen weicht Ep.[4] ab (καθολικὸν δέ σοι ἔστω bzw. καὶ τοῦτο δὲ χρεὼν εἰδέναι). Der Imperativ νοείσθω ist seit dem 3. Jh. v. Chr. belegt und findet in didaktischem Kontext reichlich Verwendung, vor allem bei Archimedes, Heron, Ptolemaios, Valens, Pappos, Theon und Proklos. Vor dem 3. Jh. v.Chr. vgl. als singulären Beleg das Kompositum διανοείσθω bei Plat. leg. 854e5.

Mit dem generalisierenden καθολικῶς vgl. z.B. Val. 3,7,13 (= Nech. et Pet. frg. 18,39–40) καθολικῶς μὲν οὖν καὶ ἐπὶ ταύτης τῆς ἀγωγῆς δεήσει σκοπεῖν κτλ.

ἐπί τινος κέντρου τύχῃ ἢ καὶ ἐπαναφορᾶς: Gemeint sind der 1., 4., 7. oder 10. Ort der Dodekatropos (κέντρα) bzw. der 2., 5., 8. oder 11. Ort (ἐπαναφοραί); s.o. zu § 26 ἐπαναφερομένων τῇ Σελήνῃ. Für Antigonos sind die zwölf Orte mit ganzen Tierkreiszeichen identisch (s.o. zu

---

[2021] Mehr dazu in der Gesamtbesprechung von §§ 39–40.

[2022] Vgl. Bouché-Leclercq 1899, 447.

[2023] Siehe die Synopse oben S. 839 (Tab. 20). Darin entspricht die Distinktion des Ptolemaios (apotel. 4,5,1–2) dem Typ 1–2–3.

§ 26 ἐπὶ τοῦ ὡροσκόπου, bes. S. 691).

Die Lesart ἢ καὶ (Ep.[4]) wird hier ἢ (**P**) vorgezogen, da an der einzigen vergleichbaren Stelle unserer Fragmente (§ 43 ἐπὶ τῶν κέντρων ἢ καὶ ἐπὶ τῶν ἐπαναφορῶν) beide Zeugen ἢ καὶ bieten und an beiden Stellen eine konzedierende Nuance vorzuliegen scheint (s.o. S. 797).

συμπαρατετευχόσι: so **P** (συν-), συμπαρατετυχηκόσι Ep.[4]. Vgl. **F3** § 66a (die einzige mögliche Vergleichsstelle der Antigonosfragmente), wo **P** und Ep.[4] übereinstimmend τετυχηκέναι bieten. [2024] Vielleicht überliefert die Epitome also an beiden Stellen das Richtige. Der Usus anderer Astrologen bietet keine Entscheidungshilfe: Während Valens und Paulos Alexandrinos eindeutig die Kurzformen des Perfekts auf τετευχ- bevorzugen, verwendet Ptolemaios ebenso regelmäßig die auf τετυχηκ- gebildeten Formen.[2025]

Für das Verb συμπαρατυγχάνειν, das noch zweimal in § 43 begegnet, gibt es in der übrigen griechischen Literatur keine Belege. Geläufiger ist παρατυγχάνειν, das (*in astrologicis*) bei Nech. et Pet. frg. 21,25 (Val. 7,6,6). Ptol. apotel. 3,13,12.17. Val. 5,2,20. 7,6,227 und weiteren Autoren belegt ist. Das Partizip Perfekt (des Simplex) begegnet schon bei Nech. et Pet. frg. 21,77 (= Val. 7,6,17) τὴν Σελήνην ... τετευχυῖαν (τετυχέναι Riess; n.b.: Val. 7,6,10–20 ist nach Val. 7,6,21 ein wörtliches Nechepsos-Zitat). Zu demselben Fragment ist wohl auch noch Val. 7,6,229 τετευχυῖα (sc. Σελήνη) zu rechnen.[2026]

Etwa sinngleich mit συμπαρατυγχάνειν ist συμπαραγίγνεσθαι (einziger astrologischer Beleg: Val. 2,9,7) und vor allem die in astrologischen Texten ungleich häufiger belegten Verben συμπαρεῖναι (s. § 40 a.E. σύν τινι ἀστέρι παρῇ) und συνεῖναι (s. § 40 συνόντων).[2027] In allen vier Fällen ist die körperliche Anwesenheit im selben Tierkreiszeichen gemeint, im Gegensatz zur Präsenz durch Aspektwurf. Das zeigt auch der hiesige Zusatz ἢ καὶ ἐπιμαρτυροῦσιν αὐτῇ. Vgl. wenige Zeilen später τῶν συνόντων αὐτῇ ἢ καὶ συμμαρτυρούντων.

[2024] Stattdessen druckt Pingree 1973–1974, p. I 165,20, ohne erkennbaren Grund die in der griechischen Literatur nicht belegte Form τετυχέναι.

[2025] Bei den übrigen Astrologen reichen die Belege nicht für repräsentative Aussagen.

[2026] Siehe ferner die finite Form τετεύχασιν bei Val. 7,6,212 = Nech. et Pet. frg. 21,259 (Rekonstruktionsversuch der von Usener erkannten Originaliamben durch Riess 1891–1893, 374). Vgl. Heilen 2011, 80.

[2027] Vgl. z.B. den Valens-Index von Pingree 1986, 557–559, s. vv. συμπάρειμι, συμπαρουσία, σύνειμι und συνουσία.

ἐπιμαρτυροῦσιν αὐτῇ: s.o. zu § [22add.] μαρτυρεῖ.

πολλοὺς τοὺς γάμους περιποιεῖ: Das in **P** fehlende πολλοὺς ist aus Ep.[4] als Gegensatz zum folgenden μονογαμίας zu ergänzen. Umgekehrt fehlt in Ep.[4] das Präfix von περιποιεῖ. In den Antigonosfragmenten finden sich keine Parallelen für das Kompositum περιποιεῖν (zu dessen technischer Bedeutung s.o. zu § 31 ἀπετελέσθη), doch vgl. im Eheka-pitel des Ptolemaios περιποιεῖ γυναῖκας (Ptol. apotel. 4,5,3 = Heph. 2,21,7), ferner auch Ptol. apotel. 4,2,3 (= Heph. 2,17,5). Heph. 2,30,7 (= epit. 4,38,7). Heph. 2,33,7 (= epit. 4,41,7). Während περι- hier in Ep.[4] ausgefallen ist, fehlt es in § 24 περιπεσών in **P**.

τῷ οὕτω γεννωμένῳ: s.o. zu § 37 τοὺς – γεννωμένους.

μόνῃ: Das ambivalente μόνη der Handschriften (**P** und Ep.[4]), von denen keine das *iota subscriptum* kennt, ist wohl nicht als Nominativ zu inter-pretieren (so Kroll u. Cumont, CCAG VI, 1903, p. 70,15, gefolgt von Pingree 1973–1974, vol. I, p. 160,25; beide Apparate ohne Vermerk), sondern als Dativ. Zuvor hatte Antigonos den Fall ins Auge gefasst, dass der Mond in seiner schnellen Bewegung durch den Tierkreis (die Sonne und die fünf Planeten wandern ja erheblich langsamer) auf Venus trifft und diese nicht allein ist; die Folge ist mehrfache Ehe. Hier nun erwägt er die Möglichkeit, dass der Mond auf die Venus allein trifft; das bewirkt μονογαμία. Die dritte und für Eheverbindungen ungünstigste Möglich-keit, die aber bei Hinzutreten besonderer, hier gegebener Umstände ge-mildert wird, bespricht Antigonos zuletzt. Mit ἐὰν δὲ μόνη ἡ Σελήνη τῇ Ἀφροδίτῃ τὴν συναφὴν ποιῆται vgl. die entsprechende Formulierung von Ptol. apotel. 4,5,2: ἐὰν ... ἑνὶ τῶν ἀστέρων συνάπτουσα τύχῃ.[2028]

μονογαμίας ἐστὶ δηλωτική: Zu zahlreichen zeitgenössischen astrolo-gischen Belegen für δηλωτικός + gen. bei Ptolemaios und Valens s. Hüb-ner 1998a, 376, u. Pingree 1986, 485 (Indices s.v. δηλωτικός). Siehe fer-ner oben zu § 31 δηλοῦσι τὰς πράξεις.

ἡ Σελήνη: so Ep.[4], καὶ ἡ Σελήνη **P**. Zu abundantem καὶ in **P** s.o. zu § 21 ἄλλοι.

[2028] Vollständig zitiert in der Gesamtbesprechung von §§ 39–40 vor Tabelle Nr. 20.

τινι τῶν συνόντων αὐτῇ: Zur abweichenden Wortfolge in Ep.⁴ s.o. zu § 22 φησί. Das Verb συνεῖναι bezeichnet die Konjunktion.

συμμαρτυρούντων: s.o. zu § [22add.] μαρτυρεῖ. Vgl. außerdem Torre in Orlando – Torre 1991, 304, Abb. IV, zu den verwandten *termini technici* συμμάρτυρος, συμμαρτυρία, συμπαραμαρτυρέω, συνεπιμαρτυρέω etc.

ἐπὶ φάσιν δὲ φέρηται συνοδικὴν ἢ καὶ πανσεληνιακήν: wörtlich: zu der Phase des 'gemeinsamen Wandelns [*sc.* von Mond und Sonne] oder auch des Vollmondes'. Neumond und Vollmond finden in den Antigonosfragmenten nur ein weiteres Mal gemeinsam Erwähnung in **F8**: ἡ μὲν σύνοδος ἢ ἡ πανσέληνος τὴν μητέρα σημαίνει. Zum Neumond vgl. ferner **F1** § 41 συνοδικῆς φάσεως. **F2** § 56 τὴν προγενομένην σύνοδον. ibid. ἡ προγενομένη σύνοδος. § 61 τὴν προγενομένην σύνοδον²⁰²⁹ (separate Erwähnungen des Vollmondes fehlen). Da die von Antigonos formulierte Bedingung absolut genommen sinnlos ist (denn der Mond eilt immer entweder dem nächsten Neumond oder Vollmond entgegen), muss sie eine Einschränkung auf eine bestimmte Bogendistanz implizieren, vermutlich im Sinne der oben (S. 754 mit Anm. 1729) erwähnten 13°-Regel. Auf einen ähnlichen Wert (15°) führt das Mondnotat in § 39 ὑπὸ τὰς αὐγὰς τοῦ Ἡλίου φερομένην (s. Komm. z.St.).

σύν τινι ἀστέρι παρῇ: Zu συμπαρεῖναι und ähnlichen Termini s.o. zu § 40 συμπαρατετευχόσι.

ὥσπερ ἐπὶ τῆς προκειμένης γενέσεως: = § 50; vgl. § 32 ὥσπερ ἐπὶ τοῦ προκειμένου θέματος. Valens bietet viermal οἷον ἐπὶ τῆς προκειμένης γενέσεως, davon entfällt ein Beleg auf seine Besprechung des Nero-Horoskops (Val. 5,7,25 = Hor. gr. 37.XII.15) und drei auf die seiner eigenen Nativität (Val. 1,15,13. 2,31,8. 5,6,48; = Hor. gr. 120.II.8). Vgl. weiter Val. 1,16,5 (ebenfalls = Hor. gr. 120.II.8) ἐν τῇ προκειμένῃ γενέσει. Val. 4,9,2 (= Hor. gr. 103.I.10?) ἐπὶ τῆς προκειμένης γενέσεως (= 9,19,28 = Hor. gr. 118.XI.26). Val. 7,3,17 (Hor. gr. 114.IX.24) πρὸς σύγκρισιν τῆς προκειμένης γενέσεως. Val. 3,3,39 τὴν προκειμένην γένεσιν. Vgl. auch Dor. 1,21,20 (ap. Rhet. 5,108) p. 337,6 Pingree 1976a

---

²⁰²⁹ Zu den *termini technici* συνοδεύω, σύνοδος etc. siehe die in Anm. 2764 genannte Literatur.

ἀπὸ τῆς προκειμένης γενέσεως, das Horoskop des Pamprepios von Panopolis (Hor. gr. 440.IX.29), Z. 11 (Pingree 1976b, p. 144) ζητήσας τὴν προκειμένην γένεσιν, sowie den späten Beleg im Horoskop des Konstantin VII. Porphyrogennetos (Hor. gr. 905.IX.3), cap. 9,2 (Pingree 1973a, p. 226): καθάπερ ἐπὶ τῆς προκειμένης γενέσεως.

Tatsächlich ist im Falle Hadrians die komplizierte dritte Möglichkeit der von Antigonos gelehrten Kasuistik erfüllt, da (1) Mond und Venus in benachbarten Zeichen stehen und somit weder eine Konjunktion zwischen beiden noch ein Aspekt zwischen Jupiter (der mit dem Mond in Konjunktion steht) und Venus vorliegt, (2) nur noch wenige Stunden bis zum Neumond fehlen (nach § 22 beträgt die Distanz der Luminare nur noch 7°) und (3) Venus mit genau einem weiteren Planeten (Mars) in demselben Zeichen (♓) steht (Distanz 10°).

§§ 41–45

Die Ausführungen zum Thema 'Geschwister' (§§ 41–45) sind Teil des übergeordneten Themas 'Familie'; vgl. die Gesamtbesprechung von §§ 39–48. Antigonos bespricht ausführlich die Zahl (§§ 41–44) und knapp das Geschlecht (§ 45) der Geschwister Hadrians. Auf weitere Fragen wie etwa ihre Altersrelation, ihre Eintracht oder Zwietracht u.ä. geht er nicht ein. Astrologische Lehren zum Thema 'Geschwister', speziell zu deren Zahl, hatten nach Rhet. 5,104 trotz der großen prognostischen Probleme, die mit dieser Frage verbunden seien, schon die 'Alten' gegeben, also sehr wahrscheinlich 'Nechepsos und Petosiris': οἱ ἀρχαῖοι ἐπειράθησαν τούτων λέγειν τὸν ἀριθμόν,[2030] beziehungsweise: οἱ παλαιοὶ οὐκ ὤκνησαν κατὰ τὸ δυνατὸν καὶ τὸν ἀριθμὸν τῶν ἀδελφῶν λέγειν.[2031] Das Thema 'Geschwister' gehörte somit zum Standard-Repertoir astrologischer Lehrbücher und fand in der Folgezeit immer neue Besprechungen: vgl. Dor. arab. 1,17–21 (das griechische Original dieser Passage ist noch partiell und – bis auf einen einzigen Originalvers – indirekt fassbar durch Heph. 2,6,7–8 = Dor. frg. 30a St. und Rhet. 5,103,1–11. 5,105–

[2030] Ed. Cumont, CCAG VIII 4 (1921), pp. 220–221, hier: p. 221a,5–6. Nichts zu diesem Thema in der Fragmentsammlung von Riess 1891–1893.

[2031] So die Version der (von Stephanus philosophus verfassten?), zum Teil verlässlicheren Epitome im CCAG II (1900), p. 189,33–34 (ed. Olivieri ex codd. Marc. 335 et Paris. 2506). Denselben Wortlaut bietet auf der Grundlage derselben Hss. Cumont (s. vorige Anm.), CCAG VIII 4 (1921), pp. 220b,18–221b,1; er liest aber οὔτε statt οὐκ.

108, cf. Lib. Herm. 30).[2032] Ps.-Maneth. 6[3],307–337. Ptol. apotel. 3,6.
Val. 2,40. Antioch. epit. 3a,85 (ex thes.), CCAG VIII 3 (1912), p.
110,22–24 (= Rhet. 6,61,107). P. Oxy. inv. 73/118a (s.o. Anm. 1513).
Firm. math. 6,32,23–26. Paul. Alex. 23 p. 52,20–22. Olymp. 23 pp.
64,21–65,12. Album. myst. 3,65 CCAG XI 1 (1932), pp. 186,7–187,7.
Hor. gr. 905.IX.3 (Const. VII Porph.) cap. 2 p. 222 Pingree 1973a. Aus
diesem Material werden im Folgenden nur die inhaltlich relevanten Parallelen zitiert, die vorwiegend aus den Werken des Dorotheos und des Ps.-
Manethon stammen. Siehe auch die auf einer weniger unfangreichen Materialsammlung basierende Besprechung des Themas 'Geschwister' durch
Bouché-Leclercq 1899, 394f.

§§ 41–44

In diesen Paragraphen geht es um die Zahl der Geschwister.

§ 41

καὶ ... δὲ: so Ep.[4], in **P** fehlt δέ. Vgl. καὶ ... δέ in § 36 (a.E.). **F3** § 62.
F6 § 74. Die Partikel δέ fiel in **P** auch in §§ 27.30. **F2** § 53 aus.

**ὁ τῆς μοναδελφίας ... τρόπος ... ἐκ τῆς συναφῆς τῆς Σελήνης
ἀποδειχθήσεται**: vgl. formal (nicht inhaltlich) Paul. Alex. 36 p. 95,18–
19 ὁ τῆς οἰκοδεσποτείας τρόπος καταλαμβάνεται ἔκ τε Ἡλίου καὶ
Σελήνης κτλ. ('die Art und Weise, wie es sich mit der Hausherrnschaft
verhält ...'). Die Wortbedeutung von τρόπος ist jedoch an der Paulos-
Stelle anders als hier (s.u.).[2033]

μοναδελφίας: Hapax legomenon der griechischen Literatur. Fast genauso selten sind die Composita πολυαδελφία (§ 44) und σπαναδελφία
(§ 45).

[2032] Alle zitierten Stellen bietet Pingree 1976a, pp. 333–337.

[2033] Mit der Paulos-Stelle vgl. Ps.-Galen. progn. decub. 1 p. 531,⟨3–7⟩ K.: ὅθεν καὶ σύ,
φίλτατε Ἀφροδίσιε, διεκποιήσας τὸν τῆς κατακλίσεως τρόπον καὶ στοιχήσας
τοῖς προειρημένοις ἀνδράσι καρπώσῃ τὸ κάλλιστον μέρος τῆς ἑαυτοῦ τέχνης,
προγινώσκων καὶ προλέγων τὰ μέλλοντα τοῖς κάμνουσι συμβήσεσθαι.

τρόπος: hier im Sinne von 'Anlage', 'Charakteristikum', ebenso wie z.B. im P. Gen. IV 157, ii 4.9.12 (Anub. frg. 9 in der Zählung von Heilen 2010c, 187. Eine wörtliche Übersetzung des Satzanfangs wäre also: 'Und das Charakteristikum der Eingeschwisterzahl ... '.

τῷ οὕτω γεννωμένῳ: s.o. zu § 37 τοὺς – γεννωμένους.

ἀποδειχθήσεται: vgl. Val. 1,21,3 und besonders Steph. phil. CCAG II (1900), p. 184,8 καθὼς ἐν τοῖς ὄπισθεν ἀποδειχθήσεται.[2034] Die ἀπό-δειξις ist die (wissenschaftliche) Aufhellung der Zusammenhänge, speziell der astrologische Nachweis, wie die kosmischen Ursachen mit den irdischen Wirkungen zusammenhängen. Zu seiner Verwendung siehe viele Belege von Ptol. apotel. 1,21,21 μετὰ περισσῆς τινος ἀποδείξεως (über das angeblich von ihm gefundene uralte Manuskript) über Va-lens[2035] bis zum spätantiken Horoskop für den Sohn Leos I.[2036] Antigonos fasst hier also den Zeitpunkt ins Auge, wenn der imaginäre Schüler (= Leser) nach Abschluss der Unterweisung die Kunst der Sterndeutung beherrscht. Wenn dann in der Praxis ein Klient eine solche Konstellation wie die Hadrians vorlegt, wird man μοναδελφία prognostizieren und durch den hier erläuterten Lehrsatz begründen. Aus dieser didaktischen Perspektive erklären sich auch die Futura § 49 πρόδηλον γενήσεται. § 52 τελευτήσει u. γνώσῃ. F2 § 54 u. F3 § 63 οἰκοδεσποτήσει. F2 § 56 ἔσται.

συνῆπται: so Ep.[4]; P bietet συνῆψαι, was Kroll und Cumont in Un-kenntnis der Epitome zu συνῆψε änderten (CCAG VI, 1903, p. 70,22; gefolgt von Pingree). Das resultative Perfekt ist vorzuziehen, wie der fol-gende irreale Bedingungssatz zeigt (s.u. zu § 42).

μέχρι τῆς πρὸς τὸν Ἥλιον συνοδικῆς φάσεως: s.o. zu § 40 ἐπὶ φάσιν δὲ φέρηται συνοδικὴν ἢ καὶ πανσεληνιακήν. Das Zusammen-treffen von Mond und Sonne steht noch bevor.

[2034] Außerdem kennt der TLG online 94 nicht-astrologische Belege für ἀποδειχθήσε-ται, beginnend mit Galen.

[2035] Vgl. Pingree 1986, 473 (Index s.v. ἀποδείκνυμι u. ἀπόδειξις).

[2036] Hor. gr. 463.IV.25; vgl. oben S. 678 bei Anm. 1411.

§ 42

εἰ δὲ πλείοσι τὴν συναφὴν ἐπεποίητο ... , καὶ πλείονας ἂν ἀδελφοὺς εἶχεν: Irrealis der Gegenwart mit Plusquamperfekt in der Protasis, da τὴν συναφὴν ἐπεποίητο als 'Imperfekt' zum resultativen Perfekt συνῆπται (§ 41) dient (= τὴν συναφὴν πεποίηται). Vgl. Kühner-Gerth II 471 (§ 574aβ) mit Beispielen wie Lys. 24,11 εἰ γὰρ ἐκεκτήμην οὐσίαν, ἐπ᾽ ἀστράβης ἂν ὠχούμην. Xen. Cyr. 5,1,9 εἰ [...] τοῦτο οὕτως ἐπεφύκει, πάντας ἂν ἠνάγκαζεν ὁμοίως. Aristoph. nub. 1347f. οὗτος, εἰ μή τῳ ᾽πεποίθειν, οὐκ ἂν ἦν οὕτως ἀκόλαστος.

Vgl. die Formulierung bei Ptol. apotel. 4,5,2 (bzgl. Ehe, nicht Kinder): ἐὰν μὲν ἐν μονοειδεῖ ζῳδίῳ ἢ καὶ ἑνὶ τῶν ἀστέρων συνάπτουσα τύχῃ [sc. ἡ Σελήνη], μονογάμους ἀποτελεῖ, ἐὰν δὲ ἐν δισώμῳ ἢ καὶ πολυμόρφῳ ἢ καὶ πλείοσιν ἐν τῷ αὐτῷ ζῳδίῳ τὴν συναφὴν ἐπέχουσα, πολυγάμους (vgl. ebd. 4,5,4).

πλείοσι: so Ep.[4], καὶ πλείοσι P. Zu abundantem καὶ in **P** s.o. zu § 21 ἄλλοι. Hier wurde der Fehler durch καὶ πλείονας im Hauptsatz begünstigt.

τὴν συναφὴν ... ἤτοι κατὰ κόλλησιν ἢ καὶ ἐπιμαρτύρησιν: Zu den *termini technici* συναφή und κόλλησις s.o. den Kommentar zu § 28 τὴν συναφήν (darin S. 757 zur hiesigen Stelle). Zu dem sehr seltenen *terminus technicus* ἐπιμαρτύρησις (für Antigonos nur hier belegt) vgl. Ptol. apotel. 4,9,9. Val. 2,32,5 (ex Timaeo). 5,4,16. Das dazugehörige Verb bietet Antigonos einmal in § 40 ἐπιμαρτυροῦσιν. Siehe ferner oben zu § [22add.] μαρτυρεῖ.

ὅσοι γὰρ ἔχουσιν – οἱ οὕτως γεννώμενοι: Sehr eng ist die Parallele bei Ps.-Maneth. 6[3],318–320: ὡς δ᾽ αὕτως σκέψαιο καὶ ὅσσοις ἀστράσι Μήνη Ι συμφέρετ᾽, ἢ ὅσσοισι μέχρις φάσιος συνέμιξεν· Ι τόσσους γὰρ γνωτοὺς Μοῖρα θνητοῖσιν ὁπάζει.[2037] Zur Illustration: Nach der Lehre des Antigonos hätte Hadrian, wenn bei seiner Geburt zwischen Mond und Sonne noch ein weiterer Planet geständen hätte, zwei Geschwister gehabt (eins für Jupiter, eins für den anderen Planeten), und so fort.

[2037] "Similarly, consider also with how many stars the moon is conjoined or with how many it is mingled before its phase, for so many brothers does Fate provide to mortals" (Lopilato 1998, 288).

μέχρι τινὸς φάσεως: hier: bis zum Neumond. Es ist auf den ersten Blick unklar, ob Antigonos außer Neu- und Vollmond, von denen in § 40 (a.E.) die Rede ist, weitere Mondphasen meint. In seinen erhaltenen Fragmenten finden nur Neu- und Vollmond Erwähnung. Dasselbe gilt m.W. für alle Fragmente von 'Nechepsos und Petosiris'. Das in astronomischer und astrologischer Literatur am weitesten verbreitete Schema umfasst jedoch sieben Mondphasen: In der ersten Hälfte des synodischen Mondmonats heißen diese μηνοειδής, διχότομος, ἀμφίκυρτος und πανσέληνος. Während der zweiten Hälfte treten die Gegenstücke der ersten drei Phasen hinzu. Dieses Schema erwähnen Gem. 9,11. Aët. plac. 2,27,2 p. 706 Mansfeld-Runia (cf. ibid. p. 599 et Diels DG 627,22–29). Apul. Socr. 1 p. 7,13–14 Moreschini *seu corniculata seu dividua seu protumida seu plena sit.*[2038] Achill. isag. 21,3 p. 30,19-25 Di Maria (= p. 49,17–24 Maass). Galen. de dieb. decr. 3,2 pp. 902,⟨14⟩–903,⟨2⟩ K. (ebd. singuläre Assoziation der Mondphasen mit den astrologischen Aspekten). Cleom. 2,5 ll. 24–31. 65–76. 87–91 Todd. Schol. Arat. 733 u. 735 pp. 472,12–25. 473,19–474,4 Maass (= pp. 370,14–371,9. 373,2–16 Martin). Firm. math. 4,1,10. Amm. 20,3,9–11. Macr. somn. 1,6,55. Mart. Cap. 8,864. Es begegnet ferner in leicht abgewandelter Form (d.h. mit Auslassung der letzten Phase, der δευτέρα μηνοειδής) als Sechserschema mit denselben *termini technici* im noch unpublizierten astrologischen P. Oxy. inv. 50 4B 23/K(1)a.[2039] Die frühesten, noch unsystematischen Erwähnungen aller vier Einzelbegriffe finden sich bei Aristoteles und bei (Ps.-)Theophrast *De signis.*[2040] Neben der Siebenzahl erwähnt Val. 2,36,1–2 auch ein Elferschema, das eine weitere Phase durch Unterscheidung zwischen ἀνατολή und μηνοειδής gewinnt und außerdem die beiden Neumonde zu Beginn und Ende eines Zyklus mitrechnet.[2041] Umgekehrt findet sich ein Fünferschema, das durch Auslassung der beiden ἀμφίκυρτος-Phasen zustandekommt, bei Philo opif. mund. 101.[2042] Das einfachste Schema

---

[2038] Meines Wissens die einzige Latinisierung aller vier griechischen *termini technici* (Macrobius und Martianus Capella begnügen sich mit einer Transliteration).

[2039] Eine kommentierte Edition dieses Papyrus ist in Vorbereitung durch Alexander Jones und den Verfasser (s.o. S. 8 Anm. 38).

[2040] Vgl. Arist. cael. 2,11 p. 291b,20–21 (Erwähnung von μηνοειδής, διχότομος, ἀμφίκυρτος) in Kombination mit Arist. gen. an. 4,9 p. 777b,21–22 εἰσὶ δὲ περίοδοι σελήνης πανσέληνός τε καὶ φθίσις καὶ τῶν μεταξὺ χρόνων αἱ διχοτομίαι sowie Theophr. sign. 8,52 u. 50,365 Sider-Brunschön (πανσέληνος). 38,276 (διχότομος). 56,411–413 (μηνοειδής und ἀμφίκυρτος).

[2041] Siehe ferner Gundel 1933b, 98–100.

[2042] Philon will dort den Lichtmonat als hebdomadisch strukturiert erweisen (4 x 7 Tage); s.u. Anm. 2330.

bietet mit nur vier Phasen der P. Mich. III 149, col. XI,31–35 (σύνοδος, πρώτη διχότομος, πανσέληνος, δευτέρα διχότομος). Bloße Erwähnungen von sieben Mondphasen ohne jede Erläuterung finden sich bei Thras. epit. CCAG VIII 3 (1912), p. 100,9–10 (= Thras. T 27 Tarrant = Rhet. 6,57,7) οἱ μὲν ἄλλοι [sc. ἀστέρες] γ΄ φάσεις ποιοῦνται, ζ΄ δὲ ἡ Σελήνη sowie auch bei Antioch. exc. (ex isag.), CCAG VII (1908), p. 127,26, u. Antioch. epit. 1,1 (ex isag. 1), CCAG VIII 3 (1912), p. 112,5–6.

Es fragt sich jedoch, ob Antigonos wirklich das verbreitete Siebenerschema meinte. Angesichts der geringen Zahl von fünf verfügbaren Planeten, mit denen der Mond theoretisch bis zu seiner jeweils nächsten Phase in Konjunktion treten könnte, und des Umstandes, dass die ekliptikale Distanz zwischen den einzelnen Phasen im Siebenerschema in aller Regel weniger als ein Fünftel von 360° beträgt, würde die zu prognostizierende Geschwisterzahl im Durchschnitt weniger als eins betragen. Das würde offensichtlich den durchschnittlichen Familienverhältnissen der antiken Welt widersprechen. Andererseits verdient § 44 Beachtung, aus dem sich ergibt, dass bei Mondpositionen in neun von zwölf Tierkreiszeichen die zu prognostizierende Geschwisterzahl zu verdoppeln ist. Außerdem ist ungewiss, ob die Geschwisterzahl sich absolut oder nach Berücksichtigung der hohen Säuglingssterblichkeit antiker Gesellschaften versteht (s.u. zu § 43 παραιρέται γίγνονται). Wir können also abschließend nicht klären, welche und wieviele Mondphasen Antigonos im Sinn hatte. Im Hadrianhoroskop ist jedenfalls die nächste Phase eindeutig die Konjunktion mit der Sonne, die Berechnung der Geschwisterzahl also arithmetisch einleuchtend.

συνάπτουσάν τισιν ἀστράσιν: hier: mit Jupiter.

τοσούτους ἀδελφοὺς ἕξουσιν οἱ οὕτω γεννώμενοι: Anakoluth mit abundanter Formulierung; die Übersetzung wurde entsprechend verkürzt. Zu οἱ οὕτως γεννώμενοι s.o. zu § 37 τοὺς – γεννωμένους.

§ 43

νοείσθω οὖν σοι καὶ τοῦτο: anders Ep.[4], s.o. zu § 40 καθολικῶς δέ σοι νοείσθω (ubi plura).

ἀγαθοποιῶν ... κακοποιῶν: s.o. zu § 34 τῶν δύο κακοποιῶν.

[**καὶ**]: unzulässige Verbindung des Genetivus absolutus mit dem Kern des durch ὡς eingeleiteten Aussagesatzes. Der Fehler stand bereits im Archetyp, sofern die Übereinstimmung von **P** und Ep.[4] hier nicht auf einem Zufall beruht. Zu abundantem καὶ (speziell in **P**) s.o. zu § 21 ἄλλοι.

οἱ μὲν ἀγαθοποιοὶ – οἰκείως συμπαρατύχωσιν: vgl. Val. 2,40,2 Ζεὺς καὶ Ἑρμῆς καὶ Ἀφροδίτη ἐπίκεντροι δοτῆρές εἰσιν ἀδελφῶν. Sehr wahrscheinlich schöpft Valens aus 'Petosiris', der im Kontext zweimal zitiert wird (Val. 2,39,4 u. 2,41,2–4 = frg. 22 u. 24). Das erste dieser beiden Petosiris-Zitate ist auch inhaltlich eng mit Val. 2,40,2 verwandt; es lautet: ὅταν Ζεὺς καὶ Ἀφροδίτη καὶ Ἑρμῆς μὴ κακωθῶσιν, εὐτεκνίας δηλωτικοί· ὅταν δὲ ἐναλλάξ, θρήνους καὶ θανάτους περὶ τέκνα ποιοῦσιν.

μερισταὶ ... ἀδελφῶν γίνονται: Es gibt keine Parallelen mit ἀδελφῶν, doch vgl. Val. 2,4,14 μεριστὴς χρόνων ζωῆς γίνεται u. Dor. pp. 359,31–360,1 ἐὰν ... μεριστὴς τῶν χρόνων γένηται. Siehe auch die frühen Belege für das Verbum μερίζειν bei Val. 3,11,7 und 8,6,14 (= Nech. et Pet. frg. +9 u. +10, zwei wörtliche Zitate)[2043] sowie bei Dor. p. 432,12 (= Heph. 2,19,25 = Dor. frg. 38 St.) εἴσπρηξιν δὲ λάχει βιότοιο μερίζει.

ἀγαθῶν ἀδελφῶν: Das Attribut fehlt in Ep.[4] (Haplographie nach ἀγαθοποιῶν? vgl. den Ausfall von ἤ und οἰκείως im selben Satz), ist aber sinnvoll. Nach der grundsätzlichen Aussage, dass die Wohltäter Geschwister geben und die Übeltäter sie wegnehmen, werden die möglichen Extreme ins Auge gefasst: Bei besonders günstiger Stellung der Wohltäter sowohl zu den Kardinalpunkten als auch zu den Luminaren geben diese nicht nur überhaupt Geschwister, sondern edle, vortreffliche Geschwister; bei besonders ungünstiger Stellung der Übeltäter bewirken diese nicht nur schwächliche oder wenig zahlreiche Geschwister, sondern raffen diese wirklich dahin. Der gedankliche Bau ist also nicht ganz parallel, da nur die positive Prognose (διδόντων ἀδελφούς) eine Differenzierung nach der Qualität der gegebenen Geschwister erlaubt, die negative hingegen eine Differenzierung zwischen Geben und Wegnehmen erfordert (vgl. Val. 2,40,3 Κρόνος μετὰ Ἄρεως τυχὼν ὀλεθρεύει ἀδελφοὺς ἢ ἀσθε-

---

[2043] Vgl. weiter das Petosiris-Referat von Val. 3,7,1–15, darin 3,7,7–10 τὰ μέγιστα αὐτοῦ ἔτη μεριεῖ ... τὰ ἐλάχιστα ἔτη μεριεῖ ... τὰ μέσα μεριεῖ (= Nech. et Pet. frg. 18,22.26.32).

νικοὺς ποιεῖ). Durch die Wahl von παραιρουμένων ist die negative Prognose also bereits auf den schlechtesten möglichen Fall eingegrenzt. Zur Bestätigung vgl. Val. 2,40,5: οἱ δὲ φθοροποιοὶ τῷ περὶ ἀδελφῶν τόπῳ μαρτυρήσαντες, εἰ μὲν ἦ κακῶς κείμενος, τοὺς γενομένους ἀδελφοὺς ἀνελοῦσιν ἢ καὶ ἀναδέλφους ποιοῦσιν ἢ ὀλιγαδέλφους· οἱ ἀγαθοποιοὶ τῷ περὶ ἀδελφῶν τόπῳ μαρτυροῦντες οὐ μόνον διδόασιν ἀδελφούς, ἀλλὰ καὶ ἐπ᾽ ἀγαθῷ (!) ποιοῦσιν. Firm. math. 6,32,25: *si enim benivolae stellae aut in ipso signo fuerint inventae, aut in oportunis geniturae locis constitutae, et in his signis in quibus gaudent, vel in quibus exaltantur, vel in domiciliis suis sint collocatae, multorum ac bonorum (!) fratrum consortium decernunt.*[2044]

Die hiesige Erläuterung des Antigonos dient allein der astrologischen Unterweisung. Es ginge zu weit, darin eine implizite Schmeichelei gegenüber der Schwester Hadrians, Domitia Paulina, als einer ἀγαθὴ ἀδελφή zu sehen.[2045]

ἐπὶ τῶν κέντρων ἦ καὶ ἐπὶ τῶν ἐπαναφορῶν: vgl. § 40 ἐπί τινος κέντρου τύχῃ ἦ καὶ ἐπαναφορᾶς. Das ἦ ist hier in Ep.[4] ausgefallen. Ein erneuter Ausfall von ἦ vor καί begegnet in Ep.[4] im nächsten Satz nach τροπικὰ.

Statt ἐπαναφορῶν (Ep.[4]) bietet **P** ἀναφορῶν, vermutlich eine Haplographie wegen ἐπὶ τῶν ἐπαναφορῶν ... ἐπειδάν. Der umgekehrte Fall liegt in § 46 vor, wo mit ἐπὶ τῶν ἀναφορῶν (**P**) eindeutig und richtig der 1. Ort (verschiedener Nativitäten) gemeint ist, Ep.[4] jedoch falsch ἐπὶ τῶν ἐπαναφορῶν bietet. Dass ἀναφορά schon seit der Zeitenwende (und vermutlich noch früher) als Synonym für ὡροσκόπος den gerade aufgehenden Teil des Tierkreises bezeichnen kann, bezeugt die Zusammenfassung des thrasylleischen *Pinax*: λέγει δὲ καὶ περὶ τῶν κέντρων ὡς ὁ ὡροσκόπος καὶ ἀναφορὰ καὶ ἀνατέλλον καὶ χρηματίζον ζῴδιον λέγε-

---

[2044] Siehe ferner die ähnliche Logik der Eheprognostik bei Ptol. apotel. 4,5,2: κἂν μὲν οἱ τὰς συναφὰς ἐπέχοντες τῶν ἀστέρων ἤτοι κατὰ κολλήσεις ἢ κατὰ μαρτυρίας ἀγαθοποιοὶ τυγχάνωσιν, λαμβάνουσιν γυναῖκας ἀγαθάς (!), ἐὰν δὲ κακοποιοί, τὰς ἐναντίας (= Heph. 2,21,6). Siehe auch Val. 2,38,30 (darin bes. γυναικὸς ἀγαθῆς).

[2045] Das verbietet auch der astrologische Befund, denn Jupiter, der nach § 41 für Hadrians einzige Schwester verantwortliche Planet, steht zwar im selben Tierkreiszeichen wie die Luminare (cf. συμπαρατύχωσιν), aber nicht οἰκείως, denn 1° ♒ liegt weder in einem seiner eigenen Häuser (♐, ♓) noch in seiner Erhöhung (♋) noch in seinem Trigon (♈, ♌, ♐) noch in seinem eigenen Gradbezirk (13°–20° ♒).

ται.[2046] Es entstünde jedoch eine heillose Verwirrung, wenn ἀναφορά auch den nächst folgenden, noch unter dem Horizont befindlichen Teil des Tierkreises bezeichnen könnte, der eben deshalb, weil er 'danach aufgeht', ἐπαναφορά heißt.[2047] Der einzige Verweis bei LSJ s.v. ἀναφοράI.2.b («Astrol., = ἐπαναφορά, τόπος next to a κέντρον, Vett. Val. 19,18») beruht jedenfalls auf einem Missverständnis,[2048] und es verdiente eine systematische Prüfung, ob überhaupt antike astrologische Belege für ἀναφορά im Sinne von ἐπαναφορά existieren. Mir ist nur eine einzige Stelle bekannt, die bisher so verstanden wurde: Sext. Emp. adv. math. 5,20 ἐπί τε τῶν κέντρων θεωρουμένους καὶ ἐπὶ ταῖς ἀναφοραῖς ἢ τοῖς ἀποκλίμασιν. Aber auch dort liegt, ebenso wie hier (§ 43) in **P**, eine Haplographie vor, und es ist dringend an der Zeit, der schon im 17. Jh. von Salmasius vorgeschlagenen Emendation zu ⟨ἐπ⟩αναφοραῖς, die zuletzt im Apparat Bekkers (1842) vermerkt und danach ganz aus den kritischen Editionen verbannt wurde, endlich die gebührende Beachtung zu schenken.[2049] Erst aus nachantiker Zeit gibt es einige Belege für ἀνα-

---

[2046] Thras. epit. CCAG VIII 3 (1912), p. 100,30–31 (= Thras. T 27 Tarrant = Rhet. 6,57,20).

[2047] Vom 2. Ort wurde der Begriff in akzeptabler Weise auf die übrigen 'nachfolgenden' Orte (5., 8. u. 11. Ort) ausgedehnt, obwohl dort nicht wirklich eine Aufgangssituation vorliegt.

[2048] Gemeint ist Val. 1,4,3 πρόσθες τὴν ἀναφορὰν τοῦ ζῳδίου ('addiere die Aufgangszeit des Tierkreiszeichens').

[2049] Zur Begründung: Sextus Empiricus nennt das auf ein κέντρον folgende Zeichen sonst stets gemäß der üblichen Terminologie ἐπαναφορά, so allein viermal im unmittelbaren Kontext (Sext. Emp. adv. math. 5,18–19; vgl. ebd. 5,50). Kleine Textverluste sind in der Überlieferung seiner Schrift gegen die Astrologen nicht selten: So ergänzten verschiedene Gelehrte zu Recht in adv. math. 5,49 σύν, in 5,53 χρόνῳ, in 5,58 γάρ, in 5,60 αὐταί, in 5,82 ταύτην, in 5,92 εἰ, in 5,98 τοσοῦτον etc.; vgl. auch den Ausfall des ἐξ in allen Hss außer S zu 5,65 ἐξ ἀποτέξεως. Die Fehlbeurteilung von Sext. Emp. adv. math. 5,20 geht auf Fabricius (1718) zurück, der schreibt: "Salmasius legit ἐπαναφοραῖς. sed non est necesse; nam memini etiam *anaphoras* signorum dici a Firmico, et ἀναφορά saepius recurrit infra sect. 52, 53, 73 etc." (zit. nach Fabricius 1841, 214). Vgl. Creuzer 1835, 98f., der zu Plot. enn. 2,3,6 ἀναφορὰς ζῳδίων ἀναμένειν Sext. Emp. adv. math. 5,20 zitiert und kommentiert: "Fabricius recte vulgatam tuitus est adversus Salmasium, qui ἐπαναφοραῖς textui intulerat, laudans Sextum V. §. 52, 53. 73. etc.". Dass Bekker ebenso wie Fabricius und Creuzer nichts von Astrologie verstand, ist evident durch seine Konjekturen wie z.B. adv. math. 5,95 εὔπαις für ἄπαις (mit Bezug auf die Jungfrau! vgl. die Kritik bei Spinelli 2000, 169). Bis zum Wiederaufleben der astrologiehistorischen Forschung musste noch ein halbes Jahrhundert vergehen. Die Sextus-Editoren des 20. Jh. hingegen hätten gut daran getan, kompetenten Rat einzuholen statt sich der traditionsreichen Ablehnung der von Salmasius vorgeschlagenen Emendation zu ἐπαναφοραῖς einfach anzuschließen.

φορά im Sinne von ἐπαναφορά, die aber nicht ausreichen, um das zu Antigonos (und Sextus Empiricus) Gesagte zu revidieren.[2050] Ein Sonderfall ist die Terminologie des Firmicus.[2051]

φανέντες: vgl. § 48 φανείς. Das Partizip ist in astrologischen Texten seit 'Nechepsos und Petosiris' belegt; vgl. den durch Val. 3,11,3 (= Nech. et Pet. frg. 19,9) überlieferten iambischen Trimeter ἀλλ᾽ ὁτὲ μὲν ἑσπέρας φανεῖσα δύ(σ)εται [sc. ἡ Σελήνη].

ἐπειδὰν τοῖς φωστῆρσι οἰκείως συμπαρατύχωσιν: vgl. z.B. Ptol. apotel. 4,5,9 συνόντων γὰρ αὐτῶν [sc. ♀ ♂ ♄] τοῖς φωσὶν οἰκείως. Die temporale Konjunktion ἐπειδάν ist sinnvoll, da ein Inzidenzschema vorliegt: Zuerst müssen sich der oder (*idealiter*) die Wohltäter zusammen mit den Luminaren in ein und demselben Tierkreiszeichen einfinden, und zwar in einem, worin der oder die Wohltäter Planetenwürden genießen (οἰκείως). Während des Beisammenseins, das aus astronomischen Gründen zwei bis drei Tage dauert,[2052] durchläuft die Gruppe dann im Zuge der Tagesrotation gemeinsam mehrmals jeden einzelnen der 12 Orte der Dodekatropos.

[2050] Bei Theophilos (8. Jh.), CCAG XI 1 (1932), p. 213,14–15, druckt Zuretti ἐκ τῆς ἀναφορᾶς τοῦ ὡροσκόπου (dagegen ἐπαναφορᾶς in der parallelen Edition derselben Stelle von Bidez – Cumont 1938, II 232,8; beide Editionen ohne Angaben im krit. App. z.St.). Vgl. weiter Theophil. pp. 263,11 u. 265,8 Zuretti, wo sich jeweils ἀναφορῶν im Sinne von ἐπαναφορῶν findet (Edition ohne textkr. App.), sowie in dem späten Tierkreisgedicht des Johannes Kamateros (12. Jh., ed. Miller 1877, 53–111) die Verse 398, 428 u. 441, wo ἀναφορά den 2., 8. und 11. Ort bezeichnet (jeweils ohne var. l.).

[2051] Firmicus verwendet 98mal das Wort *anafora*, fast immer in der technischen Bedeutung von ἐπαναφορά (auf ein κέντρον folgend), niemals in der von ἀναφορά (= ASC, wofür Firmicus stets *horoscopus* schreibt). Dieser idiosynkratische Gebrauch wird dadurch relativiert und verständlich, dass Firmicus kein einziges Mal *epanafora* verwendet (ebensowenig *apoclima*). Seine Benennung ist aber insofern inkonsequent, als er den 8. Ort oft als *epicatafora* bezeichnet ('danach untergehend'), was die komplementäre Benennung des 2. Orts als *epanafora* erfordert. Vgl. z.B. Firm. math. 2,17,1: *in secundo ab horoscopo signo* [...], *qui locus inferna porta dicitur vel anafora; in diametro huius signi locus qui fuerit id est in VIII. ab horoscopo signo, epicatafora* (weitere Belege für *epicatafora*: ibid. 2,18,2. 2,19,9. 7,2,7.18. 7,6,8.9.10. 7,8,1.7. 7,23,1.6.9.26.28. 7,24,1.2. 3.5[2x].6). Wertlos sind die Angaben von Georg Lehnert, ThLL II c. 17,69–79 s.v. *anaphora*, sowie des OLD s.v. *anaphora*, da in beiden Lexika nur von den Aufgangszeiten die Rede ist (eine bei Firmicus sehr seltene Bedeutung, z.B. 2,10,1), nicht jedoch von den vielen Dutzend Belegen für *anafora* im Sinne von ἐπαναφορά.

[2052] So lange braucht selbst der Mond als schnellster Himmelskörper, um ein Zeichen zu durchlaufen.

τοῖς φωστῆρσι: die 'Luminare'. Vgl. Heph. 3,7,3 τοῖς φωστῆρσι (τουτέστιν Ἡλίῳ καὶ Σελήνῃ). Den frühesten sicher datierbaren astrologischen Beleg für φωστήρ in dieser Bedeutung bietet Dorotheos in dem Versschluss: εἷς δ᾽ ἔστι δόμος φωστῆρος ἑκάστου (Dor. p. 323,19 = Heph. 1,7,1 = Dor. frg. 6 St.). Vgl. weiter Val. 2,34,2.7. 2,37,11 und spätere Belege. Siehe auch oben zu § 26 τὰ δύο φῶτα.

οἰκείως: fehlt in Ep.[4] (vgl. den Ausfall von ἀγαθῶν und ἢ im selben Satz), ist aber durch **P** und die Korresponsion mit ὅταν καὶ αὐτοὶ ἀνοικείως τοῖς φωστῆρσι συμπαρατύχωσιν gesichert. Die Termini οἰκείως und ἀνοικείως beziehen sich auf die Planetenwürden; vgl. § 26 οἰκείως εὑρεθέντων.

συμπαρατύχωσιν: bezeichnet die körperliche Anwesenheit im Gegensatz zur Präsenz durch Aspektwurf; vgl. § 40 συμπαρατετευχόσι (ubi pl.). Eine vergleichbare Konstellation liegt z.B. in Val. 5,1,18–20 (= Hor. gr. 121.X.27) vor, wo der Mond mit Merkur und Venus in der aszendierenden Waage steht und die Sonne mit Jupiter im Skorpion (Epanaphora). Valens spricht daher von συμπαρουσία (5,1,19: εἰ μὲν οὖν ἄνευ τῆς τῶν ἀγαθοποιῶν συμπαρουσίας τὰ φῶτα ἐτύγχανεν, κτλ.).[2053]

οἱ δὲ κακοποιοὶ παραιρέται γίγνονται: Man bedenke die hohe Kindersterblichkeit in der Antike. Vgl. z.B. Ptol. apotel. 3,6,2 ἐπὶ δὲ Ἄρεως θανάτῳ τῶν λοιπῶν [sc. ἀδελφῶν] σπαναδελφοῦσιν.

Das Substantiv παραιρέτης ist nur in astrologischen Texten belegt und hat dort zwei verschiedene Bedeutungen. Die eine ist privativ und erstmals hier bei Antigonos belegt.[2054] Gegenstand der Privation sind hier die Geschwister, bei anderen Autoren hingegen die Lebenszeit, Lebensjahre, Hoffnungen u.ä. (wobei nicht selten zum semantischen Bereich der Privation passende Wörter wie κακοποιός [vgl. hier § 43], ἀναιρέτης usw. hinzutreten); vgl. z.B. Val. 4,13,9 κακοποιοὶ ὠνομάσθησαν, ἐπεὶ ζωῆς παραιρέται εἰσί ... (und wenige Zeilen später von Jupiter und Venus unter ungünstigen Umständen) τῶν προσδοκωμένων ἐλπίδων ἢ ὠφελειῶν παραιρέται γίνονται. Val. 3,3,40 καλῶς γὰρ τοῦ οἰκοδεσπότου τετευχότος οὐκέτι οἱ ἀναιρέται ἐπόντες ἢ ἀκτινοβολοῦντες παραιρέται τῶν χρόνων γενήσονται.

[2053] Auf Geschwister geht Valens in diesem Horoskop nicht ein.
[2054] In diesem Sinne vgl. auch das Partizip παραιρουμένων (§ 43).

Die andere, in den Antigonosfragmenten nicht belegte Wortbedeutung bezieht sich auf die Partei (αἵρεσις, s.o. S. 702) und bezeichnet Planeten, die in einem Horoskop entgegen ihrer natürlichen Zuordnung zu Tag und Nacht figurieren. Vgl. z.B. Serap. CCAG VIII 4 (1921), p. 228,10–11 ὅταν γὰρ το αἱρετικὸν φῶς εἰς παραιρέτου ᾖ ὅρια ('wenn das Luminar der Partei im Gradbezirk eines nicht zur Partei gehörenden Planeten steht')[2055] und Antioch. epit. 2,24 (ex thes.), CCAG I (1898), p. 156,23–25 (= Rhet. 5,24,1): Περὶ δορυφορίας παραιρέτων. Παρ' αἵρεσιν δὲ δορυφοροῦσιν, ὅταν οἱ ἡμερινοὶ τοὺς νυκτερινοὺς δορυφορήσωσιν καὶ οἱ νυκτερινοὶ τοὺς ἡμερινούς.[2056] Besondere Beachtung verdient Paul. Alex. 34 p. 94,2–5 οἱ μὲν διὰ τῶν παραιρέτων ἀστέρων ἀποτελούμενοι κλιμακτῆρες νόσων καὶ κινδύνων καὶ πένθους παραίτιοι χρηματίζουσιν, οἱ δὲ διὰ τῶν τῆς αἱρέσεως ζημιῶν καὶ τῶν τούτοις παραπλησίων. Dieser Satz ist Teil eines als wörtliche Rede gebotenen Zitats aus einer dem Hermes Trismegistos zugeschriebenen Schrift über Stufenjahre (ibid. p. 93,20–21: Παρέθετο δὲ ὁ Τρισμέγιστος Ἑρμῆς ἐν τῇ περὶ κλιμακτήρων πραγματείᾳ λέγων οὕτως· κτλ.). Das Antonym zu παραιρέτης ist συναιρέτης (Belege bei Dorotheos, Antiochos, Valens etc.). Singulär und spät ist das Substantiv παραίρεσις belegt.[2057]

Eine systematische Untersuchung aller relevanten Belege wäre wünschenswert.[2058]

ὅταν ⟨. . .⟩ **καὶ αὐτοὶ ἀνοικείως τοῖς φωστῆρσι συμπαρατύχωσιν**: Unmittelbar zuvor hatte Antigonos den positiven Teil des Lehrsatzes auf drei Kriterien gestützt: (a) die Position der Wohltäter in der Dodekatropos, (b) die Planetenwürden der Wohltäter innerhalb des sie beherbergenden Tierkreiszeichens (οἰκείως),[2059] und (c) ihre Konjunktion mit den Luminaren. Im negativen Teil des Lehrsatzes ist jetzt nur von (b) und (c) die Rede. Also ist anscheinend ein mit (a) korrespondierendes Textelement ausgefallen. Dafür spricht auch, dass καὶ αὐτοὶ sonst keinen rechten Sinn ergibt und astrologische Paralleltexte zur Geschwisterlehre

---

[2055] Das Zitat kann nicht wörtlich von Serapion stammen, sondern wurde überarbeitet, wie die byzantinische Verwendung der Präposition εἰς zeigt.

[2056] Vgl. Antioch. epit. 3a,25 (ex thes.), CCAG VIII 3 (1912), p. 106,28 (= Rhet. 6,61,38): Περὶ δορυφορίας παραιρέτων (Kapitelüberschrift ohne inhaltliche Details).

[2057] Rhet. epit. 4,22 (= CCAG VIII 1, 1929, p. 244b,5) τὰς αἱρέσεις καὶ παραιρέσεις.

[2058] Nichts zum Begriff παραιρέτης bei Bouché-Leclercq 1899.

[2059] Vgl. auch § 26 οἰκείως εὑρεθέντων κτλ. sowie Firm. math. 6,32,25 (zit. am Ende des Komm. zu § 43 ἀγαθῶν ἀδελφῶν).

tatsächlich auf die Position der Übeltäter in der Dodekatropos eingehen. Vgl. Dor. arab. 1,21,31 (ohne griech. Entsprechung): "If you find Mars and Saturn in the ascendent or midheaven or either what follows the ascendent or [what follows] the tenth, then this is the worst thing in the matter of brothers as sometimes he will see concerning them [things] like this: he will have no brothers, or whatever of them he does have will not survive or will be enemies, each one of them to his companion"[2060] (daneben ging Dorotheos aber auch auf die Planetenwürden ein: vgl. Dor. arab. 1,21,6 ~ Dor. pp. 335,12–336,1 (= Rhet. 5,105,4): εἰ δὲ Κρόνος καὶ Ἄρης καὶ Σελήνη ἐν ἀλλοτρίοις τόποις τύχωσιν, τοὺς ἀδελφοὺς ἀναιροῦσιν),[2061] ferner Ps.-Maneth. 6[3],333–337, der nach vorausgehenden Ausführungen zur negativen Wirkung von Mars und Saturn auf die Geschwisterzahl ergänzt: ταῦτα δὲ ῥέζουσιν καὶ ὅτ᾽ ἂν μεσάτου κατὰ κέντρου | ξυνὰ θέωσ᾽ ἢ ὄπισθεν ἐπαντέλλοντες ὁρῶνται, | κἢν ἐκτὸς κέντροιο, κασιγνήτους ὀλέκουσιν. | καὶ δὲ καὶ ὡρονομῶν Φαίνων, ὁπόσοι προγένοντο | φωτὸς ἀδελφειοί, πάντας ζωῆς ἀπάμερσεν.[2062] Wahrscheinlich lehrten bereits 'Nechepsos und Petosiris' in diesem Sinne, wenngleich konkrete Zeugnisse fehlen. Jedenfalls ist klar, dass die Position der Übeltäter in der Dodekatropos wichtig ist: Wenn sie in besonders energiereichen Orten stehen (und sich zugleich bzgl. der Planetenwürden 'unwohl' fühlen), ist ihre aggressive, schädigende Wirkung besonders stark. Es ist angesichts der typischen Neigung astrologischer Prosatexte zu schematischen Formulierungen und ihres weitgehenden Verzichts auf stilistische Variationen denkbar, dass der Ausdruck ἐπὶ τῶν κέντρων ἢ καὶ ἐπὶ τῶν ἐπαναφορῶν in § 43 ursprünglich zweimal in kurzem Abstand aufeinanderfolgte und die zweite Stelle durch Haplographie ausgefallen ist. Wenn dies stimmt, fehlt außerdem eine finite Verbform. Insgesamt lautete das Original vielleicht: ὅταν ⟨ἐπὶ τῶν κέντρων ἢ καὶ ἐπὶ τῶν ἐπαναφορῶν κέωνται⟩ καὶ αὐτοὶ ἀνοικείως τοῖς φωστῆρσι συμπαρατύχωσιν.[2063] Das αὐτοὶ ist damit aber

---

[2060] Pingree 1976a, 182.

[2061] Siehe ferner Dor. p. 337,3–5 (= Rhet. 5,108,6).

[2062] "And (Saturn and Mars) also do these things when they run together in the middle cardine or appear in the succeedant; although they are outside of the cardine, they destroy brothers. And, also, Saturn in the ascendant deprives of life all who were born as siblings before the native" (Lopilato 1998, 289).

[2063] Zu κέωνται vgl. § 32 εἰ καλῶς κεῖται. ibid. καλῶς κείμενος. ibid. ἐὰν δὲ κακῶς κέηται. Val. 4,11,57 ἐὰν ... κέωνται ... καλῶς. – Oder lautete der Text hier in § 43 vielleicht sogar ὅταν ⟨καλῶς⟩ κείμενοι ἀνοικείως τοῖς φωστῆρσι συμπαρατύχωσιν, mit den einhellig überlieferten Worten καὶ αὐτοὶ als Verschreibung aus κείμενοι?

immer noch nicht befriedigend erklärt, da es einen Gegensatz zu anderen Planeten zu implizieren scheint. Am ehesten könnte man an die 'Wohltäter' denken: Wenn sie nicht durch besänftigende Aspekte das Schlimmste verhindern, dürfte wohl die totale Vernichtung der Geschwister die Folge sein. Als diagnostische Konjektur[2064] schlage ich daher vor: ὅταν ⟨ἐπίκεντροι ὄντες μή πως ὑπό τινος ἀγαθοποιοῦ μαρτυρηθῶσιν⟩ καὶ αὐτοὶ ἀνοικείως τοῖς φωστῆρσι συμπαρατύχωσιν.[2065]

§ 44

Tierkreiszeichen von 'doppelter' Natur oder besonderer Fruchtbarkeit geben im Vergleich mit 'einfachen' Zeichen doppelt so viele oder besonders viele Geschwister. Vgl. Ps.-Maneth. 6[3],323–325: ἐν δὲ δισώμοις ὅσσοι ὁμοῦ Μήνη φορέονται, | ἢ συναφὴν δείκνυντ᾿, ἢ μαρτυρίησιν ὁρῶσιν, | δισσοὺς οἵγε κασιγνήτους θνητοῖσι νέμουσιν. Siehe ferner Ptol. apotel. 3,6,2 ('Über Geschwister') πότερον ἐν μονοειδέσι ζῳδίοις τυγχάνουσι ἢ ἐν δισώμοις und als konkretes Beispiel Hor. gr. 905.IX.3 (Const. VII Porph.) cap. 2 p. 222 Pingree 1973a, wo der byzantinische Autor bei der Berechnung der Geschwisterzahl die ζῴδια τροπικά und die ζῴδια πολύσπερμα erwähnt (in der Theorie folgt er Ptol. apotel. 3,6). Vgl. auch die Kapitel über Zwillinge bei Ptol. apotel. 3,8. P. Oxy. inv. 73/118a (s.o. Anm. 1513). Firm. math. 7,3. Ps.-Maneth. 4,450–465, die alle auf die doppelten Tierkreiszeichen eingehen.

[2064] Im Sinne von Paul Maas.

[2065] Mit ἐπίκεντροι ὄντες vgl. § 36 ἐπίκεντρον ὄντα. § 37 ἐπίκεντρον οὖσαν, mit dem Rest der Ergänzung vgl. Val. 2,39,10 (das ist der Schlusssatz zum verwandten Thema 'Kinderlosigkeit', unmittelbar vor Val. 2,40 Περὶ ἀδελφῶν): Κρόνος, Ἄρης μεσουρανοῦντες ἢ ἀντιμεσουρανοῦντες ἀτέκνους ποιοῦσιν, εἰ μή πως ὑπὸ ἀγαθοποιοῦ μαρτυρηθῶσιν. Zur Kombination beider Teile vgl. sprachlich (nicht inhaltlich-prognostisch) z.B. Dor. p. 358,4–6: εἰ δὲ καὶ ὁ Ἥλιος καὶ ἡ Σελήνη ἐπίκεντροι ὄντες ὑπὸ Διὸς καὶ Ἄρεως μαρτυρηθῶσιν, κτλ. Vgl. ferner inhaltlich und sprachlich Ptol. apotel. 4,6,3 (Περὶ τέκνων), wo die Intervention der 'Wohltäter' ebenfalls das Schlimmste verhindert: ἥλιος δὲ καὶ οἱ κακοποιοὶ διακατασχόντες τοὺς εἰρημένους τόπους ἐὰν μὲν ἐν ἀρρενικοῖς ὦσιν ἢ στειρώδεσι ζῳδίοις καὶ ὑπὸ τῶν ἀγαθοποιῶν ἀκαθυπερτέρητοι, τελείας εἰσὶν ἀτεκνίας δηλωτικοί, ἐπὶ θηλυκῶν δὲ ἢ πολυσπέρμων ζῳδίων τυχόντες ἢ ὑπὸ τῶν ἀγαθοποιῶν μαρτυρηθέντες διδόασι μέν, ἐπισινῆ δὲ ἢ ὀλιγοχρόνια.

ἐπιβλεπτέον δὲ καὶ ... : vgl. § 28 ἐπισημαντέον δὲ ὅτι καὶ ... und F6 § 75 σκοπητέον δὲ καὶ ...

δίσωμα ἢ τροπικὰ ἢ καὶ πολύσπερμα: Zum Fehlen des logisch unverzichtbaren zweiten ἢ in Ep.[4] s.o. zu § 37 ὁ Ἥλιος ἢ ἡ Σελήνη ἢ καὶ ἀμφότεροι und zu § 43 ἐπὶ τῶν κέντρων ἢ καὶ ἐπὶ τῶν ἐπαναφορῶν. Für alle drei Termini ist die hiesige Stelle der einzige Beleg in den Antigonosfragmenten. Die ersten beiden beziehen sich auf die klassische Gliederung des Tierkreises nach den Jahreszeiten: ζῴδια τροπικά (♈, ♋, ♎, ♑ = 1. Quadrat), ζῴδια στερεά (♉, ♌, ♏, ♒ = 2. Quadrat), ζῴδια δίσωμα (♊, ♍, ♐, ♓ = 3. Quadrat). Vgl. Hübner 1982, 74–88 (Nr. 1.3), bes. 74f. (Nr. 1.311.1), der die relevanten Belege zusammenstellt. Dabei sollte jedoch die Besprechung der *signa tropica, biformia* und *solida* durch Ps. Cens. (*re vera* Varro) frg. 2,6 u. 3,9 noch vor Manilius eingeordnet werden. Das System geht nach Pingree[2066] auf 'Nechepsos und Petosiris' zurück. Zu den übrigen von Antigonos erwähnten Eigenschaften der Tierkreiszeichen s.o. zu § 29 ἐν ἀνθρωποειδεῖ καὶ ἀρρενικῷ εἶναι ζωδίῳ.

δίσωμα: Als 'zweikörperig' gelten die Zwillinge und die Fische, da sie jeweils ein Paar sind, der Schütze (nach Manil. 2,170f. auch der Steinbock) wegen seines Kompositkörpers (Mensch und Pferd, vgl. Steinbock: Bock und Fisch), die Jungfrau wegen ihrer Ähre oder wegen ihrer beiden Schwingen. Vgl. bes. Manil. 2,157–196 sowie Hübner 1982, 80 (Nr. 1.311.63), mit umfangreichen Belegen, u.a. zu Synonymen wie δισώματα, δισσά, διμόρφωτα, *bicorporea, duplicia*.

Im Kontext der Geschwisterlehre vgl. Ps.-Maneth. 6[3],323–325 (zit. oben in der Gesamtbesprechung von § 44), ferner Rhet. 5,103,4–5 (ex Dor.; ed. Pingree 1976a, pp. 333,20–334,1): ... ὅσα γάρ εἰσι ζῴδια, τοσούτους ἀδελφοὺς λέγε. εἰ δὲ δίσωμον ἀπαντήσῃ ζῴδιον, διπλοῦν ἀρίθμει τὸ ζῴδιον (cf. Lib. Herm. 30,3); praktisches Beispiel dazu: Hor. gr. 29.V.2, speziell Dor. arab. 1,21,17 = Rhet. 5,108,4 (ed. Pingree 1976a, pp. 336,27–337,2).

τροπικά: sowohl die wahren tropischen Zeichen ♋ und ♑ (Sommer- u. Wintersolstiz) als auch die äquinoktialen Zeichen ♈ und ♎ (Frühjahrs- u. Herbsttagundnachtgleiche). Allen tropischen Zeichen geht ein doppeltes (s.o. zu δίσωμα) voraus, das den Übergang von einer Jahreszeit in die

---

[2066] Pingree 1978a, II 216, mit Verweis auf Darmstadt 1916a, 15f.

nächste symbolisiert. Zu den ζῴδια τροπικά vgl. Hübner 1982, 77–79 (Nr. 1.311.61), mit reichen Belegen, u.a. zu Synonymen wie ἐπικάμπια, περικάμπια, καμπτόμενα, *solstitialia / aequinoctialia.*

πολύσπερμα: Als besonders fruchtbar gelten gemeinhin die Zeichen des Wasserdreiecks (♋, ♏, ♓). Vgl. Hübner 1982, 156–164 (Nr. 3.321, tabellarische Übersicht ebd. S. 162) mit reichen Belegen, u.a. zu Syonymen wie πολύσπορα, πολύγονα, πολύτεκνα, τεκνοποιά, *fecunda, fertilia.*

τὰ τὸν ἀδελφικὸν λόγον παρέχοντα: scil. ζῴδια. Den Plural rechtfertigt der allgemeine Bezug auf verschiedene Nativitäten. Im Falle Hadrians ist der Wassermann das relevante Zeichen, da in ihm Sonne, Mond und Jupiter stehen (vgl. § 41). Er gehört nicht zu den ζῴδια δίσωμα ἢ τροπικὰ ἢ καὶ πολύσπερμα, sondern zu den drei übrigen (♉, ♌, ♒), d.h. zu den festen Zeichen (ζῴδια στερεά) mit Ausnahme des als fruchtbar geltenden Skorpions (s.o. zu πολύσπερμα). Mythologisch und astrothetisch gilt Aquarius als unfruchtbar beziehungsweise kinderlos wegen der Assoziation mit Ganymed oder deshalb, weil sein Wasserkrug den Inhalt nicht halten kann. Vgl. in diesem Sinne bereits Manil. 2,238f. (dazu Goold 1997, xl) und Dor. arab. 1,19,3;[2067] spätere Belege bei Hübner 1982, 157–162. Es kommt im Falle Hadrians also nicht zu einer Verdoppelung der in § 41 errechneten Geschwisterzahl, und sein Horoskop bietet eine günstige Gelegenheit, die traditionellen astrologischen Lehren zur Geschwisterzahl in ihrer Komplexität überzeugend zu illustrieren. Dies ist wohl auch der Grund für die ausführliche Diskussion, die Antigonos dem Thema 'Geschwister' (§§ 41–45) innerhalb des Oberthemas 'Familie' (§§ 39–48) widmet.

πολυαδελφίας γίγνονται αἴτια: eine formelhafte Konstruktion, vgl. § 45 ἀρρένων σπαναδελφίας αἴτιος γίνεται, § 46 ἀτεκνίας αἴτιος γίνεται, § 49 κακοθανασίας αἴτιοι γίνονται, § 50 κακοθανασίας αὐτῷ αἴτιον γέγονεν. Die astrologischen Belege beginnen mit 'Nechepsos und Petosiris', vgl. Heph. 1,23,12 παραίτιοι γίνονται und 1,23,20 πολλῶν κακῶν ἐστιν αἴτιος τῷ κόσμῳ (= Nech. et Pet. frg. 12,49.108–109) sowie Val. 7,6,18 παραίτιος γενήσεται (= frg. 21,85; anscheinend identisch mit dem iambischen Original).[2068]

[2067] Im Widerspruch dazu: Dor. arab. 2,10,13.
[2068] Val. 7,6,10–20 ist nach Val. 7,6,21 ein wörtliches Nechepsos-Zitat.

Als Schreibung des Nominalkompositums überliefert Ep.⁴ πολλαδελφίας, **P** πο^λ αδελφίας.[2069] Vielleicht bot schon der Archetyp πολλαδελφίας, denn **P** schreibt mehrmals -λ- für -λλ-.[2070] Die übliche Wortbildung erfordert aber (in Übereinstimmung mit zahlreichen anderen Komposita auf πολυ + ἀ-) πολυαδελφία, was beim Anon. comm. in Ptol. apotel. 3,6,1 p. 102 Wolf und bei Rhet. 5,104,3[2071] belegt ist. Etwas zahlreicher sind die (fast ausnahmslos astrologischen) Belege für das Adjektiv πολυάδελφος.[2072] Angesichts des Fehlens jeglicher Parallelen für πολλαδελφία, πολλάδελφος oder überhaupt irgendwelcher Komposita auf πολλ + ἀ- in griechischen Prosatexten[2073] hat Pingree wohl zu Recht πολυαδελφίας gedruckt.[2074] Es ginge zu weit, hier das Argument der *lectio difficilior* ins Feld zu führen. – Siehe auch die ähnlich seltenen Termini μοναδελφία (§ 41, Hapax) und σπαναδελφία (§ 45).

§§ 45–52

Der Schlussteil des Hadrianhoroskops weist eine rhetorische Besonderheit insofern auf, als Antigonos hier in schnellem Wechsel mögliche Fragen des Lesers antizipiert und jeweils sogleich darauf eingeht (§§ 45.47.48.49.52).[2075] Dadurch simuliert er einen Dialog zwischen Lehrer und Schüler und belebt so die didaktische Vermittlung des Stoffs.[2076] Direkte Fragen dieser Art (d.h. eines fiktiven Schülers) mit unmittelbar folgenden Antworten des Lehrenden sind innerhalb der Antigonosfragmente auf das Hadrianhoroskop beschränkt (keine Parallelen in **F2** u. **F3**). Auch darüber hinaus sind sie in der gesamten griechisch-römischen

---

[2069] Vgl. zwei Wörter weiter in **P**: αἴτι^α.

[2070] Vgl. z.B. den textkr. App. zu § 42 κόλλησιν und zu **F3** § 65 ἀπηλλαγμένων.

[2071] CCAG II (1900), p. 189,32 = CCAG VIII 4 (1921), p. 220b,16 (s.o. Anm. 2031).

[2072] Critod. frg. 10 Peter = CCAG VIII 1 (1929), p. 259,24. Val. 1,3,35.36.41.57. Paul. Alex. 24 p. 55,16. Anon. comm. in Ptol. apotel. 3,6,1 p. 102 Wolf. Außerdem nennen LSJ s.v. πολυάδελφος noch je einen Beleg bei Poll. onom. 6,171 und Schol. Soph. Antig. 1.

[2073] LSJ kennen einen einzigen poetischen Beleg, πολλαγόρασος (bei Pherekrates).

[2074] Pingree 1973–1974, I 161,22 (ohne Angaben im textkr. App.).

[2075] Einen Ansatz zur Entwicklung der dialogischen Partie in §§ 45–52 bot bereits die indirekte Frage in § 25 Διὰ τί δὲ ἐν τούτοις ἐγένετο ἐπεξεργάζεται οὕτως.

[2076] In Lausbergs rhetorischem Handbuch sucht man nach dieser Erscheinung vergeblich. Am nächsten kommt die forensische *subiectio* (Lausberg 1990, 381–383, §§ 771–775).

Fachliteratur astronomischen und astrologischen Inhalts sehr selten. Die einzige vergleichbare Stelle der erhaltenen Astrologentexte ist m.W. der Anfang der zweiten Epitome der *Thesauroi* des Antiochos durch Rhetorios, der vermutlich wörtlich aus den *Thesauroi* übernommen wurde und somit dem Antigonos zeitlich nahestehen dürfte. Dort begegnen mehrmals direkte Fragen eingeleitet durch τίνος ἕνεκεν/ἕνεκα/χάριν,[2077] die jeweils sofort beantwortet werden, im Falle der letzten Frage sogar mit expliziter Hinwendung an die zweite Person (ibid. 2,8 p. 149,3 = Rhet. 5,8,10): ὅρα κτλ. ... εὑρήσεις τὴν αἰτίαν· κτλ. (vgl. hier: § 52 γνώσῃ).[2078] Auch unter den astronomischen Texten ist mir nur ein einziger bekannt, der eine vergleichbare Passage besitzt: Dies ist Ps. Eudox. ars astr., coll. XVIII,4–6. XIX,5–6.18–19 (Blass 1887, 23), wo drei direkte Fragen formuliert und jeweils sogleich beantwortet werden. Was schließlich die konkrete Einleitung der Fragen in §§ 45–52 betrifft, gibt es zu §§ 45 u. 47 διὰ τί δὲ (bzw. δ᾽) ... , § 48 τίς δ᾽ (bzw. δὲ) ἡ αἰτία, § 49 πόθεν δὲ (bzw. δ᾽) und § 52 πόσους δ᾽ (bzw. δὲ) überhaupt keine wörtlich identischen Parallelen in astrologischen oder astronomischen Texten. Dieser Befund verdient besondere Beachtung mit Blick auf Hephaistion: Die Tatsache, dass dieser in seinem mehr als 300 Teubnerseiten umfassenden Werk nichts mit der rhetorischen Gestaltung von §§ 45–52 Vergleichbares bietet, ist ein Indiz dafür, dass Hephaistion den Text des Antigonos wörtlich zitiert und nicht seinem eigenen Stil angepasst hat.[2079]

§ 45

Das Geschlecht der Geschwister hatten zweifellos schon 'Nechepsos und Petosiris' behandelt.[2080] Der früheste Autor, für den Lehren dieser Art

---

[2077] Antioch. epit. 2 prooem. (ex thes.), CCAG I (1898), p. 142,4 (= Rhet. 5 prooem. 1). ibid. 2,7–8 pp. 147,24. 148,1.6.12.17.20.25. 149,1 (= Rhet. 5,7,2.4.6.8. 5,8,1.3.5.8).

[2078] Einen Sonderfall stellt Ptol. apotel. 1,21,2–4 dar, wo die Irrationalität des 'ägyptischen' Systems der Planetenbezirke durch mehrere direkte Fragen illustriert wird, auf die es nach Ptolemaios keine Antworten gibt. Gänzlich irrelevant für die hiesige Fragestellung sind rhetorische Fragen des Autors wie z.B. Val. 2,41,5. 5,6,51–52.57. 9,8,30. 9,12,6 oder Firm. math. 4,20,3.

[2079] Zu weiteren Indizien für dieselbe Annahme s.o. S. 67 mit Anm. 322.

[2080] Das legt neben der zentralen Bedeutung dieses Themas für die Klienten der Astrologen auch Val. 2,39,6 nahe, ein Satz, der unmittelbar auf ein Petosiris-Zitat (Val. 2,39,4 = frg. 22) folgt und wahrscheinlich noch Teil desselben ist. Es geht dort zwar nicht um das Geschlecht der Geschwister, sondern um das der Kinder des Nativen; dennoch ist klar, dass beide Themen von der astrologischen Methode und Denkweise her auf das

sicher bezeugt sind, ist Dorotheos, demzufolge die Wohltäter in männlichen Tierkreiszeichen Brüder schenken und in weiblichen Schwestern; vgl. Dor. arab. 1,21,3 "whenever Venus and Mercury aspect [that place] from a good place, then if the sign is feminine they [*sc.* the brothers] are feminine, but if the sign is masculine they are masculine",[2081] = Rhet. 5,105,2: ἐὰν ὁ Ζεὺς καὶ ἡ Ἀφροδίτη καὶ ὁ Ἑρμῆς ἐπίσημοι τύχωσι τοῖς τόποις καὶ καλαῖς φάσεσι, ἐν μὲν θηλυκοῖς ζῳδίοις θηλείας ἀδελφὰς διδόασιν, ἐν δὲ ἀρσενικοῖς ἄρρενας.[2082] Vgl. auch Val. 2,40,4 τῷ τρίτῳ τόπῳ τοῦ ὡροσκόπου (ὅς ἐστι περὶ ἀδελφῶν) οἰκειουμένη μὲν Ἀφροδίτη καὶ Σελήνη ἀδελφὰς δώσουσιν, καὶ μάλιστα ἐὰν θηλυκὸν ᾖ τὸ ζῴδιον· ἐὰν δὲ Ἥλιος, Ζεύς, Ἑρμῆς ἐν ἀρρενικῷ ζῳδίῳ τυχόντες ⟨τῷ τρίτῳ τόπῳ ὦσιν⟩[2083], ἄρρενας διδοῦσιν (vgl. Firm. math. 6,32,26 *masculae enim benivolae stellae masculos dabunt, feminae vero benivolae feminas*).

διὰ τί δὲ οὐχὶ ἄρρενα ἀδελφὸν δέδωκεν κτλ.: Zu den hier einsetzenden direkten Fragen s.o. in der Gesamtbesprechung von §§ 45–52.

ἀρρενικῷ ὄντι: Zum Inhalt vgl. Ptol. apotel. 1,6,1, zur Formulierung **F2** § 57 ἐν Κριῷ ἀσελγεῖ ὄντι.

διότι – γίνεται: vgl. Val. 2,40,1 Ἥλιος ὡροσκοπῶν ποιεῖ ὀλιγαδέλφους ἢ σπαναδέλφους. Dieser Satz geht wahrscheinlich auf 'Petosiris' zurück, den Valens im Kontext zweimal zitiert.[2084] Zur geschlechtsspezifischen Eingrenzung rekurriert Antigonos auf die Natur des Tierkreiszeichens: Da der Wassermann zu den sechs männlichen Zeichen gehört, betrifft die Geschwisterarmut Brüder. Die Schwächung des männlichen Geschlechts sieht Antigonos noch verstärkt durch das Hinzutreten des weiblichen Mondes.

ὡροσκοπῶν: trifft hier auf die Sonne nicht gradgenau zu, aber orts- bzw. zeichengenau. Vgl. § 46 ἡ τοῦ Ἥλιου περὶ τὸ ὡροσκοποῦν [sc. ζῴδιον]

---

engste zusammenhängen. Der Text lautet: οἱ θηλυκοὶ ἀστέρες τῷ τεκνοδότῃ μαρτυροῦντες θηλυκὰ [sc. τέκνα] διδοῦσιν, οἱ ἄρρενες ἄρρενα.

[2081] Pingree 1976a, 179f.

[2082] Ed. Pingree 1976a, p. 335, ex Paris. gr. 2425. Vgl. dieselbe Stelle in der Rhetorios-Epitome im CCAG II (1900), p. 190,2–3 (ed. Olivieri ex codd. Marc. 335 et Paris. 2506): ἐν μὲν θηλυκῷ ζῳδίῳ θηλείας ἀδελφὰς διδόασιν, ἐν δὲ ἀρσενικοῖς ἄρρενας.

[2083] Coni. Pingree, an potius τῷ τρίτῳ τόπῳ ἐπῶσιν?

[2084] Val. 2,39,4 u. 2,41,2–4 = Nech. et Pet. frg. 22 u. 24.

στάσις und **F2** § 56 τὸ ὡροσκοποῦν [sc. ζῴδιον].

Das Verb ὡροσκοπεῖν ist bereits für 'Nechepsos und Petosiris' belegt.[2085] Siehe auch oben zu § 22 τὸν ὡροσκόπον und vgl. ferner das seltene lat. Verb *horoscopare* bei Manil. 3,296. Firm. math. 5,1,5. 6,31,17. 6,31,63. 8,29,12.[2086] Vereinzelt findet sich das Verb auch in passiver Verwendung, z.B. Val. 3,3,15 u. 3,3,44 ἔστω τινὰ ὡροσκοπεῖσθαι κτλ. Die Wahl des präsentischen Tempus (statt etwa des Aorists ὡροσκοπήσας) passt dazu, dass nicht der Moment des Sonnenaufgangs, sondern die Position im 1. Ort gemeint ist (mehr dazu oben in Anm. 1522).

ἐν ἀρρενικῷ ζῳδίῳ: s.o. zu § 29 ἐν ἀνθρωποειδεῖ καὶ ἀρρενικῷ εἶναι ζῳδίῳ.

ἀποδεχόμενος: so **P**; Ep.[4] liest ἀπεκδεχόμενος, was aber der Sinn verbietet (vgl. LSJ s.v.). Außerdem gibt es ein Indiz dafür, dass der Epitomator ἀποδεχόμενος zu ἀπεκδεχόμενος geändert hat: vgl. Heph. epit. 4,118,21–22 τὴν συναφὴν τῆς Σελήνης ἐκδεχομένη ... τὴν συναφὴν τῆς Σελήνης ἐκδεχόμενος, eine Paraphrase von Dorotheosversen (Heph. 3,40,21–22 = Dor. frg. 113a St.), in denen das Verb ἐκδέχομαι nicht vorkommt. In der übrigen astrologischen Literatur fehlen echte Parallelen zu dem von Antigonos gewählten Ausdruck.[2087]

ἀρρένων σπαναδελφίας αἴτιος γίνεται: so **P**; Ep.[4] liest σπάνιν ἀδελφῶν ἀρρένων ποιεῖ. Das sehr seltene Wort σπαναδελφία begegnet noch ein weiteres Mal bei Ptol. apotel. 3,6,2 (= Heph. 2,6,2) und beim Anon. comm. in Ptol. apotel. 3,6,1 p. 102 Wolf. Vgl. ferner das Adjektiv σπανάδελφος (stets in astrologischem Kontext)[2088] sowie das nur einmal belegte Verbum σπαναδελφεῖν bei Ptol. apotel. 3,6,2 (= Heph. 2,6,3). Für die Richtigkeit des Nominalkompositums an der hiesigen Stelle spricht neben dem Argument der *lectio difficilior* auch die Parallele in § 44 πολυαδελφίας γίγνονται αἴτια.

[2085] Porph. isag. 38 p. 210,12–15 (= Nech. et Pet. frg. 14a). Heph. 2,1,2 (= frg. 14b). Heph. 3,10,5 = Heph. epit. 1,34,5 = Heph. epit. 2,3,15,5 = Heph. epit. 4,84,5 = Val. add. 2,5 (= frg. 14c). Alle genannten Stellen betreffen die sogenannte 'Petosiris-Regel'.

[2086] Cf. Heinz Haffter, ThLL VI 3, c. 2974,26–31 s.v. *horoscopo*.

[2087] Nur entfernt vergleichbar ist Ptol. apotel. 1,3,5 τὸ δὲ προγινώσκειν ... παρασκευάζει μετ' εἰρήνης καὶ εὐσταθείας ἕκαστα τῶν ἐπερχομένων ἀποδέχεσθαι.

[2088] Rhet. exc. ex Teucr. (? s.o. Anm. 1597) CCAG VII (1908) pp. 198,3. 201,1. 205,12. Dor. pp. 336,16. 362,8.19. 363,31. Val. 1,3,40.55. 2,17,54. 2,40,1[2x]. Ps.-Maneth. 6[3],332. 4,390. Sext. Emp. adv. math. 5,101.

Die einschlägigen Kapitel astrologischer Autoren zu den Wirkungen der Luminare und Planeten in den zwölf Orten der Dodekatropos (s.o. Komm. zu § 26 ἐπὶ τοῦ ὡροσκόπου ab S. 697) bieten keine exakten Parallelen zu dem hier von Antigonos über die Position der Sonne im 1. Ort (ὡροσκοπῶν) Gesagten. Siehe immerhin Firm. math. 3,5,1 über eine (in **F1** nicht gegebene) gradgenaue Position der Sonne im Aszendenten: *Sol in parte horoscopi constitutus difficile fratres dabit.*[2089]

§ 46

Die knappe Begründung der Kinderlosigkeit Hadrians (§ 46) ist Teil des übergeordneten Themas 'Familie' (s.o., Gesamtbesprechung von §§ 39–48). Zum Thema Kinder s. auch Nech. et Pet. frg. 22 (= Val. 2,39,4). Dor. arab. 2,8–13 (das griechische Original dieser Passage ist noch partiell und – bis auf einen einzigen Originalvers – indirekt fassbar durch Heph. 2,22,8–13 = Dor. frg. 42a St. und Hor. gr. 905.IX.3 [Const. VII Porph.] cap. 12,2–3 p. 227 Pingree 1973a). Balb. astrol. exc. ap. Rhet. 6,60,17 (= CCAG VIII 3, 1912, p. 104,21–22). Anub. F15 (P. Oxy. III 464). Ps.-Maneth. 6[3],225–304. Ptol. apotel. 4,6. Val. 2,39. Antioch. epit. 3a,80 (ex thes.), CCAG VIII 3 (1912), p. 110,15–16 (= Rhet. 6,61,102). Heph. 2,22 (+ epit. 4,28). Firm. math. 6,32,33–39. Paul. Alex. c. 23 p. 52,22–24. c. 24 p. 57,6–13. c. 25. Olymp. 24.

Unter diesen Stellen ist erneut – wie schon im Falle der Eheprognostik (§§ 39–40) – das Zeugnis des Ptolemaios von besonderem Interesse, denn Ptol. apotel. 4,6 Περὶ τέκνων (= Heph. 2,22,1–7 = Nech. et Pet. frg. +4) geht nach dem Zeugnis von Heph. 2,22,8 auf Petosiris zurück: καὶ ταῦτα μὲν ὁ Πτολεμαῖος ἐκ τῶν Πετοσίριδος ἐκτίθεται. Ptolemaios eröffnet sein Kapitel mit einer grundlegenden Unterscheidung der Planetenwirkungen nach Wohltätern und Übeltätern (4,6,1): δεήσει ... σελήνην μὲν καὶ Δία καὶ Ἀφροδίτην πρὸς δόσιν τέκνων λαμβάνειν, ἥλιον δὲ καὶ Ἄρη καὶ Κρόνον πρὸς ἀτεκνίαν ἢ ὀλιγοτεκνίαν κτλ.[2090] Die Relevanz dieser Distinktion für Antigonos ist evident. Für ihre Kombination mit dem Aszendenten ist mir keine Parallele bekannt;

[2089] Vgl. ferner Dor. p. 362,4–8, wonach die Sonne bei Taggeburten (!) im 10. Ort (!), wenn sie von Mars und Jupiter aspiziert wird (ob diese Bedingung erfüllt sein muss, geht aus dem Kontext nicht eindeutig hervor), σπαναδέλφους bewirkt.

[2090] Den eigentlichen Wohltätern (Jupiter und Venus) ist der Mond wegen seiner Fruchtbarkeit begünstigenden Feuchtigkeit beigesellt, den eigentlichen Übeltätern (Saturn und Mars) die Sonne wegen ihrer dörrenden Hitze und Trockenheit.

doch vergleiche bezüglich der κέντρα im Allgemeinen Ps.-Maneth. 6[3],234–236: Τιτὰν δὲ καὶ Ἄρης εὖτ' ἂν ἐπῶσιν | τούτοισιν κέντροις [*sc.* MC + IMC], τεκέων ἄπο πάμπαν ἄμερσαν, | ἔξοχα δ' εἴ κ' ἀγαθοί σφιν ἀμάρτυροι ἀστέρες εἶεν.[2091] Bei Hadrian ist Venus ohne Aspekt zur Sonne, und Jupiter, der andere Wohltäter, ist durch seine Stellung 'unter den Strahlen der Sonne' geschwächt: Das ist schlecht für Kindersegen.[2092] Außerdem wirft bei Hadrian Mars einen Aspekt zu der von Ps.-Manethon genannten Himmelsmitte; vgl. § 32 ὁρῶν τὸν κατὰ κορυφὴν τόπον.

Abgesehen von den Planetenwirkungen, die Antigonos zur Begründung anführt, ist an die zodiakale Qualität des Wassermanns zu erinnern: Zu seiner geringen Fruchtbarkeit s.o. im Kommentar zu § 44 τὰ τὸν ἀδελφικὸν λόγον παρέχοντα. Vgl. auch Paul. Alex. 25 pp. 74,21–75,2: ἐπὶ δὲ τοῦ Ταύρου καὶ Παρθένου καὶ Αἰγοκέρωτος καὶ Λέοντος καὶ Ὑδροχόου τὸ στειρῶδες καὶ παντελῶς ἄτεκνον σκοπείσθω.

Wäre das System der Fixsternprognosen des Antigonos (F5 §§ 68–70) nicht so verschieden von dem des Anonymos vom Jahre 379 n.Chr., hätte er die Kinderlosigkeit Hadrians auch beziehungsweise ergänzend durch die Stellung von α PsA im Aszendenten (§ 28) erklären können. Vgl. Anon. a. 379 p. 199,23–25: ἐὰν δὲ ὡροσκοπῇ ὁ [sc. λαμπρὸς ἀστὴρ] ἐπὶ τοῦ νοτίου Ἰχθύος, σπανοτέκνους ποιεῖ ἢ βραδυτέκνους ἢ θηλυγόνους ἢ ἀτέκνους.

ἄτεκνον: Der früheste astrologische Beleg für das Adjektiv ἄτεκνος ist Val. 7,6,193 = Nech. et Pet. frg. 21,202 (Rekonstruktionsversuch der Originaliamben durch Usener bei Riess 1891–1893, 374). Siehe zwei weitere Belege bei Val. 2,39,8.10 in unmittelbarer Nähe zu Val. 2,39,4 = Nech. et Pet. frg. 22.

ὡροσκοποῦν: scil. κέντρον.

[2091] "But when the Sun and Mars occupy these cardines, they deprive one completely of children, especially if benefic stars are not witness-bearing to them." (Lopilato 1998, 285).

[2092] Vgl. Dor. arab. 2,8,4: "If you find the lords of Jupiter's triplicity, both of them, in a cardine under the [Sun's] rays, then he will be one of those who will not be blessed with children, then especially if Jupiter [also] is cadent under the Sun's rays." Zur Position Jupiters 'unter den Strahlen' im Horoskop Hadrians vgl. § 26 τῷ Διὶ μέλλοντι ... ἑῷαν φάσιν ποιήσασθαι μετὰ ζ̄ ἡμέρας.

ἀπετέλεσεν: so **P**, ἀπειργάσατο Ep.[4]. Jede der beiden sinngleichen Varianten begegnet in den Antigonosfragmenten ein weiteres Mal, ἀπετέλεσεν in **F2** § 58 a.E. (ἀπετέλεσεν Ep.[4] u. Exc.[2], ἀπετελέσατο **P**), ἀπειργάσατο in **F2** § 59 (ἀπειργάσατο **P** u. Ep.[4], ἀπεργάσαται Exc.[2]). Ferner ist in § 31 ἀπετελέσθη einhellig überliefert. Vgl. den dortigen Kommentar.

ἀναφορῶν: so **P**, Ep.[4] falsch ἐπαναφορῶν. Siehe oben zu § 43 ἐπὶ τῶν κέντρων ἢ καὶ ἐπὶ τῶν ἐπαναφορῶν.

χρηματίσας: s.o. zu § 33a ἀχρηματίστων ... χρηματιστικῶν.

ἀτεκνίας αἴτιος γίνεται: = Paul. Alex. 25 p. 73,15. Olymp. 24 p. 81,2.6; vgl. Paul. Alex. 25 p. 73,19–20 ἀτεκνίας αἴτιοι γίνονται. Val. 2,39,1 ἀτεκνίας εἰσὶν αἴτιοι.

Astrologische Parallelen für den Terminus ἀτεκνία bieten Ptol. apotel. 4,6,1.3 (= Heph. 2,22,1.3). Dor. p. 362,22. Val. 1,1,14. 2,39,1.7. app. 1,1.29.62.127.202. Paul. Alex. 24–25 p. 72,8. 73,15.19. 74,4.7. Wahrscheinlich benutzten schon 'Nechepsos und Petosiris', für die das Adjektiv ἄτεκνος belegt ist (s.o. zu § 46 ἄτεκνον), den Begriff ἀτεκνία. Dafür sprechen die beiden Belege bei Val. 2,39,1.7 in unmittelbarer Nähe zu Val. 2,39,4 = Nech. et Pet. frg. 22, einem Petosiris-Zitat, das seinerseits den entgegengesetzten Terminus εὐτεκνία enthält.

Die einschlägigen Kapitel antiker Astrologen zu den Wirkungen der Luminare und Planeten in den zwölf Orten der Dodekatropos (s.o. Komm. zu § 26 ἐπὶ τοῦ ὡροσκόπου ab S. 697) bieten keine Parallele zu der Aussage des Antigonos. Am nächsten kommt m.W. eine Aussage von Dor. p. 362,4–9, wonach die Sonne bei Taggeburten (!) im 7. Ort (!) Trauer wegen Kindern und Geschwistern bewirkt (δύνων δὲ λυπεῖ χάριν τέκνων καὶ ἀδελφῶν).

§ 47

Die Ausführungen zu den Konflikten Hadrians mit seinen Angehörigen (§ 47) sind Teil des übergeordneten Themas 'Familie' (s.o. die Gesamtbesprechung von §§ 39–48).

Das Thema des familiären Zwists bis hin zu schlimmsten Nachstellungen zwischen Eltern und Kindern und umgekehrt behandelten schon

'Nechepsos und Petosiris', wie das durch Lydos erhaltene Zitat des
Campester aus den Sonnen-Omina des Petosiris zeigt: ὁ δέ γε Ῥωμαῖος
Καμπέστριος ταῖς Πετοσιριακαῖς ἀκολουθῶν παραδόσεσι λέγει, ὡς
ἀργυροειδὴς καὶ ἀμβλύχρους ὁ ἥλιος ἀνίσχων ἢ ὠχρὸς μέν, ὅλως δὲ
ὑπομένων ὁρᾶσθαι, ... δηλοῖ ... στάσεις τε καὶ πατράσι πρὸς παῖδας
καὶ αὖθις τοῖς παισὶ πρὸς τοὺς φύσαντας καὶ τὰς κατ᾽ ἀλλήλων ἐπιβουλάς.[2093] Unter den erhaltenen Individualhoroskopen vgl. den von Val.
7,6,45–57 in einem Doppelhoroskop (Hor. gr. 108.XI.6 u. Hor. gr.
110.XII.15) beschriebenen und astrologisch erklärten Geschwisterstreit,
bes. 7,6,46 μεγίστην ταραχὴν καὶ πρὸς ἀδελφὴν ⟨δίκην⟩ ἔσχε, sowie
die Ereignisse im 19. Lebensjahr eines von Val. 7,6,164–192 (Hor. gr.
142.III.25) besprochenen Mannes, bes. 7,6,171 στάσεις δὲ καὶ μετεω-
ρισμοὺς ψυχῆς καὶ πρὸς οἰκείους ἔχθρας ἔσχεν.[2094] Siehe auch Anon.
comm. in Ptol. apotel. 4,5,1 p. 152 Wolf (über Ehegatten) ἀλλήλοις
ἀγαπῶντες ἢ στασιάζοντες.

διὰ τί δὲ ἐν προσκρούσει γέγονε πρὸς τοὺς συγγενεῖς: vgl. § 23
ἐν ὑπονοίᾳ δὲ καὶ στάσει ἐγένετο πρὸς τοὺς ἰδίους. Zu der Formulierung als direkte Frage s.o. die Gesamtbesprechung von §§ 45–52.

διὰ τὴν τοῦ Ἑρμοῦ μετὰ Κρόνου στάσιν: Merkur und Saturn sind
im antiken Mythos Enkel und Großvater.[2095] Sie stehen hier im 12. Ort,
der Feindschaften symbolisiert (s.o. zu § 35 καὶ ἐν τῷ ιβ′ τυγχάνειν ἀμφοτέρους). Da Hadrian keine leiblichen Enkel hatte, ist an seinen Großneffen Pedanius Fuscus (**F3**) zu denken. Die somit unvollkommene Entsprechung zwischen der mythischen Genealogie (Saturn – Merkur) und
der historischen (Hadrian – Pedanius) ist nicht verwunderlich, sowohl angesichts der allgemeinen Flexibilität des astrologischen Denkens und der
Polyvalenz seiner Symbole, die schon aus praktischen Gründen nötig ist,
um die Vielfalt der sozialen Verhältnisse der Menschen durch die kosmischen Relationen von nur sieben Planetengöttern zu erklären, als auch angesichts vergleichbarer Fälle. So deutet z.B. Dorotheos in einem Kontext,
in dem es ausschließlich um Geschwister geht (Dor. arab. 1,21,20 = Hor.

[2093] Lyd. ost. 9c pp. 24,5–25,2 Wachsmuth = Nech. et Pet. frg. 8,1–9. Mit τὰς κατ᾽ ἀλλήλων ἐπιβουλάς vgl. hier § 34 ἐπιβούλους. Zur Datierung des Campester s. Keyser
1994a, 644 u. 646 (ca. 100 n.Chr.; obsolet: Riess 1899 u. Domenici – Maderna 2007,
146[73]).
[2094] Mehr dazu im Katalog, s.o. S. 267.
[2095] Zum hiesigen Verzicht auf Erwähnung der griechischen Namen Hermes und Kronos
s.o. Anm. 1937.

gr. 29.V.2), Saturn als einen älteren Bruder des Nativen und Merkur als den jüngsten Bruder.

Das genealogische Verhältnis von Merkur und Saturn wird in **F3** § 66a erneut zur Interpretation herangezogen. Dort geht es in exakter Entsprechung von mythischer und historischer Abstammung um das Großvater-Enkel-Verhältnis von Servianus und Pedanius (s.u. zu **F3** § 66a διὰ τὸ αὐτὸ σχῆμα). Siehe ferner § 48, wo in einer mit § 47 u. **F3** § 66a kohärenten Argumentation die mythische Verwandtschaft zwischen Saturn und Jupiter zur Deutung der Vater-Sohn-Beziehung zwischen Trajan und Hadrian (*per viam adoptionis*) herangezogen wird, und **F2** § 57, wo das Geschlechts- und Altersverhältnis zwischen Mars und Merkur zur Deutung einer homosexuellen Beziehung herangezogen wird.[2096]

Über das rein biologische Generationenverhältnis hinaus ist zu bedenken, dass Saturn den Astrologen als ein kranker, von körperlichen Gebrechen geplagter Großvater gilt, was die Assoziation mit Hadrian zusätzlich begünstigt, und dass Merkur bei aller *cleverness* doch ganz unseriös ist, ein Lügner und Dieb, Schirmherr der von Pedanius so geschätzten Athleten und Gladiatoren (vgl. **F3** § 66b und den dortigen Kommentar).

§ 48

Die astrologische Erklärung zur Adoption Hadrians (§ 48) ist Teil des übergeordneten Themas 'Familie' (s.o., Gesamtbesprechung von §§ 39–48). Wenngleich die erhaltenen astrologischen Handbücher keine speziellen Kapitel zum Thema Adoption bieten, sind doch verstreute Nachrichten erhalten,[2097] die hier erstmals ausgewertet werden sollen. Sie zeigen, dass zur Adoptionsprognostik oft (nicht immer)[2098] die mythische Vater-

---

[2096] Siehe besonders unten S. 1107.

[2097] Viele der im Folgenden zitierten Stellen wurden von Cumont 1937, 185³, gesammelt.

[2098] Eine grundverschiedene Methode erwähnt Firm. math. 7,11,4: Darin bewirkt Venus die Adoption, sofern sie kardinal in den Zwillingen steht oder in beliebigen Orten der Dodekatropos entweder in den Fischen (ihrem Nachthaus, Venus gehört zur αἵρεσις der Nacht) oder im Stier (ihrer Erhöhung) steht. Es handelt sich anscheinend um eine Sonderlehre für Waisenkinder (so das Thema von Firm. math. 7,11), denen nach dem frühen Tod eines Elternteils oder beider Eltern durch die Wohltäterin Venus, sofern sie sehr günstig steht, das große Glück einer Adoption geschenkt wird. Wieder anders denkt der anonyme Verfasser von Lib. Herm. 21,9 F. (= p. 48,6–7 G.) mit seiner Prognostik aus der Position des Hausherrn des 4. Ortes (zitiert unten in Anm. 2111).

Sohn-Beziehung zwischen Saturn und Jupiter bemüht wurde.[2099] Das Prinzip ist dasselbe wie bei der bereits kommentierten Deutung biographischer Relationen zwischen Großvater und Enkel durch Rekurs auf die mythische Verwandtschaft zwischen Saturn und Merkur.[2100]

Eindeutige Belege für die astrologische Deutung von Adoptionen durch Rekurs auf Saturn und Jupiter bieten neben der hiesigen Antigonos-Stelle die folgenden Texte (Gruppe A, chronologisch geordnet):

– Ps.-Maneth. 2[1],150–156: Φαίνων μέν τε Διὸς ζῴοις ... Ι πολλάκι δ᾽ ἀλλοτρίων τέκνων πατέρας καλέεσθαι Ι δῶκεν, ἢ ἐκθεμένους παῖδας σφετέρους ἀπέδωκεν.

– Ps.-Maneth. 2[1],157–165: Ζεὺς δὲ Κρόνοιο τόποις παρεὼν ... Ι πολλάκι δ᾽ ἀλλοτρίων παίδων πατέρας καλέεσθαι Ι δῶκεν, ἢ ἐκθεμένους παῖδας σφετέρους ἀπέδωκεν.[2101]

– Ptol. apotel. 4,2,3 (~ Heph. 2,17,5): ἰδίως δ᾽ ὁ τοῦ Κρόνου τῇ κτητικῇ τύχῃ συνοικειούμενος, ἐὰν τῷ τοῦ Διὸς συσχηματισθῇ, κληρονομίας περιποιεῖ, καὶ μάλιστα ὅταν ἐπὶ τῶν ἄνω κέντρων[2102] τοῦτο συμβῇ, τοῦ τοῦ Διὸς ἐν δισώμῳ ζῳδίῳ τυχόντος ἢ καὶ τὴν συναφὴν τῆς σελήνης ἐπέχοντος· τότε γὰρ καὶ εἰς παιδοποιίαν ἀναχθέντες ἀλλότρια κληρονομοῦσι.

– Firm. math. 4,10,10: *Si a Iove defluens Luna ad Saturnum feratur et sit crescens vel plena luminibus, faciet ab extraneis adoptari vel ipsos ali-*

[2099] Adoptionen von Töchtern oder durch Mütter liegen offenbar außerhalb des Horizonts antiker Astrologen. Auf den ersten Blick passt dieser Befund gut zu der Feststellung von Wenger 1950, 100 (über den griechisch-römischen Bereich): "Grundsätzlich können entsprechend einer patriarchalen Familienordnung nur von Männern Kinder männlichen Geschlechts adoptiert werden." In der Praxis kamen jedoch, und zwar speziell in Ägypten, der Heimat der hellenistischen Astrologie, Adoptionen von Frauen und durch Frauen vor; vgl. Taubenschlag 1955, 134: "The admissibility of adoption is, however, not restricted to the male sex; for women may also be adopted by a family" (mit Verweis auf mehrere Papyri des 1. u. 2. Jh. n.Chr. aus Oxyrhynchos); s. auch ebd. 134[15]: "Conversely women are also able to adopt" (mit Verweis auf P. Oxy. III 583 vom Jahre 119/120 n.Chr.).

[2100] S.o. zu § 47 διὰ τὴν τοῦ Ἑρμοῦ μετὰ Κρόνου στάσιν.

[2101] So Lopilato 1998, 45, entsprechend den Hss.; Koechly hingegen gestaltet die beiden letzten Verse wegen ihrer beinahe wörtlichen Übereinstimmung mit den zuvor zitierten Versen Ps.-Maneth. 2[1],155f. unter Tilgung jeglichen Hinweises auf Adoption um.

[2102] D.h. im 10. Ort verschiedener Horoskope (Heph. 2,17,5 zitiert die Stelle im Singular: ἐν τῷ ἄνω κέντρῳ). Zur Bestätigung vgl. die ebenfalls in Textgruppe A zitierte Stelle Firm. math. 6,31,78, die mit der Ptolemaiosstelle ferner die Bedingung gemeinsam hat, Jupiter solle in einem doppelten Tierkreiszeichen stehen. Wahrscheinlich gehen beide Stellen direkt oder indirekt auf dieselbe Quelle zurück.

enae subolis patres aut minorum tutores vel procuratores facit.
- Firm. math. 6,31,78: *Si in duplici signo Iuppiter collocatus* [*si*] *MC. cardinem teneat, et eum in IMC. Saturnus positus diametra radiatione respiciat, et Luna Saturno societatis coniunctione iungatur, ab extraneis adoptati hereditatis titulo patrimonium quaerunt, ut fiant eorum legibus filii, quibus natura filios denegarat.*
- Lib. Herm. 32,17 F. (= p. 90,24–25 G.): *Iupiter in domo Saturni uel facie uel gradu condicionis cum fuerit,*[2103] *adoptiuos facit* [...].

Außerdem gibt es mehrere weitere Stellen verschiedener Autoren, die offenbar auf derselben Symbolik basieren, auch wenn in jedem dieser Fälle nur einer der beiden obersten Planeten explizit Erwähnung findet. Es ist jedoch aus jedem dieser Texte ersichtlich, dass Jupiter den Adoptivsohn symbolisiert und Saturn den Adoptivvater. Diese Texte sind (Gruppe B):

- Firm. math. 3,3,4: *In secundo loco ab horoscopo Iuppiter constitutus extraneas hereditates decernit et ab extraneis faciet adoptari; dabit autem magnorum mobilium ⟨et⟩ maximarum possessionum dominia, si sic posito Mercurius et ipse bene positus bona se radiatione coniunxerit.*[2104]
- Firm. math. 4,3,2: *Si vero in ista coniunctione* [sc. *Lunae cum Ioue*] *fuerit minuta luminibus, faciet adoptari* [...].
- Lib. Herm. 26,59 F. (= pp. 77,41–78,2 G.): *Luna in ascendente cum Ioue uel in medio caeli simul, maxime plena libera a malis, matrem nobilem significat et diuitem et ipsos diuinantes aut fabricantes futurum, praescientes, claros autem et nobiles et substantiam parentum hereditantes; et custodiunt eam et acquirunt et bonam prolem faciunt uel fiunt adoptiui. Idem faciunt et in succedentibus.*
- Lib. Herm. 32,1–2 F. (p. 88,16–28 G.): *Saturnus cum locatus fuerit in propria domo uel facie uel gradu* [...] *plures autem et alienorum filiorum patres fiunt uel alienos in filios adoptantes sicut proprios nutriunt* [...] *quidam uero accipiuntur in adoptionem ab aliquibus et heredes fiunt*[2105] *... uel exactores fiunt aut alienorum filiorum patres.*

[2103] D.h. wenn das Horoskop seiner αἵρεσις entspricht, m.a.W.: wenn es sich um eine Taggeburt handelt (was bei Hadrian nicht der Fall ist).
[2104] Firmicus schöpft offenbar direkt oder indirekt aus derselben Quelle wie Rhet. 5,57,133 (zit. am Ende von Gruppe B).
[2105] Diese beiden Adoptivsöhne betreffenden Details würde man eher als Jupiterwirkung erwarten.

– Rhet. 5,57,133 (= CCAG VIII 4, 1921, pp. 143,21–144,2): Ἐπὶ δὲ τῆς
⟨ἐπ⟩αναφορᾶς [ἀναφορᾶς CCAG] τοῦ ὡροσκόπου τυχὼν ⟨Ζεὺς⟩
[Ζεὺς τυχὼν CCAG] ἀποτελεῖ κληρονόμους ἀλλοτρίων καὶ υἱοθε-
τημένους ὑπό τινων καὶ ἐγγαίων καὶ θεμελίων κυρίους, ἡμέρας καὶ
νυκτός.[2106]
– Val. app. 1,106 Ὁ δὲ Ζεὺς [...] κληρονομίας, υἱοθεσίας [...].

Interpretationsprobleme wirft nur eine einzige antike Stelle auf (Text C):

– Firm. math. 3,10,2: *In secundo loco Mercurius et Iuppiter partiliter ab
horoscopo constituti in diurna genitura*[2107] *facient heredes alieni patri-
monii, ab extraneis adoptatos et fundamentorum multorum et deposita-
rum specierum dominos et quibus processu temporis augmenta felicita-
tis maxima conferantur.*

Hier stellt sich die Frage, ob neben dem Paar Saturn-Jupiter noch ein
weiteres Vater-Sohn-Paar, nämlich Jupiter-Merkur, die Adoption symbolisieren kann. Das ist aber nicht der Fall. Vielmehr ist diese Stelle zu
zuvor genannten Fällen der Gruppe B zu rechnen, wo entweder Saturn
oder Jupiter allein Erwähnung finden, nur mit dem Unterschied, dass
diesmal ein weiterer Planet modifizierend auf den durch Jupiter symbolisierten Adoptivsohn einwirkt. Zur Begründung ist auf die in Gruppe B
zitierten Stellen Firm. math. 3,3,4 und Rhet. 5,57,133 zu verweisen, wo
es ebenso wie hier (Firm. math. 3,10,2) um eine Jupiterwirkung im
zweiten Ort geht, die Adoptivsöhne bewirkt. Bei Firm. math. 3,3,4 und
Rhet. 5,57,133 ist der wirkende Planet Jupiter allein. Interessanterweise
verweist Firmicus dort gleich im Anschluss durch einen syntaktisch ei-
genständigen Satz ergänzend auf Merkur, der bei günstigem Aspektwurf
auf Jupiter die Finanz- und Wirtschaftskompetenz des Nativen stärke.
Ähnlich wirkt Merkur hier in Firm. math. 3,10,2, nur erlaubt die hiesige
Syntax es nicht, die Planetenwirkungen so klar wie in Firm. math. 3,3,4
zu differenzieren. Dass an beiden genannten Firmicusstellen nicht Merkur, sondern Jupiter den Adoptivsohn symbolisiert, wird ferner dadurch
bestätigt, dass die griechische Parallele zu Firm. math. 3,3,4 bei Rhet.
5,57,133 Merkur überhaupt nicht erwähnt. Es gibt also nur ein einziges
genealogisches Modell, Saturn-Jupiter, auf das astrologische Aussagen zu

---

[2106] S.o. Anm. 2104.
[2107] Weil Jupiter bzgl. seiner αἵρεσις ein Tagplanet ist.

Adoptionen rekurrieren.[2108]

Die Rekonstruktion einer homogenen Lehre aus den genannten Stellen ist nicht möglich, was zumindest teilweise daran liegt, dass sie das Thema Adoption aus verschiedenen Perspektiven behandeln. Wenn z.B. die Vererbung von Vermögenswerten im Vordergrund steht, spielt mehrmals der zweite Ort der Dodekatropos (*lucrum*) eine Rolle[2109] (bzw. bei Ptolemaios, der die Dodekatropos ablehnt, das Glückslos).[2110] Wenn es hingegen grundsätzlich um das Generationenverhältnis zwischen Adoptiveltern und Adoptivkindern geht, ist der vierte Ort (*genitor*) relevant.[2111] Wieder andere Texte – genauer: unsere Stelle des Antigonos und eine des *Liber Hermetis*[2112] – legen Wert auf den ersten Ort (*vita*), vielleicht wegen der das gesamte Leben verändernden Bedeutung einer Adoption, oder auch auf den zehnten (*regnum*),[2113] vielleicht wegen des für Native von niedriger Herkunft durch die Adoption möglichen Aufstiegs in eine höhere soziale Stellung.

Es bleibt zu fragen, warum gerade Saturn und Jupiter Adoptionsverhältnisse symbolisieren, wo doch der Mythos, demzufolge Jupiter ein *leiblicher* Sohn des Saturn ist, dieser Symbolik widerspricht. Die astrologische Lehre wird verständlich, wenn man erkennt, dass das Thema 'Adoption' eine besondere Ausprägung des Weiteren und in der Praxis viel häufiger vorkommenden, von Antigonos aber nicht angesprochenen Themas 'Erbschaft' ist. Die Adoption war im griechischen Recht ein spezieller Weg, den Erhalt des Vermögens zu sichern, "ein Institut mit

---

[2108] Dadurch haben die antiken Astrologen zugleich verwirrende Doppeldeutigkeiten gemieden, denn wenn es ein alternatives Modell Jupiter-Merkur gäbe, könnte Jupiter mal den Sohn, mal den Vater bedeuten, und Merkur mal den Sohn, mal den Enkel (zum Enkel s.o. zu § 47 διὰ τὴν τοῦ Ἑρμοῦ μετὰ Κρόνου στάσιν; nur Saturn kann, wie aus dem dortigen Kommentar hervorgeht, tatsächlich zweierlei symbolisieren, sowohl den Vater als auch den Großvater).

[2109] So Firm. math. 3,3,4. 3,10,2. Rhet. 5,57,133 (alle zitiert oben S. 873 Gruppe B und sogleich danach Text C). Zur knappen Identifizierung der Wirkungsbereiche der Dodekatropos (hier *lucrum*) bediene ich mich der oben (S. 690, Anm. 1462) zitierten mittelalterlichen Merkverse.

[2110] Ptol. apotel. 4,2,3 (s.o. S. 872, Gruppe A).

[2111] So Lib. Herm. 21,9 F. (p. 48,6–7 G.) *talis aspectus significat natum ficticium et adoptiuum, ut qui habuerit in natiuitate dominum signi oppositum parti patris* [scil. *quarto loco*, cf. ibid. 21,4 F.] *uel coniungatur ei, hic adoptiuus erit.*

[2112] Lib. Herm. 26,59 F. (= pp. 77,41–78,2 G.), zitiert oben S. 873 (Gruppe B).

[2113] Ptol. apotel. 4,2,3. Firm. math. 6,31,78. Lib. Herm. 26,59 F. (= pp. 77,41–78,2 G.), zitiert oben S. 872–873 (Gruppe A-B).

vornehmlich erbrechtlichen Wirkungen".[2114] Da in der antiken Welt in der Regel nicht, wie in modernen westlichen Gesellschaften, Kinder von Erwachsenen adoptiert wurden, sondern jüngere Erwachsene von älteren Erwachsenen,[2115] passen die Charakteristika der gewählten Planetengötter: Saturn gilt als körperlich gebrechlicher, aber materiell wohlhabender Greis, Jupiter als Mann in den besten Jahren. Daher bedienen sich die Astrologen für Erbschaftsprognosen dieses mythischen Vater-Sohn-Paares, wie z.B. Firm. math. 4,9,2 schön zeigt: *A Saturno defluens Luna si se Iovis stellae coniunxerit vel ad Iovem feratur, si crescens isti fuerit societati coniuncta, [...] hereditates maximas [...] largitur.* Eine systematische Analyse aller verfügbaren Erbschaftsnotate würde hier zu weit führen. Immerhin zeigt schon eine kursorische Sichtung der sehr zahlreichen Belege, dass Erbschaftsprognosen nicht nur regelmäßig auf das Vater-Sohn-Verhältnis von Saturn und Jupiter rekurrieren, sondern auch in weiteren Details enge Parallelen zur Adoptionsprognostik aufweisen. Außerdem reichen die erhaltenen Erbschaftsnotate zeitlich weiter zurück als Adoptionsnotate.[2116]

[2114] So Wenger 1950, 100. In demselben Sinne äußert sich Deißmann-Merten 1996, 122. Die zuletzt Genannte erwähnt als weitere wichtige Funktionen der Adoption, "die Familie vor dem Aussterben zu bewahren und die Durchführung der traditionellen Opfer und Riten nach dem Tode des Adoptivvaters zu sichern" sowie auch "die Sicherung des Unterhalts der Eltern im Alter". Bei der antiken Adoption geht es also nicht um die Bedürfnisse der Adoptierten, sondern um die des Adoptierenden (Deißmann-Merten 1996, 122, u. Lindsay 2001, 201).

[2115] Vgl. Deißmann-Merten 1996, 122, u. Lindsay 2001, 201.

[2116] Um dem Leser einen Eindruck des Materials zu geben, seien hier die frühesten Erbschaftsnotate (bis inkl. 2. Jh. n.Chr.) möglichst vollständig angeführt: Kritodemos machte Erbschaften von den Gradbezirken Jupiters abhängig: Critod. frg. 10 Peter = CCAG VIII 1 (1929), pp. 259,25 (in ♎: κληρονομίαι). 260,5 (in ♏: κληρονομίαι κτημάτων κυριωτέρων). Serapion legte Wert darauf, dass der Mond in Aspekt mit Jupiter und Saturn steht: Serap. CCAG V 1 (1904), p. 180,22–23 περὶ δὲ κληρονομιῶν ⟨τῆς Σελήνης⟩ μαρτυρούσης Κρόνῳ καὶ Διί. Die Dorotheosfragmente enthalten mehrere relevante Stellen: Dor. p. 340,10 = Rhet. 5,57,122 (wenn ein Übeltäter durch Quadratur, Opposition oder Präsenz auf den 2. Ort einwirkt und dieser ein Zeichen des Saturn ist: βλάβην κληρονομίας). Dor. p. 345,5 (Saturn im Trigon zu Jupiter: ἀλλοτρίων κληρονομοῦντας). Dor. p. 362,18 (Saturn im 1. oder 10. Ort und zugleich in einem ihm selbst oder einem Mitglied seiner αἵρεσις eigenen Ort [= Tierkreiszeichen]: κληρονομίας παρεκτικός). Dor. pp. 363,33–364,1 (Jupiter im 4. Ort: κληρονομίας διδοῖ). Antioch. (?) CCAG I (1898), p. 112,7 (Jupiter im 4. Ort: κληρονόμους σφετέρων ἠδ᾽ ἀλλοτρίων προβεβῶτας). Ptol. apotel. 4,7,7 (Saturn und Jupiter in Orten [d.h. Zeichen], die dem jeweils anderen gehören: κληρονομίας). Val. 1,1,17: ⟨Ὁ⟩ δὲ τοῦ Διὸς σημαίνει [...] κληρονομίας (vgl. Val. app. 1,106 Ὁ δὲ Ζεὺς [...] κληρονομίας, υἱοθεσίας). Val. 4,13,4 ὁ μὲν οὖν τοῦ Κρόνου [...] κληρονομίας παρεκτικός. Die einzige

Oft sind beide Bereiche, Erbschaft und Adoption, astrologisch miteinander kombiniert. Ein deutliches Beispiel liefert Ptolemaios in seinem Kapitel über materiellen Wohlstand an der oben zitierten Stelle Ptol. apotel. 4,2,3.[2117] Er schreitet dort von einer relativ einfachen Bedingung (Saturn als determinierender Planet für die τύχη κτητική in Aspekt mit Jupiter), die Erbschaften bewirke, durch Benennung weiterer Details (Position Jupiters im 10. Ort, entweder in einem doppelten Tierkreiszeichen[2118] oder in Konjunktion mit dem Mond) zu einer komplexeren Bedingung fort, deren Erfüllung Adoption und Erbschaft eines fremden Vermögens bewirke. Weitere Belege für die gemeinsame Erwähnung von Erbschaft und Adoption bieten Firm. math. 3,3,4. 3,10,2. 6,31,78. Lib. Herm. 26,59 F. (= pp. 77,41–78,2 G.). 32,1–2 F. (p. 88,16–28 G.). Rhet. 5,57,133. Val. app. 1,106.[2119]

Der von den Astrologen für Erbschaften gewählten genealogischen Symbolik haftet freilich die Unvollkommenheit an, dass der mythische Jupiter seinen Vater Saturn, anders als in der sozialen Realität der Menschenwelt, zu Lebzeiten und vor allem gewaltsam 'beerbt'. Doch wer angesichts der geringen Zahl der Planetengötter nur zwei Optionen für mythische Vater-Sohn-Relationen hat (Saturn-Jupiter und Jupiter-Merkur), muss zu Kompromissen bereit sein. Vielleicht empfanden außerdem die antiken Astrologen den hier aufgezeigten Anstoß bei Erbschaftsangelegenheiten als weniger störend, weil der mythische Jupiter seinem Vater nicht ein materielles Erbe von der Art entreißt, um die es in der alltäglichen Praxis der Horoskopie geht, sondern ein politisch-abstraktes. Aber gerade in dieser Hinsicht birgt der Fall Hadrians, wenn man so will, die Möglichkeit zu einem besonders starken Anstoß: In seinem Horoskop symbolisiert Jupiter ja nicht einfach den leiblichen oder adoptierten Sohn, der ein materielles Erbe antritt, sondern primär – in der Deutung des Antigonos sogar ausschließlich – den Nachfolger eines Königs in der Herrschaft (vgl. § 26, wo Jupiter in der Erklärung des Kaiserschicksals eine wichtige Rolle spielt). Man könnte dies noch weiter zuspitzen durch einen Hinweis darauf, dass Hadrian als Kaiser des römi-

---

'Überraschung' bietet Dor. p. 365,26, wo es für Venus im 1. Ort und Mars im 7. Ort bei Horoskopen von Frauen heißt: ἀνδράσι μιγεῖσαι καὶ τούτους θάπτουσι καὶ κληρονομοῦσι. Zur Ergänzung der von Pingree als Hexameter formatierten, aber metrisch unvollständigen Worte nach μιγεῖσαι ist die Konjektur καὶ ⟨αὐτοὺς⟩ κληρονομοῦσι zu erwägen. Vgl. die seltene Venusprognose im Adoptionskontext oben Anm. 2098.

[2117] S.o. S. 872 (Gruppe A).

[2118] S.o. zu § 44 δίσωμα ἢ τροπικὰ ἢ καὶ πολύσπερμα.

[2119] S.o. S. 872–874 (Gruppe A–C).

schen Reichs mehr als jeder andere weltliche Herrscher den Vergleich mit dem göttlichen Weltherrscher Jupiter erlaubt und mit diesem tatsächlich verglichen wurde.[2120] Das hieße jedoch Aspekte zu betonen, die in der Argumentation des Antigonos keine Rolle spielen. Der Rekurs der astrologischen Erbschafts- und Adoptionslehre auf den Mythos funktioniert bei ihm genauso wie bei seinen Zunftgenossen selektiv, und der gewaltsame Charakter der Usurpation des Jupiters im antiken Sukzessionsmythos bleibt außerhalb des assoziativen Horizonts.

τίς δ' ἡ αἰτία τοῦ τὸν τοιοῦτον υἱοποιηθῆναι: Zu der direkten Frage s.o. in der Gesamtbesprechung von §§ 45–52.

τὸν τοιοῦτον: bezieht sich auf den Träger der in § 22 exponierten astronomischen Daten; s.o. zu § 39 τὸν δὲ τοιοῦτον.

υἱοποιηθῆναι: s.o. zu § 23 υἱοθετηθείς.

ὁ τοῦ Διὸς – ἐν Κρόνου ζῳδίῳ: Die Antwort ist in Ep.[4] relativ frei, aber sinngleich formuliert. Die Epitome neigt zur Ersetzung der *participia coniuncta* durch finite Verbformen. Vgl. mit der hiesigen Ersetzung von φανεὶς durch ὅτι ... ἦν die Wiedergabe von § 23 υἱοθετηθείς und συζευχθείς (die Partizipien werden dort durch Exc.[1] bestätigt) durch υἱοθετήθη und συνεζεύχθη sowie von **F5** § 68 καλουμένου durch ὅν φασι.

ὁμόκεντρος τῇ Σελήνῃ: Eine enge Parallele für die Verbindung Jupiters mit dem Mond im 1. Ort im Kontext von Adoption bietet Lib. Herm. 26,59 F. (= pp. 77,41–78,2 G.), wo allerdings auch alternative Planetenstellungen im 2., 10. und 11. Ort Erwähnung finden. Ähnliche Bedingungen formulieren im Kontext von Adoption Ptol. apotel. 4,2,3 (Konjunktion Jupiters mit dem Mond im 10. Ort), Firm. math. 4,3,2 (Konjunktion Jupiters mit dem Mond ohne Verweis auf die kardinalen Orte) und Firm. math. 6,31,78 (Konjunktion Saturns mit dem Mond im 4. Ort).[2121] Es ist also gut möglich, aber nicht beweisbar, dass Antigonos Wert darauf legte, dass diese Konjunktion nicht in einem beliebigen kardinalen Ort, sondern im ersten (ja sogar gradgenau im Aszendenten) stattfand, der die Sub-

---

[2120] S.o. zu § 23 καὶ ὡς θεὸς ἐτιμήθη ναοῖς καὶ τεμένεσιν, speziell S. 666 bei Anm. 1353.

[2121] Alle vier Stellen wurden oben S. 872–873 (Gruppe A-B) zitiert.

stanz des Lebens symbolisiert.

φανεὶς: vgl. § 43 φανέντες.

ἐν Κρόνου ζῳδίῳ: **P** bietet ἐν ♄′ ζῳδίῳ, was Cumont und später Pingree als ἐν η′ ζῳδίῳ verlasen. Da Jupiter nicht im achten Ort, sondern im ersten steht, konjizierten schon Kroll und Cumont im Apparat (CCAG VI, 1903, p. 71,7) ἐν α′ ζῳδίῳ. Pingree nahm diese Konjektur in den Text auf. In der Tat ist das astrologische Symbol des Saturn in **P** oft nicht sicher vom Buchstaben η zu unterscheiden,[2122] doch bei sorgfältiger Lektüre fällt auf, dass in **P** Zahlzeichen niemals mit einem senkrechten, sondern immer mit einem waagerechten Strich versehen sind. In der Schreibung ♄′ (**P**) ist der senkrechte Strich der Akzent von Κρόνου, eine paläographische Selbstverständlichkeit. Der Sinn wird nun klar: Jupiter, der Sohn, steht im Wassermann, dem Nachthaus seines Vaters Saturn (daher Ep.[4] frei, aber den Sinn wahrend: ἐν ζῳδίῳ οἴκῳ ὄντι τοῦ Κρόνου).[2123] Sehr ähnlich ist die Lehre des Lib. Herm. 32,17 F. (= p. 90,24–25 G.).[2124] Beachtung verdient ferner Ps.-Maneth. 2[1],150–156, dem zufolge die umgekehrte astronomische Situation, d.h. die Position Saturns in einem Zeichen Jupiters, für den umgekehrten juristischen Akt, d.h. als Vater zu adoptieren statt als Kind adoptiert zu werden, relevant ist.[2125]

Die beiden zuletzt erwähnten Stellen des *Liber Hermetis* und des Ps.-Manethon gehören zu einer Gruppe einschlägiger Kapitel verschiedener Autoren über die Wirkungen der Planeten in den einzelnen Häusern. Da die übrigen relevanten (d.h. Jupiter in einem Haus des Saturn betreffenden) Stellen jener Kapitel nichts zum Thema Adoption beitragen, wird die gesamte Gruppe erst später an geeigneterer Stelle im Kommentar zu **F3** § 66a τὸ δὲ κακόβουλον – τετυχηκέναι vorgestellt.

[2122] Auch Verwechslungen des Saturnsymbols mit ϰ begegnen, z.B. im Horoskop des Proklos (Hor. gr. 412.II.7, Marin. vit. Procl. 35), wo ♄ in der Überlieferung zu ϰαί entstellt wurde (emend. Fabricius; cf. Saffrey – Segonds 2001, 41).

[2123] Siehe auch § 35. Zur Häuserlehre selbst s.o. zu § 27 ἐν τῷ ἰδίῳ οἴκῳ.

[2124] S.o. S. 872 (Gruppe A).

[2125] S.o. S. 872 (Gruppe A). Neben Ps.-Maneth. 2[1],150–156 s. auch Ps.-Maneth. 2[1],157–165 und dazu oben Anm. 2101.

§§ 49–52

"Le calcul de la durée de la vie, avec indication du genre de mort préfixé par les astres, est le grand œuvre de l'astrologie, l'opération jugée la plus difficile par ses adeptes, la plus dangereuse et condamnable par ses ennemis."[2126] Es ist also selbstverständlich, dass Antigonos dieses Thema gründlich bespricht, zumal angesichts der astrologischen Interpretationsmöglichkeiten, die die Konstellation Hadrians bietet. Die Analyse umfasst zum einen die Todesursache (§§ 49–51), für die Antigonos als komplementäre Gründe sowohl eine ἐμπερίσχεσις (§ 49) als auch die Lehre vom 3., 7. und 40. Tag des Mondes (§§ 50–51) anführt, zum anderen den Todeszeitpunkt (§ 52), den er mit einer Primärdirektion begründet.[2127] Ob die besonders ausführliche Untersuchung der Todesursache neben dem astrologischen Lehrinteresse auch mit dem berüchtigten 'Fluch des Servianus' zu tun hat, ist ungewiss. Servianus soll vor seinem eigenen Tod Hadrian verflucht und ihm einen qualvollen Tod gewünscht haben.[2128] Antigonos nennt jedenfalls ausschließlich kosmische und damit naturwissenschaftliche Ursachen der κακοθανασία (§§ 49–50) des Herrschers.

§ 49

Die medizinische Todesursache Hadrians erklärt Antigonos in diesem Paragraphen durch die astrologische Lehre der ἐμπερίσχεσις. Diese lässt sich am Horoskop Hadrians durch das folgende Diagramm, dessen Details auf den nächsten Seiten erläutert werden, illustrieren:

[2126] Bouché-Leclercq 1899, 404. Wie weit solche Prognosen schon in der Mitte des 1. Jh. v.Chr. verbreitet waren, bezeugt Cic. div. 2,99, der viele astrologische Prognosen erwähnt, die Pompeius, Crassus und Caesar bezüglich ihrer Lebensdauer, Todesart und τύχη ἀξιωματική erhalten hätten.

[2127] Über den Tod hinausgehende Fragen philosophischer und religiöser Art blenden die griechisch-römischen Astrologentexte rigoros aus.

[2128] Vgl. Cass. Dio 69,17,2. – Michelotto 1987, 189, und Birley 1997, 291, halten den Fluch des Servianus für authentisch.

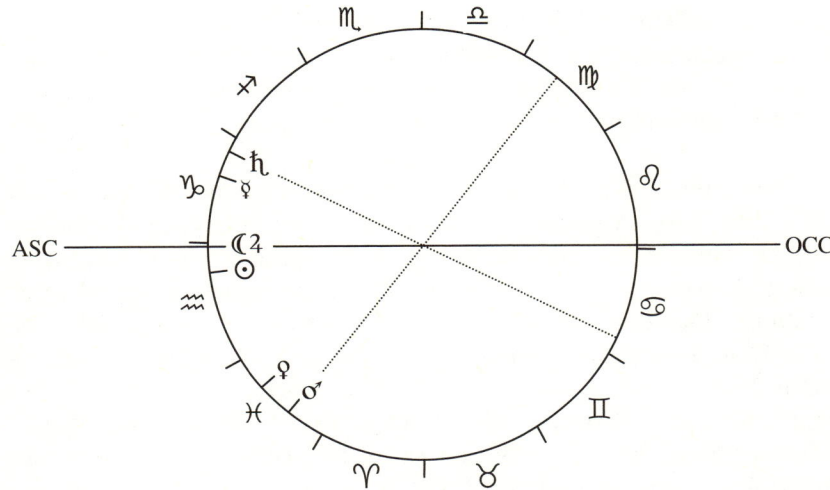

Diagr. 17: Die Einschließung (ἐμπερίσχεσις) im Horoskop Hadrians

Die Frage nach der Todesursache ist dreigliedrig formuliert: πόθεν δὲ αὐτῷ τὸ αἴτιον ἐγίνετο (1) τοῦ ὕδρωπος καὶ (2) ⟨τῆς⟩ δυσπνοίας καὶ (3) τοῦ θανάτῳ κακῷ μεταστῆναι τοῦ βίου; In gleicher Weise umfasst die Antwort drei Teilgründe:

(1) τῶν κακοποιῶν ἐμπεριεχόντων τὰ δύο φῶτα,
(2) πάντων τῶν ἀστέρων ἐν καθύγροις ζῳδίοις τὴν στάσιν ἐσχηκό-
    των,
(3) τοῦ δυτικοῦ ἐν χερσαίῳ ζῳδίῳ ὑπάρχοντος καὶ ὑπὸ τῶν κακοποι-
    ῶν ἀνὰ ἓν σχῆμα ἐμπεριεχομένου.

Die Reihenfolge der jeweils drei Elemente in Frage und Antwort ist verschieden, aber chronologisch beziehungsweise argumentativ sinnvoll:
Die Frage schreitet von den Krankheitssymptomen (1–2) zum Tod (3)
fort, die Antwort vom Allgemeinen (1) zum Besonderen (2–3). Außerdem entspricht die Reihenfolge unter stilistischem Gesichtspunkt sowohl
in der Frage als auch in der Antwort dem Gesetz der wachsenden Glieder.
    Der erste Teilgrund ist noch unspezifisch insofern, als er nur das
Faktum, nicht die genaue Eigenart der κακοθανασία erklärt. Dies zeigt
der Schlusssatz von § 49: ἀεὶ γὰρ οἱ φθοροποιοὶ ἐμπεριέχοντες τὸν
Ἥλιον ἢ τὴν Σελήνην ἢ καὶ ἀμφοτέρους κατὰ τὰ κέντρα κακοθα-

νασίας αἴτιοι γίνονται. Darauf folgen spezifische Erklärungen für die beiden Qualitäten, die dem 'Wassersüchtigen'[2129] in exzessiver Weise eignen: Feuchtigkeit und Trockenheit. Zu diesem Paradox vgl. das durch Ps.-Longin. subl. 3,4 überlieferte Sprichwort: οὐδὲν γάρ φασι ξηρότερον ὑδρωπικοῦ ('denn nichts, heißt es, sei trockener als ein Wassersüchtiger').

Schon die hippokratischen Schriften bieten reiche Belege für die Auffassung, dass 'Wassersucht' verschiedene Ursachen haben könne und mit einer Überhitzung einhergehe, die große Mengen von Körperfett zu Wasser schmelzen lasse.[2130] So entstünden die unnatürlichen Wasserretentionen im Körper des Patienten, die es durch eine strenge dehydrierende Diät, pflanzliche Diuretika und notfalls chirurgische Eingriffe (Drainage oder auch Aderlass) zu reduzieren gelte. Unter den möglichen Symptomen der 'Wassersucht' werden trockener Husten (βὴξ ξηρή), Atemnot (δύσπνοια), hohes Fieber (πυρετοὶ ἰσχυροί) und brennender Durst (δίψα ἰσχυρή) genannt.[2131] Die Verbindung von ὕδρωψ und δύσ-

---

[2129] Medizinisch obsoleter Begriff für ein generalisiertes Ödem (Flüssigkeitsansammlung im Körpergewebe). Es handelt sich nicht um eine Krankheit im engeren Sinne, sondern um das Anzeichen einer Funktionsstörung im Körper, z.B. einer Herzinsuffizienz oder einer Nierenerkrankung.

[2130] Vgl. z.B. Hippocr. affect. 22 und affect. inter. 22–26.

[2131] Vgl. z.B. Hippocr. affect. 22: τοῦτον ἢν ἀρχόμενον λάβῃς πρὶν ὑπέρυδρον γενέσθαι, φάρμακα πιπίσκειν κάτω, ὑφ' ὧν ὕδωρ ἢ φλέγμα καθαίρεται [...]· σιτίοισι δὲ καὶ ποτοῖσι καὶ πόνοισι καὶ περιπάτοισι διαιτᾶν, ὑφ' ὧν ἰσχνὸς καὶ ξηρὸς ἔσται κτλ. ("If you take on this patient at the beginning, before he becomes very dropsical, have him drink a medication that will clean water and phlegm downwards [...]; prescribe a regimen of foods, drinks, exercises, and walks from which he will become lean and dry" etc.; Text u. Übers. nach Potter 1988a, 40f.). Hippocr. affect. inter. 22: τούτῳ ξυμφέρει τὴν κοιλίην ξηραίνειν ("it benefits this patient if you dry out his cavity", Potter 1988b, 144f.). ibid. 24: εὐθὺς οὖν καῦμα παρέχει τὸ ἧπαρ, [...] ἔπειτα χρόνῳ ὕδατος ἐμπίμπλαται ("the liver immediately produces burning heat, [...] and then, after a time, it fills up with fluid"; Potter 1988b, 152f.). ibid. 25: πυρετοὶ ἰσχυροί ("violent fevers", VI 156f.). ibid. 26: τάδε οὖν πάσχει· ἐν μὲν τῇ σαρκί, καῦμα παρέχει ἐν τῇ κοιλίῃ καὶ τῷ σώματι, ὥστε τὸ στέαρ τὸ ἐὸν ἐπὶ τῇ κοιλίῃ τήκει [...] καὶ δίψα ἔχει ἰσχυρή· τὰ γὰρ σπλάγχνα αὐτοῦ θερμαίνεται ὑπὸ τῆς θερμασίης ("the patient, then, suffers the following: the water in the tissues produces burning heat in the cavity and the body, so that the fat present in the cavity melts. [...] and he has a violent thirst, for his inward parts are heated by the burning heat"; Potter 1988b, 158–161). Hippocr. acut. (sp.) 52 (= 20 L.): ξηρὰ δὲ καὶ δριμέα ἐσθιέτω· οὕτω γὰρ ἂν οὐρητικώτατος εἴη καὶ ἰσχύοι μάλιστα. ἢν δὲ δύσπνους (!) γένηται καὶ ἡ ὥρα θερινὴ ἐοῦσα τύχῃ καὶ ἡ ἡλικίη ἀκμάζῃ, ἀπὸ τοῦ βραχίονος αἷμα ἀφαιρεῖν ("Let the patient eat foods that are dry and sharp, for thus will he pass the most urine, and have the greatest strength. If he has difficulty breathing, it happens to be the sum-

πνοια in der Diagnose des Antigonos (neben § 49 τοῦ ὕδρωπος καὶ ⟨τῆς⟩ δυσπνοίας [2x] siehe § 24 ἐτελεύτησεν ὑδρωπικῇ δυσπνοίᾳ περιπεσών) ist also nicht verwunderlich. Für sich allein genommen legt sie nahe, dass Hadrian an Atemnot und entweder an einem Lungenödem oder an einem Perikard- beziehungsweise Pleuraerguss litt.[2132] So drückt z.B. beim Pleuraerguss die Flüssigkeitsansammlung im Brustfell-Rippen-fell-Raum die Lunge zusammen und führt zu Atemnot.

Auch ohne das Detailwissen und die Terminologie der modernen Medizin ist klar, dass eine unnatürliche Flüssigkeitsansammlung im Oberkörper eine Einengung bewirken und zu Atemnot führen kann. Dann ist eventuell ein chirurgischer Schnitt in die Körperseite zum Zweck der Drainage sinnvoll. Vgl. z.B. Hippocr. affect. inter. 23:

τάδε οὖν κατ᾽ ἀρχὰς τῷ νοσήμα-τι ἐπιγίνεται· βὴξ ξηρή, καὶ ἡ φάρυγξ δοκέει κρέκειν, καὶ ῥῖγος καὶ πυρετὸς ἐπιγίνεται καὶ ὀρθοπνοίη, [...] καὶ ἕως μὲν ἐν τῇ ἄνω κοιλίῃ ὁ ὕδερος ἐνῇ, ὁ πόνος ὀξύς. [...] ἔστι δ᾽ ὅτε ἀπ-οιδέει πρὸς τὸ πλευρόν, καὶ δη-λοῖ ᾗ χρὴ τάμνειν. [...] τάμνειν κατὰ τὴν πλευρὴν τὴν τρίτην ἀπὸ τῆς νεάτης μέχρι τοῦ ὀστέου· εἶτα τρυπῆσαι πέρην

"At the beginning, then, this disease includes the following: a dry cough; the throat seems to whistle; chills and fever set in, and orthopnoea[2133] [...]. As long as the dropsy occupies the upper cavity, the distress is acute. [...] Sometimes swelling appears in the side and indicates where you must incise. [...] incise down to the bone at the third lowest rib, then pierce right through to the inside with a straight-pointed trephine and,

---

mer season, and he is in the prime of life, draw blood from his arm"; Potter 1988b, 312–315). Speziell zur 'Wassersucht' der Lunge heißt es (Hippocr. morb. 2,61): ἢν ὕδερος ἐν τῷ πλεύμονι γένηται, πυρετὸς καὶ βὴξ ἴσχει, καὶ ἀναπνέει ἀθρόον ("if dropsy arises in the lung, there are fever and coughing, and the patient respires rapidly"; Potter 1988a, 306f.). Wassersucht in Verbindung mit Atemnot auch bei Aret. med. (saec. II[P]) 3,14,3 p. 56,10–12 Hude (CMG 2): οἰδαλέοι, ὑδερώδεες, μελάγχλωροι· ξὺν δυσφο-ρίῃ [ἡ] δύσπνοια ὡς ἀπὸ βάρεος τοῦ θώρηκος. – Zuweilen begegnet unter den Diät-anweisungen der Terminus ξηροφαγία: z.B. Archig. med. (saec. I[P]) de victu hydrop. p. 72,2–5 Calabrò: μετὰ δὲ τὰ καθημερινὰ γυμνάσια κοινὴ ἐπὶ πάντων τῶν ὑδρωπι-κῶν δίαιτα τοιαύτη ἔστω. ἀπὸ ξηροφαγίας τὴν ἀρχὴν ποιησόμεθα, εἰ δέ ποτε ἄρα δίψεως ἐπιτεταμένον εἴη, ὀλίγον διδόντας προπίνειν παρηγορίας χάριν.

[2132] Für dieses Urteil danke ich Prof. Pablo Santamaria (Schreiben vom 06.09.2004; vgl. Anm. 1406). Zur Gesamtanalyse aller aus der Antike überlieferten Nachrichten zur To-desursache Hadrians s.o., Komm. zu § 24 περὶ δὲ ξ̅γ̅ ἔτη – περιπεσών.

[2133] Orthopnoe ist Atemnot in flacher Rückenlage. Aufrechte Körperhaltung bringt dem Patienten Erleichterung.

τρυπάνῳ περητηρίῳ, καὶ ὅταν   after boring, draw off a little of the
τρυπηθῇ, ἀφεῖναι τοῦ ὕδατος   fluid [...] Draw off fluid once a day
ὀλίγον [...] ἀφιέναι δὲ δώδεκα   for twelve days."[2134]
ἡμέρας τὸ ὕδωρ, ἅπαξ τῆς ἡμέ-
ρης.

Anscheinend ist es eine solche Wasseransammlung und eine solche die
Lungenfunktion beeinträchtigende Einengung des Oberkörpers, die Antigonos, der ja wahrscheinlich selbst Arzt ist (dazu s.o. S. 27–31), im Sinn
hat. Die astrologischen Argumente (2) und (3) sind nun leicht nachvollziehbar:

(2) Alle Planeten im Horoskop Hadrians stehen in sehr feuchten Tierkreiszeichen, statt einigermaßen gleichmäßig über die fünf feuchten und
die sieben trockenen Zeichen verteilt zu sein.[2135] Dementsprechend wird
im Körper des Nativen kein gesundes Gleichgewicht von Feuchtigkeit
und Trockenheit herrschen, sondern ein krankhaftes Übermaß an Wasser.
Eine im Prinzip identische astrologische Argumentation bietet Antigonos
in **F2** § 57 (τῷ πάντας αὐτοὺς τοὺς ἀστέρας ἐν ἀρρενικοῖς ζῳδίοις
εἶναι): Da der dort besprochene Native alle Planeten in männlichen
Zeichen hat, und nicht gleichmäßig über die sechs männlichen und die
sechs weiblichen Zeichen verteilt, ist sein Verhältnis zum weiblichen Geschlecht gestört; er begehrt nur homosexuellen Verkehr mit anderen
Männern.

(3) Die durch Flüssigkeitsretention bewirkte Einengung der Brust und
die Atemnot, die Hadrian am Lebensende quälten, sieht Antigonos in der
Einschließung des Untergangspunkts (OCC) durch die Übeltäter präfiguriert. Die astrologischen Assoziationen sind komplex:

– dem Lebensende entspricht der Untergangspunkt der Ekliptik und
  damit der Luminare, deren allgemeine Bedeutung für schlimmen Tod
  (κακοθανασία) schon Argument (1) betont hatte; außerdem gibt der
  Untergangspunkt über körperliche Krankheiten Auskunft (mehr dazu
  im Folgenden);
– der physischen Einengung und Beklemmung entspricht die astrologische Figur der Einschließung;
– den einengenden Wasseransammlungen entsprechen die Übeltäter
  Mars und Saturn, die durch ihre Position in den Fischen und im
  Steinbock beide 'triefnass' sind und durch Aspektwurf in der Jung-

---

[2134] Potter 1988b, 148–151.
[2135] Mehr dazu im folgenden Kommentar zu πάντων τῶν ἀστέρων – ἐσχηκότων.

frau und im Krebs präsent sind, wo sie den trockenen Löwen sozusagen 'in die Zange nehmen';[2136]

– den einander in Länge und Geradheit gleichen Hebeln einer Zange entsprechen die einander gleichen diametralen (astrologisch negativen) Aspekte, durch die die Übeltäter wirken (ἀνὰ ἓν σχῆμα, vgl. den Komm. z.St.);

– dem Durst, der Trockenheit[2137] und der Atemnot des Patienten entspricht der Löwe, der in der Astrologie als glühend heiß, trocken und erstickend gilt: vgl. Germ. frg. 3,9 *siccus erit Leo, praecipue cui pectora fervent.* Ptol. apotel. 2,12,5 (= Heph. 1,1,82) καθόλου μέν ἐστι [sc. ζῴδιον] καυματῶδες[2138] καὶ πνιγῶδες, κατὰ μέρος δὲ τὰ μὲν προηγούμενα αὐτοῦ πνιγώδη κτλ. Val. 1,2,42 ἔστι δὲ καυματώδης, ὁ δὲ ἐν τῷ στήθει λαμπρὸς [sc. ἀστήρ, = α Leo] πυρώδης καὶ πνιγώδης.[2139] Die Zitate zeigen, dass speziell der Anfang des Löwen wegen des dortigen hellen Fixsterns α Leo (Regulus)[2140] als feurig

---

[2136] Die Metapher ist kein Anachronismus. Schon Ovid gebraucht das Bildmotiv der Zange für die Bedrängnis eines Gewürgten (Ov. met. 9,78 *angebar, ceu guttura forcipe pressus*), Ammianus Marcellinus (16,11,3) von einer militärischen Zangenbewegung: *cogitatum est enim solliciteque praestructum, ut saeuientes ultra solitum Alamanni uagantesque fusius multitudine geminata nostrorum forcipis specie trusi in angustias caederentur* (cf. de Jonge 1972, 148, ad loc.; weitere ähnliche Belege bei Grinda 2002, 868). Auf den Kosmos überträgt das Bild der Zange m.W. erstmals Apul. mund. 1 p. 148,15–19 Moreschini: *sed cum omne caelum ita revolvatur ut sphaera, eam tamen radicibus oportet teneri, quas divina machinatio verticibus adfixit, ut in tornando artifex solet forcipe materiam comprehensam reciproco volumine rotundare: eos polos dicimus etc.* (die griech. Vorlage, Ps.-Arist. mund. 2, bietet ein anderes Gleichnis: καθάπερ τῆς ἐν τόρνῳ κυκλοφορουμένης σφαίρας). Griechische Belege für bildlichen Gebrauch von λαβίς sind mir erst bei patristischen Autoren bekannt; vgl. Lampe s.v. λαβίς. – Im wörtlichen Sinne ist die Zange bzw. Pinzette als medizinisches Instrument seit Hippocr. mul. affect. 244 p. VIII 458 Littré belegt (λαβίδι ὡς λεπτοτάτη ... ἐξελκύσαι); vgl. die im 1. Jh. n.Chr. einsetzenden Belege für die στενὴ λαβίς (Ruf. Ephes. de ren. et ves. morb. 3,16 p. 27,7 Daremberg–Ruelle) und das λαβίδιον (Diosc. de mat. med. 1,68,7 p. I 64,3 Wellmann). Man denke außerdem an die Feuerzange zum Greifen glühender Eisen (z.B. Verg. georg. 4,175 [von den Kyklopen]: *versantque tenaci forcipe ferrum*) und Kohlen (zahlreiche Belege für τῇ λαβίδι λαβεῖν τὸν ἄνθρακα ἐκ τοῦ θυσιαστηρίου u.ä. seit dem 4. Jh. n.Chr.). Dabei ist der glühende Stoff (z.B. Eisen oder Kohle) entfernt mit dem hiesigen Tierkreiszeichen des Löwen vergleichbar (s.u. S. 885).

[2137] Subjektiv als solche empfunden, wegen der Krankheit und der dehydrierenden Diät.

[2138] Vgl. die doppelte Erwähnung von καῦμα in Hippocr. affect. inter. 24–25 (zit. in Anm. 2131).

[2139] Vgl. Hübner 1982, 89 (Nr. 1.411).

[2140] Position: 5° ♌ nach **F5** § 68, 2° 30′ ♌ nach Ptol. synt. 7,5 (s.u. S. 1259, Tab. 37).

und erstickend gilt, und es ist dieser Anfang, in den der Untergangspunkt des Hadrianhoroskops fällt (1° ♌).

Da es in der griechischen Literatur keine Parallelen für die Junktur ὑδρωπικὴ δυσπνοία gibt, verwundert es nicht, dass auch exakte Parallelen für die astrologische Erklärung dieses Leidens fehlen. Dennoch geht Antigonos in § 49 nicht wirklich neue Wege, sondern kombiniert auf originelle Weise traditionelle Bausteine der astrologischen Standardlehren. Aufschlussreich ist der Vergleich mit Ptol. apotel. 3,13 Περὶ σινῶν καὶ παθῶν σωματικῶν und Ptol. apotel. 4,9 Περὶ θανάτου ποιότητος. Nach Ptol. apotel. 3,13 kommt dem Untergangspunkt besondere Bedeutung für die Prognostik körperlicher Verletzungen und Krankheiten zu, wenn die Übeltäter auf ihn durch direkte Anwesenheit oder durch negative Aspekte einwirken und die Luminare (wie bei Hadrian der Fall) kardinale Positionen innehaben.[2141] Auch für die Art des Todes kann der Untergangspunkt eine wichtige Rolle spielen (Ptol. apotel. 4,9,1–2).[2142] Im Falle einer tödlich verlaufenden Erkrankung bietet sich die Kombination beider Teillehren an. Die Prognostik der Details beruht traditionell auf der zodiakalen und planetaren Melothesie: Das Tierkreiszeichen gibt Auskunft über den betroffenen Körperteil, die beteiligten Planeten über die Art der

---

[2141] Vgl. bes. Ptol. apotel. 3,13,1–2: ἀποβλέπειν δεῖ πρὸς τὰ τοῦ ὁρίζοντος δύο κέντρα (τουτέστι τό τε ἀνατέλλον καὶ τὸ δῦνον), μάλιστα δὲ πρός τε τὸ δῦνον αὐτὸ καὶ πρὸς τὸ προδῦνον [sc. ζῴδιον, gemeint ist der 6. Ort], ὅ ἐστιν ἀσύνδετον τῷ ἀνατολικῷ κέντρῳ, καὶ παρατηρεῖν τοὺς κακωτικοὺς τῶν ἀστέρων, πῶς ἐσχηματισμένοι πρὸς αὐτὰ τυγχάνουσιν· ἐὰν γὰρ πρὸς τὰς ἐπαναφερομένας μοίρας τῶν εἰρημένων τόπων ὦσιν ἐστῶτες (ἤτοι σωματικῶς ἢ τετραγωνικῶς ἢ καὶ κατὰ διάμετρον ἤτοι ὁπότερος αὐτῶν ἢ καὶ ἀμφότεροι), σίνη καὶ πάθη σωματικὰ περὶ τοὺς γεννωμένους ὑπονοητέον, μάλιστα δ' ἂν καὶ τῶν φώτων ἤτοι τὸ ἕτερον ἢ ἀμφότερα κεκεντρωμένα, καθ' ὃν εἰρήκαμεν τρόπον [d.h. im ASC oder im OCC], τυγχάνῃ ἢ ἅμα ἢ κατὰ διάμετρον. Auch bei Ps.-Maneth. 6[3],544–629 (σίνη καὶ πάθη) spielen ASC und OCC die entscheidende Rolle, bes. OCC; ähnlich im entsprechenden Kapitel bei Dor. arab. 4,1,65–142 (dort ist statt des Untergangspunkts oft sinngleich vom 7. Zeichen die Rede).

[2142] Siehe bes. Ptol. apotel. 4,9,1: εἰ μὲν γὰρ κατὰ ἄφεσιν καὶ ὑπάντησιν ἡ ἀναίρεσις γίνεται, τὸν τῆς ὑπαντήσεως τόπον εἰς τὴν τοῦ θανάτου ποιότητα προσήκει παρατηρεῖν, εἰ δὲ κατὰ τὴν [sc. τοῦ ἐπικρατήτορος] ἐπὶ τὸ δῦνον καταφοράν, αὐτὸν τὸν δυτικὸν τόπον. Als Schnittstelle der Ekliptik mit dem westlichen Horizont, wo die Planeten und Tierkreiszeichen untergehen, symbolisiert der Untergangspunkt das Lebensende des Nativen (s. Bara 1990, 837). Das betont z.B. auch Firm. math. 8,6,8: *vita igitur erit in ortu, mors reperietur in occasu.*

(tödlichen) Erkrankung dieses Körperteils.[2143] Antigonos wendet die beiden Arten der Melothesie nicht explizit auf das Hadrianhoroskop an, hatte sie aber vielleicht im Sinn. Eine Musterung der relevanten Stellen ergibt, dass die zodiakale Melothesie in der Allozierung des Brust- und Bauchbereichs sowie seiner Organe zwischen Löwe und Krebs schwankt.[2144] Dadurch, dass Antigonos die traditionellen Lehren zu den Themen 'Krankheit' und 'Tod' auf originelle Weise mit der ἐμπερίσχεσις als Präfiguration der Beklemmung und Atemnot kombiniert, erhalten für Hadrian neben dem Löwen auch der Krebs und die Jungfrau eine prognostische Relevanz. Der Krebs bildet in diesem Horoskop den 6. Ort der Dodekatropos (Gesundheit), die Jungfrau den 8. Ort (Tod). In Krebs und Jungfrau fallen die negativen Aspekte (Oppositionen) des Saturn und des Mars, wobei Saturn obendrein nach Ptolemaios im Rahmen der planetaren Melothesie als Ursache todbringender Wassersucht gilt.[2145] Weitere Details bietet der folgende Stellenkommentar.

πόθεν δὲ αὐτῷ τὸ αἴτιον ἐγίνετο κτλ.: Zu der direkten Frage s.o. in der Gesamtbesprechung von §§ 45–52.

διότι – γενήσεται: ein schwacher Anakoluth; vgl. die 'glattere' Konstruktion in § 45 διότι ὁ Ἥλιος ... αἴτιος γίνεται. Kroll und Cumont korrigierten das einhellig überlieferte διότι ohne Not zu διὰ (CCAG VI, 1903, p. 71,9).

[2143] In diesem Sinne: Ptol. apotel. 3,13,4; ähnlich: Dor. arab. 4,1,75–76. Val. 2,37,20–25 (bes. 2,37,20 ἡ τοῦ ζῳδίου φύσις σημαίνει τὸ σίνος u. 2,37,23 ἕκαστος μὲν οὖν ἀστὴρ τὸ ἴδιον ἀποτέλεσμα ποιεῖ ἐξ ἧς ἔλαχε φύσεως). Firm. math. 6,32,41–43. Mehr zur Melothesie in Anm. 3038.

[2144] Vgl. Manil. 2,459f. *pectusque locatum* | *sub Cancro est, laterum regnum scapulaeque Leonis*. Dor. arab. 4,1,76 "Cancer the two hands and the chest, Leo the two sides and the heart". Porph. isag. 44 p. 216,29–30 Καρκίνος στῆθος καὶ πλευράς, Λέων τὸ διάφραγμα καὶ τὸν στόμαχον καὶ τὴν γαστέρα. Sext. Emp. adv. math. 5,21 Καρκίνον δὲ στέρνον, Λέοντα δὲ πλευράς. Heph. 1,1,61 τὸ δὲ τοῦ Καρκίνου δωδεκατημόριον, ὃ εἰς στῆθος καὶ πλευρὰς παραλαμβάνεται. ibid. 1,1,81 τὸ δὲ τοῦ Λέοντος δωδεκατημόριον, ὅπερ εἰς καρδίαν καὶ τὰ περὶ αὐτὴν κατανοεῖται. Besonders detailreich sind die in Auseinandersetzung mit 'Nechepsos und Petosiris' (Val. 2,37,1 = Nech. et Pet. frg. +7) gebotenen melothetischen Angaben von Val. 2,37,10–11 zu Krebs und Löwe (Καρκίνος στῆθος, στόμαχος, μαζοί, σπλήν, στόμα, ἀπόκρυφοι τόποι ... Λέων πλευραί, ὀσφῦς, καρδία ...); hier ist die Wassersucht explizit mit dem Krebs assoziiert, da sie von der durch den Krebs regierten Milz ihren Ausgang nehme (2,37,10): ὑδρωπικοί (τῆς αἰτίας ἐκ τοῦ σπληνὸς γενομένης).

[2145] Ptol. apotel. 4,9,3 ὁ μὲν οὖν τοῦ Κρόνου τὴν κυρίαν τοῦ θανάτου λαβὼν ποιεῖ τὰ τέλη διὰ ... ὑδρωπικῶν ... διαθέσεων.

ἐμπεριεχόντων: Zur ἐμπερίσχεσις vgl. § 34 ἐμπεριέχεσθαι. Antigonos sieht den Untergangspunkt im hier vorliegenden Fall durch die diametralen Aspekte der Übeltäter Mars und Saturn eingeschlossen. Man
könnte einwenden, dass doch die übrigen fünf Planeten dadurch, dass sie
ebenfalls diametrale Aspekte werfen, den eine ἐμπερίσχεσις verhin-
dernden Tatbestand der μεσεμβόλησις erfüllen. Es ist aber zu beachten,
dass sie (wie bereits zu § 34 dargelegt) alle selbst eingeschlossen sind
und somit wohl im astrologischen Urteil des Antigonos eine befreiende
Wirkung nicht entfalten können.[2146]

Ep.⁴ bildet hier singulär das Partizip von ἐμπερίσχω, an den drei
übrigen Stellen (§§ 34 u. 49) dagegen Formen von ἐμπεριέχω.

πάντων τῶν ἀστέρων ἐν καθύγροις ζῳδίοις τὴν στάσιν ἐσχηκότων: Alle Planeten stehen hier (**F1**) in den Tierkreiszeichen Steinbock,
Wassermann und Fische. Diese werden in drei verschiedenen Referenzsystemen mit dem Wasser assoziiert:

a) Gliederung des Tierkreises nach den natürlichen Lebensbereichen
der 'Tiere':[2147] Dieses System ist im Prinzip zweigeteilt in Land und
Wasser. Dementsprechend gibt es χερσαῖα ζῴδια (♈, ♉, ♊, ♌, ♍, ♎,
♏) und κάθυγρα ζῴδια (♋, ♐, ♑, ♒, ♓; für Krebs und Steinbock gibt
es außerdem die Sonderkategorie der ἀμφίβια ζῴδια). Dies ist das Refe-
renzsystem des Antigonos, wie seine Bezeichnung des Löwen im selben
Satz als χερσαῖον ζῴδιον zeigt. Das System ist seit Serapion belegt.[2148]
In der Folgezeit bieten es mit geringen Abweichungen auch Manilius,
Valens, Hephaistion, Rhetorios und andere.[2149] Die fünf Zeichen starke
Wasser-Gruppe scheint für die Astrologen eine besondere Bedeutung
gehabt zu haben, denn nur dort gibt es eine Differenzierung bis ins letzte
Detail.[2150]

[2146] Vgl. die ähnliche, aber nicht identische Argumentation von Ptol. apotel. 3,13,18 (im
Kapitel über körperliche Verletzungen und Krankheiten).

[2147] Dazu Hübner 1982, 171–180 (Nr. 3.351); darin zu § 49 des Antigonos: 172 (Nr.
3.351.1). 174 (Nr. 3.351.412). 176 (Nr. 3.351.431).

[2148] Serap. CCAG V 3 (1910), p. 97,22–25 (der Exzerptor übergeht den Schützen): Χερσαῖα Κριός, Ταῦρος, Δίδυμοι, Λέων, Παρθένος, Σκορπίος, Ζυγός. Ἀμφίβια Καρκίνος, Αἰγόκερως. Κάθυγρα Καρκίνος, Ὑδροχόος, Ἰχθύες, Αἰκόκερως. Vgl. Serap.
CCAG V 1 (1904), p. 180,20–21: χερσαῖα ... κάθυγρα.

[2149] Vollständige Übersicht bei Hübner 1982, 173. Ptolemaios erwähnt das System nur
en passant (apotel. 1,13,5).

[2150] So Hübner 1982, 504f., mit Verweis auf den Anonymos im CCAG I (1898), pp.
165,34–166,2: ἔνυδρα δὲ ἐκλήθησαν ὅσα ἐν ὕδασιν ἢ παρ' ὕδασιν ἢ μέρος τι
ὕδατος ἔχουσιν ♓ ♋ ♑ ♒ ♐· ἐν ὕδασιν μὲν ♓ ♋, ἀπὸ [ὑπὸ cod., corr. Hübner]

b) Gliederung des Tierkreises nach dem Jahreslauf der Sonne durch
die Ekliptik, speziell nach den vier Quadranten der Jahreszeiten (mit den
Grenzen in den tropischen Zeichen) und den mit diesen assoziierten
Elementen.[2151] Dieses System ist nach dem defektiven Zeugnis von Val.
1,2 erstmals vollständig belegt bei Paul. Alex. 2. Dieser ordnet den ersten
Quadranten der Tierkreiszeichen (♈, ♉, ♊) dem Frühling und der Luft
zu, den zweiten (♋, ♌, ♍) dem Sommer und dem Feuer, den dritten (♎,
♏, ♐) dem Herbst und der Erde, den vierten (♑, ♒, ♓) dem Winter
und dem Wasser.[2152] Die Wurzeln dieses Systems müssen sehr alt sein.
Schon der chaldäische Mythos hatte die gesamte Umgebung des Winter-
solstitiums, das die Grenze zwischen dem Schützen und dem Steinbock
bildet, als von Wasser überflutet dargestellt.[2153] Neben der jahreszeitlich
bedingten Assoziation mit Regen und Wasser ist zu bedenken, dass dieser
Teil der Ekliptik sich für den Beobachter der nördlichen Hemisphäre am
wenigsten über den Horizont und damit über den feuchten Ozean erhebt.[2154] So nimmt es nicht Wunder, dass Berossos nach dem Zeugnis Se-
necas die große Flut der mesopotamischen Mythologie durch eine Konjunktion aller Planeten im Steinbock, dem 'Ziegenfisch' der Babylonier,
erklärte.[2155]

μέρους δὲ ♑ καὶ ♒· ♑ μὲν διὰ τὸ οὐραῖον· ♒ διὰ τὸ ὑπ' αὐτοῦ[ς] ἐκχεῖσθαι τὸν
Ἠριδανὸν ποταμόν, ♐ δὲ διὰ τὴν Ἀργὼ τὸ πλοῖον καὶ τὸ ὑποκείμενον πέλαγος.
Siehe auch Hübner ebd. 11.

[2151] Dazu Hübner 1982, 82–85 (Nr. 1.321).

[2152] Siehe bes. Paul. Alex. 2 p. 4,14–15. 5,20–22. 7,1–2. 8,2–3 und dazu Hübner 1982,
241f. (Nr. 7.112.1) sowie Hübner 1995b, 90, Schema 11. Speziell zum vierten Quadranten heißt es (Paul. Alex. 2 p. 8,2–3): ἐν ταύτῃ δὲ τῇ τριζῳδίᾳ ἀπαρτίζεται ἡ τῆς
χειμερινῆς ὥρας τροπή, ἥτις καλεῖται ὕδωρ.

[2153] Vgl. Bouché-Leclercq 1899, 146 mit Anm. 2.

[2154] Vgl. Hübner 2001h, 966: "Im ganzen hat man im horizont- und daher ozeannahen
Süden eine ausgedehnte Wasserregion und im Norden allerlei in der Luft fliegende
Wesen erkannt."

[2155] Sen. nat. 3,29,1 = FGrHist 680 F 21 = BNJ 680 F 21 = Beross. frg. 37 Schnabel =
Beross. frg. 19 Verbrugghe – Wickersham (siehe auch Sen. nat. 3,29,3). Umgekehrt verursacht eine Konjunktion aller Planeten im Krebs, dem nördlichsten Tierkreiszeichen,
nach demselben Zeugnis einen Weltbrand. Vgl. van der Waerden 1980, 123. – Die
zwölf sog. 'astronomischen Fragmenten' des Berossos (F15–F22b De Breucker), wozu
noch Lucr. 5,715–730 zu ergänzen ist (so richtig Steele 2013, 101, mit Tippfehler "713–
730"), sind zwar vermutlich echt (so Steele 2013, 111), verdienen diese Bezeichnung
aber eigentlich nicht. Die ihr am nächsten kommenden Fragmente F18–F20 De
Breucker (über Mondphasen) sind korrekter als kosmologisch zu bezeichnen (so Steele
2013, 101). Wenigstens ein Teil der astronomischen Fragmente weist Beziehungen zu
dem babylonischen Epos Enūma Eliš auf (bes. zu Tafel 5, s. Steele ebd. 106f.).

c) Gliederung des Tierkreises nach dem Wetter, speziell nach Trockenheit und Feuchtigkeit:[2156] Hier sind zwei Begriffe einander entgegengesetzt, ξηρόν und κάθυγρον. Die große Mehrzahl der Belege betrifft die feuchte Qualität.

Zur Bezeichnung der wässrigen Tierkreiszeichen dienen in diesen einander ergänzenden Systemen neben κάθυγρον, dem häufigsten Terminus, auch ὑδατῶδες, πάρυγρον,[2157] ὑγρόν, δίυγρον, ἔνυγρον, ἔνυδρον, θαλάσσιον, ποτάμιον, ἰχθυακόν, etc., lat. *aquaticum, humidum,* etc.[2158]

Nun zur astrologischen Wirkung der κάθυγρα ζῴδια. Auch in den Horoskopen anderer Autoren wird der Tod im Wasser oder im Zusammenhang mit Wasser durch den besonders starken Einfluss wässriger Zeichen erklärt, z.B. Val. 2,41,77–80 (Hor. gr. 88.V.5), wo der Native im Bilgenwasser eines Schiffes starb (2,41,80 ὁ τοιοῦτος ἐν ἀντλίᾳ ἐτελεύτα), da der Mond in den Fischen, wo auch das Glückslos lag, durch Saturn in Quadratur und Mars in Opposition geschädigt wurde. Vgl. ferner Val. 2,41,62–64 (Hor. gr. 101.I.28), wo Mars, Saturn und Jupiter über das Wassertrigon (♋, ♏, ♓) verteilt sind und der feurige Mars obendrein im Untergangspunkt (OCC) steht; diese Umstände bewirkten nach Valens, dass der Native in der Hitze des Bades starb (ὁ τοιοῦτος ἐν βαλανείῳ ἐκλυθεὶς ὠπτήθη).

Speziell zum Wassermann und zu Hadrian vgl. die theoretische Aussage von Val. 2,37,18, dieses Zeichen bewirke (u.a.) ὑδρωπικούς. Die Relevanz dieser Aussage wird deutlich, wenn man nach Val. 2,37 das akute Verletzungen (σίνη) anzeigende Glückslos und das chronische Leiden (πάθη) anzeigende Los des Daimon berechnet (mehr dazu im Komm. zu **F3** § 66a τὸ δὲ καὶ αὐτὸν κατακοπῆναι – ὄντα), die bei Hadrian beide eindeutig in den Wassermann fallen. Vgl. das Beispiel mit beiden Luminaren und Aszendent in ein und demselben Zeichen bei Val. 2,37,60–62, wo explizit beide Lose in dasselbe Zeichen fallen. Das ergibt nach den zuvor allgemeingültig und systematisch dargelegten melothetischen Relationen zwischen Tierkreiszeichen und Körperteilen in demselben Kapitel (2,37,7–19), speziell in 2,37,18 (Wassermann), die zitierten ὑδρωπικούς. Siehe ferner Val. 2,41,38 zur Wassersucht als Todesursache für Nativitäten mit Wassermann-Prägung.

[2156] Dazu Hübner 1982, 93–96 (Nr. 1.433), darin 94 (Nr. 1.433.21) zu § 49 des Antigonos.

[2157] Siehe jetzt auch P. Oxy. astron. 4277 (Hor. gr. 150–250b), fr. 1, col. I,30 παρύγρῳ Ὑδροχόῳ.

[2158] Vgl. Hübner 1982, 245 (Nr. 7.114.34) u. 503.

Es gibt allerdings nur wenige Parallelen, wo das Adjektiv κάθυγρος in einem Sinnzusammenhang mit den Termini ὕδρωψ beziehungsweise ὕδερος (Wassersucht) begegnet. Aus der astrologischen Literatur weiß ich nur Val. 1,3,55 (über den Saturnbezirk am Ende des Wassermanns): αἱ δὲ λοιπαὶ ε̄ Κρόνου στειρώδεις, κάθυγροι, δύσγονοι, σινωτικαί (καὶ μάλιστα περὶ μήνιγγας καὶ τὰ ἐντὸς εἴδη καὶ ὕδρωπας καὶ σπασμούς) κτλ.[2159] Außerdem prognostizieren Traumdeuter, da ein Übermaß an Feuchtigkeit für Wassersüchtige verderbenbringend ist, diesen Kranken den Tod, wenn sie von einem Kranz aus Eppich träumen (die Pflanze gilt als kalt und feucht): vgl. Artemid. onir. 1,77 pp. 84,21–85,1 σελίνων δὲ στέφανος νοσοῦντάς τε ἀναιρεῖ καὶ ὡς ⟨ἐπὶ⟩ τὸ πολὺ ὑδρωπιάσαντας διὰ τὸ ψυχρὸν καὶ κάθυγρον καὶ ὅτι ἐπιταφίῳ ἀγῶνι ἐπιτήδειός ἐστιν ὁ στέφανος οὗτος.[2160] Der dritte und letzte Beleg entstammt der medizinischen Literatur.[2161]

Eine 'trockene Wassersucht' (ὕδρωψ ξηρός) erwähnt Hippocr. aphor. 4,11. Coa praes. XVI 298 p. V 650 L. ἐς ὑδρωπιῶδες ξηρὸν ἀποτελευτᾷ. Coa praes. XXIII 444 p. V 684 L. τοῖσι ξηροῖσιν ὑδρωπιώδεσι (= ebd. XXIII 449). Sie ist hier irrelevant, da sie nichts mit Wasseransammlungen (Ödemen) und Atemnot (Dyspnoe) zu tun hat, sondern schmerzhafte Luftansammlungen im Leib bewirkt, die dem Unterbauch beim Daraufklopfen eine Resonanz wie die einer Pauke entlocken (daher die spätere Benennung τυμπανίας, 'Paukenkrankheit'; die hippokratische Benennung ist symptomatisch motiviert durch die in beiden Fällen auftre-

---

[2159] Vgl. weiter Dor. p. 375,19 (= Rhet. 5,61,6), wo die κάθυγρα ζῴδια bei Saturneinfluss mit Leiden ἐξ ὑγρῶν ἢ ῥευμάτων ἢ δυσεντεριῶν ἢ τῶν ὁμοίων assoziiert werden (ohne explizite Nennung der Wassersucht). Problematisch ist der Vers Ps.-Maneth. 6[3],598 (im Kontext von σίνη καὶ πάθη, speziell von Wahnsinnsprognosen aufgrund der Luminare und der Übeltäter): ἢ ξηρῶν νούσων θανάτου τέλος ἠὲ καθύγρων (so Koechly mit Verstransposition; cf. ibid. p. XVII ad v. 598: "ἢ ξηρῶν] ἢ ἐξ ὑγρῶν edd."; Lopilato 1998, 135, druckt ἢ ἐξ ὑγρῶν ohne Notiz im app. crit. p. 180; Autopsie ergab, dass der *codex unicus* tatsächlich ἢ ἐξ ὑγρῶν bietet). Siehe ferner Bouché-Leclercq 1899, 434[3].

[2160] "Ein Kranz aus Eppich rafft Kranke, besonders solche, die an der Wassersucht leiden, hinweg, weil die Pflanze kalt und feucht ist und weil dieser Kranz bei den Totenspielen als Siegespreis verliehen wird" (Brackertz 1979, 91f., vgl. ebd. 409[160]. White 1975, 57. Mavroudi 2002, 114).

[2161] Oribas. coll. 10,3,3 p. 45,31–33 Raeder (CMG VI,1,1): ἤδη δὲ τὰ μὲν νιτρώδη καὶ ἅλας ἔχοντα κεφαλῇ κατάλληλα καὶ θώρακι ῥευματιζομένῳ καὶ στομάχῳ καθύγρῳ καὶ ὑδρωπικοῖς οἰδήμασί τε τοῖς ἐκ νόσων καὶ συγκρίσει φλέγματος γεννητικῇ (ἤδη – ὑδρωπικοῖς = Orib. syn. 1,29,3 p. 24,13–15 Raeder, CMG VI,3); fast wörtlich zitiert von Aët. med. 3,167 p. 342,11–13 Olivieri (CMG VIII,1) u. Paul. med. 1,52 p. 34,6–9 Heiberg (CMG IX,1).

tende, vergleichbare Körperschwellung).[2162] Galen bezeichnet die echte Wassersucht zur Unterscheidung von der 'trockenen' (ὕδρωψ ξηρός bzw. τυμπανίας) als 'wässrige Wassersucht' (ὑδατώδης ὕδερος),[2163] ein Beleg, der diejenigen im vorigen Absatz (zu κάθυγρος) ergänzt.

Siehe zu allen übrigen von Antigonos erwähnten Eigenschaften der Tierkreiszeichen den Kommentar zu § 29 ἐν ἀνθρωποειδεῖ καὶ ἀρρενικῷ εἶναι ζῳδίῳ.

τοῦ δυτικοῦ: in Ep.[4] um die sachlich falsche Glosse ἤγουν τοῦ Κρόνου erweitert. Da der Untergangspunkt im Löwen liegt, handelt es sich anscheinend um eine durch die ähnliche Form der Symbole bedingte Verschreibung von ἤγουν τοῦ ♌ zu ἤγουν τοῦ ♄. Zu Glossen in den Antigonosfragmenten s.o. zu § 22 [Ὑδροχόου].

ἐν χερσαίῳ ζῳδίῳ: s.o. zu § 49 πάντων – ἐσχηκότων. Löwe und Wassermann stehen einander nicht nur geometrisch im Tierkreis gegenüber, sondern bilden auch angesichts des Lebensraums des Löwen (heiße Wüstengebiete) und seiner Assoziation mit den Hundstagen[2164] das stärkste mögliche Gegensatzpaar aus den Gruppen der χερσαῖα und κάθυγρα ζῴδια. Man beachte auch, dass der Löwe astrologisch als Haus der Sonne gilt (s.o. S. 737, Tab. 19).

ὑπὸ τῶν κακοποιῶν ἀνὰ ἕν σχῆμα ἐμπεριεχομένου: Zu ἀνὰ σχῆμα ('durch einen Aspekt') s.o. zu § [22add.] μαρτυρεῖ. Mars und Saturn blicken *per oppositionem* auf die Jungfrau und den Krebs und schließen so den Untergangspunkt im dazwischenliegenden Löwen von beiden Seiten ein. Ep.[4] bietet ἀνὰ ἕν σχῆμα statt ἀνὰ σχῆμα (**P**) und betont so den gleichen Strahlenwurf beider Übeltäter im Gegensatz zu einer Kombination verschiedener Aspekte, wie sie z.B. in dem oben als **T4** besprochenen Horoskop vom Jahre 487 n.Chr. bzgl. der Venus vorliegt (Opposition und Quadratur; s.o. S. 518 bei Anm. 696); ἕν hier (§ 49) also im Sinne von ἕν καὶ ταὐτόν (cf. LSJ s.v. εἷς 2a). Vgl. auch Val. 4,11,51 πάντων τῶν ἀστέρων ἐν ἑνὶ ζῳδίῳ τετευχότων. Ps.-Ptol. cent. 100 εἰ ἐφ᾽ ἕν μέρος φέρονται [sc. οἱ διάττοντες] ... εἰ δὲ εἰς διάφορα μέρη φέρονται κτλ.

[2162] Vgl. die Erläuterung von Galen. in Hippocr. aphor. 4,11 p. XVII/2 669–670 K.
[2163] Galen. ibid. p. XVII/2 670,6 K.
[2164] Siehe ferner Hübner 1982, 92 (Nr. 1.432.1).

Die Kombination zweier Oppositionen ergibt eine ausgewogene geometrische Figur (vergleichbar einer Zange, s.o. Anm. 2136), die die Einschließung als vollkommen und besonders wirkungsstark erscheinen lässt. In diesem Sinne fügt sich das ἕν vorteilhaft in die Beweisführung des Antigonos ein. Das Fehlen des ἕν in **P** besagt wenig, da diese Handschrift in sehr vielen anderen Fällen eindeutig Wörter ausgelassen hat. Vielleicht trug das folgende ἐμπεριεχομένου zu einer Haplographie (*sensu latiore*) bei.

Die frühesten sicheren Belege für σχῆμα in astrologischen Texten sind zwei Originalverse des Dorotheos (σχήμασι τριπλεύροις κακοεργέες ἀμβλύνονται und ἢ Διὸς ἢ Παφίης ἐ⟨ν⟩ σχήμασι μαρτυρεόντων)[2165] sowie P. Lond. I 130 (Hor. gr. 81.III.31), col. I, 21. Es folgen zahlreiche Belege bei Ps.-Manetho und späteren Autoren. Wahrscheinlich benutzten schon 'Nechepsos und Petosiris' diesen *terminus technicus*; vgl. drei Belege bei Heph. 1,23,8.9.16 (= Nech. et Pet. frg. 12,29.31.77).

εἴποιμεν ἄν: so **P** (zum Numerus vgl. § 21 προσθῶμεν), εἴποιμι ἄν Ep.[4]. Astrologische Parallelen fehlen. Insgesamt überwiegen in der griechischen Literatur deutlich die Belege für den Singular (εἴποιμι ἄν bzw. εἴποιμ' ἄν). Das gilt auch bei Einschränkung auf Fachschriftsteller des 2. Jh. n.Chr. (z.B. Galen).

πρόδηλον γενήσεται: so Ep.[4], πρόδηλον γενέσθαι **P**. Zum didaktisch motivierten Futur vgl. § 41 ἀποδειχθήσεται (mit Komm.). § 52 τελευτήσει u. γνώσῃ. **F2** § 54 u. **F3** § 63 οἰκοδεσποτήσει. **F2** § 56 ἔσται. Hier impliziert πρόδηλον γενήσεται jenseits des zukünftigen Zeitpunkts (Z1) der hypothetischen Horoskopdeutung durch einen hinreichend unterwiesenen Schüler, der die Konstellation des neugeborenen oder jugendlichen Nativen (Hadrian) untersucht, eine noch fernere Zukunft (Z2), in der der Native an der todbringenden Erkrankung leiden und sterben wird. Zum Zeitpunkt Z1 wird die Ursache der Ereignisse von Z2 'im Voraus deutlich werden'. Vgl. Val. 2,26,13 πρόδηλα γενήσεται u. 5,4,15 πρόδηλος ... γενήσεται sowie die Junkturen πρόδηλος ἔσται u. πρόδηλοι ἔσονται bei Val. 1,18,27. 5,3,2. 6,2,11. 9,19,18. Diese Ausdrücke gehen letztlich auf 'Nechepsos und Petosiris' zurück; vgl. πρόδηλα ποιεῖ in dem Petosiris-Zitat bei Val. 2,41,3 = Nech. et Pet. frg. 24,4 (zit. in Anm. 2690). Siehe ferner oben zu § 31 δηλοῦσι τὰς πράξεις.

[2165] Dor. p. 326,6 (ap. Iul. Laod. CCAG IV, 1903, p. 105,13) u. p. 387,3 (ap. Heph. 3,7,10, = frg. 81a St.).

ἀεὶ γὰρ – αἴτιοι γίνονται: vgl. die ähnliche Lehre bei Heph. 3,5,7 zur Einschließung einer Konjunktion der Luminare durch die Übeltäter: περισχεθεῖσα δὲ ὑπὸ τῶν κακοποιῶν ἡ σύνοδος ταπεινοὺς καὶ ἀβίους (!) καὶ ἐπαίτας καὶ δυστυχεῖς ἐργάζεται. Siehe auch Porph. isag. 14 p. 200,2–5: ὅταν οὖν κακοποιοὶ περιέχωσιν ἢ τὴν Σελήνην ἢ τὸν ὡροσκόπον, μηδενὸς τῶν ἀγαθοποιῶν λόγον ἔχοντος χρηματιστικὸν πρὸς τοὺς περισχεθέντας, ὀλιγοχρόνιόν φασι γίνεσθαι τὸν γεννώμενον.

φθοροποιοὶ: nur hier in den Antigonos-Fragmenten belegt, sinngleich mit κακοποιοί (§§ 34.43[2x].49[2x].50.52. F5 § 73). Die Bezeichnung von Mars und Saturn als κακοποιοί begegnet in Astrologentexten insgesamt etwa 20x häufiger als φθοροποιοί. Die hiesige Relation der Belege (1x φθορ., 8x κακ.) entspricht also tendenziell dem Gesamtbefund. Den frühesten sicheren Beleg für die Bezeichnung von Mars und Saturn als φθοροποιοί bietet ein Originalvers des Dorotheos bei Heph. 3,21,8 (= Dor. p. 390,21 P. = Dor. frg. 82a St.): Μήνη δ᾽ ἐν δυτικῷ σὺν ἑοῖ φθοροποιὸν ἔχουσα.

τὸν Ἥλιον ἢ τὴν Σελήνην ἢ καὶ ἀμφοτέρους: Statt τὴν Σελήνην (Ep.[4]) bietet P καὶ Σελήνην, doch vgl. § 37 ὁ Ἥλιος ἢ ἡ Σελήνη ἢ καὶ ἀμφότεροι und den Kommentar zur Stelle. Verschreibungen des Artikels zu καί begegnen in der Hephaistionüberlieferung nicht nur an dieser Stelle; vgl. den krit. App. zu epit. 4,26,48 sowie (außerhalb der Antigonosfragmente) Pingrees Apparat zu Bd. I, p. 53,1, wo A und P καί statt τῇ bieten, und p. 109,13, wo P in einem Ptolemaioszitat καί statt τῶν bietet.

κακοθανασίας αἴτιοι γίνονται: vgl. § 50 κακοθανασίας αὐτῷ αἴτιον γέγονεν. Der Terminus κακοθανασία gehört zum astrologischen Fachvokabular, vgl. Val. 2,41,24.[2166] 7,6,121. app. 1,182. Paul. Alex. 24 p. 62,14 (κακοθανασίας παραίτιοι γίνονται). Olymp. 23 p. 70,2. Rhet. 5,54,38 (= CCAG VIII 4, 1921, p. 122,30). 5,57,193 (= CCAG ibid. p. 149,6). Das dazugehörige Verb κακοθανατεῖν bietet Rhet. 5,57,216.219 (= CCAG ibid. p. 150,22.26). Die nichtastrologische Literatur kennt nur das Adjektiv κακοθάνατος (seit Plutarch) und dazu das Adverb κακο-

---

[2166] Vielleicht entlehnt aus 'Nechepsos und Petosiris'? (Val. 2,41,2–4 = Nech. et Pet. frg. 24).

θανάτως (in den Aischylosscholien).[2167]

Das Antonym εὐθανασία, das in astrologischen Texten seltener belegt ist,[2168] soll Augustus gern gebraucht haben, der sich nach Sueton stets einen schnellen, schmerzlosen Tod gewünscht hatte und tatsächlich auf diese Weise sein Ende fand. Vgl. Suet. Aug. 99,1–2 *sortitus exitum facilem et qualem semper optauerat. nam fere quotiens audisset cito ac nullo cruciatu defunctum quempiam, sibi et suis* εὐϑανασίαν *similem – hoc enim et uerbo uti solebat – precabatur.* Ob der Gegensatz zwischen dem sanften Tod des Augustus und dem schlimmen Ende Hadrians dem Antigonos bewusst war, ist ungewiss.

§§ 50–51

Ergänzend zu § 49 verdient nach Antigonos ein weiterer Grund der κακοθανασία Beachtung. Er ist ist in ähnlicher Weise wie der erste Teilgrund in § 49, was die medizinische Todesursache angeht, unspezifisch (s.o. S. 881), begründet also nur in allgemeiner Weise den *schlimmen* Tod des Nativen, unterscheidet sich jedoch von der dort gegebenen Begründung insofern, als der nun folgende zweite Grund nicht aus der Geburtskonstellation selbst, sondern aus einer *revolutio nativitatis* resultiert, in der die Mondpositionen am 3., 7. und 40. Tag nach der Geburt die zentrale Rolle spielen. Auf diese Positionen geht Antigonos auch in den beiden noch folgenden Horoskopen ein (**F2** § 55 u. **F3** § 64), dort allerdings nicht, so wie hier (**F1**), am Ende des astrologisch erklärenden Teils, sondern beide Male im eröffnenden Datenblock, unter Beschränkung auf die astronomischen Daten. Auch andere antike Astrologen kennen die Lehre vom 3., 7. und 40. Tag des Mondes. Die über ungefähr ein Jahrtausend verstreuten griechischen und lateinischen Belege werden im Folgenden erstmals systematisch gesammelt, ausgewertet und erklärt.[2169]

[2167] Astrologische Belege für κακοθάνατος: Dor. pp. 348,11. 354,13. 355,32. 362,33. Val. 2,41,44. app. 1,70.83.98.159.166. Theoph. exc. CCAG XI 1 (1932), cap. 33, p. 251,23, u. cap. 38, p. 258,17.

[2168] Vor Antigonos nur einmal unsicher belegt für Dorotheos durch Dor. p. 363,22.

[2169] Obsolet sind die Besprechungen und Materialsammlungen bei Bouché-Leclercq 1899, 487[2], und Cumont 1918b, 289–292, ganz unzuverlässig die Übersetzung und Besprechung von Val. 1,14 durch Bara 1989, 147–149 (darin z.B. auf S. 148 ein absurder Verweis auf eine vermeintliche Parallele in Geop. 1,7, weil Bidez – Cumont 1938, II 176, in ihrer Besprechung von Geop. 1,7 versehentlich auf Val. 1,15 verweisen, ein typographischer Lapsus für Val. 1,13 Kroll = Val. 1,12 Pingree). Eine englische Kurzfassung der hiesigen Besprechung, die mit Ausnahme der Tabelle 21 (s.u. S. 902–905)

Die Analyse gliedert sich wie folgt:

– Analyse der wichtigsten Quelle: Valens (S. 897)
– tabellarische Übersicht aller antiken Belege (S. 902)
– systematische Analyse dieser Belege (außer Valens): Dorotheos von Sidon (S. 910), Titus Pitenius (S. 914), Ps.-Manethon (S. 916), Antigonos (S. 916), Porphyrios (S. 916), Anonymer Pythagoreer (S. 917), Firmicus Maternus (S. 918), Paulos Alexandrinos (S. 921), Astrologe Zenons (S. 922), Rhetorios (S. 923), *Liber Hermetis* (S. 928), Theophilos (S. 928), Hugo von Santalla (S. 929)
– Zwischenstand der Ergebnisse (S. 930)
– Arithmologische Untersuchungen: Einleitung (S. 934)
– Die drei Zahlen *per se*:
  – Zur Bedeutung des 40. Tages (S. 935)
  – Zur Bedeutung des 7. Tages (S. 942)
  – Zur Bedeutung des 3. Tages (S. 950)
– Zahlenkombinationen:
  – Zur Kombination von 40 und 7 bei Schwangerschaft und Geburt (S. 952)
  – Zur Kombination von 40 und 3 (S. 955)
  – Zur Kombination von 7 und 3 (S. 956)
– Triadische Zahlenverbindungen: die physiologische Lehre des 3., 9. und 40. Tages bei Johannes Lydos (S. 956)
– Zur Konkurrenz der Zahlen 9 und 7 (S. 963)
– Erklärung der Lehre vom 3., 7. und 40. Tag des Mondes (S. 965)
  – Erklärung der Wahl des 7. Tages (S. 965)
  – Erklärung der Wahl des 3. und 40. Tages (S. 967)
– Zusammenfassung (S. 970)
– Nachträge zu Sonder- und Zweifelsfällen: P. Oxy. IV 804 = Hor. gr. –3.X.2 (S. 972), Ptolemaios (S. 974), Antiochos (S. 975), Firmicus (S. 976), PSI IV 312 = Hor. gr. 345.VI.27 (S. 977), Eutokios (S. 977), *Liber Vaccae* (S. 977)

---

auf die Präsentation der antiken Belege (hier S. 910–930) verzichtet und die folgende Untersuchung zum Wesen der Lehre vom 3., 7. u. 40. Tag des Mondes (hier: S. 934–978) in erheblich knapperer und anders strukturierter Form bietet, erschien in Heilen 2012. Die hier vorgelegte Langversion enthält auch einige wenige *corrigenda* zu jenem Aufsatz.

Valens

Vettius Valens ist der einzige Autor, von dem uns eine systematische Erläuterung der Lehre vom 3., 7. und 40. Tag erhalten ist (Val. 1,14). Anscheinend misst Valens ihr erhebliche Bedeutung bei, denn das erste Buch seiner umfangreichen *Anthologien* ist grundlegenden Themen gewidmet. Das knappe Kapitel gliedert sich in drei Teile: zuerst eine Erklärung der Standardmethode zur Berechnung der drei Mondpositionen (1,14,1–4), dann knappe Bemerkungen zu alternativen Rechenmethoden (1,14,5–6) und zuletzt Angaben zur allgemein anerkannten astrologischen Interpretation der errechneten Mondpositionen (1,14,7–9). Der Text lautet:[2170]

Περὶ γ′ ζ′ μ′ Σελήνης

Über den 3., 7. und 40.
Tag des Mondes

(1) Περὶ δὲ τριταίας καὶ ἑβδομαίας καὶ τεσσαρακοσταίας οὕτως. (2) ἔστω Σελήνη Σκορπίου μοίρᾳ ζ′· ἡ τριταία ἔσται Τοξότου μοίρᾳ ζ′. (3) οὕτω γὰρ δέον ζητεῖν τὰς ἡμέρας· ἄλλως τε ἡ τοῦ Τοξότου ζ′ μοῖρα καθέστηκε τριταία ἡμέρα. (4) ἡ δὲ ἑβδομαία εὑρεθήσεται πρὸς ἀποτελεσματογραφίαν[2171] ἐν τῇ τε-

(1) Mit dem 3., 7. und 40. Tag verhält es sich wie folgt. (2) Es befinde sich der Mond im 7. Grad des Skorpions: (Dann) wird der 3. Tag im 7. Grad des Schützen sein. (3) So muss man nämlich die Tage suchen: Speziell der 7. Grad des Schützen gilt (in diesem Fall) gemeinhin als der 3. Tag. (4) Den 7. Tag wird man mit Blick auf die Beschreibung der astrologischen Wirkungen im rechten Winkel[2173] um

---

[2170] Ich folge hier exakt der Edition von Pingree 1986, 28, die jedoch im Folgenden in einem Punkt zu korrigieren sein wird: Val. 1,14,4 Ταύρου lies Κριοῦ (mehr dazu unten S. 906).

[2171] LSJ s.v. ἀποτελεσματογραφία bieten mit Verweis auf die vorliegende Stelle sowie auf Paul. Alex. 24 p. 53,23 (cf. Olymp. 23 p. 61,31) und Ps.-Porph. isag. 49 p. 222,16–17 als einzige Wortbedeutung "nativity plan" (keine Ergänzung bei LSJ Suppl. 1996). Daher übersetzt Bara 1989, 147, die vorliegende Stelle mit "dans le thème de nativité", Schönberger – Knobloch 2004, 27, mit "entsprechend der Nativitätstafel". Die von LSJ genannte Bedeutung hat aber kein einziger der insgesamt fünfzehn antiken Belege (davon die zwölf frühesten bei Valens), es sei denn, man versteht "plan" in dem Sinne einer Zeichnung (engl. 'chart' oder 'diagram'), der möglicherweise bei Val. 6,2,1 vorliegt. An der von LSJ zitierten Paulos-Stelle heißt ἀποτελεσματογραφία 'Beschreibung der astrologischen Wirkungen/Resultate' (vgl. Bezza 1993, 141, ad loc.: "descrizione complessiva degli eventi"; in demselben Sinne vgl. z.B. Val. 2 praef. 1. 2,36,4. 5,6,50). In

τραγώνῳ πλευρᾷ περὶ Ὑδρο-
χόου μοίρας ζ̄, ἡ δὲ τεσσαρακοσταία περὶ Ταύρου μοίρας
ζ̄. (5) τινὲς δὲ ταῖς κατὰ γένεσιν Σελήνης μοίραις προστιθέασιν ρ̄ξ̄ καὶ ἀπολύουσιν
ἀπὸ τοῦ σεληνιακοῦ ζῳδίου.
(6) οἱ δὲ τὴν σεληνιακὴν γε-
νεσιακὴν μοῖραν παρὰ τὰς γ̄
καὶ ζ̄ καὶ μ̄ ἐπιπροσθέντες
καὶ ψηφίσαντες[2172] τὴν Σελήνην ἐκεῖ λογίζονται. (7) καθολικῶς οὖν σημειοῦνται τάς
τε εὐτυχεῖς καὶ ἀτυχεῖς καὶ
μέσας γενέσεις ἐκ τῆς γ΄ καὶ
ζ΄ καὶ μ΄. (8) τούτων μὲν γὰ

7 Grad Wassermann finden, den 40.
um 7 Grad Stier.[2174] (5) Manche aber
addieren zu den Graden des Geburtsmondes 160 und tragen (das Ergebnis)
von dem Zeichen aus, wo der Mond
steht, ab.[2175] (6) Wieder andere addieren noch zusätzlich jeweils zu den
Mondpositionen am 3. und 7. und 40.
Tag den Geburtsgrad des Mondes
hinzu und zählen ab und berechnen so
den Mond dort. [2176] (7) Allgemein
jedenfalls deuten sie die glücklichen
und unglücklichen und mittleren Geburten aufgrund des 3., 7. und 40. (Tages des Mondes). (8) Wenn nämlich
diese Orte von Wohltätern an energie-

---

mehreren anderen Fällen bedeutet das Kompositum mit völligem Verblassen seines
zweiten Elements (-γραφία) einfach 'Wirkung', 'Resultat' (= ἀποτέλεσμα): vgl. z.B.
Val. 2,17,67 ἑξάγωνοι δὲ πρὸς ἀλλήλους τὴν αὐτὴν ἀποτελεσματογραφίαν τοῖς
τριγώνοις ἔχουσιν, ἀμυδρὰν δὲ καὶ ἀσθενῆ. In diesem Sinne sind auch die Belege bei
Val. 6,2,30. 6,5,2. 9,6,8 sowie die von LSJ genannte Stelle Ps.-Porph. isag. 49 p.
222,16–17 zu verstehen (Pingree 2001a, 25, übersetzt dort "the influence"). Vgl. das
ähnliche Kompositum σχηματογραφία, das bei Ptol. 3,12,2 u. Val. 3,3,29 einfach 'die
Aspekte' bedeutet (hier ist der ursprüngliche Bezug auf das Zeichnen eines Diagramms
noch deutlich). An der vorliegenden Valensstelle 1,14,4 bedeutet ἀποτελεσματογραφία wahrscheinlich 'Beschreibung der astrologischen Wirkungen'. Meine früher gewählte Übersetzung "charting the outcomes" (Heilen 2012, 180), halte ich inzwischen
für weniger wahrscheinlich, aber ebenfalls möglich, da der Begriff hier bezüglich der
einzigen der drei Mondpositionen am 3., 7. u. 40. Tag, die zugleich einen regulären
astrologischen Aspekt zum Geburtsmond bildet, Verwendung findet.

[2172] Vgl. P. Lond. I 130 (Hor. gr. 81.III.31), Z. 16–18 ἕκαστον [sc. τῶν ἑπτὰ θεῶν] ψηφίσας ἀκριβῶς, "I have accurately calculated [...] each one (of the seven gods)" (so
Neugebauer – van Hoesen 1959, 23). Vgl. weiter ebd. 188 ἐψήφισα. 200 ἐψηφίσθη.
P. Paris 19bis (Hor. gr. 137.XII.4), col. I,11 ψηφεισθής. P. Oxy. astron. 4276 (Hor. gr.
150–250a), col. I,2 u. I,7 u. II,5 ψηφισθείς.

[2173] Wörtlich: 'auf der Viereckseite'; s.u. Komm. zu § 52 ἕως τῆς τετραγώνου πλευρᾶς. Valens erwähnt geometrische Relationen nur im Falle des 7. Tages, weil die Mondpositionen am 3. und 40. Tag bezüglich des Geburtsmondes aspektlos sind.

[2174] Oder vielmehr Widder (Κριοῦ)? Mehr dazu unten S. 906.

[2175] D.h. vom Beginn des Zeichens.

[2176] Der Sinn dieser Stelle ist nicht eindeutig; zur Erläuterung s.u. S. 908 bei Anm. 2196.

[2177] Vgl. den Kommentar zu § 33a ἀχρηματίστων ... χρηματιστικῶν.

[2178] D.h. ohne Aspekt bezüglich der jeweiligen Mondpositionen.

τῶν τόπων θεωρουμένων ὑπὸ ἀγαθοποιῶν ἐν χρηματιστικοῖς τόποις καὶ μὴ ὑπὸ κακοποιῶν, ὑπερευτυχεῖς καὶ μεγάλας ἀποφαίνου· τῶν δὲ δύο ἐπιθεωρουμένων ὑπὸ ἀγαθοποιῶν, τοῦ δὲ ἑτέρου ὑπὸ κακοποιῶν, μέσας· τῶν δὲ τριῶν ὑπὸ κακοποιῶν μόνων, τῶν ἀγαθοποιῶν ἀποστρόφων ὄντων, ἀτυχεῖς. (9) ἐὰν δὲ ἀναμεμιγμένοι ὦσιν, μέσας λέγε.

reichen Orten [2177] angeblickt werden und nicht von Übeltätern, dann erkläre (die Geburten) für überglücklich und bedeutend; wenn aber zwei (der drei Mondpositionen) von Wohltätern angeblickt werden, die noch übrige hingegen von Übeltätern, (erkläre die Geburten für) mittel; wenn aber alle drei von Übeltätern allein (angeblickt werden), während die Wohltäter abgewandt [2178] sind, (erkläre sie für) unglücklich. (9) Und wenn sie (Wohltäter und Übeltäter) vermischt sind, beurteile (die Geburten) als mittel.

Dass Valens nicht selbst der Erfinder der Lehre vom 3., 7. und 40. Tag ist, geht daraus hervor, dass er auf verschiedene Rechenmethoden verschiedener Astrologen eingeht. Offenbar hat hier bereits die für die antike Astrologie typische Diversifizierung der ursprünglichen Lehre in miteinander konkurrierende Varianten stattgefunden. Zur Erläuterung dient ihm allerdings ein Beispiel, das er selbst gewählt zu haben scheint, denn die Mondposition von 7° ♏ entspricht der eines von Valens noch mehrmals besprochenen Horoskops, das auf den 8. Februar 120 n.Chr. zu datieren ist und vermutlich Valens' eigene Nativität darstellt. [2179]

Nimmt man mit Valens 7° ♏ als Mondposition bei der Geburt an, so wird der Mond bei Zugrundelegung einer mittleren ekliptikalen Längenbewegung von 13°/Tag [2180] innerhalb des ersten auf den Moment der Geburt folgenden Tages (im Sinne von 24 äquinoktialen Stunden) bis auf 20° ♏ wandern, innerhalb des zweiten Tages bis auf 3° ♐, und innerhalb des dritten Tages schließlich bis auf 16° ♐. Astronomisch gesehen durchwandert der Mond am dritten Tag also den Zodiakalbogen von 3° ♐ bis 16° ♐. Astrologisch bedeutsam ist für Valens aber nur ein Einzelgrad dieses Bogens, nämlich 7° ♐. Dieser Grad ist exakt ein Tierkreiszeichen vom Geburtsmond entfernt und gilt ihm als der '3. Tag des Mondes'. ἄλλως τε (Val. 1,14,3) heißt damit 'speziell', 'insbesondere'. [2181]

[2179] S.o. S. 254 zu Hor. gr. 120.II.8. Bara 1989, 146, druckt an allen fünf relevanten Stellen des hier besprochenen Kapitels irrtümlich ϛ' statt ζ' (in der Übersetzung ebd. 147 jedoch stets richtig "7ème").
[2180] S.o. S. 84, Anm. 384.
[2181] Bara 1989, 147, übersetzt ungenau "ou bien, d'une autre manière".

Analog finden die beiden folgenden Bestimmungen statt: Der '7. Tag des Mondes' entspricht *astronomisch* dem Zodiakalbogen, der sich in einer Distanz von 78° (= 6 x 13°) bis 91° (= 7 x 13°) von der Geburtsposition des Mondes erstreckt (im hiesigen Beispiel: von 25° ♑ bis 8° ♒), aber *astrologisch* (daher die Betonung πρὸς ἀποτελεσματογραφίαν) entspricht er nur dem Einzelgrad, der 90° vom Geburtsmond entfernt ist und somit einen rechten Winkel zu diesem bildet (hier: 7° ♒).[2182]

Der '40. Tag des Mondes' schließlich wirft ein Problem auf. Otto Neugebauer, der das Valens-Kapitel *en passant* kommentierte, hielt es für evident, dass es sich bei der 40 um eine Verschreibung für 14 handeln müsse.[2183] Ändert man den tradierten Text in diesem Sinne, so lassen sich die vom Mond durchlaufenen Tierkreisabschnitte und die darin enthaltenen astrologisch signifikanten Einzelgrade wie folgt veranschaulichen:

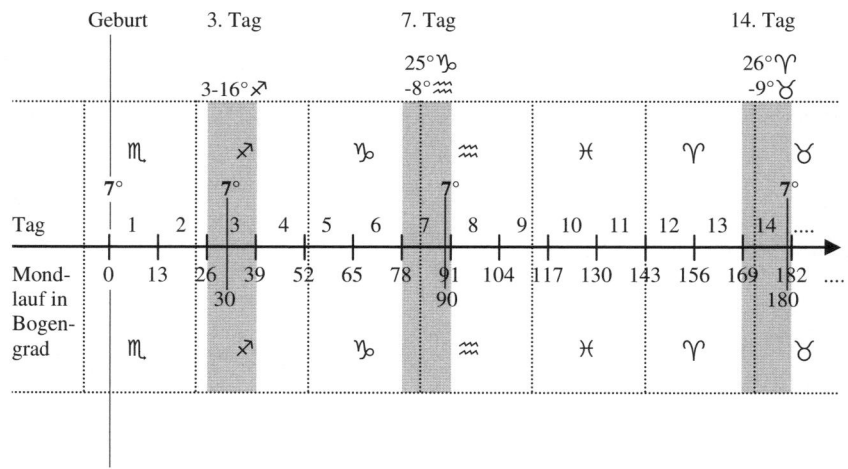

Diagr. 18: Mondbewegung am 3., 7. und 14. Tag

Mit 14 statt 40 geht die Rechnung nun auf: Der '14. Tag des Mondes' entspricht astronomisch dem Zodiakalbogen von 169° (= 13 x 13°) bis 182° (= 14 x 13°), und darin ist das im Valens-Text überlieferte Rechenergebnis (7° ♉, = 180° vom Geburtsmond) eingeschlossen. Die Länge

---

[2182] Zur Bestätigung vgl. den unten S. 917 zitierten anonymen Pythagoreer.

[2183] Vgl. Neugebauer 1975, 824, zu "Book I Chap. 15" (so die alte Zählung von Kroll 1908; gemeint ist Val. 1,14): "we are told that the moon on the 3rd day is one sign ahead, a quadrant on the 7th day, and 180° on the 14th day", dazu Anm. 2: "The text has instead a meaningless '40th day.' "

7° ♉ bildet ferner, wie Neugebauer richtig notiert,[2184] eine Opposition zum Geburtsmond, mithin einen der wichtigsten astrologischen Aspekte. Am 40. Tag hingegen würde der Mond den Bogen 4°–17° ♈ durchlaufen, was dem Längennotat der Valens-Überlieferung (7° ♉) widerspricht und außerdem keinen Aspekt bildet. Darüber hinaus hielt Neugebauer die überlieferte Tagesangabe sehr wahrscheinlich deshalb für sinnlos, weil der Mond aufgrund seiner nur knapp 30-tägigen Periode am 40. Tag bereits den zweiten Kreislauf nach der Geburt vollführen und erneut denselben Abschnitt des Tierkreises durchwandern wird, den er schon ungefähr am 12. Tag nach der Geburt durchlaufen hat.

Was Neugebauer jedoch unbekannt war, ist, dass es zahlreiche weitere antike Texte gibt, die sich auf unsere Lehre beziehen, und dass es unter diesen Texten keine einzige Parallele gibt, die die Richtigkeit seiner Konjektur bestätigen könnte, umgekehrt jedoch viele dieser Texte die Richtigkeit des Zahlwerts 40 bestätigen. Die folgende Tabelle (S. 902–905) ist chronologisch geordnet und bietet alle mir bekannten erhaltenen Belege.[2185] Sie informiert durch die jeweiligen Planetensymbole darüber, wessen Position(en) am jeweiligen Tag an der jeweiligen Belegstelle explizit thematisiert werden. Im Falle der soeben erwähnten, nicht konkretisierten Funktionsträger sind die Symbole der potentiell gemeinten Planetengötter in Klammern gesetzt. Den 'Erklärungen' (S. 902) werden solche Stellen zugeordnet, die nicht nur auf einen bestimmten Tag des Mondes verweisen, sondern auch wenigstens eine Wirkung desselben benennen.

[2184] S. die vorige Anm.

[2185] Bei der Präsentation dieser Belege stellte sich die methodische Frage, ob es besser sei, entsprechend dem gedanklichen Fortschreiten des Antigonos in §§ 50–51 zuerst die den Mond allein betreffenden Belege vorzustellen und danach in einer separaten Tabelle die weniger zahlreichen Belege für den 3., 7. oder 40. Tag anderer Planeten zu präsentieren oder sogleich alle Belege in einer einzigen Tabelle zu bieten. Die zuletzt genannte Option erwies sich (in Abkehr von der Tabelle bei Heilen 2012, 183) als notwendig, weil mehrere der den Mond betreffenden Belege dessen Aspekte zu den Positionen anderer Planetengötter am 3., 7. und 40. Tag thematisieren, was bereits eine vollständige, beide Luminare und alle fünf Planeten betreffende *revolutio nativitatis* impliziert. Es wäre also widersinnig, diejenigen Belege separat vorzustellen, die ohne Erwähnung des Mondes nur von einem der anderen Planeten am 3., 7. oder 40. Tag sprechen. Außerdem sind mehrere Belege so formuliert, dass nicht von der Position eines konkreten Planeten die Rede ist, sondern von der eines Funktionsträgers (z.B. des Hausherrn eines Tierkreiszeichens), dessen Rolle in konkreten Horoskopen verschiedene Planeten oder Luminare wahrnehmen können (auch der Mond; vgl. z.B. Dor. p. 340,25–27 [s.u. S. 912] u. Dor. p. 414,13–16 [s.u. S. 914]). Eine in zwei Gruppen getrennte Präsentation der Belege ist also nicht möglich, da sie teilweise allein vom Mond handeln, teilweise von einem anderen Planeten, teilweise vom Mond im Aspekt zu einem anderen Planeten.

Quelle	der ganzen Lehre	Erklärungen bezüglich einzelner Tage		
		3	7	40
Dor. p. 328,15–17 (= Heph. 2,24,11); cf. Heph. epit. 4,31,2. Dor. arab. 1,12,1–8. cod. Vat. gr. 1056, f. 239ᵛ		☽ ♂		
Dor. pp. 338,24–25 (= Heph. 2,18,17) u. 340,25–27 (= Rhet. 5,57,125); cf. Dor. arab. 1,27, 24. cod. Vat. gr. 1056, f. 238ʳ			(♄ ♃ ♂ ♀ ☿)	
Dor. p. 414,13–16 (= Heph. 3,45,19); cf. Dor. arab. 5,35,130			(☽ ♄ ♃ ♂ ♀ ☿)	
Titus Pitenius, P. Lond. I 130, Z. 161f. (= Hor. gr. 81.III.31)				
Ps.-Maneth. 6[3],108–111	☽			
Antig. **F1** § 26 (= Heph. 2,18,26 = Hor. gr. 76.I.24)				
Antig. **F1** §§ 50–51 (= Heph. 2,18,50–51 = Hor. gr. 76.I.24)				☽ ♄ ♂
Antig. **F2** § 55 (= Heph. 2,18,55 = Hor. gr. 40.IV.5)				
Antig. **F3** § 63 (= Heph. 2,18,63 = Hor. gr. 113.IV.5–6)				
Antig. **F3** § 64 (= Heph. 2,18,64 = Hor. gr. 113.IV.5–6)				
Val. 1,14 (1,14,2–4 = Hor. gr. 120.II.8?)	☽			
Val. 2,41,23				☽ ♄ ♂ ♀
Porph. isag. 30 p. 207,12–16			(☽ ♄ ♃ ♂ ♀ ☿) hier auch <u>vor</u> der Geburt!	
Anon. Pyth. CCAG IX,1 (1951), p. 174,3–9			☽, hier auch <u>vor</u> der Geburt!	

Verweise auf einzelne Tage			Praktische Anwendungen bezüglich einzelner Tage		
3	7	40	3	7	40
				☿ hier <u>vor</u> der Geburt!	
	♃			♃	
☉ ☽ ♄ ♃ ♂ ♀ ☿	☉ ☽ ♄ ♃ ♂ ♀ ☿	☉ ☽ ♄ ♃ ♂ ♀ ☿			☽ ♄ ♂
			☽	☽	☽
			♄		
			☽	☽	☽
			☽	☽	☽

Firm. math. 2,29,16 (= Hor. lat. 303.III.14)		☾ ♂		
Firm. math. 3,14,10		☾ (☉ ♄ ♃ ♂ ♀ ☿)		
Firm. math. 4,1,7		☾	☾	☾
Firm. math. 4,1,10				
Firm. math. 4,8,1		☾ ♄ ♂		
Paul. Alex. 26 pp. 75,19–76,4			♄ ♃ ♂ ♀ ☿ hier auch vor der Geburt!	
Astrologe Zenons, Hor. gr. 479.VII.14				
Id., Hor. gr. 483.VII.8				
Id., Hor. gr. 487.IX.5				
Rhet. 5,54,48		☾ ♄ ♂		
Rhet. 5,77,18				☾ ♄ ♂
Rhet. 5,77,32				☾ ♄ ♂ ☿
Rhet. 5,81,2		☾ ♃ ♀	☾ ♃ ♀	☾ ♃ ♀
Rhet. 5,117,11 = Hor. gr. 440.IX.29; Quelle = Astrologe Zenons (?)				
Rhet. epit. 4,19			(♄ ♃ ♂ ♀ ☿)	
Rhet. epit. 4,22				
Lib. Herm. 16,9 p. 53 F.				
Theoph. exc. CCAG XI 1 (1932), cap. 11, pp. 212,18–213,2				
Hug. Sant. lib. Arist. 3,8,1,14. 3,8,2,21				☾ ♄ ♂

Tab. 21: Erwähnungen der Luminare und Planeten

			☾		
☾	☾	☾			
☾					
				☾ ♃	
			☾ ♃	☾ ♀	
			☾		
☾	☾	☾			
☾	☾	☾			
				☾ ♀	
☾	☾	☾			
☾	☾	☾			
☾	☾	☾			

in Texten zur Lehre vom 3., 7. und 40. Tag des Mondes

Alle Autoren, die die Ordnungszahl des letzten Tages der Serie explizit benennen, berichten übereinstimmend, dass es der vierzigste sei. Besonderes Interesse verdienen die drei Belege bei Antigonos, der nicht nur in jedem seiner erhaltenen Horoskope ausdrücklich vom 40. Tag des Mondes spricht, sondern dessen Längenangaben der von Neugebauer für richtig erachteten Opposition am 14. Tag widersprechen. In allen drei Fällen fällt der 40. Tag des Mondes nach Antigonos in das *fünfte* Tierkreiszeichen vom Geburtsmond.[2186] In der folgenden Tabelle sind die am 14. Tag nach Neugebauer zu erwartenden Längen (Geburtsmond plus 180°) in reduzierter Schriftgröße und kursiver Formatierung notiert:

	Geburtsmond	3. Tag	7. Tag	*(14. Tag)*	40. Tag
F1	1° ♒ (§ 22)	k.A.	k.A.	*(1° ♌)*	♋ (§ 50)
F2	15° ♊ (§ 54)	♋ (§ 55)	♍ (§ 55)	*(15° ♐)*	♏ (§ 55)
F3	♉ (§ 63)	♊ (§ 64)	♌ (§ 64)	*(♏)*	♎ (§ 64)

Tab. 22: Mondpositionen am 3., 7., 14. und 40. Tag in **F1–F3**

Es gibt folglich keinen Spielraum für eine astronomisch motivierte Emendation der Tageszahl 40 bei Valens, wogegen im Übrigen ja schon die fünffache (!) Erwähnung der Zahl 40 in dem Valenskapitel spricht.[2187] Als Alternative bleibt nur die Möglichkeit, die auf die Tageszahl 40 bezogene, aber ihr widersprechende Länge 7° ♉ zu korrigieren. Der Zodiakalbogen der Mondbewegung am 40. Tag erstreckt sich von 507° (39 x 13°) bis 520° (40 x 13°): Das macht abzüglich eines Vollkreises (360°) 147°–160° vom Geburtsmond, was in dem von Valens gewählten Beispiel dem Bogen 4°–17° ♈ entspricht. Es ist also von 7° ♉ zu 7° ♈ (= 150° vom Geburtsmond) zu emendieren, beziehungsweise von περὶ Ταύρου μοίρας ζ̄ zu περὶ Κριοῦ μοίρας ζ̄.[2188] Da die Namen der Tierkreiszeichen im Zuge der Überlieferung oft nur mit Hilfe der entsprechenden Symbole notiert wurden, ist eine solche Verschreibung leicht

---

[2186] Bezeichnenderweise spricht Valens nur im Falle des 7. Tages von einem Aspekt (ἐν τῇ τετραγώνῳ πλευρᾷ), nicht aber im Falle des 3. und 40. Tages.

[2187] Alle fünf Stellen sind in den Handschriften einhellig überliefert.

[2188] Kein Gedanke an diese Emendation in den Valens-Editionen von Kroll 1908, Pingree 1986 u. Bara 1989 sowie in der Übersetzung von Riley online, ebensowenig bei Neugebauer 1975, 824.

vorstellbar; die Valensüberlieferung bietet vergleichbare Fälle.[2189] Die Konsequenz ist freilich, dass Valens insgesamt nicht den jeweils selben Grad des nächsten, dritten und *sechsten* Zeichens meinte, sondern den jeweils selben Grad des nächsten, dritten und *fünften* Zeichens.

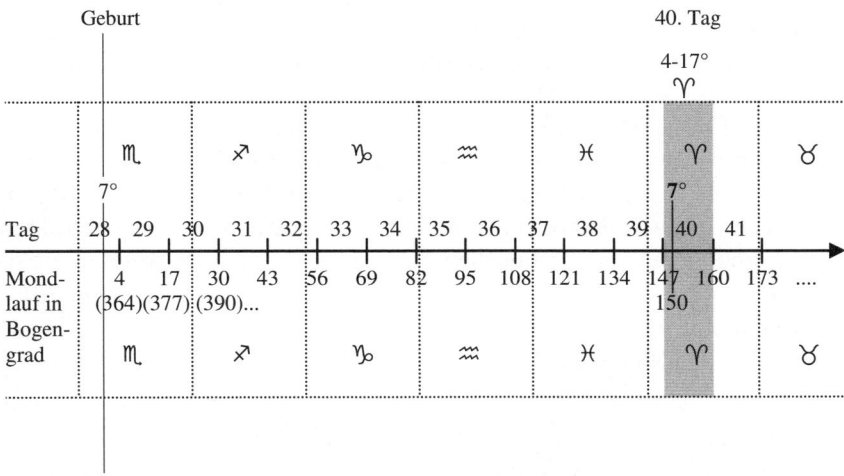

Diagr. 19: Mondbewegung am 40. Tag

Die soeben erzielte Einsicht und die bisher noch nicht besprochene erste alternative Berechnungsmethode, die Valens (1,14,5) erwähnt, erhellen einander gegenseitig. Valens' Information, manche Astrologen addierten zur Länge des Geburtsmondes 160° und trügen das Ergebnis vom Zeichen des Geburtsmondes ab, belegt zum einen, dass den Berechnungen der 'Tage des Mondes' tatsächlich der unter Astrologen übliche Wert der mittleren Mondbewegung von 13°/Tag zugrunde liegt, denn 40 x 13° = 520° = 360° (ein Vollkreis) + 160°.[2190] Er zeigt zum anderen, dass gewisse Astrologen als den '40. Tag des Mondes' einen anderen Einzelgrad innerhalb des am 40. Tag durchlaufenen Zodiakalbogens wählten, nämlich nicht denjenigen, der exakt fünf Zeichen (150°) vom Geburtsmond entfernt ist (im Beispiel: 7° ♈), sondern den *letzten* Grad dieses letzten Bo-

---

[2189] Vgl. unten Anm. 2227 zu Firm. math. 4,1,7, wo eindeutig die Verschreibung einer römischen Zahl stattgefunden haben muss, ehe zu einem späteren Zeitpunkt die nunmehr korrupte römische Zahl als Wort ausgeschrieben wurde.
[2190] S.o. Anm. 2180, wo der Progressionswert von 13°/Tag der hiesigen Analyse zugrunde gelegt, seine tatsächliche Relevanz für Val. 1,14 aber nicht bewiesen wurde.

gens, mithin den 160sten (im Beispiel: 17° ♈; s.o. S. 907, Diagr. 19).[2191]
Die von den τινές praktizierte Variante stimmt also bezüglich der Berechnung des 3. und 7. Tages mit der Standardlehre überein, führt jedoch
für den '40. Tag des Mondes' auf einen um 10° höheren Wert. Das macht
einen beachtlichen Unterschied, da eine Wahrscheinlichkeit von 33% besteht, dass die entferntere Position (160° vom Geburtsmond) in ein anderes Tierkreiszeichen mit anderen astrologischen Qualitäten als die nähere
Position (150° vom Geburtsmond) fällt.[2192]

Valens' knapper Hinweis auf eine zweite ihm bekannte Variante ist
schwieriger zu verstehen, nicht zuletzt deshalb, weil Valens (ebenso wie
im Falle der ersten Variante) nicht explizit mitteilt, auf welche Mondpositionen diese Methode in dem von ihm gewählten Beispiel führen
würde, und auch keine praktischen Anwendungen anderer Autoren erhalten sind. Valens teilt nur soviel mit (1,14,6): οἱ δὲ τὴν σεληνιακὴν γε-
νεσιακὴν μοῖραν παρὰ τὰς γ̄ καὶ ζ̄ καὶ μ̄ ἐπιπροσθέντες καὶ ψηφίσαντες τὴν Σελήνην ἐκεῖ λογίζονται (ed. Pingree 1986). Da Pingree γ̄
καὶ ζ̄ καὶ μ̄ schreibt, versteht er die drei Zahlwörter anscheinend als Kar-
dinalzahlen, also im Sinne von τὰς τρεῖς καὶ ἑπτὰ καὶ τεσσαράκοντα
(sc. μοίρας).[2193] Aber was würde das bedeuten? Vielleicht 'Wieder andere rechnen und addieren den Geburtsgrad des Mondes noch jeweils zu 3
und 7 und 40 (Grad) hinzu und berechnen den Mond dort'?[2194] Im vorliegenden Beispiel würde diese Deutung auf 10° ♏, 14° ♏ und 17° ♐
führen (7° ♏ + 3°, 7° ♏ + 7°, 7° ♏ + 40°). Dagegen spricht jedoch, dass
die Präposition παρὰ und das Präfix ἐπι- in ἐπιπροσθέντες nicht
befriedigend wiedergegeben sind. Plausibler erscheint die editorische
Entscheidung von Kroll,[2195] der an der hiesigen Stelle τὰς τριταίας καὶ

[2191] Denn Valens sagt ja: τινὲς δὲ ταῖς κατὰ γένεσιν Σελήνης μοίραις προστιθέασιν
ρ̄ξ̄ καὶ ἀπολύουσιν ἀπὸ τοῦ σεληνιακοῦ ζῳδίου. Addition von 160° zu 7° ergibt
167°, und die gilt es offenbar vom Beginn des Zeichens, in dem der Mond steht, abzutragen, im gewählten Beispiel also von 0° ♏. Es entfallen folglich je 30° auf ♏, ♐,
♑, ♒ und ♓; die restlichen 17° führen auf 17° ♈.

[2192] 33%, weil die Distanz beider Positionen (10°) einem Drittel eines Tierkreiszeichens
entspricht.

[2193] S.o. Anm. 127 mit Anm. 493.

[2194] In diesem Sinne habe ich die Stelle in Heilen 2012, 180f., versuchsweise übersetzt.

[2195] Gefolgt von Bara 1989 und Riley online, deren Übersetzungen aber den Sinn nicht
befriedigend erklären: s. Bara 1989, 147: "D'autres ajoutent encore le degré de la Lune
de naissance aux troisième, septième et quarantième jours et comptent ainsi; c'est là
qu'ils calculent la Lune"; Riley online: "Others add to the moon's position at birth ⟨its
positions⟩ on the third and seventh and fortieth days, then after calculating they interpret
the moon at those places."

ἑβδομαίας καὶ τεσσαρακοσταίας druckt. Das würde m.E. bedeuten, was oben (S. 898) als Übersetzung gewählt wurde und hier unter Hinzufügung erklärender Zusätzen wiederholt wird: 'Wieder andere addieren noch zusätzlich jeweils[2196] zu den (nach der Standardmethode errechneten) Mondpositionen am 3. und 7. und 40. Tag den Geburtsgrad des Mondes hinzu und zählen (die drei Ergebnisse der verschiedenen Additionen am Tierkreis entlang) ab und berechnen den Mond dort (wo das jeweilige Abzählen endet).' Fraglich wäre dann noch, ob der Geburtsgrad des Mondes (ἡ σεληνιακὴ γενεσιακὴ μοῖρα) vom Beginn des Tierkreiszeichens oder vom Beginn des Tierkreises zu verstehen ist. In Valens' Beispiel müssten also entweder 7° (= Distanz 0° ♏ – 7° ♏) oder 217° (= Distanz 0° ♈ – 7° ♏) zu den durch die Standardmethode errechneten Positionen 7° ♐ (3. Tag), 7° ♒ (7. Tag) und 7° ♈ (40. Tag) addiert werden. Aus zwei Gründen scheint mir, dass die zuerst genannte Möglichkeit vorzuziehen ist, also nur die Gradzahl innerhalb des Tierkreiszeichens gemeint ist, denn einerseits sind die so bewirkten Modifikationen relativ gering (max. 30°), während sie bei Rechnung vom Beginn des Tierkreises zu völlig anderen Resultaten als die Standardmethode führen würde, und zum anderen könnte man die von Valens zuletzt referierte Variante als Verbesserungsversuch zur ersten Variante verstehen: Bei der könnte man daran Anstoß nehmen, dass die Distanzen zwischen dem Geburtsmond und den späteren Mondpositionen in zwei Fällen Vielfache von 30° sind (3. u. 7. Tag), in einem Fall jedoch ein solches Vielfaches plus zehn weitere Grad (40. Tag). Vielleicht erschien es dem Erfinder der zweiten Variante ausgeglichener, in jedem der drei Fälle ein Vielfaches von 30° (so die Standardmethode bei Val. 1,14,2–4) plus einen individuell verschiedenen fixen Wert zu addieren, was im Beispiel des Valens, wo dieser fixe Wert 7° betragen würde, auf 14° ♐, 14° ♒ und 14° ♈ führen würde. Dieser Erklärungsversuch ist aber zugegebenermaßen spekulativ.

Nach diesen Hinweisen auf zwei alternative Berechnungsmethoden schließt Valens das Kapitel mit einer Erläuterung, wie die ermittelten Positionen des 3., 7. und 40. Tages zu deuten sind. Seine Interpretationsmethode ist hier rein qualitativ konzipiert, während es bei anderen Astrologen, wie sich zeigen wird, auch chronologische Differenzierungen gibt.

[2196] D.h. sowohl zum 3. als auch zum 7. und zum 40. Tag verschiedener Horoskope (deshalb Plural τὰς τριταίας καὶ ἑβδομαίας καὶ τεσσαρακοσταίας, denn in einem Einzelfall errechnet der Astrologe ja nur τὴν τριταίαν καὶ ἑβδομαίαν καὶ τεσσαρακοσταίαν).

Valens erwähnt noch ein weiteres Mal den 40. Tag des Mondes (Val. 2,41,23): κᾶν τῷ τῆς τεσσαρακοσταίας ζῳδίῳ Κρόνος ἢ Ἄρης ἢ Ἑρμῆς ἐπῇ, βιαιοθανασίας προδηλοῖ. An dieser Stelle fassen wir erstmals die Verbindung mit der βιαιοθανασία, der wir noch mehrmals begegnen werden.[2197]

Bevor wir uns der Frage nach dem Grund der Wahl des dritten, des siebten und besonders des – astronomisch sinnlos erscheinenden – vierzigsten Tages zuwenden können, gilt es, die übrigen, bisher nur tabellarisch erwähnten Belegstellen im Einzelnen vorzustellen.

Dorotheos von Sidon

Die drei frühesten relevanten Stellen, die wir zumindest indirekt noch fassen können, gehörten zum Lehrgedicht des Dorotheos. Da für jede der drei Stellen mehrere spätere Zeugnisse zu zitieren sind, wird die Besprechung im Interesse der Klarheit in (a), (b) und (c) gegliedert.

a) Die erste der drei Stellen stammt aus dem ersten Buch des Dorotheos. Wir verdanken sie einem durch Hephaistion überlieferten Fragment (Heph. 2,24,11–13 = Dor. frg. 44a St. = Dor. p. 328,15–22 P. ~ Dor. arab. 1,18,1–8), das dem Leben in der Fremde gewidmet ist (Heph. 2,24 = Περὶ ξενιτείας). Der für uns relevante Teil (Heph. 2,24,11)[2198] fordert zu der Untersuchung auf, ob am dritten Tag nach der Geburt Mars in Konjunktion oder Quadratur oder Opposition zum Mond stand: τὴν τριταίαν ἡμέραν τῆς γενέσεως σκέπτου, φησίν, ἐν ᾗ τὸ βρέφος ἄρχεται τρέφεσθαι, εἰ ὁ Ἄρης τότε συνέστη τῇ Σελήνῃ ἢ τετραγωνίζει ἢ διαμετρεῖ ἢ ἐν αὐτῇ ἡ Σελήνη τότε γίνοιτο (es folgt eine *lacuna*, der Rest des Fragments ist irrelevant). Die letzten Worte sind offenbar bereits durch Überlieferungsfehler entstellt.

Dasselbe Fragment bietet auch die vierte Epitome des Hephaistiontextes, und wie so oft kommt sie dem Leser zu Hilfe. Zwar kann sie hier die *lacuna* nicht füllen, erlaubt aber zumindest, den letzten Gedanken davor noch zu verstehen. Es heißt nämlich (Heph. epit. 4,31,2): τὴν τριταίαν ἡμέραν τῆς γενέσεως σκεπτέον εἰ ὁ Ἄρης τότε συνίσταται τῇ Σελήνῃ ἢ τετραγωνίζει ἢ διαμετρεῖ ἢ ἐν αὐτῇ ἡ Σελήνη ἐν οἴκῳ γίνεται Ἄρεως. Die vierte zu prüfende Möglichkeit ist also, dass der

---

[2197] Diese Valens-Stelle wird möglicherweise durch Rhet. 5,77,32 wieder aufgegriffen, sofern nicht beide unabhängig voneinander aus einer verlorenen älteren Quelle schöpfen (s.u. S. 924 bei Anm. 2244). Beide Kapitel (Val. 2,41 u. Rhet. 5,77) sind der βιαιοθανασία gewidmet (dazu s.u. S. 1187).

[2198] Unmittelbar darauf folgt ein originaler Hexameter (2,24,12).

Mond in einem Haus des Übeltäters Mars steht, mithin im Widder oder im Skorpion (s.o. S. 737, Tab. 19).

Vielleicht können wir im Bemühen um die Rekonstruktion des von Dorotheos versifizierten Gedankens noch einen weiteren Fortschritt zu machen: Das auf Dorotheos und Rhetorios basierende astrologische Exzerpt des cod. Vat. gr. 1056 (saec. XIV),[2199] ff. 238^r–241^v (edd. Burnett – Pingree 1997, 204–214), notiert im Kapitel 20,1–2 (f. 239^v, p. 207 B.-P.): ὅτι ἡ τριταία τῆς Σελήνης περὶ ξενιτείας σημαίνει. εἰ τοίνυν ἐν τῇ τριταία εὕρῃς τὴν Σελήνην μετὰ Ἄρεως ἢ τοῦτον κατὰ τετράγωνον ἢ διάμετρον αὐτῆς [αὐτοῖς cod.] ὄντα ἢ εἰ ἐμπέσει τότε ἐν ἀρεϊκῷ οἴκῳ ἡ Σελήνη σχηματιζομένη τούτῳ, ξενιτείαν δίδωσι, καὶ μᾶλλον εἰ ἐπίκεντρος εἴη ὁ Ἄρης. Alles, was uns bereits bekannt war, wird hier erneut genannt, aber die vierte Bedingung ist enger definiert: Es gelte zu prüfen, ob der Mond am dritten Tag in ein dem Mars gehörendes Haus hineingerate (wie in eine ‘Falle’ – ἐμπέσει!) und dabei einen Aspekt zu diesem bilde (σχηματιζομένη τούτῳ), mit anderen Worten: und dabei von ihm gesehen werde und somit um so stärker unter seinem Einfluss stehe.[2200] Diese präzisere Formulierung könnte durchaus Teil des Originals gewesen und bei Hephaistion entweder nicht zitiert oder aber in der *lacuna* verloren gegangen sein.[2201]

[2199] Vgl. auch Pingree 1997b, 131, zu diesem "extremely valuable codex", der nachweislich auf einen komnenischen Archetyp zurückgeht.

[2200] Der abschließende Vermerk καὶ μᾶλλον εἰ ἐπίκεντρος εἴη ὁ Ἄρης ('und um so mehr, wenn Mars in einem kardinalen Ort [*d.h. im 1., 4., 7. oder 10.*] steht'), bezieht sich nicht allein auf die zuletzt beschriebene Situation, sondern auch auf die zuvor genannten Winkelabstände.

[2201] Im Kommentar zur Stelle verweisen Burnett und Pingree (1997, 213) auf die aus einer mittelpersischen Übersetzung entstandene arabische Version des Dorotheostextes, speziell Dor. arab. 1,12,1 u. 1,12,8. Der dortige Passus scheint eine sehr freie und um einiges ausführlichere Wiedergabe des Originals zu sein; ja es geht dort überhaupt nicht um Aufenthalt in der Fremde (περὶ ξενιτείας, cf. Heph. 2,24), sondern die Kapitelüberschrift zu Dor. arab. 1,12 lautet (in der Übersetzung Pingrees 1976a, 171): "Consideration concerning the upbringing of the native, his condition, and his livelihood". Dennoch finden wir dort die uns schon bekannten Gedanken im Wesentlichen wieder (Dor. arab. 1,12,1–8, in Auszügen zitiert nach Pingree a.a.O.; Zusätze Pingrees in einfachen, meine Zusätze in doppelten eckigen Klammern): "[[*§ 1*]] It is necessary also to look at the sign which the Moon enters on the third day from the birth of the native [[...]]. [[*§ 2*]] It indicates the native because, if benefics aspect this sign, it indicates first thing the goodness of [his] upbringing and [his] good fortune. [[*§ 3*]] If it is evil and malefics aspect it, it indicates his misery. [[*§ 4*]] Look also at the lord of the house [[= *οἰκοδεσπότης*]] of the Moon on the third day [[...]]. [[*§ 8*]] If you find the Moon increasing and Mars aspecting it from opposition or quartile or [Mars] is with it, or [if] it [the Moon] is decreasing and Saturn is aspecting it, then there is no good for him in [his] livelihood."

Abschließend fällt auf, dass unter den vier zitierten Stellen[2202] nur die erste den 3. Tag des Mondes mit dem Beginn des Stillens des Säuglings assoziiert. Hat Hephaistion die Worte ἐν ᾗ τὸ βρέφος ἄρχεται τρέφεσθαι zum Original hinzugefügt oder ist der Relativsatz in den übrigen Zeugen ausgefallen? Das bei Heph. 2,24,11 unmittelbar vorausgehende φησίν legt nahe, dass es sich um einen paraphrasierten Vers des Dorotheos handelt. Durch sprachliche Kriterien lässt sich dieser Eindruck allerdings nicht erhärten, da τὸ βρέφος sowohl in astrologischer Lehrdichtung[2203] (in den griechischen Dorotheosfragmenten allerdings nur hier) als auch in astrologischer Prosa (z.B. bei Ptolemaios, Hephaistion u.a.) mehrmals vorkommt. Dasselbe gilt für das Verb τρέφειν. Wahrscheinlich haben spätere Autoren, denen es allein auf die Prognostik ankam, die Parenthese fortgelassen. Im Falle der Hephaistionüberlieferung ist dies evident, da nur die vierte Epitome den Relativsatz auslässt, die Hauptüberlieferung (hier repräsentiert durch die Zeugen **C** und **P**) ihn jedoch tradiert. Für die Echtheit des Zusatzes sprechen ferner die inhaltlichen Parallelen bei Ps.-Maneth. 6[3],108–111 u. Firm. math. 3,14,10 (s.u. S. 914 u. 920).

b) Die zweite relevante Dorotheosstelle, die aus einer späteren Passage des ersten Buchs des ursprünglichen Lehrgedichts stammt, tradiert Rhet. 5,57,125 (= CCAG VIII 4, 1921, p. 141,22–24 = Dor. p. 340,25–27): εἰ δὲ εὑρεθῇ ὁ κύριος τοῦ κλήρου ἑῷος δυτικός, μετὰ ⟨δὲ⟩ ἑπτὰ ἡμέρας γενήσεται ἑῷος ἀνατολικός, κρυπτὸν καὶ λαθραῖον πλοῦτον ποιήσει.[2204] Das Los, von dessen Herrn die Rede ist, ist das 'Los des Vermögens' (κλῆρος βίου), dessen Berechnung unmittelbar zuvor erläutert worden war (Rhet. 5,57,124 = CCAG a.a.O. p. 141,16–19 = Dor. p. 340,19–21). Unser griechisches Zeugnis bei Rhet. 5,57,125 entspricht Dor. arab. 1,27,24: "If the lord of this place is a benefic and it is favorable in a cardine in its own place, then he will be wealthy [and] rich. If it is western but will rise in seven [days], then he will be rich, but will have no fame and not everyone will know of his wealth."[2205] Auch dort war

---

[2202] Heph. 2,24,11. Heph. epit. 4,31,2. Exc. cod. Vat. gr. 1056, f. 239ᵛ, cap. 20,1–2. Dor. arab. 1,12,1–8 (zu dieser letzten Stelle siehe die vorige Anm.).

[2203] Vgl. Maneth. 2[1],288. 6[3],8.19.41.52.80. 4,70.369.381.404. 1[5],329. Max. 217. 226.240.

[2204] In seiner dem cod. Paris. gr. 2425 folgenden Rhetoriosedition liest Pingree hier ⟨ἀπὸ⟩ κρυπτῶν καὶ λαθραίων πλοῦτον. Eine erklärtermaßen noch nicht emendierte Vorabedition derselben Stelle bot Pingree 2001a, 26.

[2205] Pingree 1976a, 194f. Ich danke S. Denningmann für den Hinweis (mündlich), dass es hier anscheinend im Zuge der sukzessiven Übersetzungen vom Griechischen über das

wenige Zeilen zuvor (Dor. arab. 1,27,19) die Berechnung des Loses erläutert worden. Ein sehr spätes Zeugnis derselben Stelle aus dem ersten Buch des verlorenen Lehrgedichts bietet das aus Dorotheos stammende (Pingree 1989, 230) astrologische Exzerpt im cod. Vat. gr. 1056 (saec. XIV), cap. 4, f. 238ʳ (edd. Burnett – Pingree 1997, 205): ὅτι ὁ τοῦ πλούτου αἴτιος ἀστὴρ ὕπαυγος μὲν ὤν, ἐντὸς δὲ ἡμερῶν ζ μέλλων ἀνατεῖλαι, κρύφιον πλοῦτον δώσει καὶ τοῖς πολλοῖς ἄγνωστον.[2206]

Während die im vorigen Absatz zitierten Stellen einander klar entsprechen, ist das im Falle eines letzten Zeugnisses für dieselbe Dorotheosstelle nicht so evident. Dieses bietet Heph. 2,18,17 (= Dor. p. 338,24–25): ἐὰν δέ τις τῶν ἀγαθοποιῶν ἴδη τὸν τόπον δυτικὸς ὢν καὶ μέλλη μετὰ ζ ἡμέρας ἀνατολικὸς εἶναι, καὶ οὕτως ὄλβον καὶ πλοῦτον παρέξει. Da hier das Subjekt ʻirgendein Wohltäterʼ, an den drei zuvor zitierten Stellen hingegen stets der Herr des ʻLoses des Vermögensʼ ist, könnte man sich fragen, ob die hier zuletzt zitierte Stelle vielleicht ein separates Zeugnis für eine andere relevante Dorotheosstelle ist. Das ist aber nicht der Fall, denn die zuletzt zitierte Stelle bietet in den unmittelbar vorausgehenden Zeilen die gleiche Anleitung zur Berechnung des fraglichen Loses (Heph. 2,18,16 = Dor. p. 338,19–20), nur eben ohne es explizit als ein solches zu benennen.[2207] Außerdem erweist sich die zitierte arabische Paraphrase als wertvoll, weil sie zeigt, dass ʻirgendein Wohltäterʼ und der Herr des ʻLoses des Vermögensʼ im verlorenen Wortlaut des Dorotheos nicht verschiedene Dinge waren, sondern zwei Charakteristika ein und desselben Planeten.[2208]

Mittelpersische und Arabische ins Englische an irgendeinem Punkt zu einem Missverständnis gekommen ist. Jedenfalls meint Rhetorios mit ἑῷος δυτικός eine Position östlich von der Sonne (ἑῷος, s.o. Anm. 1425) und weniger als 15° von ihr entfernt (δυτικός). Die Ursache des Fehlers dürfte eine Verwechslung von δυτικός mit ἑσπέριος gewesen sein. Vgl. dazu Denningmann 2005, 464f., die ein weiteres Beispiel anführt (Dor. arab. 3,1,4f.).

[2206] Diese Formulierung scheint irgendwie Aleim Sohn des Juden Isaak, dem Verfasser von Hor. gr. 858.IX.30, vorgelegen zu haben, denn er schreibt in Kapitel XIb des Horoskops: τὸ δὲ τὸν κλῆρον τοῦ πλούτου ὕπαυγον εἶναι δηλοῖ κρύφιον εἶναι τὸν πλοῦτον αὐτοῦ καὶ μὴ γινώσκεσθαι παρά τινων κτλ. (Bezza 2001, 323).

[2207] Siehe ferner die ca. eine Seite frühere Ankündigung des κύριος τοῦ βίου in Heph. 2,18,10 = Dor. p. 337,25–26 und die nachträgliche Bezeichnung der berechneten Stelle als ein κλῆρος in Heph. 2,18,18 = Dor. p. 338,26.

[2208] Dass auch Pingree die beiden durch Hephaistion und Rhetorios tradierten Stellen für Zeugnisse derselben Stelle des Originals des Dorotheos hielt, zeigen seine Verweise auf die Paragraphen der arabischen Paraphrase im Similienapparat (Pingree 1976a, 338 u. 340).

c) Die letzte indirekt fassbare Stelle stammt aus der Katarchenhoroskopie des fünften Buchs des Dorotheos. Die erhaltene Paraphrase besagt, dass, falls der den Dieb indizierende Planet zufällig nach dem Dieb-
stahl innerhalb von sieben Tagen unter die Strahlen der Sonne falle (d.h.
ihr bis auf 15° nahe), dem Dieb ein Malheur widerfahren sei: ἐὰν δὲ ὁ
τὸν κλέπτην ὑποφαίνων ἀστὴρ τύχῃ μετὰ τὸ γενέσθαι τὴν κλοπὴν
εἴσω ἡμερῶν ἑπτὰ ὑπὸ τὰς τοῦ Ἡλίου αὐγὰς πεσὼν γίνωσκε ὅτι ἐν
κακῷ τινι ὁ κλέπτης ἐμπέπτωκεν (Dor. p. 414,13–16 = Heph. 3,45,19).
Dem entspricht (bis auf eine Sinnstörung in der Apodosis) Dor. arab.
5,35,130 (Pingree 1976a, 306): "If there are between the indicator of the
thief and that it enters under the Sun's rays seven days, then the thief will
have stolen before that."

Insgesamt können wir also indirekt drei relevante Stellen des Lehrgedichts des Dorotheos fassen, wovon die erste (a) den dritten Tag des
Mondes erwähnte, die zweite (b) den siebten Tag eines der fünf echten
Planeten thematisierte[2209] und die dritte (c) vom siebten Tag eines der
fünf echten Planeten oder des Mondes handelte.[2210]

Titus Pitenius

Das Horoskop des Astrologen Titus Pitenius (s.o. S. 233) im P. Lond. I
130 (Hor. gr. 81.III.31) bezeichnet Merkur (Z. 161–162) als πρὸ ἑπτὰ
[sc. ἡμερῶν] φάσιν πεποιημένος ('der sieben Tage zuvor sein Morgenletzt [ἑῴα δύσις] gehabt hatte'. Diese Stelle wurde missverstanden. Der
vollständige Satz lautet: Στίλβων δ᾽ ὁ τοῦ Ἑρμοῦ ἀστὴρ Κριοῦ ἐπέτρεχε μοίρας στερεὰς δέκα, περίγειος, πρὸ ἑπτὰ φάσιν πεποιημένος,
διὸ οἰκοδεσποτήσει τὸ διάθεμα. Neugebauer – van Hoesen 1959, 24
übersetzen den ersten Teil akzeptabel: "And Stilbon, the star of Mercury,
had mounted[2211] in Aries ten full degrees, in perigee".[2212] Danach aber

---

[2209] Zwar kann, je nachdem welches Tierkreiszeichen den 2. Ort einnimmt, jeder der
sieben Wandelsterne der zodiakale Hausherr des 'Loses des Vermögens' sein, aber nur
die fünf echten Planeten können die Bedingung des heliakischen Aufgangs erfüllen.

[2210] Dazu, dass ebenso wie die fünf echten Planeten natürlich auch der Mond unter die
Strahlen der Sonne tritt, vgl. z.B. Ptol. apotel. 4,5,1 (zit. oben S. 838).

[2211] ἐπέτρεχε eigentlich = 'er lief darauf'. Die Bewegung der Planeten vor dem Hintergrund der Tierkreiszeichen bzw. Fixsterne wird oft mit Metaphern ausgedrückt, die das
Wandeln eines Menschen auf einem Teppich o.ä. suggerieren. Vgl. ἐπιβεβηκότα in
dem Porphyrioszitat unten S. 917.

[2212] Zu μοίρας στερεάς vgl. Neugebauer – van Hoesen 1959, 23, zu Z. 159–160, zu
περίγειος ebd. 26 zu col. VII.

interpretieren sie πρὸ ἑπτὰ φάσιν πεποιημένος falsch als "having completed its phase before the seventh (day of the month)", also vor dem auf die Geburt (6. Pharmuthi)[2213] folgenden Tag. Im Kommentar (S. 26) notieren sie: "Obviously the text assumes that the upper conjunction will be reached before the 7th, i.e., in less than 24 hours." Gegen diese Deutung spricht nicht nur, dass die Rechnung, wie Neugebauer und van Hoesen selbst sehen, rechnerisch nicht aufgeht, sondern auch philologische Einwände: πεποιημένος ist vorzeitig (darauf gehen sie nicht ein), die Bedeutung von φάσις muss in zweifelhafter Weise gedehnt werden,[2214] und eigentlich setzt die gebotene Interpretation eine Ordinalzahl voraus, πρὸ ἑβδόμης, ähnlich wie z.B. in der Datierung der Nativität (Z. 38–40) Φαρμοῦθι ... ἕκτη.[2215] Man fragt sich darüber hinaus, warum der Autor, wenn Neugebauer und van Hoesen ihn richtig verstehen, nicht einfach von 'dem nächsten Tag' sprach, und völlig unklar bleibt, worin der im Text hergestellte Kausalzusammenhang zwischen der Phase Merkurs und seiner Rolle als Hausherr der Nativität liegt.

Alle diese Anstöße entfallen, wenn man der Stelle ihren auf der Hand liegenden Sinn zurückgibt, dass Merkur 'vor sieben Tagen seine Phase gemacht hat' (πρὸ ἑπτὰ sc. ἡμερῶν). Diese Deutung steht auch im Einklang mit dem unten S. 921 noch zu besprechenden Zeugnis bei Paul. Alex. 26 p. 75,19–76,4 (bes. die Worte ἢ φάσιν ... πρὸ ἑπτὰ ἡμερῶν ... τῆς ἀποκυήσεως τύχῃ πεποιημένος). Dem Text des P. Lond. I 130 zufolge steht Merkur ca. 4° hinter der Sonne (☉ 14° 6′ ♈ [Z. 53–58], ☿ 10° ♈ [Z. 158–160]). Diese Differenz entspricht etwa den wahren Verhältnissen am 26.3.81 n.Chr., also fünf Tage vor dem diskutierten Datum. Gehen wir von dort noch sieben weitere Tage zurück, so erhalten wir am 19.3.81 n.Chr. eine wahre Merkur-Sonne-Distanz von ca. 11–12°. Auch wenn wir nicht wissen, ob Titus Pitenius sieben Tage vor der Geburt die hier genannte (ca. 11–12°) oder eine geringfügig abweichende Distanz angenommen hat, ist doch wahrscheinlich, dass er den Tag im Sinn hatte, an dem Merkur, der nach seinen zweiten Stillstand wieder rechtläufig ist und mit hoher Geschwindigkeit der Sonne nacheilt, die astrologisch relevante Distanz von 15° passiert und in den Strahlenglanz des Luminars eintaucht. Dass Merkur die 15°-Distanz in Wahrheit noch vier Tage frü-

---

[2213] Vgl. Z. 38–40. 6. Pharmuthi = 1. April. Die astronomische Analyse führt jedoch auf den 31. März (s.o. S. 232 s.v. Hor. gr. 81.III.31 und unten S. 1378, Tab. 42).

[2214] Vgl. Neugebauer – van Hoesen 1959, 27f.: "This term is used here in a much looser sense than ordinarily".

[2215] Vgl. den Erklärungsversuch bei Neugebauer – van Hoesen 1959, 23, zu Z. 161.

her passierte (am 15.3.81 n.Chr.), war dem Autor entweder nicht bekannt oder er nahm die Unvollkommenheit hin, um die Lehre vom siebten Tag anwenden zu können.

Ps.-Manethon

Der 80 n.Chr. geborene Ps.-Manethon (s. Hor. gr. 80.V.27–28) bietet die folgenden Verse über den 3. Tag des Mondes (6[3],108–111):[2216]

> παισὶν δ᾽ αὖ πᾶσιν, τοῖσιν ζωὴν πόρε Μοῖρα,
> ἀμφὶ τροφῆς, μαζοῦ καὶ νηπιέης ἀλεγεινῆς
> ζῷον σημαίνει, τό κε δὴ Μήνης πέλας εἴη,
> ᾧ ἔνι δὴ κείνη τριτάτην ἐπινίσεται ἠῶ.

'Allen Kindern, denen das Schicksal das Leben schenkte, gibt bezüglich Ernährung, Mutterbrust und schmerzlicher Kindheit das Tierkreiszeichen Vorzeichen, das dem Mond nahe ist, (das,) in dem er (der Mond) die dritte Morgenröte besuchen wird.'

Auch hier wird also der 3. Tag des Mondes mit dem Stillen und dem ersten Lebensabschnitt (genau genommen dem, in dem das Kind noch nicht sprechen kann: νηπιέη), assoziiert.

Antigonos

Antigonos geht dreimal auf die Lehre vom 3., 7. und 40. Tag des Mondes ein (**F1** §§ 50–51. **F2** § 55. **F3** § 64), außerdem einmal auf den sieben Tage nach der Geburt bevorstehenden heliakischen Aufgang des Jupiter (**F1** § 26 μετὰ $\overline{ζ}$ ἡμέρας) und einmal auf den drei Tage nach der Geburt bevorstehenden heliakischen Aufgang des Saturn (**F3** § 63 μετὰ ἡμέρας τρεῖς). Zu Einzelheiten vgl. die Stellenkommentare.

Porphyrios

Porph. isag. 30 p. 207,12–16 nennt unter den verschiedenen Methoden zur Bestimmung des Hausherrn der Nativität die folgende:

[2216] Text nach Lopilato 1998, 116f., der ebd. 280f. übersetzt: "To all children to whom Fate has vouchsafed life the zodiacal sign which is near the Moon and which that (Moon) will reach on the third day indicates nurture, the breast and grievous life" (statt "life" wäre "childhood" treffender).

οἱ δὲ πρῶτον μὲν τὸν τοῦ ὡροσκόπου κύριον ἢ τὸν ἐπιβεβηκότα αὐτοῦ τῷ οἴκῳ καὶ τοῖς
ὁρίοις, εἶτα τῆς Σελήνης, εἶτα
τὸν τοῦ μεσουρανήματος, εἶτα
τὸν τῆς τύχης, εἶτα τὸν πρὸ ζ′
ἡμερῶν τῆς ἀποκυήσεως ἢ ἐντὸς ζ′ ἡμερῶν φάσιν ἀνατολῆς
ἢ δύσεως ἢ στηριγμοῦ ποι-
ούμενον.

Andere nehmen zuerst den Herrn des
aszendierenden Zeichens oder den
Planeten, der in dessen Haus und
Graden steht, dann den Herrn des
Mondzeichens, dann den des Zeichens in der oberen Kulmination,
dann den des Glücksloses, dann den,
der 7 Tage vor der Geburt oder innerhalb von 7 Tagen die Phase des
Aufgangs oder Untergangs oder
Stillstandes vollführt.

Sehr wahrscheinlich ist es diese Lehre, auf die der Merkurpassus des von
Titus Pitenius berechneten Horoskops P. Lond. I 130 (Hor. gr. 81.III.31),
Z. 157–164, Bezug nimmt (vgl. die Analyse oben S. 914). Der an letzter
Stelle genannte, mit dem siebten Tag vor oder nach der Geburt assoziierte
Planet kann jeder mit Ausnahme der Sonne sein.

Anonymer Pythagoreer

Der Codex Cromwellianus 12 (olim 297), p. 761, bewahrt ein von Zahlensymbolik und Astrologie handelndes Exzerpt eines anonymen Pytha-
goreers (ed. St. Weinstock, CCAG IX,1, 1951, pp. 173–174). *Terminus
post quem* für diesen Autor ist das Ende des 2. Jh. n.Chr., weil er Ptolemaios zitiert. Keyser datiert den Anonymos versuchsweise auf 180–300
n.Chr. (Keyser – Irby-Massie 2008, 716). Zur Bedeutung der Siebenzahl
schreibt der Anonymos Folgendes (p. 174,3–9):

ἀλλὰ καὶ αἱ τῆς ἑβδομάδος ἡμέραι ἑπτά, καὶ αἱ νόσοι δι᾽ ἑπτὰ
ἡμερῶν ἀλλοιώσεις λαμβάνουσι.
καὶ ἐν τοῖς γενεθλιακοῖς ἥ τε
πρὸ ἡμερῶν ἑπτὰ τῆς ἐκτροπῆς,
τουτέστιν ἡ ἐν τῷ δεξιῷ τετραγώνῳ ἰσόμοιρος ἐποχὴ τῆς Σελήνης, καὶ πάλιν ἡ μετὰ ἡμέρας
ἑπτά, τουτέστιν ἡ ἐν τῷ εὐω-
νύμῳ τετραγώνῳ, θαυμάσια οἷα
προθεσπίζει ἡμᾶς ἐκδιδάσκου-
σα.

Aber auch die Wochentage sind sieben, und die Krankheiten ändern
sich alle sieben Tage. Und bei den
Untersuchungen von Geburtstagen
weissagt uns sowohl der 7. Tag vor
der Geburt, d.h. die gradgenaue Position des Mondes im rechten Geviertschein, und ebenso die (Mondposition) nach sieben Tagen, d.h. die
im linken Geviertschein, im Voraus
wundersame Dinge und belehrt uns
(so) gründlich (über die Zukunft).

Dieses Zeugnis bestätigt die aus Val. 1,14 gewonnene Einsicht, dass der 7. Tag des Mondes genau 90° vom Geburtsmond entfernt ist (s.o. S. 900).

Firmicus Maternus

Unser chronologisch nächstes Zeugnis ist das Horoskop des Ceionius Rufius Albinus bei Firm. math. 2,29,10–20 (Hor. lat. 303.III.14). Darin heißt es im Kontext einer Verbannung des Nativen in frühen Lebensjahren zur Begründung dafür, dass Jupiter ihm – anders als in späteren Jahren – nicht helfen und die Verbannung verhindern konnte (2,29,16): *sed et deficere huiuscemodi Iovis beneficia ... diximus ob hoc, quia tertio die Luna in Leone constituta de diametro se plena lumine Martis radiis impegit; et hic enim dies, id est tertius, plurimum in modum in genituris operat.* Dieses Zeugnis ist in zweierlei Hinsicht wertvoll. Auf astronomischer Ebene zeigt es, dass Firmicus die Daten hinsichtlich des Vollmondes ein wenig manipuliert hat, um ihnen interpretatorisch noch mehr abzugewinnen. Da bei der Geburt des Nativen der Mond im Krebs und Mars im Wassermann standen,[2217] wird der Mond am dritten Tag *per definitionem* 30 Grad zurückgelegt haben (s.o. zu Val. 1,14) und somit im Löwen stehen, wie der Text sagt. Die Marsposition ist nach drei Tagen praktisch unverändert; somit ist auch die Aussage zur Opposition am dritten Tag richtig. Falsch ist hingegen die Behauptung, die Opposition finde bei Vollmond statt.[2218] Da die Nativität auf den 13., 14. oder 15. März 303 n.Chr., jeweils gegen 22 Uhr abends, zu datieren ist (am plausibelsten ist der 14. März),[2219] der nächste Vollmond aber auf den späten Abend des 19. März 303 n.Chr. fiel (in Rom z.B. um 22:49 Uhr Ortszeit), liegt ein Fehler von mindestens einem Tag vor.[2220] Dieser scheinbar geringe Fehler ist in Wahrheit ein erheblicher, weil der Vollmond nicht, wie im Text behauptet, im Löwen stattfand, sondern am Ende der Jungfrau (28° 51′ ♍). Firmicus muss dies eigentlich gewusst haben, da aus seiner eigenen Angabe, die Geburtssonne stehe in den Fischen,[2221] evident ist, dass der nächste Vollmond im gegenüberliegenden Zeichen (♍) oder sogar dem darauf folgenden (♎) stattfinden muss. In-

---

[2217] Vgl. Firm. math. 2,29,10 *Luna in Cancro ... Mars in Aquario.* Es liegt also kein Aspekt vor (vgl. Katalog S. 330).

[2218] Der zitierte Zusatz *plena* (2,29,16) ist einhellig überliefert.

[2219] Am 14. März stand der Mond in der Mitte des Krebses, am Tag davor und danach ganz am Anfang bzw. Ende des Krebses.

[2220] So richtig Barnes 1975a, 41.

[2221] Vgl. Firm. math. 2,29,10 *Sol fuit in Piscibus.*

dem er wider besseres Wissen den Vollmond vorverlegt, verleiht er dem ohnehin schon bedeutenden 3. Tag des Mondes noch mehr Gewicht:[2222] Der schlimme Oppositionsaspekt des Mars trifft den Mond, als er sich in seiner vollen Breite ungeschützt darbietet.[2223]

Übrigens behauptet Firmicus am Ende der Analyse dieses Horoskops sogar, am Geburtstag selbst sei Vollmond gewesen (2,29,19): *honores illi maximos IX. loco in domo sua pleno lumine Luna constituta decrevit.* Auch dort dient der Mangel an astronomischer Präzision anscheinend der astrologischen Deutung: höchste Ehren des Nativen wegen höchster Leuchtkraft des Mondes in Verbindung mit seiner Stellung im eigenen Tierkreishaus. Es scheint Firmicus nicht sonderlich zu stören, dass der aufmerksame Leser bemerken wird, dass nicht – wie der Text behauptet – sowohl am Tag der Geburt (2,29,19) wie auch drei Tage danach (2,29,16) Vollmond sein kann.[2224]

Zweitens ist Firm. math. 2,29,16 wertvoll, weil hier eine temporäre Notlage (Exil) in relativ jungen Lebensjahren des Nativen mit dem 3. Tag des Mondes assoziiert wird. Firmicus sagt ja, der Native (geb. 303 n.Chr.) sei noch vor seinem Konsulat und der Präfektur (335 n.Chr.) ins Exil geschickt worden.[2225] Barnes 1975a, 48f., vermutet, dass die Verbannung und Rückholung des Ceionius Rufius Albinus mit den nur wenige Monate auseinanderliegenden Hinrichtungen des Crispus und der Fausta im Jahre 326 n.Chr. zusammenhing. Wenn das stimmt, hatte unser Nativer zum Zeitpunkt der Verbannung gerade das 23. Lebensjahr vollendet. Beachtung verdient neben der Zeit auch die Qualität der Lebenskrise: Ein erzwungenes Leben im Exil erinnert an Dorotheos' Assoziation des drit-

---

[2222] In Unkenntnis der astrologischen Bedeutung des 3. Tages des Mondes und der Neigung antiker Astrologen zur Stilisierung einzelner Daten bestreitet Polara 1978, 336–340, die Datierung des Horoskops und die Identifikation des Nativen.

[2223] Er ist ungeschützt, da weder Jupiter noch Venus im Gedrittschein oder Sextil 'zu Hilfe eilen' können. Für diese Vorstellung ließen sich viele Belege anführen. Firmicus selbst bezeugt sie in dem zitierten Paragraphen: *nisi Iuppiter in Piscibus constitutus horoscopum de trigono vidisset, numquam fuisset de exilio liberatus et, nisi Lunam ⟨in⟩ altitudine sua – altitudo enim Iovis est Cancer – de trigono vidisset, [ut] biothanatus interisset* (2,29,16). – Voll- und Neumond finden bei den Astrologen generell große Beachtung, da es sich um Opposition und Konjunktion der wichtigsten Himmelskörper handelt. Zumeist geht es aber um den der Geburt vorausgehenden Voll- bzw. Neumond (bei Antigonos vgl. **F1** § 40. **F2** §§ 56.61. **F8**).

[2224] Möglicherweise finden die gezeigten Fehler dadurch ihre Erklärung, dass Firmicus sich mit einer sehr groben Differenzierung der Mondphasen begnügte; vgl. Firm. math. 3,14,10 *inquirendum itaque est tertio die, an sit minuta an plena luminibus* (mehr dazu im übernächsten Absatz).

[2225] Firm. math. 2,29,10 *ob adulterii crimen in exilium datus.*

ten Tages des Mondes mit ξενιτεία (s.o. S. 910).

Unsere Lehre begegnet an mehreren weiteren Firmicusstellen. Die nächste ist Firm. math. 3,14,10: *In omnibus autem genituris cursum Lunae te servare conveniet; nec tantum eodem die, quo natus homo prima vestigia lucis ingreditur, sed diligenti ratione perquirere etiam tertio die debemus, cui se stellae [vel] Luna vel quali radiatione coniungat vel a quo recedens [vel] ad quem feratur; eo enim die nato homini primum inmulgentur alimenta nutricia. Inquirendum itaque est tertio die, an sit minuta an plena luminibus et quatenus eam benivolae stellae malivolaeque respiciant. Nam et tertio die, sicuti primo, omnia simili ratione decernit; quae si diligenti fuerint inquisitione [decernit] collecta, in explicandis fatis hominum numquam poterimus erratica confusione turbari.* Hier ist vor allem der Hinweis darauf wichtig, dass der Säugling am dritten Tag erstmals gestillt werde (vgl. ἐν ᾗ τὸ βρέφος ἄρχεται τρέφεσθαι bei Dorotheos, oben S. 910).

Der nächste Beleg ist Firm. math. 4,1,7 über die astrologisch eminente Bedeutung der Mondposition: *nam et primus dies et tertius eadem simili ratione decernit, septimus etiam et undecimus per Lunam totius vitae substantiam monstrat.* Es wurde bisher übersehen,[2226] dass die Zahl 11 hier ein Fehler für 40 sein muss (XI < XL).[2227]

Wenige Zeilen später heißt es dann (Firm. math. 4,1,10): *Haec itaque luminis eius vel augmenta vel damna et diversarum formarum mutabiles species et primo natalis die tractantes genituram et tertio rursus die diligenter debemus inspicere etc.* (es werden noch mehrere weitere den Mond betreffende Kriterien erwähnt, die aber nichts mit der Lehre vom 3., 7. und 40. Tag zu tun haben).

[2226] Z.B. von Bouché-Leclercq 1899, 487², der alle relevanten Firmicus-Stellen zusammenträgt.

[2227] Nur so lässt sich erklären, warum einige wichtige Handschriften statt *undecimus* die Lesart *sexagesimus* überliefern, die ich bei einer Autopsie der folgenden Codices fand: Neapol. V A 17, f. 69ᵛ (bereits früher gesehen von Kroll – Skutsch – Ziegler 1968, vol. II, p. LVI, app. praef.), Vat. Urb. lat. 263, f. 60ʳ, und Vat. Pal. lat. 1418, f. 65ʳ. Zur Bedeutung aller drei Handschriften, deren letzte beiden von den bisherigen Editoren nur partiell kollationiert wurden, s. Heilen (demnächst B). Der fragliche Zahlwert muss also ursprünglich als *XL* überliefert worden sein, was teils zu *XI* verschrieben wurde, teils zu *LX*. Erst später wurden bei der Erstellung neuer Abschriften die nunmehr verderbten römischen Zahlen in ganzen Worten ausgeschrieben. Die richtige Lesart *XL* ging anscheinend gänzlich verloren. Eine sichere Aussage hierzu ist allerdings unmöglich, solange die meisten Firmicushandschriften nicht kollationiert sind. (Erst unmittelbar vor der Drucklegung wurde mir bekannt, dass bereits Cumont 1918b, 289¹, hier eine Verschreibung von *XL* zu *XI* vermutet hat).

Das letzte Mal spricht Firmicus einige Kapitel später im Kontext der Kenodromie vom 3. Tag des Mondes (4,8,1): Die Kenodromie verursache maligne Flüssigkeitsansammlungen im Körper, *praesertim si* [sc. *Luna*] *per vacuum currens, quam Graeci cenodromon dicunt, a Saturno vel Marte quadrata vel diametra radiatione pulsetur vel si per vacuum currens tertio natalis die a Marte vel Saturno eadem, qua diximus, fuerit radiatione pulsata vel si malivolae in cardinibus fuerint constitutae.* Insgesamt ergibt sich aus allen hier vorgestellten Firmicusstellen (2,29,16. 3,14,10. 4,1,7. 4,1,10. 4,8,1), dass der römische Autor einen besonders engen Zusammenhang zwischen dem 1. und 3. Tag des Mondes sieht. Nur an einer Stelle (4,1,7) spricht er auch vom 7. und 40. Tag des Mondes, wobei er diesen zubilligt, ebenfalls für die Substanz des ganzen Lebens einer Person signifikant zu sein.

Paulos Alexandrinos

Paul. Alex. 26 pp. 75,19–76,4 fordert die Beachtung des 7. Tages vor und nach der Geburt bezüglich des heliakischen Aufgangs (ἑῴα ἀνατολή) der fünf echten Planeten und darüber hinaus im Falle von Venus und Merkur, bei denen dies aufgrund ihrer die Sonne übertreffenden Geschwindigkeit in den Rechtläufigkeitsphasen astronomisch möglich ist, auch bezüglich ihrer ersten erneuten Sichtbarkeit am Abend (ἑσπερία ἀνατολή):[2228]

προσήκει ζητεῖν, τίς αὐτῶν [sc. ♂ ♀ ☿] τὴν συναφὴν τῆς Σελήνης ἢ τοῦ Ἡλίου ὑποδέδεκται ἢ φάσιν ἑῴαν Κρόνου, Διός, Ἄρεως, – πρὸς ταύτην καὶ ἑσπερίαν ἀνατολὴν Ἀφροδίτης, Ἑρμοῦ, – πρὸ ἑπτὰ ἡμερῶν ἢ μετὰ ἑπτὰ ἡμέρας τῆς ἀποκυήσεως τύχῃ πεποιημένος.	Man muss suchen, wer von ihnen [d.h. ♂ ♀ ☿] mit dem Mond oder der Sonne in Konjunktion steht oder zufällig sieben Tage vor oder nach der Geburt erstmals wieder sichtbar geworden ist, im Falle Saturns, Jupiters und des Mars morgendlich, im Falle von Venus und Merkur morgendlich oder auch abendlich.

Im Kontext ist von demjenigen Planeten die Rede, der die Taten und den Beruf des Nativen anzeigt. Dieser Planet ist traditionell entweder Mars

---

[2228] Ich vermeide mit Absicht die wörtliche Übersetzung 'abendlicher Aufgang', um nicht eine Verwechslung mit dem astronomischen Abendaufgang (Opposition zur Sonne) zu begünstigen, der im Falle des Merkur und der Venus unmöglich ist.

oder Venus oder Merkur (s.o. S. 779–784). Die darüber hinausgehende Erwähnung von Saturn und Jupiter ist anscheinend rein astronomisch motiviert, damit alle Planeten, die entweder nur morgendlich oder sowohl morgendlich als auch abendlich sichtbar werden (d.h. aus dem Glanz der Sonne heraustreten) können, Erwähnung finden.

Der Astrologe Zenons

Unser nächster Zeuge ist der nicht namentlich bekannte Verfasser des unter dem Namen 'Palchos' (s.o. S. 99) überlieferten Katarchenhoroskops Hor. gr. 479.VII.14, in dem es um ein ausbleibendes Schiff geht, das in Smyrna mit Sorge erwartet wird (s.o. S. 305). Der Autor berichtet zuerst von seiner Vorhersage, was dem Schiff in der Ferne widerfahre, und dann vom Bericht der Seeleute nach ihrem verspäteten Eintreffen in Smyrna, der seine eigene Prognose bestätigt. Im ersten dieser beiden Teile wird die Mondposition am 7. Tag zweimal berücksichtigt, allerdings ohne die Lehre an sich zu erhellen. Die erste der beiden Stellen begründet die prognostizierte Rettung des Schiffs aus einem Sturm (CCAG I, 1898, p. 104,7–8): σώζεσθαι δὲ αὐτὸ [sc. τὸ πλοῖον] διὰ τὸ τὴν Ἀφροδίτην καὶ τὴν Σελήνην ὁρᾶσθαι ὑπὸ τοῦ Διὸς καὶ τὴν ἑβδομαίαν αὐτῆς πρὸς Δία φέρεσθαι.[2229] Die zweite Stelle begründet das prognostizierte Datum des verspäteten Eintreffens (ibid. p. 104,22–23): πότε δὲ ὀφείλει ἐλθεῖν, εἶπον ὅτι τῆς Σελήνης οὔσης ἐν Ὑδροχόῳ ⟨ἢ Ἰχθύσιν· ἐν Ὑδροχόῳ μὲν διὰ τὴν ἑβδομαίαν[2230] αὐτῆς καὶ διὰ τὸ πρὸς τὸν[2231] Δία φέρεσθαι[2232] τὸν κλῆρον τῆς τύχης, ἐν Ἰχθύσι δὲ διὰ τὸ φέρεσθαι αὐτὸν[2233] πρὸς τὸν ἴδιον οἰκοδεσπότην⟩ ('und auf die Frage, wann es kommen müsse, sagte ich: wenn der Mond im Wassermann oder in den Fischen steht; im Wassermann wegen seines [sc. des Mondes] 7. Tages und da sich das Glückslos auf Jupiter zubewegt, in den Fischen,

---

[2229] Statt αὐτῆς πρὸς, das ich als Emendation für notwendig halte, bieten die Hss. αὐτῶν πρὸς (cod. Angel. gr. 29, f. 112ᵛ) bzw. αὐτῆς ἀπὸ (cod. Paris. gr. 2419, f. 132ᵛ, u. cod. Vindob. phil. gr. 108, f. 300ᵛ). Die Interpretation bei Neugebauer – van Hoesen 1959, 145 (bes. 145[14]), überzeugt in diesem Punkt nicht. Gemeint ist offenbar nicht, dass der Mond am 7. Tag von seiner ursprünglichen Position auf 16° ♏ auf ca. 17° ♒ fortgeschritten und somit "past Jupiter in ♒ 8" sein werde, sondern, dass der Mond am 7. Tag den Bogen von 4°–17° ♒ durchlaufen und dabei (auf 8° ♒) eine astrologisch günstige Konjunktion mit Jupiter eingehen wird.

[2230] Correxi, εὐδομαίαν codd.

[2231] τὸν om. cod. Paris.

[2232] φέρεσθαι om. cod. Vindob.

[2233] αὐτὸν cod. Vindob., αὐτὴν cod. Paris.

da es sich auf seinen eigenen Hausherrn zubewegt'). Diese zweite Stelle ist in der Edition des CCAG durch einen Textausfall unbrauchbar; das hiesige Zitat folgt der korrigierten Edition oben S. 105 bei Anm. 442.

Derselbe Autor führt in dem Katarchenhoroskop Hor. gr. 483.VII.8 unter den Gründen, warum ein gewisser kleiner Löwe zahm sein werde, auch die Aspekte des 3. und 7. Tages des Mondes zu Jupiter beziehungsweise Venus ins Feld (CCAG VI, 1903, p. 66,6–9): ἡ δὲ Ἀφροδίτη ὡρονομοῦσα καὶ Ζεὺς ἀγαθοδαιμονῶν καὶ τὴν συναφὴν τῆς Σελήνης ἐκδεχόμενος ἐδήλουν τὴν ἡμερότητα· μάλιστα ἡ τρίτη τῆς Σελήνης [sc. ἀπὸ Διὸς] καὶ ἡ ἑβδομαία[2234] ἀπὸ Ἀφροδίτης. Am Tag der Katarche steht der Mond (♒) im Trigon zu Jupiter (♊), am 3. Tag (♓) wird er in Quadratur zu Jupiter stehen, am 7. Tag (♉) in Quadratur zu Venus (♌), mit der er am Tag der Katarche in Opposition steht.[2235] Auch die Quadraturen der Wohltäter werden hier also positiv gedeutet.

Einen dritten Beleg bietet derselbe Autor in Hor. gr. 487.IX.5: εὗρον ... τὴν Ἀφροδίτην ... δεκατεύουσαν τὴν τριταίαν τῆς Σελήνης[2236] (bzw. δεκατεύουσαν τὴν τριταίαν Σελήνην).[2237] Der Aspekt der Venus (♌) zum Mond des 3. Tages (♏) ist, ähnlich wie in dem zuvor besprochenen Horoskop, eine Quadratur. Sie wird hier vom Autor als einer von mehreren glückversprechenden Umständen angeführt, aber nicht an sich kommentiert.

Rhetorios

Rhetorios erwähnt die Lehre vom 3., 7. und 40. Tag mehrmals. Unser erster Beleg stammt aus einem aus verschiedenen älteren Quellen kompilierten Kapitel über gewaltsamen Tod (Rhet. 5,77: Καθολικὰ σχήματα βιοθανάτων).[2238] Darin leitet der Autor unter anderem zu der folgenden Prüfung an (Rhet. 5,77,18):[2239] σκέπτου δὲ καὶ τὴν τριταίαν καὶ ἑβδομαίαν καὶ τεσσαρακοσταίαν τῆς Σελήνης· ἡ γὰρ τεσσαρακοσταία πρὸς κακοποιὸν φερομένη βιοθανάτους ποιεῖ ('untersuche aber auch

---

[2234] ἑβδομαία] ευδομαία (sic) codd., corr. Kroll.

[2235] Siehe das Diagramm bei Neugebauer – van Hoesen 1959, 228.

[2236] So der cod. Angel. gr. 29, f. 126ʳ (= 'Palch.' cap. 87), ed. F. Cumont, CCAG I (1898), p. 106,8–12.

[2237] So die andere der beiden Hss., die den Text überliefern: cod. Vindob. phil. gr. 108, f. 299ʳ⁻ᵛ, cap. 164, pars I, ed. W. Kroll, CCAG VI (1903), p. 64,4–5.

[2238] Zuvor ediert von F. Cumont im CCAG VIII 4 (1921), pp. 199,15–202,10 (dort im Titel: βιαιοθανάτων). Sacherklärung zur βιαιοθανασία: s.u. S. 1187.

[2239] = CCAG VIII 4 (1921), pp. 200,25–201,1 (dort jedoch βιαιοθανάτους).

den dritten und siebten und vierzigsten Tag des Mondes: Denn wenn er am vierzigsten Tag zu einem Übeltäter eilt, bewirkt er Menschen, die gewaltsam sterben'). Diese Stelle könnte aus dem Werk des frühen Astrologen Kritodemos stammen, der als einziger Gewährsmann im vorausgehenden Teil desselben Rhetorios-Kapitels Erwähnung findet (5,77,5 ἄλλως κατὰ Κριτόδημον).[2240] Dazwischen liegen jedoch über 30 Textzeilen, in denen verschiedene Lehren zur βιαιοθανασία präsentiert werden, und Peter 2001, 143f., urteilt zu Recht, es sei völlig unklar, bis wohin das Kritodemosreferat reiche.[2241]

Am Ende desselben Kapitels kommt Rhetorios noch einmal auf die besonders verderbliche Bedeutung des 40. Tages zurück (5,77,32):[2242] τῇ τεσσαρακοσταίᾳ τῆς Σελήνης Κρόνος Ἑρμῆς Ἄρης ἐπικείμενοι βιοθανάτους ποιοῦσιν ('wenn Saturn, Merkur und Mars auf [sc. dem Tierkreiszeichen] der Mondposition des 40. Tages liegen,[2243] bewirken sie Menschen, die gewaltsam sterben'). Peter vermerkt, dass diese Stelle aus Val. 2,41,23 zu stammen scheint.[2244] Allerdings ist auch denkbar, dass beide aus einer gemeinsamen verlorenen Quelle schöpften. Es ist zu beachten, dass Valens die drei Planeten alternativ erwähnt (Κρόνος ἢ Ἄρης ἢ Ἑρμῆς), Rhetorios hingegen additiv.

Etwas später im Kapitel 5,81 (Καθολικὰ σχήματα εὐτυχούντων)[2245] vermerkt Rhetorios (5,81,2): ζήτει δὲ καὶ τὴν τριταίαν καὶ ἑβδομαίαν καὶ τεσσαρακοσταίαν τῆς Σελήνης εἰ ὑπὸ ἀγαθοποιῶν θεωροῦνται. [...]. ταῦτα γὰρ πάντα τὰ σχήματα καλῶς πεπτωκότα μεγάλας καὶ παραδόξους ποιοῦσι τὰς εὐτυχίας ('suche aber auch die Mondposition am dritten und siebten und vierzigsten Tag und prüfe, ob die Wohltäter

---

[2240] Peter 2001 zählt Rhet. 5,77 als Critod. frg. 12: s. Peter 2001, 74–78 (TÜ) u. 142–144 (K). Die Worte ἄλλως κατὰ Κριτόδημον fehlen in dem für Pingrees Edition maßgeblichen cod. Paris. 2425. Siehe daher die Edition Cumonts im CCAG VIII 4 (1921), p. 199,15.

[2241] Siehe auch Bara 1990, 840.

[2242] = CCAG VIII 4 (1921), p. 202,3–4; dort jedoch ἐπικείμενοι βιαιοθανάτους ποιοῦσι.

[2243] Zu diesem auf Tierkreiszeichen, Orte der Dodekatropos und Lose bezogenen Gebrauch von ἐπίκειμαι vgl. z.B. Val. 2,30,24 ἐὰν ᾖ ἔχοντα τὰ φῶτα [Objekt] ἐπικείμενα τὰ ζῴδια [Subjekt] ἢ κακοποιούς sowie auch ebd. 2,29,4. 2,30,42. 2,30,45. – Die Rhetoriosstelle zeigt, dass die *termini technici* τριταία, ἑβδομαία und τεσσαρακοσταία auch metonymisch das ganze Tierkreiszeichen, in das die jeweilige Mondposition fällt, bezeichnen können. Zur Bestätigung vgl. das Pendant bei Val. 2,41,23 (zit. oben S. 910). LSJ + Suppl. 1996 s.vv. ist entsprechend zu ergänzen.

[2244] Peter 2001, 143. Zu der Valens-Stelle s.o. S. 910 bei Anm. 2197.

[2245] Rhet. 5,81 = CCAG VIII 4 (1921), pp. 206,1–207,24.

Aspekte dazu bilden. [*Es folgen weitere zu prüfende Details*]. Denn wenn alle diese Konfigurationen positiv ausfallen, machen sie die Glücksgaben groß und wunderbar').[2246]

Nur den 3. bzw. 7. Tag des Mondes erwähnt Rhetorios an zwei weiteren Stellen. In Kap. 5,54 (Ἐπίσκεψις πινακική),[2247] der einzigen aus der Antike überlieferten systematischen Anleitung zur Interpretation einer Nativität,[2248] heißt es gegen Ende (5,54,48):[2249] οὐ μὴν ἀλλὰ καὶ ἡ τριταία τῆς Σελήνης ἐν τετραπόδῳ [sc. ζῳδίῳ] τυχοῦσα καὶ ὑπὸ κακοποιῶν θεωρουμένη τέρατα ἢ τετράποδα σημαίνει τὰ γεννώμενα· ἐὰν δὲ τούτων οὕτως κειμένων εὑρεθῇ ⟨ἡ⟩ τριταία τῆς Σελήνης ὑπὸ κακοποιῶν θεωρουμένη, ὁ δὲ κύριος τῆς προγενομένης συνόδου ἢ πανσελήνου ἀπέστραπται τοῦ ὡροσκόπου καὶ τοῦ οἴκου αὐτοῦ, τὸ αὐτὸ σημαίνει[2250] ('indessen zeigt auch[2251] der dritte Tag des Mondes, wenn er zufällig in einem vierfüßigen [*Zeichen*] liegt und von Übeltätern angeblickt wird, an, dass die Geburten missgestaltet oder vierfüßig sind; wenn aber bei dieser Lage der Dinge[2252] der dritte Tag des Mondes sich im Aspekt von Übeltätern befindet und der Herrscher des vorausgegangenen Neu- oder Vollmondes ohne einen Aspekt zum Aszendenten und zu dessen Haus ist, bedeutet es dasselbe.').

In Kap. 5,117 hingegen verweist Rhetorios, genauer gesagt: der Autor des von Rhetorios referierten Horoskops des Pamprepios von Panopolis (Hor. gr. 440.IX.29) – jener Autor ist wahrscheinlich der Astrologe Zenons (s.o.) – auf den 7. Tag des Mondes (5,117,11):[2253] ἦν δὲ καὶ ἡ ἑβδομαία πρὸς Ἀφροδίτην φερομένη. Die Textstelle ist allerdings kor-

---

[2246] Rhet. 5,81,2 = CCAG VIII 4 (1921), pp. 206,12–207,7.

[2247] Vgl. die ältere Edition im CCAG VIII 4 (1921), pp. 118,1–124,28.

[2248] So Holden 1996, 82.

[2249] Zuvor ediert im CCAG VIII 4 (1921), p. 124,2–7 (dort jedoch gegen Ende καὶ πανσελήνου ἀπέστραπται τὸν ὡροσκόπον καὶ τὸν οἶκον αὐτοῦ). Zum Kasus vgl. Cumont im Apparat zur Stelle.

[2250] Konjektur des Verfassers. Cumont (im CCAG) und Pingree lesen mit der Hs. σκόπει, ohne sich im Apparat dazu zu äußern. Vgl. jedoch wenige Zeilen zuvor (5,54,47): εἰ δὲ καὶ ἡ Σελήνη ἀπέστραπται τοῦ οἰκοδεσπότου αὐτῆς ἢ ἐναντιοῦται αὐτῷ, τὸ αὐτὸ σημαίνει (~ CCAG VIII 4, 1921, p. 123,19–124,2).

[2251] Vgl. die um wenige Zeilen vorausgehende, anderen Vorzeichen zugeordnete Prognose λέγε μὲν τετράποδον ἢ τέρας τὸ γεννηθέν (5,54,45; = CCAG VIII 4, 1921, p. 123,16).

[2252] D.h. bei einer Mondposition in einem vierfüßigen Zeichen (?).

[2253] Zuvor ediert in CCAG VIII 4 (1921), p. 224,18–19 (dort jedoch ἦν δὲ καὶ ἡ ἑβδομαία τῆς Σελήνης πρὸς Ἀφροδίτην φερομένης), dann in Pingree 1976b, 146 (Wortlaut identisch mit dem oben gedruckten). Die Auslassung von τῆς Σελήνης im cod. Paris. gr. 2425, auf dem Pingrees Edition beruht, ist nicht singulär (s.u. Anm. 2263).

rupt, eine Rekonstruktion des Sinns gilt seit langem als nur schwer oder
gar nicht möglich.[2254] Möglicherweise können wir nun doch – freilich
ohne Anspruch auf eine wörtliche Wiederherstellung des griechischen
Originaltextes – Licht in die Überlegung des Verfassers bringen. Zuvor
hat er in Kap. 5,117 die wichtigsten Stationen im Lebenslauf des Pamprepios auf bestimmte Jahre datiert und somit retrospektiv astrologisch
erklärt, indem er geeignete Rechenoperationen mit entsprechend ausgewählten astronomischen Parametern durchgeführt hat. Der letzte Schritt
dieser Berechnungen führte auf die Zahl 44. Es folgt der oben zitierte
Satz über den Mond des 7. Tages und sofort danach der Schlusssatz des
gesamten Horoskops (5,117,11):[2255] ὁ γεννώμενος λοιπὸν ἐτῶν μ̅δ̅ καὶ
μηνῶν δύο ἐσφάγη διὰ τὰς αἰτίας ταύτας. Das Ziel der letzten Textzeilen ist also eine astrologische Erklärung dafür, dass Pamprepios im
Alter von 44 Jahren und zwei Monaten mit einem Schwert oder Dolch
getötet wurde,[2256] und der Mond des 7. Tages muss diese Deutung irgendwie unterstützen, besonders hinsichtlich der Todesart, denn das Todesjahr war ja bereits durch die oben erwähnte Berechnung der Zahl 44
plausibel gemacht worden (Geburt im Jahre 440 n.Chr. + 44 Jahre = Todesjahr 484 n.Chr.). Nun ist die Todesart des Pamprepios eindeutig eine
Marswirkung (ἐσφάγη). Bei der Geburt des Pamprepios standen dem
Text zufolge (Rhet. 5,113,5) der Mond auf 8° 4′ ♉, Mars auf 26° 8′ ♑
(*re vera* 28° 13′ ♑) und Venus auf 26° ♏ (*re vera* 27° 16′ ♏).[2257] Am
7. Tag wird der Mond also 90° entfernt im Löwen stehen, Mars jedoch
soeben die Grenze vom Steinbock zum Wassermann überschritten haben
(so das Ergebnis der ptolemäischen *Handlichen Tafeln* und des *Almagest*;
re vera 1° 44′ ♒). Mars wird also zum Mond in Opposition stehen, was
sehr negativ ist (vgl. den ähnlichen Fall mit schädlicher Mars-Opposition
am 3. Tag des Mondes bei Firm. math. 2,29,16 im Horoskop des Ceionius Rufius Albinus). Nun steht der Mond aber in jedem Monat einmal in
Opposition zu Mars. Was diese Opposition schlimmer als die allmonat-
lichen Mars-Mond-Oppositionen macht und ihr eine einzigartige negative

---

[2254] So bereits Delatte – Stroobant 1923, 70[6].

[2255] Zuvor ediert in CCAG VIII 4 (1921), p. 224,19–20 (dort jedoch γενόμενος), dann in
Pingree 1976b, 146 (dort jedoch γενόμενος und μ̅η̅, also 48 Jahre).

[2256] Beides entspricht den historischen Tatsachen, vgl. Delatte – Stroobant 1923, 61, u.
PLRE II 828.

[2257] Holden 2009b, 160[4], zeigt, dass der antike Astrologe, der mit den *Handlichen Tafeln*
des Ptolemaios rechnete, 20° 6′ ♏ errechnet haben muss und dass 26° ♏ ein Kopierfehler ist). Die übrigen astronomischen Daten in Rhet. 5,113,5 sind für die hiesige Analyse
irrelevant und werden daher hier nicht zitiert.

Wirkung verleiht, ist anscheinend die Kombination zweier besonderer Umstände, zum einen, dass der 7. Tag des Mondes das mittlere Lebensalter symbolisiert, in dem Pamprepios *de facto* starb,[2258] zum anderen, dass der Mond an diesem 7. Tag des Pamprepios obendrein eine Quadratur zur Venus bildet, deren 'mittlere Jahre' 45 sind,[2259] was gut dazu passt, dass Pamprepios im Laufe seines 45. Lebensjahres getötet wurde. Als diagnostische Konjektur, die keinen Anspruch auf Wiederherstellung des Originalwortlauts erhebt, kommt in Rhet. 5,117, 11 die folgende in Frage: ἦν δὲ καὶ ἡ ἑβδομαία τῆς Σελήνης πρὸς διάμετρον Ἄρεως καὶ πρὸς τετράγωνον (oder: πρὸς τετράγωνον πλευρᾶν) Ἀφροδίτης φερομένη.

Ein weiterer knapper Hinweis des Rhetorios auf die Lehre vom 3., 7. und 40. Tag des Mondes befindet sich in Rhet. epit. 4,19 (= CCAG VIII 1, 1929, p. 240,10; dazu s.u. Anm. 2720) gemäß Pingrees Unterscheidung der Überlieferungsstränge.[2260] Hier geht es um den sieben Tage nach der Geburt zu erwartenden heliakischen Untergang des Hausherrn der Nativität. Das kann sich also nicht auf die Luminare beziehen (weil keins von beiden jemals heliakisch untergeht), sondern nur auf die fünf echten Planeten.

Der letzte relevante Hinweis des Rhetorios findet sich in einem Kapitel mit Anweisungen zur Erstellung und Interpretation eines Horoskops (Διδασκαλία πῶς δεῖ ἀποτελεῖσθαι γενέθλια), das von einem byzantinischen Exzerptor unter dem Kurztitel Περὶ τοῦ πόσα δεῖ ζητεῖν tradiert wurde.[2261] In Pingrees Unterscheidung der Überlieferungsstränge bildet es Rhet. epit. 4,22.[2262] Unter den zu berücksichtigenden Daten nennt Rhetorios dort in einer langen Aufzählung auch τὴν τριταίαν τῆς Σελήνης καὶ ἑβδομαίαν καὶ τεσσαρακοσταίαν.[2263]

[2258] Vgl. Antigonos, der in **F1** § 26 den 7. Tag Jupiters mit Hadrians Thronbesteigung im 42. Lebensjahr assoziiert.

[2259] Zu dieser astrologischen Lehre s.o. S. 649, Tab. 11.

[2260] Pingree 1977a, 218. In der bevorstehenden Rhetorios-Edition Pingrees wird diese Epitome nicht enthalten sein, weil nur die Publikation des ersten der von Pingree geplanten zwei Bände möglich ist. Rhet. epit. 4,19 u. 4,22 (s. Anm. 2262) hätten dem zweiten Band angehört.

[2261] Synoptische Edition beider Versionen im CCAG VIII 1 (1929), 243–248 (ed. Cumont). Nach Cumont ebd. 243[1] geht dieses Kapitel auf Rhet. 5,54 (s.o. S. 925) zurück.

[2262] Pingree 1977a, 218 (ebd. Verweise auf alle relevanten Hss.). Vgl. Anm. 2260.

[2263] So der Text Cumonts, CCAG VIII 1 (1929), pp. 243a,24–244a,1. Die Hss. bieten jedoch nach Auskunft des textkritischen Apparats τὴν τριταίαν καὶ ζ΄ καὶ μ΄ (cod. Paris. gr. 2506, f. 22) bzw. τὴν γ΄ καὶ ζ΄ καὶ μ΄ (cod. Marc. gr. 335, f. 112), stimmen also mit der Version des in denselben Hss. überlieferten Exzerpts: τὴν γ΄ καὶ ζ΄ καὶ μ΄ (Paris. gr.

Liber Hermetis

Der *Liber Hermetis*, dessen verlorene griechische Vorlage nach dem Wirken des Rhetorios kompiliert wurde (s.o. S. 698, Anm. 1518), bietet im Kapitel *De figurativa consideratione* Folgendes (Lib. Herm. 16,9 p. 53 Feraboli = p. 40,30–31 Gundel): *tertia consideratio est ut quaeras Lunam et dominum eius et dominum termini et dominum triplicitatis et tertium diem et septenum et quadragesimum eius etc.* (ohne weitere Erklärungen).

Theophilos

Unter den von Zuretti in der Appendix zum CCAG XI 1 (1932) publizierten Exzerpten aus dem Werk des Theophilos von Edessa[2264] erörtert das 11. Kapitel ein Thema aus dem Bereich der *interrogationes* (ἐρωτήσεις), nämlich wie man feststelle, ob eine Stadt belagert werde oder nicht, und wenn ja, ob sie die Gefahr abwenden könne oder eingenommen werde (ἐὰν ἐρωτηθῇς περὶ πόλεως, πολιορκεῖται ἢ οὔ, καί, ἐὰν πολιορκεῖται, σῴζεται[2265] ἢ παραλαμβάνεται).[2266] Theophilos identifiziert dort die Stadt mit dem Aszendenten und spielt dann verschiedene Möglichkeiten der Präsenz von 'Wohltätern' und 'Übeltätern' (Venus und Jupiter bzw. Mars und Saturn) im Bereich der Kardinalpunkte durch, wobei er vom Aszendenten über die Himmelsmitte und den Deszendenten zur Himmelstiefe fortschreitet. Mehr als die Hälfte der Ausführungen gilt der Himmelsmitte, was angesichts ihrer Symbolik für Ziel und Gelingen nicht überrascht. Hier fügt Theophilos nach der Besprechung der 'Wohltäter' und 'Übeltäter' noch an (pp. 212,18–213,2): καὶ αἱ τῆς

2506, f. 73ᵛ = cod. Marc. gr. 335, f. 170 = CCAG VIII 1, 1929, p. 244b,8–9) in der Auslassung von τῆς Σελήνης überein. Der Bezug auf den Mond ist aus dem Kontext evident. Zu einem ähnlichen Fall s.o. Anm. 2253.

[2264] Dieser lebte von ca. 695 bis zum 16.07.785 n.Chr. (so Pingree 2001a, 13 u. 15). Überholt ist die Datierung von Cumont im CCAG V 1 (1904), p. 195 "circiter 768 p.C.". Weitere Literatur zu Theophilos: Pingree 1976c, 148f. Pingree 1978a, II 389. 443f. Sezgin 1979, 49f. Pingree 1989, 236f. (mit Ankündigung einer vollständigen Edition der erhaltenen griechischen Werke in Anm. 54; ebenso Pingree 1997b, 125[11]; wurde leider nicht vollendet). Pingree 1997b, 128f. Pingree 2001a, 13–20. Hübner 2002e. Pingree 2002, 21. Hübner 2003b, *passim*. Pingree 2004, 545.

[2265] σῴζεται Zuretti (vgl. Anm. 2269).

[2266] CCAG XI 1 (1932), p. 212,1–3. Zur Autorschaft vgl. den Eingangssatz (φησὶν ὁ Θεόφιλος, p. 212,4).

Σελήνης ἀπόρροιαι καὶ συναφαὶ καὶ κολλήσεις[2267] καὶ ἐμπερισχέσεις[2268] σημαίνουσι. καὶ ἡ τριταία αὐτῆς καὶ ἑβδομαία καὶ τεσσαρακοσταία,[2269] ἀλλὰ καὶ ὁ τῆς Τύχης κλῆρος οὕτως συννοούμενος τὰ
αὐτὰ σημαίνει ('auch die Entfernungen und Berührungen und Annähe-
rungen und Einschließungen des Mondes sind bedeutsam. Und ihr dritter
und siebter und vierzigster Tag, aber auch das Glückslos, wenn man es
unter diesem Gesichtspunkt interpretiert,[2270] zeigen dasselbe an.'). Die
Lehre vom 3., 7. und 40. Tag erscheint hier also inmitten einer Reihe von
Zeichen, die der Mond liefert,[2271] wird aber nicht näher erläutert.

Hugo von Santalla

Teile des 77. Kapitels des Rhetorios (s.o. S. 923) sind über Māšā'allāh
(*floruit* Bagdad ca. 762–815 n.Chr.) in den *Liber Aristotilis* des Hugo von
Santalla (12. Jh.) gelangt.[2272] Dieser gibt im 8. Kapitel des 3. Buches
zuerst eine Inhaltsangabe (3,8,1) der vierzehn Methoden zur Prognose
von Tod und Todesumständen eines Nativen, die danach ausführlicher
vorgestellt werden (3,8,2). Zwar ist etwa die Hälfte des eigentlichen
Hauptteils verloren, aber der hier relevante Abschnitt ist von dem Verlust
nicht betroffen. In der Inhaltsangabe heißt es (3,8,1,14): *Tercio decimo
item xl diebus ab ipso natali transactis, quo Luna moretur et que infortunia illum respiciant locum* [scil. *notetur*][2273] ('dreizehntens ist ebenso
zu beobachten, wo der Mond 40 Tage nach dem Geburtstag selbst steht

---

[2267] Zu diesen *termini technici* s.o. zu § 28 τὴν συναφήν.

[2268] Vgl. oben zu § 34 ἐμπεριέχεσθαι.

[2269] In Zurettis Anmerkung hierzu (p. 213, Anm. 1) korrigiere "Cat. VIII, iii" zu "Cat.
VIII, iv". Im obigen Zitat wurden ferner die Akzente berichtigt (ἡ τριταῖα αὐτῆς καὶ
ἑβδομαῖα καὶ τεσσαρακοσταῖα Zuretti). Da Zuretti unmittelbar vor der Drucklegung
starb, blieben einige Fehler unbemerkt. Für die Herausgabe des Bandes sorgte F. Cumont.

[2270] Die Überlieferung von οὕτως συννοούμενος ist unsicher (*variae lectiones*: οὕτως
ἐννοούμενος, οὑτωσὶ νοούμενος).

[2271] Das Glückslos gilt auch als der Aszendent des Mondes; vgl. den Kommentar zu **F3**
§ 63 ὁ κλῆρος τῆς Τύχης εἰς Ταῦρον πίπτει.

[2272] Vgl. den Kommentar bei Burnett – Pingree 1997, 184–186. Zur Datierung des Hugo
von Santalla und des Māšā'allāh s. ebd. 1 und 3 (mit weiterführender Lit.; zu Māšā'allāh
s. auch oben S. 693, Anm. 1489). Einen aktualisierten Katalog der Werke des Hugo von
Santalla und ihrer modernen Editionen bietet Burnett 2006, 114–117. Dem Māšā'allāh
war das Werk des Rhetorios, wie Pingree (ebd. 8 u. 140) vermutet, durch Theophilos
von Edessa (s.o. S. 928 bei Anm. 2264), der ebenfalls in Bagdad geweilt hatte, bekannt.
Zu Hugo s. ferner Burnett 2001, 118–124.

[2273] Vgl. ebd. 3,8,1,13.

und welche Übeltäter jenen Ort anblicken'.[2274] Die entsprechende Passage des Hauptteils lautet (3,8,2,21): *rursum xl diebus ab ipsa nativitate decursis, Luna infortuniis applicans aut cum ipsis discurrens,*[2275] *uno ictu[m] truncabitur* ('wenn andererseits[2276] 40 Tage nach der Geburt selbst verstrichen sind und der Mond dann einen Aspekt zu den Übeltätern bildet[2277] oder mit ihnen selbst eine Konjunktion eingeht, wird der Native mit einem einzigen Streich niedergemetzelt werden').[2278] Dieser Satz ist ebenso kurz wie das Notat des Inhaltsverzeichnisses, was nicht verwundert, da ja Rhetorios selbst, mithin die Quelle, nicht mehr als zwei sehr knappe Formulierungen bietet (Rhet. 5,77,18 u. 5,77,32; s.o.). Dennoch ist die Information im Hauptteil des Kapitels (3,8,2,21) präziser als die der Inhaltsangabe (3,8,1,14): Zum einen erwähnt Hugo von Santalla hier nicht nur den Aspektwurf der 'Übeltäter', sondern auch die Konjunktion des Mondes mit ihnen, zum anderen nennt er nur hier die exakte Todesprognose – sie lautet auf βιαιοθανασία (*uno ictu truncabitur*).

Die übrigen oben besprochenen Rhetoriosstellen (5,81,2. 5,54,48. 5,117,11. epit. 4,22) haben keine Entsprechungen bei Hugo von Santalla.

Zwischenstand der Ergebnisse

Die bisherige Materialsichtung erlaubt die folgenden zusammenfassenden Aussagen über die Lehre vom 3., 7. und 40. Tag des Mondes:
1. Sie ist vom 1. Jh. n.Chr. (Dorotheos) durch die ganze Antike hindurch bis ins Hochmittelalter belegt.
2. Sie ist wahrscheinlich bereits in ptolemäischer Zeit entstanden, weil Antigonos, der nach der allgemeingültigen, nicht auf bestimmte Einzellehren bezogenen Aussage von Heph. 2,18,21 'Nechepsos und Petosiris' folgte, sie in seinen Horoskopen regelmäßig beachtet.

[2274] Die 'Übeltäter' Mars und Saturn werden in diesem Text sehr oft als *infortunia* bezeichnet, so allein in der hier zitierten Inhaltsangabe drei weitere Male (3,8,1,6 *quomodo ab infortuniis atque benivolis sint respecti*. 3,8,1,8 *sub fortunatarum dico vel infortuniorum respectu*. 3,8,1,12 *utrum infortunia orientalem et Lune dominum aspiciant*). Vgl. weiter den Index verborum bei Burnett – Pingree 1997, 259f. Dem ThLL s.v. *infortunium* ist diese Wortbedeutung noch unbekannt.

[2275] Expectes *se applicante ... discurrente*.

[2276] Vgl. Burnett – Pingree 1997, 12 (zur Sprache des Hugo von Santalla): "*rursum* [...] usually indicates that a new sentence has begun."

[2277] Diese ungewöhnliche Wortbedeutung ist dem ThLL s.v. *applico* unbekannt. Zur antiken Wortbedeutung ('in Konjunktion treten') s.o. S. 750 mit Anm. 1702.

[2278] Die Prognose *basiert* zwar auf dem 40. Lebenstag, *bezieht* sich aber selbstverständlich auf den Todestag, wann auch immer dieser sein mag.

3. Sie war geographisch weit verbreitet, da die Autoren der analysierten Zeugnisse im Südosten des Mittelmeerraums (so wahrscheinlich Dorotheos, Ps.-Manethon, Antigonos, Valens, Rhetorios), in Italien (Firmicus), Byzanz (Astrologe Zenons), Bagdad (Theophilos) und Spanien (Hugo von Santalla) wirkten.

4. Sie berechnet die Mondpositionen am 3., 7. und 40. Tag standardmäßig als genau 30° bzw. 90° bzw. 150° vom Geburtsmond entfernt (so Val. 1,14,2–4; s.o. S. 909). Es gelten also *per definitionem* diese Formeln: $\lambda_{\mathbb{C}}^3 = \lambda_{\mathbb{C}}^1 + 30°$; $\lambda_{\mathbb{C}}^7 = \lambda_{\mathbb{C}}^1 + 90°$; $\lambda_{\mathbb{C}}^{40} = \lambda_{\mathbb{C}}^1 + 150°$.

5. Es entwickelten sich wenigstens zwei Sondermethoden zur Berechnung der Mondpositionen, die durch Val. 1,14,5–6 in der Theorie bezeugt, aber nicht in praktischen Anwendungen belegt sind (s.o. S. 907–909).

6. Die Lehre erlaubt – ohne dass die zentrale Bedeutung des Mondes jemals in Frage gestellt würde – eine Ausweitung auf die Sonne und die fünf Planeten.

7. Was die astrologische Interpretation der Mondpositionen am 3., 7. und 40. Tag betrifft, sind aus den untersuchten Zeugnissen sowohl Kriterien als auch Prognosen erkennbar:

a) Das prominenteste Kriterium sind die Verbindungen des Mondes mit den anderen Wandelsternen an den zu prüfenden Tagen, wobei diese Verbindungen entweder durch physische Nähe (Konjunktion) oder durch einen Aspekt stattfinden können.[2279] Daneben spielen vereinzelt die Eigenschaften der Tierkreiszeichen[2280] oder die Mondphase eine Rolle.[2281]

[2279] Vgl. z.B. Dor. p. 328,16–17 = Heph. 2,24,11 εἰ ὁ Ἄρης τότε συνέστη τῇ Σελήνῃ ἢ τετραγωνίζει ἢ διαμετρεῖ. Firm. math. 3,14,10 *cui se stellae [vel] Luna vel quali radiatione coniungat vel a quo recedens [vel] ad quem feratur ... et quatenus eam benivolae stellae malivolaeque respiciant.* Hor. gr. 479.VII.14 (Astrologe Zenons) σώζεσθαι δὲ αὐτὸ [sc. τὸ πλοῖον] διὰ τὸ ... τὴν ἑβδομαίαν αὐτῆς πρὸς Δία φέρεσθαι. Rhet. 5,81,2 ζήτει ... εἰ ὑπὸ ἀγαθοποιῶν θεωροῦνται. Rhet. 5,54,48 ἡ τριταία τῆς Σελήνης [...] κακοποιῶν θεωρουμένη. Rhet. 5,77,18 ἡ γὰρ τεσσαρακοσταία πρὸς κακοποιὸν φερομένη κτλ. Hug. Sant. lib. Arist. 3,8,2,21 *Luna infortuniis applicans aut cum ipsis discurrens.* Siehe ferner Rhet. 5,117,11 (Hor. gr. 440.IX.29): Der Verfasser muss hier ursprünglich mit einer Mars-Opposition und einer Venus-Quadratur argumentiert haben, auch wenn das an dem korrupt überlieferten Text nicht mehr wörtlich zu belegen ist (s.o. S. 926–927).

[2280] Vgl. Rhet. 5,54,48 ἐν τετραπόδῳ τυχοῦσα.

[2281] Vgl. Firm. math. 3,14,10 *inquirendum itaque est tertio die, an sit minuta an plena luminibus.*

b) Die Prognosen betreffen entweder abstrakt die gesamte Lebensqualität oder assoziieren bestimmte Lebensphasen mit bestimmten Tagen des Mondes. Für den ersten Fall ist Val. 1,14,7–9 mit seiner Unterscheidung glücklicher, unglücklicher und mittlerer Geburten das wichtigste Zeugnis.[2282] Die Assoziation bestimmter Lebensphasen mit bestimmten Tagen des Mondes basiert auf einer spekulativen Reduktion der in individuellen Biographien extrem verschieden langen Lebensdauer auf die standardisierte Zeitspanne von vierzig Tagen. Dabei respektieren alle Zeugnisse die chronologische Zuordnung des 3. Tages des Mondes zu Prognosen über Kindheit und Jugend, die des 7. Tages zu Prognosen bezüglich der Lebensmitte (Akme) und die des 40. Tages zu Prognosen bezüglich des Lebensendes. Beide Deutungsebenen können miteinander kombiniert werden, um den Kontrast von Glück und Unglück in verschiedenen Lebensphasen zu erklären, so im Falle Hadrians seinen Aufstieg zum Kaiser in der Blüte seines Lebens (**F1** § 26) im Gegensatz zu seinem elenden Tod (**F1** §§ 50–51). Im Einzelnen ist Folgendes festzustellen:

– 3. Tag des Mondes: Nur auf dieser Stufe begründen die Zeugnisse den zu beachtenden Tag des Mondes mit einem Ereignis in der Entwicklung des Menschen, dass nämlich der Säugling am dritten Tag nach der Geburt erstmals gestillt werde.[2283] Dementsprechend bezieht sich ein Teil der Prognosen auf Ernährung und Heranwachsen des jungen Menschen.[2284] Der 3. Tag wird aber auch mit dem Leben in der Fremde assoziiert. Firmicus konkretisiert dies durch Verweis auf eine Verbannung; das Dorotheoszeugnis macht als einen weiteren konkreten Grund für das Leben in der Fremde Kriegsdienst wahrscheinlich.[2285] Die sternkundliche Rechtfertigung dafür ist anscheinend, wenngleich kein Text dies explizit angibt, dass benachbarte Tierkreiszeichen (hier das des Geburtstages und das des dritten Tages) astrologisch unverbunden, also einander 'fremd' sind.

[2282] Siehe ferner Firm. math. 4,1,7 *nam et primus dies et tertius eadem simili ratione decernit, septimus etiam et undecimus per Lunam totius vitae substantiam monstrat.* Rhet. 5,81,2 μεγάλας καὶ παραδόξους ποιοῦσι τὰς εὐτυχίας.

[2283] Vgl. Dor. p. 328,16 = Heph. 2,24,11 ἐν ᾗ τὸ βρέφος ἄρχεται τρέφεσθαι. Firm. math. 3,14,10 *eo enim die nato homini primum inmulgentur alimenta nutricia.*

[2284] Vgl. Ps.-Maneth. 6[3],109–110 ἀμφὶ τροφῆς, μαζοῦ καὶ νηπιέης ἀλεγεινῆς ... σημαίνει. Siehe auch Dor. arab. 1,12 (in der Übersetzung Pingrees 1976a, 171): "Consideration concerning the upbringing of the native".

[2285] Vgl. Firm. math. 2,29,10 *in exilium datus* in Kombination mit 2,29,16 *tertio die* sowie Dor. p. 328,15–17 = Heph. 2,24,11, wo die Prognose ξενιτεία explizit als Marswirkung charakterisiert ist.

– 7. Tag des Mondes: Wenngleich die Beweislage für diesen Tag dünner ist, setzt doch Rhet. 5,117,11 (Hor. gr. 440.IX.29) eine Assoziation des 7. Tages des Mondes mit dem 45. Lebensjahr des Pamprepios, als er auf dem Höhepunkt seiner Karriere stand, voraus. Ganz ähnlich assoziiert Antigonos (**F1** § 26) den 7. Tag Jupiters mit Hadrians Erhebung zum Kaiser im 42. Lebensjahr. Am 7. Tag geht es also anscheinend um die biologisch und karrieremäßig 'besten' Jahre des Lebens.

– 40. Tag des Mondes: Die letzte Stufe des Systems ist in den erhaltenen Prognosen durchweg mit dem Tod assoziiert, allerdings nicht mit dessen Zeitpunkt, sondern mit seiner Qualität. Alle erhaltenen Zeugnisse sprechen von Tod durch Gewalteinwirkung oder auch (im Falle Hadrians) durch schlimme Krankheit, was aber offenbar nicht prinzipiell so sein muss, sondern in allen überlieferten Fällen durch den konkret vorliegenden Einfluss der Übeltäter Mars und Saturn erklärt wird.[2286]

8. Vier Zeugnisse, davon drei theoretische und ein praktisches, sprechen vom 7. Tag des Mondes oder eines Planeten vor der Geburt.[2287] Dabei fällt auf, dass es sich stets nur um den 7. (nicht etwa den 3. oder 40.) Tag handelt. Die geringe Zahl dieser Belege und der Umstand, dass sie in allen drei theoretischen Erwähnungen in Kombination mit dem 7. Tag nach der Geburt Erwähnung finden, legt die Vermutung nahe, dass es sich um eine sekundäre Entwicklung handelt, die der ursprünglich allein progressiv konzipierten *revolutio nativitatis* ein retrospektiv konzipiertes Pendant an die Seite stellt. Vielleicht wurde diese Entwicklung durch die offenbar alte Beachtung eines anderen der Geburt vorausgehenden Zeitpunkts, des letzten Neumonds (s.u. S. 1094), begünstigt.

9. Die Lehre fand in zehn erhaltenen Horoskopen praktische Anwendung. Diese wurden im ersten (Titus Pitenius), zweiten (Antigonos, Valens), vierten (Firmicus) und fünften (Astrologe Zenons) Jahrhun-

---

[2286] Vgl. Antig. **F1** § 50 (nach Verweis auf die Opposition Saturns und die Quadratur des Mars am 40. Tag): καὶ τοῦτο οὖν κακοθανασίας αὐτῷ αἴτιον γέγονεν. Val. 2,41,23 κἂν τῷ τῆς τεσσαρακοστίας ζῳδίῳ Κρόνος ἢ Ἄρης ἢ Ἑρμῆς ἐπῇ, βιαιοθανασίας προδηλοῖ. Rhet. 5,77,18 ἡ γὰρ τεσσαρακοσταία πρὸς κακοποιὸν φερομένη βιοθανάτους ποιεῖ. Hug. Sant. lib. Arist. 3,8,2,21 *rursum xl diebus ab ipsa nativitate decursis, Luna infortuniis applicans aut cum ipsis discurrens uno ictu[m] truncabitur.*

[2287] Praktisch: Titus Pitenius, P. Lond. I 130, Z. 161f. (= Hor. gr. 81.III.31); theoretisch: Porph. isag. 30 p. 207,12–16. Anon. Pyth. CCAG IX 1 (1951), p. 174,3–9. Paul. Alex. 26 pp. 75,19–76,4.

dert verfasst. Der früheste dieser zehn Fälle ist zugleich die einzige praktische Anwendung auf einen Tag <u>vor</u> der Geburt.

Diese Liste der Zwischenergebnisse wird unten in der Zusammenfassung (S. 970) durch weitere Punkte vervollständigt.

Arithmologische Untersuchungen: Einleitung

Wenngleich die bisherige Analyse wichtige Einsichten ermöglicht hat, gibt doch leider keiner der untersuchten Texte Auskunft dazu, warum gerade drei Tage des Mondlaufs Beachtung finden und warum diese der 3., 7. und 40. Tag sind. Um die Antwort auf diese Fragen – insbesondere bezüglich des 40. Tages – zu finden, müssen wir unsere Perspektive über die Astronomie hinaus auf Arithmologie [2288] und Zahlensymbolik ausweiten und uns die grundlegende Bedeutung von Zahlrenrelationen im antiken Denken vergegenwärtigen. Die Zahl als ordnendes Wesen der Dinge war im Denken der Antike und des Mittelalters eine viel bestimmendere Macht als heute. Während die Naturwissenschaft des 20. Jahrhunderts erkannt hat, dass natürliche Prozesse (z.B. in der Meteorologie) teilweise nur durch eine *Chaostheorie* beschreibbar sind, gilt der griechisch-römischen Antike das Chaos als überwundener und geradezu abscheulicher Urzustand. An seine Stelle ist der wohlgeordnete Kosmos getreten. Ausdruck dieser Ordnung sind die arithmetisch erfassbaren Relationen aller Dinge. So schrieb Aristoteles den Pythagoreern das Dictum ἐξ ἀριθμῶν τὰ ὄντα zu.[2289] Ähnlich äußern sich auch viele Spätere bis hin zu Isidors Verdikt: *tolle numerum in rebus omnibus, et omnia pereunt* (Isid. orig. 3,4,4). Durch arithmetische Relationen wird schlechthin alles miteinander in Beziehung gesetzt: Mensch, Kosmos, Elemente, Götter, und so fort.

[2288] Gegenüber der sprachlich hybriden Bezeichnung 'Numerologie', die vor allem im angelsächsischen Sprachraum verbreitet ist ('numerology'), wird hier der von Delatte 1915, 139, geprägte Begriff 'Arithmologie' vorgezogen.

[2289] Arist. metaph. 14,3 p. 1090a,23. Dass dieses Dictum keinen Rückhalt in altpythagoreischer Philosophie oder gar bei Pythagoras selbst hat, zeigt Zhmud 2012, 394–414; die als pythagoreisch geltende Zahlenlehre sei eine "retrospective projection" (ebd. 414). Vgl. ebd. 399: "in early Pythagoreanism there was no number doctrine." Für unsere astrologiehistorische Untersuchung ist freilich wichtiger, dass die als 'pythagoreisch' etikettierten Zahlenlehren überhaupt seit dem 4. Jh. v.Chr. kursierten (s. ebd. 408 u. 414) und damit deutlich älter sind als die wohl nicht vor dem 2. Jh. v.Chr. anzusetzende Entstehung der Lehre vom 3., 7. u. 40. Tag des Mondes.

Die hellenistische Astrologie hat an dieser allumfassenden Verknüpfung der Dinge bedeutenden Anteil. Man denke allein an die zodiakale und planetare Melothesie (s.u. Anm. 3038), an die astrologische Geographie (s.o. S. 503, Anm. 626) und an die Iatromathematik mit ihrer Zuordnung von Pflanzen, Steinen und anderen Gegenständen der sublunaren Welt zu den Tierkreiszeichen. Daher darf hier die Deutung der Lehre vom 3., 7. und 40. Tag des Mondes nicht *a priori* durch eine Beschränkung auf einzelne Weltbereiche, speziell den astronomischen,[2290] begrenzt werden.

Zur Bedeutung des 40. Tages

Den Weg zum Verständnis des 40. Tages des Mondes weist Roscher, der die astrologische Lehre vom 3., 7. und 40. Tag zwar nicht kennt, aber in zwei grundlegenden Studien die Bedeutung der Zahl 40 bei den Semiten (1909a) sowie bei den Griechen und anderen Völkern (1909b) untersucht hat.[2291] Diese und mehrere weitere von Roscher zu Beginn des 20. Jahrhunderts vorgelegte Zahlenstudien bilden Materialsammlungen von unschätzbarem Wert, die weder im Bereich der Philologien noch in dem der Ethnologie,[2292] Anthropologie oder anderer Wissenschaften ersetzt worden sind. Sie erfordern jedoch eine kritische Benutzung, da Roscher zumindest teilweise von heute obsoleten Prämissen, z.B. bezüglich der Authentizität bestimmter doxographischer Nachrichten über Pythagoras und die Altpythagoreer oder bezüglich der Chronologie der Schriften des *Corpus Hippocraticum*, ausgeht.[2293] Bezüglich der Zahl 40 erwiesen sich die Arbeiten von Freistedt 1928 über Totengedächtnistage und von Ranke

---

[2290] So der Fehler Neugebauers (s.o. S. 900 bei Anm. 2183).

[2291] Völlig überholt dadurch: König 1907.

[2292] Für diese ethnologische Auskunft und wertvolle zusätzliche Informationen danke ich Annemarie Fiedermutz (Münster, Brief vom 14.03.2003) und vor allem Laszlo Vajda (München, Brief vom 28.03.2003).

[2293] Einzelheiten wurden bereits in jüngerer Forschungsliteratur korrigiert oder präzisiert. Vgl. z.B. die Kritik bei Ranke 1951, 29f. Burkert 1962, 442[10]. 443[20]. Zhmud 2012, 397[36–37]. Der von mir angekündigten kritischen Benutzung der Arbeiten Roschers sind natürlich Grenzen gesetzt. Seine Angaben wurden z.B. für die vorliegende Arbeit nur, soweit sie sich auf griechische und lateinische Texte beziehen, durch Überprüfung des Wortlauts verifiziert. Eine bibliographische oder gar inhaltliche Überprüfung der ungeheuren Fülle von ethnologischen Angaben in Roschers Schriften war wegen des damit verbundenen Aufwandes und der mir fehlenden ethnologischen Kompetenz nicht möglich. Daraus resultiert zugegebenermaßen eine methodische Schwäche, die jedoch angesichts des Fehlens praktikabler Alternativen in Kauf genommen wird.

1951 über indogermanische Totenverehrung sowie auch der Artikel '40' von Meyer – Suntrup 1987, 709–723, als wertvolle Ergänzungen zu Roscher 1909a-b.[2294] Roschers übrige arithmologische Studien haben leider keine monographische Nachfolge gefunden. Erst recht fehlt eine zusammenfassende Darstellung der antiken Zahlenspekulation und Zahlensymbolik.[2295]

Mit einer enormen Fülle von Belegen hat Roscher gezeigt, dass die Zahl 40 seit frühester Zeit bei den verschiedensten Völkern von religiöser und ritueller Bedeutung war. Dies gilt nicht nur für die Völker der Mittelmeerländer und des Vorderen Orients, sondern auch für solche, die wahrscheinlich oder nachweislich niemals direkt oder indirekt mit den zuerst genannten in Beziehung getreten sind, z.B. die Litauer, Preußen, Liven, die Turkvölker Sibiriens, die Bewohner der Aleuten und die Ureinwohner Amerikas (Puebloindianer, Brasilianer, Karaiben, Kalifornier).[2296]

Die nahezu universelle kulturelle Bedeutung der Zahl 40 hat nach Roscher ihren Ursprung in einer Konstante der menschlichen Biologie, der 40tägigen oder sechswöchigen Dauer der Lochien nach der Entbindung.[2297] Falls diese Erklärung zutrifft, wird hier bereits eine potentielle Relevanz für die Geburtshoroskopie erkennbar. Aus der bei allen Völkern gleichen Dauer der Lochien[2298] resultiere die 40tägige Unreinheitsfrist

---

[2294] Ranke untersucht vor allem den 30. (aber auch den 40.) Tag im indogermanischen Bereich und bietet vielfältiges Roscher ergänzendes Material, übt aber auch in seinem Forschungsbericht (S. 26–33) Kritik an Roscher (ebd. 29f.), dessen "Kardinalfehler" in der Isolierung der vierzigtägigen Trauerzeit von der dreißigtägigen liege. Seine eigene Methode erläutert Ranke ebd. 13f. Wesentliche Merkmale derselben sind die Schärfung des geographischen Horizonts der Untersuchung durch Konzentration auf den indogermanischen Kulturraum (das gebiete nicht nur die Fülle des Materials, sondern auch der Umstand, dass die von Roscher postulierte Existenz einer anthropologischen Grundlage der Tessarakontaden unsicher sei) sowie die Integration religionsgeschichtlicher, volkskundlicher und rechtshistorischer Aspekte (ebd. 33).

[2295] Auf dieses Desiderat verwiesen schon Burkert 1962, 441[6], u. Mansfeld 1971, 156.

[2296] Alles nach Roscher 1909b, 26.

[2297] Roscher distanziert sich damit von seinem Vorgänger R. Hirzel, der den Ursprung der jüdischen und griechischen Tessarakontaden noch in der 40-*jährigen* γενεά (oder ἀκμή) gefunden zu haben glaubte (vgl. Roscher 1909a, 3f.).

[2298] Nach einer neueren Studie an 236 Frauen beträgt die mittlere Dauer der Lochien nur 33 Tage (vgl. Oppenheimer et al. 1986). Der Wochenfluss wurde bei allen Teilnehmerinnen der Studie über sechzig Tage protokolliert. Bei 13% der Frauen dauerten die Lochien bis zum 60. Tag an. Falls Roschers Erklärung richtig ist, kann man vermuten, dass gerade die Zahl 40 gewählt wurde, weil sie ein Vielfaches der 10 und damit der Grundlage des Dezimalsystems ist, das seinerseits auf der Zahl der zum Zählen benutzten Finger der beiden menschlichen Hände basiert.

der Wöchnerinnen, die sich nicht nur bei den Israeliten, den Mandäern, den Arabern und anderen islamischen Völkern nachweisen lasse,[2299] sondern sogar für fernste Völker wie etwa die kalifornischen Indianer durch volkskundliche Studien belegt sei.[2300]

"Im engsten Zusammenhang damit steht", wie Roscher resümiert, "die Berechnung der überall 280 = 7 x 40 oder 40 x 7 Tage während Normalschwangerschaft nach Tessarakontaden oder Vierzigtagfristen,[2301] sowie die Anschauung, daß die 40tägige Frist für die Entwicklung der Embryonen im Mutterleibe maßgebend sei."[2302]

Neben Zeugung und Geburt als Ausgangspunkt signifikanter 40-Tage-Fristen tritt der Tod als dritter Markstein der menschlichen Lebensspanne. An ihn knüpft sich eine ebenfalls uralte Unreinheits- beziehungsweise Trauerfrist von 40 Tagen, die bei den Mandäern, Arabern und vielen anderen islamischen Völkern beim Tode eines Familienmitgliedes bis ins 20. Jahrhundert lebendig geblieben ist.[2303] Ohne Zweifel besteht ein enger Zusammenhang zwischen den bisher vorgestellten Unreinheitsfristen und den 40tägigen Fristen für Fasten, Bußen und Strafen, welche sich im semitischen Bereich bei den Babyloniern, Juden und Arabern nachweisen lassen.[2304] Weitere 40tägige Fristen existieren z.B. im Bereich der jüdischen und arabischen Volksmedizin sowie im Bereich der arabischen Hygiene und Diätetik.[2305] So findet in vielfältiger Weise die schon bei den Babyloniern geläufige Assoziation der Zahl 40 mit dem Begriff der Vollendung beziehungsweise des natürlichen Abschlusses ihren Niederschlag: "In jedem Falle aber dürfen wir aus dem der 40 ebenso wie der 7 zukommenden Prädikat kiššatum [...] den Schluß ziehen, daß auch bei den Babyloniern die 40 recht eigentlich die Bedeutung einer ‚vollkommenen' Zahl, oder, griechisch ausgedrückt, eines ἀριθμὸς τέλειος oder τελεσφόρος [...], wie z.B. die 9 und 7, hatte, weil durch sie eine Frist [...] bestimmt wurde, die einen gewissen ‚Abschluß' oder eine

---

[2299] Vgl. Roscher 1909a, 9 (Mandäer). 10f. (Israeliten). 27f. (islam. Völker). Zu den Babyloniern s. Roscher 1909b, 22[4]. Siehe ferner Meyer – Suntrup 1987, 720f., zur 40tägigen Unreinheitsfrist der Wöchnerinnen.

[2300] Roscher 1909b, 170.

[2301] Vgl. Roscher 1909a, 4. Mehr dazu unten S. 952.

[2302] Roscher 1909b, 22. Mehr dazu unten S. 939 (zu Cens. 11,7).

[2303] Roscher 1909a, 9 u. 31f. Zu 40-Tage-Fristen im somalischen bzw. arabischen Totenkult s. Rescher 1911, 519, u. Rescher 1913, 158f.

[2304] Roscher 1909a, 7. 16f. 33f.

[2305] Roscher 1909a, 15 u. 30.

gewisse ‚Vollendung' zu bewirken schien."[2306]

Blickt man über den Bereich der Tagfristen hinaus, so verdienen die sekundär entstandenen Fristen von 40 Jahren Erwähnung, welche bei allen semitischen Völkern nachweisbar sind (Babylonier, Mandäer, Israeliten, Äthiopier, Phönizier, Araber),[2307] vor allem in der Bedeutung einer γενεά (oder ἀκμή). Roscher hebt außerdem hervor, dass fast alle diese Völker eine höchste normale Lebensdauer von 3 x 40 = 120 Jahren annehmen.[2308] Wenngleich wir Roscher bei der hiesigen Besprechung nicht in die Details seiner Untersuchung zur Zahl 40 bei den Semiten folgen können, ist doch schon aus der Zusammenfassung nicht nur die außerordentliche symbolische Bedeutung dieser Zahl klar, sondern auch, dass in den semitischen Kulturen gewisse Verbindungslinien von der 40 zur 3 und 7 bestehen, mehr noch, dass diese Verbindungslinien eng an die biologische Lebensspanne des Menschen geknüpft sind (7 x 40 Tage Schwangerschaft, 3 x 40 Jahre höchste normale Lebensdauer).

In seiner den Griechen und anderen Völkern gewidmeten Folgestudie hat Roscher überzeugend die große Ähnlichkeit, "ja beinahe Identität der griechischen Tessarakontaden mit den semitischen" nachgewiesen.[2309] Zugleich hat er sich, gestützt auf plausible, aber nicht zwingende Argumente, um den Nachweis bemüht, dass die uralte Bedeutung der Zahl 40 für den Kult und Mythos der Griechen trotz der semitischen Parallelen ein autochthones Produkt hellenischer Kultur sei.[2310] Diese Frage ist aber für die hiesige Analyse nebensächlich, ebenso wie die, ob es einen verlorenen hippokratischen Traktat Περὶ τεσσαρακοντάδων gegeben hat.[2311] Dass freilich die 40tägigen Fristen in der griechischen Medizin und gerade in der Lehre von den kritischen Tagen[2312] eine wichtige Rolle spielten, steht außer Frage und verknüpft auf einer weiteren Ebene die so vielfältig und eng miteinander verwobenen Bereiche der griechischen Medizin und Astrologie. Als ein einziges (von Roscher nicht genanntes) Beispiel möge der pseudogalenische iatromathematische Traktat *Prognostica de decubitu* dienen: Die längste Krankheitsdauer, die dieser Text erwähnt, ergibt sich bei ungünstigem Saturnaspekt und Fehlen jeglicher

---

[2306] Roscher 1909a, 7. Der Begriff kiššatum bedeutet 'Gesamtheit', 'Universum' (vgl. Roscher 1909a, 5. Roscher 1909b, 46[46]. 72. Roscher 1917, 95).

[2307] Vgl. Roscher 1909a, 7–9. 18–24. 39–43.

[2308] Roscher 1909b, 24; vgl. auch dens. 1909a, 19f.

[2309] Roscher 1909b, 25.

[2310] Roscher 1909b, 25f.

[2311] Roscher 1909b, 26f. u. 88, vgl. die Zweifel J. Ilbergs an dieser These, ebd. 184f.

[2312] Mehr dazu unten S. 1026.

Aspekte der Wohltäter, nämlich max. 40 Tage: παρελκύσας τὴν νόσον οὗτος τελευτήσει μέχρι τεσσαράκοντα ἡμερῶν.[2313]

Die vielfach belegbaren Tessarakontaden im Kult und Mythos der Griechen haben sich nach Roscher (1909b, 28) "mit größter Wahrscheinlichkeit" ebenso wie die Hebdomaden und Enneaden aus den jeweiligen Tagefristen entwickelt. Unter den 40tägigen Fristen wiederum hält Roscher diejenige für die altertümlichste, die die Unreinheit der Wöchnerinnen betrifft: Nach vollzogener Entbindung war den Frauen das Betreten eines Heiligtums erst nach Ablauf von 40 Tagen beziehungsweise am 40. Tage erlaubt. Als Hauptzeugnis hierfür nennt Roscher (ebd.) Cens. 11,7, der – aus Varro schöpfend[2314] – im Kontext der pythagoreischen Lehre vom *partus maior*, wonach der Embryo nach seiner Zeugung 40 Tage braucht, um menschliche Gestalt anzunehmen, Folgendes ausführt: *infans membratur ... diebus fere quadraginta. quare in Graecia dies habent quadragensimos insignes. namque praegnans ante diem quadragensimum*[2315] *non prodit in fanum, et post partum quadraginta diebus pleraeque fetae graviores sunt nec sanguinem interdum continent, et parvoli infirmi per hos [fer]e⟨t⟩ morbidi sine risu nec sine periculo sunt. ob quam causam, cum is dies praeteriit, diem festum solent agitare, quod tempus appellant* τεσσερακοσταῖον.[2316] Wir fassen hier eine alte Anschauung, nach der die Geburt, zumindest im weiteren Sinne, erst nach 40 Tagen ganz zum Abschluss kommt, und zwar sowohl im Hinblick auf die Mutter als auch auf das Neugeborene.

Die in den ersten Worten des soeben gebotenen Zitats zum Ausdruck kommende Anschauung, dass sich innerhalb der ersten 40 Tage nach der Empfängnis die Gestalt des Embryos entwickele, ist vielfach bezeugt.[2317]

[2313] Ps.-Galen. progn. decub. 5 p. 545,⟨7–9⟩ K.

[2314] So Mansfeld 1971, 158.

[2315] *Scil.* nach der Hochzeit und Empfängnis.

[2316] Der Kontext dieser Stelle wird unten S. 954 zitiert. Eine Bestätigung der von Censorinus genannten Unreinheitsfrist bietet eine Inschrift des 1./2. Jh. v.Chr. von Eresos auf Lesbos. Auch spätere epigraphische Zeugnisse sind zu beachten. Dazu siehe Roscher 1909b, 29 mit Anm. 15 sowie 33 mit Anm. 20–22.

[2317] Vgl. z.B. 'Pythagoras' gemäß Alex. Aphr. bei Diog. Laert. 8,29 μορφοῦσθαι [...] τὸ μὲν πρῶτον παγὲν ἐν ἡμέραις τεσσαράκοντα. Eine Synopse des relevanten Materials bietet Roscher 1907, 80f. (mit Addendum bei Roscher 1911, 48[87]), der außerdem (1909b, 31f.) auf die zum Verständnis dieser 40tägigen Frist wichtigen Ausführungen bei Arist. hist. anim. 7,3 p. 583 B. verweist. – Nach Roscher 1909b, 67f. (mit Verweisen auf antike Belege und Sekundärliteratur) hat anscheinend die beim Getreide beobachtete 40tägige Frist der Entwicklung von der Blüte bis zur Reife aufgrund eines uralten Vergleichs von Kind und Korn die Vorstellung begünstigt, dass auch die Entwicklung

Eine ausführliche Analyse des Materials würde hier zu weit führen und
erübrigt sich auch deshalb, weil bereits Roscher sie geleistet hat. So
können wir uns mit dem Zitat seiner Feststellung begnügen, "daß die
schwangeren Frauen und Wöchnerinnen in Althellas auf Grund von wirklichen oder vermeintlichen Selbstbeobachtungen und, auf diesen wieder
fußend, die antiken Ärzte und Biologen fast allgemein der Ansicht waren,
daß die tessarakontadischen Fristen vor allem bei Schwangerschaften und
Entbindungen von größter und maßgebendster Bedeutung seien." [2318]
Roscher hat weiterhin verfolgt, wie "die ursprünglich im Gebiete der Gynäkologie und Embryologie heimische Tessarakontade" nach und nach in
die "Lehre von den kritischen Tagen in allen möglichen Krankheiten
(auch der Männer!) eindringt." [2319]

Darüber hinaus weist Roscher auch die 40tägigen Unreinheits- und
Trauerfristen bei Todesfällen, auf deren Bedeutung bei den semitischen
Völkern bereits hingewiesen wurde, für die Griechen nach. [2320] Hierzu ist
eine wichtige Ergänzung erforderlich, die an meine am Ende des vor-

---

des menschlichen Embryos sich in tessarakontadischen Fristen vollziehe. Siehe bes. Ps.-
Hippocr. septim. 1 p. VII 436 L., wo im Kontext der 7×40 Tage dauernden Entwicklung
(τελείωσις) des Embryos der Kornvergleich begegnet (ὥσπερ τῶν ἀσταχύων). Die
40tägige Reifezeit des Getreides wurde außerdem mit der Unsichtbarkeit der Plejaden
identifiziert, deren heliakischen Aufgang Hes. erg. 383–387 als Signal zur Ernte nennt
(vgl. Roscher 1909b, 49. 51. 53. 68f.). Zu vielen weiteren tessarakontadischen Tagfristen aus dem Bereich der griechischen und römischen Bauern, Winzer, Imker, Tierzüch-
ter, Fischer, Jäger usw., die meistens mit astronomisch definierten Zeitpunkten wie den
Solstizien und Äquinoktien oder dem Auf- und Untergang altbekannter Gestirne (bes.
Sirius u. Plejaden) in Verbindung stehen, vgl. Roscher 1909b, 58–72. Mehrmals wird in
den dort gesammelten Zeugnissen betont, dass die 40tägige Frist eine Vollendung und
Reife (τελείωσις, vgl. das obige Zitat aus Περὶ ἑπταμήνου) herbeiführe (ebd. 72). –
Auch bei den Juden kommt die Lehre vor, dass die Gestalt des Embryo 40 Tage nach
der Zeugung vollendet sei (Roscher 1909b, 25[7]; vgl. dens. 1909a, 14; s. auch ebd. 29).
Zum spätantiken Eindringen dieser jüdisch-griechischen Vorstellung in die christliche
Dogmatik vgl. Roscher 1909b, 31[17] (im Vordergrund steht hier der Gedanke, dass die
Seele am 40. Tage nach der Zeugung fertig in den Leib eintrete, der körperlichen
Empfängnis also gleichsam eine zweite, seelische Empfängnis folge).

[2318] Roscher 1909b, 32.

[2319] Roscher 1909b, 106.

[2320] Roscher 1909b, 34–41. Wichtigstes Zeugnis ist Firm. err. 27,2, besprochen ebd. 35f.
Dieselbe Stelle analysiert auch Freistedt 1928, 174, unter dem gleichen Gesichtspunkt,
erstaunlicherweise in Unkenntnis der Besprechung Roschers. Während Freistedt andere
arithmologische Arbeiten Roschers wiederholt zitiert (z.B. Roscher 1909a bei Freistedt
1928, 175[14]), findet Roscher 1909b bei ihm nirgends Erwähnung. Zu Firm. err. 27,2 s.
ferner Ranke 1951, 53f., der es für "einigermaßen sicher" hält, "dass wir in dem späten
Bericht des Firmicus Maternus einen weiteren Hinweis auf eine vierzigtägige Trauerperiode des heidnischen Griechentums haben."

letzten Absatzes formulierte Einsicht anknüpft, dass Cens. 11,7 eine alte Anschauung tradiert, nach der die Geburt *sensu lato* erst nach 40 Tagen zum Abschluss kommt. Eine ganz ähnliche Vorstellung knüpft sich nämlich, wie Ranke gezeigt hat, seit ältester Zeit an den Tod. Denn die indogermanischen Totengedenktage, unter denen die wichtigsten Fristen der 3., 7., 9., 30. und 40. Tag seien,[2321] gehören in den Vorstellungsbereich vom 'Lebenden Leichnam'.[2322] Ranke betont (1951, 22f.), "dass die wichtigsten Verpflichtungen, die nach indogermanischem Glauben die Lebenden den Toten gegenüber haben, nicht so sehr auf seelische als auf reale, leibliche Pflege, nicht allein auf ehrende Erinnerung sondern auf eine sehr konkrete Beteiligung an den Institutionen der menschlichen Gemeinschaft ausgehen." Zusammenfassend betont er "den uralten Glauben an den lebenden Leichnam, dessen Existenz sie [d.h. die indogermanische Vorstellungswelt] aber, aus der Erkenntnis des körperlichen Vergehens heraus, von einer ursprünglich unbegrenzten zu einer dreissig- bzw. vierzigtägigen Dauer modifizierte. Noch immer aber wurde der Verstorbene, d.h. die Leiche, diese Zeit über mit vitaler Kraft, mit sinnes- und verstandesmäßiger Aufnahmefähigkeit begabt gedacht" (ebd. 354), ja sogar als "rechtskräftige Persönlichkeit" anerkannt (ebd. 357).[2323] Ein wesentlicher Grund für diese Vorstellung von einem noch mehrere Wochen über den tatsächlichen Tod hinaus weiter lebenden Leichnam sei der noch verhältnismäßig lange ungeschmälert erhaltene Ausdruck der menschlichen Physiognomie gewesen (ebd. 355), und die Vorstellung vom Weggang der Seele sei letztlich physiologisch bedingt (ebd. 25).[2324]

[2321] Ranke 1951, 23. Die Schwankung zwischen dem 30. Tag und dem in seiner Untersuchung weniger prominenten 40. Tag erklärt Ranke ebd. 354 versuchsweise aus verschiedenen klimatischen Verhältnissen, genauer: aus dem "feuchten Seeklima" der Westindogermanen und Indo-Iraniern im Gegensatz zu dem "trockenen Steppen- und Binnenlandklima" der Ostindogermanen.

[2322] Siehe Ranke 1951, 16. 20ff. u. 393 (Index s.v. 'Leichnam, lebender').

[2323] Zur rechtshistorischen Bedeutung der Totengedächtnistage s. auch ebd. 31f.

[2324] Siehe auch ebd. 24, der 30. u. 40. Tag bedeuteten, wie Freistedt und andere nachgewiesen hätten, "entweder den Abschluss einer Trauer- oder Sühneperiode [...] oder dass nach altem Volksglauben sich an diesen Tagen die Seele vom Leibe, in dessen Nähe sie sich bis jetzt aufgehalten hatte, trennt und in das Toten- und Seelenreich wandert". Siehe ferner ebd. 10 zu Völkern, die ihre Toten erst nach vollendetem Leichenzerfall bestatten. Siehe ferner ebd. 347f. zum slawischen und griechischen Vampirglauben, wonach der Leichnam am 40. Tag seiner Gruft entsteigt und sein Unwesen zu treiben beginnt: "Hier offenbart sich ganz eindeutig durch die Abnormität der Erscheinung und des Verhaltens hindurch der Vierzigste als ein für den nomalen 'Lebenden Leichnam' existenzbeendigender Termin."

Fragt man nun abschließend nach dem Zusammenhang von Geburt und Tod unter Einbeziehung der 40-Tage-Fristen, so verdient vor allem ein physiologischer Text des Johannes Lydos Beachtung, auf den wir im Folgenden (S. 956) anlässlich triadischer Zahlenkombinationen genauer eingehen werden.

Mit Blick auf das ägyptische Umfeld, in dem das Werk von 'Nechepsos und Petosiris' und damit wahrscheinlich auch die Lehre vom 3., 7. und 40. Tag des Mondes entstand (s.o. S. 930, Punkt 2), sei wegen der von Roscher (1909b, 164–166) konstatierten großen Schwierigkeiten, die Vierzig als typische oder heilige Zahl der Ägypter nachzuweisen, zumindest auf einen Roscher noch unbekannten Beleg verwiesen: Der ägyptische Magier Petese (s.o. S. 543) erfährt im demotischen P. Carlsberg 165 von einem dienstbar gemachten Geist, dass er nur noch 40 Tage zu leben hat (Quack 2002, 76).

Nachdem die Relevanz der Zahl 40 für Empfängnis, Geburt und Tod somit zumindest skizziert ist, soll zunächst geklärt werden, wie es sich unter denselben Gesichtspunkten – vor allem bezüglich der Geburt – mit der 7 und der 3 verhält.

Zur Bedeutung des 7. Tages

Die hier präsentierte Materialauswahl wird von der Bedeutung der Siebenzahl für den Mondzyklus über ihre Relevanz für Embryologie, Gynäkologie und Medizin zur Astrologie fortschreiten.[2325]

Die Dauer des Mondmonats beträgt je nach Definition als synodischer Monat (von Neumond bis Neumond) ca. 29½ Tage oder als siderischer Monat (von einer bestimmten ekliptikalen Länge bis zur Rückkehr des Mondes an dieselbe Position) ca. 27⅓ Tage. Die zuletzt genannte Zeitspanne wurde teils auf 27 Tage abgerundet, teils auf 28 Tage aufgerundet, was verschiedene, im Folgenden noch zu nennende Zahlenzerlegungen (vor allem 3×9 und 4×7) erlaubte (s.u. S. 964).

Nach Schol. Arat. 806 pp. 487,24–488,1 Maass (= p. 402,18–20 Martin) sollen schon 'die Pythagoreer' die Siebenzahl mit den Mondphasen in Verbindung gebracht und als ein Strukturprinzip der gesamten Natur angesehen haben: τούτων δὲ αἴτιον οἱ Πυθαγορικοὶ τὸν ἑπτὰ ἀριθμὸν ὑποτίθενται, φυσικώτατόν τε καὶ θαυμαστὸν εἶναι λέγοντες.[2326]

[2325] Zur Zahl 7 s. bes. Roscher 1903. Roscher 1904. Roscher 1906. Roscher 1911. Boll 1912b. Roscher 1913. Roscher 1919. Meyer – Suntrup 1987, 479–565.

[2326] Zur Problematik solcher Zuschreibungen an die 'Pythagoreer', für die sich jedenfalls kein altpythagoreischer Ursprung erweisen lässt, s.o. Anm. 2289.

Auch Usener führt die heilige Siebenzahl auf die siebentägigen Mond-phasen zurück.[2327] Eine anschauliche Erläuterung des 28-tägigen sideri-schen Monats[2328] bietet Macrobius, der abschließend auch dessen Ur-sprung in der Siebenzahl betont.[2329] Man beachte auch, dass die Dreiecks-zahl der 7 (1+2+3+4+5+6+7) = 28 ist, womit erneut eine signifikante Beziehung zwischen der 7 und dem Mondzyklus besteht. Dies führt Philon an einer Stelle aus, die zugleich "die genaueste Definition des in 4 Hebdomaden zerfallenden 'Lichtmonats' [sc. ist], welche ich kenne" (Roscher 1903, 92).[2330]

Die sehr alte medizinische Lehre von den kritischen Tagen beruht nach Roscher[2331] wahrscheinlich auf der Ansicht, dass der Mond und des-sen von sieben zu sieben Tagen wechselnde Phasen den größten Einfluss auf Wachsen, Gedeihen und Gesundheit wie auf Abnehmen, Vergehen und Krankheit ausübe. Unter den im *Corpus Hippocraticum* genannten Tagfristen nehmen die Hebdomaden mit mindestens 250 Belegen die erste Stelle ein, in weitem Abstand gefolgt von den am zweithäufigsten erwähnten Tessarakontaden (circa 74).[2332] Die zentrale kritische Bedeu-tung des 7. Tages in der Pathogenese war es wohl auch, weshalb die Pythagoreer den doxographischen Nachrichten zufolge die Begriffe der

---

[2327] Usener 1903, 349f. Zum Begriff der heiligen Zahlen vgl. Cassirer 1925, 174–188: *Die mythische Zahl und das System der "heiligen Zahlen".* Zu heiligen Zahlen in der Astrologie s. ferner Cumont 1912, 62f.

[2328] Vgl. Val. 8,2,2 κ̄η̄, κύκλος Σελήνης.

[2329] Macr. somn. 1,6,49–52: *luna octo et viginti prope diebus totius zodiaci ambitum conficit. nam etsi per XXX dies* [d.h. in einem synodischen Monat] *ad solem, a quo profecta est, remeat, solos tamen fere viginti octo in tota zodiaci circumitione consumit, reliquis solem ... comprehendit. ... ponamus ergo sole in prima parte arietis constituto ab ipsius ... orbe emersisse lunam, quod eam nasci vocamus: haec post viginti septem dies et horas fere octo ad primam partem arietis redit, sed illic non invenit solem ... hunc ergo diebus reliquis, id est duobus plus minusve, consequitur et tunc orbi eius de-nuo succedens ac denuo inde procedens rursus dicitur nasci ...;* ibid.: *huius ergo viginti octo dierum numeri septenarius origo est etc.*

[2330] Philo opif. mund. 101: ἀπὸ μονάδος συντεθεὶς ἑξῆς ὁ ἑπτὰ ἀριθμὸς γεννᾷ τὸν ὀκτὼ καὶ εἴκοσι, τέλειον καὶ τοῖς αὐτοῦ μέρεσιν ἰσούμενον. ὁ δὲ γεννηθεὶς ἀριθ-μὸς ἀποκαταστατικός ἐστι σελήνης, ἀφ' οὗ ἤρξατο σχήματος λαμβάνειν αὔξησιν αἰσθητῶς [= ἀπὸ τῆς νουμηνίας], εἰς ἐκεῖνο κατὰ μείωσιν ἀνακαμπτούσης· αὐ-ξεται μὲν γὰρ ἀπὸ τῆς πρώτης μηνοειδοῦς ἐπιλάμψεως ἄχρι διχοτόμου ἡμέραις ἑπτά, εἶθ' ἑτέραις τοσαύταις πλησιφαὴς γίνεται, καὶ πάλιν ὑποστρέφει διαυλο-δρομοῦσα τὴν αὐτὴν ὁδὸν ἀπὸ μὲν τῆς πλησιφαοῦς ἐπὶ τὴν διχότομον ἑπτὰ πάλιν ἡμέραις, εἶτ' ἀπὸ ταύτης ἐπὶ τὴν μηνοειδῆ ταῖς ἴσαις· ἐξ ὧν ὁ λεχθεὶς ἀριθμὸς συμπεπλήρωται. (engl. Übers. bei Runia 2001, 73).

[2331] Roscher 1903, 48f., u. 1906, 61 (vgl. ebd. 9).

[2332] So Roscher 1906, 56[95]. Ders. 1909b, 83f. Ders. 1911, 45f.

ὑγίεια, des καιρός und der κρίσις mit der Siebenzahl assoziierten.[2333]

In speziell embryologisch-physiologischem Kontext verdient für unsere Fragestellung ein Passus der ps.-hippokratischen Schrift Περὶ σαρκῶν (*De carnibus*) Beachtung, die heute von fast allen Spezialisten in das 4. Jh. v.Chr. datiert wird.[2334] Darin heißt es, sieben Tage nach der Empfängnis besitze der Fötus bereits alles, was zu einem Körper gehöre.[2335] Der Autor meint damit, wie er selbst klarstellt, alle Gliedmaßen, die Augenhöhlen, die Ohren usw.[2336] Dass die angegebene Frist von nur sieben Tagen physiologisch absurd ist, wurde längst erkannt und als Indiz für "die ungeheure Macht des altertümlichen Aberglaubens an die Bedeutung der Siebenzahl" interpretiert.[2337] Es ist aufschlussreich, dass diese 7-Tage-Lehre sich in der griechischen Embryologie nicht lange hielt und später modifiziert – diesmal als 40-Tage-Lehre[2338] – wiederkehrt.[2339]

Ein späteres, mit der zitierten Stelle aus Περὶ σαρκῶν vergleichbares Zeugnis bietet zu Beginn des 1. Jh. n.Chr. Philo opif. mund. 124: φησὶ δὲ καὶ Ἱπποκράτης ὁ τῆς φύσεως ἐπιγνώμων ἐν ἑβδομάδι κρατύ-

---

[2333] So Roscher 1904, 31. Vgl. Moderatos von Gades (1. Jh. n.Chr.) bei Stob. 1 prooem. 10 pp. 21,27–22,4 Wachsmuth: Πυθαγόρας ... τοὺς ἀριθμοὺς ... τοῖς θεοῖς ἀπεικάζων ἐπωνόμαζεν, ὡς Ἀπόλλωνα μὲν τὴν μονάδα οὖσαν ... , τὴν δὲ ἑβδομάδα Καιρὸν καὶ Ἀθηνᾶν (cf. Plut. De Is. et Os. 354F). Nicom. Geras. theol. arithm. p. 59,3–4 De Falco τύχη ... ὀνομάζεται καὶ καιρὸς [sc. ἡ ἑβδομάς]. Ps.-Iambl. theol. arithm. p. 74,10–13 De Falco Φιλόλαος δὲ [...] νοῦν δὲ καὶ ὑγείαν καὶ τὸ ὑπ' αὐτοῦ λεγόμενον φῶς ἐν ἑβδομάδι κτλ. Procl. in Tim. p. II 270,14–16 Diehl ἡ γὰρ ἑπτὰς καιροφυής ἐστιν ἀριθμὸς καὶ τελεσιουργὸς τῶν περιόδων καὶ ἀποκαταστατικός. Nicom. Geras. theol. arithm. ap. Phot. bibl. 144b: ἡ δὲ ἑβδομὰς ... καὶ Κρίσις καὶ Ἀδράστεια. Zu all diesen Analogien s. Zhmud 2012, 407.

[2334] Siehe z.B. Jouanna 1992, 532. Die frühere, z.B. von Roscher vertretene Frühdatierung dieser Schrift als Produkt der knidischen Schule ist damit obsolet.

[2335] Ps.-Hippocr. carn. 19 (p. VIII 608–10 L.): ὁ δὲ αἰών ἐστι τοῦ ἀνθρώπου ἑπταήμερος. πρῶτον μὲν ἐπὴν ἐς τὰς μήτρας ἔλθῃ ὁ γόνος, ἐν ἑπτὰ ἡμέρῃσιν ἔχει ὁκόσα περ ἐστὶν ἔχειν τοῦ σώματος.

[2336] Ibid. (p. VIII 610 L.): εὑρήσεις ἔχειν πάντα μέλεα καὶ τῶν ὀφθαλμῶν τὰς χώρας καὶ τὰ οὔατα καὶ τὰ γυῖα· καὶ τῶν χειρῶν οἱ δάκτυλοι καὶ τὰ σκέλεα καὶ οἱ πόδες καὶ οἱ δάκτυλοι τῶν ποδῶν, καὶ τὸ αἰδοῖον καὶ τὸ ἄλλο πᾶν σῶμα δῆλον.

[2337] Roscher 1911, 48; vgl. auch dens. 1913, 81[133], u. dens. 1919, 35 mit Anm. 62 sowie 51[84].

[2338] Vgl. die in Anm. 2317 zitierten Zeugnisse.

[2339] Die Anbindung an eine symbolische Zahl (hier an die für 'Vollendung' stehende 40) wurde also auch später nicht aufgegeben, und wir können an diesem Beispiel die nur langsam fortschreitende Verdrängung rein spekulativer Lehren durch empirisch ermitteltes Wissen verfolgen.

νεσθαι καὶ τὴν πῆξιν τῆς γονῆς καὶ τὴν ἀνάπλασιν τῆς σαρκός.[2340]
Diese Stelle ist jedoch mit Vorsicht zu interpretieren, da Philo hier aus
der ebenso interessanten wie problematischen pseudohippokratischen
Schrift Περὶ ἑβδομάδων (*De hebdomadibus*) schöpft.[2341] Deren Anfangs-
kapitel bieten das früheste Zeugnis jenes Panhebdomadismus, der später
auch bei anderen Autoren begegnet und in der prägnanten Formulierung
bei Ps.-Iambl. theol. arithm. p. 55,12 De Falco gipfelt: Πάντα φιλέβδο-
μα.[2342] Während diese Priorität von Περὶ ἑβδομάδων gegenüber anderen
panhebodmadischen Äußerungen in der Forschung außer Frage steht, ist
die konkrete Datierung der Schrift höchst kontrovers. Entgegen Roschers
sehr früher Datierung bewegen sich alle jüngeren Datierungen in die Zeitspanne vom 4. bis 1. Jh. v.Chr.[2343] Der Verfasser von Περὶ ἑβδομάδων

[2340] "Hippocrates too, the authority on what happens in nature, states that in seven days
the fixing of the seed and the formation of flesh is secured." (Runia 2001, 78; vgl. den
Komm. ebd. 291f.).
[2341] Kritische Textausgaben: Roscher 1913 (unentbehrliche Grundlage aller weiteren
Untersuchungen) und die Verbesserungen enthaltende Ausgabe (mit Kommentar) von
Kap. 1–12 durch West 1971.
[2342] Zur Unechtheit dieser Schrift, die ein 'Cento' aus der gleichnamigen Schrift des
Nikomachos von Gerasa und der Schrift Περὶ δεκάδος des Anatolios ist, s. Staab 2002,
194[467].
[2343] Roscher hat in zahlreichen Publikationen eine immense Gelehrsamkeit darauf
verwandt, den ersten Teil dieser Schrift (Kap. 1–11, eine Art Einleitung zur Prägung des
Mikro- und Makrokosmos durch die Siebenzahl; der weit umfangreichere Rest der
Schrift [Kap. 12–53] ist pathologisch) als vorpythagoreisch, genauer gesagt als das
Werk eines milesischen oder knidischen Philosophen des 6. Jh. v.Chr. zu erweisen (vgl.
Roscher 1906, 5 u. 51–53, sowie in monographischer Ausführlichkeit bei Roscher 1911
u. 1919). Am anderen Ende des Spektrums wissenschaftlicher Meinungen steht Mansfeld mit seiner Datierung ins 1. Jh. v.Chr. (Mansfeld 1971, 229; ebd. 16–30 die vorausgehende Forschungsgeschichte). Mansfeld kam später zu der Überzeugung, dass es sich
bei den erstmals durch Philo opif. mund. 105 (vgl. Runia 2001, 280, ad loc.) bezeugten
Kapiteln Περὶ ἑβδομάδων 1–11 um die Fälschung eines jüdischen Autors aus Alexandria handele und diese Fälschung im Kontext der Unterstellung, die Griechen hätten ihre
wichtigsten Ideen aus den heiligen Büchern der Juden gestohlen, zu verstehen sei
(Mansfeld 1989a, 185; zu jüdischen Fälschungen dieser Art vgl. Speyer 1971, 155–160,
der allerdings Περὶ ἑβδομάδων nicht bespricht). Unter den von Mansfeld angeführten
Argumenten ist das Zeugnis des Aristobulos (ca. 100 v.Chr.) besonders wichtig: Während nämlich eine befriedigende griechische Parallele zu der in Περὶ ἑβδομάδων 1–11
vertretenen Omnipräsenz der Siebenzahl in allen Teilen des Kosmos nicht beizubringen
sei, mache auch Aristob. fr. 2 pp. 225–226 Denis ap. Euseb. praep. evang. 13,12,13–16
die Sieben (= Zahl des Sabbaths) zum Prinzip der Kosmologie und stütze seine These
mit teilweise von ihm selbst, teilweise von anderen gefälschten Zitaten aus Homer,
Hesiod und 'Linus'. "The faking of Early Greek evidence was part of the procedure of
the Jewish argument underpinning the theft by the Greeks. The wish to add the great

steht auf dem Standpunkt, jedes Einzelwesen sei als ein Mikrokosmos in
Analogie mit dem Makrokosmos organisiert. Der Anfang seiner Schrift,
woraus das Zitat Philons stammt, ist unvollkommen überliefert.[2344] Wir
können ihn nur durch barbarische lateinische Übersetzungen des 6. Jh.
n.Chr.,[2345] durch die arabische Übersetzung des Ps.-Galenkommentars[2346]
sowie zwei lateinische Zitate aus Gellius und Favonius Eulogius, die
beide auf Varro zurückgehen, fassen.[2347] Jedenfalls ist aus diesen Zeug-

---

Hippocrates to this company of thieves explains the panhebdomadism of the forged chs.
1–11 of *Hebd.*" (ebd.; dass er sein Urteil seither nicht geändert habe, bestätigt Mansfeld
per Mail an den Verf. vom 23.2.2013). Zu Aristobulos vgl. auch Speyer 1971, 101. 157.
162. 173. Zur Frage der Datierung von *De hebdomadibus* vgl. weiter Jouanna 1992,
560f., sowie Runia 2001, 280f., der nach einem Überblick der Forschung seit Mansfeld
urteilt: "All in all it seems safer to connect the work with the Pythagorean revival in the
2nd and 1st cent. B.C.E. than the earlier period." M. L. West, der Hebd. 1–11 im Jahre
1971 zeitgleich mit Mansfeld 1971, aber ohne Kenntnis von dessen Untersuchung,
versuchsweise in das 4. Jh. v.Chr. datiert hatte (West 1971, 384), urteilt jetzt (West
2013, 182) trotz seines erklärtermaßen hohen Respekts für Mansfelds Studie wie folgt:
"I am not convinced that it needs to be brought down after 300" (sc. BCE).

[2344] Zu den verschiedenen Überlieferungssträngen der Schrift Περὶ ἑβδομάδων s. Roscher 1913 u. West 1971, 366f. *Nota bene*: Harder 1893, 435 (zit. von Roscher 1913, 1)
gibt den Anfang von Περὶ ἑβδομάδων so wieder: "Die Form der gesamten Welt und
aller einzelnen Teile derselben ist so geordnet: Alles muss in Gestalt und Bestimmungen
die Siebenzahl zum Ausdruck bringen; gewinnt doch auch der Embryo nach sieben Tagen Gestalt und erweist sich als menschlichen Wesens". Diese deutsche Version Harders
ist aber nicht, wie Roscher fälschlich annahm, eine Übersetzung der im cod. Monac. 802
überlieferten arabischen Fassung von Περὶ ἑβδομάδων. Erst G. Bergsträsser publizierte
1914 im CMG XI 2,1 den kompletten arabischen Text und versah ihn mit einer
wörtlichen deutschen Übersetzung, aus der erkennbar wurde, dass die arabische Handschrift nicht eine fortlaufende Übersetzung von Περὶ ἑβδομάδων enthält, sondern nur
eine Mischung von Lemmata des eigentlichen Textes mit kommentierenden Bemerkungen des Ps.-Galen. Aus diesen Lemmata und Kommentarnotizen sowie aus den
lateinischen Übersetzungen und den geringen Resten des griechischen Originals hatte
Harder den ursprünglichen Sinn frei zu rekonstruieren versucht, ohne dies ausreichend
deutlich zu machen (vgl. Mansfeld 1971, 4[9], u. West 1971, 365f.).

[2345] Codd. Ambros. lat. G. 108 u. Paris. lat. 7027, ed. West 1971, 368: *Mundi forma sic
omnis ornata est eorumque quae insunt singulorum. Necesse est septinariam quidem
habere speciem et definitiones septem dierum in coagulationem seminis humani et in
deformationem naturae hominis etc.* Das im cod. Paris. gr. 2142 erhaltene Fragment des
griechischen Originals setzt leider erst einige Zeilen später ein.

[2346] Cod. Monac. arab. 802; dt. Übers. der relevanten Stelle bei Bergsträsser 1914, 7.

[2347] Varro hebd. frg. ap. Gell. 3,10,7 *nam cum in uterum ... mulieris genitale semen datum est, primis septem diebus conglobatur coagulaturque fitque ad capiendam figuram
idoneum.* Fav. Eul. 14,1–2 *Hippocrates Cous, naturae scrutator egregius, hunc numerum* [sc. 7] *in libris, quos* περὶ ἑβδομάδων *appellat, ait creandis inesse corporibus. Nam
semen fusum et fomite matris exceptum septimo die in sanguinem commutari* [...].

nissen sicher erkennbar, dass in Περὶ ἑβδομάδων gleich zu Beginn und somit an prominenter Stelle eine für die Ausgestaltung des Fötus wichtige Entwicklungsstufe am 7. Tag nach der Empfängnis angenommen wurde und diese Vorstellung spätestens seit dem 1. Jh. v.Chr., vielleicht jedoch schon im 4. Jh. v.Chr. (s.o. Anm. 2343 a.E.), kursierte. Eine weitere physiologische und damit für uns relevante Frist fand unmittelbar danach Erwähnung: Die Verwesung des Leibes nach dem Tode dauere sieben Tage.[2348]

Selbstverständlich spielt die Siebenzahl auch in den mit der Medizin verwandten Disziplinen der Magie und der Astrologie eine zentrale Rolle.[2349] Was die Astrologie betrifft, denke man, abgesehen von der Omnipräsenz der Siebenzahl der Planetengötter (zur ἑπτάζωνος, s.o. S. 590) und der diesen zugeschriebenen Patrocinia über die verschiedensten Dinge,[2350] auch an die sieben Lose (s.u. S. 1158), an die siebentägige astrologisch fundierte Planetenwoche,[2351] an die sieben Kometenarten, an die sieben Klimata und an weniger bekannte Kuriositäten wie den siebenfachen Horoskop-Graffito aus Dura-Europos (Hor. gr. 219.I.9).[2352] Besondere Erwähnung verdient mit Blick auf unsere leitende Fragestellung die Relevanz der Siebenzahl für die astrologische Gliederung der Lebensabschnitte, die von der Grundidee her auf viel ältere Vorläufer zurückgeht, deren bekanntester Solons Lebensalterelegie (frg. 27 West) mit ihrer Gliederung in zehnmal sieben Jahre ist.[2353] Die astrologische Gliederung der Lebensabschnitte finden wir als chronologisch starres System in der Lehre von den klimakterischen Jahren (s.u. S. 1025–1030), als chronologisch flexibles hingegen bei Ptolemaios, der das menschliche Lebens in

---

[2348] Ps.-Hippocr. hebd. 1,1 West: *septem dierum ... quaecumque deputriunt in corpore eorum* [scil. *hominum*]. Im nächsten Satz folgt die panhebdomadische Aussage: *et cetera omnia septenariam naturam habent et speciem.*

[2349] Dies betonen bzgl. der Magie Mehrlein 1959, 288, u. Gardiner 1915, 266. Gardiner bespricht speziell die ägyptische Magie (zur Zahl 7 bei den Ägyptern s. jetzt die Monographie von Rochholz 2002, darin 204f. zur magischen Medizin).

[2350] Man identifizierte die 7 Planeten mit den 7 Vokalen oder Urbuchstaben (Roscher 1902–1909, 2530) und bezog auf die 7 Planeten je 7 Farben, Säfte, Blumen, Gewürzpflanzen, Gerüche, Metalle, Steine, usw. (Roscher ibid. 2532–2536 mit Belegen, Tabelle u. älterer Lit.).

[2351] Zu deren Genese s. Zerubavel 1985, 5–26.

[2352] Vgl. Neugebauer – van Hoesen 1959, 162: "for reasons unknown". – Jenseits der Astrologie verdienen auch die je 7 Sterne der Plejaden, der Hyaden, des Großen und Kleinen Bären, des Orion, etc. Beachtung (dazu Boll 1913, 117 [= Boll 1950, 183f.], u. Weinreich 1916, 98).

[2353] Diese wurde nach Burkert 1962, 445[37], in der antiken Arithmologie oft zitiert, "in der überhaupt das Kapitel über die Siebenzahl das ausführlichste war".

sieben je nach der individuellen Geburtskonstellation unterschiedlich lange Abschnitte einteilt, die der Herrschaft der beiden Luminare und der fünf Planeten unterstehen.[2354] Eine Variante dieser χρόνων διαίρεσις, in der obendrein die bereits oben (S. 943) erwähnte Dreieckszahl der 7 Berücksichtigung findet, bietet Valens.[2355]

Auch die astrologische Relevanz der vier Hebdomaden des Mondmonats betonen verschiedene Autoren. So schreibt z.B. der oben (S. 917) vorgestellte anonyme Pythagoreer: ἔοικεν ἡ πολυθρύλλητος τετρακτὺς πάντα διακοσμεῖν, καθὼς καὶ ἐκ τῆς ἐπαγωγῆς γίνεται δῆλον. αἵ τε γὰρ αἱ τέσσαρες ὧραι τοῦ ἐνιαυτοῦ καὶ αἱ ἀνάλογον αὐταῖς τέσσαρες τοῦ μηνὸς ἑβδομάδες πάντα τελεσφοροῦσι κτλ.[2356] In expliziter Verbindung mit der Aspektlehre heißt es z.B. in einem sehr alten iatromathematischen Text, Ps.-Herm. iatr. p. 434,20–22 Ideler: ὁ νοσῶν οὕτως, ἀγαθοποιοῦ μηδενὸς παρόντος τῇ ☾, ♄ δὲ παρεμπλεκομένου, μέχρι τῆς ♐ [i.e. πανσελήνου] τελευτήσει, ἢ ἐν τῷ □ [i.e. τετραγώνῳ] κτλ.; cf. ibid. p. 436,9–12: ἐὰν δὲ ἀγαθοποιοὶ μὴ ἐπιθεωρῶσι [sc. τὴν Σελήνην], ἐπὶ τὴν πρώτην □ τελευτήσει. ἐὰν δὲ ἀγαθοποιὸς τὴν ☾ θεωρήσῃ, μετὰ τὴν πρώτην □ σωθήσεται. In diesem zweiten Satz muss das eigentlich geometrische Symbol □ beide Male, wie der weibliche Artikel beweist, in übertragener Verwendung διχότομον (Halbmond) oder (mit Blick auf die temporale Bedeutung von μετὰ + Akk.) ἑβδομάδα (7 Tage) bedeuten, eine akzeptable Verwendung, weil ja alle drei Begriffe in der Sache dasselbe meinen. Die Äquivalenz chronologischer und geometrischer Angaben bringen einige spätere Autoren klar zum Ausdruck, so z.B. Dor. p. 424,24–26 (= frg. 83(III)a St.) γνῶθι ὅτι ἐν τῇ ζ′ ἡμέρᾳ ἢ ἐν τῇ ιδ′, τουτέστιν ὅταν ἑαυτὴν τετραγωνίσῃ ἢ διαμετρήσῃ [sc. ἡ Σελήνη], πάνυ ἔσται τῷ κάμνοντι ἐπισφαλῆ καὶ ἐπικίνδυνα τὰ πράγματα κτλ. und auch Ps.-Galen. progn. decub. 3 p. 534,⟨4–5⟩ K.: μέχρι τῆς ζ′ ἡμέρας [sc. τῆς Σελήνης] τελευτήσει ἐν τῷ α′ τετραγώνῳ.

[2354] Ptol. apotel. 4,10 (gefolgt von Heph. 2,26 u. Album. rev. nat. 1,7). Siehe dazu Boll 1913, 112ff. (= Boll 1950, 188ff. u. 423). Pingree 1978a, II 344.

[2355] Val. 4,26,1 ordnet zur Einteilung der Lebenszeiten in einem *ascensus* durch die Heptazonos der Planeten dem Mond als erstem ein Jahr zu, Merkur zwei, Venus drei, und so weiter bis zum Saturn, dem sieben Jahre zukommen: macht als Summe 28 (Σελήνη α′, ἔτος ᾱ· Ἑρμῆς β′, ἔτη β̄· Ἀφροδίτη γ′, ἔτη γ̄· Ἥλιος δ′, ⟨ἔτη δ̄⟩· Ἄρης ε′, ἔτη ε̄· Ζεὺς ϛ′, ἔτη ϛ̄· Κρόνος ζ′, ἔτη ζ̄· γίνονται ἔτη κ̄η̄).

[2356] Anon. Pyth. CCAG IX 1 (1951), p. 173,1–4.

Einen interessanten Sonderfall bietet die echtgalenische Schrift *De diebus decretoriis*, deren drittes Buch einen unübersehbaren iatromathematischen Einschlag hat. Dort heißt es: σφοδρότεραι μὲν οὖν αἱ μεταβολαὶ κατὰ τὰς πρὸς ἥλιον αὐτῆς [sc. τῆς Σελήνης] εἰσι συνόδους καὶ προσέτι τὰς πανσελήνους φάσεις ὀνομαζομένας· ἐλάττους δὲ τούτων ἐν ταῖς διχοτόμοις, ἀμυδραὶ δ' ἐν ταῖς ἀμφικύρτοις τε καὶ μηνοειδέσιν.[2357] Und: ἅπασά τε πράξεως ἀρχὴ τὰς μεγάλας ἀλλοιώσεις εἰς ἑβδομαδικὰς ἴσχει περιόδους. ὅσα γὰρ ἐφήμερα συμπίπτει πᾶσι τοῖς οὖσι, τούτων ἡ σελήνη τετήρηται τὴν αἰτίαν ἔχειν, καὶ μάλιστα ἀλλοιοῦσα αὐτὰ κατὰ τὰς τετραγώνους καὶ διαμέτρους στάσεις.[2358] Im Folgenden verweist der Autor sogar direkt auf die ägyptischen Astrologen, erwähnt die astrologischen Wohl- und Übeltäter und entwirft dann unter Einbindung der zuletzt genannten Planeten ein hypothetisches Geburtshoroskop, das er hinsichtlich des Wohlergehens des Nativen und des Verlaufs seiner Krankheiten je nach den im Verlaufe des Lebens eintretenden Quadraturen und Oppositionen des Mondes zu seiner Geburtsposition bespricht.[2359] Es fällt auf, dass hier die Qualität des Befindens oder der Krankheitsverläufe – ähnlich wie schon bei den

---

[2357] Galen. de dieb. decr. 3,3 p. 904,⟨9–12⟩ K. Die hier bereits angedeutete Ausweitung auf trigonale und hexagonale Aspekte bietet explizit Album. myst. 3,13,6: διὰ δὲ τῆς Σελήνης τὰς κρισίμους ἡμέρας γινώσκομεν· καὶ γὰρ ὅτε τριγωνίζει τὸν ἴδιον τόπον, ὃν ἐπεῖχεν ἐν τῇ ἀρχῇ τῆς νόσου, ἢ ἐξαγωνίζει ἢ τετραγωνίζει ἢ διαμετρεῖ, τηνικαῦτα λέγομεν τὰς αὐτὰς ἡμέρας κρισίμους. (zit. nach der noch unveröffentlichten griechischen Edition Pingrees, die als Beigabe zu Burnetts und Yamamotos arabisch-englischer Edition der *Großen Einführung* des Abū Maʿšar erscheinen wird; Kap. 13 = Περὶ τῶν ἐνεργειῶν τῆς Σελήνης).

[2358] Galen. de dieb. decr. 3,5 p. 910,⟨12–16⟩ K.

[2359] Galen. de dieb. decr. 3,6 pp. 911,⟨14⟩–912,⟨16⟩ K.: Ἐκεῖνο δ' αὖθις ἀναληπτέον, ὅπερ καὶ ἡμεῖς παραφυλάξαντες ἀληθέστατον εὕρομεν ἀεὶ τὸ πρὸς τῶν Αἰγυπτίων ἀστρονόμων εὑρημένον, ὡς ἡ σελήνη τὰς ἡμέρας ὁποῖαί τινες ἔσονται δηλοῦν πέφυκεν οὐ τοῖς νοσοῦσι μόνον, ἀλλὰ καὶ τοῖς ὑγιαίνουσιν. εἰ μὲν γὰρ πρὸς τοὺς εὐκράτους ἵσταιτο τῶν πλανητῶν, οὓς δὴ καὶ ἀγαθοποιοὺς ὀνομάζουσιν, ἀγαθὰς ἀπεργάζεσθαι τὰς ἡμέρας· εἰ δὲ πρὸς τοὺς δυσκράτους, ἀνιαράς. ἔστω γὰρ ἀποκυϊσκομένου τινὸς ἐν μὲν τῷ κριῷ τοὺς ἀγαθοποιοὺς, ἐν δὲ τῷ ταύρῳ τοὺς κακοποιοὺς εἶναι, πάντως οὗτος ὁ ἄνθρωπος, ἐπειδὰν μὲν ἐν κριῷ καὶ καρκίνῳ καὶ ζυγῷ καὶ αἰγοκέρωτι γένηται ἡ σελήνη, καλῶς ἀπαλλάσσει. ἐπειδὰν δ' ἤτοι τὸν ταῦρον αὐτόν, ἤ τι τῶν τετραγώνων, ἢ τὸ διάμετρον αὐτοῦ ζῴδιον ἐπέχῃ, κακῶς τηνικαῦτα καὶ ἀνιαρῶς διάγει. καὶ δὴ καὶ νοσημάτων ἀρχαὶ τῷδε κάκισται μὲν ἐν ταύρῳ καὶ λέοντι καὶ σκορπίῳ καὶ ὑδροχόῳ τῆς σελήνης οὔσης, ἀκίνδυνον δὲ καὶ σωτήριον τὸν κριὸν καὶ τὸν καρκίνον καὶ τὸν ζυγὸν καὶ τὸν αἰγόκερων διερχομένης, καὶ τὰς ἀλλοιώσεις τὰς μεγάλας ἃς ἐν τοῖς τετραγώνοις τε καὶ διαμέτροις ἔφαμεν γίγνεσθαι καθ' ἑβδομάδα, ἐν μὲν τοῖς ὀλεθρίοις νοσήμασιν ὀλεθρίας καὶ αὐτάς, ἐν δ' αὖ τοῖς περιεστηκόσιν ἀγαθὰς ἀνάγκη γίνεσθαι.

zuerst zitierten pseudohermetischen Ἰατρομαθηματικά – nicht von den kanonischen Qualitäten der Aspekte abhängt (da ausschließlich die üblicherweise negativ konnotierten Aspekte der Quadratur und der Opposition Beachtung finden), sondern von der Frage, ob es die Wohl- oder Übeltäter sind, die einen der genannten Aspekte zum Mond bilden.[2360]

Abschließend ist festzuhalten, dass die Hebdomaden des Mondzyklus schon früh von zentraler iatromathematischer Bedeutung gewesen sein müssen, was ihre Verwendung bei der Konzeption der Lehre vom 3., 7. und 40. Tag begünstigte.

Zur Bedeutung des 3. Tages

Aristoteles behauptet, dass der Dreizahl[2361] schon bei den Orphikern und Pythagoreern hohe Bedeutung zukam: καθάπερ γάρ φασι καὶ οἱ Πυθαγόρειοι, τὸ πᾶν καὶ τὰ πάντα τοῖς τρισὶν ὥρισται· τελευτὴ γὰρ καὶ μέσον καὶ ἀρχὴ τὸν ἀριθμὸν ἔχει τὸν τοῦ παντός, ταῦτα δὲ τὸ τῆς τριάδος.[2362] In hellenistischer Zeit galt es als eine Lehre des Pythagoras, dass der Mondmonat (speziell der 27tägige siderische) auf das Engste mit der Drei zusammenhänge; vgl. Varro bei Gell. 1,20,6: *huius numeri* [III] *cubum Pythagoras vim habere lunaris circuli dixit, quod et luna orbem suum lustret septem et viginti diebus et numerus ternio, qui* τριὰς *Graece dicitur, tantundem efficit in cubo* [3×3×3=27].[2363] Schon die Bedeutung der Neun in enneadischen Kultbestimmungen ist zumindest teilweise

---

[2360] Von dem jüngsten Kommentar zu dieser Stelle (Cooper 2011, 67–71 u. 485), der dies nicht verstanden hat und überhaupt erhebliche Mängel aufweist, ist abzuraten. Vgl. die vernichtende Rezension von Langermann 2012, der allerdings (S. 229) die hier fragliche Stelle ebenso wie Cooper missverstanden hat, was daran zu liegen scheint, dass der arabische Übersetzer, der wohl medizinisch, aber nicht astrologisch geschult war, die griechischen Fachtermini ἀγαθοποιοὺς und κακοποιοὺς nicht kannte und falsch übersetzt hat. Anscheinend haben Cooper und Langermann beide versäumt, das griechische Original dieser Stelle zu konsultieren. Eine monographische Untersuchung zur Astrologie bei Galen und Hippokrates ist durch John Booker in Arbeit.

[2361] Zur Zahl 3 s. Usener 1903. Tavenner 1916. Lease 1919. Weinreich 1928. Mehrlein 1959 (mit reicher Bibliographie ebd. 309f.). Hansen 1975/76, 254 (mit weiterer Lit.). Meyer – Suntrup 1987, 214–331 (mit weiterer Lit.).

[2362] Arist. cael. 1,1 p. 268a,10–13 (= DK 45 B 17). Daher resümiert Burkert 1962, 442 mit Anm. 10: "Drei ist die Zahl des Alls – Anfang, Mitte und Ende". Das wenige, was wir wirklich über die Zahl 3 bei den Altpythagoreern wissen, bespricht Zhmud 2012, 397f. 403 (zu der hier zit. Arist.-Stelle). 407.

[2363] Vgl. hierzu auch West 1997, 330, zu der von Hes. erg. 814 gerühmten τρισεινάς, die er als den 27. Tag deutet und für einen "reflex of Babylonian number mysticism" hält.

durch ihre Eigenschaft als Quadratzahl der Drei zu verstehen.[2364] Im Falle der 27 gilt dies in der äußersten räumlicher Anschauung noch zugänglichen Potenz.

Für den griechischen Totenkult ist seit dem 4. Jh. v.Chr. die Bestattung (ἐκφορά) der Leiche am 3. Tag nach dem Tod belegt.[2365] Von den damit verbundenen Totenopfern (τρίτα) wird noch die Rede sein (s.u. S. 961).

Was die Medizin betrifft, ist der dritte Tag im gesamten hippokratischen Corpus nur selten als kritischer Tag vermerkt. Man beachte Hippocr. epid. 2,6,11 (p. V 134 L.): τοῦ ἀριθμοῦ τρίτη [scil. ἡμέρα] ἰσχυροτάτη.[2366] Enorm ist hingegen seine Bedeutung in der Magie.[2367] In den Dokumenten des antiken Zauberglaubens wird "unendlich oft [...] verlangt, dass ein magischer Ritus, ein Zauberwort, ein λόγος, eine ἐπ-ῳδή dreimal vorgenommen, gesagt oder geschrieben werden soll."[2368] Speziell zum 3. Tag des Mondes in der Magie s. Gundel 1968, 38.

In der Astrologie ist die Dreizahl vor allem durch die Trigone der Tierkreiszeichen und die darauf basierenden Aspekte präsent. Ansonsten ist sie bis auf marginale Funktionen von geringer Bedeutung; vgl. z.B. die Zahl der Dekane eines jeden Tierkreiszeichens, die Erstreckung von Primärdirektionen gemäß der Tetartemorionlehre über drei Tierkreiszeichen[2369] und das dreistufige System der Planetenjahre (s.o. S. 649, Tab. 11). Daher wird im Folgenden noch zu fragen sein, welche astrologische Funktion der Wahl des 3. Tages in der hiesigen Mondlehre zukommt (s.u. S. 967).

Für die Konzeption der hier fraglichen Lehre ist nicht nur zu beachten, dass einer ihrer konstitutiven Parameter die Mondposition am 3. Tag nach der Geburt ist, sondern auch, dass die Gesamtzahl der zu prüfenden Tage (3, 7, 40) ihrerseits wieder eine Triade bildet, der *per se* eine gewisse Vollendung innewohnt.[2370] Schon Gelehrte wie Diels und Usener haben mit Verweis auf ethnographische Forschungsergebnisse

---

[2364] Roscher 1904, 72.

[2365] Dazu s. Freistedt 1928, 94f., u. Mehrlein 1959, 287.

[2366] Mit Verweis auf diese Stelle merkt Roscher 1909b, 108[129], an, den "Spuren dieser Triadenlehre" lohne es sich wohl nachzugehen. Verstreute Hinweise auf triadische Tagefristen auch bei Roscher 1909b, 121[137 u. 138]. 124f.

[2367] Vgl. Mehrlein 1959, 288–291.

[2368] Weinreich 1928, 203.

[2369] Vgl. Plin. nat. 7,160 *tetartemorion appellant a trium signorum portione* (= Nech. et Pet. frg. 17). Ausführlicher dazu unten ab S. 985.

[2370] Vgl. Burkert 1962, 449: "Drei ist die Zahl der Vollendung".

betont, dass die Drei die "ursprüngliche Endzahl der primitiven Menschheit" gewesen sei,[2371] über die hinaus keine sprachlich ausgeprägten
Zahlbegriffe existierten; daher auch ihre große Bedeutung im Götterkult,
speziell in den Göttertriaden.[2372] Auf eine konkrete triadische Zahlenver-
bindung, die physiologisch konzipiert ist und daher unsere Beachtung
verdient, wird *suo loco* (S. 956) genauer eingegangen.

Zur Kombination von 40 und 7 bei Schwangerschaft und Geburt

Als Vertiefung der oben (S. 937) bereits angedeuteten Relationen zwischen den Zahlen 40 und 7 im Bereich von Schwangerschaft und Geburt
verdienen die folgenden Punkte Beachtung.

Roscher 1909b, 88–101, hat durch zahlreiche Belege, die vor allem
den hippokratischen Schriften (speziell Περὶ ἑπταμήνου) entstammen,[2373] das frühe Vorhandensein signifikanter 7- und 40-Tage-Fristen in
der griechischen Embryologie nachgewiesen. Zu nennen sind hinsichtlich
des Beginns der Schwangerschaft die Auffassungen, dass die Embryonen
bis zum siebten Tag durch ἐκρύσιες (Ausfluss) und bis zum 40. Tage
durch τρωσμοί beziehungsweise ἐκτρωσμοί (Fehlgeburten) gefährdet
seien,[2374] dass ferner in den ersten 40 Tagen nach der Konzeption eine
rudimentäre menschliche Gestaltung des Embryos (διάκρισις, διαμόρφωσις u.ä.) stattfinde, das männliche Kind sich etwa am 40. Tag zum
erstenmal bewege und schließlich, was die Mutter betrifft, bis zum 40.
oder 42. Tage nach der Empfängnis die καθάρσεις fortdauern. Darüber
hinaus ist die Einteilung der gesamten, 280 Tage dauernden Normalschwangerschaft in sieben Tessarakontaden vielfach belegt, und auch die
umgekehrte Einteilung in vierzig Hebdomaden kommt vor.[2375] Schließ-

---

[2371] So Diels 1902, 8[3].

[2372] Vgl. Usener 1903, 358–362, bes. 361: "Wie diese Ausdrücke, so müssen auch die
religiösen Anwendungen der Dreiheit, von denen wir ausgiengen [*sic, d.h. Göttertriaden, dreigestaltige Götter etc.*] als Ueberlebsel und Nachwirkungen der Urzeit betrachtet
werden, deren Zählkunst bei drei stehen blieb." Vgl. Burkert 1962, 449: "Die Bedeutung
der Dreizahl [...] wurzelt, wie Usener sah, in prähistorischer Zahlauffassung, in der nach
Eins und Zwei die Drei die Vielheit überhaupt bedeutet." Vgl. weiter Radke 1987, 226–
263 (= Kap. III 3 "Triaden").

[2373] Ferner aus Aristoteles, Plinius, Galen, Censorinus, Vindicianus, Oreibasios und
weiteren Autoren.

[2374] Vgl. hierzu auch Roscher 1906, 92f., bzgl. Arist. hist. anim. 7,3 p. 583 B.

[2375] Vgl. Ps.-Hippocr. carn. 19 (p. VIII 612 L.): ἐννέα δὲ μηνῶν καὶ δέκα ἡμερῶν
γόνος γίγνεται καὶ ζῇ καὶ ἔχει τὸν ἀριθμὸν ἀτρεκέα ἐς τὰς ἑβδομάδας· τέσσαρες

lich dauern die Lochien der Wöchnerinnen nach einigen hippokratischen Zeugnissen 42 Tage, nach den meisten Autoren (Aristoteles, Galen, etc.) jedoch nur 40 Tage, und bezüglich der Neugeborenen ist von einer gewissen Unvollkommenheit während der ersten 40 Tage die Rede.[2376] Ja man kann sogar, parallel zu dieser auf die Geburt folgenden Tessarakontade, eine der Empfängnis vorausgehende 40-Tage-Frist erkennen.[2377]

Von besonderer Bedeutung für die astrologische Lehre vom 3., 7. und 40. Tag scheint die Lehre vom 'pythagoreischen' *partus maior* gewesen zu sein.[2378] Diese referiert Censorinus gestützt auf Varros Schrift *Tubero de origine humana*, wobei Varro seinerseits aus dem von Diels rekonstruierten, als *Vetusta placita* bezeichneten und ins 1. Jh. v.Chr. datierten Werk schöpfte.[2379] Nach Cens. 11,7 dauert beim *partus maior* die erste

---

δεκάδες ἑβδομάδων ἡμέραι εἰσὶ διηκόσιαι ὀγδοήκοντα; dazu Roscher 1909b, 98. Siehe auch Cens. 11,8.

[2376] Siehe Roscher 1909b, 99f. Die relevanten Texte erwähnen zum einen die gerade in den ersten 40 Tagen hohe Säuglingssterblichkeit, zum anderen vertreten sie die Ansicht, dass die Neugeborenen während dieser Frist im wachen Zustande weder lachen noch weinen. Vgl. auch Jungbauer 1936/37, 648, zum deutschen Volksglauben: "Diesen 40 Tagen [*den von Roscher 1909a genannten 40tägigen Fristen nach der Geburt*] entsprechen auch im deutschen Volksglauben die ersten sechs Wochen nach der Geburt, in welchen das Kind leicht mit Wechselbälgen vertauscht werden kann."

[2377] Vgl. Diosc. mat. med. 3,124 über einen aus dem Kraut κραταιόγονον ('Zeugungsstark') gewonnenen Trank, der männlichen Nachwuchs bewirke, wenn er in den 40 der Empfängnis vorausgehenden Tagen von Mann und Frau je dreimal (!) täglich eingenommen werde (ähnlich Plin. nat. 27,62; vgl. Roscher 1909b, 100f.). Stärker ausgeprägt ist die Beachtung einer präkonzeptionalen Tessarakontade bei gewissen islamischen Völkern. Exemplarisch ist der südnubische Brauch der Brautmästung zu nennen (vgl. Roscher 1909a, 29f). Erwähnenswert ist schließlich noch eine der Geburt vorausgehende hebdomadische Frist, die uns in den 7tägigen Geburtswehen der Alkmene begegnet (Ov. met. 9,292) und nach Roscher 1903, 46, altepischer Überlieferung zu entstammen scheint.

[2378] Den Einfluss pythagoreischer Zahlensymbolik auf die Astrologie betont (ohne Bezug auf die Lehre vom 3., 7. u. 40. Tag) Hübner 2001e, 832.

[2379] Diels, DG 181–183 u. 201. – Parker 1999, 520[22], schreibt mit Verweis auf Mansfeld 1989b, 311–342, u. Mansfeld 1990, 3179–3183, dieser vertrete die Auffassung, dass Varro nicht aus den *Vetusta Placita* des 1. Jh. v.Chr. schöpfte, sondern aus einem von Mansfeld als *Vetustissima placita* bezeichneten Werk, das bereits Chrysipp bekannt gewesen sei und dessen Ursprung in der skeptischen Akademie liege. Das ist falsch. Mansfeld hat nur behauptet, dass Chrysipp als Beweis für die Existenz von *Vetustissima placita* nicht weniger bedeutet als Varro bei Censorinum (nach Diels) für die Existenz der vielberufenen *Vetusta Placita* (so Mansfeld per Mail an den Verf., 25.08.2014). – Überholt ist die Ansicht von Roscher (1909b, 78–82, u. 1919, 48), dass kein Grund bestehe, die altpythagoreische Herkunft der durch Varro bei Censorinus tradierten Lehre zu bezweifeln.

Periode der Entwicklung des Fötus, in der er einen milchartigen Zustand habe, sieben Tage (*post quos* [sc. *septem dies*] *semen in sanguinem vertitur*), seine körperliche Gestaltung und Entwicklung der Glieder 40 Tage (*infans membratur ... diebus fere quadraginta*), die Dauer der gesamten Schwangerschaft 40×7 = 280 Tage (Cens. 11,8): *hi igitur dies quadraginta per septem illos initiales multiplicati fiunt dies ducenti octoginta, id est hebdomadae quadraginta.*[2380]

Weitere 7- und 40-tätige Fristen knüpfen sich an den Moment der Empfängnis und an den der Geburt: Soran schreibt vor, die Frau dürfe 7 Tage nach der Konzeption nicht baden (τὸ λουτρὸν δὲ παραπέμπειν, εἰ δυνατόν, ἕως ἑπτὰ ἡμερῶν),[2381] und Cens. 11,7 macht die im vorigen Absatz ausgelassene, da bereits oben (S. 939) zitierte Bemerkung, Schwangeren und Wöchnerinnen sei das Betreten eines Heiligtums erst 40 Tage nach der Empfängnis beziehungsweise Geburt erlaubt. Man denke auch an die im attischen Fest der Amphidromien zum Ausdruck kommende Sitte, einem neugeborenen Kind am 7. Tage nach der Geburt seinen Namen zu geben.[2382] Zugleich fand an diesen Tagen der Namensgebung auch eine Reinigung der Wöchnerin und der Frauen, die ihr bei der Entbindung geholfen hatten, statt.[2383]

Eine weitere wichtige, wenngleich nicht in Tagen, sondern in Monaten gezählte hebdomadische Frist der griechischen Embryologie liegt in der vermeintlichen Tatsache, dass die im siebten Monat geborenen

---

[2380] Vgl. Roscher 1906, 34f., u. 1909b, 78.

[2381] Soran. I 16 p. I 44 Burguière-Gourevitch-Malinas.

[2382] Vgl. Roscher 1919, 41[71c]. Ausführlicher hierzu Roscher 1903, 41[136], mit Verweis auf Arist. hist. anim. 8,12 p. 588,a8–10 τὰ πλεῖστα [sc. παιδία] δ᾽ ἀναιρεῖται πρὸ τῆς ἑβδόμης· διὸ καὶ τὰ ὀνόματα τότε τίθενται, ὡς πιστεύοντες ἤδη μᾶλλον τῇ σωτηρίᾳ. Lys. ap. Harpocrat. s.v. ἑβδομευομένου· τοῖς ἀποτεχθεῖσι παιδίοις τὰς ἑβδόμας καὶ τὰς δεκάτας ἦγον, καὶ τά γε ὀνόματα ἐτίθεντο αὐτοῖς οἱ μὲν τῇ ἑβδόμῃ, ὡς καὶ ὁ ῥήτωρ λέγει, οἱ δὲ τῇ δεκάτῃ (cf. Etym. Magn. p. 308,40–43 s.v. ἑβδομευόμενα· Τοῖς ἀποτεχθεῖσι παισὶ τὰς ἑβδομάδας καὶ τὰς δεκάδας ἦγον, καὶ τά γε ὀνόματα ἐτίθεντο αὐτοῖς· οἱ μὲν, τῇ ἑβδόμῃ· οἱ δὲ, τῇ δεκάτῃ). Hesych. s.vv. ε 73 ἑβδομευόμενα· ⟨δεκάτην⟩ ἢ ἑβδόμην ἡμέραν ἀπὸ γενέσεως παιδίου ἑορτάζουσιν. ibid. s.v. δ 2400 δρομιάμφιον ἦμαρ· ἀμφιδρόμια. ἔστι δὲ ἡμερῶν ἑπτὰ ἀπὸ τῆς γεννήσεως, ἐν ᾗ τὸ βρέφος βαστάζοντες περὶ τὴν ἑστίαν γυμνοὶ τρέχουσι. Siehe auch Plut. aet. Rom. et Graec. 288C (zur römischen Sitte, den Neugeborenen am 8. oder 9. Tage den Namen zu erteilen): τῶν δ᾽ ἡμερῶν τὰς μετὰ τὴν ἑβδόμην λαμβάνουσιν· ἢ γὰρ ἑβδόμη σφαλερὰ τοῖς νεογνοῖς πρός τε τὰ ἄλλα καὶ τὸν ὀμφαλόν· ἑβδομαῖος γὰρ ἀπολύεται τοῖς πλείστοις· ἕως δ᾽ ἀπολυθῇ, φυτῷ μᾶλλον ἢ ζῴῳ προσέοικε τὸ νήπιον.

[2383] Roscher 1903, 41[136] verweist dazu auf Preuner 1864, 52–63, wo das gesamte Zeugnismaterial gesammelt und kritisch gesichtet sei.

Kinder beschränkt lebensfähig seien, die im achten Monat Geborenen dagegen nicht.[2384] Zu nennen sind in diesem Kontext besonders die hippokratischen Traktate Περὶ ἑπταμήνου und Περὶ ὀκταμήνου (dazu Roscher 1909b, 85f.) sowie auch Περὶ σαρκῶν (dazu Roscher 1911, 51f., der diese Lehre für sehr alt hält). Die Lebensfähigkeit der im 7. Monat Geborenen fand später eine weit verbreitete astrologische Erklärung, die entweder auf der Aspektlehre oder auf den sogenannten Planeten-Schwangerschaftsmonaten basierte: vgl. Aët. plac. 5,18,6 (Diels DG 429). Cens. 7,6. 8,1. Procl. comm. in Plat. rem publ. p. II 26,15–25 Kroll. Album. myst. 1,152.[2385]

Zur Kombination von 40 und 3

Roscher hat versucht nachzuweisen, dass die schon erwähnte, bei semitischen Völkern sicher belegte Rechnung mit 40jährigen γενεαί und einer höchsten normalen Lebensdauer von $3 \times 40 = 120$ Jahren (s.o. S. 938) bei den Griechen seit den homerischen Epen ein Gegenstück hatte.[2386] Möglicherweise war das wirklich so. Eindeutige Beweise dafür vermag Roscher allerdings nicht zu liefern, da keine seiner Belegstellen explizit von dreimal vierzig Jahren spricht.[2387]

Beachtenswert ist jedoch, dass die Auffassung von der 120 Jahre umspannenden höchsten Lebensdauer bei den griechisch-römischen Astrologen sicher belegt ist. Cens. 17,4 erwähnt sie als eine von mehreren Ansichten (daneben Epigenes 112 Jahre, Berossos 116 Jahre, gewisse nicht namentlich genannte Autoritäten sogar mehr als 120 Jahre),[2388] Hist. Aug. Claud. 2,4 als einzige: *doctissimi mathematicorum centum viginti annos homini ad vivendum datos iudicant neque amplius cuiquam iactitant esse*

[2384] Siehe dazu Hanson 1987 sowie auch Parker 1999, 519, u. Runia 2001, 292f.

[2385] Ed. Schöffler 1973, 310f.; cf. CCAG V 1 (1904), p. 12, ad cod. Angel. 29, fol. 38.

[2386] Roscher 1909b, 41–44. 54f. Zu den Römern und überhaupt den Italikern vgl. Roscher ebd. 158f.

[2387] Das drei γενεαί umspannende Leben mythischer Helden wie Nestor (Hom. Il. 1,250–252 u. Od. 3,245) und Sarpedon (Ps.-Apollod. bibl. 3,6,5) ist stets ohne Angabe der Länge einer γενεά überliefert, und bei Hes. erg. 441 ist nur von einem als ideal angesehenen Alter von 40 Jahren ohne Bezug zur Dreizahl die Rede. – Schauen wir über den Bereich des Menschenlebens auf 40tägige bzw. 40jährige Fristen im Allgemeinen hinaus, so verdienen die latenten Vierzigtagefristen Homers Erwähnung, vgl. Roscher 1909b, 45f.

[2388] Zur Erwähnung von 124 Jahren bei Plin. nat. 7,160 (= Nech. et Pet. frg. 17, zit. in Anm. 1178) s.u. S. 1001. – Plin. nat. 7,160 u. Cens. 17,4 = Beross. F22a-b De Breucker.

concessos.[2389] Dass 120 Jahre unter Astrologen als Standard galten, zeigt auch der kanonische Wert der τέλεια ἔτη der Sonne (s.o. S. 649, Tab. 11), den die einschlägigen Texte explizit mit der Lebensspanne assoziieren (z.B. Firm. math. 2,25,6 *Sol si bene decreverit, CXX annos decernit*). Vgl. weiter den frühen Astrologen Kritodemos, der seine Analyse der allgemeinen klimakterischen Jahre mit dem 120. Lebensjahr enden lässt (Val. 5,8,23–100 = Critod. frg. 21 Peter). Allerdings bietet keiner dieser astrologischen Belege eine Begründung für die Zahl 120. Wir können also nur vermuten, aber nicht beweisen, dass sie das Produkt der Zahlen 3 und 40 ist. Ein Indiz dafür ist, dass die kanonischen τέλεια ἔτη Jahre des Mondes, d.h. des anderen der beiden Luminare, 108 sind, also ebenfalls das Dreifache einer bedeutsamen Zahl, der der 36 Dekane, die ihrerseits das Dreifache der Zahl der Tierkreiszeichen ist (mehr dazu unten S. 1344f.).

Zur Kombination von 7 und 3

Nach Cens. 14,9–10 hielten manche Astrologen (*genethliaci*) die Produkte der Drei- und Siebenzahl für die gefährlichsten *anni κρίσιμοι et climacterici*, also das 21., 42., 63. und 84. Lebensjahr (mehr dazu unten S. 1027). Und die sieben Planeten (inkl. Luminare) werden in der seit dem 2. Jh. v.Chr. belegten (s.o. S. 590) und von allen Astrologen befolgten Planetenordnung der ἑπτάζωνος (Saturn – Jupiter – Mars – Sonne – Venus – Merkur – Mond) durch die zentrale Sonne in eine Triade äußerer und eine Triade innerer Planeten geschieden.[2390]

Triadische Zahlenverbindungen

Wenngleich bisher deutlich wurde, dass bei den Griechen vor allem 40- und 7-tägige Fristen, in geringem Umfang auch dreitägige, für Empfängnis, Geburt und Tod des Menschen von Bedeutung waren, wurde noch nicht nach eventuellen Parallelen für die in der astrologischen Lehre vom 3., 7. und 40. Tag vorliegende triadische Kombination von Tagfristen gefragt. Um das Ergebnis gleich vorwegzunehmen: Exakte Parallelen sind aus der griechisch-römischen Antike nicht überliefert. Wir besitzen

---

[2389] Siehe ferner Serv. Aen. 4,653 *natura, cui ultra centum et viginti solstitiales annos concessum non est* und einige weitere von Roscher 1909b, 174, gesammelte Stellen. Siehe auch Bouché-Leclercq 1899, 410.

[2390] Dazu s. Hübner 2000a, 1073.

jedoch eine doxographische Nachricht über einen anonymen φυσικός, die bei Joh. Lyd. de mens. 4,26 pp. 84–86 Wünsch überliefert ist und unsere Beachtung verdient.[2391] In jener Nachricht fassen wir nicht nur den einzigen antiken Beleg für die Relevanz der 40-Tage-Frist bei allen drei 'Marksteinen' der Lebensspanne (Empfängnis, Geburt, Tod), sondern zugleich die Kombination dreier Tagefristen, denn dem Anonymos geht es um die Bedeutung des jeweils 3., 9. (*sic*) und 40. Tages nach jedem dieser Ereignisse. Auf die Konkurrenz von Sieben- und Neunzahl wird später noch einzugehen sein. Zuerst sei die Lehre jenes unbekannten Naturforschers näher vorgestellt. Johannes Lydos referiert (die Nennung der Römer zu Beginn ist vermutlich zu tilgen):[2392]

Οἱ τῶν Ῥωμαίων τὴν φυσικὴν ἱστορίαν συγγράφοντές φασι, σπέρμα τῇ μήτρᾳ καταβαλλόμενον ἐπὶ μὲν τῆς τρίτης ἡμέρας ἀλλοιοῦσθαι εἰς αἷμα, καὶ πρώτην διαζωγραφεῖν τὴν καρδίαν, ἥτις πρώτη μὲν διαπλάττεσθαι, τελευταία δὲ ἀποθνήσκειν λέγεται· εἰ γὰρ ἀρχὴ ἀριθμῶν ὁ τρεῖς, περιττὸς δέ ἐστιν ἀριθμός, ἄρα καὶ ἀρχὴ γενέσεως ἐξ αὐτοῦ. ἐπὶ δὲ τῆς ἐννάτης πήγνυται καὶ εἰς σάρκα καὶ μυελοὺς συγγλοιοῦται· ἐπὶ δὲ τῆς τεσσαρακοστῆς εἰς ὄψιν τελείαν καὶ διατύπωσιν ἀποτελεῖσθαι καὶ ἁπλῶς εἰπεῖν τέλειον ἄνθρωπον.
Ὁμοίως κατὰ ἀναλογίαν τῶν ἡμερῶν καὶ ἐπὶ μηνῶν·

Die römischen Schriftsteller, die über Naturgeschichte schreiben, sagen, dass sich das Sperma, wenn es in den Mutterleib gelangt, am 3. Tag zu Blut verwandelt und als erstes das Herz detailliert ausformt, das sich – wie man sagt – als erstes Organ formt, aber auch als letztes sterben soll; denn, wenn die Zahl 3 der Ursprung aller Zahlen und ungerade ist, so entstammt auch der Ursprung des Lebens aus ihr. Am 9. Tag wird es fest und verdichtet sich zu Fleisch und Eingeweiden. Am 40. Tag jedoch vervollständigt es sich zu seiner vollendeten Form und Gestalt und bildet, kurz gesagt, einen vollständigen Menschen.

Ebenso verhalte es sich in Analogie zu den Tagen auch mit den Mo-

---

[2391] Zu diesem Text s. Wünsch 1902, 120f., Roscher 1907, 104–108. Roscher 1909b, 36f. u. 133–135. Freistedt 1928, 179–189. Cumont 1949, 36f. 414f. Ranke 1951, 343f. Neuedition mit geänderter Kapitelzählung (statt 4,26 jetzt 4,21) und einigen unnötigen konjekturalen Textergänzungen bei Baudy 2013c, 140. Übersetzungen: Bekker 1837, 62f. (lat.). Rocca-Serra 1980, 73f. (frz.). Bezza 1995, 810f. (ital.). Baudy 2013c, 181–183 (engl.).

[2392] Der Text folgt der Ausgabe von Wünsch 1898. Für die Übersetzung danke ich Herrn B. Topp. Zu der Frage, ob die Worte τῶν Ῥωμαίων zu tilgen sind, s.u. S. 961.

ἐπὶ τοῦ τρίτου μηνὸς ἐγκι-
νεῖσθαι ἐχόμενον τῇ μήτρᾳ,
ἐπὶ δὲ τοῦ ἐννάτου μηνὸς
παντελῶς ἀπαρτίζεσθαι καὶ
πρὸς ἔξοδον σπεύδειν. καὶ εἰ
μέν ἐστι θῆλυ, κατὰ τὸν ἔννατον μῆνα, εἰ δὲ κρεῖττον,
κατὰ τὸν δέκατον ἀρχόμενον,
διὰ τὸ τὸν μὲν ἔννατον ἀριθμόν, θῆλυν ὄντα καὶ Σελήνης
οἰκεῖον, πρὸς τὴν ὕλην ἀνα-
φέρεσθαι, τὸν δὲ δέκατον
παντέλειον εἶναι καὶ ἄρρενα.

Θῆλυ δὲ καὶ ἄρρεν γίνεται
κατὰ τὴν τοῦ θερμοῦ ἐπικρά-
τειαν· πλεονάζοντος μὲν τοῦ
κατὰ τὸ σπέρμα θερμοῦ, ἅτε
τῆς πήξεως ταχείας γινομέ-
νης, ἀρρενοῦταί τε καὶ δια-
μορφοῦται ταχέως, ἐλαττου-
μένης δὲ κατισχύεται ὑπὸ
τῆς ἐπιρροῆς καὶ καταγωνι-
ζόμενον θηλύνεται, βράδιον
δὲ πηγνύμενον βράδιον καὶ
μορφοῦται. ὅτι δὲ ἀληθὴς ὁ
λόγος, τὰ μὲν ἄρρενα καὶ τῶν
τεσσαράκοντα ἡμερῶν ἐντὸς
ἐκτιτρωσκόμενα μεμορφωμέ-
να προπίπτει, τὰ δὲ θήλεα
καὶ μετὰ τὰς τεσσαράκοντα
ἡμέρας σαρκώδη τε καὶ ἀδια-
τύπωτα.

Μετὰ δὲ τὴν κύησιν ἐπὶ
τῆς τρίτης τεχθὲν ἀποσπαρ-
γανοῦσθαι τὸ βρέφος φασίν,
ἐπὶ δὲ τῆς ἐννάτης ἰσχυρο-
ποιεῖσθαι καὶ ἁφὴν ὑπομέ-
νειν· ἐπὶ δὲ τῆς τεσσαρα-
κοστῆς προσλαμβάνειν τὸ
γελαστικὸν καὶ ἄρχεσθαι
ἐπιγινώσκειν τὴν μητέρα.

naten: Im 3. Monat im Mutterleib
beginne es (das Ungeborene), sich zu
bewegen, und im 9. Monat soll es zur
endgültigen Gestalt gelangen und in
Richtung Ausgang drängen, und
zwar, wenn es weiblich ist, im Laufe
des 9. Monats, wenn es aber zum
stärkeren Geschlecht gehört, zu Beginn des 10. Monats, da die Zahl 9,
die ja weiblich ist und dem Mond
zugehörig, sich auf die Materie bezieht, während die Zahl 10 vollkommen und männlich ist.

Weiblich und männlich jedoch
wird es infolge der jeweils vorherr-
schenden Temperatur: Wenn die Hitze im Sperma ins Übermaß gerät,
wird es männlich und wandelt sich
schnell, da der Gerinnungsprozess
schnell voranschreitet, wenn sie aber
geringer ist, nimmt der Zufluss über-
hand, und indem das Sperma dagegen ankämpft, wird es weiblich, wird
langsamer fest und nimmt auch langsamer Gestalt an. Dass diese Theorie
wahr ist, ergibt sich daraus, dass
männliche Föten, auch wenn sie innerhalb der 40 Tage vorzeitig geboren werden, bereits in voller Gestalt
zum Vorschein kommen, die weiblichen jedoch selbst nach Ablauf der
40 Tage als ungeformtes Fleisch.

Nach der Geburt aber, so sagen
sie, nimmt man dem Neugeborenen
am 3. Tag die Windeln ab, am 9. Tag
beginne es stärker zu werden und
Körperkontakt zu akzeptieren; am
40. Tag entwickle es die Fähigkeit zu
lachen und fange an, seine Mutter zu
erkennen.

Ἐπὶ δὲ τῆς ἀναστοιχειώσεως τοὺς ἴσους φασὶν ἀριθμοὺς αὖθις ἐξ ὑποστροφῆς παραφυλάττειν τὴν φύσιν, καὶ δι᾽ ὧν συνέστη, δι᾽ αὐτῶν αὖθις ἀναλύεσθαι. τελευτήσαντος γοῦν ἀνθρώπου, ἐπὶ μὲν τῆς τρίτης ἀλλοιοῦται παντελῶς καὶ τὴν ἐπίγνωσιν τῆς ὄψεως διαπόλλυσι τὸ σῶμα· ἐπὶ δὲ τῆς ἐννάτης διαρρεῖ σύμπαν, ἔτι σωζομένης αὐτῷ τῆς καρδίας· ἐπὶ δὲ τῆς τεσσαρακοστῆς καὶ αὕτη συναπόλλυται τῷ παντί.

Διὰ τοῦτο τρίτην ἐννάτην καὶ τεσσαρακοστὴν ἐπὶ τῶν τεθνηκότων φυλάττουσιν οἱ ἐναγίζοντες αὐτοῖς, τῆς τέ ποτε συστάσεως τῆς τε μετ᾽ ἐκείνην ἐπιδόσεως καὶ τὸ δὴ πέρας τῆς ἀναλύσεως ἐπιμιμνησκόμενοι.

Auch bei der Verwesung soll die Natur ihrer Meinung nach wiederum dieselben Zahlenwerte einhalten und in den gleichen Zeiträumen, in welchen der Körper entstand, soll er auch wieder zerfallen. Folglich verändert sich der Körper nach dem Tode eines Menschen am 3. Tag vollständig und verliert seine äußere Form. Am 9. Tag zerfällt er völlig, wobei jedoch sein Herz noch intakt ist; am 40. Tag jedoch verwest auch dieses zusammen mit dem gesamten Körper komplett.

Auf Grund dessen beachten diejenigen, die den Toten Opfer darbringen, den 3., 9. und 40. Tag und gedenken sowohl der ursprünglichen Zusammensetzung des Körpers als auch seines folgenden Wachstums und schließlich seiner endgültigen Verwesung.

Die im Text enthaltenen Daten lassen sich wie folgt zusammenfassen:

Zeitpunkt	Ereignisse am ...		
	3. Tag danach	9. Tag danach	40. Tag danach
Empfängis	Sperma wird zu Blut	Blut wird zu Fleisch	Embryo nimmt erkennbare menschliche Gestalt an
Geburt	erstmalige Entfernung der Windeln	Säugling wird kräftiger und akzeptiert Berührung	Säugling erkennt die Mutter und beginnt zu lächeln[2393]
Tod	Verwesung beginnt	nur Herz noch intakt	Leiche ist vollständig verwest

Tab. 23: Physiologische Daten zum 3., 9. und 40. Tag nach Lyd. mens. 4,26

[2393] Bidez – Cumont 1938, II 26[1], verweisen hierzu auf Plin. nat. 7,72 u. Verg. ecl. 4,60–64.

Es stellen sich vier Fragen: (1) Wie alt ist diese Lehre? (2) Ist sie griechischen oder römischen Ursprungs? (3) Ist sie heidnischen oder christlichen Ursprungs? (4) Ist ein einleuchtender Grund für die Konzeption dieses artifiziell anmutenden Systems von Tagfristen erkennbar?

Zur Beantwortung dieser Fragen verdient Beachtung, dass mehrere inhaltlich eng verwandte christliche Texte aus späterer Zeit existieren, die Krumbacher in drei Gruppen eingeteilt und veröffentlicht hat.[2394] Keine der von Krumbacher untersuchten Handschriften ist älter als das 12. Jahrhundert.[2395] Die oben zitierte Lydos-Stelle ist Krumbacher unbekannt. Sie ist das mit Abstand älteste Zeugnis und die Quelle aller späteren, Krumbacher bekannten Texte. Die Ansicht Rohdes,[2396] der φυσικός bei Johannes Lydos habe aus einer christlichen Quelle geschöpft, haben Roscher und Freistedt mit überzeugenden Argumenten zurückgewiesen.[2397] Rohde dachte an die altchristliche Sitte, der Verstorbenen in besonderen Feiern am 3., 9. und 40. Tage nach ihrem Tode zu gedenken.[2398] Da aber im Alten Testament Belege für eine 40tägige Trauerfrist fehlen,[2399] spricht viel für Roschers Umkehrung der von Rohde geäußerten Annahme, also dafür, dass die christlichen Totenfeiern am 40. Tage aus dem altgriechischen Totenkult in den christlichen übernommen wurden.[2400]

Problematisch ist der Verweis auf 'die Römer' am Beginn des zitierten Kapitels. Wünsch 1902, 120f., hielt den 1898 von ihm edierten Wortlaut des Textanfangs (Οἱ τῶν Ῥωμαίων τὴν φυσικὴν ἱστορίαν συγγρά-φοντές φασι κτλ.) später nicht mehr für richtig und wollte nach συγ-γράφοντες mit Rücksicht auf einen Münchener Codex die Worte κό-σμος δὲ αὐτῶν ὁ Ῥωμαῖος Πλίνιος einschieben. Die Details seiner Änderungsabsicht und die dagegen sprechenden Gründe erläutert Freistedt 1928, 181–183, der plausibel dafür argumentiert, dass die Worte κόσμος δὲ αὐτῶν ὁ Ῥωμαῖος Πλίνιος als Zusatz eines byzantinischen Schreibers

---

[2394] Krumbacher 1892, 341–355 ("Ein Traktat über die Totenfeiertage"); s. dazu Freistedt 1928, 179f.

[2395] Krumbacher 1892, 353.

[2396] Rohde 1901, Vorrede p. X Anm. 1 a.E. Zu noch früheren Forschungsurteilen s. Freistedt 1928, 181f.

[2397] Roscher 1907, 105[158]. Roscher 1909b, 37f. Freistedt 1928, 183f. (Freistedt scheint Roscher 1909b nicht zu kennen).

[2398] Diese Sitte hat bei den Neugriechen durch den Brauch, Speisen, Kuchen und Früchte am 3., 9. und 40. Tag des 3., 6. und 9. Monats nach dem Tode auf dem Grab niederzulegen, bis in die Gegenwart ein gewisses Weiterleben (so Roscher 1909b, 161).

[2399] Freistedt 1928, 175, betont, "daß wir kein einziges sicheres Beispiel einer vierzigtägigen Trauer [scil. bei den Juden] nachweisen können".

[2400] Vgl. Roscher 1909b, 37f.

zu erklären sind und nicht ein Zusatz zum ursprünglichen Wortlaut Wünschs, sondern eine Tilgung der Worte τῶν Ῥωμαίων nötig ist, also: Οἱ τὴν φυσικὴν ἱστορίαν συγγράφοντές φασι κτλ. Es ist ohnehin unmöglich, dass Johannes Lydos sein Kapitel 4,26 aus Plinius geschöpft hat, da dessen Naturgeschichte nur zwei sehr unvollkommene inhaltliche Berührungen bietet.[2401] Diese lassen sich am leichtesten durch einen gemeinsamen Rekurs des Plinius und des Johannes Lydos auf eine ältere griechische vorchristliche Überlieferung erklären, über deren Ursprung aber nur Vermutungen möglich sind.[2402] Der Begriff φυσικὴ ἱστορία (der ja Plinius zu seinem lateinischen Titel inspiriert hat) ist jedenfalls im Griechischen seit dem 4. Jh. v.Chr. (Aristoteles, Theophrast) geläufig. Falls entgegen der Argumentation Freistedts die Worte τῶν Ῥωμαίων authentisch sein sollten, ist statt an Plinius vielmehr (oder: primär) an Varro zu denken,[2403] wobei dieser natürlich seinerseits auf die soeben genannte ältere griechische Überlieferung zurückgegriffen hätte.

Es bleibt die Frage nach einem einleuchtenden Grund für die Konzeption dieses artifiziell anmutenden Systems von Tagfristen, dessen Details nur sehr unvollkommen die wahren physiologischen Prozesse beschreiben. Freistedt hat gezeigt, dass es sich wahrscheinlich um den Versuch einer physiologischen Erklärung von im griechischen Totenkult gegebenen, aber numerisch unverstandenen Tagfristen handelt. Totenopfer am dritten und neunten Tag sind als τρίτα und ἔνατα seit der klassischen Zeit sicher bezeugt;[2404] außerdem ist auch der 30. Tag als Totengedächt-

[2401] Plin. nat. 7,2 u. 7,41; s. Freistedt 1928, 183.

[2402] Roscher urteilt, dass der naturphilosophische Zahlentheoretiker "wahrscheinlich der peripatetischen Schule angehört, aber auch mancherlei Anklänge an die älteren Pythagoreer, Empedokles, Diokles von Karystos, Xenokrates und die Stoiker zeigt" (so Roscher 1909b, 134; ähnlich bereits Roscher 1907, 104 u. 108; kritisch dazu: Ranke 1951, 344). Cumont 1918b, 279, dachte an "un pythagoricien éclectique du genre de Numénius". Freistedt 1928, 185, betont, aus Hdt. 4,18–22 sei klar, dass eine besondere Bedeutung des 40. Tages nach dem Tod schon im 5. Jh. v.Chr. bei den Skythen vorgelegen habe, und tendiert insgesamt zur Lokalisierung des Ursprungs der Beachtung des 40. Tages nach dem Tod im Osten, speziell im Schwarzmeergebiet (ebd. 184–189).

[2403] So richtig Rocca-Serra 1980, 73, mit Verweis auf die intensive Benutzung Varros durch Lydos (dazu s. Flintoff 1976).

[2404] Vgl. Freistedt 1928, 73–89, zum 3. Tag im griechischen Totenkult (darin 77–83 zu den bei Homer beginnenden vorchristlichen Belegen zur Aufbahrung der Leiche, Totenklage, Totenfasten und öffentlicher Trauer) und ebd. 90–118 zu Totenopfern am 3. Tag, die seit Aristophanes in Attika belegt sind (ebd. 92f.; s. auch ebd. 112–114 den Nachweis, dass dieser Brauch schon sehr früh über Attika hinaus verbreitet war). Vgl. weiter ebd. 119–126 zu den Totenopfern am neunten Tag, die seit dem frühen 4. Jh. v.Chr. in Athen belegt sind (bei Isaios).

nistag belegt.[2405] Für den 7. und 40. Tag fehlen sichere Belege eines griechischen Totenkults.[2406] Allerdings erscheint eine Differenzierung insofern notwendig, als "mit einiger Wahrscheinlichkeit" festgestellt werden
kann, dass in Griechenland "den ersten vierzig Tagen nach einem Todes-
falle eine besondere Bedeutung zukam",[2407] während dies für den siebten
Tag nicht der Fall gewesen zu sein scheint. Falls die Lehre des von Lydos
zitierten φυσικός tatsächlich eine Rationalisierung von Tagfristen des
griechischen Totenkultes sein sollte, wären die physiologischen Unvollkommenheiten des Systems verständlich und die Integration des 40. Tages zugleich ein Indiz für die Bedeutung auch dieses Tages (neben dem
sicher belegten dritten und neunten) im vorchristlichen Totenkult, der ja
anscheinend von den Christen, für die alle drei Tagfristen sicher belegt
sind,[2408] übernommen wurde.[2409]

Da der Nachweis, dass es im vorchristlichen Griechentum eine triadische Kombination des 3., 9. und 40. Tages nach Empfängnis, Geburt und
Tod gab, an einem einzigen Beleg (Lydos) hängt, kann nicht mit
Sicherheit ausgeschlossen werden, dass es vielleicht im vorchristlichen
Griechentum eine ähnliche nicht-astrologische triadische Verbindung des
3., 7. (*sic*) und 40. Tages gab, die überhaupt keine Spuren hinterlassen
hat. Diese Feststellung wäre müßig, wenn nicht Franz Cumont darauf
verwiesen hätte, dass die frühen Christen in Syrien und Palästina anstelle
der im Westen (speziell bei den Griechen) üblichen christlichen Tagfristen (3, 9, 30) den dritten, siebten (!) und vierzigsten (!) Tag als Totengedächtnistage feierten.[2410] Das konnte er sich nur als Übernahme aus dem

---

[2405] Freistedt 1928, 161–171; belegt seit Hypereides (ebd. 161).

[2406] Zum 7. Tag s. Freistedt 1928, 150–160, zum 40. Tag ebd. 172–178. Freistedt kann
für diese Tage nur auf geographisch oder inhaltlich andersartiges Material verweisen;
siehe ebd. 151–153 zu einer 7-tägigen Unreinheits- bzw. Trauerfrist in Syrien und einer
7-tägigen Trauerperiode bei den Juden, ebd. 156 u. 173f. zu Spuren einer Vorstellung
vom siebentätigen Verweilen der Seele beim Leichnam u. ebd. 174 zu einem aus Rhodos überlieferten Verbot, während der ersten 40 Tage nach einem Trauerfall den Tempel
zu betreten.

[2407] Freistedt 1928, 179. Noch zuversichtlicher urteilt Ranke 1951, 54 (zit. oben Anm.
2320).

[2408] Vgl. Mehrlein 1959, 287 u. 308.

[2409] Dazu s.o. S. 960.

[2410] Cumont 1918b, 285 u. 288, mit Verweis auf Usener 1890, 135f. Ich vermag nicht zu
beurteilen, ob sich dadurch vielleicht zumindest ein Teil der von Roscher gesammelten
nachantiken Zeugnisse anderer Völker für die Verbindung des 3., 7. u. 40. Tages im Bereich des Totenkults erklären lässt. Für die osmanischen Türken notiert Roscher 1909b,
167, den Brauch, an Fremde und Arme am 3., 7. und 40. Tage nach dem Leichen-
begängnis Pfannkuchen zu versenden; zum Dank verlange man Gebete für die Seele des

vorchristlichen syrischen Heidentum und letztlich als einen Einfluss babylonischer Kultur erklären. Als Beweis dafür diente ihm die hier in Frage stehende astrologische Lehre vom 3., 7. und 40. Tag des Mondes, die er als Relikt sehr alter babylonischer Kultureinflüsse deutete: "Pourquoi la généthlialogie accordait-elle à ces dates une valeur particulière? Simplement [!] parce que 3, 7 et 40 sont à Babylone des nombres sacrés, ou, pour mieux dire, «parfaits" (τέλειοι)". Ganz so einfach erklärt sich das aber nicht. Knapp ein Jahrhundert, nachdem Cumont seine Behauptung im Geiste des zeitgenössischen Panbabylonismus aufstellte, ohne Zweifel einzuräumen oder babylonische Belege anzuführen, sind heute weder aus den von Rochberg 1998 publizierten babylonischen Nativitätsomina noch aus irgendwelchen anderen Keilschrifttexten Belege für eine triadische Kombination der Zahlen 3, 7 und 40 bekannt.[2411]

Es erscheint daher plausibler zu vermuten, dass entweder die durch Lydos bezeugte triadische Kombination des 3., 9. und 40. Tages in ptolemäischer Zeit bereits existierte und mit Beschränkung auf die Geburt zu einer neuen astrologischen Lehre vom 3., 7. und 40. Tag modifiziert wurde oder aber auf der Grundlage ein und derselben griechischen Kultur eine Polygenese voneinander unabhängiger, triadisch konzipierter Systeme von Tagfristen stattgefunden hat. In jedem der beiden Fälle stellt sich die konkrete Frage, warum die Astrologen eine Lehre entwickelt haben, die den physiologischen Ausführungen des Anonymos bei Johannes Lydos so stark ähnelt, in der aber die Sieben die Stelle der Neun einnimmt.

Zur Konkurrenz der Zahlen 9 und 7

Die Neunzahl[2412] spielt in der griechischen Literatur, Religion und Kultur eine sehr bedeutende Rolle. Roscher sah die in der griechischen Kultur vielfach belegbare Konkurrenz von Enneaden und Hebdomaden[2413] in den bereits oben (S. 942) erwähnten zwei Möglichkeiten, den Mondmo-

---

Verstorbenen. Volkskundliche Parallelen hierzu sind für "die Tscheremissen (= Wolgafinnen, jetzt russische Christen mit vielen heidnischen Bräuchen), die Wotjäken (ebenfalls Finnen) und Baschkiren [...] sowie die Karginzen" belegt, die alle am 3., 7. und 40. Tag nach dem Tode Gedächtnismahle feiern (ebd.).

[2411] Für diese Auskunft danke ich Nils Heeßel, Hermann Hunger und John Steele.

[2412] Dazu s. bes. Roscher 1903. Roscher 1904. Roscher 1907. Meyer – Suntrup 1987, 581–590 (mit weiterer Lit.).

[2413] Vgl. die konzise Zusammenstellung exemplarischer Fälle von Schwankungen zwischen 7 und 9 bei Roscher 1907, 9f.; s. ferner ebd. 123[180] sowie Roscher 1904, 8[19]. 15[39] a.E. 32. 38. 40[94]. 45. 50. 54. 61f.

nat zu unterteilen, begründet: entweder 3×9 oder 4×7 Tage.[2414] Wenngleich Roscher diese astronomisch-kalendarische Erklärung vielleicht in
einem Teil seiner Publikationen zu einseitig präsentiert hat,[2415] spielt sie
doch zweifellos für das Verständnis der Konkurrenz beider Zahlen im
Allgemeinen und für unsere leitende astrologiehistorische Fragestellung
im Besonderen eine wichtige Rolle. In wenigstens zwei (zugegebenermaßen späten) Astrologentexten wird diese Konkurrenz im Rahmen des
Mondmonats explizit thematisiert. Der eine ist ein Exzerpt des 'Palchos',
der in Katarchenkontext die Beobachtung der Mondposition am 9., 18.
und 27. beziehungsweise am 7., 14., 21. und 28. Tag befiehlt: φυλάττου
δὲ καὶ τὰς γ̄ ἐννεάδας τῆς Σελήνης καὶ τὰς δ̄ ἑβδομάδας.[2416] Ganz
ähnlich heißt es in einem anderen, Roscher noch unbekannten 'Palchos'-
Exzerpt im Kontext der Konjunktionen und Separationen des Mondes:
χειρότερον δέ ἐστιν ἡ Σελήνη ὅταν ἐπισήμους ἄγῃ ἡμέρας· ἐπισήμους δὲ λέγε ἐννεάδας μὲν τρεῖς, τὴν θ΄ καὶ ιη΄ καὶ κζ΄, ἑβδομάδας
δὲ τέσσαρας, τὴν ζ΄ καὶ ιδ΄ καὶ κα΄ καὶ κη΄· αὗται οὖν αἱ ἡμέραι τῆς
Σελήνης ἐν ἅπασι παρατηρητέαι εἰσίν, ὡς ἀπὸ συνδεσμῶν τυγχά-
νουσαι.[2417] An diesen Stellen zeigt sich eine gewisse Austauschbarkeit
der enneadischen und hebdomadischen Fristen. Verzichtet man auf die
explizite Kopplung an den Mondmonat, so findet sich die Konkurrenz der
Enneaden und Hebdomaden bereits viel früher in der astrologischen
Lehre von den klimakterischen Jahren, deren gefährlichstes das 63. Jahr
als Produkt von 9 und 7 ist (dazu s.u. 1025–1030, bes. 1027).

[2414] Siehe Roscher 1903, 69 u. 72f. Roscher 1904, 3. Roscher 1906, 8 u. 199–202.
Roscher 1907, 39. Zur dem uralten, in drei neuntägige Wochen geteilten Monat von 27
Tagen s. Roscher 1903, 27f.

[2415] Vgl. die Kritik von Burkert 1962, 448 (mit Bezug auf Roscher 1904, 67ff.): "Die
Zahlensymbolik restlos aus gewissen Naturbeobachtungen ableiten zu wollen, wie
Roscher die Bedeutung der Sieben- und Neunzahl ausschließlich auf die Mondphase
[sic] zurückführte, ist sicher verfehlt." Burkert kannte jedoch offenbar nicht Roscher
1903, 72f., der resümiert: "Das häufige Schwanken zwischen 7 und 9 [...] ebenso wie
zwischen hebdomadischen und enneadischen Fristen, und zwar nicht bloß bei den Griechen sondern auch bei anderen Völkern [...], erklärt sich nunmehr ganz einfach aus den
verschiedenen Teilungen des Monats; die ungeheure Rolle aber, welche diese beiden
heiligen Zahlen in den verschiedensten Beziehungen und bei den verschiedensten Völkern gespielt haben, erklärt sich zum großen Teile [!], wenn auch nicht ausschließlich
[!], aus dem bedeutenden Einfluß, welchen man dem Monde und seinen verschiedenen
(hebdomadisch oder enneadisch bestimmten) Phasen auf das gesamte Leben der Natur,
insbesondere der organischen (Pflanzen, Tiere, Menschen), zuschrieb."

[2416] CCAG V 1 (1904), p. 179,6–7 = CCAG V 3 (1910), pp. 126,37–127,1. Vgl. dazu
Roscher 1906, 200f., u. 1907, 99 u. 122. Zum Namen 'Palchos' s.o. S. 99.

[2417] CCAG VIII 1 (1929), p. 185,5–10 (*De coniunctionibus et defluxionibus lunae*).

Erklärung der Lehre vom 3., 7. und 40. Tag des Mondes

Erklärung der Wahl des 7. Tages

Das soeben präsentierte astrologische Material belegt aber nur die Konkurrenz beider Zahlen, ohne zu erklären, was die Ursache einer astrologischen Bevorzugung der Sieben zu Lasten der Neun in unserer Mondlehre gewesen sein könnte. In ähnlicher Weise belegt das oben im Rahmen unserer arithmologischen Untersuchungen (S. 934–956) präsentierte Material nur das Vorhandensein der *Möglichkeit*, eine hebdomadisch ausgerichtete Alternative zu dem durch Lydos bekannten System des 3., 9. und 40. Tages zu konzipieren. Um diese Möglichkeit zu verdeutlichen, werden auf der nächsten Seite noch einmal die wichtigsten physiologischen und kultischen Voraussetzungen durch ein Diagramm (Diagr. 20) illustriert, das allerdings (anders als das durch Lydos tradierte System) eine durch keine Einzelquelle legitimierte Synthese separat überlieferter Daten ist.

Wie erklärt sich also die Bevorzugung der Sieben zu Lasten der Neun in unserer Mondlehre? Es gibt mehrere potentielle, miteinander komplementäre Gründe. Der am wenigsten spezifische und damit schwächste liegt in dem, was Boll 1921, 844, über die Konkurrenz der hebdomadischen und enneadischen Klimaktere gesagt hat: "Die heilige Zahl der 7 Planeten tritt auch hier entscheidend zugunsten der Siebenzahl ein".

Einen zweiten, wichtigeren möglichen Grund für die Präferenz der 7 liefert die Medizin: Im *Corpus Hippocraticum* überwiegen hinsichtlich der kritischen Tage die Erwähnungen der Siebenzahl deutlich diejenigen der Neunzahl.[2418] Dies gilt allerdings nicht bezüglich jeder Einzelschrift.[2419] Außerdem zeigen Roschers Frequenzstatistiken, dass der 3. und 40. Tag eine deutlich geringere Rolle spielten als andere kritische Tage wie z.B. der 4., 5., 11., 14., 17. und 20. Tag. Die Häufigkeitszählungen medizinischer Belege können also nicht die Wahl jedes einzelnen der drei Tage unserer Mondlehre erklären, sondern nur einen Beitrag zum

---

[2418] Roscher ermittelt für diejenigen Schriften, die er der knidischen Schule und damit dem ältesten Teil des Corpus zuordnet, ein Verhältnis der Siebenzahl zur Neunzahl von 8:6; für die seines Erachtens 'echthippokratischen' Schriften sogar im Verhältnis von 8:4. Vgl. die Tabellen II u. III bei Roscher 1906, 66 u. 72, sowie die Tabellen I u. II bei Roscher 1909b, 107 u. 109. Siehe ferner Tab. I u. II bei Roscher 1907, 64f., sowie auch oben S. 943.

[2419] Vgl. den abweichenden Befund bzgl. der kritischen Tage der Pluralitätsfälle in Epidem. I. u. III bei Roscher 1909b, 112, Tab. III (vgl. ebd. 116 u. Roscher 1913, 89–91).

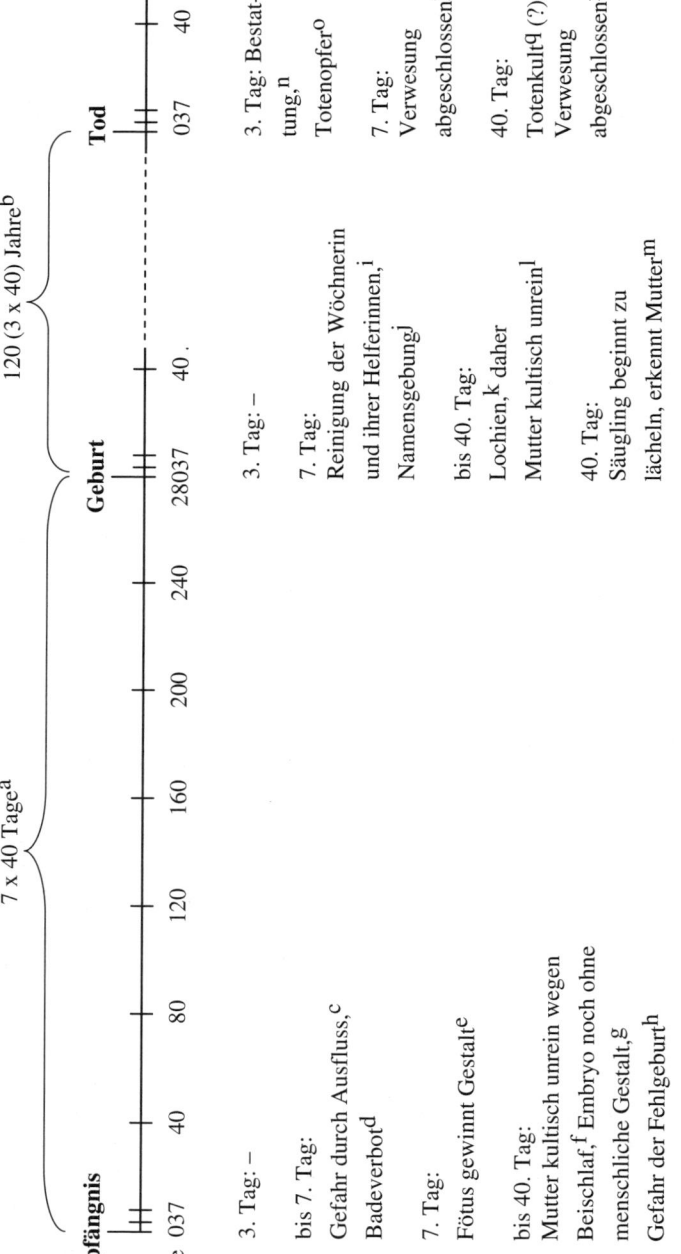

Diagr. 20: Signifikante physiologische und kultische Tagesfristen griechischer Quellen
(zu den hochgestellten Buchstaben s.o. die folgenden Seiten:
a: 952, b: 956, c: 952, d: 954, e: 944 u. 953, f: 939, g: 939 u. 953, h: 952,
i: 954, j: 954, k: 953, l: 939, m: 959, n: 951, o: 961, p: 947, q: 962 u. 962, r: 959)

Verständnis der Präferenz der 7 gegenüber der 9 liefern. Im Zusammenhang mit dem Überwiegen der Siebenzahl gegenüber der Neunzahl hinsichtlich der kritischen Tage verdient Beachtung, dass die Neunzahl außerhalb der von Lydos tradierten Lehre ohne physiologische Relevanz ist und innerhalb jener Lehre sehr wahrscheinlich durch die Totenopfer am 9. Tag motiviert ist (zu den ἔνατα s.o. S. 961). Unsere astrologische Lehre blendet jedoch den Tod (ebenso wie die Empfängnis) als Ausgangspunkt der Tagfristen aus und konzentriert sich ganz auf die Geburt.

Ein weiterer wichtiger Grund für die Präferenz der Siebenzahl wird deutlich, wenn wir unseren Blick von der im vorigen Absatz erwähnten Medizin auf das Spezialgebiet der Iatromathematik richten. Wie oben (S. 948–950) gezeigt wurde, sind quadratische Aspekte des Mondlaufs und damit hebdomadische Fristen in den einschlägigen Traktaten schon seit früher Zeit sehr wichtig. Wahrscheinlich darf man hierin nicht nur den Hauptgrund für die Wahl der Siebenzahl sehen, sondern darüber hinaus den Ausgangspunkt für die Entwicklung der gesamten Lehre vom 3., 7. und 40. Tag des Mondes.

Im Kontext der Aspektlehre verdient noch ein weiterer Grund für die Präferenz der Sieben gegenüber der Neun Beachtung. Ein Prinzip der Lehre vom 3., 7. und 40. Tag des Mondes ist, wie schon gezeigt, dass die Entfernung dieser drei Mondpositionen vom Geburtsmond stets ein Vielfaches von genau 30° ist (s.o. S. 909 und S. 931, Punkt 4). Am 7. Tag durchläuft der Mond bei einer mittleren Geschwindigkeit von 13°/Tag (s.o. S. 84, Anm. 384) das Tierkreissegment, das 78°–91° vom Geburtsmond entfernt ist und auf 90° eine exakte Quadratur bietet. Am 9. Tag hingegen durchläuft der Mond das 104°–117° entfernte Segment, welches ohne Aspekt zum Geburtsmond ist. Der 7. Tag des Mondes ist also auch unter diesem Gesichtspunkt offensichtlich vorzuziehen.

Erklärung der Wahl des 3. und 40. Tages

Die astrologische Aspektlehre ist auch zum Verständnis der Wahl des 3. Tages unverzichtbar. Denn während die Wahl des 40. Tages physiologisch und kultisch legitimiert ist, lässt sich dasselbe nicht über den 3. Tag sagen (s.o. S. 966, Diagr. 20). In der durch Lydos referierten Lehre war die Inklusion dieses Tages offenbar durch die Bestattung und die traditionellen Opfer am 3. Tag nach dem Tod motiviert (zu den τρίτα s.o. S. 961) und hatte den anonymen φυσικός dazu gezwungen, im Interesse der Kohärenz seines Systems analoge, ziemlich absurde physiologische Tagfristen nach Empfängnis und Geburt zu formulieren. Da die astrologische Mondlehre ausschließlich Tagfristen nach der Geburt thematisiert, muss in ihr ein anderer Sinn hinter der Wahl des 3. Tages stehen. Dieser Sinn ist mit an Sicherheit grenzender Wahrscheinlichkeit der, dass der Mond am 3. Tag sein Tierkreiszeichen, in dem er bei der Geburt stand, verlassen haben und in das nächstfolgende Zeichen eingetreten sein wird. Der potentielle Einwand, dass doch der '3. Tag' dem Tierkreisbogen von 26°–39° oberhalb bzw. links der Position des Geburtsmondes entspreche und somit die Möglichkeit bestehe, dass der Mond sich am Anfang des dritten Tages doch noch in seinem natalen Tierkreiszeichen befinde, ist aufgrund der Regel $\lambda_{\mathbb{C}}^{3} = \lambda_{\mathbb{C}}^{1} + 30°$ (S. 931, Punkt 4) unzulässig. Wenn aber der Mond des 3. Tages *per definitionem* im nächsten Tierkreiszeichen steht, bedeutet das, dass er ebenso wie am 40. Tag ohne Aspekt zum Geburtsmond sein wird. Die 30° (3. Tag) und 150° (40. Tag) vom Geburtsmond entfernten Positionen fallen in die einzigen Tierkreiszeichen zwischen Neumond und Vollmond, die ohne Aspekt zum Zeichen der Geburt sind. An jedem dieser beiden Tage werden die bei der Geburt existierenden Aspekte (bzw. Konjunktionen) des Mondes zur Sonne und zu den fünf Planeten vollständig annulliert und es besteht die Möglichkeit zur Etablierung neuer Aspekte (bzw. Konjunktionen), die neue astrologische Interpretationsmöglichkeiten bieten. Ähnliches gilt, wenngleich in abgeschwächter Weise, für die 90° vom Geburtsmond entfernten Positionen am 7. Tag, die zwar keine neuen Relationen des Mondes etablieren, aber bestehende Relationen modifizieren (z.B. von Quadratur zu Opposition oder von Konjunktion zu Quadratur).

Es bietet sich an, die am 3. und 40. Tag neu entstehenden bzw. am 7. Tag modifizierten Aspekte (bzw. Konjunktionen) einmal systematisch auf ihre astrologische Qualität zu prüfen. Von besonderem Interesse sind dabei die neuen Aspekte (bzw. Konjunktionen) am 3. und 40. Tag, da sie nicht weniger als vier zuvor (d.h. bei der Geburt) unverbundene Tierkreiszeichen, mithin ein Drittel des ganzen Tierkreises, mitsamt den möglicherweise darin befindlichen Planeten und hellen Fixsternen in eine Relation zum Mond bringen.

In der folgenden Tabelle steht der Mond exemplarisch in der Jungfrau.[2420] Die bezüglich des Mondes aspektlosen Zeichen sind dann Widder, Löwe, Waage und Wassermann. Deren Zellen sind daher in der folgenden Tabelle grau schattiert, allerdings nicht systematisch (d.h. ganze Spalten), sondern beschränkt auf die hier fraglichen vier Tage (Geburt, 3. Tag, 7. Tag, 40. Tag). Tageszahlen, die in unserer astrologischen Lehre

---

[2420] Jedes andere Tierkreiszeichen würde dem Zweck der Illustration ebenso gut dienen.

keine Verwendung finden, aber der Vollständigkeit halber von Interesse sind (nämlich Vollmond sowie der 7. und 3. Tag vor dem nächsten Neumond) sind in Klammern ergänzt. Jeder 'Schritt' in der Tabelle entspricht der Fortbewegung des Mondes um ein Tierkreiszeichen. Die von Schritt zu Schritt wechselnden positiv (Trigon, Sextil) beziehungsweise negativ (Opposition, Quadratur) konnotierten Aspekte des Mondes werden durch '+' beziehungsweise '−' angezeigt. Die bei einem bestimmten Schritt aspektlosen Zeichen sind mit 'o' markiert.

Schritt	Tag	♈	♉	♊	♋	♌	♍	♎	♏	♐	♑	♒	♓
1	Geburt	o	+	−	+	o	☽	o	+	−	+	o	−
2	3	−	o	+	−	+	o	☽	o	+	−	+	o
3		o	−	o	+	−	+	o	☽	o	+	−	+
4	7	+	o	−	o	+	−	+	o	☽	o	+	−
5		−	+	o	−	o	+	−	+	o	☽	o	+
6	⟨11⟩/40	+	−	+	o	−	o	+	−	+	o	☽	o
7	⟨14⟩	o	+	−	+	o	−	o	+	−	+	o	☽
8	⟨17⟩	☽	o	+	−	+	o	−	o	+	−	+	o
9		o	☽	o	+	−	+	o	−	o	+	−	+
10	⟨21⟩	+	o	☽	o	+	−	+	o	−	o	+	−
11		−	+	o	☽	o	+	−	+	o	−	o	+
12	⟨25⟩	+	−	+	o	☽	o	+	−	+	o	−	o

Tab. 24: Die wechselnden Aspekte des Mondes
im Laufe des auf die Geburt folgenden Monats

Die am 3., 7. und 40. Tag vorliegenden Aspekte des Mondes mit den in der Geburtskonstellation unverbundenen Tierkreiszeichen sind insgesamt zehn. Interessanterweise werden acht davon gut sein (Trigon oder Sextil) und nur zwei schlecht (Quadratur oder Opposition). Falls wir darüber hinaus die physische Präsenz des Mondes in einem Zeichen als gut werten wollen, im Sinne einer Konjunktion des Mondes mit Planeten oder hellen Fixsternen, die sich möglicherweise in dem besagten Zeichen befinden, ist das Verhältnis sogar noch positiver (10:2 statt zuvor 8:2). Man mag sich fragen, ob dies ein Zufallsprodukt ist oder eine astrologische Absicht dahinter steht. Falls die zuletzt genannte Möglichkeit zuträfe, hätte der Erfinder unserer Lehre ebenso gut den 17., 21. und 25. Tag des Mondes wählen können, da deren Charakteristika in der obigen Tabelle mit denen des 3., 7. und 40. Tages identisch sind.[2421] Der 17., 21. und 25. Tag wären vielleicht sogar aus einem astronomischen Grund astrologisch attraktiver gewesen, denn an diesen Tagen ist die Wahrscheinlichkeit, dass die langsameren Planeten ihre Geburtszeichen verlassen haben werden, größer, was die astrologischen Deutungsmöglichkeiten der Nativität bereichert. Der Grund, warum der 3., 7. und 40. Tag dem 17., 21. und 25. Tag vorgezogen wurden, ist offensichtlich die symbolische Bedeutung, die außerhalb der Astronomie mit den Zahlen 3, 7 und 40 verknüpft ist.

Diese Überlegungen erlauben es, einen weiteren Grund dafür zu vermuten, dass der Erfinder unserer Lehre nicht, wie Neugebauer erwartet hätte, den 14. Tag des Mondes berücksichtigte (s.o. S. 900). Das hätte in unserem System nicht nur zum Verlust der Bedeutung der Zahl 40 als Symbol von Vollendung und Abschluss geführt, sondern die auf dem Geburtstag und den drei folgenden Tagen basierende Gesamtdeutung einer Nativität negativer und pessimistischer gemacht. Der Mond würde dann nämlich an zwei der drei zu prüfenden Folgetage Positionen einnehmen, die durch negativ konnotierte Aspekte mit seiner Ausgangsposition verbunden sind (Quadratur am 7. Tag und Opposition am 14. Tag). Jegliche Unterstützung, die der Mond möglicherweise zum Zeitpunkt der Geburt durch eine Konjunktion mit Wohltätern genossen hat, würde am 14. Tag durch die Opposition kompromittiert. Als Beispiel genüge das Horoskop Hadrians: Bei dessen Geburt stand der Mond in Konjunktion mit Jupiter, ein wichtiges Detail in Antigonos' Erklärung der Tatsache, dass Hadrian Kaiser wurde. Am 14. Tag werden Mond und Jupiter einander diametral entgegengesetzt sein.[2422]

Zusammenfassung

Zusätzlich zu den bereits oben gewonnenen Einsichten (S. 930, Punkt 1–9) sind die folgenden Punkte deutlich geworden:

[2421] Die folgenden Schritte der Tabelle bilden Paare identischer astrologischer Qualität: 1/7, 2/12, 3/11, 4/10, 5/9, 6/8.

[2422] Man könnte einwenden, dass der Erfinder unserer Lehre die Opposition am 14. Tag vermied, nicht jedoch die Quadratur am 7. Tag. Aber der 7. Tag dürfte schon aufgrund seiner dominanten Rolle unter den kritischen Tagen der Medizin und Iatromathematik eine notwendige Komponente des neuen Systems gewesen sein. Außerdem ist zu bedenken, dass ein einzelner negativer Aspekt weniger schädlich als zwei ist, dass am 7. Tag die negative Wirkung der Quadratur durch vier positive Aspekte zu allen bei der Geburt noch unverbundenen Zeichen aufgewogen wird und dass Quadraturen – zumindest die der 'Wohltäter' Jupiter und Venus – in vergleichbaren Fällen bisweilen positiv gedeutet werden (s.o. S. 923 zu Hor. gr. 483.VII.8 und zu Hor. gr. 487.IX.5).

10. Die Lehre vom 3., 7. und 40. Tag des Mondes ist in ein Netz physiologischer, embryologischer, gynäkologischer, nosologischer und religiös-kultischer Assoziationen mit den besagten Tagen (bes. des 7. u. 40. Tages) eingebettet.

11. Sie knüpft an die iatromathematische Bedeutung des 7. Tages und an griechische, insbesondere 'pythagoreische' Zahlenspekulationen an. Dabei verbindet sie zwei verschiedene Arten des Umgangs mit Zahlen, einerseits die wissenschaftlich-mathematische, die vor allem in der Beachtung der astronomischen Gliederung des Mondlaufs und der daraus resultierenden Aspekte zum Ausdruck kommt, andererseits die prälogisch-mystische, die vor allem in der Symbolik der Zahl 40 und in der spekulativ reduzierenden Assoziation ganz verschiedener individueller Lebensspannen auf den Standardwert von vierzig Tagen zum Ausdruck kommt.[2423]

12. Sie hat ein großes astrologisches Potential, nicht nur hinsichtlich der oben (S. 932, Punkt 7b) bereits erwähnten Möglichkeiten zur Differenzierung der astrologischen Prognose, sondern auch insofern, als sie dem Astrologen Aspekte des Mondes zu einem Drittel aller Tierkreiszeichen, die bei exklusiver Deutung der Geburtskonstellation aufgrund des Fehlens von Aspekten ungenutzt bleiben würden, erschließt.

13. Sie ist eine Frühform der von Pingree als "continuous horoscopy" bezeichneten Progressionstechnik, denn sie bewirkt durch 'Weiterdrehung' der Geburtskonstellation (*revolutio nativitatis*), dass wir es nun, genau genommen, für *eine* Person mit *vier* Horoskopen zu tun, dem Radixhoroskop des Geburtszeitpunkts (γένεσις) und den drei Progressionshoroskopen (ἀντιγενέσεις) des 3., 7. und 40. Tages.[2424] Die

---

[2423] Vgl. dazu Burkert 1962, 451: "Daß Zahlen eine übermathematische, eine Weltbedeutung haben, daß sie Kosmos und Menschenleben gliedern, ist nicht eine irgendwie wissenschaftlich-philosophische Einsicht, sondern selbstverständliche Eigenart des vormathematischen Zahlendenkens. [...] Gewiß kann sich die Zahlensymbolik mit wissenschaftlichen Erkenntnissen verbinden; wie in China hat sie auch bei den Pythagoreern die mathematische Musiktheorie sich zugeeignet, und in der ›Sphärenharmonie‹ wird Zahl und Klang mit der neuen, wissenschaftlich erschlossenen Ordnung des Kosmos verbunden. Doch dies kann bloße Anwendung und Bestätigung des vorausliegenden Grundgedankens sein, der offen ist für jede neue Bereicherung. Zahl ist nicht Quantität und Meßbarkeit, sondern Ordnung und Entsprechung, rhythmische Gliederung des Lebens und anschauliche Aufteilung des Alls." Vor diesem Hintergrund verwundert es nicht, dass der rationalistisch selektierende Ptolemaios die Lehre vom 3., 7. u. 40. Tag des Mondes (bes. den 40. Tag) nicht erwähnt.

[2424] Zum Begriff der ἀντιγένεσις s.o. S. 521, Anm. 715.

Entwicklung einer solchen Technik könnte dadurch begünstigt worden sein, dass ja schon das Geburtshoroskop selbst gewissermaßen ein Progressionshoroskop des im Prinzip wichtigeren, aber in der Praxis wenig beachteten Konzeptionshoroskops ist.

Nachträge zu Sonder- und Zweifelsfällen

Auf der Grundlage der erzielten Ergebnisse werden nun zuletzt noch einige Sonder- und Zweifelsfälle in chronologischer Ordnung untersucht.

a) P. Oxy. IV 804 (Hor. gr. –3.X.2)

Dieses sehr frühe Horoskop endet unmittelbar nach der Präsentation der kalendarischen und astronomischen Daten (Z. 1–14) mit einer Warnung (Z. 15–17): ἔχει κινδύνους· φυλάττου ἕως ἡμερῶν μ̄ χάριν τοῦ Ἄρεως. ('Es [das Horoskop] birgt Gefahren: Nimm dich 40 Tage lang in Acht wegen des Mars!'). Der Kontext gibt keine Auskunft darüber, wer die angesprochene Person ist (jedenfalls eine, die um die Zeitenwende in oder nahe Oxyrhynchos lebte) und vor welchen möglichen Gefahren sie sich hüten soll. Falls es sich um eine Katarche handelt, soll die Person sich um ihrer selbst willen in Acht nehmen. Weniger wahrscheinlich, aber ebenfalls möglich, ist, dass es sich um ein Geburtshoroskop handelt.[2425] In diesem Fall wäre die angesprochene Person der Vater oder die Mutter, der beziehungsweise die sich in Acht nehmen soll, damit sein beziehungsweise ihr Kind nicht in den notorisch gefährlichen ersten vierzig Lebenstagen stirbt.[2426]

Dem Text zufolge (Z. 8) steht Mars in der Jungfrau, und zwar – so das Ergebnis moderner Rückberechnung – auf 4° ♍.[2427] Neugebauer und van Hoesen deuten die Warnung in Z. 15–17 mit knappem Verweis darauf, dass Mars 40 Tage später die Jungfrau verlassen haben werde.[2428]

[2425] Von Stuckrad 1996, 66, schreibt: "Neugebauer/van Hoesen gehen davon aus, daß es sich in diesem Dokument um ein Geburtshoroskop handelt". Deren Besprechung des Horoskops (1959, 17) enthält aber keine solche Aussage. Von Stuckrad selbst verweist zu Recht auf die Alternativmöglichkeit, das Horoskop als Katarche zu deuten.

[2426] Vgl. Cens. 11,7 *nec sine periculo sunt* (sc. *ante diem quadragensimum*; vollständiges Zitat oben S. 939). Die Junktur κινδύνους ἔχειν ist auch im Kontext von Medizin, Obstetrik und Pharmazie belegt, z.B. bei Plat. Tim. 89B τὰ γὰρ νοσήματα, ὅσα μὴ μεγάλους ἔχει κινδύνους, οὐκ ἐρεθιστέον φαρμακείαις.

[2427] So bereits richtig Neugebauer – van Hoesen 1959, 17.

[2428] Ebd.: "After 40 days Mars will be outside this zodiacal sign."

Dass auch der antike Astrologe bei seiner Warnung diesen Umstand im Sinn hatte, ist wahrscheinlich, weil die Position des Mars in der Jungfrau in diesem Horoskop ungünstig ist: Er steht, wie schon Neugebauer und van Hoesen sahen,[2429] im ἀγαθὸς δαίμων (11. Ort), im Gedrittschein zum Untergangspunkt (♉), im Sextil zum Aszendenten (♏) und in Opposition zum Mond (♓).[2430] Während die Aspekte zu den Kardinalpunkten weniger wichtig sind,[2431] kommt anscheinend der Position im ἀγαθὸς δαίμων und der Opposition zum Ausgangsmond, die beide beim Eintritt des Mars in die Waage wegfallen, größere Bedeutung zu.

Wenn diese Deutung zutrifft, ist das vorliegende Horoskop aus zwei Gründen irrelevant für die Lehre vom 3., 7. und 40. Tag des Mondes: Zum einen geht es in Z. 15–17 ja nicht um die Bewegung des Mondes in Relation zu Mars (oder umgekehrt), sondern um die des Mars in Relation zum Tierkreis; zum anderen wird hier, sofern es sich überhaupt um ein Geburtshoroskop handelt, keine wie auch immer geartete Bedeutung des 40. Tages für das irgendwann *danach* zu erwartende Lebensende des Nativen erwähnt, sondern das Ende einer *davor* liegenden Gefahrensituation markiert.[2432]

Die Warnung des antiken Astrologen bezieht sich also nicht auf die gesamte Konstellation am 40. Tag, sondern nur auf das Heraustreten des Mars aus einem Tierkreiszeichen, wo er im Rahmen der Ausgangskonstellation Gefahr bedeutet. Freilich könnte der symbolische Charakter der Zahl 40 dazu beigetragen haben, gerade diesen Tag als Endpunkt der Gefahrensituation zu wählen. Am 11. November 4 v.Chr. gegen 9 Uhr morgens, 40 Tage nach dem Ausgangshoroskop, steht Mars nach moderner Rückberechnung auf 29° 27′ ♍ und tritt in der folgenden Nacht gegen 5 Uhr morgens in die Waage über. Wann dieser Übergang jedoch nach den Berechnungen des antiken, mit siderischen Längen rechnenden Astrologen zu erwarten war, wissen wir nicht. Die Näherungsformel von Jones[2433] erlaubt die Vermutung, dass ein antiker Astrologe um die Zeitenwende die Marsposition am 40. Tag nicht an der Zeichengrenze

---

[2429] Ebd. mit Anm. 3.

[2430] Alle Aspektangaben sind hier ζῳδιακῶς zu verstehen, nicht μοιρικῶς.

[2431] Denn beim Eintritt des Mars in die Waage entfallen sie zwar, an ihre Stelle treten jedoch zwei etwa gleichwertige neue Aspekte, ein Sextil zum MC (♌) und ein Trigon zum IMC (♒) der Ausgangssituation.

[2432] Der Hinweis von Neugebauer – van Hoesen 1959, 17, auf Horoskope, in denen der 40. Tag des Mondes Erwähnung findet (darunter auch die Horoskope des Antigonos), ist also unangebracht.

[2433] S.o. S. 599 mit Anm. 1085.

zwischen Jungfrau und Waage, sondern um 5° 15′ ♎ ermittelt hätte. Wenngleich die Marslängen in frühen Horoskopen bekanntlich oft erhebliche Fehler aufweisen, ist es also gut möglich, dass der Verfasser unseres Textes den Austritt des Mars aus der Jungfrau bereits vor dem 40. Tag erwartete, seine Warnung jedoch mit Blick auf die weitverbreitete Symbolkraft der Zahl 40 formulierte. Notwendig ist diese Annahme aber nicht, da er diese Frist zugleich für die tatsächlich noch verbleibende Verweildauer des Mars in der Jungfrau angesehen haben kann.[2434]

b) Ptolemaios

Ptol. apotel. 2,14,4 fordert zu der folgenden Prüfung auf: τὴν δὲ Σελήνην τηρητέον ἐν ταῖς πρὸ τριῶν ἡμερῶν ἢ μετὰ τρεῖς παρόδοις τῶν τε συνόδων καὶ πανσελήνων καὶ διχοτόμων. ('Wir müssen den Mond in seinem Lauf drei Tage vor und nach Neumond-, Vollmond- und Halbmondphasen beobachten.').[2435] Wenngleich die Erwähnung der 3-Tage-Fristen im Zusammenhang mit der Mondbewegung eine entfernte Ähnlichkeit mit der Lehre vom 3., 7. und 40. Tag des Mondes aufweist, ist der Kontext bei Ptolemaios doch grundverschieden, da er nicht genethlialogisch, sondern universalastrologisch (speziell meteorologisch) ist und es um die Gestalt (z.B. Sichel) und Farbe des Mondes geht. Die zitierte Stelle ist also für die Lehre vom 3., 7. und 40. Tag des Mondes irrelevant. Dies gilt in noch höherem Maße für eine ähnliche Formulierung – ebenfalls in meteorologischem Kontext – bei Ptol. apotel. 2,13,5.

[2434] Mit Blick auf die Diskrepanz zwischen tropischen und siderischen Längen ist Neugebauers Berechnung der Merkurposition im Ausgangshoroskop zu kritisieren. Die relevante Zeile des Textes (Z. 10) ist verloren. Neugebauer ergänzt sie mit Verweis auf eine demotische Planetentafel so: "[Mercury in Virgo]". Da Merkur am 2. Oktober 4 v.Chr. um 9 Uhr morgens (Alexandria) bereits auf 1° ♎ stand, wie Neugebauer (ebd.) richtig notiert (genauer: 0° 51′ ♎), ist unverständlich, warum er die Lücke in der oben zitierten Weise ergänzte. Nach der Näherungsformel von Jones (s.o. S. 599 mit Anm. 1085) wäre eine siderische Länge von ca. 6° 35′ ♎ zu erwarten. Bereits Beck 2007, 35, druckt in seiner Neugebauer folgenden Übersetzung "in Virgo (?)" und bringt die durch die Nähe Merkurs zur Zeichengrenze (♍/♎) verursachte Ungewissheit in einer Anmerkung zum Ausdruck (ebd. 140[9]), verzichtet aber (m.E. zu Unrecht) auf eine Entscheidung.

[2435] Vgl. Robbins 1940, 215, sowie die Versifizierung durch Kam. isag. 3162–3164: τῆς δὲ Σελήνης λέξωμεν ¦ ἁπάσας φαντασίας· ¦ αὕτη μὲν προσανίσχουσα ¦ ἀπὸ νεομηνίας ¦ ἢ πρὸ τριῶν τῆς συνόδου ¦ ἢ καὶ τῆς πανσελήνου ¦ κτλ.

c) Antiochos

Antiochos vermerkt am Ende eines Kapitels über die Konjunktionen des Mondes mit den einzelnen Planeten, man müsse bei jedem Beginnen (καταρχή) die erste und achte Stunde des dritten und siebten Tages beachten, da sich in diesen Stunden die Übeltäter herumtrieben und das Geschehen verwalteten, und zwar Mars in der ersten Stunde des dritten Tages, Saturn in der achten des siebten Tages. [2436] Wenngleich die Erwähnung der 3- und 7-Tage-Fristen im Zusammenhang mit der Mondbewegung eine Ähnlichkeit mit der Lehre vom 3., 7. und 40. Tag des Mondes aufweist, ist doch der Katarchenkontext und die Differenzierung nach Tagesstunden grundverschieden.

Eine zweite zu prüfende Stelle folgt wenige Seiten später in derselben Epitome: Σελήνη ὑποτριταία καὶ ὑπὸ κακοποιῶν ἀστέρων ἀκτινοβολουμένη βιοθανάτους ποιεῖ. [2437] Die Bedeutung des Hapax legomenon ὑποτριταία ist unklar. Nach LSJ s.v. bedeutet es "⅓ less than full". Das wäre dann m.W. ein singuläres Bedingungsgefüge. Plausibler erscheint mit Blick auf Antig. **F1** § 50, Val. 2,41,23 (s.o. S. 910) sowie Rhet. 5,77,18 u. 5,77,32 (s.o. S. 923), wo überall βιοθανασία-Prognosen in Verbindung mit dem Mond des 40. Tages vorliegen, die Bedeutung 'eine Dreitagesstrecke weniger als voll'. Denn die Entfernung des Mondes des 3. Tages vom Geburtsmond beträgt ja *per definitionem* 30°, die des Mondes des 40. Tages hingegen 150° (s.o. S. 931, Punkt 4), also 30° weniger als 180°. Diese Deutung ist jedoch unsicher. Ein möglicher Einwand ist der, dass am 40. Tag der Mondlehre nicht ein Fehlen von 30° bis zum Vollmond (= Opposition zur Sonne) vorliegt, sondern ein Fehlen von 30° bis zur Opposition des Mondes bezüglich seiner eigenen Ausgangsposition, wobei die Position der Sonne irrelevant ist. Insofern wäre es, wenn der obige Erklärungsansatz überhaupt eine Berechtigung hat, besser, das Adjektiv als 'eine Dreitagesstrecke weniger als volle (Elongation vom eigenen Ausgangspunkt)' zu deuten.

[2436] Antioch. epit. 3b,18 (ex thes.), CCAG VII (1908), p. 111,11–16: χρὴ δὲ καὶ τοῦτο παρατηρεῖν, ὡς ἐπὶ πάσης καταρχῆς παντὸς πράγματος, τήν τε πρώτην καὶ ὀγδόην ὥραν τῆς τρίτης τῶν ἡμερῶν καὶ τῆς ἑβδόμης διὰ τὸ πολεύειν καὶ διέπειν ἐν ταύταις ταῖς ὥραις τοὺς κακοποιοὺς ἀστέρας, τὸν Ἄρεά φημι καὶ τὸν Κρόνον, ἤγουν τὸν μὲν Ἄρεα κατὰ τὴν αʹ τῆς τρίτης, τὸν δὲ Κρόνον κατὰ τὴν ηʹ τῆς ἑβδόμης.

[2437] Antioch. epit. 3b,21 (ex thes.), CCAG VII (1908), p. 115,7–8.

d) Firmicus

Zum Thema des *dominus geniturae* (οἰκοδεσπότης τῆς γενέσεως, s. die Sacherläuterung unten S. 1057) besagt nach Firm. math. 4,19,2–3 die verbreitetste Lehre, der Firmicus auch selbst zu folgen angibt, der zu bestimmende Hausherr sei derjenige Planet, der die Herrschaft über dasjenige Zeichen innehabe, das auf das Mondzeichen der Geburt folge: *alii vero hunc esse dixerunt dominum, cuiuscumque signum post natum hominem Luna relicto eo signo, in quo est, secundo loco fuerit ingressa. sed et nos hanc rationem sequimur; haec enim est verissima et ab omnibus comprobata* (es folgen Beispiele und weitere Erläuterungen). Holden 1996, 72[172], vermutet plausibel einen Zusammenhang mit der Beachtung der Mondposition am dritten Tag: "This rule probably results from the injunction to look at the Moon on the 'third day' [...]. In most cases the Moon would then be in the next sign after its natal sign". Andererseits ist ihm entgangen, dass auch die Relevanz der Mondposition am siebten Tag in dieser Regel Beachtung zu finden scheint, denn Firmicus vermerkt einschränkend, Sonne und Mond dürften niemals die Rolle des *dominus geniturae* übernehmen. Dies führt in einem Zwölftel aller Fälle, nämlich immer dann, wenn der Geburtsmond in den Zwillingen steht, dazu, dass statt des nächsten Zeichens (Mond des 3. Tages) das dritte Zeichen (Mond des 7. Tages) den Hausherrn bestimmt. Firmicus formuliert das so (math. 4,19,4): *illud tamen scire debemus, quod neque Sol neque Luna in aliqua genitura domini efficiantur; totius enim domini dedignantur dominia sortiri. si itaque Luna in Geminis fuerit inventa ea die, qua nascitur homo, neque in Cancro id est in domo sua neque in ⟨Leone idest in⟩ domo Solis dominum geniturae demonstrat. sed cum haec signa transierit, idest Cancrum et Leonem, et ad ⟨Virginis⟩ signum venerit, tunc ostendit geniturae dominum; quia itaque Virgo domus Mercurii est, iste geniturae dominus efficitur.* Nur eine der zwölf möglichen Tierkreispositionen des Mondes ist mathematisch nicht mit der Regel vom 3. oder 7. Tag des Mondes in Einklang zu bringen, wenn nämlich der Geburtsmond im Krebs steht und somit nach Firmicus, wenngleich er dies nicht explizit sagt, das übernächste Zeichen (Jungfrau, 60° vom Geburtsmond) entscheidend ist. Gar keine Parallelen weist die Lehre des Firmicus mit der des 40. Tag des Mondes auf. Da ferner der für Firmicus wichtige Hausherr des Tierkreiszeichens, in dem der Mond steht, in der Lehre des

3., 7. und 40. Tages des Mondes keine Rolle spielt[2438] und umgekehrt die Assoziation dreier Einzeltage mit bestimmten Lebensphasen kein Äquivalent in der durch Firmicus erläuterten Lehre vom *dominus geniturae* hat, ist Firm. math. 4,19,2–3 für die Analyse der Lehre vom 3., 7. und 40. Tag des Mondes genau genommen irrelevant und bezeugt nur auf allgemeinerer Ebene die weite Verbreitung vergleichbarer, mit den Zahlen 3 und 7 sowie der Mondbewegung verbundener Symbolik in antiken astrologischen Lehren.

e) PSI IV 312 (Hor. gr. 345.VI.27)

Der Verfasser dieses schwer verständlichen Textes geht anscheinend auf den 7. Tag nach der Geburt ein, indem er den Geburtstag selbst als ἡ πρὸ ζ′ τοῦ Ἄρεως (Z. 9) charakterisiert. Gemeint ist also anscheinend, dass der Geburtstag der siebte Vortag des Zeitpunkts ist, an dem die Sonne Mars erreichen wird.

f) Eutokios von Askalon

Eutokios bietet in seinem Lehrhoroskop (Hor. gr. 497.X.28) einen singulären Verweis auf den 4. Tag nach der Geburt, der wahrscheinlich allein durch die astronomischen Gegebenheiten (hier: den Abendaufgang des Merkur) bedingt ist. Die Stelle lautet (Eutoc. astr. epit. CCAG IV, 1903, p. 108,30 = Rhet. 6,52,32): μέλλων [sc. Ἑρμῆς] ποιήσασθαι [Rhet.: ποιεῖσθαι] τὴν ἑσπερίαν ἀνατολὴν μετὰ ἡμέρας δ′.

g) Liber vaccae

Zu prüfen ist ferner ein magisches Rezept zur Herstellung künstlicher rationaler Lebewesen, das der *Liber vaccae* bietet. Es handelt sich bei diesem Buch um die lateinische Version eines ursprünglich in syrischer Sprache verfassten hermetischen Traktats von Thābit ibn Qurra (9. Jh.), dem wohlbekannten Philosophen und Astronomen aus Ḥarrān. Dieser Traktat (*Buch der Geheimnisse des Hermes*) wurde zuerst ins Arabische und dann weiter ins Lateinische übersetzt.[2439] Das Rezept leitet dazu an, in einem Rinder-Uterus einen Homunculus heranzuzüchten, und geht

---

[2438] Ausnahme: Dor. ap. Heph. epit. 4,31,2 (s.o. S. 910 unter Beachtung der dort ebenfalls zitierten Parallelüberlieferung im Exzerpt des cod. Vat. gr. 1056).

[2439] Die syrische und die arabische Version konnten bisher nicht aufgespürt werden (Pingree 2006a, 23).

dann auf drei Fristen in dessen Lebensspanne ein: Zuerst müsse man das
Wesen, in dem offenbar die Seele eines Teufels wohnt, drei Tage lang
aushungern; dann solle man es mit dem Blut seiner Mutter (der Kuh)
sieben Tage lang (n.b.: *nicht* bis zum 7. Tag) nähren, wonach es vollständig entwickelt sei und zu allerlei Zaubereien verwendet werden könne.
Zu guter Letzt, wenn man das Wesen 40 Tage lang mit einer Diät aus
Blut, Milch und Sperma genährt habe, könne man seine Eingeweide zu
besonders mächtigen Zaubereien nutzen, dazu, über Wasser zu gehen
oder im Nu die äußersten Enden der Erde erreichen.[2440] Wenngleich das
Fortschreiten von den kleineren zu den größeren Fristen hier nicht inklusiv, sondern additiv stattfindet, scheint der Text doch mit der Lehre vom
3., 7. und 40. Tag des Mondes entfernt verwandt zu sein. Das erscheint
nicht verwunderlich in dem der Astrologie aufgeschlossenen Philosophie-
betrieb der späten Neuplatoniker von Ḥarrān. Außerdem war diese Stadt
seit dem frühen 1. Jt. v. Chr. dem akkadischen Mondgott Sīn geweiht.[2441]
Thābit ibn Qurra kann hier, wenngleich der *Liber vaccae* kein Interesse
an der Astrologie zeigt, leicht auf Quellen gestoßen sein, die die Lehre
vom 3., 7. und 40. Tag des Mondes überlieferten. Der Mond findet im
zitierten Rezept des *Liber vaccae* übrigens einmal Erwähnung in einem
Vollmond-Zauber, der nach Erreichen der genannten 7-Tage-Frist möglich sei.

§ 50

Im konkreten Falle Hadrians ergibt sich für den 40. Tag des Mondes das
folgende Progressionshoroskop (Diagr. 21), in dem die Länge des Mond
per definitionem 150° über der des Geburtsmondes liegt (zur Berechnung
der übrigen Positionen s.u. in der Gesamtbesprechung von § 51). Saturn
und Mars werfen darin, so wie § 50 darlegt, zeichengenaue Aspekte auf
den Mond.

[2440] Siehe die englische Übersetzung bei Pingree 1993, 140f., und bei Pingree 2006a, 24.
[2441] Pingree 2002, 8f. (Kap. I: "City of the Moon").

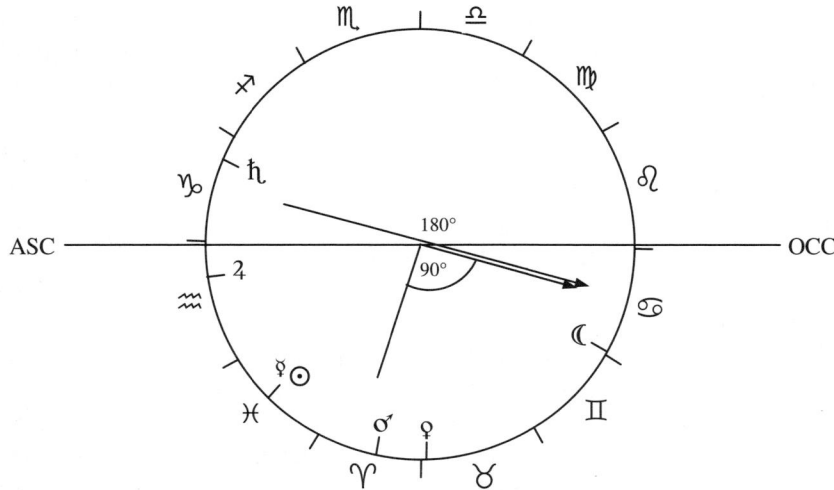

Diagr. 21: Tödliche Aspekte am 40. Tag nach der Geburt Hadrians

οὐ μόνον – ἐκτροπῆς: Zur Formulierung οὐ μόνον δὲ δεῖ ταῦτα σκο-πεῖν, ἀλλὰ καὶ ... s.o. zu § 28 οὐ γὰρ – ἀπλανῶν.

Neben der Geburt, auf die Antigonos hier eingeht, spielt in der antiken Astrologie auch die Empfängnis eine (wenngleich stark untergeordnete) Rolle (s. bes. Ptol. apotel. 3,2). Dabei begegnen neben den geläufigsten Begriffen σύλληψις und ἐκτροπή auch Synonyme wie z.B. ἀνά-ληψις (Empfängnis) und τέξις oder ἔκτεξις (Geburt). Zur astrologischen Terminologie und Prognostik sowie auch zu ihren embryologischen und naturphilosophischen Aspekten, zu anti-astrologischer Polemik und zur spekulativen Korrelation beider das Leben prägenden Momente in der sogenannten 'Petosiris-Regel' siehe die maßgebliche monographische Untersuchung von Frommhold 2004. Siehe auch oben S. 512 zu **T3**.

ὥσπερ ἐπὶ τῆς προκειμένης γενέσεως: = § 40 a.E.; vgl. § 32 ὥσ-περ ἐπὶ τοῦ προκειμένου θέματος.

εὑρίσκεται: s.o. zu § 26 οἰκείως εὑρεθέντων.

ἐν Καρκίνῳ ... ἐν Κριῷ: Die in **P** fehlenden Präpositionen wurden gemäß Ep.[4] ergänzt. **P** neigt insgesamt zu Auslassungen. Ferner scheint auch in den vergleichbaren Paragraphen **F2** § 55 u. **F3** § 64 ἐν in **P** mehrmals zu fehlen; die dortigen Aufzählungen der Planetenpositionen wirken

im Vergleich mit Ep.[4] formal uneinheitlich. Textkritische Gewissheit ist
unter den vorliegenden Überlieferungsbedingungen freilich nicht möglich. An allen übrigen in **F1–F3** vergleichbaren Stellen wird nur auf ein
einziges Tierkreiszeichen Bezug genommen, wobei **P** und Ep.[4] (sowie
Exc.[1] bzw. Exc.[2]) in der Setzung der Präposition übereinstimmen: **F1**
§ 32 ἐν Ἰχθύσι, **F2** § 57 ἐν Κριῷ, § 58 ἐν Ὑδροχόῳ, **F3** § 66a ἐν Ταύρῳ. Blickt man über die Antigonosfragmente hinaus auf die gesamte Hephaistionüberlieferung, so verdient Heph. 2,36,31 ἐν Κριῷ Beachtung,
wo nach Pingree die in **P** fehlende Präposition erneut aus Ep.[4] zu ergänzen ist. Vgl. ferner z.B. Pingrees Apparat (Bd. I) zu pp. 107,19. 176,11.
179,8: An allen drei Stellen ist die in **P** fehlende Präposition ἐν dadurch,
dass es sich um Ptolemaioszitate handelt, gesichert. Was die Originalhoroskope auf Papyrus betrifft, notieren nach Baccani 1992, 99, die ältesten
Exemplare (1. Jh. v.Chr. – 1. Jh. n.Chr.) die Planetenpositionen gewöhnlich unter Verwendung der Präposition ἐν; danach werde im Zuge einer
Straffung des Datenformulars der präpositionslose Dativ üblich.[2442]

Κρόνος δὲ ἐν Αἰγόκερῳ: so Ep.[4] (om. **P**). Die Aussage ist astronomisch korrekt und sehr wahrscheinlich in **P** oder dessen Vorlage ausgefallen. Dafür spricht, abgesehen von vielen sicheren Textausfällen in **P**
(z.B. § 52 γνώσῃ δ᾽ ἐκ τῆς Σελήνης), dass in § 50 die ungünstige Wirkung von Mars *und* Saturn am 40. Tag diskutiert wird, man also Positionsangaben zu *beiden* Planeten erwarten darf. Letzte Gewissheit ist aber
nicht möglich, da Antigonos die Saturnposition vielleicht für selbstverständlich hielt.[2443]

Κρόνον μὲν ἐκ διαμέτρου, Ἄρεα δὲ ἐκ δεξιοῦ τετραγώνου: sachlich richtig; allerdings sind die Aspekte nur zeichengenau gemeint (s.u.
Komm. zu § 51).

ἐκ διαμέτρου: = **F2** § 57. Zu diesem Typ von Aspekt s.o. zu § 32 ὁρᾷ.

ἐκ δεξιοῦ τετραγώνου: von rechts aus der Sicht des Mondes, dessen
Stellung zu Saturn und Mars untersucht wird. Ein rechter Aspekt liegt

---

[2442] Es gibt auch Fälle, wo Positionsangaben mit und ohne ἐν in ein und demselben
Originalhoroskop abwechseln, z.B. P. Oxy. astron. 4236a (Hor. gr. 80.VIII.4).
[2443] Der astronomisch versierte Leser weiß, dass Saturn im Gegensatz zu Mond und
Mars extrem langsam durch den Tierkreis wandert und somit 40 Tage nach der Geburt,
bei der er auf 5° ♑ stand (§ 22), unverändert im Steinbock stehen wird.

vor, wenn der 'angeschaute' Planet oder Kardinalpunkt in der Richtung des täglichen (scheinbaren) Himmelsumschwungs, der sich für den nach Süden blickenden Beobachter im Uhrzeigersinn vollzieht, vor dem 'schauenden' liegt.[2444] Am 40. Tag sieht also der Mond (☺) den Mars (♈) rechts von sich, Mars den Mond hingegen links von sich. Opposition und Quadratur gelten grundsätzlich als negative Aspekte (s.o. zu § 32 ὁρᾷ). Zur Mars-Mond-Quadratur vgl. Firm. math. 6,11,10, der auch das Verhältnis von rechts und links verdeutlicht (*si Mars et Luna quadrata fuerint radiatione coniuncti, et dextri quadrati Mars superiorem possidens partem in sinistro quadrato Lunam positam minaci radiatione respexerit* etc.), inhaltlich aber κακοθανασία der Mutter, nicht des Nativen selbst, prognostiziert (*miserae mortis atrocitatibus perimit*). Zur Saturn-Mond-Opposition s. Firm. math. 6,15,19–22. Zu beiden in § 50 genannten todbringenden Aspekten der Übeltäter bezüglich des Mondes siehe ferner Bara 1990, 840. Da der 40. Tag des Mondes mit dem Lebensende assoziiert wird und an diesem Tag die genannten schädlichen Aspekte vorliegen, sieht Antigonos – im Einklang mit Val. 2,41,23 (s.o. S. 910) sowie Rhet. 5,77,18 u. 5,77,32 (s.o. S. 923) – den schon aus der Geburtskonstellation prognostizierten schlimmen Tod Hadrians (§ 49) bestätigt.

καὶ τοῦτο οὖν κακοθανασίας αὐτῷ αἴτιον γέγονεν: vgl. § 49 κακοθανασίας αἴτιοι γίνονται (ubi pl.). – Dass die Planetenpositionen am 40. Tag als eine Ursache des Todes durch ὑδρωπικὴ δυσπνοία (§ 24) gedeutet werden, hat nicht direkt mit der ebenfalls 40tägigen Frist zu tun, während derer Dioskurides (1. Jh. n.Chr.) im Falle der δυσπνοία und verwandter Krankheiten die Verabreichung von Geißblatt mit Wein vorschreibt.[2445] Letztlich liegt aber wohl beiden Fällen dieselbe Zahlensymbolik zugrunde.

§ 51

Die folgende Tabelle bietet die Positionen der Luminare und der fünf Planeten zum Zeitpunkt der Geburt sowie auch am 3., 7. und 40. Tag, so

---

[2444] Vgl. Bouché-Leclercq 1899, 174. Antike Belege: z.B. Dor. p. 380,7. Val. 2,17,16. 3,12,1. Antioch. epit. 1,7 (ex isag. 1), CCAG VIII 3 (1912) p. 113,33–34. Porph. isag. 9. Siehe auch oben S. 681, Anm. 1425.

[2445] Diosc. simpl. med. 2,41,1 p. II 259,13–15 Wellmann: δυσπνοίας καὶ ἄσθματα καὶ ὀρθοπνοίας ⟨ὠφελεῖ⟩ ποτά· ... περικλυμένου δράχμην ἐπὶ ἡμέρας μ̄ σὺν οἴνῳ κτλ.

wie Antigonos sie errechnet hätte, also in siderischer Notation. Die Daten geben mit unterschiedlicher Gewissheit die Ansichten des Antigonos wieder: Die den Geburtszeitpunkt betreffenden Daten sind gradgenau gesichert, da sie in § 22 überliefert sind. Die Positionen des Mondes am 3., 7. und 40. Tag sind ebenso sicher, da die Lehre, wie gezeigt, *per definitionem* vorsieht, dass jeweils 30°, 90° und 150° zur Geburtsposition des Mondes zu addieren sind (s.o. S. 931 Punkt 4), was auf denselben Grad des nächsten, dritten und fünften Tierkreiszeichens führt. Die noch fehlenden Positionen der Sonne und der fünf Planeten am 3., 7. und 40. Tag implizieren Unsicherheiten im Umfang weniger Bogengrade, sind jedoch zeichengenau absolut verlässlich. Sie wurden hier wie folgt berechnet (dasselbe gilt *mutatis mutandis* für die entsprechenden Tabellen zu **F2** § 55 u. **F3** § 64, s.u. S. 1075 u. 1182): Ausgehend von der wahren tropischen Mondposition zum Zeitpunkt der Geburt (hier in **F1**: 27° 26′ ♑) wurde geprüft, zu welchen Zeitpunkten des jeweils 3., 7. und 40. Tages der Mond genau 30°, 90° oder 150° von seiner Ausgangsposition entfernt steht (d.h. hier in **F1**: auf 27° 26′ ♒, auf 27° 26′ ♈ und auf 27° 26′ ♊). Die für diese Zeitpunkte mit *Galiastro 4.3* zurückberechneten tropischen Längen der Sonne und der Planeten werden jeweils um 4° 30′ erhöht,[2446] auf volle Gradzahlen gerundet und so als die zu vermutenden siderischen Längen aus der Sicht des Antigonos in der Tabelle vermerkt (zum 40. Tag s. auch Diagr. 21 oben S. 979 auf der Grundlage derselben Daten). Bei diesen Berechnungen gilt als 3., 7. und 40. Tag nicht der kalendarisch 3., 7. und 40. Tag nach der Geburt, sondern die dritte, siebte und vierzigste 24-Stunden-Zeitspanne beginnend beim Zeitpunkt der Geburt.[2447] Die tatsächlichen Zeitspannen zwischen dem Geburtszeitpunkt und den Zeitpunkten, zu denen der Mond gemäß moderner Rückberechnung 30°, 90° oder 150° entfernt von seiner Geburtsposition angekommen ist, werden in der linken Spalte der Tabelle tag-, stunden- und minutengenau mit der Notation "(*re vera x*d *y*h *z*m)" vermerkt.[2448] Wenn der Mond aufgrund seiner wechselnden scheinbaren Geschwindigkeit die ekliptikalen Längen 30°, 90° und 150° von seiner Geburtsposition nicht innerhalb des jeweils zu erwartenden 24-Stunden-Zeitfensters erreicht, wird dies durch '[!]'

[2446] Zur Berechnung dieses präzessionsabhängigen Wertes s.o. S. 599 bei Anm. 1086.

[2447] Die Zählung ist also genau genommen weder inklusiv noch exklusiv im kalendarischen Sinne, kommt jedoch bei Geburten in den frühen Morgenstunden, mit denen wir es bei **F1** und **F3** zu tun haben, der in der Antike üblichen kalendarischen Inklusivzählung nahe.

[2448] d = dies, h = horae, m = minutae.

nach der Zahl der Tage vermerkt.[2449]

	☾	☉	♄	♃	♂	♀	☿
Geburt	1° ♒	8° ♒	5° ♑	1° ♒	22° ♓	12° ♓	12° ♑
3. Tag (*re vera* 2d 0h 6m)	1° ♓	9° ♒	5° ♑	2° ♒	25° ♓	21° ♓	14° ♑
7. Tag (*re vera* 6d 9h 2m)	1° ♉	14° ♒	5° ♑	3° ♒	28° ♓	26° ♓	20° ♑
40. Tag (*re vera* 38d [!] 15h 35m)	1° ♋	16° ♓	8° ♑	10° ♒	21° ♈	1° ♉	14° ♓

Tab. 25: Siderische Positionen der Luminare und Planeten
bei der Geburt Hadrians sowie am 3., 7. und 40. Tag

Die Daten der Tabelle bestätigen die Angabe in § 50, wonach der Mond am 40. Tag in (zeichengenauer) Opposition mit Saturn und in (ebenfalls zeichengenauer) Quadratur mit Mars steht. Theoretisch hätte Antigonos, der die Eigenschaften der beteiligten Tierkreiszeichen außer Acht lässt, noch auf die wässrige Natur des Krebses, in dem der Mond am 40. Tag steht, verweisen und im Sinne der Prognose von Firm. math. 6,15,22 (über Saturn-Mond-Opposition in wässrigen Zeichen), die auf eine alte Quelle (wahrscheinlich 'Nechepso und Petosiris') zurückgeht,[2450] die Wassersucht Hadrians erneut astrologisch erklären können. Allerdings bietet die zweite relevante Firmicusstelle aus jener Sammlung alten Materials, Firm. math. 6,11,10–12 über Mars-Mond-Quadraturen, keine inhaltlichen Anknüpfungspunkte an die Todesumstände Hadrians.

καὶ ἔτι οὐ μόνον δεῖ ... παρατηρεῖν ... , ἀλλὰ καὶ ... : Für die Echtheit des ἔτι (Ep.[4], om. **P**) spricht der vorausgehende parallele Gedanke οὐ μόνον δὲ δεῖ ταῦτα σκοπεῖν, ἀλλὰ καὶ ... (§ 50).

[2449] In **F1** erreicht der Mond die 150°-Position schon vor Beginn des 40. Tages (s.u.), in **F2** die 90°-Position erst nach Ablauf des 7. Tages (s.u. S. 1075, Tab. 29). In **F3** sind keine Unregelmäßigkeiten zu vermerken (s.u. S. 1182, Tab. 32).
[2450] Mehr dazu bei Heilen 2010c, 129–138, bes. 136.

ὡς ἐπὶ γενέσεως: Dieser Ausdruck begegnet sechsmal bei Ptolemaios und siebenmal bei Hephaistion (davon die ersten drei Stellen als Ptolemaioszitate, die übrigen im Kontext der Katarchenhoroskopie): Ptol. apotel. 2,4,6. 2,7,1. 2,13,1. 3,5,10. 3,6,4. 4,6,7. Heph. 2,4,17. 2,6,6. 2,22,7. 3 praef. 3. 3,5,3. 3,5,10. 3,5,57. Einen einzigen weiteren astrologischen Beleg bietet Ps.-Galen. progn. decub. 2 p. 533,⟨10⟩ K.

§ 52

Antigonos wirft die Frage nach der zu erwartenden Lebenszeit des Nativen in jedem der drei erhaltenen Horoskope am Ende auf (F1 § 52, F2 § 61, F3 § 66c), gibt aber nur im letzten Fall (F3) eine klare, in Lebensjahren quantifizierbare Auskunft. Die folgende Besprechung wird die Gründe für die unbefriedigend knappe Erläuterung in F1 aufhellen. Sie gliedert sich, da einschlägige Untersuchungen bisher fehlen, in eine Sichtung der relevanten Fragmente von 'Nechepsos und Petosiris', in deren Tradition Antigonos ja nach der allgemeingültigen Aussage Hephaistions (§ 21) steht (ab S. 984, darin S. 985 zu nicht-aphetischen Methoden und S. 991 zur Tetartemorion-Lehre), eine Analyse weiterer relevanter Lehrtexte, die sich aber nicht explizit auf 'Nechepsos und Petosiris' oder andere Autoritäten berufen (S. 997), eine auf die beiden vorausgehenden Punkte gestützte Bewertung der drei Horoskope des Antigonos (S. 1004), eine tabellarische Synopse aller relevanten praktischen Anwendungen einschließlich der Horoskope des Antigonos (S. 1005) und eine Analyse von Plausibilitätsproblemen in § 52 des Hadrianhoroskops (S. 1009).

'Nechepsos und Petosiris'

Die Prognose der Lebenslänge gehört zu den wichtigsten Aufgaben eines antiken Astrologen.[2451] Schon Petosiris soll gesagt haben, die Lebenslänge nehme unter den Ereignissen nach der Geburt den ersten Platz ein, da es lächerlich sei, Einzelprognosen für einen Nativen zu formulieren, der aufgrund der ihm bestimmten Lebenszeit überhaupt nicht das zur Erfüllung dieser Prognosen notwendige Alter erreichen werde.[2452]

[2451] Vgl. Bouché-Leclercq 1899, 404 (zit. oben S. 880), und Tester 1987, 84.

[2452] Ptol. apotel. 3,11,1 (= Nech. et Pet. frg. 15): Τῶν δὲ μετὰ τὴν γένεσιν συμπτωμάτων ἡγεῖται μὲν ὁ περὶ χρόνων ζωῆς λόγος, ἐπειδήπερ κατὰ τὸν ἀρχαῖον γελοῖόν ἐστι τὰ καθ᾽ ἕκαστα τῶν ἀποτελουμένων ἐφαρμόζειν τῷ μηδ᾽ ὅλως ἐκ τῆς τῶν βιωσίμων ἐτῶν ὑποστάσεως ἐπὶ τοὺς ἀποτελεστικοὺς αὐτῶν χρόνους ἥξοντι.

Dass 'Nechepsos und Petosiris' Lehren zur Lebenslänge boten, bestätigt in allgemeiner Form das Spottepigramm des Lukillios (ca. 60 n.Chr.) auf den Astrologen Aulos.[2453] Was sie konkret gelehrt haben sollen, entnehmen wir aus Firm. math. 8,2 (frg. 16), Plin. nat. 7,160 (frg. 17, aus Varro; s.o. Anm. 1178), Val. 3,7,1–15 (frg. 18) und vier in der Sammlung von Riess 1891–1893 fehlenden Stellen: Val. 3,3,2 (frg. +8). 3,11,7 (frg. +9, s.o. Anm. 228). 8,6,14 (frg. +10). Antioch. epit. s.n.,3 (ex isag. 2), CCAG VIII 3 (1912), p. 119,25–29 (frg. +18). Hieraus geht hervor, dass in der Antike die sogenannte Tetartemorion-Lehre[2454] als *das* Verfahren der Alten schlechthin galt. Von ihr handeln vier der genannten Fragmente, nämlich Firm. math. 8,2 (frg. 16), Plin. nat. 7,160 (frg. 17), Val. 3,3,2 (frg. +8) und Val. 3,7,1–15 (frg. 18), und ihr folgt, wie sich bestätigen wird, auch Antigonos.

a) Nicht-aphetische Methoden von 'Nechepsos und Petosiris'

Bevor wir im Folgenden auf die Tetartemorionlehre eingehen, seien zuerst die drei übrigen Fragmente charakterisiert:[2455]

1. Das Valenskapitel 3,11, dem frg. +9 angehört (Val. 3,11,7), bietet eine alternative Methode zur Berechnung der Lebenszeit nach Nechepsos, die nicht aphetisch ist, sondern im Kern (s. Val. 3,11,5) auf den folgenden vier Parametern beruht: (a) dem Tierkreiszeichen des Glücksloses, (b) dem planetaren Hausherrn von (a), (c) dem Tierkreiszeichen, in dem (b) steht, (d) dem planetaren Hausherrn von (c). Die Tierkreiszeichen verleihen dann ihre je nach Klima der Geburt zu bestimmenden Aufgangszeiten (1° RA = 1 Jahr),[2456] die Planeten ihre vollen, mittleren oder geringsten Jahre[2457] je nachdem, ob sie bezüglich der Dodekatropos in einem Kentron, einer Epanaphora oder einem Apoklima stehen.

[2453] Anth. Pal. 11,164 (= Nech. et Pet. test. 3): Εἶπεν ἐληλυθέναι τὸ πεπρωμένον αὐτὸς ἑαυτοῦ ǀ τὴν γένεσιν διαθεὶς Αὖλος ὁ ἀστρολόγος, ǀ καὶ ζήσειν ὥρας ἔτι τέσσαρας· ὡς δὲ παρῆλθεν ǀ εἰς πέμπτην καὶ ζῆν εἰδότα μηδὲν ἔδει, ǀ αἰσχυνθεὶς Πετόσιριν ἀπήγξατο· καὶ μετέωρος ǀ θνήσκει μέν, θνήσκει δ' οὐδὲν ἐπιστάμενος. Vgl. hierzu Galán Vioque 2002, 230. Ein sehr spätes allgemeines Zeugnis bietet ferner Psell. (saec. XI) epist., ed. Tannery 1893–1895, II 41,22–42,7 (= CCAG VIII 1, 1929, p. 131 = Nech. et Pet. frg. +28).

[2454] Cf. Plin. nat. 7,160 (frg. 17,2–3): *durat et ea ratio, quam Petosiris ac Necepsos tradidere (tetartemorion appellant a trium signorum portione).*

[2455] Zum Problem der Koexistenz verschiedener Methoden in den Lehren derselben Autoritäten s.u. Anm. 2508 sowie den Komm. zu **F3** § 66c, S. 1251 bei Anm. 3152.

[2456] Diese Gleichsetzung ist spekulativ begründet und ohne astronomisches Fundament.

[2457] Zu den τέλεια, μέσα und ἐλάχιστα ἔτη s.o. S. 649, Tab. 11.

Verschiedene Ergänzungsregeln komplizieren die Addition der einzelnen
Zeitspannen so sehr, dass die Lehre nicht mehr überschaubar ist.[2458]
Valens bietet zwei praktische Beispiele (3,11,14–16 = Hor. gr. 75.VII.19
u. 3,11,17–19 = Hor. gr. 135.I.20), von denen das erste,[2459] wenngleich er
dies nicht explizit sagt, zu demselben Ergebnis kommt, das er kurz zuvor
(3,5,6–10) bereits nach der ganz andersartigen Tetartemorion-Methode
erzielt hatte. Anscheinend faszinierte ihn und andere Astrologen die Vorstellung, dass in einem kohärenten Lehrgebäude verschiedene wahre
Methoden im Ergebnis konvergieren.

2. Der Antiochos-Epitome zufolge lehrte der König Nechepsos mit
Zustimmung des Petosiris, die Lebenszeit des Nativen hänge vom Haus-
herrn der Nativität (dem οἰκοδεσπότης τῆς γενέσεως) ab, die Todes-
ursachen hingegen vom κύριος τῆς γενέσεως.[2460] Leider macht das
Exzerpt keine Angaben zur Methode, mit der Nechepsos diese beiden die
Nativität dominierenden Planeten bestimmte und ihre Wirkungen berech-
nete. Wir haben es also mit vier offenen Fragen zu tun, die jeweils die
Identität und die Wirkungsweise zweier verschiedener Planeten betreffen.
Bezüglich der einzigen im hiesigen Kontext wichtigen Frage, der nach
der Wirkungsweise des Hausherrn der Nativität, kommt Firmicus zu
Hilfe, der in seinem Kapitel *De domino geniturae* (math. 4,19) sagt, dass
der Hausherr der Nativität, wenn er hinsichtlich mehrerer Kriterien eine
ideale Position einnehme, dem Nativen seine 'unangetastete Zahl der
Jahre' schenke, bei ungünstiger Stellung hingegen eine entsprechend
reduzierte Zahl von Jahren.[2461] Das Firmicuskapitel zählt zwar nicht zu

---

[2458] So verleihen z.B. nach Valens die Planeten die ihnen eigenen Zahlen nicht wirklich
immer in Jahren, sondern unter Umständen in Monaten, Tagen oder Stunden; außerdem
treten weitere Faktoren hinzu.

[2459] Er addiert darin die Aufgangszeit des Tierkreiszeichens des Glücksloses und die
'geringsten Jahre' der beiden zu bestimmenden Planeten (alle drei in Jahren). Vergleicht
man die andersartige Rechenweise in dem zweiten Beispiel, gewinnt man den Eindruck,
dass diese Lehre geeignet ist, jede beliebige gegebene Lebenszeit zu begründen.

[2460] Antioch. epit. s.n.,3 (ex isag. 2), CCAG VIII 3 (1912), p. 119,22–33 (eine Zusammenfassung des Antiochoskapitels περὶ κυρίου γενέσεως καὶ οἰκοδεσπότου), darin
p. 119,25–29 (= Nech. et Pet. frg. +18): φησὶν δὲ ὡς Νεχεψῶ τε τῷ βασιλεῖ, ᾧ
καὶ Πετόσιρις συμφωνεῖ, ἐκ τῆς διασκέψεως τοῦ τε οἰκοδεσπότου καὶ τοῦ κυρίου εἰς κατάληψιν τὰ ζητούμενα πίπτει. καὶ γὰρ τὸν μὲν οἰκοδεσπότην τὸν ζωτικὸν ἀνθρώπων χρόνον, τὸν δὲ κύριον τῶν συγκηρεῖν μελλόντων τὸν βίον (cf. Cumont in app. crit. ad loc.). Schmidt 2009, 331–337, bietet zu der Zusammenfassung des
Antiochoskapitels eine Übersetzung, einen Vergleich mit mehreren Rhetoriosstellen und
einen Kommentar.

[2461] Firm. math. 4,19,1: *qui* [sc. *dominus geniturae*] *si bene fuerit collocatus in his, in
quibus gaudet signis vel in quibus exaltatur, vel in domiciliis suis, et conditionis suae*

den Fragmenten von 'Nechepsos und Petosiris', aber mehrere Gründe sprechen dafür, dass Firmicus hier auf deren Werk Bezug nimmt: Erstens erwähnt er sogleich im nächsten Satz nach der in Anm. 2461 aus Paragraph 4,19,1 zitierten Regel zur Lebenszeit explizit 'die Ansichten der Alten' (4,19,2 *veterum sententiis*); zweitens kann sich die zitierte 'unangetastete Zahl der Jahre' nur auf die vollen Jahre (τέλεια ἔτη) der Planeten beziehen, die ihrerseits zusammen mit den mittleren und geringsten Jahren (μέσα ἔτη und ἐλάχιστα ἔτη) der Planeten für 'Nechepsos und Petosiris' verbürgt sind,[2462] und drittens wissen wir ja aus dem im vorigen Absatz vorgestellten Valenskapitel 3,11, dem frg. +9 angehört (Val. 3,11,7), dass Nechepsos noch eine weitere Methode zur Bestimmung der Lebenszeit lehrte, die auf andere Weise dieselbe Tabelle der Planetenjahre nutzte. Die von der Antiochos-Epitome erwähnte Methode lässt sich also, zumindest bezüglich ihrer Grundidee, mit an Sicherheit grenzender Wahrscheinlichkeit rekonstruieren. Da die Luminare, wie Firmicus in demselben Kapitel zweimal betont (4,19,4 u. 4,19,31), grundsätzlich nicht Hausherren von Nativitäten sein können, schwankt die maximale Lebenserwartung eines Nativen also anscheinend zwischen 57 Jahren (wenn Saturn Hausherr ist) und 82 Jahren (wenn Venus Hausherrin ist) und wird durch ungünstige Stellung des jeweiligen Hausherrn entsprechend reduziert. Ob und wenn ja welche Regeln für diese Reduktion existierten, lassen weder die Antiochos-Epitome noch Firmicus erkennen. Hier kommt als dritter Zeuge Paulos Alexandrinos zu Hilfe, der in Kap. 36 (Περὶ οἰκοδεσποτείας) zwar keine Gewährsleute erwähnt, aber die wichtigsten Details, die die Antiochos-Epitome und Firmicus getrennt bieten, zusammen nennt und sogar darüber hinausgeht, ohne durch die Mehrinformation Widersprüche gegenüber den beiden übrigen

---

genitura fuerit nec malivolarum nociva radiatione pulsatus nec benivolarum stellarum praesidio destitutus, omnia bona pro naturae suae qualitate decernit et integrum annorum numerum. si vero impeditus a malivolis vel a benivolis desertus fuerit, omnis eius efficacia debilitata languescit. Die Reduktion der Lebenszeit unter ungünstigen Umständen erwähnt Firmicus nur ein einziges Mal in diesem Kapitel, nicht allgemeingültig, sondern im Rahmen einer nach den fünf Planeten geordneten Kasuistik (4,19,5–30); darin heißt es über Jupiter als Hausherrn der Nativität (4,19,12): *Quodsi in his, in quibus humiliatur, signis vel in finibus aliis fuerit vel in deiectis et pigris geniturae locis et ipse et Luna a malivolis malitiosa fuerint radiatione [pulsatione] pulsati, deficiens viribus et omni privatus licentia potestatis nihil magnum in genitura decernit nec integrum annorum numerum; nam si eum de quadrato vel de diametro malivolae stellae radiaverint, pro viribus suis a decreto tempore annorum subtrahunt numerum.*
[2462] S.o. Anm. 1277 und S. 649, Tab. 11.

Zeugen zu schaffen:[2463] Denn zum einen macht Paulos die Lebenszeit
vom Hausherrn der Nativität abhängig (hierin stimmt er also mit der
Antiochos-Epitome überein), zum anderen lässt er nur die fünf echten
Planeten als Hausherren der Nativität zu und nimmt die Berechnung der
Lebenszeit auf der Grundlage der Planetenjahre vor (in diesen beiden
Punkten stimmt er mit Firmicus überein). Die zweite Hälfte seines Kapitels nutzt er, über die Antiochos-Epitome und Firmicus hinausgehend,
dazu, detailliert zu beschreiben, wie die Planetenjahre anzuwenden
sind.[2464] Daraus wird deutlich, dass die von ihm beschriebene Methode so
konzipiert war, dass praktisch alle denkbaren Lebenszeiten bis zu 120

[2463] Gewisse Abweichungen sind wohl eher auf die extreme Verkürzung durch Firmicus
zurückzuführen, der z.B. – ohne dies explizit zu sagen – den Eindruck erweckt, unter
günstigsten Bedingungen gewährten die Planeten ihre vollen Jahre, wohingegen Paulos
zeigt, dass diese rechnerisch auch weit überschritten werden konnten, eine überzeugende
Präzisierung, weil die von Nechepsos ersonnene Methode natürlich Erklärungsmöglichkeiten für solche Individuen geboten haben muss, die z.B. mit Saturn als Hausherrn der
Nativität (das trifft statistisch auf 20% aller Menschen zu, da ja nur fünf Planeten als
Hausherrn in Frage kommen) *de facto* länger als 57 Jahre (die vollen Jahre Saturns)
lebten.

[2464] Im Einzelnen lehrt Paulos dort (cap. 36 pp. 97,1–98,3), dass die Planeten bei
günstiger Stellung ihre jeweils vollen Jahre gewähren, dass bei zusätzlich gegebener
günstiger Relation eines der Luminare zum Hausherrn der Nativität sogar die Planetenjahre der Sonne (120) oder des Mondes (108) erreicht werden. Auch der Aspekt eines
anderen Planeten zum jeweiligen Hausherrn der Nativität kann, wenn der andere Planet
Venus oder Jupiter (also ein 'Wohltäter') oder Merkur ist oder auch Mars oder Saturn,
sofern der jeweilige 'Übeltäter' καλῶς καὶ οἰκείως (d.h. wohl bzgl. der Dodekatropos
und des Tierkreises vorteilhaft) platziert sei, seine geringsten Jahre zu den vollen Jahren
des Hausherrn der Nativität addieren. Am unteren Ende des Spektrums ergeben sich
besonders geringe Lebensspannen im Umfang der geringsten Jahre, Monate, Tage und
Stunden der Planeten, wenn der Hausherr der Nativität in einem Apoklima unter den
Strahlen der Sonne steht. Das gibt dann im Falle Saturns 30 Jahre, 30 Monate, 30 Tage,
30 Stunden und so fort für die übrigen Planeten. Dabei lässt der Text offen, ob die Jahre,
Monate, Tage und Stunden zu addieren sind oder möglicherweise alternativ zu verstehen
sind, was auch sehr kurze Lebensspannen zu erklären erlauben würde. Für die alternative Auffassung spricht Rhet. epit. 4,16 (CCAG VIII 1, 1929, p. 238,11–16), wo es im
Kontext der Bestimmung der Lebenszeit heißt: φησὶ δὲ καὶ Φνᾶϊς ὁ Αἰγύπτιος καὶ
Οὐάλης ἐν τῷ ε′ κεφαλαίῳ τοῦ γ′ βιβλίου [= Val. 3,3 bei Pingree 1986] ὅτι δεῖ
ζητεῖν τὸν οἰκοδεσπότην τῆς γενέσεως, πῶς κεῖται φάσει ⟨ἢ⟩ τόπῳ. καὶ εἰ μὲν
ἐπίκεντρος αὐτός, μερίζει αὐτοῦ τὰ τέλεια ἔτη. εἰ δὲ εἴη ὕπαυγος ἢ ἀποκεκλικώς, μερίζει αὐτοῦ τὰ ἐλάχιστα ἔτη ἢ μῆνας ἢ ἡμέρας ἢ ὥρας. (Auf diese Stelle
wird erneut unten S. 1367 bei Anm. 3603 anlässlich des Astrologen Phnaes rekurriert).
Vgl. auch Val. 3,11,7–11 (3,11,7 = Nech. et Pet. frg. +9). – Zuletzt erwähnt Paulos, dass
(anscheinend unabhängig von der Qualität der Position des Hausherrn der Nativität)
noch einmal 19 bzw. 25 Jahre hinzukommen, wenn die Sonne bzw. der Mond in einem
männlichen bzw. weiblichen (d.h. ihnen kongenialen) Zeichen stehen.

Jahren und möglicherweise sogar darüber hinaus flexibel erklärt werden konnten. Da Paulos trotz seiner späten Schaffenszeit bekanntlich viel altes Material tradiert und bezüglich der Lebenszeit wichtige Übereinstimmungen mit der Antiochos-Epitome und Firmicus aufweist, ist es *per se* wahrscheinlich, dass er in Kap. 36 die Lehre derselben Gewährsleute, auf die sich Antiochos berief (d.h. 'Nechepsos und Petosiris'), referiert. Das wird beinahe zur Gewissheit, wenn man noch folgendes Argument hinzunimmt: Paulos erwähnt 'Nechepsos und Petosiris' niemals namentlich, spricht jedoch mehrmals von den 'Ägyptern', dreimal speziell von den 'Weisen der Ägypter'.[2465] Besondere Beachtung verdient sein drittes Kapitel, wo Paulos zuerst die vollständige Tabelle der ägyptischen Planetenbezirke bietet und sogleich danach anmerkt, dass auf der Grundlage dieser Bezirke die Weisen der Ägypter den Hausherrn der Nativität bestimmten, von dem wiederum die Lebenszeit abhänge (Paul. Alex. 3 p. 13,1–3): Διὰ γὰρ τῶνδε τῶν ὁρίων οἱ σοφοὶ τῶν Αἰγυπτίων ἐτεκμήραντο τὸν περὶ οἰκοδεσποτείας λόγον, ἀφ' οὗ καὶ ὁ περὶ χρόνων ζωῆς συνίσταται. Da die im ersten Teil dieses Satzes erwähnten Planetenbezirke 'Nechepsos und Petosiris' zuzusprechen sind (s.o. Anm. 1598), der Inhalt des folgenden Relativsatzes von der Antiochos-Epitome explizit für Nechepsos bezeugt wird und Paulos zu Beginn seines 36. Kapitels den Hausherrn der Nativität tatsächlich primär auf der Grundlage der Planetenbezirke zu bestimmen lehrt, sind keine plausiblen Zweifel daran möglich, dass Paulos sich an beiden Stellen (Kap. 3 u. 36) auf 'Nechepsos und Petosiris' bezieht und folglich diejenigen Teile seines 36. Kapitels, die über die Antiochos-Epitome und Firmicus hinausgehen, zu Recht als Ergänzungen in der hier angestellten Untersuchung Berücksichtigung gefunden haben. Abschließend verdient noch Erwähnung, dass Rhet. epit. 4,17, ein angeblich aus Valens exzerpiertes Kapitel, das in dessen erhaltenen *Anthologien* aber kein Gegenstück hat, ganz ähnliche Anweisungen wie Paul. Alex. 36 (s.o.) zur Berechnung der Lebensspanne bietet.[2466]

[2465] Paul. Alex. 3 p. 13,1. 33 p. 88,3. 35 p. 95,16.

[2466] Dieses von Cumont im CCAG VIII 1 (1929), p. 239,9–21 edierte Kapitel handelt ebenso wie Paul. Alex. 36 vom Hausherrn der Nativität. Die Regel zur Bestimmung der Lebensspanne folgt auf eine sehr knappe Anweisung zur Findung des Hausherrn der Nativität (p. 239,10–11). Sie ist, verglichen mit Paulos Alexandrinos, knapper formuliert und sieht als Höchstlebensspanne die vollen Planetenjahre vor. Sie nennt außerdem als eins von mehreren Kriterien, bezüglich derer der planetare Hausherr der Nativität günstig oder ungünstig konnotiert sein kann, dessen Zu- oder Abnahme in der Länge (s.u. Komm. zu **F5** § 68 προσθετικοὶ τῷ μήκει καὶ τῷ πλάτει). Anstelle der üblichen *termini technici* προσθετικός und ἀφαιρετικός finden in Rhet. epit. 4,17 προσθέτης

3. Val. 8,6,14 (frg. +10) zitiert mit Verweis auf 'die Alten' ein anscheinend iambisches Original, das in knapper Formulierung besagt, die Lebenszeit hänge vom aszendierenden Ort (d.h. Tierkreiszeichen) ab.[2467] Valens schließt daraus, dass bereits 'die Alten' eine bestimmte Methode zur Berechnung der Lebenszeit benutzten, deren Erläuterung er sein gesamtes achtes Buch widmet. Sie basiert auf zwei großen Tabellen numerischer Werte (Pingree 1986, 308–315), deren astronomischen Aufbau Neugebauer am Beispiel der ersten Tabelle erkannt und beschrieben hat.[2468] Es ist jedoch aus mehreren Gründen zweifelhaft, ja sogar eher unwahrscheinlich, dass die in iambischen Trimetern schreibenden 'Alten' wirklich die von Valens beschriebene Methode gelehrt haben. Denn diese Methode setzt einen gradgenau bestimmten Aszendenten voraus, während das iambische Zitat nur von dem 'Ort, der sich zufällig beim Aufgang befindet' (ὁ κατὰ τὴν ἀναφορὰν τυχὼν τόπος), spricht, also – mit

---

und ἀφαιρέτης Verwendung. Da die übrigen Belege für προσθέτης und ἀφαιρέτης in dieser Bedeutung von Olympiodor, Julian, 'Palchos' und der elften Appendix des Valens stammen, handelt es sich dabei anscheinend um eine sehr späte lexikalische Entwicklung. Der Text von Rhet. epit. 4,17 lautet: Περὶ οἰκοδεσπότου. Ὅτι δεῖ τὸν οἰκοδεσπότην ὁριοκράτορα εἶναι καὶ οἰκοδέκτορα τοῦ Ἡλίου καὶ τῆς Σελήνης καὶ μαρτυρεῖν αὐτοῖς καὶ τῷ ὡροσκόπῳ. ἐὰν οὖν ὁ οἰκοδεσπότης ὡροσκοπῇ ἢ μεσουρανῇ ἢ δύνῃ ἐν ἰδίῳ ζῳδίῳ καὶ ἐν ἰδίαις μοίραις ἀνατολικὸς ὢν καὶ προσθέτης, τὰ τέλεια ἔτη δίδωσιν ἑαυτοῦ. εἰ δὲ ὕπαυγος εἴη ἢ ἀποκεκλικώς, οὐκ ἔτη τὰ τέλεια δίδωσι, ἀλλὰ τὰ ἥττονα [i.e. τὰ ἐλάχιστα]. εἰ δὲ ὕπαυγος εἴη καὶ ἀφαιρέτης, οὐκ ἔτη οὐδὲ τὰ ἥττονα ἀλλὰ μῆνας ἢ ἡμέρας ἢ ὥρας. ἀφαιρέτου δὲ ὄντος τοῦ οἰκοδεσπότου, ποίει αὐτοῦ τὸν περίπατον ἐπὶ τὰ ἡγούμενα ἀναποδίζων ἕως τῆς μοίρας ἔνθα μέλλει στηρίξας γενέσθαι προσθετικός προσθέτης [hier interpungiert Cumont] καὶ βλέπε μή τινι τῶν ἀναιρετῶν κολλήσῃ κατὰ τὸν τοῦ ἀναποδισμοῦ χρόνον. ἀναιρέτας δὲ λέγω Κρόνον Ἄρην Ἥλιον. τούτου δὲ τοῦ κεφαλαίου μέμνηται καὶ Οὐάλης.

[2467] Der Text lautet: ὅτι δὲ ταύτῃ τῇ ἀγωγῇ καὶ οἱ παλαιοὶ κέχρηνται πρόδηλον ἡμῖν γέγονε καὶ ἐκ τοῦ μυστικῶς εἰρηκέναι τὸν συγγραφέα· ὅρον παντὸς ἀποτελεῖ ζωῆς χρόνου ὁ κατὰ τὴν ἀναφορὰν τυχὼν τόπος· εἶτα ἐπὰν χρόνους μερίζῃ ζωτικούς, ἐχόμενος ὁρᾶται πρακτικῶν τε καὶ ἀπράκτων χρόνων'. Zum iambischen Versmaß des Originals vgl. Heilen 2011, 63. Anders als bei den beiden zuvor untersuchten Fragmenten ist also in diesem Fall zwar sehr wahrscheinlich, aber nicht sicher, dass die 'die Alten' mit 'Nechepsos und Petosiris' identisch sind.

[2468] Siehe Neugebauer – van Hoesen 1959, 174f. Die erste Tabelle basiert auf den Aufgangszeiten des 1. Klimas nach dem babylonischen System A, allerdings mit dem eigentlich für System B typischen Frühjahrspunkt 8° ♈. Sie ist zugleich Critod. frg. 14 Peter (wegen der Attribution an Kritodemos im Titel von Val. 3,[6] p. 135,12–13 Pingree); vgl. den Komm. bei Peter 2001, 145–148. Die zweite Tabelle ist, abgesehen von der Änderung eines Parameters, genauso konstruiert. Die erste Tabelle liegt in etwas modifizierter Form (zur Anpassung an das vierte Klima) zwei spätantiken Horoskopen (Hor. gr. 419.VII.2 u. Hor. gr. 431.I.9) zugrunde.

der üblichen Ineinssetzung der Orte der Dodekatropos mit ganzen Tierkreiszeichen – von dem aszendierenden Tierkreiszeichen.[2469] Außerdem
würde die Zuschreibung der ersten Tabelle an Kritodemos (s.o. Anm.
2468), wenn auf sie Verlass ist, der Identifikation mit iambisch schreibenden Autoren widersprechen, da keine Indizien dafür bekannt sind,
dass Kritodemos seine Ὅρασις ('Vision') in Versen schrieb. Hinzu
kommt, dass die versifizierte Vorlage des Valens offenbar keine klaren
methodischen Angaben dazu gemacht hat, *wie* aus dem aszendierenden
Tierkreiszeichen die Lebenszeit zu errechnen sei, denn Valens bezeichnet
die Formulierung der Vorlage als geheimnisvoll und schreibt sich selbst
das Verdienst der Erkenntnis zu, dass jene Methode der 'Alten' mit der
von ihm im achten Buch dargestellten identisch sei.[2470] Wir können zu
dem Fragment also nur soviel konstatieren, dass 'die Alten' sehr wahrscheinlich mit 'Nechepsos und Petosiris' identisch sind und die ihnen
zugeschriebene Methode, die Lebenszeit aus dem aszendierenden Tierkreiszeichen zu prognostizieren, vielleicht (!) ähnlich den beiden zuvor
erläuterten Methoden des Nechepsos konzipiert war, weil jene beiden ja
ebenfalls auf jeweils einem bestimmten Tierkreiszeichen basierten, dem
des Glücksloses beziehungsweise dem des Hausherrn der Nativität. Falls
dem so sein sollte, bestand die in Val. 8,6,14 (frg. +10) erwähnten
Methode vielleicht ebenfalls in irgendeiner Addition von zodiakalen Aufgangszeiten und Planetenjahren.

b) die Tetartemorionlehre von 'Nechepsos und Petosiris'

Die von Plinius und Valens (aber nicht von Firmicus) explizit genannte
Grundidee dieser aphetischen Methode ist es, die verschiedenen Lebensspannen der Menschen durch die verschiedenen Aufgangszeiten der Tier-

---

[2469] Man könnte einwenden, dass Valens selbst in seinen folgenden Beispielen (Val. 8,7)
jeweils nur zeichengenaue Angaben zum Aszendenten macht und dessen genauen Grad
dann jeweils, ehe die Tabellen zur Anwendung kommen, durch eine zuvor erklärte spekulative astrologische Methode aus den Positionen der Luminare errechnet. Damit sind
aber genau genommen drei Parameter erforderlich (das aszendierende Tierkreiszeichen
und die Positionen der Luminare), was der Nennung eines einzigen Parameters in der
Formulierung des iambischen Fragments widerspricht.

[2470] Dass die Vokabel ὅρος in Val. 8,6 mehrmals in einem sehr speziellen technischen
Sinn verwendet wird, der mit der Bedeutung derselben Vokabel am Anfang des iambischen Zitats (ὅρος ζωῆς = 'Lebensgrenze') nichts zu tun hat, muss Valens bewusst gewesen sein. Die rein lexikalische Berührung beider Texte dürfte also kein Grund für ihn
gewesen sein, eine inhaltliche Entsprechung zwischen ihnen zu postulieren.

kreiszeichen zu erklären und zu prognostizieren.[2471] Dazu nehmen sie an, das Leben des Individuums werde im Moment seiner Geburt von einem bestimmten Punkt des Horoskops aus in der Richtung durch die folgenden 90 Tierkreisgrade 'entsandt'. Deren gesamte Aufgangszeit, die auf der Breite von Alexandria[2472] je nach zodiakaler Position des 'Entsenders' (ἀφέτης) zwischen 68° 20′ und 111° 40′ Rektaszension (RA) schwankt,[2473] entspreche der Lebensspanne in Jahren. Der griechische *terminus technicus* für eine solche 'Entsendung' ist ἄφεσις (vgl. **F2** § 61 ἀφέσεως), der mittel- und neulateinische *directio* oder *prorogatio*,[2474] der moderne 'Primärdirektion'[2475].

Dass das Objekt der 'Entsendung' das Leben ist, wird nur selten explizit gesagt. Der früheste sicher datierbare Beleg stammt von Ps.-Maneth. 3[2],415 aus der ersten Hälfte des 2. Jh. n.Chr.: ἐξ ὥρης τότ' ἔπειτα χρόνων ἄφεσιν σύ γε φράζου.[2476]

Das Zeugnis des Firmicus (math. 8,2) ist sonderbar insofern, als er die Aufgangszeit des Tetartemorions und die sich daraus ergebende Lebensspanne nicht erwähnt, sondern sich ganz auf die astrologischen Eigenschaften des durch die 'Entsendung' erreichten Tierkreisgrades konzentriert, die Plinius und Valens ihrerseits unbeachtet lassen. Möglicherweise ergänzten diese Untersuchungen einander in der von 'Nechepsos und Petosiris' vertretenen Tetartemorionlehre. Dennoch ist das Zeugnis des Firmicus für das Verständnis der Direktion selbst wichtig, weil es als einziges Zeugnis explizit mögliche 'Entsender' benennt: den Aszendenten und den Mond. Durch die einleitenden Worte *ab horoscopo itaque profectus per cetera signa partem nonagesimam quaere*[2477] legt Firmicus

---

[2471] Zur zentralen Rolle des Hypsikles und seines *Anaphorikos* bei der Übernahme babylonischer Methoden zur Bestimmung der Aufgangszeiten s.o. S. 620 bei Anm. 1169 und unten S. 1361 bei Anm. 3581.

[2472] Nur diese beachtete Nechepsos laut Val. 3,13,6 = Nech. et Pet. frg. 5 (zit. in Anm. 886).

[2473] Bei Berechnung nach den Werten des 1. Klimas (Ia); s.o. S. 624, Tab. 9.

[2474] Keine Belege im ThLL V.1 c. 1228,37–1229,64 s.v. *derectio, directio* (impr. 1913) u. X.2 c. 2150,23–46 s.v. *prorogatio* (impr. 2004).

[2475] Geprägt von Placido Titi im 17. Jh. (*directio primaria*) zur Unterscheidung von 'Sekundärdirektionen' (*directiones secundariae*), vgl. Gansten 2012, 587³. Seitdem wurden noch weitere Direktionsmethoden konzipiert.

[2476] Vgl. dazu Appendix V (S. 1385). Spätere Belege: Val. 6,6,17 (= Hor. gr. 132.II.7) ἀφέτης τῶν καθολικῶν χρόνων. 6,8,13 τὴν ἀφετικὴν τῶν χρόνων διάκρισιν. 4,4,3 τῶν ἀφετικῶν χρόνων und mehrere Belege für ἄφεσις τῶν χρόνων bei Val. 4,4.4.13. 4,9,7. Heph. 2,29,11f. (2x, = epit. 4,37,11f.). 3,41,2 (= epit. 4,119,2 = Dor. p. 404,23–24). epit. 4,25,54. epit. 4,37,11.

[2477] Firm. math. 8,2,2–3 (= Nech. et Pet. frg. 16,8–22).

nahe, dass 'Nechepsos und Petosiris' primär den Aszendenten als ἀφέ-της wählten und die folgenden neunzig Zodiakalgrade untersuchten, die im Moment der Geburt unter dem östlichen Horizont verborgen sind und sich anschicken, in die sichtbare Hälfte des Kosmos – d.h. symbolisch: 'ins Leben' – hinaufzusteigen.[2478] Das Ende dieses Tierkreisbogens, der vom Aszendenten gerechnet neunzigste Grad, ist die hochbedeutende *pars nonagesima* [2479] beziehungsweise ἐνενηκονταμερίς. [2480] Sie gibt Auskunft über den Tod [2481] und ist ein sinnvoller Endpunkt der 'Ent-sendung', da sie in Quadratur zum ἀφέτης steht. Der negative Aspekt der 'Quadratur' ist in der griechischen Bezeichnung des Tierkreisbogens als τεταρτημόριον impliziert [2482] und wird von Ps.-Manethon, Ptolemaios und Valens explizit genannt.[2483] Kein Wunder also, dass 'Nechepsos und

---

[2478] Bouché-Leclercq 1899, 414[1], weist zu Recht darauf hin, dass Firmicus hier nicht klarstellt, in welche Richtung (zum MC oder zum IMC) die 90° zu messen sind, zieht jedoch – m.E. zu Recht – gegen Scaliger (und gegen spätere wie z.B. Bram 1975, 313[84]) die Richtung gegen den Uhrzeigersinn, d.h. die hin zum IMC, vor (ebenso Holden 2011, 469[4]). – Neben der Symbolik des 'Ins-Leben-Tretens' ist auch zu bedenken, dass die astrologische Deutung des Aszendenten die wichtigste Neuerung der hellenistischen Astrologie gegenüber den babylonischen Nativitätsomina ist. Der Aszendent sollte vielleicht auch deshalb ein Parameter in der Formel zur Berechnung der Lebenszeit und damit im wichtigsten Prognosetyp der Astrologen sein.

[2479] Siebenmal belegt: Firm. math. 8,2,1[2x].2.3[*fehlt bei Riess*].4.5 (= frg. 16,1.5.9.⟨22⟩. 24.31) sowie Firm. math. 8,1,10. – Stegemann 1931/32, 369, meint zu Unrecht, die *pars nonagesima* sei der 10. Ort (MC). Siehe dagegen Riess 1891–1893, 360 (zu frg. 16): "Ex ipso autem Firmico, id quod etiam ratio postulat, probatur, imum caelum sub-intellegendum esse."

[2480] Die beiden einzigen Belege für den griechischen Terminus sind Firm. math. 8,2,1 *enenecontameride* (= frg. 16,2, wo Riess ἐνενηκοντάμερος liest) und Firm. math. 8,1,10 *enenecontameris*. Spät findet man auch den Terminus ἐνενηκονταμοιρία; siehe Theo Alex. comm. min. 13 p. 238,1 Tihon. Theoph. CCAG 2 (1900), p. 195,10.13. Heph. epit. 4,25,16.

[2481] Vgl. Firm. math. 8,2,1 über die *partes nonagesimae* aller Geburten: *ex istis enim partibus exitus vitae mors infortunia pericula felicitates et tota substantia geniturae colligitur* (= frg. 16,6–8; beinahe wörtlich wiederholt von Firm. math. 8,2,5 = frg. 16,33–35).

[2482] Vgl. Plin. nat. 7,160 (frg. 17,2) *tetartemorion* (s.o. Anm. 2454). Morphologisch ver-gleichbar ist der geläufigere Begriff des δωδεκατημόριον; zu dessen verschiedenen Be-deutungen s. Hübner 2005b.

[2483] Ps.-Maneth. 3[2],427 πᾶσαν δ᾽ αὖτ᾽ ἄφεσιν πλευρὴ τετράγωνος ὁρίζει. Ptol. apotel. 3,11,12 καὶ αὐτὸς δὲ ὁ τῷ ἀφετικῷ τόπῳ τετράγωνος ἀπὸ τῶν ἐπομένων [sc. ἀναιρεῖ]. Val. 3,3,3 (zit. S. 995 bei Anm. 2488).

Petosiris' es für unmöglich erklärten, dass irgendein Mensch die durch
das Quadrat der Aufgangszeiten definierte Lebenszeit überschreite.[2484]

Aber offenbar konnte nicht nur der von Firm. 8,2,2 genannte Aszendent als ἀφέτης fungieren, denn Firmicus fordert wenig später in demselben Fragment ergänzend dazu auf, eine analoge Berechnung mit dem
Mond als 'Entsender' anzustellen,[2485] vermutlich wegen dessen symbolischer Zuständigkeit für alles Körperliche und die biologische Existenz.[2486] Wenngleich dieses Kapitel insgesamt wenig vertrauenswürdig
erscheint, da Firmicus zwei Untersuchungen in Kombination miteinander
fordert, die in der ursprünglichen Lehre wahrscheinlich als voneinander
unabhängige Möglichkeiten konzipiert waren, und die Deutung der *pars
nonagesima* offenbar überfrachtet,[2487] darf man doch die Grundinforma-
tion für sicher halten, dass der Aszendent und der Mond als 'Entsender'
fungieren können.

Ergänzend dazu macht die unmittelbare Fortsetzung von Val. 3,3,2
(frg. +8) sehr wahrscheinlich, dass als dritter 'Entsender' nach 'Nuche-
psos und Petosiris' die Sonne fungieren kann, denn dort heißt es, nach der
Erstellung der Nativität müsse man prüfen, ob die Sonne oder der Mond
oder der Aszendent als 'Entsender' fungiere, und wenn der Ort der 'Entsendung' der Sonne oder dem Mond zuteil werde, müsse man die Summe
der Aufgangszeiten vom Grad der 'Entsendung' bis zur Quadratur desselben entsprechend dem Klima der Nativität berechnen und diese Summe
in Jahre konvertiert als Lebensspanne angeben (Val. 3,3,3): τεθείσης
οὖν γενέσεως σκοπεῖν δεήσει [...] πότερον Ἥλιος ἢ Σελήνη ἢ ὡροσκόπος ἀφέτης. καὶ ἐὰν μὲν ὁ Ἥλιος ⟨ἢ⟩ Σελήνη τὸν ἀφετικὸν τόπον λάχῃ, λογίζεσθαι δεῖ ἀπὸ τῆς ἀφετικῆς μοίρας ἕως τῆς τετρα-

---

[2484] Vgl. Plin. nat. 7,160 (frg. 17,4–5): *negavere illi* [sc. *Petosiris ac Necepsos*] *quem-
quam LXXXX partium exortivam mensuram (quod anaphoras vocant) transgredi.* Ganz
ähnlich schreibt Heph. 2,11,64 über 'die Alten': τὴν γὰρ τετράγωνον πλευρὰν καὶ
χωρὶς κακοποιοῦ ἀδύνατον ὑπερβαίνειν, ἣν [ὃν *ed. Pingree*; ἣν *conieci coll. Heph.
epit.* 4,25,89 ταύτην] καὶ ἄφευκτον ὡρίσαντο οἱ παλαιοί. Val. 3,3,2 (frg. +8): εὑρίσκομεν γὰρ γενέσεις καὶ τὴν τετράγωνον πλευρὰν διαβεβηκυίας, καὶ μάλιστα ἐν
τοῖς ὀλιγαναφόροις ζῳδίοις, καίπερ τοῦ παλαιοῦ ἀκριβῶς λέγοντος ὡς ἀδυνάτου
ὄντος, καὶ πάλιν ἄτερ τῆς τῶν κακοποιῶν ἀκτινοβολίας μηδὲ τὴν τετράγωνον δι-
εληλυθυίας (zur Identifizierung des zuletzt genannten 'Alten' mit Petosiris vgl. Pingree
1974b, 549[18]).

[2485] Cf. Firm. math. 8,2,4–5: *hoc idem quaeres similiter ex Luna ...* (= frg. 16,22–35).

[2486] Siehe dazu oben S. 775.

[2487] Vgl. Bouché-Leclercq 1899, 414[1], zu Firm. math. 8,2,1: "Firmicus a l'habitude de
faire tout dépendre de chaque détail."

γώνου πλευρᾶς πόσος χρόνος συνάγεται καθ' ὃ κλίμα [τι] γεγένηται, καὶ συνάγοντας ἀποφαίνεσθαι τοσαῦτα ἔτη ζήσεσθαι.[2488]

Für die Wahl des ἀφέτης aus der Gruppe der verfügbaren Optionen spielt im konkreten, individuellen Fall, wie Val. 3,7,1–15 (frg. 18) zeigt, der Begriff des ἐπικρατήτωρ τῆς γενέσεως (und der davon abhängige des οἰκοδεσπότης τῆς γενέσεως) eine Rolle, auf die näher einzugehen hier zu weit führen würde.[2489] Für die hiesige Analyse genügt es festzustellen, dass nach den Zeugnissen von Val. 3,7,1–15 (= Nech. et Pet. frg. 18) und Antioch. ap. Porph. isag. 30 p. 206,3–6 (= frg. +20, zit. in Anm. 2694) 'Nechepsos und Petosiris' die Begriffe ἐπικρατήτωρ τῆς γενέσεως und οἰκοδεσπότης τῆς γενέσεως als *termini technici* benutzten, aber keine klaren Definitionen hinterließen.[2490] Insgesamt wird aus der antiken astrologischen Literatur deutlich, dass die Wahl des ἐπικρατήτωρ τῆς γενέσεως, von dem die 'Entsendung' ausgeht, im Prinzip auf die Luminare und den Aszendenten beschränkt ist, die des οἰκοδεσπότης τῆς γενέσεως auf die fünf echten Planeten (vgl. bes. Firm. math. 4,19,4 u. 4,19,31). Nur dann, wenn die Suche nach dem ἐπικρατήτωρ keine befriedigenden Ergebnisse liefert, ist nach Val. 3,7,1–2 (= frg. 18,1–6) eine Sonderlehre des Nechepsos anzuwenden, in der weder ein Planet noch ein Kardinalpunkt, sondern ein arithmetisch zu ermittelnder Tierkreisgrad als ἀφέτης fungiert.[2491]

'Nechepsos und Petosiris' vermieden die Empfehlung einer allzu starren Methode, die auf Schritt und Tritt durch die Realität widerlegt würde, indem sie die Möglichkeit einer frühzeitigen Beendigung der 'Entsendung' berücksichtigten: Wenn einer der 'Übeltäter' (Mars oder Saturn) oder die Sonne innerhalb des Tetartemorion körperlich oder durch einen Aspekt anwesend sei, schneide dies die Lebensspanne vorzeitig ab. So referiert Plin. nat. 7,160 (frg. 17,5–7): *has ipsas* [sc. *anaphoras*] *incidi occursu maleficorum siderum aut etiam radiis eorum so-*

[2488] Es gibt mehrere weitere Stellen, an denen Valens – allerdings ohne erkennbare Anbindung an 'Nechepsos und Petosiris' – die Trias Sonne, Mond und Aszendent als Möglichkeiten für die Wahl des ἀφέτης nennt: Val. 3,4,13 ἐπὶ πάσης οὖν γενέσεως ἐπιγνῶναι δεῖ, πότερον Ἥλιος ἢ [ἡ] Σελήνη ἢ ὡροσκόπος ἀφέτης ἐστὶ κτλ. 3,5,24 (p. 136,15 Pingree) ἔκ τε οὖν Ἡλίου καὶ Σελήνης καὶ ὡροσκόπου ὁ ἀφέτης κριθήσεται κτλ. 5,6,51 εἰ γὰρ ὡροσκόπος ἀφέτης κριθεὶς ἢ ὁ Ἥλιος ἢ ἡ Σελήνη κτλ.
[2489] Zu beiden Begriffen s.u., Komm. zu **F2** § 54 οἰκοδεσποτήσει – ὁ Ἄρης.
[2490] Um solche Definitionen bemühen sich vor allem Val. 3,1 und Porph. isag. 30 p. 206,7–24.
[2491] Valens illustriert diese Sonderlehre mit zwei Beispielen, Hor. gr. 114.V.13 und Hor. gr. 127.XI.23 (s.u. S. 1006f., Tab. 26).

lisque.[2492] Der griechische *terminus technicus* für den tödlichen Strahlenwurf war ἀκτινοβολία,[2493] der für den diesen Strahl werfenden Planetengott ἀναιρέτης. Diese beiden Begriffe sind nicht explizit für 'Nechepsos und Petosiris' belegt, können jedoch mit an Sicherheit grenzender Wahrscheinlichkeit auf sie zurückgeführt werden, ἀκτινοβολία als Einzelbegriff durch die von Val. 3,3,2 (frg. +8) geübte Kritik an dem 'Alten',[2494] beide Begriffe zusammen durch Val. 3,7,14 (frg. 18,45) τὰς τῶν ἀναιρετικῶν ἀκτῖνας in Kombination mit dem folgenden Beispielhoroskop (Val. 3,7,16–20 = Hor. gr. 114.V.13, darin 3,7,18 ἀκτινοβολία).

Eine Bestätigung und Vertiefung mehrerer der bisher erwähnten Details liefert Paul. Alex. 35 p. 95,11–16, sofern er mit den 'Weisen der Ägypter' konkret 'Nechepsos und Petosiris' meint. Das ist so gut wie sicher.[2495] Die Textstelle lautet:

μὴ λαθέτω σε δέ, ὅτι διὰ τῶν φώτων γινόμενος περίπατος, ὅτε εἰς τὸ εὐώνυμον τετράγωνον εἴτε Κρόνος εἴτε Ἄρης εἴτε Ἥλιος τὴν κόλλησιν ποιήσηται, τὸν τῆς ἀκτινοβολίας λόγον ἐπέχων κλιμακτῆρα ἐπικίνδυνον ποιεῖ, ὡς οἱ σοφοὶ τῶν Αἰγυπτίων ἐτεκμήραντο	Es entgehe dir nicht, dass, wenn eine Direktion [2496] durch die Luminare stattfindet und sie auf eine von Saturn oder Mars oder der Sonne geworfene linke Quadratur trifft, da dann ja Aktinobolie vorliegt, einen gefährlichen Klimakter verursacht, wie die Weisen der Ägypter aus den [*sc.* kosmischen] Zeichen geurteilt haben.

Hier finden also erneut, wie zuvor bei Val. 3,3,3 (zit. oben S. 995 bei Anm. 2488), Saturn, Mars und die Sonne als potentielle 'Vernichter' Erwähnung, außerdem auch der Begriff der ἀκτινοβολία, der hier auf linke

---

[2492] Die Sonne findet dabei wohl wegen ihrer verbrennenden Kraft Erwähnung, als Gegensatz zum feuchten, lebensspendenden Mond. Sie kann natürlich nur dann die Direktion beenden, wenn sie nicht selbst ἀφέτης ist. Mit *incidi* vgl. die ähnliche Schneidemetapher in Ps.-Maneth. 3[2],424 διέκερσαν (s.u. S. 1386).

[2493] Ausführlich dazu im Komm. zu **F3** § 66a καὶ ἀκτινοβολεῖν τὸν Ἄρεα.

[2494] Zit. oben in Anm. 2484.

[2495] Zur Begründung siehe oben S. 989.

[2496] Der von Paulos häufig verwendete Begriff περίπατος ('Wanderung') ist hier als *terminus technicus* im Wesentlichen synonym mit dem von ihm nie verwendeten Begriff ἄφεσις, auch wenn rein semantisch die ἄφεσις dem περίπατος vorausgeht. Vgl. Bezza 2005, 296, der περίπατος bei Paulos Alexandrinos mit "directio" glossiert. Als Synonym von ἄφεσις begegnet der Begriff περίπατος auch bei Balbillos in seiner Analyse der Lebensspanne des Nativen von Hor. gr. –42.XII.27 (s.u. S. 1017).

Quadraturen beschränkt wird, was sich im Folgenden noch als wichtig und typisch erweisen wird, und schließlich auch der bisher noch unerwähnte Begriff des Gefahrenmoments (κλιμακτήρ).[2497]

Die bisher ausgewerteten Zeugnisse ergänzen sich weitgehend, und wenngleich sie kein ganz vollständiges Bild liefern, sind doch die Grundzüge der Tetartemorion-Lehre von 'Nechepsos und Petosiris' deutlich geworden.

Weitere relevante Lehrtexte

Über die bisher ausgewerteten Zeugnisse hinaus gibt es weitere Texte zur Bestimmung der Lebenszeit mittels Primärdirektion, die sich nicht explizit auf 'Nechepsos und Petosiris' berufen, aber offenbar auf deren Lehre aufbauen, wobei sie sie teils durch Berücksichtigung zuvor unbeachteter Details modifizieren,[2498] teils die eigenen Ausführungen mit Beispielhoroskopen illustrieren. Diese Texte stammen (in chronologischer Ordnung, soweit möglich) von Kritodemos,[2499] Thrasyllos,[2500] Balbillos,[2501] Ps.-Manethon,[2502] Ptolemaios,[2503] Valens,[2504] Pancharios[2505] und Paulos Ale-

---

[2497] Einen explizit dem König Nechepsos zugeschriebenen, aber nicht im Kontext der Lebenszeit tradierten Beleg für diesen Begriff bietet Val. 3,8,1 = Nech. et Pet. frg. 23,1. Den κλιμακτῆρες der griechischen Terminologie entsprechen die von Firm. math. 8,2,1 (zit. in Anm. 2481) genannten *pericula*, auch wenn Firmicus sie a.a.O. auf das Ende des vollen 90°-Bogens bezieht. Zur Synonymität von κλιμακτήρ und *periculum* vgl. Gell. 3,10,9 (zit. in Anm. 2589).

[2498] Das tut vor allem Ptolemaios, dessen Modifikationen im Wesentlichen astronomisch motiviert sind: So lehrt er z.B. (apotel. 3,11,12), die Direktion komme nicht immer bei der Quadratur (= Tetartemorion) zum Ende, sondern im Falle langsam aufgehender Zodiakalbögen, die viele Aszensionalgrade liefern, unter Umständen schon beim Sextil oder im Falle schnell aufgehender Bögen, die wenige Aszensionalgrade liefern, erst beim Trigon; ebd. 3,11,13 berücksichtigt er auch ekliptikale Breiten; ebd. 3,11,15 distanziert er sich von der traditionellen Berechnung der Lebensjahre nach Aufgangszeiten (ἀναφορικοὶ χρόνοι) gemäß den Lehren 'der vielen' (κατὰ τὰς τῶν πολλῶν παραδόσεις, darunter natürlich *primo loco* 'Nechepsos und Petosiris'), sondern fordert für alle Nativitäten, bei denen der ἀφέτης nicht im ASC steht, eine Umrechnung in äquinoktiale Zeiteinheiten bzw. Rektaszensionsgrade entlang des Himmelsäquators (ἰσημερινοὶ χρόνοι, 3,11,16 u.ö.), die dann in Lebensjahre zu konvertieren seien.

[2499] Val. 3,5,18–20 = 6,8,7–8 = Val. app. 14 = Critod. frg. 13 Peter (s. den Komm. bei Peter 2001, 144f.).

[2500] Thras. ap. Porph. isag. 24 p. 203,4–15.

[2501] Balb. ap. Rhet. 6,8 u. 6,60 (ältere Editionen: CCAG VIII 3, 1912, pp. 103,10–104,27, u. CCAG VIII 4, 1921, 233–238).

[2502] Ps.-Maneth. 3[2],399–428 (dt. Übers.: s.u. S. 1386).

xandrinos.[2506] Sie erlauben nützliche Beobachtungen, die aber für den Interpreten ein methodisches Problem aufwerfen, da ihm keine sicheren Kriterien zur Verfügung stehen, um zwischen zwei Arten von Details zu unterscheiden, einerseits solchen, die zur ursprünglichen Lehre von 'Nechepsos und Petosiris' gehören, aber zufällig in den zuvor analysierten Fragmenten keine Erwähnung finden, und andererseits solchen, die spätere Autoren als eigene Innovationen beigesteuert haben, sei es, weil sie die ursprüngliche Lehre im Prinzip für unvollkommen hielten, sei es, weil sie konkrete Einzelschicksale, die die ursprüngliche Lehre nicht plausibel erklären konnte, erklärbar machen wollten (gerade die Innovation könnte dann der Grund dafür sein, dass der jeweilige Text überliefert wurde). Im Bewusstsein dieses methodischen Problems werden im Folgenden dann, wenn es möglich erscheint, mit aller gebotenen Vorsicht Vermutungen geäußert, wie die einzelnen Beobachtungen zu bewerten sind:

1. Der frühe Kritodemos spricht nur über den Mond und den Aszendenten als ἀφέται, und auf ähnliche Weise erwähnt Porphyrios (anscheinend mit Bezug auf Thrasyllos) den Aszendenten und den Hausherrn des Tierkreiszeichens des Mondes als mögliche 'Entsender'.[2507] Beides erinnert an Firm. math. 8,2 (frg. 16) und darf vielleicht als Indiz für eine stärkere Beachtung des Aszendenten und entweder des Mondes selbst oder seines Hausherrn bei der Wahl des ἀφέτης in einem frühen Stadium der Lehrentwicklung gewertet werden. Allerdings schließen alle drei Texte die Möglichkeit, dass die Sonne als ἀφέτης fungiert, nicht explizit aus. Vielleicht handelt es sich bei der Beschränkung auf Aszendent und Mond (bzw. Hausherrn des Mondes) um eine Einzellehre, die entweder

---

[2503] Ptol. apotel. 3,11 (cf. Heph. 2,11); s. dazu Bouché-Leclercq 1899, 411–422 (nicht fehlerfrei). Holden 1996, 47 ("this one chapter has occasioned more astrological controversy than any other ever written"). Gansten 2009, 15f. (s. auch Index ebd. 192). Gansten 2012, 589.

[2504] Val. 3,1 u. 3,5,5–20 (zu 3,5,18–20 s.o. Anm. 2499); s. ferner Val. 3,7,16–26, wo Beispielhoroskope zu Val. 3,7,1–15 (= Nech. et Pet. frg. 18) geboten werden.

[2505] Panch. ap. Heph. 2,11,8–15.26–30.64.70–73.83–88 (vgl. Pingree 1978a, II 329; ders. datiert Pancharios ebd. II 437 auf das 3./4. Jh. n.Chr.). – Irrelevant, da nicht der Berechnung der Lebenszeit dienend, sind die aphetischen Verfahren bei Dor. pp. 369,9–370,7 (= Heph. 2,26,25–31). Ptol. apotel. 4,10,13–26 (= Heph. 2,26,12–22). Val. 4,2. 4,4. 5,7. Rhet. epit. 4,21 (CCAG VIII 1, 1929, pp. 241,11–242,29; darin p. 242,15–17 = Antig. test. **T5**). Anon. CCAG IX 1 (1951), pp. 175,1–176,19 (ital. Übers.: Bezza 1995, 1020–1022).

[2506] Paul. Alex. 34 pp. 90,2–7. 91,21–23. 93,8–11.

[2507] S.o. Anm. 2499 (zu Kritodemos) sowie Thras. ap. Porph. isag. 24 p. 203,9–11. Zu einer widersprechenden, besser belegten Lehre des Thrasyllos bezüglich der ἀφέται s.u. Anm. 2547 a.E.

Nechepsos dem Petosiris oder umgekehrt Petosiris dem Nechepsos mit-
teilte.[2508] Die erste dieser beiden Möglichkeiten ist wahrscheinlicher als
die zweite, weil Val. 3,3,3 (zit. oben S. 995 bei Anm. 2488) im unmittelbaren Kontext eines Petosiris-Zitats (Val. 3,3,2 = frg. +8) die Trias
Sonne, Mond und Aszendent als Optionen für die Wahl des 'Entsenders'
nennt. Diese Trias scheint als Standard in der sich auf 'Nechepsos und
Petosiris' berufenden Tradition gegolten zu haben.[2509]

2. Was die Hierarchie innerhalb dieser Trias betrifft, wird der Aszendent mehrmals ausdrücklich den Luminaren als potentieller 'Entsender'
nachgeordnet, z.T. sogar explizit als letzte Möglichkeit nach weiteren
zwischen den Luminaren und ihm erwähnten Optionen (wie z.B. dem
Glückslos) genannt.[2510]

3. Mehrmals wird die Bedeutung der Tag/Nacht-Partei (αἵρεσις) für
die Wahl des 'Entsenders' betont.[2511] Dabei handelt es sich so gut wie
sicher um ein ursprüngliches Element der Lehre.

4. Nach Ptol. apotel. 3,11,4 kann die 'Entsendung' grundsätzlich nicht
von Positionen unterhalb des Horizonts ausgehen (mit Ausnahme des gesamten erstens Ortes der Dodekatropos), und dasselbe legen Ps.-Maneth.
3[2],411f. sowie auch alle erhaltenen Horoskope mit Primärdirektionen
zur Bestimmung der Lebenszeit nahe (s.u. S. 1006f., Tab. 26). Eine abweichende Position lässt sich meines Wissens nur für Valens eindeutig
nachweisen: Der eröffnet sein Kapitel zur Bestimmung des ἐπικρατήτωρ (3,1), von dem ja stets die 'Entsendung' ausgeht, mit der Klarstellung, 'gewisse Autoritäten' (τινές, = 'Nechepsos und Petosiris'?) wählten grundsätzlich bei Tag die Sonne und bei Nacht den Mond als ἐπικρα-

---

[2508] Für solche Fälle vgl. z.B. Val. 3,7,1 (= frg. 18: Nechepsos belehrt Petosiris). Val.
8,5,19–20 (= frg. +1: bestimmte Lehren lassen sich individuell Nechepsos oder Petosiris
zuordnen). Val. 9,11,2 (= frg. +2: Petosiris belehrt Nechepsos).

[2509] Zur Bestätigung vgl. z.B. Val. 3,1 (bes. 3,1,2 u. 3,1,22) sowie auch Paul. Alex. 34
p. 90,2–7: Συμβαίνει δὲ τοὺς θανατηφόρους καὶ ἐπικινδύνους κλιμακτῆρας γίνεσθαι ἐκ τῆς κατὰ περίπατον συναντήσεως Ἡλίου καὶ Σελήνης ὅτε δὲ καὶ ὡροσκόπου πρὸς τὰς τῶν κακοποιῶν ἀκτῖνας ἤτοι κατὰ συμπαρουσίαν ἢ τρίγωνον ἢ
διάμετρον ἢ τετραγωνικὴν ἢ ἑξαγωνικὴν πλευράν.

[2510] Vgl. Ps.-Maneth. 3[2],410–415 u. Ptol. apotel. 3,11,5. Siehe ferner im Kontext der
Einteilung der Lebensabschnitte (also nicht Tetartemorionlehre zur Bestimmung der
Lebenslänge) Dor. pp. 369,24–370,3 = Heph. 2,26,29.

[2511] Vgl. Ps.-Maneth. 3[2],406–409. Ptol. apotel. 3,11,7–8. Val. 3,1,3 (Lehre der τινές)
sowie im Kontext der Einteilung der Lebensabschnitte (also nicht Tetartemorionlehre
zur Bestimmung der Lebenslänge) Dor. pp. 369,9–12. 370,4–5 (= Heph. 2,26,25.30) u.
Dor. arab. 3,2,2. Vgl. ferner die Sacherklärung oben zu § 26 τῆς αἱρέσεως und Gansten
2012, 591: "The rules for identifying the starter vary slightly from one classical author
to another, but all agree on the importance of sect or αἵρεσις".

τήτωϱ, er selbst aber wähle auch bei Tag den Mond und bei Nacht die Sonne, wenn das jeweilige Luminar besonders günstig positioniert sei.[2512] Das würde also unter Umständen bei Nacht zu einer 'Entsendung' von der unter dem Horizont stehenden Sonne führen, was für traditionelle Astrologen vermutlich eine höchst provokative Vorstellung gewesen wäre. Einen konkreten Fall dieser Art bietet Valens in seinem Werk zwar nicht, wohl aber ein Horoskop (Val. 6,6,11–31 = Hor. gr. 132.II.7), in dem beide Luminare unter dem Horizont stehen (☉ im 3. Ort, ☽ im 4. Ort) und er den Mond im IMC aufgrund seiner in mehrfacher Hinsicht günstigen Stellung zum ἀφέτης erklärt (so Val. 6,6,17 u. 6,6,31).[2513] Diese Direktion dient allerdings nicht im Sinne der Tetartemorionlehre der Bestimmung der Lebenszeit, sondern sie basiert auf einer von Val. 6,6 erläuterten Speziallehre zur Analyse einzelner Lebensabschnitte und dient im konkreten Fall (Hor. gr. 132.II.7) der Untersuchung und Erklärung biographischer Daten des 52. Lebensjahres des Nativen. Insgesamt ist zu vermuten, dass die 'Entsendung' bei der Tetartemorionlehre nach 'Nechepso und Petosiris' zumindest im Falle der Sonne nur von Positionen oberhalb des Horizonts (inklusive des 1. Ortes) ausgehen durfte.

5. Es gibt Indizien dafür, dass es schon früh bei 'Entsendungen' aus dem zwischen Himmelsmitte (MC) und Untergangspunkt (OCC) liegenden Quadranten (bes. aus dem 9. Ort) eine als 'Horimaia-Lehre' bezeichnete Alternative gab, die Direktion nicht in Richtung des fernen östlichen, sondern des nahen westlichen Horizonts vorzunehmen, der dann als Endpunkt der Direktion fungierte. Offenbar wurde aber dieser Alternative

---

[2512] Val. 3,1,3: Τινὲς μὲν οὖν ἡμέρας ἔδοσαν Ἡλίῳ, νυκτὸς δὲ Σελήνῃ· ἐγὼ δέ φημι καὶ νυκτὸς ἐπικρατεῖν Ἥλιον, ἡμέρας δὲ Σελήνην, ἐὰν ἐπικαίρως τύχωσιν ἐσχηματισμένοι· ἐὰν δὲ καὶ ἀμφοτέροις τοῦτο συμβῇ, τῷ μᾶλλον οἰκείως ἐσχηματισμένῳ καὶ αἰρέσει ἢ τριγώνῳ τετευχότι προσνέμειν τὴν ἐπικράτησιν.

[2513] Da der Text (6,6,12) den Aszendenten nur zeichengenau angibt (♐) und das MC gar nicht, ist unklar, ob der Mond gradgenau im IMC steht. Zur Begründung seiner Wahl als ἀφέτης sagt Valens (6,6,17), es handele sich um eine Nachtgeburt, bei der der Mond unter dem Horizont stehe, außerdem sei sein Tierkreiszeichen (Mondposition laut Val. 6,6,12: 18° ♓) weiblich (wie der Mond) und gehöre zum Trigon eines Mitglieds der eigenen Partei (Nachtherr des Trigons ♋, ♏, ♓ ist Mars, der zusammen mit Venus, der Tagherrin desselben Trigons, und dem Mond die αἵρεσις der Nacht bildet); folglich befinde sich der Mond in einer günstigen Stellung: ἐκρίθη οὖν, νυκτερινῆς οὔσης τῆς γενέσεως, Σελήνη – ὑπόγειος οὖσα ἐν θηλυκῷ ζῳδίῳ, τριγώνῳ συναιρετιστοῦ καὶ οἰκείως κειμένη – ἀφέτης τῶν καθολικῶν χρόνων. Diese Begründung steht im Einklang mit der zu Beginn desselben Kapitels (6,6,2) allgemeingültig dargelegten Methode zur Findung des ἀφέτης.

eine relativ geringe Bedeutung beigemessen, wie ihre seltenen Erwähnungen nahelegen.[2514]

6. Paulos Alexandrinos, der ja bekanntlich trotz seiner späten Lebenszeit viel altes Material bewahrt, fordert bei Direktionen, die von den
Luminaren oder dem Aszendenten ausgehen, ohne Berufung auf eine
Autorität die Beachtung der Aufgangszeiten des für die Geburt relevanten
Klimas,[2515] und in einem Einzelfall (Hor. gr. 75.VII.19 bei Val. 3,5,6–10)
können wir die Berechnung der Lebenszeit im Rahmen der Tetartemo-
rionlehre auf der Grundlage eines anderen Klimas als desjenigen von
Alexandria eindeutig fassen.[2516] Haben also schon 'Nechepsos und Petosiris' nach Klimata differenziert? Die Angabe des Plinius zur maximalen
Lebensspanne von 124 Jahren in Italien (Plin. nat. 7,160 = Nech. et Pet.
frg. 17, zit. in Anm. 1178) lässt trotz seiner Berufung auf *Petosiris ac
Necepsos* offen, ob schon diese Autoritäten verschiedene Klimata beachteten oder der genannte Wert von 124 Jahren eine Folgerung aus den
Lehren jener Autoritäten unter Berücksichtigung inzwischen hinzuge-
kommener Klimatabellen ist. Die zuletzt genannte Möglichkeit erscheint
vordergründig wahrscheinlicher, da ja Val. 3,13,6 = Nech. et Pet. frg. 5
(zit. in Anm. 886) berichtet, dass Nechepsos ausschließlich die Aufgangszeiten des ersten Klimas lehrte. Beachtung verdient dabei aber, dass
Valens an dieser Stelle von Nechepsos allein spricht, während er einige
Kapitel früher in Val. 3,3,3 (zit. oben S. 995 bei Anm. 2488) im unmittelbaren Kontext eines allein dem Petosiris zugewiesenen Ausspruchs
(Val. 3,3,2 = frg. +8) die Beachtung der Klimata bei Direktionen zur
Ermittlung der Lebenszeit forderte. In einer der Epitomai des Rhetorios
heißt es ferner, dass schon 'die Ägypter' bei Direktionen zur Beachtung

---

[2514] Siehe Ptol. apotel. 3,11,9–10, bes. 3,11,9 τὴν λεγομένην ὡριμαίαν; siehe auch Val.
3,7,13 (= Nech. et Pet. frg. 18) u. 9,8,17 sowie das späte Beispielhoroskop Hor. gr.
482.III.21 bei Rhet. epit. 4,19 (= CCAG VIII 1, 1929, p. 240,17–28; der Native verstarb
als Säugling). An den beiden Valensstellen und an der Rhetoriosstelle wird die Technik
nur erwähnt, aber nicht erklärt. Val. 9,8,17 legt durch den Hinweis auf Verrätselung
(ἐντεῦθεν δὲ ὁ τῆς ὡριμαίας λόγος μυστικῶς προδηλοῦται) eine frühe Datierung der
Lehre nahe. Der Sinn der Bezeichnung ist wohl 'Stundenlehre' (cf. Bouché-Leclercq
1899, 413[1], u. LSJ s.v. ὡριμαία).
[2515] Paul. Alex. 34 p. 91,21–23: τοὺς δὲ τῶν φωστήρων ἢ τοῦ ὡροσκόπου περιπάτους πρὸς τὸ οἰκεῖον κλίμα πραγματεύεσθαι δεήσει. Vgl. auch – allerdings im
Kontext der Einteilung der Lebensabschnitte, nicht der Tetartemorionlehre zur Bestimmung der Lebenslänge – Dor. p. 370,9–11 = Heph. 2,26,33.
[2516] Siehe unten S. 1006f., Tab. 26, und auch S. 1005 nach Anm. 2530.

der verschiedenen Klimata angehalten haben.[2517] Insgesamt erscheint daher die Vermutung plausibel, dass schon Petosiris (nicht jedoch Nechepsos) die Beachtung der Klimata forderte.[2518]

7. Die für 'Nechepsos und Petosiris' nicht explizit bezeugten, aber oben (S. 996 bei Anm. 2494) bereits als sehr wahrscheinlich erwiesenen Begriffe ἀναιρέτης und ἀκτινοβολία sind offenbar schon früh fest etabliert, wie vor allem Balbillos im Kontext von Aphesie und Tetartemorionlehre zeigt.[2519]

8. Mehrere Autoren bestätigen die Aussage des Plinius (nat. 7,160 = frg. 17), wonach die traditionellen ἀναιρέται drei sind: Saturn, Mars und (bei Nachtgeburten) die Sonne.[2520] Die bei Balbillos und Valens zu findende Ergänzung des Mondes zu der zuvor genannten Trias ist anscheinend eine spätere Erweiterung der ursprünglichen Lehre.[2521]

9. Bezüglich der Definition von ἀκτινοβολία ist es anscheinend im 2. oder 3. Jh. n.Chr. bei einigen Autoren zu erheblicher Verwirrung bezüglich der Richtung dieses Strahlenwurfs gekommen. Die Untersuchung im Kommentar zu **F3** § 66a καὶ ἀκτινοβολεῖν τὸν Ἄρεα wird zeigen, dass und warum ἀκτινοβολία in der ursprünglichen Konzeption der Lehre von rechts nach links (also von niedrigeren auf höhere ekliptikale Längen bzw. 'gegen den Uhrzeigersinn') stattfindet, was im Übrigen durch die erhaltenen Horoskope bestätigt wird.[2522]

[2517] Rhet. epit. 4,21 (in einem Kapitel Περὶ χρόνων διαιρέσεως): εἶτα λοιπὸν καὶ τῶν ἀστέρων δεῖ ποιεῖσθαι τοὺς περιπάτους μὴ μόνον κατὰ τὰς μεθόδους Πτολεμαίου, ἀλλὰ καὶ κατὰ τὰς ἀναφορὰς τῶν ζῳδίων, καθὼς ἀναφέρεται ἕκαστον κατὰ τὸ οἰκεῖον κλίμα, ὡς Αἰγύπτιοι διδάσκουσιν (CCAG VIII 1, 1929, p. 241,17–20).

[2518] Die Pliniusstelle wäre dann also so zu verstehen, dass *Petosiris ac Necepsos* beide zusammen Autoritäten für die Tetartemorionlehre sind, die Höchstlebensspanne in Italien (124 Jahre) sich aber nur aus der Klimabeachtung des Petosiris ergibt.

[2519] Der Begriff des ἀναιρέτης kommt in den erhaltenen Exzerpten der *Astrologumena* des Balbillos (s.o. Anm. 2501) sehr häufig vor, der der ἀκτινοβολία einmal (Balb. astrol. exc. ap. Rhet. 6,60,11 = CCAG VIII 3, 1912, p. 104,11–12: καὶ περὶ ἀκτινοβολίας δὲ κανονίζει τιθεὶς τῶν εἰρημένων καὶ ὑποδείγματα). Zum Begriff des ἀναιρέτης vgl. ferner den Titel einer verlorenen Schrift des vor Valens zu datierenden Apollinarios (s.o. Anm. 1162), den Paul. Alex. 1 pp. 1,13–2,2 als Περὶ ἀφέτου καὶ οἰκοδεσπότου καὶ ἀναιρέτου zitiert, sowie Belege für ἀναίρεσις und ἀναιρεῖν im Kontext von ἄφεσις und ἀκτινοβολία bei Thras. ap. Porph. isag. 24 p. 203,4–15.

[2520] Ps.-Maneth. 3[2],421–426. Ptol. apotel. 3,11,12. Rhet. epit. 4,17 (CCAG VIII 1, 1929, p. 239,20).

[2521] Siehe Val. 3,3,42 ἀναιρέται δέ εἰσιν Κρόνος Ἄρης Ἥλιος Σελήνη ἐπὶ φάσιν φερομένη (bzgl. des Mondes vgl. Val. 3,1,28) sowie Balb. ap. Rhet. 6,8,7 (= CCAG VIII 4, 1921, p. 236,8, zit. in Anm. 2547).

[2522] Dazu s.u. S. 1006f., Tab. 26, und deren Auswertung unten S. 1008f. bei Anm. 2529.

10. Der Begriff κλιμακτήρ begegnet im Kontext der aphetischen Berechnung der Lebenszeit bei Balbillos und Ptolemaios.[2523] Er erscheint als sinnvoller Teil der Ursprungslehre, sofern man dieser nicht gegen jede Wahrscheinlichkeit einen starren Automatismus der Vernichtung (ἀναίρεσις) unterstellen will.[2524]

11. Nach Balbillos, Ptolemaios und Pancharios können die 'Wohltäter', wenn sie einem potentiellen Vernichter (bzw. dessen Aspekt) innerhalb einer bestimmten Distanz in der Tagesrotation folgen, die Gefahr bannen.[2525] Diese Distanz beträgt nach übereinstimmender Aussage der Quellen 8° für Venus und 12° für Jupiter. Es ist gut möglich, dass diese Teillehre auf 'Nechepsos und Petosiris' zurückgeht, zum einen, weil die Grundidee, Gefahrenmomente durch die Präsenz von 'Wohltätern' zu bannen, automatisch die Frage nach der maximal zulässigen Distanz zwischen den beteiligten Planeten aufwirft, zum anderen, weil die tradierten Distanzen den ἐλάχιστα ἔτη der Venus und des Jupiter entsprechen (s.o. S. 649, Tab. 11), die zumindest als Konzept – allerdings ohne konkrete numerische Angaben – bereits für 'Nechepsos und Petosiris' bezeugt sind (s.o. Anm. 1277).

Insgesamt gewinnt man den Eindruck, dass Ptolemaios aufgrund mehrerer astronomisch motivierter Innovationen am stärksten von der ursprünglichen Lehre von 'Nechepsos und Petosiris' abweicht, während die knappe Versifizierung der Methode zur Bestimmung der Lebenszeit durch Ps.-Maneth. 3[2],399–428, auch wenn der Dichter sich ebenso wie Ptolemaios nicht ausdrücklich auf 'Nechepsos und Petosiris' beruft, deren Lehre ziemlich getreu wiedergibt. Da die einzige moderne Übersetzung des Lehrgedichts des Ps.-Manethon (Lopilato 1998) nur schwer zugänglich ist und selbst darin der hier relevante Textausschnitt in einigen zum Teil wichtigen Punkten missverstanden wurde,[2526] wird die ganze Textpassage hier in Appendix V (S. 1385) neu ediert und übersetzt.[2527]

[2523] Balb. ap. Rhet. 6,8,3 (= CCAG VIII 4, 1921, p. 235,7–9, zit. in Anm. 2550 a.E.). Ptol. apotel. 3,11,33 (cf. 3,11,32 τὰς κλιμακτηρικὰς scil. ὑπαντήσεις ἢ καὶ καταδύσεις).
[2524] Einem solchen Automatismus widerspricht explizit Ptol. apotel. 3,11,13.
[2525] Rhet. 6,8,3 = CCAG VIII 4, 1921, p. 235,7–9: κατὰ σχῆμα ἢ ἐπαναφορὰν ἡ μὲν Ἀφροδίτη εἴσω η̅ μοιρῶν, ὁ δε Ζεὺς εἴσω ι̅β̅, ἡνωμένοι τῷ ἀναιρέτῃ κωλύουσι τὸν κλιμακτῆρα. Vgl. Ptol. apotel. 3,11,13 u. Panch. ap. Heph. 2,11,71 (zur Identifizierung des von Hephaistion zitierten Gewährsmanns s. Pingree 1978a, II 329).
[2526] So bes. vv. 416–420: "And when, seeking, you find the beginning of life, consider the rising times of the signs [sic, obwohl er δεικήλου druckt], with how many it rises from the farthest region, and distribute (years) in accordance with its degrees; for you

Die drei Horoskope des Antigonos

Auf der Grundlage der bisherigen Analyse ist evident, dass Antigonos sich in allen drei Horoskopen (in **F1** § 52 und **F2** § 61 explizit, in **F3** § 66c implizit) der von 'Nechepsos und Petosiris' inaugurierten aphetischen Methode in ihren traditionellen Grundzügen bedient:

In **F1** (Hadrian), das ja ein Nachthoroskop ist, erklärt er den aszendierenden Mond zum ἀφέτης. Diese Wahl steht mit allen oben analysierten Texten im Einklang, insbesondere mit Ps.-Maneth. 3[2],409. Ptol. apotel. 3,11,7. Val. 3,1,3 (Lehre der τινές). Paul. Alex. 35 p. 95,11–16. Firm. math. 8,2,2–5 (= Nech. et Pet. frg. 16,8–35).

In **F1** prognostiziert er ferner eine Lebensspanne in Jahren entsprechend der Summe der Aufgangszeiten bis zur 'Viereckseite' (ἡ τετράγω-νος πλευρά ~ *tetartemorion*), die auf 1° ♉ liege, und weist darauf hin, dass die 'Übeltäter' oder die Sonne innerhalb des 90°-Bogens der 'Entsendung' Gefahrenmomente bewirken. Das steht vor allem in Einklang mit den doxographischen Notaten bei Plin. nat. 7,160 (= frg. 17) und Paul. Alex. 35 p. 95,11–16. Es steht ferner bezüglich des Endpunkts der Direktion im Einklang mit Ps.-Maneth. 3[2],427. Ptol. apotel. 3,11,12. Val. 3,3,2 (frg. +8). Firm. math. 8,2,2 (= Nech. et Pet. frg. 16,8–9). Heph. 2,11,64, bezüglich der 'Vernichter' mit Ps.-Maneth. 3[2],421–426. Ptol. apotel. 3,11,12, bezüglich der Gefahrenmomente mit Balb. ap. Rhet. 6,8,3 (zit. in Anm. 2550 a.E.). Ptol. apotel. 3,11,33.

In **F2** § 61, wo das Tetartemorion als ἡ τετράγωνος στάσις Erwähnung findet, ist die Sonne im MC ἀφέτης. Diese Wahl steht mit Ps.-Maneth. 3[2],406–8. Ptol. apotel. 3,11,7. Val. 3,3,3. Paul. Alex. 35 p. 95,11–16 im Einklang. Keiner der oben analysierten Texte steht in explizitem Widerspruch zu ihr.

In **F2** § 61 nennt Antigonos außerdem den Umstand, dass die vorausgehende Konjunktion der Luminare in demselben Zeichen stattgefunden habe, als einen Grund für die Wahl der Sonne als ἀφέτης. Dasselbe Kri-

---

should consider the greatest number of degrees (to be the number of years) of wretched life with which Fate has shackled mortals." (Lopilato 1998, 237).

[2527] Damit soll ausdrücklich nicht suggeriert werden, dass Antigonos das Lehrgedicht des Ps.-Manethon kannte oder sich gar konkret darauf stützte. Die Präsentation von Ps.-Maneth. 3[2],399–428 in Appendix V dient ausschließlich dem Zweck, nach der bisherigen Analyse verstreuter und nicht leicht zu überblickender Zeugnisse das, was 'Nechepsos und Petosiris' anscheinend gelehrt haben, an einer knapp formulierten und inhaltlich klaren Version der Tetartemorionlehre zu illustrieren.

terion erwähnt Ptol. apotel. 3,11,7 im Kontext der Wahl des ἀφέτης bei Taggeburten.

In **F3** erwähnt Antigonos zwar nicht ausdrücklich eine Primärdirektion, nimmt sie aber anscheinend vor, und zwar von der aszendierenden Sonne bis zur Quadratur des Mars, die er (§ 66a) explizit als ἀκτινοβολία bezeichnet. Über Einzelheiten informiert der Kommentar zur Stelle.

Als Abschluss dieser Zusammenschau sei noch einmal ausdrücklich betont, dass das Verfahren des Ptolemaios (apotel. 3,11) trotz seiner oben genannten Übereinstimmungen mit der Methode des Antigonos die meisten Diskrepanzen aller untersuchten Texte von der traditionellen Tetartemorionlehre aufweist.

Synopse aller relevanten praktischen Anwendungen (Horoskope)

Es bietet sich an, zum Abschluss der bisherigen Analyse die Kerndaten aller neun erhaltenen griechischen Horoskope, die das aphetische Verfahren der Tetartemorionlehre zur Bestimmung der Lebenszeit verwenden, tabellarisch zu präsentieren. Dabei ist zu beachten, dass in einem Fall nicht explizit gesagt wird, dass es sich um eine Direktion gemäß der Tetartemorionlehre zur Berechnung der Lebenszeit handelt (Sonderfall Typ A), und dass nur zwei der neun Horoskope (Hor. gr. 114.V.13 u. Hor. gr. 127.XI.23) von ihrem Autor ausdrücklich mit Bezug auf 'Nechepsos und Petosiris' angeführt werden, gerade diese beiden aber nicht die standardmäßige Wahl des 'Entsenders' aus der Trias Sonne – Mond – Aszendent illustrieren, sondern die von Val. 3,7,1–15 (frg. 18) referierte Sonderlehre des Nechepsos zur Bestimmung des aphetischen Tierkreisgrades in Fällen, wenn die Findung eines regulären 'Entsenders' Probleme bereite (s.o. S. 995 bei Anm. 2489, im Folgenden: Sonderfall Typ B).

Die insgesamt neun relevanten Horoskope erwähnen die in der nun folgenden Tabelle verzeichneten Details.[2528]

[2528] Zur Illustration s. die Diagramme bei Neugebauer – van Hoesen 1959, 77f. u. 219–226 sowie die Diagramme Nr. 22 u. 23 unten S. 1015 (Hor. gr. –42.XII.27) u. S. 1019 (Hor. gr. 76.I.24). Potentiell tödliche Gefahrenmomente, die in den Horoskopen als glimpflich ausgehend Erwähnung finden, werden zur Unterscheidung von tatsächlich tödlichen Situationen in eckigen Klammern [] registriert. Daten, die nur aus dem Kontext erschlossen werden können, stehen in runden Klammern (). Das Zeichen '–' bedeutet: 'keine Angabe im Text'.

	Hor. gr. −71.I.21	Hor. gr. −42.XII.27	Hor. gr. 40.IV.5	Hor. gr. 75.VII.19
Quelle	Balb. ap. Rhet. 6,8,12–14	Balb. ap. Rhet. 6,8,8–11	Antig. **F2**	Val. 3,5,6–10
Sonderfall	–	–	–	–
Luminare über dem Horizont	☉ im 8. Ort	☉ im 1. Ort, ☾ im 12. Ort	☉ im 10. Ort, ☾ im 12. Ort	☾ im 1. Ort
Luminare unter dem Horizont	☾ im 6. Ort		–	☉ im 5. Ort
ἀφέτης	♄ im 8. Ort[a]	☉ im ASC	☉ im 10. Ort	ASC[b]
ἀναιρέτης	♂ im 9. Ort	[♂ im 1. Ort];[c] ☾ im 12. Ort durch Quadr. nach links	–	[♂ im 9. Ort durch Opp.];[d] ♄ im 10. Ort durch Opp.[e]
ἀκτινοβολία	–	(ja)[f]	–	ja
κλιμακτήρ	–	(ja)[g]	–	–
Lebensbogen	4° ♑ – 14° ♒	9° ♑ – 19° ♓	19° ♈ – ?	17° ♓ – 17° ♊ (90°) bzw. 27° 8′ ♊ (Opp. ♄)
Klima	–	–	(Alexandria?)[h]	(Babylon)[i]
Lebenszeit	–	–	–	starb im Alter von 69 Jahren[j]

Tab. 26: Daten zur Tetartemorionlehre

a Die Wahl Saturns als 'Entsender' ist singulär.

b Zur Begründung, warum nicht der Mond entsendet, s. Val. 3,5,7.

c Vernichtung durch Mars wird durch Venus verhindert; vgl. die auf S. 1016 und in Anm. 2550 zitierten Aussagen des Balbillos.

d Val. 3,5,9 erklärt, ♂ (im ♏) würde aus Opposition heraus im ♉ vernichten, wenn nicht ♃ (im ♑) dies durch ein Trigon verhinderte: Ἄρης γὰρ τὴν διάμετρον ἀκτῖνα παρήλλαξε διὰ τὸ ἰσόμοιρον εὑρεθέντα Δία κεκωλυκέναι τὴν ἀναίρεσιν.

e Der Text nennt sowohl das Ende der Direktion als auch die Opposition Saturns als Grund für die Beendigung der Lebensspanne; genau genommen trifft die Opposition des Saturn aber einen Punkt 10° jenseits der Tetartemoriongrenze, dürfte also eigentlich keine Berücksichtigung finden.

f Zur Erläuterung s.u. S. 1016.

g Der κλιμακτήρ wird nicht im Horoskop selbst erwähnt, ergibt sich aber eindeutig aus dem allgemeingültigen Kontext, der unten in Anm. 2550 zitiert wird.

Hor. gr. 76.I.24	Hor. gr. 110.III.15	Hor. gr. 113.IV.5–6	Hor. gr. 114.V.13	Hor. gr. 127.XI.23
Antig. **F1**	Val. 3,5,11–15	Antig. **F3**	Val. 3,7,16–20	Val. 3,7,21–26
–	–	Typ A	Typ B	Typ B
beide im 1. Ort	☾ im 9. Ort	☉ im 1. Ort	–	–
–	☉ im 6. Ort	☾ im 2. Ort	☉ im 5. Ort, ☾ im 2. Ort	beide im 3. Ort
☾ im ASC	ASC	(☉ im ASC oder im 1. Ort)	2° ♎ im 10. Ort	25° ♎ im 1. Ort
–	♂ im 8. Ort durch Opp.	(♂ im 11. Ort durch Quadr. nach links)	♂ im 7. Ort durch Quadr. nach links, ♄ im 4. Ort durch Opp.	♂ im 2. Ort
–	(ja)^k	ja	ja	–
(?)	–	–	–	–
1° ♒ – ?	10° ♎ – 21° 8′ ♏	(♈) – ♉	2° ♎ – 22° 53′ ♎ (♂) bzw. 24° ♎ (♄)	25° ♎ – 4° 20′ ♏
(Rom?)^l	–	(Alexandria?)^m	–	–
ca. 63 Jahre	starb im 51. Jahr	ca. 25 Jahre	lebte 28 Jahre u. 9 Monate	starb im 12. Jahr

in griechisch-römischen Horoskopen

h Das MC wurde wahrscheinlich für dieses Klima berechnet; s.o. S. 625–627.

i In einer Parallelversion desselben Horoskops erwähnt Valens (3,11,15) das 2. Klima (Babylon). Neugebauer – van Hoesen 1959, 89[53], weisen darauf hin, dass die Relation ASC – MC der hiesigen Version (nach Val. 3,5,6 ASC = 17° ♓, MC = 25° ♐) auf ein noch nördlicheres Klima führen würde.

j Val. 3,11,14–16 zeigt, dass eine alternative Rechenmethode des Königs Nechepsos (s.o. Anm. 2457) im Falle derselben Nativität auf dieselbe Lebensspanne führt.

k Die ἀϰτινοβολία wird nicht im Horoskop selbst, aber im unmittelbar daran anschließenden Folgerungssatz erwähnt (Val. 3,5,16 ἐφ᾽ ὧν ἔπεισι μοιρῶν οἱ ἀναιρέται ἢ τὰς ἀϰτῖνας βάλλουσιν).

l Siehe die Untersuchung der Relation von ASC und MC oben S. 615–631.

m Das lässt die Begründung der Lebenszeit in **F3** § 66c vermuten.

Die auf S. 1005 genannte Neunzahl der relevanten Horoskope bedarf der folgenden Erläuterungen: Keine Aufnahme in Tab. 26 fanden zwei fiktive, auf wenige astronomische Parameter beschränkte und daher nicht datierbare Konstellationen, die Paul. Alex. 34 p. 93,8–11 (s.u. S. 1014) und Val. 3,3,15–21 (s.u. Anm. 2877) zur Illustration von Direktionen im Sinne der Tetartemorionlehre verwenden, sowie das späte Beispielhoroskop in Rhet. epit. 4,19 (Hor. gr. 482.III.21), das m.W. als einziges erhaltenes antikes Horoskop auf die Horimaia-Lehre Bezug nimmt, ohne deren Anwendung jedoch zu erläutern (s. Anm. 2514 u. Anm. 2721). Ausgeschlossen wurden ferner Horoskope, die zwar Direktionen enthalten, aber nicht der Bestimmung der Lebenszeit dienen, sondern der Untersuchung einzelner Lebensabschnitte, die also nicht dem übergeordneten Thema Περὶ χρόνων ζωῆς, sondern dem Thema Περὶ διαιρέσεως χρόνων ζωῆς zuzuordnen sind. Dieser Ausschluss war notwendig, weil die betroffenen Horoskope nicht auf der Tetartemorionlehre basieren, sondern auf anders konzipierten aphetischen Verfahren. Es handelt sich um Val. 6,6,11–31 (Hor. gr. 132.II.7, s. dazu Anm. 2513) und um Dor. arab. 3,2,19–44 (Hor. gr. 44.X.2; s. dazu S. 221).

Die soeben gebotene Synopse der neun relevanten Horoskope (Tab. 26) erlaubt die folgenden Beobachtungen:

– In allen Fällen erfolgt die Entsendung von einem Ort auf dem Horizont oder oberhalb des Horizonts.

– In einem einzigen Fall fungiert wider Erwarten ein 'Übeltäter' als ἀφέτης (Hor. gr. –71.I.21), ansonsten dreimal die Sonne, je zweimal der Aszendent beziehungsweise ein arithmetisch bestimmter Punkt, und einmal der Mond.

– Ein einziges Mal fungiert wider Erwarten der Mond als ἀναιρέτης (Hor. gr. –42.XII.27), ansonsten siebenmal Mars (zwei dieser Gefahrenmomente werden durch Eingreifen der 'Wohltäter' verhindert) und zweimal Saturn.

– Mit Ausnahme von Hor. gr. 40.IV.5, das keine eindeutige Aussage erlaubt, verläuft die Direktion stets, wie zu erwarten, gegen den Uhrzeigersinn.

– Es gibt insgesamt sechs Fälle von Aktinobolie; dabei handelt es sich dreimal um nach links – also gegen den Uhrzeigersinn – gerichtete Quadraturen (Hor. gr. –42.XII.27. Hor. gr. 113.IV.5–6. Hor. gr. 114.V.13) und dreimal um Oppositionen (Hor. gr. 75.VII.19. Hor. gr. 110.III.15. Hor. gr. 114.V.13).[2529]

– Es gibt in keinem Fall explizite Klimanotate, aber Hor. gr. 113.IV.5–6 ist durch die Begründung der Lebenslänge von 25 Jahren durch die Aufgangszeiten von Stier und Wassermann (**F3** § 66c) eindeutig mit dem 1. Klima (Alexandria) assoziiert. In drei weiteren Fällen erlauben die Relationen zwischen den Lebensbögen in Zodiakalgraden und den Lebenszeiten in Jahren den Schluss, dass auch dort das Klima von Alexandria zugrunde gelegt wurde (Hor. gr. 110.III.15. Hor. gr. 114.V.13. Hor. gr. 127.XI.23).[2530] Anders verhält es sich mit Hor. gr. 75.VII.19, dessen MC und Lebenslänge beide für ein nördlicheres Klima (das zweite?) berechnet wurden,[2531] und mit Hor. gr. 76.I.24 (Hadrian), dessen MC, wie oben (S. 615–631) gezeigt, wahrscheinlich für Rom berechnet wurde.

Plausibilitätsprobleme im Hadrianhoroskop

Wenngleich Antigonos die Lebenszeiten seiner Nativen offensichtlich in enger Anlehnung an die von 'Nechepsos und Petosiris' inaugurierte Methode berechnet hat und sich somit die allgemeingültige Aussage des Hephaistion, er stehe in der Tradition von 'Nechepsos und Petosiris' (**F1** § 21), auch in diesem speziellen Punkt bestätigt hat, bereitet das Hadrianhoroskop dem Interpreten doch ein Problem. Eingangs (§ 24) hatte Antigonos vermerkt, der Native sei im 63. Lebensjahr gestorben.[2532] Da die übrigen Details der Vita (§§ 23–24) durch die astrologische Analyse (§§ 25–52) gerechtfertigt werden, sollte man hier (§ 52) erwarten, dass die empfohlene Berechnung exemplarisch durchgeführt und so ein Nachweis für den Todeszeitpunkt Hadrians erbracht würde. Das geschieht aber nicht. Das Problem wird dadurch verschärft, dass man durch eigenes Nachrechnen kein einleuchtendes Ergebnis erzielt. Schon auf den ersten Blick ist klar, dass sich – ungeachtet der Wahl eines bestimmten Klimas – aus der Position des Mondes als 'Entsender' (1° ♒) eine Lebenserwartung nahe dem Minimalwert des klimatisch bedingten Spektrums ergibt. Denn da die Aufgangszeiten der Tierkreisgrade um den Frühlingspunkt (0° ♈) herum am kürzesten sind, ergibt sich die minimale Lebenszeit,

---

[2529] Ausführlich dazu im Komm. zu **F3** § 66a καὶ ἀκτινοβολεῖν τὸν Ἄρεα.

[2530] Im ersten dieser drei Fälle ist die tatsächliche Lebensspanne sogar noch für Alexandria ein wenig zu kurz, nördlichere Klimata kommen also erst recht nicht in Frage.

[2531] Dazu s.o. S. 1006f., Tab. 26, Anm. *i*.

[2532] Genau genommen im Alter von 62½ Jahren am 10. Juli 138 n.Chr.; zu den Einzelheiten s.o. S. 674 zu § 24.

wenn 0° ♈ in der Mitte des Tetartemorions liegt, d.h. wenn der 'Entsender' auf 15° ♒ (also nahe der hiesigen Mondposition) steht. Wieviele
Lebensjahre Hadrian konkret beschieden wären, lässt sich im vorliegenden Fall leicht abschätzen, da der Mond im ersten Grad des Wassermanns
steht: Es genügt also, die für ein bestimmtes Klima gültigen vollen Aufgangszeiten des Wassermanns, der Fische und des Widders zu addieren,
um bis auf eine winzige Ungenauigkeit die dem Tetartemorion entsprechende Lebenszeit zu ermitteln.[2533] Bei systematischer Durchführung für
alle sieben Klimata ergibt sich die folgende Tabelle:

Klima		Aufgangszeit ♒ + ♓ + ♈ (babyl. System A)
VII	b	49° 33′ 20″ RA
	a	51° RA
VI	b	52° 26′ 40″ RA
	a	53° 53′ 20″ RA
V	b	55° 20′ RA
	a	56° 46′ 40″ RA
IV	b	58° 13′ 20″ RA
	a	59° 40′ RA
III	b	61° 6′ 40″ RA
	a	62° 32′ 40″ RA
II	b	64° RA
	a	65° 26′ 40″ RA
I	b	66° 53′ 20″ RA
	a	68° 20′ RA

Tab. 27: Aufgangszeit des Tierkreisbogens 0° ♒ – 30° ♈
in den sieben Klimata nach dem babylonischen System A

[2533] Die Ungenauigkeit ist winzig, weil der Mond höchstens ein Bogengrad vom mathematischen Beginn des Zeichens entfernt steht. Denn die antike Angabe in § 22, der
Mond stehe ἐπὶ τῆς πρώτης μοίρας, bedeutet nach moderner Notation: zwischen 0° ♒
und 1° ♒ (s.o. S. 594).

Im Falle Hadrians ist, wie oben (S. 622–631) gezeigt, wahrscheinlich das Klima Vb (Rom) des babylonischen Systems A relevant, was auf eine Lebenszeit von nur 55 Jahren und 4 Monaten führen würde. Wenig plausibel wäre der Einwand, Antigonos habe die Lebensspanne Hadrians mit den arithmetischen Reihen für Klima IIIa (Rhodos) gerechnet. Das ergäbe zwar 62° 32′ 40″ RA (s.o. Tab. 27, = 62 Jahre und 198½ Tage), was auf den ersten Blick sehr gut zu § 24 περὶ δὲ ξ̄γ̄ ἔτη γενόμενος ἐτελεύτησεν passt und somit erneut das oben (S. 615–631) verworfene, im Klima von Rhodos liegende Italica als Geburtsort Hadrians denkbar erscheinen lassen könnte. Dieser Gedanke verbietet sich jedoch, weil der tradierte MC-Wert 22° ♏ (§ 22) nur bei Zugrundelegung trigonometrisch konzipierter Aufgangszeiten zur Breite von Italica passt (s.o. S. 618). Es wäre also inkonsequent, in ein und demselben Horoskop zwei Aufgangszeiten (eine bezüglich des MC, die andere bezüglich der Lebenszeit) nach verschiedenen, miteinander inkompatiblen Methoden zu berechnen. Ebenso verbietet es sich, zur Vermeidung der Annahme einer so gravierenden Inkonsequenz kurzerhand *beide* Aufgangszeiten (MC und Lebenszeit) trigonometrisch zu berechnen, denn auf der Breite von Rhodos beträgt die Aufgangszeit des Bogens 0° ♒ – 30° ♈ nach Ptolemaios 61° 10′ RA,[2534] was 61 Jahren und 2 Monaten entspräche und – anders als der in Tab. 27 arithmetisch berechnete Wert 62° 32′ 40″ RA – nicht länger mit der Angabe in § 24, Hadrian sei im 63. Lebensjahr gestorben, übereinstimmen würde. Außerdem widerspräche die Hypothese einer trigonometrischen Bestimmung der Lebenszeit Hadrians in **F1** der eindeutig arithmetischen Bestimmung der Lebenszeit des Pedanius in **F3** § 66c (s.o. S. 628, wo weitere relevante Argumente Erwähnung finden). Wir tun also insgesamt gut daran, die oben S. 627–631 ausführlich begründete Annahme, dass Antigonos Aufgangszeiten in traditioneller, auf arithmetischen Reihen basierender Manier berechnete, nicht in Frage zu stellen.

Gegen den zu Beginn des vorigen Absatzes formulierten hypothetischen Einwand spricht außerdem noch ein ganz anderer, bisher unerwähnter Grund, dass nämlich das Dazwischentreten der 'Übeltäter' oder der Sonne, wie Antigonos in Übereinstimmung mit 'Nechepsos und Petosiris' (speziell mit Plin. nat. 7,160 = Nech. et Pet. frg. 17, zit. oben S. 996 bei Anm. 2492) ausdrücklich sagt, die 'Entsendung' vorzeitig beenden kann. Tatsächlich sprechen gravierende Gründe dafür, dass Antigonos urteilen müsste, dass nicht weniger als drei Gefahrenmomente im Horoskop Hadrians vorliegen und wenigstens einer davon – der letzte – die Direk-

---

[2534] Ptol. synt. 2,8 p. I 136 H. (zur Berechnung vgl. oben Anm. 1189).

tion vor dem Erreichen der Tetartemoriongrenze beenden würde. In chronologischer Ordnung sind die folgenden kritischen Situationen zu untersuchen:

1. Innerhalb des 90°-Bogens von 1° ♒ bis 1° ♉ trifft die Direktion zuerst bei 8° ♒ auf die Sonne. Diese Situation beurteilen Paulos Alexandrinos und Rhetorios als einen tödlichen Gefahrenmoment.[2535] Der Tod des Nativen in dieser Situation würde seine Lebenszeit auf etwa ein Viertel der Aufgangszeit des Wassermanns begrenzen, die im Klima Vb (System A) bei 22° RA beziehungsweise im Klima Ia bei 25° RA liegt; mit anderen Worten: Der Native würde im Alter von ca. fünf bis sechs Jahren sterben. Differenzierter urteilt jedoch Ptolemaios, nach dessen Ansicht die potentiell vernichtenden Orte, darunter bei Nachtgeburten auch der Ort der Sonne, nicht jedesmal und auch nicht notwendig vernichten.[2536] Als potentiell rettende Umstände nennt er im Folgenden u.a. die Präsenz des 'Übeltäters' beziehungsweise der Sonne im Gradbezirk eines 'Wohltäters', was bei Hadrian der Fall ist: Seine Sonne steht auf 8° ♒, d.h. in einem Venusbezirk (7°–13° ♒). Man beachte jedoch, dass Balbillos und Valens mehrere vergleichbare Situationen als tödlich bewerten.[2537] Was den speziellen (bei Hadrian gegebenen) Fall der 'Entsendung' durch den Mond in Richtung der ihm sehr nahestehenden Sonne betrifft, macht Ptolemaios den tatsächlichen Ausgang der drohenden Vernichtung durch die Sonne davon abhängig, ob ein 'Übeltäter' sie durch seine Präsenz beeinflusst, was bei Hadrian nicht gegeben ist.[2538]

[2535] Paul. Alex. 34 p. 91,7–9: ἡ τοῦ σεληνιακοῦ περιπάτου πρὸς τὸν Ἥλιον γινομένη κόλλησις εἴτε νυκτὸς εἴτε ἡμέρας κίνδυνον θανατηφόρον σημαίνει. Rhet. epit. 4,21 (CCAG VIII 1, 1929, p. 242,26–29): δεῖ καὶ [καὶ conieci coll. Paul. Alex. 34 p. 91,4–9; οὖν codd. et Cumont] φυλάττειν τὴν Σελήνην ἀφετεύουσαν πρὸς τὸν ὡροσκόπον ἢ τὴν προγενομένην συζυγίαν ἢ τὰς β̅ διχοτόμους καὶ πρὸς τὸν Ἥλιον· αὗται γὰρ αἱ κολλήσεις κλιμακτῆρας θανατικοὺς ἀποτελοῦσι. Siehe die Definition der κόλλησις des Mondes (Max.-distanz = 13°) oben S. 754.

[2536] Ptol. apotel. 3,11,13: οὐ πάντοτε μέντοι τούτους τοὺς τόπους καὶ πάντως ἀναιρεῖν ἡγητέον, ἀλλὰ μόνον ὅταν ὦσι κεκακωμένοι κτλ.

[2537] In Hor. gr. –71.I.21 (Balbillos) vernichtet Mars durch physische Präsenz auf 14° ♒, obwohl 13°–20° ♒ ein Jupiterbezirk ist; in Hor. gr. 110.III.15 (Valens) fällt die tödliche Opposition des auf 21° 8′ ♉ stehenden Mars in die Mitte eines Jupiterbezirks (19°–24° ♏), und in Hor. gr. 114.V.13 (Valens) fallen die tödliche Quadratur des auf 22° 53′ ♋ stehenden Mars und die ebenfalls tödliche Opposition des auf 24° ♈ stehenden Saturn beide in einen Venusbezirk (21°–28° ♎).

[2538] Ptol. apotel. 3,11,15: ... πλὴν εἰ μὴ τῆς σελήνης ἀφέτιδος οὔσης αὐτὸς ὁ τοῦ ἡλίου τόπος ἀνέλῃ συντετραμμένος μὲν ὑπὸ τοῦ συνόντος κακοποιοῦ, διὰ μηδενὸς δὲ τῶν ἀγαθοποιῶν ἀναλελυμένος.

2. Falls also der Native möglicherweise der ersten Gefahr entgeht, ergibt sich der nächste Gefahrenmoment, sobald die Direktion bei 22° ♓ Mars erreicht. Angesichts der Funktion von Mars als ἀναιρέτης in der Mehrzahl der Horoskope in Tab. 26 (s.o. S. 1006f.) spricht vieles dafür, dass er im Falle Hadrians die Direktion beenden würde. Seine Position (22° ♓) liegt auch, um das im vorigen Absatz nach Ptolemaios zitierte Kriterium der Gradbezirke wieder aufzugreifen, nicht im Bezirk eines 'Wohltäters', sondern in seinem eigenen (19°–28° ♓). Ein rettendes Eingreifen von Venus oder Jupiter, wie es in zwei der anderen tabellarisch erfassten Fälle (Hor. gr. –42.XII.27 u. Hor. gr. 75.VII.19) stattfindet, ist bei Hadrian nicht möglich, weil weder einer der 'Wohltäter' in den nach Mars aufgehenden Tierkreisgraden steht (vgl. Hor. gr. –42.XII.27 u. S. 1006, Tab. 26, Anm. *c*) noch einer von ihnen einen günstigen und damit besänftigenden Aspekt auf Mars wirft (vgl. Hor. gr. 75.VII.19 u. S. 1006, Tab. 26, Anm. *d*). Auch der Umstand, dass das Horoskop Hadrians ein Nachthoroskop ist und Mars zur Partei der Nacht gehört, dürfte wohl nicht zur Rettung genügen; zumindest bietet die obige Tabelle (S. 1006) drei Valens-Beispiele (Hor. gr. 110.III.15. Hor. gr. 114.V.13. Hor. gr. 127.XI.23), in denen unter solchen Umständen Mars als ἀναιρέτης fungiert. Falls Mars also vernichtet, würde die Lebenszeit Hadrians weniger als die kombinierte Aufgangszeit des Wassermanns und der Fische betragen, die im Klima Vb bei 38° 40′ RA (= 38 Jahren und 8 Monaten) und selbst im günstigsten Klima (Ia) bei nur 46° 40′ RA (= 46 Jahren und 8 Monaten) liegt. Aber auch hier ist wieder mit Blick auf Ptolemaios Vorsicht geboten: Dieser sieht einen rettenden Umstand darin, wenn der potentiell vernichtende Ort nicht κεκακωμένος ist (s. Anm. 2536 a.E.). Das ist bei Hadrians Mars der Fall, da der Planet in seinem eigenen Trigon und seinem eigenen Gradbezirk steht (cf. § 26) und außerdem in Epanaphora.[2539]

3. Wenngleich Antigonos in § 52 nur von Konjunktionen der vom Mond ausgehenden Direktion mit den 'Übeltätern' beziehungsweise der Sonne spricht, forderten 'Nechepsos und Petosiris' nach Plin. nat. 7,160 (zit. oben S. 996) auch die Beachtung von Aspekten mit den drei genannten potentiellen 'Vernichtern'. Und in der Tat wirft Saturn im Falle Hadrians einen negativen Geviertschein in das *tetartemorion* hinein. Selbst wenn der Native in den beiden vorausgehenden Gefahrenmomenten glimpflich davon kommen sollte und weder die Sonne auf 8° ♒ noch

---

[2539] Vgl. die ähnliche Begründung des Balbillos (S. 1017 bei Anm. 2551), warum in Hor. gr. –42.XII.27 Saturn nicht vernichte.

Mars auf 22° ♓ ihm den Tod gebracht hätten, müsste nach den einschlägigen Aussagen der antiken Fachtexte dieser Saturnaspekt auf 5° ♈ wohl endgültig sein Leben beenden. Zwar liegt 5° ♈ in einem Jupiterbezirk (0°–6° ♈), aber wir dürfen nicht vergessen, dass Ptolemaios der einzige Autor ist, der das Kriterium der Gradbezirke als potentiell rettenden Umstand erwähnt, und dass mehrere Horoskope anderer Autoren dieses Kriterium nachweislich unbeachtet lassen (s.o. Anm. 2537). Erheblich größerer Konsens herrscht unter den antiken Astrologen bezüglich der Relevanz der Partei (αἵρεσις), die im Falle Hadrians zu Ungunsten des Nativen ausfällt: Da es sich um ein Nachthoroskop handelt, ist der Tagplanet Saturn besonders gefährlich. Paulos Alexandrinos erläutert das zuerst theoretisch sowohl für Tag- als auch für Nachtsituationen[2540] und bietet etwas später eine fingierte Konstellation, in der ziemlich genau die Umkehrung der bei Hadrian vorliegenden Entsendung durch den Mond und Vernichtung durch linke Quadratur Saturns durchgespielt wird: Im Beispiel des Paulos entsendet die Sonne (15° ♏), die knapp oberhalb des Aszendenten (21° ♏) im 1. Ort steht, und der Nachtplanet Mars verursacht, auf 23° ♌ im 10. Ort stehend, durch eine linke Quadratur auf 23° ♏ einen todbringenden Gefahrenmoment (θανατηφόρον κλιμακτῆρα).[2541]

Besonders aufschlussreich dafür, wie wahrscheinlich es ist, dass andere antike Astrologen die Saturnquadratur im Hadrianhoroskop als tödlich bewertet hätten, ist eine sehr frühe praktische Anwendung in einem der in Tab. 26 (S. 1006f.) präsentierten Horoskope, dem des Balbillos für den 27. Dezember 43 v.Chr. Die Ähnlichkeit beider Horoskope rechtfertigt, auch wenn Balbillos seine Analyse nicht explizit in der Nachfolge von 'Nechepsos und Petosiris' vornimmt, einen genaueren Vergleich:

Der von Nero und Vespasian hochgeschätzte Balbillos,[2542] Sohn des Thrasyllos, verfasste eine an Hermogenes gerichtete Schrift Ἀστρολογούμενα, in der es primär um die Bestimmung der Lebenszeit ging. Erhalten sind nur zwei spärliche byzantinische Exzerpte: eine Συγκεφαλαί-

---

[2540] Paul. Alex. 34 pp. 90,20–91,2: ἐπὶ μὲν τῶν ἡμερινῶν γενέσεων τὴν ἐκ τοῦ ἡλιακοῦ περιπάτου γινομένην πρὸς τὴν τοῦ Ἄρεως κόλλησιν ἐπικίνδυνον εἶναι λέγε. ἐπὶ δὲ τῶν νυκτερινῶν γενέσεων τὴν ἐκ τοῦ σεληνιακοῦ περιπάτου γινομένην πρὸς τὴν τοῦ Κρόνου κόλλησιν ἐπίφοβον κλιμακτῆρα σημαίνουσαν λέγε. Zu Paul. Alex. 34 insgesamt vgl. Olymp. 38.

[2541] Paul. Alex. 34 pp. 92,14–93,19, bes. 93,8–11. Eine einzige weitere Planetenposition findet in dem Beispiel Erwähnung: Der Mond steht knapp unter dem Horizont auf 6° ♐.

[2542] Zu diesem Astrologen siehe Cumont, CCAG VIII 3 (1912), pp. 103–104. Cumont 1918/19, 33–38. Cumont, CCAG VIII 4 (1921), 233–238. Cramer 1954, 112–144 u. 285 (Index s.v. Balbillus). Holden 1996, 28–31. Hübner 1997b. Pingree 2001a, 11. Irby-Massie – Keyser 2002, 98–100. Gansten 2009, 116f. Gansten 2012.

ωσις τῶν Βαρβίλλῳ πρὸς Ἑρμογένην ἀστρολογουμένων[2543] und die Μέθοδος περὶ χρόνων ζωῆς ἐκ τοῦ ἀφέτου καὶ ἀναιρέτου Βαλβίλλου.[2544] Der zuletzt genannte Text bewahrt zwei Lehrhoroskope des Balbillos, die zugleich die frühesten erhaltenen literarischen Horoskope der griechisch-römischen Antike sind. Das Diagramm des in der Μέθοδος zuerst vorgestellten Horoskops (Hor. gr. –42.XII.27)[2545] weist schon auf den ersten Blick Ähnlichkeit mit der Konstellation Hadrians auf:[2546]

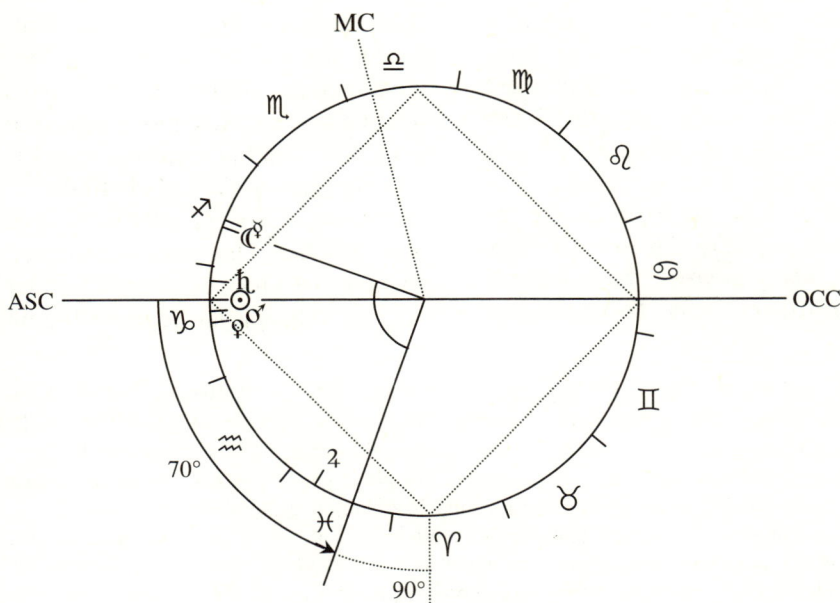

Diagr. 22: Hor. gr. –42.XII.27

[2543] Ed. Cumont, CCAG VIII 3 (1912), pp. 103,10–104,27 (= Rhet. 6,60).

[2544] Ed. Cumont, CCAG VIII 4 (1921), pp. 235,1–238,2 (= Rhet. 6,8). Μέθοδος κτλ. ist kein Werktitel, sondern beschreibt den Inhalt dieser Notizen aus dem ersten Kapitel der Ἀστρολογούμενα. Vielleicht war es die Kapitelüberschrift des Balbillos.

[2545] CCAG VIII 4 (1921), p. 236,8–23 bzw. Rhet. 6,8,8–11.

[2546] Aus der Analyse dieses Horoskops durch Neugebauer – van Hoesen 1959, 78, übernehme ich die Überzeugung, dass die tradierte Jupiterposition (20°) ein Fehler für 8° sein muss, bedingt durch eine der in byzantinischen Handschriften häufigen Verschreibungen von η und κ (zu einem ähnlichen Fall bei Antig. F1 § 22 cod. K, wo allerdings die übrigen Hss. die richtige Lesart η beweisen, s.o. S. 612 bei Anm. 1129). Zwei Daten biete ich abweichend von der dortigen Analyse: Zu dem von mir konjizierten MC-Wert ⟨2⟩3° ♎, der allerdings für die hier folgende Besprechung irrelevant ist, s.o. Anm. 1185; zur emendierten Venusposition s.u. Anm. 2550.

Zum Verständnis ist Folgendes zu sagen. Balbillos lehrte grundsätzlich
(und offenbar in individueller Abkehr von der Tradition), vier Planetengötter seien geeignet, die Funktion sowohl des ἀφέτης als auch des ἀναιρέτης zu übernehmen: Sonne, Mond, Saturn und Mars (also die Luminare und die 'Übeltäter').[2547] Als Beispiel führte er Hor. gr. –42.XII.27 an
und erklärte nach der Exposition der astronomischen Daten dem Exzerptor zufolge dies:[2548]

Καὶ φησὶν Ἥλιον ἀφέτην εἶναι τῆς γενέσεως, μὴ γενέσθαι δὲ ἀναιρέτην Ἄρεα διὰ τὸ τὴν Ἀφροδίτην αὐτῷ ἐπαναφέρεσθαι εἴσω τῶν η′ μοιρῶν καὶ εἶναι αὐτὸν ἐν ὑψώματι ἰδίῳ· ἔρχεται δὲ ἐπὶ τὸ ἀναιρετικὸν ζῴδιον τὸ προαναφερόμενον τῷ ἀφέτῃ, τουτέστιν τὸν Τοξότην, καὶ	'Und er sagt, die Sonne sei Entsender der Geburt, aber Vernichter werde nicht Mars, da ja Venus innerhalb von 8 Grad nach ihm aufgehe[2550] und er sich in seiner Erhöhung [*dem Steinbock*] befinde.[2551] Stattdessen geht er [*Balbillos*] zu dem Zeichen, das zum Vernichten geeignet ist und vor dem Entsender aufgeht, d.h. [*im hiesigen Fall*] zum

---

[2547] Vgl. CCAG VIII 3 (1912), p. 103,13–14 (= Rhet. 6,60,2): ἀφέτας δὲ δ̄ λέγει, Κρόνον, Ἄρεα, Ἥλιον, Σελήνην (cf. ibid. p. 103,18 = Rhet. 6,60,6). CCAG VIII 4 (1921),
p. 236,8 (= Rhet. 6,8,7): φησὶ δὲ καὶ δ̄ εἶναι ἀναιρέτας Ἥλιον, Σελήνην, Κρόνον,
Ἄρεα. Gansten 2012, 598, argumentiert energisch gegen die Korrektheit der zuerst
zitierten Stelle, an der er ἀφέτας für eine Verschreibung aus ἀναιρέτας hält. Gegen
Ganstens Konjektur spricht jedoch eine Parallele bei Val. 3,3,42 (zit. in Anm. 2521) und
vor allem der von Gansten nicht erwähnte Umstand, dass der unmittelbare Kontext des
Balbillos klar gegen eine Änderung von ἀφέτας zu ἀναιρέτας spricht. Außerdem wählt
Balbillos in seinem zweiten Horoskop (Hor. gr. –71.I.21) tatsächlich Saturn als ἀφέτης
(CCAG VIII 4, 1921, p. 237,6–7 = Rhet. 6,8,13). Bei doxographischen Nachrichten
dieser Art ist zu bedenken, dass ihre Verfasser dazu neigen, gerade ungewöhnlichen
Lehren Beachtung zu schenken und sie zu exzerpieren. – Die hier zitierte Erwähnung
von vier ἀφέται steht im Widerspruch zu einer Nachricht bei Porph. isag. 24 p. 203,9–
11, aus der aber nicht eindeutig erkennbar ist, ob Porphyrios die Ansicht seiner eigenen
Hauptquelle Antiochos von Athen oder die des im Kontext erwähnten Thrasyllos wiedergibt (s.o. S. 998 bei Anm. 2507). Theoretisch ist nicht auszuschließen (wenngleich
eher unwahrscheinlich), dass Thrasyllos bei verschiedenen Gelegenheiten verschiedene
Auffassungen vertrat.
[2548] Ich biete den Text entsprechend der Konstitution durch Cumont im CCAG VIII 4
(1921), p. 236,14–23, weil diese für den hier zitierten Abschnitt in einem wichtigen
Punkt besser ist als die Pingrees in Rhet. 6,8,9–11 (s.u. Anm. 2549). Was den hier nicht
zitierten Datenblock des Horoskops betrifft, ist umgekehrt die Edition Pingrees (Rhet.
6,8,8) der Cumonts (p. 236,9–14) vorzuziehen, da Pingrees Textpräsentation die Angaben der Orte der Dodekatropos klar von den Längenangaben der Himmelskörper unterscheidet.

εὑρὼν ἐκεῖ τὴν Σελήνην λέγει αὐτὴν ἀναιρέτιν γίνεσθαι. λαβὼν τὸν περίπατον τοῦ Ἡλίου ἕως τῆς τετραγώνου μοίρας τῆς Σελήνης, τουτέστιν Ἰχθύων ιθ', [καὶ] φησὶ [2549] τότε τὴν ἀναίρεσιν

Schützen, und da er dort den Mond findet [*im 19. Grad*], sagt er, der werde der Vernichter. Er nimmt die Wanderung der Sonne bis zum rechtwinkligen Grad des Mondes, d.h. bis zum 19. Grad der Fische, und sagt, dann [2552] finde die Ver-

---

[2549] Statt [καὶ] φησὶ liest Pingree (Rhet. 6,8,11), anscheinend beeinflusst durch den Kommentar von Neugebauer – van Hoesen 1959, 78, ⟨ὁ ἔτη εὑρίσκει⟩· καί φησι. Eine Erwähnung von 70 Jahren hat jedoch weder Rückhalt in der Überlieferung noch überzeugt sie inhaltlich, wie Gansten 2012, 596f., zeigt. Zu Ganstens Argumenten ergänze das folgende, welches m.E. großes Gewicht hat: Der Μέθοδος zufolge (CCAG VIII 4, 1921, p. 236,3–6 = Rhet. 6,8,5) lehrte Balbillos, dass die Sonne als 'Entsender' in den jeweils ersten 15° des Widders, des Löwen und des Schützen (d.h. der drei Zeichen des Feuertrigons) τὰ τῆς ἀναφορᾶς τοῦ ζῳδίου ἔτη schenke, in der jeweils zweiten Hälfte derselben Zeichen jedoch nur 19 Jahre. Anscheinend beschreibt der erste Teil dieser Regel die übliche Methode zur Berechnung der Lebenszeit, der zweite die Besonderheit, die der Exzerptor festhalten wollte. Mit dieser Stelle ist der Gedanke, Balbillos habe unter irgendwelchen Umständen einfache Zodiakalgrade in Lebensjahre konvertiert, unvereinbar. Im Übrigen fordern auch die theoretischen Texte von Plin. nat. 7,160 (Nech. et Pet. frg. 17,4–5). Dor. p. 370,9–11 (= Heph. 2,26,33; Kontext = διαίρεσις χρόνων). Ps.-Maneth. 3[2],416–420. Val. 3,3,3 die Umrechnung in Aufgangszeiten, und so – nach Aufgangszeiten – sind auch in allen vergleichbaren praktischen Anwendungen (Horoskopen) die Lebenszeiten gerechnet (s.o. S. 1006f., Tab. 26, und das Fazit S. 1009 bei Anm. 2530).

[2550] Missverstanden (so urteilt auch Gansten 2012, 595) von Neugebauer – van Hoesen 1959, 78: "because Venus is rising after it (the sun) within 8°". Während Gansten und der hiesige Verfasser voneinander unabhängig zur richtigen Deutung von αὐτῷ (= Mars) gelangt sind, lösen sie das sich daraus ergebende Problem verschieden: Gansten erwägt, das folgende Wort ἐπαναφέρεσθαι entweder zu προαναφέρεσθαι zu ändern oder es in der wenig plausiblen Wortbedeutung 'rising near' beizubehalten. Wahrscheinlich muss aber stattdessen die tradierte Venusposition (11° ♑) geändert werden, entweder durch Vertauschung mit der Mars-Position (12° ♑) oder besser noch durch Korrektur zu einem Wert zwischen der Mars-Position und 20° ♑ (8 Grad davon entfernt), aus paläographischen Erwägungen vielleicht zu 20° ♑ (vgl. ια' mit κ'). Dass Venus innerhalb der folgenden 8° nach einem potentiellen Vernichter die Gefahr bannt, hatte der Exzerptor bereits früher aus den allgemeingültigen Angaben des Balbillos referiert (zit. oben in Anm. 2525; ebd. Verweise auf inhaltlich gleiche Aussagen des Ptolemaios und des Pancharios). Für eine Emendation der Venusposition spricht ferner, dass sie als einzige um 3° niedriger als der von Neugebauer – van Hoesen 1959, 78 berechnete tropische Wert (14° ♑) liegt, während man doch, da die tradierte Länge ja eine siderische ist, umgekehrt erwarten sollte, dass sie um ca. 6° höher liegt (vgl. die Formel von Jones oben S. 599 bei Anm. 1085).

[2551] Er ist also nicht κεκακωμένος; vgl. Ptol. apotel. 3,11,13.

[2552] D.h. nach soviel Jahren, wieviele Bogengrade die genannte Distanz umfasst.

γίνεσθαι· καὶ τὸν Δία ὄντα
Ἰχθύων μοίρᾳ κ′ μὴ δυνηθῆναι
βοηθῆσαι διὰ τὸ ἐν τῷ ἀν-
αιρετικῷ ζῳδίῳ τὴν Σελήνην
τυχεῖν.

nichtung statt, und Jupiter, der im 20. Grad der Fische stehe, könne nicht zu Hilfe kommen, da der Mond sich zufällig in dem vernichtenden Zeichen befinde.'

Mit dem letzten Satz rekurriert Balbillos auf seine in der Συγκεφαλαίω-σις tradierte Lehre, dass der ἀναιρέτης dann, wenn er im Zuge der Tagesrotation die natale Position des ἀφέτης erreiche,[2553] d.h. beim Eintreten des Gefahrenmoments, den Nativen nicht töte, sofern ein 'Wohltäter' diese Position aspiziere, dass der ἀναιρέτης jedoch beim Erreichen dieser Position unweigerlich den Tod bringe, wenn er in einem 'vernichtenden Tierkreiszeichen' stehe (womit vor allem das vor dem ἀφέτης aufgehende Zeichen gemeint sei, aber auch dessen Quadratur), selbst dann, wenn ein 'Wohltäter' einen Aspekt auf den kritischen Ort werfe:[2554] εἶτα φησὶν ὅτιπερ ἐὰν ἀπαντήσῃ τῷ ἀφέτῃ ἀναιρέτης, σκέπτηται δὲ ὑπὸ ἀκτῖνος ἀγαθοποιοῦ, οὐκ ἀναιρεῖ ὁ ἀναιρέτης, πλὴν ἐὰν μὴ εὑρεθῇ ἐν ἀναιρετικῷ ζῳδίῳ·[2555] τοῦτο δέ ἐστιν τὸ προανηνεγμέ-νον[2556] τοῦ ἀφέτου καὶ τὸ αὐτοῦ τετράγωνον. In Übereinstimmung hiermit heißt es in der Μέθοδος: τὸ προαναφερόμενον ζῴδιον τοῦ ἀφέτου ἀναιρετικὸν καλεῖται. ἐὰν οὖν ἐν αὐτῷ εὑρεθῇ ἀναιρέτης, κἂν τὰ μάλιστα θεωρηθῇ ὑπὸ ἀγαθοποιοῦ, πάντως ἀναιρεῖ.[2557]

Da der sich ergebende Lebensbogen im Falle des von Balbillos besprochenen Nativen also, wie aus dem obigen Diagramm (S. 1015) ersichtlich, 70 Zodiakalgrade umfasst (von der entsendenden Sonne auf 9° ♑ bis zur Quadratur des vernichtenden Mondes auf 19° ♓), muss dieser Wert nun, wie üblich, in Rektaszensionalgrade umgerechnet werden,

---

[2553] Diese Vorstellung ist komplementär zu derjenigen, dass ein vom ἀφέτης entsandter Strahl die Position des ἀναιρέτης erreicht. In der zuletzt genannten Perspektive steht die Geburtskonstellation still und nur der Strahl des ἀφέτης bewegt sich, in der zuerst genannten dreht sich die Geburtskonstellation auf den stillstehenden Punkt der 'Entsendung' zu; beide führen zu demselben Ergebnis.

[2554] CCAG VIII 3 (1912), pp. 103,19–104,3 = Rhet. 6,60,7.

[2555] ἐν ἀναιρετικῷ ζῳδίῳ emendavi; ἀναιρετικὸν ζῴδιον cod. et Cumont et Pingree. Der Text ist schlecht überliefert. Zur Rechtfertigung der hier vorgeschlagenen Emendation vgl. den sogleich im Anschluss zitierten sinngleichen Text der Μέθοδος, bes. die Worte ἐν αὐτῷ εὑρεθῇ.

[2556] τὸ προανηνεγμένον coni. Cumont in app. crit., in textum recepit Pingree; τοῦ προανηνεγμένου cod. et Cumont in textu.

[2557] CCAG VIII 4 (1921), p. 235,4–6 = Rhet. 6,8,1–2. Pingree liest dort [τὰ] μάλιστα.

um die Lebenszeit zu bestimmen.[2558]

Wenden wir nun dasselbe Verfahren wie in Hor. gr. −42.XII.27 versuchsweise auf das Hadrianhoroskop an, in dem nach Antigonos der aszendierende Mond (1° ♒) als ἀφέτης fungiert. Selbst wenn die von ihm ausgehende 'Entsendung' die durch die Sonne (8° ♒) und vor allem durch Mars (22° ♓) verursachten Gefahrenmomente wider Erwarten unbeschadet überstände, würde es doch (zumindest nach der Lehre des Balbillos) beim Erreichen von 5° ♈ zum unentrinnbaren κλιμακτήρ kommen: Auf diesen Grad fällt der Geviertschein Saturns (5° ♑), der im ἀναιρετικὸν ζῴδιον (12. Ort/Zeichen) steht und somit vernichten *muss*, ungeachtet des schwachen positiven Aspekts (Sextil), den Jupiter aus dem Wassermann wirft,[2559] oder anderer Gesichtspunkte. Insgesamt entspräche die Lebensspanne also dem Bogen vom Mond bis zum Geviertschein Saturns (1° ♒ − 5° ♈), der 64 Zodiakalgrade misst:

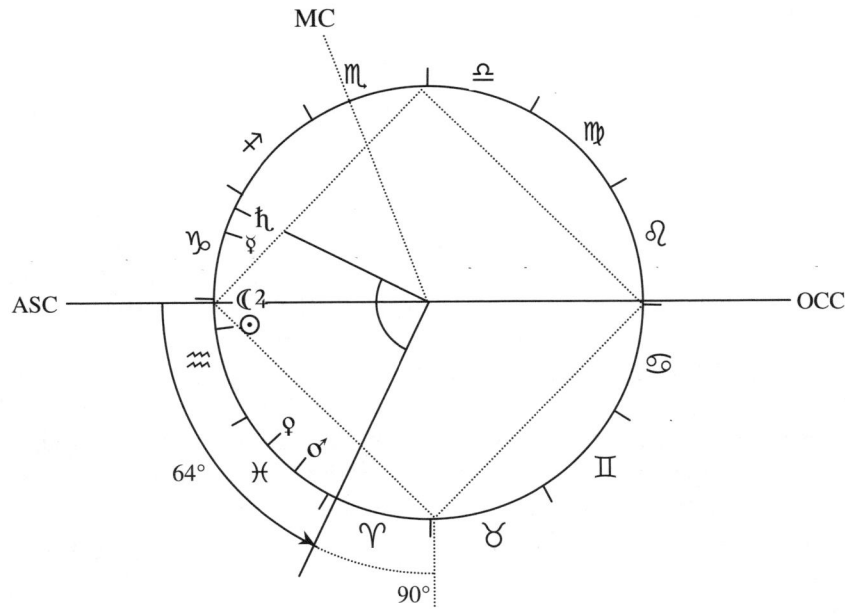

Diagr. 23: Aphesie und Tetartemorionlehre im Horoskop Hadrians

---

[2558] Diese Umrechnung ist notwendig (*pace* Neugebauer – van Hoesen 1959, 78), vgl. Anm. 2549 a.E. Die ebd. (Anm. 2549) erwähnte Sonderregel des Balbillos für bestimmte Sonnenpositionen ist für sein hier zitiertes Beispielhoroskop irrelevant, da die Sonne in keinem der relevanten Tierkreiszeichen steht.
[2559] S.o. S. 1018 nach Anm. 2554.

Da dieser Zodiakalbogen fast identisch ist mit den Tierkreiszeichen des Wassermanns und der Fische, kann man leicht überschlagen, dass seine Entsprechung in Aszensionalgraden im Klima Vb (Rom) ca. 16° 40′ RA ($\mathcal{H}$) + 22° RA ($\approx$) = ca. 38° 40′ RA betrüge und selbst im Klima Ia (Alexandria) nur bei ca. 21° 40′ RA ($\mathcal{H}$) + 25° RA ($\approx$) = ca. 46° 40′ RA läge, was also Lebensspannen von knapp 39 beziehungsweise knapp 47 Jahren entspräche.

Wir wissen zwar nicht, ob Antigonos der zuvor nach Balbillos zitierten Regel bezüglich der sicher tödlichen Wirkung des ἀναιρέτης im 12. Ort zugestimmt hätte. Aber selbst wenn er es nicht getan hätte, ist doch sehr zweifelhaft, ob er dem Sextilschein des Jupiter oder der Position von 5° γ (Saturnquadratur) in einem Jupiterbezirk (0°–6° γ) eine rettende Wirkung zugesprochen hätte. Nach Ptolemaios ist jedenfalls Hadrians Jupiter im Sextil zu 5° γ nicht zur Hilfe in der Lage, da er sich unter den Strahlen der Sonne befindet,[2560] und wie schwach das Kriterium der Gradbezirke ist, wurde bereits oben (Anm. 2537) verdeutlicht.

Insgesamt gewinnt man also den Eindruck, dass Antigonos in § 52 zwar die traditionelle Methode zur Bestimmung der Lebenszeit lehrt, diese Methode aber entweder gar nicht oder jedenfalls nicht ohne umständliche und wenig plausible Rechtfertigungsstrategien geeignet ist, die tatsächliche Lebenszeit Hadrians inklusive der Überwindung dreier gefährlicher Klimaktere befriedigend zu erklären. Die daraus resultierende Aporie des astrologischen Lehrers könnte der Grund für drei überraschende Details sein: erstens, dass Antigonos gerade diesen wichtigen Punkt im Vergleich mit zuvor untersuchten Themen wie 'Ehe' (§§ 39–40) und 'Geschwister' (§§ 41–45) extrem knapp behandelt; zweitens, dass er zwar zu Beginn konkrete Aussagen über die 'Entsendung' durch den Mond und die anzuwendende Umrechnung in Aszensionalgrade macht, aber eine plausible Verknüpfung dieser Methode mit dem eingangs (§ 24) erwähnten Todeszeitpunkt im 63. Lebensjahr schuldig bleibt; und drittens, dass er die vorzeitige Beendigung der 'Entsendung' als Möglichkeit erwähnt,[2561] ohne eindeutig klarzustellen, ob es dazu kommt oder nicht.[2562]

[2560] Ptol. apotel. 3,11,15 καθόλου γὰρ τῶν ὑπὸ τὰς αὐγὰς ὄντων οὐδένα παραληπτέον, οὔτε πρὸς ἀναίρεσιν οὔτε πρὸς βοήθειαν; sinngleich: Panch. ap. Heph. 2,11,72 (zur Attribution der Stelle an Pancharios s. Pingree 1978a, II 329).

[2561] Das *participium coniunctum* συνάπτουσα erlaubt sowohl konditionale als auch kausale Auffassung.

[2562] Im Gegensatz dazu hatte er zuvor mehrmals explizit Theorie und Praxis verknüpft, s. § 32 ὥσπερ ἐπὶ τοῦ προκειμένου θέματος. § 40 ὥσπερ ἐπὶ τῆς προκειμένης γενέσεως. § 50 ὥσπερ ἐπὶ τῆς προκειμένης γενέσεως.

Ungewiss bleibt auch, ob es im Sinne des Antigonos wäre oder nicht, wenn der Leser den abschließenden Hinweis auf Gefahrenmomente (κλιμακτῆρας) zum Anlass nähme, ganz einfach an den in der Antike am meisten gefürchteten κλιμακτήρ, das 63. Lebensjahr, zu denken, das zwar perfekt zu Hadrians Todesjahr passen würde, aber keinen Bezug zum individuellen Horoskop oder zur Tetartemorionlehre hat.[2563] Die unbefriedigende Knappheit des § 52 wird nur vordergründig dadurch relativiert, dass zuvor schon ausführlich (§§ 49–51) die Ursache des Todes Hadrians besprochen worden war: Ursache und Zeitpunkt sind nicht dasselbe.

πόσους δ᾽ ὁ τοιοῦτος πληρώσας ζωτικοὺς χρόνους τελευτήσει: Zu der direkten Frage s.o. in der Gesamtbesprechung von §§ 45–52.

ὁ τοιοῦτος: bezieht sich auf die in § 22 exponierten astronomischen Daten; vgl. den Kommentar zu § 39 τὸν δὲ τοιοῦτον.

ζωτικοὺς χρόνους: vgl. F2 § 61 οἱ δὲ ζωτικοὶ τούτου χρόνοι. Die Junktur ζωτικοὶ χρόνοι ('Lebenszeit') ist in der griechischen Literatur nur bei astrologischen Autoren belegt. Wir finden sie erstmals bei 'Nechepsos und Petosiris' in einem wörtlichen Zitat (Val. 8,6,14 = frg. +10); vermutlich ist die Junktur also iambischen Ursprungs (vgl. Heilen 2011, 63). Aus 'Nechepsos und Petosiris' stammt auch der Beleg bei Antioch. epit. s.n.,3 (ex isag. 2 [s. Anm. 234]), CCAG VIII 3 (1912), p. 119,28 (= Nech. et Pet. frg. +18), in dessen Kontext Spuren iambischen Metrums auffallen. Weitere Belege: Val. 3,1,1. 6,2,35. 6,8,11. 7,2,6. 9,10,1. 9,12,7. 9,17,1–2. Dor. p. 349,25. Porph. isag. 41 p. 212,28. Geläufiger ist der sinngleiche Ausdruck χρόνοι ζωῆς. – Beachtung verdient auch die singuläre Junktur τοὺς ἀποτελεστικοὺς ... χρόνους bei Ptol. apotel. 3,11,1 = Nech. et Pet. frg. 15 (vollständig zitiert oben S. 984 bei Anm. 2452), die wahrscheinlich ebenfalls iambischen Ursprungs ist (vgl. Heilen 2011, 78f.).

τελευτήσει: Zur Lexik s.o. zu § 24 ἐτελεύτησεν, zum didaktisch motivierten Futur vgl. das hier folgende γνώσῃ sowie § 41 ἀποδειχθήσεται (mit Komm.). § 49 πρόδηλον γενήσεται. F2 § 54 u. F3 § 63 οἰκοδεσποτήσει. – Antike Astrologen besprechen Nativitäten oft noch *post mortem* aus der Perspektive des Geburtstages und verlebendigen so den

---

[2563] Für Details s.u. im Komm. zu κλιμακτῆρας.

entscheidenden Zeitpunkt, in dem ihrer Überzeugung nach die Prägung des Lebens durch die kosmischen Einflüsse stattfindet. Diese Perspektive wird notwendigerweise durchbrochen, wenn es gilt, darauf hinzuweisen, was später wirklich geschah. Außerhalb der Antigonosfragmente vgl. z.B. den Tempuswechsel bei Val. 3,[6,5–22] u. 8,9,5–22 (Hor. gr. 2.X.7), wo es heißt (3,[6,6] = 8,9,6): ἐνθάδε [sc. Ταύρου μοίρᾳ κζ′] Κρόνου ὄντος ἀποθανεῖται· Παρθένῳ ἀπέθανεν· τὸ γὰρ μοιρικὸν τετράγωνον τούτου.[2564]

γνώσῃ δ᾽ ἐκ τῆς Σελήνης: so Ep.[4]; in **P** ausgefallen. Zum futurischen Tempus siehe das soeben zu τελευτήσει Gesagte. – Die Junktur γνώσῃ + ἐκ ist vor der Zeit des Antigonos selten belegt und findet sich anfangs nur bei medizinischen Fachschriftstellern. Vgl. Hippocr. acut. (sp.) 11 (p. II 462,2 L.) γνώσῃ δὲ ἐκ τῶν οὔρων (= Galen. p. XV 855,9 K.) und Diosc. mat. med. 1,19,3 p. I 25,15–16 Wellmann ὅπερ γνώσῃ ἐκ τοῦ μεῖζόν τε εἶναι καὶ κενὸν καὶ ἀδύναμον. Astrologische Parallelen: Dor. p. 382,21–22 γνώσῃ ἐκ τοῦ ἐπιμαρτυροῦντος ἀστέρος τῇ Σελήνῃ. p. 423,4–5 ἐκ τῆς τῶν δώδεκα ζῳδίων φυσικῆς συμπαθείας καὶ οἰκειώσεως γνώσῃ. p. 423,11–12 γνώσῃ ... ἐκ τοῦ τῆς Σελήνης περιπάτου. Val. 4,29,7 γνώσῃ ... ἐκ τῶν ὡροσκοπικῶν συνθέσεων. Paul. Alex. 18 p. 39,15 ἐκ τῆς φύσεως τοῦ ἀστέρος γνώσῃ. Olymp. 23 p. 68,16–17 τὸ ποῖον τοῦ θανάτου ἐκ τῶν ζῳδίων γνώσῃ (usw.).

ἀφέτης: *terminus technicus* für den Planeten oder Ort des Horoskops, der das Leben am Beginn vom Himmel herab 'entsendet' (arab. *al-hīlāǧ*, daher mittellat. *yleg, hylech, hileg* etc.,[2565] daneben auch mittel- u. neulat. *prorogator*). Die griechischen Belege für ἀφέτης und ἄφεσις (vgl. **F2** § 61 ἀφέσεως) beginnen mit 'Nechepsos und Petosiris' bei Val. 3,3 Περὶ ἀφέσεως (3,3,2 = Nech. et Pet. frg. +8).

Für die weiblichen Planetengötter (Mond und Venus) gibt es auch die selteneren, in den Antigonos-Fragmenten nicht belegten Termini ἀφέτις und ἀναιρέτις, vgl. Balb. astrol. exc. ap. Rhet. 6,8,6 Σελήνη οὖσα

[2564] 'Wenn hier (auf 27° ♉) Saturn steht, wird er sterben. (In Wahrheit aber) starb er, (als Saturn) in der Jungfrau (stand). Das (27° ♍) ist nämlich der gradgenaue Geviertschein dazu.'

[2565] Vgl. Kunitzsch 1977, 49f. (dort auch zur mittelpersischen Vermittlung der ἀφέτης-Lehre an die Araber). Siehe auch Yamamoto – Burnett 2000, I 576f.

ἀφέτις und ebd. 6,8,10 λέγει αὐτὴν [sc. Σελ.] ἀναιρέτιν γίνεσθαι.[2566]
Ptol. apotel. 3,11,15 (= Heph. 2,11,69) τῆς Σελήνης ἀφέτιδος οὔσης.
Val. 6,8,7 (= Critod. frg. 13 Peter) ἀλλ᾽ ὁπόταν Σελήνη ἀφέτις εὑρεθῇ.
6,8,14 αὕτη [sc. Σελ.] γὰρ ἀφέτις γενομένη.

Die Position des Mondes unter den Strahlen der Sonne (§ 39 a.E.) ist
hier dank seiner exakten Position im Aszendenten kein Hinderungsgrund
für seine Funktion als ἀφέτης; vgl. Val. 3,1,27 Σελήνη συνοδικὴ εὑρι-
σκομένη καὶ ὑπὸ τὰς αὐγὰς τοῦ Ἡλίου πεπτωκυῖα οὐ γίνεται ἀφέτης ἐκτὸς εἰ μὴ καὶ αὐτὴ μοιρικῶς ὡροσκοπήσῃ.

εὑρεθεῖσα: s.o. zu § 26 οἰκείως εὑρεθέντων.

καὶ ὅσαι – τελευτήσει: etwas anders formuliert, aber sinngleich in
Ep.[4].

μοῖραι τοῦ ἀναφορικοῦ: so **P**; weitgehend sinngleich Ep.[4] ἀναφορικοὶ χρόνοι τῶν ζῳδίων. Der in **P** überlieferte Ausdruck ist ein Hapax.
Am nächsten kommt ihm Heph. epit. 4,91,10 μοίρας ἀναφορικάς. Mit
dem substantivierten Adjektiv in **P** ist wohl eine Tabelle der Aufgangszeiten gemeint, insgesamt also (mit Verdeutlichung des unausgesproche-
nen Bezugsworts) ein ἀναφορικὸς κανών oder ein ἀναφορικὸν κανόνιον. Vgl. z.B. Heph. 2,2,2 διὰ τῶν ἀναφορικῶν κανόνων. Papp. comm.
in Ptol. synt. 5,1 p. 16,18–19 Rome διὰ τῶν προεκτεθειμένων ἀναφορικῶν κανονίων. Theo Alex. comm. in Ptol. synt. 3,9 p. 922,1 Rome τῆς
τῶν ἀναφορικῶν χρόνων κανονογραφίας. Eine andere mögliche Ergänzung – ἀναφορικὸν σύνταγμα – suggeriert P. Oxy. astron. 4276 (Hor.
gr. 150–250a), dessen Verfasser angibt, er habe den Aszendenten mit Hilfe einer von Hipparch zusammengestellten Sammlung von Tabellen der
Aufgangszeiten für verschiedene Klimata berechnet: ὁ δὲ τῆς γενέσεως
ὡροσκόπος ψηφισθεὶς ἐκ τοῦ ἀναφορικοῦ ὡς πρὸς πρώτην ὥραν
ἡμέρας Ἱππαρχικοῦ συντάγματος καὶ πρὸς τὸ κλίματος [sic] τῆς
Αἰγύπτου κτλ. (coll. i,6-ii,3; s. dazu Jones 1999a, I 283).[2567] Ähnlich,
aber ohne Nennung des sinngemäß zu ergänzenden Substantivs, formuliert z.B. Val. 3,3,26 εὑρήσομεν ἐν τῷ ἀναφορικῷ ὡροσκόπον Αἰγόκε-

---

[2566] Vgl. die ältere Edition von F. Cumont, CCAG VIII 4 (1921), p. 236,7 u. 236,19.
Dort ist jedoch im krit. App. zu p. 236,7 die Lesung des Paris. gr. 2425 fol. 167ʳ ἄφεσις
falsch: Der Parisinus bietet ἀφέτις, wie auch der paläographische Vergleich mit ἀναιρέτις wenige Zeilen später zeigt.
[2567] Für diesen Hinweis danke ich Alexander Jones.

ϱω μοῖϱαν κη′.

Für Details zu den Aufgangszeiten der Tierkreiszeichen (ἀναφοϱαί), die sich entweder in Rektaszensionalgraden (so **P**: μοῖϱαι) oder in äquinoktialen Stunden und Minuten (so Ep.[4]: χϱόνοι) messen lassen (1° RA = 4 min), s.o. im Kommentar zu § 22 (bes. S. 619 bei Anm. 1164) und unten im Kommentar zu **F7**. Siehe auch *anaphoras* bei Plin. nat. 7,160 (= Nech. et Pet. frg. 17,5).

ἕως τῆς τετραγώνου πλευρᾶς: so auch Val. 3,3,1.4.16.18.45. 3,5,9.[2568] Anon. CCAG IX 1 (1951), p. 174,21.[2569] An zwei dieser Stellen wird ebenso wie hier der gemeinte Tierkreisgrad präzisiert: Val. 3,3,16 ἕως τῆς τετραγώνου πλευρᾶς (Παϱθένου μοίϱας η′) u. Val. 3,3,18 ἕως τῆς τετραγώνου πλευρᾶς (Ταύϱου μοίϱας κβ′). Den Ausdruck ἡ τετράγωνος πλευρά benutzten wohl schon 'Nechepsos und Petosiris', wie Val. 3,3,2–3 (3,3,2 = Nech. et Pet. frg. +8) nahelegt (s. ferner Ps.-Maneth. 3[2],427).[2570]

Die hier von Antigonos gewählte Formulierung ἕως τῆς τετραγώνου πλευρᾶς ist sinngleich mit **F2** § 58 ἕως ⟨τῆς⟩ τετραγώνου στάσεως. Während der Begriff πλευρά die Vorstellung der Seitenlinie eines in den Tierkreis eingeschriebenen Polygons (hier in § 52: eines Quadrats) betont,[2571] fasst στάσις (**F2** § 58) den Punkt am Ende einer solchen Seitenlinie ins Auge, mit anderen Worten: die *pars nonagesima*. Vgl. das schon oben (S. 1016) zitierte, Hor. gr. –42.XII.27 bewahrende Balbillos-Exzerpt (mit μοῖϱα anstelle von στάσις): ἕως τῆς τετραγώνου μοίϱας τῆς Σελήνης, τουτέστιν Ἰχθύων ιθ′.[2572]

Das durch den Terminus πλευρά angedeutete Polygon kann zeichengenau oder (so hier § 52 u. **F2** § 58) gradgenau definiert sein.[2573] Vgl. die

---

[2568] Val. 3,5,6–10 = Hor. gr. 75.VII.19.

[2569] Vgl. Paul. Alex. 14 p. 30,9.12.17 ἕως τῆς τριγώνου πλευρᾶς.

[2570] Val. 3,3,2–3 ist oben in Anm. 2484 und auf S. 994 zitiert, Ps.-Maneth. 3[2],427 in Appendix V (S. 1385). – Siehe ferner den ähnlichen Ausdruck ἡ τρίγωνος πλευρά beim Anon. CCAG VI (1903), p. 62,9–10 (= Nech. et Pet. frg. +31): ὑπολαμβάνουσι πάντες τὰς τριγώνους πλευρὰς συμφώνους. Weitere relevante Stellen nennt Denningmann 2005, 72[217].

[2571] Vgl. die Diagramme Nr. 22 u. 23 oben S. 1015 u. 1019. Genau genommen ist gemeint: ἕως οὗ καταλήγει ἡ τετράγωνος πλευρά.

[2572] Balb. astrol. exc. ap. Rhet. 6,8,11 (= CCAG VIII 4, 1921, p. 236,20–21).

[2573] Auf theoretischer Ebene hat Antigonos sich auch mit der zeitgenauen Definition befasst, die auf den Aufgangszeiten der Tierkreiszeichen basiert (**F7**). Sie liegt übrigens solchen Texten zugrunde, wo die vier Quadranten zwischen den Kentra als τεταρτημόρια bezeichnet werden, z.B. Ptol. apotel. 1,6,2 u.ö.

Begriffe τριγωνικαὶ (τετραγωνικαὶ, ἑξαγωνικαὶ, μοιρικαὶ, ζῳδιακαὶ, τοπικαὶ) πλευραί bei Rhet. epit. 4,22 = CCAG VIII 1 (1929), p. 244,15–26, sowie Bezza 1990, 281 (Anm. 68 a.E.). Auch im Falle der Opposition ist von πλευρά die Rede, vgl. z.B. Val. 3,5,18 = 6,8,7 = app. 14,1 (= Critod. frg. 13 Peter) τὰς ἑξαγώνους πλευρὰς καὶ τετραγώνους καὶ διαμέτρους. Genaue Definitionen der τρίγωνος/ἑξάγωνος/τετράγωνος/διάμετρος πλευρά bietet Paul. Alex. 10 pp. 23,8–25,7.[2574] Neben ἡ τετράγωνος πλευρά[2575] begegnet (vorwiegend dichterisch) auch das Adjektiv τετράπλευρος, z.B. bei Dor. p. 399,16 (= Heph. 3,30,58 = frg. 91a St.): Ζεὺς δ᾽ ὅτε τετράπλευρος κτλ. Vgl. ferner Ausdrücke wie τὸ τετράπλευρόν τινος κατέχειν.[2576]

(**τουτέστι Ταύρου μοίρας α´**): Eine Marginalie in epit. 4,26,42 kommentiert diese Stelle auf verworrene Weise, indem sie die hiesige Angabe des Antigonos als εἰς τὰ προηγούμενα versteht und darin einen Gegensatz zwischen der Methode des Antigonos und der 'Alten' einerseits und der Methode des Ptolemaios andererseits sieht.[2577] *De facto* stimmen aber alle drei darin überein, Direktionen dieser Art εἰς τὰ ἑπόμενα vorzunehmen, wobei aus dem Kontext eindeutig hervorgeht, dass sowohl Antigonos als auch Ptolemaios (apotel. 3,11,9) ihre Richtungsangaben (wie üblich) im Sinne der Tagesrotation meinen. – Zur parenthetischen Formulierung vgl. § 37 τουτέστι τὸ ὡροσκοπικὸν ἢ τὸ μεσουράνημα (ubi pl.).

συνάπτουσα: scil. Σελήνη. Genau genommen ist nicht der Mond selbst, sondern der von ihm entsandte Zeitstrahl gemeint.

κλιμακτῆρας ποιεῖ: Grundsätzlich beachten die Astrologen sowohl *individuelle* als auch *allgemeingültige* Gefahrenzeiten.[2578] Die hier gemeinten κλιμακτῆρες sind individuell und ergeben sich, wie bereits dargelegt wurde, gemäß der Tetartemorionlehre aus der Konstellation des Nati-

---

[2574] Siehe bes. ebd. p. 24,3–6: ἡ δὲ τετράγωνος πλευρὰ συνέστηκεν ἐκ ζῳδίων δ̄, μοιρῶν δὲ ϙ̄, τετραπλούμεναι γὰρ αἱ ϙ̄ μοῖραι ἀπαρτίζουσι τὰς τξ̄ μοίρας τοῦ ζῳδιακοῦ κύκλου.

[2575] Die substantivische Auffassung in Ep.⁴ (ἕως τῆς τοῦ τετραγώνου πλευρᾶς) ist ein Überlieferungsfehler.

[2576] Z.B. 'Palch.' cap. 120, CCAG VIII 1 (1929), p. 250,25.

[2577] Vgl. den textkrit. App. oben S. 159.

[2578] Grundinformationen zum Thema κλιμακτῆρες: Bouché-Leclercq 1899, 526–532, u. Boll 1921.

ven.[2579] Älter und nicht speziell astrologischen, sondern volksmedizinischen Ursprungs ist der Glaube an die allgemeingültigen Gefahrenzeiten. Schon Hippokrates und seine Schüler hatten kritische Tage (κρίσι-μοι ἡμέραι) definiert, an denen sich der Krankheitsverlauf zwischen Tod und Genesung *entscheide* (κρίνειν). Dass diese kritischen Tage primär auf der Siebenzahl basieren, hat seinen Grund in der uralten Ableitung allen Werdens und Vergehens vom wandelbaren Mond und seinen natürlichen Periode.[2580] Daneben spielte die Neunzahl eine wichtige Rolle. Schon bald wurde die Beachtung kritischer Tage auf entsprechende Monate und Jahre ausgedehnt.[2581]

Kanonisiert als Übergänge zwischen Sieben- oder Neunjahresperioden wurden die kritischen Jahre in der hellenistischen Epoche von der griechischen Astrologie übernommen. Es handelt sich bei ihnen genau genommen nicht um Gefahrenjahre, sondern – ähnlich den alten κρί-σιμοι ἡμέραι – um entscheidende, weichenstellende Jahre, die einen Glückswechsel sowohl zum Besseren als auch zum Schlechteren bringen können. Da erfahrungsgemäß bei fortschreitendem Lebensalter die Wechsel zum Schlechteren, vor allem bezüglich der Gesundheit, zunehmen, wurden gerade die hohen kritischen Jahreszahlen negativ konnotiert und als Gefahrenjahre wahrgenommen. Insofern erweist sich die in der Bezeichnung als 'Leitersprossen' (κλιμακτῆρες) implizierte Metaphorik als besonders treffend: Sprossen können, wenn man eine Leiter hinaufsteigt, brechen, da sie alt oder beschädigt sind oder der Benutzer der Leiter (z.B. beim Hausbau) allzu schwere Gewichte trägt; und bei regnerischem Wetter kann man auf nassen Leitersprossen ausgleiten.[2582] Ein solcher Unfall ist um so gefährlicher, je weiter oben auf der Leiter er sich ereignet.

Im Kontext der Stufenjahre wurde in der Antike kontrovers diskutiert,

---

[2579] Siehe oben S. 985 und S. 996. Vgl. z.B. auch die Unterscheidung zwischen den beiden Arten von *anni climacterici* bei Firm. math. 4,20.

[2580] So Boll 1921, 843, mit Verweis auf Roscher 1903, 51ff., u. Roscher 1906, 166ff. Ein Mondzyklus vom Neumond (1) über Halbmond (2), Vollmond (3) und wieder Halbmond (4) bis zum nächsten Neumond (1) umfasst ca. 4×7 Tage.

[2581] Vgl. Macrob. somn. 1,6,62–74.

[2582] Dieses Risiko klingt nach in Ptol. apotel. 3,11,33 κλιμακτῆρας μεγάλους καὶ ἐπι-σφαλεῖς u. Val. 5,2,7 ἐπισφαλὴς κλιμακτήρ, s. auch ebd. 5,8,26.45. Vgl. ferner den Hinweis von Grinda 2002, 774f. s.v. 'Z.b.13 Leitern, Stufen' auf Caecin. Cic. fam. 6,7,3 (von politischen Gefahren der Schriftstellerei): *quem ad modum igitur scalarum gradus si alios tollas, alios incidas, non nullos male haerentis relinquas, ruinae periculum struas, non ascensum pares, sic tot malis tum vinctum, tum fractum studium scribendi quid dignum auribus aut probabile potest adferre?*

welche die gefährlichsten seien. Nach Censorins Überblick über die
κλιμακτηρικοὶ anni (Cens. 14, bes. 14,9–16) hielten manche Astrologen
(*genethliaci*) die Produkte der Drei- und Siebenzahl für die gefährlichsten
anni κρίσιμοι et climacterici, also das 21., 42., 63. und 84. Lebensjahr
(Cens. 14,9–10).[2583] Andere hingegen erklärten ein bestimmtes Stufenjahr
zum schlimmsten überhaupt, so das 49. oder 81. als Quadratzahlen der 7
und 9 (Cens. 14,11–12) oder als Kombination beider Grundzahlen (7×9)
das 63. (Cens. 14,14–15). Gerade dieses 63. Lebensjahr hatte bei den Astrologen offenbar den größten Erfolg und avancierte – ungeachtet der
späteren Missbilligung durch Censorinus[2584] – zum Gefahrenjahr *par
excellence*. Die 'Ägypter' nannten es auch ἀνδρόκλας aus dem Grund,
quod omnem vitae substantiam frangat ac debilitet (Firm. math. 4,20,3).
Vgl. Val. 5,8,65 (= Critod. frg. 21 Peter) ξγ' [sc. ἔτος] ... ἀνδροκλάστης,
χαλεπὸς καὶ θανατηφόρος und das lateinische Äquivalent im Lib.
Herm. 15,64 (= Val. app. 20,15,64) *sexagesimus tercius ... et androclastes (id est virum frangens) appellatur; difficilis est; qui dicitur Hercu-
les*.[2585] Anscheinend war für die Sonderrolle des 63. Jahres die Autorität
von 'Nechepsos und Petosiris' bedeutsam, auf die sich Firmicus an der
zitierten Stelle zu berufen scheint (4,20,3 *ab Aegyptiis androclas dictus
est*). Dass außerdem das 63. Jahr nicht nur den Astrologen, sondern einer
breiten Öffentlichkeit als das Gefahrenjahr schlechthin galt, beweist der
von Gellius zitierte Brief des Augustus an seinen Adoptivsohn Gaius
Caesar, worin der Kaiser seine Erleichterung ausdrückt, das 63. Lebensjahr
wohlbehalten vollendet zu haben.[2586]

Neben den bisher besprochenen *individuellen* Klimakteren auf der
Grundlage aphetisch-geometrischer Theorien und den *allgemeingültigen*
auf der Grundlage arithmetischer Reihen (Sieben- und Neunzahl) gab es
auch eine dem 'König' (Nechepsos) zugeschriebene kombinierte Methode, die die Zahl der vom heliakischen Aufgang des Sirius bis zur Ge-

---

[2583] Missverstanden von Garland 1990, 4.

[2584] S.u. Anm. 2599.

[2585] Zum ἀνδρόκλας vgl. Bouché-Leclercq 1899, 528. 529[1] ("Pétosiris acceptait les cli-
matères arithmétiques, notamment le fameux *androclas*, dont il se pourrait même qu'il
fût l'inventeur"). 531[1]. Boll 1921. Roscher 1903, 66. Roscher 1906, 166–169, bes.
167[243].

[2586] Aug. Gell. 15,7,3 (frg. 22 Malcovati): *Aue, mi Gai, meus asellus iucundissimus, quem
semper medius fidius desidero, cum a me abes. Set praecipue diebus talibus, qualis est
hodiernus* [scil. 23. Sept. 1 n.Chr.], *oculi mei requirunt meum Gaium, quem, ubicumque
hoc die fuisti, spero laetum et bene ualentem celebrasse quartum et sexagesimum nata-
lem meum. Nam, ut uides, κλιμακτῆρα communem seniorum omnium tertium et sexagesimum annum euasimus.*

burt vergangenen Tage mit hebdomadisch und enneadisch konzipierten, rein numerischen Verfahren zur Berechnung *individueller* Klimaktere nutzte. Diese Methode bespricht Val. 3,8,1–14 = Nech. et Pet. frg. 23.[2587]

Die Auswertung dieser vielfältigen klimakterischen Theorien ergibt insgesamt, dass die Begriffe ἀνδρόκλας / ἀνδροκλάστης und κλιμακτήρ beide seit 'Nechepsos und Petosiris' belegt sind und vermutlich beide vom Autor dieses Pseudepigraphons geprägt beziehungsweise (κλιμακτήρ) erstmals metaphorisch gedeutet wurden. Was ἀνδρόκλας/ἀνδροκλάστης betrifft, wurden die Belege für die 'Ägypter' und den ebenfalls frühen Astrologen Kritodemos im vorletzten Absatz zitiert. Der metaphorische Gebrauch von κλιμακτήρ ist durch Val. 3,8,1 (= Nech. et Pet. frg. 23,2; s. letzter Absatz) für 'den König' belegt und durch Heph. 1,1 für 'die alten Ägypter' (d.h. für 'Nechepsos und Petosiris');[2588] außerdem wird er schon von Varro in einer allgemeineren, nicht geographisch zu deutenden Formulierung den 'Chaldäern' zugeschrieben.[2589] Nach Salmasius und Bouché-Leclercq ist der metaphorische Terminus κλιμακτήρ exklusiv astrologisch, eine Erfindung des 'Petosiris'.[2590] Seine Rezeption durch eine breite Öffentlichkeit spätestens seit dem Beginn des Prinzipats bezeugt neben dem bereits zitierten Brief des Augustus (Anm. 2586) auch ein Brief des Plinius, in dem er den Besuch des schamlosen Regulus am Krankenbett der Verania schildert: Regulus habe vorgegeben, aus der Geburtskonstellation der Frau zu errechnen, sie durchleide gerade eine Gefahrenzeit (*habes climactericum tempus,* Plin. epist. 2,20,3). Überhaupt war die Nachwirkung der Lehre von den klimakterischen Jahren gewaltig.[2591]

[2587] Zum heliakischen Aufgang des Sirius vgl. Heph. 1,23 = Nech. et Pet. frg. 12.

[2588] Sie sollen spezielle κλιμακτῆρες für jeden der 36 Dekane gelehrt haben. Logisches Subjekt zu Heph. 1,1,15 κλιμακτῆρες ἀνεγράφησαν ist anscheinend οἱ παλαιοί: vgl. Heph. 1,1,1 οἱ παλαιοί und Heph. 1,1,7 οἱ παλαιοί τῶν Αἰγυπτίων. Zur Verbindung dieser κλιμακτῆρες mit dem Tod vgl. Heph. 1,1,22.

[2589] Gell. 3,10,9: *Pericula quoque uitae fortunarumque hominum, quae 'climacteras' Chaldaei appellant, grauissimos quosque fieri affirmat* [sc. Varro hebdom. 1] *septenarios.*

[2590] Siehe Bouché-Leclercq 1899, 530[1], mit wichtigem Verweis (u.a.) auf Plin. nat. 7,161 *ingens turba* [...] *scansili annorum lege occidua, quam climacteras appellant, non fere ita genitis LXIII* [*LIIII* vel *LIII* codd.] *annum excedentibus.*

[2591] Davon zeugt das monumentale Werk des Claudius Salmasius *De annis climactericis* (Leiden 1648). Vgl. dazu Kroll 1901, 568[3]: "ein schwer gelehrtes, aber mangelhaft disponiertes Buch"; Bouché-Leclercq 1899, 526: "Quand on a lu l'ouvrage de Saumaise sur la question, on est excusable de ne plus savoir au juste ce que c'est qu'un climatère".

Bei Anwendung der Lehre von den allgemeingültigen Klimakteren auf Hadrian fällt sogleich auf, dass dieser mit 41½ Jahren, d.h. im klimakterischen 42. Jahr (6×7), Kaiser wird und mit 62½ Jahren, d.h. im berüchtigten *annus androclas* (9×7), stirbt. Antigonos selbst hat in Hadrians Kurzbiographie beide Daten – und nur diese beiden – hervorgehoben (§ 23 περὶ τὸ μβ′ ἔτος ὁμοίως αὐτοκράτωρ ἐγένετο u. § 24 περὶ δὲ ξγ ἔτη γενόμενος ἐτελεύτησεν), sie aber, wenn wir Hephaistion vertrauen dürfen, nicht explizit als Klimaktere bezeichnet. Also hat Antigonos die Klimakterlehre entweder (a) nicht gekannt oder (b) abgelehnt oder (c) für so selbstverständlich gehalten, dass sie keiner Erwähnung bedurfte. Die Möglichkeiten (a) und (b) sind auszuschließen, (a) wegen der oben dokumentierten Verbreitung der Klimakterlehre in der antiken Kultur und (b) wegen der gerade vorher in §§ 50–51 von Antigonos bewiesenen Bereitschaft, sich die in ihrer Struktur vergleichbare Lehre vom 3., 7. und 40. Tag des Mondes zu eigen zu machen. Wahrscheinlich hielt er also die Relevanz der hebdomadischen Lebensgliederung im Falle Hadrians für selbstverständlich.

Diese Relevanz wird noch deutlicher, wenn man Folgendes bedenkt: Die Grundidee der klimakterischen Jahre ist, wie oben (S. 1026) gesagt, nicht die einer Gefahr, sondern eines bedeutenden Wechsels, sowohl vom Guten zum Schlechten wie umgekehrt. Nach Roscher können die Endpunkte der Jahrhebdomaden "als kritisch oder klimakterisch bezeichnet werden [...], insofern regelmäßig im siebenten oder nach vollendetem siebenten Jahre eine neue Stufe der Entwickelung beginnt und somit eine κρίσις oder μεταβολή, d.h. eine Veränderung des bisherigen Zustandes, stattfindet".[2592] Mit fortschreitendem Lebensalter erweisen sich diese Wechsel dann meist als unheilvoll, wobei das 49. Jahr als Scheidelinie galt. Hinter dieser Konvention steht erneut die bereits erwähnte Macht der *quadrati numeri potentissimi* (Cens. 14,11), die es nahelegte, die negativ konnotierten Stufenjahre auf die Lebensspanne zwischen dem 49. Jahr (7×7) und dem 81. Jahr (9×9) zu limitieren.[2593] Das 42. Jahr,[2594] in

---

[2592] Roscher 1911, 88; vgl. Roscher 1904, 31.

[2593] Vgl. Cens. 14,14: *itaque primum* κλιμακτῆρα *annum quadragensimum et nonum esse prodiderunt, ultimum autem octogensimum et unum.* Bouché-Leclercq 1899, 528[2]: "la période dangereuse va de 49 à 81 ans".

[2594] Astrologische Parallelen in Originalhoroskopen sind selten. Immerhin wird das 42. Lebensjahr im demotischen Teil des P. Lond. I 98 (Hor. gr. 95.IV.13) im Rahmen einer Prognose für die einzelnen Lebensabschnitte dreimal erwähnt (Z. 144.152.178, vgl. Neugebauer – van Hoesen 1959, 33f.). Leider ist der Text stark beschädigt und nur bruchstückhaft verständlich.

dem Hadrian Kaiser wurde, ist also nicht so sehr ein *gefährliches* als vielmehr ein *entscheidendes*, ja es ist sogar sehr positiv konnotiert, da mit seinem Ende, dem 42. Geburtstag, der Zeitraum der 7. und 8. Hebdomade beginnt, den schon Solon in seiner Lebensalterelegie als die Lebenszeit pries, in der der Mann seine höchste geistige Kraft erreiche, bevor er in der zehnten ernsthaft verfalle.[2595] Roscher schreibt: "Nach der Hebdomadentheorie erreicht der Mann seine ἀκμή mit dem 42. Lebensjahre."[2596] In diesem Jahr erreichte Hadrian die Kaiserwürde. Seine *Vita* steht somit bezüglich der beiden astrologisch wichtigsten Ereignisse, der Erhebung zum Kaiser (τύχη ἀξιωματική) und der Gesamtlebenszeit (χρόνοι ζωῆς), auf das Harmonischste im Einklang mit der Lehre der Stufenjahre (κλιμακτῆρες).

Das ist späteren Autoren nicht verborgen geblieben. So führt z.B. in der Renaissance Heinrich Rantzau in seinem *Catalogus imperatorum*[2597] den Kaiser Hadrian in dem Anhang *De annis climactericis*, einer Liste berühmter Personen, die in klimakterischen Jahren starben, mit den folgenden Worten auf: "Adrianus Cæsar, adoptatus â Traiano, cùm esset legatus Siriæ, aqua intercute [*nach § 24* ὑδρωπικῇ δυσπνοίᾳ?] ad Baias moritur, ossa condita sunt in æde Hadriani, quæ nunc Romæ est arx S. Angeli, cùm vixisset annos 63. mens. 5. dies 19. Diodor. Spartia. ait, cùm ageret annum 63."[2598] Auf Hadrian hätte bereits Censorinus verweisen können, der freilich dem 63. Jahr, da es keine Quadratzahl sei, geringere Stärke als dem 49. und 81. zubilligt[2599] und hinzufügt, es gebe auch nur wenige berühmte Männer, die das 63. Jahr hinweggerafft habe; dazu fällt ihm angeblich nur Aristoteles ein (Cens. 14,16).

Möglicherweise deutete sogar Hadrian selbst sein Todesjahr im Sinne der Theorie von den Klimakteren, speziell des 63. Jahres als dem *annus androclas*: Wenn der Brief im P. Fayum 19 (vgl. Smallwood 1966, 58, Nr. 123) echt ist, sagt der Kaiser darin eingangs explizit, er sterbe nicht vor der Zeit (οὔτε ἀωρεὶ ... ἀπαλλάσσομαι τοῦ βίου).

[2595] Solon. eleg. 27,13–14 West: ἑπτὰ δὲ νοῦν καὶ γλῶσσαν ἐν ἑβδομάσιν μέγ' ἄριστος | ὀκτώ τ'· ἀμφοτέρων τέσσαρα καὶ δέκ' ἔτη. Vgl. Cens. 14,7. Roscher 1906, 14–17. Roscher 1911, 87f.

[2596] Roscher 1909b, 74[93] (a.E.).

[2597] Dazu s. Oestmann 2004, 44f.

[2598] Rantzau 1584, 359. Die Verweise "Diodor. [*sic*] Spartia." beziehen sich auf Cass. Dio 69,23,1 u. Hist. Aug. Hadr. 25,11, deren Wortlaut oben S. 674 im Komm. zu § 24 περὶ δὲ ξγ ἔτη – περιπεσών zitiert wurde.

[2599] Cens. 14,15: *hunc licet quidam periculosissimum dicant [...], ego tamen ceteris duco infirmiorem.*

F2

Das zweite erhaltene Horoskop des Antigonos gilt einem Nativen, dessen Identifizierung unsicher ist. Am wahrscheinlichsten ist die Identifizierung mit P. Acilius Attianus (s.u. zu §§ 54–61). Der Text gliedert sich wie folgt:

§ 53: Überleitung **F1–F2**
§§ 54–55: astronomische und astrologische Daten
§§ 56–61: Analyse
    §§ 56–57: Teil 1: Präsentation und astrologische Erläuterung individueller biographischer Daten
        § 56: Verschiedene Aspekte der τύχη ἀξιωματική
        § 57: sexuelle Neigungen
    §§ 58–60: Teil 2: Untersuchung der Luminare bezüglich der τύχη ἀξιωματική
        § 58: Sonne
        § 59: Mond
        § 60: allgemeingültige Schlussbemerkung
    § 61: Teil 3: Anleitung zur Untersuchung der Lebenslänge

§ 53

ὡς ἐν συντομία: so cod. **P**; ὡς ἐν συντόμῳ Ep.[4]. Während ἐν συντόμῳ (sc. λόγῳ) insgesamt reich belegt ist,[2600] begegnet ἐν συντομία nur selten, bis zum Ende des 3. Jh. n.Chr. überhaupt nur einmal.[2601] Auch für ὡς ἐν συντόμῳ/-μοις kennt der TLG zahlreiche Parallelen,[2602] für ὡς ἐν

[2600] Nach TLG 17mal bis Ende 2. Jh. n.Chr., 55mal bis Ende 4. Jh.

[2601] Sext. Emp. adv. math. 2,6 = Xenocr. frg. 90 Parente (frg. 13 Heinze) = Chrysipp. SVF II 294 τὸ δὲ λέγειν ἀμφότεροι παραλαμβάνουσιν ὡς διαφέρον τοῦ διαλέγεσθαι, ἐπειδήπερ τὸ μὲν ἐν συντομία κείμενον κἂν τῷ λαμβάνειν καὶ διδόναι λόγον διαλεκτικῆς ἐστιν ἔργον, τὸ δὲ λέγειν ἐν μήκει καὶ διεξόδῳ θεωρούμενον ῥητορικῆς ἐτύγχανεν ἴδιον. (danach nur eine Handvoll weitere Belege bis zum Ausgang der Antike).

[2602] Sext. Emp. Pyrrh. 1,163 ὡς ἐν συντόμῳ δὲ λόγῳ ταῦτα ἀρκέσει. ibid. 2,219 ὡς ἐν συντόμῳ δὲ νῦν ταῦτα λέξομεν. ibid. 2,236 ὡς δὲ ἐν συντόμῳ νῦν τόδε λεκτέον. Sext. Emp. adv. math. 8,111 (= Chrysipp. SVF II 216) ὡς ἐν συντόμοις (v.l. συντόμῳ) εἰπεῖν. ibid. 10,234 ὡς ἐν συντόμοις ... εἰρήσθω. Orig. frg. in Luc. 204 Rauer (GCS 49) διαγράψωμεν οὖν καὶ ὡς ἐν συντόμῳ τὸν λόγον.

συντομίᾳ hingegen nur eine einzige.[2603] Trotzdem legt der Sprachgebrauch des Hephaistion die Entscheidung für die *lectio rarior* (**P**) nahe. Hephaistion bietet zwar – ebenso wie die übrigen astrologischen Autoren bis zum Ende der Antike – weder Parallelen für ἐν συντόμῳ/-μοις noch für ἐν συντομίᾳ, aber drei Belege des Substantivs συντομία. Sie gehören alle zu methodischen Erklärungen, er wolle die Lehren der 'Alten' in gebührender Kürze referieren.[2604] Außerdem benutzt er viermal das Adverb συντόμως,[2605] und zwar stets in ähnlichen Äußerungen zum Umgang mit den Quellen; adjektivische Belege für σύντομος fehlen.

Die Worte ὡς ἐν συντομίᾳ besagen nicht, dass Hephaistion den Wortlaut des Antigonos gekürzt hat, denn diese Auffassung des ὡς würde den Zusatz eines Infinitivs erfordern, so wie Hephaistion ihn kurz zuvor korrekt und erwartungsgemäß verwendet hat (Heph. 2,11,75 ὡς μὲν συντόμως εἰπεῖν τοῦτο βούλεται [sc. ὁ Πτολεμαῖος] ἐπειδὴ κτλ.).[2606] Vielmehr bedeuten sie, dass Antigonos selbst die Besprechung des anonymen Kaiserhoroskops knapp formuliert hat. Dabei ist es wichtig, die vergleichende Bedeutung des Wortes ὡς zu beachten. Hephaistion will nämlich offenbar nicht sagen, dass Antigonos die von 'Nechepsos und Petosiris' hinterlassenen Regeln unter Wahrung ihres allgemeingültigen Inhalts knapper formuliert hat (dann wäre ἐν συντομίᾳ ohne ὡς ange-

---

[2603] Schol. Pind. Pyth. 4,442 p. II 158,1–2 Drachmann.

[2604] Heph. 1 praef. 9: ... ἀρξώμεθα δὲ τῆς εἰς ἡμᾶς ἐλθούσης πείρας τῶν παρὰ τοῖς ἀρχαίοις ἀποτελεσματικῶν συνταγμάτων, ἐπιμελούμενοι κατὰ τὸ δυνατὸν τοῦ τε εὐγνώστου καὶ εὐχρήστου μετὰ τῆς προσηκούσης συντομίας. Heph. 1,25,25 (Ende 1. Buch): ... ἀρξόμεθα δὲ τῆς κατὰ τὸ γενεθλιακὸν εἶδος ἐν τοῖς ἑξῆς κατὰ τὴν προσήκουσαν ἀκολουθίαν μετὰ συντομίας ὁμοίως τοῖς ἔμπροσθεν. Heph. 2 praef. 1 ... ἐπιμελουμένοις [sc. ἡμῖν] καὶ ἐνταῦθα μάλιστα τῆς πείρας τε καὶ συντομίας κατὰ τὸ δυνατόν. Vgl. Radici Colace 1995, 335 (= Radici Colace 1997, 13f.), zu Hephaistions häufigem Gebrauch von συντομία, συντέμνοντες, συντόμως etc., Ausdrücken, die den Leser beruhigen ("tranquillizzano il lettore") und ihm versichern, dass eine mühelos zu rezipierende Synthese des Wesentlichen geboten wird.

[2605] Heph. 1,21,1 Ἀνέγραψαν δὲ οἱ παλαιοὶ Αἰγύπτιοι τὰ ἀποτελέσματα τὰ ἐκ τῶν ἐκλείψεων γινόμενα ὧν παρατιθέμεθα καὶ τούτων τὰ πλεῖστα συντόμως οὕτως ... (Heph. 1,21,1–36 = Nech. et Pet. frg. 6). Heph. 2,11,75 ὡς μὲν συντόμως εἰπεῖν τοῦτο βούλεται [sc. ὁ Πτολεμαῖος; Heph. 2,11,74 ~ Ptol. apotel. 3,11,15] ἐπειδὴ κτλ. Heph. 2,16,1 καὶ ἡμεῖς ἀκολουθοῦντες αὐτῷ [sc. Πτολεμαίῳ] τὰ αὐτὰ παρατιθέμεθα συντόμως. Heph. 3 praef. 1 Καὶ πρὸς τοῖς δυσὶ βιβλίοις τοῖς ἐκ συναγωγῆς ἡμῖν τῶν παρὰ τοῖς ἀρχαίοις εἰρημένων συντόμως γραφεῖσιν ἐκτεθείσθω τουτὶ τρίτον κτλ. – Im Übrigen ist συντόμως in antiken Astrologentexten m.W. nur bei Val. 7,2,31 und Paul. Alex. 4 p. 15,17 belegt.

[2606] Vgl. Kühner-Gerth II 663. Es ließen sich leicht Dutzende griechische Belege für ὡς συντόμως εἰπεῖν, δηλῶσαι, φράσαι, διελέσθαι, ἀπαγγεῖλαι etc. anführen.

messen), sondern dass er diese Regeln (sicher nicht alle, aber doch eine thematisch breit gestreute Auswahl) auf ein konkretes Beispielhoroskop angewendet hat und somit gleichsam (!) eine Kurzfassung der genethlialogischen Lehren von 'Nechepsos und Petosiris' bietet, deren Methode darzustellen Hephaistion in **F1** § 21 angekündigt hatte.[2607] Hephaistion bestärkt durch diese Aussage unseren Eindruck, dass das Hadrianhoroskop des Antigonos unter den antiken Horoskopen, von denen Hephaistion vermutlich eine reichere Kenntnis als wir hatte, durch seine thematische Vielfalt und seinen Umfang eine Sonderstellung einnahm.

Siehe ergänzend die zum folgenden Lemma angestellte grammatische Analyse.

ἐκ τῶν παρὰ τοῖς ἀρχαίοις εἰρημένων: vgl. Heph. 1 praef. 1 ὑπόμνησίν τινα καὶ ... πεῖραν τῶν παρὰ τοῖς ἀρχαίοις εἰρημένων. – οἱ ἀρχαῖοι ist stehende Bezeichnung für die bereits eingangs (**F1** § 21) genannten 'Nechepsos und Petosiris', zuweilen auch für deren Umfeld; vgl. Heph. 2,11,25 τοὺς ἀρχαίους περὶ Νεχεψὼ καὶ Πετόσιριν (= Nech. et Pet. frg. +3). Vgl. weiter Ptol. apotel. 3,11,1 κατὰ τὸν ἀρχαῖον (sc. Πετόσιριν; = Nech. et Pet. frg. 15) sowie auch **F6** § 76 οἱ παλαιοὶ Αἰγύπτιοι (ubi pl.).

Es stellt sich die Frage der syntaktischen Relation der Worte ἐκ τῶν παρὰ τοῖς ἀρχαίοις εἰρημένων bezüglich der Worte ὡς ἐν συντομίᾳ und ἐκτίθεται. Für eine grammatische Abhängigkeit von ἐκτίθεται gibt es eindeutige Parallelen, z.B. Heph. 2,22,8 ταῦτα μὲν ὁ Πτολεμαῖος ἐκ τῶν Πετοσίριδος ἐκτίθεται.[2608] Es gibt jedoch in der gesamten griechischen Literatur keinen einzigen eindeutigen Beleg für συντέμνω (oder συντομία) + ἐκ + Genetiv (was ja auch nicht verwundert, da man eine der beiden geläufigen Konstruktionen συντέμνω + Akk. oder συντομία + Gen. erwarten würde). An den zu prüfenden Stellen bleibt immer die Möglichkeit, dass der Präpositionalausdruck mit ἐκ + Genetiv von einem Verb im Kontext abhängen könnte. Beachtung verdienen vor allem zwei Stellen bei Hephaistion selbst, Heph. 2,15,2 ἐπεὶ δὲ ὁ Πτολεμαῖος

[2607] Eine falsche Übersetzung des ὡς bietet Schmidt 1998, 61 (wörtlich wiederholt von Schmidt 2009, 359): "Such is the treatment of the first nativity, then, as Antigonus set it out concisely from the things said by the ancients." – Eine ähnliche vergleichende Formulierung wie Hephaistion gebraucht Cosm. Indic. top. Christ. 6,29 δεῖ γὰρ ὡς ἐν ἀνακεφαλαιώσει συντομώτερον αὐτὸν ἐξειπεῖν.

[2608] Alle übrigen Belege für ἐκτίθεται bei Hephaistion – mehr als ein Dutzend – sind jedoch ohne ἐκ + Genetiv konstruiert.

ἰδιαζόντως μνημονεύει τούτων, πάλιν ἐκ τῶν ἑαυτοῦ συντέμνοντες τὰ κεφαλαιωδέστερα παρατιθέμεθα und Heph. 3 prooem. 1: καὶ πρὸς τοῖς δυσὶ βιβλίοις τοῖς ἐκ συναγωγῆς ἡμῖν τῶν παρὰ τοῖς ἀρχαίοις εἰρημένων συντόμως γραφεῖσιν ἐκτεθείσθω τουτὶ τρίτον χρησιμώτατον ὑπάρχον περὶ καταρχῶν παντοίων κτλ.[2609] Beachtung verdient allerdings die jeweilige Wortstellung: Während an der zuletzt zitierten Stelle συντόμως sicher von dem unmittelbar folgenden Partizip γραφεῖσιν abhängt, suggeriert an der zuerst zitierten Stelle die Position von συντέμνοντες einen engen Zusammenhang mit den unmittelbar vorausgehenden Worten ἐκ τῶν ἑαυτοῦ (Hephaistion hätte συντόμως ja auch unmittelbar vor παρατιθέμεθα stellen können). Weitet man die Perspektive über die astrologische Literatur hinaus, so findet man vereinzelt ähnliche Fälle, z.B. Athanas. epist. ad Serap. 4,16,3 Savvidis ταῦτά σοι συντόμως ἐξ ὧν ἔμαθον ἔγραψα. σὺ δὲ μὴ ὡς τελείαν διδασκαλίαν, ἀλλὰ μόνην ἀφορμὴν ταῦτα παρ᾿ ἐμοῦ λάμβανε.

Trifft also vielleicht die Interpunktion der hier in Frage stehenden Stelle durch Ruelle, CCAG VIII 2 (1911), p. 84,1–2, das Richtige, der vor ὡς und nach εἰρημένων Kommata setzt? Grammatisch hätte man dann aber eher einen reinen Genetiv statt des Präpositionalausdrucks erwartet, also ὡς ἐν συντομίᾳ τῶν παρὰ τοῖς ἀρχαίοις εἰρημένων.[2610]

Insgesamt ist festzustellen, dass die Worte ἐκ τῶν παρὰ τοῖς ἀρχαίοις εἰρημένων rein grammatisch wohl ebenso wie der Ausdruck ὡς ἐν συντομίᾳ von ἐκτίθεται abhängen dürften,[2611] inhaltlich jedoch eng mit ὡς ἐν συντομίᾳ zusammengehören, da nur durch sie die Eigenart der von

---

[2609] Ungenau übersetzt von Gramaglia 2013, 33: "Together with the two books from the compilaton of what the ancients have concisely said, let me set forth this third and most useful one [...]". Richtig wäre: 'Zusätzlich zu den zwei Büchern, die ich als Kurzfassung einer Sammlung dessen, was die Alten gesagt haben, geschrieben habe, ... '. – Weitere beachtenswerte Stellen (diesmal von christlichen Autoren des 3./4. Jh.s n.Chr.): Hippol. chron. 19 Helm (GCS 46) ἀναγκαῖον ἡγησάμην, ἀγαπητέ μου ἀδελφέ, ἐν συντόμῳ ποιήσασθαι λόγους ἐκ τῶν ἁγίων γραφῶν πρὸς καταρτισμόν σοι φιλομαθίας. Athanas. epist. ad Max. MPG 26 p. 1089,31–32 ταῦτα δέ σοι συντόμως ἐκ τῶν σῶν, καθὼς προεῖπον, δεξάμενος ὑπηγόρευσα. Epiphan. adv. haer. p. II 124,21–23 Holl (GCS 31) ἡ σχολιοποιηθεῖσα σύντομος ὑπομνηματικὴ ἐξ ἀντιγράφων τοῦ Μαρκίωνος σύνταξις.

[2610] Vgl. z.B. Alex. Aphr. mixt. p. 228,7–10 Bruns über die Lehre (δόξα) des Aristoteles: εἴπωμεν δὴ καὶ περὶ ταύτης, καὶ δείξωμεν τίς ποτ᾿ ἐστίν, ἐπεὶ μηδὲ γνώριμός ἐστι τοῖς πολλοῖς τῶν φιλοσοφούντων διὰ συντομίαν τῶν περὶ αὐτῆς εἰρημένων ὑπὸ τοῦ φιλοσόφου.

[2611] In diesem Sinne übersetzt Bezza 1995, 901: "Queste cose espone in modo conciso, seguendo i detti degli antichi, Antigono di Nicea riguardo a questa prima genitura."

Antigonos vorgenommenen Kürzung verständlich ist.

πρώτης: so **P**, aber εἰρημένης Ep.[4] (vielleicht zu Recht).

ἐξῆς δὲ καὶ δευτέρας μνημονεύει οὕτως: Bedeutet οὕτως 'nach dieser Methode' oder 'mit diesen Worten'? Für die zuletzt genannte Deutung scheint das abrupt folgende wörtliche Zitat zu sprechen,[2612] für die zuerst genannte jedoch die Parallelen in **F3** § 62 καὶ τρίτης δὲ ἄλλης γενέσεώς τινος μνημονεύει οὕτως, ὅν φησιν κτλ. und **F4** § 67 ἐφεξῆς δὲ καὶ ἑτέρων γενέσεων μνημονεύσας τοιούτῳ τρόπῳ σκέπτεται κτλ., die in Verbindung mit **F1** § 21 προσθῶμεν τὸν τρόπον καθ' ὃν ἄλλοι ἐπισκέπτονται τὰς γενέσεις zu lesen sind.

§§ 54–61

Welcher Person dieses Horoskop gilt, wissen wir nicht. Es ist ebenso wie das vorausgehende (Hadrian) und das folgende (Pedanius Fuscus) anonym formuliert, erschwert jedoch im Gegensatz zu **F1** und **F3** die Bemühungen um eine Identifikation des hiesigen Nativen durch die zusätzliche Schwierigkeit, dass der Text keine biographischen Informationen über dessen Todesalter und/oder Todesart bietet. Durch diesen Umstand sowie auch durch den schwankenden Tempusgebrauch (s. bes. § 56 ἔσται) ist weniger offensichtlich als in **F1** und **F3**, dass auch **F2** ein retrospektives Horoskop bietet. Um ein solches muss es sich aber wohl handeln, einerseits wegen der mindestens 98 Jahre umfassenden Zeitspanne von der Geburt des Nativen bis zum Tode Hadrians, der als *terminus post quem* für die literarische Aktivität des Antigonos dient, zum anderen wegen der retrospektiven Formulierungen in §§ 58–59 (ἀπετέλεσεν u. ἀπειργάσατο). Allerdings kann nicht mit Sicherheit ausgeschlossen werden, dass Antigonos' Kenntnis der Biographie des Nativen vielleicht nur bis zu irgendeinem Zeitpunkt in dessen Erwachsenenleben, als er bereits eine bedeutende Stellung einnahm, reichte, ohne die Tatsache, den Zeitpunkt und die Umstände des Todes einzuschließen.

Bisher wurden in der Forschung sechs verschiedene Identifizierungen erwogen. Mehrere davon stützen sich auf die durch Neugebauer – van Hoesen 1959, 80, begründete astronomische Lokalisierung des Horo-

---

[2612] Vgl. die Einleitung eines wörtlichen Dorotheos-Zitats bei Heph. 3,16,12: λέγει γὰρ οὕτως Δωρόθεος· κτλ.

skops in der Breite von Südspanien und versuchen dementsprechend, es
einem in dieser Region geborenen Nativen zuzuweisen.[2613] Dieses geographische Kriterium sollte jedoch aufgegeben werden, da **F2**, wie oben
(S. 625–627) gezeigt, wahrscheinlich für das Standardklima von Alexandria berechnet wurde und somit keine Rückschlüsse auf die geographische Breite des Geburtsorts erlaubt. Die sechs bisher erwogenen Identifizierungen des Nativen werden im Folgenden entsprechend ihrer chronologischen Aufeinanderfolge in der Forschungsgeschichte in der Weise
präsentiert, dass jeweils unmittelbar auf den Namen des historischen Individuums eine Klammer mit Verweisen auf die Einträge der relevanten
prosopographischen Repertorien folgt. Diese Verweise dienen der biographischen Information und implizieren nicht, dass die zitierten Repertorien
der jeweiligen Identifikation zustimmen. Vorgeschlagen wurden:

a) P. Aelius Hadrianus Afer (PIR[2] A 185. Caballos Rufino 1990, 44f.,
Nr. 8), der Vater Kaiser Hadrians, erstmals erwähnt von Cramer 1954,
162f., mit Verweis auf die noch unpublizierte Identifizierung durch Neugebauer – van Hoesen 1959, 80.[2614] Dagegen verweist Barnes 1976, 77,
auf Hist. Aug. Hadr. 1,4 u. P. Fayum 19 (vgl. Smallwood 1966, 58, Nr.
123), wonach der Vater Hadrians 85 n.Chr. vierzigjährig starb, was dem
Jahr 40 n.Chr. als Geburtsdatum widerspreche; außerdem habe der Vater
es niemals zu jener prominenten Position gebracht, die das Horoskop
dem Nativen bescheinigt.[2615] Zu diesen Argumenten ist zu ergänzen, dass
die eindeutig negative Präsentation des Nativen von **F2** mit der hier
vertretenen Vermutung, dass alle drei Horoskope sich auf biographisches
Material der verlorenen Autobiographie Hadrians stützen,[2616] unvereinbar
wäre.

b) L. Iulius Ursus Servianus (PIR[2] I 631 [cf. I 569]. Caballos Rufino
1990, 386–388, Nr. I 30),[2617] der Großvater des Pedanius Fuscus, dessen
Horoskop **F3** bietet. Servianus wurde erstmals vorgeschlagen von Cramer
1954, 177. Dagegen führt Barnes 1976, 77, das Zeugnis von Cass. Dio

---

[2613] Vgl. z.B. Caballos Rufino 1990, 35 ("en el sur de *Hispania*") u. 184, Argument B
gegen die Identifizierung mit Licinius Sura durch Barnes 1976. Wenngleich die Identifizierung mit Sura tatsächlich nicht überzeugt (mehr dazu im Folgenden unter Punkt c),
ist Barnes doch dafür zu loben, dass er sich bei seiner Argumentation für Licinius Sura
im Gegensatz zu Caballos Rufino, und erheblich früher als dieser, von Neugebauers
Verengung der geographischen Perspektive freigemacht hat (vgl. Barnes 1976, 77[8], mit
Verweis auf eine Mitteilung G. J. Toomers).
[2614] Diese Identifizierung hält Lindsay 1971, 310, für "very likely".
[2615] Gegen P. Aelius Hadrianus Afer spricht sich auch Michelotto 1987, 146[15], aus.
[2616] Siehe Heilen 2005a und oben S. 52–56, bes. S. 55f. (Punkt 3).
[2617] Siehe auch die ausführliche Studie zu Servianus von Michelotto 1987.

69,17,1. Hist. Aug. Hadr. 15,8. 23,8. 25,8, Servianus sei neunzigjährig gestorben, ins Feld, was der Kombination eines Geburtsdatums im Jahre 40 n.Chr. mit dem Todesdatum im Jahre 138 n.Chr. (s.u. S. 1137 bei Anm. 2890) widerspreche.[2618] Servianus war vermutlich 48 n.Chr. geboren.[2619] Für Servianus setzt sich erneut Martin 1982, 295–298, ein, der ungeachtet des schwerwiegenden chronologischen Arguments von Barnes urteilt (S. 295): "Rien dans le thème ne peut aller à l'encontre d'une attribution à Servianus". Der Beitrag Martins wurde zu Recht als inakzeptabel kritisiert (Michelotto 1987, 146[15]. 182[179]. 189[211]). Später setzte sich erneut Canto 1991, 296–299, und Canto 2004, 389, für Servianus ein, wobei sie sich (bes. 1991, 299) auf höchst problematische Argumente stützt, darunter die geographische Breite Südspaniens, die weder als Grundlage der Berechnung des MC in **F2** noch als historischer Geburtsort des Servianus erweisbar ist,[2620] und die Lesart (cod. **P**) § 56 ἀδίκως μὴ κατηγορούμενος (zu beidem mehr in Anm. 2637). Canto geht allerdings nicht so weit, die Identifizierung für sicher zu halten.[2621] – Gegen Servianus spricht neben dem von Barnes vorgebrachten chronologischen Argument der Umstand, dass er anscheinend ohne Schuld an der zu seinem Tod führenden Entwicklung der Ereignisse war. Dafür sprechen mehrere Argumente: zum einen die Nachricht, Servianus selbst habe seine Unschuld vor seinem Tode feierlich beteuert (Dio 69,17,1–2), zweitens "die tiefgehende, nach Hadrians Tod zum Ausdruck gelangte Entrüstung der Senatoren, die ohne den Einspruch des neuen Herrschers die Konsekration Hadrians vereitelt hätte",[2622] und drittens der Umstand,

---

[2618] Gegen die Identifizierung mit Servianus spricht sich auch Champlin 1976, 82, aus.

[2619] Mit anderen Worten: 90 Jahre vor 138 n.Chr. Etwas anders Stein – Petersen 1952–1966 (PIR[2] I 631), 297: "natus videtur anno 47". Für das Geburtsjahr 48 n.Chr. könnte vielleicht auch das Indiz sprechen, dass Servianus dann sein Suffektkonsulat 90 n.Chr. *suo anno* innegehabt hätte. – Unklar ist, warum Birley 1997, 280, sein Alter im Jahre 134 mit 84 (*sic*) Jahren angibt.

[2620] Die Herkunft des Servianus ist nach Michelotto 1987, 144 (mit viel Lit. in Anm. 9), ungewiss, die *communis opinio* (Spanien) nicht haltbar. Diese hatten z.B. Stein – Petersen 1952–1966 (PIR[2] I 631), 298, vertreten ("Origine sine dubio Hispanus"), ebenso Raepsaet-Charlier 1987, 36, etwas vorsichtiger (Servianus stamme wahrscheinlich aus Spanien) Caballos Rufino 1990, 387. – Nach Syme 1991, 192f. (= RP VI 401) u. Eck 1997, 115f., stammte Servianus vermutlich aus der Narbonensis (etwas vorsichtiger Eck 1999a: "vielleicht aus der Narbonensis stammend").

[2621] Vgl. Canto 1991, 299: "el segundo horóscopo [...] puede corresponder o no a Urso Serviano (varios datos hablan en su favor)".

[2622] Groag 1917, 890, mit Verweis auf Cass. Dio 69,2,5. 23,2–3. 70,1,2–3. Hist. Aug. Hadr. 27,2. Pius 2,5. 5,1. Aur. Vict. Caes. 14,13. Eutr. 8,7,3; auch Champlin 1976, 83, u. Michelotto 1987, 185. 189. 191, halten Servianus für unschuldig.

dass Antigonos selbst den Servianus von Schuld freizusprechen scheint, indem er mehrmals betont, Pedanius habe durch seine Fehler den alten Mann mit in den Untergang gerissen (s. bes. **F3** § 62 ὅν φησιν ἐπ᾽ ὀλέθρῳ τῷ τε ἰδίῳ καὶ τῶν πατέρων γεγενῆσθαι. § 65 ἐν διαβολῇ καὶ αὐτοῦ γενομένου δι᾽ αὐτόν. § 66a καί τινα τῶν τοῦ γένους αὐτοῦ γεραιὸν ἀπολέσαι). Mit dem schuldlos erlittenen Tod des Servianus ist die Aussage über den Nativen von **F2**, er sei ἄδικος μὴ κατηγορούμενος gewesen (§ 56), schwerlich vereinbar.[2623]

c) L. Licinius Sura (PIR[2] L 253. Caballos Rufino 1990, 183–193, Nr. 103, bes. S. 187), *cos. suff. a. inc., cos. II ord.* 102 n.Chr.,[2624] *cos. III ord.* 107 n.Chr., gest. ca. 108 n.Chr.;[2625] zur Zeit Trajans der zweite Mann im Staat;[2626] Trajan vertraute ihm völlig.[2627] Sura wurde vorgeschlagen von Barnes 1976[2628] mit Verweis auf zahlreiche Zeugnisse, u.a. für den Reichtum Suras,[2629] für seine Homosexualität[2630] sowie für sein generöses Verhalten gegenüber der spanischen Heimat.[2631] Suras Reichtum und

---

[2623] Zu Servianus verdient noch eine im 16. Jh. beim Petersdom gefundene, in mehrfacher Hinsicht ungewöhnliche Inschrift Erwähnung (CIL VI 9797 [cf. 33815a] = ILS 5173 = CLE 29). Darin spricht ein gewisser Ursus, der sich als alter Mann (*senex*, Z. 12) vorstellt, in iambischen Senaren von seiner bravurösen Beherrschung des 'Glasballspiels', in dem er sich seit den Zeiten Neros hervorgetan habe; jetzt sehe er sich von einem gewissen Verus, der zum dritten Mal Konsul geworden sei, geschlagen. Champlin 1985, bes. 162f., hat das Gedicht auf Iulius Servianus (PIR[2] I 631, *cos. suff.* 90, *cos. II ord.* 102, *cos. III ord.* 134) und M. Annius Verus (PIR[2] A 695, *cos. suff.* 97, *cos. II ord.* 121, *cos. III ord.* 126) bezogen und als Allegorie des Ringens um politische Ämter gedeutet (zur Symbolik des Balls als *regnum* s. Arnaud 1984; Neuinterpretation der Inschrift: Schmidt 1999).

[2624] Zusammen mit Iulius Servianus (s.o. unter b).

[2625] Konsulatsdaten und Todesjahr nach PIR[2] L 253 (ebenso Caballos Rufino 1990, 187. Eck 1999b, 179).

[2626] So Caballos Rufino 1990, 184.

[2627] So Eck 1999b, 179.

[2628] Michelotto 1987, 146[15], hält diesen Vorschlag für scharfsinniger als die Identifikationen mit P. Aelius Hadrianus Afer oder mit Iulius Servianus, legt sich aber selbst nicht fest (vgl. ebd. 189[211]). Dem Vorschlag von Barnes 1976 folgen Syme 1985c, 273 mit Anm. 45 (= RP V 507). Di Vita-Évrard 1987, 322. Syme 1991, 196 (= RP VI 405). Fündling 2006, 254 ("sehr plausibel"; vgl. ebd. 283 u. 317).

[2629] Vgl. Cass. Dio 68,15,3[2] ὅστις ἐς τοῦτο καὶ πλούτου καὶ αὐχήματος ἀφίκετο ὥστε καὶ γυμνάσιον Ῥωμαίοις οἰκοδομῆσαι.

[2630] Vgl. Arr. Epict. diss. 3,17,4 κἀγώ ποτ᾽ εἶπόν τινι ἀγανακτοῦντι, ὅτι Φιλόστοργος εὐτυχεῖ, Ἤθελες ἂν σὺ μετὰ Σούρα κοιμᾶσθαι;

[2631] Vgl. CIL II 4282; nahe Tarraco.

seine spanische Herkunft stehen außer Frage.[2632] Gegen ihn spricht jedoch, dass keine konsularischen Vorfahren bekannt sind,[2633] während das Horoskop doch von einem προφανὴς ἐκ προφανῶν (§ 56) spricht,[2634] dass er anscheinend erst 93 oder 97 n.Chr. sein erstes Konsulat bekleidete, was das Jahr 40 n.Chr. als Geburtsjahr sehr unwahrscheinlich macht,[2635] und dass dem Licinius Sura auch nicht die im Horoskop betonte Homosexualität nachgewiesen werden kann, da die Identität des bei Arr. Epict. diss. 3,17,4 erwähnten 'Sura' zweifelhaft ist und bessere Argumente für einen anderen Senator, M. Palfurius Sura, sprechen.[2636] – Ein weiteres Kriterium blieb ganz unbeachtet, sowohl von Barnes als auch von Caballos Rufino: die Worte ἄδικος (ἀδίκως **P**) μὴ κατηγορούμενος (§ 56).[2637] Da Antigonos den Kaiser Hadrian durchweg positiv zeichnet, den hier fraglichen Nativen hingegen (ähnlich wie den Pedanius Fuscus) negativ, ist eher zu vermuten, dass es sich um einen Feind oder Widersacher Hadrians handelt, als dass man an einen untadeligen

---

[2632] Vgl. Caballos Rufino 1990, 188: "su riqueza debió ser extraordinaria"; ebd. auch zu Suras Herkunft aus der Provinz *Hispania Tarraconensis*, wahrscheinlich aus Celsa (vgl. Eck 1999b, 178).

[2633] Vgl. Caballos Rufino 1990, 185: "un *homo nouus*".

[2634] Dazu bemerkt Barnes 1976, 77[5]: "Neugebauer and van Hoesen translate προφανὴς ἐκ προφανῶν as 'very distinguished, of very distinguished (ancestors).' It might be better to take the phrase to signify merely 'extremely famous'."

[2635] Nach Barnes 1976, 77f., ist ungewiss, ob Sura erst 97 n.Chr. oder schon vor 87 n.Chr. erstmals Konsul war; für ein frühes Konsulatsjahr spreche vor allem Mart. 6,64,8–15. Dagegen urteilt Caballos Rufino 1990, 186, nach einer umfangreichen Analyse: "Las dos únicas alternativas posibles que quedan para la datación del consulado de Sura son los ya mencionados años 93 ó 97 p.C." (vgl. ebd. 184, Argument A). Zu den Jahren 93 oder 97 n.Chr. tendiert auch Eck 1999b, 179. Syme 1991, 197[33] (= RP VI 405[33]) sieht das Problem, zieht als Konsequenz aber nicht die These von Barnes 1976, sondern das Datum des Horoskops in Zweifel.

[2636] So Caballos Rufino 1990, 185. Die ebd. S. 184 angeführte geographische Breite (*Hispania Tarraconensis* statt Südspanien) ist als Argument gegen Barnes irrelevant.

[2637] Gerade dieses problematische Detail übergeht Barnes 1976, 76f., in seinem Resümee der von Antigonos gebotenen Informationen und erklärt es im Folgenden auch nicht. Canto 1991, 298, folgt der falschen Lesart des Codex **P** ἀδίκως μὴ κατηγορούμενος, die sie versehentlich ins Gegenteil des tatsächlich Gemeinten verkehrt ("injustamente acusado", vielleicht eine ungeprüfte Übernahme des Fehlers von Cramer 1954, 177 "accused unjustly", doch vgl. ebd. 163: "justly accused") und dann argumentiert, dieses historisch nicht belegbare Detail (ein vermeintlicher Prozess) spreche ebenso wie die aus dem MC zu gewinnende geographische Breite (vermeintlich Südspanien) gegen Licinius Sura (ebd. 298). Beide Argumente sind hinfällig. Nach Anführung dreier weiterer Argumente (zwei davon entsprechen den hier auf S. 1039 vor Anm. 2634 u. 2635 genannten) urteilt sie insgesamt (299f.): "a quien no puede pertenecer [*sc.* el horóscopo] es a Licinio Sura".

Vertrauten Trajans denken dürfte,[2638] dem auch Hadrian nicht wenig ver-
dankte.[2639] Verfehlt erscheint daher das Urteil von Barnes: "Sura would
suit the context perfectly – Hadrian's friend and patron (*HA, Hadr. 2,10;
3.10*) preceding his first intended heir [sc. Pedanius Fuscus]".[2640] Insgesamt spricht Caballos Rufino zu Recht von der "imposibilidad de iden-
tificación [*sc.* de Sura] con el senador del horóscopo".[2641]

d) M. Cornelius Nigrinus Curiatius Maternus (PIR[2] C 1604. Caballos
Rufino 1990, 349f., Nr. I 15); vorgeschlagen von Caballos Rufino 1986,
124, der diese und weitere von ihm vorgebrachte Identifikationen als
bloße Hypothesen ("como meras hipótesis") verstanden wissen will.[2642]

e) P. Acilius Attianus (PIR[2] A 45. Caballos Rufino 1990, 31–38, Nr.
5); vorgeschlagen von Caballos Rufino 1990, 35f. ("a título de mera
hipótesis"). Zustimmend urteilt Birley, wenngleich die Identifizierung
weniger sicher ist, als sein Kommentar glauben macht.[2643] Attianus war
ein Freund Trajans und gemeinsam mit diesem Vormund Hadrians nach
dem frühen Tode des Vaters im Jahre 85/86 n.Chr.;[2644] in diesem Kontext
findet er erstmals historisch Erwähnung. Nach Cramer 1954, 163, hatte er
vermutlich den entscheidenden Erziehungseinfluss auf Hadrian. Zur Zeit
des Partherkrieges (114–117 n.Chr.) sollen Hadrian und Attianus be-
freundet gewesen sein (Hist. Aug. Hadr. 4,2). Beim Tode Trajans im August 117 n.Chr. gehörte Attianus zusammen mit Trajans Ehefrau Plotina
(PIR[2] P 679. Raepsaet-Charlier 1987, 511f. [FOS 631]) und Trajans
Nichte Salonia Matidia (PIR[2] M 367. Raepsaet-Charlier 1987, 546f. [FOS
681]) zu jenem engsten Personenkreis, der die Adoption und die Inthro-
nisation Hadrians durchsetzte. Wahrscheinlich hatte er schon unter Trajan
das Amt des Prätorianerpräfekten bekleidet, das er jedenfalls zu Beginn
der Regierung Hadrians innehatte und somit zu den einflussreichsten und
mächtigsten Männern des Staates zählte.[2645] Er lebte mindestens bis 119

[2638] Vgl. Cass. Dio 68,15,4: τοσαύτη δὲ φιλίᾳ καὶ πίστει ὅ ⟨τε⟩ Σούρας πρὸς τὸν
Τραϊανὸν ἐχρήσατο καὶ Τραϊανὸς πρὸς ἐκεῖνον ὥστε πολλάκις αὐτόν, οἷά που
περὶ πάντας τούς τι παρὰ τοῖς αὐτοκράτορσι δυναμένους γίνεσθαι πέφυκε, διαβληθέντα οὔτε ὑπώπτευσέ ποτε οὔτε ἐμίσησεν.

[2639] Vgl. Hist. Aug. Hadr. 2,10. 3,10.

[2640] Barnes 1976, 77.

[2641] Caballos Rufino 1990, 186.

[2642] Caballos Rufino 1990, 36. Gegen diese Identifikation (d): Canto 1991, 297[100].

[2643] Vgl. Birley 1997, 327[9] ("as seems plausible") u. 355[26] ("most plausibly identified
with Acilius Attianus").

[2644] Vgl. Hist. Aug. Hadr. 1,4 u. Caballos Rufino 1990, 44.

[2645] Caballos Rufino 1990, 31, bezeichnet ihn als "uno de los personajes más significa-
tivos y poderosos del reinado de Adriano".

n.Chr., als er die genannte Präfektur niederlegte beziehungsweise niederlegen musste; etwas später verfeindete er sich endgültig mit Hadrian.[2646] Die Proskriptionen der letzten Jahre Hadrians dürfte er wohl kaum überlebt haben.[2647] Über das Vermögen des Attianus wissen wir nichts Genaues.[2648] Während also der in § 56 erwähnte außerordentliche Reichtum und die in § 57 erwähnte Homosexualität des Nativen nicht für Attianus belegbar sind, würde das negative Licht, in dem Antigonos diesen Nativen erscheinen lässt, zu dem am Ende sehr negativen Verhältnis zwischen Hadrian und Attianus passen, welches in der Autobiographie des Kaisers, sofern diese tatsächlich – wie hier angenommen[2649] – die biographische Quelle des Antigonos war, seinen Niederschlag gefunden haben dürfte. In diesem Kontext verdient Beachtung, dass die Worte ἐξουσιαστικὸς καὶ πολλοὺς κολάζων (§ 56) vielleicht als eine Anspielung auf die Hinrichtung der sogenannten vier Konsulare gelesen werden darf, die Attianus besorgte[2650] und für die Hadrian angeblich (so Hist. Aug. Hadr. 9,3) später dem Attianus die Schuld gab. Zahrnt 1997, 127, differenziert die verschiedenen Grade historischer Gewissheit bezüglich jener Ereignisse wie folgt: "Sicher ist, daß vier Senatoren, die Traian für wichtige militärische Aufgaben eingesetzt hatte, wegen angeblicher Verschwörung gegen den Kaiser in Abwesenheit zum Tode verurteilt und liquidiert wurden; wahrscheinlich ist, daß der Prätorianerpräfekt Attianus für ihre Beseitigung verantwortlich war, ungeklärt bleibt, inwieweit Hadrian selbst die Hände im Spiel hatte." Falls § 56 auf die Hinrichtung der vier Konsulare anspielt, ergibt sich eine inhaltliche Verknüpfung mit dem Hadrianhoroskop, in dem mit weit größerer Wahrscheinlichkeit von denselben vier Konsularen die Rede ist.[2651]

[2646] Alles nach Caballos Rufino 1990, 31–35; s. bes. Hist. Aug. Hadr. 15,2 ... *postea ut hostium loco habuit, ut Attianum* ...

[2647] So Caballos Rufino 1990, 35, der auch betont, der Verlust des kaiserlichen Wohlwollens habe den Untergang des Attianus ("su ruina") bewirkt. Als Todesjahr des Attianus denkt Caballos Rufino anscheinend an 119 n.Chr. (ebd. 36: "muerto a los 79 años de edad"; denn 40 [astronomische Datierung des Horoskops **F2**] + 79 = 119).

[2648] Zu möglichen Besitzungen des Attianus auf Elba sowie bei Praeneste s. Caballos Rufino 1990, 35; dieser spricht (ebd. 36) ohne Erläuterungen vom Reichtum des Attianus ("su riqueza").

[2649] S.o. S. 52–56, bes. S. 55f. (Punkt 3).

[2650] Birley 1997, 88; vgl. Premerstein 1908, 82.

[2651] S.o. Komm. zu **F1** § 34 ἡ δὲ αἰτία τοῦ πολλοὺς ἀντιδίκους καὶ ἐπιβούλους ἐσχηκέναι.

f) "L. Ceionus [*sic*] Commodus, le futur empereur Commode" (Bakhouche 2002, 178). Diese Identifizierung ist absurd:[2652] L. Ceionius Commodus (geb. ca. 101 n.Chr.) war der als L. Aelius Caesar designierte
Nachfolger Hadrians (PIR[2] C 605), der am 1.1.138 n.Chr. starb, und ist
verschieden von L. Aurelius Commodus (geb. 161 n.Chr.), dem späteren
Kaiser Commodus. Zu keinem von beiden kann ein Horoskop für das
Jahr 40 n.Chr. gehören.

Abschließend ist festzuhalten, dass im Gegensatz zu **F1** und **F3** eine
sichere Identifizierung des Nativen von **F2** nicht möglich ist. Am wahrscheinlichsten ist die Identifizierung mit P. Acilius Attianus (s.o. Punkt
e), da sie chronologisch plausibel ist, in wichtigen Punkten mit den durch
Antigonos gebotenen biographischen Daten vereinbar ist, in keinem
Punkt den durch andere historische Quellen bekannten biographischen
Daten widerspricht, eine Person aus dem engsten Umfeld Hadrians
betrifft, was den thematischen Zusammenhang von **F1–F3** erklärt, eine
bei Hadrian in Ungnade gefallene Person betrifft, was (vor allem wenn
Antigonos Hadrians Autobiographie benutzte) die diskreditierende Darstellung des Nativen durch Antigonos erklärt, und eine im Vergleich mit
Pedanius Fuscus erheblich ältere und mächtigere Person im engsten Umfeld Hadrians betrifft, was ihre Besprechung *vor* Hadrians Familienmit-
glied Pedanius Fuscus (**F3**) erklärt.

§§ 54–55

Die astronomischen und astrologischen Daten in den eröffnenden Paragraphen der zweiten Nativität (und ebenso der dritten, s. **F3** §§ 63–64)
sind erheblich detailreicher als die am Beginn des Hadrianhoroskops. Zu
den möglichen Gründen hierfür sowie auch zur Reihenfolge der Positionsangaben s.o. im einleitenden Kommentar zu **F1** § 22 (bes. S. 588–
593). Im hier vorliegenden Fall vermerkt Antigonos, über **F1** § 22 hinausgehend, alle vier Kardinalpunkte, notiert zu jedem Planeten, in wessen Bezirk (ὅρια) seine Position fällt,[2653] bestimmt den Hausherrn der
Nativität (§ 54 a.E.) und nennt zuletzt auch die Mondpositionen am 3., 7.
und 40. Tag (§ 55), von denen in **F1** nur die Mondposition am 40. Tag
präzisiert wurde, und auch diese erst gegen Ende des Textes (§ 50). Die

---

[2652] Vgl. Heilen bei Hübner 2004, 213, sowie Turcan 2003, 474.

[2653] Detaillierte ὅρια-Angaben zu allen Planeten begegnen auch mehrmals in den Originaldokumenten, z.B. in Hor. gr. 81.III.31. Hor. gr. 95.IV.13. Hor. gr. 137.XII.4 (Version
a u. b).

im Text genannten Planetenlängen lassen sich unter Berücksichtigung der Ineinssetzung von Tierkreiszeichen und Orten der Dodekatropos, die aus § 56 evident ist, wie folgt visualisieren:

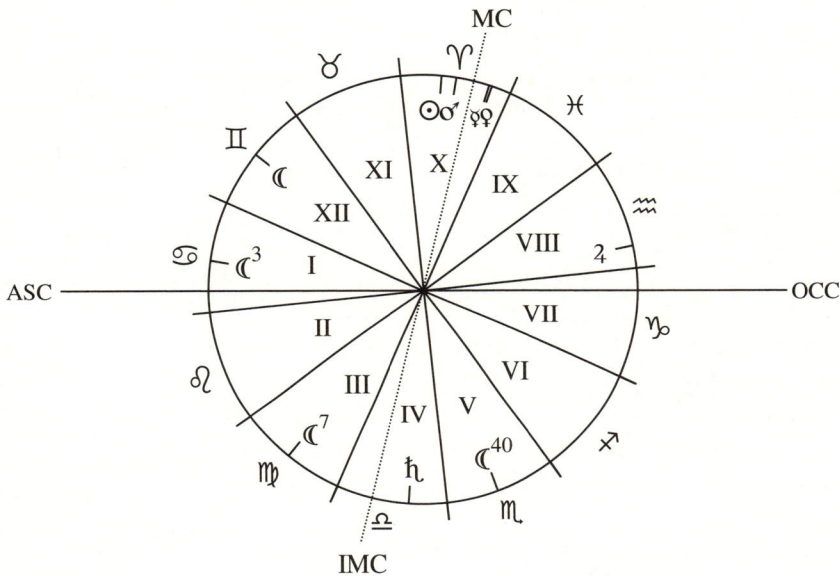

Diagr. 24: Hor. gr. 40.IV.5 (**F2**)

Die astronomische Rückberechnung der in §§ 54–55 gebotenen Daten führt auf den 5. April 40 n.Chr., wie aus der folgenden Tabelle (S. 1044) ersichtlich ist. Da der Text keine Angaben zum Geburtsort des Nativen macht, bietet die Tabelle neben den siderischen Daten des Antigonos auch moderne tropische Daten für drei verschiedene, potentiell relevante Orte, ergänzt um die Daten der Rückberechnung von Neugebauer – van Hoesen 1959, 80 (hier: "NH"). Diese hatte auf dasselbe Datum (5. April 40 n.Chr.) geführt. Es wurde oben bereits gezeigt, dass Antigonos das MC dieses Horoskops wahrscheinlich nach jener alten, durch Paulos Alexandrinos bekannten Methode für das 1. Klima (Alexandria) berechnet hat und somit die Vermutung Neugebauers und van Hoesens, der Native sei in Südspanien geboren und Mitglied der Familie Hadrians gewesen, nicht plausibel ist (s.o. S. 625–630). Da die dort erzielten Ergebnisse aber nicht sicher, sondern nur wahrscheinlich sind, werden die Rückberechnungen hier der Vollständigkeit halber auch für Rom und Italica durchgeführt. Die Anmerkungen zu Tab. 28a sind alphabetisch nummeriert.

	siderische Längen (Text)	tropische Längen am 5.4.40 n.Chr.				Differenz sid. – trop. (ca.)
		Galiastro 4.3			NH	
		Alexandria (31° 12′ N, 29° 54′ O)	Rom (41° 54′ N, 12° 29′ O)	Italica (37° 26′ N, 6° 02′ W)		
☉	ca. 19° ♈	13° 38′ ♈	13° 40′ ♈	13° 43′ ♈	14° ♈	+5¼°
☾	15° ♊	10° 45′ ♊	11° 05′ ♊	11° 48′ ♊	11° ♊	Alex.: +4¼° Rom: +4° Ital.: +3¼°
♄	ca. 20° ♎	17° 23′ ♎ (℞)			20° ♎ (!)[a]	+2½° (NH: 0°)
♃	6° ♒	28° 54′ ♑			29° ♑	+7°
♂	ca. 15° ♈	8° ♈	8° 01′ ♈	8° 04′ ♈	9° ♈	+7° (NH: +6°)
♀	ca. 5° ♈	28° 47′ ♓	28° 49′ ♓	28° 53′ ♓	29° ♓	+6°
☿	ca. 6° ♈	24° 54′ ♓	24° 57′ ♓	25° 04′ ♓	26° ♓	+11° (NH: +10°)
ASC	24° ♋	24° 00′ ♋[b]			"about noon"	
		= 12:01 Uhr Ortszeit[c]	= 11:33 Uhr Ortszeit	= 11:46 Uhr Ortszeit		
OCC	24° ♑	24° 00′ ♑				
MC	10° ♈	13° 11′ ♈	5° 40′ ♈	9° 06′ ♈	10° ♈[d]	Alex.: –3° 11′ Rom: +4° 20′ Ital.: +0° 54′
IMC	10° ♎	13° 11′ ♎	5° 40′ ♎	9° 06′ ♎	10° ♎	
pränatale Konj. ☉–☾	♈	9° ♈ (31. März)			8° ♈ (31. März)[e]	

Tab. 28a: Astronomische Daten in **F2**

a Bei der Saturnlänge ist Neugebauer und van Hoesen ein Lapsus unterlaufen. Anscheinend übernahmen sie versehentlich den Wert des Textes. Vgl. Appendix II, S. 1379, Tab. 43 (zu Hor. gr. 95.IV.13), bzgl. Mond und Saturn.

b Aus dem Text übernommen, da nicht rechnerisch überprüfbar (s.o. S. 595 mit Anm. 1073).

c Die absolute Chronologie der hier verglichenen Konstellationen entspricht, wie die Planetenlängen zeigen, der Abfolge der Spalten in dieser Tabelle: Alexandria – Rom –

Italica. Die Ortszeit variiert in Abhängigkeit vom Aszendenten und von den geographischen Koordinaten.

d Neugebauer – van Hoesen 1959, 80, machen diese Angabe für das "clima of Rhodes, to which southern Spain belongs".

e Die Tabelle bei Neugebauer – van Hoesen 1959, 80, bietet einen Druckfehler ("March 30"); richtig hingegen ebd. im auf die Tabelle folgenden Text ("March 31"). Auch Goldstine 1973, 87, gibt als letzten Neumond den 31.03.40 n.Chr. an.

Die oben (S. 599) nach Jones 1999a zitierte Näherungsformel führt für den April des Jahres 40 n.Chr. auf $\lambda_s = \lambda_m + 6° \ 15' - 69' = \lambda_m + 5° \ 6'$. Zu erwarten wäre also, dass die siderischen Werte des Antigonos um ca. 5° über den tropischen Werten moderner Rückberechnung liegen.

Es fällt auf, dass die moderne tropische Mondposition für Alexandria unter Berücksichtigung der zu erwartenden 5°-Diskrepanz der siderischen Mondlänge des Textes etwas näher kommt als die tropischen Mondpositionen für Rom und Italica, ebenso wie in **F1** die siderische Mondposition des Textes etwas besser zu Rom als zu Italica passt. Die Differenzen der jeweils zu vergleichenden Daten überschreiten aber in keinem Fall einen Bogengrad und sind damit in beiden Horoskopen zu gering, als dass sich aus ihnen ergänzende Argumente für die bereits oben zu **F1** geführte Diskussion der von Antigonos seinen Berechnungen zugrundegelegten Orte gewinnen ließen.

Anders als im Falle von **F1** und **F3** ist für **F2** kein Vergleich mit den Daten der Stobart-Tafeln möglich (s.o. S. 600). Wir wollen jedoch wie schon im Falle von **F1** (s.o. S. 602f., Tab. 6b u. 6c) die Qualität der hiesigen Daten des Antigonos mit der Qualität der *Handlichen Tafeln* des Ptolemaios vergleichen. Diese bieten für den Mittag des 05.04.40 n.Chr. die folgenden, mit *Deviations 11* errechneten und in der nun folgenden Tabelle 28b mit 'Ptol., HT' überschriebenen tropischen Werte. Jeweils rechts daneben wird in einer separaten Spalte das siderische Äquivalent gemäß der oben (S. 598) zitierten theonischen Formel zur Konversion ptolemäischer Längen in das siderische Referenzschema angegeben. Diese Formel führt für den April des Jahres 40 n.Chr., d.h. für das 69. Jahr der Ära Augustus, auf einen zu addierenden Betrag von 5° 32' 15", den wir, um absurde Präzision zu vermeiden, auf 5° 32' runden werden.[2654] Da die Daten sich selbst für Italica und Alexandria (bis auf die Mondposition) kaum unterscheiden, wird darauf verzichtet, die sich für

---

[2654] Es wurden dieselben Ortszeiten wie in Tab. 28a (s.o. S. 1044) zugrundegelegt (zur Methode vgl. Anm. 1090).

Rom ergebenden Daten durch Hinzufügung zweier weiterer Spalten zu präsentieren und so die Tabelle ohne Gewinn aufzublähen.[2655]

	Italica (53° 30′ W von Alexandria nach Ptol. geogr. 2,4,13 / 4,5,9)		Alexandria	
	Ptol., HT:	sid. Äquiv.:	Ptol., HT:	sid. Äquiv.:
☉	13° 18′ ♈	18° 50′ ♈	13° 10′ ♈	18° 42′ ♈
☽	10° 57′ ♊	16° 29′ ♊	9° 19′ ♊	14° 51′ ♊
♄	16° 42′ ♎	22° 14′ ♎	16° 43′ ♎	22° 15′ ♎
♃	28° 04′ ♑	3° 36′ ♒	28° 02′ ♑	3° 34′ ♒
♂	7° 23′ ♈	12° 55′ ♈	7° 16′ ♈	12° 48′ ♈
♀	28° 28′ ♓	3° 56′ ♈	28° 17′ ♓	3° 45′ ♈
☿	28° 47′ ♓	4° 19′ ♈	28° 31′ ♓	4° 03′ ♈

Tab. 28b: Planetenpositionen am 05.04.40 n.Chr.
nach den *Handlichen Tafeln* des Ptolemaios

Die Differenzen der hier genannten siderischen Äquivalente gegenüber den von Antigonos genannten Längen sind im Falle aller fünf Planeten so groß, dass wir ebenso wie im Falle von **F1** (s.o. S. 604) konstatieren können, dass Antigonos sicher *nicht* ptolemäische Daten errechnet und nach der von Theon überlieferten Formel in siderische Daten konvertiert hat.

Wenn wir nun erneut (s.o. S. 603, Tab. 6c zu **F1**) die Daten des Antigonos (Tab. 28a, S. 1044) und die des Ptolemaios (Tab. 28b, S. 1046) mit den in Tab. 28a genannten Ergebnissen moderner tropischer Rückberechnung vergleichen, ergeben sich die in Tab. 28c auf der folgenden Seite vermerkten absoluten Fehler. Anders als in **F1** sind also hier in **F2** alle ptolemäischen Daten besser als die des Antigonos.[2656] Die Gesamtqualität der astronomischen Daten in **F2** erweist sich angesichts der Summe der Fehlbeträge (ca. 15°) als etwas schlechter als diejenige der Daten in **F1**, wo die entsprechende Summe nur ca. 11° betrug.

[2655] Ptolemaios' Mondposition für Rom wäre 9° 52′ ♊ (bei Zugrundelegung der geographischen Länge Roms 23° 50′ westlich von Alexandria, vgl. Ptol. geogr. 3,1,61 u. 4,5,9 sowie oben Anm. 1089). Zur Berechnung der fast identischen Daten, die die *Syntaxis* anstelle der *Handlichen Tafeln* ergeben würde, s.o. Anm. 1090.

[2656] In **F1** ist die Merkurlänge des Antigonos deutlich besser als die des Ptolemaios (s.o. S. 603). – Insgesamt gilt beim Vergleich siderischer und tropischer Daten erneut das oben S. 594 formulierte *caveat*.

	Italica		Alexandria	
	Antigonos	Ptolemaios	Antigonos	Ptolemaios
☉	ca. 0°	–25′	ca. 0°	–28′
☽	ca. –2°	–51′	ca. –1°	–1° 26′
♄	ca. –2½°	–41′	ca. –2½°	–40′
♃	ca. +2°	–50′	ca. +2°	–52′
♂	ca. +2°	–41′	ca. +2°	–44′
♀	ca. +1°	–25′	ca. +1°	–30′
☿	ca. +6°	+3° 43′	ca. +6°	+3° 37′
Summe der Beträge	ca. 15½°	7° 36′	ca. 14½°	8° 17′

Tab. 28c: Absolute Fehler der Daten des Antigonos und des Ptolemaios
für den 05.04.40 n.Chr.

Alle drei Überlieferungsstränge (**P**, Ep.[4] u. Exc.[2]) bieten Diagramme
dieser Nativität, die nun abschließend zu besprechen sind. Das Diagramm
in **P** wurde, wie die Form der Tierkreiszeichensymbole und des Aszendenten zeigt, von späterer Hand am rechten Rand nachgetragen. Der
Textkopist hatte keine Aussparung für ein Schema gelassen. Da der spätere Schreiber die Zeichnung eng an den rechten Blattrand drängen musste, gingen bei einer späteren Beschneidung des Codex die Tierkreissymbole vom Schützen bis zum Wassermann sowie die Gradzahl des Jupiter
verloren. Der Zeichnung kommt kein eigener Wert zu, da sie auf den
Angaben im Text des Codex **P** basiert.

Die Zeugen der Epitome **IJM** (nicht jedoch **K**) vermerken in ihren
Diagrammen falsche Positionen von Mond (25° ♊ statt 15° ♊) und
Saturn (5° ♑ statt 20° ♎, in **M** beide Werte). Wenngleich bereits Neugebauer – van Hoesen 1959, 80 mit Anm. 8 und 15, nach Autopsie des cod.
Paris. gr. 2501[2657] auf diese fehlerhaften Daten hingewiesen haben, wurde
bisher von niemandem eine Erklärung versucht. Dabei handelt es sich
doch zumindest im Falle der Saturnposition um einen merkwürdigen
Fehler. Vermutlich fand eine Verwechslung mit der Saturnposition des in
den Handschriften unmittelbar vorausgehenden Hadrianhoroskops statt
(s.o. S. 613 zu Punkt δ), wie sie bei flüchtiger Anfertigung einer Skizze in

---

[2657] Herausgegeben von Ruelle und Cumont im CCAG VIII 2 (1911), pp. 85,17–86,12;
entspricht dem hier eliminierten Apographon **i**.

der Vorlage von **IJM** wohl entstehen konnte.

Wie oben (S. 115) bereits erwähnt, fehlt in **C** (Exc.²), anders als in **P** und Ep.⁴, der die astronomischen Daten bietende Text (§§ 54–55). Das Diagramm ersetzt also den Text, zumindest den von § 54. Den gleichen Befund bietet Exc.² bei **F3** (s.u. S. 1141). In beiden Fällen (**F2** u. **F3**) bietet das Diagramm in Exc.² – anders als die hier in **F2** vergleichbaren Diagramme der Zeugen **P** und Ep.⁴ – minutengenaue Positionsangaben für die sieben Wandelsterne und gradgenaue Grenzen der zwölf Orte der Dodekatropos. Nur das Mondnotat fehlt hier in **F2**. Die verbleibenden acht mit **P** und Ep.⁴ vergleichbaren Positionsangaben von Exc.² (Sonne, Planeten, ASC, MC) fallen ausnahmslos in dieselben Tierkreiszeichen, die **P** und Ep.⁴ sowohl in ihren Versionen des Textes als auch in ihren Diagrammen bieten. Im Falle von ASC und MC sind sie identisch mit den Daten in **P** und Ep.⁴; im Falle von Sonne, Saturn, Jupiter und Merkur sind sie bezüglich der Gradzahlen gleich, bieten jedoch zusätzlich dazu verschieden hohe Zahlen von Bogenminuten; im Falle von Mars und Venus weichen die Daten um –9° 44′ (Mars) beziehungsweise +3° 13′ (Venus) von den in **P** und Ep.⁴ überlieferten Daten ab. Wahrscheinlich fehlt bei dem Marsnotat ein ι (10) vor dem ε (5); die Abweichung wäre dann nicht –9° 44′, sondern +0° 16′.

Im Unterschied zu den Diagrammen, die **P** und Ep.⁴ zu **F2** bieten, sind in **C** (Exc.²) auch die Anfangsgrade (lat. *cuspides*) aller 12 Orte der Dodekatropos vermerkt. Den gleichen Befund bietet **C** zu **F3**, wo allerdings **P** und Ep.⁴ keine Diagramme bieten. Die beiden Diagramme in **C** zu **F2** und **F3** basieren auf einer inäqualen Aufteilung der zwölf Orte, können also nicht von Antigonos stammen, weil dieser stets die Tierkreiszeichen und die Orte der Dodekatropos in eins setzt. Auch der Schreiber von **C** kommt angesichts des oben (S. 115) von ihm skizzierten Profils nicht als Urheber dieser Diagramme in Frage. Sie müssen vielmehr von dem ebenda bereits postulierten Anonymos stammen, dessen verlorener Codex dem Schreiber von **C** (vermutlich direkt, möglicherweise aber auch indirekt) als Vorlage gedient hat. Dieser Anonymos konnte die Kardinalpunkte von **F2** (ASC, MC, OCC, IMC) aus dem durch **P** und Ep.⁴ bezeugten Text entnehmen. Wie er die vier fehlenden Gradzahlen errechnete, ist nicht klar.²⁶⁵⁸ Immerhin entsprechen sich, so wie es sein muss, jeweils paarweise die Daten der einander gegenüberliegenden Or-

---

²⁶⁵⁸ Es sind vier Daten, weil sich die Spitzen gegenüberliegender Orte gradmäßig entsprechen, sich also aus den Werten des 2., 3., 5. und 6. Ortes die des 8., 9., 11. und 12. Ortes ergeben.

te.[2659] Die Größe der einzelnen Orte ist den Angaben in **C** zufolge: I/VII 21°; II/VIII 35°; III/IX 20°; IV/X: 36°; V/XI 36°; VI/XII 32°. Diese Werte sind sphärengeometrisch unmöglich und lassen sich durch die Unterstellung von Abschreibfehlern nur zum Teil plausibel erklären.[2660] Außerdem ist wegen der Unsicherheit der Daten unklar, nach welcher Methode sie in dem verlorenen Original berechnet waren, vielleicht nach derjenigen Methode, die nach Alcabitius benannt, in Wahrheit aber seit der griechischen Spätantike belegt ist.[2661] Die hiesige Besprechung wird unten (S. 1141) anlässlich des Diagramms in Exc.[2] zu **F3** fortgesetzt.

§ 54

ἔστω: Eine ebenso konstruierte Einleitung (ἔστω + AcI) bietet Val. 7,6,17 = Nech. et Pet. frg. 21,76. Nach Val. 7,6,21 handelt es sich dort um ein wörtliches Nechepsos-Zitat. Vgl. Val. 7,6,203 = Nech. et Pet. frg. 21,219, wo derselbe Satz erneut zitiert wird, zwar in etwas anderem Wortlaut, aber ebenfalls beginnend mit ἔστω + AcI.

ἐν Κριῷ περὶ μοίρας ιθ ὁρίοις Ἑρμοῦ: Der Bezirk Merkurs erstreckt sich im System der ägyptischen ὅρια von 12°–20° ♈ (s.o. S. 719, Tab. 17b). μοίρας ist Akkusativ; vgl. **F5** § 68 περὶ μοῖραν ε΄.

ὁρίοις Ἀφροδίτης: 12°–17° ♊.

περὶ μοίρας κ: Saturn stand am 5. April 40 n.Chr. auf 17° 23′ ♎ (tropisch).[2662] Man würde einen um ca. 5° höheren siderischen Wert erwarten (s.o. S. 1046), also – bei Verzicht auf Bogenminuten, so wie es die Ge-

---

[2659] Nur im 12. Ort, wo ja bereits die Mondposition fehlt, fehlt auch die Angabe der Grenze dieses Ortes. Sie kann aus der Angabe zum 6. Ort suppliert werden, wo übrigens **C** entgegen der Lesung Pingrees (vol. II, p. XI: ♐ κη) den um 6° niedrigeren Wert ♐ κβ bietet.

[2660] Die Grenze des 3. Ortes (κ) ist vielleicht ein Fehler für ι, was die oben genannten Werte für den zweiten und dritten Ort von 'II 35°, III 20°' zu 'II 25°, III 30°' ändern würde. Diese Werte wären zwar besser, aber ebenfalls nicht befriedigend.

[2661] Siehe North 1986, 4.

[2662] Neugebauer – van Hoesen 1959, 80, bieten als tropische Saturnposition "♎ 20", vermutlich eine Verwechslung mit der Angabe des antiken Textes.

pflogenheit des Antigonos ist − 22° oder 23°.[2663] In **F1** beträgt die Differenz zwischen siderischer Textangabe und moderner Rückberechnung der Saturnposition 5°, was der dort zu erwartenden Differenz (4° 30′) sehr nahe kommt. **F3** erlaubt keinen Vergleich, da die Planetenlängen dort nur zeichengenau geboten werden. Ist also $\overline{\varkappa\langle\beta\rangle}$ oder $\overline{\varkappa\langle\gamma\rangle}$ zu konjizieren? Dass der Jupiterbezirk bei 21° ♎ endet, ist (*pace* Neugebauer − van Hoesen 1959, 80[17], die nur die Überlieferung in Ep.[4] kennen) kein sicheres Gegenargument (s.u., Komm. zu ὁρίοις Διός). Allerdings müsste man dann zusätzlich zum Textverlust bezüglich der Gradzahl unterstellen, dass der Text ursprünglich ὁρίοις Ἀφροδίτης (= 21°–28° ♎) bot.[2664] Diese doppelte unbeweisbare Hypothese ist abzulehnen, denn die relativ wenigen vor ca. 200 n.Chr. verfassten und mit gradgenauen Planetenpositionen versehenen Horoskope anderer Autoren bieten, auch wenn man die Differenz zwischen antiken siderischen und modernen tropischen Längen berücksichtigt, in den meisten Fällen Saturnlängen, die um mehrere Grad zu hoch oder zu tief liegen.[2665] Der Wert in **F2** ($\overline{\varkappa}$) ist also wahrscheinlich korrekt überliefert.

Wenn dem so ist, liegt hier ein Fall von παραλλαγή vor. Diesen *terminus technicus* für eine geringe Abweichung von einem exakten Aspekt illustriert Porphyrios, der Antiochos folgt, zufällig an einem Beispiel, das genau den Daten in **F2** entspricht (Porph. isag. 10): παραλλαγὴν λέγουσιν, ὅταν τὸν κατὰ μοῖραν σχηματισμὸν τῆς ἰσοσκελοῦς γραμμῆς παραλλάξωσιν οἱ ἀστέρες, οἷον Ἥλιος Κριῷ μοίρ. ιθ′, Κρόνος Ζυγῷ

[2663] Im Diagramm des cod. **C** (Exc.[2]) ist nicht klar, ob das Saturnnotat als ♄ $\overline{\varkappa}$ δ (d.h. ♄ 20° 4′ ♎) oder als ♄ $\overline{\varkappa\delta}$ (d.h. ♄ 24° ♎, so Pingree vol. II, p. XI) zu lesen ist (den Text von § 54, den zu vergleichen hilfreich wäre, überliefert **C** nicht). Folgt man der Lesung Pingrees, so könnte man in diesem Notat die letzte Spur eines ursprünglich höheren Wertes vermuten. Gegen die 24°-Lesung spricht aber, dass alle übrigen Planetenpositionen beider Diagramme in **C** (d.h. zu diesem und dem folgenden Horoskop) mit Angabe der Bogenminuten vermerkt sind und das Spatium zwischen den Grad- und Zahlbuchstaben oft winzig ist.

[2664] Da die Angaben des Firmicus zur Wirkung Saturns in den jeweiligen Gradbezirken leider verloren sind (s.u. S. 1203, Tab. 34), ist nicht eruierbar, ob vielleicht astrologische Gründe für den einen (Jupiter) oder anderen (Venus) Bezirk sprechen.

[2665] Deutlich zu niedrige Saturnlängen (in Klammern jeweils die Seite der Rückberechnung bei Neugebauer − van Hoesen 1959): Hor. gr. −71.I.21 (77), Hor. gr. −42.XII.27 (78), Hor. gr. 95.IV.13 (35); gut: Hor. gr. 81.III.31 (27) u. Hor. gr. 114.V.13 (110); zu hoch: Hor. gr. 46.I.3 (20), Hor. gr. 75.VII.19 (89), Hor. gr. 110.III.15 (105), Hor. gr. 137.XII.4 (41). Die Fehlerverteilung in dokumentarischen und literarischen Horoskopen ist unter den genannten Beispielen etwa gleich.

μοίϱ. κ´.[2666] Zur astrologischen Bedeutung der παραλλαγή äußern sich weder Porphyrios noch Antiochos.

Die Stellung von Sonne und Saturn entspricht hier zufällig auch ihrer Position in der 'zoroastrischen' Version des Welthoroskops, die oben (S. 635 mit Diagr. 7) vorgestellt wurde. Zu beachten ist ferner, dass Saturn den Griechen nach einer ursprünglich babylonischen Lehre und einem Substitutionsprinzip, für das es weitere Beispiele gibt, auch als Gegensonne oder Sonne der Nacht gelten konnte.[2667]

ὁϱίοις Διὸς: 14°–21° ♎. Da Antigonos in § 54 zu allen Planetenpositionen systematisch die Gradbezirke nennt, liegt in **P** offenbar ein Textausfall vor. Ep.[4] hat die Bezirksangabe entweder bewahrt oder, falls der Textausfall auf **α** zurückgehen sollte, richtig suppliert (s.o. S. 120, Stemma).

ἀκϱόνυχον: eigentlich 'bei Einbruch der Nacht (aufgehend)' – also in Opposition zur Sonne – und somit bis zum nächsten Sonnenaufgang, d.h. die ganze Nacht lang, sichtbar.[2668] Neben ἀκϱόνυχος gibt es den sinngleichen Terminus ἀκϱόνυκτος,[2669] außerdem einmal dichterisch ἀκϱο-

---

[2666] Vgl. die Definition von Antioch. epit. 1,8 (ex isag. 1), CCAG VIII 3 (1912), pp. 113,35–114,4, die aber kein Beispiel bietet.

[2667] Vgl. Boll 1919 u. Cumont 1935a, 11, ferner (mit Bezug auf die Mithras-Mysterien) Beck 1988, 85–90. Vgl. auch die zodikalen Häuser und Erhöhungen des Saturn und der Sonne, die einander jeweils diametral gegenüberliegen (s.o. S. 715, Tab. 15, u. S. 737, Tab. 19), und dazu Bouché-Leclercq 1899, 190. Nicht lesenswert ist der nach Saturns Erhöhung in der Waage benannte Aufsatz von Nethercut 1976.

[2668] Alle folgenden Belege zu ἀκϱόνυ- beschränken sich auf den Bereich der Astrologentexte (in astronomischen Texten setzen die Belege erheblich früher ein, s. Denningmann 2005, 398[833]). Vgl. z.B. die Definitionen bei Firm. math. 2,8,1 *acronyctae* [sc. *sunt stellae*] *quae tunc oriuntur, cum Sol occidit* u. Paul. 15 p. 31,29–31. Olymp. 9 p. 14,10–14. ibid. 12 p. 20,13–15. Siehe ferner Denningmann 2005, 426f.

[2669] Die Valens-Überlieferung bietet jede der beiden Formen einmal (Val. 2,41,58. 4,8,16), die Porphyrios-Überlieferung je zweimal auf engstem Raum variiert (Porph. isag. 2 p. 193,29.31. ibid. 3 p. 195,24.25). Paulos Alexandrinos hat stets ἀκϱόνυκτος. Bei Hephaistion kommt ἀκϱόνυχος beziehungsweise ἀκϱόνυκτος viermal vor, davon zweimal in Heph. 1,20,9 (= Ptol. apotel. 2,7,4), wo der Thebaner die ptolemäische Schreibung mit -κτ- übernimmt (beide textkritischen Apparate sind ohne Varianten; Zeugen bei Hephaistion sind die codd. **AL**; Ptolemaios bietet zwei weitere Fälle dieses Adjektivs, ebenfalls mit -κτ-). Der dritte Fall ist die hiesige Stelle (Heph. 2,18,54), wo die Hss. einhellig ἀκϱόνυχον bieten, der vierte Heph. 3,45,13 (ex Dor.), wo die Epitomai als einzige Zeugen einhellig ἀκϱόνυχος überliefern. – Spätere Belege für ἀκϱόνυκτος: 'Rhet.' (cf. Pingree 1977a, 220) CCAG VII (1908), pp. 214,7.21.22.27. 216,13.14.19. 217,25. 218,3. Olymp. 12 p. 20,13.26. CCAG VII (1908), pp. 119,3.

νύκτιος[2670] sowie auch einige wenige Belege für das Substantiv ἀϰϱονυ-
χία.[2671] Im Lateinischen gibt es einige wenige Belege für die Schreibung
acronych- (erstmals – vermutlich aus Varro übernommen – bei Ps. Cens.
3,7[2672], in astrologischem Kontext erst sehr spät im Lib. Herm. 12,15)
sowie zwei Belege in der Schreibung *acronyct-* bei Firm. math. 2,8,1.
Erläuterungen zur ἀϰϱόνυϰτος φάσις soll Thrasyllos geboten haben.[2673]

   In Horoskopen begegnet der *terminus technicus* nur sehr selten.
Neben dem hiesigen Beleg (**F2**) sind m.W. nur drei weitere Fälle
bekannt: In Hor. gr. 87.VII.9 bezeichnet Valens Jupiter als ἀϰϱόνυχος
(Val. 2,41,58); die Rückberechnung zeigt, dass dessen Opposition zur
Sonne zum Zeitpunkt der Geburt bereits zwei Tage zurücklag. In Hor. gr.
497.X.28 vermerkt Eutokios, Saturn habe bereits vor mehreren Tagen in
Opposition zur Sonne gestanden (ποιησάμενος τὴν ἀϰϱονυχίαν πϱὸ
ἡμεϱῶν πολλῶν).[2674] Den dritten Fall bietet Nonnos in seinem fiktiven
Horoskop der Großen Flut (Nonn. Dion. 6,244, s.o. Anm. 738).

   Die Überlieferung πεϱὶ μοίϱας $\overline{\varkappa}$, die, wie im vorausgehenden Stellenkommentar begründet wurde, akzeptabel ist und keine konjekturale
Erhöhung der Gradzahl erfordert, impliziert auf Seiten des Antigonos das
Wissen darum, dass die exakte Opposition der Sonne und des Saturn erst
am nächstfolgenden Tag stattfinden wird. Das ἀϰϱόνυχος-Notat ist,
anders als die regelmäßigen Bezirksangaben in § 54, nicht ein astrologischer Parameter, sondern ein astronomischer, der von Astrologen ebenso
wie die zu derselben kinematischen Sequenz gehörigen Stillstandsnotate
(vgl. **F3** § 63 ἐπὶ στηϱιγμοῦ ἑῴου) aus Almanachen übernommen
wurde. Zu erhaltenen ἀϰϱόνυχος- und στηϱιγμός-Notaten in Papyrusal-
manachen, die dort stets in der Reihenfolge στηϱιγμῷ α', ἀϰϱόνυχος,
στηϱιγμῷ β' begegnen, s. P. Oxy. astron. 4199–4201 (2.–4. Jh. n.Chr.)
bei Jones 1999a, I 215–217 u. II 269–277. Da Akronychie ein Horizont-
phänomen ist, in **F2** jedoch – ebenso wie in Hor. gr. 87.VII.9 u. Hor. gr.

120,2.17.35 (cf. Pingree 1977a, 212, zu epit. 3b,iii); für ἀϰϱόνυχος: 'Palch.' (ex Erasistr.), CCAG I (1898), 96,30. Olymp. 9 pp. 12,10. 14,10.

[2670] Ps.-Maneth. 5[6],177 Ἄϱεα ... ἀϰϱονύϰτιον.

[2671] Val. 4,11,15. 4,14,5. Anon. CCAG IX 1 (1951), p. 174,2; s. auch Anm. 2674.

[2672] Vgl. ThLL I c. 434,18–24 s.v. *acronychos* vel *-us* sowie (zu Varro) oben Anm.
1530.

[2673] Vgl. die Zusammenfassung seines 'Pinax', CCAG VIII 3 (1912), p. 100,17 (= Thras.
T 27 Tarrant = Rhet. 6,57,12).

[2674] Rhet. 6,52,16 (= CCAG IV, 1903, p. 107,13–14, ubi τὴν τούτου ἀϰϱονυχίαν). Die
Opposition des Saturn zur Sonne hatte am 19.10.497 n.Chr. stattgefunden, also neun
Tage früher.

497.X.28 (s. vorigen Absatz) – die Sonne kulminiert, war die Akronychie zum Zeitpunkt der Geburt nicht observierbar. Insofern wäre es in allen drei Fällen treffender gewesen, unter Verwendung astrologischer Terminologie von einer zur Zeit der Geburt beziehungsweise wenige Tage vorher vorliegenden Opposition zu sprechen. Die Wortwahl wird in diesen Fällen also durch das zur Erstellung des Horoskops verwendete astronomische Tafelwerk bestimmt.

Was die astrologische Deutung der Akronychie betrifft, widersprechen sich die wenigen relevanten Quellen. In Hor. gr. 87.VII.9 (s.o., vorletzter Absatz) deutet Valens sie als Schwächung, vermutlich wegen der in ihr impliziten Rückläufigkeit: Ζεὺς δὲ [...] ἀκρόνυχος γενόμενος οὐκ ἴσχυσε βοηθῆσαι (Val. 2,41,58). Das steht im Einklang mit seiner späteren allgemeingültigen Aussage (Val. 4,14,5): ὁμοίως δὲ καὶ ἐν ταῖς ἀκρονυχίαις ἀσθενέστεροι καὶ ἐμποδιστικοὶ γενήσονται. Serapion hingegen deutete Akronychie als Stärkung, anscheinend deshalb, weil der Planet dann am weitesten von der ihrerseits als Schwächung gedeuteten Position 'unter den Strahlen der Sonne' entfernt ist: οἱ δὲ ὕπαυγοι αὐτοὶ μὲν ἀσθενεῖς [...]. οἱ δ' ἀκρόνυχοι δυνατώτεροί εἰσιν μάλιστα νυκτὸς διὰ τὸ ὑπὲρ γῆν εἶναι.[2675] Da Antigonos sich nicht explizit zur astrologischen Bedeutung der Akronychie äußert, ist ungewiss, ob er Saturn im vorliegenden Fall für gestärkt oder geschwächt hielt. Für eine Schwächung könnte neben seiner Position in der Himmelstiefe (vgl. das Serapionexzerpt) seine Zugehörigkeit zur Partei (αἵρεσις) des Tages sprechen, aber Antigonos geht auf diese Umstände ebensowenig ein wie auf die in der Akronychie implizierte Retrogradation Saturns, die zugleich der einzige Fall von Retrogradation in den astronomischen Daten von **F1–F3** ist.[2676]

ὁρίοις Ἑρμοῦ: 0°–7° ♒.

ἐπ' ἀνατολῆς ἑῴας: sinngleich mit **F1** § 27 ἐπὶ ἑῴας ἀνατολῆς, s. den dortigen Kommentar (Punkt 3).

ὁρίοις Ἑρμοῦ: 12°–20° ♈.

Ἀφροδίτην ὁμοίως ἐν Κριῷ: vgl. die Formulierungen in **F3** § 63 Ἑρ-

---

[2675] Serap. exc. CCAG VIII 4 (1921), p. 230,16–23.
[2676] Während die scheinbare Retrogradation bei allen echten Planeten vorliegen kann, ist die Akronychie auf die oberen Planeten Mars, Jupiter und Saturn beschränkt.

μῆν ὁμοίως ἐν Κριῷ und in P. Oxy. astron. 4245 (Hor. gr. 218.XI.27), Z. 18: ὁ δὲ τ]οῦ Ἄρεως ἦν ὁμ[οίως ἐν ζῳδίῳ] ἀ[ρρενικῷ (zur dortigen Ergänzung von ὁ⟨μοίως⟩ s. Heilen 2005c, 176).

ὁρίοις Διός: 0°–6° ♈.

τῶν τριῶν ἔτι ὑπὸ δύσιν ὄντων: Die drei Planeten, deren Positionen zuletzt genannt wurden (Mars, Venus und Merkur), sind unsichtbar, da sie alle weniger als 15° von der Sonne entfernt sind (s.o. zu **F1** § 27 ἐπὶ ἑῴας ἀνατολῆς). Der nur durch Ep.[4] überlieferte Zusatz Ἑρμοῦ, Ἀφρο-δίτης, Διός ist ein sachlich falsches Glossem (vgl. oben zu **F1** § 22 [Ὑδροχόου]), dessen Urheber, ohne den Kontext verstanden zu haben, auf diejenigen Planeten verweist, deren *Namen* zuletzt genannt wurden.

Die frühesten sicher datierbaren Belege für ὑπὸ δύσιν im technischen Sinne von 'unsichtbar' bieten Antigonos' Zeitgenossen Ptolemaios (apo-tel. 3,10,6–7 = Heph. 2,10,6–7) und Valens (elfmal, beginnend mit Val. 1,19,10). Vgl. den sinngleichen Ausdruck ὑπὸ τὰς αὐγὰς in **F1** § 39 und den Komm. z.St.

καὶ ὁ μὲν ὡροσκόπος Καρκίνου μοίρα κδ′: sc. ἔστω (vgl. § 54). An Stelle von ὁ μὲν liest **P** ὁ δέ, vermutlich eine sekundäre Korrektur, nach-dem die folgenden Daten ausgefallen waren (s.u.).

τὸ δὲ δῦνον – Ζυγοῦ ι′: ergänzt nach Ep.[4]. Dass es sich hierbei nicht um einen Zusatz des Epitomators, sondern um in **P** fehlenden Original-text handelt, zeigt der von **P** und Ep.[4] unabhängige Überlieferungsstrang Exc.[2]. Dort fehlt zwar der Text von § 54, aber das Diagramm vermerkt die Himmelsmitte als 10° ♈ (s.o. S. 163). Der umgekehrte Fall begegnet im Horoskop des Pedanius Fuscus, wo die Positionsangaben für Venus und Mars (**F3** § 63) in **P** vorhanden sind und in Ep.[4] ausfielen. Auch dort überliefert Exc.[2] zwar nicht den Text, aber beide Planeten sind im Dia-gramm des cod. C dem Text entsprechend in den richtigen Tierkreis-zeichen vermerkt (s.o. S. 169).

Die vollständige Angabe aller vier Kardinalpunkte im hiesigen Fall passt gut zur insgesamt detailreichen Exposition der Daten in §§ 54–55. Außerdem ist sie unter den erhaltenen literarischen Horoskopen singulär (m.a.W.: in **F1** u. **F3** hat Antigonos darauf aus unbekannten Gründen verzichtet). Es gibt jedoch mehrere vergleichbare Fälle in griechischen Luxushoroskopen, die auf Papyri überliefert sind. Diese Texte bieten die vier Kardinalpunkte in unterschiedlichen Reihenfolgen, die hier nach dem jeweils frühesten Beleg geordnet sind:

a) in der Reihenfolge ASC – MC – OCC – IMC (entsprechend der Tagesrotation):
   – P. Oxy. IV 804 (Hor. gr. –3.X.2), Z. 11–14
   – P. Oxy. II 235 (Hor. gr. 15–22), Z. 13–15
   – P. Oxy. II 307 (Hor. gr. 46.I.3), Z. 18–20
   – P. Berlin 9825 (Hor. gr. 319.XI.18–19, unpubliziert)
b) in der Reihenfolge ASC – MC – IMC – OCC (Hybridform der Typen a u. c?):
   – P. Lond. I 98 (Hor. gr. 95.IV.13), Z. 59–71
c) in der Reihenfolge ASC – OCC – MC – IMC (entsprechend den beiden Hauptachsen des Horoskops, wie in **F2**):
   – P. Paris 19 (Hor. gr. 137.XII.4), Z. 26–35 = P. Lond. I 110, Z. 26–34
   – P. Oxy. astron. 4277 (Hor. gr. 150–250b), fr. 1, coll. I,16–II,11
d) in der Reihenfolge ASC – IMC – OCC – MC (entsprechend der Ordnung der Dodekatropos[2677]):
   – P. Oxy. LXV 4477 (Hor. gr. 430.VII.8), Z. 10–13

Außerdem verdient P. Princeton II 75 (Hor. gr. 138–161) Erwähnung. Darin ist zwar die für die Kentra entscheidende Partie fast ganz verloren, doch setzt der Text mit einer Gradangabe ein (Z. 1), die sich, wie Neugebauer – van Hoesen 1959, 45, gezeigt haben, auf das IMC beziehen muss, woraus mit großer Wahrscheinlichkeit gefolgert werden darf, dass dieses Horoskop Angaben zu allen vier Kardinalpunkten machte[2678] und folglich dem obigen Typ a oder c zuzuordnen ist.

Die Nennung aller Kentra scheint also ein Charakteristikum früher Horoskope zu sein.[2679] Dazu passt auch die Aussage von Sext. Emp. (saec. II[ex]) adv. math. 5,13 u. 5,85, wonach die Astrologen ihre Prognosen von allen vier Kardinalpunkten nehmen, die er (5,13) in der Reihenfolge ASC – MC – OCC – IMC (s.o. Typ a) bespricht und durch ein Beispiel ohne Planeten, das (ebenso wie **F2**) den Widder im MC hat und

---

[2677] Vgl. Jones 1998, 150[11]. Vielleicht ist diese ungewöhnliche Reihenfolge durch die ebenso ungewöhnliche tabellarische Präsentation der Daten in diesem Papyrus zu erklären.
[2678] Dafür spricht auch die folgende Besprechung von nicht weniger als vier Losen in Z. 2–10.
[2679] Vgl. Neugebauer – van Hoesen 1959, 164, zu **F2**.

somit dem *thema mundi* entspricht, illustriert.[2680] Wenngleich Sextus die Astrologen an der zweiten Stelle (5,13) als οἱ Χαλδαῖοι bezeichnet, ist damit wohl keine geographische Verortung intendiert. Vielmehr weisen erhaltene Spuren auf einen indigen ägyptischen Ursprung der Gepflogenheit, die vier Kardinalpunkte vollständig – und zwar gemäß dem obigen Typ c, also wie in **F2** – aufzuzählen. Zur Begründung ist einerseits auf die erst jüngst erzielte allgemeine Einsicht zu verweisen, dass die Orte der Dodekatropos und die Kardinalpunkte klare ägyptische Vorläufer haben,[2681] andererseits auf die spezielle Ordnung der Kardinalpunkte in einer Gruppe von fünf demotischen Ostraka, die Neugebauer 1943, 116, nennt. Diese stammen alle aus Medinet Habu (nahe Theben) und wurden offenbar von demselben Schreiber verfasst. Bis auf Nr. 5 sind sie datierbar; ihre Daten fallen in die Jahre 13–35 n.Chr. (s.o. Katalog S. 316). Alle fünf Horoskope machen Angaben zu allen vier Kentra, und zwar stets in derselben Reihenfolge wie hier bei Antigonos: ASC – OCC – MC – IMC.[2682] Es gibt nur ein früheres demotisches Horoskop, O. dem. Ashmolean 633 = Hor. dem. –37.V.4 (ed. Neugebauer – Parker 1968, 231–234); dieses bietet ebenfalls alle vier Kentra, jedoch in der ungewöhnlichen Reihenfolge MC – ASC – OCC – IMC, die man unter Vernachlässigung der Chronologie als sondersprachlichen Typ (e) zu den in griechischen Papyri belegten Typen (a) bis (d) der obigen Liste ergänzen könnte.[2683] Anders verhält es sich mit den 44 demotischen Horoskopen aus dem Archiv von Medinet Madi im Fayum, die auf Daten der Jahre 129 bis 196 n.Chr. datiert sind: Sie bieten stets nur den Aszendenten und entsprechen somit dem Standard griechischer Horoskope.

Neugebauer – van Hoesen 1959, 79[5], machen ohne weiterführende Belege auf die interessante Terminologie aufmerksam ("ὑπέργειον μεσουράνημα and ὑπόγειον respectively"), zu Recht, denn für die hiesige

---

[2680] Zum *thema mundi* s.o. S. 632 (Punkt f). Wegen seiner Stellung im MC des Welthoroskops wird der Widder auch als κεφαλὴ τοῦ κόσμου bezeichnet. Ausführlicher dazu Bouché-Leclercq 1899, 129[1] (s. auch ebd. 185[3]).

[2681] Vgl. von Lieven 2007, 146f., u. Greenbaum – Ross 2010, 175f. (s.o. S. 638 u. 694–696).

[2682] Vgl. Ross 2007b, 22. Ross 2008b, 246. Ungeachtet der gleichen Sequenz der Kardinalpunkte weisen die demotischen Horoskope von Medinet Habu (und ebenso die übrigen demotischen Horoskope) erhebliche typologische Abweichungen gegenüber den griechischen Horoskopen auf, insbesondere durch die häufige Erwähnung mehrerer rätselhafter, *swšp* und *twr* genannter Orte, deren Bedeutung bisher (*pace* Neugebauer 1943, 118, der die *swšp* mit den griechischen ἀποκλίματα identifizierte) nicht geklärt werden konnte (vgl. Ross 2008b).

[2683] Chronologisch gesehen müsste dieser Sondertyp noch vor (a) kommen.

Ausdrucksweise gibt es m.w. keine exakte Parallele bis auf das athetierte Glossem [ὃ γίνεται ὑπόγειον μεσουράνημα] in **F6** § 75.[2684] Geläufig sind hingegen die Ausdrücke ὑπόγειον κέντρον[2685] und auch ὑπόγειον ζῴδιον[2686]; sehr selten und anscheinend nur pluralisch begegnen die Junkturen ὑπέργεια κέντρα (Lyd. mens. 2,8 p. 26,20 W.)[2687] und ὑπέργεια ζῴδια (Val. 2,30,17). Der Ausdruck 'untere Himmelsmitte' (ὑπόγειον μεσουράνημα) setzt eine wissenschaftliche Abstraktion vom Augenschein voraus, nach dem der Himmel immer 'oben' ist.

ὡσαύτως: 'ebenso' bzgl. des Bogengrades, nicht des Tierkreiszeichens. Zum umgekehrten Fall s.o. zu **F1** § 22 μετ' αὐτοῦ.

οἰκοδεσποτήσει – ὁ ῎Αρης: Der folgende Kommentar gliedert sich in textkritische und grammatische Vorbemerkungen (S. 1057), eine Analyse der bekannten Zeugnisse zur Behandlung des οἰκοδεσπότης τῆς γενέσεως durch 'Nechepsos und Petosiris' (S. 1057), eine Analyse der erhaltenen antiken Regeln zur Bestimmung des οἰκοδεσπότης τῆς γενέσεως mit Blick auf die Frage, welche von ihnen möglicherweise durch Antigonos benutzt wurde (S. 1060), eine Sichtung der praktischen Anwendungen in erhaltenen antiken Horoskopen (S. 1071) und Schlussbetrachtungen (S. 1072).

Beinahe wörtlich gleich der hiesigen Formulierung οἰκοδεσποτήσει – ὁ ῎Αρης ist die Information in **F3** § 63 (auch dort am Ende des Datenblocks). In beiden Fällen bietet Ep.[4] den in **P** fehlenden Zusatz ἐνταῦθα ('in der vorliegenden Nativität'). Vielleicht handelt es sich dabei um Originaltext;[2688] ganz sicher fehlt hier (§ 54) in **P** jedenfalls γενέσεως.

[2684] Singulär ist freilich nur die Verbindung mit dem zusammengesetzten Adjektiv, nicht der Gedanke als solcher, wie z.B. die Belege des Ptolemaios für τὸ ὑπὲρ γῆν μεσουράνημα (apotel. 2,8,12. 3,11,3.22.23.24.25.27) und ἡ ὑπὸ γῆν ἀντιμεσουράνησις (ibid. 1,6,2) zeigen.

[2685] Oft belegt in den Dorotheosparaphrasen, bei Ps.-Manethon, Valens, Hephaistion und Späteren; unter den früheren Astrologen s. ferner Thras. epit. CCAG VIII 3 (1912), p. 100,34 (= Thras. T 27 Tarrant = Rhet. 6,57,20). Ptol. apotel. 3,5,6. Antioch. epit. 1,24 (ex isag. 1), CCAG VIII 3 (1912), p. 117,5. Protag. Nic. exc. CCAG IV (1903), p. 151,18 (aber τὸ ὑπὸ γῆν κέντρον im Referat derselben Stelle durch Heph. 3,47,61 = Heph. epit. 1,50,10).

[2686] Mehrmals belegt in den Dorotheosparaphrasen, bei Hephaistion und Späteren.

[2687] Siehe ferner den zweifelhaften singularischen Beleg bei Tim. Prax. CCAG I (1898), p. 98,3–4 Κρόνου ἐπὶ τοῦ μεσουρανήματος ἢ ἐπὶ τοῦ ὑπογείου κέντρου ἢ ὑπεργείου.

[2688] Dazu s.o. zu **F1** § 21 φέρε – τρόπον und zu **F1** § 39 οὐ διὰ – Σελήνην.

Zum didaktisch motivierten Futur οἰκοδεσποτήσει vgl. **F1** § 41 ἀποδειχθήσεται (mit Komm.). § 49 πρόδηλον γενήσεται. § 52 τελευτήσει u. γνώσῃ. **F2** § 56 ἔσται.

Den οἰκοδεσπότης τῆς γενέσεως (lat. *dominus geniturae*)[2689] behandelten schon 'Nechepsos und Petosiris', wie die in dem Petosiris-Zitat
bei Val. 2,41,3–4 (= Nech. et Pet. frg. 24) erkennbaren Originalverse
zeigen.[2690] Usener versuchte die folgende iambische Rekonstruktion:[2691]

> ἀστὴρ ἑκάστην γένεσιν οἰκοδεσποτῶν
> ὅστις ποιεῖ πρόδηλα τοὺς γεννωμένους
> οἵτινες ἔσονται, τοῦ βίου θ᾽ ὑπόστασιν,
> ποία τις ἔσται, τοὺς τρόπους καὶ σώματος
> μορφὴν τύπον τε πάντα ...

Hierzu sind eine knappe Erwähnung des *geniturae dominus* ohne jegliche
Erläuterungen bei Firm. math. 4,22,6 (= frg. 13,44) sowie ein Riess noch
unbekanntes Zeugnis bei Antioch. epit. s.n.,3 (ex isag. 2), CCAG VIII 3
(1912), p. 119,25–29 (= frg. +18)[2692] zu ergänzen, wonach Nechepsos mit
Zustimmung des Petosiris lehrte, vom οἰκοδεσπότης τῆς γενέσεως hänge die Lebenszeit des Nativen ab, im Gegensatz zum κύριος τῆς γενέσεως, der die Todesursachen bestimme. Leider macht keines der drei
genannten, von Valens, Antiochos und Firmicus stammenden Fragmente
Angaben zu der Methode, mit der 'Nechepsos und Petosiris' die beiden
die Nativität dominierenden Planeten und ihre Wirkungen bestimmten.

Anders verhält es sich mit einem vierten (und letzten) erhaltenen
Fragment, das wir Porphyrios verdanken, der ein umfangreiches Kapitel

---

[2689] Unbefriedigende Besprechung durch Bouché-Leclercq 1899, 405–408. – Firmicus
hat anscheinend einen speziellen (heute verlorenen) Traktat über den *dominus geniturae*
geschrieben, vgl. Firm. math. 4,20,2.

[2690] Valens präsentiert den mystisch verbrämten Lehrsatz des Petosiris mit den folgenden, anscheinend durch einen Textausfall beschädigten Worten: ἀρχή, τέλος, κράτησις
τῶν ὅλων διοπτευτηρίων – ὁ καθ᾽ ἑκάστην γένεσιν ἀστὴρ οἰκοδεσποτῶν ὅστις
πρόδηλα ποιεῖ τοῖς γεννωμένοις οἵτινες ἔσονται τοῦ βίου τε ὑπόστασιν ὁποίαν
τινὰ ἕξουσιν, τοῖς τρόποις τε ὁποῖοι, σώματος μορφῆς τύπον, ἃ πάντα τούτῳ
κατακόλουθα γίνεται. τούτου δ᾽ ἄνευθεν οὐδέν, οὔτε πρᾶξις οὔτε δόξα, προσπάρ-
εστιν οὐδενί.

[2691] Usener bei Riess 1891–1893, 376 (beide kannten Val. 2,41,4 nicht; s.o. Anm. 209).
Vgl. ebenda Riess mit Hinweis auf die Rezeption dieser Verse durch einen Ps.-Pytha-
goras im cod. Paris. gr. 2426, f. 16 (cf. CCAG VIII 3, 1912, p. 62).

[2692] Darin scheinen Reste iambischer Diktion erhalten zu sein, z.B. p. 119,28–29 τῶν
συγκηρεῖν μελλόντων τὸν βίον.

Περὶ οἰκοδεσπότου καὶ κυρίου καὶ ἐπικρατήτορος hinterließ (Porph. isag. 30 pp. 206,1–208,5, darin pp. 206,3–6 = Nech. et Pet. frg. +20).[2693] Zu Beginn heißt es dort, 'die Alten' (οἱ ἀρχαῖοι, offenbar = 'Nechepsos und Petosiris') hätten die Namen zwar geprägt, ihre jeweiligen Eigenschaften aber nicht klar unterschieden.[2694] Es folgt zuerst in Abgrenzung von gewissen Autoritäten (τινές), die die sehr simple Lehre vertraten, Epikratetor sei bei Tag die Sonne und bei Nacht der Mond (p. 206,7–8), die angeblich richtige, erheblich komplexere und anscheinend von Antiochos selbst stammende[2695] Definition des ἐπικρατήτωρ τῆς γενέσεως (p. 206,7–24), darauf aufbauend die des οἰκοδεσπότης und des συνοικοδεσπότης τῆς γενέσεως (pp. 206,24–207,7) und zuletzt die des κύριος τῆς γενέσεως (pp. 207,7–208,5).[2696] Ehe wir uns den Details dieses Porphyrioskapitels zuwenden können, sind zwei Charakteristika hervorzuheben: Zum einen ist aus dem soeben Gesagten bereits klar, dass Porphyrios zwar auf 'Nechepsos und Petosiris' Bezug nimmt, allerdings *ex negativo* insofern, als er uns darüber informiert, dass es angeblich gar keine klare Definition der fraglichen Begriffe durch die legendären Archegeten der hellenistischen Astrologie gab. Zum anderen verdient Beachtung, dass Porphyrios in diesem Kapitel, wie überhaupt in Kap. 1–52 seiner *Isagoge*, von der *Isagoge* des Antiochos von Athen abhängt (s.o. S. 25–27). Während das oben (S. 1058 bei Anm. 2692) bereits zitierte Fragment +18, sofern wir der Überlieferung glauben dürfen, aus dem dritten Kapitel des zweiten Buchs der *Isagoge* des Antiochos exzerpiert

---

[2693] Bouché-Leclercq 1899, 406[2] geht knapp und nur zum Teil befriedigend darauf ein. Er kritisiert, der Autor, den er für unecht hält ("le Ps.-Porphyre"), wolle eine Definition abgeben, durchmustere aber vielmehr eine Reihe verschiedener Meinungen als dass er definiere. Aber es ist gerade der doxographische Charakter, der den Wert dieses Textes (bes. des Anfangs) ausmacht. Auf die darin zitierten 'Alten' geht Bouché-Leclercq nicht ein, die unten S. 1060 bei Anm. 2697 erwiesene Abhängigkeit von Antiochos von Athen ist ihm unbekannt. Eine vollständige Übersetzung von Porph. isag. 30 bietet Greenbaum 2009, Appendix 4.D.

[2694] Porph. isag. 30 p. 206,3–7: Ἔτι τίνι διαφέρουσιν ἀλλήλων οἰκοδεσπότης γενέσεως καὶ κύριος καὶ ἐπικρατήτωρ, χρὴ διεσταλκέναι. οἱ γὰρ ἀρχαῖοι πλέξαντες τὰς ὀνομασίας τὴν ἐπαγγελίαν οὐ διέκριναν. ἰδίαν γὰρ ἕκαστος ἔχει δύναμιν, ὥσπερ ναύκληρος καὶ κυβερνήτης· διδάξομεν οὖν, τίνι ἀλλήλων διαφέρουσι. – Dass 'Nechepsos und Petosiris' οἰκοδεσπότης, οἰκοδεσποτεία, ἐπικρατήτωρ und ἐπικράτησις als *termini technici* benutzten, bezeugt auch Val. 3,7,1–15 = Nech. et Pet. frg. 18; es ist aber jeweils genau zu beachten, worauf sich die Herrschaft bezieht.

[2695] Auf ähnliche Weise stammen bei der Lehre der Doryphorie die drei komplizierten antiken Systeme von Antiochos (Denningmann 2005, 382).

[2696] Die von den Hss. einhellig überlieferten Worte ἐπικείμενον πρότερον (p. 207,25) emendiere ich zu ἐπικεντρότερον.

wurde, besitzen wir auch ein thematisch eng verwandtes Exzerpt aus dem ersten Buch der *Isagoge* des Antiochos (Antioch. epit. 1,29, CCAG VIII 3, 1912, p. 118,9–22), das dieselbe heute verlorene Vorlage wiedergibt, der sich auch Porph. isag. 30 bedient hat.[2697] An dieser Feststellung kann es aufgrund der weitgehenden wörtlichen Übereinstimmung zwischen Antioch. epit. 1,29 und Porph. isag. 30 keinerlei Zweifel geben. Leider bricht jedoch Antioch. epit. 1,29, wo ebenso wie bei Porphyrios zuerst der ἐπικρατήτωρ τῆς γενέσεως behandelt wird, noch während dieser Erläuterung nach etwas mehr als zehn Textzeilen mitten im Satz ab (die Stelle entspricht Porph. isag. 30 p. 206,18). Da somit die Erläuterung zum οἰκοδεσπότης τῆς γενέσεως, die bei Antiochos folgte, in diesem Exzerpt überlieferungsbedingt vollständig verloren ist und die zuvor genannte andere Antiochos-Epitome (frg. +18) ebenfalls keine Regeln zur Bestimmung dieses Hausherrn der Nativität bietet, müssen wir das, was Antiochos lehrte, aus Porph. isag. 30 entnehmen.

Bevor wir das tun, sei schon hier angekündigt, dass außer dem Zeugnis des Porphyrios noch mehrere Kapitel anderer Autoren Definitionen des οἰκοδεσπότης τῆς γενέσεως bieten. Zwei davon – Firm. math. 4,19 und Paul. Alex. 36 – wurden bereits früher (S. 986–989, Punkt 2) anlässlich der Frage, wie die Lehre vom Hausherrn der Nativität, wenn man diesen schon bestimmt hat, in ihrem die Berechnung der Lebenszeit betreffenden Teil funktioniere, mit großem Gewinn herangezogen, auch wenn sie 'Nechepsos und Petosiris' nicht namentlich erwähnen. Diese Kapitel werden nun weitere Informationen zu der hier allein wichtigen Frage liefern, wie der Hausherr der Nativität zu bestimmen ist. Als weitere Quellen werden (in der Reihenfolge ihrer Besprechung) Heph. 1,13,2, Antioch. epit. 2,33, Paul. Alex. 3, Dor. pp. 369,9–370,7,[2698] Val. 3,1 und Rhet. epit. 4,17 u. 4,19 hinzutreten.

Da die von Porphyrios aus der *Isagoge* des Antiochos übernommene Methode, wie sich zeigen wird, dazu geeignet ist, den Befund in **F2** und **F3** zu erklären, lohnt es sich, die Details vorzustellen. Da der Text wiederholt auf die durch den Horizont und den Ortsmeridian gebildeten Quadranten des Horoskops Bezug nimmt, werden diese im Folgenden kurz

---

[2697] Dieser Text beginnt mit den Worten: Λέγει δὲ ὡς οἰκοδεσπότης γενέσεως καὶ κύριος καὶ ἐπικρατήτωρ διαφέρουσιν ἀλλήλων. Im Folgenden ist der Nebensatz ἐὰν δὲ εἰς λίβα ἀποκλίνῃ ὁ Ἥλιος ⟨καὶ⟩ ἔτι ὑπόγειος ὢν ἐπαναφέρηται τῷ ὡροσκόπῳ (p. 118,20–21), wie Porph. isag. 30 p. 206,16–17 zeigt, zu ἐὰν δὲ εἰς λίβα ἀποκλίνῃ [sc. ἡ Σελήνη], ὁ ⟨δὲ⟩ Ἥλιος ἔτι ὑπόγειος ὢν ἐπαναφέρηται τῷ ὡροσκόπῳ zu korrigieren.

[2698] = Heph. 2,26,25–31 = Dor. frg. 51a St.; ~ Heph. epit. 4,33,3–9.

als Q1, Q2, Q3 und Q4 bezeichnet und an **F2** illustriert.

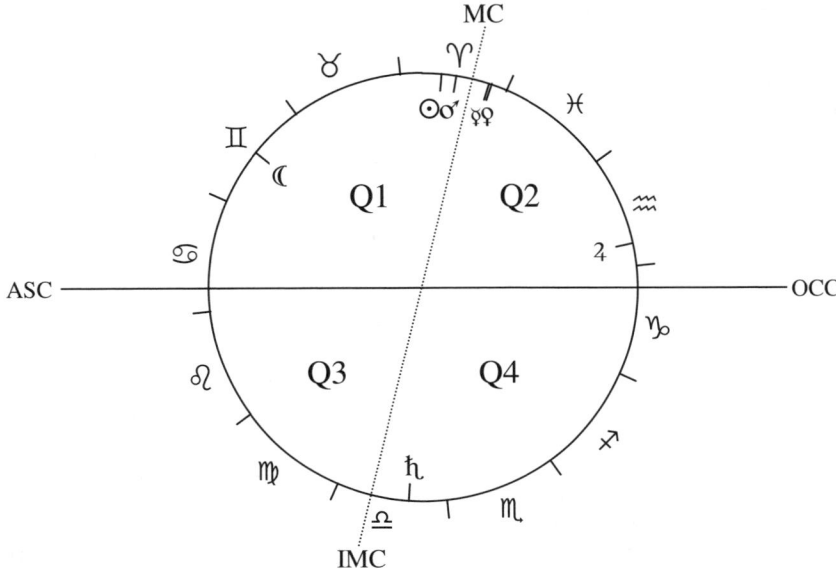

Diagr. 25: Hor. gr. 40.IV.5 (**F2**) mit Quadrantenteilung

Antiochos und die von ihm erwähnten 'Alten' unterschieden zwischen Tag- und Nachthoroskopen. Die Tagdefinition des ἐπικρατήτωρ τῆς γενέσεως lautet: Wenn (Ta)[2699] die Sonne in Q1 steht, ist sie Epikrator (trifft auf **F2** und **F3**[2700] zu), wenn (Tb) die Sonne in Q2 und der Mond in Q1 oder auch in Epanaphora des Aszendenten (d.h. im obigen Diagramm: ♌) steht, ist der Mond Epikrator, wenn (Tc) Sonne und Mond in Q2 stehen, ist der Aszendent Epikrator; Nachtdefinition: Wenn (Na) der Mond in Q1 steht, ist er Epikrator, wenn (Nb) der Mond in Q2 und die Sonne in Epanaphora des Aszendenten steht, ist die Sonne Epikrator, wenn (Nc) Sonne und Mond beide unter dem Horizont (= Q3–Q4) auf einem Kentron oder einer Epanaphora stehen (d.h. im obigen Diagramm: ♋, ♌, ♎, ♏ oder ♑), ist der Mond als Nachtgestirn Epikrator (so in **F1** bei Hadrian der Fall), wenn (Nd) Sonne und Mond beide unter dem Horizont (= Q3–Q4) stehen, aber der Mond in einem Apoklima (d.h. im obigen Diagramm: ♍ oder ♐) und die Sonne auf einem Kentron (d.h. im

---

[2699] Lies: Tagregel, Teil a.
[2700] Zur Rechtfertigung bzgl. **F3** s.u. im nächsten Absatz.

obigen Diagramm: ♋, ♎ oder ♑), ist die Sonne Epikratetor. Wenn
(TNa) bei Tag oder Nacht beide Luminare in einem Apoklima stehen, ist
der Aszendent Epikratetor.[2701]

Der zweite Schritt ist dann relativ einfach: Der Herr des Tierkreiszeichens, in dem der Epikratetor steht, ist οἰκοδεσπότης τῆς γενέσεως,
der Herr des Gradbezirks, in dem der Epikratetor steht, ist συνοικοδεσπότης τῆς γενέσεως.[2702] Hier in **F2** ist also Mars als Hausherr des
Widders 'Hausherr der Nativität', so wie Antigonos es sagt; der 'Mithausherr der Nativität' ist Merkur, da die Position des Epikratetors (☉ auf
19° ♈) nach dem 'ägyptischen' System der ὅρια in einem Merkurbezirk
(12°–20° ♈) liegt.[2703] In **F3** (Pedanius) legt die gemeinsame Nennung
von Sonne und ASC (§ 63) nahe, dass der Moment des Sonnenaufgangs
gemeint ist und es sich somit um ein Taghoroskop handelt. Die obigen
Regeln ergeben bei Tag (Regel Ta) die Sonne im Widder und bei
Nacht[2704] (Regel Nc) den Mond im Stier als Epikratetor; der Hausherr des
Widders ist Mars, der des Stiers Venus; da Antigonos Mars zum οἰκοδεσπότης τῆς γενέσεως erklärt (§ 63), hat er das Horoskop des Pedanius
also, falls er die von Porphyrios referierte Methode benutzt hat, als Taghoroskop analysiert. Da die Position des Epikratetors (☉) ca. 15° ♈ tropisch beträgt, was ca. 19° ♈ siderisch entspricht, ist der 'Mithausherr der
Nativität' wohl erneut Merkur (s.o.). Interessant wird es nun im Hadrianhoroskop (**F1**): Epikratetor wäre nach Regel Na der Mond (1° ♒),
folglich wäre Saturn, der Hausherr des Wassermanns, οἰκοδεσπότης τῆς
γενέσεως und Merkur, der Herr des ersten Gradbezirks (0°–7° ♒), συνοικοδεσπότης τῆς γενέσεως. Falls Antigonos die Regel des Porphyrios
benutzt hat, verschweigt er den Hausherrn der Nativität in **F1** vielleicht
mit Absicht. Jedenfalls würde es zu einem Kaiser, der erklärtermaßen
unüberwindlich war (vgl. **F1** § 32 δυσκαταγωνίστους ποιεῖ) und seinen

---

[2701] Soweit Porph. isag. 30 p. 206,7–24. Diese Kasuistik ist relativ übersichtlich; eine
kompliziertere bietet Val. 3,1, eine noch knappere Ps.-Maneth. 3[2],406–415 (dazu s.u.
S. 1386).

[2702] Porph. isag. 30 pp. 206,24–207,3: ὅταν δὲ στήσῃς τὸν ἐπικρατήτορα, ἐκ τούτου
ὁ οἰκοδεσπότης ληφθήσεται καὶ ὁ συνοικοδεσπότης. ὁ μὲν γὰρ κύριος τοῦ ζῳδίου, ἐν ᾧ ἐστιν ὁ ἐπικρατήτωρ, οἰκοδεσπότης ἔσται, ὁ δὲ τῶν ὁρίων συνοικοδεσπότης. Diese Formulierung wirft angesichts der *communis opinio* antiker Texte, dass
nur die fünf echten Planeten Hausherren der Nativität sein können (so bes. deutlich
formuliert von Firm. math. 4,19,4 u. 4,19,31), die Frage auf, was denn geschieht, wenn
der Epikratetor im Krebs oder Löwen, also in den Tierkreishäusern des Mondes und der
Sonne, steht. Eine Antwort darauf bleibt der Text schuldig.

[2703] S.o. zu **F1** § 27 ἐν τῷ ἰδίῳ οἴκῳ und zu **F1** § 26 ἐν ἰδίαις μοίραις.

[2704] D.h. wenn die Sonne zwar im Widder, aber noch knapp unter dem Horizont stände.

auf den Thron hoffenden Großneffen töten ließ, schlecht passen, wenn der Hausherr der kaiserlichen Nativität derjenige Planetengott wäre, der von seinem Sohn entmachtet wurde.

Zuletzt bespricht Porphyrios den κύριος τῆς γενέσεως.[2705] Da Antigonos diesen Begriff in den erhaltenen Fragmenten nicht benutzt und meines Wissens auch kein antikes Horoskop diesen Funktionsträger bestimmt,[2706] erübrigt sich hier eine Auseinandersetzung mit den von Porphyrios referierten Details.

Nun zu Firmicus. Dieser skizziert im zweiten Paragraphen von Kap. 4,19 *De domino geniturae* vier verschiedene Methoden, die er verschiedenen nicht namentlich identifizierten 'Alten' zuschreibt.[2707] Im Folgenden wird jede der vier Methoden kurz erläutert und dann geprüft, ob sie Antigonos' Bestimmung des Mars zum Hausherrn sowohl von **F2** als auch von **F3** rechtfertigt.

Die erste Methode bestimmt denjenigen Planeten zum Hausherrn der Nativität, der *in principalibus locis* (d.h. nach einer wenige Seiten zuvor gegebenen Definition *in cardinibus aut in secundis locis*, 4,17,6) in einem ihm eigenen Tierkreiszeichen oder einem ihm eigenen Gradbezirk stehe. Das passt zu **F2**, wo Mars im 10. Ort in seinem Nachthaus (allerdings nicht in seinem Gradbezirk) steht. In **F3** steht Mars im Wassermann, der zwar Epanaphora des MC ist (also ein *secundus locus*), in dem Mars jedoch keine Würden genießt (weder Häuser noch Erhöhung noch Trigon). Da **F3** die Planetenpositionen nur gradgenau bietet, ist eine sichere Bewertung der Gradbezirke unmöglich. Die Rückberechnung (s.u. S. 1141) ergibt, dass Mars auf 21° 35′ ♒ tropisch stand (in fast perfekter Quadratur zum Mond auf 19° ♉), was genau genommen 25° 28′ ♒ siderisch entspricht und somit am Rand des Gradbezirks des Mars liegt (20°–25° ♒). Angesichts der notorisch schwer zu bestimmenden Marsposition ist es also denkbar, aber nicht beweisbar, dass Antigonos in beiden Horoskopen diese erste Methode angewandt hat.

Die zweite bestimmt denjenigen Planeten zum Hausherrn der Nativität, in dessen Bezirk bei einer Taggeburt die Sonne beziehungsweise bei einer Nachtgeburt der Mond steht. Dieser zweiten Regel billigt Firmicus – obwohl er sich zu der vierten bekennen wird – das Qualitätsurteil *et habet rationem* zu (4,19,2). Antigonos kann sie aber nicht benutzt haben, da in **F2** die Sonne, wie der Text ausdrücklich vermerkt (§ 54), in

---

[2705] Porph. isag. 30 pp. 207,7–208,5.

[2706] Siehe jedoch oben Anm. 696 sowie auch unten Anm. 2728.

[2707] Firm. math. 4,19,2: *Quatenus invenias, explicabo omnibus veterum sententiis intimatis. Quidam ... Alii ... Alii ... Alii ...*

einem Merkurbezirk stand.

Die dritte von Firmicus erwähnte Methode ist unklar, da sie den Herrn der Erhöhung des Mondes (*qui altitudinis* [codd.: *latitudinis*, corr. Kroll] *Lunae dominus fuisset inventus*) zum Hausherrn der Nativität bestimmt. Das würde bei jeder Nativität auf Venus hinauslaufen, ganz gleich, ob man die Erhöhung des Mondes zeichengenau (♉) oder gradgenau (3° ♉) auslegt. Daher hat Pingree wohl zu Recht das überlieferte Wort *latitudinis* athetiert.[2708] Der Hausherr des (Tierkreiszeichens des) Mondes wäre dann in **F2** Merkur, in **F3** Venus. Diese Methode kann Antigonos also nicht benutzt haben.

Die vierte Methode macht denjenigen Planeten zum Hausherrn, dem das nächste Tierkreiszeichen gehört, in das der Mond nach der Geburt eintreten wird; wenn dies allerdings der Krebs oder der Löwe seien, müssten diese Zeichen übersprungen werden, da sie ja den Luminaren gehörten und diese *per definitionem* nicht Hausherren der Nativität sein dürften (4,19,4; ebenso 4,19,31). Diese Methode, die oben (S. 976) bereits ausführlicher erläutert wurde, führt in **F2** auf die Jungfrau und in **F3** auf die Zwillinge, in beiden Fällen also auf Merkur als Hausherrn der Nativität, und kann folglich, auch wenn Firmicus sie als die am weitesten verbreitete und wahrste bezeichnet, der er auch selbst folge (4,19,3), nicht von Antigonos benutzt worden sein. Es wäre interessant zu wissen, ob Antigonos diese Methode niemals benutzte oder nur im Falle dieser beiden Nativen nicht, deren Biographien aus astrologischer Sicht offensichtlich stärker durch Mars als durch Merkur geprägt sind.

Zwei noch etwas spätere Zeugnisse stammen von Hephaistion und Paulos Alexandrinos. Das Kapitel Heph. 1,13 Περὶ οἰκοδεσπότου καὶ συνοικοδεσπότου umfasst nur zwei Sätze:

(1) Οἰκοδεσπότης λέγεται ὁ τοῦ οἴκου κύριος, συνοικοδεσπότης δὲ ὁ συμμετέχων τοῦ οἴκου ὅταν τοῦ μὲν οἶκος ᾖ, τοῦ δὲ ὕψωμα ᾖ καὶ τρίγωνον ᾖ καὶ ὅριον. (2) ὁ δὲ τῆς γε-	(1) Hausherr heißt der Herr des Hauses, Mithausherr der (Planet), der mit (dem Hausherrn) Anteil am Haus hat, wenn etwa (eine Tierkreisposition) des einen (Planeten) Haus ist, aber des anderen Erhö-

---

[2708] Pingree 1978a, II 237. Parallelen für die Junktur *Lunae dominus* fehlen bei Firmicus, doch vgl. z.B. Dor. p. 397,22–23 (= Heph. 3,30,12): τὸν οὖν τῆς Σελήνης, φησίν, οἰκοδεσπότην καὶ τοῦ ὡροσκόπου ὁρατέον μὴ ὕπαυγοι εἶεν ἢ στηρίζοντες. Dor. p. 416,31–34 (= Heph. 3,47,28–29) ὁ τῆς Σελήνης οἰκοδεσπότης ὕπαυγος ὢν ... τῆς Σελήνης καὶ τοῦ οἰκοδεσπότου αὐτῆς ... . Val. 3,11,15 (Hor. gr. 75.VII.19) τοῦ οἰκοδεσπότου τῆς Σελήνης Διὸς ἔτη ιβ΄.

νέσεως οἰκοδεσπότης ἐστὶν ὁ πλείονας λόγους ἔχων τῶν πέντε, τουτέστιν οἴκου, ὑψώματος, τριγώνου, ὁρίων, φάσεως πρὸς τὸν Ἥλιον.

hung oder auch Trigon oder auch Bezirk. (2) Der Hausherr der (ganzen) Nativität hingegen ist derjenige, der in den fünf Kategorien Haus, Erhöhung, Trigon, Bezirk und Phase die meisten Vorteile bezüglich der (Position der) Sonne genießt.

Der für uns wichtige zweite dieser beiden Sätze geht erneut auf Antiochos zurück, diesmal aber nicht auf seine *Isagoge*, sondern auf die *Thesauroi*. Denn wir lesen bei Antioch. epit. 2,33 (ex thes.), CCAG I (1898), p. 158,9–12 (= Rhet. 5,33): Περὶ οἰκοδεσπότου. Οἰκοδεσπότης δὲ λέγεται, ὅταν πλείονας ἔχῃ λόγους οἰκοδεσποτείας ἔν τινι τῶν ζῳδίων· λέγω δὲ οἴκου ὑψώματος τριγώνου ὁρίου φάσεως ἢ συσχηματισμοῦ. Die Antiochosepitome weicht in zwei Details von Hephaistions Formulierung ab, denn sie erwähnt nicht die Sonne, nennt jedoch als sechste Kategorie die Möglichkeit, dass der zu prüfende Planet einen Aspekt zu dem fraglichen Tierkreiszeichen wirft.[2709] Außerdem fällt auf, dass Antiochos sowohl hier als auch in seiner früher aus der *Isagoge* zitierten Lehre den Hausherrn des Tierkreiszeichens als erstes (hier) oder sogar einziges (dort) Kriterium für die Wahl des Hausherrn der Nativität nennt.

Etwa sinngleich mit Hephaistion und der Antiochos-Epitome aus den *Thesauroi*, aber ein wenig ausführlicher, formuliert dasselbe Paulos Alexandrinos, der noch hinzufügt, man müsse nach Tag und Nacht unterscheiden, also bei Taggeburten die Position der Sonne beziehungsweise bei Nachtgeburten die des Mondes prüfen, und auch darauf achten, ob das Luminar in einem wirksamen Ort der Dodekatropos stehe. Paulos nennt alle sechs von der Antiochos-Epitome der *Thesauroi* genannten Kategorien.[2710] Der verbesserungsbedürftige[2711] Text der maßgeblichen

---

[2709] Zu einer sehr ähnlichen Prüfung leitet Ptol. apotel. 3,3,3 an, allerdings nicht im Kontext des Hausherrn der Nativität, sondern der Findung des Aszendenten: [...] τοῦ τρόπου καθόλου τοῦ κατὰ τὴν οἰκοδεσποτείαν ἐν πέντε τούτοις θεωρουμένου (τριγώνῳ τε καὶ οἴκῳ καὶ ὑψώματι καὶ ὁρίῳ καὶ φάσει ἢ συσχηματισμῷ), τουτέστιν ὅταν ἕν τι ἢ πλείονα τούτων ἢ καὶ πάντα ὁ ζητούμενος ἔχῃ τόπος πρὸς τὸν μέλλοντα οἰκοδεσποτήσειν. Vgl. auch Ptol. apotel. 3,11,7.

[2710] Die scheinbar noch hinzukommende siebte Kategorie, ἰδιοθρονεῖν, ist eine unspezifische Bezeichnung dafür, dass ein Planet bestimmte Würden genießt; vgl. Bouché-Leclercq 1899, 244 u. 513[3]. Zum θρόνος s. Denningmann 2005, 249[615] mit weiterer Lit.; zu ἰδιοθρονεῖν s. ebd. 2005, 324[725].

Ausgabe lautet (Paul. Alex. 36 pp. 95,18–96,6): Ὁ τῆς οἰκοδεσποτείας τρόπος καταλαμβάνεται ἔκ τε Ἡλίου καὶ Σελήνης, ἐπάνπερ ἐν τοῖς χρηματίζουσι τόποις τῆς γενέσεως εὑρεθῶσι. καὶ ἐπὶ μὲν ἡμερινῆς γενέσεως σκοπεῖν δεήσει τοῦ Ἡλίου τὸν ὁριοκράτορα ἢ ὑψοκράτορα ἢ τριγωνικὸν δεσπότην, ἐπὶ δὲ νυκτερινῆς γενέσεως τῆς Σελήνης τὸν ὁριοκράτορα καὶ τὸν οἰκοδέκτορα καὶ τὰ λοιπὰ ὡς ἔχει κατὰ τὸν προκείμενον τρόπον. τῶν δὲ προειρημένων τρόπων ἐπὰν εἷς ἀστὴρ παρὰ τοὺς ἄλλους πλείους ἔχῃ ψήφους καὶ ἐπὶ ἑῴας ἀνατολῆς ἐπίκεντρος καὶ ἰδιοθρονῶν εὑρεθῇ, αὐτὸς τὴν οἰκοδεσποτείαν ἔχει, καὶ μάλιστα, ἐὰν κατοπτεύῃ τὸ τῆς αἱρέσεως φῶς.[2712]

Bouché-Leclercq 1899, 406[2], merkt an, dieser Text gleiche inhaltlich der oben zitierten zweiten Methode des Firmicus ("c'est la solution n° 2 de Firmicus").[2713] Auch wenn diese Feststellung ein wenig zu knapp und undifferenziert ist, trifft sie etwas Wahres. Wichtig wäre es gewesen, zwei Beobachtungen hinzuzufügen: Zum einen erwähnt Paulos den Herrn des Gradbezirks, den Firmicus als einziges Kriterium erwähnt, im Falle jedes der beiden Luminare an erster Stelle (in diesem Punkt weichen also Paulos und Firmicus gemeinsam von Hephaistion und beiden Antiochos-Epitomai ab, wo nicht die Gradbezirke, sondern die Tierkreishäuser die erste oder sogar einzige Rolle spielen). Zum anderen hatte Paulos schon an einer früheren Stelle (Paul. Alex. 3 p. 13,1–2) in verkürzter Form den 'Weisen der Ägypter', worunter, wie oben (S. 989) gezeigt wurde, 'Nechepsos und Petosiris' zu verstehen sind, die Beachtung der Gradbezirke

---

[2711] Der überlieferte Text bietet bezüglich der Sonne zweimal falsch ἢ statt richtig καὶ (eine häufige Verschreibung); außerdem haben hier, wie Boers Apparat zeigt, die Handschriften teils den οἰκοδέκτωρ, teils den ὑψοκράτωρ, teils beide ausgelassen. Das die Sonne betreffende Kolon lässt sich konjektural wie folgt rekonstruieren: σκοπεῖν δεήσει τοῦ Ἡλίου τὸν ὁριοκράτορα καὶ οἰκοδέκτορα καὶ ὑψοκράτορα καὶ τριγωνικὸν δεσπότην. Für diese Rekonstruktion spricht auch die gleiche Reihenfolge der Planetenherrscher an den Parallelstellen bei Dor. p. 369,9–17 (= Heph. 2,26,25–26) u. Dor. arab. 3,2,5 (s.u. S. 1067 bei Anm. 2714).

[2712] Im Folgenden definiert Paulos die wirksamen Orte (p. 96,7–14) und geht danach noch auf den Fall ein, dass beide Luminare in nicht wirksamen Orten stehen (pp. 96,14–97,1): Dann müsse nach demselben Prinzip die Länge des vorausgehenden Neu- bzw. Vollmondes geprüft werden, und wenn die ebenfalls in einen unwirksamen Ort falle, die des Glückloses oder des Daimon oder auch die des Aszendenten; wenn dann einer dieser Orte wirksam sei und der ihn beherrschende Planet aus seiner Position einen Aspekt auf den genannten wirksamen Ort werfe, sei dieser Planet der Hausherr der Nativität.

[2713] Beachtung verdient ferner, dass die zweite Methode des Firmicus ihrerseits mit der von Porphyrios (i.e. Antiochos) sogleich zu Beginn verworfenen Lehre nicht namentlich identifizierter Autoritäten (τινές, s.o. S. 1059) bezüglich der Wahl des Epikratetors übereinstimmt.

als Grundlage für die Bestimmung des Hausherrn der Nativität zugeschrieben: Διὰ γὰρ τῶνδε τῶν ὁρίων οἱ σοφοὶ τῶν Αἰγυπτίων ἐτεκμήραντο τὸν περὶ οἰκοδεσποτείας λόγον. Offenbar bieten Paulos in Kap.
3 und Firmicus in seiner an zweiter Stelle genannten Methode verkürzte
und auf das Wichtigste komprimierte Fassungen der von Paulos in Kap.
36 vollständiger referierten Lehre.

Eine weitgehend sinngleiche, aber erheblich frühere Fassung der von
Paul. Alex. 36 gebotenen Lehre zur Bestimmung des οἰκοδεσπότης τῆς
γενέσεως bietet Dor. pp. 369,9–370,7 = Heph. 2,26,25–31. Diese Entsprechung wurde meines Wissens bisher übersehen, wohl deshalb, weil
es sich um ein Kapitel zur Einteilung der Lebensabschnitte (Περὶ χρόνων
διαιρέσεως) handelt und Hephaistion darin die Lehre des Dorotheos
ohne explizite Erwähnung des Begriffs οἰκοδεσπότης referiert. Dass
freilich genau der hier relevante *terminus technicus* gemeint ist, steht aus
zwei Gründen außer Frage, zum einen wegen der evidenten inhaltlichen
Parallele zu Paul. Alex. 36, zum anderen deshalb, weil die arabische
Dorotheosparaphrase derselben Stelle das Gemeinte beim Namen nennt
(Dor. arab. 3,2,1): "The kadhkhudāh [= οἰκοδεσπότης][2714] is the gover-
nor of the matter of life". Dorotheos bot dieselbe Hierarchie der Planetenwürden, die aus Paul. Alex. 36 zu entnehmen ist (Bezirk – Haus –
Erhöhung – Trigon), und nannte für den Fall, dass die Luminare ungünstig stehen, eine Liste alternativ zu prüfender Orte des Horoskops, die inhaltlich und strukturell fast identisch mit derjenigen des Paulos (s. Anm.
2712) ist und ebenfalls beim Aszendenten endet.

Eine dritte, diesmal mit persönlichen Akzentsetzungen modifizierte
Fassung der von Paul. Alex. 36 und von Dor. pp. 369,9–370,7 = Heph.
2,26,25–31 gebotenen Lehre bietet Val. 3,1.[2715]

[2714] Vgl. Kunitzsch 1977, 50: "*al-kadḫudāh* = οἰκοδεσπότης". – Das im Folgenden analysierte konkrete Beispiel (Dor. arab. 3,2,19–44 = Hor. gr. 44.X.2) führt auf Mars als
οἰκοδεσπότης; vgl. 3,2,25: "So Mars takes over the governorship of the prorogation
and ray."

[2715] Eine der Eigenheiten des Valens in diesem Kapitel (s. bes. 3,1,3 ἐγὼ δέ φημι κτλ.)
ist, dass er nicht die Sonne an den Tag und den Mond an die Nacht bindet, sondern jedes
Luminar zu jeder beliebigen Zeit als potentiellen ἐπικρατήτωρ behandelt, sofern es das
vorteilhafter positionierte der beiden Luminare ist. Val. 3,1,4 fügt hinzu, wenn beide
Luminare in Apoklimata stünden, übernehme der planetare Hausherr des Bezirks, in den
der ASC oder das MC falle, die Rolle des Hausherrn (vgl. ebd. 3,1,19.21). Als weiteren
potentiellen Ort, dessen Bezirksherrscher Beachtung verdiene, erwähnt Val. 3,1,24–25
den letzten Neumond (nicht jedoch, so wie Paulos und Dorotheos, den Vollmond und
das Glückslos). Wichtig ist, dass Valens in diesem Kapitel, was die Planetenwürden
betrifft, erklärtermaßen nur die der Bezirke als Kriterium für die Findung des Hausherrn

Eine vierte, diesmal verkürzte Fassung der von Paul. Alex. 36 und
von Dor. pp. 369,9–370,7 = Heph. 2,26,25–31 gebotenen Lehre bietet die
bisher nicht erwähnte, sehr knappe Regel bei Rhet. epit. 4,17 = CCAG
VIII 1 (1929), p. 239,10–11: Ὅτι δεῖ τὸν οἰκοδεσπότην ὁριοκράτορα
εἶναι καὶ οἰκοδέκτορα τοῦ Ἡλίου καὶ τῆς Σελήνης καὶ μαρτυρεῖν
αὐτοῖς καὶ τῷ ὡροσκόπῳ.[2716] Und auch hier ist wieder der Gradbezirk
das an erster Stelle genannte Kriterium. Der Vorzug, den die von Paul.
Alex. 36 beschriebene Methode den Gradbezirken zuspricht, ist wahrscheinlich dadurch motiviert, dass sie bei jedem beliebigen Tierkreisgrad,
in dem das zu prüfende Luminar steht, auf einen der fünf echten Planeten
führt und die Summen der Gradbezirke eines jeden Planeten zwar nicht
gleich, aber doch ähnlich groß sind (s.o. S. 720 bei Anm. 1595), was
bedeutet, dass statistisch jeder der fünf Planeten in ca. 20% aller Horoskope, die überhaupt einen Hausherrn der Nativität haben, diese Funktion
erfüllt.[2717]

Wir haben es also anscheinend mit zwei Versionen derselben Lehre
zu tun, wobei entweder die Gradbezirke oder die Tierkreishäuser die
wichtigste Rolle unter den Planetenwürden spielen. Diese Schwankung
geht möglicherweise schon auf 'Nechepsos und Petosiris' zurück, vielleicht in der Weise, dass in der fingierten Korrespondenz jener Archegeten der eine die eine Version vertrat, der andere die andere. Die genannte
Schwankung reflektiert auch ein bisher noch nicht erwähntes Rheto-

---

der Nativität anerkennt. So sagt er es einleitend (Val. 3,1,3 ἐκ τῶν ὁρίων τοῦ ἐπικρατήτορος εὐρίσκεται καὶ ὁ οἰκοδεσπότης) und bleibt diesem Grundsatz in der folgenden Kasuistik treu. Hierin stimmt er also mit Firm. math. 4,19,2 (2. Methode) überein.

[2716] Die Verkürzung ist hier evident, denn Sonne, Mond und Aszendent sind natürlich
nicht alle zugleich relevant, sondern Sonne bzw. Mond je nach Tag-/Nachtzeit und der
Aszendent nur, wenn die Luminare beide in den Apoklimata stehen. (Vgl. den ganz ähnlichen Fall in Rhet. epit. 4,19, unten Anm. 2719). – Der Rest dieses Rhetorioskapitels,
der von der Berechnung der Lebensspanne auf der Grundlage des οἰκοδεσπότης handelt, wurde bereits oben in Anm. 2466 analysiert.

[2717] Alle anderen Kriterien haben Nachteile: Die Lehre der Häuser führt beim Krebs und
Löwen auf die Luminare selbst, was dem Prinzip, dass der Hausherr der Nativität ein
echter Planet sein muss, widerspricht; die Lehre der Erhöhungen erlaubt nur im Falle
von fünf Tierkreiszeichen eine Zuordnung zu einem der Planeten; die Kriterien der
Phasen und Aspekte sind problematisch, weil unter Umständen alle Planeten eines
Horoskops unvorteilhaft 'unter den Strahlen' der Sonne stehen und/oder ohne Aspekt zu
dem zu prüfenden Ort sind; selbst die Trigone haben den Nachteil, dass das erste (♈,
♌, ♐) nur bei Nacht einen echten Planetenherrscher hat (Jupiter, bei Tag: die Sonne)
und das zweite (♉, ♍, ♑) nur bei Tag (Venus, bei Nacht: den Mond); die Lehre der
Trigone ist darüber hinaus wegen ihrer starken Bevorzugung der Venus unausgewogen,
denn sie beherrscht als einzige zwei Trigone (das zweite und das vierte).

rioskapitel (Rhet. epit. 4,19 = CCAG VIII 1, 1929, p. 240,8–13), das der Überschrift zufolge aus Valens exzerpiert wurde (Περὶ ἀνοικοδεσποτήτων γενέσεων κατὰ Οὐάλεντα), aber kein Gegenstück in dessen erhaltenen *Anthologiae* besitzt.[2718] Darin heißt es, man müsse die Hausherren und Bezirksherrscher der Luminare und des Aszendenten als Hausherren der Nativität wählen,[2719] sofern diese planetaren Kandidaten für die Rolle des Hausherrn nicht 'unter den Strahlen' der Sonne oder in einem Apoklima stünden oder sieben Tage später ihren heliakischen Untergang vollzögen, denn dann besitze die Nativität keinen Hausherrn; wenn jedoch die Luminare selbst in Apoklimata stünden, sei der Bezirksherrscher des Aszendenten der Hausherr der Nativität, sofern nicht auch dieser in einem Apoklima oder 'unter den Strahlen' stehe; im zuletzt genannten Fall sei die Nativität dann wieder ohne Hausherr. Der Text lautet (p. 240,8–13): Τοὺς οἰκοδέκτορας καὶ ὁριοκράτορας τῶν φώτων καὶ τοῦ ὡροσκόπου δεῖ λαμβάνειν οἰκοδεσπότας, ἐπὰν δὲ οὗτοι ὕπαυγοι τύχωσιν ἢ ἀποκεκλικότες ἢ μετὰ ζ̅[2720] ἡμέρας φάσιν δυτικὴν ποιούμενοι, ἀνοικοδεσπότητος ἔσται ἡ γένεσις. εἰ δὲ ἀποκλίνει τὰ φῶτα, ὁ ὁριοκράτωρ τοῦ ὡροσκόπου ἔσται οἰκοδεσπότης. εἰ δὲ καὶ οὗτος παραπέσῃ ἢ ὕπαυγος ᾖ, πάλιν ἀνοικοδεσπότητος ἔσται ἡ γένεσις. Unmittelbar danach geht dasselbe Kapitel (p. 240,13–27) auf eine alternative, meines Wissens sonst nirgends bezeugte Sonderlehre ein und exemplifiziert diese an einem konkreten Horoskop (Hor. gr. 482.III.21), dessen Datierung zeigt, dass es nicht von Valens stammen kann; möglicherweise ist also auch die vorausgehende theoretische Darstellung der Sonderlehre bereits ein Zusatz zu dem ersten, aus Valens exzerpierten Teil des Kapitels.[2721]

[2718] Vgl. Cumont (app. crit.): "ex capitulo deperdito Valentis haec hausta sunt".

[2719] Mit dieser verkürzten Formulierung ist (wie bei Paul. Alex. 36) gemeint, dass bei Taggeburten die Position der Sonne zu prüfen ist, bei Nachtgeburten die des Mondes, und wenn Sonne bzw. Mond ungünstig positioniert sind, die des Aszendenten. Vgl. den ganz ähnlichen Fall in Rhet. epit. 4,17 (oben Anm. 2716).

[2720] ζ̅ emendavi, ζῳδίου codd. et Cumont.

[2721] Die Sonderlehre besagt, dass häufig auch dann, wenn der Bezirksherrscher oder Hausherr des Luminars der Partei (d.h. bei Tag der Sonne, bei Nacht des Mondes) günstig positioniert ist, ein anderer Planet Hausherr der Nativität wird, nämlich derjenige, der in mehr Kategorien als die übrigen Planeten Vorteile bezüglich der Nativität (!) genießt. Mit den Kategorien sind offenbar erneut die sechs von der Antiochos-Epitome (*Thesauroi*) und Paulos Alexandrinos genannten gemeint (s.o. S. 1065 bei Anm. 2709): Haus, Erhöhung, Trigon, Bezirk, Phase, Aspekt. Der Text lautet (p. 240,13–17): πολλάκις δὲ καὶ τοῦ ὁριοκράτορος ἢ οἰκοδέκτορος τοῦ αἱρετικοῦ φωτὸς καλῶς κειμένου ἕτερος ἀστὴρ οἰκοδεσποτήσει, ὃς ἂν εὑρεθῇ πλείονα λόγον ἔχων πρὸς τὴν γένεσιν καὶ καλῶς κείμενος φάσει καὶ θέσει καὶ σχήματι, οἷον κτλ. Das folgende

Beide im letzten Abschnitt genannten Versionen, in denen entweder
die Gradbezirke oder die Tierkreishäuser die wichtigste Rolle unter den
Planetenwürden spielen, lassen sich sehr leicht probeweise auf **F2** und **F3**
anwenden, weil es sich ja bei beiden Horoskopen um Taggeburten handelt und die Sonne beide Male auf 19° Widder steht (in **F3** ist die Gradzahl dem Leser des Antigonos allerdings nicht bekannt). Diese Tierkreisposition fällt in einen Bezirk des Merkur, in das Nachthaus des Mars, in
die Erniedrigung Saturns und in das Trigon, über das Jupiter als Nacht-
regent herrscht. In **F2** kann nur Jupiter eine vorteilhafte Phase bezüglich
der Sonne vorweisen (ἐπ' ἀνατολῆς ἑῴας), in **F3** können es Jupiter und
Mars (beide ἐπ' ἀνατολῆς ἑῴας) und Venus (ἐπὶ στηριγμοῦ ἑῴου). In
F2 sehen Jupiter (Sextil) und Saturn (Opposition) die Sonne, in **F3** Mars
(Sextil). Bei strenger Anwendung der von Paulos und Firmicus (Nr. 2)
beschriebenen Methode muss man also zu dem Schluss kommen, dass
Antigonos sich ihrer nicht bedient hat, folgt man jedoch Hephaistion und
der Antiochos-Epitome (*Thesauroi*), die beide die Würde der Häuser an
erster Stelle und die der Bezirke an vierter Stelle nennen, oder auch der
sich auf Valens berufenden Rhetorios-Epitome (4,19), wäre es schon eher
denkbar, dass Antigonos sich ihrer Methoden bedient hat. Da zu diesen
dreien noch, wie schon früher festgestellt, sowohl die von Porphyrios aus
der *Isagoge* des Antiochos übernommene als auch die erste der von
Firmicus beschriebenen Methoden als Möglichkeiten hinzutreten, kann

Beispiel (Hor. gr. 482.III.21) gliedert sich in die astronomischen Daten (p. 240,17–22)
und deren Besprechung (p. 240,22–27). Die Besprechung zeigt, was mit den Vorteilen
'bezüglich der Nativität' (πρὸς τὴν γένεσιν) konkret gemeint ist: Geprüft werden soll
in dieser Sonderlehre nicht, welche Planeten im Sinne der bereits vorgestellen Texte von
Heph. 1,13,2, Antioch. epit. 2,33 und Paul. Alex. 36 pp. 95,18–96,6 bezüglich der
Position des *Epikratetors* (Sonne, Mond oder Aszendent) die meisten Würden besitzen,
sondern welche Planeten bezüglich *aller* Positionen – der Luminare, der Planeten und
des Aszendenten – die meisten Würden besitzen und somit in Bereichen ihrer eigenen
Würde jene anderen Wandelsterne beziehungsweise den Aszendenten aufnehmen (ὑπο-
δέχεσθαι). In der Überlieferung der Besprechung des Horoskops ist anscheinend durch
saut du même au même ein Textverlust eingetreten. Eine plausible Ergänzung der Zeilen
22–24 von Cumonts Edition im CCAG bietet Greenbaum 2009, 312f.: Εὑρίσκομεν τὸν
μὲν Κρόνον ὑποδεξάμενον ὁρίοις μόνον Ἥλιον, Σελήνην δὲ καὶ ὁρίοις καὶ τριγώνῳ καὶ ὑψώματι ⟨· τὴν δὲ Ἀφροδίτην ὑποδεξαμένην καὶ τριγώνῳ καὶ ὑψώματι⟩
Ἥλιον Ἄρη Ἑρμῆν, τριγώνῳ δὲ τὸν ὡροσκόπον. Diese Konjektur verbessert Greenbaum (demnächst) nach Prüfung der Zeilenlänge im cod. Paris. gr. 2506 zu: Εὑρίσκομεν τὸν μὲν Κρόνον ὑποδεξάμενον ὁρίοις μόνον Ἥλιον, Σελήνην δὲ καὶ ὁρίοις
καὶ τριγώνῳ καὶ ⟨ὑψώματι · τὴν δὲ Ἀφροδίτην ὑποδεξαμένην ὁρίοις μόνον Κρόνον, τριγώνῳ δὲ καὶ⟩ ὑψώματι Ἥλιον Ἄρη Ἑρμῆν, τριγώνῳ δὲ τὸν ὡροσκόπον.

offensichtlich nicht präzise festgestellt werden, welcher Methode Antigonos sich bedient hat.

Zuletzt sei hier noch ein Blick auf die wenigen relevanten Originalhoroskope geworfen, in denen der οἰκοδεσπότης τῆς γενέσεως Erwähnung findet:

Das älteste unter ihnen ist P. Oxy. II 235 (Hor. gr. 15–22). Darin heißt es am Ende der Aufzählung astronomischer Daten,[2722] Z. 16: οἰκοδεσποτεῖ Ἀφροδίτη (sc. τῆς γενέσεως).[2723] Es handelt sich um ein Nachthoroskop, in dem der Mond im Stier aszendiert und die Sonne in der Waage (d.h. im Apoklima des Deszendenten) steht. Alle Planetenpositionen sind zeichengenau mit Angabe des jeweiligen zodiakalen Hausherrn gegeben; andere Planetenwürden sind nicht vermerkt. Zu beiden Luminaren heißt es: οἴκῳ Ἀφροδίτης. Hier ist also anscheinend die Venus wegen der Position des Mondes in ihrem Haus der Grund für ihre Wahl als Hausherrin der Nativität.

In P. Lond. I 130 (Hor. gr. 81.III.31), Z. 157–164, heißt es, Merkur habe sieben Tage zuvor seine 'Phase' (gemeint ist wohl sein heliakischer Untergang) gehabt und sei deshalb Hausherr dieses Nachthoroskops: πρὸ ἑπτὰ φάσιν πεποιημένος, διὸ οἰκοδεσποτήσει τὸ διάθεμα.[2724] Dieses Zeugnis ist wertvoll, weil es explizit das entscheidende Kriterium für die Wahl des Hausherrn der Nativität nennt. Vielleicht ist es nur ein Zufall, aber doch zumindest erwähnenswert, dass die Position des untergehenden Mondes, die der Text als 13° ♉ beziffert, in einen Gradbezirk des Merkur fällt (8°–14° ♉) und somit auf denselben Hausherrn der Nativität führen würde.[2725]

P. Lond. I 98 (Hor. gr. 95.IV.13), Z. 79, bezeichnet sicher Venus und anscheinend auch Merkur als Hausherren der Nativität. Die Sonne steht im MC. Der Text vermerkt akribisch alle Planetenwürden aller Einzelpositionen; besonders häufig handelt es sich um Würden des Merkur und der Venus. Die Komplexität dieses Horoskops erfordert eine genauere Untersuchung, als hier angestellt werden kann.

P. Paris 19 (Hor. gr. 137.XII.4), Z. 42 = P. Lond. I 110, Z. 41, deklariert Venus als οἰκοδεσπότης τῆς γενέσεως. Da es sich dem Text zufol-

---

[2722] D.h. an derselben Position wie hier in **F2** u. **F3**.

[2723] Falsch Neugebauer – van Hoesen 1959, 18: "Venus is the house ruler (of the Horoscopos)."

[2724] Diese Stelle wurde in der Forschung missverstanden; s.o. S. 914f.

[2725] Merkurs astrologische Kraft war außerdem dank seiner zur fraglichen Zeit hohen Geschwindigkeit besonders groß (vgl. z.B. Ptol. apotel. 1,24,3 προσθετικοὺς ταῖς ἰδίαις κινήσεσι (τότε γὰρ μάλιστά εἰσιν ἰσχυροί).

ge um eine Taggeburt mit der Sonne knapp oberhalb des Aszendenten
(15° ♐) auf 13° 23′ ♐ handelt, ist anscheinend nicht der Hausherr des
Schützen (Jupiter), sondern die Herrin des Gradbezirks der Sonne entscheidend: 12°–17° ♐ gehören der Venus.

P. Princeton II 75 (Hor. gr. 138–161) enthält eine Aussage dazu,
welchem Planeten der 'Kampfpreis der Hausherrnschaft' (τὸ τῆς οἰκοδεσποτείας βραβεῖον)[2726] zufällt (Z. 13, vgl. ebd. Z. 10 u. 15 die Nennung
des οἰκοδεσπότης), aber der Papyrus ist so stark beschädigt, dass nicht
klar ist, auf welchen Planeten die Wahl fällt; außerdem ist der gesamte
Textbeginn, der die Planetenpositionen enthielt, verloren.

Der noch unpublizierte P. Berlin 9825 (Hor. gr. 319.XI.18–19) vermerkt am Ende: ὁ δεσπότης [*sic, exspectes* τὴν δεσπότειαν] τῆς
γενέσεως κατέλαχεν ὁ τοῦ Διὸς ἀστήρ, μετέχει δὲ καὶ ὁ τῆς Ἀφροδίτης. Dem Text zufolge steht Jupiter auf 7° 40′ ♍ in einem Merkurbezirk (der umfasst kanonisch nur 0°–7° ♍), wenige Grad oberhalb des
Aszendenten, der auf 10° 57′ ♍ in einen Venusbezirk falle (kanonisch =
7°–17° ♍); Venus selbst steht dem Text zufolge auf 29° 18′ ♎ (d.h. im 2.
Ort). Die Sonne steht im 3. Ort, der Mond im 11. Ort, das MC, so der
Text, falle auf 11° 46′ ♊ in einen Jupiterbezirk (kanonisch 6°–12° ♊).
Die Wahl Jupiters scheint also durch seine Stellung im 1. Ort und/oder
durch seine Regentschaft des Gradbezirks des MC bedingt zu sein, die
der Venus durch ihre Regentschaft des Gradbezirks des ASC.

Das späte Beispielhoroskop in Rhet. epit. 4,19 = CCAG VIII 1
(1929), p. 240,17–28 (Hor. gr. 482.III.21) ist nach der oben (Anm. 2721)
erläuterten Sonderlehre berechnet. Aufgrund der verschieden hohen Zahl
der von jedem einzelnen Planeten akkumulierten Würden bestimmt es
Saturn zum Hausherrn der Nativität und Venus zur Mithausherrin (p.
240,24–26): ἔσονται οὖν Κρόνος καὶ Ἀφροδίτη οἰκοδεσπόται, τουτέστιν ὁ μὲν Κρόνος οἰκοδεσποτῶν, ἡ δὲ Ἀφροδίτη συνοικοδεσπο-
τοῦσα.

Der sehr fragmentarisch erhaltene und nur paläographisch datierbare
P. Oxy. astron. 4278 (ca. 400 n.Chr.), Z. 7 u. 9, erwähnt mehrere οἰκο-
δεσπόται und einen συνοικοδεσπότης im Kontext der Einteilung der
Lebensphasen und der Gesamtlebenszeit.

Wenngleich die relevanten antiken Horoskope nicht viele sind, kann
man doch feststellen, dass in keinem von ihnen ein Luminar zum Hausherrn der Nativität erklärt wird, was zu den Aussagen der Lehrtexte passt,

---

[2726] Die poetisch anmutende Diktion ist vielleicht ein Zitat aus 'Nechepsos und Petosiris'.

dass nur die fünf echten Planeten Hausherren der Nativität sein können (vgl. bes. Firm. math. 4,19,4 u. 4,19,31). Darüber hinaus stellt man fest, dass in diesen Horoskopen die entscheidenden Kriterien für die Wahl des Hausherrn der Nativität von Fall zu Fall verschieden sind, allerdings – soweit erkennbar – immer aus der Gruppe der oben (S. 1065) genannten sechs Kategorien (Haus, Erhöhung, Trigon, Bezirk, Phase, Aspekt) stammen. Da das mit Abstand älteste Originalhoroskop (Hor. gr. 15–22) eindeutig das erste Kriterium (Herr des Tierkreishauses des Epikratetors) anwendet und dieses Kriterium auch die Wahl des Antigonos in **F2** und **F3** zu erklären geeignet ist, der doch insgesamt erklärtermaßen (**F1** § 21) in der Nachfolge von 'Nechepsos und Petosiris' steht, erscheint die Annahme legitim, dass die Archegeten der hellenistischen Astrologie diese Methode – oder zumindest *auch* diese – gebilligt haben. Dann wäre auch plausibel, warum sich sowohl der Autor von Hor. gr. 15–22 als auch Antigonos in **F3** auf die zeichengenaue Angabe der astronomischen Daten beschränken konnten, denn wenn der Gradbezirk des Epikratetors entscheidend wäre, sollte man doch erwarten, dass gradgenaue Positionsangaben gemacht würden. Für das hohe Alter des Kriteriums der zodiakalen Hausherren spricht auch der Umstand, dass der planetare Herrscher der gesamten Nativität nicht etwa kurz δεσπότης τῆς γενέσεως, sondern – abgesehen von seltenen poetischen Ausnahmen[2727] – οἰκοδεσπότης τῆς γενέσεως genannt wurde. Die Geburtskonstellation wird in keinem anderen Kontext metaphorisch als ein Haus bezeichnet. Der etwas verwunderliche Terminus wäre also hinsichtlich seiner Genese leichter nachvollziehbar, wenn er durch das in seiner Definition entscheidende Kriterium bedingt wäre, in dem Sinne, dass der Hausherr des Tierkreiszeichens, in dem der Epikratetor steht, durch diesen Umstand zum Hausherrn der ganzen Nativität wird.

Allerdings ist angesichts der zuvor präsentierten Horoskope und der Lehrtexte von Paul. Alex. 3 u. 36, Firm. math. 4,19,2 (Methode Nr. 2) und Rhet. epit. 4,17 (s.o. S. 1066–1068) wahrscheinlich, dass 'Nechepsos und Petosiris', oder einer von ihnen, bereits selbst wegen der oben (Anm. 2717) erwähnten Unvollkommenheit des Häuser-Kriteriums Alternativen im Sinne der Beachtung der Gradbezirke oder mehrerer Kategorien mit Priorisierung der Gradbezirke geboten haben. Sobald aber mehrere Kriterien erlaubt sind, führt dies notwendig bei vielen Horoskopen zu Ranglisten mehrerer Planeten, die verschieden viele Würden auf sich vereinigen, und damit zu sekundär bedeutsamen Planeten, für die sich die

---

[2727] Vgl. z.B. Ps.-Maneth. 3[2],413 (dazu s.u. Anm. 3666).

Bezeichnung συνοικοδεσπότης anbietet. Ein klarer Fall dieser Art ist
Hor. gr. 482.III.21 (s.o.).

Sowohl aufgrund dieser Überlegung als auch aufgrund der Aussage
von Porph. isag. 30 p. 206,4–5 (zit. in Anm. 2694), dass 'die Alten' (οἱ
ἀρχαῖοι) sich die Begriffe ἐπικρατήτωρ τῆς γενέσεως, οἰκοδεσπότης
τῆς γενέσεως und κύριος τῆς γενέσεως zwar ausgedacht, ihre jeweiligen Eigenschaften aber nicht klar unterschieden haben, ist also der Argwohn erlaubt, dass zumindest die beiden zuletzt genannten Begriffe (οἰκοδεσπότης τῆς γενέσεως und κύριος τῆς γενέσεως) ursprünglich
dasselbe bedeuteten[2728] und auch der des συνοικοδεσπότης τῆς γενέσεως, den Porphyrios ja ebenfalls definiert (p. 207,2–3), sich ursprünglich
nicht qualitativ, sondern nur quantitativ (durch die etwas geringere Zahl
der auf ihn entfallenden Würden) vom οἰκοδεσπότης τῆς γενέσεως unterschied. Dafür sprechen auch weitere Argumente: zum einen der Umstand, dass die terminologische Differenzierung zwischen οἰκοδεσπότης
τῆς γενέσεως und κύριος τῆς γενέσεως sich nur bei Porph. isag. 30
findet, der ja nachweislich von der *Isagoge* des Antiochos abhängt (s.o.
S. 1060 bei Anm. 2697), zum anderen der Umstand, dass in keinem erhaltenen Horoskop der κύριος τῆς γενέσεως bestimmt wird, sowie auch
das Argument, dass οἰκοδεσπότης τῆς γενέσεως und κύριος τῆς γενέσεως vereinzelt als synonym bezeichnet werden.[2729] Insofern hat vermutlich schon Bouché-Leclercq 1899, 406, zu Recht von "des distinctions
subtiles entre des termes de même sens" gesprochen.

Wenn dem so ist, müsste man sich fragen, ob nicht die oben (Anm.
2460) zitierte Behauptung des Antiochos, der König Nechepsos habe mit
Zustimmung des Petosiris gelehrt, die Lebenszeit des Nativen hänge vom
Hausherrn der Nativität (dem οἰκοδεσπότης τῆς γενέσεως) ab, die
Todesursachen hingegen vom κύριος τῆς γενέσεως, in ihrem zweiten
Teil auf einem Missverständnis beruht und Nechepsos vielmehr lehrte,
beides hänge vom Hausherrn der Nativität ab, den er mal οἰκοδεσπότης,
mal κύριος nannte. Ein Indiz für die Richtigkeit dieser Vermutung liefert
Firmicus in seinem bereits oben herangezogenen Kapitel 4,19, in dem er
nach dem definitorischen ersten Teil (math. 4,19,1–5) systematisch von

---

[2728] Dafür spricht auch ein aus Hor. gr. 487.IX.5 zu gewinnendes Indiz (s.o. Anm. 696).
– Vielleicht sind die beiden Begriffe als metrische Alternativen entstanden?
[2729] Vgl. 'Rhet.' (cf. Pingree 1977a, 220) CCAG VII (1908), p. 222,5–8: ἐὰν δὲ εὑρεθεὶς τῆς γενέσεως κύριος ἢ οἰκοδεσπότης καλῶς κεῖται, ὁ δὲ συνοικοδεσπότης ἢ
κύριος τοῦ ζῳδίου, ἐν ᾧ ὁ οἰκοδεσπότης εὕρηται, φαύλως, μέρος τοῦ βίου εὐτυ-
χήσει, μέρος δὲ ἀτυχήσει.

den Wirkungen eines jeden der fünf Planeten handelt, wenn dieser die Funktion des οἰκοδεσπότης τῆς γενέσεως übernimmt, und dabei jedesmal (mit Ausnahme Jupiters) am Ende auf die spezielle Todesart eingeht, die der betreffende Planet dann bewirke, wenn er ungünstig positioniert sei (Saturn: 4,19,8; Mars: 4,19,16; Venus: 4,19,23; Merkur: 4,19,30; bei Jupiter ist nur 4,19,12 von einem relativ frühen Tod die Rede).

Da auch andere terminologische Innovationen des Antiochos erkennbar sind, ist deutlich, dass die Epitomai der Werke dieses Autors wegen seines impliziten Anspruchs, klärend und korrigierend tätig zu werden, nur mit größter Vorsicht als Zeugen für die Tradition, die er vorfand, herangezogen werden dürfen.[2730]

§ 55

Zur Lehre vom 3., 7. und 40. Tag des Mondes siehe die ausführliche Gesamtbesprechung von **F1** §§ 50–51. Zur Erläuterung der folgenden Tabelle gilt das bereits oben zu **F1** § 51 Gesagte.

	☽	☉	♄	♃	♂	♀	☿
Geburt	15° ♊	19° ♈	20° ♎	6° ♒	15° ♈	5° ♈	6° ♈
3. Tag (*re vera* 2d 12h 49m)	15° ♋	21° ♈	22° ♎	4° ♒	15° ♈	7° ♈	4° ♈
7. Tag (*re vera* 7d [!] 7h 44m)	15° ♍	26° ♈	22° ♎	5° ♒	18° ♈	13° ♈	13° ♈
40. Tag (*re vera* 39d 0h 7m)	15° ♏	26° ♉	20° ♎	7° ♒	11° ♉	22° ♉	17° ♊

Tab. 29: Siderische Positionen der Luminare und Planeten
bei der Geburt des Nativen von **F2** sowie am 3., 7. und 40. Tag

---

[2730] S.o. Anm. 1565.

Aus der Tabelle ergeben sich mehrere zeichengenaue Aspekte des Mondes zu den übrigen Planeten, die teils günstig, teils ungünstig sind.[2731]
Wenn in **F2** irgendwelche an ein bestimmtes Lebensalter geknüpften
Glückswechsel des Nativen Erwähnung fänden oder die Umstände seines
Todes spezifiziert würden, wäre es ebenso wie in **F3** möglich, diese Daten mit den zuvor genannten Aspekten zu korrelieren und zu beurteilen,
ob der Verzicht des Antigonos darauf, die in § 55 gebotenen Daten seiner
astrologischen Erklärung dienstbar zu machen, ebenso wie in **F3** nachvollziehbar ist oder nicht.

τεσσαϱακοσταία: Die Emendation Pingrees (τεσσαϱακοστὴ P, μ′
Ep.[4]) wird durch drei Parallelfälle in **F1** § 50 u. **F3** § 64 bestätigt; vgl.
ferner z.B. Val. 1,14,1.

§§ 56–61

Es fällt auf, dass Antigonos hier im Verlauf der Analyse (s. die Gliederung oben S. 1031) seine Methode ändert. Deren erster Teil (§§ 56–57)
ist dadurch charakterisiert, dass er individuelle biographische Daten
referiert und diese anschließend astrologisch erklärt. Dieser Teil setzt im
Prinzip die aus **F1** vertraute retrospektive Methode fort, wenngleich hier
in **F2** eine strengere Selektion der erwähnenswerten biographischen
Details stattfindet, diese nicht alle auf einmal geboten werden (§ 57 bietet
Nachträge) und die Reihenfolge der Erklärungen in § 56 von der Reihenfolge der vorausgehenden Nennung der Daten abweicht.

Im zweiten und dritten Teil (§§ 58–61) kehrt Antigonos die Perspektive um und fragt nun ausgehend von den astronomischen Daten, was
diese für das Leben des Nativen bedeuten. Diese Methode muss in der
Praxis astrologischer Konsultationen der Normalfall gewesen sein und
lässt sich daher ihrem Wesen nach als prospektiv bezeichnen. Antigonos
orientiert sich hier gewissermaßen an einer Liste überindividueller, bei
jeder Nativität zu prüfender Fragen.[2732] Allerdings arbeitet er diese hypothetische Liste, da es ihm nicht um eine echte, viele Lebensbereiche um-

---

[2731] 3. Tag: Quadr. ☾ – ☉ ♂ ♀ ☿, Quadr. ☾ – ♄; 3. u. 7. Tag: Opp. ♄ – ☉ ♂ ♀ ☿,
Trig. ♃ – ♄, Sext. ♃ – ☉ ♂ ♀ ☿; 40. Tag: Opp. ☾ – ☉ ♂ ♀, Quadr. ☾ – ♃, Quadr. ♃ –
☉ ♂ ♀, Trig. ♃ – ☿ – ♄.
[2732] Vgl. die Ἐπίσκεψις πινακική bei Rhet. 5,54 (= CCAG VIII 4, 1921, pp. 118,1–
124,28).

fassende Prognose, sondern um die Illustration einer konkreten Einzellehre geht, nicht vollständig ab,[2733] sondern konzentriert sich (Teil 2,
§§ 58–60) auf die Analyse der Luminare und die Frage, welche die τύχη
ἀξιωματική betreffenden Wirkungen sich aus deren Positionen (und aus
deren Zusammenwirken mit den Planeten) für die Biographie des Nativen
ergeben. Dabei wird neben dem Wiederaufgreifen bereits bekannter biographischer Details (Ruhm und Reichtum) ein neues, der Euergetismus
des Nativen, mitgeteilt (§ 59).

Zuletzt (Teil 3, § 61) gibt Antigonos den thematischen Bezug zur
τύχη ἀξιωματική, der als Anlass zur Präsentation dieses Beispielhoroskops gedient hatte, ganz auf und geht knapp auf den in echten Prognosen
wichtigsten Punkt der zuvor erwähnten *to-do-list* ein, indem er zur Untersuchung der Lebenszeit des Nativen anleitet. Dieser Paragraph ähnelt methodisch stark dem letzten Paragraphen des Hadrianhoroskops (**F1** § 52),
da in beiden Fällen zur Beantwortung derselben Fragen angeleitet, die
Umsetzung der jeweiligen Anleitung aber nicht praktisch demonstriert
wird. Während das zu erzielende Ergebnis sich in **F1** zumindest indirekt
durch die eingangs gebotene Biographie (§ 24) ergibt, wird es hier in **F2**
an keiner Stelle mitgeteilt.

Die Untersuchung von **F3** wird zeigen, dass dort erneut die aus **F1**
vertraute, vom biographischen Befund ausgehende retrospektive Analy-
semethode Anwendung finden wird. Diese Methode wird in **F3** sogar –
anders als in **F1**, wo ja am Ende (§ 52) der genannte Wechsel zur pro-
spektiven Analyseform stattfindet – bis zuletzt strikt durchgehalten.

§ 56

In diesem Paragraphen werden zuerst vier biographische Daten mitgeteilt, die sich verschiedenen Kategorien zuordnen lassen: 1. προφανὴς ἐκ
προφανῶν (gesellschaftliche Stellung), 2. ἐξουσιαστικὸς καὶ πολλοὺς
κολάζων (Macht), 3. πολυχρήματος (Vermögen), 4. ἄδικος μὴ κατηγορούμενος (Rechtsstellung). Da die ersten drei Angabe mit der τύχη
ἀξιωματική zu tun haben, ist es denkbar, wenngleich unbeweisbar, dass
das zuletzt erwähnte Unrechttun mit dem unmittelbar zuvor erwähnten
Vermögen zu tun hat. Dafür könnte auch sprechen, dass im Folgenden
die gemachten Angaben zwar in geänderter Reihenfolge (d.h. 3 – 4 – 1)

[2733] Es fehlen z.B. Untersuchungen zu physischer und psychischer Konstitution, Fami-
lienangehörigen, Todesart usw. (vgl. das entsprechend breitere Themenspektrum in **F1**).

astrologisch erklärt werden, Punkt 3 und 4 jedoch erneut unmittelbar aufeinanderfolgen. Da eine explizite Erklärung des zweiten Punktes fehlt, könnte es sein, dass die vergleichsweise ausführliche Erklärung des ersten Punktes zugleich für den zweiten gilt. Dafür spricht auch ein astrologisches Argument (s.u. zu ἐξουσιαστικὸς).

ὁ οὕτως ἔχων τοὺς ἀστέρας: Ep.[4] bietet zusätzlich οὖν vor οὕτως; dazu s.o. zu **F1** § 21 φέρε – τρόπον. Mit ἀστέρας sind hier alle sieben Wandelsterne gemeint (s.o. zu **F1** § 26 ἀστέρων).

ἔσται: Zum didaktischem Futur vgl. **F1** § 41 ἀποδειχθήσεται (mit Komm.). § 52 τελευτήσει u. γνώσῃ. **F2** § 54 u. **F3** § 63 οἰκοδεσπο-τήσει. Im Folgenden wechselt hier in **F2** die Tempuswahl zuerst zum Präsens (§ 57 τυγχάνει) und dann zum Aorist (§ 58 ἀπετέλεσεν. § 59 ἀπειργάσατο).

προφανὴς ἐκ προφανῶν: Während **P** und Exc.[2] an allen fünf relevanten Stellen (d.h. dreimal hier in § 56 sowie je einmal in **F3** §§ 65 u. 66a) Formen von προφανής bieten, liest Ep.[4] an denselben Stellen (mit Ausnahme von **F3** § 66a, wo in Ep[4] Textverlust vorliegt) Formen von περι-φανής. Zugunsten der Formen von προφανής spricht neben der Übereinstimmung von **P** und Exc.[2] auch der Umstand, dass astrologische Prognosen von Menschen, die προφανεῖς sein werden, bis zum Ende des 2. Jh. n.Chr. mehrmals belegt sind.[2734] Dagegen sind Formen von περιφανής in astrologischen Texten (abgesehen von einem einzigen substantivischen

---

[2734] Vgl. Dor. p. 360,7 ὁ Ἑρμῆς ἐν Λέοντι πολυίστορας, προφανεῖς [sc. ποιεῖ]. Ps.-Maneth. 2[1],362 βιότῳ προφανεῖς καὶ ἀγακλέας ἄνδρας. Ptol. 3,14,6 προφανῆ ... ἰδιώματα. 3,14,37 προφανέστερον. Val. 4,7,14 ὁ γεννώμενος ἐν ἡγεμονίαις καὶ μεγάλαις δόξαις γενήσεται, ἐπίσημός τε καὶ ἀρχικὸς καὶ προφανὴς κατ᾿ ἐκείνους τοὺς χρόνους καὶ ὑπὸ πολλῶν μακαριζόμενος διὰ τὴν περὶ αὐτὸν εὐδαιμονίαν. Antioch. (?) carm. de plan. CCAG I (1898), p. 112,20–21 ἐν δήμοις προφανεῖς τε ποιεῖ καὶ δόξαν ἐπ᾿ αὐτοῖς | ἔκδημόν τε τίθησι καὶ ὄλβιον ὂν προσέειπε. Vgl. auch Prognosen unter Verwendung des abstrakten Substantivs προφάνεια bei Val. 1,20,11 Κρόνος, Ἀφροδίτη, Ἥλιος συστάσεων μεγάλων καὶ τιμῶν καὶ πράξεων δηλωτι-κοί, δόξης τε καὶ προφανείας καὶ προστασίας ὀχλικῆς αἴτιοι. Val. 4,13,5 μεγάλας τὰς προφανείας καὶ ὠφελίμους ἀποτελοῦσιν. Val. 5,6,55 δόξας καὶ προφανείας καὶ ὠφελείας. Val. 6,1,5 εἰς εὐημερίαν καὶ προφάνειαν ἄγει. – Irrelevant sind hingegen mehrere Belege bei Valens, wo προφανής 'sehr deutlich' bzw. 'offenbar' bedeutet: Val. 2,37,1 προφανέστερον ἐπιδιασαφήσομεν. 3,3,19 προφανὲς οὖν ὅτι κτλ. 4,7,11 τὰ ἀποτελέσματα προφανῆ γένηται. 4,7,16 γενήσεται ... προφανῆ.

Beleg bei Valens)[2735] erstmals beim Anonymos des Jahres 379 n.Chr. belegt.[2736] Der Ausdruck προφανὴς ἐκ προφανῶν ist ebenso wie περιφανὴς ἐκ περιφανῶν (Ep.[4]) in der gesamten griechischen Literatur ohne Parallele.

ἐξουσιαστικὸς: bezeichnet mächtige Führungspersonen. Wenngleich das semantische Spektrum von ἐξουσία sehr breit ist,[2737] wird das Adjektiv in Astrologentexten speziell mit Königen, Tyrannen und Heerführern assoziiert. Vgl. Val. 1,3,50 ὑψηλαί, ἐξουσιαστικαί, τυραννικαί. 2,22,23 (Hor. gr. 74.XI.26) ἡγεμονίας καὶ τάξεως ἐξουσιαστικῆς κατηξιώθη (ebd. 7,3,41 heißt es von demselben Nativen: ἡγεμονίας κατηξιώθη, καὶ ἐπίφοβος ... γενόμενος καὶ ὑπὸ πολλῶν μακαρισθεὶς κτλ.). 2,22,14 (Hor. gr. 85.II.5) εἰς ἡγεμονικὴν καὶ ἐξουσιαστικὴν τύχην κατήντησεν. 4,11,61 ἡγεμονεύσει ἢ ἐπιτροπεύσει ἢ ἐξουσιαστικῆς τάξεως μεθέξει. 4,21,3 ἡγεμονίας τε καὶ στραταρχίας καὶ ἐξουσιαστικῆς τύχης πρόδηλος. 4,22,1 ἀπὸ στρατηγικῶν ἢ ἐξουσιαστικῶν προσώπων. Paul. Alex. 3 p. 13,14–16 τῶν ὅλων ἄρχουσι καὶ βασιλεῖς τῶν πάντων ὑπάρχοντες τὸ ἐξουσιαστικὸν τοῦ παντὸς κατ' ἐπικράτησιν εἰλήφασι. Album. myst. CCAG XI 1 (1932), p. 180,7–8 σημαίνει δὲ καὶ τιμὰς καὶ ἀρχὴν ἐξουσιαστικὴν καὶ βασιλεῖς καὶ εὐγενεῖς καὶ μεγιστάνους καὶ λαμπρὰς τύχας κτλ.

Diese Personen genießen wegen ihrer Macht Ruhm und Ansehen: Vgl. Val. 2,27,9 (Hor. gr. 101.III.5) ὁ τοιοῦτος ἔνδοξος, ἐξουσιαστικός. Heph. 3,4,5 λαμπρὰς καὶ ὡραίας καὶ ἐξουσιαστικὰς πράξεις. Auf dieser Ebene berührt sich die Bezeichnung des Nativen von **F2** als ἐξουσιαστικός besonders eng mit der unmittelbar vorausgehenden Bezeichnung als προφανὴς ἐκ προφανῶν. Dafür, dass beide biographischen Angaben eng zusammengehören, spricht auch, dass unser Text zu ἐξουσιαστικὸς καὶ πολλοὺς κολάζων keine eigene astrologische Erklärung bietet, es jedoch in der wenige Zeilen später folgenden Erklärung zu προφανὴς ἐκ προφανῶν heißt, dass nicht weniger als vier Planeten im 10. Ort stehen, der seinerseits (in sehr späten Texten) den ἐξουσιαστι-

---

[2735] Val. 4,16,8 ἀπὸ μετρίας τύχης καὶ ἀπὸ γένους ἀδόξου εἰς εὐδαιμονίαν καὶ περιφάνειαν καταντῶσαι.

[2736] Anon. a. 379 p. 198,21–22 ποιεῖ τοὺς οὕτω γεννωμένους ... περιφανεῖς. p. 202,25–26 ποιοῦσι τοὺς οὕτω γεννωμένους ... περιφανεστάτους. p. 203,11–12 ἐνδοξότατοι καὶ περιφανέστατοι ... γίνονται. An allen drei Stellen ist das Präfix περι- einhellig überliefert.

[2737] Vgl. Mason 1974, 132–134.

κὸν καὶ βασιλικὸν τόπον bildet.[2738] Vgl. ferner Antioch. epit. 1,14 (ex isag. 1), CCAG VIII 3 (1912) p. 114,34–37, wo es heißt, dass Planeten (ἀστέρες, also inklusive der Luminare), die in ihrem eigenen Haus oder ihrer eigenen Erhöhung stehen und zusätzlich einen kardinalen Ort einnehmen (so in **F2** bei Sonne und Mars der Fall), ἐξουσιαστικὴν δηλοῦσιν τὴν γένεσιν.

πολλοὺς κολάζων: Es gab offenbar eine weit verbreitete Ansicht, dass die Fähigkeit und Bereitschaft, hart durchzugreifen, untrennbar mit der Bewahrung von Machtpositionen verbunden sei. Von Domitian heißt es, dass er zynisch zu betonen pflegte, Kaiser, die nicht viele Menschen bestraften, seien nicht moralisch gute, sondern vom Glück begünstigte Kaiser: τὸ δ' ὅλον ἔλεγε τοὺς αὐτοκράτορας τοὺς μὴ πολλοὺς κολάζοντας οὐκ ἀγαθοὺς ἀλλ' εὐτυχεῖς εἶναι (Cass. Dio 67,2,3). In Astrologentexten ist daher vereinzelt von 'zur Verhängung von Strafen neigenden Seelen' (κολαστικαὶ ψυχαί) die Rede, die nach Ptol. apotel. 3,14,4 speziell durch Planeten in der oberen Kulmination (wie hier in **F2** vierfach der Fall) bewirkt werden: αἱ μεσουρανήσεις [...] κολαστικάς [sc. τὰς ψυχὰς ἀπεργάζονται].[2739] Insgesamt sind Formen von κολάζειν und dessen Derivaten in Astrologentexten aber selten.

Häufiger findet sich in ihnen die dem Inhalt nach anscheinend eng verwandte, die Strafgewalt konkretisierende Prognose, einer werde Macht über Leben und Tod haben, wobei im Kontext mehrmals entweder – so wie hier – ἐξουσιαστικός oder eines der zu demselben Wortfeld gehörenden Adjektive ἡγεμονικός, βασιλικός, στραταρχικός[2740] begegnet: vgl. Val. 1,2,2 τῶν δὲ οἰκοδεσποτῶν καλῶς πεπτωκότων καὶ ὑπὸ ἀγαθοποιοῦ μαρτυρουμένων γίνονται βασιλικοί, ἐξουσιαστικοί, ζωῆς καὶ θανάτου παρρησίαν ἔχοντες (= P. Oxy. astron. 4476 *recto*, Z. 13–15).[2741] 2,27,4 (Hor. gr. 86.VIII.11) ὁ τοιοῦτος ἡγεμονικός, ζωῆς

[2738] So Ps.-Steph. Alex. p. 276,6–7 (= p. 23 der Erstpublikation 1880). Auch Hor. gr. 1006.IX.15 bezeichnet den 10. Ort als ἐξουσιαστικὸν τόπον (Pingree 1973–1974, vol. II, p. VII,20). Frühere Belege sind mir nicht bekannt.

[2739] Ebenso Heph. 2,15,5. Bei Val. 1,3,40 begegnet sogar (als Wirkung des Saturnbezirks 24°–30° ♏) die Steigerung καθόλου κολαστικώτατοι. Vgl. die Saturnwirkung κολαστικούς bei Ptol. apotel. 3,14,10.

[2740] Belege bietet der obige Kommentar zu ἐξουσιαστικός.

[2741] P. Oxy. astron. 4476 (saec. II^ex/III^in) ist anscheinend ein unabhängiger Zeuge der von Val. 1,2 benutzten Quelle; vgl. Jones 1998, 144. Den zitierten Text bietet P. Oxy. astron. 4476 mit Transposition von βασιλικοί und ἐξουσιαστικοί. – Die Bedingung, der Hausherr müsse im Widder stehen, gut positioniert sein und von einem 'Wohltäter'

καὶ θανάτου κύριος. 9,2,14 ἡγεμονικοί, βασιλικοί, στραταρχικοὶ καθίστανται, ἐξουσίαν ζωῆς καὶ θανάτου ἔχοντες.

Wie es scheint, verleiht unter den vier Planeten im 10. Ort des hier vorliegenden Horoskops primär Mars die Macht, zu strafen und über Leben und Tod zu gebieten: vgl. Val. 2,4,6 ἐὰν δὲ καὶ ὁ τοῦ Ἄρεως συμπαρῇ ἢ τετραγωνίσῃ σὺν τῷ τοῦ Διός, μέγας ἔσται καὶ κυριεύσει ζωῆς καὶ θανάτου. 2,4,7 ἐὰν δὲ καὶ ὁ τοῦ Ἄρεως σὺν τῇ Σελήνῃ τύχῃ, ζωῆς καὶ θανάτου κυριεύσει. 2,12,4 ἐὰν δὲ ὁ τοῦ Ἄρεως τύχῃ καθ᾽ ὃ πρόκειται, ἄρξουσι παντοδαπῶν τόπων· γίνονται γὰρ ἢ στρατηγοὶ ἢ τύραννοι καὶ ζωῆς καὶ θανάτου κυριεύσουσιν. 2,17,21 Ἄρης Ἡλίῳ τρίγωνος [...] μεγάλους, ἐπιδόξους σημαίνει, ζωῆς καὶ θανάτου κυριεύοντας. 2,26,18 ἐὰν δὲ ἐν Ἄρεως τύχῃ ζῳδίῳ ἢ μοίραις [...], ζωῆς καὶ θανάτου κυριεύσουσιν οἱ γεννώμενοι.

Falls der Native von **F2** Acilius Attianus ist, könnte sich der Ausdruck πολλοὺς κολάζων auf die Hinrichtung der sogenannten vier Konsulare beziehen (s.o. S. 1041).

ἄδικος μὴ κατηγορούμενος· πολυχρήματος μὲν: ergänzt nach Exc.[2]; die Ursache des Textausfalls in **P** und Ep.[4] war offenbar ein *saut du même au même* von πολυχρήματος zu πολυχρήματος. Das danach aus Ep.[4] ergänzte μὲν wird hier als Korrelativ zum folgenden δὲ der Lesart γέγονεν οὗτος (Exc.[2]) vorgezogen, da es sich bei γέγονεν οὗτος anscheinend um eine der für Exc.[2] typischen freien Wiedergaben der Vorlage handelt (vgl. § 56 a.E. u. **F3** § 66c). Der Ausdruck ἄδικος μὴ κατηγορούμενος, den mehrere Interpreten falsch verstanden haben (s.o. Anm. 2637), ist ohne Parallelen in der griechischen Literatur. Falls die Charakterisierung des Nativen als ἄδικος auf Hadrians Autobiographie zurückgeht (s.o. S. 55, Punkt 3), verdient die intensive Pflege der Gerechtigkeit und Justiz durch diesen Kaiser Beachtung.[2742]

πολυχρήματος: wird zweimal erklärt, hier in § 56 und auch in § 59.

διὰ τὸ τρίγωνον (Κρόνου καὶ Διὸς καὶ Σελήνης ἐν τῷ αὐτῷ ὄντων): ♊, ♎, ♒, das dritte der vier zodiakalen Dreiecke, dem als Tag-

---

angeblickt werden, ist im hiesigen Horoskop erfüllt: Mars (cf. § 54 οἰκοδεσποτήσει κτλ.) steht im Widder, der zugleich 10. Ort und Sonnenzeichen ist; Mond und Jupiter bilden Sextilscheine, Venus steht im selben Zeichen, nur Saturn wirft aus der Opposition einen ungünstigen Aspekt.

[2742] Dazu s. Alexander 1938, 173–175 (basierend auf Analyse der Briefe und Reden).

herrscher Saturn und als Nachtherrscher Merkur zugeordnet ist (s.o. S. 717, Tab. 16). Da **F2** ein Taghoroskop ist, dominiert Saturn das Dreieck. Die astrologische Wirkkraft des Saturndreiecks wird im vorliegenden Horoskop noch erheblich verstärkt durch die Präsenz dreier wichtiger Planeten: Saturn selbst logiert auf 20° ♎ und damit nicht nur fast gradgenau in seiner Erhöhung (21° ♎), sondern zugleich im 4. Ort, der in der Dodekatropos die Eltern und ererbtes Vermögen repräsentiert.[2743] Hinzu kommen zwei mächtige Wohltäter, der Mond auf 15° ♊ und Jupiter auf 6° ♒.

Alle drei in der Parenthese genannten Planeten symbolisieren in der Astrologie – mit verschiedenen Nuancen, und natürlich nicht ausschließlich – Reichtum: Zu Saturn und Jupiter vgl. Teucr. de sept. stell. exc. CCAG IX 2 (1953), p. 181,4 Κρόνος δὲ τὰς κτήσεις [sc. σημαίνει], Ζεὺς δὲ τὰ χρηματικά. – Zu Saturn allein vgl. Ps.-Maneth. 2[1],154 χρήματά τ᾽ ἐν χερσὶν δῶκεν βασιλήια νωμᾶν. Ptol. apotel. 3,14,11 θησαυριστικούς. Val. 1,1,10 μισθωτάς τε κτημάτων καὶ τελώνας. Porph. isag. 45 p. 217,18 ἀποθησαυρισμοί. Rhet. de plan. nat. ac vi CCAG VII (1908), p. 215,12–13 περιουσίαν ἢ ἀλλοτρίων κτῆσιν ἢ κληρονομίαν. – Zu Jupiter allein vgl. Dor. arab. 2,29,1 "wealthy". Ps.-Maneth. 2[1],157–159, bes. 158 εὐκτεάνους τε τίθησιν, ἀτὰρ πολυγηθέος ὄλβου φειδωλούς. Val. 1,1,17 χρήματα. Anon. de plan. patroc. CCAG VII (1908), p. 97,17 πλοῦτον. – Zum Mond vgl. Val. 1,1,4 χρήματα. Wichtig für den Reichtum des Nativen von **F2** ist auch der Umstand, dass der Mond zunimmt. Dies betont Antigonos später in § 59 (s. Komm. z.St., bes. S. 1124 und das dort zitierte Beispiel Album. myst. 1,52).

Darüber hinaus verdient vielleicht – auch wenn der Text dies unerwähnt lässt – Beachtung, dass Merkur, der Nachtherrscher des Dreiecks, ebenfalls in einem kardinalen Ort steht: Dass dies auch bei einem Taghoroskop günstig wirkt, betont z.B. Val. 2,22,15 (Hor. gr. 85.II.5).

Da der Text in **P** nicht explizit sagt, welches der vier zodiakalen Dreiecke gemeint ist, könnte man erwägen, den durch Ep.[4] überlieferten Wortlaut vorzuziehen oder **P** mit Blick auf Ep.[4] folgendermaßen zu ändern: διὰ τὸ τρίγωνον Κρόνου [καὶ] (Διὸς καὶ Σελήνης ἐν τῷ αὐτῷ ὄντων). Die Änderung wäre gering, da die Klammern nur editorische

---

[2743] Vgl. Bouché-Leclercq 1899, 280 u. 283. Zu Saturn im IMC der Oktotopos des Manilius vgl. ebd. 277: "Enfin, dans les basses régions où gît la richesse patrimoniale, il [sc. Manilius] installe Saturne qui, en astrologie, joue le rôle de père et de vieillard thésauriseur".

Zugabe sind und abundantes καί in **P** nicht selten ist (s.o. zu **F1** § 21 ἄλλοι; auch gliederndes καί ... καί innerhalb der Klammer wäre denkbar). Der Vergleich mit anderen Horoskopen lehrt jedoch, dass allgemeine Erwähnungen 'des Dreiecks', die einen die Andeutung aus dem Kontext heraus verstehenden Leser voraussetzen, keine Seltenheit sind; so z.B. Val. 2,22,28.32.34.39. 2,27,2.6.10 (= Hor. gr. 82.VII.9. Hor. gr. 97.XI.6. Hor. gr. 95.V.14. Hor. gr. 105.I.1. Hor. gr. 70.VII.26. Hor. gr. 78.IV.1. Hor. gr. 101.III.5). Außerdem zeigt der Vergleich von **P** und Exc.[2], dass die Formulierung in Ep.[4] um ein Glossem (τὴν μὲν Σελήνην ἐν Διδύμοις, τὸν δὲ Δία ἐν Ὑδροχόῳ) erweitert und damit insgesamt nicht verlässlich ist.[2744]

ἄδικος: Ruelle (CCAG VIII 2, 1911, p. 84,18 app. crit.) hält das von **P** überlieferte Adverb für besser, doch sprechen Ep.[4] und Exc.[2] eindeutig für ἄδικος. Die vorliegende Verschreibung ist in **P** keine Seltenheit. Vgl. unmittelbar zuvor ἐξουσιαστικῶς statt ἐξουσιαστικός, wo Pingree zu Recht emendiert hat.

διὰ τὴν τοῦ Ἄρεως καὶ Ἑρμοῦ στάσιν ἐπὶ τοῦ μεσουρανήματος ἀμφοτέρων ὄντων ὑπαύγων: Der Begriff μεσουράνημα bezeichnet hier und im nächsten Kolon desselben Satzes sowie auch in § 58 als *pars pro toto* den 10. Ort (und damit hier in **F2** den Widder). Vgl. den ähnlichen Sachverhalt im Hadrianhoroskop: Dort beziehen sich die Aussagen **F1** § 25 u. § 29 ἐπὶ τοῦ ὡροσκόπου u. § 45 ὡροσκοπῶν unter anderem auf die Sonne, die zwar im 1. Ort, aber nicht gradgenau im Aszendenten steht.[2745]

Der folgende Kommentar konzentriert sich zuerst auf das Zusammenwirken der im Text genannten Planeten, wenn sie ὕπαυγοι sind, und geht danach ihren speziellen Wirkungen im 10. Ort nach.

Vor allem Mars als Symbol ungestümer, gewalttätiger, sich an keine Norm haltender Energie in so zentraler Stellung wie der der Himmelsmitte ist angetan, einen Menschen hervorzubringen, der sich um Recht und Ordnung nicht schert (ἄδικος). Dass Merkur wenige Grade von Mars entfernt steht, verleiht zusätzlich die nötige *cleverness*, um gerichtlicher Verfolgung zu entgehen (μὴ κατηγορούμενος). Als dritter Punkt kommt

---

[2744] Vgl. den obigen Kommentar zu **F1** § 22 [Ὑδροχόου].

[2745] Die ersten beiden Stellen beziehen sich neben der Sonne auch auf den Mond und/oder Jupiter, die beide gradgenau aszendieren.

hinzu, dass beide 'unter den Strahlen der Sonne' stehen:[2746] So wie damit die Verursacher des gewieften und gesetzlosen Verhaltens am Himmel unsichtbar sind, bleibt es auch der unter ihrem Einfluss Geborene auf der Erde; er wird nicht angeklagt. Vgl. Val. 2,38,39 (Eheprognostik): ἐὰν δὲ καὶ [sc. zusätzlich zum Mond] δεδυκότες ὦσιν ὑπὸ τὰς αὐγὰς ῎Αρης καὶ ᾽Αφροδίτη, λαθριμαῖοι μοιχεῖαι γενήσονται καὶ κρυπτὰ ἁμαρτήματα. Vgl. weiter Dor. p. 340,25–27: εἰ δὲ εὑρεθῇ ὁ κύριος τοῦ κλήρου ἑῷος δυτικός, μετὰ ⟨δὲ⟩ ἑπτὰ ἡμέρας γενήσεται ἑῷος ἀνατολικός, κρυπτὸν καὶ λαθραῖον πλοῦτον ποιήσει (mehr dazu oben S. 912).

Mehrere Berührungen mit den Ausführungen des Antigonos zum Nativen von **F2** weist der Lehrtext von Dor. p. 356,3–12 auf (= Anub. test. 8,372–381 Obbink = Par. Anub. ⟨et Dor.⟩ bei Heilen 2010c, 186): ὁ ῎Αρης σὺν ῾Ερμῇ ψεύστας μέν, συνετοὺς δὲ καὶ πολυπείρους, ἀεὶ ἐν κρίσεσιν ὄντας, πανούργους, γυμναστικούς. Διὸς μὲν οὖν ὁρῶντος αὐτοὺς [das ist in **F2** durch Sextil gegeben] ἢ ᾽Αφροδίτης ἔνδοξοι γίνονται ἐπὶ τοῖς ἐπιτηδεύμασιν [cf. **F2** § 56 προφανὴς ἐκ προφανῶν], τῶν δὲ κακοποιῶν πλαστογράφοι γίνονται, κλέπται, ἀπατεῶνες, πανοῦργοι, ἄδικοι [cf. **F2** § 56 ἄδικος] καὶ ὅλως παράνομοι, παιδερασταὶ οἱ τοιοῦτοι καὶ πολύψογοι [cf. **F2** § 57], καὶ μᾶλλον ὅταν ὁ Κρόνος μαρτυρῇ [in **F2** durch Opposition gegeben]. ὕπαυγοι δὲ ὄντες καὶ ἐπίκεντροι καὶ τὴν Σελήνην ὁρῶντες [alle drei Konditionen sind in **F2** erfüllt] κακοβούλους, ψεύστας, λῃστάς, πλαστογράφους. καὶ εἰ μὲν ὁ Κρόνος μαρτυρεῖ κατὰ τετράγωνον ἢ διάμετρον [in **F2** gegeben], ἐν δεσμωτηρίῳ θνήσκουσι βιαίως, εἰ δὲ ὁ Ζεύς, εὐθανατοῦσιν.

Die einschlägigen Kapitel antiker Autoren zu den Wirkungen der Luminare und Planeten in den zwölf Orten der Dodekatropos (s.o. Komm. zu **F1** § 26 ἐπὶ τοῦ ὡροσκόπου ab S. 697) bieten für den hier angesprochenen 10. Ort die folgenden relevanten Lehren:

Nach Paul. Alex. 24 p. 67,13–68,4[2747] bewirkt Merkur im 10. Ort in Kombination mit Mars Menschen, die Untaten bis hin zu den schlimmsten Verbrechen gegen ihre Mitmenschen und die Götter begehen: τοῦ δὲ

[2746] Siehe die Sacherklärung im Kommentar zu **F1** § 39 ὑπὸ τὰς αὐγὰς – φερομένην. Zum Adjektiv ὕπαυγος und dem konträren Terminus ἔξαυγος s. C. Orlando in Orlando – Torre 1991, 297–299. In griechischen Astrologentexten ist ὕπαυγος mehr als etwa 250mal belegt, ἔξαυγος dagegen nur etwa 40x. Das lat. Äquivalent zu ὕπαυγος ist *absconsus*: vgl. Firm. math. 1,4,8 *quando Solis orbe absconsae lateant* und zahlreiche Firmicusbelege für den Ausdruck *radiis Solis absconsus* bei Kroll – Skutsch – Ziegler 1968, II 365, Index s.v. *abscondo*. Siehe ferner Denningmann 2005, 442–446, bes. 444, Tab. 20.

[2747] Vgl. Olymp. 23 pp. 72,23–73,7.

Ἄρεως συσχηματισθέντος ἤτοι κατὰ συμπαρουσίαν (das ist in **F2**
der Fall) ἢ τετράγωνον ἢ διάμετρον ψεύστας, ἀθέους, ἀσεβεῖς, ἱερο-
σύλους, τὸ θεῖον ἀφαιροῦντας πρὸς ἐπὶ τούτοις ἢ φαρμάκους ἢ
φαρμάκων συνίστορας καὶ πλαστογράφους ἢ παραχαρακτὰς ἢ
λῃστὰς ἢ φονέας ἢ τούτοις συνειδότας καὶ τὸ παράπαν κακωνύμους
καὶ περιφήμους τούτων ἕνεκεν ἐσομένους [...] ποιήσει. κακῶν γὰρ
ἔργων πάντοτε καὶ εἰς τὸ κακὸν ἄξονας (αὐτόπτας Olymp.)²⁷⁴⁸ ἡ
σύγκρασις Ἄρεως πρὸς τὸν τοῦ Ἑρμοῦ χωρὶς τῆς τῶν ἀγαθοποιῶν
ἐπικουρίας παρασκευάζει. Die in dieser Regel zuletzt gegebene Einschränkung bezüglich einer Hilfe durch die Wohltäter könnte man in **F2**
wegen der Stellung Jupiters in einem seiner Häuser und im gradgenauen
Sextil zu Merkur geltend machen, aber das wollte Antigonos offenbar
nicht.

Firm. math. 3,4,32 prognostiziert bei Taggeburten mit Mars im 10.
Ort größten Schaden, Proskriptionen und Verurteilungen der Nativen
(*damna maxima ... proscriptiones et condemnationes*);²⁷⁴⁹ all das wider-
fährt dem Nativen von **F2** nach Antigonos deshalb nicht, weil Mars unter
den Strahlen stand.

**προφανὴς δὲ διὰ τὸ τοὺς δ̄ ἀστέρας ἐν τῷ μεσουρανήματι τυγ-
χάνειν**: Gemeint ist die aus Planeten und Luminaren gemischte Gruppe
von Sonne, Mars, Venus und Merkur. Eine ähnlich gemischte unvollständige Gruppe von Luminaren und Planeten bezeichnet **T4** als πάντες
σχεδὸν οἱ ἀστέρες (mehr dazu oben zu **F1** § 26 ἀστέρων).

Diese Aussage erfordert einen Vergleich mit den Aussagen eines
jeden der einschlägigen Kapitel (s.o. Komm. zu **F1** § 26 ἐπὶ τοῦ ὡροσκόπου ab S. 697) zur Wirkung eines jeden der hier relevanten vier Planeten (Sonne, Mars, Venus, Merkur) im 10. Ort der Dodekatropos. Dabei
erweisen sich Firmicus, Rhetorios und Paulos Alexandrinos als für mehrere der genannten Planeten relevant. Hinzu tritt eine eher allgemein

---

²⁷⁴⁸ Falls der Text richtig überliefert ist, bedeutet er: 'Immer nämlich veranlasst das
Zusammenwirken von Mars und Merkur ohne die Hilfe der Wohltäter (die Nativen) zu
Handlungsweisen [cf. LSJ s.v. ἄξων I.4 "course, path of action"], die in schlechten Werken bestehen und ins Übel führen.' Bezza 1993, 149, übersetzt ungenau: "[...] è causa di
cattive azioni e predispone coloro che agiscono al male". Vgl. Greenbaum 2001, 50:
"always produces evil deeds and evil paths". Holden 2012, 56, folgt der Hs. **M**, die
αὐτουργούς statt καὶ εἰς τὸ κακὸν ἄξονας liest, und übersetzt "produces perpetrators
of evil deeds".
²⁷⁴⁹ Ähnlich Rhet. 5,57,439 (= CCAG VIII 4, 1921, p. 168,14–17), worin sich aber kein
Äquivalent für Firmicus´ Begriff *condemnationes* findet.

gehaltene Aussage der griechischen Dorotheosparaphrase zur Sonne, mit der hier aus chronologischen Gründen begonnen wird.

Dor. p. 362,4–5 notiert: ὁ ῞Ηλιος ὡροσκοπῶν ⟨ἢ μεσουρανῶν⟩ ἐν ἡμέρᾳ, Διός, ᾿Αφροδίτης ὁρώντων, ἀγαθός, καὶ μάλιστα εἰ ἰδιοτοπεῖ καὶ ἐν ἀρρενικῷ ζῳδίῳ ἐστίν. Meine Ergänzung ⟨ἢ μεσουρανῶν⟩ ist notwendig, da sonst in diesem Text ein eigener Eintrag zur Sonne im MC fehlen würde, und wird durch die arabische Paraphrase bestätigt. Diese besagt (Dor. arab. 2,22,1): "If the Sun is in the ascendent or midheaven in its own house or a male sign, it will be good." Mindestens vier der fünf in der griechischen Paraphrase genannten Bedingungen sind erfüllt, da die Sonne in **F2** tagsüber in ihrer eigenen Erhöhung und in einem männlichen Zeichen steht und Jupiter einen Sextilschein auf die Sonne wirft. Was die fünfte Bedingung betrifft, bildet Venus zwar keinen Aspekt zur Sonne, steht aber in demselben Zeichen wie sie, was vielleicht als gleichwertig betrachtet werden darf. Leider hat Dorotheos in seinem verlorenen Originaltext anscheinend nicht präzisiert, in welcher Hinsicht die Sonne sich unter den genannten Bedingungen als 'gut' (ἀγαθός, "good") erweisen werde.

Firmicus behandelt die Wirkungen von Mars, Sonne, Venus und Merkur im 10. Ort in den Kapiteln 3,4,28–32. 3,5,34–37. 3,6,21–22. 3,7,21–22. Im Folgenden werden sie einzeln besprochen und die entsprechenden Aussagen des Rhetorios aus seiner Behandlung des 10. Orts (Rhet. 5,57,413–452 = CCAG VIII 4, 1921, pp. 166,13–170,14), die direkt oder indirekt dieselbe Quelle wie Firmicus rezipieren, zum Vergleich herangezogen. Das mit Firmicus und Rhetorios nicht oder jedenfalls nicht direkt verwandte 24. Kapitel des Paulos Alexandrinos wird dann, wenn es relevantes Material bietet, ergänzend zitiert.

Zu Mars lehrt Firm. math. 3,4,28–32, dieser bewirke im 10. Ort von Nachtgeburten (denn Mars ist ja Nachtplanet) je nach dem Grad der Erfüllung weiterer Kriterien hohe und höchste Machtstellungen, bei Taggeburten hingegen – und damit haben wir es in **F2** zu tun – Menschen, die ihre Ziele nicht durchzusetzen vermögen und größten Schaden erleiden. Ganz Ähnliches lehrt Rhet. 5,57,438–439 (= CCAG VIII 4, 1921, p. 168, 12–17), wozu noch einige vorausgehende, ebenfalls negative Aussagen, die keine Entsprechung bei Firmicus haben, hinzuzunehmen sind (Rhet. 5,57,417–418 = CCAG VIII 4, 1921, p. 166,24–27). Was Mars allein betrifft, bieten Firmicus und Rhetorios also keine Unterstützung für die Argmentation des Antigonos.

Was die Sonne betrifft, unterscheidet Firm. math. 3,5,34–37 bei Taggeburten, grob gesagt, zwischen zwei Bedingungen, von denen die erste, die Könige oder andere mächtige Männer (*reges* [...] *aut duces* [...] *aut administratores et consules et proconsules*, 3,5,34) hervorbringe, sehr schwer zu erfüllen ist, während die zweite, die adlige Eltern und ehrbare Menschen (*nobiles parentes* [...] *honestos*, 3,5,37) hervorbringe, relativ leicht zu erfüllen ist, da sie nur zeichengenaue Stellung der Sonne im 10. Ort vorsieht. Die astronomischen Gegebenheiten von **F2** liegen zwischen den von Firmicus skizzierten Extremen, kommen jedoch einer Erfüllung der ersten Bedingung sehr nahe: Sie sieht vor, dass die Sonne des Nativen gradgenau im MC stehe (in **F2** fehlen dazu 9°) und zugleich entweder in ihrem eigenen Haus oder in einem Haus Jupiters oder im Grad ihrer Erhöhung (19° ♈) stehe (**F2** erfüllt die letzte dieser drei Optionen). Firmicus geht indirekt auf Fälle wie diesen, die ein wenig hinter der vollständigen Erfüllung der ersten Bedingung zurückbleiben, ein, indem er auch die oben zitierten, hinter der Königswürde zurückbleibenden Machtstellungen wie z.B. Konsuln erwähnt. Die in der Systematik des Rhetorios zwischen 5,57,439 und 5,57,440 (bzw. nach CCAG VIII 4, 1921, p. 168,19) zu erwartende Aussage zur Sonne im 10. Ort fehlt. Wahrscheinlich handelt es sich um einen überlieferungsbedingten Textausfall.[2750] Hier tritt Paul. Alex. 24 pp. 64,17–65,2[2751] hinzu, der über die Sonne im 10. Ort eine das von Antigonos benutzte Schlüsselwort προφανής enthaltende Aussage macht: ἐν δὲ τούτῳ τῷ τόπῳ ὁ Ἥλιος τυχὼν ἀρχικοὺς καὶ ἐπιδόξους καὶ προφανεῖς (!) ἄνδρας ἀποδείκνυσι, ἐπάνπερ ἀλλότριος τῆς τῶν κακοποιῶν ἀκτῖνος εὑρεθῇ (diese Bedingung ist in **F2** erfüllt, da weder Mars noch Saturn in Quadratur oder Opposition zur Sonne stehen).

Die von Firmicus genannte Wirkung der Venus im 10. Ort entspricht weitgehend dem, was Antigonos mit προφανής meint (math. 3,6,21): *In decimo loco Venus ab horoscopo si fuerit inventa, idest in MC., faciet claros et coronatos et quibus grandis gloria et fortuna maxima conferatur.* Ganz ähnlich lehrt Rhet. 5,57,440 (= CCAG VIII 4, 1921, p. 168, 20–21): ἐπὶ δὲ τοῦ μεσουρανοῦντος ζῳδίου τυχοῦσα Ἀφροδίτη δοξαστικοὺς ἀποτελεῖ. Auch die folgenden Worte beider Autoren, die offensichtlich von einer gemeinsamen Quelle abhängen, verdienen Beachtung, sind jedoch interpretationsbedürftig. Man vergleiche Firm. math. 3,6,21 *si nulla Saturnus et Mars se ei radiatione coniunxerint, ipsa vero sit*

[2750] Vgl. jedoch Rhet. 5,57,423 (= CCAG VIII 4, 1921, p. 167,6–8): Σελήνη καὶ Ἥλιος μεσουρανοῦντες δίχα τῆς τῶν κακοποιῶν θεωρίας πατέρας ἐπισήμους, τὰ δὲ γεννηθέντα πολύφιλα καὶ φίλα μεγιστᾶσιν.
[2751] Vgl. Olymp. 23 p. 71,8–11.

matutina, facit publicos musicos et qui a populis honorentur mit Rhet. 5,57,440 (= CCAG VIII 4, 1921, pp. 168,21–169,1) ἐάνπερ ἀκαταμαρτύρητος ἢ [ἤτοι CCAG] κατὰ τετράγωνον ἢ διάμετρον ἢ καὶ [ἤτοι κατὰ CCAG] συμπαρουσίαν τύχῃ ὑπὸ Κρόνου καὶ Ἄρεως, ἐν διαφόροις πράγμασι ποιήσει, μάλιστα ἐὰν καὶ ἀνατολικὴ τύχῃ· ποιεῖ γὰρ δημοσίους, μουσικούς, ἀπὸ πόλεων τιμωμένους.[2752] Die beiden Bedingungsgefüge unterscheiden sich dadurch, dass Firmicus eine morgendliche Stellung der Venus zur Sonne fordert (*matutina*), Rhetorios hingegen eine Stellung in mindestens 15° Distanz von der Sonne (ἀνατολική, ohne Präzisierung ob morgendlich oder abendlich). Bedarf also einer dieser Stellen (oder sogar beide) einer Emendation? Ehe wir diese Frage beantworten können, sind mehrere weitere Stellen zu berücksichtigen.

Zum einen lehrt Rhetorios an einer vorausgehenden Stelle desselben Kapitels (5,57,421 = CCAG VIII 4, 1921, pp. 166,29–167,3), die kein Gegenstück bei Firmicus hat, Venus im 10. Ort entfalte sowohl bei Tagals auch bei Nachtgeburten, und zwar vor allem dann, wenn sie mindestens 15° Distanz zur Sonne habe und keinen schädlichen Einflüssen (durch die 'Übeltäter') ausgesetzt sei, verschiedene positive Wirkungen: Ἀφροδίτη μεσουρανοῦσα νυκτὸς καὶ ἡμέρας, μάλιστα δὲ ἔξαυγος καὶ ἀκάκωτος, πιστευομένους δημόσια πράγματα καὶ γάμῳ πλουσίων γυναικῶν ὁμιλητὰς καὶ ὑπὸ γυναικῶν φιλουμένους καὶ εὐγηρίαν καὶ εὐθανασίαν [sc. ἀποτελεῖ]. Vergleichen wir die beiden Rhetoriosstellen, so entsprechen einander sowohl ἔξαυγος (5,57,421) und ἀνατολική (5,57,440) als auch ἀκάκωτος (5,57,421) und ἀκαταμαρτύρητος – Ἄρεως (5,57,440) inhaltlich. Wir wissen allerdings nicht, ob die beiden hier zitierten Lehrsätze (5,57,421 u. 5,57,440) aus derselben Quelle stammen und somit eine inhaltliche Entsprechung zwischen ihnen als Zufallsprodukt der Kompilation verschiedener Quellen oder als intentionelle Kohärenz ein und derselben Quelle zu deuten ist. Gegen die zuletzt genannte Möglichkeit spricht zum einen die räumliche Trennung zwischen beiden Passagen innerhalb der Ausführungen des Rhetorios zum

---

[2752] Anders als bei Rhetorios trennt bei Firmicus ein Einschub die beiden zitierten Textstellen, der lautet: *Si vero hoc loco cum Mercurio fuerit inventa, faciet cordatos disciplinae auctores et qui, quod voluerint, facile consequantur.* Dass aber schon im folgenden Satz *si nulla Saturnus et Mars se ei radiatione coniunxerint etc.* Merkur nicht mehr relevant ist, zeigt – abgesehen vom Fehlen dieses Einschubs bei Rhetorios – das Pronomen *ei* (sc. *Veneri*; man würde sonst *iis* erwarten).

10. Ort;[2753] zum anderen ist Rhet. 5,57,421 νυκτὸς καὶ ἡμέρας Unsinn, weil Venus aufgrund ihrer geringen maximalen Elongation von der Sonne[2754] nur tagsüber im 10. Ort stehen kann.

Ferner verdient Paul. Alex. 24 pp. 66,17–67,5[2755] Beachtung, der lehrt, Venus im 10. Ort bewirke, wenn sie der Sonne in der Tagesrotation mit wenigstens 15° Distanz folge (!) und frei von Aspekten der 'Übeltäter' sei, ruhmvolle, berühmte und sehr namhafte Menschen; wenn sie hingegen der Sonne vorausgehe, so wie es in **F2** der Fall ist, verkehre sich ihre Wirkung ins Gegenteil: ὁ δὲ τῆς Ἀφροδίτης ἐπὶ ἑσπερίας ἀνατολῆς μεσουρανήσας δίχα τῆς τῶν κακοποιῶν ἐπιθεωρίας λαμπροβίους, ἀρχιερεῖς, εὐτυχεῖς, νεωκόρους, βουλευτάς, πρυτάνεις, στεφανηφόρους, διασήμους ποιήσει. εὐγαμίας τε καὶ εὐτεκνίας αἴτιος γίνεται, ἔτι τε καὶ ὑπὸ ὄχλων εὐφημουμένους καὶ δημοχαρεῖς καὶ περιωνύμους ἀποδείκνυσιν. ἐπὶ δὲ ἑῴας ἀνατολῆς χρηματίσας ἐναλλοιοῖ τὴν τῶν προκειμένων τάξιν καὶ εἰς τὸ ἐναντίον μεταβάλλει.[2756] Die Beschränkung positiver Prognosen auf die abendliche Stellung der Venus ist hier zweifellos dadurch bedingt, dass die Venus astrologisch zur Partei der Nacht gehört und Paulos die abendliche Stellung mit der Nacht assoziiert, die morgendliche hingegen mit dem Tag.

Die zuletzt genannte Assoziation finden wir auch an einer für **F2** relevanten, bisher nicht genannten Stelle der *Mathesis*, wo Firmicus ohne Bezug auf die Orte der Dodekatropos von Sonne-Venus-Konjunktionen handelt (math. 6,25,1): *Si Sol et Venus pariter collocati in eodem signo constituti aequabili societatis potestate iungantur, facient quidem homines gloriosos, et qui desiderata omnia facillimis rationibus consequantur, sed si in diurnis genituris matutina fuerit Venus, et in nocturnis vespertina.* Hier ist – anders als bei Rhet. 5,57,421 νυκτὸς καὶ ἡμέρας (s.o.) – die Unterscheidung in Tag- und Nachtgeburten sinnvoll, da ja kein Bezug

---

[2753] Auch bezüglich der übrigen Orte geht bei Rhetorios stets dem Material, das er und Firmicus direkt oder indirekt aus derselben Quelle entnahmen, Material unbekannter Provenienz, das nur Rhetorios bietet, voraus.

[2754] Antiken Quellen zufolge beträgt sie zwischen 46° und 50° (Neugebauer 1975, 804f.).

[2755] Vgl. Olymp. 23 p. 72,11–17.

[2756] Durch diese Worte wird deutlich, worin die Vielfalt der Tätigkeiten, die Rhet. 5,57,440 mit ἐν διαφόροις πράγμασι andeutet, bestehen könnte. Außerdem verstärkt diese Paulosstelle den schon aus Rhet. 5,57,440 allein sich ergebenden Eindruck, dass in Firm. math. 3,6,21 mehrere verschiedene Prognosen gemeint sind und entsprechend interpungiert werden sollte, also *facit publicos, musicos et qui a populis honorentur* (in Rhet. 5,57,440 interpungieren sowohl Cumont als auch Pingree nach δημοσίους und nach μουσικούς).

zum 10. Ort vorliegt.

Die Sichtung der verschiedenen Stellen erlaubt mehrere Einsichten. Die zuletzt zitierte Stelle des Firmicus steht im Einklang mit Firm. math. 3,6,21, wovon wir unseren Ausgang genommen haben, jedoch im Widerspruch zu Paul. Alex. 24 pp. 66,17–67,5 (s.o.). Der Grund dafür ist offenbar, dass Paulos eine andere Strategie verfolgte als die von Firm. math. 3,2–13 und Rhet. 5,57 benutzte Quelle. Der Lehrsatz des Paulos zur Venus im 10. Ort hat den Vorteil, dass er der Zugehörigkeit der Venus zur Nachtpartei gerecht wird. Er hat jedoch den Nachteil, dass er bezüglich des zweiten Trabanten der Sonne, Merkur, in eine Aporie führt, da Merkur keiner der beiden Parteien fest zugeordnet ist (vgl. z.B. Ptol. apotel. 1,7,1). Konsequenterweise äußert sich Paulos anlässlich des Merkur im 10. Ort nicht zur morgendlichen oder abendlichen Stellung.[2757] Anders die Strategie der durch Firmicus und Rhetorios rezipierten Quelle: Da Venus nur tagsüber im 10. Ort stehen kann, werden ihre günstigen Wirkungen der morgendlichen, zum Tag gehörigen Stellung zugeschrieben. Dieses Prozedere lässt sich dann analog auf Merkur übertragen, und genau das muss die Quelle von Firmicus und Rhetorios getan haben, denn sowohl Rhet. 5,57,446–449 als auch Firm. math. 3,7,21–22 sprechen Merkur im 10. Ort bei morgendlicher Stellung positive und bei abendlicher Stellung negative Wirkungen zu. Die relevanten Stellen werden im nächsten Absatz anlässlich des Merkur im 10. Ort zitiert.[2758] Hier bleibt abschließend festzustellen, dass Rhet. 5,57,440 μάλιστα ἐὰν καὶ ἀνατολικὴ τύχῃ in irgendeiner Weise unter Einbeziehung von ἑῷα zu korrigieren ist. Aufgrund der Merkurnotate in Rhet. 5,57,446–448 ἑῷος τυχὼν ... ἑσπέριος δὲ τυχών könnte man erwägen, ἀνατολική durch ἑῷα zu ersetzen, aber das ist paläographisch extrem unwahrscheinlich und würde auch nicht der Besonderheit gerecht, dass Rhet. 5,57,440 (anders als 5,57,446–448) durch μάλιστα die bestmögliche Situation betont. Leider fehlt sowohl bei Firmicus als auch bei Rhetorios in den einander entsprechenden Aussagen zur Venus im 10. Ort[2759] ein Gegensatz zu *matutina* beziehungsweise ἀνατολική, der die Korrektur erleichtern würde. Insgesamt halte ich die Korrektur zu μάλιστα ἐὰν ⟨ἑῷα⟩ καὶ ἀνατολικὴ

[2757] Vgl. Paul. Alex. 24 p. 67,13–68,4 (zit. oben S. 1084).

[2758] Dass Firmicus selbst diese Zusammenhänge nicht verstanden hat, zeigt seine astronomisch widersinnige Zugabe (3,7,21): *Sed in nocturna genitura si sic positum Mercurium etc.*

[2759] Firm. math. 3,6,21–22 u. Rhet. 5,57,440–445 (= CCAG VIII 4, 1921, pp. 168,20–169,15).

τύχη für die beste Lösung.[2760] Die ausführliche Analyse der obigen Stellen war lohnend, weil sie gezeigt hat, dass es einschlägige astrologische Quellen gibt, die die morgendliche Stellung der Venus im 10. Ort, ebenso wie Antigonos es tut, mit hervorragender gesellschaftlicher Stellung assoziieren (Firm. math. 3,6,21. 6,25,1. Rhet. 5,57,440), dass es aber auch eine gegenteilige Ansicht gibt (Paul. Alex. 24 pp. 66,17–67,5).

Zu Merkur im 10. Ort lehrt Firm. math. 3,7,21, wenn Merkur der Sonne in der Tagesrotation vorausgehe, mache er die Nativen in ihren Unternehmungen bewundernswert und bedeutend, und wenn außerdem bei einer Taggeburt Jupiter (der ja zur Partei des Tages gehört) einen günstigen Aspekt auf Merkur werfe, was in **F2** der Fall ist (Sextil), bringe er Inhaber von bedeutenden Machtpositionen im Umfeld von Kaisern hervor: *in decimo loco Mercurius ab horoscopo constitutus, idest in MC., si matutinus in hoc loco fuerit, admirabiles et magnos in actibus reddit. si enim sic constitutum Mercurium Iuppiter ex aliqua parte respexerit de trigono vel de exagono in diurna genitura, erunt magni potentes, maximarum civitatum vel imperatorum vel potentium virorum negotia tractantes, fideles benivoli sapientes graves* (die letzten Worte ab *fideles* sind freilich nicht mit dem Charakter des in **F2** vorgestellten Nativen vereinbar). Ganz ähnlich lehrt Rhet. 5,57,446 (= CCAG VIII 4, 1921, p. 169,16–20): ἐπὶ δὲ τοῦ μεσουρανοῦντος ζῳδίου ἑῷος τυχὼν ὁ Ἑρμῆς θαυμαστικωτέρας καὶ ἐναργεστέρας τὰς πράξεις ἀποδείξει· ἔσονται γάρ [γάρ **AV** Cumont, δέ **P** Pingree], μαρτυρουμένου αὐτοῦ οἰκείως ὑπό τινος τῶν τῆς αἱρέσεως, μεγάλοι δυνάσται, πόλεων ἢ βασιλέων ἢ μεγιστάνων πράγματα πιστευόμενοι, πιστικοί, ἀγαθοί, κριτικοί. Beachtung verdient auch die etwas frühere Aussage des Rhetorios, die kein Gegenstück bei Firmicus hat (Rhet. 5,57,422 = CCAG VIII 4, 1921, p. 167,3–5): Ἑρμῆς μεσουρανῶν [...] τιμωμένους ἐν πόλεσι καὶ μεγάλους ὀνομαζομένους κτλ.

Aus den von Firmicus und Rhetorios tradierten Regeln zu Mars, Sonne, Venus und Merkur im 10. Ort wird deutlich, dass alle genannten Planetengötter mit Ausnahme des Mars durch ihre spezifischen Qualitäten zu der genannten Wirkung (προφανής) beitragen, Mars hingegen in der Argumentation des Antigonos anscheinend nur sozusagen kumulativ (als ein weiterer Planetengott im 10. Ort), aber nicht spezifisch, Erwäh-

---

[2760] Wenn sie richtig ist, hätte Firmicus, der ja nur *matutina* bietet, καὶ ἀνατολικὴ ausgelassen. Für etwas weniger plausibel halte ich μάλιστα ἐὰν ⟨ἑῴα⟩ [καὶ] ἀνατολικὴ τύχη, für gar nicht plausibel μάλιστα ἐὰν ⟨ἑῴα⟩ [καὶ ἀνατολικὴ] τύχη.

nung verdient.[2761]

Man beachte ferner den von Antigonos nicht betonten Umstand, dass gerade der Widder die Himmelsmitte einnimmt, ganz so wie im *thema mundi* (s.o. S. 632, Punkt f). Deshalb wird er zuweilen als Ursache des Ruhms bezeichnet; vgl. z.B. Val. 1,2,1: Κριός ἐστιν [...] κόσμου μεσουράνημα καὶ δόξης αἴτιον (= P. Oxy. astron. 4476 *recto*, Z. 2–3).[2762]

τυγχάνειν: s.o. zu **F1** § 30 τυγχάνειν.

προγενομένην ... προγενομένη: so **P** u. Exc.[2], προγεγονυῖαν ... προγεγονυῖα Ep.[4]. Vgl. **F5** § 71, wo **P** παραβάλλουσαν bietet, Ep.[4] jedoch παραβεβληκυῖαν. Der in astrologischen Texten übliche und dem TLG zufolge mehr als siebzigmal belegte Ausdruck ist προγενομένη σύνοδος mit Partizip Aorist.[2763] Es gibt jedoch auch seltene, zumeist sehr späte astrologische Belege für προγεγονυῖα σύνοδος bei Val. 3,9,9. Heph. 2,11,27. Rhet. epit. 4,22 (CCAG VIII 1, 1929, p. 244,7). Val. app. 21,9. Kam. isag. 2626. Anon. de hippodr. CCAG V 3 (1910), p. 128,5. Außerhalb der astrologischen Literatur gibt es vor dem 4. Jh. n.Chr. nur zwei weitere Belege: Ptol. synt. 6,2 p. I 462,9–10 H. und Galen. de dieb. decr. 3,4 p. IX 907,⟨3–4⟩ K.

Erheblich seltener finden sich die Junkturen προγενομένη bzw. προγεγονυῖα συζυγία, die sowohl Neumond als auch Vollmond bezeichnen können und dementsprechend durch den Zusatz συνοδική oder πανσεληνιακή näher bestimmt werden.[2764] Dabei überwiegen erneut klar die mit dem Partizip Aorist gebildeten Formen, wenngleich die einzigen sicheren Belege für προγενομένη συζυγία vor ca. 400 n.Chr. Ptol. apotel. 3,3,3. 3,9,1.2. 3,11,7 sind.[2765] Singulär ist die m.W. nur bei Theoph. exc.

[2761] Zur umgekehrten Situation vgl. Hor. gr. 97.XI.6 (Val. 2,22,30–32), wo es heißt, die Präsenz fast aller Planeten in der Himmelstiefe mache den Nativen ἀφιλόδοξον (Val. 2,22,32).

[2762] Zu P. Oxy. astron. 4476 (saec. II^ex/III^in) s.o. Anm. 2741.

[2763] Vgl. z.B. Ptol. apotel. 2,13,3. 3,11,7 und Heph. 1,23,16 (aber Ep.[4] Part. Pf.). 2,1,12. 2,1,28 (2x). 2,1,29. 2,1,30. 2,11,20 (= Ep.[4]). 2,11,22. 3,5,3 (aber Ep.[4] Part. Pf.). 3,5,10 (= Ep.[4]). 3,9,30 (= Ep.[4]; wo keine Angabe gemacht wurde, ist Ep.[4] nicht Textzeuge).

[2764] Vgl. z.B. Ptol. apotel. 3,3,3 δεῖ δὴ λαμβάνειν τὴν τῆς ἐκτροπῆς προγενομένην ἔγγιστα συζυγίαν, ἐάν τε σύνοδος ᾖ ἐάν τε πανσέληνος, κτλ. (= Heph. 2,2,3). Siehe auch Heph. 2,1,12–13 u. 2,11,26–29. Zu den *termini technici* σύνοδος und συζυγία vgl. R. Torre in Orlando – Torre 1991, 303^30, zu den mit σύνοδος und συζυγία verwandten *termini technici* (συνοδεύω, συνοδία, συνοδικός, συνοδίτης etc., συζυγιακός, συζύγιος, σύζυγος) ebd. 304, Abb. IV. Siehe auch Calderón Dorda 2001, 207f. u. 214.

[2765] Siehe ferner Dor. p. 369,22 (= Heph. 2,26,28 = Dor. frg. 51a St.).

CCAG XI 1 (1932), cap. 12, p. 214,19 belegte Junktur προγεγονυῖα συζυγία.

Sehr spät ist außerdem bei Olympiodor und Rhetorios der feminine Begriff συνοδοπανσέληνος (sc. φάσις) belegt, der in einem Fall das Attribut προγενομένη hat (nie προγεγονυῖα). Er ist offenbar im Sinne einer Alternative (σύνοδος ἢ πανσέληνος) gemeint und folglich (*pace* LSJ) mit συζυγία synonym.[2766]

Die beiden hier von **P** u. Exc.[2] überlieferten Aoristformen sind also wahrscheinlich richtig.

τὴν προγενομένην σύνοδον ἐν τῷ αὐτῷ γεγενῆσθαι ζῳδίῳ: Die Ergänzung der in **P** fehlenden Worte ἐν – ζῳδίῳ nach Ep.[4] ist nicht sicher, angesichts der identischen Formulierung in § 61 a.E. aber sehr wahrscheinlich. Hinzu kommt, dass in wenigstens einem weiteren Fall **P** und Exc.[2] beide einen Textausfall aufweisen, der anders als der hier vorliegende nicht bezweifelt werden kann und nur durch Ep.[4] behoben wird (s.u. **F3** § 65 περὶ τὸ κε′ ἔτος ἐσφάλη καὶ ἐν κατηγορίᾳ πρὸς τὸν βασιλέα γενόμενος). Ein weiterer Fall, wo Ep.[4] dem Wortlaut von **P** und Exc.[2] vorzuziehen ist, begegnet mit τὸ ὡροσκοποῦν ἢ τὸ μεσουράνημα am Ende des hier besprochenen Paragraphen (56). Zu Fällen, wo Ep.[4] dem Wortlaut von **P** und Exc.[1] vorzuziehen ist, s.o. S. 613 (Punkt ε).

Die pränatale Konjunktion der Luminare zieht Antigonos nur in diesem seiner drei erhaltenen Horoskope als *per se* wichtigen Faktor zur

---

[2766] LSJ s.v. συνοδοπανσέληνος geben allein die Bedeutung "conjunction" an, obwohl die einzige von ihnen zitierte Belegstelle inhaltlich von der Nennung beider Phasen zur Verwendung des Kompositums überleitet und die Bedeutung desselben auch durch die von LSJ zitierte *varia lectio* συζυγία nahegelegt wird: ὁ κύριος τῆς προγενομένης συνόδου ἢ πανσελήνου ἀπόστροφος ὢν τοῦ ἰδίου οἴκου καὶ ὑπὸ κακοποιῶν θεωρούμενος· ἡ συνοδοπανσέληνος ἡ προγενομένη ὑπὸ κακοποιῶν θεωρουμένη μόνων (Rhet. 5,77,2 = CCAG VIII 4, 1921, p. 199,5–8). Auch Rhet. 5,54,13–14 (= CCAG ibid. p. 120,14–20) variiert das Kompositum mit der Nennung beider Einzelbegriffe: βλέπε δὲ καὶ τοὺς κυρίους τῶν συνοδοπανσελήνων καὶ τριγωνικοὺς αὐτῶν δεσπότας πῶς κεῖνται καὶ ὑπὸ τίνων θεωροῦνται καὶ ποίας φάσεις ἔχουσιν, καὶ ⟨εἰ⟩ μὴ ἀπόστροφοί εἰσιν τῶν συνόδων ἢ πανσελήνων ἢ ἐναντιοῦνται τοῖς τόποις. αἱ συνοδοπανσέληνοι καὶ οἱ κύριοι αὐτῶν ὑπὸ κακοποιῶν θεωρούμενοι καὶ τῶν κυρίων τῶν συνοδοπανσελήνων ἀποστρόφων ὄντων ἢ ἐναντιουμένων, βιοθανασίας εἰσὶ δηλωτικοί. Weitere Belege für συνοδοπανσέληνος bietet Rhet. 5,78,3.4.12.14.15 (= CCAG ibid. pp. 202,15.18. 203,9.12.13) sowie auch Olymp. 35 p. 122,8. ibid. 36 p. 124,18. ibid. 37 p. 125,13.

Interpretation heran.[2767] Sie fand fünf Tage zuvor am Donnerstag,[2768] dem 31. März 40 n.Chr., auf 9° ♈ (tropisch) = ca. 14° ♈ (siderisch) statt. Astrologisch bedeutsam ist dabei nicht das kalendarische Datum, sondern die zodiakale Länge der προγενομένη σύνοδος. Der *terminus technicus* bezeichnet also einen sensitiven Punkt im Horoskop, vergleichbar dem Glückslos (vgl. **F3** § 63) und den drakonitischen Mondknoten, die ja ebenfalls vom Mond und von der Sonne abhängen.[2769] Die soeben genannte Länge von ca. 14° ♈ liegt nahe bei der von Antigonos auf 10° ♈ fixierten Himmelsmitte.[2770] Die pränatale Opposition der Luminare, d.h. den letzten Vollmond, erwähnt Antigonos einmal in **F1** § 40 φάσιν ... πανσεληνιακήν im Rahmen einer allgemeingültigen Kasuistik, also ohne ihn zur Interpretation des Hadrianhoroskops heranzuziehen.

Schon die babylonischen 'Horoskope' bieten zuweilen Daten bezüglich der aktuellen Mondsyzygien (d.h. Neumonde und Vollmonde), "presumably to be utilized in computing the date of conception" (Pingree 1997a, 23). In der hellenistischen Astrologie findet speziell der letzte Neumond schon sehr früh Berücksichtigung, wie der Verweis auf τὰς προγενομένας συνόδους bei Heph. 1,23,16 (= Nech. et Pet. frg. 12,72) und die Erwähnung der προγενομένη σύνοδος (τῆς σπορᾶς) bei Procl. comm. in Plat. rem publ. pp. II 59,23.25. 60,3.6.10 Kroll (= Nech. et Pet. frg. 14) nahelegt.

In den erhaltenen Lehrtexten finden die pränatalen Syzygien (Voll- oder Neumond) in ganz verschiedenen Zusammenhängen Beachtung. Vgl. z.B. Ptol. apotel. 3,9,1–2 (monströse Geburten) u. 3,11,7 (Festlegung des ἀφέτης bei Primärdirektionen),[2771] Val. 1,10,11 (Bestimmung

---

[2767] Die beiden Neumonderwähnungen in **F1** § 40 (φάσιν ... συνοδικὴν) u. § 41 (συνοδικῆς φάσεως) sind von anderer Art.

[2768] Quelle: *Calendrical Calculations* und *Kairos 3.2*; s.o. S. 479.

[2769] Im Prinzip kann der Begriff σύνοδος jede Konjunktion der Wandelsterne untereinander oder eines von ihnen mit einem Fixstern bezeichnen (vgl. Arist. meteor. 1,6 p. 343b,28–30 οἱ Αἰγύπτιοί φασι καὶ τῶν πλανήτων καὶ πρὸς αὐτοὺς καὶ πρὸς τοὺς ἀπλανεῖς γίγνεσθαι συνόδους), aber in der astronomischen und astrologischen Praxis ist immer die Konjuktion der Luminare gemeint. Vgl. z.B. die Definition bei Gem. 9,16 σύνοδος δέ ἐστι χρόνος, ἐν ᾧ ὁ ἥλιος καὶ ἡ σελήνη ἐν τῇ αὐτῇ μοίρᾳ γίνονται und dazu Calderón Dorda 2001, 208, die "conjunción del sol y de la luna" sei die "σύνοδος por antonomasia".

[2770] Was **F1** betrifft, fiel der letzte Neumond auf Dienstag, den 26.12.75 n.Chr., und fand auf 3° ♑ (trop.) = ca. 8° ♑ (sid.) statt, also im 12. Ort von Hadrians Geburtskonstellation und sehr nahe der Position Saturns, beides gute Gründe für Antigonos, jenen Neumond nicht zu thematisieren. In **F3** fiel der letzte Neumond auf Sonntag, den 03.04.113 n.Chr., und fand auf 12° ♈ (trop.) = ca. 16° ♈ (sid.) statt, also sehr nahe der Geburtssonne des Pedanius.

[2771] Wieder andere Verwendungen der Syzygien ebd. 2,11,5. 2,13,3. 3,3,3.

des Chronokrators des Mondmonats der Geburt), Heph. 2,1,27–31 (Prognose von Neun- bzw. Siebenmonatsgeburten aus den prä- und postnatalen sowie auch den prä- und postkonzeptionellen Neumonden), und so fort. Leider fehlen aber m.W. einschlägige Kapitel zur Bedeutung des pränatalen Neumondes in den zwölf Orten der Dodekatropos, worauf es dem Antigonos hier ja ankommt. Rhetorios sagt zwar in Kapitel 5,54, man solle die vorausgehenden Neu- und Vollmonde auf ihre Lokalisierung in den zwölf Orten prüfen, bietet aber bis auf eine singuläre Aussage zum achten und zwölften Ort, wo angeblich beide pränatalen Syzygien Verbannung bewirken, keine Regeln zur Interpretation der Befunde.[2772]

In den erhaltenen literarischen Horoskopen findet die pränatale Konjunktion oft Berücksichtigung und wird daher nicht selten unter Verzicht auf das Partizip προγενομένη kurz als σύνοδος bezeichnet, so etwa Val. 2,27,7 (Hor. gr. 78.IV.1). 3,10,13–14 (Hor. gr. 50–100). 3,10,20 (Hor. gr. 74.IV.19). 'Palch.' cap. 88, Z. 6 u. 14 Pingree 1976b p. 140 (Hor. gr. 484.VII.18); ausgeschrieben jedoch Marin. vita Procl. 35 (Hor. gr. 412.II.7) προγενομένη σύνοδος. Oft findet auch der der Geburt vorausgegangene Vollmond Erwähnung (z.B. Val. 2,37,46 = Hor. gr. 106.I.16), wobei das Partizip ebenfalls nicht selten fehlt: Nur πανσέληνος (ohne συζυγία) bieten z.B. Val. 4,8,1 (Hor. gr. 75.VII.19). 2,41,57 (Hor. gr. 87.VII.9). 2,41,79 (Hor. gr. 88.V.5). 2,41,87 (Hor. gr. 91.IV.4). 2,41,53–54 (Hor. gr. 97.II.23). 2,41,50 (Hor. gr. 123.VII.2). Rhet. 6,52,7 (Hor. gr. 497.X.28).[2773]

Nach Jones 1999a, I 288, ist mit P. Oxy. astron. 4282 (Hor. gr. 250–350a) das erste Papyrushoroskop bekannt geworden, das eine Syzygie erwähnt (Z. 1–2 ἡ προγενομένη πανσέληνος, s. auch Z. 11–12: ἡ δὲ παρ̄ . . . σύνοδος).[2774] Dem ist nun der etwas spätere, noch unpublizierte P. Berlin 9825 (Hor. gr. 319.XI.18–19) hinzuzufügen (ἡ δὲ προγενο-

---

[2772] Rhet. 5,54,8 (= CCAG VIII 4, 1921, p. 120,1–3): ἐν δὲ τῇ τετάρτῃ σκέψει δέον ζητεῖν τὰς συνόδους καὶ πανσελήνους ἐν ποίοις τόποις τετυχήκασιν καὶ τίσι συνάπτουσιν ἀπὸ συνόδου ἢ πανσελήνου. Die Angaben zum 8. u. 12. Ort finden sich ebd. 5,54,29 (= CCAG ibid. p. 122,2–4). In dem wenig später folgenden, sehr umfangreichen Kapitel 5,57 zur Wirkung der Planeten in den Orten der Dodekatropos macht er unter den detailreichen Angaben zum 10. Ort (5,57,413–452) zwar auch einige vermischte Angaben zu den Wirkungen des Glücksloses und der Mondknoten im 10. Ort (5,57,425–430), übergeht dort aber die pränatalen Syzygien.

[2773] Diese Stelle entspricht CCAG I (1898), p. 171,13, wo der Editor Olivieri die handschriftliche Abbreviatur für πανσέληνος falsch als πρὸς auflöst (erstmals korrigiert durch Neugebauer – van Hoesen 1959, 152 mit Anm. 7).

[2774] Zur singulären Syzygieerwähnung dieses Papyrus vgl. Komorowska 2004, 394 u. 408.

μένη πανσέληνος ἐγένετο κτλ.). Als ein weiterer Fall darf anscheinend
PSI I 23,a (Hor. gr. 338.XII.24), Z. 17f., genannt werden, wo von der
προγεναμένη (sic) ἀπόκρουσις die Rede ist.[2775]

Unter den genannten Horoskopen sind astrologische Deutungen der
Neumondnotate sehr selten. Erwähnung verdient Val. 2,37,44–47 (Hor.
gr. 106.I.16), zumal dort ebenso wie hier in **F2** Saturn in Opposition zur
Position des vorherigen Neumondes steht. Bedeutsam für die Epilepsie
des dortigen Nativen ist nach Valens Κρόνος, ⟨ὃς⟩ καὶ τὴν πανσέληνον
καὶ τὴν προγενομένην φάσιν κατώπτευσεν (2,37,46).[2776]

οὐ γὰρ μικρὰ δύναμίς ἐστιν ἡ προγενομένη σύνοδος: Pingree
änderte die letzten drei Worte wegen des in **P** vorausgehenden τυγχάνει
zu τῇ προγενομένῃ συνόδῳ. Dagegen sprechen drei Gründe: Zum einen
überliefert Ep.[4] nicht, wie Pingree im Apparat angibt, einen obliquen
Kasus (τὴν προγεγονυῖαν σύνοδον), sondern ebenso wie **P** einen Ausdruck im Nominativ (**P**: ἡ προγενομένη σύνοδος, Ep.[4]: ἡ προγεγονυῖα
σύνοδος).[2777] Zweitens wird die Lesart ἡ προγενομένη σύνοδος (**P**)
durch Exc.[2] bestätigt. Drittens neigt **P** dazu, Formen des Verbs τυγχάνειν, von dem hier Pingrees Konjektur im Dativ abhängt, in den Text
einzufügen (vgl. z.B. den krit. App. zu § 58 a.E.). Schwierig zu beantworten ist die Frage, ob δύναμίς ἐστιν (Exc.[2]) oder δύναται (Ep.[4])
vorzuziehen ist. Vielleicht stand ursprünglich nur elliptisch δύναμις; die
Abschreiber hätten dann ἐστίν (Exc.[2]) beziehungsweise τυγχάνει (**P**, sc.
οὖσα?) eingefügt.

τὸ ὡροσκοποῦν ἢ τὸ μεσουράνημα: so Ep.[4], dagegen bieten **P** und
Exc.[2] übereinstimmend τό τε ὡροσκοποῦν καὶ μεσουράνημα. Da die
Konjunktion nicht zugleich auf zwei verschiedenen Kardinalpunkten
beziehungsweise (sensu latiore) in zwei verschiedenen kardinalen Orten
stattfinden kann, trifft nur der Wortlaut der Epitome den Sinn. Außerdem
lässt schon das Fehlen des Artikels vor μεσουράνημα in **P** und Exc.[2]
vermuten, dass sich dieser Stelle bereits in einer gemeinsamen Vorlage
Fehler eingeschlichen hatten. Zu vergleichbaren Stellen, wo Ep.[4] allein
gegen **P** und Exc.[2] das Richtige überliefert, s.o. zu § 56 τὴν προγενο-

---

[2775] Vgl. Neugebauer – van Hoesen 1959, 66f. ad loc.

[2776] Ganz falsch Wohlers 1999, 112: "Saturn [...], der, wie man sagt, den Vollmond und
den zunehmenden Mond beherrscht".

[2777] Pingree ist ein *saut du même au même* von Zeile 10 zu Zeile 9 auf S. 230 des zweiten Bandes seiner Hephaistionedition unterlaufen.

μένην σύνοδον ἐν τῷ αὐτῷ γεγενῆσθαι ζῳδίῳ. – ASC und MC sind nach **F1** § 37 die πρακτικὰ κέντρα.

§ 57

Nach der Besprechung der Daten, die für die Analyse der τύχη ἀξιωματική relevant waren, wendet sich Antigonos den sexuellen Neigungen des Nativen zu. Beide Paragraphen (56 u. 57) haben im weitesten Sinne gemeinsam, dass sie den sozialen Beziehungen des Nativen gewidmet sind. Nicht-soziale Themen wie z.B. physische Charakteristika, die im Hadrianhoroskop (**F1** § 29) untersucht worden waren, spielen in **F2** (und ebenso in **F3**) keine Rolle.

Das Gebiet des Geschlechtslebens und der Sexualmoral nimmt in den antiken Astrologumena einen enorm breiten Raum ein.[2778] Es geht neben Heterosexualität um männliche und weibliche Homosexualität, Bisexualität, Päderastie, Transvestie, Sodomie und so fort. Auf dem Gebiet der Heterosexualität finden zahlreiche die soziale Interaktion betreffende und überwiegend negativ beurteilte Ausprägungen Beachtung, darunter Ehebruch, Entführung von Frauen, Vergewaltigungen,[2779] Prostitution und die verschiedensten Formen inszestuöser Sexualität,[2780] der orientalische Sitten wie die Geschwisterehe Vorschub leisteten. Wenngleich man bei manchen Autoren, insbesondere bei Firmicus, den Eindruck gewinnt, dass ihre minutiösen Analysen sexueller Neigungen und Perversionen einer ihrerseits psychologisch abnormen Beflissenheit entspringen, nichts Skandalöses auszulassen und jedem Tabubruch nachzuspüren, galten den Astrologen doch all diese Verhaltensweisen, wie überhaupt jeder Bereich menschlichen Handelns und Leidens, im Rahmen einer weitverzweigten Kasuistik als unleugbare Wirkungen der Sterne. Daher geht selbst der so sehr um wissenschaftliche Strenge bemühte Ptolemaios ausführlich auf die Vielfalt der sexuellen Neigungen ein.[2781]

[2778] Vgl. Bouché-Leclercq 1899, 435f. Cumont 1937, 178–184. Tester 1987, 79. Konstan 1997, 166f. Macías Villalobos 2006a. Siehe ferner Lemay 1980 zur Sexualität als Gegenstand der mittelalterlichen Astrologie in arabischen und lateinischen Quellen.

[2779] Unter den gewaltsamen Eingriffen in das Sexualleben finden als Sonderfälle auch Eunuchen und Galli Beachtung.

[2780] Vgl. Cumont 1937, 179: "On épousait ou on sédusait tous les membres de la famille, toute la maisonnée."

[2781] Ptol. apotel. 3,15,7–12 u. 4,5,15–20 (vereinzelt auch schon in 4,5,1–14).

Den astrologischen Fachschriftstellern zufolge gehören Abweichungen von dem als naturgemäß (κατὰ φύσιν)[2782] bewerteten sexuellen
Durchschnittsverhalten zum Gebiet der πάθη ψυχικά, speziell zu deren
nicht-dianoetischer Hälfte, die der *anima sensitiva* zuzuordnen ist.[2783]
Hier ist vor allem auf die zweite Hälfte von Ptolemaios' Kapitel Περὶ
παθῶν ψυχικῶν (apotel. 3,15,7–12) zu verweisen, wo sowohl quantitative Abweichungen in Form von exzessiver 'natürlicher' Sexualität als
auch qualitative, insbesondere passiv homosexuelle Abweichungen von
der Norm diskutiert werden.[2784] Den frühesten sicher datierbaren astrologischen Beleg für die Bewertung solcher Abweichungen als πάθη
ψυχικά liefert Manil. 5,155, der männliche passive Homosexualität und
Travestie als *morbum* bezeichnet. Auch ein Teil der antiken Ärzte, von
denen ja nicht wenige die Medizin und Astrologie in Personalunion
praktizierten, stufte männliche passive und weibliche aktive Homosexualität als seelische Krankheit ein, so etwa der bedeutende Methodiker
Soran von Ephesos (um 100 n.Chr.) in seinem verlorenen nosologischen
Werk über chronische Krankheiten (Περὶ χρονίων παθῶν), dessen lateinische Überarbeitung durch Caelius Aurelianus (um 400 n.Chr.) erhalten
ist.[2785]

[2782] Vgl. z.B. Ptol. apotel. 3,15,7 κατὰ φύσιν. Das lat. Äquivalent *secundum naturam*
ist weder bei Firmicus noch im *Liber Hermetis* belegt; s. jedoch den Beleg für das Antonym *contra naturam* bei Firm. math. 5,2,11.

[2783] Vgl. Bouché-Leclercq 1899, 434–436. Zu Erkrankungen des anderen, intellektuellen
Seelenteils zählte man z.B. die Epilepsie.

[2784] Mehr dazu unten S. 1114 im Komm. zu τῷ πάντας – ζῳδίοις εἶναι.

[2785] Vgl. Cael. Aur. tard. pass. 4,9,132–133: Dort bezeichnet Caelius männliche passive
Homosexualität und den gesamten damit verbundenen Lebenswandel wie weibliche
Kleidung, weiblichen Gang und Ähnliches als *a passionibus corporis aliena, sed potius
corruptae mentis uitia* und beruft sich für sein Urteil wenige Zeilen später explizit auf
Soran: *est enim, ut Soranus ait, malignae ac foedissimae mentis passio*. Auch ein ausführlicher Vergleich zwischen diesen *molles siue subacti* und lesbischen, die aktive Rolle spielenden Frauen (*tribades*) macht für Caelius deutlich, dass die passiv homosexuellen Männer 'von einer Geisteskrankheit geschüttelt werden': [...] *animi passione iactari
noscuntur. nam neque ulla curatio corporis depellendae passionis causa recte putatur
adhibenda, sed potius animus coercendus, qui tanta peccatorum labe uexatur*. Es fällt
auf, dass Caelius den griechischen Begriff ψυχή nicht mit *anima*, sondern mit *mens*
bzw. *animus* übersetzt, und dass er a.a.O. Homosexualität unter Rekurs auf christliche
Terminologie zweimal als Sünde (*peccata*) bewertet (diese Bewertung ist anscheinend
eine eigene Zugabe des Caelius zu Soran). Vgl. Brooten 1996, 148[13]: "The elements that
Caelius Aurelianus may have added include: [...]: the mention of sins/vices (*peccata*)
[...], perhaps implying Christian influence [...]."

Neben die medizinische Bewertung als Krankheit tritt in der Kaiserzeit eine deutliche moralische, bei Christen auch religiöse Zensur. Bei Ptolemaios ist die moralische Zensur bereits fassbar, aber noch nicht so stark ausgeprägt wie zwei Jahrhunderte später bei Firmicus Maternus, dem Villalobos Macías in seiner Untersuchung zu Homosexualität und sexuellen Perversionen in der antiken Astrologie eine regelrechte Obsession attestiert.[2786] Zumindest teilweise dürfte diese im Vergleich zu früheren Jahrhunderten strenge Sexualmoral der Kaiserzeit durch den diese Epoche prägenden Einfluss der stoischen Philosophie verursacht worden sein, die ja die Kontrolle jeglicher Leidenschaften durch die Vernunft forderte.[2787] Dabei tritt in der Kaiserzeit neben die rein moralische Abwertung die Kritik daran, dass Abweichungen von den als Norm akzeptierten sexuellen Rollen sozial wertlos seien. Villalobos Macías resümiert: "Por tanto, Firmico Materno es quizás nuestro mejor exponente de que la antigua comprensión hacia ciertas formas de amor homosexual ya ha desaparecido y de que nos encontramos en una epoca nueva, donde todo este tipo de desviaciones, tanto las protagonizadas por hombres como por mujeres, serán objeto de crítica, pues el modelo único aceptable es el de la relación hombre-mujer que tiene por objeto no tanto el placer como la reproducción."[2788]

Die moralische Zensur sexueller Abweichungen in der Kaiserzeit ging Hand in Hand mit der starken Beachtung, die die römische politische Biographie dieser Epoche dem Thema Sexualität schenkte. Krenkel hat dies an den Kaiserbiographien Suetons, von denen jede einzelne ein entsprechendes Kapitel enthält, sowie auch an der *Historia Augusta* gezeigt und versuchsweise eine siebenstufige Skala der Schweregrade sexueller Diffamierung aufgestellt.[2789] Ich vermute, dass Hadrian in diesem moralischen Klima (sowie in unmittelbarer zeitlicher und räumlicher Nähe zu Sueton, der ja bis 121 n.Chr. Vorsteher seiner kaiserlichen Kanzlei gewesen war) seine Autobiographie genutzt hat, um einzelne Personen durch unvorteilhafte Aussagen über ihr Sexualleben zu diffamieren, und dass Antigonos die mit § 56 ἄδικος auf juristischer Ebene initiierte und hier in § 57 auf sexueller Ebene fortgesetzte moralische Diskreditierung

---

[2786] Macías Villalobos 2006a, 238: "una auténtica obsesión" (vermutlich übernommen aus Bouché-Leclercq 1899, 435[1]). Zu dem im Vergleich mit Firmicus geringeren Maß der moralischen Zensur bei Ptolemaios s. ebd. 245f.

[2787] Vgl. ebd. 246, wo ergänzend auf die veränderten sozialen und politischen Rahmenbedingungen verwiesen wird.

[2788] Ebd. 244.

[2789] Krenkel 1980, bes. a.E. (= Krenkel 2006, bes. 261–263).

des anonymen Nativen von **F2** ebenso wie die diskreditierenden erotischen Details über Pedanius Fuscus in **F3** § 66b aus Hadrians Autobiographie übernommen hat (s.o. S. 55, Punkt 3).[2790] Eine ähnliche sexuelle
Diffamierung bietet das erheblich später entstandene Horoskop des Pamprepios von Panopolis (Hor. gr. 440.IX.29), auf das unten (S. 1109) noch
unter anderen Aspekten einzugehen sein wird, da der Autor jenes Horoskops, der anscheinend im Dienste Kaiser Zenons stand, seine Diskussion
der angeblichen Lüsternheit (ἀσέλγεια) des Pamprepios, der als einer
der Rädelsführer einer Revolte gegen Zenon ums Leben kam, im Rahmen
seiner feindlichen Grundhaltung gegenüber dem Nativen funktionalisiert.[2791]

πρὸς δὲ τὰς θηλείας μίξεις ἀνεπίστροφος τυγχάνει: Die Akzent-
setzung ist hier anders als in **F4** § 67, weil es dort ohne Erwähnung des
Geschlechtslebens um gestörte Verhältnisse (ἀκαταστασία) zwischen
Männern und Frauen geht. Anders formuliert: In **F4** geht es um soziale,
hier jedoch um sexuelle Inkompatibilität. Eine inhaltlich ähnliche Prognose bietet Firm. math. 8,30,4 zu ASC = 10° ♓ (nach der *Sphaera Barbarica*): *erit ... circa muliebres concubitus semper inpatiens.*

   Diese Stelle ist der mit Abstand früheste Beleg für die Junktur θήλεια
μίξις, die danach erst wieder im 4. Jh. n.Chr. bei dem Kirchenschriftstel-
ler Epiphanius begegnet. Der Begriff ἀνεπίστροφος ist in astrologischen
Texten sehr selten. Der einzige weitere Beleg ist thematisch irrelevant
(über entlaufene Sklaven) und begegnet sehr spät in einer byzantinischen
Epitome.[2792]

τυγχάνει: Tempuswechsel gegenüber § 56 ἔσται (ubi pl.).

[2790] Als Alternative ließe sich § 57 nur durch die sehr unwahrscheinliche Annahme
erklären, dass Antigonos, ohne sich auf biographische Vorgaben einer Quelle zu stützen,
die Homosexualität des Nativen aus den astronomischen Daten geschlossen hat. Dieser
Annahme widerspricht aber die in jedem der drei Horoskope (**F1–F3**) vorhandene klare
Trennung zwischen biographischen Fakten und astrologischen Erklärungen derselben,
wobei die biographischen Fakten in **F1** und **F3** überprüfbar sind und evident ist, dass sie
nicht das Produkt der Anwendung astrologischer Lehrsätze auf astronomische Daten
sein können, sondern von Antigonos aus einer biographischen Quelle übernommen
wurden.
[2791] Die beiden Fälle unterscheiden sich allerdings insofern, als Antigonos nach meiner
Überzeugung nicht im Dienste Hadrians stand (s.o. S. 54, Punkt 2), die diskreditierende
Intention also genau genommen nicht ihm, sondern Hadrian zuzuschreiben ist.
[2792] Heph. epit. 4,126,88 ἀνεπίστροφος ὁ δρασμὸς ἀποτελεῖται (≈ Heph. 3,47,88
ἀνεπάνοδον τὸν δρασμὸν ἐργάζεται).

ῥυπαϱὸς: Weische 2003 hat die wörtliche, metonymische und metaphorische Verwendung dieses Adjektivs in der Koine unter Berücksichtigung
der von den Stoikern eingeführten strengen Trennung zwischen Metonymie und Metapher untersucht (zur stoischen Definition ebd. 203). Besondere Beachtung schenkt er dabei der Antonymie, die er mit Horst Gecke-
ler für die wichtigste Beziehung in der Strukturierung eines Wortfeldes
hält (ebd. 204). Dieser Ansatz erlaubt es, auf metonymischer Ebene die
Antonymie ῥυπαϱός – λαμπϱός ('ärmlich' – 'prächtig') herauszustellen,
auf metaphorischer Ebene hingegen die Antonymie ῥυπαϱός – καθα-
ϱός/καθάϱιος ('moralisch verwerflich' – 'moralisch edel'). Die metonymische Verwendung von ῥυπαϱός exemplifiziert Weische (ebd. 201) an
einem Beispiel des Neuen Testaments, Iac. 2,2: ἐὰν γὰϱ εἰσέλθῃ εἰς
συναγωγὴν ὑμῶν ἀνὴϱ χϱυσοδακτύλιος ἐν ἐσθῆτι λαμπϱᾷ, εἰσέλθῃ
δὲ καὶ πτωχὸς ἐν ῥυπαϱᾷ ἐσθῆτι κτλ. Der Kontext legt nahe, dass der
Arme (πτωχός) die religiöse Versammlung nicht in schmutziger, sondern
in ärmlicher Kleidung aufsucht, die dunkler als die hellen Gewänder der
Vornehmen ist. Wir haben es also mit einer Verschiebung innerhalb desselben Sinnbezirks, der materiellen Beschaffenheit der Kleidung, zu tun.
Auf der metaphorischen Ebene hingegen findet ein Vergleich zwischen
körperlicher und seelischer Beschaffenheit, also zwischen zwei durchaus
verschiedenen Sinnbezirken, statt. "Wie man vom Schmutz des Leibes
und seiner Sauberkeit spricht, so kann man auch von der Befleckung und
der Reinheit der Seele reden" (ebd. 204). Dieser metaphorische Gebrauch
von ῥυπαϱός dominiert bei den für das Studium der Koine wichtigen
Autoren Philon von Alexandria und Epiktet, denen es um religiöse oder
moralische Belehrung geht.[2793]
Es wird also wichtig sein, das aus der astrologischen Literatur zu
gewinnende Material entsprechend den drei von Weische genannten semantischen Ebenen zu ordnen. Für jede von ihnen finden sich Belege, die
hier in drei Gruppen jeweils chronologisch und nach Geschlechtern geordnet präsentiert werden. Unsichere Zuordnungen sind durch den Zusatz
'(?)' vor der Stellenangabe gekennzeichnet.[2794]

[2793] LSJ s.v. ῥυπαϱός 2 bieten Beispiele, die als metaphorisch deklariert sind ("metaph."), im Sinne von Weisches sorgfältigerer Scheidung aber als metonymisch zu bezeichnen sind. Wirklich metaphorische Wortbedeutungen und Belege wie die hier vorliegende Stelle fehlen leider bei LSJ + Suppl. 1996. Richtig hingegen die semantische
Differenzierung der relevanten Stellen bei Gregor von Nyssa im LG 10 (2010), 30f., s.v.
ῥυπαϱός 3.b.α mit Belegen für ἐπιθυμία ῥυπαϱά und ῥυπαϱαὶ ἡδοναί.
[2794] Es erscheint besser, alle (nicht sehr zahlreichen) Belegstellen anzuführen, auch wenn
die eine oder andere je nach Interpretation einer anderen Gruppe zugewiesen werden

a) wörtliche Verwendung:
α) Männer:
- Rhet. exc. ex Teucr. (? s.o. Anm. 1597) CCAG VII (1908), p. 202,12 κατὰ δὲ τὸν γ′ [sc. δεκανόν τοῦ Λέοντος ποιεῖ] ῥυπαρούς, βλοσυρώδεις[2795] κτλ.
- Antioch. epit. 2,8 (ex thes.), CCAG I (1898), p. 149,2–9 (= Rhet. 5,8,10–11): ὅρα δὲ πάλιν τὴν Ἀφροδίτην συνοῦσαν τῷ Κρόνῳ, πῶς ποιεῖ τοὺς οὕτω γεννηθέντας ἀσπέρμους, δυστέκνους, ῥυπαροὺς ἢ καὶ ἀγάμους, μίξας ἀμφοτέρων τὰς φύσεις. εὑρήσεις τὴν αἰτίαν· τοῦ γὰρ Κρόνου ψυχρᾶς καὶ ξηρᾶς φύσεως τετυχηκότος καί, περὶ ὧν προείρηται, ψύχοντος καὶ ξηραίνοντος τὸ ἡδονικὸν καὶ σπερματικὸν πνεῦμα, πῶς τεκνογόνος γενήσεται ἢ γάμους ἀρυπάρους[2796] ἕξει διὰ τὸ πρεσβυτικὸν ἢ ῥυπαρὸν τῆς φύσεως τοῦ ἀστέρος;[2797]
- (?) Antioch. epit. 3b,20 (ex thes.), CCAG VII (1908), p. 112, 16–17 Σελήνη καὶ Κρόνος ⟨ἐὰν⟩ ἐπιθεωρήσωσιν ἀλλήλοις,

könnte, als eine notwendigerweise sehr kleine Auswahl von vermeintlich eindeutigen Belegen zu präsentieren.

[2795] Das Lemma βλοσυρώδης fehlt im LSJ + Suppl. 1996. Es bedeutet 'haarig aussehend' oder 'grimmig aussehend' (aus βλοσυρός und εἶδος).

[2796] Das sehr seltene Adjektiv bedeutet hier anscheinend, dass der Ehemann gewissenhafte Körperpflege betreibt und stets wohlriechend und sauber gekleidet ist, während die beiden Fälle von ῥυπαρός in diesem Satz das Gegenteil ('ungepflegt') bedeuten. Dafür spricht, dass der Text selbst den Einfluss Saturns im Sinne einer 'Abkühlung' und 'Austrocknung' des durch Venus symbolisierten sexuellen Verlangens deutet, also im Sinne von Privation, nicht Perversion. Im Übrigen geht es in dem ganzen Kapitel an keiner Stelle um sexuelle Perversionen. Es gibt jedoch einen einzigen, sehr späten Beleg für dasselbe Adjektiv in eindeutig metaphorischer Verwendung, und zwar in einem astrologischen, ehebezogenen Kontext. Diese Stelle bietet Michael Italikos in einer brieflichen Paraphrase der Καταρχαί des Maximos: ἐν δὲ Διδύμοις οὔσης [sc. τῆς Σελήνης], κατὰ μὲν τὴν πρώτην ἡμέραν μοιχείας ἀποτελεῖσθαι καὶ ῥυπαρῶν πόθων ἐπιμιξίας, εἰς δὲ δευτέραν ἡμέραν ὁ γάμος ἀρυπαρώτερος. (Mich. Ital. epist. 30 p. 199,7–9 Gautier). Ansonsten begegnet ἀρύπαρος nur noch einige Male als Adverb in spätantiken christlichen Texten, und zwar stets in wörtlicher Bedeutung bezüglich der Geburt Jesu aus der Jungfrau Maria, die ἀρρήτως καὶ ἀρυπάρως bzw. ἀσπόρως καὶ ἀρυπάρως erfolgt sei.

[2797] Pingrees Rhetoriosedition weicht, ohne den Gesamtsinn zu ändern, in mehreren Details ab: Er interpungiert zu Recht nach ἀγάμους (statt nach φύσεις) und liest am Ende, enger als Boll dem cod. Laur. 28,34 folgend: τοῦ γὰρ Κρόνου ψυχρᾶς καὶ ξηρᾶς φύσεως τετυχηκότος καί (περὶ ὧν προείρηται) καὶ ψύχοντος καὶ ξηραίνοντος τὸ ἡδονικὸν καὶ σπερματικὸν πνεῦμα, πῶς τεκνογονῶν γενήσεται ἢ γάμους ⟨ποιήσει⟩ ἀρυπάρους διὰ τὸ πρεσβυτικὸν ἢ ῥυπαρὸν τῆς φύσεως τοῦ ἀστέρος;

ῥυπαροὺς καὶ γοήτας ποιοῦσιν (~ Rhet. 5,65,10 ⟨ἐὰν δὲ⟩ καὶ Κρόνος καὶ Σελήνη ἐπιθεωρήσωσιν, ῥυπαρούς, γοήτας, νεκυομάντεις).[2798]

- Kam. isag. 2665–2669 ὁ μὲν Κρόνος ὡροσκοπῶν ¦ σημαίνει τὸν νυμφίον ¦ πρεσβύτην τε καὶ ῥυπαρόν, ¦ [...] ἡ δ᾽ Ἀφροδίτη γλυκερόν, ¦ καθαρὸν (!) ἱλαρόν τε κτλ.

β) Frauen: –
γ) Sachen:
  - Dor. p. 409,23–24 (über die Lokalisierung eines gestohlenen Gutes): Κρόνου δὲ [sc. ὁρῶντος] παρὰ δουλικῷ προσώπῳ ἢ ἐν σκοτεινῷ τόπῳ ἢ ὑγρῷ ἢ ῥυπαρῷ κτλ.
  - Dor. p. 410,16–17 (über die Bestimmung eines gestohlenen Gutes): τοῦ δὲ Κρόνου ὄντος εἰς ἓν[2799] τῶν ἀποκλιμάτων ἢ ἐν Κριῷ ἄτιμον καὶ εὐτελὲς καὶ ῥυπαρὸν καὶ παλαιὸν ἀπώλετο (~ Erasistr. exc. ap. 'Palch.' cap. 17, CCAG I, 1898, p. 94,10–11 Κρόνου ὡροσκοποῦντος, τὸ ἀπολλύμενον ἔσται παλαιὸν ἢ ἀτελὲς ἢ ῥυπαρόν).

b) metonymische Verwendung:
  α) Männer:
  - Ptol. apotel. 3,14,11 ἐναντίως δὲ καὶ ἀδόξως κείμενος [sc. ὁ Κρόνος ποιεῖ] ῥυπαρούς, μικρολόγους, μικροψύχους κτλ.: Dieser einzige Beleg für ῥυπαρός bei Ptolemaios findet sich im Kapitel über die Beschaffenheit der Seele als eine der Wirkungen Saturns als Seelenherrscher (οἰκοδεσπότης τῆς ψυχῆς) in ungünstiger Position; hier bezeichnet das Adjektiv "eine 'niedrige', 'kleinliche' Gesinnung".[2800]

[2798] Die Rhetoriosstelle lautet in Cumonts Edition im CCAG VIII 4 (1921), p. 193,4–5: ἐὰν δὲ Κρόνος καὶ Σελήνη ἐπιθεωρήσωσιν, πουοῦσι ῥυπαρούς, γοήτας, νεκυομάντεις. Zwar legt der Titel des Kapitels (Περὶ μαινομένων καὶ ἐπιληπτικῶν) nahe, dass es sich um ein seelisches Leiden und damit um einen metaphorischen Gebrauch handelt, ich folge hier jedoch Cumont 1937, 147[1], der diese Stelle zusammen mit eindeutigen Belegen für schmutzige, zerlumpte Kleidung aufführt.

[2799] Byzantinische Kasusrektion im Sinne von klassisch ἐν ἑνί.

[2800] So Weische 2003, 207, der auch die *Apotelesmatika* des Ptolemaios (als einziges astrologisches Werk) ausgewertet hat. Nach Weische (ebd.) korrespondieren bei Ptolemaios mit dem zitierten Beleg für ῥυπαρός mehrere andere Belege für καθάριος, die sich stets auf die Lebensart vornehmer Leute beziehen, in einem Fall auch bezüglich der Wahl von Geschlechtspartnern (apotel. 4,5,15): τοῦ μὲν γὰρ τῆς Ἀφροδίτης καὶ τοῦ τοῦ Κρόνου χωρισθείς, μαρτυρηθεὶς δὲ ὑπὸ Διὸς καθαρίους καὶ σεμνοὺς περὶ τὰ ἀφροδίσια ποιεῖ καὶ μόνης τῆς φυσικῆς χρείας στοχαζομένους ("who are cleanly

- Val. 1,3,33 nennt ῥυπαρόβιοι.
- Val. 2,17,63 nennt ῥυπαρωτέρους μὲν ἢ καὶ ἐπικοιμωμέ-
  νους.[2801]
- Heph. app. 2,8 = Heph. epit. 2,3,17,8 (über Testamente):[2802]
  ἐὰν οὖν ὡροσκοπῇ Κρόνος τῇ καταρχῇ ὁ διαθέμενος γέρων ἔσται, κακοῦργος καὶ ἄδικος καὶ ἐνέδραν ἕξει καὶ
  ψεύσματα, ὅ τε ποιῶν ἀγενής τις ἔσται καὶ ῥυπαρὸς ἢ
  ἀπελεύθερος.[2803]
- Rhet. 5,82,10 (= CCAG VIII 4, 1921, p. 209,3–6): οἷον ἐὰν ὁ
  τὴν πρᾶξιν παρέχων τύχῃ ἐν οἴκοις Διός, εὐκλεεῖς καὶ
  εὐθύμους καὶ εὐφαντασιώτους τὰς πράξεις ποιεῖ· εἰ δὲ
  οἴκοις Κρόνου, ῥυπαρὰς καὶ ἐπιμόχθους καὶ ἐπονειδί-
  στους (vgl. das Exzerpt im cod. Vat. gr. 1056, saec. XIV, cap.
  12, f. 238ᵛ, edd. Burnett – Pingree 1997, 205: ὅτι ὁ μὲν Ζεὺς
  εἰς εὔκλειαν καὶ περιφάνειαν λαμβάνεται, ὁ δὲ Κρόνος
  εἰς τὸ ῥυπαρὸν καὶ ὀνειδιστικὸν καὶ μοχθηρὸν καὶ κακο-
  παθές).

β) Frauen: –

c) metaphorische Verwendung:
  α) Männer:
    - Antig. Nic. **F2** § 57.
    - Val. 2,33,6–7 τὰ δὲ ἤθη (!) τῶν γονέων ἐκ τῶν συσχηματι-
      ζομένων ἀστέρων ληπτέον. Κρόνος μὲν γὰρ δείξει στυ-
      γνούς, φθονερούς, βαθυπονήρους, καχυπόπτους, ῥυπα-
      ρούς, κρυπτούς, πάθεσι περικυλιομένους, ἀπρεπεῖς, ἀνα-

---

and decorous in love and aim only at its natural course", Robbins 1940, 405). Nach
Weisches zusammenfassendem Urteil (2003, 207) "wird von Ptolemaios καθάριος
ausschließlich in der hier dokumentierten metonymischen Bedeutung gebraucht". Mir
scheint der zuletzt zitierte Beleg jedoch bereits dem metaphorischen Gebrauch zuzuordnen zu sein.

[2801] Das Einschlafen bei oder nach dem Geschlechtsverkehr deutet darauf hin, dass sich
auch ῥυπαρωτέρους eher auf die mangelnde Körperpflege alter Männer als auf moralisch verwerfliche sexuelle Praktiken bezieht. Die Konjektur ἐπικοινωμένους von Kroll
1908, 75 (in app. crit.), hat Pingree zu Recht nicht übernommen.

[2802] Vgl. Hübner 2003b, 169f. Die zitierte Stelle geht vielleicht auf Dorotheos zurück; in
der arabischen Paraphrase findet sich aber keine Entsprechung.

[2803] 'Wenn also bei dem Beginnen [d.h. der schriftlichen Abfassung des Testaments]
Saturn aszendiert, wird der Erblasser ein alter Mann sein, ein Übeltäter und Ungerech-
ter, und er wird voller Tücke und Lügen stecken, und der Verfügende [d.h. der Erb-
lasser] wird von niedriger Abkunft und schmutzig sein oder ein Freigelassener'.

λισκομένους κτλ.

- (?) Val. 2,38,21 πάντοτε Κρόνος Ἀφροδίτην ἐπιδεκατεύ-
ων ἢ εἰ διαμετρήσει ἢ εἰ σὺν αὐτῇ τύχῃ ἢ οἰκοδεσποτεῖ
αὐτῆς, ψύξει τοὺς γάμους ἢ ῥυπαίνει, καὶ μᾶλλον Ἑρμοῦ
μαρτυροῦντος.[2804]

- Val. 2,38,32 κατάμοιχοι γίνονται ἢ ἔνοχοι μοιχείας, ἀνέ-
ραστοι, ῥυπαροὶ καὶ διὰ ταῦτα εἰς περιστάσεις ἀγό-
μενοι.[2805]

- Antioch. epit. 3b,22 (ex thes.), CCAG VII (1908), p. 115,20:
ἐν δὲ τῷ Ὑδροχόῳ δεκανῷ γ′ ποιεῖ ῥυπαρούς (~ Rhet.
5,68,10 ἐν δὲ τῷ Ὑδροχόου δεκανῷ γ′ ποιεῖ πολυκοίνους,
ῥυπαρούς).[2806]

- Ps.-Ptol. cent. 80 ὅτε συνοδεύει ἡ Ἀφροδίτη τῷ Κρόνῳ καὶ
ἔχει οἰκοδεσποτίαν τινὰ ἐν τῷ ἑβδόμῳ, ῥυπαρὸς ἔσται
τὴν συνουσίαν ὁ γεννηθείς.[2807]

β) Frauen:

- Dor. p. 392,5 ap. Heph. 3,9,4 (= frg. 86a,22–26 St.) im Kon-
text von Ehe (Περὶ γάμου): ἐν τροπικῷ δέ | ζῴῳ μηδέ νυ
Κύπρις ἔοι τότε μηδὲ Σελήνη· | Κύπρις μαχλοτάτην τεύ-
χει ῥυπαρήν τε δάμαρτα | θήσει φωριδίοισιν ἀρεσκο-
μένην λεχέεσσιν, | ἡ δέ κεν οὐ χρονίην εὐνὴν ὀπάσειε
Σελήνη[2808] (~ Max. paraphr. 1,112–113 p. 78 Radici Colace:

[2804] Der Merkur betreffende Zusatz legt nahe, dass mit ῥυπαίνει Päderastie gemeint ist.
Vgl. das nur im Lib. Herm. 32,67 belegte Adjektiv *sordidogamus* (Kontext: Venus in
einem Haus Saturns bewirke bei Taggeburten *fornicatores et sordidogamos ad omnem
commixtionem*), das auf ein nicht belegtes griechisches Vorbild *ῥυπαρόγαμος verweisen könnte (vgl. das metonymisch gebrauchte Kompositum ῥυπαρόβιος bei Val.
1,3,33). Ohne den Merkurzusatz läge hier die wörtliche Auffassung von ῥυπαίνει nahe
(vgl. Anm. 2796). Vielleicht sind hier also beide semantischen Ebenen relevant.

[2805] Die im Kontext genannten moralisch verwerflichen Eigenschaften sowie vor allem
der Zusatz, dass ihr 'schmutziges' Wesen diese Männer in Gefahren bringe, zeigt, dass
weder die wörtliche noch die metonymische Bedeutung von ῥυπαρός gemeint sein
kann.

[2806] Die Rhetoriosstelle lautet in Cumonts Edition im CCAG VIII 4 (1921), p. 197,10–
11: Ἀφροδίτη Ὑδροχόου δεκανῷ τρίτῳ κακωθεῖσα ποιεῖ πολυκοίνους, ῥυπαρούς.
Der Titel dieses Kapitels ist Περὶ δεκανῶν ἀσελγοποιῶν.

[2807] Vgl. die arabischen und lateinischen Kommentare, z.B. den von Aḥmad ibn Yūsuf
ibn al-Dāya (ital. Übers.: Martorello – Bezza 2013, 199).

[2808] 'In einem tropischen Zeichen möge dann (d.h. bei der Hochzeit) weder Venus noch
der Mond sein: Venus macht die Ehefrau überaus wollüstig und wird sie zu einem
schmutzigen Weib machen, das an heimlichem Lager (d.h. mit fremden Männern) Ge-

Σελήνης Ταύρῳ· ὁ γήμας βλαβήσεται· ἔσται γὰρ ἡ γυνὴ
μοιχαλίς, πολύκοινος, ῥυπαρά ~ Kam. isag. 2578 τὴν νύμ-
φην μοιχαλίδα τε ¦ καὶ ῥυπαρὰν σημαίνει).[2809]

Wenngleich die geringe Zahl der relevanten Stellen, ihre weite chronologische Streuung und ihre zum Teil erkennbare Abhängigkeit voneinander keine statistisch gesicherten Aussagen erlaubt, fällt auf, dass nur ein
einziger eigenständiger Beleg für ῥυπαρός mit Bezug auf Frauen vorliegt: Diese im originalen Wortlaut erhaltene Dorotheosstelle, die soeben
an letzter Stelle zitiert wurde und direkt oder indirekt von Hephaistion,
Maximos und Kamateros adaptiert wurde, ist metaphorisch und verurteilt
zügellose Promiskuität als seelischen Schmutz. Bis auf eine Ausnahme
(Val. 2,33,6–7) betreffen auch die auf Männer bezogenen metaphorischen
Belege, unter denen die vorliegende Antigonosstelle die früheste ist, den
Bereich der Sexualität. Sie enthalten allerdings kaum konkrete Aussagen
dazu, in welcher Weise eine Verletzung des als anständig und 'sauber'
normierten Sexualverhaltens vorliegt. Die vorliegende Antigonosstelle ist
insofern konkreter als die meisten übrigen, als sie – wenngleich unter
Verzicht auf Details – klar macht, dass der Native homosexuell veranlagt
war, denn die negative Formulierung in πρὸς τὰς θηλείας μίξεις ἀνεπίστροφος τυγχάνει (§ 57) bedeutet positiv gewendet, dass er ἐπίστρο-
φος πρὸς τὰς ἀρρενικὰς μίξεις war.

Ein Blick in die lateinischen Astrologentexte zeigt, dass dort die
Äquivalente der griechischen Synonyme ῥυπαρός und ἀκάθαρθος die
Adjektive *sordidus* und *impurus* sind, deren metaphorische Belege erneut
den sexuellen Bereich betreffen und oft mit moralischen Verurteilungen
verbunden sind. Vgl. z.B. Firm. math. 2,10,2 *Aries est signum* [...] *inpu-
rum libidinosum* [...]. 5,2,4 *si Venus in ipsis* [i.e. *Saturni*] *partibus fuerit
inventa, circa venereos coitus sordidos faciet.* 5,2,11 *si Saturnus in ipsis*
[i.e. *Veneris*] *finibus fuerit inventus* [...], *faciet inpuros inpudicos sordidos et miserae libidinis vitiis inplicatos, et qui ad naturales coitus venire
non possint, sed qui contra naturam praepostero libidinis furore rapian-
tur.* Lib. Herm. 25,5,28 (von der Wirkung des Marsbezirks im Löwen)
impudici uero fiunt et turpifici et sordidi. 32,10 (über Saturn in einem

---

fallen findet, und der Mond dürfte wohl bewirken, dass die Ehe von kurzer Dauer ist'.
Auch hier in **F2** steht Venus in einem tropischen Zeichen (Widder).

[2809] Zur Abhängigkeit des Kamateros von Maximos und des Maximos seinerseits von
der Dorotheosparaphrase des Hephaistion s. Weigl 1902, 29.

Haus der Venus) *sordidi in venereis actibus et alacres, libidinosi, pathici, aprini*.[2810]

Zum besseren Verständnis von ῥυπαρός an der vorliegenden Stelle ist es wichtig, die folgenden astrologischen Begründungen zu beachten. Die erste legt nahe, dass das Geschlechtsleben des Nativen quantitativ maßlos war, die zweite, dass es qualitativ verwerflich war.

ῥυπαρὸς πρὸς τὰς ἀρρενικάς: Die griechische Literatur kennt keine Parallelen für ῥυπαρ- in Kombination mit ἀρρεν- oder ἀρσεν-.[2811]

τὸν "Αρεα μετὰ τῆς Ἀφροδίτης καὶ Ἑρμοῦ: In astrologischen Prognosen zu Heterosexualität symbolisiert Mars den Mann im Gegensatz zu der durch Venus symbolisierten Frau; vgl. z.B. Ptol. apotel. 4,5,15 καὶ καθόλου δὲ ποδαπήν τινα διάθεσιν πρὸς τὰ ἀφροδίσια ἕξουσιν, ἐπὶ μὲν τῶν ἀνδρῶν ἀπὸ τοῦ τοῦ "Αρεως ἐπισκεψόμεθα und ebd. 4,5,18 ἐπὶ δὲ τῶν γυναικῶν τὸν τῆς Ἀφροδίτης ἐπισκεπτέον. In Prognosen zu Homosexualität symbolisiert Mars den älteren Liebhaber (ἐραστής) im Gegensatz zu dem durch Merkur symbolisierten jüngeren Geliebten (ἐρώμενος).[2812] Vgl. z.B. Dor. p. 356,8 über diejenigen, die 'Mars zusammen mit Merkur' (ὁ "Αρης σὺν Ἑρμῇ) haben: παιδερασταὶ οἱ τοιοῦτοι.[2813] Diese Bedingung ist in **F2** erfüllt, da Mars und Merkur hier astronomisch im selben Tierkreiszeichen stehen und somit symbolisch vereint sind. Ausführlicher äußert sich hierzu Firmicus in seinem Kapitel *De puerorum amatoribus* (Firm. math. 7,15). Dort heißt es u.a. (7,15,2): *si Mars et Mercurius domicilia sua mutaverint* [...], *puerorum amatores efficient* [...].[2814] *hoc idem faciunt et si in Martis domo simul fuerint.* Der zuletzt zitierte Satz trifft auf **F2** zu. Auch gewisse Lehrsätze, deren Bedingungen in **F2** nicht oder nicht vollständig erfüllt sind, bezeugen die Assoziation von Mars-Merkur-Verbindungen mit Päderastie: siehe Val.

[2810] Vor Firmicus findet sich nur ein einziger astrologischer Beleg für *sordidus* bei Manil. 5,125 *immundosque greges agitant per sordida rura*, der wörtlich gemeint ist und Verg. ecl. 2,28 imitiert.

[2811] Cramer 1954, 163, übersetzt falsch "inflamed about the genitals".

[2812] In bezüglich der Lebensalter ähnlicher Weise symbolisieren Saturn und Merkur Großvater und Enkel, Saturn und Jupiter Vater und Sohn, usw.; s.o. Komm. zu **F1** § 47 διὰ τὴν τοῦ Ἑρμοῦ μετὰ Κρόνου στάσιν.

[2813] Auf dieselbe Quelle wie die Dorotheosparaphrase geht Val. app. 1,164 zurück: παιδερασταὶ ἔσονται.

[2814] Vgl. Dor. p. 343,8–10: "Αρης καὶ Ἑρμῆς ἐναλλάξαντες τοὺς οἴκους ἀλλήλων ἢ τετραγωνίσαντες ἀλλήλους ἢ διαμετρήσαντες παιδεραστὰς ποιοῦσιν.

4,25,5 Ἄρης μὲν οὖν καὶ Ἑρμῆς ἐπιμαρτυρήσαντες ἢ ἐπόντες τῷ τόπῳ [sc. τῷ κλήρῳ ἔρωτος] καὶ μάλιστα ἐν ἰδίοις ζῳδίοις παιδεραστὰς ποιοῦσιν. Firm. math. 7,15,1 *Mercurius et Mars partiliter in horoscopo constituti [pariter] puerorum amatores efficiunt.* Diese homoerotische Mars-Merkur-Symbolik fehlt allerdings bei Ptolemaios (zu den Gründen s.u. S. 1119).

Es ist also zu fragen, ob der Verweis auf Venus hier in § 57 suspekt ist und die Worte τῆς Ἀφροδίτης καὶ zu athetieren sind. Das würde jedoch zu weit gehen, denn das verfügbare Vergleichsmaterial zeigt, dass Venus auch in astrologischen Prognosen zu Homosexualität und speziell zu Päderastie begegnet, wobei sie offenbar nicht länger im biologischen Sinne die Frau, sondern im abstrakten Sinne die Sexualität symbolisiert. In solchen Lehrsätzen kann der Verweis auf Mars sogar fehlen. Vgl. Dor. p. 343,6–7[2815] ἡ Ἀφροδίτη οἴκοις Ἑρμοῦ, τοῦ Ἑρμοῦ κακῶς κειμένου, παιδεραστὰς ποιεῖ. Rhet. 5,76,2[2816] Ἀφροδίτη ἐν ἀρσενικῷ ζῳδίῳ καὶ οἴκῳ ἢ ὁρίοις Ἑρμοῦ παιδεραστὰς ποιεῖ, ἀλλὰ δὴ καὶ ὁ Ἑρμῆς οἴκοις ἢ ὁρίοις Ἀφροδίτης τὰ αὐτά. Firm. math. 3,6,20 *si simul Saturnus et Venus cum Mercurio fuerit constituta,*[2817] [...] *faciet steriles sine semine, puerorum amatores libidinosos etc.*

ἐν Κριῷ: so Ep.[4] u. Exc.[2], καὶ ἐν Κριῷ **P**. Zu abundantem καὶ in **P** s.o. zu **F1** § 21 ἄλλοι.

ἀσελγεῖ ὄντι: Als lüsterne Zeichen gelten traditionell Widder, Stier, Steinbock und Fische. Die Belege dafür beginnen mit einem Dorotheos betreffenden Zeugnis (Dor. arab. 2,7,5). Von späteren griechischen Astrologen werden außerdem vereinzelt andere Zeichen genannt.[2818] Das wohl lüsternste Zeichen ist das des Widders, da in ihm die meisten Einzelgrade als lüstern machend gelten.[2819] Sie bewirken nach dem anonymen Traktat *De stellis fixis* Menschen, die mit evidenter moralischer Verurteilung als *turpia facientes, adulteros, impudicos, cinaedos, fornicatores impudicos* usw. bezeichnet werden.[2820]

[2815] = Rhet. 5,66,1 = CCAG VIII 4 (1921), p. 194,10–11; vgl. Dor. arab. 2,7,2.

[2816] = CCAG VIII 4 (1921), p. 198,18–19.

[2817] "verba non integra" (Kroll – Skutsch – Ziegler 1968 in app. crit. ad loc.).

[2818] Vgl. insgesamt Hübner 1982, 215f. (Nr. 4.331).

[2819] So Hübner 2005a, 29.

[2820] Vgl. Hübner 1995a, I 136, Tab. 20. Zu den übrigen von Antigonos erwähnten Eigenschaften der Tierkreiszeichen s.o. zu **F1** § 29 ἐν ἀνθρωποειδεῖ καὶ ἀρσενικῷ εἶναι ζῳδίῳ.

Im vorliegenden Fall wird die Lüsternheit des Nativen dadurch verstärkt, dass Mars nicht nur in einem ἀσελγὲς ζῴδιον steht, sondern zugleich der Hausherr desselben ist. Zu dieser modifizierenden Wirkung vgl. Val. 2,37,52–55 (Hor. gr. 116.I.21), eines der wenigen erhaltenen griechischen Horoskope, worin sexuelle Neigungen erörtert werden.[2821] Valens beschreibt den dortigen Nativen wie folgt (Val. 2,37,53–55):

ὁ κλῆρος τῆς τύχης Αἰγοκέρωτι, ὁ δαίμων Σκορπίῳ· τούτοις
ἠναντιώθησαν οἱ κακοποιοί.
ἐγένετο μαλακός, ἀρρητοποι-
ός· καὶ γὰρ ὁ Αἰγόκερως ἀσελγής, καὶ ὁ τούτου κύριος Ταύρῳ, παθητικῷ ζῳδίῳ. καὶ Σκορπίος τὸν τρόπον τῆς ἀσελγείας
δηλοῖ.

Das Glückslos lag im Steinbock, der Dämon im Skorpion. Zu diesen Losen standen die Übeltäter [*d.h. Mars u. Saturn*] in Opposition.[2822] Er wurde ein Weichling, der Unsägliches tat, denn der Steinbock ist ausschweifend und sein Herr [*Saturn*] stand im Stier, einem passiven Tierkreiszeichen.[2823] Und der Skorpion zeigt die Art der Ausschweifung an [*d.h. sexuell*[2824]].

Das Horoskop des Pamprepios von Panopolis bei Rhet. 5,113–117 (Hor. gr. 440.IX.29)[2825] ist neben **F2** und Val. 2,37,52–55 (Hor. gr. 116.I.21, s.o.) das einzige erhaltene antike Horoskop, das lüsterne Zeichen erwähnt. Es enthält einen eigenen kleinen Absatz Περὶ τῆς ἀσελγείας (Rhet. 5,116), der vollständig zitiert zu werden verdient:

ὅρα τὸν κύριον τοῦ ὡροσκόπου
καὶ τὸν κλῆρον [τῆς τύχης καὶ]
τοῦ δαίμονος ἐν ἀσελγεῖ ζῳδίῳ
ἐμπεπτωκότας· ἀλλὰ δὴ καὶ τὸ
διαμετρεῖν Κρόνον πρὸς Ἀφροδίτην οἴκῳ Ἄρεως ⟨οὖσαν⟩ καὶ

Beachte den Herrn des Aszendenten [= ♄, da ASC = 23° 30′ ♒] und das Los des Daimon [20° 34′ ♋], die jeweils in einem lüsternen Tierkreiszeichen liegen.[2827] Aber gewiss bewirkten auch die Opposition Saturns

---

[2821] Die Lehrtexte hingegen bieten viele sexuelle Prognosen.

[2822] Vgl. das Diagramm bei Neugebauer – van Hoesen 1959, 224.

[2823] Die Übersetzung durch Neugebauer – van Hoesen 1959, 112 "Taurus, the sign (which indicates the kind of) weakness" ist falsch. Der Stier gilt als weiblich und passiv; vgl. Hübner 1982, 152–156 (Nr. 3.31) u. 212 (Nr. 4.222.32).

[2824] Weil der Skorpion in der zodiakalen Melothesie, von der dasselbe Valens-Kapitel handelt, den Geschlechtsteilen zugeordnet ist (s. Val. 3,37,15).

[2825] Bis zum Erscheinen von Pingrees Rhetoriosausgabe (s.o. Anm. 521) ist seine Edition dieses Horoskops in Pingree 1976b, 144–146, zu benutzen.

Κρόνος οἴκῳ ᾿Αφροδίτης τὴν
ἀσέλγειαν ἀπε⟨ι⟩ργάσαντο.[2826]

[25° ♉] zur Venus [26° ♏], die
sich in einem Haus des Mars befand,
und Saturns eigene Position in einem Haus der Venus die Lüsternheit.

Alle drei im zweiten Satz des Rhetorios genannten Details entsprechen
also denen hier in **F2**: die Opposition des Saturn zur Venus, die Position
der Venus in einem Haus des Mars und die Position Saturns in einem
Haus der Venus. Die in beiden Fällen dadurch erklärte ἀσέλγεια passt zu
einer Lehre des Dorotheos, der im zweiten Buch seines Lehrgedichts in
einem Abschnitt, den die erhaltene Prosaparaphrase mit dem Titel Περὶ
ἀσελγῶν καὶ μεθυστῶν καὶ ἐμπαθῶν überschreibt, Folgendes gelehrt
haben soll: ᾿Αφροδίτη οἴκοις Κρόνου ἢ ῎Αρεως ὑπ᾽ αὐτῶν θεωρουμένη
ἀσελγεῖς ποιεῖ. ἡ ᾿Αφροδίτη καὶ ῾Ερμῆς καὶ ῎Αρης θεωρήσαντες
ἀλλήλους ἀσελγεῖς ποιοῦσιν.[2828] Die im ersten Satz genannten Bedingungen sind in **F2** erfüllt. Der zweite Satz verdient ebenfalls Beachtung,
wenn man die in **F2** vorliegende zeichengenaue Konjunktion der Venus,
des Merkur und des Mars als einem Aspekt ähnlich wertet.

Abschließend verdient noch ein nachantiker Text des frühen 10. Jh.
n.Chr. Erwähnung, der die lüstern machende Wirkung des Widders unter
Beteiligung Saturns an einer Fallstudie illustriert, die in ihrer Offenle-
gung geheimer sexueller Wünsche ohne Parallele in der antiken Literatur
ist. In seinem arabischen Kommentar zur 95. Sentenz des pseudo-
ptolemäischen *Centiloquium*[2829] berichtet Aḥmad ibn Yūsuf ibn al-Dāya

---

[2826] *Dubitanter emendavi.* Die ionische, augmentlose Aoristbildung zu ἐργάζομαι ist
abgesehen von Herodot nur einige wenige Male in byzantinischen Texten belegt. Ob der
morphologische Fehler hier auf den Kopisten (so meine Annahme) oder auf den nebu-
lösen Rhetorios selbst zurückgeht, ist unklar.

[2827] Zur Erläuterung s.u. Anm. 2977.

[2828] Dor. p. 343,12–14 = Rhet. 5,66,5–6 = CCAG VIII 4 (1921), p. 194,16–18; vgl. Dor.
arab. 2,7,5.

[2829] Es handelt sich um eine Sammlung von 100 Sentenzen zur Astrologie, die bis lange
in die Neuzeit hinein als authentisch galt. Nachdem sie als Pseudepigraphon erkannt
war, glaubte man weiter, sie stamme zumindest aus der Antike (vgl. z.B. Boll 1894,
181: "vor Proclus") und sei später ins Arabische und Lateinische übersetzt worden. Erst
Lemay 1978 stellte klar, dass der Arzt und Astrologe Abū Ja‘far Aḥmad ibn Yūsuf ad-
Dāya, der um 922 n.Chr. in Ägypten die arabische Version (*Kitāb aṯ-Ṯamara*, = *Liber
fructus*) kommentierte, mit an Sicherheit grenzender Wahrscheinlichkeit zugleich der
Autor der Sammlung ist. Die vermeintlich älteren Zeugnisse (z.B. im 7. Jh. bei dem
Syrer Severus Sebokht, vgl. Boer 1961, XXI–XXII, dagegen Lemay 1978, 98) beruhen

von einem Bekannten, in dessen Horoskop der erste Widdergrad aszendierte und zahlreiche prognostisch relevante Längen in Saturnbezirke fielen. Entgegen der astrologischen Erwartungshaltung des Autors, der im Horoskop jenes Mannes offenbar (der Text sagt dies nicht explizit) eine 'schmutzige' Lüsternheit präfiguriert sah, trug der Mann saubere Kleider und war parfümiert. Als Aḥmad ihn auf den scheinbaren Widerspruch zwischen seinem Äußeren und seinem Horoskop ansprach, offenbarte der Mann ihm einen inneren Kampf: Ihn peinige das Verlangen, in ein weißes Gewand[2830] gekleidet mit einem Schwarzen oder einer Schwarzen die Nacht zu verbringen. Zugleich beteuerte er bei Gott, sein homosexuelles Verlangen zu hassen und nicht auszuleben, und hielt seine geheimen Wünsche aus Furcht vor übler Nachrede geheim.[2831]

---

auf Missverständnissen. Vgl. zustimmend Pingree 1990, 298. Siehe ferner Lemay 1980, 127[1]. Lemay 1995–1996, I 263f. Pingree 1997a, 68f. Rinaldi 1999, *passim*. Von Sezgin 1979, 44f., ist abzuraten. Die griechische (byzantinische) Version des *Centiloquium* (Καρπός) hat Boer 1961 kritisch ediert. Die von Bezza 2009, 268[17], angekündigte Edition des arabischen Kommentars von Aḥmad ibn Yūsuf zusammen mit dessen byzantinischer Übersetzung, die allerdings nur die ersten 50 Sentenzen umfasst, ist jüngst erschienen (Martorello – Bezza 2013). Von der mittelalterlichen lateinischen Übersetzung des *Centiloquium* und des Kommentars gibt es bisher nur die *editio princeps* im Sammeldruck *Liber Quadripartiti Ptholemei etc.*, Venedig 1493, fol. 107[r]–116[v] (*Liber centum verborum ptholemei cum commento Haly*). Eine kritische Edition von Giovanni Pontanos kommentierter lateinischer Übersetzung des *Centiloquium* durch Rinaldi steht kurz vor dem Erscheinen (s. vorläufig Rinaldi 2013 sowie auch Rinaldi 2011).

[2830] Nach Lemay 1980, 132, "a coarse blanket of goat's hair", obwohl der astrologische Kontext eigentlich ein Gewand aus Schafswolle erfordert. Lemay folgt der lateinischen *editio princeps* (s. vorige Anm. a.E.), darin fol. 115vb–116ra zur 95. Sentenz, wo die Enthüllung des Anonymos so lautet: *Nunc quidem appeto vt amplectar nigram aliquam vel aliquem nigrum cum quo forem inuolutus in gualagna alba de pilis hircinis scilicet albis texta, et hoc per arietem, et vt iacerem cum eo per noctem. scit tamen deus quia semper abhorrui coitum virilem. Et licet hoc appetam nolo tamen reuelare voluntatem mei animi propter milites meos et homines circumstantes.*

[2831] Die italienische Übersetzung von Martorello – Bezza 2013, 225–227, lautet: "Per davvero conoscevo un uomo che nacque quando il suo ascendente era al primo grado dell'Ariete e molti dei suoi significatori erano nei termini (ḥudūd) di Saturno, aveva gli abiti puliti, era profumato e conduceva una vita piacevole. ⟨Un giorno⟩ sedetti accanto a lui e domandai, dopo che gli fui familiare, circa la contraddizione del suo modo di vestirsi rispetto a quello che indicavano le stelle, egli mi rispose: 'Tutto ciò che tu vedi io lo faccio per la gente e se ti svelassi ciò che il mio intimo desidera e tiene stretto, tu sapresti che io sono in combattimento'. Io gli chiesi e lui rispose: 'Io desidero abbracciare un negro o una negra in un vestito bianco del maġreb (maġribī) e passare la notte con uno di loro due, ma trattenni me stesso da ciò diffidando del mio seguito e per timore delle chiacchiere maliziose. Dio sa che io sono lontano dal coito virile, odio chi lo fa e, per Dio, è scacciato ⟨il pensiero⟩ da me'. Mi fu chiaro il criterio di verità degli

Die in diesem Text sehr deutliche moralische Verurteilung der Lüsternheit hat in astrologischen Texten eine lange Geschichte, die sich über den eingangs zitierten anonymen Traktat *De stellis fixis* sicher bis in die Zeit des Antigonos und vielleicht noch darüber hinaus[2832] zurückverfolgen lässt. Bei Antigonos' Zeitgenossen Ptolemaios begegnen ἀσελγής, ἀσέλγεια und ἀσελγαίνειν durchweg in negativen Prognosen: Vgl. Ptol. apotel. 3,14,17,[2833] wo es heißt, dass Saturn und Venus, wenn sie gemeinsam die οἰκοδεσποτεία τῆς ψυχῆς innehaben und hinsichtlich der Kardinalpunkte und so fort ungünstig stehen, λάγνους, ἀσελγεῖς, αἰσχροποιούς, ἀδιαφόρους καὶ ἀκαθάρτους πρὸς τὰς συνουσίας κτλ. hervorbringen.[2834] Siehe auch ebd. 3,14,30 (zu Mars und Venus unter denselben Umständen): ῥιψοφθάλμους, λάγνους, καταφερεῖς, ἀδιαφόρους, διασύρτας, μοιχικούς, ὑβριστάς, ψεύστας, δολοπλόκους, ὑπονοθευτὰς οἰκείων τε καὶ ἀλλοτρίων, ὀξεῖς ἅμα καὶ προσκορεῖς πρὸς τὰς ἐπιθυμίας, διαφθορεῖς γυναικῶν καὶ παρθένων ... καὶ ἀσελγαίνοντας sowie auch ebd. 3,15,12 ὁ μὲν τοῦ Κρόνου συμπροσγενόμενος ἐπὶ τὸ ἀσελγέστερον καὶ ἀκαθαρτότερον[2835] ἢ καὶ ἐπονειδιστότερον ἑκάστῳ τῶν ἐκκειμένων πέφυκε συνεργεῖν. Weitere relevante zeitgenössische Belege sind Val. 2,37,17 γυναῖκες Καυνίαι, τριβάδες, ἀσελγεῖς· λατρευτικοί, αἰσχροποιοί. 2,41,6 ἀσελγεῖς τε καὶ ἐπαίσχρους γενομένους. 4,25,9 ἐὰν δέ πως ὁ τοῦ Κρόνου σὺν τῷ τῆς Ἀφροδίτης καὶ τῇ Σελήνῃ συμπαρῇ ἢ ἐπιμαρτυρήσῃ, αἰσχρῶν

Indu che afferma che con il primo grado del'Ariete sorgono alcune ⟨immagini⟩ tra le quali un ragazzo negro avvolto in un abito bianco. lo ho già visto la forza di tali significatori nell'indicare l'arte ma ho temuto che la loro trattazione allungasse troppo il libro." Vgl. den Kommentar ebd. 347, wo Martorello und Bezza erläutern, der Begriff *maġribī* beziehe sich auf ein typisches nordafrikanisches Gewand, und bezüglich der Figur des schwarzen Knaben auf die *Große Einführung* Abū Maʿšars (Lemay 1995–1996, III 374) verweisen. Die lateinische Übersetzung (s.o. Anm. 2829) versteht das 'Gefolge' (ital. "seguito") des Mannes als *milites meos et homines circumstantes*, was Lemay 1980, 132, ungenau als "his soldiers and familiars" übersetzt.

[2832] Falls die bereits oben (S. 1101 bei Anm. 2795) zitierten, im CCAG VII (1908), 194–213, edierten Rhetoriosexzerpte wirklich, wie der Editor F. Boll annahm, in ihrem gesamten Umfang auf Teukros zurückgehen (das ist unsicher: s. Pingree 1977a, 220, u. Heilen demnächst C), vgl. darin pp. 211,27–212,1 ποιεῖ ... ἐπιψόγους, ἀσελγεῖς, πολυκοίνους und p. 209,8–9 ἔστι δὲ καὶ ἀσελγὲς καὶ αἰσχροποιόν.

[2833] Aus demselben Kapitel 3,14 wurde bereits oben (S. 1103 bei Anm. 2800) der einzige ptolemäische (metonymische) Beleg für ῥυπαρός zitiert.

[2834] Robbins 1940, 345, übersetzt: "loose, lascivious, doers of base acts, undiscriminating and unclean in sexual relations". Die Adjektive ἀκάθαρτος und ῥυπαρός sind synonym; vgl. Kam. isag. 1553 ἀκάθαρτοι καὶ ῥυπαροί.

[2835] I.e. ῥυπαρότερον.

καὶ ἀσελγῶν ἔργων ἐρῶσιν, ἐπί τε ἀρρενικῶν καὶ θηλυκῶν ψογίζον-
ται καὶ περιβοησίας ὑπομένουσιν ἢ μετανοοῦντες ἀνεπιστρεπτοῦ-
σιν ὑπὸ τοῦ πάθους νικώμενοι.

Interessanterweise führt eine Weitung der Perspektive über die astrologische Literatur hinaus für die an den soeben zitierten Stellen mehrmals
belegte Kombination von ἀσελγής und αἰσχρός kaum über die zitierten
Autoren des 2. Jh. n.Chr. hinaus. Den frühesten Beleg bietet Plutarch in
seinem Vergleich von Aristophanes und Menander, wo es ebenfalls um
Kritik an sexueller Ausschweifung geht (p. 854d): οὐδενὶ γὰρ ὁ ἄνθρωπος [sc. Aristophanes] ἔοικε μετρίῳ τὴν ποίησιν γεγραφέναι, ἀλλὰ
τὰ μὲν αἰσχρὰ καὶ ἀσελγῆ τοῖς ἀκολάστοις [sic recte ed. Basil. 1542,
ἀληθεστέροις codd.], τὰ βλάσφημα δὲ καὶ πικρὰ τοῖς βασκάνοις καὶ
κακοήθεσιν. Vermutlich ist dieser Befund durch die oben skizzierte
Entwicklung der Sexualmoral in der Kaiserzeit zu erklären (s.o. S. 1099).

καὶ ὁρᾶσθαι τὴν Ἀφροδίτην ἐκ διαμέτρου ὑπὸ Κρόνου: Eine sehr
ähnliche Konstellation und Prognose wurde bereits oben (S. 1110) anlässlich der ἀσέλγεια aus dem Horoskop des Pamprepios von Panopolis
(Hor. gr. 440.IX.29) zitiert. Zur Saturnwirkung in Opposition zur Venus
siehe ferner eine bereits als Beleg für ῥυπαρός zitierte Stelle, Val.
2,38,21 (s.o. S. 1105). Ergänzend ist nun auf Firm. math. 6,15,14 zu
verweisen, der im Falle einer Opposition von Saturn und Venus Lüsternheit prognostiziert, allerdings ohne dabei bestimmte Tierkreiszeichen zu
spezifizieren: *Si Saturnus et Venus diametra se radiatione respexerint,
⟨et⟩ in contrariis constituti locis longa se invicem virium suarum potestate pulsaverint, facient homines lupanaribus deditos promiscua libidi-
num ⟨cupiditate⟩ scorta sectari, ut ex hoc cum magna nota gravi pulsen-
tur infamia. Faciunt etiam eos libidinis causa ⟨a⟩ nuptialibus vinculis
separatos etc.* Diesen Satz führt Hübner 2005a, 28, in seiner Besprechung
von Firm. math. 6,31,1 an, einer anonymen Beispielkonstellation, hinter
der Hübner mit m.E. guten Gründen das Horoskop Sullas vermutet (Hor.
lat. –138.V.22–23[(?)]). In dieser Beispielkonstellation stehen, wie hier in
F2, Saturn in der Waage und Venus im Widder, allerdings nicht so wie
hier im 4. und 10. Ort, sondern im 1. und 7. Ort.[2836]

τὴν Ἀφροδίτην: so Ep.[4], καὶ τὴν Ἀφροδίτην **P**. Zu abundantem καὶ
in **P** s.o. zu **F1** § 21 ἄλλοι.

[2836] Ferner steht Mars dort ebenso wie hier im 10. Ort, Jupiter dort ebenso wie hier im
Wassermann, und beide Konstellationen werden mit Machtfülle assoziiert.

ἐκ διαμέτρου: Venus (5° ♈) und Saturn (20° ♎) stehen 165° voneinander entfernt und damit nicht gradgenau (μοιρικῶς), aber zeichengenau
(ζῳδιακῶς) in Opposition zueinander. Die Epitome spricht fälschlich von
einem Geviertschein (epit. 4,26,47 τετραγωνικῶς).[2837]

τῷ πάντας αὐτοὺς τοὺς ἀστέρας ἐν ἀρρενικοῖς ζῳδίοις εἶναι:
Vgl. die bezüglich der Argumentationsweise (nicht bezüglich des zu erklärenden Gegenstandes) ähnliche Begründung in **F1** § 49 πάντων τῶν
ἀστέρων ἐν καθύγροις ζῳδίοις τὴν στάσιν ἐσχηκότων. Zu den 'männlichen' Tierkreiszeichen s.o. zu **F1** § 29 ἐν ἀνθρωποειδεῖ καὶ ἀρρενικῷ
εἶναι ζῳδίῳ. Interpretationsbedürftig ist das in **P**, Ep.[4] und Exc.[2] einhellig überlieferte anaphorische Pronomen αὐτούς. Sind 'sie, die (genannten) Wandelsterne' die unmittelbar zuvor in § 57 genannten (Mars,
Venus, Merkur, Saturn) oder die eingangs in § 54 genannten, also beide
Luminare und alle fünf Planeten? Da in diesem Horoskop *de facto* alle
sieben Wandelsterne in männlichen Tierkreiszeichen stehen, ist beides
möglich. Wahrscheinlich ist die zuletzt genannte Möglichkeit (alle sieben) gemeint. Dafür spricht zum einen, dass die beiden in der Besprechung dieses Horoskops vorausgehenden Erwähnungen von ἀστέρες
beide Male eines oder beide Luminare einschlossen: § 56 τοὺς ἀστέρας
(= alle sieben in § 54 genannten Wandelsterne) und ebd. τοὺς δ̅ ἀστέρας
(Sonne, Mars, Venus, Merkur). So wie an der zuletzt genannten Stelle
durch die Zahlangabe δ̅ präzisiert wird, dass dort vier von sieben gemeint
sind, soll anscheinend hier πάντας verdeutlichen, dass alle sieben gemeint sind. Ein weiteres Argument dafür wird die folgende Analyse
astrologischer Lehren zu sexuellen Neigungen liefern, die bei anderen
Autoren stets die Luminare einbeziehen.

Allerdings kommt die Begründung des Antigonos insofern überraschend, als sie auf den ersten Blick der *communis opinio* antiker Astrologen zur astralen Determination von Sexualität zu widersprechen
scheint, nicht insofern, *dass* er sowohl die Luminare als auch die Planeten
beachtet, sondern *wie* er sie beachtet und deutet. Die *communis opinio*
lässt sich am besten bei Antigonos' Zeitgenossen Ptolemaios fassen. Dieser deutet in seinem Kapitel Περὶ παθῶν ψυχικῶν (apotel. 3,15,7–12)
Abweichungen vom 'normalen' Sexualtrieb im Sinne der aristotelischen
Mesoteslehre als ὑπερβολὰς καὶ ἐλλείψεις τοῦ κατὰ φύσιν (3,15,7)
und erklärt sie primär durch die überdurchschnittlich hohe oder niedrige

---

[2837] Vgl. oben zu **F1** § [22add.] εἰς τὴν συναφήν (ein Kopierfehler für εἰς τὸ τετράγωνον).

Präsenz der vier die Sexualität prägenden Planeten (Sonne, Mond, Mars als Symbol des Mannes und Venus als Symbol der Frau) in männlichen beziehungsweise weiblichen Zeichen sowie auch ergänzend durch die 'männliche' (= morgendliche) oder 'weibliche' (= abendliche) Stellung der Planeten Mars und Venus zur Sonne.[2838] Wenn also z.B. im Horoskop eines Mannes beide Luminare in männlichen Zeichen stehen, bewirkt das einen überdurchschnittlich starken heterosexuellen Trieb (3,15,7 ὑπερ-βάλλουσι τοῦ κατὰ φύσιν), wenn obendrein Mars oder Venus oder sogar beide in männlichen Zeichen stehen, eine Steigerung dieses Triebes ins Unersättliche (3,15,8 πρὸς τὰς κατὰ φύσιν συνουσίας γίνονται καταφερεῖς καὶ μοιχικοὶ καὶ ἀκόρεστοι).[2839] Hingegen bewirkt die Abwesenheit der Luminare und der Venus von den männlichen Tierkreis-zeichen nach Ptolemaios effeminierte Männer, die im Verborgenen passiv homosexuell leben, und wenn obendrein auch Mars in den männlichen Tierkreiszeichen fehle, extrem effeminierte Männer, die ihre passive Homosexualität öffentlich und ohne jede Zurückhaltung ausleben (3,15,10–11). Für Frauen gelten im Prinzip die gleichen Regeln, wobei statt der männlichen nun die weiblichen Tierkreiszeichen zu beachten sind (3,15,8–10). Grundsätzlich unterscheidet Ptolemaios also zwischen *quantitativen* Abweichungen vom 'normalen' Sexualtrieb, die sich ihm zufolge stets als ein Exzess der 'natürlichen' Prägung (ὑπερβολή τοῦ κατὰ φύσιν) manifestieren, und *qualitativen* Abweichungen, die aus einem Defizit der 'natürlichen' Prägung (ἔλλειψεις τοῦ κατὰ φύσιν) resultieren.[2840]

Wenngleich das eine oder andere Detail dieser Lehre von Ptolemaios selbst stammen mag, ist sie doch, was die Grundidee angeht, sicher nicht seine eigene Erfindung, sondern Traditionsgut. Dies beweisen Parallelen bei Ps.-Manethon sowie auch in der arabischen Dorotheosübersetzung, die die Positionen der Luminare, des Mars und der Venus in männlichen und weiblichen Tierkreiszeichen in der gleichen Weise wie Ptolemaios deuten.[2841] Die wichtigste dieser Stellen ist Ps.-Maneth. 3[2],383–396, da

---

[2838] Zu dieser Lehre s. Ptol. apotel. 1,6,2.

[2839] Vgl. Ptol. apotel. 4,5,16, wo es ohne Beachtung der Luminare heißt, Mars bewirke zusammen (d.h. im selben Tierkreiszeichen) mit Venus, sofern nicht der Perversionen ins Spiel bringende Saturn beteiligt sei, einen starken Sexualtrieb: μετὰ μόνης δὲ Ἀφροδίτης [...], ἀπόντος τοῦ τοῦ Κρόνου, λάγνους καὶ ῥᾳθύμους καὶ πανταχόθεν ἑαυτοῖς τὰς ἡδονὰς ποριζομένους.

[2840] Im Bereich der zuletzt genannten qualitativen Abweichungen kommt nach Ptole-maios dem Saturn, sofern er mitwirkt, eine pervertierende, negative Wirkung zu.

[2841] Ps.-Maneth. 1[5],29–33. 3[2],383–396. 5[6],211–216. Dor. arab. 2,7,11.16.

diese Verse dem sicher vor Ptolemaios zu datierenden Kern des pseudo-
manethonischen Korpus angehören.

Wie ist es also zu erklären, dass Antigonos die Präsenz beider Luminare und aller fünf Planeten in männlichen Zeichen gerade nicht zur
Begründung einer exzessiv ausgeprägten heterosexuellen Veranlagung
nutzt, sondern zur Begründung einer homosexuellen? Die Antwort liegt
vermutlich darin, dass für antike griechische Werturteile anders als in
modernen, durch die jüdisch-christliche Tradition geprägten Diskursen
nicht die Frage des Geschlechts der Sexualpartner, sondern die Verteilung der aktiven und passiven Rollen von primärer Bedeutung ist. Konstan hebt dies im Rahmen seiner Analyse konventioneller Werte in griechischen Astrologentexten anlässlich der auf Homosexualität bezogenen
Aussagen der Dorotheosparaphrasen hervor.[2842]

Bei genauerem Hinsehen fallen nun auch Elemente ähnlicher Diktion
bei Ptolemaios auf. Dieser assoziiert explizit Männlichkeit mit der
aktiveren Rolle im Geschlechtsverkehr (3,15,8 τὸ ἔπανδρον [...] τῆς
ψυχῆς καὶ δραστικώτερον) und Weiblichkeit mit der eher ruhenden,
passiven Rolle (3,15,11 τὸ θηλυκώτερον καὶ τὸ κατασταλτικώτερον).
Ferner beschreibt er lesbische Frauen nicht als solche, die Sex mit Frauen
haben, sondern als solche, die Männerrollen usurpieren (ebd. θηλείας
ἀνδρῶν ἔργα ἐπιτελούσας). Umgekehrt beschreibt er Männer, in deren
Horoskopen die Luminare und Venus in weiblichen Zeichen stehen, nicht
als solche, die Sex mit Männern haben, sondern als solche, die 'auf
passive Weise zu widernatürlichem Sex und der Übernahme von Frauen-
rollen disponiert sind' (ebd. 3,15,10 πρὸς τὰς παρὰ φύσιν συνουσίας
καὶ γυναικῶν ἔργα διατιθέμενοι παθητικῶς). Die dabei regelmäßig
wiederkehrenden Bewertungen der verschiedenen Neigungen als κατὰ
φύσιν bzw. παρὰ φύσιν (insgesamt neun Belege in apotel. 3,15,7–10)
sind also offenbar nicht vollsynonym mit 'heterosexuell' bzw. 'homosexuell', sondern in ihnen schwingen die Bedeutungen 'aktiv/dominant'

[2842] Konstan 1997, 166: "Greek homoeroticism was asymmetrical: the distinction
between the active and receptive partners was qualitative." Vgl. Winkler 1990, 70: "The
calculus of correctness operated not on the sameness/difference of the genders but on
the dominance/submission of the persons involved." Ähnlich ist nach Krenkel 1980 a.E.
(= Krenkel 2006, 262) der Befund in der römischen kaiserzeitlichen Biographie:
"Homosexuelle Beziehungen als aktiver Partner [...] waren gleichwertig oder moralisch
nur wenig schlechter [...]". Siehe auch Cantarella 2002, 221, über "the pagan contrast
between activity and passivity, which identified manliness with the assumption of the
active sexual role, either with women or with men (and which had informed the morality
of the Greeks as well as of the Romans, albeit in completely different ways)"; s. auch
ebd. 217f.

bzw. 'passiv/untergeordnet' mit.[2843]

Dazu passt, dass Ptolemaios in den *Apotelesmatika* überhaupt keine Belege für die homoerotischen Termini παιδεραστής, ἐραστής oder ἐρώμενος bietet und speziell in seinem Kapitel über Seelenkrankheiten (3,15 Περὶ παθῶν ψυχικῶν) überhaupt nicht aktive Homosexualität erwähnt. In Kapitel 4,5 spricht er dann sogar explizit anlässlich ein und derselben (!) Planetenstellung (Mars zusammen mit Venus), an der der jeglichen 'Schmutz' symbolisierende Saturn erklärtermaßen nicht beteiligt ist, von Männern, die heterosexuellen oder auch homosexuellen Geschlechtsverkehr haben, dabei aber stets die dominante Rolle einnehmen. Die kosmische Ursache für das verschiedene Geschlecht der Sexualpartner sieht Ptolemaios dabei in verschiedenen Stellungen des Mars und der Venus zur Sonne, indem entweder Mars morgendlich und Venus abendlich ist oder umgekehrt (4,5,16): μετὰ μόνης δὲ Ἀφροδίτης [...], ἀπόντος τοῦ τοῦ Κρόνου, λάγνους καὶ ῥαθύμους καὶ πανταχόθεν ἑαυτοῖς τὰς ἡδονὰς ποριζομένους· κἂν ὁ μὲν ἑσπέριος ᾖ τῶν ἀστέρων, ὁ δὲ ἑῷος, καὶ πρὸς ἄρρενας καὶ πρὸς θηλείας οἰκείως ἔχοντας, οὐχ ὑπερπαθῶς μέντοι γε πρὸς οὐδέτερα τὰ πρόσωπα. Solche Männer sind also aus der Sicht des Ptolemaios zugegebenermaßen triebhafter als der Idealtyp, in dessen Horoskop Mars von Venus (Sex) und Saturn (Schmutz) unbehelligt ist, aber von Jupiter (Ehrbarkeit) aspiziert wird und so *in eroticis* rundum 'reine und ehrbare' Männer hervorbringt.[2844] Aber sie sind, wie der soeben zitierte Satz (Ptol. apotel. 4,5,16) zeigt, bezüglich keines der beiden Geschlechter psychisch krank (οὐχ ὑπερπαθῶς μέντοι γε πρὸς οὐδέτερα τὰ πρόσωπα). Wenn jedoch beide Planeten (Mars und Venus) auf derselben Seite der Sonne stehen, wandelt

---

[2843] Diese Perspektive findet sich auch in anderen Astrologentexten: Vgl. Val. 2,17,66 ἐὰν δὲ καὶ ἐν λατρώδεσι ζῳδίοις [zu den 'dienenden' Tierkreiszeichen s. Hübner 1982, 211, Nr. 4.222.1] ἢ μοίραις γένωνται [sc. die Nativen], πάθεσιν ἀκαθάρτοις [i.e. ῥυπαροῖς] καὶ παρὰ φύσιν ἡδοναῖς χρήσονται. Ohne explizite Erwähnung der Naturwidrigkeit: Ps.-Maneth. 1[5],31f. ἀρσενικοῖς ἔργοισιν ἀναγκάζουσι γυναῖκας | τέρπεσθαι, μέγα θαῦμα κτλ. ibid. 4,357 τριβάδας τ' ἀνδρόστροφα ἔργα τελούσας. ibid. 5[6],216 ἀνδρῶν ἔργα τέλεσσε γυναιξὶ συνευνάζουσα. Val. 2,17,68 τὰς γυναῖκας ἀρρενοῦσιν οὐ μόνον ταῖς πράξεσιν, ἀλλὰ καὶ σὺν γυναιξὶ κοιμώμεναι ἀνδρῶν ἔργα ἐπιτελοῦσιν. Firm. math. 3,6,30 *alias vero mulieres viriles facit actus appetere.* 7,25,1 *nascentur mulieres quae virili animo succinctae in modum virorum cum mulieribus coire desiderent.* Lib. Herm. 26,18 *molles, muliebria patientes.* 27,8 *incesta fit … tamquam uir alienis mulieribus uel concubinis coiens.*

[2844] Ptol. apotel. 4,5,15: τοῦ μὲν γὰρ τῆς Ἀφροδίτης καὶ τοῦ τοῦ Κρόνου χωρισθείς [sc. Ἄρης], μαρτυρηθεὶς δὲ ὑπὸ Διὸς καθαρίους καὶ σεμνοὺς περὶ τὰ ἀφροδίσια ποιεῖ καὶ μόνης τῆς φυσικῆς χρείας στοχαζομένους.

sich die zuvor noch 'gesunde' Mischung zu verschiedenen im wahrsten
Sinne des Wortes einseitigen Befunden, von denen Ptolemaios einen für
uns wichtigen explizit als krankhaft bezeichnet: Wenn Mars und Venus
beide abendlich (= weiblich bzw. auf der linken Seite der Sonne) positioniert seien, sei das Verlangen der Männer nur auf Frauen gerichtet,[2845]
und wenn auch noch die Tierkreiszeichen von Mars und Venus weiblich
seien, bewirke dies passive Homosexuelle; wenn hingegen beide morgendlich (= männlich bzw. auf der rechten Seite der Sonne) positioniert
seien, seien diese Männer in krankhafter Ausschließlichkeit an Knaben
interessiert, und wenn auch noch die Tierkreiszeichen von Mars und
Venus männlich seien, begehrten sie Männer jeden Alters (4,5,17): ἐὰν
δὲ ἀμφότεροι ἑσπέριοι, πρὸς τὰ θηλυκὰ μόνα καταφερεῖς, θηλυκῶν
δὲ ὄντων τῶν ζῳδίων καὶ αὐτοὺς διατιθεμένους· ἐὰν δὲ ἀμφότεροι
ἑῷοι, πρὸς τὰ παιδικὰ μόνα νοσηματώδεις, ἀρρενικῶν δὲ ὄντων τῶν
ζῳδίων καὶ πρὸς πᾶσαν ἀρρένων ἡλικίαν. Ptolemaios vermeidet es
also, eine maßvolle Bisexualität, in der der Mann stets die aktive Rolle
spielt, als πάθος ψυχικόν zu deklarieren; rein homosexuell veranlagte
Männer hingegen seien 'krankhaft' (νοσηματώδεις), und das um so
mehr, wenn sie nicht nur Knaben, sondern männliche Geschlechtspartner
jeden Alters begehrten.

Wir wissen natürlich nicht sicher, inwieweit die systematisch dargelegten und in allen Details überlieferten Ansichten des Ptolemaios auch
für Antigonos postuliert werden dürfen. Da nun aber einerseits die
zitierten Lehren des Ptolemaios, wie oben (S. 1115) gezeigt, in ihren
Grundzügen astrologisches Traditionsgut bilden und andererseits Antigonos, was sein gesamtes astrologisches Profil angeht, fest in der Tradition
von 'Nechepsos und Petosiris' steht, aus der zweifellos auch Ptolemaios,
Dorotheos und Ps.-Manethon schöpfen, hat die Anwendung der ptolemäischen Lehrsätze zur astralen Determination menschlicher Sexualität
auf die astronomischen Daten von **F2** durchaus einen heuristischen Wert.
Dabei ist allerdings eine Besonderheit zu beachten: Antigonos bedient
sich zwar *in puncto* Sexualität mehrerer Deutungskategorien, die wir
ebenso bei Ptolemaios, Ps.-Manethon, Dorotheos und anderen Astrologen
finden, indem er das Geschlecht der die Luminare und Planeten beherbergenden Tierkreiszeichen beachtet, Mars als Symbol des Männlichen
interpretiert und Saturn als Symbol von Schmutz und Perversion

---

[2845] Diese Stellung zur Sonne muss man also oben bei Ptol. apotel. 3,15,8 (zit. oben
S. 1115) unterstellen, um einen Widerspruch zwischen beiden Prognosen zu vermeiden.

deutet.[2846] Einer der von Antigonos angeführten Planeten hat jedoch kein Gegenstück in den auf Sexualität bezogenen Kapiteln des Ptolemaios: Merkur als Symbol der Päderastie. Ptolemaios stützt entsprechende Prognosen, wie gesehen, auf ein anderes Kriterium, die morgendliche beziehungsweise abendliche Stellung des Mars und/oder der Venus zur Sonne. Da er hierin meines Wissens von allen früheren und zeitgenössischen Astrologen abweicht, handelt es sich sehr wahrscheinlich um eine methodische Innovation des Ptolemaios, für die auch ein Motiv erkennbar ist: Bouché-Leclercq geht bei seiner Besprechung von Ptol. apotel. 3,15 (Περὶ παθῶν ψυχικῶν) zwar nicht auf das Fehlen Merkurs ein, macht jedoch mit dem ihm eigenen Scharfblick die folgende, für Ptol. apotel. 3,15,7–12 u. 4,5,15–20 insgesamt gültige Beobachtung: "Le jeu du système est d'une simplicité relative et d'une symétrie parfaite, que l'on doit évidemment à Ptolémée."[2847] Dieses Streben nach Symmetrie ist sehr wahrscheinlich das Motiv des Ptolemaios für seine Ersetzung des Merkur, denn es fehlt ja ein entsprechender weiblicher Planet, der zur Erklärung weiblicher Sexualität herangezogen werden könnte. Außerdem lässt Merkur als Symbol für Päderastie, zumindest *per se* betrachtet, offen, welche der beiden Rollen (ἐραστής oder ἐρώμενος) der Native einzunehmen prädestiniert ist. Die astrologische Vulgata basiert diesbezüglich also, soweit aus dem erhaltenen Material noch ersichtlich ist, auf einer Konvention, nämlich ἐρασταί zu prognostizieren, die nur dadurch legitimiert ist, dass Mars bereits den männlichen Nativen selbst symbolisiert, Merkur also für ein anderes Individuum stehen kann. Die oben erläuterte, auf den relativen Stellungen von Mars und Venus zur Sonne basierende Lehre des Ptolemaios ist nicht nur aufgrund ihrer perfekten Symmetrie eleganter, sondern erlaubt auch eindeutige Prognosen.

Die Einsicht, dass die Lehren zur sexuellen Prägung von Individuen, die einerseits bei Ps.-Manethon, Dorotheos und anderen Autoren, andererseits bei Ptolemaios belegt sind, weitgehend gleich sind und sich nur bezüglich der kosmischen Indikatoren für Päderastie unterscheiden, erlaubt im Falle von **F2**, wo die genaue Qualität der von Antigonos bezeugten Homosexualität des Nativen nicht klar benannt wird, die folgende Aussage: Auch wenn dem Text zufolge Saturn die Sexualität dieses Nativen 'schmutzig' macht und κιναιδία (passive Homosexualität)[2848]

[2846] Zu dem zuletzt genannten Punkt vgl. die implizite Aussage bei Ptol. apotel. 4,5,16 (zit. im vorigen Absatz) sowie die explizite Aussage bei Ptol. apotel. 3,15,12 (zit. oben S. 1112).
[2847] Bouché-Leclercq 1899, 435.
[2848] Martos Montiel 2014, 112f.

eine von mehreren typischen, als 'schmutzig' geltenden Saturnwirkungen ist,[2849] kann Antigonos nur aktive, dominante Homosexualität gemeint haben, denn andernfalls würde er mit seiner expliziten Betonung der Position aller in § 57 genannten Luminare und Planeten in männlichen Tierkreiszeichen der aus den übrigen genannten Autoren evidenten *communis opinio* widersprechen. Ein solcher Widerspruch beziehungsweise Bruch mit der Tradition würde eine Rechtfertigung durch Antigonos selbst oder eine Erklärung des Exzerptors Hephaistion erfordern, die fehlt und für die es somit anscheinend keinen Anlass gab. Vielmehr dürfte sich Antigonos die aus dem Befund der Tierkreiszeichen in **F2** resultierende aktive, dominante Homosexualität konkret als Päderastie (oder zumindest *auch* als Päderastie) gedacht haben, da er ja explizit auf Merkur verweist. Im Wesentlichen zu demselben Ergebnis würde hier die Methode des Ptolemaios führen: Da alle Luminare und Planeten männliche Tierkreiszeichen einnehmen und obendrein Mars und Venus beide morgendlich (= männlich) zur Sonne stehen, würde Ptolemaios den Nativen als streng ('krankhaft', s.o.) homosexuell und ohne Alterslimit bei der Wahl seiner Partner einstufen. Da die nach den Worten des Antigonos durch Saturn beigesteuerte 'schmutzige' Seite des Nativen aufgrund der in **F2** omnipräsenten Indikatoren für eine ὑπερβολή an sexueller Aktivität und Dominanz, wie bereits gesagt, nicht als passive Homosexualität gedeutet werden kann, bedarf es hierfür einer anderen Erklärung. Vielleicht lagen dem Antigonos diskreditierende biographische Informationen über Verkehr des Nativen mit sozial niedrig gestellten Partnern wie Sklaven oder männlichen Prostituierten vor.[2850] Bloße Päderastie mit sozial akzepta-

---

[2849] Als von Saturn bewirkte πάθη nennt Val. 1,1,13 δαιμονισμός, κιναιδία, ἀκαθαρσία. Ps.-Maneth. 4,309–316 u. 6[3],591–592 erwähnt andere von Saturn bewirkte 'schmutzige' Sexualpraktiken, die Bouché-Leclercq (1899,435[1]) um Fassung ringen ließen ("il use d'expressions qu'on n'ose citer, même en grec") und mit dem von Krenkel 1980 a.E. (= Krenkel 2006, 262) konstatierten "Gipfel der Unmoral" übereinstimmen.

[2850] Zu Prostituierten vgl. Ptol. apotel. 4,5,20, wo die Beteiligung Saturns an der sexuellen Prägung von Frauen entweder Prostituierte oder Freier von Prostituierten bewirkt: ἐπὶ τέγους ἵστησιν ἢ τῶν ἐπὶ τέγους ἐραστὰς ἀπεργάζεται. Ähnlich prognostiziert Ps.-Maneth. 4,354–358 u. 5[6],318–319 unter Saturneinfluss Huren. – Die hier zitierte Textkonstitution von Hübner 1998a, der der indirekten Überlieferung bei Hephaistion folgt, ist sicher richtig (im Gegensatz zu Robbins 1940, der der direkten Ptolemaios-überlieferung folgt). Sich als Prostituierte 'auf dem Dach' für Freier anzubieten, war offenbar eine klimatisch bedingte Gepflogenheit. Neben Ps.-Maneth. 6[3],143, worauf Hübner im Apparat verweist, ist der einzige weitere mir bekannte astrologische Beleg im noch unpublizierten P. Oxy. inv. 73_118a (s.o. Anm. 1513), der ein Kapitel über Venus im 10. Ort enthält und darin u.a. auf die Geburt einer Hure (ἐπὶ στέγους καθημένη) eingeht. Außerhalb der astrologischen Literatur gibt es mehrere weitere Belege,

blen Knaben legitimierte jedenfalls nach allem, was wir wissen, nicht die in § 57 vorliegende Diskreditierung des Nativen als 'schmutzig'.

§ 58

ὁ δὲ Ἥλιος: so Ep.[4] und Exc.[2], ὁ γὰρ Ἥλιος **P**. Zu dieser Verschreibung in **P** s.o. zu **F1** § 33b τὸ δὲ δοξαστικόν.

ἐπὶ τοῦ ἰδίου ὑψώματος: trifft gradgenau zu; s.o. zu **F1** § 26 ἐν ἰδίῳ ὑψώματι, bes. S. 715, Tab. 15.

ἐπὶ τοῦ μεσουρανήματος: erneut synekdochisch (s.o. zu § 56 ἐπὶ τοῦ μεσουρανήματος). Die Position der Sonne im 10. Ort wird hier als Teilgrund für das λαμπρὸν καὶ ἔνδοξον θέμα angegeben. Das damit von Antigonos angesprochene Thema 'Ruhm und Ehre' nimmt in der Prognostik zum 10. Ort einen zentralen Platz ein. Vgl. die allgemeingültige Aussage von Paul. Alex. 24 p. 64,14–16[2851] über den 10. Ort: σημαίνει δὲ τὸν περὶ πράξεως καὶ δόξης (!) καὶ ἀξιώματος [...] λόγον κτλ. Unmittelbar danach folgt seine bereits oben zu § 56 προφανὴς – τυγχάνειν (S. 1087 bei Anm. 2751) zitierte spezielle Aussage über die Sonne im 10. Ort (Paul. Alex. 24 pp. 64,17–65,2), der im hiesigen Kontext – besonders wegen des in ihr enthaltenen Begriffs ἐπιδόξους – besonderes Gewicht zukommt. Zusätzlich zur Sonne hätte Antigonos hier auch die Position der Venus im 10. Ort erwähnen können, denn sie bewirkt nach Paul. Alex. 24 pp. 66,17–67,5 (zit. oben S. 1089 bei Anm. 2755) u.a. λαμπροβίους, διασήμους und περιωνύμους.

δορυφορούμενος: vgl. die Sacherklärung zur Doryphorie oben zu **F1** § 26 δορυφορούντων und speziell Denningmann 2005, 344–348 u. 352f.

παρά τε τῶν προανηνεγμένων αὐτοῦ ἀστέρων ἔν τε τῷ αὐτῷ ζῳδίῳ καὶ τοῦ Διὸς ἐν Ὑδροχόῳ: Das einhellig überlieferte doppelte τε ist anscheinend aus Vermischung zweier leicht voneinander abweichender Möglichkeiten zur Formulierung des Gedankens zu erklären: παρά τε τῶν προανηνεγμένων αὐτοῦ ἀστέρων ἔν τῷ αὐτῷ ζῳδίῳ καὶ

---

z.B. in der apokryphen *Epistula Jeremiae* 9 ἀργύριον ... δώσουσιν ... ταῖς ἐπὶ τοῦ τέγους πόρναις.
[2851] Vgl. Olymp. 23 p. 71,4–6.

τοῦ προανηνεγμένου αὐτοῦ Διὸς ἐν Ὑδροχόῳ sowie παρά τῶν προανηνεγμένων αὐτοῦ ἀστέρων ἔν τε τῷ αὐτῷ ζῳδίῳ καὶ ἐν Ὑδροχόῳ.

προανηνεγμένων: Das Partizip Perfekt Passiv von προαναφέρω findet
sich in der gesamten antiken griechischen Literatur ausschließlich bei
astrologischen Autoren. Die frühesten Belege bieten Thras. coll. ap. Rhet.
6,57,20 (= CCAG VIII 3, 1912, p. 100,32 = Thras. T 27 Tarrant) u. Balb.
astrol. coll. ap. Rhet. 6,60,7 (= CCAG VIII 3, 1912, p. 104,2, zit. oben S.
1018 mit Anm. 2556). Es folgen Antig. **F2** § 58 (2x), Val. 7,2,10 und
fünfzehn Belege bei Hephaistion (inkl. Epitomai). Weitet man die Suche
auf den Präsensstamm aus, so kennt der TLG 28 weitere astrologische
Belege (fast ausschließlich Partizipien), zu denen wenigstens ein weiterer
zu ergänzen ist (Sext. Emp. adv. math. 5,15 τὸ μὲν προαναφερόμενον
τοῦ ὡροσκοποῦντος ζῳδίου). Einmal findet sich außerdem der Aorist
bei Antioch. epit. 3b,19 (ex thes.), CCAG VII (1908), p. 116,7 προανεχθῶσιν. In astronomischen Texten ist das Verb προαναφέρω nicht
belegt.

Sachlich ist die hiesige Aussage klar: Innerhalb der letzten Stunde vor
dem Aufgang der Sonne (19° ♈) waren, ebenso wie sie selbst im Widder
stehend, zuerst Venus (5° ♈), unmittelbar danach Merkur (6° ♈) und
dann Mars (15° ♈) aufgegangen, wesentlich früher bereits der im
Wassermann stehende Jupiter (6° ♒).

(ἀεὶ γὰρ – προανηνεγμένης): In diesem Horoskop werden also alle
die Planeten, welche zwischen 19° ♈ (Sonne) und 19° ♑ stehen, als
Speerträger der Sonne gewertet. Denningmann 2005, 348, betont, dass
die 90°-Grenze für Doryphorie in keinem anderen Text genannt wird.
Paulos Alexandrinos, der sich als einziger antiker Autor neben Antigonos
zu dieser Frage äußert, nenne als Grenze für die Doryphorie bezüglich
der Sonne 120°, nachantike arabische und jüdische Astrologen 60°.[2852]

Mit der Zielangabe ἕως ⟨τῆς⟩ τετραγώνου στάσεως τῆς προανηνεγμένης vgl. **F1** § 52 ἕως τῆς τετραγώνου πλευρᾶς (ubi pl.) und **F2**
§ 61 ἀπὸ ... τῆς τετραγώνου αὐτοῦ στάσεως, ferner Paul. Alex. 34

[2852] Paul. Alex. 14 p. 30,14–19: καὶ αἱ μὲν πρὸς τὸν Ἥλιον τῶν ἀστέρων γινόμεναι
δορυφορίαι ἐν ταῖς προηγουμέναις μοίραις καὶ τοῖς προηγουμένοις ζῳδίοις τοῦ
Ἡλίου εἰσίν, ἕως τῆς τριγώνου πλευρᾶς. αἱ δὲ πρὸς τὴν Σελήνην ἐν ταῖς ἐπο-
μέναις αὐτῆς μοίραις, ἕως τοῦ ἑξῆς ζῳδίου τετεύχασι. Zu den nachantiken Autoren
bietet Denningmann 2005, 323 mit Anm. 722, Belege aus den Werken Abū Maʿšars
(s. demnächst Album. intr. mai. 7,2,4 Burnett – Yamamoto), al-Bīrūnīs und Abraham
Ibn Ezras.

p. 93,7 ἕως τῆς τοῦ Ἄρεως στάσεως. Vergleichbare Fälle ohne den Artikel τῆς gibt es m.W. nicht. Das sinnlose καὶ in Ep.[4] scheint aus τῆς verdorben zu sein. Da der Artikel in Exc.[2] ebenfalls fehlt, ist er wohl schon früh ausgefallen.

λαμπρὸν καὶ ἔνδοξον τὸ θέμα ἀπετέλεσεν: Diese von Ep.[4] und (mit der Variante τοῦτον statt τὸ θέμα) auch von Exc.[2] gebotene Lesart ist der des cod. **P** vorzuziehen. **P** liest οὕτως λαμπρὸν τυχόν, ὡς ἔφην, καὶ ἔνδοξον σφόδρα τὸ θέμα ἀπετελέσατο. Dagegen spricht einerseits das Gewicht der beiden anderen Überlieferungsstränge, andererseits, dass die Lesart in **P** hypertroph und verunglückt erscheint: Das Adjektiv λαμπρὸν war nicht, wie die Worte ὡς ἔφην glauben machen, zuvor erwähnt worden, die Ergänzung von Formen des Verbs τυγχάνειν scheint eine Eigentümlichkeit des Codex **P** zu sein (s.o. zu § 56 οὐ γὰρ μικρὰ δύναμίς ἐστιν ἡ προγενομένη σύνοδος) und auch das mediale ἀπετελέσατο mutet befremdlich an (vgl. **F3** § 66a cod. **P** ἀπολέσθαι statt richtig ἀπολέσαι).

Mit der hiesigen Formulierung vgl. ähnliche Stellen wie z.B. Val. 2,22,27 καὶ αὕτη ἡ γένεσις λαμπρὰ καὶ ἐπίσημος γέγονεν (= Hor. gr. 82.VII.9). Der Ursprung der Lichtmetapher (λαμπρὸν ... ἀπετέλεσεν) ist besonders deutlich im Kontext der Wirkungen heller Fixsterne (λαμπροὶ ἀστέρες); vgl. z.B. Anon. a. 379 p. 196,7–8 λαμπρὰς ... ποιοῦσι τὰς γενέσεις. 196,20 γάμον λαμπρὸν ... δίδωσι. 197,4–5 λαμπρὸν καὶ περίβλεπτον βίον ἕξει usw.

τὸ θέμα: Die hierin liegende Metonymie (die Konfiguration der Himmelskörper anstelle des unter dieser Konfiguration geborenen Individuums), die der Urheber von Exc.[2] frei, aber sinngemäß richtig durch τοῦτον (sc. τὸν γεννηθέντα) ersetzt hat, ist eine seltenere Variante der in den Astrologentexten häufigen, sinngleichen Metonymie ἡ γένεσις (s.o. S. 539 mit Anm. 798).

ἀπετέλεσεν: Zur Interpretation des Aorist siehe die obige Gesamtbesprechung von §§ 54–61. Zum Tempuswechsel gegenüber §§ 56–57 s.o. zu § 56 ἔσται. Zu ἀποτελεῖν als *terminus technicus* s.o. zu **F1** § 31 ἀπετελέσθη.

§ 59

αὔξουσα: *conieci*. **P** und Exc.[2] bieten hier πλήθουσα, eine astronomisch unmögliche Lesart, da die in § 56 erwähnte pränatale Konjunktion der Luminare (Neumond) erst fünf Tage zurückliegt (s.o. S. 1044, Tab. 28a). Der Mond ist also nicht voll, sondern zunehmend. Daher trifft die Lesart αὐξιφωτοῦσα (Ep.[4]), zumindest astronomisch, das Richtige. Es bleibt aber zu fragen, ob sie auch astrologisch, lexikalisch (in diachroner Perspektive) und stemmatisch überzeugt.

Astrologisch ist zu betonen, dass im hiesigen Kontext nicht allein der günstige *Aspekt* des im Gedrittschein zu Jupiter und Saturn stehenden Mondes Glück und materiellen Wohlstand verleiht (vgl. z.B. Heph. 3,41,4 ~ Dor. arab. 5,32), sondern auch der Umstand, dass der so konfigurierte Mond *zunehmend* ist. Denn bei allen Unternehmungen, die darauf abzielen, etwas materiell (z.B. ein Haus) oder abstrakt (z.B. ein Vermögen) aufzubauen und wachsen zu lassen, ist im Zuge leicht nachvollziehbarer astrologischer Metaphorik der zunehmende Mond günstig.[2853] Einen der Planetenkonstellation in **F2** besonders nahe kommenden, wenngleich sehr späten Beispieltext bietet Abū Ma'šar als Rat zur Wahl des geeigneten Zeitpunkts für einen Kauf, der in Zukunft stattliche Erträge abwerfen soll: εἰ δὲ βούλει ἀγοράσαι κτῆμα, ἔστω ὁ Κρόνος ἐν τῷ ἰδίῳ ὑψώματι ἢ ἐν τῷ ἰδίῳ τριγώνῳ ἢ ἐν τῷ οἰκείῳ ὅρῳ [i.e. ὁρίῳ], ἐφοράτω δὲ τοῦτον ὁ Ζεύς, καὶ μὴ συσχηματιζέτω τούτῳ ὁ Ἄρης. ἔστω δὲ καὶ ἡ Σελήνη αὐξιφωτοῦσα καὶ συνάπτουσα τῷ Κρόνῳ ἀπὸ τριγώνου σχήματος ἢ ἑξαγώνου καὶ ἐφορῶσα τὸν Δία· δηλοῦσι γὰρ τὰ τοιαῦτα σχήματα εἰσόδους ἱκανὰς ἀπὸ τοῦ κτήματος.[2854] Es versteht sich von selbst, dass die astrologische Korrelation der wechselnden Stärke der Mondwirkung mit dem Wechsel seiner Phasen nicht auf Katarchenhoroskopie beschränkt ist. Das zeigen z.B. die folgenden Worte Julians von Laodikea: ἀπὸ μὲν γὰρ συνόδου μέχρι πανσελήνου δραστικωτέρα γίνεται [sc. ἡ Σελήνη] πρὸς τὰ ἐπὶ γῆς γεννητὰ διὰ τὴν τοῦ φωτὸς αὔξησιν, ἀδρανεστέρα δὲ γίνεται ἀπὸ πανσελήνου ἐπὶ σύνοδον διὰ τὴν μείωσιν τοῦ φωτός.[2855] Die Lesart αὐξιφωτοῦσα (Ep.[4]) überzeugt also sowohl astronomisch als auch astrologisch. Problematisch hingegen ist der lexikalische Be-

---

[2853] Mehr dazu unten S. 1303.
[2854] Album. myst. 1,52 (Περὶ καταρχῶν), CCAG XI 1 (1932), p. 267,12–17. Vgl. das bereits oben im Kommentar zu § 56 zu διὰ τὸ τρίγωνον Gesagte.
[2855] Iul. Laod. de plan. nat. ac vi CCAG I (1898), p. 137,10–12.

fund.[2856] Die frühesten sicher datierbaren Belege der griechischen Literatur für αὐξιφωτεῖν finden sich bei Val. 4,22,6 und Paul. Alex. 24 p. 62,1, beide Male in der Partizipialform αὐξιφωτοῦσα und mit Bezug auf den Mond. Da Paulos 378 n.Chr. schrieb, hängt die Überlieferung datierbarer Parallelen aus der Zeit des Antigonos also allein an Val. 4,22,6 und damit an dem sprichwörtlichen seidenen Faden.[2857] Man könnte einwenden, dass die Dorotheosparaphrasen zehn Belege für αὐξιφωτεῖν bieten.[2858] Diese können aber nicht aus dem Lehrgedicht des Dorotheos stammen, weil das Verb im daktylischen Hexameter unbrauchbar ist. Sie müssen also auf das Konto der erheblich später zu datierenden Verfasser der Paraphrasen, vor allem des im frühen 5. Jh. n.Chr. schreibenden Hephaistion gehen. Wertlos sind diese Paraphrasen für unsere Fragestellung allerdings nicht, denn sie bieten auch drei Belege für αὔξειν mit Bezug auf den Mond: Dor. p. 364,30 τὴν Σελήνην αὔξουσαν (ohne τῷ φωτί). ibid. p. 396,12 τῆς Σελήνης αὐξούσης τῷ φωτὶ. ibid. p. 401,14 τὴν δὲ Σελήνην αὔξουσαν τοῖς φωσὶν. Vielleicht sind dies also Spuren der ursprünglichen Diktion des Dorotheos. Dafür spricht auch, dass Ps.-Manethon je einen Beleg für die Verben αὔξειν bzw. αὔξεσθαι für zunehmenden und πλήθειν für vollen Mond verwendet.[2859] Einen Einzelbeleg

---

[2856] Leider hat C. Orlando in Orlando – Torre 1991, 296f., bei ihren Ausführungen zu αὐξιφωτέω nicht chronologisch differenziert und einen Großteil des hier angeführten Materials nicht zitiert.

[2857] Da Valens ansonsten mit Bezug auf den Mond zweimal αὔξειν bzw. αὔξεσθαι schreibt (s. Val. 2,34,8 [ἀξομένη S, corr. Kroll] u. 2,36,11; vgl. 6,1,10 αὐξήσεις und dazu Heilen 2011, 53[155]), könnte es sich bei Val. 4,22,6 um eine im Zuge der Überlieferung von αὔξουσα zu αὐξιφωτοῦσα geänderte Form handeln. Abgesehen von Val. 4,22,6 gibt es noch sechs weitere Fälle von αὐξιφωτεῖν im Index von Pingree 1986, 478, die aber alle zu der erst viel später entstandenen ersten Appendix (ed. Pingree 1986, 369–389) gehören. Zu deren Datierung s. Pingree 1986, XIII: "XXIII appendices, fere omnes in saeculis X, XI, atque XII compositae ut opinor". Man beachte ferner, dass auch das mit αὐξιφωτεῖν korrespondierende Verb λειψιφωτεῖν bei Valens (bis auf die erste Appendix) nicht belegt ist.

[2858] Dor. pp. 346,1.12. 347,2. 353,4. 354,31. 355,1. 406,33. 411,16. 415,30. 427,4.

[2859] Ps.-Maneth. 1[5],210 εἰ δὲ λίποι Κρονίωνα φάει πλήθουσα Σελήνη. 2[1],442 αὐγαῖς αὐξομένη κρείσσων [sc. Σελήνη]. 5[6],189–190 εἰ δ᾽ αὔξουσα τύχῃ μεσσουρανέουσα Σελήνη Ι καὶ διάμετρος Ἄρης σύν τ᾽ Ἡελίῳ ὑπόγειος. Die zuletzt zitierten Verse bilden einen Sonderfall, denn hier widerspricht αὔξουσα (ohne τῷ φωτί) der explizit genannten Opposition der Luminare. Es handelt sich offenbar um eine metrische Verlegenheitslösung für die hier unmögliche Form πλήθουσα. Von den zitierten Versen ist nur 2[1],442 Teil des ursprünglichen manethonischen Korpus aus dem frühen 2. Jh. n.Chr. Nur in dem später hinzugefügten fünften Buch finden sich außerdem mehrere Belege für das Kompositum αὐξιφαής (5[6],109.174.225.257).

für αὔξεσθαι bieten auch die nicht sehr zahlreichen erhaltenen Originalverse des Dorotheos.[2860] Da Antigonos allerdings Prosa schrieb, verdient
auch der Befund Erwähnung, der sich aus den drei Überlieferungssträngen der dem Hermes Trismegistos zugeschriebenen Ἰατρομαθηματικά
ergibt:[2861] Die zwei älteren und vollständigeren Fassungen bieten keinen
Beleg für αὐξιφωτεῖν, sondern stets αὔξειν τῷ φωτί.[2862] Nur die späte,
auf das letzte Kapitel beschränkte Epitome des Pancharios (4. Jh. n.Chr.?)
bietet neben einem Beleg für τῷ φωτὶ αὔξουσα und einem für εἴτε
αὔξουσα εἴτε λήγουσα (ohne τῷ φωτί) auch einmal αὐξιφωτοῦσα.[2863]
Wahrscheinlich war also αὔξειν (τῷ φωτί) die übliche Diktion der
Ἰατρομαθηματικά und überhaupt der ptolemäischen und frühkaiserzeit-
lichen Fachliteratur für zunehmenden Mond, und sie hat sich bis in die
byzantinische Zeit gehalten.[2864] Daneben finden sich hier und dort in der
Fachprosa, und zwar schon sehr früh, auch Belege für das Medium αὔξεσθαι, und zwar m.W. stets in der (uns bereits von Dorotheos und Ps.-
Manethon vertrauten) Partizipialform αὐξομένη.[2865] Anders steht es mit
Formen von αὐξιφωτεῖν sowie auch (weit weniger zahlreich) von αὐξι-
φως, αὐξιφωτία und poetisch αὐξιφαής (s.o. Anm. 2859): Diese sind,

---

[2860] Dor. p. 403,2 = Heph. 3,40,19 (für einen Gefangenen sei es besser, wenn der Mond
zum Zeitpunkt seiner Gefangennahme abnehmend war, als umgekehrt): κρέσσων αὖ
τούτοισι Σεληναίη μινύθουσα Ι ἔσσεται, αὐξομένη δὲ χερειότερ᾽ ἔργα τελέσσει.

[2861] Zu dem vermutlich ins 2. Jh. v.Chr. zu datierenden, verlorenen Original und den drei
davon abhängigen erhaltenen Fassungen, die das Original in unterschiedlicher Detailfülle bewahren, s.u. S. 1305 mit Anm. 3386.

[2862] Ps.-Herm. iatr. 3,19 p. 392,19–20 u. 3,45 p. 395,5 Ideler. Ps.-Galen. progn. decub. 5.
11. 14 pp. 541,⟨16⟩. 561,⟨8⟩. 568,⟨7⟩ K. Statt αὔξειν bieten diese beiden Texte auch
mehrmals προστιθέναι, aber immer nur in der Verbindung προστιθέναι τοῖς τε ἀριθμοῖς καὶ τῷ φωτί, was zusammen mit Belegen für προστιθέναι τοῖς ἀριθμοῖς allein
(ohne φωτί) in diesen Texten zeigt, dass προστιθέναι eigentlich nur zu der Längenbewegung des Mondes gehört (vgl. Antig. **F5** § 68 προσθετικοὶ τῷ μήκει καὶ τῷ πλάτει).

[2863] Panch. epit. de decub. pp. 119,20. 121,34. 120,33.

[2864] Vgl. Theoph. exc. CCAG XI 1 (1932), cap. 29, p. 241,3 Σελήνη ὡροσκοποῦσα καὶ
αὔξουσα τοῖς φωσὶ. ibid. p. 242,12–13 αὔξουσα τοῖς φωσίν [sc. Σελήνη]. ibid. cap.
31 p. 246,23 τοῖς φωσὶν αὔξουσα [sc. Σελήνη].

[2865] Siehe Ps.-Arist. mund. 6 p. 399a,6–7 Σελήνη μὲν γὰρ ἐν μηνὶ τὸν ἑαυτῆς δια-
περαίνεται κύκλον αὐξομένη τε καὶ μειουμένη καὶ φθίνουσα sowie eine Handvoll
weiterer Belege ab dem 1. Jh. v.Chr. bis zur Zeit des Antigonos, zuerst bei Philon in *De
specialibus legibus* 2,57 (= Ders., *De numeris* frg. 52c u. 57 Stähle) in der aristotelischen Verbindung Σελήνης αὐξομένης τε καὶ μειουμένης. Siehe ferner Val. 2,34,8
(nach Timaios, s.o. Anm. 1473) ἐὰν αὐξομένη [ἀξομένη S, corr. Kroll] ᾖ ἡ Σελήνη καὶ
συνοδικὴ ἡ γένεσις κτλ.

abgesehen von Val. 4,22,6 (s.o.), erst vom späten 4. Jh. n.Chr. an sicher datierbar und dann auch häufig belegt (insgesamt mehr als hundertmal). Der gleiche chronologische Befund ergibt sich bei einer Analyse der Belege für λειψιφωτεῖν, das Antonym des Verbs αὐξιφωτεῖν.

Dieser Sachverhalt ist bei der Prüfung der Überlieferungssituation zu bedenken. Angesichts der Übereinstimmung von P und Exc.² könnte man denken, dass schon φ (s.o. S. 115 u. Stemma S. 120) die Lesart πλήθουσα bot, während Ep.⁴ αὐξιφωτοῦσα (über die Zwischenquellen β und π) aus α schöpfte. Dieser Erklärungsversuch impliziert aber zwei problematische Annahmen: erstens, dass Antigonos trotz seines fachwissenschaftlich konservativen Profils das für seine Zeit noch ganz untypische Verb αὐξιφωτεῖν benutzte (s.o.), und zweitens, dass irgendein späterer Schreiber diese sachlich einleuchtende Lesart zu der sinnwidrigen und paläographisch unerklärlichen Form πλήθουσα änderte.

Als alternative Erklärung bietet es sich an, einen sehr frühen Textverlust zu vermuten, den irgendein Schreiber schon vor der Aufspaltung in drei Überlieferungszeige in α erfolglos zu beheben versucht hat, indem er πλήθουσα supplierte. In diesem Fall wäre αὐξιφωτοῦσα eine später zu datierende, lexikalisch plausible Emendation von β oder von π oder vom Verfasser von Ep.⁴ (sehr wahrscheinlich Johannes Abramios, s.o. S. 69). Der hypothetische Textverlust könnte ein sehr geringer gewesen sein. Mehrere Möglichkeiten sind denkbar: Vielleicht hatte Antigonos πληθύουσα geschrieben? Dafür sprechen *prima vista* mehrere Gründe: Das Verb πληθύειν bedeutet nach LSJ "to be or become full" bzw. "increase, grow"; es ist in Prosa reichlich belegt (Herodot, Aristoteles, usw.); eine Verschreibung von πληθύουσα zu πλήθουσα wäre leicht als (itazistische?) Haplographie zu erklären; ein ähnlicher Fehler trat sicher in **F3** § 66b ein, wo φιλομονόμαχος schon in α zweimal zu φιλομόναχος verschrieben wurde. Gegen πληθύουσα spricht allerdings, dass dieses Verb nur ein einziges Mal mit Bezug auf den Mond belegt ist: Antigonos' Zeitgenosse Clemens Alexandrinus tradiert ein Fragment des Mythographen Hellanikos (5. Jh. v.Chr.), in dem der Genetivus absolutus πληθυούσης σελήνης vorkommt, und Hellanikos meint dort anscheinend Vollmond.²⁸⁶⁶ Dieser Befund ist also das extreme Gegenteil dazu, dass die

---

²⁸⁶⁶ Hellan. FGrHist 4 F 152a (bei Clem. Alex. strom. 1,21,104,2): καί τινες τῶν τὰ Ἀττικὰ συγγραψαμένων ὀγδόῃ φθίνοντος, βασιλεύοντος τὸ τελευταῖον ἔτος Μενεσθέως, πληθυούσης σελήνης· 'νὺξ μὲν ἔην' φησὶν ὁ τὴν Μικρὰν Ἰλιάδα πεποιηκώς, 'μεσάτα, λαμπρὰ δὲ ἐπέτελλε σελάνα'. Tatsächlich bedeutet der zitierte Vers

Junktur σελήνη πλήθουσα von Hom. Il. 18,484 an bis in die Spätantike reichlich belegt ist. Gegen πληθύειν spricht ferner der diesem Verb inhärente Mangel an begrifflicher Differenzierung zwischen 'voll werden' und 'voll sein', der seine unmissverständliche Verwendung neben πλήθειν ('voll sein') unmöglich macht.

Plausibler ist die (freilich nicht beweisbare) Annahme, dass Antigonos unter Verwendung der Standardterminologie seiner Zeit αὔξουσα geschrieben hatte, davon aber in einer spätantiken Kopie (einem Vorläufer von **α**) nur noch die letzten zwei, drei oder vier Buchstaben nach einer entsprechend umfangreichen *lacuna* von ca. fünf, vier oder drei Buchstaben lesbar waren. Dies könnte z.B. im Übergang von der letzten Textzeile der Vorderseite eines Blatts zur ersten Textzeile der Rückseite durch Materialverlust an der Ecke des Blatts geschehen sein. In einem solchen Fall hätte vielleicht ein Kopist, ohne die zuvor exponierten astronomischen Daten zu beachten, die noch erkennbare feminine Partizipialendung durch eine angemessene Zahl von Buchstaben zu πλήθουσα, dem in der Spätantike geläufigsten auf -ουσα endenden astronomischen Attribut des Mondes, ergänzt, was von **α** in alle drei Überlieferungsstränge übergegangen wäre. Erst später hätte dann der Schreiber von **β**, **π** oder Ep.[4] das Wort πλήθουσα, da er bemerkte, dass es im Kontext sinnwidrig war, aus rein sachlichen (nicht paläographischen) Erwägungen zu αὐξιφωτοῦσα, der zu seiner Zeit geläufigsten Bezeichnung des zunehmenden Mondes, korrigiert.[2867] Die hier angestellten Überlegungen beanspruchen nicht, den Originalwortlaut des Antigonos sicher rekonstruiert zu haben, sondern verstehen sich als Erläuterung der wahrscheinlichsten Erklärung der Überlieferung.

ἐν τριγωνικῷ σχήματι: Der Mond (15° ♊) steht 129° von Jupiter (6° ♒) und 125° von Saturn (20° ♎) entfernt. Vgl. oben zu § 56 διὰ τὸ τρίγωνον. Zu dem Begriff σχῆμα s.o. **F1** § [22add.] zu μαρτυρεῖ.

---

aber weder, dass der Mond voll war, noch dass er zunahm, denn ein um Mitternacht aufgehender Mond kann astronomisch nur ein schwindender Halbmond sein.

[2867] Unwahrscheinlich ist als Alternative zu der hier als originaler Wortlaut favorisierten Form αὔξουσα die mediale Form αὐξομένη: Diese hätte zwar aufgrund von *saut du même au même* nach Σελήνη vollständig ausfallen können, aber es ist zu bezweifeln, dass dann jemand den Text später für ergänzungsbedürftig gehalten hätte. Ebenfalls unwahrscheinlich ist als Alternative zu einem Textausfall die Möglichkeit, dass die Lesart πλήθουσα als sachlich falsche Glosse zu αὔξουσα entstand, von einem späteren Abschreiber als Korrektur missverstanden wurde und so die richtige Lesart verdrängte.

πρός τε Κρόνον καὶ Δία: so **P** und Exc.², dagegen Ep.⁴ falsch πρός τε Κρόνον ἢ Δία (nachträglich verbessert in den von der Textkonstitution der Epitome ausgeschlossenen Hss. **i** u. **m**, s.o. S. 80 u. 90 zu S. 167, Z. 14 der hiesigen Edition). Verschreibungen von ἤ zu καί und umgekehrt begegnen ziemlich oft; s.o. zu **F1** § 36 τὸν Ἥλιον ἢ τὴν Σελήνην. Der Präpositionalausdruck πρός τε Κρόνον καὶ Δία ist nicht von dem vorausgehenden Partizip abhängt, sondern von σχήματι.²⁸⁶⁸

εὐδαίμονα καὶ πολυχρήματον ἀπειργάσατο: inhaltlich parallel zu § 58 (von der Sonne) λαμπρὸν καὶ ἔνδοξον τὸ θέμα ἀπετέλεσεν. Bezüglich des Prädikats vgl. z.B. das Horoskop des Pamprepios von Panopolis (Hor. gr. 440.IX.29), p. 146 Pingree 1976b: ... τὴν ἀσέλγειαν ἀπε⟨ι⟩ργάσαντο (s.o. Anm. 2826).

πολυχρήματον: vgl. § 56.

ἀπειργάσατο: Zur technischen Bedeutung ('bewirken', 'hervorbringen') s.o. zu **F1** § 31 ἀπετελέσθη. Das Verb ἀπεργάζεσθαι begegnet in den Antigonosfragmenten noch einmal als Variante der Epitome zu **F1** § 46 ἀπετέλεσεν (**P**) und wurde vielleicht schon von 'Nechepsos und Petosiris' benutzt.²⁸⁶⁹ Die frühesten sicher datierbaren astrologischen Belege neben der hiesigen Stelle bietet Ptolemaios (mehr als ein Dutzend Verweise im Index von Hübner 1998a, 367).

τῇ πατρίδι πολλὰ ἀναθήματα καὶ δωρεὰς παρέχοντα: Ähnliche Formulierungen bieten z.B. Ps.-Demosth. Phil. 4,45 εἰς δὲ τοὺς κινδύνους κοινὰ ὑπὲρ τῆς σωτηρίας τὰ ὄντα τῇ πατρίδι παρέχοντας. Philo de fuga et inv. 29 σὺ δὲ ἔρανον παρέξεις πένησι φίλων, χαριεῖ δωρεὰς τῇ πατρίδι. Plut. vit. Arist. 3,4 ἡγουμένου χρῆναι τῇ πατρίδι παρέχειν ἑαυτόν. Aelian. var. hist. 14,16 Ἱππόνικος ὁ Καλλίου ἐβούλετο ἀνδριάντα ἀναστῆσαι τῇ πατρίδι ἀνάθημα. Cass. Dio 52,4,2

---

²⁸⁶⁸ Vgl. z.B. Val. 4,11,50 τριγωνικὸν σχῆμα πρὸς τὸ μεσουράνημα κέκτηται. 5,6,113 εἶχε γὰρ καὶ ἡ Σελήνη ἐξάγωνον σχῆμα πρὸς Ἄρεα. Ptol. apotel. 2,11,7 οἱ τῶν πλανητῶν πρὸς αὐτὰς [sc. τὰς συζυγίας] συσχηματισμοί. 3,4,4 δι᾽ αὐτῆς τῆς τῶν σχηματισμῶν πρὸς τοὺς οἰκείους τόπους θεωρίας. 3,5,5 ἐὰν [...] ὁ τοῦ Κρόνου σύμφωνον ἔχῃ σχηματισμὸν πρὸς τὸν ἥλιον.
²⁸⁶⁹ Vgl. Heph. 1,21,20 κακὰ ἀπεργάζεται (= Nech. et Pet. frg. 6,118); die von Hephaistion unabhängige Parallelüberlieferung durch den Anon. CCAG VII (1908), p. 137a,16, bietet jedoch κακὰ ἔσται.

(Agrippa-Rede) τὴν τῶν σωμάτων καὶ τὴν τῶν ψυχῶν χρῆσιν τῇ πα-τρίδι παρέχοντας. Diese teils auf Stadtstaaten wie Athen, teils auf Flächenstaaten wie das Römische Reich bezogenen Beispiele zeigen, dass eine sichere Entscheidung zwischen den in der Sekundärliteratur gewählten Übersetzungen für τῇ πατρίδι – "for his native city" (Cramer 1954, 163) bzw. "for his fatherland" (Neugebauer – van Hoesen 1959, 80) – ohne eine sichere Identifizierung des Nativen unmöglich ist. Aus der astrologischen Literatur vgl. noch P. Oxy. III 465, Z. 204–206, wo es von einer chronokratorischen Gottheit im Bereich der Fische heißt: ... [πο]ιήσει ... τῇ πατρίδι π[ο]λλὰ ἀγαθὰ π[αρέχοντας ....].[2870]

§ 60

μὴ λαθέτω δέ σε μηδὲ τοῦτο ὡς κτλ.: Zur Formulierung vgl. Ps.-Maneth. 5[6],202 μὴ λαθέτω σε Κρόνος ἰσομοιρήσας Ἀφροδίτῃ. Paul. Alex. 35 p. 95,11–16 (zit. oben S. 996). Heph. 3,2,12 μὴ λαθέτω δὲ καὶ τοῦτο, ὅτι κτλ. Rhet. epit. 4,24 (CCAG II, 1900, p. 188,8) μηδέ σε λαθέτω ὅτι ... (wenige Zeilen später folgt dort Antig. **F8**).[2871]

τῶν ἀστέρων ὄντων πάντων ἢ τῶν πλείστων ἐν ἰδίοις ζῳδίοις ἢ τόποις: Mit ἀστέρων ... πάντων sind hier alle sieben Wandelsterne gemeint (s.o. zu **F1** § 26 ἀστέρων). Die Sonne steht gradgenau in ihrer Erhöhung (19° ♈, vgl. § 58) und zugleich im ersten Trigon (♈, ♌, ♐), dessen Tagherrscher sie ist (s.o. S. 717, Tab. 16), Saturn (20° ♎) beinahe gradgenau in seiner Erhöhung (21° ♎) und im dritten Trigon (♊, ♎, ♒), dessen Tagherrscher er ist. Beide gehören zur Partei des Tages (s.o. S. 702), und die Nativität ist ein Taghoroskop. Mars, Mitglied der Partei der Nacht, steht in seinem Nachthaus (♈). Keiner der sieben Planetengötter steht in einem ihm eigenen Gradbezirk (vgl. S. 728, Tab. 18). Mond, Jupiter, Venus und Merkur genießen überhaupt keine der genannten Würden (Erhöhung, Domizil, Trigon, Bezirk). Dasselbe gilt auch, wenn man noch die in den Antigonosfragmenten nicht erwähnte Verteilung der

---

[2870] Grenfell – Hunt 1903, 133, drucken ἀγαθὰ χ[αὶ, aber die erhaltenen Reste des unsicheren Buchstabens passen mindestens so gut zu π wie zu χ (so A. Jones per Mail am 15.11.2014 nach Autopsie). Ich konjiziere daher παρέχοντας.

[2871] Der Satz des Antigonos ist falsch übersetzt von Schmidt 2009, 363: "And let this not escape your notice, nor [!] that with all or most of the stars in their own images or places, it contributes [!] to making dignified and notable men." (wörtlich gleich: Schmidt 1998, 63, bis auf "zōidia" statt "images").

Planeten auf die Dekane hinzunimmt,[2872] denn nur die Sonne und Saturn stehen in ihren eigenen Dekanen. Keiner der Planeten steht in einem ihm eigenen Ort der Dodekatropos.[2873] Da also nur drei von sieben Wandelsternen in diesem Horoskop Würden genießen (darunter die Sonne und Saturn allerdings mehrfach), gibt die in § 60 genannte Regel für sich allein genommen keinen Anlass, den Nativen unter die ἀξιωματικοὺς καὶ ἐπισήμους ἄνδρας zu zählen. Dass er letztlich doch zu dieser Kategorie gehört, bewirken die Position der Sonne im 10. Ort und ihre Doryphorie (s. § 58).

ἀξιωματικοὺς καὶ ἐπισήμους ἄνδρας: Oben (Anm. 1219 u. 1230) wurden bereits alte, 'Nechepsos und Petosiris' zugeschriebene Lehren zitiert, wonach eine Konstellation mit allen sieben Wandelsternen in den eigenen Erhöhungen eine glänzende Geburt (λαμπρὰν γένεσιν) bewirke, eine mit allen sieben in den eigenen Häusern sogar die eines Gottes (θεοῦ γένεσις). – Bezüglich der Lexik vgl. zu ἀξιωματικοὺς acht astrologische Belege bei Ptol. apotel. 3–4 (s. Hübner 1998a, 367 s.v.), zwei bei Valens (2,38,45.47), einen beim Anon. a. 379 p. 201,15 und weitere bei späteren Autoren. Der hiesige Beleg des Antigonos gehört also zu den frühesten im Bereich der astrologischen Texte. Zu ἐπισήμους vgl. dieselbe Form in **F1** § 32.

§ 61

Zu dem von Antigonos benutzten Verfahren der Primärdirektion (ἄφεσις) siehe die Sacherklärung zu **F1** § 52 (bes. S. 991–1003) und den Stellenkommentar zu § 52 ἀφέτης. Anders als dort legt Antigonos hier durch die Angabe des Anfangs- und Endpunktes der 'Entsendung' unter Verzicht auf die Erwähnung potentieller Klimaktere nahe, dass das volle Tetartemorion der Direktion in Lebensjahre umzuwandeln ist.

Wir wollen dies mit Blick auf das oben zu **F1** § 52 Gesagte überprüfen: Wenn in **F2** die Sonne, die nach Antigonos auf 19° ♈ steht (s.o. S. 1043, Diagr. 24), 'Entsender' ist, fällt der gemäß der Tetartemorionlehre nach links abzutragende 90°-Winkel auf 19° ♋. Da sich weder

---

[2872] Vgl. Firm. math. 2,4. Paul. Alex. 4 pp. 15–16. Bouché-Leclercq 1899, 227f. (mit Diagramm) und weitere Stellenangaben bei Boer 1958, 15 (app.).

[2873] Siehe dazu Bouché-Leclercq 1899, 280 (mit Diagramm). Zur Gleichsetzung von ζῴδιον und τόπος s.o. zu **F1** § 26 ἐπὶ τοῦ ὡροσκόπου, bes. S. 691.

Mars noch Saturn in dem Tierkreisbogen von 19° ♈ bis 19° ♋ befinden, sind klimakterische Momente durch physische Präsenz der 'Übeltäter' auszuschließen. Was deren Aspekte betrifft, ist die Quadratur des Saturn (20° ♎) auf die *pars nonagesima* (19° ♋) unschädlich, weil es sich nicht um eine linke, sondern eine rechte Quadratur handelt.[2874] Es ist jedoch zu fragen, ob vielleicht Mars durch eine linke Quadratur auf 15° ♋ zum ἀναιρέτης wird. Zwingend ist das aber nach keinem der im Kommentar zu **F1** § 52 analysierten Texte, selbst nach Balbillos nicht, weil Mars weder in dem vor dem ἀφέτης aufgehenden Zeichen – dem ἀναιρετικὸν ζῴδιον (s.o. S. 1018 bei Anm. 2554), hier: den Fischen – noch in dessen Quadratur (Zwillinge oder Schütze) steht. Außerdem würde Ptolemaios ins Feld führen, dass Mars 'unter den Strahlen' steht und so nicht zum Vernichten geeignet ist.[2875]

Nach Balbillos (s.o. Anm. 2547) könnte der Mond in den Zwillingen durch physische Präsenz zum ἀναιρέτης werden, aber dem hätten 'Nechepsos und Petosiris' sehr wahrscheinlich nicht zugestimmt, da die traditionellen ἀναιρέται auf Saturn, Mars und (bei Nachtgeburten) die Sonne beschränkt sind (s.o. S. 1002 bei Anm. 2520), ebensowenig Valens, da dieser (Val. 3,3,42, zit. in Anm. 2521) den Mond nur bedingt als ἀναιρέτης akzeptiert und dieser im Falle von **F2** gerade nicht ἐπὶ φάσιν φερομένη ist.

Insgesamt ist es also wahrscheinlich im Sinne des Antigonos, den vollen Zodiakalbogen von 19° ♈ bis 19° ♋ in Rektaszensionalgrade zu konvertieren. Das entspräche auf der Grundlage des 1. Klimas, das ja wahrscheinlich dem MC-Wert dieses Horoskops zugrunde liegt (s.o. S. 625), einer Lebensspanne von 81 Jahren und 4 Monaten.[2876]

Abschließend verdient noch Erwähnung, dass zwar nicht Antigonos, aber sein Zeitgenosse Valens wahrscheinlich auch die Messung von der Sonne (19° ♈) bis zum Aszendenten (24° ♋) gebilligt hätte, was im 1. Klima eine Verlängerung der Lebenszeit auf ca. 86 Jahre und 9 Monate bedeuten würde.[2877]

[2874] Vgl. den Komm. zu **F3** § 66a καὶ ἀκτινοβολεῖν τὸν Ἄρεα, bes. S. 1216 u. 1225. Siehe auch Tab. 26 auf S. 1006f. und deren Auswertung bezüglich der Fälle von Vernichtung durch linke Quadraturen auf S. 1005 bei Anm. 2529.

[2875] Ptol. apotel. 3,11,15 (zit. in Anm. 2560).

[2876] Rechnerischer Nachweis: s.u. Appendix III, Punkt c (S. 1381).

[2877] Rechnerischer Nachweis: s.u. Appendix III, Punkt d (S. 1381). – In seinem Kapitel über Direktionen lehrt Valens (3,3,14–22), die Viereckseite (τετράγωνος πλευρά, vgl. hier **F2** § 61 τῆς τετραγώνου ... στάσεως) müsse nicht immer gradgenau (μοιρικῶς, d.h. als ein Viertel des Tierkreises) gemessen werden, sondern könne unter bestimmten

Antigonos hätte diese Lehre wohl nicht gebilligt, auch wenn er nach **F7** zumindest theoretisch die zeitgenaue Aspektmessung als Alternative zur gradgenauen Aspektmessung traktiert hat. Aber die Sonne braucht nur an den Äquinoktien genau sechs Stunden vom ASC zum MC, und zeitgenaue Aspektrechnung wäre hier ja schon deshalb ungeeignet, weil dann jeder Quadrant 90 Lebensjahren entspräche und somit keine prognostische Differenzierung mehr möglich wäre.

οἱ δὲ ζωτικοὶ τούτου χρόνοι: χρόνοι fehlt in Ep.[4] und Exc.[2]; **P** bietet χρόνου (wegen τούτου; corr. Pingree). Vgl. **F1** § 52 πόσους ... ζωτικοὺς χρόνους (ubi pl.).

Umständen auch quadrantengenau bezüglich der Kardinalpunkte gemessen werden (κεντρικῶς, d.h. als ein Viertel des Gesichtsfeldes des Beobachters). Dies gelte vor allem dann, wenn die Direktion nicht von einem der Luminare, sondern vom Aszendenten oder vom MC ausgehe, sei aber auch bei Direktionen von einem der Luminare aus möglich, sofern der jeweilige Hausherr der Nativität günstig positioniert sei und einen Aspekt auf das entsendende Luminar werfe. Da Mars Antigonos zufolge Hausherr der Nativität ist und auf 15° ♈ in seinem eigenen Tierkreishaus in wenigen Grad Entfernung von der Sonne (19° ♈) und vom MC (10° ♈) ziemlich genau zwischen beiden steht, könnte man diese Bedingung (mit Ersetzung des Aspekts durch die Konjunktion) als erfüllt ansehen. Valens illustriert seine Lehre durch ein Beispiel (Val. 3,3,15–21), das interessante Parallelen zu den Horoskopen **F1** und **F2** des Antigonos aufweist. Darin ist der Aszendent so gewählt, dass die beiden durch den Ortsmeridian geteilten Hälften des sichtbaren Himmels hinsichtlich ihrer Tierkreisbögen stark differieren (der östliche Quadrant ist erheblich größer als der westliche), und es finden keine Planetenpositionen Erwähnung, sondern nur die Kardinalpunkte (ASC = 8° ♊, MC = 22° ♏, OCC = 8° ♐, IMC = 22° ♌) und die geographische Breite (2. Klima). Wenn nun die 'Entsendung' vom Aszendenten ausgehe, ende sie nicht nach 90° bei 8° ♍, sondern schon vorher beim IMC auf 22° ♌; wenn sie aber vom MC ausgehe (vgl. **F2**), ende sie nicht nach 90° auf 22° ♉, sondern erst beim Aszendenten auf 8° ♊. In dem zuletzt genannten Fall gehe die Direktion offensichtlich in der Zählung nach Tierkreiszeichen (ζῳδιακῶς) über die Viereckseite hinaus, nicht jedoch in der Zählung nach Quadranten zwischen den Kardinalpunkten (κεντρικῶς). Beide Teile des Beispiels gelten aber nur, so Valens, wenn die hypothetischen Direktionen nicht durch einen 'Übeltäter' unterbrochen würden: Wenn z.B. im Falle der 'Entsendung' vom Aszendenten dieser Konfiguration ein 'Übeltäter' auf 20° Zwillinge oder in irgendeinem Grad des Krebses physisch oder durch Aktinobolie präsent sei (vgl. **F1**), entspreche die Lebensspanne der Summe der Aufgangszeiten vom 'Entsender' bis zum Punkt der Vernichtung durch den 'Übeltäter'. – Valens präsentiert diese Lehre als seine eigene und deutet zu Beginn des Kapitels an, dass sie durch die Feststellung motiviert sei, dass die Lebensspannen mancher Nativitäten dem Petosiris zum Trotz *de facto* die Tetartemoriongrenze überschreiten oder sie trotz des Fehlens von 'Übeltätern' gar nicht erreichen (Val. 3,3,2 = Nech. et Pet. frg. +8, zit. in Anm. 2484).

ἐν ἐπικαίρῳ τόπῳ: nämlich in der Himmelsmitte; vgl. den Komm. zu § 60 τῶν ἀστέρων – τόποις. Statt ἐν ἐπικαίρῳ τόπῳ (**P** u. Exc.[2]) bietet Ep.[4] ἐπίκεντρον: sachlich richtig, aber wohl nicht original. Zum Begriff ἐπίκαιρος, der in den Handschriften oft mit ἐπίκεντρος verwechselt wird, vgl. Serap. CCAG VIII 4 (1921), p. 226,17–18 ἰσχύοντες λέγονται ἀστέρες οἱ ἐπὶ τῶν ἐπικαίρων τῆς γενέσεως τόπων τυχόντες, τουτέστι ἐπίκεντροι, und Heph. 3,9,20 οἱ ἐπίκαιροι τόποι τῶν γενέσεων (τουτέστι Σελήνη καὶ Ἥλιος καὶ ὁ κλῆρος καὶ ὁ ὡροσκόπος) sowie Denningmann 2005, 75f. (bes. Anm. 225). In den erhaltenen Horoskopen ist das Adjektiv ἐπίκαιρος m.W. nur hier belegt. Die frühesten nicht durch Epitomai oder Paraphrasen, sondern direkt überlieferten Belege für die Junktur ἐπίκαιρος τόπος stammen von Valens (4,23,4 u. 5,6,55). Überhaupt ist die Junktur in Astrologentexten selten. Sie begegnet, abgesehen von den bereits zitierten Stellen, nur noch bei Paul. Alex. 14 p. 30,23 (cf. Olymp. 11 p. 19,14) und Heph. 2,26,27.28.30 sowie auch in dem noch unpublizierten P. Oxy. inv. 68 6B.20/L εἰς τοὺς ἐπικαίρους τόπους τῆς γενέσεως. Ptolemaios benutzt nie das Adjektiv ἐπίκαιρος, sondern stets ἐπίκεντρος (18mal, s. Hübner 1998a, 385, Index s.v.). Bei Val. 7,6,229 begegnet – singulär in griechischen Astrologentexten – das Adjektiv ἐπικαίριος, und zwar in der Junktur ἐπὶ τῶν ἐπικαιρίων τῆς γενέσεως τόπων (möglicherweise ein Überlieferungsfehler).

τὴν προγενομένην σύνοδον: s.o. § 56 zu dem gleichen Lemma.

F3

Der Text dieses Fragments gliedert sich wie folgt:

> § 62: Überleitung **F2–F3**
> §§ 63–64: astronomische und astrologische Daten
> § 65: biographische Daten
> § 66a: astrologische Begründung zu § 65
> § 66b: sonstige Charaktereigenschaften und deren Begründung
> § 66c: Erklärung des Todeszeitpunkts

Es handelt sich ohne Zweifel um die Nativität des Cn. (oder L.) Pedanius Fuscus Salinator (PIR[2] P 198. Caballos Rufino 1990, 413–415, Nr. I 44), Sohn des gleichnamigen Konsuls des Jahres 118 n.Chr. und der Iulia Paulina.[2878] Der Native ist Enkel des L. Iulius Ursus Servianus (PIR² I 631, s.o. S. 1036) und Großneffe des Kaisers Hadrian. Die in der Forschungsliteratur allgemein anerkannte Identifizierung basiert auf den biographischen Angaben des Horoskops und ist das Verdienst von F. Cumont.[2879] Nach Barnes 1976, 76, ist die Identifizierung des Nativen mit Pedanius Fuscus nicht nur sicher, sondern hat "extremely serious implications for the dynastic history of Hadrian's reign." Auch Champlin, Michelotto und Caballos Rufino bewerten den Quellenwert von **F3** als sehr hoch.[2880]

Abgesehen von **F3** gibt es nur wenige Zeugnisse für die Existenz des Pedanius Fuscus. Champlin hat sie (mit Hilfe von R. Syme) sorgfältig analysiert. Er vermutet, dass Fuscus zur Entourage Hadrians in Athen in den Jahren 128/9 n.Chr. oder 131/2 n.Chr. gehörte, wie aus dem in arabischer Sprache erhaltenen Bericht von der Unterredung Hadrians mit dem Philosophen Secundus hervorgehe.[2881] Vielleicht wurde derselbe Fuscus im Jahre 134 n.Chr. in Ephesos – wiederum im Gefolge Hadrians – mit einer Inschrift (IKEph 734) geehrt.[2882] Falls das so sein sollte, hätte Fuscus das Amt eines *triumvir monetalis* innegehabt und wäre *pontifex* gewesen. Die übrigen Zeugnisse betreffen den Tod des Pedanius und werden im Folgenden gesondert besprochen.

Neugebauer – van Hoesen 1959, 109, sahen richtig, dass die astronomischen Angaben des Textes eine Datierung auf den 6. April 113 n.Chr. erlauben (ausführlicher dazu unten im Komm. zu §§ 63–64). Als Konsequenz aus dieser astronomischen Datierung und aus der Identifizierung des anonymen Nativen mit Pedanius Fuscus wird inzwischen allgemein akzeptiert, dass Pedanius 113 n.Chr. geboren sei.[2883]

[2878] Zu den Eltern s.u., Komm. zu § 65 ἐκ μεγίστου γένους καὶ προφανοῦς, λέγω δὴ πατρὸς καὶ μητρός.

[2879] CCAG VIII 2 (1911), p. 85¹ (dort allerdings falsche Datierung des Todes auf 136 n.Chr.). Außerdem s. bes. Champlin 1976.

[2880] Vgl. Champlin 1976, 82 ("it is of prime importance as evidence"). Caballos Rufino 1990, 414 ("una fuente de un gran valor [...] Los múltiples datos nuevos aportados por la *Apotelesmática* sobre este personaje en particular son un indicativo de la importancia de este tipo de fuentes, no suficientemente apreciadas en lo que a informaciones prosopográficas se refiere." Zu Michelotto s.u. S. 1136 bei Anm. 2886.

[2881] Champlin 1976, 84; vgl. Perry 1964, 127. Heide 2014, 143⁴⁴. Fündling 2006, 1009.

[2882] So Champlin 1976, 84–89; zustimmend Barnes 1976, 77⁹, u. Syme 1979, 298 (= RP III 1168), beide sowohl zur Identifikation mit Pedanius als auch mit der ephesischen Inschrift; skeptisch hingegen Syme 1989, 249 (= RP VI 426f.), Michelotto 1987, 190²¹⁵ ("solo un'ipotesi in attesa di verifica"), Birley 1997, 309 ("perhaps identical"). Bedenken gegen diese Identifizierung äußern ferner Raepsaet-Charlier 1987, 388¹, u. Fündling 2006, 1009f. Nach Caballos Rufino 1990, 414, fehlen eindeutige Beweise.

[2883] So z.B. Martin 1982, 294. Champlin 1985, 162. Birley 1997, 309. Eck 2000a.

Dem Text zufolge starb der Native um das 25. Lebensjahr. Dass Antigonos genau diese Zahl und keine andere bot, beweist ihre dreifache Erwähnung (§§ 62.65.66c: περὶ τὸ κε′ ἔτος) und ihre Assoziation mit der Aufgangszeit des Stiers in § 66c; dafür, dass sie historisch gesehen Vertrauen verdient, sprechen die Argumente, dass Antigonos unsere früheste Quelle zur Lebenszeit des Pedanius ist und zwei andere von ihm gebotene Jahresangaben, die im Gegensatz zu der hier fraglichen überprüfbar sind, nachweislich zutreffen.[2884] Folglich müsste der Tod des Pedanius in die Zeitspanne zwischen dem 6. April 137 n.Chr. und dem 5. April 138 n.Chr. fallen.

Diese Einsicht ist wertvoll, weil die regulären historischen Quellen einander widersprechende Angaben machen: Cass. Dio 69,17,1 erwähnt die durch Hadrian verfügte Hinrichtung des Servianus und des Pedanius im Kontext der Adoption des L. Ceionius Commodus (L. Aelius Caesar, PIR² C 605),[2885] die Hadrian im Jahre 136 n.Chr. vornahm, da Servianus, der damals 90 Jahre alt gewesen sei, und Pedanius, der 18 Jahre alt gewesen sei, ihre Verärgerung über diese Adoption zu erkennen gegeben hätten. Dagegen datiert die *Historia Augusta* den Tod des Servianus, ohne den des Fuscus zu erwähnen, kurz vor dem Tode Hadrians (Hist. Aug. Hadr. 25,8 *sub ipso mortis tempore*; vgl. ebd. 15,8. 23,2–3.7–8). Die Althistoriker haben sich teils Cassius Dio, teils der *Historia Augusta* angeschlossen. Da Hadrian am 10. Juli 138 n.Chr. starb, spricht das Horoskop des Antigonos für die Version der *Historia Augusta*.

Michelotto 1987 hat (anknüpfend an Valera 1973) in umfassender Kenntnis sowohl der antiken Quellen als auch der modernen Forschung gezeigt, dass es (1) bei der Frage nach der chronologischen Relation des Untergangs des Servianus und des Pedanius Fuscus zur Adoption des L. Aelius Caesar (136 n.Chr.) und des Antoninus Pius (138 n.Chr.) nicht um eine scheinbar belanglose Differenz von zwei Jahren geht, sondern um "un dato ... di importanza fondamentale",[2886] da die in den Quellen dominierende Version des Cassius Dio (136 n.Chr.) Produkt einer verfälschten

---

[2884] Es geht dabei um Hadrians Erhebung zum Kaiser im 42. und um seinen Tod im 63. Lebensjahr (**F1** § 23 περὶ τὸ μβ′ ἔτος ὁμοίως αὐτοκράτωρ ἐγένετο . . . περὶ δὲ ξ̄γ ἔτη γενόμενος ἐτελεύτησεν).

[2885] Die Adoption fand im Jahre 136 n.Chr. statt (nach Kienast 1996, 131, "nach dem 19. Juni, vor 29. Aug.?"). Der designierte Nachfolger starb am 1. Januar 138 n.Chr. (Kienast 1996, 132). L. Ceionius Commodus war nach einer verblüffenden, inzwischen aber erledigten These von Carcopino (1949) ein unehelicher Sohn Hadrians (Birley 2000, 147; vgl. die Kritik an Carcopinos These durch Syme 1976, 298 = Syme 1983, 86f.).

[2886] Michelotto 1987, 186.

Version der Ereignisse sei, die dem Ziel diene, jeden Schatten von Hadrians am 25. Februar 138 n.Chr. erfolgter Adoption des Antoninus Pius zu nehmen und dessen Adoptivsohn Marc Aurel gegenüber Lucius Verus (PIR^2 C 606), dem natürlichen Sohn des von Hadrian zwei Jahre früher (136 n.Chr.) adoptierten L. Aelius Caesar – dieser Knabe Lucius sei der eigentlich von Hadrian vorgesehene Erbe gewesen[2887] – aufzuwerten, und dass (2) das Pedanius-Horoskop des Antigonos zur Entscheidung, welche der beiden tradierten Versionen historisch wahr sei, den entscheidenden Beitrag liefere.[2888] Michelotto formuliert (S. 177) die These, die wahre Chronologie der Ereignisse (Untergang des Fuscus und des Servianus 138 n.Chr.) sei auf Betreiben des Clans der Anii/Arii gefälscht worden, um, wie gesagt, jeden Schatten von der Adoption des Antoninus Pius zu nehmen (die komplizierten Einzelheiten dieser These können hier nicht diskutiert werden); da sowohl die wahre (inoffizielle, 'ceionische') als auch die falsche (offizielle, 'antoninische') Version tradiert worden seien, finde man später in der *Historia Augusta* beide unausgeglichen nebeneinander.[2889]

Bezüglich der Chronologie war schon Barnes 1978, 45, zu demselben Ergebnis gekommen: "Fuscus, therefore, should be presumed to have fallen shortly after Hadrian adopted Antoninus Pius (25 February 138)." Im Folgenden werden wir uns dieser Auffassung anschließen, den Tod des Servianus und des Pedanius also zwischen Februar 138 n.Chr. (Adoption des Antoninus Pius)[2890] und April 138 n.Chr. (Vollendung des 25. Lebensjahres des Pedanius, s.o. S. 1136) und somit wenige Monate vor dem Tode Hadrians (10. Juli 138 n.Chr.) datieren.[2891] Sowohl dem Cassius

---

[2887] Ebenso urteilen Barnes 1967b, 74–79, u. Champlin 1976, 89.

[2888] Michelotto 1987, 189: "la risposta viene dall'astrologia". Das einzige Defizit dieses Artikels ist, dass der Autor nicht nach den Quellen des Antigonos fragt und den Tod der Eltern des Pedanius im Jahre 138 n.Chr. akzeptiert (S. 190).

[2889] Die Benennung der zwei Traditionen stammt von Valera 1973.

[2890] Zur Verkündung des neuen, Antoninus Pius betreffenden Nachfolgeplans am 24.1.138 n.Chr. s. Birley 1997, 294.

[2891] Die Ansicht, dass Pedanius und Servianus erst 138 n.Chr. starben, vertrat m.W. erstmals Cramer 1954, 178 (aufgrund der ihm bekannten, noch unveröffentlichten Datierung des Pedanius-Horoskops durch Neugebauer – van Hoesen 1959, 109; s.o. Anm. 921). Vgl. in demselben Sinne Barnes 1976, 77. Champlin 1976, 79. Barnes 1978, 45. Martin 1982, 294f. (wieder zurückgenommen ebd. 301f.). – Dem Urteil von Neugebauer – van Hoesen 1959, 109, die sich aufgrund des Horoskops in etwas weiterer zeitlicher Begrenzung nicht für 138 n.Chr., sondern für "the year 137/138 as the date of execution" aussprachen, schloss sich Caballos Rufino 1990, 414 an (er spekuliert – m.E. nicht plausibel – ebd. 415[15], Cassius Dio habe vielleicht absichtlich das Alter des Pedanius herabgesetzt, um die Bluttat verabscheuungswürdiger erscheinen zu lassen, erwägt fer-

Dio als auch der *Historia Augusta* ist jeweils ein chronologischer Fehler unterlaufen: Bei Cassius Dio ist dies die vermutlich als ein Lapsus zu erklärende Angabe, Pedanius sei im Alter von 18 Jahren gestorben (69,17,1),[2892] in der *Historia Augusta* die Erwähnung der Adoption des L. Ceionius Commodus (Hadr. 23,10) nach (*tunc*) dem Tod des Servianus (Hadr. 23,8).[2893]

Als Grund des Untergangs der beiden Angehörigen Hadrians legt **F3** nahe, dass Pedanius im Zusammenhang mit der Neuregelung der kaiserlichen Nachfolge nach dem unerwarteten Tod des L. Aelius Caesar am 1. Januar 138 n.Chr. auf unvorsichtige Weise versucht hat, seine vermeintlich schicksalsgegebenen Rechte geltend zu machen.[2894]

---

ner ebd. 414 die Möglichkeit, dass Antigonos die Daten den Erfordernissen des Horoskops angepasst habe: "quizás para adecuar este dato a las necesidades del horóscopo"). Dass die Angabe des Cassius Dio falsch sei, nahm auch Wachtel an (PIR² P 198, S. 69: "errore ut videtur"). – Der Version Dios folgen zu Unrecht Syme 1976, 297[15] = Syme 1983, 86[15] (Cramers Datierung [1954, 178] auf 138 n.Chr. sei "not probable", ohne überzeugende Gründe). Syme 1979, 298 = RP III 1168 (Hadrian habe Pedanius zusammen mit seinem Großvater Ende 136 n.Chr. oder Anfang 137 n.Chr. töten lassen). Grant 1994, 9 (datiert den Tod des Pedanius und des Servianus explizit in das Jahr 136). Eck 1999a (mit seltsamer Vermischung von Informationen Dios und des Horoskops: "Pedanius Fuscus (geb. 113), ein Großneffe Hadrians, sollte nach seiner [*d.h. seiner eigenen*] Vorstellung Hadrians Nachfolger werden; als Hadrian Ceionius Commodus adoptiert hatte, agierten Servianus, damals 90jährig, und sein Neffe [*signifikanterweise ohne Festlegung auf dessen Todesalter*] gegen Hadrian; Fuscus wurde hingerichtet, Servianus wohl zur Selbsttötung gezwungen." Dreifach falsch urteilt Raepsaet-Charlier 1987, 388, Hadrian habe den jungen Pedanius 136 n.Chr. im Alter von 18 Jahren zum Selbstmord gezwungen. – Gegenstandslos sind im Übrigen auch die in der Forschungsliteratur aufgrund des Interpolaments **F1** § [22add.] geäußerten Überlegungen, Pedanius habe im November 137 n.Chr. einen Staatsstreich versucht (s.o. Anm. 1273).

[2892] Ebenso urteilt Birley 1997, 291. Vgl. Manuwald 1979, 268–272 ("Exkurs: Zu einigen historischen Fehlern Dios in seinem Bericht über das J. 43 v.Chr. G."); darin S. 270 zu zwei anderen chronologischen Fehlern.

[2893] Obsolet ist damit m.E. die Frage, ob die Tötung von Servianus und Pedanius der Adoption des L. Ceionius Commodus folgte (so Cass. Dio 69,17,1 u. Syme 1968, 94 = RP II 681) oder ihr vorausging (so Hist. Aug. Hadr. 23,8–11). Birley 2000, 146, urteilt bezüglich dieser Frage: "the order of events is uncertain"; er erwägt ferner (ebd. 147), der Adoptionsplan sei vielleicht bereits im engsten Umfeld des Kaisers bekannt gewesen, aber noch nicht öffentlich gemacht worden (ebenso bereits Birley 1987, 233). Diese Erwägungen implizieren die von mir nicht geteilte Annahme, dass der Tod des Servianus und Pedanius in enger zeitlicher Relation zur Adoption des L. Ceionius Commodus (136 n.Chr.) stand.

[2894] Seine Eliminierung im Interesse der Durchsetzung der Sukzessionspläne Hadrians wäre also entfernt mit der Eliminierung des ebenfalls 25-jährigen Agrippa Postumus (12 v.Chr. – 14 n.Chr.) ein Jahrhundert früher zur Durchsetzung der ebenfalls auf einen Adoptivsohn (Tiberius) gestützten Sukzessionspläne des Augustus vergleichbar, wenn-

§ 62

In der Mitte und am Ende dieses Paragraphen ist der Wortlaut in Ep.[4] erheblich umfangreicher als in **P**, vielleicht zu Recht. Exc.[2] fällt hier aus. Der Sinn ist in den Fassungen von **P** und Ep.[4] gleich.

σκέψασθαι τὰς διδομένας γενέσεις: s.o. zu **F1** § 21 ἐπισκέπτονται τὰς γενέσεις.

ὅν φησι – γεγενῆσθαι: Diese Information geht den astronomischen Daten noch voraus, da sie die Relevanz dieses Horoskops für das von Heph. 2,18 traktierte Thema 'Würden' (bzw., wie hier, deren Umschlagen in ihr Gegenteil) klarmacht.

ἐπ᾽ ὀλέθρῳ: so richtig Ep.[4] (cf. LSJ s.v. ἐπί B.III.2); ἐν ὀλέθρῳ **P**.

περὶ τὸ κε′ ἔτος: Ergänzung des in **P** fehlenden Artikels nach Ep.[4], vgl. die beiden Wiederholungen des Ausdrucks in § 65 (nur von Ep.[4] überliefert) und in § 66c. An der zuletzt genannten Stelle muss der Artikel schon früh ausgefallen sein, wie sein Fehlen in der gesamten Überlieferung (**P**, Ep.[4], Exc.[2]) zeigt. Vielleicht ist der Grund dort (§ 66c) die Häufung gleicher Laute (τὸ δὲ περὶ ⟨τὸ⟩ κε′ ἔτος τεθνάναι αὐτὸν κτλ). Vgl. auch **F1** § 23 περὶ τὸ μβ′ ἔτος, wo ebenfalls nur Ep.[4] den Artikel bewahrt. – Inhaltlich abweichend spricht Cass. Dio 69,17,1 vom 18. Lebensjahr (s.o. Einleitung zu **F3**). – Nach der Angabe des Todesalters bietet Ep.[4] den in **P** fehlenden Relativsatz οὗ τὸ ἐπὶ τῆς γενέσεως θέμα τοιοῦτον ἦν ('dessen Geburtshoroskop folgendermaßen war').

§§ 63–64

Die nun folgenden astronomischen Daten sind nur durch **P** zuverlässig überliefert, in Ep.[4] hingegen durch Textausfälle und Verwirrungen entstellt. Daher ist die Analyse von Neugebauer – van Hoesen 1959, 108f., nur bedingt brauchbar, denn sie stützt sich auf den in § 63 beschädigten Text der Epitome, genauer gesagt auf das in der hiesigen Edition elimi-

---

gleich Agrippa nicht vor, sondern erst unmittelbar nach dem Tod des Augustus getötet wurde und ungewiss ist, ob der Befehl von Augustus oder Livia oder Tiberius ausging. Vgl. Tac. ann. 1,6. Suet. Tib. 22. Cass. Dio 57,3,5. Detweiler 1970. Bellemore 2000.

nierte Apographon **i** (Paris. gr. 2501, edd. Ruelle et Cumont, CCAG VIII 2, 1911, pp. 85,17 – 86,12).

Neugebauer – van Hoesen 1959, 109, errechnen als Datum dieser Nativität den 6. April 113 n.Chr. Astronomisch gesehen ist ebensogut der vorausgehende Tag möglich, aber wir werden sehen, dass die Quadratur des Mars zum Mond, die am 6. April beinahe perfekt ist, ein starkes astrologisches Argument zugunsten des späteren Datums ist (s.u. zu § 66a καὶ ἀκτινοβολεῖν τὸν Ἄρεα).

Um eine astronomische Rückberechnung mit *Galiastro 4.3* zu ermöglichen, sind zwei Hypothesen erforderlich, zum einen bezüglich der geographischen Koordinaten des Geburtsorts, zum anderen bezüglich des Bogengrades des Aszendenten. Da der Geburtsort des Pedanius nicht bekannt ist, wird hier Rom gewählt, eine historisch plausible Hypothese, die außerdem den Vorteil hat, dass Rom nahe dem Zentrum der Mittelmeerwelt liegt und somit auch in etwa mittlere Werte bezüglich des ohnehin schmalen Spektrums divergierender astronomischer Daten für divergierende Koordinaten innerhalb dieses geographischen Raums bietet. Die Aussage des Textes, dass die Sonne und der Aszendent ihre Positionen im Widder haben, trifft in Rom am 5. April 113 n.Chr. für die Zeitspanne von 05:12 Uhr bis 06:21 Uhr Ortszeit beziehungsweise am folgenden Tag von 05:08 Uhr bis 06:17 Uhr zu. Die zweite Hypothese, auf der die folgende Tabelle basiert, ist, dass der Aszendent mit der Sonnenposition identisch ist, dass Pedanius also bei Sonnenaufgang geboren wurde. Eine direkte Konsequenz dieser Annahme ist, dass die Position des Glücksloses (⊕) mit der des Mondes identisch ist.

Den mit *Galiastro 4.3* ermittelten tropischen Längen für Rom (41° 54′ N, 12° 29′ O) sind im Falle des 6. April die Angaben von Neugebauer – van Hoesen 1959, 109 (kurz: "NH"), zur Seite gestellt, im Falle beider kalendarischer Daten außerdem die um jeweils 3° 53′ höheren, auf volle Bogengrade gerundeten siderischen Äquivalente der mit *Galiastro 4.3* ermittelten Längen. Diese siderischen Daten, mit denen ein antiker Astrologe wie Antigonos gerechnet haben dürfte, ergeben sich aus der oben (S. 599 mit Anm. 1085) nach Jones 1999a, I 343, zitierten Näherungsformel, die für den April 113 n.Chr. auf $\lambda_s = \lambda_m + 6° 15′ - 142′ = \lambda_m + 3° 53′$ führt.[2895]

[2895] Zeitangaben in LMT (Local Mean Time = Ortszeit für den gewählten Meridian).

<table>
<tr><td rowspan="2"></td><td rowspan="2">Text</td><td colspan="2">5. April 113 n.Chr.,
5:43 Uhr (Rom)</td><td colspan="3">6. April 113 n.Chr.,
5:41 Uhr (Rom)</td></tr>
<tr><td>Galiastro 4.3</td><td>sid. Äquivalent</td><td>Galiastro 4.3</td><td>NH</td><td>sid. Äquivalent</td></tr>
<tr><td>☉</td><td rowspan="2">♈</td><td rowspan="2">13° 44′ ♈</td><td rowspan="2">18° ♈</td><td rowspan="2">14° 42′ ♈</td><td rowspan="2">15° ♈
“sunrise”</td><td rowspan="2">19° ♈</td></tr>
<tr><td>ASC</td></tr>
<tr><td>☾</td><td rowspan="2">♉</td><td rowspan="2">4° 19′ ♉</td><td rowspan="2">8° ♉</td><td rowspan="2">18° 52′ ♉</td><td rowspan="2">19° ♉</td><td rowspan="2">23° ♉</td></tr>
<tr><td>⊕</td></tr>
<tr><td>♄</td><td>♈</td><td>1° 53′ ♈</td><td>6° ♈</td><td>2° 01′ ♈</td><td>2° ♈</td><td>6° ♈</td></tr>
<tr><td>☿</td><td>♈</td><td>4° 13′ ♈</td><td>8° ♈</td><td>6° 14′ ♈</td><td>6° ♈</td><td>10° ♈</td></tr>
<tr><td>♃</td><td>♓</td><td>22° 50′ ♓</td><td>27° ♓</td><td>23° 04′ ♓</td><td>23° ♓</td><td>27° ♓</td></tr>
<tr><td>♀</td><td>♓</td><td>3° 22′ ♓</td><td>7° ♓</td><td>3° 55′ ♓</td><td>k.A.[2896]</td><td>8° ♓</td></tr>
<tr><td>♂</td><td>♒</td><td>20° 49′ ♒</td><td>25° ♒</td><td>21° 35′ ♒</td><td>22° ♒</td><td>25° ♒</td></tr>
</table>

Tab. 30: Astronomische Daten in **F3**

Da **F3** nur zeichengenaue Daten bietet, erübrigt sich hier ein Vergleich mit der Datenqualität der *Handlichen Tafeln* des Ptolemaios, wie er zu **F1** und **F2** angestellt wurde (s.o. S. 603, Tab. 6c, u. S. 1047, Tab. 28c).

Das zweite Exzerpt bietet die astronomischen Daten, wie bereits im Falle von **F2** (s.o. S. 115 u. 1048), nicht als Text, sondern in der Form eines Diagramms, das minutengenaue Positionsangaben für alle sieben Wandelsterne und gradgenaue Grenzen der zwölf Orte der Dodekatropos bietet. Die acht Positionsangaben von Exc.[2] zu **F3** (Luminare, Planeten, ASC) fallen ausnahmslos in dieselben Tierkreiszeichen, die **P** und Ep.[4] in ihren ausformulierten Versionen des Textes (§ 63) bieten. Insofern gleicht der Befund demjenigen in **F2**. Da jedoch **P** und Ep.[4] im Text von **F3**, anders als in **F1** und **F2**, nur zeichengenaue Positionsangaben machen, ist die Diskrepanz zwischen den Daten des Textes (**P** und Ep.[4]) und denen des Diagramms (Exc.[2]) im Falle von **F3** noch größer und erklärungsbedürftiger als im Falle von **F2**.

[2896] Die Position der Venus berechnen Neugebauer und Van Hoesen nicht, da die Positionsangaben zu Venus und Mars im Datenblock der von ihnen benutzten Epitome fehlen (s.u. zu 'Αφροδίτην – ἐπὶ ἀνατολῆς ἑῴας) und dort im Folgenden nur Mars in einem Kontext mit astronomischer Relevanz, woraus seine Position erschlossen werden kann, erwähnt wird (§ 66b διὰ τὸν Ἄρην ὄντα ἐπὶ τῆς ἐπαναφορᾶς τοῦ μεσουρανήματος), Venus hingegen in rein astrologischem Kontext (§ 66b ἐρωτικὸς μὲν διὰ τὴν 'Αφροδίτην καὶ τὸν Δία), der keine Rückschlüsse auf ihre Position erlaubt.

Da zeichengenaue Positionsangaben und der damit verbundene geringe Grad an astronomischer Präzision in Horoskopen des 2. Jh. n.Chr. – d.h. vor allem bei Valens – nichts Ungewöhnliches sind, entsprechen die Daten in **P** und Ep.^{4} wahrscheinlich denen, die Antigonos in seinem Handbuch hinterlassen hat. Neben dieses gegen die Authentizität der in Exc.^{2} überlieferten Daten sprechende Indiz tritt ein noch stärkeres, dass nämlich die inäquale Einteilung der zwölf Orte der Gepflogenheit des Antigonos, Tierkreiszeichen und Orte in eins zu setzen, widerspricht. Andererseits kann nicht *a priori* mit Sicherheit die Möglichkeit ausgeschlossen werden, dass Antigonos die Positionsangaben zu **F3** minutengenau hinterließ, die Minutenangaben aber auf den Überlieferungswegen hin zu **P** und Ep.^{4} verloren gingen und die Einteilung der zwölf Orte der Diagramme in **F2** und **F3** eine sekundäre Zugabe späterer Schreiber ist. Wir werden also bei der Analyse der Daten versuchen, weitere Argumente zur Klärung der Echtheitsfrage zu finden. Zugleich werden wir die wahrscheinlichere Erklärung der so präzise formulierten Daten des Diagramms in Exc.^{2} im Auge behalten, dass nämlich der selbstständig agierende byzantinische Anonymos, von dessen oben (S. 116) rekonstruierter Handschrift **ε** der Codex **C** eine fehlerhafte Abschrift bewahrt, beide Diagramme erstellt hat. Falls diese Erklärung zutreffen sollte, wäre zu fragen, wie der besagte Anonymos die Daten generiert hat.

Beginnen wir also mit der Prüfung der astronomischen Qualität der im Diagramm zu **F3** überlieferten Positionsdaten. Sie lauten: ☉ 8° 9′ ♈, ☾ 4° 12′ ♉, ♄ 6° 10′ ♈, ☿ 4° 5′ ♈, ♃ 11° 3′ ♓, ♀ 15° 20′ ♓, ♂ 16° 14′ ♒. Zwar würden die Mond- und Merkurnotate gut zu den wahren tropischen Längen am 5. April 113 n.Chr. passen und das Saturnnotat gut zur wahren siderischen Länge an beiden fraglichen Tagen, aber in einem Horoskop des Antigonos und aller zeitgenössischen Astrologen würde man ausschließlich siderische Längenangaben erwarten. Außerdem wiegen die Fehler bei den Längen der Sonne (ca. –10° sid. / –6° trop.), des Jupiter (ca. –16° sid. / –12° trop.), der Venus (ca. +8° sid. / +12° trop.) und des Mars (ca. –9° sid. / –5° trop.) schwer, vor allem die beiden zuerst genannten. Dazu ist noch zu ergänzen, dass die Sonnenlänge des Diagramms (8° 9′ ♈) der Textangabe in **P** und Ep.^{4}, Saturn befinde sich drei Tage vor seinem heliakischen Aufgang, widerspricht.[2897] Man könnte zwar, da mehrere der genannten Fehler einen Betrag von jeweils ca. 10° (siderisch) aufweisen, erwägen, ob diese Daten Korruptelen ursprünglich korrekter siderischer Daten des verlorenen Diagramms der Vorlage von

[2897] S.u. zu § 63 μετὰ ἡμέρας τρεῖς ἐπὶ ἑῴας ἀνατολῆς τὴν φάσιν ποιούμενον.

C sind.[2898] Das würde aber nicht nur mehrere hinsichtlich ihrer Berechtigung unbeweisbare Emendationen erfordern, sondern am Ende weiterhin zwei sehr unbefriedigende Daten übrig lassen (Mond und Jupiter), die mit der Qualität der astronomischen Daten in **F1** und **F2** unvereinbar scheinen.[2899] Außerdem müsste im Falle solcher Emendationen eine sehr frühe Abspaltung der Quelle von Exc.[2] von **α**, der Quelle von **P** und Ep.[4] (s. Stemma S. 120), sowie ein Datenverlust in **α** postuliert werden. Des Weiteren müsste man die Frage beantworten, warum Antigonos in **F3** minutengenaue Positionsangaben gemacht hätte, während er dies im Falle des zweifellos wichtigeren Kaiserhoroskops (**F1**) nicht für nötig hielt. Hinzu kommt das astrologische Argument, dass die wichtige Quadratur von Mars und Mond[2900] am 5. April sehr unvollkommen wäre, das Mondnotat in Exc.[2] aber eindeutig unvereinbar mit dem 6. April ist, an dem die genannte Quadratur beinahe vollkommen ist. Es erscheint also sehr unwahrscheinlich, dass die Daten des Diagramms in Exc.[2] auf Antigonos zurückgehen.

Wie groß die Fehler des Diagramms in Exc.[2] sind, zeigt auch ein Vergleich mit den bereits vorgestellten Stobart-Tafeln,[2901] deren Fragmente C$_1$ und C$_2$ die Planetenpositionen der Jahre 104–119 n.Chr. registrieren. Nach ihnen steht Saturn vom 1. Februar 113 n.Chr. bis zum 28. Juni 114 n.Chr. im Widder, Jupiter vom 8. Dezember 112 bis zum 10. April 113 in den Fischen, Mars vom 6. März bis zum 13. April 113 im Wassermann, Venus vom 2. April bis zum 11. Mai 113 in den Fischen und Merkur vom 30. März bis zum 15. April im Widder.[2902] Bei linearer Interpolation ergibt das am 6. April die folgenden siderischen Positionen (gerundet): Saturn 4° ♈, Jupiter 29° ♓, Mars 25° ♒, Venus 4° ♓, Merkur 13° ♈.

[2898] Vgl. den ähnlichen Fall im Diagramm zu **F2** bzgl. des Marsnotats (s.o. S. 1048).

[2899] Selbst wenn man erwöge, das Sonnennotat $\overline{\eta}\,\overline{\theta}$ (8° 9′) zu $\overline{\iota\eta}\,\overline{\theta}$ (18° 9′) oder zu $\overline{\iota\zeta}\,\overline{\theta}$ (17° 9′) zu emendieren, das Jupiternotat $\overline{\iota\alpha}\,\overline{\gamma}$ (11° 3′) zu $\overline{\kappa\alpha}\,\overline{\gamma}$ (21° 3′) oder (weniger wahrscheinlich, da die Diagramm in Exc.[2] stets minutengenaue Angaben machen) zu $\overline{\kappa\gamma}$ (23°), das Venusnotat $\overline{\iota\varepsilon}\,\overline{\kappa}$ (15° 20′) zu $\overline{\varepsilon}\,\overline{\kappa}$ (5° 20′) und das Marsnotat $\overline{\iota\varsigma}\,\overline{\iota\delta}$ (16° 14′) zu $\overline{\kappa\varsigma}\,\overline{\iota\delta}$ (26° 14′), würde das die Sonnen- und Marsposition nur siderisch befriedigend erklären, die Jupiterposition hingegen (wenn überhaupt) nur tropisch. Auch die Mondposition wäre nur bei tropischer Auffassung mit der Qualität der Mondpositionen in **F1** und **F2** vergleichbar.

[2900] Siehe Diagr. 28 (S. 1229) sowie den Komm. zu § 66c, bes. S. 1250 bei Anm. 3150.

[2901] Vgl. den Komm. zu **F1** § 22 (Einleitung) S. 600 bei Anm. 1096.

[2902] Vgl. Tafel C$_2$ recto, coll. I–III des Originals, abgebildet und transkribiert bei Neugebauer 1942, Taf. 25 u. S. 225, sowie Neugebauer – Parker 1960–1969, III Taf. 74 u. 77.

Was die Einteilung der zwölf Orte (Dodekatropos) betrifft, ist zu beachten, dass der Text von **P** und Ep.[4] in **F3** eine zeichengenaue Positionsangabe zum Aszendenten (♈) und gar keine Angabe zum MC
macht. Untersuchen wir also die Relation der gradgenauen Daten für
ASC und MC im Diagramm in Exc.[2]. Lässt man sich auf die Annahme
von 7° ♈ als Aszendent ein, so befremdet sogleich der astronomisch
unmögliche MC-Wert von 8° ♑: Ungeachtet der geographischen Breite
muss für jeden Widder-Aszendenten x der MC-Grad im Steinbock $\leq x$
sein, da der Widder viel schneller aufgeht, als die Steinbockgrade die
obere Kulmination durchlaufen. Wenn man die Koordinaten der ptolemäischen *Geographie* zugrunde legt, ergeben die *Handlichen Tafeln* zu ASC
= 7° ♈ für die Breite von Alexandria (31° 0′ N) den MC-Wert 4° 19′ ♑,
für Rom (41° 40′ N) 3° 34′ ♑ und für Byzanz (43° 05′ N) 3° 26′ ♑.[2903]
Da das Diagramm in **C** aber die verderbte Abschrift einer verlorenen
Vorlage ist, könnte es sein, dass die Gradzahl des Aszendenten in dieser
Vorlage nicht mit ζ (7°), sondern mit ιζ (17°) angegeben war. Daraus
ergäbe sich für relativ hohe nördliche Breiten wie die von Byzanz oder
Rom (nicht jedoch für Alexandria) ein einigermaßen plausibler MC-
Wert. Denn wenn man sich erneut auf die *Handlichen Tafeln* und (für die
Koordinaten) auf die *Geographie* des Ptolemaios stützt, erhält man für
ASC = 17° ♈ auf der Breite von Byzanz einen MC-Wert von 8° 28′ ♑
(das entspricht auf volle Grade gerundet der Angabe des Diagramms in
C, 8° ♑), auf der Breite von Rom 8° 43′ ♑, auf der Breite von Alexandria hingegen 10° 17′ ♑. Zugleich zeigt sich auch hier wieder, dass das
Diagramm in Exc.[2] wohl nicht von Antigonos stammen kann. Denn das
alte, relativ grobe Näherungsverfahren, das Paul. Alex. 30 referiert und
das Antigonos im Fall von **F1** und **F2** wahrscheinlich benutzt hat (s.o.
S. 620–630), führt bei Zugrundelegung des Klimas von Alexandria, auf
das der Text ja in § 66c eindeutig Bezug nimmt, weder für ASC = 7° ♈
noch für ASC = 17° ♈ auf Werte nahe 8° ♑.[2904]

[2903] Berechnet mit *Deviations* von R. Mercier (s.o. S. 479). Byzanz liegt nach Ptol.
geogr. 3,11,5 auf 43° 5′ N und 56° O (von den Inseln der Seligen); vgl. die Europakarte
Nr. 9 bei Stückelberger – Graßhoff 2006–2009, II 812f. Die wahre Breite von Byzanz ist
etwas niedriger (41° 1′ N). Zu den ptolemäischen Koordinaten von Rom und Alexandria
s.o. Anm. 1089.

[2904] Begründung: Die Aufgangszeit des Widders beträgt nach System A im Klima Ia 21°
40′ RA. Der Bogen 0°–7° ♈ entspricht knapp einem Viertel der Ausdehnung des Widders, seine Aufgangszeit also ca. ¼ x 21° 40′ RA = ca. 5° 25′ RA; folglich liegt das MC
ca. 5° 25′ von 0° ♑ entfernt auf ca. 5° 25′ ♑. Analog gilt für den Bogen 0°–17° ♈,
dass dieser etwas mehr als die Hälfte des Widders bildet; das führt auf etwas mehr als ½

Auch die Spitzen der übrigen Orte der Dodekatropos weisen erhebliche Fehler auf. Es entsprechen sich zwar die Gradangaben aller diametral gegenüberliegender Orte, aber aus den Daten ergeben sich die folgenden Größen der Einzelsegmente: I/VII: 26°; II/VIII: 39°; III/IX: 26°; IV/X: 37°; V/XI: 25°; VI/XII: 27°. Das ist sphärengeometrisch unmöglich. Wir haben es also erneut mit einem ganz ähnlichen Befund wie in dem Diagramm des cod. **C** zu **F2** zu tun. Und erneut ist zu betonen, dass jegliches System zur Einteilung der Dodekatropos, das zwischen den Grenzen der Tierkreiszeichen und denen der Orte differenziert, mit der Methode und mit der Terminologie des Antigonos, der τόπος und ζῴδιον in eins setzt, unvereinbar ist.

Rätselhaft bleibt bisher jedoch die Art und Weise, wie der sehr wahrscheinlich byzantinische (nicht etwa spätantike) Anonymos, von dessen verlorenem Text mit Diagrammen wir in **C** eine fehlerhafte Kopie besitzen, die Längen der Planeten und des Aszendenten generiert hat. Es ist so gut wie sicher, dass der besagte Anonymos den Text der Horoskope des Antigonos in einer Version vorfand, die bezüglich der Menge und Präzision der astronomischen Daten den Angaben in **P** und Ep.[4] entsprach. Zwei Erklärungen dafür, wie aus den tradierten Daten von **F2** und **F3** die Diagramme in Exc.[2] entstanden sein könnten, sind denkbar:

(1) Es ist nicht unmöglich, dass ein byzantinischer Gelehrter ebenso wie Kroll und Cumont zu Beginn des 20. Jahrhunderts erkannte, dass die Nativen von **F1** und **F3** Hadrian und Pedanius Fuscus sein müssen (s.o. Anm. 920 u. 2879). Im Falle von **F1** ist diese Erkenntnis aufgrund der reichen biographischen Daten des Textes, vor allem aufgrund der Informationen, dass der Native von einem Kaiser adoptiert wurde, im 42. Lebensjahr selbst Kaiser wurde und im 63. Lebensjahr starb, leicht zu gewinnen; danach ist dann die sekundäre Einsicht, dass der Native von **F3** Pedanius Fuscus sein muss, naheliegend. Falls dies so geschehen sein sollte, wäre es denkbar, dass den hypothetischen Gelehrten eine astrologisch motivierte Neugierde erfasste, das aufgrund seiner glänzenden Geburt und seines selbstverschuldeten Untergangs faszinierende Horoskop des Pedanius besser zu verstehen. Er könnte also eine Rückberechnung der Daten versucht haben. Das klingt auf den ersten Blick schwieriger, als es ist: Schon Ciceros Zeitgenosse Tarutius hatte im 1. Jh. v.Chr. eine Planetenstellung des 8. Jh. v.Chr. mit verblüffend guten Resultaten be-

---

x 21° 40′ RA = ca. 12° RA, folglich liegt das MC ca. 12° von 0° ♑ entfernt auf ca. 12° ♑. Zur Erläuterung des hier benutzten Näherungsverfahrens s.o. S. 619 bei Anm. 1166.

rechnet.[2905] Der byzantinische Anonymos hätte im Prinzip ebenso vorgehen können, wie es moderne Astronomiehistoriker bei der Datierung und
Analyse antiker Horoskope zu tun pflegen: Die im Text genannten Tierkreiszeichen Saturns und Jupiters erlauben eine schnelle Eingrenzung auf
ein relativ schmales Zeitfenster in der Regierungszeit Hadrians, das in einem zweiten Schritt durch Einbeziehung der Positionen der übrigen Planeten und der Luminare bis auf zwei Tage (5./6. April 113 n.Chr.) reduziert werden kann. Wenn man nun den früheren dieser beiden Tage
wählt, sich bezüglich des Aszendenten für die einfachste und astrologisch
plausibelste Annahme, dass nämlich die Sonne aszendierte, entscheidet
und die aus diesen Prämissen resultierenden astronomische Daten, den
Gepflogenheiten der byzantinischen Zeit entsprechend, in tropischen
Längen angibt und mit einem in inäquale Orte aufgeteilten Diagramm
illustriert, könnte man wohl ein Diagramm von der Art erhalten, dessen
teilweise verderbte Kopie uns in **C** erhalten ist. Falls die hier angestellte
Spekulation zuträfe, müsste man konsequenterweise annehmen, dass derselbe Anonymos auch **F1** und **F2** nachgerechnet und durch Diagramme
präzisiert hätte, wobei uns aber seine Auseinandersetzung mit dem Kaiserhoroskop (**F1**) durch den fragmentarischen Charakter von **C** vollständig verloren wäre. So faszinierend es auch wäre, wenn sich die hier erwogene Erklärung als zutreffend erweisen sollte, sprechen doch zwei Argumente gegen sie: Zum einen müssten die in den Diagrammen von **C** tradierten Daten massiv emendiert werden, um als Ergebnis einer byzantinischen Rückberechnung plausibel zu erscheinen. Dies zeigt die folgende
Synopse der durch **P** und Ep.[4] überlieferten zeichengenauen Angaben mit
den minutengenauen Daten des Diagramms in **C** und den auf der Grundlage der *Handlichen Tafeln* des Ptolemaios berechneten Planetenpositionen des 5. April 113 n.Chr. bei ASC = 17° ♈ für die ptolemäische
Breite von Byzanz (43° 5′ N):[2906]

[2905] Vgl. dazu Grafton – Swerdlow 1985. Grafton – Swerdlow 1986. Heilen 2007.

[2906] Berechnet mit *Deviations 11*. Bezüglich der ptolemäischen Koordinaten und des Aszendenten s.o. S. 1144 (bes. Anm. 2903). Am folgenden Tag betrüge die Mondlänge bei
ASC = 17° ♈ bereits 16° 57′ ♉. – Ich danke A. Jones für sein Urteil (Mail vom 26.02.
2014), dass angesichts der Datierung des cod. **C** (Mitte 13. Jh.), dessen verlorene Vorlage also spätestens dem 13. Jh. zuzuordnen ist, die *Handlichen Tafeln* das wahrschein-
lichste Hilfsmittel eines byzantinischen Gelehrten wären, falls dieser wirklich eine
Rückberechnung des Pedanius-Horoskops versuchen wollte. Die Ergebnisse wären bei
Zugrundelegung der *Syntaxis* beinahe identisch mit den obigen Daten.

	P / Ep.[4]	C	Ptol., HT
☉	♈	8° 9′ ♈	12° 56′ ♈
☽	♉	4° 12′ ♉	2° 38′ ♉
♄	♈	6° 10′ ♈	1° 8′ ♈
☿	♈	4° 5′ ♈	7° 10′ ♈
♃	♓	11° 3′ ♓	21° 55′ ♓
♀	♓	15° 20′ ♓	4° 37′ ♓
♂	♒	16° 14′ ♒	19° 55′ ♒
ASC	♈	7° ♈	17° ♈
MC	–	8° ♑	8° 28′ ♑

Tab. 31: Die überlieferten astronomischen Daten in **F3**
im Vergleich mit den ptolemäischen Daten der *Handlichen Tafeln*

Zum anderen ergäbe sich der widersprüchliche Befund, dass im Diagramm des Codex **C** zu **F2** die gradgenauen siderischen Daten des aus der Antike tradierten Textes nicht zu den um jeweils mehrere Bogengrad niedrigeren tropischen Werten korrigiert, sondern nur um Bogenminuten ergänzt wurden.

(2) Angesichts dieser Probleme ist als Alternative zu erwägen, dass der anonyme Verfasser der Vorlage von **C** weder die Identität des Nativen von **F3** erkannt noch eine Rückberechnung vorgenommen, sondern die minutengenauen Planetenpositionen frei erfunden hat. Diese ernüchternde Vorstellung ist weniger attraktiv, aber realistischer, vor allem wenn man bedenkt, dass keine historische Parallele zu der unter (1) erwogenen Rückberechnung eines spätantiken Horoskops in byzantinischer Zeit bekannt ist, wohl aber eine Parallele zu der hier erwogenen willkürlichen Präzisierung astronomischer Daten. Hübner verweist auf die durch Eitelkeit motivierte Hinzufügung von Bogenminuten durch die Schule des Johannes Abramios in der Überlieferung von Ptol. apotel. 3,11, die bereits Boll vermutet und Rome später bestätigt habe.[2907] Falls eine solche Erklärung auch auf die durch **C** tradierten Diagramme zu **F2** und **F3** zutrifft, hätte der Anonymos, der die Daten frei erfand, zwar die durch den Text von **P** und Ep.[4] (§ 63) gebotene Information berücksich-

---

[2907] Hübner 1998a, XXIII[23]: "[...] minus quod re vera accuratius computent, quam quod astronomiae peritissimi existimari desiderant".

tigt, dass Saturn und Mars innerhalb des Widders morgendlich zur Sonne (also auf geringerer Länge) standen, aber zwei weitere in demselben Text enthaltene Informationen missachtet, dass nämlich Saturn drei Tage vor seinem heliakischen Aufgang stand und Venus gerade ihren morgendlichen Stillstand hatte: Die Sonnendistanz Saturns müsste also ca. 12° betragen, die der Venus ca. 47°, was zumindest mit den in **C** überlieferten Werten unvereinbar ist, wo die Sonnendistanz Saturns nur ca. 2° beträgt, die der Venus nur ca. 23°.[2908] Dass nach den Daten in **C** alle sieben Wandelsterne in Venus- beziehungsweise Jupiterbezirken stehen (aber kein Planet in seinem eigenen Bezirk), ist wohl eher Zufall als astrologisch motiviert. Gegen eine astrologisch wohldurchdachte Wahl der erfundenen Planetenpositionen spricht auch die bereits erwähnte sehr unvollkommene Mars-Mond-Quadratur sowie der Umstand, dass die in **C** tradierte Sonnenposition nicht mit dem Aszendenten zusammenfällt.

Insgesamt ist also nicht davon auszugehen, dass die astronomischen Daten der Diagramme in **C** zu **F2** und **F3** authentisches Material des Antigonos bewahren. Daher werden sie in der folgenden Kommentierung keine weitere Beachtung finden.

Da unsere Wahl zwischen dem 5. und 6. April, wie eingangs gesagt, aus astrologischen Gründen auf den 6. April fällt, werden sowohl im folgenden Diagramm als auch im folgenden Stellenkommentar zu **F3** alle Angaben auf dieses Datum bezogen und in der für Antigonos und zeitgenössische Astrologen typischen siderischen Notation (hier = tropisch + ca. 4°) geboten. Das folgende Diagramm basiert auf der Annahme, der Aszendent entspreche der Sonnenposition (19° ♈) und die Länge des MC betrage für Alexandria (A) 13° 43′ 20″ ♑ beziehungsweise für Rom (R) 10° 33′ 20″ ♑:[2909]

[2908] In Wahrheit war Venus bei der Geburt des Pedanius schon seit fast drei Wochen wieder rechtläufig (s.u. Komm. zu § 63 ἐπὶ στηριγμοῦ ἑῴου), was der byzantinische Anonymos aber ohne Kenntnis des kalendarischen Datums des Horoskops und ohne eine Rückberechnung nicht wissen konnte.

[2909] Berechnet nach der Klimatafel oben S. 624 und der Methode von Paul. Alex. 30 (s. o. S. 619 nach Anm. 1166).

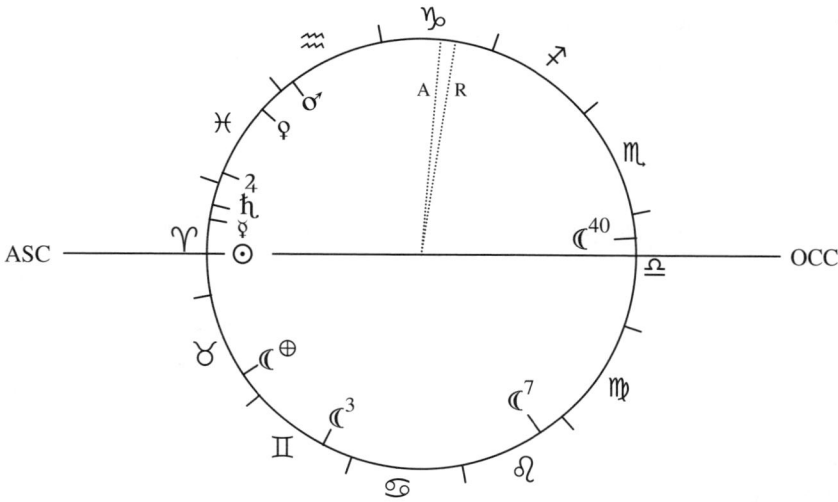

Diagr. 26: Hor. gr. 113.IV.5–6 (**F3**)

So etwa muss sich Antigonos die Geburtskonstellation gedacht haben. Bezüglich der inneren Planeten Merkur und Venus, deren Lauf besonders schwer zu berechnen war, ging er vielleicht von um einige Grad divergierenden Werten aus. Daraus ergeben sich aber keine für die Interpretation bedeutsamen Änderungen, weil im Falle der Venus nur wichtig ist, dass sie in den Fischen steht (und das besagt § 63 ja explizit), im Falle des Merkur, dass er im Widder steht und *vor* der Sonne aufgeht, was durch § 63 Ἑρμῆν ὁμοίως ἐν Κριῷ ἐπὶ ἑῴας δύσεως ebenfalls gesichert ist.

Im Vergleich mit dem Beginn des Hadrianhoroskops fällt noch auf, dass die astronomischen und astrologischen Angaben in den eröffnenden Paragraphen der dritten Nativität (und ebenso der zweiten, s. **F2** §§ 54–55) erheblich detailreicher sind. Zu den möglichen Gründen dieses Befundes sowie zur Reihenfolge der Positionsangaben s.o. im einleitenden Kommentar zu **F1** § 22. Nur die Angabe des MC und eventueller weiterer Kardinalpunkte fehlt hier in §§ 63–64. Ein Textausfall ist denkbar, aber unwahrscheinlich: Da Antigonos die Planetenpositionen und den Aszendenten hier nur zeichengenau bestimmt, wäre auch für die Himmelsmitte nur ein zeichengenauer Wert zu erwarten. Den zu nennen ist aber müßig, da es für jeden Leser, der über das zum Verständnis von §§ 62–66c nötige Wissen verfügt, eine Selbstverständlichkeit ist, dass die Himmelsmitte im Steinbock liegt, drei Zeichen vom Widder entfernt (denn bei ASC = 0° ♈ gilt MC = 0° ♑, und bei jedem Widder-Aszendenten liegt das MC im Steinbock). In der folgenden Lebensbeschreibung des Nativen wird die Himmelsmitte zweimal in einer Weise erwähnt, die voraussetzt, dass dem Leser ihre Position im Steinbock klar ist (§§ 66a u. 66b).

§ 63

ἐν Κριῷ ... ἐν Ταύρῳ ... ἐν Κριῷ: s.o. zu **F1** § 50 ἐν Καρκίνῳ ... ἐν Κριῷ.

Σελήνην ἐν Ταύρῳ: Der Nachweis bei Neugebauer – van Hoesen 1959, 109, dass der Mond (und damit auch das Glückslos, s.u.) im Stier, nicht im Skorpion stehen muss, erübrigt sich, da es sich im CCAG VIII 2 (1911), pp. 85,21 (Σκορπίῳ) u. 85,24 (Σκορπίον), worauf Neugebauer und van Hoesen sich stützten, um fehlerhafte Lesungen des Stiersymbols durch den Editor Ruelle handelte.

μετὰ ἡμέρας τρεῖς ἐπὶ ἑῴας ἀνατολῆς τὴν φάσιν ποιούμενον: so **P** mit Bezug auf den soeben genannten Saturn im Widder; Ep.[4] hingegen bietet μετὰ ἡμέρας γ̄ ἐπὶ ἑσπερίας ἀνατολῆς τὴν φάσιν ποιουμένη mit Bezug auf den Mond und nennt Saturn erst später zusammen mit Merkur. Jede der beiden Versionen ist inhaltlich nachvollziehbar, bietet jedoch zugleich Unvollkommenheiten:
Saturn (ca. 6° ♈) steht zum Zeitpunkt der Geburt ca. 13° von der Sonne (ca. 19° ♈) entfernt. Nach *Galiastro 4.3* beträgt die exakte Längendifferenz 12° 40′ 57″. Die Distanz wird folglich, da die Sonne sich von Saturn fortbewegt, nach drei Tagen ca. 15°–16° betragen (nach *Galiastro 4.3*: 15° 12′ 12″). Für das Heraustreten eines Planeten aus dem Glanz der Sonne rechnete die antike Astrologie mit der für alle Planeten gültigen Standarddistanz von 15° (s.o. zu **F1** § 26 μέλλοντι – ἡμέρας). Da Antigonos in **F1** § 51 die Untersuchung *aller* Planetenpositionen am 3., 7. und 40. Tag nach der Geburt empfiehlt, ist der Hinweis auf seinen hier bevorstehenden heliakischen Aufgang am 3. Tag astrologisch sinnvoll; nur würde man, was die Grammatik betrifft, eher eine futurische Formulierung erwarten, entweder μέλλοντα μετὰ ἡμέρας τρεῖς ἐπὶ ἑῴας ἀνατολῆς τὴν φάσιν ποιεῖν/ποιήσασθαι[2910] oder μετὰ ἡμέρας τρεῖς ἐπὶ ἑῴας ἀνατολῆς τὴν φάσιν ποιησόμενον.

[2910] Vgl. **F1** § 26 μέλλοντι [sc. τῷ Διὶ] ... ἑῴαν φάσιν ποιήσασθαι μετὰ ζ̄ ἡμέρας und die oben S. 912f. nach Dorotheos zitierten Beispiele.

Der Mond (ca. 23° ♉) ist bereits ca. 34° von der Sonne (ca. 19° ♈) entfernt, mit der er drei Tage zuvor am Nachmittag des 3. April 113 n.Chr. in Konjunktion getreten war. Goldstine 1973, 93, gibt als Datum des letzten Neumonds den 03.04.113 n.Chr., 20:20 Uhr, an. Der einzige plausible Sinn, den man Ep.[4] abgewinnen kann, ist also, dass am Geburtstag des Nativen der Mond drei Tage nach seiner Konjunktion mit der Sonne abends wieder sichtbar wurde.[2911] Genau genommen muss die Mondsichel aber schon am Vorabend (5. April) bereits wieder nach Sonnenuntergang sichtbar gewesen sein, da der Mond zu diesem Zeitpunkt ja bereits ca. 20° von der Sonne entfernt war und somit die zuvor erwähnte astrologische Standarddistanz für das Heraustreten eines Planeten aus dem Glanz der Sonne (15°) deutlich überschritten hatte.[2912] Außerdem ist zu beanstanden, dass es m.W. keine Parallelen zur Beachtung des dritten Tages nach dem Vollmond in genethlialogischem Kontext gibt. Die einzige entfernt vergleichbare Stelle ist Ptol. apotel. 2,14,4 (zitiert und übersetzt oben S. 974); sie stammt jedoch aus einem universalastrologischen Kontext.[2913]

Die Textversionen in **P** und Ep.[4] weichen inhaltlich so stark voneinander ab, dass sie wohl nur durch die intentionelle Umgestaltung des ursprünglichen Textes in einem der beiden Überlieferungsstränge erklärbar sind. Dem Schreiber von **P** ist eine solche Eigenmächtigkeit nicht zuzutrauen, eher schon dem Verfasser von Ep.[4]. Dieses Argument ist freilich insofern schwach, als der 'Täter' ein unbekannter, kompetenterer Vorgänger des Schreibers von **P** gewesen sein könnte. Aber es gibt ein Argument, das die theoretisch denkbare Änderung vom Wortlaut Ep.[4] hin zum Wortlaut **P** zu egal welchem Zeitpunkt der Überlieferungsgeschichte fast sicher ausschließt: Da **F3** offenbar von Anfang an nur zeichengenaue Planetenpositionen bot, konnte kein Schreiber wissen, dass Saturn tatsächlich drei Tage später seinen heliakischen Aufgang haben würde.

[2911] Neugebauer – van Hoesen 1959, 108, übersetzen Ep.[4] falsch: "3 days after its evening rising".

[2912] Für den Geburtstag selbst (6. April) gilt, was Neugebauer – van Hoesen 1959, 41, zu einem ganz ähnlichen Fall, Nr. 137a, Z. 8–9, = Nr. 137b, Z. 7–8 (beide = Hor. gr. 137.XII.4) schreiben: "The moon is about 3 days past conjunction and therefore again clearly visible."

[2913] Selbst wenn man statt des 3. Tages *nach* dem Vollmond den 3. Tag *vor* der Geburt beachten wollte, was im hiesigen Fall auf dasselbe hinausliefe, bietet die Lehre vom 3., 7. und 40. Tag des Mondes dazu keine Parallelen. Sie kennt, was die relativ seltene Beachtung bestimmter Tage *vor* der Geburt betrifft, nur die des siebten, nicht jedoch die des dritten. Zum 7. Tag vor der Geburt s.o. S. 902–905, Tab. 21, zu Titus Pitenius, Porphyrios, dem anonymen Pythagoreer und Paulos Alexandrinos.

Was hingegen Ep.[4] betrifft, ist auch ein mögliches Motiv der Textänderung erkennbar, sofern man die Prämisse akzeptiert, dass **P** den ursprünglichen Wortlaut bewahrt: Erstens ist der Zusatz zu Saturn, wie
schon festgestellt, bezüglich der Tempuswahl unvollkommen; zweitens
besagt der Text zweifelsfrei, dass Saturn sich ἐπὶ ἑῴας δύσεως befand
(vgl. die folgenden Worte Ἑρμῆν ὁμοίως ἐν Κριῷ ἐπὶ ἑῴας δύσεως),[2914]
und drittens ist es für einen Leser, der die Identität des Nativen und sein
historisches Geburtstagsdatum nicht kennt, angesichts der nur zeichengenauen Positionsangaben ungewiss, wieviele Tage dieser Zustand noch
andauern wird. Der Mond hingegen ist, da er dem Text zufolge ein Tierkreiszeichen von der Sonne entfernt steht und 3 x 13° (die mittlere tägliche Mondbewegung) 39° macht, vermutlich genau die drei Tage von ihr
entfernt, die im Text ja 'irgendwie' Erwähnung finden. Dies könnte den
Verfasser von Ep.[4] bewogen haben anzunehmen, dass das *participium
coniunctum* μετὰ ἡμέρας τρεῖς ἐπὶ ἑῴας ἀνατολῆς τὴν φάσιν ποιούμενον im Text an die falsche Stelle verrutscht und von einem Vorgänger
notdürftig grammatisch an Saturn angepasst worden sei; er selbst hätte
folglich den 'Fehler' rückgängig gemacht und dabei aus grammatischen
Gründen ποιούμενον zu ποιουμένη und aus astronomischen Gründen
ἑῴας zu ἑσπερίας 'korrigiert'.

Die Überzeugung, dass hier nicht Ep.[4], sondern **P** den ursprünglichen
Wortlaut bewahrt, wird durch zwei weitere Beobachtungen noch bestärkt.
Zum einen ist die bereits oben monierte Tempuswahl nicht singulär. Man
findet zwar in Formulierungen dieser Art üblicherweise ein futurisches
Partizip oder eine Konstruktion mit μέλλειν + Infinitiv, aber eine bezüglich der Tempuswahl unpräzise, mit **P** vergleichbare Formulierung bietet
z.B. auch Rhet. epit. 4,19 (CCAG VIII 1, 1929, p. 240,10): μετὰ ζ̄[2915]
ἡμέρας φάσιν δυτικὴν ποιούμενοι.

Darüber hinaus erfüllt der Hinweis auf Saturns bevorstehenden
heliakischen Aufgang einen astrologischen Sinn. Im Kommentar zu **F1**
§§ 50–51 wurde gezeigt, dass Antigonos die Lehre vom 3., 7. und 40.
Tag des Mondes und aller übrigen Planeten, an die er im Falle jedes einzelnen Horoskops erinnert (hier: **F3** § 64), dazu benutzt, biographische
Ereignisse in der Jugend, im reifen Alten und am Lebensende der Nativen
zu deuten. Analog dazu, dass Antigonos im Falle von **F1** den 7 Tage nach
der Geburt Hadrians bevorstehenden heliakischen Aufgang des königlichen 'Wohltäters' Jupiter in **F1** § 26 explizit als eines der Argumente

---

[2914] Zu ὁμοίως vgl. **F2** § 54 Ἀφροδίτην ὁμοίως ἐν Κριῷ (ubi pl.).

[2915] Ausführlicheres Zitat oben S. 1069 bei Anm. 2720 (die Hss. bieten ζῳδίου statt ζ̄).

anführt, warum der Native im 42. Lebensjahr (also in reifen Jahren) Kaiser wurde, darf man wohl annehmen, dass er im Falle von **F3** den 3 Tage nach der Geburt des Pedanius bevorstehenden heliakischen Aufgang des 'Übeltäters' Saturn, auch wenn er dies nicht explizit sagt, als ein Argument dafür angesehen hätte, warum der Native im 25. Lebensjahr (also in jungen Jahren) ein schlimmes Ende fand.[2916]

Da sich das Saturnnotat in **P** als plausibel und echt erwiesen hat, ist implizit klar, was ohnehin zu vermuten war, dass nämlich Antigonos in **F3** ebenso wie zuvor in **F1** und **F2** die Planetenpositionen gradgenau – und zwar erfolgreich – bestimmt hat, auch wenn er seine Ergebnisse dem Leser nicht mitteilt.[2917] Da jedoch Neugebauer und van Hoesen in Unkenntnis der Überlieferung in **P** von der in Ep.[4] gebotenen Version des Textes ausgingen, mussten sie, da ja der Neumond ihres Wissens auf den 3. April fiel und Ep.[4] behauptet, seitdem seien drei Tage vergangen, das Horoskop auf den 6. April datieren, ohne die Alternative (5. April) überhaupt zu nennen. Diese Eingrenzung entfällt jetzt für uns, da wir **P** der Epitome vorziehen, doch sie kommt, kaum dass wir sie gleichsam zur Vordertür hinausgejagt haben, durch die Hintertür wieder herein, da zwei Neugebauer und van Hoesen noch nicht bewusste Gründe erneut dem 6. April gegenüber dem 5. April den Vorzug geben: zum einen der gerade genannte heliakische Aufgang Saturns, der aber angesichts der Differenz von nur einem Grad bezüglich der Distanz Sonne – Saturn ein schwaches astronomisches Argument ist, zum anderen die Quadratur Mars – Mond, die angesichts der großen Differenz zwischen beiden Tagen ein starkes astrologisches Argument zugunsten des 6. April ist.

Ἑρμῆν ὁμοίως ἐν Κριῷ ἐπὶ ἑῴας δύσεως: Merkur (ca. 10° ♈) geht vor der Sonne (ca. 19° ♈) auf und steht somit morgendlich 'unter ihren Strahlen'. Da er am 6. April 113 n.Chr. rechtläufig war, eilt er weiter auf sie zu; die Konjunktion fiel auf den 13. April. Neugebauer – van Hoesen 1959, 109, die nur den Wortlaut von Ep.[4] kennen, kommentieren: "Mercury is retrograde as morning star and thus 'in morning setting' and the same terminology is crudely applied to Saturn which is very close to Mercury." Im ersten Teil dieser Aussage liegt ein merkwürdiger Gedankenfehler, im zweiten ein terminologisches Missverständnis. Denn Mer-

---

[2916] Man könnte einwenden, dass Saturn eher Tod durch Krankheit symbolisiert, Mars hingegen Tod durch Gewalteinwirkung (spez. Enthauptung), aber andererseits passt Saturn in diesem besonderen Fall doch gut, weil er schon in **F1** § 47 beim Thema Familienkonflikte den kaiserlichen Großonkel Hadrian symbolisiert hatte.

[2917] Zu einem möglichen Grund dafür s.u. S. 1251.

kur war nicht retrograd im Sinne des astronomischen *terminus technicus*, sondern er war im Begriff, rechtläufig zur Sonne *zurückzukehren*. Weil Neugebauer die tatsächlichen Verhältnisse durchaus richtig sah, dass sich nämlich am fraglichen Datum Merkur und Saturn relativ zur Sonne in entgegengesetzte Richtungen bewegten (Merkur zu ihr hin, Saturn von ihr weg), verfasste er den zweiten Teil der oben zitierten Ausage. Aber der astrologische *terminus technicus* ἐπὶ ἑῴας δύσεως bedeutet nicht, dass der betreffende Planet seinen heliakischen Untergang vollzieht oder (so wie hier Merkur) diesen bereits vollzogen hat und sich der Sonne weiter nähert (wenn das so wäre, wäre das Urteil "crudely applied to Saturn" berechtigt), sondern dass der Planet auf geringerer Länge als die Sonne weniger als 15° von ihr entfernt steht. Dabei ist es egal, ob er rechtläufig oder rückläufig ist (s.o. zu **F1** § 27 ἐπὶ ἑῴας ἀνατολῆς, Punkt 3).[2918] Diese astrologische Definition trifft hier auf Merkur und Saturn gleichermaßen zu.

Δία ἐν Ἰχθύσιν ἐπὶ ἑῴας ἀνατολῆς: Da der Text die Planetenpositionen nur zeichengenau bietet, weiß der antike Leser nicht, ob gemeint ist, dass Jupiter am Tag der Geburt des Nativen gerade seinen heliakischen Aufgang vollzieht (das wäre möglich, wenn die Sonne näher an der Grenze zu den Fischen stände) oder sich bereits in der daran anschließenden, über Wochen und Monate andauernden Phase der Sichtbarkeit befindet. Gemeint ist die zuletzt genannte Deutung. Die Formulierung ist also sinngleich mit **F1** § 27 ἐπὶ ἑῴας ἀνατολῆς (vgl. den Komm. z.St., Punkt 3).

Ἀφροδίτην – ἐπὶ ἀνατολῆς ἑῴας: Die Angaben zu Venus und Mars sind in Ep.[4] ausgefallen, offenbar aufgrund eines *saut du même au même* (ἐπὶ ἀνατολῆς ἑῴας). Vielleicht bot Hephaistions Exzerpt also ursprünglich zu Mars nicht die durch **P** überlieferte Wortfolge ἐπὶ ἀνατολῆς ἑῴας, sondern die üblichere Wortfolge ἐπὶ ἑῴας ἀνατολῆς. Der in Ep.[4] offenbar eingetretene Augensprung setzt das aber nicht notwendig voraus, und in **F2** § 54 bietet **P** ein weiteres Mal (dort in Übereinstimmung mit Ep.[4]) ἐπ᾽ ἀνατολῆς ἑῴας. Eine Emendation der hiesigen Stelle verbietet sich also. – Man beachte, dass hier nicht nur **P** vermerkt, in welchen Tierkreiszeichen Venus und Mars stehen, sondern auch das Diagramm des cod. **C** (Exc.[2]).

[2918] Siehe auch Denningmann 2005, 450–455 mit Tab. 21 (S. 455) zur Verdeutlichung der Unabhängigkeit von (Un-)Sichtbarkeitsphasen und synodischem Lauf der Planeten. Siehe auch ebd. 454[986].

ἐπὶ στηριγμοῦ ἑῴου: In Wahrheit hatte Venus, die seit Anfang Februar rückläufig gewesen war, bereits in den frühen Morgenstunden des 19. März auf 28° 21′ ♒ (trop., = ca. 2° ♓ sid.) ihren zweiten scheinbaren Stillstand[2919] erreicht und war seitdem wieder rechtläufig. Sie befand sich somit am 6. April 113 n.Chr. bereits 18 Tage beziehungsweise ca. 6° von ihrem letzten στηριγμὸς ἑῷος entfernt. Fehler dieser Art sind wahrscheinlich dadurch zu erklären, dass die Astrologen Almanache benutzten, in denen für bestimmte Zeitpunkte astrologisch signifikante Momente der Planetenbewegungen wie Stillstände, heliakische Auf- und Untergänge u.ä. notiert waren; die folgenden Tage wurden dann nicht selten kurzerhand so behandelt, als träfe die zuletzt genannte Besonderheit weiterhin zu. Besonders deutlich ist dieses Phänomen im Falle der Voll- und Neumondnotate in bestimmten Texten.[2920]

Dies ist die einzige Erwähnung eines planetaren Stillstandes in den Antigonos-Fragmenten. In anderen astrologischen Texten werden die Stillstände mehrmals als Schwächung oder Verzögerung der jeweiligen Planetenwirkung gedeutet, speziell dann, wenn es sich um den ersten Stillstand handelt, mit dem die Retrogradation und der erdnahe Teil der Bewegung beginnt, hingegen als Stärkung und Beschleunigung, wenn es sich um den zweiten Stillstand handelt, mit dem die Rechtläufigkeit und erdferne Bewegung beginnt. Schon nach einem alten universalastrologischen Fragment bei Heph. 1,23,11 (= Nech. et Pet. frg. 12,42–44), das ausdrücklich auf die Erdnähe beziehungsweise -ferne der Planeten Bezug nimmt, üben beim Aufgang des Sirius die Planeten, wenn sie gerade ihren zweiten Stillstand haben, ihre typischen Wirkungen besonders kräftig aus.[2921] Die positivere Bewertung der zweiten Stillstände findet sich auch bei Val. 4,14,4–6 und Firm. math. 5,4,10, eine ohne Differenzierung als Stärkung bewertete Formulierung zu Stillständen bei Firm. math. 7,20,9, eine ohne Differenzierung negativ formulierte Bewertung von Stillstän-

---

[2919] Der scheinbare Stillstand eines Planeten (στηριγμός) ist terminologisch streng getrennt von seiner Position (στάσις; s.o. zu **F1** § 26 τὴν στάσιν ἔχοντος).

[2920] Siehe oben S. 743, Anm. 1680, sowie auch Baccani 1992, 89, mit Verweis auf Toomer in seiner Edition von P. Oxy. XXXI 2555 (Hor. gr. 46.V.13; mehr zu diesem Horoskop im Folgenden).

[2921] Der Text lautet: ἕκαστος δὲ αὐτῶν ἐν τοῖς στηριγμοῖς σημαίνει καὶ μᾶλλον ἐν τῷ δευτέρῳ στηριγμῷ κρατύνει τὸ τῆς ἑαυτοῦ [conieci coll. Heph. epit. 4,20,11, αὐτοῦ *Pingree secutus* **L**] δυνάμεως ἀποτέλεσμα ('Jeder von ihnen zeigt bei den Stillständen [sc. Stärke oder Schwäche] an, und vor allem beim zweiten Stillstand stärkt er die tatsächliche Auswirkung des ihm eigenen Potentials'). Zum besseren Verständnis vgl. Heph. 1,23,8–9, bes. die Worte ἢ οἱ στηριγμοὶ ἰσχυροτέραν ἢ ἀδρανῆ τὴν ἐνέργειαν ἐργάζονται (= Nech. et Pet. frg. 12,31–32).

den bei Dor. p. 397,17–18.22–23 = Heph. 3,30,10.12 und Val. 5,7,15.[2922]
Meines Wissens singulär (und vermutlich in Abkehr von der Vulgata) bewertet Ptol. apotel. 3,12,9 im Kontext der körperlichen Konstitution von
Nativen den zweiten Stillstand sogar deutlich schlechter als den ersten;
noch schlechter sei dann der folgende heliakische Untergang.[2923] Bouché-
Leclercq hat meines Erachtens richtig erkannt, dass die größere Zahl
überlieferter Hinweise auf zweite Stillstände in Horoskopen dadurch zu
erklären ist, dass diese als astrologisch vorteilhaft verstanden wurden.[2924]
Die seither neu hinzugekommenen relevanten Texte (Antig. **F3**, P. Oxy.
XXXI 2555, P. Oxy. astron. 4281 sowie ein später Text von Eutokios, die
alle im Folgenden vorgestellt werden),[2925] bestätigen Bouché-Leclercqs
Eindruck, teilweise auch indirekt durch Hinweise darauf, dass der erste
(!) Stillstand noch nicht erreicht sei. Ein solcher Text ist das späte Lehrhoroskop des Eutokios von Askalon (Hor. gr. 497.X.28), zu dem Neugebauer – van Hoesen 1959, 157, einen Kommentar abgeben, dessen erster
Satz aufgrund eines Flüchtigkeitsfehlers schlichtweg falsch ist: "All four
remaining planets [sc. Jupiter, Mars, Venus, Mercury] are said to be in
their first station. In fact, Jupiter is about two months before this point,
Mars almost twice as much." In Wahrheit sagt der Text mit der stereotypen Formel μηδέπω ποιησάμενος/-μένη τὸν αʹ στηριγμόν, dass alle
vier *noch nicht* ihren ersten Stillstand erreicht hatten.[2926]

[2922] Der Text lautet: αἱ μὲν οὖν δύσεις καὶ οἱ ἀναποδισμοὶ τῶν ἀστέρων ἄτονοι
γενήσονται, αἱ δὲ ἀνατολαὶ καὶ ⟨οἱ⟩ στηριγμοὶ εὔτονοι. Hier ist zu erwägen, ob die
Konjektur Pingrees nicht von ⟨οἱ⟩ zu ⟨οἱ βʹ⟩ zu erweitern und damit auf die zweiten
Stillstände zu begrenzen ist.

[2923] Vgl. zu dieser Stelle Bouché-Leclercq 1899, 429[1], sowie auch Ptol. apotel. 1,24,3. –
Eine systematische Untersuchung aller astrologischen Belege für Formen des Substantivs στηριγμός und des Verbs στηρίζειν würde das oben gezeichnete Bild vervollstän-
digen und vermutlich auch bestätigen.

[2924] Bouché-Leclercq 1899, 113[1]: "Le fait est que les astrologues égyptiens, voulant sans
doute donner le maximum d'efficacité aux planètes dans les thèmes de géniture que
nous possédons, les notent comme étant ἐν τῷ βʹ στηριγμῷ [...]."

[2925] Die 121 (plus 2, s.o. Anm. 158) Horoskope in den *Anthologien* des Valens bieten
keinen einzigen relevanten Fall. (Die Belege für στηριγμός und στηρίζειν in Kapitel
1,18, das der Findung von Planetenpositionen auf der Grundlage des kalendarischen Datums dient und zur Illustration Hor. gr. 110.III.15, Hor. gr. 119.XI.27 u. Hor. gr. 120.II.8
bietet, sind irrelevant).

[2926] Rhet. 6,52,20.24.28.32 = CCAG IV (1903), pp. 107,23 (Jupiter). 108,1–2 (Mars).
108,17–18 (Venus). 108, 108,29 (Merkur). Zu Saturn notiert Eutokios in demselben Horoskop, er bewege sich vom ersten Stillstand fort (Rhet. 6,52,16 = CCAG IV p. 107,12–
13). Der zitierte Fehler ist um so irreführender, als die minutengenauen Längen- u.
Breitenangaben für die Planeten und zahlreiche Fixsterne in diesem Horoskop den wah-

Für **F3** sind jedoch eher Stillstandsnotate in frühen Originalhoroskopen von größerem Interesse. Wir besitzen die folgenden:
– In P. Oxy. XXXI 2555 (Hor. gr. 46.V.13), ll. 8–14, heißt es, Saturn
befinde sich im ersten Stillstand und Jupiter im zweiten. In Wahrheit lag
nach Baccani 1992, 88f., der erste Stillstand Saturns bereits mehr als
einen Monat zurück und der zweite Jupiters sogar ca. zwei Monate. Nach
Verweisen auf weitere ungenaue Angaben dieser Art in Hor. gr. 81.III.31
und Hor. gr. 137.XII.4 (zu beiden s.u.) resümiert Baccani (ebd. 89): "Vi è
quindi una certa elasticità nel considerare i punti stazionari". Beide zitierten Angaben dieses Horoskops sind positiv für den Nativen, da sie implizieren, dass der 'Übeltäter' Saturn geschwächt ist und der 'Wohltäter'
Jupiter gestärkt.
– P. Lond. I 130 (Hor. gr. 81.III.31), col. V, ll. 119–120 (Jupiter): τὸ
δεύτερον στηρίζων.
– P. Paris 19 (Hor. gr. 137.XII.4), Z. 11.13.17 = P. Lond. I 110, Z.
[10].13.17 = Paris 19bis, Z. 137c, II 8: Saturn, Jupiter und Mars befinden
sich alle drei in ihrem zweiten Stillstand (vgl. Neugebauer – van Hoesen
1959, 41, ad loc.: "This is correct for Jupiter but Saturn is about 2½
months beyond it and Mars is about 4½ months past his second station.").
– Das nicht datierbare Fragment eines Horoskops des 2. Jh. n.Chr. in
P. Oxy. astron. 4281 vermerkt (Z. 4, zu Saturn): στηριγμῷ πρώτῳ (Jones
1999a, II 430).
Für **F3** erhellt aus dem bisherigen Überblick, dass Venus im Horoskop des Pedanius eine gestärkte Rolle spielt, was noch dadurch unterstrichen wird, dass sie ja in Wahrheit bereits wieder an rechtläufiger
Bewegung zugelegt hatte (s.o. zu Beginn dieses Kommentars). Außerdem
verdient Beachtung, dass Pedanius morgens bei Sonnenaufgang geboren
wurde: Venus war also vor Sonnenaufgang als Morgenstern hell leuch-
tend am östlichen Horizont sichtbar. All das verdient deshalb Erwähnung,
weil Antigonos den Pedanius ja unter anderem aufgrund seiner ungebühr-
lichen erotischen Umtriebe diskreditiert und diese Charakterschwäche in
§ 66b durch Venus begründet. Jene knappe Erklärung wird erst durch das
hier Gesagte verständlich.

῎Αρεα ⟨ἐν⟩ ῾Υδροχόῳ ἐπὶ ἀνατολῆς ἑῴας: Die Formulierung ist (wie
schon zuvor im Falle Jupiters) sinngleich mit **F1** § 27 ἐπὶ ἑῴας ἀνατολῆς (s. den dortigen Komm., Punkt 3).

---

ren Daten, was man ja angesichts des namhaften Autors Eutokios auch erwarten durfte,
sehr nahe kommen (vgl. die Analyse bei Neugebauer – van Hoesen 1959, 152–157).

ὁ κλῆρος τῆς Τύχης εἰς Ταῦρον πίπτει: Der folgende Stellenkommentar gliedert sich in eine Einleitung zu astrologischen Losen im Allgemeinen und dem Konzept des Glücksloses im Besonderen (S. 1158), eine
Sichtung und Auswertung der relevanten Fragmente von 'Nechepsos und
Petosiris' zum Glückslos (S. 1160), Angaben zur Zahl und Berechnungsmethode des Glücksloses in erhaltenen Horoskopen (S. 1168), einen Exkurs zur Deutung des Petosiriszitats in Val. 9,2,7 (S. 1171) und zuletzt
eine Anwendung der gewonnenen Ergebnisse auf alle drei Horoskope des
Antigonos (S. 1180). Dabei versteht sich dieser Stellenkommentar nicht
als erschöpfende Behandlung des Themas. Dafür wäre vielmehr eine monographische Untersuchung ähnlich derjenigen erforderlich, die Greenbaum 2009 in ihrer beispielhaften Dissertation über den Daimon und das
Los des Daimons in der hellenistischen Astrologie vorgelegt hat.[2927] Aufgrund dieser Beschränkung wird auf eine systematische Auswertung der
theoretischen Kapitel zum Glückslos in den Handbüchern antiker Astrologen verzichtet. Verzichtet wird ferner, da der Text hier eine reine Positionsangabe ohne apotelesmatische Aussagen bietet, auf eine Analyse der
Lehren zur Prognostik auf der Grundlage des Glücksloses.

Der κλῆρος τῆς Τύχης ist das wichtigste und vermutlich auch älteste
von mehreren astrologischen Losen. Paulos Alexandrinos bespricht in
seinem 23. Kapitel (Περὶ τῶν ἑπτὰ κλήρων τῶν ἐν τῇ Παναρέτῳ) sieben Lose, die die alte, heute verlorene hermetische Schrift *Panaretos*[2928]
('All-Tugend') geboten habe. Sie heißen Los des Glücks, des Daimon,
des Eros, der Notwendigkeit, des Wagemuts, des Sieges und der Vergeltung (κλῆρος Τύχης, κλ. Δαίμονος, κλ. Ἔρωτος, κλ. Ἀνάγκης, κλ.
Τόλμης, κλ. Νίκης, κλ. Νεμέσεως).[2929] Mehr oder weniger zahlreiche
Lose behandeln auch Manil. 3,160–202. Val. 2,3. 2,19. 2,23–27. 4,25.

[2927] Allzu knapp und z.T. fehlerhaft ist die Sacherklärung zum Glückslos bei Bouché-
Leclercq 1899, 289–292 (schon Kroll 1935, 2166,56, konstatierte dort "einige Versehen"). Außerdem konzentriert Bouché-Leclercq sich auf die älteste im Original erhaltene Quelle, Manil. 3,160–202, während wir vor allem die relevanten Fragmente von
'Nechepsos und Petosiris' untersuchen wollen.
[2928] Dazu s. Gundel – Gundel 1966, 16 u. 238.
[2929] Vgl. den Kommentar von Olymp. 21–22. – Die einzige mir bekannte praktische
Anwendung aller sieben genannten Lose (und zwar in derselben Reihenfolge wie oben)
bietet der noch unpublizierte P. Berlin 9825 (Hor. gr. 319.XI.18–19). Vier der Lose
(Glück, Daimon, Eros, Notwendigkeit) behandeln auch P. Princeton II 75 (Hor. gr. 138–
161), Z. 2–10, PSI I 23,a (Hor. gr. 338.XII.24), Z. 13–16 sowie P. Oxy. astron. 4277
(Hor. gr. 150–250b), fr. 1, coll. II–III. Die Reihenfolge entspricht in allen drei Fällen der
von Paulos Alexandrinos nach der *Panaretos* referierten (in P. Princeton II 75 u. PSI I
23,a ist der Befund eindeutig; P. Oxy. astron. 4277 bricht beim κλῆρος Ἀνάγκης ab).

Antioch. epit. 2,47–48 (ex thes.), CCAG I (1898), pp. 160,11–162,27
(= Rhet. 5,47–48). Firm. math. 4,17–18. Rhet. 5,54,17–42 (= CCAG VIII
4, 1921, pp. 120,27–123,6); hinzu kommen viele verstreute Stellen bei
Dorotheos, Ps.-Manethon, Ptolemaios, Hephaistion und anderen Autoren.
Antigonos erwähnt in den erhaltenen Fragmenten nur das Glückslos, und
auch dieses nur hier in **F3**. Seine nur zeichengenaue Bestimmung des
Loses entspricht wahrscheinlich der ältesten Praxis.[2930] Wegen seiner
großen Bedeutung in der Genethlialogie hat das Glückslos in den Handschriften ein eigenes konventionelles Zeichen ⊕, das Bouché-Leclercq als
rota Fortunae oder als Hieroglyphe der Zeit deutet.[2931]

Konzeptionell am engsten mit dem Glückslos verbunden ist, wie sich
noch zeigen wird, das Los des Daimon, auf das auch zahlenmäßig die
zweitgrößte (im Vergleich zum Glückslos aber erheblich kleinere) Zahl
an Belegen in den antiken Texten entfällt. Eine wichtige Anregung für
die Entwicklung der Lehre von diesen beiden astrologischen Losen
scheint der platonische Mythos von Er am Ende der *Politeia* (617D-E)
geboten zu haben.[2932] Die Entwicklung eines speziellen κλῆρος τῆς
Τύχης trägt außerdem einem religiösen Bedürfnis der hellenistischen
Epoche Rechnung, in der die Göttin des Zufalls (Τύχη) auf Kosten der
traditionellen Götter der olympischen Religion eine sehr bedeutende Rolle spielte und durch eigene Kulte sowie auch literarische Hymnen verehrt
wurde.[2933] Wenn man nun dem Zufall als wichtigem Faktor in individuellen Lebensläufen einen eigenen Ort im Horoskop zuweisen, ihn so pro-
gnostizierbar machen und ihm ein wenig von seiner besorgniserregenden
Macht nehmen wollte, war zweifellos aus der Gruppe der Luminare und
Planeten der Mond mit seinen immerfort wechselnden Phasen der geeig-
netste Kandidat, um im Rahmen einer Rechenmethode die Wechselhaf-
tigkeit des Zufalls zu symbolisieren, übrigens auch deshalb, weil der
Mond und der Zufall im Griechischen beide feminin sind (Σελήνη und
Τύχη).[2934] Es verwundert also nicht, dass die zodiakale Länge des Mondes eine zentrale Rolle in der Definition des κλῆρος τῆς Τύχης, auf die

---

[2930] Vgl. Holden 1996, 46[111] a.E. 76[182] (daher nenne Firmicus die Lose zuweilen *loci*
[ohne Beleg; vgl. Firm. math. 4,17–18 u. Manil. 3,171.201]). 92.
[2931] Bouché-Leclercq 1899, 288[1].
[2932] Ausführlich dazu Greenbaum 2009, 162–165.
[2933] Zum Wesen und zur astrologischen Relevanz der Τύχη vgl. Bouché-Leclercq 1891,
bes. 305–307. Siehe ferner Sfameni Gasparro 1997. Zu einem auf P. Berlin 9734 erhaltenen Tyche-Hymnos s. Furley 2010.
[2934] Vgl. Bouché-Leclercq 1899, 289, sowie einen bisher übersehenen Beweis für die
Richtigkeit seiner Erklärung in Val. 9,2,2 (s.u. Anm. 2965).

im Folgenden näher einzugehen sein wird, spielt. Aus dem bisher Gesagten wird zugleich klar, dass die geläufige deutsche Übersetzung 'Glückslos' nicht ganz treffend ist, da sie den von Manilius, Firmicus und anderen lateinisch schreibenden Astrologen benutzten Begriff *locus Fortunae* übersetzt, ohne dass der erste Teil des deutschen Kompositums die semantische Breite des Wortes *Fortuna* besitzt, die ebenso glückliche wie unglückliche Zufälle umfasst.

Aufgrund der impliziten Personifikation wird hier Τύχη mit Majuskel gedruckt und somit die von dem Religionshistoriker Bouché-Leclercq (z.B. 1899, 291[1]) initiierte Praxis, der auch Baccani 1992 und andere Editoren folgen, fortgesetzt.[2935] Dem steht der Usus des Mathematikhistorikers Pingree in seinen Editionen griechisch-römischer Astrologentexte entgegen (τύχη). Regelmäßige Kleinschreibung praktiziert auch Hübner 1998a in seiner Ptolemaiosausgabe, in jenem Sonderfall zu Recht, da Ptolemaios ja als einziger astrologischer Autor der Antike sehr darauf bedacht ist, alle Einzellehren auf physische Ursachen zurückzuführen und irrationale Elemente zu beseitigen.[2936] Die hier gewählte Betonung der Personifikation der Tyche versteht sich zugleich als Tribut an eine im anthropologischen Sinne emische Rekonstruktion des Antigonostextes.[2937]

Das Glückslos behandelten schon 'Nechepsos und Petosiris'. Die relevanten Textstellen werden hier zuerst, als G1, G2 etc. nummeriert, vollständig aufgelistet und im erforderlichen Umfang wörtlich zitiert und übersetzt,[2938] ehe danach die Auswertung beginnt.

G1: Val. 2,3,1–2 (= Nech. et Pet. frg. +5a),[2939] bes. die folgenden Worte:

ἐπάνειμι εἰς τὸν κλῆρον τῆς τύχης ὄντα ἀναγκαιότατον καὶ δυναστικὸν τόπον, καθὼς καὶ ὁ βασιλεὺς ἐναρχόμενος ἐν τῇ ιγ′ βίβλῳ μυστικῶς ἐδήλωσεν,

Ich werde (in meiner Erörterung) zum Glückslos zurückkehren, einem absolut unverzichtbaren und mächtigen Ort, gemäß dem, was auch der König am Beginn seines 13. Buchs

---

[2935] Vgl. die durchgängige Schreibung *locus Fortunae* in der Firmicus-Edition von Kroll – Skutsch – Ziegler 1968 sowie die Schreibung *Fortuna* in den Manilius-Editionen von Goold 1985, 65f., u. Goold 1997, 176–178.

[2936] Daher auch seine Verwerfung aller anderen Lose mit Ausnahme des Glücksloses, s.u. Anm. 2961.

[2937] Ausführlicher dazu Heilen (demnächst A).

[2938] Zu G1, G2, G4 u. G5 s. meine englischen Übersetzungen in Heilen 2011, 56f.

[2939] Zum metrischen Charakter der Texte G1, G2, G4, G5 (= frg. +5a u. +12a/b) s. Heilen 2011, 56–58 (mit einem gegenüber Pingree 1986 und Kroll 1908 aktualisierten textkritischen Apparat).

λέγων· 'εἶτ' ἐχομένως δεήσει τοῖς ἡμέρας γεννωμένοις σαφῶς ἀριθμεῖν ἀπὸ Ἡλίου ἐπὶ Σελήνην, ἔμπαλιν δὲ ἀφ' ὡροσκόπου ἰσότητα τάσσειν καὶ τὸν ἀποβάντα τόπον συνορᾶν, οὗτινος τέτευχεν ἀστέρος καὶ τίς ἢ τίνες ἐπὶ τούτου πρόσεισιν, τά τε τετράγωνα ἢ τρίγωνα παντάπασιν ὡς κατηστέρηται. ἐκ γὰρ τῆσδε τῆς τῶν τόπων συγγνώσεως πρόδηλα κρινεῖς τῶν γεννωμένων τὰ πράγματα.'

mystisch offenbarte, indem er sagte: 'Als nächstes wird es nötig sein, sorgfältig der Reihe nach (d.h. Grad für Grad) für die, die bei Tag geboren werden, von der Sonne zum Mond zu zählen und den gleichen Betrag wiederum (?) vom Aszendenten abzutragen und den daraus resultierenden Ort zu prüfen, welchem Planeten er gehört und welcher oder welche (Planeten) sich an ihm befinden und wie die Geviert- und Gedrittscheine alles in allem zwischen den Sternen verlaufen. Denn aufgrund dieser Kenntnis der Orte wirst du die Angelegenheiten der Nativen klar im Voraus beurteilen.'

G2: Val. 2,3,3 (= Nech. et Pet. frg. +5b), bes. die folgenden Worte:

ὁμοίως δὲ καὶ ὁ Πετόσιρις ἐν τοῖς Ὅροις ἐδήλωσε τὸν τόπον, ἄλλοι δ' ἄλλως διαλαμβάνουσιν.

Ähnlich offenbarte auch Petosiris den Ort (des Glücks) in seinen Definitionen; andere definieren ihn auf andere Weise.

G3: Val. 3,11,2 (= Nech. et Pet. frg. 19):

ἐν γὰρ τῇ ιγ′ βίβλῳ ὁ βασιλεὺς [...] κλῆρον τύχης ἐπιφέρει ἀπὸ Ἡλίου καὶ Σελήνης καὶ ὡροσκόπου, ὃν μέγιστον περιποιεῖ καὶ ἐν ὅλῃ τῇ βίβλῳ μνημονεύει καὶ κύριον κρίνει τόπον, περὶ οὗ καὶ αἴνιγμα τέθεικε τὸ ἔμπαλιν καὶ ἀνάπαλιν.

Denn in seinem 13. Buch bringt der König (...), ausgehend von Sonne, Mond und Aszendent, das Glückslos zur Sprache, dem er größte Bedeutung beimisst und das er in dem ganzen Buch erwähnt und als einen entscheidenden Ort beurteilt, über den er auch als Rätsel die Begriffe ἔμπαλιν und ἀνάπαλιν in die Welt gesetzt hat.[2940]

[2940] Dies ist meine Übersetzung. Die von Schönberger – Knobloch 2004, 147, ist (vor allem am Ende des Satzes) falsch. Zur Fortsetzung dieses Fragments s.u. Anm. 2957.

G4: Val. 9,2,7 (= Nech. et Pet. frg. +12a):

οὐκ ἀσκόπως δὲ ὁ Πετόσιρις
περὶ συμπαθείας Ἡλίου καὶ
Σελήνης λέγει ἐν τοῖς Ὅροις·
'εἴτε τὴν [sc. διάστασιν] [2941]
ἀπὸ Ἡλίου ἐπὶ Σελήνην καὶ τὰ
ἴσα ἀπὸ ὡροσκόπου εἴτε ἀπὸ
Σελήνης ἐπὶ τὸν Ἥλιον καὶ τὰ
ἴσα ἀπὸ ὡροσκόπου, [2942] κατὰ
τὸ αὐτὸ ἐμπεπτωκότα εὑρή-
σεις, ὁρᾶταί τε ἔνθεν ὁ διακρατῶν τοῦ ζητουμένου, πρὸς
ὃν τὰ ὅλα τετύχηκε καὶ συμβήσεται.'

Und es hat seinen guten Grund, wenn Petosiris in seinen Definitionen über die kosmische Verbindung von Sonne und Mond (mit jeder irdischen Nativität) sagt: 'Ganz gleich, ob (du die Entfernung) von der Sonne zum Mond (nimmst) und den gleichen Betrag vom Aszendenten (abträgst) oder (die Entfernung) vom Mond zur Sonne und den gleichen Betrag vom Aszendenten (abträgst), du wirst feststellen, dass er (der Betrag) auf dieselbe (ekliptikale Länge) fällt, und von dort sieht man den Herrscher über das Gesuchte (sc. die Lebenszeit), denjenigen, dem entsprechend das Ganze als Produkt des Zufalls entstanden ist und (in der Zukunft) vonstatten gehen wird.'

G5: Val. 9,2,8 (= Nech. et Pet. frg. +12b):[2943]

καὶ ὁ βασιλεὺς δὲ ἐν τῇ ἀρχῇ
τῆς ⟨ιγ'⟩ βίβλου εἶπεν· 'εἶτ'
ἐχομένως δεήσει σαφῶς ἀριθμεῖν ἀπὸ Ἡλίου ἐπὶ Σελήνην,

Und der König sagte zu Beginn seines ⟨13.⟩ Buchs: 'Als nächstes wird es nötig sein, sorgfältig der Reihe

---

[2941] Für diese Deutung des Pronomens sprechen zahlreiche astrologische Parallelen, z.B. Ptol. apotel. 4,2,1 [...] ἀπὸ τοῦ καλουμένου κλήρου τῆς τύχης, μόνου μέντοι, καθ᾽ ὃν πάντοτε τὴν ἀπὸ τοῦ ἡλίου ἐπὶ τὴν σελήνην διάστασιν ἐκβάλλομεν ἀπὸ τοῦ ὡροσκόπου καὶ ἐπὶ τῶν ἡμέρας καὶ ἐπὶ τῶν νυκτὸς γεννωμένων. D. Greenbaum schlägt statt διάστασιν mit Verweis auf Val. 9,2,5 die etwa sinngleiche Deutung ἀπόρροιαν vor (mündlich, 29.3.2015).

[2942] Hier muss mit Kroll 1908 (gegen Pingree 1986 und gegen den cod. Oxon. Selden. 22) interpungiert werden. Aufgrund von Pingrees Fehlern bezüglich der Interpunktion und (s. nächste Anm.) Textkonstitution in Val. 9,2,7–8 (G4–G5) erfasst die Übersetzung von Greenbaum 2007, 177, den Sinn dieser Stelle nicht korrekt. Hier ist die Übersetzung von Schönberger – Knobloch 2004, 326, besser.

[2943] Val. 9,2,8 ist möglicherweise ein Interpolament; s.u. S. 1179.

ἔμπαλιν ⟨δὲ⟩²⁹⁴⁴ (οἱ δὲ ἀνάπαλιν) ἀπὸ ὡροσκόπου ἰσότητα
ποιεῖν καὶ τὸν ἀποβάντα
κύριον τόπον συνορᾶν, τίνος
τετύχηκεν ἀστέρος καὶ τίνες
ἐν τούτῳ πρόσεισιν· ἐκ γὰρ
τῆς [διὰ] τῶν τόπων συγγνώσε-

nach (d.h. Grad für Grad) von der
Sonne zum Mond zu zählen und
dann wiederum (?) – andere sagen
umgekehrt (?) – den gleichen Betrag
vom Aszendenten abzutragen und
den daraus resultierenden entscheidenden Ort zu prüfen, welchem Pla-

---

²⁹⁴⁴ Pingree 1986 druckt (ohne Angaben im krit. App.) "Σελήνην εἴτε ἔμπαλιν (οἱ δὲ ἀνάπαλιν), ἀπὸ". Kroll 1908 druckt, ohne die Partikel εἴτε im Text oder im Apparat zu erwähnen: "Σελήνην· ἔμπαλιν, οἱ δὲ ἀνάπαλιν, ἀπὸ". Die Editoren widersprechen einander somit implizit bezüglich der Präsenz von εἴτε im *codex unicus* dieser Textstelle, dem cod. Oxon. Selden. 22 (saec. XVI). Meine Autopsie dieser Handschrift ergab, dass der Fehler bei Pingree liegt, der versäumt anzugeben, dass εἴτε eine von ihm selbst stammende Ergänzung ist. Die Hs. bietet "☾′ ἔμπαλιν· οἱ δὲ ἀνάπαλιν ἀπὸ", also den von Kroll gedruckten Wortlaut, nur dass Kroll nach ☾ (= Σελήνην) und nach ἀνάπαλιν entgegen der Hs. interpungiert. Nun zeigt allerdings der Vergleich mit Val. 2,3,1 (= frg. +5a = G1 in der obigen Liste), wo Valens dieselbe Stelle bereits zitiert hatte, unmissverständlich, dass ἔμπαλιν – ποιεῖν eine Sinneinheit bildet, die nach dem Abmessen der Sonne-Mond-Distanz (= Schritt 1) den stets zu vollziehenden zweiten Schritt der von Nechepsos geforderten Prozedur nennt, nicht eine Alternative zum ersten Schritt, die mit einer disjunktiven Formulierungen wie εἴτε ... εἴτε ἔμπαλιν bzw. εἴτε ... εἴτ᾽ ἔμπαλιν, 'sei es, dass ... , sei es andererseits, dass ...', eingeleitet werden könnte. Solche Formulierungen sind dem TLG zufolge mehrmals in den spätantiken Aristoteleskommentaren des Alexander von Aphrodisias, des Aspasius und des Johannes Philoponos sowie im Timaioskommentar des Proklos belegt. So kann der Originaltext des Valens aber nicht gegliedert gewesen sein, wie das Zeugnis von Val. 2,3,1, auf das Pingree in seinem Similienapparat selbst verweist, und auch das Fehlen des für eine disjunktive Formulierung erforderlichen ersten εἴτε zeigen. Sowohl Pingrees Konjektur εἴτε als auch sein Komma nach der Parenthese οἱ δὲ ἀνάπαλιν müssen also falsch sein. Der Sinn erfordert entweder εἴτ᾽ ἔμπαλιν (so z.B. belegt bei Plut. quaest. conv. 737E) oder ἔμπαλιν δὲ. In meiner früheren Edition dieser Stelle (Heilen 2011, 57) habe ich – damals noch ohne Autopsie des *codex Oxoniensis* und im Vertrauen auf die Richtigkeit der Kollation desselben durch Pingree – εἴτ᾽ ἔμπαλιν konjiziert, um möglichst wenig von der vermeintlich überlieferten Lesart εἴτε abzuweichen. Da diese aber nicht existiert, spricht nun die Parallele bei Val. 2,3,1 für die Konjektur ἔμπαλιν ⟨δὲ⟩. Der Ausfall der Partikel δὲ ist angesichts der relativ zahlreichen Fehler des *codex Oxoniensis* und eines evidenten Textausfalls (τῆς ⟨ιγ′⟩ βίβλου) am Beginn desselben Satzes nicht verwunderlich, lässt sich sogar als Haplographie vor οἱ δὲ ἀνάπαλιν erklären. – Abschließend noch eine Korrektur bezüglich meiner früheren Behandlung dieser Stelle (Heilen 2011, 57): Ich habe damals zur Rechtfertigung meiner inzwischen überholten Konjektur εἴτ᾽ auf Krolls Vorschlag im Apparat εἴτα δὲ verwiesen. Dabei habe ich übersehen, dass Kroll sich nicht auf den Text unmittelbar *vor*, sondern unmittelbar *nach* ἔμπαλιν bezog, dass er also die Änderung von οἱ δὲ ἀνάπαλιν zu εἴτα δὲ ἀνάπαλιν erwog, dann aber (zu Recht) verworfen hat.

ως πρόδηλα κρίνειν τῶν γενομένων τὰ πράγματα.'

neten er gehört und welche (Planeten) sich an ihm befinden. Denn
aufgrund der Kenntnis der Orte können die Angelegenheiten der Nativen
im Voraus klar beurteilt werden.'

G6: Ptol. apotel. 3,11,6 (= Nech. et Pet. frg. +3):[2945]

ἴσως δὲ αὐτὸ τοῦτο θέλει τε
καὶ δύναται παρὰ τῷ συγγρα-
φεῖ τὸ τοῖς νυκτὸς γεννω-
μένοις ἀπὸ σελήνης ἐπὶ ἥλιον
ἀριθμεῖν καὶ ἀνάπαλιν ἀπὸ
τοῦ ὡροσκόπου, τουτέστιν εἰς
τὰ προηγούμενα, διεκβάλλειν·
καὶ οὕτως γὰρ κἀκεῖνος ὁ
αὐτὸς τόπος τοῦ κλήρου καὶ ὁ
αὐτὸς τοῦ συσχηματισμοῦ λόγος ἐκβήσεται.

Und vielleicht bedeutet es dasselbe
(wie meine eigene, Tag und Nacht
unterschiedslos behandelnde Definition des Glückloses in 3,11,5),
wenn der Verfasser (Nechepso oder
Petosiris, vgl. Heph. 2,11,25) davon
spricht, bei Nachtgeburten vom
Mond zur Sonne zu zählen und (die
Distanz) umgekehrt, d.h. im Uhrzeigersinn, vom Aszendenten abzutragen: Auch so wird nämlich wieder
derselbe Ort des Loses und dasselbe
Aspektverhältnis (wie bei meiner
Definition in 3,11,5) herauskom-
men.[2946]

G7: Anon. comm. in Ptol. apotel. 3,11,5 p. 111 Wolf (= Nech. et Pet. frg.
19a):[2947]

τί οὖν ἔφασαν οὗτοι; ὅταν
κλῆρον τύχης λαμβάνῃς, ἡμέρας μὲν ἀπὸ Ἡλίου ἐπὶ Σελήνην ἀρίθμει καὶ τὰ ἴσα ἀπὸ

Was haben die (d.h. Nech. u. Pet.)
also gesagt? Wenn du das Glückslos
nimmst, zähle bei Tag von der Sonne

[2945] Die Ptolemaiosstelle gewinnt ihren Wert als Fragment durch die Erläuterung bei
Heph. 2,11,25: καὶ [sc. Πτολεμαῖός φησιν] τοὺς ἀρχαίους περὶ Νεχεψὼ καὶ Πετόσιριν αἰνίττεσθαι πρὸς τὴν ⟨τοῦ⟩ αὐτοῦ θέσιν διὰ τὸ ἀνάπαλιν ἐπὶ τῶν νυκτερινῶν γεννωμένων ⟨ἀπὸ Σελήνης⟩ ἐπὶ Ἥλιον τὸ διάστημα ἐκβάλλειν (τουτέστιν
⟨εἰς τὰ προηγούμενα⟩ ἀπὸ) τῆς ὥρας. (Engl. Übers. bei Greenbaum 2007, 185[59]).
[2946] In demselben Sinn übersetzt Robbins 1940, 277[1], den Text ("Perhaps this is – which
he mentions").
[2947] Riess beschränkt das Fragment auf die Worte ὅταν κλῆρον – ἀπολύσῃς. Hier wird
zum besseren Verständnis noch ein wenig Kontext geboten.

ὡροσκόπου [καὶ] [2948] ἐπὶ τὰ ἑπόμενα τῶν ζῳδίων ἀπόλυε, νυκτὸς δὲ ἀνάπαλιν. τὸ δὲ ἀνάπαλιν τί ἐστιν;[2949] ἵνα ἀπὸ Σελήνης ἐπὶ Ἥλιον ποιήσῃς καὶ μηκέτι εἰς τὰ ἑπόμενα, ἀλλ᾽ εἰς τὰ ἡγούμενα ἀπολύσῃς. πάλιν γὰρ ὁ αὐτὸς [sc. τόπος][2950] εὑρίσκεται ὁ καὶ πρότερον εὑρεθεὶς ὁ ἀριθμηθεὶς ἀπὸ Ἡλίου ἐπὶ Σελήνην.[2951]

zum Mond und trage die gleiche Distanz vom Aszendenten gegen den Uhrzeigersinn ab, bei Nacht jedoch umgekehrt. Aber was soll dieses 'umgekehrt' heißen? Dass du (die Zählung) vom Mond zur Sonne machen und (das Ergebnis) nicht mehr gegen den Uhrzeigersinn, sondern im Uhrzeigersinn abtragen sollst. Man kommt nämlich wieder bei demselben wie dem zuvor gefundenen (Ort) aus, der von der Sonne zum Mond gezählt worden war.[2952]

G8: Iul. Laod. CCAG I (1898), p. 138,1–21 (= Nech. et Pet. frg. +23), bes. p. 138,20–21:

σκέπτου δὲ καὶ τὸν κλῆρον τῆς τύχης· ἐὰν μὲν ὑπὸ ἀγαθοποιῶν μαρτυρῆται, ἀγαθὸν τὸ τέλος δηλοῖ, ἐὰν δὲ ὑπὸ κακοποιῶν, κακόν.

Und prüfe auch das Glückslos: Wenn es von Wohltätern aspiziert wird, zeigt es einen guten Ausgang an, wenn von Übeltätern, einen schlechten.

[2948] Das von Riess 1891–1983, 364, nicht beanstandete καὶ hat Bouché-Leclercq 1899, 291[1], zu Recht getilgt. Richtig war auch schon die lateinische Übersetzung bei Wolf 1559, 111 (s.u. Anm. 2952).

[2949] Korrigiert von Bouché-Leclercq 1899, 291[1]; Wolf (ed. 1559) u. Riess bieten: νυκτὸς δὲ τὸ ἀνάπαλιν. τὸ ἀνάπαλιν δὲ τί ἐστιν;

[2950] Statt τόπος ergänzt Bouché-Leclercq 1899, 291[1], κλῆρος τῆς Τύχης, der lateinische Übersetzer (Wolf 1559) numerus.

[2951] Korrigiert von Bouché-Leclercq 1899, 291[1]; Wolf (ed. 1559) bietet ἀπὸ ☾ ἐπὶ ☉ (ebenso in der lat. Übers., s.u. Anm. 2952).

[2952] Die lateinische Übersetzung bei Wolf 1559, 111, lautet: "Quid ergo si [lege: hi] dixerunt? Partem fortunæ quęrens, interdiu à ☉ ad ☾ numerato, totidemque partes ab horoscopo ordine signorum abijce, Noctu uice uersa. Quid autem est uice uersa? ut a Luna ad Solem numeres, sed non iam secundum ordinem signorum, sed contra ordinem signorum, abijcias. Rursus enim idem reperitur numerus qui prius repertus fuit a ☾ ad Solem [sic]."

G9: Theoph. exc. CCAG XI 1 (1932), cap. 22, p. 223,18–27 (= Nech. et Pet. frg. +27), bes. p. 223,25–27:

⟨τὸν⟩ κλῆρον δὲ Τύχης οὐ πα-   Und er (Petosiris) übersieht nicht das
ραβλέπει, ἀλλὰ λέγει ὅτι δεῖ   Glückslos, sondern sagt, dass das
τὸν κλῆρον τῆς Τύχης ἐφορᾶ-   Glückslos von der Sonne oder von
σθαι ὑπὸ Ἡλίου ἢ τοῦ οἰκο-   dessen Hausherrn oder vom Aszen-
δεσπότου αὐτοῦ ἢ τοῦ ὡρο-   denten aspiziert werden muss.
σκόπου.

G10: Firm. math. 4,22,6 (= Nech. et Pet. frg. 13,44): *Fortunae locus.*

Valens nennt als Quellen konkret das 13. Buch des Nechepsos (G1, G3, G5) und die *Definitionen* (Ὅροι) des Petosiris (G2, G4). Jede dieser Stellen geht auf die Berechnung des Glücksloses ein. Weitere definitorisch relevante Fragmente bieten Ptolemaios (G6) und sein anonymer Kommentator (G7). Die beiden späten Exzerpte aus der Katarchenhoroskopie des Petosiris bei Julian von Laodikea (G8) und Theophilos (G9) bieten keine Definitionen dieses Loses, sondern gehen auf die Aspekte der Luminare, der Planeten und des Aszendenten zum Glückslos ein.[2953] Eine bloße Erwähnung ohne weiteren Informationswert bietet Firmicus (G10). Die definitorisch relevanten Texte gestatten die folgenden Einsichten:

1. Für die Berechnung des Glücksloses sind nach 'Nechepsos und Petosiris' drei Parameter erforderlich: die Längen der Sonne, des Mondes und des Aszendenten (G1, G3–G7).

2. Die Rechenmethode war für Taggeburten und Nachtgeburten verschieden konzipiert (G1: τοῖς ἡμέρας γεννωμένοις, G6: τοῖς νυκτὸς γεννωμένοις, G7: ἡμέρας μὲν ... , νυκτὸς δὲ).

3. In einem ersten Schritt galt es, die Distanz zwischen den Luminaren zu messen, und zwar bei Taggeburten von der Sonne zum Mond (G1 u. G7, vgl. G4 u. G5) und bei Nachtgeburten vom Mond zur Sonne (G6 u. G7).

4. In einem zweiten Schritt galt es, diese Distanz vom Aszendenten aus abzutragen (G1, G4–G7).

5. Für dieses Abtragen benutzten die legendären Autoritäten, speziell Nechepsos, zwei Begriffe, ἔμπαλιν und ἀνάπαλιν, die als rätselhaft empfunden wurden (G1 μυστικῶς ἐδήλωσε, G3 αἴνιγμα τέθεικε, vgl.

[2953] Zu diesen beiden Texten s.o. Anm. 1300.

Heph. 2,11,25 [zit. in Anm. 2945] αἰνίττεσθαι).

6. Anscheinend bezog sich ἔμπαλιν auf das Abtragen bei Tag (G1, G5, G7), ἀνάπαλιν auf das Abtragen bei Nacht (G6, G7).

7. In der Folgezeit haben andere Astrologen alternative Methoden formuliert (G2).

Das Problem, das Nechepsos der Nachwelt durch die Verwendung der Begriffe ἔμπαλιν und ἀνάπαλιν aufgegeben hat, liegt darin, dass sie beide sowohl räumlich 'wieder zurück', 'rückwärts' als auch iterativ 'von neuem', 'wiederum' oder auch bezüglich einer Relation oder Proportion 'umgekehrt' bedeuten können. Sie erlauben also beide im Rahmen einer mathematisch-geometrischen Prozedur keine eindeutige Interpretation, und durch die Kombination zweiter unscharfer Begriffe dieser Art wird das Deutungsproblem noch komplexer. LSJ s.v. ἔμπαλιν I.b. übersetzen Valens' Worte ἔμπαλιν καὶ ἀνάπαλιν (G3) mit "as before and vice versa" ('von neuem und umgekehrt'), also ἔμπαλιν iterativ und ἀνάπαλιν adversativ.[2954] Die iterative Auffassung von ἔμπαλιν halte ich für richtig.[2955] Denn die Texte G1 und G5 (s.o.), die ἔμπαλιν auf das Abtragen bei Tag beziehen, scheinen dies in derselben Richtung wie die vorausgehende Messung von der Sonne zum Mond zu verstehen.[2956]

Es bleibt zu fragen, ob Ptolemaios (G6) und sein Kommentator (G7) den zur Nachtregel gehörenden Begriff ἀνάπαλιν zu Recht als ein (verglichen mit der Richtung des Abtragens bei Tag) umgekehrtes Abtragen vom Aszendenten deuten. Dass es sich hierbei um eine ungesicherte Interpretation handelt, macht Ptolemaios (G6) durch das Adverb ἴσως deutlich. Außerdem konstatiert er (G6, vgl. G7) folgerichtig, dass bei seiner Deutung die Tagregel und die Nachtregel auf dasselbe Ergebnis führen, da die doppelte Umkehrung der Methode bei der Nachtregel, zuerst beim Messen der Distanz der Luminare und dann beim Abtragen derselben

---

[2954] Vgl. Wolfs lat. Übers. von G7 in Anm. 2952: "uice uersa".

[2955] Allerdings hätte die etymologisch (πάλιν) einleuchtende iterative Wortbedeutung von ἔμπαλιν, für die LSJ und das Supplement (1996) s.v. ἔμπαλιν nur diesen einen Beleg bieten, in der Struktur des Lexikonartikels deutlicher abgesetzt und reicher belegt werden müssen. Weitere Belege bieten Stephanus et al. ³1865, vol. IV, col. 852C, unter der Wortbedeutung "I(dem) q(uod) αὖ, Rursus". Siehe ferner LSJ s.v. ἀνάπαλιν II, wo zu dem Sokrateswort Plat. Theaet. 192d ῟Ωδε δὴ ἀνάπαλιν ἄκουε die Bedeutung "over again" geboten und ἀνάπαλιν mit ἔμπαλιν glossiert wird.

[2956] Dafür spricht vielleicht auch die Zurückweisung der Lesart ἀνάπαλιν in G5, wo die Tagregel zitiert wird, sowie der Verzicht des Anonymos (G7) auf die Benutzung des Begriffs ἔμπαλιν bei der Tagregel.

vom Aszendenten, zu einer Aufhebung jeglicher Veränderung gegenüber der Tagregel führen würde. Falls Ptolemaios und sein Kommentator den Sinn der Vorschrift richtig verstanden haben sollten, wäre die formale Differenzierung in eine Tagregel und eine Nachtregel mathematisch überflüssig und würde nur dem performativ-symbolischen Zweck dienen, die Rechenoperation vom jeweiligen Luminar der Partei zu beginnen, also bei Tag von der Sonne und bei Nacht vom Mond.

Gegen die Auffassung des Ptolemaios und seines Kommentators spricht jedoch der sehr klare Befund der astrologischen Praxis. Greenbaum 2008 bietet eine wertvolle Analyse aller erhaltenen griechisch-römischen Horoskope, die das Glückslos berechnen. Von den 93 Horoskopen, die Greenbaum tabellarisch präsentiert, errechnen ihrer Auswertung zufolge 90 das Glückslos und 33 das Los des Daimon (2008, 169). Greenbaum (ebd.) urteilt zu Recht, diese hohe Zahl beweise die Wichtigkeit des Glücksloses in der hellenistischen Astrologie, zumal ja ein erheblicher Teil der erhaltenen Horoskope, in denen das Glückslos nicht nachweisbar ist, fragmentarisch erhalten sei, mithin also eine Erwähnung desselben ausgefallen sein könnte. Nach Greenbaum berechnen die 90 relevanten Horoskope das Glückslos mit nur zwei Ausnahmen[2957] stets

---

[2957] Die Ausnahmen sind Hor. gr. 81.III.31 (P. Lond. I 130, = Nr. 1 Greenbaum) u. Hor. gr. 364.XI.6 (P. Kell. Gr. [noch o.Nr.], = Nr. 15 Greenbaum). Das zuletzt genannte Horoskop ist fragmentarisch überliefert und daher ein unsicherer Fall. Zu dem Sonderbefund des zuerst genannten Horoskops bietet Greenbaum 2007, 173–184, eine möglicherweise richtige Erklärung: Sie zeigt, dass Valens und Serapion für den Fall, dass der Mond in einem Nachtthoroskop unter dem Horizont steht (dies ist in Hor. gr. 81.III.31 der Fall), die Rückkehr zur Tagformel der Berechnung des Glücksloses für richtig halten, und dass Titus Pitenius, der Verfasser von Hor. gr. 81.III.31, aufgrund derselben Motivation von der üblichen Methode, die er ausdrücklich für seinem konkreten Fall unangemessen erklärt, abgewichen sein könnte. Die Valens-Stelle ist für uns wichtig, weil sie die Fortsetzung des oben als G3 zitierten Fragments bildet (Val. 3,11,3–4 = Nech. et Pet. frg. 19,6–19). Valens bietet dort zuerst ein mehr oder weniger wörtliches Zitat des Nechepsos (3,11,3) und deutet dieses danach im Sinne der soeben erwähnten Sonderregel (3,11,4). Allerdings hebt Greenbaum (2007, 183[54]) hervor, dass Valens diese seine Interpretation an anderen Stellen in der Praxis nicht zu beherzigen scheint. Ich denke darüber hinaus, dass es sehr zweifelhaft ist, ob Valens die Nechepsos-Stelle richtig verstanden hat, dass also die von ihm formulierte Sonderregel für unsere Deutung der Fragmente von 'Nechepsos und Petosiris' irrelevant ist. Zur Begründung ist es notwendig, eine Übersetzung der (wie üblich) rätselhaften Worte des Nechepsos zu versuchen. Sie lauten (3,11,3): καὶ ὁ Ἥλιος ἀπὸ ἠοῦς ἀρχόμενος παντὸς αἰῶνος κύτος παραδίδωσι ἕσπερον [so die Hss. u. Kroll u. Pingree; Riess 1891–1893, 363, liest εἰς ἑσπέραν] κύκλον διανύων, καθάπερ ὁρᾶται, νυκτὸς δὲ ἐπερχομένης οὐ πάντοτε ἡ Σελήνη φαεσφοροῦσα τεύξεται, ἀλλ᾽ ὁτὲ μὲν ἑσπέρας φανεῖσα δύ⟨σ⟩εται [conieci coll. Usener ap. Riess 1891–1893, 364; δύεται codd. et edd.], ὁτὲ

nach derselben Formel, die in eine Tag- und eine Nachtregel zerfällt. Diese lassen sich mathematisch wie folgt darstellen (G = Glückslos):[2958]

$$\text{Tag: } \lambda_G = \lambda_{ASC} + (\lambda_{\mathbb{C}} - \lambda_\odot)$$
$$\text{Nacht: } \lambda_G = \lambda_{ASC} + (\lambda_\odot - \lambda_{\mathbb{C}})$$

Auch die theoretischen Texte der übrigen Astrologen, die sich nicht auf 'Nechepsos und Petosiris' berufen und daher in der obigen Fragmentliste

---

δὲ ἐπίμονος μέχρι τινὸς μέρους, ἔσθ' ὅτε δὲ διὰ τελείας [τελείας coni. Kroll 1908, τέλους codd.] τῆς νυκτὸς πορεύσεται· διόπερ ἀκολούθως ὁλοτελῶς τὸν κύκλον Ἡλίῳ παρηγγεγύηκεν. (Einen iambischen Rekonstruktionsversuch bietet Usener bei Riess 1891–1893, 364). Den ersten, die Sonne betreffenden Teil verstehe ich wie folgt: 'und die Sonne beginnt (ihre Bahn) von Osten und übergibt (dem Mond) die Wölbung der ganzen Zeit, wenn sie ihren Kreis (genau genommen nur einen Halbkreis!) am Abend vollendet, wie man ja sieht'. Die verrätselte Formulierung 'die Wölbung der ganzen Zeit' soll möglicherweise bedeuten: 'den ganzen langen Zeitabschnitt, den sie am Himmelsgewölbe verbringt' (vgl. Val. 4,11,11 οὐρανοῦ μὲν ἀστέριον κύτος καὶ κύκλον δυοκαιδεκάζῳδον, wo eindeutig die Himmelswölbung gemeint ist; wahrscheinlich zitiert Valens auch dort, allerdings ohne es zu sagen, 'Nechepsos und Petosiris'). Der zweite, den Mond betreffende Teil beschreibt zuerst drei aufeinanderfolgende Schritte des Mondlaufs von der ersten Sichtbarkeit nach Neumond bis hin zum Vollmond und zieht dann mit διόπερ eine Folgerung aus dem Gesagten. Er bedeutet (ich übernehme z.T. Formulierungen der Übersetzung von Schönberger – Knobloch 2004, 147): 'Wenn aber die Nacht heraufkommt, wird der Mond nicht immer Lichtträger sein, sondern manchmal am Abend erscheinen und dann untergehen, manchmal einen bestimmten Teil der Nacht dableiben, manchmal aber die ganze Nacht durchwandern; daher hat er folgend vollkommen den Kreis der Sonne übergeben.' Die letzten Worte können m.E. zweierlei bedeuten, entweder 'daher hat er (den Naturgesetzen) folgend (cf. LSJ s.v. ἀκόλουθος 3 a.E. u. 4) die ganze Tagesbahn am sichtbaren Himmel der Sonne übergeben (und steht ausnahmsweise keinen Teil des Tages zusammen mit der Sonne am Himmel)' oder, weniger wahrscheinlich, 'daher hat er (den Naturgesetzen) folgend seine ganze Scheibe der Sonne (zum Beleuchten) anvertraut (und es ist somit Vollmond)'. Für die erste Deutung spricht, dass die Wortbedeutung von κύκλος in beiden Fällen dieselbe wäre und dass auch die Begriffe παραδίδωσι (Sonne) und παρηγγεγύηκεν (Mond) einander semantisch entsprächen. Valens hingegen deutet am Ende von 3,11,4 die Worte διόπερ ἀκολούθως ὁλοτελῶς τὸν κύκλον Ἡλίῳ παρηγγεγύηκεν als eine Anspielung auf den Fall, dass beide Luminare unter dem Horizont stehen, was m.E. überhaupt nicht nachvollziehbar ist.

[2958] Greenbaum 2008 verzichtet auf mathematische Formeln; s. jedoch die Appendix 5.b ("Vettius Valens' Lot Formulae") in Greenbaum 2009. Die von Greenbaum und mir gebotenen Tag- und Nachtregeln entsprechen ferner mathematisch (ungeachtet der verschiedenen Notierungen) der Formel, die Neugebauer – van Hoesen 1959, 8, am Ende der rechten Kolumne bieten. Nach Holden 1996, 92, haben auch noch die meisten Astrologen des Mittelalters diese Definition angewandt.

G1–G10 fehlen, unterscheiden zwischen der Tag- und Nachtformel.

Ptolemaios und sein Kommentator stehen mit ihrer Deutung also allein da, und es fällt schwer zu glauben, dass alle übrigen Astrologen die berühmten Archegeten missverstanden haben sollten, und zwar alle auf dieselbe Weise. Dagegen spricht auch das schwerwiegende Argument, dass das Glückslos und das Los des Daimon komplementär zueinander sind, wobei das Glückslos bei Tag das Los des Daimon bei Nacht bildet und umgekehrt. Zwar wurden bisher keine Belege für das Los des Daimon in den Fragmenten von 'Nechepsos und Petosiris' nachgewiesen, aber alle späteren Astrologen (bis auf Ptolemaios und seinen Kommentator) halten diese Komplementarität für gegeben, wobei das Glückslos mit dem Mond und dem Körper, das Los des Daimon hingegen mit der Sonne und dem Geist assoziiert und entsprechende Prognosen formuliert werden.[2959] Wenn man also so wie Ptolemaios das Glückslos stets nach derselben Formel berechnet, ergibt sich in allen Nachthoroskopen, wo Ptolemaios von der Methode der praktizierenden Astrologen abweicht, ein Konflikt zwischen beiden Losen, da sie auf dieselbe Länge fallen würden.[2960] Für Ptolemaios ist das nur deshalb kein Problem, weil er nur ein einziges Los, das des Glücks, anerkennt, die übrigen jedoch ablehnt,

---

[2959] Vgl. Val. 4,4,2: ἀπὸ κλήρου τύχης καὶ δαίμονος, οἳ σημαίνουσιν Ἥλιόν τε καὶ Σελήνην. κοσμικῶς γὰρ ἡ Σελήνη τύχη ὑπάρχουσα καὶ σῶμα καὶ πνεῦμα, περίγειος οὖσα καὶ τὴν ἀπόρροιαν εἰς ἡμᾶς πέμπουσα, τὸ ὅμοιον ἀποτελεῖ κυρία οὖσα τοῦ καθ' ἡμᾶς σώματος· ὁ δὲ Ἥλιος νοῦς καὶ δαίμων κοσμικῶς ὑπάρχων διὰ τῆς ἰδίας ἐνεργείας καὶ φύσεως ἐρασμίου, τὰς τῶν ἀνθρώπων ψυχὰς διεγείρων περὶ τὰς ἐγχειρήσεις, αἴτιος πράξεως καὶ κινήσεως καθίσταται. Antioch. epit. 2,47 (ex thes.), CCAG I (1898), p. 160,12–16 (= Rhet. 5,47,1–2): Σελήνης ὁ κλῆρος τῆς τύχης· σημαίνει πάντα τὰ ἐπὶ τοῦ σώματος τῶν ἀνθρώπων καὶ τὰς κατὰ τὸν βίον πράξεις καὶ δόξας καὶ τὰ τῆς ψυχῆς πάθη καὶ τὰς συμβιώσεις. Ἡλίου ὁ κλῆρος τοῦ δαίμονος· σημαίνει τὰ περὶ τῆς ψυχῆς καὶ τρόπου καὶ δυναστείας καὶ ἀξίας καὶ δόξης καὶ θρησκείας. Paul. Alex. 23 p. 49,17–22: καὶ ἡ μὲν Τύχη σημαίνει τὰ περὶ τοῦ σώματος πάντα καὶ τὰς κατὰ βίον πράξεις· κτήσεώς τε καὶ δόξης καὶ προεδρίας δηλωτικὴ καθέστηκεν. ὁ δὲ Δαίμων ψυχῆς καὶ τρόπου καὶ φρονήσεως καὶ δυναστείας πάσης κύριος τυγχάνει, ἔσθ' ὅτε δὲ καὶ τῷ περὶ πράξεως λόγῳ συνεργεῖ. Eine detailreichere tabellarische Übersicht der Eigenschaften beider Lose bietet Greenbaum 2009, 183, Tab. 6.1. Zur Assoziation der Luminare mit Körper und Seele (ohne Bezug auf die Lose) s.o. S. 775.

[2960] Diese Einsicht formuliert Rhetorios an einer von Greenbaum 2009, 203[79], zitierten Stelle (Rhet. 5,54,21 = CCAG VIII 4, 1921, p. 121,7–11): εἰ δὲ ὁ κλῆρος τῆς τύχης καὶ ὁ κύριος αὐτοῦ καλῶς τύχωσιν, ὁ δὲ κλῆρος τοῦ δαίμονος καὶ ὁ κύριος αὐτοῦ κακῶς τύχωσι καὶ ὑπὸ κακοποιῶν θεωρηθῶσι, ἔκπτωσιν τελοῦσι τῇ γενέσει, μάλιστα ἐπὶ νυκτερινῆς γενέσεως διὰ τὸ κατὰ Πτολεμαῖον κλῆρον τύχης ὑπάρχειν τὸν κλῆρον τοῦ δαίμονος. Holden 1996, 48, bezeichnet die ptolemäischen Definition des Glücksloses daher als "hybrid".

weil sie ohne plausible Begründung konzipiert seien.[2961]

Alle bisher besprochenen Fragmente mit Ausnahme der von Ptolemaios und seinem Kommentator vertretenen Sonderinterpretation (G6 und G7) sowie auch der Befund der fast einhundert praktischen Anwendungen in Horoskopen deuten also darauf hin, dass die ursprüngliche Lehre zum Glückslos vorschrieb, die Distanz der Luminare bei Tag und Nacht jeweils vom Luminar der Partei aus in der Richtung der Tierkreiszeichen zu messen und sie danach gleichermaßen, und zwar erneut in der Richtung der Tierkreiszeichen, vom Aszendenten abzutragen, so wie es in den beiden oben gebotenen Formeln (Tag/Nacht) in mathematischer Notierung festgehalten ist.[2962] Die von 'Nechepsos und Petosiris' in ihrer Lehre vom Glückslos gebrauchten Begriffe ἔμπαλιν und ἀνάπαλιν waren also anscheinend synonym. Dass die genannten Autoritäten auf die Möglichkeit verzichteten, durchweg nur einen der beiden Begriffe zu verwenden und dadurch mehr Klarheit zu schaffen, ist vermutlich durch ihren Hang zur Verrätselung ihrer astrologischen Lehren zu erklären.

Dem aufmerksamen Leser wird jedoch nicht entgangen sein, dass wir einen der obigen Texte noch nicht besprochen haben, nämlich G4 (Val. 9,2,7), und das mit Absicht. G4 legt nämlich auf den ersten Blick nahe, dass Ptolemaios und sein Kommentator doch richtig verstanden haben, und es wird eine etwas ausführlichere Erklärung erfordern, diesen Eindruck zu widerlegen. Warum scheint G4 dem Ptolemaios recht zu geben? Wenn man, wie Petosiris nach dem Zeugnis des Valens sagte, die Distanz der Luminare zweimal in entgegengesetzten Richtungen misst und doch nach dem Abtragen vom Aszendenten zu demselben Ergebnis kommt, muss eigentlich auch das Abtragen in entgegengesetzten Richtungen stattgefunden haben – es sei denn, Petosiris hätte sich an der zitierten Stelle, deren Kontext uns nicht mehr fassbar ist, auf den Sonderfall einer exakten Opposition der Luminare bezogen. Dann hätte Valens aber in seinem eigenen allgemeingültigen Kontext eine nur sehr selten relevante Aussage des Petosiris auf irreführende Weise zitiert, was wenig plausibel erscheint. Falls hingegen Petosiris nicht den genannten Sonderfall (Op-

---

[2961] Ptol. apotel. 3,4,4 οὐ διὰ κλήρων καὶ ἀριθμῶν ἀναιτιολογήτων. Ich verdanke diesen Hinweis Greenbaum 2009, 202, die auch zeigt, mit welcher Begründung Ptolemaios das Glückslos physikalisch legitimiert: Sein Verhältnis zum Mond sei wie das des Aszendenten zur Sonne; das Glückslos sei also gewissermaßen der Aszendent des Mondes. Siehe Ptol. apotel. 3,11,5: [...] ἵνα ὃν ἔχει λόγον καὶ σχηματισμὸν ὁ ἥλιος πρὸς τὸν ὡροσκόπον, τοῦτον ἔχῃ καὶ ἡ σελήνη πρὸς τὸν κλῆρον τῆς τύχης καὶ ᾖ ὥσπερ σεληνιακὸς ὡροσκόπος. Unmittelbar danach folgt der obige Text G6.

[2962] Derselben Auffassung ist Greenbaum 2007, 177.

position der Luminare) meint, sondern eine allgemeingültige Aussage
macht und tatsächlich (im Sinne des Ptolemaios) ein Abtragen der Distanz der Luminare vom Aszendenten in entgegengesetzten Richtungen
intendiert, ist verwunderlich, dass G4 dieses Abtragen beide Male wörtlich gleich formuliert (καὶ τὰ ἴσα ἀπὸ ὡροσκόπου), ohne irgendwie an-
zudeuten, dass diese Operationen in entgegengesetzte Richtungen verlaufen beziehungsweise verlaufen müssen, um die von Petosiris postulierte
Identität der Ergebnisse zu wahren.

Aber spricht Petosiris überhaupt beide Male vom Glückslos? Im Folgenden wird (bis S. 1180) ein Indizienbeweis dafür geführt, dass Petosiris
vielmehr von den Tagregeln zur Findung des Glücksloses und des Daimons spricht und dass die gemessenen Distanzen der Luminare tatsächlich in derselben Richtung (der des Tierkreises, d.h. gegen den Uhrzeigersinn) abgetragen werden sollen. Wenn dieser Beweis gelingt, würde der
soeben formulierte Anstoß an der wörtlich identischen Formulierung καὶ
τὰ ἴσα ἀπὸ ὡροσκόπου entfallen. Die Untersuchung ist jedoch durch
drei ungünstige Faktoren erschwert: Zum einen ist Petosiris berüchtigt für
seine rätselhaften Aussagen, zweitens sind seine Aussagen nur indirekt
durch Zitate späterer Autoren überliefert, die oft, so wie hier, nur unzurei-
chende Informationen über den Kontext des Originalwerkes liefern, und
drittens ist die vorliegende Stelle nur durch eine einzige Handschrift von
minderer Qualität (cod. Oxon. Selden. 22, saec. XVI), überliefert, die auf
Schritt und Tritt Emendationen erfordert.

Zum richtigen Verständis von G4 ist die Beachtung des Kontextes bei
Valens wichtig. Dieser bietet G4 im Rahmen eines Kapitels (9,2), das
dem Titel zufolge 'über das Glückslos und das Los des Daimon mit Blick
auf das Thema der zum Handeln günstigen und ungünstigen Zeiten sowie
der Lebenszeit' handelt (Περὶ κλήρου τύχης καὶ δαίμονος εἰς τὸν
περὶ ἐμπράκτων καὶ ἀπράκτων χρόνων καὶ ζωῆς τόπον). In den G4
(= 9,2,7) vorausgehenden Paragraphen 9,2,1–6 werden diese beiden Lose
(κλῆροι) und ihre zodiakalen Orte (τόποι) stets gemeinsam erwähnt.[2963]
In 9,2,1 sagt Valens, er wolle, nachdem beide Lose schon früher besprochen wurden, jetzt auf sie zurückkommen und bekräftigen, dass es sich
um machtvolle und starke Orte handle. Es folgt eine lange, sehr sorgfältig
elaborierte Periode (9,2,2), die klare Spuren poetischer Diktion aufweist

---

[2963] Belege für τόποι: 9,2,1. 9,2,6 (emendiert; s.u. Anm. 2968). 9,2,8. 9,2,10. 9,2,11(2x),
für τόπος im Sinne von 'der jeweilige Ort (beider Lose)': 9,2,3. 9,2,4. Hinzu kommen
zwei Belege für τόπος allein auf das Glückslos bezogen in dem Nechepsos-Zitat 9,2,8,
das ich aber für interpoliert halte (s.u. Anm. 2978).

und im Kern sagt, so wie die Sonne auf die menschliche Seele einwirke und der Mond auf den menschlichen Körper, müsse man auch bei jeder Geburt die genauen Positionen der beiden von ihnen abhängenden Lose prüfen. Die einzige plausible Erklärung für die auffälligen literarischen Charakteristika dieser Periode ist, dass es sich um eine nicht explizit als solche gekennzeichnete Paraphrase eines poetischen Originals von 'Nechepsos und Petosiris' handelt.[2964] Daher verdienen drei Details in 9,2,2 besondere Beachtung: (1) Bei jedem der beiden Luminare werden zuerst seine astronomischen und physischen Eigenschaften und danach seine Wirkungen auf den Menschen beschrieben; (2) der Mond wird mit Verweis auf seine stets wechselnden Gestalten als τύχη τοῦ κόσμου und als Mitursache (neben der Sonne) für das Reifen der Früchte und das Leben der Menschen, also für alles biologische Wachstum, bezeichnet,[2965] und (3) jedem der beiden Luminare wird ein spezieller Wirkungsbereich in der Genethlialogie zugeordnet: Die Sonne sei Ursache von Ansehen, Taten und Karriere, der Mond sei Mitursache der Lebenszeit. Diese apotelesmatischen Eigenschaften werden im Folgenden zuerst (9,2,3–4), soweit sie die Karriere und den Lebenserfolg betreffen, unter Berücksichtigung der zwölf Orte der Dodekatropos, der Aspektlehre und weiterer astrologischer Einzellehren spezifiziert.[2966] Danach (9,2,5) werden sie bezüglich der Lebenszeit spezifiziert. Diese Zeilen sind schwer verständlich und erfordern zwei Emendationen, die im folgenden griechischen Text durch Fußnoten gekennzeichnet sind. Es soll hier versucht werden, das zu G4 überleitende Textstück Val. 9,2,5–6 vollständig zu übersetzen und zu erklären:

[2964] Vgl. die vollständige Übersetzung und Kommentierung von Val. 9,2,2 bei Heilen 2011, 58–62. Wenn die obige Attribution zutrifft, ist dies in der hellenistischen Astrologie der älteste und elaborierteste Beleg für die Assoziation der Sonne mit Seele und Geist sowie des Mondes mit dem Körper (mehr dazu oben S. 775). Zur Assoziation der Luminare mit Körper und Seele unter Einbeziehung der Lose s.o. Anm. 2959.

[2965] Dies ist m.W. der erste explizite, bisher übersehene Beleg für die oben (Anm. 2934) zitierte richtige Erklärung Bouché-Leclercqs für die Assoziation von Τύχη und Σελήνη.

[2966] In 9,2,3 lies οἴκοις [καὶ] χρηματίζοντες. In 9,2,4 πτώσεως ὁ τόπος δηλωτικός, καθαιρέσεώς τε καὶ ἐνδείας καὶ πάσης αἰτίας ἐπακτικός würde am Ende vielleicht eher πάσης δυστυχίας erwarten (als negative Entsprechung zu ἀνυπέρβλητον τύχην a.E. von 9,2,3), doch vgl. Val. 4,17,6 πραγμάτων τε καὶ πάσης αἰτίας ἀπαλλακτικός ('hält Ärgernisse und jegliche Beschuldigungen fern') u. 6,6,10 αἰφνιδίους καὶ ἀπροσδοκήτους αἰτίας καὶ καθαιρέσεις ('plötzliche und unerwartete Beschuldigungen und Ruinierungen').

(5) πρὸς δὲ τοὺς τῆς ζωῆς χρόνους συγκρινόμενοι οἱ δύο κλῆροι, πρός τε τὸν Ἥλιον καὶ τὴν Σελήνην καὶ τὴν μοιρικὴν αὐτῶν ἀπόρροιαν, πρός τε τὸν ὡροσκόπον καὶ τὸν πλανητικὸν σκοπὸν καὶ τὴν μοῖραν προδηλώσουσι καὶ τοὺς βιωσίμους χρόνους ἐκ τοῦ διαστήματος, τὴν ἡμίσειαν ἔμπαλιν καὶ ἀνάπαλιν ἐκμετρηθέντες, ἢ προλαβόμενοι τοῦ μεγέθους τῆς ὥρας ἢ ἀπολειφθέντες τούτου, ὡς δύο μοίρας χρηματίζειν τοῦ ζωδι⟨ακ⟩οῦ [2967] ἐξ ἀνάγκης, τὴν δὲ γένεσιν καίπερ ἐπίκηρον οὖσαν πρὸς τὴν τοῦ κόσμου συμπάθειαν τὸ ζωτικὸν ἀναλαβεῖν πνεῦμα. (6) προσεκτέοι οὖν οἱ τόποι [2968] μυ-

(5) Wenn man die zwei Lose bezüglich der Lebenszeiten (von Nativen) miteinander kombiniert, [2969] sowohl bezüglich der Sonne als auch des Mondes und ihrer gradgenauen Distanz, [2970] sowohl bezüglich des Aszendenten als auch des Ziels ihrer (der Luminare) Wanderung (d.h. des Deszendenten), werden sie sowohl das (individuelle) Schicksal als auch die Lebenszeiten aus dem Abstand offenbaren, nachdem sie bezüglich der Hälfte (des Abstandes) in die eine und in die andere Richtung ausgemessen worden sind, wobei sie entweder die (mathematische) Größe des Aszendenten (d.h. seine Länge) übertreffen (Glückslos) oder hinter ihr zurückbleiben (Daimon), so dass notwendig zwei Grade des Tierkreises (auf die Lebensspanne) wirken und der Native, obwohl er (letztlich) dem Tod geweiht ist, entsprechend der kosmischen Sympathie (beider Luminare mit ihm) den Lebensatem (in sich) aufnimmt. (6) Man muss also auf die (beiden) Orte (der Lose des

---

[2967] Diese m.E. notwendige Emendation der im *codex unicus* **S** überlieferten Lesart τοῦ ζωδίου stammt von D. Greenbaum (mündlich). In der Sache ist dasselbe gemeint wie mit Val. 9,2,2 ἐν ποίοις μέρεσι τοῦ κόσμου ἀπερρύησαν (dazu s.u. Anm. 2970).

[2968] In 9,2,6 druckt Pingree τρόποι, aber schon Kroll 1908 schlug in seinem Apparat die m.E. notwendige Änderung zu τόποι vor. Dafür spricht auch, dass der *codex unicus* **S** wenige Zeilen zuvor (9,2,4) eindeutig falsch τρόπος statt richtig τόπος überliefert; auch dort hat schon Kroll im Apparat die Korrektur vorgeschlagen. Pingree hätte gut daran getan, beide Korrekturen, nicht nur die erste, in seinen Text aufzunehmen. Für die Korrektur von 9,2,6 τρόποι zu τόποι sprechen zwei bisher übersehene bzw. von Kroll und Pingree nicht erwähnte Argumente: Die beiden Verschreibungen in **S** wurden durch die zweifache Verwendung des Begriffs τρόπος in 9,2,2 begünstigt, und die Verbindung von τὸν ἀποβάντα τόπον συνορᾶν in 9,2,8 (= 2,3,1) spricht dafür, dass in 9,2,6 ἐκ τούτων γὰρ συνορᾶται κτλ. das Bezugswort des Pronomens τούτων ebenfalls nicht τρόποι ist, sondern τόποι.

[2969] Zu der mir von D. Greenbaum mündlich vorgeschlagenen Wortbedeutung 'kombinieren' vgl. z.B. Anon. de plan. CCAG II (1900), p. 164,4 (= Val. app. 1,43) συγκρινόμενος δὲ τούτοις [sc. Κρόνῳ καὶ Διὶ] καὶ ὁ Ἑρμῆς πολιτικὰς ἀρχὰς δίδωσιν. Von

στικῶς καὶ μὴ παρέργως ἡγητέοι· ἐκ τούτων γὰρ συνορᾶται καὶ εὐκατάληπτα γίνεται τὰ πολλῷ χρόνῳ ⟨καὶ⟩ καμάτῳ ἐπισωρεύοντα τοῖς ἀνθρώποις τὴν παρὰ τούτων ἐνέργειαν.

Glücks und des Daimons) in andächtigem Schweigen achtgeben und sie nicht (nur) am Rande in Erwägung ziehen:[2971] Aus diesen (Indizien) werden nämlich die Dinge genau erkennbar und leicht begreifbar, die mit viel Zeit und Mühe den Menschen die von diesen (den Losen) ausgehende Wirksamkeit aufhäufen.'[2972]

Es ist deutlich, dass Valens hier erneut einer poetischen Vorlage folgt, sehr wahrscheinlich derselben, die er zuvor in 9,2,2 paraphrasiert hat. Für

---

'kombinieren' ist es nur ein kleiner Schritt zu 'mathematisch addieren' (diese Wortbedeutung fehlt im LSJ + Suppl. 1996): Val. 3,3,7 πάντοτε οὖν ἀπὸ τοῦ ἐπικρατήτορος δεῖ λογίζεσθαι τὴν ποσότητα τῶν ἐτῶν καὶ συγκρίνειν τοῖς τοῦ οἰκοδεσπότου· καὶ ὅσα ἂν εὑρίσκηται, τοσαῦτα ζήσεται ἔτη.

[2970] Ich danke D. Greenbaum (mündlich am 11.03.2014) für ihre richtige Beobachtung der hier vorliegenden Wortbedeutung, die im LSJ + Suppl. 1996 s.v. ἀπόρροια bisher fehlt. Was die semantische Genese betrifft, scheint mir, dass sich die Bedeutung von ἀπόρροια in dem poetischen Originaltext, dem Valens folgt, von 'Entfernung' im dynamischen Sinn des *terminus technicus* (= 'Fortbewegung', s.o. S. 750–753 u. vgl. LSJ s.v. ἀπόρροια I.3 "separation") zu 'Entfernung' im resultativen, statischen Sinn (= 'Distanz') weiterentwickelt hat. Noch einen weiteren Schritt der Entwicklung, nämlich hin zu der Wortbedeutung 'Position' (d.h. den Endpunkt der Distanz), sehe ich wenige Zeilen zuvor in σκοπεῖν δὲ δεήσει τὸν κλῆρον τῆς τύχης καὶ τοῦ δαίμονος ἐν ποίοις μέρεσι τοῦ κόσμου ἀπερρύησαν (Val. 9,2,2 a.E.), womit anscheinend gemeint ist: 'Man wird das Los des Glücks und das des Daimon prüfen müssen, in welchen Teilen des Kosmos sie sich befinden'. Auch diese Wortbedeutung des Verbs ἀπορρεῖν, dessen nominales Derivat ja ἀπόρροια ist, fehlt im LSJ + Suppl. 1996. Eigentlich ist in dem zitierten Satz also gemeint: '... wohin sich die Lose beim Abmessen vom Aszendenten aus entfernt haben'. Dass aber die dynamische Nuance von ἀπερρύησαν bereits einer resultativ-statischen Bedeutung gewichen ist, zeigt die Konstruktion der Präposition mit dem Dativ (ἐν ποίοις μέρεσι) statt mit dem Akkusativ der Richtung (vgl. meine Übersetzung in Heilen 2011, 59). Als Indiz für die Richtigkeit der hier geführten Argumentation vgl. Ptol. apotel. 1,24,1, wo das resultative Perfekt ἀπερρυηκέναι und das Substantiv διάστημα wie Synonyme verwendet werden: Καθόλου συνάπτειν μὲν λέγονται τοῖς ἑπομένοις οἱ προηγούμενοι, ἀπερρυηκέναι δὲ οἱ ἑπόμενοι τῶν προηγουμένων, ἐφ' ὅσον ἂν μὴ μακρὸν ᾖ τὸ μεταξὺ αὐτῶν διάστημα.

[2971] Oder sogar: 'und nicht (nur) oberflächlich an sie glauben'; vgl. LSJ s.v. ἡγέομαι III.3 "esp. of belief in gods" mit Verweis auf Plat. apol. 27D ἐπειδήπερ γε δαίμονας ἡγοῦμαι ('da ich doch an Dämonen [!] glaube').

[2972] Das soll m.E. bedeuten, dass die kosmische Sympathie eines jeden der beiden Luminare dem Nativen (Dativus commodi bzw. incommodi) die Wirkung beider Lose in Form von Lebenszeit und Mühsal aufhäuft, ihm also ein mehr oder weniger langes und mühseliges Leben gibt.

iambische Versatzstücke halte ich z.B. μοιρικὴν ἀπόρροιαν, πλανητικὸν σκοπόν²⁹⁷³ und βιωσίμους χρόνους. Man gewinnt ferner den Eindruck, dass der Text absichtlich an mehreren Stellen semantisch mehr-
deutige Wörter verwendet: ἀπόρροια (Fortbewegung/Distanz), πλανητι-
κόν (speziell einen 'Planeten' oder allgemein das Wandern aller sieben
Wandelsterne betreffend?), μοῖρα (Schicksal/Bogengrad), ὥρα (Stunde/
Aszendent).²⁹⁷⁴

Ich verstehe die von Val. 9,2,5 gegebene Regel zur Bestimmung der
Lebenszeit so: Da beide Lose *per definitionem* immer gleich weit vom
Aszendenten (und ebenso natürlich auch gleich weit vom Deszendenten)
entfernt sind, zeigen beide durch die Hälfte der Länge ihres jeweiligen
Zodiakalbogens, gemessen vom Aszendenten, die Lebenszeit an. Die
Länge dieses Bogens schwankt zwischen 0° bei Neumond und 180° bei
Vollmond. Da kein Mensch 180 Jahre lang lebt, wurde die Halbierung
der Bögen ersonnen, was auf eine maximale Lebensspanne von 90 Jahren
führt. Eine Umrechnung in Aufgangszeiten (so wie bei der Tetartemori-
onlehre) ist nicht erforderlich, weil ja schon die dauernd wechselnden
Positionen der Luminare ein Element der Diversifizierung der individuellen Lebenslängen mit sich bringen. Außerdem verbietet sich eine
Umrechnung in Aufgangszeiten schon deshalb, weil diese ja die gleiche
Länge der Bögen kompromittieren würde (es sei denn, einer der beiden
Äquinoktialpunkte stünde im Aszendenten). Die Attraktivität dieser Lehre würde, wenn sie hier richtig verstanden wurde, darin bestehen, dass die
von den bedeutendsten Himmelskörpern abhängenden Lose *beide* gleichermaßen die Lebenszeit anzeigen, wobei allerdings aufgrund der verschiedenen Tierkreiszeichen, in die die Lose fallen, verschiedene Detail-
prognosen bezüglich Körper und Seele möglich sind (vgl. Val. 9,2,3–4).
Hierzu würde dann der in G4 formulierte Gedanke passen, dass nämlich
Petosiris trotz des vordergründig paradoxen Charakters seiner Aussage

---

²⁹⁷³ Es gibt keine Parallelen für diesen Ausdruck. Dafür, dass der westliche Horizont gemeint ist, spricht allgemein die antike Vorstellung, dass die Planetengötter in der Richtung der Tagesrotation über den Himmel wandern (und folglich den fernen westlichen
Horizont ins Auge fassen, vgl. LSJ s.v. σκοπός II), und speziell das Nechepsos-Zitat
Val. 3,11,3, in dem die Vorstellung des Ziels der Reise am westlichen Horizont eindeutig ist (s.o. Anm. 2957). Vielleicht bildeten, was Val. 9,2,2 betrifft, die Begriffe für den
Aszendenten und den Deszendenten in dem von Valens zitierten iambischen Original
einen in abbildender Wortstellung formulierten Trimeter ὡροσκόπον τε καὶ πλανητικὸν σκοπόν? – Ganz anders versteht Greenbaum (demnächst) die Worte πλανητικὸν
σκοπόν.
²⁹⁷⁴ Vermutlich haben wir es hier mit einer von 'Nechepsos und Petosiris' systematisch
angewandten Strategie zur Mystifizierung ihrer Lehren zu tun.

gar nicht mal so verkehrt im Kontext der kosmischen Sympathie der Luminare, von der ja schon am Ende von 9,2,5 die Rede war, sagte, es sei egal, ob man die Distanz von der Sonne zum Mond nehme und vom Aszendenten abtrage (was auf das Glückslos führt) oder die Distanz vom Mond zur Sonne nehme und vom Aszendenten abtrage (was auf das Los des Daimon führt); beide Messungen würden nämlich 'auf dasselbe hinauslaufen' (κατὰ τὸ αὐτὸ ἐμπεπτωκότα εὑρήσεις), und aus dem gefundenen Ort (eigentlich zweien, die aber gleich weit vom Aszendenten entfernt sind) ergebe sich der (jeweilige planetare) Herrscher, der (als Hausherr des gefundenen Tierkreiszeichens) die Kontrolle über das Gesuchte (die Lebenszeit) habe (d.h. es qualitativ gestalte, vgl. Val. 9,2,3–4 über die Rolle der planetaren κύριοι), derjenige, dem entsprechend das Ganze (das individuelle Leben in all seinen Ausprägungen) als Produkt des Zufalls entstanden sei und in der Zukunft vonstatten gehen werde (πρὸς ὃν τὰ ὅλα τετύχηκε καὶ συμβήσεται).[2975]

Diese Deutung erfordert zugegebenermaßen zwei Freiheiten: Sowohl κατὰ τὸ αὐτὸ ἐμπεπτωκότα als auch ὁ διακρατῶν sind eigentlich singularische Begriffe, müssten aber pluralisch im Sinne von 'jeweils dasselbe' und 'der jeweilige Herrscher' gedeutet werden.[2976] Zwei Freiheiten des zuletzt genannten Typs nimmt sich Valens selbst wenige Zeilen zuvor in 9,2,3–4, wo die Ausdrücke τὸν τόπον und ὁ τόπος eindeutig den jeweiligen Ort der beiden Lose bezeichnen, ohne dass Valens damit sagen will, dass diese Orte identisch seien. Ähnliches gilt für κατὰ τὸ αὐτὸ ἐμπεπτωκότα εὑρήσεις, wozu eigentlich ζῴδιον zu ergänzen und genau genommen, wie mir scheint, Folgendes gemeint ist: 'du wirst feststellen, dass sie (die Distanzen) in jeweils ein Tierkreiszeichen mit demselben Abstand vom Aszendenten fallen'. Dafür sprechen jedenfalls verschiedene Belege anderer Autoren.[2977]

[2975] Ich habe meine Deutung von G4 gegenüber Heilen 2011, 57, geringfügig geändert.

[2976] Vgl. Schwyzer – Debrunner 1950, 42, zum sog. distributiven Gebrauch des Singulars.

[2977] Vgl. Antioch. epit. 3b,22 (ex thes.), CCAG VII (1908), p. 116,6: ὁ κλῆρος τῆς τύχης καὶ τοῦ δαίμονος καὶ οἱ κύριοι αὐτῶν ἐν ἀσελγεῖ ζῳδίῳ ἐμπεπτωκότες μαλακοὺς καὶ ἀσελγεῖς ποιοῦσιν (= CCAG VIII 4, 1921, p. 198,13–14 = Rhet. 5,75,2 ubi ⟨ὁ⟩ τοῦ δαίμονος). Vgl. ferner Rhet. 5,114,1 (Hor. gr. 440.IX.29) ὅρα τὸν κλῆρον τῆς τύχης ἐν Ἑρμαϊκῷ ζῳδίῳ ἐμπεπτωκότα u. ebd. 5,116,1 ὅρα τὸν κύριον τοῦ ὡροσκόπου καὶ τὸν κλῆρον [τῆς τύχης καὶ] τοῦ δαίμονος ἐν ἀσελγεῖ ζῳδίῳ ἐμπεπτωκότας (= CCAG VIII 4, 1921, p. 223,4.21–22, wo Pingrees Athetese der Worte τῆς τύχης καὶ fehlt). In dem zuletzt zitierten Horoskop fällt der Aszendent auf 23° 30′ ♏, sein Hausherr Saturn auf 25° ♉, das Glückslos auf 26° 34′ ♍ und der Daimon auf 20° 34′ ♋ (Rhet. 5,113,5). Deshalb ist unbestreitbar, dass mit ἐν ἀσελγεῖ ζῳδίῳ nicht ein

Als konkretes Beispiel möge **F2** dienen, wo, wenn man das Glückslos bestimmen wollte (Antigonos verzichtet darauf), die Tagformel anzuwenden wäre. Die Distanz von der Sonne (19° ♈) bis zum Mond (15° ♊) beträgt 56°. Addiert man diese zur Länge des Aszendenten (24° ♋), so fällt das Glückslos (**G**) auf 20° ♍ (Hausherr: Merkur). Die Distanz des Mondes zur Sonne beträgt 304° (= 360° minus 56°). Addiert man diese ebenso zur Länge des Aszendenten, so fällt das Los des Daimon (**D**) auf 28° ♉ (Hausherrin: Venus). Die Lebenszeit würde ½ x 56 = 28 Jahre betragen, also die Hälfte des Bogens ASC–D bzw. ASC–G in dem folgenden Diagramm:

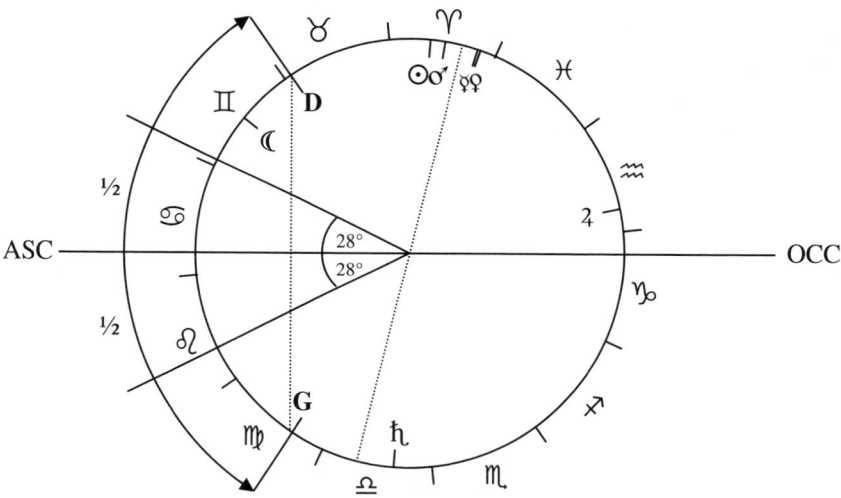

Diagr. 27: Glückslos und Los des Daimon in Hor. gr. 40.IV.5 (**F2**)

Das oben dargelegte Textverständnis ist wegen mehrerer interpretationsbedürftiger Wörter (τὴν, τὸ αὐτό, τοῦ ζητουμένου, τὰ ὅλα) nicht beweisbar, aber möglich, zumal bei einem Autor, der erklärtermaßen μυστικῶς lehrt, und es bringt Val. 9,2,1–7 vom Beginn des Kapitels bis in-

---

und dasselbe Tierkreiszeichen gemeint ist, sondern das jeweilige Zeichen des Daimon und des Saturn (zur singulären Klassifizierung des Krebses als lüstern vgl. Hübner 1982, 216, Nr. 4.331.21). Dasselbe gilt wahrscheinlich auch für die allgemeine Aussage der vorher zitierten Antiochosepitome. – Neben ἐμπίπτειν begegnet in solchen Formulierungen auch ἐκπίπτειν, s. P. Lond. I 98 (Hor. gr. 95.IV.13), Z. 61 (über den ASC) ἐκπείπτει (*sic*) ἐν Καρκίνῳ.

klusive des Petosiriszitats in einen glatten, befriedigenden Sinnzusammenhang. Wenn man hingegen annähme, dass Petosiris in Val. 9,2,7 (G4) von den Tag- und Nachtregeln zur Findung des Glückloses spricht, hätte Valens sich hier eine mit Blick auf seinen Kontext absurde Digression erlaubt.

Deshalb liegt auch die Vermutung nahe, dass der folgende Paragraph Val. 9,2,8 (G5), der Val. 2,3,1–2 (G1) fast wörtlich, aber etwas knapper wiederholt, das Interpolament oder die in den Text eingedrungene Marginalie eines Lesers ist, der Val. 2,3,1–2 in Erinnerung hatte und meinte, so wie dort im Anschluss auf Petosiris verwiesen wird (2,3,3 = G2), sollten auch hier beide zusammen Erwähnung finden, ohne zu bedenken, dass in Val. 2,3 vom Glückslos allein die Rede ist, hier in Val. 9,2 jedoch von beiden Losen, dem des Glücks und dem des Daimon. Jedenfalls ist ab 9,2,9 wieder von beiden Losen die Rede, und der Übergang von Val. 9,2,7 zu 9,2,9 wäre nach der Tilgung von 9,2,8 glatt.[2978] Für die Tilgung von 9,2,8 spricht ferner, dass Valens am Beginn des nächsten Kapitels resümiert, 'diese Dinge seien dem (!) Alten zufolge gemäß der kosmischen Harmonie so geordnet' (Val. 9,3,1 καὶ τούτων μὲν κατὰ κοσμικὴν ἁρμονίαν οὕτως διατεταγμένων κατὰ τὸν παλαιὸν κτλ.). Eigentlich dürfte also in Kapitel 9,2 nur eine einzige Autorität Erwähnung finden, aber im überlieferten Textzustand sind es zwei.

Als Ergebnisse dieses langen Exkurses zu G4 sind zwei Punkte festzuhalten, zum einen, dass dieses Fragment kein Argument zugunsten der von Ptolemaios (G6) und seinem Kommentator (G7) verfochtenen Interpretation der traditionellen Regel zur Findung des Glückloses, speziell des Wortes ἀνάπαλιν, liefert (vielmehr bestätigt es die schon aus G1, G3, G6, G7 und den 90 relevanten Horoskopen gewonnenen Einsichten), zum anderen, dass G4 eine in der bisherigen Forschung übersehene Bestätigung für das liefert, was ohnehin zu vermuten war, dass nämlich nicht nur das Glückslos, sondern auch das zu ihm komplementäre Los des Daimon schon von 'Nechepsos und Petosiris' traktiert wurde. Wer dies bezweifelt, muss den zwei Argumenten begegnen, dass G4, wenn es sich allein auf das Glückslos bezöge, weder mit dem Kontext von Val. 9,2 noch mit dem Befund der von Greenbaum 2008 analysierten Horoskope in Einklang zu bringen wäre.

[2978] Vor allem die Differenzierung im letzten Satz von Val. 9,2,8 sieht nach einem unsinnigen Versuch aus, die sich auf beide Lose beziehenden Worte δυναστικοὺς καὶ κραταιοὺς τόπους (Val. 9,2,1) zu deuten.

Abschließend sollen die zuvor genannten, offenbar auf 'Nechepsos und Petosiris' zurückgehenden Tag- und Nachtregeln zur Bestimmung des Glücksloses noch auf **F1** und **F3** des Antigonos angewandt werden, auch wenn Antigonos es nur in **F3** erwähnt. In diesem Horoskop (**F3**) ist die Tagformel anzuwenden. Die Distanz von der Sonne (♈) bis zum Mond (♉) beträgt ein Tierkreiszeichen. Trägt man diese Distanz vom Aszendenten ab, so fällt das Glückslos in den Stier. Die Aussage des Antigonos entspricht also der traditionellen Methode. Falls die hiesige Annahme, dass die Sonne genau im Aszendenten steht, zutrifft, fällt das Glückslos gradgenau mit dem Mond im Stier zusammen. Dementsprechend ist das Symbol im Diagramm Nr. 26 (S. 1149) eingezeichnet. Der Verzicht des Antigonos auf gradgenaue Angabe der Position des Loses entspricht nach der Aussage seines Zeitgenossen Valens einer weitverbreiteten Praxis, die jedoch zu kritisieren sei, da das Los oft bei zeichengenauer Betrachtung in ein anderes Tierkreiszeichen falle als bei sorgfältiger und gradgenauer Berechnung.[2979]

Auf **F1** ist die Nachtformel anzuwenden. Die Distanz vom Mond (1° ♒) bis zur Sonne (8° ♒) beträgt 7°. Addiert man diese zur Länge des Aszendenten (1° ♒), so fällt das Glückslos auf 8° ♒. Es fällt also gradgenau mit der Position der Sonne zusammen.[2980]

Es bleibt zu hinterfragen, warum Antigonos das Glückslos im Falle Hadrians nicht erwähnt. Diese Frage stellt sich zum einen, weil Antigonos die Analyse des Hadrianhoroskops doch insgesamt viel detaillierter als die des Pedaniushoroskops ausgearbeitet hat, zum anderen aber auch aus dem religionshistorischen Grund, dass der *Genius* (bes. der *Genius imperatoris*) und die Τύχη auf das engste zusammenhängen. Bouché-Leclercq schreibt (1891, 304): "Ce qui s'accuse mieux, dans le monde gréco-romain, c'est la parenté ou plutôt l'identité de Tyché avec le Génie. Le culte du Génie impérial, que les Grecs appellent la Tyché du prince, a mis ce point de doctrine à la portée de tout le monde". Im Folgenden (ebd. 305) betont Bouché-Leclercq die enge Affinität des "concept animiste de Tyché-Génie" mit der astrologischen Fatalität, speziell mit dem

---

[2979] Val. 2,37,40: χρὴ μὲν οὖν ἀκριβῶς καὶ μοιρικῶς τοὺς κλήρους ἐξετάζειν· πολλάκις γὰρ κατὰ μὲν τὴν πλατικὴν θεωρίαν εἴς τι ζῴδιον συνεκπίπτει ὁ κλῆρος, κατὰ δὲ τὴν μοιρικὴν εἰς ἄλλο.

[2980] Da Pingree die falsche Lesung im CCAG VIII 2 (1911), p. 85,24 (Σκορπίον) korrigiert hat, sind die Ausführungen hierzu bei Neugebauer – van Hoesen 1959, 109, hinfällig (s.o. zu § 63 Σελήνην ἐν Ταύρῳ).

κλῆρος Τύχης.[2981] Es lohnt sich also, der Frage, warum Antigonos das Glückslos Hadrians nicht erwähnt, etwas genauer nachzugehen.

Lehrreich ist der Vergleich mit Hor. gr. 50.X.24 bei Val. 2,22,1–9, einer ἐπίσημος γένεσις (2,22,1, vgl. 2,22,9 λαμπροτέραν καὶ ἐνδοξοτέραν), bei der es sich wahrscheinlich um die des Kaisers Domitian handelt.[2982] Auch dort handelt es sich um ein Nachthoroskop, in dem die Längen der Luminare und Planeten zeichengenau geboten werden und dessen Glückslos nach der üblichen Nachtregel (s.o.) berechnet ist; zufällig fällt es ebenso wie bei Hadrian in den Wassermann (2,22,6). Valens fährt nun so fort, dass er den Hausherrn des Tierkreiszeichens, in den das Glückslos fällt (das ist ebenso wie im Falle Hadrians Saturn), bezüglich seiner Stellung und Würden analysiert. In Hor. gr. 50.X.24 betont Valens, Saturn stehe im Ἀγαθὴ τύχη genannten 5. Ort und zugleich in seinem eigenen Haus und Trigon (2,22,6 ἀγαθοτυχῶν ἰδίῳ οἴκῳ καὶ τριγώνῳ). Hadrians Saturn ist bezüglich jedes einzelnen dieser drei Kriterien weniger günstig situiert. Am geringsten ist sein Nachteil noch bezüglich des Hauses, da ja Wassermann und Steinbock gleichermaßen Häuser Saturns sind, aber beide Horoskope sind Nachtgeburten, und der Steinbock ist das Taghaus Saturns. Die Würde des Trigons fehlt Hadrians Saturn völlig, und anstelle der vorteilhaften Position im 5. Ort (Hor. gr. 50.X.24) steht Hadrians Saturn im denkbar ungünstigsten Ort, dem zwölften.[2983] Folglich ist anzunehmen, dass zumindest Valens bei Anwendung der gleichen Kriterien auf das Horoskop Hadrians zu dem Schluss gekommen wäre, dass das Glückslos Hadrians eine erheblich weniger glänzende Zukunft als Hor. gr. 50.X.24 verspreche.

[2981] Nach dem Tode Domitians kam der Kult des *Genius imperatoris* vorerst zum Erliegen. Unter Trajan, Hadrian und Antoninus Pius sind keine Spuren davon nachweisbar; erst unter Marc Aurel lebt er wieder auf (vgl. Gradel 2002, 192–194). Auf Antigonos könnte aber sowohl die Erinnerung an die Kultpraxis vor dem Tode Domitians (96 n.Chr.) als auch – chronologisch etwas weniger wahrscheinlich – ihr Wiederaufleben zu seinen eigenen Lebzeiten gewirkt haben.

[2982] So Peter 2001, 134; zustimmend Hübner 2005a, 18.

[2983] Der 12. Ort gehört zwar Saturn, aber die Stärkung, die er dadurch erfährt, betrifft nur seine negativen Wirkungen: vgl. Val. 2,11,1 ἐν τούτῳ τῷ τόπῳ ἐὰν οἱ κακοποιοὶ τύχωσι, μεγάλα σίνη καὶ πτώσεις ἀπεργάζονται. Olymp. 23 p. 67,20–11 χαίρουσιν οἱ κακοὶ ἐν τοῖς κακοῖς τόποις. Vgl. auch Paul. Alex. 24 p. 70,13–18, der Saturn im 12. Ort nur bei Taggeburten vorteilhafte Wirkungen wie z.B. die Überwindung von Feinden zuspricht; **F1** ist jedoch eine Nachtgeburt. – In beiden Fällen steht Saturn nicht in seinen eigenen Graden (bei Hor. gr. 50.X.24 ergibt sich das eindeutig aus der Rückberechnung, vgl. Neugebauer – van Hoesen 1959, 81). Das ist wahrscheinlich der Grund, warum Valens die Gradbezirke bei der Prüfung der Würden Saturns nicht erwähnt.

Dafür, dass auch Antigonos das Glückslos Hadrians als unvorteilhaft bewertet hat, spricht **F3**, wo das Glückslos in den Stier fällt und dessen Hausherrin Venus sich ebenso wie der Saturn Hadrians im 12. Ort befindet, was Antigonos negativ interpretiert.[2984] Das auf den ersten Blick verwunderliche Schweigen des Antigonos zum Glückslos Hadrians findet also eine zwar nicht beweisbare, aber doch plausible Erklärung.

οἰκοδεσποτήσει – τῆς γενέσεως: Die Wahl fällt hier ebenso wie zuvor in **F2** auf Mars, weil er erneut der Hausherr des Tierkreiszeichens des Epikratetors (Sonne) ist. Siehe oben S. 1057–1075, wo die verschiedenen tradierten Methoden zur Bestimmung des οἰκοδεσπότης τῆς γενέσεως erläutert und auch auf die hier gegebene Konstellation angewendet wurden (bes. S. 1073). – Zu dem nur von Ep.[4] überlieferten ἐνταῦθα s.o. zu **F1** § 21 φέρε – τρόπον und zu **F1** § 39 οὐ διὰ – Σελήνην.

§ 64

Zur Lehre vom 3., 7. und 40. Tag des Mondes siehe die ausführliche Gesamtbesprechung von **F1** §§ 50–51. Zur Erläuterung der folgenden Tabelle gilt das bereits oben zu **F1** § 51 Gesagte.

	☾	☉	♄	♃	♂	♀	☿
Geburt	23° ♉	19° ♈	6° ♈	27° ♓	25° ♒	8° ♓	10° ♈
3. Tag (*re vera* 2d 4h 2m)	23° ♊	21° ♈	6° ♈	28° ♓	27° ♒	9° ♓	15° ♈
7. Tag (*re vera* 6d 23h 17m)	23° ♌	25° ♈	7° ♈	29° ♓	1° ♓	12° ♓	25° ♈
40. Tag (*re vera* 39d 7h 8m)	23° ♎	26° ♉	11° ♈	5° ♈	25° ♓	11° ♈	21° ♊

Tab. 32: Siderische Positionen der Luminare und Planeten
bei der Geburt des Pedanius Fuscus sowie am 3., 7. und 40. Tag

---

[2984] S.u. im Komm. zu § 66b ἐρωτικὸς μὲν διὰ τὴν Ἀφροδίτην καὶ τὸν Δία.

Angesichts des schlimmen Endes des Pedanius verdienen die zeichengenaue Quadratur des Mondes mit Jupiter und Venus am 3. Tag sowie auch
die zeichengenaue Opposition des Mondes mit Saturn, Jupiter und Venus
am 40. Tag Beachtung. Die dazugehörigen Prognosen von Firm. math.
6,10,10 u. 6,13,3 (3. Tag) beziehungsweise 6,15,19–22. 6,16,7–8. 6,19
(40. Tag), die auf eine alte, mindestens ein Jahrhundert vor Antigonos zu
datierende Quelle (wahrscheinlich 'Nechepsos und Petosiris') zurückgehen,[2985] sind jedoch teils positiv und daher unbrauchbar, teils negativ,
aber irrelevanten Lebensbereichen (z.B. Ehe) zugeordnet und daher ebenfalls unbrauchbar. Es verwundert also nicht, dass Antigonos bei den folgenden astrologischen Erklärungen der biographischen Daten nicht auf
die Lehre vom 3., 7. und 40. Tag des Mondes rekurriert.

§§ 65–66

Diese Paragraphen bieten Daten zum Leben und Schicksal des Nativen
sowie deren astrologische Erklärung. Das Material ist entsprechend der
auf der nächsten Seite folgenden Tabelle (Nr. 33) disponiert. Dazu sind
die folgenden Besonderheiten zu vermerken: Da dieses Horoskop als ein
weiteres Beispiel für die Analyse der τύχη ἀξιωματική gedacht ist,
werden in §§ 65–66 bis auf zwei Ausnahmen nur Daten exponiert und
erklärt, die für dieses Thema relevant sind. Die beiden Ausnahmen betreffen allgemeine Charakterzüge des Nativen und werden konsequenterweise erst eingeführt und besprochen, nachdem sowohl die Exposition als
auch die astrologische Analyse der Daten zur τύχη ἀξιωματική abge-
schlossen sind. Schreitet man von dieser großen Zweiteilung zu den
Einzeldaten fort, so fällt auf, dass die Reihenfolge der astrologischen
Einzelerklärungen nur in einem einzigen Punkt von der Reihenfolge abweicht, in der die zu erklärenden Daten exponiert wurden: Der Todeszeitpunkt wird an dritter Stelle erwähnt, aber zuletzt erklärt. Die frühe Erwähnung ist notwendig, da der Tod des Nativen Teil seines gescheiterten
Strebens nach höchster gesellschaftlicher Stellung ist und die folgenden
Informationen (mit Ausnahme der letzten beiden über seinen Charakter)
das Wissen um seine Hinrichtung voraussetzen; dass die astrologische
Erklärung der Todeszeit (nicht der Todesart!) hingegen den Abschluss
der Analyse bildet, ist biographisch sinnvoll und entspricht dem Verfahren in den beiden vorausgehenden Horoskopen.

[2985] Mehr dazu bei Heilen 2010c, 129–138, bes. 136.

Thema			Daten	Begründung
τύχη ἀξιω-ματι-κή	hohe Geburt		§ 65 ἐκ μεγίστου γένους καὶ προφανοῦς, λέγω δὴ πατρὸς καὶ μητρός, ἐν-δοξότατος μέν, βιαιοθα-νατήσας δέ	§ 66a τὸ μὲν οὖν προφανῆ αὐτὸν γεγενῆσθαι διὰ ...
	unbesonnenes Streben nach der Kaiserwürde		§ 65 ἐλπίδων μεγάλων γενόμενος καὶ δοκῶν ἤδη ἐπὶ βασιλείαν ἐλ-θεῖν, κακόβουλος γενό-μενος	§ 66a τὸ δὲ κακό-βουλον γεγενῆ-σθαι διὰ ...
	Kon-se-quen-zen	Hinrichtung des Nativen	§ 65 περὶ τὸ κε΄ ἔτος ἐσφάλη καὶ ἐν κατηγο-ρίᾳ πρὸς τὸν βασιλέα γενόμενος ἀνῃρέθη (vgl. § 62)	§ 66c τὸ δὲ περὶ ⟨τὸ⟩ κε΄ ἔτος τε-θνάναι αὐτὸν κα-κῶς εἶπε διὰ ...
		Hinrichtung eines Ver-wandten	§ 65 μετά τινος πρεσβύ-του τῶν τοῦ γένους αὐ-τοῦ (ἐν διαβολῇ καὶ αὐ-τοῦ γενομένου δι᾿ αὐτόν	§ 66a καί τινα τῶν τοῦ γένους αὐτοῦ γεραιὸν ἀπολέσαι διὰ ...
		Zurückset-zung der übrigen Verwandten	§ 65 πρὸς δ᾿ ἔτι τῶν ἀπὸ τοῦ γένους αὐτοῦ πάν-των δι᾿ αὐτὸν ταπεινῶς ἀπηλλαγμένων	
		Art der Hinrichtung		§ 66a τὸ δὲ καὶ αὐτὸν κατακοπῆ-ναι διὰ ...
		Urheber der Hinrichtung		§ 66a τὸ δὲ καὶ ἐξ ἀνθρώπου εἶναι τὴν βλάβην διὰ ...
Charakter			§ 66b ἐρωτικὸς δὲ ὁ τοι-οῦτος ἐγένετο	§ 66b ἐρωτικὸς μὲν διὰ ...
			§ 66b καὶ φιλομον⟨όμ⟩α-χος	§ 66b φιλομον⟨ό-μ⟩αχος δὲ διὰ ...

Tab. 33: Biographische Daten und ihre astrologische Begründung in **F3**

§ 65

ἐκ μεγίστου γένους καὶ προφανοῦς, λέγω δὴ πατρὸς καὶ μη-
τρός: d.h. er hatte von Seiten *beider* Eltern eine edle Abstammung. Die
Eltern des Pedanius waren Iulia Paulina (Raepsaet-Charlier 1987, 387f.
[FOS 452]; keine PIR-Nummer), Tochter der (Aelia) Domitia Paulina
(PIR^2 D 186, s.o. zu **F1** § 23 ἀδελφὴν μίαν ἔσχεν) und des Iulius Ser-
vianus (PIR^2 I 631, s.o. S. 1036), und Pedanius Fuscus Salinator (PIR^2
P 200. Caballos Rufino 1990, 418f., Nr. I 46, *cos.* 118 n.Chr.). Zu Iulia
Paulina vgl. Eck 1978, 290f.: Die bis dahin ohne ihren Namen bekannte
Tochter des Servianus und der Domitia Paulina kann dank dem sogenannten *testamentum Dasumii* identifiziert werden. "Mit großer Wahrscheinlichkeit ist sie auch eine Person mit der Tochter des Servianus, die
dieser zwischen 105 und 107 mit dem späteren Konsul von 118, Cn. Pedanius Fuscus Salinator, verlobt hat" (ebd. 291).[2986] Zur Heirat der Eltern
des Pedanius (ca. 106 n.Chr.) vgl. das Glückwunschschreiben des Jüngeren Plinius (Plin. epist. 6,26) an Servianus, welches ebenfalls die glänzende Abkunft des jungen Mannes betont (6,26,1): *domus patricia, pater ho-
nestissimus, mater pari laude.* Wachtel 1998a, 69, schließt aus **F3**, dass,
wenn dies wirklich das Horoskop des Pedanius sei (bezüglich dieser
Frage legt er sich nicht fest), hieraus deutlich werde, dass Pedanius schon
von frühester Kindheit an (nicht später als 118 n.Chr., als sein Vater mit
Hadrian Konsul war, also seit Beginn der Herrschaft Hadrians) als
Nachfolger vorgesehen gewesen sei.

ἐνδοξότατος μέν, βιαιοθανατήσας δέ: so erstmals konjiziert von
Heilen 2005a, 52^{25}, um den Text sinnvoll und in sich schlüssig zu gestalten. Statt der Konjektur βιαιοθανατήσας ist auch βιαιοθάνατος oder
βιαιοθανατῶν denkbar, aber weniger wahrscheinlich. Die Handschriften
bieten statt des Nom. Sg. durchweg Gen. Pl. (in drei Varianten): ἐνδοξοτάτων μέν, βιαιοθανατησάντων δέ (**P**), ἐνδοξοτάτων μέν, βιαίως δὲ
θανόντων (Ep.^{4}), und ἐνδοξοτάτων μέν, βιαιοθανάτων τῇ δέ (Exc.^{2}).
Martin 1982, 298, und Michelotto 1987, 190, akzeptieren den überlieferten Text, ohne textkritische Bedenken zu äußern, und sind überzeugt,
dass die Eltern des Pedanius ebenfalls der Repression Hadrians im Jahre
138 zum Opfer fielen. Das ist aber sowohl aus historischen als auch aus
textimmanenten Gründen nicht plausibel. Was die historische Seite betrifft, ist von einem gewaltsamen Tod der Eltern nichts bekannt. Die letz-

---

[2986] Siehe auch Syme 1985a, 49 (= RP V 529) u. Birley 1997, 309.

te datierbare Nachricht, die wir von ihnen besitzen, ist das weit zurücklie-
gende Konsulat des Vaters (118 n.Chr.). Die meisten und namhaftesten
Hadrian-Experten gehen davon aus, dass die Eltern des Pedanius, insbesondere sein Vater, vor der Hinrichtung des Pedanius bereits tot waren
und eines natürlichen Todes – zum Beispiel aufgrund einer Seuche –
gestorben waren.[2987] Was die gedankliche Kohärenz des Textes von § 65
betrifft, ist die kausale Verknüpfung des kurzen ersten und des langen
zweiten Satz durch γάρ zu beachten. Diese wäre, wenn man mit den
Handschriften von einem gewaltsamen Tod der Eltern ausginge, nicht
nachvollziehbar, da der zweite Satz die erwartete Begründung nicht nur
schuldig bliebe, sondern sogar einer Tötung der Eltern des Pedanius
widerspräche, da ja ausdrücklich nur von seinem eigenen Tod und dem
des Servianus die Rede ist, während der Rest der Sippe dem Text zufolge
zwar einen sozialen Abstieg erlitt, aber doch immerhin mit dem Leben
davonkam (τῶν ἀπὸ τοῦ γένους αὐτοῦ πάντων δι' αὐτὸν ταπεινῶς
ἀπηλλαγμένων). Im Übrigen ist es unwahrscheinlich, dass Cass. Dio
69,17,1, der ausdrücklich nur Servianus und Pedanius Fuscus nennt, die
Eltern des Pedanius ungenannt gelassen hätte, wenn diese aus demselben
Anlass wie Servianus zusammen mit Pedanius getötet worden wären.
Wenn man hingegen annimmt, dass der erste Satz von § 65 in seinem
ursprünglichen Originalwortlaut nur den gewaltsamen Tod des Pedanius
erwähnte, ist nicht nur die notwendige Kohärenz mit dem folgenden,
durch γάρ angefügten Satz gegeben, sondern auch Kohärenz mit § 66a
hergestellt, wo Pedanius von Antigonos durch den Begriff κατακοπῆναι
eindeutig als ein βιαιοθάνατος beschrieben wird. Die Ursache der Korruptel, die in § 65 zu einem frühen Zeitpunkt der Überlieferungsgeschichte eingetreten sein muss, könnte der unmittelbar vorausgehende Hinweis

---

[2987] Nach Eck 2000b, 466, starb der Vater, bevor sein Sohn hingerichtet wurde. Nach
Raepsaet-Charlier 1987, 388, ist der Vater ohne Zweifel vor 136 gestorben. Nach Caballos Rufino 1990, 418, ist der Vater fast sicher vor dem Untergang seines Sohnes gestorben. Vgl. Wachtel 1998b, 72: "Diem obiit ante annum 136 [*potius 138!*], quo Hadrianus
socerum eius et filium interfici iussit, fortasse paullo post annum 118 (morbo vel etiam
pestilentia, una cum uxore?)" (letzte historische Erwähnung des Vaters im Konsulatsjahr
118, s. Wachtel ebd. 72). Vgl. ferner Birley 1997, 280: "His [i.e. Servianus'] daughter
and son-in-law were, it is assumed, also dead." Syme 1968, 87 (= RP II 674), vermutet
als Todesursache "a malady or a pestilence". Vgl. Syme 1976, 297 (= Syme 1983, 85):
"The innocuous explanation would be a pestilence in the early years of the reign"; sinngleich Syme 1986, 14 (= RP VI 170): "if the pair in fact faded out quickly, an easy and
innocuous conjecture avails: That is, pestilence." Ähnlich urteilt Syme 1989, 249 (RP
VI 426): "There is no call to suspect a dynastic contretemps that was covered up and lost
to history. Rather pestilence in the train of warfare in the Orient."

auf die Eltern (πατρὸς καὶ μητρός) gewesen sein.[2988]

Zur Wort- und Begriffsgeschichte: In der Antike sind neben den etymologisch korrekten Formen von βιαιοθαν-, bei denen der erste Teil des Kompositums auf βία zurückgeht, auch Formen von βιοθαν- (bzw. lat. *biothan-*) belegt, was mit einer etymologisch falschen Rückführung auf βίος zu tun hat, und schließlich auch noch zwei Fälle von βιωθαν-, die aus dem Lehrgedicht des Dorotheos stammen und metrisch bedingt sind.[2989] Für 'Nechepsos und Petosiris' sind keine Formen von βι(αι)οθαν- belegt. Wir finden sie erstmals bei Kritodemos in einem fragmentarisch erhaltenen Kapitel über die Wirkungen der Gradbezirke (CCAG VIII 1, 1929, pp. 257,21–261,2 = Critod. frg. 10 Peter), wonach die letzten drei Grade des Stiers als Marsbezirk u.a. βιαιοθάνατοι bewirken (ibid. p. 258,13–15), und in einem Rhetorioskapitel (Rhet. 5,77 Καθολικὰ σχήματα βιαιοθανάτων),[2990] in dem sich der Verfasser kurz nach dem Beginn mit den Worten ἄλλως κατὰ Κριτόδημον dem Kritodemos zuwendet.[2991] Unter den späteren Autoren verdienen besonders Val. 2,41 (mit elf Beispielhoroskopen) und Firm. math. 7,23 *De biothanatis* (ein Kapitel mit einer langatmigen Kasuistik tödlicher, oft Quadraturen und Oppositionen der 'Übeltäter' implizierender Konstellationen) Beachtung.[2992] Ptolemaios hingegen bietet einen einzigen Beleg für Formen von

---

[2988] Es ist zwar rein theoretisch möglich, dass die Eltern des Pedanius irgendwann auf gewaltsame Weise zu Tode kamen, aber selbst wenn dies (wofür keinerlei historische Indizien vorliegen) geschehen sein sollte, wäre es ohne Zusammenhang mit dem Tod des Pedanius und Antigonos hätte es in § 65 nicht in der irreführenden Weise erwähnen dürfen, wie die Hss. glauben machen. Vgl. Birley 1997, 355[26], der zwar den Wortlaut der Hss. (zu Unrecht) nicht in Frage stellt, aber doch immerhin anmerkt: "I do not accept that the passage [...] where his parents are said to have met a violent death, is evidence for them being killed as late as 137", u. ebd. 309 zu derselben Stelle: "The horoscope [...] states that she and her husband died a violent death. This seems implausible."

[2989] Vgl. Hübner 1998e, 18f., dessen knapper Aufsatz zugleich den besten und verlässlichsten Überblick zu diesem Wort bietet; ebd. auch Hinweise auf ältere Literatur.

[2990] Ältere Edition: F. Cumont, CCAG VIII 4 (1921), pp. 199,15–202,10.

[2991] Peter 2001, 74–78, hat trotz erheblicher Unsicherheiten (dazu s.o. S. 924 bei Anm. 2241) den gesamten Rest des Kapitels als Critod. frg. 12 gewertet. In der von Pingree auf der Grundlage des cod. Paris. gr. 2425 edierten Version des Rhetoriostextes fehlt an der betreffenden Stelle (5,77,5) der oben zitierte Hinweis auf Kritodemos. Zu diesem Kritodemosfragment siehe auch Bara 1990, 840. Das Rhetorioskapitel ist anscheinend ein Exzerpt aus den *Thesauroi* des Antiochos von Athen, das ein (heute verlorenes) Kapitel mit genau diesem Titel enthielt: vgl. Antioch. epit. 3a,70 (ex thes.), CCAG VIII 3 (1912), p. 109,17 (= Rhet. 6,61,70).

[2992] Insgesamt bietet Firmicus in seinem Werk über hundert Belege für das Adjektiv *biothanatus*.

βι(αι)οθαν-, nämlich Ptol. apotel. 2,9,11 βιαιοθανασίας. Weitere Belege aus astrologischen Werken stellt Cumont 1937, 199f., zusammen, dessen einleitende Feststellung gut zu Pedanius Fuscus passt: "Le nom de *bio-thanati* (βιαιοθάνατοι) s'appliquait par excellence aux suppliciés [...]."

In der Astrologie ist der Hauptverursacher gewaltsamer Tode, wie nicht anders zu erwarten, Mars.[2993] Seine Funktion als Verursacher des Todes des Pedanius wird im Folgenden unter mehreren einander ergänzenden Gesichtspunkten untersucht (s.u. zu § 66a τὸ δὲ καὶ αὐτὸν κατα-κοπῆναι – ὄντα, zu καὶ ἀκτινοβολεῖν τὸν Ἄρεα und zu ἐν ἀνθρωπο-ειδεῖ ζῳδίῳ sowie auch zu § 66c insgesamt). Zu anderen astrologischen Gründen für durch Menschen, speziell durch den Herrscher angeordnete Todesstrafen s. Bara 1990, 835 (jene Gründe basieren auf der Sonnenposition und erlauben keine Anwendung auf das hiesige Horoskop); zu den astrologischen Gründen für βιαιοθανασία im Allgemeinen s. ebd. 836f.

ἐλπίδων – ἐλθεῖν: Worauf sich diese Hoffnungen stützten, sagt der Text nicht. Am nächstliegenden ist die Annahme, dass Pedanius sich seiner exzellenten Herkunft bewusst war: "Als Großneffe Hadrians war Fuscus der nächste für die Nachfolge in Frage kommende Verwandte des Kaisers".[2994] Außerdem ist es möglich, dass Pedanius Fuscus sich bewusst war, ein königliches oder beinahe königliches Horoskop zu besitzen. Dafür könnte Hist. Aug. Hadr. 23,3 sprechen, wo es von Hadrian heißt: *Fuscum, quod imperium praesagiis et ostentis agitatus speraret* [vgl. ἐλπίδων], *in summa detestatione habuit.*[2995] Diese Stelle wird verschieden gedeutet. Michelotto 1987, 185, meint, das *praesagium* habe in der Krankheit und dem folgenden Tod des Aelius Caesar (1.1.138 n.Chr.) bestanden. Champlin 1976, 83, denkt an eine *genitura*, also ein Horoskop, auf das Pedanius vertraut habe, relativiert diese Annahme dann aber und zieht alternativ Gunstbekundungen durch Hadrian in Erwägung (ebd. 84), wofür auch IKEph 734 spreche (ebd. 84–89; s.o. S. 1135 bei Anm. 2882).[2996] Fündling 2006, 1012f., hält es für durchaus möglich, dass mit

---

[2993] Siehe Bara 1990, 831.

[2994] Groag 1937, 19. Vgl. Caballos Rufino 1990, 413: "por sus lazos de parentesco era el más firme aspirante a la sucesión de Adriano" (vgl. ebd. 415²) und Birley 1997, 215 (zum Jahre 128 n.Chr.): "The boy [*sc.* Pedanius] must have been regarded as the heir presumptive" (vgl. ebd. 201).

[2995] Dies ist die einzige Erwähnung des Pedanius Fuscus in der *Historia Augusta*.

[2996] Champlin resümiert (ebd. 89): "The evidence converges to suggest that the younger Pedanius Fuscus [*d.h. der Großneffe Hadrians, nicht dessen Vater*] was groomed for the imperial succession from an early age, at least from the beginning of his great-uncle's

praesagiis et ostentis "astrologische Berechnungen" gemeint seien.[2997]

Unabhängig davon, ob dem historischen Pedanius durch Astrologen die Kaiserwürde vorausgesagt worden war oder nicht,[2998] ist angesichts der Worte δοκῶν ἤδη ἐπὶ βασιλείαν ἐλθεῖν zu prüfen, ob die einschlägigen astrologischen Lehrtexte auf der Grundlage der in § 63 gebotenen Daten die Prognose von Königs- beziehungsweise Kaiserherrschaft rechtfertigen würden. Da wir von Antigonos keine allgemeingültige Regel zur Analyse königlicher Nativitäten besitzen und der Vergleich des Hadrianhoroskops mit Ptol. apotel. 4,3 ergeben hatte, dass beide diese Untersuchung ähnlich durchführen (s.o. S. 679–685 zu **F1** §§ 26–28), mögen hier die ptolemäischen Kriterien zur Anwendung kommen. Ptolemaios sagt (Ptol. apotel. 4,3,1), dass dann, wenn beide Luminare sich in männlichen Tierkreiszeichen befinden und entweder beide oder auch nur eines von beiden (am besten das Luminar der Partei) auf einem Kardinalpunkt stehen und sie von den fünf Planeten als Speerträgern begleitet werden (und zwar die Sonne morgendlich, der Mond abendlich), die Geborenen Könige sein werden. Diese Bedingungen sind bei Pedanius Fuscus nicht vollständig, aber hinsichtlich dreier zentraler Kriterien erfüllt:

1. Von den Luminaren steht nur eins in einem männlichen Tierkreiszeichen (Sonne im Widder), das andere in einem weiblichen (Mond im Stier).

2. Die Sonne steht im 1. Ort, vermutlich exakt auf dem bestmöglichen Kardinalpunkt (ASC); sie ist zugleich das Luminar der Partei, da der Moment des Sonnenaufgangs zum Tag zu rechnen ist. Die Position des Mondes ist jedoch nicht kardinal; immerhin steht er im 2. Ort (Epanaphora).

3. Das Kriterium der Doryphorie ist vortrefflich erfüllt: Die Sonne wird von den fünf Planeten als Speerträgern in der geforderten Zuordnung begleitet, da sie alle ihr vorauseilen (morgendliche Stellung). Wie wir wissen, fordert auch Antigonos, dass die Speerträger der Sonne vor ihr aufgehen (**F1** §§ 27 u. 58) und außerdem nicht weiter als 90° von ihr entfernt sind (**F2** § 58); auch das zuletzt genannte Kriterium ist in **F3**

---

reign. His father was probably a pillar of the new regime and his grandfather was accorded marks of exceptional respect. He himself was granted special privileges at an early age and perhaps a place in the emperor's counsels. However, he was merely heir presumptive, not apparent (if one may apply terms from an alien system); no commitment was made."

[2997] Fündling resümiert (ebd. 1012): "Nichts spricht also dagegen, daß Fuscus sich durch Divinationstechniken Gewißheit über seine politische Zukunft verschaffen wollte."

[2998] Ein ganz anderes, aber ebenfalls zur Hoffnung auf die Herrschaft ermutigendes Vorzeichen hatte nach Hist. Aug. Hadr. 3,7 seinerzeit Hadrian von Trajan erhalten: *adamante gemma, quam Traianus a Nerva acceperat, donatus ad spem successionis erectus est.*

erfüllt, da Mars (22° ♒︎), der am weitesten vorauseilende Planet, nach moderner Rückberechnung (s.o. S. 1141, Tab. 30) nur ca. 53° von der Sonne entfernt ist. Dass diese schöne Kette der fünf Speerträger in der bisherigen Forschung mit Ausnahme von Denningmann 2005, 351, unbeachtet blieb, liegt zum einen daran, dass der Text nur ein einziges Mal in unspezifischer Weise vermerkt, die Sonne werde eskortiert (§ 66a διὰ τὸ τὸν Ἥλιον ἐν τῷ ὡροσκόπῳ εἶναι καὶ δορυφορεῖσθαι), zum anderen daran, dass Neugebauer – van Hoesen 1959, 109, die Position der Venus nicht nennen[2999] und sie ferner in ihrem Diagramm (ebd. 223, Plate 19), in dem die Venus ebenfalls fehlt, Merkur so einzeichnen, als stände er abendlich zur Sonne.

Auch die von Ptolemaios genannten Zusatzkriterien verdienen Beachtung, sagt er doch, wenn die Speerträgersterne entweder auch selbst auf einem Kardinalpunkt ständen oder einen Aspekt mit dem MC bildeten, so würden die Geborenen ihr Leben hindurch groß und mächtig und Weltherrscher sein und noch glücklicher, falls die Speerträger rechte Aspekte zum MC bildeten (Ptol. apotel. 4,3,2). Auf vier der fünf Speerträger im Horoskop des Pedanius trifft dies bei zeichengenauer Betrachtung zu: Saturn und Merkur stehen im aszendierenden Widder, und Jupiter und Venus (die beiden 'Wohltäter') stehen in den Fischen, von wo sie einen günstigen Sextilschein zum MC im Steinbock werfen.

Das einzige Hindernis für die Prognose eines kaiserlichen Schicksals liegt also darin, dass der Mond weder kardinal noch in einem männlichen Zeichen steht. Über solche Fälle sagt Ptolemaios (apotel. 4,3,2):[3000]

ἐὰν δὲ τῶν ἄλλων οὕτως ἐχόντων μόνος ὁ ἥλιος ᾖ ἐν ἀρρενικῷ, ἡ δὲ σελήνη ἐν θηλυκῷ, ἐπίκεντρον δὲ τὸ ἕτερον τῶν φώτων, ἡγεμόνες μόνον ἔσονται ζωῆς καὶ θανάτου κύριοι.

Wenn aber, während die anderen genannten Bedingungen erfüllt sind, die Sonne allein in einem männlichen Zeichen steht, der Mond hingegen in einem weiblichen, und eins von beiden Luminaren in kardinaler Position, werden die Geborenen nur Generäle sein, Herren über Leben und Tod.

[2999] S.o. S. 1139 (1. Absatz zu §§ 63–64) sowie auch Anm. 2896.

[3000] Die hier zitierten Worte schließen unmittelbar an die oben S. 681 zitierten an. Zur Wiedergabe von ἡγεμόνες durch 'Generäle' s. Cumont 1937, 39f.

Dieser Fall trifft auf Pedanius Fuscus zu. Allerdings darf nicht vergessen werden, dass Antigonos sich im Hadrianhoroskop, über die ptolemäischen Kriterien hinausgehend, auch die Mühe gemacht hatte, die Luminare und Planeten auf ihre Würden hin zu untersuchen (**F1** §§ 26–27). Tun wir das auch hier, so entdecken wir eine überraschend große Fülle zusätzlicher Glücksumstände: [3001] Sonne (19° ♈) und Mond (23° ♉) stehen beide im Zeichen ihrer jeweiligen Erhöhung (s.o. S. 715, Tab. 15) und außerdem in ihren eigenen Dreiecken (s.o. S. 717, Tab. 16), die Sonne sogar als Trigonokrator (da sie Tagherrscher des ersten Dreiecks ist und es sich um ein Taghoroskop handelt); Venus (8° ♓) steht in ihrer Erhöhung und in ihren eigenen Graden, die sich von 0°–12° ♓ erstrecken (s.o. S. 719, Tab. 17b), Mars (25° ♒) ebenfalls in seinen eigenen Graden, die sich von 20°–25° ♒ erstrecken,[3002] Jupiter (27° ♓) in seinem Nachthaus (s.o. S. 737, Tab. 19). Nur Saturn (6° ♈) steht in seiner Erniedrigung. Merkur (10° ♈) genießt keine Würden.

Abschließend verdienen noch zwei die Tierkreiszeichen der Luminare betreffende Beobachtungen Erwähnung. Der Widder, in den die Sonnenposition und der Aszendent des Pedanius fallen, gilt als königliches (βασιλικόν) und regierendes (ἡγεμονικόν) Tierkreiszeichen; vgl. bes. Val. 1,2,1 ἡγεμονικόν ... κόσμου μεσουράνημα καὶ δόξης αἴτιον. Heph. 1,1,3 βασιλικόν. Firm. math. 2,10,2 *regale* und viel weiteres Material bei Hübner 1982, 208f., Nr. 4.213.1 u. 4.213.3. Und da der Stier im Pedaniushoroskop den 2. Ort der Dodekatropos bildet, gilt für ihn die Lehre, der 2. Ort sei 'Spender guter Hoffnungen'; vgl. P. Mich. III 149 (2. Jh. n.Chr.), col. IX,13–14 τὸ δὲ δεύτερον τοῦ ὡροσκόπου ἐλπίς. Paul. Alex. 24 pp. 54,21–55,1 ὁ γὰρ [sc. δεύτερος] τόπος ἀγαθῶν ἐλπίδων δοτὴρ καθέστηκεν. Das verdient umso mehr Beachtung, als nicht nur der Mond des Pedanius, sondern auch sein Glückslos in den 2. Ort fallen.

Es darf also zusammenfassend festgehalten werden, dass Pedanius Fuscus sich aus astrologischer Sicht, speziell aus der des Antigonos, Hoffnungen auf eine der höchsten oder gar die höchste Stelle im Staat machen durfte. Erstaunlich bleibt allerdings, dass Antigonos all dies, zumal im Kontext der τύχη ἀξιωματική, nicht genauer ausführt. Sofern Hephaistion hier nicht (entgegen meiner Überzeugung) gekürzt hat,

---

[3001] Die folgenden gradgenauen Längenangaben verstehen sich siderisch. Sie sind nicht überliefert, sondern das Produkt der obigen Rückberechnung (S. 1141, Tab. 30) für den 6. April 113 n.Chr.

[3002] Da 25° ♒ die Grenze des Marsbezirks bildet, vgl. die Diskussion der Marslänge unten S. 1250 bei Anm. 3150.

müssen wir wohl annehmen, dass es primär der katastrophale Sturz des so vielversprechenden Nativen war, der den Antigonos interessiert hat.

ἐλπίδων μεγάλων γενόμενος: so **P**; ähnlich Exc.[2] ἐλπίδων μεγάλων γεγονώς; Ep.[4] liest ἐν ἐλπίσι γὰρ μεγάλαις γεννηθείς. Zur Lesart **P** vgl. LSJ s.v. γίγνομαι II 3a mit Hinweis auf Plu. Phoc. 23 τὴν πόλιν ἐλπίδος μεγάλης γινομένην. In der astrologischen Literatur ist die einzige Parallele für die Junktur ἐλπίδες μεγάλαι Val. 4,14,6 (über die 'Wohltäter', wenn sie unter den Strahlen stehen): πολλάκις δὲ καὶ δόξας ἢ μεγάλας ἐλπίδας προδείξαντες ἐπὶ τὸ χεῖρον ἐτράπησαν (vgl. Val. app. 19,11).

βασιλείαν: s.u. zu τὸν βασιλέα.

κακόβουλος γενόμενος: anscheinend ohne fremdes Zutun, wenngleich das Adjektiv auch bedeuten könnte, dass Pedanius auf schlechte Ratgeber hörte. Das würde aber wohl eher passivisch als κακοβουληθείς formuliert; vgl. z.B. Eur. Ion 877f. ψυχὴ δ' ἀλγεῖ κακοβουληθεῖσ' | ἔκ τ' ἀνθρώπων ἔκ τ' ἀθανάτων. Außerdem spricht dafür, dass Antigonos den Pedanius für den alleinigen Verursacher seines Untergangs hält, die folgende astrologische Begründung (§ 66a). In jedem der beiden soeben erwogenen Fälle handelt Pedanius unbesonnen.

Hadrian soll nach Cassius Dio die Wahl des Antoninus Pius unter anderem damit begründet haben, dass dieser nicht in dem Alter sei, da man aus jugendlicher Unbedachtheit überstürzt zu handeln neige (μήθ' ὑπὸ νεότητος προπετὲς μήθ' ὑπὸ γήρως ἀμελὲς ποιῆσαί τι δυνάμενον, 69,20,4). Dieser Ausspruch muss, sofern er historisch ist, der unzufriedenen Reaktion des Pedanius und seinem Untergang vorausgehen und könnte einen wahren Beweggrund sowohl für die Nachfolgeregelung des Kaisers als auch für seine Bewertung des Pedanius als für die Nachfolge ungeeignet darstellen.

περὶ τὸ κε′ ἔτος ἐσφάλη καὶ ἐν κατηγορίᾳ πρὸς τὸν βασιλέα γενόμενος: fehlt in **P** und Exc.[2] (*saut du même au même*). Die schon von Pingree vorgenommene Ergänzung nach dem Wortlaut der Epitome ist sicher. Zwar könnte der Rückgriff in § 66c (τὸ δὲ περὶ ⟨τὸ⟩ κε′ ἔτος τεθνάναι αὐτὸν κακῶς, in allen Zeugen überliefert) sich auf § 62 ὄν φησιν ἐπ' ὀλέθρῳ τῷ τε ἰδίῳ καὶ τῶν πατέρων γεγενῆσθαι περὶ τὸ κε′ ἔτος beziehen, aber ohne die Ergänzung nach Ep.[4] würde der Sinnzusammenhang hier in § 65 verdunkelt und den Worten ἐν διαβολῇ καὶ αὐτοῦ γενομένου die vorausgehende Information ἐν κατηγορίᾳ πρὸς τὸν βασιλέα γενόμενος, durch die das καί legitimiert wird, fehlen.

Schmidt 1998, 64, übersetzt ἐν κατηγορίᾳ πρὸς τὸν βασιλέα γενόμενος falsch mit "engaging in an accusation directed at the kingship" (mit "king" statt "kingship" wiederholt von Schmidt 2009, 365). Gemeint ist aber nicht, dass der Native versuchte, Ansprüche auf die Kaiserwürde einzuklagen, oder überhaupt irgendwie aktiv eine Anklage oder Beschuldigung erhob, sondern dass er passiv zum Gegenstand einer Beschuldigung wurde, die andere, von Antigonos nicht genannte Personen gegen ihn selbst beim Kaiser vorbrachten. Vgl. die geläufige Wendung κατηγορεῖν τινος πρός τινα (z.B. Plat. Euthphr. 2C) u. LSJ s.v. πρός C 7. Der Kontext zeigt also, dass mit κατηγορία nicht eine juristische Anklage vor Gericht gemeint ist, sondern eine der üblichen Beschuldigungen bzw. (je nach Wahrheitsgehalt) Verleumdungen,[3003] denen Personen im Umfeld der Mächtigen ausgesetzt sind.[3004] Konkret ist vielleicht die Planung eines Staatsstreichs gemeint; vgl. Birley 1997, 292: "Hadrian's grandnephew had been executed for allegedly planning a coup". Ein solcher Vorwurf brachte z.B. Catilius Severus und Atilius Titianus zu Fall.[3005] Nach Champlin muss aber gar nicht an einen geplanten Coup gedacht werden, sondern es hätte schon gereicht, wenn Pedanius nach der offiziel-

---

[3003] S.u. zu ἐν διαβολῇ καὶ αὐτοῦ γενομένου δι᾽ αὐτόν.

[3004] Im Sinne von 'Beschuldigung' vgl. z.B. Nic. Dam. vit. Aug. 19,66 über die Verschwörer gegen Julius Caesar: Παντοδαπὰ οὖν συνέστη φῦλα ἐπ᾽ αὐτὸν ἀνδρῶν μεγάλων, μικρῶν, φίλων, πολεμίων, στρατιωτῶν, πολιτικῶν, ἑκάστων προφάσεις ἰδίας εἰς τὸ ἔργον ὑποτιμωμένων καὶ ἀπὸ τῶν οἰκείων ἐγκλημάτων ἐμπιστευόντων καὶ ταῖς παρὰ τῶν ἄλλων κατηγορίαις ("So war es eine ganz zusammengewürfelte Gruppe von bedeutenden und von unbedeutenden Männern, die sich gegen ihn verschwor, von Freunden und von Gegnern, von Soldaten und von Zivilisten, wobei jeder seine eigenen Gründe für die Tat hatte und im Glauben an die eigenen Anschuldigungen auch den Anklagen der anderen vertraute", Malitz 2003, 55–57). Im Sinne von 'Verleumdung' vgl. z.B. Cassius Dio 68,15,4, Licinius Sura (s.o. S. 1038, Punkt c) sei zwar bei Trajan verleumdet worden, dieser habe ihm aber dessen ungeachtet fest vertraut: τοσαύτη δὲ φιλίᾳ καὶ πίστει ὅ τε Σούρας πρὸς τὸν Τραϊανὸν ἐχρήσατο καὶ Τραϊανὸς πρὸς ἐκεῖνον ὥστε πολλάκις αὐτόν, οἷά που περὶ πάντας τούς τι παρὰ τοῖς αὐτοκράτορσι δυναμένους γίνεσθαι πέφυκε, διαβληθέντα οὔτε ὑπώπτευσέ ποτε οὔτε ἐμίσησεν κτλ.

[3005] Zu Catilius Severus vgl. Hist. Aug. Hadr. 24,6–7 *Antonini adoptionem plurimi tunc factam esse doluerunt, speciatim ⟨C⟩atilius Severus, praefectus urbi, qui sibi praeparabat imperium. qua re prodita successore accepto dignitate privatus est).* Zur Anklage und Verurteilung (Proskription) des Atilius Titianus vgl. Hist. Aug. Hadr. 15,6. Pius 7,3. Birley 1997, 296. Fündling 2006, 1084–1087.

len Designierung des Antoninus Pius seine zuvor legitimen Hoffnungen auf den Thron noch in irgendeiner Weise weiter verfolgt haben sollte.[3006] Überhaupt ist zu erwägen, ob Syme 1986, 14 (= RP VI 169) mit dem folgenden Gedanken Recht hat: "Julia [*die Mutter des Pedanius*] was the emperor's niece. If Hadrian perished, the consequencs for Fuscus are clear: either to take the power or to be destroyed."

ἐσφάλη: vgl. die umgekehrte Metapher im Horoskop des Pamprepios von Panopolis (Hor. gr. 440.IX.29), der, aus ärmlichen Verhältnissen stammend, nach einer günstigen Heirat zum Konsulat emporstieg: γήμας ἤρξατο ἀνασφάλλειν (Rhet. 5,114,1 p. 144,2–3 Pingree 1976b = CCAG VIII 4, 1921, p. 221,3).

τὸν βασιλέα: Bemerkenswert ist die Verwendung des Terminus βασιλεύς anstelle von αὐτοκράτωρ, dem üblichen Äquivalent zu lat. *princeps* (Mason 1974, 119). Im Hadrianhoroskop hatte Antigonos sowohl Trajan als auch Hadrian insgesamt dreimal als αὐτοκράτωρ bezeichnet (**F1** §§ 23 u. 26). Der hier nun verwendete Terminus βασιλεύς, "title *par excellence* of the Hellenistic monarchs" (Mason 1974, 120), begegnet in der Dichtung zwar schon zur Zeit des Augustus (bei Antipatros von Thessalonike, Anth. Pal. 10,25,5), in der Prosa aber nicht vor dem 2. Jh. n.Chr. und wird nach Kienast 1996, 25, in offiziellen Dokumenten auch noch im 4. Jh. n.Chr. sorgfältig gemieden. Nur Derivate wie βασιλεύω, βασιλικός, βασιλεία etc. sind schon bei Plutarch, Josephus und anderen Prosa-Autoren des 1. Jh. n.Chr. belegt (z.B. mit Bezug auf Vespasian; ausführlicher hierzu Mason a.a.O.). Wenn allerdings Whitmarsh glaubt, Cassius Dio verwende als erster Prosa-Autor βασιλεύς zur Bezeichnung des römischen Kaisers,[3007] so ist dies mit Blick auf die hier kommentierte Stelle und die chronologische Priorität des Antigonos gegenüber Cassius Dio zu revidieren.[3008] Antigonos spricht ferner in **F1** § 37 (mit Bezug u.a. auf

---

[3006] Vgl. Champlin 1976, 81, über Pedanius und Servianus: "The subsequent charges against them were probably only too well founded in fact, for what were formerly perfectly acceptable actions could be construed as treason in the new light". Vgl. ebd. 83: "The obvious charge, as Cramer observed, would be *maiestas*".

[3007] Whitmarsh 2001, 213[114]: "Dio's is apparently the first prose use of the term for the emperor".

[3008] Vgl. ferner die Schrift des Herennius Philon von Byblos (ca. 54–142 n.Chr.) Περὶ τῆς βασιλείας Ἀδριανοῦ [Akz.: *sic*] (Suda s.v. Φίλων Βύβλιος, φ 447, p. IV 737,8 Adler = FGrHist 790 T 1) und den Beleg für synonymen Gebrauch von αὐτοκράτωρ und βασιλεύς bei Antigonos' Zeitgenossen Artemidor von Daldis (onir. 5,16): ἀγγα-

Hadrian) von βασιλεῖς und in **F3** § 65 (allgemein) von der römischen Kaiserwürde als βασιλεία. Seine Wortwahl ist nicht verwunderlich, da er in der terminologischen Tradition der hellenistischen Astrologie steht, die von ihren Anfängen an ein besonderes Interesse an den Schicksalen von Königen an den Tag gelegt hatte.[3009] Außerdem machen die Verweise auf Proskynese in **F1** §§ 36–37 als Ehrerbietungen gegenüber Hadrian deutlich, dass er sich diesen nicht im Sinne der römischen Prinzipatsideologie, sondern im Sinne orientalischer Herrscher und speziell Alexanders des Großen vorstellte.[3010]

ἀνῃρέθη μετά τινος πρεσβύτου τῶν τοῦ γένους αὐτοῦ: Die Worte μετά – αὐτοῦ, die durch § 66a καί τινα τῶν τοῦ γένους αὐτοῦ γεραιόν wieder aufgegriffen werden, beziehen sich zweifellos auf L. Iulius Ursus Servianus (PIR² I 631, s.o. S. 1036).[3011] Der unspezifische Begriff ἀνῃρέθη ist behutsam gewählt und passend, da Pedanius und Servianus, soweit wir wissen, nicht auf dieselbe Weise zu Tode kamen. Während Pedanius enthauptet wurde (s.u. zu § 66a κατακοπῆναι), hat Hadrian seinen Schwager Servianus offenbar zum Selbstmord gezwungen. Dafür spricht, dass die *Historia Augusta* diese Maßnahme Hadrians viermal mit der Formulierung *mori coegit* erwähnt (Hist. Aug. Hadr. 15,8. 23,2.8. 25,8). Man könnte zwar als Gegenargument Cass. Dio 69,17,1–2 anführen, der berichtet, Servianus habe vor seiner (wörtlich) 'Abschlachtung' seine Unschuld beteuert und Hadrian verflucht (Σερουιανὸν δὲ καὶ Φοῦσκον τὸν ἔγγονον αὐτοῦ [...] ἐφόνευσε [...]. πρὶν δὲ ἀποσφαγῆναι, ὁ Σερουιανὸς πῦρ ᾔτησε κτλ.), aber schon Groag 1917, 889, hat zu Recht darauf hingewiesen, dass die Begriffe ἐφόνευσε und vor allem ἀποσφαγῆναι "nicht viel besagen, heißt es doch z.B. auch von Barea Soranus bei Cass. Dio LXII 26,3 ἐσφάγη, während Tac. ann. 16,33,2 berichtet: *Sorano ... datur mortis arbitrium*". Dass Servianus zum Selbstmord gezwungen wurde, denken auch Stein – Petersen 1952–1966 (PIR² I 631), 298.

ρεία περιπεσὼν ὑπὸ τῶν ἐπιτρόπων τοῦ αὐτοκράτορος κατεσχέθη, ἔπειτα ἐντυχὼν τῷ βασιλεῖ ἀφείθη τῆς ἀγγαρείας.

[3009] Vgl. z.B. die insgesamt 26 Belege für βασιλεύς, βασιλεῖος und βασιλεία bei Heph. 1,21–23 (= Nech. et Pet. frg. 6.7.12) sowie auch den Umstand, dass die babylonische Astrologie ursprüngliche nur universalastrologische Aussagen machte und als einzige Individuen die Könige als Repräsentanten des gesamten Landes beachtete.

[3010] Vgl. die Gesamtbesprechung von **F1** §§ 29–38.

[3011] Vgl. Michelotto 1987, 189: "ovviamente, il vecchio cui si accenna nell'oroscopo non può che essere Serviano." Ebenso Birley 1997, 291: "'the old man of his family' must be his [*sc.* Fuscus'] grandfather Servianus".

Birley 1997, 3. 291f. 297. Fündling 2006, 1019. Das zitierte Zeugnis Dios wird auch dadurch in seiner Verlässlichkeit entwertet, dass ihm offenbar ein Lapsus bezüglich des Todesalters des Pedanius unterlaufen ist (s.o. Anm. 2892). Antigonos durfte also wegen der unmittelbar folgenden Worte μετά τινος πρεσβύτου nicht statt ἀνῃρέθη konkret κατεκόπη schreiben, sondern hat die Hinrichtung des Pedanius und den erzwungenen Selbstmord des Servianus treffend unter dem Begriff der 'Beseitigung' (ἀνῃρέθη) subsumiert.

Vor diesem Hintergrund ist die Unvollkommenheit zu bewerten, dass Antigonos in § 66a mit τὸ δὲ καὶ αὐτὸν κατακοπῆναι auf eine Information zurückgreift, die zuvor genau genommen noch nicht geboten worden ist. Man könnte sich zwar fragen, ob es hier in § 65, ähnlich wie z.B. in **F1** § 43 ὅταν ⟨. . .⟩ κτλ., zu einem Textausfall in der gesamten Überlieferung gekommen ist. Wenn man z.B. nach ἀπηλλαγμένων die Worte ⟨αὐτοῦ δὲ κατακοπέντος⟩ ergänzte, hätten sowohl κατακοπῆναι als auch μελεοκοπουμένῳ (§ 66a) einen das Verb κόπτειν enthaltenden und somit lexikalisch eindeutigen Bezugspunkt. Außerdem spräche für eine Textergänzung nach ἀπηλλαγμένων die Reihenfolge der astrologischen Erklärungen (§ 66a) im Vergleich mit den zuvor exponierten Daten (§ 65), und ein in der Überlieferungsgeschichte früh zu datierender Textausfall an dieser Stelle wäre angesichts der sich hier häufenden, am Ende eines syntaktisch vollständigen Satzes noch angehängten absoluten Genetive und der vielen darin verwendeten Formen von αὐτός zumindest denkbar. Gegen einen hypothetischen Textausfall spricht jedoch zum einen, dass er nicht durch *saut du même au même* zu erklären wäre,[3012] und zum anderen, dass der Gedankengang gestört würde: Nachdem dieser in § 65 von Pedanius (ὁ τοιοῦτος) seinen Ausgang genommen hat, weitet sich die Perspektive schrittweise zu Servianus (μετά τινος πρεσβύτου) und schließlich zur gesamten Sippe des Pedanius (τῶν ἀπὸ τοῦ γένους αὐτοῦ πάντων). Es wäre also nicht plausibel, am Ende von § 65 eine abrupte Verengung der Perspektive auf Pedanius zu postulieren. Ein weiteres Indiz dafür, dass kein Textausfall anzunehmen ist, liegt darin, dass die letzte Erläuterung in § 66a (τὸ δὲ καὶ ἐξ ἀνθρώπου εἶναι τὴν βλάβην κτλ.) ebenfalls keine explizite Entsprechung in § 65 hat; vielmehr ist die vorausgehende Erwähnung eines die Hinrichtung anordnenden Menschen

---

[3012] Zwei so verursachte, durch das Zeugnis von Ep.[4] und/oder Exc.[2] gesicherte Textausfälle weist **P** allein in § 65 auf, nämlich den von περὶ τὸ κε′ ἔτος ἐσφάλη καὶ ἐν κατηγορίᾳ πρὸς τὸν βασιλέα γενόμενος und den von δ′ ἔτι τῶν ἀπὸ τοῦ γένους αὐτοῦ πάντων δι' αὐτόν.

in ἐν κατηγορίᾳ πρὸς τὸν βασιλέα γενόμενος ἀνῃρέθη (§ 65) impliziert (also ἐξ ἀνθρώπου = ἐκ βασιλέως). Die Wiederaufnahme von ἀνῃρέθη durch τὸ δὲ κατακοπῆναι ist jedoch zugegebenermaßen etwas kühner, weil sie nicht von einem spezifischen Begriff zu einem darin enthaltenen generischen Begriff fortschreitet, sondern umgekehrt von einem generischen Begriff zu einer aus diesem nicht zu entnehmenden Spezifikation.

ἐν διαβολῇ καὶ αὐτοῦ γενομένου δι᾽ αὐτόν: scil. πρὸς τὸν βασιλέα. Die Stelle wurde wiederholt falsch übersetzt.[3013] Da Antigonos dem Pedanius durch die Worte κακόβουλος γενόμενος offensichtlich eine Mitschuld an seinem eigenen Untergang zuspricht, kann es sich in jenem Fall nicht um reine Verleumdung handeln. Wenn es also hier nun heißt, dass Servianus ebenfalls (καί) beim Kaiser angezeigt wurde, ist es besser, διαβολή neutral im Sinne von 'Beschuldigung' aufzufassen, um einen Widerspruch gegenüber der unmittelbar vorausgehenden Darstellung bezüglich Pedanius zu vermeiden. Ich verstehe die Worte ἐν διαβολῇ καὶ αὐτοῦ γενομένου also als stilistische Variation gegenüber dem vorausgehenden, meines Erachtens sinngleichen Ausdruck ἐν κατηγορίᾳ ... γενόμενος.[3014]

ταπεινῶς ἀπηλλαγμένων: ohne exakte Parallele. Vgl. jedoch z.B. die beiden folgenden Belege bei Historikern des 2. Jh. n.Chr.: Herod. 7,12,2 (über Soldaten) οἱ δὲ βαλλόμενοι καὶ τιτρωσκόμενοι κακῶς ἀπηλλάγησαν.[3015] Cass. Dio 7 frg. 30,8 p. I 89,23–24 Boiss. οἱ Γαλάται ... θυμῷ

[3013] Völlig unzuverlässig (wie leider in vielen seiner Übersetzungen) Cramer 1954, 177: "and, for striving for the imperial power (!), he was executed together with an old man belonging to his family, who had become suspect and that through him (!)." Schmidt 1998, 64 übersetzt ἐν διαβολῇ καὶ αὐτοῦ γενομένου δι᾽ αὐτόν falsch mit "engaging in treachery because of him" (= Schmidt 2009, 365). Der Text besagt an dieser Stelle aber nicht, dass Iulius Servianus sich an einem Verrat beteiligte, sondern dass auch (καί) gegen ihn Beschuldigungen erhoben wurden. Schmidts Missverständnis ist ein Folgefehler seiner falschen Interpretation der vorausgehenden Worte ἐν κατηγορίᾳ πρὸς τὸν βασιλέα γενόμενος (s.o.). Insgesamt richtig, aber im zweiten Teil ungenau übersetzt Birley 1997, 291: "being denounced to the Emperor he was destroyed along with an old man of his family (who was falsely accused because of him)". Auch hier bleibt das καί in der Parenthese unübersetzt.

[3014] Vgl. LSJ s.v. διαβολή I: primär "false accusation", aber dann auch "of charges not necessarily false or malicious".

[3015] Vgl. die Übersetzung von Roques 1990, 193: "les assaillants recevaient coups et blessures et, ainsi mis à mal, faisaient retraite".

αὐτίκα συνέμιξαν τοῖς Ῥωμαίοις, καὶ κακῶς ἀπηλλάγησαν.

Als ταπεινοί werden im Zusammenhang mit der τύχη ἀξιωματική üblicherweise die jeder Würde Ermangelnden bezeichnet; vgl. Ptol. apotel. 4,3,4 am Ende des von ihm entworfenen sozialen Spektrums: τέλεον δὲ ταπεινοὶ καὶ κακοδαίμονες κτλ. Das Wortfeld ταπεινός, ταπεινόω, ταπείνωσις etc. findet in astrologischem Kontext seit 'Nechepsos und Petosiris' Verwendung: vgl. drei Belege aus dem ins 2. Jh. v.Chr. zu datierenden Frg. 6 bei Heph. 1,21,13 ταπείνωσιν (Nech. et Pet. frg. 6,69). 1,21,20 ταπεινούς (frg. 6,109). 1,21,32 ταπεινωθήσεσθαι (frg. 6,230), die ausnahmslos durch die von Hephaistion unabhängige Parallelüberlieferung des Anon. CCAG VII (1908), pp. 129–151 (frg. +32), speziell p. 133a,22 ταπείνωσις. p. 136a,21 ταπεινοί. p. 146a,18 ταπεινωθήσεται, bestätigt werden.[3016] Das genannte Wortfeld ist ferner durch die Antonymie der *termini technici* ὕψωμα und ταπείνωμα, die die babylonische Lehre des *bīt niṣirti* fortsetzt (s.o. zu **F1** § 26 ἐν ἰδίῳ ὑψώματι, bes. Anm. 1580), schon sehr früh in der hellenistischen Astrologie etabliert.

§ 66

Dieser Paragraph der Edition Pingrees zerfällt in drei Teile, die hier als 66a, 66b und 66c gezählt werden. Mehr dazu oben S. 791 in der Gesamtbesprechung von **F1** § 33.

§ 66a

Hier liefert der Autor die astrologische Begründung der zuvor dargelegten Eigenschaften und Ereignisse.

διὰ τὸ τὸν Ἥλιον ἐν τῷ ὡροσκόπῳ εἶναι: Diese Wirkung der Sonne im 1. Ort zeigt, dass Antigonos **F3** als eine Taggeburt gedeutet hat. Aus den einschlägigen Kapiteln astrologischer Autoren zu den Wirkungen der Luminare und Planeten in den zwölf Orten der Dodekatropos[3017] verdienen die folgenden Stellen Beachtung:

[3016] Weitere Belege für ταπείνωσις in demselben Fragment, bevor die Parallelüberlieferung durch den Anonymos einsetzt: Heph. 1,21,2.3.6.8 (= frg. 6,5.11.21.29).

[3017] Grundlegende Informationen dazu bietet der Komm. zu **F1** § 26 ἐπὶ τοῦ ὡροσκόπου ab S. 697.

Ps.-Manethon prognostiziert für die Stellung der Sonne im 1. Ort, ohne zwischen Tag- und Nachtgeburten zu unterscheiden, Könige (Ps.-Maneth. 3[2],106–111): εὖτ᾽ ἂν δ᾽ ὠκεανοῖο λελουμένος ἀντέλλησιν | Τιτάν, ἐν δ᾽ ὥρῃ κείνῃ βροτὸς ἐς φάος ἔλθῃ, | πατρὸς ἀριγνώτου γεγαὼς τότε φύσεται ἀνήρ, | τιμήεις δέ τ᾽ ἄγαν καὶ ὑπείροχός ἐστ᾽ ἐνὶ πάτρῃ, | πλούτῳ καὶ κτεάτεσσιν ὑπέρτατος ἐν μερόπεσσιν· | πολλάκι καὶ βασιλῆες (!) ἐν ὥρῃ τῇδ᾽ ἐγένοντο.[3018] Dieser Lehrsatz ist auf den ersten Blick sowohl auf **F1** als auch auf **F3** anwendbar. Allerdings hat Ps.-Manethon wahrscheinlich gegenüber seiner unbekannten Vorlage gekürzt. Das legen zwei im Folgenden zu nennende sehr späte Zeugen, der *Liber Hermetis* und Kamateros, nahe, die den gleichen Lehrsatz bieten und anscheinend dieselbe Quelle, die Ps.-Manethon versifiziert hat, direkt oder indirekt adaptiert haben.

Der *Liber Hermetis* beschränkt die Prognose auf Taggeburten und knüpft sie an die Bedingung, dass die Sonne keinen schädigenden Einflüssen ausgesetzt sei und wenigstens eine von drei Planetenwürden (Haus, Trigon, Erhöhung) genieße. Da **F3** eine Taggeburt ist, Mars und Saturn keine Quadraturen oder Oppositionen zur Sonne bilden und der Widder die Erhöhung der Sonne ist, sind alle Bedingungen erfüllt. Folglich ist die Geburt eines Königs oder sogar Weltherrschers zu erwarten. Der Text lautet (Lib. Herm. 26,5): *Sol in ascendente non infortunatus in diurna natiuitate, maxime in domo propria uel triplicitate aut exaltatione, patris nobilis natum ostendit et natum in propria patria diuitiis et possessionibus glorificari. Plures autem et reges facti sunt cosmocratores, id est mundum tenentes siue regentes, alii uero duces seu praesides.*

Kamateros formuliert in seinen politischen (d.h. rein rhythmischen) Versen zur Sonne im 1. Ort dieselben Planetenwürden wie der *Liber Hermetis*, lässt jedoch die Bedingung, dass es sich um eine Taggeburt handele, unerwähnt (vielleicht, weil er das bei der Stellung der Sonne im 1. Ort für selbstverständlich hielt). Sein Text lautet (Kam. isag. 2799–2804): Ἥλιος οἰκοδεσποτῶν | ἐν ἰδίῳ ζῳδίῳ | ἢ καὶ ἰδίῳ ὑψώματι, | πρὸς δὲ καὶ τῷ τριγώνῳ, | πατρὸς ἐνδόξου καὶ καλοῦ | τὸν γεννηθέντα νόει, | ἀλλ᾽ ἐν ἰδίῳ πλούτῳ τε | τὸ τεχθὲν δόξαν φέρει· | πολλάκις γὰρ καὶ βασιλεῖς | οὕτως ἀποτελοῦνται, | μεγάλοι κοσμοκράτορες, | ἀλλὰ καὶ ἡγεμόνες.

[3018] Lopilato 1998, 225f., übersetzt: "When the Sun rises from the Ocean, having been bathed, | and at this time a mortal comes to light, | then shall the man be born of an illustrious father. | He is highly honored and distinguished in his homeland, | highest among mortals in wealth and possessions. | Frequently, kings are born at this time."

Während die zitierten Lehrsätze des Ps.-Manethon, des *Liber Herme-tis* und des Kamateros anscheinend alle auf dieselbe verlorene Quelle zurückgehen, bietet Rhet. 5,57,55 (= CCAG VIII 4, 1921, p. 132,13–15) einen Satz, der anscheinend von jenem Traditionszusammenhang unabhängig ist. Rhetorios lehrt, die Sonne bewirke, wenn sie im 1. Ort und zugleich in ihrem eigenen Trigon stehe und die 'Übeltäter' nicht durch Aktinobolie[3019] schädigend auf sie einwirken (alle Bedingungen sind in **F3** erfüllt), Führerungspositionen und erfolgreiche Karrieren: ἐπὰν δὲ ὁ Ἥλιος ἐν τῷ ἰδίῳ τριγώνῳ ὡροσκοπῇ, [...] ἡγεμονίαν καὶ προκοπὴν παρέχει δίχα τῆς τῶν κακοποιῶν ἀκτινοβολίας.

Wenn man den von Antigonos nicht erwähnten Umstand, dass Saturn hier ebenfalls im 1. Ort steht, hinzunimmt, verdient auch Rhet. 5,57,91 (= CCAG VIII 4, 1921, p. 136,9–10) Beachtung, wo es heißt, Sonne und Saturn gemeinsam im 1. Ort bewirkten Könige und Führer: Ἥλιος ἐπὶ τοῦ ὡροσκοποῦντος ζῳδίου ⟨Κρόνῳ⟩ ὁμόκεντρος τυχὼν βασιλεῖς ἢ ἡγεμόνας γεννήσει. Denselben Lehrsatz bietet, derselben Quelle wie Rhetorios folgend, auch Firmicus, der das Bedingungsgefüge aber, wie so oft, komplizierter formuliert. Er lehrt (Firm. math. 3,5,1–2), bei Taggeburten bewirke die gradgenaue Stellung der Sonne im Aszendenten, sofern (a) Saturn zusammen mit ihr dort stehe und es sich (b) um ein männliches Tierkreiszeichen und (c) um das Haus oder die Erhöhung der Sonne handle und (d) Wohltäter entweder einen Aspekt werfen oder im selben Ort stehen, *imperatores ac reges*. Da allerdings die Bedingungen (c) und (d) bei Pedanius gar nicht erfüllt sind und (a) nur unvollkommen (Saturn steht ca. 13° von der Sonne entfernt, ist allerdings im Begriff, seinen heliakischen Aufgang zu machen, vgl. § 63), sind Abstriche von der Prognose erforderlich. Für diesen Fall fährt Firmicus fort: *quodsi vires eius leviter fuerint impeditae, consulares faciet ⟨et⟩ proconsulares et dat ordinarios consulatus* (3,5,2).[3020]

δορυφορεῖσθαι: vgl. die Sacherklärung oben zu **F1** § 26 δορυφορούν-των und speziell Denningmann 2005, 349–353. Nach δορυφορεῖσθαι bietet Ep.[4] den in **P** und Exc.[2] fehlenden Zusatz ὑπό τε τοῦ Ἑρμοῦ καὶ

[3019] S.u. zu **F3** § 66a καὶ ἀκτινοβολεῖν τὸν Ἄρεα.

[3020] Wenn hingegen die Sonne bei Taggeburten nur zeichengenau im 1. Ort steht, beschränkt Firmicus seine Prognose auf Freigeborene von edler Abstammung (Firm. math. 3,5,9): *Platice vero Sol in signo horoscopi constitutus faciet ingenuos nobiles.* Und für Nachtgeburten gilt (ebd. 3,5,11): *Si vero nocte Sol in horoscopi signo fuerit inventus, sordidiore genere facit procreari.*

τοῦ Διός (εἴρηται γὰρ περὶ τούτου), 'von Merkur und Jupiter (davon ist nämlich die Rede)'. Diese Worte sind problematisch, weil, wie schon oben zu § 65 ἐλπίδων – ἐλθεῖν dargelegt, alle fünf Planeten an der Doryphorie teilhaben. Der Umstand, dass die Positionen von Venus und Mars im astronomischen Datenblock der Epitome (epit. 4,26,53) ausgefallen sind, legt die Vermutung nahe, dass entweder Johannes Abramios, der Verfasser der vierten Epitome (s.o. S. 69), oder ein früherer Abschreiber auf dem Überlieferungsweg, der zur vierten Epitome führt, die Angaben zu Mars und Venus bereits nicht mehr vorfand und sich daher fragte, von welchen Planeten denn eigentlich gesagt werde, dass sie Speerträger seien. Dafür spricht auch der Zusatz εἴρηται γὰρ περὶ τούτου, der schwerlich von Antigonos selbst stammen kann. Wenn diese Überlegungen richtig sind, handelt es sich bei dem Zusatz in Ep.[4] um eine Glosse. Weitere Glossen in Ep.[4] nennt der Kommentar zu **F1** § 22 [Ὑδροχόου]. Möglicherweise ist in der Glosse ein kleiner Textausfall durch *saut du même au même* eingetreten, denn aufgrund der Zahl und Reihenfolge der in epit. 4,26,53 angegebenen Planeten, die morgendlich zur Sonne stehen, würde man ὑπό τε τοῦ Ἑρμοῦ καὶ τοῦ ⟨Κρόνου καὶ τοῦ⟩ Διός erwarten. Für diese Vermutung spricht auch, dass wenige Zeilen später in epit. 4,26,54 eindeutig ein durch *saut du même au même* verursachter Textausfall vorliegt; dort hieß es ursprünglich: ἡ Σελήνη δὲ ἔσται κατὰ τὴν ⟨γ′ ἐν Διδύμοις, κατὰ τὴν⟩ ζ′ ἐν ⟨Λέοντι⟩, κατὰ τὴν μ′ ἐν Ζυγῷ.

τὸ δὲ κακόβουλον – τετυχηκέναι: vgl. die sprachlich ähnliche Formulierung im Krönungshoroskop des Leontios (Hor. gr. 484.VII.18): τὸ τὸν Ἥλιον καὶ τὸν ὡροσκόπον καὶ τὸν Δία ⟨ἅμα⟩ τετυχηκέναι.[3021]

Exc.[2] nennt hier neben Merkur und Saturn auch noch die Sonne (τὸν Ἑρμῆν καὶ Ἥλιον μετὰ Κρόνου). Dabei handelt es sich wahrscheinlich um eine eigenmächtige Ergänzung des in vielerlei Hinsicht selbstständig agierenden Anonymos, auf dessen verlorenes Exemplar des Textes (ε) die Handschrift **C** zurückgeht (s.o. S. 115). Vermutlich sah er, dass noch ein dritter Planetengott im Widder steht, verstand aber nicht, dass die Sonne für die hier dargelegte astrologische Kausalität irrelevant ist.

Zur astrologischen Begründung: Merkur symbolisiert Intellekt, geistige Regsamkeit und Schlauheit (s.o. Anm. 1784), der Greis Saturn steht für Altersklugheit und Reichtum, aber auch geringe Mobilität (s.o. Anm. 1785). Die genannten Qualitäten erhalten hier eine negative Prägung, da beide Planeten im Nachthaus des 'Übeltäters' Mars stehen (s.o. zu **F1**

[3021] 'Palch.' cap. 88, Z. 15–16, ed. Pingree 1976b p. 140.

§ 27 ἐν τῷ ἰδίῳ οἴκῳ), der speziell Unbesonnenheit und ungestümes Handeln verkörpert.

Über diese eher allgemeine Erläuterung hinaus verdienen einige konkrete Angaben einschlägiger Lehrbuchkapitel Beachtung. Diese Kapitel, die bereits oben in den Kommentaren zu **F1** § 27 ἐν τῷ ἰδίῳ οἴκῳ, § 35 ἐν Κρόνου οἴκῳ u. § 48 ἐν Κρόνου ζῳδίῳ knapp erwähnt wurden, sollen nun etwas genauer vorgestellt werden. Es handelt sich um Dor. arab. 2,28–33, Ps.-Maneth. 2[1],148–398, Firm. math. 5,5–6 und Lib. Herm. 32. Die beiden zuletzt genannten Passagen sind Fragmente, von denen das des *Liber Hermetis* besonders umfangreich ist.[3022] Diese Kapitel besprechen die Wirkungen der einzelnen Planeten in den planetaren Häusern, Bezirken und Dekanen (nicht in jedem Fall werden alle drei Würden genannt).

Einen Sonderfall, der einer eigenen Erläuterung bedarf, bietet Firmicus: Dessen *Mathesis* bietet zuerst ein ursprünglich sehr umfangreiches, in der erhaltenen Fassung jedoch arg verstümmeltes Kapitel über die Wirkungen der Planeten in den einzelnen *Tierkreiszeichen* (math. 5,3–4), was formal nicht genau dieselbe Kategorie wie die Planetenhäuser thematisiert, aber dieser doch sehr nahe kommt. Von diesem Kapitel sind die Wirkungen Saturns vollständig und diejenigen Jupiters in den Zeichen Widder bis Steinbock erhalten; der Rest fehlt. Gleich danach bietet die *Mathesis* ein Kapitel über die Wirkungen der sieben Wandelsterne in den Bezirken und Dekanen der fünf echten Planeten beziehungsweise in den Häusern und Dekanen der Luminare. Auch dieses ist größtenteils verloren; der Verlust umfasst die Wirkungen von Saturn bis Venus vollständig und die des Merkur in den Saturn- und Jupiterbezirken. Erhalten sind die übrigen Merkurwirkungen beginnend mit den Marsbezirken[3023] sowie auch alle Mondwirkungen (math. 5,5–6). Zur Veranschaulichung möge die folgende Tabelle (Nr. 34) dienen, in der die Punkte die erhaltenen Daten markieren und graue Zellen für verlorene Daten stehen.

[3022] Dieses Fragment behandelt, beginnend mit Saturn, jeweils zuerst den Planeten in seinem eigenen Haus und danach in den Häusern der übrigen entsprechend der ἑπτάζωνος. Am Ende der Angaben zu Venus im Haus Saturns bricht es ab. Weitere Einzelstellen anderer Autoren vermerkt Feraboli 1994 in ihrem Similienapparat zu Lib. Herm. 32.

[3023] Zu den Marsbezirken fehlen anscheinend nur wenige einleitende Worte (so zu Recht Kroll – Skutsch – Ziegler 1968 im textkritischen Apparat zur Stelle).

	Firm. math. 5 über Planetenwirkungen														
	Teil I Planeten in den Tierkreis- zeichen (erhalten: 5,3–4)							Teil II Planeten in den Bezirken und Dekanen (erhalten: 5,5–6)							
	♄	♃	♂	☉	♀	☿	☾		♄	♃	♂	☉	♀	☿	☾
♈	•	•						♄							•
♉	•	•						♃							•
♊	•	•						♂						•	•
♋	•	•						☉						•	•
♌	•	•						♀						•	•
♍	•	•						☿						•	•
♎	•	•						☾						•	•
♏	•	•													
♐	•	•													
♑	•	•													
♒	•														
♓	•														

Tab. 34: Firm. math. 5 über Planetenwirkungen

Glücklicherweise sind die Angaben des Firmicus zu Saturn im Widder (math. 5,3,2–4) und zu Merkur in Marsbezirken (math. 5,5,1–2) erhalten, während seine Angaben zu Merkur im Widder und zu Saturn in Marsbezirken in der Lücke verloren gingen. Aus den erhaltenen Passagen verdienen für das hiesige Beweisziel des Antigonos einige Auszüge Erwähnung. Sie werden im Folgenden nach astrologischen Konditionen geordnet, um einige relevante Aussagen der übrigen einschlägigen Kapitel ergänzt und in chronologischer Ordnung präsentiert:

a) zu Saturn in einem Haus des Mars (bzw. konkret im Widder):
– Dor. arab. 2,28,2 (u.a. "difficult in his own and other's work");
– Ps.-Maneth. 2[1],166–169 (u.a. νωχελέας τε καὶ ἀδρανέας μάλα ῥέζει, | δειλοὺς πανταρβεῖς τε, φρεσὶν καταπεπτηῶτας);[3024]
– Firm. math. 5,3,2–3 (u.a. *in prima aetate*[3025] *faciet malis et infelicibus*

[3024] Text nach Lopilato 1998, 45; dieser übersetzt (ebd. 208): "very dull and feeble, miserable and fearing all, cowering in their minds".
[3025] Gemeint sind, wie das Folgende zeigt, die ersten 30 Lebensjahre.

actibus inplicari, et in omnibus semper inpediet. [...][3026]. *Erunt sane languidi et periculosi etc.*[3027]);
– Lib. Herm. 32,5 (u.a. *actus difficiliter perficientes facit, male inimicatos, male factores, proditores*).

b) zu Merkur in einem Haus des Mars:
– Dor. arab. 2,32,3 (u.a. "a fool, insignificant, a liar with no shame [...] some of them will act with perfidy [...] and the people will treat them as enemies who have no fidelity and no good reputation");
– Ps.-Maneth. 2[1],304–312 (u.a. πλαστογράφους [...], λυμάντορας, ἠπεροπευτάς, | ἀλλοτρίου πλούτοιο λιλαιομένους κτεάνων τε· | πολλάκι καὶ κτεάνων πίστεις, ὧνπέρ τις ἔδωκεν | λάθρῃ παρθέμενος, κακομητίῃ (!) ἠρνήσαντο, | [...] | πρὸς δ᾽ ἔτι φαρμακίης ὀλοῆς ἐπιίστορας ἔρδει· | ὧν ἕνεκεν πάντων καὶ ἐπ᾽ ἀνδράσιν[3028] ἶφι μάχεσθαι | λήροις[3029] κερτομίαις τε, κατὰ πτόλιας σοβέονται);[3030]
– Firm. math. 5,5,1–2: *Cum talibus si consortium iungas, nunquam illis fidei tuae secreta conmittas, nunquam aliquid simplici ratione conmendes. * * * * * abnegabunt, et inpudentiam suam inreligiosa periurii defensione conmunient. Erunt ad omne perfidiae facinus armati etc.*;[3031]
– Lib. Herm. 32: Das Merkurnotat ist verloren.

Insgesamt konvergieren die Einzelaussagen im Bild eines antriebsschwachen, zu üblen Taten und Treulosigkeit neigenden Dummkopfs, der sich um Kopf und Kragen bringen wird. Dabei ist die von Antigonos genannte

---

[3026] Der im Zitat ausgelassene Text beschreibt den Nativen als unfähig, ererbtes Vermögen erfolgreich zu verwalten.
[3027] Es folgen Details bezüglich hebdomadischer und enneadischer Gefahrenjahre und unerfreuliche Details bzgl. Ehe und Nachkommenschaft.
[3028] ὑπ᾽ ἀνδράσιν cod.; ὑπ᾽ ἴδρισιν Koechly (Lesefehler?).
[3029] λήροις coni. Pingree ap. Lopilato; θωαῖς coni. Koechly; λάθραις cod.
[3030] Text nach Lopilato 1998, 50; dieser übersetzt (ebd. 213): "forgers, despoilers, cheats, those who long after the wealth and possessions of others. Often with cunning they disavow trusteeships of property which someone has put in their charge confidentially [...] In addition, (Mercury) produces those skilled in deadly poison. Because of all of which things, and because of their violent arguments with people by means of silly talk and mockings, they are driven out of the city." Vgl. auch die sehr negativen Prognosen, die Ps.-Manethon unmittelbar zuvor (vv. 291–303) über Mars in Häusern Merkurs gemacht hat, denn im Übergang beider Textstücke heißt es (v. 304): ταῦτα δὲ καὶ Στίλβων Ἄρεως ἐν δώμασιν ἔρδει.
[3031] Nach dieser Betonung der Treulosigkeit des Nativen folgen weitere negative Details bezüglich besonderer astronomischer Zusatzbedingungen.

Qualität des κακόβουλον γεγενῆσθαι primär eine Merkurwirkung, während die Saturnwirkung primär in Schlaffheit und Feigheit besteht, also im Gegenteil dessen, was Antigonos an Hadrian als τὸ μεγαλόφρον καὶ ἀνυστικόν (**F1** § 33b) gepriesen hatte. Allerdings überlappen die Wirkungen einander insofern, als Firmicus und der *Liber Hermetis* auch dem Saturn die Verursachung böser Taten zuschreiben.

Einen entfernt vergleichbaren Fall, in dem der Intellekt des Nativen durch ungünstige Stellung Merkurs nicht (wie hier in **F3**) aktiv pervertiert wird, sondern eher passiv versagt und dies zwar nicht den Tod, aber den totalen Verlust von Ansehen und Ehre im 32. Lebensjahr des Nativen zur Folge hat, bietet Val. 5,6,125 (Hor. gr. 123.I.3): In jenem Horoskop bilden die Zwillinge das Los des 'Daimon',[3032] der nach Val. 2,16 den Intellekt symbolisiert (ὁ δαίμων [scil. σημαίνει] περὶ φρονήσεως), aber der Hausherr der Zwillinge Merkur steht im Schützen, also in Opposition zum Los des 'Daimon'. Jene Valens-Stelle, der Greenbaum 2009, 193f., eine Fallstudie widmet, ist auch deshalb interessant, weil der Autor in scheinbarem Widerspruch zum astrologischen Determinismus ausdrücklich sagt, der Native sei durch das Versagen seines Intellekts selbst schuld oder zumindest mitschuldig an seinem Fall gewesen:[3033] ὅθεν καὶ ἑαυτῷ παραίτιος τῆς καθαιρέσεως ἐγένετο, ὑβριστὴς καὶ ἀλαζὼν γενόμενος· καὶ γὰρ ὁ κύριος τοῦ δαίμονος καὶ τοῦ διανοητικοῦ τόπου Ἑρμῆς ἑαυτῷ ἠναντιώθη (τουτέστι τοῖς Διδύμοις).

ἐν Ἄρεως οἴκῳ: ist in Ep.[4] (aus lautlichen Gründen?) zu ἐν ἀρρενικῷ ζῳδίῳ verschrieben, eine sachlich zutreffende (s.o. S. 768, Punkt b), aber allzu unspezifische Lesart, da gerade Mars – und nicht das männliche Geschlecht im Allgemeinen – für Unbesonnenheit steht. Außerdem gibt es sechs männliche Zeichen (♈, ♊, ♌, ♎, ♐, ♒), aber nur zwei Häuser des Mars (♏ u. ♈), so dass das Besondere des hier beschriebenen Schicksals, läge es am Geschlecht des Tierkreiszeichens, viel zu häufig auch im Falle anderer Nativitäten eintreten würde.

καί τινα τῶν τοῦ γένους αὐτοῦ γεραιὸν ἀπολέσαι: Die Ergänzung von αὐτοῦ γεραιὸν (om. **P**, Ep.[4]) nach Exc.[2] erscheint berechtigt, weil der Zusatz nicht nur sachlich zutreffend ist (vgl. § 65 μετά τινος πρεσβύτου τῶν τοῦ γένους αὐτοῦ), sondern das Spezifikum des hohen Alters für die astrologische Erklärung, die auf Saturn verweist, unentbehr-

---

[3032] Sacherklärung bei Bouché-Leclercq 1899, 293–296, s. jetzt Greenbaum 2009.
[3033] Dies bemerkten schon Neugebauer – van Hoesen 1959, 121[7].

lich ist: Der Native hat nicht *irgendjemanden* aus seiner Sippe mit sich ins Verderben gerissen, sondern einen *Alten*. Anscheinend handelt es sich somit um Originaltext, der in einer gemeinsamen Vorlage von **P** und Ep.[4] ausfiel (vielleicht durch Augensprung des Schreibers von τοῦ γένους zu αὐτοῦ γεραιὸν?). – Zur falschen Lesart ἀπολέσθαι (**P**) statt ἀπολέσαι vgl. **F2** § 58 a.E. cod. **P** ἀπετελέσατο statt richtig ἀπετέλεσεν.

Die Assoziation des Saturn mit hohem Lebensalter ist in der Astrologie selbstverständlich, mit den Begriffen Κρόνος und γεραιός aber m.W. nur noch ein weiteres Mal belegt, und zwar bei Dor. p. 342,24–25 (= Heph. 2,21,35 = Dor. frg. 40a St.): καὶ ἐὰν εὑρεθῇ οὕτως ὁ Κρόνος γεραιός τίς ἐστιν ὁ συγκοιμώμενος. Wesentlich häufiger ist die Assoziation des Saturn mit dem hier in § 65 verwendeten Substantiv πρεσβύτης und dessen Derivaten: vgl. exemplarisch Dor. app. 2f p. 434,22 (= Heph. 3,20,7 = Dor. frg. 96 St.): τὰ πρεσβυτικὰ τῷ Κρόνῳ [sc. ἐφάρμοζε].

Martin hält es für ungewöhnlich, dass das Horoskop des Pedanius nicht nur ihm selbst, sondern auch anderen Personen (dem hier genannten Alten und, *sensu latiore*, der übrigen Sippe des Pedanius) zum Verhängnis werde.[3034] Man bedenke jedoch, dass diejenigen Astrologen, die streng deterministisch dachten, einen unendlichen Kausalnexus annahmen, der letztlich die Geschicke aller Menschen – und erst recht die von Blutsverwandten – miteinander verknüpft. Das hob zu Recht der Zeitgenosse Hadrians und des Antigonos, Favorinus von Arelate, in seiner durch Gellius überlieferten Rede gegen die Astrologie hervor.[3035] Für ein Beispiel aus der Praxis vgl. z.B. Hor. gr. 107.V.8 (Val. 5,6,87–89) und Hor. gr. 135.X.27 (Val. 5,6,90–91), die Horoskope eines Vaters und seines Sohnes; nach Valens ist der Tod eines jeden der beiden im Horoskop des jeweils anderen präfiguriert.

διὰ τὸ αὐτὸ σχῆμα: also wiederum wegen der Stellung von Merkur zusammen mit Saturn in demselben Tierkreiszeichen (dass es sich dabei konkret um den Widder handelt, ist hier irrelevant). Das mythische Verwandtschaftsverhältnis zwischen Merkur (Enkel) und Saturn (Großvater), das hier perfekt zu Pedanius und Servianus passt, hatte Antigonos schon in weniger vollkommener Form zur Interpretation des Verhältnisses zwi-

---

[3034] Martin 1982, 298[270]: "Antigone veut pousser tellement loin sa démonstration qu'il attribue à la position des astres dans le thème de Fuscus, une influence sur d'autres personnes. C'est pour le moins curieux en bonne orthodoxie astrologique […]".
[3035] Gell. 14,1,20 = Favor. fr. 3,20 Barigazzi = Favor. fr. 27,20 Amato.

schen Pedanius und Hadrian herangezogen (s.o. Komm. zu **F1** § 47 διὰ τὴν τοῦ Ἑρμοῦ μετὰ Κρόνου στάσιν). Siehe ferner den Kommentar zu **F1** § 48 zur astrologischen Deutung des genealogischen Verhältnisses von Jupiter und Saturn.

Exc.² bietet abweichend διὰ τὸ συνεῖναι τούτῳ τὸν Κρόνον. Dabei handelt es sich wohl um eine freie Wiedergabe der Vorlage, die jenem selbstständig agierenden Anonymos zuzuschreiben ist, auf dessen verlorenes Exemplar des Textes die Handschrift **C** zurückgeht (s.o. S. 115). Falls die Umformulierung der Verdeutlichung diente, ist dieses Ziel (zumindest im Wortlaut der Abschrift **C**) nicht erreicht, weil der Bezug von τούτῳ (sc. Ἑρμῇ) nach den dort vorausgehenden Worten διὰ τὸ τὸν Ἑρμῆν καὶ Ἥλιον μετὰ Κρόνου ἐν Ἄρεως οἴκῳ εἶναι nicht eindeutig ist.

τὸ δὲ καὶ αὐτὸν κατακοπῆναι – ὄντα: Die Begründung der Todesart des Pedanius basiert auf den folgenden Parametern: den Positionen von Mond und Mars bezüglich des Tierkreises und der Dodekatropos, dem daraus resultierenden Aspekt und den Qualitäten der beteiligten Tierkreiszeichens Stier (Mond) und Wassermann (Mars). Zur Illustration sei schon hier auf Diagr. 28 (unten S. 1229) verwiesen. Umfangreiche Kommentare zu einzelnen Begriffen werden im Interesse einer leserfreundlichen Materialdisposition ausgegliedert und folgen mit separater Lemmatisierung auf die hier zuerst gebotene Gesamterklärung zur Begründung der Todesart des Pedanius.

Die Grundidee dieses Abschnitts ist die, dass die tödliche Verletzung des Pedanius von Mars ausgeht und vom Mond erlitten wird. Dabei verdient Beachtung, dass das Tierkreiszeichen des Mondes, der Stier, im Horoskop des Pedanius besonders 'sensibel' ist, weil das Glückslos in ihn fällt (§ 63 ὁ κλῆρος τῆς Τύχης εἰς Ταῦρον πίπτει) und weil der Mond, was Antigonos nicht explizit erwähnt (weil es eine offensichtliche Konsequenz der von ihm genannten Positionen der Luminare ist), im Zunehmen begriffen war, was ihn nach astrologischer Doktrin zusätzlich anfällig macht.[3036] Mars hingegen ist besonders stark, weil er auf einer astrologisch wirksamen Position (ἐπὶ τῆς ἐπαναφορᾶς τοῦ μεσουρανήματος) steht, Hausherr der Nativität ist (§ 63 οἰκοδεσποτήσει ... ὁ τοῦ Ἄρεως ἀστὴρ τῆς γενέσεως) und – dieses Detail weiß der antike Leser aller-

---

[3036] Vgl. das Horoskop des Ceionius Rufius Albinus bei Firm. math. 2,29,10–20 (Hor. lat. 303.III.14), in dem es heißt, ein Aspekt zwischen Mars und dem zunehmenden Mond sei immer verderblich (2,29,14): *Mars ... est perniciosus, quotiens de quocumque latere crescentis Lunae lumen exceperit.*

dings nicht – seine Quadratur zum Mond mit ca. 88° fast perfekt ist (vgl.
die Rückberechnung in Tab. 30, S. 1141).

Der Mond, der den Körper des Nativen symbolisiert, steht im Falle
des Pedanius im Stier, mit dem die Astrologen aufgrund seiner astrothe-
tischen Verstümmelung (s.u. zu ἐν Ταύρῳ μελεοκοπουμένῳ ζῳδίῳ) das
Schneiden beziehungsweise Amputieren von Körperteilen assoziieren.[3037]
Wenngleich die Verstümmelung (die sog. Protome) des Sternbildes den
hinteren Körperteil des Stiers betrifft, kann der Stier astrologisch die
Verstümmelung beliebiger Körperteile eines Nativen anzeigen. Besonders naheliegend ist eine konkrete Assoziierung mit dem Hals, dem der
Stier in der zodiakalen Melothesie[3038] zugewiesen ist.[3039] Denn am Hals

---

[3037] Vgl. Hübner 1995a, II 10, zum Anon. de stell. fix. 1,2,1 *secantur pudenda*.

[3038] Den besten Überblick zum weiten Feld der zodiakalen, planetaren und dekanalen
Melothesie bietet Pingree 1978a, II 199–202 (zod.), 251f. (plan.) u. 325f. (plan. u. zod.),
jeweils mit detaillierten Angaben zu den antiken Textstellen und Verweisen auf einschlägige Sekundärliteratur. Die wichtigsten Punkte sind folgende: Die zodiakale Melothesie entstand im 3. oder 2. Jh. v. Chr. in Ägypten (babylonische Vorläufer hellenistischer Melothesie-Konzepte untersucht Geller 2014) und basiert auf dem Konzept der
natürlichen Sympathie von Makro- und Mikrokosmos. Die astrologische Verwendung
der zodiakalen Melothesie war ursprünglich auf die Medizin beschränkt; mehrere dieser
iatromathematischen Werke bzw. Kapitel, darunter auch hermetische (bes. Ps.-Herm.
iatr., ed. Ideler 1841), sind erhalten. Darüber hinaus gibt es viele erhaltene Texte zur
zodiakalen Melothesie in nicht-medizinischen astrologischen Kontexten, denen auch
eine Rezeption durch christliche Sekten (bes. die Priszillianisten) beschieden war. Wie
üblich, ist eine Herausbildung verschiedener Varianten der ursprünglichen hermetischen
Zodiakalmelothesie erkennbar. Eine davon bewahrt Val. 2,37 mit Verweis auf οἱ παλαιοί, also wahrscheinlich 'Nechepso und Petosiris'; ihre Besonderheit liegt darin,
dass sie nicht mit dem Widder beginnt, sondern entweder mit dem Krebs (Zeichen der
Sommersonnenwende) oder dem Löwen (Haus der Sonne). – Die verschiedenen Formen
planetarer Melothesie beginnen mit einer ägyptischen Verteilung der Luminare und Planeten auf verschiedene Teile des Kopfes; spätere Formen der Zuteilung betreffen in der
Regel den gesamten Körper. – Dekanmelothesie ist eine Aufteilung eines jeden Elements der zodiakalen Melothesie in drei Teile. Eine noch weitergehende Sonderform
liegt in der Korrelation der Körperglieder mit einzelnen Dodekatemoria (s. Neugebauer
1959). Von Pingree 1978 nicht berücksichtigte bzw. später erschienene Sekundärliteratur: Olivieri 1936. Leitz 1995, 3–55. Pérez Jiménez 1996. Pérez Jiménez 1998. Bezza
2002a, 276 (Ps.-Achm. intr. 3,9). Quack 2002, 79 mit Anm. 12. Ricoux 2002. Hübner
2013. Hübner 2014b. Zum Sondergebiet der nautischen Melothesie, die nicht den Gliedern des menschlichen Körpers, sondern den Teilen des Schiffs gilt, s. Komorowska
2001. Hübner 2003b, 68–72. Pérez Jiménez 2007a. Pérez Jiménez 2007b.

[3039] Vgl. z.B. Val. 2,37,8 ὁ Ταῦρος δὲ σημαίνει τράχηλον. Sext. Emp. adv. math. 5,21
Ταῦρον δὲ τράχηλον.

trifft ja den Pedanius bei seiner Hinrichtung der tödliche Streich.[3040] Die Melothesie wird hier zwar von Antigonos nicht explizit erwähnt, gehört aber zu den Grundlagen der Astrologie.[3041] Zur melothetischen Beziehung des Stiers auf den Nacken passt angesichts des Umstandes, dass Pedanius sich angeblich zu maßlosen Hoffnungen auf die Kaiserwürde verstiegen hatte (§ 65 ἐλπίδων μεγάλων γενόμενος καὶ δοκῶν ἤδη ἐπὶ βασιλείαν ἐλθεῖν), die Metaphorik des griechischen Verbs ὑψαυχενεῖν ('den Nacken hoch tragen', 'stolz sein') und des Adjektivs ὑψαύχην ('mit erhobenem Hals', 'stolz'). Diese in der griechischen Literatur und Kultur fest etablierte Metapher begegnet zwar nicht in den Antigonosfragmenten, aber mehrmals in der astrologischen Literatur bei Antigonos' Zeitgenossen Valens, z.B. bei Val. 2,41,91 (im Kapitel über βιαιοθανασία!) καθίστανται ὑψαυχενοῦντες καὶ ἀλογιστοῦντες (dort also zumindest sprachlich eine ganz ähnliche Verbindung von Hochmut und Unvernunft wie hier in § 65, wo der Aspekt der Unvernunft durch κακόβουλος γενόμενος zum Ausdruck kommt).[3042]

Da der Stier in **F3** den zweiten Ort der Dodekatropos bildet, sei daran erinnert, dass Thrasyllos diesen Ort βίος nannte und dass nach einer alten, dem Hermes Trismegistos zugeschriebenen Schrift, aus der bereits Thrasyllos zitierte, der zweite Ort, der ja im Begriff ist, zum östlichen Horizont aufzusteigen und damit die stärkste Position eines Horoskops zu erreichen, Hoffnungen (ἐλπίδες) symbolisiert;[3043] das passt gut zur hiesigen Situation (vgl. § 65 ἐλπίδων μεγάλων γενόμενος).

[3040] S.u. zu κατακοπῆναι und vgl. z.B. Iuv. 10,345 über den jungen Patrizier C. Silius, dem die erzwungene Ehe mit Messalina den tödlichen Zorn des Kaisers Claudius einhandelte: *praebenda est pulchra haec et candida cervix.*

[3041] Nicht nur die zodiakale Melothesie der Astrologen erlaubt es, den Stier in divinatorischem Kontext mit Enthauptung zu assoziieren: Dies zeigt die oneiromantische Lehre Artemidors, wenn man träume, es seien einem Hörner eines Rindes gewachsen, führe das zu gewaltsamem Tod, und es bedeute meistens, dass der Träumende geköpft werde, da es ja auch den gehörnten Tieren so ergehe (Artem. onir. 1,39 Κέρατα ἔχειν προσπεφυκότα βοὸς ἢ ἄλλου τινὸς ζῴου βιαίου ἐπάγει βιαίους θανάτους· ὡς δ' ἐπὶ τὸ πολὺ τραχηλοκοπηθῆναι τὸν ἰδόντα σημαίνει· τοῦτο γὰρ καὶ τοῖς κέρατα φοροῦσι ζῴοις συμβαίνει).

[3042] Die astrologische Bedingung des Valens a.a.O., dass die 'Übeltäter' in Opposition zueinander stehen, ist bei Pedanius nicht erfüllt. Weitere Belege: Val. 1,2,2. 1,20,15.24.

[3043] So die Zusammenfassung des von Thrasyllos verfassten *Pinax* bei Rhet. 6,57,22 (über Thrasyllos selbst) εἶτα διαλαμβάνει καὶ ὡς ζωὴ μὲν τὸ ὡροσκοποῦν λέγεται ζῴδιον, βίος δὲ τὸ τούτῳ ἐπαναφερόμενον und 6,57,25 (über Hermes) τὴν δὲ ἐπαναφορὰν ἐλπίδων σημαντικήν (= CCAG VIII 3, 1912, p. 101,4–5 u. 101,20 = Thras. T 27 Tarrant).

Die Argumentation des Antigonos steht in mehrfacher Hinsicht im
Einklang mit dem, was Valens und Firmicus Maternus in ihren großen
Kapiteln über gewaltsame Tode lehren.[3044] Vor allem der Verweis des
Antigonos auf die astrologischen Eigenschaften des Stiers entspricht der
Lehre des Valens und des Firmicus, dass die individuelle Art der tödlichen Gewalteinwirkung aus den Qualitäten der Tierkreiszeichen zu entnehmen sei.[3045] Besonders aufschlussreich ist ein Vergleich des Pedanius-
horoskops mit den elf Beispielhoroskopen, die Valens in seinem Kapitel
Περὶ βιαιοθανάτων bietet (Val. 2,41,47–89). Es fällt auf, dass diese
durchweg nur zeichengenaue Planetenpositionen bieten und mit einer einzigen, vielleicht überlieferungsbedingten Ausnahme (2,41,60–61 = Hor.
gr. 86.XII.27) stets – ebenso wie Antigonos hier in § 63 – die Position
des Glücksloses erwähnen. Das ist kein Zufall: Valens sagt in seinem thematisch eng verwandten Kapitel 2,37, in dem es nicht um gewaltsamen
Tod, sondern um Verletzungen und Leiden (Περὶ σίνους καὶ πάθους)
geht, nach einer in Auseinandersetzung mit 'Nechepsos und Petosiris'
(Val. 2,37,1 = Nech. et Pet. frg. +7) gebotenen ausführlichen Darlegung
der melothetischen Relationen zwischen Tierkreiszeichen und Körperteilen, man müsse prüfen, in welches Tierkreiszeichen das Glückslos
falle, denn dieses zeige die Natur der Verletzung an.[3046] Vor allem die
folgenden von Valens in Kapitel 2,41 (Περὶ βιαιοθανάτων) gebotenen
Beispielhoroskope verdienen Beachtung, da die interpretatorische Methode des Valens der des Antigonos, auch wenn beide nicht identisch sind,
starkt ähnelt:[3047]

[3044] Grundlegende Erläuterungen zur βιαιοθανασία bietet der obige Komm. zu § 65
ἐνδοξότατος μέν, βιαιοθανατήσας δέ.

[3045] Val. 2,41,41 ἄλλως δὲ προσπαραλαμβάνειν δεήσει τὰς καθ᾽ ἕκαστον ζῴδιον
σινῶν καὶ παθῶν αἰτίας εἰς τὸ εὐσύνοπτον γενέσθαι τὴν τοῦ θανάτου ποιότητα.
Firm. math. 7,23,3: *Et sicut frequenter diximus, secundum differentiam signorum exitus
decernitur mortis.*

[3046] Val. 2,37,20): σκοπεῖν δεήσει ἀκριβῶς ἐπὶ πάσης γενέσεως τὸν κλῆρον τῆς
τύχης, εἰς ποῖον ζῴδιον ἐξέπεσεν (καὶ ἡ τοῦ ζῳδίου φύσις σημαίνει τὸ σίνος). Die
πάθη hingegen zeige der κλῆρος τοῦ δαίμονος an (Val. 2,37,21).

[3047] Vgl. die Diagramme bei Neugebauer – van Hoesen 1959, 220–224. – Zu Valens:
Dieser beachtet zusätzlich zum Glückslos in den meisten Fällen (Ausnahmen: 2,41,60–
61 = Hor. gr. 86.XII.27 u. 2,41,77–80 = Hor. gr. 88.V.5) auch den sog. Todesort (θανατικὸς τόπος), den er (2,41,25) als den 8. Ort vom Glückslos definiert (vgl. den 8. Ort
vom Aszendenten, der in der Dodekatropos den Tod symbolisiert). Bei Pedanius wäre
der so definierte Todesort der Schütze, in dem keine Planeten stehen, insofern wäre
Valens vermutlich ebenso wie Antigonos nicht auf den vom Glückslos abgeleiteten
Todesort eingegangen.

– Bei Hor. gr. 97.II.23 (Val. 2,41,51–55) steht Mars im Stier (= 10. Ort), in den außerdem das Glücklos fällt; der Native wurde enthauptet (2,41,55 ὁ τοιοῦτος ἐτραχηλοκοπήθη).
– Bei Hor. gr. 86.XII.27 (2,41,60–61) fällt das ausnahmsweise nicht genannte Glückslos ebenfalls in den Stier (2. Ort); darin steht Saturn, der seinerseits eine rechte Quadratur zum Mond im Wassermann bildet: Auch dieser Native wurde enthauptet (2,41,59 ὁ τοιοῦτος ἐτραχηλοκοπήθη).
– Bei Hor. gr. 115.XII.26 (Val. 2,41,69–72) befinden sich der Mond und das Glückslos beide in der Waage (4. Ort), wobei der Mond durch eine linke Quadratur des aszendierenden Mars getroffen wird; der Todesort[3048] ist der Stier (11. Ort), in dem Saturn steht: Der Native starb im Kampf mit wilden Tieren (2,41,72 ὁ τοιοῦτος ἐθηριομάχησεν).
– Bei Hor. gr. 88.V.5 (Val. 2,41,77–80) befinden sich der Mond und das Glückslos beide in den Fischen (11. Ort), wobei der Mond durch eine Opposition des Mars und eine rechte Quadratur des Saturns getroffen wird; der Native starb im Bilgenwasser (2,41,80 ὁ τοιοῦτος ἐν ἀντλίᾳ ἐτελεύτα).

Es ist also deutlich, wie hier in jedem Fall die Qualität des Glücksloses (oder des von ihm abgeleiteten Todesloses)[3049] die Todesart bestimmt.

Eine vergleichbare allgemeingültige Aussage bietet Ptol. apotel. 4,9,12 (= Heph. 2,25,11), wo es heißt, Mars bewirke dann, wenn er in einem verstümmelten Zeichen und in Quadratur oder Opposition zu einem der Luminare stehe, Enthauptungen oder andere tödliche Verstümmelungen: ὁ δὲ τοῦ Ἄρεως τῷ ἡλίῳ παρ᾽ αἵρεσιν ἢ τῇ σελήνῃ τετράγωνος ἢ διάμετρος σταθεὶς [...] ἐπὶ [...] τῶν μελοκοπουμένων καὶ ἀτελῶν ζῳδίων ἢ κατὰ τὸ Γοργόνιον τοῦ Περσέως ἀποκεφαλιζομένους ἢ μελοκοπουμένους [sc. ποιεῖ].[3050] Der relativ geringe Unterschied gegenüber dem Pedaniushoroskop ist, dass dort nicht Mars, sondern der Mond in einem verstümmelten Zeichen steht. Beide Autoren denken in diesem Punkt sehr ähnlich, vor allem, wenn man berücksichtigt, dass auch Antigonos auf die Qualität des Tierkreiszeichens des Mars (Wassermann) eingeht, allerdings nicht, um die physische Ursache des gewaltsamen Todes des Pedanius zu erklären, sondern dessen Verur-

---

[3048] Vgl. Anm. 3047.
[3049] Vgl. Anm. 3047.
[3050] Vgl. Bara 1990, 839. Eine Prognose bzgl. menschlicher Zeichen in demselben Satz des Ptolemaios wird unten S. 1231 bei Anm. 3103 zitiert.

sachung durch einen Menschen (s.u. Komm. zu § 66a ἐν ἀνθρωποειδεῖ ζῳδίῳ).

Eine mit Ptolemaios und Antigonos vergleichbare letzte erwähnenswerte Stelle stammt aus dem zuvor bereits erwähnten Kapitel des Valens über Verletzungen und Leiden (2,37), welches (ebenso wie Val. 2,41 über gewaltsame Tode) elf Beispielhoroskope bietet. Eines davon (Hor. gr. 104.IV.23 = Val. 2,37,66–69) hat Mars und Sonne im Stier (2. Ort); der Native kam mit verkürzten Armen auf die Welt (γαλιάγκων).

Zuletzt stellt sich bezüglich des Pedaniushoroskops die stets zu prüfende Frage, ob nicht vielleicht die 'Wohltäter' Jupiter und Venus dem im Stier durch die von Mars ausgehende linke Quadratur bedrängten Mond 'zu Hilfe eilen' (βοηθῆσαι) können.[3051] Diese Möglichkeit, auf die z.B. Firmicus und Rhetorios in ihren Kapiteln über gewaltsame Tode hinweisen,[3052] sieht Antigonos, wie *ex silentio* zu schließen ist, trotz der Position beider Wohltäter in den Fischen, d.h. (ζῳδιακῶς gerechnet) im positiv konnotierten Sextil zum Mond (Venus steht damit sogar in ihrer Erhöhung und Jupiter in seinem Nachthaus) nicht gegeben, vermutlich deshalb, weil ihr Tierkreiszeichen das Apoklima des Aszendenten bildet

---

[3051] Für ein Beispiel s.o. S. 1016 (Hor. gr. –42.XII.27).

[3052] Firm. math. 7,23,2: *Sed et ⟨si⟩ in quocumque alio loco Lunam Saturnus et Mars quadrata aut diametra radiatione respiciant, sine testimonio benivolarum stellarum, biothanatos efficiunt.* Rhet. 5,77,33 (= ed. Cumont, CCAG VIII 4, 1921, p. 202,4–6): ἡ Σελήνη μεστή, ὑπὸ Ἄρεως [Ἄρεος Cumont] δεκατευομένη, ἐν τοῖς μελοκοπουμένοις [μελεο- Cumont] ζῳδίοις δίχα Διὸς καὶ Ἀφροδίτης βιοθανάτους [βιαιο- Cumont] ποιεῖ ('Wenn der volle Mond von Mars, der im zehnten Ort von ihm steht [*d.h. wenn Mars eine linke Quadratur auf den Mond wirft; vgl. die Definition des vom Zahlwort* δέκα *gebildeten Verbs* (ἐπι)δεκατεύειν *durch Porph. isag. 20 p. 201,8–11*], aspiziert wird und in den verstümmelten Zeichen steht und weder Jupiter noch Venus ihm beistehen, bewirkt er Menschen, die gewaltsam sterben'). Bei Pedanius sind die von Rhetorios genannten Kriterien bis auf die Mondphase erfüllt. – Rhetorios erwähnt übrigens am Beginn desselben Kapitels noch ein weiteres, von Antigonos nicht beachtetes Kriterium, das bei Pedanius ebenfalls auf gewaltsamen Tod deutet (Rhet. 5,77,1–2 = CCAG a.a.O. p. 199,2–5): Κλῆρος ἀναιρέτου ἀπὸ τοῦ οἰκοδεσπότου τοῦ ὡροσκόπου ἐπὶ Σελήνην καὶ τὰ ἴσα ἀπὸ ὡροσκόπου, νυκτὸς δὲ ἐναλλάξ. ἡ Σελήνη ὁρῶσα τὸν κλῆρον τοῦ ἀναιρέτου βιοθανάτους [βιαιο- Cumont] ποιεῖ, χεῖρον δὲ ἐὰν ἡ Σελήνη εὑρεθῇ ἐν τοῖς μελοκοπουμένοις [μελεο- Cumont] ζῳδίοις (frei übersetzt, um den Sinn zu verdeutlichen: 'Das Los des Vernichters berechnet man, indem man die Distanz vom Hausherrn des Aszendenten [*bei Pedanius: Mars, da der Aszendent im Widder liegt*] zum Mond misst und den gleichen Betrag in derselben Richtung vom Aszendenten abträgt, bei Nacht jedoch in der umgekehrten Richtung [*das Los fällt im Taghoroskop des Pedanius also in den Krebs*]. Wenn der Mond das Los des Vernichters sieht [*das ist bei Pedanius zeichengenau der Fall: Sextil*], bewirkt er Menschen, die gewaltsam sterben, schlimmer noch, wenn der Mond in den verstümmelten Zeichen seine Position hat').

und somit, im Gegensatz zur Epanaphora des Mars, nicht wirksam (ἀχϱημάτιστον) ist[3053] oder sogar – mit Blick auf Balbillos' Bezeichnung des 12. Ortes als ἀναιϱετικὸν ζῴδιον (zit. oben S. 1016) – eine schädliche Wirkung ausübt. Einen nicht exakt gleichen, aber sehr ähnlichen Fall bietet Val. 2,41,56–59 (Hor. gr. 87.VII.9), wo es zur Begründung des gewaltamen Todes des Nativen durch Enthauptung heißt (2,41,58): Ζεὺς δὲ τῷ θανατικῷ τόπῳ ἐπὼν καὶ ἀκϱόνυχος γενόμενος οὐκ ἴσχυσε βοηθῆσαι. In diesem Kontext verdient auch noch Beachtung, dass Venus im Horoskop des Pedanius ja zugleich die Hausherrin des Tierkreiszeichens des Glücksloses (Stier) ist, ein Kriterium, dem Valens in einem vergleichbaren Horoskop explizit Beachtung schenkt: In Val. 2,37,63–65 (Hor. gr. 83.IV.28) fällt das Glückslos ebenfalls in den Stier, und dessen Herrin Venus steht zusammen mit dem Übeltäter Saturn im Widder (dem in der Melothesie der Kopf zugeordnet ist); daher litt der Native an krankhaftem Haarausfall (2,37,64–65: ὁ κλῆϱος τῆς τύχης Ταύϱῳ· ἡ κυϱία, Ἀφϱοδίτη, Κϱιῷ σὺν Κϱόνῳ. ὁ τοιοῦτος ἔσχε πεϱὶ τὴν κεφαλὴν ἀλωπεκίαν). Analog zu dieser astrologischen Argumentation des Valens könnte man also in der bereits erwähnten Stellung der Venus des Pedanius im 12. Ort nicht nur einen Grund dafür sehen, dass sie nicht zu Hilfe eilen kann, sondern darüber hinaus einen Grund dafür, dass sie als Hausherrin des Stiers in ungünstiger Position selbst noch zur Schädigung des Nativen beiträgt.

Insgesamt steht die astrologische Argumentation des Antigonos zur Ursache der Hinrichtung des Pedanius also in bestem Einklang mit der etablierten Tradition und mit der Praxis zeitgenössischer Kollegen.

τὸ δὲ καὶ: so **P** und Exc.[2]. Vielleicht sollte man das καί in Anlehnung an Ep.[4] tilgen, doch dasselbe Problem tritt wenige Zeilen später erneut auf (τὸ δὲ καὶ ἐξ ἀνθϱώπου κτλ.), und dort ist die Überlieferung einhellig. An beiden Stellen ist die Bedeutung, falls καί echt ist, ein blasses 'auch noch', 'des Weiteren'. Vgl. oben zu **F1** § 21 ἄλλοι.

κατακοπῆναι: 'niedermetzeln' oder dergleichen. In astrologischem Kontext ist das Verb seit 'Nechepsos und Petosiris' belegt: vgl. zwei Belege aus dem ins 2. Jh. v.Chr. zu datierenden Frg. 6 bei Heph. 1,21,14 κατακοπήσεσθαι (fehlt bei Riess frg. 6,72) u. Heph. 1,21,29 κατα-

---

[3053] S.o. zu **F1** § 33a τῶν ἀχϱηματίστων τόπων. Was Mars betrifft, vgl. auch Val. 3,3,47: ἐπίκεντϱοι μὲν οὖν ἢ καὶ ἐπαναφεϱόμενοι οἱ ἀναιϱέται εὐτονώτεϱοι καθίστανται, ἔκκεντϱοι δὲ ἐξασθενήσουσιν.

κοπῆναι (frg. 6,201),[3054] die durch die von Hephaistion unabhängige Parallelüberlieferung durch den Anon. CCAG VII (1908), pp. 129–151 (frg. +32), speziell p. 133a,29 κατακοπήσονται und p. 143a,24 κατακοπήσονται, bestätigt werden.

Aus dem astrologischen Kontext ist klar, dass dem Nativen ein oder mehrere Glieder abgeschlagen wurden. Das kann nur eins bedeuten, nämlich dass Pedanius enthauptet wurde, die geläufige Form der Hinrichtung,[3055] sofern der Verurteilte zur Schicht der sozial Privilegierten (*honestiores*), d.h. zu den Personen senatorischen, ritterlichen oder kurialen Ranges, gehörte,[3056] außerdem nicht unpassend für einen, der 'den Kopf zu hoch trug' (s.o. S. 1209 zu ὑψαυχενεῖν). Schmidt 2009, 366, übersetzt daher unzutreffend (in Anlehnung an LSJ s.v. κατακόπτω 2) "cut in pieces".[3057] Richtig ist dagegen die Übersetzung im prosopographischen Beitrag von Caballos Rufino 1990, 414: "decapitado". Im Einklang damit spricht Caballos Rufino wenige Zeilen später im analytischen Teil von "ejecución".

ἐν Ταύρῳ μελεοκοπουμένῳ ζῳδίῳ: Verstümmelte Tierkreiszeichen sind vor allem der Stier, dessen hintere Körperhälfte fehlt, der Krebs, da er blind ist, der Skorpion, da seine Scheren als eigenes Sternbild (Waage) abgetrennt wurden, und der Schütze, da er, im Profil gesehen, nur ein Auge hat (vgl. Manil. 2,256–264). Eine Übersicht der geringfügig voneinander abweichenden, z.T. auch um andere Tierkreiszeichen erweiterten Aufzählungen in antiken Quellen bietet Hübner 1982, 111f. (Nr. 2.222.3). Die griechischen Handschriften schwanken im Falle anderer Texte als des hier kommentierten Pedaniushoroskops oft zwischen μελεοκοπέω und der korrekten Form μελοκοπέω.[3058] Als Ersatzbegriff für das im daktylischen Hexameter unmögliche μελ(ε)οκοπέω findet man in der astrologischen Lehrdichtung auch κοπτόμενον μέλεσι(ν).[3059]

[3054] Der Text prognostiziert die Ermordung führender Männer durch den rasenden Pöbel bei Sonnenfinsternissen in den Zwillingen bzw. im Steinbock.

[3055] Vgl. Latte 1940, 1615. An das Beil der Republik trat in der Kaiserzeit das Schwert.

[3056] Wiedemann 2001, 78 u. 87.

[3057] Ebenso bereits Schmidt 1998, 64. – Erst recht falsch ist die Überlegung von Groag 1937, 20, man dürfe Hist. Aug. Hadr. 23,3 (zit. oben S. 1188 bei Anm. 2995, vgl. unmittelbar zuvor 23,3 *quem* [sc. *Servianum*] ... *mori coegit*) "wohl so auffassen [...], daß Hadrian seinen Großneffen durch kränkende Art der Behandlung zum Selbstmord gezwungen habe" (mit Verweis auf Premerstein 1908 u. Groag 1917, 889).

[3058] Vgl. das von Hübner 1998a im Apparat zu Ptol. apotel. 4,9,12 gesammelte Material (*adde* CCAG VIII 1, 1929, p. 248,14 et Album. myst. 3,65,139).

[3059] Vgl. Hübner 1982, 408f., u. Hübner 2001i, 227[50].

Zu den übrigen von Antigonos erwähnten Eigenschaften der Tierkreiszeichen s.o. zu **F1** § 29 ἐν ἀνθρωποειδεῖ καὶ ἀρρενικῷ εἶναι ζῳδίῳ.

Neugebauer – van Hoesen 1959, 109, übersetzen die vorliegende
Stelle allzu frei als "a misfortune-causing sign" (ebenso Lindsay 1971,
310), wohl deshalb, weil sie gemäß Ruelles fehlerhafter Edition im
CCAG VIII 2 (1911), p. 86,4–5 ἐν Σκορπίῳ μελεοκοπουμένῳ ζῳδίῳ
lasen und die notorisch sinistre Qualität des Skorpions ihre Übersetzung
des Partizips beeinflusste.[3060] Im Kommentar sprechen sie sich dann aber
zu Recht für den Stier aus.

καὶ ἀκτινοβολεῖν τὸν Ἄρεα: Der folgende Kommentar gliedert sich
in lexikalische Vorbemerkungen (S. 1215), eine Untersuchung der erhaltenen antiken Definitionen der ἀκτινοβολία (S. 1216), Überlegungen
zum Verhältnis von ἀκτινοβολεῖν und καθυπερτερεῖν (S. 1223) sowie
schließlich Konsequenzen für die grammatische Deutung der vorliegenden Stelle (S. 1226).

Die *termini technici* ἀκτινοβολία ('Strahlenwurf')[3061] und ἀκτινοβολεῖν können, wie oben (S. 996) bereits gezeigt wurde, mit an Sicherheit
grenzender Wahrscheinlichkeit auf 'Nechepsos und Petosiris' zurückgeführt werden und sind auch in der Folgezeit früh und vielfältig belegt.[3062]
Aus byzantinischer Zeit sind ferner das Adjektiv ἀκτινοβολικός und das
Adverb ἀκτινοβολικῶς belegt.[3063]

Da es in der antiken Astrologie bei einigen Autoren zu einer Verwirrung bezüglich der Richtung des Strahlenwurfs gekommen ist, soll

---

[3060] Ruelle konjizierte ebd. im krit. App. μελοκοπουμένου (sic, i.e. Martis) für μελεοκοπουμένῳ.

[3061] Vgl. Bouché-Leclercq 1899, 247–251.

[3062] Frühe Belege für ἀκτινοβολία: Tim. Praxid. CCAG I (1898), p. 98,7. Serap. CCAG
VIII 4 (1921), p. 229,8. Thras. ap. Porph. isag. 24 p. 203,5. Balb. astrol. exc. ap. Rhet.
6,60,11 (= CCAG VIII 3, 1912, p. 104,11). Dor. p. 340,24 (= Dor. frg. 34b St. = Rhet.
5,57,125). Dor. p. 401,16 (= Heph. 3,17,3). Ptol. apotel. 3,11,9. Val. *passim* (s. Pingree
1986, 466, Index s.v.). Antioch. epit. 1,17 (ex isag. 1), CCAG VIII 3 (1912) p. 115,19 (=
Porph. isag. 29 p. 205,10 = Heph. 1,17,3) etc. Die nicht-astrologischen Belege beginnen
mit Philon. – Frühester Beleg für das Verb ἀκτινοβολεῖν: Serap. exc. CCAG VIII 4
(1921), p. 229,8; frühester Beleg auf Papyrus: P. Mich. III 149, col. XIV,28–29 ...]
Κρόνου ἀκτεινοβολῇ ἐ[...

[3063] Siehe zahlreiche Belege, besonders für das Adverb, bei Album. rev. nat. (Pingree
1968a, 281, Index s.vv.).

hier versucht werden, die korrekte, ursprüngliche Definition von ἀκτι-
voβoλία zu klären und hinsichtlich ihrer 'inneren Logik' aufzuhellen.[3064]

Die sehr wahrscheinlich auf 'Nechepsos und Petosiris' zu beziehende
doxographische Nachricht über 'die Weisen der Ägypter' bei Paul. Alex.
35 p. 95,11–16 (zit. oben S. 996 nach Anm. 2495) bezeichnet eine linke
Quadratur als Aktinobolie, also eine solche, in der der Strahlenwurf von
einer niedrigeren auf eine höhere ekliptikale Längen (also 'gegen den
Uhrzeigersinn') stattfindet. Das passt sehr gut zum vorausgehenden
Kapitel desselben Autors über Klimaktere, worin er klar zwischen linken
Quadraturen, die gefährlich seien, und rechten Quadraturen, die unschädlich seien, unterscheidet.[3065] Es passt ebenso gut zum Befund der vergleichbaren praktischen Anwendungen in Horoskopen, worin Aktinobolie niemals in Form einer rechten Quadratur vorliegt, dreimal hingegen in
der Form einer linken, und zwar bei Astrologen des 1. u. 2. Jh. n.Chr.:
Balbillos (Hor. gr. –42.XII.27), Antigonos (Hor. gr. 113.IV.5–6 = **F3**)
und Valens (Hor. gr. 114.V.13).[3066]

Umso überraschender ist es, dass eine entgegengesetzte Tradition
existiert, die für uns erstmals gegen Ende des 2. Jh. n.Chr. mit Antiochos
von Athen greifbar wird. Die Definition des Antiochos wurde von Porphyrios übernommen, später dann die des Porphyrios von Hephaistion.
Antike Definitionen anderer Autoren sind m.W. nicht erhalten.[3067] Die
drei Stellen, die sich in ihrem Wortlaut geringfügig unterscheiden,
werden in der folgenden Tabelle Nr. 35, in vier Sinnabschnitte gegliedert,
synoptisch präsentiert (dabei werden zwei der gesamten handschriftlichen
Überlieferung widersprechende Textänderungen in der Porphyriosedition
von Boer – Weinstock 1940 rückgängig gemacht, s. Anm. 3070 u. 3071):

[3064] Die Untersuchung von Schmidt 2009, 202–218, zur Bedeutung des Begriffs ἀκτινοβολία ist nicht zu empfehlen, u.a. deshalb, weil der Verfasser Bouché-Leclercqs wichtigen Hinweis auf den parthischen Schuss (mehr dazu hier im Folgenden) nicht aufgreift
und selbst mehrere nicht plausible Vermutungen anstellt.

[3065] Paul. Alex. 34 p. 90,9–10: ὡσαύτως δὲ καὶ τὸ κατὰ τὸ δεξιὸν ἑξάγωνον καὶ ἡ
κατὰ τὸ δεξιὸν τετράγωνον πλευρὰ ἀβλαβὴς γίνεται, τῆς κατὰ τὸ εὐώνυμον τετράγωνον πλευρᾶς κινδυνώδους μᾶλλον παρὰ τὰς ἄλλας πλευρὰς καθεστώσης.
Vgl. die als Beispiel fingierte Direktion mit einer todbringenden linken Quadratur ebd.
p. 93,8–11 (s.o. S. 1014 nach Anm. 2540) sowie auch die Anspielung auf eine tödliche
Aktinobolie durch eine eindeutig (der Kontext beweist dies) linke Quadratur ebenda
p. 90,2–7 (zit. oben in Anm. 2509, darin bes. die Worte τὰς τῶν κακοποιῶν ἀκτῖνας).

[3066] Dazu s.o. S. 1006f., Tab. 26, sowie deren Auswertung S. 1005 bei Anm. 2529.

[3067] Siehe jedoch die knappe byzantinische Definition bei Kam. zod. 233–236, die inhaltlich Schritt 3 der folgenden Synopse entspricht und wahrscheinlich auf Porphyrios
oder Hephaistion zurückgeht.

Antioch. epit. 1,13 (ex isag. 1), CCAG VIII 3 (1912), p. 114,28–33[3068]	Porph. isag. 24 p. 202,11–17	Heph. 1,16,1–2
1 Ὡς ἀκτινοβολεῖ ἀστὴρ ἀστέρα ὁ προηγούμενος τὸν ἑπόμενον κατὰ σχῆμα, οἷον ὁ ἐν Κριῷ ἀκτινοβολεῖ τὸν ἐν Αἰγόκερῳ καὶ †ἐπὶ τῶν ὁμοίων†.[3069]	Ἀκτινοβολεῖ δὲ ἀστὴρ ὁ ἑπόμενος τὸν προηγούμενον[3070] κατὰ σχῆμα, οἷον ὁ ἐν Κριῷ ἀκτινοβολεῖ τὸν ἐν Αἰγοκέρωτι τετράγωνον καὶ τὸν ἐν Τοξότῃ τρίγωνον,	Ἀκτινοβολεῖ δὲ πᾶς ἀστὴρ ὁ ἑπόμενος ἐν τοῖς εὐωνύμοις τὸν προηγούμενον ἐν τοῖς δεξιοῖς, οἷον ὁ ἐν Κριῷ τὸν ἐν Αἰγοκέρωτι τετραγώνῳ δεξιῷ, ἀκτινοβολεῖ ὁμοίως καὶ τὸν ἐν Τοξότῃ τριγώνῳ δεξιῷ.
2 ὁ δὲ ἑπόμενος τὸν προηγούμενον ἐφορᾷ μὲν καὶ καθυπερτερεῖ φερόμενος ἐπ' αὐτόν, οὐκ ἀκτινοβολεῖ δέ·	ὁ δὲ προηγούμενος τὸν ἑπόμενον[3071] ἐφορᾷ μὲν καὶ καθυπερτερεῖ φερόμενος ἐπ' αὐτόν, ὡς προείρηται,[3072] οὐκ ἀκτινοβολεῖ δέ.	ὁ δὲ προηγούμενος τὸν ἑπόμενον ἐφορᾷ μὲν καὶ καθυπερτερεῖ φερόμενος ἐπ' αὐτόν, οὐκ ἀκτινοβολεῖ δέ·
3 πάσης γὰρ αὐγῆς ἡ ὄψις εἰς τοὔμπροσθεν φέρεται, ἡ δὲ ἀκτὶς εἰς τοὐπίσω·	πάσης γὰρ αὐγῆς ἡ μὲν ὄψις εἰς τὸ ἔμπροσθεν φέρεται, ἡ δὲ ἀκτὶς εἰς τοὐπίσω·	πάσης γὰρ αὐγῆς ἡ μὲν ὄψις εἰς τὸ ἔμπροσθεν φέρεται, ἡ δὲ ἀκτὶς εἰς τοὐπίσω.
4 λέγεται δὲ ἀκτινοβολεῖν ζῳδιακῶς καὶ μοιρικῶς.	καὶ ἐνταῦθα δὲ θεωρεῖν χρή, πότερον ζῳδιακῶς μόνον ἀκτινοβολεῖ ἢ καὶ συνάπτει μοιρικῶς.	

Tab. 35: Definitionen der Aktinobolie
bei Antiochos, Porphyrios und Hephaistion

[3068] Hierzu vgl. Denningmann 2005, 194f.

[3069] Die Worte ἐπὶ τῶν ὁμοίων sind verderbt, im CCAG jedoch ohne *cruces* ediert. Der ursprüngliche Sinn ist noch in den Versionen des Porphyrios und Hephaistion fassbar.

[3070] So die Hss.; Boer und Weinstock drucken ὁ προηγούμενος τὸν ἑπόμενον.

[3071] So die Hss.; Boer und Weinstock drucken ὁ δὲ ἑπόμενος τὸν προηγούμενον.

[3072] Gemeint ist Porph. isag. 21 Περὶ καθυπερτερήσεως.

Exemplarisch sei hier die Version des Porphyrios übersetzt: 'Es wirft der folgende Planet einen Strahl auf den (ihm) vorausgehenden entsprechend einer (der üblichen) Figur(en).[3073] So wirft z.B. der (Planet), der im Widder steht, einen Strahl auf den rechtwinklig (zu ihm) im Steinbock (stehenden Planeten) und auf den trigonal (zu ihm) im Schützen (stehenden); der vorausgehende hingegen blickt auf den folgenden und gewinnt, indem er ihn einholt, die Oberhand über ihn, wie oben gesagt,[3074] wirft aber keinen Strahl. Denn bei jeder Art von Lichtglanz (der Planeten) eilt der *Blick* nach vorne, der *Strahl* hingegen nach hinten. Und dabei ist zu beachten, ob (der Planet) nur zeichengenau seinen Strahl wirft oder sogar gradgenau (mit seinem Strahlenwurf den anderen Planeten) berührt.'

Bevor wir die Verwirrung, zu der es bei allen drei Texten gekommen ist, aufklären, sind die folgenden Beobachtungen zu den vier Gedankenschritten der Texte angebracht:

a) In Schritt 1 und 2 bieten Porphyrios und Hephaistion, verglichen mit der Antiochos-Epitome, die Partizipien zur Bezeichnung des vorausgehenden und des folgenden Planeten in umgekehrter Ordnung.

b) Schritt 1 enthält bei allen drei Autoren dasselbe konkrete Beispiel für eine Quadratur (Widder – Steinbock) und ein Trigon (Widder – Schütze), wobei der das Trigon betreffende Text in der Überlieferung der Antiochos-Epitome verdorben wurde, allerdings erst nachdem Porphyrios den noch unverdorbenen Wortlaut zitiert hatte.

c) Hephaistion hat versucht, dieses Beispiel durch Hinzufügung von vier rechts-/links-Notaten in Schritt 1 zu verdeutlichen.

d) Schritt 2 ist in allen drei Versionen sinngleich bis auf das unter (a) zu ἑπόμενος und προηγούμενος Gesagte.

e) Schritt 3 ist in allen drei Versionen sinngleich und beinahe wörtlich identisch, steht jedoch bei Porphyrios und Hephaistion bezüglich der Richtungsangaben 'nach vorne' (εἰς τὸ ἔμπροσθεν) und 'nach hinten' (εἰς τοὐπίσω) in klarem Widerspruch zu den von denselben beiden Autoren in Schritt 1 und 2 ausgedrückten Relationen von ἑπόμενος und προηγούμενος.

f) Schritt 4 ist bei Antiochos und Porphyrios sinngleich, fehlt jedoch bei Hephaistion.

[3073] D.h. der Abstand darf nicht beliebig groß sein, sondern muss einem der konventionellen 'Aspekte' entsprechen. Die deutsche Übersetzung vermeidet hier den Begriff 'Aspekt' wegen der folgenden Metaphorik des Sehens, die in σχῆμα ('Figur') noch nicht präsent ist.

[3074] Gemeint ist Porph. isag. 21 Περὶ καθυπερτερήσεως.

Den Schlüssel zum Verständnis der Genese der Verwirrung bietet die unmittelbar einleuchtende Metapher des Sehens (ὄψις) in Schritt 3. Dieser dritte Gedankenschritt soll hier zuerst vollständig erläutert werden, ehe als Folge daraus die Angaben des Porphyrios und Hephaistion zu vorausgehenden und folgenden Planeten in Schritt 1 und 2 als falsch erwiesen und aus diesem Nachweis weitere Schlüsse gezogen werden.

Die anthropomorph gedachten Planetengötter können nur das sehen, was in der Richtung ihres Vorwärtsschreitens vor ihnen liegt, nicht jedoch, was hinter ihnen liegt. Aber auch die nach hinten gerichtete Aktion der Planetengötter ist eine Metapher aus dem menschlichen Bereich: Bouché-Leclercq sah, dass die Vorstellung vom Abschießen tödlicher Strahlen nach hinten (Schritt 3: φέρεται ἡ ἀκτὶς εἰς τοὐπίσω) durch die berüchtigte Kampftechnik der Parther motiviert sein könnte, die auf ihren Pferden – zum Schein fliehend – rückwärts gewandt Pfeile auf die sich voreilig für siegreich haltenden und deshalb leichtsinnigen Verfolger zu schießen pflegten.[3075] Er vermutete aber zu Unrecht, diese astrologische Metaphorik ("enfantines comparaisons") sei erst nach Ptolemaios zu datieren.[3076] Dass der Begriff der ἀκτινοβολία auf 'Nechepsos und Petosiris' zurückgeht, wurde bereits oben (S. 996 bei Anm. 2494) gezeigt. Auch aus historischer Perspektive spricht nichts dagegen, dass bereits 'ägyptische' Autoren des 2. Jh. v.Chr. den rückwärts gewandten Strahlenwurf der Planeten mit der listigen Kampftechnik der Parther assoziiert haben könnten; im Gegenteil: Nachdem das Partherreich unter Mithradates I. (171–138 v.Chr.) nach der Unterwerfung von Medien, Baktrien, Babylonien und Mesopotamien seine größte Ausdehnung erreicht hatte, mochte es geradezu aktuell erscheinen, sich von der parthischen Kampftechnik inspirieren zu lassen. Ein Jahrhundert später war sie dann auch in Rom allgemein bekannt: vgl. z.B. Catull. 11,6 *sagittiferosue Parthos*. Verg. georg. 3,31 *fidentemque fuga Parthum uersisque sagittis*. Lucan. 1,230 *ocior et missa Parthi post terga sagitta*.[3077]

Historische Auseinandersetzungen mit den Parthern haben anscheinend auch außerhalb der Lehre von der ἀκτινοβολία schon bei 'Nechepsos und Petosiris' ihre Spuren hinterlassen,[3078] und spätestens seit Teu-

---

[3075] Bouché-Leclercq 1899, 248. Vgl. Iust. 41,2,7: *Pugnant aut procurrentibus equis aut terga dantibus; saepe etiam fugam simulant* [sc. *Parthi*], *ut incautiores adversum vulnera insequentes habeant.*
[3076] Bouché-Leclercq 1899, 248[1].
[3077] Ausführlicher dazu Lerouge 2007, 296–300, bes. 299f.
[3078] Sie sind wahrscheinlich mit den in Syrien einfallenden Barbaren gemeint, die das sicher dem 2. Jh. v.Chr. zuzuordnende Fragmente Nr. 6 erwähnt (Heph. 1,21,26 ἐν δὲ

kros spielen sie eine Rolle in der astrologischen Geographie.[3079] Es finden sich sogar Darstellungen des 'Parthischen Schusses' auf chinesischen Reliefs der Han-Zeit (206 v.Chr. – 220 n.Chr.).[3080] Schließlich sei noch daran erinnert, dass nicht nur das 'mittelpersische' Großreich der Parther, sondern auch das 'altpersische' Großreich der Achämeniden in der hellenistischen Astrologie seine Spuren hinterlassen hat, nämlich durch die Lehre der Doryphorie.[3081]

Die in Schritt 3 der obigen Texte implizierte soziomorphe Metaphorik liegt also darin, dass die Planeten wie Menschen gedacht sind, die sich, auf die Abschnitte eines Weges verteilt, alle in dieselbe Richtung vorwärts bewegen und dabei nach vorne und hinten interagieren, indem sie teils Blicke (ὄψις) nach vorne auf die Vorauseilenden werfen, teils Strahlen (ἀκτίς) nach hinten auf die Folgenden abschießen.

Da Schritt 3 dank seiner einleuchtenden und ansprechend konzipierten Metaphorik zweifellos richtig ist, müssen die Angaben des Porphyrios und Hephaistion zu vorausgehenden und folgenden Planeten in Schritt 1 und 2 falsch sein, die der Antiochos-Epitome hingegen richtig.

Bis hierher wurde ein Bezug auf astronomische Verhältnisse bewusst vermieden. Nimmt man nun hinzu, dass es in antiken astronomischen und astrologischen Texten Standard ist, die Begriffe ἑπόμενος und προηγούμενος auf die Tagesrotation zu beziehen,[3082] ergibt sich die notwendige Folgerung, dass das konkrete Beispiel, das alle drei Texte in Schritt 1 bieten, falsch ist, entweder, weil die Namen beziehungsweise Symbole

---

Συρία ἐπήλυσιν βαρβάρων καὶ πόλεμον = Nech. et Pet. frg. 6,167f.; vgl. die von Hephaistion unabhängige Parallelüberlieferung durch den Anon. CCAG VII, 1908, p. 141a,3–4 ἐν δὲ Συρίᾳ ἐπήλυσις πολεμίων ἔσται): so Kroll 1901, 575, u. Kroll 1935, 2164. Siehe außerdem Kroll 1901, 576, über Demetrios von Syrien, der 138 v.Chr. in parthische Gefangenschaft geriet, sowie über dessen Bruder Antiochos, der 129 v.Chr. eine große Schlacht gegen Phraates verlor.

[3079] Cf. Rhet. exc. ex Teucro, CCAG VII (1908) p. 197,20. Ptol. apotel. 2,3,22.27. 2,4,2. Val. 1,2,87. Heph. 1,1,26 (= Val. app. 3,6). Die Parther und Parthien werden außerdem nach Quack 2004, 492, "in demotischen divinatorischen Texten gerne erwähnt, wenn es um Universalastrologie geht" (ebd. mit einem Beleg aus einem spätdynastischen oder ptolemäischen Text; zur Datierung s. ebd. 496).

[3080] Siehe Wiesehöfer 2000.

[3081] S.o. zu **F1** § 26 δορυφορούντων. Es war jenes altpersische Reich gewesen, das durch die Eroberung Mesopotamiens und Ägyptens die Voraussetzungen für die Rezeption babylonischer Sternkunde in Ägypten geschaffen hatte. Vgl. Anm. 835 über den Wiener Omen-Papyrus.

[3082] Die astronomischen Belege beginnen im späten 4. Jh. v.Chr. mit Autol. 2,2 (dazu s. Aujac 1979, 105[3]) und werden dann bei Geminos zahlreich. Sie reichen also weiter zurück als die astrologischen Belege.

der Tierkreiszeichen Steinbock und Schütze verderbt worden sind, oder weil das Beispiel von einem Leser, der den ursprünglichen Sinn der Aktinobolie nicht verstand oder bewusst missachtete, schon vor der Rezeption des Antiochoskapitels durch Porphyrios in den Text eingefügt wurde. Die zuletzt genannte Erklärung ist wahrscheinlicher. Der unbekannte Urheber der sachwidrigen Illustration hat wahrscheinlich die Begriffe ἑπόμενος und προηγούμενος unter Missachtung ihrer üblichen Beziehung auf die Tagesrotation auf die der Tagesrotation entgegengesetzte jährliche Bewegung der Planeten durch den Tierkreis bezogen, ohne zu bedenken, dass ein elementares Charakteristikum der Direktionen zur Bestimmung der Lebenszeit die Konvertierung von *Aufgangszeiten* in Lebensjahre ist. Gerade im Hadrianhoroskop (**F1**) lässt sich sehr schön die wohl ursprüngliche Idee der ganzen Lehre, die Aufgangszeit eines beim Aszendenten beginnenden 90°-Bogens in Jahre umzurechnen, fassen. Alle im Kommentar zu **F1** § 52 zur Erklärung von Primärdirektionen untersuchten Texte verstehen ἑπόμενος und προηγούμενος im Sinne der Tagesrotation, und nicht selten ist in ihnen die Rede davon, dass der vernichtende Planet selbst oder der von ihm durch Aktinobolie getroffene Punkt der natalen Position des 'Entsenders' (ἀφέτης) *entgegengeht* (ὑπαντάω bzw. ὑπάντησις), was sich natürlich ebenfalls auf die Tagesrotation bezieht. Es kann also meines Erachtens kein Zweifel daran bestehen, dass die *per definitionem* 'nach hinten' (εἰς τοὐπίσω) gerichtete Aktinobolie gegen die Tagesrotation stattfindet.

Nachdem das sinnwidrige Beispiel (οἷον ὁ ἐν Κριῷ ἀκτινοβολεῖ τὸν ἐν Αἰγόκερῳ κτλ.) einmal in den Antiochostext eingedrungen war, zog es weitere Fehler nach sich: Um dem vermeintlich maßgeblichen Beispiel gerecht zu werden und zugleich die oben erwähnte, weiterhin gültige Standardbedeutung der Begriffe ἑπόμενος und προηγούμενος zu wahren, wurden diese Begriffe in Schritt 1 und 2 des Porphyriostextes vertauscht. Diesen Eingriff nahm entweder Porphyrios selbst oder ein späterer Leser des Textes, bevor Hephaistion daraus schöpfte, vor. Hephaistion hat dieselbe Intention noch befördert, indem er zur Verdeutlichung mehrmals die ebenfalls standardisierten Begriffe 'rechts' (δεξιός) und 'links' (εὐώνυμος) in den Text von Schritt 1 eingefügt hat. Dabei haben aber sowohl Porphyrios als auch Hephaistion entweder übersehen oder unbekümmert hingenommen, dass die Richtungsangaben der ersten beiden Textschritte nun zwar mit dem konkreten Beispiel harmonieren, dem in Schritt 3 Gesagten jedoch klar widersprechen.

Der eigentliche Urheber der ganzen Verwirrung ist jedoch, wie bereits deutlich wurde, derjenige, der das Beispiel in den ersten Schritt der

Begriffsdefinition eingebracht hat. Dieser Unbekannte war vermutlich nicht irgendein zwischen Antiochos und Porphyrios zu datierender Interpolator, sondern Antiochos selbst: Dafür spricht der Umstand, dass nicht nur in dem hier untersuchten Exzerpt aus seiner *Isagoge*, sondern auch in einem Exzerpt aus seinen *Thesauroi* eine Definition der Aktinobolie vorliegt, die durch ein Beispiel ins Gegenteil der ursprünglichen Lehre verkehrt ist, wobei dort interessanterweise explizit auf die der Tagesrotation entgegengesetzte Eigenbewegung der Planeten durch den Tierkreis verwiesen wird.[3083] Außerdem lässt sich die beschriebene Verkehrung der ursprünglichen Aktinobolie-Lehre in ihr Gegenteil vor Antiochos bei keinem Autor fassen (wohl jedoch die oben S. 1216 zitierten Belege für die praktische Anwendung der von mir als historisch ursprünglich und richtig beurteilten Lehre in frühen Horoskopen). Darüber hinaus gibt es weitere wahrscheinliche Fälle von terminologischen bzw. definitorischen Innovationen durch Antiochos.[3084] Es spricht also alles dafür, dass er selbst die astronomisch keineswegs abwegige, aber für die Entwicklung der astrologischen Terminologie verhängnisvolle Idee hatte, die traditionelle Bindung der Begriffe 'vorwärts' und 'rückwärts' an die Tagesrotation zugunsten der entgegengesetzten Eigenbewegung der Planeten durch

---

[3083] Es handelt sich um die begriffliche Unterscheidung von ἐπιθεωρία und ἀκτινοβολία bei Antioch. epit. 2,20–21 (ex thes.), CCAG I (1898), p. 155,15–26 (= Rhet. 5,20–21, cf. Burnett – Pingree 1997, 133). Der Text wird hier vollständig zitiert, um einerseits zu zeigen, dass dem Autor die rückwärts gewandte Natur der ἀκτινοβολία klar bewusst ist, und andererseits auf einen evidenten internen Widerspruch hinzuweisen, bei dem es sich offenbar um einen späteren Verbesserungsversuch handelt, der im Laufe der Überlieferungsgeschichte vorgenommen wurde und dessen Genese ebenso wie im Falle der Verbesserung, die im Porphyriostext vorgenommen wurde, als Anpassung an das unmittelbar folgende Beispiel zu erklären ist: 20. Περὶ ἐπιθεωρίας. Τούτων οὕτως διαιρουμένων ἐπιθεωρεῖν λέγεται ἤτοι ἐπιμαρτυρεῖν ὁ ἡγούμενος τὸν ἑπόμενον ἤτοι κατὰ ἑξάγωνον ἢ τετράγωνον ἢ τρίγωνον ἢ διάμετρον· ἀπέρχεται γὰρ εἰς τὰ προηγούμενα φερομένου αὐτοῦ. τὴν γὰρ ἐναντίαν κίνησιν οἱ πλανῆται κινοῦνται τῶν ζῳδίων· ὅμως μέντοι ποιοῦνται τὸν ἴδιον δρόμον καὶ συμπεριφέρονται αὐτῷ [exspectes αὐτοῖς scil. ζῳδίοις] καθ᾽ ἑκάστην ἡμέραν καὶ νύκτα. 21. Περὶ ἀκτινοβολίας. Ἀκτινοβολεῖν λέγεται κατὰ τὰ εἰρημένα δ᾽ σχήματα ὁ ἑπόμενος τὸν ἡγούμενον [emendandum puto ὁ ἡγούμενος τὸν ἑπόμενον, cf. Antioch. epit. 1,13]· ἡ γὰρ τοῦ πυρὸς αὐτοῦ ἀκτὶς ἐπὶ τὰ ἑπόμενα φέρεται αὐτοῦ ἀπιόντος ἐπὶ τὰ ἡγούμενα· οἷον ὁ ἐν Κριῷ ἐπιθεωρεῖ τὸν ἐν Καρκίνῳ, καὶ ὁ ἐν Καρκίνῳ ἀκτινοβολεῖ τὸν ἐν Κριῷ.

[3084] S.o. Anm. 1565.

den Tierkreis aufzugeben. Dass das unausweichlich zu großer Konfusion führte, ist leicht nachvollziehbar.[3085]

Es spricht außerdem einiges dafür, dass die Gegenüberstellung von ἀκτινοβολεῖν und καθυπερτερεῖν, die Antiochus in Schritt 1 und 2 vornimmt, eine Konsequenz seiner soeben erwähnten Innovation ist und die beiden Begriffe ursprünglich synonym gewesen sein könnten. Dafür sprechen mehrere Argumente:

1. Der Gegensatz zwischen ἀκτινοβολεῖν und καθυπερτερεῖν beziehungsweise ἀκτινοβολία und καθυπερτέρησις ist erstmals bei Antiochos belegt, und zwar an der in der obigen Synopse (Tab. 35, S. 1217) erfassten Stelle (Antioch. epit. 1,13). Aus der Folgezeit sind die einzigen mir bekannten Belege die bei Porphyrios und Hephaistion an den in derselben Synopse erfassten Stellen, die ja von Antiochos abhängen.

2. Semantisch bedeutet καθυπερτερεῖν einfach, dass der Planet, dem die Rolle der καθυπερτέρησις zukommt, räumlich 'oberhalb' (καθύπερτε) des anderen steht. Das ist dann der Fall, wenn er vor dem anderen aufgeht, aber das MC noch nicht erreicht hat. Ursprünglich hat καθυπερτερεῖν also wahrscheinlich nichts mit der Bewegung in die eine oder andere Richtung, d.h. mit der Tagesrotation oder gegen sie, zu tun, sondern nur mit der Relation zweier Planeten zum östlichen Horizont in einem gegebenen *Moment*. Das mag auch der Grund sein, warum meines Wissens nur ein einziger vor Antiochos datierbarer Beleg für καθυπερτερεῖν in Verbindung mit einer Richtungsangabe existiert. Dieser Beleg stammt von Serapion und ist sehr interessant: Serapion setzt καθυπερτερεῖν an jener Stelle offenbar nur deshalb und nur ausnahmsweise zu Richtungsangaben in Beziehung, weil es im Kontext um die ungewöhnliche Situation geht, dass beide Luminare *unter* dem Horizont stehen und klargestellt werden soll, welches von beiden gegenüber dem anderen die καθυπερτέρησις, also die *Überlegenheit*, innehat: ἐὰν δὲ ἄμφω τὰ φῶτα ἐν τῷ ὑπὸ γῆν τύχῃ ἡμισφαιρίῳ καὶ τὰ ἄλλα [sc. ἄστρα] ἀνοικείως ἔχωσι ἀπὸ τοῦ καθυπερτεροῦντος ἤτοι προηγουμένου φωτός, ἐπὶ τὸ

[3085] Vgl. Bouché-Leclercq 1899, 252[3] (a.E.): "La coexistence des deux mouvements, diurne ou cosmique et planétaire, a si bien embrouillé les notion⟨s⟩ d'*avant* et d'*arrière* qu'il devait y avoir des théories contraires, confondues ensuite par les scoliastes et abréviateurs." – Spätestens bei Porphyrios ist ein Stadium der Verwirrung erreicht, das über sein Aktinoboliekapitel (isag. 24) hinausreicht: Dies zeigt Porph. isag. 12 p. 199,12–17 (Περὶ ἀπορροίας), wo anlässlich einer Beispielkonstellation ganz unzweifelhaft sowohl eine rechte Quadratur von 10° ♒ auf 10° ♏ als auch eine linke Quadratur von 25° ♌ auf 25° ♏ als ἀκτινοβολία bezeichnet werden. Diese Stelle hat kein erhaltenes Gegenstück in den Antiochos-Epitomai.

ἑπόμενον ἡ τύχη λαμβάνεται (CCAG VIII 4, 1921, p. 228,13–16).
Serapion rekurriert hier also zur Klarstellung, wie nicht anders zu erwarten, auf die Tagesrotation als Standardbewegung des Himmels (s.o. Anm.
3082) und steht damit im Widerspruch zu der Definition des Antiochos.
Denn erst wenn man καθυπερτερεῖν, so wie Antiochos es anscheinend
als erster getan hat, mit der Bewegung der Planeten durch den Tierkreis
und mit dem Begriff des Vorwärtsschauens in Verbindung bringt, ergeben sich die zwei notwendigen Konsequenzen, dass zum einen der
überlegene Planet (auf geringerer ekliptikaler Länge) dem unterlegenen
(auf höherer ekliptikaler Länge) *folgt*, so wie Antiochos es will,[3086] und
dass καθυπερτέρησις und ἀκτινοβολία Antonyme werden. Mit anderen
Worten: Ursprünglich waren die beiden Begriffe anscheinend synonym,
beschrieben jedoch dieselbe Sache aus zwei verschiedenen Perspektiven,
καθυπερτέρησις bezüglich der räumlichen Relationen in einem gegebenen Moment, ohne dass eine Bewegungsrichtung oder eine Primärdirektion relevant wäre,[3087] und ἀκτινοβολία bezüglich der Rückwärtsge-

---

[3086] Abgesehen von der in der obigen Synopse (S. 1217) erfassten Antiochos-Stelle
(Schritt 2) verdient auch die Definition der καθυπερτέρησις durch Porph. isag. 21 p.
201,13–23 Beachtung, die auf Antiochos zurückgeht und zweimal die Bewegungsrichtung des überlegenen Planeten hin zum unterlegenen erwähnt (p. 201,14 ἔρχεται γὰρ
ἐπ᾿ αὐτόν u. 201,23 ἐφ᾿ ὃν φέρεται). Die entsprechende Definition des Antiochos
selbst ist nur in sehr knappen Formulierungen ohne Richtungsangabe erhalten; siehe die
Definition von ἐπιδεκατία καὶ καθυπερτέρησις bei Antioch. epit. 3a,27 (ex thes.),
CCAG VIII 3 (1912), p. 106,30–33 (= Rhet. 6,61,41), sowie diejenige von ἐπιδεκα-
τεύειν bei Antioch. epit. 1,10 (ex isag. 1), CCAG VIII 3 (1912), p. 114,12–16.
[3087] Für die Korrektheit dieser Deutung spricht z.B., dass Valens in den beiden bereits
mehrmals erwähnten Kapiteln 2,37 (Περὶ σίνους καὶ πάθους) und 2,41 (Περὶ βιαιοθανάτων), in denen es ja gerade nicht um Direktionen geht, keine einzige Form von
ἀκτινοβολία oder ἀκτινοβολεῖν verwendet, jedoch viele von καθυπερτερεῖν. Analysiert man deren Verwendung, so ergibt sich ein eindeutiges Bild: In jedem der beiden
Kapitel begegnet καθυπερτερεῖν einmal in regulären Lehrsätzen, die – freilich ohne
Richtungsangaben – eine schädigende Quadratur oder Opposition thematisieren (2,37,43
καθυπερτερήσωσιν ἢ διαμετρήσωσιν, 2,41,11 καθυπερτερηθεὶς ἢ διαμετρηθείς).
In den jeweils folgenden Beispielen bezeichnet das Verb καθυπερτερεῖν ausnahmslos
linke Quadraturen, die von Übeltätern ausgehen: So schädigt in 2,37,49 (Hor. gr.
85.XI.24) Saturn (4. Ort) den im Glückslos positionierten Mars, in 2,37,62 (Hor. gr.
92.XI.17–18) Saturn (10. Ort) die Luminare und Merkur, in 2,41,53 (Hor. gr. 97.II.23)
Saturn (2. Ort) den Mond, in 2,41,67 (Hor. gr. 103.I.10) Saturn und Merkur (beide im
11. Ort) den Todesort (ohne Planeten), in 2,41,70 (Hor. gr. 115.XII.26) Mars (1. Ort)
den Mond, in 2,41,82 (Hor. gr. 89.VII.29) Saturn (12. Ort) den Mond und Merkur. Von
den genannten sechs Horoskopen steht der schädigende, überlegene Planet in vier Fällen
im 1., 10., 11. oder 12. Ort und nur in einem einzigen Fall räumlich tiefer als der
unterlegene Planet (Hor. gr. 85.XI.24 mit Saturn im 4. Ort).

wandtheit im Sinne der Tagesrotation, insbesondere bei Primärdirektionen.[3088] Sobald man, wie Antiochos es tat, *beide* Begriffe auf eine Bewegungsrichtung bezieht und diese Richtung *entgegen* der Tagesrotation
verläuft, werden sie zu Gegensätzen, wobei καθυπερτέρησις weiterhin
in einem gegebenen Moment dieselbe räumliche Relation wie in der ursprünglichen Verwendung des Begriffs bezeichnet, ἀκτινοβολία jedoch
in das Gegenteil seiner ursprünglichen Definition verkehrt wird. Dabei
geht dann auch die prinzipiell negative (sozusagen 'parthische') Färbung
der ἀκτινοβολία verloren: Signifikanterweise finden sich erstmals bei
Antiochos (s. die Synopse S. 1217) Belege für ἀκτινοβολία oder ἀκτινοβολεῖν in Verbindung mit positiven Aspekten (Trigon und Sextil).

Das Ergebnis der hiesigen Untersuchung, wonach ἀκτινοβολία ursprünglich ein feindlicher Strahlenwurf nach links, also gegen die Tagesrotation, gewesen sein muss, deckt sich mit dem Befund der überprüfbaren praktischen Anwendungen in Horoskopen[3089] sowie mit dem explizit
auf 'die Weisen der Ägypter' Bezug nehmenden Zeugnis von Paul. Alex.
35 p. 95,11–16 (zit. S. 996 bei Anm. 2495). Unter den 34 mir bekannten
astrologischen Belegen für ἀκτινοβολία beziehungsweise ἀκτινοβολεῖν, die vor Antiochos von Athen zu datieren sind, also bis inklusive
Valens, auf den nicht weniger als 26 der 34 Belege entfallen, bestätigen
fast alle den feindlichen Charakter des Strahlenwurfs.[3090] Eindeutig neutrale oder sogar positive Belege sind extrem selten.[3091] Ferner gibt es vor

---

[3088] Eine dritte Perspektive, die ebenfalls in der Sache dasselbe meint, ist die der ἐπιδε-
κατεία, die sich darauf konzentriert, dass der überlegene Planet bei Inklusivzählung
vom Ort des unterlegenen Planeten im zehnten Ort steht (mehr dazu oben in Anm.
3052).

[3089] Siehe Tabelle 26 oben S. 1006f. sowie deren Auswertung S. 1005 bei Anm. 2529.

[3090] Der früheste Belege ist Tim. Praxid. CCAG I (1898), p. 98,6–8: ἐὰν δὲ Ἀφροδίτη
κατ᾽ ἀκτινοβολίαν ἴδη τὴν Σελήνην ἢ διὰ τοῦ μεσουρανήματος, ἐλευθέρα γυνὴ
συγγνοῦσα τὴν φυγὴν μηνύσει (hier agiert Venus nicht als Wohltäterin, sondern
symbolisiert eine freie Frau, die als Mitwisserin eines entlaufenen Sklaven dessen
Flucht verraten wird). Bis zum Ende des 1. Jh. n.Chr. gibt es dann nur noch zwei weitere
Belege für Dorotheos, der – allerdings ebenfalls ohne verwertbare Richtungsangaben –
beide Male von der κακοποιῶν ἀκτινοβολία sprach (Dor. p. 340,24 = Dor. frg. 34b St.
= Rhet. 5,57,125) sowie Dor. p. 401,16 (= Heph. 3,17,3).

[3091] Bei Serap. CCAG VIII 4 (1921), p. 229,8 ist das Verb ἀκτινοβολεῖν ganz allgemein im Sinne von 'einen Aspekt bilden' verwendet. Der chronologisch nächste mir
bekannte Beleg für eine solche neutrale Verwendung ist bei Val. 3,5,51, wo im Rahmen
einer rhetorischen Frage der Fall Erwähnung findet, dass Aszendent, Sonne oder Mond
als 'Entsender' einer Direktion fungieren und bei physischen oder durch Aspekt bewirkten Begegnungen mit 'Wohltätern' oder 'Übeltätern' Gutes oder Schlechtes verursachen: εἰ γὰρ ὡροσκόπος ἀφέτης κριθεὶς ἢ ὁ Ἥλιος ἢ ἡ Σελήνη καὶ τὴν φορὰν ποι-

Antiochos – bis auf einen Sonderfall – keine Belege, die der natürlichen Richtung der Aktinobolie gegen die Tagesrotation widersprächen (die meisten Belege machen diesbezüglich allerdings keine Aussage). Der Sonderfall ist eine doxographische Nachricht über Thrasyllos, dem bei Primärdirektionen die Richtung des tödlichen Strahls nach dem Zeugnis des Porphyrios egal war; allerdings nannte er sie nach demselben Zeugnis nicht ἀκτινοβολία, sondern ἀναίρεσις.[3092] Die Erwähnung dieser individuellen Lehre bestätigt ihren Sonderstatus. In spätantiker und byzantinischer Zeit wird dann jedoch die Verwendung von ἀκτινοβολία im allgemeinen Sinn von 'Aspekt' häufig, besonders bei Olympiodor und noch offensichtlicher in der griechischen Version von Abū Maʿšars *De revolutionibus nativitatum* (ed. Pingree 1968a), die alleine elf Belege für die Alternative σωματικῶς ἢ ἀκτινοβολικῶς und drei für κατὰ σῶμα ἢ ἀκτινοβολίαν bietet. Wie es scheint, hat Antiochos von Athen erheblich zu dieser Entwicklung beigetragen, die in der Spätantike vermutlich auch durch das Schwinden des Bewusstseins für den metaphorischen Ursprung der Aktinobolielehre im parthischen Pfeilschuss begünstigt wurde. Der vor Antiochos zu datierende Antigonos ist davon jedoch unberührt.

Welche Konsequenzen ergeben sich also aus der Einsicht, dass Aktinobolie traditionell feindliche, nach links gerichtete Quadraturen bezeichnet, für das Horoskop des Pedanius?

ούμενοι κατὰ τὴν τῶν χρόνων μετέλευσιν, περὶ τὰς τῶν ἀγαθοποιῶν ἢ κακοποιῶν ἀκτινοβολίας ἢ μοίρας παραγενόμενοι, αἴτιοι ἢ ἀγαθῶν ἢ φαύλων καθίστανται, ὁτὲ δὲ καὶ τὸ τέλος ἐπάγουσιν, πῶς οὐχὶ μᾶλλον καὶ ἡ τῶν λοιπῶν ἀστέρων δύναμις εὐτονήσει πρὸς ἄφεσιν καὶ ἀκτινοβολίαν; Beachtung verdient ferner, dass Ptol. apotel. 3,11,9 (= Heph. 2,11,32) Primärdirektionen gegen die Tagesrotation (εἰς τὰ ἑπόμενα) ohne feindliche Konnotation als ἀκτινοβολία bezeichnet, was wegen der gleichen Richtung beider Arten von Strahlen (der 'Entsendung' selbst und ihrer Unterbrechung durch linke Quadraturen der Übeltäter) nachvollziehbar ist. Deshalb bezeichnet er einmal umgekehrt die Aktinobolie durch einen Übeltäter als ἄφεσις ἀκτῖνος, 'Entsendung eines Strahls' (Ptol. apotel. 4,9,1 πότερον κατὰ ἄφεσιν ἀκτῖνος ἢ ἀναίρεσις ἀποτελεσθήσεται κτλ.). Der einzige nach den in dieser und der vorigen Anmerkung genannten Stellen noch übrige astrologische Beleg für ἀκτινοβολ- vor Valens ist eine doxographische Information über Balbillos, aus der aber nichts über die Definition des Terminus zu entnehmen ist: καὶ περὶ ἀκτινοβολίας δὲ κανονίζει τιθεὶς τῶν εἰρημένων καὶ ὑποδείγματα (Balb. astrol. exc. ap. Rhet. 6,60,11 = CCAG VIII 3, 1912, p. 104,11–12).

[3092] Thras. ap. Porph. isag. 24 p. 203,4–9: Θράσυλλος δὲ τὴν ἀκτινοβολίαν ἀναίρεσιν λέγει [...] τὸ δὲ πόθεν ἐπιφέρουσι τὴν ἀκτῖνα οὐ διοίσει, φησί, πότερον ἐκ δεξιῶν ἢ εὐωνύμων κτλ. Bouché-Leclercq stellt die selbstverständliche Identifizierung des von Porphyrios genannten Thrasyllos mit dem Hofastrologen des Tiberius zu Unrecht in Frage; s. Bouché-Leclercq 1899, 249[2] "ce Thrasylle (lequel?)"; vgl. ebd. 248[1].

Die vorliegende Stelle erlaubt zwei verschiedene grammatische Deutungen: Entweder ist (a) der Subjektsakkusativ zu ἀκτινοβολεῖν (ebenso wie zuvor zu εἶναι) Σελήνην und τὸν Ἄρεα das affizierte Objekt der Verbalhandlung oder (b) der Subjektsakkusativ ist τὸν Ἄρεα; in diesem Fall wäre ἀκτινοβολεῖν entweder (so wie auch anderswo)[3093] absolut gebraucht oder man könnte zu dem Infinitiv in Gedanken αὐτὴν (sc. Σελήνην) ergänzen. Die bisherigen Übersetzer, von denen keiner explizit beide Interpretationsmöglichkeiten erwähnt, haben sich teils für (a), teils für (b) entschieden.[3094] Die vorausgehende Analyse zur astrologischen Definition des *terminus technicus* ἀκτινοβολία hat gezeigt, dass (b) gemeint sein muss.[3095] Antigonos wollte offensichtlich nicht sagen, dass der Mond einen Strahl auf Mars warf (διὰ τὸ τὴν Σελήνην ... ἀκτινοβολεῖν τὸν Ἄρεα), sondern dass die Aktinobolie von Mars ausgeht (διὰ τὸ ... ἀκτινοβολεῖν τὸν Ἄρεα). Dass die todbringende Wirkung die des Mars, nicht des Mondes, ist, bestätigen die folgenden Worte (§ 66a) τὸ δὲ καὶ ἐξ ἀνθρώπου εἶναι τὴν βλάβην διὰ τὸ τὸν Ἄρεα εἶναι ἐν ἀνθρωποειδεῖ ζῳδίῳ, vor allem, wenn man sie mit Aussagen wie Val. 3,5,17 (zit. unten S. 1250) kombiniert, wo Valens in allgemeingültiger Weise und wie selbstverständlich erwähnt, dass die ἀκτινοβολία aus dem Tierkreiszeichen heraus erfolgt, in dem der todbringende Planetengott (ἀναιρέτης) steht.[3096]

Schmidt 2009, 366[175], erwägt die Möglichkeit, dass Hephaistion, der die Aktinobolie-Lehre nicht verstanden habe,[3097] die hier vorliegende Stelle im Sinne seiner Vorstellung von Aktinobolie umgeschrieben haben könnte: "according to his [*i.e. Hephaistio's*] misunderstanding the present

---

[3093] Z.B. in Schritt 4 der oben (S. 1217) zitierten Texte des Antiochos und Porphyrios sowie bei Val. 3,3,17.43. 3,5,17. 4,29,11. 5,6,59.

[3094] Zu Typ (a) vgl. Neugebauer – van Hoesen 1959, 109: "projecting its rays against Mars", zu Typ (b) Bezza 1995, 904: "e [sc. la Luna] ricevente quadrato sinistro (*aktinobolía*) da Marte". Schmidt hat seine Ansicht stillschweigend von (b) zu (a) geändert; vgl. Schmidt 1998, 64 "and because Ares hurls rays at the post-ascension of the Midheaven" mit Schmidt 2009, 366 "because it [sc. Selēnē] strikes Arēs with a ray".

[3095] Falsch ist daher die Erklärung von Neugebauer – van Hoesen 1959, 109[4], zur Stelle: "that is the quartile aspect ahead of the moon, counted in the zodiacal order" (mit Verweis auf Bouché-Leclercq 1899, 249). – Die Wortfolge (Infinitiv + Subjektsakkusativ) ist also die gleiche wie z.B. Ptol. apotel. 3,11,25 διὰ τὸ μεσουρανεῖν τὸν ἀφετικὸν τόπον.

[3096] Siehe auch oben S. 1226 zu Thrasyllos, der die ἀκτινοβολία als ἀναίρεσις zu bezeichnen pflegte.

[3097] Hierin stimme ich Schmidt grundsätzlich zu, wenngleich seine Argumentation im Einzelnen nicht überzeugt.

scenario would infact be a case of Selēnē striking Arēs with a ray [*vgl.
seine Übers. hier in Anm. 3094*]. So either Antigonus did not understand
the concept either, or Hephaestio has rewritten it to conform to his own
understanding." Wenngleich nicht mit Sicherheit ausgeschlossen werden
kann, dass Hephaistion den Text umformuliert hat (z.B. aus einer hypothetischen Originalformulierung καὶ ἀκτινοβοληθῆναι ὑπὸ τοῦ Ἄρεως
ἐπὶ τῆς ἐπαναφορᾶς τοῦ μεσουρανήματος ὄντος), erscheint diese Annahme nicht nötig, einerseits wegen der (von Schmidt nicht erwähnten)
grammatischen Möglichkeit, dass τὸν Ἄρεα Subjektsakkusativ sein
könnte, und andererseits wegen der Tendenz des Hephaistion, seine Vorlagen wörtlich und ohne eigene Eingriffe abzuschreiben.

Der Umstand, dass die Mars betreffende Aussage um ein *participium
coniunctum* (ἐπὶ τῆς ἐπαναφορᾶς τοῦ μεσουρανήματος ὄντα) erweitert ist, ändert nichts am grammatischen Befund. Beachtung verdient,
dass das Partizip ὄντα nur in Ep.[4] überliefert ist, nicht jedoch in **P** und
Exc.[2] (zu weiteren Fällen von διὰ τὸ + Infinitiv + *participium coniunctum* s.u. im Komm. z.St.). Es ist nicht unmöglich, dass ὄντα in der gesamten Überlieferung ausgefallen war und von Ep.[4] ergänzt wurde. In
diesem hypothetischen Fall würde sich die Frage stellen, ob die ursprüngliche Position von ὄντα unmittelbar nach τὸν Ἄρεα gewesen sein könnte. Außerdem könnte man angesichts des Textausfalls von ὄντα in **P** und
Exc.[2] erwägen, ob vielleicht in allen drei Überlieferungssträngen nach
ἀκτινοβολεῖν ein Pronomen αὐτὴν (sc. Σελήνην) ausgefallen ist. Diese
Annahme erscheint aber nicht notwendig.

Die Aktinobolie des Mars hat also zwei Wirkungen: Sie determiniert
die Todesart des Nativen, indem sie sehr negativ auf den ungünstig positionierten Mond einwirkt, und sie determiniert auch den Todeszeitpunkt
des Nativen, indem sie die von Antigonos nicht genannte, von der Sonne
ausgehende Direktion der Lebensjahre beendet. Wenn es die Absicht des
Antigonos gewesen wäre, die Todesart allein zu erklären, hätte es – wie
die Analyse des zeitgenössischen Materials bei Valens (s.o. in Anm.
3087) zwar nicht beweist, aber doch wahrscheinlich macht – nahe gele-
gen, nicht das Verb ἀκτινοβολεῖν zu wählen, sondern καθυπερτερεῖν,
zumal dieses Verb neben seiner Funktion als *terminus technicus* bezüglich der räumlichen Relation eines Planeten zu einem anderen oft auf der
Ebene der astrologischen Interpretation das Überlegensein eines stärkeren
Menschen gegenüber einem schwächeren bedeutet. So findet sich in
astrologischen Texten zuweilen die Junktur καθυπερτερεῖν ἐχθρῶν, 'die

Oberhand über persönliche Feinde gewinnen'.[3098] Die Wahl von ἀκτινοβολεῖν hat jedoch den Vorteil, dass darin nicht nur der Begriff der
Schädigung und Feindseligkeit liegt, sondern auch die spezielle Eignung
für eine Primärdirektion (dazu s.u. zu § 66c).

Das folgende Diagramm illustriert die Aktinobolie des Mars. Wie die
obige Rückberechnung ergab (s.o. S. 1141), betrug der Winkel zwischen
Mars und Mond am 6. April 113 n.Chr. ca. 88°, eine beinahe perfekte
linke Quadratur. Als Autor des Horoskops hat Antigonos das sehr wahrscheinlich gewusst, auch wenn er es seinem Leser nicht mitteilt. Im Diagramm bezeichnet 'A' das MC in Alexandria, 'R' das in Rom (s.o. Anm.
2909).

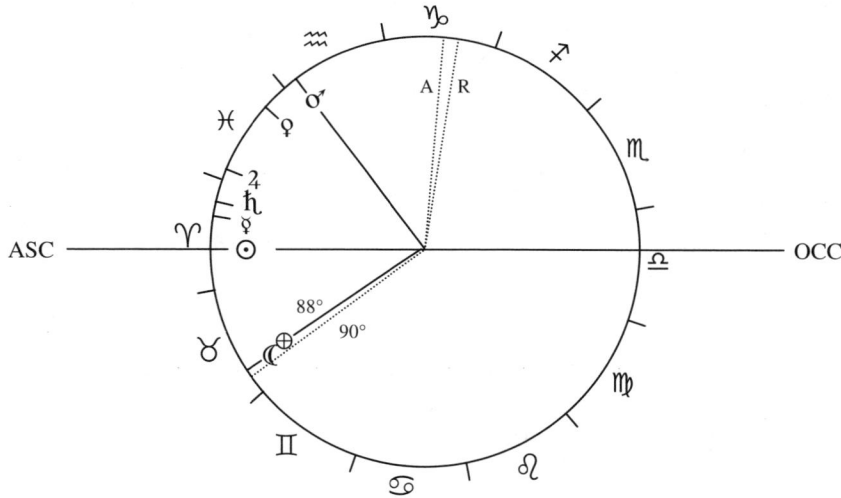

Diagr. 28: Die Aktinobolie des Mars in Hor. gr. 113.IV.5–6 (**F3**)

[3098] Vgl. Val. 1,2,56. Paul. Alex. 24 p. 70,15. Olymp. 23 p. 74,22. Album. rev. nat. 2,13
p. 91,13. 4,1 p. 187,19. 4,4 p. 196,13. 4,7 p. 205,21 (cf. 2,19 p. 105,17–18). In der byzantinischen Militärastrologie des Theophilos findet καθυπερτερεῖν dann auch konkret
auf das Verhältnis der siegreichen gegenüber der unterlegenen Kriegspartei Anwendung
(Theoph. exc. CCAG XI 1, 1932, cap. 18, p. 220,3–5): καὶ τότε ἴδε ποῖος τῶν δύο
ἀστέρων καθυπερτερεῖ τοῦ ἑτέρου· ὁ γὰρ καθυπερτερῶν νικήσει, καὶ ὁ καθυπερ-
τερούμενος νικηθήσεται ('Und dann sieh, welcher der zwei Planeten über den anderen überlegen ist, denn der überlegene wird siegen, und der unterlegene wird besiegt
werden').

Eine vom hiesigen Kommentar abweichende Interpretation, wonach die ἀκτινοβολία nicht von Mars zum Mond, sondern umgekehrt vom Mond zu Mars verläuft, vertritt Susanne Denningmann.[3099]

ἐπὶ τῆς ἐπαναφορᾶς τοῦ μεσουρανήματος: Zur Epanaphora s.o. zu **F1** § 26 ἐπαναφερομένων τῇ Σελήνῃ. Da im hiesigen Fall die Himmels- mitte im Steinbock liegt, ist das Zeichen des Wassermanns, in dem Mars steht, Epanaphora der Himmelsmitte und somit 11. Ort der Dodekatropos. Zur Wirkung des Mars bei Taggeburten in diesem Ort vgl. Rhet. 5,57,475 (= CCAG VIII 4, 1921, p. 173,8) ἡμέρας δὲ [...] γίνονται δὲ καὶ ἐπὶ κινδύνοις οὐ τοῖς τυχοῦσιν. Zu diesen nicht konkretisierten erheblichen Gefahren darf man vielleicht auch κατακοπῆναι (§ 66a) und φιλομο- ν⟨όμ⟩αχος (§ 66b) zählen. Das entsprechende Kapitel Firm. math. 3,4,33 bewahrt aus der gemeinsamen Quelle, ohne dies explizit kenntlich zu ma- chen, nur Angaben zu Taggeburten.[3100]

ὄντα: ergänzt nach Ep.[4]; weitere Fälle von διὰ τὸ + Infinitiv + *partici- pium coniunctum*: **F1** § 36 διὰ τὸ τὸν τοῦ Διὸς ἀστέρα ἐπίκεντρον ὄντα δορυφορεῖν τὸν Ἥλιον u. **F1** § 37 διὰ τὸ τὴν τοῦ Ἡλίου καὶ τῆς Σελήνης στάσιν ἐπίκεντρον οὖσαν [οὖσαν Ep.[4], om. P] δορυφο- ρεῖσθαι οἰκείως. Siehe ferner (ohne Infinitiv) **F1** § 35 διὰ τὸν Ἑρμῆν ἐν Κρόνου οἴκῳ ὄντα μετὰ Κρόνου u. **F3** § 66b διὰ τὸν Ἄρην ὄντα ἐπὶ τῆς ἐπαναφορᾶς τοῦ μεσουρανήματος καὶ τὸν Ἑρμῆν ὄντα ἐν οἴκῳ τοῦ Ἄρεως. Siehe aber auch den Kommentar zu **F5** § 68 προσθε- τικοὶ τῷ μήκει καὶ τῷ πλάτει am Ende.

[3099] Sie weist mich im Zuge ihres Korrekturlesens meines Kommentars darauf hin, dass sie glaubt, Antiochos von Athen habe mit seinem Konzept der ἀκτινοβολία eine uralte, an die Bewegung der Planeten durch den Tierkreis gebundene Metapher des persischen Pfeilschusses bewahrt und die Versuche anderer Astrologen, jene Metaphorik mit den an die Tagesrotation gebundenen *termini technici* ἑπόμενος u. προηγούμενος in Einklang zu bringen, hätten Verwirrung gestiftet, nicht jedoch bei Antigonos, der jene hypothe- tische ursprüngliche Lehre anwende. Auf den Befund der überprüfbaren Horoskope und von Paul. Alex. 35 p. 95,11–16 (s.o. S. 1225) geht sie nicht ein und konzediert, meine Interpretation von ἀκτινοβολία und καθυπερτέρησις nicht widerlegen, sondern nur Indizien dagegen anführen zu können. Im Interesse der Wahrheitsfindung ist zu hoffen, dass S. Denningmann ihre Einwände in einer detaillierten Auseinandersetzung mit dem hiesigen Kommentar veröffentlicht.

[3100] Grundlegende Informationen zu den Wirkungen der Luminare und Planeten in den zwölf Orten der Dodekatropos bietet der Komm. zu **F1** § 26 ἐπὶ τοῦ ὡροσκόπου (ab S. 697).

ἐξ ἀνθρώπου: im Gegensatz zu anderen potentiellen Ursachen gewaltsamen Todes wie z.B. wilden Tieren, einstürzenden Häusern oder Ertrinken nach einem Schiffbruch.

ἐν ἀνθρωποειδεῖ ζῳδίῳ: In menschlichen Zeichen (♊, ♍, ♎, ♒)[3101] stehend verursacht Mars Tod von Menschenhand, z.B. im Krieg oder durch Gift, zuweilen auch (als Sonderform der βιαιοθανασία ἐξ ἀνθρώπου) den Suizid.[3102] Die folgenden Parallelstellen verdienen, auch wenn die genannten astronomischen Bedingungen nicht in jedem Einzelfall mit Blick auf das Pedaniushoroskop erfüllt sind, Erwähnung: Nach Ptol. apotel. 4,9,12 (= Heph. 2,25,11) verursacht Mars, wenn er in einem menschlichen Zeichen und in Quadratur oder Opposition zu einem der Luminare steht, dass der Native bei innenpolitischen Unruhen oder im Krieg – also von Menschen – getötet wird: ὁ δὲ τοῦ Ἄρεως τῷ ἡλίῳ παρ᾽ αἵρεσιν ἢ τῇ σελήνῃ τετράγωνος ἢ διάμετρος σταθεὶς ἐν μὲν τοῖς ἀνθρωποειδέσι ζῳδίοις ἐν στάσεσιν ἐμφυλίοις ἢ ὑπὸ πολεμίων ποιεῖ σφαζομένους κτλ.[3103] Und Firmicus schreibt (math. 7,23,3): *Et sicut frequenter diximus, secundum differentiam signorum exitus decernitur mortis. In humanis enim signis gladio mors inferetur aut a latronibus aut in pugna aut [in] aliqua licentia potestatis.* Die letzte der drei hier genannten Möglichkeiten, Tod durch das Schwert auf Veranlassung einer Instanz, die dazu die Macht hat, trifft auf Pedanius zu. Vgl. ferner Firm. math. 3,4,23, wo es von Mars heißt, dass er unter bestimmten (bei Pedanius nicht gegebenen) Umständen *biothanatos facit, sed secundum signorum naturam atque substantiam. In humanis enim signis, sicut diximus, constitutus si fuerit, ab hominibus gladio perimitur [...].* Erwähnung verdient ferner ein durch Rhetorios bewahrtes Kritodemosexzerpt (Rhet. 5,77,7 = Critod. frg. 12 Peter = CCAG VIII 4, 1921, p. 199,20–22), das besagt: ὁ ὁριοκράτωρ τοῦ δύνοντος κακοποιὸς ὢν καὶ ἐν ἀνθρωποειδέσιν ζῳδίοις ὢν καὶ ὑπὸ κακοποιῶν θεωρούμενος ἐξ ἀνθρώπων τὸν θάνατον ποιεῖ

[3101] S.o. zu **F1** § 29 ἐν ἀνθρωποειδεῖ καὶ ἀρρενικῷ εἶναι ζῳδίῳ.

[3102] Vgl. Bouché-Leclercq 1899, 424. Der Suizid findet in den astrologischen Lehrtexten nur selten Beachtung und ist, was die erhaltenen Horoskope betrifft, nur in zwei Fällen unter den biographischen Angaben zu den Nativen belegt (Val. 2,41,81–84 = Hor. gr. 89.VII.29 u. Val. 2,27,8–12 = Hor. gr. 101.III.5). In diesen beiden Horoskopen steht Mars allerdings nicht in einem menschlichen Zeichen, sondern beide Male im Krebs.

[3103] Sinnentstellend paraphrasiert von Bara 1990, 832, die die folgende Parenthese zur Venus in ihrer Relation zum Satzganzen missverstanden hat. – Eine Prognose bzgl. verstümmelter Zeichen in demselben Satz des Ptolemaios wird oben S. 1211 bei Anm. 3050 zitiert.

(die genannten Bedingungen treffen auf Pedanius aber nicht zu).[3104]

Der hier in **F3** durch Mars im Wassermann symbolisierte Mensch, von dem der Tod durch Enthauptung ausgeht, ist vordergründig der Scharfrichter, letztlich aber der Kaiser Hadrian (vgl. § 65 τὸν βασιλέα). Insofern könnte Antigonos es durchaus als beeindruckenden Beweis der Wahrheit seiner astrologischen Lehre und der Kohärenz zusammengehöriger Horoskope[3105] gesehen haben, dass Hadrian nicht irgendein Mensch war, sondern ein Wassermann, und zwar ein Wassermann *par excellence* (Sonnenzeichen, Mondzeichen und Aszendent; vgl. die Hervorhebung des ἀνθρωποειδὲς ζῴδιον in **F1** § 29). Außerdem ist Mars im Horoskop Hadrians erklärtermaßen (§ 32) der Herr des MC (ὁ τοῦ κατὰ κορυφὴν τόπου κύριος), der den Kaiser unbezwingbar (δυσκαταγώνιστος) macht.

§ 66b

ἐρωτικὸς δὲ ὁ τοιοῦτος ἐγένετο καὶ φιλομον⟨όμ⟩αχος: Pingree (1973–1974, I 165 u. II 231) hätte den hier beginnenden Satz besser als neuen Paragraphen gezählt, da Antigonos an dieser Stelle von der Analyse der für die τύχη ἀξιωματική relevanten Daten zur Besprechung davon unabhängiger Charakterzüge, namentlich der Neigung zu erotischen Vergnügungen und Gladiatorenschauspielen, übergeht. Ganz ähnlich schloss sich in **F2** an § 56, dessen Gegenstand die τύχη ἀξιωματική war, ein kurzer Einschub zu erotischen Neigungen (§ 57) an.

Antigonos diskreditiert den Pedanius hier als psychisch und sittlich ungefestigt, was ihn ungeeignet für die Thronfolge erscheinen lässt.[3106] Dass unser Autor den Großneffen Hadrians so darstellt, verwundert nicht, sofern die an anderem Ort begründete These, dass die Autobiographie

---

[3104] Zur Begründung: Die von Antigonos nicht genannte Länge des Aszendenten ist wahrscheinlich gleich der der Sonne, also ca. 15° ♈ tropisch (s.o. S. 1141) bzw. 19°–20° ♈ siderisch; folglich wäre der Deszendent ca. 19°–20° ♎; Bezirke von 'Übeltätern' liegen in der Waage aber nur an den Grenzen des Zeichens, 0°–6° ♎ (Saturn) und 28°–30° ♎ (Mars).

[3105] Zu astrologischen συγκρίσεις mehrerer Nativitäten s.o. S. 532.

[3106] Schon Champlin 1976, 83f., sah in dem Hinweis auf ἐρωτικὸς καὶ φιλομον⟨όμ⟩αχος ein Indiz mangelnder charakterlicher Eignung; vgl. ebd. 89: "There need have been no dramatic rupture with Fuscus, but merely a growing conviction on the emperor's part that his kinsman and favoured heir was proving to be inadaqute." Siehe auch Martin 1982, 298: "son caractère insensé confinant à la folie, accompagné d'un dérèglement de ses mœurs"; vgl. ebd. 300.

Hadrians dem Antigonos als Quelle diente, zutrifft.[3107]

Die Charakterisierung eines Menschen als ἐρωτικός kann durchaus negativ sein, da erotische Neigungen dem Bereich der Seelenleiden zugerechnet werden. Ergänzend zu dem, was bereits oben (S. 1098) anlässlich der Sexualität des Nativen von **F2** zu πάθη ψυχικά bzw. παθήματα ψυχικά gesagt wurde, werden hier nun Belege angeführt, die das bei Antigonos nur in **F3** belegte Adjektiv ἐρωτικός mit πάθος bzw. πάθημα assoziieren. Unter den vor Antigonos zu datierenden Quellen vgl. Parthenius (1. Jh. v.Chr.), der sein Werk zu Beginn als ἄθροισιν τῶν ἐρωτικῶν παθημάτων bezeichnet, und besonders Plut. quaest. conv. 681A τῶν ἐρωτικῶν, ἃ δὴ μέγιστα καὶ σφοδρότατα παθήματα τῆς ψυχῆς ἐστιν, ἀρχὴν ἡ ὄψις ἐνδίδωσιν. Mehrmals werden erotische Neigungen – sowohl bei paganen als auch bei christlichen Autoren – explizit mit Zügellosigkeit (ἀκολασία) und Raserei (μανία) assoziiert; vgl. Ps.-Long. subl. 10,1 (mit Bezug auf Sappho) τὰ συμβαίνοντα ταῖς ἐρωτικαῖς μανίαις παθήματα, Clem. Alex. paed. 3,11,60,1 πολλοὶ δὲ τῶν ἀκολάστων ἐγγεγλυμμένους ἔχουσι τοὺς ἐρωμένους ἢ τὰς ἑταίρας, ὡς μηδὲ ἐθελήσασιν αὐτοῖς λήθην ποτὲ ἐγγενέσθαι δυνηθῆναι τῶν ἐρωτικῶν παθημάτων διὰ τὴν ἐνδελεχῆ τῆς ἀκολασίας ὑπόμνησιν.[3108] Astrologische Aussagen, die das Adjektiv ἐρωτικός in eindeutig negativem Kontext verwenden und zum Verständnis der Argumentation des Antigonos wichtig sind, werden unten S. 1240 und S. 1243 zitiert.

Was den zweiten Punkt (φιλομον⟨όμ⟩αχος) betrifft, ist eine differenzierte Darstellung erforderlich, die hier primär in Anlehnung an Wiedemann 2001 erfolgt. Prinzipiell gilt, dass "der Platz des Gladiators am äußersten Rand der römischen Gesellschaft" ist (ebd. 111, vgl. 114). Er bildet somit das extreme Gegenteil des an der Spitze der Gesellschaft stehenden Kaisers (ebd. 117). Folglich waren Freie von hohem Stand, die als Gladiatoren in der Arena auftraten, Gegenstand massiver Kritik (ebd. 111),[3109] und es galt als "der größte Angriff auf die bestehende Sittlichkeit [...], wenn der Kaiser selbst in der Arena auftrat, wie Caligula, Nero,

---

[3107] Heilen 2005a; vgl. oben S. 52–56, bes. S. 55f. (Punkt 3). Siehe auch Hist. Aug. Hadr. 23,3 (zit. oben S. 1188 bei Anm. 2995).

[3108] Siehe ferner Ps.-Basil. Caes. serm. de contub. MPG 30, p. 825,51–56 καὶ ἐν ἐκκλησίᾳ προσομιλιῶν λαλουμένων, οὐκ οἴδασι τί ἀκούουσι, τῷ ἀλλήλων αἰσχρῷ πάθει δεδουλωμένοι· οὕτως τοῦ ἐρωτικοῦ καὶ μανιώδους πάθους τὴν ψυχὴν πηροῦντος, ὡς, εἰ δυνατὸν, καὶ τῶν ἰδίων ὀνομάτων ἐπιλανθάνεσθαι.

[3109] Vgl. Malitz 2004, 150: "Den allergrößten Reiz des Verruchten hatte damals wohl ein Auftritt als Gladiator. [...] Die Gladiatur muss einen perversen Reiz von Freiheit und sozialem Abstieg ausgeübt haben."

und Commodus" (ebd. 133; vgl. 42). Als durchaus akzeptabel galt es hingegen, wenn Angehörige der Oberschicht sich durch Gladiatorentraining ertüchtigten, was übrigens von Hadrian selbst berichtet wird (Hist. Aug. Hadr. 14,10 *gladiatoria quoque arma tractavit*). Solches Waffentraining wird von den antiken Quellen nicht als verwerflich beurteilt, "solange kein Auftritt als Gladiator folgt".[3110] Eine besondere Anziehungskraft übten Gladiatorenkämpfe naturgemäß auf junge Männer aus. Dass diese sich oft über Gebühr für Gladiatoren interessierten, war ein gängiges Thema der Literatur (Wiedemann 2001, 42). Es gab sogar gewisse 'Fan-Artikel' wie z.B. Programme (*libelli munerarii*) mit den Angaben zu früheren Auftritten der einzelnen Gladiatoren (ebd. 66). Der von Antigonos benutzte Begriff φιλομον⟨όμ⟩αχος bedeutet sehr wahrscheinlich nicht, dass Pedanius selbst als Gladiator kämpfte und damit "die äußerste Schande für einen freien Bürger" (ebd. 42) auf sich lud, denn damit hätte er schon vor seinem tödlichen Fehltritt (§ 65 ἐσφάλη) jegliche Ambitionen auf den Thron verspielt,[3111] sondern vielmehr, dass er eine übermäßige Freude an Gladiatoren und Blutvergießen an den Tag legte, die ebenfalls, wenngleich in geringerem Maße, als kritikwürdig galt. Nach Wiedemann (2001, 144f.) ist das in der antiken Literatur häufigste Argument gegen Gladiatorenspiele, dass diese "die Gefühle der Zuschauer so heftig bewegten, dass der Verstand beeinträchtigt wurde";[3112] zugleich gelte es in der griechischen politischen Theorie seit dem 4. Jh. v.Chr. als ausgemacht, dass es zu jedermanns Vorteil sei, dass diejenigen, die der Vernunft gemäß handeln, die Verantwortung für die Regierung übernehmen. Übermäßige Begeisterung für Gladiatoren erscheint also gerade für Kaiser und für junge Männer des Kaiserhauses als inakzeptabel.[3113] Dement-

---

[3110] So Fündling 2006, 714 (vgl. Wiedemann 2001, 117), der ebenda ergänzt: "Einiges spricht dafür, daß Hadrian schon im *collegium iuvenum* von Italica von einem Gladiatorentrainer unterrichtet wurde".

[3111] Vgl. Malitz 2004, 151, über junge Männer aus guten Familien, die als Gladiatoren auftraten: "ihre soziale Rolle in Senatoren- und Ritterstand war zerstört".

[3112] Zu der damit verbundenen Gefahr, dass verstandesbasierte Unterhaltungsformen wie z.B. Komödienaufführungen, die die Konzentration der Zuschauer auf eine mehr oder weniger komplizierte Handlung erfordern, durch die irrationale Faszination der Gewalt verdrängt werden, s. Ter. Hec. 39–42 u. Wiedemann 2001, 147: "Es ist nicht überraschend, dass diejenigen, die als Redner Ruhm und öffentliche Achtung erlangten, der Ansicht waren, dass Gladiatorenspiele eine direkte Bedrohung für die hellenistische Kultur darstellten."

[3113] Vgl. Wiedemann 2001, 173f.: "Rationale und gebildete Mitglieder der Oberschicht sollten nicht offenes Vergnügen am Blutvergießen zeigen; Blutrünstigkeit war eine Standardanschuldigung [...]."

sprechend heißt es z.B. bei Cass. Dio 60,13,1, Claudius habe dauernd Gladiatorenkämpfe durchgeführt und daran solches Vergnügen gefunden, dass er deswegen selbst Anstoß erregte: ἐτίθει μὲν οὖν συνεχῶς μονομαχίας ἀγῶνας· πάνυ γάρ σφισιν ἔχαιρεν, ὥστε καὶ αἰτίαν ἐπὶ τούτῳ σχεῖν. Und Tacitus veranschaulicht "den schlechten Charakter von Tiberius' Sohn Drusus [*15 v.Chr. – 23 n.Chr.*] dadurch [...], dass er dessen krankhaften Eifer hervorhebt, dem Blutvergießen in der Arena beizuwohnen".[3114] Die Kritik an den öffentlichen Vorführungen war insbesondere ein Topos der stoischen Philosophie.[3115] Allerdings wurde angesichts der Bedeutung der Spiele im römischen Staat von den Kaisern nicht kompromisslose Ablehnung, sondern das rechte Maß an Interesse für die Spiele erwartet: Vollständiges Fernbleiben, wie Tiberius es vorzog, wurde ebenso kritisiert wie die unziemliche Gladiatorenbegeisterung des Caligula, Claudius, Nero, Domitian, und besonders des Commodus.[3116]

Insgesamt impliziert die Charakterisierung des Pedanius durch Antigonos also, dass der junge Mann in verschiedener Hinsicht – vor allem *in puncto* Erotik und Gladiatoren – seine Vernunft irrationalen Trieben unterordnete und somit nicht zur Herrschaft geeignet war. Dass er angeblich in politischer Hinsicht κακόβουλος wurde (§§ 65 u. 66a), fügt sich nahtlos in dieses Bild ein.

ὁ τοιοῦτος: bezieht sich auf die in § 63 exponierten astronomischen Daten; vgl. den Kommentar zu **F1** § 39 τὸν δὲ τοιοῦτον.

φιλομον⟨όμ⟩αχος: Die Handschriften überliefern in diesem Satz gleich zweimal übereinstimmend φιλομόναχος.[3117] Dieses Adjektiv ("befriending monks", Lampe s.v.),[3118] das Pingree aufgrund seiner editorischen

---

[3114] Wiedemann 2001, 141; vgl. ebd. 143: "Es war nicht gut, zu sehr an Blutvergießen interessiert zu sein". Tacitus schreibt (ann. 1,76,3): *edendis gladiatoribus ... Drusus praesedit, quamquam vili sanguine nimis gaudens etc.*

[3115] So Wiedemann 2001, 145 (im engl. Orig. "spectacles" statt "Vorführungen"). Vgl. z.B. Sen. epist. 7,2–3 *Nihil vero tam damnosum bonis moribus quam in aliquo spectaculo desidere; tunc enim per voluptatem facilius vitia subrepunt. quid me existimas dicere? avarior redeo, ambitiosior, luxuriosior? immo vero crudelior et inhumanior, quia inter homines fui.* (weitere antike Literaturstellen bei Wiedemann 2001, 200[36]).

[3116] Wiedemann 2001, 175 u. 180.

[3117] Zu identischen Verschreibungen im Abstand weniger Zeilen vgl. z.B. Plaut. Amph. 59 u. 63 *tragico[co]moedia* u. ebd. 65 u. 82 *conquis[i]tores*.

[3118] Caballos Rufino 1990, 414, zögert zu Unrecht mit der Entscheidung zwischen "¿aficionado a los combates gladiatorios? / ¿amante de la soledad?". Falsch urteilt m.E. auch

Prinzipien an allen relevanten Stellen kommentarlos in den Druck übernimmt,[3119] begegnet ab ca. 400 n.Chr. Die frühesten Belege sind Pallad.
hist. Laus. 52 (p. 244,2 Bartelink) und Nil. Ancyr. epist. 2,60 (MPG 79,
225D).[3120] Zu meiner Berichtigung der Haplographie, die ein Paradebeispiel für 'monastic corruption' (Ogilvie 1971) bildet,[3121] vgl. Ptol.
apotel. 4,4,7, der in einer Prognose zur kombinierten Wirkung von Merkur, Mars und Jupiter u.a. φιλομονομάχους voraussagt ("fond of individual combats", LSJ suppl. 1996). Die Ptolemaios-Stelle ist der einzige
Beleg für das Kompositum φιλομονόμαχος. Ein Teil der dortigen Überlieferung bietet die Verschreibungen φιλομονάχους (**Dγ**) und φιλομά
χους (**Y**, = Heph. 2,19,15).[3122] F. Cumont (CCAG VIII 2, 1911, p. 86,8–9
app. crit.) erwog die Emendation der Antigonos-Stelle zu φιλόμαχος,
doch φιλομονόμαχος ist vorzuziehen, wie bereits LSJ s.v. φιλομόναχος
sahen (vgl. LSJ suppl. 1996. Hübner 1998a, 301, app. crit. ad Ptol. apotel.
4,4,7). Antigonos rekurriert in seiner astrologischen Begründung auf
Mars und Merkur, was (trotz der doktrinären Verschiedenheit des Kontextes) an die Ptolemaios-Stelle erinnert.

Während die astrologische Literatur keine Parallelen für φιλόμαχος
bietet (außer Heph. 2,19,15 u. Rhet. 5,83,18, s.o.), ist zuweilen von Gladiatoren beziehungsweise Einzelkämpfern die Rede: Vgl. Teucr. II 5,4a
μονομάχους (Hübner 1995a, I 117; cf. Cumont 1937, 77[1]). PSI III 157,
Z. 26 μουνομάχας (= Anub. frg. 16,26 Obbink = Anub. frg. 14,26 in
Heilen 2010c, 189 ~ Firm. math. 3,4,23 *gladiatores*). Val. 2,17,59 μονο-

---

Fündling 2006, 1008: "[...] aber 'Freund der Einsamkeit, Einzelgänger' ohne Annahme
eines Schreiberversehens wäre ganz sinnvoll".

[3119] Pingree 1973–1974, vol. I, p. 165,27; vol. II, p. XI,14–15; ibid. p. 231,31–32.

[3120] Während der Beleg bei Neilos von Ankyra († ca. 430 n.Chr.) sicher ist, wird Kap. 52
der *Historia Lausiaca* des Palladios († vor 431 n.Chr.) nur durch die problematische und
noch nicht genügend erforschte Rezension **B** überliefert (vgl. Chr. Mohrmann bei Bartelink 1974, XII), die nach Honigmann 1953, bes. 114 u. 117, Werk des Heraklidas von
Nyssa (ca. 440 n.Chr.) ist. Ein Teil der Hss. der Rez. **B** bietet außerdem a.a.O. statt φι
λομόναχος die *varia lectio* φιλομονάζων (vgl. Butler 1898–1904, II 145, app. crit.).
Nichts zur Stelle bieten die lexikalischen Untersuchungen zu Palladios von Tabachovitz
1930. Linnér 1943. Meyer 1957. – Lampe s.v. φιλομόναχος und der TLG bieten insgesamt ca. zwei Dutzend weitere Belege des 6. bis 13. Jh.

[3121] Kurioserweise gibt es auch wenigstens einen Fall der umgekehrten Verschreibung:
Vgl. cod. Berol. Phill. 1577 (saec. XV), der nach einer Subscriptio auf Blatt 72[r] von einem Georgios Kritopullos stammt, der sich als ὕστριος μονόμαχος bezeichnet (gemeint
ist wohl 'istrischer Mönch'); Quelle: CCAG VII (1908), p. 48 (durch Autopsie bestätigt).

[3122] φιλομάχους übernahm Rhet. 5,83,18 (= CCAG VIII 4, 1921, p. 212,7).

μαχοῦντες. Val. 2,17,95 μονομάχους. Heph. epit. 4,116,44 μονομάχου. Kam. isag. 11 μονομάχου. Der cod. Mutin. 174 bietet eine nicht datierbare Variante der von Riess als Nech. et Pet. frg. 37–39 gezählten Petosirisbriefe und darin zweimal das Substantiv μονομαχία (CCAG IV, 1903, p. 120,4.9). Das lateinische Äquivalent *gladiator* begegnet bei Firm. math. 3,4,23. 7,8,7. 7,26,2. 8,7,5. 8,10,4. 8,23,4. 8,24,7. Einige der genannten Stellen sind für die soziale Stellung und den Charakter der Gladiatoren aufschlussreich: Val. 2,17,95 stellt sie explizit niedrigen und dienenden Menschen an die Seite (ταπεινοὺς ἀποτελεῖ τοὺς γεννωμένους, δούλους στρατευομένων ἢ καὶ ἡγεμονευόντων ὑποτεταγμένους, πολλάκις δὲ κυνηγοὺς ἢ μονομάχους ἢ ὁπλοποιούς), Firm. math. 7,8,7 erwähnt zum Tode Verurteilte, die als Gladiatoren ihr Ende finden (*gladiatores* [...], *qui damnati ad hoc exitium transferantur*), und der späte Hephaistion-Epitomator denkt primär an ihre Verwegenheit, ihren Starrsinn und ihre Reuelosigkeit, ganz im Gegensatz zu königlichen Tugenden, wie Jupiter sie verleiht (Heph. epit. 4,116,44): ἐὰν οὖν ὁ Κρόνος ὡροσκοπῇ ἔσται ὁ κατήγορος κακῆς φήμης, ἐὰν δὲ ὁ Ἄρης τολμηρὸς καὶ αὐθάδης καὶ ἀμεταμέλητος, μονομάχου γνώμην ἔχων, ἐὰν δὲ ὁ Ζεὺς ἔνδοξος καὶ δίκαιος, καθιστάμενός τε τὴν γνώμην καὶ ἀτάραχος. Vgl. weiter Artem. onir. 5,58, wo der widerliche Traum eines Mannes, der später Gladiator wurde, als Vorzeichen der rohen und frevelhaften Art seines Lebensunterhalts sowie der Ehrlosigkeit des Gladiatorenstandes gedeutet wird (τό τε γὰρ ἀνθρώπινον αἷμα ἐσθίειν τὴν ἀπὸ αἵματος ἀνθρωπίνου ὠμήν τε καὶ ἀνόσιον ἐσήμαινεν αὐτοῦ τροφήν, καὶ ἡ τῆς μητρὸς φωνὴ τὴν ἀτιμίαν τοῦ βίου προεμαντεύετο).

ἐρωτικὸς μὲν διὰ τὴν Ἀφροδίτην καὶ τὸν Δία: Konjunktionen von Jupiter und Venus gelten im Prinzip als sehr positiv, was angesichts der Klassifizierung dieser Planetengötter als 'Wohltäter' nicht überrascht und in mehreren einschlägigen Aussagen späterer Fachschriftsteller seine Bestätigung findet. Diese Aussagen gehen alle auf eine alte, inzwischen verlorene astrologische Quelle ('Nechepsos und Petosiris'?) zurück.[3123] Diese scheint unter anderem die Neigung der unter Jupiter-Venus-Konjunktionen Geborenen zu einem intensiven heterosexuellen Geschlechtsleben erwähnt zu haben, wie eine erhaltene Dorotheosparaphrase zeigt, die ich synoptisch mit der Parallelversion des Firmicus präsentiere:[3124]

[3123] Ausführlich hierzu Heilen 2010, bes. 136 (mit Stemma).
[3124] Zwei weitere Zeugnisse für die verlorenen Dorotheosverse bieten Dor. arab. 2,19,5 sowie auch Dor. p. 355,20–23 (= Anub. test. 8,356–359 Obbink = Par. Anub. ⟨et Dor.⟩

Firm. math. 6,23,4–5

Par. ⟨Dor.⟩ pp. 378,29–
379,2 Pingree 1986
(= Val. app. 1,115–116)

Si Iuppiter et Venus in eadem parte vel in eodem signo pariter fuerint constituti, honoris insignia cum maxima decernunt gratia venustatis, bonorum etiam et magnorum virorum fidelibus amicitiis semper associant. Faciunt etiam honesta morum conversatione semper ornatos, et integra fide omnium religionum iura servantes. Erunt etiam qui sic Iovem habuerint cum Venere, munda pulchritudinis honestate fulgentes, iudicibus et regibus iuncti semper amabili vinculo caritatis. Sed[3125] hos ad omnes glorias bonae famae testimonium semper insinuat, et a potentissimis feminis et honoris insignia et maxima illis conferuntur praesidia facultatum. Sed sic habentes Venerem et Iovem etiam felix et prosperum matrimonium sortiuntur. Habebunt etiam filios, si non illos malivolarum stellarum inpugnaverit radius.

Σὺν δὲ τῇ Ἀφροδίτῃ ὢν ὁ Ζεὺς τὸ τιμητικὸν ἐπιδείκνυται καὶ ταῖς χάρισι κεκοσμημένον καὶ τὴν παρὰ πολλῶν φιλίαν, τό τε ἀγαθόφρον καὶ εὐσεβὲς καὶ ἀστεῖον καὶ τὸ παρ' ἡγεμόσι ποθεινὸν καὶ εὔφημον καὶ εὐκλεές. οὗτοι καὶ ἐξ ἐπισήμων τινῶν γυναικῶν τὸν βίον αὔξουσιν ἢ ἱερῶν προστατεύουσιν, κατ' ἐξοχὴν δέ εἰσι φιλέρωτες καὶ πολλαῖς γυναιξὶν ἐν συνουσίᾳ γίνονται, εὔγαμοί τε καὶ εὔτεκνοι εἰ μὴ ὁρᾷ Κρόνος καὶ Ἄρης.

Diese grundsätzliche Qualität von Jupiter-Venus-Konjunktionen gewinnt im hier vorliegenden Fall an Intensität durch den Umstand, dass sich beide Planeten in den Fischen befinden, die zugleich Erhöhung der Venus und Nachthaus Jupiters sind.[3126] Die somit starke Wirkung der beiden wird im Falle der Venus noch weiter intensiviert durch den Umstand, dass sie wenige Tage zuvor ihren zweiten Stillstand hatte und jetzt wieder

---

bei Heilen 2010c, 134–136): ὁ Ζεὺς σὺν Ἀφροδίτῃ ἐντίμους, εὐχαρεῖς, πολυφίλους, ἀγαθούς, εὐσεβεῖς, ἀστείους, φίλους ἡγεμόνων, ἐνδόξους, εὐγάμους, προκόπτοντας ἀπὸ θηλυκῶν προσώπων καὶ ἱερῶν προεστῶτας. ποιοῦσι δὲ καὶ εὐτέκνους, εἰ ὑπὸ μηδενὸς βλάπτονται κακοποιοῦ. An diesen beiden Stellen fehlt ebenso wie bei Firmicus ein Äquivalent zu den in der obigen Synopse unterstrichenen Worten. Aus derselben alten Quelle schöpft übrigens auch Ps.-Maneth. 2[1],397–485, aber nur selektiv; das Notat zu Jupiter-Venus-Konjunktionen fehlt dort.

[3125] Anscheinend eine unbeholfene Wiedergabe von gr. δέ (ebenso im nächsten Satz), wie sie in der lateinischen Spätantike verbreitet war.

[3126] S.o. S. 715, Tab. 15, und S. 737, Tab. 19.

kräftig in der Längenbewegung zulegt (s.u. zu § 63 ἐπὶ στηριγμοῦ ἑῴου).

Das Tierkreiszeichen der Jupiter-Venus-Konjunktion in **F3** wirkt aber nicht nur intensivierend, sondern setzt zugleich durch seine speziellen Eigenschaften die grundsätzlich positive Qualität dieser Konjunktion herab. Denn die Fische bringen nach Val. 1,2,79 Menschen hervor, die der unsteten und (in der Hierarchie der Lebewesen) niederen Natur dieser Wasserbewohner entsprechen: οἱ οὖν γεννώμενοι ἄστατοι, ἀμφίβολοι, ἐκ κακῶν εἰς ἀγαθὰ μεταβάλλοντες, ἐρωτικοί, λατρευτικοί, ἀσελγεῖς, πολύγονοι, ὀχλικοί. Man beachte, wie Valens hier ἐρωτικοί und ἀσελγεῖς verbindet.[3127] Da außerdem bei Pedanius die Sonne, Saturn und Merkur im Widder stehen, der ebenfalls als ἀσελγής gilt (vgl. **F2** § 57), und in **F2** der Widder Sonne, Mars, Venus und Merkur beherbergt, darf man wohl sagen, dass Antigonos **F2** und **F3** unter dem Gesichtspunkt der erotischen beziehungsweise sexuellen Ausschweifungen parallelisiert.

Noch verhängnisvoller als die Qualität des Tierkreiszeichens wirkt sich aber aus astrologischer Sicht der Umstand aus, dass Jupiter und Venus in **F3** im 12. Ort der Dodekatropos stehen.[3128] Ihre Wohltaten werden im 12. Ort pervertiert oder in die entsprechenden Laster verkehrt. Allgemeingültige Aussagen dieser Art bieten z.B. Val. 2,5,2 οἱ ἀγαθοποιοὶ ἐν τούτῳ τῷ τόπῳ οὐ μερίζουσι τὰ ἑαυτῶν ἀγαθά und Firm. math. 2,19,13 *vitia etiam in hoc loco* [...] *invenimus*. Wir finden aber auch speziellere, den Bereich der Erotik betreffende Aussagen. Besondere Beachtung verdient eine astrologische Schrift unbekannten Alters über die Wirkungen der Planeten in den zwölf Orten der Dodekatropos, die uns nur noch durch Zitate bei Firmicus, Paulos Alexandrinos und Rhetorios greifbar ist.[3129] Da alle drei genannten Autoren unabhängig voneinander ausgiebig auf jene verlorene Schrift rekurrieren, muss sie hohes Ansehen genossen haben. *Terminus ante quem* für ihre Entstehung ist das frühe 4. Jh. n.Chr. (Firmicus), aber vermutlich war jene Schrift viel älter, so dass sie auch Antigonos bekannt gewesen sein könnte. Die hier relevante Passage jener Schrift prognostizierte zur Venus im 12. Ort Männer, die aufgrund von Frauen leidvolle Erfahrungen machen werden, wie die folgende Synopse der erhaltenen Testimonien zeigt:

[3127] Der TLG kennt keine weiteren Belege für ἐρωτικ- und ἀσελγ- in griechischen Astrologumena.

[3128] Zu den Wirkungen der Luminare und Planeten in den zwölf Orten der Dodekatropos s.o. Komm. zu **F1** § 26 ἐπὶ τοῦ ὡροσκόπου (ab S. 697).

[3129] Eine gründliche Untersuchung hierzu ist ein Desiderat der Forschung.

Firm. math. 3,6,25–26	Paul. Alex. 24 p. 72,4–6[3130]	Rhet. 5,57,40–42 (= CCAG VIII 4, 1921, p. 130,14–21)
(25) *In duodecimo loco Venus ab horoscopo constituta si in nocturna genitura sic fuerit inventa, faciet mulierum causa assiduo tristitiae dolore cruciari. Si sic [exemplo] positam Mars et Mercurius forti radiatione respexerit, faciet ei ab ancillis libidinis causa frequenter insidias, facit animi aestus et decernit instinctu libidinis turpis amoris incendia; alii vero ancillas matrimoniis sibi iungunt, alii [sibi] publicas meretrices genialis sibi tori copulatione consociant, ex qua causa etiam filiorum soboles denegatur.*	ὁ δὲ Ἀφροδίτης ἐπὶ τούτου τοῦ τόπου τυχὼν διὰ γυναικείας προφάσεις λυπουμένους καὶ πάθεσι ψυχικοῖς περικυλιομένους, τουτέστιν ἐρωτικοὺς ποιήσει. ἐπιμίσγονται δὲ καὶ δούλαις ἢ γηραιαῖς ἢ ἑταιρίσιν, ὧν χάριν ἐν ἀτεκνίᾳ διατελοῦσιν·	(40) Ἐπὶ δὲ τοῦ κακοδαιμονοῦντος ζῳδίου [CCAG: τῷ κακοδαιμονοῦντι ζῳδίῳ] τυχοῦσα ἡ Ἀφροδίτη νυκτὸς διὰ γυναικῶν προφάσεις λυπουμένους ⟨ποιεῖ⟩. (41) ἐὰν δὲ κατοπτεύηται ὑπὸ Κρόνου καὶ Ἑρμοῦ ἢ ⟨Ἄρεως⟩ [CCAG: Ἄρεως] καὶ πάθεσι ψυχικοῖς περικυλιομένους – τουτέστιν ἐρωτικοῖς [sic] – ⟨ποιεῖ⟩ [om. CCAG]· τινὲς δὲ καὶ δούλαις ἢ ἑταίραις ζεύγνυνται, ὧν καὶ χάριν [CCAG: χάριν καὶ] ἐν ἀτεκνίᾳ γίνονται.
	ἐὰν δὲ ὁ ὑποδεξάμενος τὸν τῆς Ἀφροδίτης ἀστέρα ἐπίκεντρος σχηματίσῃ, δουλοκοίτας καὶ κακογάμους, ὁτὲ δὲ καὶ τῶν ἰδίων γυναικῶν παρακοιμιστὰς ποιήσει.	
(26) *per diem vero in hoc loco posita mulierum causa necem vel malae mortis decernit atrocitatem secundum naturam qualitatemque signorum;*		(42) ἡμέρας δὲ τυχοῦσα ἐπὶ τοῦδε τοῦ τόπου κακῶς καὶ βιαίως ἕνεκα γυναικῶν ἀπολλυμένους ⟨σημαίνει⟩ [CCAG: σημαίνει] κα-

---

[3130] Vgl. Olymp. 23 p. 75,12–15.

habet enim haec stella varias, sed quae difficile inveniri possint, decernendi potestates.	τὰ τὴν τῶν ζῳδίων φυσικὴν ἰδιότητα· ἔχει δὲ [CCAG: γὰρ] ποικίλους καὶ δυσευρέτους ἡ θεὰ χρηματισμούς, ⟨ἀφ'⟩ ἧς³¹³¹ καὶ τὰ τοῦ βίου πράγματα ὁδηγηθήσεται.

Mehrere Punkte fallen auf:

1. Firmicus und Rhetorios unterscheiden hier zwischen Nacht- und Taggeburten; der zweite, dem Tag gewidmete Teil der ursprünglichen Prognose fehlt bei Paulos Alexandrinos, und zwar, wie es scheint, mit Absicht, da bei ihm im ersten Teil auch das Wort νυκτὸς fehlt. Im Falle des Pedanius ist vermutlich die Tagregel relevant, was aber nicht verifizierbar ist, da Antigonos die Positionen von Sonne und ASC nur zeichengenau bietet.

2. Für Nachtgeburten prognostizieren Paulos und Rhetorios Menschen mit abnormer psychischer Disposition im Bereich der Erotik (πάθεσι ψυχικοῖς περικυλιομένους), wobei diese Disposition mit dem Adjektiv ἐρωτικούς zusammengefasst wird.

3. Die bei Firmicus und Rhetorios erhaltene Tagprognose ist noch schlimmer, weil Venus dann nicht nur hinsichtlich der Dodekatropos, sondern auch bezüglich ihrer 'Partei' (αἵρεσις, s.o. S. 702) ungünstig steht. Diese Tagprognose sagt Männer voraus, die aufgrund von Frauen auf üble und gewaltsame Weise zugrunde gehen, und zwar entsprechend den Eigenschaften des jeweiligen Tierkreiszeichens, das den 12. Ort bilde; denn die Dekrete der Planetengöttin Venus, von der auch die Taten eines Menschenlebens gelenkt würden, seien vielfältig und nicht bis ins Letzte ergründbar.³¹³²

Nehmen wir nun die bei denselben drei Autoren erhaltenen Testimonien für die Lehrsätze derselben alten Quelle bezüglich des Jupiter im 12. Ort hinzu. Diese lauten:

---

³¹³¹ ⟨ἀφ'⟩ ἧς coni. Pingree, οἷς coni. Cumont (CCAG), ἧς vel ὑφ' ἧς codd.

³¹³² Eine ähnlich negative Prognose zu Venus im 12. Ort wie die gemeinsame Quelle von Firmicus, Paulos und Rhetorios bietet der demotische P. Berlin 8345, col. III,7–10: "He runs amuck(?) because of a wife. ⟨He⟩ is not permitted to agree with a woman. He causes mi[sery] during his life. A wife did not customarily ..." (so die engl. Übers. von Hughes 1986, 57; s. auch den Komm. ebd. 62 zu col. II,3).

Firm. math. 3,3,22–23	Paul. Alex. 24 p. 71,13–15[3133]	Rhet. 5,57,35–36 (= CCAG VIII 4, 1921, p. 130,1–4)
In duodecimo loco Iuppiter ab horoscopo constitutus maximas decernit infelicitates; facit semper inimicos potentes et qui eum crebra potestate deterreant etc.	ὁ δὲ τοῦ Διὸς τὸν τόπον τοῦτον ἐπίσχων ἐχθρῶν ἐπαναστάσεις καὶ κρισιολογίας πρὸς ἐλαχίστους καὶ τῶν πατρικῶν ἐλάττωσιν ποιήσει κτλ.	ὁ Ζεὺς ἐν τῷ δωδεκάτῳ [CCAG: ἐπὶ δὲ τῶν κακοδαιμονούντων ζῳδίων τυχὼν ὁ Ζεὺς] μάχας καὶ κινδύνους καὶ κρισιολογίας πρὸς ὑπερέχοντας ἀποτελεῖ. πάντοτε δὲ ὁ θεὸς ἐν τοῖς ζῳδίοις τούτοις τυχὼν οὐκ ἀγαθὸς γενήσεται [CCAG: ὁ θεὸς οὗτος ἐν τοῖς ζῳδίοις τούτοις οὐκ ἀγαθοποιὸς γίνεται], μάλιστα δὲ νυκτός.

Es fällt sogleich auf, dass diese Stellen gar nichts über ἐρωτικούς sagen. Das bedeutet, dass Jupiter wohl nicht wegen seiner Stellung im 12. Ort, sondern wegen seiner oben erläuterten Konjunktion mit Venus (die ihrerseits im 12. Ort steht) für die erotische Seite des Pedanius verantwortlich ist. Dennoch verdienen die soeben zitierten Aussagen zu Jupiter im 12. Ort noch etwas nähere Beachtung. In ihnen weicht Paulos Alexandrinos erneut stark von den beiden anderen, einander inhaltlich näher stehenden Autoren ab. Nach Rhetorios bewirkt Jupiter im 12. Ort Kämpfe, Gefahren und Streit mit Höhergestellten; dabei werde Jupiter, wenn er in diesen Tierkreiszeichen (d.h. welche auch immer den 12. Ort bilden) stehe, niemals wohltätig sein, vor allem nicht bei Nacht (da er ja selbst zur Partei des Tages gehört). Anstelle von Höhergestellten spricht Firmicus von mächtigen Feinden, außerdem auch in allgemeinerer Formulierung von größtem Unglück. Das wichtigste Detail, in dem Paulos von Rhetorios und Firmicus abweicht, ist seine durch Olympiodor bestätigte, aber eindeutig den Sinn entstellende Lesart ἐλαχίστους. Der Sinn wäre dann nämlich Streit[3134] mit Menschen von niedrigster Stellung und Jupiter würde nicht (wie bei Rhetorios und Firmicus) den höhergestellten Feind

---

[3133] Vgl. Olymp. 23 p. 75,6–9, der ebenfalls ἐλαχίστους liest.

[3134] Die Vokabel κρισιολογία ist nur an den drei hier zitierten Stellen zu Jupiter im 12. Ort belegt (Rhetorios, Paulos, Olympiodor).

des Nativen, sondern den Nativen selbst symbolisieren.[3135]

Falls dem Antigonos die hier rekonstruierten Lehrsätze jener alten Quelle zu Jupiter und Venus im 12. Ort bekannt waren, hätte er damit genau genommen nicht nur die als psychisch krankhaft bewertete Neigung des Pedanius zu erotischen Abenteuern, sondern auch (sofern er die Todesumstände des Pedanius so verstand) den biographischen Umstand begründen können, dass diese Abenteuer dem jungen Mann Unglück brachten, und zwar durch das Einschreiten des Kaisers. Dabei stehen die soeben zitierten Prognosen zu Jupiter im 12. Ort im Einklang mit der Betonung der für Native mit Jupiter-Venus-Konjunktionen typischen Zuneigung des Herrschers, die sich im 12. Ort ja notwendigerweise in ihr Gegenteil verkehrt.[3136]

Im Kontext der Venus im 12. Ort verdient ferner Erwähnung, dass es möglich ist, dass Antigonos die Venus für die (oder eine) Seelenherrscherin des Nativen von **F3** hielt. Zwar findet in den erhaltenen Fragmenten des Antigonos und ebenso in der übrigen astrologischen Literatur mit Ausnahme von fünf Belegen in Ptol. apotel. 3,14 (wovon zwei in Heph. 2,15 zitiert werden) der οἰκοδεσπότης τῆς ψυχῆς keine Erwähnung, aber es ist unwahrscheinlich, dass Ptolemaios ihn selbst erfunden hat. Wie dem auch sei, Ptolemaios macht den zodiakalen Hausherrn des Merkur zum Herrn über den rationalen Teil der Seele und den zodiakalen Hausherrn des Mondes zum Herrn über den irrationalen Teil der Seele, der erotische Neigungen einschließt. Insgesamt gibt es für ihn also entweder zwei gemeinsame Seelenherrscher oder einen einzigen. In **F3** würde Ptolemaios zwei Herrscher identifizieren, Mars für den rationalen Teil, da Merkur im Widder steht, und Venus für den irrationalen, da der Mond im Stier steht. Bei den Wirkungen der Seelenherrscher unterscheidet Ptolemaios stets danach, ob sie selbst vorteilhaft oder unvorteilhaft positioniert sind. Die Wirkung ἐρωτικούς nennt er dabei dreimal, in 3,14,25 mit Bezug auf Jupiter und Venus in unvorteilhaften Positionen, in 3,14,29 für Mars und Venus in vorteilhaften Positionen, und in 3,14,33 für Venus

---

[3135] Interessanterweise bietet eine der drei Rhetorioshandschriften statt ὑπερέχοντας (CCAG codd. **AV**, cf. Firm. math. 3,3,22 *potentes*) die Lesart ἐλαχιστοτέρους (cod. **P**, cf. LSJ s.v.); hier ist es also anscheinend, nachdem die Verderbnis in dem von Paulos benutzten Überlieferungsstrang schon eingetreten war, zu einer partiellen Kontamination gekommen.

[3136] Vgl. die Worte *regibus iuncti semper amabili vinculo caritatis* und τὸ παρ' ἡγεμόσι ποθεινόν in den oben S. 1238 zitierten Firmicus- und Dorotheosstellen sowie auch die oben S. 1239 nach Val. 2,5,2 und Firm. math. 2,19,13 zitierten grundsätzlichen Aussagen zur Pervertierung der Wirkungen der 'Wohltäter' im 12. Ort.

allein in unvorteilhafter Position. Da nur Venus an allen drei Prognosen beteiligt ist, hängt die Wirkung ἐρωτικούς für Ptolemaios offenbar von ihr (nicht von Mars oder Jupiter) ab. Exakt genauso wie Ptolemaios kann Antigonos aber nicht gedacht haben, denn in **F3** wären dann, wie gesagt, Mars und Venus Seelenherrscher, Venus jedoch (anders als Mars im 11. Ort) in sehr ungünstiger Position (12. Ort), was nach Ptol. apotel. 3,14,30 moralisch höchst verwerfliche, über ἐρωτικούς hinausgehende Wirkungen hätte (z.B. διαφθορεῖς γυναικῶν καὶ παρθένων). Dass aber auch die ἐρωτικοί für Ptolemaios, wenngleich in geringerem Maße, tadelnswert sind, zeigt seine Prognose zu Jupiter und Venus als Seelenherrschern, die klar zwischen ehrbarer und inakzeptabler Erotik differenziert, wobei er das Adjektiv ἐρωτικός für die zuletzt genannte negative Variante reserviert.[3137]

Die astrologischen Erklärungsmöglichkeiten der (nach Antigonos) abnormen erotischen Neigungen des Pedanius sind also, wie gezeigt, vielschichtig. In ihrer Summe wiegen sie schwerer und sind astrologisch beeindruckender als die Argumentation an der einzigen vergleichbare Stelle unter den übrigen erhaltenen Nativitäten: Im Horoskop des byzantinischen Kaisers Konstantin VII. Porphyrogennetos (Hor. gr. 905.IX.3) prophezeit der unbekannte Autor im Kapitel über die seelischen Eigenschaften, der Native werde u.a. ἐρωτικός sein (vgl. Pingree 1973a, 225), und begründet dies sozusagen eindimensional durch die Stellung des Mondes in der Jungfrau, die ein doppeltes Tierkreiszeichen sei.[3138] Er rekurriert damit, wie der Kontext eindeutig zeigt, auf Ptol. apotel. 3,14,3 τῶν μὲν οὖν ζῳδίων καθόλου [...] τὰ δὲ δίσωμα [...] ἐρωτικάς [sc. ποιεῖ τὰς ψυχάς]. Da auch die Fische ein doppeltes Tierkreiszeichen sind, ist diese Ptolemaiosstelle also noch zu den oben angeführten Belegen für die Berechtigung der Argumentation des Antigonos zu ergänzen. Übrigens bildet auch in Hor. gr. 905.IX.3 das fragliche Tierkreiszeichen (Jungfrau) den 12. Ort, was der byzantinische Verfasser aber nicht erwähnt, wohl deshalb, weil Ptol. apotel. 3,14 die Dodekatropos nicht erwähnt.[3139]

[3137] Ptol. apotel. 3,14,24–25: τῷ δὲ τῆς Ἀφροδίτης συνοικειωθεὶς ἐπὶ μὲν ἐνδόξων διαθέσεων ποιεῖ [...] ἐπαφροδίτους ἐν τῷ σεμνῷ, [...] συμμέτρους καὶ εὐσχήμονας πρὸς τὰ ἀφροδίσια, [...] ἐπὶ δὲ τῶν ἐναντίων τρυφητάς, ἡδυβίους, θηλυψύχους, ὀρχηστικούς, γυναικοθύμους, δαπάνους, καταγυναίους, ἐρωτικούς, λάγνους, καταφερεῖς, μοιχούς, φιλοκόσμους, ὑπομαλάκους, ῥᾳθύμους, ἀσώτους, ἐπιμώμους κτλ.

[3138] Vgl. Hübner 1982, 107, Nr. 2.213.21.

[3139] Die 12 Orte von Hor. gr. 905.IX.3 sind aufgrund der Textangabe, der Aszendent falle in die Waage, richtig analysiert von Pingree 1973a, 231.

Zu Antigonos' Begründung der erotischen Neigungen des Pedanius ist abschließend zu konstatieren, dass die implizite Komplexität dieser Begründung für den Leser leichter nachvollziehbar wäre, wenn der Text nach διὰ τὴν Ἀφροδίτην καὶ τὸν Δία einen Zusatz wie ἅμα ἐν τῷ ιβ′ (τόπῳ/ζῳδίῳ) ὄντας/τυχόντας böte,[3140] weil dadurch sowohl auf die Konjunktion (ἅμα) als auch auf die Dodekatropos (ἐν τῷ ιβ′), d.h. auf die beiden wichtigsten Teilgründe, hingewiesen würde.[3141] Ein solcher Zusatz würde die Begründung außerdem formal mit der unmittelbar folgenden Begründung zu φιλομον⟨όμ⟩αχος parallelisieren. Die Annahme eines Textausfalls wäre jedoch zu spekulativ, zumal keine plausible potentielle Ursache dafür (z.B. *saut du même au même*) erkennbar ist.

φιλομον⟨όμ⟩αχος δὲ διὰ τὸν Ἄρην ὄντα ἐπὶ τῆς ἐπαναφορᾶς τοῦ μεσουρανήματος: Zwar ist die Beziehung des Mars zum blutigen Gladiatorenkampf evident, aber die zum vorigen Lemma mit Gewinn herangezogenen Texte von Paulos Alexandrinos, Firmicus und Rhetorios sind für den hier vorliegenden Fall (Mars im 11. Ort) bis auf eine allgemeine Gefahrenprognose, die bereits oben zu § 66a ἐπὶ τῆς ἐπαναφορᾶς τοῦ μεσουρανήματος zitiert wurde, unergiebig. Abgesehen davon bleibt nur die grundsätzlich starke Rolle der Epanaphora des MC, die aber die spezifische Ausprägung der Marswirkung – *Gladiatoren*-Kampf, aber nicht als Akteur, sondern als *Zuschauer* – nicht erklärt.

τὸν Ἄρην: nach Ep.[4] und Exc.[2] korrigiert aus τὸν τοῦ Ἄρεως; dadurch wird zugleich die Diktion dieses Satzes einheitlicher (διὰ τὴν Ἀφροδίτην καὶ τὸν Δία, ... διὰ τὸν Ἄρην ... καὶ τὸν Ἑρμῆν ... ἐν οἴκῳ τοῦ Ἄρεως).

καὶ τὸν Ἑρμῆν ὄντα ἐν οἴκῳ τοῦ Ἄρεως: so schon § 66a (διὰ τὸ τὸν τοῦ Ἑρμοῦ καὶ Κρόνου ἐν Ἄρεως οἴκῳ τετυχηκέναι).[3142] Merkur wird als jugendlicher Gott mit den Ringschulen und speziell mit den Gladiatoren assoziiert, von denen nicht wenige seinen Namen tragen. Vgl. Siska 1933. Versnel 1990, 206–251 (bes. 207f.) zu Mart. 5,24 auf den Gladiator Hermes (*Hermes Martia saeculi voluptas, / Hermes omnibus eruditus armis, / Hermes et gladiator et magister, / ...*). Pérez Jimé-

---

[3140] Vgl. die ähnlichen Formulierungen in **F1** §§ 22.30.35.36.38.

[3141] Darüber hinaus könnte man z.B. auf die Natur der Fische als doppeltes Tierkreiszeichen verweisen (s.o., voriger Absatz).

[3142] Zur Häuserlehre s.o. zu **F1** § 27 ἐν τῷ ἰδίῳ οἴκῳ, bes. S. 737, Tab. 19.

nez 1999b, 102 (mit Verweis auf Val. 1,1,37 ⟨ὁ⟩ δὲ τοῦ Ἑρμοῦ σημαίνει
... ἄθλησιν, πάλην. Val. app. 2,35 ἄθλησιν. Rhet. CCAG VII, 1908,
p. 221,19 ἄθλησιν).

Die oben im Kommentar zu § 66a τὸ δὲ κακόβουλον – τετυχηκέναι
vorgestellten Kapitel über Planetenwirkungen in den Planetenhäusern
bieten an den für Merkur in einem Haus des Mars relevanten Stellen (s.o.
S. 1204, Punkt b) keine Belege für die hiesige Aussage, was aber angesichts ihres speziellen Gegenstandes (Begeisterung für Gladiatorenkämpfe) nicht verwundert.

§ 66c

Wie in **F1** § 52 und **F2** § 61 wird auch hier zuletzt die Lebensspanne des
Nativen diskutiert. Allerdings verläuft die knappe Argumentation des Antigonos diesmal anders: Statt den ἀφέτης zu bestimmen und zur Anwendung der Tetartemorionlehre (s.o. S. 991) aufzufordern, begründet er die
Lebensspanne des Pedanius mit der Gleichheit der Aufgangszeiten von
Stier und Wassermann. Diese Begründung erzeugt ein Spannungsverhält-
nis insofern, als zwar der rein numerische Befund klar und passgenau ist,
die zugrunde liegende Methode hingegen, die zur Konzentration auf
gerade diese beiden Aufgangszeiten führt, unklar ist. Im Folgenden wird
versucht, die Methode des Antigonos zu verstehen.

Zum numerischen Befund: Die Aufgangszeiten des Wassermanns und
des Stiers sind in allen Klimata sowohl nach dem babylonischen System
A als auch nach System B gleich (s.o. S. 624, Tab. 9). Im Klima Ia
betragen sie 25° RA, was den dreimal (§§ 62.65.66) erwähnten Tod des
Nativen im 25. Lebensjahr erklärt. Rückschlüsse auf den Geburtsort des
Pedanius darf man daraus nicht ziehen, da Klima Ia (Alexandria) das
Standardklima ist (s.o. S. 626).

Nun kann natürlich aus astrologischer Sicht nicht die bloße Gleichheit
der Aufgangszeiten von Stier und Wassermann der Grund für die Lebenszeit des Pedanius sein, da es ja in jedem Klima und jedem der beiden
Systeme A und B jeweils sechs Paare von Tierkreiszeichen mit gleichen
Aufgangszeiten gibt. Der Grund für die Konzentration auf Stier und
Wassermann muss also, allgemein gesagt, darin liegen, dass irgendwelche wichtigen ekliptikalen Längen in diese Tierkreiszeichen fallen, seien
diese Längen nun Planetenpositionen oder immaterielle Punkte wie zum
Beispiel der Aszendent, der auf- oder absteigende Mondknoten, astrologi-

sche Lose oder Ähnliches. So gesehen kommen drei verschiedene Erklärungen auf der Grundlage der folgenden Daten in Frage:

a) Im Stier und Wassermann stehen respektive Mond und Mars, aus
deren Quadratur Antigonos in § 66a die Todesart des Pedanius erklärt
hat;

b) in den Stier und den Wassermann fallen respektive das Glückslos
und die Position des Hausherrn der Nativität, die Antigonos beide zusammen am Ende von § 63 bestimmt hat, ohne diese Parameter im Folgenden
explizit in seiner Argumentation zu nutzen;

c) eine irgendwie geartete Kombination von (a) und (b).

Die potentielle Relevanz der Datensätze (a) und (b) für die Lebensspanne des Nativen ist erkennbar, wenngleich in beiden Fällen methodische Unklarheiten bleiben. Beginnen wir mit (b): Aus der obigen Analyse
nicht-aphetischer Methoden von 'Nechepsos und Petosiris' zur Bestimmung der Lebenszeit wissen wir, dass Nechepsos sowohl eine auf dem
Glückslos als auch eine auf dem Hausherrn der Nativität basierende
Methode lehrte (s.o. S. 985, Punkt 1 u. 2). Es ist jedoch evident, dass jede
dieser beiden Methoden zu anderen Ergebnissen als dem hier erwarteten
(25 Jahre) führen würde, weil die auf dem Glückslos basierende Methode
dazu anleitet, zur Aufgangszeit des Tierkreiszeichens, in das das Glückslos fällt, die geringsten Planetenjahre zweier Planeten zu addieren (zu den
Einzelheiten s.o. a.a.O.), und die auf dem Hausherrn der Nativität basierende Methode anscheinend gar nichts mit der Aufgangzeit des Tierkreiszeichens, in dem dieser Planet steht, zu tun hat, sondern nur mit
seinen vollen Planetenjahren, von denen unter bestimmten Umständen
Abstriche gemacht werden müssen. Dem hiesigen Verfasser sind keine
Zeugnisse dafür bekannt, dass entweder 'Nechepsos und Petosiris' oder
irgendein anderer Astrologe eine Kombination dieser beiden verschiedenen Methoden vertrat. Es ist aber nicht unmöglich, dass Antigonos lehrte
(und bereits vor der Präsentation des Pedaniushoroskops erläutert hatte),
dass bei Gleichheit der Aufgangszeiten der Tierkreiszeichen des Glücksloses und des Hausherrn der Nativität die üblichen, von Nechepsos etablierten Rechenmethoden außer Kraft zu setzen und allein der beiden
Methoden gemeinsame Parameter der Aufgangszeit in Lebensjahre zu
konvertieren sei. Da es sich hierbei nur um eine theoretische, nicht veri-
fizierbare Möglichkeit handelt, ist auf der Grundlage des obigen Ansatzes
(b) kein befriedigendes Ergebnis möglich.

Eine nicht sehr vielversprechende, aber theoretisch denkbare Methode, die unter die obige Option (c) fallen würde, bestünde darin, den Hausherrn der Nativität mit dem Mond zu kombinieren: Porphyrios sagt in

Kapitel 30 seiner *Isagoge*, allerdings ohne einen konkreten Gegenstand der Prognostik wie etwa die Lebenszeit zu erwähnen, auf welche Weise mit οἰκοδεσπότης und συνοικοδεσπότης zu verfahren sei, wenn man sie ermittelt habe: Man müsse deren Positionen und Relation zueinander prüfen und klären, ob sie einen Aspekt zum Aszendenten oder zum Mond bilden, denn daraus ergebe sich die ganze Bewertung der Nativität.[3143] Der in dieser Anweisung genannte Aspekt des Hausherrn zum Mond liegt in **F3** durch die Mars-Quadratur vor,[3144] aber es ist unmöglich, ihn zu interpretieren, da Porphyrios weder die weitere Methode noch die möglichen Gegenstände der Prognostik erläutert.

Kommen wir also zu (a): Da der Text bezüglich der vernichtenden linken Quadratur des Mars auf den Mond von ἀκτινοβολεῖν spricht (§ 66a), also einen für aphetische Verfahren typischen Terminus verwendet, und Antigonos in den beiden vorausgehenden Horoskopen (**F1** und **F2**) ausdrücklich eine Primärdirektion zur Bestimmung der Lebenszeit angewandt hat, ist es wahrscheinlich, dass er dasselbe aphetische Verfahren auch hier (**F3**) erprobt hat.[3145] Hier würde nun, da es sich um ein Taghoroskop handelt und die Sonne im 1. Ort steht, ohne jeden Zweifel die Sonne auf ca. 19° ♈ (sid.) zum ἐπικρατήτωρ τῆς γενέσεως und damit zum 'Entsender' (ἀφέτης),[3146] und durch die Quadratur des Mars, der auf ca. 25° ♒ (sid.) steht, würde die 'Entsendung' lange vor dem Erreichen der Tetartemoriongrenze (ca. 19° ♋ sid.) auf ca. 25° ♉ (sid.), also in

---

[3143] Porph. isag. 30 p. 207,3–5: τούτους δεῖ οὖν ἐπισκέπτεσθαι, πῶς κεῖνται καὶ ἐν ποίῳ σχήματί εἰσι καὶ εἰ μαρτυροῦσι τῷ ὡροσκόπῳ ἢ τῇ Σελήνῃ· ἐκ γὰρ τούτων ἡ ὅλη διάκρισις ἔσται.

[3144] Der Mithausherr (συνοικοδεσπότης) ist nicht bestimmbar, weil er nach Porph. isag. 30 p. 207,1–3 der Herr des Gradbezirks ist, in dem der Epikratetor steht, d.h. hier in **F3**: die Sonne, deren Position Antigonos ebenso wie die der übrigen Planeten nur zeichengenau bietet.

[3145] Die Anwendung einer aphetischen Methode in **F3** erwägt auch Schmidt 1998, 64[163], kommt bei der weiteren Entwicklung des Gedankens aber zu der falschen Annahme der Terminierung der Direktion durch einen Sextilschein: "Taurus and Aquarius are *zōidia* of equal ascension. The ascensional time of each of these *zōidia* is 25, for both the A and B Babylonian systems; thus, some directive method is implied here in the determination of length of life, probably the direction of either the Sun or the *Hōroskopos* in Aries (the degrees are not given) to a sextile ray cast by Ares in Aquarius. Ptolemy (Bk III, 11, p. 39 of my translation) says that the hexagonal ray can be destructive if it involves *zōidia* of seeing or hearing (which latter are similar to *zōidia* of equal ascension."

[3146] Diese Wahl stände im Einklang mit **F1** und **F2** sowie mit Ps.-Maneth. 3[2],406–408. Ptol. apotel. 3,11,7. Val. 3,1.

unmittelbarer Nähe des Mondes (ca. 23° ♉ sid.), vorzeitig beendet.[3147] Der Lebensbogen wäre also ca. 36 Zodiakalgrade groß (19° ♈ – 25° ♉ sid.), was bei Umrechnung in Aufgangszeiten im Klima Ia (Alexandria) ungefähr 29° RA = 29 Jahren entspräche (Fall Nr. 1 der folgenden Tabelle). Allerdings wissen wir nicht, wie genau Antigonos die schwer zu berechnende Mars-Position getroffen hat. Falls er von einer zu niedrigen Marslänge ausging, würden daraus je nach Größe des hypothetischen Fehlers die folgenden Daten resultieren (*nota bene*: die Mondposition ist 23° ♉):[3148]

	Fehler Mars-länge	Direktionsbogen	Aufgangszeit nach Hypsikles	Lebenslänge (Jahre, Tage)
1	0°	19° ♈ – 25° ♉	28° 56′ RA	28 J., 340 T.
2	–2°	19° ♈ – 23° ♉	27° 12′ RA	27 J., 73 T.
3	–4°	19° ♈ – 21° ♉	25° 28′ 53″ 20‴ RA	25 J., 173 T.
4	–5°	19° ♈ – 20° ♉	24° 37′ 40″ RA	24 J., 229 T.

Tab. 36: Die Lebensspanne in **F3** in Abhängigkeit von der Marslänge

Unter den zeitgenössischen Horoskopen finden sich mehrere vergleichbare Fälle, z.B. Hor. gr. 110.III.15 und Hor. gr. 114.V.13, die beide von Valens stammen und deren Marslängen beide um ca. 4° zu hoch liegen, während diejenige des elaborierten Papyrushoroskops eines gewissen Anubion (Hor. gr. 137.XII.4) um ca. 6° 30′ zu niedrig ist.[3149]

In jedem der vier zuvor erwogenen Fälle – dass Antigonos die Marsposition genau traf oder sie um 2°, 4° oder 5° zu niedrig ansetzte – hätte bei Anwendung der aphetischen Methode die tödliche Quadratur des

---

[3147] Zu den siderischen und tropischen Längen des Pedaniushoroskops s.o. S. 1141, Tab. 30. Theoretisch könnte Jupiter mit einem Sextil zu Hilfe eilen, tut das aber nicht, vermutlich deshalb, weil er im Apoklima steht (und der 12. Ort nach Balbillos das ἀναιρετικὸν ζῴδιον ist; s.o. S. 1018 bei Anm. 2554).

[3148] Die Angaben basieren auf historisch korrekter Berechnung nach Hypsikles; mathematische Einzelnachweise unten in Appendix III, Punkt e (S. 1382). Es ist allerdings unwahrscheinlich, dass Antigonos sich die Mühe machte, so präzise Berechnungen anzustellen. Vielmehr dürfte er sich mit einem Näherungsverfahren begnügt haben.

[3149] Alle Angaben beziehen sich auf die Differenz zwischen den antiken Textangaben einerseits und den durch moderne Rückberechnung eruierten und mit der Näherungsformel von Jones 1999a, I 343 (s.o. S. 599), in das siderische Referenzschema konvertierten tropischen Werten andererseits. Nur die Textangaben und die tropischen Werte liefern Neugebauer – van Hoesen 1959, 41. 105. 110.

Mars (s.o. S. 1229, Diagr. 28) Ähnlichkeit mit der Quadratur des Mondes
in Hor. gr. –42.XII.27 (s.o. S. 1015, Diagr. 22) und der des Saturn im Hadrianhoroskop (s.o. S. 1019, Diagr. 23). In **F3** kommt hinzu, dass diese
Quadratur nicht nur den Mond, sondern zugleich das Glückslos trifft.[3150]

Letztlich konvergieren also die Resultate der Primärdirektion und der
von Antigonos gewählten Begründung mehr oder weniger perfekt, und es
ist wahrscheinlich, dass Antigonos sich dessen bewusst war, ähnlich wie
Valens die Lebenszeit des Nativen von Hor. gr. 75.VII.19 zweimal
(3,5,6–10 u. 3,11,14–16) mit verschiedenen Methoden, aber gleichem
Ergebnis behandelt (s.o. S. 986). Dabei verdient Beachtung, dass Valens
in seinem Kapitel 3,5 unmittelbar nach der Analyse des soeben genannten
Horoskops und eines weiteren (Hor. gr. 110.III.15), wobei er beide Male
die Lebenszeit durch eine vom Aszendenten ausgehende Primärdirektion
bestimmt, sagt, man müsse bei der Berechnung nicht nur die Aufgangszeit des von der Aktinobolie getroffenen Tierkreiszeichens berücksichtigen, sondern auch die des Zeichens, aus dem die Aktinobolie ihren Ausgang nimmt (Val. 3,5,17): ἄλλως τε οὐ μόνον τὸν χρόνον τοῦ ἀκτινο-
βολουμένου ζωδίου συλλογίζεσθαι δεῖ, ἀλλὰ καὶ τοῦ ἀκτινοβο-
λοῦντος, ἐφ᾽ οὗ ὁ ἀναιρέτης τυγχάνει. Leider erklärt Valens nicht, wie
er sich das konkret vorstellt, aber hier ist zumindest eine gedankliche
Brücke zu derjenigen Methode erkennbar, die Antigonos als einzige ausdrücklich nennt.

Man fragt sich also, warum Antigonos (sofern Hephaistion seinen
Text, wie ich glaube, ungekürzt exzerpiert hat) nicht die Gelegenheit
genutzt hat, darauf hinzuweisen, dass in **F3** verschiedene Methoden als
(aus astrologischer Sicht) gleichermaßen wahre Beschreibungen der 'Na-
turgesetze' letztlich auf wundersame Weise konvergieren, ähnlich wie
z.B. Val. 7,6,127–160 die Konvergenz der Schicksale von sechs Schiff-
brüchigen (Hor. gr. 114.VII.26. 118.XI.26. 120.II.8. 122.I.30. 127.VII.18.
133.IV.24) präsentiert, um deren staunenswerte natürliche Kohärenz zu
zeigen (πρὸς τὸ θαυμάσαι τὴν φύσιν, 7,6,127). Die richtige Antwort ist

---

[3150] Vgl. dazu ein Exzerpt aus der Katarchenhoroskopie des Petosiris bei Iul. Laod.
CCAG I (1898), p. 138,1–21 (= frg. +23), hier: p. 138,20–21: σκέπτου δὲ καὶ τὸν
κλῆρον τῆς τύχης· ἐὰν μὲν ὑπὸ ἀγαθοποιῶν μαρτυρῆται, ἀγαθὸν τὸ τέλος [sc. τοῦ
πράγματος] δηλοῖ, ἐὰν δὲ ὑπὸ κακοποιῶν, κακόν. In einem Katarchenhoroskop für
den Geburtsmoment des Pedanius müsste also ein schlechter Ausgang des geplanten
Unternehmens prognostiziert werden. Selbstverständlich ist **F3** kein Katarchenhoroskop,
und die zitierte Regel des Petosiris dient nicht der Bestimmung der Lebenszeit, aber es
ist anzunehmen, dass die von Petosiris gelehrte schädigende Wirkung der Marsquadratur
auf das Glückslos *mutatis mutandis* auch für ein Geburtshoroskop gilt.

wahrscheinlich, dass ihm bewusst war, dass bei Anwendung der Primärdirektion die Marsposition in Wahrheit auf eine um einige Jahre zu hohe
Lebensspanne führen würde. Dafür spricht trotz der oben (S. 1249 bei
Anm. 3149) angeführten chronologisch nahestehenden Horoskope anderer Autoren mit relativ hohen Fehlern in den Marslängen der Umstand,
dass die Marslängen in den beiden überprüfbaren Horoskopen, die wir
von Antigonos selbst besitzen, relativ geringe Fehler mit einem Betrag
von nur je zwei Bogengrad aufweisen[3151] und die zeitgenössischen Stobart-Tafeln Mars vom 6. März bis zum 13. April 113 n.Chr. im Wassermann stehend notieren (s.o. S. 1143 bei Anm. 2902), was bei linearer
Interpolation für den hier fraglichen 6. April sogar eine Marslänge von
ca. 25° – also das siderische Äquivalent der durch moderne Rückberechnung ermittelten Marsposition (s.o. S. 1141, Tab. 30) – ergibt und somit
Fall 1 (Fehler = 0°) der hiesigen Tabelle Nr. 36 (S. 1249) entspricht.
Wenn die Vermutung zutrifft, dass Antigonos von einer mehr oder weniger korrekten Marslänge ausging und sich der daraus resultierenden
Lebensspanne von ca. 27 oder sogar 29 Jahren bewusst war, ist denkbar,
dass er es als Konsequenz für sein didaktisches Horoskop des Pedanius
vorzog, das aphetische Verfahren nicht zu erwähnen, sondern die sehr
leicht nachvollziehbare, aber (zumindest für uns) methodisch unklare
Begründung durch die Entsprechung der Aufgangszeiten von Stier und
Wassermann zu bieten. Vielleicht macht er aus demselben Grund in diesem Horoskop, anders als in den beiden vorausgehenden, nur zeichengenaue Angaben zu den Planetenpositionen: So kann der Leser, der ja das
kalendarische Datum des Horoskops nicht kennt und folglich die Marslänge nicht überprüfen kann, vermuten, dass sie bei Anwendung einer
Primärdirektion durch Aktinobolie zu demselben Ergebnis wie die explizit genannte Begründung führt.

Zu der hier geäußerten Vermutung, dass Antigonos zwei verschiedene Methoden zur Berechnung der Lebenszeit angewandt hat, sei noch
auf Val. 3,3,7–10 verwiesen, der zu demselben Zweck ausdrücklich zur
regelmäßigen (πάντοτε) Anwendung sowohl der aphetischen Tetartemorionlehre als auch der auf den Planetenjahren basierenden οἰκοδεσπό-
της-Lehre,[3152] also zweier verschiedener von 'Nechepso und Petosiris'
autorisierter Methoden, auffordert, deren Ergebnisse dann im Zuge eines
Vergleichs (σύγκρισις) auf den geringeren der beiden Werte zu korrigie-

---

[3151] In **F1** liegt der absolute Fehler bei ca. −2° (s.o. S. 603, Tab. 6c, u. vgl. Fall 2 in Tab.
36, S. 1249), in **F2** bei ca. +2° (s.o. S. 1047, Tab. 28c).
[3152] S.o. S. 986–989, Punkt 2.

ren seien. Die Wahl des für den Nativen ungünstigeren der beiden Werte hat hier *de facto* auch Antigonos vorgenommen.

⟨τὸ⟩ κε′ ἔτος: Zum Ausfall des Artikels s.o. zu § 62 περὶ τὸ κε′ ἔτος. An der hiesigen Stelle bietet nur **j** den Artikel (s.o. S. 81 zu S. 175, Z. 8 der hiesigen Edition). Die Korrektur stammt vom Schreiber der Hs. **j**, nicht aus seiner Vorlage (**J**).

εἶπε: fehlt in Ep.[4] und Exc.[2] und ist vielleicht zu löschen. Vgl. den ähnlichen Fall in **F2** § 58 a.E. ὡς ἔφην.

εἶναι: so Ep.[4] u. Exc.[2]; dagegen **P** οἶμαι. Falls entgegen meinem Dafürhalten οἶμαι richtig sein sollte, verdienten die Angaben von Radici Colace 1995, 340 (= Radici Colace 1997, 18f.), zu häufigen Parenthesen Hephaistions wie ἡμῖν, ἡμᾶς und οἶμαι Beachtung.

τὴν αὐτὴν οὖσαν: fehlt in Exc.[2], vermutlich ein Versäumnis des Schreibers, der im selben Satz auch ἔτος und κακῶς (überliefert durch **P** und Ep.[4]) ausließ.

F4

§ 67

Nachdem Hephaistion bereits drei Beispielhoroskope exzerpiert hat, begnügt er sich mit der Feststellung, Antigonos habe auch andere Nativitäten nach derselben Methode auf hohe Würden hin untersucht. Diese nun nicht mehr *in extenso* referierten Interpretationen des Antigonos enthalten noch einige wissenswerte Details, die Hephaistion exzerpiert.

Der folgende Lehrsatz basiert auf geläufiger astrologischer Planetensymbolik (Venus ~ Frau, Mars ~ Mann) und auf der Lehre von den wirksamen und unwirksamen Orten der Dodekatropos.[3153] Nach dem Zeugnis von **F4** lehrte Antigonos, wenn Venus im Horoskop von Männern (ἐπὶ τῶν ἀνδρῶν) die Himmelsmitte bereits durchlaufen habe und vom MC fortgeneigt im Apoklima stehe, deute dies auf mangelnde Stabilität und Ordnung im Verhältnis zu Frauen. Dasselbe gelte umgekehrt bei Frauen

---

[3153] S.o. zu **F1** § 33a ἀχρηματίστων ... χρηματιστικῶν.

mit Mars im Apoklima des MC für ihr Verhältnis zu Männern. Warum das MC und nicht die übrigen Kentra zu beachten sind, macht **F4** nicht deutlich. Der Text lässt auch offen, ob gradgenaue oder zeichengenaue Stellung im Apoklima gemeint ist. Im Horoskop **F2** z.B. steht Venus gradgenau im Apoklima, aber nicht zeichengenau (dazu müsste sie in den Fischen stehen). Die Worte des Antigonos in **F2** § 56 διὰ τὸ τοὺς δ̄ ἀστέρας ἐν τῷ μεσουρανήματι τυγχάνειν (s. Komm. z.St.) lassen vermuten, dass auch die hiesige Aussage (**F4**) zeichengenau gemeint ist.

In Ep.[4] ist durch einen *saut du même au même* (ἐπὶ τῶν ... ἐπὶ τῶν) der ganze die Männer betreffende Teil des Lehrsatzes ausgefallen. Das erschwert die Textkonstitution dieses Teilstücks, für das **P** der einzige Zeuge bleibt.

Ἐφεξῆς δὲ καὶ ἑτέρων γενέσεων μνημονεύσας: vgl. **F2** § 53 ἑξῆς δὲ καὶ δευτέρας μνημονεύει οὕτως.

τοιούτῳ τρόπῳ: so Ep.[4], τοιουτοτρόπως **P**. Das Adverb τοιουτοτρόπως ist sehr selten. Bis zum Ende des 5. Jh. n.Chr. kennt der TLG online nur zwei Belege bei Hippocr. artic. 44 u. 74[3154] sowie je einen bei Diodor[3155] und den Kirchenvätern Athanasios und Kyrillos (4. Jh.). Während das Argument der *lectio difficilior* für τοιουτοτρόπως spricht, legt die einzige relevante Vergleichsstelle bei Hephaistion (Heph. 3,6,15 τοιούτῳ τρόπῳ εὑρίσκεται) nahe, dass Ep.[4] hier die originale Lesart bewahrt. Für einen Fehler in **P** könnte auch sprechen, dass Verschreibungen von ω und ο in **P** sehr häufig sind, *iota subscriptum* in keiner der hier benutzten Handschriften vermerkt wird und das folgende Wort sigmatisch anlautet (σκέπτεται).[3156] In jedem Fall scheint Hephaistion seine Eingangsformulierung wiederaufzugreifen (**F1** § 21 προσθῶμεν τὸν τρόπον).

σκέπτεται: s.o. zu **F1** § 21 ἐπισκέπτονται τὰς γενέσεις.

μονογενῶς: Das Adverb ist in astrologischen Texten nur hier belegt, in der griechischen Literatur insgesamt seit dem 1. Jh. n.Chr. (Peripl. M. Rubr. 11 u. ebd. 56), im 4. Jh. n.Chr. am häufigsten. Soweit erkennbar,

---

[3154] Hippocr. artic. 44 p. IV 188,13 L. τοιουτοτρόπως ποιητέα. ibid. 74 p. IV 304,1 L. ποιέεσθαι ... τοιουτοτρόπως. Apollonios und Galen wiederholen diese Belege in ihren Hippokrates-Kommentaren.
[3155] Diod. 26,18,1 τοιουτοτρόπως τέθνηκεν (frg. ap. Tzetzem!).
[3156] Vgl. z.B. Suet. Aug. 9 *parte⟨s⟩ singillatim*.

gilt die Aussage 'allein'/'in einzigartiger Weise' für Venus, da sie als einzige aus der Sippe der Planetengötter *in eroticis* die Frau symbolisiert (analoge Begründung für Mars im zweiten Teil des Lehrsatzes).

ἀποκεκλικυῖα τοῦ κατὰ κορυφὴν τόπου: Zum *terminus technicus* ἀποκλίνειν s.o. S. 733, zum Ort am Scheitel s.o. zu **F1** § 32 τοῦ κατὰ κορυφὴν τόπου τὸν κύριον. Wenn ein Himmelskörper das MC durchlaufen hat, neigt er sich von demselben fort, hinab zum Untergangspunkt. Wenn Venus im Apoklima des MC steht, hat sie keinen Blickkontakt (Aspekt) mit der für die Lebensbestimmung des männlichen Nativen wichtigen Himmelsmitte.

ἀκαταστασίαν ἐν τοῖς κατὰ γυναῖκα ποιεῖ: Der Terminus ἀκαταστασία findet in astrologischem Kontext seit 'Nechepsos und Petosiris' Verwendung. Das zeigen zwei Belege in dem sicher ins 2. Jh. v.Chr. zu datierenden Frg. 6, nämlich Heph. 1,21,13 ὄχλων ἀκαταστασίαν u. Heph. 1,21,16 ἀκαταστασίαν (= Nech. et Pet. frg. 6,62.82). Beide Belege werden durch die von Hephaistion unabhängige Parallelüberlieferung des Anon. CCAG VII (1908), pp. 129–151 (frg. +32), speziell p. 133a,5 ὄχλοι ἀκαταστατήσουσι u. p. 134a,18 ἀκαταστατήσουσιν, bestätigt. [3157] Aus der Folgezeit könnte man ca. 100 weitere astrologische Belege anführen. Die Bedeutung schwankt zwischen 'Unbeständigkeit', 'Verwirrung', 'Streit', 'Aufruhr', 'Anarchie'. Im Kontext begegnen oft Begriffe wie στάσις, ταραχή, κρίσις. Vgl. z.B. Val. 4,18,4 στάσεις καὶ ταραχὰς οἰκείων τε ἀκαταστασίας καὶ θηλυκῶν ἐπιπλοκὰς ἢ γάμους. Val. 4,18,10 στάσεις καὶ ἀκαταστασίας. Val. 5,6,116 (Hor. gr. 114.XI.10) διὰ γυναῖκα ταραχαὶ καὶ ἀκαταστασίαι καὶ ὄχλων περιβοήσεις etc.

Mit Bezug auf das Geschlechterverhältnis sind Störungen der Eintracht zwischen Mann und Frau gemeint, und zwar von (ehelicher) Untreue über Streit bis hin zu gerichtlichen Auseinandersetzungen oder der Scheidung und Rückkehr der Frau in ihr Elternhaus. Mit der hiesigen Formulierung (**F4**) vgl. z.B. die aus alten Quellen geschöpften Dekanprognosen bei Heph. 1,1,51 ἀκαταστατήσει κατὰ γυναῖκα u. ebd. 1,1,73

[3157] Siehe ferner Heph. 1,22,14 ἀκαταστασίαν = Nech. et Pet. frg. 7,34 (Frg. 7 stammt nach Pingree 1974b, 547, ebenfalls aus einer sehr alten Quelle, die aber vielleicht nicht mit der des Frg. 6 identisch sei) und Heph. 1,23,20 ἀκαταστασίαν. 1,23,21 ἀκαταστατήσειν ... ἀκαταστασίαν. 1,23,22 ἀκαταστασίαν ... ἀκαταστατήσειν = Nech. et Pet. frg. 12,93.120.122.141.149.

ἀκαταστατήσει δὲ ἐν τοῖς κατὰ γυναῖκα. ibid. 1,1,154 εἰς δὲ τὸ κατὰ γυναῖκα ἀκαταστατήσει (ἤτοι γὰρ δούλαις ἢ ὑπάνδροις ἢ σίνος ἐχούσαις μίγνυται). Siehe auch Dor. p. 356,28–29 οὗτοι γὰρ [d.h. Native mit zuvor definierten Charakteristika] αἴτιοι ἔσονται τῆς ἀκαταστασίας τοῦ γάμου, ἐπ᾽ ἀλλοτρίαις μαινόμενοι γυναιξίν sowie P. München, cod. Graec. 610,5 (3. Jh. n.Chr.), *recto*, Z. 25–27: δηλοῖ καὶ τῆς συ[μβ]ιούσης ἀκαταστασί[αν] ἄχρι ἐξόδου καὶ πάλιν ὑπο-στροφῆς χωρ[ούσαν.[3158]

Sucht man nach Belegen, die **F4** nicht nur thematisch, sondern auch in der astrologischen Begründung nahe kommen, so gibt es m.W. keine echten Parallelen. Allerdings sagt Valens einmal sinngemäß, dass Venus im Apoklima des MC Zerwürfnisse zwischen Männern und Frauen be-wirkt (Val. 4,23,2): ἐὰν δὲ [sc. ᾽Αφρ.] ⟨μετὰ⟩ Κρόνου ἢ ῎Αρεως εὑρεθῇ ἢ ὑπὸ τούτων θεωρηθῇ ἢ καὶ ἐν ἀχρηματίστοις ζῳδίοις τύχῃ [das Apoklima des MC gehört bekanntlich zu den unwirksamen Zeichen], ψόγους καὶ δειγματισμοὺς καὶ μοιχείας ἐπάγει, ζημίας τε καὶ ἀθε-τήσεις καὶ δόλους γυναικῶν, κρίσεις τε καὶ ἀκαταστασίας, ὁμοίως δὲ καὶ ταῖς γυναιξὶν ἐξ ἀνδρῶν.

καὶ αὐτὸς: Wenn der Text (**P**) authentisch ist, soll er wohl heißen, dass im Falle weiblicher Nativitäten die Stellung des den Partner symbolisie-renden Planetengottes (Mars) im Apoklima *ebenfalls* Bedingung des Lehrsatzes ist, so wie bei männlichen Nativitäten bezüglich der Venus. Gemeint ist sicher nicht, dass Mars und Venus *gemeinsam* im Apoklima ein und derselben Nativität stehen.

τοῦ κατὰ κορυφὴν: sc. τόπου, wie unmittelbar zuvor bezüglich der Venus. Eine Ergänzung des allein von **P** überlieferten Textes ist nicht nötig. Vgl. z.B. Ptol. apotel. 4,8,1 ἀποκεκλικὼς τοῦ κατὰ κορυφήν (sc. τόπου; letzte Erwähnung des κατὰ κορυφὴν τόπος ebd. 4,6,1).

[3158] Edition: Boll 1901a, 492–500, hier: 494. Zu diesem Pergamentfragment vgl. Gren-fell – Hunt 1903, 127. Sudhoff 1909, 470f. Gundel – Gundel 1966, 168, Nr. 13. Neu-gebauer – van Hoesen 1964, 60f., Nr. 120 (mit Verweis auf H. Youtie, der das Fragment ins 3. Jh. n.Chr. datiert). Alle genannten späteren Autoren haben Bolls Angabe (1901, 493) dahingehend missverstanden, er datiere das Fragment ins 7. Jh. n.Chr. oder sogar noch später. In Wahrheit schreibt Boll, er wage keine paläographische Datierung, das Fragment müsse aber wohl aus astrologiehistorischen Gründen irgendwann vor dem Beginn des 7. Jh. n.Chr. entstanden sein.

χατ' ἄνδρα: so **P** und Ep.[4]; Pingrees Änderung zu χατ' ἀνδρῶν ist nicht plausibel. Vgl. außer Heph. 1,1,51.73.154 (zit. oben zu ἀχαταστασίαν – ποιεῖ) auch noch Heph. 1,1,57 ἐν δὲ τοῖς χατὰ γυναῖχα ἐπίψογος ἔσται.

F5

§§ 68–73

Im Folgenden wendet sich Hephaistion wieder dem Thema der τύχη ἀξιωματιχή zu. Er referiert nun Angaben des Antigonos dazu, wie aus bestimmten Verbindungen des Mondes mit Fixsternen und Planeten Prognosen für diesen Teil des individuellen Schicksals zu gewinnen seien. Die Besprechung gliedert sich in eine dreifache Kasuistik,[3159] wobei das Hauptinteresse – wie nicht anders zu erwarten – auf dem ersten Teil liegt: den Indizien für ruhmreiche und 'glanzvolle' Geburten aus den Verbindungen des Mondes mit hellen Fixsternen (§§ 68–70). Falls eine solche nicht gegeben sei, der Mond aber mit einer anderen Kategorie von glückverheißenden Himmelskörpern, nämlich 'Wohltätern' (Venus und/oder Jupiter), in Konjunktion trete, stehe diese Verbindung zwar prinzipiell hinter dem zuerst besprochenen Typ zurück; dem Leben des Nativen könne aber dennoch ein gewisser Glanz beschieden sein, sofern die Konjunktion auf einem 'hellen Grad' stattfinde (§§ 71–72). Auf ein ganz unbedeutendes Leben werde die Prognose im dritten Falle lauten, wenn der Mond eine Verbindung mit 'Übeltätern' (Mars und/oder Saturn) eingehe (§ 73).

Da §§ 68–73 eine thematische Einheit bilden[3160] und Antigonos die Fixsternprognostik in §§ 68–70 anscheinend aus einer älteren Quelle übernommen hat,[3161] ist zu fragen, ob vielleicht die soeben beschriebene dreistufige Komposition von §§ 68–73 insgesamt auf jene Quelle zurückgeht. Dies scheint möglich, ist aber nicht sicher zu entscheiden. Zur inneren Kohärenz von §§ 68–73 tragen jedenfalls auch vielfältige lexikalische

---

[3159] Sie ist durch den Grad der τύχη ἀξιωματιχή bedingt (hoch, mittel, niedrig; mehr dazu im Komm. zu **F1** § 33a μετριότητας). Vgl. aber auch **F1** § 40 zu einer anders aufgebauten dreifachen Kasuistik.

[3160] Aus diesem Grund wurde für die hiesige Textedition die von Pingree 1973–1974, I 166, gewählte Absatzgliederung berichtigt.

[3161] Mehr dazu in der folgenden Einleitung zu §§ 68–70.

und terminologische Bezüge zwischen den drei Textabschnitten bei.[3162] Außerdem gibt es zumindest Indizien dafür, dass direkte Observation des Sternenhimmels für §§ 68–73 insgesamt eine Rolle spielte (anstelle der üblicherweise rein berechnenden, auf Schriftquellen gestützten Prozeduren).[3163]

§§ 68–70

Die dem lemmatisierten Kommentar (ab. S. 1299) vorausgehende Gesamtbesprechung gliedert sich wie folgt:

- Die sechs hellen Fixsterne des Antigonos (S. 1258)
- Parallelüberlieferung bei Firm. math. 6,2 (S. 1259)
- Firmicus' Quelle: die *Libri Myriogeneseos* des Ps.-Asklepios (S. 1262)
- Parallelüberlieferung bei Album. intr. mai. 5,22,2 (S. 1265)
- Die Längen der in §§ 68–70 genannten Fixsterne (S. 1267)
- Gründe für die exemplarische Nennung gerade dieser sechs Fixsterne (S. 1268)
- Identifikation des Fixsterns auf 20° Wassermann (§ 68) (S. 1272)
- Die Fixsterne auf 27° und 30° Stier (§ 69) (S. 1274)
- Der Katalog heller Fixsterne bei Firm. math. 8,31 (S. 1276)
- Vergleich von 'Mond-System' und 'ASC-System' (S. 1279)
- Der Stern auf 30° Stier (§ 69): ζ Tau oder α Ori? (S. 1285)
- Zwischenergebnisse (S. 1287)
- Weitere Indizien für die frühe Entstehung des 'Mond-Systems' (S. 1287)
- Die mesopotamischen Wurzeln der Fixsternprognostik in §§ 68–70 (S. 1291)

[3162] Verbindungen zwischen allen drei Teilen (I: §§ 68–70; II: §§ 71–72; III: § 73) schaffen die Abstufungen des Ruhms (§ 68 ἐνδοξότατοι, § 71 οὐ παντάπασιν ἄδοξοι, § 73 ἄδοξοι). Teil I und II verbinden die Begriffe für die hellen Fixsterne λαμπροὶ ἀπλανεῖς (§ 68) bzw. λαμπροὶ ἀστέρες (§§ 69 u. 71[2x]) sowie, für die Annäherung des Mondes an dieselben, der Terminus παραβάλλειν (§§ 69[2x] u. 71). Man beachte ferner das Nebeneinander von Graden mit hellen Fixsternen (I) und hellen Graden ohne Fixsterne (II, bes. § 72 λαμπραὶ μοῖραι). Teil II und III verbinden die Begriffe ἀγαθοποιοί (§ 71) und κακοποιοί (§ 73). Zur terminologischen Verknüpfung der Rahmenparagraphen 68 und 73 durch § 68 προσθετικοὶ τῷ μήκει καὶ τῷ πλάτει und § 73 ἀφαιροῦσαν τῷ μήκει καὶ τῷ πλάτει καὶ τῷ φωτί s.u. S. 1307 bei Anm. 3390.
[3163] Dazu s.u. S. 1288 bei Anm. 3305 sowie das S. 1302 nach Anm. 3373 zu den Mondphasen Gesagte.

– Praktische Belege der Fixsternprognostik in §§ 68–70 (S. 1292)
– Versuch einer stemmatischen Darstellung der Ergebnisse (S. 1292)
– Vergleich mit dem System 30 heller Fixsterne des Anon. a. 379
  (S. 1293)
– Schlussbemerkungen (S. 1298)

Die sechs hellen Fixsterne des Antigonos

Zum Interesse des Antigonos an der Wirkung der Fixsterne vgl. das Testimonium **T2** sowie **F1** § 28 (Hadrian) ἡ Σελήνη ἔμελλε συνάπτειν λαμπρῷ τινι τῶν ἀπλανῶν τῷ ἐπὶ τῆς κ′ μοίρας (sc. τοῦ Ὑδροχόου). Der in **F1** § 28 gemeinte Stern gehört eindeutig zu den sechs hellen Fixsternen, die nun in §§ 68–70 systematisch behandelt werden.[3164] Es handelt sich um eine Auswahl,[3165] deren Kriterien im Folgenden zu untersuchen sein werden. Ein provisorischer Vergleich der ekliptikalen Längen mit dem zur Zeit des Antigonos verfassten ptolemäischen Fixsternkatalog (Ptol. synt. 7,5–8,1)[3166] legt die folgenden Identifikationen nahe (ergänzend sind auch die durch Vogt rekonstruierten Daten des älteren hipparchischen Fixsternverzeichnisses vermerkt[3167]):

[3164] Vgl. § 68 a.E.: τὸ δὲ αὐτὸ καὶ ἐπὶ τῆς Ὑδροχόου μοίρας κ′ ποιοῦσι.

[3165] Vgl. § 70 οὕτως οὖν, φησί, καὶ ἐπὶ τῶν ἄλλων ἀπλανῶν ἀστέρων καταστοχαστέον, und § 71 τοῖς ἔχουσι τὴν Σελήνην παραβάλλουσαν λαμπρῷ τινι τῶν κατά τι ζῴδιον ἀστέρων.

[3166] Ptolemaios gibt an, seine Daten bezögen sich auf 137/138 n.Chr. (Ptol. synt. 7,4 p. II 36,14–15 H.; vgl. Neugebauer 1975, 275, u. Toomer 1998, 340[91]). In Wahrheit treffen sie, da er den Frühlingspunkt falsch berechnete, auf 48 n.Chr. zu (Neugebauer 1975, 284).

[3167] Vogt 1925, 45–52 (Tab. I–II, Nr. 12, 18, 43, 76, 107). Vogts Dezimalbrüche für die hipparchische Breite (b_1) und Länge (l_1) sind hier als Sexagesimalbrüche wiedergegeben, also z.B. $-5.50°$ (b_1 α Tau) = $-5° 30′$. Die vortreffliche Qualität der von Vogt geleisteten Rekonstruktion sowie Vogts Nachweis, dass der ptolemäische Fixsternkatalog nicht (wie oft behauptet) vom hipparchischen abhängt, sondern auf eigenen Beobachtungen des Ptolemaios basiert, lobt Neugebauer 1975, 281–284 (verfehlt sind die Beschuldigungen, die Newton 1977 gegen Ptolemaios erhebt; besonnene Darstellung und Beurteilung der Kontroverse bei Evans 1998, 262. 265–274). Vogt bietet ferner die von den ptolemäischen bzw. hipparchischen Daten geringfügig abweichenden wahren Breiten und Längen für 137 n.Chr. und 128 v.Chr. (übernommen aus Peters – Knobel 1915; vgl. Vogt 1925, 21f.). Man beachte, dass unter allen ptolemäischen bzw. hipparchischen Breitenangaben die Differenz bezüglich der wahren Breite im Falle von α PsA am größten ist (so Vogt 1925, 53, Nr. 1).

Nr.	Anti-gonos Länge	Ptolemaios			Hipparch		Fixstern[3168]
		Länge	Breite	Grö-ße	Länge	Breite	
1	5° ♌	2° 30′ ♌	+ 0° 10′	1	29° 38′ ♊	0° 0′	α Leo (Regulus)
2	20° ♒	7° ♒	−20° 20′	1	3° 29′ ♒	−23° 19′	α PsA (Fomalhaut)
3	15° ♉	12° 40′ ♉	−5° 10′	1	9° 46′ ♉	−5° 30′	α Tau (Aldebaran)
4	27° ♉	25° 40′ ♉	+5°	3	22° 54′ ♉	+5° 11′	β Tau (Spitze nördl. Horn)
5	30° ♉	27° 40′ ♉	−2° 30′	3	(?)	(?)	ζ Tau (Spitze südl. Horn)
6	7° ♏	12° 40′ ♏	−4°	2	9° 55′ ♏	−4° 01′	α Sco (Antares)

Tab. 37: Die Längen der sechs hellen Fixsterne in **F5** §§ 68–70
im Vergleich mit Ptolemaios und Hipparch

Parallelüberlieferung bei Firm. math. 6,2

Ehe wir uns den mit den Längenangaben verbundenen Problemen zuwenden, ist grundlegend festzustellen, dass die Überlieferung der Zahlwerte in Ordnung ist. Sie geht sicher bis auf Antigonos, vielleicht sogar noch weiter zurück. Diese Gewissheit verdanken wir nicht der Übereinstimmung der Daten in **P** und Ep.[4] oder dem ergänzenden Zeugnis für Stern Nr. 2 (20° ♒) in **F1** § 28, sondern einer lateinischen Parallele: Firmicus Maternus bietet in der *Mathesis* (vollendet 334/337 n.Chr.) ein Kapitel *De claris signorum stellis* (6,2), das unter Berufung auf die *Libri Myriogeneseos*[3169] ebenfalls sechs Fixsterne nennt, die 'königlich' (*regales*) seien[3170] und zusammen mit dem Mond königliche Würden gewährten. Firmicus bespricht diese Fixsterne mit identischen Gradangaben und in derselben Reihenfolge wie Hephaistion/Antigonos. Da es sich trotz geringer Unterschiede im Detail zweifellos um dieselbe Lehre handelt und die-

---

[3168] Zu den Namen vgl. Kunitzsch – Smart 1986.
[3169] Firm. math. 6,2,8 (mehr dazu unten in Anm. 3181).
[3170] Cf. Firm. math. 6,2,1 *regales*. 6,1,10 *augustae*.

se Parallele bisher übersehen wurde,[3171] folgt eine Synopse beider Versionen:[3172]

F5 §§ 68–70	Firm. math. 6,2,1–7

(68) φησὶ δὲ καὶ ὅτι πάντοτε ἡ Σελήνη ἢ καί τινες τῶν πλανωμένων ἀστέρων τυχόντες ἐπί τινος κέντρου προσθετικοὶ τῷ μήκει καὶ τῷ πλάτει μετά τινος τῶν λαμπρῶν ἀπλανῶν, οἷον Λέοντος τοῦ ἐπὶ τῆς καρδίας τοῦ καλουμένου Βασιλίσκου περὶ μοῖραν ε', ποιοῦσι τὰς τύχας μείζονας καὶ ἐνδοξοτάτας,

τὸ δὲ αὐτὸ καὶ ἐπὶ τῆς Ὑδροχόου μοίρας κ' ποιοῦσι.

(69) καὶ ἐπὶ τῆς ιε' μοίρας τοῦ Ταύρου παραβάλλουσα ἡ Σελήνη ⟨τῷ

(1) Claras stellas et augusta maiestatis radiatione fulgentes in signis omnibus invenimus, sed regales in quattuor, in Leone scilicet in Scorpione in Aquario et in Tauro. Sed in quibus partibus istarum augustum lumen invenias, brevi oratione monstrabo. (2) Quinta pars Leonis habet stellam lucido splendore fulgentem. In hac stella si crescens lumine Luna fuerit inventa, horoscopi aut MC. partiliter possidens cardinem, regna et maxima[3173] potestatis decernit imperia.

(3) Sed et Aquarii XX. pars simili maiestatis splendore decoratur. Nam et in hac stella id est in Aquarii parte XX. si fuerit Luna orta plena luminibus, possideatque primos geniturae cardines,[3174] simili modo regalis potentiae et imperatoriae dignitatis decernit insignia.
Sed et XV. Tauri pars et XXVII. et XXX. †Geminorum[3175] lumine pariter et maiestatis ornantur. In XV. enim parte Tauri Luna si fuerit inventa, potentissimarum

---

[3171] Dass Firmicus der Urheber der Lehre sei, betont zu Unrecht Rinaldi 2002, 172 mit Anm. 350; nützlich jedoch der Hinweis ebd. Anm. 351 auf die Rezeption der von Firmicus gebotenen Version der Lehre durch Pontano in seiner *Urania* (vv. 4,656ff.).

[3172] Der Firmicustext folgt Kroll – Skutsch – Ziegler 1968. Über die z.T. abweichende Textgestaltung von Monat 1992–1997 informieren die Anmerkungen.

[3173] *maximae* pars codd., Monat.

[3174] Definition: Firm. math. 6,1,2 *primi enim cardines horoscopum mediumque possident caelum*; cf. Ptol. apotel. 3,4,7 καὶ μάλιστα τῶν πρώτων [sc. κέντρων ἢ ἐπαναφορῶν]· λέγω δὲ τῶν τε κατὰ τὰς ἀναφορὰς καὶ τὰς μεσουρανήσεις.

[3175] *honorum* coni. Ziegler, in textum recepit Monat.

μήκει⟩ καὶ τῷ πλάτει πλουσίους, οἰκονομικοὺς ποιεῖ καὶ μεγιστᾶνας, ἐπὶ δὲ τῆς κζ' μοίρας τυχοῦσα ὁμοίως ποιεῖ λαμπροὺς ἄρχοντας, χρηματιστικοὺς δὲ πάντας καὶ εὐσεβεῖς,

τῷ δὲ λαμπρῷ ἀστέρι παραβάλλουσα τῷ ἐπὶ τῆς λ' μοίρας ποιεῖ ἄρχοντας ἢ ναυάρχους λαμπρούς.

*****[3176] et affluentis substantiae decernit augmenta, si primos geniturae possederit cardines.
(4) In vigesima vero et septima parte Tauri Luna si fuerit inventa, magnae dignitatis decernit insignia, et facit tales homines qui maximorum populorum vitam sua potestate sustentent, donantes populo quicquid populari fuerit studio postulatum, magnifica et praeclara templis donaria consecrantes, ut ex istis perpetuis gloriae splendoribus honorentur.
(5) Trigesima etiam pars sicut diximus Tauri divino maiestatis micat lumine; et in hac enim parte si Luna fuerit inventa, magnae potestatis insignia licentiamque decernit. Si vero in ista parte constituta in primis cardinibus fuerit inventa, ducatus imperia regnumque decernit, praesertim si eam lumine crescenti[3177] prospera Iuppiter radiatione respexerit. (6) Tunc enim potestatis suae licentia sublevati, et maris et terrae dominia possidentes, et per mare et per terras exercitum feliciter ducunt.

[3176] *potentissimae* pars codd., Monat. – Ziegler, der unmittelbar zuvor *geminorum/geniturarum* (codd.) zu *honorum* emendierte, schlug zu *potentissimarum* die Ergänzung ⟨*administrationum licentiam tribuit*⟩ vor (Kroll – Skutsch – Ziegler 1968, II 70, app. crit.). Er verwies dafür auf Firm. math. 6,4,7 *aliis potentissimarum administrationum licentiam tribuunt* (pars codd.: *potentissimarum civitatum administrationes tribuit*). Zieglers Konjektur findet nun durch den Antigonostext eine Stütze: So wie πλουσίους mit *affluentis substantiae ... augmenta* korrespondiert, entspricht οἰκονομικούς anscheinend dem Hinweis auf mächtige Verwaltungskompetenzen, von denen bei Firmicus auch sonst oft die Rede ist (vgl. Kroll – Skutsch – Ziegler 1968, II 387, Index s.vv. *administratio, administrator* und bes. Firm. math. 5,4,2 *potentis administrationis officia* sowie 3,5,5 *potentissimos administratores*. 3,7,6 *potentes administratores et quibus regiae facultatis substantia* [!] *credatur*. 3,13,9 *administratores potentes*). Skutschs Konjektur *potentissimarum* ⟨*divitiarum*⟩ findet eine Stütze in Firm. math. 4,14,5 a.E., überzeugt aber nicht, da sie den Inhalt von *affluentis substantiae ... augmenta* verdoppelt, statt ein eigenständiges Element hinzuzufügen. Siehe auch unten den Komm. zu § 69 πλουσίους, οἰκονομικοὺς ποιεῖ.
[3177] Hier konjizierte Ziegler zu Recht *crescentem*, was Monat noch nicht einmal in den Apparat aufnahm. Vgl. Anm. 3319.

(70) τὸ δὲ ὅμοιον γίνε-
ται καὶ ἐπὶ τῆς ζ' μοίρας
τοῦ Σκορπίου· ποιεῖ φί-
λους βασιλέων ἢ διαδό-
χους ὠμοὺς καὶ παρα-
βόλους καὶ ἀποδημητι-
κούς, στρατιωτικούς.

Haec eadem etiam VII. ⟨pars⟩ in Scorpione[3178] perficiet. Ipsam enim partem similis
splendor maiestatis exornat. (7) Sed in ista
parte Luna in primis cardinibus constituta
cum praecedentibus dignitatis insignibus dirae crudelitatis et inmodici terroris decernit
horrorem. Qui sic enim habuerint Lunam,
in maxima potestatis licentia constituti,
contra omnes homines effrenatae cupiditatis
⟨ardore⟩[3179] grassantur.

Die lateinische Version ist detailreicher und weicht von der griechischen
sowohl in den astronomischen Bedingungen als auch in den Prognosen
ein wenig ab.[3180] Was den Umfang betrifft, hat anscheinend entweder
Hephaistion die Ausführungen des Antigonos oder dieser seinerseits – sofern er nicht der Urheber der Lehre ist – den Text seiner Quelle gekürzt.
Die Version des Firmicus kann entweder auf Antigonos oder unabhängig
von diesem auf eine gemeinsame Quelle zurückgehen.

Firmicus' Quelle: die Libri Myriogeneseos *des Ps.-Asklepios*

Firmicus beruft sich explizit (math. 6,2,8) auf die verlorenen und nur
durch ihn bezeugten *Libri Myriogeneseos* eines Ps.-Asklepios, die, soweit
wir aus Firmicus' übrigen Äußerungen wissen, ohne jegliche Beachtung
der Planeten Prognosen zum Aufgang jeder einzelnen Bogenminute des
Tierkreises boten.[3181] Dem Charakter eines so angelegten Werkes wider-

---

[3178] *in VII. Scorpionis* dubitanter Kroll – Skutsch – Ziegler 1968 in app. crit.; in textum
rec. Monat.
[3179] *ardore* add. Ziegler, *effrenata cupiditate* pars codd., *effrenata crudelitate* Monat.
[3180] Zu den Einzelheiten später mehr (s. Anm. 3260 u. Anm. 3319).
[3181] Cf. Firm. math. 5,1,36 *nam si Myriogenesim Aesculapii legeris* [...], *invenies ex sin-*
gulis minutis sine aliquo stellarum additamento omnium geniturarum ordines explica-
tos. – Das Werk hieß *Myriogenesis*, nicht – wie Salmasius konjizierte – *Moirogenesis*
(Salmasius 1648, 535, in extenso zitiert bei Stephanus et al. ³1865, VI 1138 s.v. Μοιρο-
γένεσις; ablehnend Kroll – Skutsch – Ziegler 1968, app. crit. ad Firm. math. 3,1,2, sowie Boll 1903a, 409¹, und auch W. Buchwald, ThLL VIII 1744,34–42 s.v. *myriogenesis*
[1966]: "vix recte"). Monat 1992–1997 folgt erneut Salmasius (seinerseits gefolgt von
Obbink 2006, iii u. 3 ad T3,16). Gegen *Moirogenesis* spricht aber, dass der Name bei
Firmicus achtmal vorkommt und stets von allen Hss. als *myriogenesis* überliefert wird
(Firm. math. 3,1,2. 5,1,36. 5,1,38[2x]. 6,2,8. 8,1,10. 8,18,1[2x]). Das einzige von Monat
zur Begründung angeführte Argument lautet: "le préfixe myrios conduit à une fausse

spricht es, vereinzelt gradgenaue (statt minutengenaue) Prognosen unter primärer Beachtung der Mondbewegung (statt des Aszendenten) zu stellen. Wahrscheinlich hat der unbekannte Autor der *Myriogenesis* die Lehre von den sechs hellen beziehungsweise königlichen Fixsternen nicht selbst ersonnen, sondern aus einer älteren Quelle übernommen und in seinem Proömium referiert, etwa in dem Sinne, es sei altbekannt, dass einige wenige Tierkreisgrade dank den dort befindlichen hellen Fixsternen hohe Würden verleihen, die *Myriogenesis* hingegen werde systematisch die gesamte Vielfalt der menschlichen Schicksale entsprechend den 21.600 verschiedenen möglichen Geburtsaszendenten offenbaren.[3182] Dieser Annahme scheint zwar der Umstand zu widersprechen, dass Firmicus wörtlich sagt: *haec tibi interim ex libris Myriogeneseos parva collegimus,*[3183]

---

analyse du mot, qui désigne, en fait, l'art de délivrer des consultations en tenant compte non seulement du signe qui se lève au moment de la naissance, mais de la portion exacte (moira) de ce signe qui apparaît alors à l'horizon" (Monat 1992–1997, II 285f., Anm. 6). Monat ignoriert hier den Umstand, dass das fragliche Werk nicht nur zeichen- oder gradgenau, sondern minutengenau differenzierte (Firm. math. 5,1,36 [s. Beginn dieser Anm.]. ibid. 8,18,1 *quicquid enim Myriogenesis de singulis minutis pronuntiat, hoc nos de singulis faciemus partibus*) und somit 1800 Prognosen pro Zeichen bot (ibid. 5,1,36 *nam in singulis signis cum sint XXX partes et sint minuta MDCCCC etc.*). Das macht insgesamt 21.600 Prognosen (12 x 30 x 60), was (zumal angesichts der vielen vergleichbaren griechischen Wortbildungen auf μυριο-) als Erklärung des Titels genügt (n.b.: LSJ s.v. μυριογένεσις bieten die richtige Namensform mit falscher Inhaltsangabe; kein corrigendum im LSJ Suppl. 1996). Man beachte auch, dass Firmicus eine lateinische Version der Myriogenesis in 12 Büchern ankündigt (math. 5,1,38), ein Umfang, der zu 21.600 minutengenauen Kurzprognosen passt; für 360 gradgenaue Prognosen benötigt Firmicus weniger als ein Buch (math. 8,19–30, gründlich untersucht von Feraboli 1989). Allerdings darf die Zahl von 12 Büchern nicht überinterpretiert werden: Nachdem Firmicus die Planetenastrologie in sieben Büchern entsprechend der antiken Planetenzahl (plus ein Einleitungsbuch) dargestellt hat (cf. math. 8,33,1 *septem hos libros ad septem stellarum ordinem numerumque conpositos*), liegt es nahe, die Darstellung einer allein auf den Tierkreiszeichen und deren Bogenminuten basierenden Lehre in zwölf Büchern zu planen (vgl. Hübner 1989b, 88). – Inkonsequent und geradezu absurd ist die Art und Weise, wie Monat die einhellige handschriftliche Überlieferung korrigiert: in Firm. math. 3,1,2. 5,1,36. 5,1,38[2x]. 6,2,8 zu *Moirogen-*, in 8,1,10 zu *Moiriogenesim* (in app.: "moirogenesim scripsi") und in 8,18,1 zu *Mœriogenesim* und *Mœriogenesis*. – Dass es sich bei diesem Werk nur um eine Erfindung des Firmicus handeln könnte, wurde bisher – soweit mir bekannt – nicht in Erwägung gezogen. In der Tat fehlen Indizien, die eine solche Annahme stützen könnten. Zur *Myriogenesis* s. ferner Gundel – Gundel 1966, 22 (z.T. fehlerhaft). Feraboli 1989, 214f. Feraboli 1994, p. XX. Burnett – Pingree 1997, 4[24]. Vgl. auch den Titel einer apokryphen Schrift λεπτογένεσις, der nur lateinisch belegt ist (s. W. Hübner, ThLL VII.2, 1179,11–16 s.v. *leptogenesis*, impr. 1974).

[3182] Zu der Zahl 21.600 siehe Anm. 3181.

[3183] Firm. math. 6,2,8 (*parva* codd.: *pauca* coni. Ziegler).

was so klingt, als habe er verstreute Angaben aus der zweifellos sehr umfangreichen Quelle zusammengesucht und die Lehre rekonstruiert. Aber Firmicus gebraucht *colligere* oft in sehr weiter Bedeutung,[3184] und darüber hinaus ist es nicht wahrscheinlich, dass ein unselbstständiger Kompilator wie er sich die Mühe machte, weit verstreute Angaben sorgfältig und mit Erfolg zu rekonstruieren.[3185]

Zur Datierung der *Myriogenesis* lässt sich kaum mehr sagen, als dass sie vor Firmicus, aber wohl nicht sehr viel früher anzusetzen ist. Ihre monströse Differenzierung in 21.600 Einzelprognosen setzt als Vorstufe eine Sammlung von 360 Einzelgradprognosen (eine μονομοιρία)[3186] voraus, wie es sie seit dem 2. Jh. v.Chr. – vielleicht in Form einer dem Hermes Trismegistos zugeschriebenen Schrift – gegeben haben muss.[3187] Auf jenen Fundus gehen die voneinander unabhängigen Einzelgradprognosen des Teukros von Babylon, des Anonymus de stellis fixis (= Lib. Herm. cap. 25) und eines weiteren Anonymus zurück, dessen Werk Firm. math. 8,18–30 referiert.[3188] Die *Myriogenesis* des Ps.-Asklepios ist also schwerlich vor der Zeitenwende denkbar.[3189] Es ist möglich, dass der Verfasser erst nach Antigonos schrieb, und in diesem Fall könnte ihm das Handbuch des Antigonos als Quelle gedient haben. Insgesamt ist fest-

---

[3184] Vgl. u.a. ThLL III 1613 s.v. *colligo* I.C.2.a "i.q. paucis verbis exponere, recapitulare" (mit Firmicus-Belegen) u.ä. Bedeutungen.

[3185] Man beachte auch, dass Firmicus die Lehre von den *regales stellae* zu Beginn des 6. Buches, ehe er in eine lange Erörterung der Planetenaspekte eintritt (6,3–27), als reine Ausschmückung referiert (vgl. Firm. math. 6,1,10 *ut huius libri principia augustarum stellarum explicationibus adornentur*). Falls die obige Vermutung zutrifft, dass der Autor der *Myriogenesis* dieselbe Lehre in einer Vorrede bot, ist denkbar, dass Firmicus nicht nur inhaltlich, sondern auch bezüglich der Einbindung des Materials in einen Buchanfang seiner Quelle folgte.

[3186] Zum Begriff siehe Le Bœuffle 1987, 184f. (Nr. 799) s.v. *monomoiriai*.

[3187] Vgl. Cumont 1937, 207–216, bes. 208f.

[3188] So das Ergebnis der vergleichenden Analyse von Feraboli 1989 (bes. S. 229).

[3189] Vgl. Cumont 1937, 209¹. Unbrauchbar für eine verlässliche Datierung sind die Erwähnung der *Myriogenesis* in engem Zusammenhang mit 'Nechepso und Petosiris' (Firm. math. 3,1,1–2) und die Aussage, die *Sphaera Barbarica* ahme die *Myriogenesis* teilweise nach (math. 8,18,1): *nunc ad sequentes partes Sphaerae Barbaricae omnem tractatum transferam, quae Myriogenesim ex aliqua parte imitatur.* Hier ist nämlich zum einen nicht das unter dem Namen *Sphaera Barbarica* bekannte Werk des Teukros gemeint, das nach Hübner 1995a, I 14, wohl aus dem 1. Jh. v.Chr. stammt und somit einen willkommenen *terminus ante quem* böte (mehr zur missverständlichen Rede des Firmicus von der *Sphaera Barbarica* unten S. 1276 bei Anm. 3228), und zum anderen drückt *imitatur* hier nicht Nachahmung, sondern nur Ähnlichkeit aus; vgl. ThLL VII.1 435,80–436,43 s.v. *imitor* II ("fere i.q. similem esse"), darunter auch (436,42) ein Firmicus-Beleg (math. 8,10,2).

zustellen, dass das Firmicuskapitel 6,2 entweder ein Testimonium für das Werk des Antigonos oder für die von Antigonos benutzte Quelle ist (für die Entstehung der in §§ 68–70 referierten Lehre vor Antigonos und vermutlich noch in ptolemäischer Zeit sprechen mehrere Indizien, die im Folgenden noch erläutert werden).

Parallelüberlieferung bei Album. intr. mai. 5,22,2

Auch eine zweite Parallele wurde bisher übersehen. Sie steht dem Antigonos-Text ferner als Firm. math. 6,2, verdient aber dennoch Beachtung. Es handelt sich um einen knappen Passus der *Großen Einführung* Abū Maʿšars in die Astrologie, stammt also aus dem 9. Jh. n.Chr. (s.o. S. 99). Der arabische Text lautet in der englischen Übersetzung von Burnett – Yamamoto (demnächst): "The early writers mentioned that there are degrees in the sphere which increase good fortune. They said that, when the planets indicate in their positions the good fortune of the native and the Moon or the lot of fortune is in these degrees, or they themselves are the degree of the ascendant, they increase the good fortune of the native. If they indicate fall, these ⟨degrees⟩ initiate some motion towards elevation and high rank. They are the 15th degree of Taurus, the 27th degree of it, and the 30th degree too. And in Leo the third and the fifth degree, in Scorpio the seventh degree, and in Aquarius the 20th degree."

Es gibt eine griechische und zwei lateinische Übersetzungen dieser Stelle. Die griechische lautet: Εἰσὶ δέ, ὡς ἔφασαν οἱ ἀρχαῖοι, ἐν τῷ ζῳδιακῷ κύκλῳ μοῖραι εὐτυχεῖς· καὶ ὅτε [sic] τύχη ἐν αὐταῖς εἴτε ἡ Σελήνη εἴτε ὁ κλῆρος τῆς τύχης εἴτε ἡ ὡροσκοποῦσα μοῖρα, ἐπιτείνει τὴν εὐτυχίαν. εἰσὶ δὲ εὐτυχεῖς μοῖραι ἡ ιε′ τοῦ Ταύρου, ἡ κζ′ καὶ ἡ λ′, τοῦ δὲ Λέοντος ἡ γ′ μοῖρα καὶ ἡ ε′, τοῦ δὲ Σκορπίου ἡ ζ′, τοῦ δὲ Ὑδροχόου ἡ κ′.[3190]

Die lateinische Übersetzung des Johannes von Sevilla lautet: *Quia antiqui putaverunt quod in circulo essent gradus augentes fortunam. Et dixerunt quod planete cum ⟨recesserint⟩ a locis suis ⟨significantibus⟩ fortunam nati, et fuerit Luna vel* pars fortune *in his gradibus, aut fuerint ipsi per semetipsos gradus ascendens: augent fortunam nati. Et si fuerint significantes ei casum, isti gradus movent eum in sublimationem ⟨per aliquam quantitatem⟩. Et hi sunt gradus, scilicet: xv. ex TAURO, xxvii. eius-*

[3190] Album. myst. 3,18,1–2, ed. D. Pingree ap. Burnett – Yamamoto (demnächst).

dem et xxx. etiam. – Et in LEONE gradus iii., v. – Et in SCORPIONE gradus vii. – Et in AQUARIO gradus xx.[3191]

Und Hermann von Carinthia übersetzt: *Graduum namque fortune addentium eam vetustas rationem experta est ut cum stelle pro locorum commoditate ad fortunam duxerint, si vel Luna vel pars fortune hos gradus possederint aut eorum ullus orientis gradus extiterit, nati fortune addunt. E quibus sunt quidam ut si stelle duces etiam ad nati casum inclinarint, hii gradus hoc modo adhibiti post casum sublimationem recuperant. – Sunt ergo de Tauro iii: xv.us, xxvii.us, xxx.us – De Leone duo: iii.us, v.us – De Scorpione unus: vii.us – De Aquario unus: xx.us.*[3192]

Es fällt auf, dass Abū Maʿšar und seine Übersetzer mit keinem Wort helle Fixsterne erwähnen, sondern stets nur Tierkreisgrade. Der Grund für die Auswahl einiger weniger Tierkreisgrade ist somit nicht mehr erkennbar. Auch die Ordnung der Grade wurde geändert: Statt mit dem Löwen zu beginnen und dann kreuzweise vorzugehen (mehr dazu unten S. 1269), sind die Grade, mit dem Stier beginnend, in der Reihenfolge der Tierkreiszeichen sortiert; dahinter steht wahrscheinlich ein spätes Bemühen um Normalisierung scheinbar ungeordneter Daten. Die Gradzahlen stimmen exakt mit den von Antigonos und Firmicus genannten überein, allerdings tritt bei Abū Maʿšar zu jenen sechs Einzelgraden ein siebter hinzu (3° Leo). Auch diese Besonderheit wirkt sekundär. Sie könnte ihren Ursprung in einer spätantiken, durch die ptolemäische Länge von α Leo (2° 30′ ♌) motivierten Korrektur vom fünften Grad des Löwen auf den dritten haben, was in einer Vorlage Abū Maʿšars zum Nebeneinander zweier Gradangaben geführt haben könnte. Weitere Abweichungen der arabischen Überlieferung von Antigonos und Firmicus liegen darin, dass das hier das Glückslos und der Aszendent Erwähnung findet, während die konkreten Einzelprognosen zu den hellen Fixsternen beziehungsweise zu ihren Tierkreisgraden komplett fehlen. Allerdings verbietet sich der Gedanke, dass der Passus der *Großen Einführung* möglicherweise gar nichts mit der durch Antigonos und Firmicus bezeugten Lehre zu tun hat. Dagegen spricht der Hinweis des Abū Maʿšar auf die 'Alten' ("the early writers", οἱ ἀρχαῖοι, *antiqui, vetustas*), der einem Verweis auf griechische Quellen gleichkommt, sowie auch die in allgemeingültiger Formulierung für alle sieben Grade genannte Wirkung, dass sie das Glück und den Le-

---

[3191] Lemay 1995–1996, V 208f. (Z. 1160–1168). Eine Charakterisierung der lateinischen Übersetzungen von Johannes von Sevilla (1133 n.Chr.) und Hermann von Carinthia (1140 n.Chr.) bietet Burnett 2007, 74: Die des Johannes sei "a *verbum e verbo* translation", die des Hermann "a literary Latin version of the text".

[3192] Lemay 1995–1996, VIII 91 (Z. 647–654).

benserfolg des Nativen erhöhen (vgl. die Begriffe "good fortune", εὐτυ-χία und *sublimatio* mit § 68 ποιοῦσι τὰς τύχας μείζονας καὶ ἐνδοξο-τάτας). Auf welche konkrete antike Quelle der Passus des Abū Maʿšar zurückgeht, ist ungewiss. Wegen der erheblichen, offenbar durch spätere Überarbeitung verursachten Abweichungen von Antigonos und Firmicus genügt es, die Untersuchung im Folgenden auf die beiden zuletzt genann-ten Autoren zu konzentrieren.

Die Längen der in §§ 68–70 genannten Fixsterne

Da die Längenangaben zu den sechs einzeln hervorgehobenen Fixsternen in beiden antiken Überlieferungssträngen identisch sind (und durch Abū Maʿšar bestätigt werden), gehen sie sehr wahrscheinlich bis auf Antigo-nos oder noch weiter zurück.[3193] Sie verdienen also eine genaue Analyse.

Bei den Sternen Nr. 1,3,4,5 (s.o. S. 1259, Tab. 37) weisen die überlie-ferten Längen annähernd gleiche Abweichungen von den ptolemäischen auf, zumal wenn man sich – so wie in beiden Überlieferungssträngen der Fall – auf ganzzahlige Gradangaben beschränkt. Eine ungefähre Datie-rung der Lehre ist dadurch aber nicht möglich, denn die Abweichungen sind nicht präzessionsbedingt. Wären sie das, gehörten die Daten in eine Zeit mindestens 200 Jahre nach Ptolemaios und Antigonos,[3194] und man müsste die ganz unwahrscheinliche Hypothese bemühen, dass sie in den beiden voneinander unabhängigen Überlieferungssträngen durch Firmi-cus und Hephaistion auf die gleiche Weise korrigiert wurden.

Dass die Abweichungen gegenüber den ptolemäischen Längen nicht präzessionsbedingt sind, impliziert ferner, dass die Fixsternlängen nicht

---

[3193] Um dem Antigonos die überlieferten Daten abzusprechen, müsste man nicht nur an-nehmen, dass Firmicus durch die Vermittlung des Ps.-Asklepios von ihm abhängt, son-dern zusätzlich die Existenz einer fehlerhaften Abschrift des Antigonos-Textes postulie-ren, die sowohl dem Ps.-Asklepios als auch Hephaistion direkt oder indirekt als Vorlage diente.

[3194] Spätere Autoren pflegten die Daten des ptolemäischen Fixsternkatalogs (Ptol. synt. 7,5–8,1) durch Addition entsprechend dem ptolemäischen Präzessionswert von 1° pro 100 Jahre (cf. Ptol. synt. 7,3 p. II 34,5–8 H. sowie Neugebauer 1975, 54 u. 909) zu aktualisieren. Vgl. z.B. die Fixsterndaten des Anonymos vom Jahre 379 n.Chr., des Rhetorios (CCAG VII, 1908, pp. 194–213) und des *Liber Hermetis*. In der Zeit vor Pto-lemaios müsste man, wenn es sich um tropische Werte handelte, *niedrigere* Werte als die von Antigonos gebotenen erwarten (ein Beispiel führt Neugebauer 1975, 286, aus dem *Liber Hermetis* an).

tropisch, sondern siderisch definiert sind.[3195] Als problematisch erweisen sich Stern Nr. 6 (zweifellos = Antares), dessen Länge im Vergleich mit Nr. 1,3,4,5 viel zu niedrig ist, und besonders Nr. 2: Da es im Wassermann keine Sterne erster oder zweiter Größe gibt, lässt sich der angeblich auf 20° ♒ befindliche helle Fixstern, wenn überhaupt, wohl nur extrazodiakal mit dem einzigen sehr hellen Fixstern innerhalb des durch den Wassermann vorgegebenen Bereichs ekliptikaler Längen identifizieren, d.h. mit α PsA. Die Längenangabe ist dann aber – wiederum im Vergleich mit Nr. 1,3,4,5 – um mindestens 10° zu hoch. Es wird zu prüfen sein, ob vielleicht disparates Material ohne einen Ausgleich der in den Daten implizierten siderischen Definitionen kombiniert wurde[3196] oder andere Erklärungen in Frage kommen.[3197]

Gründe für die exemplarische Nennung gerade dieser sechs Fixsterne

Zuerst gilt es aber nachzuvollziehen, warum in der durch Hephaistion und Firmicus bezeugten Präsentation der Lehre die Auswahl gerade auf die wenigen genannten Sterne fiel. Der Beginn mit α Leo ist offenbar dadurch motiviert, dass der Königsstern auf der Brust des Löwen für die Verleihung von Ehren und Würden – in diesen Rahmen gehört die Lehre ja[3198] – der wichtigste Fixstern überhaupt ist.[3199] Falls die Lehre im hellenisierten Ägypten entstand, könnte die geographische Herkunft den Beginn mit dem Löwen zusätzlich begünstigt haben: Der Löwe ist dort Symbol des Anfangs und Neubeginns, weil in ihn die Sonne beim heliakischen Aufgang des Sirius – mit anderen Worten: zu Beginn des ersten ägyptischen Jahres einer Sothis-Periode – eintritt.[3200]

[3195] Irrelevant ist folglich der Hinweis von Le Bœuffle 1987, 227 s.v. 'regalis, regius' (Nr. 1048) zu Firm. math. 6,2, die Sterne Regulus, Antares, Fomalhaut und Aldebaran hätten im 2. Jt. v.Chr. sogar die Äquinoktial- und Solstitialpunkte markiert (diese Aussage gilt übrigens eher für das 3. Jt. v.Chr., und auch innerhalb desselben nur für Epochen [im punktuellen Sinne des astronomischen *terminus technicus*], die durch viele Jahrhunderte voneinander getrennt sind).

[3196] Dergleichen geschah nachweislich in zwei ähnlichen Texten, den durch Firm. math. 8,19–30 überlieferten Einzelgradprognosen und dem 25. Kapitel des *Liber Hermetis*; vgl. Feraboli 1989, 234.

[3197] S.u. Anm. 3306.

[3198] Vgl. den Titel von Heph. 2,18: Περὶ τύχης ἀξιωματικῆς.

[3199] Siehe den Stellenkommentar unten zu § 68 Λέοντος – Βασιλίσκου.

[3200] Man denke an das *thema mundi*, das Firm. math. 3,1 nach 'Nechepsos und Petosiris' zitiert und welches denselben Zeitpunkt festhält (vgl. Bouché-Leclercq 1899, 185–187). Unter diesem Gesichtspunkt ist es ein glücklicher Zufall, dass α Leo gerade im Vorder-

Vom Löwen aus folgt die überlieferte Präsentation der Fixsternlehre nicht der kanonischen Ordnung des Tierkreises, sondern durchstreift ihn einmal 'kreuz und quer' ($\mathcal{Q}$ – $\approx$ – $\forall$ – $\mathbb{M}$).[3201] Die bei dieser exemplarischen Besprechung nicht erfassten Einzelsterne sind, wie Antigonos vermerkt (§ 70 a.E.), analog zu behandeln. Unter den beiden Oppositionspaaren, die die Reihenfolge der Besprechung impliziert, verdient das zweite ($\forall$ – $\mathbb{M}$) besondere Beachtung, weil dem ptolemäischen Sternkatalog zufolge die hellsten Sterne dieser beiden Konstellationen, α Tau (Aldebaran) und α Sco (Antares), einander exakt gegenüberliegen (12° 40′ $\forall$ – 12° 40′ $\mathbb{M}$) und obendrein beide rötlich strahlen.[3202] Angesichts dieser in ihrer Kombination singulären Eigenschaften verwundert es um so mehr, dass die Gradangaben des Antigonos (15° $\forall$ und 7° $\mathbb{M}$) so weit auseinanderliegen.[3203] Die beiden Fixsterne des ersten Oppositionspaares sind, sofern unsere provisorische Identifikation des Sterns Nr. 2 (20° $\approx$) mit α PsA zutrifft, beide weißlich; ihre Opposition ist nach Ptolemaios um 4° 30′ unvollkommen.[3204]

---

teil des Sternbilds Löwe liegt (auf der Brust). Während die ägyptische Herkunft der Lehre vielleicht von (sekundärer) Bedeutung für den Beginn mit dem Löwen ist, darf die erst bei späten Autoren (bes. Theon) zu beobachtende Neuerung, Sternkataloge mit α Leo beginnen zu lassen, auf keinen Fall zur Erklärung der hiesigen Lehre herangezogen werden. Jene Neuerung ist ihrerseits durch eine den Präzessionseffekt eliminierende Innovation im Spätwerk des Ptolemaios (Kanobos-Inschrift, *Hypotheseis*) motiviert; vgl. Boll 1909c, 2422. Neugebauer 1975, 890f. u. 1026–1028.

[3201] Siehe das Diagramm oben S. 746 zu **F1** § 28.

[3202] Ptol. synt. 7,5 p. II 88,2 H. ibid. 8,1 p. II 110,7 H. An beiden Stellen begegnet das Farbnotat ὑπόκιρρος, das Ptolemaios im Übrigen nur bei einem einzigen weiteren zodiakalen Fixstern (β Gem = Pollux) sowie bei drei extrazodiakalen (α Boo = Arcturus, α CMa = Sirius, α Ori = Betelgeuse) bietet: Siehe Ptol. synt. 7,5 p. II 92,4 H. (β Gem). ibid. 7,5 p. II 50,17 H. (α Boo). ibid. 8,1 p. II 142,13 H. (α CMa). ibid. 8,1 p. II 132,9 H. (α Ori) und vgl. dasselbe Notat ὑπόκιρρος bei Ptol. apotel. 1,9,3 (α Tau). 1,9,9 (α Sco). 1,9,15 (α Boo). Siehe auch Hübner 1995a, I 26[40], u. Hübner 2002f, 554. – Außer Ptolemaios vgl. z.B. Cleom. 1,8 ll. 46–51 Todd (= 1,11 pp. 106,28–108,5 Ziegler) Δύο εἰσὶν ἀστέρες, καὶ τὴν χροιὰν καὶ τὰ μεγέθη παραπλήσιοι, διαμετροῦντες ἀλλήλοις· ὁ μὲν γὰρ τοῦ Σκορπίου, ὁ δὲ τοῦ Ταύρου τὴν πεντεκαιδεκάτην ἐπέχει μοῖραν, μέρος ὢν τῶν Ὑάδων. οὗτοι τῷ Ἄρει τὴν χροιὰν ὅμοιοί εἰσιν οἱ ἀστέρες καὶ ἀεὶ κατὰ ταὐτὸν ἐπὶ τοῦ ὁρίζοντος θεωροῦνται, ὁ μὲν ἀνίσχων, ὁ δὲ καταδυόμενος. Anon. a. 379 p. 203,14–16 οὗτος μόνος ὁ ἀστὴρ [sc. α Tau] διπλῆν δύναμιν ἔχει τῶν ἄλλων ἀστέρων, ἀνατέλλοντος γὰρ αὐτοῦ δύει ὁ λαμπρὸς τοῦ Ἀντάρεως κατ' ἰσομοιρίαν αὐτοῦ διάμετρον στάσιν κείμενος κτλ. Lib. Herm. 2,2,9 *stella splendida Hyadum opposita stellae Antaris*.

[3203] Mehr dazu später in Anm. 3306.

[3204] Die Distanz von 2° 30′ $\mathcal{Q}$ bis 7° $\approx$ beträgt 184° 30′ (s.o. S. 1259, Tab. 37).

Die beiden im rechten Winkel zueinander stehenden Oppositions-
linien bilden ein Kreuz, dessen Endpunkte durch die vier in der Astrologie als 'einfach' beziehungsweise 'solide' geltenden Zeichen gebildet
werden.[3205] Jedes der vier Zeichen dieses Kreuzes beziehungsweise Qua-
drates 'markiert' die Mitte einer Jahreszeit.[3206] Ob darüber hinaus eine
Assoziation mit den vier Weltgegenden statthaft ist, wie sie schon Alexander von Humboldt zu Firm. math. 6,2 mit Verweis auf Hiob 9,9
erwog,[3207] sei dahingestellt. Einfacher ist eine andere Frage zu beantworten, die der Gang der Untersuchung an dieser Stelle nahelegt, ob auch
die astronomische Gesamtverteilung heller Fixsterne die Bevorzugung
des zweiten Tierkreisquadrats (♉, ♌, ♏, ♒) gegenüber dem ersten (♈,
♋, ♎, ♑) und dritten (♊, ♍, ♐, ♓) rechtfertigt. Der Fixsternkatalog
des Ptolemaios (Ptol. synt. 7,5–8,1) klassifiziert 1022 Sterne in sechs
Größenklassen.[3208] Er vermerkt die in der folgenden Tabelle (Nr. 38) auf-
geführten zodiakalen Sterne 1. und 2. Größe (zur Ergänzung siehe in der
rechten Spalte die hellsten extrazodiakalen Sterne):[3209]

	Zodiakale Fixsterne (1. u. 2. Größe)	Extrazodiakale Fixsterne (1. Größe)
♈		θ Eri (1[3210]), 0° 10′ ♈, –53° 30′ (Acamar)
♉	α Tau (1), 12° 40′ ♉, –5° 10′ (Aldebaran)	β Ori (1), 19° 50′ ♉, –31° 30 (Rigel) α Aur (1), 25° ♉, +22° 30′ (Capella)

[3205] Vgl. Bouché-Leclercq 1899, 152f., u. bes. Hübner 1982, 74–80 (Nr. 1.311) mit Diagramm auf S. 75.
[3206] Z.B. ♉ zwischen ♈ und ♊.
[3207] Humboldt 1850, 173f. (= Humboldt 2004, 458). Ähnlich äußert sich Boll 1909c,
2420 (zu Firm. math. 6,2), über α Tau, α Leo, α Sco und α PsA, "die ungefähr um je ein
Viertel des Himmels auseinanderliegen und somit den vier Weltgegenden entsprechen,
so daß Aldebaran und Antares, ebenso Regulus und Fomalhaut als Gegensterne behandelt werden".
[3208] Vgl. Neugebauer 1975, 285. Verteilung (nach Boll 1909c, 2421): 1. Größe 15 Sterne, 2. Größe 45, 3. Größe 208, 4. Größe 474, 5. Größe 217, 6. Größe 49, außerdem 9
ἀμαυροί und 5 νεφελοειδεῖς.
[3209] Auf Sterne 1. und 2. Größe beschränkt sich z.B. auch der Anon. a. 379, unter dessen
30 hellen Fixsternen alle in der obigen Tabelle genannten bis auf γ Leo, α Lib, β¹+β²
Sgr und α Car wiederkehren (α Car fehlt, da von Rom aus unsichtbar; so der Anon. a.
379 p. 204,6–8). Zu den übrigen s.u. Anm. 3324.
[3210] Eigentlich ein Doppelstern 3. u. 4. Größe (zusammen 2,9); vgl. Toomer 1998, 386[85].

♊	α Gem (2), 23° 20′ ♊ (Castor) β Gem (2) 26° 40′ ♊ (Pollux)	α Ori (<1), 2° ♊, –17° (Betelgeuse) α Car (1), 17° 10′ ♊, –75° (Canopus) α CMa (1), 17° 40′ ♊, –39° 10′ (Sirius) α CMi (1), 29° 10′ ♊, –16° 10′ (Procyon)
♋		
♌	α Leo (1), 2° 30′ ♌, +0° 10′ (Regulus) β Leo (<1), 24° 30′ ♌ (Denebola) γ Leo (2), 2° 10′ ♌ δ Leo (<2), 14° 10′ ♌	
♍	α Vir (1), 26° 40′ ♍, –2° (Spica)	α Boo (1), 27° ♍, +31° 30′ (Arcturus)
♎	α Lib (2), 18° ♎ β Lib (2), 22° 10′ ♎	
♏	α Sco (2), 12° 40′ ♏, –4° (Antares)	α Cen (1), 8° 20′ ♏, –41° 10′
♐	α Sgr (<2), 17° ♐ β^1 + β^2 Sgr (2), 17° 40′ ♐	α Lyr (1), 17° 20′ ♐, +62° (Wega)
♑		
♒		← α PsA (1), 7° ♒, –20° 20′ (Fomalhaut)
♓		

Tab. 38: Zodiakale Sterne 1. und 2. Größe
und extrazodiakale Sterne 1. Größe nach Ptol. synt. 7,5–8,1

Es zeigt sich, dass das erste Quadrat (♈, ♋, ♎, ♑) zur Bildung eines Kreuzes hellster Sterne denkbar ungeeignet ist, da es überhaupt keine Fixsterne erster Größe und in drei Zeichen (♈, ♋, ♑) auch keine zweiter Größe bietet; zweien dieser Zeichen (♋, ♑) sind nicht einmal extrazodiakale Sterne erster Größe zugeordnet. Etwas besser steht es mit dem dritten Quadrat (♊, ♍, ♐, ♓), das aber in einem Zeichen (♓) ebenfalls ganz mangelhaft ausgestattet ist und es insgesamt nur auf einen einzigen zodiakalen Stern 1. Größe bringt (Spica). Das verbleibende zweite Quadrat (γ, Ω, M, $\approx$) kommt einer Idealverteilung astronomisch am nächsten: Es besitzt zodiakale Sterne 1. Größe im Stier und im Löwen, einen zodiakalen Stern zweiter Größe im Skorpion und einen extrazodiakalen Stern 1. Größe auf der Länge des Wassermanns (α PsA).

Identifikation des Fixsterns auf 20° Wassermann (§ 68)

Dafür, dass mit dem hellen Fixstern auf 20° $\approx$ wirklich α PsA gemeint ist, sprachen sich bereits mehrere Gelehrte aus, allerdings ohne ausreichende Begründung.[3211] Es lassen sich die folgenden Argumente anführen:

a) α PsA bezeichnet sowohl das Maul des Südlichen Fisches als auch das Ende des Wassergusses, der der Urne des Aquarius entströmt.[3212] Ptolemaios notiert α PsA deshalb sowohl als Teil des Südlichen Fisches als auch des Wassermanns.[3213] Schon Eratosthenes zählte diesen hellen Stern in seinen *Katasterismen* zum Wassermann.[3214] So gesehen ist das obige Urteil zu berichtigen: Das zweite Tierkreisquadrat besitzt in drei von vier Zeichen (γ, Ω, $\approx$) Sterne 1. Größe und im vierten (M) einen Stern 2. Größe, erfüllt somit als einziges fast perfekt die formulierten Bedingungen.

b) Es gibt keine plausible Alternative. Das zeigt auch die Liste von 30 hellen (zodiakalen und extrazodiakalen) Fixsternen, die der Anonymos

---

[3211] Humboldt 1850, 173 (= Humboldt 2004, 458). Boll 1909c, 2420 (anders noch Boll 1903a, 410²: "nicht zu identifizieren"). Le Bœuffle 1987, 227 (Nr. 1048). Monat 1992–1997, III 323. Hübner 1995a, II 217 (anders Hübner 2002f, 558: "einen vierten markanten Stern [*neben Aldebaran, Regulus und Antares*] suchte man in der Gegend des Wassermanns vergebens"). Alle zitierten Autoren beziehen sich auf Firm. math. 6,2,3.

[3212] Zur Verbindung von Piscis Austrinus mit dem Wassermann vgl. Hübner 1995a, II 78f. (zu Lib. Herm. 25, l. 740 *qui tangit Eridanum flumen*).

[3213] Ptol. synt. 8,1 p. II 124,2 H. ibid. 8,1 p. II 166,17 (= Nr. 670 u. 1011 Baily 1843, Peters-Knobel; s. auch Kunitzsch 1986–1991, I 118.164. II 124.166. III 129).

[3214] Eratosth. catast. 26 pp. 144–147 R. a.E. (bes. Hyg. astr. 3,28 ll. 370–372 Viré *effusio aquae cum aquali ipso stellarum est XXX, sed in his omnibus prima et novissima* [*nov.* = α PsA] *clara*). – Die *Katasterismen*, ein mythographisch-astronomisches Werk, stellen die Bearbeitung eines (verlorenen) eratosthenischen Originals dar, das Geus 2002, 211–223 (bes. 212–214) in Anlehnung an die Suda *Astronomie* nennt. Schon das Werk des Eratosthenes muss neben einem Sternkatalog mit Helligkeitsangaben für einzelne Fixsterne auch Sternsagen geboten haben. Die Bearbeitung wurde im 2. Jh. n.Chr. vorgenommen, um als Kommentar zu den *Phainomena* Arats dienen zu können. Sie lässt sich aus verschiedenen Rezensionen rekonstruieren. Die Bewertung der *Katasterismen* als Pseudepigraphon (so noch Condos 1997) gilt inzwischen als obsolet; s. Hübner 2008b, 186.

vom Jahre 379 n.Chr. bietet. Auf sie wird später noch genauer einzugehen sein. Hier genügt der Hinweis, dass der Anon. a. 379 nur zwei helle Fixsterne im Bereich der ekliptikalen Länge des Wassermanns nennt, nämlich α PsA und α Cyg.[3215] Der Hauptstern des Schwans (α Cyg) ist aber nach Ptol. synt. 7,5 p. II 59,10 H. nur zweiter Größe und liegt fern von der Ekliptik auf 60° nördlicher Breite (auf der Länge von 9° 10′ ♒). Es ist sehr unwahrscheinlich, dass extrazodiakale Sterne zur Deutung der hier diskutierten Lehre herangezogen werden dürfen, sowohl wegen der explizit zodiakalen Angaben beider Überlieferungsstränge[3216] als auch deshalb, weil extrazodiakale Sterne nicht gemeinsam mit dem Mond (oder einem Planeten) in einem der Kardinalpunkte[3217] stehen können, mithin die in § 68 formulierte Bedingung (τυχόντες ἐπί τινος κέντρου ... μετά τινος τῶν λαμπρῶν ἀπλανῶν) niemals erfüllen.[3218] Außerdem können sich die Verbindungslinien zwischen den genannten Oppositionspaaren nur dann mehr oder weniger perfekt in der Erdkugel als dem Zentrum des Kosmos schneiden und somit ein echtes Kreuz bilden, wenn alle vier Eckpunkte dem Tierkreis angehören.[3219]

c) Für die befremdliche Längenangabe von 20° ♒ sind mehrere Erklärungen denkbar. Dazu zählt eine Verwechslung mit der Gradzahl (nicht dem Tierkreiszeichen) der hipparchischen Angaben,[3220] α PsA

[3215] Anon. a. 379 p. 198,16–18 (zu α PsA): τοῦ ἐπὶ τοῦ στόματος τοῦ μεγάλου Ἰχθύος τοῦ ἐν τῷ νοτίῳ μέρει, ὃς παρανατέλλει τῇ ι′ μοίρᾳ τοῦ Ὑδροχόου (10° ♒, weil der Anonymos erklärtermaßen zu den Daten des Ptolemaios den Präzessionswert für die seitdem vergangenen ca. 200 Jahre addiert; vgl. ebd. p. 198,5–7). Ibid. p. 198,18–19 (zu α Cyg): ὁ λαμπρὸς τοῦ Ὄρνιθος, ... ὃς παρανατέλλει τῇ ιβ′ μοίρᾳ τοῦ Ὑδροχόου [Λέοντος codd., corr. Cumont in app. crit.].

[3216] Vgl. neben den Einzelangaben auch die einleitende Gesamtformulierung von Firm. math. 6,2,1 in Leone scilicet in Scorpione in Aquario et in Tauro.

[3217] Definiert als die Schnittstellen der Ekliptik mit dem Horizont (ASC, OCC) und dem Meridian (MC, IMC); im weiteren Sinne das ganze an einem dieser vier Punkte befindliche Tierkreiszeichen.

[3218] Man bedenke ferner, dass der Schwan ja noch nicht einmal zur gleichen Zeit wie der Wassermann (auf dessen ekliptikaler Länge α Cyg liegt) aufgeht, sondern erheblich früher, nämlich (nach Hipparch. 2,5,7) zusammen mit dem Tierkreisbogen 26½° ♎ – 22° ♐. Der aus § 68 abgeleitete Einwand trifft zwar im Prinzip auch auf α PsA zu, wird aber durch dessen erheblich geringere Entfernung von der Ekliptik und seine astrothetische Zugehörigkeit zum Wassermann entkräftet.

[3219] Man beachte ferner, dass unter den babylonischen 'Normalsternen' (mehr dazu unten S. 1291 bei Anm. 3317) eine erhebliche Lücke von ca. 290°–350° = 20° ♑ bis 20° ♓ klafft (vgl. Sachs – Hunger 1988–1996, I 17–19. Hunger – Pingree 1999, 148f.). Die Gründe dafür sind allerdings nicht geklärt.

[3220] Hipparch. 2,3,16. 3,1,7.

gehe zusammen mit 20° 30′ ♓ auf.[3221] Weniger wahrscheinlich ist eine Verwechslung mit der südlichen Breite (–20° 20′)[3222] oder gar eine gewollt mystifizierende Unklarheit. Eine weitere Möglichkeit, die meines Erachtens die größte Plausibilität besitzt, wird später Erwähnung finden. Sie hat den Vorzug, nicht nur den α PsA betreffenden 'Fehler', sondern die 'Fehler' aller sechs in §§ 68–70 genannten Fixsterne durch eine einheitliche Hypothese zu erklären.[3223]

Die Fixsterne auf 27° und 30° Stier (§ 69)

Bisher blieb freilich offen, warum allein im Stier zwei weitere Fixsterne hinzutreten, die nach antiker Bewertung nur dritter Größe sind[3224] und die

---

[3221] Die von Firmicus referierte *Monomoiria* bieten in Anlehnung an den hipparchischen Wert (20° 30′ ♓) zu 21° ♓ die Prognose *piscatores, legentes spongias laboriosi* (Firm. math. 8,30,8); vgl. Feraboli 1989, 240. Eine Verwechslung der Fische und des Wassermanns, wie man sie zur Erklärung des hellen Fixsterns auf 20° ♒ aus dem hipparchischen Wert 20° 30′ ♓ postulieren müsste, könnte durch ältere Traditionen begünstigt sein: Hipparch. 2,3,16 kritisiert Arat und Eudoxos für die Annahme, der Südliche Fisch gehe fast ganz mit dem Wassermann auf; vielmehr gehe der größte Teil des Südlichen Fisches erst mit den zodiakalen Fischen auf (διαφωνοῦσι δὲ ἀμφότεροι πρὸς τὸ φαινόμενον καὶ περὶ τοῦ Νοτίου Ἰχθύος, ὅλον αὐτὸν ἔγγιστα τῷ Ὑδροχόῳ ὑπολαμβάνοντες συνανατέλλειν. τοὐναντίον γὰρ τὸ πλεῖστον αὐτοῦ μέρος τοῖς Ἰχθύσι συναναφέρεται κτλ.). Die Rundung von 20° 30′ auf 20° wäre leicht zu erklären, da antike Autoren, wenn sie sich auf ganzzahlige Gradangaben beschränken wollten, den fraktionalen Rest in der Regel einfach strichen, egal wie groß er war (so Neugebauer 1975; cf. North 1986, 18).

[3222] Cf. Ptol. synt. 8,1 p. II 125,2 H. ibid. 8,1 p. II 167,17 H. Gegen eine Verwechslung mit der südlichen Breite spricht ferner, dass ungewiss ist, ob der zitierte Wert (–20° 20′) schon vor Ptolemaios geläufig war. Der hipparchische Fixsternkatalog jedenfalls bot als südliche Breite von α PsA –23° 19′ (s.o. S. 1259, Tab. 37).

[3223] S.u. Anm. 3306.

[3224] Ptol. synt. 7,5 p. II 88–89,7.9–10 H. Vgl. jedoch ibid. 7,5 p. II 66–67,16 H., wo einer der beiden Fixsterne, β Tau, ebenfalls Erwähnung findet, da er nicht nur die Spitze des linken (nördlichen) Stierhorns bezeichnet, sondern zugleich den rechten Knöchel des Fuhrmanns (Auriga). Bei der Besprechung des Stiers notiert Ptolemaios β Tau und ζ Tau gleichermaßen als Sterne 3. Größe, beim Fuhrmann hingegen ist β Tau mit der *magnitudo* ">3" vermerkt (eine Synopse der Größenangaben in den griech. u. lat. Hss. bietet Peters – Knobel 1915, 122–143, vgl. ebd. 147 zu β Tau). Moderne Helligkeitsmessungen bestätigen, dass β Tau heller als ζ Tau ist, sogar deutlich heller, so dass er beinahe α Leo gleichkommt. Vgl. den *Bright Star Catalogue* (BSC5) von Hoffleit – Warren 1991: α Leo 1,35 mag, α PsA 1,16 mag, α Tau 0,85 mag, β Tau 1,65 mag, ζ Tau 3,0 mag, α Sco 0,96 mag (zum Verhältnis der ptolemäischen Größenklassen zu denen der modernen Astronomie s. Peters – Knobel 1915, 120). Die Helligkeitsdifferenz zwischen β Tau und ζ Tau, von der sich der Leser sich leicht durch direkte Observation über-

symmetrische Ordnung stören. Dabei ist zu betonen, dass nicht die Bezeichnung dieser Sterne als λαμπροί befremdet,[3225] sondern ihre Erwähnung in einer so knappen Liste hellster Fixsterne. Die reale Verteilung heller Sterne im Tierkreis kann nicht der Grund sein, denn dann müssten auch β, γ und δ Leo (alle 1. bis 2. Größe: s.o. S. 1270, Tab. 38) Berücksichtigung finden. Man könnte erwägen, ob in Wahrheit zwei extrazodiakale Fixsterne gemeint sind, die nur insofern mit dem Stier zu tun haben, als sie auf dessen ekliptikaler Länge liegen: vielleicht α Aur und β Ori (s.o. S. 1270, Tab. 38) oder Sterne 2. Größe im Orion (γ, δ, ε, ζ Ori auf der Länge von 24°, 25° 20′, 27° 20′, 28° 10′ Tau). Aber es ist, wie bereits

---

zeugen kann, hat anscheinend schon Eratosthenes richtig angegeben, doch ist der Sachverhalt aus der verworrenen Überlieferung bei Eratosth. catast. 14 nicht mehr erkennbar, weil die Angaben zu den Sternen in den Hörnerspitzen mit denen zu den Sternen an den Hörnerwurzeln (auf der Stirn des Stiers) durcheinandergeraten zu sein scheinen. Da die Daten der vier von Robert 1878, 112f., synoptisch edierten Überlieferungsstränge sowie die der erst einige Jahre später (1899) von Rehm entdeckten *Fragmenta Vaticana* (dazu s. Pàmias – Geus 2007, 32) meines Wissens noch nicht astronomisch geklärt wurden (auch Condos 1997, 193f., Pàmias i Massana 2004, 134, Pàmias – Geus 2007, 108f., und Pàmias i Massana – Zucker 2013, 46f., versäumen die Gelegenheit dazu), sei das Wesentliche hier kurz gesagt: Die Sterne an den Hörnerwurzeln (links/nördlich: τ Tau, rechts/südlich: 97 Tau) sind nach Ptol. synt. 7,5 p. II 88–89,4.8 H. beide vierter Größe; vgl. BSC5: τ Tau 4,28 mag, 97 Tau 5,1 mag. Wenn also die bereits von Robert edierte griechische Epitome überliefert, von den Sternen der Hörner*wurzeln* sei der linke bzw. nördliche heller, ist das ebenso wahr wie die Auskunft von Hyg. astr. 3,20 ll. 266–269 Viré, von den Sternen der Hörner*spitzen* sei der linke bzw. nördliche heller (die hinzutretenden Germanicusscholien machen unklare bzw. gar keine Helligkeitsangaben). Sehr wahrscheinlich hat Eratosthenes aber nur die Helligkeitsdifferenz der insgesamt viel helleren Sterne in den Hörnerspitzen erwähnt. Wenn dem so ist, bewahrt an dieser Stelle allein die Version Hygins das Richtige. – Für die Beurteilung des Zusammenhangs ist die korrekte Interpretation von 'links' und 'rechts' (bezüglich der Stierhörner) von zentraler Bedeutung. Vgl. daher Arat. 174–176 λαιοῦ δὲ κεράατος ἄκρον | καὶ πόδα δεξιτερὸν παρακειμένου Ἡνιόχοιο | εἷς ἀστὴρ ἐπέχει (sinngleich bereits Eudoxos, vgl. Hipparch. 1,2,10 [= Eudox. frg. 29 Lasserre] Ἐπὶ δὲ τοῦ Ἡνιόχου ὁ μὲν Εὔδοξός φησι· 'κατέναντι δὲ τῆς κεφαλῆς τῆς Μεγάλης Ἄρκτου ὁ Ἡνίοχος ἔχει τοὺς ὤμους λοξὸς ὢν ὑπὲρ τοὺς πόδας τῶν Διδύμων, ἔχων τὸν δεξιὸν πόδα κοινὸν τῷ ἐν ἄκρῳ τῷ ἀριστερῷ κέρατι τοῦ Ταύρου'). Siehe ferner Illustrationen wie z.B. die Himmelskarten bei Goold 1997 (am Ende).
[3225] Im ptolemäischen Fixsternkatalog werden vereinzelt noch Sterne 4. Größe als λαμπροί bezeichnet (Boll 1909c, 2421), und schon Hipparch, dem eine numerische Klassifizierung der Helligkeit noch fehlt, benutzt das Attribut λαμπρός für solche Sterne, die den ersten drei ptolemäischen Größenklassen angehören. Vgl. die Analyse von Manitius 1894, 293f., aber auch die Kritik bei Neugebauer 1975, 291[3]. Auch die beiden hier fraglichen Fixsterne β und ζ Tau bezeichnet Hipparch als λαμπροί (Hipparch. 3,5,21 μετὰ τῶν ἐν ἄκροις τοῖς κέρασι λαμπρῶν).

gesagt, wenig wahrscheinlich, dass eindeutig[3226] extrazodiakale Sterne
zur Deutung der hier diskutierten Lehre herangezogen werden dürfen.
Außerdem sollte man auch dann wieder erwarten, dass weitere Sterne wie
α Cen (s.o. S. 1270, Tab. 38, ♏︎) und die vielen Sterne 2. Größe Berücksichtigung fänden.[3227]

Der Katalog heller Fixsterne bei Firm. math. 8,31

Möglicherweise birgt eine weitere Firmicus-Stelle den Schlüssel zum
Verständnis des Problems. Der römische Senator bietet am Ende seiner
Mathesis einen alternativen Katalog heller Einzelsterne mit Prognosen
(Kap. 8,31), der angeblich (math. 8,32,1) Teil der *Sphaera Barbarica* ist.
Unter dieser Bezeichnung fasst Firmicus Material unterschiedlicher Provenienz zusammen, das fast das ganze 8. Buch füllt (math. 8,5–31).[3228] Es
ist zu betonen, dass der für die hiesige Untersuchung relevante Teil
(8,18–31) nicht, wie man glauben könnte, auf die *Sphaera Barbarica* des
Teukros von Babylon zurückgeht.[3229] Zu jeder der in Kapitel 8,31
gebotenen Fixsternprognosen findet sich eine Parallele unter den zuvor in
den Kapiteln 8,18–30 referierten und auf dieselbe Quelle zurückgehenden
360 Einzelgradprognosen.[3230] Die Parallelen in 8,18–30, die übrigens alle
etwas ausführlicher sind, bestätigen sowohl die Gradangaben als auch
den Inhalt der Vorhersagen im Kapitel 8,31.[3231] Es ist sehr unwahrscheinlich, dass Firmicus dieses Kapitel selbst aus math. 8,18–30 oder aus der
dafür benutzten Quelle kompiliert hat;[3232] ja er scheint die Entsprechun-

---

[3226] Im Gegensatz zu Fomalhaut (α PsA); s.o. S. 1272 bei Anm. 3212.

[3227] Vollends ohne Rückhalt in der astrologischen Literatur wäre es ferner, den Stier als
ägyptisches Königssymbol zur Erklärung heranzuziehen (zum Stier als Erscheinungs-
form des ägyptischen Königs, seiner Beziehung zum Königskult und zur Bezeichnung
des Königs als 'Stier' vgl. Helck 1986, 14f. Vercoutter 1975, 338. Barta 1980, 479).

[3228] Diese Partie wird von Firm. math. 4,25,5. 6,32,1. 8,1,10. 8,4,2 als *Sphaera Barbarica* angekündigt und bei der tatsächlichen Behandlung mehrmals erneut so bezeichnet (8,5,1. 8,17,11. 8,18,1).

[3229] Vgl. Feraboli 1989, bes. 229. Auch Abhängigkeit im umgekehrten Sinne liegt nicht
vor, vgl. Anm. 3189.

[3230] Die Entsprechungen wurden von Boll 1903a, 410f., übersehen, später dann von
Cumont 1937, 207–216, erkannt und zum Teil synoptisch analysiert.

[3231] In einem Fall widersprechen die Angaben sich: vgl. 8,31,10 (Textverderbnis oder
Flüchtigkeitsfehler?) *pronus sane ad muliebres concubitus* mit 8,30,4 (richtig) *sed circa
muliebres concubitus semper inpatiens.*

[3232] Sowohl wegen der insgesamt unselbstständigen Quellenverarbeitung des Firmicus
als auch deshalb, weil Fixsterne an den vorausgehenden Parallelstellen nicht explizit Erwähnung finden.

gen nicht einmal bemerkt zu haben.[3233] Seine Quelle für beide Teile ist anscheinend der Astronom und Grammatiker Achilleus (3. Jh. n.Chr.).[3234] Dafür spricht, dass Firmicus schon im 4. Buch erklärt hatte, die Gewährs-männer für seine Behandlung der *Sphaera Barbarica* (math. 8,5–31) seien *divinus ille Abram et prudentissimus Achilles*.[3235] Boll hatte ange-nommen, der Ps.-Abraham sei die Quelle für Firm. math. 8,18–30, Achil-leus hingegen für math. 8,31.[3236] Er übersah jedoch, dass alle Fixsternpro-gnosen in 8,31 – wie gesagt – eine Entsprechung in 8,18–30 haben und der Text hier wie dort dieselben Längenangaben macht. Diese entspre-chen im Wesentlichen den ptolemäischen Fixsternlängen[3237] und können also kaum von jenem Ps.-Abraham stammen, der ziemlich früh zu datie-ren ist (*terminus ante quem* sind Zitate bei Valens).[3238] Achilleus hin-gegen kannte Ptolemaios.[3239] Es wäre also denkbar, dass er den Text des Ps.-Abraham mit korrigierten Längenangaben weitergab und die direkte Quelle sowohl von Firm. math. 8,18–30 als auch von Firm. math. 8,31 ist. Achilleus wäre dann vermutlich auch derjenige gewesen, der die Er-wähnung der Einzelsterne – d.h. der wahren Schicksalsmächte im Gegen-satz zu den mit ihnen assoziierten Einzelgraden – in der Behandlung der *Monomoiria* unterdrückte[3240] und eine Zusammenstellung der wichtigsten Fixsternprognosen als Anhang (= Firm. math. 8,31) kompilierte.[3241]

[3233] So die Überzeugung von Cumont 1937, 208.

[3234] Vgl. Mansfeld – Runia 1997, 299–306, bes. 299f. Achilleus verfasste wohl nicht, wie lange angenommen, einen Aratkommentar, sondern ein astronomisches Werk Περὶ τοῦ παντός, das als Vorbereitung für die Aratlektüre gedacht war (ebd. 299) oder (so Neugebauer 1975, 950–952) dessen erstes Kapitel durch sekundäre Zusätze zu einem Aratkommentar umfunktioniert wurde.

[3235] Firm. math. 4,17,2 (cf. Schaefer 1894, 247. Boll 1903b; Gundel – Gundel 1966, 164, datiert Achilleus zu Unrecht ins 1. Jh. n.Chr.). Den Achilleus erwähnt Firmicus nur hier, den Ps.-Abraham hingegen mehrmals: vgl. math. 4 prooem. 5 *Abram* (zusammen mit den Namen ganz früher Astrologen). ibid. 4,17,5 *Abraham*. 4,18,1 *Abraham*. 8,3,5 *tractatum istum* [= math. 8,3] *ex Abrahae libris excerptum*. Zum religionshistorischen Hintergrund der Wahl des Pseudonyms 'Abraham' s. von Stuckrad 1996, 141–143. 145–150. Dihle 1997, 102f.

[3236] Boll 1903a, 409f.; vgl. Boll 1903b.

[3237] Explizites Lob der Datenqualität bei Boll 1903a, 410f., bzgl. Kap. 8,31.

[3238] Val. 2,29,3 ὁ δὲ θαυμασιώτατος Ἄβραμος ἐν τοῖς βιβλίοις αὐτοῦ, vgl. ebd. 2,30,2. 2,30,5. Siker 1987, 206f., zeigt, dass die griechisch-römische Konzeption Abra-hams als astrologischer Autorität schon lange vor der Zeit des Valens etabliert war. Die Belege beginnen im 3. Jh. v.Chr. mit Berossos (ebd. 189 u. 194).

[3239] Vgl. Achill. isag. 19,11 Di Maria (= isag. 19 p. 47,14 Maass).

[3240] Vgl. hierzu Gundel – Gundel 1966, 233.

[3241] Andernfalls müsste man noch einen Vermittler zwischen Ps.-Abraham und Achil-leus ansetzen, der diesen Schritt vollzog.

Nr.	Position	Identifikationsversuche[3242]
1	11° ♈ (8,31,2; vgl. 8,19,5)	"vermutlich der äußerste des Flusses (Ptolemaios ♈ 7 ½°)"[3243]
2	30° ♉ (8,31,3; vgl. 8,20,9),[3244] = zwei Sterne	ζ Tau (3), 27° 40′ ♉, –2° 30′, und β Tau (3), 25° 40′ ♉, +5°[3245] α Ori (<1), 2° ♊, –17° (Betelgeuse)[3246]
3	2° ♌ (8,31,4; vgl. 8,23,1–2)[3247]	α Leo (1), 2° 30′ ♌, +0° 10′ (Regulus)[3248]
4	13° ♏ (8,31,5; vgl. 8,26,4–5)[3249]	α Sco (2), 12° 40′ ♏, –4° (Antares)[3250]
5	19° ♏ (8,31,6; vgl. 8,26,7)	–
6	22° ♐ (8,31,7; vgl. 8,27,7),[3251] mindestens zwei Sterne[3252]	α Sgr (<2), 17° ♐, –18° und α Lyr (1), 17° 20′ ♐, +62°[3253]
7	3° ♑ (8,31,8; vgl. 8,28,1)	α Aql (>2), 3° 50′ ♑, +29° 10′ (Altair)[3254]
8	1° ♒ (8,31,9; vgl. 8,29,1)	–
9	10° ♓ (8,31,10; vgl. 8,30,4)[3255]	α PsA (1), 7° ♒, –20° 20′ (Fomalhaut)[3256]

Tab. 39: Helle Fixsterne bei Firm. math. 8,31

[3242] Größe (= Helligkeit), Länge und Breite erneut nach Ptol. synt. 7,5–8,1.

[3243] So Boll 1903a, 410; Sinn unklar: = θ Eri (Acamar)? Diesen Stern bezeichnet Ptol. synt. 8,1 p. II 140,12 H. als ὁ ἔσχατος τοῦ Ποταμοῦ λαμπρός und bietet die Daten 0° 10′ ♈, –53° 30′, 1. Größe (vgl. Anm. 3210). Die ekliptikale Länge 7 ½° ♈ weist Ptolemaios keinem Stern des Flusses zu.

[3244] Vgl. Cumont 1937, 211–213.

[3245] So Boll 1903a, 410; dagegen spricht sich Feraboli 1989, 236[14], aus.

[3246] So Feraboli 1989, 235.

[3247] Vgl. Cumont 1937, 213f.

[3248] So Boll 1903a, 410. Feraboli 1989, 221. 236.

[3249] Der *Liber Hermetis* cap. 25, l. 621 Hübner, bietet zu 13°–15° ♏ eine Prognose (*facit dominos vitae ac mortis dominium habentes*), die an beiden Firmicus-Stellen eine deutliche Entsprechung hat. Vgl. dazu Feraboli 1989, 225.

[3250] So Boll 1903a, 410. Feraboli 1989, 225 u. 238.

[3251] Vgl. Cumont 1937, 211.

[3252] Firm. math. 8,31,7 *limpidae stellae*.

[3253] So Boll 1903a, 410f.

[3254] So Boll 1903a, 410. Feraboli 1989, 238f. (allerdings ist die Prognose bei Firm. math. 8,28,1 nach Feraboli ebd. 239 mit Wirkungen des Fixsterns β Sagittae kontaminiert).

[3255] Vgl. Cumont 1937, 209–211.

[3256] So Boll 1903a, 411. Hübner 1995a, II 217. Die Identifikation ist sicher; Firmicus selbst sagt: *in australi scilicet Pisce* (8,31,10).

Vergleich von 'Mond-System' und 'ASC-System'

Firmicus bespricht in Kapitel 8,31 neun Einzelgrade mit insgesamt mindestens elf Fixsternen (s. Tab. 39 auf der vorigen Seite). Dieses System
unterscheidet sich grundlegend von dem in Firm. math. 6,2 referierten,
welches dem des Antigonos entspricht oder sogar davon abhängt. Den
wichtigsten Unterschied nennt Firmicus selbst: Hier (8,31) geht es primär
um die Position der Fixsterne im Aszendenten, dort (6,2) um ihre Stellung zusammen mit dem Mond.[3257] Im Folgenden werden wir daher im
Interesse einer klaren und knappen Benennung vom 'Mond-System' (Antig. §§ 68–70. Firm. math. 6,2)[3258] und vom 'ASC-System' (Firm. math.
8,31)[3259] sprechen. Jedes der beiden Systeme berücksichtigt sekundär
auch das im jeweils anderen dominierende Element: Im 'Mond-System'
gilt kardinale Stellung von Mond und Fixstern als wichtig, doch muss das
Kentron nicht unbedingt der Aszendent sein;[3260] im 'ASC-System' treten
fast ausnahmslos Planetennotate hinzu, doch nur ein Teil davon betrifft
den Mond.[3261]

Außerdem unterscheidet sich die Sternliste des 'ASC-Systems' von
der des 'Mond-Systems' durch die größere Gesamtzahl der besprochenen
Fixsterne, ihre unregelmäßige Verteilung auf die Tierkreiszeichen, den
Beginn mit dem Widder, die evidente Einbeziehung extrazodiakaler Sterne (z.B. Nr. 7) und die zum Teil gute Übereinstimmung mit den ptole-

---

[3257] Cf. Firm. math. 8,31,1: *Quid itaque in istis partibus, in quibus clarae inveniuntur
stellae, decernat horoscopus (quae in VI. libro de Luna diximus) explicare curabo.* Vgl.
weiter math. 8,31,3 a.E. Den Aszendenten beachtet auch Abū Maʿšar (s.o. S. 1266), aber
diese Gemeinsamkeit scheint zufällig und somit nicht Indiz für ein Abhängigkeitsver-
hältnis zu sein, da Abū Maʿšar zugleich das Glückslos beachtet und die Fixsterne selbst
überhaupt nicht erwähnt.
[3258] Relevante Autoren: Antigonos, Hephaistion, Ps.-Asklepios, Firmicus.
[3259] Relevante Autoren: Ps.-Abraham (?), Achilleus (?), Firmicus.
[3260] Vgl. Antig. § 68 τυχόντες ἐπί τινος κέντρου. Etwas strenger ist die von Firm.
math. 6,2,1–7 überlieferte Version: Sie fordert durchweg, der Mond müsse im ASC oder
MC stehen (Ausnahme: 27° ♉, math. 6,2,4).
[3261] Mond: Nr. 4, 5, 7, 8, 9; Venus: Nr. 9; Mars: Nr. 3, 7; Jupiter: Nr. 1, 5, 6, 8; Saturn:
Nr. 3, 8. Sonne und Merkur finden keine Erwähnung. Die einzige Ausnahme betrifft Nr.
2 (30° ♉), wo kein Planetennotat vorliegt bzw. erhalten ist. – Den zahlreichen Verweisen auf einen oder mehrere der fünf echten Planeten im 'ASC-System' (Venus, Mars,
Jupiter, Saturn) steht im 'Mond-System' wenig Vergleichbares gegenüber: Firm. math.
6,2,5 erwähnt zu 30° ♉ singulär Jupiter, Antig. § 68 spricht einleitend allgemein von ἡ
Σελήνη ἢ καί τινες τῶν πλανωμένων ἀστέρων (danach nur noch vom Mond).

mäischen Längenangaben (Nr. 3, 4, 7),[3262] während andere Sterne nur schwer oder gar nicht identifizierbar sind (bes. Nr. 5, 8). Ein weiteres wichtiges Charakteristikum hat Cumont erkannt: Anscheinend basieren die Prognosen des 'ASC-Systems' auf Lebensschicksalen historischer Personen.[3263] Dazu passen auch die ihm allein eigenen Todesprognosen,[3264] die zumindest teilweise mit den Todesumständen historischer Personen übereinstimmen und vielleicht in diesen biographischen Daten ihren Ursprung haben, sowie das Fehlen wichtiger Fixsterne, die bei einer geometrisch oder astronomisch (durch die Helligkeit) motivierten Zusammenstellung unbedingt Erwähnung finden müssten.[3265] Das 'Mond-System' ist demgegenüber abstrakt formuliert: Es bietet in keinem Fall eine Prognose, deren Elemente in ihrem Zusammenhang nicht allein astrologisch erklärbar zu sein, sondern darüber hinaus biographische Daten zu enthalten scheinen;[3266] außerdem verzichtet es durchweg auf Todesprognosen.

Angesichts dieser profunden Verschiedenheit der beiden Systeme ist Firmicus nicht ganz zu Recht vorgeworfen worden, dass er beide Fixsternlisten ohne Bemühen um Ausgleich referiere.[3267] Dass er in Kap. 8,31 das 'Mond-System' (Kap. 6,2) keineswegs vergessen hat und sich der Unterschiede bewusst ist, macht der Autor mehrmals deutlich.[3268]

Trotz aller Verschiedenheit trägt das 'ASC-System' einiges zum Verständnis des 'Mond-Systems' bei. Die Präsenz von α Leo und α Sco in den Fixsternlisten beider Systeme ist evident,[3269] und das Notat des

---

[3262] Vgl. Boll 1903a, 410: "An einigen dieser Sterne läßt sich leicht feststellen, daß hier Firmicus eine astronomisch noch ziemlich exakte Quelle benützt hat."

[3263] Vgl. Cumont 1937, 207–216.

[3264] Nur bei 2° ♌ (Nr. 3, Firm. math. 8,23,1–2. 8,31,4) fehlt eine Todesprognose oder ist ausgefallen. Bei 13° ♏ (Nr. 4, ibid. 8,26,4–5. 8,31,5) und 1° ♒ (Nr. 8, ibid. 8,29,1. 8,31,9) ist die Todesprognose nur durch die jeweils frühere Stelle überliefert und fehlt im Kap. 8,31.

[3265] Man denke allein an α Tau (Aldebaran), α Vir (Spica) und β Leo (Denebola); s.o. S. 1270, Tab. 38.

[3266] Zu einer solchen Prognose des 'ASC-Systems' s. z.B. Firm. math. 8,26,4–5 (Stern Nr. 4, 13° ♏). Auch Feraboli 1989, 225.234.238, bietet keine Erklärungen, die diese komplexe Prognose ohne Annahme eines biographischen Hintergrundes verständlich machten.

[3267] Vgl. Boll 1903a, 410[2]: "Die Gradangaben sind im 6. und 8. Buch etwas verschieden; man sieht, daß Firmicus verschiedenen Quellen folgt, ohne eigenes Verständnis."

[3268] Vgl. bes. Firm. math. 8,31,1 (zit. in Anm. 3257), ferner 6,2,8 a.E. 8,23,1 a.E. 8,31,3 a.E.

[3269] Im Falle von α Leo betont Firmicus selbst (8,23,1 a.E.) trotz der unterschiedlichen Gradangaben die Identität mit dem schon in 6,2,2 besprochenen Königsstern.

'ASC-Systems' zu 10° ♓ *in australi Pisce* (Firm. math. 8,31,10), das eindeutig auf α PsA verweist, liefert ein weiteres Argument dafür, dass dieser Fixstern auch im 'Mond-System' Berücksichtigung fand.[3270] Angesichts dieser Übereinstimmungen ist der Befund bezüglich des Stiers überraschend: Zu seinem hellsten Stern (α Tau) bietet das 'ASC-System' gar keine Prognose,[3271] wohl jedoch zu den Stierhörnern.[3272] Finden also in der exemplarischen Fixsternliste des 'Mond-Systems' die scheinbar überflüssigen und auch nicht sehr hellen Sterne β und ζ Tau deshalb neben Aldebaran (α Tau) Erwähnung, weil ursprünglich sie allein als wichtig erachtet wurden oder zumindest werden konnten? Eine solche Bevorzugung ließe sich wohl nicht astronomisch, sondern eher durch den Bezug auf historische Horoskope und Lebensschicksale erklären, die, wie Cumont gezeigt hat, den Prognosen des 'ASC-Systems' zugrunde liegen. Am deutlichsten lässt sich der Nachweis (ein glücklicher Zufall für die hiesige Untersuchung) im Falle der Stierhörner führen, hinter deren Prognose sich anscheinend die *Vita* des Eunuchen Eulaios († ca. 169 v.Chr.) verbirgt, der nach dem Tode Kleopatras I. 176 v.Chr. einer der beiden Tutoren ihres minderjährigen Sohnes Ptolemaios VI. Philometor (*186 v.Chr.) wurde.[3273] Eulaios und Lenaios führten die Vormundschaftsregierung,[3274] wobei offenbar Eulaios die führende Rolle spielte,[3275] bis Antiochos IV. Epiphanes sie im von ihnen begonnenen 6. Syrischen Krieg (Wende 170/169 – 168 v.Chr.) schlug. Wenig später wurden sie zur Strafe für ihren Misserfolg hingerichtet.[3276] Da Cumont die Einzelheiten gründlich besprochen hat, genügt es hier, eine Synopse der Textstellen zu bieten (= 'ASC-System', Nr. 2):

[3270] Vgl. die obigen Argumente (S. 1270 nach Anm. 3211) zur Identifikation des Sterns auf 20° ♒.

[3271] Dieses Fehlen kann nicht durch die Hypothese in Frage gestellt werden, Firmicus habe in Kap. 8,31 vielleicht eine Fixsternprognose ausgelassen. Zum Beweis des Gegenteils ist auf das Stierkapitel 8,20 zu verweisen, das ja derselben Quelle wie 8,31 entstammt und für die ersten 27 Grad des Stiers überhaupt keine reichen und vornehmen Menschen nennt, die mit der Prognose des 'Mond-Systems' zu 15° ♉ vergleichbar wären. Vielmehr wimmelt Kap. 8,20 von Prognosen lasterhafter, unzüchtiger und schmutziger Menschen (Ausnahme: die zuletzt besprochenen Hörner).

[3272] Firm. math. 8,31,3; vgl. 8,20,9.

[3273] Vgl. Cumont 1937, 211–213, sowie PP VI 25f., Nr. 14602, und Hölbl 1994, 129–131.

[3274] Cf. Diod. 30,15 οἱ ἐπίτροποι Πτολεμαίου τοῦ μείρακος, Εὐλαῖος ὁ εὐνοῦχος καὶ Λήναιος ὁ Σύρος.

[3275] Vgl. Polyb. 28,20,5. 28,21,1.

[3276] Cf. Diod. 30,15 τῆς ἀφροσύνης ταχέως τὴν προσήκουσαν ἐκομίσαντο τιμωρίαν. Ameling 2001, 540, datiert ihren Sturz ins Jahr 169 v.Chr. Ptolemaios VI. war im Winter 170/169 v.Chr. für mündig erklärt worden (Hölbl 1994, 130).

Firm. math. 8,20,9

Inter cornua Tauri quicumque habuerit horoscopum, erit rex vel dux. ⟨Qui autem in dextro cornu habuerit horoscopum, erit princeps vel dux⟩[3277] magnus gloriosus terribilis, et cui imperium navale credatur, vel qui pedestrem ducat exercitum. Subiugabit alias civitates, alias liberabit. Sed huic in perpetuum soboles denegatur. †Huic[3278] etiam satis felices nascentur eunuchi, et quibus regni tuitio credatur. Multis multa praestabunt. Decernuntur illis imagines pariter et tituli, sed postea offenso principe mala morte morientur.

Firm. math. 8,31,3

In cornibus Tauri in XXX. parte eius clara stella est. Quicumque itaque in ipsis Tauri cornibus habuerit horoscopum, erit rex aut dux. Qui vero in dextro cornu habuerit horoscopum, erit magnus princeps, et cui navale et pedestre conmittatur imperium, terribilis laboriosus, multas civitates bellorum obsidionibus liberans. Hic unicus natus sine liberis erit. Decernuntur illi publice tituli et imagines ac statuae,[3279] sed postea offensis regibus morietur. In qua autem Tauri stella haec eadem decernantur, ⟨vel Luna haec eadem decernat⟩,[3280] sextus iam tibi ostendit liber.

Die übrigen Prognosen scheinen ebenfalls auf den biographischen Daten bedeutender historischer Personen des ptolemäischen Ägyptens zu basieren, doch erlaubt nur ein Fall eine plausible Identifizierung: Hinter der Prognose zu 2° ♌[3281] verbirgt sich nach Cumont, der zu Recht die ungewöhnliche Nennung eines *duplex regnum* an beiden Belegstellen analysiert,[3282] entweder Ptolemaios VIII. Euergetes II. oder der oben (S. 1281

[3277] Add. cod. **N** (s. die Sigelliste bei Kroll – Skutsch – Ziegler 1968).

[3278] *Hinc* coni. Ziegler; *hic* coni. Cumont 1937, 212.

[3279] Vgl. Firm. math. 8,6,10 über Geburten mit Orion im OCC (Quelle ist auch dort die *Sphaera Barbarica*): *illis a civibus suis honores perpetui imagines tituli et statuarum decernuntur insignia.*

[3280] *vel Luna haec eadem decernit* add. cod. **N**, in textum recepit Monat 1992–1997; *decernat* pro *decernit* Kroll – Skutsch – Ziegler 1968.

[3281] 'ASC-System' Nr. 3 (s.o. S. 1278 bei Anm. 3247).

[3282] Cumont 1937, 213–216, zu Firm. math. 8,23,1–2 u. 8,31,4. – Die singuläre Prognose des *duplex regnum* ist anscheinend der Grund dafür, dass der Urheber des von Firmicus referierten 'ASC-Systems' ein einziges Mal die Wirkung eines hellen Fixsterns auf zwei verschiedene Einzelgrade verteilt: neben 2° ♌, so Firm. math. 8,23,1–2, erstrecke sich die Wirkung des Königssterns auch auf 3° ♌; auf dem Grad der Doppelung (3° ♌) hören wir dann vom *duplex regnum* (8,23,2).

nach Anm. 3275) erwähnte Antiochus IV., was erneut auf das zweite vor-christliche Jahrhundert verweist.

Es gilt nun, über die Analyse Cumonts hinauszugehen und die Fix-sternprognosen des 'ASC-Systems' mit denen des 'Mond-Systems' zu vergleichen. Falls sich zeigen ließe, dass die Angaben des 'ASC-Sys-tems' zu den Stierhörnern (Firm. math. 8,20,9. 8,31,3) mit denen des 'Mond-Systems' zu 27° ♉ und 30° ♉ (Antig. § 69. Firm. math. 6,2,4–6) identisch oder zumindest vereinbar sind, gewönne die hier erwogene Erklärung, warum die Sterne β und ζ Tau neben α Tau Erwähnung finden, an Plausibilität. Bei der vergleichenden Lektüre fällt sogleich der Hinweis auf das Kommando über Land- und Seestreitkräfte als Überein-stimmung beider Systeme auf.[3283] Cumont hat zu Recht betont, dass die Personalunion von General und Admiral typisch für die militärische Organisation des Ptolemäerreiches ist.[3284] Und beide Systeme bieten die-se Prognose, was sehr wichtig ist, zu demselben Stern, nämlich ζ Tau, der weniger hell ist[3285] und die Spitze des rechten, südlichen, weiter vorra-genden Horns bildet.[3286] Firmicus selbst betont die Übereinstimmung der Feldherrnprognose zwischen den zwei verschiedenen Systemen (8,31,3 a.E.). Anscheinend basieren beide Prognosen beider Systeme zu den Stierhörnern auf einer Differenzierung zwischen König und Feldherr ent-

---

[3283] 'Mond-System': Antig. § 69 ἄρχοντας ἢ ναυάρχους λαμπρούς. Firm. math. 6,2,6 *et maris et terrae dominia possidentes et per mare et per terras exercitum feliciter ducunt*; 'ASC-System': Firm. math. 8,31,3 *cui navale et pedestre conmittatur imperium.* ibid. 8,20,9 *cui imperium navale credatur, vel qui pedestrem ducat exercitum.*

[3284] Cumont 1937, 210.

[3285] Vgl. die in Anm. 3224 zitierten Daten, bes. α Tau 0,85 mag, β Tau 1,65 mag, ζ Tau 3,0 mag.

[3286] Die Zuordnung zu ζ Tau macht Firm. math. 8,20,9. 8,31,3 ('ASC-System') durch die Nennung des rechten Horns deutlich, Antig. § 69 und Firm. math. 6,2,4–6 hingegen ('Mond-System') durch die Nennung beim letzten Grad des Stiers. – Während beide Systeme bezüglich der Länge von ζ Tau übereinstimmen (30° ♉), ergibt sich im Falle des helleren Sterns β Tau (im linken, nördlichen Horn) eine Diskrepanz. Das 'Mond-Sy-stem' lokalisiert ihn auf 27° ♉, der Verfasser des 'ASC-Systems' hingegen, soweit er-kennbar, auf 29° ♉. Für diese Länge sprechen zwei Argumente: zum einen der Um-stand, dass in Firm. math. 8,20 die Einzelgradprognosen mit 28° ♉ enden (8,20,8) und auf den Rest des Stiers (d.h. 29°–30° ♉) ohne explizite Gradangaben die Besprechung der Hörner entfällt (8,20,9), zum anderen der Umstand, dass die Parallele in Firm. math. 8,31,3 durch die Worte *qui vero in dextro cornu habuerit horoscopum* etc. impliziert, dass der Aszendent nach linkem und rechtem Horn differenzierbar ist, die Länge von β und ζ Tau sich also um mindestens ein Grad unterscheidet. In Wahrheit beträgt die Längendifferenz weder 1° ('ASC-System') noch 3° ('Mond-System'), sondern 2° (s.o. S. 1259, Tab. 37. Vgl. auch Anm. 3309 a.E.).

sprechend der deutlich verschiedenen Helligkeit von β und ζ Tau. Im 'ASC-System' ist das klar formuliert (Firm. math. 8,20,9 *erit rex vel dux.* 8,31,3 *erit rex aut dux*); näher besprochen wird dann aber interessanterweise nur der weniger helle Stern, dem eine nachgeordnete Stellung in der sozialen und militärischen Hierarchie entspricht. Im 'Mond-System' (beziehungsweise in dessen indirekter, uns durch Hephaistion und Firmicus erhaltenen Überlieferung) ist die Distinktion im Sinne dieser Hierarchie weniger deutlich, da zu 27° ♉ nicht ausdrücklich von einem König die Rede ist; allerdings sind noch – besonders in der lateinischen Version (Firm. math. 6,2,4) – Züge eines als fromm und freigebig charakterisierten Herrschers erkennbar. Insgesamt gewinnt man den Eindruck, dass in beiden Systemen prognostische Daten des jeweils anderen fehlen (im 'ASC-System' zum König, im 'Mond-System' zum Feldherrn, besonders zu dessen Kinderlosigkeit und Eunuchentum), sie jedoch beide – nur eben in verschiedener Auswahl und Gewichtung – einen identischen Grundstock an Informationen rezipieren.

Vielleicht gehörte die *Vita* des Vormundschaftsregenten Eulaios, dessen Aufstieg und Fall ein attraktiver Gegenstand für die Schicksalsdeuter gewesen sein dürfte, zu jenen Beispielhoroskopen (παραδειγματικαὶ γενέσεις), an denen nach dem Zeugnis des Ptolemaios die 'ägyptischen Autoren' (also 'Nechepso und Petosiris'?) ihre astrologischen Lehren zu verdeutlichen und als wahr zu erweisen versucht hatten.[3287]

Ein Vergleich der übrigen Prognosen beider Systeme (zu α Leo, α PsA, α Sco) trägt nichts Neues zum bisherigen Ergebnis bei.[3288] Es ist

---

[3287] Ptol. apotel. 1,21,18. Ptolemaios erwähnt dies bei der Besprechung des 'ägyptischen' Systems der Gradbezirke (ὅρια). Interessanterweise ist der letzte Gradbezirk im Stier drei Grad groß, d.h. 27°–30° ♉. Ob ein Zusammenhang mit den Gradangaben des 'Mond-Systems' für die Stierhörner (27° ♉, 30° ♉) besteht, ist unklar. Jedenfalls gehört der genannte Gradbezirk dem Mars, was zu dem offenbar wichtigeren der beiden Hörner (30° ♉) und den damit verbundenen Prognosen (vgl. Anm. 3283) passt. Zur Zurückhaltung des Urteils mahnt allerdings der Umstand, dass der 27. Grad des Stiers (β Tau) sich genau genommen von 26°–27° ♉ erstreckt, dagegen der drittletzte Grad des Stiers, mit dem der Mars-Bezirk beginnt, von 27°–28° ♉ (vgl. auch unten S. 1297 bei Anm. 3347). Außerdem betont Ptol. apotel. 1,21,19, die Verteilung und Ausdehnung der 'ägyptischen' Gradbezirke sei von den Autoren, die sie lehrten, nicht erklärt und rational nachvollziehbar gemacht worden. Falls also ein Zusammenhang zwischen den Stierhörnern und dem letzten Stierbezirk besteht, war er wohl mystisch verdunkelt.

[3288] Die Angaben des 'Mond-Systems' zu α Leo und α PsA ähneln denen des 'ASC-Systems', sind aber extrem knapp und zu allgemein, als dass sie Aussagekraft hätten. Vgl. z.B. zu α Leo prognostische Kernbegriffe wie *regna* (Firm. math. 6,2,2) und *rex/regnum* (ibid. 8,31,4), zu α PsA *imperatoria dignitas* (ibid. 6,2,3) und *imperium* (ibid. 8,31,10). Im Falle von α Sco ist eine gewisse Diskrepanz zwischen den Prognosen beider Systeme

daher festzuhalten, dass die Assoziation mit einer berühmten historischen Nativität, der des Eulaios, die einzige sich anbietende und plausible, freilich nicht mit Gewissheit beweisbare Erklärung dafür ist, dass β Tau und vor allem ζ Tau (3,0 mag!) in dem von Antigonos referierten 'Mond-System' Berücksichtigung finden.

Der Stern auf 30° Stier (§ 69): ζ Tau oder α Ori?

An dieser Stelle ist dem möglichen Einwand zu begegnen, mit dem hellen Stern auf 30° ♉ sei gar nicht ζ Tau gemeint, sondern – so die Vermutung Ferabolis zu Firm. math. 8,20,9[3289] ('ASC-System') – der Hauptstern des Orion, α Ori (Betelgeuse, 1. Größe).[3290] Zur Begründung verweist Feraboli auf Parallelen: Nach dem zweiten Teukrostext erzeugt Orion στρατηγόν, στρατηλάτην, στρατιώτην,[3291] und der *Liber Hermetis* überliefert dieselbe Prognose in erweiterter Form: *facit tribunos, duces exercitus, militiae principes vel milites magnos et terribiles, impudicos vero et turpium perpetratores, potentes tamen, per multam regionem peregrinantes et barbaras gentes subiugantes, violenta vero morte intereunt fraudulenter interfecti vel combusti.*[3292] Die zuletzt zitierte Stelle bietet jedoch erhebliche Probleme, da sie mit Aldebaran-Prognosen kontaminiert ist.[3293] Sicher ist nur, dass mit dem Sternbild Orion und speziell mit α Ori militärische Prognosen verbunden waren.[3294] Die sich daraus ergebenden Anklänge an Firm. math. 8,20,9 könnten aber auch einfach Mars-

festzustellen, die allerdings durch eine verschiedene Gewichtung und Berücksichtigung biographischer Daten des Nativen und astrologischer Eigenschaften des Skorpions bedingt sein könnte. Das 'ASC-System' verheißt hier Richter, von denen das 'Mond-System' nichts weiß; stattdessen betont es Rohheit, Grausamkeit und Soldatenwesen (typische Qualitäten des Mars/Ares, nach dem ja der rötliche Fixstern Antares benannt ist), wovon das 'ASC-System' schweigt. Nur die hohe Amtsgewalt und Machtstellung ist beiden Prognosen zu α Sco gemeinsam.

[3289] Zitiert oben S. 1282 bei Anm. 3277.

[3290] So Feraboli 1989, 235 (ohne Verweis auf Firm. math. 8,31,3). Vgl. oben S. 1278 bei Anm. 3246. – Schmidt 1998, 65[169], hält es hingegen für wahrscheinlich, dass der Stern auf 30° ♉ mit ε Ori (Alnilam), dem mittleren der drei Gürtelsterne des Orion, identifiziert werden dürfe (ohne Begründung).

[3291] Teucr. II 2,5 p. I 111 Hübner 1995a (= Boll 1903a, p. 43, col. I).

[3292] Lib. Herm. 25, ll. 155–158 Hübner 1995a.

[3293] Vgl. den Kommentar von Hübner 1995a, II 12f. (Nr. 5) u. 112f. (Nr. 9). Übrigens machen Teucr. II und Lib. Herm. 25, l. 153 Hübner 1995a, Gradangaben in der Mitte des Stiers, nicht am Ende.

[3294] Vgl. weiter Anon. a. 379 pp. 201,29–202,8 zu α Ori: στρατηγικούς, δείνους, δράστας κτλ.

wirkungen sein, die nichts mit Orion zu tun haben.[3295] Ganz unbefriedigend ist der Orion-Mythos ferner zur Erklärung der Kinderlosigkeit
und des Eunuchentums, wovon Firm. math. 8,20,9 u. 8,31,3 spricht.[3296]
Feraboli scheint Cumonts Ausführungen zur *Vita* des Eulaios nicht zu
kennen. Falls das Sternbild Orion überhaupt etwas mit der Beachtung der
Stierhörner im 'Mond-System' zu tun hat, ist der allzu einfachen These
Ferabolis die folgende, komplexere Deutung vorzuziehen: Möglicherweise wurde eine ursprünglich an Orion geknüpfte militärische Prognose mit
den Hörnern des Stiers assoziiert[3297] und auf das historische Horoskop
des Eulaios angewendet;[3298] dies führte auf dem Wege der empirischen
Fortschreibung astrologischer Lehren zur Erweiterung der militärischen
Prognose um neue Elemente wie das Eunuchentum; die ursprüngliche
Bindung an das extrazodiakale Sternbild des Orion geriet teilweise oder
ganz in Vergessenheit; danach konnte das entstandene Konglomerat pro-
gnostischer Elemente mehr oder weniger vollständig sowohl auf Orion

---

[3295] Marswirkungen z.B. deshalb, weil die letzten Stiergrade ein Marsbezirk sind (s.u. S.
1297 bei Anm. 3347). Vgl. eindeutige Marswirkungen wie z.B. beim Anon. a. 379 p.
200,5–6 στρατηγικούς, χώρας καὶ πόλεις καὶ ἔθνη ὑποτάσσοντας ... στρατηλάτας.
ibid. p. 203,7 χώρας καὶ πόλεις ὑποτάσσοντας.

[3296] Zitiert oben S. 1282.

[3297] Orion ist zwar nicht Paranatellon des Stiers, sondern der Zwillinge (nach Hipparch.
3,1,9 geht Orion mit 27½° ♉ – 3° ♋ auf; ungenau Arat. 586–589, Orion gehe mit dem
Krebs auf; vgl. auch Hyg. astr. 4,12 ll. 346–357 Viré, Orion gehe mit den Zwillingen
und dem Krebs auf), und speziell die hellen Sterne α, β, δ, ε, ζ Ori gehen im südlichen
Mittelmeerraum erst mehr als eine Stunde nach den letzten Sternen des Stiers (bes. ζ
Tau) auf. Ferner ist die ekliptikale Länge von α Ori (0° 27' ♊ nach Hipparch [cf. Vogt
1925, 49, Tab. II, Nr. 20], 2° ♊ nach Ptol. synt. 8,1 pp. 132–133,9 H.) um mindestens
5° höher als die von β Tau und ζ Tau (zu deren Daten s.o. S. 1259, Tab. 37). Aber die
Assoziation von α Ori mit β und ζ Tau ist aufgrund der fast identischen Untergangszeit
möglich: Nach Hipparch. 1,7,14 geht α Ori zusammen mit 24° ♉ unter, und β Tau hatte
nach Hipparch die ekliptikale Länge 22° 54' ♉ (s.o. S. 1259, Tab. 37). Hipparchische
Daten zu ζ Tau fehlen (cf. Vogt 1925, 49, Tab. II), die Länge muss im hipparchischen
Fixsternkatalog ca. 25° ♉ betragen haben. Die Assoziation von α Ori mit β und ζ Tau
ist ferner deshalb möglich, weil alle drei Sterne annähernd auf einer Linie liegen; solche
σχηματισμοί (exakte Position von drei oder mehr Fixsternen auf einer Linie) vermerkten Hipparch, Ptolemaios und andere. Vgl. die teils von Hipparch übernommenen, teils
von Ptolemaios hinzugefügten Beispiele in Ptol. synt. 7,1, unter denen freilich die unvollkommene Linie β Tau – ζ Tau – α Ori fehlt, sowie Neugebauer 1975, 287.

[3298] Entweder, weil bei der Geburt des Eulaios wirklich registriert worden war, dass die
Stierhörner aszendierten, oder (das ist wahrscheinlicher) ehrenhalber, um den Vormundschaftsregenten und Feldherrn mit Orion zu assoziieren. Orion (~ ägypt. Osiris) gehört
zu den wichtigsten ägyptischen Himmelsbildern; vgl. von Beckerath 1975a, 511, u.
Behlmer 1982, 609f.

als auch auf die Stierhörner bezogen und so in verschiedener Ausprägung ('ASC-System', 'Mond-System', etc.) literarisch fixiert werden.

Zwischenergebnisse

1. Mit den sechs Fixsternen, die in dem von Antigonos besprochenen 'Mond-System' besondere Beachtung finden, sind α Leo, α PsA, α, β, ζ Tau und α Sco gemeint.

2. Dieses System ist, da es auf der Mondbewegung basiert, an die zwölf Sternbilder des Tierkreises gebunden[3299] (nicht so das 'ASC-System', das auch extrazodikale Sterne einbezieht).

3. Die Prognose zu 30° ♉ verweist durch die kombinierte Generals- und Admiralswürde in ptolemäische Zeit,[3300] ohne damit freilich eine Datierung des Systems insgesamt zu erlauben.

4. Der Vergleich mit dem 'ASC-System' ist förderlich und erlaubt insbesondere die Vermutung, dass die Prognose zu 30° ♉, deren Aufnahme unter die wenigen Beispiele des 'Mond-Systems' angesichts des geringen Glanzes von ζ Tau (3,0 mag) verwunderlich ist, mit dem Leben und Horoskop des Vormundschaftsregenten Eulaios zusammenhängt[3301] (und darüber hinaus vielleicht indirekt mit dem Sternbild Orion).

5. Als fruchtlos erweist sich dagegen ein Vergleich mit den Einzelgradprognosen des *Liber Hermetis* (cap. 25).

Weitere Indizien für die frühe Entstehung des 'Mond-Systems'

Da Antigonos in seinen erhaltenen Horoskopen (bes. **F1** u. **F2**) ziemlich gute Daten für die Planetenlängen liefert,[3302] ist es unwahrscheinlich, dass er, wenn er selbst das 'Mond-System' konzipiert hätte, die groben 'Fehler', auf die oben hingewiesen wurde,[3303] begangen hätte. Wir dürfen

---

[3299] S.o. S. 1273 bei Anm. 3217.

[3300] S.o. S. 1283 bei Anm. 3284.

[3301] Dem widerspricht nicht, dass das 'Mond-System' den Oberkommandierenden als erfolgreich beschreibt (Firm. math. 6,2,6 *feliciter ducunt*), während Eulaios doch am Ende militärisch unterlag und hingerichtet wurde, denn auch das 'ASC-System' erwähnt viele Kriegserfolge, ehe der Kommandeur in Ungnade fällt (vgl. außerdem Firm. math. 8,20,9 *felices nascentur eunuchi*).

[3302] Innerhalb seines siderischen Referenzsystems, versteht sich. Zu Details s.o. S. 593–631 zu **F1** § 22.

[3303] Sie gehen, wie gezeigt, mindestens bis auf Antigonos zurück; s.o. S. 1267 bei Anm. 3193.

außerdem annehmen, dass er die exakte Opposition von Aldebaran und Antares, die Ptolemaios und andere betonen,[3304] durch Zuweisung gleicher Gradzahlen innerhalb des Stiers und des Skorpions ausgedrückt hätte, um jenes Kreuz hellster Sterne, das exemplarisch besprochen wird, als geometrisch vollkommen erscheinen zu lassen. Beide Anstöße entfallen jedoch, wenn wir die unbewiesene Prämisse aufgeben, dass die überlieferten Daten im Sinne eines abstrakten Tierkreises, ob nun tropischer oder siderischer Definition, zu interpretieren sind.[3305] Es könnte sich vielmehr um relative Positionen innerhalb der sichtbaren Grenzen der Konstellationen handeln. Auf diese Weise würden alle Daten mit Ausnahme des 5°-Wertes für α Leo, der sich als etwas zu niedrig erwiese, nachvollziehbar.[3306] Insbesondere würde die Zuweisung verschiedener Gradzah-

---

[3304] S.o. Anm. 3202.

[3305] Selbst die Annahme, es handele sich vielleicht um äquatoriale Längen, macht die von Hephaistion und Firmicus überlieferten Daten nicht nachvollziehbar. Zur Erklärung: Hipparch operierte vor der Entdeckung der Präzession praktisch gar nicht mit ekliptikalen Längen, sondern mit sogenannten Mitkulminationen und äquatorialen Längen; die zuletzt genannten Längen teilte er in 30°-Abschnitte ein, die er nach den (keineswegs identischen!) Tierkreiszeichen benannte. Vgl. Vogt 1925, 29. Neugebauer 1975, 283.

[3306] Wenn im Stier die Spitze des weiter vorragenden Horns (ζ Tau) das Ende der Konstellation definiert und man dieses kurzerhand mit 30° ♉ gleichsetzt, liegt α Tau folgerichtig auf 15° ♉ (dieselbe Distanz von 15° für ζ Tau – α Tau bietet Ptol. synt. 7,5 p. II 89,2–7 H.: 27° 40′ ♉ – 12° 40′ ♉). Von der anderen Seite (d.h. vom abgeschnittenen Leib des Stiers) zu messen wäre ungünstig, da dort nur sehr schwache Sterne zu finden sind; außerdem legt die Bedeutung, die den Sternen in den Hörnern offenbar zukommt, das Messen von ζ Tau aus nahe. – Den Anfang des Skorpions bilden für den Betrachter des Sternenhimmels zweifellos die drei Kopfsterne β, δ und π Sco, die nach Ptol. synt. 8,1 pp. II 108,18–111,2 H. alle dritter Größe und fast genau auf einer Linie quer zur Ekliptik liegen (τῶν ἐν τῷ μετώπῳ λαμπρῶν γ̄ ὁ βόρειος, ὁ μέσος αὐτῶν, ὁ νοτιώτερος τῶν τριῶν, Länge: 6° 20′ ♏, 5° 40′ ♏, 5° 40′ ♏). Die Distanz von dieser Querlinie bis zu α Sco (Ptol.: 12° 40′ ♏) beträgt 7°. – Der äußerste Stern des Wassermanns (ε Aqr), der auf der linken Hand über dem Rücken des Steinbocks, befindet sich nach Ptol. synt. 8,1 p. II 121,7 H. auf 14° 40′ ♑ und ist dritter Größe; bis zu α PsA (7° ♒) sind es also nach Ptolemaios 22° 20′. Misst man jedoch vom äußersten hellen Stern, den Eratosth. catast. 26 im Wassermann erwähnt, nämlich dem auf dem linken Ellbogen (ν Aqr, 17° 40′ ♑, 3. Größe, cf. Ptol. synt. 8,1 p. II 121,5 H.), so beträgt die Distanz bis zu α PsA 19° 20′, d.h. α PsA läge innerhalb des 20. Grades. – Während die Rechnung bei α Tau, α Sco und α PsA akzeptable Ergebnisse liefert, ist der Befund im Falle von α Leo problematisch: Die äußersten Sterne der ersten drei Größenklassen im Löwen sind nach Ptol. synt. 7,5 pp. II 96,19–99,2 H. ε Leo (>3) und μ Leo (3) auf 24° 10′ ♌ bzw. 24° 20′ ♌. Die Distanz bis zu α Leo (2° 30′ ♌) beträgt also nach Ptolemaios mehr als 8°. Allerdings ist der Löwe eine sehr große Konstellation, die sich über ca. 40 Tierkreisgrade erstreckt (vgl. Ptol. a.a.O. u. Neugebauer – van Hoesen 1959, 15). Unterteilt man diese Konstellation in 30 gleiche Teile, ähnlich wie ein Tierkreiszeichen in 30 Grad zerfällt,

len an Aldebaran und Antares einleuchten, wenn der Bezugsrahmen kein voller 360°-Tierkreis wäre, sondern einzelne Sternbilder. Die gradgenaue Opposition von Aldebaran und Antares im 360°-Tierkreis ist ohnehin nicht der direkten Observation zugänglich.[3307] Sucht man nach weiteren Belegen für das hier erwogene, altertümlich anmutende Verfahren der Positionsbestimmung heller Fixsterne, so lassen sich echte Parallelen meines Wissens nicht finden.[3308] Es gibt jedoch ähnliche Methoden, die Erwähnung verdienen: Kleomedes zum Beispiel bietet als Positionen von Aldebaran und Antares jeweils den 15. Grad des Stiers und des Skorpions, und zwar in dem Sinne, dass jeder der beiden Fixsterne etwa in der Mitte seiner Konstellation liegt.[3309] Es versteht sich von selbst, dass der hier vorgebrachte Erklärungsversuch keine Beweiskraft beanspruchen kann. Der skeptische Leser möge aber bedenken, dass die sechs Fixstern-längen im 'Mond-System' anscheinend mindestens bis auf Antigonos zu-

---

erhält man als Distanz des Regulus vom Beginn des Löwen 6 Teile (6/30 = 8/40). Ungefähr dieselbe Proportion liegt auch dem kommagenischen Löwenrelief zugrunde, das α Leo auf ca. 1/5 der Gesamtbreite bietet. Vielleicht ist diese Sondererklärung für α Leo aber verzichtbar; s. Anm. 3309 a.E.

[3307] Denn beide stehen südlich der Ekliptik (s.o. S. 1259, Tab. 37). Es tritt also nie der Fall ein, dass zur gleichen Zeit Aldebaran am östlichen Horizont sichtbar ist und Antares am westlichen (oder umgekehrt). Richtig hierzu Goulet 1980, 6, mit Bezug auf die falsche Angabe bei Cleom. 1,8 ll. 49–51 Todd οὗτοι ... ἀεὶ κατὰ ταὐτὸν ἐπὶ τοῦ ὁρίζοντος θεωροῦνται, ὁ μὲν ἀνίσχων, ὁ δὲ καταδυόμενος (volles Zitat oben Anm. 3202).

[3308] Das gilt auch für den babylonischen Bereich, wie mir der Altorientalist Hermann Hunger mit Brief vom 25.02.2005 mitteilt.

[3309] Vgl. Cleom. 1,8 ll. 46–49 Todd Δύο εἰσὶν ἀστέρες – ἐπέχει μοῖραν (zit. in Anm. 3202) und dazu den wichtigen Kommentar von Bowen – Todd 2004, 89[16], die Neugebauer 1975, 960, ad loc., korrigieren. – Falls die hier erwogene Erklärung der Gradangaben im 'Mond-System' das Richtige getroffen haben sollte, ist noch zu fragen, ob die Gradangaben vielleicht eine Umrechnung ursprünglicher Angaben in Ellen sind. Eine Elle (πῆχυς) entspricht 2½°. Diese babylonische Maßeinheit benutzte z.B. Hipparch vereinzelt (vgl. Vogt 1925, 30. Neugebauer 1975, 592). Die Werte 5° (♌), 20° (♒), 15°, 27°, 30° (♉), 7° (♏) entsprächen also 2, 8, 6, 11, 12 und 3 Ellen, wobei die bei der Umrechnung entstehenden Brüche 27½° ♉ und 7½° ♏, wie so oft, auf ganzzahlige Werte reduziert wären (zur Trunkierung fraktionaler Reste s.o. Anm. 3221 a.E.). Durch die Annahme der Verwendung von Ellen und der späteren Umrechnung in ganzzahlige Gradwerte würde der geringe Fehler der Längendifferenz von β und ζ Tau (3° statt korrekt 2°) minimiert; außerdem fände dann die problematische Angabe zu α Leo (5° statt der zu erwartenden 8°) vielleicht als Versehen um eine Elle ihre Erklärung. In diesem Zusammenhang danke ich H. Hunger (s. vorige Anm.) für den Hinweis, dass der babylonische Name des Sterns ϱ Leo entfernt vergleichbar sei: 'der kleine Stern, der 4 Ellen hinter Regulus (steht)'.

rückgehen[3310] und einem Kontext angehören (Heph. 2,18,21–76), dessen übrige Zahlwerte, soweit erkennbar, fehlerfrei überliefert sind. Die Annahme eines 'Nestes' korrupter Zahlwerte in §§ 68–70 erscheint daher zu simpel.

Ein weiteres Indiz für die frühe Entstehung des 'Mond-Systems' ist, dass seine Fixsternpositionen auffällig mit einem dem König Nechepsos zugeschriebenen System heller Einzelgrade übereinstimmen, das Antigonos im gleichen Zusammenhang bespricht (§§ 71–72).[3311] Dies verweist erneut[3312] auf das 2. Jh. v.Chr., in welches 'Nechepsos und Petosiris' – zumindest der Kern der ihnen zugeschriebenen Schriften – zu datieren sind. Kroll hat dies anhand der durch Heph. 1,21 (= Nech. et Pet. frg. 6) überlieferten Finsternis-Prognosen schlagend bewiesen.[3313]

Es stellt sich also die Frage, ob das hier besprochene 'Mond-System' ebenfalls von 'Nechepsos und Petosiris' stammt. Dafür sprechen weitere Indizien: Die Prognostik dieser legendären Autoren räumte den Mond-omina große Bedeutung ein;[3314] sie sollen auch über die hellen Fixsterne geschrieben haben;[3315] ihr Werk, das zu Recht als antike 'Astrologenbibel' bezeichnet wurde,[3316] war äußerst einflussreich, und Antigonos steht erklärtermaßen in ihrer Nachfolge (**F1** § 21). Gegen die Zuweisung des von Antigonos benutzten 'Mond-Systems' an 'Nechepsos und Petosiris' könnte allerdings sprechen, dass weder Hephaistion noch Firmicus, die die Schriften der 'Alten' noch gekannt haben, Nechepsos oder Petosiris als Urheber nennen. Firmicus beruft sich stattdessen sogar explizit auf die *Libri Myriogeneseos* (math. 6,2,8). Eine sichere Bewertung dieses Gegenarguments ist freilich schwierig, ja geradezu unmöglich, weil wir nicht wissen, wieviel vom Werk des Ps.-Nechepsos-Petosiris jenen späten Autoren noch im Original vorlag und in welchem Umfang sie sich auf Zwischenquellen (Epitomai, Paraphrasen, Zitate u.ä.) stützten.

[3310] S.o. S. 1267 bei Anm. 3193.

[3311] Mehr dazu im Kommentar zu § 72 εἰσὶ γάρ – λέγει.

[3312] Vgl. das zu Eulaios Gesagte (oben S. 1281 bei Anm. 3273).

[3313] Vgl. Kroll 1901, 573–577, bes. 575[3] u. 577[1]. Ausführlicher dazu oben S. 554 nach Anm. 885.

[3314] Vgl. die soeben erwähnten Finsternisprognosen in Heph. 1,21 (Nech. et Pet. frg. 6).

[3315] Der Anon. a. 379 erwähnt in seiner historischen Skizze des Schrifttums über die hellen Fixsterne u.a. 'Nechepsos und Petosiris' (p. 204,21 = Nech. et Pet. frg. +21) sowie Antigonos von Nikaia (p. 205,14, s.o. **T2**).

[3316] Boll 1908, 106 = Boll 1950, 4, ohne Quellenangabe wiederholt von Stegemann 1931/32, 354.

Die mesopotamischen Wurzeln der Fixsternprognostik in §§ 68–70

Nachdem wahrscheinlich gemacht wurde, dass nicht erst Antigonos das 'Mond-System' entwarf, sondern dieses bereits im ptolemäischen Ägypten entstand, vielleicht im 2. Jh. v.Chr. als eine Lehre von 'Nechepsos und Petosiris', ist noch darauf hinzuweisen, dass die Grundidee, Prognosen für die Konjunktionen des Mondes mit hellen zodiakalen Fixsternen zu stellen, viel älter ist und in der babylonischen Beachtung der Konjunktionen des Mondes und der Planeten mit den sogenannten 'Normalsternen' wurzelt. Dies sind ca. 30 helle Fixsterne nahe der Ekliptik, zu denen auch fünf der hier relevanten zählen (α, β, ζ Tau, α Leo, α Sco; Ausnahme: α PsA).[3317] Vor diesem Hintergrund wird um so wahrscheinlicher, dass die Berücksichtigung der Planeten in der von Antigonos referierten Version[3318] trotz des gegenteiligen Indizes bei Firm. math. 6,2, der nur vom Mond spricht, ein authentisches Element des 'Mond-Systems' ist.[3319] Die Planeten werden darin freilich stets eine untergeordnete, modifizierende Rolle gespielt haben.[3320]

[3317] Vgl. Hunger 2001. Listen der 'Normalsterne' (so benannt von Epping 1889, 115 [bzw. 533]), die als Referenzpunkte für Mond- und Planetenpositionen dienten, bieten Sachs – Hunger 1988–1996, I 17–19, sowie Hunger – Pingree 1999, 148f. Astrologische Omina zu den Konjunktionen des Mondes und der Planeten mit den 'Normalsternen' enthielt bereits die gegen Ende des 2. Jt. v.Chr. vollendete Serie *Enūma Anu Enlil*. Auf sie rekurriert z.b. ein Teil der Berichte an assyrische Könige aus dem 7. Jh. v.Chr. (vgl. Hunger 1992 mit vielen Beispielen). Eine Besonderheit verdient noch Erwähnung, wenngleich die schmale Materialbasis voreilige Schlussfolgerungen verbietet: In den 30 erhaltenen Keilschrift-'Horoskopen' (genauer: Nativitätsomina), die alle aus erheblich späterer Zeit stammen (für Daten von 410–69 v.Chr.) und rein chronologisch bereits der hellenistischen Astrologie näherstehen, finden nur acht der bekannten Normalsterne Erwähnung; darunter sind aus der hier relevanten Fünfergruppe nur β und ζ Tau: β Tau in 'Hor.' bab. –141.III.1 (Rochberg Nr. 18), Z. 3, ζ Tau in 'Hor.' bab. –287.IX.1 (R. Nr. 4), Z. 3, und 'Hor.' bab. –201.II.4 (R. Nr. 15), Z. 3. Vgl. Rochberg 1998, 32 (korrigiere bei β Tau "15.3" zu "18.3").

[3318] Vgl. § 68 ἡ Σελήνη ἢ καί τινες τῶν πλανωμένων ἀστέρων.

[3319] Dafür, dass in der ursprünglichen Version des 'Mond-Systems' die Planeten Berücksichtigung fanden, spricht auch die historische Entwicklung im Falle eines anderen Systems von Fixsternprognosen, das nach der Kurzbeschreibung bei Porph. isag. 48 p. 221,20–24 alle Planeten beachtete, in der einzig erhaltenen Vollversion beim Anon. a. 379 aber stets nur den Mond erwähnt (vgl. unten Anm. 3334).

[3320] Hephaistion spricht in seinem Antigonos-Referat ab § 69 nur noch vom Mond allein. Auch bei der konkreten Anwendung auf das Hadrianhoroskop (**F1** § 28) ist nur vom Mond die Rede.

Praktische Belege der Fixsternprognostik in §§ 68–70

Möglicherweise besitzen wir neben dem einzigen sicheren Anwendungsbeleg für das 'Mond-System', den das Hadrianhoroskop des Antigonos
liefert (**F1** § 28), in dem berühmten Löwenrelief von Kommagene ein
weiteres Zeugnis dieser Lehre.[3321] Erwähnung verdient ferner Hor. gr.
81.III.31 (P. Lond. I 130), dessen Verfasser Titus Pitenius hervorhebt,
Jupiter und Venus hätten sich ganz nahe bei zwei hellen Fixsternen im
Krebs und in den Fischen befunden.[3322] Ansonsten hat die Beachtung der
Konjunktionen des Mondes und der Planeten mit den hellen Fixsternen in
den erhaltenen antiken Horoskopen keine Spuren hinterlassen.[3323]

Versuch einer stemmatischen Darstellung der Ergebnisse

Das auf der nächsten Seite folgende Diagramm (Nr. 29) dient der Illustration der bisher erzielten Ergebnisse.

[3321] Ausführlicher hierzu Heilen 2005d.

[3322] P. Lond. I 130, col. V, Z. 108–123: Φαέτων δ' ὁ τοῦ Διὸς ἀστὴρ ... τοῦ ἐν τῷ
νώτῳ [sc. τοῦ Καρκίνου] λαμπροῦ ἀστέρος βορειότερος δακτύλοις δυσί (Jupiter
stand zwei Fingerbreit [= 2x 0° 5'] nördlich des hellen Fixsterns im Rücken des
Krebses); ebd. coll. VI–VII, Z. 138–156 Φωσφόρος δ' ὁ τῆς Ἀφροδίτης ἀστὴρ ... τοῦ
ἐν τοῖς ἀποτεταμένοις λίνοις [sc. τῶν Ἰχθύων] λαμπροῦ ἀστέρος ἀπέχουσα
σεληνιακὰ μεγέθη δύο (Venus stand zwei Monddurchmesser [= 2x 0° 30'] von dem
hellen Fixstern in den Verbindungsbändern der Fische entfernt). Vgl. den Kommentar
bei Neugebauer 1959, 25–27, sowie Neugebauer 1975, 591f. – Titus Pitenius beruft sich
insgesamt auf die 'alten Ägypter', also vermutlich auf 'Nechepsos und Petosiris'. Ob die
zitierten Fixsternnotate demselben System angehören, das Antigonos in exemplarischer
Auswahl referiert, ist unklar.

[3323] Als Sonderfall ist noch Hor. gr. 497.X.28 zu nennen, das Eutokios von Askalon in
seinen *Astrologumena* (6. Jh.) als Lehrbeispiel bot. Er korreliert darin die Positionen der
sieben Planeten (inklusive der Luminare) mit neun Fixsternnotaten (CCAG IV, 1903,
pp. 106,10–109,4 = Rhet. 6,52) und gibt in jedem Fall die Länge, Breite und Größe des
Fixsterns sowie seine Distanz in Länge und Breite von dem ihm nahen Planeten an. Die
Fixsterne sind aber bis auf den zuletzt genannten (p. 108,25; = α Sco) alle nur 3. oder 4.
Größe; kein einziger von ihnen wird als λαμπρός bezeichnet.

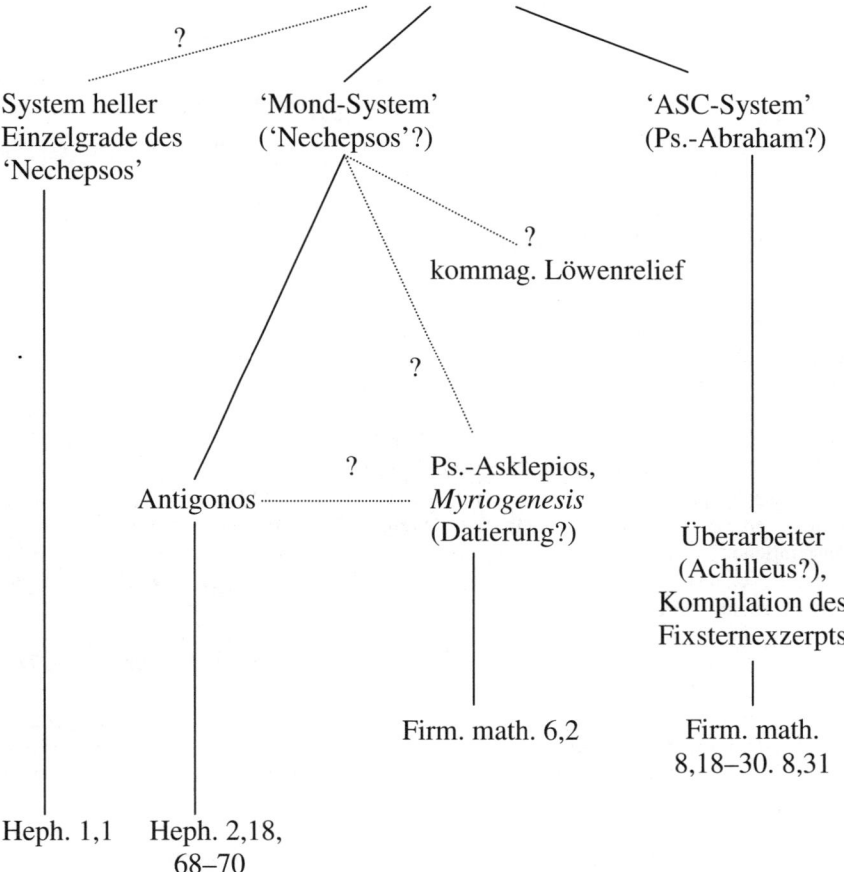

Diagr. 29: Stemma zur Genese der Prognostik
aus hellen Fixsternen und hellen Einzelgraden

Vergleich mit dem System 30 heller Fixsterne des Anon. a. 379

Zuletzt noch einige Worte über das Verhältnis des von Antigonos benutzten 'Mond-Systems' zu jenem bekannteren System 30 heller Fixsterne,
das ebenfalls Geburtsprognosen über zukünftigen Ruhm und Erfolg erlaubt, uns aber nur noch in der relativ späten Version des Anonymos des

Jahres 379 n.Chr. detailliert fassbar ist.[3324] Schon Antiochos von Athen (Ende 2. Jh. n.Chr.) muss dieses System behandelt haben, wie die knappe Beschreibung in dem exzerpierten Kapitel bei Ps.-Porph. isag. 48 p. 221 (= Rhet. epit. 2,11) zeigt.[3325] Von zentraler Bedeutung ist darin die jeweilige Planetennatur der einzelnen Fixsterne (κρᾶσις beziehungsweise ἰδιοκρασία),[3326] in deren Beachtung der ägyptische Anonymos, wie er selbst angibt, Ptolemaios[3327] und 'einigen wenigen anderen alten Autoren'[3328] folgt. Seine Hauptquelle für die κρᾶσις-Angaben war wohl Ptol. apotel. 1,9,[3329] nach Boll jedoch das heute verlorene erste Buch der ptolemäischen *Phaseis*.[3330] Da die Zuweisung von Planetenattributen aufgrund

---

[3324] CCAG V 1 (1904), pp. 196–206 (s. bes. p. 196,27 εἰς τὸ περὶ τύχης ἀξιωματικῆς). Der Anon. a. 379 bespricht: α And: p. 201,26. β Aur: 200,16. α Boo: 199,28. α Cen: 202,9. α CMi: 201,24. α CMa: 200,32. α Cyg: 198,18. α CrB: 198,19. α Aql: 199,30. θ Eri: 202,11. α Gem: 201,11. β Gem: 200,34. α Hya: 202,23. α Leo: 199,26. β Leo: 202,20. δ Leo: 202,21. β Lib: 201,9. α Lyr: 198,15. α Ori: 201,25. β Ori: 200,13. γ Ori: 201,23. ε Ori: 200,15. β Per: 200,19. α PsA: 198,16. 199,23. α Sco: 200,1. 203,15.20. α Sgr: 200,17. α Tau: 203,3.25. α Vir: 198,12. 199,14. Zu α Aur vgl. p. 200, 21 app. crit., zu β Peg p. 201,26 app. crit. – Seine in der handschriftlichen Überlieferung ausgefallene Tabelle, auf die der Anon. a. 379 pp. 196,15. 197,16.26. 198,1.3.10.11 verweist, rekonstruiert Bezza 1995, 456 (nur die ptolemäischen Breitenangaben, die die Tabelle ebenfalls bot [cf. p. 198,8–9], fehlen). Franz Boll plante eine Untersuchung zu den 30 hellen Fixsternen des Anonymos (Boll 1916, 71), an deren Vollendung ihn sein früher Tod hinderte (provisorische Ergebnisse bei Boll 1909c, 2419, u. Boll 1916, 71– 82; ebd. 72 nennt er den Anonymos "trefflich", vgl. auch ebd. 67).

[3325] Siehe bes. Ps.-Porph. isag. 48 p. 221,19–23: εὗρον [sc. οἱ παλαιοὶ] λαμπροὺς λ' τοῦ πρώτου καὶ τοῦ δευτέρου μεγέθους τετυχηκότας. ἐπὰν οὖν οὗτοι εὑρεθῶσιν ἐπὶ τοῦ ὡροσκόπου ἰσομοίρως ἢ ἐπὶ τοῦ μεσουρανήματος ἢ τὸν Ἥλιον ἢ τὴν Σελήνην σχηματίζοντες ἢ μετά τινος ἀστέρος, ἀλλοιοῦσι τὴν γένεσιν κατὰ τὴν προσήκουσαν αὐτοῖς κρᾶσιν. – Zu den unechten Teilen der Εἰσαγωγή des Porphyrios (capp. 46–55) vgl. Pingree 2001a, 8, zur Urheberschaft des Antiochos s.o. Anm. 102. Dass Antiochos von Athen zu den Schriftstellern gehört, die die Wirkungen der hellen Fixsterne behandelten, bestätigt der Anon. a. 379 p. 205,14 (hier: **T2**).

[3326] Cf. Ps.-Porph. isag. 48 p. 221,15.23. Anon. a. 379 p. 197,6–11.

[3327] Cf. Anon. a. 379 p. 197,12 καθὼς φησι καὶ αὐτὸς ὁ συγγραφεύς (wohl = Ptolemaios, vgl. Boll 1916, 72, und zwar speziell Ptol. apotel. 2,9,3–4, wie Bezza 1995, 455[4], richtig sah). Abschließend preist der Anonymos seinen Gewährsmann als den 'göttlichsten Ptolemaios' (ibid. p. 204,9–11): Ἡμεῖς μὲν οὖν τῇ τοῦ θειοτάτου Πτολεμαίου διδασκαλίᾳ ἀκολουθήσαντες ἐτολμήσαμεν ἀπογράφεσθαι μὲν περὶ τῆς ἐνεργείας καὶ τῆς ποιότητος τῶν λ' λαμπρῶν ἀστέρων.

[3328] Ibid. p. 197,18.

[3329] Vgl. Cumont, CCAG V 1 (1904), p. 197[1], u. Holden 1996, 79.

[3330] Boll 1916, 72f. (mit Verweis auf Diskrepanzen zwischen dem Anon. a. 379 u. Ptol. apotel. 1,9). Die zitierte Stelle Bolls ist, was die *Phaseis* betrifft, mit Vorsicht zu lesen; s.o. S. 509 zu **T2** ἐκ τοῦ ἀστρονομουμένου.

der Farbwirkung heller Fixsterne auf babylonische Ursprünge zurückgeht,[3331] ist Ptolemaios bezüglich der κράσεις als Vermittler und Bear-
beiter einer alten Tradition zu sehen. Was freilich die daraus abgeleiteten
Prognosen betrifft, sind uns einzig die Angaben des Anon. a. 379 erhalten. Wir wissen nicht, ob und welche Autoren vor Antiochos von Athen
über dieses System von 30 hellen Fixsterne geschrieben haben.[3332] Aus
dem Antiochos-Exzerpt ist aber klar, dass darin nur Sterne erster und
zweiter Größe (sowohl zodiakale als auch extrazodiakale) Berücksichtigung fanden und sowohl die kardinale Position der Fixsterne (gradgenau
im ASC oder MC) als auch ihre Konjunktionen mit den Luminaren und
Planeten, ja sogar Aspekte zu denselben, als bedeutsam erachtet wurden.[3333] Da diese Charakteristika auch auf die Version des Anon. a. 379
zutreffen,[3334] erscheint ein kurzer Vergleich mit dem 'Mond-System'
gewinnversprechend.[3335]

Dabei fallen zahlreiche Divergenzen des Systems vom Jahre 379
gegenüber dem 'Mond-System' auf (die Beschränkung auf Sterne erster
und zweiter Größe,[3336] die Berücksichtigung extrazodiakaler Sterne, die
Dominanz der Kentra gegenüber dem Mond,[3337] vielleicht auch die Festlegung auf die Zahl von genau 30 Sternen[3338]), vor allem aber, dass der

---

[3331] Vgl. Boll 1916, bes. 73f.

[3332] Insgesamt reicht das griechische astrologische Schrifttum über helle Fixsterne, wie
gezeigt, bis mindestens ins 2. Jh. v.Chr. zurück. Vgl. Anm. 3315.

[3333] Cf. Ps.-Porph. isag. 48 p. 221,20–24.

[3334] Bis auf die sieben Planeten, von denen er nur den Mond erwähnt. Den übrigen
Wandelsternen kam offenbar nur sekundäre Bedeutung zu. Vgl. die Version des 'Mond-
Systems' bei Firm. math. 6,2, in der die ursprünglich berücksichtigten Planeten eben-
falls fehlen (vgl. Anm. 3319).

[3335] Die erkennbaren Innovationen des Anonymos sind für den astrologischen Vergleich
irrelevant. Es handelt sich um präzessionsbedingte Korrekturen auf tropische Fixsternlängen des Jahres 379 n.Chr. (vgl. die explizite Aussage des Anon. a. 379 p. 197,23–25),
um die Einführung einer übersichtlichen Tabelle (ibid. p. 197,25–27), vielleicht auch um
die Festlegung auf ein spezielles Klima (Rom) und den Verzicht auf den Fixstern
Canopus (α Car), der von Rom aus unsichtbar ist (vgl. ebd. p. 204,6–8).

[3336] Explizit hervorgehoben vom Anon. a. 379 p. 206,10.

[3337] Mehr dazu unten im Kommentar zu § 68 φησὶ – ἐνδοξοτάτας.

[3338] Explizite Nennung erst im Nachwort des Anon. a. 379 p. 204,11 ἐτολμήσαμεν ἀπογράφεσθαι μὲν περὶ τῆς ἐνεργείας καὶ τῆς ποιότητος τῶν λ' λαμπρῶν ἀστέρων.
Es handelt sich wohl mit Absicht um eine runde Zahl, vielleicht inspiriert durch die der
babylonischen 'Normalsterne' (s.o. Anm. 3317; auf die Βαβυλώνιοι καὶ Χαλδαῖοι
nimmt der Anon. a. 379 sogleich danach in seinem historischen Rückblick Bezug; n.b.:
die 'Normalsterne' sind, anders als im System des Anon. a. 379, alle zodiakal). – Im
Falle des 'Mond-Systems' wissen wir nicht, ob eine Gesamtzahl relevanter Fixsterne
definiert war.

ägyptische Anonymos die Fixsterne entsprechend ihrer κρᾶσις, dem für
ihn entscheidenden prognostischen Kriterium, zu Gruppen ordnet. Im
'Mond-System' hingegen ist die κρᾶσις anscheinend irrelevant. Das wird
im Falle von α PsA besonders deutlich: Das 'Mond-System' bietet für α
Leo und α PsA annähernd dieselbe Prognose,[3339] die Planetenattribute
sind jedoch grundverschieden: Die κρᾶσις von α Leo ist nach dem Zeugnis aller erhaltenen griechischen Quellen durch Jupiter und Mars bestimmt, die von α PsA durch Venus und Merkur.[3340] Dementsprechend
prognostiziert der Anonymos für Geburten mit α Leo im Aszendenten
oder in der Himmelsmitte ein Leben voller Kriegsruhm, Macht und Gewalt,[3341] dagegen für Geburten mit α PsA im Aszendenten Menschen von
schönem Körper und schöngeistigem Wesen, vortrefflich und ruhmreich
in Rede, Schrift, Künsten und Wissenschaften.[3342] Da Antigonos dem
Kaiser Hadrian Anmut und Kultiviertheit zuspricht (**F1** §§ 23.29.30),
hätte er ebendiese Vorzüge durch den im Hadrianhoroskop aszendierenden Fixstern α PsA erklären können – wenn er denn seine Prognostik auf
die κράσεις der Fixsterne gestützt hätte. Stattdessen erwähnt Antigonos

---

[3339] Antig. § 68 τὸ δὲ αὐτὸ καὶ ἐπὶ τῆς Ὑδροχόου μοίρας κ′ ποιοῦσι. Firm. math.
6,2,3 *simili modo regalis potentiae et imperatoriae dignitatis decernit insignia.*

[3340] Zu α Leo vgl. primär Anon. a. 379 p. 200,3 u. Ptol. apotel. 1,9,6, zu α PsA vgl.
Anon. a. 379 p. 198,20–21 u. Ptol. apotel. 1,9,20 (dort umgekehrte Reihenfolge: Mars
und Jupiter). Siehe außerdem die Tabelle bei Boll 1916, 78–81, mit den übrigen antiken
Belegen aus Theophilos, dem *Excerptum Parisinum*, Rhetorios und Ps.-Ptolemaios. Im
Falle von α PsA gibt es eine singuläre Abweichung beim Ps.-Ptol. de XXX stell. p. 82,6
Boll (Saturn statt Venus plus Merkur), die Boll 1916, 76, überzeugend erklärt: Die κράσεις des Ps.-Ptolemaios gehen auf ein babylonisches System zurück, das je ein einziges
Planetenattribut aufgrund der Farbwirkung und unter Ausschluss der Götter-Trias Son-
ne-Mond-Venus (= Sin-Schamasch-Ischtar) zuwies. In diesem System konnte es also
per definitionem nur Jupiter-, Mars-, Merkur- oder Saturn-κρᾶσις geben. Bolls Analyse
macht plausibel, dass man die Jupiter-, Mars- und Merkursterne nach der Farbe wählte
und den Rest mit der Absicht systematisierender Verteilung kurzerhand dem Saturn zu-
teilte. In der jüngeren griechischen Tradition war aber offenbar im Falle von α PsA die
Venus-Merkur-κρᾶσις an die Stelle des Saturn-Attributs getreten.

[3341] Anon. a. 379 p. 200,5–12 ἐνδόξους, στρατηγικούς, χώρας καὶ πόλεις καὶ ἔθνη
ὑποτάσσοντας καὶ διοικοῦντας καὶ φοβεροὺς ἀνθρώπους καὶ ἡγεμόνας κτλ.

[3342] Anon. a. 379 p. 198,22–30 (für alle Sterne mit Venus-Merkur-κρᾶσις): οὐ μόνον
περιφανεῖς καὶ εὐπόρους καὶ ἐνδόξους ἀλλὰ καὶ πολυμαθεῖς καὶ ἐμφιλοσόφους
καὶ λογίους καὶ ποιητικοὺς καὶ ἐπιστήμονας καὶ εὐφυεῖς καὶ φιλομούσους καὶ
φιλοτέχνους κτλ. (der Anon. folgt hier fast wörtlich Ptol. apotel. 3,14,34 über die
Seelenqualität des Nativen bei Venus-Merkur-Prägung), vgl. ebd. p. 199,25 (speziell für
α PsA): σπανοτέκνους ποιεῖ ἢ βραδυτέκνους ἢ θηλυγόνους ἢ ἀτέκνους, λογίους
δὲ μᾶλλον καὶ πάνυ εὐειδεῖς. Hinweise auf Macht und Herrschaft, die eine Jupiter-
κρᾶσις voraussetzen, fehlen.

die Wirkung von α PsA nur im Kontext der Kaiserwürde (**F1** § 28). Das ist unvereinbar mit der Lehre des ägyptischen Anonymos, entspricht jedoch dem 'Mond-System', dem Antigonos folgte. Als weiterer Beleg für die κρᾶσις-indifferente Konzeption des 'Mond-Systems' sei ein Vergleich von α Leo mit α Sco gestattet. Dieser Fall verhält sich, verglichen mit dem vorausgehenden Beispiel (α Leo *versus* α PsA), umgekehrt: die Prognosen des 'Mond-Systems' sind grundverschieden voneinander, während der ägyptische Anonymos für α Sco und α Leo, da sie dieselbe κρᾶσις haben, identische Wirkungen prognostiziert.[3343]

Der soeben geführte Nachweis, dass die Prognosen des 'Mond-Systems' nicht auf den Planetenattributen der Fixsterne basieren (oder vorsichtiger formuliert: dass die Planetenattribute der Fixsterne für eine monokausale Erklärung des Systems – so wie beim Anon. a. 379 – ungeeignet sind), macht es wünschenswert, nun abschließend in positiver Wendung zu präzisieren, worauf sie stattdessen beruhen. Auf den ersten Blick scheint zwar die geometrische (kreuzweise konzipierte) Ordnung eine Rolle zu spielen, da sich die Prognosen zu α Leo und α PsA entsprechen[3344] und auch unter den Sternen des anderen Paars gegenüberliegender Tierkreiszeichen ausdrücklich eine Beziehung hergestellt wird, indem es beim Übergang vom Stier zum Skorpion heißt: τὸ δὲ ὅμοιον γίνεται κτλ. (in der lat. Version: *haec eadem ... perficiet*).[3345] Bei genauerer Prüfung verbinden diese Worte aber nur die letzte Fixsternprognose des Stiers, die zum 30. Grad, mit der zum 7. Grad des Skorpions. Außerdem handelt es sich bei den genannten sechs Sternen ja nur um Beispiele aus einer größeren Menge, was die geometrische Anlage der *Beschreibung* als irrelevant für die stellare *Wirkung* entlarvt. Das entscheidende Kriterium können auch nicht die Eigenschaften der Tierkreiszeichen sein, wie die verschiedenen Prognosen zu 15° ♉, 27° ♉ und 30° ♉ zeigen. Eher kommen zur Erklärung die Gradbezirke innerhalb der Tierkreiszeichen in Frage:[3346] Der 5. Grad des Löwen (α Leo) und der 20. Grad des Wassermanns (α PsA) gehören beide im Sinne der 'ägyptischen' ὅρια zu Jupiterbezirken (0°–6° ♌, 13°–20° ♒), was zu den übereinstimmenden Prognosen von Königsherrschaft passt, und der 30. Grad des Stiers (ζ Tau) sowie der 7. Grad des Skorpions (α Sco), denen 'martialische' Prognosen zugeordnet sind, gehören beide zu Mars-Bezirken (27°–30° ♉,

---

[3343] Anon. a. 379 pp. 199,26–200,12.
[3344] Vgl. Anm. 3339.
[3345] Antig. § 70. Firm. math. 6,2,6.
[3346] S.o. S. 718 zu **F1** § 26 ἐν ἰδίαις μοίραις, bes. S. 719, Tab. 17a, u. S. 719, Tab. 17b.

0°–7° ♏).[3347] Dass aber auch die ὅρια nicht oder jedenfalls nicht allein zur Erklärung der Prognosen ausreichen, zeigt sich an den beiden noch übrigen Fällen: Der 15. Grad des Stiers fällt in einen Jupiterbezirk (14°–22° ♉), der 27. Grad in einen Saturnbezirk (22°–27° ♉); die zugeordneten Prognosen enthalten aber zumindest teilweise Elemente, die nicht typische Jupiter- beziehungsweise Saturnwirkungen sind. Außerdem weicht die Prognose zum 15. Stiergrad erheblich von denen zum 5. Grad des Löwen und zum 20. Grad des Wassermanns ab, obwohl doch alle drei Einzelgrade Jupiterbezirken angehören. Falls also die Prognosen des 'Mond-Systems' von den Gradbezirken abhängen, muss neben diesen wenigstens ein weiteres Kriterium hinzutreten, vielleicht der Planetenherrscher des Tierkreiszeichens[3348] oder (so wie im 'ASC-System') biographische Daten historischer Individuen.[3349] Gewissheit ist in dieser Frage angesichts der geringen Zahl und des geringen Umfangs der überlieferten Prognosen nicht zu gewinnen.

Schlussbemerkungen

Die drei miteinander verglichenen Systeme von Fixsternprognosen im Rahmen der Geburtshoroskopie ('Mond-System', 'ASC-System', Anon. a. 379) weisen erhebliche Divergenzen auf.[3350] Der Vergleich schärft den Blick für die Eigenart des von Antigonos beschriebenen 'Mond-Systems'. Ergänzend zu den bereits oben formulierten Zwischenergebnissen[3351] sind folgende Punkte festzuhalten:
6. Mehrere weitere Indizien sprechen für die frühe Entstehung des 'Mond-Systems', das wahrscheinlich bereits im ptolemäischen Ägypten

---

[3347] Es ist hier absichtlich die Ausdrucksweise '28.–30. Grad ♉' etc. gewählt, um in Erinnerung zu rufen, dass die antiken Angaben nicht punktuell, sondern jeweils innerhalb eines ein Grad langen Tierkreisbogens gemeint sind. Vgl. oben Anm. 3287.

[3348] Das könnte erklären, warum von den beiden 'martialischen' Prognosen zum 30. Stiergrad und zum 7. Skorpiongrad die erste die Charakteristika des Mars in abgemilderter Form bietet (Venus = Hausherrin des Stiers), die zweite dagegen in roher, schreckenerregender Reinform (Mars = Hausherr des Skorpions).

[3349] Daten der zuletzt genannten Art fehlen beim Anon. a. 379 völlig, ebenso wie Hinweise auf typisch ptolemäische Institutionen (z.B. Personalunion von General und Admiral).

[3350] Vgl. den Anon. a. 379 p. 205,15 (hier: **T2**) in seiner historischen Skizze des Schrifttums über die hellen Fixsterne: πολλὰ καὶ διάφορα ἔγραψαν περὶ τῆς δυνάμεως αὐτῶν.

[3351] S.o. S. 1287.

konzipiert wurde und letztlich in der babylonischen Sternkunde wurzelt.[3352]

7. Ob die Parallelüberlieferung durch Firm. math. 6,2,1–7 von Antigonos abhängt, ist ungewiss; falls das Referat des Hephaistion die originale Beschreibung des Antigonos und die darin formulierten Bedingungen getreu wiedergibt, deuten die erheblichen Unterschiede eher auf eine wechselseitige Unabhängigkeit zwischen Firmicus und Antigonos.[3353]

8. Die überlieferten Fixsternlängen in §§ 68–70 beziehen sich vielleicht auf die Grenzen der sichtbaren Konstellationen, nicht auf den Nullpunkt eines siderisch oder tropisch definierten 360°-Tierkreises.[3354]

9. Die Fixsternidentifikationen der eingangs gebotenen provisorischen Tabelle[3355] behalten ihre Gültigkeit.

10. Die Prognosen des 'Mond-Systems' basieren nicht oder nicht nur auf den Planetenattributen der Fixsterne, sondern mit größerer Wahrscheinlichkeit auf den Gradbezirken in Kombination mit einem weiteren Kriterium.[3356]

11. Es gibt nur einen einzigen sicheren Anwendungsbeleg für das 'Mond-System', und zwar bei Antigonos selbst (**F1** § 28).[3357]

§ 68

φησὶ – ἐνδοξοτάτας: Vgl. die Eröffnung des Fixsternkapitels beim Anon. a. 379 p. 196,3–8: ἐὰν οὖν εὕρῃς ἐπὶ γενέσεως τὴν Σελήνην παραβάλλουσαν ἑνὶ τῶν λαμπρῶν καὶ ἐπισήμων ἀστέρων, τουτέστι περὶ τὰς ἰσομοιρίας αὐτῶν οὖσαν, καὶ μάλιστα ἐὰν κατὰ τὸν ἄνεμον τὸν αὐτὸν τρέχῃ ἡ Σελήνη ὅνπερ καὶ ὁ λαμπρὸς ἀστήρ, ὃς σύνεγγύς ἐστι τῶν μοιρῶν αὐτῆς [τῆς Σελήνης][3358], μεγάλας καὶ λαμπρὰς καὶ ἐπιφανεστάτας καὶ εὐπόρους ποιοῦσι τὰς γενέσεις. Der Anonymos fügt jedoch unmittelbar danach hinzu (p. 196,8–12): ὁμοίως καὶ ἐὰν ὡροσκοπῇ τις τῶν λαμπρῶν ἀστέρων ἢ ἀνατέλλῃ[3359] κατὰ τὴν

[3352] S.o. S. 1291.
[3353] S.o. S. 1292 nach Anm. 3323.
[3354] S.o. S. 1288 nach Anm. 3305.
[3355] S.o. S. 1258 nach Anm. 3167.
[3356] S.o. S. 1298 bei Anm. 3348.
[3357] S.o. S. 1292 bei Anm. 3321.
[3358] Secl. Cumont.
[3359] Sinngleich mit dem vorausgehenden ὡροσκοπῇ (der Anon. a. 379 benutzt synonym ἀνατέλλειν, ὡροσκοπεῖν und ὡρονομεῖν).

γεννητικὴν ὥραν ἢ πάλιν κατὰ κάθετον ἐν τῷ μεσουρανήματι ἢ καὶ
ἐπὶ τῶν ἄλλων κέντρων εὑρεθῇ, ἐνδόξους καὶ πρακτικοὺς καὶ ἀρχικοὺς καὶ πολυπράκτους καὶ πολυκτήμονας ἀποτελεῖ κτλ. Bei der
eigentlichen Besprechung (pp. 198,12–203,31) betont er dann regelmäßig
die kardinale Position des Fixsterns im Aszendenten[3360] und erwähnt den
Mond nur ein einziges Mal im Sinne der Eingangsdefinition (außerdem
zwei Erwähnungen im weiteren Sinne von Mondaspekten),[3361] so dass
man sich wundert, warum der genauen Mondposition in Länge und Breite
eingangs so viel Gewicht beigemessen wurde.[3362] Vermutlich war die Beachtung des Mondes bei Fixsternprognosen das ältere und ursprünglich
alleinige Kriterium, im Laufe der Praxis und Entwicklung aber zunehmend durch die Beachtung des Aszendenten und der übrigen Kentra verdrängt worden, so dass sie beim Anon. a. 379 nur noch in der 'Theorie'
Erwähnung findet.[3363]

φησὶ δὲ καὶ ὅτι: Ergänzung des in **P** fehlenden καί nach Ep.[4], da ein
neues Thema eröffnet wird. Vgl. § 72 εἰσὶ γάρ, φησί, καί τινες (φησί,
καί om. **P**).

ἡ Σελήνη ἢ καί τινες τῶν πλανωμένων ἀστέρων: Mit den πλανώμενοι ἀστέρες sind hier die fünf echten Planeten Merkur, Venus, Mars,
Jupiter und Saturn gemeint (s.o. zu **F1** § 26 ἀστέρων), nicht jedoch die
Sonne: Diese ist irrelevant, da sie das Kriterium der Breitenbewegung *per
definitionem* nicht erfüllen kann (ihre Bahn ist die Ekliptik) und auch in

---

[3360] Oft auch: im ASC oder MC, seltener: in irgendeinem Kentron.

[3361] Mondkonjunktion: p. 203,12–13 ὅταν ἰσομοιρήσῃ τῇ Σελήνῃ ἐν τῷ παρανατέλλειν ἤτοι ὡροσκοπεῖν (statt παρανατέλλειν ist Verbesserung zu ἀνατέλλειν zu
erwägen, vgl. ebd. p. 203,15–17.29); Mondaspekt: p. 200,24 εἰ δὲ καὶ ⟨ἡ⟩ [addidi] Σελήνη ἐπιθεωρήσῃ κτλ. p. 202,19 μάλιστα ἐὰν τὴν Σελήνην ἐπιθεωρήσωσιν.

[3362] Die in der Eingangsdefinition genannte Breitenbewegung des Mondes findet in der
Besprechung der Einzelsterne (pp. 198,12–203,31) überhaupt keine Erwähnung mehr.

[3363] Die wahre, nachgeordnete Bedeutung, die der Anon. a. 379 dem Mond gegenüber
den Kentra zumisst, spiegeln zwei Äußerungen außerhalb der eigentlichen Besprechung
(pp. 198,12–203,31). In einem späten Teil der Einleitung heißt es (p. 197,1–5): καθόλου
μὲν γὰρ πάντων ἀνθρώπων ὁ ἐν ἀνατολῇ λαμπροῦ ἀστέρος γεννηθεὶς ἢ καὶ ἐπι-
κέντρου τινὸς ὄντος ⟨ἢ⟩ [addidi, cf. Bezza 1995, 455,2] καὶ τῆς Σελήνης παραβαλλούσης, ὡς προείπομεν [p. 196,3–8, supra allatum], ἑνί τινι τῶν λαμπρῶν καὶ ἐπισήμων ἀστέρων κατὰ τὴν ἀποκυητικὴν ὥραν, λαμπρὸν καὶ περίβλεπτον βίον ἕξει.
Vgl. die Postposition im Nachwort (p. 204,3–4): τῶν συναvατελλόντων τοῖς κέντροις
ἢ τῇ Σελήνῃ λαμπρῶν ἀστέρων.

ihrer Geschwindigkeit keine nennenswerte Anomalie aufweist[3364] (mehr dazu im Folgenden).

προσθετικοὶ τῷ μήκει καὶ τῷ πλάτει: Die Zunahme in der Länge und/oder Breite gilt als positiv, weil sie ein kraftvolles Vorwärtsdrängen impliziert. Vgl. z.B. Ptol. apotel. 1,24,3. Siehe auch Bouché-Leclercq 1899, 111 und 115 sowie 194[2]: "les planètes ont plus d'énergie quand elles sont προσθετικοί".[3365]

Die Zunahme in der Länge (τῷ μήκει) bedeutet *absolut* genommen, dass der betreffende Himmelskörper sich durch den Tierkreis vorwärts bewegt und nicht (scheinbare) Stillstände oder Retrogradationen vollführt.[3366] Diese gibt es aber ohnehin nur im Falle der fünf Planeten, nicht bei den Luminaren. Da im Zentrum der hiesigen Lehre der Mond steht, muss eine *relative* Zunahme in der Länge gemeint sein, d.h. eine (scheinbare) Zunahme der Geschwindigkeit. Diese schwankt aus der Perspektive des irdischen Beobachters zwischen ca. 11½° und 15½° pro Tag.[3367] In diesem relativen Sinne vgl. § 73 ἀφαιροῦσαν τῷ μήκει (von der scheinbaren Verlangsamung der Mondbewegung). Der absolute Sinn liegt hingegen in § 69 παραβάλλουσα ἡ Σελήνη ⟨τῷ μήκει⟩ καὶ τῷ πλάτει vor.

Das verwirrende Nebeneinander von relativer und absoluter Bestimmung der Länge des Mondes resultiert aus einer Vermischung numerischer (= babylonischer) und geometrischer (= griechischer) Methoden.[3368] Immer dann, wenn Antigonos oder andere Autoren den Mond als προσθετικὴ/ἀφαιρετικὴ τῷ μήκει bezeichnen, meinen sie eigentlich προσθετικὴ/ἀφαιρετικὴ τοῖς ἀριθμοῖς im Sinne der von den Babyloniern übernommenen, rein numerisch konzipierten Schemata. Dies ist auch die ältere Terminologie.[3369] Geminos referiert die folgenden Grunddaten, die auf babylonische Texte zur Anomalie des Mondes[3370] zurückgehen und sicher Hipparch, sehr wahrscheinlich sogar schon Aristarch von Samos

---

[3364] Vgl. Neugebauer 1975, 477, im Kontext der Mondanomalie: "the solar velocity can be considered constant".

[3365] Man denke ferner an die Zirkusastrologie, nach deren Regeln das ταχυδρομεῖν eines Planeten den Sieg des ihm farblich zugeordneten Jockeys verheißt (bei Retrogradation umgekehrt). Mehr dazu bei Wuilleumier 1927, bes. 202.

[3366] Rückläufigkeit bewirkt Unglück und Niederlage, vgl. z.B. Wuilleumier 1927, 202.

[3367] So Gem. 18,5.

[3368] Zu den numerischen Methoden (δι' ἀριθμῶν) und zu den geometrischen (διὰ γραμμῶν) vgl. Neugebauer 1975, 301f.

[3369] Zahlreiche Beispiele wird Anm. 3389 bieten.

[3370] Zum Ursprung dieses *terminus technicus* vgl. Stellen wie z.B. Gem. 18,2 ἡ σελήνη ἀνωμάλως φαίνεται διαπορευομένη τὸν ζῳδιακὸν κύκλον.

(3. Jh. v.Chr.) bekannt waren: mittlere Geschwindigkeit = 13° 10′ 35″/ Tag, Minimum = 11° 6′ 35″/Tag, Maximum = 15° 14′ 35″/Tag, konstanter täglicher Zuwachs beziehungsweise Abnahme = 0° 18′/Tag.[3371]

Die summarische Verbindung der im Falle des Mondes numerisch gemeinten Begriffe πρόσθεσις und ἀφαίρεσις mit dem geometrischen Begriff μῆκος dient der Vermeidung einer präziseren, aber umfangreicheren Formulierung, die fordern müsste, dass der Mond προσθετικὴ τοῖς ἀριθμοῖς und die Planeten προσθετικοὶ τῷ μήκει seien. Der Verzicht auf diese Differenzierung erlaubt nicht nur eine Straffung des Ausdrucks, sondern findet auch aus geometrischer Sicht eine partielle Entschuldigung insofern, als der Mond sich in den kinematischen Modellen der Griechen auf einem Epizykel bewegt: Innerhalb dieses Epizykels (aber nur darin) kommt es während der Hälfte der Kreisbahn zu einer rückwärts gerichteten Bewegung und zu einem Längenverlust, der aber geringer ist als der gleichzeitige Längengewinn durch die Bewegung des Epizykelzentrums auf dem Deferenten. Zur Verdeutlichung sei exemplarisch die Mondtheorie des Hipparch in Erinnerung gerufen, die Jones mit einem nützlichen Diagramm illustriert.[3372]

Die Zunahme in der <u>Breite</u> (τῷ πλάτει) meint eine von der Ekliptik fortstrebende Bewegung (umgekehrt ist eine Abnahme in der Breite nach Antigonos typisch für unbedeutende Nativitäten, vgl. § 73). Dabei galt, speziell im Falle des Mondes, die Breitenbewegung nach Norden allgemein als vorteilhafter, wohl deshalb, weil der Mond so – für den in der nördlichen Hemisphäre heimischen Beobachter – seinen höchstmöglichen Stand über dem Horizont erreicht.[3373] Außerdem ist der Norden in der an-

---

[3371] Gem. 18,19. Vgl. Neugebauer 1975, 476–482 (bes. 480) und 602f. Statt πρόσθεσις und ἀφαίρεσις spricht Gem. 18,4 u. 18,16 von παραύξησις und μείωσις. Siehe ferner Val. 9,19.

[3372] Jones 1990, 6, Abb. 2 (Sicht von Norden; Epizykelgröße nicht maßstabgerecht).

[3373] Vgl. z.B. Dor. p. 384,21–23 (= Heph. 3,1,7 = Dor. frg. 65a St.): μήτε ἐν τοῖς ἐκλειπτικοῖς μήτε κατὰ μῆκος ἢ πλάτος τοῖς ἀριθμοῖς ἀφαιροῦσα μήτε εἴη [sc. ἡ Σελήνη] ἐν τῷ νοτίῳ πέρατι [!] μήτε ἐν ταῖς τελευταίαις μοίραις τῶν ζῳδίων ἐπειδὴ κακοποιοί εἰσιν. Dor. p. 427,3–5 (= Heph. app. 2,2; cf. Dor. arab. 5,42,2): ἔστω δὲ πρὸς τούτοις ἡ Σελήνη καὶ αὐξιφωτοῦσα καὶ τῷ πλάτει ὑψουμένη. Heph. 3,6,12 ἡ Σελήνη δὲ ἐν τῷ βορείῳ ἡμισφαιρίῳ τὰ δεξιὰ (sc. σημαίνει). Diese Ansicht lässt sich bis in die byzantinische Zeit verfolgen, vgl. z.B. Album. rev. nat. 2,22 p. 110,19–21 P. καὶ εἰ μέν ἐστιν ἡ Σελήνη βορεία καὶ προσθετικὴ τοῖς ἀριθμοῖς· δηλοῖ ἀγαθά· εἰ δὲ νοτία καὶ ἀφαιρετικὴ τοῖς ἀριθμοῖς, ἐναντία, καὶ μάλιστα εἰ λειψιφωτεῖ. Die Ursprünge liegen in Mesopotamien: Unter den bekannten babylonischen 'Horoskopen' machen nur drei (aus Uruk, 235/200/199 v.Chr.) Angaben zur Breite des Mondes (vgl. Rochberg 1998, 42f. Rochberg 1999, 49). Nur der älteste dieser

tiken Astrologie insgesamt positiver konnotiert als der Süden.[3374]

Eine dritte Art der Zu- beziehungsweise Abnahme, die des <u>Lichts</u>, begegnet in § 73: εὑρήσεις τὴν Σελήνην ἀφαιροῦσαν τῷ μήκει καὶ τῷ πλάτει καὶ τῷ φωτί. Bekanntlich nimmt der Mond von der Konjunktion mit der Sonne (Neumond) bis zur Opposition (Vollmond) zu, danach – bis zur nächsten Konjunktion – wieder ab. Der daraus resultierende (variable) synodische Mondmonat ist verschieden von dem die scheinbare Geschwindigkeit betreffenden (fixen) anomalistischen Mondmonat.[3375] Da die Zu- und Abnahme des Lichts, die schon 'Nechepsos und Petosiris' prognostisch verwerteten,[3376] allein die Mondphasen betrifft und für die echten Planeten irrelevant ist, findet sie in § 68 keine Erwähnung. Es bietet sich aber an, alle drei Kriterien (Länge, Breite, Licht) hier gemeinsam zu besprechen. Ihre vollständige Beachtung (wie in § 73) wird in den erhaltenen Texten nur selten gefordert. Die frühesten und zugleich zahlreichsten mir bekannten Belege bietet Dorotheos, teils durch erhaltene Originalverse, teils durch die Paraphrase des Hephaistion. So rät Dorotheos bezüglich des Hausbaus:[3377]

Ἡνίκα δ' αὖτε θέμεθλα δομήιά τ' ἔργα τελειοῖς,
προσθετικὴ φάεσιν καὶ τοῖς κατὰ μῆκος ἀριθμοῖς
ἔστω τοι Κερόεσσα, τό τε πλάτος ἐμβαίνουσα
ᾧ τε βορειότατον[3378] ζώνης πλινθήιόν ἐστιν ...

---

drei Texte verbindet die astronomische Angabe mit einer eindeutigen astrologischen Bewertung: Der Mond bewege sich von der Ekliptik nach Norden; das sei die Ursache von "prosperity and greatness" (zitiert nach Rochberg 1998, 84, zu Keilschrifttext MLC 2190, obv. 4–6; hier: 'Hor.' bab. –234.VI.2/3). Das von Rochberg zitierte spätbabylonische Material zur mantischen Bedeutung ekliptikaler Breitenbewegungen (es betrifft Planeten, nicht den Mond) erweckt den Eindruck, dass positive (nördliche) Breite als glückverheißend und negative (südliche) Breite als unglückverheißend beurteilt wurde (Rochberg 1998, 42f.).

[3374] Vgl. Hübner 2000d, 86 (mit weiterer Lit.).

[3375] Vgl. Neugebauer 1975, 481–484 (bes. 483) u. 1083f.

[3376] Vgl. z.B. Nech. et Pet. frg. 21,86–88 (Val. 7,6,19): ἐὰν δέ πως ἡ Σελήνη ἐπὶ προσθέσεως ὑπάρχουσα καὶ [καὶ delendum censeo] μηδέπω ἐπὶ τὴν πανσέληνον φέρηται, ... σημαίνει ... (Val. 7,6,10–20 ist nach Val. 7,6,21 ein wörtliches Nechepsos-Zitat); außerdem frg. 21,139–144 (Val. 7,6,120).

[3377] Dor. pp. 386,19–387,2 = Heph. 3,7,10 = Dor. frg. 81a St.; cf. Heph. epit. 1,32,9. 4,82,10. Dor. arab. 5,6,1. Sinn: 'Wenn du hingegen Fundamente legst und Bauwerke errichtest, möge dir der Mond an Licht und in seiner Längengeschwindigkeit zunehmen, und er möge die Breite betreten, wo der nördlichste (nördlichere? s. nächste Anm.) Streifen des (Tierkreis)gürtels ist.' Vgl. Pérez Jiménez 2004, 193f., ad loc.

[3378] Oder βορειότερον? Den Superlativ überliefert nur der notorisch fehlerhafte cod. **P**. Zum Sinn vgl. die Paraphrase bei Heph. epit. 1,32,9 τὰ βόρεια ἀνιοῦσα.

Und mit dem günstigsten Zeitpunkt, um einen Kauf zu tätigen, verhält es sich nach Dorotheos so:[3379]

συνδέσμῳ δ' ἀνάγοντι Σεληναίης παρεούσης
εἰ μὲν πλησιφάεσσα δρόμον τ' αὔξησιν ἀριθμοῖς
ὅττι κεν ὠνήσει δώσεις πλέον ἢ δόμεναι χρή,
αὐτίκα δ' ἐν κατάγοντι πορεύμασιν οἷσιν ἔλεξα
ἐρχομένης ἐπὶ μεῖον ἐλαφρὴ ἔσσεται ὠνή.

Ansonsten finden alle drei Kriterien zusammen nur sehr selten Erwähnung. Zwei dieser wenigen Belege bieten die erhaltenen Originalhoroskope: P. Oxy. XXXI 2555 (Hor. gr. 46.V.13), Z. 3–4, beschreibt den Mond als ἀφαιρετικὴ τοῖς φωτισμοῖς καὶ τοῖς ἀριθμοῖς, ἐν δὲ τῇ κατὰ πλάτος βορείᾳ καταβαίνουσα,[3380] und der Verfasser von P. Oxy. astron. 4245 (Hor. gr. 218.XI.27), Z. 10–11, charakterisiert den Mond als ἀφαιροῦσα τῷ φ[ωτί, προστ]ιθοῦσα τοῖς ἀριθ[μοῖς], πλάτος ἔχουσα ἐν [τῷ ⁻ βαθμ]ῷ̣.[3381] Auch für Länge und Breite allein (ohne Licht) gibt es nur wenige Belege in der astrologischen Literatur,[3382] vielleicht weil die Breite schwerer als die Geschwindigkeit in der Länge zu ermitteln ist. Sucht man daher abschließend nach Belegen für die astrologische Kombination der Parameter Länge und Licht, so findet man, dass diese in iatromathematischem Kontext eine bedeutende Rolle spielen (der Mond

---

[3379] Dor. p. 388,23–27 = Heph. 3,16,13 = Dor. frg. 80a St. Sinn: 'Ich sagte, wenn der Mond sich beim aufsteigenden Mondknoten befindet und in vollem Licht steht und in seinem Lauf an Geschwindigkeit zulegt, dass du dann beim Kauf mehr geben wirst, als du müsstest, hinwider wenn er im absteigenden (Knoten) auf seinen Wanderungen langsamer wird, der Kaufpreis gering sein wird.' Vgl. die Paraphrase (Heph. 3,16,11): Πληθούσης δὲ τῆς Σελήνης καὶ τῷ μήκει καὶ τῷ πλάτει προστιθείσης ἐν τῷ Ἀναβιβάζοντι ὁ ἀγοράζων πλείονα τιμὴν παρέξει, λειψιφώτου δὲ οὔσης καὶ τοῖς ἀριθμοῖς ἀφαιρούσης ἐν τῷ Καταβιβάζοντι ὁ ἀγοράζων ἐλάττονα τιμὴν δώσει. Weitere, im originalen Wortlaut verlorene Stellen: Dor. p. 396,11–13 (= Heph. 3,30,2 = Dor. frg. 90a St., cf. Dor. arab. 5,21,2): συμφορώτατον δὲ ἀποδημεῖν τῆς Σελήνης αὐξούσης τῷ φωτὶ καὶ προστιθείσης τοῖς τε κατὰ μῆκος ἀριθμοῖς καὶ τῷ πλάτει. Dor. p. 427,3–5 (= Heph. app. 2,2; cf. Dor. arab. 5,42,2): ἔστω δὲ πρὸς τούτοις ἡ Σελήνη καὶ αὐξιφωτοῦσα καὶ τῷ πλάτει ὑψουμένη καὶ τοῖς κατὰ μῆκος ἀριθμοῖς ἀφαιροῦσα κτλ.

[3380] Vgl. dazu Baccani 1992, 85–87, die leider eine falsche Sacherklärung von Bouché-Leclercq 1899, 524[2], zitiert.

[3381] Vgl. Jones 1999a, I 258f. (Komm.) u. II 382f. (Ed., Übers.). Zur Wiederherstellung der Worte φ[ωτί, προστ]ιθοῦσα s. Heilen 2005c.

[3382] Z.B. bei Val. 6,9,1 ψηφίζεται ἡ Σελήνη ἐπὶ πάσης γενέσεως μήκει καὶ πλάτει κτλ. (Kontext: Berechnung des Konzeptionsmondes).

symbolisiert ja den Körper und die biologischen Funktionen)[3383] und gerade für die Anfänge der hellenistischen Astrologie typisch sind. Die meisten mir bekannten Belege stammen aus dem wichtigsten Text dieses in Antike und Mittelalter äußerst populären Zweiges der Astrologie, einem dem Hermes Trismegistos zugeschriebenen Werk Ἰατρομαθηματικά. Wenngleich das Original, das Pingree ins 2. Jh. v.Chr. datiert,[3384] verloren ist, vermitteln uns doch spätere Bearbeitungen ein klares Bild von seinem Inhalt und seiner Terminologie. Diese Bearbeitungen sind eine die ursprüngliche Attribution (an Hermes) und den ursprünglichen Werknamen bewahrende Epitome,[3385] ferner die ps.-galenischen *Prognostica de decubitu* sowie die Epitome des Pancharios.[3386] Diese Texte erlauben drei für die hiesige Untersuchung wichtige Feststellungen:

[3383] Siehe dazu oben S. 775.

[3384] Pingree 1978a, II 430.

[3385] Cf. Anon. a. 379 p. 209,8–9: ἡ τοῦ Ἑρμοῦ βίβλος ἐν ᾗ ἰατρομαθηματικὰ πλεῖστα ἔγραψεν.

[3386] Da die verfügbaren Editionen dieser Texte (s.o. im Lit.-verz. s.v. Ps.-Herm. iatr., Ps.-Galen. progn. decub., Panch. epit. de decub.), die wir alle dem *Syntagma Laurentianum* (saec. IX, Hauptzeuge = cod. Laur. 28,34) verdanken, ganz unzureichend sind, bleibt die Neuausgabe, die schon Heeg 1911, 996[3], plante und später E. Boer für das CMG vorbereitete (vgl. Weinstock 1948, 41[1], u. Gundel – Gundel 1966, 225[16]), ein Desiderat. Hier knapp mein Gesamteindruck: Während die von Ideler edierten Ἰατρομαθηματικά des Hermes an Ammon eine extrem verkürzte Version des Originals bilden, hat der Autor der ps.-galenischen *Prognostica de decubitu* (nach Weinstock 1948, dem Fichtner 2002, 81 [Nr. 126], folgt, war dies Imbrasios von Ephesos, vorsichtiger urteilen Pingree 1978a, II 433 [vgl. ebd. 200], u. A. Jones in Keyser – Irby-Massie 2008, 433; zur anti-astrologischen Einstellung des Galen s. Amato 2010, III 106[349]) dasselbe Original als Materialquelle für einen Teil seines eigenen, umfangreicheren Werkes (Titel unbekannt) benutzt und darin ziemlich vollständig ausgeschrieben (unter Fortfall des Titels, des Proömiums, der Widmung, etc.). Dass dieses Werk des Ps.-Galen in Wahrheit umfangreicher war, als Kühns Edition der *Prognostica de decubitu* glauben macht, spätestens ins 1. Jh. n.Chr. zu datieren ist und nur durch einen Kopierfehler dem Galen zugeschrieben wurde, hat Cumont 1935b anhand des cod. Laur. 28,34 schlagend bewiesen (vgl. Weinstock 1948, 43, mit Datierung in ptolemäische Zeit). Die verstümmelte Epitome des Pancharios (3./4. Jh. n.Chr., erhalten: Widder bis Skorpion; keine Einleitung) geht entweder auf das hermetische Original oder (wahrscheinlicher) auf das Werk des Ps.-Galen zurück. Siehe auch Heeg 1911, 999–1001 (der Beitrag sollte nicht ohne die Kritik von Cumont 1935b gelesen werden). Vielleicht stammt von Pancharios außer der Schrift Περὶ κατακλίσεως· ἐπιτομὴ Παγχαρίου auch der im CCAG I (1898), pp. 122–124, folgende Text Περὶ κατακλίσεων καὶ νόσων (so Pingree 1978a, II 430), den Pingree 1976a, 422–425, als Dorotheosfragment neu ediert hat.

a) die Parameter Länge und Licht finden in der Regel gemeinsam Erwähnung, wobei den Autoren klar ist, dass sie nicht identisch sind;[3387]

b) ursprünglich wurde der Lichtphase, die Antigonos nur einmal (in § 73, an letzter Stelle der Trias) erwähnt, besonders große Beachtung geschenkt;[3388]

c) die von Antigonos verwendeten Antonyme προσθετική (§ 68) – ἀφαιρετική bzw. προστιθέναι – ἀφαιρεῖν (§ 73) entsprechen der geläufigsten Terminologie, zu der es zahlreiche Varianten gibt.[3389]

[3387] Siehe z.B. Ps.-Herm. iatr. p. 431,23–25 Ideler: ἔτι δὲ δεῖ καὶ τοῦτο γνῶναι, πότερον ἡ ☾ τοῖς μὲν ἀριθμοῖς αὔξεται, τῷ φωτὶ δὲ λήγει, ἢ τὸ ἀνάπαλιν, ἢ καὶ κατ' ἄμφω προστίθησιν ἢ καὶ κατ' ἄμφω λήγει (vgl. die Parallelversion ibid. p. 388,24–26). Ps.-Galen. progn. decub. 3, p. 534,⟨12–13⟩ K. ἐὰν δὲ καὶ τοῖς φωσὶν ἀφαιρεῖ ἢ τοῖς ἀριθμοῖς ἢ τὸ συναμφότερον.

[3388] In der Einleitung erwähnt der Ps.-Galen τοὺς ἀρχαίους ... ἀπὸ φωτισμοῦ καὶ τοῦ δρομήματος τῆς ☾ τὰς προγνώσεις τῶν νόσων ποιουμένους (Ps.-Galen. progn. decub. 1, p. 530,⟨14–15⟩ K.). In Wahrheit sei aber die Geschwindigkeit des Mondes gegenüber den Lichtphasen vorrangig für die Prognostik: πρὸ παντὸς δέον σκοπεῖν τὴν ☾ κινουμένην κατὰ πρόσθεσιν ἢ ἀφαίρεσιν τοῖς ἀριθμοῖς, οὐ τοῖς φωσίν, ὥς τινες [= οἱ ἀρχαῖοι? s.o.] πεπλάνηνται (ibid. cap. 2, p. 531,⟨8–10⟩ K.).

[3389] Ps.-Herm. iatr.: Hier wird die Zunahme durch die Verben προστιθέναι und αὔξειν, die Abnahme durch ἀφαιρεῖν und λείπειν ausgedrückt; z.B. p. 388,27–28 καὶ τῷ φωτὶ καὶ τοῖς ἀριθμοῖς προστιθεῖσα (= p. 431,26). p. 388,33 τῆς δὲ ☾ λειπούσης τοῖς τε ἀριθμοῖς καὶ τῷ φωτί (= p. 431,32). p. 390,30–31 τοῖς ἀριθμοῖς ἀφαιρούσης καὶ τῷ φωτὶ λειπούσης (= p. 433,28–29). p. 395,5 τῷ φωτὶ αὐξούσης τῆς ☾ καὶ τοῖς ἀριθμοῖς (= p. 438,32–33). – Ps.-Galen. progn. decub.: die benutzten Verben sind einerseits προστιθέναι, αὔξειν, αὐξάνειν und ἀναυξάνειν, andererseits ἀφαιρεῖν, λήγειν, λείπειν und μειοῦσθαι; z.B. αὐξανομένη δὲ τοῖς τε φωσὶ καὶ τοῖς ἀριθμοῖς ... ἀφαιροῦσα τοῖς ἀριθμοῖς ... ἀφαιροῦσα τοῖς ἀριθμοῖς ἢ καὶ τῷ φωτὶ λήγουσα ... (cap. 2, p. 532,⟨7–18⟩ K.). – Die Epitome des Pancharios verwendet als einziger der bisher zitierten Texte die adjektivische Formulierung προσθετικὴ/ἀφαιρετικὴ τοῖς ἀριθμοῖς κτλ. (mehrere Belege), daneben nur einmal das äquivalente Verbum (p. 121,20–21 ἀφαιροῦσα τοῖς ἀριθμοῖς ἢ καὶ τῷ φωτί). Außerdem begegnen hier weitere Verben wie z.B. λήγειν/ἐπαύξειν τοῖς ἀριθμοῖς (p. 120,29, cf. p. 121,34). Alle drei bisher zitierten Texte bezeichnen außerdem (der Ps.-Herm. iatr. allerdings nur im Waage-Kapitel) die Mondgeschwindigkeit (nicht die Phasen) durch eine zweite Terminologie vom Typ τὰ (ἐπὶ τὰ, κατὰ) μεγάλα (μείζονα, μέγιστα, ἥττονα, ἐλάχιστα) κινεῖσθαι (φέρεσθαι, πορεύεσθαι, τρέχειν, τροχάζειν, ἐγείρεσθαι), die der von Geminos in seinem Kapitel zur Mondanomalie verwendeten entspricht (Gem. 18). – Vgl. ferner die byzantinischen iatromathematischen Exzerpte im CCAG I (1898), pp. 124–128 (term. p. q. = Julian von Laodikea, vgl. dessen Erwähnung p. 125,24), die zu der folgenden Methode anleiten (p. 126,14–16): προσέξομεν δὲ τοῖς ἀριθμοῖς αὐτῆς τοῦ τε μήκους καὶ τοῦ πλάτους, καὶ πότερον ἀφαιρεῖ ἢ προστίθησι τοῖς ἀριθμοῖς τούτοις; im Folgenden mehrmals Wendungen wie αὔξουσα τοῖς

Dieses Ergebnis verdeutlicht die innere Kohärenz von §§ 68–73[3390] und erlaubt die Vermutung, dass an der hiesigen Stelle (§ 68 προσθετικοὶ τῷ μήκει καὶ τῷ πλάτει), wenn es allein um den Mond und nicht auch um die Planeten ginge, der Zusatz καὶ τῷ φωτί im Sinne des Antigonos beziehungsweise des Urhebers der Lehre wäre. Vielleicht enthielt der Text des Antigonos oder die von ihm rezipierte Urfassung sogar entsprechende Hinweise. Solche Elemente könnten jedenfalls dazu beigetragen haben, dass in dem oben zitierten Paralleltext (Firm. math. 6,2,1–7) ausschließlich von den Mondphasen die Rede ist.[3391]

Außerdem verdichten sich durch den hier angestellten Vergleich mit dem hermetischen iatromathematischen Schrifttum trotz der verschiedenen Thematik (hier: περὶ τύχης ἀξιωματικῆς, dort: περὶ κατακλίσεως νοσούντων) die Indizien dafür, dass §§ 68–73 insgesamt auf altem astrologischen Gedankengut aus der Zeit der Ptolemäer basiert.[3392]

Die hier in § 68 formulierten astronomischen Bedingungen wurden bereits oben am Hadrianhoroskop illustriert (vgl. den einleitenden Kommentar zu **F1** § 28).

Textkritik: Der Artikel zu πλάτει wurde nach Ep.[4] ergänzt; vgl. § 73 τῷ μήκει καὶ τῷ πλάτει καὶ τῷ φωτί. In beiden Fällen überliefert Ep.[4] außerdem ein τε vor μήκει, vielleicht zu Recht. An der hiesigen Stelle bietet Ep.[4] ferner ὄντες nach πλάτει: vgl. den Kommentar zu **F1** § 37 ἐπίκεντρον οὖσαν δορυφορεῖσθαι und zu **F3** § 66a ὄντα, aber aufgrund von τυχόντες erscheint es zweifelhaft, ob auch hier **P** nach Ep.[4] korrigiert werden darf.

Λέοντος: zur abweichenden Wortfolge in Ep.[4] s.o. zu **F1** § 22 φησί.

ἀριθμοῖς ... τὰ μέγιστα κινουμένη ... ἀφαιροῦσα τοῖς ἀριθμοῖς ἢ τῷ φωτί (p. 127,10.15.19). Hier finden also singulär alle drei Parameter (Länge, Breite, Licht) Beachtung. Da der Autor sich aber neben den Ἰατρομαθηματικά des Hermes auf Schriften des Petosiris und des Protagoras von Nikaia beruft (p. 126,5–6 = Nech. et Pet. frg. +29), dürfte die Beachtung der Länge entweder auf die beiden zuletzt genannten zurückgehen oder eine unachtsame Zugabe des Epitomators sein.

[3390] Außerhalb von §§ 68–73 sind die unter Punkt c) genannten Begriffe in den Antigonos-Fragmenten ohne Parallele.

[3391] Firm. math. 6,2,2 *crescens lumine*. 6,2,3 *plena luminibus*. 6,2,5 *lumine crescentem* [emend. Ziegler]; s.o. S. 1260 nach Anm. 3172.

[3392] Übrigens sollen der in § 72 zitierte Nechepsos und auch Petosiris ebenfalls über Iatromathematik geschrieben haben. Die bekannten Fragmente (s.o. S. 49, Punkt 7) weisen allerdings keine nennenswerte Ähnlichkeit mit den hier zitierten auf.

Λέοντος τοῦ ἐπὶ τῆς καρδίας τοῦ καλουμένου Βασιλίσκου: Gemeint ist α Leo (Regulus).[3393] Wie der Löwe selbst als der König der Tiere gilt, ist der helle Einzelstern auf der Brust des nach ihm benannten Sternbilds 'der kleine König'. Schon in sumerischen und akkadischen Texten wird er als 'der König' bezeichnet.[3394]

Mit der hiesigen Bezeichnung vgl. Gem. 3,5 ὁ δὲ ἐν τῇ καρδίᾳ τοῦ Λέοντος κείμενος λαμπρὸς ἀστὴρ ὁμωνύμως τῷ τόπῳ, ἐφ' ᾧ κεῖται, Καρδία Λέοντος προσαγορεύεται· ὑπὸ δέ τινων Βασιλίσκος καλεῖται, ὅτι δοκοῦσιν οἱ περὶ τὸν τόπον τοῦτον γεννώμενοι βασιλικὸν ἔχειν τὸ γενέθλιον. Plin. nat. 18,235 *stella regia appellata Tuberoni in pectore Leonis.* ibid. 18,271 *regia in pectore Leonis stella.* Ptol. apotel. 1,9,6 (= Heph. 1,3,6) ὁ δὲ ἐπὶ τῆς καρδίας [sc. τοῦ Λέοντος] λαμπρός (καλούμενος δὲ Βασιλίσκος). Anon. a. 379 p. 199,26 τοῦ ἐπὶ τῆς καρδίας τοῦ Λέοντος. Schol. Arat. 147 p. 364,18–19 Maass (= p. 151,12–14 Martin) ὁ Λέων ἔχει ἐπὶ τῆς καρδίας ἀστέρα λαμπρὸν Βασιλίσκον λεγόμενον ὃν οἱ Χαλδαῖοι νομίζουσιν ἄρχειν τῶν οὐρανίων. Rhet. exc. ex Teucro, CCAG VII (1908) p. 201,22 ὁ ἐπὶ τῆς καρδίας τοῦ Λέοντος ὃς καλεῖται Βασιλικός.[3395] Kam. isag. 679. 3451. Vgl. weiter Bouché-Leclercq 1899, 139. Gundel 1925, 1976f.

ἐπὶ τῆς Ὑδροχόου μοίρας κ': Gemeint ist α PsA (Fomalhaut), der Stern im Maul des Südlichen Fisches (zugleich Ende des Wassergusses, der der Urne des Aquarius entströmt und den der Fisch trinkt).[3396]

§ 69

ἐπὶ τῆς ιε' μοίρας τοῦ Ταύρου: Gemeint ist α Tau (Aldebaran), der rötliche helle Stern der Hyaden, der sich in der antiken Astrothesie auf

---

[3393] Vgl. die Einleitung zu §§ 68–70, bes. S. 1259, Tab. 37, sowie den Haupttext nach Anm. 3193. 3209. 3242. 3305. – Der lat. Name 'Regulus' ist erstmals 1522 belegt, eine Renaissance-Übersetzung aus dem Griechischen. Vgl. Kunitzsch – Smart 1986, 41, und Hübner 1995a, II 208 (mit weiterer Lit.).

[3394] Vgl. Bobrova – Militarev 1993, 313. Siehe auch Reiner – Pingree 1981, 13, s.v. *LUGAL*, sowie Hunger 1992, 352 s.v. *Šarru* ('König') und Koch-Westenholz 1995, 207. Bezold weist darauf hin, dass Regulus bei den Babyloniern im Zuge der sogenannten 'Gestirnvertretung' den Jupiter (d.h. den Götterkönig) vertreten kann (Boll et al. [5]1966, 5f.).

[3395] Βασιλικός codd., Βασιλίσκος coni. Boll.

[3396] Vgl. die Einleitung zu §§ 68–70, bes. S. 1270 nach Anm. 3211, ferner auch den Haupttext nach Anm. 3167. 3193. 3209. 3242. 3305.

dem südlichen Auge des Stiers befindet.[3397]

παραβάλλουσα ἡ Σελήνη ⟨τῷ μήκει⟩ καὶ τῷ πλάτει: Zur Ergänzung von τῷ μήκει vgl. § 68 u. § 73. – Eine Sichtung der relativ wenigen astronomisch-astrologischen Belege für παραβάλλειν ergibt, dass der Terminus in der Regel das 'Nahekommen' im Sinne eines oder mehrerer im Kontext genannter Kriterien bezeichnet, wobei das Subjekt der Mond ist und als indirektes Objekt ein Fixstern entweder explizit genannt ist (vgl. § 69 a.E. u. § 71 a.E.) oder hinzuzudenken ist (so hier: *scil.* τῷ ἐκεῖ λαμπρῷ ἀστέρι). Vgl. den Anon. a. 379 p. 196,3–8 ἐὰν οὖν εὕρῃς ἐπὶ γενέσεως τὴν Σελήνην παραβάλλουσαν ἑνὶ τῶν λαμπρῶν καὶ ἐπισήμων ἀστέρων, τουτέστι περὶ τὰς ἰσομοιρίας αὐτῶν οὖσαν, καὶ μάλιστα ἐὰν κατὰ τὸν ἄνεμον τὸν αὐτὸν τρέχῃ ἡ Σελήνη[3398] ὅνπερ καὶ ὁ λαμπρὸς ἀστήρ, ὃς σύνεγγύς ἐστι τῶν μοιρῶν αὐτῆς [τῆς Σελήνης], κτλ. (cf. ibid. p. 197,3 τῆς Σελήνης παραβαλούσης ... ἑνί τινι τῶν λαμπρῶν καὶ ἐπισήμων ἀστέρων). Diese Similie ist aufschlussreich, weil der Anonymos als notwendige Bedingung nur fordert, dass die Länge beider Himmelskörper übereinstimme;[3399] die zusätzliche Annäherung in der Breite gilt ihm als Idealfall.[3400] Der hiesige Text (§ 69) formuliert also bei der Besprechung eines Einzelsterns (α Tau) eine ziemlich strenge Zusatzbedingung, die in der allgemeinen Präsentation

---

[3397] Vgl. die Einleitung zu §§ 68–70, bes. S. 1259, Tab. 37, sowie den Haupttext nach Anm. 3193. 3209. 3242. 3305. – Zum griechischen Namen dieses Fixsterns – Λαμπαύρας? – vgl. Hübner 1998a, 32, zu Ptol. apotel. 1,9,3 sowie Hübner 2001h, 969.

[3398] Mit 'demselben Wind' meint der Anonymos, dass der Mond sich dem Fixstern auf derselben Seite der Ekliptik, wo dieser steht, in der Länge annähert, dass also beide eine nördliche oder beide eine südliche Breite haben, ohne dass notwendigerweise der *Betrag* der Breite identisch ist. Vgl. ebd. p. 198,8–9 ποῖον πλάτος ἤτοι ἄνεμον ἐπέχει sowie die Erklärung von Bezza 1995, 454², zu κατὰ τὸν ἄνεμον τὸν αὐτόν: "L'autore intende che la Luna si applichi ovvero si accosti per longitudine a una delle stelle brillanti, avendo la sua medesima deviazione dall'eclittica." Die Junktur ἄνεμον τρέχειν bieten auch Val. 3,4,13–15.18 (insg. 4x) u. Heph. 3,6,13; vgl. bes. Heph. 2,11,71 δεῖ σκοπεῖν εἰ εἰς τὸ αὐτὸ πλάτος (κατὰ τὸν αὐτὸν ἄνεμον) τρέχουσιν. Zu der sinngleichen Junktur ἄνεμον (ἐπ)έχειν vgl. als frühesten mir bekannten Beleg Dor. p. 373,7–8 (= Heph. 2,27,5 = Dor. frg. 56a St.) καὶ μάλιστα εἰ καὶ τὸν αὐτὸν ἄνεμον ἔχοιεν.

[3399] Zu περὶ τὰς ἰσομοιρίας (p. 196,4) vgl. ebd. p. 203,12–13 ὅταν ἰσομοιρήσῃ [sc. ὁ λαμπρὸς τῶν Ὑάδων, = α Tau] τῇ Σελήνῃ.

[3400] Der Anonymos spricht nicht von παραβάλλειν τῷ πλάτει, sondern in weniger strenger Formulierung von κατὰ τὸν αὐτὸν ἄνεμον τρέχειν, weil er ja auch (anders als Antigonos) extrazodiakale Fixsterne berücksichtigt, bezüglich derer der Mond bestenfalls auf derselben Seite der Ekliptik stehen, nicht aber in der Breite übereinstimmen kann.

der Regeln zur Fixsternprognostik (§ 68) fehlte und von Antigonos beziehungsweise dem Urheber der Lehre wohl ebenfalls als nicht notwendiger
Idealfall betrachtet wurde. Dafür sprechen auch die Grenzen des astronomisch Möglichen[3401] sowie der Umstand, dass im Hadrianhoroskop, auf
das Antigonos sein Regelwerk ja angewendet und als erfüllt bewertet hat,
die Annäherung in der Breite nicht gegeben ist (vgl. den Kommentar zu
F1 § 28).

In ähnlicher Verwendung wie παραβάλλειν findet sich übrigens συν-
εγγίζειν:[3402] vgl. das Lehrhoroskop des Eutokios (Hor. gr. 497.X.28),
worin zu den Positionen von Sonne, Mond und den fünf Planeten jeweils
Fixsternnotate mit der stereotypen Formel συνεγγίζει (συνεγγίζουσι)
δ᾽ αὐτῷ (αὐτῇ) ἀπλανὴς ἀστὴρ (ἀπλανεῖς ἀστέρες) κτλ. präsentiert
werden (es folgen jeweils exakte Längen-, Breiten- und Größenangaben).[3403]

πλουσίους, οἰκονομικοὺς ποιεῖ: vgl. den Anon. a. 379 p. 203,6–7,
der für Geburten mit α Tau im Aszendenten aufgrund der Mars- und Ve-
nusnatur dieses Fixsterns πλουσίους καὶ χώρας καὶ πόλεις ὑποτάσσοντας ἢ διοικοῦντας prognostiziert (vgl. ebd. 203,11–12 ἐνδοξότατοι
καὶ περιφανέστατοι καὶ πλουσιώτεροι τῶν ἄλλων ἀνθρώπων γίνονται). Für die hiesige Prognostik ist die Planetennatur der Fixsterne al-

---

[3401] Als maximale Breite des Mondes war in der Antike (vielleicht aufgrund babylonischer Einflüsse) der Wert 6° weit verbreitet. Er entspricht der Hälfte der seit Gem. 5,53
belegten Breite des Tierkreises von 12°. Hipparch und Ptolemaios gingen von dem kor-
rekteren Wert 5° für die maximale Breite des Mondes aus. Ausführlicher hierzu Neugebauer 1975, 626. Vgl. auch Theo Sm. p. 194,8–13 ὁ δὲ τῆς σελήνης κύκλος, ὡς μὲν
Ἵππαρχος εὑρίσκει, ἐν πλάτει δέκα μοιρῶν λελόξωται, ὡς δ᾽ οἱ πλεῖστοι τῶν μα-
θηματικῶν νομίζουσι, δώδεκα, ὥστε ε̄ ἢ καὶ ϛ̄ μοίρας ἐφ᾽ ἑκάτερα τοῦ διὰ μέσων
βορειοτέραν ἢ νοτιωτέραν ποτὲ φαίνεσθαι. – Als äußerste mögliche Breiten der Planeten ergeben sich aus Beobachtungen des Ptolemaios sowie aus seiner Planetentheorie
(Ptol. synt. 13,5) die folgenden Werte (gerundet): Saturn ±3°, Jupiter ±2°, Mars +4°/–7°,
Venus ±6°, Merkur ±4° (vgl. Neugebauer 1975, 226). Ptolemaios' *Handliche Tafeln*
bieten ungefähr dieselben Werte, bis auf Venus: ±8° 56′ (vgl. Neugebauer 1975, 1014–
1016 u. 1050[43]). Moderne Berechnungen ergeben: Saturn ±2° 53′, Jupiter ±1° 49′, Mars
+4° 38′/–6° 53′, Venus +8° 35′/–8° 47′, Merkur +3° 52′/–4° 44′ (ebd. 1015[2] nach
Tuckerman; s. ferner ebd. 782 u. 964 zu Plinius und Kleomedes). Da Aldebaran (α Tau),
um den es an der hier kommentierten Stelle geht, mehr als 5° südlich der Ekliptik liegt
(s.o. S. 1259, Tab. 37), könnten also überhaupt nur der Mond, Mars und Venus dieselbe
Breite erreichen.

[3402] Vgl. σύνεγγυς im obigen Zitat des Anon. a. 379 (S. 1309 nach Anm. 3398).

[3403] Dabei ist allerdings die wahre Relation von bewegtem und unbewegtem Himmelskörper verkehrt.

lerdings irrelevant oder bestenfalls von sekundärer Bedeutung.[3404] Eine ähnliche Prognose bot anscheinend Dorotheos als Wirkung von Jupiter in einem dem Merkur unterstehenden Ort: οἰκονόμους βασιλέων und πλουσίους.[3405] Auch hier sind mit οἰκονομικούς zweifellos Personen gemeint, die sich für hohe Verwaltungsämter eignen.[3406] Vgl. die Entsprechung bei Firm. math. 6,4,3, wo wahrscheinlich zu lesen ist: *potentissimarum* ⟨*administrationum licentiam tribuit*⟩ *et affluentis substantiae decernit augmenta.*[3407]

μεγιστᾶνας: Der Begriff μεγιστᾶνες ist erst seit der Zeit Alexanders d.Gr. belegt und bezeichnet die dem König nahestehenden 'Magnaten' des Ptolemäerreichs. Die soziale, politische, finanzielle und militärische Stellung dieser Elite spiegelt sich detailreich in den Schriften der griechischen und römischen Astrologen. Vgl. das umfangreiche, von Cumont 1937, 34–38, analysierte Material.

ἐπὶ δὲ τῆς κζ' μοίρας: Gemeint ist β Tau, der Stern in der Spitze des linken, nördlichen, weniger weit vorragenden Stierhorns.[3408]

ὁμοίως: gehört anscheinend zu ποιεῖ, nicht (als Rückgriff auf παραβάλλουσα ... ⟨τῷ μήκει⟩ καὶ τῷ πλάτει) zu τυχοῦσα. In der Tat ähnelt die Prognose zu 27° ♉ der vorausgehenden (zu 15° ♉), während in der folgenden (zu 30° ♉) der militärische Aspekt dominiert.

λαμπροὺς ἄρχοντας: vgl. die folgende Prognose zum hellen Fixstern auf 30° Stier (§ 69): ἄρχοντας ἢ ναυάρχους λαμπρούς. Antigonos überträgt also den wirklichen Glanz der hellen Fixsterne (§ 68 τῶν λαμπρῶν ἀπλανῶν, § 69 τῷ δὲ λαμπρῷ ἀστέρι, § 71 ἀπὸ λαμπρῶν ἀστέρων,

---

[3404] Vgl. den Nachweis oben S. 1295 nach Anm. 3338.

[3405] Dor. p. 358,13–14 (= Anub. test. 8,444f. Obbink = Par. Anub. ⟨et Dor.⟩ bei Heilen 2010c, 186).

[3406] Vgl. Cumont 1937, 57f. (viel Material ebd. 58[1]).

[3407] Vgl. oben Anm. 3176.

[3408] Vgl. die Einleitung zu §§ 68–70, bes. Anm. 3224 sowie S. 1259, Tab. 37, und den Haupttext nach Anm. 3193. 3209. 3223. 3242. 3305; siehe auch den Inhalt von Anm. 3317. – Schmidt 1998, 65[168], identifiziert den Stern auf 27° ♉ mit γ Ori (Bellatrix). Dagegen sprechen aber die oben S. 1273 bei Anm. 3216 und S. 1285 nach Anm. 3290 genannten Gründe. Außerdem ist die Wirkung des Schultersterns γ Ori, zumindest nach dem Anon. a. 379, konträr: Statt εὐσεβεῖς nennt der Anonymos ἀθέους und Urheber zahlloser Freveltaten (pp. 201,28–202,8: Mord, Meineid, Raub, Kinderschändung etc.).

etc.) auf die unter ihnen Geborenen. Außerhalb der Antigonosfragmente sind Parallelen für die Junktur λαμπροὶ ἄρχοντες erst ab dem 4. Jh. n.Chr. vereinzelt zu finden. Die einzige mir bekannte astrologische Parallele ist noch viel später: Kam. isag. 2531 ὁ Ζεὺς [sc. ὡροσκοπῶν] λαμπρὸν καὶ μέγιστον ¦ ἄρχοντα προσημαίνει.[3409]

Der metaphorische Gebrauch von λαμπρός begegnet in den Antigonosfragmenten noch einmal in **F2** § 58 a.E., ansonsten bei Hephaistion nur ein weiteres Mal in Heph. 2,4,3 ἐπιφανῆ καὶ λαμπρὰ τὰ περὶ τοὺς γονέας διασημαίνει [sc. τὰ φῶτα], bei Ptolemaios gar nicht. Im Gegensatz dazu sind die Belege bei Valens sehr zahlreich.[3410] Was die ἄρχοντες betrifft, ergibt sich ein ähnlicher Befund: Ptolemaios erwähnt sie nie und Hephaistion nur zweimal;[3411] in den Prognosen des Valens hingegen kommen sie oft zur Bezeichnung von Führungspersonen in religiösen, politischen und militärischen Bereichen vor.[3412] Antigonos scheint hier angesichts der folgenden Worte (χρηματιστικοὺς δὲ πάντας καὶ εὐσεβεῖς) den zivilen Bereich zu meinen, speziell die Verwaltung von Provinzen oder kleineren administrativen Einheiten.[3413]

χρηματιστικοὺς δὲ πάντας καὶ εὐσεβεῖς: Hier tritt anscheinend eine der vorigen Prognose fremde Jupiterwirkung hinzu (εὐσεβεῖς). Vgl. den Anon. a. 379 p. 201,16, der (in Anlehnung an Ptol. apotel. 3,14,26) für Geburten mit β Lib oder α Gem im Aszendenten, da jeder der beiden Sterne Jupiter- und Merkurnatur hat, εὐσεβεῖς und εὐχρηματίστους prognostiziert.[3414] Ansonsten sind mir nur wenige Belege für die Progno-

---

[3409] Ähnliche Stellen, die λαμπρός mit ἀρχικός oder ἀρχοντικός kombinieren: Val. 1,19,10 Ζεὺς καὶ Ἥλιος ὁμόσε ὄντες λαμπρούς, ἐπιδόξους ἀποτελοῦσιν, ἀρχικούς, ἡγεμονικούς κτλ. sowie Heph. 1,1,130 ὁ δὲ ἐπὶ τοῦ δευτέρου [sc. δεκανοῦ τοῦ Ζυγοῦ] γεννώμενος λαμπρός, πλούσιος, ἀρχοντικός κτλ.; daraus macht Kam. isag. 941 ὁ ἐν δευτέρῳ [sc. δεκανῷ τοῦ Ζυγοῦ] γεννηθεὶς ¦ ἄρχων λαμπρὸς τυγχάνει.

[3410] Val. 1,2,2.16.41. 1,19,3. 1,20,15. 2,2,3. 2,18,3. 2,20,3.4. 2,22,9.27. 2,23,18.21. 2,26,19. 2,32,3. 2,33,7. 2,38,74. 2,41,11. 4,11,43 u.ö.

[3411] Heph. 3,7,1 ὑπὸ μεγίστων βασιλέων ἤτοι ἀρχόντων. Heph. 3,20 [Titel] πῶς δεῖ ἄρχοντι καὶ δυνάστῃ συντυχεῖν.

[3412] Val. 2,12,6 ἱερῶν ἄρχοντας. 2,14,6 ἄρχοντες πόλεων. 2,17,6 καὶ ὅπλων καὶ στρατοπέδων ἄρχων. 2,17,37 πόλεων ἢ χωρῶν ἄρχοντας. 2,17,70 ποιοῦσι στρατοπεδάρχας, ναυτικῶν τε καὶ πεζικῶν ἄρχοντας. 2,17,93 ἄρχοντας πόλεων. app. 1,188 ἄλλων ἄρχοντας. app. 1,215 πόλεων ἄρχοντας.

[3413] Zu den Archonten in astrologischen Texten s. auch Cumont 1937, 69[3]. u. 71[2].

[3414] Die Similie soll nur zeigen, *welche* Planeten hinter den genannten Wirkungen stehen. Sie soll und kann nicht die Frage beantworten, *auf welchem Wege* die Wirkung stattfindet. Es wurde bereits gesagt, dass für §§ 68–70 die Planetennatur der Fixsterne,

se εὐσεβεῖς bekannt (Ptol. apotel. 3,14,34. Dor. p. 355,21. Kam. isag. 837), für χρηματιστικούς gar keine (doch siehe εὐχρηματίστους bei Val. 1,19,11. Paul. Alex. 24 p. 64,1. Kam. isag. 1203).

Zu εὐσεβεῖς vgl. ferner die konträre Prognose zu dem Fixstern auf 7° ♏ (§ 70), bes. ὠμοὺς καὶ παραβόλους. Es wurde bereits darauf hingewiesen, dass Stier und Skorpion im Tierkreis einander gegenüberliegen.[3415] Dem griechischen εὐσεβεῖς entspricht in der Version des Firmicus anscheinend *magnifica et praeclara templis donaria consecrantes*.[3416]

τῷ δὲ λαμπρῷ ἀστέρι: vgl. § 71 λαμπρῶν ἀστέρων und λαμπρῷ τινι τῶν κατά τι ζῴδιον ἀστέρων; sinngleich: **F1** § 28 λαμπρῷ τινι τῶν ἀπλανῶν. **F5** § 68 τῶν λαμπρῶν ἀπλανῶν. – λαμπρὸς ἀστήρ ist ein *terminus technicus*, der sich auf babylonische Quellen zurückführen lässt[3417] und im Lateinischen als *splendens stella*,[3418] *clara stella, lucida stella* etc. übersetzt wird.[3419]

παραβάλλουσα: in Ep.[4] zu προσβάλλουσα verschrieben; doch vgl. denselben *terminus technicus* am Beginn von § 69, am Ende von § 71 sowie beim Anon. a. 379 pp. 196,3 u. 197,3 (zit. oben zu § 69 παραβάλλουσα – τῷ πλάτει).

τῷ ἐπὶ τῆς λ′ μοίρας: Gemeint ist ζ Tau, der nicht sehr helle Stern in der Spitze des rechten, südlichen, weiter vorragenden Stierhorns.[3420]

ἄρχοντας ἢ ναυάρχους λαμπρούς: Dem entspricht Firm. math. 6,2,6 *et maris et terrae dominia possidentes, et per mare et per terras exercitum feliciter ducunt*.[3421] Hier steht also, anders als zuvor bei λαμπροὺς

---

auf die der Anon. a. 379 sich stützt, irrelevant oder bestenfalls von sekundärer Bedeutung ist (s.o. S. 1295 nach Anm. 3338). Stattdessen scheinen die Gradbezirke und weitere Kriterien wie z.B. die Oikodespotie der Tierkreiszeichen eine Rolle zu spielen (s.o. S. 1298 nach Anm. 3347).

[3415] S.o. Anm. 3202.

[3416] Firm. math. 6,2,4; vgl. die Synopse oben S. 1260.

[3417] Boll 1916, 72.

[3418] Vgl. Plaut. Rud. 3 *splendens stella candida* (Arcturus).

[3419] Vgl. z.B. die Firmicusparallele (math. 6,2,1–7) zu §§ 68–70 in der obigen Synopse (S. 1260).

[3420] Vgl. die Einleitung zu §§ 68–70, bes. Anm. 3224 sowie S. 1259, Tab. 37, und den Haupttext nach Anm. 3193. 3209. 3223. 3242. 3289. 3305; siehe auch den Inhalt von Anm. 3317.

[3421] Vgl. die Synopse oben S. 1260.

ἄρχοντας (zu 27° ♉), eindeutig der militärische Bereich im Vordergrund. Diese Prognose spiegelt den Umstand wieder, dass ein ptolemäischer Flottenadmiral in der Regel zugleich die Landstreitkräfte kommandierte. Cumont konstatiert: "il est significatif que nos astrologues mettent sur le même pied généraux et amiraux";[3422] und (über das Ptolemäerreich): "Nous savons, en effet, que le navarque cumulait généralement sa fonction avec celle de stratège et avait le commandement à la fois d'une armée et d'une flotte."[3423]

Sprachlich präzisiert nur der zweite der beiden Ausdrücke, auf welches Objekt sich die Führungsposition (ἀρχή) bezieht: auf Schiffe. Mir sind keine weiteren Belege für ναύαρχος, ναυαρχία oder ναυαρχεῖν in astrologischen Schriften bekannt. Bei den zuvor genannten ἄρχοντες handelt es sich nach dem bisher Gesagten wohl um στρατοπεδάρχαι, Truppenkommandeure.[3424] Am klarsten wird in der astrologischen Literatur das Kommando über Land- und Seestreitkräfte differenziert von Val. 2,17,70 ναυτικῶν τε καὶ πεζικῶν ἄρχοντας. Es ist aber nicht nötig (und wurde m.W. bisher auch nicht erwogen), hier (§ 69) ἄρχοντας ⟨πεζικῶν⟩ zu konjizieren.

Codex **P** interpungiert vor λαμπρούς, zu Unrecht.

§ 70

ἐπὶ τῆς ζ′ μοίρας τοῦ Σκορπίου: Gemeint ist α Sco (Antares), der rötliche helle Stern im Skorpion.[3425] Er ist bereits mit sumerischem Namen als 'die Brust des Skorpions' belegt.[3426] Zum griechischen Namen Ἀντάρης vgl. Rhet. exc. ex Teucro, CCAG VII (1908), p. 206,2 λαμπρὸς ἀστὴρ ὁ καλούμενος Ἀντάρης. Ptol. synt. 8,1 p. II 110,7 H. Ptol. apotel. 1,9,9 (= Heph. 1,3,9). Ptol. phas. 2 pp. 16,13. 17,11. 18,12.

[3422] Cumont 1937, 42; Belege ebd. Anm. 2.

[3423] Cumont 1937, 210, mit weiterer Lit. in Anm. 4; s. auch ebd. 42.

[3424] Vgl. Cumont 1937, 39[5]: "Στρατοπεδάρχης est proprement le commandant du camp, στρατόπεδον, mais ce dernier mot ayant de bonne heure pris la signification d'armée, στρατοπεδάρχης, devient un commandant de troupes"; es folgen u.a. astrologische Belege. Siehe auch Kroll 1923, 225: "In στρατοπεδάρχαι [...] ist vielleicht kein eigentlicher Titel zu erblicken".

[3425] Vgl. die Einleitung zu §§ 68–70, bes. S. 1259, Tab. 37, sowie den Haupttext nach Anm. 3193. 3209. 3242. 3305.

[3426] Vgl. Pingree – Walker 1988, 316 (lin. O) "the chest of the Scorpion" (vgl. ebd. 321 s.v. O 2), und Bobrova – Militarev 1993, 309.

19,8.18. 24,19. 25,5.7.17.20. 48,4.9. 50,16. 51,1.4.6. 66,12 H. Procl. hyp.
5,9 p. 140,10 M. Kam. isag. 2437. 2502. 3703.

ποιεῖ: so **P** (sc. Σελήνη), ἤ Ep.[4]. Da ein Prädikat nötig ist und dies in
den fünf vorausgehenden Fixsternprognosen stets ποιεῖ oder ποιοῦσι
war, überliefert **P** wohl das Richtige. Vielleicht trugen die beiden letzten
Silben von Σκορπίου zu der Verschreibung in Ep.[4] bei; ferner haben -εῖ
und ἤ für einen byzantinischen Schreiber denselben Lautwert (vgl. z.B.
den Apparat zu **F1** § 40).

φίλους βασιλέων: Zur unmittelbaren Umgebung (α Sco ist nur zweiter
Größe!) eines hellenistischen Königs gehören neben den Familienmit-
gliedern seine 'Freunde'. Dieser höfische Titel umfasste verschiedene
Grade von Ehre und Vertrautheit. Zu den zahlreichen Reflexen in der
astrologischen Prognostik vgl. die Bemerkungen Cumonts und Krolls[3427]
sowie Dor. p. 355,12 φίλους βασιλέων ποιεῖ (vgl. ebd. pp. 358,8.
358,17. 359,26). Ps.-Maneth. 2[1],150–152 Φαίνων ... βασιλεῦσιν ... ἐς
φιλίην ζεύγνυσι. 3[2],35 βασιλεῦσι φίλους. Val. 1,19,12 βασιλέων
φίλους. 2,17,30 βασιλικῆς φιλίας ἐντὸς γινόμενοι. 2,22,35 (Hor. gr.
95.V.14) ἐγένετο [...] βασιλέων καὶ ἡγεμόνων φίλος. 4,8,17 (Hor. gr.
75.VII.19) γέγονεν ἡγεμόνων καὶ βασιλέων φίλος. 5,6,81 (Hor. gr.
134.XI.4) φιλίας βασιλέων καὶ μειζόνων κεκτημένον. etc.[3428]

ἤ διαδόχους: Zu Nachfolgern von Königen gibt es nur wenige Parallelen in den astrologischen Texten. Vgl. immerhin Heph. 1,1,174 βασιλέων
διαδόχους. Val. 2,1,3 διάδοχον τῆς βασιλείας. Ps.-Ptol. cent. 30 γενήσεται ὁ τοιοῦτος διάδοχος τῆς βασιλείας.

[3427] Cumont 1937, 34 mit dem Zusatz von Claire Préaux in Anm. 3. Kroll 1923, 224.
[3428] Spätere Belege: Anon. a. 379 p. 199,21–22 βασιλέων φίλους (Fixsternprognose zu
α CrB im ASC oder MC). Heph. 1,22,13 τοῖς φίλοις τοῦ βασιλέως. 1,23,20 τῶν τε
τοῦ βασιλέως φίλων ἀπώλειαν ἤ καὶ αὐτοῦ. 1,23,21 δηλοῖ τὸν βασιλέα μὴ ἀλη-
θεύειν πρὸς τοὺς φίλους ... κακωθήσεσθαι τὸν βασιλέα καὶ φίλον αὐτοῦ ἀποβα-
λεῖν θανάτῳ. Lib. Herm. 28,9 *amicus regum fit.* ibid. 32,3 *nobiles uiros facit et regiarum personarum amicos et exactores et regiarum rerum fideicommissarios.* ibid. 32,46
amicos regum uel tyrannorum facit. Firm. math. 8,19,3 *erit amicus regum.* 8,21,6 *erunt
... amici regum* (= 8,27,13. 8,28,3. 8,28,8. 8,28,11). 8,21,8 *erit ... regum amicus.* 8,24,7
erunt ... docti amici regum. 8,26,2 *hos fida regum amicitia nobilitabit.* 8,28,10 *erit nobilis amicus regum.* 8,29,9 *erit amicus regis.* 8,31,2 *erit dux magnus potens amicus regum.*
Rhet. 5,57–58 (= CCAG VIII 4, 1921, pp. 136,23. 137,3. 152,17. 176,27; dort stets φίλους βασιλέων). Album. rev. nat. 2,7 p. 60,27 φιλιωθήσεται βασιλεῦσι. ibid. 4,6 p.
202,16 συναυλισθήσεται βασιλεῦσι καὶ φιλιωθήσεται τούτοις.

Der Codex **P** interpungiert nach διαδόχους, und es fragt sich, ob
ὠμοὺς – στρατιωτικούς eigenständige Teilprognosen oder Attribute zu
φίλους βασιλέων ἢ διαδόχους sind.[3429] Für die zuletzt genannte Auffassung sprechen drei Argumente: Die Prognose zum hellen Fixstern im
Skorpion würde sonst in zwei inhaltlich disparate Teile zerfallen; der
zweite Teil ließe die hohe gesellschaftliche Stellung vermissen, die in den
vorausgehenden Fixsternprognosen stets gegeben war;[3430] als Sinneinheit
passt φίλους βασιλέων ἢ διαδόχους ὠμοὺς καὶ παραβόλους καὶ ἀποδημητικούς, στρατιωτικούς vortrefflich zu einem Fixstern, der wegen
seiner rötlichen Farbe nach dem Kriegsgott benannt ist (Ἀντάρης)[3431]
und zu einem Tierkreiszeichen gehört, das astrologisches Haus des Mars
ist. Die Position auf 7° ♏ fällt zusätzlich in einen Marsbezirk (s.o. S.
1298). Pingree hat daher zu Recht auf Interpunktion verzichtet.

ὠμοὺς: Dem entspricht die breiter ausgestaltete Formulierung bei Firm.
math. 6,2,7 *dirae crudelitatis et inmodici terroris decernit horrorem.*[3432]
– ὠμότης ist in astrologischem Kontext seit 'Nechepsos und Petosiris'
belegt: vgl. den Beleg aus dem sicher ins 2. Jh. v.Chr. zu datierenden Frg.
6 bei Heph. 1,21,20 ὠμότητα (= Nech. et Pet. frg. 6,110), der durch die
von Hephaistion unabhängige Parallelüberlieferung des Anon. CCAG VII
(1908), p. 136a,30 (frg. +32) ὠμότης bestätigt wird. Mit dem hiesigen
Adjektiv ὠμούς vgl. Ps.-Maneth. 2[1],470. 3[2],370. Ptol. apotel. 3,14,23.
3,14,38. Val. 1,3,49. Heph. 2,15,5. 2,15,14. – Ptolemaios verbindet in
zwei Mars-Prognosen (apotel. 3,14,28. 3,14,32) ὠμούς mit παραβόλους
und weiteren negativen Eigenschaften. Daraus schöpft der Anon. a. 379
p. 201,6, der für Taggeburten mit α CMa oder β Gem im Aszendenten
aufgrund der reinen Marsnatur dieser Fixsterne unter anderem παραβόλους und ὠμούς prognostiziert.

παραβόλους: so Ep.[4], παραβούλους **P**. Die Schreibung mit -ου-, der
Ruelle und Pingree den Vorzug geben,[3433] begegnet z.B. auch bei Anti-

---

[3429] Zur Schwierigkeit und Bedeutung korrekter Interpunktion in Fällen wie diesem vgl.
Hübner 1995a, I 23.

[3430] Zum Löwen und Wassermann hieß es: ποιοῦσι τὰς τύχας μείζονας καὶ ἐνδοξοτάτας, zu den drei hellen Sternen im Stier wurden μεγιστᾶνας, λαμπροὺς ἄρχοντας
und ἄρχοντας ἢ ναυάρχους λαμπρούς prognostiziert.

[3431] S.o. zu § 70 ἐπὶ τῆς ζ' μοίρας τοῦ Σκορπίου.

[3432] Vgl. die Synopse auf S. 1260. Auch die Konjektur Monats am Ende jenes Paragraphen (*effrenata crudelitate*, s.o. Anm. 3179) verdient Beachtung.

[3433] Ruelle, CCAG VIII 2 (1911), p. 86,29 app. crit., u. Pingree 1973–1974, p. I 166,20.

och. epit. 2,53 (ex thes.), CCAG I (1898), p. 164,12–14 (= Rhet. 5,53):
Ἄρης τὸ θρασὺ καὶ ... παράβουλον καὶ βίαιον καὶ φοβερὸν ... ποιεῖ.
    Zu παραβόλους als Prognose vgl. Rhet. exc. ex Teucro, CCAG VII
(1908), pp. 208,4. 212,7. Ptol. apotel. 2,3,44. 3,14,22. [3434] 3,14,28.
3,14,30. 3,14,32. Val. 1,20,7. 2,2,23. 2,33,7. 6,6,9. 8,7,281. app. 10,11.
app. 11,14. Kam. isag. 2467. 2949. Vgl. weiter das soeben zu ὠμούς Gesagte.

ἀποδημητικούς: Astrologische Parallelen bietet Val. 1,3,50. 2,29,3.
2,29,4. 2,30,16.25.27.32.33.35.38.43 (meistens in der Verbindung ἀπο-
δημητικὴ γένεσις).

στρατιωτικούς: fehlt in Ep.[4]. Die wenigen Belege dieses Adjektivs bei
Ptolemaios und Hephaistion, die auch nur zum Teil einen prognostischen
Kontext haben, sind nicht der Rede wert. Doch siehe unter den zahlreichen Belegen bei Valens die Verbindung mit φίλοι βασιλέων (s.o.) in
Val. 1,19,12 βασιλέων φίλους, στρατιωτικούς (eine kombinierte Ju-
piter-Mars-Wirkung).[3435] Siehe ferner die Prognose zu Antares im ASC
beim Anon. a. 379 p. 200,5–7 στρατηγικούς ... στρατηλάτας (wegen
der Jupiter- und Mars-Natur von α Sco; der Jupiter-Anteil erklärt den an
zweiter Stelle genannten Feldherrnrang).[3436]

οὕτως οὖν – καταστοχαστέον: Wahrscheinlich sind etwa zwei Dutzend weiterer heller Fixsterne gemeint, ähnlich wie in dem von Ps.-
Porph. isag. 48 und vom Anon. a. 379 beschriebenen System.[3437] Mit der
hiesigen Ausweitung auf die übrigen Fixsterne vgl. **F1** § 51, wo die Auf-
forderung, die Mondposition am 3., 7. und 40. Tag nach der Geburt zu
untersuchen, zuletzt auf alle Planeten ausgeweitet wird.
    Zu καταστοχαστέον vgl. Ptol. apotel. 3,5,5 (= Heph. 2,4,8). 4,3,5.
Val. app. 16,10. Heph. 2,19,20. 2,24,9. 3,5,52. 3,16,2. 3,47,56. Daneben
bieten Ptolemaios und Hephaistion (außerdem auch ganz vereinzelt andere astrologische Autoren) weitere Formen von καταστοχάζεσθαι, z.B.
Heph. 1,23,15.27 καταστοχάζεσθαι = Nech. et Pet. frg. 12,66.176. Das

---

[3434] Ptol. apotel. 3,14,22 kombiniert παραβόλους u.a. mit στρατηγικούς, vgl. hier
(§ 70) στρατιωτικούς.
[3435] Siehe ferner Val. app. 10,29, wo στρατιωτικούς u.a. mit θρασεῖς und τολμηρούς
kombiniert ist (allein mit θρασεῖς auch in Val. app. 10,31); das ähnelt der hiesigen
Kombination mit παραβόλους.
[3436] Siehe auch hierzu Anm. 3414.
[3437] S.o. Anm. 3325 u. 3338.

Verb ist in der gesamten Gräzität nur in metaphorischer Bedeutung belegt, anders als das Simplex (cf. LSJ s.v. στοχάζομαι I.1). Valens meidet sowohl das Simplex als auch das Kompositum (Ausnahme: Val. 8,3,2 στοχάζεται). Siehe auch oben **T1** ὅσοι ... πρὸς στοχασμοὺς ἐπιτηδειότεροι.

§ 71

ἀγαθοποιοῖς: Venus und Jupiter; s.o. zu **F1** § 34 τῶν δύο κακοποιῶν. Ep.[4] bietet sinngleich ἀγαθοῖς. Mit dem hiesigen Ausdruck ἀγαθοποιοῖς συνάπτουσαν korrespondiert § 73 πρὸς κακοποιοὺς φερομένην (**P** = Ep.[4]).

συνάπτουσαν, τὴν δὲ ἀπόρροιαν ... ποιουμένην: Zu den *termini technici* συναφή und ἀπόρροια s.o. zu **F1** § 28 τὴν συναφήν und die dortigen Belege für die Verwendung durch frühe Astrologen. Vgl. bes. die beiden Exzerpte aus der Katarchenhoroskopie des Petosiris bei Iul. Laod. CCAG I (1898), p. 138,1–21 (Nech. et Pet. frg. +23) u. Theoph. exc. CCAG XI 1 (1932), cap. 22, p. 223,18–27 (= frg. +27, zu beiden s.o. Anm. 1300), von denen das erste obendrein die auch hier (§ 71) genannten Wohl- und Übeltäter einbezieht. Es heißt dort (p. 138,15–19): σκέπτου δὲ καὶ τὰς ἀπορροίας τῆς Σελήνης καὶ τὰς συναφάς· ἀγαθοποιοῦ μὲν γὰρ ἀπορρέουσα κτλ. (vgl. bei Theophilos p. 223,23–25: ἐξετάζει δὲ αὐτῆς τὰς συναφὰς καὶ τὰς ἀπορροίας κτλ.). – Mit ἀπόρροιαν ... ποιουμένην vgl. z.B. **F1** § 40 συναφὴν ποιῆται.

οὗτοι ὑποτάσσονται: Während die Annäherung an eine besonders günstige Position bereits selbst als vorteilhaft gilt (s.o. zu **F1** § 26 bzgl. ἐπαναφορά), wird die nach Erreichen dieses Punktes beziehungsweise nach erfolgter Konjunktion einsetzende Entfernung aus Prinzip als nachteilig beurteilt. Es kommt keineswegs nur auf die Distanz in Graden an. – Mit der Formulierung vgl. Stellen wie z.B. Val. 2,2,10 (in entfernt ähnlichem Kontext, sofern ἀπόκλιμα und ἀπόρροια vergleichbar sind): πᾶς δὲ ἀστὴρ οἰκοδεσποτήσας καὶ ἐν ἀποκλίσει ὑπάρχων ἐναντίος γενήσεται καὶ παραιρέτης· ἑτέροις γὰρ ὑποτασσομένους ποιεῖ κτλ.

παραβάλλουσαν λαμπρῷ τινι τῶν κατά τι ζῴδιον ἀστέρων: vgl. **F1** § 28 ἡ Σελήνη ἔμελλε συνάπτειν λαμπρῷ τινι τῶν ἀπλανῶν, sowie außerhalb der Antigonosfragmente Stellen wie z.B. den Anon. a. 379 p. 197,2–4 τῆς Σελήνης παραβαλλούσης ... ἑνί τινι τῶν λαμπρῶν καὶ ἐπισήμων ἀστέρων.

Die Lesart παραβάλλουσαν tradiert **P**, παραβεβληκυῖαν Ep.[4]. Vgl. **F2** § 56, wo **P** προγενομένην und προγενομένη bietet, Ep.[4] jedoch προγεγονυῖαν und προγεγονυῖα. Gesichert ist nur ein Partizip Perfekt in den Antigonosfragmenten, über dessen Schreibung die Zeugen aber erneut uneins sind (**F1** § 40 συμπαρατετευχόσι **P**, συμπαρατετυχηκόσι Ep.[4]; s.o. Komm. z. St.).

Die Lesung λαμπρῷ τινι τῶν κατά τι ζῴδιον ἀστέρων folgt Ep.[4], **P** bietet λαμπρῷ τινι τῶν κατὰ ζῴδίων. Das von der Epitome überlieferte Indefinitpronomen τι ist sinnvoll, sowohl wegen λαμπρῷ τινι als auch mit Blick auf § 70 a.E., wo die zuvor an einer Auswahl von sechs Fixsternen erläuterte Lehre auf die übrigen Sterne – und damit auf alle Tierkreiszeichen – ausgedehnt wurde. Sein Ausfall in **P** ist angesichts der zahlreichen anderen Wortverluste im Text dieser Handschrift (sowohl allgemein als auch speziell in §§ 71–72) nicht verwunderlich. Mit κατά τι ζῴδιον vgl. z.B. εἴς τι ζῴδιον bei Dor. p. 377,25 (= Heph. 2,10,38 = Dor. frg. 21a St.). 404,5 (= Heph. 3,31,13). Val. 2,37,40. Album. rev. nat. 3,10 p. 178,21 und ἔν τινι ζῴδίῳ bei Val. 7,3,5. Album. rev. nat. 2,1 p. 31,22. ibid. 3,8 p. 164,7. ibid. 5,1 p. 208,10.

Mit κατά τι ζῴδιον ist wahrscheinlich ἔν τινι ζῴδίῳ gemeint (und nicht 'im zodiakalen und extrazodiakalen Bereich eines Tierkreiszeichens'). Zu diesem Gebrauch von κατά + Akk. vgl. **F2** § 56 οὐ γὰρ μικρὰ δύναμίς ἐστιν ἡ προγενομένη σύνοδος ὁπόταν κατὰ κέντρον τύχῃ (cf. Ep.[4]: ... ὁπόταν ἐπίκεντρος τύχῃ) und zahlreiche Belege bei anderen Astrologen, z.B. Ptol. apotel. 1,21,16 τῶν κατὰ τὸ ζῴδιον λ̅ μοιρῶν. ibid. 3,13,9 ἐὰν δὲ ἀμφοτέροις ἅμα τοῖς φωσὶν ἤτοι κατὰ τὸ αὐτὸ ζῴδιον ἢ καὶ κατὰ διάμετρον ... συσχηματισθῶσιν. Val. 7,6,225 τὸν τοῦ Κρόνου κατὰ τὸ περιποιητικὸν ζῴδιον ἐπόντα. ibid. 8,3,7 ὅταν ... κατὰ τὸ πανσεληνιακὸν ζῴδιον τύχῃ [sc. ἡ Σελήνη]. Paul. Alex. 14 p. 29,16–18 συνοδικοὶ δὲ γίνονται, ὅταν κατὰ τὸ αὐτὸ ζῴδιον ἰσόμοιροι τῷ Ἡλίῳ τύχωσι. ibid. pp. 29,24–30,2 ἔστω εἶναι τὸν Ἥλιον ἐν Ἰχθύων μοίρᾳ ιζ', τὸν δὲ τοῦ Διὸς ἀστέρα κατὰ τὸ αὐτὸ ζῴδιον μοίρᾳ β'. etc.

§ 72

Zur fehlerhaften Paragraphenabteilung in **P** (und daher auch in der Edition von Pingree 1973) s.o. S. 791 in der Gesamtbesprechung von **F1** § 33.

οὐ μέντοι παντάπασιν ὄντες ἄδοξοι: Textgestaltung erneut nach Ep.[4]. Die Korruptel καὶ αὐτοὶ οὐκ ἄβιοιόντες (*sic*) in **P** ist wohl, wie der Vergleich mit der Epitome lehrt, aus abundantem καὶ (s.o. zu **F1** § 21 ἄλλοι) in Verbindung mit fehlerhafter Inversion von οὐ μέντοι und Verderbnis von ἄδοξοι ὄντες zu ἄβιοιόντες entstanden. Pingree konjiziert aufgrund seiner nicht ganz korrekten Lesung der Stelle (καὶ αὐτοὶ οὐκ ἄ βιαίοντες, *sic*) die Worte καὶ αὐτοὶ οὔκ εἰσι βιαιοθάνατοι, vielleicht mit Blick auf **F3** § 65 βιαιοθανατήσας. Das ist aber paläographisch wenig überzeugend und ergibt auch keinen akzeptablen Sinn. Für den Text der Epitome spricht, dass der Gedanke über die Zwischenstufe der οὐ μέντοι παντάπασιν ὄντες ἄδοξοι wenig später zu den wahren ἄδοξοι übergeht (§ 73 ἐπὶ δὲ τῶν ἀδόξων γενέσεων ...).

Es fragt sich allerdings, ob παντάπασιν eine der zahlreichen Wortauslassungen von **P** oder eine Zugabe der Epitome ist. Der Sinn erfordert das Adverb nicht unbedingt, da schon ohne die Mitwirkung der im Folgenden genannten ἐξυπηρετούμεναι λαμπραὶ μοῖραι die bereits zu Beginn von § 71 genannte Konjunktion des Mondes mit Jupiter und/oder Venus sicherstellt, dass die Geburt nicht ganz niedrig sein kann. Außerdem ist παντάπασιν in astrologischen Texten selten: Hephaistion bietet keine weiteren Belege, Ptolemaios, Valens und Paulos Alexandrinos jeweils einen einzigen.[3438] Da die Epitome hier aber insgesamt das Richtige überliefert, erscheint es ratsam, ihr auch in diesem Punkt zu folgen.

εἰσὶ γὰρ – λέγει: Ergänzend zur Lehre von den hellen Fixsternen kommt nun ein anscheinend verwandtes, aber nachgeordnetes System heller Einzelgrade zur Sprache. Angeblich stammt es von Nechepsos (§ 72 a.E.). Dank Hephaistion ist uns tatsächlich ein System heller Einzelgrade bekannt, das der thebanische Astrologe in seinem langen ersten Kapitel bei der Besprechung der zwölf Tierkreiszeichen nach und nach referiert (Heph. 1,1,11.30.49.68.88.107.126.146.166.185.204.224). Zur Einführung dieser Lehre sagt Hephaistion nur (1,1,11): καὶ ἑκάστου ζωδίου λαμπρὰς μοίρας ἐξέθεντο. Dabei gewinnt man aus dem Kontext den Eindruck, dass das Subjekt zu ἐξέθεντο die 'alten Ägypter' (Heph.

[3438] Ptol. apotel. 2,1,3. Val. 2,3,1 (= Nech. et Pet. frg. +5a). Paul. Alex. 27 p. 78,25.

1,1,9 οἱ παλαιοὶ Αἰγύπτιοι), also wahrscheinlich 'Nechepsos und Petosiris' sind.[3439] Neben den 'alten Ägyptern', die Hephaistion in Einklang mit der gesamten astrologischen Tradition der Antike als Begründer der ὅρια-Lehre[3440] genannt hatte, waren zwar auch noch die Namen des Dorotheos (1,1,9) und des Ptolemaios (1,1,10) gefallen, aber beide gleichsam als Anmerkungen, Dorotheos, weil er die ὅρια-Lehre in Verse gefasst und somit mnemotechnisch erschlossen hatte (die den Widder betreffenden Verse werden ebenda zitiert), Ptolemaios, weil er ein konkurrierendes System der ὅρια ersonnen hatte. Die Annahme, dass Hephaistion mit ἐξέθεντο die Urheber der ὅρια-Lehre (d.h. die 'alten Ägypter') wieder aufgreift, wird dadurch gestützt, dass von demselben Subjekt gleich nach dem Hinweis auf die hellen Grade ausgesagt wird, dass sie ferner in jedem Tierkreiszeichen drei Dekane à 10° abgrenzten,[3441] ein System, an dessen hellenistisch-ägyptischer Herkunft nicht der geringste Zweifel besteht.

Da es also durchaus möglich ist, dass glückliche Umstände uns das von Antigonos gemeinte System der hellen Grade nach Nechepsos bewahrt haben, und es vermutlich dasselbe System ist, auf welches spätantike und byzantinische Astrologen mit dem Begriff λαμπρομοιρία verweisen,[3442] lohnt sich ein genauerer Blick auf dessen Inhalt.[3443] Bouché-Leclercq hat die Angaben des Hephaistion in einer Tabelle zusammenge-

---

[3439] Zu dieser Identifikation s.u. zu **F6** § 76 οἱ παλαιοὶ Αἰγύπτιοι.Vgl. auch Heph. 1,1,1 οἱ παλαιοί und 1,1,7 οἱ παλαιοί τῶν Αἰγυπτίων.

[3440] S.o. zu **F1** § 26 ἐν ἰδίαις μοίραις, bes. S. 719, Tab. 17a, u. S. 719, Tab. 17b.

[3441] Heph. 1,1,12 ἔτι δὲ καὶ ἑκάστου ζῳδίου τρεῖς ἀφώρισαν δεκανοὺς κατὰ δεκαμοιριαῖον διάστημα.

[3442] Siehe Rhet. 5,54,51 τὴν λαμπρομοιρίαν τῶν ζῳδίων (= CCAG VIII 4, 1921, p. 124,16). 5,81,2 τὰς λαμπρομοιρίας τῶν ἀστέρων (= CCAG ibid. p. 207,1). Rhet. epit. 4,22 (= CCAG VIII 1, 1929, p. 243a,11 / 243b,22). 'Palch.' CCAG V 3 (1910), p. 126,13. Kam. zod. 237–242. Keine dieser Stellen bietet eine inhaltliche Erklärung, um welche Tierkreisgrade es sich handelt. Eine prognostische Erläuterung bietet allein Kamateros, demzufolge die planetaren Wohltäter in den hellen Graden das Glück des Nativen vermehren, die Übeltäter hingegen es vermindern.

[3443] Schon Boll 1903a, 410², hatte einen Zusammenhang zwischen dem System heller Grade bei Heph. 1,1 und dem System heller Fixsterne bei Firm. math. 6,2 (s.o. S. 1260) vermutet, war sich aber der inhaltlichen Übereinstimmung der Firmicusstelle mit dem hiesigen Antigonosexzerpt nicht bewusst gewesen und der Frage nicht weiter nachgegangen. Übrigens findet sich unter den Gradangaben der Fixsternliste bei Firm. math. 8,31 (s.o. S. 1276) nur eine einzige Übereinstimmung mit dem hier besprochenen System der hellen Grade, und zwar zu 30° ♉, einer Position, die ja auch bei Firm. math. 6,2,5 vorkommt.

fasst, die hier mit geringfügigen Korrekturen reproduziert wird:[3444]

```
♈ . . 3 . . . . . . . . . . . . . . 19 . . . . . 26 27 . . 30
♉ . . 3   5 . . . 10 . . . . . 17 . . . . . . . . . . 28 . 30
♊ . . . . 6 . . . . . . . . . . 19 . 21 . . . . . . . . 30
♋ . . . . . 8 9 . . . . 15 . . . 20 . 22 . . . 26 . . . .
♌ 1 . . 4 5 . . . . . . . . 16 . . . 20 . . . . 26 . . . 30
♍ . . . . . . . 10 . . . . . 17 . . 20 . . . . 26 . . 29 .
♎ . . . . . . . . 12 . . . 17 . . . . . 23 . . . . . . 30
♏ . . . . 7 . . 10 . . 14 . . . . 20 . . . . . . . . . . 30
♐ . . 4   6 . . 10 . . . . . 18 . . . . . . 26 . . 29 .
♑ . . . . . 6 . . . 12 . 15 . . . . . . . . . 24 . . . . 30
♒ . . . . . . . . . 11 . . . . 17 . 20 . . . 25 . . 29 .
♓ . . . . . . . 8 . . . . 15 . . . 20 . . 23 . 25 . . . . 30
```

Tab. 40: Das System heller Einzelgrade bei Heph. 1,1

Die hellen Grade sind bei Hephaistion eindeutig überliefert. Nur an zwei Stellen fällt eine der Hss. (**P**) aus: bei 27° ♈ (Heph. 1,1,11) und bei allen Stierwerten (Heph. 1,1,30). Auch die vierte Epitome überliefert dieses Kapitel (epit. 4,1) und bietet eine in sich klare Überlieferung, die aber in drei Punkten vom hier tabellarisch veranschaulichten Haupttext abweicht: Statt 26° ♈ bietet sie 6° ♈ und 20° ♈, statt 28° ♉ die Werte 8° ♉ und 20° ♉, statt 12° ♎ schließlich 2° ♎. Im Widder und im Stier handelt es sich offenbar um eine irrtümliche Zerlegung zusammengesetzter Zahlen in ihre Bestandteile, in der Waage um eine Auslassung der Zehnerziffer. Wie Bouché-Leclercq a.a.O. bereits festgestellt hat, lässt sich die Verteilung der hellen Grade dieses Systems nicht mit den Positionen heller Fixsterne, wie sie etwa Ptolemaios in seinem Katalog (synt. 7,5–8,1) bietet, zur Deckung bringen.[3445] Vielleicht muss, ähnlich wie im Falle der ὅρια-Lehre, auf eine rationale Erklärung ganz oder teilweise verzichtet werden. Gleichwohl ist bemerkenswert, dass die meisten der sechs von Antigonos (§§ 68–70) besprochenen hellen Fixsterne (5° ♌, 20° ♒, 15° ♉, 27° ♉, 30° ♉, 7° ♏), deren Positionen ja durch die Parallelüberlieferung bei Firm. math. 6,2 (und bei Album. intr. mai. 5,22,2)

[3444] Bouché-Leclercq 1899, 235³ (dort fehlen, entweder durch ein Versehen oder unter dem Einfluss von **P**, die Werte 27° ♈ und 17° ♉, die in der damals maßgeblichen und Bouché-Leclercq bekannten Edition Engelbrechts durchaus vorhanden waren).

[3445] Dennoch vermutet Hübner 1995a, I 152, dass sich die bei Heph. 1,1 genannten λαμπραὶ μοῖραι auf Einzelsterne beziehen.

gesichert sind,[3446] mit hellen Einzelgraden im hier vorgestellten System übereinstimmen. Nur zwei der Fixsternpositionen, 15° ♉ und 27° ♉, finden hier keine Entsprechung. Allerdings ist nicht auszuschließen, dass 15° ♉ ursprünglich als heller Grad galt und in der Hephaistion-Überlieferung zu den Einzelwerten 5° ♉ und 10° ♉ verschrieben wurde, so wie es ja tatsächlich, zumindest in der Epitome, im Falle von 26° ♈ und 28° ♉ geschah (s.o.). Auch die unmittelbare Nachbarschaft des Fixsterns auf 27° ♉ mit dem hellen Grad 28° ♉ ist auffällig.

Es ist also durchaus möglich, dass zwischen dem in §§ 68–70 besprochenen System heller Fixsterne und dem hiesigen System heller Einzelgrade ein Zusammenhang besteht. Mit größter Vorsicht ist ferner darauf hinzuweisen, dass vielleicht ein Zusammenhang mit einem weiteren, anonym tradierten System besteht, das Hübner aus lateinischen, griechischen und arabischen Quellen rekonstruiert hat. Dort geht es allerdings nicht um helle Einzelgrade, sondern um zusammenhängende Gradbezirke, und nicht nur um helle, sondern auch um dunkle und leere Grade.[3447] Helle Gradbezirke sind in diesem System u.a. 12°–20° ♉, 25°–28° ♉, 0°–7° ♌ und 3°–8° ♏,[3448] was zu vier der von Antigonos vorgegebenen Fixsternpositionen passt (15° ♉, 27° ♉, 5° ♌, 7° ♏). Im Wassermann gilt der hier relevante Bezirk von 14° bis 21° allerdings nur in der arabischen Überlieferung als hell, in der griechischen als leer, in der lateinischen ist er ausgefallen.[3449] Der einzige von Antigonos und Firmicus genannte Fixstern, dessen Position eindeutig nicht mit diesem System der Gradbezirke in Einklang gebracht werden kann, ist der auf 30° ♉.

γάρ, φησί, καί τινες: Auch hier scheint die Ergänzung der in **P** fehlenden Worte φησί, καί nach Ep.[4] berechtigt. Das καί hat seinen Sinn darin, dass nach den hellen *Fixsternen* nun <u>auch</u> die hellen *Grade* thematisiert werden (Ausfall von καί in **P** z.B. auch § 68 am Anfang), und weil **P** in diesen Zeilen so lückenhaft ist, möchte man wohl auch im Falle des φησί lieber der Epitome folgen.

[3446] S.o. S. 1260 u. 1265.

[3447] Siehe Hübner 1995a, Bd. I, Kap. III: "Helle, dunkle und leere Grade", S. 147–171.

[3448] Vgl. ebd. 154–156, zum Skorpion vgl. ebd. 161. Gegenüber Hübners Angaben habe ich von der Anfangszahl eines jeden Bezirks die Zahl 1 subtrahiert, da ich nicht die jeweilige Ordinalzahl des Bogengrads meine, sondern den jeweiligen Punkt der Ekliptik, wo dieser Bogengrad beginnt (s.o. S. 594 u. S. 727).

[3449] Diskussion des Problems bei Hübner 1995a, I 163.

ἐξυπηρετούμεναι λαμπραὶ μοῖραι: λαμπραί ist in **P** ausgefallen, die Ergänzung nach Ep.[4] jedoch sicher. Das seit dem Ende des 5. Jh. v.Chr. in Prosa (Lys. 12,23) und Dichtung (Soph. Trach. 1156) belegte Verb ἐξυπηρετέω begegnet einige Male bei Valens (Val. 1,20,19. 1,20,26. 2,1,10. 5,6,9. App. 10,17; ebd. 9,12,19 außerdem das Substantiv ἐξυπηρέτησις), freilich in ganz anderem Kontext.[3450] Ptolemaios und Hephaistion benutzen es nie. Die Junktur (ἐξ)υπηρετούμεναι μοῖραι ist in der gesamten Gräzität singulär.[3451] Da sie hier nach Nechepsos zitiert wird (= Nech. et Pet. frg. +2), ist denkbar, dass der Original-Kontext iambisch war und ἐξυπηρετούμεναι ein Versende bildete (s. Heilen 2011, 79).

καθὼς ὁ βασιλεὺς Νεχεψὼς ἐν τῇ καθολικῇ λέγει: wahrscheinlich ein Zusatz des Antigonos, nicht des Hephaistion. Mehrere ähnliche Formulierungen bietet Valens: vgl. Val. 2,3,1 καθὼς καὶ ὁ βασιλεὺς ἐναρχόμενος ἐν τῇ ιγ′ βίβλῳ μυστικῶς ἐδήλωσεν, λέγων· κτλ. (= Nech. et Pet. frg. +5a). 3,8,1 καθὼς καὶ ὁ βασιλεὺς ἐσήμανεν (frg. 23,1). 7,6,1 καθὼς ὁ βασιλεὺς καὶ Πετόσιρις ἠνίξαντο (frg. 21,1f.). 7,6,193 καθὼς καὶ αὐτός φησιν ὁ βασιλεὺς ἐπὶ γενέσεως (frg. 21,200f.). 7,6,208 καθὼς ἐμήνυσεν ὁ βασιλεὺς περὶ τούτων (frg. 21,241f.). 9,18,1 καθὼς καὶ ὁ βασιλεὺς ἠνίξατο (fr. +15). – Überhaupt bezeichnen Valens und andere Astrologen den Nechepsos sehr oft als König.[3452]

[3450] Inhaltlich entfernt vergleichbar ist nur Val. 2,1,10 ὁ μέντοι Ἑρμῆς κοινὸς ὑπάρχων ἐξαιρέτως ταῖς δυσὶν αἱρέσεσιν ἐξυπηρετεῖ πρός τε τὸ ἀγαθὸν ἢ φαῦλον.

[3451] Gar keine Belege gibt es für das Aktiv (ἐξ)υπηρετοῦσαι μοῖραι.

[3452] Vgl. Val. 2,29,1 (frg. +6) ὁ γνώριμος βασιλεύς u. 9,1,2 (frg. +11) ὁ θειότατος βασιλεὺς Νεχεψώ, ferner mehrere Erwähnungen als ὁ βασιλεύς (ohne das *nomen proprium*) bei Val. 3,7,1 (frg. 18; zu der hier notwendigen Emendation von ὁ βασιλεὺς Πετόσιρις ἐδήλωσε zu ὁ βασιλεὺς Πετοσίρει ἐδήλωσε vgl. Kroll 1901, 569³, u. Pingree 1986, 138). 3,11,2 (frg. 19,1). 3,13,6 (frg. 5). 5,4,1 (frg. 20). 7,6,10 (frg. 21,44). 7,6,203 (frg. 21,217f.). 8,5,20. 9,2,8. 9,4,3 (frg. +13). 9,11,2. 9,12,9 (frg. +14). app. 19,15. Siehe ferner P. Paris 19bis (= Hor. gr. 137.XII.4), col. I,4 (test. 6,3) ὁ βασιλεὺς Νεχεύς. Galen. de simpl. med. temp. ac fac. 10,2,19 p. XII 207,7 K. (frg. 29,3) ὁ βασιλεὺς Νεχεψώς. Antioch. epit. s.n.,3 (ex isag. 2 [s. Anm. 234]), CCAG VIII 3 (1912), p. 119,25 (frg. +18) Νεχεψῶ ... τῷ βασιλεῖ. Ps.-Thess. virt. herb. 1 prooem. 27 (cod. **T**), p. 55,8 Friedrich (frg. 35,9) ὁ βασιλεὺς Νεχεψώ. ibid. prooem. 27 (codd. **BH**), p. 56,10–11 Fr. (frg. 36a,1) βασιλεὺς δ' ἦν ὁ Νεχεψώ. CCAG VI (1903), p. 56 (frg. 38,3) Νεχεψῶ τῷ τιμιωτάτῳ βασιλεῖ. CCAG VIII 1 (1929), p. 26 (frg. 41) Νεχέπσω βασιλέα. ibid. p. 47 (frg. 42, s.o. Anm. 222) Νεχεψῶ τιμιωτάτῳ βασιλεῖ. CCAG XI 2 (1934), p. 163,24 (frg. 40,2) Νεχεψὼ βασιλέα Ἀσσυρίων.

Νεχεψὼς: so **P** (mit Minuskel), νεχεψὼ Ep.[4]. Die Wahl zwischen bei-den Lesarten wird dadurch erschwert, dass Hephaistion keine weiteren Belege für den Nominativ dieses Namens bietet und es sich bei der Lesart von **P** um einen Perseverationsfehler aufgrund des vorausgehenden Wor-tes βασιλεὺς handeln könnte. Die griechisch-römische astrologische Li-teratur kennt beide Formen des Nominativs. Dabei sind zwar die Belege für Νεχεψώ bzw. *Nec(h)epso* zahlreicher und wurden bisher von den Edi-toren vorgezogen, aber diejenigen für Νεχεψώς bzw. *Nec(h)epsos* sind etwas früher (Plinius und Galen, s.u.)[3453] und stimmen sowohl mit der de-motischen Namensform *N3w-k3w p3 šš* = 'Necho der Weise' (s.o. S. 550) als auch mit derjenigen der manethonischen Königsliste überein.[3454] Eine Entscheidung zwischen Νεχεψώ und Νεχεψώς darf jedoch nicht ohne Beachtung des gesamten morphologischen Befundes in der griechisch-römischen Tradition gefällt werden. Abgesehen von der hiesigen Stelle sind die folgenden Formen des Königsnamens überliefert:[3455]

Nominativ:

Νεχεψώ	Val. 6,1,9 Νεχεψώ (frg. 1). Val. 9,1,2 Νεχεψώ (frg. +11).[3456] Ps.-Thess. virt. herb. 1 prooem. 27 Νεχεψώ.[3457] Anon. a. 379 p. 204,21 Νεχεψώ (frg. +21). Mich. Ital. epist. 19 p. 163,1 G. Νεχεψώ (test. 11,5); vgl. lat. *Ne-c(h)epso* bei Firm. math. 3 prooem. 4 (frg. 25,3).[3458] math. 4 prooem. 5 (test. 7).[3459] math. 4,22,2 (frg. 28,1).[3460] math. 8,4,14 (frg. 27,9). math. 8,5,1 (frg. 26,5). Plin. nat. 1,2 p. 14,33.[3461] nat. 1,7 p. 22,33.[3462]
Νεχεψώς	Galen. de simpl. med. temp. ac fac. 10,2,19 p. XII 207,7 K. Νεχεψώς (frg. 29,3). ibid. p. XII 207,12 K. Νεχεψώς; vgl. lat. *Nec(h)epsos* bei Plin. nat. 2,88 (frg. 2,1).[3463] Plin.

[3453] Allerdings sind beide Autoren keine astrologischen Fachschriftsteller.

[3454] S.o. S. 540 nach Anm. 826.

[3455] Die Belege sind m.W. vollständig und beruhen auf den oben S. 40–47 zitierten Edi-tionen.

[3456] εἴρηκεν ἐχεψῶ cod. unic., εἴρηκε Νεχεψώ corr. Kroll.

[3457] Cod. **T** (p. 55,8 Fr. = frg. 35,9 R.) Νεχεψώ, codd. **BH** (p. 56,11 Fr. = frg. 36a,1 R.) ἦν ὁ Νεχεψώ (ἢ ηνεχεψω pars codd.).

[3458] *necepso* vel *nikepso* codd.

[3459] *nehepso* vel *nephso* codd.

[3460] *inchepso* codd. (corr. **A**).

[3461] *Necepso* (vv. ll. *neodepso, neoclepso, neocepso*).

[3462] *Necepso* (v. l. *neocepso*).

[3463] *Nechepsos* (v.l. *nec ipsos*).

nat. 7,160 (frg. 17,1).[3464]

n.b.: einige weitere Belege für den Stamm Νεχεψ-, die bezüglich der Endungen unklar sind, bietet die Überlieferung
des Aëtios und des Paulinus von Nola.[3465]

Νεχεύς P. Paris 19bis (= Hor. gr. 137.XII.4), col. I,4 Νεχεύς (test.
6,3, s.o. Anm. 849).

Genetiv:

Νεχεψώ (-ῶ) Thras. epit. CCAG VIII 3 (1912), p. 100,20 (= Thras. T 27
Tarrant = Rhet. 6,57,14) Νεχεψώ (frg. +1). Ps.-Thess. virt.
herb. 1 prooem. 6 Νεχεψώ.[3466] prooem. 26 Νεχεψώ.[3467]
Heph. 2,21,26 νεγχεψώ (frg. +22).[3468] Aët. iatr. 15,13 p.
42,17 Z. Νεχεψῶ (frg. +25).[3469] iatr. 15,21 p. 119,16 Z.
Νεχεψῶ (frg. +26).[3470] Anon. epit. Ptol. apotel., CCAG
VIII 3 (1912), p. 93,9 Νεχεψώ (test. +5).

Νεχεψοῦς P. Bingen 13 (frg. +19).

Dativ:

Νεχεψῶ (-ῷ) Antioch. epit. s.n.,3 (ex isag. 2), CCAG VIII 3 (1912), p.
119,25 Νεχεψῶ (frg. +18). CCAG VI (1903), p. 56 Νε-
χεψῶ (frg. 38,3).[3471] CCAG VIII 1 (1929), p. 47 Νεκεψῶ
(frg. 42; s.o. Anm. 222). CCAG V 4 (1940), p. 11 (cod.
Vat. gr. 952, f. 175ʳ) Βειψύψω (*sic*, frg. 39). CCAG IX 2
(1953), p. 53 (cod. Cantabr. R.15.36, f. 87ʳ) Νειψεχῶ (*sic*,

---

[3464] *Necepsos* (vv.ll. *nechepsos, necephsos*).

[3465] Die Aëtios-Überlieferung schwankt zwischen -ώ u. -ώς: Aët. iatr. 1,38 p. I 40,13 O.
(frg. 30,1) Νεχεψώ (v.l. -ψών). Aët. iatr. 2,19 p. I 163,6 O. (frg. 31,1) Νεχεψώς (vv.ll.
-ψός, -ψώ, -ψῶ, die Lesart Νεχεψώς übernahm von dieser Aëtios-Stelle Ps.-Diosc. de
lapid. 35 p. 183,13 R.). Aët. iatr. 2,47 p. I 170,12 O. (frg. 32,2) Νεχεψώς (v.l. -ψός).
Unklare Belege sind ferner Aët. iatr. 6,92 p. II 239,21 O. (frg. +24), wo alle Hss. Νεχεὲψ
ὁ βασιλεύς bieten, und Paul. Nol. carm. 3,8 (test. 5), wo die Hss. zwischen *Nechepsus,
mechepsi, nethepsi* und *nechepsi* schwanken.

[3466] Sic cod. **T** p. 47,6 Fr. (= frg. 35,1 R.); lat. Version (p. 48,6 Fr.): *a Naptosso* cod. **M**
[= cod. unic.], *a Nechepso* corr. Friedrich.

[3467] τοῦ Νεχεψώ codd. **BH** p. 56,9 Fr. = cod. **T** p. 55,7 Fr., lat. (p. 57,5 Fr.): *secundum
moptosso* **M** (*secundum Nechepso* corr. Friedrich).

[3468] νεγχεψώ **P** (cod. unic.). – Heph. 2,21,26 = Dor. frg. 39a St. = Dor. p. 341,13 P.

[3469] vv.ll. Ἐχεψῶ, ἐχέψω.

[3470] v.l. Ἐχεψῶ.

[3471] So die Transkription Krolls. In der Transkription von Hunger 1969, 50 (Nr. 12),
fehlt dieses Wort.

frg. 39); vgl. lat.: Cod. Laur. 38,24, f. 174ᵛ (frg. 37,1)
Nechepso regi.

Akkusativ:

Νεχεψώ   Heph. 2,11,25 Νεχεψώ (frg. +3). Heph. 2,18,21 Νεχεψώ
(test. +4; hier: **F1** § 21). Anon. comm. in Ptol. apotel.
3,11,5 p. 111 Wolf Νεχεψώ (frg. 19a,12). Psell. epist. p. II
41,22 T. Νεχεψώ (frg. +28).[3472] CCAG IV (1903), p.
120,2 Νεκειψώ (s.o. Anm. 219). CCAG VIII 1 (1929), p.
26 Νεχέπσω (frg. 41, s.o. Anm. 221). CCAG XI 2 (1934),
p. 163,24 Νεχεψώ (frg. 40,2). CCAG IX 1 (1951), p. 46
(cod. Cromwell. 12, p. 483) Νεχεθὼ (*sic*, frg. 39?); vgl.
lat. *Necepsum* bei Ps.-Beda de div. mort. et vit., Migne PL
90, 963 (s.o. Anm. 222).

Vokativ:

Νεχεψώ   CCAG VII (1908), p. 161,6–7 κράτιστε ἀνδρῶν Νεχεψώ
(s.o. Anm. 219 a.E.).

Diese tradierten Formen lassen sich teils der attischen Deklination zuordnen (Typ ὁ νεώς), teils der dritten Deklination vokalisch auslautender
Stämme auf -ω, gen. -ους (Typ ἡ ἠχώ oder ἡ πειθώ):[3473]

	Attische Dekl.	Dritte Dekl.
Nominativ	Νεχεψώς	Νεχεψώ
Genetiv	Νεχεψώ	Νεχεψοῦς
Dativ	Νεχεψώ	– (*Νεχεψοῖ)
Akkusativ	– (*Νεχεψών)	Νεχεψώ
Vokativ	Νεχεψώς	–

Mit Ausnahme des Vokativs Νεχεψώς (attische Dekl.) und des Genetivs
Νεχεψοῦς (dritte Dekl.), die jeweils einmal belegt sind, begegnen die
übrigen belegten Formen alle relativ oft, zwischen vier und mehr als zehn

---

[3472] v.l. Νειψεχώ.

[3473] Die folgende Analyse entspricht inhaltlich der englischen Vorabpublikation in Heilen 2011, 27–29. Verschiedene Akzente wie gen. Νεχεψώ/-ῶ und orthographische Varianten wie Νεχ-/Νεχ- finden hier keine Berücksichtigung. Nicht belegte Formen werden
hier in reduzierter Schriftgröße rekonstruiert und sind (wie üblich) mit einem Asterisk
gekennzeichnet.

Mal pro Form, wobei die lateinischen Nominative *Nec(h)epso* und *Nec(h)epsos* mitgezählt wurden. Während die Plinius-Überlieferung die Formen des Nominativs mit bzw. ohne -s je zweimal bietet, kennt die Firmicus-Überlieferung ausschließlich Belege für den Nominativ ohne -s.

Weder die attische noch die dritte Deklination ist geeignet, alle überlieferten griechischen Formen zu erklären. Als dritte Möglichkeit ist zu bedenken, dass die in verschiedenen Kasus belegten Formen auf -ώ zu einem indeklinablen *nomen proprium* Νεχειψώ gehören könnten. Sowohl indeklinable als auch anomale Formen von Eigennamen auf -ώ sind aus griechischen dokumentarischen Papyri wohl bekannt.[3474]

Andererseits muss der anonyme Autor der dem König Nechepso(s) zugeschriebenen Schrift(en) sich für eine 'korrekte' Form des Königsnamens entschieden haben, und er konnte dies schwerlich tun, ohne sich für eine der drei genannten Deklinationsoptionen (attische / dritte / indeklinabel) zu entscheiden. Es gibt mehrere Argumente zugunsten der Annahme, dass diese Form Νεχειψώς war und ursprünglich nach der attischen Deklination gebeugt wurde:

1. "Νεχειψώς [...] represents a no less than perfect transcription of Egyptian *Ny-kꜣ.w Pꜣ-šš*".[3475]

2. Wahrscheinlich hat der anonyme Autor der griechischen astrologischen Schrift(en) dieselbe Form des Königsnamens gewählt, die die manethonische Königsliste bot, also Νεχειψώς.[3476] Ryholt argumentiert überzeugend, dass sich dieser Eintrag nicht auf einen historischen König bezieht, sondern dass Νεχειψώς mit dem etwas späteren Necho II. identisch ist, von dem Eusebius sagt, er sei auch als *Nechepsos* bekannt.[3477] Selbst wenn unser griechischer Anonymos sich nicht bewusst gewesen sein sollte, dass die demotische literarische Figur des Astrologenkönigs durch den historischen König Necho II. alias Nechepsos inspiriert war, wäre es für ihn dennoch das Nächstliegende gewesen, den demotischen Königsnamen *Ny-kꜣ.w Pꜣ-šš* entsprechend dem verfügbaren Vorbild des manethonischen Königsnamens Νεχειψώς zu transliterieren. Falls er sich jedoch dieser historischen Inspiration bewusst war, musste er beinahe notwendig der etablierten Form Νεχειψώς folgen.

[3474] Siehe Gignac 1976–1981, II 87, und Fournet 2000, 64[8].

[3475] Ryholt 2011, 66 (zustimmend Quack, demnächst A).

[3476] Belege: s.o. Anm. 828. Siehe ferner das sog. Sothisbuch (Ps.-Manetho), das von Νεχειψώς und Νεχειψός spricht (Waddell 1940, 244 und 248). Ich danke W. Hübner für diesen Hinweis.

[3477] Siehe Ryholt 2011, 66f., und oben Anm. 852.

3. Derselbe anonyme Autor könnte außerdem unabhängig von den vorausgehenden Erwägungen Herodots Schreibung und Deklination des Namens Nechos II. in Erinnerung gehabt haben. Diese lautet Νεκῶς, Νεκῶ, *Νεκῷ, Νεκῶν, folgt also der attischen Deklination.[3478] Dieses Argument wiegt erneut umso schwerer, falls unser griechisch schreibender Anonymos sich bewusst war, dass der historische König Necho II., den Herodot Νεκῶς nennt, mit dem manethonischen Νεχεψώς identisch ist und dass die demotische literarische Figur des Astrologenkönigs durch diesen historischen Herrscher inspiriert war.

4. Griechische Eigennamen auf -ώ sind üblicherweise feminin (doch s.u. Punkt 7). In Verbindung mit Punkt 1 (s.o.) scheint dieses Argument gegen die Möglichkeit zu sprechen, dass das griechische Äquivalent von *Ny-kꜣ.w Pꜣ-šš* von Beginn an als ein indeklinabler Name geprägt und gebraucht wurde.

5. Stellt man die klassische textkritische Frage *utrum in alterum abiturum erat*, so erscheint es wahrscheinlicher, dass Νεχεψώς zu Νεχεψώ entstellt wurde als umgekehrt. Wahrscheinlich enthielt der von unserem anonymen Autor gewählte Titel derjenigen Bücher, die in der Antike unter dem Namen des Königs im Umlauf waren, diesen Namen im Genitiv, z.B. Νεχεψὼ βασιλέως ἀστρολογούμενα. Das könnte eine Unklarheit bezüglich des dazugehörigen attischen Nominativ Νεχεψώς begünstigt und einer Behandlung des ohnehin exotischen Königsnamens als indeklinables *nomen proprium* Vorschub geleistet haben.[3479] Falls hingegen der Titel die Genetivform Νεχεψοῦς (dritte Dekl.) enthalten haben sollte, wäre evident, dass der dazugehörige Nominativ Νεχεψώ lauten muss, und die oben zitierten Belege für Νεχεψώς wären schwerer zu erklären.

6. Der singuläre Beleg des Genetivs Νεχεψοῦς in P. Bingen 13, unserem einzigen Papyruszeugnis des Königsnamens, scheint zwar auf den ersten Blick zu beweisen, dass der Name zur dritten Deklination gehört. Es ist aber ebensogut möglich, dass ein attischer Genetiv Νεχεψώ in der Zwischenzeit, d.h. zwischen der ursprünglichen Abfassung des griechischen Textes im 2. Jh. v.Chr. und der Abfassung jenes Papyrus um 200

[3478] Siehe Hdt. 2,158–159 Νεκῶς (4x), ebd. 2,152 u. 4,42 Νεκῶ βασιλέος, ebd. 2,152 πατέρα Νεκῶν ἀπέκτεινε. Während die Herausgeber von Herodot, Diodor und Agatharchides Νεκῶς mit Zirkumflex drucken, fordert ein byzantinischer Grammatiker den Akut: vgl. Sophron. gramm. p. 393,25–28 Hilgard: Τὰ δὲ εἰς ω̅ς Αἰγυπτιακὰ καὶ Περσικὰ ὀξύνεται ὁμοίως τε τοῖς Ἀττικοῖς κλίνεται, ὁ Ἰναρώς τοῦ Ἰναρώ, ὁ Νεκώς τοῦ Νεκώ, ὁ Περιμαζώς τοῦ Περιμαζώ, ὁ Μανεθώς τοῦ Μανεθώ.

[3479] Ausgangspunkt einer Erstarrung zur indeklinablen Form könnten auch Wendungen wie **F1** § 21 οἱ περὶ Πετόσιριν καὶ Νεχεψὼ gewesen sein.

n.Chr., zu einer indeklinablen Form Νεχεψώ erstarrt war, die zum Ausgangspunkt eines neuen Flexionsschemas nach der dritten Deklination werden konnte.

7. Neben dem attischen Genetiv Νεχεψώ (s.o. Punkt 5 und 6) gibt es einen weiteren Grund, der im Laufe der Rezeptions- und Überlieferungsgeschichte einen korrekten attischen Nominativ Νεχεψώς verdunkelt haben könnte, nämlich dass der manethonische Name Nechos II. Νεχαώ lautet. Falls sich ein Leser der historischen Inspiration des Astrologenkönigs bewusst war, könnte er die Endungen der Namen Νεχεψώς und Νεχαώ verwechselt haben. Allerdings gibt es keine Indizien dafür, dass sich irgendein Leser (nicht einmal der anonyme Verfasser des griechischen Pseudepigraphons selbst) der historischen Inspiration bewusst war.

Insgesamt ist festzustellen, dass die ursprüngliche Form und Deklination des Königsnamens nicht sicher bestimmt werden kann, aber verschiedene Argumente zugunsten der Annahme konvergieren, dass diese Form Νεχεψώς war und ursprünglich nach der attischen Deklination flektiert wurde. Daher ist hier in § 72 die Lesart des cod. **P** vorzuziehen.

ἐν τῇ καθολικῇ: *scil.* βίβλῳ[3480] (oder vielleicht ἐπισκέψει,[3481] πραγματείᾳ,[3482] διδασκαλίᾳ;[3483] unwahrscheinlich: ἀστρολογίᾳ, μαθέσει, τέχνῃ). Kroll kommentiert zu Recht: "Man möchte an einen *institutionis liber* denken, wie Firmicus sein zweites Buch nennt, in dem er die Grundbegriffe auseinandersetzt."[3484] In diesem Sinne ist auch Hephaistion ver-

---

[3480] Cf. ex. gr. Val. 2,3,1 (= Nech. et Pet. frg. +5a) καθὼς καὶ ὁ βασιλεὺς ἐναρχόμενος ἐν τῇ ιγ′ βίβλῳ μυστικῶς ἐδήλωσεν. ibid. 3,11,2 (= frg. 19,1–3) ἐν γὰρ τῇ ιγ′ βίβλῳ ὁ βασιλεὺς μετὰ τὸ προοίμιον καὶ τὰς τῶν ζῳδίων διατάξεις κλῆρον τύχης ἐπιφέρει κτλ.

[3481] Cf. Ptol. apotel. 2,1 Διαίρεσις τῆς καθολικῆς ἐπισκέψεως. ibid. 2,1,4. 2,14,12. Heph. 1,20 tit. Heph. 1,25,25.

[3482] So Kroll 1901, 570, ad loc.: "ἐν τῇ καθολικῇ (wozu doch gewiss eine μερικὴ πραγματεία gehört)". Mir sind allerdings keine Belege für die Junktur καθολικὴ πραγματεία bekannt.

[3483] Cf. Const. apost. 1 tit.: Καθολικὴ διδασκαλία περὶ λαϊκῶν (p. I 100 Metzger). Bei astrologischen Autoren kommt διδασκαλία zwar mehrmals vor, aber nie mit dem Attribut καθολική.

[3484] Kroll 1901, 570[1] a.E.; vgl. Firm. math. 2 praef. 1–3. – In einem späteren Beitrag vermerkt Kroll (1935, 2160), eine Anspielung auf dieses die Grundbegriffe entwickelnde Buch innerhalb des Gesamtwerks von 'Nechepso und Petosiris' biete vielleicht Lyd. ost. 2 p. 6,14–15 Wachsmuth (hier: **T1**) Πετόσιρις τοῖς εἰδικοῖς τὰ [ἐν γένει διαπλέ]ξας (= Nech. et Pet. test. 10,5–6), wo Kroll allerdings τοῖς εἰδικοῖς τὰ [γενικὰ συμμί]ξας liest (und Bidez – Cumont 1938, II 207, denen wir folgen, τοῖς εἰδικοῖς τὰ

gleichbar, dessen erstes Buch als βιβλίον καθολικόν überschrieben ist. Ebendort macht Hephaistion übrigens (cap. 1) seine Angaben zu den λαμπραὶ μοῖραι, die er den alten Ägyptern, also 'Nechepsos und Petosiris', verdankt (s.o. zu § 72 εἰσὶ γάρ – λέγει).[3485]

Fournet 2000, 65[17], deutet ἐν τῇ καθολικῇ falsch als Hinweis auf eine im 2. Jh. n.Chr. kursierende Gesamtedition der Nechepsos zugeschriebenen Werke.

§ 73

εὑρήσεις: s.o. zu **F1** § 26 οἰκείως εὑρεθέντων.

ἀφαιροῦσαν – φερομένην: vier die Wirkkraft des Mondes schwächende Faktoren. Die ersten beiden wurden bereits in positiver Wendung in § 68 erwähnt (προσθετικοὶ τῷ μήκει καὶ τῷ πλάτει), der zuletzt genannte findet in § 71 ἀγαθοποιοῖς συνάπτουσαν sein positives Gegenstück. Der dritte Faktor – zunehmender oder abnehmender Mond – ist neu. Zur intransitiven Verwendung von ἀφαιρεῖν im hier vorliegenden technischen Sinn vgl. die in Anm. 3373, 3379, 3387 u. 3389 zitierten Parallelen sowie P. Oxy. astron. 4245 (Hor. gr. 218.XI.27), Z. 10 (zit. S. 1304 nach Anm. 3380). In Jones' Diagramm, auf das oben (S. 1302, Anm. 3372) verwiesen wurde, ist der Mond gerade ἀφαιροῦσα τῷ μήκει (genauer gesagt: ἀφαιροῦσα τοῖς ἀριθμοῖς), da er innerhalb des Epizykels die rückwärtsgewandte Häfte der Kreisbewegung durchläuft.

κακοποιούς: Mars und Saturn; s.o. zu **F1** § 34 τῶν δύο κακοποιῶν.

τοῖς τε σώμασιν ἀσθενεῖς: vgl. die zahlreichen astrologischen Belege für ἀσθένειαι σωματικαί bei Dor. p. 396,24 (= Heph. 3,30,6 = Dor. frg. 90a St.).[3486] Val. 4,10,19. 4,14,6. 4,18,2. 4,20,5. 5,2,4. Heph. 2,30, 2.8.12.21[2x]. 2,36,5. An fast allen diesen Stellen erklärt sich die körperliche Gebrechlichkeit als Wirkung des greisen Planetengottes Saturn.

[καθολικὰ συμμί]ξας). Krolls Erwägung ist aber ganz unsicher, weil **T1** ja gerade von mangelnder Gliederung des Stoffs spricht und außerdem nicht Nechepsos, sondern Petosiris nennt. Vgl. den Kommentar zu **T1** (oben S. 492).

[3485] Die Nachrichten des Antigonos (ap. Heph. 2,18,72) und des Hephaistion (Heph. 1,1) fehlen in der Fragmentausgabe von Riess.

[3486] Cf. Dor. p. 421,19 P. = Dor. frg. 83 [II] a St.

Vgl. weiter Ps.-Maneth. 1[5],153f. εἰ δὲ Κρόνον λείψειε Σεληναίη κατὰ μοῖραν, Ι τεύχει ῥευματικοὺς ἠδ᾽ ἀσθενέας κατὰ σάρκα. Die einzige wörtliche Parallele zu τοῖς τε σώμασιν ἀσθενεῖς ist m.W. Sozom.
hist. eccl. 4,16,16 p. 161,20–21 Bidez-Hansen πλὴν εἰ μή τινες εἶεν
τοῖς σώμασιν ἀσθενεῖς.

ταῖς ψυχαῖς: so **P**; in Ep.[4] verschrieben zu ταῖς τύχαις. An der richtigen Lesart kann wegen τοῖς τε σώμασιν kein Zweifel bestehen. Der
Fehler in Ep.[4] könnte, abgesehen von der ähnlichen Schreibung der Wörter ψυχαῖς und τυχαῖς, durch eine Verwechslung der Bedeutungen von
προσκοπτικούς und προκοπτικούς begünstigt worden sein.

προσκοπτικούς: so Ep.[4]; προκοπτικούς **P**. Der Fehler in **P** ist paläographisch leicht nachvollziehbar. Außerdem gibt es tatsächlich astrologische Prognosen, die auf προκοπτικούς lauten, 'Personen, die vorwärts
kommen und Erfolg haben': z.B. Dor. paraphr. p. 355,3–4 P. ὁ Ζεὺς σὺν
Ἄρει προκοπτικούς, εὐκτήμονας, τιμωμένους ἐν πόλεσιν, ἡγεμόνας, ἐπιτευκτικοὺς ποιεῖ.[3487] Der Kontext erfordert hier jedoch eine
negative Prognose. Dass die Epitome die originale Lesart überliefert,
zeigen vergleichbare, auf προσκοπτικούς lautende Prognosen bei Val.
2,11,2 (eine Saturnwirkung). 2,15,5 (eine Marswirkung). 2,17,78 (kombiniert Saturn-Mars-Wirkung);[3488] προσκοπτικούς passt also vortrefflich
zu den von Antigonos erwähnten Übeltätern (πρὸς κακοποιοὺς φερομένην). Es bleibt zu fragen, ob der Sinn 'Anstoß nehmend' oder 'Anstoß
erregend' ist. Der früheste literarische Beleg dokumentiert den zuerst
genannten Sinn: Arr. Epict. diss. 1,18,9 ἐλέει αὐτὸν μᾶλλον ἢ μίσει·
ἄφες τοῦτο τὸ προσκοπτικὸν καὶ μισητικόν.[3489] An den zitierten Va-
lens-Stellen hingegen ist der Sinn 'Anstoß erregend', 'aneckend',[3490] und
diese Bedeutung liegt auch bei dem einzigen noch übrigen literarischen

---

[3487] Vgl. weiter Val. 2,22,18. 4,11,61.

[3488] Siehe ferner Val. 5,2,20 (eine ungünstige Mondwirkung).

[3489] LSJ geben προσκοπτικόν und μισητικόν an dieser Stelle mit "ready to take of-
fence" und "inclined to hate" wieder.

[3490] Vgl. Val. 2,11,2 ἐὰν δὲ ὁ τοῦ Κρόνου [sc. ἐπιπαρῇ τῷ ἕκτῳ τόπῳ], πλανήτης
ἔσται [sc. ὁ γεννώμενος] καὶ προσκοπτικὸς καὶ φεύξεται τὴν ἰδίαν πατρίδα μό-
γις τὸ ζῆν πορίζων. 2,15,5 ὁ δὲ τοῦ Ἄρεως παρὼν τῷ τόπῳ ... προσκοπτικοὺς ζη-
μιωτικοὺς ἐμποδιζομένους [sc. ποιεῖ]. 2,17,78 προσκοπτικοὶ δὲ γίνονται ἐν ταῖς
πράξεσιν ἁπάσαις, ἔχθραις μεγάλων ἀνδρῶν περικυλιόμενοι καὶ ἐπιβουλευόμε-
νοι.

Zeugnis, einem sehr späten Beleg (11. Jh.), vor.[3491] Da Antigonos in § 73 anscheinend speziell den Übeltäter Saturn im Sinn hat (s.o. zu τοῖς τε σώμασιν ἀσθενεῖς), muss hier mit προσκοπτικούς ebenfalls 'Anstoß erregend', 'garstig' gemeint sein. Insgesamt evoziert die Prognose in § 73 das Bild eines körperlich gebrechlichen, sozial 'ungenießbaren' Greises.

F6

Die Bedeutung dieses Fragments des Handbuchs des Antigonos resultiert aus der Tatsache, dass es seinerseits das einzige erhaltene wörtliche Bruchstück der *Salmeschiniaka* bewahrt, die in der Forschung ein beachtliches Interesse gefunden haben.[3492] Die dem Stellenkommentar vorausgehende Gesamtbesprechung wird sich in Angaben zu den folgenden Themen gliedern: erhaltene Zeugnisse (S. 1333), Namensetymologie und Datierung (S. 1336), Verhältnis der Dekanprognostik zur Dodekatropos (S. 1337), Dekanauswahl und Zahlensymbolik (S. 1343), Dekanwirkungen (S. 1346), Aufgangs- und Kulminationsnotate (S. 1347).[3493]

Erhaltene Zeugnisse

Abgesehen von **F6** beruht unsere Kenntnis der *Salmeschiniaka* auf zwei literarischen Zeugnissen, die aus einer philosophischen Kontroverse über

---

[3491] Eustrat. comm. in Arist. eth. Nic. 1,4 p. 41,33 Heylbut.

[3492] Salmasius 1648, 605. Kroll 1898a, 125. Boll 1901b. Kroll 1901, 571. Grenfell – Hunt 1903, 127f. Boll 1903a, 376–378. Boll 1908, 106 (= Boll 1950, 4). Sudhoff 1909, 471. 473. Boll 1912b, 2569. Laudien 1912, 34–36 (mit Hilfe von F. Boll). Bezold – Boll 1916, 228–230. Hopfner 1922, 261f. (Anm. 142). Kroll 1930, 6f. Kroll 1931b. Eisler 1935. Kroll 1935, 2165,42. Gundel 1936b, 39–41. 409f. 413f. u. Index 444. Bidez 1937. Eisler 1946, 128 u. 293. Festugière 1950, 77 u. 103. Cramer 1953, 16–19. Scherer 1953, 216f. Neugebauer – van Hoesen 1964, 61f., Nr. 123. Gundel – Gundel 1966, 15f. u. 243 mit Anm. 8. Pingree 1978a, II 219f. 430. van der Horst 1984, 15 (Chaer. fr. 5, mit Anm. 8). 17 (Chaer. fr. 9). Fowden 1986, 139f. Tester 1987, 21f. Frede 1989, 2085 u. 2097. Leitz 1995, 49f. Quack 1995, 101. Hübner 1995b, 76. Bohleke 1996, 17. Bezza 2003, 118f. Pleše 2007, 259. von Lieven 2007, 147[858]. von Bomhard 2008, 95. Winkler 2009, 366. Greenbaum – Ross 2010, 164. Quack 2010, 178. von Bomhard 2011, 131. Adamson 2013, 59–67. 69. 74.

[3493] Für erhebliche Teile meines Kommentars zu **F6**, insbesondere für die Aussonderung des P. Oxy. III 465 und des Naos der Dekaden als Zeugnisse der *Salmeschiniaka*, bin ich J. F. Quack zu Dank verpflichtet, der mir freundlich Einblick in seine vor der Drucklegung stehende Monographie zu den Dekanen gewährte (= Quack demnächst A).

die Theurgie hervorgehen.[3494] Das frühere von beiden ist das bei Euseb.
praep. evang. 3,4,1 erhaltene Fragment eines Briefs des Porphyrios an
den Ägypter Anebo, worin Porphyrios den hellenisierten ägyptischen
Priester und stoischen Philosophen Chaeremon aus Alexandria (1. Jh.
n.Chr.) zitiert. Das spätere Zeugnis ist die Entgegnung des Jamblich in
seinem Werk *De mysteriis* auf das Schreiben des Porphyrios. Die beiden
Texte lauten wie folgt:

    Porph. epist. ad Aneb. 2,12b pp. 23,7–24,6 Sodano (= Porph. epist. ad
Aneb. frg. 81 pp. 75–76 Saffrey/Segonds 2012 = Chaer. frg. 5 van der
Horst): Χαιρήμων μὲν γὰρ καὶ οἱ ἄλλοι οὐδ' ἄλλο τι πρὸ τῶν ὁρωμέ-
νων κόσμων ἡγοῦνται, ἐν ἀρχῆς λόγῳ τιθέμενοι τοὺς Αἰγυπτίων,
οὐδ' ἄλλους θεοὺς πλὴν τῶν πλανητῶν λεγομένων καὶ τῶν συμπλη-
ρούντων τὸν ζῳδιακὸν καὶ ὅσοι τούτοις παρανατέλλουσιν, τάς τε
εἰς τοὺς δεκανοὺς τομὰς καὶ τοὺς ὡροσκόπους καὶ τοὺς λεγομένους
κραταιοὺς ἡγεμόνας, ὧν καὶ τὰ ὀνόματα ἐν τοῖς Σαλμεσχινιακοῖς[3495] φέρεται καὶ θεραπεῖαι παθῶν καὶ ἀνατολαὶ καὶ δύσεις καὶ
μελλόντων σημειώσεις.

    Iambl. myst. 8,4 pp. 196,26–197,12 Saffrey/Segonds 2013 (= p. 198
Des Places = Chaer. frg. 9 van der Horst): Χαιρήμων δὲ καὶ οἵτινες ἄλλοι τῶν περὶ τὸν κόσμον ἅπτονται πρώτων αἰτίων, τὰς τελευταίας
ἀρχὰς ἐξηγοῦνται, ὅσοι τε τοὺς πλανήτας καὶ τὸν ζῳδιακὸν τούς τε
δεκανοὺς καὶ ὡροσκόπους καὶ τοὺς λεγομένους κραταιοὺς καὶ[3496]
ἡγεμόνας παραδιδόασι, τὰς μεριστὰς τῶν ἀρχῶν διανομὰς ἀναφαί-
νουσιν. Τά τε ἐν τοῖς Σαλμεσχινιακοῖς μέρος τι βραχύτατον περιέχει τῶν ἑρμαϊκῶν διατάξεων· καὶ τὰ περὶ ἀστέρων ἢ φάσεων ἢ
κρύψεων ἢ σελήνης αὐξήσεων ἢ μειώσεων ἐν τοῖς ἐσχάτοις εἶχε τὴν
παρ' Αἰγυπτίοις αἰτιολογίαν.

    Aus dem Zeugnis des Porphyrios geht hervor, dass die *Salmeschini-*
aka die Namen der Planeten, Tierkreiszeichen, Paranatellonten, Dekane,
'Horoskopoi' und gewisser 'mächtiger Anführer' boten sowie auch die
mit diesen Gottheiten verknüpften iatromathematischen Therapien, ihre
Auf- und Untergänge sowie ihre Vorbedeutungen der Zukunft. Jamblich
wiederholt die meisten der von Porphyrios erwähnten Begriffe, allerdings
mit zwei erheblichen Auslassungen (θεραπεῖαι παθῶν und μελλόντων

[3494] Zur Erläuterung dieser Kontroverse s. Quack (demnächst A, Kap. 2.3.5, mit dt.
Übers. der Zeugnisse).

[3495] *Sic* Sodano; Saffrey u. Segonds hingegen bieten (mit den Eusebiushss.) Ἀλμενιχιακοῖς.

[3496] Anscheinend ist entweder hier das καὶ zu tilgen oder bei Porphyrios an der entsprechenden Stelle zu ergänzen.

σημειώσεις) und ohne eindeutige Charakterisierung dieser Begriffe als Inhalt der *Salmeschiniaka*. Über Porphyrios hinausgehend bietet er die Information, dass die *Salmeschiniaka* ein sehr kleiner Teil der hermetischen Lehren gewesen seien.[3497]

Der Befund in **F6** passt gut zum Zeugnis des Porphyrios, da **F6** von Dekanen, ihren Aufgängen und ihrer astrologischen Wirkungen handelt.

Seit dem Beginn des 20. Jahrhunderts wird als ein drittes literarisches Zeugnis immer wieder P. Oxy. III 465 (saec. II[ex])[3498] genannt, den die Interpreten entweder als erhaltenen Textzeugen der *Salmeschiniaka* (dieser Name findet im Papyrus keine Erwähnung) oder doch zumindest als von diesen abgeleitet deuten. Diesen Ansatz haben schon Boll und Bezold durch ihre Deutung des P. Oxy. III 465 als ägyptische Umarbeitung einer ursprünglich babylonischen Liste von Sterngöttern verkompliziert.[3499] Quack zeigt jedoch, dass zum einen die Vermutung eines babylonischen Ursprungs zurückzuweisen ist und zum anderen P. Oxy. III 465 keine Dekane beschreibt, sondern vermutlich chronokratorische Gottheiten, dass also P. Oxy. III 465 kein für die *Salmeschiniaka* relevantes Zeugnis ist.[3500]

Im Jahre 1995 lenkte Leitz die Aufmerksamkeit der Forschung auf ein zuvor unbekanntes archäologisches Denkmal, den aus der Zeit Nektanebos I. (381/80–364/63 v.Chr.) stammenden Naos mit den Dekanen aus Ṣafṭ el-Ḥenna.[3501] Die Texte dieses Naos über das Wirken der Dekane, so Leitz, seien in der ägyptischen Literatur bislang ohne Parallele;[3502] mehr noch: sie stimmten weitgehend mit der Beschreibung der *Salmeschiniaka* durch Porphyrios überein[3503] und seien wahrscheinlich Exzerpte einer ausführlicheren Vorlage, die uns folglich mindestens bis ins 5. Jh. v.Chr. zurückführe.[3504] Den Papyrus aus Oxyrhynchos (Nr. 465, s.o.) hält

---

[3497] Entgegen verschiedenartigen älteren Deutungen versteht Quack (demnächst A, Kap. 2.3.5) diese Stelle unter Beachtung der Argumentationsstruktur Jamblichs wohl zu Recht so, dass mit den übrigen hermetischen Lehren nicht astrologische Lehren gemeint sind, sondern Traktate anderen Inhalts, vermutlich theologischer oder philosophischer Natur.

[3498] Und zwar *nach* Christus; falsch Leitz 1995, 49 ("des 3. vorchristlichen Jahrhunderts") und Thissen 1995, 52 ("sp. 2. Jh. v. C.").

[3499] Bezold – Boll 1916, 228–230.

[3500] Quack (demnächst A, Kap. 2.3.5). Eine genauere Besprechung des P. Oxy. III 465 erübrigt sich daher hier. Eine neue Edition ist durch A. Jones in Vorbereitung.

[3501] Ausführlich zu diesem Naos Leitz 1995, 3–50.

[3502] So Leitz 1995, 4.

[3503] Leitz 1995, 49.

[3504] Vgl. Leitz 1995, 39.

Leitz für eine um Prognosen erweiterte spätere Fassung jener alten
Salmeschiniaka, aus denen die Texte des Naos von Ṣafṭ el-Ḥenna exzerpiert seien.[3505] Da jedoch Quack die Leitzsche Theorie im Rahmen einer
ausführlichen Diskussion verworfen hat, wird uns der Naos von Ṣafṭ el-
Ḥenna ebenso wie der P. Oxy. III 465 nicht weiter beschäftigen.[3506]

Es bleibt folglich, was die antiken Quellen zu den *Salmeschiniaka* betrifft, bei drei literarischen Zeugnissen (Antigonos, Porphyrios und Jamblich). Aus ihnen ergibt sich als *terminus ante quem* die Lebenszeit des
Chaeremon, der aufgrund seiner Funktion als Erzieher des jungen Nero
sicher ins 1. Jh. n.Chr. datiert werden kann.

Namensetymologie und Datierung

Der Name der von Antigonos zitierten Schrift begegnet in den Hephais-
tionhandschriften in den Genetivformen Σαλμεσχινιακῶν (Ep.[4]) und
Σαλμεσχοινιακῶν (**P**), im Porphyrioszitat des Eusebius außerdem in der
Dativform Ἀλμενιχιακοῖς (s.o. Anm. 3495). Es gilt als wahrscheinlich,
dass die korrekte griechische Namensform Σαλμεσχινιακά lautet. Zu
diesem Namen wurden zahlreiche etymologische Deutungen vorgeschlagen, darunter m.W. zuletzt diejenigen von J. Thissen aus *srm-nꜣ-sḫny.w
('Wanderung der Einflüsse bzw. Konstellationen') und von A. Roccati
aus *šm.w sḫn.w ('Omina und Vorzeichen').[3507] Alle diese älteren Deutungen kritisiert Quack, der seinerseits als Alternative *čmᶜ nꜣ sḫn.w
('Buch der Einflüsse') vorschlägt.[3508] Wenngleich die Etymologie letztlich ungeklärt ist, gehen die jüngeren Erklärer durchweg von einem ägyptischen Etymologie aus. In diesem Kontext betont Quack, dass eine möglicherweise ursprünglich ägyptische Version der *Salmeschiniaka* weit
hinter den durch Chaeremon etablierten *terminus ante quem* zurück-
reichen könne, "theoretisch bis in die Saitenzeit".[3509] Falls ein solches
ägyptisches Werk unter dem Titel *Salmeschiniaka* ins Griechische übersetzt worden sein sollte, dürfte dies in ptolemäischer Zeit geschehen

---

[3505] Leitz 1995, 50.

[3506] Quack 2010, 178, u. Quack (demnächst A, Kap. 1.2.3.17 u. Kap. 2.3.5 a.E.). Quack
verweist ebd. (Kap. 2.3.5) auch auf unsichere Rezeptionsspuren der *Salmeschiniaka* bei
Bardaiṣan (Bardesanes) und Proklos.

[3507] Thissen 1995, 53 (in dems. Sinne Thissen 2002, 135[91], und Thissen mit Brief an den
Verf. vom 22.3.2003; diese Deutung lehnt Depuydt 1998, 40, ab) u. Roccati 1997/98,
196.

[3508] Quack (demnächst A, Kap. 2.3.5).

[3509] Quack (demnächst A, Kap. 2.3.5).

sein.[3510] Ich selbst halte es schon aus astrologiehistorischen Gründen (s. den nächsten Absatz) für wahrscheinlich, dass unser einziges erhaltenes Fragment der *Salmeschiniaka* (**F6**) inhaltlich aus der ptolemäischen Zeit stammt, ganz gleich, ob es sich um eine Übersetzung aus dem Demotischen oder um eine Neuschöpfung in griechischer Sprache handelt.

In diesem Zusammenhang ist ein weit verbreitetes Missverständnis zu klären. Die Frage, wer das Subjekt zu **F6** § 74 λέγει sei, wird seit über einem Jahrhundert immer wieder zugunsten des in **F5** § 72 erwähnten Nechepsos beantwortet.[3511] In Wahrheit ist aber ohne Zweifel Antigonos von Nikaia die Bezugsperson, wie m.W. allein Pingree richtig erkannt hat.[3512] Damit ist dem oft wiederholten Gemeinplatz, schon 'Nechepsos und Petosiris' hätten die *Salmeschiniaka* benutzt, der einzige bisher ins Feld geführte Beweis entzogen.

Verhältnis der Dekanprognostik zur Dodekatropos

Im Zentrum dieses Fragments stehen die Dekane. Ursprünglich waren die ägyptischen Dekane Sternbilder nahe der Ekliptik, deren Aufgänge beziehungsweise Kulminationen zum Zweck der Zeitmessung beobachtet wurden.[3513] Sie werden bereits in den Pyramidentexten erwähnt. Erst sehr viel später, in ptolemäischer Zeit, wurden die Dekane, deren kanonische Zahl 36 ist, mit dem aus Mesopotamien stammenden zwölfteiligen Tierkreis assoziiert und in astrologische Lehren integriert. Seitdem entsprach für die hellenistischen Astrologen jedes der *per definitionem* 30° großen Tierkreiszeichen drei Dekanen à 10° ($3 \times 10° \times 12 = 360°$).[3514] Quack vermutet ausgehend von P. Lond. I 98 (Hor. gr. 95.IV.13), wo mit den δεκανοί die 36 Dekane der Tanis-Familie und mit den λαμπροὶ ὡροσκόποι die 36 Dekane der Familie Sethos IB gemeint seien, dass die durch Porphyrios (s.o.) für die *Salmeschiniaka* bezeugten δεκανοί und ὡροσκόποι

[3510] Vgl. Thissen 1995, 51 u. 55.

[3511] So erstmals Kroll 1898a, 125; ebenso Boll 1901b, 152. Kroll 1901, 571[1]. Boll 1903a, 376 (vgl. Boll 1912b, 2569,15–16, u. Boll 1908, 106 = Boll 1950, 4). Grenfell – Hunt 1903, 127f. Kroll 1930, 7. Kroll 1931b, 843 (weniger dezidiert). Kroll 1935, 2165. Gundel 1936b, 41. 409f. Tester 1987, 22 (übernommen von Fernández Quintano 2002, 132). Bohleke 1996, 18.

[3512] Pingree 1974b, 549[18], vermerkt zu dem Nechepsos-Zitat in Heph. 2,18,72: "this quotation does not include the important fragment of the *Salmeschoeniaca*, II, 18, 74–75".

[3513] Hornung 1999, 34. Die ältesten erhaltenen Dekanverzeichnisse stammen aus dem Frühen Mittleren Reich (von Beckerath 1975b, 1036).

[3514] Weitere Informationen im Komm. zu § 75 τοὺς δεκανούς.

in demselben Sinne zu verstehen seien.[3515] Das erscheint plausibel, wenngleich in dem kleinen durch **F6** erhaltenen Textausschnitt der *Salmeschiniaka* ausschließlich von verschiedenen δεκανοί (nicht von ὡροσκόποι) die Rede ist.

Die Dekanprognostik in **F6** basiert auf einem System von 36 Orten, das konzeptionell der Dodekatropos ähnelt.[3516] Während jeder der 12 Orte der Dodekatropos bei frühen Astrologen (und ebenso bei Antigonos) mit einem der 12 Tierkreiszeichen zusammenfällt,[3517] entspricht hier (**F6**) jeder der 36 Orte einem der 36 Dekane (deren Ausdehnung wird nicht explizit erwähnt). Dabei werden in beiden Systemen die Orte in Relation zum Horizont definiert und den einzelnen Orten verschiedene Bereiche astrologischer Wirksamkeit zugewiesen.

Aus den griechischen und lateinischen Astrologentexten ist nur eine einzige Parallele für ein System von 36 Orten bekannt. Dieser bisher nicht edierte Text befindet sich im cod. Vat. gr. 1056 (saec. XIV). Auf Blatt 219ᵛ–220ʳ bietet diese Handschrift als *codex unicus* ein Kapitel über die natürlichen Kräfte der zwölf Orte (Περὶ τῶν φύσεων τῶν ιβ' τόπων).[3518] Der stereotyp formulierte Text beginnt wie folgt: Ὁ πρῶτος δεκανὸς τοῦ ὡροσκόπου σημαίνει τὴν ζωὴν τοῦ γεννηθέντος, ὁ δὲ β' τὴν διάθεσιν αὐτοῦ, ὁ δὲ τρίτος τὴν πατρίδα αὐτοῦ. Ὁ πρῶτος δεκανὸς τοῦ β' τόπου σημαίνει τὸν πλοῦτον, ὁ δεύτερος τὴν περὶ τὸν βίον ἀναστροφήν, κτλ.[3519] Der Text endet mit einer mehrzeiligen Anweisung zur praktischen Verwertbarkeit der gebotenen Informationen. Diese lassen sich wie folgt tabellarisch zusammenfassen:[3520]

[3515] Quack (demnächst A, Kap. 2.2.14).

[3516] Dies wurde bereits seit langem erkannt, vgl. z.B. Gundel 1936b, 409 ("Häuserlehre"), u. Gundel – Gundel 1966, 16. Auch eine andere Variante zur Dodekatropos ist bekannt, die sog. Oktatropos, die die zwölf Häuser der Dodekatropos auf die ersten acht (I–VIII) beschränkt. Zu Quellenangaben und Erläuterungen s. Hübner 1995b, 92–95, bes. 94.

[3517] S.o. Komm. zu **F1** § 26 ἐπὶ τοῦ ὡροσκόπου, bes. S. 691.

[3518] Vgl. die Beschreibung von J. Heeg, CCAG V 3 (1910), pp. 7–64, hier: p. 60, sowie auch die deutsche Übersetzung bei Gundel 1936b, 410, und die auf Gundel beruhende ausführliche Analyse von Quack (demnächst A, Kap. 2.3.6.1 'Dekanale Häuserlehren').

[3519] Ebenso (d.h. τοῦ ... τόπου) lautet die Formulierung beim 3. bis 12. Ort.

[3520] Die hiesigen Formulierungen entsprechen bis auf die Änderung zum Nominativ exakt denjenigen des Vat. gr. 1056, die durchweg von σημαίνει abhängen und daher im Akkusativ formuliert sind. Meine Lesungen beruhen auf Autopsie.

Ort	Wirkungsbereich		
	1. Dekan	2. Dekan	3. Dekan
I	ἡ ζωή τοῦ γεννηθέντος	ἡ διάθεσις αὐτοῦ	ἡ πατρὶς αὐτοῦ
II	ὁ πλοῦτος	ἡ περὶ τὸν βίον ἀναστροφή	αἱ δόσεις καὶ αἱ λήψεις[3521]
III	οἱ ἀδελφοί[3522]	τὰ περὶ θρησκίας καὶ γνώσεως	τὰ περὶ ξενιτείας
IV	γονεῖς	τὰ περὶ ἐγγαίων[3523]	τὰ περὶ θεσαυρῶν
V	τὰ περὶ τέκνων	τὰ περὶ πραγμάτων	τὰ περὶ ἀγγελίας καὶ φήμης
VI	περὶ νόσου	περὶ δουλείας	περὶ ἀλόγων ζῴων(?)[3524]
VII	περὶ γυναικῶν	περὶ γάμου	περὶ ἀντιδίκων
VIII	τὰ περὶ τοῦ θανάτου	περὶ κληρονομίας	περὶ ... (unlesbar)[3525]
IX	περὶ ἀποδημίας	περὶ πίστεως καὶ δόγματος[3526]	περὶ ὀνείρων
X	περὶ ἐξουσίας	περὶ πράγματος	περὶ εὐγενείας[3527]
XI	περὶ φίλων	περὶ εὐτυχίας	περὶ ἐλπίδος καὶ τέκνων
XII	περὶ ἐχθρῶν	περὶ λύπης καὶ φθόνου	περὶ ἀλόγων ζῴων καὶ συκοφαντίας

Tab. 41: Wirkungsbereiche der zwölf Orte der Dodekatropos
nach cod. Vat. gr. 1056, ff. 219ᵛ–220ʳ

[3521] τὰς λήψεις K. Kalbfleisch (bei Gundel 1936b, 410[1]); für mich unlesbar (π . . . λ⁺?).
Die Junktur δόσεις καὶ λήψεις ist vermutlich richtig, denn sie ist als Wirkung des 2.
Ortes bei Val. 4,12,1 belegt (δόσις, λῆψις). Vgl. bes. den Anon. de XII loc., CCAG II
(1900), p. 158,18–19, zum 2. Ort: δόσεως, λήψεως, ... πλούτου.
[3522] "die Träume" Gundel 1936b, 410 (also τοὺς ὀνείρους statt τοὺς ἀδελφούς; s.
jedoch Dekan IX 3).
[3523] παίδων Kalbfleisch (bei Gundel 1936b, 410).
[3524] "Schmerzen des Körpers" Gundel 1936b, 410.
[3525] "oft Gefahr(?)" Gundel 1936b, 410.
[3526] Dasselbe las Kalbfleisch (bei Gundel 1936b, 410[2]), dessen Lesungen mir erst nach
meiner Autopsie bekannt wurden. Zur Bestätigung vgl. den Anon. de XII loc., CCAG II
(1900), p. 158,28 πίστεως, sowie Paul. Alex. 24 pp. 63,5–64,10 Boer app. crit. (pars
codd.): πίστεως.
[3527] "gottesdienstliche Angelegenheiten (zu erkennen περὶ . . . κείας)" Gundel 1936b,
410.

Leider ist die Schrift des Vat. gr. 1056 auf Blatt 219^v–220^r stellenweise beinahe völlig verblichen. An den schwer lesbaren Stellen erwies sich zum Teil der Vergleich mit Val. 4,12,1 sowie mit einem Anonymus de XII locis (Περὶ τῶν δώδεκα τόπων)[3528] und der Handschriftenfamilie δ bei Paul. Alex. 24[3529] als hilfreich.

Angesichts dieser wertvollen Parallele ist zu fragen, welcher der beiden Typen sphärischer Koordinatensysteme der ältere ist: der 12-teilige (Dodekatropos) oder der 36-teilige (**F6** und cod. Vat. gr. 1056)? Für die Priorität der Dodekatropos spricht ihre einfachere Konzeption, ihre erheblich weitere Verbreitung, ihre Eignung zur dekanalen Differenzierung dank der für sie typischen Ineinssetzung von Tierkreiszeichen und Ort sowie der Umstand, dass zumindest das im cod. Vat. gr. 1056 bezeugte System die Dodekatropos eindeutig voraussetzt, da es ja explizit vom jeweils ersten, zweiten und dritten Dekan eines jeden der zwölf Orte spricht.[3530] Dazu passt auch die Beobachtung, dass die im Vat. gr. 1056 genannten Vorbedeutungen des jeweils ersten Dekans eines jeden Ortes den kanonischen Wirkungen des entsprechenden Ortes der Dodekatropos entsprechen.

Es ist jedoch ungewiss, ob die für den Anonymus Vaticanus gültigen Beobachtungen kurzerhand auf die chronologische Relation zwischen **F6** und der Dodekatropos übertragen werden dürfen. Denn das durch **F6** tradierte System der *Salmeschiniaka* spricht ja gerade nicht vom jeweils ersten, zweiten und dritten Dekan eines jeden der zwölf Orte, sondern bietet eine durchgehende Nummerierung der Dekane (die allerdings ebenso wie die Zählung der Orte der Dodekatropos gegen den Uhrzeigersinn fortschreitet). Darüber hinaus fallen weitere, Analogieschlüsse verbietende Differenzen auf: **F6** bietet stereotyp χρηματίζει (Betonung der astrologischen Wirksamkeit), der Anonymus Vaticanus hingegen ebenso stereotyp σημαίνει (Betonung der Vorbedeutung); **F6** erläutert die Wirkungen der Dekane nicht systematisch, sondern selektiv (Beschränkung auf 7 aus 36); die im Codex Vaticanus genannten Vorbedeutungen weisen keine Übereinstimmungen mit den in **F6** genannten Dekanwirkungen auf. Zu diesen textimmanenten Differenzen tritt der Umstand hinzu, dass ungewiss ist, ob der uns vorliegende Wortlaut von Blatt 219^v–220^r des Codex Vaticanus auf direktem Weg aus der Antike überliefert wurde. Mit größerer Wahrscheinlichkeit ist er das Produkt einer Über-

---

[3528] Ediert von W. Kroll im CCAG II (1900), p. 158,17–32. Dieser Text hängt großenteils, aber nicht völlig, von Val. 4,12,1 ab.

[3529] Den Hinweis auf die Familie δ verdanke ich J. F. Quack (s.o. Anm. 3518).

[3530] S.o. Anm. 3519.

setzung aus einer arabischen Quelle.[3531] Es bleibt freilich, selbst wenn dies so sein sollte, die Möglichkeit, dass das Kapitel nicht von arabischen Astrologen ersonnen wurde, sondern über arabische Vermittler auf eine antike griechische Quelle zurückgeht.

Wie dem auch sei, wichtig – oder vielmehr: entscheidend – für die Prioritätsfrage bezüglich der Dodekatropos ist in **F6** die Interpretation des Genetivs in § 75 ὁ μὲν πρῶτος τοῦ ὡροσκόπου: Ist dieser partitiv gemeint, also 'der erste Dekan des Tierkreiszeichens, das den Aszendenten bildet'? Dafür spricht die extrem seltene (m.W. singuläre) wörtliche Parallele im cod. Vat. gr. 1056 ὁ πρῶτος δεκανὸς τοῦ ὡροσκόπου κτλ. (s.o.). Oder ist mit ὡροσκόπος nicht metonymisch ein ganzes Tierkreiszeichen gemeint, sondern wörtlich und ausschließlich der aszendierende Tierkreisgrad? Dann wäre die Bedeutung 'der erste (Dekan) vom Aszendenten (gezählt)', der Genetiv also ein Genetiv der Zugehörigkeit ("Perti-

---

[3531] Pingree dachte an das Werk *Mudhākarāt* ('Gespräche') des Abū Saʿīd Shādhān, eines Schülers des Abū Maʿšar. Er spricht (Pingree 1989, 227[2]) vom "Vat. gr. 1056, wherein the *Mudhākarāt* occupy fols. 194–221". Diese Hs. sei die im 14. Jh. erstellte Kopie einer Textsammlung aus dem 12. Jh. (mit Verweis auf Pingree 1964, 138). Der Teil der Sammlung, der die *Mudhākarāt* enthalte, scheine um 1000 n.Chr. aus dem Arabischen ins Griechische übersetzt worden zu sein (mit Verweis auf Pingree 1968a, VIII; Datierung wiederholt von Pingree 1997a, 71, u. Pingree 2003b, 43). Die griechische Version ist neben dem Vat. gr. 1056 auch im cod. Angel. 29, fol. 42–67, überliefert (als 2. Buch der *Mysteria*). Darin fehlt leider ausgerechnet das hier fragliche Kapitel, während der cod. Angel. 29 seinerseits an der fraglichen Stelle (fol. 65–66) mehrere Kapitel bietet, die im Vat. gr. 1056 fehlen (zu Details s. die kodikologische Beschreibung von J. Heeg, CCAG V 3, 1910, pp. 7–64). Da die *Mudhākarāt* bisher unediert sind, ist unklar, ob das arabische Original ein Gegenstück zum hier fraglichen Kapitel Περὶ τῶν φύσεων τῶν ιβ´ τόπων bietet. Jedenfalls scheint die griechische Version der *Mudhākarāt* in Wahrheit nicht bis Blatt 211 des Vat. gr. 1056 zu reichen (s.o. Zitat Pingree 1989), sondern nur bis Blatt 206[v] (Pingree 2003b, 43, spricht von den Blättern 194[v]–206[v]), während die danach folgenden Blätter des Vaticanus bis Blatt 221[v], wo eine längere Übersetzung aus Abū Maʿšar folgt, miszellanes Material ungewisser Herkunft bieten. Ich danke Charles Burnett für den Hinweis auf Pingrees in dieser Anmerkung zitierte Schriften und seine Mitteilung, dass das soeben erwähnte miszellane Material anscheinend weder auf Shādhān noch auf Abū Maʿšar zurückgeht (Mail vom 30.03.2015). Ich möchte ergänzen, dass auf Blatt 209[v] οἱ Ἰνδοί und Νουπάκτ als Autoritäten erwähnt werden (s. Heeg, CCAG V 3, p. 59). Νουπάκτ ist m.E. Naubaḫt al-Ḥakīm, der persische Astrologe am Hofe al-Mansūrs, der das Gründungshoroskop für Bagdad stellte (Hor. arab. 762.VII.30; s. Katalog S. 331). Dies sind Indizien dafür, dass auch das miszellane Material, zu dem Blatt 219[v]–220[r] gehört, aus arabischen Quellen stammt. Eine genauere Untersuchung des Materials auf Blatt 207[r]–221[v] des Vat. gr. 1056 sei hier als Desiderat der Forschung vermerkt.

nentiv").[3532] In diesem Sinne finden wir z.B. τὸ δεύτερον τοῦ ὡροσκόπου (= 2. Ort) in P. Mich. III 149, col. IX,13–14.

Die Entscheidung dieser Frage ist wichtig, weil sie zu verschiedenen
Resultaten führt. Bei pertinentiver Auffassung ist die Sache einfach: Der
'erste Dekan' ist dann immer derjenige, der gerade aszendiert. Die dem
Anonymus Vaticanus eigene partitive Auffassung hat jedoch die Konsequenz, dass der 'erste Dekan' eines konkreten Horoskops nur dann *sensu
stricto* aszendiert und damit seiner ursprünglichen Funktion als Zeitmes-
ser am Horizont treu bleibt, wenn der Aszendent den ersten zehn Grad
eines Tierkreiszeichens angehört (so wie in **F1**, wo ASC = 1° ♒). In den
übrigen Fällen wird der 'erste Dekan' jedoch bereits vollständig aufgegangen sein, während der nächstfolgende oder sogar der übernächste Dekan den Horizont passiert. Als Beispiel möge **F2** dienen (ASC = 24° ♋),
wo die ersten beiden Dekane des Krebses bereits vollständig aufgegangen
sind. Wenn man **F6** § 75 ὁ μὲν πρῶτος τοῦ ὡροσκόπου partitiv versteht,
ist in **F2** der 'erste Dekan' des 36-teiligen Systems, der über die Geburt
(περὶ τοκετοῦ) entscheidet, der erste Dekan des Krebses; wenn man den
zitierten Genetiv jedoch pertinentiv versteht, ist in **F2** der 'erste Dekan'
der dritte Dekan des Krebses. Die Qualität der Geburt des Nativen würde
also je nach der grammatischen Auffassung mal von den kanonischen
Qualitäten des ersten Krebsdekans abhängen, mal von denjenigen des
dritten Krebsdekans.

Eine sichere Entscheidung erscheint auf der sehr schmalen Text-
grundlage nicht möglich. Wir müssen uns damit begnügen festzustellen,
dass jede der beiden möglichen Interpretationen einen ihr eigenen Vor-
und Nachteil hat: Wenn man den Genetiv partitiv versteht, ist das in **F6**
erwähnte System perfekt mit der Dodekatropos korreliert, da es eine um
den Faktor 3 verfeinerte Form derselben darstellt, aber die Dekane wirken, ihres ursprünglichen Charakters beraubt, nur als Teile größerer Einheiten (i.e., der Tierkreiszeichen). Wenn man hingegen den Genetiv pertinentiv versteht, sind die Dekane perfekt funktionalisiert, eine Korrelation
mit der Dodekatropos aber in zwei Drittel aller konkreten Horoskope
nicht möglich. Dieser zuletzt genannten Möglichkeit neigt Quack zu, der,
ohne das hier aufgeworfene Problem der Deutung des Genetivs τοῦ ὡροσκόπου zu thematisieren, die Vermutung äußert, "dass die Salmeschiniaka eine ältere Phase besonders rein ägyptischer Astrologie darstellen, in
welcher die Dekane entweder allein relevant oder zumindest noch nicht

---

[3532] Dazu s. Schwyzer – Debrunner 1950, 117–128.

definitiv dem Tierkreis untergeordnet waren."[3533] Falls diese Vermutung zutreffen sollte, könnte es sein, dass die in **F6** genannten Dekane nicht im Sinne von mathematisch normierten 10°-Abschnitten des abstrakten Tierkreises gemeint sind, sondern im Sinne ihrer ursprünglich leicht variablen, von der Disposition der jeweiligen Fixsterne abhängenden Ausdehnung. Eine Entscheidung hierüber ist beim gegenwärtigen Wissensstand nicht möglich.

Dekanauswahl und Zahlensymbolik

Einige dieser Orte/Dekane verdienen nach **F6** aufgrund ihrer apotelesmatischen Kraft besondere Erwähnung. Diese sind der 1., 8., 10., 17., 19., 25. und 28. Ort/Dekan. Die Ordinalzahlen verstehen sich dabei, wie in der Antike üblich, im Sinne von Inklusivzählung.

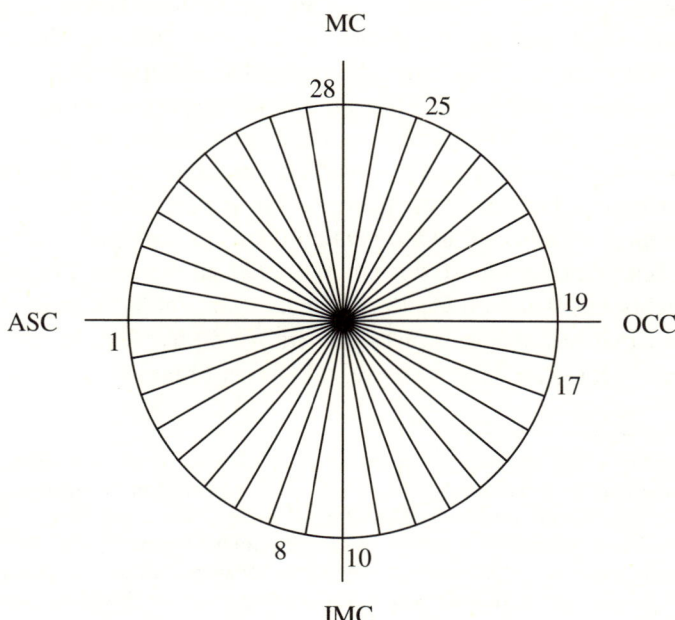

Diagr. 30: Dekanauswahl der *Salmeschiniaka* nach **F6** § 75

[3533] Quack (demnächst A, Kap. 2.3.5).

Die Zahl der ausgewählten Dekane (7) und die Summe ihrer Ordnungszahlen (108) sind sehr wahrscheinlich nicht Produkte des Zufalls, sondern
intendierter Zahlensymbolik.

Die Zahl 7, zu deren Symbolik oben (S. 942) bereits viel gesagt wurde, ist in der Astrologie natürlich primär die Zahl der Planeten (inkl. der
Luminare). Im hiesigen Kontext einer Auswahl von sieben aus insgesamt
sechsunddreißig Dekan-Orten verdient besondere Beachtung, dass schon
der frühe Astrologe Timaios (1. Jh. v.Chr.?) eine Auswahl von sieben
wirksamen aus den insgesamt zwölf mit je einem Tierkreiszeichen identifizierten Orten der Dodekatropos vornahm.[3534] Seine Auswahl ist allerdings bis auf den zweiten Ort geometrisch bedingt (I, II, IV, V, VII, IX,
X) und weicht damit prinzipiell von der in **F6** ab. Eine andere Auswahl
von sieben wirksamen Orten der Dodekatropos tradiert P. Mich. III 149
(2. Jh. n.Chr.), col. VIII,29–31 (I, IV, V, VII, IX, X, XI, ebenfalls ohne
numerische Übereinstimmung mit **F6**).[3535]

Die Zahl 108 ist das Dreifache von 36, der Zahl der Dekane (einer Familie), was wiederum das Dreifache von 12, der Zahl der Tierkreiszeichen, ist. Firmicus erläutert am Ende seines Dekankapitels (2,4) explizit,
dass jedem Dekan drei Diener (*liturgi*, = λειτουργοί) zugeteilt seien, deren Gesamtzahl also 108 beträgt: *quidam hunc locum volentes suptilius
explicare terna numina decanis singulis applicarunt, quos munifices ap-
pellandos esse voluerunt id est liturgos, ita ut per signa singula novem
possent munifices inveniri, ut ternis munificibus decani singuli praeferan-
tur.*[3536] Diese Zuteilung bestätigt ein erst 1999 publiziertes Fragment des
Lehrgedichts des Anubion (1. Jh. n.Chr.):[3537] λειτουργοὶ σεμνοὶ τρεῖς
περίεισιν ἕνα | ὡρονόμον κρατερόν· περὶ γὰρ τὸ ζῴδιον οὗτοι | ἐν-
νέα λειτουργοὶ ἀντολίην ἔλαχον.[3538] Dieses Fragment ist sowohl we-

---

[3534] Zitiert oben S. 794 aus Antioch. epit. 1,18 p. 116,3–8, u. Porph. isag. 36 p. 209,18–
24. Zur Datierung des Timaios s.o. Anm. 1473. Zumindest erwähnt sei auch der weniger
relevante Vergleichsfall von Manil. 2,788–967, der sieben der zwölf Orte der Dodekatropos einen Planetenherrscher zuteilt (s. das Diagramm bei Hübner 1995b, 10).

[3535] Zu diesem Papyrus s.o. Anm. 972. – Am Rande sei auch noch das nur bei Antiochos
von Athen belegte extrazodiakale Sternbild der sieben Dekane erwähnt (dazu s. Boll
1903, 280).

[3536] Firm. math. 2,4,4; s. dazu Boll 1903a, 392–394. Gundel 1922, 143.

[3537] Zu Anubion s. Kroll 1898a, 131f. Usener 1900, 335f. Boll 1902, 141f. P. Oxy. III
464 (1903). Housman 1903. Kroll 1904. Ludwich 1904. Ludwich 1905. Stegemann
1943, 115–117. Feraboli 1981, 159. Obbink 1999. Calderón Dorda – Clúa Serena 2003.
Obbink 2006 (mit weiterer Lit. pp. VI–VIII). Schubert 2009. Heilen 2010c. Schubert
2010. Calderón Dorda 2011a. Schubert 2012.

[3538] Anub. F1 (P. Oxy. LXVI 4503), col. b, lin. 10–12 Obbink.

gen seiner chronologischen Priorität gegenüber Firmicus als auch wegen der Assoziation der λειτουργοί mit dem astronomischen Aufgang (ἀντολίην), von dem ja auch in **F6** mehrmals die Rede ist, von Bedeutung.[3539] Die λειτουργοί bzw. *liturgi* haben anscheinend eine Entsprechung in Sphujidhvajas Werk über die griechische Horoskopie (*Yavanajātaka*), in dem der Tierkreises in 108 *navāṃśa* ('Neuntel') unterteilt wird.[3540] Diese Lehre muss auch um 400 n.Chr. im sassanidischen Iran existiert haben, da sie in der mittelpersischen Übersetzung des Dorotheos von Sidon Erwähnung findet.[3541] Ob es sich bei den λειτουργοί bzw. *liturgi* um eine 'Trigemination als sakrale Stilform'[3542] oder um eine Übernahme babylonischer Vorbilder[3543] handelt, lässt sich auf der Grundlage der zurzeit verfügbaren Quellen nicht entscheiden.

Es versteht sich von selbst, dass die Zahl 108 auch außerhalb der Dekanlehre astrologisch relevant ist, da 108 Jahre die τέλεια ἔτη des Mondes sind (s.o. S. 649, Tab. 11), eine Zahl, die Valens einmal als Produkt von 12 x 9 deutet.[3544] Hinzu treten zahlreiche antike und nachantike Fälle

---

[3539] Zu den λειτουργοί bzw. *liturgi* s. ferner Le Bœuffle 1987, 166 (Nr. 724) s.v. *liturgi*. Tester 1987, 116f. 165. Quack (demnächst A, Kap. 2.3.2, mit Verweis auf ein möglicherweise drittes, zu Firmicus und Anubion hinzutretendes Zeugnis im stark beschädigten P. Petrie 134).

[3540] Pingree 1978a, II 210f. Zur ungewissen Datierung Sphujidhvajas s.o. Anm. 71.

[3541] Vgl. Pingree 1976a, XVI. Pingree 1976c, 146.151. Pingree 1978a, II 211. – Holden 1996, 39[93], notiert zu der Interpolation in Dor. arab. 5,5,26, sanskr. *navāṃśa* und griech. λειτουργοί seien dasselbe. Zu den *navāṃśa* vgl. auch Album. rev. nat. 3,9 (dort als ἔννατα übersetzt, p. 171,4 Pingree; zu diesem Kapitel vgl. Pingree 1976c, 173). Pingree 1968a, XV[1] verweist außerdem auf Album. myst. 1,140 und 'Palch.' cap. 114. Zur Übernahme der Neuntel-Lehre von den Hindus durch die Araber vgl. weiter (für das 11. Jh.) al-Bīr. elem. astrol. cap. 455, pp. 266–267 Wright. Im Abendland wurden die Neuntel schließlich als *novenarii* übernommen (Tester 1987, 164).

[3542] Geprägt von Weinreich 1928 für gewisse religiöse und magische Formeln sowie Götternamen wie z.B. den des Hermes Trismegistos. Der Begriff Trigemination *per se* (ohne religionshistorischen Bezug) geht auf Zieliński 1885, 12, zurück (vgl. Weinreich 1916, 30[2]).

[3543] Vgl. Tester 1987, 165: "It could be, and is perhaps most likely, that the ninths were originally Babylonian (they *look* lunar) ..." (vgl. ebd. 116f.).

[3544] Vgl. Val. 9,4,1 (= Ps.-Zor. apotel. frg. O 83 Bidez – Cumont = Nech. et Pet. frg. +13), der in der Darlegung eines aphetischen Verfahrens die 108 Jahre des Mondes ausdrücklich als eine Summe von 9-Jahres-Abschnitten versteht. Mir ist unbekannt, ob bezüglich der 108 Jahre des Mondes babylonische Vorläufer eine Rolle spielen. Jedenfalls umfasste die erste Tafel der Serie *Enūma Anu Enlil* nach Auskunft des sogenannten Uruk-Katalogs 108 Mond-Omina (Weidner 1941/44, 193f.).

von symbolischer Verwendung der Zahl 108 ohne astralen Bezug.[3545]

Die Hypothese, dass die symbolische Zahl 108 bei der Auswahl der sieben Dekane leitend war, erklärt noch nicht, warum die Wahl gerade auf den 1., 8., 10., 17., 19., 25. und 28. Dekan fiel. Offensichtlich durften die vier Dekane, in die die κέντρα fallen (1, 10, 19, 28), nicht fehlen. Die übrigen drei (8, 17, 25) wurden anscheinend so gewählt, dass mit Ausnahme des stärksten κέντρον, d.h. des Aszendenten, jedem der übrigen drei ein in geringem Abstand folgender (in der Reihenfolge der Dekane) beziehungsweise vorausgehender (in der Tagesrotation) Dekan beigesellt wurde. Dass Ergebnis wäre geometrisch ausgewogener, wenn man statt des 25. Dekans den 26. Dekan gewählt hätte. Die irrational anmutende Entscheidung für den 25. Dekan stärkt die Hypothese, dass die Summe der Ordnungszahlen genau 108 sein sollte. Die Auswahl von sieben Dekanen impliziert meines Erachtens nicht, dass die übrigen unwirksam seien, sondern schenkt den sieben ausgewählten Dekanen besondere Beachtung.

Dekanwirkungen

Die ausgewählten Dekane wirken in elementaren Bereichen des menschlichen Lebens: Geburt (1, τοκετός), Leben (28, βίος), gesundheitliche Schwächung oder Krankheit (26, ἀρρωστία), Verletzung (19, σίνος), Ehe und Frauen (17, γάμος καὶ γυναῖκες), Kinder (8, τέκνα), Tod (10,

---

[3545] Schon bei Homer ist 108 die Zahl der Freier Penelopes (π 245–253; vgl. Roscher 1909b, 173[201], wo die hiesige Stelle zu ergänzen ist). Vgl. die Kunde von 108 Komödien, die Menander verfasst und Terenz später übersetzt haben soll (cf. Gell. 17,4,4 und Suet. vita Ter. 5). Vgl. weiter de Santillana – von Dechend 1993, 7: "wenn man Zahlen findet wie 108 oder 9 x 12, die immer wieder erscheinen – als Berechnungen ihres Vielfachen in den *Veden*, in den Tempeln von Angkor, in Babylon, in Heraklits dunklen Worten und ebenso in der nordischen Walhalla – , dann ist das kein Zufall." (zustimmend der Ethnologe L. Vajda mit Brief vom 12.4.2003 an den Verf.: "Diese Annahme ist m.E. berechtigt"). In der Neuzeit spielt die Zahl 108 z.B. in Indien eine besondere Rolle im Aberglauben und in Fruchtbarkeitsritualen. Vgl. Eckstein 1934/35, 897: "In der Trockenperiode melken 108 Mädchen 108 Kühe im Tempel des Govindji; wenn das fehl geht, machen sie einen Regenzauber, wobei sie nackt sind."; und Crooke 1919, 246: "Women who desire offspring walk naked 108 times round a sacred *pīpal* tree (*Ficus religiosa*), winding a cotton thread round the trunk." Zahlreiche weitere hinduistische und buddhistische Kontexte, in denen die Zahl 108 als heilige oder sonstwie bedeutsame Zahl fungiert, nennt Scheftelowitz 1931. Ob zwischen den genannten Präferenzen verschiedener Völker für die Zahl 108 ein wie auch immer gearteter kultischer oder religionshistorischer Zusammenhang besteht, ist ungewiss. Eine ethnologische Studie zur Zahl 108 wäre wünschenswert.

θάνατος). Wenngleich die Vokabeln (bis auf τοκετός) auch in Darlegungen der Wirkungen der Dodekatropos reich belegt sind, finden sich, wie die Stellenkommentare zeigen werden, nur wenige räumliche Übereinstimmungen bezüglich der zwölf Orte.

F6 beschreibt die Dekanwirkungen im Uhrzeigersinn vom ASC über MC und OCC zum IMC. Nur bei den letzten beiden genannten Dekanen ist die Reihenfolge vertauscht, sehr wahrscheinlich, um mit der Geburt (ASC) zu beginnen und mit dem Tod (IMC) zu enden. Der so gespannte Lebensbogen fungiert aber nur als lockere Klammer um die Einzeldaten und erlaubt (*pace* Pingree 1978a, II 219f.) keine chronologische Binnendifferenzierung .[3546]

Aufgangs- und Kulminationsnotate

Große Probleme bereiten die Aufgangs- und Kulminationsnotate in **F6**, zu denen es m.W. bisher keinerlei Kommentare in der Forschungsliteratur gibt. Grundsätzlich sind solche Angaben fester Bestandteil ägyptischer Dekantexte[3547] und folglich nichts Ungewöhnliches. Im Kontext eines astrologischen Systems von 36 horizontbezogenen Orten sind jedoch die Zusätze, die **F6** zum 28., 25., 19. und 17. Dekan macht, sinnlos, da die Ordnungszahlen sich ja nicht auf echte Dekane beziehen, die durch Fixsterne definiert sind und an der scheinbaren Tagesrotation des Himmels teilhaben, sondern auf unveränderliche Sektoren des Gesichtsfeldes eines nach Süden blickenden Beobachters. Nehmen wir z.B. den 28. Ort: Dieser ist nicht früh, mittags oder spät, sondern *immer* in der Himmelsmitte; nur die konkreten Dekane, die ihn füllen, durchlaufen die Himmelsmitte in verschiedenen Teilen des Jahres zu verschiedenen Tageszeiten. Nun könnte man sich fragen, ob diese Zusätze aus der Besprechung eines konkreten Beispielhoroskops stammen; z.B., wenn ein konkreter Dekan im Sektor Nr. 28 zu früher Stunde kulminiert, kann man von dem anderen konkreten Dekan, der im Sektor Nr. 19 gleichzeitig untergeht, wahrheitsgemäß sagen, dass er früh im Osten aufgeht (nämlich zwölf Stunden früher oder später). Die Zusätze zum 25. und 17. Dekan lassen sich mit diesem Ansatz jedoch nicht in Einklang bringen, vor allem nicht der zum 17. Dekan (ὃς ἀνατέλλει ἐν τοῖς λιβικοῖς), der im Gegensatz zu den vorhergehenden Zeitangaben eine astronomisch unmögliche Ortsangabe enthält. Allein der Zusatz zum 8. Dekan, Ἅιδου θύρα, entspricht

---

[3546] Ausführlichere Kritik an Pingrees Deutung bei Quack (demnächst A, Kap. 2.3.5).
[3547] So Leitz 1995, 38f., mit Verweis auf ältere Lit.

dem Typ von Ortsbezeichnungen oder Ortsbeschreibungen, die man hier erwarten würde.

Als Erklärung dieses insgesamt verwirrenden Befundes könnte man erwägen, ob es sich um spätere Zusätze handelt (entweder absichtliche Einfälschungen oder versehentlich beim Abschreiben in den Text eingedrungene Marginalien) oder um absichtlich mystische Formulierungen des Verfassers der griechischen *Salmeschiniaka* oder um fehlerhafte Übersetzungen einer ägyptischen Vorstufe der *Salmeschiniaka* oder um eine widersinnige Zusammenstellung ursprünglich unverbundener Details (§ 74 ἀναλεξάμενος!) oder um eine Kombination der soeben genannten Ursachen. Im Rahmen der hiesigen Arbeit kann das Problem nur aufgezeigt werden; Fortschritte sind ohne neue (gegebenenfalls demotische) Textfunde kaum zu erhoffen.

§ 74

Σαλμεσχινιακῶν: zur Etymologie s.o. S. 1336.

βιβλίων: Das Werk muss also mindestens zwei Bücher umfasst haben.

ὡς ἔστιν ἐκεῖ οὕτως λέγει: Antigonos scheint betont zu haben, dass er seine Quelle getreu wiedergibt. Über die Gründe lässt sich nur spekulieren. Fand möglicherweise schon er das, was er in den *Salmeschiniaka* vorfand, unklar?

λέγει: sc. Ἀντίγονος (nicht etwa Νεχεψώς); s.o. S. 1337.

§ 75

Im Folgenden wird zu jeder der sieben Dekanwirkungen geprüft, ob diese ein Äquivalent in Fachtexten über die Dodekatropos besitzt. Zu der Ungewissheit, ob ein Vergleich mit der Dodekatropos statthaft ist, s.o. S. 1337–1343. Die zum Vergleich herangezogenen Texte sind: Manil. 2,856–970. Thras. epit. CCAG VIII 3 (1912), p. 101,3–30 (= Thras. T 27 Tarrant = Rhet. 6,57,22–34). P. Mich. III 149, col. IX,13–29. Val. 4,12,1. Firm. math. 2,19. Paul. Alex. 24. Rhet. 5,57. Lib. Herm. 26,1. Anon. Pingree 1976c, pp. 194,51–195,88 (ex cod. Paris. gr. 2506, fol. 158ᵛ–159ʳ). Diese Texte enthalten (teils ausschließlich, teils abschnittsweise) Aussagen über die Wirkungen, Vorbedeutungen, Namen oder Identitäten (im Folgenden kurz: Wirkungen)[3548] der einzelnen Orte der Dodekatropos, ohne diese nach Planeten zu differenzieren, sind damit also am ehesten mit den hiesigen Dekanwirkungen vergleichbar.[3549] Registriert werden wörtliche Entsprechungen bezüglich der hier genannten Substantive τοκετός, βίος, ἀρρωστία, σίνος, γάμος, γυναῖκες, τέκνα, θάνατος. Wenn diese Wirkungen zwar Erwähnung finden, aber zu 'falschen' Orten der Dodekatropos, wird dies in einem zweiten Schritt ebenfalls registriert. Zur Bezeichnung der Orte der Dodekatropos dienen römische Zahlen, die jedem Beleg in Klammern beigefügt sind. Die Daten sind nicht nach den zwölf Orten, sondern chronologisch nach Autoren geordnet, damit deutlich wird, dass zuweilen ein Autor denselben Wirkungsbereich zwei verschiedenen Orten zuweist.

Was das Vokabular der Aufgangs- und Kulminationsnotate angeht (μεσουρανεῖν, πρωΐ, μεσημβρία, ἀνατέλλειν, ἀπηλιώτης, ὀψέ, λιβικός), verdienen Parallelen in Gebeten der Zauberpapyri III und IV an den Sonnengott Erwähnung, in deren einleitenden Aretalogien es u.a. heißt: κοσμοκράτωρ, ὁ πρωΐ ἐπιλάμπω[ν τῆς ἡμ]έρας, ὁ δύνων ἐν τῷ λιβι[β]όρῳ τοῦ οὐρ[ανοῦ, ὁ ἀν]ατέλλων [ἐκ τ]οῦ ἀπηλιώτου κτλ. (PGM III, 135–137), und: ἀπὸ τοῦ ἀπηλιώτου ἀνατέλλοντα τῷ σύμπαντι κόσμῳ, δύνοντα τῷ λιβί ... δὺς ὀψὲ γέρων κτλ. (PGM IV, 1603–1605 u. 1695; s. auch ebd. 173 μεσουρανέοντος τοῦ ἡλίου, 763 ἡλίου μεσουρανοῦντος, u. 2188–2190 δύσιν καὶ ἀνατολὴν ἐφορῶν καὶ μεσημβρίαν καὶ ἄρκτον ἀποβλέπων).[3550] Das Vokabular ist also *per se* nicht ungewöhnlich, findet hier in § 75 aber auf inhaltlich unklare, im Falle des 17. Dekans sogar astronomisch unmögliche Weise Verwendung (s.o. S. 1347).

σκοπητέον δὲ καὶ ... : vgl. **F1** § 28 ἐπισημαντέον δὲ ὅτι καὶ ... und **F1** § 44 ἐπιβλεπτέον δὲ καὶ ... ; ferner s.o. zu **F1** § 28 οὐ γὰρ – ἀπλανῶν.

τοὺς δεκανοὺς: Zu den Dekanen in der hellenistischen Astrologie s. Bouché-Leclercq 1899, 215–235, und besonders die monographischen Studien von Gundel 1936b und Quack (demnächst A). Berühmte bildli-

---

[3548] Vgl. z.B. Val. 4,12,1, wo es vom 1. Ort kurz heißt: ὅς ἐστι (!) ζωὴ κτλ.
[3549] Eine Liste der die Planeten einbeziehenden, hier nicht berücksichtigen Texte (sie würden den Befund sehr unübersichtlich machen) wurde bereits oben S. 697 geboten.
[3550] Dt. Übers. bei Preisendanz 1973–1974, Bd. I.

che Zeugnisse der Dekane in astrologischem Kontext sind die Tafeln von Grand.[3551] In den Texten finden sich neben δεκανός auch die Fachtermini πρόσωπον und *facies*. Nach Firm. math. 4,22,2 (= Nech. et Pet. frg. 13) sollen schon 'Nechepsos und Petosiris' die Dekane in iatromathematischem Kontext behandelt haben. Die erhaltenen griechischen Astrologumena erwähnen die Dekane allerdings eher selten.[3552] Praktische Anwendung finden sie vereinzelt in elaborierten Horoskopen wie P. Lond. I 130 (Hor. gr. 81.III.31), P. Lond. I 98 (Hor. gr. 95.IV.13), P. Oxy. astron. 4277 (Hor. gr. 150–250b) und Rhet. 6,52 (Hor. gr. 497.X.28).

τοῦ ὡροσκόπου: so **P**. Die Lesart ὡροσκοπῶν (Ep.[4]) ist zu verwerfen, weil das Partizip eine konditionale Nuance haben würde, die nur dann sinnvoll wäre, wenn die Dekane entsprechend ihrer Anordnung im Tierkreis nummeriert wären. Zur grammatische Funktion des Genetivs τοῦ ὡροσκόπου s.o. S. 1341.

περὶ τοκετοῦ: Der hiesige erste Dekan wäre im Rahmen der Dodekatropos Dekan Nr. I 1 (vgl. das System im cod. Vat. gr. 1056, oben S. 1339). Für den ersten Ort der Dodekatropos bieten die einschlägigen Texte keine wörtliche Parallele im Sinne der Gesamtbesprechung von § 75. In den übrigen Orten findet der Wirkungsbereich τοκετός einmal Erwähnung bei Paul. Alex. 24 p. 70,20 (Ort Nr. XII).

χρηματίζει: s.o. zu **F1** § 33a ἀχρηματίστων ... χρηματιστικῶν.

ἀπὸ τούτου: *scil.* ἀπὸ τοῦ πρώτου τοῦ ὡροσκόπου. Es gilt Inklusivzählung.

μεσουρανεῖ πρωΐ: Es gibt keine griechischen Parallelen für die Verbindung des Verbs μεσουρανεῖν mit dem Adverb πρωΐ. Gemeint ist die sogenannte Früh-Kulmination, die Ptol. synt. 8,4 p. 190,3–6 unter Verwendung der Junktur πρωινὸν μεσουράνημα (Hapax) so beschreibt: δεύτερος δ᾽ ἐστὶ σχηματισμὸς ὁ καλούμενος πρωινὸν μεσουράνημα, ὅταν ὁ ἀστὴρ τοῦ ἡλίου ὄντος ἐπὶ τοῦ πρὸς ἀνατολὰς ὁρίζοντος αὐτὸς

[3551] Siehe die reich illustrierte Edition von Abry 1993a (mit weiterer Lit.).
[3552] Holden 1996, 93f.

κατὰ τὸν μεσημβρινὸν ἢ ἤτοι ὑπὲρ γῆν ἢ ὑπὸ γῆν.[3553]

περὶ βίου: Der 28. Dekan wäre im Rahmen der Dodekatropos Dekan Nr. X 1. Es gibt im Sinne der Gesamtbesprechung von § 75 zwei relevante Parallelen, eine bei Thras. epit. CCAG VIII 3 (1912), p. 101,27 = Rhet. 6,57,33 (X, nach 'Hermes Trismegistos') und eine bei Firm. math. 2,19,11 *vita* (X). In den übrigen Orten der Dodekatropos findet der Wirkungsbereich βίος Erwähnung bei Thras. epit. CCAG VIII 3 (1912), p. 101,4 = Rhet. 6,57,22 (II), ebd. p. 101,25.30 = Rhet. 6,57,31.34 (VIII.XII, nach 'Hermes Trismegistos'), im P. Mich. III 149, col. IX,22–23 (II, nach 'Asklepios'), bei Val. 4,12,1 (II), bei Paul. Alex. 24 p. 54,15 (II) u. Olymp. 23 pp. 62,21. 64,11 (II).

⟨**περὶ**⟩ **μεσημβρίαν**: Die Ergänzung der Präposition erscheint notwendig. Auch bezüglich des vorausgehenden und des folgenden Dekans macht der Text Zeitangaben (πρωΐ, ὀψέ), und der Ausfall von περὶ wäre angesichts der in § 75 stereotypen Verwendung von χρηματίζει περὶ (siebenmal, davon zweimal vor μεσημβρίαν) als Haplographie erklärbar. Die Zeitangabe περὶ μεσημβρίαν ist sehr geläufig, sowohl in wissenschaftlicher Prosa (z.B. Arist. meteor. 2,8 p. 366a,14 bzgl. Erdbeben) als auch bei Autoren, die der Alltagssprache nahestehen.[3554] Unwahrscheinlich, aber angesichts der später folgenden Richtungsangabe zum 17. Dekan nicht mit Sicherheit auszuschließen, ist die Ergänzung ⟨κατὰ⟩ μεσημβρίαν ('im Süden').

In den Originalhoroskopen begegnet μεσημβρία mehrmals in dem noch unpublizierten P. Berlin 9825 (Hor. gr. 319.XI.18–19) zur Angabe ekliptikaler Breiten.[3555] Außerdem begegnet einmal das Adjektiv μεσημβρινός in einem MC-Notat des P. Lond. I 130 (Hor. gr. 81.III.31), Z. 174.

περὶ ἀρρωστίας: Der 25. Dekan wäre im Rahmen der Dodekatropos Dekan Nr. IX 1. Für den neunten Ort der Dodekatropos gibt es im Sinne

---

[3553] Dt. Übers. bei Manitius 1912–1913, II 81: "Die sog. Früh-Kulmination findet statt, wenn der Stern selbst, während die Sonne im östlichen Horizont steht, entweder über oder unter dem Horizont kulminiert."

[3554] Vgl. z.B. Apg 22,6 (das Damaskuserlebnis): Ἐγένετο δέ μοι πορευομένῳ καὶ ἐγγίζοντι τῇ Δαμασκῷ περὶ μεσημβρίαν ἐξαίφνης ἐκ τοῦ οὐρανοῦ περιαστράψαι φῶς ἱκανὸν περὶ ἐμέ, κτλ.

[3555] Die Formulierung lautet jeweils ἀποστὰς ἀπὸ τῶν διὰ μέσων τῶν ζῳδίων ὡς πρὸς τὰς μεσημβρίας ἀναβαίνων/καταβαίνων τὰ νότια (als Gegensatz zu ἀποστὰς ἀπὸ τῶν διὰ μέσων τῶν ζῳδίων ὡς πρὸς τὰς ἄρκτους ἀναβαίνων/καταβαίνων τὰ βόρια).

der Gesamtbesprechung von § 75 eine unvollkommene lateinische Parallele bei Manil. 2,907f. *quae corpora nostra | concipiunt vitia et fortunam* (IX). Wörtliche griechische Parallelen fehlen. Auch in den übrigen Orten der Dodekatropos findet der Wirkungsbereich ἀρρωστία nie Erwähnung. Siehe jedoch Val. 4,12,1 ἀσθένεια (dreimal: VI, XIII, XII). Firm. math. 2,19,7 *causa vitii ac valitudinis* (VI). ibid. 2,19,13 *aegritudines* (XII). – Das Substantiv ἀρρωστία begegnet hier und dort in anderen astrologischen Texten, z.B. in den iatromathematischen Aussagen des P. Oxy. III 465, Z. 43 (vgl. ebd. 40 u. 156 u. 224: ἀρρώστημα).

ὁ δὲ ιθ′: so **P**, hingegen ὁ δὲ θ′ Ep.[4]. Pingree druckt den durch **P** tradierten Text versehentlich und ohne Eintrag im kritischen Apparat als ⟨ι⟩θ′.[3556] Für die sachliche Richtigkeit der Lesart ιθ′, die in **P** klar erkennbar ist, spricht die im Uhrzeigersinn fortschreitende Besprechung der Dekane, die astrologische Prognose und die Zahlensymbolik (s.o. S. 1343).

ἐν τῷ ἀπηλιώτῃ: Die Entwicklung der antiken Windrosen skizziert Mansfeld 1971, 146–155. Danach sind die bei Homer noch fehlenden Winde ἀπηλιώτης und λίψ erstmals bei Herodot namentlich belegt.[3557] In der ersten sicher belegten Windrose, die Aristot. meteor. 2,6 bietet, gilt: ἀπηλιώτης = O, λίψ = WSW.[3558] Timosthenes erweiterte die zehnteilige aristotelische Windrose zu einer zwölfteiligen, aber in der Folgezeit wurde eine etwas einfachere, achtteilige Windrose Standard.[3559] In ihr gilt (ebenso wie in der siebenteiligen des Ps.-Hippocr. hebd. 3, die den NW-Wind aus arithmologischen Gründen auslässt):[3560] ἀπηλιώτης = O, λίψ = SW. In den Astrologentexten finden das Substantiv λίψ und das Adjektiv λιβικός/λιβυκός (zur Orthographie s.u. zu ἐν τοῖς λιβικοῖς) im Sinne von 'Westen' bzw. 'westlich' Verwendung; vgl. z.B. den Gegensatz ἀπηλιώτης (O) – λίψ (W) bei Val. 5,5,3 und den Gegensatz der Adjektive ἀπηλιωτικός (O) – λιβυκός (W) bei Ptol. apotel. 1,6,2. 2,3,7. 3,6,3. 3,7,2. 3,15,4.

[3556] Pingree 1973–1974, I 167,6; wiederholt von Pingree 1978a, II 219, und übernommen von Hübner 1995b, 76[219].

[3557] λίψ: Herod. 2,25,2; ἀπηλιώτης: ebd. 4,22,1. 4,99,3. 4,152,2. 7,188,2. Bei Mansfeld 1971, 151[29], korrigiere "VI" zu "IV".

[3558] Siehe das Diagramm bei Mansfeld 1971, 147.

[3559] Diagramm dieser "anonymous Hellenistic wind-rose" bei Mansfeld 1971, 150 (ebd. Anm. 24 zur obsoleten Attribution an Eratosthenes).

[3560] Diagramm bei Mansfeld 1971, 153. Zum Problem der Datierung dieser Schrift s.o. S. 945.

In den Originalhoroskopen ist ἀπηλιώτης einmal belegt: P. Oxy. astron. 4285 (Hor. gr. 200–300c), col. I,3–4. Für ἀπηλιωτικός bieten sie m.W. keine Belege.

περὶ σίνους: Der 19. Dekan wäre im Rahmen der Dodekatropos Dekan Nr. VII 1. Es gibt im Sinne der Gesamtbesprechung von § 75 zwei relevante wörtliche Parallelen bei Paul. Alex. 24 p. 59,10, Hs.-Familie δ (VII), und Rhet. 5,57,309 ('bisweilen' VII). In den übrigen Orten der Dodekatropos findet der Wirkungsbereich σίνος Erwähnung bei Thras. epit. CCAG VIII 3 (1912), p. 101,6 = Rhet. 6,57,22 (VI), ebd. p. 101,24 = Rhet. 6,57,29 (VI, nach 'Hermes Trismegistos'), im P. Mich. III 149, col. IX,24–25 (VI, nach 'Asklepios'), bei Val. 4,12,1 (zweimal: VI, XII), bei Paul. Alex. 24 p. 57,16 (VI) und p. 61,6, Hs.-Familie δ (VIII), sowie bei Rhet. 5,57,267 (VI).

ἐν τοῖς λιβικοῖς: ἐν τοῖς λιβυκοῖς P, ἐν τῷ λιβί Ep.[4]. Streng genommen gehört zu λίψ nur das Adjektiv λιβικός,[3561] das in Papyri seit dem 1. Jh. n.Chr. belegt ist.[3562] Λιβυκός hingegen gehört zu Λιβύη. In byzantinischer Zeit trat aufgrund der inzwischen gleichen Betonung beider Adjektive eine orthographische Konfusion ein. Daher findet sich häufig – sowohl in den Handschriften als auch in modernen Texteditionen – die etymologisch falsche Schreibung λιβυκός. Ich schließe mich hier dem etymologisch strengen Usus von Boll – Boer 1940 an, die in ihrer Ptolemaiosausgabe regelmäßig λιβικός drucken.[3563] Zur Bezeichnung des Ostens und Westens durch ἀπηλιώτης und λίψ s.o. zu ἐν τῷ ἀπηλιώτῃ.

In den Originalhoroskopen ist λίψ nur in P. Oxy. astron. 4277 (Hor. gr. 150–250b), fr. 1, col. I,13. col. II,10.22. col. III,6, belegt. Für λιβικός/λιβυκός bieten sie m.W. keine Belege.

[ὃ γίνεται ὑπόγειον μεσουράνημα]: so P; γίνεται ὑπόγειον μεσουράνημα καὶ Ep.[4]. Wahrscheinlich eine alte Marginalie, die bereits in α (s. Stemma S. 120) in den Text eingedrungen war, und zwar an falscher Stelle, denn sie gehört zum letzten hier genannten Dekan (ὁ δὲ ἐν τῷ ὑπὸ γῆν), sowohl bezüglich der Sphärenkoordinaten als auch bezüglich der Grammatik, da das nach ἐν τῷ ὑπὸ γῆν zu ergänzende Neutrum κέντρῳ

[3561] Vgl. Beekes 2010, I 842, s.v. λείβω.
[3562] So LSJ s.v. λιβικός; dagegen Hübner 1998a, 28, app. crit. ad l. 464: "quae scriptura [sc. λιβι-] occurrit in papyris inde a primo a. Chr. n. saeculo" (ohne Beleg).
[3563] Die entgegengesetzte Wahl traf Hübner 1998a, XXXII (stets λιβυκός).

das einzige mögliche Bezugswort des Relativpronomens ὅ ist. Eine Transposition anstelle der hier gewählten Athetese erscheint, obwohl die Junktur ὑπόγειον μεσουράνημα in **F2** § 54 für Antigonos belegt ist, nicht sinnvoll, da die Worte redundant sind und keine antiken Parallelen für die unmittelbare Verbindung beider hier überlieferten Benennungen des IMC existieren. Vgl. den Komm. zu **F1** § 22 [Ὑδροχόου].

περὶ γάμου καὶ γυναικῶν: Der 17. Dekan wäre im Rahmen der Dodekatropos Dekan Nr. VI 2. Für den sechsten Ort der Dodekatropos gibt es keine relevanten Parallelen im Sinne der Gesamtbesprechung von § 75. In den übrigen Orten finden die Wirkungsbereiche γάμος und γυναῖκες Erwähnung bei Manil. 2,925 *conubia et thalami et taedae* (X), Thras. epit. CCAG VIII 3 (1912), p. 101,7 = Rhet. 6,57,22 (VII), ebd. p. 101,24 = Rhet. 6,57,30 (VII, nach 'Hermes Trismegistos'), P. Mich. III 149, col. IX,25 γύνη (VII, nach 'Asklepios'), Val. 4,12,1 (dreimal: IV γύνη ἰδία, VII γάμος, X γύνη), Firm. math. 2,19,8 *nuptiae* (VII), Paul. Alex. 24 p. 59,7 γαμοστόλος (VII) und p. 64,16 γάμος (X), Rhet. 5,57,309 γάμος (VII) und 5,57,414 γάμος (X).

Ἅιδου θύρα: eine singuläre Bezeichnung, die an den zweiten Ort der Dodekatropos erinnert, der traditionell Ἅιδου πύλη heißt. Die relevanten Belege bieten Val. 2,15 (tit.). 4,12,1. 4,12,11 (Plural: ἐν ταῖς Ἅιδου πύλαις). Paul. Alex. 24 p. 54,15–16. Olymp. 23 pp. 62,21. 64,10. Rhet. 5,57,107. Kam. zod. 394 (Inversion: κακὴν Πύλην Ἅιδου). Anon. CCAG V 4 (1940), p. 121,8. Anon. Pingree 1976c, p. 194,57; lateinisch: Firm. math. 2,17 *inferna porta* und 2,19,3 *inferna appellatur porta, quod nulla cum horoscopo radiatione coniungitur*. Davon abweichend bezeichnet Manilius als einziger antiker Autor den siebten Ort als *Ditis ianua* (Manil. 2,951; Sacherklärung für die Benennung beider Orte – II u. VII – bei Hübner 1984, 146f., u. Hübner 1995b, 75f.).[3564] Zum Verständnis der hier in **F6** vorliegenden Bezeichnung des 8. Dekans als Ἅιδου θύρα ist vielleicht die Serapion zugeschriebene Auffassung relevant, wonach der dritte Ort, dem ja der 8. Dekan angehört, die Dinge vor dem Tod offenbare, der vierte den Tod selbst, der fünfte das, was nach dem Tod komme:

[3564] Siehe ferner Hübner 1995b, 48f. Nur sehr knapp zur Ἅιδου πύλη: Bouché-Leclercq 1899, 282; leider gar nichts zur astrologischen Ἅιδου πύλη oder Ἅιδου θύρα bei Tasso 2013. – Im Demotischen heißt der zweite Ort nach von Lieven 1999, 123, 'das Haus der Bestimmung des Lebens' (vgl. die griechischen Parallelen im Komm. zu § 75 περὶ βίου).

ὁ μὲν γ′ τὰ πρὸ τοῦ θανάτου, ὁ δὲ τέταρτος αὐτὸν τὸν θάνατον, ὁ δὲ ε′ τὰ μετὰ θάνατον.[3565]

περὶ τέκνων: Der 8. Dekan wäre im Rahmen der Dodekatropos Dekan Nr. III 2. Für den dritten Ort der Dodekatropos gibt es keine relevanten Parallelen im Sinne der Gesamtbesprechung von § 75. In den übrigen Orten findet der Wirkungsbereich τέκνα Erwähnung bei Manil. 2,946f. *natorum ... natura* (I), Thras. epit. CCAG VIII 3 (1912), p. 101,6 = Rhet. 6,57,22 (V), ebd. p. 101,27 = Rhet. 6,57,33 (X, nach 'Hermes Trismegistos'), P. Mich. III 149, col. IX,24 (V, nach 'Asklepios'), Val. 4,12,1 (viermal: IV, V, X, XI), Firm. math. 2,19,6 *filiorum numerus* (V), Paul. Alex. 24 p. 57,10 τέκνα (V) und p. 64,16 τέκνα ἀρσενικά (X) sowie bei Rhet. 5,57,414 τέκνα (X).

ἐν τῷ ὑπὸ γῆν: *scil.* κέντρῳ bzw. τόπῳ. Diese verkürzte Diktion findet sich häufig, in direkt überlieferten Texten allerdings m.W. nicht vor Ptolemaios (apotel. 4,9,15; frühere Belege für Thrasyllos, Dorotheos etc. stammen aus Epitomai und Paraphrasen). Eine extrem brachylogische Formulierung bietet P. Mich. III 149, col. IX,12f.: κέντρα δὲ λέγεται ὡροσκόποι [sic] μεσουράνημα δύσις ὑπὸ γῆν. Vgl. auch z.T. sehr frühe Belege in den Originalhoroskopen (Schreibung oft ohne *spatium* nach der Präposition): P. Oxy. II 235 (Hor. gr. 15–22), Z. 15. P. Oxy. II 307 (Hor. gr. 46.I.3), Z. 20. P. Lond. I 98 (Hor. gr. 95.IV.13), Z. 68. P. Paris 19 (Hor. gr. 137.XII.4), Z. 33 = P. Lond. I 110, Z. 33. P. Oxy. astron. 4277 (Hor. gr. 150–250b), fr. 1, col. II,3.

Die oben erläuterte Zahlensymbolik setzt voraus, dass mit ὁ δὲ ἐν τῷ ὑπὸ γῆν der zehnte Dekan gemeint ist (nur hier fehlt eine konkrete numerische Angabe). Der mögliche astronomische Einwand, das IMC könne in Wahrheit in einen der benachbarten Dekane fallen, bietet kein Problem: Trotz besseren Wissens um mögliche Ausnahmen (s.o. Anm. 1638) war es Standard, das zehnte und vierte Tierkreiszeichen als jeweils oberen und unteren kulminierenden Ort der Dodekatropos zu behandeln. Eine nicht explizit belegte Ausweitung dieser Praxis auf die Dekane, bei denen die Ausnahmen naturgemäß zahlreicher und gravierender sind, ist also zumindest denkbar.

περὶ θανάτου: Der 10. Dekan wäre im Rahmen der Dodekatropos Dekan Nr. IV 1. Es gibt im Sinne der Gesamtbesprechung von § 75 zwei re-

---

[3565] Serap. CCAG VIII 4 (1921), p. 231,32–33.

levante wörtliche Parallelen bei Serap. CCAG VIII 4 (1921), p. 231,32–
33 (IV), u. Val. 4,12,1 (IV); sinngleich: Paul. Alex. 24 p. 56,3–4 τὴν τοῦ
βίου τελευτὴν καὶ τὴν τοῦ σώματος περιστολὴν καὶ τὰ μετὰ θάνατον πάντα. In den übrigen Orten findet der Wirkungsbereich θάνατος
Erwähnung bei Manil. 2,952 *et finem vitae retinetque repagula mortis*
(VII), Thras. epit. CCAG VIII 3 (1912), p. 101,8 = Rhet. 6,57,22 (VIII),
ebd. p. 101,24 = Rhet. 6,57,30 (VII, nach 'Hermes Trismegistos'), P.
Mich. III 149, col. IX,17 (VII), ebd. col. IX,26–27 (VIII, nach 'Asklepios'), Val. 4,12,1 (zweimal: VIII, XII), Firm. math. 2,19,9 *mortis qualitas*
(VIII), Paul. Alex. 24 p. 59,9 θανάτου ποιότης (VII), ebd. p. 61,9 ἡ τοῦ
θανάτου τελευτή (VIII), Rhet. 5,57,346 ὁ περὶ θανάτου λόγος (VIII),
Anon. CCAG V 4 (1940), p. 121,9–10 περὶ θανάτου δηλωτικός (VIII),
Anon. Pingree 1976c, p. 195,84–85 θανατικὸς τόπος (VIII).

§ 76

Mit den Worten οὗτοί εἰσιν οἱ τρόποι οἷς χρῶνται ἐπὶ πάσης γενέσεως οἱ παλαιοὶ Αἰγύπτιοι kehrt Hephaistion zum Ausgangspunkt
seiner Antigonosexzerpte zurück: vgl. **F1** § 21 προσθῶμεν τὸν τρόπον
καθ᾽ ὃν ἄλλοι ἐπισκέπτονται τὰς γενέσεις οἱ περὶ Πετόσιριν καὶ
Νεχεψώ. Statt τρόποι (**P**) überliefert Ep.[4] τόποι. Dieser Lesart gibt Pingree in seiner Edition von Heph. 2,18,76 den Vorzug. Aber schon Ruelle
sprach sich zu Recht für τρόποι aus,[3566] denn Antigonos meint nicht die
'Orte' der vorausgehenden Dekanprognostik, sondern die 'Methoden' der
Alten.[3567] In dem zuletzt genannten Sinn vgl. neben τὸν τρόπον in **F1**
§ 21 auch **F4** § 67 τοιούτῳ τρόπῳ σκέπτεται sowie aus den übrigen
Astrologentexten z.B. Ptol. apotel. 1,21,1 περὶ δὲ τῶν ὁρίων δισσοὶ
μάλιστα φέρονται τρόποι· καὶ ὁ μέν ἐστιν Αἰγυπτιακὸς [...], ὁ δὲ
Χαλδαϊκὸς [...] und mit Blick auf die Kombination mit χρῆσθαι + Dativ
besonders den Anon. de rev. lun. CCAG VIII 2 (1911), p. 127,1–3: οἱ
μὲν οὖν τρόποι [so beide codd.], οἷς οἱ παλαιότεροι ἐχρήσαντο καὶ ὁ
Ἵππαρχος, ἦσαν τοιοῦτοι· ἃ δ᾽ ἐπέστησε πρὸς αὐτὰ ὁ Πτολεμαῖος
ὕστερον ῥηθήσεται. Die Verschreibung in Ep.[4] ist entweder als Dissi-
milationsfehler (τρόποι ... χρῶνται zu τόποι ... χρῶνται) oder durch

---

[3566] CCAG VIII 2 (1911), p. 87,10 app. crit. (mit einem seiner Interpretation entsprechenden drucktechnischen Absatz vor οὗτοί εἰσιν κτλ.).
[3567] Vgl. LSJ s.v. τρόπος VI.

den Inhalt von § 75 zu erklären. Sie ist jedenfalls keine Seltenheit,[3568] und dasselbe gilt für den umgekehrten Fehler (-το- zu -τρο-): vgl. **F1** § 27 am Ende ἰδιοτοπούντων (so richtig Ep.[4] und Exc.[1], aber **P** falsch ἰδιοτροπούντων). Antioch. epit. 1,25 (ex isag. 1), CCAG VIII 3 (1912), p. 117,27 τόπων (emend. Cumont, τρόπων cod.). Val. 9,2,4 u. 9,2,6 (s.o. Anm. 2968).

οἱ παλαιοὶ Αἰγύπτιοι: = Heph. 1 praef. 8. 1,1,9. 1,21,1 (Nech. et Pet. frg. 6). 3,24,2; vgl. ebd. 1,1,1 οἱ παλαιοί. 1,1,7 οἱ παλαιοὶ τῶν Αἰγυπτίων. 1,23,1 οἱ παλαιγενεῖς σοφοὶ Αἰγύπτιοι (Nech. et Pet. frg. 12; cf. Heph. epit. 1,239,1). 2,1,2 οἱ δὲ παλαιοὶ Αἰγύπτιοι οἱ περὶ Πετόσιριν (Nech. et Pet. frg. 14b). 2,1,9 ἡ τῶν παλαιῶν Αἰγυπτίων μέθοδος. Valens beruft sich oft auf οἱ παλαιοὶ beziehungsweise ὁ παλαιός (cf. Pingree 1986, 456, Index s.v.). Gemeint sind 'Nechepsos und Petosiris' (so urteilt auch Boer 1975a, 36). Vgl. **F1** § 21 οἱ περὶ Πετόσιριν καὶ Νεχεψὼ und **F2** § 53 ἐκ τῶν παρὰ τοῖς ἀρχαίοις εἰρημένων (ubi pl.). Vgl. ferner Val. 9,3,1 τὸν παλαιόν, womit Valens eindeutig auf eine der beiden im vorausgehenden Kapitel zitierten Autoritäten Petosiris (9,2,7) und Nechepsos (9,2,8) verweist. Da Val. 9,2,8 m.E. interpoliert ist (s.o. S. 1179), bleibt nur Petosiris.

Im Anschluss an § 76 beendet Hephaistion das Kapitel Περὶ τύχης ἀξιωματικῆς mit einem knappen Schlusswort (Heph. 2,18,77): τοσαῦτα μὲν οὖν ἐκκείσθω περὶ τύχης καὶ βίου καὶ προκοπῆς, ἑτέρου δὲ σκέμματος κατὰ τὸ ἑξῆς ὁμοίως ἀρξώμεθα ('soviel sei also über Glück und Lebensweg und Erfolg auseinandergesetzt, und wir wollen in gleicher Weise eine andere Betrachtung, wie sie in der Reihenfolge der Themen nun ansteht, beginnen').[3569]

[3568] Vgl. auch Val. 6,1,15, wo die Hss. falsch τόπον bieten (τρόπον emend. Kroll), sowie Hübner 1995b, 5[3], zur häufigen Verwechslung von τόπος und τρόπος in den Handschriften.

[3569] Ich folge der Lesart τύχης (Ep.[4]). Pingree druckt ψυχῆς (**P**), ohne sich an dem evidenten Sinnfehler zu stören. Zugunsten von τύχης vgl. außer der Kapitelüberschrift Περὶ τύχης ἀξιωματικῆς die Verbindung mit βίος und προκοπή. Dass τύχη und ψυχή leicht verschrieben werden, zeigt der umgekehrte Fall in **F5** § 73 a.E., wo **P** richtig ψυχαῖς bietet, Ep.[4] jedoch τύχαις.

F7

Nach dem Zeugnis von Antioch. epit. 2,15 = Rhet. 5,15 = Ps.-Porph. isag.
51 p. 223,14–21 begnügten sich Antigonos und ein Ägypter namens
Phnaës (zu diesem s.u. S. 1366) bei der Berechnung der Aspekte nicht
mit einer der gewöhnlichen Methoden, die entweder gradgenau (μοιρικῶς, lat. *partiliter*) oder zeichengenau (ζῳδιακῶς, lat. *platice*) verfahren,
sondern legten eine zeitgenaue Berechnung (χρονικῶς), d.h. basierend
auf den Aufgangszeiten der Tierkreiszeichen, zugrunde. Wenn Antigonos
die zeitgenaue Methode wirklich praktizierte oder zumindest theoretisch
forderte, hebt ihn das aus der Masse der Sterndeuter in die kleine Gruppe
derjenigen empor, die ein diffiziles Problem sphärischer Geometrie in
seiner Relevanz für die Astrologie verstanden und sich die Mühe machten, es in ihren Lehrbüchern zu behandeln.[3570] Das Problem liegt in einer
Inkonsequenz der astrologischen Praxis, nämlich einerseits die Winkel
zwischen den Kardinalpunkten aus der Perspektive des irdischen Subjekts
zu messen, das durch den Sterneneinfluss geprägt wird, jedoch andererseits die Winkel zwischen den Planeten (bzw. zwischen Planeten und
Fixsternen oder zwischen Planeten und Kardinalpunkten) unter Preisgabe
dieser Perspektive zu messen. Die Perspektive des irdischen Subjekts ist
astrologisch die allein richtige,[3571] zugleich aber bezüglich aller Winkel
die mathematisch anspruchsvollere. Im Grunde fordert Antigonos, dass,
wer A sagt, auch B sagen muss: Da die Astrologen akzeptiert haben, dass
die Kardinalpunkte nicht in Zodiakalgraden, sondern nur in Rektaszensionalgraden rechte Winkel bilden, sollten sie dazu übergehen, auch alle
anderen Winkel in Rektaszensionalgraden zu messen. Wir haben es hier
mit einem Gegenstand zu tun, der negative Urteile wie das des Johannes
Lydos (**T1**), Antigonos habe seine Ausführungen durch Einbindung rein
astronomischen Stoffs 'verdunkelt', nachvollziehbar macht und zugleich
die Identität des hier und des dort genannten Antigonos bestätigt.

Das Gesagte lässt sich wie folgt veranschaulichen. In der Astrologie
ist die Bestimmung der Kardinalpunkte (ASC, MC, OCC, IMC), die das
Gesichtsfeld des Beobachters in vier gleich große Quadranten aufteilen,

---

[3570] Bouché-Leclercq 1899, 259, bezeichnet das Problem der Aufgangszeiten als "le pro-
blème qui a tourmenté plus que nul autre les astrologues capables de le comprendre, et
fait plus que nul autre pour discréditer les praticiens de carrefour au profit des vrais
«mathématiciens»".

[3571] Vgl. Hübner 2000a, 1074, der die Aspekte als die Winkel definiert, "die sie [*die Planeten*] von der zentralen Erde aus zueinander oder zu anderen Punkten des Tierkreises
bilden".

und die darauf basierende Einteilung des Horoskops in zwölf Orte (Dodekatropos) von elementarer Bedeutung. Hat man einmal den Schnittpunkt des östlichen Horizonts mit der Ekliptik (ASC) ermittelt, so weiß man dadurch automatisch auch den gegenüberliegenden, 180° entfernten Deszendenten (OCC; im Hadrianhoroskop: ASC = 1° ♒ u. OCC = 1° ♌). Es liegt dann nahe anzunehmen, der senkrecht auf dem Horizont stehende Ortsmeridian, der den bereits in eine obere und eine untere Hälfte geteilten Gesichtskreis in vier gleich große Quadranten teilt, schneide den Tierkreis in exakt 90° Entfernung beiderseits des Aszendenten und des Deszendenten (im Beispiel: 1° ♉ u. 1° ♏). Diese Annahme liegt dem 'ägyptischen' *thema mundi* (Horoskop der Welt), das schon 'Nechepso und Petosiris' lehrten, zugrunde.[3572] In ihm steht der Mond auf 15° Krebs im Aszendenten,[3573] während 15° Widder die Himmelsmitte bildet – ein astronomisches ἀδύνατον.

In Wahrheit ist die in der Astrologie so wichtige Himmelsmitte, die für soziale Stellung, Ehren, Würden und Erfolg steht, fast nie genau 90 Zodiakalgrade vom Aszendenten entfernt, sondern befindet sich in erheblich geringerem oder größerem Abstand.[3574] Im Bereich der Mittelmeerländer kann diese Abweichung leicht zwanzig Zodiakalgrade und (so z.B. im Hadrianhoroskop)[3575] sogar noch mehr betragen, so dass das MC in manchen Horoskopen gar nicht in das dritte, sondern in das zweite oder vierte Tierkreiszeichen vom Aszendenten aus fällt.[3576] Während also die Kardinalpunkte zu jeder Zeit und an jedem Ort der Erde ein perfektes Quadrat in den Gesichtskreis des Beobachters einschreiben, bilden sie innerhalb des Tierkreises fast immer die Eckpunkte eines mehr oder weniger länglichen Rechtecks; und genauso umgekehrt: Ein perfektes in den Tierkreis eingeschriebenes Quadrat (z.B. im Falle Hadrians: 1° ♒ – 1° ♏ – 1° ♌ – 1° ♉) wird aus der Perspektive des irdischen Beobachters zu einem Rechteck verzerrt. Das Rechteck aber hat als geometrische Fi-

---

[3572] Nech. et Pet. frg. 25; s.o. S. 632.

[3573] Der Aszendent auf 15° Krebs symbolisiert den Beginn des ägyptischen Jahres am Anfang der Sothis-Periode, die durch den heliakischen Aufgang des Sirius (Sothis) markiert ist. Zu dieser Zeit steht die Sonne in der Mitte des Löwen. Das alexandrinische Jahr hingegen beginnt, wenn die Sonne in der Jungfrau steht, vgl. Jones 1999a, I 9.

[3574] Das MC ist nur dann 90 Zodiakalgrade vom ASC entfernt, wenn der Horizont den Tierkreis an den Äquinoktialpunkten 1° ♈ und 1° ♎ schneidet.

[3575] Siehe das Diagramm oben S. 587. Ein zodiakaler rechter Winkel läge vor, wenn Hadrians MC auf 1° ♏ fiele. Es fällt aber nach Antigonos auf 22° ♏, *re vera* sogar (in Rom) auf 24° 54′ ♏.

[3576] Vgl. z.B. Val. 5,6,70 (Hor. gr. 120.II.8): ὡροσκόπος Παρθένῳ ... μεσουράνημα Ταύρῳ; allgemeingültige Aussagen antiker Astrologen dazu: s.o. Anm. 1638.

gur mit ungleichen Seitenlängen nichts unter den Aspekten zu suchen.[3577] Man muss sich also mit Bezug auf *alle* Winkel der Geburtskonstellation entscheiden, welcher Referenzkreis maßgeblich ist, der Tierkreis oder der Gesichtskreis des vom Sterneneinfluss betroffenen Menschen im Zentrum des Kosmos.[3578] Die Astrologen entschieden sich, der inneren Logik ihres Lehrgebäudes folgend, für den Gesichtskreis des Menschen.

Der Grund für das beschriebene Phänomen ist die unterschiedliche Auf- und Untergangsgeschwindigkeit der Tierkreiszeichen, deren jeweils dreißig Zodiakalgrade sich im Laufe der täglichen Rotation nicht etwa in jeweils exakt zwei Stunden über den östlichen Horizont erheben und ebensoschnell unter den westlichen hinabsinken, sondern teils schneller, teils langsamer auf- und untergehen, dergestalt, dass schnell aufgehende Zeichen, wenn sie im Westen ankommen, langsam untergehen und umgekehrt. Das Phänomen ist in Abhängigkeit von drei Parametern, einem fixen und zwei variablen, unterschiedlich stark ausgeprägt. Diese Parameter sind die Neigung der Ekliptik gegen den Äquator (etwas mehr als 23°), die geographische Breite des Beobachters sowie die Frage, ob es sich um den östlichen oder westlichen Horizont handelt. Antike Astronomen und Astrologen maßen die Auf- und Untergangszeiten der Tierkreiszeichen, da die Zodiakalgrade hierfür ja unbrauchbar waren, in sogenannten 'Zeitgraden' (μοῖραι χρονικαί),[3579] wobei ein Zeitgrad einem Grad Rektaszension (Aufgang des Himmelsäquators) entspricht. Sie machten sich damit den Umstand zunutze, dass der Himmelsäquator – anders als der Tierkreis – in derselben Ebene liegt, in der die tägliche Rotation der Erde stattfindet, und da diese Rotation gleichförmig ist, gehen gleiche Äquatorbögen in gleichen Zeiten auf oder unter. Man kann folglich Rektaszensionalbögen zur Zeitmessung verwenden, wobei 360° RA[3580] 360 'Zeitgraden' entsprechen. Bei Umrechnung in die modernen Lesern geläufigen Äquinoktialstunden bedeutet dies: 360° RA = 24 Stunden, 1° RA = 4 Minuten.

[3577] Aspektdefinition: Der Gedrittschein ist die Seite eines in den Kreis eingeschriebenen gleichschenkligen Dreiecks, der Geviertschein die Seite eines Quadrat, der Sextilschein die Seite eines Sechsecks, die Opposition der Diameter des Kreises.

[3578] Trifft man diese allgemeingültige Entscheidung nicht, ergeben sich Widersprüche von der Art, dass z.B. zwei Planeten genau im ASC und MC stehen (so z.B. bei Aelius Aristides [Hor. gr. 117.XI.26]: Merkur im ASC, Jupiter im MC) und der Winkel zwischen den Kentra (ASC – MC) als exakte Quadratur gilt, der Winkel zwischen den ebendort stehenden Planeten aber nicht.

[3579] Vgl. Hyps. ll. 58–59 De Falco: ἕκαστος τῶν χρόνων μοῖρα χρονικὴ καλείσθω.

[3580] RA im Folgenden = 'Rektaszension'.

Die Babylonier hatten bereits eine Tabelle linearer Näherungswerte der für ihre geographische Breite gültigen Auf- und Untergangszeiten entworfen. An ihrem Vorgehen orientierte sich der im hellenisierten Ägypten lebende Astronom Hypsikles (um 175 v.Chr.), um in seinem kurzen Traktat über die Aufgänge (*Anaphorikos*) eine eigene Tabelle für Alexandria zu entwerfen, das südlicher liegt als Babylon.[3581] Diese Tabelle des Hypsikles fand enorme Verbreitung gerade unter den Astrologen, so dass sie bald auch einfach als 'die petosirischen Aufgangszeiten' bezeichnet wurde.[3582] Freilich galten ihre Werte nur für die geographische Breite von Alexandria und hätten für jede andere Breite, so wie Hypsikles es vorgemacht hatte, neu berechnet werden müssen. Da dies viel zu umständlich gewesen wäre und man häufig auch die genaue Breite, Grundlage aller Berechnung, nicht kannte, hatte man die Mittelmeerwelt, die sich erheblich weiter in ost-westlicher als nord-südlicher Richtung ausdehnte, vereinfachend in sieben nach bedeutenden Städten (πόλεις ἐπίσημοι) benannte Breitengürtel ('Klimata') unterteilt.[3583] Für jeden Ort innerhalb eines Breitengürtels konnte man sich so unter Verzicht auf letzte Präzision mit bekannten Standardwerten begnügen. Auf die Frage, wer die Erstellung einer solchen, das Werk des Hypsikles ergänzenden Tafel der Auf- und Untergangszeiten für alle sieben astrolo-

---

[3581] Zu Hypsikles siehe außer der Edition von De Falco – Krause 1966 (mit Einführung von O. Neugebauer) auch Van der Waerden 1988, 126–128. Hypsikles' Rückgriff auf babylonische Vorbilder ist schon an der sexagesimalen Rechenweise erkennbar. Leider hat die von Manitius 1888, XVIIff., vorgebrachte These, der *Anaphorikos* sei ein astrologisches Werk, dessen astronomischer Teil dem Hypsikles abzusprechen sei, in der Forschung stark nachgewirkt, so dass man immer wieder auf das Märchen vom Pseudo-Hypsikles stößt. Siehe dagegen Neugebauer bei De Falco – Krause 1966, 18f.

[3582] Vgl. Bouché-Leclercq 1899, 263 u. 268, bes. 262[3] a.E.: "Hypsiclès, comme Alexandrin, était 'Égyptien', et il n'a pas été plus difficile de le déguiser en Pétosiris." Siehe weiter oben Anm. 1182.

[3583] Zu den Sieben Klimata vgl. oben S. 618 u. die Tab. auf S. 624. Dazu ist Folgendes zu ergänzen: 'Klima' bezeichnet ursprünglich die geographische Breite bzw. "Breitenstreifen" (Honigmann 1929, 19). Wörtlich übersetzt ist es die 'Neigung' der einfallenden Sonnenstrahlen gegen den Horizont. Dem Wort 'Klima' im modernen Sinne entspricht ziemlich genau das griechische οὐρανός und lat. *caelum* (vgl. Honigmann 1929, 7). Die sieben *astrologischen* Klimata sind zu unterscheiden von den zahlreicheren *geographischen* Klimata, die weiter nach Süden und Norden ausgreifen. Ebenso dürfen die astrologischen *Klimata* nicht mit den astrologischen *Zonen* verwechselt werden; zu den Zonen s. Hübner 2001a. Völlig unzureichend sind die Bemerkungen von Sauer zum antiken Klimabegriff in Brentjes – Sauer 1999, 603.

gischen Klimata besorgte (Serapion?[3584] Hipparch?[3585]), kann hier nicht
eingegangen werden.

Wie funktioniert nun aber eine zeitgenaue Berechnung der Art, die
Antigonos forderte? Der Kontext unseres Fragments bietet ein detaillier-
tes Beispiel für die Berechnung eines ganzen gleichschenkligen Dreiecks
der Aufgangszeiten für das 1. Klima durch Antiochos (Antioch. epit. 2,15
= Rhet. 5,15 = Ps.-Porph. isag. 51 pp. 224,12–225,14), das aber problematisch ist. Zum einen wissen wir nicht, wer der Urheber ist, zum anderen ist das Beispiel rechnerisch nicht ganz korrekt und fällt methodisch,
indem es die arithmetische Progression der Aufgangszeiten einzelner
Tierkreisgrade vernachlässigt, hinter Hypsikles zurück. Damit ist allerdings nicht gesagt, dass dieses Beispiel nicht von Antigonos stammen
könnte; schließlich rechnet er auch das MC, wie gezeigt,[3586] zwar zeitgenau, aber wahrscheinlich nach der relativ groben Methode, die wir durch
Paul. Alex. 30 kennen. Der interessierte Leser findet das Beispiel des Ps.-
Porphyrios mit Übersetzung und Kommentar in Appendix I (S. 1374).

Wir werden stattdessen zeigen, wie man mit Hilfe der arithmetischen
Reihen der Sieben Klimata, die Antigonos benutzte, einen zeitgenauen
Aspekt sauber rechnet. Hypsikles hatte mathematisch korrekt gezeigt, wie
man die Aufgangsgeschwindigkeit der Einzelgrade eines Zeichens in
einer gleichförmigen Abstufung, wie sie ja auch in seinen Werten für die
Zeichen als ganze zum Ausdruck kommt, berechnen kann. Die Grundidee
ist, drei Werte zu errechnen, zuerst den Faktor, um welchen die Geschwindigkeit von Grad zu Grad steigt (bzw., auf dem Halbbogen von 1°
♈ bis 30° ♍, fällt), und darauf basierend dann die Aufgangsgeschwindigkeit des ersten und letzten Grades eines Zeichens, woraus schließlich
die Aufgangszeit *aller* Einzelgrade errechenbar ist. Neugebauer hat das
Verfahren des Hypsikles und die mathematischen Sätze, die er verwendet, mustergültig erläutert.[3587] Daher können wir uns hier auf das Ergebnis am von Hypsikles gewählten Beispiel des Widders beschränken: Die
arithmetische Progression beträgt im Klima von Alexandria 0° 0′ 13″ 20‴

[3584] So die These von Honigmann 1929, 31–50, bes. 45f. u. 49f., sowie 68, die er jedoch
später zurücknahm (Honigmann 1936, 302[8]; diesen Sinneswandel übersieht Rathmayr
2001, 44[166]).
[3585] Vgl. Jones 1999a, I 283, zu dem ebd. (I 282f. u. II 418f.) publizierten Horoskop P.
Oxy. astron. 4276 (Hor. gr. 150–250a), das die Berechnung des Aszendenten auf ein
hipparchisches Werk über Aufgangszeiten stützt. Jones kommt nach Echtheitsdiskussion
zu dem Ergebnis, Hipparch könne durchaus die babylonischen und hypsikleischen
Schemata auf mehrere Klimata ausgeweitet haben.
[3586] S.o. S. 620–630.
[3587] Neugebauer bei De Falco – Krause 1966, 11–17.

RA pro Zodiakalgrad[3588], die Aufgangsgeschwindigkeit des ersten Grades 0° 40′ 6″ 40‴ RA, die des letzten 0° 46′ 33″ 20‴ RA.[3589] Wenngleich die Genauigkeit des Hypsikles Bewunderung verdient – immerhin entspricht seine kleinste Einheit (1‴ RA) einer Neunhundertstel Zeitsekunde – ist doch klar, dass es selbst bei Benutzung der schon den Babyloniern bekannten Summenformel, wonach die Addition einer ununterbrochenen Reihe ganzer Zahlen von 1 bis Z insgesamt Z (Z+1) : 2 ergibt,[3590] mühsam ist, die Aufgangszeit eines Tierkreisbogens zu berechnen. Wir hatten oben (S. 621 nach Anm. 1170) das Beispiel des Paulos Alexandrinos zur Ermittlung des MC besprochen, in dem sich das Problem ergab, die Aufgangszeit von 0°–15° ♌ korrekt zu ermitteln. Mit Hilfe des hypsikleischen *Anaphorikos* ist diese Aufgabe so lösbar: Im 1. Klima beträgt die Aufgangszeit des ersten Widdergrades 0° 40′ 6″ 40‴ RA und die arithmetische Progression 0° 0′ 13″ 20‴ RA (s.o.), folglich beträgt die Aufgangszeit des 30. Krebsgrades 0° 40′ 6″ 40‴ RA + 119x 0° 0′ 13″ 20‴ RA = 1° 6′ 33″ 20‴ RA, und die des Bogens 0°–15° ♌ entspricht 15x 1° 6′ 33″ 20‴ RA + (15x16:2) x 0° 0′ 13″ 20‴ RA = 16° 38′ 20‴ RA + 0° 26′ 40‴ RA = 17° 5′ RA. Das von Paulos Alexandrinos errechnete Ergebnis (17° 30′ RA) und damit sein MC-Wert insgesamt war also um 25′ RA zu hoch.

Bedenkt man, dass in jeder Nativität nicht nur ein Aspekt, sondern viele zu untersuchen sind, und dass die Aufgangszeiten der übrigen Klimata z.T. schwieriger zu rechnen sind als die für Alexandria,[3591] so verwundert es am Ende wenig, dass auch Antigonos zumindest in den

---

[3588] Hyps. ll. 131–133 De Falco: ἡ ἄρα ζητουμένη ἀναφορικὴ ὑπεροχὴ τῶν ἐν τοῖς δωδεκατημορίοις τριακοστημορίων τῶν ἑξῆς ἀλλήλοις κειμένων ἐστὶν ō οʹ ιγʹʹ χ‴ (cf. l. 161). Das Zeichen für die Null (o) darf nicht mit dem Omikron als Zeichen für 70 verwechselt werden (cf. Jones 1999a, I 61f. u. Hübner 2001b, 66). Zur Null s.o. Anm. 1067.

[3589] Hyps. ll. 158–159 De Falco: ἡ μὲν ἄρα $\overline{αγ}$ ἀνενεχθήσεται ἐν ō μϛʹ λγʹʹ χ‴, ἡ δὲ $\overline{δβ}$ ἐν ō μʹ ϛʹʹ μ‴ ($\overline{αγ}$ bezeichnet dabei den Bogen 29°–30° ♈, $\overline{δβ}$ den Bogen 0°–1° ♈).

[3590] Neugebauer bei De Falco – Krause 1966, 18. Man spricht in diesem Zusammenhang auch von der Dreieckszahl von Z; vgl. Meyer – Suntrup (1987), XIX: "Die Bildung der Summe der arithmetischen Reihe wurde in der Antike und im Mittelalter als *generatio triangulorum numerorum* bezeichnet, da ein gleichseitiges Dreieck entsteht, wenn die einzelnen Glieder der Reihe als Punktreihen übereinander gestellt werden"; z.B. für Z = 5:

[3591] S.o. S. 624, Tab. 9, und darin bes. die nicht nur Bogenminuten, sondern Bogensekunden implizierenden Ausgangsdaten der Klimata Ib, IIa, IIIa, IIIb, IVb, Va, VIa, VIb, VIIb.

drei erhaltenen Nativitäten seine eigene Forderung nicht erfüllt. Er zeigt zwar, dass er die Tabelle des Hypsikles mit den Aufgangszeiten des ersten Klimas kennt, indem er in der Nativität des Pedanius Fuscus die identische Aufgangszeit des Stiers und des Wassermanns von 25° RA erwähnt (**F3** § 66c), und ebenso verfügt er anscheinend über eine auf alle sieben Klimata ausgedehnte Tabelle der Aufgangszeiten, wie seine oben nachvollzogene zeitgenaue Berechnung des MC-Werts im Hadrianhoroskop (**F1** § 22 am Ende) zeigt. Überhaupt rechnete er die Himmelsmitte wohl stets zeitgenau, wie der ebenfalls bereits vorgestellte Fall des zweiten Horoskops zeigt.[3592] Die Aspekte der Planeten zueinander und zu den Kardinalpunkten hat er aber offenbar nach dem herkömmlichen Verfahren bestimmt, nämlich gradgenau (μοιρικῶς) oder sogar nur zeichengenau (ζῳδιακῶς). So sagt er im Hadrianhoroskop, Mars (22° ♓) 'sehe' die Himmelsmitte (**F1** § 32 ὁρῶν τὸν κατὰ κορυφὴν τόπον), und das stimmt sowohl ζῳδιακῶς (4 Zeichen Abstand) als auch μοιρικῶς (exakt 120°), aber nicht χρονικῶς: Das sieht man schon ohne die aufwendige Berechnung nach der Methode des Hypsikles daran, dass gemäß der Tabelle oben S. 624 im Klima Vb (Rom) der 120°-Bogen 0° ♏ – 30° ♒ in genau 120° RA aufgeht, der 120°-Bogen 0° ♐ – 30° ♓ jedoch in nur 98° 40′ RA. Da der 120°-Bogen 22° ♏ – 22° ♓ zwischen beiden, aber wesentlich näher an dem zuletzt genannten liegt, kann seine Aufgangszeit im Klima Vb nur ca. 105° RA betragen. Exakte Berechnung nach der Methode des Hypsikles führt auf 104° 21′ 20″ RA.[3593]

Ebenso deutlich ist der Befund in der zweiten Nativität, wo Antigonos sagt, der Mond (15° ♊) stehe in einem Gedrittschein zu Saturn (20° ♎) und Jupiter (6° ♒): ἐν τριγωνικῷ σχήματι πρός τε Κρόνον καὶ Δία (**F2** § 59). Betrachten wir die drei Planetenpositionen zeichengenau (ζῳδιακῶς), so ist die Aussage evident richtig, da die Zwillinge jeweils vier Zeichen von der Waage und vom Wassermann entfernt sind; die drei Zeichen bilden zusammen ein in den Tierkreis eingeschriebenes Dreieck. Bei exakter Messung der Zodiakalgrade (μοιρικῶς) steht der Mond 129° von Jupiter und 125° von Saturn entfernt, was je nach Definition der Toleranzwerte für Planetenaspekte noch als Gedrittschein gelten könnte.[3594] Untersuchen wir die Aspekte zuletzt im Sinne der Aufgangszeiten (χρονικῶς), so sieht man gleich, dass das Bogensegment zwischen Mond (15° ♊) und Saturn (20° ♎) fast vollständig (0° ♋ – 20° ♎) im

---

[3592] Zu beiden Berechnungen s.o. S. 615–631.
[3593] Nachweis in Appendix III, Punkt a (S. 1380).
[3594] Siehe oben zu **F1** § 32 ὁρᾷ.

Bereich der langsam aufgehenden Zeichen liegt; nur sein erster Teil (15°–30° ♊) gehört zu den schnell aufgehenden. Die Gesamtaufgangszeit dieses Tierkreissegments wird also gewiss weit über 120° RA betragen, und schon durch grobes Überschlagen der Werte für Klima Ia, nach dem ja wahrscheinlich das MC dieser Nativität gerechnet wurde (s.o. S. 625),[3595] bestätigt sich dies: 14° 10′ RA (halbe Aufgangszeit der Zwillinge) + 31° 40′ RA (♋) + 35° RA (♌) + 38° 20′ RA (♍) + ⅔ x 38° 20′ RA (für 0°–20° ♎) macht ca. 145° RA. Exakte Berechnung nach der Methode des Hypsikles führt auf 145° 53′ 53″ 20‴ RA.[3596] Von einem zeitgenauen Gedrittschein kann also überhaupt keine Rede sein.

Auch sonst bieten die erhaltenen Fragmente des Antigonos keinen Fall von zeitgenau gerechneten Aspekten, und auch das für solche Aspekte charakteristische Attribut ἰσοσκελής kommt nicht vor.[3597] Man wird zwar vorsichtig sein müssen, aus drei Horoskopen auf die Gesamtproduktion eines Autors zu schließen. Aber neben der Kompliziertheit zeitgenauer Berechnungen sprechen noch weitere Gründe gegen die Umsetzung der theoretischen Forderung in die Praxis. So nimmt Antigonos zum Beispiel zweimal Bezug auf die zu seiner Zeit längst etablierte Lehre von den vier in den Tierkreis eingeschriebenen Dreiecken und ihren Herrschern, den Trigonokratoren.[3598] Diese Lehre ist aber rein zeichenorientiert (ζῳδιακῶς) und erlaubt keine Umgestaltung im Sinne der Berechnung nach Aufgangszeiten. Wir sehen also, wie die Forderung nach zeitgenauer Berechnung der Aspekte zu einem verwirrenden Nebeneinander unterschiedlicher Systeme führen würde. Ein weiteres praktisches Hindernis für die konsequente Umsetzung der Forderung nach zeitgenauer Aspektberechnung liegt darin, dass ein Astrologe seine Horoskope in der Regel für Kunden oder für ein Lesepublikum entwarf, das bestenfalls mit zeichen- oder gradgenauen Aspekten vertraut war und die aufwendige neue Methode der zeitgenauen Aspektrechnung verwirrend gefunden hätte.

Schließlich ist noch darauf hinzuweisen, dass Antigonos auch die Einteilung der Nativitäten in zwölf Orte (Dodekatropos), die eigentlich eine Dreiteilung jedes durch die Kardinalpunkte markierten Quadranten bedeutet und konsequenterweise ebenso wie die Kardinalpunkte selbst

---

[3595] Im 1. Klima ist außerdem die Differenz zwischen langsamen und schnellen Aufgängen aufgrund der Äquatornähe noch am geringsten ausgeprägt.

[3596] Nachweis in Appendix III, Punkt b (S. 1381).

[3597] Vgl. hier in **F7**: καὶ ὠνόμασαν ἰσοσκελὲς τρίγωνον τῶν ἀναφορῶν τῶν ζῳδίων.

[3598] Vgl. **F1** § 26 ἐν ἰδίῳ τριγώνῳ (mit Komm. zur Stelle) und **F1** § 32 ἐν Ἰχθύσι τῷ ἰδίῳ τριγώνῳ.

nach Aufgangszeiten berechnet werden müsste, ganz simpel vornimmt: Jeder Ort entspricht bei ihm einem Tierkreiszeichen.[3599]

Die von Antigonos zumindest theoretisch geforderte Aspektrechnung nach Aufgangszeiten blieb ohne erkennbare Wirkung auf die Entwicklung der abendländischen Astrologie. In der Praxis scheint Antigonos so vorgegangen zu sein, wie es im Prinzip noch heute unter Astrologen üblich ist: Bestimmung des MC und IMC gemäß den Aufgangszeiten, aber Berechnung der Aspekte nach Zodiakalgraden (oder einfach nur nach ganzen Zeichen). Die zwölf Orte berechnet man heute allerdings konsequent nach Aufgangszeiten.

συσχηματισμῶν: Zu συσχηματισμός und verwandten *termini technici* vgl. R. Torre in Orlando – Torre 1991, 304, Abb. IV, u. ebd. 305 mit Anm. 31. Siehe ferner oben zu **F1** § [22add.] μαρτυρεῖ.

κατὰ τὸν πρόχειρον κανόνα Πτολεμαίου: Der korrekte Titel ist pluralisch, Πρόχειροι κανόνες.[3600] Zur Bedeutung 'handlich, die Berechnung erleichternd' vgl. Rome 1931–1943, II lxxx[6], und Tihon 1985, 106[4].

καθὼς ἐν τοῖς ἔμπροσθεν ἀπεδείξαμεν: Gemeint ist Porph. isag. 41.

Ἀντίγονος: In den Handschriften verschrieben zu Ἀντίγωνος, vielleicht wegen der vielen Winkelbezeichnungen im ersten Satz (τριγώνων καὶ τετραγώνων καὶ ἑξαγώνων) und in der Überschrift.

Φνάης ὁ Αἰγύπτιος: Bouché-Leclercq 1899, 178f., bezweifelte, dass es sich um einen echten Ägypter handeln könne, da die Ägypter sich dem Problem der verschiedenen Aufgangsgeschwindigkeiten der Tierkreiszeichen vor wie nach ihrem Kontakt mit den Griechen ganz und gar verschlossen hätten (179[2] u. 260). Er ging davon aus, Porphyrios (*re vera* Antiochos von Athen) habe den Namen nur aus dem Handbuch des Antigonos gekannt und dieser habe sich seinerseits auf einen – sei es historischen oder fiktiven – ehrwürdigen Ägypter berufen, um seiner Neuerung in der Aspektrechnung Ansehen zu verleihen (ebd. 178): "il dut la mettre sous le nom d'un vénérable 'Égyptien', Phnaès, déjà connu ou

---

[3599] S.o., Kommentar zu **F1** § 26 ἐπὶ τοῦ ὡροσκόπου, bes. S. 691.
[3600] Ed. J.L. Heiberg, Ptol. op. omn. vol. II, Leipzig 1907, pp. 157–185.

inventé pour la circonstance."[3601] 'Phnaës' wäre also ein astrologisches Pseudonym wie 'Nechepsos und Petosiris' oder 'Manethon'.

Noch weiter ging Pingree, der mit Bezug auf die hiesige Stelle erwog, der Name 'Phnaës' sei eine paläographisch bedingte Verderbnis aus 'Valens' ("ΦΝΑΗC from ΟΥΑΛΗC?").[3602] Dagegen spricht aber nicht nur die verbürgte Herkunft des Valens aus Antiochia, sondern auch der Umstand, dass sich im CCAG VIII 1 (1929), p. 238,12, in einem Rhetorioskapitel zur Bestimmung der Lebenszeit (Πῶς δεῖ ζητεῖν περὶ χρόνων ζωῆς, = Rhet. epit. 4,16) eine weitere, zumindest Bouché-Leclercq noch unbekannte Erwähnung eines ägyptischen Astrologen Phnaïs findet, der ebenso wie Valens eine vom Hausherrn der Nativität ausgehende Methode gelehrt habe: φησὶ δὲ καὶ Φναῖς ὁ Αἰγύπτιος καὶ Οὐάλης ἐν τῷ ε′ κεφαλαίῳ τοῦ γ′ βιβλίου [= Val. 3,3 bei Pingree 1986] ὅτι δεῖ ζητεῖν τὸν οἰκοδεσπότην τῆς γενέσεως κτλ.).[3603] Aufgrund dieses Textes wies bereits der Editor, Franz Cumont, die Vermutung Bouché-Leclercqs, Antigonos habe den Ägypter Phnaës erfunden, ohne Nennung von Gründen zurück.[3604] Nun gibt allerdings Pingree zu bedenken, dass der Redaktor von Rhet. epit. 4,16, sofern er mit Demophilos (um 990 n.Chr.) identifiziert werden dürfe, den Namen des Phnaës aus Ps.-Porph. isag. 51 (dies ist ja eines der von Demophilos an die *Isagoge* des Porphyrios angehängten Kapitel)[3605] gekannt haben würde.[3606] Ist also die Erwähnung des Phnaës in Rhet. epit. 4,16 gar keine unabhängige Parallele zu derjenigen in Ps.-Porph. isag. 51? Wir dürfen diesen Zweifel aus folgendem Grund verwerfen: Die Lehre, die Rhet. epit. 4,16 nach Phnaës und Valens referiert (CCAG VIII 1, 1929, pp. 238,13–239,2), ist aus Ps.-Porph. isag. 51 in keiner Weise zu entnehmen, und was Valens betrifft, weist sie zwar eine enge thematische Entsprechung mit dem in Rhet. epit. 4,16 ausdrücklich zitierten Kapitel Val. 3,3 auf, aber zahlreiche Einzel-

---

[3601] Vgl. Riess 1894: "Phnaes [...] wohl der angebliche Gewährsmann für A[ntigonos]"; Kroll 1941, 308: "jener [Ant.] hatte sich wohl auf ihn [Phn.] berufen".

[3602] Burnett – Pingree 1997, 135.

[3603] Schon Cumont 1918/19, 52², verwies auf diesen Beleg für den Namen Phnaïs, nannte aber irrtümlich cod. Paris. gr. 2506, f. 22ᵛ, cap. 22 (richtig: f. 20ᵛ, cap. 16; mit dieser korrekten Angabe erneut zitiert durch Cumont CCAG VIII 4, 1921, p. 115 a.E.). – Auf die zitierte Stelle aus Rhet. epit. 4,16 wurde bereits oben in Anm. 2464 in anderem Zusammenhang eingegangen.

[3604] CCAG VIII 1 (1929), p. 238².

[3605] S.o. S. 26 bei Anm. 109.

[3606] Pingree 1977a, 218: "The last name [*i.e. Phnaes the Egyptian*] Demophilus would have known from Porphyrius 51". Siehe neben Pingree 1977a, 216, auch Pingree 2001a, 11, zu der Annahme, Rhet. epit. 4,16 sei durch die Hände des Demophilos gegangen.

heiten, die die Rhetorios-Epitome nennt, sucht man bei Val. 3,3 vergebens. Man gewinnt den Eindruck, dass die Epitome primär einer anderen
Quelle folgt, eben 'Phnaës', der ja auch vor Valens genannt wird, und
dass vielleicht Valens ebenso wie Rhet. epit. 4,16 von 'Phnaës' abhängt.[3607] Beachtung verdient in diesem Zusammenhang, dass die Epitome zweimal durch den Singular ποιεῖ (pp. 238,22 u. 239,2)[3608] zeigt,
dass sie eigentlich nur *einem* Gewährsmann folgt, und dass beidemal das
im unmittelbaren Kontext Gesagte kein Gegenstück bei Val. 3,3 hat.

Es muss also mindestens zwei fachliterarische Lehraussagen gegeben
haben, die entweder direkt unter dem Namen 'Phnaës' oder indirekt unter
Berufung auf einen 'Phnaës' abgefasst waren. Diese Lehraussagen waren
zwar, wie gezeigt, inhaltlich verschieden, basierten aber interessanterweise beide auf den Aufgangszeiten der Tierkreiszeichen. Der echte oder
fiktive 'Phnaës' galt anscheinend als Spezialist für dieses Thema.

Es ist nun an der Zeit, den Namen Φνάης beziehungsweise Φνάϊς an
sich zu untersuchen. Eine ganz ähnliche Namensform, Φνᾶς, bietet das
Ostrakon O. Tait P. 240.[3609] Außerdem begegnet in P. Oxy. IV 736,14 der
Frauenname Φνᾶ.[3610] Ein Urteil zu dem hier vorliegenden Namenspro-
blem muss freilich kompetenteren Kollegen vorbehalten bleiben. Ich danke dem Ägyptologen Heinz J. Thissen (Köln) für den folgenden Vorschlag einer Erklärung:[3611]

"1. Φνάϊς beziehungsweise Φνάης sind Formen desselben Namens.

2. Ich führe diese Namensform(en) auf den ägyptischen Namen *P3-
nḥs* "der Nubier" zurück [...]. Dieser Name ist seit dem Neuen Reich als
Personenname belegt, in griechisch-römischer Zeit überaus häufig. Er hat
also keinerlei Bedeutung als ethnische Bezeichnung und lebt heute noch
– über die hebräische Wiedergabe פִּנְחָס als *Pinkas* weiter.

3. Die griechischen Transkriptionen des ägyptischen Namens sind
von der hebräischen verschieden, da äg. *ḥ* (≈ arab. *ḥ*) nie mit -χ- wieder-

---

[3607] In der Tat beruft sich Val. 3,3,2 auf eine ältere Quelle (τοῦ παλαιοῦ), die schon
Kroll – angesichts des Inhalts vermutlich zu Recht – für Petosiris hielt (daher = Nech. et
Pet. frg. +8); siehe jedoch Cumont, der erwägt, der 'Alte' sei nicht Petosiris, sondern
Phnaës (CCAG VIII 1, 1929, p. 238²).

[3608] Cumont druckt an beiden Stellen ποίει.

[3609] Vgl. Foraboschi 1971, 336.

[3610] Vgl. Preisigke 1922, 466. Keine Belege für Φνάης im LGPN (Bd. I–IIIa), oder bei
Osborne – Byrne 1996.

[3611] Brief vom 09.03.2003, mit der Einschränkung: "der folgende Vorschlag einer Erklärung der Namen Φνάϊς bzw. Φνάης erhebt natürlich keinen Anspruch auf absolute
Wahrheit".

gegeben wird; es wird mangels einer Entsprechung zu dem ägyptischen Laryngal einfach weggelassen. So finden Sie in der *Septuaginta* die Form Φινεες (Ex. 6, 25), in griechischen Urkunden die Formen Πνασ(ις), Πινας, (fem. Θνας, Τνας) und den Ortsnamen Δαφναι, Ταφναι, kopt. ⲧⲁⲫⲛⲁⲥ, in dem ebenfalls *-p3-nḥs* steckt.

4. Der aspirierte Artikel Φ- in Φναης deutet auf unterägyptische Herkunft; das ist eine auch bei anderen griechischen Schriftstellern, die ja in Unterägypten (z. B. Alexandria) wirkten, bei Gebrauch griechischer Transkriptionen ägyptischer Wörter zu beobachtende Erscheinung (Plutarch, Horapollon u. a.). Der Unterschied zu den o. a. griechischen Namensformen besteht in der Anfügung einer anderen Endung, aber darin sehe ich keine Schwierigkeit."

Zusammenfassend ist festzuhalten, dass Phnaës entweder ein echter Ägypter oder ein gut erfundenes Pseudonym ist. Dass Antigonos sich auf Phnaës berief, ist gut möglich; der Name könnte aber auch auf anderem Wege zu Antiochos, der Quelle für **F7**, gelangt sein.[3612]

καὶ ὠνόμασαν 'ἰσοσκελὲς τρίγωνον τῶν ἀναφορῶν τῶν ζῳδίων': Auch die Beispiele, die Ps.-Porph. isag. 51 im Folgenden bietet, beziehen sich ausschließlich auf Gedrittscheine. Zu dem Begriff ἰσοσκελὲς τρίγωνον τῶν ἀναφορῶν siehe den Kommentar von Bezza 2005, 291. – Wolf 1559, 201, übersetzte die Stelle wie folgt: *alterum est temporale quod Antigonus & Phnanes* (sic) *Aegyptius et alij quidam subiunxerunt & nominarunt æquicrurium triangulum ascensionis signorum.*

εἰς ἣν πάντες πλανώμεθα: Die ebenso einfache wie grobe Form der zeichengenauen Aspektanalyse war weit verbreitet. Sie wurde bis zum Ausgang der Spätantike immer wieder wohlwollend beurteilt, z.B. von Rhet. 5,9,1 (nach Burnett – Pingree 1997, 135). Gleichwohl musste sie jedem, der etwas auf seine astronomische Kompetenz und seine Rechenkünste hielt, als 'Verirrung' erscheinen. Der Begriff πλάνη kann je nach Kontext eine ziemlich starke Bedeutung haben und in christlichen Texten 'Häresie' bedeuten (vgl. Anm. 549).

[3612] Zur Rezeption: Im 16. Jh. las Girlamo Cardano den Namen fälschlich als 'Psnanus' und glaubte, Antigonos sei ein Ägypter: "Meminit & Porphyrius in nulla alia re utilis quàm in commemorandis huiusmodi nominibus Trasibuli [*i.e. Thrasylli*] & Petosiridis [...], sed et Antigoni & Psnani Aegyptiorum" (Cardanus 1578a, 194, = Cardano 1663, 159a). Zu der Namensform 'Psnanus' vgl. den Kommentar zum folgenden Lemma.

F8

Der Text ist der Schlusssatz eines aus dem Werk des Rhetorios[3613] exzerpierten Kapitels 'Über Eltern' (Περὶ γονέων, Rhet. epit. 4,24),[3614] das A. Olivieri im CCAG II (1900), pp. 187–188, aus zwei Handschriften ediert hat.[3615] Aus derselben Epitome stammt **T5** (s.o. S. 520).

Während das erste Drittel dieses Kapitels sich auf die Signifikanz der Lose (des Vaters, der Mutter, des Glücks, des Daimon)[3616] für das Thema 'Eltern' konzentriert und das zweite Drittel weitere Kriterien ins Spiel bringt, ist das letzte Drittel solchen Lehren gewidmet, die Aussagen über Eltern aus den Syzygien der Luminare ableiten. Dieser letzte Teil ist in vollständigerer Form als ein eigenes Kapitel bei Rhet. 5,101 Περὶ γονέων ἀπὸ συνοδοπανσελήνων überliefert. Ein Vergleich zeigt, dass dessen erster Paragraph (Rhet. 5,101,1) in Rhet. epit. 4,24 ganz fehlt und die folgenden (Rhet. 5,101,2–5) etwas ausführlicher als das Gegenstück in Rhet. epit. 4,24 p. 188,10–17 sind. Danach enden beide Kapitel umfangmäßig und inhaltlich (aber nicht wörtlich) gleich (Rhet. 5,101,6–9 ~ Rhet. epit. 4,24 p. 188,17–25), wobei der Schlusssatz beider Versionen unser Fragment **F8** ist, allerdings mit dem Unterschied, dass der Name des Antigonos in Rhet. 5,101,9 anonymisiert ist: εὗρόν τε καὶ ἐν ἄλλῳ σοφῷ ὅτι ἡ μὲν σύνοδος ἢ ἡ πανσέληνος τὴν μητέρα σημαίνουσιν, οἱ δὲ τούτων οἰκοδεσπόται τὸν πατέρα. Die hiesige Edition und Kommentierung basiert daher auf dem Wortlaut in Rhet. epit. 4,24.

Unter einer Syzygie (συζυγία) verstehen die Astrologen sowohl die Konjunktion von Sonne und Mond (σύνοδος, = Neumond) als auch deren Opposition (πανσέληνος, = Vollmond), genauer gesagt: die letzte der Geburt eines Individuums vorausgehende Konjunktion beziehungsweise Opposition (s.o. S. 1094–1096). Dabei gilt traditionell die im Griechischen und Lateinischen männliche Sonne als Symbol des Vaters, der im Griechischen und Lateinischen weibliche Mond als Symbol der Mut-

---

[3613] Zu Rhetorios s.o. Anm. 100.

[3614] Vgl. Pingree 1977a, 218.

[3615] Die Hss. sind cod. Marc. 335, cap. 115 (ριε′), f. 113ʳ (cf. A. Olivieri, CCAG II, 1900, p. 44) und cod. Paris. gr. 2506, cap. 24 (κδ′), f. 23ʳ (cf. F. Cumont, CCAG VIII 1, 1929, p. 77). Zwei weitere, vom Paris. gr. 2506 abhängende Hss. nennt Pingree 1977a, 217.

[3616] κλῆρος τῆς μητρός, κλῆρος τοῦ πατρός, κλῆρος τῆς Τύχης, κλῆρος τοῦ Δαίμονος.

ter.[3617] Die Prognostik zum Thema 'Eltern' auf der Grundlage der Syzygien ist insofern naturgemäß (κατὰ φύσιν), als die astronomisch der Geburtsstunde vorausgehenden Syzygien mit den Eltern assoziiert werden, die biologisch dem von ihnen abstammenden Kind vorausgehen.

In dem den Syzygien gewidmeten Schlussteil beider Kapitel (Rhet. epit. 4,24 u. Rhet. 5,101) führt der Gedanke wie folgt zur Erwähnung des Antigonos: Wenige Zeilen davor konstatiert der hinter der ersten Person Singular (**F8** εὗρον) stehende Verfasser (der Epitomator? Rhetorios? oder gar Antiochos von Athen?)[3618] Folgendes: Wie er selbst durch Prüfung festgestellt habe, bezeichne die Konjunktion und ihr Hausherr das Leben des Vaters, der Mond und sein Hausherr das der Mutter (ὡς δ' ἐγὼ ἐδοκίμασα, ἡ μὲν σύνοδος καὶ ὁ οἰκοδεσπότης αὐτῆς τὸν πατρικὸν βίον σημαίνει, ἡ δὲ Σελήνη καὶ ὁ οἰκοδεσπότης αὐτῆς τὸν μητρικόν).[3619] Mit der Konjunktion meint er das Tierkreiszeichen, in dem die der Geburt vorausgehende Konjunktion (Neumond) stattfand, mit dem Mond dasjenige, in dem bei der vorausgehenden Opposition (Vollmond) der Mond stand. Die den Vater betreffende Prognose beruht also auf demjenigen Tierkreiszeichen (und seinem planetaren Hausherrn), in dem die Sonne zuletzt dominiert und den Mond unsichtbar gemacht hat, die die Mutter betreffende auf demjenigen Zeichen (und Hausherrn), in dem der volle Mond zuletzt in ganzer Pracht am Nachthimmel gestrahlt hat. Zur Illustration möge für uns Hadrian (**F1**) dienen: Über dessen Vater würden nach der soeben referierten Regel der Steinbock[3620] und Saturn Auskunft geben, über seine Mutter der Krebs[3621] und der Mond.[3622]

Es folgt der beide Kapitel abschließende Hinweis auf Antigonos bzw. auf den 'anderen Weisen' (Rhet. 5,101,9), welcher insofern anders verfuhr, als er angeblich die Prognose für die Mutter in jedem Fall von

---

[3617] So bereits Dor. p. 327,16–17 (= Heph. 2,4,20 = Dor. frg. 28a St.) Ἡλίου μὲν δηλονότι σημαίνοντος τὰ περὶ τὸν πατέρα, Σελήνης δὲ τὰ περὶ τὴν μητέρα. Vgl. z.B. Ptol. apotel. 3,5,1.

[3618] Rhetorios integrierte große Exzerpte aus den Werken des Antiochos von Athen in sein eigenes Kompendium. Dafür, dass speziell die hiesige Stelle auf Antiochos zurückgehen könnte, und zwar auf die *Thesauroi*, spricht Antioch. epit. 3a,82 (ex thes.), CCAG VIII 3 (1912), p. 110,19 (= Rhet. 6,61,104) Περὶ γονέων ἀπὸ συνόδων ⟨καὶ⟩ πανσελήνων [Rhet.: συνοδοπανσελήνων] (leider ohne weitere Details).

[3619] Rhet. epit. 4,24, CCAG II (1900), p. 188,17–19; beinahe wörtlich gleich lautet Rhet. 5,101,6.

[3620] Ort der letzten Konjunktion (Neumond); s.o. S. 773.

[3621] Ort der letzten Opposition (Vollmond) am 10.01.76 n.Chr. auf ca. 18° ♋ trop. = ca. 23° ♋ sid.

[3622] S.o. zu **F1** § 27 ἐν τῷ ἰδίῳ οἴκῳ.

einem Tierkreiszeichen nahm (dem der pränatalen Konjunktion oder Opposition), die für den Vater hingegen in jedem Fall von einem Planeten (dem Hausherrn der genannten Konjunktion bzw. Opposition). Wahrscheinlich stellte Antigonos die Wahl zwischen Konjunktion und Opposition (ἡ σύνοδος ἢ ἡ πανσέληνος) nicht in das Belieben des Interpreten, sondern forderte, die chronologisch nähere Syzygie zu wählen. [3623] Darüber lässt sich freilich nichts Gewisses sagen, da der Epitomator keine Details bietet und auch keine Parallelen für die Eltern-Lehre des Antigonos in den Werken anderer Astrologen erhalten sind. Der äußere Anschein, dass die Eltern-Lehre des Antigonos eine Hierarchie der Geschlechter impliziere (Herrschaft des Vaters über die Mutter), trifft möglicherweise zu. Man sollte aber bedenken, dass, falls Antigonos (in Übereinstimmung mit älterer Tradition?) die Wahl der zeitlich näheren Syzygie forderte und nur Tierkreiszeichen und deren Hausherren zur Interpretation verfügbar sind, der Rekurs auf einen 'herrschenden' Elternteil aus astronomischen Gründen nötig wird: Im Falle einer Konjunktion ist das Tierkreiszeichen beider Luminare dasselbe, und die Differenzierung der beiden Elternschicksale ist dann nur noch möglich, indem ein Elternteil auf das Tierkreiszeichen und der andere Teil auf den planetaren Hausherrn desselben bezogen wird.[3624] Im Falle von **F2** und **F3**, wo die letzte pränatale Syzygie beide Male eine Konjunktion (Neumond) im Widder war, würde die Eltern-Lehre des Antigonos also[3625] zu dem Ergebnis führen, dass der Widder über die Mutter und Mars über den Vater Auskunft gibt. In Fällen wie **F1** (Hadrian), wo die letzte pränatale Syzygie eine Opposition der Luminare war (Sonne im Steinbock, Mond im Krebs), stehen je zwei Tierkreiszeichen und Hausherren zur Verfügung; in diesen Fällen dürften wohl das den vollen Mond beherbergende Tierkreiszeichen (über die Mutter) und der dazugehörige Hausherr (über den Vater) entscheiden.

Ganz anders als die hier besprochenen, auf den Syzygien der Luminare beruhenden Verfahren ist die Methode des Ptolemaios in dem den

---

[3623] Ähnlich wie z.B. Ptol. apotel. 3,3,3 (zit. in Anm. 2764) im Kapitel über den Aszendenten.

[3624] Vgl. den Rhetorios-Epitomator im hiesigen Kontext (Rhet. epit. 4,24, CCAG II, 1900, p. 188,19–20): πολλάκις γὰρ συμβαίνει τὸν πατέρα εὐγενῆ εἶναι, τὴν δὲ μητέρα δούλην ('oft nämlich trifft es sich, dass der Vater von vornehmer Geburt ist, die Mutter hingegen eine Sklavin'). Wörtlich gleich lautet Rhet. 5,101,7 (dort jedoch δὲ statt γὰρ).

[3625] D.h. falls Antigonos wirklich die Wahl der zeitlich näheren Syzygie forderte.

Eltern gewidmeten Kapitel (Ptol. apotel. 3,5,1–4).[3626] Wieder andere Methoden rekurrieren auf den 4. Ort der Dodekatropos oder, wie bereits erwähnt (s.o. S. 1370), auf die Lose. Entfernt vergleichbar mit **F8** ist jedoch die gedankliche Struktur eines Lehrsatzes der Katarchenhoroskopie des Petosiris, die Iul. Laod. CCAG I (1898), p. 138,1–21 (= Nech. et Pet. frg. +23), bewahrt (s.o. Anm. 1300). Darin heißt es (p. 138,7–9): αἱ μὲν γὰρ ἀρχαὶ παντὸς πράγματος ἀπὸ Σελήνης λαμβάνονται, τὰ δὲ τέλη ἀπὸ τοῦ οἰκοδεσπότου αὐτῆς. Da die von Antigonos geforderte Beachtung der pränatalen Syzygien auf mesopotamische Wurzeln zurückgeht[3627] und älter als die Lehren von der Dodekatropos und die von den Losen ist, gewinnt man erneut den Eindruck, dass unser Autor sich an alte Traditionen aus der frühen Phase der hellenistischen Astrologie hält.

ἡ μὲν σύνοδος ἢ ἡ πανσέληνος τὴν μητέρα σημαίνει: s.o. zu **F1** § 40 [sc. ἐὰν] ἐπὶ φάσιν δὲ φέρηται συνοδικὴν ἢ καὶ πανσεληνιακήν.

σημαίνει: Die spätantiken Exzerptoren beachteten nicht immer mit der wünschenswerten Sorgfalt die philosophisch bedeutende Frage, ob die Sterne Ursachen oder Zeichen der zukünftigen Ereignisse seien (vgl. Plot. enn. 2,3 u.ö.). So vermischt z.B. Hephaistion (Heph. 1,23 = Nech. et Pet. frg. 12)[3628] die beiden Terminologien in seinem Referat der Jahresprognosen, die die παλαιγενεῖς σοφοὶ Αἰγύπτιοι (1,23,1) an die heliakischen Aufgänge des Sirius knüpften: ἀνατείλας δὲ μέγας καὶ λαμπρὸς ... σημαίνει. μέλας δὲ ἀνατείλας λοιμὸν ποιεῖ (1,23,6–7 = frg. 12,20–26), und: ἐν δὲ Σκορπίῳ σημαίνει λοιμὸν ... , ἐν δὲ Αἰγοκέρωτι ἀποτελέσει μεγάλην ἀνάβασιν κτλ. (1,23,22 = frg. 12,139–142).[3629] Da σημαίνειν nach Böker 1962, 1619–1623, der explizit (ebd. 1623) an Pfeiffer 1916 anknüpft, die (im Vergleich mit ποιεῖν) ältere, prä-astrologische Terminologie ist und in den übrigen Antigonos-Fragmenten ausnahmslos die Terminologie im Sinne der ursächlichen Sternenwirkung begegnet (s.o. zu **F1** § 31 ἀπετελέσθη), ist der hiesige singuläre Gebrauch von σημαίνειν wahrscheinlich dem Rhetorios oder seinem Epitomator, jedenfalls nicht dem Antigonos zuzuschreiben.

[3626] Dazu siehe Denningmann 2005, 293–299.

[3627] S.o. Anm. 1803.

[3628] Zur ungewissen Authentizität dieses Fragments s. Pingree 1974b, 548.

[3629] Siehe auch das Nebeneinander der Begriffe σημαίνει und ἀποτέλεσμα in Heph. 1,23,11 (= Nech. et Pet. frg. 12,42–44).

Appendices

Appendix I

Als Ergänzung des Kommentars zu **F7** wird hier das Beispiel in Ps.-Porph. isag. 51 für die Berechnung eines ganzen gleichschenkligen Dreiecks der Aufgangszeiten vorgestellt. Der Text folgt, sofern nicht in den Fußnoten anders vermerkt, der Edition von Boer – Weinstock 1940, pp. 224,9–225,14.[3630] Die Handschriften **D** (Laur. 28,20) und **L** (Laur. 28,34) wurden am Original überprüft. Es ergaben sich mehrere Fehler im Apparat des CCAG. Besonders wichtig für die Textkonstitution dieses Kapitels ist **L**.

Die Berechnung erweckt den Eindruck eines *ad hoc* konstruierten und nicht sauber durchgeführten Beispiels; zu kleinen Rechenfehlern s.u. Anm. 3641 u. 3642. Außerdem ist zu bemängeln, dass – entgegen den natürlichen Verhältnissen – eine konstante Aufgangsgeschwindigkeit aller Grade eines Tierkreiszeichens vorausgesetzt wird. Schon Hypsikles hatte dieses Problem gelöst und in seinem *Anaphorikos* eine Methode vorgestellt, die klarer und korrekter ist als die hier angewendete.[3631] Das Beispiel lautet wie folgt (n.b.: L ist das Zeichen der Handschriften für ½):[3632]

ὑπόθου εἶναι τὸν Ἥλιον ἐν Κριῷ ἐν τῷ δι' Ἀλεξανδρείας κλίματι μοίρ. α' καὶ τὸν Δία Λέοντι μοίρ. ιβ', τὸν δὲ Ἄρη Λέοντι μοίρ. ε', ποιῶ οὕτως· ἀναφορὰ Κριοῦ χρόνοι κα' μ'	Angenommen, die Sonne steht im Klima von Alexandria (Ia) auf 1° Widder, Jupiter auf 12° Löwe[3633] und Mars auf 5° Löwe. Ich gehe so vor: Die Aufgangszeit des Widders von 21° 40' RA[3634] (= 1h 26m 40s)

[3630] Die Handschriften kollationierte größtenteils E. Boer (s. ebd. 188), die Textkonstitution leistete anscheinend Weinstock. Wie dieser in der *Praefatio* vermerkt (S. 188 mit Anm. 1), folgt er in capp. 47–52 für **L** der Kollation F. Bolls (CCAG I, 1898, pp. 149–153) und den dazu von A. Banti beigesteuerten Korrekturen.

[3631] Vgl. hierzu oben S. 1362 nach Anm. 3587.

[3632] Vgl. Jones 1999a, I 9.

[3633] Ich folge der Lesart des cod. **L** (ιβ'), Weinstock hingegen – m.E. zu Unrecht – der der übrigen Hss. (β').

[3634] Rektaszension; Umwandlung im Verhältnis 1° = 4 Minuten ergibt den korrespondierenden Zeitwert.

καὶ ἀναφορὰ Ταύρου χρόνοι
κε′ 0′ ⟨καὶ⟩ ἀναφορὰ Διδύμων
κη′ κ′ καὶ ἀναφορὰ Καρκίνου
λα′ μ′, γίνονται χρόνοι τῶν
τεσσάρων ζῳδίων ϱϛ′ μ′, ὑπολείπονται εἰς τοὺς ϱκ′ χρόνοι
ιγ′ κ′ ⟨οὓς⟩ εὑρίσκω περὶ τὰς
ια Ľ μοίρας τοῦ Λέοντος· διπλώσας γὰρ τοὺς λε′ χρόνους
γίνονται χρόνοι ο′, τούτους
ἐνδεκάκις καὶ ἥμισυ ποιήσας
εὑρίσκω χρόνους ωε′, οὓς
ποιῶ παρὰ τὸν ἑξήκοντα, γίνονται χρόνοι ιγ′ κε′. μίγνυμι
τὰς ϱϛ′ μ′, ὁμοῦ γίνονται
χρόνοι ϱκ′ ε′. εὑρίσκεται οὖν
ἡ ια Ľ μοῖρα τοῦ Λέοντος ἐν
τῷ δι' Ἀλεξανδρείας κλίματι
τρίγωνον ἰσοσκελὲς ἀποτε-
λοῦσα πρὸς τῆς πρώτην μοῖραν τοῦ Κριοῦ. καὶ λέγομεν
τὸν μὲν Δία ὑπὸ Ἡλίου θεω-
ρεῖσθαι ζῳδιακῶς καὶ χρονικῶς, τὸν δὲ Ἄρη ζῳδιακῶς
μόνον.

ἐπειδὴ ὑπολείπονται τοῦ
Λέοντος χρόνοι κα′ λε′, τούτους προστίθημι τῷ δευτέρῳ
ἰσοσκελεῖ τριγώνῳ οὕτως·
Λέοντος χρόνοι κα′ λε′, Παρ-

plus die Aufgangszeit des Stiers von
25° 0′ RA (1h 40m) ⟨plus⟩ die Aufgangszeit der Zwillinge von 28° 20′
RA (1h 53 m20s) plus die Aufgangszeit des Krebses von 31° 40′
RA (2h 6m 40s) ergeben für die vier
Tierkreiszeichen eine Zeit von 106°
40′ RA (7h 6m 40s). Bis auf 120°
RA (8h) bleiben 13° 20′ RA (53m
20s) übrig, die ich bei etwa 11½°
Löwe finde. Indem ich nämlich die
35° RA [3635] (2h 20m) verdopple,
erhalte ich 70° RA (4h 40m), das
mit 11½ multipliziert ergibt 805°
RA (53h 40m), geteilt durch 60
ergibt 13° 25′ RA (53m 40s). Ich
addiere die 106° 40′ RA (7h 6m
40s), und zusammen macht das dann
120° 05′ RA (8h 20s). Man findet
also, dass 11½° Löwe im Klima von
Alexandria ein gleichschenkliges
Dreieck [3636] zum ersten Grad des
Widders bildet. Und wir sagen, dass
Jupiter von der Sonne im Sinne der
Tierkreiszeichenberechnung und im
Sinne der Aufgangszeitenberech-
nung angeblickt wird, Mars aber nur
im Sinne der Tierkreiszeichenberechnung. [3637]

Da vom Löwen noch 21° 35′ RA
(1h 26m 20s) übrig sind, [3638] schlage
ich diese folgendermaßen dem zweiten gleichschenkligen Dreieck zu:
21° 35′ RA (1h 26m 20s) Löwe, 38°

[3635] Die Aufgangszeit des Löwen für das 1. Klima.

[3636] Gemeint ist hier und im Folgenden die *Seite* eines gleichschenkligen Dreiecks.

[3637] Die dritte Variante, im Sinne der Tierkreis*grad*berechnung, trifft auf beide nicht
exakt zu.

[3638] Die ganze Aufgangszeit des Löwen (35° RA = 2h 20m) minus die der ersten 11½°
(13° 25′ RA = 53m 40s); beide Werte waren zuvor genannt worden.

θένου χρόνοι λη′ κ′, Ζυγοῦ
χρόνοι λη′ κ′, ὁμοῦ γίνονται
χρόνοι ρη′ ιε′, ὑπολείπονται
πάλιν εἰς τοὺς ρκ′ χρόνοι κα′
με′, τούτους εὑρίσκω περὶ
τὰς ιη L′ ζ′ μοίρας τοῦ Σκορ-
πίου· διπλώσας γὰρ τὴν ἀναφορὰν τοῦ Σκορπίου, τουτ-
έστι τοὺς λε′ χρόνους, γίνονται χρόνοι ο′, τούτους ἐπὶ
τὰς ιη L′ ζ′ ποιήσας εὑρίσκω
χρόνους ,ατε′, οὓς ποιῶ παρὰ

τὸν ἑξήκοντα, γίνονται κα′
με′, οὕστινας προστίθημι
τοῖς ρη′ ιε′, γίνονται ὁμοῦ
χρόνοι ρκ′. εὑρίσκονται οὖν
αἱ ιη L′ ζ′ μοῖραι τοῦ Σκορπίου ἐν τῷ δι᾿ Ἀλεξανδρείας
κλίματι τὸ δεύτερον τρίγωνον ἰσοσκελὲς ἀποτελοῦσαι
πρὸς τὴν ια L′ μοῖραν τοῦ Λέοντος.

πάλιν ἐπειδὴ ὑπολείπον-
ται τοῦ Σκορπίου χρόνοι ιγ′

20′ RA (2h 33m 20s) Jungfrau, 38°
20′ RA (2h 33m 20s) Waage, macht
zusammen 98° 15′ RA (6h 33m).
Bis auf 120° RA (8 h) bleiben
wieder 21° 45′ RA (1h 27m) übrig;
die finde ich bei ca. 18½° 7′ Skorpion:[3639] Denn Verdoppelung der Aufgangszeit des Skorpions von 35° RA
(2h 20m) ergibt 70° RA (4h
40m),[3640] das mit 18½ und Sieben
Sechzigsteln multipliziert ergibt
1305° RA (87h),[3641] geteilt durch 60
ergibt 21° 45′ RA (1h 27m); die
addiere ich zu 98° 15′ RA (6h 33m),
macht insgesamt 120° RA (8h). Man
findet also das Ergebnis, dass 18½°
7′ Skorpion im Klima von Alexandria das zweite gleichschenklige
Dreieck zu 11½° Löwe bildet.

Da ja erneut 13° 15′ RA (53m)
vom Skorpion übrig bleiben,[3642]

[3639] M.a.W.: bei 18° 37′ Skorpion.

[3640] Im Griechischen ein grammatischer Anakoluth.

[3641] Falsch: Es ergibt 1303° 10′ RA (= 86h 52m 40s). Dies ist einer von zwei Fehlern in
der Beispielrechnung (zum anderen s. Anm. 3642). Trotz des von drei der vier Handschriften überlieferten Alternativwertes von 1309° RA (= 87h 16m) ist der Wert 1305°
RA textkritisch unzweifelhaft, denn nur von ihm ausgehend erreicht man im übernächsten Rechenschritt das perfekte Ergebnis von 120° RA. Das Problem, 1305 durch 70 zu
teilen und so die exakte Tierkreisposition im Skorpion zu finden, ist für den Autor nicht
exakt lösbar, da das Ergebnis eine irrationale Zahl ist (18,6̄428571), wobei der ab der
zweiten Nachkommastelle periodische Teil ja auch noch in einen Hexagesimalwert
umgewandelt werden müsste. Allerdings hätte der Autor einen geringfügig besseren Näherungswert angeben können, nämlich 18° 38′ Skorpion oder – ohne Sekundenangabe
der beste Näherungswert – 18° 39′ Skorpion.

[3642] Ein weiterer, diesmal gröberer Fehler: Nach Abzug von 18° 37′ verbleiben 11° 23′
des Skorpions! Der Wert scheint aber richtig überliefert und gewollt zu sein, da nur er
zum gewünschten Endergebnis von 119° 55′ RA führt.

ιε΄, τούτους προστίθημι τῷ τρίτῳ ἰσοσκελεῖ τριγώνῳ.[3643] Σκορπίου χρόνοι ιγ΄ ιε΄, Τοξότου λα΄ μ΄, Αἰγοκέρωτος κη΄ κ΄, Ὑδροχόου κε΄, Ἰχθύων κα΄ μ΄, ὁμοῦ γίνονται ριθ΄ νε΄ χρόνοι, οἵτινες ἀποτελοῦσι τὸ τρίτον τρίγωνον ἰσοσκελὲς τοῦ ζῳδιακοῦ κύκλου. αἱ γὰρ ὑπολειφθεῖσαι ε΄ μοῖραι εἰς τοὺς ρκ΄ χρόνους ἐν τῷ πρώτῳ τριγώνῳ εἰσὶν ἀποτεταγμέναι.[3644] τῇ δὲ αὐτῇ μεθόδῳ καὶ τὰς ἑξαγώνους καὶ τετραγώνους πλευρὰς εὑρήσεις, αἵτινες καλοῦνται χρονικαί.

schlage ich diese dem dritten gleichschenkligen Dreieck zu: 13° 15′ RA (53m) Skorpion, 31° 40′ RA (2h 6m 40s) Schütze, 28° 20′ RA (1h 53m 20s) Steinbock, 25° RA (1h 40m) Wassermann, 21° 40′ RA (1h 26m 40s) Fische, macht zusammen 119° 55′ RA (7h 59m 40s), die das dritte gleichschenklige Dreieck des Tierkreises bilden. Denn die bis auf 120° RA (8h) noch übrigen 5′ RA (20s) sind in dem ersten Dreieck als gesonderte Zuweisung enthalten.[3645] Und mit derselben Methode wirst du auch die hexagonalen und tetragonalen sogenannten Zeitseiten[3646] finden.'

[3643] Alle Handschriften überliefern τούτοις προστίθημι τὸ τρίτον ἰσοσκελὲς τρίγωνον, was Weinstock ohne jede Beanstandung druckt. Die notwendige Emendation ergibt sich jedoch eindeutig aus dem Sinn und wird durch τούτους προστίθημι τῷ δευτέρῳ ἰσοσκελεῖ τριγώνῳ am Beginn der Berechnung der zweiten Dreiecksseite bestätigt.

[3644] ἀποτεταγμέναι codd. **LS** (cf. LSJ s.v. ἀποτάσσω I 'set apart, assign specially'), von Weinstock übernommen; die Variante ἀποτετμημέναι (**DM**) ist widersinnig, da die am Ende der Rechnung fehlenden fünf fehlenden Minuten im ersten Dreieck nicht abgeschnitten (**DM**), sondern hinzugenommen wurden.

[3645] Das stimmt: Der Autor hatte 120° 05′ RA behandelt, als wären es exakt 120° RA, und von diesem geringfügig überhöhten Wert aus weitergerechnet. Da die zweite errechnete Seite des gleichschenkligen Dreiecks exakt 120° RA hinzufügte, konnten von 240° 05′ RA bis auf den vollen Kreis von 360° RA korrekterweise nur 119° 55′ RA übrigbleiben.

[3646] D.h. die Seiten eines in den Tierkreis eingeschriebenen und auf den Aufgangszeiten basierenden Sechs- bzw. Vierecks.

Appendix II

Datenvergleiche Text – Rückberechnung

	Text (siderisch, ohne Ort, 3. Stunde der Nacht)	Neugebauer (tropisch, "21ʰ Alexandria time")[3647]	Galiastro 4.3 (tropisch, Hermupolis/ Alexandria,[3648] 21:16 Uhr Ortszeit)	Differenz Text – Galiastro	Betrag der Abweichung von der zu erwartenden Differenz[3649] (ca.)
☉	14° 6′ ♈ (Z. 53–58)	9° 14′ ♈	9° 13′ ♈	+ 4° 53′	½°
☾	13° 0′ 3″ 36‴ ♉ (Z. 76–80)	10° 44′ ♉	10° 44′ ♉	+ 2° 16′	2°
♄	5° 59′ ♓ (Z. 97–100)	0° 49′ ♓	0° 56′ ♓	+ 5° 3′	1°
♃	6° 0′ 0″ 10‴ ♋ (Z. 110–115)	0° 24′ ♋	0° 20′ ♋	+ 5° 40′	1°
♂	16° 3′ ♒ (Z. 127–130)	13° 8′ ♒	13° 13′ ♒	+ 2° 50′	1½°
♀	16° 4′ ♓ (Z. 140–145)	7° 27′ ♓	7° 32′ ♓	+ 8° 32′	4°
☿	10° ♈ (Z. 158–160)	10° 56′ ♈	10° 54′ ♈	− 0° 54′	5½°
ASC	18° ♏	19° 30′ ♏	18° ♏		
MC	*im rechten Winkel*	25° 30′ ♌	24° 03′ ♌	− 6° 03′	
					Summe: 15½°

Tab. 42: Astronomische Daten in Hor. gr. 81.III.31 (P. Lond. I 130)

[3647] Vgl. Neugebauer – van Hoesen 1959, 27.

[3648] Nach Z. 202–207 ist in Hermupolis das Verhältnis des längsten Tages zum kürzesten 7:5 (die Standardrelation für Alexandria und Unterägypten).

[3649] Für März 81 n.Chr. = ca. + 4° 25′. Die hier notierte Abweichung repräsentiert den eigentlichen Fehler.

	Text (siderisch, ohne Ort, tagsüber [Z. 15])[3650]	Neugebauer (tropisch, für Alexandria, "close to noon")[3651]	*Galiastro 4.3* (tropisch, für Alexandria, 11:35 Uhr Ortszeit)	Differenz Text – *Galiastro* (ca.)	Betrag der Abweichung von der zu erwartenden Differenz[3652] (ca.)
☉	⟨11° ♈⟩	21° ♈	21° 02′ ♈	− 10°	14°
☾	⟨26° ♐⟩	26° ♐ (!)[3653]	16° 51′ ♐	+ 9°	5°
♄	1° ♍	1° ♍ (!)	27° 57′ ♌ (℞)	+ 3°	1°
♃	⟨8°⟩ ♍	5° ♍	5° 5′ ♍ (℞)	+ 3°	1°
♂	⟨6°⟩ ♊	6° ♊	6° 10′ ♊	0°	4°
♀	⟨21°⟩ ♉	4° ♊	3° 37′ ♊	− 13°	17°
☿	⟨20°⟩ ♈	10° ♉	12° 25′ ♉	− 22°	26°
ASC		25° ♋			
MC	10° 30′ ♈	14° 10′ ♈[3654]	14° 28′ ♈	− 3°	
					Summe: 68°

Tab. 43: Astronomische Daten in Hor. gr. 95.IV.13 (P. Lond. I 98)

[3650] In spitzen Klammern die Daten, die Neugebauer – van Hoesen 1959, 34f., aus Indizien des Kontextes plausibel rekonstruiert haben.

[3651] Vgl. Neugebauer – van Hoesen 1959, 35.

[3652] Für April 95 n.Chr. = ca. + 4° 11′. Die hier notierte Abweichung repräsentiert den eigentlichen Fehler.

[3653] Bei den Mond- und Saturndaten muss Neugebauer ein Lapsus unterlaufen sein. Anscheinend übernahm er versehentlich die rekonstruierten Daten des Originals. Vgl. den ähnlichen Fall in der Tabelle Nr. 28a oben S. 1044 (Anm. *a*) zu Saturn.

[3654] Nach Ptol. synt. 2,8.

Appendix III:
Berechnungen der Aufgangszeiten
bestimmter Tierkreisbögen
im Sinne des hypsikleischen *Anaphorikos*

a) zu S. 1364 (bei Anm. 3593), der Bogen 22° ♏ – 22° ♓ gehe im Klima Vb in 104° 21′ 20″ RA auf:

Der Nachweis wird so aufgebaut sein, dass zuerst die Aufgangszeit der Bögen 22°–30° ♓ und 22°–30° ♏ für das Klima Vb (Rom) errechnet wird. Mit Hilfe der Aufgangszeiten für ganze Tierkreiszeichen in der Klimatabelle oben S. 624 wird es dann leicht sein, den Bogen 22° ♏ – 22° ♓ zu berechnen.

Da Hypsikles nur den Progressionswert für das Klima Ia vorrechnet, muss der für Klima Vb zuerst noch gefunden werden. Der Progressionswert beträgt für jedes Klima ein Neunhundertstel der Differenz der Aufgangszeiten zweier Tierkreiszeichen, diese Differenz beträgt im Klima Vb je 5° 20′ RA, ein Neunhundertstel davon macht 0° 0′ 21″ 20‴ RA.

Als nächstes benötigen wird die Aufgangszeit des letzten Fischegrades (29°–30° ♓) im Klima Vb, die gleich der des ersten Widdergrades (0°–1° ♈) ist (Punktspiegelung an 0° ♈). Rechnet man gemäß dem von Hypsikles (Zeile 134–159 De Falco) für Klima Ia gebotenen Beispiel (Widder) analog weiter, so beträgt 1/15 der Aufgangszeit des Widders, die im Klima Vb bei 16° 40′ RA liegt, 1° 6′ 40″ RA und das 29fache von 0° 0′ 21″ 20‴ RA macht 0° 10′ 18″ 40‴ RA; die Aufgangszeit des ersten Widdergrades beträgt folglich die Hälfte von 1° 6′ 40″ RA minus die Hälfte von 0° 10′ 18″ 40‴ RA, mithin 0° 28′ 10″ 40‴ RA.

Dann ist die Aufgangszeit des Bogens 22°–30° ♓ = 8x 0° 28′ 10″ 40‴ RA + (7x8:2)x 0° 0′ 21″ 20‴ RA = 3° 45′ 25″ 20‴ RA + 0° 9′ 57″ 20‴ RA = 3° 55′ 22″ 40‴ RA. Ferner geht der letzte Skorpiongrad (29°–30° ♏) in 0° 28′ 10″ 40‴ RA + 120x 0° 0′ 21″ 20‴ RA auf, das macht 1° 10′ 50″ 40‴ RA. Dann geht der Bogen 22°–30° ♏ in 8x 1° 10′ 50″ 40‴ RA + (7x8:2)x 0° 0′ 21″ 20‴ RA = 9° 26′ 45″ 20‴ RA + 0° 9′ 57″ 20‴ RA = 9° 36′ 42″ 40‴ RA auf.

Mit diesen Werten fällt nun die Ermittlung der Aufgangszeit des Bogens 22° ♏ – 22° ♓ leicht: Sie beträgt 9° 36′ 42″ 40‴ RA (22°–30° ♏)

+ 32° 40′ RA (♐) + 27° 20′ RA (♑) + 22° (♒) + 16° 40′ (♓) – 3° 55′ 22″ 40‴ RA (22°–30° ♓), das macht 104° 21′ 20″ RA.

b) zu S. 1365 (bei Anm. 3596), der Bogen 15° ♊ – 20° ♎ gehe im Klima Ia in 145° 53′ 53″ 20‴ RA auf:

Im Klima Ia beträgt die Aufgangszeit des ersten Widdergrades 0° 40′ 6″ 40‴ RA und die arithmetische Progression 0° 0′ 13″ 20‴ RA. Folglich geht der erste Zwillingsgrad in 0° 40′ 6″ 40‴ RA + 60x 0° 0′ 13″ 20‴ RA = 0° 53′ 26″ 40‴ RA auf. Der Bogen 0°–15° ♊ geht dann in 15x 0° 53′ 26″ 40‴ RA + (14x15:2)x 0° 0′ 13″ 20‴ RA = 13° 21′ 40″ RA auf.

Von 0° ♎ an beginnen die Aufgangszeiten nach Hypsikles wieder stetig abzunehmen. Der erste Grad der Waage entspricht also dem letzten Grad der Jungfrau und geht damit in 0° 40′ 6″ 40‴ RA + 179x 0° 0′ 13″ 20‴ RA = 1° 19′ 53″ 20‴ RA auf. Dann geht der Bogen 0°–20° ♎ in 20x 1° 19′ 53″ 20‴ RA – (19x20:2)x 0° 0′ 13″ 20‴ RA = 25° 55′ 33″ 20‴ RA auf.

Die gesuchte Aufgangszeit des Bogens 15° ♊ – 20° ♎ beträgt folglich 28° 20′ RA (♊) – 13° 21′ 40″ RA (0°–15° ♊) + 31° 40′ RA (♋) + 35° (♌) + 38° 20′ (♍) + 25° 55′ 33″ 20‴ RA (0°–20° ♎), das macht 145° 53′ 53″ 20‴ RA.

c) zu S. 1132 (bei Anm. 2876), die Aufgangszeit des Bogens 19° ♈ – 19° ♋ entspreche im Klima Ia einer Lebensspanne von 81 Jahren und 4 Monaten:

Die Aufgangszeit des ersten Widdergrades beträgt 0° 40′ 6″ 40‴ RA, die arithmetische Progression 0° 0′ 13″ 20‴ RA pro Zodiakalgrad (s. Anm. 3588 u. 3589). Folglich beträgt die Aufgangszeit des 19. Widdergrades 0° 40′ 6″ 40‴ RA + 18x 0° 0′ 13″ 20‴ RA = 0° 44′ 6″ 40‴ RA. Die Aufgangszeit des Bogens 19° ♈ – 19° ♋ beträgt folglich 90x 0° 44′ 6″ 40‴ RA + (90x91:2)x 0° 0′ 13″ 20‴ RA = 66° 10′ RA + 15° 10′ RA = 81° 20′ RA. Das entspricht 81 Jahren und 4 Monaten.

d) zu S. 1132 (bei Anm. 2877), die Aufgangszeit des Bogens 19° ♈ – 24° ♋ entspreche im Klima Ia einer Lebensspanne von ca. 86 Jahren und 9 Monaten:

Die Aufgangszeit des 19. Widdergrades beträgt 0° 44′ 6″ 40‴ RA (s.o. Punkt c). Die Aufgangszeit des Bogens 19° ♈ – 24° ♋ beträgt folglich 95x 0° 44′ 6″ 40‴ RA + (95x96:2)x 0° 0′ 13″ 20‴ RA = 69° 50′ 33″ 20‴ RA + 16° 53′ 20″ RA = 86° 43′ 53″ 20‴ RA. Das entspricht ca. 86 Jahren und 9 Monaten.

e) zu S. 1249, Tab. 36, bezüglich der Lebenslänge in **F3** je nach Position des Mars:

Die Aufgangszeit des ersten Widdergrades beträgt 0° 40′ 6″ 40‴ RA, die arithmetische Progression 0° 0′ 13″ 20‴ RA pro Zodiakalgrad (Anm. 3588). Folglich beträgt die Aufgangszeit des 19. Widdergrades 0° 40′ 6″ 40‴ RA + 18x 0° 0′ 13″ 20‴ RA = 0° 44′ 6″ 40‴ RA. Dann errechnet sich die Aufgangszeit der jeweiligen Direktionsbögen wie folgt:

   – Fall 1 (19° ♈ – 25° ♉): 36x 0° 44′ 6″ 40‴ RA + (36x37:2)x 0° 0′ 13″ 20‴ RA = 26° 28′ RA + 2° 28′ RA = 28° 56′ RA, was 28 Jahren und 340 Tagen entspricht.

   – Fall 2 (19° ♈ – 23° ♉ [= Mondposition]): 34x 0° 44′ 6″ 40‴ RA + (34x35:2)x 0° 0′ 13″ 20‴ RA = 24° 59′ 46″ 40‴ RA + 2° 12′ 13″ 20‴ RA = 27° 12′ RA, was 27 Jahren und 73 Tagen entspricht.

   – Fall 3 (19° ♈ – 21° ♉): 32x 0° 44′ 6″ 40‴ RA + (32x33:2)x 0° 0′ 13″ 20‴ RA = 23° 31′ 33″ 20‴ RA + 1° 57′ 20″ RA = 25° 28′ 53″ 20‴ RA, was 25 Jahren und 173 Tagen entspricht.

   – Fall 4 (19° ♈ – 20° ♉): 31x 0° 44′ 6″ 40‴ RA + (31x32:2)x 0° 0′ 13″ 20‴ RA = 22° 47′ 26″ 40‴ RA + 1° 50′ 13″ 20‴ RA = 24° 37′ 40″ RA, was 24 Jahren und 229 Tagen entspricht.

Appendix IV:
Zu den politischen Horoskopen um Kaiser Zenon

Dafür, dass die oben (S. 100) bereits knapp besprochenen sechs Horoskope Hor. gr. 440.IX.29 (Pamprepios von Panopolis). Hor. gr. 463.IV.25 (Sohn Leos I.). Hor. gr. 475.I.12 (Basiliskos). Hor. gr. 483.IV.9 (Theoderich d.Gr.). Hor. gr. 484.VII.18 (Leontios). Hor. gr. 486.III.17 (Theodoros) von demselben Autor stammen, sprechen mehrere Indizien: Bereits Pingree hob hervor, dass alle sechs aus dem politischen Umfeld Kaiser Zenons stammen (äußere Feinde, echte und potentielle Rivalen, ein im Amt gescheiterter Statthalter),[3655] dass in zwei Dorotheoszitate eingeflochten sind (Pamprepios, Leontios), und dass zweimal – *re vera* dreimal – der seltene Begriff ὕψωμα γενέσεως bzw. ὕψωμα γεννήσεως Verwendung findet.[3656] Zwei der Texte sind nur in arabischer Version erhalten. Zu den übrigen vier lassen sich die folgenden zusätzliche Beobachtungen anstellen:

a) Sie sind alle in der gleichen Weise dreigeteilt: zuerst biographische Informationen, dann die astronomischen Daten und schließlich die astrologische Analyse (dieser letzte Teil wird im Horoskop des Sohns von Leo I. als ἀπόδειξις bezeichnet).[3657]

b) Der Text beginnt in allen Fällen mit einem den Geborenen beziehungsweise (bei den Katarchen) Handelnden bezeichnenden οὗτος.[3658]

c) Die astronomischen Daten beschränken sich auf Längenangaben und sind in der Regel gradgenau, im Falle des Pamprepios minutengenau.

d) Die Daten betreffen stets dieselben astrologisch relevanten Parameter in derselben Reihenfolge: Sonne, Mond, Saturn, Jupiter, Mars, Venus, Merkur, ASC, MC, aufsteigender Mondknoten,[3659] letzter Voll- oder Neumond, κλῆρος τύχης, κλῆρος δαίμονος, ὕψωμα γενέσεως.[3660]

[3655] Pingree 1976b, 136. 147. 149.

[3656] ὕψωμα γενέσεως bei Pamprepios (Pingree 1976b, p. 144,10) und bei dem Sohn Leos I. (ibid. p. 147,7); vgl. Val. 2,22,8 (Hor. gr. 50.X.24) u. Val. 2,22,10 (Hor. gr. 63.V.13); ὕψωμα γεννήσεως bei Leontios (Pingree 1976b, p. 140,7).

[3657] Pingree 1976b, p. 147,8.

[3658] Beim Sohn Leos I. aufgrund der grammatischen Kongruenz τοῦτο: τοῦτο γέγονε τέκνον βασιλέως.

[3659] Diese Angabe ist im Falle des Pamprepios anscheinend in der Überlieferung ausgefallen. Die hier besprochenen Horoskope zeigen, dass das Urteil von Pingree 2004, 541, über die astrologische Verwendung der Mondknoten ("these nodes [...] were uniformly

e) Drei der griechischen Horoskope bieten das kalendarische Datum (nicht jedoch das Pamprepios-Horoskop).

f) Dass die Katarchenhoroskope des Leontios und des Theodoros durch eine Überschrift namentlich zugewiesen sind, Pamprepios und der Sohn Leos I. jedoch anonym bleiben, ist wahrscheinlich überlieferungsbedingt.

g) Möglicherweise haben ferner alle sechs Horoskope die Benutzung jenes alten äqualen Systems gemeinsam, welches die zwölf Orte der Dodekatropos einfach mit den zwölf Tierkreiszeichen gleichgesetzt.[3661]

---

omitted from Greek horoscopes before the introduction of Islamic astrology to Byzantium in the late eighth century") nicht ausnahmslos zutrifft. Den aufsteigenden Mondknoten erwähnt bereits Val. 3,10,20–21 (Hor. gr. 74.IV.19) und Val. 3,10,25.29 (Hor. gr. 115.II.15). Beide Mondknoten finden in dem noch unpublizierten P. Berlin 9825 (Hor. gr. 319.XI.18–19) Erwähnung.

[3660] Die letzten beiden fehlen bei Theodoros. Bei Pamprepios ist zusätzlich zu der genannten Serie noch der κλῆρος ἀναιρέτου spezifiziert.

[3661] Bei Basiliskos ist das Mondnotat ("the Moon is in the eighth [scil. place]", Pingree 1976b, 138) nur in diesem äqualen System richtig, da dem Text zufolge ASC = 20° ♒ (also OCC = 20° ♌) und Mond = 14° ♍ (re vera 7° ♍). Nach jeder anderen Berechnung würde der Mond, wenn er nur noch 24° vom Untergang entfernt ist, im 7. Ort stehen. Dagegen scheint allerdings das Merkurnotat zu sprechen. – Bei Leontios stehen Mars und Jupiter sowohl nach der griechischen als auch nach der arabischen Version auf einer etwas niedrigeren Länge als die gerade aufgehende Sonne, was astronomisch richtig ist und bedeutet, dass Mars und Jupiter bereits über dem Horizont standen. Dennoch betonen beide Texte, Jupiter und Mars hätten zusammen mit der Sonne aszendiert. Da Jupiter der Sonne um fast 10° vorausgeht, ist diese Aussage nur im äqualen System wahr. Sogar der absteigende Mondknoten (14° ♋ [gr.] bzw. 12° ♋ [arab.]) steht angeblich im Aszendenten; auch das ist nur im äqualen System wahr. Die Venus steht noch etwas weiter über dem Horizont, in den Zwillingen; von ihr heißt es daher richtig, sie befinde sich im Apoklima. – Im dem Theoderich betreffenden Katarchenhoroskop ist die Aussage, Mars (arab. Text: 9° ♍, re vera: 12° ♍) stehe in Opposition zur Himmelsmitte (also ♓), bei gradgenauer Rechnung (μοιρικῶς) falsch, denn bei ASC 7° ♊ (= arab. Text) fällt das MC in die Mitte des Wassermanns; im äqualen System hingegen (d.h. ζῳδιακῶς) ist die Aussage wahr, da die Fische von den aszendierenden Zwillingen aus das dritte Zeichen sind. Die übrigen Angaben dieses Horoskopes passen ebenfalls zum äqualen System. – Im Horoskop des Pamprepios wird explizit zwischen gradgenauer und zeichengenauer Berechnung der 12 Orte differenziert (Pingree 1976b, p. 144,11–14: μοιρικῶς ... ζῳδιακῶς ... ζῳδιακῶς ... μοιρικῶς). Im Folgenden argumentiert der Text im Sinne der zeichengenauen Berechnung (p. 144,16 und p. 146,6–7). – Beim Sohn Leos I. trifft das Apoklima-Notat für die Sonne (als Trigonokrator des Aszendenten) nur μοιρικῶς zu. – Bei Theodoros ist zumindest der 11. Ort akkurat nach Graden berechnet, nicht einfach nach Zeichen (so Neugebauer – van Hoesen 1959, 148[6]).

Beachtenswert ist, dass der Umfang der sechs zusammengehörigen Horoskope erheblich differiert: Während ein einziges sehr ausführlich ist (Pamprepios), umfassen die übrigen etwa eine halbe bis eine Druckseite.[3662] Dieser Befund ähnelt dem der erhaltenen Antigonoshoroskope. Er findet seine natürliche Erklärung darin, dass manche Lebensläufe besonderes Interesse verdienen, sei es wegen der herausragenden Stellung des Nativen (Hadrian bei Antigonos) oder wegen seiner ganz und gar ungewöhnlichen Karriere (Pamprepios bei dem hypothetischen Astrologen Zenons).

Appendix V:
Ps.-Maneth. 3[2],399–428

Diese Appendix bietet zur Illustration der Tetartemorionlehre (s.o. S. 1004) den Text, eine deutsche Übersetzung und eine Gliederung der Verse Ps.-Maneth. 3[2],399–428. Die Gliederung fasst die Kernpunkte der Methode, vom poetischen Wortlaut abstrahierend, zusammen. Bei der Textgestaltung folge ich im Wesentlichen Koechly 1858 (Abweichungen sind durch Unterstreichungen kenntlich gemacht).[3663] Lopilato 1998 folgt allzu eng dem oft fehlerhaften *codex unicus* Laur. 28,27 (**L**), der den hier relevanten Text auf Blatt 25^{r-v} bietet.[3664] Daneben verdient der *Liber Halensis* (**H**) Beachtung. Es handelt sich dabei um ein wichtiges, von Axt und Rigler in ihrer Edition von 1832 benutztes Apographon von **L**, das zahlreiche konjekturale Verbesserungen gegenüber **L** bietet.[3665] Meine Angaben im textkritischen Apparat beschränken sich auf **L**, **H**, Koechly 1858 und Lopilato 1998. Die Textgestaltung von Gronovius (1698) und

---

[3662] Nur das Horoskop des Sohns von Leo I. ist, dem frühen Tod dieses Kindes entsprechend, extrem knapp.

[3663] Vgl. die textkritischen Erläuterungen bei Koechly 1851, xxxiii–xxxiv.

[3664] Auf der Homepage der *Biblioteca Laurenziana* ist ein (leider nicht sehr scharfes) Digitalisat verfügbar. Meine Angaben zu **L** beruhen auf Autopsie der Handschrift in der *Biblioteca Laurenziana*.

[3665] Siehe Axt – Rigler 1832, p. V. Es war mir bisher nicht möglich, den aktuellen Verbleib und die aktuelle Signatur dieser von Fabricius adnotierten und zur Zeit von Axt und Rigler in Halle befindlichen Handschrift zu eruieren. Ich übernehme die Angaben zu **H** von Axt – Rigler 1832 und Koechly 1858. *Nota bene*: Ich ersetze das von Axt – Rigler gewählte (und von Lopilato übernommene) Siglum "LH" durch **H**, um es von **L** zu unterscheiden.

Axt – Rigler (1832) wird nur dann zitiert, wenn eine Verbesserung auf sie
zurückgeht. Die von Lopilato 1998, 159, in seinem textkritischen Apparat
erwähnten und in seinem Text teilweise übernommenen Konjekturen
Pingrees werden im hiesigen Apparat mit *Pingree ap. Lopilato* vermerkt.
In der Absatzgestaltung und Interpunktion des Textes weiche ich, um den
Sinn zu verdeutlichen, von Koechly und Lopilato ab. Meine Übersetzung
ist mit Absicht möglichst wörtlich.

Gliederung:

Text:

    Ἀλλ᾽ ἐπεὶ οὖν μοι θυμὸς ἐνὶ προτέροισιν ἀεῖσαι
μήσατ᾽ ἀναγκαῖον χρεῖος, σάφα νῦν καταλέξω,   400
ὁππόθεν ἐν γενέθλησι χρεὼ ζωῆς χρόνου ἀρχὴν
ἀνθρώποις φράζεσθ᾽ ἠδ᾽ ἔμπαλιν ὁππόθι λήγει.
οὐ μὲν δὴ πάντεσσιν ὁμῶς μερόπεσσιν ἔοικεν
οἵης ἐκ χώρης ἐτέων λάζυσθαι ἀριθμόν·
ἄλλη γάρ θ᾽ ἑτέρῃ γενέθλη ἄφεσις συνάρηρεν.   405
    Ὅσσοις μὲν Τιτὰν ᾗοῖ ἐνὶ γεινομένοισιν
κέντρῳ ἐπεμβεβαὼς ἰνδάλλεται, ἐξ ἄρα κείνου

μοίρης ἄρχεσθαι βιότου χρόνον ἐξαριθμοῦντας·
νυκτερινῇ γενέθλῃ δὲ Σεληναίης ἀπὸ μοίρης.
ὁππότε δ᾽ ἂν κέντρων ἐκτὸς δύο φῶτ᾽ ἀποκλινθῇ   410
ἠτ᾽ ἄρ᾽ ἐνὶ μοίρῃσι κατωφερέεσσι πόλοιο
νίσηται προθέοντα, τότ᾽ ἀστέρος ἄρχεο κείνου,
ὅς ῥά τε δεσπόζει γενέθλης μέγα τε κράτος ἴσχει.
εἰ δ᾽ ἄρα κἀκεῖνον λεύσσοις κλινθέντ᾽ ἀπὸ κέντρου,
ἐξ ὥρης τότ᾽ ἔπειτα χρόνων ἄφεσιν σύ γε φράζου.   415
Ζωῆς δ᾽ αὖτ᾽ ἀρχὴν εὖτ᾽ ἂν διζήμενος εὕροις,
δεικήλων σκέπτοιο χρόνους, ὁπόσοις περάτηθεν
ἀντέλλει, κείνων τε περὶ μοιρῶν δεδάασθαι·
τὼς γὰρ πλειώνων ἀριθμὸν μοίρῃσι φράσαιο,
ὅσσους Μοῖρ᾽ ἐπέδησε βροτῶν μογεροῦ βιότοιο.   420
Ἐν δὲ μέσαις μοίρῃσιν, ἐφ᾽ αἷς ζωὴ νέμετ᾽ ἀνδρῶν,
ἐνδυκέως σκέπτοιο, μὴ ἀκτὶς ἢ τετράγωνος
ἠὲ καταντιπέρην ὀλοοῦ Κρόνου ἢ Πυρόεντος
ἢ αὐτοί γε συναντόμενοι ζωὴν διέκερσαν.
νυκτὶ δὲ γεινομένους καὶ παμφεγγὴς Ὑπερίων   425
δηθάκις ἀκτίνεσσιν ἑαῖς πνοιῆς ἀπάμερσεν.
Πᾶσαν δ᾽ αὖτ᾽ ἄφεσιν πλευρῇ τετράγωνος ὁρίζει·
μήκιστον γὰρ τοῦτο βροτῶν τέλος εὖαδε Μοίραις.

---

400 μήσατ᾽ Koechly : δῆσατ᾽ LH Lopilato, sed cf. ex. gr. Quint. Sm. 3,752 καί νύ κεν
αἶψ᾽ ἐτέλεσσαν ὅσά σφισι μήδετο θυμός   **401** χρεὼ L : χρεὼν H Koechly Lopilato, sed cf. ex. gr. ibid. v. 6[3],311 χρεὼ (sic L et K. et L.) φράζεσθαι ἀριθμόν   χρόνου ἀρχὴν LH Koechly : χρόνος ἄρχει Lopilato : χρόνου ἀρχή Pingree ap. Lopilato
402 ἠδ᾽ H Koechly Lopilato: εἰδ᾽ L   **405** ἄφεσις H Koechly Lopilato : ἄφεσιν L
410 δύο φῶτα coni. Koechly (fortasse recte, cf. Ps.-Maneth. 3[2],383–4 εἰ δ᾽ ἐπὶ θηλυ-
τέρῃ γενέθλῃ δύο φῶτα φανείη | ἄρσεσιν ἐν ζώοις κτλ.; vide etiam Dor. p. 386,9–
10 δέρκεο δ᾽ Ἡλιόν τε μέγαν κραιπνήν τε Σελήνην | ἠδ᾽ οἴκων βασιλῆας ἐν οἷς
δύο φῶτα βέβηκε) : φαέθων L : φαέων H praecedente δεκτὸς [sic Axt – Rigler 1832,
62, in app. crit.; an potius δεκτὸν?]; in marg. legitur: 'i.e. τῶν φαέων τὸ τῆς αἱρέσεως' (pro φαέων cf. ibid. 3[2],364 ἄμφω φάεα καλά necnon 6[3],720–721 ὁππότε
φάεα δοῖα | Μήνης καὶ Τιτῆνος ἀποκλίνωσ᾽ ἀπὸ κέντρου, sed respice pluralem v.
412 προθέοντα) : φαέθοντ᾽ Lopilato   **411** ἠδ᾽ ἄρ᾽ ἐπὶ μοίρῃσι Koechly : ἠτ᾽ ἂν ἐπὶ
μοίρεσσι LH : ἠτ᾽ ἂν ἐνὶ μοίραισι Lopilato   κατωφερέεσσι LH Koechly Lopilato :
κατωφερέος τε Pingree ap. Lopilato   **412** νίσηται L^{pc} Lopilato : νείσηται L^{ac} :
νίσσηται Koechly secutus Holstenium   **414** λεύσσοις H Koechly Lopilato : λεύσοις
L   κλινθέντ᾽ Gronovius et editores posteriores : κλιθέντ᾽ LH   **416** εὕροις LH
Lopilato : εὕρῃς Koechly   **417** δεικήλων LH Koechly : δεικήλου Lopilato   σκέπτοιο H Koechly Lopilato : σκέπεο L   ὁπόσοις Axt/Rigler et edd. posteriores :
ὁπόσοι LH   **418** κείνων τε περὶ μοιρῶν δεδάασθαι Koechly (cf. Hom. Od. 16,236

ἀλλ᾽ ἦ τοί σε γυναῖκας ἐγὼ δεδάασθαι ἄνωγα) : κείνου τε περὶ μοιραῖσι (μοίραισι *Lopilato*) δάσασθαι **LH** *Lopilato*   **419** γὰρ πλειώνων (πλειώνων *coni. Dorville, vide Axt/Rigler in app. crit.*) ἀριθμὸν μοίρῃσι φράσαιο *Koechly (Ps.-Man. saepius modo optativo sine* ἂν *vel* κεν *utitur, cf. ex. gr. ibid. v. 6[3],261.318)* : γὰρ πλειώνων ἀριθμὸν μοιρῶν τε φράσαιο *Axt/Rigler* : γάρ κεν πλειόνων ἀριθμὸν (ἀριμὸν **L**) μοιρῶν τε φράσαιο **LH** : γάρ κεν πλεόνων (πλεόνων *coni. Pingree*) ἀριθμὸν μοιρῶν τε φράσαιο *Lopilato*   **420** ὅσσους ... βροτῶν **LH** *Koechly* : ὅσσοις ... βροτοὺς *coni. Pingree, quem secutus est Lopilato*   **421** μοίρῃσιν *Koechly* : μοίραις **L** : μοίραισιν **H** *Lopilato*   **423** καταντιπέρην] -ῃω **L**, *ut videtur* : κατ᾽ ἀντιπέρ **H**   **424** αὐτοί γε **LH** *Lopilato* : αὖ τοίγε *Koechly*   **428** Μοίραις *Axt/Rigler et edd. posteriores* : μοίρῃς **LH**

Übersetzung:

Aber da mir nun (schon) bei den vorausgehenden Ausführungen mein Herz [400] den Wunsch gefasst hatte, das zwingend eintretende Schicksal zu besingen, werde ich jetzt genau darlegen, von welchem Punkt in ihren Nativitäten man den Menschen den Beginn ihrer Lebenszeit bestimmen muss und wo wiederum (die Lebenszeit) endet. Nicht passend wäre es für alle Menschen, auf dieselbe Weise von einer Stelle allein die Zahl der Jahre zu erhalten, [405] denn für eine Nativität ist diese Entsendung passend, für eine andere jene.

Bei all denen, die tagsüber geboren wurden und bei deren Geburt die Sonne sich in einem Kardinalpunkt stehend zeigt, (muss man) folglich von deren (der Sonne) Grad die Lebenszeit abzuzählen beginnen, bei einer Nachtgeburt hingegen vom Grad des Mondes. [410] Aber wenn die zwei Luminare (durch die Tagesrotation) außerhalb der Kardinalpunkte (in die Apoklimata) weggeneigt worden sind oder in den (unter den Horizont) hinabgetragenen Graden des Himmels vorwärtslaufend schreiten, dann beginne von jenem Stern, der Herr der Geburt ist und große Stärke besitzt.[3666] Wenn du aber auch den von einem Kardinalpunkt weggeneigt siehst, [415] dann nimm die Entsendung vom Aszendenten an.

[3666] Vers 413 enthält Anklänge an zwei verschiedene *termini technici*, zum einen – durch δεσπόζει γενέθλης – an den οἰκοδεσπότης τῆς γενέσεως, zum anderen – durch κράτος – an den ἐπικρατήτωρ τῆς γενέσεως. Vgl. z.B. Antioch. epit. 1,29, CCAG VIII 3 (1912), p. 118,20, wo es im Kontext der Findung des ἐπικρατήτωρ heißt: αὐτὴ [sc. Σελήνη] λήψεται καὶ τὸ κράτος. Da aber der ἐπικρατήτωρ *per definitionem* eines der Luminare ist und Ps.-Manethon diese bereits vorher besprochen hat, muss hier wohl der οἰκοδεσπότης gemeint sein, der in allen Astrologentexten aus der Zahl der fünf echten Planeten gewählt wird.

Und wenn du dann forschend den Anfang des Lebens gefunden hast, untersuche die Zeiten der (Tierkreis-)Bilder, mit wievielen (Zeiteinheiten) sie (die Bilder) von der Begrenzung (= Horizont) her aufgehen, und forsche nach bezüglich der Grad(zahl)en jener (Bilder): So dürftest du nämlich anhand der (Rektaszensional-)Grade die Zahl der vollen Jahre wahrnehmen, [420] wieviele (Jahre) mühseligen Lebens der Sterblichen die Schicksalsgöttin festgesetzt hat.

Doch in den dazwischenliegenden Graden, in Abhängigkeit von denen das Leben der Männer zugeteilt wird, prüfe sorgfältig, dass nicht ein Strahl des verderblichen Saturn oder Mars aus dem rechten Winkel oder von genau gegenüber oder sie selbst (in der Tagesrotation dem Entsender) begegnend das Leben (i.e. den Lebensfaden) durchschneiden. [425] Die aber, die bei Nacht geboren werden, hat oft der hellleuchtende Sonnengott mit seinen Strahlen des (Lebens-)Atems beraubt.

Zu guter Letzt: Eine jede Entsendung begrenzt die Viereckseite, denn dieses Ende der Sterblichen gefiel den Schicksalsgöttinnen als das am längsten sich hinstreckende.

Verzeichnis der Diagramme und Tabellen

Diagramme:

Tabellen:

Gesamtregister

Dieses Register ist selektiv. Es erfasst also nicht alle Erwähnungen einer Textstelle, eines Namens, Fachbegriffs o.ä., sondern nur diejenigen, deren Informationsgehalt einen Verweis rechtfertigt. Diese Methode der Indizierung ist subjektiv, hat jedoch den Vorteil, dass große Mengen nutzloser Daten vermieden werden, in denen die wirklich wichtigen Stellen untergehen würden. Wer systematisch *alle* Belege eines Stichworts suchen möchte, kann dies (mit Ausnahme griechischer Wörter) mit Hilfe des parallel zur Print-Ausgabe erschienenen eBooks tun.

Das Register gliedert sich in vier Abteilungen: Stellen antiker und mittelalterlicher Autoren (S. 1395), griechische Wörter (S. 1409), lateinische Wörter (S. 1420), Namen und Sachen (S. 1421). Bei astronomischer und astrologischer Fachterminologie ist für die Lemmaansetzung der griechische Fachbegriff entscheidend (z.B. ζῴδιον). Querverweise von den deutschen Fachbegriffen (z.B. 'Tierkreiszeichen') auf die griechischen erleichtern die Orientierung. Im Falle konkurrierender griechischer Begriffe (z.B. ἀστήρ, πλάνης und πλανήτης) wird umgekehrt der deutsche Fachbegriff (z.B. 'Planet') für die Lemmaansetzung gewählt und von den griechischen Begriffen darauf verwiesen. Darüber hinaus bieten viele Lemmata am Ende selektive Querverweise auf verwandte Lemmata.

Stellen antiker und mittelalterlicher Autoren

Zur Auflösung der Abkürzungen von Autorennamen und Werktiteln s.o. S. 339–377 des Literaturverzeichnisses. Stellen solcher Werke, die nur nach über das CCAG verstreuten Exzerpten zitiert werden können, finden sowohl unter dem Autorennamen als auch unter 'CCAG' Erwähnung. Zu Stellen, die Horoskope enthalten, wird jeweils ein einziger Verweis auf die relevante Seite des Katalogs geboten; dort finden sich dann die (ebenso wie hier im Gesamtregister selektiv zu verstehenden) Seitenverweise für das jeweilige Horoskop in der Rubrik 'Besprechung'. Wenn mehrere Textpassagen an der gleichen Stelle beginnen, aber verschiedene Ausdehnungen haben, sind sie so geordnet, dass stets die umfangreichere Passage vorangeht; also z.B. Firm. math. 3,1,1–7; 3,1,1–2; 3,1,1; 3,1,2; 3,1,7.

Ps.-Arist. mund. 6 p. 399a,6–7: 1126[2865].

Aristob. fr. 2 pp. 225–226 D.: 945[2343].

Aristoph. frg. 267 K.-A. (PCG): 40. 540[802]. 540[804].

Arr. Epict. diss. 3,17,4: 1039.

Artem. onir. 1,4 pp. 13,11–14,8: 563; 1,77 pp. 84,21–85,1: 891; 5,78: 564[926].

Astrol. Zen. CCAG I (1898), p. 106,8–9 (Hor. gr. 487.IX.5): 515[687].

AT
  Gen. 1,6–8: 752.

Athen. 3, 114c p. I 262,9 K.: 40. 540[802].

Attic. frg. 7 D. P.: 501[613].

Aug. Gell. 15,7,3 (frg. 22 Malcovati): 1027[2586].

Auson. epist. 17,25 p. 216 G.: 40.

Balb. astrol. 1: 213–214 (s.v. Hor. gr. – 71.I.21). 215–216 (s.v. Hor. gr. – 42.XII.27); ap. Rhet. 6,8,3: 1004.

BGU III 957: 216 (s.v. Hor. gr. – 9.VIII.14).

Caecin. Cic. fam. 6,7,3: 1026[2582].

Cael. Aur. tard. pass. 4,9,132–133: 1098[2785];

Cass. Dio 67,2,3: 1080; 69,1,1: 661[1321]; 69,11,4: 669[1372]; 69,17,1–2: 1036f.; 76,11,1: 268 (s.v. Hor. gr. 145.IV.11); 76,17,4: 268 (s.v. Hor. gr. 145.IV.11).

CCAG
  I (1898), p. 94,10–11: 1103; p. 98,6–8: 1225[3090]; pp. 100–101: 308 (s.v. Hor. gr. 486.III.17); p. 102: 303 (s.v. Hor. gr. 474.X.1); p. 103: 304 (s.v. Hor. gr. 475.VII.16); pp. 103–104: 305 (s.v. Hor. gr. 479.VII.14); p. 104,8: 921[2229]; p. 104,23–24: 105[442]; pp. 106–107: 308 (s.v. Hor. gr. 487.IX.5); p. 106,8–9: 515[687]; pp. 108–113: 697; pp. 107–108: 307 (s.v. Hor. gr. 484.VII.18); p. 126,5–7: 47; p. 128,5–6: 47; p. 137,10–12: 1124[2855]; p. 138,1–21: 47. 653[1300]. 1165–1166. 1373; p. 149,2–9: 1102; p. 155,15–26: 1222[3083]; p. 155,23–24: 1222[3083]; p. 158,9–12: 1065; p. 171,2–14: 310 (s.v. Hor. gr. 497.X.28).
  II (1900), pp. 132–136: 315 (s.v. Hor. gr. 1164.X.10); p. 186,1–14: 30[138]; pp. 187–188: 1370.
  IV (1903), p. 105,20–21: 761[1754]; pp. 106,6–109,4: 310 (s.v. Hor. gr. 497.X.28); p. 107,23: 1156[2926]; p. 108,1–2: 1156[2926]; p. 108,17–18: 1156[2926]; p. 108,29: 1156[2926]; p. 108,30: 977.
  V 1 (1904), p. 179,6–7: 964[2416].
  V 3 (1910), pp. 126,37–127,1: 964[2416].
  VI (1903), p. 62,7–17: 47. 787–788; pp. 63–64: 308 (s.v. Hor. gr. 487.IX.5); pp. 64,26–65,21: 305 (s.v. Hor. gr. 478.VIII.29); pp. 65,22–66,15: 307 (s.v. Hor. gr. 483.VII.8); pp. 66,16–67,17: 307 (s.v. Hor. gr. 484.VII.18).
  VII (1908), p. 111,11–16: 975; p. 112, 16–17: 1102; p. 113,15–17: 642[1250]; p. 115,7–8: 975; p. 115,20: 1105; p. 115,7–8: 975[2437]; pp. 129–151: 47. 555; pp. 194–213: 1112[2832].
  VIII 1 (1929), p. 131: 47; p. 185,5–10: 964[2417]; pp. 221,1–222,28: 300

26,18: 1117²⁸⁴³; 26,59: 873; 27,8:
1117²⁸⁴³; 32: 1202–1205; 32,1–2:
873; 32,10: 1106; 32,17: 873.

Lucan. 1,649–665: 525⁷³⁸. 739.

Lucill.: → Anth. Pal. 11,164.

Lyd.
    mens. 1,14: 327–328 (s.v. Hor. lat. –
    753.X.4); 4,26 pp. 84–86 W.: 957–
    959.
    ost. 1 pp. 5,20–6,8: 493; 2 pp. 6,9–
    7,1 (= Antig. Nic. **T1**): 187–188.
    481–505; 2 p. 6,9–22: 41; 2 p.
    6,14: 561⁹¹⁶; 2 p. 6,23 W.: 502; 9a
    p. 21,6–10: 42; 9c pp. 24,5–25,9:
    42; p. 24,5–7: 491; 11–15b pp.
    35,13–45,21.

Macr. somn. 1,21,23–27: 633¹²¹⁶.

Ps.-Maneth. 1[5],3–12: 41; 1[5],11–12:
    540⁸⁰⁴. 559⁹¹²; 1[5],29–33: 1115²⁸⁴¹;
    1[5],31f.: 1117²⁸⁴³; 2[1],148–398:
    1202–1205; 2[1],150–156: 872;
    2[1],157–165: 872; 3[2],8–130: 697;
    3[2],106–111: 1199; 3[2],383–396:
    1115. 1115²⁸⁴¹; 3[2],399–428:
    997²⁵⁰². 1003f. 1385–1389; 3[2],406–
    415: 1062²⁷⁰¹; 3[2],427: 993²⁴⁸³;
    4,357: 1117²⁸⁴³; 4,572: 642; 5[6],1–
    10: 41; 5[6],9–10: 560; 5[6],10:
    540⁸⁰⁴; 5[6],35–38: 761; 5[6],189–
    190: 1125²⁸⁵⁹; 5[6],211–216:
    1115²⁸⁴¹; 5[6],216: 1117²⁸⁴³;
    6[3],108–111: 902. 912. 916;
    6[3],544–629: 886²¹⁴¹; 6[3],598:
    891²¹⁵⁹; 6[3],738–750: 231–232 (s.v.
    Hor. gr. 80.V.27–28).

Manil. 1,41: 554; 1,47: 554; 2,232:
    610¹¹²³; 2,433–452: 740; 2,788–967:
    1344³⁵³⁴; 2,856–970: 696; 4,408–
    501: 610¹¹²³; 4,773: 327–328 (s.v.

Hor. lat. –753.X.4); 5,125: 1107²⁸¹⁰;
    5,155: 1098.

Marin. vita Procl. 35: 299–300 (s.v.
    Hor. gr. 412.II.7).

Mart. Cap. 2,183: 644¹²⁶⁴.

Max. 436: 640.

Max. paraphr. 1,112–113 p. 78 R. C.:
    1105.

Mich. Ital. epist. 19 pp. 162,12–163,4
    G.: 41; p. 162,14–15 G.: 560⁹¹⁵; epist.
    30 p. 199,7–9 G.: 1102²⁷⁹⁶.

Mus. 237: 640.

Nech. et Pet., alle test. u. frg.: 40–47;
    test. 1: 557⁸⁹⁷. 560⁹¹⁵; test. 2: 540⁸⁰².
    540⁸⁰⁴; test. 3: 537. 540⁸⁰⁴. 985²⁴⁵³;
    test. 4: 540⁸⁰⁴. 561⁹¹⁶; test. 5: 489⁵⁶³.
    559⁹¹². 1326³⁴⁶⁵; test. 6: 265 (s.v.
    Hor. gr. 137.XII.4). 491. 548. 557⁸⁹⁹.
    560. 561⁹¹⁷. 1324³⁴⁵². 1326; test. 8:
    559⁹¹²; test. 9: 560; test. 10: 561⁹¹⁶;
    test. 11: 560⁹¹⁵; test. +1: 557. 558;
    test. +2: 559⁹¹²; frg. 1: 559. 560; frg.
    2: 555; frg. 5: 555⁸⁸⁶. 556. 992²⁴⁷².
    1001; frg. 6: 555. 556⁸⁹⁴; frg. 7:
    556⁸⁹⁴; frg. 8: 491; frg. 12: 556.
    555⁸⁹¹. 559⁹⁰⁷. 560; frg. 13: 556.
    559⁹¹². 1058. 1166; frg. 14b: 561⁹¹⁶;
    frg. 14c: 561⁹¹⁶; frg. 15: 984²⁴⁵²; frg.
    16: 559⁹¹². 739. 985. 993²⁴⁸¹. 998.
    1004; frg. 17: 955²³⁸⁸. 985. 985²⁴⁵⁴.
    994²⁴⁸⁴. 995. 1001f. 1004; frg. 18:
    558. 559⁹¹². 985. 995f. 1001²⁵¹⁴.
    1059²⁶⁹⁴; frg. 19: 557⁸⁹⁸. 559. 559⁹¹².
    1161. 1166f. ('G3'). 1168²⁹⁵⁷; 1179
    ('G3'); frg. 19a: 1164f. 1166f. ('G7').
    1171 ('G7'). 1179 ('G7'); frg. 21:
    559. 798¹⁸⁸³. 1303³³⁷⁶; frg. 23:
    997²⁴⁹⁷. 1028; frg. 24: 559. 559⁹¹².
    1058; frg. 25: 554⁸⁸¹. 556; frg. 26:

452: 1086; 5,57,417–418: 1086;
5,57,421: 1088f.; 5,57,422: 1091;
5,57,438–439: 1086; 5,57,439:
1085²⁷⁴⁹; 5,57,440: 1087f. 1090f.;
5,57,446–449: 1090; 5,57,446: 1091;
5,57: 698. 1090; 5,57,60: 818;
5,65,10: 1103; 5,66,1: 1108²⁸¹⁵;
5,66,5–6: 1110²⁸²⁸; 5,67,3: 642¹²⁵⁰;
5,68,10: 1105; 5,76,2: 1108; 5,77,1–
2: 1212³⁰⁵²; 5,77,2: 1093²⁷⁶⁶; 5,77,18:
904. 923. 981; 5,77,32: 904. 910²¹⁹⁷.
924. 981; 5,77,33: 1212³⁰⁵²; 5,81,2:
904. 924; 5,82,10: 1104; 5,101,9:
1370; 5,108,1–7: 219 (s.v. Hor. gr.
29.V.2); 5,110,1–13: 312 (s.v. Hor.
gr. 601.II.24⁽ʔ⁾); 5,113–117: 301–302
(s.v. Hor. gr. 440.IX.29); 5,116,1:
1110²⁸²⁶; 5,117,11: 904. 925–927;
6,8: 997²⁵⁰¹; 6,8,1–2: 1018²⁵⁵⁷; 6,8,3:
1004; 6,8,5: 1017²⁵⁴⁹; 6,8,7: 1016²⁵⁴⁷;
6,8,8–11: 215–216 (s.v. Hor. gr. –
42.XII.27); 6,8,8: 627¹¹⁸⁵. 1015²⁵⁴⁶.
1016²⁵⁴⁸; 6,8,9–11: 1016²⁵⁴⁸; 6,8,11:
535⁷⁷⁸; 6,8,12–14: 213–214 (s.v. Hor.
gr. –71.I.21); 6,52: 310 (s.v. Hor. gr.
497.X.28); 6,52,20: 1156²⁹²⁶;
6,52,24: 1156²⁹²⁶; 6,52,28: 1156²⁹²⁶;
6,52,32: 977. 1156²⁹²⁶; 6,53–63:
504⁶²⁸; 6,57,14: 45. 555. 590¹⁰⁵¹;
6,57,19: 633¹²²⁰. 633¹²²¹; 6,60:
997²⁵⁰¹; 6,60,2: 1016²⁵⁴⁷; 6,60,7:
1018²⁵⁵⁴; 6,61,41: 1223³⁰⁸⁶; 6,61,43:
795; 6,61,50–51: 755¹⁷³⁵; 6,61,104:
1371³⁶¹⁸.
epit. 2,11: 1294.
epit. 4,12: 300–301 (s.v. Hor. gr.
428.IX.8); 4,14: 311 (s.v. Hor. gr.
516.V.1⁽ʔ⁾); 4,15: 299 (s.v. Hor. gr.
400–401⁽ʔ⁾). 309 (s.v. Hor. gr.
488⁽ʔ⁾); 4,16: 988²⁴⁶⁴. 1367; 4,17:
989. 1060. 1068. 1073; 4,19: 306
(s.v. Hor. gr. 482.III.21). 904. 927.
1001²⁵¹⁴. 1060. 1069. 1069²⁷²⁰;
4,21: 520. 1002²⁵¹⁷. 1011²⁵³⁵; 4,22:
904. 927; 4,24: 1370.

Schol. Arat. 806 pp. 487,24–488,1
Maass (= p. 402,18–20 Martin): 942.

Schol. Nik. Ther. 94e. 215a. 377–378a.
574b. 585a. 748. 781b. 849: 28¹²³.

Serap. CCAG VIII 4 (1921), p. 226,17–
18: 1134; p. 228,13–16: 1223f.; p.
229,8: 1225³⁰⁹¹; p. 230,16–23:
1053²⁶⁷⁵; p. 231,32–33: 1355.

Serv. Aen. 4,653: 956²³⁸⁹; 10,272: 42.

Sext. Emp. adv. math. 5,13: 1055f.;
5,14–20: 793; 5,20: 855; 5,37:
580¹⁰⁰⁰; 5,53: 538; 5,85: 1055; 5,91–
92: 642¹²⁵².

Sol. 1,18: 327–328 (s.v. Hor. lat. –
753.X.4).

Solon. eleg. 27,13–14 W.: 1030²⁵⁹⁵.

Sophron. gramm. p. 393,25–28 H.:
1329³⁴⁷⁸.

Soran. I 16 p. I 44 B.-G.-M.: 954²³⁸¹.

Ps.-Steph. Alex. pp. 266–289 U.: 312–
313 (s.v. Hor. gr. 621.IX.1).

Steph. philos. CCAG II (1900), p.
186,1–14: 30¹³⁸.

Suda s.v. Πετόσιρις, π 1399, p. IV
117,4–6 A.: 40; p. IV 117,4 A.:
560⁹¹⁵; p. IV 117,5–6 A.: 557⁸⁹⁷; p.
IV 117,6 A.: 44.

Suet.
Dom. 15,3: 503.
frg. p. 316,1 R.: 40.

Sym. etym. s.v. Βούσιρις, β 82/86, p. II
484,23–25 L.-L: 540⁸⁰³.

1162. 1166 ('G4'). 1171–1173
('G4'). 1176 ('G4'). 1179 ('G4');
9,2,8–11: 46; 9,2,8: 557[898]. 1162–
1164 (bes. 1163[2944]). 1166f. ('G5').
1179 ('G5'); 9,4,1–3: 46; 9,4,1:
1345[3544]; 9,6,8: 898[2171]; 9,8,17:
1001[2514]; 9,11,2: 41. 559[912]; 9,12,9:
46; 9,18,1: 46; 9,19,23–31: 253 (s.v.
Hor. gr. 118.XI.26).
add. 1,16–37: 301 (s.v. Hor. gr.
431.I.9); 1,38–49: 300 (s.v. Hor.
gr. 419.VII.2); 2,5: 42; 5,1–2: 247
(s.v. Hor. gr. 112.VIII.17); 5,3–4:
235 (s.v. Hor. gr. 86.XII.27); 5,5–
7: 240 (s.v. Hor. gr. 101.I.28); 5,8–
11: 242 (s.v. Hor. gr. 103.I.10);
5,12–15: 251 (s.v. Hor. gr.
115.XII.26); 5,16–19: 226 (s.v.
Hor. gr. 65.V.24); 5,20–23: 236
(s.v. Hor. gr. 88.V.5); 5,24–27: 236
(s.v. Hor. gr. 89.VII.29); 5,28–32:
236–237 (s.v. Hor. gr. 91.IV.4);
app. 1,88–95: 259–260 (s.v. Hor. gr.
122.XII.4); 1,96–103: 253 (s.v.
Hor. gr. 118.XI.26); 1,106: 874;
1,115–116: 1238; 11,47–53: 223–
224 (s.v. Hor. gr. 50.X.24); 11,54–
56: 225–226 (s.v. Hor. gr.
63.V.13); 11,57–59: 234 (s.v. Hor.
gr. 85.II.5); 11,60–63: 233 (s.v.
Hor. gr. 83.IV.28); 11,64–67: 228
(s.v. Hor. gr. 74.XI.26); 11,68–69:
227 (s.v. Hor. gr. 72.I.6); 11,70–
73: 233 (s.v. Hor. gr. 82.VII.9);
11,74–76: 239 (s.v. Hor. gr.

97.XI.6); 11,77–79: 238–239 (s.v.
Hor. gr. 95.V.14); 11,80–82: 243
(s.v. Hor. gr. 105.I.1); 11,83–85:
225 (s.v. Hor. gr. 61.V.1); 11,86–
88: 245 (s.v. Hor. gr. 109.VI.2);
11,90–91: 256 (s.v. Hor. gr.
121.I.29–30[(?)]); 11,99–102: 240
(s.v. Hor. gr. 101.III.5); 14: 997[2499];
19,15–17: 43; 19,19–20: 249 (s.v.
Hor. gr. 114.VII.26); 19,45–47.51–
66: 272 (s.v. Hor. gr. 158.VIII.14);
20,11,1–3: 43; 20,18–19: 256–257
(s.v. Hor. gr. 121.X.27).

Varro ap. Gell. 1,20,6: 950; ibid.
3,10,7: 946[2347].

Verg. ecl. 2,28: 1107[2810].

Vitr. 9,6,2: 512.

Zarādušt, *Kitāb al-bāri* 5,7: 330–331
(s.v. Hor. pers. 232.IV.9); → Ps.-Zor.

Zon. 13,11: 295 (s.v. Hor. gr.
361.XI.3).

Ps.-Zor. apotel. frg. D 13 B.-C.: 490[571];
frg. O 15a B.-C.: 490[573]; frg. O 83 B.-
C.: 1345[3544]; frg. O 94 B.-C.: 331
(s.v. Hor. pers. 232.IV.9); → Zarādušt.

Zos. 3,9,6: 295 (s.v. Hor. gr. 361.XI.3).

Griechische Wörter

Während der Wortindex oben S. 193–203 den Text der Antigonosfragmente im Editionsteil dieser Arbeit systematisch erschließt, verweist der
hier folgende Teil des Gesamtregisters auf Stellen dieser Arbeit außerhalb des Editionsteils, an denen auf bestimmte griechische Wörter eingegangen wird. Dabei ist es irrelevant, ob die Wörter aus den Fragmenten

des Antigonos oder aus anderen Texten stammen. Einige griechische Lemmata sind nicht belegt, sondern nur aus lateinischen Texten rekonstruierbar. Diese Lemmata sind (wie üblich) mit einem Asterisk gekennzeichnet.

ἅπαξ λεγόμενον: 37. 848.
ἀπεργάζομαι: 777. 1129.
ἀπόβασις: 564⁹²⁴.
ἀποδείκνυμι: 849.
ἀπόδειξις: 849. 1383.
ἀποδημητικός: 1317.
ἀποδοκιμάζω: 515.
ἀπόκλιμα (locus piger et deiectus):
    732; → ἀπόκλισις, ἐπικαταφορά.
ἀπόκλισις: 733.
ἀπόνοια: 672.
ἀπόκρουσις, προγεναμένη (sic):
    1096.
Ἀπομάσαρ: → Abū Maʿšar.
ἀπόνοια vs. ὑπόνοια: 671–673.
ἀπόρροια, ἀπορρέω (defluctio, deflu-
    xio, defluo), allg. i.S.v. astrol. Ein-
    fluss der Sterne: 751¹⁷¹⁴; spez. i.S.v.
    räuml. Separation nach Konjunktion:
    749–758 (Diagr.: 754 u. 755); ἀπερ-
    ρυηκέναι synonym mit διάστημα:
    1175²⁹⁷⁰; Subjekt können neben dem
    Mond auch Sonne oder Planeten sein:
    751¹⁷¹⁵.
ἀποτέλεσμα: 34¹⁶². 564⁹²⁴. 779.
ἀποτελεσματογραφία: 897²¹⁷¹.
ἀποτελέω: 777; Sonderbedeutung:
    508.
ἀποτροπιασμός: 558.
ἄπρακτος: → πρᾶξις.
Ἄρης: 569.
ἀριθμὸς τέλειος bzw. τελεσφόρος:
    937.
ἀριστερός: → Stellung.
ἀρρενικός (eine Qualität der Tier-
    kreiszeichen): 768.
ἀρρωστία (ein Bereich astrol. Wir-
    kungen): 1351.
ἀρχαῖοι, οἱ: 1033.
ἀσάφεια: 500.
ἀσελγαίνω: 1112.
ἀσέλγεια: 1112.
ἀσελγής: 1108f. 1112f.
ἀστήρ: 711–712; λαμπρὸς ἀστήρ:
    1313; → Fixsterne, Planet.

ἀστροθύτης: 488.
ἀστρολογία, antike Wortbedeutung:
    15⁶⁷.
ἀστρολόγος und μάγος: 489.
ἀστρονομία, antike Wortbedeutung:
    15⁶⁷.
ἀτεκνία: 869.
ἄτεκνος: 868.
αὐξάνω (astron.): 1306³³⁸⁹.
αὐξιφαής (astron.): 1125²⁸⁵⁹. 1126.
αὔξιφως (astron.): 1126.
αὐξιφωτία (astron.): 1126.
αὔξω (astron.): 1125f. 1306³³⁸⁹.
αὐτοκράτωρ: 1194.
ἀφαίρεσις (astron.): 1302.
ἀφαιρέτης (astron.): 989²⁴⁶⁶.
ἀφαιρετικός (astron.): 1301–1307.
ἀφαιρέω (astron.): 1306³³⁸⁹.
ἄφεσις (directio, prorogatio, Primär-
    direktion): 992. 996²⁴⁹⁶. 997. 1022;
    bei Antigonos: 1004f.; spez. im Ho-
    roskop Hadrians: 1011–1014. 1019–
    1021 (Diagr.: 1019); im Horoskop
    des Pedanius Fuscus: 1131f.; →
    περίπατος.
ἀφέτης: 992f. 1006. 1022f. 1248.
ἀφέτις: 1022f.
ἀφορμή: 486.
Ἀφροδίτη: 569.
ἀχρημάτιστος: 792–798.

βασιλεύς: 1194f.; Bezeichnung des
    ‘Nechepsos’: 1324.
Βασιλίσκος (α Leo): 1308.
βάσις, synonym zu ὡροσκόπος: 643.
βι(αι)οθανασία: 930. 1185–1188.
    1210; Begriffsgeschichte: 1187;
    Sonderform Suizid: 1231.
βίβλος: 1330.
βίος (ein Bereich astrol. Wirkungen):
    1351.
βιοτοσκόπος: 642¹²⁵¹.
βλέπω: 786; → Aspekt.
βλοσυρώδης: 1101²⁷⁹⁵.
βοηθέω: 1212f.

βραδυανάφορος (eine Qualität der Tierkreiszeichen): 622[1175].

γάμος (ein Bereich astrol. Wirkungen): 1354.

γενεά: 938. 955.

γενέθλη, synonym zu ὡροσκόπος: 643.

γενεθλιαλογικός – καθολικός: 492. 495.

γένεσις (*genitura*, Nativität, Horoskop): 536–539; ἀποδημητική: 1317; παραδειγματική: 1284; metonymisch (der Native): 539.

γενικός – εἰδικός: 492.

γεννάω: 825–826.

γνώριμος: 498–502.

γραμμή, διὰ γραμμῶν: 496.

γραμμικός: 496; -κῶς: 496.

γυναῖκες (ein Bereich astrol. Wirkungen): 1354.

δάκτυλος (astron. Maßeinheit, = 0° 5′): 1292[3322].

δεκανός (*decanus, facies*, Dekan): 638. 759. 771. 1337. 1349–1350; Aufgangsdekane vs. Transitdekane: 638; die der Tanis-Familie im Gegensatz zu denen der Familie Sethos IB: 1337; einzelne Dekane: Σμάτ (0°–10° ♑): 771; Σρώ (10°–20° ♑): 771; → πρόσωπον, Σαλμεσχινιακά, Dekanmedizin, Planetenwürde, Sieben Dekane (Sternbild).

δεκατεύω (astrol.): 1212[3052].

δεξιός: → Stellung.

δηλόω: 779.

διαβολή: 1197.

διάθεμα (τῆς γενέσεως): 536–537.

διάθεσις: 537.

διαίρεσις χρόνων: 520.

διακρίνω: 495.

διάκρισις (embryol.): 952.

διάμετρον (*diametrum*, Opposition): 786–788.

διαμόρφωσις (embryol.): 952.

διαρθρόω: 495.

διατίθημι: 537.

διδασκαλία: 1330.

διμόρφωτος (eine Qualität der Tierkreiszeichen): 861.

δισσός (eine Qualität der Tierkreiszeichen): 861.

δισώματος (eine Qualität der Tierkreiszeichen): 861.

δίσωμος (eine Qualität der Tierkreiszeichen): 861.

διχότομος (Mondphase): 851.

δοξαστικός (Qualität Hadrians): 800–802.

δορυφορία (Doryphorie, Speerträgerschaft): 680. 707–710 (Diagr.: 709). 818; Sonderlehren des Antiochos von Athen: 710.

δραστικός: 511.

δῦνον (sc. κέντρον): 643; → κέντρον.

δύσις (*occasus*): 740–745. 1054; im Sinne des Untergangspunkts (OCC): 643; ἑῷα δύσις: 1154; → κέντρον, ὑπὸ δύσιν εἰμί.

δυτικός: 742.

δωδεκατημόριον: 645. 993[2482]. 1208[3038].

δωδεκάτροπος (Dodekatropos): 689–698; vermutlich ägyptischer Ursprung: 638. 694–696; Wesen: 689; Name nicht δωδεκάτοπος: 689[1461]; Texte zu den Wirkungen der einzelnen Orte: 1349; dto. mit Differenzierung nach Planeten in den Orten: 697; Rekurse des Antigonos auf die Dodekatropos: 699; Indizien für gemeinsame Abhängigkeit der Texte Firm. math. 3,2–13, Paul. Alex. 24 und Rhet. 5,57 von einer verlorenen Quelle zu den Planeten in den 12 Orten: 1239–1243 (vgl. 1086 u. 1090); 2. Ort: 1191. 1209; 8. Ort: 1210[3047]; 10. Ort = ἐξουσιαστικὸς καὶ βασιλικὸς τόπος: 1079f.; 10. Ort: 1121;

ὑπόγειον ζῴδιον, ὑπόγειον κέντρον, ὑπόγειον μεσουράνημα.
κιναιδία: 1119; → Sexualität.
κινέομαι (astron.): 1306[3389].
κληρόομαι τὴν ὥραν: 700[1522].
κλῆρος (sors, Los), sieben Lose: 1158;
  einzelne Lose:
  κλῆρος ἀναιρέτου: 1384[3660].
κλῆρος βίου (Los des Vermögens):
  912.
κλῆρος Δαίμονος (locus daemonis,
  Los des Daimon): 1159. 1383; mit
  Sonne und Geist assoziiert: 1170;
  schon bei 'Nechepsos und Petosiris': 1179.
κλῆρος Νεμέσεως: 570[953]. 815.
κλῆρος τῆς μητρός: 1370.
κλῆρος τῆς Τύχης (locus Fortunae,
  Glückslos): 1140. 1158–1182.
  1383; Symbol: 586. 1159[2931];
  Schreibung mit Majuskel: 1160[2935];
  Formeln der Berechnung: 1169;
  mit Mond und Körper assoziiert:
  1170; mit dem Genius (bes. Genius
  imperatoris) assoziiert: 1181; als
  potentieller Entsender in Primärdirektionen: 999.
κλῆρος τοῦ πατρός: 1370.
κλίμα (clima, Klima), sieben astrol.
  κλίματα: 35[165]. 618. 624 (Tab.).
  1361; verschiedene Beachtung durch
  'Nechepsos' und 'Petosiris': 1002;
  im Kontext erhaltener Primärdirektionen: 1009; geographische κλίματα: 1361[3583]; → πόλεις ἐπίσημοι,
  Standardklima.
κλιμακτήρ (periculum, allg. Stufenjahr
  oder indiv. Gefahrenmoment): 30.
  806. 996f. 1003. 1025–1030. 1132;
  das 63. Jahr: 964. 1027; Gefahrenmomente in erhaltenen Primärdirektionen: 1006; speziell in F1 § 52:
  1011–1014; → ἀνδρόκλας, ἀνδροκλάστης, periculum.
κλιμακτηρικός: 1027.

κοίλωμα: 715; → ταπείνωμα.
κολάζω: 1080.
κολλάομαι (glutinor): 749–758.
κόλλησις: 749–758 (Diagr.: 755).
κορυφή (τοῦ κόσμου, = MC): 785.
κοσμοκράτωρ: 734–736. 817.
κόσμου γένεσις (mundi natalis, genitura mundi, thema mundi,
  Welthoroskop): 49. 525[738]. 632–635
  (Diagr.: 632 u. 635). 739. 1051. 1359.
κρᾶσις (der Fixsterne): 1294.
κραταιόγονον (botan., med.): 953[2377].
κραταιοὶ ἡγεμόνες ('mächtige Anführer'): 1334.
κρίσιμος (med.): 1026f.
κρίσις (in der pythag. Phil.): 944.
Κρόνος: 569.
κρύψις: 741.
κύριος τῆς γενέσεως (dominus geniturae): 1059. 1063. 1074–1075.

λαγχάνω τὴν ὥραν: 700[1522].
Λαμπαύρας (α Tau?): 1309[3397].
λαμπρομοιρία: 1321.
λαμπρός (von Fixsternen): 1313.
λειτουργός (liturgus): 1344.
λείπω (astron.): 1306[3389].
λειψιφωτέω: 1125[2857]. 1127.
*λεπτογένεσις: → Leptogenesis.
λήγω (astron.): 1306[3389].
λογικός (eine Qualität der Tierkreiszeichen): 768.

μάγος und ἀστρολόγος: 489.
μαρτυρέω: 654; → Aspekt.
μαρτυρία: 654; → Aspekt.
μεγαλόφρων (Qualität Hadrians): 802.
μεγιστάν: 1311.
Μέθοδος μυστική (herm. Schrift):
  71[343].
μειόομαι (astron.): 1306[3389].
μείωσις (astron.): 1302[3371].
μελ(ε)οκοπέω: 1214f.

Πανάρετος (herm. Schrift): 815. 1158.
πανσεληνιακός: 1092.
πανσέληνος (Mondphase): 851.
παραβάλλω (astron.): 1309.
παραιρέτης: 857f.
παραλλαγή (astrol.): 1050.
παραύξησις (astron.): 1302³³⁷¹.
παρεμβάλλω τὴν ἀκτῖνα: 808¹⁹¹⁹.
πατρίς: 1129.
πεπαιδευμένος (Qualität Hadrians):
    664f.
Περὶ ἑβδομάδων (De hebdomadibus):
    945; Datierungsproblem: 945.
Περὶ ἑπταμήνου: 955.
Περὶ ὀκταμήνου: 955.
περικάμπιος (eine Qualität der Tier-
    kreiszeichen): 862.
περίπατος (astrol.): 996²⁴⁹⁶.
περιποιέω: 777.
περίσχεσις (astrol. Sonderlehre des
    Antiochos von Athen?): 807; →
    ἐμπερίσχεσις.
Περὶ τεσσαρακοντάδων: 938.
Πετοσιριακαὶ παραδόσεις: 491; →
    Petosiris (astrol. Pseudonym).
πῆχυς (astron. Maßeinheit, = 2½°):
    1289³³⁰⁹.
πίναξ (tabula; astrol. Hilfsmittel): 526.
    578–579.
πλάθος (astron. Breite): 747. 1302f.;
    astrol. Deutung (nördl. = gut, südl. =
    schlecht): 748. 1301f. 1302³³⁷³.
πλανάομαι: 823.
πλάνης: 711; → Planet.
πλανήτης: 711; → Planet.
πλανητικὸς σκοπός: 1174²⁹⁷³.
πλευρά: 1024f.
πληθύω: 1127.
πλήθω: 1125.
ποιέω: 777.
ποιητικός: 511.
πόλεις ἐπίσημοι: 622¹¹⁷⁵. 1361; →
    κλίμα.
πολυαδελφία: 862f.
πολυάδελφος: 863.

πολύγονος (eine Qualität der Tierkreis-
    zeichen): 862.
πολύσπερμος (eine Qualität der Tier-
    kreiszeichen): 862.
πολύσπορος (eine Qualität der Tier-
    kreiszeichen): 862.
πολύτεκνος (eine Qualität der Tier-
    kreiszeichen): 862.
πορεύομαι (astron.): 1306³³⁸⁹.
πραγματεία (lit.): 1330.
πρᾶξις (actus, Taten und Beruf): 779–
    784.
προαναφέρω (astron.): 1122.
πρόβασις: 778.
προγενομένη σύνοδος: 773. 1094.
προηγούμενος: → ἑπόμενος.
προκοπτικός: 1332.
πρόσθεσις (astron.): 1302.
προσθέτης (astron.): 989²⁴⁶⁶.
προσθετικός (astron.): 1301–1307.
προσκοπτικός: 1332f.
προσκυνέω: 817.
προσμαρτυρέω: 654; → Aspekt.
προστίθημι (astron.).: 1126²⁸⁶².
    1306³³⁸⁹.
πρόσωπον (astrol.): 1350; → δεκανός.
προφανής: 1078f.
πρωινὸν μεσουράνημα (Hapax): 1350.
Πυροειδής: 569.
Πυρόεις: 569.

ῥυπαίνω: 1105²⁸⁰⁴.
ῥυπαρόβιος: 1105²⁸⁰⁴.
*ῥυπαρόγαμος: 1105²⁸⁰⁴.
ῥυπαρός: 1101–1107.

Σαλμεσχινιακά: 29. 798. 1333–1348;
    Forschungsgeschichte: 1333³⁴⁹²; Na-
    mensetymologie: 1336; Datierung:
    1336; ägyptische Quelle?: 1336.
    1348; Verhältnis der Dekanprognos-
    tik zur Dodekatropos: 1337–1343;
    Dekanauswahl: 1343 (Diagr.); Zah-
    lensymbolik: 1343; Dekanwirkungen:

1346; Aufgangs- und Kulminationsnotate: 1347.
Σελήνη: 569.
σεληνιακὸν μέγεθος (astron. Maßeinheit, = 0° 30′): 1292³³²².
σημαίνω: 777. 1373.
σίνος (ein Bereich astrol. Wirkungen):
1353.
σκοπός, πλανητικός: 1174²⁹⁷³.
Σμάτ: → δεκανός.
σπαναδελφέω: 866.
σπαναδελφία: 863. 866.
σπανάδελφος: 866.
Σρώ: → δεκανός.
στάσις (astron.): 731–732. 1024.
στερεός (eine Qualität der Tierkreiszeichen): 861.
στηριγμός (astron.): 732. 742¹⁶⁷⁷.
1052. 1153–1157; zweiter Stillstand
astrol. vorteilhaft: 1156.
Στίλβων: 569.
στοχασμός: 494f.
συγκρίνω: 1174²⁹⁶⁹.
σύγκρισις (vergleichende Analyse von
Horoskopen): 532. 1251.
συζυγία (Syzygie): 1092²⁷⁶⁴. 1094;
pränatale: 833. 1094. 1383; προγενομένη (bzw. προγεγονυῖα): 1092.
συμμαρτυρέω: 654; → Aspekt.
συμμαρτυρία: 654; → Aspekt.
συμπαραγίγνομαι: 844.
συμπαρατυγχάνω: 844.
συμπάρειμι: 844.
συναπτικός: 749¹⁷⁰⁰; → συναφή.
συνάπτω (me coniungo): → συναφή.
συνάφεια: 749¹⁷⁰⁰; → συναφή.
συναφή (coniunctio, Konjunktion):
749–758 (Diagr.: 754 u. 755). 786–
788; → συνάφεια, σύναψις, σύνοδος.
σύναψις: 749¹⁷⁰⁰; → συναφή.
σύνδεσμος (astron.): 826.
συνεγγίζω (astron.): 1310.
σύνειμι: 844.

συνοδικός: 1092.
συνοδοπανσέληνος: 1093.
σύνοδος (coniunctio, Konjunktion):
1092²⁷⁶⁴. 1094²⁷⁶⁹; προγενομένη
(bzw. προγεγονυῖα): 1092; προγ.
σύν. in den zwölf Orten der Dodekatropos: 1095; Sonderdefinition der
σύνοδος: 755¹⁷³⁵ (Diagr.: 755).
συνοικοδεσπότης τῆς γενέσεως:
1059. 1062. 1074–1075. 1248³¹⁴⁴.
συντομία (kompilatorische Methode):
66³¹⁹. 1031.
συντόμως: 1032.
συσχηματισμός: 538; → Aspekt.
σχῆμα: 654; ἀνὰ σχῆμα: 517; ἀνὰ ἓν
σχῆμα: 892; → Aspekt.
σχηματίζω: 654; → Aspekt.
σχηματισμός (radiatio): 654. 787¹⁸⁵⁰;
→ Aspekt.
σχηματογραφία: 654. 798. 897²¹⁷¹; →
Aspekt.
σωματικῶς: 517. 1226.

ταπείνωμα (deiectio, Erniedrigung;
astrol.): 714–717 (Tab.: 715); abweichende astron. Definition: 715; → bīt
niṣirti, κοίλωμα, φυλακή, humilitas,
Planetenwürde.
ταπεινῶς (soz.): 1197f.
ταπεινός, -όω, -ωσις (soz.): 1198.
ταχυδρομέω (astron.): 1301³³⁶⁵.
τέκνα (ein Bereich astrol. Wirkungen):
1355.
τεκνοποιός (eine Qualität der Tierkreiszeichen): 862.
τέλεια ἔτη: → Planetenjahre.
τελείωσις (embryol.): 940²³¹⁷.
τελευτάω, i.S.v. ἀποθνήσκω: 676f.
τεσσαρακοσταῖος: 924²²⁴³; Festtag:
939.
τεταρτημόριον (pars nonagesima):
985. 991–997 (bes. 993). 1011; in erhaltenen gr.-röm. Horoskopen: 1006f.
(Tab.); im Horoskop Hadrians: 1019–
1021 (Diagr.: 1019); im Horoskop

des Pedanius Fuscus: 1131f.; →
*ἐνενηκονταμερίς, ἐνενηκοντα-
μοιρία, *enenecontameris*.

τετράγωνον (*quadratum*; Geviertschein, Quadratur): 786–788; in Primärdirektionen: 993; Quadraturen
der 'Wohltäter' werden vereinzelt
positiv gedeutet: 923.

τετράπους (eine Qualität der
Tierkreiszeichen): 767.

τέχνη: 781[1819].

τηλεσκόπος vs. τηλέσκοπος: 640.

τοιουτοτρόπως: 1253.

τοκετός (ein Bereich astrol. Wirkungen): 1350.

τόπος (*locus*, Ort): 689; Merkvers:
690[1462]; Methoden der Einteilung:
690; Ineinssetzung mit ζώδιον: 691–
693; Hierarchie der 12 Orte: 793–
797; → δωδεκάτροπος, *swšp*, *twr*.

τόπος/τρόπος (Verschreibung): 1357.

τουτέστι: 824.

τρέχω (astron.): 1306[3389].

τριάς: 950.

τριβάς (sex.): 1098[2785]. 1112; → Sexualität.

τριγωνοκράτωρ: 717.

τρίγωνον (*trigonum, triangulum, triplicitas*, Gedrittschein, Trigon): 717–
718. 786–788; Planetenwürde: 717–
718 (Tab.: 717); → Planetenwürde.

τρίτα (Totenopfer): 951. 961. 967.

τριταῖος: 924[2243]; → ὑποτρίταιος.

τροπικός (eine Qualität der Tierkreiszeichen): 861.

τρόπος/τόπος (Verschreibung): 1357.

τροχάζω (astron.): 1306[3389].

τρωσμός (gynäk.): 952.

τυγχάνω: 774.

τυμπανίας (med.): 891.

Τύχη (Göttin): 1159.

τύχη ἀξιωματική: 679–685. 817.

ὑγίεια (in der pythag. Phil.): 944.

ὕδερος, ὑδατώδης (= ὕδρωψ): 892.

Ὑδρηχόος (Nebenform zu Ὑδροχόος):
636.

ὕδρωψ ('Wassersucht'): 675. 882–884.
891–892; auch ὑδατώδης ὕδερος
genannt: 892; Gegensatz ὕδρωψ
ξηρός: 891.

υἱοθετέω: 662.

ὕπαυγος: 742. 842. 1084[2746].

ὑπέργειον ζώδιον: 1057; ὑπ. κέντρον:
1057; ὑπ. μεσουράνημα: 1056; →
κέντρον.

ὑπόγειον ζώδιον: 1057; ὑπ. κέντρον:
1057; ὑπ. μεσουράνημα (*imum medium caelum*, Himmelstiefe, untere
Kulmination): 643. 1056f.; → κέντρον.

ὑπὸ δύσιν εἰμί: 1054.

ὑπόκιρρος: 1269[3202].

ὑπόνοια vs. ἀπόνοια: 671–673.

ὑπὸ τὰς αὐγὰς φέρομαι: 841.

ὑποτρίταιος: 975; → τριταῖος.

ὕψωμα (*altitudo, exaltatio*, Erhöhung):
713–717 (Tab.: 715); ὕψωμα γενέσεως bzw. ὕψωμα γεννήσεως: 1383;
abweichende astron. Definition: 715;
→ *bīt niṣirti*, Planetenwürde.

Φαέθων: 569.

Φαίνων: 569.

φέρομαι (astron.): 1306[3389].

φθοροποιός: 810–811. 894; → κακοποιός, *infortunium*.

φιλόμαχος: 1236.

φιλομόναχος: 1235f.

φιλομονόμαχος: 1233–1237.

φρόνιμος (Qualität Hadrians): 664f.

φυγή: 743.

φυλακή (astrol.): 715; → ταπείνωμα.

φύσις, κατὰ φύσιν (sex.): 1098.
1114–1116; παρὰ φύσιν (sex.):
1116.

φῶς (*lumen*, Luminar), τὰ δύο φῶτα:
686.

φωστήρ: 857.

Φωσφόρος (Venus): 569; Bezeichnung der Sonne: 653[1300].

χαίρειν (astrol.): 736.
χερσαῖος (eine Qualität der Tierkreiszeichen): 888.
χρηματίζω (astrol.): 792–798.
χρηματιστικός (astrol.): 792–798.
χρονικῶς (eine Rechenmethode): 1358; → ζῳδιακῶς, κεντρικῶς, μοιρικῶς.
χρόνων διαίρεσις: 520.

ὥρα (hora), Synonym zu ὡροσκόπος: 643. 686–688.
ὡριμαία (eine astrol. Direktionsmethode): 1001[2514]. 1008.
ὡρολόγος (ägypt. Priester): 639[1240].
ὡρονομέω: 1299[3359].

ὡρονόμος, Synonym zu ὡροσκόπος: 643.
ὡροσκοπέω (ascendo, horoscopo, aszendieren, aufgehen): 637. 700[1522]. 866; Synonyme: 1299[3359]; singulär auch im Passiv belegt: 641–642; i.S.v. 'im 1. Ort stehen': 865f.
ὡροσκοπικός: 637. 824–825.
ὡροσκόπος (ägypt. Priester): 639[1240].
ὡροσκόπος (horoscopus, Aszendent): 637–644; kulturelle und sprachliche Genese: 637–643; im Sinne des 1. Ortes: 686. 688; in der modernen Bedeutung von Horoskop: 643; Verhältnis zu ὥρα: 687; λαμπροὶ ὡροσκόποι (Dekane der Familie Sethos IB): 1337.

Lateinische Wörter

absconsus: 1084[2746].
adplicatio: 750.
adplico me: 750.
aequinoctialis: 862.
Albumasar: → Abū Ma'šar.
Alcabitius: → al-Qabīsī.
androclastes: 1027.
anima sensitiva: 1098.
arcus visionis: 705.
astrologia, antike Wortbedeutung: 15[67].
astronomia, antike Wortbedeutung: 15[67].
beneficentia (Kaisertugend): 820.
benivolus: 810.
bicorporeus: 861.
biformis: 861.
caduceus: 585.
caelum (i.S.v. Klima): 1361[3583].
cardo: 643.
clarus (von Fixsternen): 1313.
climactericus: 1027.

coniunctio: 749.
coniungo me: 750.
constellatio: 536.
defluctio: 750.
defluo: 750.
deiectio: 715.
descensus (Planetenordnung): 593.
De stellis fixis: 1108.
detentio: 807.
directio: 992.
Ditis ianua: 1354.
divus (im Kaiserkult): 665f.
domicilium: 736.
domus: 736.
duplex: 861.
enenecontameris: 993[2480].
epicatafora: 856[2051].
errans sidus, errans stella: 711.
facies: 1350.
fecundus: 862.
fertilis: 862.

firmamentum: 752[1718].
fundamentum: 643.
gaudeo: 736.
genesis: 536; Sonderbedeutung: 643.
genethliacus: 1027.
genitura: 536; ~ *mundi*: 632.
glutinor: 750.
hileg: 1022.
Historia Augusta: 1099.
horoscopo: 866.
humilitas: 715.
hylech: 1022.
impurus: 1106.
inclusio: 807.
infortunium: 930[2274].
ingressus: 521.
lectio difficilior: 778. 863. 866. 1253.
Leptogenesis: 1263[3181].
liberalitas (Kaisertugend): 820.
locus: 689.
locus Fortunae: 1160.
lucidus (von Fixsternen): 1313.
Lunae dominus: 1064[2708].
malivolus: 810.
malus genius (12. Ort): 816.
Methodus mystica: → Μέθοδος
    μυστική.
mundi natalis: 632.
munificentia (Kaisertugend): 820.
Myriogenesis: 1262–1265. 1290.
natura, secundum -am / contra -am
    (sex.): 1098[2782].
obscuritas: 500.
obsessio: 807.
obsidio: 807.
origo vs. Geburtsort: 616.

ortus, i.S.v. Aszendent: 643.
Panaretos: → Πανάρετος.
pars nonagesima (in Direktionen): 993.
partiliter (Rechenmethode): 1358.
partus maior (pythag. Lehre): 939. 953.
patria vs. Geburtsort: 616.
peccatum (rel.): 1098[2785].
periculum (in klimakt. Sinn): 997[2497].
planeta: 711.
platice (Rechenmethode): 1358.
prorogatio: 992.
prorogator: 1022.
Regulus (α Leo): 1308[3393].
revolutio nativitatis: 521.
rota Fortunae: 1159.
Salmeschiniaka: → Σαλμεσχινιακά.
secta: 702.
sigillum: 645[1265].
signum: 645.
solidus: 861.
solstitialis: 862.
sordidogamus: 1105[2804].
sordidus: 1106.
splendens (von Fixsternen): 1313.
stella, splendens/clara/lucida: 1313.
Syntagma Laurentianum: 1305[3386].
ternio: 950.
testamentum Dasumii: 1185.
thema: 537f.; ~ *mundi*: 632.
tribas: → τριβάς.
triangulum: 717.
trigonum: 717.
triplicitas: 717.
tropicus: 861.
yleg: 1022.

Namen und Sachen

In diesem Teil des Registers ist bei Namen antiker Astrologen oft die erste genannte Stelle eine Fußnote. Diese bietet bei der ersten bedeutenderen Erwähnung des jeweiligen Autors im Haupttext alle grundlegenden Informationen zu ihm in gebündelter Form.

Anonymisierung literarischer Horoskope: 528. 530 (Ausnahmen: 528[751]).

Ansse de Villoison, Jean Baptiste Gaspard d': 482[528].

Anthropologie: 3[16]. 7. 15. 535. 645. 935. 936[2294]. 1160.

Antigonos von Alexandria (Hippokrateskommentator u. Grammatiker): 28.

Antigonos von Nikaia: *passim*; der Astrologe: 23–27; der Arzt: 27–31; das astrol. Werk: 31–37; Datierung: 24–27. 57. 507; Sprache: 37; Quellen und Rezeption: 37–61; arab. Rezeption: 61; Verhältnis zu Antiochos, Porphyrios und Rhetorios: 24–27; Verhältnis zu 'Nechepsos und Petosiris': 50–52. 796; Verhältnis zu Ps.-Manethon, Ptolemaios und Valens: 56–60; Stemma der Überlieferung: 120; seine erhaltenen Horoskope: 220f. (s.v. Hor. gr. 40.IV.5). 229f. (s.v. Hor. gr. 76.I.24). 247f. (Hor. gr. 113.IV.5–6); Methode der Berechnung des MC: 620–630. 1011; zur τύχη ἀξιωματική: 679–685; Belege für Lehre vom 3., 7. u. 40. Tag des Mondes: 916–917; aphetische Methode zur Bestimmung der Lebenszeit: 1004f.; → prognostische Themenbereiche (alle mit Ausnahme von 'milit. Belagerung' für Antigonos relevant).

Antinoos, der Liebling Hadrians: 668; nach diesem benanntes Sternbild: 669[1372].

Antiochos von Athen (Astrologe): 25[98]; Verhältnis zu Antigonos, Porphyrios und Rhetorios: 24–27. 1059f.; Umdeutung traditioneller Fachtermini: 710 (bes. Anm. 1565). 807. 1075. 1220–1226; zur Relation von Geburtshoroskop und Empfängnishoroskop: 513. 972; zu kritischen Tagen und Stunden im Kontext der Mondbewegung: 975; zu ἐπικρατήτωρ, οἰκοδεσπότης und κύριος τῆς γε-

νέσεως: 1059f.; Fixsternprognostik: 1294.

Antiochos I. von Kommagene: 214 (s.v. Hor. gr. –61.VII.6–7[(?)]). 530.

Antiochos IV. von Kommagene, C. Iulius (Epiphanes): 219 (s.v. Hor. gr. 36.IV.2).

Antiochos IV. Epiphanes (Seleukide): 1281. 1282.

Antīqūs: 61.

Antoninus Pius (röm. Kaiser): 27. 52. 1136f. 1192.

Antonius Pallas, M.: 218 (s.v. Hor. gr. 13.I.26).

Antonius Primus, M.: 219 (s.v. Hor. gr. 22.III.30).

Anubion (astrol. Lehrdichter): 1344[3537].

Aphroditopolis (heute Aṭfīḥ in Oberägypten): 542.

Apokalypse im Buch Henoch: 554[883].

Apollinarios (Astronom): 506. 619[1162]. 1002[2519].

Apollonorakel von Didyma: 552[874].

Archilochos, fingiertes Horoskop: 525.

Archimedes, fingiertes Horoskop: 525.

Aristarch von Samos: 509.

Aristobulos: 945[2343].

Aristoteles: 498–502; Mesoteslehre: 1114; neuplat. Kommentatoren: 500; → ἀσάφεια, *obscuritas*.

Arithmologie: 34[162]. 35[164]. 50. 934.

Artemidor (Ptolemaioskommentator): 59[293].

Artemidor von Daldis: 34. 529. 563.

Asklation (Astrologe): 503.

Ps.-Asklepios (Astrologe): 1262–1265.

Aspekt: 654. 786–788; Sonderlehre: 787–788; zeitgenaue Berechnung: 1362–1366; → βλέπω, ἐπιμαρτυρέω, ἐπιμαρτύρησις, ἐπιμαρτυρία, ἰσοσκελής, μαρτυρέω, μαρτυρία, ὁράω, προσμαρτυρέω, συμμαρτυρέω, συμμαρτυρία, συσχηματισμός, σχῆμα, σχηματισμός, σχηματογραφία.

Assyrische Könige: 554.

Iulius Callistus, C.: 218 (s.v. Hor. gr. 13.I.26).

Iulius Ursus Servianus, L. (Schwager Hadrians): 673. 1036f. 1135. 1185. 1195–1197; Fluch des Servianus: 880.

Jaspis: 329 (s.vv. [Hor. lat. –37.I.17$^{(?)}$] u. Hor. lat. 195.IX.11).

Jenseitsglaube: 880^{2127}.

Johannes de Sacrobosco: 567^{933}.

Johannes Lydos: 481 (bes. Anm. 524); von ihm tradierte anon. physiol. Lehre des 3., 9. und 40. Tages (Lyd. mens. 4,26): 957–959 (Tab.: 959).

Julia Balbilla: 736^{1650}.

Julian von Laodikea (Astrologe): 310 (s.v. Hor. gr. 497.X.28). 505 (bes. Anm. 640). 653^{1300}.

Jupiter, astrol. Eigenschaften und Wirkungen: 802–803. 810–811; symbolisiert den Adoptivsohn: 873; symbolisiert nie den Adoptivvater: 874; symbolisiert Reichtum: 1082; im 12. Ort: 1239. 1241–1243; → Planet.

Kaiser und Gott, Verhältnis: 665–667.

Kaiserkult: 665–666.

Kalender, alexandrinisch: 598^{1079}. 605. 1359^{3573}; altägyptisch: 1359^{3573}; gregorianisch: 20^{78}; julianisch: 205. 599^{1083}. 605^{1098}; schematisch-ideal (Babylon): 725; Zusammenhang mit bab. Gradbezirken: 725.

Kallikrates (Astrologe): 31^{149}.

Kamateros, Johannes (byz. astrol. Dichter): 538^{795}. 759. 1106^{2809}.

Kanalbau, vom Nil zum Roten Meer: 552^{874}.

Kardinalpunkt: → κέντρον; synekdochisch im Sinne eines ganzen Ortes der Dodekatropos: 688.

Karneades: 532^{768}. 642.

Kasuistik, dreiteilig: 53. 790. 791. 838. 843. 847. 1256; fünfteilig: 763.

Katarchenhoroskop: → Horoskop.

Katastase (epidem. Konstitution): 34^{163}.

Kauf und Verkauf (astrol. Lehrgegenstand): 1304.

Keilschrifttexte:

AB 251: 207 (s.v. 'Hor.' bab. –409.IV.29).

AO 17649: 207 (s.v. 'Hor.' bab. –409.I.12/13).

BM 32376: 207 (s.v. 'Hor.' bab. –297.II.2/5).

BM 33018: 211 (s.v. 'Hor.' bab. –124.X.1).

BM 33382: 208 (s.v. 'Hor.' bab. –287.IX.1).

BM 33563: 212.

BM 33667: 208 (s.vv. 'Hor.' bab. –257.III.17 u. 'Hor.' bab. –257.XII.15). 512.

BM 33741: 209 (s.v. 'Hor.' bab. –229.VII.2).

BM 34003: 211 (s.v. 'Hor.' bab. –87.I.5).

BM 34567: 212.

BM 34693: 212.

BM 35515: 212 (s.v. 'Hor.' bab. –75.IX.4).

BM 35516: 210 (s.v. 'Hor.' bab. –141.III.1).

BM 36303: 725. 729^{1626}.

BM 36326: 724–726. 729^{1626}.

BM 36620: 210 (s.v. 'Hor.' bab. –219.X.21).

BM 36628: 724–726. 729^{1626}.

BM 36786: 729^{1626}.

BM 36796: 210 (s.v. 'Hor.' bab. –201.II.4).

BM 36817: 724–726. 729^{1626}.

BM 36943: 209 (s.v. 'Hor.' bab. –250.XI.28/29).

BM 36988: 729^{1626}.

BM 37178: 729^{1626}.

BM 37197: 724–726. 729^{1626}.

BM 37374: 212.

BM 38104: 212 (s.v. 'Hor.' bab. –68.IV.16).

BM 41054: 210 (s.v. 'Hor.' bab.

Morgenuntergang: 741.

Mortalität: → Säuglingssterblichkeit.

Mudhākarāt: → Abū Sa'īd Shādhān.

Münsteraner Schule (astrologiehistorische Forschung): 12.

Münze: 739.

mundane Position: 708[1551].

Mundanhaus: 693[1492].

Mysterium: 50; Eleusinische Mysterien: 774.

Mystifizierung: 31[145]. 484. 505. 559. 562. 720. 1058[2690]. 1176[2974]. 1274. 1284[3287]. 1348.

Mythos, selektive Benutzung in der Astrologie: 878; chaldäisch: 889; griechisch: 763. 766. 814[1937]; platonisch (Er): 1159.

Nabû (babyl. Planetenname): 569.

Nag Hammadi: 490.

Nakovana, Tierkreisring von: 579[996].

Naos der Dekaden (Ṣafṭ el-Ḥenna): 1335.

Narmuthis, Archiv von: 585.

Nativitätsomen: 207[511]. 526[743]. 591. 963. 993[2478]. 1291[3317].

Naturgesetz: 777. 1250.

Naubaḫt al-Ḥakīm (Astrologe am Hofe al-Mansūrs): 1341[3531].

navāṃśa (ἔννατα, *novenarii*, Neuntel): 1345 mit Anm. 3541.

Nechepsos (äg. König der 26. Dynastie): 544.

'Nechepsos und Petosiris' (astrol. Pseudonym): ursprünglich 'Petesis und Necho der Weise': 552; Liste der Testimonien und Fragmente: 40–47; Themen der Fragmente: 48–50; Autor und Werk: 539–562; Datierung: 554; Titel: 557; Aufbau: 558; Dunkelheit: 559; gr.-röm. Quellen: 557; Sekundärliteratur: 539[799]; Metrik: 559; Mystik: 559; Etymologie und Namensdeutung von Nechepsos: 544–551 (Ergebnis: *N3w-k3w p3 šš* =

'Necho der Weise': 550); Deklination und Orthographie von Νεχεψώς: 1325–1330; Bezeichnung als König: 1324; Namensdeutung von Petosiris: 540–543; durch die Wahl der Pseudonyme intendiertes Bild der Verfasser: 553; Forschungsgeschichte: 540–549; Zahl und ethnische Zugehörigkeit der wahren Autoren: 555; Umfang des Werks: 557; wissenschaftshistorische Bedeutung: 562; indigen ägyptischer Einfluss: 555; Attribution einzelner bzw. divergierender Lehren an Nechepsos und an Petosiris: 558. 626. 792–793. 1002. 1161; fiktive Kommunikation der beiden: 50. 999; Kreis des Petosiris: 50.

Necheus (= Nechepsos): 548.

Necho II. (Pharao 610–595 v.Chr.): 548. 551. 554. 1328; Umseglung Afrikas: 552.

Nekau-ba (saïtischer Herrscher): 545–554.

Nektanebos, Traum des: 549[854]; Nektanebos und Olympias im Alexanderroman: 579.

Nemesis: 815.

Nemrud Daǧı: 214–215 (s.v. Hor. gr. –61.VII.6–7[(?)]).

Nergal (babyl. Pest- und Totengott): 569. 811[1929].

Nero (röm. Kaiser): 220 (s.v. Hor. gr. 37.XII.15).

Nestorianismus: 504.

Neue Demotische Erzählung: 550.

Neugebauer, Otto (Astronomiehistoriker): 22[87]. 563[921].

Neumond: 846; pränataler: → προγενομένη σύνοδος; prä- und postkonzeptioneller: 1095.

Neuplatonismus: 978.

Nigidius Figulus: 525[738].

Ninib (babyl. Planetenname): 569.

Niniveh: 544.

Ninurta (babyl. Planetenname): 569.

Nomenklatur: → Planet.

OMM 842: 325 (s.v. Hor. dem. 195.XI.10–12$^{(?)}$).

OMM 943: 321 (s.v. Hor. dem. 160.X.2).

OMM 960: 322–323 (s.v. Hor. dem. 171.XI.9/XII.28).

OMM 969: 324 (s.v. Hor. dem. 177.VIII.22–24/177.IX.18–20).

OMM 972: 318 (s.v. Hor. dem. 139.VIII.19). 324 (s.v. Hor. dem. 178.VIII.19$^{(?)}$).

OMM 1005: 321 (s.v. Hor. dem. 161.VII.21).

OMM 1010: 325 (s.v. Hor. dem. 196.V.1).

OMM 1041: 319–320 (s.v. Hor. dem. 149.VI.27–29$^{(?)}$). 321 (s.v. Hor. dem. 158.X.4–5).

OMM 1060: 323 (s.vv. Hor. dem. 171.XII.9–10 u. Hor. dem. 173.XI.17-XII.21).

OMM 1066: 319 (s.v. Hor. dem. 146.XI.19–20$^{(?)}$).

OMM 1154: 323 (s.v. Hor. dem. 171.XI.27–29).

OMM 1187: 320 (s.v. Hor. dem. 155.III.16–18$^{(?)}$/155.IV.13–14$^{(?)}$).

OMM 1198: 322 (s.v. Hor. dem. 169.II.28-III.1).

OMM 1208: 324 (s.v. Hor. dem. 175.I.11–12$^{(?)}$).

OMM 1259: 322 (s.v. Hor. dem. 168.XII.14–16$^{(?)}$).

OMM 1331: 325 (s.v. Hor. dem. 187.XI.16).

OMM 1335: 322 (s.v. Hor. dem. 170.V.3).

OMM 1412: 321 (s.v. Hor. dem. 159.III.29–31).

OMM 1545: 321 (s.v. Hor. dem. 165.XII.9–11).

O. Straßb. D 270: 317 (s.v. Hor. dem. 35.VII.7). 1056.

O. Straßb. (o.Nr.): 317 (s.vv. Hor. dem. 17.IX.26 u. Hor. dem. 18.II.25). 1056.

O. Tait P. 240: 1368.

O. Thompson 1: 317 (s.v. Hor. dem. 18.II.25). 1056.

Pachrates, Magier: 774.

Päderastie: 1097. 1105^{2804}. 1107–1108. 1119–1120; → Sexualität.

Paläodiagnose (med.): → Diagnostik.

Paläographie, Verwechslungen: von δέ und γάϱ: 800; von η und ϰ: 1015^{2546}; von ἤ und ϰαί: 612. 819; des Symbols des Saturn (♄) mit η und ϰ: 584^{1017}. 879 mit Anm. 2122; der Symbole für Stier und Skorpion: 615^{1143}; von Aspektsymbolen: 655; des Symbols des Schützen (♐) mit β: 656; von ἐπίϰαιϱος und ἐπίϰεντϱος: 1134; Verschreibungen: von ἀπό zu ὑπό und umgekehrt: 671; von μόναχος und μονόμαχος: 1236^{3121}; von πϱοσ- und πϱο-: 1332; von τόπος und τϱόπος: 1357; von ω und o und umgekehrt: 813; von *II* zu *IX*: 810^{1927}; von *XL* zu *XI* bzw. *LX*: 920^{2227}; abundantes ϰαί: 535–536; → Augensprung, Haplographie.

'Palchos' (Astrologe): 99.

Palfurius Sura, M.: 1039.

Palimpsest: 319–320 (s.v. Hor. dem. 149.VI.27–29$^{(?)}$).

Pamprepios von Panopolis: 301 (s.v. Hor. gr. 440.IX.29).

Panbabylonismus: 963.

Pancharios (Astrologe): 998^{2505}. 1305; zu Primärdirektionen zwecks Berechnung der Lebenszeit: 997–1005.

Panhebdomadismus: 945. 947^{2348}.

Pappos (Mathematiker u. Astronom): 509.

Papyrus, Beschreibstoff für Horoskope: 523; einzelne Papyri:

P. Aberd. 13: 275 (s.v. Hor. gr. 187.VII.31).

P. Aberd. 126: 216 (s.v. Hor. gr. 0–100a,b,c).

P. Oxy. astron. 4291: 287 (s.v. Hor.
gr. 285–293).
P. Oxy. astron. 4292: 299 (s.v. Hor.
gr. 400–500b).
P. Oxy. astron. 4293: 288 (s.v. Hor.
gr. 300–400a).
P. Oxy. astron. 4294: 287 (s.v. Hor.
gr. 285–400).
P. Oxy. astron. 4295: 284 (s.v. Hor.
gr. 250–350c).
P. Oxy. astron. 4296: 289 (s.v. Hor.
gr. 300–400b).
P. Oxy. astron. 4297: 276 (s.v. Hor.
gr. 200–300d).
P. Oxy. astron. 4298: 276 (s.v. Hor.
gr. 200–300e).
P. Oxy. astron. 4299: 240 (s.v. Hor.
gr. 100–200c).
P. Oxy. astron. 4300: 277 (s.v. Hor.
gr. 200–300f).
P. Oxy. astron. 4300a: 277 (s.v. Hor.
gr. 200–300g).
P. Oxy. astron. 4471: 556[895].
P. Oxy. astron. 4476: 1080. 1092.
P. Oxy. inv. 50 4B 23/K(1)a: 851.
P. Oxy. inv. 68 6B.20/L: 1134.
P. Oxy. inv. 73/118a: 697f. 781. 848.
860. 1120[2850].
P. Paris 19: 265–266 (s.v. Hor. gr.
137.XII.4).
P. Paris 19bis: 41. 265–266 (s.v. Hor.
gr. 137.XII.4). 491. 548. 557[899].
560. 561[917]. 574[976]. 713. 718.
726[1622]. 735. 897[2172]. 1324[3452].
1326.
P. Petrie 134: 1345[3539].
P. Prag. I 98: 287 (s.v. Hor. gr.
291.V.26).
P. Princeton II 75: 266 (s.v. Hor. gr.
138–161).
P. Rylands 63: 543.
P. Rylands 524: 276 (s.v. Hor. gr.
200–300[(?)]b).
P. Salt: → P. Paris. 19bis.
P. Schøyen 1802/4: 289 (s.v. Hor. gr.
303.III.14).

PSI I 22: 295 (s.vv. Hor. gr. 366.I.6 u.
Hor. gr. 370.I.8). 296 (s.v. Hor. gr.
376.X.12). 298 (s.v. Hor. gr.
381.II.19).
PSI I 23: 292–293 (s.v. Hor. gr.
338.XII.24). 296 (s.v. Hor. gr.
376.X.12).
PSI I 24: 293–294 (s.v. Hor. gr.
351.I.1–3). 296 (s.v. Hor. gr.
373.I.3). 298 (s.vv. Hor. gr.
385.IV.9 u. Hor. gr. 381.II.19).
PSI I 25: 303 (s.v. Hor. gr.
465.VIII.22).
PSI IV 312: 293 (s.v. Hor. gr.
345.VI.27). 977.
PSI VII 764: 285 (s.v. Hor. gr.
277.I.21).
PSI VII 765: 286–287 (s.v. Hor. gr.
284.XI.10).
PSI XII 1276: 219 (s.v. Hor. gr.
32.VI.5).
PSI XVII Congr. 15: 274 (s.v. Hor.
gr. 181.I.7/17).
PSI inv. 31: 274 (s.v. Hor. gr.
181.I.7/17).
P. Strasb. inv. P. Gr. 853(a): 268–269
(s.v. Hor. gr. 147.VI.6).
P. Tebt. II 274: 605[1098].
P. Tebt. Tait 50: 268 (s.v. Hor. gr.
145.IV.4).
P. Vindob. G. 46005: 231 (s.v. Hor.
gr. 79–80).
P. Warren 21: 278 (s.v. Hor. gr.
217.V.12–13). 279 (s.vv. Hor. gr.
219.II.1 u. Hor. gr. 219.II.12). 282
(s.v. Hor. gr. 244.VII.2). 583.
P. Wash. Univ. inv. 181 u. 221: 578.
583.
P. Wien D 6278 – D 6289, D 6698,
D 10111 (Wiener Omen-Papyrus):
48. 545. 550.
P. Worp: 282 (s.v. Hor. gr. 243.I.22–
23).
Tab. Amst. inv. 1: 605[1097].
Paranatellon: 1334.

Paris (troj. Prinz), fingiertes Horoskop: 525.

Partei: → αἵρεσις.

Parther: 1219; parthischer Schuss (Kampftechnik): 1219–1220; Feldzug Trajans: 664. 1040; Feldzug des Avidius Cassius: 258.

Pathogenese (med.): 943.

Paulos Alexandrinos (Astrologe): 502[619]. 505[639]; seine Methode zur Berechnung des MC: 620–630 (3 Tab.: 622–625); Primärdirektionen zwecks Berechnung der Lebenszeit: 997–1005; sein einziges erhaltenes Horoskop: 294 (s.v. Hor. gr. 353.III.19).

Pedanius Fuscus Salinator (PIR² P 200), der Vater des Folgenden: 1185.

Pedanius Fuscus Salinator, Cn. (oder L.), der Großneffe Hadrians (PIR² P 198): 673. 1134f. 1185. 1188. 1192–1194; sein Horoskop: 247 (s.v. Hor. gr. 113.IV.5–6); kein Staatsstreich 137 n.Chr.: 647–653.

Pedikhons (lit. Figur): 546.

Pedubast (lit. Figur): 546.

Pemu (lit. Figur): 546.

Pergament, Beschreibstoff für Horoskope: 523.

Periode, synodische (astron.): 655.

Persephone (Horoskop): 525[738].

Persien, pers. Elemente der antiken Astrologie: 634. 707. 817. 1219–1220; pers. Vermittlung babyl. Sternkunde nach Ägypten: 1220[3081]; pers. Vermittlung gr.-röm. Astrologentexte: 38[180]. 56[277]. 222. 1022[2565].

Personalunion von Arzt und Astrologe: 29.

Pertinentiv (Funktion des Genetiv): 1342.

Petese, Magier und Priester (auch Peteesis, Peteesios, Petasios): 543. 942.

'Petesis und Necho der Weise': 552.

Petosiris (astrol. Pseudonym): sein Werk Ὅροι: 557; → 'Nechepsos und Petosiris'; Πετοσιριακαὶ παραδόσεις; 'Petosiris-Regel'.

Petosiris (hist. Ägypter des 7. Jh. v.Chr. in Niniveh): 544. 553.

Petosiris (hist. Thot-Priester des 4. Jh. v.Chr. in Hermopolis): 540. 560[915].

Petosiris (hist. Priester des 2. Jh. v.Chr. in Aphroditopolis): 542.

Petosiris (hist. Ägypter aus röm. Zeit, dessen Grab zodiakale Gemälde enthält): 542[815].

Petosiris (lit. Figur in Aristophanes' *Danaiden*): 540.

Petosiris (lit. Figur in Heliodors *Aithiopiaka*): 540.

'Petosiris-Regel': 490. 512. 513. 866[2085].

Pfortenbuch: 696[1501].

Pharmakologie: 27–31.

Pharmazie: 972[2426].

Philolaos: 569.

Philosophie: 492. 497. 511. 573. 707. 711. 820[1970]; Naturphilosophie: 961[2402]. 979; neuplatonische: 978; pythagoreische: 934[2289]; stoische: 1099. 1235; und Astrologie: 22[83]. 880[2127]. 978. 1373; und Theurgie: 1333f.; und Zahl: 971[2423].

Phnaës der Ägypter (Astrologe): 24. 1366–1369; Etymologie des Namens: 1368.

Physik, griechische: 555. 559.

Physiognomie: 526[743]. 675. 941.

Physiologie: 941f. 944. 947. 959. 961–963. 965f. 971.

Pindar, fingiertes Horoskop: 525.

Pingree, David: 5; Nachrufe: 5[25]; Würdigung seiner Forschungsleistung: 71.

Planet: 569–580; Symbole: 583–587; physisch-rationale vs. mythisch-religiöse Nomenklatur: 569–570. 575. 645; Fünfzahl vs. Siebenzahl: 569. 823; Texte zu ihren Eigenschaften und Wirkungen: 769[1784]; astrol. Bedeutung der Breitenbewegung: 1302[3373]; max. Breitenbewegung:

1310[3401]; Wirkungen in den Orten der Dodekatropos: 697; Indizien für gemeinsame Abhängigkeit der Texte Firm. math. 3,2–13, Paul. Alex. 24 und Rhet. 5,57 von einer verlorenen Quelle zu den Planeten in den Orten der Dodekatropos: 1239–1243 (vgl. 1086 u. 1090); → ἀστήρ, πλάνης, πλανήτης, *planeta, errans sidus, errans stella.*

Planetenbezirk: → ὅριον.

Planetengötter, Probleme der modernen Nomenklatur: 14–15; orthographische Probleme der handschriftlichen Nomenklatur: 74; Gebete an sie: 573[971]; symbolisieren genealogische und soziale Relationen der Menschenwelt: 870–878.

Planetenhaus: → οἶκος.

Planetenjahre (τέλεια/μέσα/ἐλάχιστα ἔτη): 649 (Tab.). 1345; Zusammenhang mit den Gradbezirken: 649.

Planetenordnung, hellenistischer astrologischer Standard: 589 (spätere Variante: 591); seleukidische Ordnung: 589. 811; ältere neubabylonische: 589[1044]; ps.-zoroastrische: 589[1044]; 'pythagoreische': 555. 590. 739; platonische: 590[1047]; ägyptische: 590[1051]; zodiakale 591; *descensus*: 593.

Planeten-Schwangerschaftsmonat: 955.

Planetentafeln (κανόνες): 713; Zweck: 713; 'ewige Tafeln': 605[1098]; → Stobart-Tafeln.

Planetenwoche: 490. 554[883]. 575. 947.

Planetenwürde: → δεκανός, ἰδιοθρονέω, ἰδιοτοπέω, οἶκος, ὅριον, ταπείνωμα, τρίγωνον, ὕψωμα.

Platon (der Philosoph): 543; fingiertes Horoskop: 525.

Plotina (Witwe Trajans): 661. 1040.

Poesie, astrologische: 559.

Polles von Aigai (Autor divinatorischer Schriften): 504.

Polygamie: 843; → Ehe.

Polyvalenz, astrologischer Begriffe: 740[1672]. 751[1714]; astrol. Symbole: 870.

Pontano, Giovanni, kommentierte lat. Übers. des *Centiloquium*: 1111[2829]; *Urania*: 1260[3172].

Porphyrios: 1334; Echtheit der *Isagoge*: 24[95]. 26[110]; sein Verhältnis zu Antigonos, Antiochos und Rhetorios: 24–27; sein Horoskop (?): 281 (s.v. Hor. gr. 234.X.5).

Positionsangabe, verschiedene math. Auffassung in antiken Horoskopen und in moderner Astronomie: 594–595; verschiedene sprachl. Formulierungen: ἔν + Dat.: 1319; ἐπί + Gen.: 914[2211]; ἔν u. ἐπί kombiniert: 521f.; κατά + Akk.: 1319.

Prätorianer: 818.

Präzession der Äquinoktien: 509. 511. 596. 599[1086]. 1264[3189]. 1268[3200]. 1273[3215]. 1288[3305]. 1295[3335].

Primärdirektion: → ἄφεσις; neuzeitl. Ursprung des lat. Begriffs: 992[2475].

Prinzipatsideologie: 821. 1195.

Priszillianismus: 1208[3038].

Prognostische Themenbereiche, Adoption: 871–878; milit. Belagerung: 928; Beruf: 779–784; Ehe: 836–845; Eltern: 833. 1370; Erbschaft: 875–878; Familie: 833–836; Familienkonflikte: 869; Geschwister: 847; deren Geschlecht: 864; Kinder: 867. 869; Lebensdauer: 880; sexuelle Neigungen: 1097–1121; soziale Stellung: 679–685; Ruhm und Ehre: 1121; Todesart: 880.

Progression der Aufgangszeiten, arithmetische (Hypsikles): 1363.

Progressionshoroskop: → ἀντιγένεσις.

Projektion und Reflexion soziomorpher Modelle: 685. 709. 818.

Proklos: 1336[3506]; sein Horoskop: 299f. (s.v. Hor. gr. 412.II.7).

Ps.-Proklos, Ptolemaios-Paraphrase: 8[38].

Properz, sein Horoskop: 525[738].